GEIRIADUR GOMER I'R IFANC

D. GERAINT LEWIS

Cyhoeddwyd dan nawdd Cynllun Adnoddau
Cyd-bwyllgor Addysg Cymru

GOMER

Argraffiad cyntaf—Awst 1994

ISBN 1 85902 161 1

(h) D. Geraint Lewis ©

Dymuna'r cyhoeddwyr gydnabod cymorth
Cyd-bwyllgor Addysg Cymru
ac Adran Ddylunio'r Cyngor Llyfrau Cymraeg

Cedwir pob hawl. Ni chaniateir atgynhyrchu unrhyw ran o'r cyhoeddiad hwn na'i gadw mewn cyfundrefn adferadwy na'i drosglwyddo mewn unrhyw ddull na thrwy unrhyw gyfrwng, electronig, electrostatig, tâp magnetig, mecanyddol, ffotogopïo, recordio, nac fel arall, heb ganiatâd ymlaen llaw gan y cyhoeddwyr, Gwasg Gomer, Llandysul, Dyfed, Cymru.

DERBYNIWYD GRANT CYNHYRCHU TUAG AT GYHOEDDI'R GEIRIADUR HWN ODDI WRTH Y CYNGOR LLYFRAU CYMRAEG

Argraffwyd gan
Wasg Gomer, Llandysul, Dyfed.

I
Delyth fy ngwraig,
a'r plant Nudd a Manon.

Cynnwys

Rhagair	vii
Beth sydd yn y Geiriadur?	viii
Byrfoddau	x
Beth os na allwch ddod o hyd i'r gair yr ydych yn chwilio amdano?	xi
Y Treigladau	xiii
Geiriau sy'n achosi treiglad	xiv
Rhai rheolau ynglŷn â'r Treiglad Meddal	xxvi
Y Geiriadur Cymraeg	1
Atodiad I: Arian	598
Atodiad II: Rhifau	600
Atodiad III: Mesurau, Pwysau a Buanedd	603
Lluniau Lliw	607
Mynegai Saesneg—Cymraeg	639
Cydnabyddiaethau	747

Rhagair

Yn ystod y deng mlynedd sydd wedi mynd heibio oddi ar i mi gychwyn ar y gwaith hwn, rwyf wedi tynnu'n helaeth ar wybodaeth ac arbenigedd llawer o bobl sydd wedi rhoi yn rhydd ac yn rhad o'u profiad a'u gwybodaeth.

Rhaid diolch i Mr Iolo Walters—pennaeth Adran Gymraeg y Cyd-bwyllgor Addysg ar y pryd, Is-ysgrifennydd y Cyd-bwyllgor yn awr—am gymryd at yr egin syniad a'i fwydo a'i feithrin â chymorth ymarferol a phob cefnogaeth, yn ddiwarafun, dros y blynyddoedd; hefyd i'r gwahanol baneli a darllenwyr a alwyd ganddo i roi barn ar dwf y gwaith.

Bu Mr Gareth Bevan, golygydd *Geiriadur Prifysgol Cymru*, yn gymorth hawdd troi ato bob tro, ac ef a'm gosododd ar ben y ffordd ar ddechrau'r gwaith.

Ar ôl gorffen y testun amrwd cyntaf, bu tîm bach o arbenigwyr, rwy'n falch eu cydnabod erbyn hyn yn gyfeillion, yn teithio gyda mi bob cam o'r ffordd, a heb eu hymgeledd hwy, ni fyddai'r gwaith wedi ymddangos: Mrs Olive Lloyd o'r Cyd-bwyllgor a deipiodd nid yn unig y fersiwn gwreiddiol, ond wedi hynny, yr holl newidiadau ac ychwanegiadau at y testun hwnnw; Mr Elgan Davies, pennaeth Adran Ddylunio'r Cyngor Llyfrau Cymraeg, sy'n gyfrifol am ddiwyg y gyfrol ac am yr amrywiaeth o luniau a geir ynddi; Mrs Glenys Roberts a gychwynnodd ar y gwaith o gywiro a golygu'r testun gwreiddiol, a Mrs Glenys Howells a ymgymerodd â'r gwaith pan symudodd Mrs Roberts i swydd newydd. Bu'r ddwy Glenys ragorol yn gweithio ar y cyd erbyn y diwedd, a byddai'r gyfrol yn dlotach o lawer oni bai am loywder a helaethrwydd eu cyfraniad hwy. Bu Mr B.G. Owens yn darllen y proflenni, a hynny yn gymwynas yn sgil ei gyfeillgarwch â'm diweddar dad-yng-nghyfraith. Diolchaf hefyd i Mr W.J. Jones a wirfoddolodd ddarllen y testun drwyddo a thrwy hynny gynnig llawer awgrym gwerthfawr a ymgorfforwyd yn y testun gorffenedig.

O ran Gwasg Gomer, rhaid diolch i Mr John Lewis am ei benderfyniad diwyro i oresgyn pob problem a phrysuro'r gwaith trwy'r wasg, ac i weithwyr ym mhob adran o'r wasg am eu hamynedd a'u gofal manwl wrth droi testun di-ben-draw yn llyfr.

Yn olaf, deallaf yn awr paham y mae awdur yn diolch i'w briod, oherwydd ar draul yr holl bethau eraill y dylwn fod wedi'u gwneud y lluniwyd y gyfrol. Fy mwriad gwreiddiol oedd darparu cyfrol at ddefnydd Nudd a Manon, ond yn nhraddodiad gorau geiriadura Cymraeg, cymerodd y gwaith ychydig mwy o amser nag a ddisgwylid.

Pleser o'r mwyaf yw cydnabod fy nyled i'r cyfeillion a enwyd uchod, ond am bob gwendid a bai a erys, fy eiddo i ydynt.

D. Geraint Lewis
Llangwyryfon, Mai 1994

BETH SYDD YN Y GEIRIADUR?

1. Mae'r **pennawd**—sef y gair sy'n cael ei ddiffinio—wedi'i argraffu mewn print trwm, ac yn dangos sut i sillafu'r gair.
2. Mae'r penawdau wedi'u gosod yn nhrefn **yr wyddor Gymraeg**.
3. Mae'r **rhifau bychain** yn cael eu defnyddio er mwyn gwahaniaethu rhwng geiriau gwahanol sy'n digwydd cael eu sillafu yn yr un ffordd.
4. Mae'r **rhan ymadrodd**—sef pa fath o air yw'r gair sy'n cael ei ddiffinio—yn cael ei ddangos mewn print italig. (Gw. t.xii am restr o'r byrfoddau sy'n cael eu defnyddio.)
5. Mae **enw** yn cael ei ddilyn gan 'hwn', 'hon' neu 'hyn'; **ansoddair** gan yr ymadrodd 'gair i ddisgrifio'; ac fe geir TO... yn y Saesneg sy'n cyfateb i **ferfenw** Cymraeg.
6. Rhoddir **ffurf luosog enw** mewn cromfachau.
7. Mae'r **diffiniad**, lle bo hynny'n bosibl, mewn geiriau symlach na'r gair ei hun, ac mewn termau sydd eu hunain yn cael eu diffinio.
8. Pan fydd gan air **fwy nag un ystyr**, mae'r rhain yn cael eu rhifo, a'u diffinio ar wahân.
9. Ceir **brawddeg enghreifftiol** (sy'n dangos y gair yn cael ei ddefnyddio) mewn print italig.
10. Dyma'r **gair** neu **eiriau Saesneg** cyfatebol. Y rhain yw sail y **Mynegai** sydd yng nghefn y llyfr.
11. **Gair (neu eiriau) sy'n gysylltiedig** â'r prif air, naill ai o ran ystyr neu oherwydd eu bod yn ffurfiau anarferol neu afreolaidd (mewn cromfachau ar ddiwedd y cofnod).
12. □ arwydd sy'n dangos bod **llun** o'r hyn sy'n cael ei ddiffinio o dan y pennawd mewn print italig.
13. **Priod-ddulliau** ac ymadroddion lle y mae ystyr y priod-ddull yn wahanol i ystyr y geiriau unigol a geir ynddo.
14. **Nodyn** mewn print llai, sy'n tynnu sylw at unrhyw ddefnydd arbennig o'r gair neu at y ffordd y mae gwahanol ffurfiau'r gair yn cael eu sillafu.
15. Mae **ffurfiau anarferol** neu **afreolaidd** yn cael eu cynnwys yn benawdau ar wahân, sy'n cyfeirio'n ôl at y prif bennawd.
16. Cynhwysir **byrfoddau** cyffredin yn benawdau annibynnol.
17. Rhoddir y ffurf Gymraeg ar yr **enwau lleoedd** mwyaf adnabyddus.

cynnig¹ hwn *eg* (cynigion)
  1 mynegiant o barodrwydd i wneud neu i roi rhywbeth *(Rwyf wedi cael cynnig da gan reolwr y tîm.)* OFFER
  2 awgrym ffurfiol sy'n cael ei gyflwyno i bwyllgor i'w drafod cyn i'r aelodau bleidleisio o'i blaid neu yn ei erbyn; cynigiad PROPOSAL

cynnig² *be*
  1 mynegi parodrwydd i wneud neu i roi rhywbeth *(Cynigiais fynd â hi i'r dref yn y car.)* TO OFFER
  2 cyflwyno, estyn rhywbeth er mwyn i rywun (neu rywrai) ei dderbyn neu ei wrthod *(Roedd mam Siôn yn flin am nad oedd wedi cynnig losin i Dewi.)* TO OFFER
  5 cyflwyno swm o arian yn dâl am rywbeth (i'w dderbyn neu i'w wrthod gan y gwerthwr) *(Faint ydych chi'n barod i'w gynnig am y llun?)* TO OFFER
  6 bygwth, anelu *(Cynigiodd gic at y ci.)* TO THREATEN, TO AIM (cynigiaf)
  cynnig llwncdestun galw ar gwmni i yfed i lwyddiant, iechyd da, llawenydd ac ati rhywun neu rywrai TO PROPOSE A TOAST
  Sylwch: un 'n' sydd yn y ffurfiau berfol ac 'i' yn eu terfyniad, e.e. *cynigiaf.*

cynnil *a* gair i ddisgrifio rhywbeth:
  1 heb unrhyw wastraff, sy'n llwyddo gan ddefnyddio cyn lleied ag sy'n bosibl o'r hyn sydd ei angen; darbodus, gofalus o safbwynt arian SPARE, SPARING, FRUGAL

cynigiaf *bf* rwy'n **cynnig**; byddaf yn **cynnig**
cynigion hyn *ell* mwy nag un **cynnig**

CBAC *byrfodd* Cyd-bwyllgor Addysg Cymru WELSH JOINT EDUCATION COMMITTEE, WJEC
CC *byrfodd* Cyn Crist, y cyfnod hanesyddol cyn geni Iesu Grist o'i gymharu â'r cyfnod ar ôl geni Crist, sef OC (Oed Crist) BEFORE CHRIST, BC
  Sylwch: daw CC ar ôl y flwyddyn (500 cc) ac OC o flaen y flwyddyn (oc 1992).
ccc *byrfodd* cwmni cyhoeddus cyfyngedig PUBLIC LIMITED COMPANY, PLC

carn¹ hwn *eg* (carnau)
  1 troed galed anifeiliaid megis ceffyl neu fochyn HOOF □ *ceffyl*
  2 y rhan honno o gleddyf neu gyllell yr ydych yn gafael ynddi; dwrn, coes HILT, HANDLE
  i'r carn bob cam o'r ffordd, i'r eithaf, e.e. *cefnogi i'r carn* TO THE HILT

Aberpennar *enw lle* MOUNTAIN ASH

a b c ch d dd e f ff g ng h i j (k) l ll m n o p ph r rh s t th u w y (z)

BYRFODDAU

a	ansoddair
adf	adferf
ardd	arddodiad
be	berfenw
bf	berf
eb	enw benywaidd
ebll	enw benywaidd a lluosog
e.e.	er enghraifft
eg	enw gwrywaidd
egb	enw gwrywaidd neu fenywaidd
egll	enw gwrywaidd a lluosog
ell	enw lluosog
gw.	gweler

BETH OS NA ALLWCH DDOD O HYD I'R GAIR YR YDYCH YN CHWILIO AMDANO?

Rhaid dweud un peth ar y dechrau. Nid yw pob gair Cymraeg wedi'i restru yn y geiriadur hwn. Byddai angen nid un llyfr ond sawl cyfrol drwchus i wneud y gwaith hwnnw. Ond wedi dweud hynny, yr ydym wedi ceisio gwneud yn siŵr fod y geiriau pwysicaf y bydd eu hangen arnoch chi wedi'u cynnwys. Felly cyn rhoi'r ffidil yn y to, ystyriwch yn gyntaf dri pheth:

1.0 **Trefn yr wyddor: a ydych chi'n edrych yn y man iawn?**
Mae geiriau Cymraeg y Geiriadur wedi'u rhestru yn nhrefn yr wyddor Gymraeg. O dan y drefn hon, yn wahanol i'r Saesneg, mae *actio* yn dod o flaen *achlysur*, *adnoddau* o flaen *addoli*, *afu* o flaen *Affricanes*, ac y mae'r geiriau Cymraeg sy'n cynnwys 'ng' ar y cyfan yn dilyn 'g' yn hytrach nag 'n' fel yn Saesneg, e.e. *agor, angor, ail, anadlu*. Fe welwch yr wyddor Gymraeg wedi'i hargraffu ar waelod tudalennau'r Geiriadur.

2.0 **Ffurfiau cysylltiedig: os nad ydy'r union air yr ydych chi'n chwilio amdano ar gael, a oes gair tebyg iddo yn y Geiriadur, gair sy'n gallu awgrymu ystyr neu sillafiad y gair yr ydych chi'n chwilio amdano?**
Yn ogystal â'r newidiadau sy'n digwydd ar ddechrau gair (y treigladau), mae nifer o newidiadau yn gallu digwydd o fewn gair hefyd wrth iddo newid o un ffurf i'r llall. Meddyliwch am *cŵn* ac *elyrch* yn ffurfiau lluosog *ci* ac *alarch*, *gwerdd* a *gwleb* yn ffurfiau benywaidd ar *gwyrdd* a *gwlyb*, *amdanaf* ac *amdanynt* yn deillio o *am*, ac wrth ddefnyddio berfau cewch, er enghraifft, *af* ac *euthum* o *mynd* a *trawaf* yn deillio o *taro*. Nid yw wedi bod yn bosibl cynnwys pob un o'r ffurfiau hyn, ond yr ydym wedi ceisio cynnwys o leiaf un enghraifft o'r prif newidiadau. Fe gewch chi *cŵn, gwerdd, amdanaf* a *trawaf* yn gofnodion annibynnol, yn ogystal â chyfeiriad atynt o dan *ci, gwyrdd, am* a *taro*. Felly os nad yw'r union ffurf yr ydych yn chwilio amdani ar gael, byddwch yn dditectif geiriau ac edrychwch am ffurf debyg i weld a yw hon yn awgrymu ystyr neu sillafiad y gair sydd gennych chi, e.e. nid yw *arhosais* yn y Geiriadur, ond mae *arhosaf* yma, sy'n eich cyfeirio yn ôl at *aros* lle mae nodyn yn sôn am y ffurfiau sy'n cynnwys *arhos---*.

3.0 **Y Treigladau: a ydy'r gair wedi'i dreiglo?**
Un o nodweddion y Gymraeg yw'r ffordd y gall llythyren gyntaf rhai geiriau newid dan wahanol amgylchiadau. Gan amlaf, treiglad fydd wedi achosi hyn, felly mae *cath* yn gallu troi yn *y gath*, *ei chath* a *fy nghath*. Newid arall sy'n gallu digwydd yw bod 'h' yn ymddangos o flaen llafariad, e.e. *un ar hugain; ei hysgol hi; eu harwyr hwy*. Unwaith yn rhagor, nid ydym wedi ceisio cofnodi'r holl ffurfiau hyn, a'r hyn a gewch yn y Geiriadur yw'r gair yn ei ffurf gysefin (heb ei dreiglo). Felly os na allwch ddod o hyd i air, neu os nad yw ystyr y gair yr ydych chi wedi cael gafael ynddo yn gwneud synnwyr, ystyriwch a yw'n bosibl fod y gair yr ydych yn chwilio amdano yn air sydd wedi'i dreiglo.

Os yw'r gair yn dechrau â:

a	fe all fod yn dilyn treiglad o 'g'	gafr, *yr afr*
b	fe all fod yn dreiglad o 'p'	pont, *ei bont ef*
ch	fe all fod yn dreiglad o 'c'	cath, *ei chath hi*
d	fe all fod yn dreiglad o 't'	tŷ, *hen dŷ*
dd	mae hi yn dreiglad o 'd'	distaw, *yn ddistaw*
e	fe all fod yn dilyn treiglad o 'g'	geiriadur, *dau eiriadur*
f	fe all fod yn dreiglad o 'b', neu	buwch, *y drydedd fuwch*
	fe all fod yn dreiglad o 'm'	merch, *yr ail ferch*
g	fe all fod yn dreiglad o 'c'	cath, *dwy gath*
ng	mae hi yn dreiglad o 'g'	Glan-llyn, *yng Nglan-llyn*
ngh	mae hi yn dreiglad o 'c'	Caerdydd, *yng Nghaerdydd*
h	efallai mai'r 'h' ychwanegol sy'n dod o flaen a e i o u w y sydd yma	*ei hwyneb; un ar hugain*
l	fe all fod yn dreiglad o 'll' neu	llong, *gwelais long*
	fod yn dilyn treiglad o 'g'	glas, *carreg las*
m	fe all fod yn dreiglad o 'b'	Blaen-pant, *ym Mlaen-pant*
mh	mae hi yn dreiglad o 'p'	Pontypridd, *ym Mhontypridd*
n	fe all fod yn dreiglad o 'd'	Dulyn, *yn Nulyn*
nh	mae hi yn dreiglad o 't'	Trealaw, *yn Nhrealaw*
o	fe all fod yn dilyn treiglad o 'g'	gobaith, *heb obaith*
ph	mae hi yn dreiglad o 'p'	pen, *tri phen*
r	fe all fod yn dreiglad o 'rh' neu	rhan, *dwy ran*
	fod yn dilyn treiglad o 'g'	gradd, *y radd uchaf*
th	fe all fod yn dreiglad o 't'	to, *tŷ a tho iddo*
w	fe all fod yn dilyn treiglad o 'g'	gwerdd, *ynys werdd*
y	fe all fod yn dilyn treiglad o 'g'	gyrfa, *ei yrfa*

Y TREIGLADAU

CYSEFIN	MEDDAL	TRWYNOL	LLAES
c ci	**g** dy gi	**ngh** fy nghi	**ch** ei chi
p pen	**b** dy ben	**mh** fy mhen	**ph** ei phen
t tad	**d** dy dad	**nh** fy nhad	**th** ei thad
g gardd	**colli'r 'g'** dy ardd	**ng** fy ngardd	**dim treiglad** ---
b brawd	**f** dy frawd	**m** fy mrawd	**dim treiglad** ---
d dosbarth	**dd** dy ddosbarth	**n** fy nosbarth	**dim treiglad** ---
ll llyfr	**l** dy lyfr	**dim treiglad** ---	**dim treiglad** ---
m mam	**f** dy fam	**dim treiglad** ---	**dim treiglad** ---
rh rhaglen	**r** dy raglen	**dim treiglad** ---	**dim treiglad** ---

Mae'r mwyafrif mawr o dreigladau Cymraeg yn cael eu hachosi gan eiriau unigol. Geiriau unigol sy'n achosi pob enghraifft o'r Treiglad Llaes a'r Treiglad Trwynol, ond y mae'r Treiglad Meddal yn wahanol oherwydd gall hwn gael ei achosi gan swyddogaeth gair yng nghystrawen y frawddeg.

Cyn dechrau rhestru'r geiriau sy'n achosi treiglad, mae'n werth sylwi bod rhai mathau o eiriau nad ydynt, erbyn hyn, yn arfer cael eu treiglo sef:

1.0 **Enwau personol:** e.e. 'Annwyl Meilyr', 'Annwyl Llinos', 'Annwyl Gwili' etc., a ddefnyddir wrth gychwyn llythyr. Er bod rhai hen enwau Cymraeg yn cael eu treiglo ar lafar ac mewn gweithiau academaidd, os oes unrhyw amheuaeth, gellir hepgor y treiglad yn ddiogel.

2.0 **Enwau lleoedd di-Gymraeg:** yr ydych yn mynd *i Beijing, i Biarritz* ac *i Buckingham*. Ceir rhai eithriadau ymhlith enwau adnabyddus iawn fel *i Baris*, neu fel yn nheitl y nofel *Arch ym Mhrâg*.

3.0 **Geiriau benthyg yn dechrau ag 'g':** gollyngir y Treiglad Meddal, e.e. *sgoriwyd dwy gôl; oes rhywun am gêm o golff; roedd y ffilm yn grêt*; **ond** erys y Treiglad Trwynol, e.e. *fy ngôl gyntaf yn fy ngêm gyntaf*.

GEIRIAU SY'N ACHOSI TREIGLAD

Y Gair	Rhan Ymadrodd	Treiglad	Enghraifft
a	rhagenw perthynol	meddal	Yr asyn a welais. Sylwch: er bod 'a' yn cael ei hepgor weithiau (yn enwedig o flaen ffurfiau'r ferf 'bod'), erys y treiglad, e.e. *Ai hwn yw'r un welaist ti?* (yr un *a* welaist ti.)
a	geiryn gofynnol	meddal	*A glywaist ti hi? A lanwodd ef y tanc?* Mae'r 'a' yn gallu cael ei hepgor, yn enwedig ar lafar, ond erys y treiglad, e.e. *Glywaist ti hi?*
a	cysylltair	llaes	*Ci a chath; drosodd a throsodd; gwych a phrydferth.*
â	arddodiad	llaes	*Torrodd ei fys â chyllell; ymweld â Chaerdydd.*
â	cysylltair	llaes	*Mor ysgafn â phluen; cyn drymed â phlwm.*
ail	trefnol	meddal	*Yr ail ŵr a'r ail ferch.*
am	arddodiad	meddal	*Am ddau o'r gloch; rwy'n mynd am dro.*
ambell	ansoddair	meddal	*Ambell waith.*
ar	arddodiad	1. meddal 2. 'h' o flaen 'ugain'	*Gorweddodd ar wely.* *Un ar hugain.*
at	arddodiad	meddal	*Dillad at waith. Ewch at feddyg nawr.*
beth	rhagenw	meddal	*Gofynnais iddo beth ddigwyddodd.* (Oherwydd bod y rhagenw perthynol 'a' yn ddealledig.)

Y Gair	Rhan Ymadrodd	Treiglad	Enghraifft
bu	berf	meddal 'byw' 'marw' 'rhaid'	*Bu fyw am bum mlynedd.* *Bu farw ddoe.* *Bu raid iddo fynd.*
can	rhifol	trwynol 'blwydd' 'blynedd' *('diwrnod')	*Can mlwydd oed.*
'co	ffurf lafar ar 'dacw'	meddal	*'Co fabi pert!*
cryn	ansoddair	meddal	*Cryn dipyn o arian. Mae cryn bryder yn y pentref.*
cwbl	ansoddair	meddal	*Mae hi'n gwbl ddall.*
cyfryw	ansoddair	meddal	*Y cyfryw rai.*
cyn	geiryn adferfol	meddal ac eithrio 'll' a 'rh'	*Cyn lased â'r môr.* *Cyn lleied â'r dryw.*
cyn	arddodiad	**dim treiglad**	*Un bach cyn mynd.*
chwe	rhifol	llaes enwau	*Chwe chath,* ond *chwe blynedd.*
chweched	trefnol benywaidd	meddal enwau benywaidd	*Y chweched gath,* ond *y chweched gŵr.*
dacw: 'co	adferf	meddal	*Dacw dŷ a dacw dân.*
dan	arddodiad	meddal	*Gweithgareddau dan do.* *Awn dan ganu.*
dau	rhifol	meddal	*Dau ŵr. Y ddau ddu.* Mae 'can' yn hen eithriad sy'n dal i ddigwydd weithiau, e.e. *dau can mlwyddiant; dau can mlynedd.*
degfed	trefnol benywaidd	meddal enwau benywaidd	*Y ddegfed bunt,* ond *y degfed papur.*

*Sylwch: gydag ychydig o eithriadau nid yw'n arfer erbyn heddiw i dreiglo 'diwrnod' yn drwynol.

Y Gair	Rhan Ymadrodd	Treiglad	Enghraifft
deng	rhifol	1. trwynol 'blwydd' 'blynedd' *('diwrnod') 2. meddal 'gwaith'	*Deng mlynedd.* *Dengwaith.*
deuddegfed	trefnol benywaidd	meddal enwau benywaidd	*Y ddeuddegfed flwyddyn,* ond *y deuddegfed dydd.*
deuddeng	rhifol	1. trwynol 'blwydd' 'blynedd' *('diwrnod') 2. meddal 'gwaith'	*Deuddeng niwrnod.* *Deuddengwaith.*
deugain	rhifol	trwynol 'blwydd' 'blynedd' *('diwrnod')	*Deugain mlwydd oed.*
deunaw	rhifol	trwynol 'blwydd' 'blynedd' *('diwrnod')	*Deunaw mlynedd.*
deunawfed	trefnol benywaidd	meddal enwau benywaidd	*Y ddeunawfed raglen,* ond *y deunawfed gŵr.*
dros	arddodiad	meddal	*Roedd dros gant yno.* *Swydd dros dro.*
drwy	gw. **trwy**		
dwy	rhifol	meddal	*Dwy raff. Y ddwy dew.*
dy	rhagenw personol	meddal	*Dy dŷ du di.* *Rwy'n dy weld di.*
dyma	adferf	meddal	*Dyma long hardd.*
dyna	adferf	meddal	*Dyna raff hir.*

*Sylwch: gydag ychydig o eithriadau nid yw'n arfer erbyn heddiw i dreiglo 'diwrnod' yn drwynol.

Y Gair	Rhan Ymadrodd	Treiglad	Enghraifft
ei (hi)	rhagenw personol	1. llaes 2. 'h' o flaen llafariad	*Ei chath hi.* *Mae'n ei charu.* *Ei hewythr hi.*
ei (ef)	rhagenw personol	meddal	*Ei gath ef.* *Rwy'n ei garu.*
ein	rhagenw personol	'h' o flaen llafariad	*Ein hathrawes ni.* *Maen nhw'n ein haddoli.*
eu	rhagenw personol	'h' o flaen llafariad	*Eu hathro nhw.* *Does dim yn eu hesgusodi nhw.*
y fath (math)	enw benywaidd	meddal	*Y fath le.*
fawr	ansoddair	1. meddal 2. **dim treiglad** o flaen gradd gymharol ansoddair	*Fawr ddim.* *Fawr gwell; fawr gwaeth.*
fe	geiryn rhagferfol	meddal	*Fe ddaeth o'r diwedd.*
fy	rhagenw personol	trwynol	*Fy ngeneth lân.* *Mae'n fy ngweld yn rhwydd o'r fan honno.*
y ffasiwn	ansoddair	meddal	*Y ffasiwn beth.*
gan	arddodiad	meddal	*Llyfr gan ŵr doeth.* *Tŷ a chanddo ddrws coch.* Eithriad: *gan mwyaf.*
go	adferf	meddal ond tuedd i beidio â threiglo 'll' ar ôl 'yn go'	*Go dda, wir.* *Yn go llawn.*
gyda	arddodiad	llaes	*Eisteddais gyda thad John.* Eithriad: *gyda ti.*
heb	arddodiad	meddal	*Heb dân, heb olau.*
holl	ansoddair	meddal	*Yr holl drafferth.*

Y Gair	Rhan Ymadrodd	Treiglad	Enghraifft
hyd	arddodiad	meddal	Eisteddwch hyd ddiwedd y wers.
hyd oni	gw. **oni**		
i	arddodiad	meddal	Rwy'n mynd i Landeilo.
'i (hi)	rhagenw mewnol	1. llaes (genidol)	Hi a'i chi.
		2. 'h' o flaen llafariad	Hi a'i hesgusodion.
		3. **dim treiglad** fel gwrthrych ond 'h' o flaen llafariad	Ai ti a'i clywodd hi? Ti a'i hanfonodd hi.
'i (ef)	rhagenw mewnol	1. meddal (genidol)	Ef a'i dad.
		2. **dim treiglad** fel gwrthrych ond 'h' o flaen llafariad	Ai chi a'i gwelodd ef? John a'i hanfonodd ef.
llawn	ansoddair	1. meddal pan olyga 'eithaf'	Wedi cyrraedd ei llawn dwf. Eithriad: *llawn llathen*.
		2. **dim treiglad** pan olyga 'llawn o'	Llawn tân.
llawn	adferf	**dim treiglad**	Rwyf wedi cael llawn digon o'r nonsens yma.
lled	adferf	meddal ond tuedd i beidio â threiglo 'll' ar ôl 'yn lled'	Lled rwydd. Lled lawn. Yn lled llawn.
'm	rhagenw mewnol	'h' o flaen llafariad	Fy nhad a'm hewythr. Siân a'm hanfonodd i.
math	gw. **(y) fath**		
mawr	gw. **fawr**		
mi	geiryn rhagferfol	meddal	Mi ddaw pan fydd yn barod. 'Mi wellaf pan ddaw'r gwanwyn.'

Y Gair	Rhan Ymadrodd	Treiglad	Enghraifft
mo	talfyriad 'dim o'	meddal enw	Wela i mo gyllell Dewi yn y sied.
mor	adferf	meddal ac eithrio 'll' a 'rh'	Mor ddrwg. Mor rhad.
'n	rhagenw mewnol	'h' o flaen llafariad	Ni a'n hathrawon. Yr ysgol a'n hanfonodd ni.
'n	geiryn traethiadol ac adferfol	meddal ac eithrio 'll' a 'rh'	Mae ef yn gweithio'n dda. Siân sy'n ddrwg. Pwy sy'n fachgen da, 'te? Mae'n rhwydd.
na	geiryn negyddol	1. c,p,t yn llaes 2. y gweddill yn feddal	Na cheisiwch ddim. Na ladd.
na	cysylltair	llaes	Yn gochach na thân. Mwy trist na thristwch. Eithriad: 'ti', Rwyf fi yn fwy na ti.
na	rhagenw perthynol negyddol	1. c,p,t yn llaes 2. y gweddill yn feddal	Y wraig na chlywais amdani. Y wraig na welais.
naill	rhagenw	meddal	Y naill gar a'r llall.
naw	rhifol	trwynol 'blwydd' 'blynedd' *('diwrnod')	Naw mlwydd oed.
nawfed	trefnol benywaidd	meddal enwau benywaidd	Y nawfed leian, ond y nawfed mynach.
neu	cysylltair	1. meddal o flaen enw, berfenw ac ansoddair 2. **dim treiglad** o flaen unrhyw ffurf arall	Gŵr neu wraig. Rhedeg neu gerdded. Da neu ddrwg. Rhedwch neu cerddwch. Pa ŵr neu pa wraig.

*Sylwch: gydag ychydig o eithriadau nid yw'n arfer erbyn heddiw i dreiglo 'diwrnod' yn drwynol.

Y Gair	Rhan Ymadrodd	Treiglad	Enghraifft
ni	geiryn rhagferfol negyddol	1. c,p,t yn llaes 2. y gweddill yn feddal	*Ni pherfformiodd.* *Ni welais.* *Ni redodd.* Sylwch: yn fynych ar lafar gellir hepgor y 'ni' ond fe erys y treiglad, e.e. *Pherfformiodd hi ddim.* *Welais i mohono.* *Fûm i erioed yn y lle.*
o	arddodiad	meddal	*O Waelod-y-garth.*
oni	geiryn gofynnol negyddol	1. c,p,t yn llaes 2. y gweddill yn feddal ac eithrio ffurfiau 'bod'	*Oni chlywodd?* *Oni lefarodd?* *Oni bydd?*
oni: hyd oni	cysylltair	1. c,p,t yn llaes 2. y gweddill yn feddal ac eithrio ffurfiau 'bod'	*Nid awn (hyd) oni chawn ein talu.* *Hyd oni welaf.*
pa	rhagenw gofynnol	meddal	*Pa ddiwrnod? Pa law?*
pa fath	rhagenw gofynnol	meddal	*Pa fath ddyn?*
pa ryw	rhagenw gofynnol	meddal	*Pa ryw ddiwrnod?*
pan	cysylltair	meddal	*Pan ddaw.*
pedair	rhifol benywaidd	1. enw **dim treiglad** 2. ansoddair meddal	*Y pedair merch.* *Pedair fawr.*
pedwaredd	trefnol benywaidd	meddal enwau benywaidd	*Y bedwaredd long ar bymtheg.*
po	geiryn	gradd eithaf ansoddair yn feddal	*Po fwyaf; po gyntaf.*

Y Gair	Rhan Ymadrodd	Treiglad	Enghraifft
pum	rhifol	1. trwynol 'blwydd' 'blynedd' *('diwrnod') 2. ansoddair benywaidd meddal	*Pum mlynedd.* *Pum wych.*
pumed	trefnol benywaidd	meddal enwau benywaidd	*Y bumed ran*, ond *y pumed ci.*
pur	adferf	meddal ac eithrio 'll' a 'rh'	*Pur dda; pur wael; pur llwyd.*
pwy	rhagenw gofynnol	meddal	*Pwy (a) welodd y dyn? Pwy (a) ddaw gyda fi?* (Oherwydd bod y rhagenw perthynol 'a' yn ddealledig.)
pymthegfed	trefnol benywaidd	meddal enwau benywaidd	*Y bymthegfed wraig*, ond *y pymthegfed gŵr.*
pymtheng	rhifol	1. trwynol 'blwydd' 'blynedd' *('diwrnod') 2. meddal 'gwaith'	*Pymtheng niwrnod.* *Pymthengwaith.*
'r	y fannod	meddal 1. enwau benywaidd unigol ac eithrio 'll' a 'rh' 2. ansoddair rhwng y fannod ac enw benywaidd unigol gan gynnwys 'll' a 'rh' (hyd yn oed os dealledig yn unig yw'r enw.)	*Y ci a'r gath.* *Y llong a'r rhaff.* *Y gŵr a'r wir wraig.* *Y dristaf a'r lonnaf (o ferched).*

*Sylwch: gydag ychydig o eithriadau nid yw'n arfer erbyn heddiw i dreiglo 'diwrnod' yn drwynol.

Y Gair	Rhan Ymadrodd	Treiglad	Enghraifft
rhy	adferf	meddal	*Rhy laes.*
rhyw	ansoddair	meddal	*'Hanes rhyw Gymro.'*
saith	rhifol	1. trwynol 'blwydd' 'blynedd' *('diwrnod') 2. meddal 'cant' 'ceiniog' 'punt' 'pwys'	*Saith mlynedd.* *Gellir dewis treiglo'r rhain neu beidio.*
seithfed	trefnol benywaidd	meddal enwau benywaidd	*Y seithfed flwyddyn,* ond *y seithfed dydd.*
sut	rhagenw gofynnol	1. meddal enwau 2. **dim treiglad** berfau	*Sut ddyn oedd ef? Sut ddiwrnod gawsoch chi? Sut bydd e'n mynd?* (Oherwydd bod 'y' yn ddealledig, *Sut y bydd...*)
sydd	berf	meddal pan ollyngir 'yn'	*Cofiwch wneud yr hyn sydd dda.*
tair	rhifol benywaidd	1. enwau **dim treiglad** 2. ansoddair meddal	*Y tair merch.* *Tair dew.*
tan	arddodiad	meddal	*Rwy'n aros tan ddeg o'r gloch.*
tan	gw. **dan**		
tra	cysylltair	**dim treiglad**	*Tra pery'r iaith Gymraeg.*
tra	adferf	llaes	*Mae Huw yn berson tra charedig.*
tri	rhifol	llaes enwau	*Tri chi.*

*Sylwch: gydag ychydig o eithriadau nid yw'n arfer erbyn heddiw i dreiglo 'diwrnod' yn drwynol.

Y Gair	Rhan Ymadrodd	Treiglad	Enghraifft
trigain	rhifol	trwynol 'blwydd' 'blynedd' *('diwrnod')	*Trigain mlwydd oed.*
tros	gw. **dros**		
trwy	arddodiad	meddal	*Trwy ddŵr a thân.*
trydedd	trefnol benywaidd	meddal enwau benywaidd	*Y drydedd long.*
tua	arddodiad	llaes	*Tua thair milltir.*
'th	rhagenw mewnol	meddal	*Ti a'th frawd.* *Y rhai a'th welodd.*
'u	rhagenw mewnol	'h' o flaen llafariad	*Hwy a'u hanifeiliaid.* *Dyma'r un a'u henwodd.*
ugain	rhifol	trwynol 'blwydd' 'blynedd' *('diwrnod')	*Ugain niwrnod yn ôl.*
un	rhifol benywaidd	1. meddal enwau benywaidd ac eithrio 'll' a 'rh' 2. meddal ansoddeiriau gan gynnwys 'll' a 'rh' 3. trwynol 'blynedd' a 'blwydd' mewn rhifau cyfansawdd	*Un ferch; un llong; un rhaw.* *Un lawen awr.* *Un mlynedd ar ddeg.*
un	ansoddair	1. pan olyga 'tebyg' meddal (enwau gwrywaidd a benywaidd) gan gynnwys 'll' a 'rh'	*Yr un gerddediad.* *Yr ydym o'r un feddwl.*

*Sylwch: gydag ychydig o eithriadau nid yw'n arfer erbyn heddiw i dreiglo 'diwrnod' yn drwynol.

Y Gair	Rhan Ymadrodd	Treiglad	Enghraifft
un	ansoddair	2. pan olyga 'yr union un' meddal, enwau benywaidd yn unig ac eithrio 'll' a 'rh'	*Yn yr un wlad; yn yr un maes; yn yr un llong.*
un	enw benywaidd	meddal gan gynnwys 'll' a 'rh'	*Ble mae'r un fach heddiw? Mae'r afon yn un lydan.*
unfed	trefnol benywaidd	meddal enwau benywaidd	*Yr unfed raff ar ddeg*, ond *yr unfed gŵr ar hugain.*
unrhyw	ansoddair	meddal	*Unrhyw ddau ohonoch.*
'w (eu)	rhagenw mewnol	'h' o flaen llafariad	*Rwy'n mynd i'w hannerch yfory.*
'w ('ei' gwrywaidd)	rhagenw mewnol	meddal	*Rwy'n mynd i'w dŷ.*
'w ('ei' benywaidd)	rhagenw mewnol	1. llaes 2. 'h' o flaen llafariad	*Bydd ef yn mynd i'w thŷ. Rwy'n mynd i'w hysgol hi.*
wele	ebychiad	meddal	*Wele long.*
wrth	arddodiad	meddal	*Wrth wrando arno.*
wyth	rhifol	1. trwynol 'blwydd' 'blynedd' *('diwrnod') 2. meddal 'cant' 'ceiniog' 'punt' 'pwys'	*Wyth mlwydd oed.* Gellir dewis treiglo'r rhain neu beidio (er nad yw'n arferol eu treiglo erbyn hyn).
wythfed	trefnol benywaidd	meddal enwau benywaidd	*Yr wythfed ferch*, ond *yr wythfed bachgen.*

*Sylwch: gydag ychydig o eithriadau nid yw'n arfer erbyn heddiw i dreiglo 'diwrnod' yn drwynol.

Y Gair	Rhan Ymadrodd	Treiglad	Enghraifft
y	y fannod	1. meddal enwau benywaidd unigol ac eithrio 'll' a 'rh'	*Y ferch, y fam a'r tad.*
			Y llong a'r rhaff.
		2. ansoddeiriau sy'n dod rhwng 'y' ac enw benywaidd unigol (gan gynnwys 'll' a 'rh') hyd yn oed os dealledig yn unig yw'r enw	*Y lwyd wawr.* *Y leiaf ohonynt.*
			Eithriad: *y cyfryw wraig.*
ychydig	ansoddair	meddal enwau **dim treiglad** ansoddeiriau	*Ychydig fwyd ac ychydig ddiod.* *Ychydig bach; ychydig mwy.*
yn:ym: yng	arddodiad	trwynol	*Yng ngwlad y Tylwyth Teg.* Sylwch: nid yw'r 'yn' yma'n talfyrru i ''n'.
yn	geiryn traethiadol ac adferfol	meddal ac eithrio 'll' a 'rh'	*Yn drwm; yn gyflym; yn ferch dda; yn rhad.*
yn	geiryn berfenwol	**dim treiglad**	*Byddaf yn canu; mae'r tir yn prysur ddiflannu.* Sylwch: ar lafar mae'n ymddangos fel petai'n achosi treiglad, e.e. *Beth rwyt ti'n ddweud?*, oherwydd bod y rhagenw 'ei' wedi'i hepgor; dylid ysgrifennu *Beth rwyt ti'n ei ddweud?*
yr	y fannod	1. meddal enwau benywaidd unigol	*Yr eneth fach unig.*
		2. ansoddeiriau sy'n dod rhwng 'yr' ac enw benywaidd unigol	*Yr arw groes.*

RHAI RHEOLAU YNGLŶN Â'R TREIGLAD MEDDAL

Er bod llawer o reolau ynglŷn â threiglo, dyma grynhoi y prif rai:

Mae **enw** (*eg; eb; ell*), **ansoddair** (*a*) a **berfenw** (*be*) yn treiglo'n feddal:

1.0 Os yw'n dilyn **ansoddair** sy'n ei ddisgrifio, e.e. *hen wraig* (enw), *yn dda ddychrynllyd* (ansoddair), *prysur ddiflannu* (berfenw).

2.0 Os yw'n disgrifio **enw benywaidd**, e.e. *llwy de* (enw), *merch dda* (ansoddair), *cymanfa ganu* (berfenw).

3.0 Pan fydd yn **wrthrych** i ffurf gryno, bersonol **y ferf**, e.e. *ciciodd bêl* (enw), *prynais bob llyfr* (ansoddair), *dechreuodd ganu* (berfenw).

4.0 Os bydd ymyrryd yn rhediad naturiol geiriau sy'n dilyn ei gilydd (sef, yn dilyn sangiad), e.e. *Rhedodd ato gi bach du* (enw); *Ni welwyd na chynt na chwedyn bertach blodau* (ansoddair); *Mae'n dda weithiau gerdded yn y lle hwn* (berfenw).

5.0 Mae **adferf** (*adf*) yn treiglo'n feddal os yw'n dynodi:
  1. cyfnod o amser, e.e. *Bûm yno ddoe; rwy'n mynd fis i heddiw*;
  2. lle neu fan, e.e. *'Ganllath o gopa'r mynydd'*;
  3. dull neu fodd o wneud rhywbeth, e.e. *Rhyw berfformiad rywsut rywsut a gafwyd gan y cwmni*.

Ceir rhestr lawnach ac ymdriniaeth helaethach ar y rheolau hyn yn y llyfryn *Y Treigladur: A Check-list of Welsh Mutations* gan D. Geraint Lewis (Gomer, 1993).

A

a¹ *rhagenw perthynol* gair sy'n cael ei ddefnyddio mewn brawddeg i ddangos at bwy neu beth yn arbennig y mae gweithred yn cyfeirio *(yr asyn a fu farw; yr asyn a welais)* WHO(M), WHICH, THAT

a² *geiryn gofynnol* gair sy'n cael ei ddefnyddio:
  1 ar ddechrau cwestiwn *(A welaist ti'r gath?)*
  2 yng nghanol brawddeg i gyflwyno cwestiwn anuniongyrchol *(Gofynnodd a oeddwn wedi gweld y gath.)*

a³:ac *cysylltair*
  1 gair sy'n cael ei ddefnyddio i gysylltu dau air arall *(ci a chath; oren ac afal)* AND
  2 mae'n cael ei ddefnyddio hefyd gydag arddodiaid i ddynodi meddiant neu berthynas *(gwraig a chanddi lygaid mawr; bwthyn a drws glas iddo; gŵr a theulu ganddo)*
  3 mewn ymadroddion megis *y dyn a'r dyn, y lle a'r lle* ac ati SUCH AND SUCH
  4 wrth ysgrifennu symiau o arian gw. *Atodiad I* t.598

â¹:ag *ardd*
  1 gyda *(Torrodd ei fys â chyllell boced. Llanwodd ei sach ag aur.)* WITH
  2 mewn ymadroddion megis *i ffwrdd â ni, allan â chi!*
  Sylwch: defnyddiwch *â* i ddynodi offeryn *(torri bys â chyllell)*; *gan* i ddynodi pwy sy'n gwneud neu'n rhoi rhywbeth *(cefais lyfr gan fy nhad)* a *gyda* i ddynodi cwmni *(A ddoi di gyda fi i'r dref?)*

â²:ag *cysylltair* geiryn sy'n cael ei ddefnyddio gyda *mor* a *cyn (cyn goched â thwrci, mor brin ag aur)* AS

â³ *bf* mae ef/hi yn **mynd**; bydd ef/hi yn **mynd**

ab:ap *hwn eg* yn fab i; dyma'r ffordd draddodiadol Gymraeg o ddangos perthynas *(Dafydd ap Gwilym, Hywel ab Einion)*; pan ddechreuwyd defnyddio cyfenwau fel y Saeson, cafodd yr *ap* neu'r *ab* ei lyncu gan yr enw a oedd yn dilyn *(ab Einion—Beynon, ap Rhys—Price)* SON OF (ach²)

abacws *hwn eg* ffrâm neu fwrdd â gleiniau sy'n gymorth i rifo ABACUS

abad *hwn eg* (abadau) pennaeth mynaich sy'n byw mewn abaty ABBOT

abades *hon eb* (abadesau) merch sy'n bennaeth ar leianod mewn abaty neu leiandy ABBESS

abaty *hwn eg* (abatai)
  1 adeilad lle y mae mynaich neu leianod yn byw bywyd crefyddol o dan ofal abad neu abades ABBEY
  2 eglwys a fu unwaith yn abaty neu'n rhan o abaty ABBEY

aber *hwn neu hon egb* (aberoedd)
  1 y fan lle y mae un afon yn llifo i afon fwy neu i'r môr; dyma ei ystyr mewn nifer o enwau lleoedd Cymraeg megis *Aberaeron, Aberconwy, Abercynon* ac ati CONFLUENCE, MOUTH OF RIVER (cymer¹)
  2 ffrwd neu nant STREAM

Aberdâr *enw lle* ABERDARE
Aberdaugleddau *enw lle* MILFORD HAVEN
Abergwaun *enw lle* FISHGUARD
Aberhonddu *enw lle* BRECON
Abermo: Y Bermo *enw lle* BARMOUTH
Aberogwr *enw lle* OGMORE-BY-SEA
Aberpennar *enw lle* MOUNTAIN ASH
Abertawe *enw lle* SWANSEA
Aberteifi *enw lle* CARDIGAN
Abertyleri *enw lle* ABERTILLERY

aberth *hwn neu hon egb* (aberthau: ebyrth)
  1 offrwm neu rodd werthfawr a gynigir i Dduw neu i dduwiau SACRIFICE
  2 yr hyn sy'n cael ei aberthu SACRIFICE
  3 rhodd sy'n costio'n ddrud ichi (oherwydd eich bod yn mynd heb rywbeth neu'n dioddef yn sgil y rhoi) SACRIFICE

aberthged *hon eb* yr ysgub o ŷd a blodau'r maes sy'n cael ei chyflwyno yn ystod seremonïau Gorsedd Beirdd Ynys Prydain (yr Orsedd)

abacws
glain

aberthged

a b c ch d dd e f ff g ng h i j (k) l ll m n o p ph r rh s t th u w y (z)

aberthu *be*
  1 lladd anifail fel offrwm i dduw, neu ladd person fel offrwm i dduwiau paganaidd *(Aberthodd y proffwyd Elias fustach i Dduw.)* TO SACRIFICE
  2 dewis rhoi'r gorau i rywbeth neu wneud heb rywbeth er lles rhywun neu rywrai eraill, er bod hynny'n golygu eich bod yn dioddef *(aberthu rhyddid)* TO SACRIFICE

abl *a*
  1 cryf, nerthol STRONG
  2 galluog, medrus, cymwys ABLE
  3 cyfoethog, â digon o arian neu eiddo RICH

absennol *a* gair i ddisgrifio rhywun neu rywbeth sydd i ffwrdd, neu heb fod mewn man arbennig ABSENT

absenoldeb:absenoliad *hwn eg* cyfnod o fod i ffwrdd, heb fod ar gael *(Oherwydd absenoldeb John nid oedd y tîm yn gyfan.)* ABSENCE

absoliwt *a* gair i ddisgrifio rhywbeth sy'n gyflawn ac na fydd yn newid byth ABSOLUTE, COMPLETE

abwyd:abwydyn *hwn eg* (abwydod)
  1 unrhyw beth, yn arbennig bwyd, a fyddai'n denu anifail neu bysgodyn i gael ei ddal BAIT
  2 pryf genwair neu fwydyn EARTHWORM
  3 aelod o ddosbarth yr abwydod WORM
  codi at yr abwyd: llyncu'r abwyd
  1 (am bysgodyn) cymryd abwyd ar wyneb y dŵr TO RISE TO THE BAIT
  2 (am berson) ymateb i rywbeth sy'n cael ei gynnig fel abwyd, naill ai drwy gael eich denu, neu drwy wylltio TO RISE TO THE BAIT

abwydod *hyn ell* enw ar ddosbarth o greaduriaid di-asgwrn-cefn, heb draed na choesau, heb lygaid na chlustiau, sy'n byw yn y pridd, neu mewn dŵr, neu sy'n barasitiaid y tu mewn i blanhigion neu anifeiliaid neu hyd yn oed yng nghorff dyn WORMS

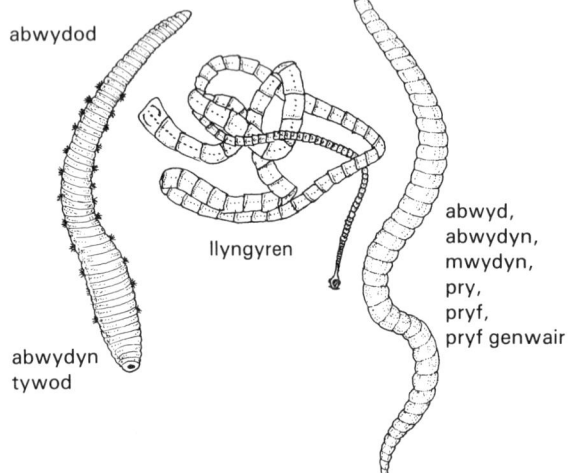

abwydod
llyngyren
abwydyn tywod
abwyd, abwydyn, mwydyn, pry, pryf, pryf genwair

abwydyn y cefn *hwn eg* y llinyn o nerfau sydd y tu mewn i'r asgwrn cefn, madruddyn SPINAL CORD

ac gw. **a³:ac**
  ac ati ac yn y blaen, etc. ET CETERA

academaidd:academig *a* geiriau i ddisgrifio rhywun neu rywbeth:
  1 sy'n ymwneud ag astudio ac ysgolheictod SCHOLARLY
  2 sy'n ymwneud ag ysgol, prifysgol neu goleg *(blwyddyn academaidd)* ACADEMIC
  3 sy'n ymwneud â syniadau annelwig yn hytrach na phethau ymarferol ACADEMIC

academi *hon eb* (academïau)
  1 athrofa, coleg, sefydliad sydd gan amlaf yn cynnig hyfforddiant arbennig *(yr Academi Gerdd Frenhinol)* ACADEMY
  2 cymdeithas o ysgolheigion, llenorion neu artistiaid ACADEMY

acen *hon eb* (acennau:acenion)
  1 y synau hynny sy'n dangos, wrth i rywun siarad, o ba ardal neu o ba wlad y mae'r person hwnnw yn dod ACCENT
  2 pwyslais arbennig ar nodyn cerddorol neu ar ran o air neu ar air cyfan, yn cael ei ddynodi weithiau gan arwydd arbennig ACCENT
  3 arwydd uwchben neu o dan lythyren sy'n cael ei ddefnyddio wrth ysgrifennu neu argraffu geiriau i ddynodi ynganiad, fel ar *gwên, caniatáu, gweddïo* ACCENT (didolnod)

acen ddisgynedig yr acen a ddefnyddir i ddangos bod ynganiad y llafariad yn fyrrach nag arfer, e.e. *jòb, jẁg, clòs* GRAVE ACCENT

acen ddyrchafedig yr acen a ddefnyddir i ddangos bod pwyslais yr ynganiad wedi symud o'r goben, e.e. *casáu, caniatáu, nesáu* ACUTE ACCENT

acen grom to bach yn dangos bod ynganiad y llafariad yn hwy nag arfer, e.e. *jôc, iâr, lôn* CIRCUMFLEX ACCENT

acennu *be* gosod pwyslais arbennig naill ai ar eiriau (e.e. mewn barddoniaeth) neu ar nodau mewn cerddoriaeth TO STRESS, TO ACCENTUATE

acer:acr *hon eb* (aceri) cyfair, cyfer neu erw, darn o dir 4840 llathen sgwâr (4047 metr sgwâr) o faint ACRE

acesia *hwn eg* un o nifer o fathau o goed neu brysgwydd pigog sy'n tyfu mewn gwledydd cynnes ACACIA □ *coed* t.617

acordion *hwn eg* (acordions) offeryn cerdd sy'n cael ei gario gan ei chwaraewr; mae iddo res o nodau neu seinglawr fel piano, megin a chyrs metel; wrth i'r chwaraewr wasgu'r fegin a tharo'r nodau, mae aer yn cael ei wthio trwy'r cyrs i greu'r seiniau ACCORDION

acordion

allweddell — bysellfwrdd

acrobat hwn *eg* (acrobatiaid) person ystwyth ei gorff sy'n perfformio campau gymnasteg anodd ACROBAT

acronym hwn *eg* (acronymau) gair sy'n cael ei greu trwy ddefnyddio llythrennau cyntaf geiriau eraill *(UCAC—Undeb Cenedlaethol Athrawon Cymru; radar—radio detection and ranging)* ACRONYM

acrostig hwn *eg* darn o farddoniaeth neu bos geiriau lle mae llythrennau cyntaf neu olaf pob llinell yn sillafu gair neu frawddeg, e.e.

Noswaith yn nhrymder gaeaf
A'r adar bach yn fud;
Doethion yn dilyn seren
O'r dwyrain, dri ynghyd.

Loetran hwnt ac yma
I holi ple ganed Ef,
Garw fu'r daith at drothwy
Llwm lety Bethlem dref.

Aur, thus a myrr yn offrwm
Wrth blygu yn y gwair;
Ei gyfarch fel Gwaredwr:
Nefolaidd faban Mair.
      William Owen, Borth-y-gest
ACROSTIC

act hon *eb* (actau)
1 gweithred; yn y Beibl gelwir y llyfr sydd yn rhoi hanes gwaith yr Apostolion yn *Llyfr yr Actau* ACT
2 prif raniad mewn drama ACT

actio *be*
1 perfformio mewn drama TO ACT
2 dynwared rhywun neu rywbeth TO IMITATE
3 chwarae rhan neu ymddwyn er mwyn twyllo TO ACT

actor hwn *eg* (actorion) dyn sy'n actio (mewn drama, fel arfer) ACTOR

actores hon *eb* (actoresau) dynes sy'n actio ACTRESS

acw *adf*
1 yna, fan draw, nid yma THERE
2 (ar lafar) fy/ein tŷ neu bentref *(Pam na ddewch chi acw am baned o de?)* (yma)

acwariwm hwn *eg* (acwaria)
1 tanc neu danciau i gadw anifeiliaid y dŵr neu bysgod AQUARIUM
2 yr adeilad lle mae'r tanciau'n cael eu cadw AQUARIUM

acwsteg hon *eb*
1 nodweddion ystafell neu neuadd sy'n effeithio ar natur a safon y seiniau a glywir ynddi ACOUSTICS
2 astudiaeth wyddonol o seiniau a natur sŵn ACOUSTICS

ach¹ hon *eb* (achau) llinach neu dras, sef rhestr o'r hynafiaid y mae teulu neu unigolion wedi disgyn ohonynt *(Mae'n gallu olrhain ei achau yn ôl am ganrifoedd.)* LINEAGE, PEDIGREE □ *teulu*
ers achau ers amser FOR AGES

ach² hon *eb* yn ferch i *(Marged ach Ifan)* DAUGHTER OF (ab:ap)

achlysur hwn *eg* (achlysuron)
1 amser, adeg, tro *(Rydw i wedi bod yno ar sawl achlysur.)* OCCASION
2 digwyddiad arbennig *(Fel arfer, mae dathlu pen blwydd yn ddeunaw oed yn achlysur arbennig.)* OCCASION

achlysurol *a* bob yn hyn a hyn, weithiau, heb fod yn rheolaidd OCCASIONAL

achos¹ hwn *eg* (achosion)
1 person neu beth sy'n peri i rywbeth ddigwydd *(Beth oedd achos y ddamwain?)* CAUSE
2 rheswm *(Does ganddi ddim achos poeni.)* CAUSE
3 rhywbeth (mudiad gwirfoddol neu elusennol fel arfer) y mae pobl yn casglu ato *(At ba achos yr ydych chi'n casglu?)* CAUSE
4 capel neu gynulliad enwadol *(Oes 'na achos gan y Bedyddwyr yn Aberaeron?)*
5 plaid neu fudiad gwleidyddol PARTY, MOVEMENT
6 mater i lys barn benderfynu yn ei gylch *(Mae nifer o achosion i ddod o flaen y barnwr heddiw.)* CASE

achos da corff neu fudiad dyngarol sy'n haeddu cefnogaeth GOOD CAUSE

yn achos parthed, ynglŷn â *(Ond yn achos ei fam mae'r sefyllfa yn wahanol.)* IN THE CASE OF

achos² *ardd* oherwydd, oblegid *(Rhedodd y bachgen i ffwrdd o achos y ci.)* BECAUSE

achos³ *cysylltair* oherwydd, oblegid *(Doedd hi ddim yn gallu canu achos ei bod hi wedi colli'i llais.)* BECAUSE

a b c ch d dd e f ff g ng h i j (k) l ll m n o p ph r rh s t th u w y (z)

achosi *be* peri i rywbeth ddigwydd TO CAUSE

achub *be*
1 cadw neu arbed rhywun neu rywbeth rhag niwed neu berygl (*Wrth wthio'r pram o ffordd y car achubodd fywyd y babi.*) TO SAVE
2 yn grefyddol, gwaith Iesu Grist yn rhyddhau dynion o afael pechod TO SAVE

achub cam amddiffyn rhywun neu rywbeth sy'n cael ei feio ar gam (*Neidiodd Wil ar ei draed i achub cam ei gyfaill pan glywodd yr athro yn ei gyhuddo ef o dorri'r ffenestr.*) TO DEFEND

achub y blaen [ar] rhag-weld rhywbeth, a gweithredu cyn iddo ddigwydd; gwneud rhywbeth cyn i rywun arall ei wneud (*Rhedodd Siân nerth ei thraed o'r ysgol i'r siop, er mwyn achub y blaen ar weddill y dosbarth a bod yn gyntaf yn y ciw.*) TO FORESTALL

achub y cyfle dal ar ddigwyddiad neu amser sydd o fantais i rywun (*'Gan eich bod i gyd yma heddiw, rwyf am achub y cyfle i ddweud wrthych beth i'w ddysgu ar gyfer yr arholiad,' meddai'r athro wrth y dosbarth.*) TO TAKE THE OPPORTUNITY

achubol *a* gair i ddisgrifio rhywun neu rywbeth sy'n achub SAVING

achubwr:achubydd *hwn eg* (achubwyr) rhywun sy'n achub SAVIOUR

achwyn [am, ar, yn erbyn] *be* cwyno, grwgnach, gweld bai, cario clecs TO COMPLAIN

achwyngar *a* gair i ddisgrifio rhywun neu rywbeth sy'n hoff o achwyn; cwynfanllyd COMPLAINING

achwyniad *hwn eg* (achwyniadau) cwyn fod rhywbeth o'i le COMPLAINT

achwynwr:achwynydd *hwn eg* (achwynwyr)
1 person sy'n achwyn GRUMBLER
2 rhywun sy'n dwyn achos cyfreithiol yn erbyn rhywun arall PLAINTIFF

ad... : at... *rhagddodiad* mae'n cael ei ddefnyddio weithiau ar ddechrau gair i olygu:
1 tra, ... iawn (*atgas*, cas iawn) VERY
2 ail, eilwaith, drachefn (*adlais*, *adennill*)

adain:aden *hon eb* (adenydd)
1 y rhan o'r corff sy'n galluogi aderyn neu bryfyn i hedfan WING □ *aderyn*
2 darn ynghlwm wrth ochr adeilad, llwyfan neu awyren WING
3 un o'r barrau sy'n cysylltu canol olwyn wrth ei hymyl; braich olwyn SPOKE □ *gambo*
4 asgell pysgodyn; darn tebyg i wyntyll ar ochr pysgodyn ac wrth ei gynffon; mae'n ei ddefnyddio i nofio neu i gadw ei le yn y dŵr FIN □ *pysgodyn*
5 gogwydd neu bwyslais gwleidyddol (i'r dde geidwadol neu'r chwith sosialaidd) (*Mae'n perthyn i adain chwith y blaid.*) WING

dan aden dan ofal UNDER THE WING

adar *hyn ell* mwy nag un **aderyn** □ gw. t.607

adar o'r unlliw pobl sy'n debyg i'w gilydd BIRDS OF A FEATHER

adar ysglyfaethus adar sy'n lladd anifeiliaid eraill ac yn bwyta eu cig, e.e. boda, eryr a thylluan BIRDS OF PREY □ *gwalch*

adara *be* hela neu ddal adar TO FOWL

adareg *hon eb* astudiaeth o adar ORNITHOLOGY

adarfogi *be* crynhoi arfau eto ar ôl eu rhoi heibio unwaith TO REARM

adargraffiad *hwn eg* (adargraffiadau) argraffiad arall REPRINT

adarwr *hwn eg* (adarwyr) un sy'n hela adar FOWLER, BIRD-CATCHER

adarydd:aderydd *hwn eg* (adaryddion) un sy'n astudio adar ORNITHOLOGIST

adborth *hwn eg* (adborthion) gwybodaeth sy'n cael ei rhoi i berson, i beiriant neu i fusnes ynglŷn â chanlyniadau rhyw weithgarwch ac sy'n cael ei defnyddio'n aml i newid rhyw gymaint ar y gweithgarwch hwnnw FEEDBACK

ad-daliad *hwn eg* (ad-daliadau)
1 taliad yn ôl (arian fel arfer) REPAYMENT
2 iawndal, tâl cyfwerth â rhywbeth a gollwyd COMPENSATION

ad-drefnu *be* ail-lunio neu ailwampio rhywbeth TO REORGANIZE

adeg *hon eb* (adegau) amser, tymor, cyfnod arbennig o'r flwyddyn (*adeg y Nadolig*) TIME

ar adegau weithiau SOMETIMES

adeilad *hwn eg* (adeiladau) yn wreiddiol, lloches arbennig wedi'i godi gan ddyn (neu ddynion) i'w ddiogelu rhag y tywydd a rhag ei elynion, e.e. tŷ, neuadd, castell; erbyn hyn unrhyw neuadd, ystafell neu gyfres o ystafelloedd sefydlog megis ffatri, llyfrgell, eglwys ac ati BUILDING

adeiladol *a* gair i ddisgrifio rhywbeth, yn arbennig beirniadaeth, sy'n ceisio gwella a chadarnhau EDIFYING, CONSTRUCTIVE

adeiladu *be*
1 codi adeilad, wal, ffordd ac ati TO BUILD, TO CONSTRUCT
2 codi, saernïo, llunio (*Adeiladodd y cwmni allan o ddim.*) TO BUILD

adeiladwaith *hwn eg*
1 rhywbeth wedi'i adeiladu, gan gynnwys pethau llai nag adeiladau CONSTRUCTION

2 y ffordd y mae rhywbeth wedi cael ei adeiladu neu'i ffurfio; fframwaith, saernïaeth STRUCTURE

adeiledd hwn *eg* (adeileddau) y ffordd y mae pethau wedi'u gosod at ei gilydd er mwyn adeiladu rhywbeth; strwythur STRUCTURE

aden gw. **adain:aden**

adennill *be* cael neu ennill rhywbeth yn ôl ar ôl ei golli TO REGAIN

adenydd hyn *ell* mwy nag un **adain:aden**

aderydd gw. **adarydd: aderydd**

aderyn hwn *eg* (adar)
1 anifail â phlu ac adenydd sy'n dodwy wyau BIRD ☐ *adar* t.607
2 enw ar lafar ar rywun direidus, cyfrwys, afieithus *(Tipyn o dderyn yw e.)* LAD (ceiliog, iâr, cyw, haid)

aderyn bach rhywun, heb ei enwi, sydd wedi dweud rhyw hanes neu stori *(Dywedodd aderyn bach wrthyf.)* A LITTLE BIRD

aderyn brith cymeriad amheus SHADY CHARACTER

aderyn drycin rhywun sydd mewn helynt o hyd STORMY PETREL

aderyn-drycin Manaw MANX SHEARWATER

aderyn-drycin y graig FULMAR, PETREL

aderyn du BLACKBIRD

aderyn y bwn BITTERN

aderyn y ddrycin STORMY PETREL (gw. hefyd **aderyn drycin**)

aderyn y to SPARROW

adfach hwn *eg* y rhan finiog sy'n gwthio allan ac yn wynebu am yn ôl ar fachyn neu flaen saeth BARB

adfail hwn neu hon *egb* (adfeilion) murddun, olion hen adeilad sydd wedi cwympo RUIN

adfeilio *be* dirywio, cwympo'n adfail, dadfeilio TO FALL INTO DECAY

Adfent hwn *eg* enw'r Eglwys ar y pedwar Sul cyn y Nadolig ADVENT

adfer[1] *a* gair i ddisgrifio rhywun neu rywbeth sy'n ceisio dwyn rhai yn ôl i fywyd neu iechyd, i iawn bwyll neu lefel uwch o addysg REMEDIAL

adfer[2] *be* dwyn rhywun neu rywbeth yn ôl (i'w gyflwr blaenorol, i iechyd ac ati) TO RESTORE (edfryd)

adferf hwn neu hon *egb* (adferfau) gair fel *ddoe* neu *gartref* sydd yn rhoi ystyr mwy pendant i ferf neu ansoddair; gair sy'n cael ei ddilyn gan *adf* yn y geiriadur hwn *(Gwelais ef ddoe. Bydd yn well gartref.)* ADVERB

adferiad hwn *eg* y cyfnod neu'r gwaith o adennill, o adfer RECOVERY

adfyd hwn *eg* poen meddwl, gofid, trallod, gwrthwyneb gwynfyd ADVERSITY, AFFLICTION

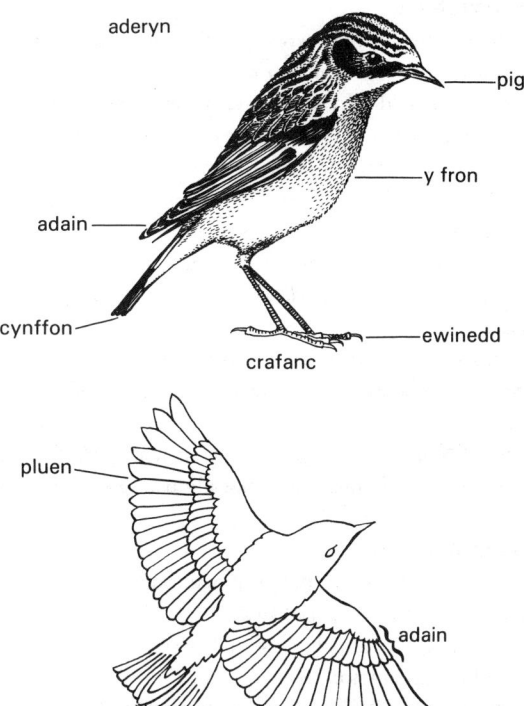

adfywiad hwn *eg* (adfywiadau) canlyniad adfywio REVIVAL

adfywio *be* dod â bywyd ac asbri yn ôl i rywbeth TO REVIVE

adfywiol *a* gair i ddisgrifio rhywun neu rywbeth sy'n adfywio REVIVING, REFRESHING

adio *be* ychwanegu rhifau at ei gilydd, e.e. $1 + 2 + 4 = 7$ TO ADD

adiolyn hwn *eg* (adiolion) sylwedd sy'n cael ei ychwanegu at sylwedd arall er mwyn ei gadw rhag pydru neu er mwyn iddo weithredu'n fwy effeithiol; ychwanegyn *(Mae rhai pobl yn meddwl bod gormod o adiolion mewn bwydydd parod.)* ADDITIVE

adladd hwn *eg* yr ail gnwd o wair sy'n tyfu yn yr un haf, ar ôl lladd y gwair cyntaf AFTERMATH

adlais hwn *eg* (adleisiau) atsain, ailadroddiad llai eglur o rywbeth sydd eisoes wedi bod; yr ail-ddweud a ddaw yn ôl o garreg ateb; eco ECHO

adlam hwn *eg* (adlamau) sbonc yn ôl oddi ar rywbeth caled REBOUND

cic adlam gw. **cic**

adleisio *be* atseinio TO ECHO

adlen hon *eb* (adlenni) darn o gynfas neu blastig a ddefnyddir i gysgodi ffenestr siop; neu yn babell ychwanegol yn ymyl carafán ac ati AWNING

a b c ch d dd e f ff g ng h i j (k) l ll m n o p ph r rh s t th u w y (z)

adlewyrchu *be*
1 taflu goleuni neu wres yn ôl *(Roedd yr haul yn adlewyrchu ar y ffenestr.)* TO REFLECT
2 creu delwedd fel y mae drych yn ei wneud *(Roedd ei hwyneb yn cael ei adlewyrchu yn y llyn.)* TO REFLECT
3 cael effaith neu ddylanwad ar rywbeth *(Mae costau cludiant yn cael eu hadlewyrchu ym mhrisiau'r nwyddau.)* TO REFLECT
4 dwyn bri neu anfri ar rywun neu rywbeth *(Roedd eu hymddygiad yn y gwersyll yn adlewyrchu'n ddrwg ar yr ysgol.)* TO REFLECT
adlewyrchydd *hwn eg* unrhyw beth, e.e. drych neu fetel gloyw, sy'n achosi i oleuni neu wres gael ei daflu yn ôl REFLECTOR
adloniadol *a* gair i ddisgrifio rhywun neu rywbeth sy'n ymwneud ag adloniant, sy'n rhoi adloniant neu'n difyrru ENTERTAINING, RECREATIONAL
adloniant *hwn eg*
1 difyrrwch, rhywbeth diddorol neu foddhaol sy'n denu sylw am gyfnod ENTERTAINMENT
2 y difyrion y mae pobl yn eu dilyn yn ystod eu horiau hamdden RECREATION
adlyn *hwn eg* (adlynion) unrhyw ddeunydd gludiog sy'n cael ei ddefnyddio i lynu pethau wrth ei gilydd ADHESIVE
adlynol *a* gair i ddisgrifio rhywbeth sydd ag adlyn neu lud drosto, sydd yn mynd i lynu ADHESIVE
adnabod *be*
1 gwybod pwy yw rhywun neu beth yw rhywbeth, a gallu gwahaniaethu rhyngddo ac unrhyw un neu unrhyw beth arall *(Wyt ti'n adnabod Jane?)* TO KNOW, TO RECOGNIZE
2 bod yn gyfarwydd â rhywun neu rywbeth *(Cefais fy magu yma—rwy'n adnabod yr ardal yn dda.)* TO KNOW (adnebydd, adwaen, adweinid, edwyn)
adnabyddiaeth *hon eg* gwybodaeth am berson neu am beth KNOWLEDGE
adnabyddus *a* gair i ddisgrifio rhywun neu rywbeth y mae llawer yn ei adnabod WELL-KNOWN
adnebydd *bf*
1 bydd ef/hi yn **adnabod**
2 gorchymyn i ti **adnabod**
adnewyddu *be*
1 gwneud i rywbeth edrych fel newydd; atgyweirio *(Mae adeiladwyr wrthi'n adnewyddu to'r ysgol.)* TO RENOVATE
2 ailgychwyn fel petai o'r newydd, ailsefydlu, ailddechrau *(Rwy'n adnewyddu fy aelodaeth o'r clwb.)* TO RENEW
adnod *hwn neu hon egb* (adnodau) un rhan o bennod o'r Beibl VERSE
adnoddau *hyn ell*
1 casgliad o bethau defnyddiol wrth gefn *(Mae angen llawer o adnoddau megis llyfrau, peiriannau fideo ac offer labordy ar ysgol uwchradd.)* RESOURCES
2 pobl neu nodweddion personol sydd o fantais i unigolyn neu grŵp *(Mae digon o adnoddau gan y tîm i ennill y cwpan eleni.)*
adolygiad *hwn eg* (adolygiadau) beirniadaeth neu werthfawrogiad o lyfr neu berfformiad neu ffilm REVIEW
adolygu *be*
1 bwrw golwg dros rywbeth a'i ailystyried TO REVIEW, TO REVISE
2 beirniadu neu werthfawrogi llyfr neu berfformiad neu ffilm TO REVIEW
3 astudio eto (gwersi sydd wedi'u dysgu) *(adolygu ar gyfer arholiad)* TO REVISE
adolygwr:adolygydd *hwn eg* (adolygwyr) rhywun sy'n adolygu REVIEWER
adran *hon eb* (adrannau) israniad, enw ar un darn ymhlith nifer sy'n rhan o uned fwy SECTION, DEPARTMENT
adref *adf* tua thref, i gyfeiriad cartref HOMEWARDS (gartref)
adrodd *be*
1 dweud, traethu *(adrodd stori)* TO RELATE
2 datgan (barddoniaeth yn arbennig) wrth gynulleidfa TO RECITE
3 paratoi cofnodion a sylwadau ar destun arbennig TO REPORT (edrydd)
adroddiad *hwn eg* (adroddiadau)
1 darn adrodd (2 uchod) RECITATION
2 cofnodion neu sylwadau ar destun arbennig (3 uchod) REPORT
3 sylwadau ar sut mae person wedi gweithio neu ymddwyn yn ystod cyfnod arbennig *(adroddiad ysgol)* REPORT
adroddwr *hwn eg* (adroddwyr) rhywun sy'n adrodd ELOCUTIONIST
aduniad *hwn eg* (aduniadau) achlysur i grŵp arbennig o bobl ailgyfarfod â'i gilydd wedi cyfnod o amser REUNION
aduno *be* ailuno, dod yn ôl at ei gilydd TO REUNITE
adwaen *bf*
1 rwy'n **adnabod** *(Adwaen i fy mam.)*
2 mae ef/hi yn **adnabod**; edwyn *(Adwaen y ci ei feistr.)*
adwaith *hwn eg* (adweithiau)
1 ymateb i symbyliad neu ysgogiad *(Beth oedd adwaith dy rieni pan ddywedaist wrthynt dy fod yn mynd i briodi?)* REACTION
2 (yn wyddonol):
i) grym a gynhyrchir gan gorff wrth ymateb i rym arall REACTION
ii) y newid sy'n digwydd i sylwedd cemegol wrth i sylwedd arall gael effaith arno REACTION

adweinid *bf* byddai ef/hi yn cael ei (h)adnabod

adweithio *be* ymateb i symbyliad TO REACT

adweithiol *a* gair i ddisgrifio rhywun neu rywbeth sydd yn erbyn newid, sydd o blaid glynu wrth yr hen drefn REACTIONARY

adweithydd *hwn eg* (adweithyddion) sylwedd cemegol sy'n ymateb mewn ffordd arbennig i sylwedd arall ac felly'n profi ei fod yno REAGENT

adweithydd niwclear yr adeilad y mae adweithiau niwclear yn digwydd ynddo NUCLEAR REACTOR

adwerthu *be* mân-werthu TO RETAIL

adwerthwr *hwn eg* (adwerthwyr) mân-werthwr RETAILER

adwy *hon eb* (adwyau:adwyon) bwlch mewn caer, mynydd, rheng, clawdd ac ati GAP, BREACH

dod i'r adwy llenwi'r bwlch ar adeg o argyfwng TO STEP INTO THE BREACH

adwyo *be* creu bwlch neu adwy TO BREACH

adyn *hwn eg* dihiryn, cnaf, dyn drwg SCOUNDREL

addas *a* teilwng, cymwys neu briodol *(Mae gwisgo cenhinen yn addas ar gyfer Dydd Gŵyl Dewi.)* SUITABLE, FITTING

addasiad *hwn eg* (addasiadau) rhywbeth sydd wedi cael ei gymhwyso neu ei newid er mwyn ei wneud yn addas ADAPTATION

addasrwydd:addaster *hwn eg* cymhwyster neu briodoldeb ar gyfer rhywbeth SUITABILITY

addasu *be* cymhwyso neu newid rhywbeth i'w wneud yn addas TO ADAPT

addasydd *hwn eg* (addasyddion)
1 plwg trydan arbennig sydd naill ai'n caniatáu i fwy nag un plwg arall gael eu defnyddio o'r un soced ag ef, neu sy'n caniatáu i blwg weithio mewn soced na fyddai'n ffitio oni bai am yr addasydd ADAPTOR
2 unrhyw declyn sy'n cyplysu dau neu ragor o bethau tebyg nad oeddynt wedi'u cynllunio i'w cysylltu â'i gilydd yn wreiddiol ADAPTOR

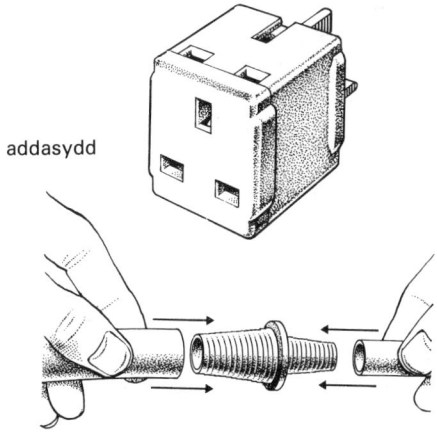
addasydd

3 person sy'n addasu rhywbeth *(Ef oedd awdur y nofel a'i haddasydd ar gyfer y teledu.)* ADAPTOR

addawaf *bf* rwy'n **addo**; byddaf yn **addo**

addawol *a* gair i ddisgrifio rhywun neu rywbeth sy'n dangos arwyddion y gallai fod yn dda iawn yn y dyfodol; gobeithiol PROMISING, AUSPICIOUS

addef *be* cyffesu neu gyfaddef TO CONFESS, TO ADMIT (eddyf)

addewi *bf* rwyt ti'n **addo**; byddi di'n **addo**

addewid *hwn neu hon egb* (addewidion) geiriau person sy'n ei rwymo i wneud neu i beidio â gwneud rhywbeth PROMISE

addfwyn *a* teg, hyfryd, tyner a mwyn; gostyngedig GENTLE, MEEK

addfwynder *hwn eg* tynerwch, tegwch, mwynder GENTLENESS

addo *be*
1 rhoi eich gair, rhoi addewid TO PROMISE
2 arwain person i ddisgwyl canlyniad arbennig *(Mae'n addo glaw.)* (addawaf, addewi)

addod gw. **wy addod**

addoldy *hwn eg* (addoldai) lle i addoli, capel, eglwys, teml PLACE OF WORSHIP

addolgar *a* gair i ddisgrifio rhywun neu rywbeth sy'n ymroi i addoli *(gweddi addolgar)* DEVOUT

addoli *be*
1 plygu'n isel mewn gwrogaeth o flaen Duw, neu dduwiau TO WORSHIP
2 caru rhywun neu rywbeth yn fawr neu'n ormodol *(Mae cybydd yn addoli arian.)* TO WORSHIP

addoliad *hwn eg* (addoliadau) gwasanaeth crefyddol; y weithred o addoli SERVICE

addolwr *hwn eg* (addolwyr) rhywun sy'n addoli WORSHIPPER

adduned *hon eb* (addunedau)
1 addewid o ddifrif i Dduw VOW
2 penderfyniad cryf *(adduned ar ddechrau blwyddyn)* RESOLUTION

addunedu *be* addo rhywbeth o ddifrif *(Rwy'n addunedu y byddaf yn rhoi'r gorau i ysmygu.)* TO VOW

addurn:addurniad *hwn eg* (addurniadau) rhywbeth sydd wedi'i fwriadu i ychwanegu at brydferthwch neu harddwch rhywun neu rywbeth DECORATION

addurnedig *a* gair i ddisgrifio rhywbeth sydd wedi cael ei addurno, sydd wedi cael ei harddu DECORATED

addurniadol *a* gair i ddisgrifio rhywun neu rywbeth sy'n prydferthu neu'n harddu DECORATIVE

addurno *be* prydferthu, harddu rhywun neu rywbeth *(Y noson cyn y Nadolig, byddwn yn addurno'r goeden.)* TO DECORATE

a b c ch d dd e f ff g ng h i j (k) l ll m n o p ph r rh s t th u w y (z)

addysg *hon eb* yr hyfforddiant a'r wybodaeth sy'n cael eu trosglwyddo wrth feithrin a chodi neu fagu rhywun (megis plentyn) neu rywbeth EDUCATION

addysgiadol *a* gair i ddisgrifio rhywbeth sy'n addysgu, sy'n trosglwyddo gwybodaeth *(Ydy hi'n rhaglen addysgiadol?)* EDUCATIONAL

addysgol *a* gair i ddisgrifio rhywun neu rywbeth sy'n ymwneud ag addysg EDUCATIONAL

addysgu *be* hyfforddi, trosglwyddo gwybodaeth i berson neu anifail TO EDUCATE, TO TEACH

aeddfed *a* gair i ddisgrifio:
1 rhywbeth (yn arbennig ffrwyth) sydd yn barod i'w gynaeafu neu i'w gasglu neu i'w fwyta RIPE
2 dolur sydd wedi casglu neu grynhoi pen GATHERED
3 rhywun neu rywbeth sydd wedi cyrraedd ei lawn dwf MATURE (aeddfeted, aeddfetach, aeddfetaf)

aeddfedrwydd *hwn eg* yr hyn sy'n nodweddiadol o rywun neu rywbeth aeddfed MATURITY

aeddfedu *be* tyfu'n aeddfed TO MATURE

ael *hon eb* (ael[i]au) y darn o'r talcen uwchben y llygaid lle y mae blew yn tyfu EYEBROW □ *corff* t.630

ael y bryn pen uchaf bryn, mynydd neu lechwedd BROW OF HILL

codi aeliau mynegi (heb ddweud dim) syndod a beirniadaeth TO RAISE ONE'S EYEBROWS

aelod *hwn neu hon egb* (aelodau)
1 un o brif rannau'r corff, e.e. braich neu goes LIMB
2 rhywun sy'n perthyn i deulu neu dylwyth MEMBER
3 rhywun sy'n perthyn i glwb neu eglwys neu dîm MEMBER

aelod seneddol un sy'n cael ei ethol gan drigolion etholaeth arbennig i'w cynrychioli yn Nhŷ'r Cyffredin, AS MEMBER OF PARLIAMENT

aelodaeth *hon eb* y cyfnod neu'r cyflwr o fod yn aelod o gymdeithas neu eglwys MEMBERSHIP

aelwyd *hon eb* (aelwydydd)
1 cartref, y lle y mae person yn byw ynddo HOME
2 y lle tân yn y cartref HEARTH

Aelwyd cangen o Urdd Gobaith Cymru ar gyfer pobl ifainc

AEM *byrfodd* Arolygw(y)r (Ysgolion) Ei Mawrhydi HER/HIS MAJESTY'S INSPECTOR(S), HMI

aer[1] *hwn eg* y cymysgedd hwnnw o nwyon yr ydym yn ei anadlu ond na allwn ei weld; awyr, awel AIR

aer[2] *hwn eg* y mab sy'n etifeddu eiddo; etifedd HEIR

aer-dynn:aerglos *a* geiriau i ddisgrifio rhywbeth sydd wedi'i gau mor dynn fel na all awyr fynd i mewn iddo na dianc ohono AIRTIGHT

aeres *hon eb* (aeresau) y ferch (mewn teulu) sy'n etifeddu eiddo'r teulu HEIRESS

aerglos gw. **aer-dynn: aerglos**

aerobig *a* (yn dechnegol) gair i ddisgrifio rhywbeth byw sy'n defnyddio ocsygen neu y mae angen ocsygen arno *(organebau aerobig)* AEROBIC

aeron *hyn ell* ffrwythau, grawn BERRIES, FRUIT □ *ffrwythau* t.624

aerosol *hwn eg* tun y mae hylif yn cael ei gadw ynddo o dan wasgedd nwy neu awyr; pan ryddheir yr hylif mae'n cael ei ollwng yn chwistrelliad o ddafnau mân AEROSOL

aerwy *hwn eg* (aerwyau:aerwyon)
1 hen air am gadwyn addurnedig am wddf neu wallt TORQUE, CHAIN
2 coler neu gadwyn am wddf anifail YOKE, COW-COLLAR

aerwy

aeth *bf* bu iddo ef/hi fynd [**mynd**]

af... *rhagddodiad* ffurf ar **an...** sy'n cael ei defnyddio ar ddechrau gair i wrth-ddweud neu negyddu'r hyn sy'n ei dilyn *(afreolaidd,* heb fod yn rheolaidd; *afiach,* heb fod yn iach)

afal *hwn eg* (afalau) ffrwyth yr afallen (coeden afalau) APPLE □ *ffrwythau* t.000

afal freuant y darn hwnnw ar flaen y gwddf y gallwch ei weld yn symud pan fydd dyn yn siarad neu'n yfed ADAM'S APPLE

afal pin PINEAPPLE □ *ffrwythau* t.625

afalau surion CRAB APPLES □ *coed* t.615

afalans *hwn eg* (afalansau) rhuthr o dunelli o eira neu bridd yn syrthio i lawr mynydd; eirlithriad AVALANCHE □ t.637

afallen *hon eb* (afallennau) coeden afalau APPLE TREE

afan coch *hyn ell* (mwy nag un **afanen** *hon eb*); mafon, ffrwythau bach coch RASPBERRIES □ *ffrwythau* t.626

afanc *hwn eg* (afancod)
1 math o anghenfil chwedlonol yn byw yn y dŵr
2 llostlydan, anifail bach blewog â chynffon lydan sy'n byw mewn dŵr ac sy'n adeiladu argaeau ar draws nentydd BEAVER □ *mamolyn*

afiach *a* gair i ddisgrifio rhywun neu rywbeth:
  1 nad yw'n iachus UNHYGIENIC, DIRTY
  2 sy'n sâl, yn dost, heb fod yn iach ILL
  3 gwrthun, tebyg o wneud drwg *(Mae eu hagwedd at yr iaith yn hollol afiach.)*

afiaith *hwn eg* hwyl, sbort, sbri, bwrlwm o fywyd ZEST, GLEE

afiechyd *hwn eg* (afiechydon) salwch, gwaeledd, clefyd fel y frech goch neu gancr ILLNESS, DISEASE

afieithus *a* gair i ddisgrifio rhywun neu rywbeth llawn afiaith EXUBERANT

aflafar *a* gair i ddisgrifio sŵn cas, uchel neu gras, neu rywun neu rywbeth sy'n gwneud sŵn felly HARSH

aflan *a*
  1 afiach, heb fod yn lân; budr, brwnt UNCLEAN
  2 (am feddwl, iaith ac ati) anweddus, aflednais INDECENT, OBSCENE

aflednais *a* cwrs, garw mewn iaith neu ymddygiad, heb fod yn fwyn nac yn chwaethus COARSE

aflem *gw.* **ongl**

aflendid *hwn eg* baw, budreddi, bryntni, pydredd—sef yr hyn sydd yn gwneud rhywun neu rywbeth yn aflan FILTH

aflêr *a* blêr, anniben, anhrefnus, heb fod yn dwt nac yn daclus UNTIDY

aflonydd *a* anesmwyth, diorffwys, cyffrous, anghysurus RESTLESS, UNEASY

aflonyddu [ar] *be*
  1 cyffroi, poeni, blino, tarfu ar dawelwch *(Paid ag aflonyddu arna i.)* TO DISTURB
  2 anesmwytho, dechrau bod yn aflonydd *(Byddai'n cael yr un freuddwyd bob nos ac yn aflonyddu yn ei chwsg tua'r un amser bob tro.)* TO BECOME RESTLESS

afloyw *a* gair i ddisgrifio rhywbeth na allwch weld trwyddo, sydd heb fod yn glir nac yn loyw; gwrthwyneb tryloyw DULL, UNCLEAR, OPAQUE

aflunio *be*
  1 gwyrdroi, tynnu neu wyro o'r ffurf gywir TO DISTORT
  2 gwneud yn gam neu yn hyll TO DISFIGURE

aflwydd *hwn eg* er ei fod yn golygu trychineb yn y gorffennol, gan amlaf gair llanw ydyw heddiw, e.e. *sut aflwydd? pam aflwydd?* sef, sut yn y byd? pam ar y ddaear?

aflwyddiannus *a* gair i ddisgrifio rhywun neu rywbeth sydd wedi methu, nad yw'n llwyddo UNSUCCESSFUL

aflwyddiant *hwn eg* (aflwyddiannau) anlwc, anffawd, methiant MISFORTUNE

aflywodraethus *a* gair i ddisgrifio rhywun neu rywbeth nad oes modd ei reoli na'i gadw mewn trefn; afreolus, anhydrin UNCONTROLLABLE

afon *hon eb* (afonydd) ffrwd gref o ddŵr yn llifo i'r môr, i lyn neu i afon fwy *(Afon Teifi, Afon Dyfrdwy)* RIVER

Sylwch: fel arfer, ni ddefnyddir y fannod o flaen enwau afonydd mewn Cymraeg ysgrifenedig *(Afon Teifi* **nid** *Yr Afon Teifi)* ac eithrio *Y Fenai* ac *Yr Iorddonen.*

Afon Menai *enw afon* MENAI STRAITS

afonig *hon eb* afon fechan, nant fach RIVULET

afradlon *a* gair i ddisgrifio rhywun sy'n byw bywyd ofer, gwastraffus PRODIGAL, EXTRAVAGANT

afradlondeb:afradlonedd *hwn eg* gwastraff, gormodedd, oferedd EXTRAVAGANCE

afradu *be* gwastraffu, difetha TO SPOIL, TO WASTE

afreal *a* gair i ddisgrifio rhywun neu rywbeth dychmygol, nad yw'n bod neu na ddylai fod yn bosibl mewn gwirionedd UNREAL

afreolaidd *a* gair i ddisgrifio rhywun neu rywbeth nad yw'n cadw rheolau, sy'n anarferol, sy'n anghyson IRREGULAR

afreolus *a* gair i ddisgrifio rhywun neu rywbeth sy'n creu cyffro, na ellir ei reoli; gwyllt UNCONTROLLABLE

afresymol *a* gair i ddisgrifio rhywun neu rywbeth gwrthun, nad yw'n deg ei ddisgwyl, nad yw'n rhesymol UNREASONABLE

afrifed *a* gair i ddisgrifio pethau y mae cymaint ohonynt fel na ellir eu rhifo; dirifedi INNUMERABLE

afrosgo *a* lletchwith, trwstan, trwsgl UNGAINLY, CLUMSY

afu *hwn neu hon egb*
  1 iau, chwarren fwyaf y corff, sy'n puro'r gwaed ac yn cynhyrchu bustl LIVER □ *corff* t.630
  2 y chwarren yma o gorff dafad, buwch neu fochyn y gallwch ei fwyta fel cig LIVER

afu glas *hwn eg* glasog, ail stumog aderyn lle mae bwyd yn cael ei chwalu'n fân GIZZARD

afwyn *hon eb* (afwynau) awen, llinyn ynghlwm wrth ffrwyn a ddefnyddir i lywio a rheoli anifail REIN □ *ceffyl*

affliw *hwn eg* (gair llafar) mymryn, tamaid, gronyn SHRED, PARTICLE

  affliw o ddim dim tamaid, dim o gwbl NOTHING AT ALL

Affricanes *hon eb* merch neu wraig sy'n dod o Affrica

Affricanwr *hwn eg* (Affricanwyr) gŵr sy'n dod o Affrica AFRICAN

affwysol *a* gair i ddisgrifio:
  1 rhywbeth rhy ddwfn i'w fesur DEEP, UNFATHOMABLE
  2 rhywbeth chwerthinllyd o wael ABYSMAL, PATHETIC

ag *gw.* **â:ag**

agen *hon eb* (agennau) hollt, bwlch, adwy GAP

agendor:gagendor *hwn neu hon egb*
  1 hollt, bwlch, adwy GAP
  2 dyfnder, pwll diwaelod ABYSS

ager *hwn eg* stêm, tawch dŵr berw, anwedd STEAM

  peiriant ager peiriant sy'n cael ei weithio gan ager STEAM ENGINE

agnostig hwn *eg* (agnostigiaid) un nad yw'n credu bod gwybodaeth am Dduw neu fywyd tragwyddol yn bosibl AGNOSTIC

agor *be*
1 symud rhwystr i fynd i mewn i le, neu rwyddhau ffordd; gwrthwyneb cau *(agor heol ar ôl damwain)* TO OPEN
2 palu neu gloddio *(agor bedd, agor ffos)* TO DIG
3 torri i mewn i gorff *(agor twrci i'w stwffio)* TO OPERATE, TO GUT
4 taenu ar led *(agor llyfr)* TO OPEN
5 dechrau neu beri i ddechrau *(agor cyfarfod)* TO OPEN
6 dylyfu gên, ymagor *(agor pen/ceg)* TO YAWN
7 (am siop, swyddfa ac ati) yn barod i roi gwasanaeth, heb fod ar gau TO OPEN
8 (am lythyr, parsel ac ati) tynnu allan o amlen neu focs neu dynnu'r papur y mae rhywbeth wedi'i lapio ynddo TO OPEN
9 (am botel, tun ac ati) tynnu caead neu gorcyn TO OPEN
10 (am ddilledyn) datod botymau neu sip TO OPEN
11 (am flodyn) blodeuo TO OPEN (egyr)

ar agor
1 agored OPEN
2 ar fin agor ABOUT TO OPEN

agorawd hon *eb* (agorawdau) darn o gerddoriaeth sy'n agor opera neu gyngerdd OVERTURE

agored *a* gair i ddisgrifio:
1 rhywbeth sydd ar agor, sydd heb fod ar gau *(drws agored)* OPEN
2 rhywun neu rywbeth nad yw'n ceisio cuddio dim *(cyfaddef mewn ffordd agored)* CANDID
3 rhywbeth sydd heb fod dan do neu dan gysgod *(awyr agored; llecyn agored)* OPEN
4 rhywbeth nad yw wedi'i gyfyngu, sydd ar agor i bawb *(cystadleuaeth agored; diwrnod agored)* OPEN

agoriad hwn *eg* (agoriadau)
1 y weithred o agor *(agoriad swyddogol adeilad)* OPENING
2 cyfle *(agoriad mewn swydd neu amddiffynfa)* OPPORTUNITY
3 bwlch, adwy *(gweld awyr las trwy agoriad yn y cymylau)* OPENING
4 cychwyniad, dechreuad *(agoriad gan fatwyr mewn gêm o griced)* OPENING
5 allwedd KEY

agoriad llygad y syndod o weld neu ddangos pethau fel y maent EYE OPENER

agos¹ [at, i] *a* gair i ddisgrifio rhywun neu rywbeth sydd heb fod ymhell:
1 o ran lle; yn ymyl, gerllaw, ar bwys NEAR
2 o ran amser; yn ymyl, gerllaw NEAR
3 o ran perthynas; annwyl, cynefin DEAR (nes, nesaf, nesed)

Sylwch: rydych yn agos *at* berson ac yn agos *i* le.

agos i'm (i'ch, i'w etc.) lle
1 gweddol gywir o ran ffeithiau NOT FAR OUT
2 (am berson) yn dda, yn ceisio byw yn foesol ac yn egwyddorol

agos² *adf* mewn ymadroddion negyddol megis *nid yw agos cystal; nid oes gennym agos digon; o gwbl* NEAR, AT ALL

agosâ *bf* mae ef/hi yn **agosáu**; bydd ef/hi yn **agosáu**

agosatrwydd hwn *eg* hynawsedd, teimlad o fod yn agos at rywun neu rywbeth INTIMACY

agosáu *be* dynesu, nesáu, lleihau'r pellter neu'r amser TO APPROACH (agosâ)

agwedd hwn neu hon *egb* (agweddau)
1 y ffordd y mae rhywun yn meddwl am rywbeth *(Doedd y prifathro ddim yn hoffi agwedd rhieni'r bechgyn at yr ysgol.)* ATTITUDE
2 un ochr o broblem neu sefyllfa *(Buom yn trafod un agwedd ar helynt De Affrica yn yr ysgol heddiw.)* ASPECT (arwedd)

ang... *rhagddodiad* ffurf ar **an...** sy'n cael ei defnyddio ar ddechrau gair i wrth-ddweud neu negyddu'r hyn sy'n ei dilyn *(anghyfarwydd,* heb fod yn gyfarwydd; *anghyfforddus,* heb fod yn gyfforddus)

angau hwn *eg* marwolaeth, tranc, diwedd bywyd DEATH

angel hwn *eg* (angylion:engyl) ysbryd prydferth neu negesydd goruwchnaturiol sy'n gwasanaethu Duw ANGEL

angel gwarcheidiol GUARDIAN ANGEL

angen [am, ar] hwn *eg* (anghenion)
1 diffyg, galwad daer am rywbeth sydd yn eisiau *(Mae angen dŵr ar y planhigion rhag iddynt wywo.)* NEED
2 sefyllfa lle y mae rhywbeth yn angenrheidiol *(Does dim angen i ti ddod.)* NEED

angenfilod hyn *ell* mwy nag un **anghenfil**

angenrheidiau hyn *ell* mwy nag un **anghenraid**

angenrheidiol *a* gair i ddisgrifio rhywun neu rywbeth y mae'n rhaid wrtho NECESSARY

angerdd hwn neu hon *egb*
1 nwyd, teimlad cryf iawn PASSION
2 ffyrnigrwydd, cyffro VIOLENCE
3 nerth, grym FORCE

angerddol *a* gair i ddisgrifio:

1 rhywun sy'n teimlo'n gryf iawn ynglŷn â rhywbeth neu rywun INTENSE
2 dwyster neu ddyfnder teimlad INTENSE
anghelfydd *a* lletchwith, trwsgl, heb fod yn gain nac yn gelfydd CLUMSY
anghenfil hwn *eg* (angenfilod) bwystfil, creadur anferth MONSTER
anghenion hyn *ell* mwy nag un **angen**
anghenraid hwn *eg* (angenrheidiau) rhywbeth y mae'n rhaid wrtho, na allwch ei hepgor NECESSITY
anghenus *a* gair i ddisgrifio rhywun neu rywbeth sydd mewn angen, yn arbennig tlodion NEEDY
angheuol *a* gair i ddisgrifio rhywun neu rywbeth sydd yn achosi marwolaeth FATAL, MORTAL
anghlywadwy *a* gair i ddisgrifio rhywun neu rywbeth na allwch ei glywed; anhyglyw INAUDIBLE
anghofiedig *a* gair i ddisgrifio rhywun neu rywbeth sydd wedi diflannu o'r cof FORGOTTEN
anghofio [am] *be*
1 peidio â chofio, gollwng dros gof TO FORGET
2 cau rhywbeth o'ch meddwl (*Mwynha dy hun ac anghofia dy bryderon.*) TO FORGET
anghofrwydd hwn *eg* y weithred neu'r broses o anghofio; cyflwr o fethu cofio FORGETFULNESS
anghofus *a* gair i ddisgrifio rhywun neu rywbeth sy'n anghofio yn aml FORGETFUL
anghredadun:anghrediniwr hwn *eg* (anghrediniaid: anghredinwyr) rhywun nad yw'n credu, nad oes ganddo ffydd; anffyddiwr INFIDEL
anghredadwy *a* gair i ddisgrifio rhywun neu rywbeth anodd ei gredu, nad yw'n debygol o fod yn wir; anhygoel INCREDIBLE
anghrediniaeth hon *eb* y cyflwr o beidio â chredu; anffyddiaeth UNBELIEF, DISBELIEF
anghrediniwr gw. **anghredadun:anghrediniwr**
anghristionogol:anghristnogol *a* gair i ddisgrifio rhywun neu rywbeth nad yw'n deilwng o Iesu Grist neu sydd yn erbyn Iesu Grist a'r hyn a ddysgodd UNCHRISTIAN
anghwrtais *a* gair i ddisgrifio rhywun neu rywbeth anfoesgar, nad yw'n ymdrin â pherson mewn ffordd dderbyniol gydnabyddedig DISCOURTEOUS, RUDE
anghwrteisi hwn *eg* anfoesgarwch, diffyg boneddigeiddrwydd DISCOURTESY
anghydfod hwn *eg* anghytundeb, cwympo maes, ffrae, cweryl, cynnen DISAGREEMENT
anghydffurfiaeth hon *eb* ymneilltuaeth, crefydd capelwyr, trefn, cred ac arferion nifer o grwpiau Cristnogol (enwadau) sydd wedi ymadael ag Eglwys Loegr NONCONFORMITY
anghydffurfiol *a* gair i ddisgrifio rhywun neu rywbeth:
1 nad yw'n cydymffurfio, nad yw'n ymddwyn fel pawb arall NONCONFORMIST
2 nad yw'n cydymffurfio ag arferion yr Eglwys (yng Nghymru neu yn Lloegr) NONCONFORMIST
anghydffurfiwr hwn *eg* (anghydffurfwyr) ymneilltuwr, crefyddwr sy'n gwrthod ymaelodi â'r Eglwys ond sy'n aelod o gapel yn lle hynny NONCONFORMIST
anghydrif hwn *eg* (anghydrifau) unrhyw rif na allwch ei rannu â'r rhif 2; odrif ODD NUMBER
anghydweld *be* anghytuno, methu cydsynio TO DISAGREE
anghyfannedd *a* gair i ddisgrifio lle:
1 heb unrhyw gartrefi na thai ynddo UNINHABITED
2 unig LONELY
3 diffaith, anial, heb dyfiant DESOLATE
anghyfartal *a* gair i ddisgrifio rhywrai neu ryw bethau nad ydynt yn gyfartal, neu nad ydynt yr un o ran maint, nifer neu werth; anghymesur UNEQUAL
anghyfartaledd hwn *eg* y stad neu'r sefyllfa o fod yn anghyfartal INEQUALITY
anghyfarwydd [â] *a*
1 anwybodus, dibrofiad, heb arfer â (*anghyfarwydd â reidio beic*) UNACCUSTOMED TO, NOT USED TO
2 dieithr, newydd (*iaith anghyfarwydd*) UNFAMILIAR
anghyfeb *a* gair i ddisgrifio anifail nad yw'n gallu cael rhai bach BARREN
anghyfiaith *a* gair i ddisgrifio rhywun nad yw'n medru eich iaith chi, sy'n siarad iaith wahanol; estron, dieithr ALIEN
anghyfiawn *a* gair i ddisgrifio rhywun neu rywbeth anghyfreithlon, annheg, sy'n gwneud cam â rhywun neu rywbeth UNJUST, UNFAIR
anghyfiawnder hwn *eg* (anghyfiawnderau) annhegwch, cam, camwri INJUSTICE
anghyflawn *a*
1 anorffenedig, heb fod yn gyfan INCOMPLETE
2 (yn ramadegol) berfau sydd angen gwrthrych i'w cwblhau neu sy'n gallu derbyn gwrthrych e.e. 'taro', 'cau', *trewais ddyn, caeaf ddrws* TRANSITIVE (berf, cyflawn)
anghyfleus *a* gair i ddisgrifio rhywbeth sy'n peri anhawster neu drafferth, sydd heb fod yn gyfleus INCONVENIENT
anghyfleuster:anghyfleustra hwn *eg* anhwylustod, trafferth, anhawster INCONVENIENCE
anghyfreithiol *a* gair i ddisgrifio rhywun neu rywbeth sy'n groes i'r gyfraith, sy'n anghyfreithlon ILLEGAL, UNLAWFUL

anghyfreithlon *a* gair i ddisgrifio:
1 rhywun neu rywbeth sy'n torri'r gyfraith ILLEGAL, UNLAWFUL
2 plentyn wedi'i eni y tu allan i briodas ILLEGITIMATE

anghyfrifol *a* diofal, heb ystyriaeth o'r canlyniadau, heb fod yn gyfrifol IRRESPONSIBLE

anghyfforddus:anghyffyrddus *a* anesmwyth, anghysurus, heb fod yn gyfforddus UNCOMFORTABLE

anghyffredin *a* eithriadol, hynod, nodedig UNCOMMON

anghyffyrddus gw. **anghyfforddus:anghyffyrddus**

anghymarus *a* an... (heb fod yn) + **cymharus** ILL-MATCHED

anghymedrol *a* gair i ddisgrifio rhywun neu rywbeth sy'n mynd y tu hwnt i'r hyn sy'n synhwyrol ac yn rhesymol IMMODERATE

anghymeradwy *a* gair i ddisgrifio rhywun neu rywbeth annerbyniol, sy'n cael ei wrthod UNACCEPTABLE

anghymesur *a* an... (heb fod yn) + **cymesur** ASSYMETRICAL

anghymharol *a* gair i ddisgrifio rhywun neu rywbeth heb ei debyg/thebyg; di-ail, dihafal INCOMPARABLE

anghymwys *a* gair i ddisgrifio rhywun neu rywbeth sydd heb fod yn addas na phriodol UNSUITABLE

anghynefin *a* gair i ddisgrifio:
1 rhywun neu rywbeth nad yw'n gyfarwydd nac yn adnabyddus; dieithr UNFAMILIAR
2 rhywun sy'n anghyfarwydd â rhywbeth UNACQUAINTED WITH

anghynnes *a* gair i ddisgrifio:
1 rhywun neu rywbeth cas, ffiaidd, sy'n creu anesmwythder LOATHSOME, ODIOUS
2 rhywbeth oer, digysur COLD

anghysbell *a* gair i ddisgrifio rhywle sydd ymhell o bob man, sy'n anodd mynd ato; diarffordd REMOTE

anghyson *a* anwadal, gwamal, di-ddal, yn newid, heb fod yn aros yr un fath, heb fod o'r un safon bob amser *(Perfformiad anghyson oedd un tîm pêl-droed yr ysgol eleni.)* INCONSISTENT

anghysondeb:anghysonder hwn *eg* (anghysondebau: anghysonderau) diffyg cytundeb, methiant i fod yn gyson a chadw at yr un egwyddorion, gweithredoedd ac ati INCONSISTENCY

anghysurus *a* digysur, heb fod yn gyfforddus, annifyr, heb fod â meddwl tawel UNCOMFORTABLE

anghytbwys *a* gair i ddisgrifio rhywbeth unochrog, nad yw'r pwysau yn gyfartal bob ochr iddo UNBALANCED

anghytûn *a* gair i ddisgrifio rhywrai neu ryw bethau nad ydynt yn cyd-weld, sy'n anghytuno IN DISAGREEMENT

anghytundeb hwn *eg* (anghytundebau) anghydfod, ymraniad, ymrafael DISAGREEMENT

anghytuno *be*
1 anghydweld, peidio â chydsynio, cwympo maes TO DISAGREE
2 (am fwyd) eich gwneud yn sâl *(Rwyf wedi bwyta rhywbeth sy'n anghytuno â fi.)* TO DISAGREE

anghywir *a* gwallus, heb fod yn iawn INCORRECT, WRONG

angladd hwn neu hon *egb* (angladdau) gwasanaeth arbennig i rywun sydd wedi marw; cynhebrwng, claddedigaeth FUNERAL

angladdol *a* gair i ddisgrifio rhywun neu rywbeth sydd cyn arafed neu cyn drymed ag angladd, neu rywbeth sy'n gysylltiedig ag angladd FUNEREAL, FUNERAL

angof hwn *eg* anghofrwydd, ebargofiant OBLIVION
mynd yn angof TO BE FORGOTTEN

angor hwn neu hon *egb* (angorau:angorion) offeryn o ddur sy'n cael ei ddefnyddio i fachu llong neu gwch yn ddiogel wrth waelod y môr ANCHOR
wrth angor yn cael ei sicrhau gan angor AT ANCHOR

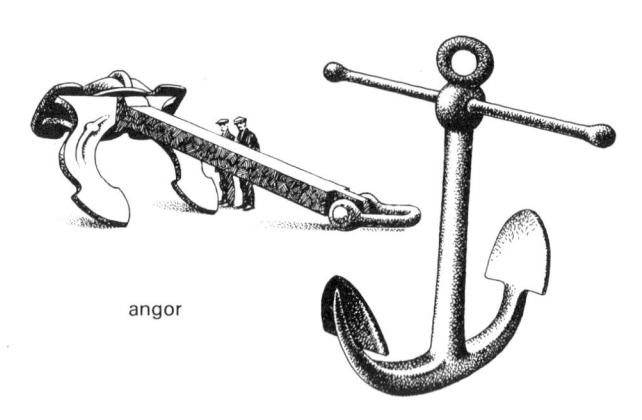

angor

angorfa hon *eb* (angorfeydd) porthladd, hafan, lle i long fwrw ei hangor ANCHORAGE

angori *be* sicrhau llong wrth angor TO ANCHOR

angyles hon *eb* (angylion) merch o angel, neu ferch debyg i angel ANGEL

angylion hyn *ell* mwy nag un **angel**

ai *geiryn*
1 geiryn sy'n cael ei ddefnyddio ar ddechrau cwestiwn *(Ai ti giciodd y ci? Gofynnodd ai mynd mewn bws neu mewn car yr oeddynt.)* IS IT, WAS IT
2 geiryn sy'n cael ei ddefnyddio pan fydd dewis rhwng dau beth—y naill neu'r llall *(P'un sydd orau gennyt, ai afal ynteu oren?)* EITHER ... OR

âi *bf* byddai ef/hi yn **mynd**

a b c ch d dd e f ff g ng h i j (k) l ll m n o p ph r rh s t th u w y (z)

AIDS *hwn eg* haint farwol sy'n cael ei hachosi gan fîrws sy'n ymosod ar system amddiffyn y corff; mae'r enw yn acronym o *Acquired Immune Deficiency Syndrome* (Diffyg Imwnedd Caffaeledig yn Gymraeg) AIDS

aiff *bf* (ffurf dafodieithol **â**) mae ef/hi yn **mynd**; bydd ef/hi yn **mynd**

aig *hon eb* nifer o bysgod wedi casglu at ei gilydd; haig o bysgod SHOAL

ail[1] *a*
1 yr olaf o ddau neu ddwy, neu rif 2 mewn rhestr o fwy na dau SECOND (eilfed)
2 gair i ddisgrifio rhywun neu rywbeth sy'n debyg i rywun neu rywbeth arall LIKE

ail i ddim nesaf peth i ddim NEXT TO NOTHING

ail isradd (ail israddau) rhif, o'i luosi ag ef ei hun, sy'n rhoi fel ateb y rhif y mae'n ail isradd iddo; e.e. 3 yw ail isradd 9 gan fod 3 x 3 = 9; 4 yw ail isradd 16 gan fod 4 x 4 = 16 a $\sqrt{16} = 4$ SQUARE ROOT

ail-law rhywbeth a fu'n perthyn i rywun arall cyn y perchennog presennol SECOND-HAND

bob yn ail:am yn ail dau yn eu tro—un yn gyntaf, wedyn y llall, yna yn ôl at y cyntaf, ac yn y blaen ALTERNATELY, EVERY OTHER

cael ail cael siom (a hynny'n haeddiannol yn aml)

heb fy (dy, ei etc.) ail heb neb yn debyg PEERLESS

ail...[2] *rhagddodiad* rhan gyntaf gair yn golygu gwneud beth bynnag sy'n ei ddilyn unwaith eto *(ailsefyll arholiad)* RE..., AGAIN

ailadrodd *be* adrodd unwaith eto, ail-ddweud TO REPEAT

ailafael [yn] *be* dechrau gwneud rhywbeth am yr ail dro, ar ôl rhoi'r gorau iddi unwaith TO TAKE UP AGAIN

ailagor *be* agor eilwaith, cychwyn am yr ail dro TO REOPEN

ailenedigaeth *hon eb* (ystyr grefyddol) genedigaeth o'r newydd, troi oddi wrth bethau'r byd at Dduw REBIRTH

aileni *be* geni o'r newydd, troi o'r materol i'r ysbrydol TO REGENERATE

cael eich aileni TO BE REBORN

ailennyn *be* cynnau unwaith eto, ennyn drachefn *(Ar ôl ei fethiant cyntaf, llwyddodd y clown i ailennyn diddordeb y dorf.)* TO REKINDLE

ailgychwyn *be* dechrau am yr ail waith, cychwyn drachefn TO RESTART

ailgylchu:ailgylchynu *be* trin (rhywbeth sydd wedi cael ei ddefnyddio unwaith) fel bod modd ei ddefnyddio eto *(Mae modd ailgylchynu pethau sydd wedi cael eu gwneud o bapur, gwydr neu alwminiwm.)* TO RECYCLE

ail isradd *gw.* **ail**[1]

ail-law *gw.* **ail**[1]

ailosod *be* rhoi rhywbeth yn ôl yn ei le, gosod wrth ei gilydd unwaith eto TO RESTORE, TO RESET

ailwampio *be* atgyweirio rhywbeth yn fras, addasu

ailystyried *be* pwyso a mesur unwaith eto, meddwl dros rywbeth drachefn TO RECONSIDER

ais *hyn ell* mwy nag un **asen**

alarch *hwn eg* (elyrch) aderyn dŵr urddasol â gwddf hir SWAN ☐ *adar* t.612

alaru [ar] *be* blino ar, syrffedu, cael llond bol ar TO HAVE A SURFEIT [OF], TO BE FED UP [WITH]

alaw *hon eb* (alawon) tiwn, cainc, melodi AIR, TUNE

alaw werin FOLK TUNE

alban *hwn neu hon egb* chwarter blwyddyn QUARTER

Alban Arthan heuldro'r gaeaf, cyfnod diwrnodau byrraf y flwyddyn, tua 21 Rhagfyr WINTER SOLSTICE

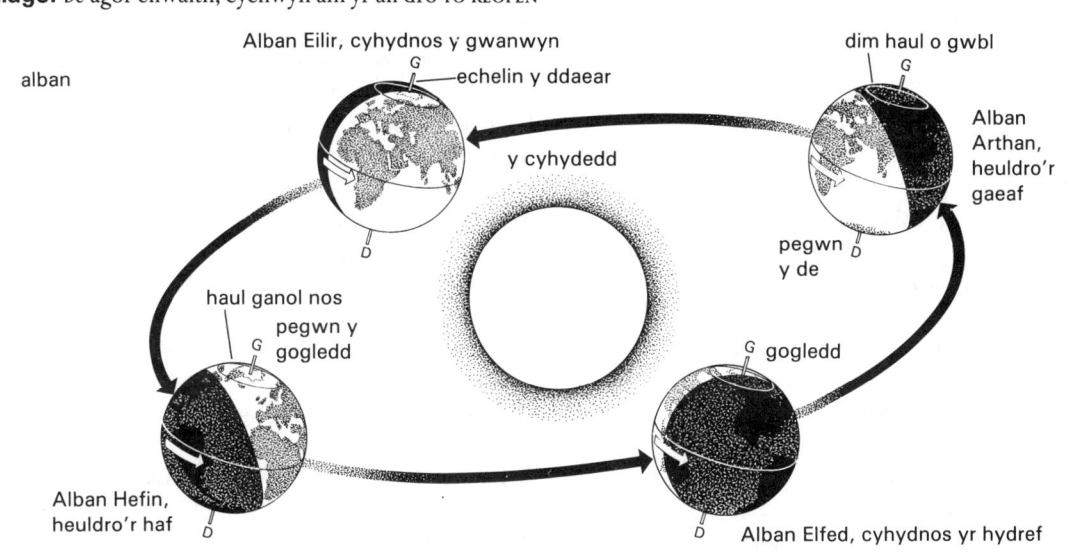

Alban Eilir cyhydnos y gwanwyn, y cyfnod yn y gwanwyn pan fydd yr haul yn croesi'r Cyhydedd, gan wneud dydd a nos tua'r un hyd, tua 21 Mawrth VERNAL EQUINOX

Alban Elfed cyhydnos yr hydref, y cyfnod yn yr hydref pan fydd yr haul yn croesi'r Cyhydedd, gan wneud dydd a nos tua'r un hyd, tua 23 Medi AUTUMNAL EQUINOX

Alban Hefin heuldro'r haf, cyfnod diwrnodau hiraf y flwyddyn, tua 21 Mehefin SUMMER SOLSTICE

Albanes hon *eb* merch neu wraig sy'n dod o'r Alban

Albaniad hwn *eg* (Albaniaid) gŵr sy'n dod o Albania ALBANIAN

Albanwr hwn *eg* (Albanwyr) gŵr sy'n dod o'r Alban SCOT

alcali hwn *eg* (alcaliau) math o gemegyn sy'n troi litmws coch yn las, sy'n ffurfio halwynau, ac sy'n niwtraleiddio asid; mae soda ac amonia yn alcaliau cyffredin ALKALI

alcam hwn *eg* metel meddal, llwydwyn sy'n cael ei ddefnyddio i wneud caniau i gadw bwyd; tun TIN, TINPLATE

alcohol hwn *eg* yr elfen mewn diod feddwol sy'n ei gwneud yn feddwol ALCOHOL

alegori hon *eb* (alegoriäu) chwedl neu stori ac iddi ystyr ffigurol ddyfnach na'r ystyr lythrennol ALLEGORY

alergedd hwn *eg* cyflwr o sensitifrwydd sy'n peri bod eich corff yn adweithio (yn boenus yn aml) i rai bwydydd, paill ac ati ALLERGY

algae hyn *ell* (mwy nag un **alga** hwn *eg*) dosbarth o blanhigion syml sy'n cynnwys gwymon ALGAE

aliniad hwn *eg*
1 y weithred o alinio, o drefnu pethau mewn llinell syth ALIGNMENT
2 llinell neu linellau sy'n cael eu ffurfio yn y ffordd yma *(aliniad olwynion blaen y car)* ALIGNMENT

alinio *be* gosod mewn llinell, trefnu neu ffurfio yn llinell syth TO ALIGN

aliwminiwm gw. **alwminiwm**

Almaenes hon *eb* merch neu wraig sy'n dod o'r Almaen

Almaenwr hwn *eg* (Almaenwyr) gŵr sy'n dod o'r Almaen GERMAN

almanac hwn *eg* (almanaciau) calendr (ar ffurf llyfr gan amlaf) sy'n cynnwys gwybodaeth am ddiwrnodau arbennig, y tywydd a phethau y disgwylir iddynt ddigwydd yn ystod y flwyddyn ALMANAC

almon hon *eb* (almonau) cneuen fwytadwy ffrwyth y pren almon ALMOND

  pren almon coeden gwledydd poeth y mae'r ffrwyth almon yn tyfu arni ALMOND TREE □ *coed* t.615

aloi hwn *eg* (aloion) cymysgedd o ddau neu fwy o fetelau wedi'u toddi gyda'i gilydd, ac sydd â nodweddion gwahanol i'r metelau unigol ALLOY

alp hwn *eg* (alpau) mynydd uchel; dôl neu faes yn uchel yn y mynyddoedd ALP

altimedr hwn *eg* (altimedrau) offeryn sy'n mesur uchder o'r llawr neu'r ddaear *(Mae altimedr mewn awyren yn rhoi gwybod i beilot pa mor uchel y mae'n hedfan.)* ALTIMETER

altimedr

alto hwn neu hon *egb*
1 y rhan gerddorol sy'n cael ei chanu gan leisiau isaf merched neu leisiau uchaf dynion ALTO
2 merch neu ddyn sy'n canu'r rhan gerddorol yma ALTO

alwminiwm hwn *eg* metel ysgafn o liw arian nad yw'n rhydu ALUMINIUM

allan[1] *adf*
1 maes, ma's, heb fod i mewn *(Mae hi allan.)* OUT
2 tu faes, yn yr awyr agored OUTSIDE
3 am un ochr neu fatiwr mewn gêm o griced pan nad oes hawl ganddi/ganddo i fatio rhagor OUT
4 gadael y cartref am gyfnod (gydag awgrym yn aml o fynd i rywle i fwynhau eich hun) *(Rydym yn mynd allan bob nos Sadwrn.)* OUT
5 wedi ymddangos, (dod) i'r golwg *(Daeth yr haul allan.)* OUT
6 heb ddim *(Rydym allan o fara.)* OUT
7 wedi diffodd *(Mae'r tân wedi mynd allan.)* OUT
8 (am lyfr, cylchgrawn ac ati) wedi cael ei gyhoeddi *(Bydd ei lyfr newydd allan erbyn y Nadolig.)* OUT
9 (am bapur, gwaith ac ati) wedi'i daenu neu ei osod *(Rho'r map allan ar y llawr i ni gael ei weld yn iawn.)* OUT

allan o
1 codi rhywbeth sy'n cael ei gynnwys yn *(neidiodd allan o'r gwely; darllen allan o lyfr; yfed allan o wydr)* OUT OF
2 cyfran o'i chymharu â'r cyfanswm *(saith allan o ddeg)* OUT OF
3 heb *(allan o waith)* OUT

allan o brint (am lyfr neu gyhoeddiad) heb fod ar gael, wedi'u gwerthu i gyd OUT OF PRINT
allan o diwn gw. **tiwn**
allan o drefn gw. **trefn**
allan ohoni yn ei methu hi, yn anghywir WAY OUT
allan o'm (o'th, o'i etc.) dyfnder gw. **dyfnder**
allan² *a* gair i ddisgrifio rhywun neu rywbeth sydd tu faes, nad yw i mewn *(tai allan; yr ochr allan)*
  o hyn allan gw. **hyn**
  tu allan
  1 tu faes, wyneb allanol neu ochr sy'n wynebu tuag allan *(Roedd y ffenestri newydd yn harddu tu allan yr adeilad.)* OUTSIDE
  2 tu hwnt, tu draw i ffin arbennig *(Roedd peilot yr hofrenydd wedi bwriadu glanio y tu allan i'r dref.)* OUTSIDE
  3 yn yr awyr agored; gwrthwyneb tu mewn *(Chwaraesom y tu allan heddiw.)* OUTSIDE
allanfa hon *eb* (allanfeydd) drws neu ffordd allan o adeilad *(allanfa dân)* EXIT
allanol *a* gair i ddisgrifio rhywun neu rywbeth sy'n perthyn i'r tu allan EXTERNAL
allbrint hwn *eg* (allbrintiau) testun (neu ffigurau) wedi'i gynhyrchu yn awtomatig gan argraffydd sydd wedi'i gysylltu â chyfrifiadur PRINTOUT
allbwn hwn *eg* (allbynnau) cynnyrch cyfrifiadur, yr hyn sy'n dod allan o beiriant (yn arbennig cyfrifiadur); gwrthwyneb mewnbwn OUTPUT
alldafliad hwn *eg* (alldafliadau) llwch ymbelydrol sy'n codi o ffrwydrad niwclear FALLOUT
allforio *be* gwerthu a chludo nwyddau i wlad dramor TO EXPORT
allforion hyn *ell* (mwy nag un **allforyn**) nwyddau sy'n cael eu cludo i wlad dramor EXPORTS
allforyn hwn *eg* un o nifer o **allforion**
allgyrchol *a* gair i ddisgrifio rhywbeth sy'n cael ei wthio o ganol cylch i'w ymyl pan fydd y cylch yn troi CENTRIFUGAL
  grym allgyrchol gw. **grym**
allor hon *eb* (allorau)
  1 man dyrchafedig wedi'i godi i osod aberth i'r duwiau arno ALTAR
  2 bwrdd y cymun mewn eglwys ALTAR
allt:gallt hon *eb* (elltydd)
  1 rhiw, tyle, bryn, llethr, clogwyn (ystyr y Gogledd) HILL, SLOPE
  2 coed, llechwedd coediog (ystyr y De) WOOD, WOODED SLOPE
alltud hwn *eg* (alltudion)
  1 rhywun sydd wedi'i orfodi i adael ei wlad fel cosb EXILE
  2 rhywun sy'n byw y tu allan i'w wlad ei hun EXILE
alltudio *be* gyrru rhywun o'i wlad ei hun TO BANISH, TO EXILE
allwedd¹ hon *eb* (allweddau:allweddi)
  1 agoriad; offeryn i ddatod clo KEY
  2 teclyn i dynhau a llacio tannau telyn, neu i weindio cloc KEY
  3 yr ateb i bos neu broblem neu'r hyn sy'n rhoi modd i ddehongli, e.e. ystyr y symbolau ar fap KEY
  allweddau Mair ffrwyth yr onnen ASH-KEYS □ *coed* t.617
allwedd² hon *eb* (allweddi) cleff; symbol cerddorol sy'n cael ei osod ar ddechrau pob llinell o gerddoriaeth ysgrifenedig er mwyn dynodi'r traw CLEF □ *cerddoriaeth*
allweddell hon *eb* (allweddellau) gair arall am fysellfwrdd neu seinglawr, yn arbennig y rhan honno o wahanol offerynnau electronig sy'n debyg i seinglawr piano KEYBOARD □ *acordion*
allweddol *a* gair i ddisgrifio rhywun neu rywbeth sy'n holl bwysig i ddatrys neu ddehongli rhywbeth KEY
am...¹ *rhagddodiad* ffurf ar **an...** sy'n cael ei defnyddio ar ddechrau gair i wrth-ddweud neu negyddu'r hyn sy'n ei dilyn *(amhoblogaidd*, heb fod yn boblogaidd; *amharod*, heb fod yn barod)
am² *ardd* (amdanaf fi, amdanat ti, amdano ef [fe/fo], amdani hi, amdanom ni, amdanoch chi, amdanynt hwy [amdanyn nhw])
  1 ar, o gwmpas (am ddillad yn arbennig) *(Beth sydd gennyt am dy draed?)* ON
  2 o gwmpas, o boptu (am le) *(Dechreuodd y llifogydd gau am y dref.)* AROUND
  3 (am y . . . â) yr ochr arall i, y tu draw i *(Eisteddai hi am y tân ag ef.)* THE OTHER SIDE
  4 tua, at *(troi am adre)* TOWARDS
  5 ar adeg arbennig (am amser) *(am ddau o'r gloch y bore)* AT
  6 am hyd arbennig o amser neu bellter *(Teithiodd am bum milltir.)* FOR
  7 ynghylch, ynglŷn â *(Beth ddywedaist ti am dy frawd?)* ABOUT
  8 yn lle, yn dâl neu yn iawn am *(Llygad am lygad, dant am ddant.)* IN EXCHANGE FOR
  9 oherwydd, oblegid *(Methodd dalu am nad oedd ganddo ddigon o arian.)* BECAUSE
  10 dynodi dymuniad neu fwriad *(Wyt ti am fynd i'r ffair?)*
  11 nodwch y defnydd o *am* gyda *dweud* i lunio gorchymyn *(Dywedais wrtho am fynd.)*
  12 dyna, y fath *(Am ddiwrnod gwael!)* WHAT A . . .

13 er mwyn achub *(Rhed am dy fywyd.)* FOR
am hynny felly THEREFORE
am y cyntaf *(Am y cyntaf i'r ysgol!)* FIRST [TO SCHOOL]
am y gorau AS BEST YOU CAN
am y tro am nawr FOR THE TIME BEING
amaeth hwn *eg* gair arall am **amaethyddiaeth**
amaethdy hwn *eg* (amaethdai) tŷ fferm FARMHOUSE
amaethu *be* ffermio, trin tir TO CULTIVATE
amaethwr hwn *eg* (amaethwyr) ffermwr, gŵr sy'n amaethu FARMER
amaethyddiaeth hon *eb* y grefft o drin y tir a ffermio AGRICULTURE
amaethyddol *a* gair i ddisgrifio rhywun neu rywbeth sy'n ymwneud â ffermio neu amaethyddiaeth AGRICULTURAL
amarch hwn *eg* gwawd, sen, gwaradwydd, gwrthwyneb parch DISHONOUR, DISRESPECT
amatur hwn *eg* (amaturiaid) rhywun nad yw'n broffesiynol oherwydd:
  1 nad yw'n cael ei dalu, neu
  2 oherwydd safon isel yr hyn y mae'n ei wneud AMATEUR
amau *be*
  1 drwgdybio, peidio â chredu, petruso TO DOUBT, TO SUSPECT
  2 credu, tybio *(Rwy'n amau mai ti sy'n iawn.)* TO SUSPECT (amheuaf)
  Sylwch: *amheu...* a geir ym mhob un o ffurfiau'r ferf ac eithrio'r rhai sy'n cynnwys *-as-*; *ameu...* a geir yn y ffurfiau hynny *(ameuasoch).*
ambarél hwn neu hon *egb* teclyn sy'n agor a chau er mwyn eich cysgodi rhag y glaw neu'r haul; ymbarél UMBRELLA
ambell *a* gair i ddisgrifio rhyw bethau nad oes llawer ohonynt, ac sydd yn amhendant eu nifer *(Cawn ambell ddiwrnod cynnes yn y gaeaf.)* SOME, OCCASIONAL
  ambell un rhyw ychydig A FEW
  ambell waith weithiau SOMETIMES
  Sylwch: mae *ambell* yn dod o flaen enw.
ambiwlans hwn *eg* cerbyd arbennig i gludo cleifion AMBULANCE
ambr[1] hwn *eg* resin; hylif gludiog a ddiferodd o goed pinwydd ganrifoedd yn ôl ac sydd wedi caledu'n garreg AMBER
ambr[2] *a* gair i ddisgrifio rhywun neu rywbeth sydd yr un lliw brown ag **ambr**[1] AMBER
amcan hwn neu hon *egb* (amcanion)
  1 bwriad, diben INTENTION
  2 syniad, crap NOTION
amcangyfrif[1] hwn *eg* (amcangyfrifon) syniad bras o faint neu bris; cyfrif gweddol agos ESTIMATE

amcangyfrif[2] *be* cynnig syniad bras o faint neu bris; rhoi cyfrif gweddol agos; amcanu TO ESTIMATE
amcanu *be*
  1 bwriadu, anelu, golygu TO AIM, TO INTEND
  2 amcangyfrif, dyfalu TO ESTIMATE
amdanaf fi gw. **am**
amdo hwn neu hon *egb* (amdoeau) y wisg a roddir am y meirw SHROUD
amddifad *a* gair i ddisgrifio rhywun neu rywbeth sydd wedi'i adael heb rieni na chymorth nac ymgeledd DESTITUTE, ORPHANED
amddifadu *be* tynnu ymaith ymgeledd a chymorth; mynd â rhywbeth oddi ar rywun TO DEPRIVE
amddiffyn *be*
  1 diogelu rhag ymosodiadau; gwarchod *(Defnyddiodd darian i'w amddiffyn ei hun rhag y cerrig a daflwyd ato.)* TO DEFEND, TO PROTECT
  2 (mewn llys barn) bod yn gyfreithiwr ar ran TO DEFEND
  Sylwch: (ac eithrio *amddiffyn ef/hi*) dyblwch yr 'n' ym mhob un o ffurfiau'r ferf ac eithrio'r rhai sy'n cynnwys *-as-*.
amddiffynadwy *a* gair i ddisgrifio rhywun neu rywbeth y mae modd ei amddiffyn DEFENSIBLE
amddiffynfa hon *eb* (amddiffynfeydd) lle cadarn wedi'i lunio i wrthsefyll ymosodiadau FORTRESS
amddiffyniad hwn *eg* yr hyn a ddefnyddir i amddiffyn rhag ymosodiad DEFENCE
amddiffynnwr hwn *eg* (amddiffynwyr) gŵr sy'n amddiffyn neu'n diogelu DEFENDER
amedr hwn *eg* (amedrau) offeryn sy'n mesur cerrynt trydanol mewn amperau AMMETER

amedr

amen hwn *eg* diweddglo i emyn neu weddi sy'n golygu 'felly y byddo' AMEN
Americanes hon *eb* merch neu wraig o'r Unol Daleithiau

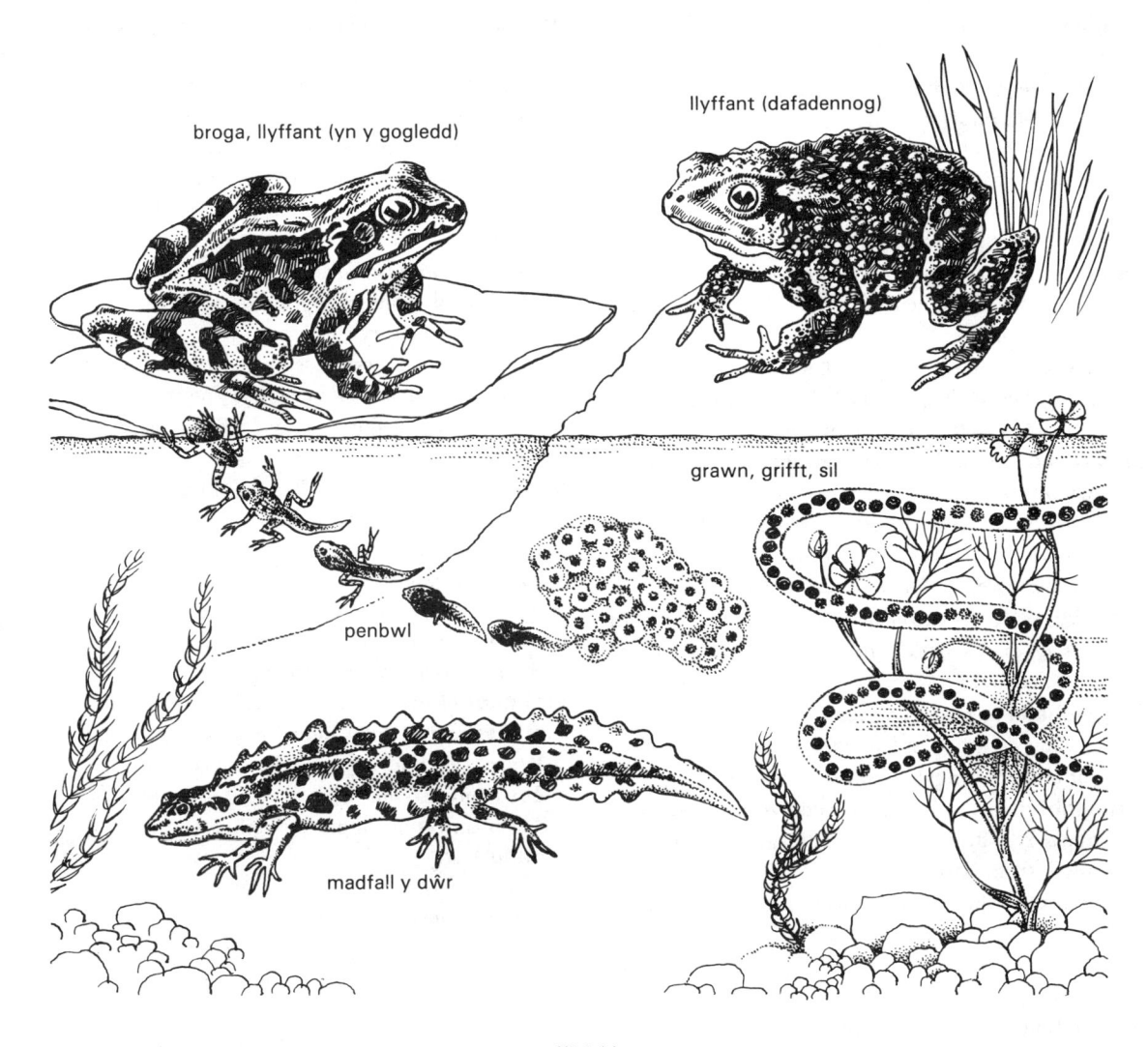

Americanwr   17   amgáu

broga, llyffant (yn y gogledd)

llyffant (dafadennog)

grawn, grifft, sil

penbwl

madfall y dŵr

amffibiaid

Americanwr hwn *eg* (Americanwyr) gŵr o'r Unol Daleithiau AMERICAN

amfesur hwn *eg* (amfesurau) perimedr, y pellter o gwmpas ymyl siâp megis sgwâr, triongl, cylch ac ati PERIMETER

amffibiad hwn *eg* un o nifer o **amffibiaid**

amffibiaid hyn *ell* (mwy nag un **amffibiad**) dosbarth o anifeiliaid yn cynnwys y llyffant a'r broga, sy'n gallu byw ar dir sych yn ogystal ag mewn dŵr croyw AMPHIBIA

amffibiaidd *a* gair i ddisgrifio unrhyw beth sy'n gallu byw ar dir ac yn y dŵr, neu sydd wedi'i wneud i'w ddefnyddio ar dir ac yn y dŵr AMPHIBIOUS

amffitheatr hwn *eg* (amffitheatrau) adeilad crwn neu hirgrwn â rhesi o seddau yn codi o gylch agored yn ei ganol—yr arena AMPHITHEATRE

amgaeaf *bf* rwy'n **amgáu**; byddaf yn **amgáu**

amgaeedig *a* gair i ddisgrifio rhywun neu rywbeth sydd wedi'i gau i mewn neu wedi'i gynnwys oddi mewn i rywbeth ENCLOSED

amgant hwn *eg* (amgantau) ymyl allanol, ffin, goror PERIPHERY

amgáu *be* cau i mewn, cynnwys o fewn, amgylchynu TO ENCLOSE (amgaeaf, amgaeedig)

a   b   c   ch   d   dd   e   f   ff   g   ng   h   i   j   (k)   l   ll   m   n   o   p   ph   r   rh   s   t   th   u   w   y   (z)

amgeledd hwn *eg*
  1 gofal, pryder ANXIETY
  2 cysur, ymgeledd CARE
amgen:amgenach *a*
  1 arall, gwahanol, amryw OTHER
  2 gwell, yn rhagori BETTER
  nid amgen hynny yw NAMELY
  os amgen os fel arall IF OTHERWISE
amgrwm *a* gair i ddisgrifio rhywbeth wedi'i grymu o'r tu allan fel cefn llwy neu du allan cylch; gwrthwyneb ceugrwm CONVEX
amgueddfa hon *eb* (amgueddfeydd) lle i gadw ac arddangos deunydd gwerthfawr yn gysylltiedig â hanes, byd natur a chelfyddyd MUSEUM
amgyffred[1] *be* deall, dirnad, adnabod, dychmygu TO COMPREHEND
amgyffred[2]**:amgyffrediad** hwn *eg* dealltwriaeth, dirnadaeth *(Mae'r tu mewn i gyfrifiadur y tu hwnt i amgyffred dynion cyffredin.)* COMPREHENSION
amgylch hwn *eg* fel yn *o amgylch*, sef o gwmpas, oddeutu *(Mae'r ras farathon wedi'i threfnu o amgylch y ddinas.)* ABOUT, AROUND
amgylchedd hwn neu hon *egb*
  1 y pellter o gwmpas cylch CIRCUMFERENCE □ *cylch*
  2 gair arall am **amgylchfyd** ENVIRONMENT
amgylchfyd hwn *eg* amgylchedd; yr holl bethau o gwmpas sy'n dylanwadu ar ddatblygiad rhywun neu rywbeth ENVIRONMENT
amgylchiad hwn *eg* (amgylchiadau) achlysur, digwyddiad, neu gyflwr *(Ni allaf ddychmygu unrhyw amgylchiad hapusach na'r parti pen blwydd hwn.)* CIRCUMSTANCE, EVENT
amgylchiadau hyn *ell* mwy nag un **amgylchiad**; cyfuniad arbennig o achlysur, cyflwr a digwyddiadau sy'n effeithio ar rywbeth *(Â'r haul yn tywynnu, llecyn braf a chwmni llon, roedd yr amgylchiadau'n ddelfrydol ar gyfer picnic hapus.)* CIRCUMSTANCES
  o dan yr amgylchiadau ar ôl ystyried pob peth UNDER THE CIRCUMSTANCES
amgylchynu *be* llunio cylch o gwmpas rhywun neu rywbeth TO SURROUND
amharchu *be* sarhau, gwaradwyddo, peidio â pharchu TO DISHONOUR
amharod *a* gair i ddisgrifio rhywun neu rywbeth sydd:
  1 heb fod yn barod, heb ei baratoi UNPREPARED
  2 yn anfodlon UNWILLING
amharu [ar] *be* andwyo, niweidio, difetha, sbwylio TO HARM, TO SPOIL

amhendant *a* heb fod yn bendant; penagored; heb fod yn sicr VAGUE
amherffaith *a* gair i ddisgrifio:
  1 rhywun neu rywbeth sydd heb fod yn berffaith, sydd â nam arno, sydd yn anghyflawn IMPERFECT
  2 amser y ferf sy'n sôn naill ai am weithred neu stad sy'n parhau ar ryw adeg (ym meddwl y siaradwr) yn y gorffennol, neu am arfer yn y gorffennol, e.e. *Eisteddai yn yr ardd ar ddiwrnodau heulog.* IMPERFECT
amhersonol *a* gair i ddisgrifio:
  1 rhywun neu rywbeth nad yw'n dangos unrhyw deimladau neu ddiddordeb personol IMPERSONAL
  2 ffurf ar y ferf nad yw'n cynnwys y person sy'n gwneud y weithred (y goddrych), e.e. *ciciwyd y bêl* IMPERSONAL (goddefol)
amherthnasol *a* gair i ddisgrifio rhywun neu rywbeth sydd heb fod yn berthnasol, nad yw'n ymwneud â dim byd, sydd heb fod ar y pwnc *('Mae'r pethau rydych chi'n eu dweud yn hollol amherthnasol i'r cyhuddiadau yn eich erbyn,' meddai'r barnwr wrth y carcharor.)* IRRELEVANT
amheuaeth hon *eb* (amheuon) ansicrwydd, petruster, drwgdybiaeth DOUBT, SUSPICION
amheuaf *bf* rwy'n **amau**; byddaf yn **amau**
amheus *a* gair i ddisgrifio rhywun neu rywbeth:
  1 sy'n cael ei ddrwgdybio; drwgdybus SUSPICIOUS
  2 sy'n ansicr, sydd mewn amheuaeth DOUBTFUL
  3 sy'n amwys neu'n ddi-chwaeth AMBIGUOUS
amheuthun *a*
  1 blasus CHOICE
  2 prin, anghyffredin RARE
amhosibl *a* gair i ddisgrifio rhywbeth nad yw'n bosibl, na ellir ei wneud, sydd y tu hwnt i allu IMPOSSIBLE
amhrisiadwy *a* gair i ddisgrifio rhywun neu rywbeth sydd uwchlaw gwerth; y tu hwnt o werthfawr PRICELESS
amhrofiadol *a* dibrofiad, anghyfarwydd INEXPERIENCED
amhûr *a* aflan, budr, halogedig, heb fod yn bur IMPURE
amhurdeb:amhuredd hwn *eg* baw, pydredd, aflendid, llygredd IMPURITY
aml[1] *a* gair i ddisgrifio:
  1 rhywbeth sy'n digwydd yn fynych, dro ar ôl tro OFTEN
  2 pethau y mae llawer ohonynt, sy'n niferus NUMEROUS
  yn aml nifer o weithiau FREQUENTLY
aml...[2] *rhagddodiad* mae'n cael ei ddefnyddio weithiau ar ddechrau gair i olygu llawer o, nifer o *(amlbwrpas,* nifer o bwrpasau; *amleiriog,* yn defnyddio llawer o eiriau) MULTI...
amlach *a* fel yn *yn amlach na pheidio,* sef go aml, fel arfer MORE OFTEN THAN NOT
amlaf *a* fel yn *gan amlaf,* sef fel rheol USUALLY

a b c ch d dd e f ff g ng h i j (k) l ll m n o p ph r rh s t th u w y (z)

amlbwrpas *a* gair i ddisgrifio rhywbeth ac iddo sawl diben MULTI-PURPOSE
amlder:amldra hwn *eg* digonedd, cyflawnder, helaethrwydd, cyfoeth ABUNDANCE
amledd hwn *eg* (amleddau)
  1 (yn dechnegol) pa mor aml y mae rhywbeth yn digwydd neu'n cael ei ailadrodd FREQUENCY
  2 nifer y tonfeddi radio yr eiliad y mae sianel radio yn eu defnyddio i ddarlledu ei rhaglenni arnynt *(Mae Radio Cymru yn darlledu ar amlder o 93 kilohertz.)* FREQUENCY
amlen hon *eb* (amlennau:amlenni) clawr, cas llythyr ENVELOPE
amlhau *be* cynyddu, lluosogi, mynd yn fwy o nifer TO INCREASE
amlinelliad hwn *eg*
  1 braslun SKETCH
  2 y llinell sy'n dangos ffurf neu derfyn OUTLINE, CONTOUR
amlinellu *be*
  1 tynnu llinell sy'n dangos ffurf neu fraslun TO OUTLINE
  2 cyflwyno adroddiad bras sy'n nodi'r prif bwyntiau yn unig TO OUTLINE
amlochrog *a* gair i ddisgrifio:
  1 rhywbeth sydd â llawer o ochrau neu arweddau MANY-SIDED
  2 rhywun neu rywbeth amryddawn sy'n gallu gwneud llawer o bethau VERSATILE
amlosgfa hon *eb* (amlosgfeydd) adeilad arbennig lle y mae cyrff meirwon yn cael eu llosgi'n ulw CREMATORIUM
amlwg *a*
  1 eglur, clir, hysbys EVIDENT
  2 gweledig, i'w weld yn hawdd VISIBLE
  3 enwog, adnabyddus, blaenllaw PROMINENT
amlycach:amlycaf:amlyced *a* mwy **amlwg**: mwyaf **amlwg**: mor **amlwg**
amlygrwydd hwn *eg* pwysigrwydd, eglurder PROMINENCE
amlygu *be* datguddio, dangos, egluro TO REVEAL
amnaid hon *eb* (amneidiau) arwydd, awgrym NOD, BECK, SIGN
amneidio [ar] *be* gwneud arwydd â'ch pen neu â'ch llaw TO BECKON, TO NOD
amod hwn neu hon *egb* (amodau)
  1 cytundeb lle y mae un peth yn dibynnu ar rywbeth arall *(Roedd hi'n cael dod i'r cyngerdd ar yr amod y byddai'n gwisgo'i ffrog newydd.)* CONDITION
  2 fel yn *amodau byw* cyflwr, amgylchiadau CONDITION(S)
amoeba hwn *eg* anifail yn ei ffurf symlaf; un gell yn unig sydd ganddo AMOEBA
amper hwn *eg* (amperau) uned fesur sy'n dynodi grym cerrynt trydanol (fe'i henwyd ar ôl gwyddonydd o Ffrainc—André Ampère) AMPERE
amrant hwn *eg* (amrannau) clawr y llygad EYELID ☐ *corff* t.630
amrantiad hwn *eg* trawiad llygad, eiliad TWINKLING OF AN EYE, INSTANT
  ar amrantiad yn gyflym iawn IN THE TWINKLING OF AN EYE
amrediad hwn *eg* (amrediadau) yr amrywiaeth neu'r cwmpas sydd ar gael o fewn ffiniau eithaf unrhyw destun neu grŵp (yn arbennig plant mewn ysgol) *(Mae amrediad eang o allu mewn dosbarth o blant mewn ysgol gynradd.)* RANGE
amrwd *a* gair i ddisgrifio rhywbeth:
  1 heb ei goginio RAW
  2 heb ei drin, heb ei gaboli, garw (am bethau ac am bobl) CRUDE
amryddawn *a* gair i ddisgrifio rhywun â llawer o ddoniau, amlochrog, galluog mewn nifer o ffyrdd VERSATILE
amryfal *a* gair i ddisgrifio amrywiaeth o bethau neu o bobl VARIOUS
  Sylwch: mae 'amryfal' yn arfer dod o flaen enw *(amryfal ganu).*
amryfusedd hwn *eg* camgymeriad, camsyniad, gwall ERROR
amryfuso *be* gwneud camsyniad, cyfeiliorni TO ERR
amryliw *a* lliwgar, brith; â nifer o liwiau yn perthyn iddo MOTLEY, MULTI-COLOURED, VARIEGATED

amoeba

cell amoeba yn ymrannu i greu amoeba newydd (wedi'i chwyddo tua 100 gwaith yn fwy nag ydyw)

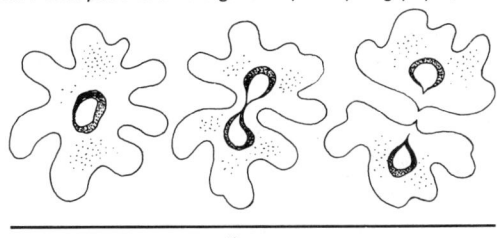

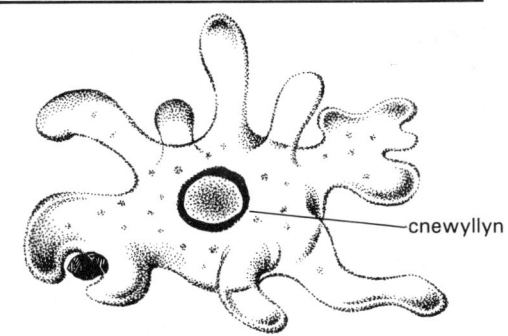

—cnewyllyn

a b c ch d dd e f ff g ng h i j (k) l ll m n o p ph r rh s t th u w y (z)

amryw[1] *a* gair i ddisgrifio llawer math o bobl neu bethau gwahanol VARIOUS
  amryw byd A WORLD OF, SEVERAL
amryw[2] *hwn eg* gwahanol rai, nifer *(Mae amryw wedi gofyn imi.)*
amrywiad *hwn eg* (amrywiadau) fersiwn ychydig yn wahanol o'r gwreiddiol (mewn cerddoriaeth yn arbennig) VARIATION
amrywiaeth *hwn neu hon egb* (amrywiaethau)
  1 gwahaniaeth; fersiwn gwahanol o'r gwreiddiol VARIATION
  2 nifer o bethau gwahanol *(Mae amrywiaeth o siopau yn y dref.)* VARIETY
amrywio *be* newid, gwahaniaethu TO VARY, TO DIFFER
amrywiol *a* gair i ddisgrifio rhywun neu rywbeth nad yw'n aros yr un trwy'r amser, neu nifer o wahanol fathau o bobl neu bethau VARIABLE
amser[1] *hwn eg* (amserau)
  1 cyfnod o fodolaeth sy'n cael ei fesur mewn oriau, munudau ac eiliadau *(Ydy'r cloc yn dangos yr amser cywir?)* TIME
  2 cyfnod, ysbaid *(Amser gorau fy mywyd oedd pan oeddwn yn bymtheg oed.)* PERIOD
  3 cyfeiriad at amser geni neu farw *(Roedd y fuwch yn cyrraedd ei hamser i fwrw llo.)* TIME
  4 unrhyw ffurf ar ferf yn dweud pryd y mae rhywbeth yn digwydd TENSE
  5 egwyl, seibiant *(Oes gen i amser i newid?)* TIME
  6 cyfnod mewn hanes *(yn amser Owain Glyndŵr)* TIME
  7 adeg arbennig, penodol *(amser cinio)* TIME
  amser a ddengys rhaid aros i weld TIME WILL TELL
  ar amser gw. **ar**
  cael amser da mwynhau TO HAVE A GOOD TIME
  cymryd amser
  1 bod am amser hir *(Bydd yn cymryd amser inni gario'r rhain i gyd i'r tŷ.)* TO TAKE TIME
  2 pwyllo, peidio â rhuthro *(Cymerwch chi eich amser i ddringo'r grisiau.)* TO TAKE TIME
  lladd amser gw. **lladd**
  trwy'r amser o hyd, ar hyd yr amser ALL THE TIME
  un amser byth *(Nid yw ef un amser yn grwgnach.)* NO TIME
  yn fy (dy, ei etc.) amser fy hun pan fyddaf i yn teimlo fel dod, gwneud ac ati; pan fydd hi'n gyfleus i mi IN ONE'S OWN GOOD TIME
  yr amserau yr oes bresennol THE TIMES
amser[2] *cysylltair* pryd, pan *(Roeddet ti'n edrych yn ddrwg amser ddest ti i'm gweld yn yr ysbyty.)* WHEN

amseriad *hwn eg*
  1 dyddiad, adeg TIMING
  2 rhythm neu fesur darn o fiwsig TEMPO
amserlen *hon eb* (amserlenni)
  1 rhestr o'r amserau y mae bysiau, trenau, awyrennau ac ati yn cyrraedd a gadael TIMETABLE
  2 rhestr o amserau dosbarthiadau ysgol neu goleg TIMETABLE
  3 unrhyw gynllun neu raglen o ddigwyddiadau yn nhrefn amser *(Beth yw dy amserlen ar ôl cyrraedd Caerdydd?)* TIMETABLE
amserol *a* gair i ddisgrifio rhywun neu rywbeth sydd yn cyrraedd ar yr adeg iawn, sydd mewn pryd, sy'n digwydd yn ei bryd *(rhaglen amserol)* TIMELY
amseru *be* mesur faint o amser sydd wedi mynd neu sydd i fynd heibio TO TIME
amserydd *hwn eg* (amseryddion) peiriant cadw amser, cloc cywir iawn CHRONOMETER
amsugno *be* llyncu, sugno; yr hyn na all peth anhydraidd ei wneud *(Defnyddiodd y dyn hen bapur newydd i amsugno'r olew a gollodd ar y llawr.)* TO ABSORB
amwynderau *hyn ell* (mwy nag un **amwynder** *hwn eg*) pethau neu gyfleusterau mewn lle (tref, gwesty ac ati) y gallwch eu mwynhau, ac sy'n gwneud bywyd yn fwy pleserus AMENITIES
amwys *a* amheus, amhendant; â mwy nag un ystyr AMBIGUOUS
Amwythig *enw lle* SHREWSBURY
amynedd *hwn eg* pwyll, dyfalbarhad; y gallu i ddisgwyl yn dawel pan fo'r amgylchiadau yn gwneud hynny'n anodd PATIENCE
amyneddgar *a* hirymarhous; â llawer o amynedd; yn gallu goddef yn hir PATIENT
an... *rhagddodiad* mae'n cael ei ddefnyddio weithiau ar ddechrau gair i wrth-ddweud neu negyddu'r hyn sy'n ei ddilyn *(anwastad,* heb fod yn wastad; *anobaith,* heb fod gobaith)
anabl *a* gair i ddisgrifio rhywun methedig, nad yw'n gallu gwneud rhywbeth oherwydd nam ar y corff neu'r meddwl DISABLED
anad *ardd* yn hytrach na, yn arbennig, o flaen BEFORE
  yn anad dim yn fwy na dim byd arall ABOVE ALL
  yn anad neb yn fwy nag unrhyw un arall MORE THAN ANYONE
anadl *hwn neu hon egb* yr aer sy'n cael ei dynnu i mewn i'r ysgyfaint a'r gwynt sy'n cael ei ollwng o'r ysgyfaint BREATH
anadlu *be* tynnu aer i'r ysgyfaint ac yna ei ollwng allan TO BREATHE

anadnabyddus *a* gair i ddisgrifio rhywun neu rywbeth nad oes neb yn ei adnabod na gwybod dim amdano UNKNOWN

anaddas *a* heb fod yn deilwng, na chymwys, na phriodol UNSUITABLE

anaeddfed *a* an... (heb fod yn) + **aeddfed** IMMATURE, UNRIPE

anaf:anafiad hwn *eg* (anafau:anafiadau) niwed, nam, clwyf WOUND, BLEMISH

anafu *be* cael dolur, gwneud niwed TO HURT, TO INJURE

anagram hwn *eg* (anagramau) gair neu ymadrodd sy'n cael ei lunio drwy ad-drefnu llythrennau gair neu eiriau eraill, e.e. mae *cell ddu* yn anagram o *lle cudd* ANAGRAM

analluog *a* gair i ddisgrifio rhywun neu rywbeth sy'n methu gwneud rhywbeth, neu sy'n fethedig neu'n anabl INCAPABLE

anamddiffynadwy *a* an... (heb fod yn) + **amddiffynadwy** INDEFENSIBLE

anaml *a* gair i ddisgrifio rhywbeth nad yw'n digwydd yn aml; anfynych INFREQUENT, RARE

anamlwg *a* an... (heb fod yn) + **amlwg** INDISTINCT

anap:anhap hwn *eg* damwain, niwed, anffawd MISHAP

anarchiaeth hwn *eg* diffyg llywodraeth neu reolaeth neu'r torcyfraith a'r anhrefn sy'n ei ddilyn ANARCHY

anarferol *a* anghyffredin, eithriadol, heb fod yn arferol UNUSUAL

anatebol *a* an... (heb fod yn) + **atebol** UNANSWERABLE

anatomeg hon *eb* astudiaeth wyddonol o adeiladwaith planhigion a chyrff anifeiliaid, sy'n golygu agor y cyrff hynny i'w harchwilio ANATOMY

anatomegol *a* gair i ddisgrifio rhywun neu rywbeth sy'n ymwneud ag anatomeg ANATOMICAL

anatomi hwn neu hon *egb*
  1 adeiladwaith planhigyn neu gorff anifail ANATOMY
  2 anatomeg ANATOMY

anawsterau hyn *ell* mwy nag un **anhawster**

anchwaethus *a* an... (heb fod yn) + **chwaethus** TASTELESS

andros:andras ebychiad fel *Yr andros!* GOOD HEAVENS!
  andros o lwcus lwcus iawn
  andros o lwyth anferth o lwyth, llwyth mawr iawn

andwyo *be* gwneud niwed, difetha, distrywio TO SPOIL

andwyol *a* gair i ddisgrifio rhywun neu rywbeth sydd yn mynd i ddifetha neu ddistrywio INJURIOUS

aneffeithiol *a* gair i ddisgrifio rhywun neu rywbeth nad yw'n cael unrhyw effaith, nad yw'n gweithio fel y dylai INEFFECTUAL, INEFFECTIVE

aneglur *a* heb fod yn glir OBSCURE, UNCLEAR

aneiri:aneirod hyn *ell* mwy nag un **anner**

aneirif *a* dirifedi; cymaint fel na ellir eu cyfrif na'u mesur INNUMERABLE

anelau:anelion hyn *ell* mwy nag un **annel**

anelu *be*
  1 cyfeirio, pwyntio rhywbeth i gyfeiriad arbennig TO AIM
  2 ceisio cyrraedd rhyw nod TO STRIVE
  3 plygu bwa TO DRAW

anenwadol *a* an... (heb fod yn) + **enwadol** UNDENOMINATIONAL

anenwog *a* an... (heb fod yn) + **enwog** UNRENOWNED

anerchaf *bf* rwy'n **annerch**; byddaf yn **annerch**

anerchiad hwn *eg* (anerchiadau) araith fer, cyflwyniad llafar, cyfarchiad ADDRESS, GREETING

anesboniadwy *a* gair i ddisgrifio rhywbeth na allwch ei egluro na'i esbonio INEXPLICABLE

anesmwyth *a* anghyffordddus, heb fod yn esmwyth, gofidus RESTLESS

anesmwythder:anesmwythyd hwn *eg* y cyflwr o fod yn anghyffordddus; aflonyddwch, pryder UNEASINESS

anesmwytho *be* aflonyddu, peidio â bod yn esmwyth, dechrau poeni TO BECOME RESTLESS

anesthetig hwn *eg* hylif neu nwy fel cloroffform sy'n gwneud i ran arbennig o'r corff neu'r corff i gyd golli pob teimlad ANAESTHETIC

anesthetydd hwn *eg* arbenigwr meddygol yn y defnydd o anesthetig; ceidwad y cwsg ANAESTHETIST

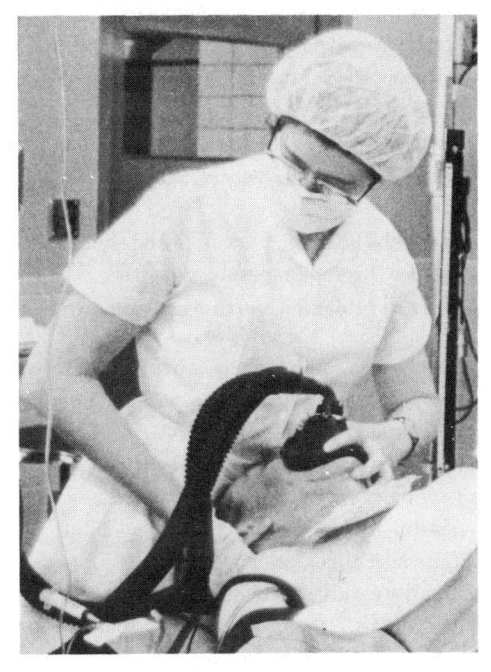

anesthetydd

anfad *a* drwg, ysgeler, erchyll WICKED
anfadwaith hwn *eg* drygioni, erchylltra VILLAINY
anfaddeuol *a* gair i ddisgrifio gweithred na ellir ei maddau UNPARDONABLE
anfantais hon *eb* (anfanteision) rhywbeth sydd yn rhwystr, nad yw'n gwneud lles; rhywbeth anffafriol DISADVANTAGE
tan anfantais DISADVANTAGED
anfarwol *a* gair i ddisgrifio rhywun neu rywbeth:
1 na fydd yn marw, a fydd byw byth IMMORTAL
2 gwych, bythgofiadwy UNFORGETTABLE
anfarwoldeb hwn *eg* bywyd tragwyddol; cof tragwyddol am rywbeth neu rywun IMMORTALITY
anfarwoli *be* cadw'n fyw byth; sicrhau y bydd cofio am rywbeth neu rywun TO IMMORTALIZE
anfedrus *a* an... (heb fod yn) + **medrus** UNSKILFUL
anfeidrol *a* aruthrol, y tu hwnt i unrhyw ffordd o fesur, heb ddechrau na diwedd INFINITE
anferth:anferthol *a* mawr iawn, iawn HUGE
anfesuradwy *a* an... (heb fod yn) + **mesuradwy** IMMEASURABLE
anfodlon *a* heb fod yn fodlon; anhapus; heb fod yn barod i dderbyn rhywbeth fel y mae DISCONTENTED, UNWILLING
anfodlonrwydd hwn *eg* y cyflwr o fod yn amharod i wneud neu dderbyn rhywbeth; diffyg bodlonrwydd DISCONTENT
anfodd hwn *eg* fel yn *mynd o'm hanfodd, mynd o'i anfodd*, sef mynd yn erbyn (fy, ei) ewyllys (TO GO) UNWILLINGLY
anfoddhaol *a* an... (heb fod yn) + **boddhaol** UNSATISFACTORY
anfoesgar *a* an... (heb fod yn) + **moesgar** IMPOLITE
anfoesol *a* llygredig, digywilydd, heb fod yn foesol, drwg IMMORAL
anfoesoldeb hwn *eg* y stad o fod heb foesau na moesoldeb; llygredd moesol IMMORALITY
anfon [at, i] *be* danfon, gyrru TO SEND (enfyn)
Sylwch: rydych yn anfon *at* berson ac *i* le.
anfreiniol *a* an... (heb fod yn) + **breiniol** UNPRIVILEGED
anfri hwn *eg* gwarth, dirmyg, sen, sarhad, amarch *(dwyn anfri ar deulu)* DISGRACE, DISRESPECT
anfuddiol *a* gair i ddisgrifio rhywbeth nad yw o werth, nad yw o unrhyw les USELESS, WORTHLESS
anfwriadol *a* damweiniol, heb ei gynllunio, heb ei drefnu ymlaen llaw UNINTENTIONAL
anfwytadwy *a* an... (heb fod yn) + **bwytadwy** INEDIBLE
anfynych *a* an... (heb fod yn) + **mynych** INFREQUENT
anffaeledig *a* an... (heb fod yn) + **ffaeledig** INFALLIBLE
anffafriol *a* an... (heb fod yn) + **ffafriol** UNFAVOURABLE

anffasiynol *a* an... (heb fod yn) + **ffasiynol** UNFASHIONABLE
anffawd hon *eb* (anffodion) damwain, trychineb, trallod, anlwc MISFORTUNE
anffodus *a* anlwcus, aflwyddiannus, truenus UNFORTUNATE
anffodusion hyn *ell* pobl anffodus y byd
anffurfiol *a* gair i ddisgrifio rhywun neu rywbeth answyddogol, nad yw'n dilyn rheolau arferol INFORMAL
anffyddiaeth hon *eb* diffyg ffydd, yn arbennig diffyg ffydd yn Nuw DISBELIEF, ATHEISM
anffyddiwr hwn *eg* (anffyddwyr) person nad yw'n credu yn Nuw ATHEIST
anffyddlon *a* gair i ddisgrifio rhywun neu rywbeth sydd heb fod yn ffyddlon, sy'n anonest, sy'n bradychu, sy'n dwyllodrus UNFAITHFUL
anffyddlondeb hwn *eg* twyll, brad, diffyg ffyddlondeb DECEIT, DISLOYALTY
anhap *gw.* **anap:anhap**
anhapus *a* trist, heb fod yn llawen nac yn llon, annedwydd UNHAPPY
anhawsaf:anhawsed *a* mwyaf **anodd** : mor **anodd**
anhawster hwn *eg* (anawsterau) problem; yr hyn sy'n gwneud rhywbeth yn anodd; diffyg rhwyddineb *(Oherwydd ei bod mor bell o'r llwyfan roedd hi'n cael anhawster gweld yr actorion.)* DIFFICULTY
anheddau hyn *ell* mwy nag un **annedd**
anhepgor:anhepgorol *a* gair i ddisgrifio rhywun neu rywbeth y mae'n rhaid ei gael, na ellir gwneud hebddo; angenrheidiol; hanfodol INDISPENSABLE
anhraethol *a* gair i ddisgrifio rhywbeth sydd y tu hwnt i eiriau, rhywbeth na ellir ei fynegi INEXPRESSIBLE, UNUTTERABLE
anhrefn hwn neu hon *egb* diffyg trefn, dryswch, diffyg llywodraeth ANARCHY, CONFUSION
anhrefnus *a* anniben, di-drefn, blith draphlith DISORGANIZED
anhrugarog *a* an... (heb fod yn) + **trugarog** MERCILESS
anhrwyddedig *a* an... (heb fod yn) + **trwyddedig** UNLICENSED, UNCERTIFIED
anhuddo:enhuddo *be* gorchuddio; pentyrru glo neu danwydd ar y tân TO COVER, TO BANK UP
anhunanol *a* an... (heb fod yn) + **hunanol** UNSELFISH
anhunedd hwn *eg* y cyflwr o fethu cysgu; diffyg cwsg INSOMNIA
anhwyldeb:anhwylder hwn *eg* (anhwylderau) afiechyd, salwch, diffyg hwyl, clefyd SICKNESS
anhwylus *a*
1 di-hwyl, tost, claf, sâl, gwael UNWELL

a b c ch d dd e f ff g ng h i j (k) l ll m n o p ph r rh s t th u w y (z)

2 anghyfleus, yn digwydd ar adeg letchwith INCONVENIENT

anhwylustod hwn *eg* anghyfleustra *(Mae'r traffig trwm yn yr haf yn achosi cryn anhwylustod i'r bobl leol.)* INCONVENIENCE

anhyblyg *a* anystwyth, cyndyn, ystyfnig, anodd ei blygu STUBBORN, RIGID

anhydawdd *a* gair i ddisgrifio rhywbeth nad yw'n toddi mewn hylif, sydd heb fod yn hydawdd INSOLUBLE

anhyderus *a* an... (heb fod yn) + **hyderus** DIFFIDENT

anhydraidd *a* gair i ddisgrifio rhywbeth nad yw'n caniatáu i leithder neu wlybaniaeth dreiddio trwyddo IMPERMEABLE

anhydrin *a* afreolus, amhosibl ei drin neu ei reoli, anystywallt UNMANAGEABLE

anhyfrydwch hwn *eg* **an...** (heb) + **hyfrydwch** UNPLEASANTNESS

anhyglyw *a* anghlywadwy, amhosibl ei glywed INAUDIBLE

anhygoel *a* anghredadwy, annhebygol o fod yn wir, anodd ei gredu INCREDIBLE

anhygyrch *a* anodd ei gyrraedd, anghysbell, diarffordd, pell o bob man REMOTE

anhylaw *a* lletchwith, trwsgl, anodd ei drin AWKWARD

anhysbys *a* gair i ddisgrifio rhywun nad oes neb yn gwybod pwy ydyw; dienw; anadnabyddus UNKNOWN

anhywaith *a* gwyllt, afreolus, anodd iawn ei drin WILD, INTRACTABLE

anial[1] *a* moel, diffaith, unig, gwyllt, lle nad oes neb yn byw ynddo DESOLATE

anial[2] hwn *eg* diffeithwch, anialwch DESERT, WILDERNESS

anialdir hwn *eg* (anialdiroedd) diffeithwch, anialwch, darn o dir anial DESERT

anialwch hwn *eg* darn o wlad lle nad oes dim byd amlwg yn tyfu nac yn byw; diffeithwch WILDERNESS, DESERT

anian hwn neu hon *egb* (anianau:anianoedd)
1 natur, deddfau natur NATURE
2 natur dyn, cynneddf, ansawdd TEMPERAMENT

anianol *a* naturiol, arferol NATURAL

anifail hwn *eg* (anifeiliaid)
1 creadur, unrhyw beth byw nad yw'n blanhigyn, o'r pryfyn lleiaf i ddyn ANIMAL
2 defnyddir y gair am berson i ddangos ei fod yn annynol ANIMAL

anifail anwes anifail sy'n byw yn y cartref PET

anifeilaidd *a* gair i ddisgrifio rhywun neu rywbeth gwyllt, anwar, creulon, ffiaidd, sy'n enghraifft o natur waethaf anifeiliaid BRUTISH

anlwc hwn *eg* diffyg lwc, anffawd, trychineb MISFORTUNE

anlwcus *a* gair i ddisgrifio rhywun neu rywbeth nad yw'n cael unrhyw lwc, sy'n anffodus UNLUCKY

anllad *a* chwantus, anfoesol, anniwair WANTON

anlladrwydd hwn *eg* chwant, y cyflwr o fod yn anniwair; anfoesoldeb, diffyg hunanddisgyblaeth WANTONNESS

anllygredig *a* pur, heb fod wedi'i effeithio gan lygredd INCORRUPT, PURE

anllythrennog *a* gair i ddisgrifio rhywun nad yw'n gallu darllen nac ysgrifennu ILLITERATE

annaearol *a* gair i ddisgrifio rhywun neu rywbeth nad yw'n perthyn i'r byd hwn; annaturiol, iasol UNEARTHLY, EERIE

annarllenadwy *a* annealladwy o ran ysgrifen, amhosibl ei ddarllen ILLEGIBLE

annatodadwy *a* gair i ddisgrifio rhywbeth:
1 sy'n amhosibl ei ddatod, na ellir ei ddatgymalu na'i ryddhau INEXTRICABLE
2 na ellir ei ddatrys na'i esbonio; anesboniadwy INSOLUBLE, INEXPLICABLE

annaturiol *a* anghyffredin, dieithr, heb fod yn naturiol UNNATURAL

annealladwy *a* amhosibl ei ddeall INCOMPREHENSIBLE

annedwydd *a* an... (heb fod yn) + **dedwydd** UNHAPPY, DISCONTENTED

annedd hwn neu hon *egb* (anheddau) lle i fyw, cartref, tŷ annedd DWELLING

annel hwn neu hon *egb* (anelau:anelion)
1 magl TRAP
2 amcan, bwriad PURPOSE
3 plyg, ystum anelu BENDING
4 colofn, rhywbeth i ddal rhywbeth arall i fyny PROP

annel

annelwig

5 y cyfuniad o gyfeiriad, uchder a chyflymdra sydd ei angen er mwyn medru bwrw rhywbeth o bell *(Trigain pwynt yw'r mwyaf y gallwch ei sgorio ag un dart os yw'ch annel yn gywir.)* AIM

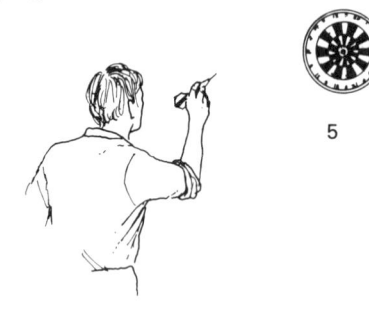

annelwig *a* gair i ddisgrifio rhywbeth:
1 na ellir ei weld yn eglur, sydd heb ffurf bendant SHAPELESS
2 amhendant ei syniadau VAGUE

anner hon *eb* (aneiri : aneirod) buwch ifanc, treisiad, heffer HEIFER

annerbyniol *a* **an...** (heb fod yn) + **derbyniol** UNACCEPTABLE

annerch *be* traddodi araith TO ADDRESS (anerchaf)

annhebyg *a* **an...** (heb fod yn) + **tebyg** UNLIKE

annhebygol *a* **an...** (heb fod yn) + **tebygol** UNLIKELY

annheg *a* gair i ddisgrifio rhywun neu rywbeth nad yw'n onest nac yn gyfiawn nac yn deg UNFAIR

annhegwch hwn *eg* diffyg tegwch neu gyfiawnder, anonestrwydd UNFAIRNESS

annheilwng *a* gair i ddisgrifio rhywun neu rywbeth nad yw'n deilwng, nad yw'n briodol, nad yw'n haeddu rhywbeth UNWORTHY

annherfynol *a* heb unrhyw derfyn na ffin, diddiwedd, y tu hwnt i fesur INFINITE

annheyrngar *a* gair i ddisgrifio rhywun nad yw'n deyrngar DISLOYAL

anniben *a* anhrefnus, blêr, dros y lle i gyd UNTIDY

annibendod hwn *eg* aflerwch, cawdel, diffyg trefn UNTIDINESS, CONFUSION

annibyniaeth hon *eb* y cyflwr o fod yn annibynnol INDEPENDENCE

annibynnol *a* gair i ddisgrifio:
1 rhywun neu rywbeth nad yw'n atebol i nac yn dibynnu ar neb na dim arall INDEPENDENT
2 (mewn cyswllt crefyddol) rhywun neu rywbeth sy'n perthyn i enwad yr Annibynwyr, sy'n credu mai penderfyniad i gapeli unigol yn hytrach na chorff canolog yw penderfyniadau ynglŷn â chynnal eglwys CONGREGATIONALIST

annwyl

Annibynnwr hwn *eg* (Annibynwyr) gŵr sy'n aelod o gapel neu eglwys Annibynnol INDEPENDENT, CONGREGATIONALIST

Annibynwraig hon *eb* gwraig sy'n aelod o gapel neu eglwys Annibynnol INDEPENDENT, CONGREGATIONALIST

annichon:annichonadwy *a* anymarferol, amhosibl ei wneud IMPOSSIBLE

anniddig *a* anesmwyth, aflonydd, anfodlon, piwis, blin IRRITABLE, UNEASY

anniddigrwydd hwn *eg* anesmwythder, y stad o fod yn biwis, blin ac anfodlon IRRITABILITY

anniddorol *a* **an...** (heb fod yn) + **diddorol** UNINTERESTING

anniddos *a* **an...** (heb fod yn) + **diddos** UNSHELTERED

annifyr *a* diflas, annymunol, poenus, anghyfforddus DISAGREEABLE, UNPLEASANT, MISERABLE (annifyrred: annifyrrach:annifyrraf)

annigonol *a* anghyflawn, diffygiol, nad yw'n cyrraedd y safon INADEQUATE, INSUFFICIENT

annileadwy *a* gair i ddisgrifio rhywbeth na allwch gael gwared o'i ôl, na allwch ei ddileu INDELIBLE

annilys *a* **an. . .** (heb fod yn) + **dilys** INVALID

annioddefol *a* gair i ddisgrifio rhywun neu rywbeth na allwch ei ddioddef, na allwch aros yn yr un man ag ef UNBEARABLE

anniolchgar *a* gair i ddisgrifio rhywun diddiolch, nad yw'n arfer diolch am ddim UNGRATEFUL

annisgwyl:annisgwyliadwy *a* gair i ddisgrifio rhywbeth na allai neb fod wedi ei rag-weld, nad oedd neb yn ei ddisgwyl; dirybudd UNEXPECTED

anniwair *a* gair i ddisgrifio rhywun sy'n anffyddlon i'w addewidion priodas; anllad UNCHASTE, UNFAITHFUL

annoeth *a* **an...** (heb fod yn) + **doeth** UNWISE

annog:annos *be* gyrru ymlaen, ceisio gorfodi, cymell, perswadio'n gryf TO URGE (anogaf, anosaf)
Sylwch: un 'n' sydd ym mhob un o ffurfiau'r ferf, e.e. *anogais, anosodd*.

annuwiol *a* gair i ddisgrifio rhywun nad yw'n cydnabod Duw, neu rywbeth sydd yn erbyn Duw UNGODLY

annwfn:annwn hwn *eg*
1 y byd arall, gwlad y Tylwyth Teg
2 uffern HELL

annwyd hwn *eg* (anwydau) afiechyd neu anhwylder a achosir gan firws sy'n taro'n aml ar ôl i'r corff ddioddef oerni neu leithder THE COMMON COLD

dal annwyd TO CATCH A COLD

annwyl *a* hoff, yn cael ei garu DEAR (anwyled, anwylach, anwylaf, anwyliaid, anwylyn)

annwyl gan BELOVED OF

o'r annwyl! : yr annwyl! OH DEAR!

annymunol *a* cas, anhyfryd UNPLEASANT
annynol *a* creulon, drwg, anifeilaidd, heb fod yn nodweddiadol o ddynion INHUMAN
anobaith *hwn eg* digalondid, methiant i weld unrhyw ateb, diffyg gobaith DESPAIR
  cors anobaith gw. **cors**
anobeithio *be* colli gobaith, methu gweld ateb yn unman, llwyr ddigalonni TO DESPAIR
anobeithiol *a* gair i ddisgrifio rhywun neu rywbeth sydd mor wael neu aneffeithiol fel nad oes unrhyw ffordd y daw'n well HOPELESS
anochel:anocheladwy *a* anorfod, heb fod modd ei osgoi na dianc rhagddo INEVITABLE
anodd *a* caled, heb fod yn rhwydd nac yn hawdd DIFFICULT (anhawsed, anos, anhawsaf)
anoethau *hyn ell* y campau yr oedd yn rhaid i arwr eu cyflawni i ennill ei wobr yn yr hen chwedlau TASKS
anogaeth *hon eb* (anogaethau) cymhelliad cryf, symbyliad, perswâd *(Gydag anogaeth y dorf yn atseinio yn ei glustiau, fe'i taflodd ei hun at y tâp ac ennill y ras.)* EXHORTATION
anogaf *bf* rwy'n **annog**; byddaf yn **annog**
anonest *a* twyllodrus, heb fod yn onest nac yn ffyddlon DISHONEST
anonestrwydd *hwn eg* twyll, diffyg gonestrwydd, anffyddlondeb DISHONESTY
anorac *hwn eg* (anoracs) siaced neu got fer ddiddos a hwd (neu gwfl) yn rhan ohoni ANORAK

anorac

anorchfygol *a* gair i ddisgrifio rhywun neu rywbeth na ellir ei drechu na'i orchfygu INVINCIBLE, UNCONQUERABLE
anorfod *a* gair i ddisgrifio rhywun neu rywbeth nad oes modd ei osgoi na'i hepgor, anochel INEVITABLE
anorffenedig *a* anghyflawn, diffygiol, heb ei orffen INCOMPLETE

anos *a* mwy **anodd**
anosaf *bf* rwy'n **annos**; byddaf yn **annos**
anrhaith *hon eb* (anrheithiau)
  1 ysbail, casgliad o bethau wedi'u dwyn BOOTY
  2 distryw, dinistr, difrod DESTRUCTION
  3 cyfoeth, trysor TREASURE
  4 casgliad o anifeiliaid fferm, gyrroedd, preiddiau HERDS
anrheg *hon eb* (anrhegion) rhodd, rhywbeth sy'n cael ei roi yn ddi-dâl gan un person i'r llall PRESENT, GIFT
anrheithio *be* distrywio, ysbeilio, lladrata, difrodi TO PLUNDER
anrhydedd *hwn neu hon egb* (anrhyddeddau) clod, parch, urddas, teilyngdod, cydnabyddiaeth o statws uchel *(Mae cael gwisgo'r wisg wen yng Ngorsedd y Beirdd yn anrhydedd fawr.)* HONOUR
  er anrhydedd er mwyn anrhydeddu HONORARY
anrhydeddu *be* parchu, moli, cydnabod statws uchel person TO HONOUR
anrhydeddus *a* gair i ddisgrifio rhywun neu rywbeth:
  1 parchedig, urddasol, teilwng o anrhydedd HONOURABLE
  2 rhywun sy'n gweithio'n ddi-dâl; mygedol HONORARY
ansad *a* ansicr, sigledig, anwadal, simsan FICKLE, UNSTEADY
ansadrwydd *hwn eg* diffyg sicrwydd, y cyflwr o fod yn wamal, o fod yn anwadal INSTABILITY
ansawdd *hwn eg* (ansoddau) cyflwr, ystad, natur, ffurf *(ansawdd amrywiol rhaglenni teledu)* STATE, CONDITION, QUALITY
ansefydlog *a* symudol, simsan, heb fod yn sefydlog, ansicr, gwamal UNSETTLED
ansicr *a* heb fod yn siŵr nac yn argyhoeddedig; amheus, petrus DOUBTFUL, UNCERTAIN
ansicrwydd *hwn eg* amheuaeth, petruster, diffyg argyhoeddiad a sicrwydd UNCERTAINTY, DOUBT
ansoddair *hwn eg* (ansoddeiriau) gair sy'n disgrifio, gair sy'n cael ei ddilyn gan *a* yn y geiriadur hwn, e.e. *coch, cryf, glân* ADJECTIVE
ansoddau *hyn ell* mwy nag un **ansawdd**
answyddogol *a* an... (heb fod yn) + **swyddogol** UNOFFICIAL
ansymudol *a* gair i ddisgrifio rhywbeth na allwch ei symud, rhywbeth sy'n sefyll yn gadarn; diysgog IMMOVABLE
anterliwt *hwn neu hon egb* (anterliwtiau) math o ddrama, yn aml o natur ddifyrrus, a oedd yn ei bri yn y 18fed ganrif INTERLUDE
anterth *hwn eg* y man uchaf, uchafbwynt, eithaf *(yn ei anterth, yn anterth ei nerth)* PRIME

antiseptig hwn *eg* unrhyw ddefnydd sy'n lladd microbau gwenwynig neu yn eu cadw rhag lluosogi ANTISEPTIC

antur hwn neu hon *egb* (anturiau) menter, camp feiddgar, gorchest VENTURE, ADVENTURE

anturiaeth hon *eb* (anturiaethau) menter, camp beryglus, gweithred sy'n herio perygl ADVENTURE

anturiaethus *a* gair i ddisgrifio rhywun neu rywbeth sy'n barod i chwilio am berygl a'i herio ADVENTUROUS

anturio *be* mentro, herio perygl, meiddio TO VENTURE

anturus *a* gair i ddisgrifio rhywun neu rywbeth sy'n hoff o anturio a mentro ADVENTUROUS

anthem hon *eb* (anthemau) cân o fawl neu lawenydd (crefyddol fel arfer) ANTHEM

  anthem genedlaethol y gân swyddogol y mae gwlad yn ei mabwysiadu i'w chynrychioli ('Hen Wlad fy Nhadau' yw anthem genedlaethol Cymru.) NATIONAL ANTHEM

anthropoleg hon *eb* astudiaeth wyddonol o ddyn a dynolryw ANTHROPOLOGY

anufudd *a* gair i ddisgrifio rhywun neu rywbeth nad yw'n gwrando, sy'n ystyfnig, nad yw'n ufuddhau DISOBEDIENT

anufudd-dod hwn *eg* cyflwr o wrthod gwrando, o ballu ufuddhau DISOBEDIENCE

anufuddhau *be* gwrthod gwrando, pallu ufuddhau TO DISOBEY

anuniongyrchol *a* gair i ddisgrifio rhywun neu rywbeth:
1 nad yw'n dilyn y ffordd fyrraf, ond sy'n mynd o gwmpas INDIRECT
2 (yn ramadegol) sgwrs neu eiriau nad ydynt yn cael eu dyfynnu'n union, air am air, o fewn dyfynodau, e.e. 'Rwy'n mynd,' meddai John (uniongyrchol). Dywedodd John ei fod yn mynd (anuniongyrchol) INDIRECT
3 digwyddiad nad yw'n ganlyniad uniongyrchol i rywbeth arall ond y mae modd ei olrhain i'r un man yn y pen draw INDIRECT

anwadadwy *a* an... (heb fod yn) + **gwadadwy** UNDENIABLE

anwadal *a* sigledig, ansicr, simsan, ansad, cyfnewidiol, amhosibl dibynnu arno FICKLE

anwahanadwy *a* gair i ddisgrifio pethau na allwch eu gwahanu, neu na allwch eu tynnu'n rhydd oddi wrth ei gilydd INSEPARABLE

anwar:anwaraidd *a* gwyllt, creulon, garw, barbaraidd UNCIVILIZED

anwareiddiedig *a* gwyllt, anhydrin, barbaraidd, heb fod yn perthyn i gymdeithas wâr UNCIVILIZED

anwariaid hyn *ell* pobl anwar SAVAGES

anwastad *a*
1 garw, heb fod yn llyfn UNEVEN

2 ansefydlog, ansicr, heb fod yn ddibynadwy FICKLE

anwe hon *eb* yr edafedd sy'n rhedeg o'r naill ochr i'r llall mewn darn o ddefnydd ac sy'n cael eu gweu trwy'r ystof (sef yr edafedd sy'n rhedeg o'r pen i'r gwaelod) WOOF, WEFT

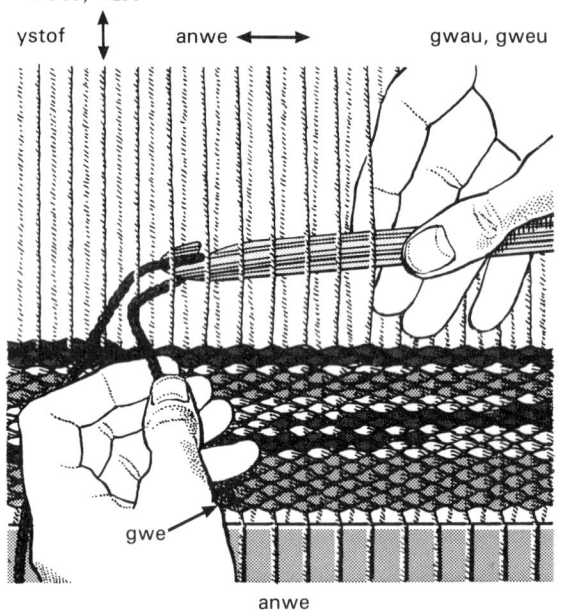

anwedd hwn *eg* tarth, ager, stêm, tawch dŵr berw STEAM, VAPOUR

anweddiad hwn *eg* y broses o droi hylif yn darth EVAPORATION

anweddu *be* troi hylif yn darth neu'n ager, fel arfer trwy ei ferwi TO EVAPORATE

anweddus *a* aflednais, gwrthun, heb fod yn addas nac yn haeddu cael ei weld na'i glywed INDECENT, UNSEEMLY

anweledig *a* gair i ddisgrifio rhywun neu rywbeth na allwch ei weld, sy'n guddiedig INVISIBLE

anwes hwn *eg* (anwesau) maldod, mwythau, anwyldeb FONDNESS

  anifail anwes gw. **anifail**

anwesu *be* mwytho, maldodi TO FONDLE

anwiredd hwn *eg* (anwireddau) rhywbeth nad yw'n wir, celwydd, twyll UNTRUTH

anwybodaeth hwn neu hon *egb* diffyg gwybodaeth, stad o beidio â gwybod IGNORANCE

anwybodus *a* twp, heb fod yn gwybod dim IGNORANT

anwybyddu *be* peidio â chymryd sylw, diystyru, peidio â chydnabod TO IGNORE

anwydau hyn *ell* mwy nag un **annwyd**

anwydog:anwydus *a* oer, rhynllyd; gair i ddisgrifio rhywun sydd ag annwyd arno CHILLY

anwylach:anwylaf:anwyled *a* mwy **annwyl:**mwyaf **annwyl:**mor **annwyl**

anwyldeb hwn *eg*
1 yr hyn sy'n gwneud person yn annwyl i eraill BELOVEDNESS, DEARNESS
2 hoffter, serch, cariad AFFECTION, FONDNESS

anwyliaid hyn *ell* mwy nag un person **annwyl** neu **anwylyn**; rhai sy'n cael eu caru LOVED ONES

anwylo *be* anwesu, mwytho TO FONDLE

anwylyd hwn neu hon *egb* un sy'n cael ei garu/charu yn fawr; cariad LOVE, DARLING

anwylyn hwn *eg* (anwyliaid) un bach sy'n cael ei garu

anymarferol *a* gair i ddisgrifio:
1 rhywbeth na allwch ei wneud, sydd heb fod yn ymarferol IMPRACTICABLE
2 rhywun nad yw'n dda iawn am wneud pethau nac am roi cynlluniau ar waith IMPRACTICAL

anymwybodol *a* gair i ddisgrifio rhywun neu rywbeth nad yw'n ymwybodol, nad yw'n gallu sylwi na phrofi *(Ar ôl cael ergyd ar ei ben, syrthiodd i'r llawr yn anymwybodol.)* UNCONSCIOUS, UNAWARE

anynad *a* blin, sarrug, cecrus, cas PEEVISH

anysbrydoledig *a* an... (heb fod yn) + **ysbrydoledig** UNINSPIRED

anystwyth *a* gair i ddisgrifio rhywun neu rywbeth nad yw'n symud yn rhwydd; anhyblyg INFLEXIBLE, STIFF

anystyriol *a* gair i ddisgrifio rhywun neu rywbeth nad yw'n ystyried anghenion pobl neu bethau eraill, neu sydd yn fwriadol yn eu dirmygu; diystyriol UNCARING, THOUGHTLESS

anystywallt *a* gwyllt, afreolus, anhydrin INTRACTABLE

ap gw. **ab:ap**

apartheid hwn *eg* cyfundrefn sy'n cadw hiliau o liw gwahanol ar wahân, yn arbennig y system honno fu'n gormesu pobl dduon yn Ne Affrica APARTHEID

apêl hwn neu hon *egb* (apelau: apeliau)
1 gofyniad taer, erfyniad, ymbil APPEAL
2 (mewn cyfraith) cais ar i lys uwch newid barn neu ddedfryd llys is APPEAL
3 atyniad, rhywbeth sy'n denu *(Nid wyf yn deall apêl y lle yma i bobl ifainc.)* APPEAL

apelio *be*
1 gofyn yn daer, erfyn, ymbil, crefu TO APPEAL
2 (mewn cyfraith) ceisio cael llys uwch i newid barn neu ddedfryd llys is TO APPEAL
3 denu, swyno TO APPEAL

apig hwn *eg* (apigau) pigyn, pen blaen triongl APEX

Apocalyps hwn *eg*
1 Llyfr Datguddiad yn y Beibl
2 diwedd y byd, fel mae sôn amdano yn Llyfr Datguddiad APOCALYPSE

Apocryffa hwn *eg* y pedwar llyfr ar ddeg sydd i'w cael rhwng yr Hen Destament a'r Testament Newydd, ac y mae dadlau a ydynt yn rhan o'r Beibl ai peidio; Llyfrau'r Apocryffa: 1 Esdras, 2 Esdras, Tobit, Judith, Esther (yr Ychwanegiadau), Doethineb Solomon, Ecclesiasticus, Baruch, Llythyr Jeremeia, Cân y Tri Llanc, Swsanna, Bel a'r Ddraig, Gweddi Manasse, 1 Macabeaid, 2 Macabeaid THE APOCRYPHA

apostol hwn *eg* (apostolion) un sy'n cael ei anfon i bregethu'r Efengyl Gristionogol APOSTLE

apwyntio *be* gair arall sy'n golygu **penodi** TO APPOINT

âr hwn *eg* tir wedi'i aredig TILTH

tir âr gw. **tir**

ar *ardd* (arnaf fi, arnat ti, arno ef [fe/fo], arni hi, arnom ni, arnoch chi, arnynt hwy [arnyn nhw])
1 am, ar ben *(Gorweddodd ar y gwely.)* ON, UPON
2 i) yn ychwanegol (gyda rhifolion) *(un ar bymtheg, dau ar hugain)*
ii) yn gymaint eto (gyda threfnolion) *(ennill ar ei ganfed)* (ONE HUNDRED) FOLD
3 myn (mewn llw) *(ar f'einioes, ar fy llw)* ON
4 ar fin, bron *(ar farw, ar ddyfod)* ABOUT
5 yn cyfleu bod yng nghanol y weithred mewn ymadroddion megis *ar agor, ar gau, ar goll, ar wasgar*
6 wrth ddilyn *bod* fe all ddangos:
i) dyled *(Faint o arian sydd arnat ti i mi?)*
ii) cyflwr meddwl neu iechyd *(Beth sy'n bod arni hi?)*
7 yn dynodi dymuniad neu orchymyn wrth ddilyn geiriau fel *deisyf, erchi, gorchymyn, gweddïo, deisyfiad a dymuniad*
8 yn ymddangosiadol, ar yr wyneb *(Mae golwg dda arni.)*
9 yn cyflwyno ymadrodd sy'n dweud yn union pryd y bydd rhywbeth yn digwydd *(Codwch ar ganiad y corn.)* AT

ar amser yn brydlon ON TIME

ar ei hôl hi heb fod yn gyfoes; heb fod yn gwybod beth sy'n digwydd BEHIND THE TIMES, OUT OF TOUCH

ar fyr o dro cyn bo hir SOON

ar gyfer yn barod i FOR

ar ôl wedi, yn dilyn AFTER

ar y gorau y gorau y gellid ei ddisgwyl AT BEST

ar y lleiaf AT LEAST

Arab:Arabiad hwn *eg* (Arabiaid) aelod o un o'r llwythau sydd â'u gwreiddiau yng ngorynys Arabia ARAB

arabedd hwn *eg* ffraethineb, clyfrwch geiriol, digrifwch WIT

aradr hwn neu hon *egb* (erydr) offeryn at droi'r tir a'i awyru ar gyfer hau a phlannu; gwŷdd PLOUGH

aradr, gwŷdd

aradwr hwn *eg* (aradwyr) gŵr sy'n defnyddio'r aradr PLOUGHMAN
araf *a*
  1 gan bwyll, hamddenol, yn llai cyflym nag sy'n arferol SLOW
  2 ar ei hôl hi *(Mae fy wats bum munud yn araf.)* SLOW
  araf bach araf iawn, gan bwyll
  ara(f) deg gan bwyll, heb frys
arafu *be* symud yn fwy araf, colli cyflymdra TO SLOW
arafwch hwn *eg* diffyg cyflymdra, pwyll SLOWNESS
araith hon *eb* (areithiau) anerchiad; cyflwyniad llafar, cyhoeddus SPEECH
arall *a* gair i ddisgrifio rhywbeth:
  1 ar wahân i hwn/hon; amgen, gwahanol OTHER
  2 ychwanegol *(A oes rhywun arall yn dod? Hoffet ti ddarn arall o deisen?)* (eraill)
aralleirio *be* defnyddio geiriau gwahanol i gyflwyno ystyr darn (ysgrifenedig fel arfer) TO PARAPHRASE
araul *a* gair i ddisgrifio rhywbeth hyfryd, teg, sy'n tywynnu fel yr haul SUNNY
arbed *be*
  1 achub, gwaredu rhag niwed neu berygl TO SAVE
  2 cynilo, cadw arian yn hytrach na'i wario TO SAVE
  3 peidio â gwastraffu *(Byddwn yn arbed amser wrth fynd ffordd hyn.)*
  4 (mewn chwaraeon) gofalu nad yw'r tîm arall yn sgorio TO SAVE
arbelydru *be*
  1 trin bwyd â lefel isel o ymbelydredd i'w gadw rhag pydru TO IRRADIATE
  2 trin â phelydrau TO IRRADIATE
arbenicaf *a* mwyaf **arbennig**

arbenigo *be* canolbwyntio ar rywbeth a bod yn awdurdod arno TO SPECIALIZE
arbenigrwydd hwn *eg* nodwedd arbennig, rhagoriaeth, godidowgrwydd, yr hyn sy'n arbennig DISTINCTION
arbenigwr hwn *eg* (arbenigwyr)
  1 meddyg sy'n canolbwyntio ar un maes yn unig SPECIALIST
  2 gŵr sydd â gwybodaeth arbennig, sy'n awdurdod yn ei faes SPECIALIST, EXPERT
arbenigwraig hon *eb* (arbenigwyr) gwraig sydd â gwybodaeth arbennig, sy'n awdurdod yn ei maes SPECIALIST, EXPERT
arbennig *a* anghyffredin, neilltuol, rhagorol, nodedig SPECIAL (arbenicaf)
Arberth *enw lle* NARBERTH
arbrawf hwn *eg* (arbrofion) cais neu fodd i ddarganfod neu gadarnhau rhyw ffaith neu wirionedd EXPERIMENT
arbrofi *be* ceisio canfod neu gadarnhau damcaniaeth neu ffaith trwy brawf TO EXPERIMENT
arbrofol *a* gair i ddisgrifio rhywbeth sydd wrthi'n cael ei arbrofi EXPERIMENTAL
arch[1] hon *eb* (eirch)
  1 math o gist bren y rhoddir corff marw ynddi i'w gladdu neu i'w losgi COFFIN
  2 arch Noa—y llong anferth a wnaeth Noa ar orchymyn Duw yn ôl Llyfr Genesis ARK
  3 arch y Cyfamod—y gist lle'r oedd y ddwy lechen a'r Deg Gorchymyn wedi'u hysgrifennu arnynt yn cael eu cadw yn ôl Llyfr y Brenhinoedd yn y Beibl THE ARK OF THE COVENANT
arch...[2] *rhagddodiad* prif (mewn geiriau megis *archesgob*, y prif esgob; *archangel*, y prif angel; ond hefyd mewn geiriau megis *archelyn*, y prif elyn; *archdwyllwr*, y twyllwr gwaethaf) ARCH, CHIEF
archaeoleg hon *eb* astudiaeth wyddonol o olion dyn a'i gymdeithas o amser cyn dechrau cofnodi ac ysgrifennu hanes ARCHAEOLOGY
archaf *bf* rwy'n **erchi**; byddaf yn **erchi**
archangel hwn *eg* (archangylion:archengyl) prif angel ARCHANGEL
archdderwydd hwn *eg* (archdderwyddon) prif swyddog Gorsedd y Beirdd, sy'n cael ei ethol o blith y prifeirdd (beirdd sydd wedi ennill Cadair neu Goron yr Eisteddfod Genedlaethol) i wasanaethu am dair blynedd ARCHDRUID ☐ *torch*
archeb hon *eb* (archebion) rhestr o nwyddau i'w cyflenwi gan siop neu gwmni ORDER
  archeb bost POSTAL ORDER
archebu *be* erchi, rhoi archeb TO ORDER

archesgob *hwn eg* (archesgobion) y prif esgob, y swyddog uchaf mewn eglwys esgobol ARCHBISHOP

archesgob

archfarchnad *hon eb* (archfarchnadoedd) anferth o siop fawr sy'n gwerthu pob math o fwydydd a nwyddau HYPERMARKET

archif *hwn eg* un o ddau neu ragor o **archifau** casgliad o ddogfennau hanesyddol sefydliad neu gymuned ARCHIVE

archoffeiriad *hwn eg* (archoffeiriaid) prif offeiriad yr eglwys Iddewig HIGH PRIEST

archoll *hwn neu hon egb* (archollion) clwyf, niwed, anaf, briw, cwt WOUND

archolli *be* clwyfo, gwneud niwed, brifo TO WOUND

archwaeth *hwn neu hon egb* blas, chwant, awydd APPETITE

archwiliad *hwn eg* (archwiliadau) ymchwiliad, arolwg manwl, proses o edrych a phrofi (o safbwynt meddygol neu ariannol) INVESTIGATION, SURVEY, AUDIT

archwilio *be* edrych i mewn i rywbeth, chwilio'n fanwl, profi TO INSPECT, TO AUDIT

ardal *hwn neu hon egb* (ardaloedd) cymdogaeth, dosbarth, bro, rhan fach o'r wlad DISTRICT

ardalydd *hwn eg* (ardalyddion) uchelwr o radd rhwng dug ac iarll MARQUIS

ardalyddes *hon eb* gwraig ardalydd MARCHIONESS

arddaf *bf* rwy'n **aredig**; byddaf yn **aredig**

arddangos *be*
1 dangos yn gyhoeddus, e.e. mewn sioe; datguddio TO EXHIBIT
2 amlygu, datguddio *(arddangos dewrder mawr)* TO REVEAL

arddangosfa *hon eb* (arddangosfeydd) dangosiad cyhoeddus, sioe EXHIBITION

arddegau *hyn ell* y cyfnod rhwng un ar ddeg a phedair ar bymtheg oed, llencyndod TEENS

arddel *be*
1 cydnabod, addef *(Mae'n arddel rhai syniadau rhyfedd, cofiwch!)* TO OWN TO
2 dweud neu ddangos eich bod yn perthyn i rywun neu'n adnabod rhywun *(Oherwydd iddo weithio pan oedd pawb arall ar streic, nid oedd ei deulu'n barod i arddel John fel un ohonyn nhw.)* TO ACKNOWLEDGE, TO ACCEPT

arddeliad *hwn eg* argyhoeddiad, sicrwydd brwdfrydig *(siarad ag arddeliad)* CONVICTION, APPROVAL

ardderchog *a* gwych, godidog, enwog, clodwiw EXCELLENT (ardderchocach, ardderchocaf)

arddodiad *hwn eg* (arddodiaid) gair megis *dan, ar, am, gan* sy'n dangos y berthynas rhwng yr hyn sydd yn dod o'i flaen a'r enw neu'r rhagenw sy'n ei ddilyn; gair sy'n cael ei ddilyn gan *ardd* yn y geiriadur hwn *(Gorweddodd Siôn dan y car. Gorweddodd ar y car. Gorweddodd arno.)* PREPOSITION

arddull *hwn neu hon egb* (arddulliau)
1 patrwm neu ddewisiad o eiriau sy'n nodweddiadol o siaradwr neu o ysgrifennwr arbennig, ac sy'n ei osod ar wahân i eraill STYLE
2 ffordd arbennig o wneud rhywbeth sy'n nodweddiadol o unigolyn neu grŵp neu gyfnod hanesyddol STYLE

ar-ddweud *be* dweud neu ddarllen rhywbeth yn uchel er mwyn i rywun arall ei ysgrifennu air am air TO DICTATE

arddwrn:garddwrn *hwn eg* (arddyrnau) y cymal sy'n cysylltu'r llaw a'r fraich WRIST □ *corff* t.630

aredig *be* troi'r tir ag aradr, trin y tir TO PLOUGH (arddaf, erddais, erddi) □ *aradr*

areithiau *hyn ell* mwy nag un **araith**

areithio *be* annerch, datgan ar lafar yn gyhoeddus, traddodi araith TO MAKE A SPEECH

areithiwr *hwn eg* (areithwyr) un sy'n areithio PUBLIC SPEAKER

aren *hon eb* (arennau) un o'r ddwy chwarren yn y corff sy'n rhannu'r carthion a'r dŵr oddi wrth y gwaed; elwlen KIDNEY

arestio *be* dal person trwy rym y gyfraith gyda'r bwriad o'i gyhuddo o drosedd TO ARREST

arf *hwn neu hon egb* (arfau)
1 offeryn a ddefnyddir mewn rhyfel neu frwydr i beri niwed corfforol WEAPON
2 offeryn, erfyn, teclyn i helpu gweithiwr TOOL

arfaeth *hon eb*
1 bwriad, pwrpas, amcan, cynllun INTENTION, PURPOSE
2 bwriad neu gynllun Duw GOD'S DESIGN

a b c ch d dd e f ff g ng h i j (k) l ll m n o p ph r rh s t th u w y (z)

arfaethu *be* amcanu, bwriadu, cynllunio TO PLAN, TO INTEND

arfau hyn *ell*
1 mwy nag un **arf**; mwy nag un **erfyn**
2 (mewn herodraeth) y lluniau a'r cynlluniau ffurfiol a swyddogol a geir ar darianau, baneri ac ati yn dynodi teulu neu gorff arbennig COAT OF ARMS

arfbais hon *eb* (arfbeisiau) (mewn herodraeth) tarian ac arni gyfuniad arbennig o luniau, lliwiau a phatrymau ffurfiol y mae rhai unigolion, teuluoedd neu gyrff yn ei defnyddio fel arwyddlun COAT OF ARMS, ESCUTCHEON □ *dyfais*

arfer[1] hwn neu hon *egb* (arferion) defod, deddf anysgrifenedig, ymddygiad sefydlog HABIT, CUSTOM
    arfer gwlad COMMON USAGE
    fel arfer
    1 gan amlaf *(Fe fyddaf yn cerdded adref fel arfer.)* USUALLY
    2 yn ôl yr arfer *(busnes fel arfer)* AS USUAL

arfer[2] [â] *be*
1 defnyddio, cyfarwyddo, ymarfer TO USE, TO ACCUSTOM
2 gwneud rhywbeth yn rheolaidd *(Rwy'n arfer mynd i'r capel ar ddydd Sul.)*
    dod i arfer cyfarwyddo, cynefino TO GET/BECOME ACCUSTOMED

arferiad hwn *eg* (arferiadau) arfer gwlad, defod, arfer CUSTOM

arferol *a* gair i ddisgrifio rhywbeth sy'n digwydd yr un ffordd neu'r un pryd ag arfer USUAL

arfog *a* gair i ddisgrifio rhywun neu rywbeth sy'n gwisgo neu'n cario arfau ARMED

arfogaeth hon *eb* (arfogaethau) rhyfelwisg, arfau neu offer rhyfel ARMOUR

arfogi *be* gwisgo arfogaeth, rhoi arfau i, paratoi arfau at ryfel TO ARM

arfordir hwn *eg* (arfordiroedd) yr ymyl o dir ar lan y môr COAST

arfwisg hon *eb* (arfwisgoedd) rhyfelwisg, arfogaeth, llurig SUIT OF ARMOUR □ *marchog*

arffed hon *eb* (arffedau) y plyg lle y mae gwaelod y bol a'r cluniau yn cyfarfod; côl LAP

argae hwn *eg* (argaeau) math o wal neu glawdd cadarn, uchel a godir ar draws afon neu nant er mwyn creu llyn neu gronfa ddŵr DAM, EMBANKMENT

arglwydd hwn *eg* (arglwyddi)
    1 pendefig, gŵr uchel ei radd mewn cymdeithas, llywodraethwr tiriogaeth LORD
    2 yr Arglwydd Dduw, Iesu Grist THE LORD
    bwrdd yr Arglwydd gw. **bwrdd**
    dydd yr Arglwydd gw. **dydd**
    swper yr Arglwydd gw. **swper**
    Tŷ'r Arglwyddi gw. **tŷ**

arglwyddes hon *eb* (arglwyddesau) gwraig fonheddig, pendefiges, gwraig sy'n llywodraethu tiriogaeth, gwraig arglwydd LADY

arglwyddiaethu *be* rheoli, llywodraethu, teyrnasu fel arglwydd TO GOVERN

argoel hon *eb* (argoelion) arwydd, addewid, nodwedd, ernes SIGN, OMEN
    yr argoel! ebychiad o syndod

argoeli *be* darogan, awgrymu beth sydd i ddod *(Mae'r tywydd yn argoeli'n dda ar gyfer y ffair haf ddydd Sadwrn.)* TO PORTEND

argraff hon *eb* (argraffau:argraffiadau) y darlun neu'r ddelwedd sy'n aros ym meddwl person, boed yn glir neu'n annelwig *(Nid dyna'r argraff a gefais i o'r cyfarfod.)* IMPRESSION

argraffiad hwn *eg* (argraffiadau)
1 y ffurf y mae llyfr yn cael ei argraffu ynddi IMPRINT
2 yr holl gopïau o lyfr neu gyhoeddiad sy'n cael eu hargraffu yr un pryd EDITION, IMPRINT
    argraffiad diwygiedig argraffiad newydd â chywiriadau wedi'u cynnwys REVISED EDITION

argraffu *be*
1 y gwaith o adael ôl print ar bapur er mwyn creu llyfr TO PRINT
2 pwysleisio, gwasgu ar feddwl er mwyn gadael ôl TO IMPRESS UPON

argraffydd hwn *eg* (argraffwyr: argraffyddion) person neu beiriant sy'n argraffu; *argraffwyr* yw mwy nag un person; *argraffyddion*, mwy nag un peiriant PRINTER

argyfwng hwn *eg* (argyfyngau) cyfyngder, uchafbwynt perygl CRISIS, EMERGENCY

argyhoeddi *be* perswadio rhywun i gytuno â chi, ennill dadl trwy rym rheswm, darbwyllo TO CONVINCE

argyhoeddiad hwn *eg* (argyhoeddiadau) cred gadarn ddiysgog CONVICTION

argymell *be* awgrymu yn gadarn, annog, ceisio cael rhywun i dderbyn awgrym TO RECOMMEND, TO URGE

argymhellaf *bf* rwy'n **argymell**; byddaf yn **argymell**

argymhelliad hwn *eg* (argymhellion) anogaeth, cymeradwyaeth, awgrym pendant ynglŷn â beth i'w wneud RECOMMENDATION

arholi *be* gosod prawf trwy ofyn cwestiynau TO EXAMINE, TO INTERROGATE

arholiad hwn *eg* (arholiadau) prawf arbennig lle y disgwylir i'r ymgeisydd ateb cwestiynau EXAMINATION (sefyll)

arholwr *hwn eg* (arholwyr) person sy'n gosod y cwestiynau ac yn marcio'r atebion mewn arholiad EXAMINER

arhosaf *bf* rwy'n **aros**; byddaf yn **aros**

arhosfan *hwn neu hon egb* (arosfannau) man aros, lle i orffwys, yn arbennig wrth ymyl heol neu draffordd LAY-BY

  arhosfan bws man arbennig lle y mae bws yn aros i godi a gollwng teithwyr BUS STOP

arhosiad *hwn eg* yr amser y mae rhywun yn sefyll neu yn aros mewn man arbennig STAY

arhosol *a* gair i ddisgrifio rhywun neu rywbeth a fydd yn parhau am amser hir LASTING

arial *hwn neu hon egb* bywiogrwydd, dewrder, nwyf, ysbryd SPIRIT, VIGOUR

arian[1] *hwn eg* metel gwyn, disglair, gwerthfawr SILVER
  arian byw QUICKSILVER

arian[2] *hwn eg ac enw torfol* pres megis ceiniog, darn pum ceiniog a phunt MONEY
  arian cochion darnau ceiniog, dwy geiniog ac ati COPPERS
  arian drwg COUNTERFEIT MONEY
  arian gleision/gwynion darnau pum ceiniog, deg ceiniog, ugain ceiniog ac ati SILVER
  arian papur papurau £5, £10 ac ati PAPER MONEY, NOTE(S)
  arian parod CASH
  arian poced swm o arian y mae plentyn yn ei dderbyn yn rheolaidd (gan ei rieni fel arfer) POCKET-MONEY
  arian sychion HARD CASH
  Sylwch: Atodiad I, t.598.

arian[3] *a* gair i ddisgrifio'r lliw gwyn, disglair sydd yn nodweddiadol o'r metel *(paent arian, ffrog arian)* SILVER

ariangar *a* cybyddlyd, trachwantus am arian a chyfoeth, yn caru arian COVETOUS

ariannaid *a* gair i ddisgrifio rhywbeth wedi ei wneud o arian, neu wedi ei orchuddio â haen o arian SILVER

ariannaidd *a* yn debyg i arian o ran lliw a disgleirdeb SILVERY

ariannog *a* goludog, cyfoethog, â digon o arian WEALTHY

ariannol *a* gair i ddisgrifio rhywbeth sy'n ymwneud â phres a chyllid FINANCIAL

ariannu *be*
1 rhoi arian tuag at rywbeth, talu am *(Pwy sydd yn mynd i ariannu'r cynllun?)* TO FINANCE, TO FUND
2 gwneud i rywbeth edrych fel arian, neu osod haen o arian ar ben rhywbeth *('A'r lloer yn ariannu'r lli'.)*

arlais *hon eb* (arleisiau) ochr y pen rhwng y glust a'r talcen TEMPLE □ *corff* □ t.630

arloesi *be* arbrofi, gwneud rhywbeth am y tro cyntaf, agor y ffordd i eraill TO PIONEER

arloesol *a* gair i ddisgrifio rhywun neu rywbeth sy'n paratoi'r ffordd i eraill PIONEERING

arloeswr *hwn eg* (arloeswyr) person sy'n torri tir newydd, sy'n arbrofi gyda rhywbeth newydd *(Roedd Marconi yn un o'r arloeswyr ym myd radio.)* PIONEER

arlunio *be* tynnu llun â phensil neu baent, peintio TO PAINT, TO DRAW

arlunydd *hwn eg* (arlunwyr) person sy'n tynnu lluniau â phensil neu baent ARTIST

arlwy *hwn neu hon egb* (arlwyon)
1 paratoad, darpariaeth, cyflenwad o gyfarpar PREPARATION
2 gwledd, cyflenwad o fwyd FEAST

arlwyo *be* paratoi bord neu fwrdd, darparu ar gyfer bwyd TO PREPARE

arlywydd *hwn eg* (arlywyddion) prifweithredwr a phennaeth gweriniaeth *(George Washington oedd arlywydd cyntaf Unol Daleithiau America.)* PRESIDENT

arlliw *hwn eg* (arlliwiau)
1 ôl, argoel, arwydd TRACE, VESTIGE
2 gradd o liw, ffurf ysgafnach neu ddyfnach o liw SHADE
  dim arlliw (ohono) dim (o'i) ôl, dim sôn (amdano) NO SIGN OF (HIM)

arllwys *be* tywallt, trosglwyddo hylif (neu rywbeth sy'n rhedeg megis hylif) o un llestr i lestr arall TO POUR
  arllwys (ei) gwd mynegi rhwystredigaeth TO VENT (HIS) GRIEVANCES
  arllwys y glaw TO TEEM

arnaf *ardd gw.* **ar**

arnofio *be* gorwedd ar wyneb hylif heb suddo TO FLOAT

arobryn *a* gair i ddisgrifio rhywun neu rywbeth teilwng, sy'n haeddu gwobr neu sydd wedi cael ei wobrwyo PRIZE-WINNING

arofal *hwn eg* (arofalon) y gwaith o gadw rhywbeth wedi'i atgyweirio ac mewn cyflwr da; y gwaith o gynnal a chadw MAINTENANCE

arogl:aroglau *hwn eg* (arogleuon) sawr, gwynt, yr hyn a glywir gan y ffroenau SMELL

arogldarth *hwn eg*
1 y mwg persawrus sy'n cael ei ddefnyddio mewn defodau crefyddol INCENSE
2 thus neu'r llysiau sy'n cael eu llosgi i greu mwg persawrus ar gyfer defodau crefyddol INCENSE

arogleuo *be* gair arall am **arogli**; ond hefyd rhoi allan neu wasgar aroglau drwg; drewi *(Ych! Mae'r wy yma'n arogleuo.)* TO STINK

a b c ch d dd e f ff g ng h i j (k) l ll m n o p ph r rh s t th u w y (z)

arogli *be*
  1 synhwyro neu glywed trwy'r ffroenau TO SMELL
  2 rhoi allan neu wasgar aroglau *(Mae dy ddillad yn arogli o fwg.)* TO SMELL
arolwg *hwn eg* (arolygon : arolygiadau) golwg gyffredinol dros faes cyfan, archwiliad SURVEY
  arolwg barn archwiliad lle y mae cyfran o'r boblogaeth yn cael ei holi er mwyn cael syniad bras o farn trwch y boblogaeth OPINION POLL
arolygu *be*
  1 goruchwylio TO SUPERVISE
  2 bwrw golwg gyffredinol dros rywbeth TO SURVEY
arolygwr *hwn eg* (arolygwyr) goruchwyliwr, rheolwr, un sy'n cadw golwg gyffredinol ar bethau SUPERVISOR, INSPECTOR
  Arolygwr Ei Mawrhydi HER MAJESTY'S INSPECTOR
  arolygwr Ysgol Sul SUNDAY SCHOOL SUPERINTENDENT
arolygydd *hwn eg* (arolygyddion)
  1 goruchwyliwr, trefnydd, person wedi'i benodi i archwilio SUPERVISOR
  2 swyddog yn yr heddlu SUPERINTENDENT
aros *be*
  1 fel yn *aros am*, disgwyl, oedi, bod yn barod am *(Rwy'n aros am y bws.)* TO WAIT (FOR)
  2 trigo, preswylio, byw (dros dro fel arfer) *(Rwy'n aros mewn carafán dros y gwyliau.)* TO STAY
  3 peidio â symud, sefyll *(Aeth y bws heibio heb aros.)* TO STOP (arhosaf, erys)
  Sylwch: *arhos...* a geir yn ffurfiau'r ferf ac eithrio *erys* a'r rhai sy'n cynnwys *-as-* (arosasom).
  aros ar fy (dy, ei etc.) nhraed gw. **traed**
arosfannau *hyn ell* mwy nag un **arhosfan**
arswyd *hwn neu hon egb* dychryn, braw, ofn mawr TERROR
  yr arswyd:arswyd y byd ebychiadau o syndod neu ofn
arswydo [rhag] *be* cael ofn mawr, ofni, brawychu, dychrynu TO DREAD
arswydus *a* ofnadwy, dychrynllyd, brawychus, yn peri ofn mawr TERRIBLE, FEARFUL
arsyllfa *hon eb* (arsyllfeydd) adeilad arbennig ar gyfer gwylio'r sêr a'r planedau ac ati OBSERVATORY
artaith *hwn neu hon egb* (arteithiau) poen angerddol, yn aml wedi ei achosi'n fwriadol i berson neu anifail TORTURE
arteithio *be* peri poen angerddol yn fwriadol i rywun fel cosb neu er mwyn ei orfodi i ddatgelu cyfrinach; poenydio TO TORTURE
arteithiol *a* poenus iawn; dirdynnol EXCRUCIATING

artist *hwn eg* (artistiaid) person â dawn arbennig i greu neu berfformio'n gelfydd ARTIST
artistig *a* gair i ddisgrifio rhywun neu rywbeth:
  1 sy'n ymwneud â chelfyddyd neu â'r celfyddydau ARTISTIC
  2 sydd wedi'i greu yn gelfydd; prydferth ARTISTIC
arth *hwn neu hon egb* (eirth) creadur mawr, trwm, peryglus sydd â chot flewog ond heb fawr ddim cynffon, ac sy'n gallu symud yn gyflym ar ei bedair coes BEAR □ *mamolyn*
  arth wen math arbennig o arth sy'n byw yn y gogledd pell POLAR BEAR
arthes *hon eb* arth fenywaidd
arthio *be*
  1 cyfarth neu ruo fel arth TO GROWL
  2 (yn y Gogledd) dweud y drefn TO SCOLD
aruchel *a* godidog, mawreddog, dyrchafedig SUBLIME, MAJESTIC
aruthrol *a* anferth, rhyfeddol, arswydus TERRIFIC, WONDERFUL
arwain *be*
  1 tywys, mynd ar y blaen er mwyn i eraill ddilyn TO LEAD
  2 cyfarwyddo cerddorfa neu gôr TO CONDUCT
  3 bod yn ffordd neu'n llwybr *(Mae'r llwybr yn arwain i'r traeth.)* TO LEAD
  4 bod ar y blaen, bod yn gyfrifol am grŵp o bobl *(arwain plaid neu ymgyrch)* TO LEAD (arweiniaf)
arwedd *hon eb* y cyfeiriad y mae adeilad, ffenestr ac ati yn ei wynebu ASPECT
arweiniad *hwn eg* cyngor, y gwaith o ddangos y ffordd, cymhelliad o'r tu blaen GUIDANCE

arsyllfa

arweiniaf *bf* rwy'n **arwain**; byddaf yn **arwain**

arweinydd hwn *eg* (arweinyddion)
1 un sy'n arwain neu'n tywys LEADER
2 person sy'n arwain cerddorfa neu gôr CONDUCTOR

arwerthiant hwn *eg* (arwerthiannau) ocsiwn, man lle mae pethau'n cael eu gwerthu i'r sawl sy'n cynnig y swm mwyaf amdanynt AUCTION

arwerthwr hwn *eg* (arwerthwyr) un sy'n ennill bywoliaeth trwy drefnu a chynnal arwerthiannau AUCTIONEER

arwisgiad hwn *eg* (arwisgiadau) seremoni arwisgo, yn arbennig y seremoni lle yr urddir mab hynaf brenin neu frenhines Lloegr yn Dywysog Cymru INVESTITURE

arwisgo *be* rhoi awdurdod i rywun trwy ei urddo â dillad arbennig TO INVEST, TO ENROBE

arwr hwn *eg* (arwyr)
1 gŵr dewr, gŵr sy'n cael ei gydnabod am ei gampau HERO
2 gŵr y mae pobl yn ei ddilyn neu'n meddwl yn uchel ohono HERO

arwres hon *eb* (arwresau)
1 gwraig ddewr, sy'n cael ei chydnabod am ei champau HEROINE
2 gwraig y mae pobl yn ei dilyn neu'n meddwl yn uchel ohoni HEROINE

arwriaeth hon *eb* dewrder, gwrhydri HEROISM

arwrol *a* gair i ddisgrifio rhywun sy'n cyflawni rhywbeth peryglus iawn, heb gyfrif y gost; dewr HEROIC

arwydd hwn neu hon *egb* (arwyddion) nod, argoel, symbol, darogan, rhywbeth sy'n dynodi pa ffordd i fynd SIGN, PORTENT

arwyddair hwn *eg* (arwyddeiriau) geiriau neu ymadrodd ar arfbais, e.e. arfbais ysgol neu dref ('A fo ben bid bont' yw arwyddair ein hysgol ni.) MOTTO

arwyddlun hwn *eg* (arwyddluniau) symbol, llun sy'n arwydd arbennig o rywbeth SYMBOL, EMBLEM

arwyddo *be*
1 torri enw, llofnodi TO SIGN
2 dynodi, dangos TO SIGNIFY

arwyddocâd hwn *eg* ystyr, meddwl, yr hyn a olygir (Arwyddocâd wybren goch y bore yw y gallwch ddisgwyl glaw cyn nos.) SIGNIFICANCE

arwyddocaol *a* gair i ddisgrifio rhywbeth nodweddiadol, rhywbeth sy'n werth sylwi arno, sydd ag arwyddocâd iddo SIGNIFICANT

arwynebedd hwn *eg* (arwynebeddau)
1 wyneb, yr olwg allanol SURFACE
2 mesur o faint wyneb rhywbeth wedi'i ddynodi mewn rhifau sgwâr *(Chwe metr sgwâr [6m^2] yw arwynebedd y petryal yn y diagram.)* AREA

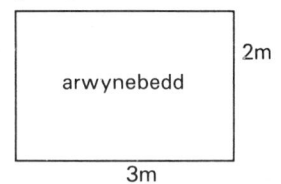

[diagram: petryal wedi'i labelu "arwynebedd" gyda 2m a 3m]

arwynebol *a* gair i ddisgrifio rhywun neu rywbeth sydd heb ddyfnder; bas, amlwg, ar yr wyneb yn unig SUPERFICIAL

arwyr hyn *ell* mwy nag un **arwr**

arysgrifen hon *eb* geiriau neu lythrennau wedi'u hysgrifennu ar bapur neu wedi'u torri ar garreg neu fetel, megis yr arysgrifen sydd ar ymyl darn o arian INSCRIPTION

AS *byrfodd* Aelod Seneddol MEMBER OF PARLIAMENT, MP

as hon *eb* carden chwarae a'r rhif un arni ACE

asbestos hwn *eg* ffibrau meddal, sidanaidd sydd yn dod o greigiau arbennig ac sy'n gallu gwrthsefyll gwres mawr ASBESTOS

asbri hwn neu hon *egb* bywiogrwydd, awydd, awch ZEST

asen[1] hon *eb* (asennau:ais:eis) un o'r esgyrn sy'n ymestyn o'r asgwrn cefn hyd y frest RIB □ *corff* t.630

asen[2] hon *eb* (asennod) asyn benyw SHE ASS

asesu *be* pwyso a mesur gwerth neu safon rhywun neu rywbeth; tafoli TO ASSESS

asffalt hwn *eg* defnydd gludiog du fel tar sy'n cael ei ddefnyddio i gadw pethau rhag gollwng dŵr ac i wneud heolydd a phalmantau ASPHALT

asgell hon *eb* (esgyll)
1 aelod o gorff aderyn neu wybedyn a ddefnyddir i hedfan; adain WING
2 ochr neu ystlys tîm neu fyddin FLANK
3 adain pysgodyn FIN □ *pysgodyn*
4 darn ynghlwm wrth ochr adeilad WING
5 y llwybr rhwng corau mewn eglwys AISLE
6 carfan o fewn plaid wleidyddol sy'n credu mewn polisïau mwy eithafol (i'r chwith neu'r dde) na mwyafrif y blaid WING

asgell arian CHAFFINCH □ *adar* t.608

asgell aur nico GOLDFINCH □ *adar* t.610

asgell fraith enw arall ar **asgell arian**

asgellwr hwn *eg* (asgellwyr) un sy'n chwarae ar yr asgell mewn gêm WING □ *rygbi*

asglodyn gw. **sglodyn**

asgwrn hwn *eg* (esgyrn) un o'r darnau caled unigol sy'n ffurfio sgerbwd unrhyw greadur sydd ag asgwrn cefn BONE □ *corff* t.630

asgwrn cefn (ffigurol) person sy'n cynnal grŵp o bobl eraill ac yn rhoi cryfder iddynt *(John oedd asgwrn cefn y teulu wedi i'w dad farw.)* MAINSTAY

asgwrn y gynnen achos cweryl neu ffrae BONE OF CONTENTION

nerth asgwrn/esgyrn fy mhen gw. **nerth**

asiad *hwn eg* (asiadau) cyfuniad, uniad, y man lle y mae dau beth wedi'u cysylltu'n dynn wrth ei gilydd JOINT

asiant *hwn eg* (asiantiaid) rhywun sy'n gweithredu ar ran rhywun neu rywrai eraill AGENT

asid *hwn eg* (asidau) sylwedd cemegol sy'n adweithio gyda bas i ffurfio halwyn ac sy'n troi papur litmws glas yn goch ACID

asio *be* uno, cysylltu, gludio, cyfannu, sodro TO JOIN, TO BIND

astell *hon eb* (estyll)
  1 plancyn, ystyllen PLANK
  2 silff o graig neu o bren SHELF

asteroid *hwn eg* (asteroidau) un o'r llu planedau bychain amrywiol eu maint a geir rhwng y planedau Mawrth ac Iau ASTEROID □ *planed*

astronot *hwn eg* gofodwr, un sy'n mentro i'r gofod ASTRONAUT

astrus *a* cymhleth, dyrys, aneglur, anodd ei ddeall ABSTRUSE, COMPLICATED

astud *a* gair i ddisgrifio'r ffordd y mae rhywun neu rywbeth yn gwrando, sef yn ofalus, yn canolbwyntio'n llwyr DILIGENT, INTENT

astudiaeth *hon eb* (astudiaethau) ymchwil, myfyrdod neu sylw arbennig STUDY

astudio *be* myfyrio, dysgu, sylwi yn fanwl ac yn drylwyr ar rywbeth, ymchwilio i faes arbennig *(Bu Ifan yn astudio'r map am hanner awr.)* TO STUDY

aswy *hon eb* yr ochr chwith LEFT HAND SIDE

asyn *hwn eg* (asynnod) creadur â chlustiau hir sy'n perthyn i deulu'r ceffyl ASS (asen)

at... gw. **ad...: at...**

at *ardd* (ataf fi, atat ti, ato ef [fe/fo], ati hi, atom ni, atoch chi, atynt hwy [atyn nhw])
  1 i, i gyfeiriad, tua *(Dewch yn nes at y tân.)* TO, TOWARDS
  2 er mwyn, i bwrpas *(dillad at waith)* FOR (THE PURPOSE OF)
  3 cyfuwch â, cyn belled â *(gwlychu at y croen, cwpan llawn at yr ymyl)* TO, AS FAR AS

Sylwch: rydych yn mynd *at* berson ond *i* le, lle y mae *at* yn golygu 'hyd at', ac *i* yn golygu 'i mewn i'.

ac ati ac yn y blaen ET CETERA

at ei gilydd ar y cyfan ON THE WHOLE

atafaelu *be* mynd ag eiddo rhywun fel tâl neu ernes neu gosb am ddyled TO DISTRAIN, TO SEQUESTER

atal[1] *be* cadw'n ôl, rhwystro, dal gafael, llesteirio TO PREVENT (ateliais, atelir, eteil)

atal fy (dy, ei etc.) llaw peidio â chyflawni cosb, neu wneud drwg i rywbeth (dros dro yn aml) TO STAY ONE'S HAND

atal[2] *hwn eg*
  1 rhywbeth sy'n llesteirio, sy'n dal rhywbeth yn ôl IMPEDIMENT
  2 atal dweud, nam ar y siarad, rhwystr wrth lefaru A STAMMER

astronot, gofodwr

atalnod *hwn eg* (atalnodau) marc i ddynodi seibiant wrth ddarllen, megis coma (,), marc cwestiwn (?), ebychnod (!), hanner colon (;), colon (:), dyfynodau (' '), collnod ('), cromfachau ( ) PUNCTUATION MARK

atalnod llawn FULL STOP

Sylwch: defnyddir atalnod llawn i ddangos diwedd brawddeg os nad yw'n gwestiwn neu'n ebychiad, a hefyd i ddangos rhai mathau o fyrfoddau, e.e. Ph.D.

atalnodi *be* y gwaith o nodi a threfnu atalnodau TO PUNCTUATE

atalwats *hwn neu hon egb* wats ac iddo un bys y mae modd ei stopio (ei atal) neu ei gychwyn ar amrantiad

(Defnyddir atalwats i amseru rasys i'r ganfed ran o eiliad.) STOPWATCH

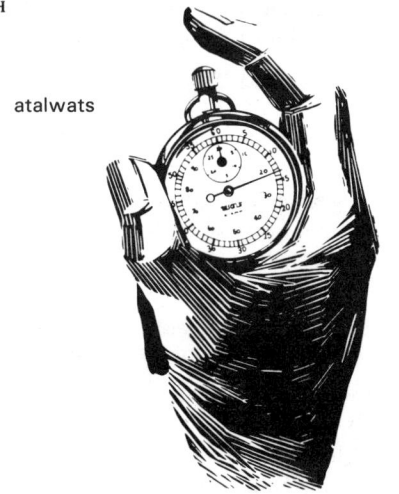

atalwats

atblygol *a* (yn ramadegol) gair i ddisgrifio:
   1 berf lle y mae'r weithred yn cael ei chyflawni gan berson arno ef ei hun, e.e. *ymolchi, ymwneud* REFLEXIVE
   2 rhagenw sy'n dangos bod yr hyn sy'n cael ei wneud yn effeithio ar yr un sy'n cyflawni'r weithred, e.e. yn y frawddeg *'lladdodd ei hun/hunan'* mae 'hun' a 'hunan' yn rhagenwau atblygol REFLEXIVE

ateb¹ *be*
   1 dweud neu ysgrifennu fel canlyniad i gwestiwn TO ANSWER
   2 bodloni neu gyflawni *(Mae'n ateb y gofynion i'r dim.)* TO FULFIL (etyb)
ateb dros bod yn barod i dderbyn cyfrifoldeb dros rywun TO ASSUME RESPONSIBILITY FOR
ateb y diben gwneud y tro TO DO
ateb y drws gw. **drws**

ateb² *hwn eg* (atebion)
   1 yr hyn sy'n cael ei fynegi fel canlyniad i gwestiwn ANSWER
   2 canlyniad neu'r hyn a geir ar ôl datrys problem SOLUTION
   3 adwaith, ymateb *(Cnociodd y drws ond doedd dim ateb.)* ANSWER

atebol *a* gair i ddisgrifio rhywun neu rywbeth:
   1 sy'n gyfrifol, sy'n rhwymedig i ateb RESPONSIBLE
   2 (yn y Gogledd) sy'n abl, sy'n gallu gwneud rhywbeth yn iawn ABLE

ategiad *hwn eg* cadarnhad, cefnogaeth SUPPORT
ategol *a* gair i ddisgrifio rhywun neu rywbeth sy'n cefnogi neu yn cadarnhau rhywbeth arall CORROBORATIVE

ategu *be* cadarnhau, cynnal, dal i fyny, cefnogi TO SUPPORT, TO CONFIRM
ateliais *bf* fe wnes i **atal**
atelir *bf* mae rhywun neu rywbeth yn cael ei **atal**; bydd rhywun neu rywbeth yn cael ei **atal**
atgas *a* cas iawn, annymunol, ffiaidd HATEFUL
atgasedd:atgasrwydd *hwn eg* casineb, ffieidd-dra, diffyg hoffter a chariad HATRED
atgof *hwn eg* (atgofion) rhywbeth wedi'i ailgofio, wedi'i ddwyn i gof REMINISCENCE
atgoffa *be* dwyn i gof, peri i (rywun) gofio TO REMIND
atgyfnerthu *be*
   1 rhoi nerth yn ôl i rywbeth sydd wedi'i wanhau, neu'i wacáu TO REPLENISH
   2 rhoi nerth ychwanegol i rywbeth TO REINFORCE
atgyfodi *be*
   1 codi'n fyw o fod yn farw, peri i rywun godi o farw'n fyw (yn grefyddol yn bennaf), adfywio TO RESURRECT, TO REVIVE
   2 ailgodi, ailadeiladu TO REBUILD
atgyfodiad *hwn eg* y weithred o godi o farw yn fyw, yn arbennig felly Iesu Grist RESURRECTION
atgynhyrchu *be* cynhyrchu copïau o'r gwreiddiol TO REPRODUCE
atgyrch *hwn eg* (atgyrchion) adwaith greddfol awtomatig gan y corff, megis sbonc y goes pan fydd y pen-glin yn cael ei daro REFLEX
atgyweirio *be* cywiro, adfer, adnewyddu; cyweirio rhywbeth sydd wedi torri neu wedi'i ddifa; trwsio TO REPAIR
atgyweiriwr *hwn eg* (atgyweirwyr) un sy'n cyweirio rhywbeth sydd wedi torri neu wedi'i ddifa; rhywun sy'n trwsio RESTORER
atlas *hwn eg* (atlasau) llyfr o fapiau ATLAS
atmosffer *hwn eg* yr awyr/aer sydd o gwmpas y Ddaear ATMOSPHERE
atodi *be* ychwanegu rhywbeth TO APPEND, TO ADD
atodiad *hwn eg* (atodiadau) rhywbeth sy'n cael ei ychwanegu (at ddiwedd llyfr, er enghraifft) APPENDIX, SUPPLEMENT
atodyn *hwn eg* (atodion)
   1 rhywbeth sy'n cael ei ychwanegu at rywbeth arall neu ei lynu wrtho, yn arbennig teclyn neu ddyfais ychwanegol *(Mae gan rai mathau o beiriannau gwnïo atodyn i weithio tyllau botymau.)* ATTACHMENT
   2 ffordd neu ddyfais i gysylltu rhywbeth â rhywbeth arall *(atodyn i ddal basged wrth feic)* ATTACHMENT
atol *hon eb* (atolau) ynys o gwrel sy'n amgylchynu morlyn (neu lagŵn) ATOLL □ t.636

a b c ch d dd e f ff g ng h i j (k) l ll m n o p ph r rh s t th u w y (z)

atolwg *ebychiad* hen air sy'n golygu **erfyniaf** ac sy'n cael ei ddefnyddio yn seremonïau'r Orsedd yn yr Eisteddfod Genedlaethol PRITHEE

atom hwn neu hon *egb* (atomau) y gronyn mân lleiaf yr adeiladwyd popeth materol yn y byd ohono; mae'n cynnwys proton, niwtron ac electron ATOM

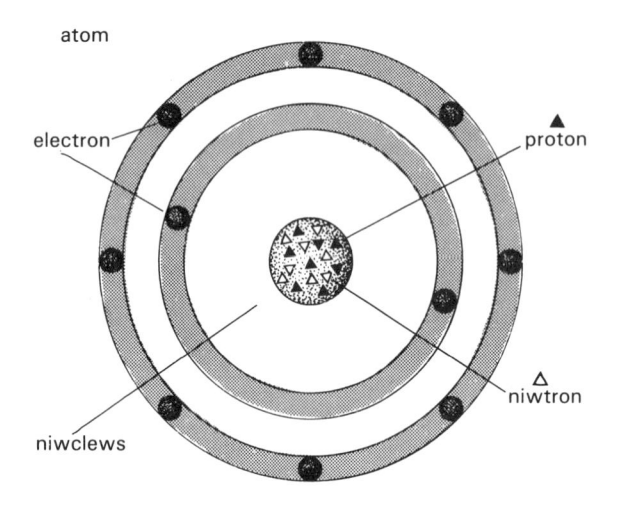

atom
electron
proton
niwclews
niwtron

atomfa hon *eb* (atomfeydd) pwerdy arbennig sy'n defnyddio ynni atomig i greu trydan NUCLEAR POWER-STATION

atomig *a* gair i ddisgrifio:
 1 rhywbeth sy'n perthyn i'r atom ATOMIC
 2 ynni sy'n cael ei ryddhau pan fydd niwclews atom yn cael ei hollti ATOMIC

atsain¹ hon *eb* (atseiniau) adlais, ailadroddiad gwannach o seiniau sydd wedi bod ECHO

atsain²:atseinio *be* diasbedain, morio mewn swn TO RESOUND, TO ECHO

atynfa hon *eb* (atynfeydd) rhywbeth deniadol, tynfa, rhywbeth sy'n denu ATTRACTION

atyniad hwn *eg* (atyniadau) rhywbeth deniadol, tynfa, rhywbeth sy'n denu, lle sy'n denu ATTRACTION

atyniadol *a* deniadol, hudol, pert ATTRACTIVE

athletaidd:athletig *a* gair i ddisgrifio rhywun cryf, ystwyth o gorff, nerthol neu rywbeth sy'n ymwneud ag athletau ATHLETIC

athletau hyn *ell* math o chwaraeon sy'n cynnwys cystadlaethau rhedeg, neidio a thaflu gwahanol bethau ATHLETICS

athrawes hon *eb* (athrawesau) gwraig neu ferch sydd yn dysgu neu hyfforddi pobl SCHOOLMISTRESS, (FEMALE) TEACHER

athrawiaeth hon *eb* (athrawiaethau) yr hyn y mae grŵp crefyddol neu wleidyddol arbennig yn ei gredu a'i ddysgu; dysgeidiaeth DOCTRINE

athrist *a* trist iawn, prudd, galarus, gofidus, blin SORROWFUL

athro hwn *eg* (athrawon)
 1 un sy'n dysgu, ysgolfeistr, sgwlyn TEACHER
 2 un sy'n bennaeth adran prifysgol neu sydd â chadair prifysgol PROFESSOR

athrofa hon *eb* (athrofâu) ysgol, academi, coleg COLLEGE

athroniaeth hon *eb*
 1 ffordd arbennig o geisio meddwl yn glir, diduedd a threfnus am syniadau cymhleth megis bodolaeth, moesoldeb, gwybod, rhesymu, celfyddyd, y wladwriaeth ac addoli PHILOSOPHY
 2 casgliad trefnus o syniadau sydd gan berson ar ryw destun arbennig PHILOSOPHY

athronydd hwn *eg* (athronwyr) arbenigwr ar athroniaeth PHILOSOPHER

athronyddu *be* egluro yn nhermau athroniaeth; damcaniaethu TO PHILOSOPHIZE

athrylith hwn neu hon *egb* (athrylithoedd)
 1 gallu cynhenid arbennig, medr, talent GENIUS
 2 person sydd â doniau creadigol anghyffredin GENIUS

athrylithgar *a* gair i ddisgrifio rhywun sydd â doniau anghyffredin HIGHLY TALENTED

aur¹ hwn *eg* metel gwerthfawr iawn o liw melyn disglair, sy'n hawdd ei weithio ac nad yw'n rhydu GOLD (euraid)

 aur coeth aur pur PURE GOLD

 aur mâl
 1 darnau o arian/pres wedi'u gwneud o aur GOLD COINS
 2 aur coeth PURE GOLD

aur² *a* gair i ddisgrifio:
 1 y lliw melyn disglair sy'n nodweddiadol o'r metel *(traethau aur)* GOLDEN
 2 rhywbeth wedi'i wneud o aur GOLDEN

awch hwn *eg*
 1 min, llymder *(Does fawr o awch ar y gyllell yma.)* SHARPNESS
 2 archwaeth, awydd, eiddgarwch *(Mae'n dda gweld bod gen ti fwy o awch at fwyd erbyn hyn.)* KEENNESS, RELISH

awchus *a*
 1 miniog, siarp, llym SHARP
 2 eiddgar, ffyrnig, tanbaid, awyddus EAGER, GREEDY

awdl hon *eb* (awdlau) cân hir mewn cynghanedd sy'n cael ei hysgrifennu fel arfer ar gyfer cystadleuaeth y Gadair yn yr Eisteddfod Genedlaethol. Dyma rai awdlau buddugol enwog: 'Ymadawiad Arthur', T. Gwynn Jones (Bangor, 1902); 'Yr Haf', R. Williams Parry (Bae

Colwyn, 1910); 'Awdl Foliant i'r Amaethwr', Geraint Bowen (Aberpennar, 1946); 'Y Glöwr', Gwilym Tilsley (Caerffili, 1950); 'Y Cynhaeaf', Dic Jones (Aberafan, 1966); 'Cilmeri', Gerallt Lloyd Owen (Abertawe, 1982)

awdur hwn *eg* (awduron) person sy'n gyfrifol am ysgrifennu llyfr neu erthygl AUTHOR

awdurdod hwn neu hon *egb* (awdurdodau)
1 yr hawl i roi gorchmynion i bobl eraill, neu i fynnu bod pobl eraill yn ufuddhau i chi *(Roedd ganddo awdurdod i gau'r clwb ar unwaith pe bai rhywun yn camymddwyn.)* AUTHORITY
2 gallu neu hawl cyfreithlon, sy'n gysylltiedig â swydd neu gorff gweinyddol *(awdurdod lleol; awdurdod addysg)* AUTHORITY
3 person sydd yn arbenigwr cydnabyddedig yn ei faes AUTHORITY
4 y sicrwydd neu'r argyhoeddiad sy'n deillio o wybodaeth arbenigol *(Siaradodd ag awdurdod ar y testun.)* AUTHORITY
 yr awdurdodau yr heddlu a'r llysoedd barn gan amlaf THE AUTHORITIES

awdurdodi *be* caniatáu, rhoi hawl i TO AUTHORIZE

awdurdodol *a* gair i ddisgrifio rhywun neu rywbeth ac awdurdod ganddo; swyddogol, dilys AUTHORITATIVE

awdures hon *eb* (awduresau) merch sy'n gyfrifol am gyfansoddi darn o ryddiaith megis llyfr neu erthygl AUTHORESS

awel hon *eb* (awelon) chwa, gwynt ysgafn BREEZE

awen[1] hon *eb* (awenau) dawn, athrylith, ysbrydoliaeth farddonol THE MUSE
 yr Awenau y naw chwaer-dduwies a oedd, yn ôl chwedlau Groeg, yn gyfrifol am ddysg a'r celfyddydau, ac yn arbennig am gerddoriaeth a barddoniaeth THE MUSES

awen[2] hon *eb* (awenau) llinyn ffrwyn, afwyn REIN □ *ceffyl*
 cymryd yr awenau cymryd drosodd a rheoli neu arwain TO TAKE CHARGE

awgrym:awgrymiad hwn *eg* (awgrymiadau) syniad wedi'i gynnig i'w ystyried; arwydd, amnaid SUGGESTION

awgrymu *be* gwneud arwydd, crybwyll neu gynnig syniad, rhoi awgrym TO SUGGEST

awn[1] *bf* roeddwn i'n **mynd**; byddwn i'n **mynd**
 'd awn i byth o'r fan! ebychiad o syndod I'LL BE BLOWED!

awn[2] *bf* rydym ni'n **mynd**; byddwn ni'n **mynd**; gadewch inni fynd [**mynd**]

awr hon *eb* (oriau)
1 trigain munud, y bedwaredd ran ar hugain ($\frac{1}{24}$) o ddiwrnod HOUR
2 amser, adeg arbennig TIME (oriau)
 ar awr wan ar adeg pan nad yw person mor bendant ag y dylai fod MOMENT OF WEAKNESS
 yn awr (nawr): yr awr hon (rŵan) yr eiliad hon NOW
 yn awr ac yn y man: bob yn awr ac eilwaith bob yn hyn a hyn NOW AND THEN

Awst hwn *eg* wythfed mis y flwyddyn AUGUST

awtomatig *a* gair i ddisgrifio:
1 peiriant neu offeryn sy'n gweithio ar ei ben ei hun, nad oes raid ei reoli AUTOMATIC
2 gweithred neu ymateb sy'n digwydd heb orfod meddwl amdano AUTOMATIC

awydd hwn *eg* dymuniad cryf, dyhead DESIRE

awyddus *a* gair i ddisgrifio rhywun neu rywbeth sydd yn barod iawn, neu sy'n dymuno gwneud rhywbeth yn fawr iawn EAGER

awyr hon *eb*
1 aer, yr hyn sydd o'n cwmpas ac sy'n cael ei anadlu gan greaduriaid byw AIR
2 yr wybren, y nefoedd uwchben SKY
 awyr agored OPEN AIR
 awyr draeth math o gymylau gwyn, cyrliog; gwallt y forwyn MACKEREL SKY
 awyr iach FRESH AIR
 awyr las BLUE SKY
 malu awyr gw. **malu**
 yn yr awyr heb fod yn bendant, mewn egwyddor yn unig *(siarad yn yr awyr)* AIRY-FAIRY

awyren hon *eb* (awyrennau) peiriant sy'n gallu hedfan AEROPLANE □ *jet*

awyrendy hwn *eg* (awyrendai) adeilad i gadw awyren ynddo HANGAR

awyrgylch hwn neu hon *egb*
1 yr amgylchfyd teimladol sydd o gwmpas digwyddiad neu le *(Fe greodd y goleuadau a'r gerddoriaeth awyrgylch o hud a lledrith yn y castell.)* ATMOSPHERE
2 amgylchedd *(Mae'r awyrgylch yn llaith yn yr hen dŷ.)* ATMOSPHERE

ayb:ayyb *byrfodd* ac yn y blaen ET CETERA, [etc.]

B

baban hwn *eg* (babanod) babi, plentyn newydd ei eni neu blentyn bach iawn BABY
  ysgol babanod gw. **ysgol**
babanaidd:babïaidd *a* gair i ddisgrifio:
  1 rhywun sy'n debyg i fabi o ran golwg neu'r ffordd y mae'n ymddwyn; plentynnaidd CHILDISH
  2 rhywbeth sydd mor syml y byddai'n addas i fabi CHILDISH
babandod hwn *eg* y cyfnod y mae rhywun (neu rywbeth) yn fabi INFANCY
babi hwn *eg* (babis)
  1 baban, plentyn newydd ei eni neu blentyn bach iawn BABY
  2 person plentynnaidd BABY
  3 yr ieuengaf mewn grŵp neu deulu BABY
babŵn hwn *eg* (babwnod) math o fwnci mawr sy'n byw yn Affrica ac Asia ac sydd â chynffon fer a safn debyg i safn ci BABOON □ *mwnci*
bacas hon *eb* un o bâr neu nifer o facsau [bacsau]
bacilws hwn *eg* (bacili) planhigyn yr un siâp â gwialen sy'n gwneud i bethau bydru ac sydd mor fach fel na allwch ei weld ond trwy ficrosgop BACILLUS
bacio:bagio *be* symud am yn ôl; symud llwrw neu lwyr eich cefn; symud wysg eich cefn TO BACK
bacsau hyn *ell* mwy nag un facas [bacas]
  1 coesau sanau heb y traed LEG-WARMERS
  2 hen sanau a wisgir dros esgidiau ar adeg o eira neu rew
  3 twffiau o flew sy'n tyfu y tu cefn i goesau ceffyl uwchben y carnau FETLOCKS □ *ceffyl*
bacteriwm hwn *eg* (bacteria) math o blanhigyn (organeb) na allwch ei weld ond trwy ficrosgop; mae'n tyfu mewn pridd, dŵr neu blanhigion, neu yng nghyrff anifeiliaid; mae rhai mathau'n gallu creu clefydau tra bo eraill, fel y rhai sy'n troi llaeth yn gaws, yn ddefnyddiol BACTERIUM

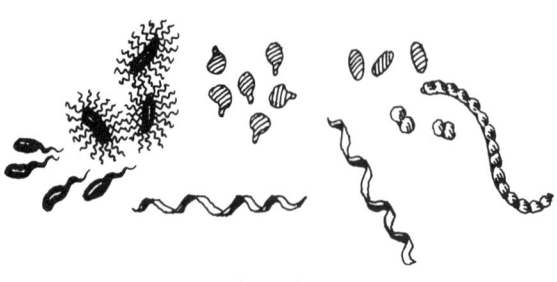

bacteria

bacwn hwn *eg* cig moch wedi'i halltu BACON
bach[1] hwn *eg* (bachau)
  1 darn o fetel wedi'i blygu er mwyn dal pethau, weithiau a blaen miniog iddo HOOK
  2 dau ddarn o fetel wedi'u rhoi at ei gilydd mewn ffordd sy'n caniatáu i ddrws neu glawr gau ac agor HINGE
  bach a dolen bach sy'n cydio mewn cylch o fetel i gadw dau beth ynghyd neu ar gau HOOK AND EYE
bach[2] *a*
  1 mân, byr, ychydig, bychan, heb fod yn fawr nac yn niferus SMALL
  2 annwyl, hoff DEAR (bychan, lleied, llai, lleiaf)
  Sylwch: yn y Gogledd nid yw 'bach' yn cael ei dreiglo bob tro ar ôl enw benywaidd, e.e. 'Yr Hen Wraig Bach a'i Mochyn', eglwys bach.
  distaw bach:tawel bach gw. **distaw, tawel**
bachau hyn *ell* mwy nag un **bach**[1] neu **bachyn**
  1 arwyddion a ddefnyddir i amgáu geiriau, llythrennau neu rifau, e.e. (a+b) BRACKETS
  2 gair tafodieithol yn y Gogledd am fysedd (*Cadw dy facha' oddi ar 'y mhres i!*) HOOKS
bachau petryal/sgwâr [ ] SQUARE BRACKETS
cromfachau ( ) ROUND BRACKETS
bachgen hwn *eg* (bechgyn) llanc, crwt, hogyn, rhocyn, mab, plentyn cyn iddo dyfu'n ddyn BOY
bachgendod hwn *eg* mebyd, llencyndod, y cyfnod o fod yn fachgen BOYHOOD
bachgennaidd *a* gair i ddisgrifio rhywun sydd (o ran ymddygiad, golwg ac ati) yn debyg i fachgen BOYISH
bachog *a*
  1 gafaelgar, treiddgar; gair i ddisgrifio rhywbeth sy'n cydio neu'n pigo fel bachyn (*Roedd gan y papur newydd sylwadau bachog ar araith y Prif Weinidog.*) BARBED, PENETRATING
  2 cam, wedi'i blygu fel bachyn HOOKED
bachu *be*
  1 dal â bachyn, sicrhau, cael gafael ar rywbeth trwy ddefnyddio bachyn TO HOOK
  2 (mewn rygbi) taro'r bêl sy'n cael ei thaflu i sgrym â'ch troed a'i hennill i'ch ochr chi TO HOOK
  3 (mewn criced, golff ac ati) taro'r bêl fel nad yw'n hedfan yn syth yn ei blaen TO HOOK
bachwr hwn *eg* (bachwyr) y blaenwr rygbi sy'n gyfrifol am fachu'r bêl o'r sgrym HOOKER □ *rygbi*
bachyn hwn *eg* (bachau) darn o fetel wedi'i blygu er mwyn dal pethau, weithiau a blaen miniog iddo; bach HOOK
bad hwn *eg* (badau) cwch, llong BOAT
  bad achub cwch arbennig wedi'i wneud i herio'r

a b c ch d dd e f ff g ng h i j (k) l ll m n o p ph r rh s t th u w y (z)

bae hwn *eg* (baeau) cilfach fôr, angorfa, rhan o'r arfordir lle y mae'r môr wedi'i gau i mewn yn rhannol gan y tir BAY

Bae Colwyn *enw lle* COLWYN BAY

baedd hwn *eg* (baeddod) mochyn gwryw, twrch BOAR □ *mochyn*

baeddu *be*
1 trochi, dwyno, gwneud yn frwnt, llygru *(Cerddodd John drwy'r mwd a baeddu'i esgidiau.)* TO SOIL
2 maeddu, trechu, gorchfygu, curo TO BEAT, TO DEFEAT

bag hwn *eg* (bagiau) math o gwdyn, wedi'i wneud o bapur, plastig, lledr neu ddefnydd arall, i ddal neu i gadw pethau ynddo BAG

bag dillad SUITCASE

bag ysgol SATCHEL

bagio gw. **bacio:bagio**

bagl hon *eb* (baglau)
1 ffon arbennig sydd, gan amlaf, yn ffitio dan gesail rhywun cloff CRUTCH
2 hen air am goes mewn dywediadau fel *bagl abowt* neu *bagl o bobtu*, sef coes bob ochr ASTRIDE

baglu[1] *be*
1 dal eich troed yn rhywbeth nes eich bod bron â syrthio, hefyd yn ffigurol, e.e. *baglu dros eich geiriau* TO STUMBLE
2 peri i droed neu goes rhywun arall gael ei dal er mwyn i'r person hwnnw gwympo TO TRIP

baglu[2] *be* rhedeg i ffwrdd, heglu, gwadnu *(Wedi torri'r ffenestr dyma'r plant yn ei baglu hi nerth eu traed.)* TO RUN OFF

bai[1] [**ar**] hwn *eg* (beiau)
1 rhywbeth sy'n gyfrifol am amherffeithrwydd, nam, gwendid *(Un bai oedd ar y ceffyl—yr oedd yn gloff.)* FAULT
2 cyfrifoldeb am ddrwg neu gam *(Rhys gafodd y bai am dorri'r ffenestr...)* BLAME

bod ar fai bod yn gyfrifol am ddrwg *(... ond gan mai Meinir giciodd y bêl, hi oedd ar fai.)* TO BE AT FAULT

syrthio ar fy mai gw. **syrthio**

bai[2] *bf* ffurf ar **bod** sy'n arfer dilyn *pe* ac *oni* pan fyddant yn cyfeirio at *ef* neu *hi* (*Ni fyddai wedi gwlychu'i grys pe bai (ef) wedi gwisgo'i got.*)

baich hwn *eg* (beichiau)
1 llwyth, pwysau, peth i'w gario *(Roedd gan yr asyn faich trwm ar ei gefn.)* LOAD
2 gofid, pwysau cyfrifoldeb *(Roedd yn edrych fel pe bai beichiau'r byd ar ei ysgwyddau.)* BURDEN (beichiog)

baich dyn diog llwyth afresymol y mae rhywun yn ei gario er mwyn ceisio arbed amser neu ail siwrnai LAZY MAN'S LOAD

baidd *bf* mae ef/hi yn **beiddio**; bydd ef/hi yn **beiddio**

balaon *hyn ell* mwy nag un **bele**

balch *a*
1 gwych, hardd, urddasol *(ceffyl balch yr olwg)* PROUD, FINE
2 ffroenuchel, ymffrostgar, hunanbwysig VAIN, PROUD
3 hapus, llawen *(Rwy'n falch iawn gweld cynifer wedi dod heno.)* PLEASED, HAPPY (beilchion)

balchder hwn *eg* (balchderau)
1 urddas, gogoniant, gwychder PRIDE, GLORY
2 rhyfyg, hunanbwysigrwydd VANITY

baldorddi *be* clebran, siarad dwli TO BABBLE

bale hwn *eg* celfyddyd lle y mae dawnswyr yn cyfleu stori neu awyrgylch arbennig i gyfeiliant cerddoriaeth BALLET

baled hon *eb* (baledi) yn wreiddiol, stori ar ffurf penillion wedi'u llunio i'w canu mewn ffair a marchnad, ond yn awr, darn o farddoniaeth sy'n adrodd stori BALLAD

baledwr hwn *eg* (baledwyr)
1 cyfansoddwr baledi BALLAD-MONGER
2 canwr neu werthwr baledi BALLAD-MONGER

ballet hwn *eg* (ballets) ffurf arall ar y gair **bale**

balm hwn *eg* eli, ennaint i wella clwyfau neu i leddfu poen BALM

balot hwn *eg* pleidlais ddirgel BALLOT

balŵn hwn neu hon *egb* (balwnau)
1 cwdyn mawr aer-dynn y mae modd ei lenwi â nwy ysgafn er mwyn iddo hedfan a chludo pobl BALLOON
2 cwdyn bach lliwgar o rwber y gallwch ei lenwi ag aer i wneud tegan neu addurn BALLOON

balwnydd hwn *eg* (balwnwyr) un sy'n hedfan mewn balŵn BALLOONIST

bambŵ hwn *eg* planhigyn tal â choes dew sy'n tyfu orau yn y trofannau BAMBOO

ban hwn neu hon *egb* (bannau)
1 pen mynydd; copa, brig *(Bannau Brycheiniog)* PEAK
2 rhan, ardal neu le *(pedwar ban byd)* THE FOUR CORNERS OF THE EARTH

banadl *hyn ell* mwy nag un fanhadlen [**banhadlen**]; llwyni o flodau melyn â dail bach pigfain BROOM □ *blodau* t.618

banana hon *eb* (bananas) ffrwyth hir, melyn sy'n tyfu mewn gwledydd twym BANANA □ *ffrwythau* t.627

banc[1] hwn *eg* (banciau)
1 sefydliad sy'n derbyn, cyfnewid a benthyca arian BANK
2 yr adeilad lle y mae'r gwaith yma'n cael ei wneud BANK

gŵyl banc diwrnod o wyliau cyhoeddus pan fydd banciau ar gau yn swyddogol BANK HOLIDAY

banc²:bencyn hwn *eg* (bancau:banciau:bencydd) llethr, ochr bryn isel; goleddf BANK
bancio *be* rhoi arian yn y banc, bod â chyfrif mewn banc TO BANK
banciwr:bancwr hwn *eg* (bancwyr) perchennog neu reolwr banc BANKER
band¹ hwn *eg* (bandiau) seindorf, cwmni o offerynwyr *(band pres; band arian)* BAND
band²:bandin hwn *eg* (bandiau)
  1 cylch o ddefnydd neu fetel i ddal pethau rhydd ynghyd *(Bandiau dur oedd yn dal y baril at ei gilydd.)* BAND
  2 stribed o ddefnydd, neu linell lydan; rhwymyn *(Gwisgodd fandin du am ei fraich i fynd i'r angladd.)* BAND
bandit hwn *eg* (banditiaid:bandits) lleidr, lleidr pen-ffordd BANDIT
bando hwn *eg* hen gêm Gymreig debyg i hoci BANDO
baner hon *eb* (baneri) fflag, lluman FLAG □ t.623
banerog *a* gair i ddisgrifio lle sydd wedi'i addurno â nifer o faneri
banerwr hwn *eg* (banerwyr) swyddog neu filwr sy'n cario baner STANDARD BEARER
banhadlen hon *eb* (banadl) un o nifer o flodau **banadl**
banjô hwn *eg* offeryn cerdd llinynnol, o deulu'r gitâr, â phen bach crwn a gwddf hir BANJO

banjô

banllef hon *eb* (banllefau) gwaedd uchel gan dyrfa yn dynodi'i phleser neu'i hanfodlonrwydd; bonllef SHOUT
bannau hyn *ell* mwy nag un **ban**
Bannau Brycheiniog *enw lle* BRECON BEACONS
bannod hon *eb* yr enw gramadegol ar y geiriau *y, yr* neu *'r* pan ddônt o flaen enw (gair sy'n cael ei ddilyn gan 'hwn', 'hon' neu 'hyn'), e.e. *y fannod* THE DEFINITE ARTICLE
bannog *a* corniog, yn tyfu cyrn *(ych bannog)* HORNED
bant fel yn *symud bant, mynd bant* gw. **pant**

bar hwn *eg* (barrau)
  1 darn hir, cul, cryf o fetel sy'n cael ei ddefnyddio fel trosol neu i gadw drws ar gau BAR
  2 darn neu slabyn o ddeunydd solet *(bar o siocled; bar o sebon)* BAR
  3 tywod sydd wedi casglu wrth geg afon neu harbwr ac a allai fod yn rhwystr i gychod neu longau BAR
  4 y man hwnnw mewn gwesty neu dŷ tafarn lle y mae diodydd yn cael eu gwerthu BAR
  5 y man mewn llys barn lle y mae'r carcharor yn sefyll BAR
  6 rhaniad mewn llinell o gerddoriaeth; mesur BAR □ *cerddoriaeth*
  7 dosbarth o fargyfreithwyr a'u proffesiwn BAR
bara hwn *eg* torth, tafell; bwyd wedi'i wneud o flawd, dŵr a burum, gan amlaf, wedi'u cymysgu a'u pobi BREAD
  bara a chaws cynhaliaeth pob dydd, cyflog, ochr ymarferol bywyd *(Er y byddai'n teithio i Lundain weithiau, trwy yrru bws ysgol yr oedd yn ennill ei fara a chaws.)* BREAD AND BUTTER
  bara brith CURRANT BREAD
  bara ceirch OATCAKE
  bara croyw bara heb furum UNLEAVENED BREAD
  bara gwenith WHEAT BREAD
  bara haidd BARLEY BREAD
  bara lawr nid bara iawn ond bwyd wedi'i wneud o wymon arbennig LAVER BREAD
  bara menyn BREAD AND BUTTER
baracs gw. **barics:baracs**
barbaraidd *a* gwyllt, anwaraidd, ffyrnig, creulon, garw BARBAROUS
barbareiddiwch hwn *eg* gwylltineb, ffyrnigrwydd, creulondeb, fandaliaeth, gwrthwyneb gwarineb BARBARITY
barbariad hwn *eg* (barbariaid) yn wreiddiol, unrhyw un nad oedd yn Roegwr neu'n Rhufeiniwr, ond yn awr, enw ar berson sy'n ymddwyn yn farbaraidd BARBARIAN
barbwr hwn *eg* (barbwyr) gŵr sy'n trin gwallt a barfau BARBER
barclod hwn *eg* (barclod(i)au) ffedog, brat, dilledyn i'w wisgo dros ddillad eraill rhag iddynt ddwyno neu faeddu APRON
barcud:barcut hwn *eg* (barcutiaid)
  1 aderyn ysglyfaethus o deulu'r cudyll a'r bwncath; mae ganddo gynffon fforchog KITE □ *gwalch*
  2 tegan i'w hedfan KITE
  llygad barcud gw. **llygad**
barcuta *be* hedfan wrth farcud sydd yn ddigon mawr i'ch cario TO HANG-GLIDE

a b c ch d dd e f ff g ng h i j (k) l ll m n o p ph r rh s t th u w y (z)

bardd *hwn eg* (beirdd) prydydd, cyfansoddwr barddoniaeth POET

bardd cocos yn wreiddiol, John Evans, cymeriad od o Fôn ganol y ganrif ddiwethaf a ysgrifennai benillion yr oedd ef yn eu galw'n farddoniaeth; erbyn hyn, enw ar fardd gwael, talcen slip, neu rywun sy'n canu'n fwriadol yn y ffordd honno; enghraifft o gân gan fardd cocos yw hon i Bont Britannia:

> *Pedwar llew tew*
> *Heb ddim blew,*
> *Dau 'rochor yma*
> *A dau 'rochor drew.*

Bardd y Gadair y bardd buddugol yng nghystadleuaeth yr awdl am Gadair yr Eisteddfod Genedlaethol CHAIRED BARD

Bardd y Goron y bardd buddugol yng nghystadleuaeth y mesurau rhydd am Goron yr Eisteddfod Genedlaethol CROWNED BARD (prifardd)

barddol *a* gair i ddisgrifio rhywbeth sy'n perthyn i fyd y beirdd BARDIC

barddoni *be* cyfansoddi barddoniaeth TO COMPOSE POETRY

barddoniaeth *hon eb* math o lenyddiaeth wedi'i chyfansoddi â sylw arbennig i'r dychymyg a'r teimlad; ffurf lenyddol nad yw'n rhyddiaith; yn aml mae rhythm, odl a mesur rheolaidd i farddoniaeth (e.e. soned, telyneg) ac, yn Gymraeg, mae barddoniaeth weithiau'n cael ei hysgrifennu mewn cynghanedd (e.e. awdl, englyn) POETRY

barddonol *a* gair i ddisgrifio rhywbeth sy'n debyg i farddoniaeth neu sy'n perthyn i fyd barddoniaeth POETICAL

barf *hon eb* (barfau) y blew sy'n tyfu ar fochau neu ên dyn (neu weithiau anifail) BEARD

barfog *a* gair i ddisgrifio rhywun neu rywbeth sydd wedi tyfu barf BEARDED

bargeinio *be* dadlau a thrafod:
1 ynglŷn â phris rhywbeth er mwyn ceisio'i gael yn rhatach TO HAGGLE
2 er mwyn ceisio cyrraedd cytundeb TO BARGAIN

bargen *hon eb* (bargeinion)
1 yr hyn y mae rhywun wedi'i ennill trwy fargeinio BARGAIN
2 rhywbeth sydd wedi cael ei brynu am bris sydd wedi'i ostwng BARGAIN
3 darn o graig mewn chwarel lechi sydd wedi'i osod i chwarelwr ar delerau arbennig

gwneud bargen:taro bargen cytuno ar ôl bargeinio TO STRIKE A BARGAIN

bargod *hwn eg* (bargodion) bondo, y darn hwnnw o'r to sy'n cyrraedd dros ymyl wal y tŷ ac sy'n ei gysgodi'n rhannol EAVES

bargyfreithiwr *hwn eg* (bargyfreithwyr) cyfreithiwr sydd wedi'i alw i'r bar ac sydd â hawl i ddadlau achosion yn y llysoedd uchaf BARRISTER

barics:baracs *hyn ell* adeilad arbennig wedi'i wneud i letya llu o ddynion, e.e. milwyr, chwarelwyr BARRACKS

baril *hwn neu hon egb* (barilau)
1 casgen, cerwyn BARREL
2 y tiwb mewn dryll y mae bwled neu ffrwydryn yn cael ei saethu drwyddo BARREL

bario *be* cloi â bar, gosod bar ar draws rhywbeth fel rhwystr TO BAR

bariton[1] *a* gair i ddisgrifio llais neu offeryn y mae ei gwmpas rhwng y bas a'r tenor BARITONE

bariton[2] *hwn eg* canwr y mae cwmpas ei lais yn gorwedd rhwng cwmpas lleisiau baswr a thenor BARITONE

bariwns *hwn eg* math o glwyd symudol i gau bwlch neu i rwystro rhywun neu rywbeth rhag mynd a dod yn rhwydd BARRIER

barlad:barlat *hwn eg* marlad neu farlat; ceiliog hwyad DRAKE

barlys *hyn ell* mwy nag un **barlysyn** neu farlysen [**barlysen**] ; haidd, math o ŷd y mae ei rawn yn cael eu defnyddio i wneud bwyd neu i facsu cwrw BARLEY □ *cnydau*

barlysen *hon eb* un gwelltyn o farlys [**barlys**]
barlysyn *hwn eg* un gwelltyn o farlys [**barlys**]
barn *hon eb* (barnau)
1 meddwl, asesiad, tyb, piniwn *(Hwn yw'r gorau yn fy marn i.)* OPINION
2 y gwaith o weithredu cyfiawnder mewn llys barn JUDGEMENT

digon o farn disgrifiad o rywun neu rywbeth sy'n dreth ar amynedd dyn; niwsans A NUISANCE

Dydd y Farn gw. **dydd**

barnedigaeth *hon eb* (barnedigaethau)
1 barn, y weithred o weinyddu cyfiawnder, o gyrraedd dedfryd yn ôl cyfraith gwlad neu gyfraith Duw JUDGEMENT
2 y gosb a ddaw o gael eich barnu'n euog PUNISHMENT

barnol *a* gair i ddisgrifio rhywun neu rywbeth sy'n niwsans, sy'n fwrn, sy'n ddigon o farn (ar lafar gan amlaf) OBJECTIONABLE

barnu *be*
1 eistedd mewn barn, rhoi ar brawf TO TRY
2 ystyried, meddwl, dod i gasgliad TO CONCLUDE (bernais, berni)

a b c ch d dd e f ff g ng h i j (k) l ll m n o p ph r rh s t th u w y (z)

barnwr hwn *eg* (barnwyr)
 1 un sy'n eistedd mewn barn, sy'n dedfrydu ar ddiwedd prawf mewn llys JUDGE
 2 un o arweinwyr cynnar Israel yn y cyfnod rhwng y proffwydi a'r brenhinoedd JUDGE

baromedr hwn *eg* offeryn sy'n rhag-ddweud newidiadau yn y tywydd drwy fesur gwasgedd aer BAROMETER

baromedr, cloc tywydd

barrau hyn *ell* mwy nag un **bar**

Barri gw. **Y Barri**

barrug hwn *eg* llwydrew, gwlith wedi rhewi HOAR-FROST

barugo *be* llwydrewi, gorchuddio â barrug TO RIME

barugog *a* gair i ddisgrifio rhywbeth wedi'i orchuddio â barrug FROSTED

barus *a* gwancus, rheibus, trachwantus *(y bolgi barus)* GREEDY

barwn hwn *eg* (barwniaid:baryniaid) y teitl isaf a roddir i arglwydd yng ngwledydd Prydain, y cam nesaf at farchog (Syr) BARON

barwnes hon *eb* (barwnesau) teitl gwraig barwn BARONESS

barwnig hwn *eg* y teitl isaf a all gael ei etifeddu gan ddisgynyddion arglwydd; teitl rhwng marchog a barwn BARONET

bas[1] *a* gair i ddisgrifio:
 1 rhywbeth arwynebol, heb fod yn ddwfn, heb sylwedd SHALLOW
 2 llais neu offeryn sy'n canu'r nodau isaf BASS □ *cerddoriaeth*

bas[2] hwn *eg*
 1 nodau isaf cerddoriaeth BASS
 2 y llais neu'r offerynnau sy'n canu'r nodau isaf BASS □ *cerddoriaeth* (baswr)

bas[3] hwn *eg* (basau) sylwedd cemegol (cemegyn cyfansawdd fel arfer) â blas hallt, sy'n troi papur litmws coch yn las ac sy'n adweithio gydag asid i ffurfio halwyn BASE

bas dwbl hwn *eg* (basau dwbl) y mwyaf o offerynnau llinynnol cerddorfa, ac un sy'n perthyn i deulu'r feiol DOUBLE-BASS □ *llinynnau*

basâr hwn *eg* (basarau:basârs)
 1 y rhesi o stondinau neu siopau sy'n ffurfio marchnad mewn gwledydd dwyreiniol BAZAAR
 2 ffair neu arwerthiant at achosion elusennol BAZAAR

basged hwn neu hon *egb* (basgedau:basgedi) cawell, llestr neu fag, wedi'i wneud yn wreiddiol o wiail neu frwyn, ond erbyn hyn o ddefnydd (lledr, metel, plastig ac ati), i gario bwyd neu nwyddau BASKET

basgedaid hon *eb* (basgedeidiau) llond basged BASKETFUL

basgedu *be* gosod mewn basged TO PLACE IN A BASKET

basgedwr hwn *eg* (basgedwyr) gwneuthurwr basgedi BASKET-MAKER

Basgiad hwn *eg* (Basgiaid) brodor o wlad y Basg yng ngogledd Sbaen BASQUE

basn:basin hwn *eg* (basnau:basnys) bowlen, dysgl, llestr sy'n debyg i gwpan heb ddolen ond yn fwy o faint BASIN

basnaid hwn neu hon *egb* (basneidiau) llond basn BASINFUL

baswn hwn *eg* (baswnau) offeryn cerdd o deulu'r obo a'r cor anglais sy'n canu'r nodau isaf ymhlith y chwythbrennau BASSOON □ *chwythbrennau*

baswr hwn *eg* (baswyr) gŵr sy'n canu bas, sef cwmpas isaf llais dyn BASS

bat hwn *eg* (batiau) offeryn arbennig, o bren gan amlaf, ac iddo wyneb gwastad ar gyfer taro pêl mewn gêmau megis criced, tennis bwrdd ac ati BAT □ *criced*

bataliwn hwn neu hon *egb* (bataliynau) nifer mawr o filwyr, mintai sy'n rhan o gatrawd BATTALION

batiad hwn *eg* (batiadau) y cyfnod y mae chwaraewr neu chwaraewyr wrthi â'r bat yn sgorio mewn gêmau—criced yn arbennig INNINGS

batio *be* taro pêl â bat; yr hyn y mae'r rhai sy'n wynebu'r bowliwr (e.e. mewn gêm o griced) yn ei wneud TO BAT

batiwr hwn *eg* (batwyr) un sy'n batio BATSMAN □ *criced*

baton hon *eb* ffon fer ysgafn a ddefnyddir gan arweinydd côr, cerddorfa neu fand i arwain cerddorion BATON

batri hwn *eg* (batrïau:batris) cell neu nifer o gelloedd

bath:bàth

wedi'u cysylltu mewn cyfres er mwyn cynhyrchu a chronni trydan, e.e. *batri car, batri radio* BATTERY (pôl)

bath¹:bàth hwn neu hon *egb* twba, llestr tebyg i fasn mawr y gellir eistedd neu orwedd ynddo i ymolchi BATH

Sylwch: mae'r *bath* yma yn cael ei ynganu yn yr un ffordd â'r gair Saesneg gydag *a* fer; yr un sain ag *ath* yn *dathlu*.

bath² *a* gair i ddisgrifio rhywbeth sydd wedi ei fathu, e.e. *arian bath* MINTED

bathdy hwn *eg* (bathdai) adeilad neu sefydliad lle mae arian a medalau yn cael eu bathu MINT

bathodyn hwn *eg* (bathodynnau) arwyddlun neu dlws tebyg i fedal, sy'n cael ei wisgo er mwyn dangos bod person yn perthyn i grŵp, dosbarth neu swydd arbennig BADGE

bathu *be*
1 gwneud arian trwy osod ôl neu stamp arbennig ar y metel a ddefnyddir TO COIN
2 llunio geiriau a thermau newydd i bethau nad oes geiriau ar eu cyfer TO COIN

bathwr hwn *eg* (bathwyr) gŵr sy'n bathu COINER

baw hwn *eg*
1 bryntni, aflendid, budreddi, yr hyn sy'n gwneud rhywbeth yn frwnt neu yn fudr DIRT
2 tom, ysgarthion anifail neu ddyn, cachu EXCREMENT

bawd hwn neu hon *egb* (bodiau)
1 mae gennym bedwar bys ac un bawd ar bob llaw THUMB □ *corff* t.630
2 bawd y troed yw'r bys cyfatebol ar y troed BIG TOE
o'r bawd i'r genau (byw) yn fain iawn, heb ddim wrth gefn FROM HAND TO MOUTH
tan fawd tan reolaeth, yn gorfod gwneud fel y mae'r person yr ydych tan ei fawd yn ei ddweud UNDER THE THUMB

bawdd *bf* mae ef/hi yn **boddi**; bydd ef/hi yn **boddi**

bawlyd *a* brwnt, budr, aflan DIRTY

Beca *talfyriad o* **Rebecca**; enw a roddwyd ar arweinydd y mudiad i gael gwared ar dollbyrth o gefn gwlad Cymru; cychwynnodd yn Sir Gaerfyrddin ym 1839

becsio:becso *be* poeni, gofidio TO VEX

bechan *a* ffurf ar **bychan** sy'n cael ei ddefnyddio ag enw benywaidd (gair sy'n cael ei ddilyn gan 'hon'), e.e. *nant fechan, coeden fechan*

y fechan merch fach, babi (sy'n ferch)

bechgyn hyn *ell* mwy nag un **bachgen**

bechingalw hwn *eg* rhywun neu rywbeth na allwch gofio'i enw THINGUMMYBOB

bedw¹ hyn *ell* mwy nag un fedwen [**bedwen**]

bedw² *a* gair i ddisgrifio rhywbeth wedi'i lunio o goed y fedwen (*gwialen fedw*) BIRCH

bedwen hon *eb* (bedw) coeden â phren caled a rhisgl llyfn gwyn, a changhennau sy'n hongian yn llaes ac yn denau BIRCH □ *coed* t.616

bedwen arian SILVER BIRCH

bedwen Fai:bedwen haf y polyn tal, addurnedig y byddai pobl ifainc yn dawnsio o'i gwmpas ar Ddydd Calan Mai (1 Mai) a Dydd Gŵyl Ifan (24 Mehefin) MAYPOLE

bedydd hwn *eg* y sacrament o daenu dŵr dros berson, boed hynny'n ddafnau o ddŵr o gwpan neu'n llwyr drochiad, e.e. mewn afon; gweithred sy'n dynodi bod pechodau'n cael eu golchi ymaith wrth gael derbyniad i Eglwys Iesu Grist BAPTISM

enw bedydd *gw.* **enw**
mab bedydd *gw.* **mab**
mam fedydd *gw.* **mam**
merch fedydd *gw.* **merch**
tad bedydd *gw.* **tad**

bedyddfaen hwn neu hon *egb* (bedyddfeini) llestr o garreg i ddal dŵr bedydd mewn eglwys FONT

bedyddio *be*
1 trochi mewn dŵr neu daenu dafnau o ddŵr dros berson fel arwydd fod y person hwnnw'n cael ei dderbyn i Eglwys Iesu Grist TO BAPTIZE
2 enwi, cyflwyno enw(au) bedydd plentyn, dodi enw ar TO BAPTIZE, TO CHRISTEN

Bedyddiwr hwn *eg* (Bedyddwyr) aelod o enwad Protestannaidd nad yw'n credu mewn bedyddio babanod, dim ond pobl ifainc neu oedolion sy'n ddigon hen i gredu yn Iesu Grist BAPTIST

Bedyddwraig hon *eb* gwraig sy'n aelod o enwad y Bedyddwyr

bedd hwn *eg* (beddau)
1 twll yn y ddaear ar gyfer claddu person sydd wedi marw GRAVE
2 unrhyw fan lle y mae meirwon wedi'u claddu GRAVE

beddargraff hwn *eg* (beddargraffiadau)
1 yr hyn sydd wedi'i ysgrifennu ar garreg fedd EPITAPH
2 yr hyn a ddywedir am y sawl sydd wedi'i gladdu, e.e. *'Ei Feddargraff ei Hun' gan John Ceiriog Hughes (Ceiriog)*
  Carodd eiriau cerddorol,—carodd feirdd,
    Carodd fyw'n naturiol;
  Carodd gerdd yn angerddol:
    Dyma ei lwch, a dim lol.   EPITAPH

befel hwn *eg* (befelau)
1 ymyl ar ogwydd, fel y rhimyn pwti sy'n dal gwydr mewn ffenestr BEVEL
2 offeryn (sy'n cael ei ddefnyddio gan saer fel arfer) ar gyfer mesur onglau BEVEL

a b c ch d dd e f ff g ng h i j (k) l ll m n o p ph r rh s t th u w y (z)

begegyr gw. **bygegyr:begegyr**

begera:begian *be* cardota, gofyn am elusen (arian neu fwyd) *(Fe welwch o hyd ambell gardotyn yn begian o gwmpas y tai.)* TO BEG

bei *hwn eg* (beiau) (mewn criced) rhediad sy'n cael ei sgorio pan fydd y bêl yn cael ei bowlio heibio i'r batiwr a'r wicedwr heb i'r naill na'r llall allu'i hatal BYE

beiau[1] *hyn ell* mwy nag un **bai**

beiau[2] *hyn ell* mwy nag un **bei**

Beibl *hwn eg* (Beiblau) llyfr sanctaidd y grefydd Gristnogol; yr Ysgrythurau, yn cynnwys yr Hen Destament (39 o lyfrau), y Testament Newydd (27 o lyfrau) ac weithiau yr Apocryffa; ym 1588 y cafwyd y Beibl Cymraeg cyntaf, cyfieithiad yr Esgob William Morgan BIBLE

Beiblaidd *a* ysgrythurol, yn ymwneud â'r Beibl BIBLICAL

beic *hwn eg* (beiciau:beics) peiriant dwy olwyn (tair weithiau) a sedd rhyngddynt i'r un sy'n gyrru'r peiriant trwy wthio dau bedal â'i goesau a'i lywio â'i ddwylo; beisicl BIKE

  beic modur beic wedi'i addasu er mwyn i injan gael gyrru'r olwynion MOTOR BIKE

beicio *be* marchogaeth neu fynd ar gefn beic; seiclo TO CYCLE

beiciwr *hwn eg* (beicwyr) un sy'n mynd ar gefn beic CYCLIST

beichiau *hyn ell* mwy nag un **baich**

beichio *be* fel yn *beichio wylo*; llefain, igian, crio'n dorcalonnus TO SOB

beichiog *a* gair i ddisgrifio:
  1 benyw sy'n disgwyl plentyn neu anifail sy'n mynd i gael un bach PREGNANT
  2 rhywun neu rywbeth sy'n cario baich neu lwyth BURDENED

beichiogi *be*
  1 mynd i gyflwr beichiog TO CONCEIVE, TO BECOME PREGNANT
  2 peri i wraig fod yn feichiog, peri iddi ddisgwyl plentyn TO CAUSE TO BE PREGNANT

beichus *a* trwm, llethol, gormesol *(Roedd cadw'r siop ar agor trwy'r dydd, bob dydd, yn waith beichus i un person.)* BURDENSOME

beidr:meidr *hon eb* heol fach, lôn, llwybr LANE

beiddgar *a* mentrus, hy, anturus, eofn, digywilydd DARING

beiddgarwch *hwn eg* menter, hyfdra, digywilydd-dra AUDACITY

beiddio *be* meiddio, mentro, bod yn ddigon eofn i ... TO DARE (baidd)

beilchion[1] *a* gair i ddisgrifio mwy nag un peth **balch** *(gwragedd beilchion)*

beilchion[2] *hyn ell* pobl falch (beilchion byd)

beili[1] *hwn eg* (beiliaid)
  1 gwas i siryf BAILIFF
  2 stiward neu oruchwyliwr ystad *(Y beili sy'n casglu'r rhent dros y perchennog.)* BAILIFF

beili[2] *hwn eg* (beiliau)
  1 iard neu gwrt eang â ffos a ffens o'i gwmpas; byddai'n amgylchynu ffens arall o gwmpas y tŵr pren lle trigai'r arglwydd a'i deulu mewn castell mwnt a beili BAILEY □ *castell*
  2 ymhen amser daeth i olygu mur allanol castell o garreg, buarth castell BAILEY

beio *be* rhoi'r bai ar rywun neu rywbeth *(Mae rhai pobl yn beio arbrofion niwclear am unrhyw dywydd drwg.)* TO BLAME

beirdd *hyn ell* mwy nag un **bardd**

beirniad *hwn eg* (beirniaid)
  1 un sy'n dyfarnu mewn cystadleuaeth ADJUDICATOR
  2 un sy'n pwyso a mesur gwerth celfyddydol rhywun neu rywbeth CRITIC

beirniadaeth *hon eb* (beirniadaethau)
  1 y grefft (a) o bwyso a mesur gwerth gweithiau celfyddydol CRITICISM neu (b) o ddyfarnu beth neu bwy i'w wobrwyo mewn cystadleuaeth ADJUDICATION
  2 barn beirniad, wedi'i chyflwyno ar lafar neu'n ysgrifenedig CRITICISM, ADJUDICATION

beirniadol *a* gair i ddisgrifio:
  1 tuedd i weld gwendidau, i bigo bai CRITICAL
  2 rhywbeth yn ymwneud â beirniadaeth CRITICAL

beirniadu *be*
  1 datgan barn feirniadol TO CRITICIZE
  2 dyfarnu mewn cystadleuaeth a thraddodi beirniadaeth arni TO ADJUDICATE

beirniaid *hyn ell* mwy nag un **beirniad**

beisicl *hwn eg* (beisiclau) beic dwy olwyn BICYCLE

beison *hwn eg* ych gwyllt, bual; mae beison Ewrop bron wedi diflannu, ond mae yna rai ar ôl yn America lle mae'n cael ei alw'n 'byfflo' BISON

1.5m (5′)

beison, byfflo (America)   beison (Ewrop)

beius *a* ar fai, diffygiol, anghywir, o'i le FAULTY

bele hwn *eg* (balaon:beleod) anifail bach Ewropeaidd sy'n debyg i wenci; mae'n byw mewn coedwigoedd ac yn bwyta cig (yn gigysydd) PINE MARTEN ☐ *ffwlbart*

belt hon *eb* (beltiau)
1 gwregys, stribed o ledr neu ddefnydd wedi'i glymu o gwmpas person i ddal dillad neu arfau BELT
2 cylch o ddefnydd neu ledr sy'n cael ei droi gan olwynion BELT

bellach *adf* mwyach, o hyn allan, ymhellach, yn awr (*Mae'r cyfan drosodd a does dim pwynt poeni bellach.*) FURTHER, ANY LONGER

benben gw. **pen**

bencyn gw. **banc²:bencyn**

bendigaid *a* sanctaidd, cysegredig, i'w addoli (*Mair Fendigaid*) BLESSED

bendigedig *a*
1 sanctaidd, cysegredig, gogoneddus, i'w addoli BLESSED
2 ar lafar, erbyn hyn, mae'r ystyr yn debycach i ardderchog, hyfryd FANTASTIC, LOVELY

bendith hon *eb* (bendithion)
1 arwydd o ffafr Duw, gweddi'n gofyn am ffafr Duw (*Bendith Duw fo arnat ti.*) BLESSING
2 gras o flaen bwyd (*Mae'r plant ysgol yn gofyn bendith yn eu tro amser cinio.*) GRACE
3 caffaeliad, help mawr (*Mae'r tabledi newydd at y cryd cymalau wedi bod o fendith fawr.*) BOON
4 gweddi i gloi gwasanaeth crefyddol yn enw'r Tad a'r Mab a'r Ysbryd Glân BENEDICTION
gofyn bendith TO SAY GRACE

bendithio *be*
1 cyhoeddi'n awdurdodol ffafr (bendith) Duw, rhoddi bendith TO BLESS
2 rhoi diolch, moli, addoli TO BLESS

bendithiol *a* llawn o fendithion, llesol BENEFICENT

bennu *be* talfyriad o **dibennu**

benthyca:benthyg *be*
1 caniatáu i rywun gael rhywbeth dros dro gan dderbyn y bydd y peth yn cael ei ddychwelyd; rhoi benthyg (*Benthyciais fy nghot iddo pan oedd hi'n bwrw glaw.*) TO LEND
2 cymryd meddiant o rywbeth dros dro gyda'r bwriad o'i roi'n ôl; cael benthyg (*Mae'r cyhoedd yn benthyg llyfrau o'r llyfrgell.*) TO BORROW

benthyciad hwn *eg* (benthyciadau)
1 yr hyn sydd wedi cael ei fenthyca (arian gan amlaf) LOAN
2 y weithred o fenthyca (*Faint o fenthyciadau oedd o'r llyfrgell yr wythnos hon?*) ISSUE

benthyg¹ hwn *eg* (benthycion) meddiant dros dro, benthyciad dros dro i rywun arall LOAN
ar fenthyg wedi'i fenthyca ON LOAN

benthyg² *a* gair i ddisgrifio:
1 rhywun neu rywle sy'n benthyca (*llyfrgell fenthyg*) LENDING
2 rhywbeth sydd wedi cael ei fenthyca (*arian benthyg, gair benthyg* sef gair wedi'i fenthyca o iaith arall) BORROWED

benthyg³ gw. **benthyca:benthyg**

benyw¹ hon *eb* (benywod) menyw, gwraig, merch WOMAN

benyw² *a* gair i ddisgrifio rhywun neu rywbeth sy'n debyg i wraig neu ferch neu sydd o rywogaeth merch; benywaidd, e.e. *llo fenyw* FEMALE

benywaidd *a* gair i ddisgrifio:
1 rhywbeth sydd yn ymwneud â'r ferch
2 enwau sy'n cael eu dilyn gan 'hon' ac *eb* yn y geiriadur hwn FEMININE

ber *a* ffurf ar **byr** sy'n cael ei defnyddio ag enw benywaidd (gair sy'n cael ei ddilyn gan 'hon'), e.e. *gwraig fer*

berdasen hon *eb* un o nifer o ferdys [**berdys**]

berdys hyn *ell* mwy nag un **berdysyn** neu ferdasen [**berdasen**]; pysgod cregyn bach y gellir eu berwi a'u bwyta SHRIMPS ☐ *cramenogion*

berdysyn hwn *eg* un o nifer o ferdys [**berdys**]

berf hon *eb* (berfau) math arbennig o air (rhan-ymadrodd) sy'n cael ei ddefnyddio i ddynodi gweithred neu fodolaeth rhywbeth, e.e. *eisteddwch, rhedaf, bydd*; gair sy'n cael ei ddilyn gan *bf* yn y geiriadur hwn VERB

berf anghyflawn berf sydd angen, neu sydd yn gallu cymryd gwrthrych i'w chwblhau e.e. 'taro', 'cnocio' (*trewais ddyn; cnociais y drws*) TRANSITIVE VERB

berf gyflawn berf na all gymryd gwrthrych, neu nad oes angen gwrthrych arni e.e. 'eistedd', 'diflannu' (*eisteddais, diflannodd*) INTRANSITIVE VERB

Sylwch: mae nifer o ferfau Cymraeg yn gallu bod yn gyflawn ac yn anghyflawn, e.e. *llosgai John goed* (anghyflawn); *llosgai coed yn y grât* (cyflawn).

berfa hon *eb* (berfâu) whilber, cerbyd bach i ddal llwyth, ag un olwyn y tu blaen a dwy fraich y tu ôl fel y gall un person godi a gwthio'r llwyth; yn wreiddiol, roedd dwy fraich ar y ddau ben fel y gallai dau berson gario'r llwyth rhyngddynt WHEELBARROW ☐ *trosol*

berfâid hon *eb* (berfeidiau) llond berfa BARROWFUL

berfenw hwn *eg* (berfenwau) y ffurf symlaf ar y ferf sy'n mynegi ei hystyr heb gyfeirio at neb na dim, e.e. *mynd, dod, eistedd*; gair sy'n cael ei ddilyn gan *be* yn y geiriadur hwn INFINITIVE

Sylwch: mae'r berfenw Cymraeg yn cynnwys y 'to' Saesneg—*eistedd* = TO SIT, *rhedeg* = TO RUN

Y Bermo gw. **Abermo: Y Bermo**

bernais *bf* fe wnes i farnu [**barnu**]

berni *bf* rwyt ti'n **barnu**; byddi di'n **barnu**

berw[1] hwn *eg*
 1 bwrlwm dŵr dan effaith gwres uchel A BOILING
 2 bwrlwm a chyffro sy'n debyg i ddŵr yn berwi TURMOIL

berw[2] *a* gair i ddisgrifio rhywbeth:
 1 sy'n rhy boeth i'w gyffwrdd BOILING
 2 sy'n byrlymu ac yn tasgu BOILING
 3 sydd wedi cael ei ferwi *(cig berw)* BOILED

berw[3] gw. **berwr:berw**

berwbwynt hwn *eg* (berwbwyntiau) y tymheredd pan fydd hylif yn dechrau berwi BOILING-POINT

berwedig *a* gair i ddisgrifio:
 1 rhywbeth newydd ei ferwi *(pwdin berwedig)* BOILED
 2 rhywbeth chwilboeth a allai'ch llosgi petaech yn ei gyffwrdd *(Mae'r cwpanaid coffi yma yn ferwedig.)* BOILING

berwi *be*
 1 twymo hylif nes ei fod yn byrlymu a throi'n anwedd neu'n nwy *(Mae dŵr yn berwi ar dymheredd o 100 gradd canradd.)* TO BOIL
 2 coginio neu dwymo rhywbeth mewn hylif sy'n cael ei ferwi *(berwi wy)* TO BOIL

berwi o yn llawn o rywbeth sy'n byrlymu'n fyw *(Mae'r llyn yma'n berwi o bysgod.)*

berwr:berw hwn *eg* planhigyn bwytadwy â dail gwyrdd; mae'n perthyn i'r un teulu â mwstard CRESS

 berwr dŵr:berw dŵr WATERCRESS □ *blodau* t.618

beryn hwn *eg* (berynnau) darn o beiriant y mae darn arall yn troi neu'n llithro arno, e.e. *pelferyn* BEARING □ *piston*

bet hon *eb* (betiau) cytundeb rhwng dwy ochr y bydd yr un sy'n anghywir yn talu swm penodol i'r un sydd wedi dyfalu'n gywir beth fydd canlyniad rhywbeth megis gêm bêl-droed neu ras geffylau BET

betgwn hwn neu hon *egb*
 1 gŵn nos, gwisg i ferch (gan amlaf) gysgu ynddi NIGHT-GOWN
 2 rhan o'r wisg draddodiadol Gymreig

betio *be* gamblo, taro ar fet; cyflwyno arian fel eich ochr chi o fet, hapchwarae, mentro TO BET

betws hwn *eg* hen air yn golygu tŷ gweddi neu gapel neu eglwys

y byd a'r betws gw. **byd**

betys hyn *ell* mwy nag un fetysen [**betysen**]; llysiau sy'n cael eu tyfu er mwyn eu gwreiddiau yn bennaf ac a ddefnyddir i gynhyrchu siwgr BEET

 betys coch llysiau â gwreiddiau coch bwytadwy BEETROOT □ *llysiau* t.634

betysen hon *eb* un o nifer o fetys [**betys**]

beth *rhagenw*
 1 *rhagenw gofynnol* gair ar ddechrau cwestiwn uniongyrchol ynglŷn â rhywbeth neu rywun fel yn *Beth sy'n bod? Beth yw hwn?* Mae hefyd yn digwydd yng nghanol brawddeg mewn cwestiwn anuniongyrchol, e.e. *Gofynnais iddo beth ddigwyddodd.* WHAT
 2 yr hyn, y peth *(Dywedodd wrtho beth i'w wneud.)* WHAT

beth am
 1 ynglŷn â, ynghylch *(Beth am Wil?)* WHAT ABOUT?
 2 pam na wnawn ni? *(Beth am fynd i'r pictiwrs?)* WHAT ABOUT?

bethma[1] hwn *eg* rhywbeth na allwch gofio'i enw; bechingalw WHAT-DO-YOU-CALL-IT

bethma[2]**:pethma** *a* (yn y Gogledd) gweddol, heb fod yn arbennig *(Rwy'n teimlo'n ddigon bethma heddiw.)*

beudy hwn *eg* (beudái) adeilad lle y mae da neu wartheg yn cael eu cadw COWSHED

beunos *adf* bob nos NIGHTLY

 beunos beunydd bob nos a phob dydd ALL THE TIME

beunydd *adf* bob dydd, o ddydd i ddydd, parhaus EVERY DAY

beunyddiol *a* dyddiol am byth, bob dydd yn wastadol, e.e. *bara beunyddiol,* ond *papur dyddiol* DAILY

biau gw. **piau**

bicini hwn *eg* (bicinis) gwisg nofio i ferched a dwy ran iddi BIKINI

bid *bf* bydded, boed, gadewch iddo ef/iddi hi fod [**bod**], e.e. *a fo ben bid bont*

bidog hwn neu hon *egb* (bidogau)
 1 cyllell neu gleddyf byr sy'n gallu cael ei osod ar flaen dryll milwr BAYONET
 2 nod argraffu arbennig † OBELISK

betgwn

a b c ch d dd e f ff g ng h i j (k) l ll m n o p ph r rh s t th u w y (z)

bing *hwn eg* (bingoedd) llwybr mewn beudy, y tu draw i breseb y gwartheg neu'r da, lle y cedwir y bwyd BIN, ALLEY (IN COWSHED)

bihafio *be* ymddwyn mewn ffordd arbennig (yn dda fel arfer) *(Cofia fihafio yn y parti.)* TO BEHAVE

bil *hwn eg* (biliau) nodyn yn gofyn am arian sy'n ddyledus am waith, gwasanaeth, neu nwyddau *(Cyrhaeddodd y bil ffôn heddiw.)* BILL

biliards *hwn eg* gêm sy'n cael ei chwarae ar fwrdd gwastad arbennig a phocedi ar ei ymyl, gydag un bêl goch, dwy bêl wen a ffon arbennig, sef ciw BILLIARDS

bilidowcar *hwn eg* mulfran, aderyn y môr du â gwddf hir a phig gam CORMORANT □ *adar* t.613

biliwn *hwn eg* (biliynau) 1,000,000,000,000 neu 1,000,000,000 yn Unol Daleithiau America BILLION

bilwg *hwn eg* (bilygau) llafn cryf a thro yn ei flaen ar gyfer torri canghennau a choed bychain BILLHOOK

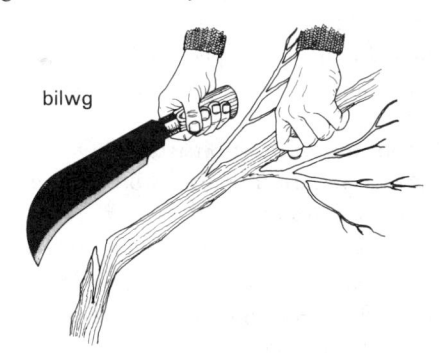

bilwg

bin *hwn eg* (biniau) drwm i ddal sbwriel neu weithiau dun i ddal bwyd, e.e. *bin lludw, bin bara* BIN

bioleg *hon eb* gwyddor bywyd, astudiaeth o bethau byw, yn anifeiliaid a phlanhigion BIOLOGY

biolegydd *hwn eg* (biolegwyr) gwyddonydd sy'n arbenigo mewn bioleg BIOLOGIST

biro *hwn eg* math o bìn ysgrifennu lle y mae pelen fach iawn ar y blaen yn rheoli llif yr inc; Ladislao a Georg Biro oedd y ddau ŵr a ddyfeisiodd y math yma o bìn BIRO

bisgeden:bisgïen *hon eb* (bisgedi) math o deisen fach galed, denau BISCUIT

bit *hwn eg* genfa, y darn metel mewn ffrwyn ceffyl sy'n cael ei roi yn ei geg ac sydd ynghlwm wrth yr awenau BIT □ *ceffyl*

Biwmares *enw lle* BEAUMARIS

biwrô *hwn neu hon egb*
1 desg, neu ford/bwrdd ysgrifennu â chlawr sy'n cau drosti a droriau tani BUREAU
2 adran o'r llywodraeth; swyddfa ymgynghori BUREAU

biwrocrat *hwn eg* (biwrocratiaid) aelod o fiwrocratiaeth, swyddog sy'n cyflawni ei ddyletswyddau mewn ffordd gul, amhersonol BUREAUCRAT

biwrocratiaeth *hon eb* llywodraeth gan swyddogion (biwrocratiaid) â grym y llywodraeth wedi'i rannu rhwng gwahanol swyddfeydd BUREAUCRACY

blacmêl *hwn eg* cais i gael arian yn anghyfreithlon gan rywun trwy fygythiadau neu trwy fygwth datgelu rhyw ddrwg amdano BLACKMAIL

blaen[1] *hwn eg* (blaenau)
1 pen, brig; gwrthwyneb tu cefn, pen ôl, e.e. *blaen bys, blaen tafod, blaenau traed* (*Â blaen y fforc y byddwch yn codi sglodion.*) FRONT, POINT, TIP
2 y cyntaf (o ran amser neu le), y man lle bydd yr un sy'n arwain *(Er nad enillodd Siân y ras bu ar y blaen am gyfnod hir.)* LEAD, FRONT
3 mewn enwau lleoedd fe all olygu:
i) y lle y mae nant neu afon yn tarddu, e.e. *Blaenrhondda, Blaenrheidol*
ii) mannau uchel diarffordd, e.e. *Blaenau Ffestiniog, Blaenau Gwent*

ac yn y blaen ac ati ETC., AND SO ON
achub y blaen gw. *achub*
ar flaen:ar y blaen yn arwain AT THE HEAD
cael y blaen trechu rhywun, y syniad o gychwyn ar ôl pawb ac yna eu goddiweddyd i ennill neu ragori
dod yn fy (dy, ei etc.) mlaen ffynnu, llwyddo, gwella fy nghyflwr TO GET ON
o flaen ger bron, e.e. *sefyll o flaen y dosbarth* BEFORE, IN FRONT OF
o'r blaen cyn hyn, yn y gorffennol *(Fuoch chi yma o'r blaen?)* BEFORE
rhag blaen ar unwaith, heb oedi IMMEDIATELY
tu blaen *(yn nhu blaen y gynulleidfa)* AT THE FRONT OF gw. hefyd **ymlaen**

blaen[2] *a* cyntaf, ar y pen, neu yn y blaen, e.e. *ceffyl blaen, dannedd blaen, erthygl flaen* FRONT

blaenaf *a* mwyaf **blaen** FOREMOST

blaenasgellwr *hwn eg* (blaenasgellwyr) mewn gêm o rygbi, un o'r ddau flaenwr sy'n gwthio ar ymyl neu asgell y sgrym WING-FORWARD □ *rygbi*

blaenasgellwr golau y blaenasgellwr sy'n gwthio ar ochr y sgrym sydd bellaf o'r ystlys OPEN SIDE WING-FORWARD

blaenasgellwr tywyll yr un sy'n gwthio ar ochr y sgrym sydd agosaf at yr ystlys BLIND SIDE WING-FORWARD

blaendal *hwn eg* (blaendaliadau) tâl ymlaen llaw, naill ai fel sicrwydd y bydd y gweddill yn cael ei dalu, neu fel tanysgrifiad; ernes DEPOSIT

blaenddant *hwn eg* (blaenddannedd) un o'r wyth dant ym mlaen y geg sy'n torri bwyd (yn hytrach na'i falu fel y cilddannedd) INCISOR

blaenffrwyth *hwn eg* ffrwythau cyntaf y tir, y pethau cyntaf i ffrwytho o lafur dyn; yr arfer o offrymu cyfran o'r ffrwythau hyn i Dduw fel diolch sydd wrth wraidd ein cyfarfodydd diolchgarwch

blaengar *a*
1 yn awyddus i hyrwyddo datblygiadau newydd a chynnydd PROGRESSIVE
2 amlwg, blaenllaw, parod, yn hoffi bod yn flaenllaw *(Wrth fynnu siarad ym mhob cyfarfod o'r cyngor daeth yn gynghorydd blaengar ymhlith ei gyd-aelodau.)* PROMINENT

blaenllaw *a*
1 amlwg, pwysig, enwog *(Cymerodd Dafydd ran flaenllaw yn nrama'r ysgol.)* PROMINENT, CONSPICUOUS
2 parod i hyrwyddo datblygiad neu gynnydd PROGRESSIVE

blaenor *hwn eg* (blaenoriaid)
1 diacon mewn capel, un sy'n cael eistedd yn y sêt fawr DEACON
2 (mewn cerddorfa) y ffiolinydd sy'n eistedd ar ochr allanol y ddesg flaen, yn agos at law chwith yr arweinydd; blaenwr LEADER

blaenori *be*
1 dod o flaen pawb a phopeth arall, bod ar y blaen; arwain TO LEAD
2 bod yn well na neb na dim arall; maeddu, trechu, rhagori ar TO EXCEL

blaenoriaeth *hwn neu hon egb* (blaenoriaethau) y lle blaenaf, y safle cyntaf neu flaenaf PRIORITY

blaenoriaethau *hyn ell* y pethau pwysicaf wedi eu gosod yn nhrefn eu pwysigrwydd PRIORITIES

blaenorol *a* cynt, wedi bod o'r blaen *(Cyrhaeddodd y wers â'i wynt yn ei ddwrn oherwydd i'r wers flaenorol orffen yn hwyr.)* PREVIOUS

blaenwr *hwn eg* (blaenwyr)
1 mewn tîm, un o'r rhai sy'n chwarae o flaen y cefnwyr, e.e. *blaenwyr rygbi; blaenwr pêl-droed* FORWARD
2 blaenor cerddorfa, gw. **blaenor** LEADER

blaguro *be* egino, torri trwy blisgyn a thyfu'n braf (am blanhigion) *(Mae dail y coed yn blaguro yn y gwanwyn.)* TO SPROUT

blaguryn *hwn eg* (blagur) tyfiant newydd planhigyn, eginyn *(Gwyrddni ffres y blagur yw un o arwyddion amlycaf y gwanwyn.)* SHOOT, BUD

blaidd *hwn eg* (bleiddiaid) anifail gwyllt ysglyfaethus sy'n debyg i gi ac sy'n hela mewn haid WOLF (bleiddast, cenau, cnud, udo) ☐ *mamolyn*

blanced *hwn neu hon egb* (blancedi) gorchudd meddal gwlanog, ar gyfer gwely fel arfer BLANKET

blas *hwn eg* yr hyn a glywir â'r tafod; un o'r pum synnwyr; tast, chwaeth TASTE

blas tafod cerydd *(Mi gei di flas fy nhafod os gwnei di hyn eto!)* SCOLDING

cael blas ar mwynhau, gwerthfawrogi'n fawr *(Cafodd flas mawr ar y llyfr.)* TO ENJOY

colli blas colli diddordeb, dechrau peidio â mwynhau *(Collodd bywyd ei flas i'r hen ŵr wedi i'w wraig farw.)* TO LOSE INTEREST

blasu *be* synhwyro â'r tafod, clywed blas, profi, sawru, cael blas TO TASTE, TO SAVOUR

blasus *a* gair i ddisgrifio rhywbeth a blas da arno; amheuthun, danteithiol TASTY

blawd *hwn eg* can, fflŵr, rhan fwytadwy ŷd wedi'i falu'n bowdr FLOUR, MEAL

blawd ceirch OATMEAL

blawd codi blawd a phowdwr codi wedi'i ychwanegu ato er mwyn gwneud y toes yn fwy ysgafn SELF-RAISING FLOUR

blawd gwenith WHEATMEAL

blawd llif darnau bychain o bren sy'n cael eu gadael gan lif pan fydd yn torri SAWDUST

ble[1] rhagenw gofynnol yn gofyn cwestiwn uniongyrchol 'O ba le?' neu 'I ba le?' *(O ble'r ydych chi'n dod?)* neu gwestiwn anuniongyrchol *(Gofynnais iddi i ble'r oedd hi'n mynd.)* WHERE

ble[2] *adf* y lle *(Dywedais wrtho ble i fynd.)* WHERE

bleiddast *hon eb* (bleiddeist) blaidd benyw SHE-WOLF

bleiddiaid *hyn ell* mwy nag un **blaidd**

bleind *hwn eg* (bleindiau:bleinds) math arbennig o orchudd ffenestr sy'n cael ei dynnu o ben y ffenestr i'w gwaelod (fel arfer) er mwyn cau'r golau allan, neu er mwyn sicrhau nad oes neb yn gallu gweld i mewn drwy'r ffenestr BLIND

blêr *a* anniben, aflêr, anhrefnus, blith draphlith UNTIDY (blered, blerach, bleraf)

blerwch *hwn eg* annibendod, anhrefn UNTIDINESS

blew *hyn ell* mwy nag un **blewyn**
1 y gwallt sy'n tyfu ar y corff a'r wyneb (ac eithrio corun y pen) HAIR
2 ffwr, gwallt byr anifeiliaid, neu ddefnydd tebyg iddo FUR, PILE

hollti blew gw. **hollti**

blewog *a* gair i ddisgrifio rhywun neu rywbeth a llawer o flew drosto HAIRY

dwylo blewog gw. **dwylo**

blewyn hwn *eg* (blew)
  1 edefyn, llinyn unigol o wallt HAIR
  2 gweiryn, un llafn o borfa neu wellt BLADE (OF GRASS)
  heb flewyn ar dafod yn blwmp ac yn blaen, dweud yn union beth rydych chi'n ei feddwl
  i drwch y blewyn gw. **trwch**
  i'r blewyn i'r dim TO A T
  o fewn trwch blewyn gw. **trwch**
  tynnu blewyn o drwyn gw. **tynnu**

blingo *be*
  1 tynnu croen i ffwrdd (*Blingodd y wraig y gwningen cyn ei rhostio.*) TO FLAY, TO SKIN
  2 twyllo'n ariannol (*Cafodd Ifan ei flingo mewn gêm o gardiau.*) TO FLEECE

blin *a*
  1 drwg, poenus, gofidus, fel yn yr ymadrodd *mae'n flin gennyf*, sef 'mae'n ddrwg gennyf' SORRY
  2 anghysurus, annymunol, cas, e.e. *oriau blin y nos pan na allwch gysgu* TROUBLESOME, TROUBLED
  3 piwis, drwg ei dymer (*Aeth Mam yn eithaf blin pan welodd yr annibendod oedd yn ei disgwyl.*) CROSS
  mae'n flin gennyf mae'n ddrwg gennyf I'M SORRY

blinder hwn *eg* (blinderau)
  1 y teimlad o fod wedi ymlâdd, o fod wedi blino; yr hyn sy'n dilyn gwaith caled neu ddiffyg cwsg FATIGUE, TIREDNESS
  2 trafferth, gofid, poen meddwl (*Cerddai fel pe bai blinderau'r byd ar ei ysgwyddau.*) TROUBLE

blinderog *a* gair i ddisgrifio rhywun neu rywbeth sy'n dioddef o flinder, sydd wedi blino WEARY

blinedig *a* gair i ddisgrifio:
  1 rhywun neu rywbeth sy'n peri blinder (*Roedd yn falch o gael eistedd ar ôl y gwaith blinedig yn yr ardd.*) TIRING
  2 rhywun sydd wedi blino TIRED

blino *be*
  1 diffygio, ymlâdd, teimlo'n gysglyd, eisiau gorwedd neu gysgu TO TIRE
  2 poeni, gofidio, cythruddo (*Mae hi'n cael ei blino gan glefyd y gwair yn ystod misoedd yr haf.*) TO TROUBLE
  3 cael digon (*Rwyf wedi blino ar ei gwyno parhaus.*) TO TIRE

blith draphlith *adf* dros y lle i gyd, mewn cawl, sang-di-fang TOPSY-TURVY

bloc:blocyn hwn *eg* (blociau)
  1 boncyff pren; darn praff o bren (yn arbennig un a ddefnyddir i dorri pethau arno); neu ddarn praff o iâ BLOCK
  2 un o'r darnau sgwâr o bren sy'n cael eu defnyddio gan blentyn i adeiladu pethau BLOCK
  3 adeilad mawr wedi'i rannu'n adrannau (*bloc o fflatiau*) BLOCK

blocio *be* achosi rhwystr trwy gau neu lenwi (*Mae dail yn blocio'r biben.*) TO BLOCK

blodau hyn *ell* mwy nag un **blodyn:blodeuyn**
  1 mewn botaneg, y rhannau hynny o blanhigion lle y mae'r had yn cael eu cynhyrchu; fel arfer maent yn lliwgar ac yn bert FLOWERS □ *blodau* t.618
  2 mewn gardd, planhigion sy'n cael eu tyfu oherwydd siâp, lliw neu sawr eu blodau FLOWERS
  3 anterth, y gorau (*Roedd y bardd Dafydd ap Gwilym yn ei flodau rhwng 1320 a 1370.*) PRIME, BEST

blodeugerdd hon *eb* (blodeugerddi) detholiad o ddarnau barddoniaeth ANTHOLOGY

blodeuo *be*
  1 bod mewn blodau, blodau'n dechrau agor TO FLOWER
  2 ffynnu, bod â graen arno TO FLOWER, TO FLOURISH

blodeuog:blodeuol *a* gair i ddisgrifio:
  1 rhywbeth sy'n llawn blodau, neu mewn blodau FLOWERING
  2 rhywbeth addurnedig iawn, yn tueddu i fod yn rhy gymhleth, e.e. *iaith flodeuog* FLOWERY, FLORID

blodeuyn gw. **blodyn:blodeuyn**

blodfresychen hon *eb* (blodfresych) llysieuyn gardd â phen o flodau mân, gwyn, caled, bwytadwy ac ychydig o ddail bresych o'u cwmpas CAULIFLOWER □ *llysiau* t.634
  blodfresych gaeaf BROCCOLI

blodyn:blodeuyn hwn *eg* un o nifer o flodau [**blodau**]
  blodyn gardd blodyn sy'n cael ei feithrin gan arddwr GARDEN FLOWER
  blodyn gwyllt blodyn sy'n tyfu heb ei drin, ar hyd ochrau'r priffyrdd ac yn y caeau ac ati WILD FLOWER
  blodyn y gwynt planhigyn gwyllt â blodau gwyn sy'n tyfu dan goed yn y gwanwyn cynnar, neu blanhigyn gardd â blodau glas, coch a gwyn WOOD ANEMONE, ANEMONE

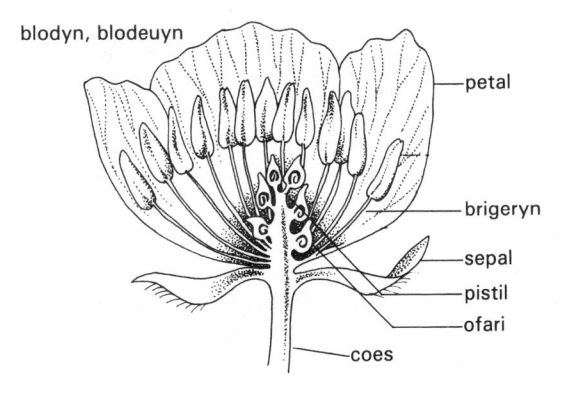

blodyn, blodeuyn
— petal
— brigeryn
— sepal
— pistil
— ofari
— coes

blodyn ymenyn blodyn bach melyn, llachar a siâp cwpan iddo BUTTERCUP

blodyn yr haul blodyn mawr, tal ag wyneb euraid fel yr haul SUNFLOWER ☐ *blodau* t.621

bloedd hon *eb* (bloeddiau:bloeddiadau) gwaedd, bonllef, llef, sŵn rhywun yn bloeddio SHOUT

bloeddio *be* gweiddi'n groch, ysgrechian *(Gellid clywed o bell sŵn y dorf yn bloeddio wrth wylio'r gêm.)* TO SHOUT

bloesg *a* gair i ddisgrifio rhywun nad yw'n siarad yn glir, naill ai oherwydd nam ar ei leferydd neu oherwydd crygni (colli llais) INDISTINCT, HUSKY

bloesgedd:bloesgni hwn *eg* yr hyn sy'n peri i rywun fod yn floesg (yn arbennig tafod tew, neu atal dweud)

bloneg hwn *eg* saim, y braster sydd yng nghorff dyn neu anifail FAT, LARD

byw ar fy (dy, ei etc.) mloneg gw. **byw**

magu bloneg gw. **magu**

blonegog *a* seimlyd, seimllyd, yn llawn bloneg GREASY

blotio *be*
1 colli dafnau o inc ar bapur, duo TO BLOT
2 sychu inc gwlyb â phapur sugno arbennig TO BLOT

blows:blowsen hon *eb* (blowsys) math o grys ysgafn i ferched BLOUSE

blwch hwn *eg* (blychau) bocs, cist neu gas o bren, tun, plastig ac ati i gadw pethau ynddo, e.e. *blwch matsys, blwch baco* BOX

blwng *a* sarrug, llym SURLY

blwydd hon *eb* blwyddyn o oedran, deuddeng mis wrth sôn am oed, e.e. *tair blwydd oed* YEAR(S) OLD

blwydd-dal hwn *eg* (blwydd-daliadau) swm o arian sy'n cael ei dalu unwaith y flwyddyn ANNUITY

blwyddiadur hwn *eg* (blwyddiaduron) llyfr sy'n cael ei gyhoeddi'n flynyddol ac sy'n cynnwys yr wybodaeth ddiweddaraf am y testun dan sylw YEAR-BOOK

blwyddlyfr hwn *eg* (blwyddlyfrau) yr un peth â blwyddiadur YEAR-BOOK

blwyddyn hon *eb* (blynedd:blynyddoedd)
1 yr amser y mae'n ei gymryd i'r Ddaear fynd o gwmpas yr haul un waith, sef 365 diwrnod, 48 munud, 46 eiliad; ar galendr mae'n cael ei rhannu yn ddeuddeng mis o 1 Ionawr hyd at 31 Rhagfyr. Yng ngwledydd y Gorllewin mae blynyddoedd yn cael eu rhannu yn rhai ar ôl i Iesu Grist gael ei eni—Oed Crist (OC) ac yn rhai cyn geni Iesu—Cyn Crist (CC) YEAR
2 cyfnod o 12 mis *(Fe'th welaf flwyddyn i heddiw.)* YEAR
3 dosbarth o blant ysgol *(Bydd cyfarfod arbennig i rieni plant blwyddyn 8 nos yfory.)* YEAR (blwydd, blynedd, eleni, llynedd)

blwyddyn naid 365¼ o ddiwrnodau sydd mewn blwyddyn galendr, ac felly ychwanegir un diwrnod at fis Chwefror bob pedair blynedd, ac at flwyddyn canrif newydd hefyd os gellir ei rhannu â 400 (e.e. y flwyddyn 2000 ond nid 1900); gelwir blwyddyn fel hon (366 diwrnod) yn flwyddyn naid LEAP YEAR

blychaid hwn *eg* (blycheidiau) llond blwch BOXFUL

blychau hyn *ell* mwy nag un **blwch**

blynedd hyn *ell* mwy nag un flwyddyn [**blwyddyn**]; ffurf sy'n cael ei defnyddio ar ôl rhifol, e.e. *pum mlynedd, dwy flynedd* YEARS

Sylwch: ac eithrio ar ôl 'dwy flynedd' nid yw ansoddair sy'n dilyn 'blynedd' yn treiglo, *'y tair blynedd diwethaf'* ond *'y ddwy flynedd ddiwethaf'*.

blynyddol *a* gair i ddisgrifio:
1 rhywbeth sy'n digwydd unwaith y flwyddyn bob blwyddyn ANNUAL
2 (mewn garddio) llysiau neu blanhigion sy'n byw am flwyddyn yn unig ANNUAL

blys hwn *eg* (blysiau) trachwant, eisiau, chwant cryf, awydd *(Mae ar gybydd flys am aur ac arian. Mae arna i flys cynnig am y swydd.)* LUST, LONGING

blysio *be* trachwantu, chwennych, dyheu am TO LUST

Bnr byrfodd 'bonwr' fel teitl cwrtais gŵr MR

Bns byrfodd 'boneddiges', fel teitl cwrtais gwraig briod neu ddibriod MRS, MISS, MS

bo:byddo *bf* byddo ef/hi; 3ydd person unigol presennol dibynnol **bod**

boa hon *eb* neidr sy'n byw yn y gwledydd trofannol ac sy'n lladd ei hysglyfaeth trwy ei gwasgu i farwolaeth BOA ☐ *ymlusgiaid*

bob gw. **pob**

bocs hwn *eg* (bocsys)
1 yr un ystyr â blwch, er y gall bocs fod yn fwy o faint na blwch BOX
2 tun, can, fel yn *bocs o ffa pob* CAN
3 pren bocs, llwyn â dail bach gwyrdd sy'n rhwydd ei dorri er mwyn gwneud perthi addurnedig o gwmpas gerddi BOX-TREE

bocsaid hwn *eg* (bocseidi:bocseidiau) llond bocs BOXFUL

bocsio *be* paffio, ymladd rhwng dau ŵr sy'n gwisgo menig arbennig, lle y mae'r naill yn ceisio bwrw'r llall yn anymwybodol neu sgorio mwy o bwyntiau na'i wrthwynebydd, yn ôl rheolau'r ornest TO BOX

bocsiwr hwn *eg* (bocswyr) gŵr sy'n bocsio; paffiwr BOXER

boch hon *eb* (bochau) mae gennych ddwy foch dan eich llygaid, un bob ochr i'ch trwyn a'ch ceg; grudd CHEEK ☐ *corff* t.630

bochog *a* â bochau amlwg, tewion FULL-CHEEKED

a b c ch d dd e f ff g ng h i j (k) l ll m n o p ph r rh s t th u w y (z)

bod¹ *be*
  1 bodoli; mae popeth sydd, yn bod; popeth oedd, wedi bod; a phopeth fydd, yn mynd i fod TO BE
  2 (fel yn *Beth sy'n bod?*) o'i le, i boeni amdano MATTER
  3 disgwyl o ran hawl neu gyfrifoldeb *(Wyt ti i fod yno erbyn pedwar?)*
  4 galw a gadael *(Mae'r postmon wedi bod.)* (bai, bid, bo, boed, bu, bûm, bydd, mae, oedd, oes², sydd, wyf, yw, ydwyf)
  bod wrthi bod yn weithgar, gweithio *(Mae wrthi yn yr ardd er y bore bach.)*
bod² hwn *eg* (bodau)
  1 bodolaeth, hanfod *(A oes y fath beth ag uncorn mewn bod?)* EXISTENCE
  2 rhywbeth sy'n bod, sy'n bodoli, e.e. *bod dynol* BEING
bod³:boda hwn neu hon *egb* (bodion:bodaod) aderyn ysglyfaethus cyffredin o deulu'r hebog BUZZARD □ *gwalch*
  bod tinwen aderyn ysglyfaethus; mae'r ceiliog yn cael ei gamgymryd am wylan weithiau HARRIER
  bod y mêl HONEY BUZZARD
bodan hon *eb* gair tafodieithol yn y Gogledd am ferch, cariad, gwraig GIRL
bodiaid hon *eb* cymaint ag y gallwch ei godi rhwng bys a bawd; pinsiad PINCH
bodiau hyn *ell* mwy nag un **bawd**
bodio *be*
  1 byseddu, trafod rhwng bys a bawd TO THUMB
  2 estyn bys bawd at geir a lorïau yn y gobaith y cewch lifft ganddynt; ffawd heglu TO THUMB, TO HITCH-HIKE
bodis hwn *eg* rhan uchaf gwisg merch sy'n cau'n dynn o'r wasg i fyny BODICE
bodlon:boddlon *a* gair i ddisgrifio rhywun neu rywbeth:
  1 wrth (fy) modd, wrth (dy) fodd etc. *(Wyt ti'n fodlon ar waith y saer?)* SATISFIED
  2 sy'n barod, sy'n caniatáu *(Wyt ti'n fodlon i mi fynd i siopa?)* WILLING
bodloni:boddloni [ar, i] *be*
  1 bod wrth fodd, plesio *(Cafodd ei fodloni gan waith y saer.)* TO BE SATISFIED
  2 bod yn fodlon, cytuno *(Nid oedd Dewi'n awyddus iawn i fynd i siopa drosof ond bodlonodd yn y diwedd.)*
bodlonrwydd hwn *eg* boddhad, dedwyddwch, parodrwydd SATISFACTION
bodo hon *eb* bopa; ffurf anwes ar fodryb neu hen wraig, e.e. *Bodo Jane* AUNTIE
bodolaeth hon *eb* mae popeth sydd yn bod, mewn bodolaeth; bod, bywyd EXISTENCE
bodoli *be* bod; bod mewn bodolaeth *(Mae rhai tlodion yn y byd yn gorfod bodoli ar lai o fwyd nag y mae rhai pobl gyfoethog yn ei wastraffu.)* TO EXIST

bodd hwn *eg* (boddau) pleser, hyfrydwch, ewyllys, caniatâd, bodlonrwydd, e.e. *o'm bodd, o'ch bodd* etc., sef o'm dewis i, heb i neb fy ngorfodi; *trwy fodd, trwy ganiatâd; wrth fy modd, wrth dy fodd* etc., bodlon, hapus iawn CONSENT, FAVOUR
  rhyngu bodd gw. **rhyngu**
  wrth fy (dy, ei etc.) modd hollol fodlon WELL PLEASED
boddfa hon *eb* digon o ddŵr i foddi ynddo, llif, e.e. yn ffigurol *boddfa o chwys, boddfa o ddagrau* FLOOD
boddhad hwn *eg* bodlonrwydd, llawenydd, pleser *(Cafodd y rhieni foddhad mawr o lwyddiant eu plant.)* SATISFACTION
boddhaol *a* yn peri boddhad; dymunol, derbyniol, cymeradwy SATISFACTORY
boddhau *be* rhyngu bodd, bodloni, plesio, peri boddhad TO SATISFY
boddi *be*
  1 marw oherwydd methiant i anadlu dan ddŵr neu unrhyw hylif arall TO DROWN
  2 achosi marwolaeth trwy ddal pen rhywun neu rywbeth dan ddŵr, e.e. *boddi cathod bach* TO DROWN
  3 trechu, tagu, diffodd *(Cafodd llais y siaradwr ei foddi gan sŵn awyren yn mynd heibio.)* TO DROWN (bawdd)
boddlon gw. **bodlon:boddlon**
boddloni gw. **bodloni:boddloni**
boed *bf* bydded, bid, gadewch iddo ef/iddi hi fod [**bod**]
bogail:bogel hwn neu hon *egb* (bogeiliau:bogelau)
  1 botwm bol, ôl y llinyn a fu'n cysylltu babi â'i fam pan oedd o fewn ei chroth NAVEL
  2 canol rhywbeth, sy'n atgoffa dyn o fotwm bol, e.e. canol tarian neu foth olwyn BOSS, HUB
bol:bola hwn *eg* (boliau)
  1 y darn hwnnw o gorff person sydd tan y frest ac uwchben y coesau ac sy'n cynnwys y stumog a'r perfedd; y darn cyfatebol mewn anifail ABDOMEN □ *corff* t.630
  2 rhywbeth sy'n debyg o ran ei siâp i stumog wedi chwyddo, e.e. *bola coes* CALF
  bol clawdd ffordd o ddilorni rhywun neu rywbeth, e.e. *bardd bol clawdd*, bardd heb addysg na dawn
  cael llond bol
  1 syrffedu, diflasu, cael gormod *(cael llond fy mol ar gŵynion pobl)* TO HAVE A BELLYFUL, TO BE FED UP
  2 cael digonedd, cael (eich) bodloni *(llond bol o chwerthin braf)* TO HAVE A FULL BELLY
  torri fy (dy, ei etc.) mol gw. **torri**

bolaheulo:bolheulo *be* torheulo, gorwedd yn yr haul TO SUNBATHE

bolgi *hwn eg* (bolgwn) un trachwantus am ei fwyd, un sy'n gorfwyta, sy'n stwffio'i fwyd GOURMAND, GLUTTON

bolgodog *a* gair i ddisgrifio anifail fel y cangarŵ; mae gan y fenyw fag o groen wrth ei bol i gario'i rhai bach; marswpial MARSUPIAL

bolgodogion *hyn ell* enw ar deulu o anifeiliaid bolgodog sy'n byw yn Awstralia a De a Chanolbarth America MARSUPIALS

bolheulo gw. bolaheulo:bolheulo

boliaid:boliad *hwn eg* (bolieidiau) llond bola BELLYFUL

boliog *a* gair i ddisgrifio rhywun neu rywbeth sydd â bola mawr, sydd wedi chwyddo POT-BELLIED

bollt:bollten *hon eb* (byllt:bolltau)
 1 saeth bwa croes â choes fer a phen praff BOLT
 2 taranfollt, mellten THUNDERBOLT
 3 rhoden o haearn sy'n cael ei gwthio o'r drws i mewn i soced priodol ar fframyn y drws er mwyn cloi'r drws BOLT
 4 math o sgriw arbennig heb flaen miniog, â chlopa ar ei phen a nyten yn troi am ei blaen BOLT

bolltio *be*
 1 cloi (drws, er enghraifft) trwy wthio'r follt i'w lle; bario TO BOLT
 2 rhoi dau beth yn dynn wrth ei gilydd a'u sicrhau â bollt TO BOLT

bom *hwn neu hon egb* (bomiau) casyn llawn o ddeunydd niweidiol wedi'i gynllunio i ffrwydro a lladd pobl neu ddifa adeiladau BOMB

bom atomig:bom hydrogen bomiau sy'n dibynnu ar ffrwydrad niwclear i ladd a difa ATOM BOMB, HYDROGEN BOMB

mynd fel bom mynd yn gyflym iawn, yn llwyddiannus iawn TO GO LIKE A BOMB

bomio *be* gollwng bomiau (o awyrennau) TO BOMB

bôn *hwn eg* (bonion:bonau)
 1 gwaelod, sail; rhan isaf boncyff coeden, pen ôl, bonyn BASE
 2 darn o air y gellir ychwanegu terfyniadau ato, e.e. *Bôn y ferf 'gwneud' yw 'gwna'*. STEM

boncath *hwn eg* (boncathod) bwncath; gair arall am fod [bod]³:boda

bonclust *hwn eg* clusten, dyrnod yn agos at y glust, trawiad â dwrn neu law agored ar ochr y pen CLOUT

boncyff *hwn eg* (boncyffion) bôn coeden, plocyn o bren sy'n debyg i fôn coeden STUMP

bondigrybwyll *a* talfyriad o 'na bo ond ei grybwyll', prin y gellir sôn amdano, disgrifiad (gwawdlyd braidd) o gynlluniau neu syniadau crand, uchelgeisiol

bondo *hwn eg* bargod, y darn hwnnw o'r to sy'n cyrraedd dros ymyl wal y tŷ ac sy'n ei gysgodi'n rhannol EAVES

bondrwm *a* fel yn *ffracsiwn bondrwm*, sef ffracsiwn lle y mae'r rhif o dan y llinell yn fwy na'r rhif sydd uwchben y llinell. *(Mae ¼, ⅔ a ⅝ yn ffracsiynau bondrwm.)* PROPER FRACTION (ffracsiwn pendrwm)

boned:bonet *hwn neu hon egb* (bonedau:bonetau)
 1 gwisg pen i fabanod a glymir tan yr ên; roedd gwragedd hefyd yn eu gwisgo ar un cyfnod BONNET
 2 darn blaen car y gallwch ei agor i fynd at yr injan BONNET □ *car*

bonedd *hwn eg* tras uchel, boneddigion, gwŷr mawr, e.e. *bonedd a gwrêng*, boneddigion a'r werin GENTRY, NOBILITY

boneddicach:boneddicaf:boneddiced *a* mwy **bonheddig:** mwyaf **bonheddig:** mor **fonheddig** [bonheddig]

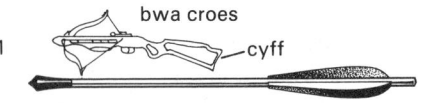

bwa croes
cyff

mellten, lluched

nyten

bollt:bollten

boneddigaidd *a*
1 urddasol, pendefigaidd, yn amlwg o dras uchel NOBLE
2 moesgar, hawddgar, hynaws, mwyn POLITE, COURTEOUS

boneddigeiddrwydd hwn *eg* bonedd, urddas, cwrteisi, moesgarwch COURTESY

boneddiges hon *eb* (boneddigesau)
1 gwraig fonheddig, gwraig LADY
2 Bns; teitl cwrtais gwraig briod neu ddibriod MISTRESS, MRS, MISS, MS

boneddigion hyn *ell* gwŷr bonheddig; y ffordd i gyfarch cynulleidfa o ddynion yw, 'Foneddigion . . .' GENTLEMEN

boneddwr gw. **bonheddwr:boneddwr**

bonesig hon *eb*
1 boneddiges, arglwyddes LADY
2 Bns; merch ddibriod MISS

bonet gw. **boned:bonet**

bonheddig *a*
1 o dras uchel, cwrtais, hawddgar, e.e. *gŵr bonheddig* GENTLE, NOBLE, COURTEOUS
2 urddasol, mawreddog STATELY (boneddiced, boneddicach, boneddicaf)

bonheddwr:boneddwr hwn *eg* (boneddigion: bon(h)eddwyr) gŵr bonheddig, uchelwr GENTLEMAN

bonllef hon *eb* (bonllefau) banllef, gwaedd uchel, bloedd, cri SHOUT

bonwr hwn *eg* Bnr; teitl cwrtais a roddir i ŵr o flaen ei enw MISTER, MR

bonws hwn *eg*
1 tâl ychwanegol sy'n fwy na'r tâl arferol, e.e. *bonws Nadolig* BONUS
2 unrhyw beth pleserus sy'n fwy na'r disgwyl BONUS

bonyn hwn *eg* (bonion)
1 bôn, boncyff, rhan isaf boncyff coeden STUMP
2 y rhan o docyn neu siec y gallwch ei chadw fel cofnod COUNTERFOIL, STUB

bopa hon *eb* bodo, ffurf anwes y De ar fodryb neu hen wraig AUNTIE

bord hon *eb* (bordydd) bwrdd, celficyn ag un neu ragor o goesau ac wyneb llyfn y gallwch osod pethau (e.e. llestri a bwyd) arno ac eistedd wrtho TABLE

y Ford Gron bord enwog y Brenin Arthur; roedd yn grwn er mwyn dangos bod pob marchog a eisteddai wrthi yn gyfartal THE ROUND TABLE

bordaid hon *eb* (bordeidiau) llond bwrdd TABLEFUL

bore[1] hwn *eg* (boreau:boreuau)
1 y cyfnod o'r dydd o doriad gwawr hyd hanner dydd MORNING
2 wrth gyfeirio at amser, unrhyw amser ar ôl deuddeg o'r gloch y nos hyd at ddeuddeg o'r gloch ganol dydd, e.e. *tri o'r gloch y bore* MORNING, a.m.

bore oes adeg plentyndod

o fore gwyn tan nos trwy'r dydd FROM MORN TO NIGHT

yn y bore bach gyda thoriad y wawr, yn gynnar iawn IN THE EARLY HOURS

bore[2] *a* gair i ddisgrifio rhywbeth neu rywun cynnar, sy'n codi'n fore neu'n perthyn i'r bore bach (*Mae Dafydd yn un bore iawn adeg y gwyliau—nid felly yn ystod y tymor ysgol.*) EARLY (boreued, boreuach, boreuaf)

boreddydd hwn *eg* (ffurf farddonol) y bore bach, yn gynnar y bore

boreol:boreuol *a* yn perthyn i'r bore, plygeiniol, e.e. *gwasanaeth boreol* MORNING

boreuach:boreuaf:boreued *a* mwy **bore**: mwyaf **bore**: mor **fore** [**bore**]

bosn gw. **bosyn:bosn**

bost hon *eb* ymffrost, honiad eofn (*Bost Guto Nyth Brân oedd y gallai redeg yn ddigon cyflym i ddal ysgyfarnog.*) BOAST

bostiwr hwn *eg* (bostwyr) dyn sy'n brolio'i hun, sy'n canu'i glod ei hun BRAGGART

bosyn:bosn hwn *eg* uwch-forwr sy'n gyfrifol am alw'r morwyr eraill at eu gwaith â'i chwiban, ac sy'n gyfrifol am y rhaffau, yr hwyliau ac ati ar y llong BOATSWAIN, BOSUN

botaneg hon *eb* astudiaeth wyddonol o blanhigion; llysieueg, un o feysydd bioleg BOTANY

botanegol *a* yn ymwneud â byd botaneg neu'n perthyn iddo, e.e. *gerddi botanegol* BOTANICAL

botanegydd hwn *eg* (botanegwyr) gwyddonydd sy'n arbenigo mewn botaneg BOTANIST

botas:botias:botys hyn *ell* mwy nag un fotasen [**botasen**]:**botysen**
1 esgidiau uchel yn cyrraedd hyd y pen-glin (e.e. esgidiau marchogaeth) BOOTS
2 weithiau fe'i defnyddir am esgidiau uchel o rwber neu blastig WELLINGTON BOOTS (bwtsias)

botasen:botysen hon *eb* un o bâr neu nifer o fotas [**botas**]

botwm:botwn:bwtwm:bwtwn hwn *eg* (botymau: botynau)
1 darn bach caled (crwn fel arfer) wedi'i wnïo ar ymyl dilledyn, gyferbyn â thwll priodol ar ymyl arall y dilledyn; trwy roi'r botwm drwy'r twll gellir cau'r dilledyn a'i agor wedyn pan fydd angen BUTTON
2 darn bach crwn, caled ar beiriant sydd, o'i wasgu, yn rheoli'r peiriant mewn rhyw ffordd BUTTON

botwm bol bogail, bogel BELLY BUTTON
botwm corn rhywbeth diwerth, di-nod *(Nid oedd yn malio botwm corn am wersi.)* A BRASS FARTHING
botymog *a* gair i ddisgrifio rhywbeth sy'n gallu cael ei gau â botymau, neu sydd wedi'i addurno â llawer o fotymau BUTTONED, STUDDED
botymu *be* cau rhywbeth â botwm TO BUTTON
botys gw. **botas:botias:botys**
botysen gw. **botasen:botysen**
both hon *eb* (bothau)
  1 y darn hwnnw yng nghanol olwyn y mae'r adenydd yn dod ohono a'r echel yn mynd trwyddo HUB □ *gambo*
  2 bogel tarian BOSS
bowlen hon *eb* (bowlenni)
  1 basn mawr, dysgl, llestr sy'n debyg i gwpan heb ddolen ond sy'n fwy o lawer, e.e. *bowlen olchi llestri* BOWL
  2 y rhan gron o lwy neu bibell/cetyn sy'n dal siwgr, tybaco ac ati BOWL
bowlennaid hon *eb* (bowleneidiau) llond bowlen, llond basn BOWLFUL
bowlio *be*
  1 rholio neu dreiglo pêl arbennig mewn gêm o fowls TO BOWL
  2 ffordd arbennig, gan fowliwr, o daflu pêl at fatiwr mewn criced neu rai gêmau eraill TO BOWL, TO PITCH
bowliwr hwn *eg* (bowlwyr) un sy'n bowlio, yn arbennig mewn gêm o griced BOWLER □ *criced*
bowls hyn *ell* gêm awyr-agored a than do lle mae peli arbennig yn cael eu rholio ar hyd lawnt arbennig er mwyn gweld pwy all gael ei bêl ef (neu hi) agosaf at y bêl fach wen ym mhen pella'r lawnt BOWLS
braced hon *eb* (bracedi) darn o bren neu fetel wedi'i osod ar wal i ddal pwysau rhywbeth *(Rhoddodd ystyllen i orwedd ar draws y ddwy fraced er mwyn gwneud silff i'w lyfrau.)* BRACKET
bracsan:bracso *be* cerdded trwy ddŵr a lleid, gwneud rhywbeth mewn ffordd drwsgl, letchwith; pystylad TO MUDDLE THROUGH
bracty gw. **bragdy:bracty**
brad hwn *eg* cais i wneud niwed i'ch gwlad eich hun, toriad ymddiriedaeth, twyll, dichell TREACHERY
  Brad y Cyllyll Hirion digwyddiad chwedlonol y mae sôn amdano yn *Drych y Prif Oesoedd* gan Theophilus Evans : trefnodd Hengist, arweinydd y Saeson, i ladd arglwyddi'r Brythoniaid drwy dwyll mewn cyfarfod a oedd i fod i greu heddwch rhwng y ddwy ochr THE NIGHT OF THE LONG KNIVES
  Brad y Llyfrau Gleision adroddiadau yn condemnio cyflwr addysg yng Nghymru ym 1847 THE REPORTS OF THE COMMISSIONERS OF INQUIRY INTO THE STATE OF EDUCATION IN WALES 1847
bradwr hwn *eg* (bradwyr) un sy'n cyflawni brad, un annheyrngar i rywun sy'n ymddiried ynddo, twyllwr TRAITOR
bradwrus *a* twyllodrus, annheyrngar, gair i ddisgrifio un sydd â brad yn ei natur TREACHEROUS
bradychu *be*
  1 rhoi rhywun neu rywbeth yr oeddech i fod i ofalu amdano yn nwylo gelyn TO BETRAY
  2 datgelu cyfrinach yn fwriadol neu'n anfwriadol *(Bradychodd ei golwg ei gwir deimlad tuag ato.)* TO BETRAY
braenar hwn *eg* tir wedi'i droi a'i lyfnu a'i adael heb ei hadu am gyfnod, er mwyn gwella'i ansawdd FALLOW
braenaru *be*
  1 aredig neu droi tir yn barod i'w hau ond yna'i adael am gyfnod er mwyn gwella'i ansawdd TO FALLOW
  2 (yn ffigurol) paratoi'r ffordd, arloesi TO PIONEER
braf *a*
  1 mawr, digonol, o gryn faint *(coeden braf)* AMPLE
  2 teg, gwych, hyfryd, pleserus, e.e. *tywydd braf, diwrnod braf* FINE (brafied, brafiach, brafiaf)
Sylwch: nid yw *braf* yn treiglo fel y dylai, e.e. *mae hi'n braf; coeden braf.*
mae'n braf arnaf (arnat, arno, arni etc.) rydw i'n ffodus
brag hwn *eg*
  1 grawn haidd wedi'u gwlychu a'u gadael i egino yn barod i'w macsu (i wneud cwrw ohonynt) MALT
  2 y ddiod a wneir o rawn haidd wedi'u heplesu (wedi'u cymysgu â burum a siwgr a dŵr a'u gadael i weithio) MALT LIQUOR
bragdy:bracty hwn *eg* (bragdai:bractai) adeilad lle y mae brag yn cael ei baratoi, lle y mae cwrw'n cael ei facsu BREWERY
bragu *be* macsu, paratoi brag, gwneud cwrw TO BREW
braich hwn neu hon *egb* (breichiau)
  1 un o'r ddau aelod o'r corff sy'n ymestyn o'r ysgwydd i'r llaw ARM □ *corff* t.630
  2 rhywbeth sy'n edrych fel braich neu'n gweithio fel braich ARM
  3 (mewn enwau lleoedd) crib neu esgair o fynydd; pentir, e.e. *Braich-du*
braich cadair y rhan o'r gadair y byddwch yn gorffwys eich braich arni ARM
braich olwyn adain olwyn, y darn sy'n cysylltu both olwyn â'i hymyl SPOKE □ *gambo*
braich trol/cart un o'r ddwy siafft y gosodir y ceffyl rhyngddynt i dynnu trol; llorp SHAFT □ *gambo*
o hyd braich gw. **hyd**

braidd *adf* ac *a* lled, go, ychydig *(Roedd hi braidd yn oer i fynd allan heb got.)* RATHER
  braidd gyffwrdd prin gyffwrdd, cyffwrdd yn ysgafn iawn
  o'r braidd prin, anodd *(Roedd mor fyr fel mai o'r braidd y cyrhaeddai gloch y drws.)* HARDLY
braille hwn *eg* system a enwyd ar ôl y Ffrancwr Louis Braille, a ddyfeisiodd god o ddotiau neu 'blorod' i gyflwyno'r wyddor; y mae deillion yn gallu 'darllen' y rhain â blaenau'u bysedd a cheir llyfrau a phapurau newydd wedi'u hargraffu mewn braille BRAILLE
brain hyn *ell* mwy nag un frân [**brân**]
  myn brain i *ebychiad* I'LL BE BLOWED
  rhwng y cŵn a'r brain gw. **cŵn**
braint hwn neu hon *egb* (breintiau:breiniau)
  1 hawl neu fantais sy'n perthyn yn unig i un person neu ychydig o bobl; yn aml mae'n deillio o swydd neu safle mewn cymdeithas PRIVILEGE
  2 urddas, anrhydedd *('Fy mraint i heno yw cael cyflwyno'n siaradwr gwadd.')* PRIVILEGE
braith *a* ffurf ar **brith** sy'n cael ei defnyddio ag enw benywaidd (gair sy'n cael ei ddilyn gan 'hon') e.e. *siaced fraith, bronfraith*
bran hwn *eg* eisin; plisg ('croen' neu 'fasgl') gwenith, haidd neu geirch wedi'u gwahanu oddi wrth y grawn i wneud bwyd anifeiliaid; caiff ei ddefnyddio hefyd er mwyn ychwanegu ffibr at ein bwydydd ni BRAN
brân hon *eb* (brain) aderyn â phlu, pig a thraed duon sy'n crawcio â llais cras CROW
  brân dyddyn CARRION CROW
  brân goesgoch CHOUGH
  fel yr hed brân yn syth, y ffordd fyrraf AS THE CROW FLIES
  traed brain gw. **traed**
brandi hwn *eg* gwirod, diod feddwol wedi'i distyllu o win i'w gwneud yn gryfach BRANDY

bras[1] *a* gair i ddisgrifio rhywbeth:
  1 mwy o faint na mân, ond sydd eto heb fod yn fawr *(siwgr bras, dafnau bras o law, blawd bras)* COARSE
  2 seimlyd, llawn o fraster *(cig bras, cig gwyn)* FAT
  3 moethus, ffrwythlon, toreithiog, cyfoethog *(byw yn fras, daear fras)* RICH
  4 cyffredinol, eang, heb fanylder *(bwrw golwg fras, adrodd yn fras)* GENERAL
  5 (hen ystyr) tew, praff, wedi pesgi *(Hu Fras, Madog Benfras)* STOUT (breision)
  cam bras gw. **cam**
  llythyren fras gw. **llythyren**
  print bras gw. **print**
  siarad yn fras
  1 siarad yn gyffredinol BROADLY SPEAKING
  2 siarad yn aflednais, yn gwrs
bras...[2] *rhagddodiad* rhan gyntaf gair yn golygu cyffredinol, heb lawer o fanylion, e.e. *brasamcan*
bras[3] hwn *eg* (breision) enw ar deulu o adar mân sydd â thraed arbennig wedi eu haddasu i afael yn rhwydd mewn brigau a mân ganghennau wrth i'r adar glwydo BUNTING □ *adar* t.609
  bras melyn aderyn bach a gwawr felen i'w fron a'i ben YELLOW-HAMMER
  bras yr ŷd aderyn llwyd a brown sy'n debyg i'r ehedydd CORN BUNTING
brasamcan hwn *eg* (brasamcanion) syniad cyffredinol, e.e. casgliad, disgrifiad, neu lun nad yw'n fanwl gywir ond sy'n weddol agos i'w le APPROXIMATION
brasbwytho *be* gwnïo dau ddarn o ddefnydd ynghyd â phwythau mawr llac TO BASTE, TO TACK
brasgamu *be* cerdded â chamau mawrion TO STRIDE
braslun hwn *eg* (brasluniau) amlinelliad, darlun sy'n dangos y prif nodweddion heb fanylion SKETCH
braslunio *be* amlinellu, tynnu darlun sy'n dangos y prif nodweddion heb y manylion TO SKETCH

Rhai aelodau o deulu'r frân

cigfran   brân   ydfran   jac-y-do   pioden

64cm

a b c ch d dd e f ff g ng h i j (k) l ll m n o p ph r rh s t th u w y (z)

braster *hwn eg* (brasterau)
  1 bloneg, saim, tewder, y cyflwr o fod yn ffrwythlon FAT, RICHNESS
  2 rhan frasaf, orau rhywbeth *(braster bro)* FAT (OF THE LAND)

brat *hwn eg* (bratiau)
  1 ffedog, dilledyn syml sy'n cael ei wisgo dros ddillad eraill i'w harbed rhag dwyno neu faeddu, yn arbennig wrth goginio APRON
  2 cerpyn, rhacsyn, clwt, dilledyn wedi'i racsio RAG

bratiaith *hon eb* iaith lwgr, iaith wedi dirywio a cholli'i hystyr a'i hurddas

bratiog *a* carpiog, clytiog, gwael, tameidiog, heb ei orffen, heb drefn, heb fod yn gain nac yn gaboledig SHODDY, TATTERED

brath:brathiad *hwn eg* (brathau:brathiadau) toriad poenus trwy'r croen sy'n aml yn tynnu gwaed; cnoad, trywaniad, pigiad, dolur, e.e. *brath ci, brath neidr* BITE, STAB

brathu *be* cnoi, trywanu, pigo, dolurio, torri trwy'r croen i dynnu gwaed TO BITE, TO STAB
  brathu tafod ymatal, ag ymdrech, rhag ateb yn ôl TO BITE (ONE'S) TONGUE

brau *a* bregus, eiddil, hawdd ei dorri *(Roedd y papur mor hen fel ei fod yn rhy frau i'w gyffwrdd.)* BRITTLE, FRAGILE (breued, breuach, breuaf)

braw *hwn eg* (brawiau) ofn, dychryn, arswyd, pryder *(Cafodd John fraw pan welodd y tarw yn rhedeg tuag ato.)* FRIGHT

brawd[1] *hwn eg* (brodyr)
  1 bachgen sydd â'r un rhieni â chi BROTHER □ *teulu*
  2 cyfaill, hen ffrind *(Sut wyt ti, yr hen frawd?)* FRIEND
  3 cyd-Gristion, cyd-aelod o gymdeithas neu undeb neu alwedigaeth BROTHER
  brawd maeth bachgen sy'n cael ei godi gan eich rhieni fel un o'r teulu (am gyfnod) er nad eu plentyn nhw ydyw FOSTER-BROTHER
  brawd mygu yw tagu mae'r naill cynddrwg â'r llall; does dim llawer o ddewis SIX OF ONE AND HALF A DOZEN OF THE OTHER
  brawd-yng-nghyfraith gŵr eich chwaer, neu frawd eich priod BROTHER-IN-LAW

brawd[2] *hwn eg* (brodyr) aelod o un o'r urddau Cristnogol a oedd yn ymwrthod ag eiddo personol ac yn teithio'r wlad yn pregethu, yn gwneud daioni ac yn byw ar gardod, pan nad oedd yn byw mewn mynachlog; cafodd y tair prif Urdd eu henwau yn ôl lliw eu gwisg FRIAR (mynach)
  Brawd Du un o Urdd y Dominiciaid, dilynwyr Dominic o Sbaen a roddai bwys ar bregethu DOMINICAN FRIAR
  Brawd Gwyn un o Urdd y Carmeliaid, pererinion a milwyr y croesgadau a'u sefydlodd eu hunain ar Fynydd Carmel ym Mhalesteina ond a fu'n crwydro'r wlad yma wedi hynny CARMELITE FRIAR
  Brawd Llwyd un o Urdd y Ffransisgiaid, dilynwyr Sant Ffransis o Assisi, a bregethodd am bwysigrwydd tlodi FRANCISCAN FRIAR

brawd[3] *hon eb* (brodiau) hen air am farn, e.e. *Dydd Brawd,* Dydd y Farn JUDGEMENT

brawdgarol *a* dyngarol, caredig at gyd-ddyn BROTHERLY

brawdgarwch *hwn eg* cariad fel y cariad sydd rhwng dau frawd BROTHERLY LOVE

brawdlys *hwn neu hon egb* (brawdlysoedd) cwrt, llys barn ASSIZES, COURT OF LAW

brawdol *a* gair i ddisgrifio rhywun sydd fel brawd, neu rywbeth sydd fel petai'n perthyn i frawd *(cariad brawdol)* BROTHERLY, FRATERNAL

brawdoliaeth *hon eb* urdd, cymdeithas o ddynion, corff o ddynion â'r un amcanion (mewn crefydd, undeb, galwedigaeth ac ati) BROTHERHOOD

brawddeg *hon eb* (brawddegau) rhestr o eiriau sy'n ramadegol gyflawn ac sy'n cyflwyno gosodiad, gorchymyn neu gwestiwn; ar bapur mae brawddeg yn cychwyn â phrif lythyren ac yn gorffen ag . ! neu ? SENTENCE

brawddegu *be* ffurfio brawddegau, ynganu, ymadroddi; mewn cerddoriaeth, ffordd o gyflwyno cymal o gerddoriaeth TO PHRASE, TO ENUNCIATE

brawychu *be* cael ofn mawr, hela neu godi ofn mawr, dychryn, arswydo, syfrdanu, cael braw, achosi braw TO TERRIFY

brawychus *a* ofnadwy, arswydus, dychrynllyd TERRIBLE

brêc *hwn eg* (breciau) dyfais i arafu ac i atal symudiad, e.e. *brêc car, breciau beic* BRAKE □ *car*

brecio *be* arafu (ac weithiau aros) trwy ddefnyddio'r brêc TO BRAKE

brecwast *hwn eg* (brecwastau) pryd bwyd cyntaf y dydd BREAKFAST

brech[1] *hon eb* (brechau)
  1 brychau, smotiau neu gornwydydd dros y corff sy'n arwydd o haint POX
  brech yr ieir CHICKEN-POX
  y frech ddu BUBONIC PLAGUE (BLACK DEATH)
  y frech goch MEASLES
  y frech wen SMALLPOX
  2 y chwistrelliad a geir wrth frechu VACCINATION

brech[2] *a* ffurf ar **brych** sy'n cael ei defnyddio gydag enw

brechdan / **breniniaethau**

benywaidd (gair sy'n cael ei ddilyn gan 'hon'), e.e. *y gaseg frech*
brechdan *hon eb* (brechdanau)
1 tafell o fara menyn SLICE OF BREAD AND BUTTER
2 dwy dafell o fara menyn a rhywbeth blasus rhyngddynt, e.e. *brechdan jam, brechdan gig* SANDWICH
brechiad *hwn eg* (brechiadau) brech, y chwistrelliad a geir wrth frechu VACCINATION, INOCULATION
brechu *be* chwistrellu trwy'r croen fath ysgafn o haint er mwyn i'r corff ei orchfygu, a chael ei ddiogelu rhag math mwy gwenwynig o'r un haint *(Gall babanod gael eu brechu rhag heintiau fel y frech goch a'r pas.)* TO VACCINATE, TO INOCULATE

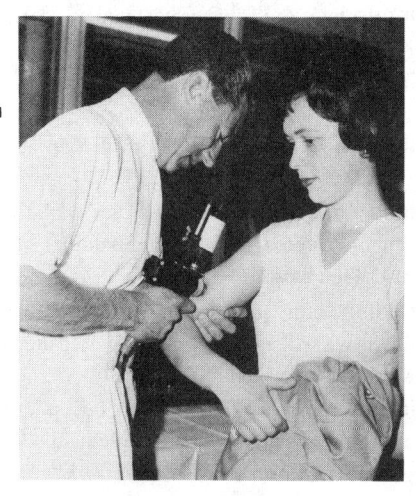

brechu

bref *hon eb* (brefiadau) llef neu gri dafad, buwch, gafr, asyn ac ati BLEAT, LOW
brefu *be* (am ddafad, buwch, gafr, asyn ac ati) gwneud sŵn dolefus TO BLEAT, TO LOW
bregus *a* brau, heb fod yn gryf; llesg, simsan, eiddil, hawdd ei dorri FLIMSY, BRITTLE
breichiau *hyn ell* mwy nag un fraich [**braich**]
breichio *be* rhoi'ch braich trwy fraich rhywun arall, e.e. mewn dawns werin
breichled *hon eb* (breichledau) addurn (ar ffurf cylch neu gadwyn) sy'n cael ei wisgo am arddwrn neu fraich BRACELET
breil *gw.* **braille**
breindal *hwn eg* tâl i'r sawl sydd wedi darganfod neu greu rhywbeth, am yr hawl i'w ddefnyddio neu ei atgynhyrchu *(Mae cyhoeddwr yn talu breindal i awdur am bob copi o'i lyfr sy'n cael ei werthu.)* ROYALTY
breiniau *hyn ell* mwy nag un fraint [**braint**]
breinio:breintio *be* rhoi neu gael braint neu ffafr,

anrhydeddu, ffafrio *(Cafodd Beethoven ei freintio â doniau cerddorol y tu hwnt i'r cyffredin.)* TO FAVOUR, TO INVEST, TO BLESS
breiniog:breiniol *a* bonheddig, urddasol, brenhinol; wedi ei freintio o ran swydd neu safle uchel PRIVILEGED
breintiau *hyn ell* mwy nag un fraint [**braint**]
breintio *gw.* **breinio:breintio**
breision *a* gair i ddisgrifio mwy nag un peth **bras**, e.e. *llythrennau breision*
brenhines *hon eb* (breninesau)
1 gwraig brenin, gwraig sy'n bennaeth ar deyrnas QUEEN
2 mewn pac o gardiau, carden a llun brenhines arni sydd yn uwch o ran gwerth na'r gwalch ac yn llai na'r brenin QUEEN
3 y darn grymusaf mewn gêm o wyddbwyll QUEEN □ *gwyddbwyll*
4 y fam-wenynen QUEEN-BEE □ *gwenynen*
brenhiniaeth *hon eb* (breniniaethau)
1 swydd, awdurdod ac urddas brenin neu frenhines SOVEREIGNTY
2 teyrnas; gwlad y mae brenin neu frenhines yn teyrnasu drosti REALM
3 teyrnasiad; y cyfnod y mae brenin neu frenhines yn teyrnasu ynddo REIGN
brenhinoedd *hyn ell* mwy nag un **brenin**
brenhinol *a* gair i ddisgrifio rhywun neu rywbeth sy'n debyg i frenin (e.e. o ran urddas neu awdurdod) neu sy'n perthyn i frenin, e.e. *y teulu brenhinol* ROYAL, REGAL
brenigen *hon eb* un o nifer o frennig [**brennig**] □ *molysgiaid*
brenin *hwn eg* (brenhinoedd)
1 gŵr sy'n bennaeth ar deyrnas, teyrn; un sydd ag awdurdod brenin yn ei gylch ei hun, e.e. llew fel *brenin y goedwig* KING
2 mewn pac o gardiau, carden a llun brenin arni sydd yn uwch ei gwerth na'r frenhines ond yn llai na'r as KING
3 y darn allweddol mewn gwyddbwyll neu gêmau cyffelyb; os yw'ch gwrthwynebydd yn llwyddo i ddal eich brenin, yr ydych chi wedi colli'r gêm, ond os gallwch chi ddal ei frenin ef, chi sy'n ennill KING □ *gwyddbwyll*
Y Brenin Mawr Duw GOD ALMIGHTY
diwrnod i'r brenin *gw.* **diwrnod**
yn frenin [**wrth, o'i gymharu â**] llawer iawn yn well na rhywbeth arall *(Er bod heddiw'n ddiwrnod oer, mae'n frenin o'i gymharu â ddoe.)*
breninesau *hyn ell* mwy nag un frenhines [**brenhines**]
breniniaethau *hyn ell* mwy nag un frenhiniaeth [**brenhiniaeth**]

brennig *hyn ell* mwy nag un frenigen [**brenigen**]; llygaid meheryn, pysgod cregyn sy'n gallu glynu'n dynn wrth greigiau LIMPETS □ *molysgiaid*

brensiach ebychiad y llw 'Brenin Mawr Annwyl' wedi'i newid er mwyn peidio ag enwi Duw *(brensiach annwyl)* GOOD HEAVENS

brest *hon eb* rhan flaen y corff rhwng y gwddf a'r bola; bron, mynwes BREAST, CHEST

  o'r frest e.e. *siarad o'r frest, gweddïo o'r frest,* siarad neu weddïo heb baratoi ymlaen llaw, yn fyrfyfyr EXTEMPORE

bresus:bresys *hyn ell* pâr o strapiau (ynghlwm wrth flaen a chefn pâr o drywsus) a wisgir dros yr ysgwyddau i gadw'r trywsus rhag syrthio BRACES

bresychen *hon eb* (bresych) llysieuyn y mae ei ddail gwyrdd bwytadwy yn tyfu'n dynn wrth ei gilydd; cabatsen CABBAGE □ *llysiau* t.635

bresys gw. **bresus:bresys**

brethyn *hwn eg* (brethynnau) darn o ddefnydd wedi'i weu o wlân (neu weithiau o gotwm, sidan, neilon neu fath arall o edafedd) ar gyfer gwneud dillad WOOLLEN CLOTH, CLOTH

  brethyn cartref rhywbeth wedi'i wneud yn lleol neu'n agos atoch chi, o'i gyferbynnu â phethau sydd wedi dod o bell HOMESPUN

  llathen o'r un brethyn gw. **llathen**

breuach:breuaf *a* mwy **brau:** mwyaf **brau**

breuant *hwn neu hon egb* fel yn *afal freuant,* corn gwddf; pibell wynt THROAT

Breudeth *enw lle* BRAWDY

breuddwyd *hwn neu hon egb* (breuddwydion)
  1 yr hyn yr ydych yn ei deimlo, ei feddwl neu'i weld pan fyddwch yn cysgu DREAM
  2 yr hyn sy'n mynd trwy'ch meddwl pan fydd eich meddwl yn bell i ffwrdd er nad ydych yn cysgu DAY-DREAM

  breuddwyd gwrach tyb neu gred wedi'i seilio ar ddymuniad neu obaith yn hytrach nag ar unrhyw ffeithiau *(breuddwyd gwrach wrth ei hewyllys yw'r ymadrodd llawn)* WISHFUL THINKING

breuddwydio *be* cael breuddwyd:
  1 pan fyddwch yn cysgu TO DREAM
  2 â'ch llygaid ar agor ond â'ch meddwl ymhell TO DAY-DREAM
  3 (mewn brawddeg negyddol) meddwl y byddai rhywbeth yn digwydd *(Freuddwydiais i erioed y byddai hi'n gwneud y fath beth.)* TO DREAM

breuddwydiol *a* gair i ddisgrifio:
  1 rhywun sydd â'i feddwl ymhell i ffwrdd, nad yw'n canolbwyntio DAY-DREAMING
  2 rhywbeth sydd fel breuddwyd, yn ddychmygol, yn synfyfyriol DREAMY

breuddwydiwr *hwn eg* (breuddwydwyr) un sy'n breuddwydio, un sy'n cael gweledigaeth DREAMER

breued *a* mor frau [**brau**]

bri *hwn eg* anrhydedd, parch, gallu, pwysigrwydd, gwerth HONOUR, RESPECT

  mewn bri yn y ffasiwn IN VOGUE
  o fri enwog OF RENOWN

briallen *hon eb* (briallu) blodyn melyn golau sy'n blodeuo'n gynnar yn y gwanwyn ac sy'n tyfu'n wyllt ar fin coedydd ac ar gloddiau PRIMROSE □ *blodau* t.619

  briallu Mair COWSLIPS

bribsyn *hwn eg* (bribis:bribys) tamaid, darn, briwsionyn, mymryn BIT

bricio *be* adeiladu â brics, rhoi brics ar wyneb rhywbeth, gwaith briciwr TO BRICK

briciwr *hwn eg* (bricwyr) crefftwr sy'n adeiladu â brics BRICKLAYER

bricsen *hon eb* (briciau:brics) bloc o glai wedi'i grasu'n ddigon caled i gael ei ddefnyddio i godi adeiladau; priddfaen BRICK

bricyllen *hon eb* (bricyll) ffrwyth â blas braidd yn chwerw, sy'n edrych yn debyg i eirinen wlanog fach APRICOT □ *ffrwythau* t.627

brid *hwn eg* (bridiau) rhywogaeth, hil, epil, magwraeth, yn arbennig rhywogaethau o anifeiliaid wedi'u datblygu gan ddyn *(Mae'r cob Cymreig yn frid arbennig o geffyl.)* BREED

bridio *be* magu a datblygu bridiau arbennig o anifail TO BREED

bridiwr *hwn eg* (bridwyr) un sy'n bridio anifeiliaid BREEDER

brif *hwn eg* (brifiau:nodau brif) mewn cerddoriaeth, nodyn hir cyfwerth â dau hanner brif neu bedwar minim BREVE □ *cerddoriaeth*

brifo *be* clwyfo, niweidio, cael dolur, gwneud dolur, anafu TO HURT

brig[1] *hwn eg* (brigau) top, blaen, pen, man uchaf PEAK, TOP
  brig y môr blaen ewynnog ton CREST
  brig y nos cyfnos DUSK
  brig y wawr blaen y wawr DAWN
  glo brig gw. **glo**

brig[2] gw. **brigyn:brig**

brigâd *hon eb* (brigadau)
  1 rhan o fyddin, tua 5,000 o filwyr, dwy gatrawd neu ragor o filwyr BRIGADE

2 grŵp o bobl wedi'i drefnu ar gyfer dyletswyddau arbennig, e.e. *Brigâd Dân* BRIGADE

brigau hyn *ell* mwy nag un **brig** neu **brigyn**; coed mân fel ym mrig coeden, mân ganghennau TWIGS

briger hwn neu hon *egb* (brigerau) rhan wryw blodyn, sy'n debyg i flew mân ac sy'n cynhyrchu'r paill STAMENS □ *blodyn*

brigeryn hwn *eg* un blewyn o'r friger STAMEN □ *blodyn*

brigo[1] *be*
  1 blaguro, ceincio, torri drwodd i'r wyneb (am blanhigyn neu graig) TO SPROUT
  2 tocio pen (clawdd), torri'r brigau ar flaen rhywbeth TO TOP, TO PRUNE

brigo[2] *be* ffurf lafar ar **barugo**

brigyn:brig hwn *eg* (brigynnau : brigau) cangen fach, sbrigyn, darn bach tenau o bren fel y rheini sy'n tyfu ar frig coeden TWIG

brith *a* gair i ddisgrifio rhywun neu rywbeth:
  1 brych, amryliw, wedi'i orchuddio â smotiau (du a gwyn neu goch a gwyn fel arfer), e.e. *bara brith*, teisen a chwrens trwyddi fel smotiau duon SPECKLED, MOTTLED
  2 yn drwch, aml, niferus, llawn o *(Roedd y blodau'n frith yn ymyl y coed.)* DOTTED WITH
  3 anghyflawn, hanner, lled, aneglur, pell *(Ar ôl cymaint o flynyddoedd, rhyw frith gof o'r digwyddiad oedd ganddo.)* FAINT, VAGUE, DISTANT
  4 amheus, gwael, i'w ddrwgdybio, e.e. *aderyn brith* SHADY (CHARACTER), DUBIOUS (braith)

brith y fuches aderyn bach, sigl-i-gwt PIED WAGTAIL □ *adar* t.610

britho *be*
  1 brychu, ysmotio, gorchuddio â smotiau TO SPECKLE
  2 troi'n wyn, gwynnu (am wallt neu farf) TO TURN GREY

brithwaith hwn *eg*
  1 darn o waith addurniadol wedi'i lunio drwy lynu darnau bychain o gerrig lliwgar neu o wydr o wahanol liwiau at ei gilydd i greu llun neu batrwm MOSAIC
  2 rhywbeth sydd wedi cael ei greu o gymysgedd o wahanol bethau *(Roedd yr awyr neithiwr yn frithwaith o las, porffor, oren ac aur.)* MOSAIC
  3 (mewn mathemateg) ffordd o orchuddio plân â pholygonau sy'n creu patrwm cyson TESSELLATION

brithyll hwn *eg* (brithyllod) pysgodyn dŵr croyw sydd â smotiau coch a du ar ei hyd; mae'n perthyn i deulu'r eog ac mae'n dda i'w fwyta TROUT □ *pysgod* t.628

briw hwn *eg* (briwiau) clwyf, cwt, dolur, anaf CUT, WOUND

briwgig hwn *eg* cig wedi'i dorri'n fân MINCE

briwio:briwo *be* torri'n ddarnau, malu'n fân, briwsioni TO CRUMBLE, TO SHATTER

briwsion hyn *ell* mwy nag un **briwsionyn**

briwsioni *be* briwo, gwneud briwsion, malu'n fân, darnio'n fân TO MINCE, TO CRUMBLE

briwsionllyd *a* gair i ddisgrifio rhywbeth sy'n tueddu i friwsioni FRIABLE

briwsionyn hwn *eg* (briwsion) darn bach iawn o fara; unrhyw damaid bach sy'n debyg i friwsionyn bara CRUMB

bro hon *eb* (broydd)
  1 ardal, gwlad, tir, cymdogaeth, cynefin, e.e. *papur bro* papur newyddion cymdogaeth REGION
  2 tir gwastad, tir isel, dyffryn, e.e. *Bro Morgannwg* VALE
  y Fro Gymraeg yr ardaloedd hynny yng Nghymru lle y siaredir y Gymraeg fel mamiaith

Bro Morgannwg *enw lle* VALE OF GLAMORGAN

broc *a* (am anifeiliaid gan amlaf) llwydwyn, brown neu felyn yn gymysg â gwyn, e.e. *caseg froc*, *dafad froc* ROAN, GRIZZLED

broc môr hwn *eg* pethau sy'n cael eu golchi i'r lan gan y môr—coed gan amlaf DRIFTWOOD, FLOTSAM

broch hwn *eg* (brochion:brochod) pryf llwyd, mochyn daear, anifail gwyllt sy'n perthyn i'r wenci a'r arth; mae rhesi llydan du a gwyn ar hyd ei ben o flaen ei drwyn i'w war BADGER □ *mamolyn* (cenau, gwâl)

brochgi hwn *eg* (brochgwn) ci â chorff hir a choesau byrion a oedd yn cael ei ddefnyddio yn yr Almaen i hela moch daear (neu frochod) DACHSHUND □ *ci*

brodiau hyn *ell* mwy nag un frawd [**brawd**[3]]

brithwaith

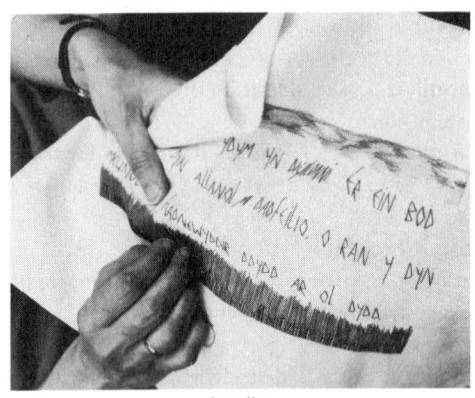

brodio

brodio

brodio *be*
  1 gweithio brodwaith, gwnïo patrymau edau yn fân ac yn gywrain ar ddarn o liain neu ddefnydd TO EMBROIDER
  2 clytio, gweu darn newydd i lenwi twll mewn darn o weu sydd wedi treulio, e.e. *brodio hosan* TO DARN
brodor *hwn eg* (brodorion) un o drigolion gwreiddiol gwlad; un sydd wedi'i eni mewn gwlad neu ardal arbennig *(Yn ôl traddodiad, roedd y môr-leidr enwog Bartholomew Roberts (Barti Ddu) yn frodor o Gasnewydd-bach yn Sir Benfro.)* NATIVE
brodorol *a* cynhenid; yn nodweddiadol o wlad neu ardal; yn wreiddiol neu'n enedigol o wlad neu ardal arbennig INDIGENOUS
brodwaith *hwn eg* y grefft o addurno defnydd trwy wnïo edafedd wrtho; gwniadwaith, canlyniad brodio EMBROIDERY
brodyr *hyn ell* mwy nag un **brawd**¹
broga *hwn eg* (brogaod) llyffant melyn (yn y Gogledd); anifail bach gwyrdd neu felyn, llyfn ei groen, digynffon, â thraed gweog sy'n byw mewn dŵr neu wrth ymyl dŵr; grifft yw enw wyau'r broga sy'n datblygu'n benbyliaid yn gyntaf ac yna'n frogaod; mae'n perthyn i deulu'r amffibiaid FROG □ *amffibiaid* (grifft, penbwl)
brol *hwn eg* (broliau) ymffrost, hunanganmoliaeth ormodol BOAST
broliant *hwn eg* (broliannau) disgrifiad byr o gynnwys llyfr, ar gefn y llyfr neu ar ei siaced lwch fel arfer BLURB
brolio:brolian *be* bostio, ymffrostio, eich canmol eich hunan, sôn am y 'fi fawr' TO BRAG
broliwr *hwn eg* (brolwyr) un sy'n hoff iawn o frolio BRAGGART
bron¹ *hon eb* (bronnau)
  1 un o ddwy ochr mynwes (neu frest) menyw, sydd wedi datblygu'n fwy na'r ochr gyfatebol mewn dyn er mwyn iddi fedru rhoi llaeth o'i bron i'w babi; hefyd, y rhan gyfatebol mewn gŵr BREAST
  2 cartref y teimladau, y fynwes, y galon *(Wrth feddwl am fy nghartref daeth hiraeth mawr i'm bron.)* BREAST, HEART
  3 rhan flaen y corff rhwng y gwddf a'r bol a'r rhan gyfatebol mewn anifail BREAST □ *aderyn*
  siarad o'r fron gw. **siarad**
bron² *hon eb* (bronnydd) ochr bryn, llethr bryn BREAST OF HILL
bron³ *adf* agos, braidd, o fewn y dim *(Bûm i bron â chwympo. Bron na redais pan welais pwy oedd yno.)* ALMOST
o'r bron
  1 yn gyfan, i gyd *(Safodd y gynulleidfa ar ei thraed o'r bron.)* COMPLETELY
  2 y naill ar ôl y llall *(Sgoriodd Sam dair gôl o'r bron.)* IN SUCCESSION
bronceitus *hwn eg* brest dynn iawn, llid y bibell wynt a'r ysgyfaint BRONCHITIS
bronfraith *hon eb* (bronfreithiaid:bronfreithod) aderyn â chân nodweddiadol a smotiau brown neu lwyd ar hyd ei fron a'i wddf; mae'n perthyn i'r un teulu â'r dresglen THRUSH □ *adar* t.608
bronnau *hyn ell* mwy nag un fron [**bron**¹]
bronnydd *hyn ell* mwy nag un fron [**bron**²]
bront *a* ffurf ar **brwnt** sy'n cael ei defnyddio gydag enw benywaidd (gair sy'n cael ei ddilyn gan 'hon'), e.e. *ffenest front*
bronwen *hon eb* enw arall am wenci [**gwenci**] □ *ffwlbart*
brou ffurf lafar ar **brau**
brown *a* cochddu; coch, melyn a du wedi'u cymysgu â'i gilydd BROWN □ *lliw* t.622
  Sylwch : *papur llwyd* yw papur 'brown' yn Gymraeg a *siwgr coch* yw siwgr 'brown'.
bru *hwn eg* croth gwraig, y rhan o'r wraig lle y mae'r embryo (y plentyn cyn ei eni) yn datblygu WOMB
brwd *a*
  1 tanbaid, selog, brwdfrydig *(Roedd y plant yn frwd iawn dros gael rhagor o wyliau.)* ENTHUSIASTIC
  2 twym, poeth, berwedig, e.e. *calch brwd* HEATED
brwdfrydedd *hwn eg* eiddgarwch, sêl, tanbeidrwydd, teimlad cryf iawn o blaid rhywbeth ENTHUSIASM
brwdfrydig *a* eiddgar, selog, tanbaid (ag ystyr ryw gymaint yn gryfach na brwd) FERVENT
brwmstan *hwn eg* sylffwr, cemegyn melyn, brau sy'n llosgi â fflam las a mwg gwenwynig; fel arfer, mae brwmstan yn cyfeirio at dân uffern BRIMSTONE
brwnt *a* gair i ddisgrifio:

brws 1 (yn y De) rhywbeth budr, aflan, â baw drosto, yn drewi, gwael DIRTY
2 (yn y Gogledd) ymddygiad rhywun cas, angharedig, creulon *(Paid â bod yn frwnt wrth y ci 'na.)* CRUEL, NASTY (bront, brynted, bryntach, bryntaf, brynti:bryntni)

brws *hwn eg* (brwsys) teclyn neu offeryn sydd gan amlaf â choes pren neu blastig a thusw(au) o flew neu neilon ar ei ben; caiff ei symud ar draws wyneb rhywbeth i'w lanhau, i'w wneud yn llyfn neu i'w orchuddio â haen o rywbeth (e.e. paent neu lud), e.e. *brws llawr, brws dannedd, brws paent* BRUSH

Brwsel *enw lle* BRUXELLES, BRUSSELS

brwsiad *hwn eg* (brwsiadau) ysgubiad; cyffyrddiad â brws ar hyd wyneb rhywbeth, e.e. er mwyn glanhau dannedd, symud llwch, trefnu gwallt, peintio llun A BRUSHING

brwsio *be* ysgubo â brws, symud brws yn ôl ac ymlaen at ryw bwrpas arbennig TO BRUSH

brwydr *hon eb* (brwydrau) ymladdfa, ymryson, gornest ddifrifol rhwng dau neu ragor o ymladdwyr (mewn rhyfel fel arfer ond hefyd yn ffigurol) BATTLE

brwydro *be* ymladd, ymdrechu, rhyfela, ymryson *(Bu'n brwydro yn erbyn afiechyd ar hyd ei hoes.)* TO FIGHT

brwyn *hyn ell* mwy nag un frwynen [**brwynen**]; planhigion tebyg i wellt sy'n tyfu ar dir corsog neu wrth ymyl dŵr; erstalwm, roedd pobl yn eu gwasgar fel gorchudd ar loriau, yn gwneud canhwyllau o'u bywyn, ac yn plethu brwyn sych i wneud basgedi neu seddau cadeiriau RUSHES □ *blodau* t.618

brwynen *hon eb* un o nifer o frwyn [**brwyn**]

brwyniad *hwn eg* (brwyniaid) pysgodyn bach o deulu'r brithyll sy'n byw yn y môr; y traddodiad Cymreig yw mai Santes Ffraid Leian a'i gwnaeth o'r brwyn SMELT, ANCHOVY □ *pysgod* t.629

brwysg *a* meddw DRUNK

brych[1] *hwn eg* (brychau)
1 ffurf arall ar y gair mwy cyfarwydd **brycheuyn** SPECK
2 yr hyn sy'n cael ei fwrw allan o groth buwch neu gaseg ar ôl geni'r llo neu'r ebol; y garw AFTER-BIRTH

brych[2] *a* brith, â smotiau drosto, e.e. *ych brych*; lliw brown yn gymysg â lliw arall BRINDLED, SPECKLED (brech)

brychau *hyn ell* mwy nag un **brych** neu **brycheuyn**

brychau haul smotiau bach coch, brown neu felyn ar groen yr wyneb a'r breichiau FRECKLES

brycheulyd *a* llawn brychau; llawn o fân wallau BESPOTTED

brycheuyn *hwn eg* (brychau)
1 smotyn, darn bach o lwch, mymryn SPECK
2 bai, gwall, nam BLEMISH

3 smotyn bach coch, brown neu felyn ar y croen FRECKLE

brychni *hwn eg*
1 brychau haul FRECKLES
2 smotiau bychain o lwydni SPOTS, FLECKS

brychu *be* difwyno neu faeddu rhywbeth â brychau, llychwino; gorchuddio â brychau haul TO SPOT, TO FLECK

bryd *hwn eg* meddwl, bwriad, ewyllys, penderfyniad, amcan *(Roedd Mair â'i bryd ar fod yn Brif Weinidog.)* AIM, INTENT

rhoi/dodi fy (dy, ei etc.) mryd ar bwriadu, gobeithio'n daer TO SET ONE'S MIND ON

yn un fryd yn unol, fel un dyn UNANIMOUSLY

bryn *hwn eg* (bryniau) mynydd bach, codiad tir, ponc, allt, rhiw, twmpath mawr HILL

Brynbuga *enw lle* USK (town)

bryncyn *hwn eg* bryn bach, twmpath, twyn HILLOCK

bryntach:bryntaf:brynted *a* mwy **brwnt**: mwyaf **brwnt**: mor frwnt [**brwnt**]

brynti:bryntni *hwn eg* aflendid, baw, budreddi, sbwriel brwnt, tom, llaid DIRTINESS, FILTH

brys *hwn eg* prysurdeb, cyflymder, ffrwst *(Paid â gofyn imi nawr, rwyf ar frys i fynd i'r cyfarfod.)* HASTE

brysgennad *hon eb* (brysgenhadon) un sy'n cael ei anfon â neges ar frys; un sy'n rhedeg â'i neges COURIER

brysgyll *hwn eg* arf rhyfel yn wreiddiol, pastwn byr a phigau miniog ar ei ben; ond yn awr, tlws seremonïol yn dynodi anrhydedd neu awdurdod MACE

brysgyll

brysio *be* prysuro, cyflymu, rhuthro TO HURRY

brysiog *a* llawn brys, prysur, cyflym (o'i gyferbynnu â phwyllog) HASTY

brysneges *hon eb* (brysnegesau) math arbennig o neges a fyddai'n cael ei hanfon ar frys ar hyd gwifren delegraff neu deleffon gan ddefnyddio cyn lleied o eiriau ag oedd yn bosibl TELEGRAM

Bryste *enw lle* BRISTOL

Brython *hwn eg* (Brython:Brythoniaid) y Celtiaid a orchfygodd Ynys Prydain tua 500 CC; eu hiaith, y Frythoneg, oedd mamiaith y Gymraeg, y Gernyweg a'r Llydaweg BRITON (Cymraeg)

brywes *hwn eg* (brywesau) yn wreiddiol, bara ceirch wedi'i dorri'n fân a'i adael i sefyll mewn cawl neu ddŵr neu laeth twym cyn ei fwyta

bys yn y brywes gw. **bys**

bu *bf* mae ef/hi wedi **bod**; mi ddaru iddo/iddi fod [**bod**]

buain *a* gair i ddisgrifio mwy nag un peth **buan** *(ar adenydd buain)*

bual *hwn eg* (buail)
1 ych gwyllt, beison BUFFALO, BISON
2 llestr yfed wedi'i gwneud o gorn bual; corn yfed HORN

buan *a* cyflym, clau, chwim SWIFT
  Sylwch: gellir defnyddio'r ffurfiau 'cynted', 'cynt', 'cyntaf' fel graddau cymharol.

  yn fuan rhyw gymaint yn gynt o ran amser na 'cyn bo hir' SOON

buander:buandra:buanedd *hwn eg*
1 cyflymder, sydynrwydd SPEED
2 mewn mathemateg, buanedd corff yw'r pellter y mae'r corff wedi'i deithio mewn uned o amser *(Os yw car yn teithio 60 milltir mewn dwy awr, 30 milltir yr awr yw buanedd y car.)* SPEED (cyflymder)

buarth *hwn eg* (buarthau)
1 clos fferm, iard fferm, cwrt neu feili fferm; y darn agored o flaen tŷ fferm, rhyngddo a'r adeiladau allanol FARMYARD
2 iard ysgol, fel yn *chwaraeon buarth* SCHOOL YARD

buchedd *hon eb* (bucheddau)
1 bywyd, ond â'r pwyslais ar y ffordd y mae rhywun yn byw, naill ai'n dda neu'n ddrwg; ymarweddiad, cyflwr bywyd LIFE
2 hanes moesol neu grefyddol bywyd person; cofiant, bywgraffiad, e.e. *Bucheddau'r Saint* BIOGRAPHY, LIFE

buches *hon eb* (buchesau) gyr, nifer o wartheg neu o fuchod HERD

buchod *hyn ell* mwy nag un fuwch [**buwch**]; da benyw, yn arbennig gwartheg godro COWS (brefu, llo, tarw)

budr *a*
1 brwnt, aflan, gwael, cas, afiach, bawlyd FILTHY
2 gall olygu (yn nhafodiaith y De) direidus, hynod, anghyffredin, e.e. *bachgen budr*, tipyn o dderyn LAD (butred, butrach, butraf)

budredd:budreddi *hwn eg* baw, bryntni, aflendid, ysgarthion, tom FILTH

budd *hwn eg* (buddion) lles, elw, bendith, mantais *(Gweithiodd Dr Barnardo yn galed er budd plant amddifaid.)* BENEFIT

buddai *hon eb* (buddeiau) casgen neu beiriant i gorddi (troi a chynhyrfu) hufen er mwyn ei droi'n fenyn ac yn llaeth enwyn; corddwr CHURN

buddai, corddwr

budd-dâl *hwn eg* (budd-daliadau) tâl er budd neu er lles, tâl a wneir dan y wladwriaeth les i helpu rhai mewn angen BENEFIT

buddeiau *hyn ell* mwy nag un fuddai [**buddai**]

buddiannau *hyn ell* mwy nag un **buddiant**; hawliau dan y wladwriaeth; pethau sydd yn mynd i fod o fudd neu o werth i unigolyn neu grŵp arbennig o bobl WELFARE, INTERESTS

buddiant *hwn eg* un o nifer o fuddiannau [**buddiannau**]

buddiol *a* llesol, bendithiol, manteisiol, yn gwneud lles BENEFICIAL

buddsoddi *be* prynu rhywbeth yn y gobaith o'i ailwerthu am bris uwch, neu roi arian mewn busnes â'r bwriad o wneud elw TO INVEST

buddugol *a* gair i ddisgrifio rhywun neu rywbeth sydd wedi ennill, sydd wedi'i ddyfarnu'n orau, yn gyntaf; gorchfygol *(cystadleuydd buddugol mewn eisteddfod)* VICTORIOUS

buddugoliaeth *hon eb* (buddugoliaethau) goruchafiaeth, concwest; canlyniad trechu, maeddu, gorchfygu, curo rhywun neu rywbeth *(Cafodd tîm rygbi Cymru fuddugoliaeth fawr yn erbyn Ffrainc.)* VICTORY

buddugoliaethus *a* gair i ddisgrifio rhywun neu rywrai sy'n llawen a balch oherwydd eu bod wedi ennill TRIUMPHANT

buddugwr *hwn eg* (buddugwyr) un sy'n fuddugol, pencampwr, enillwr gwobr, un sy'n cael ei ddyfarnu'n orau VICTOR

bugail *hwn eg* (bugeiliaid)
 1 yn wreiddiol, ceidwad anifeiliaid megis defaid, gwartheg, moch ac ati, ond yn awr, gŵr sy'n gwarchod defaid ac ŵyn SHEPHERD
 2 un sy'n gofalu am eneidiau pobl yn yr Eglwys Gristnogol; gweinidog, offeiriad, esgob PASTOR
 y Bugail Da Iesu Grist THE GOOD SHEPHERD

bugeiles *hon eb* (bugeilesau) merch sy'n gwarchod defaid ac ŵyn SHEPHERDESS

bugeiliaeth *hon eb* (bugeiliaethau) gweinidogaeth, swydd a gwaith bugail, gofal eglwys MINISTRY

bugeilio *be*
 1 gwylio a gwarchod praidd o ddefaid TO SHEPHERD
 2 gofalu am eglwys TO MINISTER

bugunad[1] *hwn eg* (bugunadau) bloedd, sŵn, twrw, llef, rhuad anifail megis tarw BELLOW

bugunad[2] *be* bloeddio, gwneud twrw, rhuo'n groch TO ROAR

bûm *bf* rwyf i wedi **bod**; mi ddaru i mi fod [**bod**] ('bues i' ar lafar)

burum *hwn eg*
 1 planhigyn o deulu'r ffwng; caiff ei ddefnyddio i weithio gyda'r starts mewn blawd neu'r siwgr mewn diodydd i gynhyrchu carbon deuocsid ac alcohol, y nwy carbon deuocsid i wneud bara'n ysgafn a'r alcohol i greu diod feddwol YEAST
 2 yr ewyn ar wyneb diod fel cwrw FOAM

busnes *hwn neu hon egb* (busnesau)
 1 masnach, cwmni; ffyrm neu siop sy'n gwerthu nwyddau neu wasanaeth er mwyn elw BUSINESS
 2 mater preifat; mater y mae angen ei drafod; neges *(Meindia dy fusnes dy hun.)* BUSINESS

busnesa *be* cymryd gormod o ddiddordeb ym materion preifat pobl eraill; ymyrryd, trafod busnes pobl eraill TO MEDDLE

busneslyd *a* gair i ddisgrifio rhywun sy'n hoff o fusnesa NOSEY

bustach *hwn eg* (bustych) eidion, tarw wedi'i ddisbaddu ('sbaddu) yn ifanc BULLOCK

bustachu *be* gweithio'n galed heb ddim effaith; gwneud cawl o bethau, bwnglera TO BUNGLE

bustl *hwn eg* hylif chwerw sy'n cael ei gynhyrchu gan yr afu/iau er mwyn treulio saim yn y cylla BILE

bustych *hyn ell* mwy nag un **bustach**

butrach:butraf:butred *a* mwy **budr** : mwyaf **budr** : mor fudr [**budr**]

buwch *hon eb* un o nifer o fuchod [**buchod**] a hefyd benyw anifeiliaid megis yr eliffant a'r morlo COW

tarw
buwch
llo

buwch goch gota *hon eb* chwilen fach goch a smotiau duon ar ei chefn LADYBIRD

bwa *hwn eg* (bwâu)
 1 darn o bren gwydn wedi'i ddal ar ffurf hanner cylch gan linyn cryf yn estyn o'r naill ben i'r llall, ar gyfer saethu saethau BOW (bollt, saeth, saethyddiaeth)
 2 darn o bren ar ffurf bwa â rhawn yn cysylltu'r ddau ben; caiff ei ddefnyddio i dynnu sŵn o linynnau ffidil, soddgrwth ac ati FIDDLESTICK, BOW □ *llinynnau*
 3 adeiladwaith ar siâp bwa neu hanner cylch; mae bwa wedi'i adeiladu o gerrig a maen clo yn ei ganol yn un ffordd gref o godi pont ARCH
 bwa croes yn wreiddiol, hen arf rhyfel grymus yn cynnwys bwa wedi'i osod ar ben cyff tebyg i gyff gwn i saethu bolltau arbennig CROSSBOW □ *bollt*
 bwa'r arch/bwa'r Drindod enfys RAINBOW

bwaog *a* ar ffurf bwa, crwm, wedi'i blygu ar siâp bwa ARCHED

bwbach *hwn eg* (bwbachod) bwgan brain, bwgan, bwci, drychiolaeth, ellyll SCARECROW, GHOST

bwced *hwn neu hon egb* (bwcedi)
 1 llestr crwn agored o fetel neu blastig a dolen arno er mwyn i berson godi neu gario dŵr, glo, tywod ac ati BUCKET

2 darn o beiriant sy'n gwneud yr un math o waith â bwced, e.e. *bwced ar flaen Jac Codi Baw neu dractor* BUCKET

bwcedaid *hwn neu hon egb* (bwcedeidiau) llond bwced BUCKETFUL

bwci *hwn eg* (bwcïod) bwgan, bwbach, ysbryd, ellyll, drychiolaeth, bwci bo BOGY

bwcl *hwn eg* (byclau) cylch neu sgwaryn o fetel a phigyn yn ei ganol ar gyfer cydio dau ben strapen ynghyd trwy wthio'r pigyn i dyllau priodol yn un o bennau'r strapen BUCKLE

dod i fwcl gw. **dod**

Bwcle *enw lle* BUCKLEY

bwch *hwn eg* (bychod) gwryw anifeiliaid megis gafr, cwningen, ysgyfarnog BUCK

bwch danas:bwchadanas carw gwryw ROEBUCK □ *carw*

bwch dihangol un sy'n cael ei gosbi neu ei feio ar gam ar ran eraill (yn wreiddiol bwch gafr wedi'i aberthu yn y Deml) SCAPEGOAT

Bwda:Bwdha *hwn eg* yr un goleuedig yw ystyr Bwda, a dyma'r enw a roddir ar Siddhartha Gautama, athro crefyddol a oedd yn byw tua 500 cc yn India BUDDHA

Bwda:Bwdha

Bwdïaeth:Bwdistiaeth *hon eb* y ddysgeidiaeth a'r gyfundrefn grefyddol a sefydlwyd gan y Bwda BUDDHISM

bwdram *hwn eg* blawd ceirch wedi'i fwydo mewn dŵr oer dros nos a'i hidlo, yna ei ferwi a'i dywallt dros ddarnau o fara THIN FLUMMERY

bwgan *hwn eg* (bwganod) bwci, bwbach, ellyll; unrhyw beth sy'n codi ofn annaturiol ar berson GHOST, BUGBEAR

bwgan brain bwbach brain SCARECROW

codi bwganod codi ofnau di-sail

bwnglera gw. **bwn(-)glera**

bwhwman *be* crwydro o gwmpas, cerdded yma ac acw, bod mewn penbleth, bod yn ansicr, petruso, gwamalu TO VACILLATE

bwi *hwn eg* (bwïau) teclyn lliwgar sy'n arnofio ar y môr (neu ar afon); mae wedi'i angori mewn lle arbennig i ddangos mannau peryglus i longwyr, neu i ddangos iddynt lwybr diogel trwy'r dŵr BUOY

bwji *hwn eg* (bwjis) aderyn bach lliwgar o Awstralia sy'n boblogaidd fel aderyn anwes BUDGERIGAR

bwlb *hwn eg* (bylbiau)

1 math arbennig o wreiddyn lle y mae planhigyn yn storio haenau o fwyd dros y gaeaf, e.e. wynwynsyn/ nionyn, tiwlip BULB

2 unrhyw beth yr un siâp â bwlb planhigyn, yn arbennig y bwlb gwydr y mae golau trydan yn tywynnu trwyddo BULB

bwlch *hwn eg* (bylchau)

1 agen, hollt, adwy, rhwyg, toriad, man gwag lle y mae rhywbeth yn eisiau; rhaniad neu agoriad rhwng dau fynydd yn arbennig mewn enwau lleoedd, e.e. *Bwlch yr Oernant* GAP, PASS

2 un o'r rhes o agoriadau amddiffynnol ar frig mur castell EMBRASURE

llenwi'r bwlch dod i'r adwy ar adeg o argyfwng

sefyll yn y bwlch gw. **sefyll**

bwled *hon eb* (bwledi:bwledau) darn hirgrwn, pigfain sy'n cael ei saethu o ddryll neu wn BULLET

bwletin *hwn eg* (bwletinau)

1 darn byr o newyddion cyhoeddus, e.e. *bwletin newyddion* BULLETIN

2 adroddiad ar bapur o'r sefyllfa ddiweddaraf mewn rhyw faes neu'i gilydd BULLETIN

bwli *hwn eg* (bwlïod:bwlïaid) un sy'n defnyddio'i rym neu ei nerth i ddychryn neu i wneud dolur i rai sy'n wannach nag ef; gormeswr BULLY

bwlyn *hwn eg* (bwlynnau) nobyn drws, y belen fach yr ydych yn cydio ynddi a'i throi er mwyn agor drws: hefyd unrhyw beth yr un siap â nobyn drws KNOB

bwmerang *hwn eg* (bwmerangau) darn crwm o bren sydd, os caiff ei daflu yn iawn, yn hedfan mewn cylch ac yn dychwelyd at ei daflwr; fe'i defnyddir i hela gan gynfrodorion Awstralia BOOMERANG

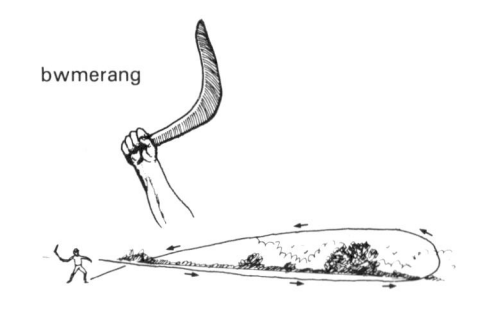

bwmerang

bwncath hwn *eg* (bwncathod) boncath; gair arall am y boda, aderyn ysglyfaethus o deulu'r cudyll BUZZARD □ gwalch (bod³: boda)

bwndel hwn *eg* (bwndeli:bwndelau) sypyn, pecyn, nifer o bethau wedi'u rhwymo neu'u clymu ynghyd (heb fawr o drefn yn aml) BUNDLE

bwnglera *be* gwneud cawl o bethau, bustachu, gweithio'n drwsgl ac yn wallus TO BUNGLE

bwrdeistref hon *eb* (bwrdeistrefi) tref y mae'r brenin wedi caniatáu breiniau arbennig iddi trwy siarter; tref yr oedd ganddi'r hawl i ethol aelod seneddol BOROUGH, MUNICIPALITY

bwrdd hwn *eg* (byrddau)
 1 bord, dodrefnyn â thop gwastad ar goes neu goesau y gallwch eistedd wrtho i fwyta neu i weithio TABLE
 2 grŵp swyddogol o bobl sy'n arfer cynnal eu cyfarfodydd o gwmpas bwrdd; pwyllgor, corff o gynghorwyr, e.e. *Bwrdd Rheoli* BOARD
 3 dec, llawr llong DECK
 4 astell, planc PLANK
 5 wyneb gwastad trwchus at ddefnydd arbennig *(bwrdd hysbysebion; bwrdd sglefrio)* BOARD
 ar y bwrdd ar y llong ABOARD
 bwrdd du bwrdd ag wyneb llyfn du, y gall athro ysgrifennu arno â sialc er mwyn i bawb yn y dosbarth fedru'i ddarllen BLACKBOARD
 bwrdd yr Arglwydd y bwrdd cymun COMMUNION TABLE

bwriad hwn *eg* (bwriadau) amcan, pwrpas, diben, pwynt, meddwl, cynllun INTENTION

bwriadol *a* gair i ddisgrifio rhywbeth sydd wedi cael ei wneud ag un amcan mewn golwg, o bwrpas, nid yn ddamweiniol *(Gollyngodd William y cwpan yn fwriadol er mwyn peidio â gorfod golchi rhagor o lestri.)* INTENTIONAL

bwriadu *be* amcanu, golygu, paratoi, meddwl, cynllunio ymlaen llaw, anelu at rywbeth yr ydych chi am iddo ddigwydd yn y dyfodol TO INTEND

bwriaf *bf* rwy'n **bwrw**; byddaf yn **bwrw**

bwrlwm hwn *eg* (byrlymau)
 1 cloch ddŵr BUBBLE
 2 sŵn dŵr fel pe bai'n berwi; cythrwfl, llawer iawn o symud ac o weithgaredd, e.e. *bwrlwm bro* BUBBLING

bwrn hwn *eg* (byrnau)
 1 baich, bwndel, pwn, sypyn; fel arfer mae'n cyfeirio at rywbeth neu rywun y mae dyn yn dechrau cael digon arno, yn dechrau blino arno *(Mae'r holl waith cartref yma'n dechrau mynd yn fwrn!)* BURDEN
 2 sypyn neu fwndel mawr o wair neu wellt wedi'i gasglu ynghyd a'i rwymo'n dynn BALE

bwrw *be*
 1 taflu, lluchio, hyrddio, cael gwared ar *('Bwrw dy faich ar yr Arglwydd,' medd y Salm.)* TO THROW
 2 taro, curo *(bwrw'ch pen yn erbyn y silff)* TO HIT
 3 (am anifail) geni, esgor ar *(buwch yn bwrw llo; caseg yn bwrw ebol)* TO DROP
 4 glawio, bwrw glaw, bwrw eira TO RAIN
 5 rhoi llun ar rywbeth, moldio, creu siâp mewn mold TO CAST
 6 cyfrif, meddwl, tybio, barnu, ystyried *(Rwy'n bwrw y bydd hi'n wlyb yfory, felly awn i'r pictiwrs yn lle mynd i'r gêm.)* TO SUPPOSE (bwriaf)
 bwrw angor angori TO CAST ANCHOR
 bwrw amser treulio amser TO SPEND TIME
 bwrw arfau diosg arfau TO LAY DOWN ARMS
 bwrw arni mynd ati'n ddiwyd TO GET ON WITH IT
 bwrw blew/croen/plu colli cot TO MOULT
 bwrw ffrwyth rhoi ei nodd TO BREW
 bwrw golwg edrych TO GLANCE
 bwrw hen wragedd a ffyn arllwys y glaw TO TEEM
 bwrw'r bai rhoi'r bai (ar rywun neu rywbeth arall) TO PUT THE BLAME ON
 bwrw'r Sul (treulio) cyfnod y penwythnos *(Roeddwn i ym Mangor [i] fwrw'r Sul.)* (TO SPEND) THE WEEKEND
 ei bwrw hi teithio mewn cyfeiriad arbennig (yn gyflym fel arfer) TO HEAD FOR

bws:bỳs hwn *eg* (bysiau:bysys) cerbyd modur mawr, weithiau a dau lawr iddo, wedi'i wneud i gario nifer o deithwyr BUS, OMNIBUS

bwtsias:bwtias hyn *ell* mwy nag un fwtsiasen [**bwtsiasen**] esgidiau uchel yn cyrraedd hyd at y pen-glin, yn wreiddiol wedi'u gwneud o ledr ond erbyn heddiw o ledr, rwber neu blastig BOOTS, WELLINGTONS (botas)

bwtsiasen hon *eb* un o bâr neu ragor o fwtsias [**bwtsias**]:bwtias

bwtwm:bwtwn gw. **botwm:botwn:bwtwm:bwtwn**

bwthyn hwn *eg* (bythynnod) tŷ bychan, yn arbennig yng nghefn gwlad COTTAGE

bwyall:bwyell hon *eb* (bwyeill) erfyn â phen trwm o ddur a llafn (neu lafnau) miniog yn sownd wrth goes pren; caiff ei defnyddio i gymynu neu dorri coed; arf rhyfel o'r un siâp ond a gâi ei ddefnyddio i niweidio neu ladd mewn brwydr HATCHET, AXE

bwyd hwn *eg* (bwydydd) maeth, yr hyn sy'n rhoi'r maeth sy'n cynnal twf corff anifail neu blanhigyn, yr hyn y mae dyn yn ei fwyta, e.e. *bara, cig, afal* FOOD

bwyd a llyn (hen ymadrodd) bwyd a diod FOOD AND DRINK

bwyda gw. **bwydo:bwyda**

bwydlen hon eb (bwydlenni)
1 rhestr sy'n dangos y bwydydd y gallwch ddewis ohonynt mewn tŷ bwyta MENU
2 rhestr o awgrymiadau ar gyfer prydau bwyd penodol MENU

bwydo:bwyda be
1 rhoi bwyd i, neu gymryd bwyd oddi wrth; porthi (*gwraig fferm yn bwydo'r ieir; moch yn bwydo ar fes*) TO FEED
2 trosglwyddo deunydd i beiriant neu gynhwysydd (*bwydo data i gyfrifiadur*) TO FEED

bwyeill hyn ell mwy nag un fwyall [**bwyall**]

bwyell gw. **bwyall:bwyell**

bwygilydd adf mewn ymadroddion fel *am oriau bwygilydd*, am oriau maith, y naill awr ar ôl y llall, ac *o ben bwygilydd*, o un pen i'r llall AFTER ANOTHER, TO ANOTHER

bwylltid hwn eg (bwylltidau) teclyn sy'n cysylltu dau ddarn fel bod y naill a'r llall yn gallu troi ar ei ben ei hun SWIVEL

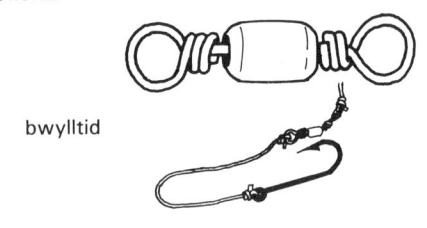

bwylltid

bwystfil hwn eg (bwystfilod)
1 anifail gwyllt, e.e. *bwystfil rheibus* BEAST
2 dyn sy'n greulon neu'n anifeilaidd ei ffordd BEAST

bwyta be
1 cnoi a llyncu bwyd, pori, ymborthi TO EAT
2 rhydu, treulio, erydu yn araf nes bod dim ar ôl (*y môr yn bwyta i mewn i'r tir; asid yn bwyta metel*) TO EAT (bwyty)

bwytadwy a gair i ddisgrifio rhywbeth y mae'n ddiogel ei fwyta EDIBLE

bwyty bf mae ef/hi yn **bwyta**; bydd ef/hi yn **bwyta**

byclau hyn ell mwy nag un **bwcl**

bychain a gair i ddisgrifio mwy nag un peth **bychan** (*Cofiwch y pethau bychain.*)

bychan[1] a
1 bach, mân, byr, ychydig LITTLE
2 dibwys, di-nod, heb fod yn bwysig UNIMPORTANT
3 ifanc, dibrofiad, hefyd yr ieuengaf ymhlith nifer o blant, e.e. *Gruffydd Fychan* (daeth ymhen amser yn gyfenw—Vaughan) JUNIOR (bach, bechan, bychain, lleied, llai, lleiaf)

bychan[2] hwn eg bachgen neu fabi bach LITTLE ONE

bychander:bychandra hwn eg
1 diffyg maint, bod yn fach SMALLNESS
2 dirmyg CONTEMPT

bychanu be gwneud yn fach; dibrisio, dirmygu, tynnu oddi wrth enw da TO BELITTLE

bychod hyn ell mwy nag un **bwch**

byd hwn eg (bydoedd)
1 y Ddaear, y blaned yr ydym ni yn byw arni a phopeth sy'n gysylltiedig â'r blaned honno THE WORLD, EARTH, GLOBE
2 unrhyw blaned arall a'r hyn sydd arni PLANET
3 cylch neu faes arbennig, e.e. *byd y bêl; y byd canu* WORLD
4 cyflwr bywyd ac amgylchiadau unigolyn neu gymdeithas (*Ar ôl etifeddu arian ei dad mae Dafydd yn weddol dda ei fyd ar hyn o bryd.*) CIRCUMSTANCES
5 trigolion y byd nad ydynt yn rhan o'r Eglwys Gristnogol; anghredinwyr neu'r rhai nad ydynt wedi'u hordeinio gan yr Eglwys, e.e. *y byd o'i gyferbynnu â'r betws (yr Eglwys)* NON-CHRISTIANS
6 llawer iawn (*Mae cawod o law yn gwneud byd o les i'r ardd.*) WORLD

allan o'm ('th, 'i etc.) byd tu allan i faes gwybodaeth neu ddiddordeb yr un sy'n siarad

y byd a'r betws y byd i gyd, sef eglwyswyr a'r rhai y tu allan i'r Eglwys

y byd sydd ohoni fel y mae pethau yn awr AS THINGS ARE

er y byd am unrhyw beth (*Ni wnawn niwed iddi er y byd.*) FOR THE WORLD

meddwl y byd gw. **meddwl**

rhoi'r byd yn ei le yn wreiddiol, diwygio neu wella cyflwr pethau, ond yn amlach yn awr, sgwrs hir rhwng dau gyfaill TO SET THE WORLD TO RIGHT

byd-eang a dros y byd i gyd WORLD-WIDE

byd-enwog a enwog trwy'r byd i gyd WORLD-FAMOUS

bydol a gair i ddisgrifio:
1 rhywbeth sy'n ymwneud â'n byd, â phethau daearol WORLDLY
2 rhywun sy'n canolbwyntio ar y byd materol ac eiddo ac arian yn hytrach na'r byd ysbrydol WORLDLY

bydwraig hon eb (bydwragedd) gwraig wedi'i hyfforddi i gynorthwyo gwragedd eraill pan fyddant yn esgor ar (yn geni) eu plant MIDWIFE

bydysawd hwn eg y gofod a'r holl ddeunydd sydd ynddo gan gynnwys y Ddaear, sêr, planedau eraill ac ati THE UNIVERSE

bydd bf mae ef/hi yn mynd i fod [**bod**]

a b c ch d dd e f ff g ng h i j (k) l ll m n o p ph r rh s t th u w y (z)

byddar *a* gair i ddisgrifio rhywun sy'n drwm ei glyw neu sydd wedi colli'i glyw DEAF

byddarol *a* gair i ddisgrifio sŵn sydd mor uchel fel na allwch glywed dim byd arall, neu sy'n peri i chi golli'ch clyw yn gyfan gwbl DEAFENING

byddaru *be* gwneud yn fyddar; mynd yn fyddar, colli clyw TO DEAFEN, TO BECOME DEAF

byddin hon *eb* (byddinoedd) lluoedd arfog gwlad sy'n ymladd ar dir; llu o wŷr arfog wedi'u hyfforddi i ryfela ARMY

Byddin yr Iachawdwriaeth mudiad Cristnogol sy'n enwog am helpu pobl mewn angen THE SALVATION ARMY

byddo gw. **bo:byddo**

byfflo hwn *eg*
1 ych â chyrn hir a geir yng ngwledydd Affrica ac Asia; bual BUFFALO
2 gair arall am 'beison' America BISON □ *beison*

byfflo Affrica ac Asia

byg hwn *eg* (bygiau) camgymeriad mewn rhaglen gyfrifiadur sy'n golygu nad yw'n gweithio'n iawn BUG

bygegyr:begegyr hwn *eg* (bygegyron) gwenynen ddiog, gwenynen wryw nad yw'n gweithio nac yn amddiffyn y nyth—ei hunig swyddogaeth yw ffrwythloni'r frenhines; gwenynen ormes DRONE □ *gwenynen*

bygwth *be* bygythio, dangos bwriad i wneud niwed neu gosbi neu beri poen ac ati TO THREATEN (bygythiaf)

bygythiad hwn *eg* (bygythiadau) datganiad o'r bwriad i wneud niwed, cosbi, peri poen (fel arfer er mwyn cael rhywun i wneud yr hyn y mae'r un sy'n bygwth yn ei ddymuno) THREAT

bygythiaf *bf* rwy'n **bygwth**; byddaf yn **bygwth**

bygythio *be* yr un ystyr â **bygwth** TO THREATEN

bygythiol *a* gair i ddisgrifio rhywun neu rywbeth sydd ar fin bygwth, sy'n argoeli'n ddrwg MENACING

býngalo gw. **býn(-)galo**

bylbiau hyn *ell* mwy nag un **bwlb**

bylchau hyn *ell* mwy nag un **bwlch**

bylchog *a* gair i ddisgrifio rhywbeth a bwlch neu fylchau ynddo; tolciog, danheddog NOTCHED, JAGGED

bylchu *be* gwneud bwlch neu fylchau, creu agoriad TO BREACH, TO NOTCH

byllt hyn *ell* mwy nag un **bollt**

býngalo:bynglo hwn *eg* tŷ modern un llawr, wedi'i seilio ar batrwm tai Bengal yn India BUNGALOW

bynnag *rhagenw* fel yn *beth bynnag, ble bynnag, pwy bynnag*; mae'n cael ei ddefnyddio gyda gair arall i roi ystyr mwy cyffredinol i'r gair hwnnw (WHAT)SOEVER, (WHERE)SOEVER, (WHO)SOEVER

fodd bynnag beth bynnag am hynny, er hynny, serch hynny HOWEVER, ANYWAY

bynnen:bynsen hon *eb* (byns) teisen fach felys ar ffurf torth gron ac ychydig o gwrens ynddi BUN

byr *a*.
1 cwta, bychan, heb fod yn hir o ran taldra, amser na phellter *(Byddwn yno mewn byr amser nawr. Bachgen byr am ei oedran oedd Wil.)* SHORT
2 swta, prin, diffygiol, heb fod yn hael neu heb fod digon, e.e. *byr o arian* SHORT (ber, byrred, byrrach, byrraf)

byrbryd hwn *eg* (byrbrydau) pryd bach ysgafn o fwyd SNACK

byrbwyll *a* diamynedd, brysiog, gwyllt, heb ystyried yn iawn, heb fod yn bwyllog RASH

byrder:byrdra hwn *eg* bychander, diffyg maint, diffyg hyd o ran taldra, amser neu bellter BREVITY, SHORTNESS

ar fyrder yn gyflym, cyn bo hir QUICKLY, SOON

byrdwn hwn *eg*
1 cytgan, darn o gân neu gerddoriaeth sy'n cael ei ailadrodd ar ôl pob pennill REFRAIN, CHORUS
2 ystyr, cnewyllyn neges *(Byrdwn sgwrs y prifathro oedd y dylem weithio'n galetach.)* BURDEN

byrddaid hwn *eg* (byrddeidiau) llond bwrdd o gwmni neu lond bwrdd o fwyd ac ati TABLEFUL

byrddau hyn *ell* mwy nag un **bwrdd**

byrfodd hwn *eg* (byrfoddau) talfyriad gair, cwtogiad term, ffordd fer o ysgrifennu rhywbeth *(e.e. am er enghraifft; eg am enw gwrywaidd)* ABBREVIATION

byrfyfyr *a* heb fod wedi paratoi, ar y pryd IMPROMPTU

byrhau *be* torri'n fyr, lleihau hyd, talfyrru TO SHORTEN

byrhoedlog *a* gair i ddisgrifio rhywbeth nad yw'n para'n hir, sydd ag oes fer, sy'n dod i ben yn gyflym SHORT-LIVED

byrlymau hyn *ell* mwy nag un **bwrlwm**

byrlymu *be* berwi'n wyllt; llifo'n rhwydd (am ddŵr neu eiriau) TO BUBBLE, TO EFFERVESCE

byrnau hyn *ell* mwy nag un **bwrn**

byrrach:byrraf:byrred *a* mwy **byr**:mwyaf **byr**:mor fyr [**byr**]

byrstio *be* ffrwydro neu dorri'n sydyn dan effaith pwysau oddi mewn *(balŵn yn byrstio)* TO BURST

bỳs gw. **bws:bỳs**

bys hwn *eg* (bysedd)
1 y mae gennym bum bys (un ohonynt yn fys bawd) ar bob llaw, a phump ar bob troed FINGER, TOE □ *corff* t.630
2 y rhan honno o faneg neu ddilledyn sydd wedi'i gwneud i orchuddio'r bys FINGER
3 y darn bach ar wyneb wats, cloc neu ddeial sy'n pwyntio at yr oriau, y munudau neu'r eiliadau HAND
4 cliciad drws, clo syml y gellir ei godi neu ei ostwng er mwyn agor neu gau drws LATCH
5 rhywbeth sy'n debyg o ran siâp neu ffurf i un bys yn pwyntio FINGER

ar flaenau fy (dy, ei etc.) mysedd yn hollol gyfarwydd â AT ONE'S FINGERTIPS

bys yn y brywes cyfeiriad at rywun sy'n chwarae rhan bwysig (heb eisiau gan amlaf) mewn sefyllfa gymhleth neu helynt *(Os oes helynt yn y pentre, mae John yn siŵr o fod â'i fys yn y brywes yn rhywle.)* TO HAVE A HAND IN

llosgi bysedd gw. **llosgi**

mêl ar fysedd gw. **mêl**

pawb â'i fys lle bo'i ddolur mae person yn poeni am bethau sy'n bwysig iddo ef/hi yn hytrach nag am bethau sy'n poeni pobl eraill

pwyntio bys gw. **pwyntio**

bysedd y cŵn hyn *ell* planhigion gwyllt â blodau gwyn neu goch yn hongian fel clychau ar hyd coes hir FOXGLOVES □ *blodau* t.619

byseddu *be* cydio neu drafod rhwng bys a bawd, bodio TO HANDLE, TO THUMB

bysell hon *eb* (bysellau) darn unigol ar beiriant neu offeryn (e.e. teipiadur, ffliwt) sydd wedi'i wneud i'w wasgu gan fys neu fysedd KEY □ *chwythbrennau* (allwedd)

bysellfwrdd hwn *eg* allweddell teipiadur neu gyfrifiadur sy'n cynnwys y bysellau i'w gwasgu KEYBOARD (allweddell, seinglawr) □ *acordion*

bysiau:bysys hyn *ell* mwy nag un **bws:bỳs**

byth *adf*
1 bob amser, yn wastad, trwy'r amser, unrhyw amser, yn dragwydd, o hyd, eto *(Rwy'n gobeithio byw yn y tŷ yma am byth.)* ALWAYS, EVER
2 (mewn brawddeg negyddol) dim byth *(Dydw i byth yn mynd i siarad â hi eto!)* NEVER
3 mewn ymadroddion megis *yn waeth byth, diolch byth i ddwysáu a chryfhau'r ystyr* EVEN, EVER, STILL (erioed)

am byth yn dragwyddol FOR EVER

byth a beunydd:byth a hefyd yn aml, bob amser (ag elfen o gŵyn) *(Mae'n gofyn am arian byth a beunydd.)* FOR EVER

byth bythoedd yn oes oesoedd EVERMORE

hyd byth am byth FOR EVER

bytheiad hwn *eg* (bytheiaid) ci hela, helgi, yn enwedig ci hela llwynog HOUND □ *ci*

bytheirio *be* gwneud sŵn croch, bygythiol; gweiddi'n gas, chwythu bygythion TO SHOUT THREATS

bythgofiadwy *a* gair i ddisgrifio rhywbeth neu rywun nad anghofiech chi byth, y cofiech chi amdano am byth MEMORABLE

bythol *a* tragwyddol, yn parhau am byth ETERNAL

bythwyrdd:bytholwyrdd *a* gair i ddisgrifio coed neu blanhigion nad ydynt yn colli'u dail i gyd dros y gaeaf, sy'n deilio'n wyrdd drwy'r flwyddyn EVERGREEN

bythynnod hyn *ell* mwy nag un **bwthyn**

byw[1] *be*
1 bod â bywyd, bodoli TO LIVE
2 preswylio, cartrefu *(Mae Delyth yn byw yn Aberystwyth.)* TO LIVE
3 treulio'ch bywyd mewn modd arbennig *(Mae Dafydd yn byw ar arian ei dad.)* TO LIVE

byw a bod (yn rhywle) treulio'r amser i gyd mewn un man

byw ar fy (dy, ei etc.) mloneg byw ar yr hyn sydd wedi'i gasglu yn y gorffennol (fel anifail gwyllt yn y gaeaf)

byw o'r llaw/bawd i'r genau byw heb ddim byd wrth gefn, heb fedru neu ddymuno cynilo TO LIVE FROM HAND TO MOUTH

byw tali byw fel gŵr a gwraig ond heb fod yn briod TO COHABIT

byw[2] *a* gair i ddisgrifio rhywun neu rywbeth:
1 y mae bywyd ynddo, sy'n berchen ar fywyd ALIVE
2 sy'n fywiog, afieithus, llawn bywyd LIVELY
3 (am raglen radio neu deledu) sy'n cael ei darlledu fel y mae'n digwydd, heb iddi gael ei recordio'n gyntaf LIVE
4 sydd mor llawn o anifeiliaid neu drychfilod nes bod y cyfan fel petai'n symud *(Roedd y gwely'n fyw o chwain!)* ALIVE
5 a thrydan yn rhedeg trwyddo LIVE

byw[3] hwn *eg*
1 pobl neu anifeiliaid neu blanhigion sy'n fyw, nad ydynt yn farw THE LIVING
2 bywyn; darn meddal, sensitif o'r corff, e.e. dan yr

ewin, cannwyll y llygad, e.e. *cnoi'ch ewinedd i'r byw* THE QUICK

ar dir y byw gw. **tir**

edrych ym myw llygad (rhywun) edrych yn syth i lygad rhywun TO LOOK SOMEONE STRAIGHT IN THE EYE

teimlo i'r byw teimlo'n ddwys, cael eich brifo neu eich siomi CUT TO THE QUICK

yn fy (dy, ei etc.) myw er ymdrechu'n galed FOR THE LIFE OF (ME), IN MY LIFE

bywgraffiad hwn *eg* (bywgraffiadau) cofiant, hanes bywyd person wedi'i ysgrifennu gan berson arall BIOGRAPHY

bywgraffiadur hwn *eg* (bywgraffiaduron) casgliad o fywgraffiadau, cyfeirlyfr o wybodaeth am fywydau enwogion BIOGRAPHICAL DICTIONARY

bywhau:bywiocáu *be* anadlu bywyd i mewn i rywbeth, gwneud i rywun neu rywbeth fyw TO ENLIVEN

bywiog *a* yn llawn bywyd, afieithus, sionc, heini LIVELY, VIVACIOUS (bywioced, bywiocach, bywiocaf)

bywiogi *be* yr un ystyr â **bywhau** ond gydag elfen o sbort a sbri yn gysylltiedig ag ef TO ENLIVEN, TO REVIVE

bywiogrwydd hwn *eg* bywyd, cyflymdra, afiaith, ynni, arial LIFE, SPRIGHTLINESS

bywoliaeth hon *eb* (bywoliaethau)
1 cynhaliaeth; y ffordd y mae person yn llwyddo i gynnal ei fywyd, fel arfer trwy ennill arian LIVELIHOOD
2 cynhaliaeth arbennig i offeiriad, arian sy'n cael ei dalu iddo gan ei eglwys LIVING, BENEFICE

bywyd hwn *eg* (bywydau)
1 einioes, bodolaeth; mae gan blanhigion ac anifeiliaid fywyd, nid felly greigiau neu fetelau; nodweddion bywyd yw tyfu ac atgynhyrchu LIFE
2 y cyfnod y mae rhywun neu rywbeth yn fyw; oes *(Am y tro cyntaf yn ei fywyd roedd arno ofn wynebu'i fam.)* LIFE, LIFETIME
3 ffordd o fyw, buchedd *(Byw bywyd cardotyn wnaeth Sant Ffransis o Assisi.)* LIFE
4 bywiogrwydd, ynni, afiaith LIFE

am fy (dy, ei etc.) mywyd fel petai fy mywyd yn dibynnu arno FOR MY LIFE

bywydfa hon *eb* (bywydfeydd) lle amgaeedig (wedi'i gau i mewn) lle caiff anifeiliaid eu cadw (mewn adeilad) mewn amgylchfyd mor debyg ag sy'n bosibl i'w hamgylchfyd naturiol VIVARIUM

bywyn hwn *eg*
1 craidd, calon, rhan fewnol dyner rhywbeth, e.e. *bywyn afal* canol yr afal CORE
2 (am hedyn) y rhan sy'n datblygu i fod yn blanhigyn newydd GERM, EMBRYO

bywyn bara y rhan o'r dorth y tu mewn i'r crystyn

bywyn carn ceffyl rhan feddal carn ceffyl, y llyffant THE FROG

C

C¹ *byrfodd* (fel yn C15) canrif CENTURY, [c.]
C² *byrfodd* Canradd CENTIGRADE, [C]
c³ *byrfodd* tua *(Bu'r bardd Iolo Goch fyw rhwng c 1320 a 1398.)* CIRCA, [c.]
c⁴ *byrfodd* ceiniog PENNY, [p]

cab hwn *eg*
1 tacsi, car sy'n cael ei ddefnyddio i gario pobl am dâl; yn wreiddiol, roedd cerbydau fel hyn yn cael eu tynnu gan geffylau CAB
2 y rhan honno o gerbyd (e.e. lorri, trên, tractor) y mae'r gyrrwr yn eistedd ynddi CAB

cabaetsen:cabeitsen:cabetsen hon *eb* (cabaets) llysieuyn mawr, crwn sy'n cael ei dyfu am ei ddail gwyrdd, tew; bresychen CABBAGE ☐ *llysiau* t.635

caban hwn *eg* (cabanau)
1 cwt; adeilad bychan, moel (wedi'i wneud o foncyffion coed fel arfer) CABIN
2 ystafell fach breifat ar long ar gyfer teithwyr neu swyddogion o'r criw CABIN

cabinet hwn *eg*
1 dodrefnyn ar ffurf cist a silffoedd neu ddroriau ynddi i gadw neu arddangos tlysau CABINET
2 pwyllgor o brif weinidogion y llywodraeth dan lywyddiaeth y Prif Weinidog CABINET

cabl hwn *eg* fel yn *dan gabl*, dan feirniadaeth neu gerydd llym

cabledd hwn neu hon *egb* (cableddau) mynegiant o ddiffyg parch tuag at Dduw, melltith yn enw Duw BLASPHEMY

cableddus *a* gair i ddisgrifio person neu ymadrodd sy'n amharchu Duw, sy'n melltithio yn enw Duw PROFANE

cablu *be* cymryd enw Duw yn ofer, rhegi neu felltithio yn enw Duw TO REVILE, TO BLASPHEME

caboledig *a* gair i ddisgrifio rhywbeth (e.e. perfformiad neu ddarn o waith) y mae rhywun neu rywrai wedi gweithio arno nes ei fod yn orffenedig, yn gain, yn loyw *(Rhoddodd Lisa berfformiad caboledig ar y delyn yng nghyngerdd yr ysgol.)* POLISHED

caboli *be* llyfnhau, gweithio ar rywbeth nes ei fod yn llathraid ac yn loyw; coethi, perffeithio TO POLISH

cacen *hon eb* (cacennau:cacs) cymysgedd (wedi'i goginio fel arfer) o flawd, siwgr, wyau, ynghyd ag amrywiaeth o bethau blasus eraill megis cwrens, jam, siocled ac ati; teisen CAKE

cacennau cri pice ar y maen WELSH CAKES

cacimwci:cacamwci *hwn eg* planhigyn sy'n gwasgaru ei hadau wrth i'r bachau bychain ar ei hadau bach crwn lynu yn nillad pobl neu yng nghotiau anifeiliaid sy'n cyffwrdd â nhw; cedowrach BURDOCK □ *blodau* t.618

caclwm *hwn eg* fel yn *gwylltio'n gaclwm, yn gaclwm ulw*; gwylltineb, cynddaredd, y stad o fod yn ddig iawn FURY

cacs *hyn ell* mwy nag un gacen [**cacen**]

cactws *hwn eg* teulu o blanhigion sy'n ffynnu yn anialdiroedd sych a phoeth America a rhai gwledydd poeth eraill megis México a'r Eidal; nid oes ganddynt ddail CACTUS □ *blodau* t.620

cacwn *hyn ell* mwy nag un gacynen [**cacynen**] neu gacynyn [**cacynyn**]; un o sawl math o drychfil sy'n perthyn i'r un teulu â'r gwenyn; gellir eu hadnabod oddi wrth y bandiau du a melyn ar hyd eu cyrff, a'r ffaith nad ydynt yn colli'u colyn wrth bigo; gwenyn meirch, picwn WASPS, HORNETS

nyth cacwn gw. **nyth**

yn gacwn gwyllt amrywiad ar **yn gaclwm gwyllt**

cacynen *hon eb* un o nifer o gacwn [**cacwn**]

cacynyn *hwn eg* un o nifer o gacwn [**cacwn**]

cachgi *hwn eg* (cachgwn) (ffurf lafar gan amlaf) rhywun llwfr, ofnus, llwfrgi; un sy'n bradychu cyfrinach COWARD, SNEAK

cachu[1] *be* ysgarthu, gwaredu gweddillion bwyd o'r corff, tomi (ffurf lafar gan amlaf) TO DEFECATE

cachu[2] *hwn eg* tom, baw, ysgarthiad EXCREMENT

cad *hon eb* (cadau:cadoedd)
  1 brwydr, ymladdfa, helynt, ymryson BATTLE, WAR
  2 byddin, llu, mintai ARMY, BAND
  ar flaen y gad am un sydd gyda'r arweinyddion, un sy'n ymladd yn frwdfrydig iawn dros rywbeth IN THE VAN

maes y gad gw. **maes**

cadach *hwn eg* (cadachau)
  1 clwtyn, cerpyn, rhacsyn RAG
  2 cadach poced, macyn, neised, hances HANDKERCHIEF

cadach llestri clwtyn golchi llestri DISH-CLOTH

cadach o ddyn gŵr ofnus, ansicr, un sy'n methu penderfynu WIMP

cadachau *hyn ell* y stribedi o liain neu ddefnydd y byddai babi yn cael ei rwymo ynddynt i'w gadw'n gysurus SWADDLING-CLOTHES

cadair *hon eb* (cadeiriau)
  1 sedd â chefn a phedair coes ar gyfer un person; stôl CHAIR
  2 (mewn enwau lleoedd) mynydd ar ffurf cadair, neu le cadarn neu gaer, e.e. *Cadair Idris, Pencadair* (sef Pencader)
  3 pwrs, piw buwch neu ddafad neu afr UDDER
  4 gwobr eisteddfodol i feirdd neu lenorion; yn yr Eisteddfod Genedlaethol rhoddir y gadair i un o brifeirdd yr ŵyl, y bardd sy'n ennill cystadleuaeth yr awdl CHAIR
  5 swydd athro mewn prifysgol CHAIR (cadeiriol)

cadair esmwyth cadair fawr gyfforddus EASY CHAIR

cadarn *a*
  1 cryf, grymus, nerthol STRONG
  2 sefydlog, diysgog, safadwy, anodd ei symud FIRM
  3 (am ddiod) meddwol STRONG (cedyrn)

cadarnhad *hwn eg* sicrhad, sêl bendith CONFIRMATION

cadarnhaol *a* gair i ddisgrifio rhywbeth sy'n caniatáu, sy'n dweud ie; ategol, positif *(Ar ôl i'r chwaraewr gael gwahoddiad i ymuno â'r tîm, ysgrifennodd lythyr yn ôl yn rhoi ateb cadarnhaol i'r cynnig.)* AFFIRMATIVE, POSITIVE

cadarnhau *be* cymeradwyo, eilio, awdurdodi, ategu *(Mae'r hyn rydw i wedi ei glywed am Siôn heddiw yn cadarnhau'r hyn roeddwn i'n ei ofni—ei fod yn llipryn diog!)* TO RATIFY, TO CONFIRM

cadeiriau *hyn ell* mwy nag un gadair [**cadair**]

cadeirio *be* cyflwyno gwobr y Gadair i brifardd eisteddfod (yn arbennig yr Eisteddfod Genedlaethol) a'r holl seremoni sy'n gysylltiedig â'r cyflwyno TO CHAIR

cadeirio

cadeiriol *a gair i ddisgrifio:*
1 bardd sydd wedi ennill cadair neu eisteddfod sy'n cynnig cadair yn wobr CHAIRED
2 eglwys gadeiriol yw'r eglwys lle y mae gorsedd neu 'gadair' (*cathedra* yn Lladin) yr esgob sy'n gyfrifol am holl eglwysi'r rhan honno o'r wlad yn cael ei chadw CATHEDRAL

cadeirydd *hwn eg* (cadeiryddion)
1 person (gŵr neu wraig) sy'n cael ei ddewis i lywyddu neu gadw rheolaeth ar drafodaeth pwyllgor neu gyfarfod arbennig CHAIRMAN, CHAIRPERSON
2 llywydd parhaol bwrdd, pwyllgor neu gymdeithas CHAIRMAN, CHAIRPERSON

cadernid *hwn eg* cryfder, gallu, grym, gwroldeb, nerth POWER, STRENGTH

cadfridog *hwn eg* (cadfridogion) swyddog uchel iawn sy'n gyfrifol am fyddin neu ran fawr o fyddin GENERAL

cadi ffan *hwn eg* dyn merchetaidd ei ffordd SISSY

cadnawes:cadnöes *hon eb* cadno benywaidd, llwynoges VIXEN

cadno *hwn eg* (cadnoid)
1 llwynog; creadur gwyllt, ysglyfaethus sy'n perthyn i deulu'r ci; mae ganddo drwyn hir, pigfain a chot o flew coch; oherwydd y niwed y mae'n gallu ei beri i anifeiliaid megis ieir ac ŵyn, mae'n cael ei hela gan bobl FOX □ *mamolyn*
2 person cyfrwys, twyllodrus FOX (cadnawes, cenau)

cadoediad *hwn eg* cytundeb rhwng rhai sy'n brwydro â'i gilydd i roi'r gorau i'r ymladd, o leiaf dros dro TRUCE, ARMISTICE

cadw *be*
1 amddiffyn, gwarchod, diogelu, gwaredu, achub (*Mae gwisgo cot law pan fydd hi'n bwrw yn ein cadw rhag gwlychu.*) TO SAVE
2 gofalu am, gwylio, edrych ar ôl (*Mae fy nhad yn cadw siop ddillad.*) TO KEEP
3 dal meddiant, perchenogi, hawlio (*Does arna i ddim eisiau'r llyfr 'na yn ôl. Fe gei di 'i gadw fo.*) TO KEEP
4 achosi i barhau (*Mae'r botel ddŵr poeth yn ei chadw hi'n gynnes.*) TO KEEP
5 aros, parhau mewn cyflwr da (*O ystyried y bydd hi'n bedwar ugain oed ar ei phen blwydd nesaf, mae Mrs Jones yn cadw'n dda iawn.*) TO KEEP
6 atal, rhwystro (*Beth sy'n cadw Siôn? Mae'n hwyr!*) TO KEEP
7 cydnabod, cynnal, dathlu, cyflawni (*Mae teulu Rhydowen yn cadw'r Sul yn barchus.*) TO OBSERVE
8 cofnodi, ysgrifennu (*cadw dyddiadur; cadw cofnodion*) TO KEEP
9 cyflawni (*cadw addewid*) TO KEEP (cedwais, cedwi, ceidw)

ar gadw ar gael, wedi'i gofnodi PRESERVED

cadw cyfrif nodi cyfanswm TO KEEP COUNT

cadw fy (dy, ei etc.) mhen gw. **pen**

cadw rhan
1 bod â rhan gyhoeddus (mewn cyfarfod crefyddol neu gyngerdd)
2 cefnogi person, bod o blaid (*Cadw rhan pobl y pentref wnaeth y cynghorydd.*)

rhoi i gadw rhoi o'r naill ochr, rhoi rhywbeth yn ei le priodol TO PUT BY

cadwedig *a gair i ddisgrifio rhywun sydd wedi cael ei achub yn yr ystyr grefyddol, sy'n credu bod ei bechodau wedi'u maddau* SAVED

cadw-mi-gei *hwn eg* blwch cadw arian (ar ffurf tegan yn aml) MONEY-BOX

cadwraeth *hwn neu hon egb* y gwaith o gadw, o ddiogelu, o warchod; gofal, e.e. *cadwraeth y Saboth*, Sunday observance; *cadwraeth hen lawysgrifau*, preservation of manuscripts; *cadwraeth natur*, nature conservation CONSERVATION

cadwyn *hon eb* (cadwynau:cadwyni)
1 llinyn cryf o fodrwyau neu ddolennau metel wedi'u cysylltu y naill trwy'r llall; tid, tres, llyffethair, aerwy CHAIN
2 (yn ffigurol) am unrhyw linyn o bobl, syniadau, siopau ac ati sydd wedi'i greu o unedau wedi'u cydgysylltu mewn rhyw ffordd, e.e. *cadwyn o englynion*, sef cyfres o englynion a dolen gyswllt rhyngddynt CHAIN

cadwyno *be* llyffetheirio, rhwymo mewn cadwynau; yn ffigurol am unrhyw gyfrifoldeb sy'n caethiwo person TO CHAIN

caddug *hwn eg* niwl, tawch, düwch, tywyllwch MIST, GLOOM

cae[1] *hwn eg* (caeau) maes, parc, darn o dir wedi'i gau i mewn (â chlawdd fel arfer) FIELD, ENCLOSURE

cae chwarae PLAYGROUND, PLAYING FIELD

heb fod yn yr un cae â rhywun heb fod hanner cystal â NOT IN THE SAME LEAGUE

cae[2] *bf* mae ef/hi yn **cau**; bydd ef/hi yn **cau**

caead[1] *hwn eg* (caeadau) darn sy'n cau ar ben llestr, sosban neu flwch neu o flaen ffenestr; clawr, top, gorchudd, e.e. *caead tebot* LID, SHUTTER

caead[2] *be* ffurf lafar ar **cau**[1]

caeaf *bf* rwy'n **cau**; byddaf yn **cau**

caeedig:caeëdig *a gair i ddisgrifio rhywbeth wedi'i gau, heb fod yn agored* SHUT

cael *be*
1 derbyn, dod i feddiant, perchenogi, mwynhau *(Rwy'n cael trên yn anrheg Nadolig. Mae'r plant yn cael amser da yn y gwersyll.)* TO HAVE
2 dod o hyd i, darganfod *(Cafwyd y corff yn gorwedd yn y dŵr.)* TO DISCOVER
3 caniatáu, rhoi neu dderbyn caniatâd *(Os byddi di'n blentyn da fe gei di fynd i'r parti.)* TO ALLOW
4 peri i rywbeth ddigwydd *(Cefais dorri fy ngwallt ddydd Iau.)* TO HAVE (caf, caffo, caiff, cawsant, cefais, cei)
Sylwch: defnyddir *cael* gyda berfenw i gyflwyno rhywbeth y mae rhywun yn ei wneud i chi, yn hytrach na'r hyn yr ydych yn ei wneud eich hunan (stad oddefol) *(Cefais fy nghuddio o dorri'r ffenestr gan y wraig drws nesaf.)*
ar gael yno'n barod i'w feddiannu neu i ymweld ag ef; wedi goroesi AVAILABLE
cael a chael llwyddo o drwch blewyn TOUCH AND GO
cael at cyrraedd TO REACH
caenen *hon eb* (caenennau) haen, gorchudd tenau, cen, pilen *(Gorchuddiwyd y tir â chaenen wen o eira.)* LAYER, FILM
caer *hon eb* (caerau:ceyrydd) castell, lle cadarn wedi'i amddiffyn yn dda, mur amddiffynnol yn arbennig gwersyll milwrol wedi'i adeiladu gan y Rhufeiniaid CASTLE, RAMPART, FORT

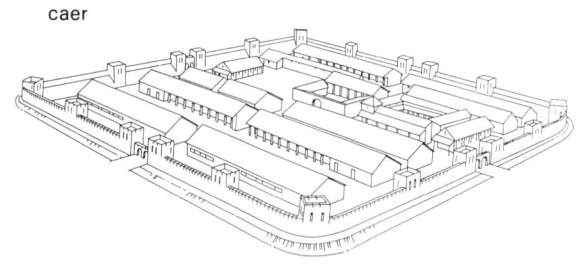

caer

llun dychmygol Gelligaer

Caer *enw lle* CHESTER
Caer Arianrhod:Caer Gwydion y Llwybr Llaethog THE MILKY WAY ☐ *gofod* t.638
Caer Droea yn ôl un traddodiad, o'r lle hwn y daeth Brutus, sylfaenydd y Brytaniaid, cyndeidiau'r Cymry TROY
Caer Efrog YORK
Caerdydd *enw lle* CARDIFF
Caeredin *enw lle* EDINBURGH
Caerfaddon *enw lle* BATH
Caerfuddai *enw lle* CHICHESTER
Caerfyrddin *enw lle* CARMARTHEN
Caerffili *enw lle* CAERPHILLY
Caer-gaint *enw lle* CANTERBURY
Caer-grawnt *enw lle* CAMBRIDGE
Caergybi *enw lle* HOLYHEAD
Caerhirfryn *enw lle* LANCASTER
Caerliwelydd *enw lle* CARLISLE
Caerloyw *enw lle* GLOUCESTER
Caerlŷr *enw lle* LEICESTER
Caerllion *enw lle* CAERLEON
caerog *a* gair i ddisgrifio lle sydd wedi'i amddiffyn â waliau cryfion FORTIFIED
Caersallog *enw lle* SALISBURY
Caerwrangon *enw lle* WORCESTER
Caer-wynt *enw lle* WINCHESTER
Caer-wysg *enw lle* EXETER
caets *hwn eg*
1 cawell, fframyn o wifrau neu farrau i gaethiwo adar neu anifeiliaid CAGE
2 y cawell sy'n cludo gweithwyr i fyny ac i lawr siafft pwll glo CAGE
caeth *a* gair i ddisgrifio rhywun neu rywbeth:
1 sy'n cael ei gyfyngu'n llym, sy'n cael ei gaethiwo *(Ar orchymyn y doctor bydd yn rhaid i Mair fod yn gaeth i'w gwely am y tri mis nesaf.)* CAPTIVE, CONFINED
2 sy'n gorddibynnu ar gyffuriau; sy'n methu rhoi'r gorau i gyffur arbennig ADDICTED (caethion)
3 fel yn *rhywun a'i frest yn gaeth* byr ei anadl
canu caeth gw. **canu**²
caethferch *hon eb* (caethferched) merch sy'n cael ei phrynu neu'i gwerthu i gaethiwed SLAVE
caethglud *hon eb* caethiwed, cludiad carcharorion o'u cynefin i wlad arall; yn arbennig, symudiad yr Iddewon i Fabilon yn y 6ed ganrif Cyn Crist DEPORTATION, TRANSPORTATION
caethgludo *be* mynd â charcharorion o'u gwlad eu hunain i wlad arall (e.e. o Brydain i Awstralia a Tasmania yn y 19eg ganrif) TO DEPORT, TO TRANSPORT
caethineb *hwn eg* y cyflwr o orddibynnu; methiant i roi'r gorau i arfer niweidiol, e.e. *caethineb i gyffuriau* ADDICTION
caethion¹ *a* gair i ddisgrifio mwy nag un peth **caeth**
caethion² *hyn ell* mwy nag un **caethwas** neu gaethferch [**caethferch**]; carcharorion CAPTIVES, SLAVES
caethiwed *hwn eg* y cyflwr o fod yn gaeth, o fod yn garcharor; carchariad, caethwasiaeth CAPTIVITY
caethiwo *be* carcharu, llyffetheirio, gwneud yn gaeth, cau mewn cell, clymu, cyfyngu ar TO IMPRISON, TO RESTRICT
caethwas *hwn eg* (caethweision) gŵr caeth sy'n gorfod ufuddhau i ddymuniadau ei feistr trwy ei oes neu nes iddo gael ei ryddhau SLAVE

caethwas(i)aeth *hon eb* y cyflwr o fod yn gaethwas; bywyd caethwas SLAVERY, BONDAGE
caf *bf* rwy'n **cael**; byddaf yn **cael**
cafn *hwn eg* (cafnau) llestr i ddal dŵr; yn wreiddiol, twba wedi'i naddu o bren neu garreg, ond yn ddiweddarach, llestr hirgul i ddal dŵr neu fwyd i anifeiliaid, ac yna sianel hirgul i gyfeirio dŵr (e.e. dŵr afon i felin, neu ddŵr glaw o'r to i beipen yn ymyl y tŷ) VAT, TROUGH, GUTTER
cafod ffurf yn y Gogledd am **cawod**
caffaeliad *hwn eg* (caffaeliaid) rhywbeth buddiol i'w gael, rhywbeth a fydd yn help mawr *(Mae Gareth yn fatiwr da a bydd yn gaffaeliad i dîm criced yr ysgol.)* ACQUISITION
caffe:caffi *hwn eg* (caffes:caffis) tŷ bwyta sy'n gwerthu prydau ysgafn a byrbrydau, yn wahanol i *restaurant* sy'n paratoi prydau cyflawn CAFÉ
cafflo *be* twyllo, yn arbennig mewn gêm (e.e. marblis) TO CHEAT
caffo *bf* (fel y) byddo ef/hi yn **cael**
cagl *hwn eg* (caglau) tom neu faw, yn arbennig tom defaid wedi caledu yng ngwlân y coesau, neu faw ynghlwm wrth odre dillad CLOTTED DIRT
cangarŵ gw. **can(-)garŵ**
cangell *hon eb* (canghellau:canghelloedd) rhan ddwyreiniol eglwys lle mae'r allor, a lle y mae'r offeiriad a'r côr yn gwasanaethu; côr CHANCEL
cangen *hon eb* (canghennau)
1 braich o bren yn tyfu o foncyff coeden; cainc BOUGH
2 israniad neu gainc o unrhyw beth y gellir ei ystyried yn un corff a nifer o aelodau neu ganghennau yn tyfu ohono, e.e. *cangen llyfrgell; cangen o'r Urdd; cangen o ryw faes arbennig o wybodaeth* BRANCH
canghellor *hwn eg*
1 mewn nifer o wledydd dyma weinidog pwysicaf y wlad CHANCELLOR
2 swyddog uchel iawn yn y wladwriaeth neu yn y gyfundrefn gyfreithiol, e.e. Yr Arglwydd Ganghellor, y prif farnwr yn Nhŷ'r Arglwyddi CHANCELLOR
3 pennaeth swyddogion prifysgol CHANCELLOR
Canghellor y Trysorlys y gweinidog sy'n gyfrifol am y Trysorlys CHANCELLOR OF THE EXCHEQUER
canghennau *hyn ell* mwy nag un gangen [**cangen**]
caiac *hwn eg* (caiacau) math o ganŵ a ddefnyddir gan yr Esgimo KAYAK
caib *hon eb* (ceibiau) math o bicas ond bod iddi o leiaf un pen llydan ar gyfer torri tyweirch neu bridd yn hytrach na phen pigfain ar gyfer hollti pethau MATTOCK
gwaith caib a rhaw gwaith caled, corfforol

yn gaib gw. **meddw**
caiff *bf* mae ef/hi yn **cael**; bydd ef/hi yn **cael**
caill *hon eb* (ceilliau) un o ddwy aren (neu garreg) gŵr lle y cynhyrchir yr had sy'n cael eu defnyddio i ffrwythloni'r wyau y tu mewn i wraig TESTICLE
cain *a* coeth, hardd, gwych, prydferth, rhagorol, e.e. *y celfyddydau cain* FINE (ceined, ceinach, ceinaf, ceinder, ceinion)
cainc *hon eb* (ceinciau)
1 cangen, braich o bren yn tyfu o foncyff coeden BRANCH
2 israniad o gorff neu waith cyfan, cangen, e.e. *Pedair Cainc y Mabinogi* BRANCH
3 un llinyn neu edafedd o blith nifer wedi'u cyfrodeddu i wneud rhaff STRAND
4 alaw, tôn, cân, cerdd, yn arbennig yr alaw y gosodir darn o gerdd dant arni TUNE
5 ôl cangen mewn darn o bren, sydd yn debyg i fotwm o liw gwahanol yn y coed KNOT
Caint *enw lle* KENT
cais[1] *hwn eg* (ceisiadau)
1 ymdrech, cynnig, ymgais *(Clywn o hyd am ddringwyr yn cael eu lladd yn eu cais i ddringo mynyddoedd uchel.)* EFFORT, ATTEMPT
2 dymuniad, deisyfiad, cynnig, gofyniad, galwad *(Cyrhaeddodd cais Megan am y swydd ddiwrnod yn hwyr.)* REQUEST, APPLICATION
3 (hen ystyr) y chwilio am anturiaethau gan farchogion y Brenin Arthur QUEST
cais[2] *hwn eg* (ceisiau) sgôr mewn gêm o rygbi pan fydd chwaraewr o un tîm yn llwyddo i osod y bêl ar y ddaear y tu ôl i linell gais ei wrthwynebwyr TRY
cais[3] *bf* mae ef/hi yn **ceisio**; bydd ef/hi yn **ceisio**
cal:cala *hon eb* (caliau) aelod rhywiol allanol anifeiliaid gwrryw; pidyn, penis PENIS

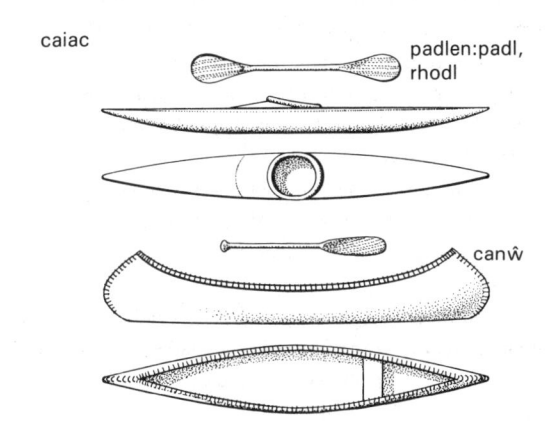

caiac — padlen:padl, rhodl

canŵ

a b c ch d dd e f ff g ng h i j (k) l ll m n o p ph r rh s t th u w y (z)

calan hwn *eg* diwrnod cyntaf y flwyddyn, neu ddiwrnod cyntaf tymor neu fis
  Calan Gaeaf 1 Tachwedd, Dydd Gŵyl yr Holl Saint, Glangaea' HALLOWE'EN, ALL SAINTS' DAY
  Calan Hen gw. **Hen Galan**
  Calan Mai:Clanmai:Clamai 1 Mai MAY DAY
  Dydd Calan (er 1752) 1 Ionawr NEW YEAR'S DAY
  Hen Galan dathliad arbennig yng Nghwm Gwaun a Llandysul yn Nyfed, y naill ar 13 Ionawr a'r llall ar 12 Ionawr, sef Dydd Calan yr hen galendr (cyn 1752)
  Nos Galan 31 Rhagfyr NEW YEAR'S EVE

calch hwn *eg*
  1 math o garreg neu graig wen a gafodd ei chreu ym more oes y byd, pan wasgwyd cregyn myrddiynau o greaduriaid mân at ei gilydd dan bwysau aruthrol; erbyn hyn ceir bryniau a mynyddoedd o galchfaen; mae marmor a sialc yn ddau fath o galchfaen LIME
  2 pan losgir calchfaen mae'n briwsioni ac yn troi'n bowdr gwyn—sef calch, sylwedd sy'n alcali ac a ddefnyddir i wneud sment, plastig, concrit ac ati; o'i gymysgu â dŵr mae'n berwi ac yn poeri ac yn ffurfio calch tawdd sy'n ddefnyddiol fel gwrtaith i'r tir LIME, CHALK

calchen hon *eb* calchfaen, carreg galch LIMESTONE
  yn wyn fel y galchen WHITE AS A SHEET

calchfaen hwn *eg* (calchfeini) carreg galch, calchen LIMESTONE (calch)

calchu *be*
  1 gwasgaru calch ar hyd y tir, gwrteithio neu drin tir â chalch TO LIME
  2 gwyngalchu, lliwio'n wyn (wal tŷ fel arfer) â chymysgedd o galch a dŵr TO WHITEWASH

caled *a*
  1 gair i ddisgrifio rhywbeth sydd heb fod yn feddal nac yn eiddil, sy'n anodd iawn ei blygu, ei bantio neu ei drywanu, e.e. dur, gwenithfaen; fe all rhywbeth fod yn galed heb fod yn gryf (e.e. gwydr) HARD
  2 garw, creulon, didostur, llym, digysur, anodd ei ddioddef *(Mae hi wedi bod yn aeaf caled iawn i'r rheini oedd heb lo.)* SEVERE
  3 astrus, anodd ei ddeall neu ei ddatrys neu ei gyflawni, e.e. *cwestiwn caled mewn arholiad* ABSTRUSE, DIFFICULT
  4 grymus, dygn, egnïol, e.e. *gwaith caled; gwthio'n galed* HARD
  5 (am ddŵr) yn cynnwys llawer o galch, ac felly'n gwneud sebon yn aneffeithiol ac yn gadael haen o galch y tu mewn i degelli HARD (caleted, caletach, caletaf, celyd)

mae'n galed arnaf (arnat, arno, arni etc.) mae bywyd yn anodd

Caledfwlch hwn *eg* enw cleddyf y Brenin Arthur EXCALIBUR

caledfwrdd hwn *eg* deunydd caled wedi'i wneud o ddarnau mân o bren wedi'u gwasgu'n fyrddau neu'n estyll llydain, tenau; caiff ei ddefnyddio fel pren ysgafn HARDBOARD

caledi hwn *eg* caledwch; (yn arbennig am fywyd) cyni, adfyd, creulondeb, diffyg cydymdeimlad HARDSHIP, ADVERSITY

caledu *be*
  1 mynd yn galed, troi'n galed *(Ymhen amser mae sment gwlyb yn caledu fel craig.)* TO HARDEN, TO SOLIDIFY
  2 crasu, sychu (ffurf y De) *(Ydy'r dillad wedi caledu eto?)* TO AIR
  3 mynd yn ddideimlad, troi'n ddidostur TO BECOME UNFEELING OR STUBBORN
  4 tymheru metel, twymo ac oeri (dur neu haearn fel arfer) nes iddo gyrraedd y caledwch angenrheidiol TO TEMPER

caledwch hwn *eg*
  1 y cyflwr o fod yn galed HARDNESS
  2 creulondeb, diffyg teimlad tuag at bobl neu anifeiliaid, llymder, gerwinder SEVERITY, CALLOUSNESS

caledwedd hwn *eg* rhannau peiriannol cyfrifiadur (e.e. bysellfwrdd, sgrin, argraffydd) o'u cymharu â'r meddalwedd HARDWARE

calendr hwn *eg* (calendrau)
  1 almanac, taflen sy'n dangos dyddiau, wythnosau a misoedd y flwyddyn ynghyd ag unrhyw wybodaeth am ddiwrnodau arbennig yn ystod y flwyddyn honno CALENDAR
  2 trefn y flwyddyn yn ôl digwyddiadau rhyw faes neu alwedigaeth arbennig, e.e. *calendr rasio ceffylau, calendr ysgol* CALENDAR (blwyddyn)

calennig hwn neu hon *egb* rhodd neu anrheg ar ddydd Calan; yng Nghymru mae yna arfer lle mae plant yn mynd o dŷ i dŷ yn hela calennig—y plentyn cyntaf i alw mewn tŷ sy'n cael yr anrheg (arian fel arfer) orau, yn arbennig os yw'r plentyn hwnnw'n fachgen â gwallt du (sy'n cael ei ystyried yn lwcus)

caletach:caletaf:caleted *a* mwy **caled**: mwyaf **caled**: mor galed [**caled**]

calibr hwn *eg*
  1 diamedr mewnol baril gwn neu ddryll CALIBRE
  2 maint bwled neu ffrwydryn sy'n cael ei saethu gan ddryll neu wn arbennig CALIBRE

calon

3 (yn ffigurol am bobl) pwysigrwydd, teilyngdod, rhagoriaeth CALIBRE

calon hon *eb* (calonnau)
1 y rhan fewnol o gorff anifeiliaid (gan gynnwys dyn) sy'n gwthio'r gwaed trwy'r gwythiennau a'r rhydwelïau HEART □ *corff* t.630
2 yr hen syniad oedd mai'r organ hwn oedd cartref y teimladau, yr enaid, yr ewyllys a'r deall—y pethau sy'n perthyn i'r ymennydd *(Mae'n ei charu â'i holl galon.)* HEART
3 canol, hanfod, rhuddin, craidd *(Pan siaradodd, llwyddodd i dynnu sylw ei gynulleidfa at galon y gwir. Calon afal.)* CORE, CENTRE
4 rhywbeth yr un ffurf â chalon (e.e. un o'r pedwar siâp ar wyneb pac o gardiau)
5 gwroldeb, dewrder, hyder *(Roedd llawer iawn mwy o galon yn chwarae'r tîm heddiw nag oedd ddydd Sadwrn diwethaf.)* SPIRIT

agos at fy (dy, ei etc.) nghalon yn golygu llawer, yn arbennig o hoff CLOSE TO ONE'S HEART
a'm ('th, 'i etc.) calon yn f'esgidiau yn drist, heb fawr o obaith WITH MY HEART IN MY BOOTS
a'm ('th, 'i etc.) calon yn fy ngwddf yn ofnus, yn nerfus WITH MY HEART IN MY MOUTH
codi calon gw. **codi**
o eigion calon:o ddyfnder calon gyda theimladau dyfnion a didwyll FROM THE BOTTOM OF (MY) HEART
teimlo ar fy (dy, ei etc.) nghalon teimlo bod yn rhaid imi
torri calon gw. **torri**
wrth fodd calon yn dderbyniol iawn TO ONE'S LIKING

calondid hwn *eg* codiad calon, ysbrydoliaeth *(Roedd ennill yn erbyn y tîm oedd ar frig yr adran yn galondid mawr i'r bechgyn.)* ENCOURAGEMENT

calonnog *a*
1 o'r galon, parod, brwd, diffuant, didwyll *(llongyfarchiadau calonnog)* HEARTY
2 mewn ysbryd da, gweld yr ochr orau IN GOOD HEART

calonocaf *a* mwyaf **calonnog** HEARTIEST

calonogi *be* codi calon, ysbrydoli, cefnogi TO HEARTEN, TO ENCOURAGE

calonogol *a* gair i ddisgrifio rhywbeth sy'n codi calon, sy'n rhoi gobaith, sy'n ysbrydoli HEARTENING, ENCOURAGING

calori hwn *eg* (caloriau)
1 uned i fesur faint o egni gwres sydd ei angen i godi tymheredd un gram o ddŵr un radd Celsius; (mae'n uned henffasiwn erbyn hyn) gw. **joule** CALORIE

2 uned a gaiff ei defnyddio i fesur yr egni sy'n bresennol mewn bwyd CALORIE (canradd)

calsiwm hwn *eg* metel ariannaidd; yr elfen gemegol bwysicaf mewn calch; y mae i'w gael hefyd mewn esgyrn a danedd CALCIUM

call *a* deallus, synhwyrol, pwyllog, craff, gwrthwyneb dwl; yn debyg i 'doeth' ond â'r pwyslais ar synnwyr cyffredin yn hytrach na dysg SENSIBLE, WISE

callestr hon *eb* (cellystr)
1 carreg galed iawn sy'n peri gwreichion os caiff ei tharo â dur neu haearn FLINT □ t.632
2 (yn ffigurol) rhywbeth caled, digysur, didostur FLINT

callineb hwn *eg* synnwyr, pwyll, doethineb, crafter PRUDENCE, WISDOM

callio *be* tyfu'n gallach, peidio â bod mor ddwl TO GET WISER

cam[1] hwn *eg* (camau)
1 y weithred o osod un droed o flaen y llall er mwyn cerdded neu redeg neu ddawnsio ac ati STEP
2 y pellter sydd rhwng y ddwy droed wrth gerdded neu redeg PACE
3 sŵn troed yn camu FOOTFALL
4 ôl troed FOOTPRINT
5 graddfa, cynnydd mewn datblygiad *(Mae'r prentis yn barod i symud ymlaen i gam nesaf y cwrs hyfforddi.)* STAGE

bob cam yr holl ffordd ALL THE WAY
cam a cham fesul cam STEP BY STEP
cam bras cam hir
cam ceiliog cam byr iawn
cam gwag camgymeriad FALSE STEP
camau breision (yn ffigurol) symud ymlaen yn sylweddol (TO MAKE) GOOD PROGRESS
o gam i gam fesul cam, un cam ar y tro STEP BY STEP

cam[2] hwn *eg* (camau) anghyfiawnder, gwall, trosedd, bai, niwed WRONG

achub cam gw. **achub**
ar gam yn annheg, heb fod yn gyfiawn UNJUSTLY
cael cam cael triniaeth annheg, anghyfiawn TO BE WRONGED
gwneud cam â gwneud drwg i (mewn ffordd anghyfiawn) TO WRONG
yn gam neu'n gymwys y naill ffordd neu'r llall RIGHTLY OR WRONGLY

cam[3] *a* crwca, crwm, bwaog, heb fod yn syth *(Mae'r rhes yna o silffoedd yn gam.)* BENT, CROOKED (ceimion)

cam...[4] *rhagddodiad* caiff ei ddefnyddio ar ddechrau gair i olygu anghywir, gwallus, cyfeiliornus, drwg, e.e. *camddeall,* deall yn anghywir; *cam-drin,* trin yn wael MIS...

cam⁵ hwn *eg* (camau) math o olwyn neu ran o olwyn sy'n cael ei defnyddio i newid cyfeiriad symudiad, e.e. o symudiad mewn cylch i symudiad lan a lawr neu symudiad yn ôl ac ymlaen CAM □ *camwerthyd*

camamseru *be*
1 (yn gyffredinol) gwneud rhywbeth ar yr adeg anghywir, amseru'n anghywir, e.e. *camamseru pàs mewn gêm bêl-droed* TO MISTIME
2 (ym maes hanes) gosod rhywbeth yn ei gyfnod hanesyddol anghywir, e.e. *Cydiodd y Brenin Arthur yn ei ddryll.* TO BE ANACHRONISTIC

camargraff hwn neu hon *egb* syniad anghywir FALSE IMPRESSION

camargraffiad hwn *eg* (camargraffiadau) gwall argraffu MISPRINT

camarwain *be* arwain ar gyfeiliorn, hyfforddi'n anghywir, peri camddealltwriaeth TO MISLEAD

camarweiniol *a* gair i ddisgrifio rhywbeth sy'n arwain ar gyfeiliorn, sy'n peri syniad anghywir MISLEADING

cambren hwn *eg* (cambrenni)
1 darn o bren neu fetel neu blastig wedi'i ffurfio i ddal cot a thrywsus, neu sgert, ac yna'i hongian mewn cwpwrdd COAT-HANGER
2 yn wreiddiol, y darn o bren y byddai mochyn yn cael ei grogi wrtho ar ôl iddo gael ei ladd, neu'r pren traws ar drol neu gerbyd yr oedd y ceffyl blaen yn cael ei fachu wrtho CAMBREL, SWINGLETREE

camdreiglo *be* treiglo'n anghywir, e.e. *merch phrydferth*

camdreuliad hwn *eg* diffyg traul, bwyd yn gwasgu ar y stumog ac yn achosi poen INDIGESTION

cam-drin *be* bod yn gas neu'n angharedig wrth rywun neu rywbeth; camddefnyddio; peidio â thrin mewn ffordd sensitif TO ILL-TREAT

camdybio:camdybied *be* tybio'n anghywir, credu neu farnu'n anghywir, camsynied TO MISCONCEIVE

camddeall *be* methu deall yn iawn, heb fod wedi clywed neu ddirnad yn iawn TO MISUNDERSTAND

camddealltwriaeth hwn *eg* camsyniad, deallwriaeth anghywir, methiant i ddeall yn iawn MISUNDERSTANDING

camddefnyddio *be* defnyddio'n anghywir, cam-drin TO MISUSE

camel hwn *eg* (camelod) un o ddau fath o anifail yr anialwch sydd â gwddf hir, cot o flew brown a chrwmp ar ei gefn i storio braster; dromedari yw'r camel ag un crwmp a ddefnyddir gan yr Arabiaid, a chamel Bactriaidd yw'r camel â dau grwmp sydd i'w gael yn Asia CAMEL □ *mamolyn*

camelion:cameleon hwn *eg* math o fadfall sy'n gallu newid lliw ei groen er mwyn ei wneud ei hun yn anodd ei weld CHAMELEON □ *ymlusgiaid*

camera hwn *eg* (camerâu) teclyn neu offeryn ar gyfer tynnu lluniau. Mae lens y camera'n canolbwyntio golau ar ffilm neu ddeunydd y tu mewn i'r camera; mae'r ffilm neu'r deunydd hwnnw'n ymateb i olau a chysgod, ac o'i drin â chemegion mae'n atgynhyrchu patrymau o oleuni a thywyllwch i greu llun/ffotograff. Mae rhai mathau o gamerâu yn tynnu lluniau llonydd ac eraill yn tynnu lluniau symudol (e.e. lluniau teledu) CAMERA □ *lens*

camfa hon *eb* (camfeydd) grisiau o bren (neu weithiau o gerrig) wedi'u codi'r naill ochr a'r llall i glawdd neu wal er mwyn i bobl fedru eu croesi; sticil STILE

camfarnu *be* barnu'n anghywir, cyrraedd casgliad anghywir neu dybio'n gyfeiliornus TO MISJUDGE

camfihafio *be* (am blentyn fel arfer) pallu gwrando nac ufuddhau, bod yn ddrwg neu'n ddrygionus, gwneud yr hyn na ddylai TO MISBEHAVE

camgymeraf *bf* rwy'n **camgymryd:** byddaf yn **camgymryd**

camgymeriad hwn *eg* (camgymeriadau) gwall, camsyniad, e.e. $1+1=3$ MISTAKE

camgymryd *be* camddeall, gwneud camgymeriad, dehongli'n anghywir, cymysgu rhwng pethau a derbyn y peth anghywir TO MISTAKE (camgymeraf)

camlas hon *eb* (camlesi)
1 math o afon wedi'i chreu gan ddyn; ffos ddofn, lydan wedi'i hagor gan ddyn i gysylltu afonydd neu foroedd er mwyn i longau neu gychod fedru teithio ar ei hyd, e.e. *camlas Llangollen, camlas Suez* CANAL
2 ffos neu sianel wedi'i hagor er mwyn cario dŵr i dir sych a'i wneud yn ffrwythlon CHANNEL

camocs:ciamocs hyn *ell* pranciau, castiau, jôcs, ystrywiau, gamocs, giamocs PRANKS, CAPERS

camochri *be* mewn gêmau pêl rhwng dau dîm mae yna reolau manwl ynglŷn â pha le y mae'n gyfreithlon i chwaraewr drin y bêl a pha le y mae'n anghyfreithlon; trin neu ddilyn y bêl mewn man anghyfreithlon y mae'r chwaraewr sy'n camochri TO BE OFFSIDE

camp hon *eb* (campau)
1 gorchest, gwrhydri, gorchwyl sy'n gofyn llawer o ddysg neu wroldeb a dyfalbarhad i'w gyflawni, e.e. *camp Albert Schweitzer yn codi ysbyty yn Lambarene* FEAT
2 chwarae neu gystadleuaeth athletaidd sy'n gofyn am fedr a chryfder, e.e. *y campau Olympaidd* FEAT, GAME
3 y wobr a geir am ennill gornest neu fuddugoliaeth mewn chwaraeon, e.e. *Y Gamp Lawn*, sef maeddu neu

campfa | **caneuon**

guro pob gwrthwynebydd mewn tymor rygbi rhyngwladol THE GRAND SLAM
camp a rhemp y da a'r drwg; rhagoriaeth a gwendid
camp (i mi, i ti etc.) geiriau sy'n cael eu defnyddio i herio rhywun i wneud rhywbeth *(Camp iti neidio dros yr afon yna!)* (1) DARE (YOU) TO
tan gamp gwych, rhagorol FIRST RATE
campfa *hon eb* (campfeydd) lle (adeilad arbennig fel arfer) i ymarfer a chynnal arddangosfeydd o gampau corfforol neu gêmau dan do GYMNASIUM, STADIUM
campus *a* gair i ddisgrifio rhywbeth sydd wedi bod yn gamp i'w gyflawni; ardderchog, rhagorol, gwych, medrus, deheuig, penigamp, gorchestol EXCELLENT, SPLENDID
campwaith *hwn eg* (campweithiau) gorchest, gwaith gorau meistr ar ei grefft MASTERPIECE
campwr *hwn eg* (campwyr) un sy'n cymryd rhan mewn campau; chwaraewr neu gystadleuydd mewn maes lle y mae gofyn cyflawni campau i ennill; arwr, meistr ar ei grefft CONTENDER, CHAMPION, EXPERT
camre *hwn eg* ôl traed, rhes o gamau, cerddediad, siwrnai FOOTSTEPS
camrifo *be* gwneud camgymeriad wrth rifo TO MISCOUNT
camsefyll *be* sefyll mewn man anghywir, yn arbennig mewn gêmau neu chwaraeon, gw. hefyd **camochri** TO BE OFFSIDE, TO BE OUT OF POSITION
camsyniad *hwn eg* (camsyniadau) camgymeriad, gwall, syniad anghywir neu gyfeiliornus, camddealltwriaeth MISCONCEPTION, ERROR, MISTAKE
camsynied:camsynio:camsynnu *be* camgymryd, camddeall, meddwl yn anghywir neu'n gyfeiliornus TO MISTAKE
camu¹ *be* cerdded â chamau pendant, mesur fesul cam, cerdded neu lamu dros rywbeth TO STEP, TO PACE
camu² *be* plygu, gwyro, crymu *(Trawodd y bar â'r fath ergyd nes camu'r dur.)* TO BEND, TO DISTORT
camwedd *hwn eg* (camweddau) bai, pechod, drygioni, gweithred ddrwg, trosedd MISDEED, TRANSGRESSION
camwerthyd *hon eb* rhoden neu siafft mewn peiriant sy'n cael ei gweithio gan ddarn hanner cylch o fetel (y cam) er mwyn newid cyfeiriad symudiad peiriannol CAMSHAFT

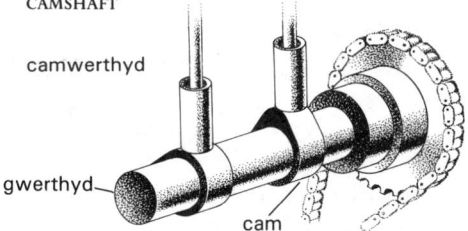

camwerthyd
gwerthyd
cam

camwri *hwn eg* cam, drwg, niwed anghyfiawn, trais, anghyfiawnder WRONG
camymddwyn *be* ymddwyn yn anweddus, bihafio'n ddrwg, camfihafio TO MISBEHAVE
camymddygiad *hwn eg* ymddygiad anweddus, drygioni MISBEHAVIOUR
can¹ *hwn eg* blawd gwyn, fflŵr FLOUR (blawd)
can² *hwn eg* (caniau) bocs tun arbennig y mae bwyd neu ddiod yn cael ei selio ynddo ar ôl cael gwared ar yr aer, er mwyn iddo gadw heb ddifetha am gyfnod hir CAN
can³ *ardd* gw. **gan**
can⁴ *rhifol* fel yn *can mlynedd, canpunt*, cant HUNDRED
can diolch diolch yn fawr iawn MANY THANKS
cân *hon eb* (caneuon)
 1 fel arfer, darn arbennig o gerddoriaeth, ynghyd â geiriau, i'w ganu gan lais neu leisiau SONG
 2 darn o farddoniaeth, neu eiriau sydd wedi'u cyfansoddi ar gyfer eu canu POEM, LYRIC
 3 cyfres o nodau, neu sŵn nodweddiadol aderyn, e.e. *cân y ceiliog* SONG
cân werin cân draddodiadol (nad oes neb yn gwybod pwy a'i cyfansoddodd) FOLK-SONG
diwedd y gân gw. **diwedd**
diwedd y gân yw'r geiniog gw. **diwedd**
canadwy *a* gair i ddisgrifio rhywbeth sy'n addas i'w ganu neu sy'n hawdd ei ganu SINGABLE
canawon *hyn ell* cenawon, mwy nag un **cenau**
cancr *hwn eg*
 1 tyfiant niweidiol o fewn y corff sy'n gallu lledu a pheri poen a marwolaeth CANCER
 2 briw neu niwed wedi'i beri gan afiechyd ar gorff dynion ac anifeiliaid neu ar risgl coed a phlanhigion CANCER
candryll *a* gair i ddisgrifio:
 1 rhywbeth wedi'i falu, sy'n yfflon, sy'n chwilfriw SHATTERED
 2 rhywun o'i go', crac, wedi colli'i dymer yn llwyr, cynddeiriog FURIOUS
caneri *hwn eg* (caneris) aderyn bach melyn a ddaeth yn wreiddiol o Ynysoedd y Caneri (yr Ynysoedd Dedwydd) yng Nghefnfor Iwerydd, ac a gedwir fel aderyn anwes oherwydd ei fod yn canu mor bert; byddai gweithwyr dan ddaear yn arfer mynd â chaneri gyda hwy i brofi a oedd nwy yn bresennol, gan y byddai'r caneri yn mynd yn anymwybodol o effaith y nwy cyn iddo gael effaith ar y dynion CANARY
(dim) gobaith caneri gw. **gobaith**
caneuon *hyn ell* mwy nag un gân [**cân**]

a b c ch d dd e f ff g ng h i j (k) l ll m n o p ph r rh s t th u w y (z)

canfasio *be* mynd o gwmpas yn ceisio cefnogaeth, pleidleisiau, archebion ac ati; yn arbennig mynd o dŷ i dŷ i ofyn am bleidleisiau mewn etholiad, neu ofyn i gynghorydd (neu berson mewn awdurdod) gefnogi'ch cais am swydd TO CANVASS

canfed[1] *a* gair i ddisgrifio'r olaf mewn cyfres o gant neu rif 100 mewn rhestr o fwy na chant HUNDREDTH

canfed[2] *eg* hwn (canfedau) un rhan o rywbeth sydd wedi'i rannu yn gant o rannau *(Roedd y sgïwr wedi trechu'r lleill o ddau ganfed ran o eiliad.)* HUNDREDTH

ar ei ganfed
1 wedi cynyddu ganwaith HUNDREDFOLD
2 (yn ffigurol) llwyddo'n eithriadol

canfod *be* gweld, dirnad, amgyffred, deall, gweld rhywbeth a fu'n aneglur neu'n anweledig cyn hynny TO PERCEIVE, TO DISCERN (canfydd, cenfydd)

canfodydd hwn *eg* peiriant sy'n gallu darganfod neu ynysu pethau nad yw dynion yn gallu'u gweld neu'u profi, e.e. *canfodydd metel, canfodydd celwyddau* DETECTOR

canfydd *bf* mae ef/hi yn **canfod**; bydd ef/hi yn **canfod**

cangarŵ hwn *eg* (cangarŵod:cangarwiaid) y marswpial (sef mamal â chod arbennig i gludo'i rai bach) mwyaf ei faint, sy'n byw yn Awstralia; mae'n hynod am ei allu i neidio KANGAROO □ *mamolyn*

canhwyllarn:canhwyllbren hwn *eg* (canwyllbrennau) llestr neu declyn o fetel (gan amlaf) i ddal cannwyll neu ganhwyllau CANDLESTICK

canhwyllarn, canhwyllbren

canhwyllau hyn *ell* mwy nag un gannwyll [**cannwyll**]

caniad hwn *eg* (caniadau) y weithred o ganu neu o seinio offeryn SINGING, SOUNDING

caniad ceiliog COCK-CROW
caniad corn SOUNDING OF A HORN
caniad ffôn RING, A TELEPHONE CALL

caniadaeth hon *eb* cerddoriaeth, miwsig, yn arbennig cerddoriaeth leisiol MUSIC, SINGING

caniadaeth y cysegr cerddoriaeth grefyddol (e.e. salmau, emynau, anthemau ac ati) SACRED MUSIC

caniatâd hwn *eg* hawl, y weithred o gydsynio, trwydded *(Cefais ganiatâd y perchennog i bysgota'r afon.)* PERMISSION

caniataol *a* gair i ddisgrifio rhywbeth sydd wedi'i ganiatáu, neu sydd yn caniatáu GRANTED

cymryd yn ganiataol derbyn fel rhywbeth sydd wedi cael ei brofi neu sy'n debygol iawn o fod yn wir TO TAKE FOR GRANTED

caniatáu *be* gadael i, rhoi hawl i, awdurdodi, rhoi caniatâd i TO PERMIT

caniateais *bf* fe wnes i ganiatáu [**caniatáu**]

caniatei *bf* rwyt ti'n **caniatáu**; byddi di'n **caniatáu**

canibal hwn *eg* (canibaliaid:canibalyddion) dyn sy'n bwyta cnawd ei gyd-ddyn; unrhyw greadur sy'n bwyta cnawd creadur o'r un rywogaeth ag ef ei hun CANNIBAL

canibaliaeth hon *eb* yr arfer gan rai llwythau cyntefig o fwyta cnawd dynol CANNIBALISM

caniedydd hwn *eg*
1 (anarferol erbyn hyn) canwr, un sy'n canu SINGER
2 awdur geiriau caneuon LYRICIST

y Pêr Ganiedydd teitl a roddir ar yr emynydd William Williams, Pantycelyn (1717-91)

canlyn *be*
1 dilyn, dod ar ôl, digwydd ar ôl rhywbeth fel effaith neu yn ôl trefn amser neu leoliad *(fel y mae'r nos yn canlyn y dydd)* TO FOLLOW
2 caru, cadw cwmni mewn carwriaeth *(Mae Dewi a Mair wedi bod yn canlyn er y Nadolig.)* TO COURT

canlyn arni dilyn ymlaen; dal ati

canlyn march yr hen arfer o deithio'r wlad â march gan alw ar ffermydd lle'r oedd cesig ond nid march

canlyniad hwn *eg* (canlyniadau)
1 y marciau neu'r dyfarniad sy'n cael eu rhoi ar ddiwedd arholiad neu archwiliad RESULT
2 casgliad neu effaith anochel cyfres o bethau sydd wedi digwydd *(Nid yw'r person sydd wedi torri'r ffenestr yn barod i gyfaddef hynny, ac o ganlyniad bydd rhaid i bawb yn y dosbarth gyfrannu at y gost.)* CONSEQUENCE
3 casgliad y mae rhywun yn dod iddo ar ôl rhesymu CONCLUSION

canlynol *a* dilynol, olynol (mewn trefn), yn dilyn FOLLOWING

canllath hyn *ell* cant o lathenni neu o latheidiau HUNDRED YARDS

canllaw *hwn neu hon egb* (canllawiau)
1 (yn wreiddiol) rheilen yn ymyl grisiau neu ddibyn y gallech gydio ynddi rhag syrthio neu fel cymorth i ddringo HANDRAIL
2 (yn amlach erbyn hyn) awgrym cyffredinol nad yw mor gaeth â rheol, i helpu person i wneud rhywbeth, e.e. *canllawiau ynglŷn â gwisg ysgol* GUIDE-LINE

canmil *rhifol* fel yn *canmil gwell* llawer iawn iawn gwell A HUNDRED THOUSAND

canmlwyddiant *hwn eg* dathliad pen blwydd yn gant oed CENTENARY

canmol *be*
1 rhoi clod i, moli, cymeradwyo, clodfori, dweud bod rhywun neu rywbeth yn dda iawn TO PRAISE
2 fel yn *canmol anifail*, esmwytho, rhoi da iddo TO PAT

canmol i'r cymylau canmol yn fawr iawn TO PRAISE TO THE SKIES

canmoladwy *a* gair i ddisgrifio rhywun neu rywbeth sy'n haeddu canmoliaeth, sy'n deilwng o glod COMMENDABLE, PRAISEWORTHY

canmoliaeth *hon eb* (canmoliaethau) clod, cymeradwyaeth, moliant PRAISE

cannaid *a* gwyn, disglair, gloyw, pur, glân, wedi'i gannu SHINING WHITE

cannoedd *hyn ell* mwy nag un **cant**

cannu *be* (am ddefnydd neu frethyn fel arfer) golchi'n wyn a glân ac yna ei adael yn yr haul i sychu a chrasu; gwynnu TO BLEACH

cannwyll *hon eb* (canhwyllau) bys hir o wêr neu gŵyr â phabwyr neu linyn trwy ei ganol y gallwch ei gynnau er mwyn cael golau CANDLE

cannwyll gorff yn llên gwerin Cymru, goleuni cannwyll sy'n cael ei dal gan ysbrydion, ac sy'n rhybudd o farwolaeth i'r sawl sy'n ei gweld CORPSE CANDLE

Can(n)wyll y Cymry teitl llyfr o benillion crefyddol i addysgu'r werin gan y Ficer Rhys Prichard (1579-1644)

cannwyll y llygad
1 canol y llygad, y cylch du ym myw'r llygad PUPIL
2 (yn ffigurol) rhywbeth y mae ei berchennog yn arbennig o ofalus yn ei gylch, sy'n cael ei garu'n angerddol *(Y babi newydd oedd cannwyll llygad ei fam.)* APPLE OF THE EYE

dal cannwyll (i rywun) fe'i defnyddir mewn ffordd negyddol—*nid yw rhywun yn gallu dal cannwyll i rywun arall*, sef cymharu â nhw, bod cystal â nhw TO HOLD A CANDLE TO

llosgi'r gannwyll yn y ddau ben bod wrthi'n hwyr y nos ac yn gynnar y bore heb ddigon o orffwys TO BURN THE CANDLE AT BOTH ENDS

cannydd *hwn eg* (canyddion) sylwedd cemegol sy'n cael ei ddefnyddio i gannu, i droi rhywbeth yn wyn BLEACH

canol[1] *hwn eg*
1 mewn cylch, yr unig fan sydd yn union yr un pellter bob tro oddi wrth unrhyw bwynt ar ymyl y cylch hwnnw; mewn llinell, neu o ran lle, amser, etc., hanner ffordd rhwng dau eithaf neu rhwng dechrau a diwedd; y pwynt sy'n rhannu rhywbeth yn ddwy ran gyfartal CENTRE □ *cylch*
2 perfedd, craidd, rhan fewnol *(Cyrhaeddodd adref a'i gael ei hun yng nghanol yr helynt.)* MIDDLE
3 gwasg, canol y corff *(Syrthiodd i'r dŵr hyd at ei ganol.)* WAIST

ar ganol hanner ffordd trwy, yng nghanol IN THE MIDDLE OF

canol dydd deuddeg o'r gloch y bore pan fydd yr haul yn ei anterth; hanner dydd MIDDAY

canol llonydd y man sy'n union yng nghanol cylch DEAD CENTRE

canol nos deuddeg o'r gloch y nos, hanner nos MIDNIGHT

canol oed y cyfnod rhwng ieuenctid a henaint, rhwng tua deugain a thrigain oed MIDDLE AGE

yn ei chanol hi yng nghanol helynt neu bentwr o waith UP TO ONE'S EYES

canol[2] *a* gair i ddisgrifio rhywbeth wedi'i amgylchynu fel canol cylch; ond, fel arfer, rhywbeth sy'n gorwedd rhwng dau eithaf, rhwng dau ben sy'n bell oddi wrth ei gilydd *(Mewn gwleidyddiaeth, polisïau'r tir canol yw'r rhai sy'n gorwedd rhwng polisïau eithafol y chwith chwyldroadol a pholisïau eithafol y dde geidwadol.)* MID, MIDDLE

canolbarth *hwn eg* (canolbarthau) ardaloedd neu diroedd yng nghanol gwlad, e.e. *canolbarth Cymru, canolbarth Lloegr* MIDLANDS

canolbwynt *hwn eg* (canolbwyntiau) man canol, craidd, ffocws ESSENCE, FOCUS

canolbwyntio *be* rhoi sylw arbennig i graidd neu galon testun neu destunau, bod yn hollol effro i beth bynnag sy'n cael sylw, hoelio sylw ar beth arbennig gan anghofio popeth arall TO CONCENTRATE

canoldir *hwn eg* (canoldiroedd)
1 tir yng nghanol gwlad, tir sy'n bell o'r môr INLAND REGION
2 ardal ddaearyddol arbennig o gwmpas y Môr Canoldir MEDITERRANEAN

canolfan *hwn neu hon egb* (canolfannau) man canolog, man arbennig lle y mae llawer o bethau neu bobl yn dod

canoli

ynghyd am reswm arbennig, e.e. *canolfan siopa, canolfan ieuenctid* CENTRE

canolfan hamdden adeilad neu adeiladau wedi'u codi ar gyfer gwneud pethau megis nofio, chwarae sboncen ac ati yn ystod oriau hamdden LEISURE CENTRE

canoli *be*
1 tynnu nifer o bethau i un pwynt (canolfan), yn arbennig awdurdod neu gyfrifoldeb; gwrthwyneb datganoli TO CENTRALIZE
2 cymodi TO MEDIATE

canolig *a*
1 gair i ddisgrifio rhywbeth sydd yn y canol rhwng dau eithaf o ran lle, maint, ansawdd, cyflwr; gweddol, cymedrol, go lew MIDDLING, MODERATE
2 rhywbeth nad yw'r naill beth na'r llall; diddrwg didda, niwtral, glastwraidd MEDIOCRE

canoloesoedd *hyn ell* yr Oesoedd Canol, cyfnod arbennig yn hanes Ewrop rhwng diwedd yr Oesoedd Tywyll a dechrau'r Dadeni Dysg, o tua'r 11eg ganrif hyd y 15fed ganrif THE MIDDLE AGES

canoloesol *a* gair i ddisgrifio rhywbeth neu rywun sy'n perthyn i'r cyfnod rhwng yr 11eg ganrif a'r 15fed ganrif neu sy'n nodweddiadol o'r cyfnod hwnnw MEDIEVAL

canolog *a*
1 yn y canol o ran amser neu le (*Roedd y siop yn llwyddo oherwydd ei safle canolog yn y dref.*) CENTRAL
2 hanfodol, sylfaenol (*Ei ddadl ganolog oedd bod pawb yn dioddef yn y ras i grynhoi arfau niwclear.*) BASIC

canolwr *hwn eg* (canolwyr)
1 un sy'n ceisio cymodi rhwng dwy ochr, sy'n ceisio cael tir cyffredin rhwng dau eithaf, sy'n ceisio torri dadl INTERMEDIARY, MEDIATOR
2 mewn busnes, masnachwr sy'n prynu oddi wrth gynhyrchydd bwyd neu nwyddau, ac yna'n gwerthu'r cynnyrch am elw i rywun arall MIDDLEMAN
3 mewn gêmau tîm, person sydd yn chwarae yng nghanol y maes CENTRE □ *rygbi*
4 rhywun sydd yn barod i roi'i farn am eich cymeriad a safon eich gwaith i rai sydd yn eich ystyried ar gyfer swydd REFEREE

canon¹ *hwn neu hon egb* (canonau)
1 cyfraith neu ddeddf eglwysig, neu gorff o gyfraith yr Eglwys CANON (LAW)
2 rhestr safonol o lyfrau'r Beibl sy'n cael eu derbyn gan yr Eglwys, neu restr swyddogol o'r saint sy'n cael eu cydnabod gan yr Eglwys CANON
3 yn fwy cyffredinol, rhestr safonol o waith awdur CANON
4 (mewn cerddoriaeth) math o dôn gron, e.e. 'Ble mae Daniel', lle mae'r un alaw yn cael ei chanu gan fwy nag un llais neu offeryn, gyda phob llais (offeryn) yn cychwyn ar adeg wahanol ond eto'r cyfan yn cynganeddu'n swynol CANON

canon² *hwn eg* (canoniaid) offeiriad â swyddogaeth arbennig mewn eglwys gadeiriol CANON

canon³ *hwn eg* (canonau) yn wreiddiol, math o wn nerthol henffasiwn yr oedd yn rhaid ei sicrhau naill ai i'r ddaear neu ar ei gerbyd cyn ei danio; erbyn hyn, gelwir gynnau awyren yn ganonau; cyflegr CANNON

canradd *a* gair i ddisgrifio mesur sydd wedi'i rannu'n gant o raddau; fel arfer mae'n disgrifio system i fesur tymheredd (e.e. yn system Celsius mae cant o raddau'n cael eu pennu rhwng tymheredd rhewi dŵr a'i dymheredd berwi—mae rhewbwynt dŵr yn 0 gradd canradd (0° C) a'r berwbwynt yn 100 gradd canradd (100° C)) CENTIGRADE

canran *hon eb* (canrannau) y ganfed ran; rhan o gant; ffordd o ddangos cyfartaledd neu o ddangos y berthynas rhwng maint nifer o rannau trwy dderbyn mai 100 fyddai eu cyfanswm PER CENT, PERCENTAGE

canrif *hon eb* (canrifoedd) cyfnod o gant o flynyddoedd CENTURY

cans *cysylltair* talfyriad o **canys** oherwydd, o achos BECAUSE

cansen *hon eb* (cansennau:cansenni)
1 gwialen, ffon, yn arbennig y ffon a oedd yn cael ei defnyddio gan athrawon i guro plant CANE
2 coes llyfn, caled rhai mathau o wellt tal megis bambŵ CANE

canser:cansar *hwn eg* cancr, tyfiant niweidiol o fewn y corff sy'n gallu lledu a pheri poen a marwolaeth CANCER

canslo *be*
1 rhoi'r gorau i gynlluniau sydd ar y gweill, e.e. *canslo gêm o rygbi* TO CANCEL
2 diddymu, dirymu (*Canslodd ei harcheb am y glo.*) TO CANCEL
3 gosod marc arbennig ar stamp post fel na ellir ei ailddefnyddio TO CANCEL
4 (mewn mathemateg) bod dwy ochr hafaliad, neu ddau rif ffracsiwn, yn gallu cael eu rhannu â'r un rhif neu swm (*A ellir canslo 4 x y = 6 x z ag unrhyw beth?*) TO CANCEL

cant¹:can *hwn eg* (cannoedd)
1 100, deg deg, pump ugain HUNDRED
2 cant a deuddeg o bwysi, e.e. *cant o lo* HUNDREDWEIGHT (gw. Atodiad III t.604)

Sylwch: 'can' yw'r ffurf arferol o flaen enw; mae'n achosi treiglad trwynol yn 'blwydd', 'blynedd' a 'diwrnod', e.e. *can mlynedd*.

cant

y cant %; ffordd o gyflwyno maint neu rif mewn perthynas â chyfanswm o gant *(Mae tua 20% o'r aer yr ydym yn ei anadlu yn ocsygen.)* PER CENT

can diolch gw. **can⁴**

cant a mil nifer mawr o bethau A HUNDRED AND ONE

cant y cant yn llwyr, yn gyfan gwbl ONE HUNDRED PER CENT

hen gant gw. **hen**

cant² *bf* fel yn yr ymadrodd *Taliesin a'i cant*, hen ffurf ar **canodd**

cantel *hwn eg* ymyl het; cylch allanol BRIM, RIM

cantîn *hwn eg* ffreutur; lle bwyta i'r rhai sy'n gweithio mewn sefydliad arbennig, megis ffatri neu ysgol CANTEEN

cantores *hon eb* gwraig sy'n canu FEMALE SINGER

cantorion *hyn ell* mwy nag un cantor (sef canwr neu gantores)

cantref *hwn eg* (cantrefi) un o hen adrannau gweinyddol Cymru, yn cynnwys dau gwmwd neu ragor a thua chant o drefi neu ffermydd mawrion HUNDRED □ t.633

Cantre'r Gwaelod y cantref ym Mae Ceredigion a foddwyd gan y môr yn ôl y chwedl am Gwyddno Garanhir a Seithenyn

cantroed *hwn eg* (cantroediaid) math o drychfilyn â llawer iawn o draed sy'n debyg i ymlusgiad CENTIPEDE

canu¹ *be*

1 (am bobl neu adar) cynhyrchu cyfres o seiniau cerddorol â'r llais TO SING

2 unrhyw synau soniarus sy'n cael eu cynhyrchu gan rywbeth (e.e. tecell, afon) TO SING

3 synau (nad ydynt yn gerddorol) sy'n dod o'r frest oherwydd prinder anadl *(Mae ei frest yn canu ar ôl cerdded i fyny'r rhiw.)* TO WHEEZE

4 cynhyrchu seiniau cerddorol ar offeryn cerddorol, e.e. *canu'r ffidil, canu'r organ* TO PLAY

5 cyfansoddi barddoniaeth, yn enwedig i rywun arbennig neu ar destun arbennig *(Canodd y Prifardd Dic Jones awdl enwog i'r Cynhaeaf.)* TO COMPOSE POETRY (ceni, cenais)

canu cloch atgoffa, sbarduno atgof TO RING A BELL

canu clod canmol, talu teyrnged, clodfori TO PRAISE

canu cnul canu cloch eglwys yn araf ar adeg angladd TO TOLL

canu corn swnio corn car TO TOOT THE HORN

canu grwndi sŵn cath pan fydd yn fodlon TO PURR

canu'n iach dweud ffarwél TO BID FAREWELL

codwr canu gw. **codwr**

cythraul (y) canu gw. **cythraul**

dan ganu gwneud rhywbeth a chanu'r un pryd; gwneud rhywbeth yn ddidrafferth

dos/cer i ganu dos/cer o'ma PUSH OFF

wedi canu ar mae hi ar ben (arnaf, arnat etc.), dim gobaith i chi *(Os cewch eich dal heb eich tei yn ein hysgol ni, mae hi wedi canu arnoch chi.)* TO BE SUNK

canu² *hwn eg*

1 darn o farddoniaeth, e.e. *canu caeth*, barddoniaeth gynganeddol; *canu rhydd*, barddoniaeth heb gynghanedd POEM

2 cyfres o seiniau cerddorol a gynhyrchir â'r llais (THE) SINGING

canŵ *hwn eg* (canŵs) cwch hir, main, ysgafn sy'n cael ei yrru â rhodlau CANOE □ *caiac*

canwaith *adf* cant o weithiau

canwr *hwn eg* (canwyr)

1 un sy'n defnyddio'i lais i ganu SINGER

2 un sy'n canu cloch neu offeryn cerdd PLAYER

canwriad *hwn eg* (canwriaid) swyddog yn y Fyddin Rufeinig a oedd yn gyfrifol am 80 neu gant o filwyr CENTURION

canwyllbrennau *hyn ell* mwy nag un **canhwyllbren**

canyddion *hyn ell* mwy nag un **cannydd**

canys:cans cysylltair gan mai, oherwydd, oblegid, o achos (mae'n swnio braidd yn henffasiwn erbyn hyn) SINCE, BECAUSE

cap *hwn eg* (capiau)

1 gorchudd neu wisg feddal, syml i'r pen, nad yw mor ffurfiol â het CAP

2 mae chwaraewr yn ennill cap er anrhydedd pan gaiff ei ddewis i chwarae i dîm arbennig neu dros ei wlad *(Enillodd Gareth Edwards 53 o gapiau wrth chwarae rygbi dros Gymru.)* CAP

3 gorchudd neu gaead arbennig i lestr, e.e. *cap potel o laeth* CAP

4 ffrwydryn papur ar gyfer drylliau tegan CAP

capan *hwn eg* (capanau)

1 cap bach CAP

2 trawst, darn o bren neu garreg sy'n pontio drws ac sy'n cynnal yr hyn sydd wedi'i adeiladu uwch ei ben LINTEL

capel *hwn eg* (capeli)

1 eglwys fechan lle mae cynulleidfa breifat yn addoli, e.e. *capel coleg* neu *gapel carchar*; neu, weithiau, ran o eglwys gadeiriol wedi'i neilltuo ar gyfer gwasanaethau preifat. Y capel cyntaf oedd yr adeilad sanctaidd lle cadwyd mantell neu glogyn *(capella* yn Lladin) Martin Sant, Esgob Tours yng ngogledd Ffrainc tua'r flwyddyn OC 400 CHAPEL

2 addoldy yr Ymneilltuwyr, e.e. *capel y Methodistiaid, capel yr Annibynwyr* CHAPEL

capelwr hwn *eg* (capelwyr) un sy'n mynychu cyfarfodydd mewn addoldy Ymneilltuol yn rheolaidd CHAPEL-GOER

caplan hwn *eg* (caplaniaid)
  1 offeiriad neu weinidog sy'n gofalu am goleg, ysbyty, carchar ac ati CHAPLAIN
  2 offeiriad sy'n gwasanaethu'n swyddogol gyda'r lluoedd arfog CHAPLAIN

capsiwl hwn *eg* (capsiwlau)
  1 math o ddiwb bach yn cynnwys moddion CAPSULE
  2 y rhan honno o long ofod y mae'r gofodwyr yn eistedd ynddi, rhan sy'n gallu cael ei rhyddhau o'r roced sy'n ei gyrru CAPSULE

capten hwn *eg* (capteiniaid)
  1 y swyddog sy'n gyfrifol am long neu awyren CAPTAIN
  2 swyddog yn y fyddin CAPTAIN
  3 pennaeth ar dîm, e.e. *capten tîm rygbi, capten tîm cwis* CAPTAIN

car hwn *eg* (ceir) yn wreiddiol, sled, cerbyd, cert; ond erbyn heddiw, modur, sef cerbyd (â phedair olwyn—tair weithiau—ac injan) a gynlluniwyd ar gyfer cludo tua phedwar o bobl gan gynnwys gyrrwr CAR

car

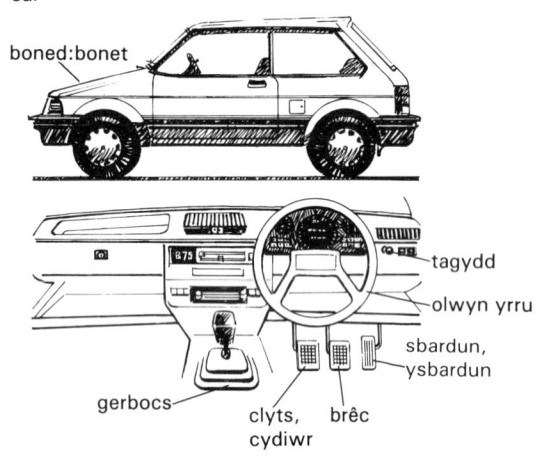

boned:bonet

tagydd
olwyn yrru
sbardun, ysbardun
gerbocs
clyts, cydiwr
brêc

car llusg cerbyd heb olwynion a gaiff ei lusgo gan geffyl, neu gerbyd tebyg ar gyfer llithro ar eira SLEDGE

car rasio car arbennig wedi'i gynllunio i gystadlu â cheir tebyg am y cyflymaf RACING CAR

carafán hon *eb* (carafannau)
  1 cwmni o deithwyr neu farsiandïwyr yn cyd-deithio er mwyn diogelu'i gilydd CARAVAN
  2 math o dŷ pren ar olwynion y byddai sipsiwn yn byw ynddo ac a fyddai'n cael ei dynnu gan geffyl CARAVAN
  3 cerbyd modern tebyg sy'n cael ei dynnu gan gar, lorri ac ati neu'n cael ei barcio'n barhaol mewn man arbennig CARAVAN

carbohydrad hwn *eg* (carbohydradau) cyfuniad cemegol o garbon, ocsygen a hydrogen sy'n gallu bwydo'r corff ag ynni (egni) (e.e. siwgr); gan amlaf sonnir am garbohydrad fel ffynhonnell ynni mewn bwydydd megis teisennau, llaeth ac ati, sy'n gallu arwain at orbwysau mewn pobl CARBOHYDRATE

carbon hwn *eg* un o'r elfennau cemegol nad ydynt yn fetelau; fe'i ceir mewn ffurf bur fel diemwnt a golosg, ac mewn ffurf amhur fel glo a huddygl; mae popeth byw wedi'i wneud o ddefnyddiau sy'n cynnwys carbon CARBON

carbon deuocsid hwn *eg* nwy trwm heb arogl na lliw sydd i'w gael yn yr aer, ac sy'n cael ei ffurfio pan losgir unrhyw danwydd yn cynnwys carbon CARBON DIOXIDE

carburedur hwn *eg* y rhan honno o beiriant petrol sy'n cymysgu aer a phetrol i greu'r nwy ffrwydrol sydd, wrth losgi, yn rhoi ei ynni i'r peiriant CARBURETTOR

carbwl *a* clogyrnaidd, lletchwith, trwstan, bratiog, cymysglyd CLUMSY

carcio:carco *be* (gair y De) gofalu am, gwylio dros, gwarchod, pryderu ynghylch; bod yn ddarbodus ac yn ofalus (yn arbennig ag arian neu eiddo) TO TAKE CARE

carcus *a* gofalus, gwyliadwrus, darbodus (yn arbennig ag arian neu eiddo), cynnil CAREFUL

carchar hwn *eg* (carcharau)
  1 adeilad mawr cyhoeddus, lle mae troseddwyr yn cael eu cadw'n gaeth; jêl, dalfa JAIL, GAOL
  2 unrhyw fan lle y mae person neu anifail yn cael ei gaethiwo PRISON

carchariad hwn *eg*
  1 y weithred o osod mewn carchar IMPRISONMENT
  2 y cyfnod y mae person yn ei dreulio mewn carchar INTERNMENT

carcharor hwn *eg* (carcharorion) person sydd wedi'i gaethiwo mewn carchar, rhywun sydd wedi cael ei anfon i garchar am ei droseddau PRISONER, CAPTIVE

carcharu *be* gosod mewn carchar, caethiwo mewn carchar, cymryd i'r ddalfa, cloi mewn cell TO IMPRISON

cardbord:cardfwrdd hwn *eg* defnydd stiff wedi'i wneud o haenau o bapur wedi'u gludo a'u gwasgu at ei gilydd, ar gyfer gwneud bocsys yn bennaf CARDBOARD

carden hon *eb* (cardiau) cerdyn, darn bach fflat o bapur trwchus neu gardbord tenau, naill ai ar gyfer ysgrifennu arno, e.e. *carden bost, carden Nadolig*, neu yn un o set neu bac neu gyff o gardiau ar gyfer gwahanol gêmau CARD

cardfwrdd gw. **cardbord:cardfwrdd**

Cardi 83 cario

Cardi hwn *eg* (Cardis) person sy'n enedigol o Geredigion; hefyd yn gellweirus am rywun darbodus, gofalus o'i arian

cardiau hyn *ell* mwy nag un garden [**carden**] neu gerdyn [**cerdyn**]

  cael fy (dy, ei etc.) nghardiau cael cardiau gwaith yn ôl gan gyflogwr, colli swydd TO GET ONE'S CARDS

  rhoi fy (dy, ei etc.) nghardiau ar y bwrdd dweud yn agored beth yw'ch amcanion TO PUT ONE'S CARDS ON THE TABLE

cardio *be* defnyddio teclyn tebyg i grib i drin gwlân neu gotwm ac ati yn barod i'w nyddu; cribo TO CARD

cardod hon *eb* (cardodau) elusen, rhodd i'r tlawd CHARITY, ALMS

cardota *be* begian, deisyf arian neu fwyd, gofyn am gardod TO BEG

cardotyn hwn *eg* (cardotwyr) un sy'n gofyn am gardod, un sy'n cardota BEGGAR, MENDICANT

caredicach:caredicaf:carediced *a* mwy **caredig**: mwyaf **caredig**: mor garedig [**caredig**]

caredig *a* yn llawn cariad, cyfeillgar, tirion, cymwynasgar, annwyl *(Mae gennym gymdogion caredig iawn.)* KIND (carediced, caredicach, caredicaf)

caredigion hyn *ell* nifer o bobl garedig, yn arbennig grŵp o bobl sy'n cyfrannu at achos *(caredigion yr Eisteddfod Genedlaethol, pobl sy'n rhoi arian tuag ati)* FRIENDS

caredigrwydd hwn *eg* cariad, cyfeillgarwch, cymwynasgarwch, parodrwydd i fod o gysur neu i helpu mewn unrhyw ffordd bosibl KINDNESS

caregl hwn *eg* (careglau) y cwpan arbennig a ddefnyddir mewn eglwys yng ngwasanaeth y cymun CHALICE

caregl

caregog *a* garw, â llawer o gerrig, yn llawn cerrig, wedi'i wneud o garreg, yn debyg i garreg *(cae caregog)* STONY

careiau hyn *ell* mwy nag un garrai [**carrai**]

  tynnu'n gareiau rhwygo'n ddarnau, chwalu, malurio TO TEAR TO RIBBONS

carfan hwn neu hon *egb* (carfanau)

  1 rhes neu restr o bobl, grŵp, clymblaid *(Roedd yn perthyn i garfan nad oedd yn credu mewn refferendwm.)* FACTION

  2 canllaw, rheilen, bar, fframyn, yn arbennig y rhan honno o wŷdd y gwehydd y mae'r gwlân ystof yn cael ei ddirwyn arni BEAM, RAIL

cargo hwn *eg* llwyth llong neu awyren CARGO

cariad¹ hwn *eg*

  1 y teimlad cryf o hoffi rhywun yn fawr iawn; y serch naturiol sy'n gallu codi rhwng dau berson; cyfeillgarwch cryf LOVE

  2 yn grefyddol, y berthynas arbennig, faddeugar rhwng Duw a dyn trwy Iesu Grist, a'r addoliad sy'n dilyn gan ddynion sy'n credu yn hyn LOVE

  mewn cariad yn caru person IN LOVE

cariad² hwn neu hon *egb* (cariadon)

  1 anwylyd, un o ddau sy'n caru'i gilydd, cariadfab neu gariadferch SWEETHEART, LOVER

  2 (ar lafar) cyfarchiad ysgafn, cyfeillgar *(Beth wyt ti eisiau, cariad?)* LOVE, DEAR

cariadus *a* gair i ddisgrifio rhywun neu rywbeth sy'n denu cariad neu sy'n llawn o gariad; caredig, hawddgar, annwyl, hoffus, serchog AFFECTIONATE, LOVING

caridým hwn *eg* (caridýms) (ar lafar yn y Gogledd) person tlawd, carpiog; truan, trempyn, dihiryn DOWN-AND-OUT, RAPSCALLION

cario *be*

  1 cludo; dal rhywun neu rywbeth (yn eich dwylo, yn eich breichiau neu ar eich cefn) a mynd ag ef/hi i rywle arall *(Cariodd y bwyd o'r gegin i'r ystafell fwyta.)* TO BEAR, TO CARRY

  2 bod yn gyfrwng cludo rhywbeth o un man i'r llall *(Pibau tanddaearol sy'n cario dŵr i'r tŷ.)* TO CARRY

  3 lledaenu, trosglwyddo o'r naill i'r llall *(Mae llawer o afiechydon yn cael eu cario gan drychfilod.)* TO CARRY

  4 cyrraedd pellter arbennig; trafaelu *(Roedd gan y rhingyll lais a oedd yn cario'n bell.)* TO CARRY

  5 (mewn mathemateg) trosglwyddo rhif o un golofn i'r golofn nesaf ar y chwith (e.e. wrth adio) TO CARRY OVER

  6 pasio penderfyniad ar ôl i fwyafrif bleidleisio o'i blaid *(Cariwyd y cynnig â mwyafrif o ddwy bleidlais.)* TO CARRY

  cario ar ennill, trechu, maeddu, gorchfygu *(Yn y rownd derfynol cariodd tîm y merched ar y bechgyn.)* TO BEAT

a b c ch d dd e f ff g ng h i j (k) l ll m n o p ph r rh s t th u w y (z)

cario clecs gw. **clecs**

cario'r dydd bod yn fuddugol ar y diwedd, ennill, trechu TO CARRY THE DAY

cario'r post bod yn bostmon TO CARRY THE MAIL

carisma hwn *eg* grym a swyn personoliaeth hudolus sy'n gallu dylanwadu ar bobl eraill CHARISMA

carlam hwn *eg* (carlamau) rhediad cyflymaf ceffyl (pan fydd ei bedair troed yn gadael y ddaear yr un pryd) GALLOP □ *ceffyl*

ar garlam nerth ei draed AT FULL SPEED

cwrs carlam gw. **cwrs**

carlamu *be* (am anifail) rhedeg mor gyflym ag y gall â'r pedair troed yn gadael y ddaear yr un pryd; (am ddyn) rhedeg nerth ei draed, ag awgrym o fod braidd yn afrosgo TO GALLOP □ *ceffyl*

carlamus *a* yn hoff o garlamu; ond hefyd gwyllt, byrbwyll, difeddwl, rhyfygus, ag awgrym o fod yn aflednais, cwrs RASH, PRESUMPTUOUS

carlwm hwn *eg* (carlymod) anifail bach â chot o flew sy'n frown yn yr haf ac sy'n troi'n wyn yn y gaeaf; mae'n perthyn i deulu ysglyfaethus y wenci ond ei fod yn fwy o faint na'r wenci STOAT, ERMINE □ *ffwlbart*

carn[1] hwn *eg* (carnau)
1 troed galed anifeiliaid megis ceffyl neu fochyn HOOF □ *ceffyl*
2 y rhan honno o gleddyf neu gyllell yr ydych yn gafael ynddi; dwrn, coes HILT, HANDLE

i'r carn bob cam o'r ffordd, i'r eithaf, e.e. *cefnogi i'r carn* TO THE HILT

carn[2] hon *eb* (carnau) carnedd, tomen o gerrig wedi'i chodi uwchben bedd neu feddau mewn cyfnod cyn-Gristnogol, e.e *Carn Ingli, Carn Fadrun* CAIRN, TUMULUS

carn...[3] *rhagddodiad* arch-, prif-; mae'n cael ei roi o flaen rhai geiriau er mwyn cyfleu'r ystyr o 'gwaethaf', e.e. *carn-leidr*, prif-leidr; *carn-fradwr*, arch-fradwr ARCH-...

carnedd hon *eb* (carneddau:carneddi)
1 carn, pentwr o gerrig wedi'i godi uwchben bedd neu feddau mewn cyfnod cyn-Gristnogol, e.e. *Carnedd Llywelyn*, *Maesygarnedd* CAIRN, TUMULUS
2 adfail, murddun RUIN

carnifal hwn *eg* dathliad cyhoeddus â gorymdaith liwgar a sioeau fel arfer CARNIVAL
Sylwch: 'cárnifal' yw'r ynganiad.

carnol *a* gair i ddisgrifio anifail a charnau ganddo HOOFED

carnolion hyn *ell* dosbarth o anifeiliaid â charnau UNGULATES

carn-tro hwn *eg*
1 y rhan yr ydych chi'n ei dal a'i throi mewn erfyn saer ar gyfer gwneud tyllau (mewn coed); dril llaw heb yr ebill BRACE
2 teclyn (ar ffurf croes fel arfer) a math o gwpan onglog sy'n ffitio pen nytiau olwyn cerbyd ar un pen iddo; defnyddir breichiau'r groes fel trosol i ddatod neu dynhau'r nytiau hyn (WHEEL) BRACE

carol hon *eb* (carolau) yn wreiddiol, dawns i ddathlu dydd byrraf y flwyddyn; yna, darn o farddoniaeth i'w ganu ar alaw adnabyddus; erbyn heddiw, cân neu emyn yn dathlu digwyddiadau'r Nadolig cyntaf CAROL

carol haf cân am yr haf SUMMER CAROL

carol Pasg emyn Pasg EASTER CAROL

carol plygain un o'r hen garolau Nadolig Cymraeg sy'n cael eu canu'n ddigyfeiliant mewn gwasanaethau eglwysig arbennig mewn rhai ardaloedd yng nghanolbarth Cymru

carolwr hwn *eg* (carolwyr) un (o gwmni fel arfer) sy'n canu carolau CAROL SINGER

carped hwn *eg* (carpedi:carpedau) gorchudd llawr mwy trwm a mwy o faint na mat, wedi'i weu o wlân neu ddefnydd tebyg a chan amlaf yn cyrraedd o wal i wal CARPET

carpedu *be* gosod carped ar lawr (yn arbennig o wal i wal) TO CARPET

carpiau hyn *ell* mwy nag un **cerpyn,** rhacs, dillad (fel arfer) rhacsiog, dillad sy'n dyllau i gyd RAGS

carpiog *a* bratiog, wedi'i racsio, yn debyg i gadachau TATTERED, RAGGED

carrai hon *eb* (careiau) llinyn, darn hir cul o ddefnydd (lledr, yn wreiddiol) ar gyfer cau esgid LACE, THONG

carreg hon *eb* (cerrig)
1 darn bach o graig, darn mawr iawn o raean, maen STONE
2 gair arall am gaill [**caill**] TESTICLE
3 yr hedyn caled y tu mewn i ffrwyth megis ceiriosen STONE, PIP

carreg (yr) aelwyd carreg lle tân mewn tŷ, sy'n cael ei defnyddio i gyfeirio at y cartref i gyd HEARTHSTONE

carreg ateb:lafar:lefain carreg sy'n peri adlais neu eco os gwaeddwch tuag ati ECHO STONE

carreg bustl darn bach caled o garreg sy'n ffurfio yng nghoden y bustl GALL-STONE

carreg derfyn carreg a ddefnyddir i nodi'r ffin rhwng tiroedd gwahanol berchnogion BOUNDARY STONE

carreg farch/feirch esgynfaen neu ris i helpu marchogion i fynd ar gefn eu ceffylau MOUNTING BLOCK

carreg filltir
1 carreg wrth ymyl y ffordd yn nodi pellter lleoedd oddi wrth ei gilydd MILESTONE

cart   **caru**

2 yn ffigurol, dyddiad neu ddigwyddiad o bwys yn hanes unigolyn, corff, gwlad neu wareiddiad MILESTONE
carreg glo y garreg ganol mewn pont neu fwa y mae'r cerrig ar bob ochr yn pwyso arni; y maen clo KEYSTONE □ *maen*
carreg hogi carreg ar gyfer gosod min ar lafnau offer torri WHETSTONE □ *maen*
carreg lam un o res o gerrig mawr y gallwch eu defnyddio i groesi nant neu afon STEPPING STONE
carreg las
1 llechen SLATE
2 un o gerrig glas y Preselau a gludwyd i Gôr y Cewri
carreg orchest maen trwm yr oedd pobl yn arfer cystadlu i weld pwy a allai ei godi neu ei daflu bellaf PUTTING-STONE
o fewn ergyd/tafliad carreg heb fod yn bell, o fewn cyrraedd A STONE'S THROW
troi pob carreg chwilio ym mhob man, gwneud popeth posibl TO LEAVE NO STONE UNTURNED
cart hwn *eg* (certi:ceirt)
1 cert, trol, cerbyd cryf dwy olwyn ar gyfer cludo nwyddau; fel arfer, caiff ei dynnu gan geffyl (neu ryw anifail arall) CART
2 cerbyd ysgafn o bren sydd â dwy neu bedair olwyn ac sy'n cael ei symud â llaw CART
cartio:carto *be*
1 cludo mewn cart, cario mewn trol TO CART
2 (ffurf lafar) cario, fel arfer ynghyd â'r syniad o rywbeth yn cael ei lusgo o le i le yn anfoddog *(Rwyf wedi bod yn cartio'r llyfrau yma lan a lawr y stâr drwy'r dydd.)* TO CART
cartref hwn *eg* (cartrefi)
1 y tŷ y mae person yn byw ynddo, neu'r lle y cafodd person ei eni ac y mae'n arfer byw ynddo HOME
2 y tŷ a'r teulu y mae person yn perthyn iddynt HOME
3 man lle y mae pethau byw i'w cael yn tyfu ac yn bod yn eu cynefin naturiol *(India yw cartref y teigr.)* HOME
4 sefydliad arbennig sy'n gofalu am bobl neu anifeiliaid o'r un math ond nid o'r un teulu, e.e. *cartref hen bobl, cartref plant amddifaid* HOME
5 y man y mae'n rhaid ei gyrraedd i orffen rhai gêmau, gyda'r cyntaf i gyrraedd yn ennill fel arfer HOME
6 fel yn *gêm gartref* gêm lle y mae eich gwrthwynebwyr yn dod atoch chi i chwarae (sydd o fantais i chi) HOME GAME
Sylwch: rydych yn byw neu'n aros *gartref* ond yn mynd (tuag) *adref.*
gadael cartref mynd yn annibynnol; gwneud eich ffordd eich hun yn y byd TO LEAVE HOME
oddi cartref i ffwrdd, bant AWAY
cartrefol *a* gair i ddisgrifio rhywun neu rywbeth:

1 sy'n perthyn i gartref, neu sy'n digwydd mewn cartref, e.e. *bywyd cartrefol* HOMELY
2 cydnaws, cyfeillgar, cyfforddus; disgrifiad o'r ffordd y mae person yn teimlo pan fydd gartref, ac o unrhyw beth sy'n gallu gwneud iddo deimlo felly *(Gwnewch eich hun yn gartrefol.)* AT HOME
cartrefu *be* gwneud cartref, aros, preswylio, bod yn gartrefol TO SETTLE, TO HOUSE
cartrisen:cetrisen hon *eb* (certrys:cetris)
1 tiwb bach o fetel neu bapur yn cynnwys ffrwydryn a bwled i'w saethu o ddryll CARTRIDGE
2 mewn peiriant chwarae recordiau, casyn sy'n dal y nodwydd sy'n trosglwyddo'r sain o'r record i'r peiriant CARTRIDGE
cartŵn hwn *eg* (cartwnau)
1 (yn wreiddiol) braslun o ddarlun y mae arlunydd yn ei wneud cyn peintio'r llun terfynol CARTOON
2 (erbyn heddiw) digriflun neu lun sy'n dychanu digwyddiadau neu unigolion CARTOON
3 ffilm sinema neu deledu wedi'i gwneud drwy ffilmio nifer helaeth o luniau llonydd unigol (e.e. Superted); symudlun CARTOON
cartwnydd hwn *eg* un sy'n tynnu cartwnau CARTOONIST
carthen hon *eb* (carthenni) yn wreiddiol, llen fras neu glogyn cwrs; ond, erbyn heddiw, blanced, cwrlid neu wrthban trwm, wedi'i gweu yn lliwgar o wlân BLANKET
carthffos hon *eb* (carthffosydd) pibell neu ffos i gario dŵr a budreddi a charthion i ffwrdd DRAIN, SEWER
carthffosiaeth hon *eb*
1 y system o bibau neu dwneli sy'n golchi dŵr a charthion o dai pobl, a'r driniaeth a roddir i'r carthion hyn wedyn SEWERAGE
2 system o bibau neu ffosydd sy'n cael eu gosod fel bod dŵr yn rhedeg i mewn iddynt er mwyn sychu tir gwlyb DRAINAGE
carthion hyn *ell* baw, tom, gwehilion, amhuredd EXCREMENT
carthu *be* glanhau, cael gwared ar faw, clirio, sgrwbio (yn arbennig feudy neu stabl) TO MUCK OUT
carthu gwddf/gwddwg pesychu i godi poer TO HAWK, TO CLEAR THE THROAT
caru *be*
1 bod mewn cariad â, ymserchu, bod â hoffter angerddol tuag at rywun neu rywbeth TO LOVE
2 bod yn garedig, trin eich cyd-ddyn fel brawd neu chwaer TO LOVE
3 addoli, cydnabod ac ymateb i gariad Duw TO LOVE
4 cofleidio, anwesu, mynwesu, canlyn TO LOVE

carw *hwn eg* (ceirw) bwch danas, anifail â phedair troed sy'n byw yn wyllt ym Mhrydain, sy'n cnoi ei gil ac sy'n enwog am ei gyflymdra; mae'r gwryw yn tyfu cyrn arbennig a elwir yn rheiddiau DEER (elain, ewig, hydd)
carw Llychlyn math arbennig o garw o wledydd oer y Gogledd sydd, yn ôl y traddodiad, yn tynnu car llusg Siôn Corn REINDEER

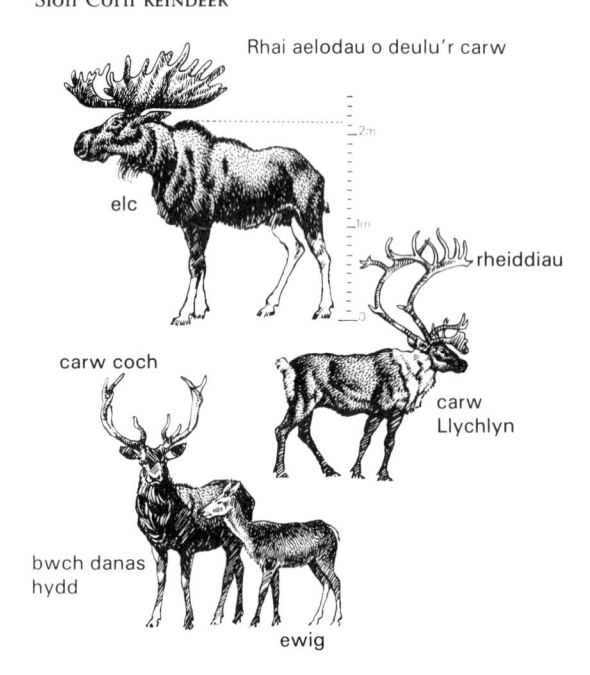

Rhai aelodau o deulu'r carw
elc
rheiddiau
carw coch
carw Llychlyn
bwch danas
hydd
ewig

carwr *hwn eg* (carwyr) gŵr sy'n caru LOVER
carwriaeth *hon eb* (carwriaethau) y berthynas sydd rhwng dau berson sy'n caru COURTSHIP, WOOING
cas¹ *a*
  1 gwrthun, ffiaidd, angharedig, sarrug *(Hen ddyn cas oedd yr arholwr.)* NASTY, HATEFUL
  2 drwg, peryglus, niweidiol, anghyfforddus, e.e. *peswch cas, tro cas* NASTY
  3 anodd, twyllodrus, heb fod yn amlwg neu'n glir *(Roedd ambell gwestiwn eithaf cas ar y papur arholiad.)* NASTY
  4 yn haeddu neu yn peri casineb *(Mae'n gas gennyf gaws.)* HATEFUL (TO)
cas² :casyn *hwn eg* (casys:casiau)
  1 cynhwysydd, math o focs, clawr, amlen, cist y gallwch gadw rhywbeth ynddo'n ddiogel a'i symud o gwmpas, e.e. *cas dillad, cas sbectol* CASE
  2 gorchudd neu flwch allanol ar gyfer cynnwys rhywbeth o'i fewn; y bocs neu'r clawr y mae peth yn cael ei gadw ynddo, e.e. *cas cloc, cas o wydr* CASE
cas³ *hwn eg* (mewn enwau lleoedd) talfyriad o **castell**, e.e. *Casllwchwr, Casnewydd*

cas⁴ *bf* ffurf lafar yn y De ar 'cafodd'; bu iddo/iddi gael [**cael**]
casâf *bf* rwy'n **casáu**; byddaf yn **casáu**
casafa *hwn eg* un o nifer o fathau o blanhigion sy'n tyfu yn y trofannau ac y defnyddir eu gwreiddiau i wneud starts maethlon (e.e. tapioca) CASSAVA
casáu *be* ffieiddio, teimlo'n gas tuag at; gwrthwyneb caru TO HATE (casâf, casáwn)
casáwn *bf* byddwn yn **casáu**
casbeth *hwn eg* (casbethau) rhywbeth y mae rhywun yn ei gasáu yn fwy na dim byd arall AVERSION
caseg *hon eb* (cesig)
  1 ceffyl benyw, mam ebol/eboles, cymar march MARE
  2 ton ewynnog o'r môr BILLOW, BREAKER
caseg eira pelen o eira sy'n tyfu wrth ei rholio yn yr eira SNOWBALL
caseg fagu caseg sy'n cael ei chadw i fagu rhai bach BROOD-MARE
caseg fedi ysgub olaf y cynhaeaf wedi'i phlethu a'i chario i'r tŷ i ddathlu diwedd y cynhaeaf
caseg forter teclyn fel cafn ar bolyn sy'n cael ei ddefnyddio gan fricwyr i gario morter neu friciau ar eu hysgwyddau i fyny ac i lawr ysgolion HOD

caseg forter

casét *hwn eg* (casetiau)
  1 blwch neu gas bach sy'n cynnwys tâp ar gyfer recordio sain, neu lun a sain, i'w ddefnyddio mewn peiriant casét CASSETTE
  2 blwch neu gasyn sy'n dal ffilm yn barod i'w fwydo i gamera CASSETTE

casét fideo casét ar gyfer recordio llun a sain, i'w ddangos ar set deledu trwy gyfrwng recordydd fideo VIDEO CASSETTE

casét sain casét a thâp recordio sain yn unig ynddo AUDIO CASSETTE

casgen hon *eb* (casgenni:casgiau) baril, cerwyn, silindr wedi'i wneud o ystyllod pren wedi'u rhwymo â bandiau dur a'r ddau ben yn gaeedig; caiff ei defnyddio i gadw diodydd megis cwrw a gwin CASK, BUTT

casgliad hwn *eg* (casgliadau)
1 y weithred o gasglu ynghyd; crynhoad, cynulliad COLLECTION
2 y weithred o wacáu blwch postio llythyrau gan y postmon, neu wacáu biniau gan ddynion sbwriel COLLECTION
3 rhai pethau dethol y mae person wedi canolbwyntio ar eu crynhoi ynghyd, e.e. *casgliad stampiau, casgliad bathodynnau* COLLECTION
4 cyfraniadau ariannol gan gynulleidfa *(gwneud casgliad at achos da mewn cyngerdd)* COLLECTION
5 detholiad, blodeugerdd, llyfr o ddarnau llenyddol, e.e. *casgliad o straeon byrion, casgliad o farddoniaeth* COLLECTION
6 canlyniad rhesymegol yn codi ar ôl astudio neu wrando ar ddadl neu achos *(Ar ôl gwrando ar Twm a Dai yn siarad yr ochr arall i'r drws, rwyf wedi dod i'r casgliad mai nhw dorrodd y ffenestr.)* CONCLUSION
7 nifer o bobl wedi dod ynghyd, ymgynnull GATHERING
8 (yn y Gogledd) dolur neu chwydd sy'n magu crawn; cornwyd ABSCESS, GATHERING

casglu *be*
1 crynhoi, hel neu dynnu ynghyd *(Mae gwenynen yn casglu paill.)* TO COLLECT
2 ymgynnull, cyfarfod *(Casglodd nifer o bobl at ei gilydd i groesawu Lynn Davies adref wedi iddo ennill medal aur am y naid hir yn y Chwaraeon Olympaidd ym 1964.)* TO CONGREGATE
3 magu crawn, crawni (am glwyf neu ddolur) TO GATHER, TO FESTER
4 crynhoi pethau i'w hastudio neu fel hobi, e.e. *casglu stampiau* TO COLLECT
5 galw am rywbeth a mynd ag ef gyda chi *(Casglaf y llyfrau o'r siop yfory.)* TO COLLECT
6 derbyn taliadau, e.e. *casglu treth* TO COLLECT
7 dod i gasgliad, cyrraedd barn ar ôl ystyried yn rhesymegol TO CONCLUDE, TO INFER

casglwr hwn *eg* (casglwyr) person sy'n casglu, neu berson sy'n gwneud casgliad, e.e. *casglwr stampiau, casglwr trethi, casglwr blodeugerdd* COLLECTOR, COMPILER

Cas-gwent *enw lle* CHEPSTOW

casineb hwn *eg* ffieidd-dra, gelyniaeth, atgasedd; gwrthwyneb cariad HATRED, SPITE

Casllwchwr *enw lle* LOUGHOR

Casnewydd *enw lle* NEWPORT (GWENT)

cast[1] hwn *eg* (castiau)
1 tric, ystryw, stranc TRICK, PRANK
2 yr actorion hynny sy'n chwarae mewn drama CAST
hen gastiau arferion gwael neu gas OLD TRICKS

cast[2] hwn *eg* (castau) rhaniad mewn cymdeithas ar sail gwahaniaeth cyflog, hawliau, swydd ac ati; grŵp neu ddosbarth o bobl y mae person yn cael ei eni iddo yn arbennig yn y gymdeithas Hindŵaidd CASTE

castan hon *eb* (castanau) cneuen o liw cochddu sydd i'w chael o fewn cibau pigog; ffrwyth y gastanwydden; gallwch fwyta un math ac mae math arall yn cael ei ddefnyddio i chwarae concers CHESTNUT, HORSE-CHESTNUT (concer) □ *coed* t.617

castanwydden hon *eb* (castanwydd) dwy goeden wahanol:
1 castanwydden y meirch sy'n cynhyrchu'r concer HORSE-CHESTNUT TREE □ *coed* t.617
2 castanwydden Sbaen sy'n rhoi'r gastan felys y gallwn ei bwyta CHESTNUT TREE □ *coed* t.615

castell hwn *eg* (cestyll)
1 yn wreiddiol, adeilad amddiffynnol yn cynnwys mwnt (sef tŵr ar fryncyn o dir) a beili (y maes o gwmpas y mwnt) â ffos o'u cwmpas; daeth y syniad i Brydain gyda'r Normaniaid yn yr 11eg ganrif CASTLE

castell

a b c ch d dd e f ff g ng h i j (k) l ll m n o p ph r rh s t th u w y (z)

Castell-nedd

2 yr adeilad o gerrig a ddaeth yn lle'r castell mwnt a beili; mae adfeilion cestyll yng Nghaerdydd, Caernarfon a Chaerffili a nifer o leoedd eraill yng Nghymru CASTLE (caer)
3 y darn o wyddbwyll ar ffurf castell sydd ar bob pen i res y brenin CASTLE, ROOK □ *gwyddbwyll*

Castell-nedd *enw lle* NEATH

Castellnewydd Emlyn *enw lle* NEWCASTLE EMLYN

castio *be*
1 moldio; rhoi ffurf arbennig ar fetel neu blastig tawdd trwy eu harllwys i fold TO CAST
2 dewis cast, sef yr actorion sydd i chwarae mewn drama, ffilm, rhaglen deledu ac ati TO CAST
3 taflu, bwrw, yn arbennig am fwrw lein i'r dŵr wrth bysgota TO CAST
4 amcangyfrif TO ESTIMATE

castiog *a* gair i ddisgrifio rhywun neu rywbeth llawn castiau, llawn triciau, direidus, cyfrwys, twyllodrus ARTFUL, WILY

casyn gw. **cas**[2]**:casyn**

catalog hwn *eg* (catalogau) rhestr lawn o'r hyn sydd ar gael mewn sefydliad neu sefydliadau arbennig (e.e. llyfrau llyfrgell, nwyddau siop) wedi'i gosod mewn rhyw drefn arbennig (e.e. trefn yr wyddor, fesul testun, yn ôl dyddiad) CATALOGUE
Sylwch: 'cátalog' yw'r ynganiad.

catalydd hwn *eg* (catalyddion) sylwedd cemegol sy'n hyrwyddo neu gyflymu adwaith cemegol heb gael ei newid ei hun CATALYST

categori hwn *eg* (categorïau) dosbarth o bobl neu bethau sy'n debyg i'w gilydd, sydd o'r un natur neu anian CATEGORY

caten hon *eb* (catiau) (mewn criced) un o'r ddau ddarn bach o bren sy'n gorwedd ar ben y tair ffon bren sy'n gwneud wiced BAIL □ *criced*

catiau hyn *ell* mwy nag un **cetyn** a **caten**

Catraeth *enw lle* CATTERICK

catrawd hon *eb* (catrodau) llu mawr o filwyr, dan awdurdod cyrnol, sy'n ffurfio uned arbennig mewn byddin REGIMENT
y Gatrawd Gymreig THE WELCH REGIMENT

catwad hwn *eg* math o bicl wedi'i wneud o ffrwythau, pupur a siwgr CHUTNEY

cath hon *eb* (cathod) anifail bach â phedair troed, cot feddal o ffwr ac ewinedd llym; caiff ei chadw fel anifail anwes neu ar gyfer dal llygod CAT □ *teigr* (cwrcath: cwrci, canu grwndi)
cath fach babi'r gath KITTEN

fel cath i gythraul mor gyflym ag sy'n bosibl HELL FOR LEATHER
gollwng y gath o'r cwd datgelu cyfrinach TO LET THE CAT OUT OF THE BAG
prynu cath mewn cwd gw. **prynu**
troi'r gath mewn padell methu penderfynu TO PREVARICATE, TO DITHER

cath fôr hon *eb* math o bysgodyn mawr fflat sy'n perthyn i deulu'r siarc RAY, SKATE □ *pysgod* t.629

cathod hyn *ell* mwy nag un gath [**cath**]; enw ar y teulu o famolion y mae'r llew, y teigr, y panther a'r pwma yn ogystal â chathod dof yn aelodau ohono FELINES □ *teigr*
cael cathod bach bod yn ofnus iawn TO HAVE KITTENS

catholic:catholig[1] *a* gair i ddisgrifio rhywun neu rywbeth:
1 cyffredinol, rhyddfrydig, eangfrydig, e.e. *chwaeth gatholig* CATHOLIC
2 sy'n perthyn i'r eglwys Gristnogol yn gyffredinol CATHOLIC
3 (Catholic:Catholig) sy'n perthyn i'r Eglwys Babyddol yn arbennig CATHOLIC

Catholic:Catholig[2] hwn *eg* (Catholigion) Pabydd, Cristion sy'n aelod o Eglwys Rufain ROMAN CATHOLIC

cau[1] *be*
1 atal mynediad; bario, cloi, rhwystro rhag mynd trwy ryw le neu at rywbeth neu rywun; gwrthwyneb agor, e.e. *cau'r drws, cau'r siop* TO CLOSE
2 gorffen, dirwyn i ben, terfynu *(Mae'r ffatri'n cau ar ôl y Nadolig.)* TO CLOSE (DOWN)
3 sicrhau, clymu, sipio, botymu, e.e. *cau cot, cau bag* TO FASTEN
4 iacháu (am gwt neu friw) TO HEAL
5 tynnu ynghyd, plygu at ei gilydd, e.e. *cau llygaid, cau llyfr* TO SHUT
ar gau wedi cau, ynghau SHUT
cau am gwneud cylch o gwmpas rhywun neu rywbeth a dechrau ei dynhau TO ENCIRCLE
cau (dy) ben: cau (dy) geg ffordd anghwrtais o ddweud wrth rywun am fod yn dawel SHUT YOUR MOUTH
cau llygaid ar esgus/cymryd arnoch nad ydych chi wedi gweld rhywbeth ac felly osgoi gorfod gwneud rhywbeth yn ei gylch TO TURN A BLIND EYE
cau pen y mwdwl dirwyn rhywbeth i ben yn daclus wrth dynnu ynghyd unrhyw beth sydd ar ôl TO CONCLUDE

cau[2] *a* gair i ddisgrifio rhywbeth:
1 gwag oddi mewn, â cheudod y tu mewn *(Dim ond ichi fwrw'r pren cewch glywed ei fod yn gau.)* HOLLOW
2 (yn ffigurol) drwg, celwyddog, twyllodrus, ffals FALSE

cau³ gw. **nacáu:'cau**
caul hwn *eg* un dafn o'r **ceulion**
cawad gw. **cawod:cawad**
cawdel:cowdel hwn *eg* cawl, annibendod, diffyg trefn, llanastr HOTCHPOTCH
cawell hwn *eg* (cewyll)
  1 basged wedi'i llunio o wiail plethedig BASKET, HAMPER
  2 basged arbennig i fabi; crud CRADLE
  3 llestr arbennig o wiail i ddal neu gaethiwo pysgod, e.e. *cawell cimwch* (lobster-pot) CREEL, CAGE

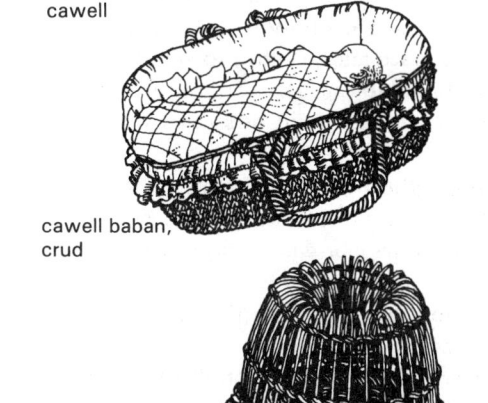

cawell

cawell baban, crud

cawell cimwch

  cael cawell cael siom
cawg hwn *eg* (cawgiau) cwpan mawr heb ddolen; bowlen, dysgl, ffiol BASIN, PITCHER
cawiau hyn *ell* mwy nag un **cewyn**
cawio *be* clymu (*cawio plu pysgota*) TO TIE
cawl hwn *eg*
  1 (gair y De) potes, math o fwyd gwlyb lle y mae llysiau (ac weithiau gig) wedi cael eu berwi gyda'i gilydd i wneud pryd o fwyd; lobsgows SOUP, BROTH
  2 llanastr, cawdel, annibendod MESS
cawl eildwym
  1 cawl wedi'i aildwymo
  2 rhywbeth nad yw'n wreiddiol, sy'n ail-law REHASH
  mewn cawl mewn trybini IN A FIX
cawlio *be* gwneud cawl o rywbeth; drysu, cymysgu
cawn¹ hyn *ell* mwy nag un gawnen [**cawnen**]
  1 cyrs, brwyn; coesau tal, gwag planhigion tebyg i wellt sy'n tyfu mewn mannau gwlyb REEDS □ *blodau* t.618
  2 brwyn neu wellt at doi tai; gwellt (*tŷ to cawn*, *tŷ to gwellt*) RUSHES
  3 sofl, y bonion sy'n weddill mewn cae ar ôl lladd gwair neu ŷd STUBBLE

cawn² *bf*
  1 rydym ni'n **cael**; byddwn ni'n **cael**
  2 roeddwn i'n **cael**; byddwn i'n **cael**
cawnen hon *eb* conyn, un o nifer o gawn [**cawn¹**]
cawod:cawad hon *eb* (cawodau:cawodydd)
  1 cyfnod byr o law, cenllysg neu eira; tywalltiad sydyn o law, cenllysg neu eira SHOWER
  2 unrhyw dywalltiad gwlyb sydyn, e.e. *cawod o boer, cawod o ddagrau* SHOWER
  3 gwth o wynt GUST
  4 rhywbeth sy'n debyg i ôl cawod ysgafn o law, sef llu o smotiau ar wyneb rhywbeth (e.e. malltod neu rwd ar blanhigion neu darddiant trwy'r croen) MILDEW, RASH
  5 teclyn sy'n tywallt dŵr (cynnes neu oer) er mwyn i berson ymolchi tano SHOWER
cawr hwn *eg* (cewri)
  1 mewn chwedlau, creadur anferth, cryf, ar ffurf dyn, ond sy'n casáu dynion, fel arfer GIANT
  2 dyn neu greadur sy'n anarferol o fawr GIANT
  3 dyn sy'n sefyll allan neu sy'n llawer gwell nag eraill o ran dysg neu ddawn arbennig (*Er nad oedd yn fawr ei gorff roedd Gareth Edwards yn gawr ymhlith ei gyd-chwaraewyr rygbi.*) GIANT
cawraidd *a* gair i ddisgrifio rhywun neu rywbeth sy'n debyg i gawr o ran maint; enfawr GIGANTIC
cawres hon *eb* (cawresau) cawr benyw GIANTESS
caws hwn *eg* ac *enw torfol* bwyd sy'n cael ei wneud o geulion llaeth pur wedi'u gwahanu oddi wrth y glastwr ac wedi'u gwasgu'n dynn at ei gilydd i wneud cosynnau; enwau ar rai mathau o gaws yw Caerffili, Cheddar, Camembert ac Edam CHEESE (cosyn)
  y drwg yn y caws gw. **drwg¹**
caws llyffant hwn *eg* ac *enw torfol* ffwng sy'n debyg i fadarch TOADSTOOL
cawsant *bf* bu iddyn nhw gael [**cael**]
cawsu *be* ceulo, yr hyn sy'n digwydd i laeth pan fydd yn suro, gwahanu'r rhannau caled (y ceulion) oddi wrth y rhannau gwlyb (y gleision) TO CURDLE
CBAC *byrfodd* Cyd-bwyllgor Addysg Cymru WELSH JOINT EDUCATION COMMITTEE, WJEC
CC *byrfodd* Cyn Crist, y cyfnod hanesyddol cyn geni Iesu Grist o'i gymharu â'r cyfnod ar ôl geni Crist, sef OC (Oed Crist) BEFORE CHRIST, BC
Sylwch: daw CC ar ôl y flwyddyn (500 cc) ac OC o flaen y flwyddyn (oc 1992).
ccc *byrfodd* cwmni cyhoeddus cyfyngedig PUBLIC LIMITED COMPANY, PLC
CCC *byrfodd* Cyngor Celfyddydau Cymru WELSH ARTS COUNCIL, WAC

a b c ch d dd e f ff g ng h i j (k) l ll m n o p ph r rh s t th u w y (z)

cebl *hwn eg* (ceblau)
1 rhaff dew, braff neu wifren dew, braff, neu gadwyn CABLE
2 rheffyn o wifrau cario trydan (e.e. teleffon, telegraff), yn arbennig rhai tanfor neu danddaearol CABLE
3 neges wedi'i danfon ar hyd gwifren delegraff CABLE

cebystr *hwn eg* mewn llwon megis *myn cebyst* neu *pwy gebyst*, melltith, aflwydd (WHAT/WHO) ON EARTH, THE DEUCE

cêc *hwn eg* bwyd sych ar gyfer anifeiliaid, yn arbennig ceffylau neu wartheg CAKE

cecian:cecial *be* siarad ag atal dweud neu floesgni TO STAMMER, TO STUTTER

cecran:cecru *be* cweryla, cynhenna, anghytuno a dadlau'n gas am rywbeth dibwys TO QUARREL

cecren *hon eb* gwraig neu ferch gecrus SHREW

cecrus *a* gair i ddisgrifio rhywun sy'n hoff o gecran, o gweryla am bethau dibwys CANTANKEROUS

cecryn *hwn eg* gŵr neu fachgen cecrus WRANGLER

cedor *hwn neu hon egb* y blew sy'n tyfu o gwmpas aelodau rhywiol arffed dyn a dynes PUBIC HAIR

cedowrach:codowrach *hon eb* ac *enw torfol* planhigyn a hadau bachog drosto sy'n cydio yng nghotiau anifeiliaid neu mewn dillad; cacimwci BURDOCK □ *blodau* t.618

cedr:cedrwydd *hwn eg* ac *enw torfol* coed tal, bythwyrdd â phren coch caled sydd â sawr nodedig CEDAR TREES

cedrwydden *hon eb* (cedrwydd) coeden gedrwydd CEDAR □ *coed* t.614

cedwais *bf* fe wnes i gadw [**cadw**]

cedwi *bf* rwyt ti'n **cadw**; byddi di'n **cadw**

cedyrn[1] *a* gair i ddisgrifio mwy nag un peth **cadarn**, e.e. *gwyntoedd cedyrn*

cedyrn[2] *hyn ell* mwy nag un person **cadarn**, e.e. *Ynys y Cedyrn* MIGHTY (ONES)

cefais *be* fe wnes i gael [**cael**]

cefn *hwn eg* (cefnau)
1 y rhan honno o gorff dyn neu anifail sydd bob ochr i'r asgwrn cefn; y rhan gyferbyn â'r bol BACK
2 gwrthwyneb blaen neu wyneb; y lleiaf pwysig o ddwy ochr BACK, REVERSE
3 (mewn adeilad) y pen pellaf oddi wrth y fynedfa swyddogol BACK, REAR
4 (am gadair) y darn y byddwch yn pwyso yn ei erbyn wrth eistedd BACK
5 (am lyfr neu bapur) y rhannau olaf, y diwedd BACK
6 (mewn enwau lleoedd) darn o fynydd neu fryn â chreigiau'n brigo i'r wyneb gan ei wneud yn debyg i asgwrn cefn, e.e. *Cefncoedycymer* RIDGE
7 canol, perfedd, e.e. *cefn gwlad, cefn dydd* MIDDLE

ar gefn yn eistedd ar ASTRIDE

ar gefn fy (dy, ei etc.) ngheffyl yn uchel fy nghloch, yn ffroenuchel ON [MY] HIGH HORSE

ar wastad fy (dy, ei etc.) nghefn methu gwneud dim rhagor FLAT OUT

bod yn gefn (i rywun) cefnogi, bod o blaid TO SUPPORT

cael cefn (rhywun) cael gwared ar rywun, cael cyfnod heb fod rhywun yn bresennol TO SEE THE BACK OF

cael fy (dy, ei etc.) nghefn ataf adfer iechyd neu nerth, cael traed tanaf, cryfhau TO RECOVER

cefn dydd golau yng nghanol y dydd BROAD DAYLIGHT

cefn nos:cefn trymedd nos canol y nos DEAD OF NIGHT

cefn yng nghefn cefn wrth gefn BACK TO BACK

curo cefn (rhywun) cymeradwyo, mynegi gwerthfawrogiad, dweud pa mor dda yw rhywun TO PAT ON THE BACK

dangos cefn (i rywun) dianc (rhag rhywun), troi a ffoi TO TURN TAIL

llwrw/llwyr fy (dy, ei etc.) nghefn gw. **llwrw**

magu cefn ennill arian, mynd yn fwy cefnog

trach fy (dy, ei etc.) nghefn tuag yn ôl, llwrw ei gefn BACKWARDS

troi fy (dy, ei etc.) nghefn ar gwrthod, anwybyddu TO TURN (ONE'S) BACK ON

tu cefn tu ôl i gefn BEHIND

wrth gefn yn ychwanegol (*Mae gennyf ddigon o arian wrth gefn i sicrhau na fydd y cynllun yn methu.*) IN RESERVE

cefndedyn *hwn eg* pancreas llo neu oen sy'n cael ei ddefnyddio fel bwyd SWEETBREAD

cefnder *hwn eg* (cefndryd:cefnderoedd) mab i ewythr neu fodryb FIRST COUSIN (MALE) □ *teulu* (cyfnither)

cefndeuddwr *hwn eg* (cefndeuddyrau) y tir mynyddig sy'n gwahanu dwy afon sy'n tarddu o'r un rhwydwaith o nentydd bychain; gwahanfa ddŵr WATERSHED

cefndir *hwn eg* (cefndiroedd)
1 yn wreiddiol, rhan o olygfa mewn darlun, y tu cefn ac o gwmpas y prif gymeriadau neu wrthrychau SETTING
2 erbyn hyn fe all olygu unrhyw ffeithiau neu hanes sy'n gosod cyd-destun i stori, set o ffigurau, adroddiad ac ati BACKGROUND

cefnfor *hwn eg* (cefnforoedd) y môr mawr, yr eigion, y weilgi, sef Cefnfor Iwerydd, y Cefnfor Tawel, Cefnfor India, Cefnfor y De, Cefnfor Arctig OCEAN, THE MAIN □ *Dwyrain Canol*

cefnffordd hon *eb* (cefnffyrdd) ffordd fawr, un o'r prif ffyrdd HIGHWAY

cefngam:cefngrwca:cefngrwm *a* geiriau i ddisgrifio rhywun neu rywbeth â chrwbi ar ei gefn neu y mae ei gefn yn crymu HUNCHBACKED

cefngefn *adf* cefn wrth gefn, cefn yng nghefn BACK TO BACK

cefnog *a* cyfoethog, â digon o arian neu eiddo WEALTHY, WELL-TO-DO

cefnogaeth hon *eb* cymorth a chynhaliaeth y tu cefn i berson neu syniad neu fudiad; anogaeth, calondid *(Enillodd yr undeb gefnogaeth mwyafrif ei weithwyr i fynd ar streic.)* SUPPORT, BACKING

cefnogi *be*
1 cynorthwyo, helpu, calonogi, bod o blaid, bod dros, bod yn gefnogaeth i TO ENCOURAGE, TO SUPPORT
2 (mewn cyfarfod ffurfiol) eilio, ategu penderfyniad neu gynnig TO SECOND

cefnogol *a* gair i ddisgrifio rhywun sy'n barod i gefnogi, sy'n bleidiol ENCOURAGING, SUPPORTIVE

cefnogwr hwn *eg* (cefnogwyr) person sy'n cefnogi, e.e. trwy dalu arian tuag at, neu drwy weithio dros, neu drwy fynychu cyfarfodydd, gêmau ac ati SUPPORTER

cefnu [ar] *be* troi cefn a gadael, ffoi, gwrthod, cilio TO WITHDRAW, TO DESERT

cefnwr hwn *eg* (cefnwyr)
1 chwaraewr (amddiffynnwr gan amlaf) sy'n chwarae yn y cefn, sef y tu ôl i'r blaenwyr BACK
2 safle arbennig ymhlith y cefnwyr mewn gêmau fel rygbi a phêl-droed FULL-BACK □ *rygbi*

ceffyl hwn *eg* (ceffylau) anifail cryf â mwng, cynffon a charnau; mae wedi cael ei ddofi gan ddyn i'w farchogaeth, i gario beichiau, neu i dynnu cerbydau; march, cel HORSE (caseg, cel, cyw, ebol, gre, march, poni)

ar gefn fy (dy, ei etc.) ngheffyl gw. **cefn**

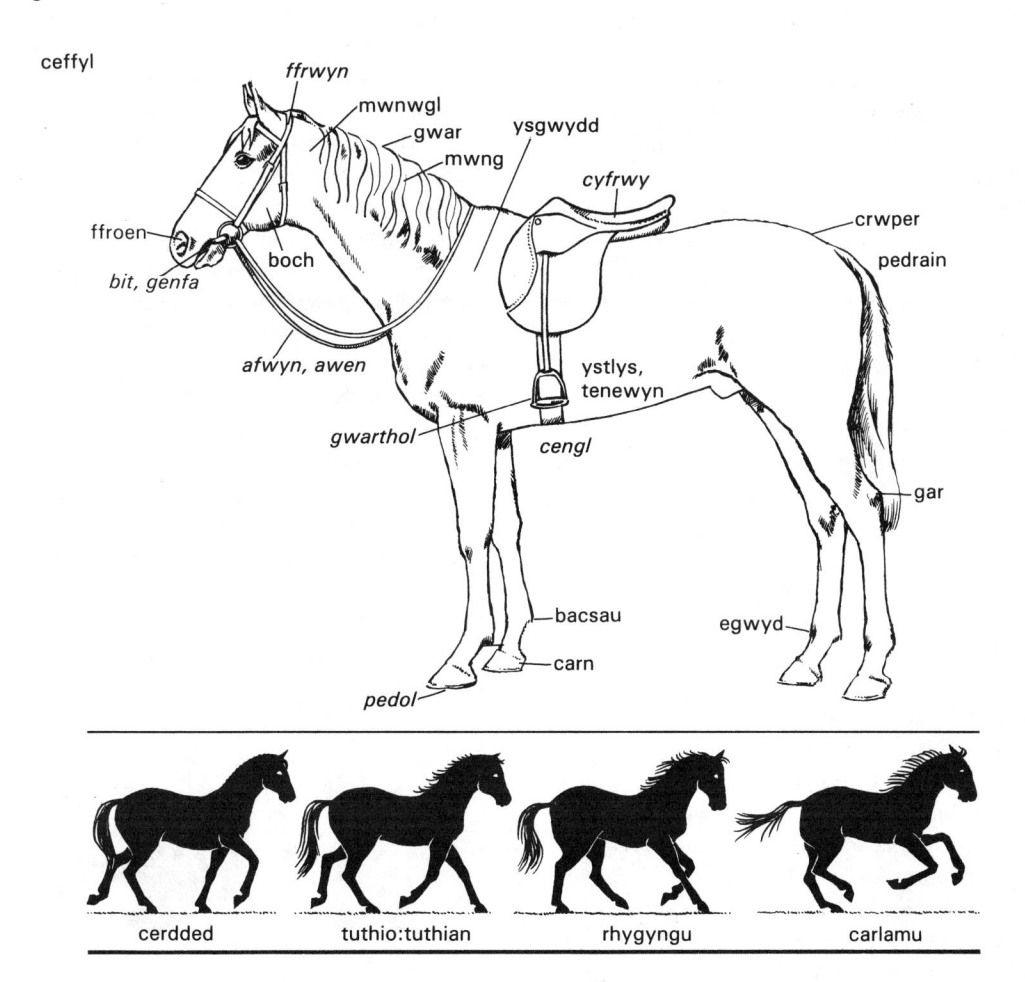

ceffyl blaen
1 ceffyl blaenaf pâr pan fo dau neu bedwar yn tynnu
2 person sy'n mynnu cael lle blaenllaw; person sy'n hoffi bod yn bwysig

ceffylau bach peiriant diddanu mewn ffair bleser ROUNDABOUT, CAROUSEL

ceg *hon eb* (cegau)
1 genau, safn, yr agoriad yn wyneb anifeiliaid a dynion sy'n cael ei ddefnyddio i fwyta ac i siarad neu i gynhyrchu synau trwyddo; cartref y tafod a'r dannedd MOUTH
2 agoriad sy'n debyg i geg, e.e. *ceg ogof, ceg afon* MOUTH

cau ceg (rhywun) llwyddo i gadw person yn dawel neu i'w atal rhag cwyno TO KEEP (SOMEONE) QUIET

cau dy geg gw. **cau**

hen geg rhywun nad yw'n gallu cadw cyfrinach, sy'n hoffi cario clecs A GOSSIP

cega *be*
1 cecran, dadlau, ateb yn ôl yn amharchus, cweryla TO BICKER
2 clebran, adrodd straeon, clepian, cario clecs TO GOSSIP

cegaid *hon eb* (cegeidiau) llond ceg, dracht MOUTHFUL

cegddu *hwn eg* math o bysgodyn môr bwytadwy sy'n debyg i'r penfras HAKE □ *pysgod* t.629

cegiden *hon eb* (cegid) planhigyn gwenwynig o deulu'r persli, sydd â mân flodau gwynion HEMLOCK □ *blodau* t.618

cegin *hon eb* (ceginau) ystafell arbennig lle y mae bwyd yn cael ei baratoi a'i goginio KITCHEN □ *pair*

cegin fach/gefn BACK KITCHEN

cegin orau PARLOUR

cegog *a* disgrifiad amharchus o rywun uchel ei gloch, siaradus; gair i ddisgrifio rhywun sy'n cega neu'n clepian LOUD-MOUTHED, GARRULOUS

cegrwth *a* â cheg agored GAPING

cengl *hon eb* (cenglau)
1 strapen neu rwymyn o ledr sy'n cael ei dynnu'n dynn dan fola ceffyl neu asyn er mwyn sicrhau'r cyfrwy neu'r llwyth ar ei gefn GIRTH □ *ceffyl*
2 rholyn llac o edafedd HANK

cei[1] *bf* rwyt ti'n **cael**; byddi di'n **cael**

cei[2] *hwn eg* (ceiau) glanfa wedi'i chodi er mwyn hwyluso llwytho a dadlwytho llongau QUAY

ceian *hon eb* blodeuyn gardd â blodau persawrus coch, gwyn neu binc CARNATION, PINK □ *blodau* t.621

ceibiau *hyn ell* mwy nag un gaib [**caib**]

ceibio *be* cloddio neu dorri tir â chaib TO DIG

ceidw *bf* mae ef/hi yn **cadw**; bydd ef/hi yn **cadw**

ceidwad *hwn eg* (ceidwaid) person sy'n gyfrifol am gadw rhywun neu rywbeth yn ddiogel; gwyliwr, gwarchodwr, e.e. *ceidwad carchar* KEEPER

Y Ceidwad (yn grefyddol) gwaredwr, iachawdwr, sef Iesu Grist SAVIOUR

ceidwadol *a* gair i ddisgrifio rhywun neu rywbeth:
1 sy'n tueddu i gadw at ffyrdd traddodiadol, nad yw'n hoffi newid CONSERVATIVE
2 sy'n perthyn i blaid wleidyddol y Torïaid CONSERVATIVE

ceidwadwr *hwn eg* (ceidwadwyr) un sy'n glynu at yr hen ffyrdd traddodiadol CONSERVATIVE

Ceidwadwr un sy'n aelod o blaid wleidyddol y Torïaid CONSERVATIVE

ceiliagwydd gw. **clacwydd:clagwydd**

ceiliog *hwn eg* (ceiliogod) aderyn gwryw, yn arbennig y gwryw o rywogaeth yr ieir dof ond hefyd, e.e. *ceiliog bronfraith, ceiliog ffesant* COCK

cam ceiliog gw. **cam**

caniad ceiliog gw. **caniad**

ceiliog ar ei domen ei hun rhywun sy'n cymryd arno ac yn ymfalchïo mai ef yw'r person pwysicaf mewn cylch arbennig, yn enwedig mewn lle neu gylch y mae'n ei adnabod yn dda (e.e. plentyn yn ei gartref ei hun yn ei ddangos ei hun pan fydd plant eraill yn ymweld) COCK OF THE WALK

ceiliog dandi gŵr sy'n ymhyfrydu'n ormodol yn ei olwg, ei ddillad a'i ymddygiad; gŵr mursennaidd FOP

ceiliog y gwynt arwydd ar ffurf ceiliog yn aml (yn arbennig ar frig twr eglwys) sy'n symud gyda'r gwynt ac felly'n dangos o ba gyfeiriad y mae'r gwynt yn chwythu WEATHERCOCK

ceiliog y rhedyn *hwn eg* (ceiliogod y rhedyn) math arbennig o drychfilyn sy'n perthyn i'r un teulu â'r locust ac sy'n nodedig oherwydd ei ddawn i sboncio neu neidio ymhell ac oherwydd ei 'gân' arbennig yn yr haf; sioncyn y gwair GRASSHOPPER

ceilys[1] *hwn eg* yr un blodyn â'r **ceian** PINK □ *blodau* t.621

ceilys[2] *hyn ell* set o brennau y mae chwaraewyr mewn gêm o sgitls yn ceisio eu bwrw i lawr â phêl SKITTLES, NINEPINS

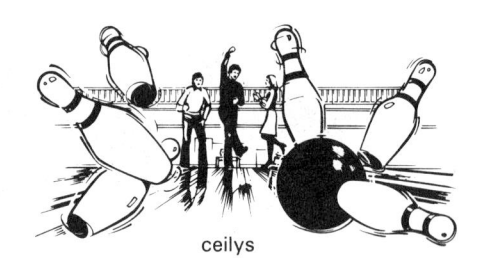

ceilys

ceilliau hyn *ell* mwy nag un gaill [**caill**]
ceimion *a* gair i ddisgrifio mwy nag un peth **cam**, e.e. *olwynion ceimion*
ceinach:ceinaf:ceined *a* mwy **cain**: mwyaf **cain**: mor gain [**cain**]
ceinciau hyn *ell* mwy nag un gainc [**cainc**]
ceinciog *a* gair i ddisgrifio rhywbeth sydd â nifer o ganghennau, neu olion nifer o ganghennau arno; cnotiog KNOTTED
ceinder hwn *eg* prydferthwch, coethder, harddwch BEAUTY, ELEGANCE (cain)
Ceinewydd *enw lle* NEW QUAY
ceiniog hon *eb* (ceiniogau)
  1 er Ionawr 1984, y darn lleiaf o arian bath Prydain; mae cant ohonynt yn werth punt; cyn 1971 roedd y bunt yn werth 240 o hen geiniogau PENNY
  2 yn ffigurol mae'n cael ei ddefnyddio am swm go lew o arian (*Doedd e ddim yn brin o geiniog neu ddwy.*) PENNY (chweugain, dimai, ffyrling, grot, punt, swllt gw. hefyd Atodiad I t.598)
  ceiniog goch y delyn un geiniog ONE PENNY
ceiniogwerth hon *eb* cymaint ag y gellir ei brynu am geiniog; ychydig, mesur bach iawn o rywbeth PENNYWORTH
ceinion[1] *a* gair i ddisgrifio mwy nag un peth **cain**, e.e. *patrymau ceinion*
ceinion[2] hyn *ell* casgliad neu grŵp o bethau hardd, prydferth, e.e. *Ceinion y Gân*
ceintach(u):cintach(u) *be* grwgnach, achwyn, cwyno, bod yn biwis neu flin, cweryla TO GRUMBLE, TO QUARREL
ceintachlyd *a* gair i ddisgrifio rhywun sydd yn ceintachu neu sy'n hoff o geintach QUERULOUS, QUARRELSOME
ceir[1] hyn *ell* mwy nag un **car**
ceir[2] *bf* gellir cael
ceirch:cerch:cyrch hyn *ell* (mwy nag un **ceirchyn** hwn *eg* neu geirchen [**ceirchen**] hon *eb*) math arbennig o ŷd neu lafur; mae ei rawn yn cael eu defnyddio i fwydo anifeiliaid ac i wneud blawd OATS □ *cnydau*
ceirios hyn *ell* fel yn *coed ceirios* mwy nag un geiriosen [**ceiriosen**]
  ceirios y waun CRANBERRIES □ *ffrwythau* t.626
ceiriosen hon *eb* (ceirios)
  1 ffrwyth bach coch neu felyn, melys ei flas, sydd â charreg ynddo CHERRY □ *ffrwythau* t.627
  2 y goeden y mae'r ffrwythau hyn yn tyfu arni CHERRY TREE □ *coed* t.615
ceirt hyn *ell* mwy nag un **cart** neu gert [**cert**]
ceirw hyn *ell* mwy nag un **carw**

ceisiadau hyn *ell* mwy nag un **cais**[1]
ceisiau hyn *ell* mwy nag un **cais**[2]
ceisio *be* chwilio am, gofyn am, deisyf, gwneud cais am, anelu at, ymdrechu, rhoi cynnig ar, gwneud eich gorau (*Mae'n ceisio cadw at y rheolau. Os byddwch mewn trafferthion, ceisiwch gyngor.*) TO SEEK, TO TRY, TO ATTEMPT
cel hwn *eg* gair arall am **ceffyl** HORSE
cêl *a* gair i ddisgrifio rhywun neu rywbeth sydd ynghudd, cuddiedig, dirgel, wedi ei guddio (*Roedd ystafell gêl yn y castell lle cafwyd hyd i gist o aur.*) SECRET, HIDDEN
celain hon *eb* (celanedd) corff marw, ysgerbwd CORPSE
  yn farw gelain gw. **marw**
celc hwn neu hon *egb*
  1 twyll, ystryw DECEIT
  2 swm o arian wedi ei gronni a'i gadw'n ddirgel HOARD
celcio *be* cuddio, lladrata, twyllo TO CONCEAL, TO PILFER
celf hon *eb* gair arall am gelfyddyd, sef crefft neu fedr artistig arbennig ART
celfi hwn neu hyn *eg* ac *enw torfol* (mwy nag un **celficyn**)
  1 dodrefn tŷ megis cadeiriau, byrddau, gwelyau ac ati FURNITURE
  2 offer, gêr, taclau TOOLS, IMPLEMENTS
celficyn hwn *eg* (celfi)
  1 un darn o ddodrefn neu gelfi, dodrefnyn PIECE OF FURNITURE
  2 teclyn, darn o offer neu gêr TOOL
celfydd *a* medrus, galluog mewn ffordd artistig, cywrain SKILFUL
celfyddyd hon *eb* (celfyddydau) maes o ddysg neu wybodaeth sy'n dibynnu'n fwy ar fedru creu prydferthwch nag ar wybodaeth neu astudiaeth wyddonol (*Mae ysgrifennu stori dda yn gelfyddyd; mae astudiaeth o ramadeg yn wyddor.*) ART
  y celfyddydau meysydd megis llenyddiaeth, cerddoriaeth, arlunio, drama ac ati sy'n cael eu cyferbynnu â'r gwyddorau neu wyddoniaeth, sef cemeg, bioleg, ffiseg ac ati THE ARTS
  y gelfyddyd ddu hud a lledrith MAGIC, THE BLACK ART
  y gelfyddyd gwta y grefft o lunio epigramau
celfyddydol *a* gair i ddisgrifio rhywun neu rywbeth sy'n ymwneud â'r celfyddydau, neu â rhywbeth artistig ARTISTIC
cello hwn *eg* (cellos) soddgrwth, yr aelod isaf ond un o offerynnau llinynnol cerddorfa; mae'r un sy'n ei ganu yn ei ddal rhwng ei benliniau wrth ei chwarae VIOLONCELLO, CELLO □ *llinynnau*
Sylwch: ynganwch 'tsielo'.
Celt hwn *eg* (Celtiaid) aelod o lwyth o bobl a oedd yn dod yn wreiddiol o ddyffryn uchaf afon Donaw ond a

a b c ch d dd e f ff g ng h i j (k) l ll m n o p ph r rh s t th u w y (z)

ledodd trwy gyfandir Ewrop gan gyrraedd ynysoedd Prydain rywbryd ar ôl y flwyddyn 500 CC CELT

Celtaidd *a* gair i ddisgrifio rhywun neu rywbeth:
  1 sy'n perthyn i fyd, iaith neu wareiddiad yr hen Geltiaid CELTIC
  2 sy'n perthyn i'r gwledydd hynny (e.e. Cymru, Iwerddon, Yr Alban, Cernyw, Llydaw ac Ynys Manaw) sy'n perthyn i'r hen Geltiaid CELTIC

Celteg hon *eb* iaith y Celtiaid; o'r iaith hon y datblygodd yr ieithoedd Celtaidd (e.e. Cymraeg a Llydaweg) sy'n cael eu siarad heddiw CELTIC

Celtiaid hyn *ell* mwy nag un **Celt**

celu *be* cuddio, cwato, cadw'n ddirgel, gwrthwyneb datgelu TO HIDE

celwrn hwn *eg* (celyrnau) bwced, twba, baril, casgen BUCKET, TUB

celwydd hwn *eg* (celwyddau) anwiredd, gwrthwyneb y gwirionedd *(Pan ddywedodd Dafydd nad ef oedd wedi torri'r ffenestr roedd yn dweud celwydd.)* LIE
  celwydd golau anwiredd diniwed WHITE LIE
  celwydd noeth celwydd amlwg BARE-FACED LIE
  dweud celwydd(au) TO LIE
  palu celwyddau: rhaffu celwyddau dweud rhesi o gelwyddau, y naill ar ôl y llall

celwyddgi hwn *eg* (celwyddgwn) term difrïol am un sy'n adnabyddus am ddweud celwyddau LIAR

celwyddog *a* gair i ddisgrifio rhywun sy'n dweud celwydd neu rywbeth sydd heb fod yn wir, sy'n llawn anwiredd LYING

celyd *a* gair i ddisgrifio mwy nag un peth **caled**, e.e. *blynyddoedd celyd*

celyn hyn *ell* fel yn *coed celyn* mwy nag un gelynnen [**celynnen**]

celynnen hon *eb* (celyn) coeden fythwyrdd â dail pigog gloyw ac aeron cochion; mae'n hen arfer i ddefnyddio'r canghennau i addurno'r tŷ adeg y Nadolig HOLLY □ *coed t.615*

celyrnau hyn *ell* mwy nag un **celwrn**

cell hon *eb* (celloedd)
  1 ystafell fechan mewn carchar, mynachlog neu leiandy CELL
  2 grŵp o bobl o fewn mudiad cudd neu fudiad gwleidyddol CELL
  3 un rhan o rywbeth sydd wedi'i wneud o nifer o'r rhannau hyn (e.e. un rhan o'r diliau mêl mewn cwch gwenyn) CELL
  4 dyfais sy'n cynhyrchu cerrynt trydanol trwy adwaith cemegol *(Mae gan fatri un neu fwy o gelloedd.)* CELL
  5 yr uned fyw leiaf, sy'n cynnwys y cnewyllyn neu'r niwclews, y cytoplasm o'i gwmpas a'r muriau sydd fel cwdyn yn cadw'r cyfan ynghyd CELL □ *amoeba*

celli hon *eb* llwyn o goed, coedwig COPSE, GROVE

cello gw. **cel(-)lo**

cellwair[1] hwn *eg* (cellweiriau) jôc, siarad ysgafn chwareus, profocio ysgafn, ysmaldod BANTER

cellwair[2] *be* siarad yn ysgafn, yn ddireidus; siarad ffwlbri fel jôc, gwatwar, siarad dwli TO JEST, TO BANTER

cellweirus *a* gair i ddisgrifio rhywun sy'n llawn cellwair, sy'n ffraeth ac yn hoff o ddynwared neu watwar JOCULAR

cellystr hyn *ell* mwy nag un gallestr [**callestr**]

cemais *bf* fe wnes i gamu [**camu**]

cemeg hon *eb* astudiaeth wyddonol o elfennau symlaf mater a'r hyn sy'n digwydd pan fydd y rhain yn cyfuno i greu sylweddau newydd, ynghyd ag astudiaeth o'r rheolau sy'n sail i unrhyw adwaith cemegol CHEMISTRY

cemegion hyn *ell* mwy nag un **cemegyn**

cemegol *a* gair i ddisgrifio unrhyw beth sy'n ymwneud â chemeg CHEMICAL

cemegwr:cemegydd hwn *eg* (cemegwyr) gwyddonydd sy'n arbenigo mewn cemeg CHEMIST

cemegyn hwn *eg* (cemegion) sylwedd neu gyfansawdd cemegol, yn arbennig y rhai hynny sy'n cael eu hastudio neu eu creu gan gemegwyr CHEMICAL

cen hwn *eg*
  1 plisgyn, haenen denau, ysgafn o groen; caenen (e.e. yng ngwallt y pen neu ar groen pysgodyn neu neidr) SCALE, DANDRUFF, FLAKE □ *pysgodyn*
  2 cen y cerrig, cen y coed, y planhigyn sy'n tyfu fel staen lwyd neu felyn neu wyrdd ar hyd cerrig a choed LICHEN

cenadaethau hyn *ell* mwy nag un genhadaeth [**cenhadaeth**]

cenadwri hon *eb* neges, cyhoeddiad ar lafar neu yn ysgrifenedig gan un person i rywun arall, yn arbennig byrdwn pregeth neu air ysbrydoledig MESSAGE, TIDINGS

cenais *bf* fe wnes i ganu [**canu**]

cenau hwn *eg* (cenawon:canawon)
  1 un bach rhai mathau o anifeiliaid sy'n hela'u bwyd (e.e. llwynog, blaidd, arth, llew, ci) CUB, PUP, WHELP
  2 cnaf, gwalch, dyn neu fachgen drygionus RASCAL

cenawes hon *eb*
  1 cenau benyw CUB
  2 merch neu wraig ddrygionus, gas â thafod llym a thymer ddrwg BITCH, VIXEN

cenawon hyn *ell*
  1 mwy nag un **cenau**

cenedl

2 gwyddau bach, cynffonnau ŵyn bach, blodau sy'n hongian fel cynffonnau bychain wrth ganghennau coed megis bedw a chyll CATKINS □ *coed* t.616

cenedl *hon eb* (cenhedloedd)
  1 nifer mawr o bobl yn byw (fel arfer) yn yr un wlad ac (fel arfer) dan yr un llywodraeth NATION
  2 nifer mawr o bobl sy'n arddel yr un gwreiddiau, sy'n rhannu'r un diwylliant ac sy'n siarad yr un iaith NATION
  3 (yn ramadegol) rhyw enw, rhagenw neu ansoddair, (sef a yw gair yn wrywaidd neu'n fenywaidd, ai 'hwn' neu 'hon' sy'n dilyn enw, a ffurf gywir yr ansoddair sy'n ei ddisgrifio) GENDER

cenedlaethau *hyn ell* mwy nag un genhedlaeth [**cenhedlaeth**]

cenedlaethol *a* yn perthyn i wlad neu genedl; yn perthyn i genedlaetholdeb NATIONAL, NATIONALISTIC

cenedlaetholdeb *hwn eg*
  1 teimlad dwfn o fod yn perthyn i genedl arbennig ac o ymfalchïo yn y genedl honno NATIONALISM
  2 polisi gwleidyddol sy'n ceisio sicrhau annibyniaeth cenedl NATIONALISM

cenedlaetholi *be* trosglwyddo pethau fel diwydiant, masnach, trafnidiaeth, tir ac ati o ddwylo preifat fel mai'r genedl neu'r wladwriaeth sy'n berchen arnynt; gwladoli TO NATIONALIZE

cenedlaetholwr *hwn eg* (cenedlaetholwyr)
  1 person sy'n credu mewn cenedlaetholdeb gwleidyddol NATIONALIST
  2 person sy'n aelod o blaid wleidyddol sy'n ceisio sicrhau annibyniaeth i'w genedl NATIONALIST

cenedl-ddyn *hwn eg* rhywun nad yw'n Iddew, yn arbennig rhywun nad yw'n derbyn Iddewiaeth (crefydd yr Iddew) GENTILE

cenedligrwydd *hwn eg* bodolaeth fel cenedl, y teimlad o fod yn genedl NATIONHOOD

cenel *hwn eg* (cenelau) cwb neu gwt ci KENNEL

cenel, cwb

cenfaint *hon eb* llu neu gasgliad, haid, gyr, praidd, gre (o foch) HERD (OF PIGS)

cenfigen *hon eb* (cenfigennau) eiddigedd, malais, drwgdeimlad tuag at berson oherwydd llwyddiant, cyfoeth, dawn neu harddwch y person hwnnw JEALOUSY, ENVY

cenfigennu [**wrth**] *be* bod yn eiddigeddus, teimlo cenfigen tuag at rywun, bod yn genfigennus *(Roedd Siân yn cenfigennu wrth Mair oherwydd yr holl ddillad yr oedd ei thad yn eu prynu iddi.)* TO ENVY, TO BE JEALOUS

cenfigennus *a* gair i ddisgrifio rhywun llawn cenfigen, eiddigeddus JEALOUS, ENVIOUS

cenfydd *bf*
  1 mae ef/hi yn **canfod**; bydd ef/hi yn **canfod**
  2 gorchymyn i ti ganfod [**canfod**]

cenhadaeth *hon eb* (cenadaethau)
  1 grŵp neu fintai o bobl sy'n cael eu danfon i ledaenu neges arbennig, i addysgu ac i wasanaethu, yn arbennig y bobl hynny sy'n cael eu danfon gan gorff crefyddol MISSION
  2 neges a gwaith y bobl hyn MISSION

cenhadau *hyn ell* mwy nag un gennad [**cennad**]

cenhades *hon eb* merch sy'n cenhadu (cenhadwr)

cenhadol *a* gair i ddisgrifio:
  1 rhywun ar dân â'i genadwri
  2 rhywbeth sy'n gysylltiedig â chenhadaeth MISSIONARY

cenhadon *hyn ell* mwy nag un gennad [**cennad**]

cenhadu *be*
  1 lledaenu ffydd grefyddol ymysg pobl nad ydynt yn credu yn y ffydd honno TO CONDUCT A MISSION
  2 lledaenu syniadau arbennig a cheisio cael pobl i'w derbyn *(Bu'n cenhadu'n galed dros sianel deledu Gymraeg.)* TO CONDUCT A MISSION

cenhadwr *hwn eg* (cenhadon:cenhadwyr) person sy'n ceisio lledaenu ffydd grefyddol trwy bregethu, addysgu a chynnig meddyginiaeth i'r rhai hynny nad ydynt yn credu yn y ffydd honno MISSIONARY (cenhades)

cenhedlaeth *hon eb* (cenhedlaethau) to o bobl; pob un a anwyd tua'r un cyfnod; cyfnod o tua deng mlynedd ar hugain sy'n gwahanu un to oddi wrth y nesaf *(Ym mharti Aled, roedd pedair cenhedlaeth wedi dod at ei gilydd—ei rieni, ei ddwy fam-gu, ei hen fam-gu, ac wrth gwrs Aled a'i frawd a'i chwaer.)* GENERATION

cenhedloedd *hyn ell* mwy nag un genedl [**cenedl**]
  y Cenhedloedd Unedig corff a ffurfiwyd ar 24 Hydref 1945, yn sgil yr Ail Ryfel Byd, â'r bwriad o sicrhau heddwch ymhlith gwledydd y byd THE UNITED NATIONS

a b c ch d dd e f ff g ng h i j (k) l ll m n o p ph r rh s t th u w y (z)

cenhedlu *be* rhoi bodolaeth i, beichiogi, creu (plant neu epil o'r un rywogaeth) TO PROCREATE, TO BEGET

cenhinen *hon eb* (cennin) llysieuyn gardd â choes wen hir a dail gwyrdd trwchus sy'n perthyn i deulu'r wynionyn; hi yw arwyddlun cenedlaethol Cymru; mae'n cael ei gwisgo gan Gymry ar Ddydd Gŵyl Dewi, ac y mae ei llun a'i lliwiau (gwyn a gwyrdd) yn cael eu defnyddio fel symbol o Gymru LEEK ☐ *llysiau* t.635

cenhinen Bedr daffodil, blodyn melyn sy'n blodeuo'n gynnar yn y gwanwyn; defnyddir hon hefyd fel symbol o Gymru DAFFODIL ☐ *blodau* t.619

ceni *bf* rwyt ti'n **canu**; byddi di'n **canu**

cenlli(f) *hwn* neu *hon egb* (cenllifoedd) llif o ddŵr, rhyferthwy, llifeiriant *(Golchwyd boncyff mawr yn erbyn y bont gan y cenllif.)* FLOOD, TORRENT

cenllysg *hyn ell* ac *enw torfol* cesair, dafnau glaw wedi'u rhewi'n belenni bychain o iâ cyn iddynt ddisgyn yn gawod HAIL

cennad *hon eb* (cenhadon:cenhadau)
1 negesydd, llysgennad, cenhadwr MESSENGER, REPRESENTATIVE
2 neges, cenadwri, newyddion MESSAGE
3 (*lluosog* cenhadau) caniatâd, hawl *(A gefaist ti gennad gan dy brifathro i ddod yma heddiw?)* PERMISSION

cennin *hyn ell* mwy nag un genhinen [**cenhinen**]
cennin Pedr DAFFODILS ☐ *blodau* t.619
cennin syfi CHIVES ☐ *llysiau* t.634

cennog *a* gair i ddisgrifio rhywbeth wedi'i orchuddio â chen SCALY, SCURFY

centilitr *hwn eg* (centilitrau) y ganfed ran o litr (mesur hylif); y ffurf fer yw cl CENTILITRE (gw. *Atodiad III* t.604)

centimetr *hwn eg* (centimetrau) y ganfed ran o fetr, sef 0.01 metr neu 0.4 modfedd (mesur hyd); y ffurf fer yw cm CENTIMETRE (gw. *Atodiad III* t.603)

cer *bf* ffurf dafodieithol y De ar 'dos', sef gorchymyn i ti fynd [**mynd**]

ceraint *hyn ell* perthnasau trwy waed neu gyfeillion agos (gair llenyddol ei naws erbyn hyn) RELATIVES, FRIENDS, KITH

cerameg *hwn* neu *hon egb*
1 y grefft o lunio crochenwaith neu frics neu arlunwaith o glai a'i danio nes ei fod yn galed CERAMICS
2 y pethau (e.e. llestri, teils) sydd wedi cael eu ffurfio yn y dull yma CERAMICS

cerbyd *hwn eg* (cerbydau)
1 unrhyw un o nifer mawr o ddyfeisiadau ar olwynion wedi'u cynllunio ar gyfer cludo pobl neu nwyddau (e.e. coets, car, fen, bws) VEHICLE
2 math arbennig o ddyfais ar olwynion, sef un wedi'i chynllunio i gludo nifer da o bobl ac yn cael ei thynnu gan geffylau neu injan drên CARRIAGE

cerch gw. **ceirch:cerch:cyrch**

cerdinen:cerddinen *hon eb* (cerdin:cerddin) coeden griafol, coeden â dail ysgafn ar ffurf plu; ceir aeron bach o liw orengoch arni yn yr hydref ROWAN, MOUNTAIN-ASH ☐ *coed* t.617

cerdyn *hwn eg* (cardiau) carden, darn bach fflat o bapur trwchus neu gardbord tenau, naill ai ar gyfer ysgrifennu arno, e.e. cerdyn post, cerdyn Nadolig, neu yn un o set neu bac neu gyff o gardiau ar gyfer gwahanol gêmau CARD (cardiau)

cerdyn brith un o'r cardiau hynny mewn cyff o gardiau sydd â llun aelod o deulu brenhinol arno, brenin, brenhines neu walch/cnaf FACE CARD

cerdd *hon eb* (cerddi)
1 cân, darn o farddoniaeth POEM
2 cerddoriaeth *(Yr Ystafell Gerdd)* MUSIC

cerdd dafod barddoniaeth, yn arbennig y math o farddoniaeth gaeth sy'n dilyn rheolau'r gynghanedd a'r mesurau traddodiadol sy'n nodweddiadol o lenyddiaeth Gymraeg

cerdd dant cerddoriaeth offerynnol, yn arbennig y grefft o osod a chyflwyno geiriau cerdd dafod i gyfeiliant telyn mewn dull sy'n unigryw i Gymru; canu penillion

cerdded *be*
1 y ffordd naturiol i berson symud wrth roi un droed o flaen y llall; yn wahanol i redeg, lle mae cyfnod pan na fydd yr un o'r ddwy droed yn cyffwrdd â'r ddaear, mae un o'r ddwy droed yn cyffwrdd â'r ddaear trwy'r amser wrth gerdded TO WALK ☐ *ceffyl*
2 mae amser a chloc yn cerdded, sef yn mynd yn eu blaenau TO MOVE ON
3 bydd pobl yn cwyno bod pethau na allant ddod o hyd iddynt yn 'cerdded' *(Mae beiros yn cerdded yn y tŷ yma.)*

ar gerdded wedi cychwyn ac yn symud ymlaen

cerddediad *hwn eg* dull person o gerdded, camau, camre *(Roedd ganddo gerddediad bach ysgafn.)* WALK

cerddinen gw. **cerdinen:cerddinen**

cerddor *hwn eg* (cerddorion) un sydd â dawn gerddorol arbennig, gan amlaf un sy'n cyfansoddi, yn canu, neu'n chwarae offeryn MUSICIAN

cerddorfa *hon eb* (cerddorfeydd) cyfuniad o bobl yn chwarae offerynnau cerddorol, yn cynnwys adrannau ffiolin, fiola, cello a bas ac yna aelodau amrywiol o adrannau'r chwythbrennau, offerynnau pres, ac offerynnau taro ORCHESTRA (arweinydd, blaenwr)

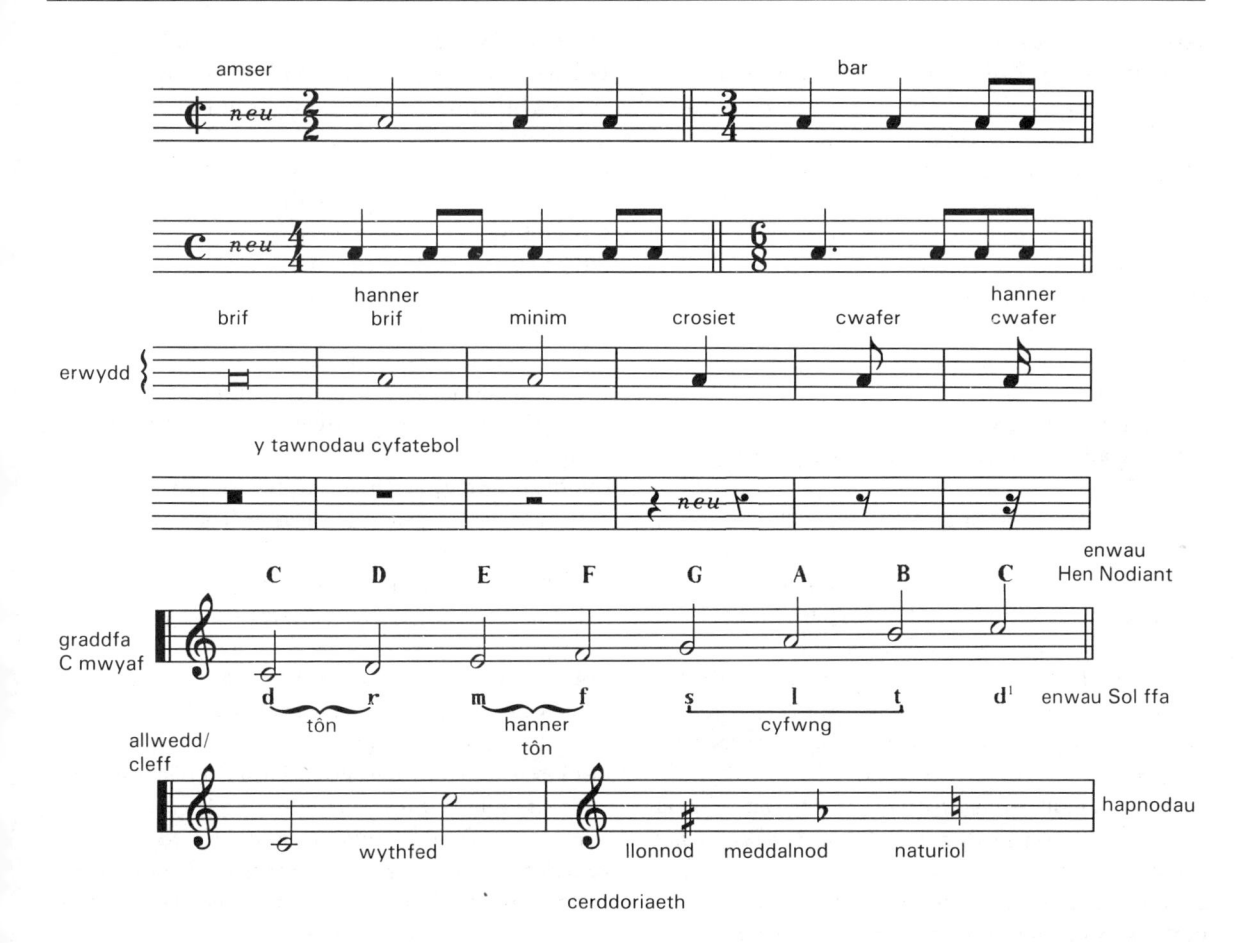

cerddorfaol *a* gair i ddisgrifio rhywun neu rywbeth sy'n perthyn i gerddorfa ORCHESTRAL

cerddoriaeth *hon eb*
1 miwsig, cyfuniad o nodau neu synau sy'n creu patrymau o rythm ac alawon a chynghanedd MUSIC
2 y papur y mae'r nodau cerddorol wedi'u hysgrifennu arno *(Ydy'r gerddoriaeth ganddi?)* MUSIC
cerddoriaeth siambr cerddoriaeth ar gyfer grŵp bach sy'n fwy addas i ystafell fawr na neuadd CHAMBER MUSIC

cerddorol *a* gair i ddisgrifio rhywun neu rywbeth sy'n perthyn i fyd cerddoriaeth neu rywun sydd â gallu mewn cerddoriaeth MUSICAL

cerddwr *hwn eg* (cerddwyr) un sy'n cerdded WALKER, PEDESTRIAN

cerfiad *hwn eg* (cerfiadau) toriad â chyllell neu gŷn mewn deunydd megis pren neu garreg i greu llun neu ddelw; ôl naddu, ysgythriad CARVING

cerfiedig *a* gair i ddisgrifio rhywbeth wedi'i gerfio SCULPTURED, CARVED

cerfio *be*
1 naddu neu dorri delw neu lun tri dimensiwn mewn deunydd caled megis pren neu garreg TO CARVE
2 torri cig yn dafellau wedi iddo gael ei goginio TO CARVE

cerfiwr *hwn eg* (cerfwyr) un sy'n naddu neu yn ysgythru delw neu lun CARVER

cerflun *hwn eg* (cerfluniau)
1 delw neu fodel mewn tri dimensiwn wedi'i naddu neu ei cherfio neu ei ffurfio o faen, pren, metel neu unrhyw ddefnydd addas arall SCULPTURE
2 delw o ddyn neu anifail mewn tri dimensiwn, wedi'i llunio o ddeunydd caled megis maen neu bren neu fetel, i'w harddangos gan amlaf mewn lle cyhoeddus STATUE

cerflunio *be* creu cerfluniau, naddu, cerfio (e.e. ffurfio delwau o faen, pren neu fetel) TO SCULPTURE

cerflunydd *hwn eg* (cerflunwyr) un sy'n creu cerfluniau SCULPTOR

cerfwyr *hyn ell* mwy nag un **cerfiwr**

cerhyntau *hyn ell* mwy nag un **cerrynt**

ceri *bf* rwyt ti'n **caru**; byddi di'n **caru**

ceriach *hon a hyn eb ac ell* mân offer, pethau diwerth *(Wnei di symud dy geriach oddi ar y bwrdd yma er mwyn imi gael paratoi te?)* GEAR

cerigyn *hwn eg* (cerigos) carreg fach PEBBLE

ceriwb *hwn eg* (ceriwbiaid) math o angel sy'n arfer cael ei ddarlunio fel plentyn bach tew ac adenydd ganddo CHERUB

cern *hon eb* (cernau) asgwrn y foch, grudd, boch, ochr yr wyneb o dan y llygad CHEEK-BONE, JOWL

cernod *hon eb* ergyd ar y foch neu ochr y pen, bonclust CLOUT, BOX ON THE EARS

Cernyw *enw lle* CORNWALL

Cernywiad *hwn eg* (Cernywiaid) brodor o Gernyw, un o wŷr Cernyw CORNISHMAN

cerpyn *hwn eg* (carpiau) rhacsyn, dilledyn wedi'i dreulio'n dyllau, clwt RAG

cerrig *hyn ell* mwy nag un garreg [**carreg**]

cerrynt *hwn eg* (ceryntau:cerhyntau) llifeiriant (o ddŵr, aer, trydan ac ati) i gyfeiriad arbennig CURRENT

cerrynt eiledol math o gerrynt trydanol sy'n newid ei gyfeiriad yn gyson ac yn aml *(Cerrynt eiledol sydd yn nhai'r mwyafrif mawr o bobl Prydain.)* ALTERNATING CURRENT

cerrynt union cerrynt trydanol sy'n llifo i un cyfeiriad yn unig *(Cerrynt union sy'n dod o fatris o bob math.)* DIRECT CURRENT

cert *hon eb* (ceirt:certi) ffurf arall ar **cart**

certrys *hyn ell* mwy nag un gartrisen [**cartrisen**]

cerwyn *hon eb* (cerwyni) baril, twba, casgen, llestr mawr wedi'i wneud yn wreiddiol o styllod pren wedi'u rhwymo ynghyd â bandiau haearn ar gyfer dal cwrw neu ddiod feddwol arall wrth iddi eplesu VAT, CASK, BARREL

cerydd *hwn eg* (ceryddon) gair neu weithred o gosb am fod rhywun wedi gwneud rhywbeth na ddylai fod wedi'i wneud REBUKE, REPRIMAND

ceryddu *be* dwrdio, disgyblu, cosbi, rhoi bai ar, dweud y drefn TO REBUKE, TO REPRIMAND

ceryntau *hyn ell* mwy nag un **cerrynt**

cesail *hon eb* (ceseiliau)
  1 y lle o dan y fraich lle mae'n cysylltu â'r corff ARMPIT
  2 unrhyw fan sy'n cael ei gysgodi fel y mae'r gesail yn cael cysgod y fraich a'r fynwes *(Adeiladwyd y bwthyn yng nghesail y mynydd.)* RECESS

cesail morddwyd y man cyfatebol lle y mae'r ddwy goes yn cysylltu â'r corff GROIN

cesair *hyn ell* glaw wedi'i rewi'n ddafnau bach o iâ cyn disgyn yn gawodydd; cenllysg HAIL

ceseiliau *hyn ell* mwy nag un gesail [**cesail**]

cesglir *bf* mae rhywun neu rywbeth yn cael ei gasglu [**casglu**]; bydd rhywun neu rywbeth yn cael ei gasglu [**casglu**]

cesig *hyn ell* mwy nag un gaseg [**caseg**]

cestyll *hyn ell* mwy nag un **castell**

cetrisen gw. **cartrisen:cetrisen**

cetyn *hwn eg* (catiau:cetynnau)
  1 darn bach, mymryn, tamaid o rywbeth neu ysbaid fer o amser BIT, PIECE
  2 pibell â choes fer i ysmygu baco PIPE
  3 y darn hwnnw o offeryn pres yr ydych chi'n chwythu trwyddo er mwyn cynhyrchu sŵn a chanu'r offeryn MOUTHPIECE □ *pres*

ceubren *hwn eg* (ceubrennau) coeden gau, coeden â'i thu mewn wedi pydru, gan adael twll neu geudod, ond â'i thu allan yn gyfan HOLLOW TREE

ceudod *hwn eg* gwagle mewnol, twll, ogof, e.e. ceudod drwm, neu'r ceudod mewn clogwyn sy'n gwneud ogof HOLLOW, CAVITY

ceugrwm *a* gair i ddisgrifio rhywbeth yr un siâp â thu mewn cylch, gwrthwyneb amgrwm *(Mae'r pant mewn llwy neu letwad yn geugrwm.)* CONCAVE

ceulan *hon eb* (ceulannau:ceulennydd) torlan, glan afon lle mae'r dŵr wedi erydu'r tir o dan y lan a'i wneud yn beryglus i gerdded arno HOLLOW RIVER BANK

ceulion *hyn ell* (mwy nag un **caul**) y dafnau bras sy'n ffurfio pan fydd llaeth yn suro ac sy'n cael eu defnyddio i wneud caws CURDS (gleision)

ceulo *be* caledu, troi o fod yn hylif i fod yn galed, cawsu fel llaeth neu dolchennu fel gwaed TO COAGULATE, TO CURDLE, TO CLOT

ceunant *hwn eg* (ceunentydd) cwm hir a chul ac ochrau serth iddo RAVINE, GORGE

cewc *hwn eg* (gair llafar)
  1 cipolwg, ciledrychiad PEEP
  2 golwg, meddwl *(Ar ôl ei weld yn chwarae nid oedd gan y rheolwr lawer o gewc ar y pêl-droediwr newydd.)* ESTIMATION

cewri *hyn ell* mwy nag un **cawr**

Côr y Cewri gw. **côr**

cewyll *hyn ell* mwy nag un **cawell**

cewyn *hwn eg* (cewynnau:cawiau) lliain neu glwt sy'n cael ei glymu neu'i binio o gwmpas pen-ôl babi ac sy'n cael ei newid wedi iddo gael ei wlychu neu'i drochi NAPPY

ceyrydd *hyn ell* mwy nag un gaer [**caer**]

CFfI *byrfodd* Clwb Ffermwyr Ieuainc YOUNG FARMERS' CLUB, YFC

Chinead *hwn eg* (Chineaid) person sy'n dod o China CHINESE
Sylwch: ynganwch 'Tsinead'.

ci *hwn eg* (cŵn)
1 anifail cyffredin sydd â phedair troed ac sydd wedi cael ei ddofi gan ddyn yn anifail anwes neu anifail gwaith, e.e. *ci defaid, ci hela, corgi* DOG
2 y gwryw ymhlith cŵn, cymar gast DOG
3 enw sarhaus difrïol ar ddyn, yn arbennig mewn ffurfiau cyfansawdd megis *clapgi, celwyddgi, cachgi, llwfrgi* DOG (cenau, cyfarth, gast, haid)
byw fel ci a hwch cweryla trwy'r amser
cadw ci a chyfarth eich hun gwneud rhywbeth yn lle yr un a ddylai ei wneud
ci bach cenau ci PUP
ci defaid SHEEP-DOG
ci hela bytheiad, helgi HOUND
cŵn Annwn gw. **cŵn**
cŵn bendith y mamau gw. **cŵn**
cŵn Caer gw. **cŵn**
mynd i'r cŵn gw. **cŵn**
rhwng y cŵn a'r brain gw. **cŵn**

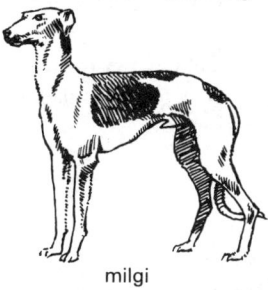

Rhai mathau o gŵn

milgi

bytheiad, ci hela, helgi

ci defaid

pŵdl

brochgi

corgi

daeargi

ciaidd *a* creulon, anifeilaidd, annynol, mileinig BRUTAL, HARD-HEARTED
cib *hwn eg* (cibau) plisgyn, eisin, croen hadyn HUSK
cibddall *a* gair i ddisgrifio rhywun neu rywbeth sydd heb fod yn gallu gweld yn iawn; bron yn ddall PURBLIND
cibwst *hon eb* llosg eira CHILBLAINS
cibŵts *hwn eg* (cibwtsau) math arbennig o wladfa neu drefedigaeth gydweithredol yn Israel KIBBUTZ
cibyn *hwn eg* gair arall am **cib**
cic *hwn neu hon egb* (ciciau:cics)
1 ergyd â blaen troed, e.e. rhoi cic i'r bêl KICK
2 y gallu i adael ei ôl neu'i effaith; hergwd, cyffro, gwefr (*Mae tipyn o gic yn y gwin 'ma.*) KICK
cic adlam (mewn rygbi) cic sy'n taro'r bêl fel y mae'r bêl yn cyffwrdd â'r ddaear DROP-KICK
cic gôl (mewn pêl-droed) cic gan y gôl-geidwad fel arfer i ailgychwyn chwarae ar ôl i'r bêl groesi ei linell ef GOAL-KICK
cic gornel (mewn pêl-droed) cic rydd sy'n cael ei chymryd o'r naill eithaf neu'r llall i'r llinell gôl gan un o'r tîm sy'n ymosod ar y gôl honno, wedi i'r tîm sy'n amddiffyn fwrw'r bêl dros ei linell gôl ei hun CORNER KICK
cic gosb (mewn pêl-droed neu rygbi) cic nad oes hawl gan chwaraewyr o'r tîm arall ymyrryd â hi; mae'n cael ei dyfarnu i un tîm ar ôl i'r tîm arall dorri un o reolau'r gêm PENALTY KICK
cic rydd cic gosb ond weithiau, heb yr hawl i gael sgorio'n uniongyrchol â'r gic honno FREE-KICK
cicio *be* bwrw â throed, rhoi ergyd â'r droed TO KICK
cicio dros y tresi gwrthryfela, mynnu cael rhyddid TO KICK OVER THE TRACES
cicio sodlau aros heb fawr o amynedd; aros yn hir heb ddim i'w wneud TO KICK (ONE'S) HEELS
cig *hwn eg* (cigoedd) cnawd, yn arbennig cnawd anifeiliaid sy'n cael ei ddefnyddio fel bwyd MEAT
cig a gwaed
1 person cyflawn, real yn ei gryfder a'i wendidau (*Fel dramodydd, cryfder Saunders Lewis yw ei gymeriadau cig a gwaed.*)
2 teulu a pherthnasau FLESH AND BLOOD
cig bras cig gwyn FAT
cig coch cig heb fraster LEAN MEAT
cig eidion cig gwartheg/da BEEF
cig gwyn cig bras FAT
cig moch bacwn BACON, HAM
cig mochyn PORK
cig oen LAMB
cig y dannedd y cnawd rhwng y dannedd GUMS

a b c ch d dd e f ff g ng h i j (k) l ll m n o p ph r rh s t th u w y (z)

cigfran hon *eb* (cigfrain) aderyn ysglyfaethus, y mwyaf ei faint ymhlith teulu'r brain; mae ganddo ben du sgleiniog RAVEN □ *brân*

cignoeth *a* dolurus, poenus, yn brifo i'r byw, mor boenus â chnawd byw heb groen drosto RAW, CUTTING TO THE QUICK

cigydd hwn *eg* (cigyddion) un sy'n ennill ei fywoliaeth trwy werthu cig neu trwy ladd anifeiliaid am eu cig BUTCHER

cigyddes hon *eb* gwraig o gigydd [**cigydd**]

cigysol *a* gair i ddisgrifio anifail (neu blanhigyn) sy'n bwyta cig CARNIVOROUS

cigysydd hwn *eg* (cigysyddion) anifail sy'n bwyta cig yn bennaf (e.e. llew, ci, cath, arth ac ati) CARNIVORE (hollysydd, llysysydd, pryfysydd)

cil hwn *eg* (ciliau:cilion)
  1 cwr, cornel, congl, e.e. *cil y llygad* CORNER
  2 encil, ffo, y gwaith o dynnu'n ôl, e.e. *ar gil* RETREAT
  3 lloches, cilfach, lle o'r neilltu *(Swatiai'r bwthyn yng nghil y mynydd.)* NOOK
  4 diffyg ar yr haul neu'r lleuad; pedwar chwarter y lleuad, gwanhad/gwendid y lleuad ECLIPSE, WANING

  cil y drws cymaint o le ag sydd rhwng y drws a fframyn y drws pan nad yw'r drws wedi'i gau'n dynn

  cnoi cil gw. **cnoi**

cilagored *a* gair i ddisgrifio rhywbeth sydd wedi ei agor ychydig, lled-agored AJAR

cilan hon *eb* (cilannau) bae bach, agoriad cysgodol yn yr arfordir COVE

cilcyn hwn *eg* lwmpyn, talp, darn CHUNK, LUMP

cildwrn:cil-dwrn hwn *eg*
  1 tâl ychwanegol i rywun am wasanaeth (e.e. mewn gwesty, siop drin gwallt) TIP
  2 tâl dirgel er mwyn dylanwadu yn anghyfreithlon ar benderfyniad; tâl neu rodd ar gyfer llwgrwobrwyo BRIBE

cilddant hwn *eg* (cilddannedd) un o'r dannedd mawr yng nghefn y geg a ddefnyddir i falu bwyd MOLAR

ciledrych *be* taflu golwg o gil y llygad, edrych yn gyflym ac yn llechwraidd TO GLANCE

ciledrychiad hwn *eg* edrychiad o gil y llygad, edrychiad llechwraidd GLANCE

cilfach hon *eb* (cilfachau)
  1 lle cysgodol, lloches, cornel i lechu ynddi, llecyn dirgel, diogel NOOK, RECESS
  2 bae bach cul, llecyn ar yr arfordir lle y mae tafod o'r môr wedi creu hafan neu loches CREEK, COVE, INLET

cilgant hwn *eg* (cilgannau) ffurf y lleuad pan nad yw'n llawn, pan fydd yn llai na hanner cylch; dyma arwyddlun y grefydd Fohametanaidd CRESCENT

cil-gnoi *be* cnoi cil; yr hyn y mae rhai anifeiliaid megis gwartheg/da yn ei wneud wrth godi bwyd yn ôl i'r geg i'w ail-gnoi a'i aildreulio TO CHEW THE CUD

Cilgwri *enw lle* WIRRAL

cilio *be*
  1 encilio, symud yn ôl yn dawel, tynnu'n ôl, ymadael, troi'n ôl *(Ar ôl brwydro'n galed am amser hir bu raid i'r fyddin fach gilio o flaen byddinoedd mwy y gelyn.)* TO RETREAT, TO WITHDRAW
  2 (am amser) pasio, llithro heibio TO PASS
  3 lleihau, treio, diflannu'n raddol, e.e. *yr eira yn cilio yng ngwres yr haul* TO EBB, TO SHRINK, TO WANE, TO RECEDE
  4 colli graen a phwysau yn sgil afiechyd; dihoeni

cilwenu *be* glaswenu, gwenu'n sarhaus neu'n ddirmygus TO LEER, TO SMIRK

cilwg hwn *eg* (cilygon) golwg gas; gwg, cuwch FROWN, SCOWL

cilydd gw. **gilydd**

cimwch hwn *eg* (cimychiaid) anifail cramennog o liw glas tywyll, a chanddo bedwar pâr o goesau, dwy grafanc fawr a chynffon; mae'n byw yng ngwaelod y môr ac yn cael ei bysgota am ei gig blasus sy'n troi'n binc wrth gael ei goginio LOBSTER □ *cramenogion*

cimwch coch hwn *eg* anifail y môr, tebyg iawn ei olwg i'r cimwch ond yn llai o faint CRAYFISH

cinetig *a* gair i ddisgrifio rhywbeth sy'n ymwneud â symudiad neu sy'n cael ei gynhyrchu gan symudiad, e.e. *grym cinetig llif o ddŵr* KINETIC

cilgant

ciniawa *be* bwyta cinio, bwyta pryd da o fwyd; mynd allan i ginio i rywle arbennig neu ar achlysur arbennig TO DINE, TO LUNCH

cinio *hwn* neu *hon egb* (ciniawau)
 1 prif bryd bwyd y dydd, sy'n cael ei fwyta naill ai ganol dydd (amser cinio) neu ar ôl gwaith gyda'r hwyr DINNER, LUNCH
 2 pryd o fwyd ffurfiol er anrhydedd i berson neu bersonau neu i ddathlu achlysur arbennig DINNER

cintach(u) *gw.* **ceintach(u):cintach(u)**

ciosg *hwn eg* (ciosgau)
 1 math o gaban agored lle bydd papurau newydd, losin, hufen iâ, neu fyrbrydau'n cael eu gwerthu KIOSK
 2 caban arbennig ar gyfer teleffon cyhoeddus TELEPHONE KIOSK

cip *hwn eg* golwg brysiog, cipolwg (*Cefais un cip ar y tudalen cyn iddi gau'r llyfr yn glep.*) GLIMPSE

cipar *gw.* **ciper:cipar**

cipdrem *hon eb* cipolwg, ciledrychiad, golwg sydyn GLIMPSE

ciper:cipar *hwn eg* (ciperiaid) person sy'n gyfrifol am fagu a gwarchod rhai mathau o adar (megis y ffesant neu'r rugiar), neu weithiau anifeiliaid, er mwyn i bobl gael eu hela neu'u saethu GAMEKEEPER

cipio *be*
 1 tynnu ymaith yn sydyn, dwyn, cymryd i ffwrdd TO SNATCH
 2 ennill (*Cipiodd y wobr gyntaf yn y sioe.*) TO TAKE, TO WIN

cipolwg *hwn eg* (cipolygon) cipdrem, golwg cyflym, edrychiad sydyn GLIMPSE, GLANCE

cist *hon eb* (cistiau)
 1 blwch mawr, coffr CHEST
 2 arch y marw COFFIN
 cist car BOOT
 cist ddillad WARDROBE
 cist flawd blwch i gadw blawd FLOUR-BIN
 cist lythyr LETTER-BOX
 cist rew rhewgell DEEP-FREEZE

ciw[1] *hwn eg* rhes o bobl neu gerbydau yn aros eu tro cyn cael symud ymlaen, *cwt* yn nhafodiaith y De QUEUE

ciw[2] *hwn eg* y ffon hir a blaen main iddi sy'n cael ei defnyddio mewn biliards, pŵl neu snwcer i fwrw'r peli o gwmpas y bwrdd CUE

ciwb *hwn eg* (ciwbiau)
 1 gwrthrych solet, cymesur â chwe ochr sgwâr o'r un maint, tebyg i ddis CUBE
 2 y canlyniad mathemategol a ddaw o luosi rhif ddwywaith ag ef ei hun, e.e. *ciwb 3 (3^3) (sef 3x3x3) yw 27* CUBE (trydydd isradd)

ciwbig *a*
 1 mesur sy'n disgrifio faint o le sydd i'w lenwi o fewn ciwb; cewch yr ateb trwy luosi hyd x lled x uchder ciwb neu ffurf gyffelyb, e.e. *20 metr x 20 metr x 20 metr = 8,000 metr ciwbig* CUBIC
 2 rhywbeth ar lun ciwb CUBICAL, CUBIC

ciwcymber:cucumer *hwn eg* (ciwcymerau:cucumerau) llysieuyn hir, cul â chroen gwyrdd tywyll a thu mewn gwyrdd golau, dyfrllyd; caiff ei fwyta heb ei goginio, gan amlaf fel rhan o salad CUCUMBER ☐ *llysiau t.634*

ciwed *hon eb* haid, criw, llu, torf (gydag awgrym sarhaus o fod yn afreolus neu'n anwar) RABBLE, MOB, CLIQUE

ciwio[1] *be* ymuno â chiw neu ffurfio ciw TO QUEUE

ciwio[2] *be* bwrw peli pŵl neu snwcer neu filiards â chiw TO CUE

ciwrad:ciwrat *hwn eg* curad, offeiriad eglwys sy'n helpu offeiriad plwyf CURATE

ciwt *a*
 1 siarp, cyfrwys, clyfar (*Mae'n fachgen rhy giwt i gael ei ddal yn hawdd.*) SMART
 2 gair i ddisgrifio rhywbeth bach, pert, atyniadol (*y titw ciwt*) CUTE

cl *byrfodd* centilitr CENTILITRE, [cl]

clacwydd:clagwydd *hwn eg* (clacwyddau:clagwyddau) gŵydd wryw GANDER

claddedigaeth *hwn* neu *hon egb* (claddedigaethau) angladd, cynhebrwng, y gwasanaeth claddu BURIAL, FUNERAL

claddfa *hon eb* (claddfeydd) mynwent, man lle mae cyrff y meirw yn cael eu claddu CEMETERY, GRAVEYARD

claddu *be*
 1 gosod corff marw mewn bedd TO BURY, TO INTER
 2 gosod rhywbeth mewn twll yn y ddaear a'i orchuddio â phridd gyda'r bwriad o'i guddio neu'i adael yno, e.e. *claddu trysor, claddu sbwriel* TO BURY

claear *a*
 1 gair i ddisgrifio rhywbeth sydd heb fod yn boeth nac yn oer; llugoer, canolig o ran gwres TEPID, LUKEWARM
 2 heb fod yn frwdfrydig, heb deimlo'n gryf dros neu yn erbyn UNENTHUSIASTIC, INDIFFERENT

claerwyn *a* gwyn a disglair; gwelw a gloyw PURE WHITE, PALLID

claf[1] *a* sâl, gwael, afiach, tost, anhwylus SICK, ILL
 claf o gariad LOVE-SICK

claf[2] *hwn eg* (cleifion) person sâl, rhywun sy'n dioddef o afiechyd PATIENT

clafr:clafri:clefri *hwn eg* clefyd (anifeiliaid yn bennaf) sy'n peri crach ar y croen MANGE, SCABIES

clafychu *be* gwaelu, mynd yn sâl neu'n dost, gwanychu, dihoeni TO AIL, TO FALL SICK

clagwydd gw. **clacwydd:clagwydd**

clai hwn *eg* (cleiau) math o bridd trwm, gludiog sy'n cynnwys gronynnau mân iawn wedi'u clymu wrth ei gilydd â lleithder; mae crochenwaith a brics yn cael eu gwneud o glai wedi'i grasu CLAY

clais hwn *eg* (cleisiau)
1 nam ar groen person neu ar ffrwyth o ganlyniad i ergyd; smotyn du-las ar y croen neu odano; clwyf, briw BRUISE
2 rhywbeth sy'n debyg i glais o ran lliw neu ffurf (e.e. smotiau bras o liw tywyll ar geffyl) BRUISE

clais y dydd toriad dydd DAYBREAK

Clamai:Clanmai hwn *eg* Calan Mai, y dydd cyntaf o Fai MAY DAY

clamp[1] [o] hwn *eg* (clampiau) (mewn ymadroddion megis *clamp o ddyn, clamp o gelwydd*) clobyn, rhywbeth mawr ei faint WHOPPER, GIANT

clamp[2] hwn *eg* math o offeryn i gadw dau beth yn dynn wrth ei gilydd neu i gadw pethau ynghyd, e.e. pan fydd saer am ludio dau ddarn o bren wrth ei gilydd bydd yn defnyddio clamp o ryw fath i'w cadw'n dynn nes i'r glud sychu CLAMP

Clanmai gw. **Clamai:Clanmai**

clap hwn *eg*
1 clec, sŵn sydyn, caled (e.e. sŵn dwylo'n taro yn erbyn ei gilydd) CLAP
2 talp, darn (*clap o lo*) LUMP

clapgi hwn *eg* (clapgwn) un sy'n hoff o glapian, o hela clecs, o gario straeon TELLTALE, GOSSIP

clapian *be* cario clecs, adrodd straeon, datgelu'n faleisus, taenu cleber TO TELL TALES, TO GOSSIP

clapio *be*
1 curo dwylo, curo rhywun (fel cyfarchiad neu longyfarchiad) â chledr y llaw; taro, slapio TO CLAP
2 ffurfio lympiau (clapiau)

clapiog *a* gair i ddisgrifio:
1 rhywbeth garw, llawn lympiau LUMPY, ROUGH
2 rhywbeth trwsgl, carbwl, anghywir (*Cymraeg clapiog oedd gan yr aelod seneddol.*) BROKEN, AWKWARD

clarinét hwn *eg* (clarinetau) offeryn cerdd o deulu'r chwythbrennau; caiff ei ganu trwy chwythu ar gorsen unigol ac mae'r nodau yn cael eu hamrywio trwy wasgu bysellau neu gau tyllau â'r bysedd CLARINET □ *chwythbrennau*

clas hwn *eg* (clasau)
1 cymdeithas o fynaich neu glerigwyr, yn cynnwys o leiaf un offeiriad ac abad yn ben arni; dyma un o ffurfiau'r eglwys yng Nghymru cyn i'r Normaniaid ddod yma yn yr 11eg ganrif

clas

2 mewn mynachlog neu eglwys, llwybr a cholofnau bob ochr iddo CLOISTER

clasur hwn *eg* (clasuron) gwaith o'r safon uchaf sydd â gwerth parhaol iddo, yn arbennig gwaith celfyddydol a llenyddol CLASSIC

clasurol *a* gair i ddisgrifio rhywbeth:
1 sy'n perthyn i'r dosbarth blaenaf, sydd o'r safon uchaf (yn arbennig gwaith celfyddydol a llenyddol) CLASSIC
2 sy'n perthyn i gelfyddyd neu ddiwylliant Groeg neu Rufain CLASSICAL
3 sy'n debyg i waith celfyddydol y Rhufeiniaid a'r Groegiaid, â phwyslais ar ddisgyblaeth, coethder a ffurf gelfyddydol yn hytrach nag ar deimladau a rhyddid; gwrthwyneb rhamantaidd CLASSICAL

clatsian *be* tasgu, poeri, clecian, e.e. *coed yn clatsian wrth losgi* TO CRACKLE

clatsien hon *eb* (clatsys) ergyd, trawiad, bonclust (yn arbennig â chledr y llaw); hefyd yn ffigurol (*Roedd colli'r fuwch yn dipyn o glatsien i'r ffermwr.*) BLOW, SLAP

clatsio *be* bwrw, taro, rhoi ergyd neu ergydion, curo, slapio TO STRIKE, TO SLAP

clatsio arni bwrw ymlaen yn egnïol; mwstro TO GET A MOVE ON

clatsio bant dechrau, rhoi cychwyn TO GET MOVING

clau *a* cyflym, buan, chwim, parod; ffurf lafar y De yw 'clou', e.e. *cer yn glou* QUICK

clawdd hwn *eg* (cloddiau)
1 wal o bridd a cherrig neu dywyrch; gwrych neu berth sydd ar y clawdd neu sy'n ffurfio clawdd ei hunan HEDGE, DYKE
2 ffos sy'n cael ei chloddio i wneud wal o bridd a cherrig DITCH, GUTTER

bol clawdd gw. **bol**

Clawdd Offa y ffin rhwng Cymru a Lloegr a gafodd ei henwi ar ôl Offa, brenin Mersia rhwng OC 757 a 796 OFFA'S DYKE

clawdd terfyn ffin

clawr hwn *eg* (cloriau)
1 caead, gorchudd, e.e. *clawr bocs, clawr llyfr* LID, COVER
2 bwrdd, astell, wyneb, yn arbennig bwrdd ar gyfer chwarae gêm *(clawr gwyddbwyll)* BOARD, SURFACE □ *gwyddbwyll*
ar glawr ar gael, i'w gael, i'w gael o hyd AVAILABLE, ON RECORD
clawr y llygad amrant, y gorchudd o groen tan yr ael sy'n cau am y llygad pan fyddwn yn cysgu EYELID
dod/dwyn i glawr darganfod rhywbeth fu ar goll TO BRING TO LIGHT
clawstroffobia hwn *eg* (term meddygol) ofn afresymol o gael eich cau mewn lle cyfyng CLAUSTROPHOBIA
cleber:clebar hwn neu hon *egb* mân siarad, lol TITTLE-TATTLE
clebran *be* siarad a siarad, hel straeon, dweud clecs, cloncian, clepian TO CHATTER, TO GOSSIP
clec hon *eb* (clecs)
1 sŵn dau beth caled yn taro'i gilydd, clap SNAP, CLAP
2 gwag siarad, cleber, straeon am bobl GOSSIP
3 sain cynghanedd lwyddiannus mewn cerdd
coes glec gw. **coes**
clecian *be*
1 gwneud sŵn caled, sydyn fel rhywbeth yn cracio neu glapio dwylo, e.e. *clecian bysedd, clecian bawd* TO SNAP, TO CRACKLE
2 cario clecs, clepian, datgelu rhyw stori TO CHATTER, TO TELL TALES
clecs hyn *ell* straeon gwag am bobl, cleps GOSSIP
cario clecs clecian TO TELL TALES
hel clecs gw. **hel**
cledr:cledren hon *eb* (cledrau) yr hen ystyr oedd ffon, gwialen, polyn, post, ond yr ystyr mwyaf cyffredin heddiw yw rheilen reilffordd STAVE, ROD, RAIL
cledr y ddwyfron asgwrn y frest BREASTBONE, STERNUM □ *corff* t.630
cledr y llaw tor y llaw, palf PALM
cledrau hyn *ell* rheiliau'r rheilffordd RAILWAY LINES, RAILS
cledro *be* bwrw, ymladd, curo, pwnio TO WALLOP
cledd hwn *eg* (cleddau) ffordd fer, farddonol o ddweud **cleddyf** SWORD
cleddyf hwn *eg* (cleddyfau) yn wreiddiol, arf rhyfel â llafn hir miniog a charn i afael ynddo; cafwyd nifer o wahanol fathau dros y canrifoedd; erbyn heddiw mae cleddyf yn arwydd o anrhydedd neu statws, neu'n cael ei ddefnyddio yn y gamp o ffensio SWORD (Caledfwlch, ffensio, gwain)
croesi cleddyfau anghytuno, cweryla, gwrthwynebu TO CROSS SWORDS

cleddyfwr hwn *eg* (cleddyfwyr) dyn sy'n gallu trin cleddyf yn fedrus; ymladdwr â chleddyf; gŵr sy'n ffensio SWORDSMAN, FENCER
clefri hwn *eg* ffurf arall ar **clafri**
clefyd hwn *eg* (clefydau) afiechyd, gwaeledd, salwch, dolur, haint, gwendid ILLNESS, DISEASE, INFECTION (claf)
clefyd coch y dwymyn goch SCARLET FEVER
y clefyd melyn JAUNDICE
y clefyd melys DIABETES
clefyd y dwst SILICOSIS
clefyd y galon HEART DISEASE
clefyd y gwair HAY FEVER
clefyd yr haul SUNSTROKE
clefyd y siwgr DIABETES
cleff hwn *eg* (cleffiau) allwedd, arwydd arbennig ar ddechrau llinell o gerddoriaeth hen nodiant i ddynodi'r traw, e.e. *cleff y bas, cleff y trebl* CLEF □ *cerddoriaeth*
clegar hwn *eg* y sŵn y mae ieir neu wyddau yn ei wneud CLUCK, CACKLE (canu, clochdar, trydar)
clegyr hwn *eg* (clegyrau) craig, carnedd, lle creigiog, clogwyn (yn arbennig mewn enwau lleoedd)
cleiau hyn *ell* mwy nag un **clai**
cleifion hyn *ell* mwy nag un **claf** PATIENTS
cleiog *a* gair i ddisgrifio rhywbeth o'r un ansawdd â chlai neu rywbeth sydd wedi'i orchuddio â chlai neu sy'n llawn o glai CLAYEY
cleisiau hyn *ell* mwy nag un **clais**
cleisio *be* achosi clais; troi'n ddu-las (cnawd) neu'n ddu (ffrwyth) *(Mae'r afalau hyn yn cleisio dim ond i chi gydio ynddynt yn rhy dynn.)* TO BRUISE
clem hon *eb*
1 syniad, amcan, amgyffred, crap (fel arfer mewn ffordd negyddol, e.e. *dim clem, di-glem*) IDEA, GUMPTION
2 darn o fetel ar flaen esgid
clemau hyn *ell* ystumiau, siapiau ar wyneb, giamocs GRIMACES, FACES
clemio *be* llewygu o newyn, newynu, e.e. *bron â chlemio* TO STARVE
clên *a* (yn nhafodiaith y Gogledd) hynaws, hoffus, dymunol, hyfryd, braf PLEASANT
clensio *be* sicrhau, dal yn dynn (yn arbennig am hoelen, wrth fwrw'i blaen yn fflat ar ôl ei bwrw trwy rywbeth i'w sicrhau) TO CLENCH
clensio bysedd gwasgu bysedd un llaw yn dynn yn ei gilydd i wneud dwrn TO CLENCH
clep hon *eb* clap, clec *(cau'r drws yn glep)* CLAP
clepian *be*
1 hel clecs, cario straeon, clebran, cloncian TO GOSSIP
2 cau'n sydyn â sŵn mawr, clecian TO SLAM

clêr¹ *hon eb* ac *enw torfol* math o ysgolheigion crwydrol yn yr Oesoedd Canol a oedd yn cynnwys dosbarth isel o feirdd a cherddorion heb hyfforddiant GOLIARDI, JONGLEURS

clêr² *hyn ell* mwy nag un gleren [**cleren**]; pryfed, gwybed, math o drychfilod sy'n hedfan ac yn dodwy wyau sy'n deor yn gynrhon FLIES, HORSE-FLIES

clerc *hwn eg* (clercod)
  1 swyddog mewn llys, cyngor, corfforaeth neu gymdeithas sy'n gyfrifol am y cofnodion, yr ohebiaeth ysgrifenedig a'r cyfrifon; ysgrifennydd, e.e. *clerc y dref, clerc y llys* CLERK
  2 person sy'n gweithio mewn banc, swyddfa neu siop yn copïo dogfennau neu'n cadw cyfrifon CLERK
  3 clerigwr yn un o urddau isaf Eglwys Rufain neu swyddog sy'n helpu offeiriad plwyf yn Eglwys Loegr CLERK

cleren¹ *hon eb* un o lawer o glêr [**clêr**]; pryfyn
  cleren las BLUEBOTTLE
  cleren lwyd HORSE-FLY

cleren² *hon eb* bonclust, cernod CLOUT

clerigol *a* gair i ddisgrifio:
  1 rhywun neu rywbeth sy'n gysylltiedig â swydd grefyddol neu urddau eglwysig CLERICAL
  2 rhywbeth sy'n gysylltiedig â swydd clerc CLERICAL

clerigwr *hwn eg* (clerigwyr) gweinidog neu offeiriad Cristnogol CLERGYMAN

clic¹ *hwn eg* (cliciau) clec fain, fel y sŵn a glywch wrth fwrw switsh ymlaen neu i ffwrdd CLICK

clic² *hwn eg* (cliciau) criw bach, dethol sy'n cadw pawb arall allan; cylch cyfrin CLIQUE

cliced:clicied *hon eb* (clic(i)edau) dyfais i gau ac agor drws neu glwyd, sef bar bach o fetel sy'n cael ei godi neu'i ostwng i fachyn priodol gan dafod o fetel (y gallwch ei wasgu â'ch bawd fel arfer) LATCH

clindarddach¹ *hwn eg* sŵn llawer o bethau'n cracio neu'n clecian yn gras CRACKLING, RATTLING

clindarddach² *be* clecian fel drain ar dân neu fân bethau caled yn disgyn ar wyneb caled TO RATTLE, TO CRACKLE, TO CLATTER

clinic:clinig *hwn eg* (clinigau) rhan o adeilad neu ysbyty lle y mae meddygon neu arbenigwyr eraill yn cynghori neu'n rhoi triniaeth i bobl CLINIC

clinigol *a* gair i ddisgrifio:
  1 rhywun neu rywbeth sy'n perthyn i glinig neu sy'n gysylltiedig ag un CLINICAL
  2 gan amlaf, rhywun neu rywbeth oeraidd, dideimlad, â mwy o ddiddordeb yn ochr wyddonol neu dechnolegol achos nag yn ei ochr ddynol CLINICAL

clip¹ *hwn eg* (clipiau)
  1 clipen, trawiad ysgafn CLIP, SLAP
  2 teclyn metel neu blastig sy'n cael ei ddefnyddio fel arfer i gadw dau beth ynghyd yn dynn, e.e. *clip papur; clip gwallt* CLIP, FASTENER

clip²:clips *hwn eg* diffyg ar yr haul neu'r lleuad; diflaniad (llwyr neu rannol) goleuni'r haul pan ddaw'r lleuad rhyngddo a'r Ddaear, neu oleuni'r lleuad pan ddaw'r Ddaear rhyngddi hi a'r haul ECLIPSE

clipen:clipsen *hon eb* clip, clowten ysgafn, bonclust bach CLIP, SMACK

clipio:clipo *be*
  1 tocio, torri â siswrn neu wellaif (*clipio barf; clipo'r clawdd*) TO CLIP, TO CUT
  2 rhoi clowten ysgafn, taro, rhoi bonclust bach TO CLIP

clir *a* gair i ddisgrifio rhywbeth:
  1 gloyw, digwmwl, glân (*awyr glir; dŵr clir*) CLEAR
  2 eglur, amlwg, hawdd ei ddeall (*seiniau clir; ysgrifen glir*) CLEAR
  3 heb rwystr, didramgwydd (*Mae gennym ffordd glir o'n blaenau.*) CLEAR
  4 hyderus, yn llawn argyhoeddiad (*Mae'n hollol glir ei feddwl mai dyna beth sydd ei eisiau.*) CLEAR
  5 uniongyrchol, rhesymegol (*meddwl clir*) CLEAR

cadw'n glir
  1 cadw heb rwystr TO KEEP CLEAR
  2 osgoi (*cadw'n glir o'r heddlu*) TO KEEP CLEAR

methu'n glir methu'n llwyr, methu'n lân

clirio *be*
  1 dod yn glir, yn braf (am dywydd) (*Mae hi'n clirio draw.*) TO CLEAR
  2 symud, mynd â rhywbeth o rywle; tacluso, cymoni (*Clirio'r llestri o'r ffordd.*) TO CLEAR
  3 neidio dros rywbeth heb ei gyffwrdd (*Cliriodd y ceffyl y clawdd yn rhwydd.*) TO CLEAR
  4 yr hyn sy'n digwydd i siec pan gaiff ei derbyn gan fanc TO CLEAR
  5 rhyddhau o gyhuddiad neu euogrwydd (*Ar ôl brwydr hir trwy'r llysoedd, llwyddodd i glirio'i enw o unrhyw awgrym o dwyllo.*) TO CLEAR
  6 (am iechyd) gadael yn iach neu heb nam (*Gobeithio y bydd yr annwyd wedi clirio cyn y gwyliau.*) TO CLEAR

cliw *hwn eg* (cliwiau) rhywbeth sy'n gymorth i ddod o hyd i ateb i bos, problem neu ddirgelwch CLUE

clo *hwn eg* (cloeon:cloeau)
  1 dyfais i sicrhau drws neu gaead yn dynn ar ôl ei gau, fel na all gael ei agor yn rhwydd heb ddatod y clo naill ai ag allwedd arbennig neu drwy dynnu bollt LOCK

cloben

2 y blaenwr rygbi sy'n clymu'r sgrym wrth ei gilydd, yr wythwr LOCK-FORWARD ☐ *rygbi*
3 y peirianwaith sy'n tanio'r ergyd mewn dryll LOCK
4 diweddglo CONCLUSION
ar glo wedi'i gloi LOCKED
carreg glo gw. **carreg**
maen clo gw. **maen**
tan glo wedi'i gaethiwo; wedi'i sicrhau UNDER LOCK AND KEY
yng nghlo ar glo, wedi'i gloi LOCKED

cloben *hon eb*
1 rhywbeth (benywaidd) eithaf mawr *(Roedd hi'n globen o goeden.)*
2 gwraig fawr, dew

clobyn *hwn eg*
1 rhywbeth (gwrywaidd) eithaf mawr *(Roedd e'n globyn o gar.)*
2 telpyn, cnepyn, darn crwn LUMP

cloc *hwn eg* (clociau)
1 peiriant neu offeryn i fesur amser; yn wreiddiol, y math o gloc a fyddai'n taro'r oriau, ond erbyn hyn mae pobl yn sôn am *gloc cannwyll, cloc dŵr* a *chloc tywod* yn ogystal â *chloc atomig, cloc cwarts* a *chloc digidol* CLOCK
2 unrhyw offeryn sy'n mesur rhywbeth gan ddefnyddio bys neu fysedd symudol yn debyg i gloc traddodiadol (e.e. cloc i fesur cyflymdra car) CLOCK, SPEEDOMETER
cloc larwm cloc â chloch i ddihuno/deffro person ALARM CLOCK
cloc tywydd baromedr BAROMETER ☐ *baromedr*
cloc wyth niwrnod GRANDFATHER CLOCK
fel cloc yn gyson, yn gweithio'n dda LIKE CLOCKWORK, LIKE A WATCH
troi'r cloc yn ôl mynd yn ôl i'r gorffennol (am gyfle arall neu i well byd) TO TURN BACK THE CLOCK

clocio *be* (i mewn neu allan) cofnodi'r amser y mae person yn dechrau gwaith (i mewn) a gorffen gwaith (allan) naill ai ar garden arbennig neu ar gloc arbennig TO CLOCK (IN/ON or OUT/OFF)

clocsen *hon eb* (clocs:clocsiau) un o bâr o esgidiau arbennig â gwadnau trwchus o bren masarn neu wernen; er bod rhai pobl yn dal i'w gwisgo, cânt eu defnyddio'n bennaf yng Nghymru heddiw ar gyfer math arbennig o ddawns werin, sef 'Dawns y Glocsen' CLOG

clocsiwr *hwn eg* (clocswyr)
1 gŵr sy'n gwneud neu'n trwsio clocs CLOG-MAKER
2 un sy'n dawnsio mewn clocs, yn arbennig 'Dawns y Glocsen'

clocwedd *a* gair i ddisgrifio'r cyfeiriad y mae bysedd cloc yn symud pan fydd y cloc yn eich wynebu; gwrthwyneb gwrthglocwedd CLOCKWISE

cloch *hon eb* (clychau)
1 offeryn tebyg i gwpan o ran ei siâp, wedi'i wneud i gynhyrchu nodyn soniarus pan gaiff ei daro gan forthwyl neu dafod y gloch; mae clychau'n amrywio o ran maint o rai bach cywrain o wydr i glychau anferth o fetel y mae angen tyrau uchel i'w cynnal; un o'r clychau mwyaf adnabyddus yw 'Big Ben' yn Llundain BELL
2 rhywbeth yr un siâp â chloch (e.e. yswigen ddŵr neu ewyn sebon) BELL, BUBBLE
3 rhywbeth sy'n gwneud sŵn fel cloch, e.e. *cloch drws, cloch beic* BELL
4 fel yn yr ymadroddion *tri o'r gloch, pump o'r gloch;* yr union awr a nodwyd O'CLOCK
cloch dân cloch sy'n rhybuddio bod rhywle ar dân FIRE ALARM
cloch iâ pibonwy ICICLE
faint o'r gloch yw hi?:faint yw hi o'r gloch? WHAT'S THE TIME?
gwybod faint o'r gloch yw hi gwybod yn iawn beth yw'r wir sefyllfa
uchel fy (dy, ei etc.) nghloch yn fawr fy sŵn; â llais uchel NOISY

clochdar[1] *be* clegar, gwneud sŵn fel iâr sydd newydd ddodwy TO CLUCK

clochdar[2] *hwn eg* sŵn iâr; siarad uchel, parablus CLUCKING, CACKLING

clochdy *hwn eg* (clochdai) y tŵr sy'n gartref i'r gloch neu'r clychau mewn eglwys BELFRY, SPIRE, STEEPLE

clochydd *hwn eg* (clochyddion) swyddog yn yr eglwys sy'n gyfrifol am ganu'r gloch neu'r clychau, am ofalu am yr adeilad ac am dorri beddau SEXTON

clod *hwn neu hon egb* (clodydd) bri, enwogrwydd, enw da, canmoliaeth PRAISE, CREDIT
canu clod gw. **canu**

clocsen

a b c ch d dd e f ff g ng h i j (k) l ll m n o p ph r rh s t th u w y (z)

clodfori *be* canmol, moli, moliannu, rhoi clod TO PRAISE, TO EXTOL

clodwiw *a* canmoladwy, yn haeddu clod PRAISEWORTHY, LAUDABLE

cloddiau hyn *ell* mwy nag un **clawdd**

cloddio *be*
1 palu, ceibio, tyllu, twrio, gwneud ffos neu dwll TO DIG, TO BURROW, TO QUARRY
2 math arbennig o balu gan archaeolegwyr wrth dwrio am olion hanesyddol TO EXCAVATE

cloëdig:cloiedig *a* gair i ddisgrifio rhywbeth sydd wedi'i gloi, sydd ar glo LOCKED, SEALED

cloeon:cloeau hyn *ell* mwy nag un **clo**

cloff[1] *a* gair i ddisgrifio:
1 person neu anifail nad yw'n gallu cerdded yn iawn, sydd â nam ar ei gerddediad; herciog LAME
2 esgus neu esboniad anghredadwy neu annigonol; gwan LAME

cloff[2] hwn *eg* (cloffion) person a nam ar ei gerddediad, efrydd A CRIPPLE, A LAME PERSON

cloffi *be*
1 gwneud yn gloff, achosi nam i gerddediad rhywun neu rywbeth TO MAKE LAME
2 mynd neu gerdded yn gloff, cael anhawster i gerdded yn iawn TO BECOME LAME

cloffi rhwng dau feddwl petruso, methu penderfynu TO BE CAUGHT IN TWO MINDS

cloffni hwn *eg*
1 yr hyn sy'n achosi i rywun neu rywbeth fod yn gloff, nam ar gerddediad LAMENESS
2 arafwch, diffyg rhwyddineb, petruster (yn arbennig wrth siarad neu ddadlau) LAMENESS

clog hon *eb* (clogau) (yn arbennig mewn enwau lleoedd, e.e. Y Glog, Clogau'r Mynydd Du) craig, clogwyn, dibyn

clogfaen hwn *eg* (clogfeini) carreg fawr, darn mawr o graig wedi'i dreulio'n weddol lyfn BOULDER

clogwyn hwn *eg* (clogwynau:clogwyni) dibyn, wal serth o graig, llethr, carreg fawr CLIFF, PRECIPICE, BOULDER

clogyn hwn *eg* (clogynnau) mantell, hugan, gwisg laes allanol (heb lewys fel arfer) yn debyg i babell o ran siâp, ar gyfer cadw person yn sych ac yn gynnes CLOAK, CAPE

clogyrnaidd *a* garw, trwsgl, bratiog, clapiog, heb fod yn llyfn nac yn gaboledig (yn arbennig am iaith—lafar neu ysgrifenedig) ROUGH, INELEGANT, AWKWARD

clogyrnog *a*
1 creigiog, garw, anwastad (am dir neu ddarn o'r wlad) RUGGED, ROUGH
2 clogyrnaidd INELEGANT, CLUMSY

cloi[1] *be*
1 sicrhau neu gau â chlo, carcharu neu gaethiwo TO LOCK
2 dirwyn i'r diwedd, terfynu, e.e. *cloi dadl* TO CONCLUDE, TO END

cloi bargen dod i gytundeb terfynol TO CLINCH A DEAL

cloi[2] *bf* rwyt ti'n **cloi**; byddi di'n **cloi**

cloiedig gw. **cloëdig:cloiedig**

clonc[1] hon *eb*
1 y sŵn a wneir wrth daro darn o fetel; tonc CLANK, CLANG
2 yr ôl sy'n aros (e.e. mewn darn o fetel) ar ôl iddo gael ei daro; tolc, ergyd BUMP, DENT
3 cleber, clecs, straeon GOSSIP, CHAT

clonc[2] *a* gair i ddisgrifio wy gwag, wy drwg; clwc ADDLED

cloncen hon *eb* gwraig sy'n hoff o glebran CHATTERBOX, GOSSIP

clonc(i)an : clonc(i)o *be*
1 gwneud sŵn fel sŵn darn o fetel yn cael ei fwrw; toncio TO CLATTER, TO CLANG
2 clebran, hel straeon, hel clecs TO CHAT, TO GOSSIP

clopa hon *eb* (clopâu)
1 pen, penglog HEAD
2 darn arbennig i gydio ynddo, e.e. *clopa ffon*, neu i'w fwrw, e.e. *clopa hoelen* HEAD, KNOB

clorian hwn neu hon *egb* (cloriannau)
1 teclyn ar gyfer pwyso pethau; mae'r hyn sy'n cael ei bwyso yn cael ei osod ar un ochr a darnau metel yr ydych yn gwybod eu pwysau yn cael eu gosod ar yr ochr arall; mantol, tafol BALANCE, SCALES
2 unrhyw declyn ar gyfer pwyso pethau BALANCE

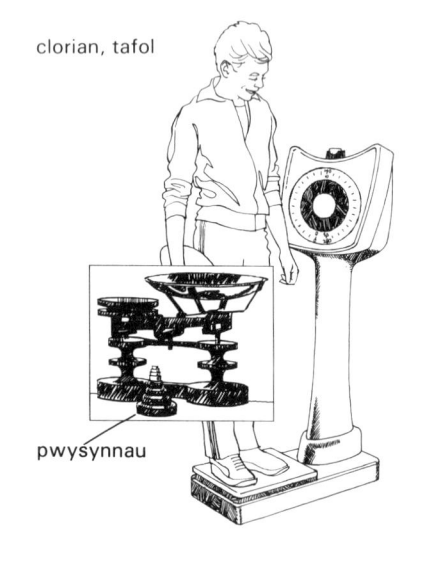

clorian, tafol

pwysynnau

cloriannu *be*
1 pwyso, mesur pwysau, manteisio, tafoli TO WEIGH
2 (yn ffigurol) ystyried manteision ac anfanteision, ystyriaethau dros ac ystyriaethau yn erbyn TO WEIGH UP
Sylwch: dyblwch yr 'n' ym mhob un o ffurfiau'r ferf ac eithrio'r rhai sy'n cynnwys -as-, e.e. *clorianasom.*

cloriau *hyn ell* mwy nag un **clawr**

clorid *hwn eg* (cloridau) cyfansawdd cemegol sy'n cael ei greu pan fydd clorin a metel neu sylwedd arall yn cael eu cyfuno, e.e. *mae halen cyffredin yn glorid o sodiwm* CHLORIDE

clorin *hwn eg* elfen gemegol ar ffurf nwy tew, melynwyrdd, gwenwynig sy'n cael ei ddefnyddio i buro dŵr a diheintio a channu dillad; clywch aroglau nodweddiadol clorin weithiau mewn pyllau nofio neu mewn cemegion cannu dillad CHLORINE

cloroffil *hwn eg* y sylwedd cemegol gwyrdd mewn planhigion sy'n amsugno goleuni'r haul i droi cemegion eraill yn fwyd i'r planhigyn CHLOROPHYLL (ffotosynthesis)

clorofform *hwn eg* hylif arbennig y mae nwy neu anwedd ohono yn gwneud person yn anymwybodol os yw'n ei anadlu; roedd yn cael ei ddefnyddio gynt fel anesthetig CHLOROFORM

clòs *a*
1 agos (*Roedd y ci bach yn cadw'n glòs wrth gynffon ei fam.*) CLOSE
2 agos (o ran perthynas neu deimlad) (*Roedd y ddau gyfaill yn glòs at ei gilydd.*) CLOSE
3 bron â bod yn gyfartal (*Roedd yn gystadleuaeth glòs iawn.*) CLOSE
4 mwll, trymaidd, e.e. *tywydd clòs* CLOSE

clos¹ *hwn eg* (closydd) buarth, iard, lle wedi'i amgáu FARMYARD, CLOSE

clos² *hwn eg* trywsus, llodrau TROUSERS
clos pen-glin math o drywsus sy'n cau tan y pen-glin KNEE-BREECHES, KNICKERBOCKERS

closio [at] *be* nesáu, dynesu, tynnu tuag at TO DRAW NEAR, TO SNUGGLE

clou *a* ffurf lafar y De am **clau**

clown *hwn eg* (clowniaid)
1 cymeriad sy'n actio'n ddigrif ac yn gwisgo'n ddoniol mewn syrcas CLOWN
2 rhywun sy'n gwneud neu'n dweud pethau dwl, pethau twp; twpsyn, hurtyn CLOWN, FOOL

clowten *hon eb* (ffurf lafar) bonclust, ergyd â chledr y llaw CLOUT, CUFF

cludadwy *a* gair i ddisgrifio rhywbeth sy'n ddigon ysgafn i'w gario o un man i'r llall neu sydd wedi'i wneud i'w gario PORTABLE

cludfelt *hwn eg* (cludfeltiau) bandin o ddefnydd sy'n symud yn ddi-baid gan gludo neu gario pethau (mewn ffatri yn arbennig) CONVEYOR BELT

cludiad *hwn eg*
1 y weithred neu'r broses o gludo, o gario CARRIAGE
2 y gost o bostio rhywbeth neu'r tâl am iddo gael ei gludo i rywle POSTAGE, CARRIAGE

cludiant *hwn eg* ffordd neu fodd i gario neu gludo pobl neu bethau TRANSPORT

cludo *be* cario, codi rhywbeth a'i symud o un man i fan arall TO CARRY, TO TRANSPORT, TO CONVEY

clun *hon eb* (cluniau) y rhan honno o'r goes uwchlaw'r ben-lin/pen-glin THIGH, HIP ☐ *corff* t.630

clust *hwn neu hon egb* (clustiau)
1 organ clyw dyn ac anifail, yn arbennig y rhan weladwy sydd bob ochr i'r pen EAR
2 rhywbeth tebyg i glust o ran ei siâp, e.e. *clust cwpan*
dros ben a chlustiau yn ddwfn (*dros fy mhen a 'nghlustiau mewn cariad; dros ei ben a'i glustiau mewn dyled*) HEAD OVER HEELS, UP TO THE EYES
o glust i glust lled y pen FROM EAR TO EAR
rhoi clust i (rywun neu rywbeth) gwrando ar TO LISTEN TO
yn glustiau i gyd gwrando'n astud ALL EARS

clustdlws *gw.* **clustlws:clustdlws**

clusten *hon eb* bonclust, clowten ar y glust BOX ON THE EAR

clustfeinio *be* gwrando'n astud; gwrando'n ddirgel heb i neb wybod TO PRICK UP THE EARS, TO EAVESDROP

clustlws:clustdlws *hwn eg* (clustlysau:clustdlysau) modrwy neu addurn a gaiff ei (g)wisgo wrth glust EAR-RING

clustnodi *be*
1 torri nod ar glustiau dafad i ddangos pwy yw ei pherchennog TO EARMARK
2 neilltuo rhywbeth yn barod i'w ddefnyddio at bwrpas arbennig (*Rydym wedi clustnodi'r neuadd ar gyfer ymarfer côr bob amser cinio.*) TO EARMARK

clustog *hwn neu hon egb* (clustogau) casyn o ddefnydd wedi'i lenwi â phlu (neu ewyn plastig) i orffwys pen, eistedd neu benlinio arno CUSHION, BOLSTER, PILLOW (gobennydd)

clwb *hwn eg* (clybiau)
1 cymdeithas o bobl sy'n cyfarfod yn rheolaidd er mwyn difyrrwch neu adloniant fel arfer CLUB
2 trefniant i gynilo arian ar gyfer achos neu achlysur arbennig trwy gasglu symiau bychain o arian yn rheolaidd, e.e. *clwb Nadolig* CLUB

3 yr adeilad lle y mae criw o bobl yn cyfarfod (yn arbennig clwb yfed) CLUB
4 rhywbeth â chnepyn neu glopa ar ei flaen, e.e. *clwb golff,* sef math o bastwn arbennig i daro pêl golff
troed clwb/glwb nam ar y troed sy'n peri cloffni CLUB-FOOT

clwc *a*
1 clonc, drwg, gorllyd; gair i ddisgrifio wy sy'n methu datblygu'n gyw ADDLED
2 anhwylus, heb fod yn teimlo'n dda *(Mae hi'n teimlo'n eitha clwc heddiw.)* OUT-OF-SORTS, QUEASY
3 awyddus i ori, i eistedd ar ei hwyau (am iâr) BROODY

clwm talfyriad o **cwlwm**

clwpa hwn *eg*
1 cnwpa, pastwn CUDGEL, BLUDGEON
2 hurtyn, twpsyn, penbwl BLOCKHEAD, NINCOMPOOP
3 ffurf wrywaidd ar glopa [**clopa**]

clwstwr hwn *eg* (clystyrau) grŵp arbennig o bethau o'r un math sy'n tyfu gyda'i gilydd neu sydd i'w cael neu i'w gweld yn agos at ei gilydd *(clwstwr o sêr; clwstwr o flodau)* CLUSTER

clwt hwn *eg* (clytiau) cadach, cerpyn, cewyn, darn o liain neu ddefnydd *(clwt llestri; clwt llawr; clwt babi)* CLOTH, DUSTER, PATCH, NAPPY
ar y clwt diymgeledd; yn ddi-waith (ac yn ddigartref hefyd weithiau) DESTITUTE

clwtyn hwn *eg* (clytiau) clwt bach, ffurf dafodieithol y De ar **clwt** CLOTH, DUSTER

clwyd hon *eb* (clwydi:clwydau:clwydydd)
1 giât, iet, llidiart, math o 'ddrws' mawr ar draws adwy cae GATE
2 rhywbeth i'w ddefnyddio i gau neu atal symudiad (anifeiliaid fel arfer) dros dro HURDLE
3 math arbennig o rwystr a ddefnyddir mewn ras, fel bod yn rhaid i athletwyr neu geffylau redeg a neidio drosto HURDLE
4 pren neu drawst arbennig i aderyn (ieir yn arbennig) glwydo arno ROOST

clwydo *be* mynd ar y glwyd (am adar), bod yn barod i gysgu; mynd i'r gwely (am bobl) TO ROOST, TO GO TO BED

clwyf:clwy hwn *eg* (clwyfau)
1 anaf, dolur, briw, niwed WOUND, SORE
2 clefyd, haint, afiechyd, salwch DISEASE, FEVER
clwyf y marchogion PILES, HAEMORRHOIDS
clwyf (y) pennau y dwymyn doben MUMPS
clwyf y traed a'r genau FOOT-AND-MOUTH DISEASE

clwyfo *be*
1 niweidio, brifo, anafu, gwneud dolur neu niwed TO WOUND
2 clafychu, nychu, mynd yn dost, mynd yn sâl TO SICKEN

clwyfus *a* poenus, tost, claf, sâl, anhwylus WOUNDED, SICK

clybiau hyn *ell* mwy nag un **clwb**

clychau hyn *ell* mwy nag un gloch [**cloch**]
clychau'r gog clychau glas, croeso'r haf BLUEBELLS □ *blodau* t.619

clyd *a* cysgodol, diddos, cynnes, sych, cysurus, cyfforddus *(bwthyn bach clyd)* SNUG, SHELTERED

clydwch hwn *eg* cysgod, diddosrwydd, cynhesrwydd, cysur SHELTER, WARMTH

clyfar:clyfer *a* galluog, medrus, dawnus, gwybodus CLEVER

clyfrwch hwn *eg* dawn, gallu, medr (gyda'r awgrym weithiau o fod yn arwynebol) CLEVERNESS

clymau hyn *ell* mwy nag un **cwlwm**

clymblaid hon *eb* (clymbleidiau) dwy neu ragor o bleidiau gwleidyddol wedi ymuno â'i gilydd, dros dro, er mwyn medru ffurfio llywodraeth; cynghrair COALITION

clymog *a* cnotiog, ceinciog, yn llawn clymau KNOTTY, KNOTTED

clymu *be*
1 sicrhau rhywbeth trwy lunio cwlwm allan o un neu ragor o ddarnau o gordyn neu linyn *(clymu carrai esgid; clymu parsel)* TO TIE, TO KNOT
2 (yn ffigurol) rhwymo, caethiwo, e.e. *Mae fy (dy, ei etc.) nwylo wedi'u clymu,* sef ni fedraf wneud dim i helpu TO BIND
3 asio, priodi, dod ynghyd, e.e. *glo yn clymu wrth losgi; chwaraewyr yn dechrau clymu fel tîm* TO BIND, TO KNIT

clystyrau hyn *ell* mwy nag un **clwstwr**

clytiau hyn *ell* mwy nag un **clwt, clwtyn**

clytio *be* trwsio, cyweirio; cuddio twll neu fan wedi'i dreulio mewn dilledyn neu ddarn o ddefnydd trwy wnïo, gweu, gludio neu asio clwt drosto TO PATCH

clytiog *a* gair i ddisgrifio rhywbeth wedi'i glytio, neu rywbeth sydd â nifer o glytiau drosto; bratiog PATCHED, RAGGED

clyts hwn *eg* (clytsys) dyfais mewn peiriant sy'n caniatáu i rannau gyrru'r peiriant gael eu cysylltu neu'u datgysylltu pan fydd y peiriant yn rhedeg; cydiwr CLUTCH □ *car*

clytwaith hwn *eg*
1 cwrlid neu gwilt wedi'i wneud trwy wnïo at ei gilydd nifer mawr o glytiau amryliw PATCHWORK QUILT
2 unrhyw beth sydd wedi'i lunio trwy asio nifer mawr o ddarnau bach amrywiol at ei gilydd PATCHWORK

clyw[1] *hwn eg*
 1 y synnwyr sy'n caniatáu inni glywed sŵn HEARING
 2 y pellter y mae sŵn yn cario *(Paid â sôn dim am hyn yn ei chlyw hi.)* EARSHOT
 trwm fy (dy, ei etc.) nghlyw lled fyddar HARD OF HEARING

clyw[2] *bf* mae ef/hi yn **clywed**; bydd ef/hi yn **clywed**

clyw[3] *bf* gorchymyn i ti glywed [**clywed**]

clywadwy *a* gair i ddisgrifio rhywbeth y mae'n bosibl ei glywed AUDIBLE

clywed *be*
 1 derbyn a deall synau trwy'r clustiau; synhwyro seiniau trwy'r glust a'r nerfau clyw; yr hyn yr ydych yn ei ddisgwyl wrth wrando *(Clywais sŵn curo.)* TO HEAR
 2 cael gwybodaeth am rywbeth neu rywun *(Clywais ei fod yn sâl.)* TO HEAR
 3 rhoi ar brawf mewn llys *(Mae'r achos yn cael ei glywed yfory.)* TO TRY
 4 synhwyro ag unrhyw un o'r pum synnwyr ac eithrio'r golwg *(Roedd ei dalcen i'w glywed yn boeth. Roedd y gwin i'w glywed yn felys ar ôl y caws. Roedd aroglau'r coed yn llosgi i'w glywed yn bell cyn cyrraedd y tŷ.)*
 clywch! clywch! cymeradwyaeth HEAR! HEAR!
 clywed ar fy (dy, ei etc.) nghalon teimlo bod yn rhaid TO FEEL INCLINED TO

clyweled *a* (fel yn *cyfarpar clyweled*) gair i ddisgrifio rhywbeth neu ryw bethau sy'n cael eu clywed a'u gweld AUDIO-VISUAL

clyweliad *hwn eg* (clyweliadau) perfformiad ar brawf gan actorion, adroddwyr neu gerddorion AUDITION

cm *byrfodd* centimetr CENTIMETRE, [cm]

cnaf *hwn eg* (cnafon)
 1 dihiryn, gwalch, adyn, twyllwr KNAVE, RASCAL
 2 y cerdyn brith (cerdyn a llun arno) isaf ei werth mewn cyff o gardiau, gwalch JACK, KNAVE

cnaif *hwn eg* (cneifion) cnu, cot wlanog dafad, yr hyn sydd i'w gneifio FLEECE

cnap *hwn eg* (cnapiau) darn, talp, tamaid, dwrn, cwlwm, clap, cnepyn mawr *(cnapiau o lo)* LUMP, CHUNK

cnapan *hwn eg*
 1 pêl o bren a oedd yn cael ei tharo â ffon
 2 yr enw ar yr hen gêm Gymreig a oedd yn cael ei chwarae rhwng dau dîm â ffyn a phêl o bren

cnau *hyn ell* mwy nag un gneuen [**cneuen**]; ffrwythau rhai mathau o goed a phlanhigion ac ynddynt gnewyllyn bwytadwy o fewn plisgyn neu fasgl caled NUTS ☐ *ffrwythau* t.625
 cnau almon(d) ALMONDS
 cnau castanwydd CHESTNUTS
 cnau coco COCONUTS
 cnau cyll HAZEL-NUTS
 cnau ffawydd BEECH-MAST ☐ *coed* t.616
 cnau Ffrengig WALNUTS ☐ *coed* t.617 (collen Ffrengig)
 cnau mwnci MONKEY-NUTS

cnawd *hwn eg*
 1 cig, cig dynol fel arfer, ond cig anifail hefyd, sef y rhan o'r corff sy'n gorchuddio'r esgyrn ac sy'n cael ei orchuddio yn ei thro gan y croen FLESH
 2 (yn ffigurol) ochr faterol, gorfforol bywyd o'i chyferbynnu â'r ochr ysbrydol neu feddyliol FLESH
 yn y cnawd presennol IN PERSON

cnawdol *a* gair i ddisgrifio:
 1 rhywbeth sy'n perthyn i'r cnawd neu'r corff, yn aml temtasiynau neu drachwantau'r corff BODILY, SENSUAL, FLESHY
 2 rhywun neu rywbeth tew, â llawer o gnawd FLESHY

cnec *hon eb*
 1 sŵn cras, rhech, clec SNAP, FART
 2 dihiryn, gwalch, cnaf, adyn ROGUE, TWIT
 3 peswch, cosi yn y gwddf FROG IN THE THROAT, COUGH

cneifio *be* eillio gwlân dafad neu anifail arall â chot wlanog, torri'r cnu i ffwrdd â gwellaif TO SHEAR ☐ *gwellaif:gwellau*

cneifion *hyn ell* mwy nag un **cnaif**

cneifiwr *hwn eg* (cneifwyr) un sy'n cneifio SHEARER ☐ *gwellaif:gwellau*

cnepyn *hwn eg* (cnepynnau) cnap bach, darn bach, tamaid LUMP, NODULE

cneua *be* hel neu gasglu cnau TO GATHER NUTS

cneuen *hon eb* (cnau) ffrwyth rhai mathau o goed a phlanhigion ac ynddo gnewyllyn bwytadwy mewn masgl neu blisgyn caled, yn arbennig felly ffrwyth y gollen NUT ☐ *ffrwythau* t.625 (cnau)

cnewyllyn *hwn eg* (cnewyll)
 1 y darn bwytadwy yng nghanol cneuen, y tu mewn i'r plisgyn caled; y garreg neu'r hedyn mewn ffrwyth; bywyn, madruddyn, craidd, hanfod KERNEL, CORE, HEART
 2 (mewn bioleg) y rhan o fewn cell fyw sy'n cynnwys y cromosomau NUCLEUS ☐ *amoeba*

cnither ffurf lafar ar **cyfnither**

cnoad:cnoead *hwn eg* (cno(e)adau)
 1 brathiad, y weithred o gnoi GNAWING
 2 clwyf wrth i rywbeth eich brathu BITE
 3 yr un math o ddolur i'r meddwl neu'r gydwybod neu'r emosiynau GNAWING
 4 yr un math o boen yn eich bol PAIN, GNAWING

cnoc *hwn neu hon egb* trawiad, ergyd, yn arbennig curiad ar ddrws KNOCK, RAP

a b c ch d dd e f ff g ng h i j (k) l ll m n o p ph r rh s t th u w y (z)

cnocell y coed *hon eb* un o nifer o wahanol fathau o adar â phig hir, gref sy'n gwneud tyllau mewn coed ac sy'n bwydo ar y pryfed yn y tyllau hyn WOODPECKER □ *adar* t.607

cnocio *be* curo drws, taro ag erfyn trwm megis morthwyl, ffusto, bwrw, ergydio TO KNOCK, TO HIT

cnociwr *hwn eg* (cnocwyr) ysbryd neu ellyll mewn gwaith mwyn y byddai hen fwynwyr yn honni ei fod yn cnocio'r graig i'w harwain at wythïen o blwm KNOCKER

cnoead gw. **cnoad:cnoead**

cnoeswn *bf* byddwn i wedi **cnoi**

cnofil *hwn eg* (cnofilod) aelod o deulu o anifeiliaid bychain â dannedd blaen cryf a miniog, megis llygod, cwningod a gwiwerod RODENT

cnoi[1] *be*
1 brathu, torri, rhwygo a malu (e.e. bwyd) â'r dannedd cyn ei lyncu TO BITE, TO CHEW
2 (yn ffigurol) poeni, gofidio, blino, e.e. *cenfigen yn cnoi; cydwybod euog yn cnoi* TO GNAW (cnoeswn)

cnoi cil
1 codi bwyd o'r stumog yn ôl i'r geg i'w ail-gnoi (bydd gwartheg a rhai anifeiliaid eraill yn gwneud hyn) TO CHEW THE CUD, TO RUMINATE
2 (yn ffigurol) meddwl yn ddwfn dros rywbeth a chymryd amser i'w ystyried TO RUMINATE, TO MEDITATE

cnoi fy (dy, ei etc.) nhafod
1 ymdrechu'n galed i beidio â dweud dim TO BITE ONE'S TONGUE
2 edifarhau am wneud neu ddweud rhywbeth

cnoi[2] *bf* rwyt ti'n **cnoi**; byddi di'n **cnoi**

c'nonyn *hwn eg* (gair tafodieithol y Gogledd) plentyn aflonydd LIVE-WIRE

cnotiog *a* clymog, ceinciog, wedi'i orchuddio â chlymau, e.e. *canghennau cnotiog coeden* GNARLED, KNOTTED

cnu *hwn eg* (cnuoedd) cnaif, cot wlanog dafad neu anifail sydd â chot debyg FLEECE

cnuchio *be* cael cyfathrach rywiol â rhywun TO COPULATE

cnud *hon eb* (cnudoedd) haid, mintai, pac (yn arbennig bleiddiaid neu anifeiliaid rheibus) PACK, BAND (diadell, gre, gyr, haid)

cnul *hwn eg* (cnuliau) sŵn araf, rheolaidd cloch yn canu (yn arbennig ar adeg angladd) KNELL, TOLLING

cnwc *hwn eg* bryncyn, twyn, twmpath, ponc (yn enwedig mewn enwau lleoedd) HILLOCK, KNOLL

cnwd *hwn eg* (cnydau)
1 cynnyrch megis ŷd, grawn neu ffrwythau (a dyfir gan ffarmwr gan amlaf) CROP
2 cymaint o'r cynnyrch hwn ag a geir mewn blwyddyn (neu yn ystod tymor ei dyfiant) CROP
3 rhywbeth sy'n debyg i dyfiant trwchus o wair neu ŷd ac sy'n cuddio'r hyn sydd oddi tano, e.e. *cnwd o wallt; cnwd o niwl; cnwd o eira* SHOCK, COVERING

cnwpa *hwn neu hon egb*
1 pastwn, darn o bren a ddefnyddir fel arf CUDGEL
2 clopa KNOB

cnydau *hyn ell* mwy nag un **cnwd**

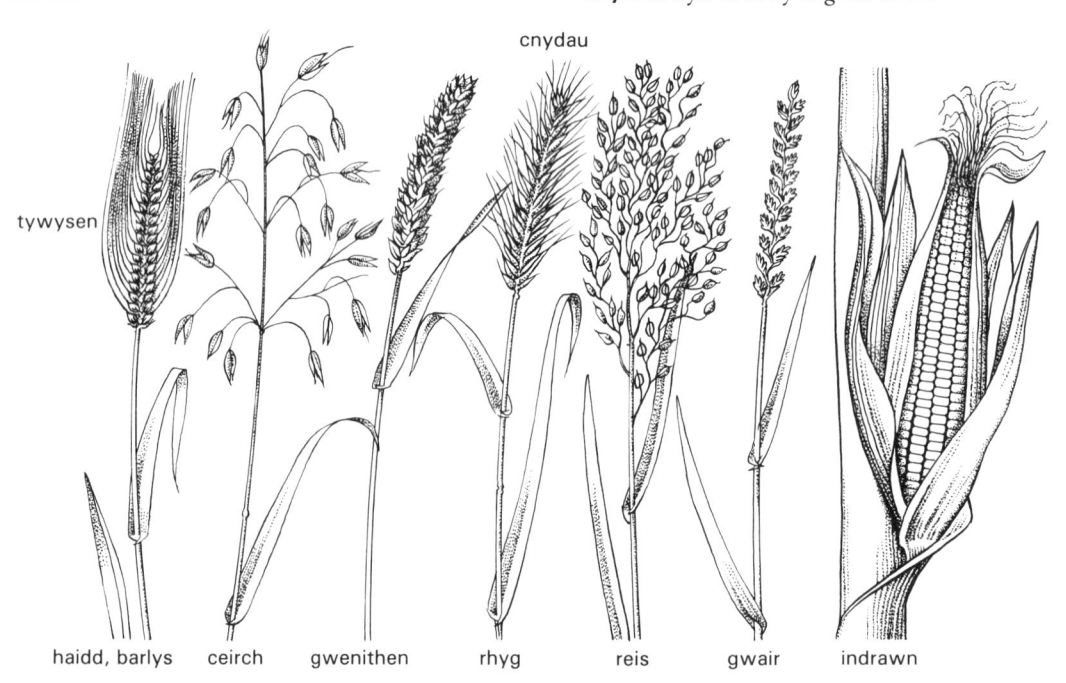

cnydau

tywysen — haidd, barlys — ceirch — gwenithen — rhyg — reis — gwair — indrawn

a b c ch d dd e f ff g ng h i j (k) l ll m n o p ph r rh s t th u w y (z)

Co hwn *eg* (Cofis) gair tafodieithol tref Caernarfon am fachgen, llanc, crwt, mêt neu frodor o dref Caernarfon CHAP, MATE

cob¹ hwn *eg* (cobiau) clawdd wedi'i godi i gadw'r môr rhag gorlifo dros ddarn o dir; morglawdd, argae, e.e. *Cob Porthmadog; Cob Malltraeth* EMBANKMENT

cob² hwn *eg* (cobiau)
1 mae'r cob Cymreig yn frid arbennig o geffyl gwaith sy'n gysylltiedig â Cheredigion; dylai fesur rhwng 13.2 a 15 dyrnfedd, a'i brif liwiau yw du, gwinau neu goch COB
2 llanc direidus, 'deryn' (gair llafar fel arfer) WAG, LAD

coban hon *eb* (cobanau) gŵn nos, mantell, crys nos NIGHT-SHIRT, NIGHT-GOWN, MANTLE

coblyn hwn *eg* (coblynnod)
1 ellyll, drychiolaeth, bwgan, pwca GOBLIN, IMP
2 plentyn direidus *(y coblyn drwg!)* IMP
3 yn lle'r rheg 'diawl' mewn ymadroddion megis *beth goblyn; myn coblyn; mynd fel y coblyn*

cobra hwn *eg* math o sarff neu neidr wenwynig a geir yn Asia ac Affrica; mae'n enwog am y ffordd y mae'n lledu ei gwddf pan fydd am ymosod COBRA □ *ymlusgiaid*

cocatŵ hwn *eg* aderyn o dylwyth y parot sydd i'w gael yn bennaf yn Awstralia; ar ei ben mae tusw o blu y mae'n gallu'i godi neu'i ostwng yn ôl ei ddymuniad COCKATOO

coco hwn *eg*
1 y powdr a geir o falu grawn y goeden cacao sef deunydd crai siocled COCOA
2 diod siocled a wneir o bowdr y goeden cacao COCOA

cocos¹ hyn *ell* (mwy nag un gocsen neu gocosen [**cocsen:cocosen**¹] rhython, mathau o folwsg, creaduriaid bychain bwytadwy sy'n byw mewn cregyn ar ffurf calon; maent i'w cael ar draethau lle y mae digon o dywod neu mewn mwd yng ngenau afon COCKLES □ *molysgiaid*

bardd cocos gw. **bardd**

cocos²:**cocsenni** hyn *ell* (mwy nag un gocsen neu gocosen [**cocsen:cocosen**²] y dannedd a geir ar hyd ymyl un olwyn ar gyfer cydio mewn dannedd cyfatebol ar olwyn arall; felly o droi un olwyn mae'r olwyn arall yn troi hefyd (mewn ffordd arbennig); olwyn ddant COGS

cocsen : cocosen¹ hon *eb* un o nifer o gocos [**cocos**¹] COCKLE □ *molysgiaid*

cocsen:cocosen² hon *eb* (cocos : cocsenni)
1 un o'r dannedd ar hyd ymyl olwyn sydd wedi'u gwneud i asio â dannedd ar olwyn arall COG
2 olwyn ddanheddog COG

cocyn hwn *eg* (cocynnau)
1 pentwr, twmpath, crugyn, pentwr bach o wair (llai na mwdwl) HAYCOCK
2 ffurf arall ar **coegyn**

cocyn hitio rhywun neu rywbeth sy'n destun beirniadaeth hallt BUTT, AUNT SALLY

coch¹ hwn *eg* enw lliw gwaed neu fachlud haul neu aeron coed celyn (THE COLOUR) RED □ t.622

coch² *a* gair i ddisgrifio:
1 lliw gwaed, machlud haul, tomato aeddfed ac ati RED
2 lliw gwallt sinsir GINGER, AUBURN
3 lliw tir newydd ei aredig, neu dir heb borfa yn tyfu arno BROWN
4 rhywbeth gwael, sâl, anghelfydd, anfedrus *(Roedd yn berfformiad coch ar y naw.)* POOR, ROPY
5 (bara neu siwgr) brown BROWN

coch y berllan un o adar bach yr ardd â bron goch a phig fer, gref BULLFINCH □ *adar* t.609

coch y bonddu pluen bysgota arbennig COCKABUNDY

cochder hwn *eg* lliw coch, cochni, gwrid REDNESS

cochddu *a* gair i ddisgrifio lliw du a choch wedi'u cymysgu; brown BROWNISH, RUSSET

cochen hon *eb* merch â gwallt coch REDHEAD (cochyn)

cochi *be*
1 gwneud rhywun neu rywbeth yn goch, neu droi'n goch; gwrido, rhuddo, deifio, e.e. *tir yn cochi adeg sychder mawr; merch yn cochi'i gwefusau â minlliw; perfformiwr yn cochi wrth anghofio'i linellau* TO REDDEN, TO SCORCH, TO BLUSH
2 cadw bwyd rhag llygru a rhoi iddo flas arbennig trwy ei hongian mewn mwg; mygu TO SMOKE

cochl hwn neu hon *egb* (cochlau) mantell, clogyn, hugan, gwisg laes ROBE, CLOAK

cochni hwn *eg* lliw coch, cochder, gwrid REDNESS, RUDDINESS

cochyn hwn *eg* gŵr neu fachgen â gwallt coch RED-HAIRED PERSON (cochen)

cod¹ hon *eb* (codau)
1 cwdyn, ffetan, sach, bag BAG, POUCH
2 masgl, plisgyn *(cod pys, cod ffa)* POD, HUSK

cocsen:cocosen², còg

cod² *bf* gorchymyn iti godi [**codi**]
cod³ *hwn eg* (codau)
  1 set o reolau ar unrhyw bwnc CODE
  2 cyfundrefn o lythrennau neu rifau sy'n cael eu defnyddio i gadw neges yn gyfrinachol CODE
  3 cyfundrefn o arwyddion sy'n cael eu defnyddio yn lle rhifau a llythrennau (e.e. er mwyn eu darlledu â radio) *(cod Morse)* CODE
coden *hon eb* (codennau) cod fechan, bag bach; pothell, chwysigen BAG, POUCH, CYST
  coden y bustl bag o groen o fewn y corff sy'n cynnwys yr hylif chwerw sy'n cael ei gynhyrchu gan yr afu neu'r iau i chwalu'r braster yn ein bwyd GALL-BLADDER (carreg bustl) □ *corff* t.630
codi *be*
  1 sefyll wedi i chi fod yn gorwedd neu'n eistedd *(codi o'r gwely)* TO GET UP
  2 symud rhywbeth i fyny, o fan isel i safle uwch *(codi cwpan oddi ar y bwrdd)* TO RAISE, TO LIFT
  3 cynyddu, gwneud yn fwy *(Bydd prisiau tai yn codi yn sgil y Gyllideb.)* TO INCREASE
  4 deillio, tarddu *(Mae ganddo nant yn codi yng nghanol y cae. Mae hwn yn codi oherwydd penderfyniad y pwyllgor diwethaf.)* TO ARISE
  5 magu, meithrin, tyfu *(Cafodd Mair ei chodi gan ei mam-gu a'i thad-cu. Wyt ti'n bwriadu codi tomatos eleni?)* TO REAR, TO GROW
  6 hawlio pris, gofyn tâl am nwyddau neu wasanaeth *(Faint wyt ti'n ei godi am bwys o datws?)* TO CHARGE
  7 adeiladu *(Sefydlwyd cronfa tuag at godi neuadd yn y pentref.)* TO BUILD
  8 chwyddo, mynd yn fwy *(Mae hen lwmpyn cas yn codi lle trawodd ei ben.)* TO SWELL
  9 achosi, creu *(Does dim byd yn well ganddo na chodi helynt yn y pentref.)* TO CAUSE
  10 achosi teimladau, peri emosiwn *(Mae'r dyn 'na'n codi ofn arnaf fi bob tro rwy'n ei weld.)* TO CAUSE, TO CREATE
  11 prynu tocyn *(codi tocyn trên; codi bet)* TO BOOK (A TICKET)
  12 tynnu allan *(codi arian o'r banc; codi tatws o'r rhych)* TO RAISE, TO LIFT
  13 dewis, dethol, dyfynnu *(Mae'r gweinidog yn codi testun ei bregeth o'r Testament Newydd gan amlaf.)* TO TAKE, TO SELECT
  14 cofnodi, recordio *(Codais ei lais ar dâp oddi ar hen record. Codais y dyfyniad oddi ar garreg fedd.)* TO RECORD
  15 adfer i fywyd, atgyfodi *(Cododd Iesu Grist Lasarus o farw'n fyw.)* TO RAISE
  16 dirwyn i ben, achosi i orffen *(codi gwarchae)* TO RAISE
  17 casglu, crynhoi *(codi arian tuag at achosion da; codi byddin)* TO COLLECT
  18 aflonyddu, achosi i (rywbeth) ddianc neu symud *(cŵn hela yn codi llwynog; ci defaid yn codi defaid)* TO RAISE
  19 (am y tywydd) gwella, brafio *(Mae'n codi draw. Mae'n codi'n braf.)* (cod, cwyd, cyfyd)
codi bwganod codi ofnau di-sail
codi bys gwneud arwydd i alw rhywun atoch TO BECKON
codi calon gwneud i rywun deimlo'n fwy ffyddiog neu'n hapusach TO HEARTEN, TO CHEER UP
codi canu arwain y canu (mewn capel yn arbennig)
codi crachen ailgychwyn hen gynnen TO REOPEN OLD WOUNDS
codi cyfog gwneud i rywun deimlo'n gyfoglyd TO MAKE (ONE) SICK
codi gwrychyn gwneud yn grac, gwylltio rhywun TO GET (ONE'S) BACK UP
codi i ben (rhywun) amharu ar synnwyr cyffredin rhywun TO GO TO ONE'S HEAD
codi llaw TO WAVE
codi'n bedair oed (neu unrhyw oed arall) ar fin cyrraedd (pedair) oed GETTING ON
codi pac mynd i ffwrdd TO PACK UP AND GO
codi'r bys bach bod yn hoff o yfed/meddwi TO TIPPLE
codi twrw creu helynt, anghytuno â, gwneud sŵn mawr a ffws TO KICK UP A ROW
codi ysgyfarnog codi testun amherthnasol mewn trafodaeth TO DRAG A RED HERRING (IN AN ARGUMENT)
codiad *hwn eg* y weithred neu'r broses o godi
  1 cynnydd, dyrchafiad *(codiad cyflog)* RAISE
  2 cyflwr aelod rhywiol anifail gwryw pan fydd wedi chwyddo i'w lawn faint ERECTION
  3 bryn bach, twyn *(codiad tir)* HILLOCK, RISE
codiad haul SUNRISE
codiad y wawr gwawr y dydd DAYBREAK
codio *be* cyfieithu neges i ffurf cod TO CODE, TO ENCODE
codowrach gw. **cedowrach:codowrach**
codwarth *hwn eg* enw ar blanhigyn gwenwynig o deulu'r tatws sydd â blodau porffor ac aeron duon DEADLY NIGHTSHADE □ *blodau* t.618
codwm *hwn eg* (codymau) cwymp, y weithred o syrthio, o ddisgyn; tafliad (mewn ymaflyd codwm) FALL, TUMBLE
ymaflyd codwm gw. **ymaflyd**
codwr *hwn eg* (codwyr) un sy'n codi *(Codwr pwysau. Nid ydym yn godwyr cynnar yn y tŷ hwn.)* RISER, LIFTER
codwr canu y sawl sy'n arwain y canu mewn capel PRECENTOR
coed *hyn ell* mwy nag un goeden [**coeden**]

Coed-duon

1 (enw torfol) coedwig, fforest fach, nifer o brennau yn tyfu gyda'i gilydd dros ddarn eang o dir WOOD, TREES □ *coed* t.614
2 mwy nag un darn o bren; deunydd crai saer coed (o'i gymharu â saer maen) TIMBER
3 y canghennau ysgafn neu'r priciau sy'n cael eu defnyddio i gynnal pys neu ffa, sef *coed pys* neu *goed ffa* POLES

coed tân darnau o goed sych wedi'u torri ar gyfer cynnau tân; cynnud FIREWOOD
coed treigl boncyffion neu bolion praff ar gyfer rholio llong arnynt o'r tir sych i'r dŵr ROLLERS
dod at fy (dy, ei etc.) nghoed dod i feddwl ac ymddwyn fel y dylwn TO COME TO ONE'S SENSES

Coed-duon *enw lle* BLACKWOOD

coeden hon *eb* (coed) math o blanhigyn deiliog, tal â boncyff a changhennau o bren; mae dau brif ddosbarth o goed, sef coed coniffer sydd, fel y pinwydd a'r ffynidwydd, â dail bythwyrdd tywyll ar ffurf nodwyddau, a choed dail llydain megis y dderwen a'r onnen sydd fel arfer yn colli'u dail yn yr hydref (er bod eithriadau megis y gelynnen) TREE □ *coed* t.614 (collddail)

coedio *be* sbarduno, mynd yn gyflym (mewn cerbyd), gwasgu arni TO STEP ON IT

coediog:coedog *a* gair i ddisgrifio rhywle sy'n llawn o goed, sydd â choed yn tyfu drosto i gyd WOODED, SILVAN

coedlan hon *eb* (coedlannau) man agored wedi'i amgylchynu â choed GLADE

coedwig hon *eb* (coedwigoedd) fforest, darn helaeth o dir a choed a llwyni yn tyfu'n drwch drosto FOREST, WOOD

coedwigaeth hon *eb* gwyddor codi a meithrin coedwigoedd; y gwaith o dyfu coed er mwyn eu gwerthu FORESTRY

y Comisiwn Coedwigaeth Comisiwn a sefydlwyd ym 1919 er mwyn llunio polisi cenedlaethol ar gyfer adfer hen goedwigoedd a phlannu coedwigoedd newydd FORESTRY COMMISSION

coedwigwr hwn *eg* (coedwigwyr) gŵr sy'n gweithio mewn coedwig neu sy'n gyfrifol am goedwig; un sy'n gofalu am goedwig fel y mae ffermwr yn gofalu am dir FORESTER

coedd *a* (fel yn *ar goedd*) cyhoeddus, fel bod pawb yn gallu gweld neu glywed PUBLIC (cyhoedd)

coeg... *rhagddodiad* gair sy'n cael ei ddefnyddio o flaen geiriau eraill i olygu ffug, twyllodrus, e.e. *coegfeddyg* QUACK-DOCTOR

coegio:cogio *be* twyllo, esgus gwneud rhywbeth, smalio, cymryd arnoch TO DECEIVE, TO PRETEND

coeglyd *a* gwawdlyd, dilornus; gwneud sbort trwy esgus canmol, e.e. *'Dim allan o ddeg—O da iawn, Siân.'* SARCASTIC

coegni hwn *eg* iaith gwawdio, iaith watwarus, dirmyg SARCASM, CONTEMPT

coegyn hwn *eg* dihiryn balch; gŵr nad yw'n poeni am ddim byd ond am ei olwg DANDY, FOP

coel hon *eb* (coelion)
1 cred bod rhywbeth yn bod neu yn wir (*Wn i ddim faint o goel sydd i'r stori fod yr ysgol i gau y tymor nesaf.*) BELIEF, CREDENCE
2 cred hygoelus gan lawer iawn o bobl (*Mae Amgueddfa Sain Ffagan wedi casglu llawer o hen goelion y Cymry.*) BELIEF, SUPERSTITION
3 cred neu ymddiriedaeth y bydd rhywun yn talu dyled (*Doedd gen i ddim llawer o goel ar addewidion y gŵr 'na.*) TRUST

ar goel cael rhywbeth pan fydd ei angen arnoch, gan addo talu amdano rywbryd yn y dyfodol ON CREDIT
coel gwrach hen gred sydd wedi goroesi o genhedlaeth i genhedlaeth, ac nad oes unrhyw sail iddi OLD WIVES' TALE

coelbren y beirdd

coelbren hwn *eg* (coelbrennau)
1 yn wreiddiol, un o nifer o brennau arbennig y byddai person yn yr hen amser yn ei dynnu ar hap, ac a fyddai'n cael ei ddefnyddio i benderfynu beth oedd dymuniad Duw wrth ddewis swyddog neu rannu tir ac ati LOT
2 darn o bren neu belen ac ysgrifen arni a fyddai'n cael ei defnyddio gynt i ddynodi dewis mewn pleidlais gyfrinachol BALLOT

bwrw coelbren defnyddio coelbrennau i ddewis neu ddod i benderfyniad TO CAST LOTS
coelbren y beirdd rhyw wyddor ffug a grëwyd gan Iolo Morganwg; honnai ef fod hen feirdd Cymru yn ei defnyddio

a b c ch d dd e f ff g ng h i j (k) l ll m n o p ph r rh s t th u w y (z)

coelcerth hon *eb* (coelcerthi)
 1 tanllwyth o dân mewn man agored (yn wreiddiol ar ben mynydd) fel dathliad neu rybudd; erbyn hyn y tân awyr agored ar Noson Guto Ffowc (5 Tachwedd) BONFIRE, PYRE
 2 weithiau mae'n cael ei ddefnyddio am sefyllfa fel rhyfel, sy'n ein hatgoffa am rym tân i ddifa a distrywio CONFLAGRATION

coelio *be* credu, derbyn fel y gwir, ymddiried *(Choelia'i byth!)* TO BELIEVE

coelion hyn *ell* mwy nag un goel [**coel**]
 coelion tywydd arwyddion y mae pobl yn credu eu bod yn dangos sut dywydd sydd i ddod WEATHER LORE

coes[1] hon *eb* (coesau)
 1 un o'r ddau aelod o'i gorff y mae person yn eu defnyddio i sefyll, i gerdded neu i redeg, ac un o bedwar aelod tebyg mewn anifail LEG
 2 y rhan o'r goes sy'n ymestyn o'r troed i'r pen-glin LEG
 3 rhan o ddilledyn i'w gwisgo am y coesau, e.e. *coesau trywsus* LEG
 coes glec coes bren PEG LEG
 cymryd y goes rhedeg i ffwrdd (fel arfer oherwydd eich bod mewn helynt) TO LEG IT
 tynnu coes gw. **tynnu**

coes[2] hwn *eg* (coesau)
 1 rhywbeth sy'n cynnal dodrefnyn yn yr un ffordd ag y mae coesau person yn ei gynnal yntau, e.e. *coes cadair, coes bwrdd* LEG
 2 y rhan honno o offeryn, arf neu declyn yr ydych yn gafael ynddi, e.e. *coes brws, coes bwyell, coes morthwyl* HANDLE
 3 prif ran planhigyn neu flodeuyn sy'n ymestyn o'r pridd i'w ben STALK, STEM □ *blodyn*
 4 rhan debyg sy'n tyfu allan o'r brif goes ac sy'n cynnal ffrwyth neu ddail neu flodau STALK, STEM

coesgam *a* gair i ddisgrifio rhywun nad yw ei goesau'n syth, y mae ei goesau'n plygu fel cromfachau () BANDY, BOW-LEGGED

coesog *a* gair i ddisgrifio rhywun neu rywbeth â choes neu goesau hir, heglog LEGGY

coeten hon *eb* (coetiau:coets) yn wreiddiol, disg trwm o garreg neu fetel ond, erbyn hyn, cylch trwm o haearn sy'n cael ei daflu mewn campau i weld pwy sy'n gallu ei gael agosaf at bolyn yn y ddaear QUOIT

coetio *be* chwarae neu daflu coetiau TO PLAY QUOITS

coets hon *eb* (coetsys)
 1 cerbyd â phedair olwyn a fyddai'n cael ei dynnu gan geffylau ac yn cludo pobl; maent yn dal i gael eu defnyddio weithiau mewn seremonïau brenhinol neu ddinesig COACH
 2 cerbyd (ar gyfer cludo pobl neu nwyddau) sy'n rhedeg ar gledrau ac yn cael ei dynnu gan drên CARRIAGE, COACH

coets fach (ffurf lafar) crud ar olwynion ar gyfer babi bach PERAMBULATOR, PRAM

coets fawr coets i deithwyr, a ddaeth i fri yng nghanol yr ail ganrif ar bymtheg fel yr oedd ffyrdd Prydain yn dechrau gwella; o 1784 y math yma o goets fyddai'n cludo'r post brenhinol ar garlam gwyllt o Lundain i lefydd fel Bryste, Milffwrd a Chaergybi STAGE-COACH

coeth *a* pur, glân, cain, gwych, caboledig, teg, prydferth, rhagorol, e.e. *aur coeth*, aur wedi'i buro; *iaith goeth*, iaith gaboledig, bur PURE, REFINED

coethder hwn *eg* ceinder, prydferthwch, gwychder, tegwch REFINEMENT, ELEGANCE

coethi *be*
 1 puro, glanhau, cael gwared ar amhuredd (gyda'r awgrym o fynd trwy'r tân, sef dioddef rhyw gymaint, er mwyn gwneud hynny) TO REFINE, TO PURIFY
 2 cyfarth, gwneud sŵn fel ci TO BARK

cof hwn *eg* (cofion)
 1 y gallu neu'r gynneddf i alw pethau yn ôl i'r meddwl neu eu cadw yn y meddwl MEMORY
 2 coffa, coffadwriaeth *(neuadd a adeiladwyd er cof am y rhai a fu farw yn y rhyfel)* REMEMBRANCE
 3 y rhan honno o gyfrifiadur neu beiriant tebyg lle y mae data yn cael eu cadw yn barod i'w dwyn i'r sgrin neu gael eu hargraffu pan fydd galw; y mae gwahanol fathau o gof gan gyfrifiaduron, e.e. cof darllen yn unig (ROM), lle y mae cyfarwyddiadau mewnol y cyfrifiadur yn cael eu cadw'n barhaol; cof hapgyrch (RAM), lle y mae'r un sy'n gweithio'r cyfrifiadur yn cael cadw gwybodaeth dros dro MEMORY

ar gof a chadw wedi'i gofnodi, wedi'i ysgrifennu neu'i recordio ON RECORD

cof brith:brith gof atgof aneglur, ansicr FAINT MEMORY

cof gan cofio, e.e. *cof gennyf*, rwy'n cofio TO REMEMBER

dwyn ar gof cofio neu atgofio neu atgoffa TO BRING TO MIND

dysgu ar fy (dy, ei etc.) nghof dysgu fel fy mod yn gallu cofio heb gymorth TO LEARN BY HEART

er cof er mwyn cofio am IN MEMORY OF

ers cyn cof ers amser mawr, ers cyfnod nad oes cof amdano FROM TIME IMMEMORIAL

galw i gof gw. **galw**

gollwng dros gof gw. **gollwng**

cofadail

mynd o'm ('th, 'i etc.) cof colli tymer, gwylltio TO GO MAD, TO LOSE ONE'S TEMPER

Tri Chof Ynys Prydain tri thestun yr oedd disgwyl i'r hen feirdd fod yn feistri arnynt, sef hanes a chwedloniaeth Ynys Prydain, iaith y Brytaniaid (sef y Gymraeg) ac achau ac arfau'r teuluoedd brenhinol ac uchelwrol

cofadail hon *eb* cofeb, adeilad sylweddol fel colofn neu neuadd wedi'i godi er cof am rywun neu rywrai MONUMENT, CENOTAPH

cofeb hon *eb* (cofebion) rhywbeth llai o ran maint na chofadail i goffáu person, pobl neu ddigwyddiad arbennig MEMORIAL

cofgolofn hon *eb* (cofgolofnau) math arbennig o gofadail, sef piler i goffáu person, pobl neu ddigwyddiad arbennig MONUMENT

Cofi:Co hwn *eg* (Cofis) enw (ysgafn) ar frodor o dref Caernarfon

cofiadur hwn *eg* (cofiaduron)
1 prif swyddog cyfreithiol dinas neu fwrdeistref RECORDER
2 hanesydd, un sy'n croniclo, un sy'n gyfrifol am gadw cofnodion, cofrestrydd CHRONICLER, REGISTRAR

cofiadwy *a* gair i ddisgrifio rhywun neu rywbeth sydd mor dda (neu weithiau mor ddrwg) fel ei fod yn cael ei gofio'n rhwydd (*gêm gofiadwy; pennill cofiadwy*) MEMORABLE

cofiannau hyn *ell* mwy nag un **cofiant**

cofiannydd hwn *eg* (cofianwyr) person sy'n gyfrifol am lunio cofiant i rywun BIOGRAPHER

cofiant hwn *eg* (cofiannau) hanes bywyd person, fel arfer wedi'i ysgrifennu gan berson arall—y cofiannydd BIOGRAPHY (hunangofiant)

cofio *be*
1 dwyn i gof (*Wyt ti'n cofio John?*) TO RECALL
2 cadw mewn cof (*Cofia wneud dy waith cartref.*) TO REMEMBER

cofio at (*Cofia fi at dy fam.*) TO REMEMBER TO

cofion hyn *ell* mwy nag un **cof**
 anfon cofion (at rywun) cofio'n gynnes, anfon cyfarchion TO CONVEY ONE'S REGARDS

Cofis hyn *ell* mwy nag un **Cofi:Co**

cofl gw. **côl:cofl**

coflaid:cowlaid hon *eb* llond eich côl, llond cofl, cymaint ag y gallwch ei ddal yn eich breichiau ARMFUL

cofleidiad hwn *eg* y weithred o fynwesu, o daflu'ch breichiau o gwmpas rhywun a'i dynnu/thynnu atoch fel arwydd o gyfeillgarwch neu gariad EMBRACE, HUG

cofleidio *be* mynwesu, taflu breichiau o gwmpas person fel arwydd o gariad neu gyfeillgarwch TO EMBRACE, TO HUG

cofnod hwn *eg* (cofnodion)
1 tystiolaeth i ffaith hanesyddol, wedi'i chadw ar ffurf arhosol, e.e. wedi'i hysgrifennu mewn llawysgrif neu wedi'i naddu ar graig (*Mae cofnod yn eglwys y plwyf am y rhai a fu farw yn y llongddrylliad.*) RECORD
2 un darn neu baragraff sy'n dweud beth sydd wedi digwydd mewn trafodaeth neu gyfarfod MINUTE
3 nodyn ffurfiol oddi wrth swyddogion (fel arfer) at ei gilydd, yn tynnu sylw at rywbeth neu yn eu hatgoffa am rywbeth MEMORANDUM

cofnodi *be* ysgrifennu record ffurfiol (o drafodaeth cyfarfod, cytundeb ac ati); nodi, cofrestru TO MINUTE, TO NOTE, TO REGISTER, TO RECORD

cofnodion hyn *ell*
1 mwy nag un **cofnod**
2 crynodeb ysgrifenedig o drafodaeth neu gyfarfod sydd, gan amlaf, yn cael eu paratoi gan ysgrifennydd y cyfarfod a'u dosbarthu i bob aelod MINUTES

cofrestr hon *eb* (cofrestrau:cofrestri)
1 rhestr ffurfiol ac awdurdodol y gall pobl gyfeirio yn ôl ati, cofnod awdurdodol ar ffurf rhestr o enwau gan amlaf, e.e. *cofrestr o blant a oedd yn yr ysgol ar ddiwrnod arbennig* REGISTER
2 llyfr sy'n cynnwys rhestr ffurfiol REGISTER

cofrestrfa hon *eb* (cofrestrfeydd) man lle y gellir cofrestru, neu'r lle y mae cofnodion yn cael eu cadw REGISTRY

cofrestru *be*
1 cofnodi, ysgrifennu rhestr ffurfiol, neu ychwanegu at restr neu gofnod ffurfiol TO REGISTER
2 ymuno, talu (weithiau) i gael eich enw wedi'i ychwanegu at restr ffurfiol, e.e. *cofrestru gyda meddyg arbennig, cofrestru yn fyfyriwr mewn coleg* TO ENROL
 swyddfa gofrestru gw. **swyddfa**

cofrestrydd hwn *eg* (cofrestryddion) swyddog sy'n gyfrifol am gadw cofrestr neu gofrestrau arbennig, gan amlaf y swyddog sy'n cofnodi genedigaethau, marwolaethau a phriodasau i'r wladwriaeth REGISTRAR
 y Cofrestrydd Cyffredinol y prif swyddog sy'n gyfrifol am drefnu cofnod o bob genedigaeth, marwolaeth a phriodas ym Mhrydain THE REGISTRAR GENERAL

coffa hwn *eg* coffadwriaeth, cof, atgof, e.e. *carreg goffa*, maen wedi'i godi er cof am rywun neu rywbeth; *cyfrol goffa*, llyfr wedi'i ysgrifennu er cof am rywun neu rywbeth MEMORIAL, REMEMBRANCE

a   b   c   ch   d   dd   e   f   ff   g   ng   h   i   j   (k)   l   ll   m   n   o   p   ph   r   rh   s   t   th   u   w   y   (z)

coffa da am (rywun) geiriau o ganmoliaeth i gofio am rywun sydd wedi marw OF BLESSED MEMORY
er coffa gw. **er**
coffâd hwn *eg* coffadwriaeth, galwad i gof, coffa COMMEMORATION, RECOLLECTION
coffadwriaeth hon *eb* (coffadwriaethau) coffâd, galwad i gof, dwyn i gof trwy gynnal seremoni, dathliad neu ŵyl REMEMBRANCE, MEMORIAL
coffáu *be* cofio, dwyn ar gof, gwneud rhywbeth er cof am rywun neu rywbeth TO RECOLLECT, TO COMMEMORATE
coffi hwn *eg*
 1 hadau ffrwythau cochion tebyg i geirios sy'n tyfu ar y llwyn coffi, wedi'u rhostio'n frown tywyll a'u malu'n fân yn barod i'w trwytho mewn dŵr i wneud diod arbennig COFFEE
 2 diod arbennig wedi'i gwneud o hadau wedi'u paratoi fel uchod COFFEE
 3 lliw'r ddiod hon ar ôl i lefrith/laeth gael ei ychwanegu ati, sef lliw brown golau COFFEE
coffi du diod o goffi heb laeth/lefrith BLACK COFFEE
coffi gwyn diod o goffi a llaeth/llefrith neu hufen wedi'i ychwanegu ati WHITE COFFEE
coffor:coffr hwn *eg* (coffrau) blwch neu focs arbennig, cist gref o bren neu fetel y byddai trysor neu arian yn cael eu cadw ynddi COFFER

coffor:coffr

mae'r coffrau'n wag does dim arian ar gael
cog hon *eb* (cogau) aderyn mawr llwydlas sy'n treulio cyfnod ym Mhrydain cyn ymfudo i Affrica neu Asia dros y gaeaf; mae gan y ceiliog gân ddeusain nodweddiadol ac mae'r iâr yn dodwy ei hwyau yn nythod adar eraill; y gwcw CUCKOO ☐ *adar* t.607
fel y gog:mor hapus â'r gog heb unrhyw bryder na gofid, yn ysgafn fy (dy, ei etc.) meddwl AS HAPPY AS A LARK

còg hon *eb* (cogiau) un o gyfres o ddannedd ar ymyl olwyn sydd wedi'u gwneud i fachu neu gydio mewn dannedd cyfatebol ar olwyn arall; wrth i'r naill olwyn symud, mae'r llall yn cael ei symud hefyd; cocsen COG ☐ *cocsen* (cocos[2]:cocsenni)
coginio *be* paratoi bwyd trwy ei dwymo mewn ffordd arbennig (e.e. crasu, berwi, rhostio) TO COOK
cogio *be* gw. **coegio:cogio**
cogor[1] hwn *eg* twrw, trwst, trydar, mân siarad, cleber, mwstwr CLATTER, PRATTLE, CACKLE
cogor[2] *be* cadw sŵn, cadw mwstwr, gwneud twrw TO CHATTER, TO CACKLE
cogr-droi *be*
 1 troi o gwmpas yn gyflym, troi fel top TO SPIN
 2 troi yn yr unfan, sefyllian, loetran TO DAWDLE
cogydd hwn *eg* (cogyddion)
 1 un sy'n coginio bwyd COOK
 2 arbenigwr ar goginio, neu rywun sy'n ennill ei fywoliaeth trwy goginio bwyd COOK
cogyddes hon *eb* (cogyddesau) gwraig neu ferch sy'n coginio, yn arbennig un sy'n ennill ei bywoliaeth trwy goginio bwyd i eraill COOK
congl hon *eb* (conglau)
 1 cornel, ongl, y man lle y mae dwy ochr neu ymyl yn cwrdd, a'r lle rhyngddynt CORNER, ANGLE
 2 tro sydyn mewn heol neu ffordd BEND, CORNER
cael fy (dy, ei etc.) ngwasgu i gongl cael fy ngwthio i le nad oes modd dianc ohono TO BE CORNERED
conglfaen hwn *eg* (conglfeini) carreg sy'n cael ei gosod ar gornel adeilad, maen cryf sy'n cynnal tu blaen ac ochr adeilad; rhywbeth hanfodol, sylfaenol CORNER-STONE
congrinero gw. **con(-)grinero**
côl:cofl hon *eb* arffed, y plyg rhwng y bola a phen y coesau pan fyddwch yn eistedd LAP
coladu *be* gosod tudalennau yn eu trefn TO COLLATE
colbio *be* bwrw, curo, dyrnu, ffusto TO BEAT, TO THRASH
coleddu *be* gofalu am, edrych ar ôl, ymgeleddu, mynwesu, mabwysiadu (syniad fel arfer) a'i feithrin TO CHERISH, TO HARBOUR
coleg hwn *eg* (colegau)
 1 athrofa neu ysgol ar gyfer addysg uwch, e.e. *Coleg Addysg Bellach* COLLEGE
 2 corff o fyfyrwyr ac athrawon sy'n ffurfio rhan o brifysgol (*Mae gan Brifysgol Cymru golegau yn Aberystwyth, Abertawe, Bangor, Caerdydd a Llanbedr Pont Steffan.*) COLLEGE
 3 ysgol fonedd neu breifat, e.e. *Coleg Llanymddyfri* COLLEGE

4 corff o bobl sy'n perthyn i'r un alwedigaeth, e.e. *Coleg Brenhinol y Nyrsys* COLLEGE

coler *hwn neu hon egb* (coleri)
1 y rhan honno o grys, ffrog neu got sydd naill ai'n sefyll i fyny neu'n cael ei phlygu o gwmpas y gwddf COLLAR
2 torch, bandin neu gadwyn addurniadol sy'n arwydd o foneddu neu urddau arbennig COLLAR
3 bandin neu gadwyn a roddir am wddf anifail er mwyn ei adnabod neu ei gaethiwo COLLAR
4 bandin lledr trwchus sy'n mynd dros ben anifail; bydd cerbyd neu offer o ryw fath yn cael ei gysylltu â'r goler er mwyn i'r anifail ei dynnu; gwedd COLLAR
5 streipen o liw o gwmpas gwddf anifail BAND
6 math o fodrwy sy'n ffitio ar bibell neu ran o beiriant COLLAR

coler gron y goler wen y mae gweinidog, ficer neu offeiriad yn ei gwisgo am ei wddf

colfach *hwn eg* (colfachau) teclyn bach neu ddyfais lle y mae dau blât o fetel wedi'u cydgysylltu ar echel; mae modd agor a chau'r platiau hyn neu unrhyw ddarnau o bren sy'n cael eu cysylltu â'r platiau, e.e. drws HINGE

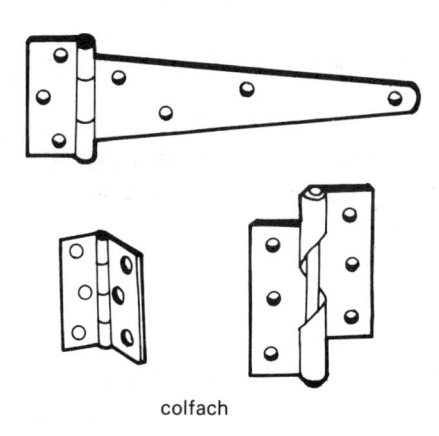

colfach

colier:coliar *hwn eg* (coliers:coliars) glöwr COLLIER, COAL-MINER

colofn *hon eb* (colofnau)
1 piler neu bostyn mewn adeilad sy'n cynnal darn o'r adeilad, sy'n addurn, neu sy'n gofadail COLUMN
2 unrhyw beth sy'n debyg i biler o ran ei olwg, e.e. *colofn o fwg* COLUMN
3 rhaniad tudalen lle bydd dwy neu ragor o adrannau o brint yn rhedeg i lawr y tudalen â bwlch bach rhyngddynt (*Mae dwy golofn ar dudalennau'r llyfr hwn.*) COLUMN
4 erthygl gan un o ohebwyr cyson papur newydd, neu erthygl ar destun arbennig y mae lle rheolaidd yn cael ei glustnodi ar ei chyfer, e.e. *Y Golofn Grefyddol; colofn 'O'r Ardd'* COLUMN
5 rhes hir o bobl neu gerbydau (yn arbennig yng nghyd-destun byddinoedd) COLUMN
6 rhestr o rifau wedi'u trefnu'r naill o dan y llall COLUMN
7 (yn ffigurol) un sy'n cynnal (*Mae Mrs Evans yn un o golofnau'r achos yn y dref.*) PILLAR

colomen *hon eb* (colomennod) aderyn cyffredin iawn o'r un teulu â'r ysguthan a'r durtur; mae ganddi gân nodweddiadol ac mae'n bla mewn rhai dinasoedd a threfi mawrion; mae gwahanol fathau o golomennod yn cael eu magu am wahanol nodweddion ond y rhai enwocaf yw'r colomennod rasio a'u dawn i gyrraedd adre'n gyflym o bellafoedd byd; defnyddir y golomen fel symbol o heddwch rhyngwladol DOVE, PIGEON

colomendy *hwn eg* (colomendai) tŷ bychan wedi'i godi ar gyfer colomennod ac wedi'i osod fel arfer ar ben polyn neu yn uchel ar un o waliau tŷ PIGEON-HOUSE, DOVECOT, CULVER-HOUSE

colon¹ *hon eb* y rhan helaethaf o'r coluddyn mawr ym mherfeddion person COLON □ *corff* t.630

colon² *hwn eg* (yn ramadegol) atalnod (:) a ddefnyddir:
1 i agor rhestr gan gyfleu ystyr tebyg i 'fel a ganlyn' (*Dewch â'r canlynol gyda chi i'r wers yfory: siwgr, blawd, menyn ac wyau.*) COLON
2 i wahanu dwy ran gyfartal o frawddeg (*Mae John yn fachgen o gymeriad ardderchog : dihiryn yw Bob ei frawd.*) COLON

cols *hyn ell* (mwy nag un **colsyn**) glo byw, marwydos; talpiau o lo sydd naill ai ar fin llosgi allan neu sydd wedi llosgi allan EMBERS, CINDERS

uffern gols:uffach gols ebychiad HELL'S BELLS

colsyn *hwn eg* un o nifer o gols [**cols**]

coluddion *hyn ell* (mwy nag un **coluddyn**) perfedd, ymysgaroedd, y bibell sy'n cario bwyd o'r stumog nes y bydd yn gadael y corff BOWELS, INTESTINES, ENTRAILS □ *corff* t.630

coluddyn *hwn eg* (coluddion) y tiwb sy'n arwain o'r stumog i'r pen-ôl; y mae bwyd yn cael ei wthio trwyddo ar ôl gadael y stumog INTESTINE, BOWEL

coluddyn crog darn atodol o'r coluddyn sy'n debyg i fwydyn; nid yw'n gwneud unrhyw waith pwysig yn y corff APPENDIX □ *corff* t.630

coluddyn mawr rhan isaf y coluddion lle y mae bwyd yn troi'n garthion cyn cael ei ollwng o'r corff; colon COLON □ *corff* t.630

colur *hwn eg* y lliw a ddefnyddir i harddu, newid neu guddio rhyw wedd o'r wyneb MAKE-UP

coluro *be*
1 lliwio'r wyneb gan ddefnyddio powdr a defnyddiau megis minlliw ac ati TO MAKE UP
2 y grefft o liwio a pharatoi'r wyneb ar gyfer ymddangos ar lwyfan, neu dan oleuadau llachar TO MAKE UP
3 ('cluro' ar lafar) rhwbio yn erbyn rhywbeth a hwnnw'n gadael ei ôl arnoch, e.e. *cluro yn erbyn wal lychlyd a baeddu/trochi eich cot*

colyn *hwn eg* (colynnau)
1 pigyn, aelod blaenllym sydd gan rai pryfed ac ymlusgiaid ar gyfer brathu neu bigo STING
2 colfach, bach HINGE, PIVOT

coll[1] *hwn eg* colled (yn arbennig yng nghyd-destun colli synnwyr) *(Beth sy'n bod? Oes coll arnat ti?)* LOSS

coll[2] *a* gair i ddisgrifio rhywbeth nad yw'n bosibl dod o hyd iddo, na ellir cael gafael arno, colledig, ar goll, wedi'i golli LOST, MISSING

ar goll
1 wedi'i golli *(Mae cot Siân ar goll.)* LOST, ASTRAY
2 heb wybod beth i'w wneud nac ym mhle y mae *(Mae Siân yn edrych fel petai hi ar goll yng nghanol y bobl ddieithr yma.)* LOST

collddail *a* gair i ddisgrifio coeden sy'n colli'i dail dros fisoedd y gaeaf (e.e. derwen, collen) DECIDUOUS □ *coed* t.615

colled *hwn neu hon egb* (colledion)
1 y weithred neu'r stad o golli LOSS
2 y niwed neu'r gofid y mae colli rhywun neu rywbeth yn ei achosi *(Gwelodd John golled fawr ar ôl ei fam.)* LOSS
3 gwrthwyneb elw, colli arian mewn busnes LOSS
4 gwallgofrwydd *(Mae drygioni'r dosbarth yma yn ddigon i hela colled ar ddyn.)* INSANITY

ar golled am bris is na'r hyn a dalwyd am rywbeth AT A LOSS

colledig *a*
1 gair i ddisgrifio rhywun neu rywbeth sydd wedi mynd ar goll, e.e. *dameg y ddafad golledig* LOST
2 damnedig, wedi colli'r cyfle i fynd i'r nefoedd LOST

collen *hon eb* (cyll) y pren cnau mwyaf cyffredin HAZEL
collen Ffrengig y goeden y mae cnau Ffrengig yn tyfu arni WALNUT TREE □ *coed* t.617

collfarnu *be* condemnio, dedfrydu'n euog, lladd ar TO CONDEMN

colli *be*
1 methu dod o hyd i rywbeth a fu yn eich meddiant unwaith TO LOSE
2 methu cael neu ennill (colli gêm, colli gafael) TO LOSE
3 peri neu achosi colled *(Chwarae gwael Dafydd a gollodd y gêm inni.)* TO LOSE
4 cael llai o rywbeth *(Gyda phob cynnydd mewn prisiau, y tlodion sy'n colli a'r cyfoethog sy'n ennill.)* TO LOSE
5 gweld rhywun neu rywbeth yn cael ei gymryd oddi arnoch trwy farwolaeth neu ddinistr neu amser *(Collodd ei rhieni yn ddiweddar.)* TO LOSE
6 rhyddhau oddi wrth *(Collodd ofn y dŵr pan ddechreuodd nofio.)* TO LOSE
7 methu clywed, gweld neu ddeall *(Collais i ran o'r bregeth— yr oedd y tu hwnt i mi.)* TO LOSE
8 gwastraffu, peidio â defnyddio *(Chollodd y doctor ddim eiliad cyn ffonio'r ysbyty.)* TO LOSE
9 diferu, gorlifo (am hylif) TO SPILL
10 bod rhywbeth yn mynd neu yn digwydd hebboch chi (colli'r bws; colli'r cyngerdd) TO MISS (cyll)

colli adnabod (o rywun) colli cysylltiad
colli amser gwastraffu amser TO LOSE TIME
colli arnaf (arnat, arno, arni etc.) fy hun drysu yn fy synhwyrau TO BE BESIDE ONE'S SELF
colli blas diflasu
colli dagrau llefain
colli gwynt TO LOSE ONE'S BREATH
colli'r dydd cael eich gorchfygu neu eich trechu TO LOSE THE DAY
colli'r ffordd mynd ar goll TO LOSE THE WAY
colli lliw TO FADE
colli pen gw. **pen**
colli synnwyr TO LOSE ONE'S MIND
colli tymer gwylltio, mynd yn grac TO LOSE ONE'S TEMPER

collnod *hwn eg* atalnod (') i ddangos bod llythyren neu lythrennau'n eisiau, e.e. *rwy'n* APOSTROPHE

collwr *hwn eg* (collwyr) un sy'n colli; gwrthwyneb enillydd LOSER

coma *hwn eg* atalnod sy'n dynodi'r rhaniad lleiaf mewn brawddeg sydd wedi ei hysgrifennu neu ei phrintio (,). Yn ogystal â dynodi rhaniad o fewn brawddeg, defnyddir (,) er mwyn:
1 rhannu rhes o eiriau unigol (pan nad oes 'a' rhyngddynt), neu rannu cymalau mewn brawddeg *(Roedd moron, tatws, bresych, pys a ffa yn tyfu yn ei ardd. Rhedodd lan y llwybr, agor y drws a gweiddi ar ei fam.)*
2 gwahanu yr un y siaredir ag ef/hi oddi wrth weddill y frawddeg
3 gorffen sgwrs pan nad oes angen ebychnod (!) neu farc cwestiwn (?) *('John, cofia alw yn y siop,' meddai ei fam.)*
4 rhannu adferfau oddi wrth weddill y frawddeg *(Bydd John, ambell waith, yn golchi'r llestri.)*
5 ar ôl y gair cyntaf mewn ateb llawn i gwestiwn yn dechrau gydag 'A', 'Ai', 'Oni' ac 'Onid' *(A wnei di fynd*

i'r siop drosof? Gwnaf, af i'r siop. Onid ti sy'n byw yn y dref? Nage, nid fi.) COMMA

côma *hwn eg* cyflwr o fod yn anymwybodol oherwydd afiechyd, gwenwyn neu ergyd cas COMA

combein *hwn eg* (combeinau) peiriant sy'n medru medi, dyrnu, a nithio ŷd; dyrnwr medi COMBINE HARVESTER

comed *hon eb* (comedau) seren gynffon â phen llachar sy'n gasgliad o nwy, iâ a llwch, a chynffon lai disglair o'r un deunydd; mae comedau'n symud o gwmpas yr haul ac un o'r enwocaf ohonynt i gyd yw Comed Halley COMET (seren wib) □ *gofod* t.638

comedi *hon eb* (comedïau)
1 drama neu ffilm neu fath arall o waith sydd â diwedd hapus, sy'n diddanu ac sy'n ddoniol COMEDY
2 yr hyn sy'n gwneud gwaith neu berfformiad, neu berson hyd yn oed, yn ddoniol COMEDY

comedïwr *hwn eg* (comedïwyr)
1 un sy'n ysgrifennu comedïau COMEDY WRITER
2 un sy'n actio mewn comedïau neu sy'n cyflwyno comedi COMEDIAN

comin:cwmin *hwn eg* (comins:cwmins) darn o dir glas agored y mae gan bawb hawl ei ddefnyddio; cytir COMMON

comisiwn *hwn eg* (comisiynau)
1 gorchymyn neu wŷs ffurfiol, awdurdodol i weithredu mewn ffordd arbennig, neu archeb benodol i wneud rhyw waith arbennig *(Derbyniodd yr arlunydd gomisiwn gan y cyngor i beintio llun ar gyfer cyntedd Neuadd y Sir.)* COMMISSION
2 cwmni o bobl sy'n gwneud rhyw waith arbennig i'r llywodraeth neu i awdurdod arall, e.e. *Comisiwn Coedwigaeth* COMMISSION
3 dogfen sy'n trosglwyddo awdurdod i swyddog, yn arbennig yn y lluoedd arfog COMMISSION
4 swm o arian sy'n cael ei dalu i werthwr nwyddau wedi'i seilio fel arfer ar yr arian a gaiff am y nwyddau *(Rydw i'n cael un geiniog o gomisiwn am bob copi o'r papur bro a werthaf ar gae'r Eisteddfod.)* COMMISSION

comisiynu *be* archebu rhyw ddarn o waith arbennig (fel yn 1 uchod) TO COMMISSION

Comiwnydd *hwn eg* (Comiwnyddion) person sy'n credu mewn comiwnyddiaeth neu sy'n aelod o'r Blaid Gomiwnyddol COMMUNIST

comiwnyddiaeth *hon eb* cred wleidyddol a chymdeithasol mewn dileu eiddo personol fel bod popeth yn eiddo naill ai i'r wladwriaeth neu i'r bobl yn gyffredinol; y canlyniad fyddai cymdeithas ddiddosbarth gyda phob aelod yn cyfrannu yn ôl ei allu ac yn derbyn yn ôl ei angen COMMUNISM (cyfalafiaeth)

comiwnyddol *a* gair i ddisgrifio rhywun neu rywbeth sy'n perthyn i gomiwnyddiaeth neu sy'n credu mewn comiwnyddiaeth COMMUNIST

compiwter gair arall am gyfrifiadur [**cyfrifiadur**]

compiwtereiddio *be*
1 cadw gwybodaeth ar gyfrifiadur TO COMPUTERIZE
2 newid (system, gwaith, ac ati) er mwyn iddo gael ei reoli trwy gyfrwng cyfrifiadur TO COMPUTERIZE

côn *hwn eg* (conau)
1 ffigur mathemategol solet â gwaelod crwn a phigyn ar ei ben CONE
2 rhywbeth yr un siâp ag 1 uchod, e.e. *côn hufen iâ* CONE
3 mochyn coed, ffrwyth y pinwydd a'r ffynidwydd CONE □ *coed* t.614

côn   cornet

conach:conan *be* achwyn, grwgnach, cwyno TO MOAN, TO GRUMBLE

concer *hwn eg* (concers) castan, un o gnau'r gastanwydden sy'n cael eu clymu wrth linyn er mwyn cystadlu gyda gwrthwynebydd i weld cneuen pwy fydd yn torri'n gyntaf o fwrw'r naill yn erbyn y llall, am yn ail, wrth chwarae concers CONKER □ *coed* t.617

concerto *hwn eg* (concertos) darn o gerddoriaeth (mewn tri symudiad fel arfer) ar gyfer un neu ragor o offerynnau a cherddorfa CONCERTO
Sylwch: ynganwch 'consierto'.

concrit *hwn eg* cymysgedd o raean, tywod, sment a dŵr sy'n gryf iawn pan fydd wedi caledu, ac a ddefnyddir yn bennaf gan adeiladwyr CONCRETE

concwerwr *hwn eg* (concwerwyr) un sy'n gorchfygu, goresgynnwr, un sy'n ennill brwydr neu ryfel CONQUEROR

condemnio *be*
1 dyfarnu'n euog, collfarnu *(Condemniwyd y gŵr yn y llys gan ei eiriau ei hun.)* TO CONDEMN
2 cyhoeddi cosb ddifrifol ar ôl i rywun neu rywrai gael eu dyfarnu'n euog *(Cafodd y llofrudd ei gondemnio i'r carchar am weddill ei oes.)* TO CONDEMN

condom

3 beirniadu'n anffafriol, mynegi anfodlonrwydd dwys (*Condemniwyd y bobl hynny a fynnodd ysmygu mewn adeiladau cyhoeddus.*) TO CONDEMN

4 datgan bod rhywbeth yn anaddas neu heb fod yn ddiogel i'w ddefnyddio (*Condemniwyd yr ysgol gan y pensaer.*) TO CONDEMN

condom *hwn eg* (condomau) gorchudd tenau (o rwber fel arfer) sy'n cael ei wisgo ar aelod rhywiol gŵr yn ystod cyfathrach rywiol fel modd i atal cenhedlu a/neu amddiffyn rhag haint CONDOM

conen *hon eb* gwraig sy'n hoff o gwyno, o achwyn GRUMBLER (conyn)

confennau *hyn ell* pethau a ddefnyddir i ychwanegu blas at fwyd (yn arbennig halen, pupur a finegr) ac sy'n cael eu gosod ar fwrdd bwyd CONDIMENTS

confensiynol *a* gair i ddisgrifio:

1 rhywun neu rywbeth sy'n cadw at arferion derbyniol (yn ormodol weithiau) CONVENTIONAL

2 arfau nad ydynt yn arfau niwclear CONVENTIONAL (ARMS)

conffeti *hwn eg* darnau mân o bapur lliw sy'n cael eu taflu at briodferch a phriodfab CONFETTI

conffirmasiwn *hwn eg* un o ddefodau'r Eglwys lle y mae esgob yn gosod dwylo ar berson cyn iddo gael ei dderbyn yn aelod cyflawn o'r Eglwys; bedydd esgob CONFIRMATION

conffirmio *be*

1 gweinyddu defod y conffirmasiwn TO CONFIRM

2 derbyn yn aelod cyflawn o'r Eglwys TO CONFIRM

congrinero *hwn eg* campwr, buddugwr (gydag awgrym o dynnu coes), ffug arwr CHAMPION, CONQUERING HERO

coniffer *hwn eg* (conifferiaid) enw ar ddosbarth o goed sy'n cynnwys y pinwydd, y ffynidwydd a'r cedrwydd; coed sydd fel arfer yn fythwyrdd ac yn cynhyrchu eu had mewn conau (moch coed) CONIFER □ *coed* t.614 (coeden)

conigol *a* gair i ddisgrifio rhywbeth sydd yr un ffurf â chôn CONICAL

cono *hwn eg* un cyfrwys, deryn, dihiryn, un direidus WAG, RASCAL

consentrig *a* gair i ddisgrifio cylchoedd sydd â'r un canolbwynt CONCENTRIC

consertina *hwn eg* offeryn cerdd sy'n cael ei ganu yn yr un ffordd â'r acordion, ond ei fod yn ddigon bach i'w ddal rhwng y ddwy law CONCERTINA (acordion)

consierto gw. **concerto**

consol *hwn eg* (consolau)

1 seinglawr neu allweddell organ ynghyd â'r stopiau a'r pedalau CONSOLE

2 set radio, set deledu, neu gyfrifiadur ynghyd â'r modd i'w rheoli, wedi'u cynllunio i sefyll ar y llawr CONSOLE

3 panel â deialau a switsys i reoli peirianwaith electronig CONSOLE

consurio *be*

1 gwneud i rywbeth ymddangos trwy (neu fel pe bai yna) swyngyfaredd; cyflawni triciau medrus neu gastiau hud trwy symud y dwylo'n ddeheuig a chyflym TO CONJURE

2 swyno, swyngyfareddu, rheibio TO BEWITCH

consuriwr *hwn eg* (consurwyr)

1 un sy'n gwneud castiau hud, sy'n twyllo llygaid ei gynulleidfa (fel yn 1 a 2 uchod) CONJUROR

2 swynwr, dewin, dyn hysbys CONJUROR

contralto *hwn neu hon egb*

1 alto, llais isaf merch neu lais uchaf dyn, rhwng y tenor a'r soprano CONTRALTO

2 cantores sydd â llais i ganu darnau o fewn yr amrediad yma CONTRALTO

Conwy *enw lle* CONWAY

conyn[1] *hwn eg* gŵr sy'n hoff o achwyn a chwyno GRUMBLER, GROUSER (conen)

conyn[2] *hwn eg* cawnen, un o nifer o gawn [**cawn**]

cop *hwn eg* corryn, pryf cop(yn) SPIDER □ *corryn*

copa *hwn neu hon egb* (copâu:copaon)

1 pen, brig, man uchaf, e.e. *copa mynydd* SUMMIT, PEAK

2 y rhan honno o'r pen y mae gwallt yn tyfu arni PATE, CROWN

pob copa walltog pawb, pob un yn ddieithriad EVERY JACK ONE, EVERY SINGLE ONE

copi *hwn eg* (copïau)

1 rhywbeth wedi'i atgynhyrchu, wedi'i wneud i fod yr un fath yn union â'r gwreiddiol COPY

2 enghraifft unigol o rywbeth y mae nifer ohonynt wedi cael eu hargraffu, e.e. *copi o lyfr neu bapur* COPY

3 term technegol am destun sydd yn barod i gael ei argraffu COPY

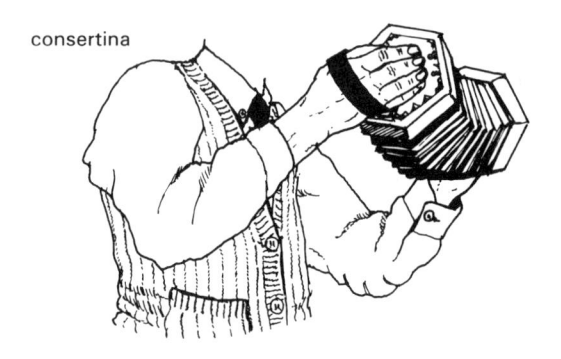

consertina

copïo *be*
1 gwneud copi o rywbeth TO COPY
2 efelychu, dynwared TO IMITATE

copor:copr *hwn eg* metel meddal, melyngoch ei liw sy'n un o'r elfennau cemegol; mae'n hawdd ei weithio, ac yn ddargludydd da i drydan a gwres COPPER

cor gw. **corrach:cor**¹ a **corryn:cor**²

cor anglais *hwn eg* offeryn cerdd o'r un teulu â'r obo ond sy'n chwarae nodau is COR ANGLAIS □ *chwythbrennau*

côr *hwn eg* (corau)
1 corff o bobl sy'n dod at ei gilydd dan hyfforddiant arweinydd i ganu CHOIR
2 cangell, cysegr, y rhan honno o'r eglwys lle mae'r côr (1 uchod) yn eistedd CHANCEL, CHOIR
3 sêt neu fainc mewn eglwys neu gapel, yn enwedig un a drws iddo PEW
4 preseb, stâl, lle mewn beudy neu stabl i fwydo buwch neu geffyl STALL, CRIB

côr cymysg côr o ferched a dynion MIXED CHOIR

y côr mawr y sêt fawr ym mlaen y capel lle mae'r blaenoriaid neu'r diaconiaid yn eistedd

côr meibion côr o ddynion yn unig MALE-VOICE CHOIR

côr merched LADIES' CHOIR

Côr y Cewri unrhyw hen gylch o feini ond yn arbennig y cylch sydd yn Stonehenge yn ne Lloegr STONEHENGE

côr y wig yr adar sy'n canu yn y coed (e.e. gyda'r wawr)

corachod *hyn ell* mwy nag un **corrach**

Corân *hwn eg* llyfr cysegredig y Mohametaniaid KORAN

corawl *a* gair i ddisgrifio rhywbeth sy'n ymwneud â chôr [**côr**] (1) CHORAL

corbenfras *hwn eg* (corbenfreis) pysgodyn môr bwytadwy o'r un teulu â'r penfras ond ei fod yn llai o faint HADDOCK □ *pysgod* t.629

corc *hwn eg* defnydd ysgafn anhydraidd sy'n cael ei wneud o risgl math arbennig o dderwen sy'n tyfu yn Sbaen a Phortiwgal; caiff ei ddefnyddio i wneud pethau fel matiau, offer achub bywyd ar lan y môr a thopiau poteli CORK

corcio:corco *be*
1 tasgu, neidio, ysboncio, llamu TO BOUNCE, TO THROB
2 gosod top neu gorcyn ar botel neu gostrel TO CORK

corcyn *hwn eg* (cyrcs:corcau) top neu gaead potel (o win yn arbennig) a fyddai'n cael ei wneud o gorc ond a wneir hefyd o blastig erbyn hyn CORK

yn sych fel corcyn sych iawn BONE-DRY

cord¹ *hwn eg* (cordiau) dau neu ragor o nodau cerddorol wedi'u seinio gyda'i gilydd sy'n sail i gynghanedd mewn cerddoriaeth CHORD

cord² *hwn eg* (cordiau) (mewn mathemateg) llinell syth sy'n cysylltu dau bwynt ar gromlin neu ran o gylch CHORD □ *cylch*

cordeddu *be* cyfrodeddu, troi, nyddu, cydblethu nifer o edafedd neu linynnau i wneud un llinyn cryfach TO TWIST, TO TWINE

corden *hon eb* (cordenni) cordyn, llinyn, tennyn, rhaff denau CORD, STRING

cordyn:cortyn *hwn eg* (cordiau:cyrd:cyrt) corden, llinyn, tennyn, rhaff denau CORD, STRING

corddi *be*
1 troi a chynhyrfu hufen mewn buddai (sef dysgl arbennig at y gwaith) nes iddo droi'n fenyn a llaeth enwyn TO CHURN □ *buddai*
2 berwi, ewynnu, aflonyddu, cynhyrfu (yn ffigurol hefyd) TO SEETHE
3 tynnu coes, achosi helynt er mwyn cael hwyl TO STIR

corddi wyau TO BEAT EGGS

corddwr *hwn eg* (corddwyr)
1 un sy'n corddi menyn; neu un sy'n hoff o dynnu coes ac achosi helynt STIRRER, CHURNER
2 peiriant corddi; gair arall yn y Gogledd am fuddai CHURN □ *buddai*

cored *hon eb* (coredau) polion neu byst wedi'u bwrw i wely afon, a rhwydwaith o wiail wedi'i blethu rhyngddynt er mwyn dal pysgod WEIR

corff *hwn eg* (cyrff)
1 ffurf neu ffrâm faterol dyn ac anifail; y cig, y gwaed a'r esgyrn, o'u cyferbynnu â'r meddwl, yr ysbryd a'r enaid BODY □ *corff* t.630
2 rhan uchaf y corff ac eithrio'r pen a'r breichiau *(Trawodd ei ben a chafodd hefyd niwed i'w gorff.)* TRUNK
3 celain, corff person wedi marw CORPSE
4 mintai, grŵp, cynulliad, cymdeithas neu gasgliad o bobl sy'n dod ynghyd i wneud pethau gyda'i gilydd SOCIETY, GROUP
5 darn mawr iawn o fater neu sylwedd, yn arbennig planedau neu sêr *(Mae'r lleuad a'r haul yn gyrff nefol.)* (HEAVENLY) BODY
6 prif ran, rhan fwyaf *(Eisteddai'r gynulleidfa yng nghorff y neuadd.)* MAIN PART, BODY

yr Hen Gorff y Methodistiaid Calfinaidd (erbyn hyn Eglwys Bresbyteraidd Cymru)

yng nghorff y dydd yn ystod y dydd DURING THE COURSE OF THE DAY

yn gorff wedi marw *(Fe'i cafwyd yn gorff ar y traeth.)* DEAD

corffilyn *hwn eg* (corffilod) unrhyw un o'r celloedd gwynion neu gochion sydd yn y gwaed CORPUSCLE

corfflosgi *be* proses o losgi cyrff meirwon yn lludw (mewn amlosgfa fel arfer) TO CREMATE

corfflu *hwn eg* (corffluoedd)
  1 adran o fyddin sydd wedi derbyn hyfforddiant arbenigol mewn maes arbennig, e.e. *corfflu meddygol* CORPS
  2 adran o fyddin, mintai o filwyr o fewn byddin CORPS

corffolaeth *hon eb* maint, ffurf a chyfansoddiad y corff STATURE, CONSTITUTION

corfforaeth *hon eb* (corfforaethau) corff o bobl neu gymdeithas sydd wedi derbyn hawl gyfreithiol i weithredu fel un person; cwmni; cyngor dinas neu dref, e.e. *Y Gorfforaeth Ddarlledu* CORPORATION

corffori *be*
  1 ffurfio corfforaeth gyfreithiol TO INCORPORATE
  2 cyfuno, cynnwys mewn un corff TO EMBODY

corfforol *a* gair i ddisgrifio rhywbeth:
  1 sy'n ymwneud â'r corff BODILY
  2 cnawdol, o natur y corff (o'i gyferbynnu â'r meddwl neu'r ysbryd) PHYSICAL
  3 brwnt, garw, caled (wrth sôn am *chwarae corfforol* mewn gêm o rygbi neu bêl-droed) PHYSICAL

corgi *hwn eg* (corgwn) math arbennig o gi bach sy'n debyg ei olwg i lwynog; câi ei ddefnyddio'n wreiddiol fel ci gwartheg ond caiff ei fagu'n awr fel ci anwes; mae corgi Ceredigion ryw gymaint yn fwy o faint ac â chynffon hwy na chorgi Sir Benfro CORGI □ *ci*

corgimwch *hwn eg* (corgimychiaid) pysgodyn cragen bwytadwy sy'n edrych yn debyg i ferdysyn mawr neu gimwch bychan PRAWN □ *cramenogion*

corlan *hon eb* (corlannau) lloc, ffald, lle diogel wedi'i gau i mewn â chlwydi neu waliau cerrig i gadw defaid FOLD

corlannu *be*
  1 casglu defaid ynghyd a'u cau mewn corlan TO PEN
  2 casglu unrhyw beth arall ynghyd *(Ar ôl trafodaeth hir dyma ddechrau corlannu rhai o'r pwyntiau a godwyd.)* TO BRING TOGETHER

  Sylwch: dyblwch yr 'n' ym mhob un o ffurfiau'r ferf ac eithrio'r rhai sy'n cynnwys '-as-', e.e. *corlannodd* ond *corlanasom*.

corn[1] *hwn eg* (cyrn)
  1 tyfiant caled, blaenllym a geir bob ochr i bennau rhai anifeiliaid carnol megis gwartheg, meheryn, geifr ac ati HORN
  2 tyfiant tebyg sydd i'w gael ar bennau anifeiliaid eraill (e.e. ceirw) neu ar bennau ffigurau chwedlonol megis cythreuliaid neu dduwiau; neu dyfiant tebyg ei ffurf i gorn (e.e. un o'r teimlyddion sy'n ymestyn o ben malwoden neu rai pryfed eraill) ANTLER, ANTENNA
  3 darn o groen caled ar droed neu ar gledr y llaw, wedi'i achosi gan esgid yn gwasgu neu gan waith caled corfforol, cyson CORN, CALLUS
  4 llestr arbennig wedi'i wneud o gorn anifail; yn yr hen amser, roedd yn cael ei ddefnyddio i yfed ohono mewn llys DRINKING-HORN
  5 enw ar sawl math o offeryn cerdd a oedd yn cael eu gwneud yn wreiddiol o gorn anifail ond a wneir erbyn hyn o bres neu fetel arall, e.e. *corn Ffrengig* HORN, TRUMPET □ *pres*
  6 dyfais mewn cerbyd neu waith sy'n gallu cael ei ganu neu'i seinio fel rhybudd; hwter HORN, HOOTER
  7 stethosgôp, dyfais sy'n galluogi meddyg i wrando ar ysgyfaint a churiad calon ei gleifion STETHOSCOPE □ *stethosgôp*
  8 pigyn, blaen (yn arbennig am hanner lleuad, bwa, enfys ac ati) CUSP
  9 coes, handlen, llorp, e.e. *corn aradr* HANDLE, SHAFT
  10 simnai, pen uchaf a rhan allanol piben wedi'i hadeiladu i fwg gael dianc o dân mewn tŷ (neu waith); mae'n codi fel arfer yn uwch na tho'r tŷ CHIMNEY
  11 rholyn o frethyn neu bapur wal ROLL

ar gorn
  1 oherwydd neu o achos rhywun neu rywbeth *(Fe aeth i'r dref ar gorn y gwahoddiad a gafodd i ymweld â Wil.)* BECAUSE OF
  2 ar draul *(Mae rhai pobl yn cael eu cyhuddo o fyw bywyd esmwyth iawn ar gorn y wlad.)* AT [SOMEONE OR SOMETHING'S] EXPENSE

corn gwddwg/gwddf THROAT, GULLET □ *corff* t.630

corn gwlad utgorn arbennig sy'n cael ei ganu yn rhai o seremonïau'r Eisteddfod Genedlaethol

corn hirlas corn yfed y byddai perchennog llys yn ei gynnig fel rhan o'i groeso i ymwelydd, ond sy'n cael ei ddefnyddio yn awr yn seremoni croesawu'r Eisteddfod Genedlaethol i fro arbennig

sathru/damsgel ar gyrn (rhywun) tramgwyddo, digio TO TREAD ON SOMEONE'S TOES

corn[2] *a* llwyr, cyfan gwbl COMPLETE, ABSOLUTE
rhewi'n gorn rhewi'n galed iawn TO FREEZE SOLID
yn feddw gorn yn feddw gaib DEAD DRUNK
yn feistr corn meistr llwyr COMPLETE MASTER

cornbilen *hon eb* haen dryloyw, wydn sy'n gorchuddio ac yn amddiffyn blaen eich llygad CORNEA

cornchwiglen *hon eb* (cornchwiglod) aderyn â chrib o blu ar ei ben; mae'n byw ar weunydd a rhosydd ac mae ganddo gri ddolefus a hediad anwastad; cornicyll LAPWING, PEEWIT, PLOVER □ *adar* t.611

cornel *hwn neu hon egb* (corneli)
  1 y man (tu allan neu du mewn) lle y mae dwy linell, dau

cornelu

wyneb neu ddau ymyl yn cwrdd; congl, ongl (e.e. y man y mae dau fur yn dod at ei gilydd mewn ystafell) CORNER
2 (mewn gêm o bêl-droed) cic i'r ymosodwyr o ben eithaf y llinell gôl ar ôl i amddiffynwyr y gôl fwrw'r bêl dros eu llinell eu hunain CORNER (-KICK)

cwpwrdd cornel gw. **cwpwrdd**

cornelu *be*
1 gyrru i gornel neu ddal (rhywun neu rywbeth) mewn cornel (fel nad oes modd dianc) (e.e. yn gorfforol neu mewn gêm neu mewn dadl) TO CORNER
2 gyrru (car yn arbennig) o gwmpas cornel; techneg raswyr ceir i yrru ceir yn gyflym o gwmpas corneli TO CORNER

cornet hwn *eg* (cornetau)
1 offeryn chwyth cerddorol sy'n debyg iawn i'r trwmped ond yn llai o faint; caiff ei ganu mewn bandiau pres CORNET □ *pres*
2 hufen iâ mewn côn CORNET □ *côn*

cornicyll hwn *eg* (cornicyllod) enw arall ar gornchwiglen [**cornchwiglen**] LAPWING, PEEWIT, PLOVER □ *adar* t.611

cornio *be*
1 ymosod (gan anifail â chyrn) â'i gyrn, twlcio *(Cefais fy nghornio gan darw pan oeddwn yn fach.)* TO GORE, TO BUTT
2 archwilio brest neu gefn â chorn meddyg TO EXAMINE WITH A STETHOSCOPE

corniog *a* gair i ddisgrifio rhywbeth (neu rywun) sydd â chyrn ar ei ben HORNED

cornwyd hwn *eg* (cornwydydd) chwydd neu ddolur a'i lond o grawn sy'n crynhoi ar gorff dyn neu anifail; pendduyn BOIL, CARBUNCLE, ABSCESS

coron hon *eb* (coronau)
1 penwisg addurniadol o aur a gemau a wisgir gan frenin neu frenhines yn arwydd o'u hawdurdod CROWN
2 cylch o flodau neu ddail a fyddai'n cael ei wisgo gynt yn arwydd o fuddugoliaeth neu awdurdod GARLAND
3 awdurdod llywodraeth sydd wedi cyfyngu ar awdurdod personol brenin neu frenhines *(Tiroedd y llywodraeth yw tiroedd y Goron erbyn hyn.)* CROWN
4 swydd neu awdurdod brenin neu frenhines SOVEREIGN
5 pen, brig, uchafbwynt CROWN
6 darn o arian bath Prydain Fawr a oedd yn werth pum swllt (25 ceiniog ddegol); nid yw erbyn hyn yn rhan o arian cyffredin y wlad ond mae rhai'n cael eu bathu weithiau i ddathlu achlysuron arbennig CROWN
7 gwobr eisteddfod i feirdd neu lenorion; yn yr Eisteddfod Genedlaethol rhoddir y goron i'r bardd sy'n ennill am ysgrifennu pryddest neu gerdd/gerddi yn y mesur rhydd CROWN

coron driphlyg gwobr ddychmygol sy'n cael ei hennill gan unrhyw un o dimoedd rygbi gwledydd Prydain (yr Alban, Cymru, Iwerddon, Lloegr) sy'n llwyddo i guro timau'r tair gwlad arall mewn un tymor TRIPLE CROWN

corongylch hwn *eg* (corongylchau)
1 (mewn darluniau) cylch disglair uwch pen sant neu deulu Iesu Grist i ddynodi eu gogoniant HALO
2 cylch disglair o gwmpas yr haul neu'r lleuad neu o gwmpas seren CORONA, NIMBUS

coroni *be*
1 urddo brenin, brenhines neu ymerawdwr trwy osod coron ar ei ben/phen TO CROWN
2 gwobrwyo bardd buddugol trwy osod coron ar ei ben/phen TO CROWN
3 cwblhau'r cyfan mewn ffordd deilwng *(Coronwyd ei ymdrechion â llwyddiant.)* TO CROWN

coronog *a* gair i ddisgrifio rhywun neu rywbeth sy'n gwisgo coron neu sydd wedi cael ei goroni CROWNED

corrach:cor[1] hwn *eg* (corachod)
1 person anghyffredin o fyr DWARF, PYGMY, MIDGET
2 person heb lawer o ddychymyg, sydd yn methu gweld yn bell (yn feddyliol) DWARF

corryn:cor[2] hwn *eg* (corynnod) pryf copyn, un o nifer o fathau o bryfed sydd ag wyth o goesau ac sy'n gallu cynhyrchu gwe i rwydo ysglyfaeth SPIDER

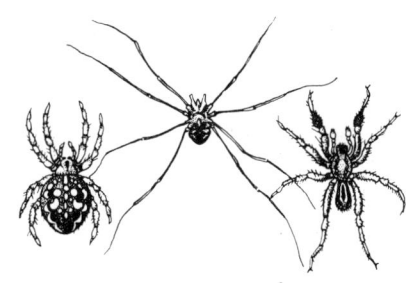

cop, corryn:cor, pryf copyn

cors hon *eb* (corsydd:cyrs)
1 darn o dir gwlyb, meddal; gwaun ddyfrllyd, siglen, mignen, gwern BOG, MARSH, SWAMP
2 (yn ffigurol) unrhyw broblem neu sefyllfa anodd nad yw'n glir a fydd hi'n bosibl dod allan ohoni MORASS

cors anobaith THE DEPTHS OF DESPAIR

corsen hon *eb* (corsennau:cyrs)
1 cawnen, coes brwynen, gwelltyn REED, STALK □ *blodau* t.618
2 y darn neu'r darnau o gorsen denau (neu blastig neu fetel) mewn offerynnau cerdd megis yr obo, y clarinét, yr acordion ac ati y mae gwynt neu anadl yn cael ei chwythu trwyddynt er mwyn cynhyrchu sain REED □ *chwythbrennau*

corslyd:corsog *a* gair i ddisgrifio tir gwlyb sy'n debyg i gors BOGGY, MARSHY

cortyn gw **cordyn:cortyn**

corun hwn *eg*
1 copa'r pen, top y pen, rhan uchaf CROWN (OF THE HEAD)
2 copa moel; pen wedi'i eillio yn ôl arfer y mynaich TONSURE

o'r corun i'r sawdl o'r top i'r gwaelod, bob tamaid FROM HEAD TO FOOT

corwgl gw. **cwrwg:cwrwgl:corwgl**

corws hwn *eg* (corysau)
1 côr, grŵp o gantorion CHOIR, CHORUS
2 darn o gerddoriaeth leisiol i grŵp o gantorion neu gôr CHORUS
3 darn o gerddoriaeth sy'n cael ei ganu ar ôl pob pennill mewn cân neu emyn, cytgan CHORUS
4 grŵp o gantorion, actorion neu ddawnswyr sy'n chwarae rhannau cynorthwyol mewn sioe neu ddrama neu ffilm CHORUS
5 yn y dramâu Groegaidd, grŵp o actorion a fyddai'n defnyddio barddoniaeth a cherddoriaeth i ddehongli'r ddrama i'r gynulleidfa (GREEK) CHORUS

corwynt hwn *eg* (corwyntoedd) colofn o wynt sy'n cylchdroi o leiaf 73 milltir yr awr neu yn gynt ac sy'n gallu distrywio a difa unrhyw beth sy'n digwydd bod yn ei lwybr; storm gref o wynt HURRICANE, WHIRLWIND, TORNADO (tymestl)

coryglwr gw. **cyryglwr:coryglwr**

corynnod hyn *ell* mwy nag un **corryn**

corysau hyn *ell* mwy nag un **corws**

cosb hon *eb* (cosbau) dioddefaint neu dâl neu golled am drosedd; iawn am wneud rhywbeth na ddylech fod wedi'i wneud (neu am beidio â gwneud rhywbeth y dylech fod wedi'i wneud) PUNISHMENT, PENALTY

y gosb eithaf dienyddio, lladd fel cosb gyfreithiol

cosbi *be* achosi dioddefaint neu fynnu tâl neu iawn am drosedd; peri bod rhywun yn derbyn cosb TO PUNISH, TO PENALIZE

cwrt cosbi man arbennig o flaen y gôl ar gae pêl-droed; os yw amddiffynnwr yn troseddu ynddo, mae hynny'n arwain at gic gosb uniongyrchol at y gôl gan yr ymosodwyr PENALTY AREA

cosfa hon *eb* (cosfeydd)
1 rhywbeth sy'n gwneud ichi fod eisiau crafu neu rwbio, rhywbeth sy'n cosi ITCH, TICKLING
2 cweir, crasfa BEATING, THRASHING

cosi *be*
1 goglais, cyffwrdd yn ysgafn â chroen rhywun i'w fwytho neu i beri chwerthin TO TICKLE
2 ysu, teimlo bod arnoch eisiau crafu neu rwbio'ch croen TO ITCH

cosmetig *a* gair i ddisgrifio rhywbeth sy'n harddu neu'n edrych yn dda ar yr wyneb ond nad oes iddo unrhyw ddyfnder COSMETIC

cosmig *a* gair i ddisgrifio rhywbeth sy'n ymwneud â'r bydysawd neu'r cosmos cyfan COSMIC

cosmos hwn *eg* y bydysawd, y greadigaeth i gyd fel system arbennig COSMOS

cost hon *eb* (cost(i)au) yr hyn sydd raid ei dalu am rywbeth, naill ai'n ariannol neu drwy ymdrech neu boen meddwl (Mae cost y gwyliau yna'n rhy uchel i ni. Nawr mae Jên yn dechrau cyfri'r gost am fod mor ddiog yn yr ysgol.) COST

costio *be*
1 bod â swm o arian wedi'i nodi fel pris (Mae'r got 'na'n costio £100.) TO COST
2 cyfrif beth fyddai'n rhaid ei dalu, neu beth y dylech ei dalu am rywbeth (Rhaid costio pob eitem yn ofalus cyn penderfynu a allwn ei fforddio.) TO COST
3 peri treulio neu golli yn ariannol neu drwy ymdrech neu boen meddwl (Mae'r car 'ma'n costio'n ddrud imi ei gadw ar yr heol.) TO COST

costied a gostio rhaid wrth rywbeth pa faint bynnag y gost COST WHAT IT MAY

costrel hon *eb* (costrelau:costreli) llestr i ddal ac i gario gwin neu ryw ddiod arall FLASK, BOTTLE

costrelu *be* potelu, gosod (diod) mewn potel neu gostrel TO BOTTLE, TO PRESERVE

costus *a* drud, prid, uchel ei bris EXPENSIVE, DEAR

cosyn hwn *eg* (cosynnau) darn crwn, cyfan o gaws A CHEESE

cot[1]:côt hon *eb* (cotiau) (**cot** yn y De; **côt** yn y Gogledd)
1 dilledyn allanol â llewys hirion a wisgir, fel arfer, dros ddillad eraill i gadw person yn gynnes neu'n sych COAT
2 gwlân, ffwr, blew anifail COAT
3 haen neu orchudd wedi'i daenu dros rywbeth, e.e. *cot o baent* COATING

cot fawr OVERCOAT, GREATCOAT

cot law MACKINTOSH

cot[2] hon *eb* crasfa, cosfa, cweir BEATING

cota *a* ffurf ar **cwta** sy'n cael ei defnyddio ag enw benywaidd (gair sy'n cael ei ddilyn gan 'hon'), e.e. *buwch goch gota*

coten hon *eb* (ffurf lafar yn y De) cweir, crasfa, cosfa, cot THRASHING, BEATING

cotiar hon *eb* (cotieir) un o adar y dŵr; mae ganddo blu llwyd tywyll a phig fach bwt COOT

cotwm hwn *eg* (cotymau)
 1 planhigyn tal sy'n cael ei dyfu mewn gwledydd cynnes am y peli gwynion o flew neu ffibrau sy'n gorchuddio'i hadau COTTON
 2 yr edau sy'n cael ei nyddu o'r ffibrau hyn COTTON
 3 y defnydd neu'r brethyn a gaiff ei wneud o edafedd cotwm COTTON
gwlân cotwm gw. **gwlân**
cowboi hwn *eg* (cowbois) gŵr sy'n cael ei gyflogi i ofalu am wartheg (fel arfer ar gefn ceffyl), yn arbennig gŵr felly yng ngorllewin America yn ystod ail hanner y ganrif ddiwethaf a dechrau'r ganrif hon COWBOY

cowboi

cowdel gw. **cawdel:cowdel**
cowlaid gw. **coflaid:cowlaid**
cownt hwn *eg*
 1 cyfrif, cyfanswm COUNT, RECKONING
 2 adroddiad, hanes ACCOUNT
 3 parch, golwg, bri ESTIMATION
ar gownt
 1 oherwydd, o achos ON ACCOUNT OF
 2 er mwyn IN ORDER TO
cownter hwn *eg* (cownteri) bwrdd hir, cul ar gyfer rhoi nwyddau neu arian arno; mae'r cwsmeriaid (mewn banc, siop ac ati) yn sefyll o'i flaen a'r sawl sy'n eu gwasanaethu yn sefyll y tu ôl iddo COUNTER
crabas:crabys hyn *ell* (mwy nag un **crabysyn**) afalau gwyllt, afalau surion bach CRAB-APPLES ☐ *coed* t.615
 pren crabas y goeden y mae'r afalau hyn yn tyfu arni CRAB-APPLE TREE

crabysyn hwn *eg* un o nifer o grabas [**crabas**]
crac[1] hwn *eg* (craciau)
 1 hollt, agen, toriad, rhaniad SPLIT, CRACK
 2 sŵn uchel, sydyn; clec CRACK
 3 toriad neu newid yn ansawdd neu lefel y llais CRACK
crac[2] *a* gair i ddisgrifio rhywun sydd wedi colli'i dymer; dig ANGRY, MAD
cracio *be*
 1 clecian, ffrwydro, torri'n sydyn â sŵn mawr TO CRACK
 2 torri neu hollti heb fod y peth yn gwahanu TO CRACK
 3 torri neu grynu (am y llais) TO CRACK
crach[1] hyn *ell* mwy nag un grachen [**crachen**]
 codi hen grach yr un ystyr â *codi crachen* gw. **codi**
crach...[2] *rhagddodiad* mae'n digwydd yn arbennig mewn geiriau cyfansawdd, e.e. *crachawdur, crachlenor* ac yn golygu gwael, esgus, dirmygus, bach PSEUDO..., PETTY
crach[3]:**crachach** hyn *ell* crachfonedd; pobl snobyddlyd PETTY SNOBS, GENTRY
crachboer hwn *eg* y poer sy'n codi wedi carthu'r gwddf PHLEGM
crachen hon *eb* (crach)
 1 cramen, y croen caled sy'n tyfu dros friw neu ddolur SCAB
 2 twf tebyg ar goed neu lysiau (e.e. tatws) SCAB
 codi crachen gw. **codi**
 crachen y môr gwyran BARNACLE ☐ *cramenogion*
craen hwn *eg* (craeniau) peiriant arbennig at godi a gostwng pwysau trymion CRANE
crafangu *be* cydio, gafael a thynnu â'r crafangau neu'r ewinedd; ennill neu feddiannu'n wancus TO CLAW, TO CLUTCH
crafanc hon *eb* (crafangau) un o'r ewinedd cryf, llym sydd gan rai adar ysglyfaethus (a rhai anifeiliaid eraill) ar eu traed i afael yn eu hysglyfaeth a'i lladd TALON, CLAW ☐ *aderyn; ewin*
crafiad hwn *eg* (crafiadau)
 1 y weithred o grafu, o ysgythru'r croen (fel arfer) yn ysgafn â'r ewinedd SCRATCH
 2 rhigol, rhych, toriad ysgafn y mae ei ôl i'w weld trwy wyneb rhywbeth SCRATCH
crafion hyn *ell* naddion, pilion, ysglodion, casgliad o'r darnau mân sydd wedi cael eu crafu ymaith, e.e. *crafion tatws* PEELINGS, SCRAPS
crafog *a* (fel yn *sylw crafog*) bachog, siarp, miniog SHARP, SARCASTIC
crafu *be*
 1 rhwbio neu ysgythru â rhywbeth miniog neu ddanheddog, e.e. *crafu'r croen â gewin; crafu ochr y car â hoelen* TO SCRATCH, TO SCRAPE

crafwr

2 cael gwared ar haen o rywbeth trwy dynnu rhywbeth blaenllym drosto *(crafu'r fowlen yn lân)* TO SCRAPE
3 cael dolur/brifo wrth rwbio'n galed yn erbyn rhywbeth *(crafu pen-glin yn erbyn y wifren bigog)* TO SCRATCH
4 bod mor isel ag y gellir heb fethu'n llwyr; y syniad o grafu'r gwaelod, e.e. *crafu i mewn i dîm yr ysgol; crafu bywoliaeth wrth werthu carpiau* TO SCRAPE
5 pilo, tynnu croen, plicio *(crafu tatws)* TO PEEL
6 gwenieithio, bod yn gyfeillgar ac yn glên â rhywun er mwyn cael rhywbeth ganddo/ganddi neu er mwyn ceisio ennill ei ffafr TO SCRAPE

crafwr hwn *eg* (crafwyr)
1 person sy'n glên â rhywun arall er mwyn cael rhywbeth ganddo neu ganddi SCRAPER
2 teclyn sy'n cael ei ddefnyddio i grafu (e.e. paent oddi ar goed) SCRAPER

craff *a*
1 sylwgar, treiddgar OBSERVANT
2 llym, awchus, miniog KEEN, SHARP
3 call, doeth DISCERNING

crafftr hwn *eg* deall cyflym, treiddgarwch, amgyffrediad, dirnadaeth DISCERNMENT, ACUMEN

craffu *be* syllu'n galed, edrych yn fanwl, gweld, canfod TO OBSERVE CLOSELY, TO LOOK INTENTLY

cragen hon *eb* (cregyn) casyn neu orchudd allanol caled sy'n amddiffyn rhai creaduriaid megis y falwoden neu'r gocosen; mae dau fath ohonynt: cregyn sengl a chregyn dwbl; molwsg yw'r enw a roddir ar greadur sy'n byw mewn cragen SHELL □ *molysgiaid*
  cragen las misglen MUSSEL
  dod allan o'm ('th,'i etc.) cragen dechrau siarad a chymysgu â phobl, peidio â bod mor swil TO COME OUT OF ONE'S SHELL
  mynd i'w gragen cilio'n swil TO GO INTO ONE'S SHELL

crai *a* gair i ddisgrifio rhywbeth newydd, ffres, amrwd, heb ei drin *(olew crai; defnydd crai)* RAW, CRUDE, RUDE

craidd hwn *eg* (creiddiau) canolbwynt, perfedd, calon, cnewyllyn, hanfod CENTRE, ESSENCE, CRUX
  craidd disgyrchiant canolbwynt pwysau unrhyw beth; y man lle y mae'r pwysau bob ochr iddo yn gytbwys CENTRE OF GRAVITY

craig hon *eb* (creigiau)
1 darn anferth o garreg *(Torrodd y llong ei chefn ar y creigiau.)* ROCK, BOULDER
2 mwyn caled (nad yw'n fetel) sy'n ffurfio rhan o gramen y ddaear o dan y pridd ROCK
3 clogwyn, mannau caregog lle mae'r graig yn ymddangos heb bridd drosti CRAG

craig o arian rhywun â digon o arian MADE OF MONEY
Craig yr Oesoedd disgrifiad o Iesu Grist ROCK OF AGES
fel y graig yn dynn, yn sicr, yn gadarn, yn ddisymud ROCK-SOLID

crair hwn *eg* (creiriau)
1 rhywbeth o eiddo sant neu berson sanctaidd a fyddai'n cael ei gadw i dyngu llwon arno RELIC
2 peth sanctaidd neu gysegredig, trysor y mae angen ei gadw'n ofalus TREASURE

craith hon *eb* (creithiau) marc hen glwyf, ôl dolur lle mae'r croen wedi cael ei agor; y marc sy'n cael ei adael ar ôl i glwyf wella SCAR

cramen hon *eb* (cramennau) crachen, crystyn, haenen; math o groen caled sy'n ffurfio ar wyneb rhywbeth gwlyb megis dolur gwaedlyd CRUST, SCAB
  cramen y ddaear creigiau tawdd y ddaear ym more'i hoes EARTH'S CRUST

cramennog *a* gair i ddisgrifio:
1 rhywbeth a chramen drosto ENCRUSTED
2 un o deulu'r cramenogion CRUSTACEAN

cramenogion hyn *ell* dosbarth o greaduriaid, yn cynnwys y cranc, y cimwch a'r berdysen, sy'n cael eu henwi ar ôl y gramen neu'r gragen galed sy'n gorchuddio'u cyrff; mae mwyafrif y teulu yn byw naill ai yn nŵr y môr neu mewn dŵr croyw—yr unig eithriad yw mochyn y coed CRUSTACEANS

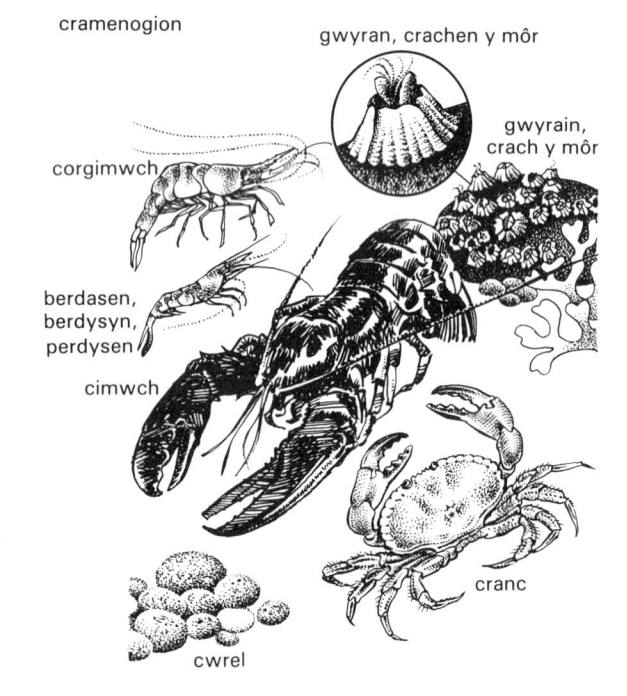

cranc[1] *hwn eg* (crancod)
  1 aelod o ddosbarth y cramenogion sy'n byw gan amlaf yn y môr; mae ganddo gorff fflat, cramennog, a phum pâr o goesau ac mae'n cerdded wysg ei ochr CRAB □ *cramenogion*
  2 y pedwerydd arwydd yng nghylch y sidydd, cancr CANCER (IN THE ZODIAC) □ *sidydd*

cranc[2] *hwn eg* (cranciau:crancod)
  1 echel neu werthyd, sef dyfais ar gyfer newid o symud yn ôl ac ymlaen i symud mewn cylch; yn ei ffurf symlaf, dolen yn sownd wrth roden CRANK □ *crancwerthyd*
  2 dyn bach od; rhywun â chwilen yn ei ben CRANK

crancwerthyd *hwn eg* rhoden neu echel sy'n troi neu sy'n cael ei throi gan granc CRANKSHAFT

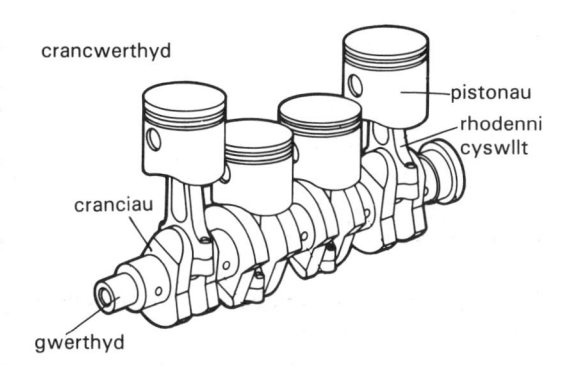

crancwerthyd
pistonau
rhodenni cyswllt
cranciau
gwerthyd

crand *a* gwych, hardd, ardderchog, smart GRAND, SMART
crandrwydd *hwn eg* gwychder, harddwch GRANDNESS, FINERY
crap *hwn eg* syniad, amgyffred, brasamcan, gwybodaeth arwynebol (*Roedd ganddo grap go dda ar ei ran yn y ddrama ar ôl un ymarfer.*) INKLING, SMATTERING
cras *a* gair i ddisgrifio rhywbeth:
  1 sych, wedi'i sychu, wedi'i grasu (*Ar ôl bod allan yn yr haul trwy'r dydd yr oedd y dillad yn ddigon cras i'w gwisgo.*) DRY, AIRED
  2 wedi'i bobi, wedi'i dostio (fel yn *bara cras*, sef bara wedi'i grasu, tost) BAKED, TOASTED
  3 garw, cwrs, gerwin (*Roedd y defnydd i'w glywed yn gras i'r bysedd.*) COARSE, ROUGH
  4 (am sŵn) aflafar, croch, swnllyd, garw (*Gwaeddodd arno â'i lais uchel, cras.*) HARSH, STRIDENT
crasboeth *a* mor dwym fel bod popeth yn sychu'n grimp neu'n cael ei ddeifio PARCHED, SCORCHED
crasfa *hon eb* cosfa, curfa, cweir A HIDING, A THRASHING
craster *hwn eg*
  1 y cyflwr o fod yn sych neu yn grin, sychder, crinder DRYNESS, ARIDITY
  2 y cyflwr o fod yn groch neu'n aflafar HARSHNESS

crasu *be*
  1 sychu, yn enwedig mewn odyn TO KILN DRY
  2 pobi, tostio (*crasu bara*) TO BAKE, TO TOAST
  3 cael gwared ar bob awgrym o leithder mewn dillad TO AIR
  4 deifio, rhuddo, crino—bron yr un ystyr â 2 (*Roedd y caeau wedi crasu o dan haul tanbaid dechrau Awst.*) TO SCORCH, TO PARCH
crater *hwn eg* (crateau)
  1 (mewn daearyddiaeth) genau neu geg llosgfynydd ar ffurf powlen CRATER
  2 twll yn y ddaear ar ôl ffrwydrad CRATER
  3 twll â gwaelod gwastad ac ochrau serth ar y lleuad a rhai planedau CRATER
crau *hwn eg* (creuau) twll, soced, twll ym mhen bwyell neu forthwyl i ddal y goes, neu ym mhen nodwydd i dderbyn yr edau SOCKET, EYE
crawc *hon eb* sŵn cras brân neu froga, neu sŵn tebyg iddo CROAK
crawen *gw.* **crofen:crawen**
crawn *hwn eg* hylif tew, melyn mewn clwyf sydd heb wella; madredd PUS
crawni *be* magu crawn, yr hyn sy'n digwydd i ddolur llidus; casglu, gori, madreddu TO FESTER
crea *bf*
  1 mae ef/hi yn **creu**; bydd ef/hi yn **creu**
  2 gorchymyn iti greu [**creu**]
cread *hwn eg* yr holl greadigaeth CREATION
creadigaeth *hon eb* (creadigaethau)
  1 yr holl fyd, y cyfan sydd wedi cael ei greu THE CREATION
  2 rhywbeth sydd wedi cael ei greu, gan artist neu ddyfeisiwr fel arfer (*Ydych chi wedi clywed am ei greadigaeth ddiweddaraf?*) CREATION
  3 y weithred o greu neu genhedlu CREATION, PROCREATION
creadigol *a*
  1 gair i ddisgrifio rhywbeth sydd wedi cael ei greu, sydd wedi'i ddwyn i fodolaeth CREATED
  2 gair i ddisgrifio rhywbeth neu rywun sydd yn creu, sy'n dwyn i fodolaeth (*Mae gan Luned ddawn greadigol yn sicr—nid yn unig mae hi'n gallu ysgrifennu storïau a chyfansoddi caneuon, mae hi hefyd yn dda am wneud dillad o bob math.*) CREATIVE
creadur *hwn eg* (creaduriaid)
  1 rhywbeth byw sydd wedi cael ei eni CREATURE
  2 unrhyw fath o anifail (gan gynnwys dyn) CREATURE
  3 term o dosturi (weithiau mewn gwawd, weithiau'n anwesol) am berson sy'n dioddef anffawd (*Bywyd digon caled a gafodd yr hen greadur.*) CREATURE

creawdwr:creawdur:creawdydd

4 anghenfil, bwystfil *(stori am greaduriaid o'r gofod)* CREATURE

creawdwr:creawdur:creawdydd hwn *eg* (creawdwyr)
  1 un sy'n creu neu sydd wedi creu CREATOR
  2 gwneuthurwr y greadigaeth a'r creaduriaid sydd ynddi, Duw THE CREATOR

crebachlyd *a* gair i ddisgrifio rhywun neu rywbeth sydd wedi crebachu, wedi crino; musgrell, crychlyd, rhychiog *(hen afal crebachlyd)* STUNTED, SHRIVELLED, WIZENED

crebachu *be* cilio neu leihau mewn maint, tynnu ato, crychu, gwywo, crino TO SHRINK, TO SHRIVEL

crebwyll hwn *eg* dychymyg, cynneddf greadigol, athrylith PERCEPTION, GENIUS, FANCY

crechwen hon *eb* (crechwenau) chwarddiad uchel, croch; bloedd o chwerthin, chwerthin gwawdlyd GUFFAW

crechwenu *be* chwerthin yn uchel ac yn groch, bloeddio chwerthin, chwerthin yn wawdlyd TO GUFFAW

cred hon *eb* (credau)
  1 yr hyn y mae person yn ei gredu, yn ei dderbyn fel y gwirionedd; ffydd, ymddiriedaeth (yn arbennig ym maes crefydd) BELIEF, TRUST
  2 gwledydd y byd sy'n arddel y Ffydd Gristnogol CHRISTENDOM
  3 y cyfnod er genedigaeth Iesu Grist THE CHRISTIAN ERA

credadun hwn *eg* (credinwyr) un sy'n credu, yn arbennig un sy'n credu yn y Ffydd Gristnogol BELIEVER

credadwy *a* gair i ddisgrifio rhywbeth y gallwch ei dderbyn fel y gwirionedd, y gallwch ei gredu; dibynadwy, dilys CREDIBLE

credinwyr hyn *ell* mwy nag un **credadun**

credo hon *eb* (credoau) datganiad neu grynodeb ffurfiol o'r hyn y mae person yn credu ynddo, cyffes ffydd CREED, CREDO

credu *be* coelio, bod â ffydd yn, ymddiried yn, dibynnu ar, meddwl o ddifrif fod rhywbeth yn wir TO BELIEVE

cref *a* ffurf ar **cryf** sy'n cael ei defnyddio ag enw benywaidd (gair sy'n cael ei ddilyn gan 'hon'), e.e. *benyw gref*

crefas hwn *eg* (crefasau) hollt dwfn, agored yn arbennig mewn iâ neu eira CREVASSE

crefu *be* erfyn, ymbil, ceisio'n daer, deisyf, chwennych, eiriol TO ENTREAT, TO BEG, TO BESEECH

crefydd hon *eb* (crefyddau)
  1 cred yn Nuw neu mewn duwiau RELIGION
  2 cyfundrefn arbennig o gredu yn Nuw (neu mewn duwiau) a'r defodau, yr arferion a'r addoliad sy'n cael eu harddel gan gredinwyr, e.e. *y grefydd Gristnogol; crefydd Islam* RELIGION
  3 rhywbeth y mae rhai yn ei gymryd gymaint o ddifrif fel eu bod yn barod i drefnu eu bywydau o'i gwmpas *(Mae rygbi yn grefydd i'r Cymry, yn ôl rhai pobl.)* RELIGION

crefyddol *a* gair i ddisgrifio:
  1 rhywbeth neu ryw bethau sy'n ymwneud â chrefydd RELIGIOUS
  2 rhywun duwiol, defosiynol, addolgar RELIGIOUS

crefft hon *eb* (crefftau)
  1 gwaith sy'n gofyn am hyfforddiant a medrusrwydd arbennig i'w gyflawni ond nad yw o raid yn gelfyddyd gain CRAFT
  2 busnes neu alwedigaeth gweithiwr megis saer neu grydd TRADE

crefftwaith hwn *eg* (crefftweithiau)
  1 gwaith llaw HANDICRAFT
  2 gwaith crefftwr CRAFTSMANSHIP

crefftwr hwn *eg* (crefftwyr)
  1 person sy'n dilyn crefft, sy'n ennill ei fywoliaeth drwy ymarfer ei grefft CRAFTSMAN
  2 arbenigwr mewn crefft arbennig, un tra medrus ei grefft, person celfydd ei waith CRAFTSMAN

crefftwraig hon *eb* (crefftwragedd) gwraig o grefftwr CRAFTSWOMAN

cregyn hyn *ell* mwy nag un gragen [**cragen**]

crehyrod hyn *ell* mwy nag un **crëyr**

creiddiau hyn *ell* mwy nag un **craidd**

creifion hyn *ell* crafion, parion, pilion, darnau wedi'u crafu oddi ar rywbeth, e.e. *creifion tatws* PEELINGS, SHAVINGS

creigiau hyn *ell* mwy nag un graig [**craig**]

creigiog *a* gair i ddisgrifio:
  1 rhywle sy'n llawn o greigiau neu gerrig; caregog ROCKY, CRAGGY
  2 rhywbeth sy'n galed fel craig ROCKY, CRAGGY

creiriau hyn *ell* mwy nag un **crair**

creision hyn *ell* sglodion neu haenau tenau o fwyd wedi'u crasu neu wedi'u ffrio CRISPS, FLAKES
  creision tatws haenau tenau o datws wedi'u ffrio, yn cael eu gwerthu mewn pacedi POTATO CRISPS
  creision ŷd ŷd wedi'i grasu a'i baratoi fel bwyd brecwast i'w fwyta â llaeth CORNFLAKES

creithiau hyn *ell* mwy nag un graith [**craith**]

creithio *be*
  1 ffurfio craith, gwella neu iacháu'n graith TO SCAR
  2 achosi craith neu greithiau (yn arbennig yn ffigurol) *(Roedd olion hen weithfeydd yn creithio'r tir.)* TO SCAR

Cremlin hwn *eg* yr adeiladau ym Moskva (Moscow) a fu

crempog hyd ddiwedd 1991 yn gartref i bencadlys llywodraeth yr Undeb Sofietaidd THE KREMLIN

crempog hon *eb* (crempogau) math o deisen denau, fflat wedi'i gwneud trwy ffrio cytew mewn padell; ffroesen, pancosen; ar ddydd Mawrth crempog (neu ddydd Mawrth Ynyd) y mae pobl yn arfer bwyta crempogau PANCAKE

crensian *be*
1 malu (bwyd) yn swnllyd â'r dannedd TO CRUNCH
2 gwneud sŵn malu *(y graean yn crensian dan draed)* TO CRUNCH

crensian dannedd TO GRIND THE TEETH

creu *be* dwyn i fodolaeth, gwneud allan o ddim, rhoi bod neu ddechreuad i rywbeth, cenhedlu TO CREATE, TO MAKE

creuau *hyn ell* mwy nag un **crau**

creulon *a* milain, ciaidd, anwar, ffyrnig, erchyll CRUEL, BRUTAL, HEARTLESS

creulondeb:creulonder hwn *eg* (creulondebau: creulonderau) y cyflwr o fod yn filain; ffyrnigrwydd, natur ddidrugaredd CRUELTY, BRUTALITY

crëwr hwn *eg* (crewyr) creawdwr, un sy'n creu CREATOR

crëyr hwn *eg* (crehyrod) crychydd, aderyn hirgoes â gwddf a phig hir sy'n byw yn ymyl dŵr ac sy'n bwydo ar bysgod ac anifeiliaid bychain HERON □ *adar* t.612

cri¹ hwn neu hon *egb* (criau) llef, gwaedd, dolef, wylofain, nâd CRY

cri² *a* (fel yn *cacen gri* a *bara crî*) toes heb lefain, surdoes neu furum UNLEAVENED (cacen, croyw)

criafol *hyn ell* ac *enw torfol* (mwy nag un griafolen [**criafolen**])
1 aeron neu rawn y gerddinen neu'r griafolen ROWAN-BERRIES
2 cerddinen, coeden griafol MOUNTAIN ASH, ROWAN □ *coed* t.617

criafolen hon *eb* (criafol) cerddinen, coeden griafol, un o nifer o goed bychain sy'n perthyn i'r un teulu â'r coed rhosod ac sy'n dwyn pwysi o aeron coch yn yr hydref ROWAN-TREE, MOUNTAIN ASH □ *coed* t.617

crib hwn neu hon *egb* (cribau)
1 llafn a dannedd iddo wedi'i wneud o fetel, asgwrn neu blastig ar gyfer glanhau a threfnu'r gwallt, neu i'w wisgo fel addurn yng ngwallt merch COMB
2 rhywbeth o'r un ffurf neu ar gyfer yr un math o waith (e.e. teclyn i gardio neu drin gwlân) WOOL-CARD
3 tyfiant coch cnotiog ar ben rhai mathau o adar, yn enwedig y ceiliog (COCK'S) COMB
4 brig, pen, copa, rhywbeth sy'n debyg i grib ceiliog o ran ei siâp ar ben rhywbeth neu mewn man uchel CREST, RIDGE

5 cyfres o gelloedd chweochrog o gŵyr wedi'u llunio gan wenyn i gadw eu mêl ynddynt; crwybr, dil mêl HONEYCOMB □ *gwenynen*

torri crib gw. **torri**

cribddeilio *be* ysbeilio, crafangu, mynnu cael trwy drais a chreulonder TO PLUNDER, TO EXTORT

cribin hwn neu hon *egb* (cribin(i)au) (gair y Gogledd) rhaca, teclyn gardd tebyg i grib mawr ar ben coes; caiff ei ddefnyddio i grynhoi gwair, dail ac ati, neu i wastatáu pridd chwâl RAKE

cribinio *be* crafu at ei gilydd; chwalu a malu â chribin; rhacanu, cribo â rhaca TO SCRAPE TOGETHER, TO RAKE

cribo *be* tynnu crib drwy wallt neu wlân i'w lanhau neu ei drefnu, trin gwallt neu wlân â chrib TO COMB, TO CARD

cribog *a* gair i ddisgrifio rhywbeth sydd â chrib neu gribau, e.e. *aderyn cribog, llwybr cribog,* sef llwybr serth CRESTED, STEEP

cric hwn *eg* cwlwm gwthi sydyn yng nghyhyrau'r gwddf CRICK

criced hwn *eg* gêm awyr-agored lle y mae dau dîm ag un ar ddeg o chwaraewyr yr un yn defnyddio bat, pêl a wicedi a'r naill dîm yn ceisio sgorio mwy o rediadau na'r llall CRICKET

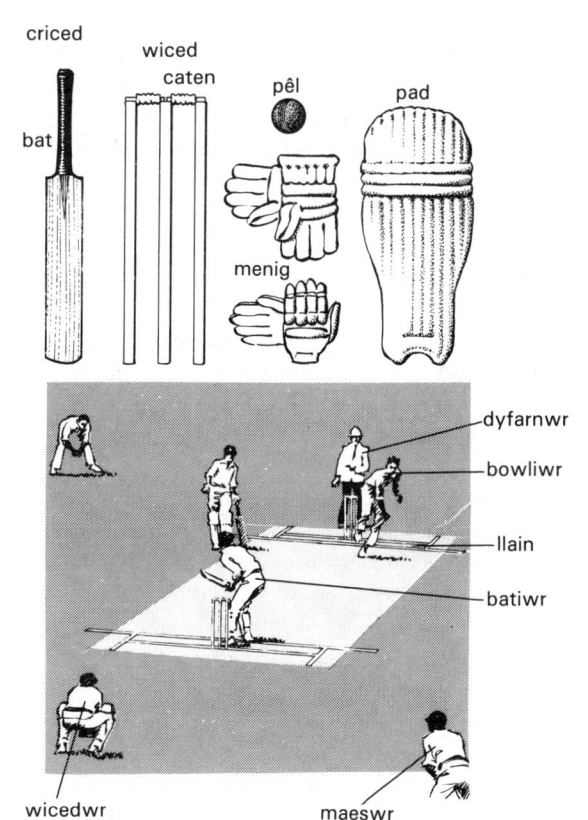

criciedyn : cricsyn hwn *eg* pryfyn bach llwyd; mae'r gwryw yn gwneud sŵn trwy rwbio'i adenydd caled yn erbyn ei gilydd; pry' tân CRICKET

crimog hon *eb* (crimogau) ymyl flaen asgwrn y goes sydd islaw'r pen-glin, yr asgwrn sydd y tu blaen i groth y goes SHIN, SHANK ☐ *corff* t.630

crimp *a* sych a brau a chaled; mor sych, weithiau, nes dechrau crino *(Mae'r dillad yma'n sych grimp ar ôl bod o flaen y tân.)* CRISP, SHRIVELLED

crin *a* gair i ddisgrifio rhywbeth sy'n gwywo, sy'n frau ac yn sych, sydd wedi crebachu yng ngwres yr haul, sy'n sych oherwydd henaint; crimp *(deilen grin yn yr hydref)* WITHERED, BRITTLE

cringoch *a* gair i ddisgrifio rhywbeth o liw browngoch (e.e. llwynog neu wallt coch crychlyd) RUSSET

crinllys hyn *ell* planhigion bychain â blodau glas yn gymysg â phorffor golau; fioledau VIOLETS ☐ *blodau* t.619

crino *be* gwywo, sychu, crebachu *(Ar adeg o sychder mawr fe welwch blanhigion yn crino o eisiau dŵr.)* TO WITHER, TO BECOME BRITTLE

crintach:crintachlyd *a* gair i ddisgrifio rhywun cybyddlyd, nad yw'n barod i roi, nad yw'n hael nac yn hawddgar MEAN, MISERLY

crio *be* llefain, wylo, gollwng·dagrau; gweiddi, bloeddio TO CRY

cripian:cripio *be*
   1 cerdded ar eich pedwar gan ddefnyddio dwylo a phen-liniau, ymlusgo, cropian TO CREEP, TO CRAWL
   2 crafu *(cripio fel cath)* TO SCRATCH

crisial hwn *eg* (crisialau)
   1 mwyn arbennig sy'n glir ac yn dryloyw ac yn debyg i iâ CRYSTAL
   2 rhywbeth sydd wedi'i wneud o'r mwyn hwn CRYSTAL
   3 ffurf arbennig megis diemwnt neu ddarn o halen sydd â nifer o wynebau gwastad, cymesur a gafodd eu ffurfio wrth i sylwedd arbennig galedu CRYSTAL (grisial)

crisialu *be*
   1 ymffurfio'n grisial, caledu'n grisial TO CRYSTALLIZE
   2 (am syniadau neu agweddau) cymryd ffurf bendant, caledu'n gasgliad neu'n benderfyniad TO CRYSTALLIZE

Crist hwn *eg* teitl sy'n perthyn i Iesu o Nasareth ac sy'n golygu y Meseia; yn wreiddio!, y Gwaredwr a fyddai'n cael ei anfon gan Dduw i sefydlu teyrnas Dduw ar y ddaear a dyrchafu cenedl yr Iddewon CHRIST

Cristion hwn *eg* (Cristionogion:Cristnogion)
   1 person sy'n arddel y grefydd Gristnogol CHRISTIAN
   2 person sy'n credu yn Iesu Grist fel mab Duw ac yn aelod o Eglwys wedi'i seilio ar y gred hon CHRISTIAN
   3 person sy'n ymddwyn yn drugarog neu'n llawn cariad, yn dilyn esiampl Iesu Grist CHRISTIAN

Cristionogaeth : Cristnogaeth hon *eb* y ffydd neu'r grefydd Gristnogol, sydd wedi'i seilio ar y gred mai mab Duw yw Iesu Grist, ynghyd â'r athrawiaethau a'r ordinhadau sydd erbyn hyn ynghlwm wrth y grefydd CHRISTIANITY

Cristionogol : Cristnogol *a* gair i ddisgrifio rhywun neu rywbeth:
   1 sy'n perthyn i Gristnogaeth CHRISTIAN
   2 sy'n credu yng Nghrist neu'n arddel Cristnogaeth CHRISTIAN
   3 sy'n dilyn dysgeidiaeth neu esiampl Iesu Grist CHRISTIAN

criw hwn *eg* (criwiau)
   1 casgliad o forwyr sy'n gwasanaethu ar long CREW
   2 cwmni, ciwed, nifer o bobl wedi casglu ynghyd GANG

crocbren hwn neu hon *egb* (crocbrennau:crocbrenni)
   1 fframwaith o bren sy'n cynnal rhaff ar gyfer crogi drwgweithredwyr i farwolaeth GALLOWS
   2 fframwaith tebyg o bren, ar gyfer crogi corff marw drwgweithredwr fel rhybudd i eraill GIBBET
   3 croes bren a oedd yn cael ei defnyddio i hoelio person arni fel yn achos Iesu Grist CROSS

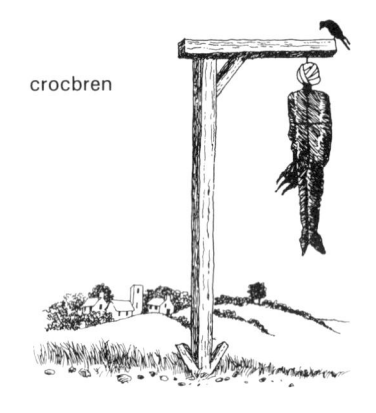

crocbren

crocbris hwn *eg* (crocbrisiau) pris afresymol o uchel EXORBITANT OR EXTORTIONATE PRICE

crocodil:crocodeil hwn *eg* (crocodiliaid:crocodilod) creadur mawr o deulu'r ymlusgiaid sy'n byw ger afonydd mewn gwledydd trofannol; mae ganddo enau mawr cryf, croen gwydn, cnotiog a chynffon nerthol CROCODILE ☐ *ymlusgiaid*

croch *a* gair i ddisgrifio llef neu sŵn uchel a chyffrous, cadw twrw neu floeddio â'r holl egni *(gweiddi croch y dorf)* STRIDENT, VEHEMENT

crochan *hwn eg* (crochanau) llestr crwn wedi'i wneud o fetel (neu o bridd weithiau) ar gyfer berwi pethau ynddo; caiff ei hongian neu ei osod i sefyll uwchben tân; pair CROCK, CAULDRON

crochan

crochendy *hwn eg* (crochendai) gweithdy neu ffatri crochenwaith POTTERY

crochenwaith *hwn eg*
1 y grefft o lunio llestri pridd trwy drin a thanio clai POTTERY
2 llestri crochenydd neu grochendy arbennig POTTERY

crochenydd *hwn eg* (crochenyddion) person sydd wedi meistroli'r grefft o wneud llestri pridd (crochenwaith) POTTER

croen *hwn eg* (crwyn)
1 gorchudd allanol, naturiol corff anifail neu ddyn; mae dwy haen i'r croen sef yr haenen allanol o gelloedd marw, y glasgroen neu'r *epidermis*, ac yna'r haenen o groen byw, y gwirgroen neu'r *dermis* lle y ceir chwarennau chwys a gwreiddiau'r blew sy'n tyfu ar y corff SKIN
2 y gorchudd allanol yma wedi iddo gael ei dynnu oddi ar gnawd y corff (wedi i'r corff gael ei flingo), a'r hyn sy'n cael ei wneud ohono wedi iddo gael ei drin (e.e. lledr, memrwn ac ati) HIDE
3 gorchudd allanol, naturiol rhai ffrwythau neu lysiau; pil, crofen, masgl, rhisgl PEEL, RIND
4 yr haen denau sy'n ffurfio ar wyneb hylif, e.e. *croen pwdin reis; croen paent* FILM, SKIN
5 casyn allanol selsig/sosej SKIN

achub fy (dy, ei etc.) nghroen gwneud yn siŵr nad oes niwed yn digwydd imi SAVE ONE'S SKIN

croen ei din ar ei dalcen am rywun mewn hwyliau drwg ac yn ddiamynedd

croen fy nannedd gw. **dannedd**

croen gŵydd teimlad o oerfel neu fraw sy'n effeithio (dros dro) ar eich croen GOOSE PIMPLES

dim ond croen ac/am asgwrn disgrifiad o rywun tenau iawn ONLY SKIN AND BONE

methu byw yn fy (dy, ei etc.) nghroen methu aros i rywbeth ddigwydd CAN'T WAIT FOR

mynd dan fy (dy, ei etc.) nghroen mynd ar fy nerfau TO GET UP ONE'S NOSE

tân ar fy (dy, ei etc.) nghroen gw. **tân**

trwy eu crwyn fel yn *tatws trwy'u crwyn* tatws wedi'u coginio heb eu pilo BAKED (POTATOES)

yn llond fy (dy, ei etc.) nghroen a golwg dda arnaf, yn borthiannus

croendenau *a* gair i ddisgrifio rhywun na allwch dynnu ei goes, person sensitif iawn sy'n hawdd ei frifo THIN-SKINNED, TOUCHY, SENSITIVE

croendew *a* gwrthwyneb croendenau; dideimlad, ansensitif, caled THICK-SKINNED

croenddu *a* gair i ddisgrifio person sydd â chroen naturiol ddu fel y negro BLACK-SKINNED

croes¹ *hon eb* (croesau)
1 nod neu ffigur sy'n cael ei greu wrth i un llinell syth groesi un arall (e.e. x +) CROSS

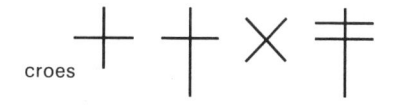

croes

2 postyn tal â darn o bren ar ei draws yn agos i'w ben uchaf; byddai'r Rhufeiniaid yn hoelio troseddwr arno cyn ei godi a gadael i'r troseddwr farw mewn poenau mawr; croesbren CROSS
3 addurn ar ffurf croes sy'n cael ei ddefnyddio fel symbol o Gristnogaeth CROSS
4 enghraifft o ddioddefaint neu dristwch mawr fel prawf o ddaioni neu amynedd person (*Mae gan bawb ei groes i'w chario yn yr hen fyd yma.*) CROSS

Y Groes y groes arbennig y cafodd Iesu Grist ei groeshoelio arni THE CROSS

y Groes Goch elusen ryngwladol sy'n gofalu am gleifion a rhai sydd wedi'u niweidio (mewn brwydrau yn arbennig) THE RED CROSS

croes² *a* gair i ddisgrifio:
1 rhywbeth sy'n debyg i groes neu sy'n croesi rhywbeth arall; traws, e.e. *croesgyfeiriad* cyfeiriad o un man at fan arall mewn llyfr y mae'n rhaid croesi nifer o dudalennau cyn ei gyrraedd CROSS

croes

2 rhywun sy'n gwrthwynebu; blin, gwrthnysig *(Mae John yn tynnu'n groes i bawb arall ar egwyddor.)* PERVERSE, ADVERSE

tynnu'n groes gw. **tynnu**

croes[3] elfen mewn geiriau fel *croesbren, croesffordd*; yr un ystyron â **croes**[2] uchod

croesair hwn *eg* (croeseiriau) pos geiriau lle'r ydych yn ysgrifennu'r atebion i gliwiau arbennig mewn sgwariau wedi'u rhifo; o gwblhau'r cyfan yn gywir mae modd darllen yr atebion ar draws ac i lawr CROSSWORD

croesawgar *a* gair i ddisgrifio rhywun neu rywle sy'n llawn croeso WELCOMING, HOSPITABLE

croesawu *be* derbyn rhywun neu rywbeth yn llawen, rhoi croeso TO WELCOME (croesewais, croesewi)

croesbren hwn neu hon *egb* (croesbrennau)
1 croes (fel yn **croes**[1] 2) CROSS
2 darn o bren sy'n cael ei osod ar draws postyn neu ddarn tebyg, e.e. y darn sy'n cynnal yr hwyl ar fast llong hwyliau YARD □ *hwylbren*

croes-ddweud *be*
1 datgan bod rhywun neu rywbeth yn anghywir neu'n gelwyddog TO CONTRADICT
2 (am ddatganiad, ffaith ac ati) bod i'r gwrthwyneb o ran natur neu gymeriad *(Mae ei weithredoedd yn croes-ddweud ei eiriau.)* TO CONTRADICT

croesddywediad hwn *eg* (croesddywediadau) rhywbeth sy'n croes-ddweud CONTRADICTION

croeseiriau hyn *ell* mwy nag un **croesair**

croesewais *bf* fe wnes i groesawu [**croesawu**]

croesewi *bf* rwyt ti'n **croesawu**; byddi di'n **croesawu**

croesfan hon *eb* (croesfannau) lle ar gyfer croesi, man diogel i groesi ffordd/heol neu afon neu gledrau trên CROSSING

croesffordd hon *eb* (croesffyrdd)
1 y man lle y mae mwy nag un heol/ffordd yn cyfarfod CROSS-ROAD, JUNCTION
2 (yn ffigurol) cyfle i berson benderfynu ynglŷn â rhyw agwedd ar ei fywyd—a yw'n mynd i barhau ymlaen i'r un cyfeiriad neu a yw'n mynd i newid cyfeiriad CROSS-ROADS

croesgad hon *eb* (croesgadau) yr enw a roddwyd ar nifer o ymgyrchoedd rhwng 1096 a 1270 gan filwyr o wledydd Cristnogol Ewrop i geisio rhyddhau Jerwsalem a gwlad Palesteina o afael y Tyrciaid, dilynwyr i'r proffwyd Mohamed; daeth yr enw i fod oherwydd bod pob milwr yn dangos llun y Groes ar ei wisg neu ar ei darian; crwsâd CRUSADE

croesgyfeiriad hwn *eg* (croesgyfeiriadau) cyfeiriad o un rhan o lyfr i ran arall; defnyddir y byrfodd 'gw.' (gweler) yn aml i groesgyfeirio, ac yn y geiriadur hwn mae geiriau cysylltiedig mewn cromfachau ar ddiwedd cofnod CROSS-REFERENCE

croesgyfeirio *be* cyfeirio o'r naill ran o lyfr at ran arall TO MAKE A CROSS-REFERENCE

croeshoeliad hwn *eg* y weithred o groeshoelio, yn arbennig croeshoeliad Iesu Grist CRUCIFIXION

croeshoelio *be*
1 lladd neu arteithio person trwy ei hoelio ar groes TO CRUCIFY
2 (yn ffigurol) ymosod yn ffiaidd ac yn annheg ar berson yn gyhoeddus TO CRUCIFY

croesholi *be* holi yn null cyfreithiwr mewn llys barn er mwyn ceisio profi a yw tystiolaeth person yn wir neu'n gelwyddog TO CROSS-EXAMINE

croesi *be*
1 mynd neu symud dros rywbeth *(Defnyddiodd y bont er mwyn croesi'r afon. Croesodd yr ystafell ataf.)* TO CROSS, TO TRAVERSE
2 mynd ar draws neu dorri ar draws ei gilydd *(Mae ein llythyron wedi croesi yn y post, mae'n amlwg.)* TO CROSS
3 gwneud siâp tebyg i groes trwy osod un peth ar draws ac ar ben y llall *(croesi bysedd; croesi coesau)* TO CROSS
4 dileu, diddymu trwy dynnu llinell drwy neu ar draws rhywbeth *(Croesodd ei enw oddi ar y rhestr.)* TO DELETE
5 tynnu dwy linell ar draws siec er mwyn dangos bod rhaid talu'r arian i mewn i gyfrif banc TO CROSS
6 gwneud arwydd y groes â'r llaw fel gweithred grefyddol TO CROSS
7 gwrthwynebu, gwrthsefyll, herio, gwneud rhywun yn ddig *(Ni ddylech groesi'r prifathro ar boen eich bywyd!)* TO THWART
8 croesfridio, croesbeillio, croesffrwythloni, creu neu genhedlu math arbennig o blanhigyn neu anifail trwy ddod â dau fath neu frid gwahanol at ei gilydd *(Beth gaech chi pe croesech chi eliffant â changarŵ? Tyllau mawr yn Awstralia!)* TO CROSS
9 (mewn pêl-droed) cicio'r bêl o'r asgell i ganol y cae tuag at y gôl TO CROSS

croesi meddwl dod i feddwl TO CROSS ONE'S MIND

croeslin hon *eb* (croesliniau)
1 llinell syth sy'n cysylltu dwy gornel gyferbyn â'i gilydd mewn unrhyw ffigur fflat a phedair ochr iddo DIAGONAL
2 unrhyw linell syth nad yw naill ai'n unionsyth neu'n fflat DIAGONAL

croeso hwn *eg* derbyniad caredig a gwresog; cyfarchiad llawen a chynnes i ymwelydd neu westai WELCOME, HOSPITALITY

Croesoswallt / **cronfa**

â chroeso wrth gwrs, yn llawen YOU'RE WELCOME, BE MY GUEST
croeso calon croeso cynnes HEARTY WELCOME
croeso haf clychau'r gog; blodyn glas sy'n tyfu'n wyllt, yn arbennig mewn mannau coediog, ac sydd i'w weld ar ddechrau'r haf yn drwch fel niwlen las ar hyd y ddaear dan y coed BLUEBELL □ *blodau* t.619
croeso'r gwanwyn planhigyn â blodau persawrus gwyn neu felyn NARCISSUS □ *blodau* t.621
Croesoswallt *enw lle* OSWESTRY
croesymgroes *a* gair i ddisgrifio pethau:
1 wedi'u gosod i orwedd ar draws ei gilydd CRISS-CROSS
2 cwbl wrthwyneb i'w gilydd; i'r gwrthwyneb VICE VERSA
crofen:crawen hon *eb* (crofennau:crawennau) haenen galed, allanol, e.e. crystyn bara neu du allan darn o gaws neu ymyl darn o gig moch; crwst, tonnen, cramen CRUST, RIND
crog[1] hon *eb* (crogau)
1 crocbren, peth sydd wedi'i godi ar gyfer crogi person i farwolaeth GALLOWS
2 y groes y cafodd Iesu Grist ei hoelio arni THE CROSS
crog[2] *a* gair i ddisgrifio rhywbeth sy'n hongian, sy'n crogi, e.e. *pont grog*, neu sy'n hongian drosodd, sy'n bargodi HANGING, SUSPENDED
crogi *be*
1 lladd trwy hongian rhywun neu rywbeth wrth raff ynghlwm wrth y gwddf TO HANG
2 hongian, gosod i hongian TO HANG
dros fy (dy, ei etc.) nghrogi am y byd, ar unrhyw gyfrif (yn llythrennol, hyd yn oed os caf fy nghrogi) *(Af i ddim gydag ef dros fy nghrogi.)* FOR THE LIFE OF ME, I'LL BE HANGED IF I WILL
crogiant hwn *eg* (crogiannau) y cyfarpar sy'n cael ei osod wrth olwynion car, cerbyd neu feic er mwyn lleihau effaith heolydd/ffyrdd anwastad ar deithwyr SUSPENSION
croglith hon *eb* fel yn *Dydd Gwener y Groglith* diwrnod y croeshoeliad GOOD FRIDAY
croglofft hon *eb* (croglofftydd) ystafell fechan yn nho'r tŷ, llofft fechan yn nen y tŷ ATTIC, GARRET
cronglwyd hon *eb* (cronglwydydd) fframwaith to tŷ, y coed y mae'r llechi neu'r teils yn cael eu hoelio wrthynt i wneud gorchudd diddos i dŷ, neu'r to ei hun ROOF
dan gronglwyd dan do rhywun UNDER ONE'S ROOF
crom *a* ffurf ar **crwm** sy'n cael ei defnyddio ag enw benywaidd (gair sy'n cael ei ddilyn gan 'hon'), e.e. *acen grom*
cromatig *a* (mewn cerddoriaeth) yn perthyn i'r raddfa gromatig, sef y raddfa sy'n symud fesul hanner tôn, ac sy'n cynnwys tri ar ddeg o nodau CHROMATIC

crombil hwn neu hon *egb* (crombiliau)
1 glasog, stumog aderyn CROP, CRAW
2 bol, cylla, perfeddion STOMACH, BOWELS
cromen hon *eb* (cromennau) to bwaog, siâp bwa wedi'i wneud o feini neu gerrig ar gyfer ffenestr neu ddrws neu i gynnal to adeilad DOME, ARCH, VAULT
cromfach hon *eb* (cromfachau) un o'r bachau crwn, sef ( ), sy'n cael eu defnyddio i amgáu rhifau neu eiriau sy'n cael eu rhoi mewn brawddeg wrth fynd heibio (fel petai) (ROUND)▴BRACKET
cromiwm hwn *eg* metel llwydwyn, caled ond brau sy'n cael ei roi'n haen sgleiniog ar ben metelau eraill (e.e. ar rannau o geir), neu'n cael ei gymysgu â dur i wneud dur gwrthstaen CHROMIUM
cromlech hon *eb* (cromlechi) bedd neu fan claddu, ar ffurf maen neu garreg anferth yn gorwedd ar draws tair neu ragor o feini eraill o'r cyfnod megalithig (2,800–1,800CC) CROMLECH, DOLMEN

cromlech

cromlin hon *eb* (cromliniau)
1 llinell syth yn cysylltu dau bwynt ar ymyl cylch; cord CHORD □ *cylch*
2 tro CURVE □ *cylch*
cromosom hwn *eg* (cromosomau) y rhan honno o gell sy'n penderfynu nodweddion a phriodoleddau'r creadur neu'r planhigyn y mae'r gell yn perthyn iddo; mae'n debyg ei siâp i wialen ac mae nifer penodol ohonynt i bob math o gelloedd yn ôl y math o greadur neu blanhigyn y maent yn rhan ohono CHROMOSOME
cron *a* ffurf ar **crwn** sy'n cael ei defnyddio ag enw benywaidd (gair sy'n cael ei ddilyn gan 'hon'), e.e. *bord gron*
cronellau hyn *ell* mwy nag un gronnell [**cronnell**]
cronfa hon *eb* (cronfeydd)
1 rhywbeth wedi'i grynhoi neu'i gasglu ynghyd at ryw bwrpas arbennig A DAMMING UP

croniadur   134   **crwst**

2 llyn mawr o ddŵr at ddibenion dyn, wedi ei greu trwy roi clawdd neu argae ar draws nant neu afon RESERVOIR

3 swm o arian wedi ei neilltuo i bwrpas arbennig, e.e. *cronfa atgyweirio to'r eglwys* FUND

croniadur hwn *eg* (croniaduron)
1 math arbennig o fatri y mae'n bosibl ei atgyfnerthu ar ôl i'w egni gwreiddiol gael ei ddefnyddio ACCUMULATOR
2 y rhan honno o gyfrifiadur lle y mae rhifau'n cael eu cadw ACCUMULATOR

cronicl hwn neu hon *egb* (croniclau) llyfr yn cofnodi digwyddiadau hanesyddol yn nhrefn amser CHRONICLE, RECORD

croniclo *be* cofnodi yn null cronicl, cofnodi mewn cronicl, gosod ar gof a chadw TO CHRONICLE, TO RECORD

cronnell hon *eb* (cronellau) gair arall am **sffêr** SPHERE

cronni *be* casglu ynghyd, crynhoi, creu cronfa *(Adeiladwyd argae Aswân er mwyn cronni dyfroedd Afon Nîl a chreu Llyn Nasser.)* TO AMASS, TO DAM UP, TO COLLECT
Sylwch: dyblwch yr 'n' ym mhob un o ffurfiau'r ferf ac eithrio'r rhai sy'n cynnwys -as-, e.e. cronasant.

cronolegol *a* gair i ddisgrifio rhywbeth wedi'i osod yn nhrefn amser CHRONOLOGICAL

cropian:cropio *be*
1 symud ar eich pedwar, cerdded gan ddefnyddio dwylo a phenliniau fel y mae plentyn yn ei wneud cyn dysgu cerdded TO CRAWL
2 ymlusgo, llithro'n llechwraidd TO CREEP

crosiet hwn *eg* (crosietau) (mewn cerddoriaeth) nodyn sydd hanner hyd minim; y mae pedwar ohonynt i far mewn amser $\frac{4}{4}$ CROTCHET □ *cerddoriaeth*

crosio *be* math arbennig o weu lle y mae gwaell fachog yn cael ei defnyddio i dynnu edefyn trwy un pwyth i greu pwyth newydd TO CROCHET

croten : crotes hon *eb* (crotesi : crotesau) ffurf lafar (yn y De gan amlaf) am ferch ifanc, geneth, lodes, hogen, rhoces, llances LASS

crots hyn *ell* mwy nag un **crwt**

croth hon *eb* (crothau) organ yn rhan isaf corff mamal benywaidd lle y mae'n beichiogi; yn y groth y mae'r epil, neu'r babi, yn tyfu nes y bydd yn amser iddo gael ei eni WOMB

    croth y goes cefn y goes sy'n cynnwys y cyhyr islaw'r pen-glin; darn cnawdol y goes sydd y tu ôl i'r grimog CALF □ *corff* t.630

croyw *a*
1 pur, peraidd, ffres, ir, digymysg *('Nant y mynydd groyw loyw...')* SWEET, PURE
2 heb fod yn hallt, e.e. *dŵr croyw,* sef dŵr ffres o'i gymharu â dŵr y môr FRESH

3 eglur, dealladwy, plaen *(Fe'i mynegodd ei hun mewn iaith groyw, heb flewyn ar ei dafod.)* ARTICULATE, PLAIN
4 heb furum, heb surdoes, heb lefain, e.e. *bara croyw* UNLEAVENED

crud hwn *eg* (crud(i)au) gwely bach ar gyfer baban, yn aml ag ochrau uchel, a modd i'w siglo o'r naill ochr i'r llall; cawell baban CRADLE □ *cawell*

crug hwn *eg* (crugiau) bryncyn, twmpath, tomen, pentwr, nifer mawr, lliaws, clwstwr, cwmni HILLOCK, CAIRN, TUMULUS, MULTITUDE

crugyn hwn *eg* pentwr, nifer sylweddol *(Roedd ganddo grugyn o stampiau yn barod i'w gludio yn ei lyfr stampiau.)* PILE, CROWD

crwb hwn *eg* lwmp, telpyn, crymedd, yn arbennig codiad crwm ar gefn person HUMP, HUNCHBACK

crwban hwn *eg* (crwbanod) ymlusgiad â phedair troed, araf iawn ei symudiad, sy'n gallu tynnu ei ben a'i goesau i mewn i'r gragen fawr sy'n gorchuddio'i gorff TORTOISE □ *ymlusgiaid*

    crwban y môr TURTLE □ *ymlusgiaid*

crwbi hwn *eg* (crwbïod)
1 crwb; codiad crwm, afluniaidd ar gefn person; cefn crwca HUMP
2 codiad neu chwydd naturiol ar gefn rhai anifeiliaid megis camel, bual ac ati HUMP

crwca *a* cam, wedi gwyro, crwm, wedi'i blygu CROOKED, BENT

crwm *a* crwn fel ymyl cylch neu belen; amgrwm, bwaog BENT, CURVED, BOWED (crom)

crwmp hwn *eg* gair arall am grwbi [**crwbi**] HUMP

crwn *a*
1 gair i ddisgrifio rhywbeth sy'n debyg i gylch neu bêl o ran ei siâp neu ei ffurf, e.e. *bwrdd crwn* ROUND, CIRCULAR
2 tew, yn llond ei groen PLUMP, ROTUND
3 cyfan, llawn, cyflawn, i gyd, e.e. *y byd yn grwn* ENTIRE (cron, crynion, crynnach)

crwner hwn *eg* (crwneriaid) swyddog cyhoeddus sy'n gyfrifol am gynnal cwest i farwolaeth person pan nad oes sicrwydd beth oedd achos y farwolaeth CORONER

crwper hwn *eg*
1 pen ôl ceffyl
2 strapen ledr wedi'i sicrhau wrth gefn cyfrwy a'i phasio dan gynffon ceffyl i rwystro'r cyfrwy rhag llithro ymlaen CRUPPER □ *ceffyl*

crwsâd hwn neu hon *egb* (crwsadau) gair arall am groesgad [**croesgad**] CRUSADE

crwst hwn *eg* (crystiau) rhan allanol rhywbeth (megis torth o fara neu gosyn o gaws) sydd wedi caledu ac sy'n

a b c ch d dd e f ff g ng h i j (k) l ll m n o p ph r rh s t th u w y (z)

gorchuddio rhywbeth meddalach o'i fewn; cromen, crofen CRUST, RIND

crwstyn:crystyn hwn *eg* (crystiau)
1 y darn caled, allanol sydd bob pen i dorth o fara CRUST
2 y grofen sydd o gwmpas torth neu ddarn o fara CRUST

crwt hwn *eg* (crytiaid:crots:cryts) ffurf lafar (yn y De) am fachgen bach, hogyn, rhocyn, bachgen rhwng tua phump a deuddeg oed BOY, LAD

crwtyn hwn *eg* ffurf arall ar grwt [**crwt**]

crwth hwn *eg* (crythau) hen offeryn cerdd rywbeth yn debyg i'r fiolin; roedd ganddo chwe thant a byddai'n cael ei ganu â bwa; defnyddir 'crwth' hefyd fel gair arall am ffidl neu fiolin CRWTH, VIOLIN

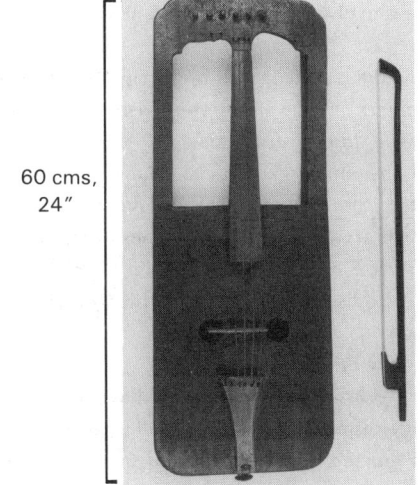

60 cms, 24"

crwth

crwybr hwn *eg* (crwybrau) dil mêl, crib mêl, cwlwm o gelloedd chweonglog y mae gwenyn yn cadw'u mêl a'u hwyau ynddo HONEYCOMB □ *gwenynen*

crwydr:crwydrad hwn *eg* (crwydrau:crwydradau) taith heb amcan penodedig, tro o le i le ar fympwy, gwyrad o'r cynefin, methiant cyfeiriad A WANDERING, A STRAYING

ar grwydr ar daith heb lawer o amcan iddi ROAMING, WANDERING

crwydriaid hyn *ell* mwy nag un **crwydryn**

crwydro *be*
1 teithio neu rodio'n ddiamcan, ar hap a damwain (*crwydro'r Cyfandir*) TO ROAM, TO WANDER
2 mynd ar ddisberod, colli'ch ffordd a mynd ar gyfeiliorn, gwyro o'r llwybr cywir (*Crwydrodd y darlithydd yn bell o'i destun gwreiddiol.*) TO STRAY, TO DIGRESS

crwydrol *a* gair i ddisgrifio rhywun neu rywbeth sy'n symud o le i le yn ôl ei fympwy; teithiol (*Mae Arabiaid y diffeithwch yn bobloedd crwydrol.*) WANDERING, NOMADIC, ITINERANT

crwydryn hwn *eg* (crwydriaid) person sy'n crwydro, un sy'n symud o le i le yn ôl ei fympwy, trempyn WANDERER, TRAMP

crwyn hyn *ell* mwy nag un **croen**

crybwyll *be* sôn am, dwyn i gof neu sylw trwy enwi (rhywun neu rywbeth), cyfeirio at (*Mi grybwyllais i'r parti wrth fam Siân, ond doedd hi'n gwybod dim amdano.*) TO MENTION, TO REFER TO

crych[1] hwn *eg* (crychau)
1 cynnwrf neu gyffro ar wyneb dŵr, yn arbennig nant neu afon lle mae'r dŵr yn rhedeg yn fas RIPPLE
2 ôl plygiad, rhych (*Mae'r sgert yma'n grychau i gyd.*) WRINKLE, CREASE

crych[2] *a* gair i ddisgrifio rhywbeth ac ôl plygiadau ynddo; rhychiog, modrwyog, cyrliog WRINKLED, CRUMPLED, CREASED, CURLY

crychlyd *a* gair i ddisgrifio rhywbeth sy'n llawn crychau neu rychau; cyrliog, crebachlyd WRINKLED, SHRIVELLED, FRIZZY

crychni hwn *eg* y stad o fod yn grychlyd, yn fodrwyog neu'n llawn cudynnau A WRINKLING, CURLINESS

crychu *be*
1 rhychu, achosi crychau (*Crychodd ei drwyn pan glywodd aroglau drwg yr wy.*) TO WRINKLE, TO PUCKER
2 modrwyo, cyrlio, e.e. *crychu gwallt* TO CURL
3 cyffroi dŵr, peri crychau ar ddŵr, e.e. *gwynt yn crychu wyneb y llyn* TO RIPPLE

crychu talcen gwgu TO KNIT ONE'S BROWS

crychydd hwn *eg* gair arall am y **crëyr** HERON, CRANE □ *adar* t.612

cryd hwn *eg* (crydiau) ysgryd, cryndod (fel arfer yn arwydd o glefyd neu dwymyn) A SHIVERING, AGUE

cryd cymalau salwch sy'n effeithio ar y cymalau a'u gadael yn stiff RHEUMATISM

crydd hwn *eg* (cryddion) person sy'n gwneud neu sy'n trwsio esgidiau; cobler COBBLER, SHOEMAKER

cryf *a*
1 gair i ddisgrifio rhywbeth sydd â chryn dipyn o nerth, grym, cadernid neu ynni yn perthyn iddo STRONG
2 cyhyrog (*Roedd gan y bocsiwr gorff cryf iawn.*) MUSCULAR, BRAWNY
3 iach, heini (*Mae'n fabi bach cryf iawn yr olwg.*) HEALTHY
4 (am ddiodydd) yn cynnwys llawer iawn o'r peth sy'n rhoi'r blas i'r ddiod (*Mae'r te yma'n gryf iawn.*) STRONG
5 (am ddiod feddwol) a llawer o alcohol ynddi (*cwrw cryf*) STRONG

cryfder / **crynu**

6 (am aroglau neu flas) annymunol, fel pe bai ar fin pydru RIPE
7 gwydn, anodd ei dorri *(darn cryf o raff)* TOUGH
8 (am oleuni) llachar, tanbaid *(Roedd y golau yn ei lygaid mor gryf fel na allai weld.)* POWERFUL
9 niferus, â llawer o gefnogaeth, llewyrchus *(Mae 'na Aelwyd gref o'r Urdd yn ein pentref ni.)* FLOURISHING
10 (am sŵn) uchel, hawdd ei glywed *(Mae ganddo lais cryf sy'n cario 'mhell.)* LOUD, POWERFUL (cref)

cryfder *hwn eg* (cryfderau) yr hyn sy'n gwneud i rywun neu rywbeth gael ei ddisgrifio'n gryf; nerth, grym, cadernid, gallu STRENGTH, POWER, MIGHT

cryfhau *be*
1 atgyfnerthu, gwneud yn gryfach, e.e. *cryfhau mur y castell* TO STRENGTHEN
2 magu nerth, gwella o ran iechyd TO CONVALESCE
3 tyfu'n alluog neu'n rymus *(Roedd y frenhiniaeth yn cryfhau fel yr oedd ei gelynion yn lleihau.)* TO GROW POWERFUL

cryfheais *bf* fe wnes i gryfhau [**cryfhau**]
cryfhei *bf* rwyt ti'n **cryfhau**; byddi di'n **cryfhau**
cryg : cryglyd *a* gair i ddisgrifio rhywun neu rywbeth:
1 â llais cras, garw, croch HARSH
2 sydd wedi colli'i lais, bloesg HOARSE

crygni *hwn eg* yr hyn sy'n peri i rywun gael ei ddisgrifio fel rhywbeth neu rywun cryg, y cyflwr o fod yn gryg HOARSENESS

cryman *hwn eg* (crymanau) offeryn llaw â llafn crwm, miniog ar goes o bren ar gyfer torri ŷd neu docio clawdd; mae'r cryman ynghyd â'r morthwyl yn arwydd o gomiwnyddiaeth SICKLE

crymanu *be*
1 medi â chryman
2 plygu, gwyro *(y pêl-droediwr yn crymanu'r bêl heibio i'r gôl-geidwad)* TO BEND

crymedd *hwn eg* y cyflwr o fod yn grwm, yn gam; siâp neu ffurf fwaog (yn arbennig ar gefn person) CONVEXITY, CURVATURE, STOOP

crymu *be* plygu, gogwyddo rhan uchaf y corff tuag ymlaen, gwneud y cefn yn grwm *(Roedd fy nghefn yn crymu dan bwysau'r sach o datws.)* TO BOW, TO STOOP

cryn *a* go lew, rhesymol, eithaf, go dda, gweddol (fach neu fawr, dda neu ddrwg) *(Roedd cryn lwyth ar y lorri.)* FAIR, TOLERABLE, PRETTY
Sylwch: mae 'cryn' yn cael ei ddefnyddio o flaen enw.

cryndod *hwn eg* cryd, ysgryd, y weithred o grynu A TREMBLING, A SHIVERING

crynedig *a* gair i ddisgrifio rhywbeth neu rywun sy'n crynu, sy'n siglo, sy'n rhynnu *(Teimlais yn grynedig a nerfus wrth godi i ddarllen o flaen yr ysgol i gyd.)* TREMBLING, SHAKY, TREMULOUS

crynhoad *hwn eg*
1 y weithred o grynhoi, o gasglu ynghyd A GATHERING
2 yr hyn sydd wedi cael eu casglu ynghyd COMPENDIUM, ASSEMBLY
3 talfyriad, crynodeb, y gwaith o gywasgu (e.e. rhywbeth wedi ei fyrhau i gynnwys y prif bwyntiau'n unig) SUMMARY, DIGEST

crynhoes *bf* crynhodd; fe wnaeth ef/hi grynhoi [**crynhoi**]
crynhoi¹ *be*
1 casglu ynghyd, cynnull *(Roedd holl lwythau'r Indiaid wedi'u crynhoi yn yr un man.)* TO MUSTER, TO ASSEMBLE
2 (am ddolur neu glwyf) crawni, casglu, mynd yn ddrwg TO FESTER
3 talfyrru, cwtogi, rhestru'r prif bwyntiau *(Ar ôl bod yn siarad am hanner awr dyma'r athro'n crynhoi'r cyfan a'i osod ar y bwrdd du.)* TO SUMMARIZE
4 hel, ennill, cronni, casglu *(Yn ystod ei gyfnod yn y siop fe grynhodd ddigon o arian i fynd ar daith o gwmpas y byd.)* TO AMASS, TO ACCUMULATE (crynhoes, crynhoi²)

crynhoi² *bf* rwyt ti'n **crynhoi**; byddi di'n **crynhoi**
crynion *a* gair i ddisgrifio mwy nag un peth **crwn**, e.e. *afalau crynion*

crynnach *a* mwy **crwn**

cryno *a* gair i ddisgrifio rhywbeth sydd wedi'i dynnu ynghyd a'i gywasgu yn dwt ac yn daclus; byr *(Ysgrifennodd Siôn draethawd cryno iawn ar destun cymhleth.)* COMPACT, CONCISE, TIDY

crynodeb *hwn neu hon egb* (crynodebau) adroddiad byr yn cyflwyno prif bwyntiau rhyw destun; talfyriad, swm a sylwedd SUMMARY

crynodedig *a* gair i ddisgrifio rhywbeth sy'n cael ei wneud yn gryfach naill ai trwy leihau'r hylif sydd ynddo neu trwy ychwanegu rhagor o sylwedd ato *(asid crynodedig)* CONCENTRATED

crynodiad *hwn eg* (crynodiadau) mesur o faint o sylwedd sydd wedi'i gynnwys mewn hylif (toddiant fel arfer) *(Beth yw crynodiad yr halen yn nŵr y môr?)* CONCENTRATION

cryno-ddisg *hwn eg* (cryno-ddisgiau) math o record ariannaidd; mae'r signalau sydd wedi eu cadw arno (cerddoriaeth gan amlaf) yn cael eu hatgynhyrchu trwy ddefnyddio peiriant laser COMPACT DISC

crynswth *hwn eg* cyfanswm, cyfan gwbl, cyfanrwydd corff cyflawn, pentwr ENTIRETY, WHOLE

crynu *be*
1 ysgwyd neu siglo gan ofn, cyffro, oerfel neu wendid;

mae'n adwaith naturiol nad oes gennych fawr o reolaeth drosto, e.e. *plentyn yn crynu gan oerfel* TO SHIVER, TO SHUDDER

2 ysgwyd, dirgrynu *(Hedfanodd yr awyren mor isel nes bod y llestri ar y dresel i gyd yn crynu.)* TO SHAKE

3 (am ddannedd) rhincian TO CHATTER

Crynwr hwn *eg* (Crynwyr) llysenw yn wreiddiol ar aelod o gymdeithas grefyddol, y Cyfeillion, a sefydlwyd tua 1650 gan George Fox; mae'r Crynwyr yn nodedig am symlrwydd eu gwasanaethau a'u hegwyddorion heddychol; fe'u galwyd yn Grynwyr oherwydd eu bod yn arfer crynu mewn parchedig ofn wrth glywed enw'r Arglwydd QUAKER

crys hwn *eg* (crysau)

1 dilledyn ysgafn a wisgir tan got neu siwmper fel arfer; gan amlaf mae iddo lewys, coler, a botymau i agor a chau o leiaf ran o'i du blaen SHIRT

2 math arbennig o grys a wisgir gan chwaraewyr tîm (e.e. pêl-droed, hoci) er mwyn dynodi mewn cystadleuaeth i ba dîm y mae chwaraewr arbennig yn perthyn SHIRT

crys nos coban NIGHT-DRESS

yn llewys fy (dy, ei etc.) nghrys gw. **llewys**

crysalis hwn *eg* croen neu orchudd caled sy'n tyfu dros chwiler neu bwpa, sef ffurf y lindys tra bo'n troi'n löyn byw CHRYSALIS □ *chwiler*

crystiau hyn *ell* mwy nag un **crwst** neu grwstyn [**crwstyn:crystyn**]

cryts : crytiaid hyn *ell* mwy nag un **crwt**

crythau hyn *ell* mwy nag un **crwth**

crythor hwn *eg* (crythorion) un sy'n canu crwth neu ffidil FIDDLER

cu *a* annwyl, hoff, gair i ddisgrifio rhywun neu rywbeth sy'n cael ei garu neu ei barchu'n fawr fel yn *mam-gu, tad-cu* DEAR, BELOVED

cucumer gw. **ciwcymber:cucumer**

cuchiau hyn *ell* mwy nag un **cuwch**

cuchio *be* crychu talcen mewn anfodlonrwydd neu fel rhybudd; gwgu'n fygythiol TO SCOWL

cudyll hwn *eg* (cudyllod) aderyn bach, ysglyfaethus o'r un tylwyth â'r hebog a'r gwalch; curyll KESTREL, SPARROW-HAWK □ *gwalch*

cudyll bach hebog bach sy'n dal ei ysglyfaeth trwy hedfan yn isel ac yn gyflym iawn a disgyn arno MERLIN

cudyll coch cudyll sy'n hofran uwch ei brae ac sy'n ei ladd trwy ddisgyn arno fel saeth o'r awyr KESTREL

cudyn hwn *eg* (cudynnau)

1 modrwy o wallt, llyweth LOCK, RINGLET

2 tusw, dyrnaid (o rywbeth sy'n debyg i wallt neu flew, e.e. gwlân neu gotwm) TUFT

cudd *a* gair i ddisgrifio:

1 rhywbeth sydd wedi'i guddio, sydd o'r golwg, dirgel, na allwch ei weld HIDDEN, CONCEALED

2 rhywun neu rywbeth sy'n gweithio yn y dirgel, yn gyfrinachol *(heddlu cudd)* SECRET

cuddfa hon *eb* (cuddfâu:cuddfeydd) rhywle i guddio, lloches, lle i lechu ynddo HIDING-PLACE

cuddfan hon *eb* (cuddfannau) ffurf arall ar **cuddfa**

cuddiedig *a* gair arall am **cudd** HIDDEN

cuddio *be*

1 celu, gosod neu gadw o'r golwg, cadw'n gyfrinachol, e.e. *môr-ladron yn cuddio'u trysor ar ynys unig* TO HIDE

2 gorchuddio, gwneud yn anweledig, cwato, e.e. *yr haul yn cael ei guddio gan gymylau* TO OBSCURE

cuddwedd hon *eb* (cuddweddau) dull o ddefnyddio lliw a ffurf er mwyn gwneud rhywbeth yn anodd ei weld *(Mae patrymau a lliwiau arbennig ar lawer o greaduriaid yn ffurfio cuddwedd naturiol iddynt.)* CAMOUFLAGE

cufydd hwn *eg* (cufyddau) hen fesur hyd a geir yn y Beibl, sef hyd y fraich o'r penelin i flaen yr hirfys (rhwng 45 a 56 centimetr) CUBIT

cul *a*

1 main, tenau, heb fod yn llydan nac yn eang, e.e. *stryd gul* NARROW

2 heb fod yn eangfrydig; crintach, rhagfarnllyd *(Roedd gan yr hen ŵr rai syniadau cul iawn ynglŷn â'r ffordd y dylai plant ymddwyn.)* NARROW-MINDED

culdir hwn *eg* (culdiroedd) darn cul o dir a môr bob ochr iddo sy'n cysylltu dau ddarn mwy o dir ISTHMUS

culfor hwn *eg* (culforoedd) darn cul o fôr a thir bob ochr iddo sy'n cysylltu dau fôr â'i gilydd CHANNEL, STRAIT (swnt)

culhau *be* lleihau wrth fynd yn fwy tenau neu gul, crebachu TO BECOME NARROW, TO NARROW

culni hwn *eg*

1 y cyflwr o fod yn gul, yn denau neu yn fain, diffyg lled NARROWNESS

2 y cyflwr o fod â meddwl crintach, heb fod yn eangfrydig MEANNESS, INTOLERANCE

cun *a* gair i ddisgrifio rhywun annwyl, gwych, dymunol, hardd *(fy nghariad cun)* DEAR, BEAUTIFUL

cur hwn neu hon *egb* (cur(i)au)

1 poen, dolur, gloes, ing *(cur pen)* ACHE, PAIN

2 y weithred o guro, trawiad, curiad, ergyd, curfa A BEATING, A THROBBING

cur y galon curiad y galon PULSE

curad hwn *eg* (curadiaid) dirprwy neu un sy'n cynorthwyo rheithor neu ficer, offeiriad neu berson plwyf; ciwrad, ciwrat CURATE

curadur hwn *eg* (curaduron) person sy'n gyfrifol am amgueddfa neu weithiau lyfrgell arbennig CURATOR

curadwy *a* gair i ddisgrifio metelau y mae'n bosibl eu gwasgu, eu rholio, a'u curo i ffurfiau arbennig MALLEABLE

curfa hon *eb* (curfeydd:curfâu)
1 cosfa, crasfa, cyfres o ergydion yn dilyn yn gyflym y naill ar ôl y llall A HIDING
2 gorchfygiad *(Cafodd tîm criced y pentref gurfa gan dîm Aber a cholli'r gêm o 200 rhediad.)* A BEATING

curiad hwn *eg* (curiadau)
1 trawiad, ergyd, y weithred o guro A BEATING
2 symudiad rheolaidd a rhythmig y gwaed y gallwch ei deimlo dan y glust neu wrth yr arddwrn, a symudiad tebyg y galon; cur PULSE, THROB
3 (mewn cerddoriaeth) amseriad darn o gerddoriaeth yn ôl faint o drawiadau sydd mewn bar BEAT
4 (mewn barddoniaeth) sillaf ac acen neu bwysau rheolaidd arni *(Mae'r curiad i'w glywed yn glir mewn llawer o emynau—trwm ac ysgafn am yn ail, e.e. 'Iesu annwyl ffrind plant bychain/Bydd yn ffrind i mi'.)* BEAT

curiad gwag (mewn cerddoriaeth) seibiant o hyd penodol sy'n rhan o'r gerddoriaeth A REST □ *cerddoriaeth*

curiad y galon
1 curiad rheolaidd gwaed yn y gwythiennau HEARTBEAT
2 y curiad hwnnw a deimlwch yn eich arddwrn neu dan y glust PULSE

curo *be*
1 taro ag un ergyd ar ôl y llall, bwrw, ffusto, ergydio, dyrnu TO BEAT
2 (am y gwaed) symud yn rhythmig trwy'r corff, dychlamu TO PULSE, TO THROB
3 cnocio (drws neu ffenestr) er mwyn ceisio cael rhywun i'w agor TO KNOCK
4 trechu, gorchfygu, rhagori ar, maeddu *(Curodd Abertawe Gaerdydd yn rownd ola'r gystadleuaeth.)* TO DEFEAT

curo amser dynodi amseriad darn o gerddoriaeth wrth arwain neu wrth daro rhywbeth TO BEAT TIME

curo dwylo cymeradwyo TO CLAP

curo traed TO STAMP

curyll hwn *eg* ffurf arall ar **cudyll**

cusan hwn neu hon *egb* (cusanau) cyfarchiad cariadus drwy gyffwrdd wyneb neu law person â'ch gwefusau; sws KISS

cusan adfer ffordd o adfer bywyd rhywun sydd wedi boddi (neu sydd wedi derbyn trawiad) trwy anadlu i mewn i'r geg KISS OF LIFE

cusanu *be*
1 cyffwrdd wyneb neu law person â'ch gwefusau fel arwydd o barch neu gariad TO KISS
2 mynegi rhywbeth trwy gusan *(Cusanodd ffarwél i'w gariad.)* TO KISS
3 gwasgu'ch gwefusau chi yn dyner neu'n eiddgar yn erbyn gwefusau cariad TO KISS

cut hwn *eg* (cutiau) cwt, twlc, math o sied neu adeilad ar gyfer cadw moch neu ieir HUT, SHED

cut ieir sied ffowls HEN-COOP

cut moch twlc mochyn PIGSTY

cutiau'r/cytiau'r Gwyddelod llochesau neu adeiladau bach crwn o gerrig a godwyd yng ngogledd-orllewin Cymru yng nghyfnod y Rhufeiniaid

cuwch hwn *eg* (cuchiau) gwg, crychu talcen er mwyn dangos eich bod yn anfodlon neu'n anghymeradwyo SCOWL, GRIMACE

cwac hwn *eg* gair yn dynwared sŵn hwyaid QUACK

cwafer hwn *eg* (cwaferi)
1 (mewn cerddoriaeth) nodyn hanner hyd crosiet; mae wyth ohonynt mewn hanner brif a chwech ohonynt mewn bar â'r amsernod $^6_8$ QUAVER □ *cerddoriaeth*
2 cryndod mewn llais neu offeryn cerdd TREMOLO
3 addurn, rhywbeth i dynnu sylw FLOURISH

cwar hwn *eg* (cwarrau) (gair y De) lle i gloddio tywod neu ddarnau o'r graig i'w trwsio yn feini neu gerrig adeiladu; chwarel QUARRY

cwarel[1] hwn *eg* (cwarelau) ffurf arall ar **chwarel**

cwarel[2] hwn *eg* (cwarelau:cwareli) darn o wydr ar gyfer ffenestr; paen o wydr PANE

cwato *be* (ffurf lafar yn y De) cuddio, cysgodi, llochesu *(Mae'r gath yn cwato dan y clawdd.)* TO HIDE

cwb hwn *eg* (cybiau)
1 lle i anifail neu anifeiliaid (megis ci neu ieir) gysgodi neu gael eu cadw'n ddiogel; cawell, caets, cwt, twlc, cenel KENNEL, COOP, HUTCH □ *cenel*
2 cenau, ci neu lwynog ifanc CUB
3 (yn y Gogledd) plentyn ifanc *(hen gybiau bach)* LITTLE ONE

cwbl[1] hwn *eg* y cyfan, popeth *(Mae'r dynion wedi bod ac wedi mynd â'r cwbl.)* EVERYTHING

wedi'r cwbl wedi'r cyfan AFTER ALL

cwbl[2] *adf* holl, cyfan, llwyr, hollol *(Nid wyf yn gwbl hapus gyda'r penderfyniad yma.)* COMPLETE, TOTAL, ENTIRE

o gwbl e.e. dim o gwbl (NOT) AT ALL, (NOTHING) AT ALL

cwblhau *be* cwpla, cwpláu, gorffen, dibennu, cyflawni, perffeithio, tynnu i'w derfyn, ychwanegu'r hyn sydd ei angen i berffeithio neu orffen rhywbeth *(O'r diwedd rwyf wedi cwblhau fy ngwaith cartref.)* TO COMPLETE, TO FINISH

cwbwl ffurf lafar ar **cwbl**

cwcw *hon eb* (cwcŵod) aderyn llwydlas y mae ei enw yn dynwared ei gân ddau nodyn; daw i Gymru yn y gwanwyn ac, fel arfer, mae'n dodwy ei wyau yn nythod adar eraill; y gog CUCKOO ☐ *adar* t.607

cwcwll *hwn eg* (cycyllau) gwisg sy'n gorchuddio'r pen a'r gwddf ond sy'n gadael yr wyneb yn glir, yn arbennig penwisg mynach neu un o'r brodyr crwydrol; cwfl COWL, HOOD

cwch *hwn eg* (cychod)
1 math arbennig o lestr, sy'n llai na llong, ar gyfer cludo pobl neu nwyddau ar draws afon, llyn neu fôr; rydych yn ei yrru fel arfer â rhwyfau, hwyl neu fodur; bad BOAT
2 math o focs lle y mae haid o wenyn yn nythu ac yn cynhyrchu mêl HIVE ☐ *gwenynen*

gwthio'r cwch i'r dŵr gw. **gwthio**

(bod) yn yr un cwch [â] cyd-ddioddef, bod yn yr un sefyllfa â phawb arall ALL IN THE SAME BOAT

cwd *hwn eg* (cydau)
1 bag bach, sach fechan, cwdyn POUCH, BAG
2 y bag bach o groen o gwmpas y ceilliau SCROTUM
3 unrhyw geudod neu organ o fewn y corff sy'n debyg i fag bach SAC (cydaid)

arllwys ei gwd sôn am ei holl ofid a'i drafferthion wrth rywun arall TO POUR OUT ONE'S TROUBLES

gollwng y gath o'r cwd gw. **cath**

mynd i'r cwd pwdu TO GO (WITHDRAW) INTO ONE'S SHELL

prynu cath mewn cwd gw. **prynu**

cwdyn *hwn eg* (cydau) cwd bychan, yn arbennig cwd bach papur BAG

cweir *hon eb* cosfa, cot, crasfa, curfa A HIDING

cwennod *hyn ell* mwy nag un gywen [**cywen**]

cweryl *hwn eg* (cwerylau:cwerylon) ffrae, achos anghydfod, cynnen, ymrafael QUARREL

cweryla *be* cwympo maes, ffraeo, cynhenna, ymryson, ymgecru TO QUARREL

cwerylgar *a* gair i ddisgrifio rhywun sy'n hoff o gweryla; ceintachlyd QUARRELSOME, BELLIGERENT

cwest *hwn eg* ymholiad cyfreithiol neu swyddogol i ddarganfod pam y mae person wedi marw INQUEST

cwestiwn *hwn eg* (cwestiynau)
1 math arbennig o ymadrodd sy'n disgwyl ateb gan y sawl sy'n cael ei holi ac sy'n cael ei ddynodi mewn print gan ? (sef marc cwestiwn) QUESTION
2 pwnc dadl, mater i benderfynu arno *(Y cwestiwn dan sylw heno fydd …)* QUESTION

cwfaint *hwn eg* cartref urdd o leianod neu ysgol sy'n cael ei chynnal gan leianod CONVENT

cwfl *hwn eg* (cyflau) gwisg sy'n gorchuddio'r pen a'r gwddf ond sy'n gadael yr wyneb yn glir, yn arbennig penwisg mynach; cwcwll COWL, HOOD

cwffio *be* (gair y Gogledd) ymladd, dyrnu, paffio, taro, curo TO FIGHT

cwgen *hon eb* (cwgenni:cwgennod) rholyn bara, torth fach o fara BREAD ROLL, BATCH

cwil:cwilsyn *hwn eg* (cwils:cwilsynnau) pluen o adain neu gynffon aderyn a gâi ei defnyddio fel pìn ysgrifennu QUILL

cwilt *hwn eg* (cwiltiau) cwrlid trwchus, gorchudd gwely cynnes QUILT

cwins *hwn eg* ffrwyth melyn, sur, caled, tebyg i ellygen, sy'n cael ei ddefnyddio i wneud jam a chyffaith QUINCE ☐ *ffrwythau* t.624

cwinten:cwintyn *hwn neu hon egb* yn wreiddiol, dyfais i alluogi marchogion i ymarfer eu defnydd o'r waywffon; gosodid postyn tal yn y ddaear ac ar ei ben ddarn byrrach o bren yn troi ar ei echel, ac arno gwdyn yn llawn tywod yr anelid gwaywffyn a phicellau ato mewn campau a thwrnameint; erbyn heddiw, y rhaff sy'n cael ei dal ar draws y ffordd (mewn rhai rhannau o Gymru) i atal car pâr newydd briodi a gwesteion eraill nes eu bod wedi talu i gael mynd yn eu blaen

cwis *hwn eg* (cwisiau) math arbennig o ymryson lle y mae dau neu ragor o dimau (neu unigolion) yn ateb cwestiynau am y gorau, fel arfer er mwyn ennill rhyw fath o wobr ar y diwedd QUIZ

cwlff:cwlffyn *hwn eg* darn mawr, tamaid braf, clamp, talp, e.e. *cwlffyn o fara* HUNK, CHUNK

cwlwm[1] *hwn eg* (clymau)
1 y talpyn sy'n digwydd pan fydd dau neu ragor o bethau yn clymu yn ei gilydd neu'n cael eu plethu yn dynn yn ei gilydd KNOT

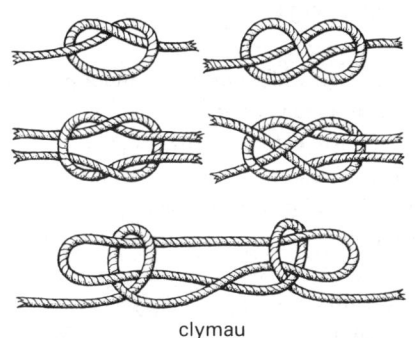

clymau

cwlwm

2 un o nifer o ffyrdd o sicrhau dau neu ragor o ddarnau o raff neu linyn wrth ei gilydd KNOT
3 dryswch mewn llinyn neu wallt TANGLE
4 (yn ffigurol) rhywbeth sy'n rhwymo neu glymu pobl at ei gilydd, e.e. *cwlwm priodas* BOND
5 clwstwr, tusw, swp, nifer wedi eu casglu'n dynn yn ei gilydd, e.e. *cwlwm o gnau* BUNCH, CLUSTER
6 rhywbeth tebyg i dalpyn o gwlwm (e.e. cnap neu chwydd ar gangen neu gainc mewn pren) KNOT, NODE (clwm)

cwlwm gwythi:clymau gwthi:cwlwm chwithig brathiad o boen a ddaw wrth i un o'ch cyhyrau (yn y goes neu'r stumog fel arfer) dynhau yn sydyn CRAMP

cwlwm² *hwn eg* fel yn *glo cwlwm, tân cwlwm* math o danwydd wedi'i wneud trwy gymysgu glo mân neu lwch glo caled â chlai a dŵr CULM

cwm *hwn eg* (cymoedd) dyffryn cul, dwfn ag ochrau serth; glyn COOMB, GLEN

cwman *hwn eg* fel yn *yn ei gwman* am berson sydd wedi plygu fel bod ei gefn yn grwm

cwmin gw. **comin:cwmin**

cwmni *hwn eg* (cwmnïau)
1 cymdogaeth, cyfeillgarwch, presenoldeb sy'n help i chi *(Roeddwn yn falch o'i chwmni ar y trên.)* COMPANIONSHIP
2 cymdogion, cyfeillion, nifer o bobl *(Ymunais â'r cwmni a oedd yn mynd i mewn trwy'r drws.)* COMPANIONS
3 grŵp o bobl wedi dod ynghyd i ffurfio busnes neu fasnach arbennig, e.e. *cwmni bysys* COMPANY
4 grŵp o actorion neu ddawnswyr ynghyd â'r technegwyr a'r gweinyddwyr angenrheidiol sydd wedi dod at ei gilydd i gynhyrchu drama neu fale COMPANY
cadw cwmni bod yn gydymaith i rywun TO KEEP (SOMEONE) COMPANY

cwmnïaeth *hon eb* yr hyn rydych yn ei gael mewn cwmni; cymdeithas, cyfeillach, cyfathrach COMPANIONSHIP

cwmnïwr *hwn eg* (cwmnïwyr) un da am gadw cwmni, person difyr i fod yn ei gwmni, cydymaith COMPANION

cwmpas¹ *hwn eg*
1 cylch a'r hyn sydd o'i fewn, y gymdogaeth o amgylch rhyw fan arbennig COMPASS
2 sgôp, ffiniau dylanwad rhywun neu rywbeth *(Mae cwmpas ei ddylanwad ar y dref yn eithaf cyfyng.)* SCOPE
3 (mewn cerddoriaeth) y nodau y mae'n bosibl eu cyrraedd â'r llais neu sydd o fewn cyrraedd offeryn arbennig REGISTER, COMPASS
mynd o'i chwmpas hi cychwyn ar rywbeth TO SET ABOUT SOMETHING

o gwmpas tua, o amgylch AROUND, ABOUT

cwmpas² *hwn eg* (cwmpasau) offeryn ar siâp V ar gyfer tynnu cylchoedd neu fesur hydoedd trwy sicrhau bod un goes yn llonydd ac yna symud y llall mewn cylch o'i chwmpas PAIR OF COMPASSES

cwmpas mesur cwmpas a phen miniog i'r ddwy goes ar gyfer mesur neu farcio onglau, hyd llinellau ac ati DIVIDERS

cwmpasog *a* gair i ddisgrifio rhywun neu rywbeth:
1 nad yw'n mynd yn syth ond sydd yn mynd o amgylch; anuniongyrchol ROUNDABOUT
2 sydd yn amgylchynu, sydd yn cael ei gynnwys o fewn cylch eang ENCOMPASSING
3 sy'n defnyddio gormod o eiriau (wrth siarad neu ysgrifennu) *(Gallai fod wedi siarad yn llai cwmpasog, a rhoi ei neges yn hanner yr amser.)* VERBOSE

cwmpasu *be* amgylchynu, cynnwys o'i fewn *(Mae'r gyfrol hon o'i hunangofiant yn cwmpasu ei flynyddoedd yn y fyddin.)* TO ENCOMPASS

cwmpawd *hwn eg* (cwmpawdau) teclyn a nodwydd ynddo sydd bob amser yn cyfeirio tua'r gogledd magnetig; gan amlaf mae'n defnyddio grym magnetig Pegwn y Gogledd, ond erbyn hyn mae offeryn mwy cywir gan longwyr ac awyrenwyr, sef cwmpawd gyrosgop COMPASS

cwmpawd

cwmpeini *hwn eg* cwmnïaeth, cwmni; ym mysg cwmni COMPANY

cwmwd *hwn eg* (cymydau) yng Nghymru gynt, uned weinyddol yr oedd llys barn yn cael ei gynnal ynddi; byddai dau (neu ragor) o gymydau yn gwneud cantref; talaith, ardal, cymdogaeth COMMOTE

cwmwl *hwn eg* (cymylau)
1 casgliad o ddafnau bychain o wlybaniaeth y gallwch ei weld yn yr awyr fel niwl trwchus CLOUD
2 casgliad tebyg o fwg neu lwch neu dywod sy'n nofio yn yr awyr CLOUD

cwmws

3 haid enfawr o adar neu bryfed sy'n tywyllu'r awyr wrth hedfan CLOUD
4 (yn ffigurol) awgrym neu gysgod o dristwch, drwgdybiaeth, ofn, neu ansicrwydd sy'n croesi meddwl person CLOUD
  canmol i'r cymylau gw. **canmol**
  tan gwmwl yn cael eich drwgdybio; anghymeradwy TO BE OUT OF FAVOUR

cwmws gw. **cymwys:cwmws**

cŵn hyn ell mwy nag un **ci**
  cŵn Annwn HOUNDS OF HELL
  cŵn bendith y mamau cŵn y Tylwyth Teg a fyddai'n darogan angau; arwydd o farwolaeth
  cŵn Caer cŵn enwog am godi'n fore
  mynd i'r cŵn mynd ar ei waethaf, dirywio'n gyflym TO GO TO THE DOGS
  rhwng y cŵn a'r brain (mynd yn) ofer, dirywio, gwaethygu RACK AND RUIN

cwningen hon eb (cwningod) mamolyn sy'n perthyn i'r cnofilod ac sy'n debyg i sgwarnog (ysgyfarnog) fach â chlustiau hirion a chynffon bwt; mae'n byw, yn aml, gyda nifer o gwningod eraill mewn tyllau wedi'u cloddio yn y ddaear RABBIT □ mamolyn

cwnnu be (ffurf dafodieithol y De) codi (Cwn e lan, fachgen!) TO LIFT

cwnstabl hwn eg (cwnstabliaid)
1 yn wreiddiol, llywodraethwr neu brif swyddog castell a oedd yn perthyn i frenin neu arglwydd CONSTABLE
2 heddwas, plismon, swyddog isaf yn yr heddlu CONSTABLE

cwota hwn eg (cwotâu) nifer neu swm gosodedig, cyfraniad un (yn unigolyn neu'n gwmni) tuag at gyfanswm neu gyfanrif (Cafodd y penderfyniad i gwtogi cwota llaeth Prydain i'r Farchnad Gyffredin effaith andwyol ar ffermwyr Cymru.) QUOTA

cwpan hwn neu hon egb (cwpanau)
1 llestr yfed ar ffurf powlen fach a dolen i gydio ynddi; dysgl o grochenwaith ar ffurf hanner pelen a chlust iddi ar gyfer yfed ohoni CUP
2 y llestr arbennig sy'n dal gwin y cymun; caregl CHALICE
3 llestr addurniadol wedi'i wneud o fetel megis aur neu arian ac sy'n cael ei roi yn wobr mewn cystadleuaeth CUP

cwpanaid hwn neu hon egb llond cwpan CUPFUL, CUP OF

cwpla:cwpláu ffurfiau eraill ar **cwblhau**

cwpled hwn eg (cwpledi:cwpledau) dwy linell sy'n dilyn ei gilydd mewn darn o farddoniaeth, yn arbennig dwy linell o gywydd:

141

cwrens:cyrans

Hwrê! Mae'n fore o iâ,
Yn fore braf o eira,
(Donald Evans 'Diwrnod o Aeaf') COUPLET

cwpwl:cwpl hwn eg (cyplau)
1 dau gyda'i gilydd (Dyna'r hen gwpwl yn codi ac yn gadael gweddill y gynulleidfa.) COUPLE
2 ychydig, nifer bychan (Byddaf gyda chi mewn cwpwl o eiliadau.) COUPLE

cwpwrdd hwn eg (cypyrddau) set o silffoedd â drws neu ddrysau o'u blaen, weithiau wedi'u hadeiladu mewn wal ond gan amlaf yn gelficyn neu'n ddodrefnyn i gadw bwyd, llestri, dillad, llyfrau ac ati CUPBOARD (cypyrddaid)
  cwpwrdd cornel cwpwrdd ar ffurf triongl wedi'i wneud i ffitio i gornel CORNER-CUPBOARD
  cwpwrdd dillad WARDROBE
  cwpwrdd rhew oergell REFRIGERATOR

cwr hwn eg (cyrrau:cyrion)
1 cornel, congl, pen neu ran eithaf rhywbeth sy'n gorffen mewn pwynt neu bigyn (edrych ym mhob cwr a chornel) CORNER
2 terfyn, ffin, man eithaf, lle diarffordd, ymyl (Rydym yn byw yn awr ar gyrion y ddinas.) EDGE, OUTSKIRTS, EXTREMITY
  o'i gwr/chwr yn llwyr ac yn drefnus (Darllenodd y llyfr o'i gwr fesul tudalen.)

cwrcath:cwrci hwn eg (cwrcathod) cath wryw TOM-CAT

cwrcwd hwn eg (cyrcydau) ystum neu siâp rhywun sy'n eistedd ar ei sodlau neu ar gefn ei goesau SQUATTING, CROUCHING
  yn ei gwrcwd/chwrcwd yn eistedd ar ei sodlau SQUATTING

cwrdd[1] hwn eg (cyrddau)
1 cyfarfod, grŵp o bobl yn dod at ei gilydd (yn arbennig ar gyfer gwasanaeth crefyddol) MEETING
2 oedfa, gwasanaeth crefyddol mewn capel Anghydffurfiol SERVICE

cwrdd[2]**:cwrddyd** be (ffurf lafar yn y De)
1 cyfarfod, dod ynghyd (Rwy'n mynd i gwrdd â'r plant o'r ysgol.) TO MEET
2 cyffwrdd (Gofala na chwrddi di â'r wifren drydan 'na.) TO TOUCH

cwrel hwn eg (cwrelau) defnydd tebyg i galch o liw pinc neu wyn sy'n cael ei gynhyrchu gan anifail bach iawn (y polyp) ym moroedd trofannol y byd; dros amser maith, wrth i'r creaduriaid hyn farw a gadael eu sgerbydau calchog ar ôl, mae ynysoedd a thyfiant creigiog yn cael eu ffurfio yn y môr CORAL □ cramenogion

cwrens:cyrans hyn ell
1 grawnwin bychain heb eu hadau sydd wedi cael eu

sychu ac sy'n cael eu defnyddio mewn teisennau gan amlaf CURRANTS ☐ *ffrwythau* t.624
2 ffrwythau meddal, blasus sy'n tyfu ar lwyni bychain yn bwysi o aeron cochion, duon neu wynion yn ôl natur y llwyn; rhyfon CURRANTS
cwrens coch RED CURRANTS
cwrens duon BLACK CURRANTS
cwrens gwyn WHITE CURRANTS

cwricwlwm hwn *eg* (cwricwla) cwrs rheolaidd o astudiaeth mewn coleg neu ysgol, maes llafur CURRICULUM
y Cwricwlwm Cenedlaethol rhestr o bynciau craidd y disgwylir i bob plentyn gael eu dysgu yn yr ysgol, ynghyd â chynllun i fesur llwyddiant plant yn y pynciau hyn THE NATIONAL CURRICULUM

cwrl hwn *eg* (cwrls)
1 modrwy o wallt, cudyn bach o wallt wedi'i droi, cyrlen CURL
2 rhywbeth sydd yn debyg o ran siâp i fodrwy o wallt CURL

cwrlid hwn *eg* (cwrlidau) y gorchudd neu'r flanced uchaf ar wely COUNTERPANE
cwrlid plu gorchudd wedi'i lenwi â phlu ysgafn EIDERDOWN

cwrs[1] hwn *eg* (cyrs(i)au)
1 cyrch neu rediad sydyn i ryw gyfeiriad, e.e. *cic a chwrs* mewn gêm o rygbi CHASE
2 gyrfa, hynt, symudiad ymlaen o bwynt i bwynt *(Dilynodd gwrs yr afon at y môr.)* COURSE
3 cyfres o wersi neu ddarlithiau mewn rhyw faes arbennig, e.e. *cwrs o wersi gyrru* COURSE
4 un o gyfres o wahanol fathau o fwyd fel rhan o bryd bwyd *(Cawsom gawl i ddechrau ac yna bysgodyn fel ail gwrs.)* COURSE
cwrs carlam cwrs sy'n cywasgu llawer o ddysgu i ychydig o amser CRASH COURSE
wrth gwrs yn sicr OF COURSE

cwrs[2] *a* garw, amrwd, aflednais COARSE

cwrt hwn *eg* (cyrtiau)
1 llys, plasty, adeilad mawreddog, cartref uchelwr MANSION
2 man agored wedi'i amgáu ag adeiladau; buarth, iard COURTYARD
3 maes chwarae wedi'i amgáu ar gyfer gêmau megis tennis neu sboncen COURT
4 llys barn COURT

cwrtais *a* gair i ddisgrifio rhywun sy'n ymddwyn yn foneddigaidd; moesgar, hynaws COURTEOUS

cwrteisi hwn *eg* ymddygiad boneddigaidd, urddasol; moesgarwch, boneddigeiddrwydd COURTESY

cwrw hwn *eg* math o ddiod feddwol sy'n cael ei macsu o frag wedi'i flasu â hopys, mewn bragdy fel arfer ond hefyd gartref BEER, ALE
cwrw coch cwrw mwy melys na chwrw melyn MILD ALE
cwrw melyn cwrw chwerw BITTER ALE

cwrwg:cwrwgl:corwgl hwn *eg* (cyryglau) cwch bach, crwn i un neu ddau berson, wedi'i lunio o ffrâm ysgafn o wiail neu ddarnau hir o bren helyg neu ynn wedi'u hollti (dellt) ac wedi'u cydblethu, ac yna eu gorchuddio â chrwyn neu gynfas neu liain wedi'i beintio â phyg ac olew llin; mae rhai i'w gweld o hyd ar rai afonydd megis Teifi a Thywi yn Nyfed CORACLE ☐ *cyryglwr*

dellt

cwrwg:cwrwgl:corwgl

cwsg[1] hwn *eg* (cysgau) cyfnod rheolaidd o orffwys naturiol pan fydd corff dyn neu anifail yn anymwybodol; hun SLEEP
cwsg ci bwtsiwr cwsg ffug, rhywun yn ymddangos yn anymwybodol ond eto yn barod i ymateb yn gyflym; cysgu llwynog CATNAP

cwsg[2] *bf* mae ef/hi yn **cysgu**; bydd ef/hi yn **cysgu**

cwsg[3] *bf* gorchymyn i ti gysgu [**cysgu**]; cysga

cwsmer hwn *eg* (cwsmeriaid) un sy'n prynu rhywbeth gan fasnachwr neu siopwr CUSTOMER

cwstard hwn *eg* saws melyn, melys sy'n cael ei wneud trwy gymysgu powdr cwstard â llaeth berwedig CUSTARD
cwstard wy cymysgedd o wyau a llaeth wedi'i felysu,

cwt¹ hwn *eg* (cytiau) cut, twlc, math o sied neu adeilad ar gyfer cadw moch neu ieir COT, HUT
   cwt glo sied lo COAL-SHED
   cwt ieir sied ffowls HEN-COOP
   cwt mochyn twlc mochyn PIGSTY

cwt² hwn neu hon *egb* (cytau)
1 y darn neu'r aelod symudol sy'n tyfu wrth gefn creadur; cynffon TAIL
2 unrhyw beth sy'n debyg i gynffon o ran golwg, siâp neu safle TAIL
3 cefn, rhan olaf neu ran isaf rhai pethau, e.e. *cwt crys Dai bach y sowldiwr* TAIL
4 (ar lafar yn y De) rhes o bobl yn disgwyl eu tro, ciw *(aros yn y gwt)* QUEUE
5 blas annymunol ar ôl i chi fwyta rhywbeth (e.e. darn o fenyn drwg) TANG
   wrth ei gwt/chwt yn dilyn yn dynn tu ôl (i rywun)

cwt³ hwn *eg* (cytiau) anaf i'r cnawd trwy ei dorri â rhywbeth llym; archoll, clwyf CUT

cwta *a* gair i ddisgrifio:
1 rhywbeth sy'n cael ei dorri'n fyr neu'n swta SHORT, CURT
2 rhywbeth â chynffon fer SHORT-TAILED (cota)

cwter hon *eb* (cwteri)
1 rhigol neu sianel yn rhedeg gydag ochr heol/ffordd neu weithiau oddi tani i gludo dŵr neu garthion ymaith; ffos GUTTER
2 cafn cul, hir sy'n rhedeg gydag ymyl gwaelod to ac yn cludo dŵr glaw ymaith GUTTER

cwtiad aur hwn *eg* (cwtiaid aur) aderyn y mynydd-dir sy'n heidio ar dir is yn y gaeaf; mae gwawr melyn i'w blu GOLDEN PLOVER □ *adar* t.611

cwtogi *be*
1 byrhau, talfyrru, torri'n fyr, gwneud yn fyrrach TO SHORTEN
2 lleihau, crebachu, mynd yn llai TO SHRINK, TO CONTRACT

cwts¹:cwtsh hwn *eg* cuddfan, congl fechan, cwb, cwt bach *(cwtsh dan stâr; cwtsh glo)* RECESS

cwts²:cwtsh hwn *eg* magad, anwes *(Dere at Mam i gael cwtsh; rhoi cwtsh i'r gath)*

cwts³:cwtsh *bf* gorchymyn iti gwtsio [**cwtsio**]

cwtsio:cwtsied *be*
1 cyrcydu, eistedd ar eich sodlau, yswatio TO CROUCH
2 cuddio, ymguddio, cwato TO HIDE
3 closio; tynnu'n agos, agos at rywun, swatio, e.e. *mam yn cwtsio baban yn ei chôl* TO SNUGGLE

cwyd *bf* mae ef/hi yn **codi**; bydd ef/hi yn **codi**
Sylwch: mae angen 'ŵ' yn y ffurf 'chŵyd'.

cwymp hwn *eg* (cwymp(i)au)
1 disgyniad neu syrthiad (anfwriadol neu ddamweiniol), codwm, symudiad tuag i lawr FALL, TUMBLE, DESCENT
2 casgliad o gerrig a phridd sy'n syrthio mewn pwll glo neu chwarel FALL, COLLAPSE
3 codwm neu dafliad mewn cystadleuaeth ymaflyd codwm FALL
4 yn ddiwinyddol, yr hyn a ddigwyddodd i ddynion oherwydd pechod Adda ac Efa yng Ngardd Eden (sy'n cael ei adrodd yn llyfr Genesis) (THE) FALL
5 y weithred o dref neu gastell sydd wedi bod dan warchae yn ildio i'r gelyn; llwyr orchfygiad gwlad neu genedl gan ei gelynion SURRENDER, FALL

cwympo *be*
1 syrthio, disgyn, cael codwm *(Baglodd y dyn yn y pafin a chwympo.)* TO FALL
2 syrthio i lefel is o ran gwerth, maint neu uchder *(Mae lefel y dŵr yn y gronfa yn cwympo.)* TO FALL
3 newid cyflwr fel yn *cwympo i gysgu* TO FALL
4 dod i lawr *(llenni yn cwympo ar ddiwedd yr act gyntaf)* TO FALL
5 syrthio'n farw, yn arbennig mewn brwydr *(Cwympodd 20,000 o filwyr Prydain ym mrwydr y Somme ym 1916.)* TO FALL
6 cael eich gorchfygu *(Cwympodd y ddinas i'r gelyn.)* TO FALL
7 goleddfu am i lawr *(Mae'r tir yn cwympo tua'r môr.)* TO SLOPE DOWN
   cwympo ar fy (dy, ei etc.) mai cydnabod bai TO ADMIT TO BEING AT FAULT
   cwympo maes cweryla TO FALL OUT
   cwympo/syrthio mewn cariad ymserchu TO FALL IN LOVE

cwyn hwn neu hon *egb* (cwynion)
1 mynegiant o gam neu ofid neu alar; achwyniad COMPLAINT
2 achos cweryl neu anghydfod yn arbennig mewn achos cyfreithiol ACCUSATION
Sylwch: mae angen 'ŵ' yn y ffurfiau 'gŵyn', e.e. *dy gŵyn*, a 'chŵyn', e.e. *ei chŵyn*.
   dweud fy (dy, ei etc.) nghwyn mynegi'r hyn sy'n fy mhoeni TO VENT ONE'S GRIEVANCE

cwynfan *be* cwyno, achwyn, dolefain, ochneidio TO MOAN

cwynfanllyd *a* gair i ddisgrifio rhywun sy'n hoff o gwyno; ceintachlyd, gwenwynllyd QUERULOUS, GRUMBLING

cwyno *be*
 1 achwyn, grwgnach, cwynfan, dolefain, mynegi cam neu ofid TO COMPLAIN
 2 dioddef anhwylder, bod yn dost neu'n glaf TO COMPLAIN

cwynwr *hwn eg* (cwynwyr)
 1 person sy'n cwyno neu'n tuchan MOANER
 2 (yn gyfreithiol) achwynwr neu erlynydd mewn llys barn PLAINTIFF

cwyr *hwn eg*
 1 y defnydd melyn y mae gwenyn yn ei gynhyrchu i wneud diliau mêl; gwêr; y defnydd y mae canhwyllau'n cael eu gwneud ohono WAX
 2 defnydd tebyg a geir o fewn clustiau pobl WAX
 Sylwch: mae angen 'ŵ' yn y ffurf 'gŵyr', e.e. *o gŵyr*.

cwyrdeb *hwn eg* (cwyrdebau) sylwedd sy'n cael ei ddefnyddio i dewychu llaeth (e.e. er mwyn gwneud CAWS) RENNET

cwys *hon eb* (cwysi:cwysau) rhych neu rigol a gaiff ei gwneud gan aradr, a'r ymyl neu'r rhimyn o dir sy'n cael ei droi drosodd er mwyn gwneud y rhych ar un siwrnai o dalar i dalar FURROW
 Sylwch: mae angen 'ŵ' yn y ffurfiau 'gŵys' a 'chŵys'.
 torri cwys aredig cwys TO PLOUGH A FURROW

cybiau *hyn ell* mwy nag un **cwb**

cybolfa *hon eb* cymysgedd, casgliad di-drefn, cymysglyd (*Mae'r dillad yn y drôr yma'n un gybolfa flêr.*) HOTCHPOTCH
 melys gybolfa cymysgedd o deisen, ffrwythau, jeli a chwstard TRIFLE

cyboli *be* siarad dwli, baldorddi, clebran, rwdlian TO TALK NONSENSE

cybydd *hwn eg* (cybyddion) person sy'n or-hoff o gasglu arian, person sy'n byw'n grintachlyd er mwyn casglu arian neu gyfoeth MISER

cybyddlyd *a* gair i ddisgrifio rhywun sy'n debyg i gybydd; trachwantus, tyn MISERLY, MEAN

cycyllau *hyn ell* mwy nag un **cwcwll**

cycyllog *a* gair i ddisgrifio rhywbeth wedi'i orchuddio â chwcwll HOODED

cychod *hyn ell* mwy nag un **cwch**

cychwyn[1] *hwn eg*
 1 dechreuad (o ran lle neu amser) (*Rwy'n gobeithio y gwnawn ni gyrraedd mewn pryd i weld cychwyn y ffilm. Awn i fan cychwyn yr afon.*) START
 2 yr hen ystyr oedd naid neu lam fel yn yr arwyddair Y ddraig goch ddyry cychwyn. LEAP

cychwyn[2] *be*
 1 dechrau (cwrs neu daith ac ati) TO BEGIN
 2 creu, neu beri bodolaeth, e.e. *cychwyn tîm criced* TO START
 3 peri symudiad, rhoi ar fynd (*cychwyn car*) TO START
 4 dechrau defnyddio (*Cychwynnwch ar ail linell pob tudalen.*) TO START (dechrau)
 Sylwch: dyblwch yr 'n' ym mhob un o ffurfiau'r ferf ac eithrio'r rhai sy'n cynnwys '-as-', e.e. felly *cychwynnaf* ond *cychwynasant*.

ar gychwyn
 1 ar fin dechrau
 2 llanastr, annibendod (*Mae'r lle 'ma fel petai o ar gychwyn.*)

cychwynnol *a* gair i ddisgrifio rhywbeth sy'n dechrau, sy'n codi; gwreiddiol, cynhenid INITIAL

cyd[1] *hwn eg* uniad, cyfuniad, y berthynas rhwng dau beth sydd wedi dod ynghyd A JOINING, UNION
 ar y cyd gyda'i gilydd IN COMMON, JOINTLY
 i gyd yn gyfan ALTOGETHER

cyd[2] *a* gw. **cyhyd:cyd**

cyd...[3] rhagddodiad yr elfen gyntaf mewn geiriau megis *cydadrodd, cydbwyllgor, cydweithrediad* sy'n cadw'r ystyr o gyfuno ac sy'n cyfateb i'r Saesneg CO..., JOINT..., INTER..., UNITED
 Sylwch: pan olyga 'cyd-' *joint, fellow* dylid defnyddio cyplysnod ar ei ôl, e.e. *cyd-weithiwr* ond *cydweithio, cyd-wladwr* ond *cydwladol*.

cydaid *hwn eg* (cydeidiau) llond bag, llond cwdyn BAGFUL

cydau *hyn ell* mwy nag un **cwd** a **cwdyn**

cydbwysedd *hwn eg* cyfartaledd rhwng dau bwysau neu ddau rym, cytgord a chyfartaledd rhwng gwahanol rannau neu unedau o fewn rhywbeth BALANCE, EQUILIBRIUM (cytbwys)

cydbwyso *be* cloriannu, mantoli, sicrhau bod dau beth neu ddau rym neu ddwy duedd yn pwyso yr un faint; yn gytbwys TO WEIGH, TO BALANCE

cyd-destun *hwn eg* (cyd-destunau) y rhannau hynny mewn testun neu lyfr sy'n dod o flaen neu ar ôl dyfyniad ac sy'n rhoi iddo ei ystyr arbennig CONTEXT

cyd-dynnu *be* tynnu gyda'ch gilydd, cydweithio neu gyd-chwarae mewn ffordd gytûn TO PULL TOGETHER

cyd-ddigwyddiad *hwn eg* (cyd-ddigwyddiadau) perthynas ryfedd ond damweiniol rhwng dau neu ragor o ddigwyddiadau sydd, yn anfwriadol, yn digwydd yr un pryd COINCIDENCE

cyd-ddyn *hwn eg* (cyd-ddynion) aelod arall o'r hil ddynol FELLOW MAN

cydeidiau *hyn ell* mwy nag un **cydaid**

cyd-fynd *be* cytuno, cydsynio, cyd-weld TO AGREE

cydganol *a* (mewn mathemateg) gair i ddisgrifio pethau (cylchoedd, er enghraifft) sydd â'r un man canol CONCENTRIC

cydio *be*
1 cymryd gafael, e.e. *cydio yn llaw rhywun* TO HOLD, TO SEIZE
2 glynu wrth, gafael yn dynn TO HOLD FAST
3 (am bysgodyn) cymryd abwyd, cael ei fachu TO BITE
4 asio, clymu *(Bu'r esgyrn yn hir yn cydio ar ôl iddo dorri'i goes.)* TO JOIN

cydio wrth gosod yn sownd TO ATTACH

cydiwr *hwn eg* (cydwyr) (mewn modur) y peirianwaith sy'n caniatáu i'r darnau symudol gael eu cysylltu a'u datgysylltu (er mwyn newid gêr er enghraifft); clyts CLUTCH □ *car*

cydlyniad *hwn eg*
1 y weithred o gydlynu COHESION
2 y grym sy'n cadw rhannau solet neu hylif ynghlwm COHESION

cydlynu *be*
1 glynu ynghyd yn dynn fel rhannau o'r un gwrthrych neu sylwedd TO COHERE
2 tynnu rhannau ynghyd, cael gwahanol bobl (neu bethau) i ddeall ei gilydd a chydweithio TO CO-ORDINATE

cydnabod¹ *be*
1 cyfaddef, addef, arddel, e.e. *cydnabod llyfrau awduron eraill a fu'n gymorth wrth lunio'ch llyfr eich hun* TO ACKNOWLEDGE
2 dangos gwerthfawrogiad (weithiau trwy dâl neu drwy gymeradwyaeth) TO SHOW APPRECIATION

cydnabod² *hwn neu hon egb* (cydnabyddion) person yr ydych chi yn ei adnabod ACQUAINTANCE

cydnabyddedig *a* gair i ddisgrifio rhywun neu rywbeth sy'n cael ei gydnabod ACKNOWLEDGED, RECOGNIZED

cydnabyddiaeth *hon eb*
1 addefiad ACKNOWLEDGEMENT
2 diolch, gwerthfawrogiad, tâl am wasanaeth APPRECIATION

cydnaws *a* gair i ddisgrifio:
1 rhywun neu rywbeth y mae'n rhwydd ei dderbyn neu bod yn ei gwmni CONGENIAL, COMPATIBLE
2 rhywbeth sy'n gweddu i rywbeth arall *(Dyw'r llenni coch llachar yna ddim yn gydnaws â gweddill yr ystafell.)* COMPATIBLE

cydnerth *a* gair i ddisgrifio:
1 rhywun neu rywbeth sy'n gryf ac yn gryno STRONG, SOLID
2 (am berson) rhywun cryf, cyhyrog sy'n llydan ac yn braff BURLY, THICKSET

cydoesi [â] *be* byw yr un pryd â, byw yn yr un cyfnod â TO BE A CONTEMPORARY OF

cydol *hwn neu hon egb* fel yn yr ymadrodd *trwy gydol y dydd*, cyfanrwydd, y cyfan oll THE WHOLE

cydosod *be* gosod ynghyd, ffitio darnau at ei gilydd TO ASSEMBLE

cydradd *a* cyfartal, cyfwerth, o'r un radd *(Roedd Siôn a Siân yn gydradd gyntaf yn yr arholiad.)* EQUAL

cydraddoldeb *hwn eg* y cyflwr neu'r stad o fod yn gyfartal, o fod o'r un gwerth EQUALITY

cydran *hon eb* (cydrannau) unrhyw un darn sy'n rhan o gyfanwaith (yn arbennig mewn peiriant neu system) COMPONENT

cydryw *a* gair i ddisgrifio rhywbeth sydd wedi'i wneud o ddarnau neu rannau o'r un math HOMOGENEOUS

cydsynio *be* cytuno, cyd-weld, bod yn unfryd, bod o'r un farn; caniatáu TO AGREE, TO ASSENT

cydweithio *be* gweithio gyda rhywun neu rywrai TO CO-OPERATE, TO COLLABORATE

cyd-weithiwr *hwn eg* (cyd-weithwyr) rhywun yr ydych chi'n gweithio gydag ef neu hi COLLEAGUE, FELLOW-WORKER

cydweithrediad *hwn eg* y gwaith o weithio gydag eraill tuag at ddiben cyffredin CO-OPERATION

cydweithredol *a*
1 gair i ddisgrifio rhywun neu rywrai sy'n gweithio gyda'i gilydd neu sefyllfa lle y mae rhai yn cydweithredu CO-OPERATIVE
2 (mewn busnes) gair i ddisgrifio cwmni, busnes neu fferm sy'n cael ei reoli gan ei gwsmeriaid neu gan ei weithwyr CO-OPERATIVE

cydweithredu *be* cydweithio; mewn busnes neu gymdeithas, gweithio gydag eraill tuag at ryw ddiben cyffredin oddi mewn i'r un cwmni TO CO-OPERATE

cyd-weld *be* cydsynio, cytuno, bod yn unfryd TO AGREE, TO SEE EYE TO EYE

cydwladol *a* rhyngwladol, yn perthyn i nifer o wledydd neu genhedloedd gyda'i gilydd INTERNATIONAL

cyd-wladwr *hwn eg* (cyd-wladwyr) brodor o'r un wlad â chi COMPATRIOT, FELLOW COUNTRYMAN

cydwybod *hon eb* teimlad mewnol sy'n dweud wrth berson a yw rhywbeth y mae'n ei wneud yn foesol dda neu'n ddrwg ac sy'n peri i'r person hwnnw deimlo'n euog neu'n fodlon fel canlyniad CONSCIENCE

cydwybodol *a* gair i ddisgrifio rhywun sy'n gwrando ar lais ei gydwybod ac o ganlyniad yn gwneud ei orau glas CONSCIENTIOUS

gwrthwynebwr cydwybodol gw. **gwrthwynebydd:gwrthwynebwr**

cydwyr *hyn ell* mwy nag un **cydiwr**

cydymaith *hwn eg* (cymdeithion)
1 cyd-deithiwr, cyfaill, cymar, un sy'n cadw cwmni i berson COMPANION

cydymdeimlad   146   **cyfamod**

  2 teitl i lawlyfr neu arweinlyfr i faes arbennig GUIDE, COMPANION

cydymdeimlad hwn *eg* tosturi neu drugaredd tuag at rywun arall SYMPATHY

cydymdeimlo [â] *be* teimlo tosturi dros rywun arall; datgan eich cydymdeimlad tuag at rywun (*Cofia anfon carden i gydymdeimlo â Mrs Evans.*) TO SYMPATHIZE

cydymffurfio *be*
  1 ufuddhau, ymddwyn fel y mae pobl eraill yn disgwyl i chi wneud TO CONFORM
  2 derbyn a dilyn trefn yr Eglwys Sefydledig TO CONFORM (anghydffurfiol)

cyddwysedd hwn *eg*
  1 y newid o nwy i hylif (e.e. ager yn troi'n ddŵr) CONDENSATION
  2 y dafnau o wlybaniaeth sy'n cael eu cynhyrchu wrth i nwy droi'n hylif CONDENSATION

cyf. *byrfodd*
  1 cyfrol VOLUME, VOL.
  2 cyfyngedig LIMITED, LTD.
  3 cyfeiriad REFERENCE, REF.

cyfadran hon *eb* (cyfadrannau) cangen neu faes cyffredinol o wybodaeth neu ddysg (mewn prifysgol yn arbennig), e.e. *Cyfadran y Gyfraith; Cyfadran Gwyddoniaeth*; fel arfer, nifer o adrannau gyda'i gilydd FACULTY

cyfaddawd hwn *eg* (cyfaddawdau) cytundeb mewn anghydfod a ddaw trwy ddewis llwybr canol, gyda phob ochr yn yr anghydfod yn barod i aberthu rhywbeth er mwyn cyrraedd cytundeb COMPROMISE

cyfaddawdu *be* dod i gytundeb trwy beidio â hawlio'r cyfan y byddech yn hoffi ei gael a thrwy ganiatáu i eraill gael rhai o'r pethau y maen nhw'n eu hawlio TO COMPROMISE

cyfaddef *be* cyffesu, cydnabod neu addef bai neu wendid (*Roedd yn rhaid i John gyfaddef nad oedd wedi gwneud ei waith cartref.*) TO CONFESS, TO ADMIT

cyfaddefiad hwn *eg* (cyfaddefiadau)
  1 cyffes, cydnabyddiaeth o fai neu wendid CONFESSION, ADMISSION
  2 yr hyn yr ydych yn ei gyfaddef CONFESSION, ADMISSION

cyfagos *a* agos o ran amser neu le, heb fod ymhell, yn ffinio neu'n cyffwrdd â'i gilydd (*Croesodd y bont i'r caeau cyfagos.*) CLOSE, NEAR, ADJOINING

cyfangu *be* gwneud yn fyrrach, lleihau, byrhau (*Mae metel poeth yn cyfangu wrth oeri.*) TO CONTRACT

cyfaill hwn *eg* (cyfeillion)
  1 person yr ydych yn hoff o'i gwmni/chwmni ac sy'n rhannu'r un diddordebau a hoff bethau; ffrind FRIEND
  2 cymar, cwmni (*Cyfaill gorau dyn, yn ôl rhai, yw ei gi.*) FRIEND
  3 cynorthwywr, un sy'n cynghori'n ddoeth neu sy'n cydymdeimlo (*Bu'r doctor yn gyfaill da i ni adeg salwch Dad.*) FRIEND
  4 person neu gynulleidfa sy'n cael ei hannerch (*Gyfeillion, yr ydym wedi dod ynghyd ...*)
  5 un nad oes angen ei ofni, un nad yw'n elyn FRIEND
  6 person lled gyfarwydd nad ydych yn gwybod ei enw (*Ym mha ffordd y gallaf fod o gymorth i chi, gyfaill?*) FRIEND
  7 dieithryn sy'n tynnu sylw mewn ffordd ddigrif neu ffordd anffodus (*Mae'n cyfaill â'r traed mawr wedi cyrraedd eto.*) FRIEND

cyfain *a* gair i ddisgrifio mwy nag un peth **cyfan** (*Dim ond pedwar o blatiau cyfain oedd yn y bocs: roedd y gweddill yn deilchion.*)

cyfaint hwn *eg* (cyfeintiau) mesur ar sail faint o le sydd o fewn rhywbeth, neu faint fyddai ei angen i'w lenwi (*Cyfaint y cynhwysydd hwn yw 8 metr ciwbig.*) VOLUME

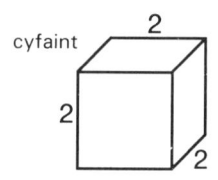

cyfair gw. **cyfer:cyfair**

cyfalaf hwn *eg*
  1 cyfoeth, yn arbennig cyfoeth wedi'i grynhoi â'r bwriad o gynhyrchu rhagor o gyfoeth CAPITAL
  2 yr arian sydd wrth gefn cwmni masnachol neu unigolyn CAPITAL

cyfalafiaeth hon *eb* cyfundrefn economaidd wedi'i seilio ar gyfoeth neu gyfalaf yn nwylo unigolion neu gwmnïau preifat (o'i chyferbynnu â chyfundrefn lle mae pob cwmni neu fusnes yn eiddo i'r wladwriaeth) CAPITALISM (comiwnyddiaeth)

cyfalafwr hwn *eg* (cyfalafwyr) person sy'n credu mewn cyfalafiaeth neu sy'n berchen cyfalaf CAPITALIST

cyfalaw hon *eb* (cyfalawon) (mewn cerdd dant) yr alaw sy'n cael ei chanu gan y llais, yn erbyn yr alaw a genir gan y delyn COUNTER-MELODY

cyfamod hwn *eg* (cyfamodau)
  1 cytundeb dwys, ffurfiol rhwng dau neu ragor o unigolion neu bleidiau (*Cyfamod oedd yr enw ar y cytundeb a luniwyd rhwng Duw a'r Iddewon yn ôl yr Hen Destament.*) COVENANT
  2 addewid ysgrifenedig i dalu swm o arian yn flynyddol i eglwys, elusen ac ati COVENANT

cyfamodi *be*
 1 gwneud cyfamod â rhywun neu ynglŷn â rhywbeth TO CONTRACT
 2 addo talu hyn a hyn o arian y flwyddyn am nifer o flynyddoedd i berson arbennig neu i eglwys, elusen ac ati TO COVENANT

cyfamser *hwn eg*
 1 y cyfnod neu'r ysbaid rhwng dau bwynt mewn amser MEANTIME
 2 cyfnod neu ysbaid penodedig o amser pan fu neu pan fydd rhywbeth arall yn digwydd MEANWHILE

cyfan[1] *a* gair i ddisgrifio rhywbeth heb ei dorri neu heb ei rannu; cwbl, llwyr, cyflawn COMPLETE, WHOLE (cyfain)
 cyfan gwbl i gyd, llwyr, hollol gyfan, heb ddim yn eisiau COMPLETE, ABSOLUTE

cyfan[2] *hwn eg* yr hyn a gewch ar ôl adio popeth at ei gilydd, y cwbl, swm, crynswth TOTAL, WHOLE
 ar y cyfan wedi ystyried popeth ON THE WHOLE
 wedi'r cyfan AFTER ALL

cyfander *hwn eg* y cyflwr o fod yn gyfan heb ddim ar wahân, cyfanrwydd ENTIRETY

cyfandir *hwn eg* (cyfandiroedd) un o saith prif raniad tiroedd y Ddaear, sef Awstralia, Affrica, De America, Gogledd America, Yr Antarctig, Ewrop ac Asia (nid yw'r Arctig yn gyfandir) CONTINENT □ *Dwyrain Canol*
 y Cyfandir Ewrop o'i gyferbynnu â Phrydain *(Rydym yn mynd i'r Cyfandir ar ein gwyliau eleni.)* THE CONTINENT

cyfandirol *a*
 1 gair i ddisgrifio unrhyw beth sy'n nodweddiadol o gyfandir neu sy'n perthyn i gyfandir CONTINENTAL
 2 Ewropeaidd o'i gyferbynnu â Phrydeinig CONTINENTAL

cyfanheddu *be* preswylio, gwneud cartref, meddiannu lle anghyfannedd, diffaith er mwyn byw ynddo TO INHABIT, TO SETTLE

cyfannedd *hwn eg* (cyfanheddau)
 1 man i breswylio neu i fyw ynddo, annedd DWELLING PLACE
 2 tir wedi'i feddiannu er mwyn byw yno o'i wrthgyferbynnu â thir diffaith HABITATION

cyfannu *be*
 1 gwneud yn gyfan neu'n gyflawn, cwblhau TO MAKE WHOLE
 2 uno, tynnu at ei gilydd, asio *(Amcan Eisteddfod Gydwladol Llangollen yw cyfannu pobloedd y byd mewn cân.)* TO JOIN, TO UNITE

cyfanrif *hwn eg* (cyfanrifau) rhif cyflawn heb ffracsiwn dros ben *(Mae 3 yn gyfanrif, nid felly 3½.)* INTEGER, WHOLE NUMBER

cyfanrwydd *hwn eg* y cyflwr neu'r stad o fod yn gyfan heb ddim yn eisiau; cyflawnder WHOLENESS, TOTALITY

cyfansawdd[1] *a* gair i ddisgrifio rhywbeth cyfan sydd wedi'i lunio neu'i ffurfio o ddau neu ragor o ddarnau, neu o ddefnyddiau unigol COMPOUND
 gair cyfansawdd gair sydd wedi'i lunio o ddwy ran amlwg, e.e. *blaenllaw, bochgoch, wythnos* COMPOUND WORD

cyfansawdd[2] *hwn eg* (am gyfansawdd cemegol) gw. **cyfansoddyn**

cyfansoddi *be* ysgrifennu darn gwreiddiol o lenyddiaeth neu gerddoriaeth TO COMPOSE

cyfansoddiad *hwn eg* (cyfansoddiadau)
 1 rhywbeth sy'n cael, neu sydd wedi cael, ei gyfansoddi (e.e. darn o farddoniaeth neu gerddoriaeth) COMPOSITION
 2 y dull y mae rhywbeth wedi cael ei gyfansoddi, ei wead neu ei wneuthuriad COMPOSITION
 3 cyflwr neu gryfder corff dyn CONSTITUTION
 4 yr egwyddorion neu'r rheolau ffurfiol sy'n sail i drefn a chyfraith cymdeithas, talaith, cenedl neu wladwriaeth CONSTITUTION

cyfansoddiadol *a* gair i ddisgrifio rhywbeth sy'n perthyn i'r ffordd y mae cymdeithas arbennig, neu wlad, yn cael ei rheoli; cyfreithiol, yn cadw at y rheolau CONSTITUTIONAL

cyfansoddwr *hwn eg* (cyfansoddwyr) un sy'n cyfansoddi, yn arbennig un sy'n cyfansoddi darnau o gerddoriaeth COMPOSER

cyfansoddyn *hwn eg* (cyfansoddion) sylwedd cemegol wedi'i ffurfio trwy gyfuno dwy neu ragor o elfennau cemegol mewn ffordd reolaidd *(Mae dŵr yn gyfansoddyn wedi'i ffurfio trwy gyfuno hydrogen ac ocsygen.)* COMPOUND

cyfanswm *hwn eg* (cyfansymiau) yr hyn a gewch ar ôl ychwanegu nifer o symiau at ei gilydd, e.e. *17 yw cyfanswm (3 x 2) + (10 − 1) + (4 ÷ 2)* TOTAL, SUM

cyfanwaith *hwn eg* (cyfanweithiau) gwaith cyflawn a gorffenedig sy'n ffurfio uned berffaith allan o'r darnau a gafodd eu defnyddio i'w wneud

cyfanwerthu *be* gwerthu nwyddau yn eu crynswth, sef gwerthu llawer o'r un peth i siopwr (sef y mân werthwr neu'r adwerthwr) a fydd yn eu gwerthu fesul un i'r cyhoedd TO SELL WHOLESALE

cyfarch[1] *hwn neu hon egb* (cyfarchion)
 1 y geiriau a'r ystumiau a ddefnyddir wrth gyfarfod â rhywun, sydd fel arfer yn mynegi pleser a chroeso; cyfarchiad GREETING
 2 anerchiad, cyflwyniad llafar i gynulleidfa neu grŵp ADDRESS

cyfarch² *be* siarad neu annerch rhywun wrth ei gyfarfod, fel arfer i fynegi pleser, croeso neu ddymuniadau da *(Y peth cyntaf a wna Mam bob bore yw fy nghyfarch â 'Bore da'.)* TO GREET

cyfarch gwell croesawu, dymuno'n dda TO GREET

cyfarchiad *hwn eg* (cyfarchiadau) yr un ystyr â **cyfarch¹** GREETING

cyfarchion *hyn ell* mwy nag un **cyfarch¹**; dymuniadau da *(cyfarchion y tymor)* GREETINGS

cyfaredd *hon eb* (cyfareddau) rhyw atyniad dirgel sy'n hudo'r synhwyrau; hud, swyn, dewiniaeth CHARM, ENCHANTMENT

cyfareddol *a* gair i ddisgrifio rhywbeth sy'n hudo'r synhwyrau; swynol, hudolus ENCHANTING, MAGICAL

cyfareddu *be* swyno, hudo, syfrdanu, swyngyfareddu'r synhwyrau TO ENCHANT, TO CHARM

cyfarfod¹ *hwn eg* (cyfarfodydd)
1 cynulliad o bobl wedi dod ynghyd i ryw ddiben arbennig (e.e. i gydaddoli neu i wrando ar ddarlith ac ati); cwrdd MEETING
2 dyfodiad ynghyd *(man cyfarfod dwy linell)* MEETING

cyfarfod² [â] *be*
1 dod ynghyd, dod wyneb yn wyneb â rhywun, weithiau ar ddamwain, weithiau yn ôl rhyw drefniant; cwrdd TO MEET
2 cyffwrdd â rhywun neu rywbeth *(Mae'r ddwy linell yn cyfarfod yma.)* TO TOUCH
3 dod i adnabod am y tro cyntaf *(Dewch i'r clwb i gyfarfod â rhai o'r aelodau.)* TO MEET
4 bodloni, ateb cais neu hawl *(Rwy'n gobeithio y bydd cymaint â hyn o fara yn ddigon i gyfarfod â'r angen.)* TO MEET
5 bod mewn man arbennig ar adeg y bydd rhywun neu rywbeth yn cyrraedd *(Fe ddaw dy dad i gyfarfod y bws pump.)* TO MEET (cyferfydd)

cyfarfyddiad *hwn eg* (cyfarfyddiadau) yr hyn sy'n digwydd wrth i ddau beth neu berson gyfarfod, dyfodiad ynghyd; cyfuniad MEETING

cyfarpar *hwn eg* offer angenrheidiol i ryw ddiben neu bwrpas arbennig *(cyfarpar ar gyfer arbrawf mewn labordy; cyfarpar coginio)* EQUIPMENT, APPARATUS

cyfartal *a* gair i ddisgrifio mwy nag un peth sydd o'r un rhif neu o'r un gwerth neu o'r un maint; cydradd, cyfwerth EQUAL

gêm gyfartal gêm a'r ddau dîm yn cael yr un sgôr DRAWN GAME

cyfartaledd *hwn eg*
1 cydbwysedd, y cyflwr o fod cyfwerth, cydraddoldeb, tegwch, cyfiawnder EQUALITY, PROPORTION
2 y swm a geir o adio nifer o rifau at ei gilydd ac yna rannu'r cyfanswm â nifer y rhifau a adiwyd *(Cyfartaledd 3, 8 a 10 yw 7.)* AVERAGE
3 safon sy'n cael ei derbyn fel un arferol neu gyffredin AVERAGE

ar gyfartaledd ar ôl pwyso a mesur, ar y cyfan ON AVERAGE

cyfarth¹ *hwn eg* sain nodweddiadol ci BARK

cyfarth² *be*
1 gwneud sŵn cras (gan amlaf am gi) TO BARK, TO YELP
2 gwneud sŵn cras, sydyn, bygythiol yn debyg ei effaith i gyfarthiad ci TO BARK

cyfarthiad *hwn eg* (cyfarthiadau) un sŵn cyfarth gan gi neu sŵn tebyg i gyfarth ci BARK

cyfarwydd¹ *a* gair i ddisgrifio rhywun neu rywbeth rydych chi'n ei adnabod yn dda, sy'n adnabyddus; hysbys, cynefin FAMILIAR

cyfarwydd² *hwn eg* (cyfarwyddiaid) yn yr hen amser, gŵr a fyddai'n ennill ei fywoliaeth trwy adrodd chwedlau a storïau; storïwr proffesiynol STORY-TELLER

cyfarwyddiad : cyfarwyddyd *hwn eg* (cyfarwyddiadau) arweiniad, hyfforddiant, cyngor ynglŷn â beth i'w wneud a sut i'w wneud DIRECTION, ADVICE, INSTRUCTION

cyfarwyddiadur *hwn eg* (cyfarwyddiaduron) llyfr ymchwil mewn rhyw faes neu feysydd o wybodaeth, sydd, fel arfer, yn rhestru enwau a chyfeiriadau pobl yn nhrefn yr wyddor DIRECTORY

cyfarwyddo *be*
1 arwain, hyfforddi, cynghori ynglŷn â beth i'w wneud a sut i'w wneud *(Roedd ôl cyfarwyddo gofalus ar y perfformiad yma o'r ddrama.)* TO DIRECT
2 dangos y ffordd, cyfeirio, e.e. *cyfarwyddo traffig* TO DIRECT
3 (cyfarwyddo â) cynefino, dod yn gyfarwydd â rhywun neu rywbeth TO BECOME ACCUSTOMED TO

cyfarwyddwr *hwn eg* (cyfarwyddwyr)
1 person sy'n cyfarwyddo neu'n llywio cymdeithas neu wasanaeth arbennig, e.e. *cyfarwyddwr addysg* DIRECTOR
2 un o fwrdd neu grŵp sydd yn gyfrifol am redeg cwmni masnachol DIRECTOR
3 person sy'n gyfrifol am gyfarwyddo drama neu ffilm, yn arbennig y person sy'n rheoli'r rhai sy'n actio ac yn trin y camerâu DIRECTOR

cyfarwyddyd gw. **cyfarwyddiad:cyfarwyddyd**

cyfateb [i] *be* ateb i rywbeth arall trwy fod yn gytbwys ag ef neu o'r un gwerth ag ef *(Mae 5 ceiniog ddegol yn cyfateb i 12 hen geiniog.)* TO CORRESPOND, TO TALLY

a b c ch d dd e f ff g ng h i j (k) l ll m n o p ph r rh s t th u w y (z)

cyfatebiaeth hon *eb* (cyfatebiaethau) yr hyn sy'n gwneud i un peth gyfateb i rywbeth arall; tebygrwydd, y cyflwr o fod yn debyg i rywbeth arall CORRESPONDENCE, ANALOGY

cyfatebol *a* gair i ddisgrifio rhywun neu rywbeth sy'n cyfateb CORRESPONDING

cyfath *a* gair i ddisgrifio ffurfiau geometrig sydd yn union yr un fath o ran maint a llun *(trionglau cyfath)* CONGRUENT

cyfathrach hon *eb* perthynas, cysylltiad, cyfnewidiad syniadau neu weithredoedd rhwng pobl; cyfeillach INTERCOURSE

cyfathrach rywiol yr uno corfforol rhwng gŵr a gwraig sy'n gallu arwain at gael babi SEXUAL INTERCOURSE

cyfathrachu [â] *be*
1 cyfeillachu, cymdeithasu, bod yn gyfeillgar â phobl TO MIX
2 cyplysu, uno corfforol gŵr a gwraig TO HAVE INTERCOURSE

cyfathrebu *be* rhannu newyddion, syniadau, gwybodaeth ac ati (trwy gyfrwng y radio, y teledu, a'r papurau newydd gan amlaf) TO COMMUNICATE

cyfddydd hwn *eg* toriad dydd, y wawr DAYBREAK, DAWN

cyfeb *a* gair i ddisgrifio caseg neu ddafad feichiog (ac ebol neu oen ynddi) PREGNANT

cyfeddach[1] *be* gwledda, gloddesta, yfed a bwyta'n helaeth TO CAROUSE

cyfeddach[2] hon *eb* gwledd, parti mawr a llawer o ddiod feddwol ynddo CAROUSAL, PARTY

cyfeiliant hwn *eg* (cyfeiliannau) (mewn cerddoriaeth) cerddoriaeth offerynnol i gynnal unawdydd neu grŵp, e.e. *cyfeiliant piano i unawd soprano* ACCOMPANIMENT

cyfeilio *be* chwarae cerddoriaeth gynorthwyol i ddawnswyr, cantorion neu offerynwyr ac ati, e.e. *band yn cyfeilio i barti dawns* TO ACCOMPANY

cyfeiliorn hwn *eg* (fel yn yr ymadrodd *ar gyfeiliorn*) crwydrad diamcan, troad oddi ar ffordd iawn A STRAYING

ar gyfeiliorn ar goll, yn crwydro'n ddibwrpas ASTRAY

cyfeiliorni *be* crwydro, gwyro neu adael y ffordd iawn, bod dan gamargraff, camsynied, gwneud camgymeriad TO STRAY, TO ERR

cyfeiliornus *a* gair i ddisgrifio rhywun neu rywbeth sydd wedi mynd ar gyfeiliorn neu sydd yn arwain eraill ar gyfeiliorn, yn arbennig yn eu syniadau neu'u cred; anghywir ERRONEOUS, DEVIATING

cyfeilydd hwn *eg* (cyfeilyddion) un sy'n cyfeilio (fel arfer ar biano neu organ) ACCOMPANIST

cyfeillach hon *eb*
1 cymdeithas o gyfeillion FELLOWSHIP
2 seiat, cwrdd gweddi FELLOWSHIP
3 cyfeillgarwch FRIENDSHIP

cyfeilles hon *eb* (cyfeillesau) cyfaill sy'n wraig neu'n ferch FRIEND (FEMALE)

cyfeillgar *a* gair i ddisgrifio rhywun neu rywrai sydd am fod yn gyfaill neu'n gyfeillion; caredig, cariadus FRIENDLY, AMICABLE

cyfeillgarwch hwn *eg* y berthynas o hoffter a chariad sy'n bodoli rhwng cyfeillion FRIENDSHIP

cyfeillion hyn *ell* mwy nag un **cyfaill**

cyfeintiau hyn *ell* mwy nag un **cyfaint**

cyfeiriad hwn *eg* (cyfeiriadau)
1 cwrs a ddilynir tuag at le arbennig, neu'r ffordd y mae'n rhaid mynd i gyrraedd man arbennig DIRECTION
2 nodyn wrth ysgrifennu, neu sôn wrth siarad, yn tynnu sylw at rywbeth arall sy'n gysylltiedig â'r testun *(Roedd cyfeiriad yn araith y prifathro at waith da bechgyn y chweched dosbarth gyda'r tîm pêl-droed.)* REFERENCE
3 y cyfarwyddyd ar amlen llythyr sy'n dweud at bwy y mae'r llythyr yn cael ei anfon a lle yn union y mae'n byw ADDRESS

cyfeiriadur hwn *eg* (cyfeiriaduron) math arbennig o lyfr sy'n rhestru enwau a chyfeiriadau unigolion a chwmnïau; cyfarwyddiadur, e.e. *cyfeiriadur teleffon* DIRECTORY

cyfeiriannu *be* rasio ar draws gwlad gan ddefnyddio map a chwmpawd TO ORIENTEER

cyfeirio *be*
1 dweud wrth rywun sut mae cyrraedd rhywle TO DIRECT
2 ysgrifennu enw a chyfeiriad ar amlen llythyr TO ADDRESS
3 crybwyll, tynnu sylw at TO REFER
4 llywio tuag at, anelu at TO STEER, TO MAKE FOR

cyfeirlyfr hwn *eg* (cyfeirlyfrau) cyfarwyddiadur, llyfr (e.e. geiriadur neu wyddoniadur) nad yw wedi'i fwriadu i'w ddarllen o glawr i glawr ond yn hytrach, un y gallwch gyfeirio ato am wybodaeth arbennig REFERENCE BOOK

cyfenw hwn *eg* (cyfenwau) enw teulu sy'n dilyn yr enw(au) bedydd; steil *(Lewis yw cyfenw awdur y gyfrol hon.)* SURNAME

cyfenwadur hwn *eg* (yn dechnegol) enwadur (sef rhif tan y llinell mewn ffracsiwn) y mae modd iddo gael ei rannu heb ddim dros ben gan holl enwaduron rhes benodol o ffracsiynau, e.e. Mae $\frac{1}{12}$ yn gyfenwadur i $\frac{1}{4}$, $\frac{1}{3}$, $\frac{1}{2}$ a $\frac{1}{6}$. COMMON DENOMINATOR

cyfer:cyfair hwn *eg* (cyferiau) yn wreiddiol, cymaint o dir ag yr oedd yn bosibl ei aredig mewn diwrnod—

mesur a fyddai'n amrywio o ardal i ardal; erbyn heddiw, erw, acer ACRE

ar fy (dy, ei etc.) nghyfer rhuthro'n ddiofal, yn ddifeddwl, e.e. *siarad ar fy nghyfer* HEADLONG, THOUGHTLESS

ar gyfer
1 i, er mwyn, ynglŷn â WITH REGARD TO, IN RESPECT OF
2 yn wynebu, cyferbyn â *(Rydym yn byw ar gyfer y capel.)* OPPOSITE

cyferbyn *a* (fel yn yr ymadrodd *gyferbyn â*)
1 wyneb yn wyneb, mewn gwrthgyferbyniad *(dau dŷ gyferbyn â'i gilydd)* OPPOSITE
2 ar gyfer, er mwyn *(Mae gennyf ddeg punt yn fy mhoced gyferbyn ag unrhyw gostau ychwanegol.)* FOR THE PURPOSE OF

cyferbyniad *hwn eg* (cyferbyniadau) gwahaniaeth sy'n cael ei danlinellu trwy osod un peth yn erbyn rhywbeth arall; gwrthwyneb cymhariaeth CONTRAST

cyferbyniol:cyferbynnol *a* gair i ddisgrifio rhywbeth sy'n gyferbyniad i rywbeth arall; gwrthgyferbyniol, cyfochrog CONTRASTING, OPPOSITE

cyferbynnu *be* tynnu sylw at wahaniaeth rhwng pethau trwy eu gosod ochr yn ochr TO CONTRAST
Sylwch: dyblwch yr 'n' ym mhob un o ffurfiau'r ferf ac eithrio'r rhai sy'n cynnwys -as-.

cyferfydd *bf* mae ef/hi yn **cyfarfod**; bydd ef/hi yn **cyfarfod**

cyfethol *be* ethol person ar bwyllgor trwy bleidleisiau aelodau'r pwyllgor TO CO-OPT

cyfiawn *a* gair i ddisgrifio rhywun neu rywbeth sy'n deg, sy'n gyfreithlon, sy'n iawn; da, gwir RIGHTEOUS, JUST

cyfiawnder *hwn eg* (cyfiawnderau)
1 yr hyn sy'n gwneud rhywun neu rywbeth yn gyfiawn; daioni yn ôl cyfraith neu batrwm moesol RIGHTEOUSNESS
2 tegwch cyfreithiol rhwng dyn a'i gyd-ddyn JUSTICE

cyfiawnhad *hwn eg* y rhesymau, yr amgylchiadau neu'r esgusodion sy'n cael eu defnyddio i ddangos bod rhywbeth yn deg, yn gyfreithlon, yn gyfiawn *(Roedd gen i gyfiawnhad dros siarad fel y gwnes i â thad y ferch—roedd hi wedi dwyn pum bar o siocled o'r siop.)* JUSTIFICATION

cyfiawnhau *be*
1 gwneud yn gyfiawn, cyhoeddi bod rhywun yn ddieuog TO JUSTIFY
2 (yn ddiwinyddol) cymodi rhwng dyn a Duw wrth i ddyn anghofio am ei hunangyfiawnder a chredu'n llwyr yn lle hynny yn Iesu Grist TO JUSTIFY
3 rhoi rhesymau i ddangos neu i geisio profi bod rhywbeth yn gyfiawn TO JUSTIFY

cyfiawnheir *bf* mae rhywun neu rywbeth yn cael ei gyfiawnhau [**cyfiawnhau**]; bydd rhywun neu rywbeth yn cael ei gyfiawnhau [**cyfiawnhau**]

cyfieithiad *hwn eg* (cyfieithiadau) trosiad (gair neu frawddeg neu ddarn hwy) o un iaith i iaith arall TRANSLATION

cyfieithu *be*
1 cyflwyno ystyr a synnwyr rhywbeth sydd wedi'i fynegi mewn un iaith, mewn iaith arall; trosi TO TRANSLATE
2 trosi rhywbeth o un cyfrwng i gyfrwng arall *(cyfieithu geiriau yn weithredoedd)* TO TRANSLATE

cyfieithydd *hwn eg* (cyfieithwyr) person sydd yn trosi deunydd o'r naill iaith i'r llall; lladmerydd TRANSLATOR, INTERPRETER

cyflafan *hon eb* difrod, distryw, galanastr, lladdfa fawr HAVOC, MASSACRE

cyflaith *hwn eg* math o losin neu dda-da brown gludiog wedi'i wneud trwy ferwi menyn, siwgr a dŵr gyda'i gilydd; cyffaith, taffi TOFFEE, CONFECTION

cyflanwaf *be* rwy'n **cyflenwi**; byddaf yn **cyflenwi**

cyflau mwy nag un **cwfl**

cyflawn *a* gair i ddisgrifio:
1 rhywbeth llawn, llwyr, wedi'i orffen, wedi dod i ben COMPLETE, ENTIRE
2 (fel yn *cyflawn aelodau*) rhywun sydd â'r holl briodoleddau ac sy'n ateb yr holl ofynion FULL
3 (yn ramadegol) berf nad yw'n gallu derbyn gwrthrych, nad oes rhaid wrth wrthrych i'w chwblhau, e.e. 'eistedd', 'syrthio', *eisteddodd, syrthiais* INTRANSITIVE (anghyflawn, berf)

cyflawnder *hwn eg* digonedd, llawnder, toreth, amlder ABUNDANCE

cyflawni *be* llwyddo i wneud, cwblhau, dwyn i ben, gorffen (gyda'r awgrym ei fod yn dipyn o gamp) TO FULFIL, TO ACCOMPLISH

cyfle *hwn eg* (cyfleoedd) siawns, adeg fanteisiol, amser neu amgylchiad addas CHANCE, OPPORTUNITY

achub y cyfle gw. **achub**

cyfleaf *be* rwy'n **cyfleu**; byddaf yn **cyfleu**

cyfled *a* mor **llydan**

cyflegr *hwn eg* (cyflegrau) math o wn nerthol, henffasiwn yr oedd yn rhaid ei sicrhau naill ai i'r ddaear neu ar ei gerbyd cyn ei danio; canon CANNON

cyflenwad *hwn eg* (cyflenwadau) cymaint ag sydd eisiau i ateb angen; yr hyn sy'n cael ei ddarparu i ddiwallu angen *(Cyrhaeddodd y lorri â chyflenwad o fwyd i'r tlodion.)* SUPPLY

cyflenwi *be* diwallu angen, darparu digon i gwrdd ag angen TO SUPPLY (cyflanwaf)

cyflenwol *a*
1 (mewn mathemateg) gair i ddisgrifio ongl sydd ynghyd ag ongl arall yn gwneud 90° COMPLEMENTARY
2 (am liwiau) gair i ddisgrifio lliwiau sydd yn creu gwyn neu lwyd pan gânt eu cymysgu â'i gilydd COMPLEMENTARY

cyfleu *be* cyflwyno, trosglwyddo (yn arbennig teimlad), gyda'r syniad o awgrymu yn hytrach na mynegi'n uniongyrchol *(Roedd y gerddoriaeth yn llwyddo i gyfleu tristwch y cyfansoddwr.)* TO CONVEY (cyfleaf)

cyfleus *a* gair i ddisgrifio rhywbeth rhwydd i gael gafael arno, hylaw, hwylus *(Mae'n gyfleus iawn weithiau cael siop y drws nesaf i'r tŷ.)* CONVENIENT, HANDY

cyfleusterau *hyn ell* mwy nag un **cyfleustra:cyfleuster** fel arfer, mae'n cyfeirio at y cyflenwad arferol o ddŵr, trydan a charthffosiaeth sydd gan dŷ FACILITIES

cyfleusterau cyhoeddus tai bach/toiledau cyhoeddus PUBLIC CONVENIENCES

cyfleustra:cyfleuster *hwn eg* (cyfleusterau) adeg, amser neu le cyfleus neu bwrpasol CONVENIENCE

cyflin *hon eb* (cyflinau) (mewn daearyddiaeth) cyflin lledred, unrhyw un o nifer o linellau a dynnir ar fap yn gyfochrog â'r cyhydedd PARALLEL (hydred)

cyflog *hwn neu hon egb* (cyflogau)
1 tâl penodol am gyfnod o wasanaeth PAY, WAGES, SALARY
2 cytundeb, amodau cyflogi HIRE
gwas cyflog gw. **gwas**

cyflogi *be* penodi rhywun am dâl i roi gwasanaeth arbennig neu i wneud gwaith penodol TO EMPLOY

cyflogwr *hwn eg* (cyflogwyr) person, sefydliad neu gwmni sy'n rhoi gwaith i bobl am dâl, yn cyflogi gweithwyr EMPLOYER

cyflwr *hwn eg* (cyflyrau) y stad a'r amgylchiadau y mae rhywun neu rywbeth yn eu cael eu hunain ynddynt *(Mae to'r ysgol mewn cyflwr gwael.)* STATE, CONDITION

cyflwyniad *hwn eg* (cyflwyniadau)
1 y weithred o gyflwyno, perfformiad *(Ceir dau gyflwyniad o'r ddrama bob nos.)* PRESENTATION
2 y ffordd neu'r dull y mae rhywbeth yn cael ei gyflwyno neu ei gynnig *(Llongyfarchodd yr athro ei blant ar eu cyflwyniad o'u cywaith.)* PRESENTATION
3 rhagair yn cyflwyno llyfr (i berson amlwg gan amlaf) DEDICATION

cyflwyno *be*
1 rhoi, estyn, offrymu *(Cyflwynodd y canwr pop y gwobrau i enillwyr y gystadleuaeth.)* TO PRESENT
2 gosod achos neu gais gerbron rhywun neu rywrai iddyn nhw ei ystyried *(Cyflwynodd y cyfreithiwr amddiffyniad Dafydd i'r llys.)* TO SUBMIT
3 dwyn person i sylw neu adnabyddiaeth person arall *('Mae'n bleser gennyf gyflwyno ein gwraig wadd heno.')* TO INTRODUCE

cyflym *a*
1 buan, chwim, sydyn *(Mae Dylan yn rhedwr cyflym.)* QUICK
2 bywiog ei feddwl, deallus, llym, miniog *(Mae gan Iwan feddwl cyflym iawn.)* SHARP, KEEN (cynt)

cyflymder:cyflymdra *hwn eg*
1 buander, pa mor gyflym y mae rhywun neu rywbeth yn symud SPEED, SWIFTNESS
2 (yn dechnegol) buanedd mewn cyfeiriad arbennig VELOCITY (gw. Atodiad III t.605)

cyflymu *be*
1 mynd yn gynt, prysuro, symud yn gyflymach TO HASTEN, TO ACCELERATE
2 (yn dechnegol) cynyddu buanedd o fewn uned o amser TO ACCELERATE

cyflymydd *hwn eg* (cyflymyddion) (mewn ffiseg) peiriant arbennig sy'n gorfodi gronynnau o fater i symud yn gyflym iawn ACCELERATOR (sbardun)

cyflyrau *hyn ell* mwy nag un **cyflwr**

cyflyru *be* dull arbennig o hyfforddi sy'n gwneud i rywun ymateb mewn ffordd arbennig mewn amgylchiadau penodol *(Fel rhan o'i driniaeth, byddai'r meddyg yn hypnoteiddio ysmygwyr i'w cyflyru i deimlo'n sâl bob tro y byddent yn cyffwrdd â sigarét.)* TO CONDITION (cyflwr)

cyflythreniad *hwn eg* cyfatebiaeth sain neu seiniau ar ddechrau dau neu ragor o eiriau sy'n dilyn ei gilydd (e.e. melys moes mwy) ALLITERATION

cyfnas gw. **cynfas:cyfnas**

cyfnewid *be*
1 newid, troi i ffurf neu gyflwr gwahanol *(Ar ôl y rhyfel yr oedd yr hen ffordd o fyw wedi'i chyfnewid yn llwyr.)* TO CHANGE, TO ALTER
2 newid am rywbeth arall, cynnig a derbyn y naill beth yn lle'r llall, masnachu, marchnata, ffeirio TO EXCHANGE, TO TRADE

cyfnewidfa *hon eb* (cyfnewidfeydd) adeilad neu fan arbennig ar gyfer cyfnewid arian neu symud sieciau o'r naill fanc i'r llall, neu lle y mae gwŷr busnes yn ymgynnull i drafod a chynnal busnes ariannol EXCHANGE, CLEARING-HOUSE

cyfnewidfa ffôn man canolog lle y mae gwifrau ffôn yn dod at ei gilydd er mwyn i bobl fedru siarad â'i gilydd ar y ffôn TELEPHONE EXCHANGE

cyfnewidfa stociau y man lle y mae stociau a chyfranddaliadau yn cael eu prynu a'u gwerthu STOCK EXCHANGE

cyfnewidiol *a* gair i ddisgrifio rhywbeth sy'n tueddu i newid, sy'n anwadal, na allwch fod yn sicr ohono, sy'n oriog *(tywydd cyfnewidiol)* CHANGEABLE, VARIABLE

cyfnither hon *eb* (cyfnitheroedd) merch i ewythr neu fodryb FIRST COUSIN (FEMALE) ▢ *teulu* (cefnder)

cyfnod hwn *eg* (cyfnodau) ysbaid penodol o amser â dechrau a diwedd iddo *(cyfnodau heulog, cyfnod y Tuduriaid)* PERIOD, ERA

cyfnodol *a* gair i ddisgrifio rhywbeth sy'n ymddangos neu sy'n digwydd yn gyson, wedi i gyfnod penodedig o amser fynd heibio PERIODICAL

cyfnodolyn hwn *eg* (cyfnodolion) cyhoeddiad (cylchgrawn neu bapur fel arfer) sy'n ymddangos hyn a hyn o weithiau'r flwyddyn A PERIODICAL

cyfnos hwn *eg* min nos, y cyfnod cyn iddi nosi'n llwyr DUSK, TWILIGHT

cyfochrog *a* gair i ddisgrifio:
1 dau neu ragor o bethau (megis llinellau, ochrau ac ati) sy'n rhedeg ochr yn ochr ond sy'n cadw'r un pellter oddi wrth ei gilydd; paralel PARALLEL
2 pethau sy'n debyg i'w gilydd PARALLEL (cyflin)

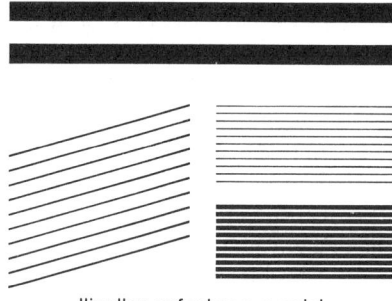

llinellau cyfochrog, paralel

cyfodi *be* (gair sydd braidd yn henffasiwn) codi, sefyll TO ARISE

cyfoedion hyn *ell* mwy nag un person sy'n perthyn i'r un cyfnod neu genhedlaeth, sydd o'r un oedran â'i gilydd; cyfoeswyr CONTEMPORARIES

cyfoes *a* gair i ddisgrifio rhywun neu rywbeth:
1 sy'n perthyn i'r un oes neu gyfnod CONTEMPORARY
2 sy'n perthyn i'r oes sydd ohoni (gyda'r awgrym o fod yn fodern) CONTEMPORARY

cyfoeswr hwn *eg* (cyfoeswyr) person sy'n byw yn ystod yr un cyfnod â rhywun neu rywbeth penodol arall, un sy'n cydoesi â rhywun neu rywbeth A CONTEMPORARY

cyfoeth hwn *eg*
1 eiddo megis tai, tiroedd, nwyddau neu arian; casgliad o bethau sy'n fwy gwerthfawr na'r cyffredin; golud *(Mae rhai pobl yn anhapus fod llawer o gyfoeth gan nifer bychan o wledydd neu unigolion tra bo cymaint o angen a newyn yn y byd.)* WEALTH, AFFLUENCE
2 casgliad neu grynhoad o unrhyw beth sy'n cael ei gyfri'n werthfawr *(Mae ganddi gyfoeth o brofiad yn y maes hwn.)* WEALTH

cyfoethocach:cyfoethocaf:cyfoethoced *a* mwy **cyfoethog** : mwyaf **cyfoethog** : mor gyfoethog [**cyfoethog**]

cyfoethog *a* gair i ddisgrifio rhywun sydd â llawer o arian neu eiddo, neu rywbeth gwerthfawr arall; goludog *(geirfa gyfoethog)* RICH, WEALTHY

cyfoethogi *be* gwneud yn gyfoethog TO MAKE RICH, TO ENRICH

cyfog hwn *eg* tafliad i fyny, salwch y stumog NAUSEA, VOMIT

codi cyfog gw. **codi**

cyfogi *be* chwydu, taflu i fyny TO VOMIT, TO BE SICK

cyfoglyd *a* gair i ddisgrifio rhywbeth sy'n achosi i rywun gyfogi NAUSEOUS, SICKENING

cyforiog *a* gair i ddisgrifio rhywbeth sy'n llawn hyd yr ymyl, yn orlawn, yn gorlifo, yn heigio, yn doreithiog OVERFLOWING, TEEMING

cyfosod *be* gosod ynghyd, rhoi ochr yn ochr, cyfuno TO PLACE SIDE BY SIDE

cyfradd hwn neu hon *egb* (cyfraddau)
1 gwerth, buanedd ac ati wedi'i fesur mewn perthynas â swm arall *(Cyfradd y genedigaethau yw nifer y genedigaethau o'u cymharu â nifer y bobl.)* RATE
2 tâl neu swm o arian wedi'i benderfynu yn ôl rhyw raddfa arbennig RATE

cyfradd cyfnewid/gyfnewid y berthynas mewn gwerth rhwng arian cyfredol dwy wlad THE RATE OF EXCHANGE

cyfradd llog y tâl am roi benthyg arian wedi'i fynegi fel canran INTEREST RATE

cyfradd morgais/forgais y llog sydd rhaid ei dalu ar arian a fenthycwyd i brynu tŷ ac ati MORTGAGE INTEREST RATE

cyfraith hon *eb* (cyfreithiau)
1 rheol neu ddeddf sy'n cael ei chynnal gan y wladwriaeth ac y mae disgwyl i gymdeithas ufuddhau iddi LAW
2 corff o reolau neu ddeddfau tebyg sy'n cael eu dilyn gan wlad neu genedl LAW
3 astudiaeth neu ddehongliad o gorff o ddeddfau *(Rwy'n astudio'r gyfraith yn y coleg.)* LAW (deddf)

cyfraith gwlad y rhan honno o'r gyfraith sy'n trafod anghydfod rhwng personau, neu hawliau'r unigolyn, yn hytrach na phethau milwrol neu gyfraith troseddwyr CIVIL LAW

cyfraith Hywel y corff o gyfreithiau a gafodd eu llunio yn Hendy-gwyn ar Daf yng nghanol y 10fed ganrif ar orchymyn Hywel Dda

cyfraith y Mediaid a'r Persiaid ymadrodd i ddisgrifio rhywbeth anhyblyg, di-droi'n-ôl, amhosibl ei newid THE LAW OF THE MEDES AND THE PERSIANS

cyfraith troseddwyr y rhan honno o'r gyfraith sy'n trafod troseddau CRIMINAL LAW

mynd i gyfraith dechrau achos cyfreithiol TO LITIGATE, TO GO TO LAW

yng-nghyfraith fel yn *brawd-yng-nghyfraith, mam-yng-nghyfraith* teulu'r person yr ydych yn briod ag ef neu hi IN-LAW

yn wyneb y gyfraith herio'r gyfraith IN DEFIANCE OF THE LAW

cyfran hwn neu hon *egb* (cyfrannau)
1 rhan, siâr, dogn, rhaniad, dosbarthiad *(Bydd yn bwrw glaw dros gyfran helaeth o'r wlad heddiw.)* PORTION, QUOTA
2 (yn ffigurol) tynged, ffawd, rhan *(Tristwch a dioddefaint yw fy nghyfran i mewn bywyd.)* LOT
3 yr ateb a gewch wrth rannu un rhif â rhif arall (6 ÷ 3 = 2, 2 felly yw'r cyfran.) QUOTIENT

cyfranddaliad hwn *eg* (cyfranddaliadau) pan fydd rhywun yn buddsoddi arian mewn cwmni masnachol mae'n cael hyn a hyn o gyfranddaliadau sy'n rhoi hawl iddo/iddi gael cyfran o elw'r cwmni hwnnw SHARE

cyfranddaliwr:cyfranddeiliad hwn *eg* (cyfranddalwyr: cyfranddeiliaid) un sy'n berchen cyfranddaliadau cwmni masnachol SHAREHOLDER

cyfraniad hwn *eg* (cyfraniadau) rhodd neu offrwm i gronfa; yr hyn sy'n cael ei gynnig fel rhan o gyfanswm mwy (e.e. yn ffigurol *cyfraniad i ddadl*) CONTRIBUTION

cyfrannedd hon *eb* (cyfraneddau) (mewn mathemateg) perthynas rhwng maint pethau sydd o'r un gymhareb, e.e. *mae 6 i 4 yr un gyfrannedd â 24 i 16 gan fod 6 a 24 1.5 gwaith yn fwy na 4 ac 16.* PROPORTION

cyfrannol *a*
1 gair i ddisgrifio rhywbeth sy'n cyfrannu at rywbeth, sydd â rhan yn rhywbeth CONTRIBUTORY
2 (mewn mathemateg) gair i ddisgrifio pethau sydd o'r un gyfrannedd, sydd â'u maint yn perthyn ar sail yr un gymhareb PROPORTIONAL

cyfrannu [at] *be* rhoi rhodd tuag at gronfa gyffredin; bod yn rhan, cymryd rhan yn rhywbeth TO CONTRIBUTE
Sylwch: dyblwch yr 'n' ym mhob un o ffurfiau'r ferf ac eithrio'r rhai sy'n cynnwys *-as-*.

cyfrannwr hwn *eg* (cyfranwyr) un sy'n cyfrannu CONTRIBUTOR

cyfranogi *be*
1 cymryd rhan yn rhywbeth, cyfrannu TO PARTICIPATE
2 derbyn, meddu ar TO PARTAKE OF

cyfranwyr hyn *ell* mwy nag un **cyfrannwr**

cyfredol *a*
1 gair i ddisgrifio rhywbeth sydd yn cydredeg â rhywbeth arall, sydd yn digwydd yr un pryd â rhywbeth arall CONCURRENT
2 diweddaraf, diwethaf *(rhifyn cyfredol y cylchgrawn* Llais Llyfrau*)* CURRENT

cyfreithiau hyn *ell* mwy nag un gyfraith [**cyfraith**]

cyfreithiol *a* gair i ddisgrifio rhywbeth sy'n perthyn i gyfraith neu lys barn LEGAL, JUDICIAL

cyfreithiwr hwn *eg* (cyfreithwyr) un sy'n cynghori pobl yn broffesiynol ynglŷn â materion cyfreithiol ac yn dadlau eu hachos mewn llys barn; twrnai LAWYER, SOLICITOR

cyfreithlon *a* gair i ddisgrifio rhywbeth sydd:
1 yn cael ei dderbyn a'i ganiatáu o fewn y gyfraith LEGAL
2 (am blentyn) plentyn sy'n cael ei eni o fewn priodas (yn hytrach na phlentyn nad yw ei rieni yn briod â'i gilydd) LEGITIMATE

cyfreithloni *be*
1 gwneud rhywun neu rywbeth yn gyfreithlon, awdurdodi trwy gyfraith *(Mae'r ddeddf bellach wedi cyfreithloni gwerthu diod feddwol ar y Sul yn y rhan fwyaf o Gymru.)* TO LEGALIZE, TO AUTHORIZE
2 cyfiawnhau TO JUSTIFY

cyfres hon *eb* (cyfresi) nifer o bethau sy'n debyg mewn rhyw ffordd ac sy'n dilyn ei gilydd mewn trefn arbennig; rhes, rhestr SERIES, LIST

cyfrif[1] hwn *eg* (cyfrifon)
1 adroddiad ysgrifenedig neu ar lafar yn cofnodi digwyddiad arbennig; hanes ACCOUNT
2 datganiad gan fanc neu fusnes o'r arian a dderbyniodd a'r arian a wariodd *(Yn ôl ein cyfrifon yr ydym wedi gorwario eleni.)* ACCOUNT
3 adroddiad o'r arian sy'n ddyledus i rywun neu ganddo; cownt *(A wnei di ychwanegu cost y bwyd yma at fy nghyfrif?)* ACCOUNT
4 swm o arian sy'n cael ei gadw mewn banc, ac y gellir tynnu arno neu ychwanegu ato ACCOUNT

ar bob cyfrif wrth gwrs, â phleser BY ALL MEANS
ar unrhyw gyfrif am unrhyw reswm ON ANY ACCOUNT
cyfrif cadw cyfrif mewn banc neu gymdeithas adeiladu ar gyfer pobl sydd am gynilo arian DEPOSIT ACCOUNT

cyfrif cyfredol cyfrif banc y mae modd tynnu arian ohono â siec ar unrhyw adeg CURRENT ACCOUNT
galw rhywun i gyfrif gw. **galw**
cyfrif² *be*
  1 rhifo, adrodd y rhifolion (1, 2, 3 ac ati) mewn trefn TO COUNT
  2 adio rhifau at ei gilydd i gyrraedd cyfanswm TO ADD, TO CALCULATE
  3 egluro, esbonio, rhoi rheswm dros *(Beth sy'n cyfrif fod cyn lleied o bobl yma heno?)* TO ACCOUNT (FOR)
  4 bod o werth, bod yn deilwng o sylw *(y blas sy'n cyfrif)* TO BE OF WORTH
  5 ystyried *(Roedd hi'n cael ei chyfrif yn un o weithwyr gorau'r cwmni.)* TO CONSIDER
cyfrif y gost ystyried y canlyniadau TO COUNT THE COST
cyfrifiad hwn *eg* (cyfrifiadau) y rhifo swyddogol sy'n digwydd er mwyn darganfod faint o bobl sy'n byw mewn gwlad ac i ddarganfod ffeithiau pwysig amdanynt CENSUS
cyfrifiadur hwn *eg* (cyfrifiaduron) peiriant electronig sy'n gallu cadw, prosesu ac atgynhyrchu gwybodaeth a chyfrif yn hynod o gyflym COMPUTER

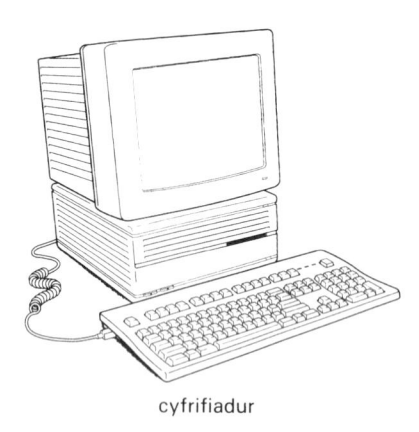

cyfrifiadur

cyfrifiadureg hon *eb* yr wyddor sy'n ymwneud â phob agwedd ar gyfrifiaduron COMPUTER SCIENCE
cyfrifiaduro *be*
  1 cadw gwybodaeth o fewn cyfrifiadur TO COMPUTERIZE
  2 rhoi system neu waith ar gyfrifiadur *(cyfrifiaduro'r ffordd y mae llyfrau'n cael eu benthyca mewn llyfrgell)* TO COMPUTERIZE
cyfrifiadurol *a* gair i ddisgrifio rhywbeth sy'n ymwneud â chyfrifiaduron
cyfrifiadurwr hwn *eg* (cyfrifiadurwyr)
  1 arbenigwr ym maes cyfrifiaduron COMPUTER SCIENTIST
  2 un sy'n gweithio cyfrifiadur COMPUTER OPERATOR

cyfrifiannell hwn *eg* (cyfrifianellau) peiriant cyfrif electronig, sy'n debyg i gyfrifiadur bach heb fod ganddo'r cof i drin llawer o wybodaeth CALCULATOR
cyfrifo *be* datrys trwy ddefnyddio rhifau TO CALCULATE
cyfrifol *a* gair i ddisgrifio rhywun neu rywrai y gallwch ddibynnu arnynt, sy'n barod i dderbyn y bai os nad yw pethau'n iawn; atebol, ystyriol RESPONSIBLE
cyfrifoldeb hwn *eg* (cyfrifoldebau) rhywbeth yr ydych chi yn gyfrifol amdano; rhywbeth y disgwylir i chi fod yn atebol drosto; gofal RESPONSIBILITY, ONUS
cyfrifon hyn *ell* mwy nag un **cyfrif**
cyfrifydd hwn *eg* (cyfrifwyr:cyfrifyddion) arbenigwr ar gadw cyfrifon, person sy'n gofalu am faterion ariannol; ystadegydd ACCOUNTANT
cyfrin *a* dirgel, cudd, cêl, anodd ei ddeall, tywyll ei ystyr MYSTERIOUS, MYSTIC, ESOTERIC
cyfrinach hon *eb* (cyfrinachau)
  1 ffaith neu wybodaeth sy'n cael ei chadw gan un person neu nifer cyfyngedig o bobl, ac nad yw pawb i fod i wybod amdani *(y gyfrinach ynglŷn â lle mae'r trysor wedi'i guddio)* SECRET
  2 esboniad ar rywbeth dyrys, allwedd i ddeall rhywbeth *(Cyfrinach ei llwyddiant oedd ei gwaith caled hyd oriau mân y bore.)* SECRET
cyfrinachol *a* gair i ddisgrifio rhywbeth cudd, dirgel, na ddylid ei ddatgelu; cyfrin SECRET, CONFIDENTIAL
cyfrinfa hon *eb* (cyfrinfeydd) man ar gyfer cyfarfodydd cyfrinachol, man cyfarfod cymdeithas gudd, hefyd yr aelodau, e.e. *cyfrinfa'r Seiri Rhyddion* LODGE
cyfriniaeth hon *eb* y gred fod modd cymuno neu gysylltu'n uniongyrchol â Duw trwy weddi, myfyrdod neu ymarferion arbennig, ac felly dreiddio i ddirgelion y tu hwnt i ddeall dyn MYSTICISM
cyfriniol *a* gair i ddisgrifio rhywbeth sy'n perthyn i gyfriniaeth, neu sydd yn ymwneud â chyfriniaeth; cyfrin, cudd, dirgel MYSTICAL
cyfrinydd hwn *eg* (cyfrinwyr:cyfrinyddion) un sy'n arddel ac yn ymarfer cyfriniaeth MYSTIC
cyfrodeddu *be* cydblethu, nyddu ynghyd TO ENTWINE, TO PLAIT

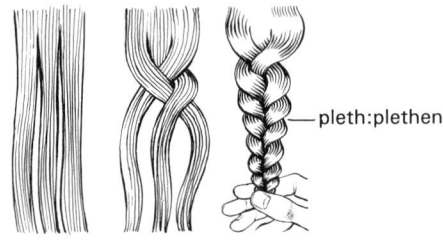

pleth:plethen

cyfrodeddu, plethu

cyfrol hon *eb* (cyfrolau)
1 casgliad o dudalennau wedi eu hysgrifennu neu eu hargraffu, ac wedi'u rhwymo ynghyd; llyfr VOLUME
2 un llyfr allan o gyfres *(Cyfrol I* Chwilota) VOLUME

cyfrwng hwn *eg* (cyfryngau) y modd neu'r offeryn a ddefnyddir i gyflawni rhywbeth *(Pibau tanddaearol yw'r cyfrwng i drosglwyddo dŵr o gronfeydd anghysbell i'n tai.)* MEDIUM (cyfryngau)

cyfrwy hwn *eg* (cyfrwyau) math arbennig o sedd ledr sy'n cael ei chlymu ar gefn ceffyl ar gyfer ei farchogaeth; neu'r rhan honno o feic yr ydych yn eistedd arni SADDLE □ *ceffyl*

cyfrwyo *be* gosod cyfrwy ar gefn ceffyl, asyn ac ati TO SADDLE

cyfrwys *a* gair i ddisgrifio rhywun y mae gofyn gofalu nad yw'n eich twyllo; ystrywgar, yn llawn triciau CUNNING, CRAFTY

cyfrwyster:cyfrwystra hwn *eg* yr hyn sy'n gwneud rhywun yn gyfrwys, craffter neu fedr i dwyllo neu gamarwain CUNNING, CRAFTINESS

cyfrwywr hwn *eg* (cyfrwywyr) un sy'n gwneud neu'n gwerthu cyfrwyau SADDLER

cyfryngau hyn *ell* mwy nag un **cyfrwng**, ond fel arfer mae'n cyfeirio at y cyfryngau cyfathrebu torfol megis teledu, radio, papurau newydd ac ati THE MEDIA

cyfryngwr hwn *eg* (cyfryngwyr)
1 person diduedd a gaiff ei ddewis i geisio cymodi rhwng dau berson neu ddwy blaid sy'n anghytuno; canolwr INTERMEDIARY, MEDIATOR
2 Iesu Grist yn cymodi rhwng Duw a dyn INTERCESSOR

cyfryw *a* y fath, tebyg, cyffelyb, o'r un rhyw *(y cyfryw rai)* SUCH
fel y cyfryw AS SUCH

cyfuchlin hwn *eg* (cyfuchlinau) llinell ar fap sy'n cysylltu mannau sydd ar yr un uchder uwchlaw lefel y môr CONTOUR LINE

cyfuchlinedd hwn *eg* (mewn daearyddiaeth) siâp neu ffurf darn o dir CONTOUR

cyfun *a* (mewn addysg) gair i ddisgrifio ysgol lle y mae pob plentyn, beth bynnag ei allu neu waith ei rieni, yn derbyn ei addysg o 11 oed ymlaen COMPREHENSIVE

cyfundeb hwn *eg* (cyfundebau) corff o bobl a gysylltir gan gredo wleidyddol neu grefyddol, e.e. *y Cyfundeb Methodistaidd* UNION

cyfundrefn hon *eb* (cyfundrefnau)
1 nifer o ddarnau neu unedau cysylltiedig sy'n cydweithio o fewn uned gymhleth SYSTEM
2 cynllun, patrwm, trefn reolaidd i weithio oddi mewn iddi SYSTEM
3 cynllun i ddosbarthu a gosod trefn ar bethau, ffeithiau, syniadau ac ati SYSTEM
4 corff o egwyddorion, syniadau, moesau ac ati SYSTEM

cyfundrefnu *be* gosod rhywbeth yn gaeth o fewn cyfundrefn TO SYSTEMATIZE

cyfuniad hwn *eg* cynnyrch cyfuno dau neu ragor o bethau; canlyniad dod â dau neu ragor o bethau ynghyd *(Mae'r te a brynwn mewn siop yn gyfuniad o wahanol fathau o ddail te.)* BLEND

cyfuno *be* uno, mynd yn un â, dwyn i undeb â'i gilydd TO COMBINE, TO BECOME ONE

cyfuwch *a* mor **uchel**, cyn uched

cyf-weld *be* holi person yn ffurfiol ar lafar, yn arbennig pan fo'n ceisio am swydd, neu le mewn coleg, ond hefyd ar radio neu deledu neu er mwyn ysgrifennu erthygl amdano/amdani TO INTERVIEW

cyfweliad hwn *eg* (cyfweliadau) cyfarfod ffurfiol i holi person ar lafar (ar gyfer swydd, neu ar y radio neu'r teledu) INTERVIEW

cyfwerth *a* o'r un gwerth â, o werth cyfartal EQUIVALENT, EQUAL

cyfwng hwn *eg* (cyfyngau) (mewn cerddoriaeth) y pellter rhwng traw nodau cerddorol INTERVAL

cyfwng cyfuchlin (mewn daearyddiaeth) y gwahaniaeth uchder rhwng cyfuchlinau a'i gilydd CONTOUR INTERVAL

cyfyd *bf* mae ef/hi yn **codi**; bydd ef/hi yn **codi**

cyfyng *a* cul, caeedig, wedi'i gadw o fewn terfynau, tyn NARROW, RESTRICTED

cyfyngau hyn *ell* mwy nag un **cyfwng**

cyfyngder hwn *eg* (cyfyngderau) ing, trallod, cyflwr pan fydd popeth yn gwasgu arnoch chi ANGUISH, DISTRESS

cyfyngedig *a* gair i ddisgrifio rhywbeth sydd wedi'i gyfyngu, wedi ei wasgu neu ei gadw o fewn terfynau pendant; cyf. CONFINED, LIMITED

cyfyng-gyngor hwn *eg* penbleth, dryswch, poen meddwl, cyflwr o fod heb wybod beth i'w wneud neu i'w feddwl QUANDARY, DILEMMA

cyfyngu *be* culhau, gwasgu'n dynnach, gosod terfyn, caethiwo, crebachu, tynhau, tynnu ynghyd TO RESTRICT, TO CONTRACT, TO LIMIT

cyfyl hwn *eg* ymyl, agosrwydd PROXIMITY, VICINITY
ar gyfyl (mewn brawddegau negyddol, e.e. *Nid oes neb ar gyfyl y lle.)* ar bwys, yn agos, yn ymyl NEAR

cyfyrder hwn *eg* (cyfyrdyr) mab i gefnder neu gyfnither un o'ch rhieni SECOND COUSIN (MALE) □ *teulu*

cyfyrderes hon *eb* (cyfyrderesau) merch i gefnder neu gyfnither un o'ch rhieni SECOND COUSIN (FEMALE) □ *teulu*

cyfystyr *a* o'r un ystyr, yn cyfleu yr un synnwyr SYNONYMOUS

cyfystyron hyn *ell* geiriau sy'n cyfleu yr un synnwyr neu'r un ystyr SYNONYMS

cyff hwn *eg* (cyffion)
1 bôn coeden, boncyff, darn praff o bren TRUNK, STUMP
2 hen air am flwch, coffr neu gist, e.e. *cyff casglu* BOX
3 fframyn o bren i ddal traed neu ddwylo a phen drwgweithredwr fel cosb STOCK (cyffion)
4 casgliad o gardiau chwarae (52 fel arfer) PACK
5 tylwyth, tras, llinach, ach, hynafiaid teulu LINEAGE
6 haniad, tarddiad, hil, cenedl EXTRACTION, RACE

cyff gwawd testun sbort BUTT OF RIDICULE, LAUGHING STOCK

cyff gwenyn cwch gwenyn BEEHIVE □ *gwenynen*

cyff gwn y darn pren sy'n pwyso yn erbyn yr ysgwydd STOCK □ *bollt*

cyffaith hwn *eg* (cyffeithiau) bwyd wedi'i wneud trwy ferwi ffrwyth mewn siwgr yn arbennig ar gyfer ei daenu ar frechdan; jam PRESERVE, JAM

cyffeithio *be*
1 berwi ffrwyth mewn siwgr er mwyn i'r ffrwyth gadw heb bydru TO JAM, TO PRESERVE
2 halltu neu biclo cigoedd neu lysiau i'w cadw rhag pydru TO PICKLE, TO PRESERVE

cyffeithydd hwn *eg* (cyffeithyddion) rhywbeth (cemegyn fel arfer) sy'n cael ei ddefnyddio i gadw bwydydd rhag pydru PRESERVATIVE

cyffelyb *a* tebyg, megis, fel LIKE

cyffelybiaeth hon *eb* (cyffelybiaethau)
1 (fel ffigur ymadrodd) cymhariaeth ddychmygol rhwng dau beth gan ddefnyddio, fel arfer, 'mor' neu 'cyn' (e.e. cyn wynned â chalch; mor dywyll â bola buwch) SIMILE
2 tebygrwydd, cymhariaeth SIMILARITY

cyffes hon *eb* (cyffesion)
1 cyfaddefiad, addefiad, cydnabyddiaeth eich bod ar fai ADMISSION
2 datganiad o ffydd neu gredo PROFESSION
3 cyfaddefiad pechodau i offeiriad CONFESSION

cyffesu *be* cyfaddef, cydnabod, yn arbennig cyfaddef pechodau i offeiriad TO CONFESS, TO ADMIT

cyffiniau hyn *ell* (mwy nag un **cyffin** hwn *eg*); ffiniau, gororau, tir gerllaw rhyw derfynau neu ffiniau, ardal gyfagos, cymdogaeth (*Mae'r ffermwr yn dweud bod yna gadno yn y cyffiniau.*) BOUNDS, VICINITY

cyffio *be* mynd yn stiff a dideimlad oherwydd eich bod wedi aros yn rhy hir yn yr un ystum (*Mae 'nghoesau i wedi cyffio ar ôl i mi fod yn eistedd am oriau yn y bws.*) TO STIFFEN

cyffion hyn *ell* mwy nag un **cyff**; fframwaith o bren a oedd yn cael ei ddefnyddio i ddal traed neu ddwylo a phen drwgweithredwyr STOCKS

cyfflogiaid:cyfflogod hyn *ell* mwy nag un **cyfflog**

cyffordd hon *eb* (cyffyrdd) man cyfarfod mwy nag un rheilffordd neu heol JUNCTION

cyffordddus *a* cysurus, cyffyrddus, esmwyth, heb ofid na phoen COMFORTABLE

cyffredin *a*
1 gair i ddisgrifio rhywbeth sy'n perthyn neu'n cael ei rannu gan ddau neu ragor o bobl, e.e. *tir cyffredin* COMMON
2 gair i ddisgrifio rhywbeth sydd ar gael mewn llawer o fannau neu sy'n digwydd yn aml (*Mae'r llwynog yn anifail cyffredin yng nghefn gwlad Cymru.*) COMMON
3 arferol, heb fod yn wahanol i'r mwyafrif, e.e. *dyn cyffredin* ORDINARY
4 o safon isel, heb fod yn arbennig (*Cyffredin iawn yw eich gwaith chi, mae arna i ofn.*) MEDIOCRE

cyffredinedd hwn *eg* cyflwr canolig; diffyg arbenigrwydd neu ragoriaeth MEDIOCRITY

cyffredinol *a* gair i ddisgrifio rhywbeth sy'n perthyn i bawb neu bopeth; cyffredin i'r holl wlad neu i'r holl bobl; cymwys neu addas i bawb GENERAL

cyffredinoli *be* tynnu casgliadau ynghylch y cyfan oll ar ôl sylwi ar ychydig yn unig TO GENERALIZE

cyffro hwn *eg* cynnwrf, terfysg, aflonyddwch, symudiad sydyn STIR, COMMOTION, EXCITEMENT

cyffroi *be* cynhyrfu, aflonyddu ar, cythruddo TO STIR, TO AGITATE (cyffry)

cyffrous *a* gair i ddisgrifio rhywbeth sy'n cyffroi; cynhyrfus, cythryblus, yn peri cynnwrf AGITATED, EXCITING

cyffry *bf* mae ef/hi yn **cyffroi**; bydd ef/hi yn **cyffroi**

cyffur hwn *eg* (cyffuriau)
1 unrhyw beth sy'n gwneud person yn gaeth iddo neu'n meithrin yr arfer o'i dderbyn DRUG
2 ffisig, moddion, meddyginiaeth; unrhyw gemegyn neu sylwedd yn deillio o blanhigyn sy'n cael ei ddefnyddio i drin y corff DRUG

cyffuriau hyn *ell* mwy nag un **cyffur**; fel arfer mae'n cyfeirio at sylweddau y mae pobl, unwaith y maent yn gaeth iddyn nhw, yn barod i wneud unrhyw beth i gael rhagor ohonynt (e.e. heroin, nicotin, alcohol ac ati) DRUGS

cyffwrdd [â] *be*
1 rhoi llaw neu fys neu ryw ran arall o'r corff ar rywbeth er mwyn ei deimlo TO TOUCH

cyffylog

2 deffro neu ennyn ymateb teimladol (*Cefais fy nghyffwrdd gan ei phortread o'r hen wraig.*) TO TOUCH
3 crybwyll neu gyfeirio at ryw destun neu bwnc TO TOUCH (ON) (cyffyrddaf)

cyffylog hwn neu hon *egb* (cyfflogod:cyfflogiaid) aderyn y coedydd; mae'n perthyn i'r un teulu â'r gïach ac mae ganddo big hir a phlu amryliw; mae'n aderyn sy'n cael ei hela WOODCOCK

cyffyrdd hyn *ell* mwy nag un gyffordd [**cyffordd**]

cyffyrddaf *bf* rwy'n **cyffwrdd**; byddaf yn **cyffwrdd**

cyffyrddiad hwn *eg* (cyffyrddiadau) enw ar yr hyn sy'n digwydd pan fydd un peth yn cyffwrdd â rhywbeth arall TOUCH

cyffyrddus *a* cysurus, cyfforddus, yn esmwyth o ran corff a heb unrhyw boen meddwl COMFORTABLE

cynganeddion hyn *ell* mwy nag un gynghanedd [**cynghanedd**]; mae pedwar prif ddosbarth o gynganeddion:
1. Cynghanedd Lusg; wedi'i seilio ar odl fewnol, e.e. *Lle bu gardd, lle bu harddwch*
2. Cynghanedd Sain; odl fewnol a chyfatebiaeth cytseiniaid, e.e. *Segurdod yw clod y cledd*
3. Cynghanedd Groes; cyfatebiaeth lawn rhwng cytseiniaid, e.e. *Teg edrych/tuag adref*
4. Cynghanedd Draws; cyfatebiaeth rhwng cytseiniaid penodol, e.e. *Pwy sydd/mor gampus heddiw*
Mae llawer o reolau ynglŷn â'r hyn sy'n bosibl o fewn y pedwar dosbarth.

cynganeddol *a* gair i ddisgrifio rhywbeth sy'n ymwneud â'r gynghanedd

cynganeddu *be*
1 llunio cynghanedd, cyfansoddi darn o farddoniaeth yn y mesurau caeth
2 llunio cordiau addas ar gyfer alaw TO HARMONIZE

cynganeddwr hwn *eg* (cynganeddwyr) un sy'n medru llunio cynghanedd, bardd sy'n canu yn y mesurau caeth

cyngerdd hwn neu hon *egb* (cyngherddau) cyfarfod adloniadol lle y mae cynulleidfa yn gwrando ar nifer o gerddorion (lleisiol neu offerynnol) yn perfformio (fel arfer) amrywiaeth o eitemau CONCERT

cynghanedd hon *eb* (cynganeddion)
1 crefft sy'n nodweddiadol o farddoniaeth Gymraeg lle y mae llinellau cerdd yn dilyn rheolau acennu, odli a chyseinedd hen draddodiad barddol y canu caeth (cynganeddion)
2 harmoni HARMONY

cyngherddau hyn *ell* mwy nag un **cyngerdd**
cynghorau hyn *ell* mwy nag un **cyngor**²
cynghori *be* cynorthwyo rhywun neu rywrai i gyrraedd penderfyniad trwy gynnig barn iddynt ynglŷn â beth sydd orau i'w wneud TO ADVISE, TO COUNSEL

cynghorion hyn *ell* mwy nag un **cyngor**¹

cynghorwr:cynghorydd hwn *eg* (cynghorwyr)
1 person sy'n cynnig cyngor, neu berson y mae pobl yn gofyn iddo/iddi am gyngor COUNSELLOR, ADVISER
2 aelod o gyngor, fel arfer person sydd wedi'i ethol i gynrychioli ardal ar gyngor COUNCILLOR

cynghorydd bro COMMUNITY COUNCILLOR
cynghorydd dosbarth DISTRICT COUNCILLOR
cynghorydd sir COUNTY COUNCILLOR

cynghrair hwn neu hon *egb* (cynghreiriau)
1 yn wreiddiol, cyfamod trwy lw ond, erbyn hyn, cytundeb rhwng pleidiau neu wledydd a'i gilydd, neu weithiau rhwng unigolion, i gydweithio tuag at ryw nod ac fel arfer yn erbyn rhywrai eraill; partneriaeth rhwng gwledydd neu bleidiau ALLIANCE, LEAGUE, CONFEDERATION
2 grŵp o dimau sy'n cystadlu yn erbyn ei gilydd mewn pencampwriaeth (*Cynghrair Pêl-droed*) LEAGUE

cynghreiriad hwn *eg* (cynghreiriaid) unigolyn neu gymdeithas neu wlad sydd yn aelod neu wedi bod yn aelod o gynghrair ALLY, CONFEDERATE

cyngor¹ hwn *eg* (cynghorion) barn sy'n cael ei chynnig ynglŷn â'r ffordd orau i ddelio â rhyw broblem neu fater ADVICE, COUNSEL

cyngor² hwn *eg* (cynghorau)
1 grŵp o bobl wedi'u galw ynghyd i bwrpas arbennig, e.e. i gynghori, i lywodraethu, i drafod materion cyhoeddus COUNCIL, SENATE
2 (o fewn llywodraeth leol) corff wedi'i ethol gan drigolion tref, dinas, dosbarth neu sir i weithredu ar eu rhan er mwyn llunio polisi a gofalu am eu buddiannau COUNCIL (llywodraeth leol)

cyngor bro y lefel fwyaf lleol o lywodraeth leol; cyngor cymuned COMMUNITY COUNCIL

cyngor dosbarth haen ganol llywodraeth leol lle ceir cynghorwyr etholedig yn cynrychioli eu hardaloedd ar gyngor DISTRICT COUNCIL

cyngor sir yr awdurdod mwyaf ei faint yng nghyfundrefn llywodraeth leol Prydain COUNTY COUNCIL

cyngor tref yn cyfateb mewn tref i gyngor bro ardal wledig TOWN COUNCIL

cyngres hon *eb* (cyngresau)
1 cynulliad, cymanfa, cyngor, cyfarfod ffurfiol gan gynrychiolwyr gwahanol gymdeithasau neu wledydd i gyfnewid syniadau CONGRESS
2 corff etholedig sy'n llunio deddfau neu gyfreithiau gwlad, yn arbennig felly senedd Unol Daleithiau America CONGRESS

cyhoedd *hwn eg* pobl yn gyffredinol (THE) PUBLIC (coedd)

cyhoeddi *be*
1 gwneud yn hysbys, datgan yn gyhoeddus, datguddio TO ANNOUNCE
2 dweud pa raglenni sy'n dod nesaf ar y radio neu'r teledu TO ANNOUNCE
3 cynhyrchu copïau o lyfr neu gylchgrawn fel eu bod ar gael i'r cyhoedd TO PUBLISH

cyhoeddiad *hwn eg* (cyhoeddiadau)
1 yr hyn sy'n cael ei gyhoeddi; y weithred o gyhoeddi, datganiad cyhoeddus, hysbysiad ANNOUNCEMENT
2 apwyntiad i bregethu (yn arbennig mewn capel)
3 cylchgrawn neu lyfr sy'n cael ei baratoi i'w werthu (gan amlaf) i'r cyhoedd PUBLICATION

cyhoeddus *a*
1 agored, hysbys, gwybyddus, amlwg i bawb *(siarad cyhoeddus)* PUBLIC
2 at wasanaeth y cyhoedd, a hawl arno gan bawb *(llyfrgell gyhoeddus)* PUBLIC
3 yn gweithredu ar ran y cyhoedd neu er lles y cyhoedd, e.e. *Cyfarwyddwr Erlyniadau Cyhoeddus*, sef cyfreithiwr y llywodraeth sydd yn penderfynu mewn achosion pwysig a yw person yn gorfod sefyll prawf mewn llys barn neu beidio PUBLIC

cyhoeddusrwydd *hwn eg*
1 amlygrwydd; y cyflwr o fod yn gyhoeddus PROMINENCE
2 y gwaith o ddenu sylw, o hysbysebu, o dynnu sylw at rywun neu rywbeth yn arbennig er mwyn elw PUBLICITY

cyhoeddwr *hwn eg* (cyhoeddwyr)
1 un sy'n cyhoeddi neu hysbysu, yn arbennig y person sy'n cyhoeddi'r oedfaon neu'r digwyddiadau mewn capel, neu'r person ar radio neu deledu sy'n cyflwyno'r rhaglen neu'r rhaglenni sydd i ddod ANNOUNCER
2 unigolyn neu gwmni sy'n gyfrifol am gynhyrchu a dosbarthu copïau o lyfrau i'w gwerthu i'r cyhoedd PUBLISHER

cyhuddedig:cyhuddiedig[1] *hwn eg* y sawl sy'n cael ei feio am drosedd; person sy'n cael ei gyhuddo (THE) ACCUSED

cyhuddedig:cyhuddiedig[2] *a* gair i ddisgrifio rhywun neu rywbeth sydd wedi cael ei gyhuddo ACCUSED

cyhuddiad *hwn eg* (cyhuddiadau)
1 y drosedd y mae person yn cael ei feio amdani (mewn llys barn fel arfer) CHARGE
2 achwyniad, cwyn; honiad o ddrwgweithredu ACCUSATION

cyhuddo *be* honni bod rhywun wedi gwneud rhywbeth drwg neu anghywir, beio rhywun am drosedd, dwyn cyhuddiad yn erbyn rhywun; cwyno, achwyn TO ACCUSE

cyhuddwr *hwn eg* (cyhuddwyr) un sy'n cyhuddo rhywun arall PLAINTIFF

cyhwfan *be* chwifio, hedfan (am rywbeth fel baner y mae un pen iddo'n sownd a'r llall yn rhydd i gael ei chwythu yn y gwynt) TO FLY, TO FLUTTER, TO WAVE

cyhyd:cyd *a* mor **hir** (yn arbennig am amser) *(Arhosaf yma cyhyd ag y bo angen.)* SO LONG AS, AS LONG AS
Sylwch: 'cyhŷd' yw'r ynganiad.

cyhydedd *hwn eg* y llinell ar fapiau sydd hanner ffordd yn union rhwng Pegwn y De a Phegwn y Gogledd ac sy'n rhannu'r glob yn ddau hemisffer cyfartal; llinell ledred 0° EQUATOR □ *alban*

cyhydnos *hon eb* (cyhydnosau) un o'r ddwy adeg yn y flwyddyn pan fydd yr haul yn croesi'r cyhydedd a phan fydd dydd a nos o'r un hyd EQUINOX □ *alban*

cyhydnos y gwanwyn Alban Eilir, 20 Mawrth VERNAL EQUINOX

cyhydnos yr hydref Alban Elfed, 22 neu 23 Medi AUTUMNAL EQUINOX

cyhyr *hwn eg* (cyhyrau) y rhannau hynny o gnawd dyn neu anifail sydd dan y croen ac ynghlwm wrth yr esgyrn ac sydd, wrth gyfangu, yn caniatáu i'r corff a'i aelodau symud MUSCLE □ *corff* t.630

cyhyrog *a*
1 gair i ddisgrifio rhywun sydd â chyhyrau amlwg MUSCULAR
2 cryf, cadarn, cydnerth BRAWNY
3 cryf, cryno, bywiog (am arddull neu iaith) *(Roedd yr erthygl yn cynnwys sylwadau craff wedi'u mynegi mewn iaith loyw, gyhyrog.)* ROBUST

cylch[1] *hwn eg* (cylchoedd)
1 unrhyw arwynebedd crwn neu'r llinell sy'n ei gynnwys y mae pob pwynt ar ei amgylchedd yr un pellter o'r canolbwynt; cwmpas CIRCLE

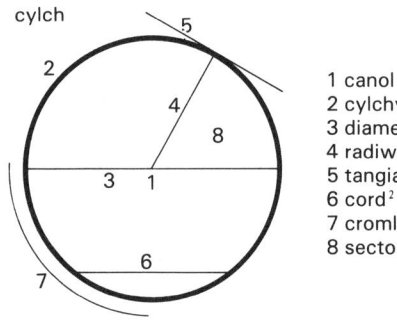

1 canol
2 cylchyn, cylchedd
3 diamedr
4 radiws
5 tangiad
6 cord[2], cromlin
7 cromlin
8 sector

2 y bandin o haearn o gwmpas ymyl olwyn cert neu drol, neu'r bandin o gwmpas baril sy'n rhwymo'r ystyllod pren yn dynn HOOP

cylch | 159 | **cyllid**

3 cwmni neu ddosbarth o bobl sy'n rhannu'r un diddordebau neu fuddiannau, e.e. *cylch cinio, cylch meithrin* CIRCLE, GROUP
4 ardal neu dalaith o fewn ffiniau arbennig *(Bu'n morio am flynyddoedd yng nghylchoedd y De.)* ZONE
5 taith o gwmpas, tro oddi amgylch, cylchdaith, e.e. *cylch yr haul, cylch y lleuad* CYCLE, ORBIT
  o gylch tua, o gwmpas (am amser) ABOUT
  yng nghylch ynglŷn â, tua ABOUT
cylch...² *rhagddodiad* (rhan gyntaf gair) o amgylch, o gwmpas, e.e. *cylchredeg, cylchdaith*
cylchdaith *hon eb* (cylchdeithiau)
1 taith o gwmpas gan ymweld â nifer o leoedd a gorffen yn y man cychwyn TOUR
2 cwrs neu lwybr planed ORBIT
3 taith barnwr i gynnal llysoedd barn mewn rhanbarth dan ei ofal CIRCUIT
cylchdro *hwn eg* (cylchdroeon) symudiad mewn cylch, mewn trefn, lle mae un peth yn dilyn y llall ROTATION
cylchdroi *be* troi, symud mewn cylch; troi neu symud rhywun neu rywbeth oddi amgylch TO REVOLVE, TO CIRCULATE
cylched *hon eb* (cylchedau)
1 (mewn ffiseg) cylch trydanol, llwybr cylchrediad cerrynt trydan CIRCUIT
2 set o ddarnau trydanol ar gyfer rhyw waith neu declyn arbennig CIRCUIT
  cylched fer nam mewn cysylltiad trydanol sy'n digwydd pan fydd dwy wifren, nad ydynt i fod cyffwrdd, yn cyffwrdd â'i gilydd ac yn byrhau'r cylch trydanol; fe all hyn fod yn beryglus, ac fel arfer mae'n effeithio ar ffiws sy'n torri a thrwy hynny'n torri'r gylched SHORT-CIRCUIT
cylchedd *hwn eg* (cylcheddau) y pellter o gwmpas ymyl cylch CIRCUMFERENCE □ *cylch*
cylchfa *hon eb* (cylchfaoedd:cylchfâu)
1 rhanbarth neu ardal sydd ar wahân i ardal neu ranbarth arall ZONE
2 un o bum rhaniad arwynebedd y byd, wedi'u seilio ar dymheredd ac wedi'u rhannu yn ôl llinellau lledred (sef y ddwy Gylchfa Dymherus, y ddwy Gylchfa Rew a'r Gylchfa Drofannol) ZONE
cylchgrawn *hwn eg* (cylchgronau) cyhoeddiad sy'n ymddangos yn rheolaidd (bob wythnos, bob mis, bob chwarter ac ati) ar gyfer grŵp arbennig o ddarllenwyr ac sy'n cynnwys erthyglau amrywiol gan nifer o awduron MAGAZINE, PERIODICAL, JOURNAL
cylchlythyr *hwn eg* (cylchlythyrau:cylchlythyron) llythyr sy'n cael ei ddosbarthu i gylch o bobl (aelodau o bwyllgor neu aelodau o'r cyhoedd) CIRCULAR
cylchredeg *be*
1 symud neu redeg mewn cylch TO CIRCLE
2 llifo ar hyd llwybrau neu bibau caeedig *(Mae'r gwaed yn cylchredeg trwy'r corff.)* TO CIRCULATE
3 peri i rywbeth gael ei ddosbarthu neu ei ledaenu (yn arbennig papur newydd neu gylchgrawn) TO CIRCULATE
cylchrediad *hwn eg*
1 llif nwy neu hylif ar hyd llwybr caeedig CIRCULATION
2 symudiad rhywbeth megis newyddion neu arian o le i le neu o berson i berson CIRCULATION
3 y nifer o gopïau o gylchgrawn neu bapur newydd sy'n cael eu gwerthu ar gyfartaledd *(Tua 1,200 yw cylchrediad ein papur bro ni.)* CIRCULATION
4 llif y gwaed trwy'r corff CIRCULATION
cylchu *be*
1 gosod cylch am olwyn neu gasgen ac ati TO HOOP
2 amgylchynu, ffurfio cylch o gwmpas rhywbeth, cau mewn cylch TO ENCIRCLE
3 mynd o gwmpas rhywbeth, symud o gwmpas mewn cylch TO CIRCLE
cylchyn *hwn eg* (cylchynau) llinell gron sy'n ffurfio cylch CIRCLE, HOOP □ *cylch*
cylchynol *a* gair i ddisgrifio rhywun neu rywbeth sy'n teithio o le i le neu sy'n cael ei drosglwyddo o berson i berson, e.e. *ysgolion cylchynol Griffith Jones, Llanddowror,* lle'r oedd yr athrawon yn symud o ardal i ardal i ddysgu plant a phobl mewn oed i ddarllen CIRCULATING, PERIPATETIC
cylchynu *be*
1 amgylchynu; cau o fewn cylch dan warchae TO SURROUND, TO BESIEGE
2 teithio o gwmpas, cerdded o amgylch TO CIRCULATE
cyll¹ *hyn ell* mwy nag un gollen [**collen**]
cyll² *bf* mae ef/hi yn **colli**; bydd ef/hi yn **colli**
cylla *hwn eg* y rhan honno o'r tu mewn i'r corff lle mae bwyd yn cael ei dreulio ar ôl i chi ei lyncu; stumog, crombil STOMACH, MAW □ *corff* t.630
cyllell *hon eb* (cyllyll) llafn miniog (ar gyfer torri, cerfio, naddu ac ati) fel arfer â charn i gydio ynddo, ond gall hefyd fod yn llafn mewn peiriant KNIFE
  cyllell boced cyllell fach sydd fel arfer â dau lafn sy'n cau ac agor PENKNIFE
cyllid *hwn eg* incwm, arian a ddaw i law yn rheolaidd naill ai'n dâl am waith neu o fuddsoddiad; arian sydd ar gael i'w wario INCOME, REVENUE
  Cyllid y Wlad y swyddfa sy'n casglu trethi'r wlad, neu'r arian sy'n cael ei gasglu INLAND REVENUE

a b c ch d dd e f ff g ng h i j (k) l ll m n o p ph r rh s t th u w y (z)

cyllideb hon *eb* (cyllidebau)
  1 cynllun ar gyfer ennill a gwario hyn a hyn o arian dros gyfnod o amser BUDGET
  2 y swm o arian sydd i'w gael o fewn y cynllun BUDGET
  y Gyllideb datganiad blynyddol Canghellor y Trysorlys i Dŷ'r Cyffredin, sy'n amcangyfrif beth fydd incwm a gwariant y Llywodraeth yn ystod y flwyddyn ddilynol THE BUDGET

cyllidol *a* gair i ddisgrifio rhywbeth sy'n ymwneud â chyfrifon ariannol neu gyllid cyhoeddus; ariannol FINANCIAL, FISCAL

cyllyll hyn *ell* mwy nag un gyllell [**cyllell**]

cymaint *a* ac *eg* mor fawr â, mor lluosog â, yr un maint neu fesur â AS MANY, AS MUCH, SO MUCH
  cymaint a chymaint (mewn brawddeg negyddol) dim llawer *(Nid oedd cymaint a chymaint yn y gêm.)* NOT SO MUCH, NOT AS LARGE
  cymaint arall yr un maint eto AS MUCH AGAIN
  rhyw gymaint ychydig, tamaid bach *(Rwy'n gweld rhyw gymaint o welliant yn ei waith eleni.)* CERTAIN AMOUNT
  yn gymaint â gan, oherwydd IN AS MUCH AS

cymal hwn *eg* (cymalau)
  1 y man lle y mae dau asgwrn yn dod ynghyd yn y corff gan gael eu dal yn syth ac yn gadarn, neu gan ganiatáu i'r naill blygu a symud ar y llall (e.e. migwrn, pen-glin, garddwrn) JOINT
  2 rhywbeth peirianyddol sy'n gweithio neu'n edrych yn debyg i gymal rhwng esgyrn (uchod) JOINT
  3 (yn ramadegol) brawddeg neu ran o frawddeg yn cynnwys goddrych a thraethiad ac, fel arfer, yn gwneud gwaith enw, ansoddair neu adferf, e.e. *Roedd Idwal yn credu* [prif gymal] *ei fod yn gawr* [is-gymal enwol]. CLAUSE
  4 (yn gyfreithiol) amod pendant mewn deddf neu weithred gyfreithiol CLAUSE
  cymal bys KNUCKLE □ *corff* t.630

cymanfa hon *eb* (cymanfaoedd)
  1 cynulliad o bobl, wedi dod ynghyd fel arfer ar gyfer math arbennig o wasanaeth crefyddol, e.e. *cymanfa ganu* neu *gymanfa bwnc* (i gydadrodd ac ateb cwestiynau ar destun o'r Beibl) ASSEMBLY, FESTIVAL
  2 cyfarfod o benaethiaid yr enwadau anghydffurfiol neu'r eglwys gan amlaf i drafod a phenderfynu materion o bwys COUNCIL, CONVOCATION

cymanwlad hon *eb*
  1 grŵp o wledydd annibynnol a fu unwaith yn rhan o'r Ymerodraeth Brydeinig ac sy'n ceisio hybu masnach a chyfeillgarwch ymhlith yr aelodau COMMONWEALTH
  2 grŵp o'r gwledydd hynny a fu unwaith yn rhan o'r Undeb Sofietaidd wedi iddynt ennill eu hannibyniaeth

cymar hwn *eg* (cymheiriaid)
  1 un tebyg neu gyffelyb, un o'r un radd PEER
  2 cydymaith, un o gwpwl COMPANION
  3 priod (am ŵr neu wraig); creadur sy'n un o bâr, yn arbennig ar adeg epilio MATE
  Sylwch: y mae 'cymar' yn treiglo yn ôl rhyw y person y byddwch yn sôn amdano, *y gymar* am wraig, *y cymar* am ŵr.

cymarebau hyn *ell* mwy nag un gymhareb [**cymhareb**]

cymariaethau hyn *ell* mwy nag un gymhariaeth [**cymhariaeth**]

cymathu *be*
  1 dod yn rhan, neu ganiatáu i (rywun neu rywbeth) ddod yn rhan (o grŵp neu genedl), sugno i mewn TO ASSIMILATE
  2 gwneud yr un fath â, peri i (rywbeth) fod yn debyg TO ASSIMILATE

cymdeithas hon *eb* (cymdeithasau)
  1 ymwneud pobl â'i gilydd; fel y mae pobl yn dod ymlaen â'i gilydd *(Rwy'n mynd yno oherwydd fy mod yn mwynhau'r gymdeithas.)* COMPANY
  2 cwmni neu grŵp o bobl wedi dod ynghyd er mwyn hyrwyddo rhyw amcan arbennig, neu er mwyn rhannu'r un diddordebau; clwb *(Cymdeithas y Bobl Ifainc)* SOCIETY, ORGANIZATION
  3 corff neu uned o bobl sy'n rhannu cyfreithiau, arferion ac ati SOCIETY

cymdeithaseg hon *eb* astudiaeth wyddonol o gymdeithasau dynol, ac o'r ffordd y mae pobl yn ymddwyn tuag at ei gilydd mewn grwpiau SOCIOLOGY, SOCIAL SCIENCE

cymdeithasegwr:cymdeithasegydd hwn *eg* (cymdeithasegwyr) arbenigwr mewn cymdeithaseg; person sy'n astudio cymdeithaseg SOCIOLOGIST

cymdeithasgar *a* gair i ddisgrifio rhywun sy'n hoffi cwmni pobl eraill, sy'n cymysgu'n rhwydd â phobl; cyfeillgar SOCIABLE, FRIENDLY

cymdeithasol *a*
  1 gair i ddisgrifio rhywun sy'n barod i gymdeithasu ac yn hoff o wneud hynny; cyfeillgar *(Mae Jac yn berson cymdeithasol iawn—wrth ei fodd yng nghwmni pobl.)* SOCIABLE
  2 gair i ddisgrifio rhywun neu rywbeth sy'n ymwneud â chymdeithas, â pherthynas dyn â'i gyd-ddyn *(Gweithiwr cymdeithasol ydy Mr Evans.)* SOCIAL

cymdeithion hyn *ell* mwy nag un **cydymaith**

cymdogaeth hon *eb* (cymdogaethau) y cylch neu ddarn o wlad o gwmpas y lle y mae dyn yn byw; hefyd y bobl sy'n byw yno, y cymdogion NEIGHBOURHOOD

cymdogaeth dda perthynas hapus rhwng pobl sy'n byw yn yr un cylch NEIGHBOURLINESS

cymdoges hon *eb* (cymdogesau) gwraig sy'n byw'r drws nesaf i rywun, neu'n agos ato/ati; gwraig o gymydog NEIGHBOUR (FEMALE) (cymydog)

cymdogion hyn *ell* mwy nag un **cymydog**

cymdogol *a* gair i ddisgrifio rhywun sy'n ymddwyn fel cymydog neu gymdoges dda; cyfeillgar, caredig NEIGHBOURLY

cymedrol *a*
1 gair i ddisgrifio rhywbeth neu rywun sydd heb fod yn eithafol nac yn ormodol, sy'n cadw o fewn ffiniau rhesymol *(Yng ngwres y dadlau, John oedd yr unig un a lynodd wrth ei safbwynt cymedrol.)* MODERATE
2 gair i ddisgrifio rhywun sy'n ymatal rhag gormod o unrhyw beth, yn arbennig bwyd, diod, pleser ac ati *(Er yr holl ddanteithion a oedd ar gael, bwyta'n gymedrol a wnaeth Ann.)* ABSTEMIOUS
3 heb fod yn ddrwg nac yn dda; gweddol, canolig *(Perfformiad cymedrol a gafwyd gan y gerddorfa.)* INDIFFERENT
4 (am y tywydd) tymherus, heb fod yn rhy oer nac yn rhy dwym, yn rhy wlyb nac yn rhy sych TEMPERATE

cymell *be*
1 annog, pwyso'n daer (ar rywun); perswadio TO URGE
2 gyrru, ysbarduno, gorfodi, hawlio TO DRIVE, TO INCITE
Sylwch: 'cymhell ...' a geir yn ffurfiau'r ferf ac eithrio'r rhai sy'n cynnwys -*as*-, e.e. *cymellaswn*.

cymelliadau hyn *ell* mwy nag un **cymhelliad**

cymen *a* destlus, trefnus, twt, deheuig, celfydd NEAT, FINE, PROPER (cymhennu)

cymer[1] hwn *eg* (mewn enwau lleoedd) man cyfarfod dwy afon CONFLUENCE

cymer[2] *bf*
1 mae ef/hi yn **cymryd**; bydd ef/hi yn **cymryd**
2 gorchymyn i ti gymryd [**cymryd**]

cymeradwy *a* derbyniol, teilwng, rhywbeth sydd wedi cael ei brofi'n dda neu'n werth ei dderbyn ACCEPTABLE, APPROVED

cymeradwyaeth hon *eb*
1 croeso, derbyniad, y weithred o fod yn ffafriol i rywun neu rywbeth APPROVAL
2 curo dwylo sy'n dangos cefnogaeth neu foddhad (e.e. mewn cyngerdd) APPLAUSE, OVATION

cymeradwyo *be*
1 dweud wrth rywun arall pa mor dda yw rhywbeth neu rywun, mynegi barn ffafriol am rywun neu rywbeth; argymell TO APPROVE, TO RECOMMEND
2 curo dwylo i ddangos cefnogaeth neu foddhad TO APPLAUD

cymeraf *bf* rwy'n **cymryd**; byddaf yn **cymryd**

cymeriad hwn *eg* (cymeriadau)
1 y cyfuniad o nodweddion a phriodoleddau sy'n gwahaniaethu un peth neu berson oddi wrth rywbeth neu rywun arall *(Ar ôl ymweld â'r tŷ roedd y ddau yn gytûn fod ganddo gymeriad arbennig.)* CHARACTER
2 personoliaeth; y pethau mewnol sy'n eich gwneud chi fel person yn wahanol i unrhyw berson arall CHARACTER
3 cryfder moesol, onestrwydd, y rhinweddau moesol sy'n gwneud i bobl barchu personau eraill CHARACTER
4 unigolyn mewn drama neu nofel CHARACTER
5 unigolyn digrif neu un sydd â nodweddion neu hynodion arbennig *(tipyn o gymeriad)* CHARACTER

cymerth *bf* cymerodd ef/hi; fe wnaeth ef/hi gymryd [**cymryd**]

cymesur *a* gair i ddisgrifio rhywbeth y mae un hanner ohono yr un ffurf yn union â'i hanner arall; yn cyfateb o ran mesur a maint SYMMETRICAL

cymesuredd hwn *eg* cyflwr lle y mae'r ddwy ran bob ochr i linell ganol o'r un maint, yr un fath ac yn yr un safle SYMMETRY

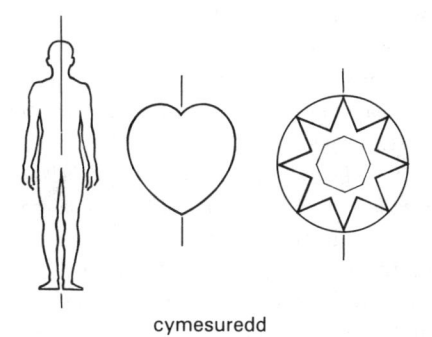

cymesuredd

cymhareb hon *eb* (cymarebau) (mewn mathemateg) y berthynas rhwng dau swm os bydd un yn cael ei rannu gan y llall *(Mae 0.15 a 1.00 mewn cymhareb o 15:100 neu 3:20.)* RATIO (cyfran, cyfrannedd)

cymhariaeth hon *eb* (cymariaethau)
1 mynegiant o'r tebygrwydd rhwng dau (neu ragor) o bethau neu bobl a hefyd y gwahaniaethau sydd rhyngddynt COMPARISON
2 (wrth ysgrifennu neu siarad) pwyslais ar y tebygrwydd rhwng dau beth er mwyn creu effaith neu egluro rhywbeth (gan ddefnyddio *mor ... â* fel arfer) *(Mae ei chroen mor wyn â'r eira.)* COMPARISON, SIMILE (trosiad)

cymharol *a*
1 gair i ddisgrifio rhywbeth sy'n cael ei ystyried ochr yn ochr â rhywbeth arall, neu'n cael ei gymharu â rhywbeth arall COMPARATIVE

cymharu

  2 gweddol, cymedrol MODERATE

  3 (yn ramadegol) mae gradd gymharol yr ansoddair yn dynodi gan amlaf gynnydd neu leihad yn ansawdd yr ansoddair neu'r adferf, e.e. *llai, cryfach, mwy araf* COMPARATIVE

cymharu *be*

  1 gosod dau neu ragor o bobl neu bethau ochr yn ochr er mwyn tynnu sylw at y tebygrwydd neu'r gwahaniaethau sydd rhyngddynt; gweld cyffelybiaeth TO COMPARE, TO LIKEN

  2 (yn ramadegol) ffurfio gwahanol raddau cymhariaeth ansoddair neu adferf, e.e.

Ffurf Gysefin	*Ffurf Gyfartal*	*Ffurf Gymharol*	*Ffurf Eithaf*
cyflym	cyflymed	cyflymach	cyflymaf
	mor gyflym	mwy cyflym	mwyaf cyflym

TO COMPARE

cymharus *a* gair i ddisgrifio dau beth neu berson sy'n cymharu'n ffafriol â'i gilydd, sy'n gweddu i'w gilydd COMPATIBLE, WELL-MATCHED

cymheiriaid *hyn ell* mwy nag un **cymar**

cymhellaf *bf* rwy'n **cymell**; byddaf yn **cymell**

cymhelliad *hwn eg* (cymelliadau)

  1 yr hyn sy'n symbylu neu'n gorfodi rhywun i wneud rhywbeth; y sbardun i wneud rhywbeth *(Cael mynd i Langrannog ymhen wythnos yw'r cymhelliad i Mari wella.)* IMPULSE, MOTIVE

  2 y weithred o gymell, anogaeth *(Ar gymhelliad y brenin, llogodd long a chychwyn ar daith i chwilio am wledydd newydd.)* AN URGING, INCENTIVE

cymhennu *be* trefnu, gosod yn dwt ac yn daclus, trwsio, harddu, addurno, cymoni TO TIDY (cymen)

cymhleth[1] *a* gair i ddisgrifio rhywbeth sy'n anodd ei ddeall; dyrys, astrus, â llawer o ddarnau wedi'u cydblethu COMPLICATED

cymhleth[2] *hon eb* (mewn seiciatreg) casgliad o ddyheadau neu atgofion sy'n ffurfio yn yr isymwybod ac sy'n effeithio'n andwyol ar bersonoliaeth person heb iddo sylweddoli hynny COMPLEX

  cymhleth y taeog cyflwr meddyliol sy'n peri i berson gredu nad yw cystal â phobl eraill INFERIORITY COMPLEX

cymhlethdod *hwn eg* (cymhlethdodau) yr hyn sy'n gwneud rhywbeth yn gymhleth; dryswch, rhywbeth sydd heb fod yn syml nac yn uniongyrchol COMPLEXITY

cymhlethu *be* gwneud rhywbeth yn gymhleth, yn ddyrys, yn astrus TO COMPLICATE

cymhorthdal *hwn eg* (cymorthdaliadau) swm o arian sy'n cael ei gyfrannu gan y wladwriaeth neu gan gorff cyhoeddus er mwyn cefnogi neu gynorthwyo sefydliad, cwmni neu berson SUBSIDY, GRANT

cymhwyso *be* gwneud yn addas ar gyfer rhywbeth, addasu, rhoi yn ei le, trefnu, cywiro *(Mae angen cymhwyso pellter sêt y car o'r olwyn yrru yn ôl taldra'r gyrrwr.)* TO ADAPT, TO ADJUST

cymhwysol *a* gair i ddisgrifio un o'r gwyddorau sydd wedi'i chymhwyso ar gyfer gwaith ymarferol APPLIED

cymhwyster *hwn eg* (cymwysterau)

  1 y gallu i gyflawni rhyw waith neu ddyletswydd mewn ffordd briodol COMPETENCE, SUITABILITY

  2 dawn neu brofiad sy'n gwneud rhywun yn addas ar gyfer swydd neu waith arbennig QUALIFICATION, APTITUDE (cymwysterau)

cymod *hwn eg* yr heddwch neu ewyllys da neu gytundeb sy'n cael ei greu rhwng dau berson neu ddwy garfan sydd wedi bod yn brwydro yn erbyn ei gilydd RECONCILIATION

cymodi *be* trefnu heddwch, gwneud cymod rhwng dau berson neu ddwy blaid sy'n elynion TO RECONCILE, TO CONCILIATE

cymodlon:cymodol *a* gair i ddisgrifio rhywun sy'n barod i gymodi CONCILIATORY, RECONCILING

cymoedd *hyn ell* mwy nag un **cwm**

cymoni *be* gosod mewn trefn, tacluso, twtio, cymhennu TO TIDY

cymorth *hwn eg* y weithred o helpu, cefnogaeth ymarferol, cynhorthwy *(Llwyddwyd i godi'r piano o'r diwedd, gyda chymorth dau neu dri bachgen cryf.)* AID

  cymorth cyntaf yr hyn sydd angen ei gyflawni ar unwaith ar ôl i berson gael ei daro'n wael yn sydyn neu gael damwain (e.e. cadw'r claf yn gynnes, atal gwaedu, peidio â symud y claf ond pan fo raid) FIRST AID

cymorthdaliadau *hyn ell* mwy nag un **cymhorthdal**

Cymraeg[1] *hon eb* iaith y Cymry, sydd wedi tarddu o'r Frythoneg, iaith brodorion cynnar ynysoedd Prydain WELSH LANGUAGE

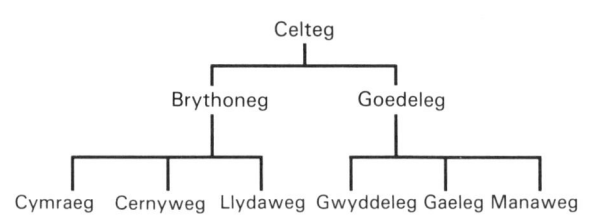

```
                    Celteg
                   /      \
              Brythoneg   Goedeleg
              /  |   \    /   |    \
        Cymraeg Cernyweg Llydaweg Gwyddeleg Gaeleg Manaweg
```

Sylwch:

1 er mai benywaidd yw enw'r iaith *(Y Gymraeg)*, wrth sôn am ddarn arbennig, neu enghraifft, neu fath o iaith, y mae'n enw gwrywaidd *(Cymraeg da, Cymraeg byw, Cymraeg llafar)*;

2 gellir defnyddio 'yn Gymraeg' i olygu 'yn y Gymraeg' *(Y Beibl yn Gymraeg).*

  dim Cymraeg rhwng dau berson nid ydynt yn siarad â'i gilydd

Cymraeg *a* gair i ddisgrifio rhywbeth sydd wedi'i fynegi yn yr iaith Gymraeg neu sy'n ymwneud â'r iaith, e.e. *gwersi Cymraeg* WELSH (IN LANGUAGE) (Cymreig)

Cymraes hon *eb* merch neu wraig sy'n perthyn i'r genedl Gymreig neu'n ei hystyried ei hun yn aelod ohoni WELSH WOMAN

cymrawd hwn *eg* (cymrodyr)
1 person â gradd sydd wedi'i ethol yn aelod o goleg, neu sydd wedi ennill cymrodoriaeth er mwyn dilyn ymchwil FELLOW
2 cyd-aelod o gymdeithas, clwb neu undeb COMRADE

Cymreictod hwn *eg* yr hyn sy'n gwneud rhywbeth yn Gymreig WELSHNESS

Cymreig *a* gair i ddisgrifio rhywun neu rywbeth sy'n perthyn i Gymru neu genedl y Cymry neu sy'n nodweddiadol o Gymru neu'r Cymry WELSH (Cymreiced, Cymreicach, Cymreicaf)

Sylwch : defnyddiwch *Cymreig* i ddisgrifio'r wlad a'i phobl a *Cymraeg* i ddisgrifio'r iaith.

Cymreigio *be*
1 trosi neu gyfieithu i'r Gymraeg
2 gwneud yn Gymreig neu'n fwy Cymreig

Cymro hwn *eg* (Cymry) gŵr sy'n perthyn i'r genedl Gymreig neu'n ei ystyried ei hun yn aelod ohoni WELSHMAN (Cymraes)

Cymro glân gloyw Cymro sy'n arddel ei Gymreictod ac sy'n siarad Cymraeg

cymrodedd hwn *eg* cytundeb wrth i ddwy ochr sy'n anghytuno dderbyn barn rhywun neu rywrai annibynnol; cymod ARBITRATION

cymrodeddu *be* gwneud cytundeb trwy dorri'r ddadl rhwng dwy ochr sy'n anghytuno; cymodi, heddychu TO ARBITRATE

cymrodoriaeth hon *eb*
1 swydd, safle ac urddas cymrawd mewn coleg FELLOWSHIP
2 cwmni o bobl wedi'u cysylltu gan ryw achos neu ddiddordeb cyffredin, yn arbennig felly cwmni o gymrodyr FELLOWSHIP, COMRADESHIP

cymrodyr hyn *ell* mwy nag un **cymrawd**

Cymry hyn *ell* mwy nag un **Cymro**; pobl Cymru

cymryd *be*
1 meddiannu, symud rhywbeth o rywle i'ch meddiant chi; dwyn neu arwain ymaith TO TAKE
2 dal â'ch dwylo, gafael *(Cymerwch y cwpan hwn.)* TO TAKE
3 benthyca neu ddefnyddio heb ganiatâd neu'n ddamweiniol *(Ai ti gymerodd lyfr Dewi o'r ddesg?)* TO TAKE
4 dal *(Mae'r bocs yma'n cymryd kilo union o afalau.)* TO HOLD
5 defnyddio rhywbeth i symud o'r naill fan i'r llall *(cymryd trên)* TO TAKE
6 prynu *(Rydym yn cymryd dau beint o laeth y dydd.)* TO PURCHASE
7 bwyta, yfed, anadlu *(cymryd anadl, cymryd moddion)* TO TAKE
8 dewis, dilyn *(Cymerwch yr heol gyntaf ar y dde.)* TO FOLLOW
9 tyngu (llw) *(cymryd llw)* TO TAKE (AN OATH)
10 deall, ystyried, tybio *(Wrth ei weld yn gwenu cymerodd Siân fod popeth yn iawn.)* TO TAKE
11 astudio cwrs *(Wyt ti'n cymryd Hanes y flwyddyn nesaf?)* TO TAKE
12 parhau *(Faint o amser fydd hwn yn ei gymryd?)* TO TAKE
13 costio *(Mae'n cymryd tipyn o arian i gadw ceffyl.)* TO TAKE
14 derbyn *(Dyw'r gyrrwr ddim yn barod i gymryd mwy na dau yn rhagor ar y bws.)* TO TAKE
15 ysgrifennu *(Mae hi wedi cymryd fy rhif ffôn.)* TO TAKE
16 dioddef, goddef *(Nid wyf yn mynd i gymryd rhagor o'r ffwlbri hyn.)* TO TAKE
17 bod yng ngofal *(Pwy sy'n cymryd y wers yn lle Mrs Evans?)* TO TAKE (cymer, cymeraf, cymerth)

Sylwch: 'cymryd' nid 'cymeryd' yw ffurf y berfenw ond 'cymer-' a geir ym môn y ferf.

cymryd arnaf (arnat, arno, arni etc.) esgus, twyllo *(Mae'n cymryd arno ei fod yn sâl.)* TO PRETEND

cymryd at
1 cael eich denu *(Mae hi wedi cymryd at yr hen gi bach.)* TO TAKE TO
2 dechrau gwneud rhywbeth *(Mae hi wedi cymryd at gynhyrchu'r ddrama Nadolig yn y capel.)* TO TAKE TO/UP
3 teimlo'n ddwys *(Roedd hi wedi cymryd ati'n arw fod ei ffrind gorau wedi mynd ar ei gwyliau hebddi.)* TO TAKE TO HEART

cymryd lle mynd yn lle rhywun

Sylwch: defnyddiwch 'digwydd' am 'to take place'.

cymryd mewn llaw hyfforddi, gofalu am TO TAKE INTO HAND

cymryd oddi wrth lleihau TO DETRACT

cymryd pwyll bod yn ofalus TO TAKE CARE

cymryd rhan bod â rhan yn rhywbeth TO PARTICIPATE

cymryd y goes gw. **coes**

cymryd yn fy (dy, ei etc.) mhen gw. **pen**

cymryd yn ganiataol gw. **caniataol**

cymryd yn ysgafn heb gymryd rhywbeth o ddifrif TO TREAT LIGHTLY

cymudo *be* teithio'n rheolaidd rhwng cartref a gwaith (ar y trên gan amlaf) TO COMMUTE

a b c ch d dd e f ff g ng h i j (k) l ll m n o p ph r rh s t th u w y (z)

cymudwr *hwn eg* (cymudwyr) un sy'n teithio'n rheolaidd (ar y trên fel arfer) o'i gartref i'w waith COMMUTER

cymun:cymundeb *hwn eg* y sacrament neu'r gwasanaeth arbennig y mae eglwysi Cristnogol yn ei gynnal er mwyn cofio am swper olaf Iesu Grist a'i ddisgyblion; Swper yr Arglwydd COMMUNION

cymuned *hon eb* (cymunedau)
1 y bobl sy'n byw o fewn ardal neu fro arbennig COMMUNITY
2 yr uned leiaf o lywodraeth leol; mae ei chynghorau yn cyfateb i'r hen gynghorau plwyf COMMUNITY
y Gymuned Ewropeaidd grŵp o wledydd Gorllewin Ewrop sydd wedi dod at ei gilydd er mwyn hyrwyddo masnach ac ewyllys da ymhlith ei gilydd; y Farchnad Gyffredin THE EUROPEAN ECONOMIC COMMUNITY, THE EEC

cymunedol *a* gair i ddisgrifio rhywbeth sy'n ymwneud â chymuned COMMUNITY

cymwynas *hon eb* (cymwynasau) ffafr, tro da, gweithred garedig FAVOUR
y gymwynas olaf eich presenoldeb yn angladd rhywun LAST RESPECTS

cymwynasgar *a* gair i ddisgrifio rhywun sy'n barod iawn ei gymwynas; caredig OBLIGING

cymwynasgarwch *hwn eg* caredigrwydd, yr hyn sy'n gwneud rhywun yn gymwynasgar BENEVOLENCE

cymwys:cwmws *a*
1 gair i ddisgrifio rhywun neu rywbeth addas, priodol, sy'n gweddu i'r hyn sydd ei angen APPROPRIATE, SUITABLE
2 union, syth, diwyro DIRECT
yn gam neu'n gymwys gw. **cam**²
yn gymwys (*yn gwmws* ar lafar) yn union EXACTLY

cymwysterau *hyn ell* mwy nag un **cymhwyster**; yr arholiadau y mae rhywun wedi'u pasio neu'r profiad sydd gan rywun sy'n ei wneud yn addas ar gyfer swydd arbennig QUALIFICATIONS

cymydau *hyn ell* mwy nag un **cwmwd**

cymydog *hwn eg* (cymdogion) un o ddau neu ragor o bobl sy'n byw yn ymyl ei gilydd, yn yr un stryd neu bentref neu ardal NEIGHBOUR

cymylau *hyn ell* mwy nag un **cwmwl**
canmol i'r cymylau gw. **canmol**

cymylog *a*
1 gair i ddisgrifio'r awyr pan fydd yn llawn cymylau CLOUDY
2 aneglur, anodd ei ddilyn (am ddadl person), niwlog OBSCURE

cymylu *be* duo, tywyllu, gorchuddio â chymylau TO CLOUD OVER, TO LOUR, TO BECOME OVERCAST

cymynnu *be* ewyllysio; gadael rhywbeth i rywun trwy ewyllys ar ôl i chi farw TO BEQUEATH

cymynrodd *hon eb* (cymynroddion) rhodd sy'n cael ei gadael mewn ewyllys BEQUEST

cymynu *be* torri (coed yn arbennig), cwympo, hollti TO FELL, TO HEW

cymynwr *hwn eg* (cymynwyr) un sy'n ennill ei fywoliaeth trwy dorri coed; un sy'n cymynu HEWER, WOODCUTTER

cymysg *a* gair i ddisgrifio rhywbeth wedi'i wneud o lawer o bethau gwahanol, blith draphlith, dryslyd, brith, amryliw MIXED

cymysgedd *hwn neu hon egb* rhywbeth wedi'i wneud allan o lawer o bethau gwahanol wedi'u cymysgu ynghyd; casgliad di-drefn MIXTURE, CONCOCTION

cymysglyd *a* gair i ddisgrifio rhywbeth sydd wedi'i gymysgu, sydd heb fod yn glir; dyrys MUDDLED, OBSCURE

cymysgryw *a* gair i ddisgrifio anifail neu blanhigyn sydd wedi'i greu o fridiau cymysg (e.e. mwngrel o gi) HYBRID, MONGREL

cymysgu *be*
1 cyfuno dau neu ragor o bethau gwahanol i greu undod lle na allwch ganfod yr elfennau gwreiddiol (*Ni ellir cymysgu dŵr ac olew.*) TO MIX
2 cymdeithasu neu fwynhau bod yng nghwmni eraill TO MIX
3 drysu, cawlio TO CONFUSE

cymysgwch *hwn eg* dryswch, diffyg dealltwriaeth, cymhlethdod CONFUSION

cyn...¹ *rhagddodiad* geiryn sy'n dod o flaen geiriau eraill i ddynodi rhywbeth sydd wedi digwydd yn y gorffennol, e.e. *cyn-aelod, cyn-brifathro, cyn-ddisgybl* FORMER, PAST

cyn² *ardd* yn gynt, yn blaenori (o ran amser), o flaen (o ran amser) (*Roedd hi yn yr ysgol cyn fy nyddiau i.*) BEFORE, PREVIOUS TO
Cyn Crist ffurf lawn CC sy'n cael ei ddefnyddio i ddangos bod rhywbeth wedi digwydd hyn a hyn o flynyddoedd cyn geni Iesu Grist, e.e. *yn y flwyddyn 10 CC* BC (Oed Crist)

cyn³ *geiryn adferfol* (geiryn sy'n cael ei ddilyn gan radd gyfartal ansoddair) mor, cyfartal â, e.e. *cyn gynted ag y bo modd; cyn goched â gwaed* AS, SO

cŷn *hwn eg* (cynion) erfyn arbennig â llafn hir a blaen sgwâr, llym; mae'n cael ei ddefnyddio i gerfio coed neu naddu carreg; gaing CHISEL

cynadledda *be* cyfarfod mewn cynhadledd, mynychu cynadleddau

cynadleddau *hyn ell* mwy nag un gynhadledd [**cynhadledd**]

cynaeafau hyn *ell* mwy nag un **cynhaeaf**
cynaeafu *be* medi a chasglu'r cynhaeaf neu'r cnydau TO HARVEST
cynaniad *hwn eg* (cynaniadau) y ffordd y mae person yn dweud neu'n seinio gair; ynganiad PRONUNCIATION
cynanu *be* siarad yn glir; llefaru ac ynganu mewn ffordd arbennig; seinio, swnio TO PRONOUNCE
cyndadau:cyndeidiau hyn *ell* (mwy nag un **cyndad:cyndaid**) hynafiaid, y bobl hynny sydd wedi ein rhagflaenu ANCESTORS, FOREFATHERS
cynderfynol *a* olaf ond un; cam (mewn cystadleuaeth) cyn y cam terfynol SEMI-FINAL, PENULTIMATE (gogynderfynol)
cyndyn *a* ystyfnig, pengaled, gwrthnysig, di-ildio STUBBORN, OBSTINATE
cyndynrwydd *hwn eg* amharodrwydd i newid, ystyfnigrwydd STUBBORNNESS, OBSTINACY
cynddaredd *hon eb* dicter eithafol, digofaint aflywodraethus yn ymylu ar wallgofrwydd, ffyrnigrwydd RAGE, ANGER, FURY
  y gynddaredd afiechyd arswydus a ddaw o gael eich cnoi neu eich brathu gan gi sy'n dioddef o'r afiechyd; mae'n achosi gwallgofrwydd, ofn dŵr a marwolaeth RABIES, HYDROPHOBIA
cynddeiriog *a* gair i ddisgrifio rhywun sydd wedi colli'i dymer yn llwyr, sydd wedi gwylltio'n wallgof, sydd wedi mynd o'i gof RAVING MAD, RABID (cynddeirioced, cynddeiriocach, cynddeiriocaf)
cynddeiriogi *be*
  1 colli'ch tymer yn lân, mynd o'ch cof, gwylltio'n llwyr TO BE FURIOUSLY ANGRY
  2 achosi i rywun neu rywrai eraill golli'u tymer, peri i eraill fynd yn wallgof TO INFURIATE

cŷn, gaing

cynddelw *hon eb* (cynddelwau) y ffurf wreiddiol, y patrwm cysefin y mae popeth sy'n dilyn wedi'i seilio arno PROTOTYPE, BLUEPRINT
cynddrwg *a* mor ddrwg [**drwg**]
cyneddfau hyn *ell* mwy nag un gynneddf [**cynneddf**]
cynefin[1] *a* cyfarwydd, arferol, wedi hen arfer â ACCUSTOMED, FAMILIAR
cynefin[2] *hwn eg* (cynefinoedd)
  1 yr ardal neu'r amgylchedd y mae dyn neu anifail neu blanhigyn yn gartrefol ynddi/ynddo; man y mae planhigion arbennig yn tyfu ynddo'n naturiol, neu drigfan naturiol mathau arbennig o adar neu anifeiliaid HAUNT, HABITAT
  2 darn o fynydd agored lle mae defaid fferm arbennig yn pori; libart defaid
cynefino *be* dod yn gyfarwydd â lle neu bobl; dod yn rhan o gynefin TO FAMILIARIZE, TO BECOME USED TO
cyneuaf *bf* rwy'n **cynnau**; byddaf yn **cynnau**
cynfas:cyfnas *hwn* neu *hon egb* (cynfasau)
  1 math o frethyn cryf a oedd yn cael ei ddefnyddio i wneud hwyliau llongau, llenni pebyll ac ati CANVAS
  2 gorchudd gwely (wedi'i wneud yn wreiddiol allan o gynfas) a ddaw rhwng corff y cysgwr a'r blancedi SHEET
  3 math o len y mae arlunydd yn ei defnyddio i beintio darlun arni (mewn peintiadau olew fel arfer) CANVAS
cynfrodorion hyn *ell* mwy nag un **cynfrodor**; trigolion cynharaf gwlad arbennig, preswylwyr cyntaf gwlad, neu bobl o'r un llwyth neu wehelyth â'r trigolion hyn ABORIGINES
cynfrodorol *a*
  1 gair i ddisgrifio rhywbeth sy'n nodweddiadol o gynfrodorion sydd wedi trigo mewn gwlad ers cyn cof INDIGENOUS
  2 gair i ddisgrifio rhywbeth a berthynai i gyfnod y cynfrodorion gwreiddiol ABORIGINAL
cynfyd *hwn eg* byd neu amser cyn hanes, byd cyntefig, bore'r byd ANTIQUITY
cynffon *hon eb* (cynffonnau)
  1 yr aelod symudol honno o gorff anifail sy'n tyfu wrth ei ben ôl; cwt TAIL □ *aderyn*
  2 unrhyw beth sydd yn llusgo y tu ôl i rywbeth arall neu'n ffurfio atodiad iddo, yn debyg i gynffon anifail, e.e. *cynffon comed, cynffon cot* APPENDAGE, TAIL
  3 blas cryf, annymunol a glywir ar ôl y blas cyntaf TANG
  codi cynffon rhedeg i ffwrdd TO SCOOT
cynffonna *be* canlyn yn wasaidd, gwenieithio, seboni TO FAWN, TO FLATTER
Sylwch: dyblwch yr 'n' ym mhob un o ffurfiau'r ferf ac eithrio'r rhai sy'n cynnwys -*as*-.

cynffonnau ŵyn bach hyn *ell* blodau'r gollen HAZEL CATKINS (cenawon, gwyddau bach) ☐ *coed* t.616

cynffonnog *a* gair i ddisgrifio rhywbeth sydd â chynffon TAILED

  uniad cynffonnog gw. **uniad**

cynffonnwr hwn *eg* (cynffonwyr) dilynwr gwasaidd a sebonllyd TOADY, SYCOPHANT

cynhadledd hon *eb* (cynadleddau) achlysur pan ddaw nifer ynghyd; cyfarfod arbennig i drafod mater neu faes arbennig CONFERENCE

cynhaeaf hwn *eg* (cynaeafau)
  1 y gwaith o gasglu'r cnydau ynghyd HARVEST
  2 y cnydau sy'n cael eu casglu; ffrwyth gwaith neu lafur HARVEST
  3 adeg casglu'r cnydau, yr hydref AUTUMN

cynhaliaeth hon *eb*
  1 yr hyn sy'n cynnal neu'n cynorthwyo, cynorthwyr, arian i fyw SUPPORT, MAINTENANCE
  2 bwyd a diod, lluniaeth, ymborth SUSTENANCE

cynhaliaf *bf* rwy'n **cynnal**; byddaf yn **cynnal**

cynhaliwr hwn *eg* (cynhalwyr) un sy'n cynnal, un sy'n cadw rhywbeth i fynd; cynorthwywr, cefnogwr, noddwr, hyrwyddwr SUPPORTER, UPHOLDER

cynhanesyddol *a* gair i ddisgrifio rhywbeth neu ryw bethau sydd wedi digwydd cyn i ddyn ddechrau cofnodi ei hanes PREHISTORIC

cynharach:cynharaf:cynhared *a* mwy **cynnar**, cynt (o ran amser): mwyaf **cynnar**, cyntaf (o ran amser): mor gynnar [**cynnar**], cynted o ran amser

cynhebrwng hwn *eg* gorymdaith mewn angladd; angladd, claddedigaeth FUNERAL

cynheiliad hwn *eg* (cynheiliaid)
  1 cynhaliwr, un sy'n cynnal a chynorthwyo SUPPORTER, PATRON
  2 cynhaliaeth, cymorth SUPPORT, MAINTENANCE

cynheliais *bf* fe wnes i gynnal [**cynnal**]

cynhengar *a* yn llawn cynnen; cecrus, cynhennus, cwerylgar, piwis CONTENTIOUS

cynhenid *a* gair i ddisgrifio rhywbeth sy'n perthyn i berson o'i enedigaeth; rhywbeth hanfodol, greddfol, naturiol, anianol INHERENT, INNATE

cynhenna:cynhennu *be* cwympo maes, cweryla, ffraeo, cecru TO QUARREL

cynhennau hyn *ell* mwy nag un gynnen [**cynnen**]

cynhennus *a* gair i ddisgrifio rhywun sy'n hoff o gynhenna, sy'n llawn cynnen; cecrus, cynhengar CANTANKEROUS

cynhesach:cynhesaf:cynhesed *a* mwy **cynnes**; mwyaf **cynnes**; mor gynnes [**cynnes**]

cynhesrwydd hwn *eg*
  1 gwres cymedrol, cysurus; y cyflwr o fod yn dwym WARMTH
  2 teimlad gwresog, cynnes tuag at rywun neu rywbeth WARMTH

cynhesu *be*
  1 twymo, gwresogi, mynd yn fwy poeth TO WARM
  2 cydymdeimlo â, tosturio wrth, cysuro TO WARM (TO)

cynhorthwy hwn *eg* (cynorthwyon) help, cymorth AID

cynhwysaf *bf* rwy'n **cynnwys**; byddaf yn **cynnwys**

cynhwysfawr *a* gair i ddisgrifio rhywbeth:
  1 sy'n cynnwys llawer mewn ychydig o le COMPREHENSIVE
  2 sy'n eang o ran syniadau, sy'n cwmpasu llawer CAPACIOUS

cynhwysion hyn *ell* mwy nag un **cynnwys**

cynhwysydd hwn *eg* (cynwysyddion) rhywbeth sydd wedi cael ei lunio i gynnwys neu ddal rhywbeth arall, e.e. *Mae pot jam yn gynhwysydd jam.* CONTAINER

cynhyrchiad hwn *eg* (cynyrchiadau)
  1 y gwaith o gynhyrchu, o wneud nwyddau neu gynnyrch PRODUCTION
  2 perfformiad neu nifer o berfformiadau dan gyfarwyddyd cynhyrchydd arbennig (ar lwyfan, ar ffilm, ar deledu neu radio neu ar record) PRODUCTION

cynhyrchiol *a* gair i ddisgrifio rhywun neu rywbeth sy'n cynhyrchu llawer; ffrwythlon, toreithiog, llewyrchus PROLIFIC, PRODUCTIVE

cynhyrchion hyn *ell* mwy nag un **cynnyrch**

cynhyrchu *be*
  1 dwyn ffrwyth, had ac ati TO BRING FORTH
  2 tyfu neu beri cnwd neu gyflenwad TO YIELD
  3 gwneud, peri i rywbeth gael ei greu, e.e. *cynhyrchu nwyddau o ddeunydd crai, cynhyrchu ager o ddŵr* TO PRODUCE
  4 trefnu cyflwyniad o ddrama neu ffilm, neu berfformiad o gerddoriaeth TO PRODUCE

cynhyrchydd hwn *eg* (cynhyrchwyr:cynyrchyddion)
  1 (*lluosog* cynyrchyddion) rhywbeth sy'n cynhyrchu rhywbeth, e.e. *cynhyrchydd neu eneradur trydan* GENERATOR
  2 (*lluosog* cynhyrchwyr) person sy'n gyfrifol am drefnu cyflwyniad arbennig o ddrama neu berfformiad arbennig o gerddoriaeth lle y mae angen trefnu bod nifer o bobl yn cydweithio a chyd-dynnu PRODUCER

cynhyrfau hyn *ell* mwy nag un **cynnwrf**

cynhyrfiad hwn *eg* (cynyrfiadau)
  1 terfysg, cyffro, aflonyddwch, cythrwfl, cynnwrf A STIRRING

cynhyrfu

2 cyffro yn y meddwl, teimlad brwd, gwylltineb AGITATION, IMPULSE

cynhyrfu *be*
1 mynd yn aflonydd, anesmwytho, cyffroi oddi mewn, mynd yn gythryblus *(Ar ôl clywed y cyhuddiadau celwyddog yn ei erbyn teimlodd Tom ei hun yn cynhyrfu trwyddo.)* TO BECOME AGITATED, TO GROW UNEASY
2 cyffroi, aflonyddu, ysgogi, ysgwyd, tarfu *(O weld y tonnau'n codi yng nghanol y llyn roedd yn amlwg fod rhywbeth mawr iawn yn cynhyrfu'r dyfroedd.)* TO ROUSE, TO EXCITE

cynhyrfus *a* gair i ddisgrifio rhywbeth sy'n peri neu achosi cynnwrf; cyffrous, cythryblus, bywiog STIRRING, EXCITING

cyni *hwn eg* cyfyngder, ing, helbul, adfyd, trallod, caledi, tlodi STRAITS, HARDSHIP

cynifer *a* cymaint (am nifer), nifer mor fawr AS MANY, SO MANY

cyniferydd *hwn eg* (cyniferyddion) yr ateb a gewch wrth rannu un rhif â rhif arall; cyfran QUOTIENT

cyniferydd deallusrwydd mesur deallusrwydd lle y mae 100 yn dynodi'r cyfartaledd cyffredinol INTELLIGENCE QUOTIENT, IQ

cynigiad *hwn eg* (cynigiadau) awgrym sy'n cael ei gyflwyno'n ffurfiol i gyfarfod er mwyn iddo gael ei drafod cyn bod yna bleidlais i'w dderbyn neu ei wrthod; cynnig PROPOSAL, MOTION

cynigiaf *bf* rwy'n **cynnig**; byddaf yn **cynnig**

cynigion *hyn ell* mwy nag un **cynnig**

cynigydd *hwn eg* (cynigwyr)
1 person sy'n cyflwyno cynigiad; un sy'n cynnig PROPOSER
2 ymgeisydd, cystadleuydd, person sy'n rhoi cynnig ar rywbeth CHALLENGER

cynildeb:cynilder *hwn eg* rheolaeth ofalus i arbed gwastraff (yn arbennig gwario arian heb fod rhaid) THRIFT, FRUGALITY

cynilion *hyn ell* arian sydd wedi cael ei gynilo SAVINGS

cynilo *be* safio, rhoi i gadw, cadw a chasglu arian yn hytrach na'i wario; byw'n ddarbodus TO BE THRIFTY, TO SAVE

cyniwair:cyniweirio *be*
1 casglu ynghyd, ymgynnull, pentyrru TO GATHER
2 ymweld â rhywle yn aml, hwylio'n ôl a blaen TO FREQUENT

cynllun *hwn eg* (cynlluniau)
1 trefniant ar gyfer rhywbeth sydd i ddigwydd yn y dyfodol PLAN, SCHEME

cynneddf

2 plan, llun o fel y bydd rhywbeth yn edrych ar ôl iddo gael ei orffen a'r hyn sydd ei angen i'w gyflawni *(cynllun o'r tŷ)* PLAN
3 plot mewn stori PLOT

cynllunio *be* darparu cynllun, llunio ymlaen llaw TO PLAN, TO DESIGN (cynllunnir)

cynllunnir *bf* mae'n cael ei chynllunio/gynllunio [**cynllunio**]; bydd yn cael ei chynllunio/gynllunio [**cynllunio**]

cynllunydd *hwn eg* (cynllunwyr) un sy'n cynllunio, sy'n darparu cynlluniau PLANNER, DESIGNER

cynllwyn *hwn eg* (cynllwynion)
1 cynllun cudd, dichellgar (gan nifer fel arfer) i ymosod ar rywun neu rywbeth; ystryw, tric INTRIGUE, CONSPIRACY
2 cythraul, coblyn, e.e. *beth gynllwyn?* DEVIL

cynllwyniwr *hwn eg* (cynllwynwyr) un sy'n cynllwynio gydag eraill i dorri'r gyfraith neu i wneud rhyw ddrygioni CONSPIRATOR

cynllwyno:cynllwynio *be* cynllunio drwg neu frad neu dorcyfraith gan ddau neu ragor o gynllwynwyr TO CONSPIRE

cynnail *bf* mae ef/hi yn **cynnal**; bydd ef/hi yn **cynnal**

cynnal *be*
1 dal, dal i fyny *(A yw'r golofn hon yn ddigon cryf i gynnal pwysau'r to?)* TO HOLD, TO SUPPORT
2 rhoi cynhaliaeth i, porthi *(gwasanaeth cynnal a chadw)* TO MAINTAIN
3 achosi i rywbeth ddigwydd, e.e. *cynnal cyfarfod, cynnal gwledd* TO HOLD (cynhaliaf, cynheliais, cynnail)

Sylwch: (ac eithrio *cynnail*) 'cynhali...' neu 'cynheli...' a geir yn ffurfiau'r ferf ac eithrio'r rhai sy'n cynnwys -*as*-, e.e. *cynaliasom*.

cynnal breichiau bod yn gefn i, bod yn gymorth i TO SUPPORT

cynnar *a* gair i ddisgrifio rhywbeth:
1 sy'n digwydd yn agos at ddechrau ysbaid neu gyfnod o amser; bore *(codi'n gynnar yn y bore)* EARLY
2 sy'n digwydd cyn yr amser penodol, ynghynt nag y dylai; gwrthwyneb hwyr EARLY (cynhared, cynharach, cynharaf, cynt, cyntaf, cynted)

cynnau *be*
1 tanio, ennyn tân, rhoi ar dân, dechrau llosgi, fflamio TO LIGHT
2 goleuo, achosi i rywbeth oleuo, gwrthwyneb diffodd, e.e. *cynnau golau trydan* TO LIGHT, TO SWITCH ON (THE LIGHT) (cyneuaf)

Sylwch: does dim angen dyblu'r 'n' yn ffurfiau'r ferf.

cynneddf *hon eb* (cyneddfau)
1 dawn neu allu cynhenid; anian, natur ATTRIBUTE

a b c ch d dd e f ff g ng h i j (k) l ll m n o p ph r rh s t th u w y (z)

2 un o nodweddion y meddwl (e.e. y cof, y deall ac ati) FACULTY
3 hynodrwydd, dawn hollol anghyffredin PECULIARITY

cynnen hon *eb* (cynhennau) cweryl, anghydfod, dadl sy'n achosi cynnwrf neu anghydfod CONTENTION, DISPUTE
asgwrn y gynnen gw. **asgwrn**

cynnes *a*
1 gair i ddisgrifio rhywbeth sy'n gyfforddus a gwresog, sydd heb fod yn rhy dwym neu'n rhy boeth WARM
2 gwresog o ran teimlad neu serch; tirion, mwyn, cariadus AFFECTIONATE (cynhesed, cynhesach, cynhesaf)

cynnig[1] hwn *eg* (cynigion)
1 mynegiant o barodrwydd i wneud neu i roi rhywbeth *(Rwyf wedi cael cynnig da gan reolwr y tîm.)* OFFER
2 awgrym ffurfiol sy'n cael ei gyflwyno i bwyllgor i'w drafod cyn i'r aelodau bleidleisio o'i blaid neu yn ei erbyn; cynigiad PROPOSAL
3 y swm o arian neu dâl y mae prynwr yn barod i'w dalu am rywbeth mewn ocsiwn OFFER
4 menter neu gais i ddilyn rhyw gwrs neu gyflawni rhyw orchwyl *(Wyt ti am roi cynnig ar godi'r pwysau hyn?)* TRY
cynnig dros ysgwydd cynnig ffuantus, cynnig y mae'r sawl sy'n ei wneud yn gobeithio y caiff ei wrthod
does gen i (ti, ef etc.) gynnig i mae'n gas gen i, cas gennyf I CAN'T STAND...

cynnig[2] *be*
1 mynegi parodrwydd i wneud neu i roi rhywbeth *(Cynigiais fynd â hi i'r dref yn y car.)* TO OFFER
2 cyflwyno, estyn rhywbeth er mwyn i rywun (neu rywrai) ei dderbyn neu ei wrthod *(Roedd mam Siôn yn flin am nad oedd wedi cynnig losin i Dewi.)* TO OFFER
3 ceisio, ymgeisio, cystadlu *(A gynigiaist ti am y swydd wedyn?)* TO TRY (FOR), TO ATTEMPT, TO APPLY
4 gosod neu gyflwyno penderfyniad i'w dderbyn neu i'w wrthod gan bwyllgor neu grŵp o bobl *(Rwy'n cynnig ein bod yn mynd i Aberystwyth ar y trip eleni.)* TO PROPOSE
5 cyflwyno swm o arian yn dâl am rywbeth (i'w dderbyn neu i'w wrthod gan y gwerthwr) *(Faint ydych chi'n barod i'w gynnig am y llun?)* TO OFFER
6 bygwth, anelu *(Cynigiodd gic at y ci.)* TO THREATEN, TO AIM (cynigiaf)
cynnig llwncdestun galw ar gwmni i yfed i lwyddiant, iechyd da, llawenydd ac ati rhywun neu rywrai TO PROPOSE A TOAST
Sylwch: un 'n' sydd yn y ffurfiau berfol ac 'i' yn eu terfyniad, e.e. *cynigiaf.*

cynnil *a* gair i ddisgrifio rhywbeth:
1 heb unrhyw wastraff, sy'n llwyddo gan ddefnyddio cyn lleied ag sy'n bosibl o'r hyn sydd ei angen; darbodus, gofalus o safbwynt arian SPARE, SPARING, FRUGAL
2 yn awgrymu (mewn ffordd glyfar) mwy na'r hyn a ddywedir, neu sydd i'w weld ar yr wyneb *(Roedd beirniadaeth gynnil ei gyfeillion yn gwneud mwy o ddrwg iddo na holl ymosodiadau cas ei elynion.)* SUBTLE

cynnud hwn *eg* coed tân FIREWOOD

cynnull *be* casglu ynghyd, crynhoi, galw ynghyd TO COLLECT, TO GATHER (cynullaf)

cynnwrf hwn *eg* (cynyrfau)
1 terfysg, cyffro, aflonyddwch, cythrwfl, cynhyrfiad COMMOTION, STIR
2 cyffro yn y meddwl, teimlad brwd, gwylltineb AGITATION, IMPULSE

cynnwys[1] hwn *eg* (cynhwysion) yr hyn sydd oddi mewn i rywbeth *(cynnwys cwpan neu lestr; cynnwys llyfr; cynnwys drama; cynhwysion cacen)* CONTENT(S)

cynnwys[2] *be* cadw neu gasglu rhywbeth o fewn ffiniau neu derfynau arbennig *(Ydy John yn cael ei gynnwys yn y côr?)* TO INCLUDE, TO CONSIST (cynhwysaf)
Sylwch: 'cynhwys...' sydd yn ffurfiau'r ferf ac eithrio'r rhai sy'n cynnwys -as-, e.e. *cynwysasom.*

cynnydd hwn *eg*
1 tyfiant, ychwanegiad *(Mae cynnydd yn nifer y plant sy'n dod i'r gymdeithas.)* INCREASE, GROWTH
2 tyfiant neu brifiant y lleuad hyd at leuad lawn; gwrthwyneb gwendid y lleuad WAXING
3 datblygiad, ffyniant, symudiad ymlaen *(Ai ar draul gwledydd tlawd y byd y bu'r cynnydd yng ngwledydd y gorllewin?)* PROGRESS, DEVELOPMENT
ar gynnydd yn tyfu, yn cynyddu ON THE INCREASE

cynnyrch hwn *eg* (cynhyrchion)
1 y ffrwyth a ddaw o ganlyniad i dyfiant naturiol, i weithgarwch celfyddydol neu feddwl yn ddeallus PRODUCE, PRODUCT
2 yr hyn sy'n cael ei gynhyrchu, sef yr holl bethau sy'n cael eu cynhyrchu (gan ddiwydiant gan amlaf) er mwyn eu gwerthu a gwneud elw *(Yn ôl ein ffigurau ni, mae cynnyrch y wlad wedi disgyn dros y blynyddoedd.)* PRODUCTION, OUTPUT
3 ffrwythau'r ddaear, cnydau CROPS

cynoesol *a* gair i ddisgrifio rhywbeth sy'n perthyn i'r cynfyd, i'r oesoedd a fu; cyntefig PRIMEVAL, PRIMITIVE

cynorthwyo *be* helpu, estyn cymorth, rhoi help llaw TO HELP, TO ASSIST

cynorthwyol *a* gair i ddisgrifio rhywun neu rywbeth sy'n helpu, sy'n estyn cymorth; cynhaliol SUPPORTING, AUXILIARY

cynorthwyon hyn *ell* mwy nag un **cynhorthwy**

cynorthwywr:cynorthwyydd hwn *eg* (cynorthwywyr) person sy'n cynorthwyo, person sy'n helpu (gan amlaf rhywun sy'n cael ei dalu i gynorthwyo mewn siop neu sefydliad) ASSISTANT, HELPER

cynradd *a* gair i ddisgrifio addysg neu ysgol ar gyfer plant 5-11 oed PRIMARY (cyfun, elfennol, meithrin, uwchradd)

cynrychioli *be*
1 ymddangos neu weithredu yn lle neu ar ran rhywun neu rywrai eraill; dirprwyo TO REPRESENT
2 bod yn aelod (yn arbennig aelod seneddol) sydd wedi ei ddewis i siarad neu weithredu dros ardal neu grŵp arbennig TO REPRESENT

cynrychiolydd:cynrychiolwr hwn *eg* (cynrychiolwyr) person sydd wedi cael ei awdurdodi i siarad neu weithredu dros rywrai eraill REPRESENTATIVE

cynrhonyn hwn *eg* (cynrhon) pryfyn ar ôl iddo ddod o'r wy a chyn iddo fagu adenydd, traed ac ati; lindysyn bach gwyn MAGGOT, GRUB

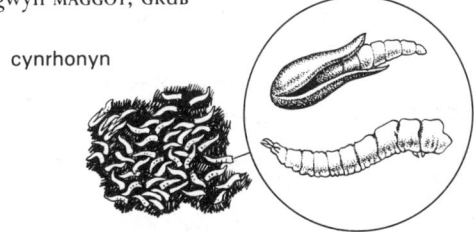

cynrhonyn

cynsail hon *eb* (cynseiliau)
1 egwyddor sylfaenol, sail, sylfaen FOUNDATION
2 gosodiad yr ydych yn adeiladu dadl neu ymresymiad arno PREMISE
3 rhywbeth sydd wedi digwydd neu sydd wedi'i benderfynu yn y gorffennol ac sy'n cael ei ddefnyddio fel canllaw neu arweiniad (yn enwedig mewn llys barn wrth ddedfrydu) PRECEDENT

cynt[1] *a* mwy **cynnar** (o ran amser); mwy **buan** (o ran cyflymdra)

cynt[2] *adf* o'r blaen, yn yr amser a aeth heibio (*Does dim yr un hwyl heddiw ag a fu gynt.*) FORMERLY, BEFORE
Sylwch: 'gynt' sy'n cael ei ddefnyddio i gyfeirio at gyfnod pell yn ôl, e.e. *yr hen amser gynt*; 'cynt' (heb ei dreiglo) sy'n cael ei ddefnyddio i olygu ychydig amser yn gynharach, e.e. *y noson cynt*.

na chynt na chwedi (wedyn) dim o'r blaen nac wedyn NEITHER BEFORE NOR SINCE

cyntaf *a*
1 y rhifol sy'n dod o flaen *ail* FIRST
2 mwyaf **cynnar**, o flaen pawb neu bopeth, blaenaf, nad oes un arall wedi bod o'i flaen; cysefin FIRST
3 mwyaf **buan**, cyflymaf (defnydd anaml) SWIFTEST
Sylwch: eithriad yw defnyddio'r rhifol *cyntaf* o flaen enw, ond os digwydd nid yw'n achosi treiglad, e.e. *cyntaf peth*.

cyntaf-anedig *a* gair i ddisgrifio'r plentyn cyntaf i gael ei eni i rieni, y plentyn hynaf FIRST-BORN

cynted *a* mor gynnar [**cynnar**] (o ran amser); mor fuan [**buan**] (o ran cyflymdra)

cyntedd hwn *eg* (cynteddau)
1 mynedfa i adeilad, neu'r rhan o'r tŷ yn union y tu mewn i'r drws allanol; porth PORCH, VESTIBULE
2 yn yr Oesoedd Canol dyma'r enw ar y rhan o'r neuadd y byddai'r brenin yn eistedd ynddi, rhan ucha'r neuadd

cyntefig *a* gair i ddisgrifio rhywun neu rywbeth:
1 sy'n perthyn i gyfnod cynnar, i'r cynfyd PRIMITIVE
2 plaen, syml, braidd yn amrwd PRIMITIVE

cyntun hwn *eg* napyn, cwsg bach byr NAP, SNOOZE

cynullaf *bf* rwy'n **cynnull**; byddaf yn **cynnull**

cynulleidfa hon *eb* (cynulleidfaoedd) casgliad neu gynulliad o bobl wedi dod ynghyd i wrando ac/neu i weld rhywbeth megis cyngerdd, pregeth, drama ac ati AUDIENCE, CONGREGATION

cynulliad hwn *eg* (cynulliadau) casgliad, dyfodiad ynghyd, cynulleidfa A GATHERING

cynullydd:cynullwr hwn *eg* (cynullwyr) aelod o bwyllgor sy'n cael ei benodi i drefnu cyfarfodydd a galw'r aelodau eraill ynghyd CONVENER

cynwysedig:cynwysiedig *a* gair i ddisgrifio rhywbeth sydd wedi'i gynnwys o fewn rhywbeth arall (*Mae'r costau bwyd a theithio yn gynwysedig yn y pris.*) INCLUDED, INCLUSIVE

cynwysyddion hyn *ell* mwy nag un **cynhwysydd**

cynyddol *a* gair i ddisgrifio rhywun neu rywbeth sy'n tyfu a thyfu, sy'n mynd rhagddo, sy'n cynyddu (*Roedd costau cynyddol cadw'r teulu'n dechrau mynd yn ormod iddo.*) INCREASING, PROGRESSIVE

cynyddu *be*
1 tyfu, mynd yn fwy, amlhau, ffynnu, llwyddo TO INCREASE
2 achosi tyfiant, cynhyrchu, gwneud yn fwy, ychwanegu at TO AUGMENT

cynyrchiadau hyn *ell* mwy nag un **cynhyrchiad**
cynyrchyddion hyn *ell* mwy nag un **cynhyrchydd**
cynyrfiadau hyn *ell* mwy nag un **cynhyrfiad**
cynysgaeddu *be*
1 rhoi swm sylweddol o arian er mwyn i'r sawl sy'n ei dderbyn ddefnyddio'r elw blynyddol i ryw bwrpas arbennig; gwaddoli TO ENDOW
2 derbyn cyfoeth o ddoniau; donio TO BE ENDOWED

cyplau hyn *ell* mwy nag un **cwpwl**
cyplysnod hwn *eg* (cyplysnodau) llinell fer (-), hac, a ddefnyddir i gysylltu rhannau o air, e.e. *Ynys-y-bŵl*, *di-ben-draw* a hefyd i wahanu ambell gyfuniad o

cyplysu

gytseiniaid, e.e. *lladd-dy, cybydd-dod, hwynt-hwy, hyd-ddo* HYPHEN

cyplysu *be* cysylltu, dwyn ynghyd, uno, ieuo, clymu ynghyd TO COUPLE, TO LINK

cypreswydden *hon eb* (cypreswydd) enw ar goeden fythwyrdd o deulu'r conifferiaid sydd â dail tywyll a phren caled CYPRESS TREE ☐ *coed* t.614

cypyrddaid *hwn eg* (cypyrddeidiau) llond cwpwrdd CUPBOARDFUL

cypyrddau *hyn ell* mwy nag un **cwpwrdd**

cyraeddiadau *hyn ell* mwy nag un **cyrhaeddiad**, y pethau y mae person â'r gallu i'w cyflawni POTENTIAL

cyrans *gw.* **cwrens:cyrans**

cyrbibion *hyn ell* yfflon, teilchion, ysgyrion, rhacs SMITHEREENS

cyrcs *hyn ell* mwy nag un **corcyn**

cyrcydau *hyn ell* mwy nag un **cwrcwd**

cyrcydu *be* swatio, mynd yn eich cwrcwd, eistedd ar eich sodlau TO SQUAT, TO CROUCH

cyrch[1] *hwn eg* (cyrchoedd) ymosodiad, cwrs, rhuthr ATTACK, ASSAULT

gair cyrch y gair (neu eiriau) sy'n dilyn yr odl yn llinell gyntaf englyn, ac sy'n cael ei gyplysu, fel arfer, â gweddill y llinell gan hac, e.e. *Y bardd trwm dan bridd tramor—y dwylaw...*

cyrch[2] *gw.* **ceirch:cerch:cyrch**

cyrchfa *hon eb* (cyrchfeydd)
1 man lle y mae pobl neu bethau yn casglu ynghyd, man i gyrchu iddo, lle i ymweld ag ef A RESORT, RENDEZVOUS
2 cynulliad, tyrfa, casgliad CONCOURSE

cyrchfan *hwn neu hon egb* (cyrchfannau) gair arall am gyrchfa [**cyrchfa**]

cyrchu *be*
1 mynd tuag at, hwylio at, tynnu at (*cyrchu at y nod*) TO MAKE FOR
2 casglu ynghyd TO GATHER TOGETHER

cyrd:cyrt *hyn ell* mwy nag un **cordyn**

cyrddau *hyn ell* mwy nag un **cwrdd**

cyrddau mawr gŵyl bregethu

cyrff *hyn ell* mwy nag un **corff**

cyrhaeddaf *bf* rwy'n **cyrraedd**; byddaf yn **cyrraedd**

cyrhaeddiad *hwn eg* (cyraeddiadau) yr hyn y mae person yn gallu ei gyflawni (am allu meddyliol yn aml) REACH, COMPREHENSION, ATTAINMENT

cyrïau *hyn ell* mwy nag un **cyrri**

cyrion *hyn ell* mwy nag un **cwr**

ar gyrion yn ymyl (*ar gyrion y dref*) ON THE OUTSKIRTS

cyrlen *hon eb* (cyrls) gair arall am gwrl [**cwrl**]

cyrliog *a* gair i ddisgrifio rhywbeth sy'n llawn cwrls CURLY

cyrn *hyn ell* mwy nag un **corn**

cyrnol *hwn eg* pen swyddog ar gatrawd yn y fyddin COLONEL

cyrraedd[1] *be*
1 mynd neu ddod cyn belled â man arbennig (*Ydyn ni wedi cyrraedd Caerdydd eto?*) TO REACH
2 (am bethau) bod yn ddigon hir i gyffwrdd (*Ydy'r ysgol yn mynd i gyrraedd y ffenestr?*) TO REACH
3 llwyddo, cyflawni nod (*Mae hi wedi cyrraedd safle uchel yn y cwmni.*) TO ATTAIN (cyrhaeddaf)

Sylwch: (ac eithrio *cyrraedd; cyrraidd*) 'cyrhaedd'... a geir yn ffurfiau'r ferf ac eithrio'r rhai sy'n cynnwys *-as-*, e.e. *cyraeddaswn*.

o fewn cyrraedd posibl ei gyrraedd neu'i gyflawni WITHIN REACH

cyrraedd[2]**:cyrraidd** *bf* mae ef/hi yn **cyrraedd**; bydd ef/hi yn **cyrraedd**

cyrrau *hyn ell* mwy nag un **cwr**

cyrri *hwn eg* (cyrïau) pryd o gig a llysiau ac ati wedi'i goginio mewn saws poeth, sbeislyd ac yn cael ei fwyta gyda reis gan amlaf CURRY

cyrs *hyn ell* mwy nag un gorsen [**corsen**]

cyrs(i)au *hyn ell* mwy nag un **cwrs**

cyrt *gw.* **cyrd:cyrt**

cyrtiau *hyn ell* mwy nag un **cwrt**

cyrydu *be* treulio, distrywio yn araf trwy adweithiau cemegol (*Mae'r asid yn y batri yn cyrydu'r casyn.*) TO CORRODE

cyryglau *hyn ell* mwy nag un **cwrwg:cwrwgl**

cyryglwr:coryglwr *hwn eg* (cyryglwyr) person sy'n gwneud cyryglau neu un sy'n llywio cwrwg ☐ *cwrwg*

cyryglwr:coryglwr

cysáct *a* gair i ddisgrifio rhywun neu rywbeth sy'n fanwl gywir ym mhob dim EXACT

cysawd *hwn eg* (cysodau) (fel yn *cysawd yr haul*) cyfundrefn arbennig o sêr a phlanedau SYSTEM

cysawd yr haul y cyfuniad o sêr a phlanedau sy'n troi o gwmpas yr haul SOLAR SYSTEM

cysefin *a* gwreiddiol, cynhenid ORIGINAL, NATIVE

cysegr *hwn eg* (cysegrau)
  1 (yn wreiddiol) y rhan nesaf at y man mwyaf sanctaidd o dabernacl a theml yr Iddewon, ond erbyn hyn, lle neu lecyn sanctaidd, neu adeilad megis eglwys neu gapel wedi'i neilltuo ar gyfer addoli Duw HOLY PLACE
  2 eglwys neu adeilad cysegredig lle y gall ffoaduriaid gael noddfa rhag eu gelynion SANCTUARY

cysegredig *a* gair i ddisgrifio rhywun neu rywbeth wedi'i neilltuo i wasanaethu neu addoli Duw; sanctaidd (gyda'r awgrym nad oes dim meidrol i fod i'w newid neu ymyrryd yn y peth) HOLY, SACRED

cysegru *be*
  1 neilltuo i wasanaeth Duw; sancteiddio TO CONSECRATE
  2 llanw ag ysbryd Duw, e.e. *wrth gysegru bara a gwin y cymun* TO CONSECRATE
  3 offrymu neu gyflwyno rhywun neu rywbeth i wasanaeth crefydd TO ORDAIN, TO DEDICATE

cyseinedd *hwn eg* cyfatebiaeth cytseiniaid, cyflythreniad (e.e. teithiodd Twm trwy'r twyni tywod) ALLITERATION

cysetlyd *a* gair i ddisgrifio rhywun anodd ei fodloni oherwydd mympwy; hunandybus, anodd ei blesio FINICKY, FASTIDIOUS

cysgadur *hwn eg* (cysgaduriaid)
  1 cysgwr, un sy'n cysgu neu'n hepian SLEEPER
  2 creadur sy'n cysgu trwy'r gaeaf ac yn dihuno/deffro pan ddaw'r gwanwyn HIBERNATING ANIMAL

cysgau *hyn ell* mwy nag un **cwsg**

cysglyd *a* gair i ddisgrifio rhywun sy'n dueddol o fynd i gysgu, nad yw'n effro nac yn fywiog DOZY, DROWSY

cysgod *hwn eg* (cysgodion)
  1 yr amlinelliad tywyll a geir pan ddaw rhyw wrthrych rhwng ffynhonnell o oleuni (e.e. yr haul) ac arwynebedd gweddol wastad (e.e. llawr neu wal) SHADOW
  2 llun sy'n cael ei adlewyrchu mewn dŵr REFLECTION
  3 llecyn tywyll (e.e. dan goed) nad yw mor boeth â'r mannau agored o'i gwmpas pan fydd yr haul yn tywynnu SHELTER
  4 rhith, ôl, copi gwan iawn SHADOW
  5 awyrgylch bygythiol, awgrym o drychineb sy'n agos, diflastod SHADOW
  rhoi rhywun yn y cysgod tynnu sylw (atoch eich hun) nes bod neb yn sylwi ar y person arall TO PUT IN THE SHADE
  yng nghysgod oherwydd cysylltiad neu berthynas (*Cefais fynd i'r parti yng nghysgod fy mrawd.*)

cysgodi *be*
  1 bod mewn cysgod, cadw allan o'r tywydd TO TAKE COVER, TO SHELTER
  2 taflu cysgod dros, cadw'r goleuni rhag cyrraedd yn llawn, tywyllu TO OVERSHADOW, TO SHADE

cysgodol *a* gair i ddisgrifio rhywle lle y ceir cysgod o afael tywydd garw neu rhag gwres yr haul; diddos SHADY, SHELTERED

cysgu *be*
  1 huno, gorffwyso'n naturiol a llithro i stad anymwybodol (e.e. ar ôl mynd i'r gwely neu ar ôl blino) TO SLEEP (CWSG)
  2 (am aelod o'r corff) bod yn ddiffrwyth neu'n ddideimlad (*Mae fy nhroed wedi mynd i gysgu.*)
  cysgu ci bwtsiwr hepian, cysgu'n ysgafn TO CATNAP
  cysgu llwynog cymryd arnoch eich bod yn cysgu

cysgwr *hwn eg* (cysgwyr) un sy'n cysgu; cysgadur SLEEPER

cysodau *hyn ell* mwy nag un **cysawd**

cysodi *be* gosod teip yn barod i'w argraffu neu, erbyn hyn, gosod testun yn barod i'w argraffu, e.e. *cysodi tudalen o lyfr* TO SET (TYPE)

cyson *a* rheolaidd, di-feth, ffyddlon, dibynadwy, digyfnewid, heb fod yn anwadal CONSTANT, REGULAR, CONSISTENT

cysondeb *hwn eg* yr hyn sy'n gwneud rhywun neu rywbeth yn gyson; glynu at reolau, diffyg anwadalwch, y cyflwr o fod yn ddibynadwy CONSISTENCY, REGULARITY

cysoni *be* gwneud yn gytûn, gwneud i bethau gytuno â'i gilydd, gwneud yn wastad, trefnu, ffitio TO RECONCILE

cystadleuaeth *hon eb* (cystadlaethau)
  1 ymryson, ymgiprys, ymgais gan ddau neu ragor yn erbyn ei gilydd i ennill rhywbeth (*Roedd yn gystadleuaeth rhyngddo ef a deg arall am y swydd.*) COMPETITION
  2 prawf o fedr neu sgiliau neu nerth (*cystadleuaeth arddio*) COMPETITION
  3 y gwrthwynebydd neu'r gwrthwynebwyr yr ydych yn cystadlu yn eu herbyn COMPETITION

cystadleuol *a* gair i ddisgrifio rhywbeth sy'n perthyn i gystadleuaeth neu rywun sy'n hoff o gystadlu COMPETITIVE

cystadleuwr:cystadleuydd *hwn eg* (cystadleuwyr) ymgeisydd, person sy'n cystadlu COMPETITOR, RIVAL

cystadlu *be* ceisio yn erbyn eraill i ddod yn gyntaf; ymdrechu yn erbyn cystadleuwyr eraill i gael eich dethol TO COMPETE, TO VIE

cystal[1] *a* mor dda [da]

cystal[2] *adf* man a man, i'r un graddau (*Cystal i ni aros nes daw John.*) EQUALLY, MAY AS WELL

cystrawen *hon eb* (cystrawennau) y ffordd y mae brawddeg wedi'i hadeiladu (*Cystrawen syml iawn sydd i'r frawddeg 'Mae John yma!'*) SYNTAX, CONSTRUCTION

cystudd *hwn eg* (cystuddiau) dioddefaint, poen, gofid, gorthrymder, salwch, afiechyd AFFLICTION, DISTRESS

cystuddio *be* achosi poen neu ddioddefaint, peri gofid neu drallod; cosbi, poeni, cam-drin TO AFFLICT, TO CHASTISE

cystwyo *be* ceryddu, cosbi, curo, cystuddio TO CHASTISE, TO TROUNCE

cysur *hwn eg* (cysuron)
  1 esmwythyd neu leihad mewn gofid neu boen i'r rhai hynny sy'n gofidio neu sy'n dioddef *(Mae nyrs yn gweini cysur i gleifion.)* CONSOLATION, SOLACE
  2 yr hyn sy'n gwneud rhywun yn gyfforddus yn gorfforol neu'n feddyliol *(Mae'n gysur mawr i mi eich bod yn aros yma i ofalu am y plant.)* COMFORT

cysuro *be* ceisio lleihau neu liniaru gofid rhywun (sy'n dioddef o siom neu brofedigaeth neu boen meddwl), calonogi, ceisio codi calon, diddanu TO COMFORT, TO ENCOURAGE

cysurus *a* cyfforddus, yn rhoi cysur (i'r corff gan amlaf); heb ofidiau na phoen (yn feddyliol nac yn gorfforol nac yn ariannol) COMFORTABLE

cyswllt *hwn eg* (cysylltau:cysylltiadau) yr hyn sy'n cydio dau beth ynghyd, man cyfarfod dau (neu ragor) o bethau; dolen, cysylltiad CONNECTION, LINK

cysylltair *hwn eg* (cysyllteiriau) term gramadegol am eiryn sy'n cysylltu dau gymal, dwy frawddeg neu ddau air, e.e. *a, ac, ond, er, nad* CONJUNCTION

cysylltiad *hwn eg* (cysylltiadau)
  1 y weithred o gyplysu, o ddod â dau beth ynghyd; uniad, asiad A LINKING
  2 cyswllt, yr hyn sy'n cysylltu CONNECTION
  mewn cysylltiad â parthed, ynglŷn â IN CONNECTION WITH, IN CONJUNCTION WITH

cysylltiedig *a* gair i ddisgrifio rhywbeth sydd wedi cael ei gysylltu CONNECTED

cysylltnod *hwn eg* gair arall am gyplysnod [**cyplysnod**] HYPHEN

cysylltu *be* cyplysu, clymu ynghyd, uno, cyfuno, dwyn ynghyd TO CONNECT, TO LINK, TO JOIN

cysyniad *hwn eg* (cysyniadau) syniad, meddwl yn fras, dealltwriaeth gyffredinol CONCEPT

cytau *hyn ell* mwy nag un **cwt**² a **cwt**³

cytbell *a* gair i ddisgrifio rhywbeth neu rywle sydd yr un pellter *(Mae Rhufain yn gytbell o Oslo a Cairo.)* EQUIDISTANT

cytbwys *a* gair i ddisgrifio pethau sydd o'r un pwysau, sydd yn gyfartal, yn gyfwerth; heb ffafrio'r naill ochr na'r llall BALANCED, UNBIASED (cydbwysedd)

cytew *hwn eg* cymysgedd gludiog o flawd, wyau, llaeth ac ati a ddefnyddir wrth goginio (e.e. i wneud crempogau/pancws) BATTER

cytgan *hwn neu hon egb* (cytganau)
  1 (mewn cerddoriaeth leisiol) darn sy'n cael ei ganu gan gôr neu gan bawb gyda'i gilydd, o'i wrthgyferbynnu â'r darnau y mae unawdwyr yn eu canu CHORUS
  2 byrdwn, geiriau sy'n cael eu hailadrodd ar ôl pob pennill mewn cân CHORUS, REFRAIN

cytgord *hwn eg* (cytgordiau)
  1 (mewn cerddoriaeth) cord sy'n cynganeddu, ac felly'n swnio'n ddymunol CONCORD
  2 cytundeb, cyd-ddealltwriaeth, cynghanedd AGREEMENT, HARMONY, UNDERSTANDING

cytiau *hyn ell* mwy nag un **cwt**¹

cytiau'r Gwyddelod gw. **cutiau'r Gwyddelod**

cytir *hwn eg* (cytiroedd) tir y mae gan bawb hawl i'w ddefnyddio; comin COMMON LAND

cytoplasm *hwn eg* (mewn bioleg) y sylwedd tebyg i jeli o fewn muriau cell nad yw'n rhan o gnewyllyn y gell CYTOPLASM

Sylwch: 'seitoplasm' yw'r ynganiad.

cytsain *hon eb* (cytseiniaid)
  1 sain sy'n cael ei chynhyrchu trwy atal yr anadl (yn llwyr neu'n rhannol) â'r tafod neu'r gwefusau, o'i gwrthgyferbynnu â llafariad (sy'n defnyddio'r llais) CONSONANT
  2 y llythrennau sy'n cynrychioli'r seiniau hyn (e.e. b, c, ch, d, dd, f ac ati) CONSONANT
  3 (gyda'r lluosog cytseiniau) cytundeb sain, cynghanedd, cytgord CONSONANCE

cytser *hwn eg* (cytserau) un o'r 88 patrwm neu gasgliad sefydlog o sêr y gallwch eu gweld o'r ddaear, ac sydd gan amlaf ag enw arbennig arnynt (e.e. Andromeda, Leo (y Llew), Y Pleiades ac ati) CONSTELLATION ☐ t.174

cytûn *a*
  1 gair i ddisgrifio pobl (fel arfer) sydd o'r un feddwl, sy'n unfryd unfarn, sydd mewn cytgord, sy'n cyd-weld AGREEING, OF ONE MIND
  2 yn unol â, yn dilyn yr hyn sydd wedi'i gytuno IN AGREEMENT, IN ACCORDANCE

cytundeb *hwn eg* (cytundebau)
  1 cyd-ddealltwriaeth, unfrydedd barn rhwng dau neu ragor o bobl; gwrthwyneb anghydfod, ffrae a chweryl AGREEMENT
  2 cyfamod, trefniant ffurfiol rhwng dwy blaid neu ddau neu ragor o unigolion yn cofnodi'r hyn y maent wedi cytuno iddo CONTRACT, SETTLEMENT
  3 cyfatebiaeth ramadegol o ran rhif, person neu genedl (e.e. mae cytundeb person rhwng *cysgodd* a *John* yn y

frawddeg *Cysgodd John*, ond ni fyddai cytundeb rhwng *Cysgais John*) CORRESPONDENCE, AGREEMENT

cytuno *be*
1 cydsynio, bod yn un â, derbyn syniad neu farn TO AGREE
2 dod i delerau â, gwneud cytundeb â, cyfamodi TO STRIKE A BARGAIN
3 bod er lles iechyd person (*Mae awyr Aberystwyth yn cytuno â fi.*) TO SUIT
4 (yn ramadegol) cyfateb o ran rhif, person neu genedl (e.e. nid yw *dwy* a *bachgen* nac *yr wyf* a *ti* yn cytuno) TO CORRESPOND, TO AGREE

cythlwng *hwn eg* (yn yr ymadrodd *ar fy (dy, ei etc.) nghythlwng*) newynog, ag angen bwyd yn fawr iawn HUNGER

cythraul *hwn eg* (cythreuliaid)
1 un o weision y Diafol, ysbryd drwg, maleisus; diawl, ellyll DEVIL, DEMON, FIEND
2 (yn ffigurol) rhywun drwg neu ddireidus (*y cythraul bach*) DEVIL

ar y cythraul ofnadwy (ond â grym rheg) (*Mae e'n gollwr gwael ar y cythraul.*)

cythraul (y) canu anghydfod a chenfigen ymhlith cantorion (mewn capel fel arfer)

cythreulig *a* gair i ddisgrifio rhywun neu rywbeth sydd mor ddrwg â chythraul; dieflig, diawledig, cas ofnadwy mewn ffordd gyfrwys DIABOLICAL, FIENDISH

cythruddo *be* cynhyrfu, cyffroi, digio, anesmwytho, poeni, gwneud dolur i, dychryn TO PROVOKE, TO TROUBLE

cythrwfl *hwn eg* cynnwrf, stŵr, terfysg, aflonyddwch COMMOTION, TUMULT

cythryblus *a* gair i ddisgrifio rhywun neu rywbeth sy'n achosi cythrwfl TURBULENT, TROUBLESOME

cyw *hwn eg* (cywion)
1 aderyn bychan newydd ddeor CHICK
2 anifail bach, ifanc (yn arbennig *cyw ceffyl* am ebol) YOUNG ANIMAL
3 ymadrodd cellweirus am berson ifanc neu ddisgybl, prentis, e.e. *cyw meddyg* YOUTH
4 rhywun nad yw wedi aeddfedu, rhywun heb lawer o synnwyr

cyw iâr ffowlyn, iâr yn barod i'w bwyta CHICKEN

cyw melyn olaf y plentyn ieuengaf mewn teulu, ffefryn ei fam LAST OF THE BROOD

cywain *be* casglu at ei gilydd, dwyn i mewn (yn arbennig felly gnwd y cynhaeaf), casglu i ddiddosrwydd, cludo i'r stôr TO GATHER IN (THE HARVEST) (cyweiniaf)

cywair *hwn eg* (cyweiriau)
1 (mewn cerddoriaeth) nodyn sylfaenol y raddfa y mae darn o gerddoriaeth wedi'i seilio arno, e.e. *C fwyaf yw cywair Nawfed Symffoni Schubert ac C leiaf yw cywair Pumed Symffoni Beethoven* KEY
2 naws, teimlad, hwyl (*Trawodd y cywair priodol yn ei araith agoriadol i'r fforwm.*) TONE

cywair lleiaf cywair wedi'i seilio ar raddfa lle y mae trydydd nodyn y raddfa wedi'i feddalu; y cywair lleddf MINOR KEY

cywair mwyaf cywair wedi'i seilio ar raddfa arferol; y cywair llon MAJOR KEY

cywaith *hwn eg* (cyweithiau)
1 gwaith wedi'i baratoi gan fwy nag un yn cydweithredu PROJECT
2 gwaith y disgwylir i blentyn ei gyflawni trwy chwilio a defnyddio ffynonellau ar ei ben ei hun (*Fy ngwaith cartref dros yr haf yw cwblhau cywaith ar 'Y Môr'.*) PROJECT

cywarch *hyn ell* mwy nag un gywarchen [**cywarchen**]
1 planhigion tebyg i ddanadl y mae pobl yn cynhyrchu edau ohonynt i wneud hwyliau, bagiau, ac yn arbennig raffau a llinynnau HEMP □ *blodau* t.619
2 y defnydd sy'n cael ei wneud o'r planhigion hyn (*sachau cywarch*) HEMP

cywarchen *hon eb* un neu un bach ymhlith nifer o blanhigion **cywarch** HEMP

cywasgu *be* gwasgu ynghyd, gwneud (rhywbeth) yn llai wrth ei wasgu i lai o le TO COMPRESS, TO CONDENSE

cywasgydd *hwn eg* (cywasgyddion) dyfais ar gyfer cywasgu aer neu nwy COMPRESSOR □ *jet*

cyweiniaf *bf* rwy'n **cywain**; byddaf yn **cywain**

cyweiriau *hyn ell* mwy nag un **cywair**

cyweirio *be*
1 atgyweirio, trwsio, adfer, e.e. *cyweirio sanau, cyweirio'r to* TO REPAIR, TO PATCH
2 gosod yn drefnus; rhoi (rhywbeth) yn y cyflwr priodol; tacluso, trefnu, trin, gwneud, e.e. *cyweirio gwely* TO PUT IN ORDER, TO MAKE, TO ADJUST
3 cymhwyso, addasu, gwneud yn deilwng neu briodol, e.e. *cyweirio'r llais* TO MODULATE, TO ADJUST
4 (yn gerddorol) tiwnio, sicrhau bod offeryn cerdd mewn tiwn TO TUNE

cyweirio telyn

Y CYTSER

Byrfodd	Enw Lladin	Enw Cymraeg
AND	Andromeda	Andromeda (merch Cepheus a Cassiopeia)
ANT	Antlia	Y Pwmp Aer
APS	Apus	Y Wenynen/ Aderyn Paradwys
AQR	Aquarius	Y Dyfrwr
AQL	Aquila	Yr Eryr
ARA	Ara	Yr Allor
ARI	Aries	Yr Hwrdd
AUR	Auriga	Y Cerbydwr
BOO	Boötes	Y Bugail
CAM	Camelopardalis	Y Jiráff
CNC	Cancer	Y Cranc
CVN	Canes Venatici	Y Bytheiaid
CMA	Canis Major	Y Ci Mawr
CMI	Canis Minor	Y Ci Bach
CAP	Capricornus	Yr Afr
CAR	Carina	Y Cilbren
CAS	Cassiopeia	Cassiopeia (Gwraig Cepheus a mam Andromeda)
CEN	Centaurus	Y Dynfarch
CEP	Cepheus	Cepheus (Gŵr Cassiopeia a thad Andromeda)
CET	Cetus	Y Morfil
COL	Columba	Y Golomen
COM	Coma Berenices	Gwallt Berenice
CRB	Corona Borealis	Coron y Gogledd
CRV	Corvus	Y Gigfran
CRT	Crater	Y Cwpan
CRU	Crux Australis	Croes y De
CYG	Cygnus	Yr Alarch
DEL	Delphinus	Y Fôr-hwch
DOR	Dorado	Pysgodyn y Cledd
DRA	Draco	Y Ddraig
ERI	Eridanus	Yr Afon
FOR	Fornax	Y Ffwrn
GEM	Gemini	Yr Efeilliaid

Ionawr 1af

Ebrill 1af

a b c ch d dd e f ff g ng h i j (k) l ll m n o p ph r rh s t th u w y (z)

Gorffennaf 1af

GRU	Grus	Y Garan
HER	Hercules	Hercules
HYA	Hydra	Neidr y Dŵr
HYI	Hydrus	Neidr Fach y Dŵr
IND	Indus	Yr Indiad
LAC	Lacerta	Y Fadfall
LEO	Leo	Y Llew
LEP	Lepus	Yr Ysgyfarnog
LIB	Libra	Y Glorian
LUP	Lupus	Y Blaidd
LYN	Lynx	Y Lyncs
LYR	Lyra	Y Delyn
MON	Monoceros	Yr Uncorn
MUS	Musca Australis	Gwybedyn y De
OPH	Ophiuchus	Y Sarffddygydd
ORI	Orion	Orion yr Heliwr
PAV	Pavo	Y Paun
PEG	Pegasus	Pegasus (y march adeiniog)
PER	Perseus	Perseus
PHE	Phoenix	Y Ffenics
PSC	Pisces	Y Pysgod
PSA	Piscis Austrinus	Pysgodyn y De
PUP	Puppis	Y Pŵp (rhan ôl llong)
SGE	Sagitta	Y Saeth
SGR	Sagittarius	Y Saethydd
SCO	Scorpius	Y Sgorpion
SCL	Sculptor	Y Cerflunydd
SER	Serpens	Y Sarff
TAU	Taurus	Y Tarw
TRI	Triangulum	Y Triongl
TRA	Triangulum Australe	Triongl y De
TUC	Tucana	Y Twcan
UMA	Ursa Major	Yr Arth Fawr (Yr Aradr)
UMI	Ursa Minor	Yr Arth Fach
VEL	Vela	Yr Hwyl
VIR	Virgo	Y Forwyn

Hydref 1af

a b c ch d dd e f ff g ng h i j (k) l ll m n o p ph r rh s t th u w y (z)

cyweirnod *hwn eg* y cyfuniad o lonodau neu feddalnodau sy'n dynodi cywair cerddorol (ac eithrio C fwyaf nad oes iddi na llonnod na meddalnod) KEY SIGNATURE

cyweithiau *hyn ell* mwy nag un **cywaith**

cywen *hon eb* (cywennod : cwennod) cyw benyw (ond nid cyw bach), hefyd yn gellweirus am ferch ifanc PULLET, SLIP OF A GIRL

cywilydd *hwn eg*
1 teimlad poenus o euogrwydd neu fethiant (e.e. pan fydd person wedi gwneud rhywbeth drwg) SHAME, DISGRACE
2 achos y teimlad poenus yma *(Mae'n gywilydd fod y fath beth ar gael yn y pentre.)* DISGRACE
3 amarch, gwaradwydd *(Mae'r hyn rydych chi wedi'i wneud wedi dod â chywilydd arnom i gyd.)* DISGRACE

codi cywilydd [ar] gwneud i rywun deimlo cywilydd TO PUT TO SHAME

cywilydd gen i (gen ti, ganddo fe, ganddi hi etc.) rwy'n cywilyddio I AM ASHAMED

mae cywilydd arnaf (arnat, arno, arni etc.) I AM ASHAMED

rhag fy (dy, ei etc.) nghywilydd dylai fod cywilydd arnaf FOR SHAME

cywilyddio *be*
1 codi cywilydd ar, achosi gwarth neu amarch i TO PUT TO SHAME, TO SHAME
2 teimlo cywilydd, derbyn eich bod yn euog o ryw gamwedd a phoeni amdano TO BE ASHAMED

cywilyddus *a* gair i ddisgrifio rhywbeth sy'n codi cywilydd, sy'n dwyn gwarth DISGRACEFUL, SHAMEFUL

cywir *a* gair i ddisgrifio rhywun neu rywbeth:
1 heb wall na chamgymeriad *(ateb cywir)* CORRECT
2 sy'n cytuno'n llwyr â'r ffeithiau a'r gwirionedd; gwir *(darlun cywir)* TRUE
3 diffuant, onest, ffyddlon, teyrngar *(hen gyfaill cywir)* HONEST, FAITHFUL

cywirdeb *hwn eg*
1 y cyflwr neu'r stad o fod yn gywir, o fod heb wallau na chamgymeriadau CORRECTNESS, ACCURACY
2 diffuantrwydd, ffyddlondeb LOYALTY
3 gwir, gwirionedd TRUTH

cywiriad *hwn eg* (cywiriadau) gwall neu gamgymeriad sydd wedi cael ei newid a'i wneud yn iawn CORRECTION

cywiro *be* dileu gwallau, gwneud yn gywir TO CORRECT

cywrain *a* gair i ddisgrifio rhywun neu rywbeth sy'n dangos medr neu allu arbennig ym manylder eu gwaith; celfydd, deheuig, cain SKILFUL, ADROIT, INGENIOUS (cywreined, cywreinach, cywreinaf)

cywreinrwydd *hwn eg* medr, gallu deheuig, ceinder, crefft SKILL, DEXTERITY

cywydd *hwn eg* (cywyddau) cyfres o gwpledi cynganeddol â saith sillaf ym mhob llinell, ac odl acennog a diacen ar ddiwedd y llinell ym mhob cwpled e.e.:

Pa eisiau dim hapusach
Na byd yr aderyn bach?
Byd o hedfan a chanu
A hwylio toc i gael tŷ.
('Byd yr Aderyn Bach' Waldo Williams)

Ch

ch *rhagenw mewnol*
1 yn eiddo i chi, eich *(chi a'ch teulu)* YOUR
2 chi *(oni'ch gwelodd)* YOU
Sylwch: mae'n cael ei ddefnyddio ar ôl llafariad *(oriau'ch bywyd).*

chi *rhagenw personol* gw. **chwi : chi**

chwa *hon eb* (chwaon) gwth o wynt, awel GUST, BREEZE

chwa o awel agored: chwa o awyr iach (yn ffigurol) rhywbeth newydd, ffres, llesol sy'n bywiocáu A BREATH OF FRESH AIR

chwaer *hon eb* (chwiorydd)
1 merch sydd â'r un rhieni â chi SISTER ☐ *teulu*
2 y teitl a roddir ar y nyrs sy'n gyfrifol am ward mewn ysbyty SISTER
3 y teitl a roddir i leian neu wraig sy'n aelod o grŵp crefyddol *(y Chwaer Bosco; ein chwaer yn y ffydd)* SISTER
4 (am bethau benywaidd) cymar, cydymaith, rhywbeth â'r un amcan neu sy'n perthyn i'r un grŵp neu gyfres *(Mae Wrth y Preseb yn chwaer gyfrol o garolau Nadolig i Awn i Fethlem.)* SISTER, COMPANION

chwaer faeth merch sy'n cael ei chodi gan eich rhieni fel un o'r teulu (am gyfnod) er nad eu plentyn nhw yw hi FOSTER-SISTER

chwaer-yng-nghyfraith gwraig eich brawd neu chwaer eich priod SISTER-IN-LAW

chwaeth *hon eb* (chwaethau:chwaethoedd)
1 ymdeimlad neu ymwybyddiaeth o'r hyn sy'n dda ym myd y celfyddydau TASTE
2 y medr neu'r ddawn i fwynhau pethau gwych yn y celfyddydau TASTE
3 ymwybyddiaeth o'r hyn sy'n addas neu'n briodol ar gyfer achlysur arbennig o ran ymddygiad, bod yn ffasiynol ac ati *(Mae ganddo chwaeth dda mewn dillad.)* TASTE

chwaethach *adf* heb sôn am; llai fyth MUCH LESS, LET ALONE

chwaethus *a* gair i ddisgrifio rhywun neu rywbeth sydd yn dangos chwaeth dda; gweddus; gwrthwyneb di-chwaeth *(dillad chwaethus)* TASTEFUL

chwain *hyn ell* mwy nag un **chwannen**

chwaith:ychwaith *adf* (mewn ymadroddion negyddol) hyd yn oed, hefyd *(Nid wyf fi yn mynd i'r sinema chwaith.)* EITHER, NEITHER

chwâl *a* gair i ddisgrifio rhywbeth neu rywrai sydd:
1 wedi chwalu, wedi gwasgaru SCATTERED
2 wedi'i falu'n fân; brau, hawdd ei falu *(Mae pridd gwadd yn bridd chwâl.)* FRIABLE, CRUMBLY
ar chwâl wedi'i wasgaru i'r pedwar gwynt DISBANDED, DISPERSED

chwalfa *hon eb* (chwalfeydd) newid annisgwyl neu sydyn sy'n gweddnewid bywyd a pheri dryswch ac anhrefn; y cyflwr o fod ar chwâl; y weithred o chwalu UPHEAVAL

chwalu *be*
1 gwasgaru, taenu, taflu ar wasgar *(papurau'n cael eu chwalu yn y gwynt)* TO SCATTER
2 taflu neu dynnu i lawr yn ddarnau; dryllio, distrywio *(Amser a'r tywydd oedd 'Wrthi'n chwalu ac yn malu,/ Malu'r felin yn Nhrefîn', yn ôl y bardd Crwys.)* TO DESTROY
3 briwsioni, malurio, syrthio'n ddarnau *(Mae'r graig mor bwdwr, mae'n chwalu ond i chi edrych arni.)* TO CRUMBLE, TO DISINTEGRATE (chwelais, chweli)
chwalu meddyliau hel meddyliau; troi a throsi pethau yn y meddwl a hynny'n aml yn peri ofn neu ddigalondid TO BROOD

chwaneg:ychwaneg *a* rhagor, mwy MORE

chwannen *hon eb* (chwain) pryfyn neu drychfilyn bach heb adenydd sy'n gallu neidio'n bell, ac sy'n byw ar waed pobl neu anifeiliaid FLEA

chwannog *a*
1 awyddus, eiddgar, awchus, barus, gwancus EAGER, GREEDY
2 tueddol, â thuedd i INCLINED (TO), PRONE (TO)

chwant *hwn eg* (chwantau)
1 awydd neu ddymuniad cryf iawn, dyhead DESIRE, APPETITE
2 blys, trachwant, gorawydd LUST
chwant bwyd eisiau bwyd HUNGER
mae chwant arnaf (arnat, arno, etc.) mae awydd arnaf I WOULDN'T MIND

chwap *adf* ar unwaith, mewn eiliad *(Byddaf yno chwap.)* IN A JIFFY, AT ONCE

chwarae[1] *hwn eg* (chwaraeon)
1 unrhyw weithgaredd (yn perthyn i'r corff neu'r meddwl) y mae person yn ei wneud er mwyn pleser neu ddifyrrwch; gwrthwyneb gwaith PLAY
2 gêm, gornest, camp; gweithgaredd ac elfen gystadleuol ynddo sy'n mynd i arwain at enillydd GAME
3 rhywbeth digrif; cellwair, sbort SPORT
amser chwarae egwyl, cyfnod i gael hoe oddi wrth wersi PLAYTIME
chwarae'n troi'n chwerw profiad sy'n dechrau'n bleserus ac yn llawn hwyl ond sy'n troi'n annymunol, ac yn aml yn diweddu gyda rhywun yn colli dagrau
chwarae plant
1 ymddygiad plentynnaidd CHILDISH BEHAVIOUR
2 rhywbeth hawdd ei wneud CHILD'S PLAY
chwarae teg bod yn gyfiawn neu'n deg FAIR PLAY
nid ar chwarae bach y mae ... nid heb drafferth NO JOKE

chwarae[2] *be*
1 cael sbort, treulio amser mewn ffordd adloniadol; gwrthwyneb gweithio TO PLAY
2 esgus bod, actio *(Gadewch i ni chwarae doctoriaid a nyrsys.)* TO PLAY
3 cymryd rhan mewn gêm neu ddifyrrwch cystadleuol *(chwarae rygbi)* TO PLAY
4 prancio, neidio, gwneud campau *(ŵyn yn chwarae yn y cae)* TO PLAY
5 cyflawni, gweithredu *(Roedd yn hen dric cas i'w chwarae ar ferch ifanc.)* TO PLAY
6 ymddwyn neu weithredu'n ddifeddwl ac yn ysgafn *(chwarae'n wirion; chwarae dwli)* TO PLAY, TO FOOL AROUND
7 gamblo, hapchwarae *(chwarae cardiau; chwarae dis)* TO PLAY
8 poeni, aflonyddu *(Mae'r lladrad yn dechrau chwarae ar ei meddwl.)* TO PLAY
9 peri i bysgodyn flino ar ôl ei fachu wrth adael iddo nofio i ffwrdd ac yna'i dynnu yn ôl TO PLAY
10 cymryd rhan, actio cymeriad mewn drama *(chwarae rhan)* TO PLAY

chwaraeon

11 canu offeryn cerddorol *(chwarae'r piano)* TO PLAY
12 atgynhyrchu seiniau, neu seiniau a lluniau, sydd wedi'u recordio ar ddisg neu dâp arbennig *(chwarae casét)* TO PLAY (chwery)

chwarae â thân dechrau ymhél â rhywbeth a all fod yn beryglus neu achosi niwed TO PLAY WITH FIRE

chwarae fy (dy, ei etc.) rhan gwneud fy siâr TO PLAY MY PART

chwarae mig
1 chwarae cuddio TO PLAY HIDE-AND-SEEK
2 math o chwarae gyda babi neu blentyn bach iawn lle y bydd rhywun yn cuddio'i wyneb ac yna'n ymddangos yn sydyn gan weiddi 'pîp-bo' PEEP-BO

chwarae'r ffon ddwybig twyllo, bod yn ddauwynebog

chwaraeon hyn *ell* mwy nag un **chwarae**[1]
1 testun ysgol yn cynnwys gêmau tîm a mabolgampau awyr agored GAMES
2 mabolgampau arbennig, cyfres o gystadlaethau, e.e. *Chwaraeon y Gymanwlad* GAMES

y Chwaraeon Olympaidd cyfres o fabolgampau a gynhelir unwaith bob pedair blynedd pan fydd athletwyr gorau'r byd yn cystadlu yn erbyn ei gilydd; y Campau Olympaidd THE OLYMPIC GAMES

chwaraewr hwn *eg* (chwaraewyr)
1 un sy'n cymryd rhan mewn gêm neu chwarae PLAYER, SPORTSMAN
2 actor, un sy'n chwarae rhan cymeriad arbennig ACTOR, PLAYER
3 un sy'n canu offeryn arbennig PLAYER

chwardd *bf* mae ef/hi yn **chwerthin**; bydd ef/hi yn **chwerthin**

chwarddiad hwn *eg* pwff o chwerthin, chwerthiniad A LAUGH

chwarel hwn neu hon *egb* (chwareli)
1 man lle y mae meini, cerrig, llechi neu dywod yn cael eu cloddio; cwar, cloddfa QUARRY
2 ffurf ar **cwarel**, paen o wydr PANE

chwarelwr hwn *eg* (chwarelwyr) gŵr sy'n gweithio mewn chwarel, yn arbennig gweithiwr sy'n trin a naddu llechi QUARRYMAN

chwarennau hyn *ell* mwy nag un **chwarren**

chwareus *a* gair i ddisgrifio rhywun neu rywbeth sy'n llawn chwarae; cellweirus, smala, direidus PLAYFUL, JOCULAR

chwarren hon *eb* (chwarennau) organ yng nghorff person neu anifail sy'n tynnu sylweddau o'r gwaed er mwyn eu clirio o'r corff, neu'n arllwys hylif i'r gwaed er lles y corff GLAND

chwart hwn *eg* (chwartau:chwartiau) mesur cynnwys sy'n cyfateb i ddau beint, neu chwarter galwyn QUART (gw. *Atodiad III* t.604)

chwarter hwn *eg* (chwarteri)
1 un rhan o bedair, pedwaredd ran, ¼ QUARTER
2 pymtheng munud cyn neu wedi'r awr; cwarter *(chwarter wedi pump = 5.15)* QUARTER
3 tri mis o'r flwyddyn *(talu'r rhent bob chwarter)* QUARTER
4 pedwaredd ran o anifail *(Rydym wedi prynu chwarter mochyn i'w gadw yn y rhewgell.)* QUARTER
5 pedair owns, chwarter pwys QUARTER (cwarter, gw. *Atodiad III* t.604)

chwarterol *a* gair i ddisgrifio rhywbeth sy'n digwydd bob tri mis, bob chwarter QUARTERLY

chwarteru *be*
1 rhannu'n bedair rhan TO QUARTER
2 dull o chwilio'n fanwl ac yn drefnus am rywbeth trwy rannu'r man y mae angen ei chwilio yn chwarteri a'u harchwilio'n fanwl fesul un TO QUARTER

chwe *rhifol* ffurf ar chwech, 6 *(chwe chan mlynedd)* SIX
Sylwch: yn yr iaith lenyddol yr arfer yw defnyddio *chwe* o flaen enw a *chwech* pan nad oes enw yn dilyn yn syth *(chwe blwydd, chwech o ddynion).*

chwech *rhifol*
1 6 SIX
2 mewn criced, ergyd gwerth chwe rhediad SIX

lle chwech dywediad ar lafar am tŷ bach LAVATORY

pisyn chwech yn yr hen arian, darn chwe cheiniog yn cyfateb o ran gwerth i ddwy geiniog a hanner o'r arian presennol SIXPENNY PIECE

chweched *a* yr olaf o chwech, 6ed; un o 6; neu rif 6 mewn rhestr o fwy na chwech SIXTH

chwedl hon *eb* (chwedlau)
1 stori, hanes, ffug-hanes, dameg STORY, TALE, FABLE
2 yn ôl, fel y dywed *('Wel y jiw jiw!' chwedl Mr Jones drws nesaf.)* AS...SAYS

chwedleua *be* hel straeon, clebran, cloncan; *wilia* yw'r ffurf a geir ar lafar yn y De TO GOSSIP, TO CHAT

chwedloniaeth hon *eb* corff o chwedlau a mythau sy'n perthyn i lenyddiaeth a thraddodiad cenedl MYTHOLOGY (mytholeg)

chwedlonol *a* gair i ddisgrifio rhywbeth neu rywun sy'n perthyn i fyd straeon a chwedlau, byd rhamant a'r dychymyg MYTHICAL, LEGENDARY, FABULOUS

Chwefror hwn *eg* ail fis y flwyddyn, y mis bach FEBRUARY

chwegr hon *eb* (chwegrau) hen air am **mam-yng-nghyfraith**

chwegrwn hwn *eg* (chwegrynau:chwegryniaid) hen air am **tad-yng-nghyfraith**

chweil *fel yn yr ymadrodd gwerth chweil,* sef gwerth ei wneud, gwerthfawr (WORTH) WHILE

chweinllyd *a* gair i ddisgrifio rhywbeth sy'n llawn chwain FLEA-RIDDEN

chwelais *bf* fe wnes i **chwalu**

chweli *bf* rwyt ti'n **chwalu**; byddi di'n **chwalu**

chwennych:chwenychu *be* dymuno'n gryf iawn, dyheu am, bod yn afiach o awyddus; trachwantu, blysio TO COVET, TO LUST, TO LONG FOR

chwerddais *bf* fe wnes i **chwerthin**

chwerddi *bf* rwyt ti'n **chwerthin**; byddi di'n **chwerthin**

chwerfan hon *eb* (chwerfain) dyfais ar gyfer codi pwysau trwm lle y mae rhaff neu gadwyn yn rhedeg ar olwyn; pwli PULLEY

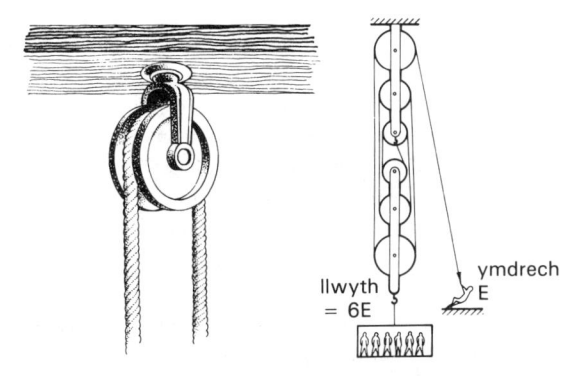

chwerfan, pwli

chwerthin[1] *be* mynegi hapusrwydd, digrifwch, dirmyg ac ati trwy wneud synau ffrwydrol a gwenu TO LAUGH (chwardd, chwerddais, chwerddi)

chwerthin am fy (dy, ei etc.) mhen dilorni, dirmygu TO MAKE FUN OF

chwerthin[2]**:chwerthiniad** hwn *eg* pwff o chwerthin, chwarddiad A LAUGH

chwerthinllyd *a* gair i ddisgrifio rhywun neu rywbeth sy'n haeddu'i ddirmygu, sy'n peri i rywun chwerthin am ei ben LAUGHABLE

chwerw *a* gair i ddisgrifio rhywbeth:
1 â blas siarp sy'n brathu, megis cwrw neu goffi du heb siwgr; gwrthwyneb melys BITTER, ACRID
2 sy'n peri poen neu drallod; poenus, garw, creulon BITTER
3 neu rywun sy'n llawn o deimladau anfodlon, cas *(Mae'n chwerw iawn am na chafodd ei ethol ar y Cyngor.)* BITTER

chwerwder:chwerwdod:chwerwedd hwn *eg* y cyflwr o fod yn chwerw; surni BITTERNESS, RANCOUR

chwerwi *be* mynd yn chwerw neu wneud yn chwerw; suro, digio, ffromi TO BECOME BITTER, TO EMBITTER

chwery *bf* mae ef/hi yn **chwarae**; bydd ef/hi yn **chwarae**

chweugain hwn neu hon *egb* (chweugeiniau) chwe ugain (6 x 20 = 120) hen geiniog sef hanner punt TEN SHILLINGS

chwi:chi[1] *rhagenw personol annibynnol*
1 y person neu'r personau yr ydych yn siarad â nhw; ail berson lluosog y rhagenw personol (nid *ni* na *hwy* ond *chwi*) *(fe welais i chi; chi oedd yr un a welais)* YOU
2 unrhyw un, pob un *(Rhaid i chi fod yn ofalus gyda phobl ddieithr.)* ONE, YOU (chwithau, chwychwi, ti)
Sylwch: defnyddir *chi* yn lle *ti* fel arwydd o barch—wrth siarad â rhywun hŷn neu berson mewn awdurdod neu rywun dieithr; *ti* a ddefnyddir gyda chyfeillion.

chwi:chi[2] *rhagenw dibynnol* ôl i ddangos mai'r person neu'r bobl yr ydych yn siarad â nhw yw'r rhai yr ydych yn cyfeirio atynt *(Sut ydych chi heddiw? Gennych chi.)* YOU

chwîb hon *eb* offeryn syml sy'n cynhyrchu sŵn uchel, main pan gaiff ei chwythu; chwisl *(Clywodd chwîb y dyfarnwr uwchben sŵn y dorf yn y gêm bêl-droed.)* WHISTLE

chwiban hwn neu hon *egb* (chwibanau) y sŵn a wneir wrth chwibanu; chwibaniad WHISTLE

chwibaniad hon *eb* ebychiad trwy chwibanu, e.e. *chwibaniad o syndod; chwibaniad bugail ar ei gi* WHISTLE

chwibanogl hon *eb* (chwibanoglau) offeryn cerdd ar ffurf pib a thyllau i'r bysedd ar ei hyd; mae'n cynhyrchu sŵn uchel, main wrth i chi chwythu trwyddo; ffliwt WHISTLE, FLUTE

chwibanu *be*
1 cynhyrchu synau main, uchel wrth ollwng anadl trwy'r gwefusau neu gyfuniad o'r bysedd a'r gwefusau TO WHISTLE
2 (am aderyn) cynhyrchu synau tebyg trwy ei big; (am wynt) sŵn tebyg sy'n cael ei gynhyrchu wrth iddo chwythu trwy dwll neu hollt; gwneud sŵn tebyg wrth hedfan trwy'r awyr, e.e. saeth TO WHISTLE

chwifio *be*
1 symud yn ôl ac ymlaen neu i fyny ac i lawr yn y gwynt; cyhwfan TO WAVE
2 codi a gostwng y llaw fel cyfarchiad TO WAVE
3 chwyrlïo, ysgwyd, codi a throi *(chwifio'i gleddyf uwch ei ben)* TO BRANDISH

chwil *a* gair i ddisgrifio rhywun sy'n gwegian, sydd heb fod yn saff ar ei draed, yn arbennig am ei fod yn feddw REELING, STAGGERING

yn chwil ulw yn feddw iawn BLIND DRUNK

chwilboeth *a* gair i ddisgrifio rhywbeth poeth iawn, arbennig o dwym, yn rhy boeth i'w gyffwrdd RED-HOT

chwilen *hon eb* (chwilod)
1 trychfilyn sy'n aelod o ddosbarth arbennig o bryfed; mae ganddi bâr o ffug adenydd caled sy'n diogelu pâr o wir adenydd odanyn nhw, pâr o deimlyddion ar ei phen a genau cryf i ddal a chnoi'i bwyd; ar ôl deor o wy bydd y cynrhonyn yn troi'n chwiler cyn cyrraedd ei lawn dwf yn chwilen BEETLE
2 syniad od; chwiw, mympwy, cynllun *(Mae ganddo ryw chwilen yn ei ben eto.)* A BEE IN ONE'S BONNET
chwilen (y) bwm unrhyw un o'r chwilod hedfan neu chwyrlïo
chwilen ddŵr/y dŵr WATER BEETLE
chwilen glust EARWIG
chwiler *hwn eg* (chwilerod)
1 gorchudd o groen caled y mae cynrhonyn neu lindysyn yn datblygu o'i fewn cyn torri allan yn löyn byw, gwyfyn, chwilen, morgrugyn, gwenynen ac ati CHRYSALIS
2 pwpa PUPA

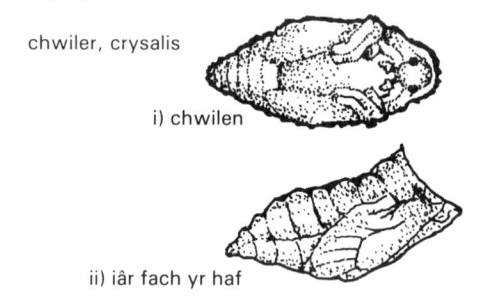

chwiler, crysalis
i) chwilen
ii) iâr fach yr haf

chwilfriw *a* gair i ddisgrifio rhywbeth sydd wedi'i dorri'n yfflon, yn deilchion SHATTERED, (SMASHED TO) SMITHEREENS
chwilfrydedd *hwn eg* awydd i wybod neu ddarganfod gwybodaeth newydd CURIOSITY
chwilfrydig *a* gair i ddisgrifio rhywun neu rywbeth sy'n dangos cryn dipyn o chwilfrydedd CURIOUS, INQUISITIVE
chwilio *be* edrych yn drylwyr ac yn ofalus (am, trwy, i mewn i) er mwyn dod o hyd i rywbeth TO SEARCH, TO EXAMINE
chwiliwr *hwn eg* (chwilwyr) un sy'n chwilio SEEKER, SEARCHER
chwilmanta:chwilmantan:chwilmentan *be* chwilio yma ac acw; palfalu, chwilota TO RUMMAGE
chwilod *hyn ell* mwy nag un **chwilen**
chwilolau *hwn eg* (chwiloleuadau) lamp fawr â phelydryn cryf o olau y gellir ei chyfeirio o fan i fan yn hawdd SEARCHLIGHT
chwilota *be* yn wreiddiol, yr ystyr oedd edrych am chwilod, ac mae peth o'r ystyr hwnnw'n aros yn y syniad o edrych yn ddyfal trwy neu dan lwyth o bethau am rywbeth arbennig; chwilmantan, palfalu, ymchwilio TO RUMMAGE, TO SEARCH
chwilotwr *hwn eg* (chwilotwyr) un sy'n chwilota RUMMAGER, SEARCHER, RESEARCHER
chwilwyr *hyn ell* mwy nag un **chwiliwr**
chwim *a* cyflym, heini, sionc, bywiog, chwimwth *(y pysgod chwim)* FLEET, SWIFT, NIMBLE
chwimder:chwimdra *hwn eg* cyflymder ynghyd â sicrwydd; sioncrwydd NIMBLENESS, QUICKNESS
chwimwth *a* cyflym, heini, sionc, bywiog, chwim QUICK, SPEEDY
chwinciad *hwn eg* amrantiad, eiliad TWINKLING, TRICE, JIFFY
chwiorydd *hyn ell* mwy nag un **chwaer**
chwip *hon eb* (chwipiau)
1 darn hir o raff neu ledr i guro pobl neu anifeiliaid; fflangell WHIP
2 aelod seneddol sy'n gyfrifol am ddisgyblaeth ei blaid; disgwylir iddo sicrhau bod aelodau'i blaid yn bresennol yn Nhŷ'r Cyffredin adeg pleidleisio a'u bod yn pleidleisio'r un ffordd â'u plaid WHIP
3 bwyd melys o wyau a bwydydd eraill wedi'u cymysgu ynghyd *(chwip chwap)* WHIP, (INSTANT WHIP)
chwip din cosfa, crasfa A THRASHING, A HIDING
chwipiad *hwn eg* (chwipiadau) y weithred o chwipio; cosfa, cweir A WHIPPING
chwipio *be*
1 curo â chwip TO WHIP
2 gorchfygu, trechu TO WHIP
3 curo (hufen neu wyau yn arbennig) nes eu bod yn sefyll yn dwmpathau bach TO WHIP
4 chwyrlïo top â chwip TO WHIP
chwipio rhewi rhewi'n galed, rhewi'n gorn
chwirligwgan:chwrligwgan:chwyrligwgan *hwn eg* tegan sy'n troelli'n gyflym WHIRLIGIG
chwisgi *hwn eg* gwirod neu ddiod feddwol wedi'i wneud o rawn wedi'i fragu WHISKY
chwisl *hwn eg* (chwislau)
1 gair arall am chwîb WHISTLE
2 gair arall am chwibaniad WHISTLE
chwist *hwn eg* un o nifer o gêmau sy'n defnyddio cyff o 52 o gardiau a modd i drwmpo WHIST
gyrfa chwist cyfres o gêmau chwist ar ffurf cystadleuaeth WHIST DRIVE
chwistrell *hon eb* (chwistrellau:chwistrelli)
1 math o biben arbennig sy'n gallu tynnu hylif i mewn iddi a'i wthio allan SYRINGE
2 (mewn meddygaeth) math o nodwydd a ddefnyddir i

chwistrelliad / 181 / **chwyn**

wthio cyffuriau dan y croen ac i mewn i wythïen HYPODERMIC

3 teclyn sy'n troi hylif (e.e. persawr neu ddiheintydd) yn ddafnau mân iawn AEROSOL, SPRAY-GUN

chwistrelliad hwn eg llond chwistrell SPRAY, INJECTION

chwistrellu be

1 (am hylif) pistyllio o chwistrell, saethu allan TO SQUIRT, TO SPRAY

2 gwthio cyffur dan y croen ac i mewn i wythïen TO INJECT

chwit-chwat a gair i ddisgrifio rhywun nad oes dim dal arno; anwadal, oriog; wit-wat, whit-what FICKLE

chwith[1] a gair i ddisgrifio rhywbeth:

1 sy'n perthyn i'r un ochr o'r corff dynol â'r galon, nid yr ochr dde; aswy LEFT

2 lletchwith, trwsgl, trwstan (Mae i'w glywed yn chwith i 'nghlust i.) AWKWARD

3 chwithig, anffodus, beius (Rwy'n gobeithio nad oeddech yn gweld yn chwith am imi golli'r cyfarfod.) AMISS, OFFENDED

4 trist, dieithr, rhyfedd (Mae'n chwith iawn ar ôl Tad-cu.) STRANGE, SAD

mae'n chwith gennyf/gen i glywed mae'n ddrwg gennyf glywed I'M SORRY TO HEAR

o chwith yn anghywir THE WRONG WAY, BACK TO FRONT

tu chwith allan:tu chwithig allan â'r tu mewn y tu allan INSIDE OUT

chwith[2] hwn eg plaid neu bleidiau gwleidyddol sy'n derbyn dysgeidiaeth neu syniadau Marcsaidd neu sydd â'u polisïau a'u syniadau yn nes at sosialaeth na chyfalafiaeth THE LEFT

chwithau rhagenw cysylltiol chwi hefyd, chwi hyd yn oed, chwi ar y llaw arall YOU TOO, EVEN YOU, YOU ON THE OTHER HAND (minnau)

chwithdod hwn eg

1 tristwch, hiraeth, teimlad o golled SENSE OF LOSS

2 dieithrwch STRANGENESS

chwithig a

1 dieithr, rhyfedd STRANGE

2 trwsgl, lletchwith CLUMSY

tu chwithig allan gw. **tu chwith allan:tu chwithig allan**

chwiw hon eb (chwiwiau)

1 mympwy, chwilen, syniad od, sydyn WHIM

2 pwl o salwch (Mae rhyw chwiw arno fe.) BOUT, PULL

chwrligwgan gw. **chwirligwgan**

chwchwi rhagenw personol dwbl ffurf ddyblyg ar y rhagenw chwi a ddefnyddir i bwysleisio mai chwi eich hunan ydyw IT IS YOU, YOU YOURSELF (myfi)

chwydu be taflu lan, taflu i fyny, cyfogi TO BE SICK, TO VOMIT

chwydd:chwyddi hwn eg codiad dan y croen; rhan o'r corff sydd wedi chwyddo, sydd wedi mynd dros dro yn fwy o faint nag arfer SWELLING

chwyddedig a gair i ddisgrifio:

1 rhywbeth sydd wedi chwyddo, sydd wedi ymestyn yn fwy o faint nag arfer SWOLLEN, BLOATED

2 rhywun sydd wedi'i lenwi â balchder; mawreddog, ffroenuchel PUFFED UP, POMPOUS

chwyddhau be gwneud i rywbeth edrych yn fwy nag ydyw mewn gwirionedd TO MAGNIFY

chwyddiant hwn eg cyflwr economaidd pan fydd cynnydd rhy gyflym mewn prisiau a chyflogau oherwydd bod yr arian sy'n cael ei fenthyg a'r arian sy'n cylchredeg mewn gwlad yn cynyddu ond nid felly'r cynnyrch masnachol INFLATION

chwyddo be

1 mynd yn fwy o faint neu yn uwch o ran sŵn; tyfu, cynyddu o'r tu mewn TO SWELL

2 llenwi â balchder, mynd yn falch TO BECOME PUFFED UP

3 chwyddhau TO MAGNIFY

chwyddwydr hwn eg (chwyddwydrau) gwydr arbennig a ddefnyddir i wneud i bethau edrych yn fwy MAGNIFYING GLASS (microsgop)

chwyldro : chwyldroad hwn eg (chwyldroadau) newid cymdeithasol mawr, yn arbennig newid yn y gyfundrefn wleidyddol trwy rym REVOLUTION

Y Chwyldro Diwydiannol y newid mawr a ddigwyddodd ym Mhrydain rhwng 1750 a 1850 pan gododd nifer mawr o ddiwydiannau newydd a phan symudodd llawer iawn o weithwyr o ffermydd cefn gwlad i'r trefi newydd i weithio THE INDUSTRIAL REVOLUTION

chwyldroadol a gair i ddisgrifio rhywun neu rywbeth sydd am newid neu sydd yn newid pethau (yn arbennig felly'r gyfundrefn wleidyddol) yn llwyr REVOLUTIONARY

chwyldroi be

1 troi mewn cylch, troelli TO REVOLVE

2 peri i rywbeth newid yn llwyr TO REVOLUTIONIZE

chwylolwyn hon eb (chwylolwynion) olwyn drom sy'n troi'n gyflym ac oherwydd ei phwysau yn cadw peiriant i redeg ar raddfa gyson FLY-WHEEL

chwyn hyn ell ac enw torfol unrhyw blanhigion diangen sy'n rhwystro neu'n cymryd lle planhigion y mae garddwr neu ffermwr yn ceisio'u tyfu; planhigion gwylltt megis ysgall, dant y llew, dail tafol ac ati fel arfer WEEDS

chwynleiddiad hwn *eg* (chwynleiddiaid) un o nifer o fathau o gemegion sy'n lladd chwyn (a phlanhigion eraill hefyd weithiau) WEED-KILLER

chwynnu *be*
1 codi neu ddadwreiddio chwyn; clirio tir o chwyn TO WEED
2 mynd trwy rywbeth neu ryw bethau er mwyn cael gwared ar yr hyn nad oes mo'i angen TO WEED
Sylwch: dyblwch yr 'n' ym mhob un o ffurfiau'r ferf ac eithrio'r rhai sy'n cynnwys -as-.

chwynnyn hwn *eg* un ymhlith nifer o **chwyn**

chwyrligwgan gw. **chwirligwgan**

chwyrlïo *be* troelli'n gyflym, cylchdroi'n gyflym ac yn chwyrn TO WHIRL, TO SPIN

chwyrlïydd hwn *eg* teclyn yn y gegin ar gyfer curo wyau, hufen ac ati WHISK

chwyrn *a* gair i ddisgrifio rhywun neu rywbeth sy'n gyflym ond yn wyllt hefyd; buan, chwim a garw (*Ymatebodd y Prif Weinidog yn chwyrn i'r cyhuddiad o gamarwain y Senedd.*) VIGOROUS, HEATED

chwyrnellu *be* symud yn chwyrn, yn aml gan droi a gwneud sŵn TO WHIZZ, TO WHIRL

chwyrnu *be*
1 (am bobl) gwneud sŵn yng nghefn y gwddwg trwy anadlu'n drwm wrth gysgu TO SNORE
2 (am gi) ysgyrnygu, gwneud sŵn bygythiol TO SNARL

chwys hwn *eg*
1 y lleithder sy'n diferu o fandyllau'r croen er mwyn ei oeri SWEAT, PERSPIRATION
2 unrhyw leithder tebyg sy'n crynhoi ar wyneb rhywbeth (e.e. gwair wedi iddo dwymo) PERSPIRATION, SWEAT

chwys diferu:chwys domen:chwys drabŵd yn foddfa o chwys DRIPPING WITH SWEAT

chwysfa hon *eb* boddfa o chwys, cot o chwys A MUCK SWEAT

chwysiad hwn *eg* cot o chwys, boddfa o chwys A MUCK SWEAT

chwysigen hon *eb* (chwysigod)
1 pothell â'i llond o grawn neu hylif dyfrllyd wedi'i achosi gan amlaf oherwydd rhwbio parhaus ar ryw fan arbennig ar y croen; swigen BLISTER
2 pilen denau o hylif (yn enwedig dŵr sebon) â'i llond o aer; bwrlwm neu gloch ddŵr BUBBLE
3 pledren wedi'i llenwi ag aer fel pêl BLADDER

chwyslyd *a* gair i ddisgrifio rhywun neu rywbeth:
1 sy'n chwysu llawer neu sy'n tueddu i chwysu SWEATY
2 sydd ag aroglau chwys arno SWEATY

chwysu *be*
1 cynhyrchu lleithder trwy fandyllau'r croen; dechrau cael cot o chwys TO SWEAT, TO PERSPIRE
2 unrhyw weithred debyg, e.e. diferion o leithder yn ffurfio ar wal neu lawr, neu'r lleithder sy'n ffurfio ar wair wrth iddo dwymo TO SWEAT, TO SWELTER
3 gweithio'n galed, neu ddechrau poeni neu ofidio (*A dim ond tair wythnos tan yr arholiad, mae Jac yn dechrau chwysu!*) TO SWEAT

chwyth hwn *eg* anadl, y weithred o chwythu A BREATH
offeryn chwyth gw. **offeryn**

chwythbrennau hyn *ell* y teulu hwnnw o offerynnau mewn cerddorfa sy'n cael eu chwythu ac sydd fel arfer wedi'u gwneud o bren; maent yn cynnwys baswn, clarinét, obo, ffliwt ac ati WOODWIND

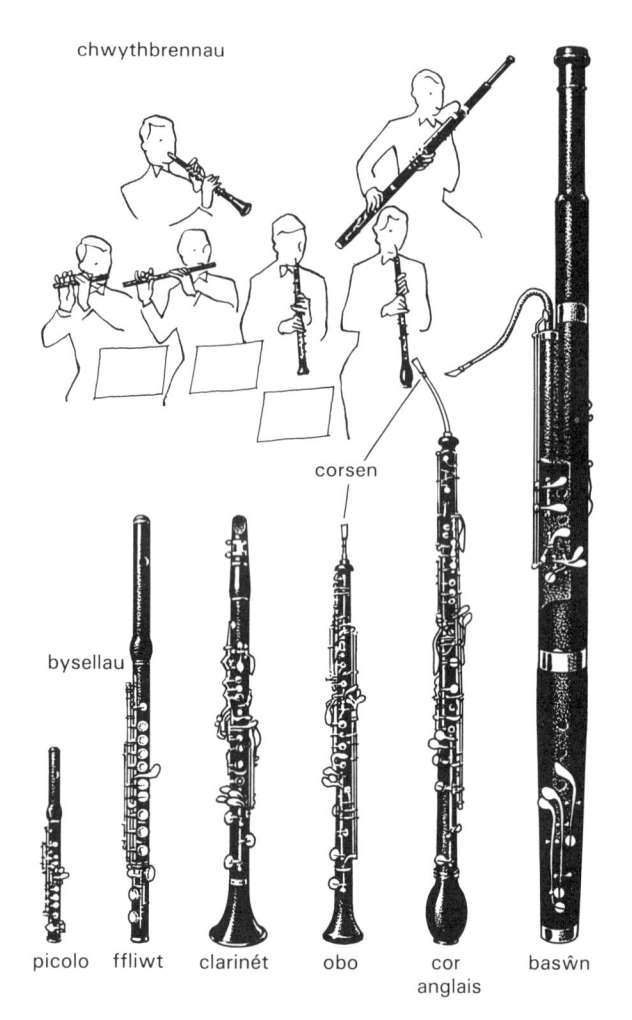

chwythbrennau

bysellau · corsen

picolo · ffliwt · clarinét · obo · cor anglais · baswn

chwythu *be*
1 symud â phwff neu gerrynt o awel *(Mae'r gwynt wedi chwythu fy het i ffwrdd.)* TO BLOW
2 gollwng anadl gref o'r ysgyfaint *(chwythu'r corn)* TO BLOW
3 (am ffiws trydan) torri'n sydyn TO BLOW
4 achosi chwa o wynt, e.e. â megin TO PUFF
5 dinistrio trwy ffrwydrad *(Mae'r lladron wedi chwythu'r banc i fyny.)* TO BLOW UP
6 bwrw allan sylwedd sydd y tu mewn i rywbeth â ffrwd o aer o'r gwefusau neu drwy'r trwyn, e.e. *chwythu wy; chwythu trwyn* TO BLOW
7 (am bryfed) dodwy wyau ar gig cyn iddynt ddeor yn gynrhon TO BLOW
chwythu bygythion bygwth TO THREATEN
chwythu i fyny/chwythu lan
1 ffrwydro TO BLOW UP
2 llenwi ag aer (e.e. teiar car) TO INFLATE
3 gwneud yn fwy TO EXAGGERATE
chwythu plwc:chwythu'i blwc diffygio a rhoi'r gorau i rywbeth TO SHOOT ONE'S BOLT

D

d' gw. **dy**
da¹ *a* gair i ddisgrifio rhywun neu rywbeth:
1 sy'n ateb y diben i'r dim, sydd er budd, sy'n gwneud lles *(Mae llaeth/llefrith yn dda i chi.)* GOOD
2 o safon uchel, pleserus *(llyfr da; canwr da)* GOOD, WELL
3 rhinweddol, iawn, moesol, canmoladwy *(gweithredoedd da)* GOOD
4 (am bobl) caredig, trugarog, cymwynasgar *(cymdogion da)* GOOD
5 (am blant) ufudd, hawdd eu trin GOOD
6 (am dir) ffrwythlon GOOD
7 sydd â dawn arbennig *(yn dda mewn ieithoedd)* GOOD
8 sy'n fwy na, o leiaf *(Mae'n filltir dda o fan hyn. Mae'n awr dda o daith.)* GOOD
9 cryf, yn gweithio'n effeithiol *(Bydd angen esgidiau da i gerdded yr holl ffordd o Fôn i Fynwy.)* GOOD
10 dymunol, boddhaol, hyfryd *(tywydd da)* GOOD
11 (am fywoliaeth) cysurus, â digon o gyfoeth *(Mae byd da arno yn y swydd sydd ganddo.)* GOOD
12 (am iechyd) iachus, iach *(Doedd hi ddim yn teimlo'n dda.)* WELL
13 sydd â chryn dipyn o fedrusrwydd neu allu *(Chwaraeodd yn dda heddiw.)* WELL
14 trylwyr *(golchi'r poteli'n dda)* WELL
15 yn mynegi teimladau neu ddymuniad, e.e. *bore da, nos da, blwyddyn newydd dda* GOOD *(cystal, gwell, gorau)*
da bo (yn y De) ffarwél GOODBYE
da chi/ti rwy'n erfyn arnoch/arnat I BEG OF YOU
da i ddim GOOD FOR NOTHING
da 'machgen ('merch, 'mhlant) i dyna fachgen (ferch, blant) da THAT'S A GOOD BOY

i beth dda mae . . . ?:i beth mae e'n dda? WHAT'S IT FOR?
mae'n dda gen i rwy'n falch I'M GLAD
os gwelwch yn dda plîs PLEASE
da² *hwn eg* peth, person neu bobl dda *(y da a'r drwg)* THE GOOD
da³ *hyn enw torfol*
1 cyfoeth, meddiannau, digonedd o bethau'r byd GOODS, POSSESSIONS
2 stoc o anifeiliaid, yn arbennig gwartheg *(y buchod a'r teirw)* CATTLE
da blith buchod godro MILKING STOCK
da byw stoc o anifeiliaid fferm LIVESTOCK
da godro da blith MILKING STOCK
da gwlanog defaid SHEEP
da pluog adar fferm POULTRY
da⁴ *hwn eg* anwes, fel yn yr ymadrodd *rhoi da i'r gath*, sef canmol, mwytho A PAT, A STROKE
dabio:dabo *be* taro'n ysgafn â'r bwriad o sychu gwlybaniaeth neu ei ledaenu *(dabio llygaid â hances; dabio paent ar gynfas)* TO DAB
dacw *adf* wele acw THERE (HE, SHE, IT) IS, THERE THEY ARE
dad¹**:dadi:dat** *hwn eg* yr hyn y mae plentyn yn galw'i dad DAD
dad...²**:dat...** *rhagddodiad* mae'n cael ei ddefnyddio ar ddechrau gair i wrth-ddweud neu negyddu'r hyn sy'n ei ddilyn, e.e. *dadwisgo, datgloi* UN..., DIS...
da-da *hyn ell* (gair Gogleddol) melysion, fferins, losin SWEETS
dadansoddi *be* archwilio'n fanwl trwy dorri rhywbeth i lawr i'w elfennau hanfodol TO ANALYSE

dadansoddiad hwn *eg* (dadansoddiadau)
  1 rhaniad o rywbeth (megis sylwedd cemegol) i'w elfennau hanfodol ANALYSIS
  2 dosbarthiad o brif elfennau unrhyw beth, neu grynodeb o gynnwys rhywbeth ANALYSIS, SYNOPSIS

dadansoddol *a* gair i ddisgrifio:
  1 rhywun sy'n berchen y nodweddion hynny sy'n caniatáu iddo ddadansoddi rhywbeth ANALYTICAL
  2 rhywbeth sy'n perthyn i neu sy'n nodweddiadol o ddadansoddiad ANALYTICAL

dadbacio *be* tynnu allan yr hyn sydd wedi cael ei bacio i mewn i rywbeth TO UNPACK

dadebru *be* adfywio (i ymwybyddiaeth, i fod yn sobr ac ati); dihuno, dod atoch eich hun *(Cymerodd awr i Mair ddadebru wedi iddi gwympo oddi ar ei cheffyl.)* TO REVIVE, TO ROUSE

dadelfennu *be*
  1 pydru, torri i lawr i'w elfennau gwreiddiol TO DECOMPOSE
  2 dadansoddi TO ANALYSE, TO BREAK DOWN

dadeni hwn *eg* y weithred o adnewyddu bywyd; adfywiad, yn arbennig adfywiad o lên a chelfyddyd a dysg RENAISSANCE, REVIVAL
  Y Dadeni Dysg yr adfywiad mewn llenyddiaeth a chelfyddyd a dysg a ddigwyddodd yng ngwledydd Ewrop ar ddiwedd yr Oesoedd Canol rhwng OC 1300-1600 THE RENAISSANCE
  pair dadeni gw. **pair**

dadfeilio *be* dirywio, troi yn adfail, syrthio'n ddarnau'n raddol TO DECAY, TO DEGENERATE, TO BECOME DILAPIDATED

dadflino *be* atgyfnerthu, bwrw blinder, adnewyddu nerth TO REST, TO REVIVE

dadfygio *be* cael gwared â byg, sef camgymeriad neu nam sy'n rhwystro rhaglen gyfrifiadurol rhag gweithio TO DEBUG

dadhydradedd hwn *eg* canlyniad tynnu'r dŵr i gyd o rywbeth DEHYDRATION

dadhydradiad hwn *eg* y broses o dynnu dŵr allan o rywbeth DEHYDRATION

dadl hon *eb* (dadleuon)
  1 ymryson geiriol; cweryl, anghydfod geiriol lle y mae un neu ragor o bobl yn ceisio argyhoeddi pawb arall o wirionedd neu ddilysrwydd eu safbwynt nhw ARGUMENT
  2 trafodaeth ffurfiol ar ryw destun arbennig gydag un neu ragor yn siarad o blaid ac un neu ragor yn siarad yn erbyn *(dadl yn y Senedd)* DEBATE
  3 y weithred o ymresymu, y rheswm neu'r rhesymau a roddir dros dderbyn neu wrthod rhywbeth *(Mae yna ddadleuon cryf dros dderbyn yr hyn y mae'n ei honni.)* ARGUMENT
  torri'r ddadl gw. **torri**

dadlaith *be* (am unrhyw beth sydd wedi cael ei rewi) toddi, meirioli, dadmer TO THAW

dadlau *be*
  1 ymresymu'n gryf dros eich safbwynt; pledio TO ARGUE
  2 cweryla, anghytuno'n eiriol TO ARGUE
  3 trafod pwyntiau dros ac yn erbyn rhyw safbwynt yn ffurfiol TO DEBATE (dadleuaf)

dadlennu *be* dwyn i'r golwg neu i'r amlwg, dangos, gwneud yn hysbys *(Ar ddiwedd y ffilm byddant yn dadlennu pwy oedd y llofrudd.)* TO DISCLOSE, TO REVEAL
Sylwch: dyblwch yr 'n' ym mhob un o ffurfiau'r ferf ac eithrio'r rhai sy'n cynnwys -as-.

dadleth ffurf lafar ar **dadlaith**

dadleuaf *bf* rwy'n **dadlau**; byddaf yn **dadlau**

dadleuol *a* gair i ddisgrifio rhywbeth sy'n mynd i achosi dadlau (drosto ac yn ei erbyn) DEBATABLE, CONTROVERSIAL

dadleuon hyn *ell* mwy nag un ddadl [**dadl**]

dadlwytho *be* tynnu llwyth ymaith, gwagio (e.e. llong neu lorri neu gar) TO UNLOAD

dadlygru *be* cael gwared ar sylweddau gwenwynllyd neu beryglus TO DECONTAMINATE

dadmer *be* (am unrhyw beth sydd wedi cael ei rewi) troi'n hylif, ailennyn teimlad neu ryw gymaint o wres; toddi, meirioli, dadlaith TO THAW

dadorchuddio *be* datgelu neu wneud yn hysbys trwy dynnu gorchudd; dadlennu, datguddio *(Cynhaliwyd seremoni arbennig i ddadorchuddio penddelw o Carwyn James.)* TO UNVEIL (A MEMORIAL), TO REVEAL

dadrithio *be* dangos y gwir cas i rywun, a chwalu'r anwiredd cyfforddus TO DISILLUSION

dadsgriwio *be* datod, llacio neu dynnu ymaith sgriw neu bethau sydd wedi'u sgriwio ynghyd; gwrthwyneb sgriwio TO UNSCREW

dadwisgo *be* tynnu dillad i ffwrdd, diosg, ymddihatru TO UNDRESS

dad-wneud *be* diddymu, dinistrio, tynnu i lawr neu dynnu'n rhydd rywbeth sydd eisoes wedi'i gyflawni *(Mae'ch ymddygiad ffôl neithiwr wedi dad-wneud yr holl waith o gael y bobl hyn i'ch derbyn chi.)* TO UNDO

dadwrdd hwn *eg* twrw, mwstwr, terfysg, cythrwfl, sŵn uchel, aflafar NOISE

dadwreiddio *be* tynnu o'r gwraidd, codi gwreiddiau TO UPROOT

daear hon *eb* (daearoedd)
  1 y byd yr ydym ni'n byw ynddo EARTH □ *planedau*; t.638
  2 wyneb y byd o'i gyferbynnu â'r awyr; tir EARTH, LAND

daeareg

3 y pridd y mae planhigion yn tyfu ynddo EARTH, SOIL
4 ffau creadur gwyllt (e.e. llwynog neu gwningen) EARTH, LAIR
ar y ddaear (fawr):ar wyneb y ddaear ymadroddion i gryfhau neu ddwysáu'r ystyr *(Pwy ar wyneb y ddaear fyddai'n gwneud y fath beth? Pam ar y ddaear y gwnest ti'r fath beth?)* ON EARTH
(gweithio) dan ddaear gweithio mewn pwll glo (TO WORK) UNDERGROUND

daeareg *hon eb* gwyddor sy'n astudio creigiau, pridd a'r pethau hynny sy'n ffurfio cramen y ddaear GEOLOGY

daearegol *a* gair i ddisgrifio rhywbeth sy'n perthyn i wyddor daeareg GEOLOGICAL

daearegwr *hwn eg* (daearegwyr) gwyddonydd sy'n arbenigo mewn daeareg GEOLOGIST

daeargi *hwn eg* (daeargwn) math o gi bywiog, bychan, deallus sy'n dilyn ei ysglyfaeth (e.e. llwynog, mochyn daear) i mewn i'w ffau TERRIER □ *ci*

daeargryn *hwn neu hon egb* (daeargrynfâu:daeargrynfeydd) cynnwrf neu gryndod yng nghramen (neu wyneb) y ddaear sy'n gallu achosi difrod mawr EARTHQUAKE, TREMOR

daearol *a* gair i ddisgrifio rhywun neu rywbeth sy'n perthyn i'r ddaear, i'r byd EARTHLY

daearu *be*
1 claddu yn y ddaear, gorchuddio â phridd TO BURY
2 cysylltu darn o beirianwaith trydanol â'r ddaear er mwyn diogelwch TO EARTH

daearyddiaeth *hon eb* astudiaeth o'r byd fel cartref i ddyn—ei dirwedd, ei dywydd, ei gnydau a'r ffordd y mae'r rhain yn cael effaith ar ddynion a'r hyn y maent yn ei gynhyrchu GEOGRAPHY

daearyddol *a* gair i ddisgrifio rhywbeth sy'n ymwneud â daearyddiaeth GEOGRAPHICAL

daeth *bf* fe wnaeth ef/hi ddod [**dod**]

dafad[1] *hon eb* (defaid) un o dda gwlanog fferm, anifail sy'n cael ei godi a'i fagu er mwyn ei gig a'i wlân SHEEP (brefu, diadell, hwrdd, maharen, mamog, oen, praidd)
dafad ddu aelod diwerth neu amheus o deulu neu gymdeithas BLACK SHEEP
dafad swci dafad anwes PET SHEEP
defaid tac:defaid cadw defaid sy'n cael eu cadw ar dir sydd ar rent TACK SHEEP

dafad[2]:**dafaden** *hon eb* tyfiant ar y croen WART
dafaden wyllt tyfiant o gancr ar y croen

dafadennog *a* gair i ddisgrifio rhywun neu rywbeth sydd wedi'i orchuddio â dafadennau, e.e. *llyffant dafadennog*

dafn *hwn eg* (dafnau:defni) diferyn (e.e. gwlithyn, deigryn) DROP

daffodil *hwn eg* cenhinen Bedr DAFFODIL □ *blodau t.619*

dagr *hwn eg* (dagrau) cyllell arbennig a ddefnyddir fel arf; bidog DAGGER

dagrau *hyn ell*
1 mwy nag un **deigryn**
2 mwy nag un **dagr**
colli/gollwng/tywallt dagrau llefain TO CRY
dagrau pethau yr hyn sy'n drist THE SAD PART OF IT

dagreuol *a* gair i ddisgrifio:
1 rhywun yn llawn dagrau, sydd yn llefain, neu sydd wedi bod yn llefain TEARFUL
2 rhywbeth sy'n achosi dagrau TEARFUL, SAD

dangos gw. **dan(-)gos**

dail *hyn ell* mwy nag un ddeilen [**deilen**]
dail tafol dail llydain planhigyn cyffredin sy'n tyfu mewn caeau ac yn ymyl y ffordd ac sy'n lleddfu peth ar bigiad danadl poethion DOCK LEAVES

daioni *hwn eg* yr hyn sy'n peri i rywun neu rywbeth gael ei alw'n dda, y cyflwr o fod yn dda, yn enwedig yn rhinweddol ac yn foesol; lles, caredigrwydd, rhinwedd GOODNESS

dal:dala *be*
1 caethiwo, carcharu, corlannu *(Maen nhw wedi dal y lleidr o'r diwedd.)* TO CAPTURE
2 cyrraedd bws, trên ac ati, cyn iddo gychwyn *(A oeddet ti mewn pryd i ddala'r trên?)* TO CATCH
3 gafael yn, cydio'n dynn, atal (rhag cwympo), cynnal, cadw *(dala pêl; nid yw'r bachau sy'n dal y silffoedd hyn yn gryf iawn.)* TO CATCH, TO HOLD, TO SUPPORT
4 cadw anadl i mewn yn yr ysgyfaint TO HOLD
5 cynnwys *(Faint o ddŵr mae'r jar yma'n ei ddal?)* TO HOLD
6 teimlo, parhau i deimlo *(Nid yw'n dal dig wrth neb.)* TO BEAR

dalen

7 goddef, gwrthsefyll *(Sut mae'r to newydd yn dal yn y tywydd gwlyb yma?)* TO HOLD OUT

8 honni, haeru, maentumio *(Mae John yn dal mai ti oedd yn gyfrifol am dorri'r ffenestr.)* TO MAINTAIN

9 sylwi, darllen *(A ddaliaist ti rif y car coch 'na a aeth heibio?)* TO OBSERVE

10 parhau yn ddigyfnewid, neu heb roi i mewn *(Wyt ti'n dal i fynd i'r capel ar ddydd Sul?)* TO CONTINUE, TO PERSEVERE

11 bod yn ddigon tyn fel na fydd yn datod neu'n ddigon cryf fel na fydd yn torri *(Ydy'r rhaff yn mynd i'n dal ni?)* TO HOLD

12 twyllo, gwneud ffŵl *(Cefais fy nal gan fy mab ar Ebrill y cyntaf.)* TO CATCH

13 cael afiechyd *(dal annwyd)* TO CATCH

14 bwrw, taro *(Fe ddaliodd yr ergyd ef ar ei dalcen.)* TO CATCH

15 cadw rhan o'r corff neu'r corff i gyd heb symud *(Dal yn llonydd tra bydda i'n torri dy wallt.)* TO HOLD (deil, deli)

dal ar manteisio, achub y cyfle *(Rwy'n mynd i ddal ar y cyfle i weld y siopau tra'n bod ni yma.)*

dal ati parhau i wneud rhywbeth, dyfalbarhau *(Daliwch ati gyda'r gwaith da.)* TO PERSEVERE

dal cannwyll (mewn ymadroddion negyddol) (heb fod yn) cymharu â TO HOLD A CANDLE TO

dal dig bod yn amharod i faddau, aros yn ddig

dal dŵr
1 (yn llythrennol) heb fod yn gollwng, heb fod yn gadael dŵr i mewn nac allan
2 (yn ffigurol) am ddadl resymegol sy'n argyhoeddi, sy'n gredadwy *(Nid yw rheswm Mair am fod yn hwyr yn dal dŵr.)* TO HOLD WATER

dal dwylo cydio yn nwylo TO HOLD HANDS

dal fy (dy, ei etc.) nhafod bod yn dawel TO HOLD ONE'S TONGUE

dal fy (dy, ei etc.) nhir gwrthod rhoi i mewn TO HOLD ONE'S OWN

dal fy (dy, ei etc.) nhrwyn ar y maen gw. **trwyn**

dal pen rheswm ymddiddan, siarad yn gall TO KEEP UP A CONVERSATION

dal y ddysgl yn wastad bod yn ddiduedd TO BE EVENHANDED

dim dal ar (rywun) di-ddal, ni ellir dibynnu arno/arni CAN'T DEPEND ON

wedi'i dal hi (ar lafar fel arfer) wedi meddwi TO BE DRUNK

dalen *hon eb* (dalennau) unrhyw ddarn sgwâr neu hirsgwar o bapur at ysgrifennu, tynnu llun ac ati SHEET

troi dalen newydd ceisio byw bywyd gwell TO TURN OVER A NEW LEAF

dalfa *hon eb* (dalfeydd)
1 carchar GAOL, PRISON
2 helfa, casgliad o'r hyn sydd wedi cael ei ddal, e.e. pysgod CATCH

dalgylch *hwn eg* (dalgylchoedd)
1 yr ardal sy'n bwydo llyn â dŵr CATCHMENT AREA
2 yr ardal y mae ysgol, ysbyty ac ati yn ei gwasanaethu CATCHMENT AREA

daliad *hwn eg* (daliadau) peth y mae rhywun yn credu ynddo; barn, cred, tyb BELIEF, OPINION

dall *a* gair i ddisgrifio rhywun neu rywbeth:
1 sydd wedi colli'i olwg, sy'n methu gweld BLIND
2 twp, ynfyd, difeddwl, anwybodus BLIND, IGNORANT

dallineb *hwn eg* y cyflwr o fod yn ddall BLINDNESS, IGNORANCE

dallt *be* ffurf dafodieithol y Gogledd ar **deall**

dallu *be*
1 niweidio llygaid rhywun gyda'r canlyniad ei fod yn colli'i olwg TO BLIND
2 peri fod person neu anifail yn methu gweld dros dro oherwydd gormod o ddisgleirdeb TO DAZZLE, TO BLIND
3 (yn ffigurol) twyllo, peri fod rhywun yn camddeall, neu'n methu barnu'n iawn TO OBSCURE

damcaniaeth *hon eb* (damcaniaethau) syniad neu theori a ddefnyddir i esbonio'r ffeithiau yr ydym yn eu gwybod am rywbeth HYPOTHESIS, THEORY

damcaniaethol *a* gair i ddisgrifio rhywbeth sy'n perthyn i fyd syniadau ac athroniaeth yn hytrach na byd gweithredoedd ymarferol HYPOTHETICAL, THEORETICAL

damcanu:damcaniaethu *be* llunio damcaniaeth, dyfalu TO SPECULATE, TO CONJECTURE

dameg *hon eb* (damhegion) stori fach neu hanesyn sy'n dysgu gwers foesol neu grefyddol PARABLE, FABLE

damnio:damo *be*
1 melltithio, rhegi TO CURSE, TO SWEAR
2 condemnio i gosb dragwyddol TO DAMN
3 (ebychiad neu reg) DAMN!

damniol *a* gair i ddisgrifio rhywbeth sy'n condemnio'n llwyr, sy'n damnio CONDEMNATORY, DAMNING

damsang *be* sathru dan draed, sengi, troedio'n chwyrn ar ben TO TRAMPLE, TO CRUSH

damwain *hon eb* (damweiniau) rhywbeth (yn arbennig rhywbeth cas neu niweidiol) sy'n digwydd yn ddirybudd neu'n ddisymwth, heb ei gynllunio ACCIDENT, MISHAP

ar ddamwain ar hap, yn ddirybudd BY CHANCE

damweiniol *a* gair i ddisgrifio rhywbeth sy'n digwydd ar hap, yn ddirybudd, heb gael ei drefnu ACCIDENTAL

dan *ardd* y ffurf fwyaf cyffredin ar **tan**

danadl:dynad *hyn ell* mwy nag un ddanhadlen [**danhadlen**] planhigion gwyllt â dail pigfain o liw gwyrdd tywyll sy'n pigo neu losgi os cyffyrddwch â nhw NETTLES □ *blodau* t.618

danadl poethion STINGING NETTLES

danas *hwn* neu *hon egb* ac *enw torfol* carw llai o faint na'r carw coch y mae gan y bwch gyrn (rheiddiau) arbennig FALLOW DEER

dandwn *be* anwesu, mwytho, maldodi TO PAMPER, TO MAKE A FUSS OF

dandwn y gath plygu breichiau TO FOLD ONE'S ARMS

danfon *be*
1 gyrru, anfon, gorchymyn i fynd (*Mae e wedi cael ei ddanfon o'r ysgol.*) TO SEND
2 sicrhau fod rhywbeth yn mynd neu'n cael ei drosglwyddo (*Danfonais y parsel trwy'r post.*) TO SEND
3 hebrwng, canlyn, cyd-deithio (*Fe ddof fi i'ch danfon chi adre.*) TO ACCOMPANY (denfyn)

dangos *be*
1 peri i rywbeth ddod i'r golwg, arddangos (*Dangosodd ei hapusrwydd trwy wenu arnom.*) TO SHOW
2 pwyntio, nodi (*Mae'r cloc yn dangos ei bod hi'n hanner awr wedi saith.*) TO SHOW
3 teithio gyda, arwain (*dangos y ffordd*) TO SHOW
4 profi, datgelu (*Roedd ei ddarlith yn dangos cyn lleied oedd ei wybodaeth o'r maes.*) TO SHOW
5 egluro, arddangos (*Gadewch imi ddangos ichi sut mae'r peiriant yn gweithio.*) TO SHOW, TO DEMONSTRATE
6 cynnig fel perfformiad (yn arbennig ffilm) (*Maen nhw'n dangos* Casablanca *yn y sinema yr wythnos nesaf.*) TO SHOW
7 cyflwyno trwy weithredoedd (*dangos trugaredd i'ch gelynion*) TO SHOW (dengys)

dangos ei ddannedd gw. **dannedd**

dangos fy (dy, ei etc.) ochr dangos gyda phwy y mae'n ochri TO SHOW ONE'S COLOURS

dangos fy (dy, ei etc.) wyneb mynychu, bod yn bresennol TO SHOW ONE'S FACE

dangos rhywun i'r drws mynd yn foneddigaidd at y drws gyda rhywun sy'n ymadael TO SHOW SOMEONE TO THE DOOR

dangos y drws i rywun cael gwared, dangos y ffordd allan, mynnu fod rhywun yn ymadael TO SHOW THE DOOR TO

danhadlen *hon eb* un ymhlith nifer o ddanadl [**danadl**]

danheddog *a* gair i ddisgrifio rhywbeth sydd â rhes o ddannedd, neu res o ddarnau miniog a bylchau rhyngddynt (*creigiau danheddog*) SPIKED, JAGGED, SERRATED

dannedd *hyn ell* mwy nag un **dant**

a'i gwallt yn ei dannedd a'i gwallt yn anniben neu'n flêr

bwrw rhywbeth i'm (i'th, i'w etc.) dannedd : taflu rhywbeth ar draws fy (dy, ei etc.) nannedd edliw, dannod TO GET THROWN UP IN ONE'S FACE

dangos fy (dy, ei etc.) nannedd bygwth, dangos ochr gas TO BARE ONE'S FANGS

dannedd dodi (yn y De): **dannedd gosod** (yn y Gogledd) plât a dannedd gwneud arno, sy'n ffitio yn y geg lle bu dannedd iawn cyn iddynt gael eu tynnu FALSE TEETH, DENTURES

dianc â chroen fy (dy, ei etc.) nannedd (dianc) o'r braidd; cael dihangfa gyfyng BY THE SKIN OF ONE'S TEETH

dweud dan fy (dy, ei etc.) nannedd mwmial yn aneglur TO MUTTER

rhoi dannedd i rywbeth rhoi grym neu awdurdod TO GIVE IT TEETH

taflu rhywbeth ar draws fy (dy, ei etc.) nannedd gw. **bwrw rhywbeth i'm dannedd**

tynnu dannedd gwanhau, gwneud yn aneffeithiol TO DRAW (ITS) TEETH

yn nannedd (rhywun neu rywbeth) (brwydro ymlaen) yn wyneb gwrthwynebiad IN THE FACE OF OPPOSITION

yn tynnu dŵr o ddannedd gw. **tynnu**

dannod [i] *be* edliw, taflu yn nannedd, atgoffa neu wawdio am fai neu fethiant TO TAUNT, TO REPROACH

dannoedd:dannodd *hon eb* dolur neu boen yn nerfau'r dannedd; gwyniau neu gur dannedd TOOTHACHE

danodd *adf* oddi tano, odano BELOW, UNDER

dant *hwn eg* (dannedd)
1 un o'r darnau esgyrnog sy'n tyfu yn rhannau isaf ac uchaf genau'r rhan fwyaf o anifeiliaid TOOTH
2 unrhyw un o'r darnau cul, pigog y ceir nifer ohonynt mewn crib neu lif neu gocsen ac ati TOOTH

at fy (dy, ei etc.) nant at fy-chwaeth TO MY TASTE

dant y llew un o nifer o fathau o'r blodyn gwyllt cyffredin o liw melyn llachar sy'n ffurfio pelen wlanog o hadau ar ôl i'r blodyn wywo DANDELION □ *blodau* t.619

dantaith *hwn eg* (danteithion) bwyd blasus tu hwnt, blasusfwyd drud, pleserus DELICACY

danteithiol *a* gair i ddisgrifio rhywbeth a blas da arno, sy'n boddhau yn fawr DELICIOUS

danto:dantio *be* (ffurf lafar gan amlaf) torri calon, digalonni, blino, diffygio TO LOSE HEART, TO BE DISCOURAGED

darbodus *a* gair i ddisgrifio rhywun sy'n darparu ar gyfer y dyfodol neu rywun sy'n ofalus ag arian ac ati; gwrthwyneb gwastraffus; cynnil, gofalus, pwyllog, call THRIFTY, PRUDENT

darbwyllo *be* perswadio, argyhoeddi, cymell, cynghori TO PERSUADE, TO CONVINCE

darfod *be*
1 gorffen, peidio â bod, marw, trengi *(Os na roddwch chi ddŵr i'r blodau fe fyddan nhw'n darfod.)* TO CEASE, TO EXPIRE, TO DIE
2 (yn y ffurf **ddaru i** ar lafar) digwydd, cael ei gyflawni, e.e. *'Ddaru iti ei gweld hi cyn mynd?'* sef A ddarfu iti ei gweld hi? TO HAPPEN, TO COME TO PASS (darfu, darfyddaf, daru, derfydd)

ar ddarfod ar fin gorffen neu drengi

darfod am (rywun) (wedi) gorffen, dod i ddiwedd

darfodedig *a* gair i ddisgrifio rhywun neu rywbeth:
1 o natur a fydd yn darfod; dros dro, byr ei oes TRANSIENT
2 sy'n adfeilio, sy'n dioddef o'r darfodedigaeth; brau DECAYING

darfodedigaeth *hwn neu hon egb* clefyd difaol ar yr ysgyfaint T.B., CONSUMPTION, TUBERCULOSIS

darfu *bf* fe wnaeth ef/hi ddarfod [**darfod**]; bu iddo ef/iddi hi ddarfod [**darfod**]

darfudiad *hwn eg* y symudiad sy'n cael ei achosi gan hylif neu nwy cynnes yn codi a hylif neu nwy oer yn suddo *(Darfudiad sy'n achosi i awel gynnes godi.)* CONVECTION

darfyddaf *bf* rwy'n **darfod**; byddaf yn **darfod**

darganfod *be* dod o hyd i, canfod neu sylweddoli rhywbeth nad oedd neb, neu nad oeddech chi, o leiaf, yn ei wybod o'r blaen TO DISCOVER

darganfyddaf *bf* rwy'n **darganfod**; byddaf yn **darganfod**

darganfyddiad *hwn eg* (darganfyddiadau)
1 y weithred o ddarganfod DISCOVERY
2 yr hyn sy'n cael ei ddarganfod *(Un o ddarganfyddiadau mawr y byd meddygol oedd penisilin, darganfyddiad Alexander Fleming.)* DISCOVERY

darganfyddwr *hwn eg* (darganfyddwyr) un sy'n darganfod DISCOVERER, INVENTOR

dargludiad *hwn eg* taith trydan neu wres trwy wifrau neu ddŵr trwy bibau CONDUCTION

dargludo *be* gweithredu fel llwybr (i wres, trydan ac ati) TO CONDUCT

dargludydd *hwn eg* (dargludyddion)
1 sylwedd sy'n gallu trosglwyddo trydan neu wres neu sain CONDUCTOR
2 y defnydd y gwneir sglodion micro allan ohono oherwydd ei nodweddion arbennig i drosglwyddo trydan CONDUCTOR

dargopïo *be* copïo llun trwy ddilyn amlinelliad y llun gwreiddiol ar ddarn o bapur tryloyw a roddir ar ei ben TO TRACE

dargyfeiriad *hwn eg* (dargyfeiriadau) ffordd neu heol arbennig sy'n mynd â thrafnidiaeth neu gerddwyr y naill ochr i rywbeth, neu sy'n osgoi rhywbeth (dros dro fel arfer); gwyriad DIVERSION

darlith *hon eb* (darlithiau:darlithoedd) anerchiad eithaf hir i grŵp o bobl ar destun arbennig er mwyn eu haddysgu a/neu eu difyrru, yn arbennig felly i ddosbarth o fyfyrwyr mewn coleg LECTURE (traddodi)

darlithio *be* traddodi darlith, cyflwyno gwybodaeth i ddosbarthiadau trwy gyfrwng cyfres o ddarlithiau (yn arbennig mewn coleg) TO LECTURE

darlithydd *hwn eg* (darlithwyr)
1 un sy'n traddodi darlith LECTURER
2 person sy'n ennill ei fywoliaeth trwy ddarlithio mewn coleg neu brifysgol LECTURER

darlun *hwn eg* (darluniau)
1 llun, pictiwr, ffordd o bortreadu rhywun neu rywbeth trwy dynnu llun ohono â phaent neu bensil PICTURE, ILLUSTRATION
2 delwedd y mae modd ei dychmygu, o'r disgrifiad sy'n cael ei roi ohoni *(Mae'r llyfr yma yn rhoi darlun clir iawn o fywyd ddwy ganrif yn ôl.)* PORTRAIT, PICTURE

darluniadol *a* gair i ddisgrifio rhywbeth:
1 sydd â nifer o ddarluniau ynddo (yn arbennig lluniau yn egluro ystyr testun mewn llyfr) ILLUSTRATED, PICTORIAL
2 sydd â nifer o enghreifftiau ynddo i ddynodi ystyr ILLUSTRATED, DESCRIPTIVE

darlunio *be*
1 gwneud darlun, tynnu llun, portreadu TO DRAW
2 ychwanegu lluniau er mwyn egluro neu addurno testun TO ILLUSTRATE
3 disgrifio, tynnu llun i'r dychymyg â geiriau TO PORTRAY, TO DEPICT (darlunnir)

darllediad *hwn eg*
1 cyflwyniad ar y radio neu'r teledu BROADCAST
2 y weithred o ddarlledu BROADCAST

darlledu *be*
1 lledaenu (newyddion, cerddoriaeth, drama ac ati) trwy gyfrwng y radio neu'r teledu TO BROADCAST
2 actio neu siarad ar y radio neu'r teledu TO BROADCAST

darlledwr *hwn eg*:**darlledwraig** *hon eb* (darlledwyr) un sy'n darlledu ar y radio neu'r teledu BROADCASTER

darllen *be*
1 deall ystyr symbolau (yn llythrennau, ffigurau, nodau cerddorol ac ati) sydd wedi'u gosod mewn print neu wedi'u hysgrifennu TO READ
2 dweud yn uchel rywbeth sydd wedi'i osod mewn print neu sy'n ysgrifenedig *(bardd yn darllen ei farddoniaeth i gynulleidfa)* TO READ
3 ennill gwybodaeth o lyfr neu bapur ac ati *(Darllenais am y llofruddiaeth yn y papur lleol.)* TO READ
darllen rhwng y llinellau dyfalu, o'r ffordd y mae rhywbeth yn cael ei fynegi, ystyr wahanol i'r un a ymddengys ar yr wyneb *(Cefais yr argraff, o ddarllen rhwng y llinellau, nad oedd y ddau'n gyfeillion bellach.)* TO READ BETWEEN THE LINES

darllenadwy *a* gair i ddisgrifio rhywbeth:
1 sydd wedi cael ei ysgrifennu'n glir ac sydd felly'n rhwydd ei ddarllen LEGIBLE
2 sydd wedi cael ei ysgrifennu'n ddiddorol READABLE

darllenwr:darllenydd[1] hwn *eg* (darllenwyr:darllenyddion)
1 un sy'n darllen, e.e. un sy'n benthyca llyfrau o lyfrgell i'w darllen, yn arbennig un sy'n hoff o ddarllen neu sy'n darllen llawer *(Roedd y bachgen yn ddarllenwr mawr.)* READER
2 un sy'n darllen yn uchel rannau o wasanaeth yr Eglwys READER
3 swydd sy'n uwch na darlithydd ond yn is nag athro mewn adran brifysgol READER
4 un sy'n darllen a chywiro proflenni ar gyfer gwasg argraffu (PROOF) READER
5 person y mae cyhoeddwyr yn gofyn ei farn ynglŷn â gwerth cyhoeddi llyfr a gynigir iddynt READER

darllenydd[2] hwn *eg* (darllenyddion) peiriant sy'n cynorthwyo rhywun i ddarllen (trwy chwyddo maint y print fel arfer), e.e. *darllenydd microffilm* READER

darn[1] hwn *eg* (darnau)
1 tamaid, dryll, rhan sydd wedi'i gwahanu neu wedi'i nodi ar wahân i'r cyfan *(darn o gacen)* PIECE, PART, PORTION
2 uned sy'n perthyn i grŵp neu ddosbarth arbennig o bethau *(darn o ddodrefn)* PIECE
3 un o nifer o ddarnau sy'n clymu ynghyd i wneud cyfanwaith *(darn o jigso)* PIECE
4 un o nifer o ffigurau a ddefnyddir mewn gêmau megis gwyddbwyll PIECE
5 gwaith creadigol artist *(darn o gerddoriaeth)* PIECE
6 erthygl fer ar gyfer papur newydd neu gylchgrawn PIECE
7 dryll o arian bath *(darn 50 ceiniog)* PIECE

darn ...[2] *rhagddodiad* mae'n cael ei ddefnyddio weithiau ar ddechrau gair (berf fel arfer) i olygu hanner, lled, rhannol, e.e. *darn-ladd,* hanner lladd HALF, SEMI ...

darnio *be*
1 torri neu rwygo'n ddarnau; dryllio, rhacso TO CUT UP
2 beirniadu'n llym; rhannu neu chwalu cymdeithas neu eglwys ac ati TO MANGLE, TO BREAK UP

darogan *be* rhag-ddweud, rhagfynegi, proffwydo, e.e. *darogan y tywydd,* dweud sut dywydd sydd i ddod TO PREDICT, TO FORETELL

darostwng *be*
1 tynnu i lawr, gosod dan awdurdod neu reolaeth, goresgyn, torri crib TO SUBDUE, TO SUBJUGATE, TO HUMBLE
2 talu gwrogaeth neu dreth TO SUBMIT, TO PAY HOMAGE

darostyngedig *a* gair i ddisgrifio rhywun neu rywbeth sydd wedi cael ei ddarostwng, sydd dan awdurdod neu sy'n gaethwas i rywun SUBJUGATED, HUMBLE

darpar *a* gair i ddisgrifio rhywun neu rywbeth sydd wedi ei baratoi, sydd dan amod i briodi, sydd wedi'i ddewis ar gyfer swydd *(darpar ŵr, darpar brif swyddog)* INTENDED, ELECT, PROSPECTIVE, DESIGNATE

darpariaeth hon *eb* (darpariaethau)
1 yr hyn sydd wedi cael ei baratoi PREPARATION
2 swm neu gyflenwad o bethau angenrheidiol megis nwyddau neu fwyd PROVISION

darparu *be* paratoi, gwneud yn barod i, trefnu ymlaen llaw TO PREPARE, TO PROVIDE

darperi *bf* rwyt ti'n **darparu**; byddi di'n **darparu**

darseinydd hwn *eg* (darseinyddion) darn o gyfarpar sy'n newid cerrynt trydanol yn seiniau, ac weithiau'n chwyddo'r seiniau hynny a'u gwneud yn fwy eglur; uchelseinydd LOUDSPEAKER

daru *bf* ffurf lafar yn y Gogledd ar **darfu** o'r ferf **darfod**; fe wnaeth ef/hi

darwden hon *eb* haint ar y croen a achosir gan fath o ffwng sy'n achosi cylchoedd bach coch (ar y pen fel arfer); derwreinyn RINGWORM

dat gw. **dad**

data hyn *ell* mwy nag un **datwm**; cyfres o ffeithiau neu wybodaeth grai DATA
Sylwch: ym maes cyfrifiaduron y mae *data* yn tueddu i gael ei ddefnyddio fel enw unigol.

databas hwn *eg* (databasau) casgliad eang o wybodaeth ar un neu ragor o destunau sy'n perthyn i'w gilydd, wedi'i gadw ar gyfrifiadur DATABASE

datblygiad hwn *eg* (datblygiadau)
1 y weithred o ddatblygu, neu'r cyflwr o fod yn datblygu DEVELOPMENT
2 digwyddiad newydd neu ddarn o newyddion DEVELOPMENT

datblygu *be*
  1 gwneud neu dyfu yn fwy, yn gyflawnach, yn fwy bywiog *(datblygu busnes; datblygu'r meddwl)* TO DEVELOP
  2 meddwl syniad drwyddo neu ei gyflwyno'n llawn *(datblygu syniad)* TO DEVELOP
  3 (mewn ffotograffiaeth) trin ffilm â chemegion er mwyn gallu gweld y lluniau TO DEVELOP
  4 dangos, datguddio neu dynnu allan y posibiliadau economaidd (mewn tir, adeiladau, pobl ac ati), e.e. *Bwrdd Datblygu Cymru Wledig* TO DEVELOP

datgan *be* cyhoeddi, traethu, adrodd, gwneud yn hysbys (yn ffurfiol fel arfer) TO DECLARE, TO ANNOUNCE

datganiad *hwn eg* (datganiadau)
  1 cyhoeddiad, mynegiad ffurfiol *(Rhoddodd yr heddlu ddatganiad i'r Wasg ynglŷn â'r bachgen oedd ar goll.)* STATEMENT, PRONOUNCEMENT
  2 perfformiad o gerddoriaeth neu farddoniaeth *(Rhoddodd Meinir ddatganiad gwych ar y delyn.)* RECITAL, RENDERING

datganoli *be* (yn weinyddol ac yn wleidyddol) y syniad o symud awdurdod a grym o un man canolog (e.e. Llundain) i nifer o leoedd eraill (e.e. Cymru, yr Alban ac ati) TO DECENTRALIZE

datgeiniad *hwn eg* (datgeiniaid) canwr neu gantores, adroddwr neu adroddwraig sy'n cyflwyno datganiad SINGER, NARRATOR

datgelu *be* rhyddhau cyfrinach, datguddio TO REVEAL

datgloi *be* agor clo; gwrthwyneb cloi TO UNLOCK (detgly)

datglymu *be* datod, rhyddhau; gwrthwyneb clymu TO UNTIE

datguddiad *hwn eg* (datguddiadau)
  1 cyhoeddiad o rywbeth cyfrinachol REVELATION, DISCLOSURE
  2 ffaith annisgwyl sy'n dod i'r golwg REVELATION
  Datguddiad Ioan llyfr olaf y Beibl THE BOOK OF REVELATION

datguddio *be*
  1 gwneud yn hysbys (fel arfer mewn modd goruwchnaturiol) TO REVEAL
  2 dwyn i'r golwg, dangos, dadorchuddio, datgelu TO REVEAL, TO MANIFEST

datgymalu *be* datod, dod yn rhydd, torri'n rhydd neu dynnu'n rhydd, gwahanu dau neu ragor o bethau sydd ynghlwm wrth ei gilydd TO DISLOCATE, TO DISMANTLE

datgysylltu *be* torri'r cysylltiad rhwng dau (neu ragor) o bethau; gwahanu; gwrthwyneb cysylltu TO DISCONNECT, TO DETACH

datod *be*
  1 datglymu, dad-wneud cwlwm neu ddarn o wau TO UNDO, TO UNTIE
  2 rhyddhau, gollwng yn rhydd, agor *(datod clo)* TO UNDO, TO UNLOCK (detyd)

datrys *be* cael hyd i ateb i broblem, esboniad arni neu ffordd i ymdrin â hi; datod, datglymu TO SOLVE, TO UNRAVEL (detrys)

datwm *hwn eg* un darn o ddata [**data**]

datysen *hon eb* (datys) ffrwyth bach brown, melys â hedyn hir, sy'n tyfu ar fath arbennig o balmwydden mewn gwledydd poeth, sych DATE

dathliad *hwn eg* (dathliadau) y weithred o ddathlu CELEBRATION

dathlu *be*
  1 mwynhau'ch hunan ar achlysur arbennig TO CELEBRATE
  2 canmol rhywun neu rywbeth mewn erthygl neu anerchiad ac ati TO CELEBRATE
  3 nodi achlysur arbennig trwy lawenhau (yn gyhoeddus neu yn breifat) *(dathlu ugain mlynedd o briodas)* TO CELEBRATE

dau *rhifol* (deuoedd)
  1 cyfanswm un ac un, 2 TWO
  2 pâr, cwpwl COUPLE
  3 y naill ynghyd â'r llall BOTH (deu, dwy)
  Sylwch: mae *dau* yn treiglo ar ôl *y* neu *'r (y ddau ŵr)*; felly hefyd (gyda rhai eithriadau) mewn enwau cyfansawdd lle ceir y ffurf *deu (y ddeuddyn)*.

  does dim dau does dim amheuaeth THERE'S NO TWO WAYS ABOUT IT
  rhoi dau a dau at ei gilydd cyrraedd casgliad ar sail y dystiolaeth TO PUT TWO AND TWO TOGETHER
  rhwng dau feddwl gw. **meddwl**
  syrthio rhwng dwy stôl gw. **stôl**

daufiniog *a* gair i ddisgrifio rhywbeth:
  1 (cleddyf neu fwyell) sydd ag ymyl finiog ar ei ddwy ochr DOUBLE-EDGED
  2 (yn ffigurol) sydd â dwy swyddogaeth wahanol i'w gilydd DOUBLE-EDGED

dauwynebog *a* gair i ddisgrifio rhywun sy'n dweud un peth yn eich wyneb a rhywbeth arall y tu ôl i'ch cefn; twyllodrus, rhagrithiol, ffuantus HYPOCRITICAL

daw *bf* mae ef/hi yn **dod**; bydd ef/hi yn **dod**

dawn *hwn neu hon egb* (doniau) medrusrwydd cynhenid, gallu naturiol megis *dawn dweud, dawn pysgota* FLAIR, TALENT, KNACK (donio)

dawns *hon eb* (dawnsfeydd:dawnsiau)
  1 y weithred o ddawnsio DANCE
  2 yr enw a roddir ar gyfuniad o symudiadau i fath arbennig o gerddoriaeth (e.e. waltz, tango, jeif) DANCE
  3 cyfarfod, achlysur neu barti ar gyfer dawnsio *(Wyt ti'n mynd i'r ddawns heno?)* DANCE

dawnsio

4 darn o gerddoriaeth y gellir dawnsio iddo *(Chwaraeodd y gerddorfa ddawns Sbaenaidd.)* DANCE

dawns werin
1 dawns sy'n nodweddiadol o ardal neu wlad arbennig a fyddai'n cael ei dawnsio gan bobl gyffredin yn hytrach na'r crachach/boneddigion FOLK-DANCE
2 twmpath dawns FOLK-DANCE

dawnsio *be*
1 symud mewn ffordd rythmig i gyfeiliant cerddoriaeth (ar eich pen eich hun neu gyda phartner) TO DANCE

dawnsio

2 perfformio rhyw ddawns arbennig TO DANCE
3 ysboncio, pefrio, neidio lan a lawr, llamu *(tonnau'n dawnsio yn yr haul; athro yn dawnsio yn ei ddicter)* TO DANCE

dawnsiwr *hwn eg* (dawnswyr) un sy'n dawnsio DANCER
dawnus *a* gair i ddisgrifio rhywun sy'n meddu dawn; talentog, medrus GIFTED, SKILFUL

de¹:deau *hwn eg*
1 un o bedwar prif bwynt y cwmpawd a'r un sydd gyferbyn â'r gogledd; y cyfeiriad a wynebir gan rywun sy'n edrych tua'r haul ar ganol dydd SOUTH
2 deheudir Cymru, yn arbennig siroedd Morgannwg, Gwent a Dyfed (y De) SOUTH WALES

de² *a* gair i ddisgrifio rhywbeth sydd i'w gael yn y de *(De America)* SOUTH

de³ *hon eb*
1 (gyda'r gair 'llaw' yn ddealledig) ochr y corff nad ydyw'n cynnwys y galon, yr ochr neu'r tu sydd gyferbyn â'r chwith neu'r aswy RIGHT
2 (yn wleidyddol) y pleidiau hynny sy'n derbyn egwyddorion ceidwadol/cyfalafol ac yn tueddu i gefnogi'r cyflogwyr yn hytrach na'r gweithwyr RIGHT

de⁴ *a* gair i ddisgrifio rhywbeth a geir ar y dde *(llaw dde)* RIGHT

deall¹ *hwn eg* y gallu neu'r gynneddf i ddefnyddio'r rheswm i ddirnad neu amgyffred rhywbeth UNDERSTANDING, INTELLECT

deall² *be*
1 canfod ystyr neu arwyddocâd (gair, ymadrodd, darn ysgrifenedig ac ati) TO UNDERSTAND
2 dirnad rhyw ddirgelwch, canfod yr achos oddi wrth yr effeithiau *(A oes unrhyw un yn deall y tywydd, dywedwch?)* TO UNDERSTAND
3 adnabod neu synhwyro (cymeriad, person, teimladau ac ati) *(Rwy'n deall sut mae John yn teimlo.)* TO UNDERSTAND
4 (mewn llythyr neu yn ffurfiol) cael gwybod *(Rwy'n deall na fyddwch yn dod i'r cyfarfod.)* TO UNDERSTAND (deellir)

dealladwy *a* gair i ddisgrifio rhywbeth y mae'n bosibl ei ddeall; dirnadwy INTELLIGIBLE

dealledig *a* gair i ddisgrifio rhywbeth sy'n cael ei gymryd yn ganiataol (mewn cytundeb neu amod), neu sydd wedi cael ei gytuno rywbryd o'r blaen UNDERSTOOD, IMPLICIT, IMPLIED

dealltwriaeth *hon eb*
1 y deall, y gynneddf sy'n defnyddio rheswm i ddeall rhywbeth UNDERSTANDING
2 dehongliad ystyr *(yn ôl fy nealltwriaeth i o'r sefyllfa)* UNDERSTANDING
3 cytundeb (dealledig) *(Mae yna ddealltwriaeth rhwng y ddwy ochr i beidio ag ymladd â'i gilydd.)* AGREEMENT

deallus *a* gair i ddisgrifio rhywun neu rywbeth sy'n meddu deall; goleuedig, doeth, hyddysg INTELLIGENT, WISE

deallusion *hyn ell* personau deallus INTELLIGENTSIA, INTELLECTUALS

deallusrwydd *hwn eg* gallu meddyliol, y gallu i ddeall INTELLIGENCE

deau gw. **de¹:deau**

deceni:decini ymadrodd llafar sy'n dalfyriad o *mae'n debyg gen i* I SUPPOSE

decibel *hwn eg* (decibelau) uned i fesur nerth (neu uchder) sŵn DECIBEL
Sylwch: 'desibel' yw'r ynganiad.

dechau *a* ffurf arall ar **dethau**

dechrau¹ *hwn eg* cychwyn, rhan gyntaf, ffynhonnell neu darddiad, dechreuad *(Doeddwn i ddim yn hapus yn yr ysgol ar y dechrau.)* BEGINNING, START

ar ddechrau yn y dechreuad *(Ar ddechrau'r llyfr mae'r awdur yn sôn am ei gefndir.)* AT THE BEGINNING

o'r dechrau o'r cychwyn FROM THE BEGINNING

dechrau² *be*
1 cychwyn (taith, mynd ar drywydd ac ati) TO START, TO BEGIN
2 peri neu ddwyn i fodolaeth *(Ai dy dad a ddechreuodd Aelwyd y pentref?)* TO START

dechreuad

3 cychwyn ar ryw waith neu orchwyl arbennig *(Bydd yr adeiladwyr yn dechrau ddydd Llun nesaf.)* TO BEGIN

4 cychwyn o ryw fan arbennig *(Mae'r prisiau yn dechrau ar £5 y kilo.)* TO START

5 cychwyn defnyddio *(Dechreuwch bob tudalen ar yr ail linell.)* TO START (dechreuaf)

Sylwch: er nad oes gwahaniaeth ystyr pendant, y duedd yw defnyddio 'cychwyn' pan fydd symudiad corfforol ynghlwm wrth weithred—*cychwyn taith, cychwyn car.*

ar ddechrau ar fin dechrau *(Mae'r gwasanaeth ar ddechrau.)* ABOUT TO BEGIN

dechrau ar mynd ati i gychwyn TO SET ABOUT

i ddechrau y cyntaf mewn rhestr (o resymau fel arfer) TO START WITH

dechreuad *hwn eg*
1 dechrau, cychwyniad BEGINNING
2 cychwyniad y byd a'r greadigaeth BEGINNING

dechreuaf *bf* rwy'n **dechrau**; byddaf yn **dechrau**

dechreuol *a* gair i ddisgrifio rhywun neu rywbeth sydd yn bod neu yn digwydd ar y dechrau; i gychwyn, cychwynnol INITIAL, ORIGINAL

dechreuwr *hwn eg* (dechreuwyr) rhywun sydd newydd ddechrau rhywbeth (e.e. dysgu iaith) BEGINNER

dedfryd *hon eb* (dedfrydau) penderfyniad barnwr mewn achos cyfreithiol (ar sail dyfarniad rheithgor, os oes rheithgor) SENTENCE, VERDICT, JUDGEMENT

dedfrydu *be* cyhoeddi cosb gan farnwr ar sail dyfarniad mewn llys barn TO SENTENCE

dedwydd *a* gair i ddisgrifio rhywun neu rywbeth hapus, bendigaid, bodlon, ffodus, llwyddiannus, e.e *y pâr dedwydd* am ŵr a gwraig newydd briodi HAPPY, BLESSED

yr Ynysoedd Dedwydd THE CANARY ISLANDS

dedwyddwch *hwn eg* hapusrwydd, gwynfyd, llawenydd HAPPINESS, BLISS

deddf *hon eb* (deddfau)
1 rheol y mae llywodraeth gwlad wedi penderfynu bod yn rhaid i holl bobl y wlad ufuddhau iddi neu fod yn euog o dorcyfraith; ystatud (cyfraith yw'r enw ar gorff o ddeddfau a'r ffordd y maent yn gweithio) LAW, STATUTE, ACT
2 datganiad (gwyddonol fel arfer) o rywbeth sy'n digwydd yn ddieithriad dan amodau penodol, e.e. *deddf Boyle* neu *ddeddfau Newton* mewn ffiseg LAW

deddf y Mediaid a'r Persiaid gorchmynion nad oedd unrhyw eithriadau iddynt; unplygrwydd THE LAW OF THE MEDES AND THE PERSIANS

y Deddfau Uno (1536 a 1543) deddfau sy'n uno Cymru a Lloegr THE ACTS OF UNION

rhoi'r ddeddf i lawr bod yn hollol bendant a digyfaddawd TO LAY DOWN THE LAW

deddfu *be*
1 llunio a phasio deddfau TO LEGISLATE
2 gorchymyn TO DECREE

deddfwriaeth *hon eb*
1 y weithred o wneud deddfau LEGISLATION
2 corff o ddeddfau neu gyfraith LEGISLATION

de-ddwyrain *hwn eg* y pwynt ar gwmpawd sy'n gorwedd hanner y ffordd rhwng y de a'r dwyrain SOUTH-EAST (cwmpawd)

deellir *bf* mae'n cael ei ddeall [**deall**]; bydd yn cael ei ddeall [**deall**]

defaid *hyn ell* mwy nag un ddafad [**dafad**]
defaid tac:defaid cadw gw. **dafad**

defni *hyn ell* mwy nag un **dafn**; dafnau, diferion, defnynnau DROPS

defnydd *hwn eg* (defnyddiau)
1 unrhyw beth y mae modd gwneud rhywbeth ohono; stwff MATERIAL, STUFF
2 brethyn y mae dillad neu lenni ac ati yn cael eu gwneud ohono MATERIAL, TEXTILE
3 gwybodaeth o ffeithiau y gellir gweithredu arnyn nhw, neu y mae modd ysgrifennu llyfr ar eu sail *(Rwy'n casglu defnydd ar gyfer fy llyfr nesaf.)* MATERIAL
4 pwrpas, diben, perwyl *(Ydy'r morthwyl yma o unrhyw ddefnydd i chi?)* USE (deunydd)

defnyddio *be*
1 gwneud defnydd TO USE
2 (mewn ymadroddion yn cynnwys 'wedi defnyddio') gorffen *(Mae'r papur wedi cael ei ddefnyddio i gyd.)* TO USE
3 bod yn ystyrlon neu'n garedig tuag at rywun er eich lles eich hunan *(Mae'n defnyddio ei fam.)* TO MAKE USE OF

defnyddiol *a* gair i ddisgrifio rhywun neu rywbeth sydd o ddefnydd, o wasanaeth; buddiol, llesol USEFUL

defnyddioldeb *hwn eg* y cyflwr o fod yn ddefnyddiol USEFULNESS

defnyddiwr *hwn eg* (defnyddwyr) un sy'n defnyddio neu'n treulio rhywbeth, e.e. offer neu wasanaethau USER, CONSUMER

defnyn *hwn eg* (defnynnau:dafnau) dafn bach, diferyn DROP

defod *hon eb* (defodau) seremoni; cyfres arbennig o weithrediadau (traddodiadol fel arfer) i ddathlu yn gyhoeddus neu yn breifat ddigwyddiad crefyddol neu gymdeithasol pwysig; hen arfer RITE, CEREMONY, CUSTOM

defosiwn *hwn eg* (defosiynau)
1 ffyddlondeb neu deyrngarwch i wasanaeth crefyddol, e.e. mynd i'r cwrdd neu'r capel DEVOTION
2 ffyddlondeb neu deyrngarwch tebyg i berson neu achos DEVOTION

defosiynol *a* gair i ddisgrifio rhywun sy'n dduwiol, yn grefyddol DEVOUT

deffro *be*
1 dihuno, dadebru, dod allan o gwsg TO AWAKE
2 dihuno rhywun arall, codi rhywun neu rywbeth o'i gwsg, cyffroi (teimlad) TO WAKE, TO ROUSE (deffrônt, deffry)

deffroad hwn *eg* (deffroadau)
1 y weithred o ddihuno AWAKENING
2 adfywiad, dadeni AWAKENING, RENAISSANCE

deffrônt *bf* maen nhw'n **deffro**; byddan nhw'n **deffro**

deffry *bf* mae ef/hi yn **deffro**; bydd ef/hi yn **deffro**

deg:deng *rhifol* (degau) y rhif 10 TEN

Sylwch:
1 mae *deg* yn troi'n *deng* o flaen y geiriau *blynedd*, *blwydd* a *diwrnod* ac yn achosi treiglad trwynol, e.e. *deng mlynedd*. Gall *deg* droi'n *deng* o flaen *m* weithiau (*deng milltir*), ac o flaen *gwaith* (*deng waith* yn ogystal â *deg gwaith*).
2 defnyddir ffurfiau megis *un deg pump* (15), *dau ddeg tri* (23), *tri chant saith deg chwech* (376) wrth enwi rhifau emynau, tudalennau ac ati ond yr arfer yw defnyddio *pymtheg*, *tri ar hugain* wrth ysgrifennu'r rhifau llai. (gw. Atodiad II t.601)

Y Deg Gorchymyn gw. **gorchymyn**

degawd hwn *eg* (degawdau) cyfnod o ddeng mlynedd DECADE

degfed *a* gair i ddisgrifio yr olaf o ddeg, 10fed; rhif 10 mewn rhestr o fwy na deg; neu un rhan o ddeg ($\frac{1}{10}$) TENTH (gw. Atodiad II t.601)

degol *a* (mewn mathemateg) gair i ddisgrifio cyfundrefn rifo wedi'i seilio ar y rhif 10 (e.e. y system fetrig) DECIMAL

pwynt degol y pwynt sy'n gwahanu rhif cyfan oddi wrth ffracsiwn mewn nodiant degol (e.e. 2·75) DECIMAL POINT

degolyn hwn *eg* (degolion) ffracsiwn degol, rhif megis ·5, ·276 A DECIMAL

degwm hwn *eg* (degymau) y ddegfed ran o gynnyrch blynyddol tir amaethyddol a fyddai yn y gorffennol yn cael ei dalu fel treth i gynnal yr Eglwys yng ngwledydd Prydain (a rhai gwledydd eraill) TITHE

degymu *be* rhannu'n ddeg yn barod ar gyfer y degwm
degymu'r mintys a'r anis gw. **mintys**

deng gw. **deg:deng**

dengwaith *adf* deg gwaith TEN TIMES

dengys gw. **den(-)gys**

deheubarth hwn *eg* rhan neu barth deheuol (o wlad ac ati) SOUTHERN PART

Y Deheubarth De Cymru (sef siroedd Morgannwg, Gwent, Dyfed a De Powys) ond, yn wreiddiol, brenhiniaeth De Cymru yn yr Oesoedd Canol a oedd yn cynnwys rhai darnau cyfagos o Loegr SOUTH WALES

deheuig *a* medrus, cywrain, celfydd, dechau, dethau DEXTEROUS, ADROIT, DEFT

deheulaw hon *eb* llaw dde, yr ochr arall i'r aswy neu'r llaw chwith RIGHT-HAND

deheuol *a* gair i ddisgrifio rhywun neu rywbeth sy'n perthyn i'r de, sy'n wynebu'r de neu sy'n gorwedd i'r de o ryw bwynt SOUTHERN

dehongli *be* egluro, esbonio, datguddio ystyr (breuddwydion, damhegion ac ati) TO INTERPRET

dehongliad hwn *eg* (deongliadau) eglurhad, esboniad, datguddiad o ystyr neu arwyddocâd cudd INTERPRETATION

deial hwn *eg* (deialau)
1 wyneb teclyn (megis cloc) sy'n mesur amser, cyflymder ac ati trwy i fys ddynodi pwynt ar raddfa o ffigurau DIAL
2 wyneb blaen radio â bys a rhifau, sy'n cael ei ddefnyddio i gael hyd i raglen neu donfedd arbennig DIAL
3 cylch gyda rhifau arno ar flaen teleffon DIAL

deial haul offeryn i ddangos yr amser yn ôl lle y mae cysgod y bys yn disgyn wrth i'r haul dywynnu arno SUN-DIAL

deial

deialo:deialu *be* troi deial teleffon â blaen y bys er mwyn ffonio person, rhif neu le arbennig TO DIAL

deialog hwn neu hon *egb* (deialogau) darn llenyddol (mewn nofel neu stori neu ddrama) lle y mae pobl yn siarad â'i gilydd; ymddiddan, ymgom DIALOGUE

deifio[1] *be* neidio i lawr a'ch pen a'ch breichiau gyntaf (i mewn i ddŵr fel arfer); plymio TO DIVE

deifio[2] *be* llosgi, rhuddo, gwywo dan ormod o wres neu oerfel TO SINGE, TO SCORCH, TO BE BLASTED

deifiol *a* gair i ddisgrifio rhywun neu rywbeth:
1 sy'n greulon o feirniadol (ar lafar neu yn ysgrifenedig); ysol, llym ofnadwy SCATHING, WITHERING
2 sy'n peri i bethau wywo (gwynt oer y dwyrain fel arfer) WITHERING

Brontosaurus:Apatosaurus (25 metr)

Tyrannosaurus (13 metr)

deinosor

deifiwr *hwn eg* (deifwyr) un sy'n arbenigwr ar ddeifio; person sy'n plymio i ddyfnderoedd môr neu lyn mewn gwisg arbennig sy'n caniatáu iddo aros a gweithio dan ddŵr DIVER

deigryn *hwn eg* (dagrau) diferyn o ddŵr sy'n deillio o'r llygaid; un o'r diferion a ddaw o'r llygaid pan fydd rhywun yn llefain/crio TEAR

deil *bf* mae ef/hi yn **dal**; bydd ef/hi yn **dal**

deilchion gw. **teilchion**

deilen *hon eb* (dail) llafn gwyrdd gwastad (fel arfer) sy'n tyfu o fôn neu gangen planhigyn LEAF

deiliad *hwn eg* (deiliaid)
  1 un sy'n talu rhent am ddefnydd adeilad neu dir ac ati; tenant TENANT
  2 un dan wrogaeth neu rwymau ufudd-dod i arglwydd neu frenin VASSAL, SUBJECT
  3 un sy'n preswylio neu drigo mewn tŷ neu adeilad HOUSEHOLDER
  4 un sy'n berchen ar eiddo, arian neu deitl arbennig *(deiliad y bencampwriaeth golff)* HOLDER

deilio *be* blaguro, agor yn ddail TO LEAF, TO SPROUT

deiliog *a* gair i ddisgrifio rhywbeth sy'n llawn dail LEAFY

deillio *be* tarddu, llifo allan, cychwyn, dilyn fel canlyniad i ryw achos *(Mae ei lwyddiant yn deillio o'r holl waith caled a wnaeth ar y dechrau.)* TO STEM FROM, TO DERIVE

deillion *hyn ell* mwy nag un person **dall** THE BLIND

deinameit *hwn eg*
  1 ffrwydryn cryf a ddefnyddir i gloddio DYNAMITE
  2 newyddion neu wybodaeth a fydd yn creu sioc neu syndod DYNAMITE

deinosor *hwn eg* (deinosoriaid) unrhyw un o nifer o wahanol fathau o ymlusgiaid cynffonnog a oedd yn byw ar y Ddaear mewn cyfnod cynhanesyddol, h.y. rhwng 220 a 65 miliwn o flynyddoedd yn ôl; 'ymlusgiad dychrynllyd' yw ystyr y gair DINOSAUR

deintydd *hwn eg* (deintyddion) un sydd wedi cael ei hyfforddi i drin dannedd, meddyg dannedd DENTIST

deiseb *hon eb* (deisebau) cais ffurfiol, wedi'i arwyddo gan lawer o bobl, fel arfer, a'i gyflwyno i'r Senedd neu i rywun mewn awdurdod PETITION

deisyf:deisyfu *be* taer ddymuno, ymbil am, erfyn, ceisio, gofyn TO BEG, TO IMPLORE, TO BESEECH

deisyfiad *hwn eg* (deisyfiadau) dymuniad taer, cais ffurfiol, erfyniad ENTREATY, PLEA, REQUEST

del *a* (ffurf y Gogledd fel arfer) pert, twt, tlws PRETTY

dêl:delo *bf* byddo ef/hi yn **dod** (braidd yn henffasiwn erbyn hyn, ond mae'n dal i gael ei ddefnyddio mewn ymadroddion fel *doed a ddêl*)

deled gw. **deued:doed:deled**

delfryd *hwn neu hon egb* (delfrydau)
  1 enghraifft berffaith o rywbeth IDEAL
  2 safon o berffeithrwydd i anelu ato IDEAL

delfrydol *a* gair i ddisgrifio rhywun neu rywbeth:
  1 sy'n cael ei ystyried yn enghraifft berffaith IDEAL
  2 nad yw'n bosibl neu'n ymarferol; nad yw'n bod ond fel syniad neu ddamcaniaeth IDEALISTIC

deli *bf* rwyt ti'n **dal**; byddi di'n **dal**

delio *be* rhannu *(delio cardiau)* TO DEAL
  delio [â]
  1 prynu nwyddau'n gyson *(delio â siop arbennig)* TO DEAL (WITH)

delo

2 ymwneud â, ymdrin â, ymddwyn tuag at, trafod *(Sut wyt ti'n mynd i ddelio â'r dosbarth newydd?)* TO DEAL (WITH)
delio [mewn] prynu a gwerthu fel busnes *(delio mewn anifeiliaid; delio mewn nwyddau arbennig)* TO DEAL (IN)
delo gw. **dêl:delo**
delor y cnau hwn *eg* aderyn bach â phig gref; yr unig aderyn o'r ynysoedd hyn sy'n medru cerdded i lawr boncyff coeden NUTHATCH □ *adar* t.610
delta hwn *eg* (deltâu)
1 pedwaredd lythyren yr wyddor Roeg (Δ) DELTA
2 darn o dir ar siâp Δ mewn aber afon, sydd wedi'i ffurfio o'r pridd a'r cerrig y mae'r afon yn eu cario tuag at y môr DELTA
delw hon *eb* (delwau)
1 cerflun; portread mewn maen, efydd, plastig ac ati STATUE, IMAGE
2 eilun; cerflun sy'n cael ei addoli IDOL, EFFIGY □ *Bwda:Bwdha*
ar ddelw ar lun, ar batrwm
dryllio delwau gw. **dryllio**
delwedd hon *eb* (delweddau)
1 darlun meddyliol (delfrydol yn aml) IMAGE
2 trosiad neu gymhariaeth neu ymadrodd trawiadol sy'n awgrymu darlun i'r darllenydd IMAGE
3 golwg person fel y mae eraill yn ei weld *(Mae angen gwella ei ddelwedd gyhoeddus.)* IMAGE
delweddu *be* creu delweddau (yn arbennig ddelweddau llenyddol mewn rhyddiaith a barddoniaeth) TO PICTURE, TO SYMBOLIZE
dellten hon *eb* (dellt)
1 (un o'r) darnau hir, cul o bren neu fetel a ddefnyddir i lunio fframwaith sy'n sylfaen, e.e. i osod llechi neu deils neu blastr arno LATH □ *cwrwg*
2 (un o'r) darnau cul o goed neu fetel a osodir ar ffenestr i greu patrwm diemwnt LATTICE
delltwaith hwn *eg* nifer o ddellt yn croesi'i gilydd i lunio patrwm diemwnt (mewn ffenestri yn arbennig ond hefyd fel ffrâm i ddal planhigion) LATTICE, TRELLIS
democrataidd *a* gair i ddisgrifio rhywun neu rywbeth sy'n amlygu nodweddion democratiaeth neu sy'n gweithredu democratiaeth DEMOCRATIC
democratiaeth hon *eb*
1 llywodraeth gan holl bobl gwlad neu eu cynrychiolwyr DEMOCRACY
2 gwlad a lywodraethir gan y bobl neu gan eu cynrychiolwyr DEMOCRACY
3 cydraddoldeb cymdeithasol DEMOCRACY
denfyn *bf* mae ef/hi yn **danfon**; bydd ef/hi yn **danfon**
dengys *bf* mae ef/hi yn **dangos**; bydd ef/hi yn **dangos**

deniadol *a* gair i ddisgrifio rhywun neu rywbeth sy'n denu, sy'n atyniadol ALLURING, ATTRACTIVE, INVITING
denu *be* tynnu tuag at trwy rym cudd; perswadio, hudo, ceisio rhwydo, swyno TO ATTRACT, TO DRAW, TO ENTICE
D.Enw *byrfodd* dienw; mewn rhestr o enwau (megis tîm) mae'n dangos nad ydyw wedi cael ei benderfynu pwy fydd yn llenwi'r bwlch arbennig hwnnw A.N. OTHER
deongliadau hyn *ell* mwy nag un **dehongliad**
deon hwn *eg* (deoniaid)
1 swyddog eglwysig sy'n gyfrifol am nifer o offeiriaid neu adrannau o'r Eglwys DEAN
2 (mewn prifysgol) llywydd cyfadran neu raniad o'r astudiaethau DEAN
deor:deori *be*
1 (am wy) torri, gan adael i'r cyw ddod allan o'r plisgyn TO HATCH
2 dwyn cyw allan o'r wy drwy ori; eistedd neu ori ar wyau TO HATCH, TO INCUBATE
deorfa hon *eb* (deorfâu:deorfeydd) man ar gyfer deor wyau HATCHERY
de-orllewin hwn *eg* y pwynt ar gwmpawd sy'n gorwedd hanner ffordd rhwng y de a'r gorllewin SOUTH-WEST (cwmpawd)
deorydd hwn *eg* (deoryddion) peiriant ar gyfer cadw wyau'n gynnes nes iddynt ddeor INCUBATOR
derbyn *be*
1 cymryd (yr hyn a gynigir) TO RECEIVE
2 caniatáu aelodaeth i rywun *(derbyn person yn aelod o eglwys)*; croesawu i urdd neu fraint *(cael eich derbyn yn aelod o Orsedd y Beirdd)* TO ADMIT
3 cydnabod fel ffaith neu wirionedd *(Rwy'n derbyn fod gen ti fwy o brofiad na fi, ond . . .)* TO ACCEPT
4 medru clywed darllediad radio neu glywed a gweld darllediad teledu TO RECEIVE (derbyniaf, derbynnir)
derbynebau hyn *ell* mwy nag un dderbynneb [**derbynneb**]
derbyniad hwn *eg* (derbyniadau)
1 y weithred o dderbyn croeso *(Cawsom dderbyniad gwresog.)* RECEPTION
2 parti mawr, ffurfiol (e.e. mewn priodas) RECEPTION
3 y weithred o dderbyn darllediad radio neu deledu *(Mae yna dderbyniad gwael yn yr ardal hon.)* RECEPTION
derbyniadau hyn *ell*
1 mwy nag un **derbyniad**
2 yr arian a dderbynnir (e.e. gan siop) TAKINGS, RECEIPTS
derbyniaf *bf* rwy'n **derbyn**; byddaf yn **derbyn**
derbyniol *a* gair i ddisgrifio rhywun neu rywbeth sy'n cael ei dderbyn; boddhaol, cymeradwy, dymunol ACCEPTABLE

derbynneb hon *eb* (derbynebau) darn o bapur sy'n dweud fod swm o arian neu nwyddau neu wasanaeth wedi cael eu derbyn RECEIPT

derbynnir *bf* mae ef/hi yn cael ei d(d)erbyn [**derbyn**]; bydd ef/hi yn cael ei d(d)erbyn [**derbyn**]

derbynnydd hwn *eg*
 1 y rhan honno o'r teleffon a roddir wrth y glust RECEIVER
 2 teclyn ar gyfer derbyn darllediadau radio neu deledu RECEIVER
 3 (yn gyfreithiol) person a benodir yn swyddogol i fod yn gyfrifol am fusnes methdalwr RECEIVER
 4 (mewn gêmau megis tennis) y chwaraewr sy'n derbyn y bêl wedi i'w wrthwynebydd ei serfio RECEIVER

dere *bf* (gair y De) gorchymyn iti ddod [**dod**]; tyrd:tyred

derfydd *bf* mae ef/hi yn **darfod**; bydd ef/hi yn **darfod**

deri hyn *ell* mwy nag un dderwen [**derwen**]

derw[1] *a* gair i ddisgrifio rhywbeth wedi'i wneud o bren y dderwen OAKEN

derw[2] hyn *ell* mwy nag un dderwen [**derwen**]

derwen hon *eb* (derw:deri) coeden fawr â phren caled sy'n cynhyrchu mes OAK ☐ *coed* t.616

derwreinyn hwn neu hon *egb* (derwraint) darwden; math o ffwng sy'n achosi i gylchoedd bach coch ymddangos ar y croen RINGWORM

derwreinyn y traed ATHLETE'S FOOT

derwydd

derwydd hwn *eg* (derwyddon)
 1 aelod o urdd o offeiriaid neu ddynion doeth a weithredai fel athrawon, barnwyr a dewiniaid ac ati ymhlith y Celtiaid gynt yng ngwledydd Prydain a Gâl DRUID
 2 aelod o radd uchaf Gorsedd y Beirdd, un sy'n gwisgo'r wisg wen DRUID (archdderwydd)

deryn gw. **aderyn**

des *bf* ffurf lafar ar **deuthum**

desg hon *eb* (desgiau) bwrdd (yn aml a droriau tano) ar gyfer ysgrifennu a/neu ddarllen DESK

destlus *a* taclus, twt, cryno, trwsiadus NEAT, TIDY, TRIM

detgly *bf* (hen ffurf) mae ef/hi yn **datgloi**; bydd ef/hi yn **datgloi**

detrys *bf* mae ef/hi yn **datrys**; bydd ef/hi yn **datrys**

detyd *bf* mae ef/hi yn **datod**; bydd ef/hi yn **datod**

dethau *a* deheuig, medrus, celfydd, dechau SKILFUL, DEFT, ADROIT

dethol[1] :**detholedig** *a* gair i ddisgrifio rhywun neu rywbeth:
 1 sydd wedi'i ddewis o grŵp mwy SELECT
 2 sydd wedi'i ddewis yn ofalus ar sail ansawdd; arbennig, tra rhagorol SELECT, CHOICE

dethol[2] *be* dewis, pigo, dewis y gorau, galw i gyflawni rhyw swydd neu dderbyn rhyw fraint TO SELECT, TO CHOOSE

detholiad hwn *eg* (detholiadau) casgliad o ddarnau wedi'u dewis yn arbennig, dewisiad, e.e. cyfrol fechan o emynau wedi'u dewis ar gyfer Cymanfa Ganu SELECTION

deu ... ffurf ar **dau** mewn rhai geiriau cyfansawdd, e.e. *deuawd, deuddyn*

deuaf:dof *bf* rwy'n **dod**; byddaf yn **dod**

deuaidd *a* term technegol yn disgrifio rhywbeth:
 1 sydd wedi'i wneud o ddau beth neu ddwy ran, e.e. *Mae dwy seren sy'n cylchu'i gilydd yn ffurfio seren ddeuaidd.* BINARY
 2 sy'n defnyddio'r rhifau 0 ac 1 yn unig, e.e. *Y system ddeuaidd o rifau a ddefnyddir ar gyfer cyfrifiaduron.* BINARY

deuawd hwn neu hon *egb* (deuawdau) darn o gerddoriaeth, fel arfer, ar gyfer dau berfformiwr a chyfeiliant DUET

deublyg *a* dwbwl, dwywaith TWOFOLD, DUAL

deuddeg:deuddeng *rhifol* un deg dau, dwsin, 12 TWELVE

Sylwch: fel *deg*, mae *deuddeg* yn troi'n *deuddeng* o flaen *blynedd, blwydd* a *diwrnod* ac yn achosi treiglad trwynol, e.e. *deuddeng mlwydd*. Gall hefyd droi'n *deuddeng* o flaen *m* weithiau *(deuddeng mis)* ac o flaen gwaith *(deuddeng waith)*.

taro deuddeg gw. **taro**

deuddyn hwn *eg* dau berson (yn arbennig pâr newydd briodi) COUPLE

Sylwch: *y ddeuddyn* a ysgrifennir.

deued:doed:deled *bf* gadewch iddo ef/iddi hi ddod [**dod**]

deufis hwn *eg* dau fis

deugain *rhifol* (deugeiniau) pedwar deg, 40 FORTY
Sylwch: mae *diwrnod, blwydd* a *blynedd* yn treiglo'n drwynol ar ôl *deugain*, e.e. *deugain niwrnod*.

deunaw *rhifol* un deg wyth, 18 EIGHTEEN
Sylwch: mae *diwrnod, blwydd* a *blynedd* yn treiglo'n drwynol ar ôl *deunaw*, e.e. *deunaw mlynedd*.

deunydd hwn *eg*
 1 defnydd, sylwedd, yr hyn y gwneir pethau ohono MATERIAL, STUFF
 2 testun trafodaeth, mater, cwestiwn, cynnwys llyfr neu araith MATTER, CONTENT
 3 defnydd, fel yn *bod o ddeunydd, gwneud deunydd* USE
 deunydd crai unrhyw sylwedd naturiol y mae nwyddau'n cael eu cynhyrchu ohono RAW MATERIAL

deuoedd hyn *ell* mwy nag un **dau**

deuol *a* gair i ddisgrifio rhywbeth neu rywun:
 1 sydd wedi'i wneud o ddwy ran, neu â dwy ran sy'n debyg i'w gilydd *(ffordd ddeuol)* DUAL
 2 â chymeriad dwbwl DUAL

deuparth *a* dwy ran o dair, ⅔ *(Deuparth gwaith ei ddechrau.)* TWO THIRDS

deupen hwn *eg* dau ben, dau flaen
 cael y ddeupen ynghyd:cael deupen y llinyn ynghyd cael digon o arian i fyw TO MAKE ENDS MEET
Sylwch: *y ddeupen* a ysgrifennir.

deuthum *bf* fe wnes i ddod [**dod**]; fe ddes i (ar lafar)

deuwch:dewch:dowch *bf*
 1 rydych chi'n **dod**; byddwch yn **dod**
 2 gorchymyn i chi ddod [**dod**]

dewin hwn *eg* (dewiniaid)
 1 (mewn storïau yn bennaf) gŵr â doniau hudol sy'n medru swyno; mae'r mwyafrif o ddewiniaid (yn wahanol i wrachod) yn dda—gyda rhai eithriadau WIZARD, SORCERER
 2 gŵr o athrylith mewn maes arbennig *(dewiniaid byd y bêl)* WIZARD
 dewin dŵr un sydd â dawn arbennig i ddarganfod dŵr (neu rai mwynau) trwy ddefnyddio darn o bren cyll neu fetel, ar ffurf Y DOWSER, WATER DIVINER

dewiniaeth hon *eb* y gelfyddyd o ddarganfod yr anhysbys trwy ffyrdd goruwchnaturiol; hudoliaeth, swyngyfaredd WITCHCRAFT, SORCERY

dewinio *be* fel yn *dewinio dŵr*, darganfod dŵr trwy ddefnyddio dull y dewin dŵr TO DOWSE

dewis¹:dewisiad hwn *eg* (dewisiadau)
 1 y weithred o ddethol rhwng dau neu ragor o bethau CHOICE
 2 yr hawl, yr awdurdod neu'r cyfle i ddethol CHOICE
 3 y person neu'r peth a ddewiswyd SELECTION, THE SELECTED
 4 y casgliad neu'r amrywiaeth y mae modd dethol ohono *(Mae dewis da o recordiau yn y siop newydd.)* SELECTION

dewis² *be*
 1 pigo neu ddethol o blith nifer TO CHOOSE
 2 penderfynu *(Mae ef wedi dewis peidio â mynd adre.)* TO CHOOSE

dewiswr hwn *eg* (dewiswyr) un sy'n dewis (yn arbennig un sy'n dewis pa chwaraewyr sy'n cael chwarae mewn tîm) SELECTOR

dewr *a* gair i ddisgrifio rhywun neu rywbeth:
 1 sy'n barod i wynebu perygl neu ddioddef poen; eofn, gwrol, glew, beiddgar BRAVE, VALIANT
 2 cryf, grymus, praff, hardd, gwych BRAVE

dewrder hwn *eg* y gallu i reoli neu lesteirio ofn yn wyneb perygl, caledi, poen, trallod ac ati COURAGE, BRAVERY, PLUCK

dewrion hyn *ell*
 1 ymladdwyr ifainc ymhlith llwythau Indiaid Gogledd America BRAVES
 2 pobl neu bersonau **dewr**

di¹ gw. **ti:di**

di...² *rhagddodiad* mae'n cael ei ddefnyddio weithiau ar ddechrau gair i wrth-ddweud yr hyn sy'n ei ddilyn neu er mwyn dynodi beth yn union sydd yn eisiau neu sy'n brin yn yr hyn sy'n ei ddilyn; heb, heb fod yn, e.e. *diflas, di-asgwrn-cefn* UN..., DIS...

diacen *a* gair i ddisgrifio rhywbeth (gair, darn o gerddoriaeth ac ati) heb acen, sydd heb fod yn acennog UNACCENTED

diacon hwn *eg* (diaconiaid)
 1 yn yr Eglwys Fore, un a ofalai am y tlodion a'r rhai amddifaid a berthynai i'r Eglwys DEACON
 2 mewn Eglwysi Esgobol, swyddog ar y radd isaf yn yr offeiriadaeth DEACON
 3 mewn eglwysi Ymneilltuol, swyddog sy'n cynorthwyo'r gweinidog; blaenor DEACON

diacones hon *eb* (diaconesau) gwraig o ddiacon [**diacon**]

diachos *a* heb achos, heb eisiau NEEDLESS

diadell hon *eb* (diadellau:diadelloedd)
 1 nifer o anifeiliaid o'r un rhywogaeth gyda'i gilydd, megis praidd o ddefaid neu o eifr, gyr o wartheg, haid o dda, ond *diadell o wyddau* FLOCK, HERD
 2 y bobl hynny sy'n dod o dan ofalaeth gweinidog; praidd FLOCK

diaddurn *a* gair i ddisgrifio rhywun neu rywbeth heb addurniadau; plaen, syml, moel UNADORNED

diafol *hwn eg*
1 cythraul, ysbryd drwg neu aflan sy'n temtio dyn DEVIL, DEMON
2 dyn diarhebol o ddrwg, cyfrwys a chreulon; diawl DEVIL
Y Diafol Satan, yr ysbryd drwg gwaethaf THE DEVIL

diagram *hwn eg* (diagramau) llun neu ddarlun i esbonio neu ddangos rhywbeth; cynllun DIAGRAM

diangen *a* gair i ddisgrifio rhywbeth nad oes mo'i angen UNNECESSARY

diangfâu *hyn ell* mwy nag un ddihangfa [**dihangfa**]

dianghenraid *a* gair i ddisgrifio rhywbeth nad yw'n angenrheidiol; di-alw-amdano INESSENTIAL

di-ail *a* gair i ddisgrifio rhywun neu rywbeth nad oes mo'i debyg; dihafal, unigryw INCOMPARABLE, MATCHLESS

diail *bf* mae ef/hi yn **dial**; bydd ef/hi yn **dial**

diainc *bf* mae ef/hi yn **dianc**; bydd ef/hi yn **dianc**

dial¹ :**dialedd** *hwn eg* (dialon) drwg sy'n cael ei dalu yn ôl i rywun am ddrwg; cosb REVENGE, VENGEANCE

dial² [**ar**] *be* talu drwg yn ôl i rywun am ddrwg, mynnu iawn neu gosb am ddrwg, talu'r pwyth yn ôl, cosbi TO AVENGE, TO WREAK VENGEANCE (diail)

dialgar *a* gair i ddisgrifio rhywun sy'n hoff o ddial VINDICTIVE, VENGEFUL

di-alw-amdano *a* gair i ddisgrifio rhywun neu rywbeth nad oes mo'i angen, nad oes raid wrtho, dianghenraid UNCALLED FOR

diamau *a* gair i ddisgrifio rhywbeth nad oes unrhyw amheuaeth amdano; sicr, diau CERTAIN, DOUBTLESS

diamcan *a* gair i ddisgrifio rhywun neu rywbeth heb amcan, heb bwrpas PURPOSELESS, AIMLESS

diamedr *hwn eg* (diamedrau) llinell syth sy'n ymestyn o'r naill bwynt ar ymyl cylch i bwynt arall gyferbyn ag ef, gan redeg yn union trwy ganol y cylch DIAMETER □ *cylch*

diamheuol *a* gair i ddisgrifio rhywbeth na ellir ei amau; sicr, anwadadwy UNDENIABLE, UNQUESTIONABLE

diamwys *a* sicr, heb bosibilrwydd fod yna ystyr neu arwyddocâd arall; digamsyniol, eglur, clir UNAMBIGUOUS, UNEQUIVOCAL

diamynedd *a* byrbwyll, gwyllt, heb amynedd IMPATIENT

dianaf *a* gair i ddisgrifio rhywun neu rywbeth heb anaf neu nam arno, di-fai; heb ei anafu UNINJURED, UNHURT, UNBLEMISHED

dianc *be*
1 ffoi neu redeg ar frys rhag perygl TO ESCAPE, TO FLEE
2 dod yn rhydd (o garchar neu ddalfa) TO ESCAPE
3 pasio heb i neb sylwi arno (e.e. gwall mewn llawysgrif) TO ESCAPE (diainc, dihangaf, dihengi)
Sylwch: (ac eithrio *diainc*) dihang... neu diheng... a geir yn ffurfiau'r ferf ac eithrio'r rhai sy'n cynnwys -as- (diangasai).

dianc am fy (dy, ei etc.) mywyd:einioes ffoi rhag cael fy lladd TO FLEE FOR ONE'S LIFE

diarddel *be* gwrthod cydnabod perthynas â, diaelodi, torri aelod allan o eglwys Ymneilltuol, diswyddo TO DISOWN, TO EXPEL

diarfogi *be*
1 rhoi'r gorau i arfau, cael gwared ar arfau TO DISARM
2 lleihau maint a grym y lluoedd arfog TO DISARM
diarfogi niwclear rhoi'r gorau (ymhlith gwledydd mawrion y byd) i arfau niwclear NUCLEAR DISARMAMENT

diarffordd *a* gair i ddisgrifio rhywle sy'n anodd cyrraedd ato; anghysbell, anhygyrch INACCESSIBLE

diarhebion *hyn ell* mwy nag un ddihareb [**dihareb**]

diarhebol *a* gair i ddisgrifio rhywun neu rywbeth:
1 sy'n debyg i neu sy'n perthyn i ddihareb PROVERBIAL
2 sy'n wybyddus i bawb *(Mae ei haelioni yn ddiarhebol.)* PROVERBIAL

diaroglydd *hwn eg* (diaroglyddion) sylwedd sy'n lladd neu sy'n cuddio drewdod neu arogleuon cas (yn arbennig arogleuon y corff) DEODORANT

diarth *a* ffurf lafar ar **dieithr**

diarwybod *a* annisgwyl, dirybudd, heb yn wybod i rywun UNEXPECTED, SUDDEN, UNAWARES

diasbedain *be* atseinio, yr hyn sy'n digwydd o ganlyniad i floeddio, gweiddi, neu unrhyw sŵn mawr *(Roedd y neuadd yn diasbedain wrth i sŵn y drymiau gynyddu.)* TO RESOUND, TO REVERBERATE

di-asgwrn-cefn *a* gair i ddisgrifio:
1 rhywun llwfr, llipa, nad yw'n gallu gwneud penderfyniad SPINELESS
2 anifeiliaid heb asgwrn cefn, dosbarth o anifeiliaid yn cynnwys y mwydod a'r trychfilod; infertebrat INVERTEBRATE

diau *a* sicr, diamau, di-ddadl, diamheuol, gwir, cywir, eglur, plaen CERTAIN, SURE, UNDOUBTED

diawl *hwn eg* (diawliaid)
1 diafol, cythraul (mae'n cael ei ddefnyddio ar lafar fel rheg) DEVIL
2 fel rheg HELL!

diawledig *a* (rheg) cythreulig, dieflig, yn nodweddiadol o'r diafol DIABOLICAL, FIENDISH

diawlineb *hwn eg* cythreuldeb, drygioni direidus, cyflwr o fod yn fwriadol letchwith neu anodd ynglŷn â rhywbeth DEVILMENT

diawlio *be* rhegi, tyngu, melltithio TO SWEAR, TO CURSE

di-baid *a* gair i ddisgrifio rhywbeth sydd heb orffwys, heb ddiwedd, heb ball CEASELESS

diben hwn *eg* (dibenion) amcan, nod, pwrpas, bwriad, perwyl AIM, PURPOSE

di-ben-draw *a* diddiwedd, diderfyn ENDLESS, INTERMINABLE

dibennu *be* gorffen, diweddu, cwblhau, dwyn i ben, darfod TO FINISH, TO END, TO CONCLUDE
Sylwch: dyblwch yr 'n' ym mhob un o ffurfiau'r ferf ac eithrio'r rhai sy'n cynnwys *-as-*, felly *dibennais* ond *dibenasant*.

dibetrus *a* gair i ddisgrifio rhywun heb betruster neu amheuaeth; ffyddiog, sicr, diau UNHESITATING, ASSURED

diboblogi *be* lleihau nifer y bobl sy'n byw mewn ardal neu wlad TO DEPOPULATE

dibriod *a* gair i ddisgrifio rhywun sydd heb briodi SINGLE, UNMARRIED

dibris *a* gair i ddisgrifio:
1 rhywbeth diwerth, gwael, dibwys TRIVIAL
2 rhywun sydd heb falio na phoeni am ddim, esgeulus, byrbwyll, diofal, rhyfygus (*Mae hi'n ddibris iawn o'i dillad.*) HEEDLESS, RECKLESS

dibrisiant hwn *eg* gostyngiad mewn gwerth (yn arbennig gwerth arian) DEPRECIATION

dibrisio *be*
1 diystyru, dirmygu, bychanu TO DESPISE, TO BELITTLE, TO DISPARAGE
2 colli gwerth TO DEPRECIATE

dibrofiad *a* gair i ddisgrifio rhywun neu rywbeth â diffyg profiad; heb brofiad INEXPERIENCED

dibwys *a* gair i ddisgrifio rhywun neu rywbeth nad ydyw'n bwysig UNIMPORTANT, TRIVIAL

dibyn hwn *eg*
1 ochr neu wyneb serth a pheryglus clogwyn PRECIPICE
2 (yn ffigurol, e.e. *yn ymyl y dibyn*) cyflwr o fod yn agos iawn at ddinistr neu o golli rhywbeth gwerthfawr BRINK

dibynadwy *a* gair i ddisgrifio rhywun neu rywbeth y gellir dibynnu arno DEPENDABLE

dibynnol *a* gair i ddisgrifio:
1 rhywun neu rywbeth sy'n dibynnu ar rywun neu rywbeth arall DEPENDENT
2 modd y ferf yn yr amser presennol a'r amser amherffaith wrth fynegi dymuniad (*Y nefoedd a'i helpo!*), neu os yw'r ferf yn cyfeirio at rywbeth y mae peth ansicrwydd amdano, rhywbeth a allai fod neu beidio neu rywbeth na wyddom yn union pryd y mae'n digwydd, e.e. fe ddywed R. Williams Parry am glychau'r gog: 'Dyfod pan *ddêl* y gwcw, myned pan *êl* y maent' SUBJUNCTIVE

dibynnu [ar] *be*
1 pwyso ar rywun neu rywbeth am gynhaliaeth a nawdd (*Mae fy mhlant yn dibynnu arnaf.*) TO DEPEND ON
2 ymddiried, pwyso ar, bod yn ddibynnol ar (*A allwn ni ddibynnu arnat ti i droi lan bob dydd Sadwrn?*) TO DEPEND ON, TO RELY UPON
3 digwydd fel canlyniad i rywbeth arall (*Mae'r penderfyniad—p'un ai mynd neu aros—yn dibynnu ar y tywydd.*) TO DEPEND
Sylwch: dyblwch yr 'n' ym mhob un o ffurfiau'r ferf ac eithrio'r rhai sy'n cynnwys *-as-*.

Dic Siôn Dafydd enw ar Gymro sy'n gwrthod arddel ei iaith a'i Gymreictod (ar ôl cymeriad mewn cerdd ddychanol gan Jac Glan-y-gors)

dicach:dicaf:diced *a* mwy **dig**: mwyaf **dig**: mor ddig [**dig**]

dicter hwn *eg* digofaint, cyflwr o fod yn ddig neu yn grac ANGER, WRATH

dichell hon *eb* (dichellion) cyfrwyster i gynllwynio, twyll wedi'i gynllunio ymlaen llaw, cynllwyn i wneud drwg CRAFTINESS, GUILE, DUPLICITY

dichellgar *a* gair i ddisgrifio rhywun ystrywgar, twyllodrus sy'n barod i dwyllo neu gynllwynio DECEITFUL, SLY, CRAFTY

dichon *adf* hwyrach, efallai PERHAPS

di-chwaeth *a* gair i ddisgrifio rhywun neu rywbeth sy'n dioddef o ddiffyg chwaeth; anweddus TASTELESS, IN BAD TASTE

did hwn *eg* (didau)
1 0 neu 1 sef un o'r ddau rif mewn system ddeuaidd BINARY DIGIT
2 yr uned leiaf a ddefnyddir i fesur gwybodaeth gyfrifiadurol (mae'n dalfyriad neu acronym o'r geiriau Digid Deuaidd) BIT (talp)

di-dâl *a* di ... (heb) + **tâl** UNPAID

didaro *a* diofal, dihidio, difater HEEDLESS, NONCHALANT

dideimlad *a* gair i ddisgrifio rhywun neu rywbeth:
1 sy'n methu teimlo, sy'n ddiffrwyth NUMB
2 sy'n galed, creulon, anystyriol, difater CALLOUS, INHUMAN

diderfyn *a* gair i ddisgrifio rhywbeth heb ddiwedd i'w weld iddo, heb derfyn, annherfynol INFINITE, ENDLESS

didoli *be* gwahanu, datod, neilltuo, rhannu, chwynnu TO SEPARATE

didolnod hwn *eg* yr arwydd (¨) a roddir uwchben un o ddwy lafariad sy'n dilyn ei gilydd er mwyn dangos fod angen eu seinio ar wahân, e.e. *gweddïo, crëwr* DIAERESIS

di-dor *a* di-fwlch (o ran gofod neu amser), parhaus, heb doriad ynddo UNINTERRUPTED, INCESSANT, UNBROKEN

didoreth *a* gair i ddisgrifio rhywun diog, di-drefn, heb wybod sut i wneud y gorau o sefyllfa; di-glem, gwamal SHIFTLESS, IDLE, FICKLE

didostur *a* gair i ddisgrifio rhywun neu rywbeth heb drugaredd na thrueni, heb dosturi RUTHLESS, RELENTLESS

didrafferth *a* rhwydd, heb unrhyw drafferth na phroblem TROUBLE-FREE, EASY

di-drai *a* di ... (heb) + **trai** UNCEASING

didraidd *a* gair i ddisgrifio rhywbeth nad yw'n caniatáu i olau ddangos trwyddo OPAQUE

di-drais *a* gair i ddisgrifio rhywun neu rywbeth nad yw'n defnyddio grym neu drais, nad yw'n achosi neu'n bwriadu achosi niwed corfforol NON-VIOLENT

di-droi'n-ôl *a* unplyg, penderfynol, di-ildio RESOLUTE, UNYIELDING

didrugaredd *a* creulon, heb dosturi na thrueni, anhrugarog MERCILESS

diduedd *a* gair i ddisgrifio rhywun nad yw'n ochri gyda'r naill ochr na'r llall, sy'n barod i wrando ar bob dadl cyn penderfynu; teg, diragfarn IMPARTIAL, UNBIASED

didwyll *a* gair i ddisgrifio rhywun diffuant, heb ddichell; gonest, cywir SINCERE, GUILELESS, CANDID

didwylledd *hwn eg* diffuantrwydd, gonestrwydd, diffyg dichell SINCERITY

di-ddadl *a* di ... (heb) + **dadl** INDISPUTABLE

di-ddal *a* heb fod yn ddibynadwy, anwadal, na ellir dibynnu arno/arni FICKLE, UNRELIABLE

diddan *a* difyr, dymunol, hyfryd, pleserus, e.e. *cwmni diddan* PLEASANT, AMUSING

diddanu *be*
1 difyrru, diddori, creu adloniant, peri i fod yn llawen (*Llwyddodd y consuriwr i ddiddanu'r gynulleidfa am dros ddwy awr.*) TO AMUSE, TO ENTERTAIN
2 cysuro neu ysgafnhau meddwl rhai trist a galarus TO COMFORT, TO CONSOLE

diddanwch *hwn eg*
1 pleser, adloniant, difyrrwch ENTERTAINMENT
2 cysur corff a meddwl CONSOLATION, SOLACE

diddanwr *hwn eg* (diddanwyr) un sy'n diddanu neu ddifyrru ENTERTAINER

diddanydd *hwn eg* un sy'n cysuro COMFORTER

di-ddawn *a* di ... (heb) + **dawn** UNTALENTED

di-dderbyn-wyneb *a* gair i ddisgrifio rhywun sy'n ymddwyn tuag at bawb yn yr un ffordd; plaen, heb weniaith, diffuant IMPARTIAL, OUTSPOKEN

diddig *a* gair i ddisgrifio rhywun bodlon, tawel, digynnwrf, llonydd (*Gorweddodd y baban yno yn hollol ddiddig er gwaetha'r holl sŵn.*) CONTENTED, PLACID

diddim *a* diwerth, di-fudd, da i ddim USELESS

diddordeb *hwn eg* (diddordebau)
1 parodrwydd i dalu sylw (*Does gennyf ddim diddordeb mewn gwleidyddiaeth.*) INTEREST
2 testun y mae rhywun yn barod i ganolbwyntio arno (*Pysgota yw ei unig ddiddordeb mewn bywyd.*) INTEREST
3 chwilfrydedd ynghylch rhyw berson, peth, achos ac ati (*Rwyt ti'n cymryd tipyn o ddiddordeb yn y ferch newydd.*) INTEREST

diddori *be*
1 achosi chwilfrydedd neu gywreinrwydd, cyffroi awydd i wybod a deall TO INTEREST
2 diddanu, difyrru TO INTEREST, TO ENTERTAIN

diddorol *a* gair i ddisgrifio rhywun neu rywbeth:
1 sy'n codi awydd i weld neu glywed neu ddeall mwy INTERESTING
2 sy'n dal y sylw; difyr, adloniadol INTERESTING

diddos *a* gair i ddisgrifio rhywle cysgodol, clyd, cysurus, nad yw'n gollwng dŵr neu leithder; dwrglos WEATHERPROOF, SNUG, WATERTIGHT

diddosrwydd *hwn eg* clydwch, diogelwch rhag gwlybaniaeth a'r tywydd, cyflwr diddos SHELTER

diddrwg *a* diniwed, heb fod yn gwneud drwg HARMLESS, INNOCUOUS

diddrwg didda ymadrodd i ddisgrifio rhywbeth neu rywun nad yw'n gwneud unrhyw argraff ddofn INDIFFERENT, INSIPID

di-ddweud *a* gair i ddisgrifio rhywun nad yw'n sgwrsio na siarad; tawedog, dywedwst; hefyd (am blentyn), ystyfnig, heb fod yn barod i wrando TACITURN, STUBBORN

diddyfnu *be* tynnu plentyn neu anifail ifanc oddi ar laeth y fron er mwyn iddo gynefino â bwyd mwy solet TO WEAN

diddymiad *hwn eg* y weithred o gael gwared ar rywbeth neu ei wneud yn ddi-rym; dilead, difodiad ABOLITION, DISSOLUTION

diddymu *be* dileu, difodi, cael gwared ar rywbeth neu ei wneud yn ddi-rym, e.e. *diddymu deddf* TO ABOLISH, TO ANNUL, TO REPEAL

diedifar *a* gair i ddisgrifio rhywun nad yw'n barod i ddweud ei bod hi'n ddrwg ganddo/ganddi am rywbeth nac i ofyn am faddeuant am ryw ddrygioni UNREPENTANT

dieflig *a* gair i ddisgrifio rhywun neu rywbeth y byddai'r diafol yn falch ohono; diawledig, cythreulig, satanaidd DEVILISH, FIENDISH, DIABOLICAL

diegwyddor *a* gair i ddisgrifio rhywun nad yw'n poeni am onestrwydd, tegwch, cyfiawnder ac ati UNSCRUPULOUS

dieithr *a* gair i ddisgrifio rhywun neu rywbeth:
1 sy'n perthyn i wlad, cenedl neu ddiwylliant estron; estronol, anghynefin, anarferol, rhyfedd, anghyffredin ALIEN, FOREIGN, UNCOMMON
2 nad ydych yn ei adnabod, anghyfarwydd STRANGE, UNKNOWN (diarth, dierth)

dieithriad *a* di ... (heb) + **eithriad** WITHOUT EXCEPTION
dieithriaid hyn *ell* mwy nag un **dieithryn**
dieithrio *be* gwneud yn ddieithr neu'n estron, pellhau o ran cyfeillgarwch TO ALIENATE, TO ESTRANGE
dieithrwch hwn *eg* hynodrwydd, rhyfeddod, rhywbeth gwahanol neu anarferol STRANGENESS, PECULIARITY
dieithryn hwn *eg* (dieithriaid) dyn neu berson dieithr, rhywun nad ydych yn ei adnabod STRANGER
diemwnt hwn *eg* (diemwntau)
   1 maen gwerthfawr, hynod am ei ddisgleirdeb a'i galedwch (y defnydd naturiol caletaf y gwyddom amdano), sydd wedi'i ffurfio o garbon pur DIAMOND
   2 siâp â phedair ochr syth o'r un hyd, sy'n sefyll ar un o'i bedwar pigyn DIAMOND
dienaid *a*
   1 dideimlad, cas, creulon, garw, cwrs HEARTLESS, CALLOUS
   2 ffôl, difeddwl, heb boeni am neb na dim *(Mae'n gyrru'r car yn ddienaid.)* RECKLESS
dienw *a*
   1 anhysbys (am awdur), anadnabyddus, heb enw wrtho (am lythyr) ANONYMOUS
   2 heb enw arno NAMELESS, UNNAMED
dienyddiad hwn *eg* (dienyddiadau) y weithred o roi person i farwolaeth drwy gyfraith EXECUTION
dienyddio *be* lladd fel cosb gyfreithiol, y gosb eithaf, rhoi i farwolaeth trwy ddedfryd barnwr TO EXECUTE, TO PUT TO DEATH
dienyddiwr hwn *eg* (dienyddwyr) un sy'n gweinyddu'r gosb eithaf (trwy grogi neu dorri pen ac ati) EXECUTIONER

dienyddiwr

dierth *a* ffurf lafar ar **dieithr**
diet hwn *eg*
   1 y bwydydd y mae person yn arfer eu bwyta *(Mae cig, pysgod, llysiau, ffrwythau a llaeth yn rhannau pwysig o'm diet.)* DIET
   2 rhestr gyfyngedig o fwydydd wedi'i darparu er mwyn i berson golli pwysau neu er lles ei iechyd DIET
dieuog *a* gair i ddisgrifio rhywun nad yw'n gyfrifol am gyflawni trosedd; nad yw, yn ôl rheithgor neu farnwr, wedi troseddu; difai INNOCENT
difa *be* distrywio, dinistrio (trwy dân, rhyfel ac ati), difetha, anrheithio, difrodi *(adeilad hardd wedi cael ei ddifa gan dân)* TO RAVAGE, TO DESTROY, TO CONSUME
difai:di-fai *a* perffaith, dilychwin, pur, heb feiau FAULTLESS, BLAMELESS
difancoll hwn *eg* colledigaeth lwyr, diflaniad am byth; ebargofiant OBLIVION, PERDITION
   ar ddifancoll yn llwyr ar goll COMPLETELY AND UTTERLY LOST
difaol *a* gair i ddisgrifio rhywbeth sy'n difa; dinistriol, ysol RAVAGING, DEVASTATING
difaru *be* gw. **edifarhau:edifaru**
difater *a* gair i ddisgrifio rhywun nad yw'n malio dim; didaro, di-hid, esgeulus INDIFFERENT, APATHETIC
difaterwch hwn *eg* cyflwr o beidio â phoeni neu ofalu; difrawder, esgeulustod, heb deimlo dros neu yn erbyn rhywbeth INDIFFERENCE, APATHY
difeddwl *a* gair i ddisgrifio rhywun sydd heb ystyried; di-hid, difater, annoeth HEEDLESS, INCONSIDERATE, THOUGHTLESS
difeddwl-drwg *a* gair i ddisgrifio rhywun sydd heb amau dim, sydd heb ddrwgdybio dim, sydd yn meddwl y gorau o rywbeth neu rywun UNSUSPECTING, THINKING NO EVIL
di-fefl *a* gair i ddisgrifio rhywbeth heb nam na bai arno FLAWLESS
difenwi *be* dirmygu, dilorni, difrïo, lladd ar gymeriad rhywun trwy ddweud yn ddrwg amdano TO DEFAME, TO ABUSE
diferion hyn *ell* mwy nag un **diferyn**
diferol *a* gair i ddisgrifio rhywbeth sydd mor wlyb nes ei fod yn diferu DRIPPING
diferu *be*
   1 disgyn neu ollwng yn ddafnau neu ddiferion *(dŵr yn diferu o'r tap)* TO DRIP
   2 gorlifo *(brechdan yn diferu o jam)* TO DRIP
   3 llifo'n dawel ac yn araf *(dŵr yn diferu i lawr y wal)* TO TRICKLE

a b c ch d dd e f ff g ng h i j (k) l ll m n o p ph r rh s t th u w y (z)

4 fel yn *chwys diferu* neu *gwlyb diferu,* mor chwyslyd neu mor wlyb nes bod y gwlybaniaeth yn rhedeg yn ddafnau DRIPPING WET

diferyn hwn *eg* (diferynnau:diferion) dafn bychan, defnyn, dropyn DROP

difesur *a* gair i ddisgrifio rhywbeth sydd mor fawr neu helaeth fel na ellir ei fesur IMMEASURABLE, INCALCULABLE

di-feth *a* sicr, cywir, di-ffael *(Paid â phoeni, byddaf yno yfory yn ddi-feth.)* WITHOUT FAIL, INFALLIBLE, UNFAILING, UNERRING

difetha *be*
1 dinistrio, distrywio, andwyo *(ei holl ymdrechion yn cael eu difetha gan benderfyniad un gŵr)* TO DESTROY, TO SPOIL
2 gwneud (plentyn neu anifail) yn hunanol ac yn anodd ei drin trwy roi gormod o sylw a chanmoliaeth iddo TO SPOIL

Difiau hwn *eg* dydd Iau, y pumed diwrnod o'r wythnos THURSDAY

Difiau Cablyd y dydd Iau cyn y Pasg pan fydd rhai tlodion yn Lloegr yn derbyn rhodd draddodiadol o arian arbennig gan y Brenin neu'r Frenhines MAUNDY THURSDAY

Difiau Dyrchafael y dydd Iau 40 niwrnod ar ôl y Pasg pryd y mae esgyniad corfforol Iesu Grist i'r nefoedd yn cael ei ddathlu ASCENSION DAY

diflanedig *a* gair i ddisgrifio rhywbeth:
1 nad yw'n parhau yn hir; darfodedig, byrhoedlog FLEETING, TRANSIENT
2 sydd wedi diflannu, sydd wedi mynd o'r golwg FADED, VANISHED, EXTINCT

diflaniad hwn *eg* (diflaniadau) y weithred o ddiflannu, mynediad o'r golwg DISAPPEARANCE

diflannu *be* mynd o'r golwg yn sydyn, peidio â bod, cilio ymaith *(Diflannodd y dewin mewn cwmwl o fwg.)* TO DISAPPEAR, TO VANISH
Sylwch: dyblwch yr 'n' ym mhob un o ffurfiau'r ferf ac eithrio'r rhai sy'n cynnwys *-as-*.

diflas *a* annymunol, anniddorol, difywyd, cas, isel ei ysbryd DULL, DISTASTEFUL, DEPRESSING, BORING

di-flas *a* heb flas arno TASTELESS

diflastod hwn *eg* anhyfrydwch, atgasedd, blinder *(Mae'r cweryl rhwng y ddau deulu wedi peri diflastod i'r pentref i gyd.)* UNPLEASANTNESS, MISERY

diflasu [ar] *be*
1 colli blas, mynd yn ddiflas, syrffedu, alaru TO BE BORED, TO WEARY
2 gwneud yn ddiflas, peri diflastod i TO BORE, TO EMBITTER

diflewyn-ar-dafod *a* gair i ddisgrifio dywediad, mynegiant neu berson sy'n dweud yn blwmp ac yn blaen, heb wenieithio na cheisio lleddfu'r neges PLAIN-SPEAKING

diflino *a* gair i ddisgrifio rhywun sy'n dal ati'n ddygn, heb flino; dyfal, diwyd UNTIRING, INDEFATIGABLE

difodi *be* peri i rywun neu rywbeth beidio â bod; distrywio, dinistrio, llwyr ddileu TO EXTERMINATE, TO ANNIHILATE

difodiad:difodiant hwn *eg* dilead llwyr, llwyr ddistrywiad EXTERMINATION, ANNIHILATION

difrawder hwn *eg* y stad o beidio â phoeni na gofalu am rywun neu rywbeth; difaterwch *(Yn ôl rhai, gwrthwyneb cariad yw difrawder, nid casineb.)* INDIFFERENCE, UNCONCERN, APATHY

difrif:difri *a* dwys, sobr, angerddol; gan amlaf mewn ymadroddion megis *o ddifrif, mewn difrif (Rwyf am siarad â chi o ddifrif am ganlyniadau'r arholiadau.)* SERIOUS, EARNEST

rhwng difrif a chwarae am rywun neu rywbeth nad yw'n hollol o ddifrif SEMI-SERIOUS, HALF JOKINGLY

difrifol *a* difrif, dwys, pwyllog, sobr, meddylgar SERIOUS, EARNEST, GRAVE

difrifoldeb:difrifwch hwn *eg* y cyflwr neu'r stad o fod o ddifrif, neu yn ddwys; dwyster, sobrwydd SERIOUSNESS, EARNESTNESS

difrifoli *be* dod neu droi yn ddifrifol, sobri TO BECOME SERIOUS

difrïo *be* dilorni, difenwi, sarhau, diraddio, gwneud yn fach o rywun neu rywbeth TO REVILE, TO ABUSE, TO DISPARAGE

difrïol *a* gair i ddisgrifio rhywun neu rywbeth sy'n difrïo neu'n difenwi; dilornus, amharchus ABUSIVE, DEFAMATORY, DEROGATORY

difrod hwn *eg* niwed, colled, dinistr *(Achosodd y storm fawr lawer o ddifrod i dai ac adeiladau eraill.)* DAMAGE, DEVASTATION

difrodi *be* distrywio, difetha, dinistrio *(Cafodd y tŷ ei ddifrodi gan dân.)* TO DEVASTATE, TO DESTROY

difrycheulyd *a* gair i ddisgrifio rhywun neu rywbeth sy'n rhydd o feiau a ffaeleddau; dilychwin, glân, pur IMMACULATE, SPOTLESS

di-fudd *a* gair i ddisgrifio rhywbeth nad yw'n dda i ddim; diwerth, ofer USELESS, UNPROFITABLE, FUTILE

di-fwlch *a* di-dor, parhaol CONTINUOUS

difwyno:dwyno *be* gwneud yn frwnt neu yn fudr; baeddu, trochi, halogi, llygru, niweidio TO SOIL, TO DIRTY, TO POLLUTE

di-fydr *a* di ... (heb) + **mydr** (am farddoniaeth) METRELESS

difyfyr *a* byrfyfyr, heb baratoi ymlaen llaw, o'r frest IMPROMPTU

difyr *a* llawen, llon, digrif, dymunol, pleserus *(Cawsom noson ddifyr yng nghwmni plant o'n gefeilltref yn Ffrainc.)* PLEASANT, ENTERTAINING, AGREEABLE (difyrred, difyrrach, difyrraf)

difyrion *hyn ell* pethau sy'n eich difyrru; diddanion AMUSEMENTS, PASTIMES

difyrru *be* peri difyrrwch; diddanu, llonni TO ENTERTAIN, TO AMUSE

Sylwch: dyblwch yr 'r' ym mhob un o ffurfiau'r ferf ac eithrio'r rhai sy'n cynnwys -*as*-.

difyrru'r amser treulio amser mewn ffordd bleserus, adloniadol TO WHILE AWAY THE TIME

difyrrwch *hwn eg* rhywbeth sy'n difyrru; diddanwch, adloniant, pleser, hyfrydwch, digrifwch AMUSEMENT, ENTERTAINMENT, RECREATION

difywyd *a* marwaidd, digalon, marw, heb fywyd INANIMATE, LIFELESS

di-ffael *a* di-feth, sicr WITHOUT FAIL

diffaith *a*
1 anial, gwyllt, heb dai na phobl, diffrwyth DESERT, DESOLATE, BARREN
2 (am aelod o'r corff) wedi'i barlysu neu wedi gwywo; diffrwyth PARALYSED
3 drwg, ysgeler, da i ddim, atgas WICKED, ROTTEN, WORTHLESS

dyn diffaith dyn drwg neu rywun nad yw'n dda i ddim WASTREL

diffeithwch *hwn eg*
1 rhan o wlad neu ddarn o dir heb fawr o fywyd a heb unrhyw arwyddion o bresenoldeb dynion; anialwch, lle anghyfannedd WILDERNESS, DESERT, DESOLATION
2 (mewn daearyddiaeth) ardal sy'n cael llai na 250 mm o law y flwyddyn DESERT

differyn *hwn eg* (differynnau)
1 maint y gwahaniaeth rhwng pethau (e.e. y gwahaniaeth rhwng y cyflogau a delir am wahanol swyddi) DIFFERENTIAL
2 math arbennig o gêr ar echel cerbyd sy'n caniatáu i'r olwynion allanol droi ynghynt na'r olwynion mewnol, wrth i'r cerbyd droi cornel DIFFERENTIAL

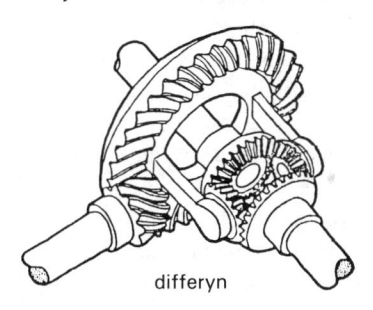

differyn

diffiniad *hwn eg* (diffiniadau) canlyniad diffinio rhywbeth, disgrifiad manwl-gywir ynglŷn â hanfod neu natur rhywbeth, dehongliad cryno o ystyr gair neu derm (yn enwedig mewn geiriadur) DEFINITION

diffinio *be*
1 disgrifio neu egluro yn gryno ac yn ddiamwys TO DEFINE
2 nodi ffiniau neu osod terfynau pendant TO DEFINE

diffinnir *bf* mae rhywun neu rywbeth yn cael ei ddiffinio [**diffinio**]; bydd rhywun neu rywbeth yn cael ei ddiffinio [**diffinio**]

diffodd *be*
1 darfod, peidio â bod *(Mae'r tân wedi diffodd eto.)* TO GO OUT
2 peri i (wres, neu oleuni ac ati) ddarfod TO EXTINGUISH, TO PUT OUT, TO TURN OFF (diffydd)

Sylwch : *diffodd* trydan, tap dŵr ac ati a wneir yn Gymraeg nid eu *troi nhw i ffwrdd.*

diffoddwr tân *hwn eg* (diffoddwyr tân) person sy'n cael ei gyflogi i ymladd a diffodd tanau, dyn tân FIREMAN

diffoddydd *hwn eg* (diffoddyddion) teclyn yn cynnwys sylwedd cemegol sy'n mygu neu ddiffodd tân EXTINGUISHER

di-ffrind *a* di ... (heb) + **ffrind** FRIENDLESS

di-ffrwt *a* difywyd, dioglyd, heb ddim 'mynd' ynddo LISTLESS

diffrwyth *a* gair i ddisgrifio:
1 rhywbeth di-fudd, diwerth, ofer, seithug *(Yn anffodus, yr oedd y trafodaethau cymodi yn hollol ddiffrwyth.)* USELESS, FUTILE
2 rhywun neu rywbeth nad yw'n cynhyrchu ffrwyth; di-blant, hesb UNFRUITFUL, CHILDLESS, BARREN
3 rhywun sydd wedi'i barlysu, neu sydd ag aelod o'i gorff heb fod yn gweithredu'n iawn; bregus, gwan, diffaith IMPOTENT, PARALYSED

diffuant *a* didwyll, diledryw, gonest, cywir, pur GENUINE, SINCERE

yn ddiffuant ffurf a ddefnyddir wrth dorri enw ar waelod llythyr ar ôl cyfarch person wrth ei enw ar ben y llythyr; yn bur SINCERELY

diffuantrwydd *hwn eg* y cyflwr neu'r stad o fod yn ddiffuant; didwylledd SINCERITY, GENUINENESS

diffwdan *a* di ... (heb) + **ffwdan** WITHOUT FUSS

diffydd *bf* mae ef/hi yn **diffodd**; bydd ef/hi yn **diffodd**

diffyg *hwn eg* (diffygion)
1 prinder, absenoldeb rhywbeth angenrheidiol *(diffyg hyder)* DEFICIENCY, LACK
2 nam, bai, gwall, gwendid (yn deillio o absenoldeb rhywbeth fel arfer) *(diffygion mewn cynllun)* DEFECT

3 gwendid neu nam mewn cymeriad *(Mae ei ddiffygion yn drech na'i rinweddau.)* SHORTCOMING
4 yr hyn sy'n digwydd pan ddaw'r lleuad rhwng yr haul a'r Ddaear a'r tywyllwch sy'n dilyn, neu pan ddaw'r Ddaear rhwng yr haul a'r lleuad gan darfu ar oleuni'r lleuad; clip ECLIPSE

diffyg gwaed afiechyd neu gyflwr meddygol sy'n cael ei achosi gan brinder celloedd (neu gorffilod) coch yn y gwaed ANAEMIA

Diffyg Imwnedd Caffaeledig haint farwol sy'n cael ei hachosi gan firws sy'n ymosod ar system amddiffyn y corff AIDS

diffyg traul bol/bola tost neu stumog dost INDIGESTION

o ddiffyg oherwydd eisiau rhywbeth DUE TO THE LACK OF

yn niffyg yn wyneb prinder IF THERE IS NO

diffygio *be* methu, pallu, blino'n lân, gwanhau, llesgáu *(Bu bron i'r cerddwyr diffygio yng ngwres llethol yr haul.)* TO FAIL, TO LOSE HEART, TO TIRE

diffygiol *a* gair i ddisgrifio rhywun neu rywbeth sydd â nam arno, sydd â rhywbeth sy'n angenrheidiol i'w gyfansoddiad yn eisiau; gwallus, beius DEFICIENT, DEFECTIVE, IMPERFECT

diffynnydd hwn *eg* (diffynyddion) (mewn llys barn) y person sydd wedi'i gyhuddo DEFENDANT

dig[1] hwn *eg* fel yn yr ymadrodd *dal dig*, digofaint, llid, atgasedd ANGER, INDIGNATION

dig[2] *a* gair i ddisgrifio rhywun sydd wedi colli'i dymer; cas, blin, crac, chwerw ANGRY, INDIGNANT, IRATE (diced, dicach, dicaf)

digalon *a* trist (gan anobaith), prudd, isel ei ysbryd, gwangalon DISHEARTENED, DESPONDENT, DEPRESSED

digalondid hwn *eg* y cyflwr o fod mewn anobaith, iselder ysbryd DEJECTION, DEPRESSION

digalonni *be*
1 mynd yn ddigalon, tristáu, anobeithio, danto TO LOSE HEART, TO BECOME FAINT-HEARTED
2 gwneud yn ddigalon, peri digalondid, danto TO DISHEARTEN, TO DETER
Sylwch: dyblwch yr 'n' ym mhob un o ffurfiau'r ferf ac eithrio'r rhai sy'n cynnwys *-as-*.

digamsyniol *a* gair i ddisgrifio rhywbeth na ellir ei gamgymryd neu ei amau; eglur UNMISTAKABLE

digartref *a* di ... (heb) + *cartref* HOMELESS

digid hwn *eg* (digidau) unrhyw rifol o 0–9 DIGIT (did)

digidol *a* gair i ddisgrifio rhywbeth sy'n gweithio trwy gyfrif neu ddefnyddio'r rhifolion 0–9 DIGITAL

digio *be*
1 bod yn ddig, gwylltio, gweld yn chwith, sorri TO TAKE OFFENCE, TO BE OFFENDED
2 cythruddo, poeni, gwneud yn flin, ffyrnigo TO DISPLEASE, TO OFFEND

di-glem *a* (yn y De yn arbennig) gair i ddisgrifio rhywun nad oes ganddo syniad sut i wneud rhywbeth; anfedrus, trwsgl INEPT, CLUMSY

di-glod *a* di ... (heb) + *clod* UNPRAISED

digofaint hwn *eg* llid, dicter, yn arbennig dicter sy'n cael ei achosi oherwydd anghyfiawnder neu sarhad ANGER, INDIGNATION, WRATH

digolledu *be* talu iawn am golled *(digolledu rhywun am roi amser tuag at rywbeth)* TO COMPENSATE, TO RECOMPENSE

digon[1] hwn *eg*
1 cymaint o rywbeth ag sydd eisiau i ddiwallu angen ENOUGH
2 digonedd, toreth, helaethrwydd, gwala *(Roedd digon i'w gael i bawb.)* PLENTY, AMPLE

ar ben/uwchben fy (dy, ei etc.) nigon heb eisiau dim IN CLOVER

cael digon ar cael llond bol, blino ar TO HAVE ENOUGH OF

digon o waith go brin, mae'n annhebyg HARDLY LIKELY

hen ddigon gw. *hen*[2]

o ddigon o lawer, o bell ffordd *(Ni sydd â'r tîm gorau o ddigon.)* BY FAR

digon[2] *a* gair i ddisgrifio rhywbeth:
1 y mae cymaint ohono ar gael ag sydd eisiau i ddiwallu angen SUFFICIENT
2 wedi'i goginio trwyddo *(Ydy'r cig yn ddigon eto?)* WELL COOKED OR DONE

digon[3] *adf* lled, braidd, eithaf *(Roedd yn berfformiad digon da.)* ENOUGH
Sylwch: nid yw *digon* yn achosi treiglad (*digon da; digon gwir*).

digonedd hwn *eg* toreth, amlder, mwy na digon PLENTY, ABUNDANCE

digoni *be*
1 diwallu angen, bodloni TO SATISFY
2 coginio neu rostio'n llwyr TO COOK, TO ROAST THOROUGHLY

digonol *a* gair i ddisgrifio rhywbeth sydd, o ran maint neu amlder, yn diwallu angen neu sy'n addas i'w bwrpas SUFFICIENT, AMPLE, ADEQUATE

di-gosb *a* di ... (heb) + *cosb* UNPUNISHED

digrif *a* gair i ddisgrifio rhywun neu rywbeth sy'n peri chwerthin; doniol, od MERRY, AMUSING, FUNNY

digrifwch hwn *eg* pleser, mwynhad, llawenydd, hwyl, miri, difyrrwch MIRTH, AMUSEMENT, FUN

digrifwr hwn *eg* (digrifwyr) un sy'n gwneud i bobl chwerthin, yn arbennig un sy'n actio'n ddoniol neu'n dweud jôcs COMEDIAN

digroeso *a* di ... (heb) + **croeso** UNWELCOMING

digwydd¹ *be*
1 cael ei gyflawni *(Beth sydd wedi digwydd?)* TO HAPPEN
2 bod yn ddigon lwcus neu anlwcus *(Digwyddais ei chyfarfod hi yn y farchnad.)* TO HAPPEN
3 bod yn wir trwy ddamwain neu gyd-ddigwyddiad *(Fel mae'n digwydd, byddaf yn galw heibio i'r lle yfory.)* TO HAPPEN

digwydd²:digwyddiad *adf* (yn y De) mewn ymadrodd megis *digwydd iddo ddod ragor*, go brin, siawns HARDLY

digwydd³ *hwn eg* cyffro, cyfres o ddigwyddiadau *(stori llawn digwydd)* ACTION

digwyddiad¹ *hwn eg* (digwyddiadau)
1 tro, damwain, hap, siawns OCCURRENCE, EVENT, HAPPENING
2 rhywbeth sy'n digwydd ac sydd yn aml ag elfen o drais neu dorcyfraith yn gysylltiedig ag ef INCIDENT

digwyddiad² gw. **digwydd²:digwyddiad**

di-gŵyn *a* di ... (heb) + **cwyn** UNCOMPLAINING

digychwyn *a* araf, difywyd, swrth, hwyrfrydig LISTLESS, LACKING INITIATIVE

digydwybod *a* di ... (heb) + **cydwybod** CALLOUS

digyfaddawd *a* gair i ddisgrifio rhywun sy'n credu'n gryf iawn mewn rhywbeth, rhywun nad yw'n barod i newid yr hyn y mae'n ei gredu UNCOMPROMISING

digyfeiliant *a* (mewn cerddoriaeth) gair i ddisgrifio rhywun neu rywrai sy'n perfformio heb gyfeiliant offeryn UNACCOMPANIED

digyfnewid *a* gair i ddisgrifio rhywun neu rywbeth sy'n aros yn union yr un peth heb newid o gwbl UNCHANGING

digyffelyb *a* dihafal, heb ddim i gymharu ag ef/hi, heb ddim yn debyg iddo/iddi PEERLESS, MATCHLESS

digyffro *a* llonydd, tawel, heb unrhyw sbonc neu symudiad IMPERTURBABLE, TRANQUIL, IMPASSIVE

digymar *a* gair i ddisgrifio rhywun neu rywbeth dihafal, digyffelyb (*'digymar yw fy mro'*) INCOMPARABLE, UNEQUALLED

digymell *a* gwirfoddol, heb orfod, heb straen, heb anogaeth VOLUNTARY, SPONTANEOUS

di-Gymraeg *a* di ... (heb) + **Cymraeg** NON-WELSH-SPEAKING

digymysg *a* gair i ddisgrifio rhywbeth pur neu dda sydd heb fod ag unrhyw beth amhur neu ddrwg wedi'i gymysgu ag ef (*'Pleser digymysg yw cael bod yma'* oedd geiriau cyntaf y gŵr gwadd yn y diwrnod gwobrwyo.) PURE

digyswllt *a* gair i ddisgrifio pethau heb unrhyw beth yn eu cysylltu DISJOINTED, UNCONNECTED

digywilydd *a* gair i ddisgrifio rhywun:
1 haerllug, hy, eofn, wynebgaled, powld IMPUDENT, BRAZEN, BOLD
2 heb ofn, heb gywilydd, hyderus UNASHAMED

digywilydd-dra *hwn eg* y cyflwr o fod yn haerllug; hyfdra, rhyfyg EFFRONTERY, PRESUMPTION, SHAMELESSNESS

di-had *a* di ... (heb) + **had** SEEDLESS

dihafal *a* gair i ddisgrifio rhywun neu rywbeth unigryw, heb ei debyg, heb ei ail, digyffelyb UNIQUE, INCOMPARABLE, UNRIVALLED

dihangaf *bf* rwy'n **dianc**; byddaf yn **dianc**

dihangfa *hon eb* (diangfâu)
1 y weithred o ddianc, ffoedigaeth ESCAPE
2 ffordd neu fodd i ddianc, ystryw i osgoi neu ddianc LOOPHOLE, ESCAPE

dihangfa dân ffordd arbennig (grisiau fel arfer) i ddianc rhag tân mewn adeilad FIRE-ESCAPE

di-haint *a* gair i ddisgrifio rhywbeth nad oes unrhyw facteria arno neu ynddo, sterylledig STERILE (diheintio)

dihalog *a* di-lwgr, difrycheulyd, anllygredig, heb ei ddifwyno, pur, tra chysegredig PURE, IMMACULATE, SACROSANCT

dihareb *hon eb* (diarhebion) dywediad byr, adnabyddus yn cyflwyno doethineb mewn ffordd gwta, gofiadwy, e.e. *A ddarlleno, ystyried. Nid aur yw popeth melyn. Tri chynnig i Gymro.* PROVERB, ADAGE

dihengi *bf* rwyt ti'n **dianc**; byddi di'n **dianc**

diheintio *be* glanhau mewn ffordd sy'n cael gwared ar facteria TO DISINFECT (di-haint)

diheintydd *hwn eg* (diheintyddion) sylwedd ar gyfer diogelu rhag trosglwyddo haint DISINFECTANT

dihenydd *hwn eg* marwolaeth, diwedd, dinistr, distryw DEATH, DESTRUCTION

di-hid:dihidio *a* gair i ddisgrifio rhywun sydd heb hidio taten, difater, diofal, didaro HEEDLESS, CAREFREE

dihidlo *be*
1 troi hylif yn nwy ac yna troi'r nwy yn hylif, e.e. wrth wahanu cymysgedd o alcohol a dŵr; distyllu TO DISTIL
2 gwahanu yn y ffordd yma, distyllu *(dihidlo alcohol o rawn)* TO DISTIL
3 llifo, gollwng yn ddafnau TO DROP, TO DRIP

dihiryn *hwn eg* (dihirod) dyn drwg, cnaf, adyn, gwalch SCOUNDREL, VILLAIN, RASCAL, HOOLIGAN

dihoeni *be* mynd yn ddifywyd, llesgáu, nychu, gwanhau, colli egni a diddordeb mewn byw TO PINE, TO LANGUISH

dihun *a* fel yn *ar ddihun*, effro, heb fod yn cysgu AWAKE

dihuno *be*
1 deffro o gwsg, dadebru TO AWAKE
2 gwneud yn effro neu yn ymwybodol TO AWAKE, TO AROUSE

di-hwyl *a* gair i ddisgrifio rhywun nad yw'n teimlo'n dda, nad yw mewn hwyliau da, sy'n isel ei ysbryd OUT OF SORTS

dihysbydd *a* gair i ddisgrifio rhywbeth na ellir ei wacáu, nad oes pall arno, diderfyn, diddiwedd INEXHAUSTIBLE, UNLIMITED

dihysbyddu:disbyddu *be* gwacáu, defnyddio nes bod dim ar ôl TO EXHAUST, TO DRAIN

di-ildio *a* di ... (heb) + ildio UNYIELDING

dil hwn *eg* (diliau) rhesi o gelloedd bychain chweonglog sy'n cael eu hadeiladu gan wenyn i gadw eu mêl a'u hwyau; crwybr gwenyn HONEYCOMB □ *gwenynen*

dilead hwn *eg* (dileadau) y weithred o ddileu neu ddiddymu, torri allan neu sychu i ffwrdd (yn arbennig rywbeth sydd wedi cael ei ysgrifennu) DELETION, OBLITERATION, ABOLITION

dileadwy *a* gair i ddisgrifio rhywbeth y mae modd ei ddileu, ei ddiddymu, ei ddinistrio

diledryw *a* gair i ddisgrifio rhywun neu rywbeth pur, sydd heb gymysgu gwaed, o'r iawn ryw, o dras uchel PURE, THOROUGHBRED

di-les *a* di ... (heb) + lles OF NO BENEFIT

dilestair *a* di ... (heb) + llestair UNHINDERED

dileu *be* cael gwared ar, diddymu, difa (yn arbennig rywbeth ysgrifenedig) *(Mae angen dileu'r rheol sy'n mynnu fod pawb yn gwisgo gwisg ysgol.)* TO ABOLISH, TO DELETE (dilëir, dilëwch)

dilewyrch *a* gair i ddisgrifio:
 1 rhywbeth nad yw'n llewyrchu, tywyll DARK, GLOOMY
 2 rhywbeth nad yw'n llewyrchus yr olwg, diraen LACKLUSTRE

di-liw *a* di ... (heb) + lliw COLOURLESS, DRAB

di-log *a* di ... (heb) + llog INTEREST-FREE

di-lol *a* gair i ddisgrifio rhywun neu rywbeth plaen, syml, heb unrhyw rodres na ffug-falchder, dirodres, diffwdan PLAIN, SIMPLE, UNAFFECTED

dilorni *be* dirmygu, gwatwar, bychanu, difenwi *(Peth rhwydd iawn yw peidio â chyflawni dim eich hun ac eto ddilorni ymdrechion pobl eraill.)* TO REVILE, TO DISPARAGE

dilornus *a* gair i ddisgrifio rhywun sy'n difrïo neu'n difenwi neu'n gwawdio; difrïol, amharchus ABUSIVE

di-lun *a* gair i ddisgrifio rhywun neu rywbeth heb unrhyw siâp; hyll, lletchwith, anniben, aflêr SHAPELESS, CLUMSY, SLOVENLY

di-lwgr *a* di ... (heb fod yn) + llwgr INCORRUPTIBLE, UNCORRUPTED

dilychwin *a* pur, glân, difrycheulyd IMMACULATE, SPOTLESS

dilyffethair *a* gair i ddisgrifio rhywbeth heb rwystr, heb lyffethair, rhydd *(Ar ôl ymddeol o'i swydd teimlodd, am y tro cyntaf, ei bod hi'n gallu siarad yn ddilyffethair am ei hamheuon.)* UNFETTERED

dilyn *be*
 1 dod neu fynd ar ôl (rhywun neu rywbeth) i'r un cyfeiriad TO FOLLOW, TO PURSUE
 2 canlyn, olynu, dod ar ôl mewn trefn neu amser *(Mis Mawrth sy'n dilyn mis Chwefror.)* TO FOLLOW, TO SUCCEED
 3 mynd i'r un cyfeiriad â *(Dilynwch yr arwyddion.)* TO FOLLOW
 4 gwneud math arbennig o waith *(dilyn galwedigaeth)* TO FOLLOW, TO PRACTISE
 5 deall, amgyffred *(Rwy'n ceisio dilyn y bregeth bob dydd Sul, ond mae'n anodd.)* TO FOLLOW, TO GRASP
 6 bod â diddordeb mawr yn rhywbeth *(Mae'n dilyn hynt a helynt tîm rygbi Cymru er ei fod yn byw yn Ffrainc.)* TO FOLLOW
 7 derbyn, a gweithredu yn sgil y derbyn *(A wnei di ddilyn fy nghyngor i?)* TO FOLLOW, TO TAKE
 8 digwydd fel canlyniad anochel *(Mae dydd yn siŵr o ddilyn nos.)* TO FOLLOW, TO RESULT
 9 efelychu, dynwared, cymryd fel esiampl *(Mae'n dilyn ei fam o ran ei ddiddordeb mewn cerddoriaeth.)* TO IMITATE, TO FOLLOW
 10 astudio (yn arbennig mewn coleg) *(Pa gwrs rwyt ti'n ei ddilyn eleni?)* TO STUDY, TO PURSUE
 11 byw, arwain *(dilyn bywyd crefyddol)* TO LEAD, TO FOLLOW

dilyn march yr arfer a fu o fynd â march o fferm i fferm

dilyn yng nghamre:dilyn yn ôl traed dilyn esiampl rhywun arall TO FOLLOW IN THE FOOTSTEPS

dilyniad hwn *eg* (dilyniadau)
 1 y weithred o ddilyn, y cyflwr o fod yn dilyn FOLLOWING, PURSUIT
 2 (mewn cerddoriaeth) trefn arbennig cordiau cerddorol PROGRESSION

dilyniant hwn *eg* (dilyniannau)
 1 casgliad o bethau wedi'u trefnu fel bod y naill yn dilyn y llall SEQUENCE
 2 y drefn y mae pethau'n ei dilyn SEQUENCE
 3 (mewn cerddoriaeth) patrwm o nodau sy'n cael ei ailadrodd mewn cywair gwahanol neu gan gychwyn ar nodyn gwahanol SEQUENCE
 4 (mewn mathemateg) set o rifau a geir wrth ddilyn rheol arbennig, e.e. *dilyniant 'fibonacci'* 1, 1, 2, 3, 5, 8, 13 . . . lle y mae pob rhif yn swm y ddau rif o'i flaen SEQUENCE, PROGRESSION
 5 cyfres o gerddi a llinyn cyswllt o ryw fath yn rhedeg trwyddynt SEQUENCE

dilyniant geometrig cyfres o rifau lle y mae pob rhif

dilynol *a* gair i ddisgrifio pethau sy'n dilyn mewn trefn, y naill un ar ôl y llall; sy'n dilyn fel effaith FOLLOWING, SUBSEQUENT

dilynwr *hwn eg* (dilynwyr) un sy'n dilyn; disgybl, un sy'n ceisio bod yn debyg i rywun arall FOLLOWER

dilys *a*
1 diamheuol, gwir, cywir, diffuant, gonest *(Roedd y plismon yn amau nad oedd yr alwad 999 yn un ddilys.)* GENUINE, AUTHENTIC
2 cymeradwy, cyfreithlon *(A oes gennych drwydded yrru ddilys?)* VALID

dilysnod *hon eb* (dilysnodau) stamp neu farc swyddogol sy'n cael ei fathu ar offer o aur neu arian er mwyn nodi pa mor goeth neu bur yw'r metel HALLMARK

wedi'i luosi â'r un rhif (y gymhareb gyffredin) (Yn y dilyniant geometrig 1, 3, 9, 27, 81 . . . y gymhareb gyffredin yw 3.) GEOMETRICAL PROGRESSION

dilysnod

dilysrwydd *hwn eg*
1 gwirionedd, cywirdeb, diffuantrwydd *('Rwy'n amau dilysrwydd y llythyr absenoldeb yma. Wyt ti'n siŵr mai dy fam 'sgrifennodd e?')* GENUINENESS
2 grym cyfreithiol, pa mor dderbyniol yw rhywbeth yng ngolwg y gyfraith *(Mae gan yr iaith Gymraeg ddilysrwydd cyfartal â'r Saesneg mewn llysoedd barn yng Nghymru.)* VALIDITY

dilyw *hwn eg* cenllif, llifeiriant dinistriol o ddŵr, ffrydlif, rhyferthwy, yn arbennig felly y llifeiriant hwnnw yn adeg Noa y sonnir amdano yn Llyfr Genesis DELUGE, THE FLOOD

dillad *hyn ell* mwy nag un **dilledyn**
1 yr hyn yr ydych yn ei wisgo am eich corff er mwyn cadw'n gynnes neu er mwyn edrych yn dda; gwisg CLOTHES, GARMENTS
2 cynfasau, blancedi ar wely BED-CLOTHES

dillad isaf y dillad sy'n cael eu gwisgo nesaf at y croen ac o dan ffrog, sgert, trywsus ac ati UNDERCLOTHES, UNDERWEAR

dillad parch dillad gorau, dillad dydd Sul SUNDAY BEST

dilladu *be* rhoi dillad am, gwisgo *(Roedd cystadleuaeth ddilladu dol yn ffair yr ysgol.)* TO CLOTHE, TO DRESS

dilledyn *hwn eg* un darn o ddillad [**dillad**] GARMENT

dim *hwn eg*
1 rhywbeth, unrhyw beth (mewn brawddegau negyddol yn unig) *(Ni welais ddim.)* ANYTHING, SOMETHING
2 rhywbeth nad yw'n bod *(Faint o arian sydd gen i? Dim.)* NOTHING, NONE
3 y ffigur 0, sero NOUGHT, ZERO, NIL

Sylwch: fel arfer mae'n rhaid defnyddio *ni* neu *na* gyda *dim* wrth ysgrifennu. Nid yw 'Rwy'n gwybod bod hi ddim yn hapus' yn gywir, 'Rwy'n gwybod nad ydy hi ddim yn hapus' neu — nad ydy hi'n hapus' sy'n gywir.

am ddim heb orfod talu dim FREE

dim byd dim o gwbl NOTHING AT ALL

dim o ffurf sy'n gwahaniaethu rhwng *dim dŵr* yn gyffredinol a *dim o'r dŵr* sy'n sôn am ddŵr arbennig yn rhywle; mae 'dim o' wedi troi'n *mo* a 'dim ohono' yn *mohono* neu *mono* ar lafar ac mewn iaith ysgrifenedig, e.e. *Welais i mohono.*

dim ond yn unig *(dim ond y gorau)* ONLY, NOTHING BUT

dim ots does dim gwahaniaeth IT DOESN'T MATTER

dim yw dim dim byd o gwbl NOTHING AT ALL

er dim nid ar unrhyw gyfrif *(Ni fyddwn yn mynd i mewn nawr er dim.)* ON NO ACCOUNT

i'r dim yn union, yn hollol iawn *(Mae'r siaced yn gweddu i'r dim iddi.)* TO PERFECTION

o fewn dim:ond y dim yn agos iawn, iawn *(Roedd hi o fewn dim i ennill y ras.)* WITHIN AN ACE

pob dim popeth EVERYTHING

y nesaf peth i ddim o fewn dim, bron iawn

dimai *hon eb* (dimeiau) darn o arian a fyddai'n cael ei ddefnyddio cyn yr arian degol, ac a oedd yn werth hanner hen geiniog neu ddwy ffyrling HALFPENNY

dimai goch (mewn brawddeg negyddol yn unig) e.e. *Does gennyf yr un ddimai goch.* (NOT A) SAUSAGE, (NOT A) PENNY

dimeiwerth *hon eb* cymaint o rywbeth, e.e. losin/fferins, ag y medrech chi ei brynu am ddimai HA'PORTH, HALFPENNYWORTH

dimensiwn *hwn eg* (dimensiynau) mesuriad mewn unrhyw un cyfeiriad, e.e. *Mae gan linell un dimensiwn, sgwâr ddau ddimensiwn, a chiwb dri dimensiwn.* DIMENSION

di-nam *a* difai, pur, difrycheulyd, perffaith, dianaf BLAMELESS, IMMACULATE

dinas *hon eb* (dinasoedd)
1 tref fawr a phwysig ac ynddi eglwys gadeiriol fel arfer CITY
2 (mewn enwau lleoedd megis *Dinas Mawddwy, Dinas Dinlle* ac ati) amddiffynfa, caer (dinesydd)

dinasol:dinesig *a* gair i ddisgrifio rhywbeth:
1 sy'n perthyn i neu sy'n nodweddiadol o ddinas CIVIC
2 sy'n perthyn i neu sy'n nodweddiadol o drefi neu ardaloedd poblog â nifer mawr o dai ac adeiladau URBAN, MUNICIPAL

Dinbych *enw lle* DENBIGH

Dinbych-y-pysgod *enw lle* TENBY

dinesydd *hwn eg* (dinasyddion)
1 person sy'n byw mewn dinas neu dref a chanddo, fel arfer, hawl i bleidleisio ynddi CITIZEN
2 person sy'n perthyn i wlad arbennig naill ai oherwydd ei fod wedi'i eni yno neu oherwydd ei fod wedi mabwysiadu'r wlad ac yn gallu disgwyl nodded gan y wlad honno CITIZEN, INHABITANT

dinistr *hwn eg* distryw, difrod, chwalfa lwyr DESTRUCTION, RUIN, HAVOC

dinistrio *be* distrywio, difa, difetha'n llwyr, tynnu i lawr a chwalu, difrodi TO DESTROY, TO RUIN, TO ANNIHILATE

dinistriol *a* gair i ddisgrifio rhywbeth sy'n peri neu achosi dinistr, sy'n malu a chwalu; distrywiol, niweidiol, e.e. *bomiau dinistriol* DESTRUCTIVE, RUINOUS

diniwed *a* gair i ddisgrifio:
1 rhywbeth nad yw'n gwneud drwg na niwed HARMLESS, INNOCUOUS
2 rhywun syml, hawdd ei dwyllo SIMPLE, NAÏVE
3 rhywun neu rywbeth nad yw wedi cael cam na niwed, dianaf, diogel UNHURT, UNSCATHED
4 rhywun nad yw'n euog o gyflawni rhywbeth; dieuog, difai INNOCENT, BLAMELESS (diniweitied, diniweitiach, diniweitiaf)

diniweidrwydd *hwn eg* yr ansawdd neu'r cyflwr o fod yn ddiniwed neu'n ddieuog; purdeb INNOCENCE, SIMPLICITY

diniweitiach:diniweitiaf:diniweitied *a* mwy **diniwed**: mwyaf **diniwed**: mor ddiniwed [**diniwed**]

di-nod:dinod *a* disylw, distadl, anenwog OBSCURE, INSIGNIFICANT

dinodedd *hwn eg* y cyflwr o fod yn ddi-nod, o fod yn ddistadl; diffyg enwogrwydd OBSCURITY, INSIGNIFICANCE

dinoethi *be*
1 dadorchuddio, tynnu dillad, dadwisgo *(dinoethi'r croen er mwyn i'r haul ei gyrraedd)* TO EXPOSE
2 datguddio, datgelu *(dinoethi'r twyll yn llywodraeth y cwmni)* TO EXPOSE
3 tynnu i ffwrdd haen o orchudd, gwneud yn foel *(y glaw yn dinoethi'r tir o'i bridd)* TO DENUDE

dinosor gw. **deinosor**

diobaith *a* di ... (heb) + gobaith HOPELESS, DESPERATE

diod *hon eb* (diodydd) rhywbeth i'w yfed, llymaid; defnyddir hefyd i olygu diod feddwol, e.e. *rhywun yn ei ddiod* DRINK, LIQUOR

diod fain diod wedi'i gwneud o lysiau SMALL BEER

diod feddwol diod ac alcohol ynddi INTOXICATING DRINK

diod gadarn diod feddwol ALCOHOLIC DRINK, LIQUOR

dioddef *be*
1 teimlo neu brofi poen neu ofid; derbyn poen neu gosb *(dioddef poen)* TO SUFFER
2 dygymod â, dysgu byw gyda, goddef, gadael *(Allaf i ddim dioddef mathemateg.)* TO TOLERATE, TO ENDURE

dioddefaint *hwn eg* y cyflwr neu'r stad o fod yn dioddef; profiad o boen neu ofid (dros gyfnod o amser fel arfer) SUFFERING

Y Dioddefaint cyfnod dioddef Iesu Grist ar y Groes THE PASSION

dioddefgar *a* amyneddgar, addfwyn, amharod i gwyno neu golli'i dymer LONG-SUFFERING

di-oed:dioed *a* ar unwaith, buan, sydyn, heb oediad IMMEDIATE, SPEEDY

diofal *a* gair i ddisgrifio rhywun:
1 heb unrhyw bryderon neu ofidiau, llon, difyr, digrif *('Diofal yw'r aderyn.')* MERRY, FREE FROM CARE
2 esgeulus, dihidio, difater CARELESS, NEGLIGENT

diofalwch *hwn eg* diffyg gofal, esgeulustod NEGLIGENCE, CARELESSNESS

di-ofn:diofn *a* di ... (heb) + **ofn** UNAFRAID

diog *a* gair i ddisgrifio rhywun nad yw'n hoffi gwaith ac nad yw'n barod i weithio; araf, hwyrfrydig, segur LAZY, IDLE

diogel *a* gair i ddisgrifio rhywun neu rywbeth:
1 saff, sy'n rhydd rhag perygl, neu sy'n cynnig amddiffyn rhag perygl *(A yw hi'n ddiogel inni ddychwelyd i'r adeilad nawr fod y tân wedi'i ddiffodd?)* SAFE
2 siŵr, sicr, diamau, di-feth *(Mae gan y gôl-geidwad newydd bâr o ddwylo diogel.)* SURE, CERTAIN
3 sylweddol, mawr, nid dibwys, eithaf *(Mae ganddi swm diogel o arian yn y banc.)* SIZEABLE, SUBSTANTIAL

diogelu *be*
1 gwneud yn ddiogel neu'n saff *(Gwell inni gael barn yr heddlu ynglŷn â'r ffordd orau i ddiogelu'r siop.)* TO PROTECT
2 sicrhau, gwarantu *(Wrth fuddsoddi'ch arian gyda ni, byddwch yn diogelu incwm i chi'ch hunan am oes.)* TO ENSURE, TO ASSURE
3 cadw'n ddiogel, llochesu, gwarchod, amddiffyn *(Rhaid diogelu'n blodau gwyllt.)* TO PRESERVE, TO PROTECT

diogelwch *hwn eg* rhyddid oddi wrth berygl, sicrwydd o fod yn ddiogel SAFETY, SECURITY

diogi¹ *hwn eg* y cyflwr o fod yn ddiog, amharodrwydd i weithio, anfodlonrwydd i wneud dim; segurdod LAZINESS, INDOLENCE, SLOTH

diogi² *be* peidio â gwneud dim, segura, llaesu dwylo TO LAZE, TO LOAF

dioglyd *a* gair (nad yw mor feirniadol â **diog**) i ddisgrifio:
1 rhywun sy'n tueddu at ddiogi, neu sy'n teimlo fel bod yn ddiog LAZY, INDOLENT
2 rhywbeth sy'n peri diogi *(Roedd yn brynhawn trymaidd, dioglyd.)* LAZY

diogyn *hwn eg* person diog, pwdryn IDLER, SHIRKER

diolch¹ *hwn eg* (diolchiadau)
1 gair o gydnabyddiaeth a gwerthfawrogiad am rywbeth (cymwynas, anrheg, tâl ac ati) THANKS
2 teimlad eich bod yn gwerthfawrogi *(Roedd ei galon yn llawn diolch ar ôl derbyn y fath gymwynas.)* GRATITUDE

diolch byth! diolch i'r nefoedd! THANK GOODNESS!

diolch² *be*
1 datgan gwerthfawrogiad ar ôl derbyn rhywbeth, neu ddweud gair sy'n cydnabod rhyw gymwynas neu fudd TO THANK
2 talu diolchiadau yn ffurfiol TO THANK

diolch yn fawr THANK YOU VERY MUCH

diolchgar *a* gair i ddisgrifio rhywun sy'n llawn diolch, sy'n cofio ac yn gwerthfawrogi rhodd neu gymwynas GRATEFUL, THANKFUL

diolchgarwch *hwn eg*
1 y cyflwr o fod yn ddiolchgar GRATITUDE
2 mynegiant o ddiolch i Dduw, yn arbennig gwasanaethau diolchgarwch sy'n cael eu cynnal adeg y cynhaeaf THANKSGIVING

diolchiadau *hyn ell*
1 mwy nag un **diolch**
2 y gydnabyddiaeth a'r diolch ffurfiol sy'n cael eu cynnig ar ddiwedd cyfarfod THANKS

diolwg *a* gair i ddisgrifio rhywun plaen yr olwg; salw, hyll PLAIN, UGLY

diorffwys *a* di ... (heb) + **gorffwys** RESTLESS, CEASELESS

di-os *a* gair i ddisgrifio rhywbeth nad oes amheuaeth yn ei gylch; diamheuol, sicr, pendant, diau DEFINITE, UNDOUBTED

diosg *be* tynnu dillad neu wisg, dadwisgo, ymddihatru (matryd), dinoethi *(diosg esgidiau; diosg fy het)* TO TAKE OFF (CLOTHING), TO STRIP

diota *be* yfed diod feddwol yn gyson ac yn aml, potio, llymeitian TO TIPPLE, TO DRINK

dipio:dipo *be*
1 gollwng anifail (dafad yn arbennig) i hylif sy'n lladd cynrhon; trochi TO DIP

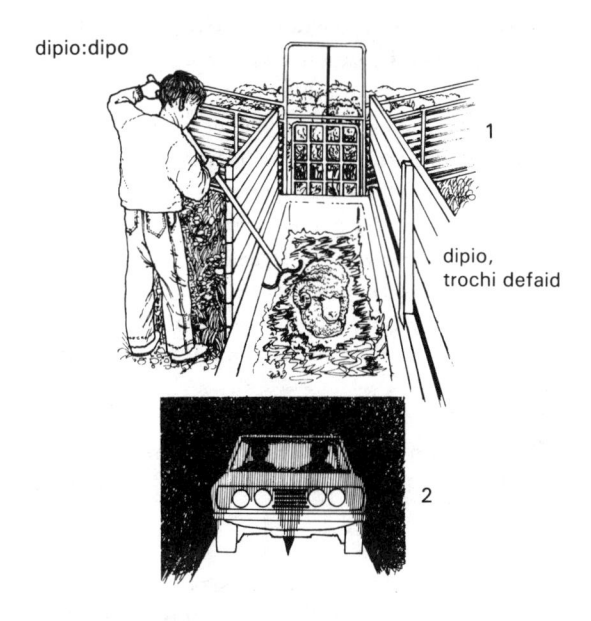

dipio:dipo

dipio, trochi defaid

2 gostwng neu osod yn is am ychydig iawn o amser, e.e. *dipio golau'r car* TO DIP

diploma *hwn neu hon egb* tystysgrif neu bapur swyddogol sy'n dangos fod person wedi cwblhau cwrs addysg yn llwyddiannus neu wedi llwyddo mewn arholiad DIPLOMA

diplomataidd *a* gair i ddisgrifio:
1 rhywbeth sy'n ymwneud â swydd diplomydd DIPLOMATIC
2 rhywun neu rywbeth sy'n ymwneud â thrafod pobl neu sefyllfa mewn ffordd synhwyrol neu gall *(Rhoddais ateb diplomataidd iddo rhag brifo'i deimladau.)* DIPLOMATIC

diplomydd *hwn eg* (diplomyddion)
1 swyddog (y llywodraeth gan amlaf) sy'n trin materion cydwladol, ac sy'n gofalu am y berthynas rhwng ei wlad ef a gwledydd eraill DIPLOMAT
2 person sy'n medru trin a thrafod pobl yn synhwyrol ac yn ddoeth DIPLOMAT

dipo gw. **dipio:dipo**

diraddio *be* tynnu i lawr, darostwng, gwaradwyddo, peri colli hunan-barch TO DEGRADE, TO DEBASE

di-raen:diraen *a* di ... (heb) + **graen** POOR, LACKLUSTRE

diragfarn *a* di ... (heb) + **rhagfarn** IMPARTIAL

diragrith *a* di ... (heb) + **rhagrith** SINCERE

dirdynnol *a* poenus ofnadwy, arteithiol EXCRUCIATING

dirdynnu *be* peri poen ofnadwy yn fwriadol i rywun neu rywbeth fel cosb, neu er mwyn ei orfodi i ddatgelu cyfrinach; arteithio TO TORTURE, TO TORMENT

direidi *hwn eg* drygioni chwareus, sbort a sbri, difyrrwch MISCHIEVOUSNESS, NAUGHTINESS

direidus *a* gair i ddisgrifio rhywun neu rywbeth sy'n llawn castiau chwareus, drygionus, yn barod am sbort a sbri MISCHIEVOUS, NAUGHTY, IMPISH

direol *a* di ... (heb) + **rheol** DISORDERLY

direswm *a* di ... (heb) + **rheswm** WITHOUT REASON

dirfawr *a* mawr iawn, enfawr, anferth, aruthrol (ond gan amlaf am syniadau neu rywbeth haniaethol yn hytrach na phethau y gellir eu gweld a'u teimlo) *(Mae dirfawr angen am y gwelliannau hyn.)* ENORMOUS, IMMENSE

dirgel[1] *a*
1 cyfrinachol, cuddiedig SECRET
2 anodd iawn ei ddeall, astrus, cyfrin MYSTERIOUS

dirgel[2] *hwn eg* fel yn yr ymadrodd *yn y dirgel*, lle neu beth wedi'i guddio SECRET

dirgelion *hyn ell*
1 pethau dirgel, cyfrinachau SECRETS
2 pethau anodd eu deall neu eu datrys MYSTERIES

dirgelwch *hwn eg*
1 rhywbeth sydd wedi'i guddio, neu sy'n anodd ei esbonio a'i ddeall MYSTERY
2 organau cenhedlu gŵr neu wraig GENITALS, PRIVATE PARTS

dirgryniad *hwn eg* (dirgryniadau)
1 cryniad cyson, ysgafn VIBRATION
2 daeargryn, cryndod mawr ac ysgytwol (o dir neu o'r corff) TREMOR, CONVULSION

dirgrynu *be*
1 crynu neu ysgwyd yn gyson ac yn ysgafn TO VIBRATE
2 crynu neu ysgwyd yn galed iawn neu mewn ffordd eithafol (megis daeargryn) TO QUAKE, TO CONVULSE

diriaethol *a* gair i ddisgrifio rhywbeth sy'n bodoli mewn ffurf faterol, rhywbeth y gellir ei weld neu ei gyffwrdd (neu weithiau ei brofi ag un o'r synhwyrau eraill), real; gwrthwyneb haniaethol *(Peth diriaethol yw drws; nid felly'r syniad o brydferthwch.)* CONCRETE

di-rif:dirifedi *a* gair i ddisgrifio rhyw bethau y mae cymaint ohonynt nad oes modd eu cyfrif *(Roedd morgrug dirifedi ar lawr y gegin.)* INNUMERABLE

dirlawn *a* gair i ddisgrifio:
1 rhywbeth sydd mor llawn o hylif ag sy'n bosibl SATURATED
2 (yn dechnegol) toddiant cemegol sy'n cynnwys cymaint ag sy'n bosibl o'r solid SATURATED

dirmyg *hwn eg* teimlad fod rhywun neu rywbeth o safon isel neu'n ddiwerth; gwawd, gwatwar, amarch *(edrych yn llawn dirmyg)* CONTEMPT, SCORN, DISDAIN

dirmygedig *a* gair i ddisgrifio rhywun neu rywbeth sy'n cael ei ddirmygu DESPISED, SCORNED

dirmygol *a* gw. **dirmygus:dirmygol**

dirmygu *be* rhoi heibio fel rhywbeth diwerth, diystyru, edrych i lawr ar rywbeth, dibrisio, gwawdio, gwatwar, bychanu TO DESPISE, TO SPURN, TO DISPARAGE

dirmygus:dirmygol *a* gair i ddisgrifio:
1 rhywun neu rywbeth sy'n llawn dirmyg; gwawdlyd SCORNFUL, CONTEMPTUOUS
2 rhywun neu rywbeth sy'n haeddu cael ei ddirmygu CONTEMPTIBLE, SHAMEFUL

dirnad *be* deall yn iawn ac yn drylwyr; amgyffred *(Er eu holl wybodaeth nid yw gwyddonwyr eto wedi dirnad holl ddirgelion yr atom.)* TO COMPREHEND, TO UNDERSTAND, TO FATHOM

dirnadaeth *hon eb*
1 dealltwriaeth gyflawn, amgyffrediad COMPREHENSION, UNDERSTANDING, KEN
2 syniad, amcan NOTION, INTUITION

dirodres *a* gair i ddisgrifio rhywun neu rywbeth syml, plaen, diffuant, naturiol, heb rwysg na balchder UNPRETENTIOUS, UNASSUMING

dirprwy *hwn eg* (dirprwyon)
1 person sydd wedi'i benodi i weithredu yn absenoldeb rhywun arall, e.e. *dirprwy brifathro* DEPUTY
2 mewn rhai gwledydd (e.e. Ffrainc), Aelod Seneddol DEPUTY
3 (yn yr Unol Daleithiau) person sydd wedi'i benodi i gynorthwyo'r siryf DEPUTY

dirprwyaeth *hon eb* (dirprwyaethau)
1 grŵp o bobl sydd wedi'u dewis i gynrychioli eraill DEPUTATION
2 swydd neu safle dirprwy DEPUTYSHIP

dirprwyo *be*
1 gweithredu fel dirprwy (yn lle rhywun arall) TO DEPUTIZE FOR
2 ymddiried neges swyddogol i (rywun), rhoi comisiwn i TO COMMISSION
3 penodi rhywun i gymryd lle rhywun arall, neu i dderbyn cyfrifoldeb yn lle rhywun arall TO DEPUTE

dirwasgiad *hwn eg* (dirwasgiadau) (mewn economeg) gostyngiad (mewn diwydiant, masnach a safonau byw); cyfnod o gyni a diweithdra mawr fel yr un a gafwyd ym Mhrydain yn ystod 30au'r ganrif hon SLUMP, DEPRESSION

dirwest *hwn a hon egb* y weithred o ymatal rhag yfed diod feddwol; llwyrymwrthodiad TEETOTALISM, TEMPERANCE

dirwgnach *a* di ... (heb) + **grwgnach** UNCOMPLAINING

dirwy *hon eb* (dirwyon) swm o arian sy'n cael ei bennu'n gosb am gyflawni trosedd FINE

dirwyn *be* crynhoi yn bellen (am gordyn neu edafedd) TO WIND UP, TO COIL

dirwyn i ben dwyn i ben, gorffen, neu dynnu i derfyn, yn raddol ac yn sicr TO WIND UP, TO COME TO A CLOSE

dirwyo *be* pennu tâl yn gosb am dorri cyfraith neu reol TO FINE

di-rwystr *a* di ... (heb) + rhwystr UNHINDERED

dirybudd *a* di ... (heb) + rhybudd SUDDEN

di-rym:dirym *a* di ... (heb) + grym POWERLESS

dirywiad *hwn eg*
1 y cyflwr o fod yn gwaethygu, disgyn yn is na'r safon a ddisgwylir, neu ddychwelyd i gyflwr gwyllt neu gyntefig DETERIORATION, DECLINE
2 gostyngiad neu waethygiad mewn cymeriad ac ymddygiad DEGENERATION, DECADENCE

dirywiedig *a* gair i ddisgrifio rhywun neu rywbeth sydd wedi dirywio DEGENERATE, DEGRADED

dirywio *be*
1 mynd yn waeth o ran cymeriad neu ansawdd, gwaethygu TO DETERIORATE
2 gwneud rhywbeth yn waeth o ran cymeriad neu ansawdd TO DEGRADE

dis *hwn* neu *hon egb* (disiau) ciwb bychan a phob un o'i chwe ochr wedi'u marcio â smotiau o 1 i 6; mae'n cael ei (d)defnyddio mewn rhai gêmau bwrdd fel *Ludo* a rhai gêmau hapchwarae DICE, DIE

di-sail *a* gair i ddisgrifio rhywbeth nad oes unrhyw sylfaen neu sail iddo (gan amlaf am stori neu newyddion nad ydynt yn wir) GROUNDLESS, UNFOUNDED

disbaddu *be* ysbaddu, sbaddu TO CASTRATE, TO SPAY

disberod *eg* fel yn yr ymadrodd ar ddisberod, ar chwâl, ar wasgar, ar gyfeiliorn STRAY, ASTRAY

disbyddu *gw.* dihysbyddu:disbyddu

disco *gw.* disgo:disco

disel *hwn eg*
1 math o injan neu beiriant yn rhedeg ar olew trwm sy'n cael ei ffrwydro gan aer poeth cywasgedig; fe'i henwyd ar ôl yr Almaenwr a'i dyfeisiodd, Rudolf Diesel (1858-1913) DIESEL
2 yr olew trwm a ddefnyddir yn danwydd mewn peiriant disel DIESEL, DERV

diserch *a* gair i ddisgrifio rhywun oer, pell, digroeso UNENDEARING, DISTANT

disg *hwn* neu *hon egb* (disgiau)
1 cylch gwastad, tenau megis darn o arian neu blât crwn DISC
2 record gramoffon DISC, DISK
3 record sy'n debyg i record gramoffon ar gyfer cadw cyfresi o signalau electronig neu fagnetig yn barod i'w hatgynhyrchu DISC, DISK (cryno ddisg)

disg fideo yr un math o ddisg ag uchod ond mai lluniau a sain i'w chwarae yn ôl ar y teledu yw'r signalau VIDEO DISC

disg hyblyg disg plastig, tenau ar gyfer cadw gwybodaeth mewn ffordd y mae'r cyfrifiadur yn gallu'i defnyddio FLOPPY DISC

disglair *a* gair i ddisgrifio:
1 rhywbeth sy'n tywynnu'n gryf, neu sydd mor llathraid neu lachar nes ei fod yn dallu; gloyw iawn BRIGHT, DAZZLING
2 rhywun galluog iawn, rhywun sydd â doniau anghyffredin BRILLIANT

disgled:dished (disgleidiau:disheidiau) (yn nhafodiaith y De) llond cwpan o A CUP OF

disgleirdeb:disgleirder *hwn eg* yr ansawdd neu'r cyflwr o fod yn ddisglair; tanbeidrwydd, gloywder, llewyrch BRIGHTNESS, BRILLIANCE

disgleirio *be* llewyrchu, tywynnu, serennu, pefrio, pelydru *(Roedd hi mor hapus nes bod ei llygaid yn disgleirio.)* TO SHINE, TO SPARKLE

disgo:disco *hwn eg* parti neu achlysur (fel dawns) lle mae pawb yn dawnsio i gyfeiliant recordiau pop DISCO

disgownt *hwn eg* gostyngiad mewn pris, neu leihad yn y swm o arian a godir yn dâl am rywbeth DISCOUNT

disgrifiad *hwn eg* (disgrifiadau) darlun mewn geiriau, portread mewn geiriau DESCRIPTION

disgrifiadol *a* gair i ddisgrifio rhywbeth sy'n darlunio mewn geiriau DESCRIPTIVE

disgrifio *be* darlunio neu bortreadu mewn geiriau; rhoi disgrifiad o TO DESCRIBE

disgwyl [am] *be*
1 meddwl fod rhywbeth yn mynd i ddigwydd, neu bod rhywun yn mynd i dderbyn rhywbeth; erfyn TO EXPECT
2 aros am rywun neu rywbeth *(Rwy'n disgwyl y trên.)* TO EXPECT, TO AWAIT
3 (yn y Gogledd) (am wraig) bod yn feichiog *(disgwyl plentyn)* TO BE EXPECTANT
4 edrych ar rywbeth (yn arbennig yn y De) *(Disgwyl beth mae'n ei ddweud amdanat ti yn y papur.)* TO LOOK
5 chwilio, ceisio, edrych am rywun neu rywbeth (yn arbennig yn y De) *(Rwyf wedi disgwyl am y llyfr 'na ym mhob man.)* TO LOOK FOR, TO SEARCH
6 (yn y De) ymddangos, edrych i bob golwg *(Mae'n disgwyl yn ddigon diniwed.)* TO APPEAR, TO LOOK (disgwyliaf)

disgwylgar *a* gair i ddisgrifio rhywun sy'n edrych ymlaen yn obeithiol EXPECTANT, WAITING

disgwyliad *hwn eg* (disgwyliadau) y weithred o ddisgwyl, o edrych ymlaen, o aros mewn gobaith EXPECTATION

disgwyliaf *bf* rwy'n **disgwyl**; byddaf yn **disgwyl**

disgwyliedig *a* gair i ddisgrifio rhywun neu rywbeth sy'n cael ei ddisgwyl, y mae edrych ymlaen ato *(llythyr disgwyliedig)* EXPECTED, ANTICIPATED

disgybl *hwn eg* (disgyblion)
1 un sy'n cael ei ddysgu, neu'n derbyn addysg gan athro; plentyn ysgol PUPIL
2 un sy'n derbyn hyfforddiant (mewn crefft neu alwedigaeth neu ar offeryn cerdd) PUPIL
3 un sy'n derbyn athroniaeth neu ddysgeidiaeth athro neu ysgol arbennig DISCIPLE

Y Disgyblion deuddeg disgybl Iesu Grist, sef Simon Pedr ac Andreas ei frawd, Iago ac Ioan, meibion Sebedeus, Philip, Bartholomeus, Thomas a Mathew, Iago fab Alffeus, Simon y Selot a Jwdas Iscariot, ac un arall sef naill ai Thadeus neu Jwdas fab Iago THE DISCIPLES

disgyblaeth *hon eb*
1 hyfforddiant y meddwl neu'r corff, fel arfer trwy ddilyn corff arbennig o reolau DISCIPLINE
2 rheolaeth, trefn, ufudd-dod i reolau neu i rywun mewn awdurdod *(disgyblaeth yn y dosbarth)* DISCIPLINE
3 cerydd, cosb DISCIPLINE

disgybledig *a* gair i ddisgrifio rhywun neu rywbeth y mae ôl rheolaeth a threfn arno, a hynny, gan amlaf, o ganlyniad i hyfforddiant ac ymarfer DISCIPLINED

disgyblu *be*
1 hyfforddi trwy ddwyn dan ufudd-dod neu ddisgyblaeth TO DISCIPLINE
2 ceryddu, cosbi am beidio ag ufuddhau TO DISCIPLINE

disgyn *be*
1 syrthio, cwympo, dod i lawr o uchder *(Disgynnodd y cwpan o'm llaw a thorri.)* TO FALL
2 dod i lawr ar, glanio ar *(pe gollyngech chi dafell o fara a jam fe fyddai'n siŵr o ddisgyn â'r jam i waered; aderyn yn disgyn yn ysgafn ar gangen)* TO LAND, TO ALIGHT
3 (am afon) llifo i lawr *(y dŵr yn disgyn i lawr y gored)* TO FLOW
4 dod i lawr oddi ar gefn ceffyl neu allan o gerbyd TO DISMOUNT, TO ALIGHT
5 deillio, tarddu, bod yn rhan o linach neu deulu, bod yn ddisgynnydd i TO DESCEND (FROM), TO STEM FROM
6 llithro, syrthio'n ôl, cwympo o safon *(Mae safon y chwarae wedi disgyn oddi ar inni fod yma ddiwethaf.)* TO FALL, TO LAPSE

Sylwch: dyblwch yr 'n' ym mhob un o ffurfiau'r ferf ac eithrio'r rhai sy'n cynnwys *-as-*; felly *disgynnais* ond *disgynasom*.

disgyn ar ymosod ar, syrthio ar *(Disgynnodd y dyrfa arno fel anifeiliaid rheibus)* TO ATTACK, TO SWOOP

disgyniad *hwn eg* y weithred o ddisgyn DESCENT, FALL, LANDING

disgynnaf *bf* rwy'n **disgyn**; byddaf yn **disgyn**

disgynnydd *hwn eg* (disgynyddion) person neu rywbeth byw arall sydd â thaid/tad-cu neu nain/mam-gu o'r un rhywogaeth (neu fath) ag ef; un sy'n disgyn o hiliogaeth neu o deulu arbennig DESCENDANT

disgyrchiant *hwn eg* (mewn ffiseg)
1 y grym naturiol sy'n peri i bethau symud neu dueddu i symud tuag at ganol y ddaear; dyma sy'n gyfrifol am y ffaith fod pwysau i bethau GRAVITY
2 yr un grym naturiol sy'n peri fod pethau yn tueddu i symud at ei gilydd GRAVITY (craidd disgyrchiant)

dished *gw.* **disgled:dished**

disodli *be* cymryd lle rhywun neu rywbeth arall, symud rhywun neu rywbeth o'i le (er gwaeth fel arfer) *(Erbyn hyn mae'r wiwer lwyd wedi disodli'r wiwer goch bron yn gyfan gwbl yng nghoedwigoedd Cymru.)* TO DISPLACE, TO SUPPLANT

dist *hwn eg* (distiau) un o'r trawstiau sy'n cyrraedd o un wal i'r llall mewn ystafell neu adeilad ac sy'n cynnal llawr neu nenfwd, trawst JOIST, BEAM, RAFTER

distadl *a* gair i ddisgrifio rhywun neu rywbeth nad yw'n tynnu sylw; di-nod, dibwys, dirmygedig, gwael INSIGNIFICANT, TRIVIAL, CONTEMPTIBLE

di-staen *a* di ... (heb) + staen UNSTAINED

distaw *a* gair i ddisgrifio rhywun neu rywbeth:
1 nad yw'n siarad neu'n llefaru *(Mae gormod o siarad yn y dosbarth. Byddwch ddistaw!)* QUIET
2 heb unrhyw sŵn na stŵr *(Roedd yr ystafell wag yn hollol ddistaw.)* SILENT
3 (am lais) isel neu wan *(Yn y 'llef ddistaw fain' y clywodd Elias lais Duw yn ôl yr Hen Destament.)* SOFT
4 (am gerddediad) araf ac ysgafn SOFT
5 llonydd, tawel, digynnwrf *(Roedd pobman yn ddistaw wedi i'r storm gilio.)* CALM, PEACEFUL

yn ddistaw bach
1 yn dawel iawn VERY QUIETLY
2 yn gyfrinachol ON THE QUIET

distawaf *bf* rwy'n **distewi**; byddaf yn **distewi**

distawrwydd *hwn eg* absenoldeb sŵn, llonyddwch, tawelwch, gosteg SILENCE, STILLNESS

distewi *be*
1 tawelu, gostegu, gostwng y llais, sŵn yn lleihau yn ei faint nes bod tawelwch TO BE SILENT, TO BECOME SILENT
2 llonyddu, newid o fod yn gynhyrfus i fod yn llonydd TO BECOME CALM

distryw

3 rhoi taw ar, peri i rywun neu rywbeth fod yn ddistaw TO SILENCE, TO HUSH

distryw *hwn eg* dinistr, difrod, dymchweliad llwyr, a'r llanastr a'r annibendod (a'r tristwch) sy'n ei ddilyn DESTRUCTION, RUIN, DESOLATION

distrywio *be* dinistrio, llwyr ddymchwelyd, difa, bwrw neu dynnu i lawr TO DESTROY, TO DEVASTATE

distrywiol *a* gair i ddisgrifio rhywun neu rywbeth sy'n distrywio, sy'n difa; dinistriol DESTRUCTIVE

di-stŵr *a* di ... (heb) + **stŵr** WITHOUT FUSS, SILENT

distyll[1] *hwn eg* terfyn eithaf trai (y môr), y man pellaf y mae'r môr yn ei gyrraedd cyn dychwelyd am y tir

distyll[2] *a* gair i ddisgrifio hylif sydd wedi cael ei ddistyllu, e.e. *dŵr distyll* DISTILLED

distylliad *hwn eg*
1 y weithred neu'r broses o ddistyllu DISTILLATION
2 llifiad neu rediad môr neu afon ar drai EBBING

distyllu *be*
1 troi hylif yn nwy ac yna droi'r nwy yn ôl yn hylif (er mwyn ei buro gan amlaf), dihidlo TO DISTIL
2 gwahanu pethau trwy ddefnyddio'r dechneg hon *(distyllu alcohol o gwrw)* TO DISTIL

distyllwr *hwn eg* (distyllwyr) un sy'n distyllu, yn arbennig un sy'n distyllu gwirod a diodydd meddwol DISTILLER

di-sut *a* gair i ddisgrifio rhywun heb fedr nac amgyffred, didoreth, di-glem, di-drefn INEPT

diswyddiad *hwn eg* (diswyddiadau) y weithred o derfynu swydd, o dynnu swydd neu waith oddi ar rywun DISMISSAL, SACK

diswyddo *be* terfynu swydd person, gwneud rhywun yn ddi-waith, cael gwared ar rywun o swydd arbennig TO DISMISS, TO SACK

di-swyn *a* di ... (heb) + **swyn** UNENCHANTING

disychedu *be* torri syched, rhoi dŵr (neu hylif tebyg) i rywun neu rywbeth sy'n sychedig TO QUENCH, TO SLAKE

di-syfl *a* gair i ddisgrifio rhywun neu rywbeth nad yw'n simsan nac yn gwegian; cadarn, sefydlog, diysgog IMMOVABLE, UNFLINCHING, STEADFAST

di-sylw *a* gair i ddisgrifio rhywun nad yw'n graff, nad yw'n gallu neu'n dymuno sylwi neu dalu sylw INATTENTIVE, UNOBSERVANT

disylw *a* gair i ddisgrifio rhywbeth nad yw'n tynnu nac yn haeddu sylw, di-nod, distadl UNOBSERVED, UNHEEDED, INSIGNIFICANT

disymwth *a* sydyn, annisgwyl, cyflym *(Cododd ar ei draed yn ddisymwth a cherdded allan.)* SUDDEN, ABRUPT

disynnwyr *a* gair i ddisgrifio:
1 rhywbeth nad yw'n gwneud synnwyr SENSELESS
2 rhywun nad oes ganddo/ganddi lawer o synnwyr cyffredin; twp, ffôl, hurt SENSELESS

ditectif *hwn eg* (ditectifs) swyddog yn yr heddlu (er bod rhai preifat i'w cael) sy'n arbenigo mewn ceisio datrys dirgelion troseddau megis llofruddiaeth, lladrad, herwgipio ac ati DETECTIVE

diurddas *a* di ... (heb) + **urddas** UNDIGNIFIED

diwaelod *a* di ... (heb) + **gwaelod** BOTTOMLESS

diwahân *a* gair i ddisgrifio rhywbeth na ellir neu na ddymunir ei rannu; yn perthyn i bawb INSEPARABLE, INDISCRIMINATE

diwahardd:di-wardd *a* gair i ddisgrifio rhywun (plentyn fel arfer) afreolus, sy'n mynd dros ben llestri UNRULY

diwair *a* gair i ddisgrifio rhywun sydd heb ei lygru (yn rhywiol yn bennaf) o ran gair, meddwl na gweithred; pur, dihalog CHASTE, UNCORRUPTED (diweirdeb)

di-waith[1] *a* di ... (heb) + **gwaith** UNEMPLOYED, REDUNDANT (diweithdra)

(y) di-waith[2] *hwn eg* (*enw torfol*) yr holl bobl sydd heb waith ac sy'n methu cael gwaith *(Mae nifer y di-waith wedi cynyddu bump y cant yn ystod y misoedd diwethaf.)* UNEMPLOYED

diwallu *be* bodloni rhywun neu rywbeth trwy wneud yn siŵr fod digon o rywbeth ar gael neu fod rhywbeth yn ddigonol at yr angen *(Mae gan y wlad ddigon o lo wrth gefn i ddiwallu'r angen am dri mis.)* TO SATISFY

diwarafun *a* gair i ddisgrifio rhywbeth:
1 nad oes neb wedi'i ddannod, neu gwyno amdano, wrth ei ganiatáu neu ei roddi UNGRUDGING
2 nad yw wedi cael ei wrthwynebu neu ei lesteirio mewn unrhyw ffordd UNHINDERED

di-wardd gw. **diwahardd:di-wardd**

diwasgedd *hwn eg* (diwasgeddau) (am y tywydd) man lle y mae'r gwasgedd aer yn isel yn ei ganol ac yn uwch ar yr ymylon *(Gan amlaf y mae diwasgedd yn dwyn tywydd drwg gydag ef.)* DEPRESSION

diwasgedd

di-wast:diwastraff *a* gair i ddisgrifio rhywun neu rywbeth nad yw'n cynnig neu'n defnyddio mwy nag sydd raid neu fwy nag sydd ei angen; cynnil *(gŵr diwastraff ei eiriau)* SPARING

diwedydd:diwetydd hwn *eg* (gair barddonol) diwedd y prynhawn, min nos, diwedd dydd EVENTIDE

diwedd hwn *eg*
1 y pwynt(iau) lle y mae rhywbeth yn gorffen neu'n dod i ben; terfyn, pen eithaf END
2 rhan olaf peth (e.e. blwyddyn, taith, cyngerdd ac ati) CLOSE
3 marwolaeth, tranc, dinistr END

ar ddiwedd gwrthwyneb *ar ddechrau* AT THE END
diwedd y gân gw. **cân**
diwedd y gân yw'r geiniog gw. **cân**
gwneud diwedd ar gorffen, dirwyn i ben TO PUT AN END TO
hyd y diwedd nes iddo orffen, hyd y terfyn TO THE END
o'r diwedd wedi hir ddisgwyl AT LAST
rhoi diwedd ar lladd, terfynu TO FINISH
yn y diwedd ar ôl ystyried y cyfan AT THE END OF THE DAY

diweddar *a* gair i ddisgrifio rhywun neu rywbeth:
1 sy'n cyrraedd, yn datblygu neu'n digwydd ar ôl yr amser penodedig; hwyr ('Rydych chi'n ddiweddar bob bore,' meddai'r athro wrth y plant a gyrhaeddai wedi i'r gloch ganu.) LATE
2 sy'n digwydd tua diwedd cyfnod arbennig o amser *(tatws diweddar)* LATE
3 sydd newydd ddigwydd neu orffen *(Darllenais mewn rhifyn diweddar o'r papur bro fod y Cyngor am newid enw'r pentref.)* RECENT
4 nad yw bellach yn fyw, sydd wedi marw *(y diweddar Barchedig John Jones)* LATE (diwethaf)
Sylwch: ceir y ffurfiau *diweddarach* a *diweddaraf* ond nid 'diweddared'.

yn ddiweddar
1 hwyr, ar ôl amser LATE
2 heb fod ymhell yn ôl o ran amser LATELY, RECENTLY

diweddaru *be*
1 moderneiddio, newid er mwyn cydymffurfio â gofynion yr oes sydd ohoni, neu (yn arbennig am hen destun) ei wneud yn ddealladwy i ddarllenwyr heddiw TO MODERNIZE
2 newid rhywbeth er mwyn cynnwys y ffeithiau neu'r newyddion diweddaraf TO UP-DATE

diweddeb hon *eb* (diweddebau) (mewn cerddoriaeth) cyfres arbennig o gordiau sy'n gorffen cymal o gerddoriaeth, e.e. yr Amen ar ddiwedd emyn CADENCE

diweddglo hwn *eg* y rhan honno o bregeth, ysgrif, anerchiad, cerdd ac ati sy'n cloi'r cyfan, ac yn eu dirwyn i ben CONCLUSION, FINALE

diweddu *be* dwyn i ben, rhoi terfyn ar, dibennu, gorffen, darfod TO END, TO FINISH

diweirdeb hwn *eg* y cyflwr (rhinweddol) o fod yn ddiwair [**diwair**] CHASTITY

diweithdra hwn *eg* diffyg gwaith; y cyflwr pan fo llawer o bobl yn ddi-waith UNEMPLOYMENT

diwel *be*
1 arllwys, tywallt TO POUR
2 dymchwel, moelyd TO OVERTURN, TO TIP

diwel y glaw bwrw glaw yn drwm iawn TO POUR

diwerth *a* di ... (heb) + gwerth USELESS, WORTHLESS

diwetydd gw. **diwedydd:diwetydd**

diwethaf *a* gair i ddisgrifio rhywun neu rywbeth:
1 sy'n dod ar y diwedd yn deg, olaf LAST
2 yr un oedd cyn yr un presennol; y mwyaf diweddar *(wythnos diwethaf)* LAST
Sylwch: *wythnos diwethaf* a ddefnyddir fel arfer yn hytrach nag 'wythnos ddiwethaf'.

di-wg *a* di ... (heb) + gwg WITHOUT A FROWN

diwinydd hwn *eg* (diwinyddion) un sy'n arbenigo mewn diwinyddiaeth THEOLOGIAN

diwinyddiaeth hon *eb* astudiaeth sy'n ymwneud â natur Duw a'i berthynas â dynion a'r cread THEOLOGY

diwinyddol *a* gair i ddisgrifio rhywun neu rywbeth sy'n ymwneud â diwinyddiaeth, e.e. *coleg diwinyddol* THEOLOGICAL

di-wobr *a* di ... (heb) + gwobr PRIZELESS

diwreiddio *be*
1 tynnu o'r gwraidd, dadwreiddio, dinistrio *(diwreiddio planhigyn)* TO UPROOT
2 (am bobl) codi o'u cynefin, amddifadu o'u diwylliant, caethgludo o'u gwlad TO UPROOT

diwrnod hwn *eg* (diwrnodau) ysbaid o bedair awr ar hugain, dydd (fel cyfnod o amser ac nid fel y rhan honno a gyferbynnir â'r nos) DAY (doe, dwthwn, dydd, echdoe, heddiw, trannoeth, trennydd, yfory)

diwrnod i'r brenin diwrnod o segura, o ymlacio a mwynhau yn lle gweithio A DAY OFF

y diwrnod a'r diwrnod SUCH AND SUCH A DAY

diwyd *a* gair i ddisgrifio rhywun sy'n dal ati'n ddyfal; gweithgar, dygn ASSIDUOUS, DILIGENT

diwydiannol *a* gair i ddisgrifio rhywun neu rywbeth sy'n gysylltiedig â diwydiant neu sy'n nodweddiadol o ddiwydiant INDUSTRIAL

diwydiannwr hwn *eg* (diwydianwyr) perchennog neu reolwr diwydiant INDUSTRIALIST

diwydiant *hwn eg* (diwydiannau)
1 y gwaith o gynhyrchu nwyddau mewn ffatrïoedd a gweithdai INDUSTRY
2 cangen arbennig o fasnach neu fusnes sydd fel arfer yn cyflogi nifer mawr o bobl, e.e. *y diwydiant glo; y diwydiant ceir* INDUSTRY (chwyldro diwydiannol)

diwydrwydd *hwn eg* y cyflwr neu'r stad o fod yn ddiwyd; dyfalbarhad, gweithgarwch dyfal, prysurdeb DILIGENCE

diwyg *hwn eg* ffurf a gwedd, ymddangosiad, gwisg, cyflwr *(diwyg llyfr)* FORMAT, APPEARANCE

diwygiad *hwn eg* (diwygiadau)
1 y weithred o newid cyflwr rhywbeth er gwell, gwelliant mewn stad neu gyflwr REFORM
2 adfywiad crefyddol REVIVAL

y Diwygiad Methodistaidd (yng Nghymru) yr adfywiad crefyddol yn y 18fed ganrif a gysylltir ag enwau Howel Harris, Daniel Rowland a William Williams ac a arweiniodd erbyn y 19eg ganrif at Fethodistiaeth fel enwad ar wahân THE METHODIST REVIVAL

y Diwygiad Protestannaidd mudiad crefyddol yn yr 16eg ganrif, yn gysylltiedig ag enw Martin Luther, a fwriadwyd i ddiwygio'r Eglwys Babyddol ond a arweiniodd at sefydlu eglwysi Protestannaidd THE REFORMATION

diwygiedig *a* gair i ddisgrifio rhywun neu rywbeth sydd wedi cael ei ddiwygio, wedi'i wella (yn arbennig am lyfr neu destun) REVISED, AMENDED

argraffiad diwygiedig gw. **argraffiad**

diwygio *be* newid pethau er gwell, gwella, cywiro (am wellhad cymdeithasol, crefyddol a hefyd am gywiro testunau) TO REFORM, TO REVISE, TO AMEND

diwygiwr *hwn eg* (diwygwyr) un sy'n diwygio; un o arweinwyr y Diwygiad Protestannaidd; arweinydd diwygiad REFORMER

diwylliadol *a* gair i ddisgrifio rhywbeth sy'n ymwneud â diwylliant (yn arbennig gyfarfod neu gymdeithas); diwylliannol CULTURAL

diwylliannol *a* gair i ddisgrifio rhywbeth sy'n ymwneud â diwylliant; diwylliadol *(cefndir diwylliannol y wlad a'i phobl)* CULTURAL

diwylliant *hwn eg* (diwylliannau)
1 celf, arfer, cred a meddwl pobl arbennig mewn man arbennig ar adeg arbennig (e.e. barddoniaeth, cerddoriaeth, celfyddyd) CULTURE
2 safon uchel o gelfyddyd a meddwl mewn cymdeithas sy'n dod i'r amlwg trwy unigolion y gymdeithas honno CULTURE
3 yng Nghymru, y mae i'r gair gysylltiad llawer iawn nes â'r syniad o werin a chrefftau a chymunedau cefn gwlad nag sydd gan y gair CULTURE (y pethe)

diwylliedig *a* gair i ddisgrifio rhywun neu rywbeth sy'n dangos nodweddion diwylliant, sydd wedi cael ei ddiwyllio CULTURED

diwyllio *be* gwneud yn ymwybodol o ddiwylliant, meithrin gwerthfawrogiad o ddiwylliant

diwyro *a* gair i ddisgrifio rhywbeth nad yw'n gwyro i'r naill ochr na'r llall; syth, uniongyrchol UNDEVIATING, DIRECT

diymadferth *a* gair i ddisgrifio rhywun neu rywbeth sy'n methu ei helpu ei hun; heb egni, difywyd HELPLESS

diymadferthedd *hwn eg* y cyflwr neu'r stad o fod yn ddiymadferth HELPLESSNESS

diymdrech *a* di ... (heb) + **ymdrech** EFFORTLESS

diymdroi *a* syth, yn union, ar unwaith, heb oedi WITHOUT DELAY

diymffrost *a* gair i ddisgrifio rhywun nad yw'n ymffrostgar, nad yw'n brolio; dirodres UNASSUMING, UNPRETENTIOUS

diymgeledd *a* di ... (heb) + **ymgeledd** UNCARED FOR

diymhongar *a* gair i ddisgrifio rhywun nad yw'n ymffrostio nac yn brolio; dirodres, diymffrost, gwylaidd UNPRETENTIOUS, UNOSTENTATIOUS

diymwad:diymwâd *a* gair i ddisgrifio rhywbeth na ellir ei wadu na'i wrthbrofi; anwadadwy, sicr, diamheuol UNDENIABLE, INDUBITABLE

diymwybod *a* gair i ddisgrifio rhywbeth nad ydych yn ei sylweddoli, nad ydych yn ymwybodol ohono; diarwybod (cymharer ag 'anymwybodol') UNAWARE, UNCONSCIOUS

diysbrydoliaeth *a* di ... (heb) + **ysbrydoliaeth** UNINSPIRED

diysgog *a* gair i ddisgrifio rhywun neu rywbeth sydd wedi'i wreiddio'n gadarn, nad yw'n siglo'n hawdd, safadwy, di-syfl, di-ildio IMMOVABLE, STEADFAST

diystyr *a* gair i ddisgrifio:
1 (am air neu ymadrodd) rhywbeth heb ystyr, disynnwyr MEANINGLESS
2 rhywbeth heb reswm na synnwyr, heb achos SENSELESS, MEANINGLESS

diystyriol *a* gair i ddisgrifio rhywun neu rywbeth nad yw'n rhoi ystyriaeth i bobl neu bethau eraill, neu sydd yn fwriadol yn eu dirmygu; anystyriol INCONSIDERATE, CONTEMPTUOUS

diystyrllyd *a* gair i ddisgrifio rhywun neu rywbeth:
1 sy'n dirmygu DISDAINFUL, CONTEMPTUOUS
2 sy'n haeddu'i ddirmygu CONTEMPTIBLE, DESPICABLE

diystyru *be* anwybyddu, peidio ag ystyried, dibrisio, cyfrif islaw ystyriaeth TO DISREGARD, TO IGNORE

do *adf*
1 ateb cadarnhaol i gwestiwn ynglŷn â rhywbeth a ddigwyddodd yn y gorffennol *(A welaist ti pwy daflodd y garreg? Do.)* YES
2 mae'n cael ei ddefnyddio hefyd i bwysleisio'r ferf flaenorol *(Fe ganodd hi'n dda neithiwr. Wel do, on'd do fe?)*
on(i)d do fe? oni wnaeth e/hi etc.? DIDN'T HE (SHE, IT ETC.)?
os do fe os gwnaeth e/hi etc. (fel bygythiad) IF HE (SHE, IT ETC.) DID

dobio *be* taro, curo, pwnio TO STRIKE, TO HIT

doctor *hwn eg* (doctoriaid)
1 meddyg, un sy'n trin cleifion DOCTOR
2 un sydd wedi ennill gradd uchaf prifysgol, doethur DOCTOR
doctor bôn clawdd ffug ddoctor QUACK

doctora *be*
1 ymhél â rhywbeth gan geisio'i newid mewn ffordd anonest neu letchwith *(doctora canlyniadau'r etholiad)* TO TAMPER WITH
2 ei gwneud yn amhosibl i anifail gael rhai bach, disbaddu, ysbaddu *(doctora'r gath)* TO DOCTOR
3 rhoi gwasanaeth meddygol i TO DOCTOR

doctores *hon eb* (doctoresau) meddyges, gwraig sy'n ddoctor

dod[1]**:dŵad:dyfod** *be*
1 symud tuag at berson neu i ryw le (yn hytrach nag oddi wrthynt), y gwrthwyneb i **mynd** TO COME
2 cyrraedd lle neu berson (ar neges, ar ymweliad ac ati) *(Rwyf wedi dod i'ch rhybuddio.)* TO COME
3 cyrraedd o ran amser neu hanes *(Mae'r amser wedi dod inni fynd.)* TO COME
4 dychwelyd neu ymddangos yn gyhoeddus (am fab darogan neu gyflawnwr proffwydoliaeth) *(Pa bryd y daw'r Brenin Arthur o'i gwsg hir?)* TO COME
5 hanfod, deillio, tarddu *(Mae'r dŵr yn dod o'r ffynnon ar waelod yr ardd.)* TO COME
6 tyfu, cynyddu, gwella *(Mae'r goeden 'ma yn dechrau dod.)* TO COME
7 canlyn fel effaith, dilyn *(Dyna beth sy'n dod o chwarae â thân.)* TO COME
8 ffurfio swm neu gyfanswm *(Gyda'r cig a'r nwyddau eraill mae'r cyfan yn dod yn ddeg punt a hanner can ceiniog.)* TO COME (TO)
9 digwydd *(Mae dydd Llun yn dod ar ôl dydd Sul.)* TO COME
10 dechrau *(Fe ddaeth, ymhen amser, i'w charu'n fawr.)* TO COME
11 bod *(Fe gadwn ni hwn; efallai y daw e'n ddefnyddiol.)* TO BECOME (daeth, daw, dêl:delo, dere, deuaf:dof, deued:doed:deled, deuthum, deuwch:dewch:dowch, dŵad, tyrd:tyred)

ar ddod bron dod FORTHCOMING, ABOUT TO COME

dod â
1 dwyn, cludo, arwain, dod yng nghwmni *(Rwyf wedi dod â rhywun i'th weld di.)* TO BRING
2 achosi, arwain at *(Maen nhw wedi dod â'r problemau yma ar eu pennau eu hunain.)* TO BRING
3 (yn gyfreithiol) dwyn achos *(Mae'n bwriadu dod ag achos yn erbyn y cyngor lleol.)* TO BRING
4 geni *(dod â chathod bach)* TO GIVE BIRTH, TO HATCH

dod allan:maes
1 bod yn eglur *(Mae Siân wedi dod allan yn dda yn y llun.)* TO COME OUT
2 cael ei gyhoeddi, ymddangos *(Pryd mae dy lyfr newydd yn dod allan?)* TO COME OUT
3 gwrthod gweithio, streicio *(Ar ôl cyfarfod o'r undeb penderfynodd y gweithwyr ddod allan fel un dyn.)* TO COME OUT

dod ar draws:dod ar warthaf darganfod TO COME ACROSS

dod at agosáu at TO COME TO

dod at ei goed callio TO REALIZE ONE'S FOLLY

dod ato'i hun gw. **hun**

dod dan bod tan (awdurdod neu ddylanwad) TO COME UNDER

dod dros
1 gwella *(dod dros annwyd)* TO GET OVER
2 goresgyn *(dod dros broblem)* TO OVERCOME

dod drosodd cyflwyno darlun yn effeithiol *(Sut daeth y perfformiad drosodd?)* TO COME ACROSS

dod i ben llwyddo TO MANAGE

dod i ddim methu TO COME TO NOUGHT

dod i fwcl gorffen yn llwyddiannus TO COME TO A SUCCESSFUL CONCLUSION

dod i glustiau dod i ddeall, clywed TO COME TO THE EARS OF

dod i gof cofio TO COME TO MIND

dod i law cyrraedd, ymddangos TO COME TO HAND

dod i lawr disgyn TO COME DOWN

dod i'r amlwg dod yn adnabyddus TO COME TO LIGHT

dod i'r fei dod i'r golwg TO COME TO LIGHT

dod i'r glaw dechrau bwrw glaw TO START TO RAIN

dod lan dringo, esgyn TO COME UP

dod o hyd i darganfod TO COME ACROSS

dod trwyddi goroesi, mynd trwy brofiad a dod allan ohono'n iawn

dod ynghyd ymgynnull TO COME TOGETHER
dod ymlaen datblygu, llwyddo TO GET ON
doed a ddêl/ddelo beth bynnag sy'n mynd i ddigwydd COME WHAT MAY
  ddaw hi ddim dydy e ddim am weithio WE ARE GETTING NOWHERE
dod² *bf* gorchymyn iti ddodi [**dodi**]
dodi *be*
  1 gosod, rhoi neu symud (rhywun neu rywbeth) ar, mewn neu i fan arbennig; defnyddir yn aml yn y De yn lle 'rhoi' *(dodi llestri ar y ford)* TO PUT
  2 plannu, gosod had yn y ddaear *(dodi tato)* TO PLANT (**dod²**, **dyd**)
dannedd dodi gw. **dannedd**
dodi ar ddeall gwneud i rywun ddeall TO GIVE ONE TO UNDERSTAND
dodi ar waith cychwyn TO SET TO WORK
dodi bai ar beio TO PUT THE BLAME ON
dodi bryd ar gw. **bryd**
dodi bys ar cael hyd i'r union ateb TO PUT ONE'S FINGER ON
dodi dwylo ar bendithio neu wella'n ysbrydol TO LAY ONE'S HANDS ON
dodi enw ar enwi, bedyddio TO NAME, TO CHRISTEN
dodi i lawr gostwng TO SET DOWN
dodi meddwl ar canolbwyntio TO SET ONE'S MIND ON
dodi ymaith rhoi i gadw TO PUT AWAY
dodi yn lle rhoi yn lle TO PUT INSTEAD OF
dodo hwn *eg* aderyn mawr nad oedd yn gallu hedfan ac nad yw'n bod erbyn hyn DODO

dodo
(hyd, 1 metr)

dodrefn hyn *ell* (mwy nag un **dodrefnyn**) celfi; byrddau, cadeiriau, gwelyau, cypyrddau a phethau symudol eraill y mae eu hangen mewn tŷ, swyddfa, ysgol neu unrhyw adeilad arall FURNITURE
dodrefnu *be* rhoi dodrefn mewn tŷ neu ystafell TO FURNISH
dodrefnyn hwn *eg* un darn o ddodrefn [**dodrefn**], celficyn A PIECE OF FURNITURE

dodwy *be* cynhyrchu wy neu wyau (am adar yn arbennig, ond hefyd am anifeiliaid a physgod) TO LAY (deor)
doe:ddoe *adf* y diwrnod o flaen heddiw ac yn dilyn echdoe YESTERDAY (neithiwr)
  bore ddoe YESTERDAY MORNING
  prynhawn ddoe YESTERDAY AFTERNOON
doed gw. **deued:doed:deled**
doeth *a* gair i ddisgrifio rhywun sy'n synhwyrol, deallus, craff a galluog ac sy'n gallu cyfuno'r rhinweddau hyn i benderfynu rhwng y cam a'r cymwys, y drwg a'r da; call, pwyllog, dysgedig WISE, DISCREET
  y Doethion (yn ôl y Beibl) y tri gŵr doeth o'r dwyrain a ddilynodd seren er mwyn dwyn rhoddion o aur, thus a myrr i'r baban Iesu THE THREE WISE MEN, THE MAGI
doethineb hwn neu hon *egb* y cyfuniad o allu, deallusrwydd, synnwyr a chrafftter sy'n gwneud rhywun yn ddoeth; y ddawn i fod yn ddoeth WISDOM, SAGACITY
doethinebau hyn *ell* dywediadau doeth
doethinebu *be* dweud pethau sy'n swnio'n ddoeth a phwysig TO PONTIFICATE
(y) Doethion gw. **doeth**
doethur hwn *eg* (doethuriaid) un sydd wedi derbyn gradd uchaf prifysgol ac sydd â'r hawl i ddefnyddio llythrennau megis Ph.D., D. Phil., D.D. ac ati ar ôl ei enw/henw a chael ei gyfarch/chyfarch yn Ddoctor er nad yw'n feddyg DOCTOR
dof¹ *a* gair i ddisgrifio:
  1 anifail sydd wedi'i ddwyn dan reolaeth dyn, neu un sydd wedi cael ei ddysgu i gyd-fyw â dyn; swci, gwrthwyneb gwyllt TAME
  2 rhywun neu rywbeth nad yw'n fywiog nac yn siarp; anniddorol, marwaidd TAME
dof² gw. **deuaf:dof**
dofednod hyn *ell* yr adar dof hynny, e.e. ieir, hwyaid, tyrcwn ac ati, sy'n cael eu cadw i'n bwydo ni â'u cig a'u hwyau; da pluog, ffowls POULTRY
dofi *be* gwneud i (rywun neu rywbeth) ufuddhau; troi o fod yn wyllt i fod yn ddof; tawelu TO TAME
dofn *a* ffurf ar **dwfn** sy'n cael ei defnyddio gydag enw benywaidd (gair sy'n cael ei ddilyn gan 'hon'), e.e. *afon ddofn*
dogfen hon *eb* (dogfennau) peth ysgrifenedig (e.e. llawysgrif, gweithred ac ati) sy'n cynnwys tystiolaeth neu wybodaeth am ryw bwnc arbennig neu sy'n cynnal y naill ochr neu'r llall mewn dadl DOCUMENT
dogfennol *a* gair i ddisgrifio:
  1 rhywbeth sy'n perthyn i ddogfen neu ddogfennau, neu sy'n seiliedig arnynt *(tystiolaeth ddogfennol)* DOCUMENTARY

a b c ch d dd e f ff g ng h i j (k) l ll m n o p ph r rh s t th u w y (z)

2 cyflwyniad ffeithiol trwy gyfrwng dramatig, yn arbennig rhaglen radio neu deledu neu ffilm DOCUMENTARY

dogn hwn *eg* (dognau) cyfran o ryw faint arbennig (megis o fwyd pan fydd hwnnw'n brin) neu fesur penodol o foddion; rhan, siâr RATION, DOSE, SHARE

dogni *be* rhoi hyn a hyn ar y tro, mesur dognau, rhoi siâr, rhannu TO RATION, TO SHARE, TO APPORTION

dôl[1] hon *eb* (dolau:dolydd) tir gwastad ar lan afon neu lyn (yn wreiddiol, y tir a fyddai bron cael ei ynysu gan dro afon), maes, cae, tir pori MEADOW, DALE

dôl[2] hwn *eg* swm o arian a delir yn wythnosol gan y wladwriaeth i berson di-waith DOLE

ar y dôl allan o waith, di-waith UNEMPLOYED

dol hon *eb* (doliau) tegan plentyn ar ffurf ffigur neu fodel bach o berson, doli DOLL

dolef hon *eb* (dolefau) cri cwynfanllyd, torcalonnus A PLAINTIVE CRY, BLEAT

dolefain *be* bloeddio'n gwynfanllyd neu'n dorcalonnus, oernadu, llefain, wylofain TO CRY PLAINTIVELY, TO BLEAT

dolefus *a* gair i ddisgrifio cri neu sŵn cwynfanus, trist, wylofus PLAINTIVE, DOLEFUL

dolen hon *eb* (dolennau:dolenni)
1 un o'r cylchoedd neu'r modrwyau a geir mewn cadwyn LINK
2 rhywbeth sy'n cysylltu dau neu ragor o bethau eraill LINK, CONNECTION
3 y siâp a wneir wrth blygu darn o raff, cortyn, gwifren ac ati yn ôl amdano'i hun LOOP
4 y rhan (ar ffurf hanner cylch neu ddolen) o rywbeth megis bwced neu fasged yr ydych yn cydio neu'n gafael ynddi HANDLE
5 clust cwpan, trontol, a dyfais debyg ond mwy o faint a geir dan glicied ar ddrws HANDLE
6 cyfres o orchmynion mewn rhaglen gyfrifiadurol sy'n cael ei hailadrodd nes i ryw amod neu amodau gael eu boddhau LOOP

dolen gydiol: dolen gyswllt rhywbeth neu rywun sy'n cysylltu dau neu ragor o bobl neu bethau eraill CONNECTING LINK

dolennog *a* gair i ddisgrifio rhywbeth:
1 yn llawn dolennau neu droeon, troellog, yn symud yn igam-ogam *(afon ddolennog)* WINDING, MEANDERING
2 wedi'i weindio, wedi'i droelli'n gylchoedd COILED

dolennu *be*
1 (am afon) ymdroelli, crwydro'n igam-ogam TO WIND, TO MEANDER
2 (am neidr) gwingo, llithro'n igam-ogam TO WRIGGLE
3 (am raff, e.e.) plygu'n ddolenni TO COIL

doler hon *eb* (doleri) uned ariannol a gysylltir yn bennaf ag Unol Daleithiau America, ond a ddefnyddir hefyd mewn gwledydd eraill megis Canada, Awstralia a Seland Newydd, ac sy'n werth 100 sent; caiff ei dynodi gan yr arwydd $ DOLLAR

dolffin hwn *eg* (dolffiniaid) creadur y môr sydd tua 2-3 metr o hyd ac sy'n perthyn i deulu'r morfil; mae ganddo drwyn hir, symudiadau gosgeiddig a lefel uchel o ddeallusrwydd; môr-hwch DOLPHIN □ *môr-hwch*

doli hon *eb* (doliau, dolis) tegan plentyn ar ffurf ffigur neu fodel bach o berson, dol DOLL

doli glwt doli feddal wedi'i gwneud o ddarnau o ddefnydd wedi'u gwnïo ynghyd ac wedi'u stwffio RAG DOLL

dolur hwn *eg* (doluriau)
1 poen, cur, clwyf, anaf, niwed *(Cafodd ddolur cas ar ei goes. Rhoddodd blastr ar y dolur.)* HURT, A SORE, WOUND
2 clefyd, afiechyd, anhwylder SICKNESS
3 poen neu flinder meddwl *(Mae'n ddolur imi orfod cyfaddef.)* SORROW, ANGUISH

dolur gwddf:dolur gwddw term y Gogledd am wddf tost SORE THROAT, LARYNGITIS

dolur rhydd afiechyd lle y mae bwyd yn cael ei waredu o'r corff yn rhy gyflym ac mewn modd dyfrllyd trwy'r ymysgaroedd DIARRHOEA

dolurio *be*
1 brifo, bod yn boenus neu'n dost, gwynio TO ACHE, TO BE PAINFUL
2 achosi neu beri poen; niweidio TO HURT, TO WOUND

dolurus *a* gair i ddisgrifio rhywbeth sy'n brifo, sy'n gwynio, sy'n gwneud dolur; poenus, tost PAINFUL, SORE

dom *gw.* **tom**

domino hwn *eg* (dominos) un o 28 o ddarnau hirsgwar (o bren, ifori, plastig ac ati) ac un wyneb iddynt wedi'i rannu'n ddau hanner a phob hanner naill ai'n foel neu'n cynnwys o 1 i 6 smotyn (hyd nes cynrychioli pob cyfuniad posibl) mae'r darnau'n cael eu defnyddio i chwarae dominos DOMINO

mae'n ddomino arnaf (arnat, arno etc.) mae wedi canu arnaf I'M FINISHED, I'M SUNK

dominos hyn *ell* enw'r gêm a chwaraeir â darnau domino DOMINOES

doniau hyn *ell* mwy nag un ddawn [**dawn**]

donio *be* (am berson) cael ei fendithio o'i enedigaeth â dawn neu allu; cynysgaeddu, anrhegu TO ENDOW

doniol *a* gair i ddisgrifio rhywun neu rywbeth sy'n gwneud i bobl wenu neu chwerthin; digrif, ysmala HUMOROUS, AMUSING

doniolwch:donioldeb *hwn eg* y ddawn i wneud i bobl chwerthin, yn arbennig trwy fod yn ffraeth; digrifwch, ysmaldod HUMOUR

dôr *hon eb* (dorau) (gair tafodieithol) drws pren y tu allan (mewn adwy neu fwlch); drws DOOR

dos[1] *bf* (ffurf y Gogledd) gorchymyn i ti fynd [**mynd**], cer

dos[2] *hon eb* (dosys:dosau)
  1 mesur penodol (o foddion fel arfer) i'w gymryd ar ei ben DOSE
  2 unrhyw beth (cas fel arfer) y mae'n rhaid ei wneud neu ei ddioddef *(dos o annwyd)* DOSE

dosbarth *hwn eg* (dosbarthau:dosbarthiadau)
  1 cwmni neu grŵp o blant ysgol sy'n cael eu dysgu gyda'i gilydd CLASS, FORM
  2 rhaniad cymdeithas yn grwpiau yn ôl statws cymdeithasol neu wleidyddol *(Dywedir nad yw problemau dosbarth cynddrwg yng Nghymru ag yn Lloegr.)* CLASS
  3 rhaniad o bobl neu bethau yn ôl llwyddiant, gradd, safon ac ati *(Enillodd hi radd dosbarth cyntaf yn y Gymraeg.)* CLASS
  4 rhan o'r wlad o fewn sir sy'n cael ei gweinyddu gan ei chyngor ei hun, e.e. *dosbarth Ceredigion o fewn Sir Dyfed* DISTRICT
  5 (mewn swoleg neu fioleg) cyfuniad neu grŵp o blanhigion neu anifeiliaid CLASS, DIVISION
  6 ansawdd cyfleusterau teithio *(tocyn dosbarth cyntaf i Gaerdydd)* CLASS
  7 un o'r rhaniadau a gewch o fewn system sy'n ceisio rhoi trefn ar yr holl wybodaeth sydd gan ddyn, e.e. *Mae Gwyddoniaeth, Technoleg, Llenyddiaeth ac ati yn ddosbarthiadau o wybodaeth sy'n gyffredin i nifer o systemau dosbarthu.* DIVISION

dosbarth allanol dosbarth wedi'i drefnu dan nawdd Adran Efrydiau Allanol prifysgol EXTRA-MURAL CLASS

dosbarth Beiblaidd grŵp sy'n cyfarfod i astudio'r Beibl BIBLE CLASS

dosbarth canol haen o gymdeithas rhwng y dosbarth gweithiol a'r boneddigion, a'r gwerthoedd sy'n nodweddiadol o'r dosbarth hwn MIDDLE CLASS

dosbarthiad *hwn eg* (dosbarthiadau)
  1 y weithred o ddosbarthu *(dosbarthiad papurau newydd i siopau ar hyd y wlad)* DISTRIBUTION
  2 yr egwyddor neu'r ffordd y mae rhywbeth wedi cael ei rannu neu ei ddosbarthu *(dosbarthiad llyfrau ar silffoedd llyfrgell)* CLASSIFICATION
  3 darlun neu batrwm o'r ffordd y mae rhywbeth wedi'i ledaenu neu ei wasgaru *(dosbarthiad ieir bach yr haf yng Nghymru)* DISTRIBUTION

dosbarthu *be*
  1 rhannu neu drefnu (anifeiliaid, planhigion, llyfrau ac ati) yn ddosbarthiadau trwy ddod â phethau tebyg at ei gilydd a'u gwahanu oddi wrth bethau sy'n annhebyg TO CLASSIFY, TO ARRANGE
  2 rhannu ymhlith nifer *(dosbarthu llyfrau emynau i'r gynulleidfa)* TO DISTRIBUTE
  3 rhannu yma a thraw, lledaenu, chwalu *(Mae'r pamffledi yn cael eu dosbarthu dros y wlad i gyd.)* TO DISTRIBUTE
  4 cyflenwi nwyddau (i siopau fel arfer) *(Mae ei faniau yn dosbarthu bara a theisennau i siopau bach cefn gwlad.)* TO DISTRIBUTE, TO DELIVER

dosraniad *hwn eg* (dosraniadau) dadansoddiad, y ffordd y mae rhywbeth yn cael ei rannu, rhaniad yn isbenawdau o fewn cyfanwaith (yn arbennig am arian neu gyllid) BREAKDOWN, ANALYSIS

dosrannu *be*
  1 dadansoddi, dosbarthu, rhannu'n is-benawdau TO BREAKDOWN, TO ANALYSE
  2 rhannu swm o arian o dan nifer o benawdau mewn amcangyfrif TO DISTRIBUTE

dot:dotyn *hwn neu hon egb* (dotiau)
  1 smotyn fel yr un a geir uwchben 'i', neu fel atalnod llawn ar ddiwedd brawddeg SPOT, DOT, FULL STOP
  2 (mewn cerddoriaeth) y smotyn tebyg sy'n dilyn nodyn ysgrifenedig ac sy'n ei estyn gyfwerth â'i hanner eto DOT

dotio[1] *be*
  1 nodi neu farcio â dot *(Cofiwch ddotio'ch 'i'.)* TO DOT
  2 britho â mân smotiau TO SPOT

dotio[2] [**am, ar, at**] *be* dwlu ar, dylu ar, gwirioni, ffoli, ymserchu yn ormodol neu yn eithafol yn rhywun neu rywbeth *(Mae e/o wedi dotio ar y ferch newydd yn y dosbarth.)* TO DOTE (ON), TO BE INFATUATED (WITH)

dotyn gw. **dot:dotyn**

dowch gw. **deuwch:dewch:dowch**

drabŵd gw. **trabŵd**

drach:drachefn gw. **trach:trachefn**

dracht:tracht *hwn neu hon egb* (drachtiau) cymaint o ddiod ag y mae'n bosibl ei yfed ar un llwnc, llymaid DRAUGHT, SWIG

drachtio *be* yfed yn ddwfn TO QUAFF, TO SWIG

draenen:draen *hon eb* (drain)
  1 tyfiant caled, pigog a geir ar rai planhigion megis coed rhosynnau; pigyn THORN, PRICKLE

draenio:traenio

2 planhigyn arbennig a phigau fel hyn yn tyfu arno THORN, BRAMBLE, BRIAR (drain)
bod yn ddraen yn ystlys (rhywun) blino neu bod yn boendod parhaus i rywun A THORN IN THE FLESH, A PAIN IN THE NECK
draenen ddu coeden sydd â drain blaenllym (sy'n gallu bod yn wenwynig) a blodau bach gwynion BLACKTHORN
draenen wen coeden yn perthyn i deulu'r rhosyn sydd â blodau bach gwyn neu goch ac aeron cochion yn yr hydref HAWTHORN
draenio:traenio *be*
  1 sychu tir trwy dorri ffosydd ynddo TO DRAIN
  2 gwagio'n araf, gollwng hylif er mwyn sychu rhywbeth *(draenio rheiddiadur y car)* TO DRAIN
draenog *hwn eg* (draenogod) creadur bach sy'n bwyta pryfed y mae'n eu hela yn ystod y nos; mae ganddo orchudd o bigau ac mae'n ei rolio'i hun yn belen bigog amddiffynnol pan fydd unrhyw awgrym o berygl HEDGEHOG □ *mamolyn*
draenogiad:draenogyn *hwn eg* (draenogiaid) pysgodyn dŵr croyw, bwytadwy ag esgyll pigog PERCH □ *pysgod* t.628
drafft[1] *hwn neu hon egb* (drafftiau) copi cyntaf o ddarn ysgrifenedig, amlinelliad, braslun DRAFT
drafft[2] *hwn eg* chwa o awel (oer fel arfer) DRAUGHT
drafftiog *a* gair i ddisgrifio rhywle a gwynt oer yn chwythu trwyddo (am dŷ neu ystafell), gwyntog DRAUGHTY
draig *hon eb* (dreigiau) creadur chwedlonol sy'n chwythu tân ac sydd â chrafangau llym ac adenydd DRAGON
y Ddraig Goch yn ôl hen chwedl am y dewin Myrddin, yr oedd y ddraig goch yn cynrychioli Cymru a'r ddraig wen yn cynrychioli Lloegr yn eu brwydr barhaol. Ryw ddiwrnod, yn ôl y darogan, y ddraig goch fyddai'n fuddugoliaethus. Daeth y ddraig goch maes o law yn arwyddlun i ni yng Nghymru. THE RED DRAGON

draig

drain *hyn ell* (mwy nag un ddraenen [**draenen**] neu ddraen [**draen**]) drysi, mieri THORNS, BRIARS
ar bigau'r drain edrych ymlaen yn boenus o eiddgar ON PINS, ON TENTERHOOKS

wedi'i dynnu drwy'r drain am rywun a golwg wyllt neu aflêr arno DRAGGED THROUGH A HEDGE BACKWARDS
drama *hon eb* (dramâu)
  1 cyfansoddiad llenyddol (mewn rhyddiaith neu farddoniaeth) ar gyfer ei actio, neu ei berfformio neu ei chwarae ar lwyfan (neu erbyn hyn ar y radio neu'r teledu) DRAMA, PLAY
  2 cyfres o ddigwyddiadau peryglus neu gyffrous *(drama'r herwgipiad yn y Dwyrain Canol)* DRAMA
dramateiddio *be*
  1 disgrifio rhywbeth mewn ffordd fywiog, gyffrous TO DRAMATIZE
  2 troi rhywbeth yn ddrama TO DRAMATIZE
dramatig *a* gair i ddisgrifio:
  1 rhywbeth sy'n perthyn i fyd drama, neu sy'n nodweddiadol o ddrama DRAMATIC
  2 rhywbeth cyffrous DRAMATIC
  3 rhywbeth sy'n tynnu'n sylw trwy olwg neu effaith annisgwyl *(saib dramatig)* DRAMATIC
dramodydd *hwn eg* (dramodwyr) un sy'n ysgrifennu dramâu DRAMATIST, PLAYWRIGHT
drannoeth gw. **trannoeth**
drâr:drôr *hwn eg* (drârs:drôrs:dreiriau:droriau) cynhwysydd ar ffurf bocs heb glawr sydd wedi'i wneud i lithro i mewn ac allan o gelficyn megis cwpwrdd, bwrdd neu ddesg DRAWER
draw *adf* acw, hwnt, nid yma THERE, YONDER
Sylwch: mae'r ffurf *traw* ar gael fel yn *yma a thraw*.
pen draw gw. **pen**
yma a thraw HERE AND THERE
dreng *a* sarrug, piwis, blwng, chwerw, e.e. llinell Hedd Wyn 'Gwae fi fy myw mewn oes mor ddreng...' CHURLISH, SURLY, BITTER
dreigiau *hyn ell* mwy nag un ddraig [**draig**]
dreiniog *a* gair i ddisgrifio rhywbeth sy'n llawn drain, pigog THORNY, PRICKLY
dreiriau *hyn ell* mwy nag un **drâr**
Y Drenewydd *enw lle* NEWTOWN
drennydd gw. **trennydd**
drensio *be* gorfodi anifail i dderbyn dos o foddion TO DRENCH
dresel:dreser *hon eb* celficyn arbennig â silffoedd i ddal llestri a dreiriau a chypyrddau; seld DRESSER
drewdod *hwn eg* gwynt cas iawn, aroglau cryf, annymunol STINK, STENCH
drewi *be* arogleuo'n ddrwg, gwyntio'n gas, gwasgaru aroglau cryf, cas *(Rwyt ti'n drewi o gwrw.)* TO STINK, TO REEK

drewllyd *a* gair i ddisgrifio rhywun neu rywbeth sy'n drewi STINKING

driblo:driblan *be*
1 llifo neu ollwng (hylif) ychydig ar y tro; driflan, diferu *(Mae'r babi'n driblo poer ar hyd cot ei fam.)* TO DRIBBLE
2 gwthio pêl ymlaen yn gyflym ac yn gelfydd trwy ei tharo â'r traed yn ysgafn ac yn aml TO DRIBBLE

driflo:driflan *be* llifo neu ollwng (poer gan amlaf) ychydig ar y tro, glafoerio TO DRIVEL, TO SLAVER

dringo *be*
1 mynd i fyny, dros neu drwy rywbeth, yn arbennig trwy ddefnyddio'r coesau a'r dwylo; esgyn TO CLIMB, TO SCALE
2 esgyn (mynyddoedd yn arbennig) fel camp gorfforol TO CLIMB
3 codi i fan uwch *(Mae'r tir yn dringo o hyn ymlaen.)* TO CLIMB
4 (am blanhigyn) tyfu i fyny ar hyd rhywbeth sy'n ei gynnal TO CLIMB

dringwr hwn *eg* (dringwyr) un sy'n dringo neu sy'n esgyn CLIMBER

dringwr bach aderyn mân brown sy'n dringo coeden ac yn chwilio am bryfed a'u hwyau yn rhisgl y goeden TREE CREEPER □ *adar* t.610

dril hwn *eg* (driliau) erfyn neu beiriant ar gyfer gwneud tyllau DRILL (carn-tro, ebill)

dripian *be* diferu, disgyn yn ddafnau TO DRIP

dromedari hwn *eg* camel un crwmp sy'n byw yn y gwledydd Arabaidd DROMEDARY □ *mamolyn* (camel)

drôr gw. **drâr:drôr**

dros gw. **tros**

drosodd gw. **trosodd**

drud *a* gair i ddisgrifio rhywbeth sydd yn costio llawer, sy'n uchel ei bris; costus, prid, gwerthfawr DEAR, COSTLY, VALUABLE (druted, drutach, drutaf)

drudfawr *a* drud iawn EXPENSIVE

drudw:drudwy hwn *eg* (drudwyod) aderyn brith cyffredin â phlu glas, gwyrdd a phorffor yn gymysg â phlu tywyll, sy'n medru dynwared caneuon adar eraill a chwibanu dynol; fe'i gelwir hefyd yn aderyn yr eira ar sail y gred fod yr adar hyn yn heidio ar adeg o eira; drudwen STARLING □ *adar* t.608

drudwy Branwen y ddrudwen a anfonwyd gan Franwen at ei brawd Brân â'r hanes am ei charchariad yn Iwerddon; adroddir yr hanes yn yr ail o *Pedair Cainc y Mabinogi*

drudwen hon *eb* drudw, drudwy STARLING

drutach:drutaf:druted *a* mwy **drud**; mwyaf **drud**; mor ddrud [**drud**]

drwg[1] hwn *eg* (drygau) drygioni, gwrthwyneb daioni, rhywbeth sy'n ddrwg EVIL, HARM

cael drwg derbyn cerydd TO HAVE A ROW, TO BE TOLD OFF

y drwg yn y caws y peth sy'n achosi'r broblem BUGBEAR

drwg[2] *a* gair i ddisgrifio rhywun neu rywbeth:
1 sydd heb fod yn dda BAD, WICKED
2 sy'n pechu, sy'n torri'r gyfraith, sy'n llygredig yn foesol *(Mae'n ddyn drwg.)* BAD, EVIL
3 pwdr, llygredig *(afal drwg)* ROTTEN
4 blin, trist, yn peri pryder *(newyddion drwg)* BAD
5 annymunol, cas *(Mae blas drwg ar y caws.)* NASTY
6 anweddus, sy'n rhegi *(geiriau drwg)* NAUGHTY
7 sarrug, blin, cas *(mewn hwyliau drwg)* BAD
8 (am y tywydd) gwael, stormus, gwlyb BAD
9 sy'n ddrygionus, sy'n pallu gwrando nac ufuddhau *(Rwyt ti wedi bod yn gi drwg.)* BAD
10 nad yw o safon dderbyniol; gwael *(Roedd y canu yn mynd o ddrwg i waeth.)* BAD
11 niweidiol *(Mae ysmygu yn ddrwg i chi.)* BAD
12 (am arian) ffug COUNTERFEIT (cynddrwg, gwaeth, gwaethaf, drygu)

bod/mynd yn ddrwg rhwng perthynas yn dirywio, mynd yn elynion

drwg ei hwyl (am rywun) byr ei amynedd, mewn hwyliau drwg IN A BAD MOOD

mae'n ddrwg arnaf fi (ti, ef etc.) mae'n galed arnaf IT'S HARD ON ONE

mae'n ddrwg gennyf fi/gen i (gennyt ti, ganddo ef etc.) rwy'n ymddiheuro, mae'n flin gennyf I'M SORRY

o ddrwg i waeth yn gwaethygu FROM BAD TO WORSE

drwgdeimlad hwn *eg* (drwgdeimladau) gelyniaeth, diffyg ewyllys da, casineb ILL-FEELING, FRICTION

drwgdybiaeth hon *eb* (drwgdybiaethau) amheuaeth (o berson arall), anhawster ymddiried yn rhywun, ansicrwydd ynglŷn â dilysrwydd SUSPICION, DISTRUST

drwgdybio:drwgdybied *be* bod yn amheus neu'n ansicr o ddilysrwydd neu wirionedd rhywun neu rywbeth, methu ymddiried yn rhywun neu rywbeth TO SUSPECT, TO DISTRUST

drwgdybus *a* gair i ddisgrifio:
1 rhywun sy'n drwgdybio, neu sy'n dueddol o fod yn amheus SUSPICIOUS
2 rhywbeth sy'n peri neu'n achosi drwgdybiaeth SUSPICIOUS, DUBIOUS

drwgweithredwr hwn *eg* (drwgweithredwyr) un sy'n gwneud drwg, un sy'n troseddu, troseddwr EVIL-DOER, OFFENDER

drwm

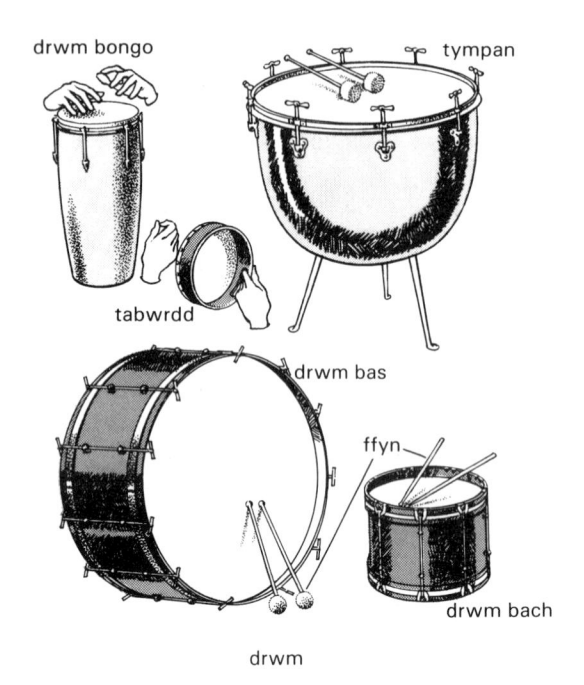

[Illustration labels: drwm bongo, tympan, tabwrdd, drwm bas, ffyn, drwm bach, drwm]

drwm hwn *eg* (drymiau)
  1 offeryn cerdd a chylch tyn o ddefnydd yn debyg i groen amdano sy'n cael ei daro â'r dwylo neu â ffyn arbennig; tabwrdd DRUM
  2 darn o beiriant ar ffurf silindr neu ddrwm caeedig (yn arbennig un y mae rhaff neu gadwyn yn cael ei ddirwyn amdano) DRUM
  3 can mawr metel i ddal olew neu betrol DRUM
  drwm bach drwm y mae modd ei gario wrth eich ochr ac a ddefnyddir i guro amser wrth orymdeithio SIDE DRUM
  drwm bas drwm mawr â nodyn isel BASS DRUM
  drwm bongo drwm yr ydych yn ei ddal rhwng eich pengliniau a'i daro â'ch dwylo BONGO DRUM

drwodd gw. **trwodd**

drws hwn *eg* (drysau)
  1 rhwystr symudol sy'n agor a chau mynediad i adeilad, ystafell neu gelficyn; dôr *(drws y gegin; drws y cwpwrdd)* DOOR
  2 mynedfa, ffordd i mewn i adeilad *(Roedd yn disgwyl amdanaf yn nrws y tŷ.)* DOORWAY
  3 cyfle, cyfrwng mynediad i *(Addysg yw'r drws i ddod ymlaen yn y byd.)* OPENING
  4 mewn ymadroddion megis *o ddrws i ddrws*, o un tŷ neu adeilad i un arall DOOR TO DOOR
  ateb y drws mynd i weld pwy sydd wedi curo'r drws neu ganu'r gloch TO ANSWER THE DOOR
  dangos rhywun i'r drws gw. **dangos**
  dangos y drws i rywun gw. **dangos**
  drws nesaf NEXT DOOR
  drws ymwared ffordd allan o drybini, anhawster neu broblem
  trwy ddrws y cefn yn gyfrinachol neu drwy dwyll BY THE BACK DOOR
  wrth y drws yn ymyl, ar drothwy *(Mae'r Nadolig wrth y drws.)* AT THE DOOR

drwy gw. **trwy**

drycin hon *eb* (drycinoedd) storm o wynt a glaw, tywydd drwg, tywydd garw, gwrthwyneb hindda STORMY WEATHER

drych hwn *eg* (drychau) wyneb disglair (o wydr fel arfer, neu fetel caboledig) sy'n adlewyrchu llun pethau MIRROR, LOOKING-GLASS

drychiolaeth hon *eb* (drychiolaethau) ymddangosiad goruwchnaturiol; ysbryd, bwgan, rhith, ellyll APPARITION, PHANTOM, SPECTRE

dryg hwn *eg* (drygiau)
  1 cyffur meddygol, neu sylwedd ar gyfer gwneud moddion DRUG
  2 sylwedd sy'n anodd gwneud hebddo unwaith y dechreuir ei gymryd ac sy'n gwneud rhywun yn gaeth iddo DRUG

drygau hyn *ell* mwy nag un **drwg**[1]

drygioni hwn *eg*
  1 yr hyn sy'n ddrwg, nad ydyw'n dda, llygredd moesol, anfadwaith EVIL, WICKEDNESS
  2 yr hyn y mae plentyn bach sy'n camymddwyn yn ei wneud, anufudd-dod diniwed sy'n gallu bod yn ddireidus; direidi NAUGHTINESS, MISCHIEF

drygionus *a* gair i ddisgrifio person neu anifail sy'n gwrthod gwrando neu ufuddhau, sy'n chwareus neu'n ddireidus MISCHIEVOUS

drygu *be* peri drwg i, gwneud drwg, achosi niwed *(Fel y dywed y Salmydd am ei elynion, 'y mae eu holl fwriadau i'm drygu'.)* TO WRONG, TO HARM

dryll[1] hwn neu hon *egb* (drylliau) arf sy'n saethu bwledi trwy faril sydd, fel arfer, wedi'i saernïo fel y bo'r bwled yn troi'n gyflym ar ôl cael ei danio a thrwy hyn yn teithio ymhellach ac yn gywirach at ei nod; gwn GUN, SHOTGUN

dryll[2] hwn *eg* (drylliau) darn bach (o rywbeth sydd wedi torri fel arfer), dernyn, rhan, un ymhlith nifer fawr o deilchion FRAGMENT

drylliedig:drylliog *a* gair i ddisgrifio:
  1 rhywbeth sydd wedi'i dorri'n deilchion, sy'n chwilfriw SHATTERED

dryllio 223 **duges**

2 llong neu gwch sydd wedi dryllio, sydd wedi mynd yn llongddrylliad WRECKED
3 rhywun sydd wedi dioddef yn emosiynol neu'n deimladol SHATTERED

dryllio *be*
1 torri'n deilchion, malu'n ddarnau mân, distrywio *(Syrthiodd y gwydr a dryllio'n chwilfriw.)* TO SHATTER, TO WRECK
2 mynd yn llongddrylliad, torri'n ddarnau TO BREAK IN PIECES, TO BE WRECKED
3 rhwygo *(Mae dy sgert wedi'i dryllio.)* TO TEAR

dryllio delwau ymosod ar syniadau neu arferion sy'n cael eu parchu gan y mwyafrif ICONOCLASM

drymiau *hyn ell* mwy nag un **drwm**

dryntol *hon eb* (dryntolau) dolen neu glust cwpan, jwg, bowlen ac ati; trontol HANDLE

drysau *hyn ell* mwy nag un **drws**

drysfa *hon eb* (drysfeydd) trefniant cymhleth o linellau neu lwybrau ac iddo fan canol nad yw'n rhwydd ei gyrraedd na dod ohono MAZE (labrinth)

drysfa

drysi *hyn ell* mwy nag un ddrysïen [**drysïen**]
1 llwyni pigog o ddrain a mieri neu rosynnau gwyllt BRIARS, THORNS, BRAMBLES
2 dryswch, cymlethdod TANGLE, INTRICACY

drysïen *hon eb* un gangen neu blanhigyn o ddrysi [**drysi**] BRIAR

dryslyd *a* gair i ddisgrifio rhywun neu rywbeth nad yw'n eglur, sydd wedi drysu, sydd wedi mwydro; cymysglyd, ffwndrus TANGLED, CONFUSED, MUDDLED

drysni *hwn eg*
1 dryswch, penbleth, cymlethdod INTRICACY, TANGLE

2 prysglwyn pigog, llwyn drain THICKET, THORN BUSH

drysu *be*
1 peri penbleth, mwydro, cymysgu *(Roedd popeth yn glir ac mewn trefn nes i'r plant 'na ddod i mewn a drysu'r cyfan.)* TO TURN UPSIDE DOWN, TO BEWILDER
2 llesteirio, amharu, andwyo, gwneud anhrefn, cawlio *(Mae hyn wedi drysu'n holl gynlluniau ar gyfer y gwyliau.)* TO MESS UP, TO CONFOUND
3 bod mewn cyflwr o gymysgwch meddyliol neu emosiynol *(Rwyf wedi drysu'n lân ar ôl ceisio deall yr holl ffigurau hyn.)* TO BE CONFUSED
4 mynd yn glymau (am wallt, cordyn, lein bysgota ac ati) TO BECOME KNOTTED, TO ENTANGLE (dyrys)

dryswch *hwn eg* anhrefn, cymhlethdod, penbleth, cymysgedd, cyfyng-gyngor CONFUSION, PERPLEXITY, MUDDLE, BEWILDERMENT (dyrys)

dryw *hwn neu hon egb* (drywod) aderyn mân brown; hwn yw'r lleiaf ond un o adar yr ardd (y dryw eurben yw'r lleiaf oll) WREN □ *adar* t.609

dryw eurben GOLDCREST

D.S. *byrfodd* Dalier Sylw, sylwch ar hyn NB, NOTE WELL

du *a* gair i ddisgrifio:
1 absenoldeb lliw, y lliw tywyllaf posibl, sydd yr un lliw â'r nos heb unrhyw oleuni, neu liw glo; tywyll, gwrthwyneb gwyn BLACK, DARK
2 (yn ffigurol) rhywbeth trist neu anobeithiol BLACK
3 coffi heb laeth BLACK
4 person â chroen du *(doctor du)* BLACK
5 rhywbeth brwnt/budr iawn *(Mae dy ddwylo di'n ddu.)* DIRTY
6 hiwmor am bobl neu sefyllfaoedd cas (neu beryglus), e.e. hiwmor du BLACK

ar ddu/mewn du a gwyn yn ysgrifenedig IN WRITING, IN BLACK AND WHITE

ducpwyd *bf* ffurf lai arferol o **dygwyd**, cafodd ei ddwyn [**dwyn**]

dudew *a* gair i ddisgrifio rhywbeth sy'n ddu iawn neu sy'n drwchus ac yn ddu

dueg *hon eb* chwarren fechan ger y stumog sy'n rheoli ansawdd y gwaed ac sy'n cynhyrchu rhai celloedd gwaed SPLEEN

dug[1] *hwn eg* (dugiaid)
1 y radd uchaf a roddir i ŵr yn system pendefigaeth Lloegr DUKE
2 yn Ewrop gynt, tywysog a lywodraethai ar dalaith arbennig, sef dugiaeth DUKE

dug[2] *bf* dygodd, fe wnaeth ef/hi ddwyn [**dwyn**]

duges *hon eb* (dugesau) gwraig dug DUCHESS

a b c ch d dd e f ff g ng h i j (k) l ll m n o p ph r rh s t th u w y (z)

dugiaeth *hon eb* (dugiaethau)
   1 gradd, statws, neu swydd dug DUKEDOM
   2 tir neu dalaith a lywodraethir gan ddug DUCHY

dulas:du-las *a* du a glas, cleisiog *(Cafodd ei guro nes ei fod yn ddu-las.)* BLACK AND BLUE

Dulyn *enw lle* BAILE ÁTHA CLIATH, DUBLIN

dull *hwn eg* (dulliau)
   1 y ffordd arbennig y mae rhywbeth yn digwydd neu yn cael ei wneud; modd, ffordd, cynllun *(Pa ddull o bysgota y byddwch chi'n ei ddefnyddio—plu neu fwydyn?)* MANNER, METHOD
   2 ffordd neu arddull arbennig (am ysgrifennu, peintio, gwisgo, adeiladu ac ati) *(Mae'n ysgrifennu barddoniaeth yn null yr hen gywyddwyr.)* MANNER, STYLE

dull degol ffordd o gyfrif wedi'i seilio ar uned o 10 a fabwysiadwyd fel system Brydeinig ar 15 Chwefror 1971; cyn hynny yr oedd 240 ceiniog mewn punt ond oddi ar hynny 100 ceiniog sydd mewn punt DECIMAL SYSTEM

dull deuaidd ffordd o gyfrif, wedi'i seilio ar y ddau rif 0 ac 1, sydd wrth wraidd unrhyw system gyfrifiadurol BINARY SYSTEM

ym mhob dull a modd ym mhob ffordd bosibl BY EVERY MEANS POSSIBLE

duo *be*
   1 troi'n ddu, mynd yn ddu; tywyllu *(Mae'r awyr yn dechrau duo cyn y storm.)* TO BLACKEN, TO DARKEN
   2 gwneud yn ddu; tywyllu *(Gofala dywyllu dy wyneb â gwarchodliw os nad wyt ti am gael dy weld yn y nos.)* TO BLACKEN, TO MAKE DARK
   3 pardduo, enllibio, dweud yn ddrwg am rywun TO DARKEN, TO SLANDER

dur[1] *hwn eg* (duroedd) math o fetel a wneir wrth goethi haearn trwy ei doddi ac ychwanegu carbon ato i'w galedu STEEL

dur gwrthstaen aloi o ddur sy'n cael ei ffurfio trwy gymysgu dur a chromiwm er mwyn cynhyrchu metel nad yw'n rhydu'n rhwydd STAINLESS STEEL

fel y dur cywir, digyfnewid *('Ond cariad pur sydd fel y dur/Yn para tra bo dau.')* SOLID AS A ROCK

dur[2] *a gair i ddisgrifio:*
   1 rhywbeth sydd wedi'i wneud o ddur STEEL
   2 rhywbeth caled iawn HARD, STEEL
   3 rhywun didrugaredd HARD

duryn *hwn eg* (durynnau) trwnc neu drwyn hir eliffant TRUNK

duw *hwn eg* (duwiau)
   1 bod goruwchddynol sy'n cael ei addoli fel creawdwr neu reolwr y byd a'i fywyd, weithiau ar ffurf delw GOD
   2 unrhyw berson neu beth a gyfrifir mor bwysig nes bod person yn ei addoli a'i wasanaethu GOD
   3 unrhyw beth y rhoddir gormod o bwysigrwydd iddo GOD

Duw *hwn eg* yn ôl crefyddau'r Cristion, yr Iddew a'r Mwslim, Duw yw'r bodolaeth a addolir fel Creawdwr y Byd a'i Reolwr; y Brenin Mawr, yr Hollalluog, yr Anfeidrol, y Tragwyddol GOD

Sylwch: byddwn yn cyfarch Duw fel 'Ti'.
Defnyddir enw Duw mewn llawer rheg a llw:

Duw a'm ('th, 'i etc.) catwo: Duw cato(n) pawb GOD HELP ME!

Duw a ŵyr (yn gableddus) GOD KNOWS

düwch *hwn eg* y cyflwr o fod yn ddu, lliw du, tywyllwch BLACKNESS

duwies *hon eb* (duwiesau)
   1 un o'r duwiau benywaidd GODDESS
   2 gwraig neu ferch a addolir neu a edmygir yn fawr iawn GODDESS, IDOL

duwiol *a* gair i ddisgrifio rhywun sy'n ofni Duw, sy'n cadw'i ddeddfau ac yn ei addoli; crefyddol, defosiynol GODLY, DEVOUT, PIOUS

dŵad *be* amrywiad ar y ffurfiau **dod, dyfod** gw. **dod:dŵad:dyfod**

dyn dŵad rhywun sy'n byw mewn man arbennig ond na chafodd ei eni a'i godi yno NEWCOMER

dwbl:dwbwl[1] *a* cymaint ddwywaith, dyblyg, deublyg *(gwely dwbl; drysau dwbl)* DOUBLE

dau-ddwbwl a phlet wedi'i blygu a'i wasgu'n fflat FLATTENED

dwbl:dwbwl[2] *hwn eg* (dyblau) rhywbeth sydd ddwywaith cymaint o ran maint, cryfder, gwerth ac ati â rhywbeth arall *(Talais bunt am y llyfr mewn arwerthiant ond cefais gynnig dwbwl hynny amdano drannoeth.)* DOUBLE

yn ei ddwbwl:yn ei ddyblau wedi'i blygu yn ei hanner DOUBLED UP

dweud:dywedyd *be*
   1 cynanu neu ynganu gair neu sain, llefaru *(Dywedwch 'Machynlleth' ar fy ôl i.)* TO SAY, TO PRONOUNCE
   2 mynegi, datgan, amlygu (meddwl, bwriad, barn, cwestiwn ac ati), siarad *(Dywed beth sydd ar dy feddwl yn blaen, ddyn!)* TO SAY
   3 dangos *(Beth mae cloc y gegin yn ei ddweud?)* TO SAY
   4 tybio *(Dywed dy fod ti'n colli'r bws, beth wedyn?)* TO SAY
   5 honni *(Mae e'n dweud ei fod wedi cael te gyda'r frenhines.)* TO CLAIM, TO ASSERT
   6 adrodd *(dweud stori, dweud ei phader)* TO TELL, TO RECITE
   7 sôn, crybwyll *(Fel y dywedais o'r blaen, ddaw dim daioni o hyn.)* TO MENTION, TO TELL (dywaid, dywed, dywedaf)

dweud a dweud dweud drosodd a throsodd, pregethu

dweud am sôn am, dweud hanes am TO SAY OF

dweud ar
1 effeithio (mewn ffordd niweidiol) *(Mae gweithio'r holl flynyddoedd dan ddaear wedi dweud ar ei iechyd.)*
2 dyfalu oddi wrth rywbeth *(Ni fyddai neb yn dweud ar ei golwg ei bod yn drigain oed.)* TO TELL FROM

dweud celwydd(au) dweud anwiredd TO LIE

dweud dan ei ddannedd gw. **dannedd**

dweud ei feddwl rhoi ei farn yn glir TO SPEAK ONE'S MIND

dweud ei gŵyn gw. **cwyn**

dweud ffarwél ffarwelio, gadael TO BID FAREWELL

dweud ffortiwn darogan, proffwydo TO TELL ONE'S FORTUNE

dweud mawr gosodiad ysgubol a all fod yn wir *(Mae honni bod cael gwared ar y taflegrau hyn yn mynd i arwain at heddwch yn ddweud mawr, cofiwch.)*

dweud pader wrth berson gw. **pader**

dweud y drefn rhoi cerydd neu bryd o dafod TO LAY DOWN THE LAW

dweud y gwir bod yn onest TO TELL THE TRUTH

dweud y lleiaf dweud yn gymedrol TO SAY THE LEAST

dweud yn dda [am] canmol TO SPEAK WELL OF

dweud yn fach [am] bychanu TO BELITTLE

dweud yn hallt beirniadu, cwyno TO SPEAK HARSHLY

dywed imi dywed wrthyf TELL ME
Sylwch: rydych chi'n *dweud wrth* rywun ac eithrio'r ymadrodd *dywedwch i mi.*

ei dweud hi pregethu, rhoi pryd o dafod TO LAY DOWN THE LAW

peidiwch â dweud! cerwch o 'na! YOU DON'T SAY!

dwfn¹ *a* gair i ddisgrifio:
1 rhywbeth sydd i lawr ymhell dan yr wyneb, sydd heb fod yn fas neu'n arwynebol DEEP
2 rhywbeth anodd ei ddeall a'i ddirnad *(Mae ei bregethau'n rhai dwfn iawn.)* DIFFICULT TO UNDERSTAND
3 rhywun anodd ei adnabod *(Un dwfn yw ef.)* DEEP
4 llais isel gŵr neu wraig *(llais dwfn y baswr)* DEEP (dyfned, dyfnach, dyfnaf; dofn, dyfnder, dyfnion)

dwfn² *hwn eg* (braidd yn hynafol) dyfnderoedd y môr, dyfnder (daear, gofod, môr ac ati) *(Plymiodd i ddwfn y môr.)* THE DEPTHS

dwfr gw. **dŵr:dwfr**

dwg *bf* mae ef/hi yn **dwyn**; bydd ef/hi yn **dwyn**

dwgu:dwgyd gw. **twgu:twgyd**

dwl *a* twp, hurt, ffôl, gwirion DULL, SILLY

dwli:dyli *hwn eg* lol, twpdra, ffolineb, ynfydrwydd *(Paid â siarad dwli!)* NONSENSE

dwlu:dylu [ar] *be* gwirioni, ffoli, dotio (ar neu at), hoffi yn fawr iawn *(Rwy'n dwlu ar deisen siocled.)* TO DOTE, TO LOVE

dwndwr *hwn eg* sŵn, mwstwr, stŵr, dadwrdd, twrw DIN, HUBBUB, CLAMOUR

dŵr:dwfr *hwn eg* (dyfroedd)
1 yr hylif mwyaf cyffredin, heb flas na lliw; mae'n disgyn o'r cymylau fel glaw, yn cronni'n llynnoedd a moroedd, ac yn cael ei yfed gan ddynion ac anifeiliaid; mae'n gyfuniad cemegol o hydrogen ac ocsygen (H_2O); mae'n troi'n stêm neu'n ager o gael ei dwymo ac yn iâ neu'n rhew o'i rewi WATER
2 dagrau *(Mae'n tynnu dŵr i'n llygaid.)* TEARS
3 hylif tebyg i ddŵr sy'n cael ei gynhyrchu gan y corff WATER
4 piso, troeth URINE

cyrchu dŵr dros afon cyflawni gwaith ofer, dibwrpas TO CARRY COALS TO NEWCASTLE

dal dŵr gw. **dal:dala**

dŵr hallt dŵr y môr BRINE, SEA-WATER

dŵr llwyd y dŵr a geir mewn afon ar ôl glaw neu lifogydd SPATE, FLOOD WATER

dŵr poeth
1 trybini, trwbwl HOT WATER
2 asid yn llosgi yn y stumog HEARTBURN

dŵr y môr dŵr hallt SEA-WATER

fel dŵr heb ball na rhwystr *(y gwin yn llifo fel dŵr)* LIKE WATER

gwneud dŵr piso TO PASS WATER

taflu dŵr oer ar (rywbeth) lladd brwdfrydedd TO THROW COLD WATER ON

tynnu dŵr o ddannedd (rhywun) gw. **tynnu**

dwrdio *be* dweud y drefn, ceryddu, rhoi pryd o dafod i TO SCOLD

dwrgi gw. **dyfrgi:dwrgi**

dwrglos *a* gair i ddisgrifio rhywbeth na all dŵr dreiddio iddo neu drwyddo WATERTIGHT, WATERPROOF

dwrn *hwn eg* (dyrnau)
1 llaw wedi'i chau'n dynn FIST □ *corff* t.630
2 bwlyn drws KNOB
3 carn cleddyf, y rhan y gafaelir ynddi, nid y llafn HILT

a'm gwynt yn fy nwrn gw. **gwynt**

dwsin *hwn eg* (dwsinau:dwsenni) grŵp neu gasgliad o ddeuddeg, 12 *(dwsin o wyau)* DOZEN

(siarad) pymtheg yn y dwsin gw. **pymtheg**

dwst *hwn eg* llwch, powdr DUST

dwster *hwn eg* (dwsters:dwsteri) cadach neu glwtyn sychu llwch DUSTER

dwthwn hwn *eg* (gair braidd yn henffasiwn neu ysgrythurol) dydd, diwrnod, tymor, adeg, amser neu gyfnod arbennig (*'Ac ni fu dwthwn fel y dwthwn hwn'*) DAY, (PARTICULAR) TIME

dwy *rhifol* y ffurf ar **dau** a ddefnyddir â geiriau benywaidd, e.e. *dwy ferch* TWO

dwyflwydd *a* dyflwydd, dwy flwydd oed TWO YEAR OLD

dwyfol *a* gair i ddisgrifio rhywbeth sy'n perthyn i Dduw neu sy'n deillio oddi wrth Dduw; nefol, sanctaidd, cysegredig DIVINE, SACRED

dwyfoli *be*
1 gwneud duw o rywun neu rywbeth, dyrchafu'n dduw TO DEIFY
2 cyflwyno i wasanaeth Duw, sancteiddio, cysegru TO SANCTIFY, TO CONSECRATE

dwyfron hon *eb* (braidd yn farddonol)
1 brest, bron, mynwes BREAST, CHEST, BOSOM
2 bro: calon (fel cartref yr emosiynau) HEART

dwyfronneg hon *eb* (dwyfronegau) darn o arfogaeth i amddiffyn mynwes ymladdwr; llurig BREASTPLATE, CUIRASS

dwyffordd *a* fel yn yr ymadrodd *tocyn dwyffordd*, yn ôl ac ymlaen; yn caniatáu mynd y naill ffordd a'r llall TWO-WAY

dwyieitheg hon *eb* astudiaeth o ddwyieithrwydd

dwyieithog *a* gair i ddisgrifio:
1 rhywun sy'n medru dwy iaith, yn arbennig felly rywun sy'n siarad y ddwy iaith yn gyson BILINGUAL
2 sefyllfa neu gymdeithas lle defnyddir dwy iaith BILINGUAL
3 cyhoeddiad, e.e. llyfrau neu daflen, neu raglen deledu, mewn dwy iaith BILINGUAL

dwyieithrwydd hwn *eg* y gallu i siarad dwy iaith yn rhugl BILINGUALISM

dwylo:dwylaw hyn *ell*
1 mwy nag un **llaw**
2 criw, gweithwyr HANDS, CREW

ar fy (dy, ei etc.) nwylo gormod o rywbeth sy'n fwrn (*Ar ôl haf mor oer mae gennyf bentwr o grysau-T ar fy nwylo. Roedd Dad yn methu mynd i'r ffair gan fod ganddo gymaint o waith ar ei ddwylo.*) ON MY HANDS

dwylo blewog:llaw flewog (am leidr) LIGHT-FINGERED
hen ddwylo hen bobl (annwyl) OLD FOLK
rhwng fy (dy, ei etc.) nwylo llithro i ffwrdd, dianc (*Dihangodd y gath rhwng fy nwylo.*) FROM BETWEEN MY HANDS

dwyn *be*
1 lladrata, cymryd heb ganiatâd, cipio eiddo rhywun arall, twgyd (*Mae'r lladron wedi dwyn y cyfan.*) TO STEAL

2 arwain, dod â, hebrwng rhywun neu rywbeth, gorfodi neu ddenu rhywun i ddod (fel y mae'r emynydd yn gofyn *'Pwy a'm dwg i'r Ddinas Gadarn?'*) TO LEAD, TO BRING

3 gwneud, cyflawni (*Mae angen i rywun ddwyn ymgyrch yn erbyn yr holl hysbysebion tybaco.*) TO UNDERTAKE, TO MAKE

4 cludo, cario, symud llwyth o un man i'r llall (*Mae'r dramiau dan ddaear yn dwyn llwythi o lo i wyneb y pwll bob dydd.*) TO CONVEY, TO BEAR

5 cario rhywbeth fel ei fod yn weladwy, arddangos (*dwyn arfau; dwyn baneri mewn protest*) TO DISPLAY

6 bod â theitl neu enw arbennig (*llyfr o garolau yn dwyn y teitl* Awn i Fethlem) TO CARRY, TO BEAR

7 cynhyrchu (ffrwyth neu gnwd), yn ffigurol hefyd (*Rwy'n gobeithio y bydd yr holl gynllunio yma yn dwyn ffrwyth.*) TO BEAR (FRUIT)

8 geni, rhoi genedigaeth i, esgor ar (*Ar ôl cael ein dwyn i'r byd dim ond gofid a gawn—a thamaid bach o sbri!*) TO GIVE BIRTH TO

9 (cyfreithiol) cyflwyno neu osod gerbron ustus neu lys barn (*dwyn achos; dwyn tystiolaeth*) TO BRING (ducpwyd, dug, dwg, dygaf, twgu:twgyd, ymddwyn)

dwyn achau olrhain tras neu achau TO TRACE A PEDIGREE
dwyn adref dod â rhywun neu rywbeth adref TO BRING HOME
dwyn anfri tynnu sarhad neu gerydd ar TO BRING INTO DISREPUTE
dwyn ar gof:dwyn i gof atgoffa TO BRING TO MIND
dwyn cost:dwyn y gost talu TO BEAR THE COST
dwyn cyrch ymosod TO RAID, TO ASSAULT
dwyn i ben gorffen, cyflawni TO BRING TO AN END
dwyn i fyny magu, codi TO BRING UP (CHILDREN)
dwyn swydd llenwi swydd TO BEAR OFFICE

dwyno *be* gw. **difwyno:dwyno**

dwyrain hwn *eg*
1 y cyfeiriad y mae'r haul yn codi EAST
2 un o bedwar prif bwynt y cwmpawd, ar law dde person sy'n wynebu'r gogledd, ar law chwith person sy'n wynebu'r de a gyferbyn â'r gorllewin EAST
3 rhan ddwyreiniol gwlad EAST

y Dwyrain rhan ddwyreiniol y byd, Asia yn arbennig THE EAST, THE ORIENT
y Dwyrain Canol gwledydd Asia i'r gorllewin o India megis Iran, Iraq, Syria ac ati THE MIDDLE EAST
y Dwyrain Pell gwledydd Asia i'r dwyrain o India megis China, Japan ac ati THE FAR EAST
gwynt y dwyrain gwynt sy'n chwythu o'r dwyrain, gwynt traed y meirw EAST WIND

dwyreiniol *a* gair i ddisgrifio rhywbeth:
  1 sy'n perthyn i'r dwyrain neu sy'n nodweddiadol o wledydd y dwyrain EASTERN
  2 sy'n dod o'r dwyrain EASTERN, ORIENTAL
  3 sy'n gorwedd i'r dwyrain o ryw fan arbennig EASTERLY, EASTERN

dwys *a* gair i ddisgrifio rhywun neu rywbeth:
  1 sydd o ddifri, yn ddifrifol *(Mae hwn yn fater pwysig a rhaid meddwl yn ddwys amdano.)* SERIOUS
  2 sy'n drwm neu'n drist o ran teimlad *('yn y dwys ddistawrwydd')* INTENSE

dwysâf *bf* rwy'n **dwysáu**; byddaf yn **dwysáu**

dwysáu *be* gwneud yn fwy dwys, mynd yn fwy dwys TO INTENSIFY, TO DEEPEN

dwysbigo *be* clwyfo i'r byw, brathu'r gydwybod TO PRICK (THE CONSCIENCE)

dwysedd *hwn eg* (dwyseddau) (mewn ffiseg) y berthynas rhwng màs a chyfaint (dwysedd = $\frac{\text{màs}}{\text{cyfaint}}$) DENSITY

dwyster:dwystra *hwn eg* difrifwch, angerdd, dyfnder teimlad SERIOUSNESS, INTENSITY, DEPTH OF FEELING

dwythell *hon eb* (dwythellau)
  1 piben gul o fewn y corff sy'n cludo hylif o'r chwarennau DUCT
  2 unrhyw biben sy'n cario dŵr, nwy, aer neu lein drydan DUCT

dwywaith *adf*
  1 ar ddau dro TWICE
  2 dwbl *(Mae ganddi hi ddwywaith gymaint â mi.)* TWICE, DOUBLE
  nid oes dim dwywaith nid oes unrhyw amheuaeth THERE'S NO TWO WAYS

dy *rhagenw personol*
  1 ail berson unigol, yn eiddo i ti *(dy dŷ du di)*; fe'i dilynir yn aml (fel uchod) gan ti/di THY, YOUR, THINE ('th)
  2 ti *(Rwyf am dy weld cyn i ti fynd i'r ysgol.)* YOU
  Sylwch:
  1 mae *dy* yn troi'n *d'* o flaen llafariad *d'enw, d'annwyl frawd*
  2 mae'r treiglad meddal yn dilyn *dy* bob amser.

dybiwn *bf* fel yn *dybiwn i* sef byddwn i'n **tybio**

dyblau *hyn ell* mwy nag un **dwbl**
  yn fy (dy, ei etc.) nyblau wedi chwerthin cymaint fel bod rhywun yn plygu yn ei hanner TO BE IN STITCHES

dyblu *be*
  1 gwneud yn ddau cymaint eto, lluosi'n ddwbl TO DOUBLE
  2 (am gân neu gerddoriaeth) ailganu TO REPEAT

dyblyg *a* gair i ddisgrifio rhywbeth sydd wedi'i blygu'n ddau, neu yn ei hanner DOUBLED, FOLDED

dyblygion *hyn ell* pethau y mae gennych fwy nag un copi ohonynt DUPLICATES

dyblygu *be* gwneud copi neu gopïau o rywbeth, yn arbennig felly ar ddyblygydd TO DUPLICATE

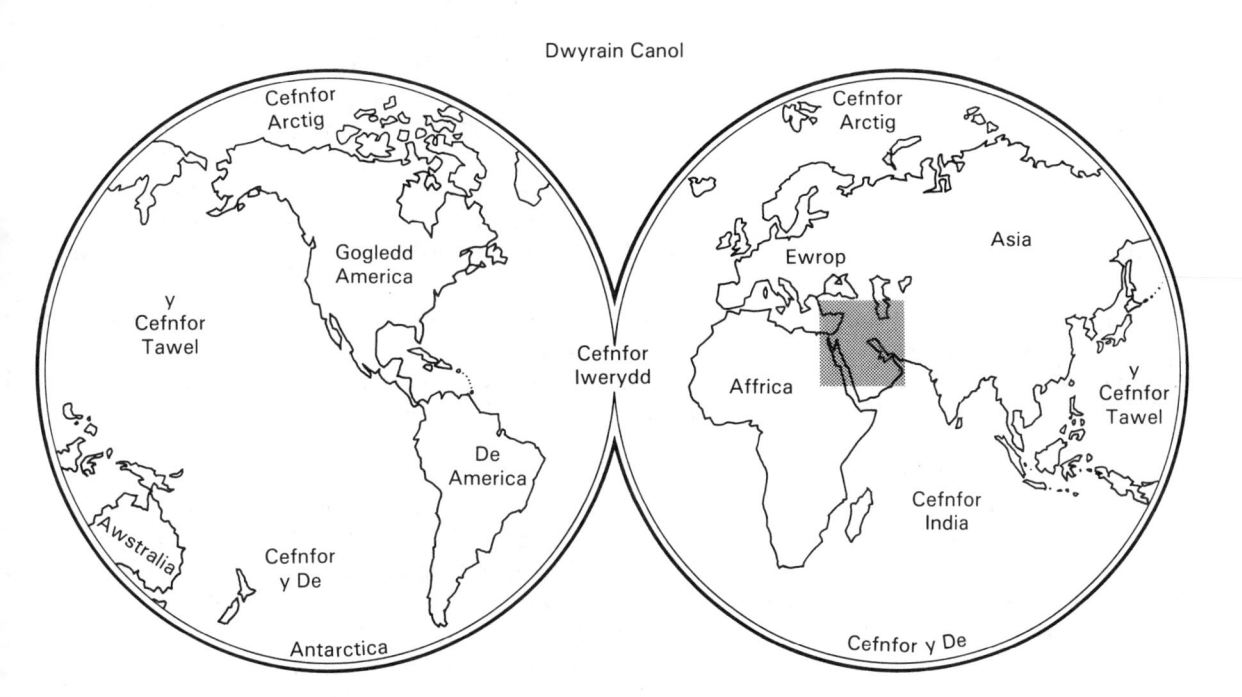

Dwyrain Canol

Cefnfor Arctig
Gogledd America
y Cefnfor Tawel
Cefnfor Iwerydd
De America
Awstralia
Cefnfor y De
Antarctica
Cefnfor Arctig
Ewrop
Asia
Affrica
y Cefnfor Tawel
Cefnfor India
Cefnfor y De

a b c ch d dd e f ff g ng h i j (k) l ll m n o p ph r rh s t th u w y (z)

dyblygydd hwn *eg* peiriant sy'n gwneud copïau o rywbeth ysgrifenedig, argraffedig neu o luniau neu luniadau DUPLICATOR, PHOTOCOPIER

dybryd *a* dychrynllyd, enbyd o ddrwg, gwarthus, arswydus, echrydus ATROCIOUS, DIRE, MONSTROUS

camsyniad:camgymeriad dybryd camsyniad mawr, difrifol A GRAVE ERROR

dycnach:dycnaf:dycned *a* mwy **dygn**: mwyaf **dygn**: mor ddgyn [**dygn**]

dychan hwn neu hon *egb* (dychanau)
1 darn o lenyddiaeth lle y mae bardd, llenor neu ddramodydd yn darlunio ffolineb neu ffaeleddau dynion neu sefydliad mewn ffordd ffraeth a digrif SATIRE
2 llenyddiaeth sy'n beirniadu rhywbeth trwy chwerthin am ei ben SATIRE

dychanol *a* gair i ddisgrifio darn o lenyddiaeth sy'n cynnwys dychan neu lenor sy'n defnyddio dychan; gwatwarus SATIRICAL

dychanu *be* ysgrifennu gan wneud sbort am ben rhywun neu rywbeth; gwawdio, difenwi, difrïo TO SATIRIZE, TO LAMPOON

dychlamu *be*
1 ysboncio, prancio, neidio i fyny, llamu, dawnsio TO LEAP, TO SKIP
2 curo'n gyffrous, dirgrynu (*calon yn dychlamu*) TO THROB, TO FLUTTER

dychmygion hyn *ell* mwy nag un **dychymyg**

dychmygol *a* gair i ddisgrifio:
1 rhywbeth sydd wedi'i ddychmygu, wedi'i ddyfeisio IMAGINARY, FICTITIOUS
2 rhywbeth sy'n llawn dychymyg IMAGINATIVE

dychmygu *be*
1 creu yn y meddwl neu'r dychymyg, dyfeisio, cynllunio (*Gallwch ddychmygu sut le oedd yno.*) TO IMAGINE, TO PICTURE
2 tybio, meddwl heb sail, dyfalu (*Mae hi'n dychmygu fod pawb yn ei herbyn.*) TO IMAGINE, TO FANCY

dychryn[1] hwn *eg* (dychryniadau) braw, ofn mawr, sioc, arswyd FRIGHT, SCARE, TERROR

dychryn[2]**:dychrynu** *be*
1 codi neu hela ofn ar, gyrru braw neu arswyd ar, brawychu TO FRIGHTEN, TO TERRIFY
2 cael ofn, arswydo, ofni TO BE FRIGHTENED, TO DREAD

dychrynllyd[1] *a* gair i ddisgrifio rhywbeth sy'n peri dychryn; brawychus, ofnadwy, echrydus, arswydus DREADFUL, AWFUL, TERRIBLE

dychrynllyd[2] *adf* (ar lafar yn arbennig) dros ben, eithriadol (*Mae'n anodd ddychrynllyd.*) VERY, TERRIBLY, AWFULLY

dychwel[1] hwn *eg* troad yn ôl, mynediad yn ôl, dyfodiad yn ôl, dychweliad RETURN

dychwel[2] *bf* bydd ef/hi yn **dychwelyd**

dychwel[3] *bf* gorchymyn i ti ddychwelyd [**dychwelyd**]

dychwel[4] gw. **dychwelyd:dychwel**

dychweliad hwn *eg* (dychweliadau) y weithred o ddychwelyd, dychwel RETURN

dychwelyd:dychwel *be*
1 troi yn ôl, mynd neu ddod yn ôl TO RETURN
2 anfon yn ôl, rhoi yn ôl (*dychwelyd y llyfr i'r llyfrgell; dychwelyd aelod seneddol mewn etholiad*) TO RETURN

dychymyg hwn *eg* (dychmygion)
1 y gynneddf feddyliol sy'n galluogi dyn i greu darluniau yn y meddwl; crebwyll IMAGINATION
2 y darluniau (dychmygol) a grëir yn y meddwl; rhith, ffugiad FANCY
3 pos, problem RIDDLE

dyd *bf* (ffurf anarferol erbyn hyn) mae ef/hi yn **dodi**; bydd ef/hi yn **dodi**

dydd hwn *eg* (dyddiau)
1 cyfnod o oleuni (o'i gyferbynnu â nos) (*Rwy'n gallu gweld yn y dydd ond nid yn y nos.*) DAY
2 cyfnod o 24 awr o un hanner nos i'r nesaf, yr amser y mae'n ei gymryd i'r Ddaear droi unwaith ar ei hechelin, diwrnod; (dyma'r gair a ddefnyddir gydag enwau dyddiau'r wythnos) DAY
3 diwrnod penodol, diwrnod wedi'i neilltuo i ryw bwrpas arbennig, e.e. *dydd gwaith, dydd gŵyl* DAY
4 oes neu ran o oes person, cyfnod (*Roedd y cwmni'n cael ei redeg yn wahanol iawn yn nyddiau ei dad-cu.*) DAY
5 y cyfnod pan oedd person yn ei anterth, pan oedd ar frig ei allu (*Doedd neb i'w gymharu ag ef yn ei ddydd.*) DAY (beunydd, diwedydd, diwrnod, dwthwn)

canol dydd deuddeg o'r gloch y bore MIDDAY

cario'r dydd yr un ystyr ag **ennill y dydd**

colli'r dydd colli brwydr, gwrthwyneb cario'r dydd TO LOSE THE DAY

dydd Calan diwrnod cyntaf y flwyddyn newydd NEW YEAR'S DAY

dydd da cyfarchiad fel *bore da/nos da* GOOD DAY

dydd Sul y pys diwrnod na ddaw byth THE TWELFTH OF NEVER

Dydd y Farn diwedd y byd pan fydd Duw yn cyhoeddi'i farn ar ddynion THE DAY OF JUDGEMENT

Dydd yr Arglwydd dydd Sul THE LORD'S DAY

ennill y dydd gw. **ennill**

ers llawer dydd:slawer dydd ers amser, amser maith yn ôl, flynyddoedd yn ôl THIS LONG TIME

gyda'r dydd gyda thoriad y wawr AT BREAK OF DAY

liw dydd gw. **lliw**

y dydd heddiw nawr, yr amser yma THE PRESENT DAY

dyddiad hwn *eg* (dyddiadau) y dydd o'r mis (a geir fel arfer ar ddogfen neu lythyr i nodi pryd y cafodd ei ysgrifennu) DATE

dyddiadur hwn *eg* (dyddiaduron)
1 cofnod dyddiol o fywyd person DIARY
2 llyfr â lle i gadw cofnodion ar gyfer pob dydd o'r flwyddyn; dyddlyfr DIARY

dyddiadurwr hwn *eg* (dyddiadurwyr) awdur dyddiadur DIARIST

dyddiau hyn *ell* mwy nag un **dydd**

dyddiau gorau fel arfer yn yr ystyr eu bod wedi mynd heibio *(Mae'r llyfr yma wedi gweld ei ddyddiau gorau.)* PAST (ITS) BEST

hen ddyddiau cyfnod henaint (am berson) OLD AGE

(wedi gweld) dyddiau gwell wedi mynd i gyflwr gwael SEEN BETTER DAYS

dyddiedig *a* gair i ddisgrifio rhywbeth (yn enwedig llythyr) a dyddiad arno DATED

dyddio *be*
1 gwawrio, goleuo TO DAWN
2 rhoi dyddiad ar (lythyr neu ddogfen fel arfer, ond fe all rhywbeth fel gwisg neu ymadrodd hefyd ddangos fod person yn perthyn i gyfnod arbennig) TO DATE
3 ceisio dyfalu pa bryd yr ysgrifennwyd rhywbeth, neu i ba gyfnod y mae rhywbeth yn perthyn TO DATE
4 mynd allan o ffasiwn *(Mae'r het yma'n dechrau dyddio yn barod.)* TO DATE

dyddiol *a* gair i ddisgrifio rhywbeth sy'n ymwneud â diwrnod (arbennig), e.e. *papur dyddiol* yn adrodd ar ddigwyddiadau diwrnod (cymharer â *beunyddiol* sef dydd ar ôl dydd) DAILY

dyddlyfr hwn *eg* (dyddlyfrau) (braidd yn henffasiwn) dyddiadur DIARY

dyddodi *be* (yn ddaearyddol) caniatáu i rywbeth suddo neu ollwng gan adael haen o sylwedd ar ôl *(tywod a llaid a gafodd eu dyddodi gan lifogydd diweddar)* TO DEPOSIT

dyfais hon *eb* (dyfeisiau:dyfeisiadau)
1 teclyn, offeryn, rhywbeth wedi'i greu gan ddyfeisiwr *(Mae fforc yn ddyfais dda iawn i godi bwyd poeth i'r geg heb losgi bysedd na dwyno dwylo.)* DEVICE, GADGET
2 cynllun, cynllwyn, ystryw *(Pa ddyfais fydd gan yr awdur i gael ei arwr allan o'r twll yma, tybed?)* DEVICE, STRATAGEM
3 (mewn herodraeth) darlun a ddefnyddir gan deulu bonedd fel ei arwydd arbennig, pais arfau (HERALDIC) DEVICE

dyfal *a* gair i ddisgrifio rhywun gweithgar, diwyd, dygn, cyson, taer, di-droi'n-ôl *(Os gweithiwch chi'n ddyfal, dylech orffen erbyn amser cinio.)* DILIGENT, PERSISTENT, PAINSTAKING

dyfalbarhad hwn *eg* ymroddiad diflino a chyson *(Dyfalbarhad y crwban, nid ei gyflymder, a enillodd iddo'r ras yn erbyn yr ysgyfarnog.)* PERSEVERANCE

dyfalbarhau *be* dal ati yn gyson, yn ymroddgar ac yn ddi-ildio TO PERSEVERE

dyfaliad hwn *eg* (dyfaliadau)
1 casgliad neu benderfyniad ar sail gwybodaeth anghyflawn, tybiaeth *(Mae rhywbeth yn dweud wrthyf mai Jones yw'r lleidr, ond dim ond dyfaliad yw hyn.)* GUESS, SUPPOSITION
2 mewn darn o farddoniaeth (cywydd yn arbennig) disgrifiad llawn cymariaethau, e.e. disgrifiad Dafydd ap Gwilym o'r ceiliog bronfraith:

> *Pregethwr maith pob ieithoedd,*
> *Pendefig ar goedwig oedd;*
> *Ustus gwiw ar flaen gwiail,*
> *Ystiwart llys dyrys dail;*
> *Athro maith fy nghyweithas,*
> *Ieithydd ar frig planwydd plas.*

dyfalu *be*
1 tybio, ceisio datrys neu gael hyd i ateb, meddwl *(Mae pawb yn ceisio dyfalu beth mae e'n ei wneud yma.)* TO GUESS, TO WORK OUT
2 (mewn barddoniaeth gaeth) disgrifio rhywbeth trwy ei gymharu â llawer o bethau eraill

dyfais (3)

dyfarniad hwn *eg* (dyfarniadau)
  1 penderfyniad gan feirniad ynglŷn â phwy sydd wedi ennill cystadleuaeth; beirniadaeth ADJUDICATION, VERDICT
  2 penderfyniad (e.e. a yw rhywun yn euog neu'n ddieuog) mewn llys barn VERDICT

dyfarnu *be*
  1 penderfynu a chyhoeddi (gan feirniad/feirniaid) pwy sydd yn ennill cystadleuaeth TO ADJUDICATE, TO PRONOUNCE, TO AWARD
  2 rheoli, dehongli a dedfrydu (gêm fel arfer) yn ôl corff penodol o reolau TO REFEREE, TO UMPIRE
  3 barnu, penderfynu (e.e. ai gwir ai gau) ar ôl clywed tystiolaeth mewn llys barn TO GIVE A VERDICT

dyfarnwr hwn *eg* (dyfarnwyr) barnwr sy'n gyfrifol am reoli gêm gystadleuol yn ôl rheolau arbennig y gêm honno, e.e. *dyfarnwr pêl-droed* REFEREE, UMPIRE □ *criced*

dyfeisgar *a* gair i ddisgrifio rhywun sy'n hoff o ddyfeisio, sy'n dda am ddyfeisio, sy'n llawn syniadau INVENTIVE, INGENIOUS, RESOURCEFUL

dyfeisgarwch hwn *eg* y ddawn neu'r gallu i ddyfeisio INGENUITY, INVENTIVENESS

dyfeisiadau:dyfeisiau hyn *ell* mwy nag un ddyfais [**dyfais**]

dyfeisio *be*
  1 cynllunio, creu rhywbeth yn y meddwl (mewn ffordd fedrus) TO DEVISE
  2 creu rhywbeth o'r newydd *(Alexander Graham Bell a ddyfeisiodd y teleffon ym 1876.)* TO INVENT

dyfeisiwr hwn *eg* (dyfeiswyr) un sy'n creu rhywbeth o'r newydd *(Bell oedd enw dyfeisiwr y teleffon.)* INVENTOR

dyflwydd *a* ffurf lafar ar **dwyflwydd**

dyfnach:dyfnaf *a* mwy **dwfn**: mwyaf **dwfn**

Dyfnaint *enw lle* DEVON

dyfnder hwn *eg* (dyfnderoedd:dyfnderau)
  1 y mesur neu'r pellter tuag i lawr *(Mae'r llyn yn 30 metr o ddyfnder.)* DEPTH
  2 y mesur neu'r pellter tuag i mewn neu tuag yn ôl *(dyfnder ogof)* DEPTH
  3 crafftter, gallu meddyliol *(dyfnder meddwl)* PROFUNDITY
  4 (am deimladau neu emosiwn) dwyster, difrifwch, angerdd INTENSITY, SERIOUSNESS

allan o'm ('th, 'i etc.) dyfnder y tu hwnt i'm gallu i'w drafod na'i ddirnad OUT OF ONE'S DEPTH

dyfnder gaeaf adeg oeraf a thywyllaf y gaeaf DEPTHS OF WINTER

dyfnder nos adeg dywyllaf y nos THE DEAD OF NIGHT

o ddyfnder calon â diffuantrwydd a chydymdeimlad FROM THE BOTTOM OF THE HEART

dyfned *a* mor ddwfn [**dwfn**]

dyfnfor hwn *eg* dyfnder y môr, môr dwfn THE DEEP

dyfnhau *be*
  1 gwneud yn fwy dwfn *(Mae angen dyfnhau'r ffynnon er mwyn cael rhagor o ddŵr.)* TO DEEPEN
  2 mynd yn fwy dwfn, dwysáu *(Teimlent y tawelwch yn dyfnhau o'u cwmpas.)* TO GET DEEPER, TO INTENSIFY

dyfnion *a* gair i ddisgrifio mwy nag un peth **dwfn**, e.e. *dyfroedd dyfnion*

dyfod gw. **dod:dŵad:dyfod**

dyfodiad[1] hwn *eg* y weithred o ddod, o gyrraedd A COMING, ARRIVAL

dyfodiad[2] hwn *eg* (dyfodiaid) fel yn yr ymadrodd *newydd-ddyfodiad*, person sydd wedi dod, dyn dŵad NEWCOMER

dyfodol hwn *eg*
  1 yr amser sydd i ddod, sy'n dilyn y presennol *(Mae ein dyfodol yn ddirgelwch.)* FUTURE
  2 yr hyn sydd o flaen rhywun, yr hyn fydd yn digwydd *(Hoffwn ddymuno dyfodol hapus i chi.)* FUTURE
  3 (yn ramadegol) ffurf ar y ferf sydd yn sôn am rywbeth a fydd yn digwydd FUTURE
  4 tebygolrwydd o lwyddiant *(Does dim dyfodol i'r cwmni yma.)* FUTURE

dyfrast hon *eb* dyfrgi/dwrgi benyw

Dyfrdwy *enw afon* DEE

dyfrfarch hwn *eg* (dyfrfeirch) anifail mawr di-flew â chroen tew sy'n byw yn ymyl dŵr yn Affrica; hipopotamws HIPPOPOTAMUS □ *mamolyn*

dyfrgi:dwrgi hwn *eg* (dyfrgwn) anifail o'r un teulu â'r wenci, a blew hir brown a ffwr meddal odano; mae'n defnyddio'i gynffon lydan, gref a'i draed gweog i nofio'n gyflym ac yn ystwyth OTTER (dyfrast) □ *mamolyn*

dyfrhad hwn *eg* y weithred o gludo dŵr (trwy bibellau neu gamlesi) i diroedd sych i hybu tyfiant IRRIGATION

dyfrhau:dyfrio *be*
  1 rhoi dŵr i *(Gofala ddyfrhau'r tomatos cyn i'r haul eu cyrraedd.)* TO WATER
  2 troi dŵr i dir er mwyn hybu tyfiant cnydau TO IRRIGATE
  3 (am y llygaid) llenwi â dagrau TO WATER

dyfrliw:dyfrlliw hwn *eg* (dyfrliwiau)
  1 paent sydd i'w gymysgu â dŵr yn hytrach nag olew WATER-COLOUR
  2 darlun wedi'i beintio â phaent dyfrliw WATER-COLOUR (PAINTING)

dyfrllyd *a* gair i ddisgrifio rhywbeth sydd â llawer o ddŵr ynddo, e.e. *cawl dyfrllyd*, tenau, gwan WATERY

dyfrnod hwn *eg* (dyfrnodau) marc nodweddiadol neu nod (annelwig braidd) sy'n cael ei gynnwys yng ngwead papur gan y gwneuthurwr; gallwch ei weld yn well os rhowch chi olau y tu ôl i'r papur WATERMARK

dyfroedd hyn *ell* mwy nag un **dŵr:dwfr**
  dyfroedd dyfnion helbulon bywyd DEEP WATERS
  mewn dyfroedd dyfnion mewn trafferth IN TROUBLE

dyfrwr hwn *eg* gair sy'n cael ei ddefnyddio am Ddewi Sant ac sy'n cyfeirio at y ffaith mai dim ond dŵr y byddai'n ei yfed

dyfyniad hwn *eg* (dyfyniadau) ailadrodd darn ymadrodd, brawddeg neu bennill a ysgrifennwyd neu a lefarwyd yn wreiddiol gan rywun arall, e.e. *Mae 'Gorwedd llwch holl saint yr oesoedd/A'r merthyron yn dy gôl' yn ddyfyniad o waith D. Gwenallt Jones.* QUOTATION, EXTRACT

dyfynnod hwn *eg* (dyfynodau) y naill neu'r llall o bâr o farciau (" ") neu (' ') yn dynodi cychwyn a diwedd ymadrodd a fynegwyd neu a ysgrifennwyd gan rywun arall QUOTATION MARK

dyfynnu *be* ailadrodd neu ysgrifennu geiriau (brawddeg, paragraff, pennill ac ati) a ysgrifennwyd neu a lefarwyd yn wreiddiol gan rywun arall (er mwyn cadarnhau safbwynt fel arfer) *(Mae'n hoff iawn o ddyfynnu barddoniaeth T. H. Parry-Williams.)* TO QUOTE, TO CITE

dyffryn hwn *eg* (dyffrynnoedd) tir gwastad yn gorwedd rhwng bryniau, ag afon neu nant yn rhedeg trwy ei ganol (mae'n lletach na glyn neu gwm) VALE, VALLEY

dygaf *bf* rwy'n **dwyn**; byddaf yn **dwyn**

dygn *a* gair i ddisgrifio:
  1 rhywun sy'n gweithio'n galed ac yn gydwybodol, dyfal, diwyd, o ddifrif, selog DILIGENT, PERSEVERING
  2 rhywbeth poenus neu ddolurus iawn, tost ofnadwy, yn eithriadol o lym a gofidus *(Bu'n byw mewn angen dygn.)* ACUTE, SEVERE (dycned, dycnach, dycnaf)

dygnwch hwn *eg* diwydrwydd, dyfalbarhad *(Trwy ddygnwch, dyfalbarhad ac aberth y cafwyd yn y diwedd sianel deledu Gymraeg.)* PERSEVERANCE, DILIGENCE

dygwyl hwn *eg* dydd gŵyl, diwrnod arbennig i ddathlu rhyw ddigwyddiad (crefyddol) pwysig neu i goffáu sant FEAST-DAY, FESTIVAL, HOLY-DAY
  Dygwyl Andr(e)as 30 Tachwedd ST ANDREW'S DAY
  Dygwyl Badrig 17 Mawrth ST PATRICK'S DAY
  Dygwyl Dewi Dydd Gŵyl Dewi, 1 Mawrth ST DAVID'S DAY
  Dygwyl Ifan 24 Mehefin MIDSUMMER DAY
  Dygwyl Sain Siôr 23 Ebrill ST GEORGE'S DAY
  Dygwyl y Meirw 2 Tachwedd ALL SOULS' DAY
  Dygwyl yr Holl Saint 1 Tachwedd ALL SAINTS' DAY

dygyfor hwn *eg* ymchwydd (y môr), symudiad y môr a'i donnau SURGE, SWELL

dygymod [**â**] *be* dod i delerau â, dod i dderbyn *(Nid peth hawdd yw dygymod â cholli'ch golwg.)* TO BE RECONCILED TO, TO PUT UP WITH, TO COME TO TERMS WITH

dyngarwch gw. **dyn(-)garwch**

dyhead hwn *eg* (dyheadau)
  1 awydd cryf neu ddymuniad angerddol i gyrraedd rhyw nod ASPIRATION
  2 awydd cryf, cariadus ond trist; hiraeth y galon *(Ei dyhead pennaf oedd cael ei weld ef eto.)* YEARNING, LONGING

dyheu *be*
  1 bod ag awydd cryf neu ddymuniad angerddol i gyrraedd rhyw nod TO ASPIRE
  2 hiraethu'n angerddol, dymuno'n ddwys *(Roedd hi'n dyheu am ei weld ef eto.)* TO LONG FOR, TO YEARN

dyladwy *a* gair i ddisgrifio rhywbeth sy'n cael ei wneud yn y ffordd briodol neu ar yr adeg iawn; gweddus, addas, cymwys, teilwng *(Talwyd iddi deyrnged ddyladwy gan ei chyd-weithwyr.)* DUE, FITTING, SUITABLE

dylai *bf* mae arno ef/hi ddyletswydd gw. **dylu** *

dylanwad hwn *eg* (dylanwadau)
  1 y gallu (neu'r person â'r gallu) i gael effaith ar feddwl rhywun arall, i berswadio rhywun arall *(Mae'n ddylanwad gwael ar y plant.)* INFLUENCE
  2 y gallu i gael pethau wedi'u gwneud trwy gyfoeth, awdurdod, swydd ac ati INFLUENCE
  dan ddylanwad a dylanwad (rhywun neu rywbeth) arno UNDER THE INFLUENCE OF

dylanwadol *a* gair i ddisgrifio rhywun neu rywbeth sy'n meddu dylanwad, sy'n cael dylanwad INFLUENTIAL

dylanwadu [**ar**] *be* cael dylanwad ar, effeithio ar *(A wyt ti'n gallu dylanwadu ar y ffordd y maen nhw'n dewis aelodau'r tîm?)* TO INFLUENCE, TO HOLD SWAY

dylaswn, dylasit, dylasai etc. *bf* mae neu roedd arnaf fi (arnat ti, arno ef/hi etc.) ddyletswydd gw. **dylu** *

dyled hon *eb* (dyledion)
  1 rhywbeth sydd arnoch chi i rywun arall, yr hyn y mae gan rywun hawl iddo *(dyled o £10)* DEBT
  2 y cyflwr o fod arnoch chi rywbeth i rywun *(Rwyf mewn dyled i'r cwmni.)* DEBT

dyledion hyn *ell* mwy nag un ddyled [**dyled**]; hefyd fel yn *maddau i ni ein dyledion,* pechodau SINS, TRESPASSES

dyledus *a* gair i ddisgrifio:
  1 rhywun sy'n ddiolchgar iawn i rywun arall *(Rwy'n ddyledus i'm rhieni am unrhyw lwyddiant yn y maes hwn.)* INDEBTED
  2 rhywbeth dyladwy, iawn, addas, priodol, haeddiannol *(Chafodd hi erioed y clod dyledus am ei rhan hi yn y gwaith.)* PROPER, DUE

a b c ch d dd e f ff g ng h i j (k) l ll m n o p ph r rh s t th u w y (z)

dyledwr

3 rhywbeth sydd heb ei dalu, sydd mewn dyled *(Mae yna swm o £5 yn ddyledus o hyd.)* OWING, PAYABLE, OUTSTANDING

dyledwr *hwn eg* (dyledwyr) un sydd mewn dyled, un y mae arno (arian fel arfer) i rywun arall DEBTOR

dyletswydd *hon eb* (dyletswyddau)
  1 rhywbeth y mae person yn ei wneud am ei fod yn teimlo mai dyna beth sy'n iawn DUTY
  2 yr hyn y mae disgwyl i berson ei wneud fel rhan o'i swydd DUTY
  3 gwasanaeth crefyddol byr i'r teulu naill ai yn y bore neu cyn mynd i'r gwely DEVOTION
  ar ddyletswydd yn gyfrifol am gynnig gwasanaeth, yn gweithio ON DUTY

dyli gw. **dwli:dyli**

dylifiad *hwn eg* (dylifiadau) llif neu lifiad (o ddyfroedd, pobl ac ati), e.e. *dylifiad o fewnfudwyr i ardaloedd cefn gwlad* A FLOWING

dylifo *be* llifo allan yn ddi-rwystr ac yn helaeth, arllwys, ffrydio *(pobl yn dylifo allan o'r maes chwarae ar ôl y gêm)* TO STREAM, TO FLOOD, TO FLOW

dylu* *be* berfenw nad yw'n cael ei ddefnyddio yn awr ond sydd wrth wraidd y ffurfiau sydd wedi goroesi, sef yr amser amherffaith *(dylwn, dylit, dylai, dylem, dylech, dylent)* a'r amser gorberffaith *(dylaswn, dylasit, dylasai, dylasem, dylasech, dylasent).* Fel y Saesneg *ought,* presennol yw *dylwn* o ran ystyr—bod â dyletswydd, bod yn rhwymedig i wneud rhywbeth *(Dylwn fynd i weld beth sy'n bod ar Siân druan.)* OUGHT (dylwn)

dylu gw. **dwlu:dylu**

dyluniad *hwn eg* (dyluniadau)
  1 cynllun, darlun, patrwm o sut i wneud rhywbeth DESIGN
  2 y ffordd y mae rhannau wedi cael eu trefnu mewn cyfanwaith *(Mae dyluniad gwael i'r peiriant hwn.)* DESIGN

dylunio *be* cynllunio, llunio, paratoi patrwm TO DESIGN

dylwn *bf* y mae arnaf ddyletswydd, gw. **dylu***
  Sylwch: erbyn hyn collwyd y gwahaniaeth rhwng *dylwn* a *dylaswn.*

dylyfu gên *be* ymagor, agor y geg yn reddfol pan fo rhywun wedi blino neu wedi syrffedu ar rywbeth TO YAWN

dyma *adf* gwelwch yma, hwn (hon neu'r rhain) yw *(dyma'r dyn)* HERE IS, THIS IS (THESE ARE)

dymchwel:dymchwelyd *be*
  1 troi wyneb i waered, troi rhywbeth drosodd, taflu neu fwrw i lawr (yn ffigurol a chorfforol) *(Mae gwynt wedi dymchwel y cwch. Er ei holl ymdrechion, methodd ddymchwel cred y bobl fod help yn siŵr o ddod.)* TO OVERTURN, TO OVERTHROW, TO DEMOLISH
  2 cwympo, syrthio, troi drosodd, disgyn *(Dyna lanastr! Mae'r gist a'r llestri ynddi wedi dymchwel.)* TO FALL, TO TURN UPSIDE DOWN

dymchweliad *hwn eg* (dymchweliadau) cwymp, y weithred o dynnu i lawr, o orchfygu, o ddistrywio *(dymchweliad cwch; dymchweliad y Llywodraeth; dymchweliad pont beryglus)* AN OVERTURNING, OVERTHROW, DEMOLITION

dymchwelyd gw. **dymchwel:dymchwelyd**

dymuniad *hwn eg* (dymuniadau)
  1 teimlad o eisiau, o ddeisyfu, deisyfiad, awydd, cais DESIRE, WISH
  2 cais i rywbeth gael ei gyflawni trwy hud a lledrith *(Cafodd dri dymuniad gan y wrach.)* WISH
  dymuniadau da (gorau) sêl bendith a gobeithio am bob lles i'r dyfodol BEST WISHES

dymuno *be*
  1 bod ag eisiau, deisyfu, ewyllysio, hiraethu neu ddyheu am *(Rwy'n dymuno mynd i Ffrainc ar fy ngwyliau.)* TO WISH, TO DESIRE
  2 (erbyn hyn mae'r ystyr wedi gwanhau) hoffi, dewis *(Wyt ti'n dymuno dod gyda ni?)* TO LIKE, TO WISH

dymunol *a* gair i ddisgrifio rhywun neu rywbeth i'w ddymuno, hyfryd, hawddgar, braf *(cael diwrnod dymunol ar lan y môr; person dymunol iawn)* PLEASANT, AGREEABLE, DELIGHTFUL

dyn *hwn eg* (dynion)
  1 person gwryw yn ei lawn dwf, aelod gwryw o'r hil ddynol MAN
  2 yr hil ddynol yn gyffredinol *(Ni all dyn fyw ar fara'n unig.)* MAN
  3 gŵr sy'n gweithio, neu filwr *(Mae deg o ddynion oddi tano yn y gwaith.)* MAN
  4 gŵr dewr â barn aeddfed *(Bydd cyfnod yn y fyddin yn dy wneud yn ddyn.)* MAN
  5 gwerinwr, darn symudol ar fwrdd chwarae MAN, PIECE
  6 fel yn *Beth sydd arnat ti, ddyn?* cyfarchiad yn awgrymu cerydd
  7 meidrolyn MORTAL
  dyn a'm ('th, 'i etc.) helpo GOD HELP
  dyn a ŵyr does neb yn gwybod GOODNESS KNOWS
  dyn bara dyn gwerthu bara sy'n dod heibio i'r tŷ fel arfer BAKER
  dyn busnes
  1 dyn sy'n ennill ei fywoliaeth mewn busnes BUSINESS MAN
  2 rhywun effeithiol, sy'n dda am wneud arian BUSINESS MAN
  dyn dieithr person nad ydych yn ei adnabod STRANGER

dyn dŵad newydd-ddyfodiad NEWCOMER
dyn eira dyn wedi'i wneud o eira SNOWMAN
dyn glo dyn gwerthu glo sy'n dod heibio i'r tŷ fel arfer COALMAN
dyn hysbys swyngyfareddwr; un yr oedd pobl gynt yn credu'i fod yn gallu rhag-weld y dyfodol a hefyd wella neu reibio anifeiliaid SOOTHSAYER, WIZARD
dyn llaeth/llefrith dyn gwerthu llaeth sy'n dod heibio i'r tŷ fel arfer MILKMAN
dyn mawr ffefryn, dyn pwysig *(Mae e'n ddyn mawr yn y capel.)* BIGWIG
dyn mewn oed oedolyn ADULT
dyn tân diffoddwr tân, rhywun sy'n cael ei gyflogi i ddiffodd tanau FIREMAN
dyn yr hewl dyn sy'n gweithio ar yr hewl (heol) ROADMAN
dyna *adf* wele, dacw, 'co, hwn/hon/y rhain yw THERE, THAT IS (THOSE ARE)
dyna ddigon dim rhagor THAT'S ENOUGH
dynad gw. **danadl:dynad**
dynamo hwn *eg* (dynamos) peiriant sy'n newid rhyw fath arall o egni yn drydan DYNAMO (eiliadur)
dynan hwn *eg* dyn bach iawn, corrach MANIKIN, GNOME
dyneddon hyn *ell* dynion sy'n nodweddiadol am eu bychander PYGMIES
dynes hon *eb* gwraig, benyw/menyw WOMAN, FEMALE
dynesu [at] *be* dod yn nes at, agosáu, nesáu TO DRAW NEAR, TO APPROACH
dynfarch hwn *eg* (dynfeirch) creadur chwedlonol a chanddo gorff a choesau ceffyl a phen a rhan uchaf corff dyn CENTAUR

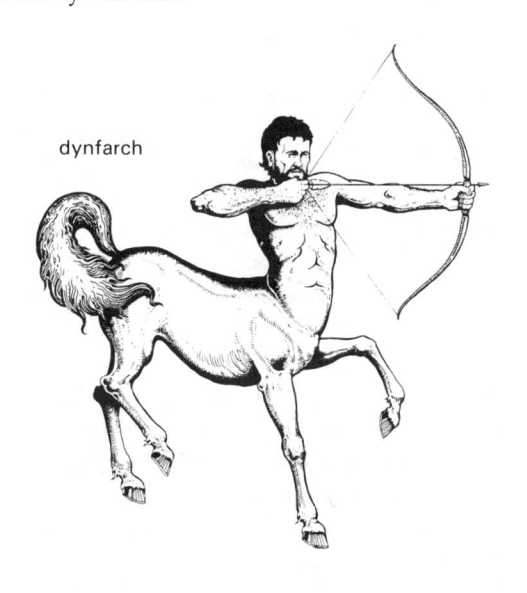

dynfarch

dyngarol *a* gair i ddisgrifio rhywun neu rywbeth sy'n ymarferol garedig, sy'n ymdrechu i helpu trueiniaid, sy'n caru'i gyd-ddyn PHILANTHROPIC, HUMANE
dyngarwch hwn *eg* cariad ymarferol at gyd-ddyn PHILANTHROPY, HUMANITARIANISM
dynion hyn *ell*
1 mwy nag un **dyn** MEN
2 pobl yn gyffredinol *(Ond beth fydd dynion yn ei ddweud?)* FOLK, PEOPLE
dyn-laddiad hwn *eg* digwyddiad lle y mae person wedi cael ei ladd yn anfwriadol gan rywun arall (o'i gyferbynnu â llofruddiaeth lle mae'r lladd yn fwriadol) MANSLAUGHTER
dynn ffurf wedi'i threiglo o **tyn**
dynodi *be* dangos, arwyddo, disgrifio, nodweddu *(Mae'r bys ar y deial yn symud i mewn i'r darn coch, sy'n dynodi fod y peiriant ar fin ffrwydro.)* TO DENOTE, TO INDICATE
dynol *a* gair i ddisgrifio:
1 rhywbeth sy'n nodweddiadol o ddynoliaeth neu natur dyn; meidrol, caredig, seciwlar HUMAN, MORTAL, SECULAR
2 rhywbeth sy'n nodweddiadol o ŵr (o'i gyferbynnu â gwraig neu fachgen); gwrol MANLY
dynoliaeth hon *eb*
1 yr hil ddynol (yn ddynion ac yn wragedd), dynolryw MANKIND, HUMANITY
2 y natur ddynol; caredigrwydd HUMANITY, HUMANENESS
dynolryw:dynol-ryw hon *eb* yr hil ddynol, dynoliaeth (yn ddynion ac yn wragedd) MANKIND
dynwared *be*
1 copïo, efelychu, cymryd rhywun neu rywbeth yn batrwm i'w ddilyn *(Mae'n rhyfedd fel y mae rhai creaduriaid yn gallu dynwared ffurfiau yn yr amgylchfyd sydd o'u cwmpas.)* TO IMITATE, TO COPY
2 efelychu (symudiadau neu ffordd o siarad) person o ran hwyl neu wawd; actio, gwawdio, gwatwar TO MIMIC, TO MOCK, TO IMITATE
dynwarediad hwn *eg* (dynwarediadau)
1 y weithred o ddynwared, o gopïo person IMPERSONATION, IMITATION
2 rhywbeth sy'n gopi; efelychiad slafaidd o rywbeth arall IMITATION, COPY
dynwaredwr hwn *eg* (dynwaredwyr) un sydd â dawn dynwared; actor/actores sy'n arbenigo ar ddynwared golwg, symudiad neu lais pobl eraill IMPERSONATOR, MIMIC
dyodiad hwn *eg* (gair technegol) maint y glaw, eira ac ati sy'n disgyn PRECIPITATION

dyrannu *be* (yn dechnegol) torri (anifail, planhigyn ac ati) yn ddarnau er mwyn ei astudio TO DISSECT

dyrchafael *hwn eg* (yn arbennig yn *Difiau Dyrchafael* neu *Dydd Iau Dyrchafael*) esgyniad (yn arbennig esgyniad Iesu Grist i'r nefoedd ar ôl ei groeshoeliad) ASCENSION (Difiau)

dyrchafiad *hwn eg* (dyrchafiadau) gwelliant mewn safle, swydd ac ati PROMOTION

dyrchafu *be*
1 codi rhywbeth o'r llawr neu i safle uwch nag o'r blaen (*'Dyrchafaf fy llygaid i'r mynyddoedd.'*) TO LIFT UP
2 gosod person mewn safle neu swydd uwch TO PROMOTE

dyrchaif *bf* mae ef/hi yn **dyrchafu**; bydd ef/hi yn **dyrchafu**

dyrchefais *bf* fe wnes i ddyrchafu [**dyrchafu**]

dyrnaid *hwn eg* (dyrneidiau) llond dwrn, llond llaw, nifer fechan HANDFUL

dyrnau *hyn ell* mwy nag un **dwrn**

dyrnfedd *hwn neu hon egb* (dyrnfeddi) lled llaw, mesur tua 0.1 metr (10 centimetr neu 4 modfedd) a ddefnyddir i gyfrif taldra ceffyl HAND

dyrnod *hwn neu hon egb* (dyrnodau)
1 ergyd dwrn; pwniad, clowten PUNCH, CUFF
2 trawiad arf megis cleddyf neu fwyall STROKE
3 (yn ffigurol) loes, anffawd, ergyd BLOW

dyrnu *be*
1 gwahanu'r grawn oddi wrth y gwellt trwy guro'r ŷd (â ffust yn yr hen amser neu â pheiriant heddiw); ffusto TO THRESH
2 curo, pwnio, taro â'r dyrnau TO THRASH, TO BEAT

injan ddyrnu peiriant (henffasiwn) i ddyrnu ŷd, dyrnwr THRESHING-MACHINE

dyrnwr *hwn eg* (dyrnwyr)
1 yn wreiddiol, gŵr a fyddai'n cael ei gyflogi i ddyrnu ŷd â ffust THRESHER
2 peiriant arbennig i ddyrnu ŷd, injan ddyrnu THRESHING-MACHINE

dyro *bf* gorchymyn iti roi [**rhoi**] neu roddi [**rhoddi**]; rho

dyry *bf* (ffurf henffasiwn) mae ef/hi yn **rhoi**; bydd ef/hi yn **rhoi**; rhydd

dyrys *a* gair i ddisgrifio:
1 (tir neu dyfiant) yn llawn o ddrysni, drain a choed mân; gwyllt, heb ei drin WILD, THORNY, ENTANGLED
2 (problem neu gwlwm) astrus, cymhleth, anodd ei ddatrys na'i dirnad INTRICATE, COMPLICATED, PERPLEXING (dryswch)

dysg *hwn neu hon egb* gwybodaeth arbenigol a ddaw yn sgil astudio'n galed, gwybodaeth a drosglwyddir gan athro i'w ddisgybl LEARNING

dysgedig *a* gair i ddisgrifio rhywun sydd wedi dysgu llawer, sydd â llawer o wybodaeth neu ddysg; ysgolheigaidd LEARNED, ERUDITE

dysgeidiaeth *hon eb* yr hyn a ddysgir gan athro neu gan ysgol o feddwl TEACHING, DOCTRINE

dysgl *hon eb* (dysglau) plât mawr, llestr crwn neu hirgrwn â gwaelod gwastad a ddefnyddir i ddal bwyd DISH, PLATTER

cadw'r ddysgl yn wastad cadw cydbwysedd, osgoi cythruddo neb TO KEEP THE BALANCE, TO KEEP EVERYONE HAPPY

dysglaid *hon eb* (dysgleidiau)
1 llond dysgl neu blât PLATEFUL
2 pryd arbennig o fwyd DISH
3 (yn y De) cwpanaid (*dysglaid o de*) CUP OF

dysgu *be*
1 dod i wybod am neu i ddeall (iaith, cangen o ddysg), dod yn fedrus mewn rhyw faes TO LEARN
2 cofio, gwybod rhywbeth ar y cof (*dysgu adnod*) TO LEARN, TO MEMORIZE
3 trosglwyddo gwybodaeth i, rhoi gwersi neu hyfforddiant i, addysgu TO TEACH

dysgu gwers
1 dioddef yn sgil rhywbeth a wnaethoch, gyda'r canlyniad na fyddech yn gwneud yr un peth eto TO LEARN A LESSON
2 gwneud i rywun ddioddef fel na wna'r un peth eto TO TEACH A LESSON

dysgu pader i berson gw. **pader**

dysgwr *hwn eg* (dysgwyr) un sy'n derbyn dysg (yn arbennig un sy'n dysgu siarad Cymraeg) LEARNER

dywaid *bf* mae ef/hi yn **dweud**; bydd ef/hi yn **dweud**; dywed

dywed[1] *bf* mae ef/hi yn **dweud**; bydd ef/hi yn **dweud**; dywaid

dywed[2] *bf* gorchymyn iti ddweud [**dweud**]

dywedaf *bf* rwy'n **dweud**; byddaf yn **dweud**

dywediad *hwn eg* (dywediadau) ymadrodd cofiadwy ac adnabyddus ar lafar gwlad SAYING

dywedwst *a* gair i ddisgrifio rhywun heb fawr ddim i'w ddweud; tawedog, di-sgwrs RESERVED, TACITURN

dywedyd gw. **dweud:dywedyd**

dyweddi *hwn neu hon egb* merch neu lanc sydd wedi cytuno i briodi, darpar ŵr, darpar wraig FIANCÉ, FIANCÉE

dyweddïad *hwn eg* ymrwymiad neu addewid i briodi, cytundeb priodasol ENGAGEMENT

dyweddïo *be* ymrwymo i briodi, cytuno i briodi TO BECOME ENGAGED

E

e gw. **ef**

eang *a* gair i ddisgrifio rhywun neu rywbeth sydd heb ei gyfyngu; helaeth, maith, agored, llydan (ond tra bo *llydan* yn cyfeirio at bellter o un ochr i'r llall, mae *eang* yn cyfeirio at faint mwy cyffredinol) (*gwybodaeth eang, gwastadedd eang o dir, profiad eang*) BROAD, EXTENSIVE, WIDE (ehanged, ehangach, ehangaf)

eangderau *hyn ell* mwy nag un **ehangder**

eangfrydig *a* gair i ddisgrifio rhywun nad yw'n gul ei feddwl, sydd yn barod i gadw meddwl agored, mawrfrydig (*Er yr holl fygythion a phardduo a fu cyn yr ornest focsio, ar ôl iddynt ymladd yr oedd gan yr enillydd agwedd eithaf eangfrydig tuag at ei wrthwynebydd.*) MAGNANIMOUS, OPEN-MINDED

eb gw. **ebe:eb:ebr**

ebargofiant *hwn eg* y cyflwr o fod wedi'i anghofio (*Mae llawer o bobl a fu'n eithaf pwysig yn eu dydd wedi mynd i ebargofiant erbyn heddiw.*) OBLIVION

ebe:eb:ebr *bf* ffurf sy'n cael ei defnyddio yn unig wrth ddyfynnu geiriau a ddywedwyd gan rywun (neu rywrai); meddai ('*Nawr edrychwch yma,*' ebe'r naill wrth y llall.) SAID, QUOTH

ebill *hwn neu hon egb* (ebillion)
  1 erfyn â blaen miniog ar ffurf sgriw fras sy'n cael ei ddefnyddio i wneud twll mewn pren trwy ei sgriwio i mewn i'r coed ac yna'i ddadsgriwio GIMLET, AUGER □ *mynawyd*
  2 erfyn tebyg sy'n ffitio i ddril (trydan neu law) ac sy'n cael ei ddefnyddio i dyllu pren neu wal BIT

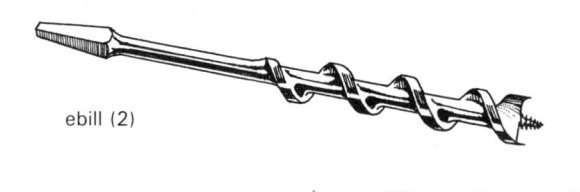

ebill (2)

ebol *hwn eg* (ebolion) cyw ceffyl, ceffyl ifanc iawn, swclyn FOAL, COLT
  ebol asyn/asen asyn (neu asen) ifanc
eboles *hon eb* (ebolesau) ebol benyw, swclen FILLY, FOAL
eboni *hwn eg* pren du, caled sy'n drwm ac yn werthfawr EBONY
ebr gw. **ebe:eb:ebr**
Ebrill *hwn eg* pedwerydd mis y flwyddyn APRIL
  ffŵl Ebrill gw. **ffŵl**
ebrwydd *a* (gair henffasiwn braidd) cyflym, sydyn, heb oedi QUICK

ebychiad *hwn eg* (ebychiadau : ebychiaid) mynegiant byr o syndod a theimladau cryfion, e.e. *Myn brain! Ych a fi! Aw!* EXCLAMATION, INTERJECTION

ebychnod *hwn eg* (ebychnodau) yr atalnod [!] a ddefnyddir i ddynodi ebychiad neu weithiau orchymyn swta ('*Brysia, Mair!*' meddai'i thad.) EXCLAMATION MARK

ebychu *be* lleisio neu ddweud rhywbeth yn sydyn fel arwydd o deimlad dwfn neu syndod TO EXCLAIM, TO INTERJECT

ebyrth *hyn ell* mwy nag un **aberth**

eciwmenaidd *a* gair i ddisgrifio rhywun neu rywbeth sydd o blaid uno'r enwadau a'r eglwysi Cristnogol a geir trwy'r byd ECUMENICAL

eclips *hwn eg* (eclipsau) clip, diffyg ar yr haul neu'r lleuad; diflaniad (llwyr neu rannol) goleuni'r haul pan ddaw'r lleuad rhyngddo a'r Ddaear, neu oleuni'r lleuad pan ddaw'r Ddaear rhyngddi hi a'r haul ECLIPSE

eco *hwn eg* adlais, atsain ECHO

ecoleg *hon eb* astudiaeth o'r berthynas rhwng pobl, planhigion ac anifeiliaid a'u hamgylchfyd ECOLOGY

economaidd *a* gair i ddisgrifio rhywun neu rywbeth:
  1 sy'n ymwneud ag economeg neu'r economi ECONOMIC
  2 ar gyfer gwneud elw (*Rhaid inni godi tâl economaidd am yr hawl i ddefnyddio'r lluniau hyn.*) ECONOMIC

economeg *hon eb*
  1 gwyddor sy'n astudiaeth o'r ffordd y mae diwydiant a masnach yn cynhyrchu ac yn defnyddio cyfoeth ECONOMICS
  2 egwyddorion gwneud elw, cynilo arian a chynhyrchu cyfoeth ECONOMICS

economegwr:economegydd *hwn eg* (economegwyr) un sy'n arbenigo ym maes economeg ECONOMIST

economi *hwn eg* (economïau) y ffordd y mae gwneud elw, cynilo arian a chynhyrchu cyfoeth yn cael eu trefnu mewn gwlad neu ardal arbennig neu mewn cyfnod arbennig ECONOMY

ecsema *hwn eg* anhwylder ar y croen sy'n ei adael yn goch ac wedi chwyddo ECZEMA

ecsentrig *a* gair i ddisgrifio:
  1 (mewn mathemateg) dau neu ragor o gylchoedd sydd wedi cael eu tynnu o ganolbwynt gwahanol i'w gilydd; echreiddig ECCENTRIC (cydganol)
  2 person hynod; un sy'n ymddwyn yn rhyfedd neu'n od neu un a chanddo ddaliadau anarferol ECCENTRIC

echdoe *hwn eg* (ac yn aml fel *adf*) y diwrnod cyn ddoe THE DAY BEFORE YESTERDAY

echdoriad *hwn eg* (echdoriadau) (am losgfynydd neu wyneb yr haul) ffrwydrad sy'n gollwng tân ERUPTION

a b c ch d dd e f ff g ng h i j (k) l ll m n o p ph r rh s t th u w y (z)

echdorri *be* (am losgfynydd neu wyneb yr haul) ffrwydro ac arllwys tân TO ERUPT
Sylwch: dyblwch yr 'r' ym mhob un o ffurfiau'r ferf ac eithrio'r rhai sy'n cynnwys -*as*-.

echdynnu *be* (yn dechnegol) tynnu rhywbeth allan o rywbeth arall gan ddefnyddio peiriant neu adwaith cemegol (*echdynnu halen o ddŵr y môr*) TO EXTRACT
Sylwch: dyblwch yr 'n' ym mhob un o ffurfiau'r ferf ac eithrio'r rhai sy'n cynnwys -*as*-.

echel *hon eb* (echelau:echelydd) y rhoden sy'n mynd trwy ganol olwyn, y bar y mae olwyn yn troi arno AXLE, SPINDLE
bwrw/taflu rhywun oddi ar ei echel tarfu ar rediad llyfn, drysu person TO PUT SOMEONE OFF (BALANCE)

echelin *hon eb* (echelinau) llinell ddychmygol sy'n rhedeg trwy ganol corff sy'n troelli (*Mae'r byd yn troi ar ei echelin.*) AXIS □ alban

echnos *hon eb* (ac yn aml fel *adf*) y noson cyn neithiwr THE NIGHT BEFORE LAST

echreiddig *a* (mewn mathemateg) gair i ddisgrifio dau neu ragor o gylchoedd sydd wedi cael eu tynnu o ganolbwynt gwahanol i'w gilydd; ecsentrig ECCENTRIC (cydganol)

echrydus *a* ofnadwy, arswydus, brawychus, dychrynllyd, erchyll (*canlyniadau echrydus yn yr arholiadau ddiwedd y tymor*) AWFUL, DREADFUL, SHOCKING

edafedd *hyn ell*
1 mwy nag un **edau**
2 yn arbennig y gwlân sy'n cael ei ddefnyddio i wau (KNITTING) WOOL

edau *hon eb* (ac *enw torfol*) (edafedd)
1 llinyn main, tenau o ddefnydd megis cotwm neu sidan wedi'i gyfrodeddu THREAD, YARN, COTTON
2 rhan droellog, finiog sgriw THREAD

edefyn *hwn eg* (edefynnau)
1 edau, un llinyn main, tenau o ddefnydd megis cotwm neu sidan neu wlân wedi'i gyfrodeddu THREAD, YARN
2 unrhyw beth sy'n debyg i edau, megis gwifren denau neu ddarn o we pry copyn ac ati THREAD, FIBRE
3 (yn ffigurol) unrhyw beth sy'n cael ei ystyried yn debyg i linyn neu edau (e.e. llinyn cyswllt, hyd einioes dyn) (*'Duw biau edau bywyd,/A'r hawl i fesur ei hyd'.*) THREAD
4 rhan droellog, finiog sgriw THREAD

edfryd *bf* mae ef/hi yn **adfer**; bydd ef/hi yn **adfer**

edifar *a* fel yn yr ymadrodd *bod yn edifar gan*, bod yn ddrwg gan, edifarhau (TO BE) REPENTANT, (TO BE) SORRY

edifarhau:edifaru *be* bod yn ddrwg gan berson am rywbeth (gweithred ddrwg neu fywyd ofer ac ati) (*Diolch byth na chafodd ei ladd ar ôl gyrru mor wyllt ond bydd digon o amser ganddo yn yr ysbyty i edifarhau am ei ffolineb.*) TO REPENT, TO REGRET

edifeiriol *a* gair i ddisgrifio rhywun sy'n edifar ganddo, sy'n edifarhau REPENTANT

edifeirwch *hwn eg* y cyflwr o fod yn ddrwg gennych am ryw ddrygioni neu dro sâl a wnaethoch REPENTANCE, REMORSE

edling *hwn eg* (hen air) etifedd brenin HEIR APPARENT

edliw *be* dannod, taflu rhywbeth yn nannedd person, atgoffa rhywun am hen fai (*Mae e byth a hefyd yn edliw i mi'r unig dro y digwyddais gael damwain car.*) TO REPROACH

edmygedd *hwn eg* teimlad o hoffter a pharch tuag at rywun neu rywbeth, meddwl uchel (*Roedd pawb yn llawn edmygedd o'i ddewrder.*) ADMIRATION

edmygu *be* teimlo hoffter a pharch tuag at rywun neu rywbeth, meddwl yn uchel o rywun neu rywbeth; mawrygu, clodfori TO ADMIRE, TO ESTEEM

edmygwr:edmygydd *hwn eg* (edmygwyr) un sy'n edmygu, yn arbennig mab sy'n cael ei ddenu gan ferch arbennig (*Mae ganddi lawer o edmygwyr.*) ADMIRER, FAN

edrych *be*
1 gweld a rhoi sylw â'r llygaid, bwrw golwg ar, sylwi ar TO LOOK
2 ymddangos (*Dydy e/o ddim yn edrych yn dda iawn i mi.*) TO LOOK
edrych allan/maes gwylio, edrych yn arbennig (*Mi fydda i'n edrych allan/ma's amdanoch chi ar y teledu.*) TO LOOK OUT FOR
edrych am
1 chwilio am (*Rwyf wedi bod yn edrych amdanoch chi ym mhob man.*) TO LOOK FOR
2 ymweld â (*Cofiwch ddod i edrych amdana i yn yr ysbyty.*) TO SEE, TO VISIT
edrych ar
1 gwylio, sylwi ar (*Edrychwch ar yr annibendod.*) TO LOOK AT
2 ystyried, meddwl (*Rwy'n edrych arni fel mam.*) TO LOOK ON, TO REGARD
edrych ar ôl gofalu am, cadw golwg ar TO LOOK AFTER
edrych dros
1 bod â golwg neu olygfa dros (*Mae'r tŷ yn edrych dros fae Ceredigion ac i'r gogledd.*) TO OVERLOOK
2 bwrw golwg ar, darllen (*Well imi edrych dros fy llinellau unwaith eto cyn yr ymarfer.*) TO LOOK OVER
edrych i fyny/lan edmygu TO LOOK UP (TO)
edrych i lawr bod yn ddirmygus o, dilorni TO LOOK DOWN ON

edrych i mewn i archwilio TO LOOK INTO
edrych maes gw. **edrych allan/maes**
edrych ymlaen disgwyl cael profiad pleserus o rywbeth sydd yn mynd i ddigwydd TO LOOK FORWARD TO
edrych ym myw llygad (rhywun) gw. **byw**
edrych yn gam (ar) gwgu, dangos eich anfodlonrwydd yn y ffordd yr ydych yn edrych TO FROWN UPON
edrychiad hwn *eg* (edrychiadau)
1 y weithred o edrych LOOK, GLANCE
2 golwg yn y llygaid (edrychiad cas) LOOK
edrydd *bf* mae ef/hi yn **adrodd**; bydd ef/hi yn **adrodd**
edwino *be* gwanhau, gwywo, pallu, nychu (*Mae sôn byth a beunydd fod yr iaith Gymraeg yn edwino.*) TO FADE, TO WITHER, TO LANGUISH
edwyn *bf* mae ef/hi yn **adnabod**; adwaen
eddyf *bf* mae ef/hi yn **addef**; bydd ef/hi yn **addef**
e.e. byrfodd er enghraifft FOR EXAMPLE, [e.g.]
ef[1] :e:o:fo *rhagenw personol annibynnol y person gwrywaidd (dyn, bachgen ac ati) neu'r peth gwrywaidd yr ydych chi neu rywun arall yn cyfeirio ato* (*Gwelodd y ferch ef. Ef biau'r tŷ.*) HE, HIM, IT (efe, efô, yntau)
ef[2] :e:o:fo *rhagenw dibynnol ôl sy'n dangos mai dyn, bachgen neu rywbeth gwrywaidd yr ydych yn cyfeirio ato* (*Ei lyfr ef yw hwn. Amdano ef yr oedd yr heddlu'n chwilio.*)
efail gw. **gefail**
efallai *adf* hwyrach, fe all fod (neu beidio) (*Efallai y daw ef, efallai na ddaw.*) PERHAPS, POSSIBLY, MAYBE
efe:efô:fe:fo *rhagenw personol dwbl* ffurf ddyblyg ar y rhagenw *ef* sy'n pwysleisio mae ef ei hun yw ef (*Pwy yw ef? Efe yw capten y tîm.*) HE, HIM (myfi)
efengyl hon *eb* (efengylau)
1 y newyddion da am deyrnas Dduw a bregethwyd gan Iesu Grist a'r Apostolion GOSPEL
2 y gwirionedd (*Mae'r stori amdano yn efengyl, wir iti.*) GOSPEL TRUTH
Efengyl un o'r pedwar fersiwn o fywyd Crist gan Mathew, Marc, Luc ac Ioan yn y Testament Newydd GOSPEL
efengylaidd *a* gair i ddisgrifio rhywun neu rywbeth yn perthyn i fudiad Protestannaidd sy'n gosod pwyslais arbennig ar y Beibl yn hytrach nag ar ddefodau eglwysig EVANGELICAL
efengylu *be* pregethu'r Efengyl, cenhadu TO EVANGELIZE, TO PREACH
efengylwr : efengylydd hwn *eg* (efengylwyr)
1 un o bedwar awdur yr Efengylau (Mathew, Marc, Luc ac Ioan) EVANGELIST

2 pregethwr teithiol, cenhadwr Cristnogol EVANGELIST
3 un sy'n bleidiol i'r mudiad Efengylaidd EVANGELICAL
efeilliaid gw. **gefeilliaid**
efelychiad hwn *eg* (efelychiadau) dynwarediad, rhywbeth sydd wedi'i lunio ar ffurf a llun rhywbeth arall; copi IMITATION
efelychu *be* dynwared, copïo, llunio ar lun a phatrwm rhywbeth arall TO IMITATE, TO EMULATE
efell gw. **gefell**
efo *ardd* (yn y Gogledd) gyda, â, ynghyd â *(A ddewch chi efo mi?)* WITH, TOGETHER WITH
efô gw. **efe : efô**
efrau hyn *ell* mwy nag un **efryn**, math o chwyn sy'n tyfu yng nghanol cnydau megis ŷd TARES
Efrog *enw lle* YORK
Efrog Newydd *enw lle* NEW YORK
efrydiau hyn *ell* astudiaethau, myfyrdodau (yn gysylltiedig ag ysgolheictod a'r brifysgol fel arfer) STUDIES
(Adran) Efrydiau Allanol adran prifysgol sy'n trefnu cyrsiau yn gysylltiedig â'r brifysgol ond y tu allan iddi EXTRA-MURAL DEPARTMENT
efrydydd hwn *eg* (efrydwyr) myfyriwr sy'n astudio mewn coleg neu brifysgol STUDENT
efrydd hwn *eg* person cloff, methedig CRIPPLE, LAME PERSON
efryn hwn *eg* un ymhlith nifer o **efrau**
efydd[1] hwn *eg* metel o liw brown sy'n gymysgedd o gopor ac alcam (tun) neu sinc; pres BRONZE, BRASS
efydd[2] *a* gair i ddisgrifio rhywbeth wedi'i wneud o efydd neu o liw efydd BRASSY
effaith hon *eb* (effeithiau)
1 canlyniad uniongyrchol i ryw achos EFFECT
2 canlyniad sy'n cael ei fynegi trwy'r teimladau neu ym meddyliau person (*Cafodd ei farwolaeth effaith fawr arni.*) EFFECT
effaith tŷ gwydr y cynhesu sy'n digwydd i wyneb y Ddaear oherwydd bod yr holl garbon deuocsid sy'n cael ei ollwng i'r atmosffer wrth inni losgi glo, coed, olew ac ati yn gweithredu fel blanced uwchben y byd GREENHOUSE EFFECT
effeithio [ar] *be*
1 achosi canlyniad neu newid, cael effaith TO HAVE AN EFFECT
2 dylanwadu, achosi newid mewn teimladau TO AFFECT
effeithiol *a* gair i ddisgrifio rhywun neu rywbeth:
1 sy'n cyflawni'r amcan, sy'n creu'r effaith briodol, sy'n dwyn ffrwyth EFFECTIVE
2 sy'n gweithredu'n llyfn a heb unrhyw wastraff; effeithlon EFFICIENT

effeithiolrwydd *hwn eg* y graddau y mae rhywun neu rywbeth yn llwyddo i gyflawni amcanion neu ddwyn ffrwyth EFFECTIVENESS, EFFICACY

effeithlon *a* gair i ddisgrifio rhywun neu rywbeth sy'n gweithredu'n llyfn a heb unrhyw wastraff EFFICIENT

effeithlonrwydd *hwn eg* y graddau y mae rhywun neu rywbeth yn gweithredu heb wastraff na straen EFFICIENCY

effro *a* gair i ddisgrifio rhywun:
1 nad yw'n cysgu, sydd ar ddihun AWAKE
2 nad yw'n rhwydd ei dwyllo, sy'n wyliadwrus, sy'n fywiog ei feddwl *(Mae'n effro i unrhyw gyfle i wneud arian.)* ALERT, VIGILANT

eger[1] ffurf lafar ar **egr**

eger[2] *hwn eg* (egerau) ton uchel o ddŵr sy'n cael ei hachosi gan lanw'r môr yn llifo i fyny afon, e.e. *eger Hafren* BORE

egin *hyn ell*
1 mwy nag un **eginyn**
2 fel rhan gyntaf geiriau megis *egin-fardd, eginbregethwr* am rywun dibrofiad sydd newydd ddechrau ar y gwaith; glas, cyw

egino *be*
1 dechrau tyfu, torri trwy blisgyn yr had, blaguro, impio, glasu TO SPROUT, TO GERMINATE, TO BUD
2 (yn ffigurol) am rywbeth neu rywun sy'n dechrau tyfu neu ddatblygu

eginyn *hwn eg* (egin) tyfiant newydd ar blanhigyn, blaguryn SPROUT, BUD, SHOOT

eglur *a* gair i ddisgrifio rhywbeth plaen, clir, amlwg, hawdd ei weld neu ei ddeall CLEAR, PLAIN, DISTINCT

eglurder *hwn eg* y cyflwr o fod yn eglur, yr ansawdd o fod yn glir; gloywder, disgleirdeb CLARITY, CLEARNESS

eglureb *hon eb* (eglurebau:eglurebion) darlun neu enghraifft mewn geiriau i egluro rhywbeth ILLUSTRATION, EXPLANATION

eglurhad *hwn eg* rhywbeth sy'n egluro, esboniad *(Rwy'n gobeithio bod gennyt eglurhad digonol am golli'r bws ddydd Sadwrn.)* EXPLANATION

egluro *be* gwneud (rhywbeth) yn hawdd ei ddeall, gwneud yn glir; esbonio, dehongli TO CLARIFY, TO EXPLAIN, TO ENLIGHTEN

eglwys *hon eb* (eglwysi)
1 adeilad i gynnal gwasanaethau Cristnogol cyhoeddus ynddo CHURCH
2 addoldy Eglwyswyr (sydd fel arfer yn gysylltiedig â phlwyf) o'i gyferbynnu â chapel yr Anghydffurfwyr CHURCH
3 grym crefydd (o'i gyferbynnu â grym y wladwriaeth) *(Yn rhai o wledydd y byd y mae cryn dyndra rhwng yr Eglwys a'r llywodraeth.)* THE CHURCH
4 Cristnogion ym mhob man wedi'u hystyried yn un corff THE CHURCH

eglwys gadeiriol prif eglwys esgobaeth, yr eglwys lle y cewch gadair neu orsedd yr esgob sy'n gyfrifol am eglwysi'r rhan honno o'r wlad; yng Nghymru mae eglwysi cadeiriol gan yr Eglwys ym Mangor, Llanelwy, Tyddewi, Aberhonddu, Llandaf a Chasnewydd, a chan Eglwys Rufain yng Nghaerdydd, Abertawe a Wrecsam CATHEDRAL

Eglwys Loegr eglwys swyddogol y wladwriaeth yn Lloegr sydd wedi'i sefydlu'n gyfreithiol a Brenin neu Frenhines Lloegr yn bennaeth arni THE CHURCH OF ENGLAND

Eglwys Rufain y gangen fwyaf o'r Eglwys Gristnogol sydd yn cydnabod y Pab yn ben arni THE ROMAN CATHOLIC CHURCH

Eglwys yr Alban yr eglwys Bresbyteraidd yw eglwys swyddogol yr Alban THE CHURCH OF SCOTLAND

yr Eglwys Fore y grwpiau cyntaf o Gristnogion a ddaeth ynghyd yn dilyn marwolaeth Iesu Grist ac y mae peth o'u hanes i'w gael yn llyfrau olaf y Beibl THE EARLY CHURCH

yr Eglwys Uniongred un o nifer o eglwysi yn arbennig yng ngwledydd y dwyrain (e.e. Eglwysi Uniongred Gwlad Groeg a Rwsia) THE ORTHODOX CHURCH

yr Eglwys yng Nghymru datgysylltwyd yr Eglwys yng Nghymru oddi wrth Eglwys Loegr drwy deddf a basiwyd yn 1919 ac a ddaeth i rym ym mis Mehefin 1920 THE CHURCH IN WALES

eglwys

eglwysig *a* gair i ddisgrifio rhywun neu rywbeth sy'n perthyn i neu sy'n nodweddiadol o eglwys ECCLESIASTICAL

eglwyswr hwn *eg* (eglwyswyr) un sy'n mynychu gwasanaethau'r eglwys (o'i gyferbynnu â chapelwr) CHURCH-GOER

eglwyswraig:eglwysreg hon *eb* (eglwyswragedd) merch neu wraig sy'n mynychu gwasanaethau'r eglwys

egni hwn *eg* (egnïon)
1 (am bobl) y cyflwr o fod yn llawn bywyd ac ynni *(Mae gan bobl ifainc lawer mwy o egni na hen bobl.)* ENERGY
2 y grym, nerth, ymdrech ac ati y gellir eu defnyddio wrth weithio *(bwrw arni â'i holl egni)* MIGHT, ENERGY
3 (yn dechnegol) y gallu i wneud gwaith *(Mae gwres yn un ffurf ar egni, ac egni trydanol ac egni niwclear yn ffurfiau eraill.)* ENERGY (joule, ynni)

egnïol *a* gair i ddisgrifio rhywun neu rywbeth sy'n llawn egni, yn llawn ynni; nerthol, bywiog ENERGETIC, VIGOROUS

egr *a* gair i ddisgrifio:
1 rhywun neu rywbeth haerllug, eofn, digywilydd, beiddgar FORWARD, IMPUDENT, CHEEKY
2 tywydd gwyntog, stormus, caled, gerwin ROUGH, STORMY
3 rhywbeth sur, siarp TART, SOUR

egroes hyn *ell* (ac enw torfol) mwy nag un **egroesen** neu **egroesyn**; ffrwyth neu aeron coch y rhosyn gwyllt ROSE-HIPS □ *ffrwythau* t.626

egroesen hon *eb* (egroes) un o gwlwm neu nifer o **egroes**

egroesyn hwn *eg* (egroes) un o gwlwm neu nifer o **egroes**

egwan *a* (gair barddonllyd braidd) gwan, llesg, eiddil, heb nerth, heb ynni, llipa WEAK, FEEBLE, INFIRM, PUNY

egwyd hon *eb* (egwydydd) y twffyn o flew sy'n tyfu ar gefn coes ceffyl yn union uwchben y carn, neu'r chwydd y mae'r blew yma'n tyfu arno FETLOCK, PASTERN □ *ceffyl*

egwyddor hon *eb* (egwyddorion)
1 gwirionedd neu gred gyffredinol sy'n sail i weithrediadau neu ffordd o feddwl *(egwyddor rhyddid barn)* PRINCIPLE
2 (yn dechnegol) deddf naturiol neu wyddonol y mae peiriant neu ddyfais yn gweithio wrthi *(Mae polau piniwn yn defnyddio egwyddorion ystadegaeth i ddarganfod barn trwch y boblogaeth trwy holi sampl bach iawn o bobl.)* PRINCIPLE
3 gweithredoedd teilwng, anrhydeddus *(Mae'n ŵr o egwyddor.)* PRINCIPLE

4 (yn arbennig yn y lluosog) cred mewn gwneud yr hyn sy'n iawn *(Does gan rai pobl ddim egwyddorion o gwbl— maen nhw'n barod i wneud unrhyw beth i gael rhagor o arian.)* PRINCIPLE
5 (yn y lluosog) yr elfennau hanfodol, sylfaenol mewn maes arbennig; y pethau cyntaf y mae'n rhaid i rywun eu dysgu a'u deall RUDIMENTS

mewn egwyddor mewn theori, o ran syniad (o'i gyferbynnu â gweithredu) *(Pan soniais wrth fy nhad am gael parti awyr agored nos Sadwrn, roedd e'n hoffi'r syniad mewn egwyddor, ond yn ofni na fyddai'r tywydd yn ddigon da.)* IN PRINCIPLE

egwyl hon *eb* (egwyliau:egwylion) saib, seibiant, cyfnod byr o orffwys rhwng digwyddiadau neu wersi *(Arhoswn yn awr a chael egwyl o hanner awr.)* BREAK, INTERVAL, INTERMISSION

egyr *bf* mae ef/hi yn **agor**; bydd ef/hi yn **agor**

engan ffurf lafar ar **eingion**

enghraifft hon *eb* (enghreifftiau) un peth, o blith nifer o rai tebyg, sy'n cael ei ddewis i ddarlunio neu esbonio rhywbeth sy'n gyffredin iddynt i gyd; esiampl *(Dangosodd yr athro enghraifft o waith blêr Dafydd i'w dad.)* EXAMPLE

er enghraifft (mae'n cael ei dalfyrru yn e.e.) FOR EXAMPLE, [e.g.]

englyn hwn *eg* (englynion) pennill byr ar fesur arbennig; englyn unodl union, pennill cynganeddol o bedair llinell yn odli â'i gilydd yw'r math mwyaf cyffredin, e.e. 'Dim' gan Gwydderig:

		sillaf
paladr	{ Hen hosan a'i choes yn eisie,—ei brig	(10)
	{ Heb erioed ei ddechre,	(6)
esgyll	{ A'i throed heb bwyth o'r ede—	(7)
	{ Hynny yw dim, onid e?	(7)

engyl hyn *ell* mwy nag un **angel**

ehangach:ehangaf *a* mwy **eang**: mwyaf **eang**

ehangder hwn *eg* (eangderau) helaethrwydd, pellter maith, lle eang, digonedd o le *(edrych trwy'r ffenestr dros ehangder o gaeau gwyrddion)* EXPANSE, BREADTH, STRETCH

ehanged *a* mor **eang**

ehangu *be* gwneud neu dyfu yn fwy, helaethu, lledu TO EXPAND, TO BROADEN, TO EXTEND

ehedeg *be*
1 hwylio trwy'r awyr ar adenydd neu â chymorth peiriant; hedfan TO FLY
2 gwibio neu deithio'n gyflym drwy'r awyr *(cymylau'n ehedeg ar draws y ffurfafen)* TO FLY
3 codi i'r awyr ar ben llinyn *(ehedeg barcud)* TO FLY
4 mynd heibio'n gyflym *(Mae amser yn ehedeg.)* TO FLY

ehediad

5 (am lysiau neu blanhigion) blodeuo, troi'n hadau, hadu *(Mae'r letys wedi 'hedeg—dylem fod wedi'u torri yr wythnos diwethaf.)* TO RUN TO SEED (hed)

ehediad *hwn eg* (ehediaid)
  1 (hen air) aderyn BIRD
  2 y cyflwr o ehedeg, taith mewn awyren *(A gefaist ti ehediad cyffordus?)* FLIGHT

ehedydd *hwn eg* (ehedyddion) aderyn bach brown sy'n nythu mewn cae gwair neu weundir; mae'n hedfan yn uchel, uchel yn yr awyr dan ganu'n llawen LARK □ *adar* t.607

ei[1] *rhagenw personol*
  1 trydydd person unigol, yn eiddo iddo ef neu yn eiddo iddi hi, yn perthyn iddo ef/hi *(ei gap ef, ei chap hi; ei drwyn ef, ei thrwyn hi)* HIS, HER, ITS
  2 ef neu hi *(Rwyf am ei gweld hi nawr, ac rwyf am ei weld ef bore fory.)* HIM, HER, IT
  Sylwch: dylid seinio 'ei' yn 'i'; mae treiglad meddal ar ôl 'ei' (gwrywaidd) *(ei gap ef)* a threiglad llaes ar ôl 'ei' (benywaidd) *(ei chap hi)*; dilynir 'ei' (benywaidd) gan 'h' o flaen llafariad *(ei harian hi)*.

  ei gilydd y naill a'r llall *(Fe gerddon nhw i lawr i'r orsaf gyda'i gilydd.)* ONE ANOTHER, EACH OTHER
  ei hun:ei hunan y person ei hun, ef ei hun, hi ei hun HIMSELF, HERSELF, ITSELF

ei[2] *bf* rwyt ti'n **mynd**; byddi di'n **mynd**

eich *rhagenw personol*
  1 ail berson lluosog (ond mae'n cael ei ddefnyddio ag ystyr unigol i ddynodi parch, neu os nad ydych yn adnabod rhywun yn dda); yr eiddoch chi, yn perthyn i chi *(eich llyfr chi)* YOUR
  2 chi *(Nid wyf yn eich adnabod.)* YOU
  eich dau y ddau ohonoch BOTH OF YOU
  eich hun chi eich hun YOURSELF
  eich hunain chi eich hunain YOURSELVES

eid *bf* gellid **mynd**; byddin yn **mynd**

Eidales *hon eb* merch neu wraig o'r Eidal

Eidalwr *hwn eg* (Eidalwyr) brodor o'r Eidal ITALIAN

eidion *hwn eg* (eidionnau) ych, bustach, tarw ifanc wedi'i ysbaddu BULLOCK
  cig eidion gw. **cig**

eidionyn *hwn eg* (eidionynnau) cylch trwchus o gig sy'n gymysgedd o gig eidion wedi'i falu a rhai bwydydd eraill; wedi'i goginio, mae'n aml yn cael ei fwyta mewn cwgen (rholyn bara) BEEFBURGER

eiddew *hwn eg* planhigyn sy'n dringo (waliau neu goed) ac sydd â dail bythwyrdd gloyw ac iddynt dri neu bump o bigau; iorwg IVY

eiddgar *a* selog, awyddus, awchus, brwdfrydig, tanbaid, angerddol *(Ceisiodd yn eiddgar am unrhyw wybodaeth o gwbl am y testun.)* ZEALOUS, ENTHUSIASTIC, ARDENT

eiddi *rhagenw meddiannol* yn eiddo iddi hi HERS

eiddigedd *hwn eg* teimlad cryf yn erbyn rhywun sydd wedi llwyddo neu sydd â rhywbeth nad oes gennych chi; cenfigen JEALOUSY, ENVY

eiddigeddu *be* cenfigennu (wrth), bod yn llawn eiddigedd tuag at rywun TO BE JEALOUS, TO ENVY

eiddigeddus *a* gair i ddisgrifio rhywun sy'n llawn eiddigedd JEALOUS, ENVIOUS

eiddil *a* gwan, llipa, llesg, methedig, heb fod yn gryf nac yn gadarn FRAIL, WEAK, FEEBLE

eiddilwch *hwn eg* y cyflwr o fod yn eiddil; gwendid FRAILTY, WEAKNESS, FEEBLENESS

eiddo *hwn eg* meddiannau person, yr hyn y mae rhywun yn berchen arno POSSESSIONS, PROPERTY

eiddof fi, eiddot ti, eiddo ef, eiddi hi, eiddom ni, eiddoch chwi, eiddynt hwy *rhagenwau meddiannol* fel yn y ffurf a geir ar ddiwedd llythyr *(yr eiddoch yn gywir; yr eiddot yn bur)* MINE, YOURS, HIS, HERS, OURS, YOURS, THEIRS

Eifftiwr *hwn eg* (Eifftiaid) brodor o'r Aifft EGYPTIAN

eigion *hwn eg* (eigionau)
  1 dyfnder (y môr); perfedd (y ddaear) THE DEEP, DEPTHS
  2 (yn ffigurol) gwaelod, dyfnder *(teimlo rhywbeth o eigion calon)* DEPTHS, BOTTOM

eingion:einion *hon eb* (eingionau) darn trwm o ddur sy'n cael ei ddefnyddio gan y gof i guro metelau gwynias arno; engan ANVIL

eingion:einion, engan

Eingl-Gymreig *a* gair i ddisgrifio rhywun neu rywbeth (llenor neu ddarn o lenyddiaeth fel arfer) sy'n sôn am y traddodiad a'r diwylliant Cymreig yn Saesneg; fel arfer fe aned y llenor yng Nghymru neu mae ganddo gysylltiad agos â'r wlad ANGLO-WELSH

eil[1] *hon eb* (eiliau) y ffordd gul sy'n arwain o'r cefn i flaen

eil capel, eglwys, sinema, awyren ac ati, rhwng rhesi o gorau neu seddau; ystlys AISLE

eil² *hon eb* (eilion) cwt neu sied wrth ochr tŷ *(Rho dy feic yn yr eil.)* SHED

eildwym *a* gair i ddisgrifio rhywbeth sydd wedi cael ei dwymo am yr ail waith *(cawl eildwym)*

eilddydd *hwn eg* fel yn *bob yn eilddydd* bob yn ail ddiwrnod

eiledol *a* gair i ddisgrifio math o gerrynt trydanol sy'n newid ei gyfeiriad yn gyson ac yn aml ALTERNATING (cerrynt)

eilfed *a* ffurf ar **ail** sy'n cael ei defnyddio mewn ffurfiau megis *un-deg-eilfed; saith deg eilfed* etc. SECOND

eiliad *hwn neu hon egb* (eiliadau)
1 cyfnod o amser sy'n cyfateb i $\frac{1}{60}$ o funud SECOND
2 mesur ongl cyfwerth ag $\frac{1}{3600}$ o radd SECOND
3 ysbaid byr o amser, amrantiad SECOND, MOMENT

eiliadur *hwn eg* (eiliaduron) math o ddynamo ar gyfer cynhyrchu trydan eiledol ALTERNATOR

eilio¹ *be* cefnogi cynnig ffurfiol mewn cyfarfod; siarad dros rywbeth ar ôl rhywun arall TO SECOND, TO SUPPORT

eilio² *be* (hen air) llunio, cyfansoddi, plethu (darn o farddoniaeth neu gân) TO FASHION, TO COMPOSE

eilradd *a* gair i ddisgrifio rhywun neu rywbeth:
1 nad yw o'r safon uchaf, ail o ran safon, pwysigrwydd neu deilyngdod *(perfformiad eilradd)* SECOND RATE
2 sy'n perthyn i'r ail radd o ran amser, yr ail ris (o addysg) *(ysgol eilradd)* SECONDARY

eilrif *hwn eg* (eilrifau) unrhyw rif sy'n gallu cael ei rannu'n union gan 2 *(Mae 2, 4, 6, 8, 10 yn eilrifau; odrifau yw 1, 3, 5, ac ati.)* EVEN NUMBER

eilun *hwn eg* (eilunod)
1 delw sy'n cael ei haddoli fel duw IDOL
2 person neu beth sy'n cael ei garu neu ei edmygu'n ormodol *(eilunod o'r byd canu pop)* IDOL

eilunaddoliad *hwn eg* y weithred neu'r arfer o addoli delwau IDOLATRY

eilwaith *adf* drachefn, unwaith eto, am yr ail dro SECOND TIME, AGAIN

yn awr ac eilwaith gw. **awr**

eilydd *hwn eg* (eilyddion)
1 un sy'n eilio (cynnig ffurfiol mewn cyfarfod) SECONDER
2 un (chwaraewr fel arfer) sydd wrth gefn, sy'n barod i gymryd lle rhywun arall RESERVE, SUBSTITUTE

eillio *be* crafu neu dorri blew yn agos iawn at y croen; siafo, siafio TO SHAVE

ein *rhagenw personol*
1 person cyntaf lluosog, yr eiddom ni, yn perthyn i ni *('Ein Tad, yr hwn wyt yn y nefoedd . . .')* OUR

2 ni *(Mae'r prifathro am ein gweld yn ei ystafell.)* US
Sylwch: dilynir 'ein' gan 'h' o flaen llafariad *(ein hysgol ni)*.

einioes *hon eb* (gair barddonol braidd) y cyfnod o amser rhwng geni a marw person; bywyd, oes LIFE, LIFETIME

einion gw. **eingion : einion**

eir *bf* gellir **mynd**

eira *hwn eg*
1 dŵr neu anwedd yn yr awyr wedi rhewi'n grisialau chwe ochrog ac yn disgyn ar adegau oer iawn gan orchuddio'r ddaear yn drwch gwyn SNOW □ *pluen*
2 cwymp neu orchudd o'r deunydd yma SNOW (bwrw, caseg, lluwch, pluen)

eirch *hyn ell* mwy nag un **arch**¹

eirias *a* gair i ddisgrifio:
1 rhywbeth (megis metel) sydd wedi'i dwymo nes ei fod yn loyw; gwynias WHITE-HOT
2 teimladau cryfion; dwys, angerddol BURNING, WHITE-HOT

eirin *hyn ell* mwy nag un **eirinen**
1 ffrwythau â chroen glasddu neu borffor neu goch tywyll neu felyn a chnawd melys o gwmpas carreg yn eu canol PLUMS □ *ffrwythau* t.624
2 aeron BERRIES

eirin duon DAMSONS
eirin duon bach eirin tagu, eirin perthi SLOES
eirin gwlanog PEACHES
eirin gwyrdd GREENGAGES
eirin Mair GOOSEBERRIES
eirin perthi enw arall ar **eirin duon bach**
eirin sych PRUNES
eirin tagu enw arall ar **eirin duon bach**
eirin ysgaw ELDERBERRIES □ *ffrwythau* t.626

eirinen *hon eb* un o nifer o **eirin**

eirio *be* (ffurf y Gogledd) sychu neu grasu dillad TO AIR (CLOTHES)

eiriol *be* ymbil neu bledio dros, erfyn, deisyf, gofyn yn daer, ceisio perswadio ar ran (yn arbennig yn y cyd-destun o ofyn maddeuant am bechodau dros rywun arall) TO ENTREAT, TO BESEECH, TO INTERCEDE, TO PLEAD

eiriolwr *hwn eg* (eiriolwyr) un sy'n eiriol, un sy'n dadlau dros rywun arall MEDIATOR, PLEADER

eirlaw *hwn eg* cymysgedd o law ac eira (a chenllysg) SLEET

eirlithriad *hwn eg* (eirlithriadau) afalans, rhuthr o dunelli o eira, rhew, creigiau ac ati yn syrthio i lawr mynydd AVALANCHE □ t.637

eirlys *hwn eg* (eirlysiau) blodyn bach gwyn sy'n blodeuo yn gynnar iawn yn y gwanwyn (weithiau pan fo eira ar y ddaear); lili wen fach, blodeuyn yr eira SNOWDROP □ *blodau* t.619

eironi *hwn eg*
  1 defnydd o eiriau lle'r ydych yn dweud un peth ond yn golygu'r gwrthwyneb, fel arfer mewn ffordd wawdlyd; coegni (e.e. pan ddywedir 'Dyna un da i siarad' am rywun hollol anaddas) IRONY
  2 sefyllfa neu ddigwyddiad sydd â chanlyniad hollol wahanol i'r hyn y byddech chi'n ei ddisgwyl IRONY
  3 mewn drama, sefyllfa lle y mae'r gynulleidfa yn ymwybodol o rywbeth nad yw'r cymeriadau ar y llwyfan yn gwybod amdano IRONY

eironig *a* gair i ddisgrifio sefyllfa neu ddigwyddiad sy'n llawn eironi *(Mae'n eironig mai ar ôl ennill yr holl arian y dechreuodd pethau fynd o chwith iddo.)* IRONIC

eirth *hyn ell* mwy nag un **arth**

eisiau *hwn eg*
  1 angen, prinder, absenoldeb, diffyg *(Bu'r blodau farw o eisiau dŵr.)* WANT, LACK
  2 tlodi mawr, y cyflwr o fod heb rywbeth *(Mae'r mwyafrif o bobloedd y byd yn byw mewn eisiau.)* NEED, DESTITUTION
  3 y cyflwr o fod â hiraeth ar ôl rhywun *(Rwy'n gweld ei eisiau yn ystod nosweithiau hir y gaeaf.)*
  Sylwch: dylid defnyddio 'ar' bob amser gydag 'eisiau' wrth ysgrifennu *(mae eisiau bwyd arnaf* neu *mae arnaf eisiau bwyd)* er bod ffurfiau megis *dw i eisiau bwyd, mae e eisiau mynd* yn gyffredin ar lafar.
  eisiau bwyd prinder bwyd, newyn *(Mae llawer o wledydd Affrica yn dioddef o eisiau bwyd.)* HUNGER
  yn eisiau yn brin, ar goll *(Mae rhannau o'r llun yn eisiau.)*

eisin[1] *hyn ell* (ac *enw torfol*) mwy nag un **eisinyn** *hwn eg*; us, cibau, plisg neu fasgl allanol y grawn ŷd y mae gofyn cael gwared arnynt cyn malu'r ŷd yn flawd HUSKS

eisin[2] *hwn eg* cymysgedd o siwgr a gwynnwy neu hylif, sy'n cael ei ddefnyddio i orchuddio teisennau ICING

eisoes *adf* yn barod, cyn hyn *(Mae'r trefniadau wedi'u cwblhau eisoes.)* ALREADY

eistedd[1] *be*
  1 bod â'ch pen ôl ar y llawr neu mewn sedd a'ch cefn i fyny, neu'r weithred o osod eich pen ôl i lawr; cymryd sedd TO SIT
  2 (am anifail) pwyso pen ôl y corff ar y llawr TO SIT
  3 (am gorff cyhoeddus) cynnal un neu ragor o gyfarfodydd *(Bydd y llys yn eistedd trwy'r dydd yfory.)* TO SIT
  4 (am aderyn) eistedd ar wyau nes eu bod yn deor TO SIT
  5 gorwedd yn esmwyth (am ddarn o ddillad) *(Nid yw coler y got yma'n eistedd yn iawn.)* TO LIE, TO SIT
  6 sefyll (arholiad) TO SIT (AN EXAMINATION)
  7 (am neuadd neu adeilad) bod â lle i ddal hyn a hyn o bobl *(Mae'r capel yn gallu eistedd cynulleidfa o 250.)* TO SEAT
  8 cael eich llun wedi'i dynnu gan arlunydd TO SIT
  9 bod yn aelod o fwrdd, pwyllgor ac ati *(Mae'n eistedd ar sawl bwrdd rheoli.)* TO SIT

eistedd[2] *hwn eg* y weithred o fod yn eistedd fel yn *ar ei eistedd* SITTING

eisteddfod *hon eb* (eisteddfodau) cyfarfod neu gyfres o gyfarfodydd lle y cynhelir cystadlaethau ac y cynigir, weithiau, wobrau ariannol i enillwyr am ganu, adrodd, barddoni, ysgrifennu, gwaith llaw a chelfyddyd
  Eisteddfod Genedlaethol Frenhinol Cymru gŵyl fawr sy'n cael ei chynnal yn flynyddol ar ddechrau mis Awst am yn ail yn y De a'r Gogledd; mae seremonïau y Gadair, y Goron a'r Fedal Ryddiaith sy'n cael eu trefnu gan Orsedd y Beirdd yn dri o uchafbwyntiau'r Eisteddfod THE ROYAL NATIONAL EISTEDDFOD OF WALES
  Eisteddfod Gydwladol Llangollen er 1947 y mae tref Llangollen wedi denu cantorion a dawnswyr gwerin o bedwar ban byd i gystadlu mewn eisteddfod gerddorol ryngwladol LLANGOLLEN INTERNATIONAL EISTEDDFOD

eisteddfodol *a* gair i ddisgrifio rhywun neu rywbeth sy'n ymwneud ag eisteddfod

eisteddfodwr *hwn eg* (eisteddfodwyr) un sy'n mynychu eisteddfod, mynychwr (brwd) eisteddfodau

eisteddiad *hwn eg* (eisteddiadau)
  1 cyfnod o amser sy'n cael ei dreulio yn eistedd (ar gadair) SITTING
  2 sesiwn, cyfarfod swyddogol o gorff neu sefydliad *(eisteddiad llys)* SITTING
  3 darpariaeth o bryd o fwyd i nifer o bobl yr un pryd *(Disgwylir i'r eisteddiad cyntaf gymryd cinio rhwng 12.00 a 12.30 o'r gloch.)* SITTING

eisteddle *hwn* neu *hon egb* (eisteddleoedd) man eistedd, yn arbennig man lle y gall tyrfa eistedd i wylio gêmau megis criced neu bêl-droed STAND

eitem *hon eb* (eitemau)
  1 un o nifer o bethau mewn rhestr *(Mae chwech o eitemau ar y rhestr siopa yma.)* ITEM
  2 un o'r cyfraniadau ar raglen cyngerdd *(Eitem gerddorol sydd nesaf.)* ITEM
  3 darn o newyddion neu erthygl mewn papur neu gylchgrawn ITEM

eithaf[1] *a* gair i ddisgrifio rhywbeth:
  1 sydd bellaf o'r canol, sydd naill ai ar y dechrau'n deg neu ar y diwedd yn deg *(Ar ôl pwdu â'i gilydd fe aethon nhw i eistedd ar bennau eithaf y fainc, cyn belled oddi wrth ei gilydd ag y gallent.)* EXTREME
  2 y mwyaf posibl, yr uchaf neu'r pennaf o ran gradd neu fesur *(Dim ond llwyddo i ddiffodd y peiriant mewn pryd a*

wnaethant—yr oedd y mesurydd gwres wedi cyrraedd ei fan eithaf.) ULTIMATE, HIGHEST

3 terfynol, olaf, e.e. *y gosb eithaf*, sef dienyddio ULTIMATE

4 (yn ramadegol am radd ansoddair) mwyaf (*'Gorau' yw gradd eithaf 'da' a 'tawelaf' yw gradd eithaf 'tawel'.*) SUPERLATIVE

5 gweddol, purion, heb fod yn ddrwg, cymedrol (*Sut beth oedd y ffilm? O, roedd yn eithaf da.*) QUITE, FAIR

Sylwch: nid yw *eithaf* yn cael ei ddilyn gan y treiglad meddal.

eithaf gwaith â fo (yn y Gogledd) dyna beth mae'n ei haeddu SERVES HIM RIGHT

eithaf gwir perffaith wir QUITE RIGHT

eithaf peth ni fyddai'n beth drwg IT WOULDN'T BE A BAD THING

eithaf² hwn *eg* (eithafoedd:eithafion) terfyn neu ffin bellaf; y pwynt uchaf neu isaf (*Yr unig drafferth yw ei fod bob amser yn mynd â phethau i'r eithaf. Ymdrechodd hyd eithaf ei allu.*) EXTREME, LIMIT, EXTREMITY

eithafoedd y ddaear pen draw'r byd THE ENDS OF THE EARTH

eithafol *a* gair i ddisgrifio rhywun neu rywbeth penboeth, anghymedrol, gormodol, sy'n mynd y tu hwnt i'r hyn sy'n cael ei ystyried yn dderbyniol EXTREME, EXCESSIVE

eithafwr hwn *eg* (eithafwyr) un sy'n mynd i eithafion; penboethyn EXTREMIST

eithin hyn *ell* (ac enw torfol) llwyni bythwyrdd, trwchus a chanddynt ganghennau pigog a blodau melyn llachar GORSE, FURZE, WHIN □ *blodau* t.618

eithinen hon *eb* (eithin) un llwyn neu gangen o **eithin**

eithr cysylltair (gair braidd yn hen a llenyddol ei naws) ond BUT, SAVE THAT

eithriad hon *eb* (eithriadau) un sy'n cael ei adael allan, un gwahanol (*Mae yna eithriad i'r rheol o ddefnyddio 'chi' i ddangos parch : rydym bob amser yn cyfarch Duw fel 'Ti'.*) EXCEPTION

eithriadol *a* gair i ddisgrifio rhywun neu rywbeth sy'n anghyffredin (o dda neu wael ac ati) EXCEPTIONAL, OUTSTANDING

eithrio be cyfrif yn eithriad, gadael allan, peidio â chyfrif TO EXCEPT, TO EXCLUDE, TO EXEMPT

ac eithrio ar wahân (*Mae pawb yn dod ac eithrio'r bobl drws nesaf.*) EXCEPT, EXCLUDING

Sylwch: 'ag eithrio' yw'r ynganiad ond *ac eithrio* yw'r sillafiad cywir.

êl *bf* (pan neu pe) byddo ef/hi yn **mynd**

elain hon *eb* (elanedd) carw ifanc, yn arbennig un bach o deulu'r bwch danas a'r ewig FAWN, DOE □ *carw*

elc hwn *eg* anifail mawr sy'n perthyn i deulu'r carw coch ac a welir yn Ewrop ac Asia a hefyd yng Ngogledd America ELK □ *carw*

electrod hwn *eg* (electrodau) y naill ben neu'r llall o fatri neu ffynhonnell arall o drydan lle y mae'r cerrynt yn ei adael ac yna'n dychwelyd iddo ELECTRODE

electromagnetig *a* gair i ddisgrifio tonnau neu ymbelydredd sydd â nodweddion trydanol a magnetig (e.e. pelydrau X, goleuni, tonnau radio ac yn y blaen) ELECTRO-MAGNETIC

electron hwn *eg* (electronau) tamaid eithriadol o fach o drydan negyddol sy'n teithio o gwmpas niwclews atom ELECTRON □ *atom*

electroneg hon *eb*

1 y gangen honno o wyddoniaeth sy'n ymwneud ag astudiaeth o electronau ELECTRONICS

2 y gangen honno o ddiwydiant sy'n cynhyrchu pethau megis setiau radio, teledu ac ati ELECTRONICS

electronig *a* gair i ddisgrifio:

1 rhywbeth sy'n ymwneud ag electronau ELECTRONIC

2 rhywbeth sy'n ymwneud â chyfarpar sy'n rhedeg ar drydan ELECTRONIC

eleni *adf* y flwyddyn hon THIS YEAR (llynedd)

elfen hon *eb* (elfennau)

1 unrhyw un o dros gant o sylweddau sydd yn cynnwys dim ond un math o atom; allan o'r elfennau hyn, wedi'u cyfuno i greu cyfansoddion gwahanol, y mae popeth materol wedi'i wneud (*Mae ocsygen a hydrogen yn elfennau ond nid dŵr; mae hwnnw'n gyfuniad o'r ddau.*) ELEMENT

2 rhan fechan, ond un sy'n ddigon mawr i fod â dylanwad ar y peth cyfan (*Mae yna elfen o wirionedd yn y peth. Mae'r ddrama'n eithaf da ond y mae elfen o hiwmor yn eisiau.*) ELEMENT, FACTOR, INGREDIENT

3 (yn ôl syniadau'r Oesoedd Canol) un o bedwar defnydd sylfaenol y Greadigaeth sef daear, awyr, dŵr a thân ELEMENT

4 dawn gynhenid, tuedd naturiol tuag at (*Mae ganddo elfen at y gwaith. Mae'r elfen ganu ynddi'n barod.*) APTITUDE

yn fy (dy, ei etc.) elfen wrth fy modd IN MY ELEMENT

Tabl cyfnodol o'r prif elfennau

Rhif Atomig	Enw	Symbol
1	Hydrogen	H
2	Heliwm	He
3	Lithiwm	Li
4	Beryliwm	Be
5	Boron	B
6	Carbon	C

elfen   **elfennau**

Rhif Atomig	Enw	Symbol
7	Nitrogen	N
8	Ocsygen	O
9	Fflworin	F
10	Neon	Ne
11	Sodiwm	Na
12	Magnesiwm	Mg
13	Alwminiwm	Al
14	Silicon	Si
15	Ffosfforws	P
16	Sylffwr	S
17	Clorin	Cl
18	Argon	Ar
19	Potasiwm	K
20	Calsiwm	Ca
21	Scandiwm	Sc
22	Titaniwm	Ti
23	Vanadiwm	V
24	Cromiwm	Cr
25	Manganîs	Mn
26	Haearn	Fe
27	Cobalt	Co
28	Nicel	Ni
29	Copor	Cu
30	Zinc	Zn
31	Galiwm	Ga
32	Germaniwm	Ge
33	Arsenig	As
34	Seleniwm	Se
35	Bromin	Br
36	Krypton	Kr
37	Rwbidiwm	Rb
38	Strontiwm	Sr
39	Ytriwm	Y
40	Zirconiwm	Zr
41	Niobiwm	Nb
42	Molybdenwm	Mo
43	Technetiwm	Tc
44	Rwtheniwm	Ru
45	Rhodiwm	Rh
46	Paladiwm	Pd
47	Arian	Ag
48	Cadmiwm	Cd
49	Indiwm	In
50	Tun	Sn
51	Antimoni	Sb
52	Telwriwm	Te
53	Ïodin	I
54	Xenon	Xe
55	Cesiwm	Cs
56	Bariwm	Ba
57	Lanthanwm	La
58	Ceriwm	Ce
59	Praesodymiwm	Pr
60	Neodymiwm	Nd
61	Promethiwm	Pm
62	Samariwm	Sm
63	Ewropiwm	Eu
64	Gadoliniwm	Gd
65	Terbiwm	Tb
66	Dysprosiwm	Dy
67	Holmiwm	Ho
68	Erbiwm	Er
69	Thwliwm	Tm
70	Yterbiwm	Yb
71	Lwtetiwm	Lu
72	Haffniwm	Hf
73	Tantalwm	Ta
74	Twngsten	W
75	Rheniwm	Re
76	Osmiwm	Os
77	Iridiwm	Ir
78	Platinwm	Pt
79	Aur	Au
80	Mercwri	Hg
81	Thaliwm	Tl
82	Plwm	Pb
83	Bismwth	Bi
84	Poloniwm	Po
85	Astatin	At
86	Radon	Rn
87	Ffranciwm	Fr
88	Radiwm	Ra
89	Actiniwm	Ac
90	Thoriwm	Th
91	Protactiniwm	Pa
92	Uraniwm	U
93	Neptwniwm	Np
94	Plwtoniwm	Pu

elfennau hyn *ell* mwy nag un **elfen**

1 y pethau symlaf, y pethau cychwynnol *(elfennau gwybodaeth)* RUDIMENTS

2 tywydd garw, gwynt, glaw, niwl ac ati *(brwydro yn erbyn yr elfennau)* ELEMENTS

3 y bara a'r gwin sy'n cael eu rhannu mewn gwasanaeth cymun *(Daw'r gweinidog o gwmpas i rannu'r elfennau.)*

a b c ch d dd e f ff g ng h i j (k) l ll m n o p ph r rh s t th u w y (z)

elfennol *a* gair i ddisgrifio rhywun neu rywbeth sy'n ymwneud â mannau cychwyn addysg neu astudio; syml, yn ymwneud ag egwyddorion sylfaenol (testun) *(llawlyfr elfennol; ysgol elfennol* [defnyddir 'cynradd' erbyn hyn am 'ysgol']) ELEMENTARY, RUDIMENTARY

eli *hwn eg* (eliïau) math o feddyginiaeth wedi'i chynnwys o fewn braster i'w rhwbio ar y croen neu ar friw i leddfu poen neu iro'r croen; ennaint OINTMENT, BALM

eli at bob briw am rywun sydd â ffordd o gysuro unrhyw un sydd â phroblem

eli penelin gwaith caled (wrth gaboli, glanhau ac ati) ELBOW-GREASE

eli'r galon rhywbeth yr ydych yn hoff iawn ohono, yn aml te neu faco HEART'S DELIGHT

eliffant *hwn eg* (eliffantod) yr anifail mwyaf ei faint sydd yn byw ar dir sych; mae ganddo drwyn neu drwnc (duryn) hir y mae'n ei ddefnyddio i godi pethau, a dau ysgithr o ifori; ceir dau fath yn y byd: eliffant Affrica yw'r mwyaf a gellir ei adnabod wrth ei glustiau sy'n llawer mwy na chlustiau eliffant India ELEPHANT □ *mamolyn*

eliffantaidd *a* gair i ddisgrifio rhywun neu rywbeth sy'n debyg i eliffant o ran maint neu symudiad; anferth, afrosgo ELEPHANTINE

elin *hon eb* (elinau:elinoedd)
1 cymal canol y fraich rhwng yr arddwrn a'r ysgwydd, penelin ELBOW
2 rhan flaen y fraich rhwng y penelin a'r arddwrn FOREARM □ *corff* t.630

elips *hwn eg* (elipsau) ffurf hirgron, cylch sydd wedi cael ei ymestyn i un cyfeiriad ELLIPSE

elor *hon eb* (elorau) y fframyn sy'n cael ei ddefnyddio i gario arch arno at lan y bedd BIER

elusen *hon eb* (elusennau)
1 y weithred o roi (arian neu angenrheidiau) i'r tlawd a'r anghenus CHARITY, ALMS
2 corff neu gymdeithas sy'n helpu'r tlawd a'r anghenus (e.e. trwy roi arian iddyn nhw) CHARITY

elusengar *a* gair i ddisgrifio rhywun neu rywbeth parod ei elusen; hael, cymwynasgar CHARITABLE, BENEVOLENT

elusennol *a* gair i ddisgrifio rhywbeth:
1 sy'n ymwneud â gwasanaethu'r anghenus a'r tlawd CHARITABLE
2 nad yw'n bod er mwyn gwneud elw, sydd wedi'i gofrestru fel elusen CHARITABLE

elw *hwn eg* (elwau) enillion ariannol mewn llaw pan fydd yr hyn yr ydych yn ei dderbyn am rywbeth yn fwy na'r hyn y mae wedi'i gostio ichi; budd *(Gwnaeth yr ysgol elw o £1,000 o'r cyngerdd.)* PROFIT, GAIN, PROCEEDS

ar fy (dy, ei etc.) elw yn eiddo imi, yn perthyn imi *(Rwy'n byw yma ar fy mhen fy hun heb ddim ar fy elw.)*
bod ar fy (dy, ei etc.) elw elwa TO PROFIT, TO GAIN

elwa *be*
1 gwneud elw o rywbeth TO PROFIT
2 derbyn budd neu gymorth *(Roedd pawb yn teimlo eu bod wedi elwa ar y cyfarfod a gynhaliwyd ar y cyd rhwng yr athrawon a'r rhieni.)* TO BENEFIT, TO PROFIT

elwach *a* callach, gwell, ar fy (dy, ei etc.) ennill *(Nid wyf damaid elwach ar ôl bod yn y cyfarfod.)* WISER, BETTER OFF

elwlen *hon eb* (elwlod) un o'r ddwy chwarren yn y corff sy'n rhannu'r carthion a'r dŵr oddi wrth y gwaed; aren KIDNEY

elyrch *hyn ell* mwy nag un **alarch**

elltydd *hyn ell* mwy nag un **allt**

ellyll *hwn eg* (ellyllon) ysbryd drwg, cythraul, bwbach, bwgan FIEND, DEMON

ellyn *hwn eg* (ellynnau:ellynnod) offeryn miniog i eillio blew ar groen; rasal RAZOR

embargo *hwn eg* gwaharddiad swyddogol rhag cyflawni rhyw weithred, yn arbennig ynglŷn â symudiad llongau neu fasnach EMBARGO

embryo *hwn eg* babi neu gyw unrhyw greadur cyn y geni neu cyn iddo ddeor o'r wy; am dri mis cyntaf ei ddatblygiad gelwir wy dynol wedi'i ffrwythloni yn embryo; wedi hynny, pan fydd yn dechrau edrych fel babi, bydd yn cael ei alw'n ffetws EMBRYO

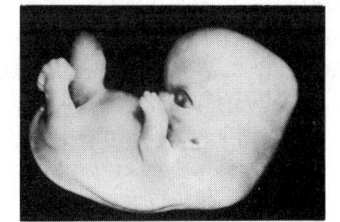

embryo

emosiwn *hwn eg* (emosiynau)
1 teimlad cryf, greddfol *(Mae cariad, casineb a galar yn emosiynau.)* EMOTION
2 dwyster neu gryfder teimlad *(Roedd ei araith yn llawn emosiwn.)* EMOTION

emosiynol *a* gair i ddisgrifio rhywun neu rywbeth sy'n ymwneud â'r emosiynau neu sy'n llawn emosiwn EMOTIONAL

emrallt[1] *hwn eg* maen gwerthfawr o liw gwyrdd gloyw EMERALD

emrallt[2] *a* lliw gwyrdd gloyw (yn debyg i'r maen) EMERALD-GREEN

emwlseiddio:emwlsio *be* troi yn emwlsiwn TO EMULSIFY

emwlsiwn hwn *eg* cymysgedd o ddau hylif (neu ragor) nad ydynt yn ffurfio toddiant; mae dafnau bychain o'r naill wedi'u gwasgaru'n gyson trwy'r llall i wneud hylif trwchus tebyg i hufen EMULSION

emyn hwn *eg* (emynau) darn o farddoniaeth grefyddol sy'n moli Duw ar ffurf penillion addas i'w canu HYMN (cymanfa)

llyfr emynau gw. **llyfr**

emyn-dôn hon *eb* tôn y mae geiriau emyn yn cael eu canu arni; gan amlaf y mae wedi'i chynganeddu ar gyfer pedwar llais HYMN-TUNE

emynydd hwn *eg* (emynwyr) gŵr sy'n cyfansoddi (geiriau) emynau HYMN-WRITER

emynyddes hon *eb* (emynyddesau) gwraig sy'n cyfansoddi (geiriau) emynau

enaid hwn *eg* (eneidiau)
1 yn ôl Cristnogion, rhan ysbrydol person (o'i chyferbynnu â'r rhan gorfforol); credir bod yr enaid yn goroesi ar ôl i'r corff farw SOUL
2 person; rhywun sy'n cael ei garu *(Welais i'r un enaid byw. Roedd y bardd R. Williams Parry yn hoff o gerdded ar hyd y Lôn Goed yng nghwmni 'enaid hoff, cytûn'.)* SOUL

enamel hwn *eg* (enamelau)
1 sylwedd tebyg i wydr sy'n cael ei ddefnyddio i addurno neu ddiogelu wyneb metel neu lestr pridd; owmal ENAMEL
2 yr wyneb llyfn, caled sydd ar ddannedd ENAMEL

enbyd:enbydus *a* gair i ddisgrifio rhywbeth eithriadol o beryglus neu lym; arswydus, dychrynllyd, garw, tost, niweidiol *('Antur enbyd' oedd taith Madog ar draws y môr i America, yn ôl y bardd Ceiriog.)* PERILOUS, GRIEVOUS

enbydrwydd hwn *eg* y cyflwr o fod yn enbyd; perygl, arswyd, dychryn, llymder *(Doedd neb yn sylweddoli gwir enbydrwydd y sefyllfa.)* PERIL, GRIEVOUSNESS, SERIOUSNESS

encil hwn *eg* (encilion) lle diogel y gallwch ddianc iddo; lloches RETREAT, REFUGE

caru'r encilion osgoi cyhoeddusrwydd

encilio *be* cilio'n ôl, ymadael, tynnu'n ôl, mynd ymaith *(Ar ôl holl bwysau gwaith yr wythnos roedd yn falch o gael encilio i'r wlad dros y Sul.)* TO RETREAT, TO WITHDRAW

eneidiau hyn *ell* mwy nag un **enaid**

eneiniad hwn *eg* fel yn yr ymadrodd *ag eneiniad* sef ag arddeliad ac ysbrydoliaeth arbennig INSPIRATION

eneiniau:eneintiau hyn *ell* mwy nag un **ennaint**

eneinio *be* taenu ennaint dros rywun, iro ag ennaint yn arbennig fel defod grefyddol TO ANOINT

enfawr *a* gair i ddisgrifio rhywbeth mawr iawn; dirfawr, anferth, aruthrol ENORMOUS, IMMENSE, COLOSSAL

enfyn *bf* mae ef/hi yn **anfon**; bydd ef/hi yn **anfon**

enfys hon *eb* (enfysau) bwa'r arch; bwa o liwiau gwahanol sy'n ymddangos weithiau yn yr awyr, yn arbennig ar ôl cawod o law, pan fydd y gwahanol liwiau a geir yng ngolau gwyn yr haul yn cael eu gwahanu'n fioled, indigo, glas, gwyrdd, melyn, oren a choch RAINBOW □ *lliw* t.622

enfys y llygad y cylch o liw a geir yn y llygad o amgylch y gannwyll; glas y llygad IRIS

engrafiad hwn *eg* (engrafiadau) darlun wedi'i argraffu o lun (neu destun) wedi'i dorri i mewn i bren, carreg neu fetel ag erfyn miniog ENGRAVING (ysgythriad)

enhuddo gw. **anhuddo:enhuddo**

enillaf *bf* rwy'n **ennill**; byddaf yn **ennill**

enillion hyn *ell*
1 arian neu eiddo sydd wedi cael eu hennill WINNINGS, SPOILS
2 cyflog neu dâl EARNINGS

enillwr:enillydd hwn *eg* (enillwyr) un sydd wedi ennill neu sy'n debyg o ennill WINNER

enllib hwn *eg* (enllibion)
1 hanes neu adroddiad sydd yn fwriadol ac yn gelwyddog yn pardduo cymeriad person neu'n ceisio tanseilio'i enw da SLANDER (ar lafar), LIBEL (yn ysgrifenedig)
2 datganiad cyffelyb sy'n drosedd gyfreithiol SLANDER, LIBEL, DEFAMATION

enllibio *be* pardduo cymeriad person neu danseilio'i enw da yn gelwyddog TO SLANDER, TO LIBEL

enllibus *a* gair i ddisgrifio rhywun neu rywbeth sy'n enllibio, sy'n llawn enllib SLANDEROUS, LIBELLOUS, DEFAMATORY

ennaint hwn *eg* (eneiniau, eneintiau) eli, math o feddyginiaeth yn gymysg â braster i'w rwbio ar y croen neu ar friw OINTMENT, SALVE, LINIMENT

ennill[1] *be*
1 bod yn gyntaf neu'n orau (mewn ras, cystadleuaeth, gornest ac ati) TO WIN
2 perchenogi fel canlyniad i lwyddiant (mewn ras, cystadleuaeth ac ati) *(Enillodd daith i ddau i'r Almaen yn y raffl.)* TO WIN
3 cario'r dydd mewn brwydr *(Pwy enillodd y Rhyfel Byd Cyntaf?)* TO WIN
4 cyflymu (am gloc neu wats) TO GAIN
5 derbyn (arian) trwy weithio *(Mae'n ennill cyflog eithaf da.)* TO EARN
6 cael neu sicrhau rhywbeth sydd o fantais ichi *(ennill gradd prifysgol)* TO GAIN, TO OBTAIN
7 cynyddu mewn nerth neu brofiad TO GAIN
8 llwyddo i ddenu serch neu i berswadio rhywun i

ennill dderbyn cred neu safbwynt arbennig; darbwyllo, argyhoeddi *(Wedi inni ennill calonnau'r gynulleidfa, rhaid inni geisio ennill eu meddyliau eu hogystal.)* TO GAIN, TO WIN (enillaf)
Sylwch: ac eithrio 'ennill ef/hi' nid oes angen dyblu'r 'n' yn ffurfiau'r ferf.

ennill fy (dy, ei etc.) mara ennill fy mywoliaeth TO EARN ONE'S LIVING

ennill fy (dy, ei etc.) mhlwyf gw. **plwyf**

ennill fy (dy, ei etc.) nhamaid ennill fy mywoliaeth TO EARN ONE'S LIVING

ennill pwysau tewhau TO PUT ON WEIGHT

ennill tir symud ymlaen, llwyddo'n raddol TO GAIN GROUND

ennill y dydd bod yn fuddugol, cario'r dydd TO WIN THE DAY

ennill² hwn *eg* fel yn *ar fy ennill*, budd, lles (TO MY) ADVANTAGE, BENEFIT

ennyd hwn neu hon *egb* ysbaid (fer fel arfer ond hwy weithiau) o amser WHILE

ennyd awr ysbaid o awr

ennyn *be*
1 cynnau, cychwyn tân TO KINDLE, TO IGNITE, TO LIGHT
2 cyffroi, cynhyrfu, achosi (teimladau cryf) *(ennyn serch; ennyn chwilfrydedd; ennyn diddordeb)* TO KINDLE, TO FIRE, TO AWAKEN (enynnaf)
Sylwch: ac eithrio 'ennyn ef/hi' nid oes angen dyblu'r 'n' ar ddechrau'r gair; ond cofiwch fod angen dyblu'r 'n' ar y diwedd ym mhob un o ffurfiau'r ferf ac eithrio'r rhai sy'n cynnwys -*as*-, e.e. *enynnodd, enynnais* ond *enynasoch*.

ensyniad hwn *eg* (ensyniadau) awgrym anuniongyrchol, trwy gwestiwn neu weithred, fod rhywbeth o'i le neu fod rhywbeth yn bod INSINUATION, INNUENDO

ensynio *be* lled-awgrymu, awgrymu'n anuniongyrchol (rywbeth cas neu annymunol am rywun neu rywbeth fel arfer) TO INSINUATE

entrych hwn *eg* (entrychion) uchelder yr awyr uwch eich pen, ffurfafen, uchder y nen *(Saethodd y roced fry i'r entrychion.)* ZENITH, HEAVENS

enw hwn *eg* (enwau)
1 y gair (neu'r geiriau) y mae rhywun neu rywbeth yn cael ei adnabod wrtho/wrthynt *(John Jones yw fy enw i, beth yw'ch enw chi?)* NAME
2 cymeriad dyn neu'r farn gyffredinol am berson neu gwmni ac ati *(Mae ganddo enw da fel crydd.)* REPUTATION
3 (yn ramadegol) gair sy'n enwi person, peth, ansawdd, digwyddiad ac ati, ac sy'n gallu bod yn oddrych neu'n wrthrych i'r ferf; yn y Gymraeg y mae pob enw unigol naill ai'n fenywaidd neu'n wrywaidd, ac yn y geiriadur hwn mae enw'n cael ei ddilyn gan '*hwn eg*', '*hon eb*', '*hwn a hon egb*', '*hyn ell*' neu '*enw torfol*' NOUN

enw barddol enw a ddefnyddir gan berson pan fydd yn ysgrifennu neu'n perfformio ac sydd fel arfer yn fwy cofiadwy na'i enw iawn *('Gwenallt' oedd enw barddol David James Jones.)*

enw bedydd enw cyntaf person, yr enw (neu'r enwau) sy'n dod o flaen ei gyfenw CHRISTIAN NAME

enw da barn gyffredinol ffafriol ar gymeriad person neu safon gwaith rhywun neu rywbeth REPUTATION, GOOD NAME

enw drwg barn gyffredinol isel ar gymeriad person neu safon gwaith rhywun neu rywbeth (BAD) REPUTATION

enw lle PLACE-NAME

enw priod enw ar le neu berson unigol sy'n cael ei ysgrifennu gan gychwyn â phrif lythyren *(Mae 'Elen' a 'Caerdydd' yn enwau priod.)* PROPER NOUN

enw torfol enw unigol yn dynodi casgliad o bethau (e.e. had) COLLECTIVE NOUN

mewn enw (am rywun neu rywbeth) nad yw'n gweithredu nac yn cyflawni dim *(Dim ond mewn enw y mae'n aelod o'r capel; fydd e byth yn mynd yno.)* IN NAME

yn enw trwy awdurdod *(yn enw'r Tad a'r Mab a'r Ysbryd Glân)* IN THE NAME OF
Sylwch: mae 'yn enw' yn troi'n 'neno' ar lafar mewn ebychiadau neu regfeydd, e.e. *neno'r tad*.

enwad hwn *eg* (enwadau) grŵp crefyddol (Ymneilltuwyr fel arfer) sy'n arddel yr un credoau neu ddaliadau *(Mae'r Methodistiaid, y Bedyddwyr a'r Annibynwyr yn enwau ar rai o'r enwadau yng Nghymru.)* DENOMINATION

enwadol *a* gair i ddisgrifio rhywun neu rywbeth sy'n perthyn i enwad neu i'r enwadau DENOMINATIONAL

enwadur hwn *eg* (enwaduron) y rhif dan y llinell mewn ffracsiwn DENOMINATOR

enwaedu *be* torri ymaith y croen ar flaen y penis TO CIRCUMCISE

enwebu *be* enwi person (neu gynnig ei enw) yn ymgeisydd (am swydd neu ar gyfer etholiad) TO NOMINATE

enwedig *a* fel rheol yn y ffurf *yn enwedig*, yn arbennig, yn neilltuol, yn fwy na'r cyffredin ESPECIALLY, PARTICULARLY

enwi *be*
1 rhoi enw i neu ar (rywun neu rywbeth); galw *(Maen nhw'n mynd i enwi'r babi ar ôl pob aelod o dîm rygbi buddugol Cymru!)* TO NAME, TO CALL
2 adnabod, gwybod enwau *(Wyt ti'n gallu enwi'r ceir yma i gyd?)* TO NAME

enwog *a* gair i ddisgrifio rhywun neu rywbeth adnabyddus iawn, y mae llawer o sôn amdano; cofiadwy (am ddrygioni yn ogystal â daioni) *(A ellwch chi enwi gŵr*

enwogion *a oedd yn enwog am ei drwyn mawr?)* FAMOUS, NOTED, CELEBRATED (enwoced, enwocach, enwocaf)

enwogion hyn *ell* pobl enwog *('gwlad beirdd a chantorion, enwogion o fri')* CELEBRITIES

enwogrwydd hwn *eg* y cyflwr o fod yn enwog, o fod yn adnabyddus iawn, o fod â llawer o sôn amdanoch FAME, RENOWN

enwol *a* (yn ramadegol) gair i ddisgrifio cyflwr sy'n dangos bod gair neu gymal yn oddrych berf NOMINATIVE

enwyn hwn *eg* fel yn *llaeth enwyn*, yr hylif sy'n weddill ar ôl gwneud menyn allan o laeth/llefrith BUTTERMILK

enynnaf *bf* rwy'n **ennyn**; byddaf yn **ennyn**

eofn:eon *a*
1 dewr, mentrus, beiddgar, di-ofn DAUNTLESS, DARING, BOLD
2 digywilydd, rhyfygus, hyf i fanteisio ar adnabyddiaeth neu gyfeillgarwch PRESUMPTUOUS, FORWARD, CHEEKY

eog hwn *eg* (eogiaid)
1 pysgodyn mawr â chen ariannaidd a chnawd pinc blasus; mae'n treulio'r rhan fwyaf o'i oes ym moroedd y Gogledd ond yn dychwelyd i afonydd i fwrw grawn neu sil; gleisiad SALMON □ *pysgod* t.628
2 cnawd y pysgodyn hwn SALMON

eos hon *eb* (eosiaid)
1 aderyn bychan sy'n perthyn i deulu'r robin goch ac sy'n ymweld â Phrydain o wledydd trofannol Affrica ym mis Ebrill; mae'n enwog am ei gân bersain sydd ar ei gorau fin nos NIGHTINGALE
2 enw a fyddai'n cael ei ddefnyddio yn aml fel enw barddol gan fardd neu gerddor *('Eos y Pentan' yw teitl y stori gyntaf yn Storïau'r Henllys Fawr.)*

epa hwn *eg* (epaod) mwnci mawr digynffon (megis gorila neu tsimpansî) sy'n perthyn agosaf i ddyn o holl anifeiliaid y byd APE

epig[1] *a* gair i ddisgrifio straeon, digwyddiadau, ffilmiau ac ati sy'n llawn cyffro a dewrder; arwrol *(brwydr epig un genedl fach yn erbyn ei holl wrthwynebwyr)* EPIC, HEROIC

epig[2] hon *eb* cerdd sy'n adrodd hanes campau arwr neu arwyr EPIC

epigram hwn *eg* (epigramau) pennill neu gwpled neu ymadrodd cryno, ffraeth a doeth (e.e. *'Buan y denir annoeth,/Yn ara' deg y daw'r doeth'*. T. Llew Jones) EPIGRAM

epil hwn *eg* plant, disgynyddion, rhai ifainc neu rai bach, hil OFFSPRING, PROGENY, BROOD

epilepsi hwn *eg* anhwyldeb nerfol sy'n achosi llewygu a symudiadau dirdynnol o'r corff EPILEPSY

epileptig *a* gair i ddisgrifio rhywun sy'n dioddef o epilepsi neu rywbeth sy'n cael ei achosi gan epilepsi EPILEPTIC

epilio *be* cenhedlu, atgynhyrchu creaduriaid byw, dod â rhai bach TO BREED

epilog hwn *eg*
1 diweddglo neu ran olaf drama neu ddarn o lenyddiaeth; gwrthwyneb prolog EPILOGUE
2 gwasanaeth (crefyddol) byr ar ddiwedd y dydd EPILOGUE

epistol hwn *eg* (epistolau) un o lythyrau'r Apostolion sydd i'w cael yn y Testament Newydd EPISTLE

eples hwn *eg*
1 sylwedd (megis burum, lefain neu surdoes) sy'n cael ei gymysgu â thoes er mwyn gwneud i fara godi LEAVEN
2 (mewn bioleg) sylwedd sy'n gyfrifol am newidiadau cemegol mewn pethau byw ENZYME

eplesu *be* gweithio, cyffroi gan adwaith cemegol sy'n cynhyrchu byrlymau o nwy, megis effaith burum mewn toes TO FERMENT, TO EFFERVESCE

er *ardd a chysylltair* (erof fi, erot ti, erddo ef, erddi hi, erom ni, eroch chi, erddynt hwy/erddyn nhw)
1 oherwydd, er mwyn, i'r diben o *(Adeiladwyd y neuadd er cof am y rhai a gafodd eu lladd yn y rhyfel.)* FOR, IN ORDER
2 (defnydd henffasiwn erbyn hyn) yn lle, am *(Ni wnâi ef hynny er dim.)* FOR, IN EXCHANGE FOR
3 mae'n cyflwyno'r syniad o lwyddo yn wyneb anawsterau, er gwaethaf *(Er cymaint ei ofn fe frwydrodd ymlaen. Er yn dlawd fe roddai'n hael. Er amheuon dwfn penderfynodd fwrw ymlaen. Er na welais i neb rwy'n siŵr iddo fod yno. Er disgwyl yn hir nid oeddwn wedi blino pan gyrhaeddodd ef o'r diwedd.)* DESPITE
4 oddi ar; o gyfnod penodol yn y gorffennol hyd at nawr SINCE
5 mae 'er y', 'er i', 'er mai', 'er taw', 'er bod' ac 'er nad' yn cael eu defnyddio fel cysyllteiriau (o flaen cymal adferol gan amlaf)

Sylwch: mae 'er' yn cael ei ddefnyddio i ddynodi adeg glir benodol, ond defnyddir 'ers' am gyfnod bras, sydd heb fod yn benodol *(Rwyf wedi bod yn byw yma er Hydref 1980. Rwyf wedi bod yn byw yma ers dwy flynedd.)* SINCE

er coffa er cof am IN MEMORY OF

er gwell, er gwaeth gan gymryd siawns FOR BETTER OR FOR WORSE

er mwyn
1 fel bod modd *(A wnewch chi symud y car er mwyn imi fynd allan?)* IN ORDER
2 er lles, er mantais *(Os na wnei di hyn er dy fwyn dy hun, gwna fe er mwyn dy fam.)* FOR THE SAKE OF

eraill

3 oherwydd, o achos *(Er mwyn ei enw, Amen)* SAKE
er mwyn dyn FOR GOODNESS' SAKE
er y byd gw. **byd**
eraill *a* gair i ddisgrifio mwy nag un peth **arall** *(pobl eraill)*
erbyn¹ *ardd*
  1 yn pwyso ar *(Safodd a'i gefn yn erbyn y wal.)* AGAINST
  2 mewn pryd i, yn barod ar gyfer, cyn *(Dewch draw erbyn amser cinio.)* BY, IN TIME FOR
  3 wrth, tra, wedi *(Erbyn meddwl, efallai y byddai'n well pe bait ti'n dod dydd Sadwrn yn lle hynny.)* AFTER, COME TO
  4 yn wrthwyneb i, yn gwrthwynebu *(Rwyf yn erbyn y syniad o godi rhagor o dai yn y pentref.)* AGAINST, OPPOSED TO, VERSUS
  erbyn hyn:erbyn hynny BY NOW:BY THEN
  yn erbyn fy (dy, ei etc.) ewyllys yn groes i'm dymuniad AGAINST ONE'S WILL
erbyn² *cysylltair* yn hynny o amser sydd ar ôl *(Erbyn inni gyrraedd fe fydd yn amser te.)* BY THE TIME
erch *a* gair i ddisgrifio rhywbeth ofnadwy, dychrynllyd, arswydus, erchyll *(Clywsom ganddo ddisgrifiadau erch o effaith y newyn yn Affrica.)* LURID, FRIGHTFUL
erchi *be* gofyn yn daer, ceisio, deisyf, erfyn TO SEEK, TO ASK (archaf)
erchwyn *hwn neu hon egb* ymyl, ochr (gwely fel arfer) *(Eisteddodd ar erchwyn y gwely a dal ei llaw.)* BEDSIDE, EDGE
llyfr erchwyn gwely gw. **llyfr**
erchyll *a* dychrynllyd, ofnadwy, echrydus, arswydus *(Dihunais o'r hunllef erchyll yn chwys i gyd.)* HORRIBLE, DREADFUL, HIDEOUS
erchylltra *hwn eg* (erchyllterau) rhywbeth erchyll; creulondeb neu ddrygioni mawr; gweithred neu weithredoedd ysgeler ATROCITY, DREADFULNESS
erddais *bf* fe wnes i **aredig**
erddi¹ (hi) *ardd* gw. **er**
erddi² *bf* rwyt ti'n **aredig**; byddi di'n **aredig**
erfinen *hon eb* (erfin)
  1 meipen, planhigyn sy'n cael ei dyfu am ei wreiddyn mawr gwyn, bwytadwy TURNIP □ *llysiau* t.635
  2 llysieuyn brasach o'r un tylwyth y defnyddir ei wreiddyn yn fwyd anifeiliaid RAPE
  3 llysieuyn o'r un math ond â gwreiddyn bwytadwy llawer melynach, neu oren ei liw; rwden SWEDE
erfyn¹ *hwn eg* (arfau) teclyn, offeryn sy'n cael ei ddefnyddio (gan grefftwr) i wneud gwaith llaw *(Mae'r cŷn yn erfyn sy'n cael ei lunio gan of a'i ddefnyddio gan saer.)* TOOL, INSTRUMENT
erfyn² *be*
  1 ymbil, gofyn yn daer *(Rwy'n erfyn arnoch i newid eich meddwl.)* TO BEG, TO CRAVE, TO ENTREAT, TO IMPLORE

  2 (yn dafodieithol yn y De) disgwyl *(Rwy'n erfyn cwrdd â hi yn y dre heno.)* TO EXPECT (erfyniaf, erfynnir)
erfyniad *hwn eg* (erfyniadau) ymbiliad, cais taer, deisyfiad ENTREATY
erfyniaf *bf* rwy'n **erfyn**; byddaf yn **erfyn**
erfynnir *bf* mae'n cael ei (h)**erfyn**; bydd yn cael ei (h)**erfyn**
erglyw *bf* (gair hynafol, barddonol) gwranda HARK
ergyd *hwn neu hon egb* (ergydion)
  1 trawiad caled â llaw neu ag arf *(Glaniodd un ergyd ar ei drwyn ac am eiliad bu'n cyfrif sêr.)* BLOW
  2 y sŵn sy'n cael ei greu wrth guro neu danio rhywbeth *(Yr oedd sŵn ei ben yn taro'r drws fel ergyd gwn.)* SHOT, BLAST
  3 saethiad, yr hyn sy'n cael ei saethu, neu'r pellter y mae rhywbeth yn cael ei saethu neu ei daflu *(ergyd o wn; o fewn ergyd carreg)* SHOT, THROW
  4 sioc, trychineb, ysgytiad annymunol *(Yr oedd colli'i wraig yn fwy o ergyd iddo nag yr oedd yn barod i'w gyfaddef.)* BLOW
  5 pwynt bachog, amcan, swm a sylwedd (stori, dadl ac ati) *(Er bod pob un yn chwerthin ar y diwedd, chollodd neb ergyd y stori.)* POINT, DIG, AIM
  fel ergyd o wn yn syth, yn sydyn, yn annisgwyl ynghyd ag awgrym, weithiau, o fwrw rhyw darged ffigurol LIKE A SHOT
ergydio *be*
  1 taro, bwrw yn galed ac yn gryf, saethu, taflu *(y gwynt yn ergydio cesair yn erbyn y ffenestr)* TO THROW, TO HURL, TO SHOOT, TO BATTER
  2 anelu, cyfeirio at *(At bwy roedd e'n ergydio yn ei erthygl ddiweddaraf tybed?)* TO AIM, TO ALLUDE
erial:eriel *hon eb* (erielau) rhoden, fframyn o wifrau, neu ddysgl, sy'n cael ei gosod mewn mannau uchel at dai neu at gorff car ac ati i dderbyn darllediadau radio neu deledu AERIAL

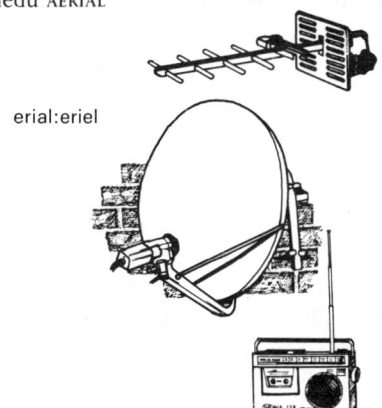

erial:eriel

erioed *adf* o'r dechrau, o gwbl, unrhyw amser, hyd at yr amser presennol *(Ef oedd yr actor gorau a fu erioed. Ni welais i ef erioed o'r blaen.)* EVER, NEVER, AT ALL
  Sylwch: fel arfer, 'erioed' sy'n cael ei ddefnyddio gyda'r amser gorffennol, ond pan fo awgrym o'r dyfodol defnyddir 'byth' (e.e. *Ni welais mohono byth ar ôl hynny*); 'byth' sy'n cael ei ddefnyddio gyda'r amser amherffaith, presennol a dyfodol.

erledigaeth *hon eb* (erledigaethau) y weithred o ymlid ac o gam-drin, cosbi, carcharu a lladd pobl (oherwydd eu daliadau crefyddol neu wleidyddol yn aml) *(Y mae erledigaeth yr Iddewon gan y Natsïaid yn ystod yr Ail Ryfel Byd yn un o erchyllterau mawr ein hoes.)* PERSECUTION

erlid *be* dilyn er mwyn cael dal, cam-drin, cosbi, carcharu neu ladd person neu bobl (oherwydd eu daliadau crefyddol neu wleidyddol) TO PERSECUTE, TO HOUND

erlyn *be* gosod y gyfraith ar rywun, dwyn achos cyfreithiol yn erbyn rhywun TO PROSECUTE, TO SUE

erlyniad *hwn eg* (erlyniadau)
  1 y weithred o ddwyn achos cyfreithiol yn erbyn person PROSECUTION
  2 y rhai sy'n dwyn y cwyn (yr achwynydd a'i gyfreithwyr) PROSECUTION

erlynydd *hwn eg* (erlynwyr) y person (cyfreithiwr fel arfer) sy'n erlyn person arall PROSECUTOR
  erlynydd cyhoeddus cyfreithiwr y llywodraeth sy'n dwyn achosion cyfreithiol yn erbyn troseddwyr ar ran y wladwriaeth PUBLIC PROSECUTOR

ernes *hon eb* (ernesau)
  1 swm o arian, sef rhan o'r cyfanswm, sy'n cael ei dalu er mwyn sicrhau na fydd rhywbeth yn cael ei werthu i neb arall; blaendal *(Rwyf wedi talu'r ernes am y tŷ.)* DEPOSIT, DOWN-PAYMENT
  2 prawf sy'n cael ei gynnig o ddilysrwydd neu wirionedd yr hyn sydd i ddilyn PLEDGE, GUARANTEE
  3 swm o arian sy'n cael ei dalu gan ymgeisydd seneddol yn arwydd o'i ddiffuantrwydd a'i ddifrifoldeb; mae'n colli'r arian os nad yw'n ennill yr wythfed ran o'r pleidleisiau DEPOSIT

erof *ardd gw.* **er**

ers *ardd* oddi ar, o gyfnod bras amhenodol yn y gorffennol hyd at nawr SINCE (er)
  ers amser:ers tro byd am rywbeth sydd wedi hen ddigwydd THIS LONG TIME, FOR AGES
  ers llawer dydd:slawer dydd *gw.* **llawer**
  ers meitin ers ysbaid o amser yn y gorffennol agos FOR SOME TIME

erstalwm *adf* amser mawr yn ôl, slawer dydd, yn y gorffennol pell A LONG TIME AGO

erthygl *hwn neu hon egb* (erthyglau)
  1 ysgrif mewn papur newydd neu gylchgrawn ARTICLE
  2 amod arbennig, cymal neu adran mewn dogfen gyfreithiol neu gyffes ffydd CLAUSE, ARTICLE

erthyglau *hyn ell*
  1 mwy nag un **erthygl**
  2 cytundeb ysgrifenedig rhwng rhywun sy'n dysgu neu'n bwrw prentisiaeth a'i gyflogwr (yn arbennig darpar gyfreithiwr) ARTICLES

erthyliad *hwn eg* (erthyliadau)
  1 y weithred o esgor ar ffetws yn rhy gynnar fel na all fyw (o fewn yr 20 wythnos gyntaf yn achos gwraig) ABORTION, MISCARRIAGE
  2 y weithred o beri bod baban yn cael ei eni'n rhy gynnar i fedru byw *(Y dewis oedd erthyliad neu golli bywyd y fam a'r baban.)* ABORTION

erthylu *be* esgor neu eni cyn pryd *(Mae yna glefyd sy'n achosi i famogiaid erthylu; rwy'n gobeithio na ddaw yma.)* TO ABORT, TO MISCARRY

erw *hon eb* (erwau) acer, cyfer, darn o dir 4840 llathen sgwâr (4047 metr sgwâr) ACRE (gw. *Atodiad III* t.603)

erwydd *hwn eg* (erwyddi) (mewn cerddoriaeth) y gyfres o bum llinell ar gyfer ysgrifennu cerddoriaeth STAVE, STAFF □ *cerddoriaeth*

erydr *hyn ell* mwy nag un **aradr**

erydu *be* (mewn daearyddiaeth) treulio, ysu (tir, creigiau ac ati) ymaith yn raddol gan ddŵr neu'r tywydd TO ERODE

erydu: effaith y tywydd ar graig

eryr[1] *hwn eg* (eryrod)
  1 un o nifer o fathau o adar ysglyfaethus mawr nerthol o dylwyth yr hebog a chanddynt big a chrafangau cryf a bachog; yr eryr euraid yw'r unig eryr sy'n byw'n wyllt ym Mhrydain EAGLE

2 (mewn gêm o golff) llwyddiant i fwrw'r bêl i dwll â dau ergyd yn llai na'r hyn a ddisgwylir EAGLE
3 arwyddlun y llengoedd Rhufeinig EAGLE
eryr y môr OSPREY

eryr² hwn *eg* (eryrod) clefyd llidus, poenus sy'n cael ei achosi gan haint i rai nerfau ac sy'n codi'n wrymiau cochion ar y croen (yn gylch o gwmpas y canol yn aml) SHINGLES, HERPES

Eryri *enw lle* SNOWDONIA

erys *bf* mae ef/hi yn **aros**; bydd ef/hi yn **aros**

es *bf* ffurf lafar ar **euthum**, fe wnes i fynd [**mynd**]

esblygiad hwn *eg* (esblygiadau) y gred fod anifeiliaid a phlanhigion wedi datblygu dros filoedd ar filoedd o flynyddoedd o ffurfiau syml iawn i fod yr hyn ydynt heddiw, a'u bod yn parhau i esblygu EVOLUTION

esboniad hwn *eg* (esboniadau)
1 eglurhad, cyflwyniad o ystyr neu arwyddocâd rhywbeth EXPLANATION
2 llyfr o sylwadau ac eglurhad ar destun (o'r Beibl fel arfer) COMMENTARY

esbonio *be* rhoi ystyr rhywbeth yn glir, egluro, dweud sut yn union y mae gwneud rhywbeth neu sut i fynd i rywle TO EXPLAIN (esbonnir)

esbonnir *bf* mae'n cael ei (h)esbonio; bydd yn cael ei (h)esbonio

esgair hon *eb* (esgeiriau) hen air am goes, ond hefyd ffurf a gewch mewn enwau lleoedd neu ffermydd, e.e. *Esgairdawe, Yr Esgair,* cefn hir o fynydd; trum, crib RIDGE

esgeulus *a* gair i ddisgrifio rhywun nad yw'n cymryd digon o ofal (ynghylch ei waith ac ati); dihidio, didaro NEGLIGENT, SLIPSHOD, CARELESS

esgeuluso *be* peidio â chymryd digon o ofal, peidio â gwneud, osgoi, bod yn esgeulus (*Rwyt ti wedi esgeuluso dy ymarfer yn ystod y gwyliau.*) TO NEGLECT, TO DISREGARD

esgeulustod hwn *eg* y weithred o esgeuluso neu o fod yn esgeulus (*Fe ddywed y bardd J. J. Williams am y wlad o dan y môr:*

Trwy ofer esgeulustod
Y gwyliwr ar y tŵr
Aeth clychau Cantre'r Gwaelod
O'r golwg dan y dŵr.)
NEGLIGENCE, CARELESSNESS

esgid hon *eb* (esgidiau)
1 gwisg i'r droed (o ledr neu ddeunydd gwydn, hyblyg) y mae modd ei sicrhau am y droed, e.e. trwy glymu ei charrai; y mae iddi waelod neu wadn sy'n rhannu'n sawdl a blaen SHOE, BOOT
2 y math yma o wisg wedi'i chreu ar gyfer rhyw swyddogaeth arbennig (e.e. rhedeg, dringo, marchogaeth, cicio pêl ac ati) SHOE, BOOT

â'm ('th, 'i etc.) calon yn fy esgidiau yn isel fy ysbryd, yn bruddglwyfus WITH ONE'S HEART IN ONE'S BOOTS

bod yn esgidiau rhywun bod yn sefyllfa rhywun arall (*Fyddwn i ddim yn hoffi bod yn ei esgidiau fe fore dydd Llun.*) TO BE IN SOMEONE ELSE'S SHOES

crynu yn fy (dy, ei etc.) esgidiau bod yn nerfus iawn, ofni QUAKING IN MY SHOES

yr esgid yn gwasgu bywyd yn galed ac amgylchiadau'n anodd

Esgimo hwn *eg* un o'r bobl sy'n byw yn y gwledydd hynny sy'n ffinio â chylch Pegwn y Gogledd megis Grønland, Canada, Alaska ESKIMO

esgob hwn *eg* (esgobion)
1 offeiriad eglwysig sy'n is ei safle nag archesgob; mae'n gyfrifol am dalaith o'r wlad (esgobaeth) ac am yr offeiriaid sy'n gwasanaethu dano yn y dalaith honno BISHOP (eglwys)
2 darn gwyddbwyll BISHOP □ *gwyddbwyll*

esgobaeth hon *eb* (esgobaethau) uned eglwysig, y dalaith neu'r ardal y mae esgob yn gyfrifol amdani DIOCESE, BISHOPRIC

esgor [ar] *be* rhoi genedigaeth i, geni, dwyn i'r byd TO GIVE BIRTH TO

esgus hwn *eg* (esgusodion:esgusion)
1 rheswm sy'n cael ei gynnig am beidio â gwneud rhywbeth neu am wneud rhywbeth na ddylid bod wedi'i wneud (rheswm annilys neu gelwyddog yn aml) (*Roedd y dosbarth i gyd am glywed pa esgus oedd gan Dafydd am fod yn hwyr i'r ysgol unwaith eto.*) EXCUSE, PRETEXT
2 mewn ymadroddion megis *esgus cysgu, esgus llefain, esgus gwrando,* ffugio, cymryd arno, cogio, smalio TO PRETEND TO, TO FEIGN

hel(a) esgusion/esgusodion chwilio am neu ddatgan esgusodion TO MAKE EXCUSES

esgusodi *be*
1 maddau am ryw fai bach (*Rwy'n gobeithio y gwnewch chi esgusodi'r ysgrifen aflêr.*) TO EXCUSE
2 rhyddhau rhag gwneud rhywbeth (dyletswydd fel arfer) (*Rwy'n cael fy esgusodi rhag nofio oherwydd 'mod i'n mynd at y deintydd.*) TO EXCUSE
3 cyfiawnhau, gwneud i rywbeth gwael ymddangos yn well (*Does dim byd a all esgusodi ymddygiad y dorf yn y gêm neithiwr.*) TO EXCUSE, TO CONDONE

esgyll hyn *ell*
1 mwy nag un **asgell**
2 gair technegol am ddwy linell olaf englyn □ *englyn*

esgyn *be*
1 codi, mynd i fyny, gwrthwyneb disgyn (*Gwelodd golofn o fwg yn esgyn i'r awyr.*) TO ASCEND, TO RISE

esgynfaen

2 mynd i'r nefoedd, mynd at Dduw *(Yn ôl y Beibl bu Iesu Grist ar y ddaear am ddeugain niwrnod ar ôl ei atgyfodiad cyn esgyn i'r nefoedd.)* TO ASCEND
3 dringo ar gefn ceffyl TO MOUNT
4 ymddyrchafu i fod yn frenin *(esgyn i'r orsedd)* TO ASCEND (esgynnaf)
Sylwch: dyblwch yr 'n' ym mhob un o ffurfiau'r ferf ac eithrio'r rhai sy'n cynnwys -as-.

esgynfaen *hwn eg* darn o garreg neu fath o lwyfan bach i rywun sefyll arno er mwyn esgyn ar gefn ceffyl neu farch MOUNTING-BLOCK, HORSE-BLOCK

esgyniad *hwn eg* (esgyniadau)
1 dyrchafiad Crist i'r nefoedd ASCENSION
2 dyrchafiad neu ddyfodiad brenin i'w orsedd ACCESSION
3 codiad, ehediad ASCENDING, ASCENT

esgynnaf *bf* rwy'n **esgyn**; byddaf yn **esgyn**

esgyrn *hyn ell* mwy nag un **asgwrn**

esgyrnog *a* gair i ddisgrifio rhywun neu rywbeth sydd ag esgyrn amlwg; tenau (fel arfer) â ffurf yr esgyrn i'w gweld yn glir dan y croen BONY

esiampl *hon eb* (esiamplau)
1 gair arall am enghraifft EXAMPLE
2 person neu ymddygiad sy'n werth ei efelychu *(Mae dewrder Mair yn esiampl inni i gyd.)* EXAMPLE

esmwyth *a* gair i ddisgrifio:
1 rhywun neu rywbeth heb gynnwrf, tawel *(cysgu'n esmwyth)* EASY, QUIET
2 rhywbeth cyffyrddus, hyfryd, rhwydd, heb waith na gofid yn gysylltiedig ag ef *(cadair esmwyth; bywyd esmwyth; yn esmwyth fy meddwl)* EASY
3 rhywun ffraeth a chanddo atebion parod (gyda'r awgrym o fod yn ormodol felly) *(Mae ganddo dafod esmwyth.)* SMOOTH, GLIB

esmwythach *a* llai poenus EASIER

esmwytháu:esmwytho *be* gwneud yn esmwyth neu ddod yn esmwyth; llacio, lleddfu *(Mae angen esmwytho'r dillad gwely. Mae'r poen yn dechrau esmwytho.)* TO SMOOTH, TO EASE

estraddodi *be* anfon un a gyhuddir o drosedd (ac sydd wedi dianc dramor) yn ôl i sefyll ei brawf neu i gael ei gosbi yn y wlad lle y cyflawnodd y drosedd TO EXTRADITE

estron[1] *a* gair i ddisgrifio rhywun neu rywbeth sy'n perthyn i wlad, cenedl neu hil arall, dieithr, anghyfiaith FOREIGN, ALIEN

estron[2] *hwn eg* (estroniaid) person sy'n perthyn i wlad, cenedl neu hil arall FOREIGNER, ALIEN

estrys *hwn neu hon egb* (estrysiaid) aderyn mawr iawn o Affrica yn wreiddiol, sy'n medru rhedeg yn gyflym ond nad yw'n medru hedfan OSTRICH

estyllen *hon eb* (estyll) astell, darn hir o bren tua 5cm o drwch ac o leiaf 20cm o led PLANK

estyn *be*
1 ychwanegu at hyd, gwneud yn hwy *(Rwy'n gobeithio estyn yr ardd i lawr at yr afon.)* TO EXTEND
2 dal allan, cynnig aelod o'r corff *(Estynnodd ei llaw gan ddisgwyl iddo ei chusanu.)* TO EXTEND
3 rhoddi, cynnig *(Estynnwyd croeso cynnes i bawb a oedd yno.)* TO EXTEND
4 (am amser, gofod, tir) parhau, hwyhau, ehangu *(Gofynnais i'r llyfrgellydd estyn y cyfnod benthyca gan y gwyddwn na fyddwn wedi gorffen y llyfr mewn pythefnos.)* TO EXTEND, TO STRETCH (estynnaf)
Sylwch: dyblwch yr 'n' ym mhob un o ffurfiau'r ferf ac eithrio'r rhai sy'n cynnwys -as-.

estyn bys pwyntio bys, cyhuddo TO POINT A FINGER

estyn cic anelu cic neu ergyd TO AIM A KICK

estyn croeso cynnig croeso TO WELCOME

estyn dwylo cynnig dwylo TO REACH OUT

estyniad *hwn eg* (estyniadau)
1 ychwanegiad *(estyniad i'r tŷ)* EXTENSION
2 y weithred o roddi, o estyn, o gynnig EXTENSION

estynnaf *bf* rwy'n **estyn**; byddaf yn **estyn**

eteil *bf* mae ef/hi yn **atal**; bydd ef/hi yn **atal**

etifedd *hwn eg* (etifeddion) y person sydd â'r hawl gyfreithiol ar eiddo neu deitl aelod hŷn o'r teulu ar ôl iddo ef neu hi farw (e.e. mab hynaf ar ôl tad) HEIR, INHERITOR

etifeddeg *hon eb* y gallu neu'r briodoledd sy'n perthyn i bethau byw i drosglwyddo cyneddfau a nodweddion o'r rhieni i'r plant trwy gyfrwng celloedd y corff HEREDITY

etifeddes *hon eb* (etifeddesau) merch sy'n etifedd HEIRESS

etifeddiaeth *hon eb* yr hyn sy'n cael ei dderbyn ar ôl rhywun sydd wedi marw, yr hyn sy'n cael ei etifeddu; treftadaeth INHERITANCE

etifeddu *be*
1 meddiannu (tir, eiddo, teitl ac ati) mewn olyniaeth gyfreithlon ar ôl i'r perchennog farw, derbyn treftadaeth TO INHERIT
2 derbyn dawn neu gynneddf trwy rieni neu hynafiaid, trwy etifeddeg *(Etifeddodd ei ddawn gerddorol o ochr ei dad.)* TO INHERIT

eto[1] *cysylltair* drachefn, er hynny *(Rwyf wedi clywed beth sydd ganddo i'w ddweud ac eto nid wyf yn hapus ei fod yn dweud y gwir.)* YET, STILL

eto[2] *adf*
1 drachefn, o hyd, eilwaith, unwaith yn rhagor *(Dywedwch hynny eto.)* AGAIN, DITTO
2 rhywbryd yn y dyfodol *(Fe wela i di eto.)* AGAIN

etyb | 253 | **ewinfedd**

3 mwy fyth *(Does dim digon o sŵn—mae arna i eisiau mwy eto.)* AGAIN
Sylwch: gyda berfau yn yr amser presennol a'r dyfodol (fel uchod) AGAIN yw ystyr 'eto' ond gyda berfau yn cyfeirio at y gorffennol, e.e. *Nid wyf wedi dala dim byd eto,* YET yw ei ystyr; defnyddiwch *drachefn* neu *unwaith eto* gyda berfau yn yr amser gorffennol i olygu AGAIN, e.e. *Euthum yno drachefn i weld y lle.*

eto fyth unwaith eto YET AGAIN
eto i gyd serch hynny NEVERTHELESS
etyb *bf* mae ef/hi yn **ateb**; bydd ef/hi yn **ateb**
ethnig *a* gair i ddisgrifio rhywun neu rywbeth sy'n perthyn i neu sy'n nodweddiadol o hil, cenedl neu lwyth arbennig ETHNIC
ethol *be* dewis (rhywun) trwy bleidlais TO ELECT
etholaeth *hon eb* (etholaethau)
1 corff o bleidleiswyr mewn tref neu ardal neu sir arbennig sy'n ethol aelod i'w cynrychioli yn y senedd neu ar gyngor lleol ELECTORATE
2 yr ardal y mae aelod seneddol neu gynghorydd yn ei chynrychioli WARD, CONSTITUENCY
etholiad *hwn eg* (etholiadau) y weithred o ddewis cynrychiolydd neu gynrychiolwyr trwy bleidlais, yn arbennig felly aelod seneddol, cynghorydd lleol neu aelod o gorff neu fwrdd cyhoeddus ELECTION
etholiad cyffredinol etholiad y mae'n rhaid ei gynnal unwaith bob pum mlynedd (neu lai) ym Mhrydain, i ethol aelodau seneddol GENERAL ELECTION
is-etholiad etholiad sy'n cael ei gynnal rhwng etholiadau cyffredinol i ethol cynrychiolydd i sedd wag BY-ELECTION
etholwr *hwn eg* (etholwyr)
1 person sydd â hawl i bleidleisio mewn etholiad ELECTOR, VOTER
2 person sy'n byw o fewn etholaeth arbennig CONSTITUENT
eu *rhagenw personol*
1 trydydd person lluosog, yr eiddynt hwy, yn perthyn iddyn nhw *(eu cotiau, eu hesgidiau)* THEIR
2 hwy, nhw *(Rwyf am eu gweld nhw i gyd fory yn f'ystafell.)* THEM
Sylwch: dilynir 'eu' gan 'h' o flaen llafariad *(eu harian hwy).*
eu hunain nhw/hwy eu hunain THEMSELVES
euog *a* gair i ddisgrifio rhywun:
1 sydd wedi troseddu neu bechu, sydd wedi torri cyfraith neu reol foesol GUILTY
2 sydd yn teimlo euogrwydd, sydd yn teimlo'i fod wedi troseddu neu bechu, neu sy'n amlygu euogrwydd GUILTY (euoced, euocach, euocaf)
euogrwydd *hwn eg*
1 cyfrifoldeb am gyflawni trosedd *(Mae ei euogrwydd wedi'i brofi y tu hwnt i unrhyw amheuaeth.)* GUILT

2 gwybodaeth neu'r teimlad eich bod wedi troseddu neu bechu *(Yr oedd ei euogrwydd i'w weld yn ei wyneb.)* GUILT
euraid *a* gair i ddisgrifio:
1 rhywbeth wedi'i wneud o aur GOLDEN
2 rhywbeth yr un lliw ag aur GOLDEN
3 rhywbeth gwerthfawr iawn, coeth, ffodus *(Yr oedd hanner cyntaf yr 20fed ganrif yn gyfnod euraid yn hanes llenyddiaeth Gymraeg.)* GOLDEN (aur)
eurfrown *a* gair i ddisgrifio rhywbeth o liw sy'n gymysgedd o aur a brown; gwinau AUBURN □ *lliw* t.634
euro *be* gorchuddio neu addurno ag aur; goreuro TO GILD
eurych *hwn eg* (eurychiaid:eurychod) gof aur neu arian; un sy'n gweithio â metelau gwerthfawr i lunio tlysau GOLDSMITH
euthum *bf* fe wnes i fynd [**mynd**]
ewch *bf* gorchymyn i chi fynd [**mynd**]
ewig *hon eb* (ewigod) carw benyw, yn arbennig un dros dair blwydd oed HIND, DOE □ *carw*

ewin

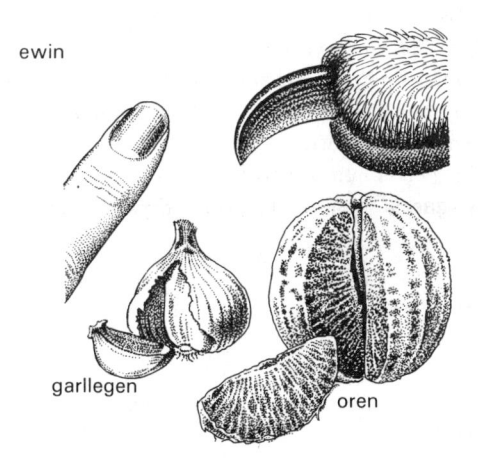

garllegen   oren

ewin *hwn neu hon egb* (ewinedd)
1 y darn caled o gorn sydd i'w gael ar ran flaen allanol bysedd y llaw a'r droed ac sydd angen ei dorri bob hyn a hyn rhag iddo fynd yn rhy hir NAIL
2 crafanc, rhan finiog troed anifail neu aderyn rheibus CLAW, TALON □ *aderyn*
3 rhywbeth sy'n debyg o ran ffurf i ddarn o ewin neu grafanc, e.e. *ewinedd fforch* PRONG
4 darn neu raniad naturiol rhai mathau o ffrwythau neu lysiau, e.e. *ewin oren; ewin garlleg* SEGMENT, CLOVE
Sylwch: 'gewin' yw'r ffurf a glywir amlaf ar lafar.
tynnu'r ewinedd o'r blew paratoi'ch hunan o ddifrif i fynd at ryw orchwyl neu'i gilydd
ewinfedd *hon eb* mesur lled ewin, mymryn, y mesur lleiaf LITTLE BIT, TOUCH

ewinor *hon eb* chwydd llidus, poenus ar flaen bys; ffelwm WHITLOW

ewinrhew *hwn eg* niwed difrifol i aelodau corff person sy'n cael ei achosi gan rew caled neu oerfel llym FROST-BITE

ewn ffurf lafar ar **eofn**

ewyllys[1] *hwn neu hon egb*
1 y gallu neu'r gynneddf feddyliol sy'n caniatáu i berson ddewis yr hyn y mae am ei wneud a phenderfynu drosto'i hun *(Ewyllys rhydd sy'n caniatáu inni ddewis ein ffordd o fyw.)* WILL
2 y bwriad neu'r penderfyniad i wneud i rywbeth ddigwydd *(Roedd ei ewyllys i fyw yn gryf.)* WILL
3 rhywbeth sy'n cael ei ddymuno *(Dy ewyllys Di a wneler.)* WILL

ewyllys da
1 teimladau caredig, dymúniadau da a pharodrwydd i helpu a hybu buddiannau rhywun neu rywrai GOODWILL
2 gwerth ariannol poblogrwydd busnes wrth iddo gael ei werthu GOODWILL

yn erbyn fy (dy, ei etc.) ewyllys gw. **erbyn**

ewyllys[2] *hon eb* (ewyllysiau)
1 dymuniad person ynglŷn â'r ffordd y dylai ei eiddo gael ei rannu ar ôl iddo farw, wedi'i gofnodi mewn dogfen gyfreithiol WILL
2 y ddogfen ei hun LAST WILL AND TESTAMENT

ewyllysgar *a* gair i ddisgrifio rhywun parod ei gymwynas, rhywun sy'n barod iawn (i gynorthwyo ac ati) WILLING, DESIROUS

ewyllysio *be*
1 (braidd yn anarferol) dymuno, mynnu, bwriadu (yn ddigymell neu'n wirfoddol) TO WISH
2 gadael mewn ewyllys TO BEQUEATH, TO WILL

ewyn *hwn eg*
1 byrlymau neu glychau dŵr a geir ar wyneb dŵr terfysglyd megis ar frig tonnau'r môr *(ewyn blaen lli)* FOAM
2 unrhyw beth tebyg ar wyneb hylifau eraill, megis y pen gwyn ar wydraid o gwrw neu bop, neu'r poer neu'r glafoerion yn ymyl y geg sy'n cael eu hachosi gan afiechyd neu gyffro FOAM, FROTH, LATHER, SCUM

ewynnog *a* gair i ddisgrifio rhywbeth â phen gwyn o ewyn neu sy'n cynhyrchu llawer o ewyn FOAMING, FROTHY

ewynnu *be* berwi neu godi'n ewyn; glafoerio TO FOAM
Sylwch: dyblwch yr 'n' ym mhob un o ffurfiau'r ferf ac eithrio'r rhai sy'n cynnwys *-as-*.

ewythr:ewyrth *hwn eg* (ewythredd:ewythrod)
1 brawd eich tad neu'ch mam, neu frawd eich taid/tad-cu neu'ch nain/mam-gu UNCLE □ *teulu*
2 gŵr i fodryb; dyn neu fachgen y mae ei frawd neu'i chwaer wedi cael plentyn UNCLE
3 gŵr sy'n gyfaill i blentyn bach neu i rieni'r plentyn bach UNCLE

F

f' *rhagenw blaen* ffurf ar **fy** o flaen llafariad, e.e. *f'anwylyd, f'amser* MY

fagddu *hon eb* (fel yn yr ymadrodd *yn dywyll fel y fagddu*) tywyllwch llwyr, düwch eithaf, uffern HELL, BLACKNESS
Sylwch: Afagddu oedd llysenw mab hyll y wrach Ceridwen yn *Chwedl Taliesin*, a droes ymhen amser i *y fagddu*.

fagina *hwn eg* llwybr neu diwb yng nghorff mamolion benyw sy'n arwain o'r organau rhywiol allanol (y fwlfa) i'r groth VAGINA

Fahrenheit *a* gair i ddisgrifio graddfa dymheredd lle y mae rhewbwynt dŵr yn 32 gradd (32° F) a'i ferwbwynt yn 212° F FAHRENHEIT
Sylwch: mae 'F' yn cael ei hynganu'n 'Ff' yma.

faint *rhagenw gofynnol* ffurf ar *pa faint* gw. **maint**

falf *hon eb* (falfiau) dyfais debyg i ddrws mewn pibell (neu ran o'r corff) sy'n agor a chau gan reoli llif hylif, aer, nwy ac ati trwy'r bibell VALVE □ *pres*

y Fall gw. **mall**

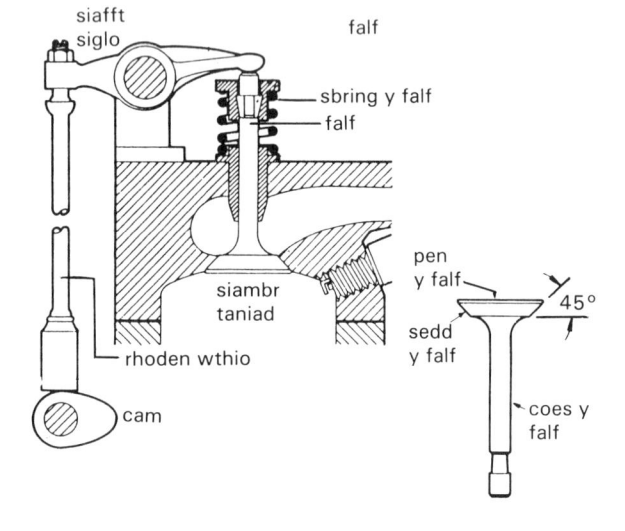

fan *hon eb* (faniau) cerbyd a tho drosto ar gyfer cludo pobl neu nwyddau VAN

fandal *hwn eg* (fandaliaid) yn wreiddiol, aelod o'r llwyth Almaenaidd a ymsefydlodd yn Sbaen ac a oresgynnodd Ewrop yn y 4edd a'r 5ed ganrif ond, erbyn hyn, rhywun sy'n fwriadol yn gwneud niwed neu yn distrywio rhywbeth prydferth neu ddefnyddiol VANDAL

fandaleiddio *be* distrywio neu wneud niwed i eiddo (cyhoeddus fel arfer) yn fwriadol *(Dyma ffôn arall sydd wedi cael ei fandaleiddio.)* TO VANDALIZE

fandaliaeth *hon eb* distryw neu niwed bwriadol a diangen VANDALISM

fanila *hwn eg* sylwedd wedi'i wneud o hadau planhigion sy'n tyfu yn y trofannau; caiff ei ddefnyddio i roi blas ar fwyd, e.e. *hufen iâ fanila* VANILLA

farnais *hwn eg* un o nifer o fathau o hylifau tryloyw sydd yn caledu'n haen ddisglair ar ôl iddynt gael eu peintio ar rywbeth VARNISH

farneisio *be* peintio haen o farnais ar rywbeth i'w ddiogelu neu i'w wneud yn fwy hardd TO VARNISH

y Fatican *hwn eg* talaith annibynnol o fewn dinas Rhufain sy'n cael ei llywodraethu gan y Pab THE VATICAN

fe[1] *rhagenw personol annibynnol* ef, efe; fo (yn arbennig yn y De) *(A welaist ti fe?)* HIM, IT

fe[2] *geiryn rhagferfol* mae'n cael ei ddefnyddio'n aml (fel *mi*) o flaen berfau ar lafar, ac weithiau i gryfhau'r hyn sy'n ei ddilyn *(fe ddaeth, fe redodd)*

Sylwch:
1 peidiwch â'i ddefnyddio gydag *yr* o flaen *wyf* ac *oedd*, *yr oedd* neu *roedd*, *yr wyf* neu *rwyf/rydw* i (nid *'fe'r oedd'*, *'fe rydw'* etc.)
2 *ac fe* (nid *a fe*) sy'n gywir.

fe allai *adf* ffurf ar **efallai**

fei *hwn eg* (fel yn yr ymadrodd *dod i'r fei*) dod i'r golwg, dod i law TO COME TO LIGHT

feiolin *hon eb* (feiolinau) offeryn cerdd ac iddo bedwar llinyn neu dant, sy'n cael ei ganu trwy dynnu bwa ar draws y llinynnau; ffidl VIOLIN ☐ *llinynnau*

feiolinydd *hwn eg* cerddor sy'n chwarae'r ffidl VIOLINIST

feis *hon eb* (feisiau) teclyn sydd â genau y mae modd eu tynhau a'u llacio i afael yn dynn yn rhywbeth; caiff ei ddefnyddio gan saer neu of fel arfer VICE

fel[1] *ardd* megis, cyffelyb, tebyg *('Paid â sefyll fan'na fel llo, dere i mewn.')* AS, LIKE, SIMILAR

fel arall
1 ffordd wahanol; i'r gwrthwyneb *(Er iddo ddweud wrthi am wneud fel hyn, fel arall y gwnaeth hi.)* OTHERWISE
2 heblaw, oni bai *(Dyw Dad ddim yn dda iawn, ond fel arall mae pawb yn iawn.)* OTHERWISE

fel[2] *cysylltair* megis *(Nid yw popeth yn barod eto, fel y gweli di.)* (EVEN) AS

fel[3] *adf* (ar lafar) sut *(Rwy'n edrych ymlaen at weld fel bydd e'n datrys y broblem 'ma.)* HOW

fel a'r fel *(Dywedodd yr athro wrthi am wneud fel a'r fel, ond fel arall y gwnaeth hi.)* SUCH AND SUCH, SO AND SO

felan gw. **melan**

felfed:melfed gw. **melfed**

felin gw. **melin**

Y Felinheli *enw lle* PORT DINORWIC

fel'ma:fel'na:fel'ny *adf* cywasgiadau o *fel yma: fel yna: fel hynny* LIKE THIS: LIKE THAT: LIKE THAT

felwm *hwn eg* memrwn arbennig wedi'i wneud o groen llo VELLUM

felly *adf*
1 fel hyn, yn yr un modd *(Gwnewch chwithau felly hefyd.)* THUS, SO, LIKEWISE
2 am hynny, gan hynny *(Mae'n addo glaw, felly awn ni ddim i lawr i'r traeth heddiw.)* THEREFORE, SO
3 o'r fath, y cyfryw *(Mae'n gas gennyf bobl felly.)* SUCH
Sylwch: *ac felly* sy'n gywir (nid *a felly*).

ac felly ymlaen: ac felly yn y blaen ET CETERA, AND SO ON

felly mae hi dyna'r ffordd y mae pethau THAT'S THE WAY IT IS

Y Fenni *enw lle* ABERGAVENNY

Fenws *hon eb* yr ail blaned o'r haul a'r nesaf at y Ddaear; y blaned Gwener VENUS ☐ *planedau*

feranda *hon eb* math o borth mawr sy'n rhedeg ar hyd un neu ragor o ochrau tŷ VERANDA

fersiwn *hwn eg* (fersiynau)
1 ffordd un person o groniclo hanes rhywbeth (o'i chymharu â ffordd rhywun arall) VERSION
2 cyfieithiad *(fersiwn Cymraeg o'r Beibl)* VERSION
3 un o blith dau neu ragor o drefniannau neu addasiadau o waith gwreiddiol (cerddorol neu lenyddol fel arfer) a baratowyd i bwrpas arbennig, e.e. *fersiwn o gân arbennig ar gyfer band pres; fersiwn o'r Mabinogion ar gyfer plant* VERSION

fertebrat *hwn eg* (fertebratau) (gair technegol) anifail yn perthyn i ddosbarthiad swolegol sy'n cynnwys anifeiliaid ag asgwrn cefn VERTEBRATE

fertigol *a* gair i ddisgrifio rhywbeth sy'n ffurfio ongl o 90° â'r llawr; unionsyth, plwm VERTICAL

festri *hon eb* (festrïoedd:festrïau)
1 ystafell mewn eglwys lle y mae'r gwisgoedd eglwysig yn cael eu cadw ynghyd â llestri'r cymun a'r cofrestri VESTRY
2 adeilad yn gysylltiedig â chapel lle y mae gwasanaethau crefyddol a chyfarfodydd eraill yn cael eu cynnal; ysgoldy VESTRY

fesul gw. **mesul**

fet hwn *eg* gair arall am **milfeddyg** VET

fi[1] *rhagenw personol annibynnol* mi, i *(Fi sy'n dweud hynny; fi piau'r lle.)* ME, I

Y fi fawr y cyflwr o feddwl am neb arall ond chi'ch hunan EGOTISM

fi[2]**:i** *rhagenw dibynnol ôl* mi, i *(Yr wyf fi; gennyf i.)*

Sylwch: defnyddiwch *fi* neu *i* os bydd '-f' yn niwedd y terfyniad ond *i* bob tro arall. (Mae *beic fi* neu *bag fi* yn anghywir—*fy meic i, fy mag i* sy'n gywir.)

ficer hwn *eg* (ficeriaid) (yn yr eglwys) offeiriad sy'n gyfrifol am eglwys a'i phlwyf; yn y gorffennol dim ond rhan (os hynny) o ddegwm y plwyf y byddai ficer yn ei derbyn (tra byddai rheithor yn derbyn y cyfan) VICAR

ficerdy hwn *eg* (ficerdai) tŷ ficer, persondy VICARAGE

fideo[1] *a* gair i ddisgrifio rhywbeth:

1 sy'n gysylltiedig â dangos lluniau ar y teledu *(peiriant fideo)* VIDEO

2 sy'n ymwneud â thâp arbennig sy'n gallu recordio a chwarae yn ôl raglenni teledu neu luniau a dynnwyd gan gamera arbennig VIDEO

fideo[2] hwn *eg* (fideos) y peiriant fideo neu'r tâp fideo *(Mae gan bob ysgol fideo erbyn hyn; ga i fenthyg dy fideo di o'r cyngerdd?)* VIDEO

finegr hwn *eg* hylif asid wedi'i wneud o win neu seidr sur fel arfer; caiff ei ddefnyddio i roi blas ar fwyd neu ar gyfer piclo bwydydd VINEGAR

finnau gw. **minnau:finnau:innau**

fiola hon *eb* (fiolâu) offeryn cerdd sy'n debyg iawn i ffidl ond ei fod ychydig yn fwy ac wedi'i diwnio bum nodyn yn is VIOLA □ *llinynnau*

fioled hon *eb* (fioledau)

1 crinllys; blodyn gwyllt o liw porffor golau neu wyn VIOLET □ *blodau* t.619

2 lliw porffor golau'r blodyn hwn VIOLET (uwchfioled)

firws hwn *eg* (firysau) peth byw sy'n llai ei faint na bacteriwm ac sy'n achosi heintiau mewn anifeiliaid a phlanhigion VIRUS

fitamin hwn *eg* (fitaminau) un o nifer o sylweddau cemegol (wedi'u henwi yn ôl llythrennau'r wyddor) y ceir mesur bach iawn ohonynt mewn rhai bwydydd; y mae prinder ohonynt yn achosi afiechydon a heintiau i'r corff *(Mae llawer o fitamin C mewn orenau.)* VITAMIN

fiw fel yn *fiw imi wrthod* gw. **gwiw**

y Fns byrfodd y Foneddiges MRS, MISS, MS

fo *rhagenw personol annibynnol* ef, efe, fe (yn arbennig yn y Gogledd) HIM, IT

fodca hwn *eg* diod feddwol gadarn, ddi-liw, a ddaw yn wreiddiol o Rwsia a Gwlad Pwyl VODKA

folant:ffolant hon *eb* fel yn *cerdyn folant* cerdyn sy'n cael ei ddanfon yn ddienw ar 14 Chwefror sef dydd gŵyl Valentine, nawddsant cariadon VALENTINE (Dwynwen)

folcanig *a* gair i ddisgrifio rhywbeth sy'n deillio o neu sy'n cael ei greu gan losgfynydd *(ynysoedd folcanig)* VOLCANIC

folcano hwn *eg* llosgfynydd VOLCANO □ t.636

folt hwn *eg* (foltau) mesur o'r grym trydanol sydd ei angen i gynhyrchu uned safonol o gerrynt trydanol (amper) mewn dargludydd sydd â'i wrthiant yn uned safonol arall (ohm) VOLT

foltedd hwn *eg* grym trydanol wedi'i fesur mewn foltau VOLTAGE

fory ffurf lafar ar **yfory**

fry *adf* uchod, i fyny, uwchben *(Clywsom lais bach main yn gweiddi oddi fry—roedd John yn sownd ar ben y goeden!)* ABOVE, ALOFT

fwlfa hwn *eg* yr agoriad allanol ar gorff mamol benywaidd sy'n arwain at yr organau rhywiol VULVA

fwltur hwn *eg* (fwlturiaid) aderyn rheibus heb blu ar ei ben na'i wddf hir, sy'n byw ar gyrff creaduriaid marw VULTURE

fy *rhagenw personol*

1 person cyntaf unigol, yn eiddo i mi; yn perthyn i mi *(fy nhŷ i; fy llong i)* MY, OF ME

2 fi, i *(Mae am fy ngweld i'r peth cyntaf bore fory.)* ME

Sylwch:
1 fe'i dilynir yn aml gan *i*;
2 defnyddir y ffurf fewnol *'m* ar ôl *a, â, fe, gyda, tua, na, ni, i, o, mo* (*fy mrawd a'm chwaer*).
3 mae treiglad trwynol ar ôl *fy* (*fy nghath*);
4 mae *fy* yn troi'n *f'* o flaen llafariad (*f'anwylyd*).

fyny fel yn *i fyny adf* i le neu safle uwch ('Dring i fyny yma, dring dring, dring.') UP, UPWARDS

ar i fyny yn gwella; yn fwy gobeithiol LOOKING UP

Ff

ffa *hyn ell* mwy nag un **ffeuen:ffäen**
  1 planhigion gardd y mae eu hadau bwytadwy, sydd yr un siâp ag arennau, yn tyfu mewn codau hir BEANS □ *llysiau* t.635
  2 hadau un o'r planhigion hyn; mae'n rhaid eu berwi cyn eu bwyta BROAD BEANS

ffa coffi hadau'r goeden goffi sy'n cael eu rhostio a'u malu'n bowdr coffi COFFEE BEANS

ffa dringo planhigyn dringo y mae ei hadau a'r plisg hir gwyrdd yn fwytadwy RUNNER BEANS, KIDNEY BEANS

ffa pob hadau ffa wedi'u coginio mewn saws ac wedi'u dodi mewn caniau i'w gwerthu BAKED BEANS

ffa soya hadau planhigyn sy'n cael ei dyfu yn Asia; maent yn gyfoethog mewn protein ac fe'u defnyddir i gynhyrchu olew bwytadwy a blawd (yn bennaf ar gyfer bwydydd anifeiliaid) SOYA BEANS

ffacbys *hyn ell* mwy nag un **ffacbysen** *hon eb*; hadau bychain planhigyn tebyg i blanhigyn pys, sy'n cael eu sychu a'u defnyddio yn fwyd LENTILS □ *llysiau* t.635

ffactor *hwn neu hon egb* (ffactorau)
  1 un o'r elfennau, dylanwadau, amgylchiadau ac yn y blaen sydd, ynghyd â rhai eraill, yn achosi rhywbeth (*Un ffactor sydd wedi gwneud snwcer yn gêm mor boblogaidd yw ei bod yn cael ei dangos gymaint ar y teledu.*) FACTOR
  2 (mewn mathemateg) mae unrhyw rifau sydd, o'u lluosi â'i gilydd, yn rhoi rhif penodol yn ffactorau o'r rhif penodol hwnnw (*Mae 2, 3, 4 a 6 i gyd yn ffactorau o 12.*) FACTOR

Ffactor Cyffredin Mwyaf (FfCM) y rhif mwyaf sy'n rhannu'n union i mewn i ddau neu ragor o rifau eraill, e.e. *mae 1, 2, 3, 4, 6 a 12 yn ffactorau sy'n gyffredin i 36 a 48—12 felly yw'r Ffactor Cyffredin Mwyaf* HIGHEST COMMON FACTOR

ffactor cysefin ffactorau cysefin rhif yw ffactorau'r rhif hwnnw sydd hefyd yn rhifau cysefin PRIME FACTOR

ffaeledig *a* gair i ddisgrifio:
  1 rhywun methedig, sy'n methu symud neu wneud pethau fel y bu; llesg, musgrell (*Mae John Jones wedi mynd yn ffaeledig iawn yn ei henaint.*) FEEBLE
  2 rhywun neu rywbeth sy'n gallu bod yn anghywir neu sy'n dueddol o fethu neu fynd o'i le FALLIBLE

ffaelu *be* methu TO FAIL

ffäen *gw.* **ffeuen:ffäen**

ffafr *hon eb* (ffafrau) cymwynas FAVOUR

ffafraeth:ffafriaeth *hon eb* cydymdeimlad, cefnogaeth neu haelioni (annheg weithiau) tuag at un person o'i gymharu â phawb arall FAVOURITISM, FAVOUR

ffafrio *be* rhoi gormod o sylw neu o garedigrwydd i un ar draul eraill TO FAVOUR

ffafriol *a* gair i ddisgrifio:
  1 neges, ateb ac ati sy'n dweud yr hyn yr ydych chi am ei glywed (*Mae'r cyfan yn dibynnu ar gael ateb ffafriol gan Gwen.*) FAVOURABLE
  2 amgylchiadau sydd o blaid rhywbeth, sy'n caniatáu (*Awn i hwylio yfory os bydd y tywydd yn ffafriol.*) FAVOURABLE

ffagl *hon eb* (ffaglau) casgliad o danwydd wedi'i glymu ynghyd i'w gario ac i daflu goleuni pan fydd ynghynn TORCH

ffagotsen *hon eb* (ffagots) pelen flasus wedi'i gwneud o iau/afu mochyn wedi'i friwio FAGGOT (ffedog)

ffair *hon eb* (ffeiriau)
  1 marchnad awyr agored sy'n cael ei chynnal mewn lle arbennig ac ar adeg arbennig o'r flwyddyn, yn wreiddiol er mwyn gwerthu anifeiliaid a chynnyrch fferm neu er mwyn cyflogi gweision a morynion, ond erbyn hyn er mwyn gwerthu pob math o nwyddau FAIR, MARKET
  2 sioe awyr agored lachar, swnllyd, sydd gan amlaf yn teithio o gwmpas, lle y gellwch wario'ch arian ar wahanol fathau o ddifyrrwch FAIR
  3 arddangosfa fawr o nwyddau, hysbysebion ac ati, e.e. *Ffair Lyfrau Plant Ryngwladol Bologna* FAIR

ffair sborion achlysur i werthu nwyddau ail-law er mwyn codi arian at achos da JUMBLE SALE

ffaith *hon eb* (ffeithiau) rhywbeth sy'n bod, rhywbeth y mae rhywun yn gwybod ei fod yn wir; y gwirionedd, neu rywbeth sy'n cael ei gyfri'n wir (*Mae'n ffaith, fe welais i hi fy hun!*) FACT

ffald *hon eb* (ffaldau) corlan, lloc, cornel gysgodol o gae lle y mae anifeiliaid (defaid yn arbennig) wedi'u hamgylchynu â wal neu glawdd FOLD, CORRAL, POUND

ffals *a* gair i ddisgrifio rhywun neu rywbeth:
  1 sydd heb fod yn wir neu yn iawn; gau, ffug, twyllodrus, ffuantus FALSE
  2 sydd heb fod yn deyrngar; rhagrithiol FALSE

ffalsio *be* ceisio manteisio ar rywun trwy ei organmol a bod yn wasaidd; cynffonna, gwenieithio TO FAWN, TO FLATTER

ffansi *hon eb* (ffansïau) dychymyg dilyffethair, ffantasi (*'Mi sydd fachgen ifanc ffôl/Yn byw yn ôl fy ffansi'* yw llinellau cyntaf *'Bugeilio'r gwenith gwyn'.*) FANCY

ffansïo *be* dyheu, dymuno, eisiau, bod ag awydd (*Rwy'n ffansïo pryd o bysgod a sglodion.*) TO FANCY

a b c ch d dd e f ff g ng h i j (k) l ll m n o p ph r rh s t th u w y (z)

ffantasi hon *eb* (ffantasïau) rhywbeth sydd wedi cael ei greu gan ddychymyg person, rhywbeth nad yw'n bod mewn gwirionedd FANTASY

ffarier:ffariar hwn *eg* (ffariers:ffariars)
1 milfeddyg, doctor anifeiliaid FARRIER, VETERINARY SURGEON
2 un sy'n pedoli ceffylau, gof FARRIER

ffarm gw. **fferm:ffarm**

ffarmio gw. **ffermio:ffarmio**

ffarmwr gw. **ffermwr:ffarmwr**

ffars hon *eb* (ffarsau)
1 drama ysgafn, ddoniol yn llawn o ddigwyddiadau dwl FARCE
2 sefyllfa neu gyfres o ddigwyddiadau chwerthinllyd a dibwrpas FARCE

ffárwel:ffarwél hwn neu hon *egb* da boch, yn iach, cyfarchiad wrth ymadael FAREWELL

ffárwel haf MICHAELMAS DAISY □ *blodau* t.621

ffarwelio [â] *be* canu'n iach, ymadael TO BID FAREWELL

ffas hon *eb* (mewn pwll glo) yr wyneb y mae'r glo yn cael ei gloddio ohono dan ddaear FACE

Ffasgaidd *a* gair i ddisgrifio rhywun neu rywbeth sy'n perthyn i'r Blaid Ffasgaidd neu sy'n nodweddiadol o Ffasgiaeth *(Y Blaid Ffasgaidd oedd honno a ddaeth i rym yn yr Eidal ym 1922 dan arweiniad Benito Mussolini.)* FASCIST

Ffasgiaeth hon *eb* system wleidyddol lle y mae'r wladwriaeth yn rheoli diwydiant, lle na chaniateir unrhyw wrthwynebiad i'r wladwriaeth a lle gwrthwynebir sosialaeth yn chwyrn FASCISM

ffasiwn[1] hon *eb* (ffasiynau) y ffordd o wisgo, siarad, ymddwyn ac ati sydd mewn bri ar unrhyw un adeg neu mewn unrhyw fan arbennig *(Ai sgertiau hir neu rai byr sydd yn y ffasiwn eleni?)* FASHION, VOGUE

ffasiwn[2] *a* (mewn ymadroddion megis *y ffasiwn beth; ffasiwn un yw e?*) math, cyfryw (ag awgrym o feirniadaeth) *(Welais i erioed ffasiwn beth â'r ffordd yr oedd o'n bihafio nos Sadwrn.)* SUCH, SORT

Sylwch: mae 'ffasiwn' yn cael ei ddefnyddio o flaen yr enw.

ffasiynol *a* gair i ddisgrifio rhywun neu rywbeth sy'n dilyn y ffasiynau mwyaf diweddar neu le sy'n cael ei fynychu gan bobl o ffasiwn FASHIONABLE

ffatri hon *eb* (ffatrïoedd) adeilad neu gasgliad o adeiladau lle y mae nwyddau'n cael eu cynhyrchu (yn arbennig nifer mawr o nwyddau yn cael eu cynhyrchu gan beiriannau) FACTORY

ffatri laeth man lle y mae menyn, caws, iogwrt ac yn y blaen yn cael eu cynhyrchu ar raddfa fasnachol; hufenfa CREAMERY

ffatri wlân man lle y mae gwlân yn cyrraedd ar ffurf cnu defaid ac yna'n cael ei drin a'i wau i wneud brethyn WOOLLEN-MILL

ffau hon *eb* (ffeuau) cartref neu loches anifail gwyllt *('Ble mae Daniel? Ble mae Daniel?/Yn ffau'r llewod, yn ffau'r llewod.')* LAIR, DEN

ffawd hon *eb* rhyw achos neu allu y tu hwnt i'n rheolaeth sydd, yn ôl rhai, yn trefnu cwrs ein bywyd; tynged, siawns FATE, DESTINY, FORTUNE

ffawt hwn *eg* (ffawtiau) (mewn daeareg) hollt yn wyneb y ddaear lle y mae un haen o graig wedi llithro yn erbyn haen arall, neu doriad mewn gwythïen lo FAULT □ t.636

ffawydd[1] *a* gair i ddisgrifio rhywbeth sydd wedi'i wneud o bren y ffawydden BEECH

ffawydd[2] *hyn ell* mwy nag un **ffawydden**

ffawydden hon *eb* (ffawydd) coeden sy'n perthyn i'r un teulu â'r gastanwydden a'r dderwen; mae ganddi fonyn gwyrdd golau a dail llydain sy'n troi'n frown yn yr hydref, pan fydd mes neu gnau trionglog yn tyfu arni BEECH □ *coed* t.616

FfCM *byrfodd* Ffactor Cyffredin Mwyaf HIGHEST COMMON FACTOR, HCF

ffederal *a* gair i ddisgrifio grŵp o daleithiau neu sefydliadau sydd wedi penderfynu gweithredu fel un wlad neu fel un sefydliad ar rai materion, ond sy'n eu rheoli eu hunain ar faterion mewnol *(Mae'r Swistir yn weriniaeth ffederal, ac mae colegau Prifysgol Cymru yn ffurfio prifysgol ffederal.)* FEDERAL

ffederasiwn hwn *eg* grŵp o wladwriaethau, clybiau, undebau ac ati sy'n annibynnol ond sy'n dod at ei gilydd i weithio ar y cyd ar rai materion pwysig FEDERATION

ffedog hon *eb* (ffedogau)
1 brat; dilledyn syml a wisgir dros ddillad eraill i'w harbed rhag dwyno neu faeddu, yn arbennig wrth goginio APRON
2 yr haen denau neu bilen o groen a geir o gwmpas perfeddion mochyn ac oen ac a ddefnyddir wrth wneud ffagots

bod yn dynn:yn rhwym:yn sownd wrth linyn ffedog fy (dy, ei etc.) mam:ngwraig dibynnu yn ormodol ar, bod dan fawd neu reolaeth TIED TO (HER) APRON STRINGS

ffefryn hwn *eg* (ffefrynnau:ffefrynnod)
1 hoff beth neu berson allan o nifer *(O'r holl recordiau sydd gennyf, dyma'r ffefryn ar hyn o bryd.)* FAVOURITE
2 rhywun sy'n derbyn gormod o sylw neu ganmoliaeth *(Ni ddylai athro fod â ffefryn yn ei ddosbarth.)* FAVOURITE, PET
3 (mewn rasio ceffylau neu gystadlaethau ac ati) yr un

y mae disgwyl iddo ennill *(P'un yw'r ffefryn ar gyfer y cwpan y prynhawn 'ma?)* FAVOURITE

ffeil[1] *hon eb* (ffeiliau) teclyn neu offeryn o ddur a chanddo wyneb garw, rhychiog sy'n cael ei ddefnyddio i lyfnhau rhywbeth garw neu dorri trwy bethau caled; rhathell FILE

ffeil[2] *hon eb* (ffeiliau)
1 cas neu fath o amlen o gerdyn i gadw papurau mewn swyddfa, yn aml mewn set o ddroriau arbennig FILE
2 casgliad o bapurau ar un testun wedi'u cadw yn un o'r systemau hyn *(A oes rhywun yn gwybod ble mae'r ffeil ar adeiladau'r ysgol?)* FILE
3 casgliad o ddata ar gyfrifiadur sydd wedi'i enwi ac wedi'i gadw fel uned FILE

ffeilio[1] *be* llyfnhau neu dorri â **ffeil**[1] TO FILE

ffeilio[2] *be* gosod papurau neu ddogfennau mewn trefn neu mewn **ffeil**[2] TO FILE

ffein *a* (yn y De) gair i ddisgrifio:
1 rhywun caredig, clên, hynaws, ffeind *(Bu'r athrawon yn ffein iawn wrthym ar daith yr ysgol.)* KIND, AGREEABLE
2 tywydd braf *(Maen nhw'n addo tywydd ffein yfory—beth am fynd i lan y môr?)* FINE
3 bwyd blasus *(Mae blas ffein ar y ffagots yma.)* DELICIOUS

ffeind *a* (yn y Gogledd) gair i ddisgrifio rhywun neu rywbeth caredig, clên, hynaws; ffein KIND, AGREEABLE

ffeiriau *hyn ell* mwy nag un **ffair**

ffeirio *be* cyfnewid, trwco, rhoi rhywbeth o'ch eiddo chi i rywun arall am rywbeth o'i eiddo ef neu hi *(Rwyf wedi ffeirio pâr o esgidiau pêl-droed am racet tennis.)* TO EXCHANGE, TO SWAP, TO BARTER

ffeithiau *hyn ell* mwy nag un **ffaith**

ffeithiol *a* gair i ddisgrifio rhywbeth sy'n ymwneud â ffeithiau; gwirioneddol; gwrthwyneb dychmygol *(adroddiad ffeithiol)* FACTUAL

ffel *a* gair i ddisgrifio rhywun neu rywbeth:
1 (yn y De) annwyl, hoffus, cariadus, ffein *(plentyn ffel; ci ffel)* DEAR
2 (yn y Gogledd) siarp, deallus, call KNOWING, SAGACIOUS

ffelt *hwn eg* defnydd trwchus wedi'i wneud o wlân, ffwr neu flew wedi'i wasgu'n dynn at ei gilydd (sef wedi'i bannu) *(Mae ffelt yn cael ei ddefnyddio ar wyneb bwrdd snwcer ac i wneud rhai mathau o hetiau.)* FELT

ffelwm *hwn eg* chwydd llidus, poenus ar flaen bys; ewinor WHITLOW

ffeministiaeth *hon eb* yr egwyddor y dylai menywod gael yr un hawliau â dynion FEMINISM

ffendar:ffender *hon eb* ffrâm o fetel sy'n cael ei gosod o flaen tân glo rhag i farwor dasgu o'r tân i lawr ystafell FENDER

ffenestr *hon eb* (ffenestri) twll neu agoriad yn wal neu yn nho adeilad i oleuo ystafell neu i adael i awyr iach ddod i mewn iddi; mae ffenestr fel arfer wedi'i llunio o ddarn o wydr o fewn ffrâm bwrpasol y mae modd ei hagor a'i chau yn ôl y galw (a'r tywydd) WINDOW
Sylwch: 'ffenest' yw'r ynganiad.
ffenestr do SKYLIGHT
ffenestr fwa BOW WINDOW
ffenestr grom BAY WINDOW

ffenics *hwn neu hon egb* aderyn chwedlonol prydferth y credid ei fod yn byw am bum can mlynedd ac yna'n ei losgi ei hun ar goelcerth er mwyn cael ei aileni o'r llwch i ieuenctid a phrydferthwch newydd PHOENIX

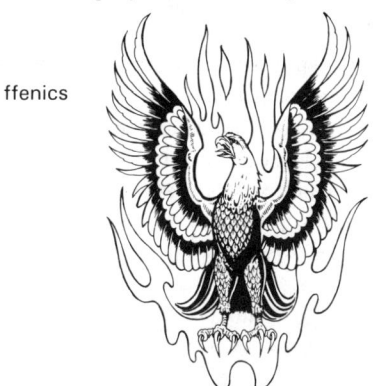

ffenics

ffens *hon eb* (ffensys:ffensiau) math o wal gul o bren neu res o bolion a gwifrau rhyngddynt sy'n gwahanu dau ddarn o dir; gwrych FENCE

ffensio *be*
1 codi ffens (o amgylch rhywbeth fel arfer) TO FENCE
2 ymladd â chleddyf (erbyn hyn fel camp neu sbort) TO FENCE

ffêr *hon eb* (fferau) (gair y Gogledd) y cymal yn y corff sy'n cysylltu'r troed wrth y goes; migwrn ANKLE □ *corff* t.630

fferen *hon eb* un o nifer o **fferins**

fferi *hon eb* (fferïau) cwch neu long arbennig sy'n cludo'n rheolaidd nwyddau neu bobl ar draws afon, llyn neu fôr FERRY

fferins *hyn ell* mwy nag un **fferen**; da-da, losin, melysion, danteithion melys, taffis SWEETS

fferm:ffarm *hon eb* (ffermydd) y tir a'r adeiladau sy'n gysylltiedig â chodi cnydau neu anifeiliaid; y tir a'r adeiladau sydd gan amaethwr neu ffermwr FARM

ffermdy *hwn eg* (ffermdai) cartref amaethwr neu ffermwr, tŷ fferm FARMHOUSE

ffermio:ffarmio *be* defnyddio tir er mwyn codi cnydau neu fagu anifeiliaid; amaethu TO FARM

ffermwr:ffarmwr hwn *eg* (ffermwyr)
1 perchennog neu ddeiliad fferm FARMER
2 un sy'n ffermio, amaethwr FARMER
Clwb Ffermwyr Ieuainc mudiad (yng nghefn gwlad yn bennaf) ar gyfer pobl ifainc sydd â diddordeb mewn ffermio neu sy'n gweithio ar fferm YOUNG FARMERS' CLUB

fferru *be* rhewi, dioddef oddi wrth oerfel; rhynnu, sythu, ceulo (*Mae bysedd fy nhraed bron fferru.*) TO FREEZE, TO NUMB, TO CONGEAL
Sylwch: dyblwch yr 'r' ym mhob un o ffurfiau'r ferf ac eithrio'r rhai sy'n cynnwys -*as*-.

fferyllfa hon *eb* (fferyllfeydd) man lle mae moddion yn cael eu paratoi a'u rhannu yn ôl presgripsiwn doctor; siop fferyllydd PHARMACY, DISPENSARY

fferyllydd hwn *eg* (fferyllwyr)
1 un hyddysg yn y gwaith o gymysgu moddion neu gyffuriau i wella pobl PHARMACIST
2 person sy'n gwerthu moddion CHEMIST, PHARMACIST

ffesant hwn neu hon *egb* (ffesantod:ffesants) aderyn sy'n cael ei fagu i'w hela a'i saethu (rhwng mis Hydref a mis Chwefror) am ei gig blasus; mae'r ceiliog ffesant yn aderyn lliwgar â chynffon hir, gul PHEASANT □ *adar* t.611

ffetan hon *eb* (ffetanau) bag mawr wedi'i wneud o ddefnydd bras, garw; sach SACK

ffetws hwn *eg*
1 yr enw gwyddonol ar greadur bychan o fewn ei fam, yn arbennig wedi iddo ddatblygu'r aelodau y bydd eu hangen ar ôl iddo gael ei eni FOETUS
2 babi cyn iddo gael ei eni ac ar ôl i'r wy dyfu i edrych fel person (ar ôl tua thri mis) FOETUS (embryo)

ffeuau hyn *ell* mwy nag un **ffau**

ffeuen:ffäen hon *eb* un o nifer o **ffa**
hidio/malio'r un ffeuen yn poeni dim DON'T GIVE A FIG

ffi hon *eb* (ffioedd) swm o arian sy'n cael ei dalu am wasanaethau proffesiynol i gyfreithiwr, meddyg, ysgol breswyl ac ati FEE

ffiaidd *a* gair i ddisgrifio rhywun neu rywbeth cas iawn; atgas, ofnadwy, creulon, brwnt (*Roedd ei ymddygiad ffiaidd tuag at ei wraig wedi codi arswyd ar bawb.*) VILE, OBNOXIOUS, ABOMINABLE, DESPICABLE (ffieiddied, ffieiddiach, ffieiddiaf)

ffibr hwn *eg* (ffibrau)
1 un o nifer o rannau o anifeiliaid neu blanhigion sy'n debyg i edafedd (megis gwlân, coed neu gyhyr) FIBRE
2 y deunydd bras, garw mewn bwydydd sy'n cynorthwyo'r perfeddion yn eu gwaith ROUGHAGE, FIBRE

ffidl:ffidil hon *eb* (ffidlau) feiolin, offeryn cerdd, ac iddo bedwar llinyn, sy'n cael ei ddal rhwng gên a phont ysgwydd y chwaraewr; mae'r sŵn yn cael ei gynhyrchu trwy dynnu bwa ar draws y tannau (y llinynnau) neu weithiau eu plycio, ac mae'r nodau yn cael eu newid trwy wasgu'r tannau â bysedd y llaw chwith (gan fyrhau hyd y tant) VIOLIN, FIDDLE □ *llinynnau*
rhoi'r ffidil yn y to rhoi'r gorau i, gorffen TO CALL IT A DAY

ffidlan *be* chwarae â rhywbeth (*Peidiwch â ffidlan â'r switsys 'na, da chi.*) TO FIDDLE, TO PLAY

ffieidd-dra hwn *eg* atgasedd; gweithred neu arferiad ffiaidd ABOMINATION, LOATHSOMENESS

ffieiddio *be* casáu â chas perffaith, ystyried yn ffiaidd, bod yn atgas gennych TO DETEST, TO HATE, TO ABHOR

ffigur hwn *eg* (ffigurau)
1 ffurf neu lun y corff dynol (*Ymddangosodd rhyw ffigur o'r goedwig a'r olwg fwyaf ofnadwy arno.*) FIGURE
2 ffurf y corff dynol, h.y. pa mor lluniaidd neu siapus yw (*Mae'n rhaid imi wneud rhywbeth ynglŷn â'm ffigur cyn mynd ar fy ngwyliau.*) FIGURE
3 person pwysig (*Mae'n ffigur cenedlaethol.*) FIGURE
4 unrhyw un o'r arwyddion rhif rhwng 0 a 9 (*Ysgrifennwch y rhif mewn ffigurau ac mewn geiriau.*) FIGURE
5 llun syml megis cylch, sgwâr neu ddiagram sy'n cael ei ddefnyddio i egluro rhywbeth FIGURE

ffigur ymadrodd ffordd o ddefnyddio geiriau yn wahanol i'r arfer er mwyn creu darlun neu gymhariaeth; priod-ddull (e.e. ergyd pert) FIGURE OF SPEECH

ffigurol *a* gair i ddisgrifio gair neu eiriau sy'n cael eu defnyddio i olygu rhywbeth gwahanol i'w hystyr arferol er mwyn creu darlun neu gymhariaeth (e.e. gloywi iaith; carthu gwddf) FIGURATIVE

ffigys hyn *ell* mwy nag un **ffigysen**; ffrwythau meddal, melys â'u llond o hadau bychain, sy'n tyfu mewn gwledydd poeth FIGS □ *coed* t.617

ffigysbren hwn *eg* (ffigysbrennau) y goeden y mae ffigys yn tyfu arni FIG TREE □ *coed* t.617

ffigysen hon *eb* un o nifer o **ffigys**

ffilm hon *eb* (ffilmiau)
1 rholyn o bapur a haen o gemegyn arno ar gyfer tynnu llun llonydd â chamera FILM
2 rholyn o ddefnydd arbennig (seliwloid) y gwneir lluniau symudol arno ar gyfer y sinema FILM
3 hanes neu destun sydd wedi cael ei droi'n lluniau symudol (ar gyfer y sinema fel arfer) (*Rwy'n hoffi'n fawr yr hen ffilmiau du a gwyn gan Charlie Chaplin a'r Brodyr Marx.*) FILM, MOVIE

ffilmio *be* gwneud lluniau symudol (ar gyfer y sinema neu'r teledu TO FILM

ffin *hon eb* (ffiniau)
1 terfyn, neu'r llinell sy'n gwahanu dau neu ragor o arwynebeddau neu ardaloedd; goror *(ffiniau'r siroedd)* BOUNDARY, BORDER, FRONTIER
2 terfyn cae criced BOUNDARY

ffinio [â, ar] *be* ymylu ar, bod ar y ffin *(Mae tir eu fferm nhw yn ffinio â'n tir ni ar waelod y bryn.)* TO VERGE ON, TO BORDER ON, TO ABUT

ffiol *hon eb* (ffiolau) cwpan, bowlen *('Fy ffiol sydd lawn,' meddai'r Salmydd.)* CUP, BOWL, GOBLET

ffiord *hwn eg* (ffiordau) tafod hir, cul o fôr rhwng clogwyni serth (yn Norwy yn arbennig) FIORD

ffiseg *hon eb* gwyddor neu astudiaeth o fater a grymoedd naturiol (megis goleuni, gwres, symudiad ac ati) PHYSICS

ffisegydd *hwn eg* (ffisegwyr) gwyddonydd sy'n arbenigo mewn ffiseg PHYSICIST

ffisig *hwn eg* (gair y Gogledd) moddion MEDICINE

ffisioleg *hon eb*
1 gwyddor sy'n ymwneud â sut y mae cyrff byw yn gweithio PHYSIOLOGY
2 y system sy'n cadw pethau byw yn fyw PHYSIOLOGY

ffit[1] *a* gair i ddisgrifio rhywun neu rywbeth:
1 addas, cymwys *(Dyw'r bwyd yma ddim yn ffit i gi.)* FIT
2 yn iach o ran corff, heini, cryf *(Rwy'n mynd allan i redeg bob nos er mwyn cadw'n ffit.)* FIT
3 (ar lafar yn y De) haerllug, eofn, egr, powld, digywilydd CHEEKY

ffit[2] *hon eb* (ffitiau)
1 ymosodiad sydyn o salwch sy'n peri i'r corff ddirgrynu neu golli ymwybyddiaeth FIT
2 pwl; cyfnod byr, sydyn *(ffit o beswch; ffit o chwerthin; ffit o hiraeth)* FIT

ffitiach *a* rheitiach, mwy cymwys *(Byddai'n ffitiach iti fynd i wneud dy waith cartref nag edrych ar y sothach 'na trwy'r nos.)* MORE FITTING

ffitio *be* bod y maint iawn neu'r ffurf iawn ar gyfer rhywbeth *(Nid yw'r het yma'n ffitio.)* TO FIT

os yw'r cap yn ffitio (am gyhuddiad fel arfer) os yw'r hyn sy'n cael ei ddweud yn wir, rhaid ei dderbyn IF THE CAP FITS

ffiwdal *a* gair i ddisgrifio rhywun neu rywbeth sy'n perthyn i system a oedd yn caniatáu i bobl ddal tir a chael eu diogelu, ar yr amod eu bod yn gwasanaethu ym myddin yr arglwydd a oedd biau'r tir; system a weithredai trwy Ewrop yn yr Oesoedd Canol (rhwng y 9fed a'r 15fed ganrif) FEUDAL

ffiwdaliaeth *hon eb* y gyfundrefn o dalu gwrogaeth i arglwydd, a oedd i'w chael trwy Ewrop yn yr Oesoedd Canol FEUDALISM

ffiwg *hon eb* (ffiwgiau) darn o gerddoriaeth lle mae un neu ragor o alawon yn cael eu hailadrodd (gan leisiau neu offerynnau) y naill ar ôl y llall â rhai mân newidiadau nes llunio darn cyflawn boddhaol FUGUE

ffiws *hwn eg* (ffiwsys) tiwb bychan neu declyn a darn byr, tenau o wifren ynddo sy'n cael ei osod mewn dyfais drydanol ac sy'n toddi os bydd cerrynt trydanol rhy gryf yn mynd trwyddo; wrth dorri ar gylched y cerrynt mae'n rhwystro tân neu'n cadw'r ddyfais rhag cael niwed FUSE

chwythu ffiws yr hyn sy'n digwydd pan fydd y wifren denau mewn ffiws yn toddi a chylched y trydan yn cael ei thorri TO BLOW A FUSE

ffiwsio *be* peidio â gweithio, diffodd oherwydd bod ffiws wedi chwythu *(Mae'r goleuadau wedi ffiwsio.)* TO FUSE

fflach *hon eb* (fflachiau)
1 goleuni byr sydyn *(fflach mellten)* FLASH
2 (mewn ffotograffiaeth) y dull neu'r cyfarpar ar gyfer tynnu lluniau yn y tywyllwch neu pan nad oes digon o olau FLASH
3 amrantiad, cyfnod byr iawn o amser *(Aethom heibio i'r car arall mewn fflach.)* FLASH
4 matsen; darn byr, main o ddeunydd llosgadwy (pren fel arfer) â phen o gemegion sy'n tanio pan fydd yn cael ei daro yn erbyn rhywbeth garw MATCH
5 pelydryn sydyn o hiwmor GLINT, FLASH

fflachio *be*
1 goleuo neu belydru'n sydyn am gyfnod byr iawn TO FLASH, TO FLARE
2 (am lygaid) pefrio, melltennu TO FLASH, TO FLARE
3 taro goleuni i le tywyll am ysbaid *(Fflachiodd y golau i eithafion pellaf yr ogof.)* TO FLASH

fflachlamp *hon eb* (fflachlampau) lamp fach drydan y mae modd ei chario yn eich llaw TORCH

fflangell *hon eb* (fflangellau) math arbennig o chwip a darnau miniog yn rhan ohoni SCOURGE, WHIP

fflangellu *be* curo â chwip arbennig (fflangell) a oedd yn gwneud niwed mawr i'r corff; chwipio TO SCOURGE, TO FLOG, TO WHIP

fflam *hon eb* (fflamau:fflamiau) tafod coch neu felyn o dân yn llosgi *(Roedd fflamau'r goelcerth i'w gweld am filltiroedd.)* FLAME

fflamgoch *a* gair i ddisgrifio lliw sydd yr un coch disglair â fflamau tân

fflamingo *hwn eg* aderyn dŵr tal â choesau main, hir, gwddf hir, plu pinc neu goch a phig fel cryman; mae ei gynefin naturiol yn y trofannau FLAMINGO

fflamio *be*
1 tanio, llosgi'n fflamau, bod ar dân TO FLAME, TO BLAZE
2 rhegi, diawlio TO CURSE

fflasg hon *eb* (fflasgiau)
 1 potel â gwddf hir, main sy'n cael ei defnyddio gan wyddonwyr mewn labordy FLASK
 2 potel fflat i gario diod (gadarn) yn eich poced FLASK
 3 math arbennig o botel wedi'i gwneud o ddwy haen denau o wydr a gwactod rhyngddynt sydd yn cadw gwres neu oerni yr hyn a roddir ynddi; fel arfer mae'r gwydr yn cael ei gadw o fewn casyn hirgrwn o fetel neu blastig (VACUUM) FLASK

fflat[1] *a* gair i ddisgrifio rhywun neu rywbeth:
 1 gwastad, llorwedd, llyfn *(Roedd yn gorwedd yn fflat ar y llawr.)* FLAT
 2 â wyneb eang, llyfn ond heb fawr o drwch *(Cafodd ei wasgu'n fflat.)* FLAT
 3 (am gwrw neu ddiod a swigod nwy ynddi) wedi colli'r bwrlwm nwy *(Mae'r pop 'ma'n fflat.)* FLAT
 4 anniddorol, difywyd *(Ar ôl i ti adael fe aeth y parti'n fflat iawn.)* FLAT, DULL
 5 pendant, diamwys *(Maen nhw wedi gwrthod yn fflat wneud dim byd i helpu.)* FLAT
 6 (am deiar) heb ddigon o wynt ynddo *(Bydd rhaid imi aros iddyn nhw atgyweirio'r teiar fflat.)* FLAT
 7 (am fatri) y mae angen ei gysylltu â ffynhonnell o drydan oherwydd ei fod yn ddi-wefr FLAT
 8 (wrth ganu â'r llais neu ag offeryn) allan o diwn, o dan y traw neu'r nodyn cywir FLAT

fflat[2] *hwn eg* (fflatiau)
 1 darn o dir isel, gwastad *(Mae'r hen gar yn iawn ar y fflatiau ond mae'n cael trafferth i fynd i fyny rhiwiau.)* FLAT
 2 llong ac iddi waelod gwastad *(Sôn am long y mae'r gân enwog 'Fflat Huw Puw'.)* FLAT
 3 cyfres o ystafelloedd mewn adeilad (ar yr un llawr fel arfer) sy'n uned annibynnol ar gyfer person neu deulu, ac sydd fel arfer yn un o nifer o unedau felly yn yr adeilad FLAT
 4 meddalnod; dynodir gan yr arwydd *b* FLAT
 5 (yn y Gogledd) haearn smwddio IRON

fflatio *be* gwneud neu droi yn fflat[1] (1, 3, 4, 6, 7, 8 uchod); hefyd am y tywydd, troi'n gymylog ac yn oerach

ffliw[1] *hwn eg* anhwylder sy'n debyg i annwyd trwm, ond sy'n fwy difrifol INFLUENZA, FLU

ffliw[2] *hon eb* (ffliwiau) llwybr y mae mwg neu wres yn ei ddilyn, yn arbennig y tu mewn i simnai FLUE

ffliwt *hon eb* (ffliwtiau) offeryn cerdd tebyg i bib neu ddiwb wedi'i wneud o bren neu fetel; mae'n cael ei ganu trwy chwythu ar draws twll ar ochr un pen iddo a gwasgu bysellau sy'n cau ac yn agor rhes o dyllau sy'n rhedeg ar ei hyd; chwibanogl FLUTE ☐ *chwythbrennau*

ffloch *hwn eg* (fflochau) darn anferth o iâ (sy'n llai ei faint na mynydd iâ) yn gorwedd yn y môr FLOE

fflodiart *hon eb* (fflodiardau) giât sy'n cael ei defnyddio i reoli llifeiriant cryf neu eang o ddŵr (e.e. ar gamlas) FLOODGATE

fflworid *hwn eg* un o nifer o gyfansoddion sy'n cynnwys fflworin, yn arbennig y math sy'n cael ei ychwanegu at ddŵr yfed mewn rhai mannau yn y gred ei fod yn rhwystro'r dannedd rhag pydru FLUORIDE

fflworin *hwn eg* elfen gemegol nad yw'n fetel a geir fel arfer ar ffurf nwy melynwyrdd gwenwynig FLUORINE

fflŵr *hwn eg* blawd, can FLOUR

fflyd *hon eb* (fflydoedd) twr, torf, haid (llynges yn wreiddiol) CROWD, GANG, FLEET

 Stryd y Fflyd yr ardal honno yn Llundain a gysylltir â chyhoeddi papurau newydd gan mai yno y byddai pencadlysoedd y rhan fwyaf ohonynt FLEET STREET

fflyrtio:fflyrtian *be* chwarae neu gellwair caru, esgus caru, ceisio denu sylw aelod o'r rhyw arall TO FLIRT

ffo *hwn eg* fel yn *ar ffo*, y weithred o ffoi, o ddianc, o redeg ymaith FLIGHT, ESCAPE

ffoadur *hwn eg* (ffoaduriaid)
 1 un sy'n dianc rhag peryglon, y gyfraith ac ati FUGITIVE
 2 un sydd wedi gadael ei wlad ar adeg o ryfel am resymau gwleidyddol REFUGEE

ffocsl *hwn eg* pen blaen llong lle mae'r morwyr yn byw FORECASTLE

ffocws *hwn eg* (ffocysau)
 1 y pwynt lle mae pelydrau o wres neu oleuni yn dod at ei gilydd ar ôl i'w cyfeiriad gael ei newid (e.e. gan lens) FOCUS
 2 canolbwynt FOCUS

ffodus *a* gair i ddisgrifio rhywun neu rywbeth lwcus, y mae ffawd o'i blaid FORTUNATE, LUCKY

ffoëdigaeth *hon eb* y weithred o ffoi (rhag niwed neu berygl fel arfer) FLIGHT

ffoi *be* dianc, rhedeg ymaith, diflannu TO FLEE, TO RUN AWAY (ffôi, ffy)

ffôi *bf* byddai ef/hi yn **ffoi**

ffoil *hwn eg*
 1 metel hydrin wedi'i guro yn ddalen denau megis papur FOIL
 2 papur a haen o'r metel yma drosto FOIL

ffôl *a* gair i ddisgrifio rhywun neu rywbeth disynnwyr, annoeth, twp FOOLISH, SILLY
 dyw e ddim yn ffôl nid yw'n ddrwg IT'S NOT BAD

ffolant *gw.* folant:ffolant

ffoli *be* gwirioni, dwlu, dotio, mynd yn ddwl am rywun neu rywbeth TO DOTE, TO BE INFATUATED

ffolineb hwn *eg* (ffolinebau) diffyg synnwyr, twpdra, y cyflwr o fod yn ffôl FOLLY, FOOLISHNESS

ffon hon *eb* (ffyn)
1 darn syth, praff o bren a dwrn iddo sy'n gymorth i gerdded STICK, WALKING-STICK
2 un o'r barrau traws sy'n ffurfio grisiau ysgol RUNG

ffon dafl llinyn a darn o ledr yn ei ganol i ddal carreg; mae dau ben y llinyn yn cael eu dal â'r bysedd wrth droelli'r garreg yn gyflym cyn ei gollwng yn rhydd â chryn ergyd *(Ffon dafl oedd yr arf a ddefnyddiodd Dafydd i ladd Goliath.)* SLING

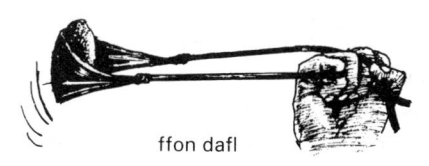

ffon dafl

ffon fagl bagl, ffon arbennig sy'n ffitio tan gesail rhywun cloff CRUTCH

ffon fugail ffon hir a thro yn ei phen CROOK

ffôn hwn *eg* (ffonau) y ddyfais sy'n derbyn neu'n trosglwyddo'ch llais dros bellteroedd mawr trwy ddulliau electronig TELEPHONE, PHONE

ffonio:ffônio *be* siarad â rhywun neu roi neges i rywun, neu geisio gwneud hynny, ar y ffôn *(Ffoniodd dy fam nos Lun.)* TO PHONE, TO TELEPHONE

ffonnod hon *eb* (ffonodiau) ergyd â ffon WHACK

fforc hon *eb* (ffyrc) teclyn o fetel neu blastig ac iddo ddwy neu ragor o bigau ar gyfer codi bwyd i'r geg FORK

fforch hon *eb* (fforchau:ffyrch)
1 offeryn gardd neu fferm sydd â choes pren â dau neu ragor o bigau metel ar ei flaen ar gyfer rhyddhau'r pridd, cario tail ac ati FORK
2 y man lle mae rhywbeth yn ymrannu'n ddwy gan ffurfio 'V' *(fforch yn yr afon)* FORK
3 un o'r ddau ddarn o fetel y mae olwyn flaen beic wedi'i sicrhau wrthynt FORK

fforchog *a* gair i ddisgrifio rhywbeth y mae un pen iddo yn ymrannu'n ddau neu ragor, e.e. *tafod fforchog neidr* FORKED

ffordd hon *eb* (ffyrdd)
1 heol, lôn *(y ffordd fawr)* WAY, ROAD
2 y cyfeiriad cywir i'w ddilyn *(Ai dyma'r ffordd allan?)* WAY, ROUTE
3 y pellter y mae'n rhaid ei deithio i gyrraedd lle arbennig *(Mae gennym ffordd bell i fynd cyn cyrraedd adref.)* WAY
4 dull, modd *(Ai dyma'r ffordd iawn i glymu'r cwlwm?)* WAY

ar y ffordd yn dod, bron â chyrraedd ON THE WAY

bod ar ffordd (rhywun) bod yn rhwystr i rywun fynd ymlaen

ffordd osgoi
1 ffordd dros dro i deithio heibio rhwystr; dargyfeiriad DIVERSION
2 ffordd barhaol i osgoi tagfeydd traffig yng nghanol tref neu ddinas BYPASS

mynd allan o'm ('th, 'i etc.) ffordd mynd i drafferth, gwneud ymdrech arbennig *(Fe aeth allan o'i ffordd i fod yn gyfeillgar.)* TO GO OUT OF ONE'S WAY

o bell ffordd o lawer iawn, o ddigon *(Hi yw'r ferch fwyaf galluog o bell ffordd.)* BY FAR

rhoi rhywun ar ben y ffordd hyfforddi neu roi cyfarwyddyd i rywun *(Pan ddechreuais yn fy ngwaith fel ysgrifennydd newydd y Clwb yr oeddwn yn ddiolchgar iawn i'r cyn-ysgrifennydd am fy rhoi ar ben y ffordd.)* TO SHOW SOMEONE THE ROPES

rhyw ffordd rhywsut SOMEHOW

talu fy (dy, ei etc.) ffordd gw. **talu**

fforddio *be* (fel arfer, 'gallu' neu 'fedru' fforddio)
1 bod â modd i brynu; bod â digon o arian i brynu rhywbeth heb fynd i ddyled *(A allwn ni fforddio car newydd?)* TO AFFORD
2 gwneud, gwario, treulio heb golled annerbyniol *(Allaf i ddim fforddio'r amser i fynd i'r dosbarth bob nos Fawrth.)* TO AFFORD

fforddolyn hwn *eg* (fforddolion) un sy'n teithio'r ffyrdd yn gyson—ar droed, ar gefn ceffyl, mewn carafán, lorri ac ati; teithiwr WAYFARER, TRAVELLER

fforest hon *eb* (fforestydd) coedwig FOREST

fforffedu *be* cael rhywbeth wedi'i gymryd oddi arnoch oherwydd torri cytundeb neu reol neu ddeddf, neu fel cosb *(Oherwydd eich gweithredoedd ffôl yr ydych chi wedi fforffedu'r cyfle i deithio i'r Cyfandir gyda gweddill y plant.)* TO FORFEIT

fforiwr hwn *eg* (fforwyr) un sy'n teithio i leoedd neu drwyddynt er mwyn darganfod; un sy'n ceisio tiroedd anhysbys EXPLORER

fformwla hon *eb* (fformwlâu)
1 (yn dechnegol) rheol gyffredinol neu ffaith wedi'i mynegi'n fyr trwy gyfrwng grŵp o lythrennau, rhifau ac ati *(H_2O yw'r fformwla am ddŵr.)* FORMULA
2 rhestr o'r sylweddau sydd eu hangen i greu rhywbeth megis moddion, tanwydd, cemegyn ac ati (ynghyd â chyfarwyddiadau weithiau ynglŷn â sut i'w cymysgu) *(Rhaid inni wneud ein gorau glas i gadw fformwla'r ffrwydryn newydd yn gyfrinach.)* FORMULA

ffortiwn hon *eb* (ffortiynau) cyfoeth, swm mawr o arian neu eiddo gwerthfawr *(Rwyf wedi gwario ffortiwn ar y car yna.)* FORTUNE

dweud ffortiwn gw. **dweud**

ffortunus *a* ffodus, lwcus FORTUNATE

fforwm hwn *eg*
1 (yn wreiddiol) lle agored yn Rhufain gynt i drafod materion cyhoeddus FORUM
2 erbyn heddiw, unrhyw le neu gyfarfod lle mae'n bosibl trafod yn gyhoeddus FORUM

fforwyr hyn *ell* mwy nag un **fforiwr**

ffos hon *eb* (ffosydd) sianel gul wedi'i chloddio yn y ddaear:
1 er mwyn cludo dŵr TRENCH, DITCH
2 (a'i llenwi â dŵr gan amlaf) o gwmpas mur castell neu gaer i'w hamddiffyn MOAT
3 er mwyn diogelu milwyr (yn arbennig yn ystod y Rhyfel Byd Cyntaf) TRENCH

ffosil hwn *eg* (ffosilau) olion neu weddillion planhigyn neu anifail a fu'n byw filiynau o flynyddoedd yn ôl, wedi'u cadw mewn carreg neu graig a oedd unwaith yn dywod neu'n iâ FOSSIL

ffosil

ffosileiddio *be*
1 gwneud neu droi'n ffosil TO FOSSILIZE
2 (yn ffigurol) troi'n anhyblyg a marwaidd ymhen llawer o amser; troi'n garreg TO FOSSILIZE

ffotograff hwn *eg* (ffotograffau) llun a dynnir â chamera PHOTOGRAPH

ffotograffiaeth hon *eb* y gelfyddyd neu'r broses o dynnu lluniau â chamera a ffilm (neu dâp) PHOTOGRAPHY

ffotograffydd hwn *eg* (ffotograffwyr) un sy'n tynnu lluniau â chamera, yn arbennig un sy'n ennill ei fywoliaeth trwy dynnu lluniau PHOTOGRAPHER

ffotosynthesis hwn *eg* y ffordd y mae planhigion â dail gwyrdd yn cynhyrchu eu bwyd eu hunain wrth i oleuni'r haul adweithio â chloroffil y dail i gynhyrchu sylweddau cemegol wedi'u seilio ar siwgr PHOTOSYNTHESIS

ffowls hyn *ell*
1 mwy nag un **ffowlyn**
2 da pluog fferm (ieir, ceiliogod, cywion ac ati) POULTRY

ffowlyn hwn *eg* (ffowls) cyw iâr, yn arbennig un sy'n barod i'w goginio *(Mae gennym ffowlyn i ginio heddiw.)* CHICKEN, FOWL

ffowndri hon *eb* (ffowndrïau) gweithdy lle mae metelau yn cael eu toddi a'u harllwys i fowldiau i lunio rhannau o beiriannau ac ati FOUNDRY

ffracsiwn hwn *eg* (ffracsiynau) (mewn mathemateg) rhaniad o gyfanrif *(Mae ⅞ [saith wythfed], $\frac{9}{16}$ [naw rhan o un deg chwech], 7.86 [saith pwynt wyth chwech] a 3·004 [tri pwynt dim dim pedwar] i gyd yn ffracsiynau.)* FRACTION (gw. Atodiad II t.601)

ffracsiwn bondrwm ffracsiwn lle mae'r rhif uwchben y llinell yn llai na'r rhif odani (e.e. ½, $\frac{4}{5}$ ac ati) PROPER FRACTION

ffracsiwn cyffredin ffracsiwn sy'n cael ei fynegi gan rif uwchben ac o dan linell (nid fel ffracsiwn degol) COMMON FRACTION, VULGAR FRACTION

ffracsiwn degol ffracsiwn sy'n cael ei fynegi yn y dull degol; degolyn (e.e. 7·86, 3·004) *(0·5 yw 'hanner' fel ffracsiwn degol, a ½ yw 'hanner' fel ffracsiwn cyffredin.)* DECIMAL FRACTION

ffracsiwn pendrwm ffracsiwn lle mae'r rhif uwchben y llinell yn fwy na'r rhif odani (e.e. $\frac{3}{2}$, $1\frac{7}{5}$ ac ati) IMPROPER FRACTION

ffradach hwn *eg* llanastr, methiant, smonach, rhywbeth wedi'i ddifetha *(Roedd hanner cyntaf y cyngerdd yn syndod o dda ond fe aeth yr ail ran yn ffradach.)* MESS, SHAMBLES

ffrae hon *eb* (ffraeau:ffraeon) cweryl, cynnen, ffrwgwd QUARREL, SQUABBLE

ffraeo *be* dadlau'n gynhengar, cweryla, anghytuno'n chwyrn TO QUARREL, TO SQUABBLE

ffraeth *a* gair i ddisgrifio rhywun sy'n gallu dweud pethau sy'n graff ac yn ddoniol yr un pryd; rhywun parod ei ateb, huawdl, digrif; rhywun a dawn dweud ganddo WITTY

ffraethineb hwn *eg* (ffraethinebau)
1 y ddawn i ddweud pethau mewn ffordd bert sy'n ddoniol ac yn graff yr un pryd; arabedd WIT

ffraethinebau

2 huodledd, clyfrwch geiriol (yn arbennig wrth feirniadu) FLUENCY, FACETIOUSNESS

ffraethinebau hyn *ell* mwy nag un **ffraethineb**, yn arbennig dywediadau neu sylwadau ffraeth WITTICISMS

ffrâm hon *eb* (fframiau)
1 ymyl arbennig y mae rhywbeth yn cael ei osod o'i fewn *(ffrâm llun; ffrâm sbectol)* FRAME
2 y sgerbwd y mae rhywbeth yn cael ei dynnu'n dynn o'i amgylch neu ei adeiladu arno *(Mae cwrwgl wedi'i wneud o ddarnau o gynfas, neu grwyn yn wreiddiol, wedi'u sicrhau'n dynn wrth ffrâm o bren.)* FRAME
3 y rhannau cryf, caled sy'n cael eu hasio at ei gilydd i wneud rhywbeth *(ffrâm beic)* FRAME
4 ffurf neu siâp y corff dynol *(Edrychodd ar ei ffrâm eiddil â thosturi.)* FRAME
5 casyn neu ymyl cryf a chadarn sy'n dal rhywbeth yn ei le *(ffrâm ffenestr; ffrâm y drws)* FRAME
6 cefndir, amgylchfyd *(Mae'r coed tywyll yn ffrâm effeithiol i'r gerddi lliwgar.)* FRAME
7 blwch mawr wedi'i osod yn y pridd a chanddo do gwydr ar oleddf y mae modd ei agor a'i gau; gellir tyfu planhigion ynddo a'u cadw rhag y rhew COLD FRAME, GARDEN FRAME
8 un o'r lluniau bach unigol a gewch mewn ffilm sinema FRAME
9 adran gyfan o gystadlu mewn gêmau megis snwcer neu fowlio ac ati FRAME

fframio *be* gosod rhywbeth o fewn ffrâm *(fframio pictiwr; tŷ yn cael ei fframio â choed tywyll)* TO FRAME

fframwaith hwn *eg* (fframweithiau)
1 y ffrâm sy'n cynnal rhywbeth FRAMEWORK
2 cynllun, system, strwythur, adeiledd *(fframwaith llywodraeth leol)* FRAMEWORK, STRUCTURE

fframyn hwn *eg* (fframiau) gair arall am **ffrâm** FRAME

ffranc hwn *eg* (ffranciau) y prif ddarn o arian bath o fewn systemau ariannol Ffrainc, y Swistir, yr Iseldiroedd a nifer o wledydd a oedd gynt yn cael eu llywodraethu gan Ffrainc FRANC

Ffrances hon *eb* merch neu wraig sy'n dod o Ffrainc FRENCHWOMAN

Ffrancwr hwn *eg* (Ffrancwyr) brodor o Ffrainc FRENCHMAN

ffres *a* gair i ddisgrifio:
1 rhywbeth mewn cyflwr da nad yw wedi cael ei ddifetha wrth gael ei gadw'n rhy hir *(Rhaid inni fwyta'r caws yma tra'i fod yn ffres.)* FRESH
2 dŵr croyw, nad yw'n hallt; dŵr y mae modd ei yfed FRESH
3 bwyd heb gyffeithyddion megis halen a finegr; bwyd nad yw wedi cael ei gadw mewn tuniau na photeli nac wedi'i rewi *(ffrwythau ffres)* FRESH
4 rhywbeth newydd ei baratoi, newydd ei goginio *(panaid bach ffres o de; bara ffres)* FRESH
5 rhywbeth heini, heb fod wedi blino, cryf *(Mae'r blodau'n edrych lawer yn fwy ffres ar ôl y gawod.)* FRESH
6 rhywbeth sy'n edrych yn lân *(Edrychai'r tŷ yn ffres ar ôl cael cot o baent.)* FRESH
7 aer iachus, awyr agored, pur FRESH
8 tywydd â gwynt oer eithaf cryf *(gwyntoedd ffres o'r dwyrain)* FRESH
9 rhywbeth sy'n aros yn y cof, heb ddechrau diflannu *(Er bod ugain mlynedd wedi mynd heibio, mae'r peth mor ffres yn ei chof â phetai wedi digwydd ddoe.)* FRESH
10 agwedd newydd, fywiog *(Roedd yn braf cael pobl ifainc i mewn ar y cynllun i edrych yn ffres ar y peth.)* FRESH
Sylwch: ynganwch 'ffresh'.

ffresgo hwn *eg* darlun wedi'i beintio ar wal neu nenfwd cyn i'r plastr orffen sychu; neu'r grefft o beintio fel hyn FRESCO

ffresni hwn *eg* y cyflwr o fod yn ffres, yn newydd; glendid FRESHNESS

ffreutur hwn neu hon *egb* (ffreuturau) yn wreiddiol, neuadd fwyta mewn mynachlog neu leiandy, ond, erbyn hyn, mewn ysgol neu goleg; cantîn REFECTORY, CANTEEN

ffridd hon *eb* (ffriddoedd) porfa arw, fynyddig; gwaun, rhos, cynefin defaid MOUNTAIN PASTURE

ffril hwn *eg* (ffriliau:ffrils)
1 darn hirgul o ddefnydd wedi'i grychu a'i roddi ar wisg neu lenni fel addurn FRILL
2 rhywbeth ymylol nad yw'n bwysig nac yn hanfodol *(Roedd y gweinidog newydd yn bregethwr tan gamp ond doedd ganddo ddim amynedd â'r ffrils—parti Nadolig, trip Ysgol Sul ac ati.)* FRILL

ffrimpan hon *eb* (ffrimpanau) padell ffrio FRYING-PAN

ffrind hwn neu hon *egb* (ffrindiau) cyfaill, cyfeilles FRIEND

ffrio *be*
1 coginio mewn saim neu olew poeth *(wy wedi'i ffrio)* TO FRY
2 llosgi *(Rwyf bron ffrio yn yr haul 'ma.)* TO FRY

ffris hon *eb* (ffrisiau)
1 bandin addurnedig (o bapur wal yn aml) o gwmpas ystafell neu adeilad FRIEZE
2 darlun ar ddarn hir o bapur FRIEZE

ffrithiant hwn *eg* y grym sy'n ceisio rhwystro un peth rhag llithro dros rywbeth arall *(Mae olew, olwynion, pelferynnau, a ffurfiau llilin i gyd yn cael eu defnyddio i geisio lleihau effaith ffrithiant.)* FRICTION

ffroen *hon eb* (ffroenau)
  1 y naill neu'r llall o'r ddau dwll yn y trwyn yr ydych yn anadlu trwyddynt NOSTRIL □ *ceffyl, corff* t.630
  2 y twll ar flaen baril gwn MUZZLE

ffroeni *be*
  1 tynnu anadl i mewn i'r trwyn mewn ffordd swnllyd; sniffian TO SNIFF
  2 gwneud hyn er mwyn clywed arogl; arogli TO SNIFF
  3 gollwng aer allan o'r trwyn yn ffrwydrad bychan er mwyn dynodi anfodlonrwydd, dicter, dirmyg ac ati TO SNIFF, TO SNORT
  4 (am geffyl) gweryru TO SNIFF, TO SNORT

ffroenuchel *a* gair i ddisgrifio rhywun balch, trahaus, dirmygus, sy'n edrych i lawr ei drwyn ar bethau HAUGHTY, SUPERCILIOUS, SNOBBISH

ffroesen:ffroisen *hon eb* (ffroes:ffrois) crempog, pancosen; teisen denau, feddal wedi'i gwneud o gytew ac wedi'i choginio mewn padell ffrio neu ar y maen PANCAKE

ffrog *hon eb* (ffrogiau) dilledyn a wisgir gan ferch; mae'n cyrraedd o'r ysgwyddau at y penliniau neu'n is FROCK, DRESS

ffromi *be* digio, gwylltio, mynd yn grac, cynddeiriogi TO FUME, TO RAGE, TO BLUSTER

ffrwcslyd *a* ffwndrus, ffwdanus, wedi drysu CONFUSED, BEWILDERED

ffrwd *hon eb* (ffrydiau)
  1 nant sy'n rhedeg yn gyflym; llifeiriant STREAM, BROOK
  2 (mewn ysgol) un o nifer o grwpiau o blant o'r un oedran wedi eu rhannu yn ôl eu gallu STREAM

ffrwgwd *hwn eg* (ffrygydau) ymrafael, ffrae, cweryl, cynnen BRAWL, FRAY

ffrwst *hwn eg* brys, rhuthr, ffwdan, brys byrbwyll RUSH, BUSTLE, HURRY
  ar ffrwst ar frys IN A HURRY

ffrwt *hwn eg* nerth, egni, bwrlwm o fywyd (*Does dim llawer o ffrwt ynddo.*) ENERGY, VIGOUR, VITALITY

ffrwtian *be* poeri, tasgu, gwneud sŵn wrth ferwi TO SPLUTTER, TO SPUTTER

ffrwydrad *hwn eg* (ffrwydradau) tanchwa, ergyd, y weithred o ffrwydro EXPLOSION, DETONATION, BLAST

ffrwydro *be* chwythu'n ddarnau, chwalu â sŵn mawr, byrstio TO EXPLODE, TO BLAST

ffrwydrol *a* gair i ddisgrifio rhywbeth sy'n dueddol o ffrwydro neu achosi ffrwydrad EXPLOSIVE

ffrwydryn *hwn eg* (ffrwydron) sylwedd sy'n ffrwydro neu sy'n achosi i bethau eraill ffrwydro EXPLOSIVE, DETONATOR

ffrwyn *hon eb* (ffrwynau) y strapiau lledr (gan gynnwys genfa ac awenau) sy'n cael eu gosod am ben ceffyl i'w reoli wrth farchogaeth BRIDLE □ *ceffyl*
  rhoi ffrwyn ar ffrwyno, atal, cadw dan reolaeth (*Byddai ei thraethodau'n gymaint gwell eto pe bai hi'n gallu rhoi ffrwyn ar ei dychymyg.*) TO REIN IN
  rhoi ffrwyn i rhyddhau, gollwng yn rhydd, gwrthwyneb 'rhoi ffrwyn ar' TO GIVE A FREE REIN TO

ffrwyno *be*
  1 rhoi ffrwyn am ben ceffyl TO BRIDLE
  2 atal, llesteirio, dal yn ôl (megis wrth dynnu ar awenau ceffyl) (*Rhaid iddi ddysgu ffrwyno'i thymer.*) TO RESTRAIN, TO CURB

ffrwyth *hwn eg* (ffrwythau)
  1 cynnyrch bwytadwy, llawn sudd sy'n tyfu ar goed a llwyni, a phlanhigion (e.e. afal, oren, banana ac ati) FRUIT, BERRY □ t.624
  2 (yn dechnegol) y rhan honno o unrhyw blanhigyn sy'n cynnwys yr hadau (e.e. pys, cloc dant y llew neu beli bach pigog cacamwci ac ati) FRUIT
  3 canlyniad, cynnyrch da neu ddrwg (*Roedd y llyfr yn ffrwyth blynyddoedd o waith caled.*) FRUIT, PRODUCT
  4 (fel yn yr ymadrodd am de yn *bwrw ei ffrwyth*) nodd, rhinwedd, yr hyn sy'n cael ei ddistyllu trwy ferwi ESSENCE
  5 cynnyrch y ddaear, cnwd FRUIT
  6 (yn ffigurol) gweithred ('*Wrth eu ffrwythau yr adnabyddwch hwynt.*') (diffrwyth)

ffrwythlon *a* gair i ddisgrifio rhywun neu rywbeth sy'n dwyn llawer o ffrwyth; rhywun sy'n gallu cenhedlu plentyn; cynhyrchiol, toreithiog (*tir ffrwythlon*) FERTILE, LUSH

ffrwythlondeb *hwn eg* y gallu i gynhyrchu ffrwyth neu epil; y cyflwr o fod yn ffrwythlon FRUITFULNESS, FERTILITY

ffrwythloni *be*
  1 cychwyn datblygiad epil mewn planhigyn neu greadur benywaidd TO FERTILIZE
  2 gwneud yn ffrwythlon neu'n fwy cynhyrchiol

ffrwythloniad *hwn eg* y weithred o gychwyn datblygiad epil mewn planhigyn neu greadur benyw FERTILIZATION

ffrydiau *hyn ell* mwy nag un **ffrwd**

ffrydio *be*
  1 llifo'n gryf, arllwys allan, pistyllio, byrlymu, goferu TO FLOW, TO STREAM, TO GUSH
  2 gosod plant ysgol mewn ffrydiau TO STREAM

ffrygydau *hyn ell* mwy nag un **ffrwgwd**

ffrynt *hwn neu hon egb* (ffryntiau)
  1 tu blaen (adeilad, ystafell, ac ati); gwrthwyneb cefn (*Galwodd yr athro Delyth i ffrynt y dosbarth.*) FRONT

2 yr wyneb neu'r rhan sy'n wynebu ymlaen, allan neu i fyny *(ffrynt y car)* FRONT
3 ochr bwysicaf adeilad, yr ochr sy'n wynebu'r ffordd neu'r ochr lle mae'r brif fynedfa *(Dewch i mewn trwy ddrws y ffrynt.)* FRONT
4 ffordd neu heol sy'n rhedeg gydag ymyl wal amddiffynnol ar lan y môr *(Welwch chi ddim llawer o bobl ar y ffrynt yn Aberystwyth yn ystod y gaeaf.)* FRONT
5 y llinell lle mae dwy fyddin yn brwydro â'i gilydd ar adeg o ryfel ynghyd â'r tir sy'n arwain ati FRONT
6 ymgais unedig yn erbyn gwrthwynebwyr *(Ar adeg o ryfel ffurfiodd y pleidiau gwleidyddol ffrynt unedig yn erbyn y gelyn.)* FRONT
7 mudiad gwleidyddol *(Mae'r Ffrynt Cenedlaethol yn blaid fach eithafol sy'n credu mewn danfon mewnfudwyr yn ôl i'w gwledydd eu hunain.)* FRONT
8 y ffin rhwng dau fath o aer *(ffrynt cynnes; ffrynt oer)* FRONT

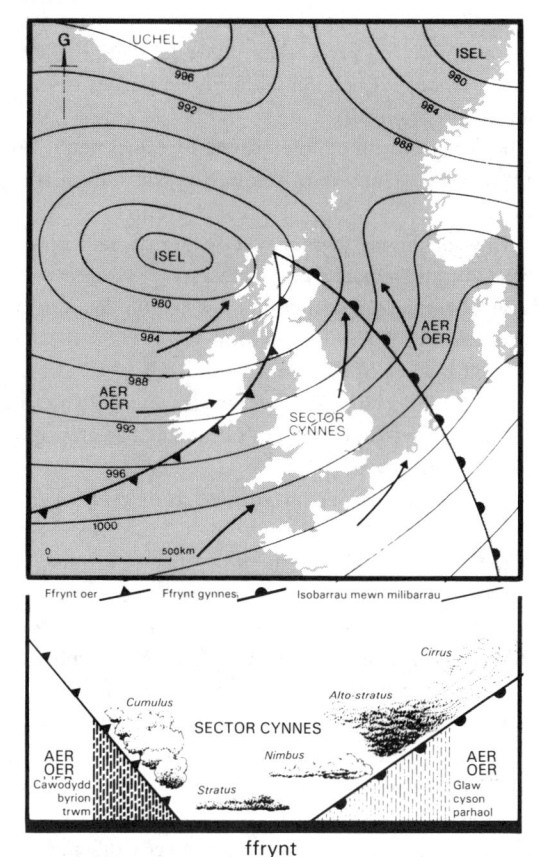

ffuantus *a* gair i ddisgrifio rhywun neu rywbeth rhagrithiol, ffug, ffals, twyllodrus; gwrthwyneb diffuant SHAM, HYPOCRITICAL, INSINCERE

ffug[1] *a* twyllodrus, ffuantus, ffals, dychmygol, gau, annilys *(Mae'n anodd dweud erbyn hyn p'un yw'r llun gwreiddiol a ph'un yw'r un ffug.)* FAKE, FALSE, COUNTERFEIT

ffug...[2] *a* mae'n cael ei ddefnyddio ar ddechrau geiriau cyfansawdd i ddynodi mai twyllodrus neu ffals neu ddychmygol yw'r hyn sy'n ei ddilyn, e.e. *ffugenw, ffuglen* PSEUDO...

ffugbasio *be* (mewn gêm lle mae gofyn pasio pêl rhwng aelodau o'r un tîm) esgus pasio pêl er mwyn twyllo'ch gwrthwynebydd TO (SELL A) DUMMY

ffugenw hwn *eg* (ffugenwau) enw sy'n cael ei ddefnyddio mewn cystadleuaeth rhag i'r beirniad wybod pwy sy'n cystadlu neu gan awdur nad yw am i bobl wybod ei enw iawn *(Lyn oedd ffugenw fy nhad pan oedd yn cystadlu.)* NOM DE PLUME, PSEUDONYM

ffugio *be* cymryd arno, dynwared (er mwyn twyllo), twyllo, esgus bod, smalio, cogio *(Dim ond ffugio cysgu mae hi.)* TO PRETEND, TO FEIGN, TO FAKE

ffuglen hon *eb* storïau neu nofelau am bethau nad ydynt wedi digwydd mewn gwirionedd, neu hanesion dychmygol am ddigwyddiadau neu bersonau go iawn, o'u cymharu â mathau eraill o lenyddiaeth megis barddoniaeth neu ddramâu ac o'u cymharu â llyfrau ffeithiol FICTION

ffunen hon *eb* (ffunennau:ffunenni) macyn, cadach poced, neised, hances HANDKERCHIEF

ffunud hwn *eg* fel yn *yr un ffunud â*, math, ffurf; gan amlaf mae'n cyfeirio at rywun sy'n debyg o ran pryd a gwedd i rywun arall THE SPITTING IMAGE
Sylwch: mae 'ffunud' bob tro yn dilyn 'un'.

ffured hon *eb* (ffuredau) anifail bach ffyrnig o'r un teulu â'r wenci a'r ffwlbart a'r dyfrgi, sy'n cael ei ddefnyddio i hela cwningod a llygod mawr trwy ei ollwng i'r tyllau lle mae'r rheini'n byw FERRET ☐ *ffwlbart*

ffureta *be*
1 hela cwningod a llygod mawr â ffured TO FERRET
2 chwilio'n brysur (megis ffured) TO FERRET

ffurf hon *eb* (ffurfiau)
1 gwedd, ymddangosiad allanol, golwg, llun, siâp *(Cafodd brawd bach Meirion gacen ben blwydd ar ffurf injan drên.)* FORM, SHAPE
2 amrywiaeth yn y ffordd o ysgrifennu neu ynganu gair yn ôl rheol neu reolau arbennig *(Mae dwy ffurf ar drydydd person unigol gorffennol 'rhoddi'—yr hen ffurf 'rhoes' a'r ffurf fwy adnabyddus 'rhoddodd'.)* FORM
3 (yn dechnegol) mae i ffurf dri dimensiwn—uchder, lled a dyfnder—yn wahanol i siâp, sydd â dau ddimensiwn FORM

ar ffurf yr un siap â, yn dilyn patrwm IN THE FORM OF

ffurfafen hon *eb* (ffurfafennau) gair llenyddol am yr awyr, y nen FIRMAMENT

ffurfio *be*
1 ymddangos, datblygu *(Mae ager yn ffurfio pan fydd dŵr yn berwi.)* TO FORM
2 cymryd siâp, llunio *(Mae adeiladau'r coleg yn ffurfio sgwâr a lle gwag yn ei ganol.)* TO FORM
3 gwneud, creu, llunio *(Un o'r cystadlaethau oedd ffurfio rhywbeth defnyddiol o'r sbwriel yr ydym yn cael gwared arno.)* TO FORM
4 casglu ynghyd, sefydlu *(Rwy'n bwriadu ffurfio clwb i bobl sy'n rhy brysur i hamddena—pan gaf amser!)* TO FORM

ffurfiol *a* gair i ddisgrifio rhywun neu rywbeth:
1 sy'n dilyn patrwm arferol, rheolaidd, sy'n dilyn y drefn draddodiadol; confensiynol *(seremoni ffurfiol; gwisg ffurfiol)* FORMAL
2 sy'n gofalu bod yn hollol gywir; anhyblyg, anystwyth *(Peidiwch â bod mor ffurfiol! Does dim rhaid fy ngalw'n Mr Jones; gwna John y tro'n iawn.)* FORMAL
3 swyddogol, yn ôl y rheolau *(Rwyf wedi gwneud cais ffurfiol i weld y prifathro.)* FORMAL

ffurflen hon *eb* (ffurflenni) dalen o bapur neu daflen brintiedig ac arni nifer o gwestiynau i'w hateb mewn blychau priodol FORM

ffurflen gais ffurflen arbennig y mae disgwyl i chi ei llenwi wrth geisio am swydd, grant ac ati APPLICATION FORM

ffurflen ymaelodi ffurflen y mae disgwyl i chi ei llenwi cyn dod yn aelod o gymdeithas, clwb ac ati ENROLMENT FORM

ffust

ffust hon *eb* (ffustiau) pastwn yn hongian gerfydd carrai o ledr ystwyth, wrth goes o bren; byddai'n cael ei ddefnyddio ar ffermydd erstalwm i ddyrnu ŷd â llaw FLAIL

ffusto *be*
1 yn wreiddiol, dyrnu ŷd â llaw gan ddefnyddio ffust TO FLAIL
2 bwrw, curo drosodd a throsodd, ergydio, pwno *(ffusto ar y drws)* TO HAMMER, TO BEAT, TO BANG

ffwdan hon *eb*
1 trafferth neu ofid *(Cawsom dipyn o ffwdan i ddod o hyd i'r lle.)* BOTHER
2 cyffro diangen, prysurdeb dianghenraid *(Wn i ddim pam mae Mam yn mynd i'r holl ffwdan bob tro mae'r gweinidog yn dod i de.)* FUSS

ffwdanu *be* trafferthu, gweithredu mewn ffordd nerfus, brysur ynglŷn â phethau bychain TO FUSS, TO BOTHER

ffwdanus *a* gair i ddisgrifio rhywun sy'n poeni'n ormodol ynglŷn â manion; trafferthus, llawn ffwdan FUSSY

ffwng hwn *eg* (ffyngau:ffyngoedd) un o nifer o fathau o blanhigion sy'n lledaenu'n gyflym ond sydd heb gloroffil ac felly sydd heb rannau gwyrdd (megis dail a choesau); cewch rai mathau mawr fel caws llyffant a madarch ac eraill yn fân fel llwydni a burum FUNGUS

ffŵl hwn *eg* (ffyliaid)
1 person yr ydych chi'n ei ystyried yn dwp neu'n ffôl; rhywun heb synnwyr cyffredin; twpsyn, hurtyn FOOL, DOLT
2 (yn y gorffennol) gwas mewn llys brenin neu uchelwr a oedd i ddifyrru ei feistr FOOL, JESTER

ffŵl Ebrill person sy'n cael ei dwyllo cyn deuddeg o'r gloch ar fore 1 Ebrill APRIL FOOL

ffwlbart hwn *eg* (ffwlbartiaid:ffwlbartod)
1 anifail bach a chanddo ffwr tywyll sy'n perthyn i'r un teulu ysglyfaethus â'r wenci a'r ffured ac sy'n enwog am ei ddrewdod POLECAT
2 enw dirmygus ar berson *(yn ddiog fel ffwlbart; yn drewi fel ffwlbart)*

ffwlbri hwn *eg* rhywbeth ffôl, dwl, gwirion; lol, ynfydrwydd, sothach NONSENSE, TOMFOOLERY, FOLLY

ffwlcrwm hwn *eg* (ffwlcrymau) y pwynt y mae trosol (neu lifer) yn troi arno neu'n cael ei gynnal arno wrth godi neu symud rhywbeth FULCRUM □ *trosol*

ffwndro *be* drysu, cymysgu, mwydro TO BEWILDER, TO BECOME CONFUSED

ffwndrus *a* gair i ddisgrifio rhywun sydd wedi drysu, sydd wedi'i fwydro, sydd mewn penbleth; dryslyd, ffrwcslyd *(Druan ag ef, mae wedi mynd yn eithaf ffwndrus yn ei henaint.)* CONFUSED, PERPLEXED

ffwr hwn *eg* (ffyrrau)
1 y blew mân, meddal sy'n gorchuddio cyrff y mwyafrif o anifeiliaid (e.e. eirth, cathod, cwningod ac ati) FUR

ffwr-bwt

2 cot rhai o'r anifeiliaid hynny (e.e. cadno, llewpart ac ati) wedi'i thrin i wneud dillad ohoni FUR
3 dilledyn wedi'i wneud o un neu ragor o'r crwyn hyn *(Rhoddodd Mrs Jones-Davies ei ffwr amdani.)* FUR
4 haen o sylwedd llwyd ar y tafod pan fo rhywun yn sâl FUR
5 crachen galed sy'n casglu o fewn llestri o fetel (e.e. tegell) o ganlyniad i dwymo dŵr a llawer o galch ynddo (dŵr caled) yn y llestri hyn FUR

ffwr-bwt *a* ac *adf* swta, disymwth, sydyn *(Dyma fo'n gorffen siarad ac i ffwrdd â fo yn ddigon ffwr-bwt.)* SUDDEN, ABRUPT

bele

minc

ffwlbart

ffured

carlwm

gwenci, bronwen

6cm cynffon   19cm corff

ffwrdd *adf* (fel yn yr ymadroddion *i ffwrdd* ac *o ffwrdd*) bant, ymaith *(Wyt ti'n mynd i ffwrdd ar dy wyliau eleni? Rhai o ffwrdd ydyn nhw sy'n aros yma am yr wythnos.)* AWAY

ffwrdd-â-hi *a* diofal, rywfodd rywsut SLAP-DASH

ffwrn hon *eb* (ffyrnau) un o nifer o fathau o adeiladwaith ar ffurf bocs sy'n cael eu twymo ar gyfer coginio, crasu clai ac ati; popty OVEN

ffwrnais hon *eb* (ffwrneisi:ffwrneisiau) llestr neu adeiladwaith o frics neu o fetel a geir mewn ffatri neu waith dur; mae'n cael ei wresogi hyd at dymheredd uchel iawn a'i ddefnyddio i doddi a phuro metelau, mwynau ac ati FURNACE

ffwrwm hon *eb* (ffwrymau)
1 sedd hir i ddau neu ragor o bobl; mainc BENCH, FORM
2 bwrdd gwaith hir, neu'r coesau i ddal bwrdd BENCH, TRESTLE

ffwythiant hwn *eg* (ffwythiannau) (mewn mathemateg)
1 y berthynas pan fydd pob aelod o un set wedi'i gysylltu ag un aelod, ac un yn unig, o set arall FUNCTION
2 newidyn sy'n dibynnu ar newidyn arall, e.e. yn $y = 2x$ mae y yn ffwythiant o x FUNCTION
3 rhan o raglen gyfrifiadurol sy'n datrys rhyw werth (mathemategol) arbennig FUNCTION

ffy *bf* mae ef/hi yn **ffoi**; bydd ef/hi yn **ffoi**

ffydd hon *eb*
1 cred gref, ymddiriedaeth sydd yn mynd y tu hwnt i reswm neu brawf *(Mae ganddi ffydd yn fy ngallu i'w gwella.)* FAITH, CONFIDENCE
2 cred ac ymddiriedaeth yn Nuw FAITH
3 crefydd *(y ffydd Gristnogol)* FAITH

ffyddiog *a* gair i ddisgrifio rhywun llawn ffydd (ond nid yn yr ystyr grefyddol); hyderus, yn credu'n sicr *(Er nad oedd ganddo gymwysterau arbennig, roedd yn ffyddiog y gallai wneud y gwaith.)* CONFIDENT

ffyddlon *a* gair i ddisgrifio rhywun:
1 sy'n llawn teyrngarwch, sy'n mynegi ffyddlondeb a theyrngarwch; cywir, y gallwch ddibynnu arno *(Mae aelodau'r Urdd yn addo bod yn ffyddlon i Gymru, i'w cyd-ddyn ac i Grist.)* FAITHFUL, TRUE, LOYAL
2 sy'n credu'n gryf mewn crefydd ac yn mynychu oedfaon a gwasanaethau yn rheolaidd; selog FAITHFUL, ZEALOUS
3 sy'n deyrngar i'w briod neu i'w phriod FAITHFUL, TRUE

ffyddlondeb hwn *eg* y cyflwr o fod yn ffyddlon, teyrngarwch, cywirdeb FAITHFULNESS, FIDELITY

ffyddloniaid hyn *ell* pobl ffyddlon THE FAITHFUL

ffyngau:ffyngoedd hyn *ell* mwy nag un **ffwng**

ffyliaid hyn *ell* mwy nag un **ffŵl**

ffyn hyn *ell* mwy nag un **ffon**
ffynhonnau hyn *ell* mwy nag un **ffynnon**
ffynhonnell hon *eb* (ffynonellau)
1 y man lle mae rhywbeth yn tarddu neu'n cychwyn *(Aeth yn ôl i'r ffynhonnell wreiddiol—sef hen, hen lawysgrif—i wneud yn siŵr fod y dyfyniad yn gywir.)* SOURCE, FOUNT
2 tarddle nant neu ffrwd SOURCE, SPRING
3 person neu beth sy'n rhoi gwybodaeth *(Cefais yr hanes o ffynhonnell hollol ddibynadwy.)* SOURCE

ffyniannus *a* gair i ddisgrifio rhywun neu rywbeth sy'n ffynnu; llwyddiannus, porthiannus SUCCESSFUL, PROSPEROUS

ffyniant hwn *eg* llwyddiant (materol fel arfer) SUCCESS, PROSPERITY

ffynidwydden hon *eb* (ffynidwydd) un o nifer o fathau o goed coniffer tal, syth â nodwyddau byr yn tyfu'n rhes sengl ar y brigau a hadau ar ffurf moch coed (neu gonau) FIR-TREE, PINE-TREE □ *coed* t.614

ffynnon hon *eb* (ffynhonnau)
1 man y mae dŵr sy'n codi o dan y ddaear yn crynhoi ynddo WELL
2 man tebyg sydd â waliau yn arwain i lawr at y dŵr; pydew WELL
3 twll ar gyfer tynnu olew o'r ddaear (weithiau ar dir sych, weithiau dan y môr) WELL
4 ffynhonnell nant neu ffrwd SPRING, FOUNT

Ffynnon Taf *enw lle* TAFF'S WELL

ffynnu *be* llwyddo, datblygu'n dda a thyfu'n iach *(Mae'r busnes yn ffynnu ar ôl iddyn nhw symud i'r adeilad newydd.)* TO FLOURISH, TO THRIVE, TO SUCCEED
Sylwch: dyblwch yr 'n' ym mhob un o ffurfiau'r ferf ac eithrio'r rhai sy'n cynnwys -as-.

ffynonellau hyn *ell* mwy nag un **ffynhonnell**
ffyrc hyn *ell* mwy nag un **fforc**
ffyrch hyn *ell* mwy nag un **fforch**
ffyrdd hyn *ell* mwy nag un **ffordd**
ffyrling hon *eb* (ffyrlingau:ffyrlingod) darn bach o arian bath a oedd yn werth hanner hen ddimai neu chwarter hen geiniog FARTHING
ffyrnaid hon *eb* (ffyrneidiau) llond ffwrn (o fara, crochenwaith ac ati) BATCH, OVENFUL
ffyrnau hyn *ell* mwy nag un **ffwrn**
ffyrnig *a* gair i ddisgrifio rhywun neu rywbeth creulon, cas, gwyllt, mileinig, cynddeiriog FIERCE (ffyrniced, ffyrnicach, ffyrnicaf)
ffyrnigo *be* mynd yn ffyrnig, troi'n gas, mynd yn fwy cas, gwylltio, cynddeiriogi TO ENRAGE
ffyrnigrwydd hwn *eg* y cyflwr o fod yn ffyrnig FURY, FEROCITY
ffyrrau hyn *ell* mwy nag un **ffwr**

G

gad *bf* gorchymyn i ti adael [**gadael**]
gadael *be*
1 mynd i ffwrdd heb rywbeth neu rywun; mynd oddi wrth *(Gadawsom yr heol i chwilio am ffordd gynt. Maen nhw'n dweud ei fod wedi gadael ei wraig.)* TO LEAVE
2 rhedeg o flaen neu fod yn well nag eraill mewn ras neu gystadleuaeth *(Mae e mor gyflym nes ei fod yn gadael pawb arall ar ôl.)* TO LEAVE (BEHIND)
3 ymddiried rhywbeth i rywun *(Rwy'n mynd i adael i ti ofalu am hwn.)* TO ENTRUST
4 caniatáu, bod yn barod i rywun wneud rhywbeth *(Mae'r ffermwr wedi gadael inni chwarae ar y cae.)* TO ALLOW, TO LET
5 caniatáu i barhau *(Mae rhywun wedi gadael y golau ynghynn.)* TO LEAVE
6 caniatáu i rywbeth fod heb ei orffen neu ei gwblhau *(Gadewch y palu am funud a dewch i wrando ar hwn.)* TO LEAVE, TO QUIT
7 ewyllysio rhywbeth i rywun ar ôl i chi farw *(Gadawodd ei hewythr £1,000 iddi.)* TO LEAVE, TO BEQUEATH
8 bod yn weddill *(Mae tynnu 6 o 8 yn gadael 2.)* TO LEAVE
9 rhoi rhywbeth mewn man arbennig er mwyn i rywun ei gasglu *(gadael neges; gadael y siwt yn y siop i John ei chasglu)* TO LEAVE (gad, gadawaf, gedy)

gadael allan peidio â chynnwys TO LEAVE OUT, TO OMIT
gadael ar ôl mynd heb, peidio â (bwyta neu ddefnyddio) y cyfan TO LEAVE BEHIND
gadael dros gof anghofio TO SLIP THE MIND
gadael iddo/iddi (fod) peidio â gwneud dim TO LEAVE IT ALONE
gadael llonydd peidio â gwneud dim, peidio ag aflonyddu ar (rywun) TO LEAVE ALONE
gadawaf *be* rwy'n **gadael**; byddaf yn **gadael**
gaddo *be* ffurf lafar ar **addo**
gaeaf hwn *eg* (gaeafau) un o bedwar tymor y flwyddyn; y tymor oeraf sy'n ymestyn (yn Hemisffer y Gogledd) o

gaeafgwsg 22 Rhagfyr hyd 20 Mawrth WINTER (gwanwyn, haf, hydref)

gaeafgwsg hwn *eg* (am rai creaduriaid, e.e. draenogod, eirth a'r pathew) y cyflwr o dreulio misoedd y gaeaf yn cysgu, gan osgoi gorfod chwilio am fwyd pan fo hwnnw'n brin HIBERNATION

gaeafgysgu *be* (am rai anifeiliaid) bwrw'r gaeaf mewn cyflwr tebyg i gwsg TO HIBERNATE

gaeafol *a* gair i ddisgrifio rhywbeth sydd mor oer neu arw â thywydd y gaeaf WINTRY

gaeafu *be* bwrw neu dreulio'r gaeaf, e.e. *symud defaid o'r mynyddoedd i aeafu ar dir isel* TO WINTER

Gaeleg hon *eb* iaith frodorol yr Alban GAELIC

gafael[1]**:gafaelyd** [**yn:mewn**] *be*
1 dal yn dynn â'r llaw, cydio, gwasgu mewn dwrn TO HOLD TIGHT, TO GRIP, TO GRASP
2 (am lyfr, neu berfformiad ac ati) cydio yn y dychymyg, cadw'r sylw TO GRIP
3 (am y tywydd) bod yn llym neu'n finiog (*Mae'r gwynt yma'n gafael.*) TO BITE

gafael[2] hon *eb*
1 y weithred o gydio neu afael yn rhywbeth HOLD, GRIP
2 crap, dealltwriaeth (*Mae Iwan wedi cael gafael ar y ffordd i ddatrys y problemau mathemateg o'r diwedd.*) GRASP

cael gafael [**ar**] deall, dirnad, cael hyd i TO GRASP

mynd i'r afael â ymgodymu (yn ffigurol), mynd ati o ddifrif i geisio datrys neu ateb problem TO GET TO GRIPS WITH

pob gafael pob cyfle EVERY OPPORTUNITY

gafaelgar *a* gair i ddisgrifio rhywun neu rywbeth:
1 sy'n gafael yn dynn, sy'n cydio GRIPPING, TENACIOUS
2 sy'n cydio yn y dychymyg neu'r teimladau (*Roedd hi'n stori mor afaelgar, allwn i ddim rhoi'r llyfr i lawr.*) GRIPPING

gafaelyd *gw.* gafael:gafaelyd

gafr hon *eb* (geifr) anifail â phedair coes sy'n perthyn i'r un teulu â'r ddafad; mae'n dda am ddringo ac yn gallu bwyta unrhyw beth bron; mae gan y gwryw (y bwch) gyrn, barf ac aroglau cryf, ac mae'r fenyw'n cael ei chadw'n ddof er mwyn ei llaeth GOAT (bwch, myn, diadell)

gafrewig hon *eb* (gafrewigod) un o nifer o fathau o anifeiliaid tebyg i geirw bychain sy'n byw yng Ngogledd Affrica ac sydd â symudiadau gosgeiddig a llygaid mawr, disglair ANTELOPE

gagendor hwn neu hon *egb* (gagendorau) bwlch diwaelod rhwng dau le neu ddau safbwynt; dyfnder GULF, CHASM, ABYSS

gaing hon *eb* (geingiau)
1 erfyn neu offeryn saer ac iddo lafn o ddur â blaen llym, sgwâr ar gyfer naddu coed neu garreg; cŷn CHISEL
2 darn o ddur â'i flaen ar ffurf V ar gyfer hollti coed, neu ddarn o bren ar yr un ffurf ar gyfer llenwi bwlch; lletem WEDGE ☐ *lletem*

gaing gau cŷn arbennig sy'n tyllu a chodi coed neu garreg fel y mae llwy yn tyllu a chodi hufen iâ GOUGE

gair hwn *eg* (geiriau)
1 sain neu gyfuniad o seiniau sy'n gwneud synnwyr ac sy'n cael ei ddefnyddio i enwi rhywbeth neu i gyflwyno syniadau WORD
2 ffurf ysgrifenedig y sain neu'r seiniau hyn WORD
3 anerchiad byr difyfyr (*A fyddech chi Mr Jones yn barod i ddweud gair?*) WORD
4 dywediad, dihareb (*'Nid aur popeth melyn' yn ôl yr hen air.*) SAYING
5 sôn, hanes, gwybodaeth (ar lafar neu yn ysgrifenedig) (*Nid wyf wedi clywed na derbyn gair gan Gareth ers wythnosau.*) WORD
6 addewid, ymrwymiad (*Ni allaf newid fy meddwl yn awr—rwyf wedi rhoi fy ngair iddo ar y mater.*) PROMISE, WORD
7 sgwrs fer, ymgom fer (*Cefais air ag ef cyn y cyfarfod.*) WORD

ar y gair ar unwaith AT THAT VERY MOMENT

y Gair yr Ysgrythur, y Beibl THE WORD

gair am air rhywbeth sy'n cael ei ailadrodd (ar lafar neu'n ysgrifenedig) gan ddefnyddio yn union yr un geiriau â'r gwreiddiol VERBATIM, WORD FOR WORD

gair cyrch y rhan honno o linell gyntaf englyn sy'n dilyn yr odl gyda hac o'i blaen gan amlaf, e.e.
  'Wele rith fel ymyl rhod—*o'n cwmpas*
  Campwaith dewin hynod . . .'

gair da canmoliaeth, clod (*Does neb â gair da i'w ddweud am y lle.*)

gair i gall gair bach o rybudd

gair mwys defnydd chwareus o eiriau sy'n swnio'n debyg i'w gilydd ond sydd ag ystyron gwahanol (*Mae'n debyg i law!*) PUN

gair mwys

'Mae'n debyg i law!'

geiriau mawr rhegfeydd NAUGHTY WORDS
hanner gair awgrym (*Dim ond hanner gair oedd eisiau ac roedd yn barod i fynd.*)
mewn gair yn fyr IN A WORD
torri gair
  1 siarad (*Nid yw wedi torri gair â'i gymydog ers blynyddoedd.*) TO SPEAK
  2 torri addewid TO BREAK ONE'S WORD
(ni) waeth un gair na chant dyna ddigon THAT'S AN END TO IT

galaeth hwn neu hon *egb* (galaethau)
  1 cyfuniad o filiynau o sêr a'u bydoedd sydd i'w cael yn ddiderfyn drwy'r gofod GALAXY
  2 y cyfuniad o sêr y mae ein haul ni yn rhan ohono, sef y Llwybr Llaethog GALAXY □ *gofod* t.638

galanas hon *eb* (galanasau) trychineb yn gysylltiedig â llawer o ladd neu farwolaeth trwy drais; anrhaith, cyflafan, difrod CATASTROPHE, MASSACRE, SLAUGHTER

galar hwn *eg* hiraeth am un a fu farw, tristwch, gofid ar ôl colli rhywun MOURNING, GRIEF

galarnad hon *eb* (galarnadau) cerdd neu gân sy'n mynegi hiraeth am un sydd wedi marw ELEGY, LAMENT

galarnadu *be* mynegi tristwch mawr; cwyno TO LAMENT, TO BEMOAN

galaru [am] *be* hiraethu am un sydd wedi marw; wylo, wylofain, gofidio TO GRIEVE, TO MOURN

galarus *a* gair i ddisgrifio:
  1 rhywun sy'n galaru GRIEVING
  2 rhywbeth trist, gofidus, truenus WOEFUL, PITIFUL

galarwr hwn *eg* (galarwyr) un sy'n galaru (yn arbennig mewn angladd) MOURNER

galfaneiddio *be*
  1 gosod haen o fetel (sinc fel arfer) yn orchudd dros fetel arall (yn arbennig haearn) trwy ddefnyddio trydan TO GALVANIZE
  2 derbyn sioc sy'n eich symbylu i weithredu TO GALVANIZE

galw¹ hwn neu hon *egb*
  1 angen, ymofyn (*Does fawr o alw am goed tân y dyddiau hyn.*) CALL, DEMAND
  2 cri, gwaedd, bloedd CALL
  at alw at wasanaeth, er mwyn cynorthwyo AT HAND
  yn ôl y galw fel y bydd angen AS THE NEED ARISES

galw² [ar, am] *be*
  1 gweiddi, llefain i dynnu sylw (*Galwodd am gymorth.*) TO CALL
  2 talu ymweliad byr (*Mae dyn y bara yn galw bob dydd.*) TO CALL, TO VISIT
  3 ffonio (*Pwy sy'n galw, os gwelwch yn dda?*) TO CALL, TO TELEPHONE
  4 ceisio achosi trwy orchymyn neu weiddi (*Mae'r Prif Weinidog ar fin galw etholiad.*) TO CALL
  5 dihuno rhywun (*A wnei di fy ngalw i am hanner awr wedi saith?*) TO CALL, TO WAKE (SOMEONE)
  6 enwi (*Beth wyt ti'n mynd i alw'r babi?*) TO CALL, TO NAME
  7 (mewn gêm o gardiau) penderfynu beth yw'r trympiau TO CALL
  8 teimlo bod yn rhaid i chi ddilyn rhyw alwedigaeth neilltuol (yn arbennig y weinidogaeth) (*Teimlodd John ei fod wedi cael ei alw i wasanaethu trueiniaid Ethiopia.*) TO CALL
  9 gwahodd gweinidog i wasanaethu eglwys arbennig TO CALL
  10 (mewn chwaraeon neu gêmau) dyfarnu neu benderfynu gan reolwr (*Pallodd y pencampwr tennis dderbyn dyfarniad y rheolwr pan alwodd y bêl allan.*) TO CALL
  11 gweiddi cyfarwyddiadau i'r dawnswyr mewn twmpath dawns (geilw, gelwi)

galw ar mynnu bod rhywun yn gwrando ac yn gwneud rhywbeth TO INVOKE, TO DEMAND

galw enwau [ar] difenwi, dirmygu, dilorni TO CALL (SOMEONE) NAMES

galw heibio ymweld â TO CALL BY

galw i gof cofio TO RECALL

galw i gyfrif gofyn i rywun ei esbonio neu ei egluro ei hunan TO CALL TO ACCOUNT

galwad hon *eb* (galwadau)
  1 gwaedd, bloedd, cyfarchiad, y weithred o alw CALL
  2 ymweliad byr ffurfiol fel rhan o fusnes (*galwad meddyg ar berson claf*) CALL, VISIT
  3 gwŷs, gorchymyn (*Rwy'n credu fy mod wedi cael fy newis ac rwy'n disgwyl yr alwad.*) CALL, SUMMONS
  4 penderfyniad dyfarnwr mewn gêm neu chwaraeon CALL, DECISION
  5 i) y weithred o ffonio rhywun CALL
     ii) sgwrs ar y ffôn CALL
  6 gwahoddiad i weinidog i wasanaethu eglwys arbennig CALL, INVITATION

galwad brys galwad 999 ar y teleffon i alw'r heddlu, yr ambiwlans neu'r frigâd dân EMERGENCY CALL

galwadau hyn *ell*
  1 mwy nag un alwad [**galwad**]
  2 pethau y mae pobl yn eu disgwyl gan berson, neu bethau y mae person yn teimlo bod rhaid iddo eu cyflawni; dyletswyddau (*Mae cymaint o alwadau ar ei amser fel y bydd yn amhosibl iddo dderbyn eich gwahoddiad.*) CALLS, DEMANDS

galwedigaeth hon *eb* (galwedigaethau)
 1 swydd neu waith y mae person yn ei wneud oherwydd ei fod ef neu hi yn credu bod ganddo/ganddi ddawn i wasanaethu eraill VOCATION, CALLING
 2 galwad arbennig gan Dduw i berson ddilyn bywyd crefyddol VOCATION, CALLING
 3 gorchwyl, y swydd neu'r grefft y mae person yn ennill ei fywoliaeth drwyddi PROFESSION, OCCUPATION

galwyn hwn *eg* (galwynau:galwyni) mesur hylif sy'n cyfateb i wyth peint neu 4.58 litr ym Mhrydain neu 3.78 litr yn Unol Daleithiau America GALLON gw. *Atodiad III* t.604

gallt:allt hon *eb* (gelltydd:elltydd)
 1 rhiw, tyle, bryn, llethr, clogwyn (ystyr y Gogledd) HILL, SLOPE
 2 coed, llechwedd coediog (ystyr y De) WOOD, WOODED SLOPE

gallu[1] *be*
 1 gwybod sut (*Rwy'n gallu nofio.*) TO BE ABLE, CAN
 2 medru, bod yn abl (*A elli di fynd i'r siop i brynu torth i de?*) CAN
 3 cael, bod â'r hawl (*A all unrhyw un chwarae?*) CAN, MAY (gelli)
 gallu wrth bod â (*Ni allwn wrth safle brafiach.*)

gallu[2] hwn *eg* (galluoedd)
 1 dawn, medr, talent (*gallu cerddorol*) ABILITY
 2 grym, nerth, awdurdod (*galluoedd y tywyllwch*) POWER, FORCE

galluog *a* gair i ddisgrifio (person gan amlaf neu weithiau anifail) â chryn dipyn o allu; dawnus, medrus, talentog CLEVER, ABLE, GIFTED (galluoced, galluocach, galluocaf)

galluogi *be* rhoi gallu [i], awdurdodi, gwneud yn abl (*Roedd cael benthyg y car yn mynd i'w alluogi i gyrraedd yr orsaf mewn pryd i ddal y trên.*) TO ENABLE

gamblo *be*
 1 chwarae cardiau neu gêmau eraill am arian, yn y gobaith y byddwch yn ennill mwy nag y byddwch yn ei golli TO GAMBLE
 2 betio ar geffylau mewn rasys TO GAMBLE
 3 mentro, gwneud rhywbeth y mae ei lwyddiant yn dibynnu ar bethau ansicr (*Wrth enwi'r garfan ar gyfer y gêm brawf roedd rheolwr tîm Cymru yn gamblo y byddai ei chwaraewyr yn holliach ar y diwrnod.*) TO GAMBLE

gambo hwn neu hon *egb* cerbyd dwy olwyn sy'n cael ei dynnu gan geffyl, ar gyfer cario llwyth o ŷd neu wair GAMBO

gamocs gw. **giamocs:gamocs**

gan *ardd* (gennyf fi, gennyt ti, ganddo ef [fe/fo], ganddi hi, gennym ni, gennych chi, ganddynt hwy [ganddyn nhw])
 1 mae'n dangos pwy neu beth sy'n gyfrifol am wneud rhywbeth (*Mae'r llenni wedi cael eu difetha gan yr haul. Rhoddwyd chwe phunt i'r apêl gan yr ymwelwyr.*) BY, FROM, OF
 2 pan fydd yn dilyn ffurfiau *bod* mae'n dynodi pwy biau rhywbeth (*Mae gennyf het dri chornel.*)
 3 ar ôl ansoddair (neu weithiau enw) mae'n dynodi teimlad, barn neu gyflwr meddyliol (*Mae'n dda gennyf gwrdd â chi. Bydd yn flin gan Mair eich colli.*)
 4 oherwydd, oblegid (*Gan ein bod yn mynd i'r dref ddydd Llun fe ddown ni â phapur yn ôl iti.*) BECAUSE, SINCE
 5 mae'n dynodi bod dau beth yn cael eu gwneud yr un pryd (*Eisteddodd i fwyta ei frecwast gan ddarllen y papur yr un pryd.*)
 6 (yn dilyn berfenwau megis *cael, ceisio, clywed, cymryd, disgwyl, prynu* ac ati) oddi wrth (*Rwy'n disgwyl llythyr gan Enid unrhyw ddiwrnod nawr.*) FROM (gyda)

Sylwch: mae *gan* yn dod o'r ffurf hŷn *can* ac felly'n treiglo ar ôl y cysylltair *a* (*Yr oedd yna ŵr a chanddo ddau fab.*)

gan amlaf fel arfer MOSTLY
gan bwyll yn ofalus CAREFULLY
gan bwyll bach yn araf neu'n ofalus iawn GENTLY
gan hynny felly THEREFORE
gan mwyaf yn amlach na pheidio FOR THE MOST PART

ganed:ganwyd *bf* cefais i (cefaist ti, cafodd ef/hi, cawsom ni, cawsoch chi, cawsant hwy/nhw) fy (dy, ei etc.) ngeni [**geni**]

gar[1] hwn neu hon *egb* (garrau)
 1 y rhan honno o goes ceffyl sydd rhwng y pen-glin a'r egwyd (neu'r bacsau) SHANK □ *ceffyl*
 2 morddwyd, pen uchaf y goes fel yn *llinyn yr ar* (HAMSTRING) THIGH, HAM

gambo

...gar² *olddodiad* mae'n cael ei ychwanegu at rai geiriau i ddynodi:
  1 cyflawnder neu ddigonedd o'r hyn y mae'n ei ddilyn, e.e. *meddylgar* am rywun sy'n meddwl yn galed; *meistrolgar* am rywun llawn meistrolaeth ...FUL
  2 erbyn heddiw mae'n cynnwys awgrym o gariad neu hoffter, e.e. *dialgar*, yn hoff o ddial; *ariangar*, yn hoff o arian; cymharwch â *...garwch*

garais:garaets gw. **garej**

garan hwn neu hon *egb* (garanod) aderyn hirgoes â gwddf a phig hir sy'n byw yn ymyl dŵr ac sy'n bwydo ar bysgod ac anifeiliaid bychain; crëyr, crychydd HERON, CRANE □ *adar* t.612

gard:giard hwn *eg* (gardiau)
  1 person (neu bersonau) sy'n gwylio, sy'n cadw gofal dros rywun neu rywbeth (e.e. carchar) GUARD
  2 swyddog sy'n gyfrifol am drên neu sy'n gofalu am drên GUARD
  3 teclyn neu ddyfais sy'n gwarchod neu'n amddiffyn, e.e. *gard olwyn* sy'n cadw pethau rhag cael eu dal yn yr olwyn GUARD
  4 cadwyn wats-poced henffasiwn GUARD-CHAIN
  gard:giard tân fframwaith o fetel sy'n cael ei osod o gwmpas lle tân rhag bod rhywun neu rywbeth yn cael ei losgi FIRE-GUARD

gardd hon *eb* (gerddi) darn o dir (yn ymyl tŷ fel arfer) sy'n cael ei ddefnyddio i dyfu blodau, llysiau, ffrwythau ac ati GARDEN

garddio *be* trin yr ardd, gweithio mewn gardd TO GARDEN

garddwest hon *eb* parti mawr awyr agored (er mwyn casglu arian at ryw achos gan amlaf) FÊTE

garddwr hwn *eg* (garddwyr) un sy'n gweithio mewn gardd; un sy'n cael ei dalu i ofalu am ardd GARDENER

garddwriaeth hon *eb* yr wyddor o dyfu blodau, ffrwythau a llysiau HORTICULTURE

garddwrn gw. **arddwrn:garddwrn**

garej hwn neu hon *egb* (garejys)
  1 adeilad lle y mae car neu fodur yn cael ei gadw GARAGE
  2 man lle mae'n bosibl prynu petrol a chael trwsio ceir GARAGE

gargoel hwn *eg* (gargoels) cerflun ar ffurf anifail neu berson (hyll fel arfer) ar wal neu do eglwys; mae dŵr glaw yn llifo trwy'i geg cyn cael ei sianelu ymaith GARGOYLE

garllegen hon *eb* (garlleg) planhigyn tebyg i wynionyn y mae ei wreiddyn yn cael ei ddefnyddio wrth goginio oherwydd ei flas arbennig GARLIC □ *ewin, llysiau* t.634

garrau hyn *ell* mwy nag un ar [**gar**]

garsiwn hwn *eg* (garsiynau)
  1 llu o filwyr sy'n byw o fewn tref neu gaer ac sy'n ei hamddiffyn GARRISON
  2 y dref neu'r rhan o'r dref y mae'r milwyr hyn yn byw ynddi GARRISON
  3 haid, gwehilion, pentwr, crugyn RABBLE, HORDE

gartref *adf* yn y tŷ, yn y cartref (Defnyddiwch y lle yma fel petaech chi gartref.) AT HOME
Sylwch: y gwahaniaeth rhwng *gartref* ac *adref*, sy'n golygu *tua thref, ar y ffordd i'r tŷ.*

garth hwn neu hon *egb* (mewn enwau lleoedd yn bennaf) pentir, bryn neu fynydd, ucheldir, gallt, coedwig (Gwaelod-y-garth, Penarth)

garw *a* gair i ddisgrifio:
  1 rhywbeth sydd heb fod yn llyfn ac yn feddal; anwastad (*tir garw, barf arw*) ROUGH
  2 (am y tywydd) stormus, gwyntog, caled STORMY, ROUGH
  3 rhywun neu rywbeth heb ei gaboli, heb unrhyw sglein; anfoesgar, cras, caled ROUGH, UNREFINED, HARSH
  4 (yn y Gogledd) rhywun sy'n gyflym i weld ei gyfle; rhy hoff (*Mae o'n un garw am arian.*) KEEN
  5 (yn y Gogledd) mawr (mewn ymadroddion megis *piti garw, cael ei siomi'n arw*) BITTER, GREAT
  6 (yn y Gogledd) gair i ddisgrifio person sy'n dipyn o gymeriad (*Un garw ydy o!*) (geirwon)
  garw o beth trueni A SAD THING
  torri'r garw
  1 dechrau siarad â rhywun dieithr TO BREAK THE ICE
  2 paratoi'r ffordd i dorri newyddion drwg TO BREAK THE NEWS

...garwch *olddodiad* mae'n cael ei ddefnyddio ar ddiwedd rhai geiriau i ddynodi hoffter neu gariad tuag at y peth sy'n dod o'i flaen, e.e. *ariangarwch, brawdgarwch*

garwder:garwedd hwn *eg* y cyflwr o fod yn arw [**garw**] ROUGHNESS, CRUELTY

gast hon *eb* (geist)
  1 ci benyw BITCH
  2 benyw nifer o anifeiliaid eraill heblaw cŵn, e.e. *bleiddast, dyfrast*

gastrig *a* gair i ddisgrifio rhywbeth sy'n perthyn i'r stumog neu'r cylla GASTRIC

gât:giât hon *eb* (gatiau:giatiau) math o ddrws ac iddo fframyn symudol a barrau sy'n cael ei ddefnyddio i gau bwlch mewn clawdd neu fur; clwyd, llidiart, iet GATE
Sylwch: nid yw *gât:giât* yn treiglo'n feddal, e.e. *dwy gât*.

giât fochyn math o giât sy'n gadael i un person fynd trwyddi ar y tro KISSING GATE

gau *a* celwyddog, twyllodrus, ffals, ffug, anwir FALSE, SPURIOUS

y gwir a'r gau gw. **gwir**
Sylwch: nid yw *gau* yn arfer treiglo'n feddal *(Cawsant eu cyhuddo o fod yn gau broffwydi.)*.

gedy *bf* mae ef/hi yn **gadael**; bydd ef/hi yn **gadael**

gefail hon *eb* (gefeiliau)
 1 gweithdy gof, siop y gof SMITHY □ *eingion:einion*
 2 ystafell neu adeilad lle ceir tân mawr ar gyfer twymo a ffurfio darnau o fetel SMITHY, FORGE

gefeiliau hyn *ell*
 1 mwy nag un efail [**gefail**]
 2 mwy nag un efel [**gefel** a **gefelen**]

gefeilliaid hyn *ell* mwy nag un **gefell**
 gefeilliaid unfath dau blentyn (neu anifail) sy'n cael eu geni o'r un wy o fewn y fam ac sydd fel arfer yn edrych yn debyg iawn i'w gilydd IDENTICAL TWINS
 Sylwch: *yr efeilliaid* sy'n gywir.

gefeillio *be* creu cysylltiad agos ac arbennig, e.e. rhwng dwy dref o wledydd gwahanol TO TWIN

gefeilltref hon *eb* (gefeilltrefi) y naill neu'r llall o ddwy dref mewn dwy wlad wahanol sydd wedi creu perthynas arbennig ac agos rhyngddynt a'i gilydd TWIN TOWN

gefel hon *eb* (gefeiliau) teclyn ac iddo ddwy fraich symudol wedi'u cysylltu yn un pen neu yn y canol, sy'n cael ei ddefnyddio i gydio neu gael gafael yn rhywbeth na ellir gafael ynddo â llaw TONGS, FORCEPS, PINCERS

gefel dân teclyn i godi talpau o lo neu bedolau ceffyl ac ati TONGS

gefel fach teclyn i dynnu blew mân o aeliau merch neu i godi pethau brau TWEEZERS

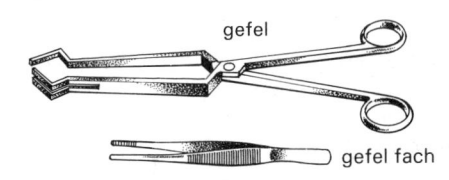

gefel

gefel fach

gefel gnau gefel arbennig ar gyfer hollti cnau NUTCRACKER

gefelen hon *eb* (gefeiliau) erfyn â'i ddwy goes yn croesi (fel siswrn) a phennau hir gwastad ar gyfer dal pethau mân PLIERS

gefell hwn *eg* (gefeilliaid)
 1 y naill neu'r llall o ddau blentyn a anwyd ar yr un adeg i'r un fam TWIN
 2 un o ddau berson neu beth sydd yr un ffunud â'i gilydd TWIN

gefyn hwn *eg* (gefynnau) cadwyn neu lyffethair i glymu traed neu ddwylo rhag i ddyn neu anifail ddianc SHACKLE, FETTER

genglo gw. **gen(-)glo**

geifr hyn *ell* mwy nag un afr [**gafr**]

geingiau hyn *ell* mwy nag un aing [**gaing**]

geilw *bf* mae ef/hi yn **galw**; bydd ef/hi yn **galw**

geirda hwn *eg*
 1 clod, canmoliaeth, enw da PRAISE, CREDIT
 2 llythyr yn tystio i gymeriad neu ddawn person (sy'n cynnig am swydd fel arfer), cymeradwyaeth REFERENCE, TESTIMONIAL

geirfa hon *eb* (geirfaoedd)
 1 yr holl eiriau y mae un person yn gyfarwydd â nhw VOCABULARY
 2 y geiriau arbennig sy'n perthyn i faes arbennig; termau, e.e. *geirfa'r glöwr, geirfa'r chwarelwr* VOCABULARY
 3 rhestr o eiriau, ynghyd â'u hystyron, wedi'u gosod yn nhrefn yr wyddor GLOSSARY, VOCABULARY

geiriad hwn *eg*
 1 trefn geiriau mewn brawddeg WORDING
 2 yr arddull sy'n cael ei chreu trwy ddewis geiriau arbennig (e.e. y gwahaniaeth rhwng *rwyt ti'n gelwyddgi* a *rwy'n credu dy fod yn anghywir*) WORDING

geiriadur hwn *eg* (geiriaduron)
 1 llyfr sy'n rhestru geiriau yn nhrefn yr wyddor ac yn rhoi ystyron y geiriau hynny DICTIONARY
 2 llyfr o'r un math sy'n rhoi ystyron rhestr o eiriau mewn un neu ragor o ieithoedd eraill *(Geiriadur Lladin —Cymraeg)* DICTIONARY

geiriau hyn *ell* mwy nag un **gair**
 ar fyr o eiriau (dweud) yn fyr, yn gryno BRIEFLY

geirio *be*
 1 rhoi neu fynegi mewn geiriau, trefnu geiriau i gyflwyno ystyr arbennig *(Bydd yn rhaid geirio'r llythyr yma'n ofalus os nad ydym am ei ddigio.)* TO WORD, TO PHRASE
 2 ynganu geiriau'n glir ac yn glywadwy TO ARTICULATE

geiriol *a* gair i ddisgrifio rhywbeth sy'n perthyn i eiriau neu sy'n nodweddiadol ohonynt, neu sydd wedi'i fynegi trwy gyfrwng geiriau VERBAL, ORAL

geirwon *a* gair i ddisgrifio mwy nag un peth **garw** *(creigiau geirwon)*

geiryn hwn *eg* (geirynnau) (yn ramadegol) gair bach, byr neu ran-ymadrodd fel *a, fe, nid* nad yw'n cael ei ddefnyddio ar ei ben ei hun PARTICLE

geiser hwn *eg* (geiserau) ffynnon naturiol o ddŵr poeth lle y mae'r dŵr weithiau yn saethu fry i'r awyr GEYSER □ t.636

geist hyn *ell* mwy nag un ast [**gast**]

gelen:gele hon *eb* (gelenod:gelod) creadur tebyg i abwydyn sydd yn barasit ac sy'n byw ar greaduriaid eraill drwy lynu wrthyn nhw a sugno'u gwaed *(glynu fel gelen)* LEECH

gelwi *bf* rwyt ti'n **galw**; byddi di'n **galw**

gelyn hwn *eg* (gelynion)
  1 person sy'n casáu person arall, neu'n dymuno'n ddrwg iddo ENEMY
  2 gwrthwynebydd; byddin neu blaid neu genedl sy'n ymladd yn erbyn un arall ENEMY, FOE

gelyniaeth hon *eb* y cyflwr neu'r stad o fod yn elyn; casineb, dicter, gwrthwynebiad llwyr a chas ENMITY, ANIMOSITY

gelyniaethol:gelyniaethus *a* gair i ddisgrifio rhywun sy'n elyn i rywbeth, sy'n gwrthwynebu rhywun neu rywbeth yn ffyrnig HOSTILE, INIMICAL

gelli[1] hon *eb* gw. **celli**

gelli[2] *bf* rwyt ti'n **gallu**; byddi di'n **gallu**

Y Gelli (Gandryll) *enw lle* HAY-ON-WYE

gelltydd hyn *ell* mwy nag un allt [**gallt**]

gellygen hon *eb* (gellyg)
  1 peren, ffrwyth melys, llawn sudd ac iddo waelod crwn, llydan ond sy'n culhau tua'r pen arall PEAR □ *ffrwythau* t.626
  2 y goeden y mae'r ffrwyth hwn yn tyfu arni □ *coed* t.615

gem hwn neu hon *egb* (gemau)
  1 maen gwerthfawr megis diemwnt neu berl, yn arbennig un sydd wedi'i naddu a'i gaboli GEM
  2 (yn ffigurol) person neu beth gwerthfawr, prin a disglair *(Mae'r englyn yma yn em.)* GEM

gêm hon *eb* (gêmau)
  1 math o chwarae, sbort neu ymryson sy'n dilyn rheolau arbennig, neu un enghraifft o hyn *(Gêm yw pêl-droed. A wyt ti'n mynd i'r gêm rhwng Cymru a Lloegr?)* GAME, MATCH
  2 casgliad o'r darnau angenrheidiol i chwarae rhai mathau o gêmau, e.e. bwrdd, dis, cardiau, gwerin *(y gêm 'Monopoly')* GAME
  3 un rhan o set (e.e. mewn gornest dennis) GAME
  4 chwarae, ymryson na ddylid ei gymryd ormod o ddifrif *(Gêm yw gwleidyddiaeth.)* GAME
  Sylwch: nid yw *gêm* yn treiglo'n feddal *(dwy gêm; mae hon yn gêm dda)*.

gemau hyn *ell* mwy nag un **gem**

gêmau hyn *ell* mwy nag un **gêm**, chwaraeon; testun ysgol, yn cynnwys chwaraeon tîm ac ymarferion corfforol yn yr awyr agored GAMES (chwaraeon)

gên hon *eb* (genau)
  1 y naill neu'r llall o esgyrn yr wyneb sy'n cynnal y dannedd ac sy'n ffurfio'r geg JAW
  2 rhan isaf yr wyneb sy'n ymestyn allan o dan y geg CHIN □ *corff* t.630

genau hwn *eg* (geneuau) (gair llenyddol neu Feiblaidd) ceg, pen, safn MOUTH

genau-goeg hwn *eg* (genau-goegion) un o nifer o fathau o ymlusgiaid â chynffon hir, pedair coes a chroen talpiog; madfall LIZARD □ *ymlusgiaid*

genedigaeth hon *eb* (genedigaethau) y weithred neu'r adeg o eni plentyn neu esgor ar epil *('Roeddwn i yno i weld genedigaeth fy mhlentyn,' meddai'r tad.)* BIRTH

genedigol *a* gair i ddisgrifio'r lle y cafodd person ei eni ynddo, neu rywbeth sy'n perthyn i berson oddi ar ei enedigaeth (e.e. iaith); cynhenid, naturiol *(Rwy'n enedigol o Ynys-y-bŵl.)* NATIVE

Genefa *enw lle* GENEVA

generadur hwn *eg* (generaduron) peiriant cynhyrchu trydan sy'n newid egni mecanyddol yn egni trydanol GENERATOR

geneteg hon *eb* astudiaeth wyddonol o'r ffordd y mae pethau byw yn datblygu yn ôl y sylweddau sy'n cael eu trosglwyddo o gelloedd rhieni i'w plant; etifeddeg GENETICS (genyn)

geneth hon *eb* (genethod) (gair y Gogledd) merch ifanc, hogen, lodes, croten, crotes, rhoces GIRL, LASS

geneuau hyn *ell* mwy nag un **genau**

genfa hon *eb* (genfâu) y rhan o'r ffrwyn—weithiau'n far o ddur, weithiau'n ddau ddarn wedi'u cydglymu—a roddir yng ngheg ceffyl ac y cysylltir yr awenau â'r modrwyau ar bob pen iddi BIT □ *ceffyl*

genglo hwn *eg* tetanws LOCKJAW

geni *be* esgor ar, rhoi genedigaeth i, cenhedlu TO BE BORN, TO GIVE BIRTH TO (ganed:ganwyd)
Sylwch: yr unig ffurfiau heblaw'r berfenw yw'r ffurfiau amhersonol.

gennod hyn *ell* (ffurf lafar ar *hogennod*) mwy nag un **hogen** (neu 'hogan' ar lafar)

gennyf, gennyt, gennym, gennych *ardd* gw. **gan**

genwair hon *eb* (genweiriau) gwialen bysgota FISHING-ROD

genweiriwr hwn *eg* (genweirwyr) pysgotwr sy'n defnyddio gwialen bysgota ANGLER

genyn hwn *eg* (genynnau) yng nghanol (cnewyllyn) cell, un o nifer o elfennau bychain a geir yn y darnau sy'n debyg i edafedd (cromosomau); mewn peth byw mae pob un o'r talpau hyn yn rheoli'r nodweddion hynny sy'n cael eu trosglwyddo gan rieni i'w rhai bach GENE (cromosom, cell)

geometreg hon *eb* cangen o fathemateg sy'n mesur ac yn cymharu pwyntiau, llinellau, onglau, arwynebeddau a chyfeintiau GEOMETRY

geometrig *a* gair i ddisgrifio:
1 rhywbeth sy'n ymwneud â geometreg, neu sy'n dilyn ei rheolau GEOMETRICAL
2 rhywbeth sydd wedi'i lunio o linellau syth, cylchoedd neu siapiau syml eraill; cymesur, rheolaidd GEOMETRIC
dilyniant geometrig gw. **dilyniant**
ger *ardd* yn ymyl, yn agos i, ar bwys, nid nepell o *(Fe'm ganed mewn pentre bach ger tref Aberteifi.)* BY, NEAR, CLOSE TO (gerbron, gerllaw)
Sylwch: mae *ger* yn dod o'r ffurf hŷn *cer* sy'n cael ei threiglo weithiau, e.e. Ger *fy* mron *i a* cher *ei* bron *hithau.*
gêr[1] *hwn neu hon egb* (fel enw torfol) casgliad o bethau wedi'u crynhoi ar gyfer rhyw waith arbennig, e.e. offer gwaith chwarelwyr, gwisg ceffyl at weithio; celfi, taclau GEAR, EQUIPMENT (gw. nodyn ar ddiwedd **gêr**[2] ; geriach)
gêr[2] *hwn neu hon egb* (gerau:gêrs) (mewn peiriant) cyfres o olwynion â dannedd (cogiau) sy'n trosglwyddo egni o un rhan o beiriant i ran arall (e.e. o injan car i'w olwynion) gan ganiatáu rheolaeth ar bŵer, cyflymder neu gyfeiriad y peiriant GEAR
Sylwch: nid yw *gêr*[1] na *gêr*[2] yn treiglo'n feddal.
allan o gêr heb fod wedi'i gysylltu â'r peiriant OUT OF GEAR
mewn gêr wedi'i gysylltu â'r peiriant IN GEAR

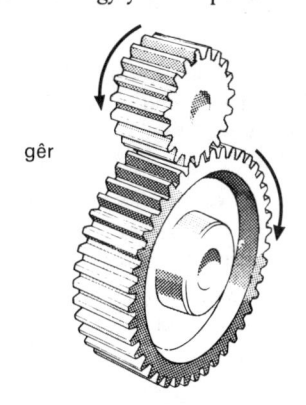

gêr

gerbil *hwn eg* math o lygoden fach o deulu'r cnofilod sy'n byw yn anialdiroedd Affrica ac Asia ac sy'n cael ei gadw yn anifail anwes GERBIL □ *llygoden*
gerbocs *hwn eg* casyn o fetel sy'n amgáu gerau car neu gerbyd GEARBOX □ *car*
gerbron *ardd* o flaen, yng ngŵydd *(Bydd yn rhaid iddo ymddangos gerbron y barnwr am 9.30 bore fory.)* BEFORE, IN FRONT OF
ger fy (dy, ei etc.) mron o'm blaen BEFORE ME
gerddi *hyn ell*
1 mwy nag un ardd [**gardd**]
2 parc cyhoeddus ac ynddo flodau, coed a lawntiau GARDENS, PARK

gerfydd *ardd* wrth, gan, erbyn (gan afael yn) *(Cafodd ei lusgo o'r ystafell gerfydd ei draed.)* BY
geri marwol *hwn eg* clefyd (marwol yn aml) gwledydd poeth sy'n effeithio ar y stumog a'r perfedd CHOLERA
geriach *hyn ell* darnau diwerth o **gêr**[1] ; taclau, mân offer ofer; ceriach ODDS AND ENDS, BITS AND PIECES
gerllaw[1] *ardd* yn ymyl, yn agos i, ar bwys, nid nepell o *('Efe a'm tywys gerllaw y dyfroedd tawel.')* BESIDE, NEAR, CLOSE TO
gerllaw[2] *adf* yn ymyl, ar bwys, nid nepell o, yn agos *(Mae diwedd y byd gerllaw!)* AT HAND, NEAR, NIGH
gerwin *a* garw, llym, caled, creulon (yn arbennig yn awr am y tywydd) SEVERE, ROUGH, HARSH, INCLEMENT
gerwindeb:gerwinder *hwn eg* y cyflwr o fod yn arw, o fod yn erwin, o fod yn llym; caledi, garwedd (tywydd), craster (llais) ROUGHNESS, SEVERITY, COARSENESS
gerwino *be* mynd yn erwin, troi'n erwin (yn arbennig am y tywydd) TO BECOME ROUGH
gesio *be* (ffurf lafar) dyfalu, bwrw amcan TO GUESS
gesyd *bf* mae ef/hi yn **gosod**; bydd ef/hi yn **gosod**
geudy *hwn eg* (geudai) (hen air) tŷ bach, lle chwech PRIVY, LATRINE
gewin *hwn neu hon egb* ffurf lafar ar **ewin**
gewyn:giewyn *hwn eg* (gewynnau:gïau) un o'r tenynnau neu linynnau gwydn sy'n dal cyhyrau wrth yr esgyrn o fewn y corff SINEW, TENDON □ *corff* t.630
gïach *hwn eg* (gïachod) aderyn â phig fain, hir sy'n byw ar diroedd corsog ac sy'n cael ei hela a'i saethu SNIPE □ *adar* t.612
giamocs:gamocs *hyn ell* campau dwl, ymddygiad twp, ystumiau; camocs, ciamocs PRANKS, TOMFOOLERY
giard gw. **gard:giard**
giât gw. **gât:giât**
gïau *hyn ell* gewynnau, mwy nag un **gewyn**
giewyn *hwn eg* gw. **gewyn : giewyn**
gilotîn *hwn eg*
1 peiriant o Ffrainc ac iddo lafn trwm yn llithro rhwng dau bostyn, a fyddai'n cael ei ddefnyddio i ddienyddio drwgweithredwyr GUILLOTINE
2 peiriant ar gyfer torri papur GUILLOTINE
3 y weithred o bennu amser i bleidleisio ar fesur yn y Senedd, er mwyn cwtogi ar hyd y drafodaeth GUILLOTINE
gilydd *rhagenw* fel yn *ei gilydd*, arall, arall o'r un fath *(Cerddon nhw i'r ysgol gyda'i gilydd. Cerddom ni i'r ysgol gyda'n gilydd. A gerddoch chi gyda'ch gilydd?)* TOGETHER
Sylwch: mae *eu gilydd* yn anghywir.
at ei gilydd ar y cyfan ON THE WHOLE
o ben bwygilydd gw. **pen**

a b c ch d dd e f ff g ng h i j (k) l ll m n o p ph r rh s t th u w y (z)

rhywbryd neu'i gilydd SOMETIME OR OTHER
rhywun neu'i gilydd SOMEONE OR OTHER
gini hwn neu hon *egb*
  1 swm o arian a oedd yn werth un swllt ar hugain neu un bunt ac un swllt yn yr hen arian (punt a phum ceiniog) GUINEA
  2 darn o arian a fathwyd gyntaf ym 1663 o aur trefedigaeth Guinea GUINEA
  Sylwch: nid yw *gini* yn treiglo'n feddal.
gitâr hon *eb* (gitarau)
  1 offeryn cerdd â chwech o dannau sy'n cael eu chwarae â'r bysedd; mae ganddo wddf hir a chorff sy'n debyg i ffidil ond ei fod yn fwy o faint GUITAR
  2 unrhyw un o nifer o offerynnau tebyg, e.e. *gitâr drydan* GUITAR
  Sylwch: nid yw *gitâr* yn treiglo'n feddal.

gitâr

glafoeri:glafoerio *be* driflo, slobran, diferu poer TO SLOBBER, TO DRIVEL
glain hwn *eg* (gleiniau) darn bach neu belen o bren, gwydr neu weithiau faen gwerthfawr megis perl; mae'n bosibl gosod nifer ohonynt yn rhes ar linyn a'u gwisgo, e.e. am y gwddf BEAD □ *abacws*
glan hon *eb* (glannau:glennydd) ymyl, ochr, min *(glan yr afon, glan y môr, glan llyn)* BANK, SIDE
  ar lan y bedd yn ymyl y bedd GRAVE-SIDE
  glan y môr traeth SEASIDE
  i lan: lan (yn y De) i fyny UP
glân *a* gair i ddisgrifio:
  1 rhywun neu rywbeth heb unrhyw faw na bryntni arno; pur CLEAN, SPOTLESS
  2 teg, pert, tlws, golygus, glandeg
      (Bachgen bach o Ddowlais
      Yn gweithio 'ngwaith y tân,
      Bron â thorri'i galon
      Ar ôl y ferch fach lân.) FAIR
  3 sanctaidd *(Yr Ysbryd Glân)* HOLY
  4 cyfan, llwyr *(wedi drysu'n lân; wedi blino'n lân)* CLEAN, UTTER, COMPLETE
  glân gloyw pur, o'r math gorau *(Cymraeg glân gloyw; Cymro glân gloyw)*
glandeg *a* teg, hardd, golygus, glân HANDSOME, FAIR
glanedydd hwn *eg* (glanedyddion) sylwedd arbennig sy'n cael ei ddefnyddio i lanhau; mae llawer o lanedyddion yn gyfansoddion cemegol sy'n gweithio fel sebon DETERGENT
glanfa hon *eb* (glanfeydd) lle i lanio, cei ar gyfer llongau, maes glanio ar gyfer awyrennau LANDING-PLACE
Glangaea(f) gw. **calan**
glanhad:glanheuad hwn *eg* y weithred o lanhau, y weithred o gael gwared â baw neu lygredigaeth. (Yn y De fe gewch *Mae'n bryd imi roi glanheuad i'r ffenestri eto.*) (A) CLEAN
glanhâi *bf* byddai ef/hi yn **glanhau**
glanhau *be*
  1 gwneud yn lân, clirio, carthu, puro TO CLEAN
  2 gwneud anifail neu ffrwythau neu lysiau yn addas i'w bwyta trwy dorri darnau ohonynt i ffwrdd; diberfeddu (tynnu perfedd), pilo, plicio *(glanhau pysgodyn; glanhau tato)* TO CLEAN (glanhâi, glanheais)
glanheais *bf* fe wnes i lanhau [**glanhau**]
glanheuad gw. **glanhad:glanheuad**
glanio *be* dod i'r lan, cyrraedd y tir (am long neu awyren) TO LAND (gleni)
glannau hyn *ell* mwy nag un lan [**glan**]
glanweithdra hwn *eg* glendid, taclusrwydd, gofal am lendid, diffyg baw CLEANLINESS
glas[1] *a* gair i ddisgrifio:
  1 lliw'r awyr ar ddiwrnod clir, digwmwl, neu liw'r môr ar yr un math o ddiwrnod BLUE, AZURE
  2 gwyrdd, yn arbennig am borfa neu ddail *(glaswellt)* GREEN
  3 lliw llechen, llwydlas, dulas (e.e. *y garreg las* am lechen) SLATE-GREY
  4 (am geffyl) llwyd *(y gaseg las)* GREY
  5 fel yn *arian gleision*, o liw arian SILVER
  6 ifanc, anaeddfed *(glaslanc, glasfyfyriwr)* YOUNG, RAW
  7 llwyr, trwyadl, cyfan gwbl, glân *(gorau glas, hwyr glas)* UTMOST, COMPLETE, LEVEL
  8 (fel yn *glaswenu*) hanner, lled, gwawdlyd, dirmygus HALF, SCORNFUL (gleision[1])
glas[2] hwn *eg*
  1 y lliw glas BLUE □ t.622
  2 gwawr, toriad dydd, glesni'r awyr *(yng nglas y dydd)* BREAK (OF DAY)

3 (ar lafar) yr heddlu BLUEBOTTLES (POLICE)
glas y dorlan aderyn bach a phlu glas lliwgar ganddo sy'n byw ar bysgod KINGFISHER □ adar t.612
glas y gors planhigyn isel a blodau bach glas ganddo; nâd-fi'n-angof FORGET-ME-NOT □ blodau t.619
glas y llygad y cylch lliw o gwmpas cannwyll y llygad, enfys y llygad IRIS
glasenw hwn *eg* (glasenwau) enw anffurfiol sy'n cael ei ddefnyddio yn lle enw iawn person, e.e. *Moc* yn lle *Morgan*; *cochyn* am rywun â gwallt coch; llysenw NICKNAME
glasfyfyriwr hwn *eg* (glasfyfyrwyr) myfyriwr yn ei flwyddyn gyntaf yn y coleg FRESHER
glasgroen hwn *eg* haen allanol croen y corff wedi'i gwneud o gelloedd marw y gwirgroen EPIDERMIS
glasiaid hwn *eg* gair arall am **gwydraid**
glasier hwn *eg* (glasierau) rhewlif; afon fawr o iâ sy'n symud yn araf i lawr ar hyd llechweddau mynydd nes i'r iâ doddi yn yr awyr gynhesach islaw neu syrthio i'r môr yn fynydd iâ GLACIER □ t.637
glaslanc hwn *eg* (glaslanciau) gŵr ifanc, bachgen wedi gadael ei blentyndod LAD, YOUNGSTER
glasog hon *eb* (glasogau) ail stumog aderyn lle y mae bwyd yn cael ei chwalu'n fân; afu glas, crombil GIZZARD, CROP
glastwr hwn *eg* llaeth/llefrith heb hufen ac wedi'i deneuo â dŵr; diod sy'n hanner llaeth/llefrith a hanner dŵr ac sy'n dda i dorri syched
glastwraidd *a* gair i ddisgrifio rhywbeth diflas, merfaidd, gwan, claear INSIPID
glastwreiddio *be* teneuo â dŵr, gwanhau (*Erbyn cynnwys yr holl awgrymiadau i blesio'r oedolion, roedd syniad gwreiddiol y plant am gyngerdd roc wedi'i lastwreiddio i'r fath raddau fel nad oeddynt am fynd ymlaen â'r peth.*) TO DILUTE, TO WEAKEN
glasu *be*
1 troi'n las TO TURN BLUE
2 gwawrio'n ddydd TO DAWN
3 troi'n wyrdd TO BECOME GREEN
4 (am borfa neu ddail) tyfu, egino TO SPROUT, TO GROW
5 troi'n llwyd neu yn welw TO GROW PALE
6 (am gosyn, sef darn cyfan o gaws) aeddfedu TO RIPEN
glaswellt hwn neu hyn *eg* ac *enw torfol* mwy nag un **glaswelltyn;** porfa las, yn arbennig y borfa y mae defaid neu warbeg yn pori arni; gwelltglas GRASS, PASTURE
glaswelltyn hwn *eg* (glaswellt)
1 planhigyn arbennig â blodyn mawr fflamgoch sy'n agor, blodeuo a gwywo o fewn yr un diwrnod TIGER FLOWER □ blodau t.620

2 llafn o borfa neu laswellt BLADE OF GRASS
glaswenu *be* hanner gwenu, cilwenu, gwenu'n ddirmygus TO SMIRK, TO SIMPER, TO SNEER
glaw hwn *eg* (glawogydd) dŵr sy'n disgyn yn ddafnau o'r cymylau, cawod RAIN, SHOWER
Sylwch: er bod *glaw* yn wrywaidd, benywaidd yw pob cyfeiriad at y tywydd (*Mae hi'n bwrw/glawio.*).
bwrw glaw glawio TO RAIN
glaw mân DRIZZLE
glawio *be* bwrw glaw TO RAIN
gleider hwn *eg* (gleiderau) awyren heb beiriant sy'n cael ei chynnal ar gerrynt o aer GLIDER

gleider

gleidio *be*
1 symud yn wastad ac yn llyfn fel sglefriwr ar iâ TO GLIDE
2 hedfan gleider TO GLIDE
3 disgyn o'r awyr yn llyfn heb ddefnyddio peiriant (*Mae awyren yn gallu gleidio milltir am bob mil o droedfeddi y mae hi'n uwch na'r ddaear.*) TO GLIDE
gleiniau hyn *ell* mwy nag un **glain**
gleisiad hwn *eg* (gleisiaid) eog yn ei flwyddyn gyntaf SALMON, GRILSE □ pysgod t.628
gleision[1] *a* gair i ddisgrifio mwy nag un peth **glas** (*llygaid gleision; caeau gleision*)
gleision[2] hyn *ell* y rhannau dyfrllyd o laeth sur (o'u cyferbynnu â'r rhannau caled, y ceulion); maidd WHEY
glendid hwn *eg*
1 y cyflwr neu'r stad o fod yn lân; purdeb CLEANLINESS
2 harddwch, prydferthwch COMELINESS, BEAUTY
gleni *bf* rwyt ti'n **glanio**; byddi di'n **glanio**
glennydd hyn *ell* mwy nag un **lan** [**glan**]
glesni hwn *eg* y cyflwr neu'r stad o fod yn las (*glesni'r môr yn yr haul*) BLUENESS
glew *a* dewr, gwrol, cadarn, di-ofn, beiddgar COURAGEOUS, VALIANT, BOLD
go lew
1 eithaf da PRETTY, FAIR
2 da iawn (*go lew ti*) WELL DONE

glin *hwn eg* (gliniau)
 1 cymal canol y goes, y man lle mae'r goes yn plygu KNEE □ *corff* t.630
 2 y rhan honno o ddilledyn megis trywsus sy'n gorchuddio'r gliniau *(Mae'r crwt 'na allan trwy liniau'i drywsus eto.)* KNEE
 3 y rhan o'r goes uwchben y pen-glin *(eistedd ar lin mam)* LAP

gliserin *hwn eg* hylif gludiog, melys, di-liw sydd wedi'i wneud o fraster ac sy'n cael ei ddefnyddio i wneud sebon, moddion a ffrwydron GLYCERINE

gliwcos:glwcos *hwn eg* math arbennig o siwgr sydd i'w gael mewn ffrwythau a llysiau ac sy'n cael ei ddefnyddio gan y corff GLUCOSE

glo *hwn eg* (ac *enw torfol*) mwyn du, caled sydd i'w gael mewn haenau dan ddaear ac sy'n cael ei losgi yn danwydd a'i ddefnyddio i gynhyrchu nwy, tar ac ati COAL
 glo brig glo sy'n agos at wyneb y ddaear OPENCAST COAL
 glo caled:glo carreg math o lo sy'n galed iawn ac yn ddisglair ANTHRACITE
 glo mân
 1 darnau bychain o lo, llwch glo SMALL-COAL
 2 manion nad oes cytundeb arnynt *(Nawr mae'n rhaid inni drafod y glo mân.)* NITTY GRITTY

glob *hon eb* (globau) pelen a llun y Ddaear neu'r sêr wedi'i beintio arni ac y mae modd ei throi ar ei hechelin (fel y Ddaear) GLOBE

gloddesta *be* gwledda, bwyta, yfed a chyfeddach i ormodedd TO CAROUSE, TO REVEL

gloes:loes *hon eb* poen, dolur, gwewyr, artaith PAIN, WOUND, HURT

glofa *hon eb* (glofeydd)
 1 pwll glo ynghyd â'i adeiladau a'i beiriannau ac ati; gwaith glo COLLIERY, COAL-MINE
 2 maes glo, cylch arbennig neu ran o'r wlad lle y mae haenau o lo, e.e. *glofa De Cymru* COAL-FIELD

glöwr *hwn eg* (glowyr) un sy'n gweithio mewn pwll glo, colier, un sy'n gweithio dan ddaear yn torri glo COLLIER, MINER

glöyn byw *hwn eg* (gloÿnnod) un o nifer o fathau o drychfilod sydd â phedair adain (liwgar yn aml) a theimlyddion a nobyn ar eu blaenau; iâr fach yr haf, pilipala BUTTERFLY (chwiler, lindysen)
 glöyn gwyn mawr iâr fach yr haf sy'n dodwy ei hwyau ar blanhigion bresych LARGE CABBAGE WHITE

gloyw *a* disglair, llachar, clir, tryloyw, llathraidd BRIGHT, SHINING, SPARKLING, SPANKING
 glân gloyw gw. **glân**

gloywder *hwn eg* y cyflwr o fod yn loyw, disgleirdeb, llewyrch, ysblander BRIGHTNESS

gloywi *be*
 1 caboli, gwneud yn ddisglair, llathru, mynd yn ddisglair TO BRIGHTEN, TO POLISH, TO BURNISH
 2 (yn ffigurol) gwella, gwneud yn fwy rhugl neu lithrig, e.e. *gloywi iaith*
 ei gloywi hi ei heglu hi, mynd i ffwrdd yn gyflym TO SCOOT, TO RUN AWAY

glud *hwn eg* (gludion) sylwedd sy'n cael ei ddefnyddio i lynu dau neu ragor o bethau at ei gilydd; yn wreiddiol, byddai'n cael ei wneud o ddefnyddiau naturiol ond erbyn hyn, gall glud fod yn gemegyn cryf â tharth peryglus; adlyn GLUE

gludio:gludo *be* glynu ynghyd â glud; pastio, sodro, gosod yn sownd wrth ei gilydd â glud TO GLUE

gludiog *a* gair i ddisgrifio rhywbeth sydd o'r un natur â glud:
 1 sy'n glynu, sy'n cydio STICKY, TACKY
 2 sy'n dew ac yn glynu (e.e. jam gwlyb) GLUTINOUS, VISCOUS

gludlun *hwn eg* (gludluniau) darlun sydd wedi'i greu trwy ludio gwahanol ddefnyddiau neu wrthrychau wrth fwrdd neu ddarn o bapur COLLAGE

glwcos gw. **gliwcos:glwcos**

glwys *a* hardd, prydferth, teg, hyfryd, tirion, glandeg BEAUTIFUL, FAIR

glyn *hwn eg* (glynnoedd)
 1 cwm hir cul ac iddo ochrau serth ac, fel arfer, afon neu nant yn rhedeg trwy ei ganol; mae'n gulach ac yn fwy serth ei ochrau na dyffryn GLEN, VALLEY
 2 (yn ffigurol) man cyfyng a thywyll ym mhrofiad dyn
 glyn cysgod angau THE VALLEY OF THE SHADOW OF DEATH

glŷn *bf* mae ef/hi yn **glynu**; bydd ef/hi yn **glynu**

Glynebwy *enw lle* EBBW VALE

glynu [**wrth**] *be*
 1 cydio'n dynn, dal ynghyd fel gan lud *(glynu fel gelen)* TO STICK
 2 parhau'n ffyddlon ac yn deyrngar (i gyfaill, syniad ac ati) *(Mae'n dal i lynu wrth yr hen syniadau.)* TO STICK (TO) (glŷn)

Glyn-y-groes *enw lle* VALLE CRUCIS

go[1] *adf* braidd, lled, gweddol, i raddau *(Mae'n o agos i'w le.)* RATHER, QUITE, PARTLY
 go iawn iawn, nid esgus *(Cafodd bryd o dafod go iawn gan ei mam.)* PROPER
 go lew gw. **glew**

go[2] *hwn neu hon egb* (mewn ebychiadau megis *godrapia, go drat*) Duw GOD!

gobaith *hwn eg* (gobeithion)
1 disgwyliad y bydd rhywbeth yn digwydd fel yr ydych yn ei ddymuno HOPE
2 rhywun neu rywbeth sy'n debyg o fod yn llwyddiannus *(Ti yw fy unig obaith.)* HOPE
dim gobaith caneri hollol anobeithiol A SNOWBALL'S CHANCE (IN HELL) (caneri)

gobeithio *be* disgwyl, bod ag eisiau, dymuno er yr holl amheuon TO HOPE

gobeithiol *a* gair i ddisgrifio rhywun sy'n llawn gobaith neu rywbeth sy'n cynnig gobaith *(Ar ôl darllen rhagolygon y tywydd am yr wythnos nesaf rwy'n fwy gobeithiol nag y bûm.)* HOPEFUL, OPTIMISTIC

goben *hwn eg* y sillaf olaf ond un mewn gair, a'r sillaf lle mae'r acen yn arfer disgyn mewn geiriau Cymraeg PENULT

gobennydd *hwn eg* (gobenyddiau:gobenyddion) casyn hirsgwar wedi'i lenwi â deunydd meddal ar gyfer gorffwys y pen arno yn y gwely; clustog wely PILLOW, BOLSTER

goblygiad *hwn eg* (goblygiadau)
1 ystyr neu arwyddocâd nad yw'n cael ei fynegi yn uniongyrchol *(Mae ei gynnig i roi mwy o arian yn hael, ond beth yw'r goblygiadau tybed?)* IMPLICATION
2 canlyniad i benderfyniad neu weithgarwch arbennig *(Un o oblygiadau derbyn y swydd fydd gorfod symud o'r pentref.)* CONSEQUENCE

gochel [rhag] *be* gwylio rhag, osgoi, cilio rhag TO BEWARE [OF], TO AVOID

gochelgar *a* gwyliadwrus, gofalus WARY, CAUTIOUS

godidog *a* anarferol o dda, eithriadol o dda, rhyfeddol, nodedig, ardderchog, rhagorol, campus, gwych WONDERFUL, OUTSTANDING, EXCELLENT, MAGNIFICENT (godidoced, godidocach, godidocaf)

godidowgrwydd *hwn eg* (gair llenyddol, Beiblaidd) y cyflwr o fod yn ardderchog, o fod yn wych; gogoniant, rhagoriaeth EXCELLENCE, SPLENDOUR, MAGNIFICENCE

godineb *hwn neu hon egb* cyfathrach rywiol wirfoddol rhwng gŵr a gwraig lle y mae un ohonynt (neu'r ddau) yn briod â rhywun arall ADULTERY

godre *hwn eg* (godreon:godreuon) ymyl waelod, rhan isaf gwisg; troed (mynydd), ymyl isaf (tref), gwaelod (tudalen) BOTTOM, EDGE, FOOT, OUTSKIRTS

godro *be*
1 tynnu llaeth o bwrs neu gadair buwch, gafr ac ati TO MILK
2 tynnu gwybodaeth, arian neu gyfrinach o rywun mewn ffordd dwyllodrus neu anonest neu eithafol TO MILK, TO WHEEDLE

goddef *be*
1 dioddef, teimlo poen TO SUFFER, TO ENDURE
2 dygymod â, hoffi, dioddef *(Alla i ddim goddef y dyn.)* TO STAND, TO PUT UP WITH, TO TOLERATE
3 (ystyr henffasiwn) caniatáu TO SUFFER, TO ALLOW

goddefgar *a* gair i ddisgrifio rhywun sy'n barod i gydnabod syniadau, cred, neu farn sy'n wahanol i'r rhai y mae ef/hi yn eu harddel; amyneddgar, yn ymatal rhag erlid, cosbi, dial ac ati; hirymarhous TOLERANT, LONG-SUFFERING

goddefgarwch *hwn eg* y cyflwr o fod yn oddefgar; amynedd TOLERANCE, FORBEARANCE

goddefol *a* (yn ramadegol) gair i ddisgrifio'r ferf pan fydd yn dynodi rhywbeth sy'n cael ei wneud neu'n digwydd i oddrych brawddeg; yn y frawddeg *Taflwyd John gan y ceffyl*, mae'r ferf *taflwyd* yn oddefol PASSIVE (amhersonol)

goddiweddyd *be* cyrraedd rhywun neu rywbeth ar ôl bod y tu ôl iddo, ac yna mynd heibio; pasio *(Ar feic neu mewn car, ni ddylech oddiweddyd ar yr ochr chwith.)* TO OVERTAKE

goddrych *hwn eg* (goddrychau) (yn ramadegol) yr enw neu'r rhagenw y mae datganiad neu gwestiwn yn cyfeirio ato; y person neu'r peth sy'n gweithredu neu'n cyflawni yr hyn a ddywed y ferf; yn *A welaist ti John?* 'ti' yw'r goddrych, ond yn *A welodd John y gath?* 'John' yw'r goddrych SUBJECT (gwrthrych)

goddrychol *a* gair i ddisgrifio ymateb y synhwyrau a'r teimladau i rywbeth; gwrthwyneb 'gwrthrychol' SUBJECTIVE

goelia' i *bf* ffurf wedi'i threiglo ar 'coeliaf i', sef rwy'n coelio

gof *hwn eg* (gofaint) crefftwr mewn metel, yn arbennig haearn; gweithiwr metel SMITH, BLACKSMITH (gefail)
gof arian SILVERSMITH
gof aur GOLDSMITH

godro

gofal *hwn eg* (gofalon)
 1 pryder, poen meddwl, gofid *(Mae gofalon y byd ar ei ysgwyddau.)* CARE, TROUBLE
 2 cyfrifoldeb, gwyliadwriaeth, y weithred o edrych ar ôl, o ofalu am *(Mae hi dan ofal y doctor.)* CARE
 3 ymdrech; gosod meddwl ar osgoi camgymeriadau *(Cymerwch ofal gyda'ch gwaith cartref heno.)* CARE
 4 cais i osgoi niwed neu ddamwain *(A ddywedaist wrthi am gymryd gofal wrth groesi'r heol?)* CARE

dan ofal yng ngofal IN THE CARE OF

tan ofal (t/o) mae'n cael ei ddefnyddio wrth gyfeirio llythyr i olygu 'yn byw neu'n gweithio yn yr un cyfeiriad â' *(John Jones t/o William Williams, 14 Heol y Frenhines, Caerdydd)* CARE OF, c/o

gofalu [am] *be*
 1 edrych ar ôl, gwarchod, bod â gofal am *(Pwy sy'n gofalu am y siop pan nad ydych chi yno?)* TO TAKE CARE, TO LOOK AFTER
 2 gwylio, bod yn ofalus, cymryd gofal *(Gofala di dy fod di gartref erbyn deg o'r gloch.)* TO TAKE CARE, TO WATCH

gofalus *a* gair i ddisgrifio rhywun neu rywbeth:
 1 sy'n gwneud ei orau i osgoi peryglon; gwyliadwrus *(Rhaid iti fod yn ofalus wrth groesi'r heol.)* CAREFUL, VIGILANT
 2 sy'n talu sylw i fanylion; diwyd *(Aeth trwy'r adroddiad yn ofalus.)* CAREFUL, PAINSTAKING
 3 sy'n meddwl am eraill; ystyriol, yn cymryd gofal *(Chwarae teg, mae hi'n ofalus iawn ohono.)* CAREFUL, MINDFUL
 4 carcus, darbodus *(Mae'n ofalus iawn o'i arian.)* CAREFUL

gofalwr *hwn eg* (gofalwyr) person sy'n edrych ar ôl adeilad cyhoeddus (megis ysgol neu eglwys ac ati) ac sy'n ei lanhau a'i drwsio CARETAKER, JANITOR

goferu *be* llifo, ffrydio, rhedeg, tywallt, arllwys, diwel TO GUSH, TO POUR, TO STREAM, TO OVERFLOW

goferwi *be*
 1 lledferwi; berwi (bwyd) nes ei fod wedi hanner ei goginio TO PARBOIL, TO SIMMER
 2 coginio (wy heb blisgyn neu bysgodyn fel arfer) mewn dŵr sy'n berwi'n ysgafn iawn TO POACH

gofid *hwn eg* (gofidiau) poen meddwl, teimlad o bryder, trallod, blinder, trwbl *(Mae hi'n peri tipyn o ofid i'w mam y dyddiau hyn.)* WORRY, DISTRESS, TROUBLE

gofidio *be* poeni, pryderu, galaru (mae *gofidio* yn fwy dwys ac yn awgrymu mwy o bryder na *poeni*) TO WORRY, TO BE ANXIOUS

gofidus *a* gair i ddisgrifio rhywun sy'n llawn gofid a thrallod; blin, trist, cwynfanus SORROWFUL, DOLEFUL, TROUBLED

gofod *hwn eg* (gofodau)
 1 yr ehangder mawr y tu allan i gylch y Ddaear y mae'r planedau a'r sêr ac ati i'w cael ynddo SPACE
 2 rhywbeth gwag y mae modd ei fesur o ran hyd, lled neu ddyfnder; pellter, arwynebedd, cyfaint gwag SPACE
 3 lle gwag i bwrpas arbennig; gwagle *(Bu'n rhaid gadael llun mabolgampau'r ysgol allan o'r papur bro oherwydd diffyg gofod.)* SPACE
 4 y bwlch neu'r pellter rhwng dau neu ragor o bethau SPACE
 5 cyfnod neu ysbaid o amser SPACE
 6 y pellter rhwng darnau o brint, geiriau neu linellau SPACE

gofodwr *hwn eg* (gofodwyr) peilot neu aelod o griw llong ofod, teithiwr yn y gofod; astronot ASTRONAUT, SPACEMAN, COSMONAUT □ *astronot*

gofyn[1] *hwn eg* (gofynion) cais, galw, angen DEMAND, REQUEST, CALL

ar ofyn gofyn i, erfyn *(Mae'n gas gennyf fynd ar ei ofyn eto.)*

mae gofyn mae angen *(Mae gofyn iti gerdded yn ofalus fan hyn.)* IT'S NECESSARY

mae gofyn [am] mae galw am *(Does dim cymaint o ofyn am bobl â gradd y dyddiau hyn.)* THERE'S A DEMAND (FOR)

yn ôl y gofyn yn ôl y galw, i ateb yr angen AS THE NEED ARISES

gofyn[2] **[i, am]** *be*
 1 ceisio (gwybodaeth), holi *(Cer i ofyn faint o'r gloch yw hi.)* TO ASK
 2 gwneud cais [am] neu [i] *(Mae e wedi gofyn am dy weld di.)* TO ASK
 3 hawlio, disgwyl *('Gofynnwch a rhoddir ichwi')* TO ASK, TO CLAIM
 4 gwahodd *(Maen nhw wedi gofyn imi ganu yn y gwasanaeth.)* TO ASK, TO INVITE
 5 (am rai anifeiliaid benyw megis buwch, caseg, gast ac ati) profi cyfnod o gyffro rhywiol *(gast yn gofyn ci)* TO BE IN HEAT (gofynnaf)

Sylwch: dyblwch yr 'n' ym mhob un o ffurfiau'r ferf ac eithrio'r rhai sy'n cynnwys -*as*-.

gofyn bendith TO SAY GRACE

gofynion *hyn ell*
 1 mwy nag un **gofyn**[1]
 2 pethau y mae gofyn amdanynt, anghenion *(Mae'r ymgeisydd hwn yn ateb y gofynion i gyd.)* REQUIREMENTS

gofynnaf *bf* rwy'n **gofyn**; byddaf yn **gofyn**

gofynnod *hwn eg* (gofynodau) marc cwestiwn, nod [?] sy'n dynodi cwestiwn QUESTION MARK

gofynnol *a*
1 angenrheidiol *(Mae'n ofynnol iti fod yn yr orsaf am 6.00 o'r gloch ar ei ben.)* NECESSARY, REQUIRED
2 gair i ddisgrifio rhywbeth sy'n gofyn cwestiwn, e.e. y geiryn gofynnol *'a'* yn *'A oes heddwch?'* INTERROGATIVE, QUESTIONING

goglais:ogleisio *be*
1 cyffwrdd rhywun yn ysgafn gan beri pleser a/neu chwerthin TO TICKLE
2 peri diddordeb, gan gyffroi'r dychymyg neu'r teimladau *(erthygl i ogleisio'r dychymyg)* TO TICKLE

gogledd *hwn eg* un o bedwar pwynt y cwmpawd (neu bedwar ban byd), sydd ar yr ochr chwith wrth i chi wynebu codiad yr haul (y dwyrain), ac sydd yn syth gyferbyn â'r de NORTH □ *Alban*

y Gogledd *hwn eg* y rhan ogleddol o Gymru NORTH WALES
Yr Hen Ogledd y rhan ogleddol o Loegr a rhannau deheuol yr Alban lle bu cyndeidiau'r Cymry'n byw yn yr hen amser, sef cyn y 6ed ganrif·OC

gogledd-ddwyrain *hwn eg* pwynt ar y cwmpawd sydd hanner y ffordd rhwng y gogledd a'r dwyrain NORTH-EAST □ *cwmpawd*

gogleddol *a* gair i ddisgrifio rhywun neu rywbeth sy'n perthyn i'r gogledd, sy'n nodweddiadol o'r gogledd neu sydd yn y gogledd *(acen ogleddol)* NORTHERLY

gogledd-orllewin *hwn eg* pwynt ar y cwmpawd sydd hanner ffordd rhwng y gogledd a'r gorllewin NORTH-WEST □ *cwmpawd*

gogleisio *be* gw. **goglais:ogleisio**

gogleisiol *a* gair i ddisgrifio rhywbeth sy'n goglais, sy'n cyffwrdd yn ysgafn ac yn ddifyr TICKLING, TITILLATING

gogoneddu *be* rhoi gogoniant i, clodfori (Duw neu frenin mawr), mawrygu TO GLORIFY, TO PRAISE IN THE HIGHEST

gogoneddus *a* gair i ddisgrifio rhywun neu rywbeth sy'n llawn gogoniant, sy'n dra godidog GLORIOUS, EXALTED

gogoniant *hwn eg* (gogoniannau)
1 harddwch, ysblander, gwychder *(Mae'r wlad i'w gweld yn ei gogoniant yr amser yma o'r flwyddyn.)* SPLENDOUR
2 clod i Dduw *(Gogoniant i'r Tad ac i'r Mab ac i'r Ysbryd Glân.)* GLORY

gogr:gogor *hwn eg* (gograu) rhidyll, hidl; math o rwyd fetel neu blastig o fewn fframyn, ar gyfer gwahanu talpau mawr oddi wrth dalpau bychain neu lwch, neu ar gyfer hidlo talpau mewn hylif SIEVE, STRAINER

gogr-droi gw. **cogr-droi**

gogrwn *be* rhidyllio, hidlo; ysgwyd deunydd trwy ogr er mwyn gwahanu'r talpau bras oddi wrth y talpau llai, e.e. *gogrwn blawd* TO SIFT, TO RIDDLE (gogrynaf)

gogrynaf *bf* rwy'n **gogrwn**; byddaf yn **gogrwn**

gogwydd *hwn eg* (gogwyddion)
1 tueddiad i symud neu ddatblygu i ryw gyfeiriad arbennig; tuedd meddwl TENDENCY, SLANT, BIAS
2 disgyniad neu gwymp graddol (am dir neu graff ac ati); goleddf DOWNWARD TREND
ar ogwydd yn pwyso i un ochr, ar oleddf SLANTING

gogwyddo *be*
1 tueddu i symud neu ddatblygu i ryw gyfeiriad arbennig TO TEND, TO VEER
2 gwyro, plygu i lawr, pwyso i un ochr TO INCLINE, TO LIST, TO LEAN
3 dechrau syrthio, cwympo'n raddol (am dir neu graff ac ati) TO SLOPE DOWNWARDS
4 tueddu i fod o blaid rhyw syniad neu safbwynt arbennig TO TEND

gogyfer[1] [â] *a* gair i ddisgrifio rhywun neu rywbeth sydd gyferbyn, sydd yn wynebu, sydd yr ochr arall i *(Ewch i lawr y stryd nes ichi gyrraedd y tro gogyfer â'r tŷ tafarn.)* OPPOSITE, FACING

gogyfer[2] [â] *ardd* ar gyfer, er mwyn *(moddion gogyfer â pheswch)* FOR, FOR THE PURPOSE OF

gogynderfynol *a* gair i ddisgrifio'r hyn sy'n dod o flaen yr olaf ond un, e.e. *y rownd ogynderfynol* QUARTER-FINAL

Gogynfeirdd *hyn ell* mwy nag un Gogynfardd; Beirdd y Tywysogion, sef beirdd Cymraeg y cyfnod o tua dechrau'r ddeuddegfed hyd tua chanol y bedwaredd ganrif ar ddeg; dilynent y Cynfeirdd ac fe gawsant eu dilyn gan Feirdd yr Uchelwyr □ *llenyddiaeth*

gohebiaeth *hon eb* y llythyrau gan ddau neu ragor o ysgrifenwyr at ei gilydd CORRESPONDENCE

gohebol *a* gair i ddisgrifio rhywbeth sy'n ymwneud â gohebiaeth a gohebu CORRESPONDING

gogr:gogor, rhidyll, hidl

gogr blawd

gogr, rhidyll

cwrs gohebol cwrs addysg lle y mae'r athro a'r disgybl yn cyfnewid gwaith a gwybodaeth trwy'r post CORRESPONDENCE COURSE

gohebu *be*
1 ysgrifennu llythyr (neu lythyrau) a derbyn ateb ar ffurf llythyr(au); cyfnewid llythyrau TO CORRESPOND
2 ysgrifennu ar gyfer y wasg TO REPORT

gohebydd *hwn eg* (gohebwyr)
1 un sy'n ysgrifennu llythyr CORRESPONDENT
2 un sy'n ysgrifennu adroddiad neu stori ar gyfer cylchgrawn neu bapur newydd JOURNALIST, REPORTER
3 un sy'n paratoi adroddiad neu stori ar gyfer y radio neu'r teledu REPORTER, CORRESPONDENT

gohiriad *hwn eg* (gohiriadau) tafliad ymlaen i ryw amser yn y dyfodol POSTPONEMENT, DEFERMENT

gohirio *be* oedi, symud i ryw amser yn y dyfodol *(Mae'r gêm wedi cael ei gohirio tan yr wythnos nesaf.)* TO POSTPONE, TO PUT OFF, TO ADJOURN

gol. *byrfodd* golygydd ED.

gôl *hon eb* (goliau:gôls)
1 y pyst y mae'r bêl yn cael ei chicio neu ei tharo rhyngddynt mewn gêmau megis pêl-droed neu hoci GOAL
2 y sgôr a geir wrth fwrw'r bêl rhwng y pyst neu, yn achos rygbi, y pwyntiau ychwanegol a geir wrth drosi cais GOAL

gôl adlam (mewn rygbi) math arbennig o gôl pan fydd chwaraewr yn llwyddo i gicio'r bêl dros y trawst a rhwng y pyst â chic adlam DROP-GOAL

gôl gosb (mewn chwaraeon) gôl sy'n cael ei sgorio o gic gosb PENALTY GOAL
Sylwch: nid yw *gôl* yn treiglo'n feddal, e.e. *dwy gôl.*

golau¹ *hwn eg* (goleuadau)
1 math arbennig o egni sy'n deillio gan amlaf o bethau poeth iawn, ac sy'n teithio 300,000 kilometr yr eiliad; cymysgedd o liwiau'r enfys—sef fioled, indigo, glas, gwyrdd, melyn, oren a choch yw'r golau gwyn arferol a welwn LIGHT
2 goleuni, gwrthwyneb tywyllwch *(golau dydd; golau'r lleuad)* LIGHT
3 rhywbeth sy'n cynhyrchu goleuni megis lamp neu gannwyll *(Dewch â'r golau i'r gornel yma.)* LIGHT
4 (mewn sied wair) y lle sydd rhwng un postyn a'r nesaf; uned o wair neu'r swm o wair sy'n cael ei gadw yma (goleuni) □ *lliw* t.622

rhwng dau olau gwyll, cyfnos

golau² *a* gair i ddisgrifio:
1 y gwrthwyneb i dywyll, rhywbeth sy'n tueddu at liw gwyn *(pryd golau, gwallt golau)* FAIR, LIGHT
2 clir, eglur, wedi'i oleuo *(ar noson olau yn yr haf)* LIGHT, BRIGHT (goleued, goleuach, goleuaf)

golch *hwn eg* (golchion)
1 y broses o olchi, yn arbennig o olchi dillad brwnt/budr (THE) WASH
2 casgliad o ddillad sy'n barod i'w golchi, sy'n cael eu golchi, neu sydd wedi'u golchi WASHING
3 hylif sy'n cael ei roi'n haen denau ar rywbeth (e.e. cot denau o baent i roi arlliw ar lun) COATING, WASH

golchad:golchiad *hwn eg*
1 y weithred o olchi; glanhad *(Rhoddais eithaf golchiad i'r car ddoe.)* WASHING
2 dillad brwnt/budr sy'n barod i'w golchi neu sydd newydd gael eu golchi WASHING

golchi *be*
1 glanhau â dŵr *(golchi dillad)* TO WASH
2 llifo'n barhaus yn erbyn rhywbeth *(tonnau'n golchi'r traeth)* TO WASH
3 peri i (rywbeth) gael ei gludo i ffwrdd gan lifeiriant *(Golchwyd y botel i ffwrdd gan rym y llif.)* TO WASH (gylch)

golchi dwylo (yn ffigurol) gwrthod derbyn cyfrifoldeb am TO WASH ONE'S HANDS OF

golchion *hyn ell* mwy nag un **golch**
1 bwyd moch, gweddillion SWILL
2 dŵr y cafodd llestri eu golchi ynddo SLOPS, DISH-WATER

golchwraig *hon eb* (golchwragedd) (mewn dyddiau fu) gwraig a oedd yn ennill ei bywoliaeth trwy olchi dillad WASHERWOMAN

gold Mair *hwn eg* un o nifer o wahanol fathau o flodau â phen euraid MARIGOLD □ *blodau* t.621

gold y gors *hwn eg* blodyn tebyg o'r un teulu sy'n tyfu ar dir corsog MARSH MARIGOLD

goleddf *hwn eg* llechwedd, llethr, wyneb sydd ar ogwydd SLOPE, HILLSIDE, INCLINE

ar oledd(f) ar ogwydd, yn gwyro i un ochr, ar sgiw, ar wŷr ASLANT, ASKEW

goleddfu *be* pwyso i un ochr, gwyro, gogwyddo, bod ar sgiw TO SLOPE, TO SLANT

goleuach:goleuaf:goleued *a* mwy **golau**: mwyaf **golau**: mor olau [**golau**]

goleuadau *hyn ell* mwy nag un **golau¹** neu ffynhonnell goleuni, e.e. *goleuadau car* LIGHTS, ILLUMINATIONS

goleuadau traffig cyfres o oleuadau coch, oren a gwyrdd ar gyfer rheoli symudiad a chyfeiriad ceir, lorïau, bysiau ac ati TRAFFIC LIGHTS

goleudy *hwn eg* (goleudai) tŵr uchel a chanddo olau sy'n rhybuddio llongau yn y nos fod creigiau gerllaw LIGHTHOUSE

goleuedig *a* gair i ddisgrifio rhywun sy'n deall rhywbeth yn wirioneddol dda ENLIGHTENED

goleuni hwn *eg*
1 math arbennig o egni sy'n deillio gan amlaf o bethau poeth iawn, ac sy'n teithio 300,000 kilometr yr eiliad; cymysgedd o liwiau'r enfys—sef fioled, indigo, glas, gwyrdd, melyn, oren a choch yw'r goleuni gwyn arferol a welwn; golau LIGHT
2 golau, gwrthwyneb tywyllwch *(goleuni'r dydd a thywyllwch y nos)* LIGHT, BRIGHTNESS
3 dealltwriaeth, eglurhad, ystyr neu arwyddocâd rhywbeth yn gwawrio ar berson *(Rwy'n credu fy mod yn dechrau gweld llygedyn o oleuni ynglŷn â'r broblem yma.)* LIGHT, ENLIGHTENMENT (golau) □ lliw t.622

goleuni'r Gogledd rhubanau llydan o olau naturiol a welir weithiau yn Hemisffer y Gogledd ac sy'n deillio o echdoriadau'r haul yn cael eu tynnu at Begwn magnetig y Gogledd AURORA BOREALIS

goleuo *be*
1 gwneud yn olau *(Penderfynodd ychwanegu ychydig o liw at ei gwallt er mwyn ei oleuo.)* TO LIGHTEN
2 llenwi â golau *(Roedd yr ystafell yn cael ei goleuo gan ddwy lamp olew fawr.)* TO LIGHT
3 creu effeithiau arbennig â golau *(Pwy sy'n gyfrifol am oleuo'r llwyfan?)* TO LIGHT UP
4 cynnau, tanio *(goleuo'r gannwyll)* TO LIGHT
5 mynd yn olau, gwawrio *(Mae hi'n dechrau goleuo o'r diwedd, mae hi bron yn doriad gwawr.)* TO LIGHTEN
6 egluro *(Wnei di fy ngoleuo i?)* TO ENLIGHTEN
ei gleuo (goleuo) hi rhedeg i ffwrdd TO SCARPER

golfan y mynydd hon *eb* (golfanod) aderyn bach sy'n perthyn i aderyn y to a llwyd y berth ond sy'n hoffi lleoedd mwy diarffordd na'r rhain TREE SPARROW □ adar t.609

golff hwn *eg* gêm lle y mae pobl yn cystadlu â'i gilydd i fwrw pelen fach galed i dyllau arbennig (18 fel arfer) wedi'u gwasgaru dros faes eang, â chyn lleied ag sy'n bosibl o ergydion GOLF (eryr, pluen)

gôl-geidwad hwn *eg* (gôl-geidwaid) y chwaraewr sy'n gyfrifol am gadw'r bêl rhag mynd i'r rhwyd mewn gêmau megis pêl-droed, hoci ac ati GOALKEEPER

golosg hwn *eg*
1 marwydos, marwor; yr hyn sy'n weddill ar ôl i lo fudlosgi heb ddigon o aer i'w losgi'n llwyr COKE
2 sercol, y carbon sy'n weddill ar ôl i goed fudlosgi heb ddigon o aer i'w losgi'n llwyr CHARCOAL

golud hwn *eg* (goludoedd) cyfoeth; amlder neu ddigonedd o arian neu eiddo WEALTH, RICHES, AFFLUENCE

goludog *a* cyfoethog, cefnog, yn berchen llawer o arian neu eiddo WEALTHY, RICH

golwg[1] hwn *eg* (golygon)
1 y gallu i weld; y synnwyr sy'n cyrraedd trwy'r llygaid *(Mae'n dechrau colli'i olwg.)* SIGHT, VISION, EYESIGHT
2 yr hyn sydd i'w weld *(golwg cyflawn)* VIEW
3 cipolwg, trem, edrychiad *(A wnei di fwrw golwg dros hwn imi?)* LOOK
4 parch, edmygedd, bri *(Er nad oedd yn un o'i fyfyrwyr yr oedd ganddo dipyn o olwg ar John.)* REGARD, RESPECT, ADMIRATION
golwg byr methiant i weld yn bell MYOPIA, SHORT-SIGHTEDNESS
gyda golwg ar ynglŷn â AS TO
mewn golwg bwriad *(Beth sydd gennyt mewn golwg?)* IN VIEW
o fewn golwg yn ddigon agos i'w weld IN SIGHT
o'r golwg wedi diflannu OUT OF SIGHT
yn fy (dy, ei etc.) ngolwg i yn fy marn i IN MY VIEW

golwg[2] hon *eb* (golygon)
1 ymddangosiad allanol, y ffordd y mae rhywbeth neu rywun yn edrych *(Nid wyf yn hoffi golwg y gŵr yma o gwbl.)* LOOK OF, APPEARANCE
2 rhywbeth sy'n edrych yn wael neu'n chwerthinllyd *(Dyna olwg ar ferch!)* SIGHT
ar yr olwg gyntaf cyn edrych yn fanwl AT FIRST SIGHT
golwg bell â'i feddwl yn bell FARAWAY-LOOK
golwg ddrwg:golwg wael heb fod yn edrych yn dda, yn edrych yn sâl UNHEALTHY LOOK
i bob golwg:yn ôl pob golwg yn ymddangosiadol TO ALL APPEARANCES

golwyth hwn *eg* (golwython)
1 tafell eithaf tew o gig ac asgwrn ynddi *(golwython cig oen)* CHOP
2 tafell dew o gig eidion STEAK

golwythyn hwn *eg* golwyth bach CUTLET

golygfa hon *eb* (golygfeydd)
1 (mewn drama) unrhyw un o'r rhaniadau (rhan o act fel arfer) lle nad oes newid lleoliad SCENE
2 (mewn ffilm neu ddarllediad) un gyfres o ddigwyddiadau mewn un man SCENE
3 y cefndir a geir ar y llwyfan ar gyfer drama SCENE
4 y darlun sy'n cyrraedd y llygaid o leoedd neu bobl neu bethau ac ati *(Mae yna olygfa anhygoel o'r ddinas o ben y tŵr.)* VIEW, SIGHT

golygon hyn *ell*
1 mwy nag un **golwg**
2 y llygaid THE EYES

golygu *be*
  1 bwriadu, amcanu, meddwl *(Os ewch chi ati yn y ffordd honno, bydd yn golygu llawer iawn mwy o waith ichi.)* TO INTEND, TO MEAN
  2 bwrw golwg manwl dros waith llenyddol neu newyddiadurol a'i newid; cywiro, cwtogi ac ati TO EDIT

golygus *a* gair i ddisgrifio rhywun teg yr olwg, hardd, lluniaidd, glandeg HANDSOME, FAIR

golygydd *hwn eg* (golygyddion)
  1 un sy'n dewis a dethol deunydd ar gyfer cael ei gyhoeddi yn llyfr, yn gylchgrawn, yn bapur newydd ac ati EDITOR
  2 un sy'n cywiro a chwynnu gwaith rhywun arall i'w wneud yn addas i'w gyhoeddi EDITOR
  3 un sy'n dewis a dethol deunydd ar gyfer radio, teledu neu ffilm ac yn ei osod mewn trefn EDITOR

golygyddol[1] *a* gair i ddisgrifio rhywbeth sy'n perthyn i waith golygydd, neu sy'n nodweddiadol o olygu EDITORIAL

golygyddol[2] *hwn eg* y sylwadau personol a ysgrifennir gan olygydd cylchgrawn neu bapur newydd; erthygl gan olygydd EDITORIAL

gollwng *be*
  1 gadael yn rhydd, rhyddhau *(gollwng y cŵn yn rhydd)* TO RELEASE
  2 llacio gafael ar *(Gwnaeth ei orau glas i beidio â gollwng y rhaff pan lithrodd ei droed.)* TO LET GO OF
  3 caniatáu i ddisgyn *(gollwng bom)* TO DROP
  4 (am wasanaeth crefyddol) caniatáu i ymadael *(A wnewch chi ein gollwng ni â gweddi, Mr Jones?)* TO RELEASE
  5 fel yn *gollwng dagrau, gollwng gwaed*, caniatáu i hylif lifo; colli, tywallt TO SHED
  6 caniatáu i ddŵr neu wlybaniaeth dreiddio trwy rywbeth pan na ddylai *(Mae'r sgidiau 'ma'n gollwng. Mae'r to'n gollwng.)* TO LEAK
  7 saethu bwled neu saeth o fwa TO FIRE, TO SHOOT (gollyngaf)

  gollwng dros gof anghofio TO FORGET
  gollwng gafael rhyddhau eich gafael TO SLACKEN ONE'S GRIP
  gollwng y gath o'r cwd gw. **cath**

gollyngaf *bf* rwy'n **gollwng**; byddaf yn **gollwng**

gollyngdod *hwn eg* rhyddhad o gaethiwed neu waredigaeth oddi wrth ofid neu boen meddwl RELEASE, RELIEF

gondola *hwn neu hon egb* (gondolas) cwch hir, cul â gwaelod fflat a phigau tal ar bob pen iddo a ddefnyddir ar gamlesi Venezia (Fenis) yn yr Eidal GONDOLA

gonest:onest *a* gair i ddisgrifio:
  1 rhywun y gallwch ymddiried yn llwyr ynddo; teg ac union, didwyll, cywir, gwir, diffuant, heb dwyll nac anwiredd na chelwydd HONEST, FRANK, TRUE
  2 rhywbeth sydd wedi'i ennill yn gyfreithlon, heb dwyll nac amheuaeth HONEST

gonestrwydd:onestrwydd *hwn eg* yr ansawdd o fod yn onest, yr hyn sy'n gwneud rhywun yn onest; cywirdeb, didwylledd, diffuantrwydd, diffyg twyll neu gelwydd neu anwiredd HONESTY

gor... *rhagddodiad* mae'n cael ei ddefnyddio ar ddechrau'r gair i olygu rhy, gormodol, yn fwy na'r cyffredin, eithafol, dros ben *(gorfwyta,* bwyta gormod; *gorwneud,* gwneud gormod) OVER...

gorau[1] *a* gradd eithaf *da*:
  1 y rhagoraf, y mwyaf cymeradwy, yr uchaf ei werth, gwell nag unrhyw un arall *(Mae hwn yn dda, mae hwn yn well ond dyma'r gorau.)* BEST
  2 buddugol *(Ym marn y beirniaid Siân oedd y cystadleuydd gorau o'r tri.)* BEST (cystal, gwell)

gorau[2] *hwn eg* (goreuon)
  1 rhywbeth sy'n well na dim arall o'i fath *(Dim ond y gorau sy'n ddigon da i'n tŷ ni.)* BEST
  2 y cyntaf, y blaenaf *(Nawr 'te, am y gorau i gyrraedd y gât!)*
  3 yr ymdrech galetaf, yr ymroddiad mwyaf *(Gwna dy orau yn yr arholiad—ni all neb wneud mwy na hynny.)* BEST

  am y gorau gw. **am**
  ar y gorau gw. **ar**
  cael y gorau (ar) trechu TO GET THE BETTER OF
  gorau glas mor dda ag sy'n bosibl LEVEL BEST
  gorau i gyd/gorau oll gwell byth ALL THE BETTER
  gorau po gyntaf mor gyflym ag sy'n bosibl THE SOONER THE BETTER
  o'r gorau iawn, cytunaf VERY WELL
  rhoi'r gorau (i) gw. **rhoi**

gorawyddus *a* gor... (rhy) + awyddus OVER-EAGER

gondola

gorberffaith *a* (yn ramadegol) gair i ddisgrifio un o amserau'r ferf sy'n cyfeirio at rywbeth a oedd wedi digwydd cyn rhyw amser arbennig yn y gorffennol, e.e. mae *Roedd ef wedi mynd cyn imi gyrraedd* ac *Aethai cyn imi gyrraedd* yn yr amser gorberffaith PLUPERFECT TENSE

gorboethi *be gor...* (yn ormodol) + **poethi** TO OVERHEAT

gorbrisio *be gor...* (yn ormodol) + **prisio** TO OVERRATE

gorbryderus *a gor...* (rhy) + **pryderus** OVER-ANXIOUS

gorbwysau *hwn eg* y cyflwr o fod yn rhy drwm, o fod yn cario gormod o bwysau (yn arbennig am bobl)

gorbwysleisio *be gor...* (yn ormodol) + **pwysleisio** TO OVER-EMPHASIZE

gorchest *hon eb* (gorchestion)
1 camp ragorol, gweithred anghyffredin o fedrus a beiddgar FEAT, ACHIEVEMENT, EXPLOIT
2 (yn y Gogledd) ymffrost, bost BOAST

gorchestol *a* campus, rhagorol, anghyffredin o fedrus neu feiddgar, rhyfeddol OUTSTANDING, MASTERLY

gorchfygiad *hwn eg* (gorchfygiadau) yr hyn sydd wedi digwydd i'r rhai sydd wedi colli, sydd wedi cael eu trechu; gwrthwyneb buddugoliaeth DEFEAT, OVERTHROW

gorchfygu *be* curo, trechu, ennill buddugoliaeth ar, maeddu, goresgyn TO DEFEAT, TO CONQUER, TO OVERCOME

gorchfygwr *hwn eg* (gorchfygwyr) un sydd wedi gorchfygu; concwerwr, buddugwr VICTOR, CONQUEROR

gorchmynion *hyn ell* mwy nag un **gorchymyn**

gorchmynnaf *bf* rwy'n **gorchymyn**; byddaf yn **gorchymyn**

gorchmynnol *a* (yn ramadegol) gair i ddisgrifio'r modd sy'n cael ei ddefnyddio:
1 i roi gorchymyn (*Eisteddwch!*) IMPERATIVE
2 i roi cyfarwyddyd (*Trowch i'r dde.*) IMPERATIVE
3 i fynegi dymuniad ('*Sancteiddier Dy enw.*') IMPERATIVE

gorchudd *eg* (gorchuddion)
1 rhywbeth sy'n cuddio, sy'n gorwedd uwchben neu o flaen rhywbeth arall ac yn ei gelu o'r golwg; haen warchodol (*gorchudd o niwl dros y cwm*) COVER, COVERING, LID
2 darn o ddefnydd, weithiau'n rhwyllog, weithiau'n drwchus, sy'n cael ei ddefnyddio i guddio wyneb merch (priodferch, lleian, gwraig Arabaidd ac ati) VEIL

gorchuddio *be* taenu gorchudd dros, cuddio, cysgodi TO COVER, TO ENVELOP

gorchwyl *hwn neu hon egb* (gorchwylion) darn o waith y mae'n rhaid ei gyflawni, yn arbennig rhywbeth anodd, caled neu annymunol; tasg JOB, TASK

gorchymyn[1] *hwn eg* (gorchmynion) siars bendant i wneud neu i beidio â gwneud rhywbeth, e.e. mae *Na ladrata* a *Gofala di dy fod di gartref erbyn deg heno* yn orchmynion COMMAND, ORDER, DECREE

Y Deg Gorchymyn
1 Paid ag addoli duwiau eraill.
2 Na wna i ti dy hunan ddelwau cerfiedig.
3 Na chymer enw'r Arglwydd dy Dduw'n ysgafn.
4 Cofia ddydd y Saboth a'i gadw'n sanctaidd.
5 Parcha dy dad a'th fam.
6 Paid â lladd neb.
7 Paid â chyflawni anlladrwydd.
8 Paid â lladrata.
9 Paid â chyhuddo dy gymydog ar gam.
10 Paid â bod yn eiddigeddus o'th gymydog.
Dyma'r gorchmynion a roddodd Duw i Moses ar fynydd Sinai yn ôl y Beibl THE TEN COMMANDMENTS

gorchymyn[2] *be* rhoi gorchymyn, mynnu TO COMMAND
Sylwch: dyblwch yr 'n' ym mhob un o ffurfiau'r ferf ac eithrio'r rhai sy'n cynnwys -as-, e.e. *gorchmynnaf*, ond *gorchmynasom*.

gordd *hon eb* (gyrdd) mwrthwl/morthwyl mawr trwm y mae'n rhaid wrth ddwy law i'w godi ar gyfer torri cerrig neu fwrw pyst i'r ddaear SLEDGE-HAMMER

gordd

bod dan yr ordd
1 bod o dan feirniadaeth TO BE CRITICIZED
2 bod ar werth TO COME UNDER THE HAMMER

gordd bren mwrthwl/morthwyl pren a ddefnyddir i fwrw cŷn neu i fwrw pegiau pabell i'r ddaear MALLET

gorddefnyddio *be gor...* (yn ormodol) + **defnyddio** TO OVER-USE

gorddibynnu *be* dibynnu yn ormodol, bod yn gaeth i, methu peidio â bod heb rywun neu rywbeth TO BE OVERDEPENDENT
Sylwch: dyblwch yr 'n' ym mhob un o ffurfiau'r ferf ac eithrio'r rhai sy'n cynnwys -as-.

gor-ddweud *be* gwneud i rywbeth swnio'n fwy, neu'n well neu'n waeth, nag yw mewn gwirionedd TO EXAGGERATE

goresgyn *be* curo, ennill buddugoliaeth ar, cael y llaw uchaf ar, darostwng; gorchfygu a chymryd meddiant o dir y gelyn TO INVADE, TO VANQUISH, TO CONQUER, TO DEFEAT (goresgynnaf)
Sylwch: (ac eithrio *goresgyn ef/hi*) dyblwch yr 'n' ym mhob un o ffurfiau'r ferf ac eithrio'r rhai sy'n cynnwys *-as-*, e.e. *goresgynnaf*.

goresgyn anawsterau bod yn drech na'r anawsterau TO OVERCOME DIFFICULTIES

goresgyniad *hwn eg* (goresgyniadau) gorchfygiad, y cyflwr o fod yn goresgyn CONQUEST, INVASION

goresgynnaf *bf* rwy'n **goresgyn**; byddaf yn **goresgyn**

goresgynnwr *hwn eg* (goresgynwyr) un sy'n goresgyn; gorchfygwr, darostyngwr CONQUEROR, INVADER

Y Goresgynwyr y Rhufeiniaid a'r Normaniaid a orchfygodd Brydain tua 55 CC ac yn OC 1066 THE CONQUERORS

goreuon *hyn ell* mwy nag un **gorau**

goreuro *be* gorchuddio rhywbeth â haen denau o aur neu ei beintio â phaent lliw aur; euro TO GILD

gorfanwl *a* gor... (rhy) + manwl TOO PARTICULAR, TOO FUSSY, TOO DETAILED

gorflino *be* blino gormod TO OVERTIRE, TO BE OVERTIRED

gorfod[1] *hwn eg* (gorfodau) rheidrwydd, gorfodaeth, rhwymedigaeth, gorchymyn na ellir ei wrthod na'i osgoi *(Nid oedd Hywel am ddod i'r cyngerdd—dod dan orfod a wnaeth.)* COMPULSION, CONSTRAINT

gorfod[2] *be*
1 bod yn rhaid, bod dan orfodaeth *(Mae ef wedi gorfod mynd i'r dref.)* TO HAVE TO, TO BE COMPELLED TO
2 (hen ystyr yn arbennig pan ddilynir *gorfod* gan *ar*) trechu, ennill, gorchfygu *(Tîm Cymru a orfu.)* TO TRIUMPH, TO PREVAIL (gorfu, gorfydd)

gorfodaeth *hon eb* (gorfodaethau) y gair syn cael ei ddefnyddio amlaf am **gorfod**[1] uchod

gorfodaf *bf* rwy'n **gorfodi**; byddaf yn **gorfodi**

gorfodi *be* gwneud i rywun neu rywbeth wneud rhywbeth *(Ni ddaw o'i wirfodd—bydd yn rhaid iti ei orfodi.)* TO MAKE, TO COMPEL, TO FORCE

gorfodol *a* gair i ddisgrifio rhywbeth nad oes dewis yn ei gylch, rhywbeth sy'n cael ei orfodi ar bobl; gwrthwyneb gwirfoddol *(Mae chwaraeon yn orfodol i bawb yn y flwyddyn gyntaf.)* COMPULSORY, OBLIGATORY

gorfoledd *hwn eg* balchder a llawenydd mawr (ar ôl llwyddo mewn rhywbeth anodd neu ar ôl buddugoliaeth) JUBILATION, REJOICING

gorfoleddu *be*
1 teimlo'ch bod yn gorlifo o falchder a llawenydd (wedi llwyddo mewn rhywbeth neu ennill buddugoliaeth) TO REJOICE, TO BE JUBILANT

2 moli ac addoli Duw mewn ffordd afieithus TO EXALT, TO REJOICE
3 ymhyfrydu, ymffrostio, bod yn falch, mwynhau *(Roedd yn gorfoleddu yn y ffaith fod ei elynion wedi'u trechu.)* TO DELIGHT IN, TO EXULT IN

gorfoleddus *a* gair i ddisgrifio rhywun sy'n gorfoleddu neu rywbeth sy'n achosi gorfoledd JUBILANT, TRIUMPHANT

gorfu *bf* bu raid iddo/iddi orfod [**gorfod**], mi ddaru iddo/iddi orfod [**gorfod**]

gorfwyta *be* gor... (yn ormodol) + bwyta TO OVEREAT

gorfydd *bf* bydd ef/hi yn **gorfod**

gorffen *be* cwblhau, terfynu, diweddu, dibennu *(Pryd mae'r gwyliau'n gorffen?)* TO FINISH, TO END, TO CONCLUDE
Sylwch: dyblwch yr 'n' ym mhob un o ffurfiau'r ferf ac eithrio'r rhai sy'n cynnwys *-as-*, e.e. *gorffennaf* ond *gorffenasant*.

gorffenedig *a* gair i ddisgrifio rhywbeth sydd wedi cael ei orffen (â'r awgrym ei fod yn raenus neu wedi'i gaboli, yn arbennig am waith celf) COMPLETED, FINISHED, PERFECTED

gorffennaf[1] *bf* rwy'n **gorffen**; byddaf yn **gorffen**

Gorffennaf[2] *hwn eg* seithfed mis y flwyddyn JULY

gorffennol *hwn eg*
1 y dyddiau fu, yr holl amser a'r digwyddiadau sydd eisoes wedi bod THE PAST
2 (yn ramadegol) amser y ferf sy'n cyfeirio at rywbeth sydd wedi digwydd ac wedi gorffen PAST TENSE

gorffwyll *a* gair i ddisgrifio rhywun sy'n colli ei synnwyr, nad yw'n ei iawn bwyll; ynfyd, gwallgof MAD, INSANE, DELIRIOUS, CRAZY

gorffwys:gorffwyso *be*
1 cymryd seibiant, dadflino, cael hoe, bod yn llonydd TO REST
2 gorwedd er mwyn cysgu; hefyd am orwedd yn farw TO REST, TO REPOSE
3 pwyso ar *(gorffwys yn erbyn y postyn)* TO REST (ON)

gorgyffwrdd *be*
1 cuddio neu orchuddio rhan o rywbeth ac ymestyn y tu hwnt iddo TO OVERLAP
2 (am siaradwyr neu syniadau) mynd yn rhannol dros yr un testun neu'r un maes TO OVERLAP

gorgymhleth *a* gor... (rhy) + cymhleth OVER-COMPLICATED

gorhendad *hwn eg* (gorhendadau) tad eich taid/tad-cu neu'ch nain/mam-gu; taid/tad-cu eich mam neu'ch tad; hen dad-cu, hen-daid GREAT-GRANDFATHER □ *teulu*

gorhenfam *hon eb* (gorhenfamau) mam eich taid/tad-cu neu'ch nain/mam-gu; nain/mam-gu eich mam neu'ch tad; hen fam-gu, hen-nain GREAT-GRANDMOTHER □ *teulu*

gorhoffedd *hwn eg* math o farddoniaeth sy'n cael ei chysylltu â chyfnod y Gogynfeirdd ac sy'n ymdrin â phynciau fel natur a serch mewn dull ymffrostgar a chydag elfen gref o gellwair

gori *be*
1 (am adar) eistedd ar wyau, deor TO BROOD, TO SIT, TO HATCH
2 (yn ffigurol) meddwl yn hir ac yn galed am rywbeth TO BROOD
3 crawni, madru, casglu crawn (am glwyf neu ddolur) TO SUPPURATE, TO FESTER

gorifyny *hwn eg* codiad tir, esgyniad, rhiw, gwrthwyneb goriwaered ASCENT, HILL

gorila *hwn eg* yr aelod mwyaf o deulu'r epa sy'n byw yn Affrica ac sy'n gryf iawn GORILLA □ *mwnci*

goriwaered *hwn eg* llethr, tir sy'n disgyn, disgyniad, gwrthwyneb gorifyny DESCENT, DOWNHILL SLOPE
  ar y goriwaered yn dirywio, yn gwaethygu DOWNHILL

gorlawn *a* gor... (rhy) + llawn; cyforiog OVERFLOWING

gorlenwi *be* gor... (yn ormodol) + llenwi TO OVERFILL

gorlifo *be* llifo drosodd, arllwys dros ymyl TO OVERFLOW, TO FLOOD

gorliwio *be* gwneud i rywbeth ymddangos yn well, yn waeth, yn fwy neu yn llai nag oedd mewn gwirionedd; gor-ddweud TO EXAGGERATE

gorlwytho *be* gor... (yn ormodol) + llwytho TO OVERBURDEN, TO OVERLOAD

gorllewin *hwn eg* un o bedwar prif bwynt y cwmpawd (neu bedwar ban byd) sydd ar y chwith i rywun sy'n wynebu'r gogledd (*Mae'r haul yn machlud yn y gorllewin.*) WEST
  y Gorllewin gwledydd gorllewinol y byd, yn arbennig felly wledydd gorllewin Ewrop ac Unol Daleithiau America THE WEST
  y Gorllewin Gwyllt y rhan honno o Unol Daleithiau America sydd ar ochr orllewinol afon Mississippi ac a gysylltir â hanes y cowbois a'r Indiaid ar ddiwedd y ganrif ddiwethaf a dechrau'r ganrif hon THE WILD WEST

gorllewinol *a* gair i ddisgrifio rhywun neu rywbeth sy'n dod o'r gorllewin neu sy'n nodweddiadol o'r gorllewin WESTERLY, WESTERN

gorllyd *a* gair i ddisgrifio:
1 rhywbeth sy'n llawn crawn; crawnllyd, pwdr FESTERING
2 (am wy) clwc ADDLED
3 iâr sydd eisiau eistedd ar ei hwyau; deorllyd BROODY

gormes:gormesiad *hwn eg* teyrnasiad caled a chreulon; gorthrwm a thrais gan estroniaid neu goncwerwyr OPPRESSION, TYRANNY

gormesol *a* gair i ddisgrifio rhywun neu rywbeth sy'n bygwth gormes neu sy'n llawn gormes OPPRESSIVE, TYRANNICAL

gormesu *be* teyrnasu'n galed ac yn greulon, rheoli gwlad neu bobl sydd wedi cael eu trechu yn ddidostur ac yn llym TO OPPRESS, TO TYRANNIZE, TO DOMINEER

gormeswr *hwn eg* (gormeswyr) un sy'n gormesu, gorthrymwr TYRANT, OPPRESSOR

gormod[1] *hwn eg* (gormodion) nifer neu gyflenwad sy'n fwy na digon, sy'n fwy nag sydd eisiau, sy'n fwy nag y mae'n bosibl gwneud dim ag ef (*'Gormod o bwdin a daga gi.'*) EXCESS, TOO MUCH, TOO MANY

gormod[2] *a* gair i ddisgrifio rhywbeth neu ryw bethau sy'n fwy na digon, sydd yn fwy nag y mae'n bosibl gwneud dim â nhw (*Chwarae teg, y mae'r gwaith wedi mynd yn ormod iddo.*) TOO MUCH, EXCESSIVE

gormodedd *hwn eg* syrffed, yr hyn sydd dros ben, mwy na digon, nifer eithafol (*Mae yna ormodedd o fefus eleni.*) GLUT, EXCESS, SUPERABUNDANCE

gormodiaith *hon eb* ymadrodd eithafol lle y mae rhywun yn gor-ddweud er mwyn creu effaith (e.e. Rwyf bron marw o eisiau bwyd.) EXAGGERATION, HYPERBOLE

gornest:ornest *hon eb* (gornestau:ornestau)
1 brwydr gystadleuol rhwng dau neu ragor i ddarganfod pwy yw'r gorau, neu'r cryfaf ac ati (*gornest baffio*) CONTEST, BOUT
2 cystadleuaeth, ymryson (*gornest y beirdd*) CONTEST

goroesi *be*
1 parhau yn fyw; byw yn hwy na TO SURVIVE
2 byw dros amser neu yn rhy hir TO OUTLIVE

goroeswr *hwn eg* (goroeswyr) un sydd wedi llwyddo i aros yn fyw SURVIVOR

gorofalus *a* gor... (rhy) + gofalus OVER-CAREFUL

goror *hwn* neu *hon egb* (gororau) ffin, terfyn, ymyl, y man lle y mae tiroedd perchenogion gwahanol neu wledydd gwahanol yn cwrdd BORDER, FRONTIER
  y Gororau *hyn ell* Y Mers THE WELSH BORDER, THE MARCHES

gorsaf *hon eb* (gorsafoedd)
1 stesion; yr adeilad pwrpasol lle y mae trenau neu fysiau yn aros i godi neu ollwng teithwyr neu nwyddau STATION, DEPOT
2 adeilad sy'n ganolfan i fath arbennig o wasanaeth cyhoeddus (*gorsaf yr heddlu*) STATION
3 cwmni neu beiriannau sy'n darlledu rhaglenni radio neu deledu (*gorsaf radio*) STATION
4 man arbennig neu adeilad ar gyfer gwaith gwyddonol penodol (megis cynhyrchu trydan) (*gorsaf ynni niwclear*) STATION

gorsaf-feistr y person sy'n gyfrifol am orsaf (reilffordd gan amlaf) STATION-MASTER

a b c ch d dd e f ff g ng h i j (k) l ll m n o p ph r rh s t th u w y (z)

gorsedd:gorseddfainc hon *eb* (gorseddau:gorseddfeinciau) sedd arbennig brenin neu ymherodr neu esgob sy'n arwydd o'u hurddas THRONE (cadeiriol)

Gorsedd Beirdd Ynys Prydain cylch o feirdd a phobl yn caru llên a sefydlwyd gan Iolo Morganwg ym 1792 ac a wnaed yn rhan o'r Eisteddfod Genedlaethol ym 1819; erbyn hyn yr Orsedd sy'n gyfrifol am drefnu defodau a seremonïau'r Eisteddfod; mae pob aelod o'r Orsedd yn perthyn i un o dair Urdd, Urdd Ofydd (y wisg werdd), Urdd Bardd, Cerddor neu Lenor (y wisg las), Urdd Derwydd (y wisg wen)

gorseddu *be* gosod (brenin, ymherodr, esgob) ar ei orsedd, a thrwy hynny, gydnabod ei awdurdod i deyrnasu TO ENTHRONE

gorthrwm *hwn eg* (gorthrymau) gormes, trais, gorthrymder *(y wlad dan orthrwm y gelyn)* OPPRESSION

gorthrymder *hwn eg* (gorthrymderau)
1 rhywbeth sy'n blino neu'n poeni neu'n peri gofid; trallod, gofid, blinder TRIBULATION, WORRY
2 gorthrwm, gormes, trais OPPRESSION

goruchaf *a* mwyaf **goruchel** HIGHEST, SUPREME, SOVEREIGN

Y Goruchaf yr un nad oes neb yn fwy nag ef, Yr Hollalluog, Duw THE ALMIGHTY, GOD

goruchafiaeth hon *eb* (goruchafiaethau) meistrolaeth, buddugoliaeth, y cyflwr o fod wedi ennill, o fod wedi cael y llaw uchaf, o fod wedi trechu SUPREMACY, SUPERIORITY, DOMINION

goruchel *a* gair i ddisgrifio rhywun uchel iawn ei statws megis brenin neu dywysog; aruchel, brenhinol EMINENT, SUPREME (goruchaf, goruwch)

goruchwyliaeth hon *eb* (goruchwyliaethau) y gwaith o arolygu, o gadw golwg ar rywun neu rywbeth, stiwardiaeth SUPERVISION, CHARGE, STEWARDSHIP

goruchwylio *be* bod â gofal am rywbeth, arolygu, stiwardio, rheoli TO SUPERVISE, TO OVERSEE

goruchwyliwr *hwn eg* (goruchwylwyr) gŵr sydd wedi'i benodi i oruchwylio, i arolygu gwaith pobl eraill; arolygwr, rheolwr SUPERVISOR, OVERSEER

goruchwylwraig hon *eb* (goruchwylwragedd) gwraig sydd wedi'i phenodi i oruchwylio, i arolygu gwaith eraill; arolygwraig SUPERVISOR

goruwch[1] *a* gradd gymharol **goruchel** (ond sy'n cael ei ddefnyddio fel arddodiad), yn uwch na, uwchben, uwchlaw, i raddau helaethach na *(Yr un peth oedd eisiau arno goruwch popeth arall oedd llonydd.)* ABOVE, OVER

goruwch...[2] *rhagddodiad* mae'n cael ei ddefnyddio ar ddechrau gair megis *goruwchnaturiol* i olygu uwchben, uwchlaw, tu hwnt SUPER..., HYPER...

goruwchnaturiol *a* gair i ddisgrifio:
1 rhywbeth nad oes modd ei egluro trwy ddeddfau naturiol, ond sy'n perthyn i fyd hud a lledrith, ysbrydion neu dduwiau SUPERNATURAL, OCCULT
2 rhywbeth sy'n gysylltiedig â grymoedd nad ydym yn gwybod dim amdanynt SUPERNATURAL

gorwedd *be*
1 gorffwys yn wastad fel ar y gwely neu ar y llawr *(Mae Dad wedi mynd lan llofft i orwedd.)* TO LIE
2 bod ar ei hyd ar y llawr *(Mae'r brws yn gorwedd yng nghanol y clos.)* TO LIE
3 (am le) wedi'i leoli *(Mae'r man yr ydych chi'n chwilio amdano yn gorwedd tua phum milltir y tu allan i'r ddinas.)* TO LIE
4 parhau mewn cyflwr arbennig (ar ôl bod yn angof neu'n segur ac ati) *(Mae'r car wedi bod yn gorwedd yn segur yn y garej am dros chwe mis.)* TO LIE
5 pwyso ar *(Mae pwysau'r byd yn gorwedd ar ei ysgwyddau.)* TO LIE
6 (am rywun sydd wedi marw) gorffwys yn y bedd TO LIE, TO REST
7 (am ddilledyn) eistedd yn drwsiadus TO LIE

gorweddian *be* lled-orwedd, hanner eistedd a hanner gorwedd mewn ffordd ddioglyd TO LOUNGE, TO SPRAWL

gorweiddiog *a* gair i ddisgrifio rhywun sy'n sâl/yn dost yn y gwely BEDRIDDEN

gorweithio *be* gor... (yn ormodol) + **gweithio** TO OVERWORK

gorwel *hwn eg* (gorwelion)
1 y man pellaf y gallwch ei weld lle y mae'r ddaear a'r awyr fel petaent yn cyffwrdd â'i gilydd; fel y dywed y bardd Dewi Emrys (David Emrys James), 'Hen linell bell nad yw'n bod,/Hen derfyn nad yw'n darfod' HORIZON
2 ffin neu derfyn gwybodaeth, diddordebau neu brofiad person *(Bydd mynd i fyw i'r Almaen am dri mis yn ehangu ei gorwelion.)* HORIZON

gorwneud *be* gor... (yn ormodol) + **gwneud** TO OVERDO

gorwyr *hwn eg* (gorwyrion) mab i ŵyr neu wyres GREAT-GRANDSON ☐ teulu

gorwyres hon *eb* (gorwyresau) merch i ŵyr neu wyres GREAT-GRAND-DAUGHTER ☐ teulu

gorymdaith hon *eb* (gorymdeithiau) llinell neu ddwr o bobl neu gerbydau sy'n symud yn drefnus i ryw fan arbennig fel rhan o seremoni grefyddol neu er mwyn tynnu sylw at ryw achos arbennig PROCESSION

gorymdeithio *be*
1 cerdded â chamau cyson megis grŵp o filwyr TO MARCH
2 cerdded (neu yrru cerbydau) yn un grŵp trefnus ar ryw achlysur arbennig neu er mwyn tynnu sylw at

gorynys

rywbeth *(Mae Cymdeithas yr Iaith yn gorymdeithio o'r castell i'r Swyddfa Gymreig yfory.)* TO MARCH

gorynys *hon eb* (gorynysoedd) darn o dir sydd bron â bod yn ynys ond sydd ynghlwm wrth ddarn mwy o dir PENINSULA

goryrru *be* gyrru'n rhy gyflym TO SPEED

gosber *hwn eg* (gosberau) y cyfnod rhwng 3 o'r gloch a 6 o'r gloch y prynhawn, a'r gwasanaeth gweddi a gynhelir (mewn mynachlogydd neu eglwysi) yn y prynhawn neu'r hwyr VESPERS, EVENSONG

gosgeiddig *a* lluniaidd, prydferth (am ymddygiad neu'r ffordd y mae person yn symud) GRACEFUL, COMELY

gosgordd *hon eb* (gosgorddion)
1 yn wreiddiol, corff o filwyr yng ngwasanaeth brenin ond, yn awr, grŵp o ddilynwyr, mintai o hebryngwyr; gwarchodlu *(Bydd gosgordd yn cyrchu'r bardd buddugol i'r llwyfan yn yr Eisteddfod Genedlaethol.)* BODY-GUARD, RETINUE, ESCORT
2 (mewn cyff o gardiau) un o'r pedwar 'teulu' gwahanol a ddynodir gan arwydd arbennig—calon, diemwnt, pastwn neu raw SUIT

goslef *hon eb* (goslefau) y patrwm o godi a gostwng y llais pan fydd rhywun yn siarad; hefyd yn ffigurol, megis *goslef drist y gwynt yn y coed* TONE, INTONATION

gosod¹ *be*
1 dodi neu roi rhywbeth (mewn lle arbennig) *(Gosodwch y llyfr ar y bwrdd!)* TO PUT, TO LAY
2 pennu, penderfynu ar *(gosod teitl)* TO SET
3 rhoi darn o waith i rywun i'w wneud *(Ni fydd yr un athro yn gosod gwaith cartref yr wythnos nesaf.)* TO SET
4 trefnu *(Mae ef wedi gosod y bom i ffrwydro am dri o'r gloch.)* TO SET
5 (am dai neu diroedd) bod yn barod i rentu; gwahodd tenantiaid dros dro TO LET
6 (am asgwrn) rhoi at ei gilydd yn barod i asio TO SET
7 (am fwrdd/ford) darparu ar gyfer pryd o fwyd; hulio TO LAY
8 (am gerdd dant) trefnu alaw ar gyfer y geiriau sy'n plethu'n iawn ag alaw y cyfeiliant TO SET
9 (am ddarn o ysgrifen) cyhoeddi trwy ei argraffu *(gosod mewn print)* TO SET
10 trefnu yn gelfydd neu yn gain *(gosod blodau; gosod gwallt)* TO ARRANGE
11 (am ddrama neu ffilm neu lyfr) bod â chefndir arbennig *(Mae'r stori'n cael ei gosod yng Nghymru'r 18fed ganrif.)* TO SET
12 plannu, hau *(gosod yr ardd)* TO PLANT
13 annog i ymosod; hysian, hysio *(gosod y ci ar ddieithryn)* TO SET
14 (am babell) codi TO PITCH (gesyd)

ar osod i'w rentu TO LET
gosod allan cyflwyno'n glir TO SET OUT
gosod ar droed cychwyn TO SET AFOOT
gosod ar waith TO SET TO WORK
gosod i fyny codi, cychwyn TO SET UP
gosod o flaen/gerbron rhoi o flaen TO SET BEFORE

gosod² *a*
1 gair i ddisgrifio pethau y mae'n rhaid eu dysgu neu eu hastudio ar gyfer arholiad neu gystadleuaeth *(llyfrau gosod; darn gosod)* SET
2 ffug, dodi *(dannedd gosod; gwallt gosod)* FALSE

gosodedig *a* gair i ddisgrifio rhywbeth sydd wedi ei osod SET

gosodiad *hwn eg* (gosodiadau)
1 datganiad, mynegiad o farn, honiad *(Nid oedd pawb yn cytuno â gosodiad Dewi y dylid cau'r capel.)* ASSERTION, PROPOSITION, STATEMENT
2 y weithred o roi neu ddodi yn ei le A PLACING, A SETTING
3 (yn gerddorol) trefniant, y weithred o osod geiriau i alaw; (mewn cerdd dant) y gyfalaw, sef y dôn y mae'r llais neu'r lleisiau'n ei chanu o'i chyferbynnu â'r alaw y mae'r delyn yn ei chanu SETTING

gosteg *hwn eg* (gair hynafol braidd) tawelwch, distawrwydd, llonyddwch HUSH, LULL, SILENCE

gostegion *hyn ell* datganiad cyhoeddus a wneir i gyhoeddi bwriad dau berson i briodi, mewn eglwys fel arfer (MARRIAGE) BANNS

gostegu *be* tawelu, llonyddu, distewi, rhoi taw ar TO SILENCE, TO SUBDUE

gostwng *be*
1 gollwng i lawr, tynnu i lawr, disgyn, dod yn is, lleihau, gostegu *(Bydd gofyn bod ei phrisiau yn gostwng gryn dipyn cyn y byddaf i'n gallu siopa yno. Mae'r gwynt wedi gostwng.)* TO LOWER, TO REDUCE
2 plygu pen neu lin mewn parch neu ufudd-dod (ag awgrym o oresgyniad neu gydnabyddiaeth o wendid), moesymgrymu, darostwng TO BOW, TO CURTSY

gostyngaf *bf* rwy'n **gostwng**; byddaf yn **gostwng**

gostyngedig *a* gair i ddisgrifio:
1 person addfwyn, diymhongar, sydd â pharch at rywun neu rywbeth, sy'n llawn gostyngeiddrwydd HUMBLE, LOWLY, MEEK
2 rhywbeth sydd wedi'i ostwng, rhywbeth sydd wedi dod i lawr, sydd wedi disgyn *(pris gostyngedig)* REDUCED

gostyngeiddrwydd *hwn eg* y cyflwr neu'r nodwedd sy'n gwneud person yn wylaidd, yn ddarostyngedig, yn ddiymhongar, yn ufudd; gwyleidd-dra HUMILITY, MEEKNESS

gostyngiad hwn *eg* (gostyngiadau)
1 lleihad, disgyniad, cwymp FALL, SLUMP
2 moesymgrymiad, cydnabyddiaeth o ufudd-dod i rywun neu rywbeth OBEISANCE, SUBJUGATION

gostyngol *a* gair i ddisgrifio rhywbeth sydd wedi gostwng, wedi dod i lawr; gostyngedig *(prisiau gostyngol)* REDUCED

gowt hwn *eg* clefyd sy'n peri chwyddo poenus yng nghymalau lleiaf y corff, yn arbennig felly ym mawd y troed GOUT

gradell hon *eb* (gredyll) plât haearn sy'n cael ei roi uwchben y tân ar gyfer coginio bara, teisen, cig ac ati GRIDDLE, BAKE-STONE (gridyll) ☐ *maen*

gradd hon *eb* (graddau)
1 teitl a roddir gan brifysgol i rywun sydd wedi cyrraedd y safon a ddisgwylir ganddi naill ai mewn arholiad, trwy draethawd arbennig neu er anrhydedd; mae gan y sawl sydd wedi ennill gradd yr hawl i ddefnyddio llythrennau megis B.A., M.Sc., neu Ph.D. ar ôl ei enw DEGREE
2 (yn wyddonol) uned i fesur tymheredd *(Mae dŵr yn rhewi pan fydd y tymheredd yn 0 gradd Celsius.)* DEGREE
3 (yn ddaearyddol) llinell ledred neu hydred ar fap sy'n cael ei defnyddio i leoli rhywle'n fanwl DEGREE (OF LATITUDE OR LONGITUDE)
4 (mewn mathemateg) uned i fesur onglau *(Mae 360 gradd [360°] mewn cylch.)* DEGREE
5 (yn ramadegol) un o'r pedair ffordd o gymharu ansoddair megis *da* neu *coch* sef, cysefin *da, coch;* cyfartal *cystal, coched;* cymharol *gwell, cochach;* eithaf, *gorau, cochaf* DEGREE
6 cam, gris mewn cyfres sy'n cychwyn o'r gwaelod ac yn dringo i fyny *(Mae Nerys wedi bod yn llwyddiannus yn Arholiad Gradd IV ar y piano.)* GRADE, STAGE
7 safle cymdeithasol, dosbarth, statws mewn grŵp neu gymdeithas *(Roedd y teuluoedd a oedd yn byw yr ochr arall i'r afon yn perthyn i radd isaf y gymdeithas.)* ORDER, CLASS, RANK

graddau hyn *ell* mwy nag un radd [**gradd**] ond mewn ymadroddion megis *i ryw raddau, i'r fath raddau, i raddau helaeth,* mae'n ceisio mesur maint y llwyddiant, cytundeb ac ati EXTENT, DEGREE

graddedig *a* gair i ddisgrifio:
1 person sydd wedi ennill gradd GRADUATED
2 rhywbeth sydd wedi'i farcio (megis thermomedr, neu lestr arbennig) er mwyn ei ddefnyddio i fesur o radd i radd GRADUATED
3 pethau sydd wedi'u trefnu yn ôl rhyw raddfa arbennig GRADED

graddedigion hyn *ell* mwy nag un person sydd wedi ennill gradd prifysgol GRADUATES

graddfa hon *eb* (graddfeydd)
1 cyfres o rifau neu safonau sydd wedi'u trefnu fesul gradd ar gyfer mesur neu gymharu *(Mae grym y gwynt yn cael ei fesur ar raddfa rhwng 0-12, sef graddfa Beaufort.)* SCALE
2 cyfres o fesuriadau sy'n cymharu maint map neu fodel â gwir faint yr hyn sy'n cael ei ddangos *(Mae graddfa 1:5 yn golygu mai $\frac{1}{5}$ o'r maint llawn yw'r model neu'r map.)* SCALE
3 maint o'i gymharu â phethau eraill neu'r hyn sy'n arferol *(Mae cyffuriau'n broblem sy'n bodoli ar raddfa fyd-eang.)* SCALE
4 (mewn cerddoriaeth) cyfres benodol o nodau a phatrwm cyson i'r cyfyngau sydd rhwng pob nodyn SCALE ☐ *cerddoriaeth*
5 system o bennu cyflogau, pensiynau ac ati yn ôl graddau ariannol *(Bydd dy gyflog di'n cychwyn ar bwynt 3 Graddfa II, sef deuddeng mil y flwyddyn.)* SCALE

graddiant hwn *eg* (graddiannau) gradd goledd neu lechwedd, e.e. heol *(Mae graddiant 1 mewn 4 yn golygu bod yna godiad o 1 metr am bob 4 metr ymlaen.)* GRADIENT

graddio *be*
1 ennill gradd prifysgol TO GRADUATE
2 trefnu fesul gradd, dosbarthu yn ôl graddfa arbennig; graddoli TO GRADUATE, TO GRADE

graddol *a* gair i ddisgrifio rhywbeth sy'n digwydd gam wrth gam, yn araf ac yn gyson, fesul gradd GRADUAL

graean hyn *enw torfol* tywod bras yn gymysg â cherrig mân (yn arbennig ar draeth neu wely afon); gro, marian SHINGLE, GRAVEL

graen hwn *eg*
1 golwg da, cyflwr da, gwedd lewyrchus *(Mae graen ar y gath ar ôl i ti ddechrau gofalu amdani.)* SLEEKNESS
2 llewyrch, ôl medr neu allu *(Mae graen ar gynhyrchiad drama'r ysgol eleni.)* POLISH
3 trefn neu wead y ffibrau mewn coed, lledr, creigiau, cig ac ati a'r patrwm sy'n cael ei greu ganddynt GRAIN
croes i'r graen:yn erbyn y graen, yn erbyn y ffordd naturiol; anodd, caled, yn erbyn yr ewyllys *(Llwyddodd Mair i berswadio'r gŵr crintachlyd i gyfrannu at yr Eisteddfod Genedlaethol, er bod hynny'n gwbl groes i'r graen ganddo.)* AGAINST THE GRAIN

graenu *be*
1 gwella o ran golwg, tyfu, tewhau, dod i edrych yn fwy llewyrchus
2 lliwio neu beintio er mwyn dynwared patrwm graen pren, marmor ac ati TO GRAIN

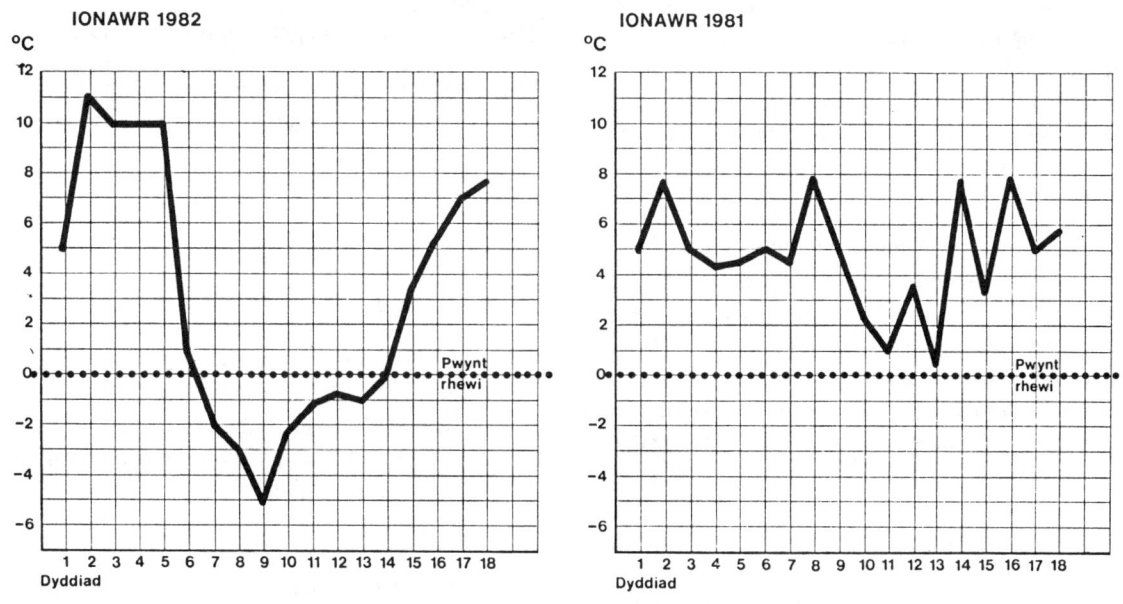

dau graff yn cymharu tymheredd Ionawr 1981 â Ionawr 1982 fesul diwrnod

graenus *a* gair i ddisgrifio rhywbeth a graen arno; llewyrchus POLISHED

graff hwn *eg* (graffiau) darlun yn dangos y berthynas rhwng dwy elfen sy'n gallu newid (dau newidyn) GRAPH

graffit hwn *eg* math arbennig o garbon sy'n ddu ei liw ac yn feddal iawn ac sy'n cael ei ddefnyddio mewn pensiliau, i iro rhannau symudol peiriannau, ac fel dargludydd gwres a thrydan GRAPHITE

gram hwn *eg* (gramau) màs centimetr ciwb o ddŵr pan fo'r tymheredd yn 4°C ac uned o fewn y system fetrig i fesur pwysau; 1/1,000 rhan o kilogram; ceir tua 28 gram mewn owns GRAMME, GRAM (gw. *Atodiad III* t.604)

gramadeg hwn *eg* (gramadegau)
1 astudiaeth (neu wyddor) o'r rheolau sy'n penderfynu ym mha ffordd y mae geiriau yn newid eu ffurf ac ym mha ffyrdd y maent yn cysylltu â'i gilydd er mwyn llunio brawddegau GRAMMAR
2 llyfr sy'n cyflwyno'r rheolau hyn GRAMMAR
ysgol ramadeg gw. **ysgol**

gramadegol *a* gair i ddisgrifio:
1 rhywbeth sy'n ymwneud â gramadeg GRAMMATICAL
2 rhywbeth sy'n cydymffurfio â rheolau gramadeg *(Nid yw 'fi'n mynd â llyfr fi' yn ramadegol gywir.)* GRAMMATICAL

grant hwn *eg* (grantiau) swm o arian sy'n cael ei dalu (gan y wladwriaeth fel arfer) i berson neu gorff ar gyfer rhyw bwrpas penodol *(Nid yw grantiau myfyrwyr yn rhai hael iawn fel arfer.)* GRANT

gras hwn *eg* (grasusau)
1 (am Dduw) trugaredd Duw tuag at ddynion *(Gras ein Harglwydd Iesu Grist)* GRACE
2 gohiriad, seibiant, caniatâd i ohirio rhywbeth *(Rwyt ti'n lwcus ein bod wedi cael diwrnod o ras cyn gorfod rhoi ein traethodau i'r athro.)* GRACE
3 gweddi fer o ddiolch naill ai cyn neu ar ôl pryd o fwyd GRACE
4 modd ffurfiol o gyfarch dug neu dduges neu archesgob *(Ei Ras Dug Caeredin)* GRACE

graslon:grasol:grasusol *a*
1 boneddigaidd, caredig a hawddgar (yn arbennig am rywun bonheddig sy'n ymddwyn yn foesgar tuag at rywun isradd); rhadlon GRACIOUS
2 yn llawn o ras Duw GRACIOUS

grasusau hyn *ell*
1 mwy nag un **gras**
2 ffafrau, cymwynasau, haelioni FAVOURS

grât hwn neu hon *egb* (gratiau)
1 y fframyn a'r barrau haearn sy'n dal y coed neu'r glo i'w llosgi mewn lle tân GRATE
2 ffrâm neu rwydwaith o farrau haearn a geir o flaen ffenestr neu uwchben twll GRID, GRATING

grawn hyn *ell* mwy nag un **gronyn**
1 hadau ŷd neu lafur; gronynnau neu ffrwyth ŷd neu lafur GRAIN
2 ffrwyth y winwydden, grawnwin GRAPES

grawnfwyd 294 **grisial**

3 aeron, clwstwr o ffrwythau bychain rhai mathau o goed *(grawn criafol)* BERRIES □ *coed* t.617
4 casgliad o wyau mân pysgodyn neu froga; gronell, grifft ROE, SPAWN □ *amffibiaid*
5 darnau neu dameidiau bychain (yn arbennig fel enw torfol am gasgliad o ddarnau neu dameidiau) GRAIN
Sylwch: *gronynnau* a ddefnyddiwn am fwy nag un *gronyn* nad ydynt yn gasgliad.
grawn unnos madarch MUSHROOMS
grawnfwyd hwn *eg* (grawnfwydydd) un o nifer o wahanol fathau o fwyd sydd wedi cael eu gwneud o rawn, yn arbennig felly y math a fwyteir amser brecwast gyda llaeth/llefrith CEREAL
grawnffrwyth hwn *eg* (grawnffrwythau) ffrwyth tebyg i oren mawr â chroen melyn/gwyrdd a blas siarp/sur GRAPEFRUIT
grawnwinen hon *eb* (grawnwin) ffrwyth y winwydden; mae'n cael ei bwyta neu ei defnyddio i wneud gwin GRAPE □ *ffrwythau* t.627 (gwinwydden)
Grawys hwn *eg* y deugain (40) niwrnod cyn y Pasg; yn ystod y cyfnod hwn bydd rhai Cristnogion yn gwneud heb rai pethau er mwyn coffáu ympryd a themtiad Crist, a'i farwolaeth LENT
gre hon *eb* (greoedd) un o'r enwau sydd gennym ar gasgliad o anifeiliaid (enwau eraill yw haid, diadell, praidd, cenfaint, cnud, gyr) *(gre o feirch, gre o wenyn,* ac yn arbennig *gre o gesig magu)* STUD, FLOCK, SWARM
Greal hwn *eg* y Greal Sanctaidd neu'r Saint Greal, sef y ddysgl a ddefnyddiodd Crist yn y Swper Olaf, yn ôl y chwedl; mae hanes am farchogion Bord Gron y Brenin Arthur yn ei geisio THE HOLY GRAIL
gredyll hyn *ell* mwy nag un radell [**gradell**]
greddf hon *eb* (greddfau)
1 cymhelliad naturiol (mewn anifeiliaid yn enwedig) i ymddwyn mewn rhyw ffordd arbennig nad yw'r anifail wedi'i dysgu *(Mae'r reddf i hela yn gryf mewn rhai anifeiliaid.)* INSTINCT
2 teimlad naturiol *(Rwy'n ymddiried yn fy ngreddf.)* INSTINCT
wrth reddf yn reddfol *(Mae'r wennol yn gwybod wrth reddf pryd i adael Cymru am wlad gynhesach a sut i fynd yno.)*
greddfol *a* gair i ddisgrifio adwaith naturiol, awtomatig, sy'n digwydd cyn bod cyfle i feddwl nac ystyried INSTINCTIVE, INTUITIVE
grefi hwn *eg* y sudd (y gymysgedd o fraster a gwaed) a ddaw o ddarn o gig wrth iddo gael ei goginio, wedi'i dewhau a'i flasu i wneud saws i arllwys dros y cig a'r llysiau GRAVY

Gresffordd *enw lle* GRESFORD
gresyn hwn *eg* trueni, piti garw *(Gresyn nad oedd ef yno.)* A PITY, A SHAME
gresynu *be* tosturio wrth, cymryd trueni dros, cydymdeimlo â; gofidio TO PITY, TO BE SORRY FOR, TO DEPLORE
gresynus *a* gair i ddisgrifio rhywun neu rywbeth y bydd pobl yn teimlo trueni drosto; truenus WRETCHED, MISERABLE, PATHETIC
grid hwn *eg* (gridiau)
1 rhwydwaith o wifrau trydan sy'n cysylltu pwerdai cynhyrchu trydan y wlad GRID
2 rhwydwaith tebyg o bibellau tanddaearol sy'n cludo nwy ledled y wlad GRID
3 patrwm o sgwariau wedi'u hargraffu ar fapiau er mwyn gallu lleoli'n fanwl unrhyw fan ar y map GRID
gridyll hwn neu hon *egb* (gridyllau)
1 plât haearn sy'n cael ei roi uwchben y tân er mwyn crasu rhai mathau o deisennau neu gacennau (e.e. pice ar y maen, pice bach); gradell, maen GRIDDLE
2 rhan o ffwrn drydan neu nwy lle y mae modd coginio bwyd yn uniongyrchol o flaen y gwres neu odano GRILL
3 rhes o farrau uwchben tân agored ar gyfer rhoi bwyd arnynt i goginio yng ngwres uniongyrchol y tân GRILL
griddfan[1] hwn *eg* (griddfannau) sŵn eithaf uchel, bloesg a dolefus sy'n arwydd o boen neu ofid mawr GROAN, MOAN
griddfan[2] *be* ochneidio yn uchel ac yn ddwys, gwneud sŵn bloesg a dolefus sy'n arwydd o boen neu ofid mawr TO GROAN, TO MOAN
grifft hwn *eg* (yn arbennig felly grifft llyffant) yr wyau bychain du o fewn jeli tryloyw sy'n deor yn benbyliaid ac yna'n llyffaint neu frogaod; grawn, gronell FROG-SPAWN □ *amffibiaid*
gris hwn neu hon *egb* (grisiau)
1 unrhyw fath o wyneb gwastad neu silff mewn cyfres a ddefnyddir i ddringo neu ddisgyn o un cam i'r llall; stepen STEP, STAIR
2 (yn ffigurol) unrhyw gam sy'n arwain i fyny neu i lawr o ryw bwynt arbennig RUNG, STEP (grisiau)
grisial hwn *eg* (grisialau)
1 math o fwyn caled, tryloyw sy'n debyg i ddarn o iâ o ran golwg CRYSTAL
2 darn caboledig o'r mwyn sy'n cael ei wisgo fel tlws neu em CRYSTAL
3 gwydr tryloyw, di-liw o ansawdd arbennig a gwerthfawr CRYSTAL
4 math arbennig o ffurf neu siâp sydd â nifer o wynebau cymesur a chytbwys, ac sy'n cael ei ffurfio'n naturiol wrth i hylif droi'n solid CRYSTAL

grisialaidd *a* gair i ddisgrifio:
  1 rhywbeth sydd wedi'i wneud o risial, neu sy'n edrych yn debyg i risial CRYSTALLINE
  2 rhywbeth clir, tryloyw CRYSTALLINE

grisiau *hyn ell*
  1 mwy nag un **gris** STEPS
  2 nifer penodol o staerau neu stepiau sy'n cysylltu dau lawr mewn adeilad; staer STAIRS

gro *hyn ell*
  1 cerrig mân fel y rhai sydd i'w cael yng ngwely afon neu ar lan y môr ac ati; graean GRAVEL, SHINGLE
  2 mae'n cael ei ddefnyddio weithiau yn ffigurol am y bedd EARTH

Groegaidd *a* gair i ddisgrifio rhywbeth sy'n nodweddiadol o wlad Groeg neu'r iaith Roeg, yn arbennig o'r cyfnod euraid yn ei hanes, sef tua 500 CC GREEK

Groegwr *hwn eg* (Groegwyr:Groegiaid) brodor o wlad Groeg A GREEK

gronell *hon eb* (gronellau) casgliad o wyau mân pysgodyn; grawn FISH-SPAWN, ROE

gronyn *hwn eg* (gronynnau:grawn)
  1 hedyn ŷd neu lafur GRAIN, SEED OF CORN
  2 darn neu damaid bach, caled (e.e. o dywod neu raean) GRAIN, GRANULE
  3 (yn wyddonol) dernyn o fater o fewn yr atom PARTICLE

gronyn bach ysbaid fer, ychydig SHORT WHILE, TINY MORSEL

groser *hwn eg* (groseriaid) siopwr sy'n gwerthu bwydydd cadw (tuniau, pacedi ac ati) a nwyddau eraill megis sebon a matsys ac ati ar gyfer y tŷ GROCER

grôt:grot *hwn neu hon egb* hen ddarn o arian gwerth pedair hen geiniog GROAT

grudd *hwn neu hon egb* (gruddiau) (gair hynafol braidd) ochr yr wyneb o dan y llygad; boch CHEEK

grug *enw torfol* planhigyn sy'n tyfu'n llwyni bychain ar rostir a thir uchel, agored; mae ganddo flodau porffor, pinc neu wyn HEATHER □ *blodau* t.619

grugiar *hon eb* (grugieir) un o nifer o fathau o adar bach boliog sy'n cael eu hela a'u saethu i'w bwyta neu er mwyn difyrrwch GROUSE

grwgnach *be* mynegi anfodlonrwydd mewn ffordd gwynfanllyd; achwyn, ceintach, tuchan TO GRUMBLE, TO GROUSE

grwn *hwn eg* (grynnau) darn o dir neu nifer o gwysi mewn cae wedi'i aredig

grwndi *hwn eg* (fel yn yr ymadrodd *canu grwndi*) y sŵn y mae cath yn ei wneud pan fydd wrth ei bodd PURRING

grŵp *hwn eg* (grwpiau)
  1 nifer bychan o bobl neu bethau wedi'u casglu ynghyd GROUP
  2 casgliad o bobl o'r un oedran, o'r un cefndir neu â'r un diddordebau ac ati GROUP
  3 nifer bychan o offerynwyr a/neu gantorion sy'n perfformio cerddoriaeth boblogaidd (*grŵp pop*) GROUP

grym *hwn eg* (grymoedd)
  1 nerth neu gryfder corfforol; cryfder ar waith (*grym y lli*) FORCE, STRENGTH, VIGOUR
  2 (yn dechnegol) yr hyn sydd yn gallu cychwyn symudiad, atal neu stopio symudiad neu newid cyflymder unrhyw wrthrych, e.e. pan fydd pêl yn cael ei thaflu i'r awyr, bydd grym disgyrchiant yn newid symudiad y bêl fel ei bod yn dod yn ôl i lawr i'r ddaear FORCE (newton)
  3 person, peth, cred neu weithred ac ati sy'n gallu dylanwadu a newid ffordd o fyw, neu sydd ag awdurdod na ellir ei reoli dros bethau byw (*grym natur. Bu cyfnod pan oedd Cristnogaeth yn rym yn y tir.*) FORCE

grym allgyrchol y grym sy'n peri i bethau sy'n symud mewn cylch gael eu gwthio o ganol y cylch i'w ymyl CENTRIFUGAL FORCE

mewn grym (am gyfraith, neu reol) sy'n ddilys, sy'n cael ei gweithredu IN FORCE

yng ngrym yn rhinwedd, oherwydd (*Roedd yn cael annerch y cyfarfod yng ngrym ei swydd fel cadeirydd.*) BY VIRTUE

grymus *a* nerthol, cryf, cadarn, egnïol POWERFUL, STRONG, MIGHTY

grymuso *be* gwneud yn fwy grymus; cryfhau TO STRENGTHEN, TO FORTIFY

grynnau *hyn ell* mwy nag un **grwn**

gw. *byrfodd* gweler SEE

gwacach:gwacaf:gwaced *a* mwy **gwag**: mwyaf **gwag**; mor wag [**gwag**]

gwacáu *be* gwagio, gwneud yn wag (yn arbennig am le neu adeilad wrth i bobl adael neu wrth i'r cynnwys gael ei symud i fan arall) (*Fuom ni ddim yn hir yn gwacáu'r tŷ unwaith y cyrhaeddodd y fan.*) TO EMPTY, TO EVACUATE (gwag)

gwacter *hwn eg* (gwacterau) y cyflwr o fod yn wag; gofod heb ddim ynddo; gwagle EMPTINESS, VOID (gwag)

gwactod *hwn eg* (gwactodau) gofod nad oes dim (neu bron ddim) nwyon ynddo VACUUM

gwachul *a* (yn arbennig mewn gwrthgyferbyniad megis *y gwych a'r gwachul*) tila, eiddil, nychlyd, llesg, tenau FEEBLE

gwadadwy *a* gair i ddisgrifio rhywbeth y mae modd ei wadu DENIABLE

gwadiad hwn *eg* (gwadiadau)
  1 y weithred o wadu DENIAL
  2 datganiad sy'n gwadu rhywbeth DENIAL
gwadn hwn neu hon *egb* (gwadnau)
  1 gwaelod y troed, y rhan sy'n cyffwrdd â'r llawr SOLE □ *corff* t.630
  2 gwaelod esgid, rhan isaf esgid SOLE
  3 darn o ddefnydd a roddir y tu mewn i esgid er mwyn cynhesrwydd neu er mwyn iddi ffitio'n well INSOLE
  llunio'r wadn fel y bo'r troed gwneud yr hyn sydd ei angen o fewn yr adnoddau (arian) sydd ar gael TO CUT YOUR COAT ACCORDING TO THE CLOTH
gwadnu *be*
  1 rhoi gwadn ar esgid TO SOLE
  2 rhedeg i ffwrdd, ei heglu hi, ffoi, dianc TO TAKE TO ONE'S HEELS
gwadu *be*
  1 datgan nad gwirionedd yw rhywbeth y mae rhywun arall yn honni'i fod yn wir; dweud nad yw rhywbeth yn wir TO DENY
  2 gwrthod derbyn neu wrthod cydnabod eich bod yn adnabod rhywun *(Gwadodd Pedr Iesu Grist dair gwaith.)* TO DENY, TO DISOWN (gwedais)
gwadd¹:gwadden:gwahadden hon *eb* (gwaddod: gwahaddod)
  1 anifail bach a chanddo lygaid bychain, trwyn hir a chot o ffwr brown, melfedaidd; bydd yn cloddio twnelau tanddaearol â'i goesau cryfion ac yn byw ar bryfed a chynrhon; twrch daear MOLE □ *mamolyn*
  2 rhywun o fewn sefydliad neu lywodraeth sy'n datgelu yn ddirgel gyfrinachau'r sefydliad neu'r llywodraeth i wrthwynebwyr neu i'r wasg MOLE
  pridd y wadd gw. **pridd**
gwadd² *a* gair i ddisgrifio rhywun sydd wedi'i wahodd *(gŵr gwadd)* GUEST (gwahodd)
gwaddod hwn *eg* (gwaddodion) y sylwedd sy'n casglu ar waelod rhai mathau o hylif megis gwin ar ôl iddynt sefyll am gyfnod; gweddillion DREGS, SEDIMENT, DEPOSIT
gwaddol hwn *eg* arian neu eiddo sy'n cael ei adael (mewn ewyllys fel arfer) yn incwm parhaol i berson neu sefydliad ENDOWMENT
gwaddoli *be* rhoi swm mawr o arian sy'n sicrhau incwm blynyddol rheolaidd *(gwaddoli ysbyty)* TO ENDOW
gwae hwn *eg* (gwaeau) trallod, ing, gofid, trueni mawr WOE
  gwae fi druan ohonof WOE IS ME
gwaed hwn *eg* yr hylif coch sy'n cludo ocsigen i bob rhan o'r corff, yn dwyn amhuredd megis carbon diocsid o'r corff, ac sy'n cael ei bwmpio trwy rydwelïau a gwythiennau'r corff gan y galon BLOOD, GORE (corffilyn)
  bod am fy (dy, ei etc.) ngwaed am ddial arnaf neu fy nghosbi OUT FOR MY BLOOD
  gwaed ifanc pobl ifainc YOUNG BLOOD
  gwaed y Groes gwaed Iesu Grist
  mewn gwaed oer yn annynol a dideimlad IN COLD BLOOD
  o waed o enedigaeth BY BIRTH
  o waed coch cyfan o dras diledryw FULL-BLOODED
  yn y gwaed yn nodweddiadol o'r teulu IN THE BLOOD
gwaed-gynnes *a* gair i ddisgrifio anifeiliaid y mae gwres eu cyrff yn aros yn gymharol sefydlog (rhwng 37° C a 44° C) beth bynnag yw'r tymheredd o'u cwmpas, o'u cyferbynnu ag anifeiliaid gwaedoer WARM-BLOODED
gwaedlif:gwaedlyn hwn *eg* llif o waed, yn arbennig colled hir neu annisgwyl o waed HAEMORRHAGE
gwaedlyd *a* gair i ddisgrifio:
  1 rhywun neu rywbeth a gwaed drosto neu wedi'i staenio â gwaed BLOODY
  2 rhywbeth sy'n gysylltiedig â niweidio a lladd *(brwydr waedlyd)* BLOODY
gwaedoer *a* gair i ddisgrifio anifeiliaid y mae gwres eu cyrff yn amrywio yn ôl y tymheredd o'u cwmpas, e.e. ymlusgiaid COLD-BLOODED (gw. hefyd *mewn gwaed oer* dan **gwaed**)
gwaedu *be*
  1 colli gwaed TO BLEED
  2 (am y galon) teimlo eich bod wedi cael eich clwyfo gan dristwch *(Mae fy nghalon yn gwaedu dros y plant bach.)* TO BLEED
  3 tynnu gwaed (fel y byddai doctoriaid yn arfer ei wneud er mwyn ceisio gwella pobl) TO LET BLOOD, TO BLEED
gwaedd¹ hon *eb* (gwaeddau) galwad uchel, sgrech groch, bloedd, llef, banllef SHOUT, CRY
  gwaedd uwch adwaedd ymadrodd a ddefnyddir yn seremonïau Gorsedd y Beirdd CRY ABOVE RESOUNDING CRY
gwaedd² *bf* mae ef/hi yn **gweiddi**; bydd ef/hi yn **gweiddi**
gwaedda *bf* gorchymyn iti weiddi [**gweiddi**]
gwael *a* gair i ddisgrifio:
  1 rhywbeth sy'n llai na'r angen neu'n llai na'r disgwyl *(Oherwydd ymateb gwael gan y rhieni penderfynwyd gohirio'r diwrnod agored.)* POOR
  2 rhywbeth o safon isel, o ansawdd siomedig *(tywydd gwael)* POOR
  3 (am iechyd) sâl, claf, tost, heb fod yn dda *(Bu'n wael iawn y llynedd, ond mae wedi gwella'n dda erbyn hyn.)* ILL, POORLY

gwaeledd

4 person sy'n ymddwyn mewn ffordd annheilwng, nad yw cystal ag y dylai fod *(Hen gollwr gwael yw Alun.)*; weithiau caiff ei ddefnyddio'n gellweirus *(Hen un gwael wyt ti!)* POOR

5 distadl, o safon isel, gresynus *(Mae'n dod o gartref gwael.)* POOR, WRETCHED (cynddrwg, gwaeth, gwaethaf)
tro gwael tro sâl DIRTY TRICK

gwaeledd *hwn eg* (gwaeleddau) salwch, afiechyd *(Bu hi'n ofalus iawn ohono yn ystod ei waeledd olaf.)* ILLNESS

gwaelod *hwn eg* (gwaelodion)
1 y sylfaen y mae rhywbeth yn sefyll arno; y rhan isaf (y tu mewn neu'r tu allan) *(gwaelod y grisiau)* BOTTOM
2 y tir sydd o dan y dŵr (mewn llyn, afon, môr ac ati) BOTTOM, DEPTHS
3 y man isaf o ran safle *(John oedd ar waelod y dosbarth eleni eto.)* BOTTOM
4 y pen pellaf *(gwaelod yr ardd)* BOTTOM

gwaelodion *hyn ell*
1 mwy nag un **gwaelod**
2 gwaddod, y sylwedd sy'n ffurfio ar waelod hylif sy'n cael ei adael i sefyll am amser DREGS, SEDIMENT
bod yn y gwaelodion yn isel eich ysbryd TO BE DOWN IN THE DUMPS

gwaelu *be* mynd yn wael, neu'n sâl, neu'n dost; clafychu, gwanhau TO SICKEN

gwäell *hon eb* (gweill)
1 math arbennig o roden hir, denau â phen pigfain sy'n cael ei defnyddio i wau (gwlân); nodwydd wau KNITTING-NEEDLE
2 darn tebyg ar gyfer trywanu a dal cig i'w rostio SKEWER

gwaered *hwn eg* (fel yn *i waered*) llethr sy'n rhedeg ar i lawr; llechwedd DESCENT, DOWNWARD SLOPE
ar i waered dirywio, mynd yn waeth DOWNHILL

gwaeth *a* mwy **drwg**, mwy **gwael**, salach WORSE
er gwell er gwaeth gw. **gwell**[1]
mynd ar ei waeth gwaethygu TO DETERIORATE
ta waeth (petai waeth am hynny) beth bynnag ANYWAY
waeth gen i does dim gwahaniaeth gennyf I DON'T MIND
waeth imi man a man imi I MIGHT AS WELL
waeth imi (iti, iddo etc.) heb man a man imi beidio, yr un man imi beidio THERE'S NO POINT IN

gwaethaf *a* mwyaf **drwg**, mwyaf **gwael**, salaf WORST
ar waethaf/er gwaethaf IN SPITE OF
gwaetha'r modd yn anffodus, ysywaeth WORSE LUCK

gwaethygu *be* dirywio, adfeilio, mynd yn waeth TO WORSEN, TO DETERIORATE, TO DECAY

gwag *a* gair i ddisgrifio:
1 rhywbeth neu rywle heb neb neu ddim ynddo EMPTY

2 rhywbeth diystyr, disynnwyr, ofer, diwerth *(siarad gwag)* SENSELESS, FRIVOLOUS (gwacáu, gwaced, gwacach, gwacaf, gwacter, gweigion)
cam gwag gw. **cam**

gwagedd *hwn eg* oferedd, gwastraff amser ar bethau di-fudd FRIVOLITY, VANITY

gwagen *hon eb* (gwageni)
1 math o gerbyd â phedair olwyn ar gyfer cludo nwyddau trymion; caiff gwagen fel arfer ei thynnu gan ddau neu ragor o geffylau; hefyd cerbyd tebyg sy'n cael ei dynnu gan drên; wagen WAGON
2 injan, neu lorri gref neu beiriant tebyg WAGON, TRUCK

gwagio:gwagu *be* gwacáu
1 cael gwared ar gynnwys rhywbeth a'i adael yn wag TO EMPTY
2 mynd yn wag *(Pan glywodd y gynulleidfa nad oedd y canwr wedi gallu dod, fe wagiodd y neuadd yn gyflym.)* TO BECOME EMPTY

gwaglaw *a* gair i ddisgrifio rhywun sydd heb ddod â dim, sydd heb ddim yn ei law *(Cyrhaeddodd yn ôl o'i daith bysgota yn waglaw.)* EMPTY-HANDED

gwagle *hwn eg* (gwagleoedd) lle gwag, gwacter, bwlch, gofod VOID, SPACE

gwagnod *hwn eg* (gwagnodau) (mewn mathemateg) y rhifol 0, sy'n golygu 'dim' wrtho ei hunan, ond sydd, o'i osod ar ochr dde rhif arall, yn ei luosi ddengwaith (e.e. 2, 20), neu o'i osod yn union ar ôl y pwynt degol, yn lleihau'r ffigurau sy'n ei ddilyn ddengwaith (e.e. ·025, ·25); sero NOUGHT, ZERO

gwag-siarad[1] *be* siarad yn ofer neu yn ddisynnwyr; clebran TO PRATTLE

gwag-siarad[2] *hwn eg* siarad ofer, disynnwyr; cleber, lol TITTLE TATTLE

gwagu gw. **gwagio:gwagu**

gwahadden gw. **gwadd**[1]**:gwadden:gwahadden**

gwahân *hwn eg* (fel yn yr ymadrodd *ar wahân*)
1 y cyflwr o fod yn wahanol, o beidio â bod yr un peth â phawb neu bopeth arall *(Mae safon uchel chwarae William yn ei osod mewn dosbarth ar wahân i'r gweddill.)* APART
2 ac eithrio *(Bydd pawb yn dychwelyd, ar wahân i Mair.)* APART

gwahanadwy *a* gair i ddisgrifio rhywun neu rywbeth y mae modd ei ddatgysylltu oddi wrth rywun neu rywbeth arall; gair i ddisgrifio rhywbeth y mae'n bosibl ei wahanu SEPARABLE, DISTINGUISHABLE

gwahanfa ddŵr *hon eb* (gwahanfeydd dŵr) y mynydd-dir sy'n gwahanu dwy afon sydd â'u tarddiad yn yr un rhwydwaith o nentydd bychain; cefndeuddwr WATERSHED

gwahanglwyf hwn *eg* afiechyd heintus, brawychus sy'n effeithio ar y croen a'r nerfau gan raddol fwyta'r corff; ni chafwyd ffordd i'w wella tan yn gymharol ddiweddar LEPROSY

gwahanglwyfus *a* gair i ddisgrifio rhywun sy'n dioddef o'r gwahanglwyf, neu rywbeth sy'n nodweddiadol o'r gwahanglwyf LEPER, LEPROUS

gwahaniad hwn *eg* (gwahaniadau) rhaniad, rhwyg, y weithred o wahanu, o rannu A SEVERING, SEPARATION, SPLIT

gwahaniaeth hwn *eg* (gwahaniaethau)
1 ffordd o fod yn annhebyg DIFFERENCE
2 maint neu fesur o annhebygrwydd *(Y gwahaniaeth rhwng 5 a 12 yw 7.)* DIFFERENCE, DISTINCTION
3 amrywiaeth barn *(Mae'r gwahaniaeth rhwng y ddwy ochr yn sylweddol.)* DISAGREEMENT

does dim gwahaniaeth does dim ots IT MAKES NO DIFFERENCE

gwahaniaethu *be*
1 bod neu fynd yn wahanol neu'n annhebyg *(Ym mha ffordd yr oedd yr ail berfformiad yn gwahaniaethu oddi wrth y perfformiad cyntaf?)* TO DIFFER
2 gweld neu wneud gwahaniaeth rhwng dau neu ragor o bobl *(Ni ddylid gwahaniaethu rhwng pobl ar sail lliw eu croen.)* TO DISCRIMINATE
3 dosbarthu a gwahanu yn y meddwl *(Yn anffodus nid yw'n gallu gwahaniaethu rhwng ei gelwyddau a'r gwirionedd.)* TO DISTINGUISH

gwahanol *a* gair i ddisgrifio:
1 rhywun neu rywbeth sydd heb fod yn debyg, sy'n annhebyg, sydd heb fod o'r un math *(Mae'n wahanol iawn i'w dad.)* DIFFERENT
2 arall, ar wahân *(Maen nhw'n mynd i ysgolion gwahanol.)* DIFFERENT
3 amrywiol *(Bydd y gwahanol adrannau i gyd yn dod at ei gilydd cyn y diwedd.)* VARIOUS

Sylwch: mae *gwahanol* yn gallu digwydd naill ai o flaen yr enw neu ar ei ôl gan newid ei ystyr (fel yn 2 a 3).

gwahanu *be*
1 ymadael, ymrannu *(Dyna drueni fod rhieni Alun wedi gwahanu.)* TO SEPARATE, TO SPLIT UP, TO PART
2 rhannu, hollti, didoli, datgysylltu, datod, gosod ar wahân *(Cyn medru argraffu llun lliw rhaid yn gyntaf ei wahanu i'w bedwar lliw sylfaenol—coch, melyn, glas a du.)* TO SEPARATE

gwahardd *be* gwrthod caniatáu; gorchymyn i beidio â gwneud rhywbeth *(Mae ysmygu wedi cael ei wahardd yn y theatr.)* TO FORBID, TO PROHIBIT (gwaherddais, gweheirddd)

gwaharddedig *a* gair i ddisgrifio rhywbeth sydd wedi cael ei wahardd FORBIDDEN, PROHIBITED, BANNED

gwaharddiad hwn *eg* (gwaharddiadau) gorchymyn i beidio â gwneud rhywbeth, rhwystr trwy gyfraith *(Mae gwaharddiad ar bysgota yn y llyn arbennig yma.)* PROHIBITION, BAN

gwaherddais *bf* fe wnes i wahardd [**gwahardd**]

gwahodd *be*
1 gofyn (yn gwrtais) i rywun fynychu rhyw ddigwyddiad cymdeithasol *(Gwahoddwyd dros gant o bobl i'r briodas.)* TO INVITE
2 gofyn (yn gwrtais) am *(Gwahoddodd y cadeirydd gwestiynau gan y gynulleidfa.)* TO INVITE (gwadd)

gwahoddedigion hyn *ell* pobl sydd wedi'u gwahodd GUESTS

gwahoddiad hwn *eg* (gwahoddiadau) cais cwrtais ar i rywun fod yn bresennol, neu wneud rhywbeth; deisyfiad, dymuniad INVITATION

ar wahoddiad:trwy wahoddiad trwy gael eich gwahodd BY INVITATION

gwain hon *eb* (gweiniau) casyn y mae cleddyf (neu gyllell) yn ffitio'n dynn iddo er mwyn iddo allu cael ei gario SHEATH, SCABBARD

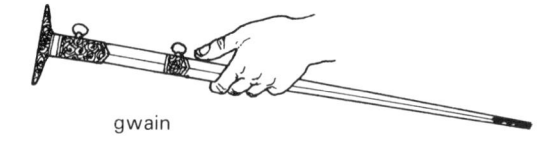

gwain

gwair hwn *eg* (gweiriau:gweirydd) glaswellt (math o borfa) sy'n cael ei dyfu er mwyn ei gynaeafu a'i sychu a'i ddefnyddio yn fwyd anifeiliaid dros y gaeaf HAY □ *cnydau* (gweiryn, helm, lladd, mwdwl, tas)

gwaith[1] hwn *eg* (gweithiau)
1 gorchwyl neu weithred sy'n gofyn am egni arbennig ac nad yw ar gyfer difyrrwch; llafur *(Mae codi'r wal yma yn waith caled.)* WORK, TASK
2 swydd, job, busnes, yr hyn y mae rhywun yn ei wneud er mwyn ennill bywoliaeth *(Beth yw eich gwaith?)* WORK
3 cynnyrch gorchwyl *(Fy ngwaith i a 'Nhad yw'r wal yma.)* WORK
4 cyfansoddiad neu gyfansoddiadau llenyddol, cerddorol, celfyddydol ac ati *(gwaith Dafydd ap Gwilym)* WORK
5 *(lluosog gweithfeydd)* lle i weithio, casgliad o adeiladau ar gyfer cynhyrchu diwydiannol *(gwaith glo, gwaith dur)* WORKS
6 (yn dechnegol) grym wedi'i luosi â phellter *(Pan fo grym 1 newton yn symud pellter o 1 metr, dywedwn fod 1 joule o waith yn cael ei wneud.)* WORK (joule)

ar waith wrthi'n gweithio AT WORK
cael gwaith cael anhawster *(Mae'n cael gwaith anadlu yn ystod y tywydd oer.)* TO FIND DIFFICULTY
gwaith cartref
  1 astudiaethau cartref sy'n ychwanegu at neu'n paratoi ar gyfer yr hyn sy'n cael ei ddysgu yn yr ysgol HOMEWORK
  2 unrhyw waith paratoi o flaen cyfarfod pwysig HOMEWORK
gwaith coed crefft a gwaith y saer coed CARPENTRY
gwaith llaw unrhyw beth sydd wedi'i gynhyrchu lle y mae ôl yr unigolyn yn hytrach na'r peiriant arno HANDIWORK
gwaith maen y darnau hynny o adeilad sydd wedi'u gwneud o feini neu gerrig STONEWORK
gwaith tŷ y gwaith o ofalu am y tŷ, yn arbennig y glanhau HOUSEWORK
gwaith [+ amser penodol], e.e. awr *(gwaith awr)*
  1 cymaint o waith ag y gellir ei orffen mewn awr AN HOUR'S WORK
  2 taith awr AN HOUR'S JOURNEY
gwaith[2] hon *eb* (gweithiau) amser, adeg, achlysur, tro *(unwaith, dwywaith, llawer gwaith)* TIME, OCCASION (dengwaith, deuddengwaith, pumwaith, pymthengwaith, seithwaith, teirgwaith, wythwaith)
ambell waith weithiau OCCASIONALLY
cynifer gwaith cymaint o weithiau AS OFTEN AS, AS MANY TIMES AS
gwal gw. **wal**
gwâl hon *eb* (gwalau) lloches, ffau; lle y mae anifail (gwyllt fel arfer) yn mynd i orwedd neu guddio LAIR, DEN
gwâl ysgyfarnog FORM
gwala hon *eb* digonedd, llawnder, cyflawnder, helaethrwydd ENOUGH, SUFFICIENCY, PLENTY
gwala a gweddill digon a rhagor ENOUGH AND TO SPARE
gwir i wala (ymadrodd y De) gwir iawn RIGHT ENOUGH
gwalch hwn *eg* (gweilch)
  1 aderyn ysglyfaethus â phig cryf a chrafangau blaenllym y byddai dynion yn ei hyfforddi i hela drostynt; hebog, cudyll HAWK, FALCON
  2 cnaf, dihiryn (am grwt neu hogyn drygionus fel arfer) *(y gwalch bach)* RASCAL, ROGUE
  3 (mewn cyff o gardiau) y cerdyn brith (cerdyn a llun arno) isaf ei werth mewn cyff o gardiau JACK, KNAVE

rhai adar ysglyfaethus

hebog tramor

bod y mêl

bod tinwen

bod:boda, boncath, bwncath

cudyll

cudyll bach

cudyll coch

gwalch

barcud

gwall hwn *eg* (gwallau) camgymeriad, camsyniad, llithriad, esgeulustod, bai MISTAKE, ERROR, OVERSIGHT

gwallgof *a* gair i ddisgrifio:
1 rhywun sy'n dioddef o anhwylder meddwl; rhywun ynfyd, wedi'i ddrysu; lloerig MAD, INSANE, DEMENTED
2 rhywbeth hurt, disynnwyr, sy'n beryglus neu'n hollol anymarferol MAD, NUTS, INSANE

gwallgofdy hwn *eg* (gwallgofdai) lle y byddai pobl a oedd yn dioddef o salwch meddwl yn cael eu cadw erstalwm LUNATIC ASYLUM

gwallgofddyn hwn *eg* (gwallgofddynion) gŵr sydd wedi colli ei bwyll, sy'n lloerig, sy'n orffwyll LUNATIC, MANIAC, MADMAN

gwallgofrwydd hwn *eg*
1 y cyflwr o fod yn wallgof, o fod yn orffwyll; ynfydrwydd MADNESS, INSANITY
2 gweithredoedd neu ymddygiad sy'n ymddangos yn wallgof MADNESS, INSANITY

gwallt hwn *eg* (gwalltiau) y cnwd o flew sy'n tyfu ar y pen dynol (ond nid ar yr wyneb nac ar unrhyw ran arall o'r corff) HAIR (OF ONE'S HEAD) (blewyn)

a'i gwallt am ben ei dannedd a'i gwallt yn flêr neu'n anniben a thros bob man

digon i godi gwallt eich pen arswydus, digon i'ch dychrynu yn iawn

gwallt gosod gwallt ffug wedi'i drefnu i guddio rhan foel o'r pen neu i guddio eich gwallt naturiol WIG

gwallt y forwyn
1 math o redynen â choesau main, ysgafn MAIDENHAIR (FERN)
2 cymylau gwyn, cyrliog; cymylau blew geifr; traeth awyr CIRRO-CUMULUS, MACKEREL SKY

gwalltog *a* gair i ddisgrifio rhywun neu rywbeth â chnwd trwchus o wallt HAIRY

pob copa walltog gw. **copa**

gwallus *a* gair i ddisgrifio rhywbeth sydd â gwall ynddo, sy'n anghywir INCORRECT

gwamal *a* gair i ddisgrifio rhywun chwit-chwat, anwadal, oriog, di-ddal FICKLE, CAPRICIOUS, FRIVOLOUS

gwamalu *be* bod yn anghyson, yn chwit-chwat; siarad yn ysgafn, yn ffraeth neu'n gellweirus, chwarae'r ffŵl TO WAVER, TO BE FRIVOLOUS

gwan *a* gair i ddisgrifio:
1 rhywun neu rywbeth eiddil nad yw'n ddigon cryf i weithio'n iawn neu barhau'n hir *(Mae'r silff yma'n rhy wan i ddal yr holl lyfrau.)* WEAK
2 rhywun sydd heb fod â chymeriad cryf, sy'n hawdd ei arwain ar gyfeiliorn, nad yw'n benderfynol WEAK
3 rhywun neu rywbeth sydd heb fod yn holliach, sy'n glaf neu'n fregus ei iechyd *(Mae'r hen goesau yn wan y bore 'ma.)* WEAK
4 rhywbeth o ansawdd gwael neu o safon isel; llesg, llipa *(llais gwan, lliw gwan, te gwan)* WEAK (gwanned, gwannach, gwannaf, gweinion, gwendid)

gwanaf hon *eb* (gwanafau:gwaneifiau) hynny o wair neu ŷd sy'n cael ei dorri gan ddyn â phladur ar un toriad; ac erbyn hyn, y lle gwag sy'n cael ei adael ar ôl i beiriant lladd gwair dorri un llain neu stribyn SWATH

gwanc hwn *eg* awydd neu ddymuniad afresymol o gryf, chwant cryf am fwyd; blys, chwant GREED, LUST

gwancus *a* gair i ddisgrifio rhywun llawn gwanc; barus, rheibus, trachwantus GREEDY, RAVENOUS, VORACIOUS

gwanedig *a* gair i ddisgrifio hylif sydd wedi cael ei deneuo neu ei wneud yn wannach DILUTED

gwanedu *be* (yn wyddonol) teneuo neu wneud hylif yn wannach *(gwanedu asid trwy ychwanegu dŵr ato)* TO DILUTE

gwaneg hon *eb* (gwanegau:gwenyg) (barddonol braidd erbyn hyn) ton, ymchwydd y môr BILLOW, BREAKER

gwaneifiau hyn *ell* mwy nag un wanaf [**gwanaf**]

gwangalon *a* gair i ddisgrifio rhywun heb lawer o hyder na gobaith; digalon, ofnus, llwfr FAINT-HEARTED, TIMID, DISPIRITED

gwangalonni *be* anobeithio, digalonni, colli ffydd neu ymddiriedaeth TO DESPAIR, TO BECOME FAINT-HEARTED

gwanhau:gwanychu *be* gwneud yn wan, mynd yn wan, llesgáu TO WEAKEN, TO LANGUISH

gwanllyd:gwannaidd *a* gair i ddisgrifio rhywun gwan o ran iechyd; eiddil, llesg SICKLY, FEEBLE, FRAIL

gwannach:gwannaf:gwanned *a* mwy **gwan**:mwyaf **gwan** : mor wan [**gwan**]

gwantan *a*
1 llesg, egwan, gwan *(Mae golwg wantan arno er pan gafodd y ffliw.)* FEEBLE
2 anwadal, gwamal, chwit-chwat, di-ddal FICKLE, UNSTABLE

gwanu *be* trywanu TO PIERCE, TO STAB

gwanwyn hwn *eg* un o bedwar tymor y flwyddyn sy'n digwydd yn ystod misoedd Chwefror, Mawrth, Ebrill a Mai pan fydd y tywydd yn cynhesu ar ôl y gaeaf a phlanhigion yn dechrau tyfu SPRING (gaeaf, haf, hydref)

gwanychu *be* gw. **gwanhau:gwanychu**

gwar hwn neu hon *egb* (gwarrau) rhan uchaf y cefn yn cynnwys y rhan sy'n cydio'r pen wrth yr ysgwyddau; cefn y gwddf, gwegil SCRUFF, NAPE □ *ceffyl, corff* t.630

bod ar war (rhywun) bod ar ôl rhywun yn ei boeni heb roi llonydd iddo ON (MY) BACK

gwâr *a* gair i ddisgrifio rhywun neu rywbeth nad yw'n wyllt; moesgar, gwareiddiedig, boneddigaidd, diwylliedig, gwaraidd, hynaws, mwyn CIVILIZED, COURTEOUS

gwaradwydd *hwn eg* cywilydd, gwarth, sarhad, sen, teimlad poenus o euogrwydd, o fethiant neu o gam SHAME, DISGRACE

gwaradwyddo *be* dwyn cywilydd ar, cywilyddio, sarhau, amharchu, difrïo TO SHAME, TO PUT TO SHAME, TO DISGRACE

gwarafun *be*
1 gwahardd, gwrthod caniatáu, rhwystro, dal yn ôl *(Does neb yn gwarafun iti fynd allan yn y nos ond iti ddod adref ar amser rhesymol.)* TO FORBID, TO PROHIBIT, TO PREVENT
2 grwgnach *(Mae'n gwarafun £1 yr wythnos inni brynu losin.)* TO BEGRUDGE

gwaraidd *a* gair i ddisgrifio rhywun neu rywbeth sydd wedi'i wareiddio; gwareiddiedig, gwâr CIVILIZED

gwarant *hon eb* (gwarantau)
1 gwŷs, gorchymyn ffurfiol dan enw swyddog cyfreithiol WARRANT
2 datganiad gan wneuthurwr teclyn neu gyfarpar yn addo ei fod yn barod i'w gyweirio (i'w drwsio) neu i roi un arall yn ei le os bydd yn torri neu'n peidio â gweithio'n iawn o fewn cyfnod penodedig *(Mae gwarant blwyddyn ar y tegell a brynais ddoe.)* GUARANTEE
3 cytundeb i fod yn gyfrifol am addewid rhywun arall (i dalu dyled gan amlaf) GUARANTEE

gwarantu *be* sicrhau, bod yn atebol am, addo *(Gallaf warantu y cewch chi amser da.)* TO GUARANTEE (gwrantaf)

gwarchae[1] *hwn eg* (gwarchaeau) y weithred o warchae, amgylchyniad gan wŷr arfog er mwyn darostwng (tref neu gastell ac ati) SIEGE, BLOCKADE

gwarchae[2] *be* amgylchynu lle (e.e. tref neu gastell) â gwŷr arfog er mwyn rhwystro bwyd a diod rhag mynd i mewn a thrwy hynny ei ddarostwng TO BESIEGE, TO LAY SIEGE TO

gwarcheidwad *hwn eg* (gwarcheidwaid) un sy'n gwarchod, un sy'n gofalu am KEEPER, GUARDIAN

gwarchod *be*
1 gofalu am, diogelu, cadw gwyliadwriaeth ar, cadw llygad ar TO GUARD, TO LOOK AFTER, TO MIND
2 gofalu am blentyn neu blant rhywun arall tra bo'r rhieni wedi mynd i rywle (am y noson fel arfer) TO BABY-SIT
gwarchod pawb! mawredd! a'n helpo! GOOD GRACIOUS!

gwarchodaeth *hwn neu hon egb* gwyliadwriaeth, gofal, y gwaith o ddiogelu *(gwarchodaeth natur)* PROTECTION, CONSERVATION

gwarchodfa *hon eb* (gwarchodfeydd)
1 darn o dir sydd wedi'i osod o'r neilltu ar gyfer gwarchod rhywbeth arbennig *(gwarchodfa natur; gwarchodfa Indiaid Gogledd America)* RESERVE, RESERVATION
2 man neu ddarn o dir lle y mae anifeiliaid ac adar yn ddiogel rhag cael eu hela a'u lladd gan ddynion SANCTUARY

gwarchodliw *hwn eg* defnydd arbennig o liw a ffurf er mwyn gwneud rhywbeth yn anodd ei weld; cuddwedd *(Mae dillad rhai milwyr yn enghraifft o ddefnyddio gwarchodliw.)* CAMOUFLAGE

gwarchodlu *hwn eg* (gwarchodluoedd) corff o filwyr sy'n amddiffyn rhywun neu rywle arbennig (y brenin neu'r frenhines yn wreiddiol) GUARDS
Y Gwarchodlu Cymreig THE WELSH GUARDS

gwarchodwr *hwn eg* (gwarchodwyr) un sy'n gwarchod; gofalwr, ceidwad GUARDIAN, KEEPER, CUSTODIAN, BABY-SITTER

gwared[1]:**gwaredu** *be*
1 achub, rhyddhau o berygl, helpu i amddiffyn *(Gwared ni rhag drwg.)* TO DELIVER, TO SAVE
2 rhyddhau (eich hunan) oddi wrth, symud neu daflu ymaith, bwrw ymaith TO GET RID OF, TO RID
3 mynegi syndod mewn ffordd feirniadol *(Roedd Nia'n gwaredu fod Mair yn gwario cymaint ar ddillad.)*
Duw a'n gwaredo! HEAVEN HELP US!
gwared y gwirion! ebychiad SAVE US!

gwared[2] *hwn eg* yn yr ymadrodd *cael gwared [ar]*, sef gwaredu, bwrw ymaith TO GET RID OF

gwaredigaeth *hon eb* (gwaredigaethau) rhyddhad o gaethiwed, achubiaeth, iachawdwriaeth DELIVERANCE, LIBERATION, SALVATION

gwaredu *gw.* **gwared**[1]:**gwaredu**

gwaredwr *hwn eg* (gwaredwyr) un sy'n achub, iachawdwr, un sy'n gwaredu DELIVERER, SAVIOUR
y Gwaredwr Iesu Grist THE SAVIOUR, THE REDEEMER

gwareiddiad *hwn eg* (gwareiddiadau)
1 stad neu gyflwr uchel o ddatblygiad dynol a chymdeithasol CIVILIZATION
2 y pethau hynny sy'n arbennig ynglŷn â diwylliant a bywyd cenedl neu gymdeithas mewn lle arbennig neu ar adeg arbennig *(gwareiddiad China yn y 12fed ganrif)* CIVILIZATION

gwareiddiedig *a* gair i ddisgrifio rhywun neu rywle sydd wedi cyrraedd stad neu gyflwr uchel o ddatblygiad dynol a chymdeithasol, neu sy'n perthyn i wareiddiad arbennig; gwrthwyneb gwyllt neu anwar CIVILIZED

gwareiddio *be* codi o stad is i stad uwch o ddatblygiad dynol a chymdeithasol, troi (rhywun neu rywbeth) o farbareiddiwch a'i wneud yn waraidd TO CIVILIZE

gwarged *hwn eg* (gwargedion) yr hyn sydd dros ben, yr hyn sydd yn sbâr; gweddill SURPLUS, REMAINDER

gwargrwm *a* gair i ddisgrifio:
1 rhywun y mae ei ysgwyddau'n grwm neu'n fwaog STOOPING, ROUND-SHOULDERED
2 rhywun a chrwmp neu grwbi ar ei gefn HUMPBACK, HUNCHBACK

gwargrymu *be* bod â'r gwar neu'r ysgwyddau'n grwm neu'n fwaog; crymu gwar TO STOOP

gwariant *hwn eg* (gwariannau) swm yr arian sy'n cael ei wario EXPENDITURE

gwarineb *hwn eg* tiriondeb, addfwynder, tynerwch, y cyflwr o fod yn wâr CIVILITY

gwario *be* rhoi arian i dalu am rywbeth sy'n cael ei brynu TO SPEND
Sylwch: *gwario* arian ond *treulio* amser.

gwarrau *hyn ell* mwy nag un **gwar**

gwarth *hwn eg* cywilydd, sarhad, gwaradwydd, teimlad poenus o euogrwydd, o gam neu o fethiant (*Mae'r ffaith iddo gael ei anwybyddu am gymaint o amser yn warth cenedlaethol.*) DISGRACE, SHAME, SCANDAL

gwarthaf *hwn eg* (fel yn yr ymadrodd *ar fy (dy, ei etc.) ngwarthaf*) ar ben, uwch (fy) mhen UPON
dod ar warthaf dod ar draws TO COME UPON

gwarthafl *gw.* **gwarthol:gwarthafl**

gwartheg *hyn ell* da byw neu anifeiliaid fferm corniog sy'n cynnwys buchod, bustych, lloi a theirw (o'u cyferbynnu â moch, defaid, ceffylau ac ati) ac sy'n cael eu cadw am eu llaeth, eu cig a'u crwyn; buchod godro, da CATTLE, KINE (buches, gyr)

gwarthol:gwarthafl *hon eb* (gwartholion:gwarthaflau) un o ddwy ddolen o fetel sy'n hongian bob ochr i gyfrwy, i farchogwr bwyso'i droed ynddi STIRRUP □ *ceffyl*

gwarthus *a* gair i ddisgrifio rhywbeth sy'n achosi cywilydd neu warth; cywilyddus DISGRACEFUL, SHAMEFUL

gwas *hwn eg* (gweision)
1 mab, bachgen, hogyn, gŵr ifanc (yn arbennig wrth gyfarch bachgen naill ai'n gyfeillgar neu'n fygythiol) (*Gofala di, was! Gest di ddolur, 'ngwas i?*) LAD, SON, BOY
2 bachgen neu ŵr sy'n cael ei gyflogi i weithio i rywun arall—yn arbennig yn y tŷ neu ar y fferm (*gwas ffarm*) SERVANT, FARM-HAND

gwas bach yr ieuengaf ymhlith y gweision ar fferm a'r un sy'n rhedeg dros bawb arall

gwas cyflog gŵr sydd wedi cytuno i wasanaethu am gyfnod penodedig am dâl penodol HIRED HAND

gwas priodas cyfaill a chynorthwyydd y priodfab mewn priodas BEST MAN

gwas sifil swyddog yn un o adrannau'r Llywodraeth (ac eithrio'r lluoedd arfog, y llysoedd barn a'r Eglwys) CIVIL SERVANT

gwas y dryw aderyn bach sy'n bwyta pryfed TITMOUSE

gwas y neidr un o nifer o fathau o bryfed sydd â chorff hir main a phedair aden sydd mor ysgafn eu golwg â gwawn neu bapur sidan DRAGON-FLY

gwasaidd *a* gair i ddisgrifio rhywun sy'n ymddwyn fel **gwas** (2), sy'n rhy ufudd, sy'n ymgreinio neu'n cynffonna; taeogaidd SERVILE, SLAVISH, FAWNING

gwasanaeth *hwn eg* (gwasanaethau)
1 y gwaith neu'r ddyletswydd sy'n cael ei wneud dros rywun (gan was, swyddog neu beiriant) (*Mae 'na flynyddoedd o wasanaeth ar ôl yn yr hen gar yma.*) SERVICE
2 un o nifer o adrannau o fewn llywodraeth (genedlaethol neu leol) sy'n gweithredu er lles y cyhoedd neu er budd cymdeithasol (*gwasanaeth iechyd; gwasanaethau cymdeithasol*) SERVICE
3 y sylw a roddir i brynwyr mewn siop neu westeion mewn gwesty (*Mae'r gwasanaeth yma yn warthus.*) SERVICE
4 seremoni grefyddol; ffurf benodol ar addoliad cyhoeddus (*Bydd gwasanaeth bedydd yn dilyn y cwrdd fore Sul nesaf.*) SERVICE
5 trefniant i ddarparu rhywbeth a fydd o ddefnydd i'r gymdeithas (*gwasanaeth y post; gwasanaeth llyfrgell*) SERVICE
6 help, lles, budd, cymorth (*bod o wasanaeth i eraill*) SERVICE

at wasanaeth i'w ddefnyddio gan FOR THE USE OF

gwasanaeth milwrol cyfnod o fod yn aelod o'r fyddin, neu'r awyrlu neu'r llynges MILITARY SERVICE

Gwasanaeth Sifil pob adran o'r Llywodraeth (ac eithrio'r lluoedd arfog, y llysoedd barn a'r sefydliadau eglwysig) CIVIL SERVICE

gwasanaethu *be*
1 gweithio dros, gwneud gwaith buddiol er lles (*Mae ef wedi gwasanaethu'r clwb am dros ugain mlynedd yn ddi-dor.*) TO SERVE
2 gweini ar rywun arall (am gyflog neu gynhaliaeth fel arfer) (*Mae John yn gwasanaethu yn y Plas fel ei dad o'i flaen.*) TO BE A SERVANT
3 cyflawni swydd gweinidog neu offeiriad mewn gwasanaeth crefyddol (*Pwy sy'n gwasanaethu nos Sul nesaf?*) TO OFFICIATE

gwasg¹ *hon eb* (gweisg)
1 unrhyw un o nifer o wahanol fathau o beiriannau neu daclau ar gyfer gwasgu rhywbeth, e.e. *gwasg gaws, gwasg ddillad, gwasg argraffu* PRESS
2 papurau newydd a chylchgronau yn gyffredinol (gan gynnwys yn aml adrannau newyddion y radio a'r teledu) *(grym y wasg)* PRESS
3 gohebyddion papurau newydd yn gyffredinol *(Gadawodd y cyfarfod er mwyn siarad â'r wasg.)* PRESS
4 busnes neu gwmni argraffu, cyhoeddi ac weithiau werthu llyfrau a chylchgronau *(Gwasg Gomer)* PRESS

gwasg² *hwn neu hon egb* (gweisg)
1 canol y corff, meingorff WAIST □ *corff* t.630
2 y rhan o wisg sy'n mynd o gwmpas canol y corff WAIST

gwasgar gw. **gwasgaru:gwasgar**

gwasgaredig *a* gair i ddisgrifio rhywbeth neu rywrai sydd ar chwâl, sydd wedi'u gwasgaru SCATTERED, DISPERSED

gwasgaru:gwasgar *be* chwalu ar led, lledaenu, hau yma a thraw, ymdaenu *(Ar ddiwrnod gwyntog yn yr hydref fe welwch y dail yn cael eu gwasgaru ar hyd y caeau.)* TO SCATTER, TO DISPERSE (gwasgerais)
ar wasgar (fel yn yr ymadrodd *Cymry ar wasgar*) wedi'u gwasgaru, ar chwâl SCATTERED
gwasgaru tail:dom (*sgwaru* ar lafar) lledaenu gwrtaith (ar hyd caeau) TO MUCK-SPREAD

gwasgedd *hwn eg* (gwasgeddau)
1 y grym parhaus sy'n cael ei gynhyrchu pan fydd un peth yn pwyso yn erbyn rhywbeth arall PRESSURE
2 mesuriad o faint grym y pwysau yma *(gwasgedd o 10 kilogram i bob centimetr sgwâr)* PRESSURE
gwasgedd aer pwysau parhaus yr aer ar y ddaear AIR PRESSURE
Sylwch: *'pwysedd' gwaed* sy'n cael ei ddefnyddio.

gwasgerais *bf* fe wnes i wasgaru [**gwasgaru**]

gwasgfa *hon eb* (gwasgfeydd)
1 pwysau anghyfforddus y tu mewn i'r corff sy'n achosi poen neu lewygu PANG
2 amgylchiadau anodd sy'n achosi caledi neu dlodi SQUEEZE, DISTRESS

gwasgiad *hwn eg* (gwasgiadau) y weithred o wasgu; cofleidiad HUG, SQUEEZING

gwasgod *hon eb* (gwasgodau) dilledyn tebyg i got neu siaced fer heb lewys sy'n cael ei wisgo dan siaced WAISTCOAT

gwasgu *be*
1 gwthio'n galed ac yn gyson, pwyso'n drwm ac yn gyson TO PRESS, TO SQUEEZE
2 anelu neu gyfeirio pwysau er mwyn malu, cywasgu, gwthio'n dynn neu dynnu sudd neu hylif *(gwasgu grawnwin; ceisio gwasgu popeth i gist y car)* TO PRESS, TO SQUEEZE
3 cydio'n dynn yn un pen a throi pen arall dilledyn gwlyb er mwyn cael gwared ar gymaint o'r gwlybaniaeth ag sy'n bosibl TO WRING
4 dwyn pwysau anghyfforddus yn gorfforol ar y bola neu ar y meddwl *(Mae'r hen selsig yma yn dechrau gwasgu arnaf. Mae meddwl am yr arholiadau yn dechrau gwasgu arni.)* TO UPSET

gwasgu ar rywun perswadio, pwyso'n barhaus ar rywun i wneud rhywbeth TO URGE

gwasgwch arni cyflymwch, prysurwch *(gwasgwch ar y sbardun)* STEP ON IT

gwastad¹ *a* gair i ddisgrifio:
1 rhywle llyfn, lefel, fflat *(tir gwastad, braf)* FLAT, LEVEL
2 rhywun neu rywbeth sydd yn gwneud yr un peth bob tro; parhaus, cyson *(Mae hi wastad yn hwyr.)* ALWAYS, CONSTANT (gwastated, gwastatach, gwastataf)

gwastad²:gwastadedd *hwn eg* (gwastadeddau)
1 darn o wlad agored, fflat megis gwaelod dyffryn; gwastatir PLAIN
2 wyneb llyfn, fflat i rywbeth *(Mae dau fath o rasys ceffylau, y naill lle y mae'r ceffylau yn neidio dros glwydi a'r llall lle y mae'r ceffylau yn rasio ar y gwastad.)* FLAT, LEVEL
ar wastad fy nghefn FLAT ON MY BACK

gwasg argraffu henffasiwn

gwastadol *a* gair i ddisgrifio rhywbeth sy'n digwydd trwy'r amser; parhaus *(Mae rhywun yn curo ar y drws yma'n wastadol.)* PERPETUAL, CONTINUAL

gwastatâ *bf* mae ef/hi yn **gwastatáu**; bydd ef/hi yn **gwastatáu**

gwastatáu:gwastatu *be* fflatio, llyfnhau, lefelu, gwneud yn wastad *(Cafodd y rhan hon o'r ddinas ei gwastatu gan fomiau yn ystod y rhyfel.)* TO FLATTEN, TO LEVEL

gwastatir *hwn eg* (gwastatiroedd) gwastadedd, darn eang o wlad sy'n agored ac yn wastad PLAIN

gwastraff *hwn eg*
1 colled, camddefnydd, neu ddiffyg defnydd *(Dywedodd y prifathro fod yr holl wastraff bwyd yn warthus a chynifer o bobl y byd yn newynu.)* WASTE
2 deunydd gwenwynllyd neu ddeunydd nad oes ar neb ei eisiau bellach *(gwastraff ymbelydrol atomfa)* WASTE

gwastrafflyd *a* gair i ddisgrifio rhywun neu rywbeth sydd â natur wastraffus PRODIGAL, WASTEFUL

gwastraffu *be* camddefnyddio, peidio â defnyddio, neu dreulio yn ofer *(Paid â gwastraffu dy amser yn y lle yna.)* TO WASTE, TO FRITTER

  gwastraffu anadl siarad yn ofer; ceisio perswadio yn aflwyddiannus TO WASTE ONE'S BREATH

gwastraffus *a* gair i ddisgrifio rhywun neu rywbeth sy'n gweithredu mewn ffordd sy'n arwain at wastraff WASTEFUL, EXTRAVAGANT

gwastrawd *hwn eg* (gwastrodion) gwas sy'n gyfrifol am geffylau GROOM, OSTLER

gwatwar[1] *hwn eg* gwawd, dirmyg, yn arbennig wrth ddynwared rhywun neu rywbeth MOCKERY, RIDICULE, DERISION

gwatwar[2] *be* cael hwyl am ben, chwerthin am ben, gwawdio trwy ddynwared TO MOCK, TO DERIDE, TO RIDICULE

gwatwarus *a* gair i ddisgrifio rhywun neu rywbeth sy'n gwatwar MOCKING, DERISIVE

gwau[1] *hwn eg* rhywbeth sydd yn cael ei wau *(Cofia ddod â'th wau pan ddoi di i aros.)* KNITTING

gwau[2]**:gweu** *be*
1 cynhyrchu defnydd (megis carthen neu garped) trwy blethu un edefyn ar y tro (yr anwe) ar draws rhes o edefynnau sydd wedi'u gosod ar hyd gwŷdd (yr ystof) TO WEAVE ☐ *anwe*
2 gwneud (dillad fel arfer) trwy gynhyrchu rhwydwaith tyn o edafedd o bellen wlân â dwy neu ragor o weill TO KNIT
3 (am bryf copyn) gwneud gwe TO SPIN
4 symud ymlaen gan newid cyfeiriad yn aml (er mwyn osgoi pethau) *(Llwyddodd i wau ei ffordd drwy'r dorf a chyrraedd y pen draw yn ddianaf.)* TO WEAVE
5 troi a throsi, gwibio drwy'i gilydd blith draphlith *(cwlwm o nadredd yn gwau drwy'i gilydd)* TO TWIST AND TURN (gweaf)

gwaun *hon eb* (gweunydd)
1 tir uchel, gwastad, gwlyb a brwynog; rhos MOORLAND, HEATH
2 tir isel, gwlyb; dôl, gweirglodd MEADOW, MEAD

gwawd *hwn eg* dirmyg, gwatwar, sen; teimlad cryf, amharchus tuag at rywun neu rywbeth *(Ni allai ddioddef gwawd y dosbarth funud yn rhagor.)* SCORN, MOCKERY

gwawdio *be* cael hwyl am ben (rhywun) mewn ffordd gas; dirmygu, gwatwar, chwerthin am ben, taflu sen TO MOCK, TO DERIDE, TO JEER

gwawdlyd *a* gair i ddisgrifio:
1 rhywun neu rywbeth sy'n gwawdio, sy'n llawn dirmyg MOCKING, SCORNFUL
2 ymadrodd sy'n beirniadu a gwneud sport am ben rhywun trwy ei ffug-ganmol, e.e. *'O! Da iawn, John!' meddai Dafydd wrth i John fwrw'r bêl i mewn i'w gôl ei hun.* SARCASTIC

gwawl *hwn eg* (gair barddonol) golau, goleuni, disgleirdeb LIGHT, RADIANCE

  rhwng gwyll a gwawl gw. **gwyll**

gwawn *hwn eg* yr edafedd ysgafn, sidanaidd a wneir gan y pryf copyn; gweoedd ysgafn y corryn GOSSAMER

gwawr *hon eb*
1 toriad dydd, y golau cyntaf ar ôl y nos; cyfddydd DAWN, SUNRISE, DAYBREAK
2 arlliw, lliw gwan *(paent gwyn a rhyw wawr felen iddo)* HUE, TONE, TINT, TINGE

gwawrio *be* dyddio, goleuo, torri (am y wawr) TO DAWN

  gwawrio ar graddol sylweddoli, neu ddod i wybod *(O'r diwedd fe wawriodd arno eu bod yn tynnu'i goes.)* TO DAWN ON

gwayw *hwn eg* (gwewyr) poen llym a sydyn, pigyn, brath, pang, gloes, dolur *(gwaywffon yn wreiddiol)* STAB, STITCH, PANG, PAIN

gwaywffon *hon eb* (gwaywffyn)
1 polyn hir a blaen miniog iddo a oedd yn cael ei ddefnyddio fel arf i drywanu gelyn mewn brwydr; picell SPEAR, LANCE, PIKE
2 arf tebyg llai ei faint a ddefnyddir yn awr mewn cystadleuaeth taflu gwaywffon sy'n rhan o chwaraeon athletaidd JAVELIN

gwdihŵ *hon eb* gair llafar am dylluan OWL ☐ *adar* t.611

gwddf:gwddwg *hwn eg* (gyddfau:gyddygau)
1 y rhan honno o'r corff rhwng y pen a'r ysgwyddau NECK ☐ *corff* t.630

2 rhan o ddilledyn sy'n ffitio dros y rhan hon o'r corff *(Mae gwddwg y crys yn rhy dynn.)* NECK
3 rhan o rywbeth sydd o'r un ffurf neu siâp â'r rhan hon o'r corff *(gwddwg potel)* NECK
4 y geg a'r llwnc, sef y tu mewn i'r geg a'r gwddf sy'n rhannu'n ddwy, y naill yn arwain at y stumog a'r llall at yr ysgyfaint *(Mae gwddwg tost/dolur gwddf gen i.)* THROAT

gwe hon *eb* (gweoedd)
1 y rhwydwaith tyn o ddefnydd sy'n cael ei gynhyrchu trwy gydblethu edefynnau ar wŷdd; darn sydd wedi cael ei wau A WEAVING, WOVEN FABRIC □ *anwe*
2 rhwydwaith main, ysgafn sy'n cael ei wau gan gorryn neu bryf copyn allan o'i wawn COBWEB
3 y croen sy'n cysylltu bysedd traed rhai mathau o anifeiliaid (e.e. hwyaid) WEB (gweog)

gwead hwn *eg* (gweadau)
1 y natur, y dull neu'r ffordd y mae darn o ddefnydd wedi cael ei wau A WEAVING, WEAVE, TEXTURE
2 cyfansoddiad, gwneuthuriad *(Mae hoffter o gerddoriaeth yn ei wead.)*

gweaf *bf* rwy'n **gwau**; byddaf yn **gwau**
gwedais *bf* fe wnes i wadu [**gwadu**]
gwedd[1] hon *eb* (gweddau)
1 golwg, ymddangosiad, y ffordd y mae rhywun neu rywbeth yn edrych yn allanol, pryd, wyneb SIGHT, APPEARANCE, COUNTENANCE
2 y graddau y mae darn o bren yn llyfn neu'n arw TEXTURE
ar ei newydd wedd yn ei ffurf newydd NEW LOOK
ar un wedd mewn un ffordd FROM ONE ASPECT, IN ONE WAY
lliw a gwedd:pryd a gwedd ymddangosiad COUNTENANCE

gwedd[2] hon *eb* (gweddoedd)
1 offer i gysylltu dau ych neu ddau geffyl i dynnu rhywbeth; iau YOKE, HARNESS
2 pâr (neu ragor) o anifeiliaid (megis ychen neu geffylau) dan yr iau TEAM
ceffyl gwedd ceffyl mawr cryf a ddefnyddir i dynnu llwythi trwm SHIRE HORSE

gwedd

gweddaidd *a* gair i ddisgrifio:
1 rhywbeth neu rywun addas, priodol, cymwys, ffit, cwrtais, moesgar *(ymddwyn yn weddaidd)* SUITABLE, SEEMLY, PROPER
2 rhywun hardd, prydferth, lluniaidd, cain BEAUTIFUL, GRACEFUL

gweddi[1] hon *eb* (gweddïau)
1 siarad â Duw (neu dduwiau) ar eich pen eich hun neu mewn cwmni, i'w addoli, i ddiolch neu i ofyn (neu ddeisyf) am rywbeth PRAYER
2 y patrwm geiriau a ddefnyddir wrth ymbil ar Dduw; pader *(Gweddi'r Arglwydd)* PRAYER
3 deisyfiad neu ymbiliad taer ar Dduw neu rywun mewn awdurdod *(Fe atebwyd ei weddi a chafodd ei ferch yn ôl yn ddiogel.)* PRAYER

gweddi[2] *bf* rwyt ti'n **gweddu**; byddi di'n **gweddu**
gweddïaf *bf* rwy'n **gweddïo**; byddaf yn **gweddïo**
gweddii *bf* rwyt ti'n **gweddïo**; byddi di'n **gweddïo**
gweddill hwn *eg* (gweddillion)
1 yr hyn sy'n aros, sydd dros ben (THE) REST, SURPLUS, REMNANT
2 (mewn mathemateg) yr hyn sydd ar ôl pan dynnir un rhif o rif mwy (10−4, gweddill 6), neu pan gaiff un rhif ei rannu â rhif llai (10÷4 = 2, gweddill 2; mae 4 yn mynd i 10 ddwywaith gan adael 2 yn weddill) REMAINDER

gweddillion hyn *ell*
1 mwy nag un **gweddill**
2 rhannau o rywbeth sydd ar ôl REMAINS
3 corff marw, celain (person fel arfer) *(Claddwyd ei weddillion ym mynwent Llanwynno.)* REMAINS

gweddïo *be* galw neu ymbil ar Dduw (neu dduwiau), cynnig neu offrymu gweddi TO PRAY (gweddïaf, gweddii)
gweddïo o'r frest gweddïo yn ddifyfyr

gweddnewid *be* ffurf neu ymddangosiad (rhywun neu rywbeth) yn newid; newid ffurf neu ymddangosiad (rhywun neu rywbeth) TO TRANSFORM

gweddol *a* gair i ddisgrifio rhywun neu rywbeth lled dda, eithaf da, go lew, cymedrol, canolig (gan ddibynnu yn aml ar oslef neu gyd-destun i gael gwybod ai da ynteu ddrwg yw'r gwir ystyr) FAIR, MIDDLING, NOT BAD, REASONABLE

gweddu *be* ateb y pwrpas, gwneud y tro i'r dim, bod yn gymwys, bod yn briodol, taro *(Nid yw'r crys lliwgar yna yn gweddu i achlysur mor drist.)* TO FIT, TO SUIT, TO BE SEEMLY (gweddi[2])

gweddus *a* gair i ddisgrifio rhywbeth sy'n gweddu; addas, parchus, cymwys, priodol, teilwng o barch FITTING, PROPER, SEEMLY

a b c ch d dd e f ff g ng h i j (k) l ll m n o p ph r rh s t th u w y (z)

gweddw¹ *hon eb* (gweddwon) gwraig y mae ei gŵr wedi marw a hithau heb ailbriodi; gwidw WIDOW

gweddw² *a* gair i ddisgrifio rhywun sydd wedi claddu ei briod/phriod (*gŵr gweddw*) WIDOWED

maneg weddw gw. **maneg**

gweddwdod *hwn eg* y cyflwr o fod yn weddw WIDOWHOOD

gwefl *hon eb* (gweflau) gwefus anifail LIP

gweflau *hyn ell*
  1 mwy nag un wefl [**gwefl**]
  2 safn, genau JAWS, CHOPS

gwefr *hwn* neu *hon egb* (gwefrau)
  1 ias, cyffro trydanol (a achosir gan bleser, ofn ac ati) (*Allaf i ddim disgrifio'r wefr a deimlais wrth glywed dy lais ar y ffôn ar ôl yr holl amser.*) THRILL, SHOCK
  2 disgleirdeb yn y llygaid neu loywder wedi ei achosi gan deimlad dwys SPARKLE, RADIANCE
  3 mesur neu swm arbennig o drydan a roddir o fewn batri neu declyn trydanol arall CHARGE

gwefreiddio *be* gyrru gwefr neu ias neu sioc debyg i sioc drydanol trwy unigolyn neu gynulleidfa neu dorf TO THRILL, TO ELECTRIFY

gwefreiddiol *a* gair i ddisgrifio rhywun neu rywbeth sy'n gyrru ias neu wefr trwy berson; cyffrous (*perfformiad gwefreiddiol*) THRILLING, ELECTRIFYING

gwefru *be* achosi i rywbeth (e.e. batri) dderbyn y cyflenwad iawn o drydan TO CHARGE

gwefus *hon eb* (gwefusau) un o ddau ymyl ceg person; min LIP □ *corff* t.630
  gwefus bur iaith bur, ddihalog, iaith lân

gwegian *be* symud yn simsan, bod ar fin syrthio; simsanu TO TOTTER, TO STAGGER, TO REEL

gwegil *hwn* neu *hon egb* y tu ôl i'r pen, rhan uchaf y gwddf; gwar NAPE (OF THE NECK), SCRUFF □ *corff* t.630
  troi gwegil cefnu ar; ymwadu â rhywbeth TO TURN ONE'S BACK ON

gweheirdd *bf* mae ef/hi yn **gwahardd**; bydd ef/hi yn **gwahardd**

gwehelyth *hwn* neu *hon egb* achau person, llinach, y teulu y mae person yn perthyn iddo LINEAGE, PEDIGREE

gwehilion *hyn ell* gweddillion diwerth, y pethau salaf, carthion, y pethau gwaethaf DREGS, TRASH, RUBBISH, SCUM

gwehydd:gwëydd *hwn eg* (gwehyddion) person sy'n ennill bywoliaeth trwy wau defnydd WEAVER

gweiddi *be* galw yn uchel; bloeddio (*Dringodd i ben y wal a gweiddi arnom ni i'w ddilyn.*) TO SHOUT (gwaedd², gwaedda)

gweigion *a* gair i ddisgrifio mwy nag un peth **gwag** (*llestri gweigion*)

gweilch *hyn ell* mwy nag un **gwalch**

gweilgi *hon eb* (gair barddonol) y môr SEA, THE DEEP

gweill *hyn ell* mwy nag un wäell [**gwäell**]; y nodwyddau hir a ddefnyddir i wau KNITTING-NEEDLES
  ar y gweill wedi cychwyn, ar waith ON THE GO

gweini *be*
  1 (yn y gorffennol) gweithio fel gwas neu forwyn; bod mewn gwasanaeth TO SERVE, TO BE IN SERVICE
  2 (yn fwy cyffredin erbyn hyn) dod â bwyd at y bwrdd mewn tŷ bwyta neu wasanaethu mewn siop TO WAIT UPON, TO ATTEND (gweinyddaf)

gweiniau *hyn ell* mwy nag un wain [**gwain**]

gweinidog *hwn eg* (gweinidogion)
  1 person sydd wedi'i ordeinio i fod â gofal eglwys; pregethwr, bugail (capel) MINISTER, PASTOR
  2 swyddog uchel sydd yn gyfrifol am un o adrannau'r Llywodraeth (ac sydd weithiau'n atebol i Ysgrifennydd Gwladol) MINISTER
  Prif Weinidog y gweinidog uchaf ei swydd yn Llywodraeth Prydain (a nifer o wledydd eraill y byd) PRIME MINISTER

gweinidogaeth *hon eb*
  1 swydd gweinidog yr Efengyl MINISTRY
  2 gwaith a gwasanaeth un gweinidog arbennig MINISTRY

gweinidogaethu *be* gwasanaethu neu weithredu fel gweinidog yr Efengyl TO MINISTER, TO OFFICIATE

gweinion¹ *a* gair i ddisgrifio mwy nag un peth **gwan**

gweinion² *hyn ell* mwy nag un (person) gwan (*Cofia, o Dad, am weinion ein cymdeithas.*) THE WEAK

gweinydd *hwn eg* (gweinyddion) person sy'n gweini, sy'n gwasanaethu neu'n cynorthwyo rhywun arall WAITER, ATTENDANT

gweinyddaf *bf* rwy'n **gweini**; byddaf yn **gweini**

gweinyddes *hon eb* (gweinyddesau) merch sy'n gweini (ar y claf, mewn tŷ bwyta ac ati) WAITRESS, MAID, ATTENDANT, NURSE

gweinyddiaeth *hon eb* (gweinyddiaethau)
  1 y gwaith o gadw trefn a rheolaeth ar fusnes neu swyddfa ADMINISTRATION
  2 un o adrannau'r Llywodraeth sydd dan ofal un neu ragor o weinidogion (*Gweinyddiaeth Amaeth*) MINISTRY, ADMINISTRATION

gweinyddol *a* gair i ddisgrifio rhywun neu rywbeth sy'n ymwneud â chadw trefn a rheolaeth ar fusnes, swyddfa, neu adran o'r Llywodraeth ADMINISTRATIVE

gweinyddu *be*
  1 cadw trefn a rheolaeth ar fusnes neu swyddfa TO MANAGE, TO ADMINISTER

gweinyddwr / **gweithredu**

2 gwasanaethu, derbyn rhan gweinidog mewn gwasanaeth crefyddol TO OFFICIATE

gweinyddwr hwn *eg* (gweinyddwyr) gŵr sy'n cael ei benodi i gadw trefn a rheolaeth ar fusnes neu swyddfa ADMINISTRATOR

gweinyddwraig hon *eb* merch neu wraig sy'n cael ei phenodi i gadw trefn a rheolaeth ar fusnes neu swyddfa ADMINISTRATOR

gweirglodd hon *eb* (gweirgloddiau) darn o dir isel, gwastad ar gyfer tyfu gwair; cae gwair, dôl MEADOW, HAYFIELD

gweiriau:gweirydd hyn *ell* mwy nag un **gwair**

gweiryn hwn *eg* blewyn o wair [**gwair**] BLADE OF GRASS

gweisg hyn *ell* mwy nag un wasg [**gwasg**]

gweision hyn *ell* mwy nag un **gwas**

gweithdy hwn *eg* (gweithdai)
1 ystafell waith, siop waith (crefftwr fel arfer) WORKSHOP
2 math arbennig o gyfarfod lle mae disgwyl i'r bobl sydd yno gynhyrchu rhywbeth (*gweithdy ysgrifennu creadigol*) WORKSHOP

gweithfeydd hyn *ell* mwy nag un **gwaith**¹ (5)

gweithgar *a* gair i ddisgrifio rhywun sy'n awyddus i weithio, sy'n llawn gwaith; diwyd, dyfal DILIGENT, INDUSTRIOUS

gweithgaredd hwn *eg* (gweithgareddau)
1 y cyflwr o fod yn weithgar; prysurdeb, diwydrwydd ACTIVITY
2 rhywbeth sy'n cael ei wneud o ran diddordeb, neu er lles addysgiadol neu er mwyn codi arian (*Trefnwyd nifer o weithgareddau y llynedd er mwyn codi arian i'r papur bro. Gweithgareddau'r Urdd a'r Ffermwyr Ieuainc*) ACTIVITY

gweithgarwch hwn *eg* prysurdeb, diwydrwydd DILIGENCE, INDUSTRY, ACTIVITY

gweithgor hwn *eg* (gweithgorau) nifer neu grŵp bach o bobl sydd wedi cael eu dewis i ymchwilio i ryw fater neu'i gilydd WORKING PARTY

gweithgynhyrchu *be* creu neu gynhyrchu (nifer mawr o rywbeth fel arfer) trwy ddefnyddio peiriannau TO MANUFACTURE

gweithiau¹ hyn *ell* mwy nag un **gwaith**¹

gweithiau² hyn *ell* mwy nag un waith [**gwaith**²]

gweithio *be*
1 cyflawni gweithred sy'n gofyn am ymdrech (yn arbennig fel swydd); gwneud gwaith, llafurio (*gweithio mewn ffatri*) TO WORK
2 bod yn effeithiol, llwyddo (*Rwy'n gobeithio y bydd y syniad yma'n gweithio.*) TO WORK
3 (am beiriant) gweithredu yn y modd y bwriadwyd iddo, heb fethu na thorri (*Dydy fy mheiriant golchi ddim yn gweithio.*) TO WORK
4 gorfodi rhywun i wneud ei waith (*Mae'r athrawon yn ein gweithio ni'n rhy galed o lawer.*) TO WORK
5 peri bod peiriant yn cyflawni'r hyn y bwriadwyd iddo'i wneud (*A oes rhywun yn gwybod sut i weithio'r cyfrifiadur yma?*) TO WORK, TO OPERATE
6 gwingo, cyffroi (*Ar ôl cymryd y cyffur yr oedd ei gorff yn gweithio i gyd.*) TO TWITCH
7 eplesu; y byrlymu sy'n tarddu o gymysgedd o furum a siwgr mewn diod ac sy'n ei throi'n feddwol TO FERMENT
8 gosod ffurf neu siâp ar rywbeth; saernïo (*gweithio haearn*) TO FORGE
9 cyfansoddi, barddoni (*gweithio pennill*) TO COMPOSE
10 gwau (*gweithio dilledyn*) TO KNIT
11 paratoi pryd o fwyd, coginio (*gweithio cinio*) TO PREPARE
12 trin, troi (*Sut mae'r ardd yn gweithio eleni?*) TO CULTIVATE
13 gwrthwyneb bod yn rhwym, medru gwagio'r coluddion

gweithiwr hwn *eg* (gweithwyr)
1 un sy'n gweithio:
i) (yn gorfforol gan amlaf) WORKER, LABOURER
ii) (yn galed) (*Mae o'n weithiwr bach da*) WORKER
2 gwenynen fenyw nad yw'n gallu bod yn fam ond sy'n casglu bwyd, yn gofalu am yr ifanc, yn adeiladu, ac yn amddiffyn y cwch gwenyn WORKER (BEE) □ *gwenynen*

gweithred hon *eb* (gweithredoedd)
1 rhywbeth y mae rhywun wedi'i wneud neu'i gyflawni, o fwriad gan amlaf; act (*Wrth eu gweithredoedd y mae adnabod pobl yn fwy nag wrth eu siarad.*) ACTION
2 symudiad sy'n defnyddio grym at ryw bwrpas arbennig (*Roedd codi'r gyllell fel yna yn weithred fygythiol.*) ACTION
3 un ymhlith dwy neu ragor o weithredoedd DEED

gweithredoedd hyn *ell* dogfennau cyfreithiol sy'n dangos hawl person i fod yn berchen ar dŷ neu dir ac ati DEEDS, DOCUMENTS

gweithredol *a* gair i ddisgrifio rhywun neu rywbeth sydd â'r hawl i weithredu (dros rywun arall weithiau) EXECUTIVE, ACTING

gweithredu *be*
1 gwneud, cyflawni, dwyn i ben (*Dyma ein syniadau ni—eich gwaith chi fydd gweithredu'r cynllun.*) TO DO, TO ACCOMPLISH, TO IMPLEMENT
2 gwneud, cyflawni gweithred (*Wnest ti ddim gweithredu mewn ffordd anrhydeddus iawn neithiwr.*) TO ACT, TO OPERATE

gweithredwr hwn *eg* (gweithredwyr) un sy'n gweithredu (dros eraill yn aml), gwneuthurwr OPERATOR, AGENT

prif weithredwr prif swyddog cyflogedig cwmni neu lywodraeth leol CHIEF EXECUTIVE

gweithwyr hyn *ell* mwy nag un **gweithiwr**

gwêl¹ *bf* mae ef/hi yn **gweld**; bydd ef/hi yn **gweld**

gwêl² *bf* gorchymyn iti weld [**gweld**]

gweladwy *a* gair i ddisgrifio rhywun neu rywbeth y mae modd ei weld, sydd yn y golwg; gweledig *(Mae'r goleudy yn weladwy hyd yn oed yn y niwl.)* VISIBLE

gwelâu hyn *ell* mwy nag un **gwely**

gweld:gweled *be*
1 bod â golwg da sef bod y llygaid yn iach ac yn gweithio'n iawn *(Mae ef wedi cael ei olwg yn ôl ac yn gallu gweld popeth ar ôl y driniaeth.)* TO SEE
2 defnyddio'r llygaid i ganfod *(Ar ddiwrnod braf gallwch weld y wlad am filltiroedd o'r fan hyn.)* TO SEE
3 edrych neu graffu ar rywbeth, sylwi, adnabod rhywbeth wrth edrych arno *(Gadewch imi weld eich tocynnau.)* TO SEE, TO EXAMINE
4 ceisio darganfod neu gael penderfyniad *(Af i weld beth y gallaf ei wneud.)* TO SEE, TO INQUIRE
5 dychmygu, creu llun yn y meddwl *(Ni allaf ei gweld hi'n aros yn hir yn y swydd yma.)* TO SEE
6 cael profiad o, bod yn llygad-dyst *(Mae'r hen dŷ yma wedi gweld dyddiau gwell.)* TO SEE
7 ymweld â, ymgynghori â *(Mae hi wedi mynd i weld y doctor.)* TO SEE, TO VISIT
8 gwneud yn sicr, sicrhau, ymorol *(Rwy'n dibynnu arnat ti i weld bod popeth yn barod erbyn fory.)* TO SEE
9 ymddangos, edrych fel petai *(Mae o i'w weld yn gwella.)* TO SEEM
10 barnu, ystyried *(Wel, gwnewch chi fel y gwelwch chi orau.)* TO SEE FIT
11 deall, dirnad *(Rwy'n gweld. Mae wedi'i gweld hi.)* TO SEE, TO UNDERSTAND (gwêl, wele, yli, ylwch)

gweld bai ar canfod nam neu fai *(Mae e'n gweld bai ar bawb ond ef ei hun.)* TO FIND FAULT

gweld eisiau/colled bod â hiraeth am rywun, neu bod ag angen rhywbeth TO MISS

gweld golau dydd cael ei (g)eni TO SEE THE LIGHT OF DAY

gweld golau coch gweld arwydd o berygl TO SEE THE WARNING LIGHT

gweld lygad yn llygad cytuno'n llwyr TO SEE EYE TO EYE

gweld yn dda fel yn *os gweli/gwelwch yn dda* PLEASE, IF YOU PLEASE

gweledig *a* gair i ddisgrifio rhywun neu rywbeth sydd yn y golwg; amlwg, gweladwy VISIBLE

gweledigaeth hon *eb* (gweledigaethau)
1 syniadau treiddgar (ynglŷn â rhyw nod neu ddelfryd) *(Roedd yn ŵr a geisiodd danio pawb â'i weledigaeth ynglŷn ag addysg Gymraeg.)* VISION
2 fflach sydyn o oleuni ar broblem ddyrys BRAINWAVE
3 rhywbeth sy'n cael ei weld fel breuddwyd neu ddarlun yn y dychymyg *(Gweledigaethau'r Bardd Cwsg yw teitl llyfr enwog Ellis Wynne a gyhoeddwyd ym 1703.)* VISION

gweledol *a* gair i ddisgrifio rhywbeth sy'n ymwneud â'r golwg, neu sy'n cael ei weld, e.e. *celfyddydau gweledol* o'u cyferbynnu â cherddoriaeth a llenyddiaeth VISUAL

gwelw *a* gair i ddisgrifio rhywun neu rywbeth heb fawr o liw neu heb fawr o lewyrch, heb fod yn ddisglair; llwyd PALE, ASHEN, WAN

gwelwder:gwelwedd hwn *eg* llwydni gwedd, y cyflwr o fod yn welw PALLOR, PALENESS

gwelwi *be* colli lliw (yn arbennig am wyneb person), mynd yn wyn; llwydo, pylu mewn disgleirdeb TO PALE

gwely hwn *eg* (gwelyau:gwelâu)
1 darn o ddodrefn neu gelfi a ddefnyddir i gysgu arno BED
2 unrhyw beth y mae rhywun yn cysgu arno *(gwely o wair; gwneud gwely ar y llawr)* BED
3 darn o dir (mewn gardd) wedi'i baratoi ar gyfer plannu hadau neu lysiau BED
4 darn o dir (mewn gardd) lle y mae un math o blanhigyn yn tyfu *(gwely rhosod)* BED
5 gwaelod afon, llyn neu fôr BED
6 sylfaen, haen waelodol *(gosod y tatws pob ar wely o letys)* BED
7 mae papur newydd yn mynd 'i'w wely', h.y. yn cael ei argraffu

gwely crog darn hir o ddefnydd neu rwyd y mae modd ei grogi wrth ei ddau ben er mwyn ffurfio gwely HAMMOCK

gwell¹ *a* (gradd gymharol **da** â'r ystyr 'mwy da', er na ddylech ddweud nac ysgrifennu 'mwy da') gair i ddisgrifio:
1 rhywun neu rywbeth sy'n rhagori ar arall *(Mae Manon yn well na'i brawd am redeg.)* BETTER
2 rhywun nad yw mor sâl neu dost ag y bu *(Rwy'n teimlo'n llawer gwell erbyn hyn.)* BETTER
3 rhywbeth mwy buddiol neu a fydd o fwy o les *(Faint yn well wyt ti ar ôl yr holl ymdrech?)* BETTER

bod yn well gan hoffi'n fwy TO PREFER

er gwell neu er gwaeth FOR BETTER OR FOR WORSE

gwell i mi (i ti, iddo ef etc.) mae gofyn i mi I HAD BETTER

gwell² *hwn eg* (yn dilyn rhagenw gan amlaf, fel yn *fy ngwell* neu'r ymadrodd *o flaen ei well*) pobl sydd yn uwch eu statws neu sydd â mwy o awdurdod nag eraill BETTERS, SUPERIORS
  mynd o flaen fy (dy, ei etc.) ngwell ymddangos ar gyhuddiad mewn llys barn TO APPEAR BEFORE ONE'S BETTERS
gwella *be*
  1 dod yn well (o ran iechyd neu ansawdd ac ati neu am y tywydd) (*Mae hi'n dechrau gwella o'r diwedd.*) TO GET BETTER, TO IMPROVE
  2 gwneud yn well (*Mae cot o baent wedi gwella'r ystafell yn rhyfeddol.*) TO MAKE BETTER, TO IMPROVE
gwellaif:gwellau *hwn eg* (gwelleifiau) math o siswrn cryf a ddefnyddir i gneifio defaid â llaw SHEARS

cneifiwr
cneifio
gwellaif:gwellau

gwellhad *hwn eg* adferiad iechyd; y weithred neu'r broses o wella (*Anfonodd y dosbarth gerdyn yn dymuno gwellhad buan i'w hathrawes.*) RECOVERY
  ar wellhad yn gwella ON THE MEND
gwelliant *hwn eg* (gwelliannau)
  1 newidiad er gwell IMPROVEMENT
  2 awgrym ar gyfer newid geiriau deddf neu gynnig ffurfiol o flaen pwyllgor AMENDMENT
gwellt *hyn ell* mwy nag un **gwelltyn**; coesau ŷd wedi'u sychu; cânt eu defnyddio i wneud lle clyd i anifeiliaid gysgu neu ar gyfer llunio matiau, basgedi ac ati STRAW
  mynd i'r gwellt methu, mynd i ebargofiant TO FALL THROUGH
gwelltglas *hyn ell* neu *enw torfol* porfa, glaswellt GRASS
gwelltog *a* gair i ddisgrifio rhywle lle y mae porfa dal yn tyfu GRASSY
gwelltyn *hwn eg* (gwellt)
  1 un goes neu gorsen o ŷd wedi'i sychu; un darn o wellt STRAW, STALK
  2 tiwb tenau o bapur neu blastig ar gyfer sugno hylif (megis llaeth/llefrith) drwyddo STRAW
gwen *a* ffurf ar **gwyn** sy'n cael ei defnyddio gydag enw benywaidd (gair sy'n cael ei ddilyn gan 'hon') e.e. *lili wen fach*
gwên *hon eb* (gwenau) golwg ar yr wyneb lle y mae dau ben y geg yn codi a'r llygaid yn pefrio fel arwydd o lawenydd, boddhad, cyfeillgarwch ac ati; weithiau gall guddio teimladau chwerw SMILE
  gwên deg gwên sy'n cuddio teimladau angharedig neu gas (*Roedd e'n ŵen deg i gyd, ond gwn ei fod yn dweud pethau cas y tu ôl i 'nghefn.*) FALSE SMILE
gwenci *hon eb* (gwencïod) anifail bychan â chot o ffwr lliw rhwd a bron a bola gwyn, sy'n perthyn i'r un teulu â'r ffured, y carlwm a'r ffwlbart, ac, fel y rhain, sy'n byw ar hela anifeiliaid eraill megis cwningod a llygod; bronwen WEASEL □ *ffwlbart*
gwendid *hwn eg* (gwendidau)
  1 y cyflwr o fod yn wan, o beidio â bod yn gryf; eiddilwch WEAKNESS
  2 man gwan, bai (*Mae ei hoffter o ddiod feddwol yn wendid ynddo.*) WEAKNESS, FAULT
  3 afiechyd, llesgedd, gwaeledd, nychdod WEAKNESS, INFIRMITY
  4 y cyflwr o fod yn wirion, neu o fod yn llai na llawn llathen FEEBLENESS (OF MIND), IMBECILITY
  5 lleihad y lleuad (*Mae'r lleuad yn ei gwendid.*) WANING
Gwener *hon eb*
  1 fel yn *dydd Gwener* y chweched dydd o'r wythnos (yn dilyn dydd Iau) FRIDAY
  2 yr ail blaned o'r haul a'r nesaf at y Ddaear sy'n ymddangos inni weithiau fel y seren fore ac weithiau fel seren yr hwyr; Fenws VENUS □ *planedau*
  (Dydd) Gwener y Groglith y diwrnod y croeshoeliwyd Iesu Grist, y dydd Gwener cyn Sul y Pasg GOOD FRIDAY
gwenerol *a* (yn feddygol) gair i ddisgrifio rhywbeth (clefyd fel arfer) sy'n cael ei drosglwyddo trwy weithredoedd rhywiol VENEREAL
Gwenfô *enw lle* WENVOE
gwenfflam *a* gair i ddisgrifio rhywbeth:
  1 sy'n llosgi â fflamau mawr coch BLAZING
  2 yn ffigurol, am rywbeth sy'n llosgi, sy'n ffrwydro'n danllyd (*y byd yn wenfflam gan ryfel*) ABLAZE
gweniaith *hon eb* canmoliaeth rhy hael, clod gwag, iaith i seboni rhywun FLATTERY, BLARNEY
gwenieithio *be* seboni, gorganmol, ffug-foli, ffalsio TO FLATTER, TO BLANDISH

gwenith hyn *ell* (ac *enw torfol*) mwy nag un wenithen [**gwenithen**]

gwenithen hon *eb* (gwenith)
1 planhigyn y mae ei rawn yn cael eu malu i wneud blawd neu fflŵr WHEAT □ *cnydau*
2 un gronyn o wenith WHEAT

gwenithfaen hwn neu hon *egb* carreg galed, lwyd a ddefnyddir yn helaeth mewn adeiladu GRANITE □ t.632

gwennol hon *eb* (gwenoliaid)
1 aderyn sy'n cyrraedd gwledydd Hemisffêr y Gogledd yn yr haf, sy'n nythu dan fondo tŷ, sydd ag adenydd pigfain a chynffon fforchog, sy'n ehedeg yn gyflym ac sy'n dal pryfed wrth hedfan SWALLOW, MARTIN
2 dyfais sy'n gwau edefyn (yr anwe) rhwng yr edefynnau sy'n rhedeg o ben i waelod gwŷdd (yr ystof) SHUTTLE
3 y cylch o blu a ddefnyddir yn lle pêl yn y gêm badminton SHUTTLECOCK

gwennol ddu aderyn bach ag adenydd hir SWIFT

gwennol ofod math arbennig o awyren sy'n gallu cludo teithwyr i'r gofod ar ôl cael ei thanio gan roced, ac yna eu hedfan yn ôl i'r ddaear ar ôl cwblhau ei gwaith SPACE SHUTTLE

gwennol y bondo un o deulu'r gwenoliaid sydd weithiau'n gwneud nyth o laid dan fondo tŷ HOUSE-MARTIN

gwennol y glennydd un o deulu'r gwenoliaid sy'n nythu mewn clogwyni tywodlyd SAND MARTIN

gwennol y môr un o nifer o fathau o adar y môr sydd â chynffon fforchog ac adenydd hir TERN

gwenu *be*
1 codi ochrau'r geg a dangos mwynhad, pleser, bodlonrwydd, hoffter ac ati, neu weithiau syndod, amheuaeth, chwerwder neu ddirmyg (*gwenu'n llon; gwenu'n sur*) TO SMILE, TO GRIN
2 pelydru, tywynnu (*Mae'r haul yn gwenu arnom heddiw.*) TO SMILE, TO SHINE

gwenu o glust i glust bod yn wên i gyd, gwenu'n llydan TO SMILE FROM EAR TO EAR

gwenwyn hwn *eg*
1 sylwedd neu gyffur sy'n gwneud niwed i anifail neu blanhigyn neu'n ei ladd (os caiff ei lyncu neu ei sugno trwy'r croen neu'r dail) POISON, VENOM
2 cenfigen, sbeit, malais, casineb, gelyniaeth SPITE, JEALOUSY
3 hwyl ddrwg, anniddigrwydd (*Paid â thrafferthu siarad ag ef—mae'n llawn gwenwyn heno.*) SPLEEN, PEEVISHNESS

gwenwynig *a* gair i ddisgrifio rhywbeth sy'n beryglus i'r iechyd oherwydd bod gwenwyn ynddo POISONOUS, VENOMOUS

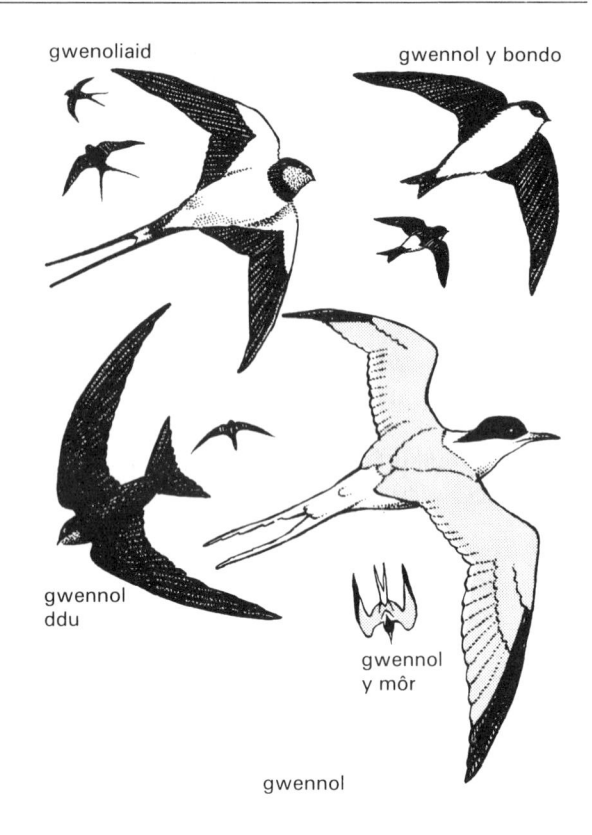

gwenwynllyd *a* gair i ddisgrifio:
1 rhywbeth sy'n llawn gwenwyn; gwenwynig POISONOUS, VENOMOUS
2 rhywun sy'n llawn malais, eiddigedd, casineb, gelyniaeth ac ati SPITEFUL, JEALOUS
3 piwis, blin, anniddig PEEVISH

gwenwyno *be*
1 rhoi gwenwyn i, lladd neu niweidio trwy wenwyn TO POISON
2 llygru, amhuro mewn ffordd beryglus (*Mae cemegion yn gwenwyno'n hafonydd.*) TO POISON
3 achwyn, cwyno'n ddi-baid, bod yn biwis ac anniddig, grwgnach (*Dim ond gwenwyno rwyt ti wedi'i wneud oddi ar iti ddod adre!*) TO MOAN, TO GRIZZLE, TO BE PEEVISH

gwenyg hyn *ell* mwy nag un waneg [**gwaneg**]

gwenynen hon *eb* (gwenyn) trychfilyn sy'n hedfan ac yn byw yn heidiau, sy'n cynhyrchu mêl a chŵyr, ac sy'n gallu pigo'n gas BEE (brenhines, bygegyr, crwybr, cwch, cyff, gre, gweithiwr, haid)

gwenyn gormes bygegyr DRONES

gwenyn meirch trychfilod sy'n hedfan ac yn pigo ac sy'n debyg o ran golwg i'r gwenyn â'u cyrff du a melyn; cacwn, picwn WASPS

gweog *a* gair i ddisgrifio pethau sydd wedi'u cysylltu â gwe WEBBED

gwep *hon eb* (ffurf braidd yn amharchus) wyneb hir, sur; gwg *(Dyw hi ddim yn hapus iawn â'r canlyniad yn ôl ei gwep.)* COUNTENANCE, JIB

  tynnu gwep tynnu wyneb, gwneud ystumiau TO MAKE FACES

gwêr *hwn eg* braster neu saim caled sy'n cael ei wneud trwy doddi bloneg anifeiliaid, a'i ddefnyddio i wneud canhwyllau, sebon ac ati TALLOW, GREASE, WAX

gwerdd *a* ffurf ar **gwyrdd** sy'n cael ei defnyddio gydag enw benywaidd (gair sy'n cael ei ddilyn gan 'hon') e.e. *deilen werdd*

gwerddon *hon eb* (gwerddonau) man lle y ceir coed a dŵr yng nghanol diffeithwch; cilfach werdd OASIS

gweren *hon eb* siwed, math o fraster caled o ymyl arennau anifail sy'n cael ei ddefnyddio i goginio SUET

gwerin[1] *hon eb*

  1 enw torfol am bobl gyffredin gwlad, yn arbennig pobl gyffredin cefn gwlad PEOPLE, FOLK, PROLETARIAT

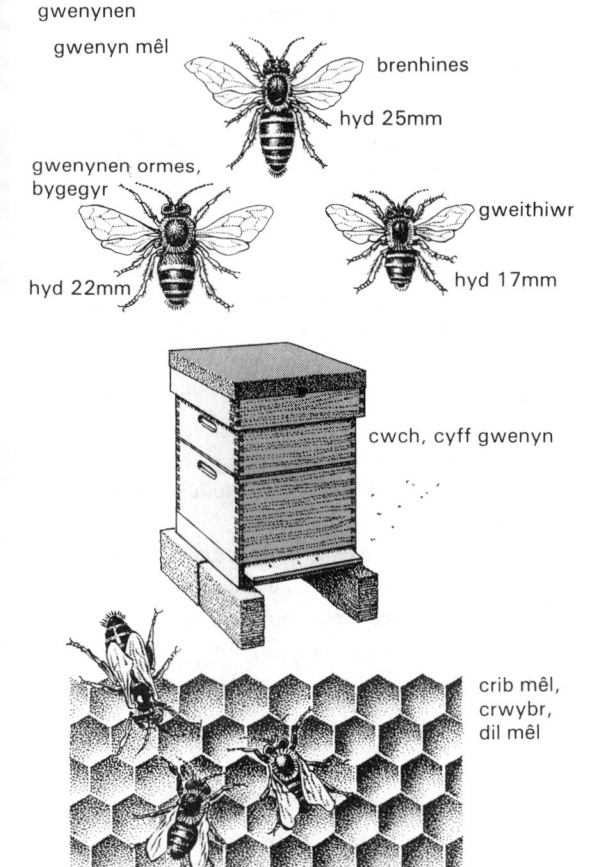

  2 darnau gwyddbwyll CHESSMEN, PIECES □ *gwyddbwyll*

  y Werin y syniad delfrydol o bobl gyffredin Cymru fel rhan o gymdeithas ddemocrataidd, wâr, ddiwylliedig, foesol, annibynnol

gwerin[2] *a* (fel yn *amgueddfa werin, llên gwerin, canu gwerin* ac ati) gair i ddisgrifio rhyw grefft neu gelfyddyd arbennig sydd wedi codi ymhlith pobl gyffredin (cefn gwlad fel arfer) fel rhan bwysig o'u bywyd a'u diwylliant ac sy'n nodweddiadol o ryw wlad, ardal neu alwedigaeth ac ati FOLK

gweriniaeth *hon eb* (gweriniaethau) cenedl sydd ag arlywydd yn hytrach na brenin yn ben arni, e.e. *Gweriniaeth Iwerddon, Gweriniaeth Ffrainc* REPUBLIC

gwerinol *a* gair i ddisgrifio rhywun neu rywbeth sy'n nodweddiadol o'r werin, o bobl gyffredin PLEBEIAN, COMMON

gwerinwr *hwn eg* (gwerinwyr)

  1 gwladwr, dyn sy'n byw yn y wlad COUNTRYMAN, RUSTIC

  2 y darn gwyddbwyll isaf ei werth PAWN □ *gwyddbwyll*

gwern:gwernen *hon eb* (gwerni:gwernydd)

  1 enw torfol am goed sy'n perthyn i deulu'r fedwen ac sy'n tyfu fel arfer ar lan afon neu mewn lle llaith; mae coed y pren yn araf iawn i bydru mewn dŵr a byddai pobl yn arfer gwneud clocs ohono ALDER □ *coed t.616*

  2 lle gwlyb lle y bydd coed gwern yn tyfu; cors, siglen SWAMP, QUAGMIRE

gwers *hon eb* (gwersi)

  1 y cyfnod neu'r amser sy'n cael ei bennu i blentyn neu ddosbarth astudio rhyw bwnc (yn arbennig fel un ymhlith cyfres o gyfnodau tebyg) *(pedair gwers y prynhawn)* LESSON

  2 rhywbeth sy'n cael ei ddysgu i ddisgybl (yn yr ysgol fel arfer), e.e. *gwers fathemateg* LESSON

  3 rhywbeth y dylai neu y mae rhywun yn dysgu oddi wrtho *(Rwy'n gobeithio y bydd hynny'n wers iti.)* LESSON

  4 darn byr o'r Beibl a ddarllenir yn ystod gwasanaeth crefyddol; llith LESSON

gwers rydd

  1 math o farddoniaeth wedi'i seilio ar rythmau llafar, sy'n rhydd oddi wrth fesur ac odl ac sy'n gallu amrywio'i phatrwm o un llinell i'r llall VERS LIBRE

> *Gwalia*
> Onid ydyw'n beth syn
> Mai fel hyn y mae'r rhelyw yn synio
> Am wlad y Cymro,
> Sef fel y lle y ceir
> Llanfairpyllgwyngyllgo-
> gerychwyrndrobwllllandysilio-
> gogogoch ynddo.   Gwyn Thomas

2 cyfnod yn yr ysgol pan na fydd athro'n dysgu dosbarth FREE LESSON

gwerslyfr *hwn eg* (gwerslyfrau) llyfr sydd wedi ei ysgrifennu i'w ddefnyddio'n rheolaidd gan ddisgyblion ysgol TEXTBOOK

gwersyll *hwn eg* (gwersylloedd) casgliad o bebyll neu gytiau lle y mae pobl yn treulio'u gwyliau neu'n byw dros dro, e.e. *gwersyll milwyr, gwersyll yr Urdd, gwersyll gwaith* CAMP

gwersylla *be* codi gwersyll; treulio amser mewn gwersyll TO CAMP

gwersyllu *be* cysgu mewn pabell (dros dro, ar wyliau fel arfer) TO CAMP

gwerth[1] *hwn eg* (gwerthoedd)
  1 ansawdd sy'n gwneud rhywbeth yn ddefnyddiol neu'n ddeniadol yn arbennig o'i gymharu â phethau eraill VALUE
  2 y swm o arian y gallech ddisgwyl ei dalu neu ei dderbyn am rywbeth, neu faint o bethau y gallech eu disgwyl o'u cyfnewid am rywbeth arall VALUE
  3 y syniad sydd gan bobl o bwysigrwydd, rhinwedd, safon *(Un ffordd o bwyso a mesur cymdeithas yw trwy fwrw golwg ar ei gwerthoedd.)* VALUE
  ar werth i'w werthu FOR SALE
  dim gwerth da i ddim, heb fod o unrhyw werth WORTHLESS

gwerth[2] *a* gair i ddisgrifio rhywun neu rywbeth:
  1 ac iddo bris neu ansawdd arbennig *(Mae'r tŷ 'ma'n werth £50,000. Rwyt ti'n werth y byd.)* WORTH
  2 y mae modd ei brynu am bris arbennig *(Ga i werth 50c o tsips os gwelwch yn dda?)* WORTH
  3 sy'n deilwng, sy'n haeddu *(Mae'n rhaglen werth ei gweld.)* WORTH
  gwerth arian gwerthfawr *(Mae ganddo werth arian o lyfrau yn y tŷ.)* VALUABLE
  gwerth chweil gwerth ei wneud, gwerthfawr WORTHWHILE

gwerthfawr *a* gair i ddisgrifio rhywun neu rywbeth drud, prid, costus, sy'n werth llawer VALUABLE, PRECIOUS (gwerthfawroced, gwerthfawrocach, gwerthfawrocaf)

gwerthfawrogi *be*
  1 pwyso a mesur gwerth rhywbeth *(Yn ei hysgrif, mae hi'n gwerthfawrogi cyfraniad y bardd i lenyddiaeth Gymraeg.)* TO APPRECIATE, TO VALUE
  2 meddwl neu wneud yn fawr o, ystyried bod rhywbeth neu rywun yn werthfawr *('Mae'n braf cael eich gwerthfawrogi weithiau,' meddai Mam pan roddais anrheg iddi.)* TO VALUE, TO APPRECIATE

gwerthfawrogiad *hwn eg* (gwerthfawrogiadau)
  1 barn ynglŷn â gwerth rhywbeth APPRECIATION
  2 adroddiad ysgrifenedig ar werth rhywbeth APPRECIATION
  3 teimlad diolchgar *(Ni chafodd erioed yr un gair o werthfawrogiad am ei holl waith caled.)* APPRECIATION, GRATITUDE

gwerthfawrogol *a* gair i ddisgrifio rhywun neu rywbeth sy'n dangos gwerthfawrogiad; diolchgar APPRECIATIVE

gwerthiant *hwn eg* (gwerthiannau)
  1 y weithred neu'r act o werthu *(Bydd gwerthiant y teganau hyn yn cynyddu cyn y Nadolig.)* SALE
  2 cynnig arbennig o nwyddau am brisiau gostyngedig; sâl, sêl SALE

gwerthu *be*
  1 cyfnewid am arian neu rywbeth arall o werth TO SELL
  2 achosi i rywbeth gael ei brynu *(Newyddion drwg sy'n gwerthu papurau, nid newyddion da.)* TO SELL
  3 cynnig (nwyddau) i rai gael eu prynu *(Mae siop y pentre'n gwerthu popeth.)* TO SELL, TO VEND
  4 llwyddo i berswadio *(Rwyf wedi llwyddo i werthu'r syniad iddyn nhw.)* TO SELL
  5 bradychu am arian neu wobr arall *(Mae wedi ei werthu ei hun i'r diafol.)* TO SELL

gwerthwr *hwn eg* (gwerthwyr) un sy'n gwerthu SELLER, SALESMAN

gwerthyd *hon eb* (gwerthydau:gwerthydoedd)
  1 darn o fetel yn cysylltu dwy olwyn a'r rheini'n troi arno; echel AXLE
  2 bar neu drosol sy'n troi neu y mae olwyn yn troi arno er mwyn trosglwyddo egni trwy beiriant, e.e. *camwerthyd* SHAFT □ *camwerthyd*

gweryrad:gweryriad *hwn eg* y sŵn hir, crynedig a wneir gan geffyl NEIGH, WHINNY

gweryru *be* gwneud y sŵn hir, crynedig a wneir gan geffyl; nadu TO NEIGH, TO WHINNY

gwestai[1] *hwn eg* (gwesteion)
  1 rhywun sydd wedi derbyn gwahoddiad ac sy'n aros yng nghartref rhywun arall GUEST
  2 rhywun sy'n aros mewn gwesty; lletywr VISITOR
  3 rhywun sydd wedi derbyn gwahoddiad i gymryd rhan mewn rhaglen, cyngerdd ac ati *(Fy ngwestai yn y rhaglen bore fory fydd y canwr enwog ...)* GUEST

gwestai[2] *hyn ell* mwy nag un **gwesty**

gwesty *hwn eg* (gwestai:gwestyau) lle i bobl aros dros nos (am dâl fel arfer); llety, tafarn BOARDING-HOUSE, HOTEL, GUEST-HOUSE

gweu gw. **gwau:gweu**

gweud *be* ffurf lafar yn y De ar ddweud [**dweud**]

gweunydd *hyn ell* mwy nag un waun [**gwaun**]

gwewyr hyn ell mwy nag un **gwayw**, poenau sydyn, pangau, brathiadau o boen SPASMS

gwewyr cydwybod brathiad cydwybod PANGS OF CONSCIENCE

gwewyr geni/esgor yr ymdrechion a'r poenau sydd ynghlwm wrth esgor BIRTH PANGS

gwewyr meddwl MENTAL ANGUISH

gwëydd gw. **gwehydd:gwëydd**

gwg hwn *eg* golwg ddifrifol yn mynegi anfodlonrwydd trwy grychu'r aeliau a'r talcen; y weithred o wgu; cuwch FROWN, SCOWL

gwgu *be*
1 tynnu'r aeliau at ei gilydd er mwyn mynegi anfodlonrwydd; cuchio, TO FROWN, TO SCOWL, TO GLOWER
2 (am bethau) bod â golwg anghyfeillgar neu beryglus (*y cwmwl yn gwgu; mynydd yn gwgu*) TO FROWN, TO SCOWL

gwialen hon *eb* (gwiail)
1 coes hir a hyblyg o bren CANE, STAFF
2 coes hir, hyblyg o bren a fyddai'n cael ei defnyddio i guro (plant ysgol fel arfer); cansen CANE, ROD
3 un o nifer o wiail, sef ceinciau hir, tenau o bren hyblyg sy'n cael eu gwau i lunio basgedi, celfi ac ati WICKER, SAPLING

gwialen bysgota darn hir o bren (neu ddeunydd tebyg) a ddefnyddir i daflu lein a bachyn yn dynn wrtho i'r dŵr er mwyn ceisio dal pysgodyn ac yna i dynnu'r lein (a'r pysgodyn) yn ôl i'r lan; genwair FISHING-ROD

gwib[1] hon *eb* (gwibiau) symudiad cyflym, rhuthr sydyn RUSH, SPRINT, FLASH

ar wib ar ruthr *(dyma fe heibio ar wib)* IN A RUSH, FULL SPEED

gwib[2] *a* gair i ddisgrifio rhywbeth sy'n symud yn gyflym, e.e. *seren wib* SWIFT, SHOOTING

gwibdaith hon *eb* (gwibdeithiau) siwrnai fer, taith o un man i fan arall (ac yn ôl fel arfer); trip TRIP, OUTING, EXCURSION

gwiber hon *eb* (gwiberod)
1 un o nifer o fathau o nadredd gwenwynig VIPER
2 yr unig neidr wenwynig sydd i'w chael ym Mhrydain; gallwch ei hadnabod wrth y patrwm igam-ogam ar hyd ei chefn ADDER □ *ymlusgiaid*

gwibio *be* rhedeg yma a thraw, rhuthro o gwmpas, symud yn gyflym o fan i fan TO RUSH ABOUT, TO FLIT, TO DART

gwich hon *eb* (gwichiau)
1 sgrech fain, uchel a wneir gan blant wrth chwarae a chan rai anifeiliaid (e.e. moch a llygod) i fynegi braw SQUEAL, SHRIEK
2 sŵn main, uchel, cas fel sialc ar fwrdd du, neu ddarnau o fetel heb eu hiro yn rhwbio yn ei gilydd SCREECH, SQUEAK

gwichiad[1] hwn *eg* (gwichiaid) math o bysgodyn bach bwytadwy sy'n byw mewn cragen debyg i gragen malwen; malwen y môr PERIWINKLE, WINKLE □ *molysgiaid*

gwichiad[2] hwn *eg* (gwichiadau) gwich, y weithred o wichian SQUEAL, SHRIEK

gwichian *be*
1 gwneud sŵn uchel, main fel mochyn neu lygoden TO SQUEAL, TO SHRIEK
2 gwneud sŵn treiddgar, uchel, cas fel sialc ar fwrdd du TO SCREECH, TO SQUEAK
3 canu neu chwibanu fel brest sy'n dynn TO WHEEZE

gwichlyd *a* gair i ddisgrifio rhywun neu rywbeth sy'n gwichian SHRILL, SQUEAKY

gwidman hwn *eg* gŵr gweddw WIDOWER

gwidw hon *eb* gwraig weddw WIDOW

gwifr:gwifren hon *eb* (gwifrau) edefyn neu linyn o fetel (megis dur neu gopr) ar gyfer trosglwyddo trydan, ffensio ac ati WIRE

gwifren bigog gwifren a phigau byr, main yn rhan ohoni sy'n cael ei defnyddio ar gyfer ffensio BARBED WIRE

gwig hon *eb* (hen air a geir mewn enwau lleoedd) coed, coedwig

gwingo *be*
1 troi a throsi, bod yn aflonydd (oherwydd poen fel arfer), bod yn rhwyfus TO WRITHE, TO FIDGET, TO SQUIRM
2 cicio, strancio fel yn *gwingo yn erbyn y symbylau*, sef cicio (a gwneud dolur ichi eich hunan) yn erbyn yr hyn sy'n siŵr o ddigwydd beth bynnag TO KICK

gwin hwn *eg* (gwinoedd) diod feddwol wedi'i gwneud fel arfer o sudd grawnwin ond hefyd o sudd mathau eraill o ffrwythau a llysiau WINE

gwinau *a* gair i ddisgrifio:
1 (gwallt neu ffwr) browngoch, eurfrown AUBURN
2 (ceffyl) cochddu, melynfrown BAY, CHESTNUT

gwinllan hon *eb* (gwinllannau:gwinllannoedd) darn o dir y mae gwinwydd yn cael eu tyfu arno VINEYARD

gwinwydden hon *eb* (gwinwydd) y goeden y mae grawnwin yn tyfu arni; mae'n cael ei phlannu'n un o res mewn gwinllan VINE

gwir[1] hwn *eg* gwrthwyneb celwydd neu anwiredd; gwirionedd *(Wyt ti'n dweud y gwir?)* TRUTH

ar fy ngwir wir iti, wir yr HONESTLY

calon y gwir cnewyllyn y gwirionedd

y gwir a'r gau THE TRUE AND THE FALSE

y gwir cas rhywbeth sy'n boenus o wir THE PLAIN TRUTH

gwir² *a* gair i ddisgrifio rhywbeth sydd heb fod yn ffug nac yn gelwyddog; iawn, diamau, perffaith gywir; fel arfer, mae 'gwir' yn cael ei ddefnyddio o flaen enw i olygu 'dilys', 'real', e.e. *fy ngwir ddiddordeb*, neu fe all gael ei ddefnyddio ar ôl enw i olygu 'ffeithiol gywir', e.e. *stori wir*. Mae'n cael ei ddefnyddio hefyd mewn teitlau megis *Gwir Anrhydeddus* (Right Honourable), *Gwir Barchedig* (Right Reverend) TRUE, GENUINE, REAL

cyn wired â'r efengyl:cyn wired â phader GOSPEL TRUTH

wir iti:wir yr HONESTLY

gwir³ *adf* mewn gwirionedd, yn wir *(Mae'n sefyllfa wir ddifrifol.)* TRULY, REALLY

gwireb *hon eb* (gwirebau) gwirionedd amlwg sy'n cael ei fynegi mewn ffordd gryno, fachog; dihareb (e.e.
 'Ba rin i bren heb ei wraidd?' B. T. Hopkins
 'Heb dda a bai ni bydd byd.' T. Gwynn Jones)
AXIOM, TRUISM, MAXIM

gwireddu *be* gwneud yn wir, dod yn wir *(Pan welodd John hi yn y drws, gwireddwyd ei holl freuddwydion.)* TO MAKE TRUE, TO COME TRUE

gwirfodd *hwn eg* (fel yn *o wirfodd*) heb orfodaeth, yn fodlon, cydsyniad o fodd calon; parodrwydd FULL-HEARTED CONSENT

gwirfoddol *a* gair i ddisgrifio rhywbeth sy'n cael ei wneud heb orfodaeth, heb dâl fel arfer, o ewyllys calon; digymell VOLUNTARY, WILLING

gwirfoddoli *be* cynnig o wirfodd, yn ddigymell TO VOLUNTEER

gwirfoddolwr *hwn eg* (gwirfoddolwyr) un sy'n cynnig (gwasanaeth fel arfer) yn wirfoddol VOLUNTEER

gwirgroen *hwn eg* yr haenen o groen sy'n gorwedd o dan y glasgroen; yn y gwirgroen y mae chwarennau chwys a gwreiddiau'r blew sy'n tyfu ar y corff DERMIS

gwiriad *hwn eg* y weithred o wirio [**gwirio**] (2) CHECK

gwirio *be*
 1 haeru, tyngu TO SWEAR
 2 sicrhau, gwneud yn siŵr fod ffaith neu ddatganiad yn wir neu yn gywir TO VERIFY, TO CHECK

gwirion *a* gair i ddisgrifio:
 1 rhywun diniwed, syml SIMPLE, GUILELESS
 2 rhywun neu rywbeth ynfyd, hurt, dwl, ffôl, twp STUPID, DAFT, SILLY

gwiriondeb *hwn eg* y cyflwr o fod yn wirion; diniweidrwydd, ffolineb, twpdra SIMPLICITY, INNOCENCE, STUPIDITY

gwirionedd *hwn eg* (gwirioneddau) y gwir, gwrthwyneb anwiredd neu gelwydd TRUTH

mewn gwirionedd *a* dweud y gwir ACTUALLY

gwirioneddol *a* gair i ddisgrifio rhywbeth sydd yn union fel y mae heb ddweud gair o gelwydd; gwir, dilys, mewn gwirionedd *(Mae'r gacen hon yn wirioneddol dda.)* REAL, TRUE, GENUINE

gwirioni [ar] *be* syrthio mewn cariad â rhywun neu rywbeth nes colli pob synnwyr cyffredin; ffoli, dwlu, dotio, mwydro, mopio *(Mae hi wedi gwirioni ar y record newydd yna.)* TO BE OBSESSED, TO BE INFATUATED, TO DOTE

gwirod *hwn eg* (gwirodydd) diod (feddwol) gadarn megis chwisgi neu frandi sy'n cael ei distyllu o ddiod lai meddwol SPIRIT, LIQUOR

gwisg *hon eb* (gwisgoedd)
 1 dillad y mae pobl yn eu gwisgo, yn arbennig y dillad uchaf, gweladwy DRESS, CLOTHING
 2 dillad sy'n nodweddiadol o wlad, rhanbarth, cyfnod neu swyddogaeth arbennig; y dillad y mae actor neu actores yn eu gwisgo wrth gyflwyno cymeriad arbennig COSTUME

gwisg Gymreig

gwisgi *a* gair i ddisgrifio rhywun neu rywbeth sionc, heini, ystwyth, bywiog, cyflym, chwim, buan, rhwydd *(Mae'r hen gi bach yn eithaf gwisgi ar ôl triniaeth a gafodd gan y milfeddyg.)* NIMBLE, SPRIGHTLY, LIVELY

gwisgo *be*
 1 bod â dillad dros y corff er mwyn bod yn gynnes neu'n weddus neu'n ffasiynol *(Ydy hi'n gwisgo'r ffrog hyll yna eto?)* TO WEAR
 2 bod â rhywbeth ar eich dillad, clymu rhywbeth wrth eich dillad *(Mae hi'n gwisgo bathodyn Cymdeithas yr Iaith.)* TO WEAR
 3 rhoi dillad dros y corff *(Os na chodi di cyn bo hir, chei di ddim amser i wisgo cyn daw'r bws.)* TO DRESS, TO PUT ON
 4 rhoi arfau neu arfogaeth amdanoch TO PUT ON ARMS OR ARMOUR
 5 addurno, prydferthu *(gwisgo ffenestr siop)* TO DRESS, TO ADORN
 6 treulio, colli newydd-deb wrth gael ei ddefnyddio *(Mae llawes y got yma bron gwisgo'n dwll.)* TO WEAR

gwisgo'n dda *para,* gwrthsefyll traul TO WEAR WELL, TO LAST

gwiw *a* gair i ddisgrifio rhywun neu rywbeth sydd o fudd mawr; o werth, gwych, rhagorol, da iawn *(Rydych chi wedi gweithio'n galed ar y cywaith yma ac y mae peth gwaith gwiw iawn ynddo.)* FINE, EXCELLENT, WORTHY

ni wiw ni fyddai'n iawn, ni wnâi'r tro IT WOULDN'T DO

wiw/fiw imi feiddiaf i ddim I DARE NOT

gwiwer *hon eb* (gwiwerod) anifail bychan a chanddo got drwchus o ffwr a chynffon hir, flewog; mae'n byw mewn coed ac yn cysgu yn ystod y gaeaf; mae dau fath yn byw yng Nghymru, sef y wiwer goch a'r wiwer lwyd SQUIRREL ☐ *mamolion*

gwlad *hon eb* (gwledydd)
1 darn (mawr) penodol o dir ac iddo ffiniau pendant, ac sydd ag enw arbennig a chenedl arbennig neu genhedloedd yn byw o fewn ei ffiniau (e.e. Cymru, Ffrainc a Sbaen) COUNTRY, NATION
2 y bobl arbennig sy'n byw mewn gwlad *(Cododd y wlad fel un dyn yn erbyn gormes y brenin.)* COUNTRY
3 tir agored (amaethyddol fel arfer) y tu allan i drefi a dinasoedd *(byw yn y wlad)* COUNTRY, COUNTRYSIDE

Gwlad yr Haf SOMERSET

gwladaidd *a* gair i ddisgrifio rhywun neu rywbeth sy'n nodweddiadol o gefn gwlad (fel arfer ag awgrym o fod yn gyntefig, amrwd neu'n ddiaddurn) RUSTIC, PLAIN, COUNTRIFIED

gwladfa *hon eb* (gwladfeydd) cymdeithas o bobl o'r un genedl neu gefndir yn byw ynghyd (mewn gwlad estron fel arfer); trefedigaeth COLONY, SETTLEMENT

y Wladfa Patagonia, sef y rhan honno o Ariannin yn Ne America yr ymfudodd Cymry i fyw ynddi ym 1865 PATAGONIA

gwladgarol *a* gair i ddisgrifio rhywun sy'n caru ei wlad ac sy'n barod i'w hamddiffyn; gwlatgar PATRIOTIC

gwladgarwch *hwn eg* cariad rhywun at ei wlad enedigol PATRIOTISM

gwladgarwr *hwn eg* (gwladgarwyr) un sy'n fawr ei gariad at ei wlad ac yn fawr ei ymdrechion drosti *('gwladgarwyr tra mad')* PATRIOT

gwladol *a* gair i ddisgrifio rhywun neu rywbeth sy'n perthyn i'r wladwriaeth, e.e. *Ysgrifennydd Gwladol, yr Eglwys Wladol* STATE

gwladoli *be* (am lywodraeth neu wladwriaeth) cymryd meddiant o rywbeth, neu ei brynu (busnes, diwydiant ac ati); cenedlaetholi TO NATIONALIZE

gwladweinydd *hwn eg* (gwladweinwyr) arweinydd gwleidyddol neu aelod o lywodraeth STATESMAN

gwladwr *hwn eg* (gwladwyr) un sy'n byw yn y wlad (o'i gyferbynnu â rhywun sy'n byw mewn tref neu ddinas) COUNTRYMAN, PEASANT, RUSTIC

gwladwriaeth *hon eb* (gwladwriaethau) llywodraeth gwlad a'i swyddogion STATE

y Wladwriaeth Les system wleidyddol sydd wedi'i seilio ar yr egwyddor mai cyfrifoldeb y Llywodraeth yw gofalu am iechyd a lles economaidd pobl THE WELFARE STATE

gwladychu *be* symud i wlad estron i'w meddiannu a'i phoblogi; byw mewn gwlad neu drefedigaeth TO COLONIZE, TO INHABIT

gwlân[1] *hwn eg* (gwlanoedd)
1 blew trwchus, meddal dafad neu rai mathau o eifr WOOL
2 yr edefyn sy'n cael ei nyddu o flew'r ddafad a'i ddefnyddio i wau dillad a charthenni ac ati WOOL

gwlân cotwm rholyn meddal o gotwm sy'n cael ei ddefnyddio i lanhau rhannau o'r corff neu i daenu eli ar y corff COTTON-WOOL

gwlân[2] *a* gair i ddisgrifio:
1 rhywbeth sydd wedi'i wneud o wlân *(sanau gwlân)* WOOLLEN, WOOL
2 rhywbeth sy'n ymwneud â gwlân neu â chynhyrchu gwlân *(ffatri wlân)* WOOLLEN, WOOL

gwlanen *hon eb* (gwlanenni)
1 defnydd llac ei wead wedi'i wneud o wlân, yn arbennig ddarn o liain sy'n cael ei ddefnyddio wrth ymolchi FLANNEL, FACE-CLOTH
2 person gwan, di-asgwrn-cefn, un di-ddal *(hen wlanen o ddyn)* A WET

gwlanog *a* gair i ddisgrifio:
1 creadur â chot (neu gnu) o wlân WOOLLY, FLEECY
2 rhywbeth sydd wedi'i wneud o wlân WOOLLEN
3 rhywbeth â chot sy'n debyg i wlân *(eirin gwlanog)* WOOLLY, FLUFFY

gwlatgar *a* gair arall am **gwladgarol** PATRIOTIC

gwlâu *ell* ffurf lafar ar **gwelâu** sef mwy nag un **gwely**

gwleb *a* ffurf ar **gwlyb** sy'n cael ei ddefnyddio gydag enw benywaidd (gair sy'n cael ei ddilyn gan 'hon'), e.e. *hosan wleb*

gwledig *a* gair i ddisgrifio rhywun neu rywbeth sy'n nodweddiadol o gefn gwlad neu'n perthyn i gefn gwlad (o'i gyferbynnu â'r dref) *(Cyngor Gwledig)* RURAL, COUNTRY

gwledydd *hyn ell* mwy nag un **gwlad** [**gwlad**]

gwledd *hon eb* (gwleddoedd)
1 pryd o fwyd sy'n arbennig o flasus neu grand (o natur swyddogol neu gyhoeddus fel arfer); cyfeddach FEAST, BANQUET

gwledda

2 rhywbeth sy'n peri hyfrydwch arbennig wrth ei weld neu ei glywed *(arddangosfa sy'n wledd i'r llygad; cyngerdd sy'n wledd i'r glust)* FEAST, TREAT

gwledda *be* cymryd rhan mewn gwledd, bwyta'n helaeth o fwyd da; gloddesta, cyfeddach TO FEAST, TO REVEL

gwleidydd hwn *eg* (gwleidyddion)
1 un sy'n ennill ei fywoliaeth trwy wleidyddiaeth, yn arbennig felly aelod neu ymgeisydd seneddol POLITICIAN
2 un sy'n hyddysg yn y ffordd o weithredu'n wleidyddol POLITICIAN

gwleidyddiaeth hon *eb*
1 y gelfyddyd neu'r wyddor o lywodraethu gwlad *(Mae Ann yn astudio Gwleidyddiaeth Ryngwladol yn ei blwyddyn gyntaf yn y coleg.)* POLITICS
2 y daliadau politicaidd neu'r blaid wleidyddol y mae rhywun yn eu harddel *(Nid wyf yn hoffi ei wleidyddiaeth.)* POLITICS
3 materion politicaidd, yn arbennig fel ffordd o ennill grym a rheoli *(gwleidyddiaeth leol)* POLITICS

gwleidyddol *a* gair i ddisgrifio:
1 rhywun neu rywbeth sy'n ymwneud â gwleidyddiaeth, neu sy'n ymwneud â phleidiau politicaidd a'u perthynas â'i gilydd; politicaidd *(Byddai'n drueni pe bai'r iaith Gymraeg yn troi'n destun gwleidyddol.)* POLITICAL
2 (astudiaeth) yn ymwneud â gwledydd a'u ffiniau *(daearyddiaeth wleidyddol)* POLITICAL

gwlith hwn *eg* y dafnau o ddŵr sydd i'w gweld weithiau yn y bore ar laswellt neu gerrig ac ati wedi i'r lleithder yn yr awyr oeri yn ystod y nos DEW

rhif y gwlith aneirif LIKE THE SANDS OF THE DESERT

gwlithen hon *eb* (gwlithod:gwlithenni)
1 un o nifer o fathau o greaduriaid bach tebyg i falwod heb gregyn sy'n bwyta planhigion a ffrwythau SLUG □ *molysgiaid*
2 tyfiant neu bloryn bach llidus ar amrant; llefelyn, llefrithen STY
3 casgliad llidus o grawn o gwmpas gewin ar fys; ffelwm, ewinor WHITLOW, FELON

gwlithyn hwn *eg* un defnyn bach o wlith [**gwlith**] DEWDROP

gwlyb *a* gair i ddisgrifio:
1 rhywun neu rywbeth sydd wedi'i wlychu, sydd â hylif drosto, sydd heb fod yn sych neu sydd heb sychu; llaith WET
2 y tywydd pan fydd hi'n bwrw glaw WET
3 un o ranbarthau Cymru sydd neu a oedd wedi pleidleisio dros gadw'r tafarnau ar agor ar y Sul *(Ydy hi'n wlyb neu'n sych yma ar y Sul?)* WET (gwleb, gwlyped, gwlypach, gwlypaf)

gwnei

gwlyb diferol:gwlyb diferu wedi gwlychu trwyddo SOAKED

yn wlyb domen gw. **tomen**

gwlybaniaeth hwn *eg* rhyw gymaint o ddŵr neu hylif arall, ager neu niwl; lleithder MOISTURE, DAMPNESS

gwlybwr hwn *eg* hylif megis sudd; diod, gwlych (fel arfer yn gysylltiedig â bwyd a diod) LIQUID, FLUID

gwlych hwn *eg*
1 hylif, diod, gwlybwr LIQUID, FLUID
2 saws sy'n cael ei wneud o'r sudd a ddaw o gig wrth ei goginio; grefi GRAVY

rhoi yng ngwlych rhoi i fwydo [mwydo] TO SOAK

gwlychu *be* gwneud yn wlyb neu fynd yn wlyb *(Rwyf wedi gwlychu at fy nghroen. Bydd rhaid gwlychu'r papur cyn y gallwn ei dynnu oddi ar y wal.)* TO GET WET, TO WET, TO MOISTEN

gwlychu toes cymysgu dŵr a blawd er mwyn gwneud toes TO MIX

gwlydd hyn *ell* (ac *enw torfol*) coesau planhigion STALKS, STEMS

gwlypach:gwlypaf:gwlyped *a* mwy **gwlyb** : mwyaf **gwlyb** : mor wlyb [**gwlyb**]

gwm hwn *eg*
1 sudd gludiog sy'n tarddu gan amlaf o goesau rhai mathau o blanhigion a choed GUM
2 sylwedd a gaiff ei ddefnyddio i ludio pethau ynghyd; adlyn GUM, GLUE

gwm cnoi losin/da-da/ fferen tebyg i lastig y gallwch ei gnoi ond nid ei lyncu CHEWING-GUM

gwn[1] hwn *eg* (gynnau) arf y mae bwled neu ffrwydryn yn cael ei saethu trwy ei faril; dryll GUN

gwn[2] *bf* rwy'n **gwybod**

am (a) wn i cyn belled ag yr wyf i'n gwybod AS FAR AS I KNOW

hyd y gwn i am wn i

os (ys) gwn i gw. **ys**

gŵn hwn *eg* (gynau)
1 gwisg hir, laes *(gŵn nos)* GOWN
2 hugan, gwisg swyddogol yn dynodi statws y gwisgwr *(gŵn academaidd athro)* GOWN, ROBE
3 gwisg hir, grand merch DRESS, GOWN, FROCK

gwna[1] *bf* mae ef/hi yn **gwneud**; bydd ef/hi yn **gwneud**

gwna[2] *bf* gorchymyn i ti wneud [**gwneud**]

gwnaeth *bf* bu iddo/iddi wneud, mi ddaru iddo/iddi wneud [**gwneud**]

gwndwn hwn *eg* tir glas heb ei droi na'i aredig LEY

gwnei *bf* rwyt ti'n **gwneud**; byddi di'n **gwneud**

gwnêl:gwnelo *bf* (pan) fyddo ef/hi yn **gwneud**
gwnes *bf* ffurf lafar ar **gwneuthum**
gwneud[1] : **gwneuthur** *be*
  1 berf sy'n cynorthwyo berf arall mewn brawddeg neu gwestiwn, yn arbennig ar lafar (e.e. *A wnei di wrando? Wnaeth e ddim dod wedyn. Mi wnes i syrthio.*) TO DO
  2 berf gynorthwyol sy'n cyflawni gweithred berf arall sydd yn mynd i ddilyn fel ateb (*Beth wyt ti'n ei wneud? Eistedd fan hyn yn disgwyl y trên.*) TO DO
  3 cynhyrchu trwy waith neu weithredoedd; llunio, creu, cyfansoddi, ffurfio, adeiladu (*Pryd wyt ti'n mynd i orffen gwneud y silffoedd llyfrau 'na i mi?*) TO MAKE
  4 cymhennu, gosod yn daclus (*gwneud y gwely*) TO MAKE
  5 ennill (arian), derbyn fel cyflog (*Mae gwerthu hufen iâ yn ffordd eithaf rhwydd o wneud arian/pres yn ystod gwyliau'r haf.*) TO MAKE (MONEY), TO EARN
  6 achosi, peri newid mewn cyflwr (*Mae bwyta gormod o bethau melys yn fy ngwneud i'n sâl.*) TO MAKE
  7 peri i rywbeth ddigwydd (*y pry copyn 'na yn y bath wnaeth imi sgrechian.*) TO MAKE
  8 gorfodi, dwyn pwysau (*Cofia nawr, does neb yn mynd i wneud iti siarad.*) TO MAKE, TO ORDER, TO FORCE
  9 cynrychioli, rhoi argraff (*Mae'r llun yma yn gwneud iddi hi edrych yn dew.*) TO MAKE
  10 dod i'r swm, bod cyfwerth â (*Mae 2 a 2 yn gwneud 4.*) TO MAKE
  11 teithio (*Mae'r car yma'n gallu gwneud 90 m.y.a.*) TO DO
  12 coginio, paratoi bwyd (*gwneud teisen, gwneud cinio*) TO MAKE
  13 penodi i swydd neu roi anrhydedd (*Mae e wedi cael ei wneud yn aelod o'r Orsedd.*) TO MAKE
  14 twyllo, peri colled (*Cefais fy ngwneud yn y ffair wrth dalu pum punt am y wats yma.*) TO DO, TO CHEAT
  15 trin (*At bwy rwyt ti'n mynd i wneud dy wallt?*) TO DO
  16 dod ymlaen (*Sut wnest ti yn yr arholiad?*) TO DO (gwna, gwnaeth, gwnei, gwnêl : gwnelo, gwnes, gwneuthum)
gwneud amdanaf (amdanat, amdano etc.) fy hun fy lladd fy hun TO COMMIT SUICIDE
gwneud cam â bod yn annheg, neu yn anghyfiawn â TO DO ONE AN INJUSTICE
gwneud cawl o gwneud smonach/stomp o TO MAKE A MESS OF
gwneud chwarae teg â bod yn deg ac yn gyfiawn TO BE FAIR TO
gwneud drosof (drosot, drosto etc) fy hun gofalu amdanaf fy hun TO FEND FOR ONESELF
gwneud dŵr piso TO URINATE
gwneud fy (dy, ei etc.) musnes cachu TO DEFECATE
gwneud hwyl/sbort am ben rhywun gwawdio TO MAKE FUN OF
gwneud i ffwrdd â cael gwared ar, gwaredu, dileu TO DO AWAY WITH
gwneud llanastr gwneud cawl, smonaeth /smonach TO MESS UP
gwneud llygad bach amrantiad un llygad TO WINK
gwneud môr a mynydd gw. **môr**
gwneud smonaeth:smonach gwneud cawl TO MAKE A MESS OF, TO MUCK UP
gwneud yn fach o bychanu, dirmygu TO BELITTLE
gwneud y tro bod yn addas, bod yn iawn (THIS WILL) DO
gwneud[2] *a* ffug, artiffisial, wedi'i wneud FALSE
gwneuthum *bf* bu imi wneud, mi ddaru imi wneud [**gwneud**]
gwneuthur gw. **gwneud : gwneuthur**
gwneuthuriad hwn *eg*
  1 y ffordd y mae rhywbeth wedi cael ei wneud; lluniad, ffurfiad, adeiladaeth, gwead, saernïaeth, cyfansoddiad MAKE, COMPOSITION, CONSTRUCTION
  2 y math neu'r teip y mae rhyw declyn neu ddyfais yn perthyn iddo (*Mae'r cyfrifiadur yma o wneuthuriad Japaneaidd.*) MAKE
gwneuthurwr hwn *eg* (gwneuthurwyr) un sy'n gwneud, creu neu adeiladu rhywbeth; lluniwr MAKER, MANUFACTURER
gwniadur hwn *eg* (gwniaduron) cwpan bach o fetel i'w wisgo ar ben bys i'w gadw rhag cael dolur wrth wthio nodwydd wnïo THIMBLE
gwniadwaith hwn *eg*
  1 gwaith gwnïo a brodwaith; gwaith cain â nodwydd ac edau NEEDLEWORK
  2 enghreifftiau o'r gwaith hwn (*Mae enghreifftiau gwych o wniadwaith cain ar y clustogau hyn.*) NEEDLEWORK
gwniadwraig:gwniadreg hon *eb* (gwniadwragedd) gwraig sy'n ennill ei bywoliaeth trwy wnïo i bobl eraill SEAMSTRESS
gwnïo *be* pwytho defnydd at ei gilydd â nodwydd ac edau; pwytho, gweithio â nodwydd ac edau TO SEW, TO STITCH (gwnïaf, gwnii)
gwobr hon *eb* (gwobrau:gwobrwyon) cydnabyddiaeth (werthfawr fel arfer) am deilyngdod neu ragoriaeth (mewn gwasanaeth, ffyddlondeb, cystadleuaeth, arholiad ac ati) PRIZE, REWARD, AWARD
gwobrwyo *be* rhoi gwobr i rywun neu rywbeth, rhoi cydnabyddiaeth am wasanaeth, ffyddlondeb ac ati neu am ennill cystadleuaeth neu lwyddo mewn arholiad TO AWARD A PRIZE, TO REWARD

gŵr hwn *eg* (gwŷr)
  1 dyn yn ei lawn oedran, o'i wrthgyferbynnu â mab neu wraig MAN
  2 dyn priod, cymar gwraig *(gŵr a gwraig)* HUSBAND
darpar ŵr y gŵr y mae merch neu wraig yn mynd i'w briodi, neu wedi'i dyweddïo iddo FIANCÉ
fel (megis) un gŵr yn unfrydol AS ONE MAN
gŵr bonheddig un o'r boneddigion; gŵr cwrtais GENTLEMAN
y gŵr drwg y diafol THE DEVIL
gŵr gwadd gŵr sydd wedi derbyn gwahoddiad GUEST
gŵr gweddw gŵr y mae ei wraig wedi marw WIDOWER
gŵr llên gŵr sy'n gwybod llawer am lenyddiaeth ac sydd, fel arfer, yn ysgrifennu ei hun MAN OF LETTERS
gwrach hon *eb* (gwrachod:gwrachïod)
  1 dewines, hudoles (hen a hyll fel arfer) WITCH
  2 hen wraig hyll, gas HAG
breuddwyd gwrach wrth ei hewyllys gw. **breuddwyd**
gwrachod lludw moch y coed WOOD-LICE
gwragedd hyn *ell* mwy nag un wraig [**gwraig**]
bwrw hen wragedd a ffyn gw. **bwrw**
gwraidd hwn *eg* (gwreiddiau)
  1 y rhan honno o blanhigyn sy'n tyfu i lawr i'r pridd, gwreiddyn ROOT
  2 y rhan honno o ddant, blewyn ac ati sy'n ei ddal yn dynn yn y corff; gwreiddyn ROOT
  3 ffynhonnell, man cychwyn, achos dechreuol *(gwraidd y drwg)* ROOT, ORIGIN, SOURCE (gwreiddyn)
o'r gwraidd yn gyfan gwbl FROM THE ROOTS, ENTIRELY
wrth wraidd yn gyfrifol, achos AT THE ROOT
yn y gwraidd yn y bôn, yn sylfaenol BASICALLY
gwraig hon *eb* (gwragedd)
  1 dynes yn ei llawn dwf (o'i gwrthgyferbynnu â merch neu ŵr); benyw WOMAN
  2 benyw briod; cymhares gŵr *(gŵr a gwraig)* WIFE
darpar wraig y wraig neu'r ferch y mae gŵr yn mynd i'w phriodi ac wedi'i ddyweddïo iddi FIANCÉE
gwraig weddw gweddw, gwraig y mae ei gŵr wedi marw WIDOW
gwrandawaf *bf* rwy'n **gwrando**; byddaf yn **gwrando**
gwrandawiad hwn *eg* (gwrandawiadau)
  1 y sylw neu'r ystyriaeth a roddwch i rywbeth yr ydych yn gwrando arno *(Nid oeddwn yn hoffi'r darn ar y gwrandawiad cyntaf.)* HEARING
  2 cyfle i rywun osod ei achos *(Rwy'n gwneud fy ngorau i gael gwrandawiad gan y pwyllgor cyn iddynt benderfynu.)* HEARING
  3 (yn gyfreithiol) prawf o flaen barnwr (heb reithgor) HEARING
  4 perfformiad ar brawf, clyweliad AUDITION
gwrandawr hwn *eg* (gwrandawyr) un sy'n gwrando, un sy'n clustfeinio LISTENER
gwrandawyr cynulleidfa rhaglen radio LISTENERS
gwrandewais *bf* fe wnes i wrando [**gwrando**]
gwrando *be*
  1 talu sylw i'r hyn yr ydych yn ei glywed, canolbwyntio'r synnwyr clywed ar rywun neu rywbeth *(Ydych chi'n gwrando yng nghefn y dosbarth?)* TO LISTEN
  2 derbyn cyngor, ufuddhau i, ystyried *(Mae'r plant yn ddrwg—maen nhw'n gwrthod gwrando ar ddim rwy'n ei ddweud wrthyn nhw.)* TO LISTEN (gwrandawaf, gwrandewais, gwrendy)
gwrantaf *bf* fel yn *mi wrantaf*, rwy'n **gwarantu**; byddaf yn **gwarantu** I BET
gwrcath:cwrcath:gwrci:cwrci:gwrcyn:cwrcyn hwn *eg* (gwrcathod: cwrcathod: gwrcïod: cwrcïod: gwrcynod: cwrcynod) cath wryw TOM-CAT
gwregys hwn *eg* (gwregysau)
  1 rhwymyn neu felt o ledr neu frethyn sy'n cael ei wisgo am y canol fel addurn neu er mwyn cadw dillad ynghyd neu rhag cwympo, neu er mwyn cynnal arf megis cleddyf neu ddryll ac ati BELT, SASH
  2 rhwymyn arbennig sy'n cael ei wisgo gan deithiwr mewn car neu awyren er mwyn ei ddiogelu SEAT BELT, SAFETY BELT
  3 math arbennig o rwymyn ar gyfer cywasgu'r wasg er mwyn i berson edrych yn deneuach, neu ar gyfer cynnal cyhyrau GIRDLE, TRUSS
gwrêng hwn *eg* (ac *enw torfol*) fel yn *bonedd a gwrêng*, y werin, pobl gyffredin
gwreichion hyn *ell* mwy nag un **gwreichionyn: gwreichionen** darnau bychain o dân sy'n tasgu allan o rywbeth sy'n llosgi neu wrth i ddau beth caled fwrw yn erbyn ei gilydd SPARKS
gwreichionen hon *eb*: **gwreichionyn** hwn *eg* (gwreichion)
  1 un ymhlith nifer o wreichion [**gwreichion**] SPARK
  2 y golau sy'n cael ei gynhyrchu wrth i drydan groesi adwy neu fwlch SPARK
  3 mymryn bach ond pwysig o rywbeth, yn arbennig rywbeth y mae modd gwneud rhywbeth llawer mwy ohono *(Rhaid ailedrych ar hwn gan fod yma wreichionyn o wreiddioldeb nad yw ar gael yn y lleill.)* SPARK, GLIMMER
gwreichioni *be*
  1 tasgu gwreichion, llosgi gan gynhyrchu llawer o wreichion TO SPARK

gwreiddiau

2 pefrio, serennu, disgleirio *(ei llygaid yn gwreichioni gan ddrygioni)* TO SPARKLE, TO TWINKLE, TO GLITTER

gwreiddiau hyn *ell*
1 mwy nag un **gwraidd** neu wreiddyn [**gwreiddyn**]
2 y teimlad o fod yn perthyn i le neu ardal arbennig am i chi gael eich geni a'ch magu yno *(Er ei fod yn byw ym Mangor yn awr, mae ei wreiddiau yng Nghwm Tawe.)* ROOTS

gwreiddio *be*
1 bwrw neu dyfu gwreiddiau *(Mae'r toriad planhigyn a gefais y llynedd wedi gwreiddio erbyn hyn.)* TO TAKE ROOT
2 seilio, gosod yn gadarn ar sail; sicrhau, sefydlu *(Mae'r traddodiad barddol wedi'i wreiddio'n ddwfn yn niwylliant ein gwlad.)* TO ESTABLISH, TO SECURE, TO ROOT

gwreiddiol[1] *a* gair i ddisgrifio:
1 rhywun neu rywbeth nad yw wedi'i gopïo o ddim byd arall; newydd, ffres (yn arbennig am syniadau, dywediadau neu ysgrifennu) *(Mae ganddo ffordd wreiddiol iawn o ddweud jôcs. Darlun gwreiddiol)* FRESH, ORIGINAL
2 yr un cyntaf o rywbeth y mae popeth arall yn efelychiad neu'n gopi ohono *(Ai dyma'r llawysgrif wreiddiol?)* ORIGINAL
3 rhywun neu rywbeth sy'n bod o'r dechrau; cynharaf, cychwynnol *(Dim ond dau o'r aelodau gwreiddiol sy'n dal i ganu yn y côr.)* ORIGINAL

gwreiddiol[2] hwn *eg*
1 un (darlun, llawysgrif ac ati) y mae modd copïo eraill oddi wrtho *(Ar ôl i chi wneud ugain copi, dewch â'r gwreiddiol yn ôl i'r swyddfa.)* ORIGINAL
2 yr iaith y cyfansoddwyd darn ynddi gyntaf; fersiwn gwreiddiol rhywbeth *(Nid dyna ystyr y gair yn y gwreiddiol, cofiwch.)* ORIGINAL (LANGUAGE, VERSION)

gwreiddioldeb hwn *eg* y cyflwr neu'r ansawdd o fod yn wreiddiol; newydd-deb, ffresni ORIGINALITY

gwreiddyn hwn *eg* (gwreiddiau)
1 y rhan o blanhigyn sy'n tyfu o dan y ddaear ac sy'n tynnu nodd o'r pridd i fwydo'r planhigyn; gwraidd ROOT
2 rhan o wraidd planhigyn wedi'i dorri ar gyfer ei ailblannu ROOT
3 tarddiad, ffynhonnell, craidd, calon, sail, gwraidd *(gwreiddyn y drwg)* ROOT, ORIGIN, REASON

gwreigan hon *eb* gwraig fach ddistadl, dawel, oedrannus fel rheol

gwrendy *bf* mae ef/hi yn **gwrando**; bydd ef/hi yn **gwrando**

gwres hwn *eg*
1 y cyflwr o fod yn boeth, o fod yn dwym; tymheredd *(Beth yw gwres y dŵr heddiw?)* HEAT, TEMPERATURE

gwritgoch

2 poethder, twymder, tanbeidrwydd (yr haul, tân) HEAT
3 tywydd poeth, tes *(Dewch allan o'r gwres ac i mewn i'r cysgod.)* HEAT
4 tymheredd uchel yng nghorff dyn neu anifail wedi'i achosi gan glefyd *(Mae gwres uchel ar y plentyn yma—gwell inni ffonio'r doctor.)* TEMPERATURE, FEVER
5 brwdfrydedd, sêl, eiddgarwch *(Roedd perygl colli tymer yng ngwres y cystadlu.)* HEAT, INTENSITY
6 (yn dechnegol) yr egni sy'n cael ei gynhyrchu gan symud a chyffro ymhlith atomau a molecylau HEAT

gwres canolog ffordd o gynhesu tŷ neu adeilad trwy gynhyrchu gwres mewn man canolog a'i yrru wedyn trwy weddill yr adeilad CENTRAL HEATING

cael fy (dy, ei etc.) ngwres cynhesu, twymo TO GET WARM

cael gwres fy (dy, ei etc.) nhraed gorfod rhedeg yn gyflym neu weithio'n galed (â'r awgrym o gystadlu)

gwresog *a* gair i ddisgrifio rhywun neu rywbeth:
1 llawn gwres; poeth, twym, brwd, cynnes iawn HOT, VERY WARM
2 angerddol, brwdfrydig, selog, llawn teimlad, eiddgar *(Cawsom dderbyniad gwresog ar y cae chwarae ac yn y clwb wedyn.)* WARM, HOT, KEEN (gwresoced, gwresocach, gwresocaf)

gwresogi *be* cynhesu, twymo, poethi *(gwresogi'r tŷ)* TO HEAT

gwresogydd hwn *eg* (gwresogyddion) peiriant ar gyfer poethi/twymo aer neu ddŵr trwy losgi glo, nwy, olew, trydan ac ati HEATER

gwrhyd:gwryd hwn *eg* (gwrhydau:gwrhydion) mesur o ddyfnder dŵr (y môr fel arfer); tua chwe throedfedd, 1.8 metr; yn wreiddiol, y pellter rhwng dwy law dyn a'i freichiau ar led FATHOM

gwrhydri hwn *eg* dewrder, gwroldeb, arwriaeth COURAGE, VALOUR, HEROISM

gwrid hwn *eg*
1 y lliw coch ysgafn a geir ar y bochau ac sy'n arwydd o ieuenctid neu iechyd da fel arfer, er y gall fod yn arwydd o afiechyd weithiau; gwrthwyneb gwelwder BLUSH, BLOOM, FLUSH
2 y lliw coch sy'n codi i'r wyneb fel arwydd o swildod, cariad, dicter, cywilydd ac ati BLUSH, FLUSH
3 unrhyw liw coch sy'n debyg i'r rhain *(gwrid yr haul ar y cymylau)* GLOW

gwrido *be* cochi yn yr wyneb o dan deimlad dwys (o swildod, cariad, cywilydd ac ati) TO BLUSH, TO FLUSH

gwridog *a* gair i ddisgrifio rhywun neu rywbeth (e.e. afal) sydd â bochau cochion ROSY-CHEEKED, GLOWING

gwritgoch *a* bochgoch, o liw coch RUDDY, FLORID

gwrogaeth hon *eb* cydnabyddiaeth gyhoeddus o barodrwydd i wasanaethu ac ufuddhau i'w arglwydd; llw o ffyddlondeb i awdurdod uwch HOMAGE, ALLEGIANCE, LOYALTY

gwrol *a* dewr, glew, eofn, hy, cryf, grymus BRAVE, VALIANT, VIGOROUS, PLUCKY

gwroldeb hwn *eg* dewrder, arwriaeth, gwrhydri, nerth VALOUR, BRAVERY, HEROISM, FORTITUDE

gwroli *be*
1 mynd yn wrol, troi'n wrol, cymryd calon TO TAKE HEART
2 gwneud yn wrol, calonogi TO HEARTEN

gwron hwn *eg* (gwroniaid) gŵr dewr WORTHY, BRAVE MAN

gwrtaith hwn *eg* (gwrteithiau) unrhyw sylwedd (naturiol neu gemegol) sy'n cael ei wasgaru neu ei chwistrellu ar y tir neu ar blanhigion er mwyn gwella tyfiant; achles, tail, tom MANURE, FERTILIZER

gwrteithio *be* gwasgaru gwrtaith ar dir TO MANURE

gwrth ... *rhagddodiad* mae'n cael ei ddefnyddio weithiau ar ddechrau gair i olygu 'yn groes i', 'yn erbyn', 'yn wrthwynebol i', e.e. *gwrth-ddweud* dweud yn groes i; *gwrthdaro* taro yn erbyn; *gwrthblaid* plaid sy'n wrthwynebol i'r blaid lywodraethol CONTRA..., ANTI..., ...PROOF

gwrthban hwn *eg* (gwrthbannau) blanced, carthen, gorchudd gwely BLANKET

gwrthblaid hon *eb* (gwrthbleidiau) plaid (mewn senedd neu gyngor) sy'n gwrthwynebu'r blaid lywodraethol neu'r blaid sydd â'r mwyafrif OPPOSITION

gwrthbrofi *be* dangos bod dadl neu honiad yn anghywir, profi i'r gwrthwyneb TO DISPROVE, TO REFUTE

gwrthbwynt hwn *eg* (mewn cerddoriaeth) cyfuniad o ddwy neu ragor o alawon sydd i blethu'n dwt wrth gael eu canu gyda'i gilydd COUNTERPOINT

gwrthdaro *be*
1 bwrw neu daro yn chwyrn yn erbyn TO CLASH, TO COLLIDE
2 anghytuno, anghydweld TO CLASH

gwrthdrawiad hwn *eg* (gwrthdrawiadau)
1 trawiad sydyn dau beth y naill yn erbyn y llall (*gwrthdrawiad trên a char*) COLLISION, IMPACT
2 methiant i gyd-weld, anghydfod (*Mae yna wrthdrawiad sylfaenol yn eu hatebion i'r broblem.*) CONFLICT, DISAGREEMENT

gwrthdystio *be* gwrthwynebu'n gyhoeddus, protestio, siarad yn erbyn, codi gwrthwynebiad cyhoeddus TO PROTEST

gwrth-ddweud *be*
1 datgan bod rhywbeth yn anghywir neu'n gelwydd; croes-ddweud TO CONTRADICT
2 mynd yn groes i rywbeth neu fod yn anghyson â rhywbeth (*Rwyt ti'n gwrth-ddweud yn awr yr hyn roeddet ti'n ei honni bum munud yn ôl.*) TO CONTRADICT

gwrthfiotig hwn *eg* (gwrthfiotigau) math o foddion neu feddyginiaeth, e.e penisilin, sy'n cael ei gynhyrchu gan bethau byw ac sy'n lladd neu'n rhwystro twf bacteria niweidiol o fewn y corff ANTIBIOTIC

gwrthgilio *be* syrthio yn ôl i wneud pethau drwg, neu i beidio â gwneud pethau da TO BACKSLIDE

gwrthglawdd hwn *eg* (gwrthgloddiau) clawdd neu fencyn llydan o bridd, weithiau a wal ar ei ben, wedi'i adeiladu o gwmpas caer er mwyn ei hamddiffyn RAMPART, BULWARK, EARTHWORK

gwrthglocwedd *a* gair i ddisgrifio rhywbeth sy'n troi i'r gwrthwyneb i'r ffordd y mae bysedd cloc yn symud ANTICLOCKWISE

gwrthgyferbyniad hwn *eg* (gwrthgyferbyniadau) y gwahaniaeth (yn hytrach na'r tebygrwydd) rhwng pethau o'u cymharu â'i gilydd, yn arbennig rhwng yr eithafion gwahanol (*Un o nodweddion llun camera da yw gwrthgyferbyniad clir rhwng y rhannau golau a'r rhannau tywyll.*) CONTRAST, OPPOSITION

gwrthgyferbyniol *a* gair i ddisgrifio rhywbeth sydd mor wahanol â phosibl i rywbeth arall OPPOSITE

gwrthgyferbynnu *be*
1 cymharu pethau gan sylwi ar y gwahaniaethau rhyngddynt TO CONTRAST
2 bod mewn gwrthgyferbyniad â rhywbeth arall TO BE IN CONTRAST

Sylwch: dyblwch yr 'n' ym mhob un o ffurfiau'r ferf ac eithrio'r rhai sy'n cynnwys -*as*-.

gwrthiant hwn *eg* (gwrthiannau) mesur o allu sylwedd i rwystro llifeiriant o gerrynt trydanol rhag llifo trwyddo RESISTANCE (ohm)

gwrthnysig *a* gair i ddisgrifio rhywun sy'n hoff iawn o dynnu'n groes i bawb arall; gwrthryfelgar, ystyfnig, pengaled PERVERSE, HEADSTRONG, OBSTINATE

gwrthod *be*
1 pallu neu beidio â derbyn neu gymryd (*Mae hi wedi gwrthod pob cynnig o help.*) TO REFUSE, TO REJECT
2 pallu rhoi, gwneud neu ganiatáu rhywbeth (*Mae'n gwrthod gadael imi fynd ddydd Sadwrn.*) TO REFUSE (gwrthyd)

gwrthodedig *a* gair i ddisgrifio rhywun neu rywbeth sydd wedi cael ei wrthod, ei ddiarddel REJECTED, FORSAKEN

gwrthodiad hwn *eg* (gwrthodiadau) y weithred o wrthod, o ballu derbyn neu ganiatáu; nacâd REJECTION

gwrthrewydd *hwn eg* sylwedd cemegol sy'n cael ei ychwanegu at ddŵr i'w gadw rhag rhewi ar adegau o oerfel mawr (yn arbennig mewn rheiddiadur car) ANTIFREEZE

gwrthrych *hwn eg* (gwrthrychau)
1 unrhyw beth y mae modd ei weld neu ei gyffwrdd OBJECT
2 (mewn defnydd braidd yn henffasiwn) rhywun neu rywbeth sy'n creu rhyw deimlad neu emosiwn mewn person; testun (gwawd, edmygedd, serch, addoliad ac ati) *(Siân oedd gwrthrych ei serch.)* OBJECT
3 (yn ramadegol) y gair mewn brawddeg sy'n dangos y person neu'r peth y mae'r ferf yn gweithredu arno (o'i gyferbynnu â'r *goddrych* sy'n gwneud y gweithredu), e.e. *gwelodd ci,* A DOG SAW, lle mae *ci* yn oddrych; a *gwelodd gi*, HE/SHE SAW A DOG lle mae *ci* yn wrthrych OBJECT

gwrthrychol *a* gair i ddisgrifio rhywbeth nad yw'n cael ei ddylanwadu arno gan deimladau personol *(Mae'n anodd iawn ysgrifennu'n wrthrychol am lyfr sydd wedi corddi cynifer o deimladau.)* OBJECTIVE (goddrychol)

gwrthryfel *hwn eg* (gwrthryfeloedd)
1 gwrthwynebiad agored (ag arfau yn aml) i lywodraeth gwlad REBELLION, REVOLT
2 gwrthwynebiad agored (yn enwedig ymhlith aelodau'r lluoedd arfog) i awdurdod swyddogion uwch MUTINY

gwrthryfela *be*
1 codi'n agored (ag arfau fel arfer) yn erbyn llywodraeth gwlad TO REBEL, TO REVOLT
2 gwrthwynebu agored (yn enwedig ymhlith aelodau o'r lluoedd arfog) i awdurdod swyddogion uwch TO MUTINY
3 gwrthwynebu trefn neu arferiad arbennig TO REBEL

gwrthryfelgar *a* gair i ddisgrifio rhywun sy'n tueddu i herio awdurdod, sy'n gwrthod cydymffurfio, sy'n pallu gwrando REBELLIOUS, INSUBORDINATE

gwrthryfelwr *hwn eg* (gwrthryfelwyr) un sy'n gwrthwynebu neu'n ymladd awdurdod llywodraeth (trwy rym arfau fel arfer) *(Mae gwrthryfelwr yn ymladdwr dros ryddid i'w gyfeillion ac yn derfysgwr i'w elynion.)* REBEL, INSURGENT

gwrthsefyll *be*
1 gwrthwynebu neu wrthod yn ddi-ildio, dal eich tir yn gadarn yn erbyn pwysau trwm TO WITHSTAND, TO THWART
2 para'n dda heb dreulio *(adeilad yn gwrthsefyll tywydd drwg)* TO WITHSTAND

gwrthsoddi *be*
1 gwneud twll (e.e. mewn darn o bren) yn fwy, fel bod pen sgriw sy'n cael ei sgriwio i mewn i'r twll ar yr un lefel â'r pren o'i gwmpas TO COUNTERSINK
2 troi sgriw i mewn i dwll sydd wedi'i wneud yn fwy fel hyn TO COUNTERSINK

gwrthun *a* gair i ddisgrifio rhywbeth hollol annerbyniol, annymunol, atgas, ffiaidd, afresymol, chwerthinllyd *(Mae'r syniad fod modd gwahaniaethu rhwng gallu dyn a dyn ar sail lliw croen yn hollol wrthun.)* REPUGNANT, ABSURD, RIDICULOUS

gwrthuni *hwn eg* y cyflwr o fod yn wrthun REPUGNANCE, ODIOUSNESS

gwrthwenwyn *hwn eg* sylwedd sy'n lladd effaith gwenwyn ar y corff, neu sy'n atal effeithiau rhyw glefyd ar y corff ANTIDOTE

gwrthwyneb *hwn eg*
1 fel yn *i'r gwrthwyneb*, yr hyn sy'n wrthgyferbyniol o'i gymharu â rhywbeth arall; croes (Gwrthwyneb 'poeth' yw 'oer'.) (ON THE) CONTRARY, OPPOSITE
2 wyneb arall (neu gefn) darn o arian, dalen ac ati REVERSE

gwrthwynebiad *hwn eg* (gwrthwynebiadau) y weithred o wrthwynebu, datganiad o resymau dros anghytuno, y ddadl yn erbyn rhywbeth *(Y ffaith y byddai'n gwneud drwg i'r Gymraeg oedd wrth wraidd fy ngwrthwynebiad.)* OBJECTION, RESISTANCE, OPPOSITION

gwrthwynebu *be* sefyll yn erbyn, ceisio rhwystro, bod yn erbyn TO OPPOSE, TO RESIST, TO OBJECT

gwrthwynebydd:gwrthwynebwr *hwn eg* (gwrthwynebwyr)
1 un sy'n gwrthwynebu, rhywun sydd yn eich erbyn, un sy'n credu'n wahanol OPPONENT
2 gelyn, neu rywun y mae'n rhaid ei drechu mewn cystadleuaeth ADVERSARY

gwrthwynebydd cydwybodol un sy'n gwrthod bod yn aelod o'r lluoedd arfog oherwydd ei ddaliadau moesol neu grefyddol CONSCIENTIOUS OBJECTOR

gwrthyd *bf* mae ef/hi yn **gwrthod**; bydd ef/hi yn **gwrthod**

gwrych[1] *hwn eg* (gwrychoedd) clawdd o lwyni neu goed isel o gwmpas cae neu ardd; perth HEDGE

gwrych[2] *hyn ell* mwy nag un **gwrychyn**, blew bach byr, pigog fel blew mochyn BRISTLES

gwrychyn *hwn eg* un ymhlith llawer o wrych [gwrych[2]]

codi gwrychyn mynd yn grac, gwneud i rywun golli'i dymer, cynddeiriogi, gwylltio *(Doedd dim byd yn fwy sicr o godi ei wrychyn na phlant yn bwyta losin/da-da yn ystod ei wers.)* TO ANNOY, TO RAISE ONE'S HACKLES

gwryd *gw.* **gwrhyd:gwryd**

gwrym hwn *eg* (gwrymiau)
 1 ôl ergyd ar y corff lle y mae'r croen wedi codi WEAL, WELT
 2 pwythiad, y man lle y mae dau beth wedi'u cyplysu neu wedi'u gwnïo ynghyd SEAM, HEM
 3 llinyn o rywbeth sy'n codi'n uwch na'r hyn sydd o'i gwmpas; codiad, chwyddiad gwythïen RIDGE, PROTRUSION

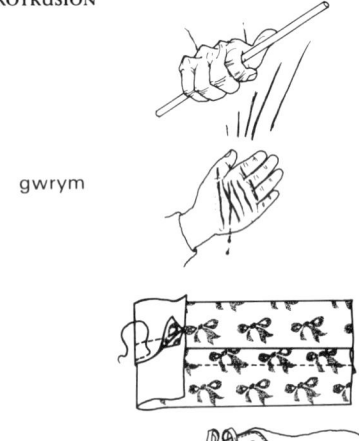

gwrym

gwrysg hyn *ell* mwy nag un wrysgen [**gwrysgen**] neu wrysgyn [**gwrysgyn**], coesau a dail planhigion fel tatws, tomatos, pys ac ati HAULMS, STALKS
gwrysgen hon *eb*:**gwrysgyn** hwn *eg* un o nifer o wrysg [**gwrysg**]
gwryw[1] hwn *eg* (gwrywod) dyn (o'i gyferbynnu â benyw), gŵr, anifail o'r rhyw wrywaidd MALE
 gwryw a benyw (y ddwy ryw) MALE AND FEMALE
gwryw[2] *a* gair i ddisgrifio:
 1 person neu anifail o'r rhyw nad yw'n esgor neu'n geni rhai bach MALE
 2 math o blanhigyn sydd ag organau ffrwythloni MALE
gwrywaidd *a* gair i ddisgrifio:
 1 y pethau hynny sy'n nodweddu gŵr neu ddyn MASCULINE
 2 (yn ramadegol) enwau sy'n cael eu dilyn (yn y geiriadur hwn) gan 'hwn' a'r talfyriad *eg* (enw gwrywaidd) MASCULINE
gwrywgydiaeth hon *eb* y cyflwr lle y mae gŵr yn cael ei ddenu'n rhywiol gan wryw arall HOMOSEXUALITY
gwrywgydiwr hwn *eg* (gwrywgydwyr) gŵr sy'n arfer gwrywgydiaeth HOMOSEXUAL

gwsberen hon *eb* (gwsberins:gwsberis) eirinen Mair GOOSEBERRY □ *ffrwythau* t.627
gwth:gwthiad hwn *eg* (gwthiau:gwthiadau) hwp, hyrddiad cryf, hergwd PUSH, SHOVE, THRUST
 gwth o wynt chwa gref o wynt GUST OF WIND
 (mewn) gwth o oedran hen iawn ADVANCED IN YEARS
gwthio *be*
 1 gyrru neu wasgu (rhywun neu rywbeth) ymlaen, i ffwrdd neu i safle gwahanol, trwy bwyso arno o'r tu ôl; hwpo TO PUSH, TO SHOVE
 2 gyrru (cleddyf neu gyllell ac ati) i gnawd TO THRUST, TO POKE
 gwthio fy (dy, ei etc.) mhig i mewn busnesa, ymyrryd TO POKE ONE'S NOSE INTO
 gwthio i lawr corn gwddf gorfodi ar rywun TO RAM DOWN ONE'S THROAT
 gwthio'r cwch i'r dŵr
 1 cychwyn, lansio TO LAUNCH
 2 bwydo cynnen, cadw cweryl i fynd
Gwy *enw afon* WYE
gwyach hon *eb* (gwyachod) aderyn dŵr â chynffon fer sy'n gallu nofio tan y dŵr GREBE □ *adar* t.612
 gwyach fach LITTLE GREBE
 gwyach fawr gopog GREAT CRESTED GREBE
 Sylwch: *yr wyach.*
gwybed hyn *ell* mwy nag un **gwybedyn**
 1 pryfed bychain hedegog sy'n pigo dyn ac anifail a sugno'r gwaed GNATS, MIDGES
 2 pryfed, clêr FLIES
gwybedog mannog hwn *eg* (gwybedogion) aderyn bach sy'n hynod am ei hedfan ystwyth, cyflym wrth hela gwybed SPOTTED FLY-CATCHER □ *adar* t.609
gwybedyn hwn *eg* un o ddau neu ragor o wybed [**gwybed**]
gwybod *be*
 1 meddu ar ffaith neu ffeithiau; bod yn sicr neu'n argyhoeddedig o; dirnad (*Rwy'n gwybod ei fod yn wir.*) TO KNOW (A FACT OR FACTS)
 2 bod wedi meistroli rhywbeth sydd wedi cael ei ddysgu; amgyffred (*Rwy'n gwybod sut i nofio.*) TO KNOW (gwn, gwybu, gwyddai, gwyddys, gwypo, gŵyr)
 Sylwch: rydych yn *adnabod* person neu le ond yn *gwybod* ffeithiau.
 am (a) wn i gw. **gwn**
 gwybod lle rwy'n sefyll gwybod barn rhywun amdanaf TO KNOW WHERE ONE STANDS
 heb yn wybod i heb fod rhywun yn gwybod UNBEKNOWN
 trwy wybod i (*Wnes i ddim o'i le, trwy wybod i mi.*) KNOWINGLY

gwybodaeth *hon eb*
  1 peth y mae rhywun yn ei wybod (yn ffeithiau, hanesion, dysg) KNOWLEDGE
  2 math o amgyffred sydd wedi'i seilio ar gasglu ffeithiau INFORMATION
  Sylwch: *yr wybodaeth.*

gwybodus *a* gair i ddisgrifio rhywun sy'n llawn gwybodaeth, sydd â gwybodaeth eang; deallus, hyddysg LEARNED, WELL-INFORMED, ENLIGHTENED

gwybodusion *hyn ell* pobl wybodus neu ddoeth, neu bobl sy'n honni neu'n meddwl eu bod yn ddoeth; dysgedigion INTELLIGENTSIA

gwybu *bf* bu iddo/iddi wybod [**gwybod**]

gwybyddus *a* gair i ddisgrifio rhywbeth y mae pawb yn ei wybod, cyfarwydd KNOWN

gwych *a* anghyffredin o dda, campus, rhagorol, ardderchog, godidog, ysblennydd *(cyngerdd gwych; perfformiad gwych; tywydd gwych)* EXCELLENT, MAGNIFICENT, GORGEOUS

  bydd wych (ffurf henffasiwn) da bo, yn iach, hwyl! FAREWELL

  y gwych a'r gwachul y ddau eithaf, yr ardderchog a'r gwael (FROM) THE SUBLIME TO THE RIDICULOUS

gwychder *hwn eg* ysblander, tegwch, harddwch, godidowgrwydd *(Ni allai holl wychder ei gwisg guddio'r tristwch yn ei hwyneb.)* SPLENDOUR, GRANDEUR, ELEGANCE, MAGNIFICENCE

gwydn *a* gair i ddisgrifio:
  1 rhywbeth na ellir yn rhwydd ei dorri na'i dreulio, anodd ei gnoi (am fwyd—cig yn arbennig) *(mor wydn â lledr)* TOUGH
  2 cryf (o ran iechyd neu gyfansoddiad), ystyfnig *(hen ŵr gwydn allan ym mhob tywydd)* TOUGH, HARDY (gwytned, gwytnach, gwytnaf)

gwydnwch:gwytnwch *hwn eg*
  1 yr ansawdd o fod yn anodd ei dorri a'i dreulio neu ei gnoi TOUGHNESS, DURABILITY
  2 cryfder cyfansoddiad y corff i wrthsefyll afiechyd, henaint ac ati; ystyfnigrwydd TOUGHNESS, HARDINESS

gwydr¹ *hwn eg* (gwydrau)
  1 deunydd tryloyw disglair a chaled a wneir drwy doddi tywod â soda ar wres uchel iawn GLASS
  2 y deunydd yma o fewn ffenestri GLASS
  3 llestr yfed ar ffurf cwpan heb ddolen, neu ffiol wedi'i gwneud o wydr *(gwydrau gwin)* GLASS, TUMBLER
  4 darn o wydr wedi'i lunio at ddiben arbennig (e.e. clawr wats, gorchudd larwm neu rybudd tân) GLASS

gwydr² *a* gair i ddisgrifio rhywbeth wedi'i wneud o wydr *(tŷ gwydr)* GLASS

gwydraid *hwn eg* (gwydreidiau) llond (llestr) gwydr, glasiaid GLASSFUL

gwydrau *hyn ell* (mwy nag un **gwydr**)
  1 sbectol GLASSES, SPECTACLES □ *lens*
  2 math arbennig o sbectol ar gyfer gwylio pethau pell BINOCULARS

gwydrog *a* fel yn *papur gwydrog*, sef papur cryf a gwydr wedi'i falu a'i daenu ar un ochr iddo; caiff ei ddefnyddio i wneud darn o bren, plastig ac ati'n llyfn GLASSPAPER

gwydryn *hwn eg* (gwydrynnau) llestr yfed wedi'i wneud o wydr, gwydr GLASS, TUMBLER

gŵydd¹ *hwn eg* fel yn *yng ngŵydd*, sef yng ngolwg neu ym mhresenoldeb PRESENCE, FACE

gŵydd² *hon eb* (gwyddau)
  1 un o deulu o adar â thraed gweog, yn arbennig yr aderyn mawr gwyn sy'n cael ei fagu (fel ieir a hwyaid) ar gyfer ei gig GOOSE □ *adar t.612*
  2 cig yr aderyn yma *(Byddwn yn cael gŵydd i ginio Nadolig eleni.)* GOOSE (clacwydd:clagwydd, clegar, diadell)
  Sylwch: *yr ŵydd.*

  croen gŵydd gw. **croen**

gwŷdd¹ *hwn eg*
  1 *(lluosog gwyddion)* ffrâm neu ddyfais a ddefnyddir gan wehydd i wau gwlân yn frethyn LOOM
  2 *(lluosog gwyddion)* aradr PLOUGH □ *aradr*

gwŷdd² *hyn ell* coed, coedwig TREES

gwyddai *bf* roedd ef/hi yn arfer **gwybod**

gwyddau bach *hyn ell* blodau sy'n debyg i linynnau bach blewog ac sy'n tyfu ar goed helyg yn y gwanwyn (WILLOW) CATKINS (cenawon) □ *coed t.615*

gwyddbwyll *hon eb*
  1 hen gêm Gymreig; roedd yn un o'r pedair camp ar hugain yr oedd disgwyl i uchelwr eu medru yng Nghymru yn yr Oesoedd Canol

gwyddbwyll

brenin   brenhines   esgob   marchog   castell   gwerinwr

a b c ch d dd e f ff g ng h i j (k) l ll m n o p ph r rh s t th u w y (z)

2 gêm i ddau chwaraewr sydd â 16 o werin neu ddarnau yr un, a'r rhain yn cael eu symud ar fwrdd neu glawr â 64 o sgwariau du a gwyn; mae'r naill chwaraewr yn ceisio caethiwo brenin y chwaraewr arall CHESS (clawr, gwerin, siachmat)
Sylwch: *y wyddbwyll.*

Gwyddel hwn *eg* (Gwyddelod) brodor o Iwerddon, un o'r genedl Wyddelig IRISHMAN

Gwyddeleg hon *eb* iaith frodorol Iwerddon IRISH (LANGUAGE)
Sylwch: *yr Wyddeleg.*

Gwyddeles hon *eb* merch neu wraig sy'n perthyn i'r genedl Wyddelig IRISHWOMAN
Sylwch: *yr Wyddeles.*

Gwyddelig *a* gair i ddisgrifio rhywun neu rywbeth sy'n perthyn i Iwerddon neu sy'n nodweddiadol o'r wlad honno IRISH

gwyddfid hwn *eg* planhigyn dringo sy'n tyfu'n wyllt ac mewn gerddi; mae ganddo aroglau persawrus a blodau pert HONEYSUCKLE □ *blodau* t.619

gwyddoniadur hwn *eg* (gwyddoniaduron) cyfrol neu nifer o gyfrolau sy'n ymwneud â phob maes o wybodaeth (neu ag un maes o wybodaeth mewn dyfnder); gallwch holi rhai gwyddoniaduron trwy gyfrifiaduron ENCYCLOPAEDIA

gwyddoniaeth hon *eb* cangen o wybodaeth neu astudiaeth sy'n gallu cael ei threfnu'n systematig ac sy'n dibynnu, fel arfer, ar brofi ffeithiau a dod o hyd i ddeddfau naturiol ein byd, e.e. ffiseg, cemeg, bioleg SCIENCE
Sylwch: *y wyddoniaeth.*

gwyddonol *a* gair i ddisgrifio:
1 rhywun neu rywbeth sy'n ymwneud â gwyddoniaeth SCIENTIFIC
2 rhywbeth sy'n cadw at reolau tyn gwyddoniaeth wrth geisio profi rhyw ddamcaniaeth *(Ni allwn dderbyn yr adroddiad yma gan nad oes unrhyw sail wyddonol i'r casgliadau.)* SCIENTIFIC

gwyddonydd hwn *eg* (gwyddonwyr) arbenigwr neu un hyddysg mewn gwyddoniaeth neu faes gwyddonol SCIENTIST

gwyddor hon *eb* (gwyddorau)
1 yr elfennau hanfodol sy'n perthyn i ryw faes arbennig o wybodaeth ac sy'n ei wahanu oddi wrth unrhyw faes arall o wybodaeth RUDIMENTS, FIRST PRINCIPLES
2 testun gwyddonol ei natur *(gwyddor gwlad; gwyddor tŷ)* SCIENCE
Sylwch: *yr wyddor.*

gwyddorau gwyddoniaeth; cangen o wybodaeth sy'n cael ei chyferbynnu â'r celfyddydau SCIENCE

yr wyddor yr abiec, y llythrennau a geir mewn iaith wedi'u gosod mewn trefn *(Mae'r wyddor Gymraeg ar waelod tudalennau'r geiriadur hwn.)* ALPHABET
Sylwch: ynganiad yr wyddor Gymraeg yw—
a a, *b* bi, *c* ec, *ch* ech, *d* di, *dd* edd, *e* ê, *f* ef, *ff* eff, *g* eg, *ng* eng, *h* aets, *i* î, *l* el, *ll* ell, *m* em, *n* en, *o* ô, *p* pi, *ph* ffi, *r* er, *rh* rhi, *s* es, *t* ti, *th* eth, *u* u, *w* w, *y* y.

gwyddys *bf* mae'n cael ei wybod [**gwybod**]

gwyfyn hwn *eg* (gwyfynod) pryfyn sy'n debyg iawn ei olwg i'r glöyn byw (iâr fach yr haf/pilipala), ac sy'n tyfu trwy'r un broses o wy, cynrhonyn, chwiler ac yna pryfyn; y gwyfyn mwyaf adnabyddus yw hwnnw sy'n dodwy ei wyau mewn dillad, a'r mwyaf defnyddiol yw hwnnw y mae edafedd sidan yn cael eu tynnu o'i chwiler MOTH (siani flewog)

gŵyl hon *eb* (gwyliau)
1 diwrnod wedi'i neilltuo a'i gadw'n barchus bob blwyddyn er cof am sant, person arbennig neu ddigwyddiad arbennig, e.e. *Gŵyl Ddewi ar 1 Mawrth* HOLY-DAY
2 dydd neu ddyddiau pan nad oes disgwyl i neb weithio *(gŵyl y banc)* HOLIDAY
3 dathliad trwy berfformiad neu gyfres o berfformiadau neu arddangosfa *(gŵyl ddrama, gŵyl flodau, gŵyl gerdd dant)* FESTIVAL, GALA (banc)
Sylwch: *yr ŵyl.*

Gŵyl Andras 30 Tachwedd ST ANDREW'S DAY
Gŵyl Badrig 17 Mawrth ST PATRICK'S DAY
Gŵyl Dewi:Gŵyl Ddewi 1 Mawrth ST DAVID'S DAY
Gŵyl fabsant:Gŵyl mabsant gw. **gwylmabsant**
Gŵyl Ifan 24 Mehefin MIDSUMMER DAY
Gŵyl Sain Siors 23 Ebrill ST GEORGE'S DAY
Gŵyl Sain Steffan 26 Rhagfyr BOXING DAY
Gŵyl y Geni Nadolig CHRISTMAS DAY

gwylaidd *a* diymhongar, swil, heb fod eisiau tynnu sylw, gweddaidd UNASSUMING, MODEST, SHY

gwylan hon *eb* (gwylanod) un o nifer o fathau o adar (hedegog) y môr; mae ganddi big gref a thraed gweog GULL, SEAGULL □ *adar* t.613
Sylwch: *yr wylan.*

gwylan benddu BLACK-HEADED GULL
gwylan gefnddu fwyaf GREATER BLACK-BACKED GULL
gwylan gefnddu leiaf LESSER BLACK-BACKED GULL
gwylan goesddu KITTIWAKE
gwylan y gweunydd COMMON GULL
gwylan y penwaig HERRING GULL

gwyleidd-dra hwn *eg* y cyflwr o fod yn wylaidd, o beidio â bod yn falch neu eich dangos eich hun; gostyngeiddrwydd MODESTY

gwyliadwriaeth hon *eb*
1 cyfnod o wylio *(Byddwch yn sefyll yr arholiad o dan wyliadwriaeth Mr Jones a Mr Davies.)* WATCH
2 gofal effro *(Byddwch ar eich gwyliadwriaeth.)* VIGILANCE, ALERTNESS, GUARD
Sylwch: *yr wyliadwriaeth.*

gwyliadwrus *a* gair i ddisgrifio rhywun neu rywbeth sydd ar ei wyliadwriaeth, sy'n effro i berygl; gofalus iawn WARY, ALERT, WATCHFUL

gwyliau hyn *ell* mwy nag un ŵyl [**gŵyl**]; y cyfnod o ddyddiau neu wythnosau pan nad oes disgwyl i rywun fynd i'r ysgol neu i'r gwaith; cyfnod o seibiant (swyddogol fel arfer) o'r ysgol neu'r gwaith HOLIDAYS, LEAVE, VACATION

mynd ar fy (dy, ei etc.) ngwyliau mynd i ffwrdd i rywle i dreulio fy ngwyliau TO GO ON HOLIDAY

gwylio:gwylied *be*
1 edrych ar (ryw weithgarwch neu ddigwyddiad) *(gwylio'r teledu; gwylio gêm bêl-droed)* TO WATCH
2 dal sylw yn gyson gan aros a disgwyl *(Roedd hi'n gwylio'n ofalus er mwyn gweld beth fyddai'n digwydd nesaf.)* TO WATCH, TO OBSERVE
3 bugeilio, edrych ar ôl, gwarchod *(Roedd bugeiliaid y garol yn 'gwylio'u praidd liw nos'.)* TO WATCH, TO TEND
4 cadw gwyliadwriaeth, bod yn effro i berygl *(Roedd y ffermwyr yn benderfynol o ddal y ci oedd yn lladd eu defaid a phob nos byddai un ohonynt yn aros allan yn y caeau i wylio.)* TO WATCH
5 gofalu (rhag bod rhywbeth yn digwydd) *(Gwylia di na chei di dy ddal yn dwyn afalau.)* TO WATCH, TO TAKE CARE, TO BEWARE
6 treulio'r nos yn gweini ar berson claf TO KEEP WATCH
7 bod yn effro i unrhyw gyfle *(Mae'n gwylio pob cyfle sydd i'w gael er mwyn gwneud rhagor o arian.)* TO WATCH, TO LOOK OUT

gwyliwr hwn *eg* (gwylwyr)
1 un sy'n gwylio fel yn 1, 2, 3, 4 uchod VIEWER, WATCHER, SPECTATOR
2 person (megis milwr) sy'n gofalu am neu'n gwarchod rhywbeth rhag unrhyw niwed SENTRY, GUARD

gwylmabsant hon *eb* (gwyliau mabsant) gŵyl flynyddol a fyddai'n cael ei chynnal i goffáu nawddsant plwyf; cychwynnai fel arfer ar noswyl y mabsant gyda'r plwyfolion yn dod at ei gilydd i weddïo ac ymprydio; yna byddai'n parhau gyda rhai dyddiau o ddathlu (yn ffair, ymladd ceiliogod, dawnsio, chwarae bando ac ati); daeth yn ddiarhebol am ei miri a'i rhialtwch

gwylnos hon *eb* (gwylnosau) noson o beidio â mynd i gysgu, yn wreiddiol o flaen gŵyl eglwysig neu angladd; erbyn hyn mae'n wasanaeth crefyddol arbennig i ffarwelio â'r hen flwyddyn ac i groesawu'r flwyddyn newydd WATCH-NIGHT, VIGIL
Sylwch: *yr wylnos.*

gwylog hon *eb* (gwylogod) aderyn y môr o liw du a gwyn sy'n debyg i'r llurs ond bod ganddo big wahanol GUILLEMOT ☐ *adar* t.613
Sylwch: *y wylog*

gwylwyr hyn *ell* mwy nag un **gwyliwr**
gwylwyr y glannau hyn *ell* sefydliad y mae ei swyddogion yn cadw gwyliadwriaeth am longau mewn perygl ac yn plismona'r môr; hefyd swyddogion y sefydliad hwn COASTGUARDS

gwyll hwn *eg* (gair barddonol braidd) yr adeg o'r dydd (naill ai'n gynnar y bore neu yn yr hwyr) rhwng nos a dydd, 'rhwng dau olau'; cyfnos, lled-dywyllwch *('Traethaf, mi ganaf i'r gwyll,/Myn diawl! y mae hi'n dywyll!')* TWILIGHT, DUSK, GLOOM

rhwng gwyll a gwawl rhwng dydd a nos FROM DUSK TO DAWN

gwylliad hwn *eg* (gwylliaid) lleidr arfog, herwr, ysbeiliwr BANDIT, ROBBER, BRIGAND
Gwylliaid Cochion Mawddwy haid o ladron ac ysbeilwyr a fu'n lladrata a lladd a chreu terfysg yn yr ardal o gwmpas Dinas Mawddwy yn fras rhwng y blynyddoedd 1155-1555

gwyllt[1] *a* gair i ddisgrifio:
1 planhigion neu anifeiliaid sy'n byw yn eu cynefin naturiol heb ddod dan ddylanwad dyn *(aderyn gwyllt; rhosyn gwyllt)* WILD
2 rhywun neu rywbeth sy'n brawychu'n rhwydd, sydd heb ddisgyblaeth, sy'n hawdd ei gynhyrfu; chwyrn, penboeth *(Un gwyllt yw Dafydd.)* WILD, RASH, UNTAMED
3 rhywun sydd wedi gwylltio *(Roedd Iwan yn wyllt pan wrthododd y dyn roi ffurflen Gymraeg iddo.)* WILD
4 gwlad neu dir diffaith, heb ei drin, anial WILD
5 tywydd stormus, garw *(Fydd dim llawer o bobl yn mentro allan ar noson mor wyllt â hon.)* WILD
6 poen neu ddolur tost iawn, poenus iawn *(y ddannoedd wyllt)* RAGING (gwylltion)

gwyllt[2] *eg* hwn fel *yn y gwyllt* parthau neu ardaloedd naturiol sy'n llawn anifeiliaid a phlanhigion ond heb lawer o bobl IN THE WILD

gwylltineb hwn *eg*
1 y cyflwr o fod yn wyllt WILDNESS
2 ffyrnigrwydd, tymer wyllt, byrbwylltra, cynddeiriogrwydd *(Yn ei wylltineb cododd garreg a'i thaflu drwy'r ffenestr.)* RASHNESS, IMPETUOSITY, FURY

gwylltio:gwylltu

3 anialwch, anialdir, darn o dir heb ei drin *(Bydd hi'n flynyddoedd cyn cymhennu gwylltineb yr ardd yna sydd gennym.)* WILDERNESS

gwylltio:gwylltu *be*
1 colli tymer, mynd yn grac, cynhyrfu'n fawr, cynddeiriogi *(Mae'r prifathro wedi gwylltio'n gaclwm fod rhywun wedi taenu paent dros ei gar.)* TO BECOME ANGRY
2 [gwylltu] cynhyrfu, rhuthro, gwibio, colli pen *(Gan bwyll nawr, paid â gwylltu—mae gennym ddigon o amser.)* TO RUSH, TO PANIC

gwylltio'n gaclwm colli tymer yn lân TO BE WILD WITH RAGE

gwylltion *a* gair i ddisgrifio mwy nag un peth **gwyllt**, e.e. *adar gwylltion*

gwymon hwn *eg* un o nifer o fathau o blanhigion sy'n tyfu yn y môr SEAWEED □ *blodau* t.620 (bara lawr)

gwyn[1] *a* gair i ddisgrifio:
1 rhywun neu rywbeth o liw'r eira neu laeth/llefrith; gwrthwyneb du WHITE
2 rhywbeth disglair, gloyw, o liw arian *(arian gwynion)* SILVER
3 rhywun sy'n perthyn i hil â chroen golau iawn *(dyn gwyn)* WHITE
4 gwin o liw golau iawn (o'i gyferbynnu â choch) WHITE
5 coffi â llaeth/llefrith yn hytrach na choffi du WHITE
6 sanctaidd, bendigaid *('Gwyn eu byd yr adar gwylltion.')* BLESSED
7 cig bras, braster *(Cyn dechrau ar ei bryd, torrodd Dafydd bob darn gwyn oddi ar y cig.)* FAT
8 rhywun annwyl, hoff *(fy machgen gwyn i)* DARLING
9 (am wenith) aeddfed yn barod i'w cynaeafu RIPE
(gwynned, gwynnach, gwynnaf, gwen)

gwyn[2] hwn *eg*
1 lliw gwyn WHITE
2 yr hylif tryloyw a geir mewn wy sy'n troi'n wyn wedi i'r wy gael ei goginio; gwynnwy WHITE (OF AN EGG)
3 y rhan honno o'r llygad sy'n wyn WHITE (OF THE EYE)

gwynder hwn *eg* y cyflwr neu'r ansawdd o fod yn wyn *(Roedd gwynder yr eira yn brifo'i llygaid.)* WHITENESS

gwynegon hyn *ell* un o nifer o glefydau sy'n achosi poen ac anystwythder yn y cymalau neu'r cyhyrau; cryd cymalau RHEUMATISM

gwynegu *be* gwynio, gwneud dolur, brifo, brathu TO ACHE, TO THROB, TO HURT

gwynfyd hwn *eg* (gwynfydau) llawenydd, hapusrwydd, dedwyddwch JOY, BLISS

y Gwynfydau yr adran honno o'r 'Bregeth ar y Mynydd' sy'n dechrau 'Gwyn eu byd ...' (Mathew Pennod 5, adnodau 3-12) THE BEATITUDES

gwynfydedig *a* bendigaid, dedwydd, wrth fodd Duw BLESSED

gwyngalch hwn *eg* cymysgedd o ddŵr a chalch sy'n cael ei ddefnyddio yn olch gwyn ar gyfer waliau, nenfydau ac ati WHITEWASH, WHITE-LIME

gwyngalchu *be*
1 lliwio'n wyn; gorchuddio â chymysgedd o ddŵr a chalch TO WHITEWASH
2 ceisio cuddio beiau neu wendidau neu gelwydd *(Cais i wyngalchu methiant y Llywodraeth i leihau nifer y di-waith yw'r llyfr hwn.)* TO WHITEWASH

gwyniad hwn *eg* (gwyniaid) pysgodyn dŵr croyw o liw arian tua 25 cm (10 modfedd) o hyd sy'n perthyn i deulu'r eog ac sy'n byw yn nyfnderoedd Llyn Tegid (Llyn y Bala) □ *pysgod* t.628

gwynias *a* gair i ddisgrifio metel sydd wedi'i dwymo nes ei fod yn loyw; eirias WHITE-HOT

gwynio *be* gwynegu TO ACHE, TO HURT, TO THROB

gwynnach:gwynnaf:gwynned *a* mwy **gwyn** : mwyaf **gwyn** : mor wyn [**gwyn**]

gwynnin hwn *eg* yr haenen rhwng rhuddin a rhisgl pren SAP-WOOD

gwynnu *be* gwneud neu droi'n wyn *(Mae ei gwallt yn dechrau gwynnu.)* TO WHITEN, TO BECOME WHITE, TO MAKE WHITE

gwynnwy hwn *eg* yr hylif tryloyw sydd o gwmpas melyn yr wy THE WHITE OF AN EGG, ALBUMEN

gwynt hwn *eg* (gwyntoedd)
1 ffrwd o aer yn chwythu (o gyfeiriad arbennig fel arfer); chwa o wynt sy'n gryfach nag awel *(gwynt o'r Gogledd)* WIND
2 (yn y De) aroglau, sawr *(Mae gwynt drwg yn codi o'r tu ôl i'r sied.)* SMELL
3 nwy neu aer sy'n casglu yn y stumog WIND, FLATULENCE
4 anadl *(Rwyf wedi colli fy ngwynt yn llwyr ar ôl rhedeg i fyny'r rhiw.)* WIND, BREATH
5 balchder, ymffrost (fel wrth ddweud bod rhywun yn *llawn o wynt*) WIND

a'm gwynt yn fy (dy, ei etc.) nwrn allan o wynt BREATHLESS

ar yr un gwynt yr un pryd ('Cymryd rhan sy'n bwysig,' meddai Mam ar y ffordd i'r eisteddfod gan ychwanegu ar yr un gwynt, 'ond gofala di dy fod yn ennill.') IN THE SAME BREATH

cael fy (dy, ei etc.) ngwynt ataf adennill fy anadl TO CATCH ONE'S BREATH

gweld pa ffordd mae'r gwynt yn chwythu gweld sut mae pethau'n mynd, beth yw'r farn gyffredinol TO SEE WHICH WAY THE WIND IS BLOWING

gwynt teg ar ôl (rhywun) diolch fod rhywun wedi mynd GOOD RIDDANCE

gwynt teg iddo/iddi pob lwc iddo/iddi GOOD LUCK TO HIM/HER

gwynt traed y meirw gwynt o'r dwyrain EAST WIND

mynd â'r gwynt o hwyliau (rhywun) tanseilio ymdrechion rhywun mewn ffordd annisgwyl fel na allant barhau TO TAKE THE WIND FROM ONE'S SAILS

(i'r) pedwar gwynt i bedwar ban byd (TO) THE FOUR WINDS

pen yn y gwynt gw. **pen**

rhywbeth yn y gwynt rhyw awgrym neu amheuaeth fod rhywbeth yn mynd i ddigwydd SOMETHING AFOOT

gwyntio:gwynto *be*
1 sawru, clywed aroglau *(Mae'r persawr yna mor gryf, fe fydd pobl yn gallu dy wynto di cyn dy weld di.)* TO SMELL
2 drewi, bod ag aroglau drwg *(Mae dy draed di'n gwynto eto!)* TO SMELL

gwyntog *a* gair i ddisgrifio:
1 tywydd tymhestlog, stormus WINDY, STORMY, ROUGH
2 rhywun sy'n llawn ymffrost, hunanbwysig BOMBASTIC, PRETENTIOUS

gwyntyll *hon eb* (gwyntyllau)
1 peiriant a gâi ei ddefnyddio erstalwm i wahanu'r us a'r grawn WINNOWING FAN
2 dyfais i gynhyrchu chwa o awel (oer fel arfer ar adeg pan fydd y gwres yn llethol); yn wreiddiol, teclyn llaw, ond erbyn hyn ceir gwyntyllau trydan a hefyd wyntyllau cryfion sy'n rhan o beiriannau nerthol FAN □ jet
Sylwch: *y wyntyll*.

gwyntyllu *be* trafod rhywbeth yn agored, lledaenu syniadau *(Mae'r peth wedi cael ei gadw'n gyfrinachol yn rhy hir, rhaid iddo gael ei wyntyllu a'i drafod.)* TO AIR

gwypo *bf* (pan neu pe) byddo ef/hi yn **gwybod**

gŵyr[1] *bf* mae ef/hi yn **gwybod**

gŵyr[2] *a* gair i ddisgrifio rhywun neu rywbeth sy'n gwyro neu'n pwyso i'r naill ochr neu'r llall, nad yw'n syth; cam CROOKED, SLANTING

ar ŵyr lletraws, yn gwyro ASLANT

Gŵyr[3] *enw lle* GOWER

gwŷr *hyn ell* mwy nag un **gŵr**

gwŷr gwyddbwyll gwerin neu ddarnau gwyddbwyll CHESSMEN □ *gwyddbwyll*

gwŷr meirch milwyr sy'n ymladd ar gefn ceffylau CAVALRY

gwŷr traed milwyr sy'n ymladd ar droed INFANTRY

gwyran *hwn neu hon egb* (gwyrain) un o nifer o bysgod cregyn sy'n glynu yn un haid ar waelod llongau neu ar gerrig ac ati BARNACLE □ *cramenogion*

gwyrdroad *hwn eg* (gwyrdroadau) y cyflwr o fod wedi cael ei wyrdroi, o fod wedi'i lygru; gwyriad PERVERSION, DISTORTION

gwyrdroi *be* troi i ffwrdd o'r hyn sy'n iawn ac yn naturiol; llygru, arwain ar gyfeiliorn *(Yn ei chwerwder mae'n llwyddo i wyrdroi unrhyw beth a ddywedaf a'i weld yn feirniadaeth arno ef ei hun.)* TO PERVERT, TO TWIST, TO DISTORT

gwyrdd[1] *a* gair i ddisgrifio:
1 rhywbeth o'r un lliw â'r borfa neu ddail y coed yn yr haf; glas GREEN
2 rhywun neu rywbeth ifanc neu anaeddfed *(Afalau surion yw afalau gwyrddion.)* GREEN, UNRIPE (gwerdd)

gwyrdd[2] *hwn eg* y lliw gwyrdd *('Hei Mr Urdd, yn dy goch, gwyn a gwyrdd.')* GREEN □ t.622

gwyrddlas *a ac eg* lliw'r môr, gwyrdd tywyll SEA-GREEN, DEEP GREEN

gwyrgam *a* gair i ddisgrifio rhywbeth cam, crwm, sydd heb fod yn syth nac yn uniongyrchol CROOKED, BENT, TWISTED

gwyriad *hwn eg* (gwyriadau) troad neu ogwyddiad oddi wrth y syth neu'r union; gwyrdroad *(gwyriad cwmpawd oddi wrth y gwir Ogledd)* DEVIATION, DIVERGENCE, DEFLECTION

gwyro *be*
1 crymu, plygu, gogwyddo, pwyso i un ochr, troi i un ffordd neu'r ffordd arall *(gwyro ei ben i wrando)* TO INCLINE, TO BEND, TO SWERVE
2 cyfeiliorni, crwydro, mynd ar gyfeiliorn *(llong yn gwyro oddi ar ei chwrs. 'Mi wyraf weithiau ar y dde/Ac ar yr aswy law' meddai'r emynydd.)* TO VEER, TO STRAY
3 camu, gwyrdroi, llygru *(Mae popeth a ddywedais wedi cael ei wyro ganddynt.)* TO DISTORT, TO WARP

gwyrth *hon eb* (gwyrthiau)
1 gweithred neu ddigwyddiad sy'n amhosibl ei hesbonio yn ôl rheolau natur; rhywbeth llesol ond goruwchnaturiol MIRACLE
2 gweithred sy'n cael ei hystyried yn arwydd gan Dduw, e.e. Iesu Grist yn troi dŵr yn win MIRACLE
3 testun rhyfeddod, syndod mawr *(Mae'n wyrth ei fod yn fyw ar ôl y fath ddamwain.)* MIRACLE
Sylwch: *y wyrth*.

gwyrthiol *a* hynod iawn, rhyfeddol, anhygoel, o natur oruwchnaturiol MIRACULOUS, REMARKABLE

gwyryf:gwyry *hon eb* (gwyryfon) gwraig neu ferch sydd heb gael cyfathrach rywiol gyda gŵr; morwyn VIRGIN, MAIDEN
Sylwch: *y wyryf*.

gwyryfol *a* gair i ddisgrifio:
1 gwyryf neu'r hyn sy'n nodweddiadol o wyryf VIRGIN

2 rhywbeth ffres, ifanc, heb ei gyffwrdd, heb ei drin (*tir gwyryfol*) VIRGIN

gwŷs hon *eb* (gwysion) gorchymyn ysgrifenedig (i ymddangos gerbron barnwr neu ynad) SUMMONS, WRIT
Sylwch: *y wŷs.*

gwysio *be* gorchymyn i rywun ymddangos gerbron (barnwr neu ynad fel arfer) TO SUMMON

gwystl hwn *eg* (gwystlon) person sy'n cael ei ddal yn gaeth a'i fywyd dan fygythiad nes bod rhyw amodau arbennig yn cael eu cyflawni, â'r addewid y caiff fynd yn rhydd wedyn (*Mae'r terfysgwyr wedi herwgipio'r awyren a chymryd y teithwyr yn wystlon.*) HOSTAGE

gwystlo *be* gadael rhywbeth o werth gyda rhywun sydd wedi rhoi benthyg arian ichi, fel prawf eich bod yn bwriadu ad-dalu'r benthyciad TO PLEDGE

gwytnach:gwytnaf:gwytned *a* mwy **gwydn**: mwyaf **gwydn**: mor wydn [**gwydn**]

gwytnwch gw. **gwydnwch:gwytnwch**

gwythïen hon *eb* (gwythiennau)
1 un o bibau gwaed y corff sy'n mynd â gwaed yn ôl i'r galon ar ôl i'r rhydweliau gludo gwaed o'r galon VEIN □ *corff* t.630
2 hollt neu agen mewn craig (weithiau'n denau ac weithiau'n llydan) sy'n cynnwys mwyn o fath gwahanol i'r graig o'i chwmpas; haen (*gwythïen o lo*) VEIN, SEAM
Sylwch: *yr wythïen.*

gwyw *a* crin, wedi gwywo, hen, marw WITHERED, FADED

gwywo *be* dechrau crino, sychu, colli irder; yr hyn sy'n digwydd yn yr hydref i ddail rhai mathau o goed nad ydynt yn fythwyrdd (*Mae'r planhigion yn gwywo oherwydd prinder dŵr.*) TO WITHER, TO FADE

gyd *adf* fel yn *i gyd*; oll, yn gyfan, pawb, pob un ALL

gyda:gydag *ardd* a *chysylltair*
1 ynghyd â, yng nghwmni, efo (*A ddoi di gyda fi i'r dref?*) WITH
2 ochr yn ochr â, ar hyd (*Mae'r ffin yn rhedeg gydag ochr y tŷ.*) ALONGSIDE, ALONG, PARALLEL WITH
3 mae'n cael ei ddefnyddio gydag ansoddair yn y radd eithaf (mwyaf ...) i olygu 'ymhlith', 'yn un o' (*Mae e'n daclwr gyda'r cryfaf yr wyf fi wedi'i weld. Mae ei gar gyda'r mwyaf crand yn yr ardal.*) AMONG, ONE OF
4 mewn ymadroddion megis *gyda fy mod i'n cyrraedd fe aeth hi*; *a chyda ei bod hi'n eistedd, dyma'r gloch yn canu eto*; *cyn gynted â* AS SOON AS
Sylwch:
1 defnyddiwn *â* i ddynodi offeryn (*torri bys â chyllell*); *gan* i ddynodi pwy sy'n gwneud, rhoi neu'n berchen ar rywbeth (*cefais lyfr gan fy nhad*) a *gyda* i ddynodi cwmni.
2 fod *gyda* yn treiglo ar ôl *a* (and). (*A chyda hynny dyma fe ar ei draed.*)

gyda hyn yna SHORTLY, AT THAT

gyda'i gilydd yng nghwmni ei gilydd TOGETHER

gyda llaw BY THE WAY

gyda'r nos yn yr hwyr (*Rwy'n mynd adref bob gyda'r nos.*) EVENING

gydol fel yn *trwy gydol* gw. **cydol**

gyddfau:gyddygau hyn *ell* mwy nag un **gwddf: gwddwg**

yng ngyddfau'i gilydd am ddau sy'n anghytuno'n ffyrnig AT EACH OTHER'S THROAT

gyddfol *a* gair i ddisgrifio:
1 rhywbeth sy'n perthyn i'r gwddf neu sydd yn y gwddf (*yr wythïen yddfol*) JUGULAR
2 sain neu seiniau sy'n cael eu cynhyrchu yn y gwddf GUTTURAL

gyferbyn â gw. **cyferbyn**

gylch *bf* mae ef/hi yn **golchi**; bydd ef/hi yn **golchi**

gylfin hwn *eg* (gylfinau) pig aderyn BEAK, BILL

gylfinir hwn *eg* (gylfinirod) aderyn â phlu brown a welir ar hyd y mynyddoedd a'r rhostir yn y gwanwyn a'r haf ac ar lannau'r môr yn yr hydref; gellir ei adnabod wrth ei big hirfain, grom a'i alwad glir CURLEW

gymnasiwm hwn *eg* neuadd arbennig sy'n cynnwys cyfarpar ymarfer corff GYMNASIUM

gymnasteg hon *eb* gwyddor ymarfer corff, hyfforddiant y corff trwy ymarferion arbennig GYMNASTICS

gynau hyn *ell* mwy nag un **gŵn**

gynnau[1] hyn *ell* mwy nag un **gwn**

gynnau[2] *adf* ychydig amser yn ôl, yn ddiweddar, yn gynt (*Roedd ef yn yr ystafell hon gynnau.*) A SHORT WHILE AGO, JUST NOW

gynnau fach ychydig iawn o amser yn ôl JUST NOW

gynt *adf* erstalwm, oesoedd yn ôl, yn flaenorol, cyn hynny (*Byddai'r Cymry gynt yn arfer dathlu gwylmabsant.*) FORMERLY, OF YORE, ONCE (cynt)

gyr[1] hwn *eg* (gyrroedd) casgliad o un math o anifail sy'n byw ac yn bwydo gyda'i gilydd; diadell, praidd, haid, gre, mintai (*gyr o wartheg*) FLOCK, HERD, DROVE

gyr[2] *bf* mae ef/hi yn **gyrru**; bydd ef/hi yn **gyrru**
Sylwch: os yw *gyr* 1 neu 2 yn treiglo'n *yrr*, dyblwch yr 'r' er mwyn gwahaniaethu rhyngddo ac *yr*.

gyrdd hyn *ell* mwy nag un ordd [**gordd**]

gyrfa hon *eb* (gyrfaoedd)
1 swydd neu broffesiwn y mae person yn bwriadu ei (d)dilyn am oes (*Mae Mair yn gobeithio dilyn gyrfa fel peiriannydd.*) CAREER
2 hynt cyffredinol bywyd person (*gyrfa ddisglair David Lloyd George*) CAREER

gyrfa chwist cystadleuaeth chwarae cardiau WHIST DRIVE

gyrosgop hwn *eg* (gyrosgopau) olwyn drom sy'n troelli'n gyflym o fewn fframyn ac sy'n cael ei defnyddio i gadw llongau neu awyrennau yn wastad (ac fel tegan) GYROSCOPE

gyrosgop

gyrru *be*
1 gorfodi, gwthio rhywun neu rywbeth i fynd neu i wneud rhywbeth *(gwynt yn gyrru'r dail; gyrru defaid o'r ardd)* TO SEND, TO DRIVE
2 llywio a rheoli cerbyd *(Mae hi'n gyrru'n dda iawn.)* TO DRIVE
3 mynd mewn cerbyd sy'n cael ei yrru fel uchod *(Wyt ti'n fodlon fy ngyrru i'r dref yfory?)* TO DRIVE
4 anfon, danfon *(gyrru parsel trwy'r post)* TO SEND, TO DISPATCH (gyr²)

Sylwch:
1 (ac eithrio 'gyr') dyblwch yr 'r' ym mhob un o ffurfiau'r ferf ac eithrio'r rhai sy'n cynnwys *-as-*.
2 wrth dreiglo *gyr* ysgrifennwch *yrr (Y gŵr a yrr yn ffôl.)* rhag cymysgu ag *yr*.

gyrru braw (ar) dychryn (rhywun), codi ofn ar TO SCARE, TO FRIGHTEN

gyrru'r cwch i'r dŵr rhoi cychwyn i rywbeth TO LAUNCH

gyrru ymlaen cario ymlaen *(Roedd cymaint o sŵn fel na allai yrru ymlaen â'i waith.)* TO CARRY ON

gyrrwr hwn *eg* (gyrwyr) un sy'n gyrru (cerbyd gan amlaf); ond, yn yr hen amser, un a fyddai'n gyrru anifeiliaid; porthmon DRIVER, DROVER

H

ha *byrfodd* hectar HECTARE, [ha] (gw. *Atodiad III* t.603)

hac hwn *eg* (haciau)
1 toriad bach ar ffurf V NOTCH, HACK
2 atalnod (–) sy'n cael ei ddefnyddio:
 i) yn lle cromfachau neu goma i ynysu cymal *(Mae fy chwaer—lle bynnag y bo—yn ugain oed heddiw.)*
 ii) i ddynodi bod gair neu lythrennau wedi'u hepgor *(Ni welais Mr D— wedyn tan 1982.)*
 iii) i wahanu geiriau sy'n cael eu hailadrodd *(Roedd yn ŵr arbennig—arbennig iawn.)*
 iv) o flaen y gair cyrch mewn englyn DASH (cyplysnod)

haclif hon *eb* (haclifiau) math arbennig o lif â llafn o ddannedd mân y mae modd ei daflu ar ôl iddo dreulio a gosod llafn newydd yn ei le; caiff ei ddefnyddio'n bennaf ar gyfer torri metel HACKSAW

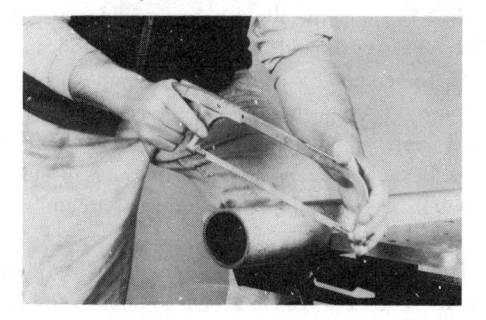

haclif

hacrach:hacraf:hacred *a* mwy **hagr**: mwyaf **hagr**: mor **hagr**

had *enw torfol*
1 y rhan honno o blanhigyn y mae planhigyn newydd yn gallu tyfu ohoni; gronynnau bychain sy'n cael eu hau *(Er cymaint y newyn rhaid ceisio cadw digon o had er mwyn cael rhywbeth i'w hau y flwyddyn nesaf.)* SEED (haden, hadyn, hedyn)
2 celloedd sy'n cael eu cynhyrchu gan aelodau rhywiol anifail gwryw; fe'u ceir fel arfer yn nofio mewn hylif, ac y mae modd iddynt ymuno ag wy anifail benyw er mwyn creu bywyd newydd; sberm SPERM

had llin had cywarch neu lin, planhigyn â blodau glas y mae ei fonion yn cael eu defnyddio i wneud y brethyn lliain, a'i hadau i wneud olew had llin LINSEED

tato/tatws had gw. **tatws:tato**

hadau hyn *ell* mwy nag un **haden**, **hadyn** neu **hedyn**

haden hon *eb* (hadau)
1 un o nifer o **had** neu **hadau** SEED
2 merch gellweirus, merch sy'n hoff o hwyl a thynnu coes CASE

a b c ch d dd e f ff g ng h i j (k) l ll m n o p ph r rh s t th u w y (z)

hadu *be* (am blanhigyn) dechrau ffurfio hadau, mynd yn wyllt, (e)hedeg TO GO TO SEED, TO BOLT

hadyn *hwn eg* (hadau)
 1 un o nifer o **had** neu **hadau**
 2 bachgen cellweirus CASE

haearn *hwn eg* (heyrn)
 1 metel trwm ariannaidd sy'n elfen gemegol ac sy'n cael ei ddefnyddio ar gyfer llawer o bethau gan gynnwys gwneud dur IRON
 2 teclyn (trydan gan amlaf erbyn heddiw) â gwaelod gwastad sy'n cael ei ddefnyddio i smwddio dillad ar ôl eu golchi; hetar, haearn smwddio (SMOOTHING) IRON
 3 unrhyw un o'r naw pastwn â phen metel sy'n cael eu defnyddio i chwarae golff; nid ydynt yn bwrw'r bêl cyn belled â'r pastynau pren IRON

haearn bwrw math o haearn nad yw'n plygu mewn gwres ac nad yw'n rhydu'n rhwydd ond sy'n frau iawn CAST IRON

haearn gyr math o haearn y mae modd ei blygu neu ei ffurfio pan fydd yn boeth ac a ddefnyddir i wneud dur WROUGHT IRON

Y Llen Haearn gw. **llen**

Yr Oes Haearn gw. **oes**

taro'r haearn tra bo'n boeth achub y cyfle, gweithredu'n bositif ar adeg ffafriol TO STRIKE WHILE THE IRON'S HOT .

haearnaidd *a* gair i ddisgrifio rhywun neu rywbeth sy'n debyg i haearn o ran caledwch neu oherwydd ei fod yn gwrthod plygu neu fod yn ystwyth IRON

haeddiannau *hyn ell* mwy nag un **haeddiant**

haeddiannol *a* gair i ddisgrifio rhywun neu rywbeth sy'n haeddu gwobr, cosb ac ati neu i ddisgrifio'r hyn y mae rhywun yn ei haeddu; teilwng *(Mae'r naill yn derbyn y clod haeddiannol a'r llall y gosb haeddiannol.)* DESERVING, DESERVED

haeddiant *hwn eg* (haeddiannau) teilyngdod, y cyflwr neu'r ansawdd o haeddu (gwobr neu gosb), rhywbeth y mae rhywun yn ei haeddu *(Mae'n drueni meddwl am John yn y carchar—ond dyna fe, byddai llawer yn dweud ei fod wedi cael ei haeddiant.)* MERIT, DESERTS

haeddu *be* bod yn deilwng o (wobr neu gosb) *(Er mai un côr oedd yn cystadlu roedd yn llawn haeddu'r wobr.)* TO DESERVE, TO MERIT

hael *a* gair i ddisgrifio:
 1 rhywun caredig a pharod iawn i rannu; â llaw agored GENEROUS, MAGNANIMOUS
 2 rhywbeth sydd i'w gael yn helaeth, y mae digon ohono i'w gael *(Roedd yn hael iawn ei ganmoliaeth i'r gwaith.)* GENEROUS, LAVISH

haelioni *hwn eg* parodrwydd i roi neu rannu, yr ansawdd o fod yn hael *(Mae pawb yn gwybod am haelioni Mrs Evans—mae hi'n rhoi anrhegion Nadolig i holl blant y pentref.)* GENEROSITY

haen:haenen *eb hon* (haenau:haenennau)
 1 gorchudd tenau (fel arfer) sydd wedi'i daenu dros rywbeth *(haen o baent; haen o bapur)* LAYER, COATING
 2 trwch (tenau) o fwyn (e.e. glo) rhwng creigiau eraill; gwythïen SEAM, STRATUM
 3 trwch tebyg o'r boblogaeth sy'n ffurfio dosbarth neu radd arbennig o gymdeithas STRATUM, LAYER

haeriad *hwn eg* (haeriadau) datganiad cryf a chroyw, honiad, yr hyn sy'n cael ei faentumio neu'i daeru ASSERTION, ALLEGATION

haerllug *a* digywilydd, hy, eofn, sarhaus, powld *(Roedd ei weld e'n sefyll o flaen y gynulleidfa ac yn honni'n haerllug ei fod yn arbenigwr yn y maes yn codi fy ngwrychyn.)* ARROGANT, PRESUMPTUOUS, IMPUDENT

haerllugrwydd *hwn eg* yr ansawdd o fod yn haerllug; digywilydd-dra, hyfdra CHEEK, INSOLENCE

haeru *be* mynnu, taeru, honni'n gryf, datgan, dweud yn hollol bendant (â'r awgrym o herio neu gyhuddo) *(Mae'n haeru mai hi oedd y ferch a welodd yn gadael y dafarn nos Sadwrn.)* TO ALLEGE, TO INSIST

haf *hwn eg* (hafau) y tymor rhwng y gwanwyn a'r hydref pan fydd yr haul boethaf a'r diwrnodau ar eu hiraf, yn ymestyn (yn swyddogol) o 21 Mehefin hyd 22 neu 23 Medi (yn hemisffer y Gogledd) SUMMER

haf bach Mihangel cyfnod o dywydd poeth tua diwedd Medi neu ddechrau Hydref INDIAN SUMMER

hafaidd *a* gair i ddisgrifio rhywun neu rywbeth sy'n debyg i'r haf neu sy'n nodweddiadol o'r haf *(diwrnodau hafaidd; gwisgo'n hafaidd)* SUMMERY

hafal *a* gair i ddisgrifio rhywbeth cyfartal, cymesur, cydradd, tebyg EQUAL, COMPARABLE

hafaliad *hwn eg* (hafaliadau) (mewn mathemateg) gosodiad lle y mae dau fynegiad yn gyfwerth, yn hafal i'w gilydd *(Mae $x + 3y = 7$ yn hafaliad.)* EQUATION

hafalnod *hwn eg* (hafalnodau) yr arwydd = EQUAL SIGN

hafan *hon eb* porthladd, angorfa gysgodol i longau HAVEN

hafn *hwn neu hon egb* (hafnau) bwlch, hollt yn y tir, cwm cul iawn, ceunant GAP, PASS, RAVINE

hafod *hon eb* (hafodau:hafodydd) llety haf ar yr ucheldiroedd; erstalwm byddai ffarmwr a'i deulu a'u hanifeiliaid yn symud o'r tiroedd isel i dreulio'r haf yn yr hafod (hendre)

hafod unnos tŷ unnos; o godi tŷ ar dir cyffredin o fewn un diwrnod a byw ynddo am ddeugain niwrnod, byddai gan deulu hawl ar y tŷ a rhyw gymaint o dir o'i gwmpas

Hafren *enw afon* SEVERN
hafflau *hwn eg*
1 côl, arffed LAP, BOSOM
2 gafael, crafangau CLUTCHES, GRASP
llond fy (dy, ei etc.) hafflau llond côl, coflaid, cymaint ag y gellir ei gario ar y tro
hagr *a* hyll, salw, afluniaidd, diolwg UGLY, UNSIGHTLY (hacred, hacrach, hacraf)
hagru *be* gwneud yn hagr neu fynd yn hagr
hagrwch *hwn eg* y cyflwr o fod yn hagr, hylltod; gwrthwyneb prydferthwch *(Erbyn hyn mae pobl yn ymwybodol iawn o'r hagrwch y mae cloddio am lo neu fwynau eraill yn ei achosi.)* UGLINESS
haid *hon eb* (heidiau)
1 enw ar gasgliad helaeth o anifeiliaid o'r un rhywogaeth, e.e. haid o wenyn, o wybed, o adar, o lygod SWARM, FLOCK (cenfaint, diadell, gre, gyr, haig, praidd)
2 llu, lliaws, casgliad niferus (o feddyliau, pechodau, pobl ac ati) GROUP, HORDE
haidd *hwn eg (ac enw torfol)* mwy nag un **heidden**; barlys, math o ŷd sy'n cael ei dyfu er mwyn ei rawn ac sy'n cael ei ddefnyddio erbyn hyn i wneud cwrw neu wirodydd, ac fel bwyd i besgi anifeiliaid; byddai'n cael ei ddefnyddio erstalwm i wneud bara BARLEY □ *cnydau*
haig *hon eb* (heigiau) casgliad mawr o bysgod sy'n symud o gwmpas gyda'i gilydd SHOAL
haint *hwn neu hon egb* (heintiau)
1 unrhyw glefyd neu afiechyd (marwol fel arfer) sy'n dueddol o ymledu ymhlith pobl (neu anifeiliaid) DISEASE
2 pangfa o boen, pwl cas o boen, trawiad *(Pan glywodd y newyddion bu bron iddo gael haint.)* FIT
hala *be* ffurf dafodieithol y De ar **hela**
haleliwia *hon eb* cân, ebychiad, neu floedd o fawl i Dduw HALLELUJAH
halen *hwn eg* sodiwm clorid, y sylwedd gwyn crisialaidd sy'n cael ei ddistyllu o ddŵr y môr neu ei fwyngloddio o'r ddaear, ac sy'n cael ei ddefnyddio i flasu bwyd ac i gadw rhai mathau o fwydydd rhag pydru SALT (halwyn, hallt)
halen y ddaear person o'r math gorau THE SALT OF THE EARTH
rhoi halen ar friw gwneud rhywbeth yn waeth TO RUB SALT INTO A WOUND
(rhywun) sy'n werth ei halen yn haeddu parch neu sy'n llawn deilwng o'i gyflog TO BE WORTH ONE'S SALT
halibalŵ:halabalŵ *hwn neu hon egb* sŵn mawr, terfysg, cynnwrf HULLABALOO, PANDEMONIUM
halio *be* tynnu neu lusgo'n gryf (e.e. ceffyl yn tynnu dramiau neu longwr yn tynnu rhaff) TO HEAVE, TO HAUL

halo *hon eb* (haloau)
1 y cylch o aur sy'n cael ei beintio uwchben Iesu Grist a'r saint mewn lluniau crefyddol; corongylch HALO
2 cylch o oleuni llachar fel a geir o gwmpas yr haul neu'r lleuad pan fydd hi'n niwlog HALO, CORONA
halogedig *a* gair i ddisgrifio rhywbeth sydd wedi'i lygru, sy'n amhûr (yn arbennig mewn ystyr grefyddol); aflan DEFILED, IMPURE
halogi *be* llygru, gwneud yn amhûr, difwyno (yn arbennig mewn ystyr grefyddol) TO DEFILE, TO CORRUPT, TO DESECRATE
halwyn *hwn eg* (halwynau) (mewn cemeg) un o ddosbarth o sylweddau cemegol sy'n cael eu ffurfio trwy gyfuno asid a bas SALT
hallt *a* gair i ddisgrifio rhywbeth:
1 a blas halen arno, neu a gormod o flas halen arno *(Mae'r tatws yma'n hallt.)* SALTY
2 (am ddŵr) nad yw'n groyw, sydd fel dŵr y môr BRACKISH
3 wedi'i gyffeithio neu wedi'i gadw mewn halen PICKLED
4 drud iawn (am gost rhywbeth) neu lym (am gosb) *(Mae £1.00 am baned o goffi ychydig yn hallt!)* STEEP
halltu *be* ffordd o gadw bwyd (cig yn arbennig) rhag pydru trwy ei drin â halen TO SALT, TO CURE
ham *hwn neu hon egb* (hamiau) cig o goes mochyn wedi'i drin rhag iddo bydru HAM
hambwrdd *hwn eg* (hambyrddau) bwrdd llaw sy'n cael ei ddefnyddio i gario llestri ac ati TRAY
hamdden *hwn neu hon egb* amser rhydd, amser pan nad ydych yn gweithio neu ar orchwyl arbennig LEISURE, PASTIME
canolfan hamdden gw. **canolfan**
hamddena *be* mwynhau cyfnod o hamdden, segura
hamddenol *a* gair i ddisgrifio rhywun neu rywbeth nad yw'n brysio na phryderu; araf, pwyllog, wrth ei bwysau LEISURELY
hances *hon eb* (hancesi) sgwaryn o liain (sidan weithiau) a gedwir mewn poced neu fag er mwyn sychu trwyn fel arfer; neisied, macyn, cadach poced, ffunen HANDKERCHIEF
haneri *hyn ell*
1 mwy nag un **hanner**
2 y maswr a'r mewnwr mewn gêm o rygbi HALVES □ *rygbi*
haneru *be*
1 rhannu'n ddwy ran gyfartal TO HALVE
2 lleihau i hanner y maint neu'r nifer gwreiddiol TO HALVE

hanes *hwn eg* (hanesion)
  1 pwnc mewn ysgol a choleg sy'n ymdrin â digwyddiadau'r gorffennol HISTORY
  2 cyfres o ddigwyddiadau ym mywyd dyn, teulu, cenedl ac ati yn nhrefn amser *(Darllenais lyfr diddorol yn adrodd hanes bywyd Florence Nightingale.)* STORY, HISTORY
  3 astudiaeth o unrhyw beth dros gyfnod o amser *(hanes llenyddiaeth Gymraeg)* HISTORY
  4 llyfr am ddigwyddiadau'r gorffennol *(Hanes Cymru yn y Cyfnod Modern Cynnar 1530-1760 gan Geraint H. Jenkins)* HISTORY
  5 chwedl, newyddion, sôn *(Beth yw'r hanes diweddaraf am deulu Pen-y-bryn?)* ACCOUNT, TALE
  6 adroddiad, traethiad, cofnod *(A fyddech chi cystal ag adrodd hanes y digwyddiadau a arweiniodd at y ffrwydrad?)* REPORT

hanesydd *hwn eg* (haneswyr) un sy'n astudio hanes ac sy'n ysgrifennu amdano HISTORIAN

hanesyddol *a* gair i ddisgrifio:
  1 rhywbeth sydd mor bwysig fel y dylid ei gofnodi fel rhan o hanes HISTORIC
  2 rhywbeth sy'n perthyn i gyfnod pan oedd hanes yn cael ei gofnodi (o'i gyferbynnu â chyfnod cynhanesyddol) HISTORICAL
  3 rhywbeth sy'n ymwneud â hanes *(nofel hanesyddol)* HISTORICAL

hanesyn *hwn eg* stori fach, hanes byr ANECDOTE

hanfod *hwn eg* (hanfodion) yr ansawdd neu'r rhinwedd y mae'n rhaid ei gael er mwyn i rywbeth fod yr hyn ydyw *(Er yr holl sôn sydd am ei syniadau beiddgar nid yw'n dweud dim byd sy'n newydd yn ei hanfod.)* ESSENCE, QUINTESSENCE

hanfodion y pethau pwysicaf, y pethau y mae'n rhaid wrthyn nhw ESSENTIALS

hanfodol *a* gair i ddisgrifio rhywun neu rywbeth y mae'n rhaid wrtho; anhepgorol, gwir angenrheidiol ESSENTIAL, VITAL, CRUCIAL

haniaeth *hwn neu hon egb* (haniaethau) rhywbeth sy'n bod fel syniad yn unig yn hytrach nag fel gwrthrych ABSTRACTION

haniaethol *a* gair i ddisgrifio rhywbeth:
  1 sy'n bod fel syniad yn unig, yn hytrach nag fel ffaith neu wrthrych; gwrthwyneb diriaethol *(Mae cyfiawnder a chariad yn ddau syniad haniaethol.)* ABSTRACT
  2 cyffredinol a niwlog yn hytrach na manwl a phenodol *(Mae eich syniadau braidd yn haniaethol.)* ABSTRACT
  3 (arlunwaith) nad ydyw'n ceisio darlunio pethau mewn ffordd real neu fel yr ydym yn arfer eu gweld nhw ABSTRACT

hanner *hwn eg* (haneri)
  1 y naill neu'r llall o'r ddwy ran gyfartal y mae'n bosibl rhannu rhywbeth iddynt, ½, 50% HALF
  2 canol, fel yn *hanner dydd* neu *hanner nos* MID
  3 un o ddwy ran y mae rhywbeth yn cael ei rannu iddynt *(Sgoriodd Cymru ei holl bwyntiau yn yr hanner cyntaf.)* HALF
  4 ochr, tu, rhan; y rhan honno o gwrt neu faes sy'n cael ei hamddiffyn gan chwaraewr neu dîm *(Roedd 'na lawer o weiddi yn ein hanner ni o'r cae pan sgoriodd Rhys.)* HALF, END
  5 rhywbeth heb ei orffen, heb ei gwblhau *(Dyw'r cig 'ma ddim wedi hanner ei goginio.)* HALF (haneri, haneru)

ar hanner heb ei gwblhau, yng nghanol ON HALF
hanner amser hanner ffordd trwy (gêm fel arfer) HALF-TIME
hanner awr deng munud ar hugain HALF AN HOUR
hanner brawd brawd sy'n perthyn trwy un o'r rhieni yn unig, llys-frawd HALF-BROTHER □ *teulu*
hanner brif (mewn cerddoriaeth) nodyn sydd yr un hyd â dau finim SEMIBREVE □ *cerddoriaeth*
hanner cant 50 FIFTY
hanner colon atalnod (;) a ddefnyddir yn bennaf i gysylltu rhannau o frawddeg a fyddai, fel arall, yn cael eu cysylltu â chysylltair (e.e. oherwydd, a, ond, er, nad ac ati) *(Rhaid inni beidio aros; mae'n hwyr.)* SEMICOLON
hanner cwafer (mewn cerddoriaeth) nodyn sy'n hanner hyd cwafer a chwarter hyd crosiet SEMIQUAVER □ *cerddoriaeth*
hanner cylch SEMICIRCLE
hanner diwrnod gwyliau neu gyfnod i ffwrdd o'r gwaith (bore neu brynhawn fel arfer) HALF-DAY
hanner dydd canol dydd, 12 o'r gloch y prynhawn NOON, MIDDAY
hanner ffordd y man canol rhwng dau le neu ddau beth HALF-WAY, MIDWAY
hanner munud! (ar lafar) arhoswch am funud HALF-A-MINUTE!
hanner nos canol nos, 12 o'r gloch y nos MIDNIGHT
hanner tymor gwyliau hanner ffordd trwy dymor ysgol HALF-TERM
o'r hanner o ddigon, o bell ffordd BY FAR
hanner tôn *hwn eg* (hanner tonau) (mewn cerddoriaeth) gwahaniaeth traw yn cyfateb i'r gwahaniaeth rhwng dau nodyn nesaf at ei gilydd ar y piano (gan gynnwys y rhai du) SEMITONE □ *cerddoriaeth*

hanu *be* deillio, disgyn, tarddu, dod o *(O ble y mae'n hanu yn wreiddiol? Mae Eleri'n hanu o Lanuwchllyn, er ei bod yn byw ym Mhontypridd ers blynyddoedd.)* TO SPRING FROM, TO DERIVE FROM

hap hon *eb* (hapiau) siawns, lwc, damwain, ffawd, digwyddiad fel yn *hap a damwain* CHANCE, LUCK, FORTUNE

ar hap ar siawns, digwydd BY CHANCE, BY ACCIDENT

hapchwarae[1] hwn *eg* (hapchwaraeon)

1 trefniant lle y mae pobl yn prynu tocynnau wedi'u rhifo ond dim ond ychydig ohonynt sy'n cael eu dewis (ar hap) i ennill gwobr(au) LOTTERY

2 math o chwarae lle y mae rhywun yn betio ar ganlyniad rhywbeth, yn gamblo BETTING

hapchwarae[2] *be* betio, taro bet, gamblo TO GAMBLE, TO BET

hapnod hwn *eg* (hapnodau) (mewn cerddoriaeth) arwydd (llonnod, meddalnod neu arwydd naturiol) sy'n newid traw nodyn o fewn un bar yn unig i draw nad yw'n perthyn i gyweirnod y darn ACCIDENTAL □ *cerddoriaeth*

hapus *a* gair i ddisgrifio rhywun neu rywbeth:

1 sy'n achosi pleser neu sy'n teimlo'n llawen; dedwydd, llon HAPPY

2 wrth fy (dy, ei etc.) modd *(Byddem yn hapus iawn i geisio ateb eich gofynion.)* HAPPY

3 (mewn cyfarchion) llawen *(Pen blwydd hapus!)* HAPPY

4 bodlon *(Nid wyf yn hapus ynghylch y traethawd yma o gwbl.)* HAPPY

hapusrwydd hwn *eg* y cyflwr neu'r stad o fod yn hapus; dedwyddwch HAPPINESS

harbwr hwn *eg* man lle y mae llongau yn gallu cysgodi a glanio HARBOUR

hardd *a* gair i ddisgrifio rhywun neu rywbeth prydferth, teg, golygus (mae'n cyfleu ystyr mwy urddasol neu gain na 'phert' neu 'dlws') HANDSOME, FAIR, BEAUTIFUL

harddu *be* gwneud yn hardd, prydferthu TO BEAUTIFY, TO GRACE

harddwch hwn *eg* prydferthwch, tegwch, ceinder; yr ansawdd o fod yn hardd BEAUTY

harmoni hwn *eg* (harmonïau)

1 (mewn cerddoriaeth) cyfuniad o nodau sy'n cynhyrchu cyfres o gordiau cerddorol neu astudiaeth o'r cordiau hyn; cynghanedd HARMONY

2 yr hyn a geir pan fo pobl (e.e. gŵr a gwraig) yn cyd-fyw heb anghytuno neu gweryla HARMONY

harmoniwm hwn *eg* math o organ fechan sy'n edrych yn debyg i biano HARMONIUM

harnais hwn *eg* (harneisiau)

1 y strapiau lledr sy'n cael eu defnyddio i reoli ceffyl neu i'w sicrhau wrth gert HARNESS, TRAPPINGS □ *ceffyl*

2 set o strapiau sy'n cael ei defnyddio i sicrhau rhywun wrth rywbeth *(harnais parasiwt)* HARNESS

harneisio *be*

1 gosod harnais ar geffyl TO HARNESS

2 rheoli rhywbeth a'i ddefnyddio i bwrpas arall, megis defnyddio grym natur i gynhyrchu ynni *(harneisio grym llanw a thrai er mwyn cynhyrchu trydan)* TO HARNESS

harpsicord hwn *eg* (harpsicordiau) offeryn cerdd tebyg i biano ond bod ei dannau yn cael eu tynnu (fel tannau telyn) yn hytrach na'u taro fel tannau piano HARPSICHORD

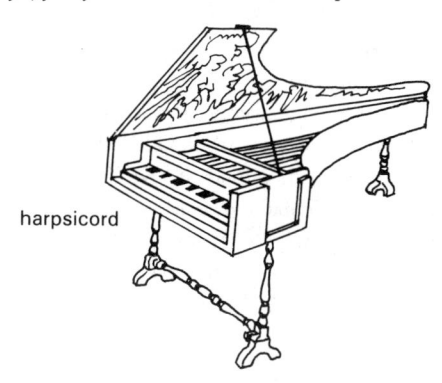

harpsicord

hast hwn neu hon *egb* brys, ffrwst, prysurdeb *(Beth yw'r hast sydd arnat ti?)* HASTE, HURRY

bod ar hast bod ar frys, rhuthro TO BE IN A HURRY

gwneud hast TO HURRY UP, TO HASTEN

hastus *a* byrbwyll, difeddwl, brysiog, ar hast HASTY

hatling hon *eb* (yn llenyddol neu yn y Beibl) cyfraniad bach iawn (o arian) gan rywun nad yw'n gallu fforddio rhoi mwy MITE

hau *be*

1 gwasgaru hadau ar wyneb y ddaear neu blannu (neu ddodi) hadau yn y ddaear er mwyn iddynt dyfu yn flodau neu'n gnwd TO SOW

2 (yn ffigurol) lledaenu, gwasgaru, taenu TO SOW (heuaf)

haul hwn *eg* (heuliau)

1 y corff llachar yn yr awyr y mae'r ddaear yn teithio o'i gwmpas ac yn derbyn goleuni a gwres oddi wrtho SUN □ *alban, planed*

2 goleuni a gwres sy'n deillio o'r haul *(Gofala na chei di dy losgi yn yr haul.)* SUN

3 seren y mae planedau yn teithio o'i chwmpas SUN

hawdd *a* gair i ddisgrifio rhywbeth y mae modd ei wneud neu ei feistroli heb lawer o ymdrech; rhwydd, didrafferth, parod EASY, READY (hawsed, haws, hawsaf)

hawddgar *a* gair i ddisgrifio rhywun hoffus, dymunol, wrth eich bodd, hynaws, serchus AMIABLE, PLEASANT

hawl[1] hon *eb* (hawliau) cais dilys neu'r hyn sy'n ddyledus i rywun ar sail gyfreithiol neu foesol *(Mae gennyf hawl i ddefnyddio'r llwybr cyhoeddus ar draws ei dir.)* RIGHT

hawl² *bf* mae ef/hi yn **holi**; bydd ef/hi yn **holi**

hawlfraint *hon eb* (hawlfreintiau) yr hawl gyfreithiol i gael cynhyrchu, gwerthu neu ddarlledu llyfr, drama, ffilm, record ac ati, am gyfnod penodol o flynyddoedd COPYRIGHT

hawliau *hyn ell* (mwy nag un **hawl**) y manteision hynny y mae gan berson hawl foesol neu gyfreithiol i'w mynnu *(hawliau merched, hawliau dynol)* RIGHTS

hawlio *be* mynnu fel hawl TO CLAIM, TO DEMAND

haws:hawsaf:hawsed *a* mwy **hawdd**: mwyaf **hawdd**: mor **hawdd**

hawyr *ebychiad* fel yn *hawyr bach!* GOOD GRACIOUS!

heb *ardd* (hebof fi, hebot ti, hebddo ef [fe/fo], hebddi hi, hebom ni, heboch chi, hebddynt hwy [hebddyn nhw])
1 yn brin o, yn amddifad o *(Dyma'r tro cyntaf imi fod ar fy ngwyliau heb fy rhieni.)* WITHOUT
2 peidio â, nid wyf (wyt, yw etc.) wedi *(Rwyf heb weld y rhaglen eto. Heb ei fai heb ei eni.)* WITHOUT, NOT
Sylwch:
1 gellir defnyddio 'heb' + berfenw i ddynodi gwahanol amserau'r ferf *(Roedd hi heb wneud ei gwaith cartref. Mae'r gath heb ei chau i mewn.)*
2 *a heb* sy'n gywir (nid *ac heb*).

mwy na heb mwy neu lai MORE OR LESS

heblaw *ardd* yn ogystal â, ar wahân i, oddieithr *(A oes rhywun arall yn mynd i'r parti heblaw ni?)* BESIDES, APART FROM

hebog *hwn eg* (hebogau:hebogiaid) un o nifer o fathau o adar ysglyfaethus sy'n hela ac yn dal, â'u crafangau, adar llai ac anifeiliaid bach yn ystod y dydd HAWK □ *gwalch*

hebog tramor PEREGRINE FALCON

Hebread *hwn eg* (Hebreaid) Iddew; un o ddisgynyddion y llwythau a arweiniwyd gan Moses HEBREW

hebrwng *be* teithio gyda (fel cwmni neu er mwyn gwarchod) *(A gaf fi dy hebrwng di adref ar ôl y ddawns?)* TO ESCORT

hebryngaf *bf* rwy'n **hebrwng**; byddaf yn **hebrwng**

hecsagon *hwn eg* (hecsagonau) llun neu siâp sydd â chwe ochr a chwe ongl HEXAGON

hectar *hwn eg* (hectarau) mesur arwynebedd tir sy'n cyfateb i 10,000 metr sgwâr; ha HECTARE (gw. *Atodiad III* t.603)

hed *bf* mae ef/hi yn **ehedeg/hedfan**; bydd ef/hi yn **ehedeg/hedfan**

fel yr hed y frân gw. **brân**

hedeg ffurf lafar ar **ehedeg**

hedegog *a* gair i ddisgrifio rhywbeth sy'n hedfan neu sy'n gallu hedfan FLYING

hedfan *be*
1 teithio trwy'r awyr ar adenydd neu mewn peiriant *(Mae adar yn hedfan.)* TO FLY
2 llywio a rheoli (awyren, hofrenydd ac ati) yn yr awyr *(Pwy sy'n hedfan yr awyren?)* TO FLY
3 cael eich cludo'n gyflym trwy'r awyr *(Roedd y cymylau'n hedfan ar draws yr wybren.)* TO FLY
4 codi i'r awyr ar ben llinyn neu ddarn o raff *(hedfan barcud)* TO FLY
5 symud yn gyflym, brysio *(car yn hedfan ar hyd y draffordd; amser yn hedfan)* TO FLY

hedyn *hwn eg* (hadau)
1 un gronyn o had *(yr hedyn mwstard)* A SEED, GERM
2 (yn ffigurol) rhywbeth sy'n mynd i dyfu neu ddatblygu; cnewyllyn *(hedyn o amheuaeth)* SEED

hedd gw. **heddwch : hedd**

heddgeidwad *hwn eg* (heddgeidwaid) aelod o'r heddlu; plismon, heddwas POLICEMAN

heddiw¹ *adf*
1 ar y diwrnod hwn, y dwthwn hwn, ar y diwrnod rhwng ddoe ac yfory TODAY
2 yn yr amser presennol (o'i gyferbynnu â'r gorffennol neu'r dyfodol) NOWADAYS

bore heddiw y bore 'ma THIS MORNING

fel heddiw ac yfory anwadal, oriog, di-ddal; araf, disymud

hyd heddiw tan y presennol TO THIS DAY

prynhawn heddiw y prynhawn 'ma THIS AFTERNOON

heddiw² *hwn eg* y diwrnod hwn, yr amser presennol *(Byddwn yno wythnos i heddiw.)* TODAY

heddlu *hwn eg* (heddluoedd)
1 corff swyddogol o ddynion a gwragedd sy'n gyfrifol am gadw'r heddwch, am ofalu am bobl ac eiddo, am sicrhau bod pobl yn ufuddhau i gyfreithiau, ac am ddal troseddwyr ac ati POLICE FORCE
2 y corff sy'n gyfrifol am ranbarth arbennig *(Heddlu Dyfed/Powys; Heddlu Gogledd Cymru)* CONSTABULARY

heddwas *hwn eg* (heddweision) heddgeidwad, plismon POLICEMAN

heddwch:hedd *hwn eg*
1 cyfnod neu gyflwr heb ryfel na therfysg PEACE
2 cytundeb rhwng rhai sydd wedi bod yn brwydro (gwledydd fel arfer) *(Heddwch Versailles ar ôl y Rhyfel Byd Cyntaf)* PEACE
3 llonyddwch, tawelwch, distawrwydd hir *(Mae'n braf cael dod i mewn i gael ychydig bach o heddwch.)* PEACE
4 tawelwch meddwl, tangnefedd TRANQUILLITY

heddychlon:heddychol *a* gair i ddisgrifio rhywun neu rywbeth nad yw'n creu cynnwrf na therfysg, nad yw'n brwydro nac yn ymladd, sy'n credu mewn heddwch PEACEFUL

heddychwr hwn *eg* (heddychwyr)
  1 un sy'n gwrthod rhyfela, sy'n credu mewn heddwch PACIFIST
  2 un sy'n ceisio cymodi rhwng dwy (neu ragor) o ochrau sy'n rhyfela neu'n brwydro yn erbyn ei gilydd CONCILIATOR, PEACEMAKER

hefyd *adf* a *chysylltair* yn ogystal, yn ychwanegol, yn gwmni i *(A gaf fi ddod hefyd?)* ALSO, TOO
  byth a hefyd gw. **byth**
  Sylwch: *a hefyd* sy'n gywir (nid *ac hefyd*).

heffer hon *eb* (heffrod) buwch ifanc (nad yw, fel arfer, wedi bwrw llo); anner, treisiad HEIFER

heglog *a* gair i ddisgrifio rhywun neu rywbeth â choesau hirion LONG-LEGGED, LEGGY

heglu *be* fel yn *ei heglu hi*, brasgamu, rhedeg i ffwrdd TO RUN AWAY

heibio *adf* hyd at ryw bwynt neu fan arbennig (mewn amser neu le) ac yna y tu draw neu y tu hwnt *(Aeth y gwyliau heibio'n gyflym iawn. Does dim lle inni fynd heibio iddo ar yr heol yma.)* PAST, BY
  galwch heibio dewch i ymweld CALL BY
  wrth fynd heibio gyda llaw IN PASSING

heicio *be* mynd ar daith gerdded, cerdded (ar daith hir fel arfer) TO HIKE

heidiau *hyn ell* mwy nag un **haid**

heidio *be*
  1 crynhoi yn un haid neu yn dorf *(Mae'r gwartheg wedi heidio at ei gilydd yng nghornel y cae.)* TO SWARM, TO FLOCK, TO TEEM
  2 casglu nifer o bethau (e.e. anifeiliaid) ynghyd TO HERD
  3 bod yn llawn o, yn berwi o; heigio *(Mae'r dref yn heidio o ymwelwyr.)* TO TEEM

heidden hon *eb* un gronyn o **haidd**

heigiau *hyn ell* mwy nag un **haig**

heigio *be* casglu ynghyd yn un dorf fawr (o bethau llai na'r hyn a geir mewn haid fel arfer); bod yn llawn o *(y môr yn heigio o bysgod)* TO TEEM, TO SWARM

heini *a* gair i ddisgrifio rhywun sy'n llawn bywyd; hoenus, gwisgi *(Ar Ynys Afallon y bardd T. Gwynn Jones roedd pob calon yn 'heini a llon'.)* ACTIVE, VIGOROUS
  cadw'n heini ymarfer y corff er mwyn cadw'n iach, yn gryf ac yn ystwyth TO KEEP FIT

heintiau *hyn ell* mwy nag un **haint**

heintio *be*
  1 gwneud rhywbeth yn afiach trwy ledaenu haint neu glefyd *(Mae dy lygad chwith wedi'i heintio.)* TO INFECT
  2 llygru trwy ledaenu (clefyd neu haint) ymhlith eraill TO INFECT, TO CONTAMINATE

heintus *a* gair i ddisgrifio rhywun neu rywbeth:
  1 sy'n dioddef o haint neu sy'n cario haint INFECTED
  2 (am afiechyd) sy'n cael ei drosglwyddo trwy'r awyr neu drwy gyffyrddiad INFECTIOUS, CONTAGIOUS
  3 sy'n ymledu'n gyflym ac yn effeithio ar bobl eraill *(Roedd ganddi chwerthiniad heintus.)* INFECTIOUS, CATCHING

heirdd *a* gair i ddisgrifio mwy nag un peth **hardd** *(cloriau heirdd y llyfrau newydd)*

hel *be*
  1 danfon, gyrru, erlid *(Cafodd ei hel o'r ystafell am ei hymddygiad.)* TO SEND, TO DRIVE
  2 crynhoi, casglu ynghyd *(Rwy'n hel arian at achos da.)* TO COLLECT, TO GATHER
  3 mynychu, ymweld â *(hel ffeiriau, hel tafarnau)* TO FREQUENT
  hel achau olrhain achau TO TRACE ONE'S ANCESTRY
  hel at ei gilydd casglu ynghyd TO GATHER TOGETHER
  hel celwyddau dweud anwireddau TO TELL LIES
  hel clecs dweud straeon TO GOSSIP
  hel dail gwastraffu amser trwy siarad diwerth
  hel esgusion/esgusodion chwilio am esgusodion TO MAKE EXCUSES
  hel fy (dy, ei etc.) mhac casglu pethau ynghyd yn barod i ymadael TO COLLECT ONE'S BAGS, TO PACK UP
  hel fy (dy, ei etc.) nhamaid ennill bywoliaeth TO EARN ONE'S LIVING
  hel fy (dy, ei etc.) nhraed cychwyn TO SET OFF
  hel meddyliau troi a throsi pethau yn y meddwl a hynny'n aml yn peri ofn neu ddigalondid; chwalu meddyliau TO BROOD
  hel straeon hel clecs, dweud straeon TO GOSSIP

hela *be*
  1 ymlid; mynd ar ôl anifeiliaid neu adar a'u lladd, naill ai fel adloniant neu ar gyfer eu crwyn/plu neu eu cig *(hela'r ysgyfarnog; ci hela)* TO HUNT
  2 (ar lafar yn y De) gwario, treulio *(hela gormod o amser yn y tŷ bach; hela'i arian i gyd yn y ffair)* TO SPEND
  3 (ar lafar yn y De) ffurf ar **hel** (heliaf)

helaeth *a* gair i ddisgrifio rhywbeth:
  1 eang, llydan, maith *(Mae'n bwrw glaw dros rannau helaeth o'r wlad.)* EXTENSIVE, LARGE, WIDE
  2 hael, lluosog, toreithiog *(Roedd yn ŵr helaeth ei gymwynas.)* GENEROUS, MAGNANIMOUS

helaethrwydd hwn *eg* amlder, ehangder, maint *(Pan es i i'r Llyfrgell Genedlaethol, rhyfeddais at helaethrwydd ei chasgliadau o lyfrau.)* EXTENT, SIZE, IMMENSITY

helaethu *be* gwneud neu dyfu'n ehangach; trafod yn llawnach *(Y flwyddyn nesaf, rwy'n bwriadu clirio'r chwyn a helaethu'r ardd.)* TO EXPAND, TO ENLARGE

helbul hwn *eg* (helbulon) helynt, trwbl, trafferth *(mewn helbul o hyd)* TROUBLE, BOTHER, SCRAPE

helbulus *a* gair i ddisgrifio rhywbeth sy'n llawn helbulon neu sy'n achosi helynt neu drafferth TROUBLESOME, STORMY

helcyd *be* (gair y Gogledd) halio, llusgo, cario *(Mi fydd raid imi helcyd yr hen ges trwm 'ma ar draws Llundain.)* TO LUG, TO DRAG

helfa hon *eb* (helfeydd:helfâu)
1 y weithred o hela, o ymlid anifeiliaid gwyllt â'r bwriad o'u dal a'u lladd HUNT
2 casgliad o'r pethau (pysgod fel arfer) sydd wedi cael eu dal A CATCH
3 y weithred o chwilio am rywbeth (â'r bwriad yn aml o'i ddarganfod o flaen pawb arall) *(helfa drysor)* HUNT

helgi hwn *eg* (helgwn) math o gi sy'n cael ei ddefnyddio ar gyfer hela (llwynogod fel arfer), bytheiad HOUND □ *ci*

heli hwn *eg*
1 (erbyn hyn) gair barddonol braidd am y môr SEA, BRINE
2 dŵr hallt BRINE

heliaf *bf* rwy'n **hela**; byddaf yn **hela**

heliwm hwn *eg* nwy sy'n un o'r elfennau cemegol; mae'n ysgafnach nag aer, nid yw'n llosgi, ac mae'n cael ei ddefnyddio mewn rhai mathau o longau awyr a goleuadau; He yw'r symbol am heliwm HELIUM

heliwr hwn *eg* (helwyr) gŵr sy'n hela anifeiliaid neu adar gwyllt HUNTSMAN

helm hon *eb*
1 (lluosog helmau) yn wreiddiol y darn o arfogaeth a fyddai'n amddiffyn pen milwr neu farchog, ond erbyn heddiw het milwr, plismon, dyn tân ac ati HELMET, HELM
2 (lluosog helmydd) tas gron o ŷd RICK

helmed:helmet hon *eb* (helmed(t)au:helmed(t)i) helm (1) ond hefyd y math o het amddiffynnol a wisgir gan yrrwr beic modur HELMET

helogan hon *eb* llysieuyn gardd â choesau gwyrdd golau a ddefnyddir mewn salad neu i wneud cawl CELERY □ *llysiau* t.634

help hwn *eg* cymorth, cynhorthwy HELP, AID
  help llaw cymorth ymarferol HELPING HAND

helpu *be*
1 gwneud cyfran o waith ar ran rhywun; cynorthwyo, bod o ddefnydd neu gymorth *(Mae Siân yn hoffi helpu'i mam yn yr ardd ond nid yw Gareth yn hoffi helpu'i dad i olchi'r llestri.)* TO HELP
2 cefnogi, creu amgylchiadau derbyniol *(Mae'r ysgol feithrin yn helpu plant bach i baratoi ar gyfer yr ysgol gynradd.)* TO HELP
  helpu fy (dy, ei etc.) hun cymryd heb dolio neu warafun, neu gymryd heb ganiatâd TO HELP MYSELF

helwyr hyn *ell* mwy nag un **heliwr**

helygen hon *eb* (helyg) coeden sy'n tyfu gerllaw dŵr a'i cheinciau yn gwyro tua'r ddaear; pren y goeden yma WILLOW □ *coed* t.615 (gwyddau bach)

helynt hwn neu hon *egb* (helyntion) helbul, trafferth, ffrae, trallod, trwbl *(Mae rhyw helynt ynglŷn â'i gwaith cartref byth a hefyd.)* TROUBLE, PREDICAMENT, BOTHER
  hynt a helynt gw. **hynt**

hem hon *eb* (hemiau) ymyl dilledyn wedi'i throi i fyny ac wedi'i gwnïo HEM

hemio *be*
1 troi ymyl dilledyn i fyny a'i gwnïo, gwneud hem TO HEM
2 (ar lafar yn y De) rhoi cosfa i; curo TO BELT

hemisffer hon *eb* (hemisfferau)
1 un o ddau hanner pelen HEMISPHERE
2 un o ddau hanner ein byd (y naill i'r gogledd o'r cyhydedd a'r llall i'r de) HEMISPHERE
3 un o ddwy ran yr ymennydd HEMISPHERE

hemlog hon *eb* yn arbennig *hemlog y gorllewin*, coeden fythwyrdd, coniffer sy'n debyg i'r byrwydden (WESTERN) HEMLOCK □ *coed* t.614

hen[1] *a* gair i ddisgrifio rhywun neu rywbeth:
1 mewn gwth o oedran, nad yw'n ifanc neu'n newydd, sy'n bod ers cyfnod hir *(hen bobl; hen ddillad; hen gyfeillion)* OLD
2 cynt, a fu *(Cafodd ei hen swydd yn ôl.)* OLD, FORMER
3 sydd yn gyfarwydd ers llawer o amser *(yr un hen stori)* OLD
4 heb fod yn ffres *(Mae'r caws yma'n hen.)* OLD, STALE
5 annwyl *(Chwarae teg i'r hen blant!)* OLD
6 annymunol, atgas *(Mae'r hen ddyn 'na wrth y drws eto.)* OLD (hyned, hŷn, hynaf)

Sylwch: mae 'hen' yn un o'r ychydig ansoddeiriau sy'n cael eu defnyddio o flaen enw yn y Gymraeg; weithiau mae'n cael ei ddefnyddio ar ôl enw i bwysleisio bod y peth yn hen iawn—felly *hen adeilad* ond *adeilad hen iawn*.

hen ben rhywun doeth a deallus *(Mae'r bachgen yma'n dipyn o hen ben.)*

hen bennill pennill telyn; math cyffredin o farddoniaeth boblogaidd gwerin Cymru sydd wedi goroesi dros y canrifoedd, e.e.

> Ar lan y môr mae carreg wastad,
> Lle bûm yn siarad gair â'm cariad.
> O amgylch hon fe dyf y lili
> Ac ambell gangen o rosmari.

hen bryd gw. **pryd**

hen dad-cu:hen-daid tad eich tad-cu/taid GREAT-GRANDFATHER

hen dro trueni, piti A SHAME

hen fam-gu:hen-nain mam eich mam-gu/nain GREAT-GRANDMOTHER

hen ferch gwraig ddibriod SPINSTER, OLD MAID
Hen Galan gw. **calan**
hen gant am rywun sy'n edrych yn hŷn na'i oedran
hen geg rhywun sy'n siarad yn gwrs ac yn rhy uchel A BIG-MOUTH
Yr Hen Gorff Y Methodistiaid Calfinaidd
hen lanc gŵr dibriod BACHELOR
hen law rhywun profiadol iawn OLD HAND
hen nain gw. **hen fam-gu:hen-nain**
hen nodiant y dull o ysgrifennu cerddoriaeth sy'n defnyddio un neu ragor o setiau o bum llinell STAFF NOTATION
Hen Wlad Fy Nhadau anthem genedlaethol Cymru; ysgrifennwyd y geiriau gan Evan James a'r gerddoriaeth gan ei fab James James ym 1856 LAND OF MY FATHERS
hen ŵr llysieuyn peraidd ei arogl ond chwerw ei flas y credid gynt ei fod yn llesol SOUTHERNWOOD □ *blodau* t.620
hen[2] *adf* ers hir amser, hir *(Rwyf wedi hen flino ar ei gŵynion.)* LONG SINCE
hen bryd amser *(Mae'n hen bryd inni fynd.)* HIGH TIME
hen ddigon gormod *(Rwyf wedi cael hen ddigon ar y siarad parhaus yma!)* MORE THAN ENOUGH
henaidd *a* gair i ddisgrifio rhywun neu rywbeth sydd braidd yn hen neu'n henffasiwn *(plentyn bach henaidd ei ffordd)* OLD-FASHIONED, OLDISH
henaint *hwn eg* y cyflwr o fod yn hen neu'n oedrannus OLD AGE, SENILITY
hen-daid gw. **hen dad-cu:hen-daid**
hendref *hon eb* (hendrefi) y man lle y byddai ffarmwr, ei deulu a'i breiddiau yn byw yn ystod misoedd y gaeaf ar ôl dychwelyd yn yr hydref o'r hafod
Hendy-gwyn ar Daf *enw lle* WHITLAND
henebion *hyn ell* mwy nag un **henebyn**; adeiladau neu olion hen iawn; hen adeiladwaith *(Mae Castell Caernarfon a Chromlech Pentre Ifan ymysg henebion mwyaf enwog Cymru.)* ANCIENT MONUMENTS
henebyn *hwn eg* un o ddau neu ragor o **henebion**
heneiddio *be* mynd yn oedrannus, mynd yn hen TO AGE, TO BECOME OLD
henffasiwn *a* gair i ddisgrifio rhywun neu rywbeth nad yw'n gyffredin bellach, nad yw yn y ffasiwn OLD-FASHIONED
Henffordd *enw lle* HEREFORD
henffych *ebychiad* hen ffordd o gyfarch person GREETINGS, HAIL
hen-nain gw. **hen fam-gu:hen-nain**
heno *adf* (ar neu yn ystod) y noson hon TONIGHT
henoed *hwn eg*
  1 henaint; y cyflwr o fod yn hen OLD AGE
  2 hen bobl *(Mae'r plant wedi penderfynu casglu arian ar gyfer yr henoed eleni.)* OLD PEOPLE
henuriad *hwn eg* (henuriaid) person sy'n perthyn i genhedlaeth hŷn ac sy'n haeddu parch oherwydd ei brofiad neu'i ddoethineb ELDER
heol:hewl *hon eb* (heolydd) ffordd, priffordd, stryd, lôn ROAD
heol fawr y brif stryd neu'r brif heol MAIN ROAD
hepgor *be* gwneud y tro heb, sbario, gadael allan *(Os gallwn ni hepgor galw yn y tŷ, bydd hynny'n arbed hanner awr arall i ni.)* TO DISPENSE WITH, TO AVOID, TO FORGO
hepian *be* pendwmpian, cysgu'n ysgafn TO SNOOZE, TO DOZE
her *hon eb* (heriau)
  1 gwahoddiad i gystadlu mewn brwydr, gêm ac ati er mwyn profi rhywbeth (megis dewrder neu allu) CHALLENGE, DARE
  2 rhywbeth sy'n mynnu ymateb; gorchwyl sy'n gofyn ymdrech galed i sicrhau llwyddiant *(Roedd dringo'r mynydd yn her yr oedd yn rhaid iddo ymateb iddi.)* CHALLENGE
her unawd cystadleuaeth i ddarganfod yr unawdydd gorau CHAMPION SOLO
herc *hon eb* (herciau) naid ar un goes, naill ai'n fwriadol neu oherwydd bod y llall wedi'i hanafu HOP, LIMP
herc, cam a naid camp athletaidd i weld pwy sy'n gallu neidio bellaf ar ôl herc a cham HOP, STEP AND JUMP
hercian *be* cerdded gan geisio cadw'r pwysau i gyd ar un goes (oherwydd bod y llall wedi cael anaf); cloffi TO LIMP, TO HOBBLE, TO HOP
herciog *a* gair i ddisgrifio rhywun neu rywbeth sy'n hercian, nad yw'n symud yn rhwydd ac yn llyfn *(mydr herciog mewn darn o farddoniaeth)* LIMPING
herfeiddiol *a* gair i ddisgrifio rhywun neu rywbeth sy'n herio, sy'n feiddgar iawn CHALLENGING, DEFIANT
hergwd *hwn eg* hwb, hwp, hwrdd, gwth SHOVE, PUSH
herio *be*
  1 gwahodd i gystadlu (trwy ymladd, chwarae ac ati) TO CHALLENGE
  2 amau cywirdeb, cyfiawnder neu awdurdod rhywbeth; beiddio *(Paid ti â'm herio i, 'merch i, neu fe gawn weld pwy yw'r meistr yn y tŷ 'ma.)* TO DEFY
  3 sefyll yn ddewr yn erbyn, wynebu'n herfeiddiol *(y cwch bach yn herio'r tonnau)* TO DEFY, TO BRAVE
herodraeth *hon eb* yr astudiaeth a'r defnydd cywir o arfbeisiau HERALDRY
heroin *hwn eg* cyffur cryf iawn y mae pobl yn mynd yn gaeth iddo; mae'n cael ei wneud o fath arbennig o babi (pabi) coch HEROIN

hers

hers *hwn* neu *hon egb* (hersys) cerbyd arbennig sy'n cael ei ddefnyddio i gludo corff mewn arch i angladd HEARSE

herw *hwn eg*
1 fel yn *bod ar herw*, bod y tu allan i ofal neu amddiffyn y gyfraith (TO BE) OUTLAWED
2 cyrch neu ymosodiad i ddwyn ysbail RAID

herwgipio *be*
1 cymryd meddiant o gerbyd (awyren, llong ac ati) trwy rym arfau â'r bwriad o godi arian neu ennill rhai amcanion gwleidyddol TO HIJACK
2 cipio neu fynd â pherson yn erbyn ei ewyllys ac yn anghyfreithlon â'r bwriad o'i gyfnewid am arian neu rywbeth arall TO KIDNAP

herwgipiwr *hwn eg* (herwgipwyr) un sy'n herwgipio person neu beth KIDNAPPER, HIJACKER

herwhela *be* dal (anifeiliaid, adar neu bysgod fel arfer) yn anghyfreithlon; potsio TO POACH

herwr *hwn eg* (herwyr) person sy'n byw y tu allan i'r gyfraith fel lleidr neu ysbeiliwr BANDIT, OUTLAW, ROBBER

herwydd gw. **oherwydd**

hesb *a* ffurf ar **hysb** sy'n cael ei defnyddio ag enw benywaidd (gair sy'n cael ei ddilyn gan 'hon'), sych, diffrwyth, heb wlybaniaeth na nodd; heb fod yn rhoi llaeth (am fuwch, dafad ac ati) DRY, BARREN

hesbin:hesben *hon eb* (hesbinod) dafad flwydd nad yw wedi magu oen EWE

hesg *hyn ell* mwy nag un **hesgen**; planhigion tebyg i borfa neu wair sy'n tyfu ar diroedd isel gwlyb SEDGE, BULRUSHES

hesgen *hon eb* un o nifer o **hesg**

het *hon eb* (hetiau) gorchudd ar gyfer y pen HAT
  tynnu fy (dy, ei etc.) het (i rywun) gw. **tynnu**

hetar *hwn eg* (hetars) gair yn y Gogledd am haearn smwddio IRON

heth *hon eb* cyfnod o dywydd oer iawn yn ystod y gaeaf COLD SPELL

heuaf *bf* rwy'n **hau**; byddaf yn **hau**

heuldro *hwn eg* (heuldroeon) y naill a'r llall o'r ddau gyfnod yn ystod y flwyddyn (21 Mehefin a 21 Rhagfyr) pan fydd yr haul ar ei bellaf oddi wrth y cyhydedd ac yn achosi'r dydd hiraf a'r noson hiraf; alban SOLSTICE □ *alban*

  heuldro'r gaeaf 21 Rhagfyr; dydd byrraf a noson hiraf y flwyddyn yn hemisffer y Gogledd; Alban Arthan WINTER SOLSTICE

  heuldro'r haf 21 Mehefin; dydd hiraf a noson fyrraf y flwyddyn; Alban Hefin SUMMER SOLSTICE

heuliau *hyn ell* mwy nag un **haul**

heulog *a* gair i ddisgrifio:
1 tywydd pan fo'r haul yn tywynnu (*diwrnod heulog*) SUNNY
2 man agored i'r haul, yn dal yr haul (*llecyn heulog*) SUNNY
3 hapus, siriol SUNNY

heulwen *hon eb* y goleuni a'r gwres a ddaw o'r haul ar ddiwrnod braf, digwmwl SUNSHINE

heuwr *hwn eg* (heuwyr) un sy'n hau neu'n taenu (hadau fel arfer) SOWER

hewl gw. **heol:hewl**

heyrn *hyn ell* mwy nag un **haearn**
  gormod o heyrn yn y tân gormod o bethau i'w gwneud neu ormod o gyfrifoldebau fel nad oes modd eu cyflawni i gyd TOO MANY IRONS IN THE FIRE

heyrn tân y taclau neu'r offer—procer, rhaw, gefel ac ati—sydd eu hangen i ofalu am dân glo FIRE-IRONS

hi[1] rhagenw personol annibynnol y person benywaidd (gwraig, merch ac ati) neu'r peth benywaidd yr ydych chi neu rywun arall yn cyfeirio ati (*Gwelodd y dyn hi'n nofio. Hi sy'n dweud hynny. Hi yw merch y prifathro.*) SHE

hi[2] rhagenw dibynnol ôl
1 sy'n dangos mai gwraig, merch neu rywbeth benywaidd yr ydych yn cyfeirio ati (*A wyt ti'n ei gweld hi o gwbl nawr? Gwelodd hi ddyn. Ganddi hi y mae'r allwedd.*) SHE, HER
2 sy'n cael ei ddefnyddio i gyfleu ystyr amhersonol neu amhenodol yn cyfateb i *it* yn Saesneg mewn ymadroddion yn ymwneud â'r tywydd (*mae hi'n bwrw glaw*), ag amser (*mae hi'n hwyr*), ag amgylchiadau (*roedd hi'n bleser bod yno*) ac mewn ymadroddion megis:
  beth amdani hi? beth am roi cynnig? WHAT ABOUT IT?
  ei dal hi meddwi TO BECOME DRUNK
  mynd ati dechrau TO GO TO IT
  piau hi cael y llaw uchaf (*Taw piau hi.*) HAS IT

hidio *be*
1 ystyried, gwrando, malio, poeni *(Paid â hidio—efallai y bydd hi'n braf yfory.)* TO MIND, TO WORRY
2 hoffi (mewn brawddegau negyddol) *(Dw i'n hidio dim amdano.)* TO LIKE
hidiwch befo (ymadrodd y Gogledd) dim ots, peidiwch â phoeni NEVER MIND
hidiwn i ddim ni fyddai dim gwahaniaeth gennyf I WOULDN'T MIND
hidl[1] *hon eb* (hidlau) rhidyll, math o lestr a thyllau mân yn ei waelod er mwyn gwahanu hylif oddi wrth bethau solet, neu er mwyn gwahanu darnau breision oddi wrth rai llai STRAINER, SIEVE, RIDDLE □ *gogr*
hidl[2] *a* fel yn yr ymadrodd *wylo'n hidl*, gair i ddisgrifio rhywbeth sy'n diferu neu'n llifeirio STREAMING, COPIOUS
hidlen *hon eb* (hidlenni)
1 dyfais sy'n cynnwys papur, tywod, cemegion ac ati ac sy'n puro unrhyw hylif sy'n rhedeg trwyddi FILTER
2 dyfais debyg i buro'r aer sy'n llifo trwyddi FILTER
3 gwydr neu blastig o liw arbennig sy'n newid ansawdd y goleuni sy'n mynd i mewn i gamera, telesgop ac ati FILTER
hidlo *be*
1 arllwys hylif trwy hidl neu ridyll neu ddarn o liain ac ati er mwyn gwahanu unrhyw sylweddau bras oddi wrth y gwlybwr TO FILTER, TO STRAIN
2 sianelu aer drwy hidl er mwyn ei buro TO FILTER
3 arllwys hylif trwy sylwedd er mwyn iddo dderbyn lliw, blas neu rin o'r sylwedd (e.e. gadael i ddŵr dreiddio trwy hadau coffi wedi'u malu) TO PERCOLATE, TO FILTER
hidlo gwybed hollti blew, mynd ar ôl pethau mân a dibwys TO SPLIT HAIRS
papur hidlo math arbennig o bapur hydraidd a ddefnyddir ar gyfer hidlo (hylif fel arfer) FILTER PAPER
hieroglyff *hon eb* (hieroglyffau) arwydd tebyg i lun, a oedd yn cynrychioli gair yn ysgrifen yr hen Eifftiaid (a rhai cenhedloedd eraill) HIEROGLYPH

hieroglyff

hieroglyffig *hwn eg* math o ysgrifen sy'n defnyddio hieroglyffau HIEROGLYPHICS
hil *hon eb* (hilion:hiloedd)
1 un o nifer o fathau o bobloedd â nodweddion corfforol gwahanol *(yr hil ddu, hil felen)* RACE
2 grŵp neu gasgliad o bobl sy'n rhannu'r un hanes, traddodiadau ac ati *(yr hil Almaenig)* RACE
3 math o greadur *(yr hil ddynol)* RACE
4 epil, hiliogaeth, disgynyddion, cyff *(hil Adda)* OFFSPRING, DESCENDANTS
hiliogaeth *hon eb* rhai sy'n perthyn i'r un llinach neu deulu; disgynyddion OFFSPRING, DESCENDANTS
hiliol *a* gair i ddisgrifio:
1 rhywbeth sydd wedi ei seilio ar y syniad bod un hil (yr hil yr ydych chi'n perthyn iddi) yn well nag unrhyw hil arall RACIST
2 rhywun neu rywbeth sy'n gwahaniaethu (yn anghyfreithlon yn aml) rhwng pobl er mwyn sicrhau bod aelodau o un hil yn cael llawer mwy o fanteision nag aelodau o unrhyw hil arall RACIST, RACIAL
hin *hon eb* (gair henffasiwn) tywydd WEATHER
Hindŵaeth *hon eb* crefydd y mwyafrif o bobloedd India; Brahman yw prif dduw'r Hindŵ, ac mae afon Ganges yn afon gysegredig iddo; cred yr Hindŵ fod modd i'r enaid gael ei aileni ar ffurf person neu anifail HINDUISM
hiniog gw. **rhiniog:yr hiniog**
hinsawdd *hwn neu hon egb* (hinsoddau)
1 y tywydd a geir ar gyfartaledd mewn gwlad neu ardal arbennig CLIMATE
2 syniadau neu deimladau cyffredinol grŵp arbennig o bobl, neu bobl yn gyffredinol, ar adeg arbennig *(yr hinsawdd wleidyddol ar drothwy etholiad cyffredinol)* CLIMATE
hipopotamws *hwn eg* anifail mawr Affricanaidd â chroen trwchus sy'n byw yn ymyl dŵr HIPPOPOTAMUS □ *mamolyn*
hir *a* gair i ddisgrifio rhywbeth:
1 sy'n mesur tipyn o hyd o un pen i'r llall *(darn hir o linyn)* LONG
2 sy'n ymestyn dros bellter neu am gyfnod maith *(taith hir)* LONG
3 (llyfr, darlith ac ati) sy'n gwneud i'r amser fynd heibio'n araf *(Roeddwn i'n ei chael hi'n nofel hir iawn.)* TEDIOUS, LONG (cyhyd, hwy, hwyaf)
am (yn) hir am gyfnod neu bellter maith FOR A LONG TIME/DISTANCE
cyn bo hir heb fod yn rhaid aros lawer yn hwy BEFORE LONG
hir oes bydded i rywun fyw yn hir neu i rywbeth barhau am gyfnod hir LONG LIVE
ymhen hir a hwyr gw. **ymhen**
hiraeth *hwn eg*
1 dyhead, dymuniad cryf *(Roedd gweld hen ffilmiau am y cyfnod cyn y rhyfel yn codi hiraeth arno am yr amseroedd hynny.)* NOSTALGIA

2 tristwch a galar ar ôl rhywun neu rywbeth a gollwyd (*Roedd hiraeth ar Mari pan aeth hi i Langrannog y tro cyntaf.*) HOMESICKNESS

hiraethu *be*
 1 dyheu, dymuno'n ddwys TO LONG
 2 galaru, bod yn drist ar ôl colli rhywun neu rywbeth TO YEARN, TO PINE

hiraethus *a* gair i ddisgrifio rhywun sy'n dioddef o hiraeth HOMESICK, WISTFUL, NOSTALGIC

hirbell *a* yn yr ymadrodd *o hirbell*, o bellter (*Edrychodd y bachgen dieithr ar Aled a'i ffrindiau o hirbell, ond roedd yn rhy swil i fynd atynt i siarad.*) AFAR

hirben *a* gair i ddisgrifio rhywun craff, peniog, doeth, deallus SHREWD

hirgrwn *a* gair i ddisgrifio rhywbeth sy'n debyg ei siâp i wy OVAL

pêl hirgron pêl rygbi

hirhoedlog *a* gair i ddisgrifio rhywun sydd wedi byw am gyfnod maith neu sydd yn byw yn hir LONG-LIVED

hirlwm *hwn eg* yr adeg o'r flwyddyn (ar ddiwedd y gaeaf ac ar ddechrau'r gwanwyn) pan fydd y stôr o fwyd yn dod i ben a dim byd newydd wedi tyfu; cyfnod hir o fyw'n fain

hirwyntog *a* gair i ddisgrifio person neu ffordd o siarad sy'n mynd ymlaen ac ymlaen gan ddiflasu pawb sy'n gwrando LONG-WINDED

hirymarhous *a* gair i ddisgrifio rhywun sy'n dioddef am gyfnod hir heb achwyn na chwyno, rhywun amyneddgar tu hwnt LONG-SUFFERING

hisian *be*
 1 gwneud sŵn fel 's' hir TO HISS
 2 sibrwd yn siarp (*hisian rhybudd i fod yn dawel*) TO HISS

hithau *rhagenw cysylltiol* hi hefyd, hi o ran hynny, hi ar y llaw arall SHE TOO, HER ALSO, EVEN SHE/HER (minnau)
 Sylwch: fel 'hi' mae 'hithau' yn cael ei ddefnyddio i gyfleu ystyr amhersonol (*Well iti beidio â mynd allan a hithau'n bwrw mor drwm.*)

hiwmor *hwn eg*
 1 y ddawn i fwynhau digrifwch (*Does dim gronyn o hiwmor yn perthyn i'r dyn.*) HUMOUR
 2 yr hyn sy'n achosi digrifwch (*Roedd ei fath arbennig ef o hiwmor afiach yn apelio at rai yn y gynulleidfa.*) HUMOUR

hobi *hwn eg* (hobïau) gweithgarwch amser hamdden (e.e. pysgota, casglu stampiau ac ati) sy'n difyrru HOBBY

hoci *hwn eg* gêm sy'n cael ei chwarae rhwng dau dîm sy'n defnyddio ffyn pwrpasol i geisio bwrw pêl galed y naill trwy gôl y llall (ar faes o borfa neu weithiau o iâ) HOCKEY

hoe *hon eb* (hoeau) seibiant, saib, ysbaid o orffwys (*Cymerwn hoe fach ymhen hanner awr.*) BREAK, PAUSE

hoedl *hon eb* bywyd, y cyfnod rhwng geni a marw person LIFETIME

hoel:hoelen *hon eb* (hoelion) llafn tenau o fetel â blaen miniog a chlopen ar ei ben fel y gallwch ei fwrw â morthwyl i mewn i ddarn o bren (neu ddefnydd arall) NAIL

hoelen yn arch (rhywun neu rywbeth) rhywbeth sydd yn mynd i helpu i ladd rhywbeth (*Yn ôl rhai, mae cau nifer mawr o ysgolion bach gwledig yn hoelen arall yn arch yr iaith Gymraeg.*) A NAIL IN THE COFFIN

hoelion wyth cewri'r pulpud, pregethwyr pwysig EMINENT PREACHERS, 'BIG GUNS'

taro'r hoelen ar ei phen dweud yr union beth sydd yn addas ac yn gywir ('*Dyna chi wedi taro'r hoelen ar ei phen,*' *meddai'r brifathrawes pan ddywedais fod y plant yn methu sillafu am nad oedden nhw'n darllen digon.*) TO HIT THE NAIL ON THE HEAD

hoelbren *hwn eg* (hoelbrennau) pin neu roden fach fer (o bren fel arfer) a ddefnyddir i gysylltu neu uno dau ddarn o bren DOWEL □ uniad

hoelio *be*
 1 sicrhau rhywbeth (darn o bren fel arfer) wrth rywbeth arall â hoelion TO NAIL
 2 tynnu a chadw (diddordeb, sylw ac ati) (*Roedd eu sylw wedi'i hoelio ar y llwyfan.*) TO RIVET

hoen *hwn neu hon egb* asbri, hwyl, arial, bywiogrwydd, afiaith GLEE, ZEST, VIVACITY

hoenus *a* gair i ddisgrifio rhywun sy'n llawn bywyd; bywiog, heini, llawen VIVACIOUS, GAY, SPRIGHTLY

hof *hon eb* (hofiau) erfyn â choes hir a llafn ar ei flaen sy'n cael ei ddefnyddio yn yr ardd i chwalu'r pridd ac i ladd chwyn HOE

hofio *be* gweithio hof trwy'r pridd er mwyn ei chwalu a lladd chwyn TO HOE

hofran *be*
 1 (am rai mathau o adar neu awyrennau) hedfan yn yr unfan TO HOVER
 2 (am bobl) aros neu sefyllian mewn un lle TO HOVER

hofranfad *hwn eg* (hofranfadau) math o long sy'n symud ar draws dŵr neu dir ar 'glustog' neu wely o wynt sy'n cael ei wthio odani ac sy'n ei chodi a'i chynnal HOVERCRAFT

hofranfad

hofrenydd *hwn eg* (hofrenyddion) math o awyren sy'n hedfan trwy rym llafnau hir o fetel sy'n troi'n gyflym uwch ei ben; mae'n gallu glanio mewn lle cyfyng, yn gallu codi yn syth a hedfan yn ei unfan HELICOPTER

hoff *a* gair i ddisgrifio rhywun neu rywbeth:
1 sy'n agos iawn at eich calon, annwyl, cu *(Ddarllenydd hoff, bydd yn amyneddgar.)* DEAR, BELOVED
2 (o flaen enw) sydd orau gennych *(Hon yw fy hoff raglen. Pysgod a sglodion yw fy hoff fwyd.)* FAVOURITE
bod yn hoff o hoffi *(Dydw i ddim yn hoff iawn ohono.)* TO LIKE

hoffi *be*
1 bod yn hoff o, caru *(Rwy'n hoffi darllen. Rwy'n credu'i fod yn ei hoffi hi.)* TO LIKE
2 dymuno *(Hoffwn eich gweld chi yn fy swyddfa am naw o'r gloch bore fory.)* TO LIKE, TO WISH

hoffter *hwn eg* (hoffterau)
1 cariad, serch *(Allai hi ddim cuddio'i hoffter o'r bachgen drws nesaf.)* FONDNESS, LIKING, AFFECTION
2 pleser, hyfrydwch, diddanwch *(Un o hoffterau bychain bywyd yw cael eistedd yn yr ardd ar ddiwrnod braf.)* PLEASURE, DELIGHT

hoffus *a* gair i ddisgrifio rhywun neu rywbeth y mae'n hawdd ei hoffi LIKEABLE, LOVABLE

hogen:hogan *hon eb* (hogennod:gennod) (gair tafodieithol y Gogledd) merch, geneth GIRL, LASS

hogi *be* rhoi min neu awch ar rywbeth trwy ei rwbio yn erbyn rhywbeth caled *(hogi cyllell; mae cystadlaethau cwis yn hogi'r meddwl.)* TO SHARPEN, TO HONE, TO WHET

hogwr *hwn eg* un sy'n hogi neu rywbeth a ddefnyddir i hogi (cyllyll ac ati) SHARPENER

hogyn *hwn eg* (hogiau) (gair tafodieithol y Gogledd) bachgen, crwt, mab, llanc LAD, BOY

hongiad *hwn eg* (hongiadau) y cyfarpar neu'r rhan honno o gerbyd sy'n ei gynnal ar ei echel ac sy'n lleddfu effaith heolydd garw neu anwastad ar y cerbyd a'r rhai sy'n teithio ynddo SUSPENSION

hongian *be*
1 sicrhau wrth y pen fel bod y gwaelod yn rhydd, crogi *(hongian llenni)* TO HANG, TO SUSPEND
2 bod ynghrog, wedi cael ei osod ynghrog, yn crogi *(Nid yw'r llun yn hongian yn sgwâr ar y wal.)* TO HANG
3 gosod drws wrth y colfachau (neu golynnau) sy'n ei ddal, neu osod papur ar wal TO HANG

honglad:honglaid *hwn eg* adeilad mawr—rhy fawr os rhywbeth *(Mae ganddyn nhw honglaid o dŷ sy'n llawer rhy fawr iddyn nhw.)* A HUGE PLACE

hôl *be* (ffurf lafar) ymofyn, nôl TO FETCH

holi *be* gofyn cwestiynau, gwneud ymholiadau TO ASK, TO INQUIRE, TO QUESTION, TO INTERROGATE (hawl²)
holi a stilio holi'n fanwl iawn TO PUMP, TO CROSS-EXAMINE
holi perfedd (rhywun) holi'n fanwl ac yn drylwyr
holi'r pwnc gw. y **Pwnc**

holiadur *hwn eg* (holiaduron) taflen brintiedig ac arni nifer o gwestiynau ynghyd â lle i roi'r atebion, wedi'i pharatoi'n arbennig ar gyfer casglu gwybodaeth QUESTIONNAIRE

holwr *hwn eg* (holwyr) un sy'n holi cwestiynau (yn arbennig un sy'n holi mewn arholiad llafar neu mewn cwis) QUESTION-MASTER

holl *a* gair i ddisgrifio y cyfan, y cwbl, i gyd *(yr holl bobl; yr holl anrhegion)* ALL, WHOLE (oll)
Sylwch: mae 'holl' yn dod o flaen yr enw ac 'oll' ar ei ôl.

hollalluog *a* gair i ddisgrifio rhywun sy'n gallu gwneud popeth; diderfyn ei allu ALMIGHTY, OMNIPOTENT
Yr Hollalluog teitl ar Dduw THE ALMIGHTY

holliach *a* gair i ddisgrifio rhywun neu rywbeth heb unrhyw nam ar ei iechyd; cwbl iach SOUND, WHOLE

hollol *a* cyfan, llwyr, cwbl *(A wyt ti'n hollol siŵr dy fod ti am ddod?)* WHOLE, ENTIRE, QUITE
yn hollol rwy'n cytuno'n llwyr EXACTLY
Sylwch: erbyn hyn prin y defnyddir 'hollol' ond fel 'yn hollol'.

hollt *hwn neu hon egb* (holltau) toriad, crac, rhigol, agoriad mewn craig neu bren CLEFT, SPLIT, CRANNY

hollti *be* torri rhywbeth yn ei hyd (megis torri darn o goed â bwyall neu lechen â chŷn) TO SPLIT, TO CLEAVE (hyllt)
hollti blew poeni am fanion dibwys TO SPLIT HAIRS

hollwybodol *a* gair i ddisgrifio (yn ddirmygus fel arfer) rywun sy'n (meddwl ei fod yn) gwybod popeth KNOWING-IT-ALL

hollysydd *hwn eg* (hollysyddion) anifail sy'n bwyta pob math o fwydydd (yn llysiau ac yn gig) OMNIVORE (cigysydd, llysysydd, pryfysydd)

hon *rhagenw dangosol* gair am rywun neu rywbeth benywaidd sydd yn ymyl, neu y soniwyd amdani yn barod *(Ai hon yw'r ferch? Yr afon hon.)* THIS (hwn, hyn)
hon a hon rhywun sydd heb gael ei henwi SO AND SO

honedig *a* gair i ddisgrifio rhywbeth sy'n cael ei honni, rhywbeth sy'n cael ei osod fel y gwirionedd ond heb unrhyw brawf ALLEGED

honiad *hwn eg* (honiadau) haeriad, yr hyn sy'n cael ei haeru neu ei honni CLAIM, ALLEGATION, ASSERTION

honna¹ ffurf dafodieithol ar **honno**; ond ei bod hefyd yn cyfeirio at rywun neu rywbeth sydd yn ymyl—*honna fan'na*

honna² *bf* mae ef/hi yn **honni**; bydd ef/hi yn **honni**

honni *be* datgan fel gwirionedd (ond heb brawf), maentumio, haeru, mynnu, taeru *(Mae e'n honni mai jôc oedd y cyfan ac na fwriadwyd unrhyw niwed.)* TO CLAIM, TO MAINTAIN, TO ALLEGE (honna²)
Sylwch: dyblwch yr 'n' ym mhob un o ffurfiau'r ferf ac eithrio'r rhai sy'n cynnwys -as-, e.e. honnodd ond honaswn.

honno *rhagenw dangosol* gair sy'n cyfeirio at rywun neu rywbeth benywaidd sydd o'r golwg neu'n perthyn i amser arall; yr un (fenywaidd) y soniwyd amdani; yr un draw yn y fan yna *(Wyt ti'n cofio honno y buom yn siarad â hi ar ein gwyliau?)* THAT ONE (honna, hwnnw, hynny)

hopys *hyn ell* planhigion dringo y defnyddir eu blodau (wedi'u sychu) i roi blas chwerw ar gwrw HOPS □ *blodau* t.620

hormon *hwn eg* (hormonau) un o nifer o sylweddau sy'n cael eu cynhyrchu gan gorff (anifail neu blanhigyn) ac sy'n cael eu gollwng i'r gwaed (neu'r nodd) er mwyn rheoli tyfiant neu ddatblygiad HORMONE

hosan *hon eb* (hosanau:sanau) dilledyn wedi'i wau sy'n cael ei wisgo am y troed (y tu mewn i'r esgid) ac am ran isaf y goes, neu weithiau'r goes i gyd SOCK, STOCKING
yn nhraed fy (dy, ei etc.) sanau gw. **traed**

hosanna *ebychiad* yn y Beibl gwaedd 'Gogoniant i Dduw' HOSANNA

howld *hwn eg* y lle gwag oddi mewn i long, lle y cedwir y llwyth HOLD

hoyw *a* gair i ddisgrifio rhywun neu rywbeth:
1 bywiog, nwyfus, heini, sionc VIVACIOUS, LIVELY, GAY
2 yn ymwneud â gwrywgydiaeth GAY

hual *hwn eg* (hualau)
1 llyffethair, gefyn, cadwyn fetel sy'n cael ei sicrhau wrth arddwrn neu figwrn/ffêr carcharor neu gaethwas FETTER, SHACKLE, BOND
2 rhwystr neu lyffethair a ddodir am goesau anifail i'w atal rhag crwydro HOBBLE

huawdl *a* gair i ddisgrifio rhywun:
1 sy'n medru traddodi areithiau clir, cofiadwy, sy'n argyhoeddi; rhugl, ffraeth ELOQUENT
2 sy'n defnyddio iaith yn feistrolgar ELOQUENT (huotled, huotlach, huotlaf)

hud¹ *hwn eg*
1 ffordd o geisio rheoli digwyddiadau trwy alw ar ysbrydion neu foddion goruwchnaturiol; dewiniaeth, swyngyfaredd, hudoliaeth MAGIC
2 grym neu ddylanwad rhyfeddol i swyno'r synhwyrau; cyfaredd, swyn, hudoliaeth ENCHANTMENT
hud a lledrith fel yn *gwlad hud a lledrith; stori hud a lledrith* ENCHANTED, FAIRY-TALE

hud² *a* gair i ddisgrifio rhywbeth (neu rywun) llawn hud neu'n ymwneud â hud; hudol *(ffon hud)* MAGIC

hudlath *hon eb* (hudlathau) ffon dewin neu gonsuriwr MAGIC WAND

hudo *be*
1 creu o hud a lledrith, llunio trwy ddewiniaeth TO CONJURE
2 swyno, cyfareddu, denu a dal y synhwyrau *(Cafodd y bobl a'i clywodd eu hudo gan ei ganu cyfareddol.)* TO ENCHANT, TO CHARM, TO BEGUILE

hudol:hudolus *a* gair i ddisgrifio rhywbeth deniadol sy'n llawn hud; swynol, cyfareddol ENCHANTING, ALLURING, MAGICAL

hudoles *hon eb* (hudolesau) merch neu wraig sy'n hudo; dewines ENCHANTRESS

hudoliaeth *hon eb* (hudoliaethau) gair arall am hud MAGIC, ENCHANTMENT

huddygl *hwn eg* parddu; llwch neu bowdr du sy'n cael ei ffurfio pan fydd rhywun yn llosgi coed, glo, olew ac ati, ac sy'n ymgasglu y tu mewn i simneiau SOOT
(disgyn) fel huddygl i botes rhywbeth annymunol sy'n digwydd yn sydyn ac yn ddirybudd

hufen *hwn eg*
1 y rhan fras felen sy'n codi i wyneb llaeth/llefrith ac sy'n cael ei defnyddio i wneud menyn CREAM
2 bwyd wedi'i wneud i edrych a blasu'n debyg i hufen melys CREAM
3 y rhan orau o unrhyw beth *(hufen y genedl)* CREAM
hufen iâ cymysgedd melys wedi'i rewi sy'n cynnwys fel arfer laeth ac wyau ymhlith pethau eraill ICE-CREAM
hufen salad saws melyn, oer, trwchus wedi'i wneud o wyau, olew ac ati SALAD CREAM, MAYONNAISE

hufenfa *hon eb* (hufenfeydd) ffatri sy'n gwahanu'r hufen oddi wrth y llaeth/llefrith yn barod i weithio gwahanol fathau o fwydydd megis menyn, caws, iogwrt ac ati, ac sydd hefyd yn aml yn potelu'r llaeth/llefrith; ffatri laeth CREAMERY

hugain ffurf ar **ugain** fel yn *un ar hugain*

hugan¹ *hon eb* (huganau) clogyn, mantell, gwisg laes allanol (heb lewys fel arfer) sy'n debyg i babell o ran ffurf ac sy'n cadw person yn sych ac yn gynnes CLOAK, CAPE

hugan² hwn *eg* aderyn y môr sy'n debyg i wylan fawr wen ond bod ei ben yn felynaidd a blaenau'i adenydd hirion yn ddu GANNET ☐ *adar* t.613

hulio *be* fel yn *hulio'r bwrdd,* taenu, trefnu, gosod (y bwrdd) TO LAY, TO SPREAD, TO SET

hun¹ hon *eb* (gair henffasiwn braidd) cwsg SLEEP, SLUMBER

hun²:hunan¹:hunain *rhagenw atblygol*
  1 y person y sonnir amdano, neu'r rhai y sonnir amdanynt *(fy nhraed fy hun/hunan; ar eu pennau eu hun/hunain)* SELF
  2 yr union un neu'r union rai *(Gwelais y dyn ei hun/hunan. Yn lle anfon Dafydd fe benderfynon nhw fynd eu hun/hunain.)* SELF
  Sylwch: 'hun' yw'r ffurf arferol am yr unigol a'r lluosog yn y Gogledd; 'hunan' (unigol) a 'hunain' (lluosog) yw ffurfiau arferol y De.

ar fy (dy, ei etc.) mhen fy hun/hunan yn unig ALONE

dod ataf fy (dy, ei etc.) hun/hunan
  1 gwella, dod yn iach TO GET BETTER
  2 dod yn ymwybodol ar ôl bod yn anymwybodol TO COME TO
  3 adennill synhwyrau, callio TO COME TO ONE'S SENSES

heb fod fy (dy, ei etc.) hun/hunan heb fod yn iach yn gorfforol neu'n feddyliol

hunan bach heb neb arall o gwbl, yn unig

rhyngddo ac ef ei hun/hunan rhywbeth y mae'n rhaid iddo'i wneud ar ei ben ei hun IT'S UP TO HIM

hunan...² *rhagddodiad* mae'n cael ei ddefnyddio ar ddechrau gair i gyfeirio'r gair sy'n ei ddilyn yn ôl at y person (fi, ti, ef ac ati) y sonnir amdano, e.e. *hunangyfiawn, hunandosturi* SELF...

hunan-barch hwn *eg* parch neu falchder (priodol) person ynddo ef ei hun *(Mae bod yn ddi-waith am gyfnodau hir yn gallu tanseilio hunan-barch person.)* SELF-RESPECT

hunanbwysig *a* gair i ddisgrifio person sy'n meddwl yn (rhy) uchel ohono'i hun, sy'n meddwl ei fod yn bwysig SELF-IMPORTANT, BUMPTIOUS

hunandosturiol *a* gair i ddisgrifio rhywun sy'n cydymdeimlo (gormod) â'i hunan, sy'n tosturio (yn ormodol) wrtho'i hun SELF-PITYING

hunandybus *a* gair i ddisgrifio rhywun sydd â meddwl uchel ohono'i hun; hunanbwysig CONCEITED, SELF-IMPORTANT

hunanddisgyblaeth hon *eb* y gwaith o'ch hyfforddi'ch hun i gadw rheolaeth ar yr hyn yr ydych am ei wneud neu'r ffordd yr ydych chi am ei wneud SELF-DISCIPLINE

hunanfeddiannol *a* gair i ddisgrifio rhywun sydd â rheolaeth dawel dros ei deimladau a'i weithredoedd hyd yn oed dan yr amgylchiadau mwyaf anodd SELF-POSSESSED, COMPOSED

hunangofiant hwn *eg* (hunangofiannau) hanes bywyd person wedi'i ysgrifennu gan y person hwnnw neu wedi'i adrodd gan y person wrth rywun arall AUTOBIOGRAPHY

hunangyfiawn *a* gair i ddisgrifio rhywun sy'n gyfiawn yn ei olwg ei hun, rhywun sy'n (llawer rhy) sicr yn ei feddwl ei hun nad yw byth yn gwneud cam â neb SELF-RIGHTEOUS

hunangynhaliol *a* gair i ddisgrifio rhywun neu rywbeth sy'n ennill digon o arian i dalu ei holl dreuliau, sy'n talu ei ffordd SELF-SUPPORTING

hunanhyder hwn *eg* hyder yn eich doniau eich hun SELF-CONFIDENCE, ASSUREDNESS

hunaniaeth hon *eb* pwy neu beth yn union yw person neu beth arbennig; yr hyn sy'n gwneud rhywun neu rywbeth yr hyn ydyw ac yn ei wahaniaethu oddi wrth eraill IDENTITY

hunanladdiad hwn *eg* (hunanladdiadau) y weithred o derfynu'n fwriadol eich bywyd eich hun, o'ch lladd eich hun SUICIDE

hunanlywodraeth hon *eb* y cyflwr lle y mae gwlad neu genedl yn ei llywodraethu ei hun heb ymyrraeth o'r tu allan AUTONOMY, HOME-RULE, SELF-GOVERNMENT

hunanol *a* gair i ddisgrifio rhywun sy'n gwneud popeth er ei les ei hun neu rywbeth sy'n cael ei wneud er lles un person neu grŵp a hynny yn aml ar draul lles pobl eraill; myfïol SELFISH

hunanoldeb hwn *eg* y cyflwr o fod yn hunanol SELFISHNESS

hunanymwybodol *a* gair i ddisgrifio rhywun sy'n nerfus ac yn anghyffordus ynglŷn â'r ffordd y mae pobl eraill yn ei weld SELF-CONSCIOUS

hunllef hon *eb* (hunllefau)
  1 breuddwyd frawychus neu ddychrynllyd NIGHTMARE
  2 profiad erchyll neu ofnadwy *(Roedd gyrru ar y fath ddiwrnod yn hunllef.)* NIGHTMARE

huno *be*
  1 (gair henffasiwn braidd) cysgu TO SLUMBER
  2 marw *(Fe gewch ar rai cerrig beddau yr ymadrodd 'hunodd yn yr Arglwydd' sy'n golygu 'bu farw dan ofal Duw'.)* TO LIE AT REST

huotlach:huotlaf:huotled *a* mwy **huawdl**: mwyaf **huawdl**: mor **huawdl**

hur-bwrcas hwn *eg* ffordd o brynu rhywbeth trwy dalu symiau bychain o arian (ynghyd â llog) yn rheolaidd dros gyfnod ar ôl derbyn y nwyddau HIRE-PURCHASE

hurio *be*
1 talu er mwyn cael defnyddio rhywbeth am gyfnod arbennig *(Rwy'n gobeithio hurio peiriant cymysgu sment dros y penwythnos.)* TO HIRE
2 llogi, cyflogi rhywun i gyflawni gwaith penodol neu i weithio am gyfnod penodol TO HIRE

hurt *a* dwl, twp, gwirion, disynnwyr STUPID, STUNNED, SILLY

edrych yn hurt edrych (ar rywbeth) yn syfrdan TO LOOK AGHAST

hurtio:hurto *be*
1 drysu, mynd yn ddwl neu'n ddisynnwyr; dotio, gwirioni *(Mae e wedi hurtio ar y ferch.)* TO BE INFATUATED, TO BECOME SILLY
2 gwneud yn ddwl, syfrdanu, drysu (rhywun) TO STUPEFY, TO STUN

hurtyn hwn *eg* (hurtynnod) twpsyn, ffŵl, ynfytyn FOOL, IDIOT, NITWIT

hwb:hwp hwn *eg* gwthiad i fyny neu ymlaen A SHOVE, A PUSH (hwpo)

rhoi hwb i codi calon, cefnogi TO GIVE A BOOST TO

hwch hon *eb* (hychod) mochyn benyw SOW □ *mochyn*

yr hwch wedi mynd trwy'r siop am berson busnes (neu gwmni) sydd wedi mynd yn fethdalwr

hwde ebychiad ffurf y Gogledd ar **hwre**; cymer hwn, edrych yma HERE, LOOK HERE, TAKE THIS

Hwngariad gw **Hwn(-)gariad**

hwiangerdd hon *eb* (hwiangerddi) pennill neu benillion wedi'u llunio i ddifyrru plant bach, neu gân i suo babi i gysgu LULLABY, NURSERY RHYME

Hwlffordd *enw lle* HAVERFORDWEST

hwliganiaeth hon *eb* gweithred neu gyfres o weithredoedd lle mae pobl yn ymladd, yn difa pethau ac yn ymddwyn yn aflywodraethus HOOLIGANISM

hwmian:hymian *be* canu â'r gwefusau ynghau; suo, mwmial TO HUM

hwn *rhagenw dangosol* gair am rywun neu rywbeth gwrywaidd sydd wrth law neu y soniwyd amdano yn barod *(Ai hwn yw'r bachgen? Y tad hwn.)* THIS (hon, hyn)

hwn a hwn rhywun sydd heb gael ei enwi SO AND SO

hwn a'r llall pobl yn amhenodol *(Rwyf wedi bod yn siarad â hwn a'r llall a'r farn yw . . .)*

Hwngariad hwn *eg* (Hwngariaid) brodor o Hwngari HUNGARIAN

hwnna ffurf dafodieithol ar **hwnnw**; ond ei bod hefyd yn cyfeirio at rywun neu rywbeth sydd yn ymyl—*hwnna fan'na*

hwnnw *rhagenw dangosol* gair sy'n cyfeirio at rywun neu rywbeth gwrywaidd sydd o'r golwg neu'n perthyn i amser arall; yr un (gwrywaidd) y soniwyd amdano *(Y diwrnod hwnnw y ffrwydrodd y bom.)* THAT (hon, hwn, hwnna, hyn)

hwnt *adf* acw, draw, i ffwrdd YONDER, AWAY

hwnt ac yma fan hyn a fan draw, yma ac acw HERE AND THERE

tu hwnt
1 yr ochr arall i, ymhellach, tu draw *(i'r lleuad a thu hwnt)* BEYOND
2 allan o gyrraedd; ymhell tu draw, mwy o lawer *(Mae ei ymddygiad y tu hwnt i bob rheswm.)* BEYOND

hwntw hwn *eg* (hwntws) gair tafodieithol (dilornus) y Gogledd am berson sy'n dod o dde Cymru SOUTH WALIAN

hwp gw. **hwb:hwp**

hwpo:hwpio *be* rhoi hwb/hwp i; gwthio, hyrddio TO SHOVE, TO PUSH

hwrdd hwn *eg* (hyrddod)
1 maharen; y gwryw o rywogaeth y ddafad yn ei lawn dwf RAM □ *dafad*
2 gwth nerthol, hergwd *(hwrdd o wynt)* GUST

hwre ebychiad ffurf y De ar **hwde**; cymer hwn, dyma iti, edrych yma HERE, TAKE THIS

hwsmon hwn *eg* (hwsmyn) hen air am ffermwr; un sy'n trin y tir ac yn gofalu am fusnes fferm HUSBANDMAN, BAILIFF

hwsmonaeth hon *eb*
1 y gwaith o drin y tir a ffermio (yn ddarbodus) HUSBANDRY
2 yn y ffurf **smonath:smonach** cawl, llanastr, anhrefn llwyr MESS, MUCK UP

hwter hon *eb* (hwteri) math o gorn sy'n cael ei ganu (e.e. mewn pwll glo neu ffatri) i rybuddio pawb ei bod yn amser dechrau neu orffen gwaith HOOTER

hwtian *be*
1 gwneud sŵn fel tylluan TO HOOT
2 canu corn car neu long TO HOOT

hwy[1]**:hwynt:nhw** *rhagenw personol annibynnol* y personau neu'r pethau y mae rhywun yn cyfeirio atynt *(Gwelodd y merched hwy. Nhw sy'n dod. Hwy yw'r bechgyn gorau yn y dosbarth.)* THEY, THEM

Sylwch: 'hwy' yw'r ffurf ysgrifenedig arferol, er bod 'nhw', y ffurf lafar, yn cael ei defnyddio fwyfwy yn ysgrifenedig hefyd. Ni ddylech ddefnyddio 'hwynt' ar ôl ffurfiau sy'n gorffen yn -nt (cawsant hwy, arnynt hwy).

hwy:nhw[2] *rhagenw dibynnol ôl* yn dangos bod y cyfeiriad at fwy nag un peth neu berson *(y maent hwy; maen nhw; ganddynt hwy; eu hachos hwy)* THEY

hwy[3] *a* mwy **hir**, hirach

hwyad:hwyaden hon *eb* (hwyaid)
1 aderyn y dŵr sydd â choesau byr, traed gweog, gwddf byr a phig lydan, fflat a cherddediad afrosgo DUCK
2 cig yr aderyn yma DUCK
fel dŵr ar gefn hwyaden disgrifiad o rywbeth sydd heb gael unrhyw effaith neu ddylanwad o gwbl LIKE WATER OFF A DUCK'S BACK

hwyaf *a* mwyaf **hir**, hiraf

hwyaid hyn *ell* mwy nag un **hwyad:hwyaden**

hwyhau *be* gwneud yn hwy neu fynd yn hwy; ymestyn *(Mae'r dydd yn hwyhau.)* TO LENGTHEN, TO BECOME LONGER

hwyl hon *eb* (hwyliau)
1 darn o gynfas neu ddeunydd gwydn tebyg sy'n cael ei sicrhau wrth long er mwyn i'r gwynt ei lenwi a gwthio'r llong trwy'r dŵr SAIL
2 darn tebyg wedi'i sicrhau wrth fraich melin wynt er mwyn iddi droi yn y gwynt SAIL
3 tymer, agwedd meddwl *(Dyw e ddim mewn hwyl rhy dda y bore 'ma.)* MOOD, TEMPER
4 cyflwr iach neu normal (o ran corff neu feddwl) *(Does dim llawer o hwyl arno heddiw.)*
5 sbort, sbri, rhialtwch, pleser *(Cawsom hwyl yn y ffair.)* FUN
6 da bo ti/da boch chi; cyfarchiad wrth ymadael â rhywun *(Hwyl 'te, wela' i di yfory!)* CHEERS, GOODBYE
7 math o lafarganu a fyddai'n cael ei ddefnyddio gan bregethwr yn uchafbwyntiau'i bregeth pan fyddai'n 'mynd i hwyl'

cael hwyl am ben (rhywun neu rywbeth) gwneud sbort am ben; difrïo, gwatwar TO MAKE FUN OF

cael hwyl ar (rywbeth) llwyddo i wneud rhywbeth yn dda a mwynhau'r llwyddiant *(Cafodd y côr hwyl arni heno yn y cyngerdd.)* TO MAKE A GOOD JOB OF

drwg fy (dy, ei etc.) hwyl mewn hwyliau drwg IN A BAD MOOD

yn fy (dy, ei etc.) llawn hwyliau yn hapus iawn, mewn hwyliau da

hwylbren hwn *eg* (hwylbrennau:hwylbrenni) mast, y postyn tal sy'n dal yr hwyliau a'r rhaffau ar long hwyliau MAST

hwylio *be*
1 (am unrhyw long) teithio ar hyd wyneb y dŵr TO SAIL
2 teithio mewn llong *(Rwy'n hwylio i'r Cyfandir yfory.)* TO SAIL
3 y gamp o lywio a rasio llong hwyliau TO SAIL
4 (yn ffigurol) *(Hwyliodd Mrs Prydderch i mewn i'r cyfarfod yn hwyr fel arfer.)* TO SAIL
5 paratoi *(hwylio te)* TO PREPARE
6 eich gwneud eich hun yn barod (ar gyfer taith, ymweliad ac ati) *(Rwy'n hwylio mynd i'r gêm ddydd Sadwrn.)* TO GET READY

hwyliog *a* gair i ddisgrifio rhywun neu rywbeth llawn hwyl, doniol HUMOROUS

hwylus *a* gair i ddisgrifio:
1 rhywbeth didrafferth, rhwydd, cyfleus *(Bydd yn fwy hwylus inni gael bwyd yn y dref cyn dod adref.)* CONVENIENT, HANDY
2 rhywun iach, mewn iechyd boddhaol *(Rwy'n teimlo'n fwy hwylus y bore 'ma.)* HEALTHY
3 rhywbeth rhwydd, heb rwystr na llestair *(Aeth y cyfarfod yn hwylus iawn.)*

hwyluso *be* gwneud rhywbeth yn haws neu'n rhwyddach (i rywun) *(Bydd y peiriant newydd yn siŵr o hwyluso'r gwaith palu.)* TO FACILITATE, TO EXPEDITE

hwylustod hwn *eg* y cyflwr o fod yn hwylus; cyfleustra CONVENIENCE

hwynt gw. **hwy¹:hwynt:nhw**

hwynt-hwy *rhagenw personol dwbl* ffurf ddyblyg ar y rhagenw *hwy* sy'n pwysleisio nhw eu hunain THEY THEMSELVES *(myfi)*

hwyr¹ *a* gair i ddisgrifio rhywun neu rywbeth:
1 sydd ar ôl, heb fod yn brydlon neu mewn pryd *(Mi fyddwn ni'n hwyr i ginio.)* LATE
2 sy'n digwydd tua diwedd y dydd neu ar ddiwedd unrhyw gyfnod o amser *(Mae'n rhaid i ni fynd i'r gwely, mae hi'n mynd yn hwyr.)* LATE
3 sydd newydd gyrraedd; diweddar *(A dyma eitem o newyddion hwyr.)* LATE

gwell hwyr na hwyrach BETTER LATE THAN NEVER

yn hwyr neu'n hwyrach rywbryd yn y dyfodol SOONER OR LATER

hwyr² hwn *eg* min nos, nos *(Cynhelir cyfarfod yr hwyr am 6.30 yng nghapel Tabor.)* EVENING

gyda'r hwyr ar ddechrau'r nos OF AN EVENING

hwyr glas hen bryd HIGH TIME

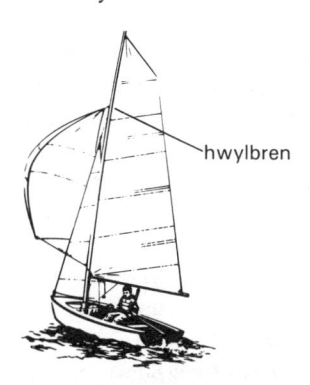

hwyrach[1] *adf* efallai, dichon *(Hwyrach y cawn ni fynd yfory eto.)* PERHAPS, MAYBE

hwyrach[2] *a* mwy **hwyr**; diweddarach

hwyrddyfodiad *hwn eg* (hwyrddyfodiaid)
1 un sy'n cyrraedd yn hwyr LATECOMER
2 plentyn hŷn (mewn teulu sydd wedi symud i Gymru) nad yw wedi cael cyfle i ddysgu'r Gymraeg pan oedd yn fach

hwyrfrydig *a* araf, amharod, hir SLOW, RELUCTANT

hwyrhau *be* nosi, mynd yn hwyr, mynd yn ddiweddar TO GET LATE, TO BECOME LATE

hwythau *rhagenw cysylltiol* nhw hefyd, nhw o'u rhan eu hunain, nhw ar y llaw arall *(A hwythau newydd fynd i'w gwelyau, canodd y ffôn.)* THEM, THEY TOO, EVEN THEY (minnau)

h.y. byrfodd hynny yw [i.e.], VIZ.

hy[1] **:hyf** *a* gair i ddisgrifio rhywun beiddgar, ewn/eofn, haerllug, digywilydd *(Os caf fi fod mor hy â gofyn, beth yw'ch oedran?)* BOLD, PRESUMPTUOUS, IMPUDENT
Sylwch: mae'r 'hy' yma yn odli â 'tŷ'.

hy...[2] *rhagddodiad* mae'n cael ei ddefnyddio ar ddechrau gair i awgrymu rhwyddineb, bod rhywbeth yn *hawdd ei ...*, e.e. *hybarch* (hawdd ei barchu), *hyglyw* (hawdd ei glywed)
Sylwch: yr un 'y' sydd yn yr 'hy' yma ag yn 'dynion'.

hybarch *a* parchedig iawn (mae'n ffurf henffasiwn sy'n cael ei chadw i gyfarch archddiaconiaid yn yr Eglwys neu'r Archdderwydd—'hybarch Archdderwydd') VENERABLE

hyblyg *a* gair i ddisgrifio rhywbeth:
1 y mae modd ei blygu'n rhwydd, ystwyth FLEXIBLE, SUPPLE, PLIABLE
2 sy'n gallu newid neu gael ei newid yn ôl amgylchiadau neu sefyllfa newydd *(Yn wyneb yr holl newidiadau sy'n codi yn sgil y dechnoleg newydd y mae gofyn bod gan bobl agwedd hyblyg tuag at eu gwaith.)* FLEXIBLE

hyblygrwydd *hwn eg* y cyflwr o fod yn hyblyg, o fod yn ystwyth FLEXIBILITY

hybu *be*
1 rhoi hwb (ymlaen neu i fyny); gwthio, hyrwyddo, cefnogi *(Rwy'n gobeithio y bydd y cyngor yn barod i roi peth arian tuag at hybu'r gwaith.)* TO ENCOURAGE, TO PROMOTE
2 cryfhau, gwella, adfywio TO IMPROVE, TO RECOVER

hychod hyn *ell* mwy nag un **hwch**

hyd[1] *hwn eg* (hydoedd)
1 y mesur o un pen i'r llall, neu o'r ochr hiraf (o'i gyferbynnu â lled rhywbeth) LENGTH
2 maint neu barhad rhywbeth (o ran amser) o'r dechrau hyd at nawr, neu hyd at ei ddiwedd; ysbaid *(Beth yw hyd y llyfr? Faint o hyd yw'r cyngerdd? Byddwn yma am ryw hyd.)* LENGTH (OF TIME)

ar draws ac ar hyd dros bob man *(Buom yn edrych ar draws ac ar hyd amdanynt.)* THE LENGTH AND BREADTH, FAR AND WIDE

ar ei hyd drwyddo/drwyddi i gyd, o un pen i'r llall *(Cefais flas ar y bregeth ar ei hyd.)* THROUGHOUT

ar fy (dy, ei etc.) hyd yn wastad, yn gorwedd *(A dyna lle'r oeddynt ar eu hyd ar y llawr.)* FLAT OUT

ar hyd ac ar led o gwmpas, ym mhobman *(Mae'r stori ar hyd ac ar led mai ti oedd yn gyfrifol.)* ABOUT

(cadw) (o) hyd braich (cadw) pellter rhwng, peidio â mynd yn rhan o *(Rwy'n cadw'r dyn 'na o hyd braich rhag iddo gael cyfle i 'nhwyllo i hefyd.)* AT ARM'S LENGTH

cael hyd i/dod o hyd i darganfod TO FIND

ers hydoedd ers amser mawr FOR AGES, THIS LONG TIME

hyd a lled gwir faint *(Cawn wybod hyd a lled y broblem yn y cyfarfod nesaf.)* THE EXTENT, THE SIZE

o hyd/ar ei hyd *(Mae'n chwe throedfedd o hyd a dwy o led.)* LONG

pa hyd bynnag pa mor hir bynnag HOWEVER LONG

yn fy (dy, ei etc.) hyd ar fy wyneb neu ar fy nghefn *(Baglais yn y rhaff a syrthio yn fy hyd.)* FLAT ON MY FACE, AT FULL LENGTH

yr un hyd a'r un lled AS BROAD AS IT IS LONG

hyd[2] *ardd* (hyd-ddo, hyd-ddi, hyd-ddynt)
1 tan, nes dod, drwy gydol, nes *(Bydd yn rhaid i chi eistedd yn llonydd hyd ddiwedd y wers.)* UNTIL
2 mor bell â *(Tynnodd ddillad y gwely i fyny hyd ei ên.)* UP TO, AS FAR AS
3 o un pen i'r llall *(Mae angen cerdded hyd yr heol nes cyrraedd yr ail dro i'r chwith.)* ALONG
Sylwch: dilynir 'hyd' gan dreiglad meddal *(hyd ddydd y Farn)* ond nid felly 'ar hyd' *(ar hyd glyn cysgod angau)*.

hyd at cymaint â, cyn belled â *(Mae'r tanc yn dal hyd at naw galwyn. Symudais lan hyd ato heb iddo fy ngweld.)* UP TO, AS FAR AS

hyd heddiw/hyd y dydd heddiw *(... a diflannodd y llong a'r trysor ac nis gwelwyd hyd y dydd heddiw.)* TO THIS VERY DAY

hyd lawr/hyd y llawr
1 bob cam i'r llawr *(Roedd y ffrog yn cyrraedd hyd y llawr.)* DOWN TO THE GROUND
2 dros y llawr *(Gollyngodd y cwpan a cholli'r llaeth i gyd hyd lawr.)* ALL OVER THE FLOOR

hyd nes nes UNTIL

hyd oni nes UNTIL

hyd y gwelaf i yn fy marn i IN MY VIEW

hyd y gwn i am a wn i AS FAR AS I KNOW

hyd yn hyn lan hyd at nawr, cyn belled SO FAR

hyd yn oed sydd yn fwy nag y gallwch ei ddisgwyl *(Roedd hyd yn oed Iolo wedi ei fwynhau'i hun.)* EVEN

o hyd trwy'r amser, byth *(Rydym ni yma o hyd!)* STILL, ALWAYS

o hyd ac o hyd yn ddi-baid, trwy'r amser, drosodd a throsodd INCESSANTLY

hyd[3] *cysylltair* cyhyd â, mor hir â *(Mae'r tŷ yma ichi hyd y byddaf i.)* AS LONG AS

hydawdd *a* gair i ddisgrifio rhywbeth:
1 sy'n toddi'n rhwydd mewn dŵr (neu hylif arall); toddadwy SOLUBLE
2 sy'n toddi'n rhwydd (dan effaith gwres) EASY TO MELT

hyd-ddi, hyd-ddo, hyd-ddynt gw. **hyd**[2]

hyder hwn *eg* gobaith cryf neu sicr; cred bendant, obeithiol; ffydd, ymddiriedaeth lwyr *(Does gen i fawr o hyder y bydd y tîm yn gwneud yn dda eleni.)* CONFIDENCE

hyderu *be* bod yn hyderus; gobeithio'n fawr TO TRUST, TO HOPE

hyderus *a* ffyddiog, gobeithiol hyd at fod yn sicr; llawn hyder CONFIDENT

hydraidd *a* gair technegol i ddisgrifio rhywbeth sy'n caniatáu i bethau (megis hylif neu nwy) dreiddio trwyddo PERVIOUS

hydred hwn *eg* (hydredau) pellter i'r dwyrain neu i'r gorllewin ar wyneb y ddaear wedi'i fesur mewn graddau o'r llinell (ddychmygol) sy'n rhedeg trwy Greenwich yn Llundain LONGITUDE (lledred)

hydredol *a* gair i ddisgrifio rhywbeth sy'n ymwneud â hydred neu sy'n cael ei fesur yn ôl hydred LONGITUDINAL

Hydref hwn *eg* (sylwch mai priflythyren sydd yma) degfed mis y flwyddyn OCTOBER

hydref hwn *eg* y tymor rhwng yr haf a'r gaeaf—Medi, Hydref, Tachwedd; neu yn seryddol o Alban Elfed hyd Alban Arthan AUTUMN

hydrefol *a* gair i ddisgrifio rhywbeth sy'n perthyn i dymor yr hydref neu sy'n nodweddiadol o'r hydref AUTUMNAL

hydrin *a* gair i ddisgrifio:
1 rhywun neu rywbeth hawdd ei drin DOCILE, TRACTABLE
2 (yn dechnegol) metelau sy'n gallu cael eu bwrw, eu gwasgu neu eu rholio i ffurfiau newydd (heb iddynt dorri) MALLEABLE

hydrogen hwn *eg* yr elfen gemegol symlaf, a'r sylwedd ysgafnaf y gwyddom amdano, a geir ar ffurf nwy anweledig, heb arogl sy'n llosgi; y mae dwy atom o hydrogen yn cyfuno ag un atom o ocsygen i greu dŵr (H_2O); H yw'r symbol am hydrogen HYDROGEN

hydrolig *a* gair i ddisgrifio rhywbeth sy'n ymwneud â gwasgedd dŵr (neu hylif arall) neu sy'n cael ei symud neu'i weithio ganddo HYDRAULIC

hydwyth *a* gair i ddisgrifio sylwedd sy'n dychwelyd i'w ffurf wreiddiol yn rhwydd ac yn gyflym unwaith y symudir unrhyw bwysau oddi arno RESILIENT

hydd hwn *eg* (hyddod) carw (gwrywaidd), cymar ewig STAG, HART □ carw

hyddysg *a* gair i ddisgrifio rhywun sy'n ddysgedig iawn; gwybodus, medrus LEARNED, EXPERT

hyf *a* gw. **hy**[2]

hyfdra hwn *eg* y cyflwr o fod yn hy; haerllugrwydd, rhyfyg, beiddgarwch AUDACITY, BOLDNESS, CHEEK

hyfryd *a* pleserus, dymunol, difyr, braf LOVELY, PLEASANT, DELIGHTFUL, NICE (hyfryted, hyfrytach, hyfrytaf)

hyfrydwch hwn *eg* pleser, mwynhad *(Mae cael bod yma heddiw yn hyfrydwch pur.)* PLEASURE, DELIGHT

hyfrytach:hyfrytaf:hyfryted *a* mwy **hyfryd**: mwyaf **hyfryd** : mor **hyfryd**

hyfforddai hwn *eg* person sy'n derbyn hyfforddiant TRAINEE

hyfforddi *be* dangos y ffordd (i rywun) i wneud rhywbeth; dysgu rhywun sut i wneud rhywbeth neu sut i ddod yn fedrus neu'n hyddysg TO TRAIN, TO INSTRUCT, TO COACH

hyfforddiant hwn *eg* y broses o gael eich dysgu sut i wneud rhywbeth, cyfarwyddyd INSTRUCTION, TRAINING, TUITION

hyfforddiant mewn swydd yr hyn sy'n digwydd pan fydd rhywun yn cael ei ryddhau am gyfnod o'i waith bob dydd i ddysgu sgiliau newydd neu adfer hen sgiliau IN-SERVICE TRAINING

hyfforddwr hwn *eg* (hyfforddwyr) gŵr sy'n hyfforddi grŵp neu unigolyn (mewn campau neu chwaraeon fel arfer) COACH, INSTRUCTOR, TRAINER

hyfforddwraig hon *eb* (hyfforddwragedd) gwraig sy'n hyfforddi INSTRUCTRESS

hyglyw *a* gair i ddisgrifio rhywbeth hawdd ei glywed; eglur, clir, croyw AUDIBLE, CLEAR

hygoelus *a* gair i ddisgrifio rhywun sy'n rhy barod i gredu, sy'n hawdd ei dwyllo CREDULOUS, GULLIBLE

hygrededd hwn *eg* y graddau y mae rhywun yn gallu credu bod rhywbeth yn wir neu beidio *(Nid yw hygrededd gwleidyddion yn uchel iawn ym meddwl rhai pobl.)* CREDIBILITY

hyhi *rhagenw personol dwbl* ffurf ddyblyg ar y rhagenw *hi* sy'n pwysleisio hi (a neb arall); hi ei hunan SHE HERSELF, IT ITSELF (myfi)

hylaw *a* gair i ddisgrifio rhywbeth defnyddiol sy'n hawdd ei drin HANDY

hylendid hwn *eg* yr astudiaeth a'r ymarfer o gadw'n iach yn arbennig trwy gadw pethau (a phobl) yn lân HYGIENE

hylif hwn *eg* (hylifau) sylwedd nad yw'n solet nac yn nwy, sy'n llifo ac nad oes iddo ffurf neu siâp penodol *(Mae dŵr yn hylif.)* LIQUID, FLUID

hylifo *be* troi neu wneud rhywbeth yn hylif *(Gallwch hylifo menyn trwy ei dwymo, ac ocsygen trwy ei oeri.)* TO LIQUEFY

hylifydd hwn *eg* (hylifyddion) peiriant a gewch yn y gegin sy'n malu ffrwythau neu lysiau i ffurf debyg i gawl LIQUIDIZER, BLENDER

hylosg *a* gair i ddisgrifio rhywbeth (sylwedd) sy'n llosgi'n rhwydd COMBUSTIBLE

hylosgiad hwn *eg* y weithred neu'r broses o danio a llosgi COMBUSTION

hyll *a* gair i ddisgrifio rhywun neu rywbeth sy'n annymunol i'r golwg neu'r clyw; hagr, salw, gwrthwyneb hardd *(wyneb hyll; seiniau hyll)* UGLY, HIDEOUS

hyllt *bf* mae ef/hi yn **hollti**; bydd ef/hi yn **hollti**

hylltra:hylltod hwn *eg* y cyflwr o fod yn hyll; hagrwch (ond mae'n awgrymu rhywbeth mwy erchyll neu ofnadwy na hagrwch yn unig) GHASTLINESS, HIDEOUSNESS

hylltod o bethau llawer iawn o bethau, anferth o swm o bethau LOADS, PILES

hymian *gw.* **hwmian:hymian**

hyn *rhagenw dangosol*
1 mwy nag un person neu beth sydd yn ymyl ar y pryd *(y dynion hyn; y ddau lyfr hyn)* THESE
2 rhywbeth unigol nad yw ei genedl yn glir *(Ni all hyn byth fod yn wir!)* THIS (hon, hwn)

ar hyn o bryd nawr AT THIS TIME
bob hyn a hyn nawr ac yn y man NOW AND AGAIN
cyn hyn cyn nawr/rŵan BEFORE
er hyn er gwaethaf DESPITE THIS
fel hyn yn y ffordd yma LIKE THIS
gyda hyn cyn bo hir SHORTLY
hyn a hyn SUCH AND SUCH, SO MUCH
hyn a'r llall dim byd yn benodol THIS AND THAT
hyn o fyd y byd fel y mae
o hyn allan o'r amser yma ymlaen FROM NOW ON
yn hyn o beth yn yr achos yma IN THIS CASE

hŷn *a*
1 mwy **hen**
2 â mwy o awdurdod *(staff hŷn y llyfrgell)* SENIOR

hynaf *a* mwyaf **hen**
1 y mwyaf hen o ddau ELDER
2 y mwyaf hen o bawb neu bopeth ELDEST

hynafgwr hwn *eg* (hynafgwyr) hen ŵr OLD MAN, ELDER

hynafiaid hyn *ell* cyndeidiau, y perthnasau (hynafol) yr ydych yn hanu ohonynt FOREFATHERS, ANCESTORS

hynafol *a* gair i ddisgrifio rhywbeth hen iawn, nad yw'n cael ei ddefnyddio bellach ANCIENT

hynaws *a* rhadlon, tyner, tirion, mwynaidd, caredig, dymunol, hyfryd *(hen ŵr hynaws)* KINDLY, GENIAL

hyned *a* mor **hen**

hynny *rhagenw dangosol*
1 gair sy'n cyfeirio at ryw bobl neu ryw bethau sydd o'r golwg neu'n perthyn i amser arall *(Disgwyliaf i'r plant hynny a oedd yn gyfrifol am y llanastr ei glirio ar eu hôl.)* THOSE
2 rhywbeth unigol nad yw ei genedl yn glir ac nad yw yn ymyl *(Rwy'n credu'n bod ni i gyd yn gytûn ar hynny.)* THAT (honno, hwnnw)

am hynny felly THEREFORE
ar hynny yr union amser hynny WHEREUPON
ar ôl hynny wedyn AFTER THAT
at hynny yn ychwanegol IN ADDITION TO THAT
cyn belled â hynny AS FAR AS THAT
cyn hynny o'r blaen PREVIOUSLY
er hynny : serch hynny FOR ALL THAT, NEVERTHELESS
erbyn hynny erbyn yr amser hwnnw BY THAT TIME
gan hynny felly THEREFORE
gyda hynny
1 yna AT THAT MOMENT
2 yn ogystal AS WELL
hyd hynny hyd at yr amser hwnnw UP TO THAT POINT
hynny a fedraf i (fedri di, fedr ef etc.) fy ngorau glas *(Er imi redeg hynny fedrwn i, enillais i mo'r ras.)*
hynny yw h.y. THAT IS, i.e., viz.
o hynny allan o'r amser hwnnw ymlaen FROM THAT TIME ON
o ran hynny cyn belled â hynny FOR THAT MATTER

hynod *a* gair i ddisgrifio rhywun neu rywbeth sy'n haeddu sylw oherwydd ei fod yn anarferol; rhyfedd, od, nodedig, arbennig REMARKABLE, NOTEWORTHY, NOTABLE

hynodrwydd hwn *eg* nodwedd neu ansawdd hynod; arbenigrwydd rhywbeth; y peth sy'n gwneud rhywun neu rywbeth yn anghyffredin PECULIARITY, DISTINCTION

hynt hon *eb* ffordd, llwybr, cwrs (yn arbennig erbyn heddiw am y ffordd y mae bywyd person yn ei ddilyn neu'r ffordd y mae rhywbeth yn datblygu) WAY, COURSE

ar fy (dy, ei etc.) hynt ar fy nhaith ON ONE'S JOURNEY
hynt a helynt hanes llwyddiannau ac aflwyddiannau person neu fudiad FORTUNES
rhwydd hynt pob llwyddiant EVERY SUCCESS

hypnoteiddio *be* achosi i rywun arall syrthio i gyflwr sy'n debyg i gwsg, fel y gellwch ddylanwadu'n gryf arno a rheoli'i weithredoedd TO HYPNOTIZE

hypodermig *a* gair i ddisgrifio dyfais ar gyfer gosod sylwedd o dan y croen, chwistrell yn arbennig HYPODERMIC ☐ *nodwydd*

hyrddio *be* gwthio ymlaen yn gryf iawn, rhuthro neu ymosod ar *(blaenwr yn ei hyrddio ei hun i mewn i sgarmes ar y maes rygbi)* TO HURL, TO DRIVE, TO CHARGE

hyrddod *hyn ell* mwy nag un **hwrdd**

hyrwyddo *be* cefnogi, rhoi hwb ymlaen i, gwneud yn rhwyddach, hybu *(Un ffordd o hyrwyddo gwaith y mudiad yw trwy wneud cyfraniad ariannol tuag ato.)* TO FACILITATE, TO PROMOTE, TO FURTHER

hysb *a* gair i ddisgrifio anifail sydd heb fod â rhagor o laeth, neu darddle dŵr sydd wedi sychu; sych BARREN, DRY (hesb)

hysbyddu *be* disbyddu; (hefyd ar lafar yn y ffurf 'sbyddu') gwagio (o ddŵr), sychu *(sbyddu cwch)* TO DRAIN, TO EMPTY

hysbys *a* gair i ddisgrifio rhywbeth y mae pawb yn ei wybod; gwybyddus, adnabyddus, cyfarwydd, clir, amlwg *(Bydded hysbys i bawb sy'n darllen hwn y cynhelir cyfarfod cyhoeddus ddydd Mercher Mehefin 3ydd ...)* KNOWN, WELL-KNOWN, EVIDENT

dyn hysbys gw. **dyn**

hysbyseb *hon eb* (hysbysebion) cyhoeddiad ynglŷn â rhywbeth sydd ar werth neu wasanaeth sydd ar gael, megis yr hyn a geir mewn papur newydd, ar boster, ar y teledu ac ati ADVERTISEMENT

hysbysebu *be* gwneud yn gyhoeddus; tynnu sylw'r cyhoedd at bethau megis nwyddau neu wasanaethau (sydd ar werth fel arfer), neu swyddi gwag y mae angen eu llenwi, trwy gyfrwng papurau newydd, posteri, radio, teledu, sinema ac ati TO ADVERTISE

hysbysfwrdd *hwn eg* (hysbysfyrddau) bwrdd (ar wal fel arfer) ar gyfer glynu hysbysiadau neu hysbysebion wrtho NOTICE-BOARD

hysbysiad *hwn eg* (hysbysiadau) datganiad cyhoeddus, cyhoeddiad, y weithred o hysbysu ANNOUNCEMENT, NOTICE

hysbysion *hyn ell* hysbysiadau, yn arbennig ar ffurf posteri neu daflenni NOTICES

hysbysrwydd *hwn eg* hanes, newyddion ynglŷn â rhywbeth; gwybodaeth ddilys, ffeithiol ei natur *(swyddog hysbysrwydd)* INFORMATION

hysbysu *be* dweud wrth, rhoi gwybodaeth i (rywun am rywbeth), mynegi, datgan, cyhoeddi TO INFORM, TO NOTIFY

hysian:hysio *be* annog, cymell, gyrru ymlaen, e.e. *hysian ci ar rywun sy'n tresmasu* TO INCITE, TO URGE

hytrach *adf* fel yn *yn hytrach, yn lle (Byddai hi wedi bod yn well i chi geisio newid tacteg yn hytrach na pharhau fel y gwnaethoch.)* RATHER

hywedd *a* gair i ddisgrifio rhywun neu rywbeth sydd wedi'i ddysgu; hawdd ei drin; dof TRAINED, DOCILE

hyweddu *be* dofi TO TAME

I

i[1] *ardd* (imi, iti, iddo ef/fe/fo, iddi hi, inni, ichi, iddynt hwy [iddyn nhw])

1 tua, i gyfeiriad *(Byddwn yn teithio i Lundain yfory.)* TO

2 symudiad tuag at bwynt o fewn lle caeedig, i mewn i *(Cafodd ei ddanfon i'r carchar.)* TO

3 cyn belled â *(Mae deunaw milltir o Fachynlleth i Aberystwyth.)* TO

4 i gyfeiriad (o ran lle neu amser) *(Rydyn ni'n byw dair milltir a hanner i'r gogledd o Bontypridd; edrych nôl i'r gorffennol.)* TO

5 (am amser) cyn neu ar ôl amser penodol *(pum munud i chwech; wythnos i heddiw)* TO

6 o flaen berfenw i ddynodi pwrpas neu amcan, er mwyn *(Rwyf wedi dod yma i ddweud wrthyt na elli ddod gyda ni yfory.)* TO

7 bod wedi *(Trueni iddi fynd; gwn i'r ferch gael ei thalu; rwy'n siwr iddo ddweud wrthyf.)* THAT

8 yn dangos testun cân, darn o farddoniaeth ac ati *(englyn i'r ceiliog gwynt)* TO

9 yn dangos y person yr ydych yn dymuno'n dda iddo neu iddi *(Blwyddyn newydd dda i chi/ac i bawb sydd yn y tŷ.)* TO

10 yn y ffurf bersonol mewn ymadroddion fel *yr hen ffŵl gwirion iddo fo*, ac yn yr ail berson (unigol a lluosog) yn dilyn *dyma, dyna, yn siwr, wel, yn wir* ac ati, i bwysleisio sylw neu ffaith *(dyna i chi hen dro sâl; wir iti)*

11 yn dangos meddiant neu berthynas rhwng dau beth neu ddau berson *(Mae'n ferch i John Aber-nant; yr ochr arall i'r afon.)* TO

12 mewn cysylltiad â *(Peidiwch â bod yn gas iddi hi.)* TO

13 hyd at a chan gynnwys *(Rhifwch o un i ddeg.)* TO
14 o'i gymharu â *(Enillon ni o ugain pwynt i ddeg.)* TO
15 mewn *(Mae can ceiniog i bob punt.)* TO
16 rhwng un rhif a rhif arall *(12 i 20 cm o ddŵr)* TO
17 i feddiant neu i sylw rhywun *(oddi wrth Geraint i Delyth; anrheg fach iti)* TO
18 ar gyfer, er mwyn, wedi'i neilltuo at *(Dyma un allwedd i'r drws.)* TO, FOR
19 er anrhydedd, er cof am *(Cofgolofn i'r rhai a laddwyd yn y rhyfel.)* TO
20 dros, er mwyn *(Mi wnaf i hynny iti.)* FOR
21 yn dilyn rhai geiriau megis *am, wedi, heb, gan, er, erbyn, ar ôl, cyn* etc. *(Erbyn i mi godi, roedd pawb wedi gadael.)*

Sylwch:
1 Yn amlach na pheidio, ni fyddwn yn defnyddio *i* + berfenw er mwyn cyfieithu 'to do', 'to come', 'to sing' ac ati (ac eithrio gyda rhai berfau y mae 'i' yn perthyn yn naturiol iddynt megis *dal i, llwyddo i, tueddu i* etc.) gan fod 'to' yn rhan o'r berfenw yn y Gymraeg.
2 Defnyddiwch *i* er mwyn dangos pwrpas *(Aeth yno i weld ei gyfaill.)*
3 Defnyddiwch *i* wrth gyfeirio at le ac *at* wrth sôn am berson *(Anfonais lythyr i Aberteifi. Anfonais lythyr at fy mam.)*

i fyny lan *(Rwy'n mynd i fyny'r grisiau.)* UP
i ffwrdd bant, ymaith *(Rhedodd i ffwrdd.)* AWAY
i gyd pob un *(A wnewch chi i gyd eistedd?)* ALL
i lawr i fan is *(Dewch i lawr ar unwaith.)* DOWN
i maes allan OUT
i mewn *(Edrychodd i mewn i'm llygaid.)* INTO
i'r dim yn union EXACTLY
i waered i lawr *(wyneb i waered)* DOWN

i² rhagenw dibynnol ôl fi *(A oes rhywun wedi gweld fy nghot i? Mae arna i ofn y tywyllwch.)*
Sylwch: defnyddiwch *fi* neu *i* ar ôl ffurf sy'n gorffen ag 'f' ac *i* bob tro arall *(af fi; edrychais i).*

'i rhagenw mewnol
1 yn eiddo iddo ef/iddi hi, ei . . . (ef) neu ei . . . (hi) *(Gwelais ef a'i fam a'i ewythr a hi a'i thad a'i hewythr.)* HIS/HER
Sylwch: mae *'i* gwrywaidd yn achosi treiglad meddal, ac *'i* benywaidd yn achosi treiglad llaes ac yn gofyn am 'h' o flaen llafariad.
2 ef neu hi *(Fe'i gwelais [ef] ac fe'i clywais [hi]; fe'i hachubwyd [ef] ac fe'i hachubwyd [hithau].)* HIM/HER
Sylwch: does dim treiglad ar ôl *'i* gwrywaidd na benywaidd ond mae'r ddwy ffurf yn gofyn am 'h' o flaen llafariad. Defnyddir *'i* ar ôl llafariad.

iâ *eg* dŵr sydd wedi rhewi'n gorn; ffurf grisial ar ddŵr ICE
cloch iâ gw. **cloch**
hufen iâ gw. **hufen**
mynydd iâ gw. **mynydd**
Oes yr Iâ gw. **oes**

iach *a* gair i ddisgrifio rhywun neu rywbeth:
1 cryf, nad yw'n sâl, nad yw'n dioddef o afiechyd HEALTHY
2 sy'n dda i bobl, nad yw'n cael unrhyw effaith ddrwg *(bwydydd iach)* WHOLESOME
3 (am awyr/aer) oer, pur *(awyr iach)* FRESH
4 diffuant, agored *(chwerthin yn iach)* HEARTY
5 cadarn a phleidiol *(Mae'r cyngor yn eithaf iach ar fater yr iaith.)* SOUND
6 cadarn, heb bydru *(Does dim golwg rhy iach ar y pren yma.)* SOUND
7 hardd, braf *('Afal mawr iach i Ben y gwas bach.')* FINE
canu'n iach gw. **canu**
yn iach ffarwél, hwyl FAREWELL

iachâd *hwn eg* gwellhad, y cyflwr o fod wedi dod yn iach *(Cafodd yr athrawes gerdyn gan y plant yn dymuno iachâd buan iddi pan oedd hi yn yr ysbyty.)* CURE, RECOVERY

iacháu *be*
1 rhoi iechyd i berson yn lle afiechyd, yn arbennig trwy driniaeth feddygol; gwella TO MAKE BETTER
2 (mewn Cristnogaeth) rhyddhau person o afael pechod neu ddrygioni TO SAVE

iachawdwr *hwn eg*
1 person neu beth sy'n achub o berygl neu golled SAVIOUR
2 gwaredwr; mae'n cael ei ddefnyddio weithiau am Iesu Grist SAVIOUR

iachawdwriaeth:iechydwriaeth *hon eb*
1 (mewn Cristnogaeth) y cyflwr neu'r weithred o gael eich achub o afael a dylanwad pechod a drygioni SALVATION
2 achub rhywun neu rywbeth rhag colled, dinistr neu fethiant; gwaredigaeth SALVATION
3 rhywbeth sy'n achub SALVATION
Byddin yr Iachawdwriaeth gw. **byddin**

iachus *a* gair i ddisgrifio rhywbeth sy'n peri i rywun fod yn iach *(awel iachus)* HEALTHY, BRACING

iaith *hon eb* (ieithoedd)
1 y corff o eiriau, a'r ffordd o'u rhoi at ei gilydd, sy'n cael eu defnyddio gan bobl, wrth siarad neu wrth ysgrifennu, i gyfathrebu â phobl eraill LANGUAGE
2 y corff o eiriau, a'r ffordd o'u rhoi at ei gilydd, sy'n cael eu defnyddio gan grŵp arbennig o bobl *(yr iaith Ffrangeg)* LANGUAGE, TONGUE
3 unrhyw gyfundrefn o arwyddion sy'n cyfleu ystyr *(iaith y corff)* LANGUAGE
4 geiriau, priod-ddulliau, arddull ac ati sy'n perthyn i grŵp neu fath arbennig o berson *(iaith pob dydd; iaith y llenor; iaith lafar)* LANGUAGE
5 rhegfeydd neu eiriau annerbyniol *(Does dim angen iaith fel 'na yn y tŷ hwn!)* LANGUAGE
iaith y nefoedd y Gymraeg
yr iaith fain Saesneg

Ianci *hwn eg*
1 dinesydd o Unol Daleithiau America; Americanwr YANKEE
2 person sydd wedi'i eni neu sy'n byw yn rhan ogleddol yr Unol Daleithiau YANKEE

iâr *hon eb* (ieir)
1 y fenyw ymhlith dofednod neu adar fferm, cymar ceiliog, sy'n cael ei chadw am ei hwyau a'i chig HEN
2 aderyn benywaidd sy'n gymar i geiliog HEN
3 eog benyw HEN
fel iâr ar y glaw (rhywun) a golwg drist, anobeithiol arno/arni (LIKE) A WET WEEKEND
iâr fach y dŵr aderyn y dŵr sydd â phlu du a marcyn coch neu oren uwchben ei phig MOORHEN □ *adar* t.611
iâr fach yr haf glöyn byw, pilipala BUTTERFLY

iard *hon eb* (iardiau:ierdydd)
1 darn o dir wedi'i amgáu gan furiau neu adeiladau; clos, buarth (*iard ysgol*) YARD, PLAYGROUND
2 darn o dir wedi'i amgáu am reswm arbennig neu at ddiben arbennig (*iard lo; iard longau*) YARD

iarll *hwn eg* (ieirll)
1 teitl arglwydd uchel ei statws ymhlith bonedd Prydain sy'n is nag ardalydd EARL
2 teitl arglwydd cyfatebol ymhlith bonedd Ewrop COUNT

iarlles *hon eb*
1 gwraig iarll COUNTESS
2 gwraig o statws iarll COUNTESS

ias *hon eb* (iasau)
1 teimlad o ofn neu o oerfel; cryndod (*Rhedodd ias o ofn i lawr fy nghefn.*) SHIVER, SHUDDER
2 gwefr o gyffro (*Rhedodd ias o gyffro trwy'r gynulleidfa wrth glywed y côr yn canu mor fendigedig.*) SENSATION, THRILL

iasoer *a* gair i ddisgrifio rhywbeth:
1 oer iawn (*gwynt iasoer*) CHILLY
2 yn peri ias (*stori iasoer*) CHILLING
nofel iasoer nofel ddatrys dirgelwch, fel arfer, sy'n cadw'r darllenydd ar bigau'r drain THRILLER

iasol *a* gair i ddisgrifio rhywun neu rywbeth sy'n peri gwefr o ofn neu oerfel EERIE

iau[1] *hon eb* (ieuau:ieuoedd)
1 darn o bren sy'n cael ei osod ar draws gwarrau dau neu ragor o anifeiliaid (ychen fel rheol) sy'n tynnu aradr neu gert YOKE
2 fframyn sy'n ffitio ar ysgwyddau person er mwyn iddo allu cario pwysau YOKE
o dan iau (rhywun) o dan awdurdod a gormes (rhywun) UNDER THE YOKE

iau[2] *hwn eg* (ieuau) afu; chwarren fwyaf y corff sy'n puro'r gwaed ac yn cynhyrchu bustl LIVER □ *corff* t.630

iau[3] *hwn eg*
1 dydd Iau; Difiau; pumed diwrnod yr wythnos THURSDAY
2 y blaned fwyaf yn y grŵp sy'n cynnwys y Ddaear; y bumed blaned o'r haul JUPITER □ *planedau*

iau[4] *a mwy* **ieuanc:ifanc** ieuangach, ifancach

iawn[1] *adf* yn arbennig; i raddau uchel; tra, dros ben (*da iawn; poenus iawn*) VERY

iawn[2] *a* gair i ddisgrifio rhywun neu rywbeth:
1 sy'n dda yn foesol; derbyniol (*A fydd hi'n iawn imi gymryd fy ngwyliau? Dyw e ddim yn iawn bod unrhyw un yn cael cadw dryll.*) RIGHT, JUST
2 cywir (*Does dim un o'r atebion hyn yn iawn.*) RIGHT, CORRECT
3 gwnaf, o'r gorau (*A ei di i'r siop drosof? Iawn!*) ALL RIGHT, OK
4 cyfiawn (*Mae'n iawn iddo dalu am y llanastr.*) JUST
5 iach (*Wyt ti'n teimlo'n iawn?*) ALL RIGHT
o'r iawn ryw o'r math iawn, o'r math gorau GENUINE
yn ei iawn bwyll gw. **pwyll**

iawn[3] *hwn eg* rhywbeth sy'n cael ei roi neu ei wneud er mwyn ceisio unioni cam neu dalu am golled (*Rwy'n disgwyl iti ddod i weithio yma bob prynhawn Sadwrn am fis fel iawn am yr holl ddifrod a achosaist.*) ATONEMENT, COMPENSATION

iawndal *hwn eg* swm o arian sy'n cael ei dalu fel iawn am niwed, colled ac ati COMPENSATION, DAMAGES

iawnderau *hyn ell* y pethau neu'r manteision y mae gan bobl hawl gyfiawn iddynt (*iawnderau dynol*) RIGHTS

idiom *hon eb* (idiomau)
1 priod-ddull; ymadrodd sy'n nodweddiadol o iaith neilltuol ac na ellir, bob tro, ei gyfieithu'n llythrennol i iaith arall (e.e. *gorau glas, nerth ei ben*) IDIOM
2 (mewn cerddoriaeth neu arlunwaith) nodweddion arddull arbennig IDIOM

Iddew *hwn eg* (Iddewon) un o ddisgynyddion y bobl a oedd yn byw yn rhan ddeheuol Palesteina, y wlad y mae sôn amdani yn y Beibl; rhywun sy'n arddel crefydd y bobl hyn; Israeliad, Hebread JEW

Iddewiaeth *hon eb* crefydd yr Iddew sydd â'i sylfeini yn yr Hen Destament JUDAISM

iddi, iddo, iddynt gw. **i**

ie *adf*
1 ateb cadarnhaol i gwestiwn sy'n dechrau ag *ai* neu *onid* neu sy'n dechrau â rhywbeth ar wahân i'r ferf (er mwyn ei bwysleisio) ([*Ai*] *John yw'r nesaf? Ie.*) YES
2 (ar lafar yn aml) cytundeb ar ddechrau brawddeg â rhywbeth sydd wedi ei ddweud cyn hynny (*'Dyna drueni iddo fynd fel 'na.' 'Wel ie, trueni mawr.'*) YES

iechyd / **impio**

3 (mewn ymadroddion henffasiwn) geiryn yn pwysleisio beth sy'n dilyn *('Ie, pe rhodiwn ar hyd glyn cysgod angau, nid ofnaf niwed.' Salm 23)* YEA

iechyd *hwn eg*
  1 y cyflwr o fod yn iach, o fod heb afiechyd HEALTH
  2 cyflwr y corff *(Nid yw ei iechyd yn dda iawn y dyddiau 'ma.)* HEALTH
  3 (ar lafar) ebychiad o syndod neu fraw HEAVENS!
  iechyd da cyfarchiad neu lwncdestun cyn yfed (diod feddwol fel arfer) CHEERS, GOOD HEALTH

iechydwriaeth *gw.* iachawdwriaeth:iechydwriaeth

ieir *hyn ell* mwy nag un **iâr**

ieirll *hyn ell* mwy nag un **iarll**

ieithoedd *hyn ell* mwy nag un **iaith**

ieithydd *hwn eg* (ieithyddion) un sy'n arbenigwr ar iaith neu ieithoedd LINGUIST, PHILOLOGIST

ierdydd *hyn ell* mwy nag un **iard**

iet *hon eb* (ietau) (gair tafodieithol) llidiart, gât, giât, clwyd GATE

ieuaf *a* mwyaf **ieuanc:ifanc**; ieuangaf

ieuangaf *a* mwyaf **ieuanc:ifanc**; ieuaf

ieuainc *a* gair i ddisgrifio mwy nag un peth **ieuanc:ifanc**; ifainc

ieuanc:ifanc *a* gair i ddisgrifio rhywun neu rywbeth:
  1 ar adeg gynnar yn ei fywyd *(bachgen ifanc)* YOUNG
  2 ffres a da *(moron ifainc, blasus)* YOUNG
  3 dibrofiad *(Pan hed y crychydd i fyny'r cwm mae'n arwydd o dywydd gwlyb yn yr ardal yma. Ond unwaith, pan welodd y gof grychydd yn hedfan i fyny ar dywydd sych, ei sylw oedd, 'Ie, ie crychydd ifanc oedd e.')* YOUNG (iau, ieuaf, ieuangaf, ieuainc, ieued, ifainc)

ieuau mwy nag un **iau**

ieued *a* mor **ieuanc:ifanc**

ieuenctid *hwn eg*
  1 y cyflwr o fod yn ifanc; mebyd, llencyndod YOUTH
  2 pobl ifainc fel grŵp *(ieuenctid y wlad)* YOUTH
  yn ieuenctid y dydd yn gynnar y bore

ieuo *be* asio neu gydio ynghyd â iau TO YOKE

ieuoedd *hyn ell* mwy nag un **iau**¹

ifainc *a* gair i ddisgrifio mwy nag un peth neu berson **ieuanc:ifanc**; ieuainc

ifanc *a gw.* **ieuanc:ifanc**

ifori *hwn eg* y deunydd gwyn, caled y mae ysgithrau eliffant (neu forlo neu faedd gwyllt) wedi'u gwneud ohono IVORY

ig *hwn eg* (igion) symudiad sydyn, anfwriadol yn y frest sy'n tagu'r anadl ac yn peri i chi gwneud sŵn byr, gyddfol HICCUP
  yr ig pwl o igian HICCUPS

igam-ogam *a* gair i ddisgrifio patrwm neu gyfres o symudiadau ar ffurf ZZZZZ ZIGZAG

igian *be*
  1 gwneud sŵn byr, gyddfol o ganlyniad i symudiad sydyn, anfwriadol yn y frest sy'n tagu'r anadl TO HICCUP
  2 gwneud sŵn tebyg wrth lefain; beichio wylo TO SOB

iglw *hwn eg* (iglws) gair yr Esgimo am dŷ, a ddefnyddir am gaban ar ffurf cromen, wedi'i wneud o flociau o eira wedi'u rhewi'n gorn IGLOO

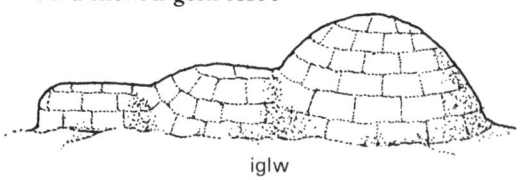

iglw

ing *hwn eg* (ingoedd) poen a dioddefaint meddyliol mawr; gloes *(Roedd ing ei hiraeth ar ôl colli'i mam wedi'i gwneud hi'n sâl.)* ANGUISH, DISTRESS

ingol *a* gair i ddisgrifio rhywbeth sy'n achosi gloes neu ing AGONIZING

ildio *be*
  1 rhoi'r gorau i; cyfaddef eich bod wedi cael eich gorchfygu *(Hyd yn oed ar ôl chwe mis o warchae yr oedd amddiffynwyr y castell yn gyndyn iawn i ildio.)* TO YIELD, TO SURRENDER
  2 rhyddhau, gollwng *(Cawsom waith caled i'w gael i ildio'r dogfennau i ni gael eu gweld nhw.)* TO YIELD, TO RELINQUISH
  3 syrthio, ymostwng (i demtasiwn) TO SUCCUMB (TO TEMPTATION)

ill *rhagenw* nhw, hwy (o flaen rhifolion) *(Daethant yma ill dau i ymddiheuro.)* THE (TWO ETC.) OF THEM

imperialaeth *hon eb*
  1 y weithred o lunio ymerodraeth IMPERIALISM
  2 cred yn y lles sy'n deillio o ymerodraethau IMPERIALISM
  3 (fel condemniad) gweithred anghyfiawn gwlad rymus yn manteisio yn fasnachol a gwleidyddol ar wledydd tlawd diamddiffyn IMPERIALISM

imperialaidd *a* gair i ddisgrifio rhywun neu rywbeth sy'n ymwneud ag ymerodraeth, neu i ddisgrifio'r un sy'n teyrnasu arni IMPERIAL

impio *be*
  1 blaguro, ffurfio tyfiant newydd (am blanhigyn); glasu, egino TO SPROUT
  2 clymu cangen wedi'i thorri oddi ar un planhigyn mewn hollt wedi'i wneud mewn planhigyn tebyg (ond mwy) er mwyn hybu tyfiant newydd TO GRAFT
  3 asio darn o groen neu asgwrn iach i'r corff yn lle croen neu asgwrn sydd wedi cael niwed TO GRAFT

impyn *hwn eg* (impiau)
  1 tyfiant newydd ar blanhigyn; blaguryn, eginyn SPROUT
  2 rhywbeth (megis cangen neu groen neu asgwrn) sydd wedi'i impio wrth rywbeth arall GRAFT ☐ *impio*

imwnedd *hwn eg*
  1 modd i wrthsefyll haint, afiechyd, gwenwyn ac ati IMMUNITY
  2 diogelwch rhag ymosodiad (cyfreithiol, beirniadol ac ati) IMMUNITY (Diffyg Imwnedd Caffaeledig)

imwneiddio *be* rhoi imwnedd i *(Mae brechu yn un ffordd o imwneiddio pobl rhag y frech goch.)* TO IMMUNIZE

inc *hwn eg* (inciau) hylif lliw (du neu las, gan amlaf) sy'n cael ei ddefnyddio i ysgrifennu neu argraffu neu dynnu lluniau INK

incwm *hwn eg* arian sy'n cael ei dderbyn yn rheolaidd naill ai fel cyflog neu fel llog ar fuddsoddiad INCOME

treth incwm gw. **treth**

Indiad *hwn eg* (Indiaid)
  1 brodor o India INDIAN
  2 aelod o un o lwythau gwreiddiol America INDIAN

indigo *hon eb* lliw porffor tywyll, lliw dulas; un o liwiau'r enfys INDIGO

indrawn *hwn eg* planhigyn tal a dyfir mewn gwledydd poeth fel America ac Awstralia am ei rawn neu ei hadau melyn sy'n cael eu bwyta gan bobl ac anifeiliaid INDIA CORN, MAIZE, SWEETCORN ☐ *cnydau*

infertebrat *hwn eg* (infertebratau) creadur di-asgwrn-cefn INVERTEBRATE

injan *hon eb* peiriant; darn o beirianwaith â rhannau symudol sy'n newid ynni (o lo, trydan, ager ac ati) yn symudiad ENGINE

Indiad

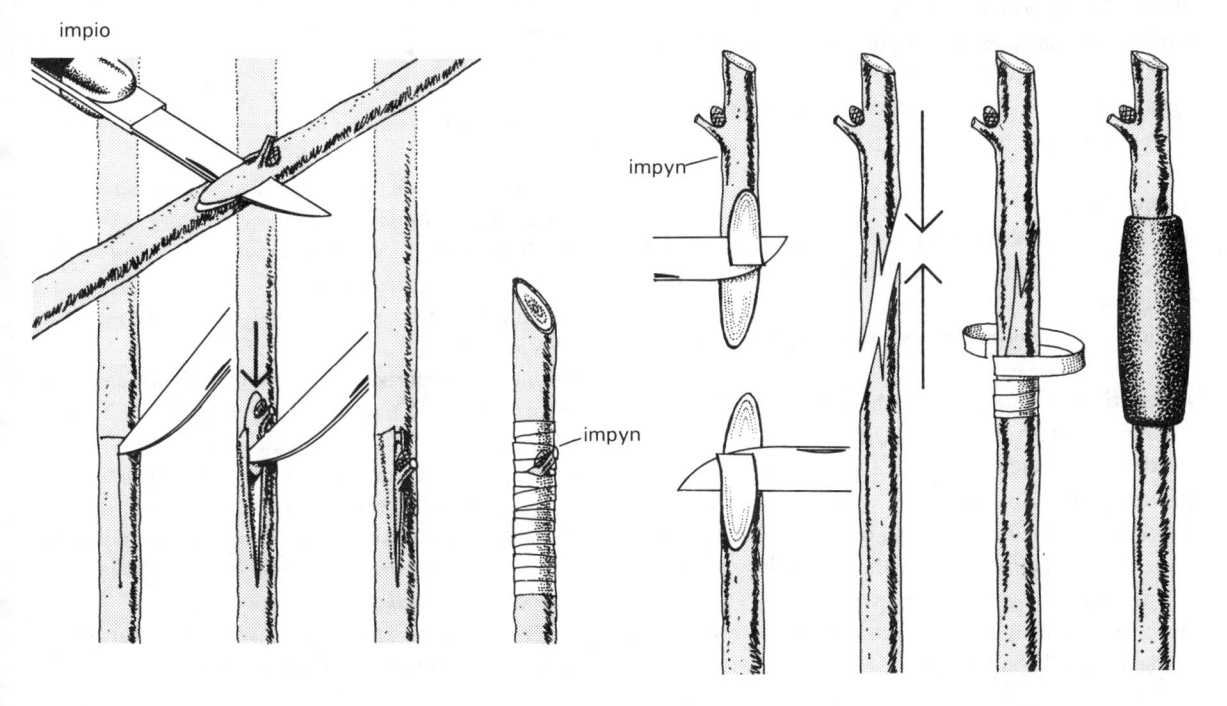

impio

a b c ch d dd e f ff g ng h i j (k) l ll m n o p ph r rh s t th u w y (z)

injan dân cerbyd arbennig sy'n cludo dynion ac offer arbennig i ymladd tanau FIRE-ENGINE

injan drên peiriant sy'n tynnu cerbydau ar hyd cledrau arbennig ENGINE, LOCOMOTIVE

injan ddyrnu gw. **dyrnu**

injan stêm peiriant ager STEAM ENGINE

innau gw. **minnau**

inswleiddio *be*
1 gorchuddio rhywbeth er mwyn rhwystro gwres, trydan, oerfel ac ati rhag treiddio trwyddo; ynysu (*Rydym yn bwriadu inswleiddio to'r tŷ cyn y gaeaf. Mae angen inswleiddio gwifrau trydan rhag iddynt gyffwrdd â'i gilydd.*) TO INSULATE
2 cadw rhywun rhag profiadau bywyd pob dydd TO INSULATE

inswlin hwn *eg* hormon sy'n cael ei gynhyrchu'n naturiol yn y corff er mwyn troi siwgr yn ffynhonnell ynni; mae prinder ohono yn achosi clefyd y siwgr INSULIN

iòd gw **iot:iòd**

iogwrt hwn *eg* bwyd wedi'i wneud o laeth sydd wedi'i dewychu trwy eplesu YOGHURT

ioio hwn *eg* tegan wedi'i wneud o sbŵl o bren, plastig, tun (ac ati) a rhigol ddofn o gwmpas ei ymyl a darn o linyn ynghlwm wrth ganol y rhigol; y gamp yw gwneud i'r tegan redeg i fyny ac i lawr y llinyn YO-YO

iolyn hwn *eg* rhywun twp, gwirion, hurt; ionc NINCOMPOOP

Iôn:Iôr hwn *eg* (gair henffasiwn) yr Arglwydd, Duw LORD

ïon hwn *eg* (ïonau) atom neu grŵp o atomau sydd wedi colli neu ennill un electron ION

Ionawr:Ionor hwn *eg* mis cyntaf y flwyddyn JANUARY

ionc hwn *eg* iolyn; rhywun twp, gwirion, hurt, ynfyd TWIT, THICKHEAD

Iôr gw. **Iôn:Iôr**

iorwg hwn *eg* planhigyn parasit sy'n tyfu ar furiau neu goed; mae ganddo ddail disglair â thri neu bum pigyn; eiddew IVY

iot:iòd hwn *eg* tamaid bach iawn, mymryn (*Does dim iot o wirionedd yn y stori.*) JOT, IOTA

ir:iraidd *a* gair i ddisgrifio rhywbeth ffres, gwyrdd, llawn sudd SUCCULENT, JUICY, FRESH

iraid hwn *eg* (ireidiau) saim GREASE, LUBRICANT

iraidd gw. **ir:iraidd** (ireiddied, ireiddiach, ireiddiaf)

iriad hwn *eg* y weithred o daenu olew ar rannau symudol peiriant er mwyn iddynt weithio'n fwy llyfn a pheidio â threulio mor gyflym LUBRICATION

iris hwn *eg* (irisau) enfys y llygad, y darn lliw o gwmpas cannwyll y llygad IRIS

iro *be* rhoi olew neu rwbio braster ar rywun neu rywbeth am reswm arbennig (*Irodd ei hun ag olew rhag iddi losgi yn yr haul. Irodd ei chorff â bloneg i'w gadw rhag oerfel y dŵr.*) TO ANOINT, TO OIL, TO SMEAR, TO LUBRICATE

iro blonegen gwneud rhywbeth dibwrpas TO CARRY COALS TO NEWCASTLE

iro llaw llwgrwobrwyo TO BRIBE

is[1] *a* mwy **isel**

is[2] *ardd* o dan (*'Canys gwnaethost ef (sef dyn) ychydig is na'r angylion'*) BENEATH, LOWER, BELOW

is...[3] *rhagddodiad* mae'n cael ei ddefnyddio ar ddechrau gair i ddynodi rhywun neu rywbeth sydd o dan yr hyn sy'n ei ddilyn; dirprwy; llai pwysig na, e.e. *is-brifathro, isadran* SUB..., DEPUTY, VICE...

Sylwch: mae'n arfer rhoi cyplysnod ar ôl *is-* mewn 'termau swyddogol', e.e. *is-bwyllgor, is-lywydd*, ond nid mewn geiriau eraill, e.e. *isnormal, Isalmaenwr*.

isadran hon *eb* (isadrannau) rhan o adran neu gorff sy'n delio ag un agwedd yn unig o waith yr adran neu'r corff (*Isadran Cyflogau*) SUBSECTION

isaf *a* mwyaf **isel**

isafbwynt hwn *eg* (isafbwyntiau) y man neu'r pwynt isaf posibl MINIMUM

isafswm hwn *eg* (isafsymiau) y swm isaf posibl (o arian) MINIMUM

isbridd hwn *eg* lefel is o bridd sy'n frasach na'r pridd ar yr wyneb ond sydd uwchben y graig SUBSOIL

is-bwyllgor hwn *eg* (is-bwyllgorau) grŵp llai wedi'i ffurfio o aelodau pwyllgor llawn er mwyn trafod mater penodol yn fwy manwl SUB-COMMITTEE

ised *a* mor **isel**

isel *a* gair i ddisgrifio rhywun neu rywbeth:
1 nad yw'n mesur llawer o'r gwaelod i'r brig; sydd heb fod yn uchel (*mynydd isel*) LOW
2 nad yw'n bell o'r llawr neu'r gwaelod (*Mae'r awyrennau yn hedfan lawer yn rhy isel.*) LOW
3 sy'n is neu'n llai na'r uchder arferol (*Mae'r dŵr wedi mynd yn isel yn y cronfeydd.*) LOW
4 heb fod yn fawr o ran rhif (*Cafodd farciau isel yn yr arholiad.*) LOW
5 (mewn cerddoriaeth) gwrthwyneb uchel o ran traw nodyn (*Doedd y baswr yn cael dim trafferth gyda'r nodau isel.*) LOW
6 anhapus, yn dioddef o iselder ysbryd (*Mae hi'n isel iawn y dyddiau hyn.*) LOW, DEPRESSED
7 yn agos at y gwaelod o ran safle neu swyddogaeth (*swyddog isel yn y fyddin*) LOW, MENIAL
8 rhad (*prisiau isel*) LOW
9 gêr (mewn car, er enghraifft) sy'n arafu'r car neu ei gadw ar ei gyflymdra isaf (*gêr isel*) LOW

iselder

10 synau nad ydynt yn uchel; tawel *(A wnewch chi gadw'r sŵn yn isel os gwelwch yn dda?)* LOW

11 caiff ei ddefnyddio i ddisgrifio eich barn am rywbeth neu rywun diwerth neu wael *(Mae gennyf feddwl isel iawn o'i lyfr newydd.)* LOW (ised, is, isaf)

iselder *hwn eg* (iselderau) y cyflwr o fod yn isel, o fod yn agos at y gwaelod; y felan LOWNESS, DEPRESSION

iseldir *hwn eg* (iseldiroedd) darn o dir (neu diroedd) sy'n is na'r tir o'i gwmpas LOWLAND(S)

Yr Iseldiroedd gwlad fach Ewropeaidd, i'r gogledd o Wlad Belg ac i'r gorllewin o'r Almaen, y mae llawer o'i thiroedd dan lefel y môr NETHERLANDS

iselhau *be* gwneud (rhywbeth) yn is; gostwng, darostwng *(Rydym am iselhau'r nenfwd yn yr ystafell yma er mwyn arbed costau gwresogi.)* TO LOWER

iselradd *a* gair i ddisgrifio rhywbeth sy'n is na'r safon a ddisgwylir, nad yw'n ddigon da INFERIOR

isetholiad *hwn eg* (isetholiadau) etholiad sy'n cael ei gynnal rhwng etholiadau arferol er mwyn llenwi swydd wag BY-ELECTION

is-gapten *hwn eg* (is-gapteiniaid) swyddog yn y fyddin neu'r llynges sy'n ail ei radd i'r capten LIEUTENANT

isgell *hwn eg* dŵr wedi i gig a/neu lysiau gael eu berwi ynddo, a ddefnyddir eto fel sail i gawl, potes neu fwydydd eraill STOCK

is-iarll *hwn eg* (is-ieirll) teitl arglwydd ymhlith bonedd Prydain (ac Ewrop) sydd un cam yn is nag iarll VISCOUNT

islais *hwn eg* (isleisiau)
1 llais isel, sibrwd UNDERTONE
2 ystyr gudd *(Er ei bod hi'n nofel ddoniol, roedd yna islais trist yn rhedeg trwyddi.)* UNDERTONE

islaw[1] *ardd* oddi tan, o dan *(Roedd y ffynnon yn tarddu islaw'r graig.)* BELOW, BENEATH

islaw[2] *adf* oddi tanodd, yn is i lawr, isod *(Roedd yr olygfa o furiau'r castell dros y wlad islaw yn syfrdanol.)* BELOW, UNDERNEATH

isobar *hwn eg* (isobarrau) llinell ar fap sy'n cysylltu lleoedd sydd â'r un gwasgedd aer ISOBAR □ *ffrynt*

isod *adf*
1 mewn lle is neu i le is BELOW
2 (am long neu adeilad) i lawr yn is na'r prif lawr *(Rwy'n mynd isod i chwilio am le i gysgu.)* BELOW
3 yn is i lawr ar y tudalen, yn nes ymlaen yn y testun *(gw. isod)* BELOW

isotherm *hwn eg* (isothermau) llinell ar fap sy'n cysylltu lleoedd sydd â'r un tymheredd ISOTHERM

isradd *hwn eg* (israddau) (mewn mathemateg) rhif sydd, o'i luosi ag ef ei hun nifer penodol o weithiau, yn rhoi rhif penodol *(Pedwerydd isradd 16 yw 2, h.y. $\sqrt[4]{16} = 2$ a $2^4 = 16$.)* ROOT

israddol *a* gair i ddisgrifio rhywun neu rywbeth:
1 is o ran safle neu bwysigrwydd SUBORDINATE
2 o safon isel, neu wael o ran safon neu werth INFERIOR

Israeliad *hwn eg* (Israeliaid) Iddew, brodor o wlad Israel ISRAELI, ISRAELITE

israniad *hwn eg* (israniadau) rhaniad llai o rywbeth sydd eisoes wedi'i rannu; isadran SUBDIVISION

isrannu *be* rhannu rhywbeth sydd eisoes wedi'i rannu yn rhannau llai TO SUBDIVIDE

isthmus *hwn eg* darn cul o dir a môr bob ochr iddo sy'n cysylltu tiroedd mawrion; culdir ISTHMUS

isymwybod *hwn eg* lefel gudd yn y meddwl, a'r meddyliau a geir yn y lefel honno *(nad ydych fel rheol yn ymwybodol ohonynt)* SUBCONSCIOUS

ithfaen *hwn eg* (ithfeini) gwenithfaen; carreg galed, lwyd a ddefnyddir yn helaeth wrth adeiladu GRANITE □ t.632

iwrch *hwn eg* (iyrchod) math o garw bach a geir yn Ewrop ac Asia ROEBUCK

iyrches *hon eb* ewig fach sy'n gymar i'r iwrch ROE-DEER

J

J *byrfodd* joule J

jac *hwn neu hon eb* (jacs) dyfais ar gyfer codi rhywbeth trwm (megis car) o'r llawr JACK

  jac y baglau pryfyn â choesau hir, tenau; pry'r gannwyll, pry teiliwr DADDY-LONG-LEGS

  pob un wan jac pob un yn ddieithriad

jac codi baw *hwn eg* math o dractor cryf a bwced mawr y tu blaen iddo ac un bach y tu ôl ar gyfer ceibio a chodi pridd a rwbel JCB, EXCAVATOR

jacio *be* codi rhywbeth trwm trwy ddefnyddio jac TO JACK

jac-y-do *hwn eg* aelod o deulu'r brain sy'n nythu yn aml mewn simneiau tai JACKDAW □ *brân*

jadan:jaden *hon eb* gwraig neu ferch gas (ac un o gymeriad gwael fel arfer) *(yr hen jadan)* HARRIDAN, BITCH

jagwar *hwn eg* y mwyaf o deulu'r cathod sy'n byw ar gyfandir America ac sy'n debyg ei liw i'r llewpart JAGUAR □ *teigr*

jam *hwn eg* (jamiau) cyffaith neu bast o ffrwythau wedi'u berwi â siwgr (er mwyn eu cadw rhag pydru); caiff ei daenu ar fara neu ei ddefnyddio mewn teisen JAM

jamio *be*
  1 gwneud jam TO JAM
  2 gwrthod agor, bod yn sownd (e.e. am ddrws neu ddrâr) TO JAM

Japanead *hwn eg* (Japaneaid) brodor o Japan A JAPANESE

jar *hon eb* (jariau)
  1 math o botel â gwddf byr a cheg lydan *(jar jam)* JAR
  2 llestr o bridd yn wreiddiol, neu erbyn hyn gynhwysydd rwber neu blastig sy'n cael ei lenwi â dŵr poeth i gynhesu'r gwely; potel ddŵr poeth HOT WATER BOTTLE

jariaid *hon eb* (jareidiau) llond jar JARFUL

jazz *hwn eg* un o nifer o fathau o gerddoriaeth a gafodd eu datblygu gan rai o bobl dduon New Orleans, America; mae iddo guriad cryf a chaiff ei chwarae neu ei ganu'n fyrfyfyr JAZZ

jêl *hon eb* carchar JAIL, GAOL

jeli *hwn eg* (jelis)
  1 bwyd meddal, melys sy'n crynu pan gaiff ei symud *(jeli coch)* JELLY
  2 unrhyw sylwedd mewn cyflwr hanner ffordd rhwng solet a hylif JELLY

jest *adf* bron, ond y dim *(Mi fues i jest â chwympo.)* ALMOST, JUST

jet *hon eb* (jetiau)
  1 llifeiriant cul, cryf o hylif, nwy ac ati sy'n cael ei wthio trwy dwll bach JET
  2 awyren sy'n cael ei gyrru gan injan jet, sef injan sy'n gwthio nwyon poeth o'i hôl i'w gyrru ymlaen JET

jib *hwn eg* (jibs) ystum, wyneb (yn yr ystyr o dynnu wyneb) *(tynnu jibs)* GRIMACE

jibidêrs (fel yn *rhacs jibidêrs*) wedi torri'n ddarnau mân, wedi chwalu'n yfflon PIECES, SMITHEREENS, TATTERS

ji-binc *hwn eg* (jibincod) aderyn bach cyffredin â chân nodweddiadol; asgell fraith, asgell arian CHAFFINCH □ *adar* t.608

jigso:jig-so *hwn eg* darlun wedi'i dorri yn nifer o ddarnau anwastad eu maint a'u ffurf y mae'n rhaid eu gosod yn ôl at ei gilydd JIGSAW PUZZLE

jîns *hwn eg* trywsus wedi'i wneud, gan amlaf, o gotwm cryf, glas JEANS

jiráff *hwn eg* (jiraffod) anifail Affricanaidd â choesau a gwddf hir a chroen oren a smotiau duon arno GIRAFFE □ *mamolyn*

jiwbilî *hwn neu hon egb* (jiwbilïau) cyfnod o ddathlu mawr i gofio neu nodi rhyw ddigwyddiad JUBILEE

jiwdo *hwn eg* math o ymladd neu ymaflyd codwm Japaneaidd lle'r ydych yn ceisio gafael yn eich gwrthwynebydd a'i daflu i'r llawr, neu ei ddal yn ddiymadferth am gyfnod JUDO

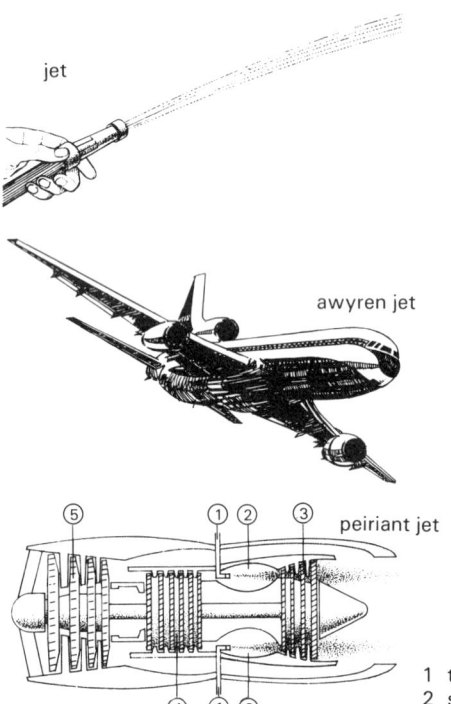

jet

awyren jet

peiriant jet

1 tanwydd
2 siambr danio
3 tyrbin
4 cywasgydd
5 gwyntyll

a b c ch d dd e f ff g ng h i j (k) l ll m n o p ph r rh s t th u w y (z)

jiwt hwn *eg*
 1 planhigyn sy'n cael ei dyfu a'i gynaeafu ar gyfer gwneud defnydd bras megis sachlïain neu'r hyn a geir yn gefn i garpedi JUTE
 2 y ffibr a geir o risgl y planhigyn JUTE

jòb hon *eb* (jobsys)
 1 darn o waith *(Rwy'n gobeithio y gwnaiff well jòb y tro nesaf.)* JOB
 2 rhywbeth anodd *(Roedd yn dipyn o jòb i'w gael i siarad am ei waith.)* WORK, JOB
 3 swydd *(Pryd rwyt ti'n dechrau yn dy jòb newydd?)* JOB

joben hon *eb* jòb JOB

jobyn hwn *eg* jòb JOB
 jobyn da peth da *(Jobyn da na fuost ti yma nos Sadwrn.)* GOOD JOB

jôc hon *eb* (jôcs)
 1 rhywbeth sy'n cael ei ddweud neu ei wneud i achosi chwerthin JOKE
 2 rhywun neu rywbeth nad oes neb yn ei gymryd o ddifrif JOKE

jocan *be* (yn y De)
 1 smalio, cogio, esgus bod, cymryd arnoch TO PRETEND
 2 dweud jôcs TO JOKE

joci hwn *eg* (jocis) person sy'n marchogaeth ceffylau mewn rasys (yn broffesiynol fel arfer) JOCKEY

jocôs *a* gair i ddisgrifio rhywun bodlon ar ei fyd, cyfforddus CONTENTED, HAPPY-GO-LUCKY

joch hwn *eg* (jochiau) llwnc, dracht *(joch o ddŵr)* GULP, SWIG

jolihoetio:jolihoitio *be* mynd i ffwrdd ar dramp i fwynhau eich hun a gwastraffu amser TO GALLIVANT

joule hwn *eg* J, uned fesur safonol o egni, sef mesur o'r gallu i gyflawni gwaith JOULE

jwg hwn neu hon *egb* (jygiau) llestr a dolen i gydio ynddi a phig i arllwys hylif allan ohoni JUG

jygaid hwn *eg* llond jwg JUGFUL

jyngl hwn *eg* (jyngloedd) coedwig drwchus yn y trofannau JUNGLE

K

k *byrfodd* kilo, mil [k]

karate hwn *eg* dull Japaneaidd o ddefnyddio'r dwylo a'r traed i'ch amddiffyn eich hunan, sydd wedi datblygu yn gamp fel jiwdo KARATE

kg *byrfodd* kilogram [kg]

kilo hwn *eg* mesur o fil o unedau o fewn y system ddegol o rifo a mesur; k KILO

kilobeit hwn *eg* (kilobeitiau) 1000 o dalpau cyfrifiadurol KILOBYTE

kilogram hwn *eg* (kilogramau) uned mesur pwysau, 1000 gram, kg KILOGRAM (gw. *Atodiad III* t.604)

kilolitr hwn *eg* (kilolitrau) uned mesur hylif, 1000 litr, kl KILOLITRE (gw. *Atodiad III* t.604)

kilometr hwn *eg* (kilometrau) uned mesur pellter, 1000 metr, km KILOMETRE (gw. *Atodiad III* t.603)

kilowat hwn *eg* (kilowatiau) uned mesur pŵer trydanol, 1000 wat; kW KILOWATT

kl *byrfodd* kilolitr [kl]

km *byrfodd* kilometr [km]

L

l *byrfodd* litr [l]

label hwn neu hon *egb* (labelau:labeli) darn o ddefnydd (papur neu liain) wedi'i lynu wrth rywbeth i ddweud beth ydyw neu i ble y mae i fynd ac ati LABEL

labelu *be* gosod label ar rywbeth (neu yn ffigurol ar rywun) *(labelu poteli gwin; labelu rhywun yn fradwr)* TO LABEL

labordy hwn *eg* (labordai) man lle y mae gwyddonydd yn gweithio â chyfarpar arbennig ar gyfer arbrofi, archwilio a phrofi defnyddiau LABORATORY

labrinth hwn *eg* rhwydwaith o lwybrau neu dwneli sy'n gweu trwy'i gilydd ac y mae'n anodd iawn cael hyd i'r ffordd allan ohono; mae drysfa yn digwydd mewn dau ddimensiwn, ond mae uchder a dyfnder i labrinth hefyd LABYRINTH

labrwr hwn *eg* (labrwyr) gweithiwr y mae ei waith yn gofyn cryfder yn hytrach na dawn neu grefft LABOURER

lach gw. **llach:lach**

Lacharn:Talacharn *enw lle* LAUGHARNE

lafa hwn *eg* (lafâu)
1 carreg dawdd sy'n llifo o losgfynydd LAVA
2 y graig sy'n cael ei ffurfio pan fydd y garreg dawdd yma'n caledu LAVA

lafant hwn *eg*
1 planhigyn â blodau bach persawrus o liw porffor golau LAVENDER □ *blodau* t.620
2 blodau a choesau'r planhigyn yma wedi'u sychu er mwyn eu persawr LAVENDER

lagŵn hwn *eg* (lagwnau) llyn o ddŵr y môr, wedi'i wahanu'n llwyr neu'n rhannol o'r môr mawr LAGOON □ t.636

lama hwn *eg* (lamaod:lamas) anifail dof sydd i'w gael yn Ne America ac sy'n perthyn i deulu'r camel LLAMA

lambastio *be* ymosod ar rywun neu rywbeth yn chwyrn (yn arbennig mewn dadl) TO LAMBASTE

lamineiddio *be*
1 creu (defnydd cryf) trwy lynu nifer o haenau o'r deunydd ynghyd TO LAMINATE
2 gosod haen denau o blastig neu fetel ar wyneb rhywbeth TO LAMINATE

lamp hon *eb* (lampau) teclyn sy'n rhoi goleuni LAMP

lan *adf* (gair y De) i fyny
1 i safle uwch; o le isel i le uwch *(Mae'r heol yn mynd o waelod y cwm lan y mynydd a throsodd i'r ochr arall.)* UP
2 uwchben, mewn safle uwch *(Mae John lan 'na'n barod.)* UP
3 i safle o eistedd neu sefyll *(Eisteddwch lan.)* UP
4 dod i'r wyneb o rywle is *(nofiwr yn dod lan am aer)* UP
5 hyd at *(Cerddodd lan ataf.)* UP
6 i raddau uwch, mwy o nerth *(A wnei di droi sŵn y radio lan?)* UP
7 symud fel ei fod yn uwch *(Cododd goler ei got lan yn erbyn y gwynt.)* UP

lan â thi i fyny â thi UP YOU GO

lander hwn *eg* (landeri:landerau) (gair y Gogledd) sianel hir a chul i gasglu a chyfeirio dŵr sy'n rhedeg oddi ar do tŷ; cafn GUTTER

lansio *be*
1 gollwng (cwch) i'r dŵr TO LAUNCH
2 saethu (arf modern neu ddyfais) i'r awyr neu i'r gofod TO LAUNCH
3 rhoi cychwyn ar weithred neu gynllun ac ati TO LAUNCH

lap hwn *eg* (fel yn *cau dy lap*) cleber, siarad diddiwedd

lapio *be* gorchuddio; plygu rhywbeth o gwmpas peth arall, e.e. *lapio anrheg Nadolig mewn papur* TO WRAP

lard hwn *eg* bloneg, braster a ddefnyddir wrth goginio LARD

larfa hwn *eg* (larfae) trychfilyn tebyg i fwydyn bach, yn y cyfnod rhwng dod o'r wy a bod yn bwpa; lindysyn, cynrhonyn LARVA

larts *a* balch, beiddgar, mawreddog, hy, talog CONCEITED

larwm hwn *eg* (fel yn *cloc larwm*) sŵn sy'n rhybuddio rhag perygl; dyfais ar gloc neu oriawr sy'n gallu cael ei gosod i wneud sŵn ar amser penodol er mwyn dihuno/deffro rhywun sy'n cysgu ALARM

laryncs hwn *eg* math o flwch ar ben uchaf y corn gwynt (yn eich gwddf) lle mae'r seiniau sy'n cael eu defnyddio i siarad a chanu yn cael eu cynhyrchu LARYNX

las hwn *eg* (lasys) carrai esgid LACE

laser hwn *eg* (laserau) dyfais sy'n cynhyrchu pelydryn dwys o oleuni unlliw sy'n cael ei ddefnyddio i dorri trwy wahanol ddefnyddiau (gan gynnwys metel), i drosglwyddo negeseuon neu i fesur yn fanwl iawn LASER

lastig[1] hwn *eg* rwber tenau sy'n ymestyn wrth gael ei dynnu ac yna'n mynd yn ôl i'w faint gwreiddiol ELASTIC

lastig[2] *a* gair i ddisgrifio rhywbeth sy'n ymddwyn fel lastig[1] ELASTIC

lasŵ *eg* rhaff sy'n rhedeg trwy ddolen ac yn ffurfio cylch ar un pen iddi; gallwch ei thynhau a'i defnyddio i ddal anifeiliaid megis ceffylau neu wartheg LASSO, LARIAT

lawnt hon *eb* (lawntiau)
1 darn o borfa mewn gardd neu barc sy'n cael ei dorri'n gwta yn gyson LAWN
2 y cylch neu lain llyfn o gwmpas y twll mewn gêm o golff GREEN

a b c ch d dd e f ff g ng h i j (k) l ll m n o p ph r rh s t th u w y (z)

lawr¹ : i lawr *adf*
1 i neu tuag at safle is; o ben uchaf i ben isaf rhywbeth *(Estynnwch y bocs yna i lawr i mi.)* DOWN
2 i'r de *(Rwy'n mynd i lawr i Gaerdydd dros y penwythnos.)* DOWN
3 i le neu safle sydd bellter oddi wrth y siaradwr (heb fod, o raid, yn is) *(Ei di lawr yr heol imi i siopa? Mae o wedi mynd lawr i'r dre.)* DOWN
4 ar bapur, yn ysgrifenedig *(Rwyf wedi rhoi'r rhif i lawr fan hyn.)* DOWN
5 i gyflwr neu stad llai grymus, mwy gwan *(A wnei di droi'r teledu i lawr am funud i mi gael siarad?)* DOWN
6 dros gyfnod o amser *(Mae'r un enw wedi dod i lawr o un genhedlaeth i'r llall yn ein teulu ni.)* DOWN
7 suddo *(Dewch yn gyflym, mae e'n mynd i lawr am y trydydd tro.)* DOWN, UNDER
8 ar y llawr, wedi cwympo *(Mae hi i lawr—nac yw, mae hi wedi codi ac yn rhedeg eto.)* DOWN
9 ar lefel is *(Mae'r nifer sy'n dod i'r dosbarth nos i lawr eleni.)* DOWN
10 wedi gorffen *(un i lawr a phump i fynd)* DOWN
11 yn ymgeisydd *(Wyt ti i lawr i redeg yn y ras filltir?)* DOWN
12 i safle o orffwys *(Gorweddodd i lawr.)* DOWN
13 ar hyd *(Cerddodd i lawr y stryd.)* DOWN
talu i lawr rhoi rhan o dâl am rywbeth a thalu'r gweddill bob yn dipyn
torri i lawr
1 (am beiriant) methu neu ballu gweithio TO BREAK DOWN
2 (am bobl) colli rheolaeth ar eich teimladau, llefain TO BREAK DOWN
ysgrifennu i lawr gw. **ysgrifennu**
lawr² *hwn eg* (fel yn *bara lawr*) bwyd wedi'i wneud o ddail math arbennig o wymon (ac sy'n gysylltiedig â Bro Gŵyr yn arbennig) LAVER
lecsiwn *hon eb* (lecsiynau) etholiad ELECTION

lasŵ

ledio *be*
1 arwain, tywys, dangos y ffordd *(ledio'r ffordd)* TO LEAD, TO GUIDE
2 arwain (y gân), codi'r canu; darllen emyn cyn iddo gael ei ganu *(ledio emyn)* TO LEAD
ledled *adf* yn ymestyn trwy *(Daeth y canwr yn adnabyddus ledled Cymru wedi iddo ennill y gystadleuaeth ar y teledu.)* THROUGHOUT
lefain *hwn eg* sylwedd fel burum sy'n achosi i gymysgedd o ddŵr a blawd godi LEAVEN
lefel *hon eb* (lefelau)
1 twnnel gwastad mewn gwaith glo LEVEL
2 safle o uchder *(Mae'r tŷ wedi'i adeiladu ar ddwy lefel.)* LEVEL
3 offeryn sy'n cael ei ddefnyddio gan saer i sicrhau bod gwaith yn wastad LEVEL, SPIRIT LEVEL
4 safon *(arholiad Lefel A)* LEVEL
lefelu *be* gwneud yn wastad; gwastatáu TO LEVEL
lefren *eb* (lefrod) ysgyfarnog neu gwningen ifanc LEVERET
leim *hwn neu hon egb* (leimiau) ffrwyth sy'n debyg i lemwn bach gwyrdd LIME (FRUIT)
lein *hon eb* (leiniau)
1 llinyn *(lein bysgota)* LINE
2 llinell *(lein ar bapur, lein o farddoniaeth)* LINE
3 un o'r llinellau gwyn sy'n marcio caeau chwarae *(rhedeg y lein mewn gêm o rygbi)* LINE
4 rheilffordd, trac trenau LINE
lein ddillad y rhaff neu wifren y mae dillad yn cael eu hongian arni i sychu CLOTHES-LINE
lein fach rheilffordd trenau ager henffasiwn (sy'n gulach fel arfer na thrac modern) (NARROW GAUGE) RAILWAY
leinin *hwn eg* (leininau) defnydd i'w osod ar ochr fewnol dilledyn, bocs ac ati LINING
leinio *be*
1 curo, taro, chwipio, rhoi cweir TO LASH, TO THRASH
2 gosod leinin TO LINE
lelog *hwn neu hon egb*
1 coeden â blodau persawrus o liw porffor golau (er bod mathau â blodau o borffor tywyll a blodau gwyn i'w cael) LILAC ▢ *blodau* t.620
2 y lliw porffor golau sydd fwyaf nodweddiadol o'r blodau hyn LILAC
lembo *hwn eg* ionc, iolyn, rhywun twp THICKHEAD, NUMSKULL
leming *hwn eg* (lemingiaid) math o lygoden fawr sy'n byw yng ngwledydd yr Arctig; mae'r llygod hyn yn enwog am deithio'n bell yn un haid fawr gan ddiystyru pob perygl a allai ddod i'w rhan LEMMING ▢ *llygoden*

lemonêd:lemwnêd hwn *eg* diod wedi'i gwneud o sudd lemwn neu sydd â blas lemwn arni LEMONADE

lemwn:lemon hwn *eg* (lemonau) ffrwyth melyn coeden sy'n tyfu mewn gwledydd poeth; mae sudd sur a siarp y ffrwyth yn cael ei ddefnyddio i roi blas ar fwydydd a diod ac ar gyfer persawr LEMON ☐ *ffrwythau* t.627

lens hwn *eg* (lensau:lensys)
1 darn o ddefnydd tryloyw naill ai'n geugrwm neu'n amgrwm (ar un neu ddwy ochr) â'r ffurf amgrwm yn tynnu pelydrau goleuni at ei gilydd a'r ffurf geugrwm yn gwasgaru'r pelydrau LENS
2 darn o'r corff sy'n cyflawni'r un swyddogaeth oddi mewn i'r llygad LENS

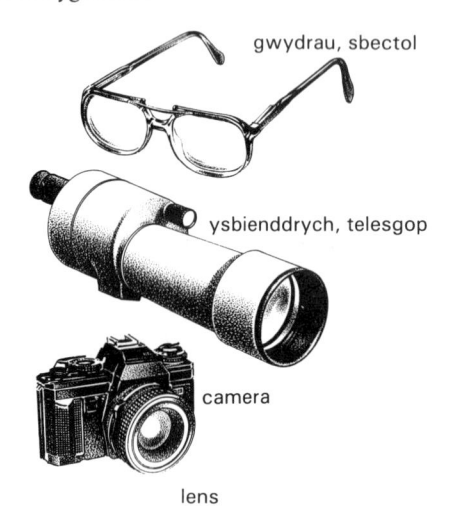

gwydrau, sbectol
ysbienddrych, telesgop
camera
lens

Lerpwl *enw lle* LIVERPOOL

les¹ hon *eb* (lesoedd) cytundeb ysgrifenedig lle y mae perchennog yn rhoi'r hawl i ddefnyddio rhywbeth (darn o dir, peiriant, tŷ ac ati) i rywun arall am gyfnod penodol ac am dâl arbennig (rhent fel arfer) LEASE

les² hon *eb* (lesau) defnydd ysgafn yn llawn patrymau tyllog LACE

letysen hon *eb* (letys)
1 un o lysiau'r ardd ac iddo ddail bras gwyrdd LETTUCE ☐ t.635
2 (yn y lluosog) dail y llysieuyn hwn, e.e. mewn salad LETTUCE

libart hwn *eg*
1 y tir o gwmpas tŷ
2 tir pori mynyddig MOUNTAIN PASTURE
3 tir lle cedwir dofednod/ffowls HEN RUN
4 rhyddid neu le i grwydro

licris hwn *eg*
1 sylwedd du sy'n cael ei ddefnyddio i roi blas ar felysion neu foddion, neu wreiddyn y planhigyn y ceir y sylwedd yma ohono LIQUORICE
2 losin/pethau da a blas y sylwedd hwn arnynt LIQUORICE

lifrai hwn neu hon *egb* (lifreiau) gwisg swyddogol, arbennig pobl megis milwyr, plismyn ac ati UNIFORM, LIVERY

lifft hwn *eg* (lifftiau)
1 taith rad ac am ddim mewn cerbyd; pàs LIFT
2 math o flwch mawr neu ystafell fach symudol i gario pobl neu nwyddau o lawr i lawr mewn adeilad LIFT, ELEVATOR

lifftenant hwn *eg* is-gapten; swyddog yn y fyddin neu yn y llynges LIEUTENANT

ling-di-long:linc-di-lonc *adf* yn hamddenol, yn araf deg, yn symud o'r naill ochr i'r llall; o dow i dow SLOWLY, LEISURELY

lili *eb* (lilïau) un o nifer o fathau gwahanol o blanhigion yn enwedig hwnnw sydd â blodau mawr gwyn LILY ☐ *blodau* t.621

lili'r dŵr:lili ddŵr WATER-LILY
lili'r dyffrynnoedd:lili'r maes LILY OF THE VALLEY
lili wen fach eirlys SNOWDROP

limpin hwn *eg* pin haearn sy'n cael ei roi drwy dwll ym mhen echel i gadw'r olwyn sydd arni yn ei lle LINCH-PIN

colli fy (dy, ei etc.) limpin colli tymer yn llwyr; gwylltio TO GO BANANAS

limrig hwn *eg* (limrigau) pennill doniol o bum llinell yn odli yn ôl y patrwm a a b b a, gyda thri thrawiad yn llinellau 'a' a dau drawiad yn llinellau 'b', e.e.

a Os mai tywyll yw gwŷr Honolwlw,
a Os mai du ydyw'r Kaffir a'r Swlw,
b Mae 'na ddynion mor ddu
b Tan ddaear, 'lwch chi
a Ym Merthyr neu Ynysybwl, w.   Idwal Jones

LIMERICK

linc-di-lonc gw. **ling-di-long**

lindys hwn a hyn *egll* creadur tebyg i fwydyn bach sydd â chorff hir wedi'i rannu'n ben ac 13 o rannau; mae mathau gwahanol ohonynt sy'n deor o wyau iâr fach yr haf, y gwyfyn neu rai trychfilod eraill; ar ôl bwrw ei groen tua phump o weithiau mae'r lindys yn troi'n chwiler CATERPILLAR

lindysen hon *eb* neu **lindysyn** hwn *eg* lindys bychan

lint hwn *eg* defnydd meddal, esmwyth sy'n cael ei ddefnyddio i drin briwiau LINT

lintel hon *eb* (lintelydd) sil (neu silff) ffenestr WINDOW-SILL

litmws hwn *eg* sylwedd i liwio pethau; yn aml ar ffurf papur litmws sy'n troi'n goch os caiff ei gyffwrdd gan asid ac yn las dan effaith alcali LITMUS

litr *hwn eg* (litrau) mesur hylif sy'n cyfateb i tua 1 ¾ peint; l LITRE (gw. *Atodiad III* t.604)

liw dydd:liw nos yn ystod (y dydd:y nos) BY (DAY:NIGHT)

liwt *hon eb* (liwtiau) math o offeryn cerddorol ar ffurf hanner peren, gyda thannau sy'n cael eu tynnu yn yr un ffordd â thannau gitâr; offeryn poblogaidd iawn ar un adeg LUTE ☐ *llinynnau*

ar fy (dy, ei etc.) liwt fy (dy, ei etc.) hun ar fy mhen fy hun, heb gymorth gan neb, yn annibynnol ar bawb arall OFF MY OWN BAT, FREELANCE

lob *hwn eg* hurtyn, iolyn, ffŵl, twpsyn YOBBO

lobi *hwn neu hon egb* (lobïau) cyntedd adeilad (e.e. *lobi capel*) LOBBY, PORCH

lobsgows *hwn eg*
 1 math o gawl tew yn cynnwys cig, tatws a chymysgedd o lysiau LOBSCOUSE, STEW
 2 cawl, cymysgedd, cawdel, potsh MUDDLE, HOTCHPOTCH

loc *hwn eg* (lociau) darn o gamlas neu afon rhwng dwy gât (llifddorau) lle mae cychod yn cael eu codi neu eu gostwng yn ôl lefel y dŵr, sy'n cael ei rheoli gan y llifddorau LOCK

locsyn *hwn eg* barf BEARD

locust *hwn eg* (locustiaid) math o geiliog y rhedyn sy'n byw mewn gwledydd poeth ac sy'n gallu ffurfio heidiau anferthol sy'n difa'n llwyr unrhyw blanhigion y maent yn disgyn arnyn nhw; caiff ei ddefnyddio hefyd yn ffigurol am unrhyw nifer mawr neu unrhyw grŵp trachwantus LOCUST

lodes *hon eb* (lodesi:lodesau) (gair tafodieithol) merch, geneth, hogan, croten, rhoces, llances GIRL

loes *hon eb* (loesau) dolur, gloes, poen PAIN

loetran *be* sefyllian, oedi, segura TO LOITER, TO DAWDLE

lòg *hwn eg* (logiau)
 1 darn o bren neu foncyff addas i'w roi ar y tân LOG
 2 dyddiadur at bwrpas penodol, e.e. er mwyn cofnodi'r hyn sy'n digwydd mewn ysgol, neu hynt taith llong LOG-BOOK

lòg o rhywbeth mawr iawn, clamp o *(logiau o draed anferthol)* GREAT BIG

lol *hon eb* ffwlbri, ffolineb, nonsens, dwli, gwag-siarad FRIVOLITY, NONSENSE, RUBBISH

lol botes maip ffwlbri eithaf, nonsens pur, twt lol! NONSENSE!

lolfa *hon eb* (lolfeydd) ystafell gyfforddus (mewn tŷ neu westy) i eistedd ac ymlacio ynddi LOUNGE, SITTING-ROOM

lolian *be*
 1 siarad lol, siarad dwli TO JOKE
 2 segura, eistedd neu sefyll mewn ffordd ddiog TO LOUNGE

lolipop *hwn eg* (lolipops)
 1 losin/pethau da neu iâ (wedi'i flasu a'i liwio) ar ffon fechan LOLLIPOP
 2 yr arwydd crwn sy'n cael ei ddefnyddio i atal trafnidiaeth y tu allan i ysgol fel bod y plant yn gallu croesi'r ffordd yn ddiogel *(dyn/dynes lolipop)*

lolyn *hwn eg* lob, iolyn, ionc, hurtyn FOOL

lôn *hon eb* (lonydd) ffordd fach gul (a chloddiau bob ochr iddi fel arfer); wtra, meidr LANE

lôn bengaead lôn a dim ond un ffordd i mewn ac allan ohoni CUL-DE-SAC

lôn bost y ffordd fawr MAIN ROAD

lôn fawr y ffordd fawr MAIN ROAD

lôn goch (ffurf blentynnaidd) y bibell fwyd

loncian *be* rhedeg yn araf ond yn gyson TO JOG

lordio *be* fel yn *yn ei lordio hi*, arglwyddiaethu, dweud wrth bobl beth i'w wneud mewn ffordd hunan-bwysig *(Oddi ar iddo ddod yn ôl o Lundain, mae Dafydd yn ei lordio hi ar fechgyn eraill y dosbarth.)* TO DOMINEER

lorri *hon eb* (lorïau) cerbyd modur sy'n cael ei ddefnyddio i gario nwyddau trwm neu hir LORRY

lorri laeth MILK-TANKER
lorri ludw DUST-CART
lorri wartheg CATTLE-TRUCK

losin *hwn a hyn egll* melysion, fferins, da-da *('Hen fenyw fach Cydweli/Yn gwerthu losin du.')* SWEET(S)

lwc *hon eb*
 1 ffawd, hap; y cyflwr o fod yn ffortunus; rhywbeth sy'n dod ichi ar hap a damwain, yn arbennig rhywbeth derbyniol, ffodus LUCK
 2 swm bach o arian sy'n cael ei roi gan y gwerthwr yn ôl i'r prynwr ar ôl cytuno ar bris, fel arwydd o ewyllys da

gyda lwc os byddaf yn lwcus WITH LUCK

lwc mwnci:lwc mwngrel:lwc mul (trwy) hap a damwain FLUKE

trwy lwc:wrth lwc yn ffodus LUCKILY

lwcus *a* gair i ddisgrifio rhywun neu rywbeth sy'n derbyn, yn achosi, neu'n digwydd oherwydd lwc dda LUCKY

lwfans *hwn eg* (lwfansau) rhywbeth (arian fel arfer) sy'n cael ei dalu'n rheolaidd neu at ddiben arbennig *(lwfans personol o £2,000 y flwyddyn)* ALLOWANCE

lwmp(yn) *hwn eg* (lympiau)
 1 darn o rywbeth soled heb ffurf arbennig LUMP
 2 chwydd caled ar y corff LUMP
 3 darn sgwâr (o siwgr) LUMP

lyncs *hwn eg* math o gath wyllt, gref â choesau hir a chynffon fer LYNX ☐ *teigr*

lysti *a* gair i ddisgrifio rhywun mawr, cryf, egnïol, llond ei groen LUSTY, ROBUST, HALE AND HEARTY

Ll

llabed *hon eb* (llabedau)
  1 darn o ddefnydd sy'n hongian yn rhydd ac sydd fel arfer yn cuddio agoriad megis poced FLAP
  2 y rhan honno o got neu siaced sy'n barhad o'r goler ac sy'n cael ei phlygu'n ôl ar y frest LAPEL

llabwst *hwn eg* (llabystiau) bachgen neu ŵr mawr, trwsgl, anfoesgar LOUT, BUMPKIN

llabyddio *be* ffordd o ladd rhywun trwy daflu cerrig ato TO STONE

llac *a gair i ddisgrifio:*
  1 rhywbeth (e.e. rhaff neu wifren) sy'n hongian yn llaes, nad yw'n dynn SLACK, LOOSE
  2 rhywbeth gwan, rhydd, nad yw'n sad (*Nid oedd y bwrdd yn ddiogel i bwyso arno gan fod y sgriwiau oedd yn dal ei goesau yn llac.*) SLACK
  3 rhywun neu rywbeth nad yw'n ddigon gofalus; diofal, esgeulus (*Mae gormod o olion gwaith llac yma iddo gael ei ddangos gyda'r lleill.*) SLACK, LAX

llaca *hwn eg* llaid, mwd, baw, stecs MIRE, MUCK, SLUDGE

llacio *be* gwneud neu ddod yn llac; lleihau mewn grym, gweithgarwch neu dyndra; cilio (am boen) (*Mae'r glaw yn llacio. Wnei di lacio'r rhaff?*) TO SLACKEN, TO EASE

llacrwydd *hwn eg*
  1 y cyflwr o fod yn llac SLACKNESS, LAXITY
  2 diffyg moesau da neu ddisgyblaeth LAXITY

llach:lach *hon eb* (llachiau) ergyd chwip LASH
  dan y lach am rywun sy'n cael ei geryddu neu ei feirniadu'n llym (*Mae rheolwr newydd y tîm dan y lach gan nad ydynt wedi ennill gêm eto.*)

llachar *a gair i ddisgrifio rhywbeth disglair iawn; gloyw, llathraid* (*Roedd goleuadau llachar y disgo bron â'n dallu.*) DAZZLING, GLITTERING, BRILLIANT

Lladin *hwn neu hon egb* hen iaith swyddogol yr ymerodraeth Rufeinig ac Eglwys Rufain LATIN

lladmerydd *hwn eg* (lladmeryddion) un sy'n cyfieithu, egluro neu ddehongli (ar lafar gan amlaf) INTERPRETER, TRANSLATOR

lladrad *hwn eg* (lladradau) y drosedd o ddwyn, o fynd ag eiddo rhywun arall yn anghyfreithlon THEFT, LARCENY

lladradaidd *a gair i ddisgrifio rhywbeth y mae rhywun yn ei wneud yn ddirgel, gan geisio cuddio yr hyn sy'n digwydd* SURREPTITIOUS, STEALTHY, FURTIVE

lladrata *be* dwyn eiddo rhywun yn anghyfreithlon ac mewn ffordd ddirgel; bod yn lleidr TO STEAL, TO PILFER, TO ROB

lladron *hyn ell* mwy nag un **lleidr**

lladrones *hon eb* merch neu wraig sy'n lladrata

lladd *be*
  1 achosi marwolaeth, rhoi terfyn ar fywyd (*Cafodd ei dad-cu/daid ei ladd yn y Rhyfel Byd Cyntaf a'i dad yn yr Ail Ryfel Byd.*) TO KILL
  2 torri, cymynu (*lladd gwair; lladd mawn*) TO CUT, TO MOW
  3 lleihau, torri ar neu gael gwared ar (*cyffuriau lladd poen*) TO RELIEVE, TO LESSEN, TO DEADEN (lleddais, lleddi)
  fel lladd nadredd/nadroedd geiriau i ddisgrifio rhywun sy'n mynd ati'n chwyrn a phrysur iawn i wneud rhyw waith neu orchwyl WITH MIGHT AND MAIN

lladd amser gwneud rhywbeth i ddifyrru'r amser nes i rywbeth ddigwydd neu i rywun ddod TO KILL TIME

lladd ar (rywun neu rywbeth) difrïo, dilorni, beirniadu'n llym (*Mae e'n un drwg am ladd ar rywun y tu ôl i'w gefn.*) TO DENOUNCE, TO CRITICIZE

lladd dau dderyn ag un ergyd llwyddo i gyflawni dau beth â'r un weithred TO KILL TWO BIRDS WITH ONE STONE

lladd-dy *hwn eg* (lladd-dai) adeilad lle mae anifeiliaid yn cael eu lladd am eu cig SLAUGHTERHOUSE, ABATTOIR

lladdfa *hon eb*
  1 y weithred o ladd (ar raddfa fawr), cyflafan MASSACRE
  2 gwaith caled (*Roedd palu'r ardd ar noson mor boeth yn lladdfa.*)

llaes *a gair i ddisgrifio:*
  1 rhywbeth sy'n hongian yn rhydd heb unrhyw lyffethair, sydd heb fod yn dynn (*Roedd ei gwallt yn gorwedd yn llaes ar ei hysgwyddau.*) LOOSE, FLOWING, TRAILING
  2 rhywbeth hir, hyd at y llawr (*ffrog laes*) LONG, FULL-LENGTH
  y treiglad llaes y newid sy'n digwydd i 'c', 'p', 't' sy'n eu troi yn 'ch', 'ph', 'th', e.e. *ci a chath, ar ei phen, ni thâl dial* SPIRANT MUTATION, ASPIRATE MUTATION

llaesu *be*
  1 llacio, gollwng yn rhydd, caniatáu i hongian (*Roedd sŵn ofnadwy yn dod o'r delyn—roedd rhywun wedi llaesu'r tannau i gyd.*) TO SLACKEN, TO LOOSEN
  2 lleddfu, esmwytháu (*Ydy'r boen yn dy goes yn dechrau llaesu erbyn hyn?*) TO EASE, TO SLACKEN
  3 gwneud yn hirach (*llaesu dillad trwy ollwng yr hem*) TO LENGTHEN (CLOTHES)

llaesu dwylo bod yn barod i roi'r gorau i rywbeth, diffygio, diogi TO FLAG, TO SLACKEN OFF, TO WEARY

llaeth *hwn eg*
  1 (gair am lefrith yn y De a rhannau o'r Gogledd) hylif gwyn a gaiff ei gynhyrchu gan famaliaid benyw fel bwyd maethlon i'w rhai bach; yn achos y fuwch, yr afr a rhai

a b c ch d dd e f ff g ng h i j (k) l ll m n o p ph r rh s t th u w y (z)

anifeiliaid eraill caiff ei ddefnyddio yn fwyd i bobl hefyd ac fel sail i gaws, iogwrt a menyn MILK
2 unrhyw hylif tebyg i laeth/llefrith, e.e. sudd cneuen goco, neu sudd rhai planhigion MILK

llaeth anwedd llaeth sydd wedi'i dewhau trwy anweddu peth o'r dŵr oedd ynddo EVAPORATED MILK

llaeth cyddwys llaeth wedi'i felysu sy'n dewach na llaeth anwedd CONDENSED MILK

llaeth enwyn yr hylif sy'n weddill ar ôl gwneud menyn o hufen BUTTERMILK

llaeth y gaseg gwyddfid HONEYSUCKLE □ *blodau* t.619

llaethdy *hwn eg* (llaethdai) adeilad neu ystafell (ar fferm) lle mae llaeth yn cael ei gadw a lle mae menyn, caws ac ati'n cael eu gwneud DAIRY

llaethog *a* gair i ddisgrifio rhywbeth sy'n llawn llaeth, neu sy'n debyg i laeth MILKY

Y Llwybr Llaethog gw. **Llwybr**

llafar *a* gair i ddisgrifio:
1 rhywbeth sy'n deillio o siarad neu ddweud (o'i gyferbynnu â rhywbeth sy'n ysgrifenedig neu wedi'i argraffu), e.e. *arholiad llafar; iaith lafar* VOCAL, VERBAL, ORAL
2 rhywun sy'n siarad neu lefaru'n uchel ac yn glir *(Mae'n llafar iawn ei wrthwynebiad i'r cynllun.)* VOCAL, VOCIFEROUS
3 fel yn *llyfr llafar* neu *papur llafar*, llyfr neu bapur newydd wedi'i recordio ar dâp i'r rhai nad ydynt yn gallu gweld yn ddigon da i'w ddarllen TALKING (NEWSPAPER, BOOK) (llefaru)

ar lafar yn yr iaith a siaredir bob dydd

llafar gwlad yr iaith a siaredir bob dydd, neu'r traddodiadau sy'n cael eu cadw'n fyw yn iaith pob dydd pobl COMMON SPEECH, ORAL TRADITION

llafarganu *be* hanner canu a hanner adrodd TO CHANT

llafariad *hon eb* (llafariaid)
1 un o seiniau agored yr iaith (o'i chyferbynnu â chytsain); dyma englyn am bryf copyn sy'n cynnwys llafariaid yn unig:
O'i wiw wy i wau e â—o'i iau
Ei weau a wea;
E wywai ei we aea,
A'i weau yw ieuau iâ.
VOWEL
2 llythyren sy'n cynrychioli'r sain *(A, e, i, o, u, w, y yw'r llafariaid Cymraeg.)* VOWEL

llafn *hwn eg* (llafnau)
1 rhan wastad, finiog cleddyf, cyllell, pladur neu unrhyw arf neu offeryn sy'n cael ei ddefnyddio i dorri BLADE
2 wyneb llyfn, gwastad bat, rhwyf ac ati BLADE
3 deilen hir, wastad (o borfa fel arfer) BLADE
4 llanc (yn arbennig bachgen neu ŵr ifanc cryf sy'n gallu gweithio'n galed) LAD

llafnes *hon eb* merch ifanc hyderus, yn llond ei chroen LASS

llafur *hwn eg* (llafuriau)
1 gwaith neu ymdrech, yr egni sydd ei angen er mwyn cyflawni rhyw orchwyl LABOUR, TOIL
2 ŷd, grawn *(cae o lafur)* CORN

llafur cariad gwaith (mawr) sy'n cael ei wneud yn wirfoddol A LABOUR OF LOVE

maes llafur gw. **maes**

Plaid Lafur gw. **Plaid**

undeb llafur gw. **undeb**

llafurio *be* gweithio (yn galed fel arfer), ymdrechu'n ddygn *(Bu'r Esgob William Morgan yn llafurio am flynyddoedd cyn gorffen ei gyfieithiad o'r Beibl ym 1588.)* TO LABOUR, TO TOIL

llafurus *a* gair i ddisgrifio rhywbeth sy'n golygu llawer iawn o waith caled; dygn, araf, manwl *(Efallai bod hwn yn waith da ond mae'n llafurus i'w ddarllen.)* LABORIOUS, HARD, ARDUOUS

llai[1] *a* (gradd gymharol **bach, bychan,** ac **ychydig,** h.y. 'mwy bach'); gair i ddisgrifio rhywun neu rywbeth sydd heb fod mor fawr, sydd heb fod cymaint neu gynifer *(Mae Dafydd yn llai na'i chwaer er ei fod yn hŷn. Mae llai o arian yma nag yr oeddwn yn ei ddisgwyl.)* SMALLER, FEWER, LESS

ni allwn lai na ni allwn wneud dim byd ond *(Ni allwn lai nag edmygu'i ddewrder er nad oeddwn yn cytuno ag ef.)* I COULDN'T DO OTHER THAN

pam lai? pam na (allaf/ddylwn?); iawn WHY NOT?

llai[2] *ardd* minws, heb gyfrif *(Mae arnat ti ddeg punt i mi, llai y ddwy bunt a dalaist drosof yr wythnos diwethaf.)* LESS, MINUS

llaid *hwn eg* pridd gwlyb, gludiog; mwd, llaca, baw, clai MUD

llain *hon eb* (lleiniau)
1 darn (hir a chul fel arfer) o dir STRIP, PLOT (OF LAND)
2 y darn o dir rhwng y wicedi ar gae criced WICKET □ *criced*

llain galed y rhan honno o heol—ac yn arbennig o draffordd—sydd wrth ymyl y prif lonydd, ar gyfer parcio mewn argyfwng HARD SHOULDER

llais *hwn eg* (lleisiau)
1 y sain neu'r seiniau llafar sy'n cael eu cynhyrchu gan berson wrth iddo siarad, canu, gweiddi ac ati VOICE

2 ansawdd y seiniau hyn sy'n gwneud i un person swnio'n wahanol i berson arall *(Mae ei lais yn dechrau torri.)* VOICE

3 mynegiant barn neu syniadau, yr hawl i geisio dylanwadu ar eraill *(Paid â 'meio i, doedd gen i ddim llais yn y mater.)* VOICE, SAY

4 dawn canwr neu gantores *(Mae ganddi lais bendigedig.)* VOICE

5 (mewn cerddoriaeth) un o'r rhannau lleisiol (soprano, alto, tenor, bas ac ati) mewn darn o gerddoriaeth leisiol VOICE, LINE

ag un llais yn unfrydol WITH ONE VOICE

llais y wlad barn y bobl PUBLIC OPINION

llaith *a* gair i ddisgrifio rhywbeth sy'n lled wlyb, sydd heb fod yn sych ac eto sydd heb fod yn wlyb diferu *(gwely llaith; gruddiau yn llaith gan ddagrau)* DAMP, MOIST (lleithed, lleithach, lleithaf)

llall *rhagenw* (lleill) yr un arall (o'i gyferbynnu â'r naill) *(Roeddwn yn adnabod un ohonynt ond doedd gennyf ddim syniad pwy oedd y llall; ond roedd y naill a'r llall yn groesawgar iawn.)* (THE) OTHER, (THE) SECOND

llam hwn *eg* (llamau) naid LEAP, BOUND, JUMP

carreg lam gw. **carreg**

llam llyffant gêm lle mae un plentyn yn plygu i lawr a phlentyn arall yn neidio drosto LEAP-FROG

llamhidydd hwn *eg* (llamidyddion) y lleiaf o'r morfilod sydd i'w gael o amgylch glannau Ynysoedd Prydain; mae'n debyg i'r dolffin ond mai trwyn swta sydd ganddo yn hytrach na thrwyn hir PORPOISE □ *môr-hwch*

llamsachus *a* gair i ddisgrifio rhywun neu rywbeth (ceffyl, er enghraifft) sy'n neidio, sy'n prancio, sy'n tasgu, sy'n fywiog iawn PRANCING, CAPERING

llamu *be* neidio, ysboncio, dychlamu TO LEAP, TO JUMP, TO SPRING (llemais, llemi)

llan hon *eb* (llannau)

1 eglwys (y plwyf), yn enwedig os yw'n dwyn enw sant fel y mae cymaint o enwau lleoedd *(Llanwynno, Llanfair)* (PARISH) CHURCH

2 efallai bod ystyr hŷn y gair i'w weld mewn geiriau fel *perllan, ydlan, llannerch* ac ati, sef darn o dir (yn aml wedi'i gau i mewn am ryw reswm)

Llanandras *enw lle* PRESTEIGNE

llanastr hwn *eg* annibendod tost, anhrefn llwyr MESS, DISORDER

Llanbedr Pont Steffan *enw lle* LAMPETER

llanc hwn *eg* (llanciau) gŵr ifanc (dibriod fel arfer), bachgen, hogyn LAD, YOUNG MAN, YOUTH

hen lanc gŵr dibriod BACHELOR

llanc mawr rhywun (dyn neu fachgen) hunanbwysig BIG-HEAD

llances hon *eb* (llancesi, llancesau) merch ifanc, geneth, hogen, morwyn LASS, MAID

llances fawr rhywun (merch neu ddynes) hunanbwysig BIG-HEAD

Llandaf *enw lle* LLANDAFF

Llandudoch *enw lle* ST DOGMAELS

Llanelwy *enw lle* ST ASAPH

Llanfair-ym-Muallt *enw lle* BUILTH WELLS

Llanilltud Fawr *enw lle* LLANTWIT MAJOR

Llanllieni *enw lle* LEOMINSTER

llannau hyn *ell* mwy nag un **llan**

llannerch hon *eb* (llennyrch, llanerchau) darn o dir agored mewn coedwig GLADE, CLEARING

Llansawel *enw lle* BRITON FERRY

llanw[1] hwn *eg* (llanwau) mewnlifiad y môr sy'n digwydd yn rheolaidd o dan ddylanwad y lleuad; gwrthwyneb trai FLOW, INFLUX, TIDE

llanw a thrai EBB AND FLOW

llanw[2] *a* gair i ddisgrifio rhywun neu rywbeth sy'n cael ei ddefnyddio i lenwi bwlch, e.e. *gair llanw*, sef gair a ddefnyddir mewn darn o farddoniaeth er mwyn odli neu er mwyn y mesur, heb fod iddo fawr o ystyr

llanw[3]:**llenwi** *be*

1 gwneud neu ddod yn llawn *(Mae'r neuadd yn dechrau llenwi. Mynnodd lanw fy ngwydr â gwin.)* TO FILL

2 dal swydd neu safle *(Mae'n bwysig bod gennym rywun i lenwi swydd y trysorydd cyn y cyfarfod nesaf.)* TO FILL (lleinw, llenwi[2])

Llanymddyfri *enw lle* LLANDOVERY

llariaidd *a* mwyn, caredig, tyner, addfwyn, tirion GENTLE, MILD, BENIGN

llarieiddio *be* gwneud yn fwy mwyn, tyner, tirion; lliniaru, lleddfu, tawelu TO SOOTHE, TO EASE

llarpiau hyn *ell* darnau o ddefnydd wedi'u rhwygo a'u darnio, rhacs, clytiau TATTERS, SHREDS

llarpio *be* rhwygo'n ddarnau, malurio *(Ar ôl i'r llew fwydo ar gorff yr ewig daeth yr anifeiliaid ysglyfaethus llai i larpio'r gweddillion.)* TO TEAR TO PIECES, TO REND

llarpiog *a* gair i ddisgrifio rhywun neu rywbeth sy'n llarpiau i gyd TATTERED

llarwydden hon *eb* (llarwydd)

1 coeden goniffer dal sydd â nodwyddau gwyrdd llachar LARCH

2 pren y goeden hon LARCH □ *coed* t.614

llatai hwn (llateion) *eg* (hen air llenyddol) un sy'n mynd â neges at gariad (aderyn yn aml); negesydd cariad

llath:llathen hon *eb* (llathau:llathenni) mesur o hyd sydd ychydig yn llai na metr, ac sy'n cyfateb i dair troedfedd neu 36 modfedd YARD (gw. *Atodiad III* t.603)

llathaid

heb fod yn llawn llathen dyma un ffordd o ddisgrifio rhywun diniwed NOT QUITE SIXTEEN OUNCES

llathen o'r un brethyn ymadrodd (dilornus fel arfer) i ddisgrifio person sy'n debyg i berson arall y mae'n perthyn iddo, e.e. mab sydd â'r un nodweddion drwg â'i dad; natur y cyw yn y cawl A CHIP OFF THE OLD BLOCK, TWO OF A KIND

llathaid hon *eb* (llatheidi:llatheidiau) hyd llath *(Roedd llathaid o'r defnydd yn costio £5.)* YARD'S LENGTH

llathraid:llathraidd *a* disglair, llachar, a sglein arno *(corff gwlyb, llathraid y brithyll)* GLOSSY, SLEEK, SHINING

llau hyn *ell* mwy nag un **lleuen**

llaw hon *eb* (dwylo:dwylaw)
1 y rhan symudol honno o gorff dyn sydd ar ben y fraich ac sy'n cynnwys pedwar bys a bawd HAND □ *corff* t.630
2 ochr, cyfeiriad *(Os cerddi di i lawr y stryd, mae'r siop ar dy law chwith. Ar y naill law ... ond ar y llaw arall ...)* HAND, SIDE
3 dawn, medr, cyffyrddiad *(Mae ganddi law dda at wneud tarten.)* TOUCH, DAB HAND
4 ysgrifen *(Byddwn yn adnabod y llaw yna yn unrhyw le.)* HANDWRITING
5 y nifer o gardiau a gaiff eu rhoi i un person mewn gêm o gardiau HAND
6 awdurdod, gofal *(dan law'r meddyg)* AUTHORITY, CARE

ail-law gw. **ail**[1]

gyda llaw yn gysylltiedig â'r hyn yr ydym yn sôn amdano BY THE WAY

hen law gw. **hen**[1]

law yn llaw
1 yn cydio dwylo HAND IN HAND
2 am ddau beth sy'n mynd gyda'i gilydd *(Mae cynnydd mewn trais a chynnydd mewn meddwi yn mynd law yn llaw.)* HAND IN HAND

llaw aswy (hen ffurf) llaw chwith LEFT HAND

llaw bwt am rywun sy'n defnyddio'i law chwith i ysgrifennu ac ati; llawchwith LEFT-HANDED

llaw chwith y llaw sydd ar yr un ochr i'r corff â'r galon, llaw aswy LEFT HAND

llaw dde y llaw gyferbyn â'r llaw chwith RIGHT HAND

y llaw flaenaf y person neu ran bwysicaf LEADING HAND

llaw flewog gw. **dwylo blewog**

llaw gadarn awdurdod STRONG ARM

llond llaw
1 dyrnaid, ychydig A HANDFUL
2 rhywbeth neu rywun sy'n eich cadw'n brysur neu sy'n peri trafferth i chi A HANDFUL

o law i law *(gwerthu rhywbeth)* yn breifat neu'n uniongyrchol

o'r llaw i'r genau byddwn yn dweud am rywun tlawd nad yw'n gwybod o ba le y daw'r pryd nesaf ei fod *yn byw o'r llaw i'r genau* (TO LIVE) FROM HAND TO MOUTH

trwy law oddi wrth VIA, FROM

wrth law ar bwys, o fewn cyrraedd AT HAND

llawcio:llowcio *be* llyncu bwyd yn wancus TO GULP, TO GOBBLE

llawchwith *a* gair i ddisgrifio rhywun sy'n defnyddio'i law chwith i ysgrifennu ac ati; llaw bwt LEFT-HANDED

llawdriniaeth hon *eb* (llawdriniaethau) triniaeth (mewn ysbyty fel arfer) gan lawfeddyg OPERATION

llawdrwm *a* gair i ddisgrifio rhywun neu rywbeth sydd yn rhy llym neu feirniadol *(Buost braidd yn llawdrwm ar y plant heddiw.)* HYPERCRITICAL, HEAVY-HANDED

llawdde *a* gair i ddisgrifio rhywun sy'n defnyddio'i law dde i ysgrifennu ac ati RIGHT-HANDED

llawen *a* hapus, llon, hyfryd, diddan *(Nadolig Llawen!)* HAPPY, MERRY, JOVIAL

llawenhau:llawenychu *be* bod yn llawen, dangos llawenydd neu wneud yn llawen, llonni *(Roedd y pentref i gyd yn llawenhau wrth glywed y newyddion da.)* TO REJOICE, TO BE GLAD

llawenheais *bf* fe wnes i lawenhau [**llawenhau**]

llawenydd hwn *eg* y cyflwr neu'r stad o fod yn llawen; hapusrwydd, gorfoledd, hyfrydwch JOY, HAPPINESS, MERRIMENT

llawer[1] *rhagenw* (llaweroedd)
1 nifer, nifer mawr, cryn dipyn, mwyafrif, rhan helaeth *(Roedd ganddo lawer o gwestiynau i'w gofyn. Roedd llawer o'r plant wedi mynd i'r gwely'n barod.)* A LOT, MANY
2 swm mawr *(Does dim llawer y gelli di ei ddweud amdano.)* MUCH, A LOT, A GREAT DEAL

llawer[2] *adf*
1 o gryn dipyn *(Mae dinas Tyddewi yn llai o lawer na dinas Caerdydd. Llawer gwell. Mwy o lawer.)* MUCH, FAR
2 yn fawr, yn aml *(Nid oedd yn mynd allan rhyw lawer oddi ar y ddamwain.)* MUCH, A LOT

ers llawer dydd : slawer dydd ers amser, erstalwm THIS LONG TIME, ONCE UPON A TIME

llawer gwaith yn aml, nifer o weithiau OFTEN

llawes hon *eb* (llewys)
1 y rhan honno o ddilledyn sy'n gorchuddio'r fraich neu ran o'r fraich *(Rhwygodd lawes ei got wrth chwarae gyda'r plant eraill.)* SLEEVE
2 amlen i gadw record ynddi SLEEVE

cadw neu fod â rhywbeth i fyny/lan fy (dy, ei etc.) llawes cadw rhywbeth pwysig neu rywbeth a allai fod yn dyngedfennol yn gudd, yn barod i'w ddatgelu petai angen TO KEEP SOMETHING UP ONE'S SLEEVE

chwerthin yn fy (dy, ei etc.) llawes/llewys chwerthin yn ddirgel TO LAUGH UP ONE'S SLEEVE

llawfeddyg hwn *eg* (llawfeddygon) meddyg sydd wedi cael ei hyfforddi i drin clwyfau'r corff trwy ddefnyddio offer arbennig i agor, torri ac ailgydio'r cnawd SURGEON

llawfeddygaeth hon *eb* yr wyddor a'r grefft feddygol o drin anhwylderau ac afiechydon y corff trwy dorri drwy'r croen a'r cnawd o dano i gyrraedd y rhannau y mae angen eu trin SURGERY

llaw-fer hon *eb* dull o ysgrifennu'n gyflym, yn arbennig trwy ddefnyddio arwyddion a symbolau arbennig yn lle'r llythrennau arferol SHORTHAND, STENOGRAPHY

llawforwyn hon *eb* (llawforynion)
1 yn wreiddiol, gwasanaethferch, morwyn a fyddai'n gweini neu'n gwasanaethu MAIDSERVANT
2 morwyn briodas, merch ddibriod sy'n gymar i'r briodferch ar ddydd y briodas BRIDESMAID

llawlyfr hwn *eg* (llawlyfrau) llyfr bychan sy'n cynnwys gwybodaeth gryno am unrhyw beth (astudiaeth, galwedigaeth, sut i weithio peiriant arbennig ac ati) MANUAL, HANDBOOK

llawn¹ *a* gair i ddisgrifio:
1 cynhwysydd sydd wedi'i lenwi hyd ei ymylon; gwrthwyneb gwag FULL
2 lle neu ofod sy'n cynnwys cynifer o bobl neu gymaint o lwyth ag sy'n bosibl; dan ei sang *(Mae'r bws yn llawn.)* FULL
3 rhywbeth sy'n cynnwys llawer iawn o rywbeth *(Roedd ei llygaid yn llawn dagrau.)* FULL
4 rhywun sydd wedi bwyta llond ei fol *(Rwy'n llawn.)* FULL UP
5 rhywun sy'n meddwl neu'n canolbwyntio ar un peth yn unig *(Mae e'n llawn o hunanbwysigrwydd.)* FULL
6 rhywun sy'n gorlifo o deimlad neu ansawdd *(Mae'n llawn brwdfrydedd dros y syniad.)* FULL
7 (ffurf y corff) graenus, crwn, yn chwyddo *(Mae ei wyneb yn edrych yn llawnach wedi iddo ddechrau bwyta eto.)* FULL
8 rhywbeth sydd wedi cyrraedd yr eithaf naturiol *(yn ei lawn dwf)* FULL
9 cyfan, cyflawn *(Rwyf am gael y stori lawn. Mae yna leuad lawn heno.)* COMPLETE, ENTIRE

Sylwch: pan olyga 'llawn' (o flaen enw) 'yn llawn o' does dim treiglad ar ei ôl *(Roedd eu chwarae yn llawn tân.)* OND pan olyga 'eithaf' neu 'fwyaf' yna fe geir treiglad *(Bydd y ceffyl yn cyrraedd ei lawn dwf ymhen tair blynedd.)*

llawn² *adf*
1 (gyda gradd gyfartal yr ansoddair) yr un mor *(Mae ef lawn cynddrwg â'i frawd. Mae hi lawn mor gyfoethog â'i chwaer.)* JUST (AS), QUITE AS
2 (gyda gradd gymharol yr ansoddair) braidd *(yn llawn gwell)* A BIT, RATHER
3 yn llwyr *(Mae hi'n llawn haeddu'r wobr.)*

llawnder:llawndra hwn *eg* y cyflwr o fod yn llawn; digonedd, helaethrwydd, amlder FULLNESS, ABUNDANCE

llawr hwn *eg* (lloriau)
1 yr hyn y mae person yn sefyll arno pan fydd dan do; yr wyneb agosaf at y ddaear (o'i gyferbynnu â'r llofft) FLOOR
2 (am y môr, ogof, dyffryn ac ati) y gwaelod FLOOR
3 lefel neu set o ystafelloedd mewn adeilad FLOOR, STOREY

Sylwch: y llawr cyntaf yw'r llawr cyntaf ar ôl y llawr isaf, ac felly mae adeilad tri llawr yn golygu tri llawr a llawr gwaelod.

4 y ddaear, y man lle mae dyn yn byw *(holl drigolion y llawr)* THE EARTH
5 lle gwastad wedi'i neilltuo ar gyfer rhyw waith neu weithgarwch arbennig *(llawr dyrnu)* (lawr, llorio)

ar lawr
1 heb fod wedi mynd i'r gwely DOWN
2 wedi codi o'r gwely UP
3 ar y llawr

lawr llawr lawr stâr, i lawr y grisiau DOWNSTAIRS

llawr gwaelod ystafell neu nifer o ystafelloedd sydd ar yr un gwastad mewn adeilad ac sydd yr un lefel â'r stryd y tu allan GROUND FLOOR

llawr isaf ystafell neu nifer o ystafelloedd sydd ar yr un lefel â'r tir neu weithiau o dan lefel y tir y tu allan BASEMENT, GROUND FLOOR

llawr y Tŷ llawr Tŷ'r Cyffredin lle mae aelodau seneddol yn eistedd ac yn siarad THE FLOOR OF THE HOUSE

o'r llawr (mewn cyfarfod) am rywun sy'n siarad o'r gynulleidfa yn hytrach nag o'r llwyfan FROM THE FLOOR

llawryf hwn *eg* (llawryfau:llawryfoedd)
1 coeden fach fythwyrdd â dail gwyrdd, tywyll, disglair LAUREL, BAY
2 coron neu dorch o ddail y goeden a fyddai'n cael ei gwisgo fel arwydd o anrhydedd neu fuddugoliaeth LAURELS

llawryf (2)

llawysgrif *hon eb* (llawysgrifau)
  1 copi cyntaf llyfr fel y cafodd ei ysgrifennu neu'i deipio gan awdur, cyn iddo gael ei argraffu MANUSCRIPT
  2 dogfen, llyfr ac ati a ysgrifennwyd â llaw (cyn cyfnod argraffu fel arfer); llsgr. MANUSCRIPT

llawysgrifen *hon eb*
  1 ysgrifen â llaw (o'i chyferbynnu ag ysgrifen wedi'i theipio, wedi'i hargraffu ac ati) HANDWRITING
  2 dull o ysgrifennu sy'n nodweddiadol o berson neu gyfnod HANDWRITING, SCRIPT

LICLI *byrfodd* Lluosrif Cyffredin Lleiaf LEAST COMMON MULTIPLE, LCM

lle[1] *hwn eg* (lleoedd:llefydd)
  1 gofod yn gyffredinol *(Rydym wedi bod yn edrych dros y lle amdanat.)* PLACE
  2 man penodol, rhan benodol o ofod *(Dyma'r lle cywir.)* PLACE
  3 man arbennig sydd fel arfer ag enw penodol *(Mae'n byw mewn lle o'r enw Ynys-y-bŵl.)* PLACE
  4 adeilad neu fan a ddefnyddir i bwrpas arbennig *(lle gwaith, llefydd cysgu)* PLACE
  5 digon o ofod i gynnwys rhywun neu rywbeth *(Oes gen ti le i un bach arall?)* ROOM, SPACE
  6 man gwag ar ôl rhywun neu rywbeth *(Mae'n well gen i ei le na'i gwmni.)* ROOM
  7 man priodol neu naturiol i rywun neu rywbeth fod *(Mae'r asgwrn yn fy mys wedi mynd yn ôl i'w le.)* PLACE, POSITION
  8 man lle mae rhywbeth yn arfer cael ei gadw *(Rho'r llyfr yn ôl yn ei le os gweli di'n dda.)* PLACE
  9 lleoliad mewn rhyw drefn neu gyfres *(Yn y lle cyntaf, fe hoffwn i ddiolch i chi i gyd am ddod yma heno.)* PLACE
  10 (mathemateg) lleoliad ffigur mewn rhif sy'n dynodi ei werth o fewn y system ddegol *(Gwerth π ($\frac{22}{7}$) i bedwar lle ar ôl y pwynt degol yw 3.1428.)* PLACE
  11 safle o bwysigrwydd neu statws o gymharu â phobl eraill *(Mae gofyn cadw'r plant 'ma yn eu lle neu fe aiff pethau dros ben llestri. Ond nid fy lle i yw gwneud hynny.)* PLACE
  12 rheswm, achos, sail *(Mae yna le i gredu nad yw mor ddiniwed ag y mae'n honni.)* ROOM, REASON
  13 sefyllfa, cyflwr, ystad *(Fe fydd 'na andros o le yma pan welith dy fam dy fod ti wedi torri'r ffenest.)*
  agos i'm lle *gw.* **agos**
  y lle a'r lle rhywle neu'i gilydd SUCH AND SUCH A PLACE
  lle bwyd caffi, ystafell fwyta EATING PLACE
  lle chwech (yn y Gogledd) tŷ bach TOILET
  lle tân *gw.* **lle(-)tân**
  o'i le rhywbeth yn bod WRONG

rhoi rhywun yn ei le dweud wrth rywun sy'n rhy sicr ohono'i hun, beth yw ei ddiffygion a'i wendidau TO PUT SOMEONE IN HIS PLACE
yn fy (dy, ei etc.) lle yn cymryd fy lle INSTEAD
yn lle yn hytrach na, yn cymryd lle *(Penderfynais fynd i'r pictiwrs yn lle gwneud fy ngwaith cartref. Chwaraeodd yn lle John a oedd yn sâl.)* INSTEAD

lle[2] *cysylltair* yn y man, i'r man, i ble bynnag *(Dewch gyda fi i'r man lle gwelsoch chi ef ddiwethaf.)* WHERE

lle[3] *adf* ble, ym mhle *(Lle buost ti ddoe? Wn i ddim lle mae o.)* WHERE

llecyn *hwn eg* (llecynnau) man neu le bach penodol, darn bach o dir, safle *(Dyma lecyn sy'n dal yr haul; eisteddwn fan hyn.)* SPOT

llech:llechen *hon eb* (llechi)
  1 math o graig lwyd, lefn neu garreg las, fel y'i gelwir, a ffurfiwyd o laid dan bwysau trwm a gwres mawr ac sy'n hollti'n rhwydd yn haenau tenau; llechfaen SLATE
  2 darn bach, hirsgwar o'r deunydd yma ar gyfer toi adeilad SLATE
  3 darn tebyg ac iddo fframyn o bren a fyddai'n cael ei ddefnyddio yn yr ysgol i ysgrifennu arno SLATE
  4 maen o lechen (ar gyfer gwneud llawr, carreg fedd, gradell goginio ac ati) STONE, FLAG
  5 tabled goffa o garreg ac ysgrifen arni TABLET

llechfaen *hwn neu hon egb* (llechfeini)
  1 gair arall am **llech:llechen** SLATE ☐ t.632
  2 gradell, darn o haearn (llechen yn wreiddiol) â dolen ar un pen; byddai'n cael ei roi uwchben y tân i grasu bara BAKESTONE ☐ *maen*

llechu *be*
  1 ymguddio, cwato *(llechu y tu ôl i'r drws)* TO HIDE, TO LURK
  2 cysgodi *(Roeddem yn awyddus iawn i gyrraedd yr harbwr a llechu rhag y storm.)* TO SHELTER

llechwedd *hwn eg* (llechweddau) ochr bryn, llethr, goriwaered, rhiw, tyle HILLSIDE, SLOPE, INCLINE

llechwraidd *a* gair i ddisgrifio rhywun neu rywbeth lladradaidd, twyllodrus a dirgel; dan din FURTIVE, SNEAKING, UNDERHAND

lled[1] *hwn eg*
  1 mesur ar draws (o'i gyferbynnu â mesur ar hyd) rhywbeth, pellter o ochr i ochr BREADTH, WIDTH
  2 darn o frethyn o'r un lled ag y cafodd ei wneud, heb gael ei dorri WIDTH

ar led
  1 yn llydan ar agor *(Pan ddaeth hi i lawr o'r bws rhedodd ati â'i freichiau ar led i'w chofleidio a'i chroesawu.)* OPEN, OUTSTRETCHED

2 ar wasgar, o gwmpas, dros bob man *(Roedd rhywun wedi rhoi si ar led mai fe oedd yn gyfrifol.)* ABOUT

lled cae heb fod ymhell *(Rydym yn codi tŷ rhyw led cae oddi wrth fy rhieni.)*

lled y pen (agor rhywbeth) hyd ei eithaf *(Roedd y drws ar agor led y pen.)* WIDE (OPEN)

lled² *adf* rhagddodiad go, gweddol, eithaf, yn rhannol *(lled dda; lled-edrych; lled-gytuno)* FAIRLY, SEMI ..., PARTLY

lledaenu *be* gwasgaru, cyhoeddi, chwalu ar led *(lledaenu gwybodaeth; lledaenu'r newyddion da i bedwar ban byd)* TO SPREAD, TO DISSEMINATE

lled-ddargludydd *hwn eg* (lled-ddargludyddion) sylwedd sy'n caniatáu i drydan gael ei ddargludo, ond nid mor rhwydd ag y mae metel yn ei wneud; mae lled-ddargludydd yn well dargludydd nag yw ynysydd (e.e. plastig) a gellir ei wneud yn well eto trwy ychwanegu ychydig bach o amhuredd ato SEMICONDUCTOR

lleden *hon eb* (lledod) pysgodyn fflat, bwytadwy a geir ym moroedd Ewrop FLAT-FISH, PLAICE, DAB □ *pysgod* t.629

llediaith *hon eb* acen hynod, estron neu fursennaidd, neu ddefnydd o eiriau ac ymadroddion estron neu sathredig ACCENT, TWANG

llednais *a* gair i ddisgrifio rhywun cwrtais, moesgar, boneddigaidd, gweddus, hynaws, tyner, mwyn DECENT, COURTEOUS, MODEST

lledod *hyn ell* mwy nag un **lleden**

lled-orwedd *be* hanner gorwedd, gorweddian TO RECLINE, TO LOLL

lledr *hwn eg* croen anifail wedi'i drin â thannin (neu yn fwy diweddar â halwynau cromiwm) a'i ystwytho er mwyn gwneud esgidiau, cyfrwyau, bagiau ac ati ohono LEATHER

lledred *hwn eg* (lledredau) pellter i'r de neu'r gogledd o'r cyhydedd wedi'i fesur mewn graddau LATITUDE

lledrith *hwn eg* hudoliaeth, swyn, cyfaredd, dewiniaeth, rhith MAGIC, ILLUSION

lledrithiol *a* gair i ddisgrifio rhywbeth nad yw'n real ond sy'n ymddangos felly; hudol, dan swyn, ffug *(Mae'r tarth cynnar sy'n codi dros yr afon yn creu ffigurau lledrithiol yn y golau gwan.)* ILLUSORY, SPECTRAL, PHANTOM

lledu *be*
1 mynd neu wneud yn fwy llydan TO WIDEN, TO BROADEN
2 agor yn llydan (hwyl llong, breichiau, rhwyd ac ati) TO SPREAD OUT

lledu adenydd am aderyn yn barod i hedfan, neu am rywun sy'n barod i fentro ar ei ben ei hun am y tro cyntaf TO SPREAD ONE'S WINGS

lleddais *bf* fe wnes i ladd [**lladd**]

lleddf *a*
1 trist, prudd, dolefus, anhapus, gwrthwyneb llon MOURNFUL, PLAINTIVE, MELANCHOLY
2 (mewn cerddoriaeth) gair i ddisgrifio'r cywair lleiaf (o'i gyferbynnu â'r cywair mwyaf) MINOR

lleddfu *be* tawelu, esmwytháu, llonyddu, lleihau, lliniaru *(Mae'r eli a gefais gan y doctor wedi dechrau lleddfu peth ar y boen yn fy nghoes.)* TO EASE, TO SOOTHE, TO ALLEVIATE

lleddi *bf* rwyt ti'n **lladd**; byddi di'n **lladd**

llef *hon eb* (llefau) gwaedd, cri, bloedd, banllef, galwad uchel CRY, SHOUT, WAIL

llefain *be*
1 wylo, colli dagrau, crio TO CRY
2 bloeddio, galw'n uchel, gweiddi (mewn poen, gofid, llawenydd ac ati) TO CRY OUT

llefair *bf* mae ef/hi yn **llefaru**; bydd ef/hi yn **llefaru**

llefaru *be* dweud, adrodd ar lafar, parablu, ynganu, siarad TO SPEAK, TO UTTER (llefair, lleferais, lleferi)

llefarydd *hwn eg* un sydd ag awdurdod i siarad ar ran person neu gwmni ac ati SPOKESMAN, SPOKESPERSON

y Llefarydd yr aelod o Dŷ'r Cyffredin sy'n cael ei ddewis gan ei gydaelodau i gadeirio a chadw trefn ar drafodaethau yn y Tŷ THE SPEAKER

llefelyn:llyfelyn *hwn eg* (llefelynod) ploryn neu chwydd llidus, poenus ar amrant y llygad neu yng nghornel y llygad; llyfrithen STY

lleferais *bf* fe wnes i lefaru [**llefaru**]

lleferi *bf* rwyt ti'n **llefaru**; byddi di'n **llefaru**

lleferydd *hwn neu hon egb* y weithred o siarad, y dull o siarad, neu'r gallu i siarad iaith lafar SPEECH, UTTERANCE

ar dafod leferydd gw. **tafod**

nam ar y lleferydd gw. **nam**

llefn *a* ffurf ar **llyfn** a ddefnyddir ag enw benywaidd (gair sy'n cael ei ddilyn gan 'hon'), e.e. *carreg lefn*

llefrith *hwn eg* (gair rhannau o'r Gogledd am laeth [**llaeth**]; hylif gwyn a gaiff ei gynhyrchu gan famolion benyw fel bwyd maethlon i'w rhai bach; yn achos y fuwch, yr afr a rhai anifeiliaid eraill caiff ei ddefnyddio yn fwyd i bobl hefyd ac fel sail i gaws, iogwrt a menyn MILK

llefydd *hyn ell* mwy nag un **lle**

llegach *a* gwan, musgrell, eiddil FEEBLE

lleng *hon eb* (llengoedd)
1 (yn wreiddiol) uned a oedd yn cynnwys rhwng 3,000 a 6,000 o wŷr traed a gwŷr meirch yn y fyddin Rufeinig LEGION
2 lliaws, nifer mawr, tyrfa fawr o bersonau neu o bethau *(Mae fy meiau yn lleng.)* HOST, MULTITUDE

llengfilwr *hwn eg* (llengfilwyr) milwr a berthynai i leng yn y fyddin Rufeinig gynt; hefyd filwr sy'n aelod o rai byddinoedd eraill LEGIONARY, LEGIONNAIRE

llengfilwr

llengar gw. **llen(-)gar**
llengig gw. **llen(-)gig**
lleiaf *a* (gradd eithaf **bach, bychan** ac **ychydig**) gair i ddisgrifio:
  1 rhywun neu rywbeth nad oes ei lai i'w gael; gwrthwyneb mwyaf; y mwyaf dinod, y distatlaf, yr ieuangaf LEAST, SMALLEST, YOUNGEST
  2 (mewn cerddoriaeth) y cywair lleddf, cywair a nodweddir gan ei drydydd nodyn sydd hanner tôn yn is na'r nodyn cyfatebol yn y cywair mwyaf (C, D, Eb yn C leiaf; C, D, E yn C fwyaf) MINOR (bach, bychain, ychydig, llai, lleied)
  o leiaf os nad (oes) mwy hyd yn oed, os na ellir gwneud dim byd arall (*Rydyn ni'n siŵr o sgorio dwy gôl o leiaf.*) AT LEAST
lleiafrif *hwn eg* (lleiafrifoedd)
  1 y rhan leiaf neu'r rhif lleiaf; rhif neu ran sy'n llai na hanner y cyfanswm (*Lleiafrif yn unig sy'n galw am wneud crogi yn gosb gyfreithiol eto.*) MINORITY
  2 rhan fach o boblogaeth gwlad sy'n wahanol i'r lleill o ran hil, crefydd, lliw eu croen ac ati (*Erbyn hyn, lleiafrif yw'r Cymry Cymraeg hyd yn oed yng Nghymru.*) MINORITY
lleiafrifol *a* gair i ddisgrifio rhywun neu rywbeth sy'n perthyn i leiafrif neu sy'n nodweddiadol o leiafrif MINORITY
lleiafswm *hwn eg* (lleiafsymiau) y nifer, mesur, maint, dogn neu'r swm lleiaf (*Os teli di bunt y mis o nawr hyd nes y byddi'n ymddeol fe gei di leiafswm o £20,000 pan fyddi di'n 65 oed.*) MINIMUM
lleian *hon eb* (lleianod) merch sydd wedi cysegru ei bywyd i wasanaethu Duw, gan amlaf trwy fyw bywyd crefyddol mewn cwfaint neu leiandy, ond weithiau trwy weithio fel meddyg, athrawes neu genhades ymhlith pobl sydd angen ei gwasanaeth NUN (abades)
lleiandy *hwn eg* (lleiandai) adeilad neu gasgliad o adeiladau lle mae lleianod yn byw bywyd crefyddol o dan adduned o dlodi, diweirdeb ac ufudd-dod CONVENT, NUNNERY
lleidiog *a* gair i ddisgrifio:
  1 rhywun neu rywbeth sydd â llaid neu fwd drosto i gyd; brwnt, budr, bawlyd, mwdlyd MUDDY, DIRTY
  2 dŵr aneglur yn llawn mwd MURKY
lleidr *hwn eg* (lladron) person sy'n dwyn neu'n lladrata eiddo rhywun neu rywrai eraill THIEF, BURGLAR (lladrones)
  lleidr pen-ffordd mewn amser a fu, un a fyddai'n gorfodi teithwyr mewn coets neu ar gefn ceffyl i aros, ac yna yn dwyn eu harian a'u heiddo HIGHWAYMAN
lleiddiad *hwn eg* (lleiddiaid)
  1 person sy'n lladd neu'n llofruddio; lladdwr, llofrudd KILLER, MURDERER, ASSASSIN
  2 gwenwyn lladd pryfed neu chwyn INSECTICIDE, WEED-KILLER (chwynleiddiad)
lleied *a* mor fach [**bach**], mor **ychydig** (*Dyna drueni bod cyn lleied o arian ar ôl.*) SO LITTLE, SO SMALL, SO FEW (bach, bychan, ychydig, llai, lleiaf)
lleihad *hwn eg*
  1 y weithred neu'r broses o leihau DECREASE
  2 esmwythâd (poen), gostegiad (gwynt), gostyngiad (mewn pris neu werth) DECREASE, REDUCTION
lleihau *be* gwneud neu fynd yn llai TO LESSEN, TO DECREASE, TO REDUCE
lleill *rhagenw lluosog* **llall** pan fydd yn cyfeirio at fwy nag un sy'n weddill (*Cadwaf fi hwn ond fe gei di'r lleill.*) OTHERS, REST, REMAINDER
lleiniau *hyn ell* mwy nag un **llain**
lleinw *bf* mae ef/hi yn **llanw:llenwi**; bydd ef/hi yn **llanw:llenwi**
lleisiau *hyn ell* mwy nag un **llais**
lleisio *be*
  1 gwneud sŵn â'r llais; dweud, mynegi (*Cododd llefarydd i leisio barn yr ardal.*) TO EXPRESS, TO VOICE
  2 cynhyrchu seiniau cerddorol â'r llais, y ffordd y mae'r llais yn cael ei ddefnyddio i gynhyrchu seiniau TO VOCALIZE, TO SING
lleisiol *a* gair i ddisgrifio rhywbeth sy'n ymwneud â'r llais neu sy'n nodweddiadol o'r llais VOCAL
lleisiwr *hwn eg* (lleiswyr) un sy'n canu, yn arbennig un sy'n canu gyda band neu mewn grŵp VOCALIST
lleithder *hwn eg*
  1 tamprwydd, gwlybaniaeth DAMPNESS, MOISTURE
  2 y gwlybaniaeth a geir yn yr aer (sy'n amrywio yn ôl natur y tywydd a'r amgylchfyd) HUMIDITY
lleithach:lleithaf:lleithed *a* mwy **llaith**: mwyaf **llaith**: mor **llaith**

llem *a* ffurf ar **llym** a ddefnyddir ag enw benywaidd (gair sy'n cael ei ddilyn gan 'hon'), e.e. *beirniadaeth lem*

llemais *bf* fe wnes i lamu [**llamu**]

llemi *bf* rwyt ti'n **llamu**; byddi di'n **llamu**

llen *hon eb* (llenni) darn o liain neu gynfas sy'n cael ei hongian er mwyn cuddio, gwahanu, neu dywyllu rhywbeth CURTAIN, VEIL (llenni)

y Llen Haearn (yn Ewrop) y ffin a fu rhwng y gwledydd comiwnyddol a'r gwledydd eraill, nad oedd yn arfer bod yn rhwydd ei chroesi THE IRON CURTAIN

llên *hon eb* llenyddiaeth; corff o weithiau ysgrifenedig sydd â gwerth celfyddydol yn perthyn iddynt LITERATURE

gŵr llên gw. **gŵr**

llên gwerin yr holl wybodaeth neu gof am gredoau, arferion ac ati sy'n perthyn i hil neu genedl arbennig FOLKLORE

llencyn *hwn eg* llanc ifanc, glaslanc YOUTH, LAD, ADOLESCENT

llencyndod *hwn eg* y cyfnod rhwng tua 13 oed a 16 oed pan fydd bechgyn a merched yn tyfu'n ddynion a gwragedd ifainc; glasoed ADOLESCENCE

llengar *a* gair i ddisgrifio rhywun sy'n hoff iawn o lenyddiaeth, sy'n ymwneud â llenyddiaeth

llengig *hwn neu hon egb* y cyhyr sy'n gwahanu'r ysgyfaint oddi wrth y stumog DIAPHRAGM □ *corff* t.630

tor llengig gw. **tor**

llên-ladrad *hwn eg* (llên-ladradau) y weithred o ddwyn gwaith awdur (neu gyfansoddwr) a'i gyhoeddi fel gwaith gwreiddiol newydd PLAGIARISM

llenni *hyn ell* mwy nag un **llen**
1 dwy len sy'n cael eu crogi o flaen ffenestr neu ddrws ac sy'n cael eu hagor a'u cau yn ôl y galw CURTAINS
2 pâr tebyg ond llawer iawn mwy sy'n cael eu crogi o flaen llwyfan CURTAINS

llennyrch *hyn ell* mwy nag un **llannerch**

llenor *hwn eg* (llenorion) awdur (nofelydd, bardd, dramodydd ac ati) sy'n ysgrifennu gwaith creadigol o werth celfyddydol, sef llenyddiaeth AUTHOR

llenwi[1] gw. **llanw:llenwi**

llenwi[2] *bf* rwyt ti'n **llanw**; byddi di'n **llanw**

llenydda *be*
1 ymhél â llenyddiaeth, bod â diddordeb mewn, ac astudio llenyddiaeth
2 cyfansoddi llenyddiaeth

llenyddiaeth *hon eb* (llenyddiaethau)
1 gwaith ysgrifenedig creadigol, yn arbennig y gweithiau hynny sy'n cael eu cadw'n fyw oherwydd ceinder eu harddull neu brydferthwch eu syniadau LITERATURE
2 yr holl lyfrau ac erthyglau sydd wedi cael eu hysgrifennu ar ryw destun LITERATURE

llenyddol *a* gair i ddisgrifio rhywun neu rywbeth sy'n gysylltiedig â llenyddiaeth neu sy'n nodweddiadol o lenyddiaeth neu lenor LITERARY

lleol *a* gair i ddisgrifio rhywun neu rywbeth sy'n perthyn i le neu ardal benodol *(llywodraeth leol; papur lleol)* LOCAL

lleolaeth *hon eb* (lleolaethau) y ffordd y mae pethau neu bobl wedi'u lleoli neu yn cael eu lleoli DISTRIBUTION

lleoli *be*
1 darganfod ym mhle yn union y mae rhywun neu rywbeth *(Maen nhw wedi llwyddo i leoli tarddiad y darlledu anghyfreithlon mewn rhes o dai yng ngwaelod y pentref.)* TO LOCATE
2 gosod rhywun neu rywbeth mewn lle penodol *(Y penderfyniad diweddaraf yw lleoli'r swyddfeydd newydd yn y Drenewydd.)* TO LOCATE, TO PLACE

lleoliad *hwn eg* (lleoliadau) union safle, man penodol lle y ceir rhywun neu rywbeth, lle *(Roedd lleoliad y pwll nofio newydd yn gyfleus iawn i drigolion y tai cyngor.)* LOCATION, POSITION

llercian *be*
1 aros ynghudd (er mwyn cyflawni rhyw ddrwg) TO LURK
2 symud yn ddistaw ac yn llechwraidd gan geisio cadw o'r golwg TO LURK

lles *hwn eg* budd, elw, mantais, daioni, rhywbeth sy'n gwneud pethau'n well *(Bydd y gwyliau'n gwneud lles i chi.)* BENEFIT, GOOD, WELFARE

ar fy (dy, ei etc.) lles er daioni, er fy lles fy hun TO ONE'S ADVANTAGE, FOR ONE'S OWN BENEFIT

er lles yn gwneud lles OF BENEFIT

y Wladwriaeth Les gw. **gwladwriaeth**

llesg *a* gair i ddisgrifio rhywun neu rywbeth nad oes ynddynt unrhyw gryfder neu fywiogrwydd; gwan, musgrell, nychlyd, eiddil WEAK, FRAIL, FEEBLE, LISTLESS

llesgáu *be* tyfu'n llesg, gwanhau, mynd yn eiddil TO WEAKEN, TO LANGUISH

llesgedd *hwn eg* gwendid, nychdod, eiddilwch, lludded; y cyflwr neu'r stad o fod yn llesg WEAKNESS, FRAILTY

llesmair *hwn eg* (llesmeiriau) y cyflwr o fod yn anymwybodol (ar ôl braw neu syndod fel arfer); llewyg FAINT, SWOON, TRANCE

llesmeirio *be* syrthio yn anymwybodol, llewygu TO SWOON, TO FAINT

llesmeiriol *a* gair i ddisgrifio rhywun neu rywbeth sydd mor rhyfeddol (o brydferth) nes ei fod yn mynd â'ch sylw i gyd neu hyd yn oed yn gwneud i chi lesmeirio; hudolus, swynol ENCHANTING, ENTRANCING, CAPTIVATING

llesol *a* gair i ddisgrifio rhywbeth sydd o les; er budd, da, buddiol BENEFICIAL, ADVANTAGEOUS

LLENYDDIAETH GYMRAEG
Rhai o'r prif feirdd, llenorion a gweithiau hyd at ddechrau'r 20fed ganrif.

Dyddiad O.C. (yn fras i ddechrau)

c550	Hen Gymraeg yn dechrau datblygu o'r iaith Frythoneg
c575-900	*Cyfnod y Cynfeirdd*
	Aneirin, awdur y gerdd 'Y Gododdin'
	Taliesin, y ceir ei waith yn *Llyfr Taliesin*
c875-900	*Canu Heledd* a *Canu Llywarch Hen*
930-	Chwedlau am Myrddin yn datblygu
c1060	*Pedair Cainc y Mabinogi*
1100-1350	*Cyfnod y Gogynfeirdd* neu *Feirdd y Tywysogion*
	Ymhlith yr enwocaf, yr oedd Cynddelw Brydydd Mawr (c1155-1200),
	Dafydd Benfras (c1230-1260) a Bleddyn Fardd (c1268-1283)
c1100	*Culhwch ac Olwen*
1150-	Bucheddau saint megis Dewi, Cadog, Illtud, Teilo etc.
1176	Eisteddfod i'r beirdd yn Aberteifi dan nawdd yr Arglwydd Rhys
1190-	Dechrau cofnodi Cyfreithiau Hywel Dda
1250-	Chwedlau am y Brenin Arthur megis y *Tair Rhamant*
1350-1650	*Cyfnod Beirdd yr Uchelwyr*
	Yr enwocaf a'r mwyaf o'r rhain oedd Dafydd ap Gwilym (c1320-1370); ymhlith y lleill ceir Iolo Goch (1320-1398), Llywelyn Goch ap Meurig Hen (1350-1390), Siôn Cent (1400-1445), Dafydd ab Edmwnd (1450-1497) a Tudur Aled (1465-1525)
1450	Yn y cyfnod yma bu nifer wrthi'n ddygn yn cyfieithu'r Beibl a thestunau crefyddol eraill
1451	Cynhaliwyd eisteddfod bwysig yng Nghaerfyrddin
c1520-1584	William Salesbury—llenor pwysig a chyfieithydd y Testament Newydd
1546	*Yn y lhyvyr hwnn* (yn y llyfr hwn)—y llyfr cyntaf i gael ei argraffu yn Gymraeg
1587	*Y Drych Cristianogawl*—y llyfr cyntaf i'w gyhoeddi yng Nghymru
1588	Cyfieithiad cyflawn o'r *Beibl* gan yr esgob William Morgan
1621	*Salmau Cân*, Edmwnd Prys
1653	*Llyfr y Tri Aderyn*, Morgan Llwyd
1681	*Canwyll y Cymru*, Rhys Prichard (Y Ficer Prichard)
1703	*Gweledigaetheu y Bardd Cwsc*, Ellis Wynne
1716	*Drych y Prif Oesoedd*, Theophilus Evans
1717-1791	William Williams Pantycelyn—emynydd
1723-1769	Goronwy Owen, y bardd o Fôn
1738-1810	Twm o'r Nant (Thomas Edwards)—cyfansoddwr anterliwtiau
1776-1805	Ann Griffiths—emynyddes
1832-1878	Islwyn (William Thomas), bardd 'Y Storm'
1832-1887	Ceiriog (John Ceiriog Hughes), bardd 'Nant y Mynydd', 'Y Gwcw'
1836-1895	Daniel Owen, nofelydd *Rhys Lewis, Gwen Tomos, Enoc Huws*
1858-1920	Owen Morgan Edwards, awdur, a sefydlydd *Cymru'r Plant*
1864-1929	John Morris-Jones—bardd a beirniad
1871-1949	T Gwynn Jones, bardd 'Ymadawiad Arthur', 'Madog', 'Cynddylig'
1881	Cychwyn ar yr Eisteddfod Genedlaethol yn ei ffurf bresennol
1881-1954	W J Gruffydd, bardd *Ynys yr Hud a Cherddi Eraill*
1884-1956	R Williams Parry, bardd *Yr Haf a Cherddi Eraill, Cerddi'r Gaeaf*
1885-1970	D J Williams, awdur *Yn Chwech ar Hugain Oed, Storiau'r Tir Du*
1887-1975	T H Parry-Williams—bardd ac awdur ysgrifau
1891-1985	Kate Roberts, awdur *Te yn y Grug, Y Byw Sy'n Cysgu*
1893-1985	Saunders Lewis, bardd a dramodydd *Blodeuwedd, Siwan*
1899-1968	D Gwenallt Jones, bardd *Ysgubau'r Awen, Gwreiddiau*
1903-1949	T Rowland Hughes, nofelydd *O Law i Law, William Jones*
1904-1988	John Gwilym Jones, awdur a dramodydd *Y Goeden Eirin, Hanes Rhyw Gymro*
1904-1971	Waldo Williams, bardd *Dail Pren*

a b c ch d dd e f ff g ng h i j (k) l ll m n o p ph r rh s t th u w y (z)

llestair hwn *eg* (llesteiriau) rhywbeth sy'n rhwystro, sy'n peri i bethau gael eu dal yn ôl; rhwystr OBSTRUCTION, HINDRANCE

llesteirio *be* rhwystro, atal, dal yn ôl TO OBSTRUCT, TO HINDER, TO IMPEDE

llestr hwn *eg* (llestri) cynhwysydd ar gyfer dal rhywbeth (hylif fel arfer), e.e. cwpan, dysgl, padell ac ati VESSEL, DISH, RECEPTACLE

llestri hyn *ell* mwy nag un **llestr**; yr holl blatiau, gwydrau, cyllyll, ffyrc, llwyau a chwpanau ac ati a ddefnyddir ar gyfer pryd o fwyd *(Pwy sy'n mynd i helpu i olchi'r llestri?)* DISHES, CROCKERY

dros ben llestri gormodedd, (mynd) yn rhy bell OVER THE TOP

llestri te set o gwpanau, soseri a phlatiau ar gyfer te prynhawn TEA-SET

lletach:lletaf:lleted *a* mwy **llydan** : mwyaf **llydan** : mor **llydan**

lle tân hwn *eg* (llefydd tân) (mewn ystafell) lle agored (mewn wal fel arfer) a simnai uwch ei ben, ar gyfer cynnau tân FIREPLACE

lletchwith *a* gair i ddisgrifio rhywun neu rywbeth trwsgl, afrosgo, nad yw'n ddeheuig na llyfn; anghyfleus *(Nid wyf yn adnabod neb sy'n fwy lletchwith ar ei draed na Dafydd. Rwy'n ofni bod 7.30 nos yfory yn lletchwith i mi ac na fyddaf yn gallu cyrraedd mewn pryd.)* AWKWARD, CLUMSY, INCONVENIENT

lletchwithdod hwn *eg* yr ansawdd o fod yn lletchwith, yn arbennig os yw'n achosi teimladau chwith AWKWARDNESS, EMBARRASSMENT

lleted gw. **lletach:lletaf:lleted**

lletem hon *eb* (lletemau) darn o bren (fel arfer) ar ffurf V ag un pen main a'r llall yn llydan; caiff ei ddefnyddio naill ai i agor hollt neu er mwyn llenwi bwlch WEDGE

lletem bysgod darn bach, hirsgwar o bysgodyn dan haen o friwsion bara FISH FINGER

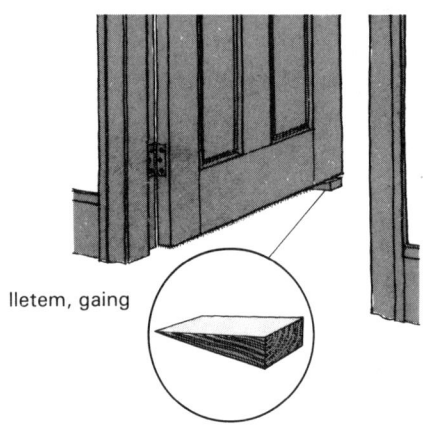

lletem, gaing

lletraws *a* gair i ddisgrifio llinell nad yw'n hollol lorwedd, sydd ar ogwydd, ar oleddf SLANTING, SLOPING, DIAGONAL (croeslin)

lletwad hon *eb* (lletwadau) llwy fawr, ddofn a choes hir iddi LADLE

llety hwn *eg* (lletyau) lle i aros a chysgu ynddo dros dro *(Oherwydd nad oedd lle i Joseff a Mair yn y llety cafodd Iesu ei eni mewn stabal.)* LODGING, ACCOMMODATION, INN

lletya *be*

1 aros dros dro, aros mewn llety *(Pan euthum i i'r coleg gyntaf bûm yn lletya gyda Mrs Jones yn Heol y Bont.)* TO LODGE

2 rhoi lle, neu ddod o hyd i loches i rywun *(Mae lletya'r holl bobl sy'n ddigartref yn un o broblemau mawr ein cyfnod.)* TO HOUSE, TO PUT UP, TO ACCOMMODATE

lletygarwch hwn *eg* y weithred o estyn croeso, o wneud i rywun deimlo'n gartrefol HOSPITALITY

llethol *a* (gair i ddisgrifio tywydd, gwres, aroglau ac ati) gormesol, ofnadwy o feichus neu flinderus OVERPOWERING, OVERWHELMING, SWELTERING

llethr hwn neu hon *egb* (llethrau) ochr bryn neu fynydd, goleddf, llechwedd, allt, rhiw serth SLOPE, HILLSIDE

llethrog *a* serth, fel ochr llechwedd STEEP, SLOPING

llethu *be*

1 gorthrymu, gormesu, pwyso'n drwm ar rywun, gwasgu dan bwysau *(O bryd i'w gilydd fe ddaw ton o iselder ysbryd drosto sy'n llethu pob awydd i wneud unrhyw beth.)* TO OPPRESS, TO OVERWHELM, TO STIFLE, TO SWAMP

2 cael eich gorthrymu neu eich gormesu *(Roedd y prifathro wedi'i lethu'n llwyr gan yr holl waith papur.)* TO BE OPPRESSED OR OVERWHELMED

lleuad hon *eb* (lleuadau)

1 lloeren naturiol y Ddaear sydd 382,376 kilometr (tua 238,000 milltir) i ffwrdd, ac sy'n symud o gwmpas y ddaear unwaith bob 28 diwrnod; gwelir hi yn tywynnu yn y nos wrth iddi adlewyrchu goleuni'r haul; y lloer MOON

2 corff nefol neu loeren naturiol unrhyw un o'r planedau eraill, e.e. *mae gan Fawrth ddwy leuad ac mae pedair ar ddeg gan y blaned Iau* MOON

lleuad fedi y lleuad sy'n ymddangos adeg cynhaeaf HARVEST MOON

lleuad llawn/lawn y lleuad ar ei mwyaf, pan fydd yn gylch crwn, cyfan FULL MOON

lleuad naw nos olau term arall am leuad fedi (sy'n codi tua'r un adeg ar nifer o nosweithiau olynol yn ystod mis Medi) HARVEST MOON

lleuen hon *eb* (llau) un o nifer o fathau o drychfilod bychain sy'n byw ar groen neu yng ngwallt pobl ac anifeiliaid LOUSE, BUG

lleufer *hwn eg* (hen air) goleuni, disgleirdeb *(Lleufer dyn yw llyfr da.)* LIGHT, ILLUMINATION

lleurith *hwn eg* (lleurithiau) rhywbeth sy'n digwydd i oleuni yng ngwres yr anialwch; mae'n gwneud i bethau pell ymddangos yn agos ac i bethau eraill, megis dŵr neu werddon, ymddangos pan nad ydynt yno o gwbl mewn gwirionedd MIRAGE

llew *hwn eg* (llewod) anifail mawr a geir yn Affrica ac sy'n perthyn i'r un teulu â'r gath; mae gan y gwryw fwng trwchus o flew dros ei ben a'i ysgwyddau LION ☐ *teigr*

llewes *hon eb* llew benyw LIONESS

llewpart *hwn eg* (llewpartiaid) anifail tebyg i gath fawr â chot felyn-frown ac arni smotiau duon; mae'n byw yn Affrica a De Asia ac yn hela anifeiliaid eraill am eu cig LEOPARD ☐ *teigr*

  llewpart hela math o lewpart bychan; yr anifail cyflymaf yn y byd CHEETAH ☐ *teigr*

llewyg *hwn eg* (llewygon) y cyflwr o fod yn anymwybodol (ar ôl braw neu syndod neu oherwydd afiechyd), llesmair FAINT, SWOON

llewygu *be*
  1 syrthio'n anymwybodol mewn llewyg neu lesmair; llesmeirio TO FAINT, TO SWOON, TO PASS OUT
  2 (fel arfer yn y ffurf *llwgu*) dioddef o eisiau bwyd, newynu, clemio TO STARVE, TO FAMISH

llewyrch *hwn eg*
  1 disgleirdeb, ysblander, y gwaith o befrio BRIGHTNESS, RADIANCE, SHEEN
  2 llwyddiant, golwg raenus, ffyniant *(Mae llewyrch ar y siop ar ôl i'r perchenogion newydd gymryd ati.)* SUCCESS, PROSPERITY

llewyrchu *be* disgleirio, tywynnu, pefrio TO SHINE, TO GLEAM, TO GLISTEN

llewyrchus *a* gair i ddisgrifio rhywun neu rywbeth sy'n ffynnu, sy'n llwyddo (fel y gall pawb weld y llwyddiant) FLOURISHING, THRIVING

llewyrchyn *hwn eg* pelydryn, gwreichionen, llygedyn (o oleuni) RAY, SPARK, GLIMMER

llewys *hyn ell* mwy nag un **llawes**
  yn llewys fy (dy, ei etc.) nghrys wedi tynnu fy nghot, yn barod i weithio IN ONE'S SHIRT SLEEVES
  torchi llewys gw. **torchi**

lleyg *a* gair i ddisgrifio:
  1 (mewn crefydd) rhywun, neu rywbeth sy'n cael ei wneud gan rywun, nad yw wedi'i ordeinio, nad yw'n weinidog neu yn offeiriad nac yn esgob ac ati LAY
  2 (o fewn proffesiwn) rhywun nad yw wedi derbyn hyfforddiant proffesiynol LAY

lleygwr *hwn eg* (lleygwyr)
  1 gŵr nad yw wedi'i ordeinio, nad yw'n weinidog nac yn offeiriad nac yn esgob ac ati LAYMAN
  2 gŵr nad yw wedi derbyn hyfforddiant mewn rhyw faes arbennig o'i gyferbynnu â'r rhai sydd wedi cael eu hyfforddi LAYMAN

LLGC *byrfodd* Llyfrgell Genedlaethol Cymru NATIONAL LIBRARY OF WALES, NLW

lli *gw.* **llif:lli**

lliain *hwn eg* (llieiniau)
  1 defnydd wedi'i wau o lin LINEN
  2 darn o'r defnydd yma (neu ddefnydd tebyg) a ddefnyddir i'w daenu dros fwrdd TABLE-CLOTH
  3 darn o liain neu frethyn a ddefnyddir i sychu gwlybaniaeth oddi ar groen neu lestri ac ati; tywel TOWEL, CLOTH

lliaws *hwn eg* llu, torf, tyrfa, nifer mawr, amlder *(Y lliaws o lu nefol a fu'n moliannu Duw adeg geni Iesu.)* HOST, MULTITUDE

llid *hwn eg*
  1 teimlad cryf o ddicter, digofaint, ffyrnigrwydd *(Pan glywodd y brenin eu bod wedi dianc, bu'n rhaid i'r negeswyr ddioddef y gwaethaf o'i lid.)* ANGER, WRATH, IRE, FURY
  2 gwres, cochni a chwyddo poenus mewn rhannau o'r corff, wedi'u hachosi gan anhwylder neu glefyd; llosg INFLAMMATION, IRRITATION
  llid yr afu HEPATITIS
  llid yr amrant CONJUNCTIVITIS
  llid y bledren CYSTITIS
  llid y gwythiennau PHLEBITIS
  llid yr ymennydd MENINGITIS
  llid yr ysgyfaint PNEUMONIA

llidiart *hwn neu hon egb* (llidiardau)
  1 math o ddrws solet neu un wedi'i wneud o fframwaith agored o goed neu fetel, sy'n cael ei ddefnyddio i gau neu agor bwlch mewn clawdd, wal ac ati; clwyd, iet, gât, giât GATE
  2 un o ddau ddrws mawr a ddefnyddir i reoli uchder y dŵr mewn camlas; llifddor LOCK GATE

llidiog:llidus *a* gair i ddisgrifio rhywbeth poenus, sydd wedi cochi, chwyddo neu grawni; llosg INFLAMED, BURNING

llieiniau *hyn ell* mwy nag un **lliain**

llif[1]**:lli** *hwn eg* (llifogydd) rhediad dŵr (neu hylif arall), yn arbennig symudiad y dŵr ar hyd gwely afon; cerrynt *(Roedd llif grymus yr afon yn sgubo'r cwch bach allan i'r môr.)* FLOW, CURRENT

llif² hon *eb* (llifiau) offeryn neu arf ar gyfer torri defnyddiau (megis pren, cerrig, plastig ac ati) a llafn a rhes o ddannedd ar ffurf V ar ei ymyl SAW (haclif)
  blawd llif gw. **blawd**
llifanu:llifo³ *be* gosod min ar ymyl llafn trwy rwbio'r metel yn erbyn maen; hogi ar y maen TO WHET, TO HONE, TO GRIND ☐ *maen*
llifddor hon *eb* (llifddorau) drws mawr neu lidiart sy'n cael ei agor a'i gau er mwyn rheoli llif neu uchder dŵr (mewn camlas gan amlaf); fflodiart FLOODGATE, SLUICE, LOCK
llifeiriant hwn *eg* llif, lli, rhediad (chwyrn fel arfer) o ddŵr; cenllif, dilyw STREAM, SPATE, FLOW
llifeirio *be* llifo, rhedeg, arllwys, dylifo, gorlifo (gwlad yn llifeirio o laeth a mêl) TO FLOW, TO GUSH
llifio *be* torri rhywbeth â llif TO SAW
llifion hyn *ell* mwy nag un **llifyn**
llifo¹ *be* llifeirio, rhedeg (fel dŵr), gorlifo, ffrydio TO FLOW, TO GUSH
llifo² *be* defnyddio llifyn i newid lliw rhywbeth, e.e. gwallt neu frethyn; lliwio TO DYE (llifyn)
llifo³ gw. **llifanu:llifo³**
llifogydd hyn *ell*
  1 mwy nag un **llif¹**
  2 dŵr yn llifeirio dros y tir, yn arbennig ar ôl glaw trwm, llanw uchel, stormydd ac ati FLOODS
llifolau hwn *eg* (llifoleuadau) golau trydan cryf, llachar (a ddefnyddir i oleuo cae chwarae, llwyfan, waliau adeilad ac ati) FLOODLIGHT
llifoleuo *be* goleuo (rhywbeth) â llifoleuadau TO FLOODLIGHT
llifyddol *a* fel yn *owns lifyddol* sef mesur o hylif (Mae 20 owns lifyddol mewn peint.) FLUID (OUNCE)
llifyn hwn *eg* (llifynnau) sylwedd cemegol neu un wedi'i wneud o lysiau y mae modd ei gymysgu â dŵr er mwyn lliwio pethau fel brethyn, lliain, gwallt ac ati; lliwur DYE
llilin *a* gair i ddisgrifio ffurf neu siâp sy'n symud yn llyfn ac yn rhwydd trwy ddŵr neu aer STREAMLINED
llin hwn *eg* planhigyn â blodau bach glas sy'n cael ei dyfu ar gyfer gwneud lliain o'i ffibrau ac olew o'i hadau FLAX ☐ *blodau* t.619
  had llin gw. **had**
llinach hon *eb* rhestr o achau person o genhedlaeth i genhedlaeth; ach, cyff, tras LINEAGE, PEDIGREE, ANCESTRY
llindagu *be* atal rhywun rhag anadlu trwy wasgu ei gorn gwddf; tagu, mygu TO THROTTLE, TO STRANGLE
llinell hon *eb* (llinellau)
  1 marc o hyd penodol ond sydd mor gul nad yw ei led yn cael ei ystyried, e.e. ôl pensil ar bapur, crafiad ar bren neu fetel, neu rigol cul yn y croen LINE
  2 rhes union (o bobl fel arfer) y naill y tu ôl i'r llall; cwt (sefyll mewn llinell i aros am fws) ROW, QUEUE
  3 lein sy'n cael ei pheintio ar y llawr er mwyn nodi ffin neu fan cychwyn (e.e. ar gae chwarae neu ar y ffordd fawr) LINE, CREASE
  4 streipen, lein fras (Un o nodweddion y sebra yw'r llinellau du a geir ar hyd ei gorff llwyd.) STRIPE
  5 ffin rhwng dau gyflwr (Llinell denau medden nhw, sydd rhwng athrylith a gwallgofrwydd.) BOUNDARY, LINE
  6 rhes o eiriau mewn darn o farddoniaeth neu ar dudalen o brint (Mae pedair llinell ar ddeg mewn soned.) LINE
llinellau hyn *ell* mwy nag un **llinell**
  1 rhes o linellau sy'n gorfod cael eu hysgrifennu fel cosb gan blentyn ysgol LINES
  2 y geiriau y mae'n rhaid i actor neu actores eu dysgu mewn drama LINES
  3 y modd cywir i ddelio â thasg neu sefyllfa arbennig (Er na chafodd y bachgen yr ateb cywir, roedd yr athro'n falch ei fod ar y llinellau iawn.) LINES
  darllen rhwng y llinellau gw. **darllen**
lliniarol *a* gair i ddisgrifio rhywbeth sy'n lleddfu, sy'n esmwytháu, sy'n lleihau poen, sy'n lleihau difrifoldeb SOOTHING, MITIGATING
lliniaru *be* lleihau (poen, gofid, blinder ac ati), esmwytho, lleddfu, tawelu, llonyddu (Rwy'n gobeithio y bydd y cyffuriau newydd hyn yn llwyddo i liniaru peth ar y boen. Roedd dicter y brifathrawes wedi lliniaru erbyn y diwrnod wedyn.) TO ALLEVIATE, TO EASE, TO SOOTHE, TO SUBSIDE
llinos hon *eb* (llinosod) aderyn bach brown sy'n perthyn i'r un teulu â'r asgell arian a'r nico; mae gan y ceiliog gân bert LINNET ☐ *adar* t.607
llinos werdd GREENFINCH
llinyn hwn *eg* (llinynnau)
  1 cortyn main wedi'i lunio o ffibrau wedi'u cyfrodeddu TWINE, STRING
  2 darn o ddefnydd ar gyfer clymu rhywbeth BAND, TAPE
  3 tant neu gordyn bwa sy'n cadw'r bwa yn ei blyg ac a ddefnyddir i saethu'r saeth BOWSTRING
  4 lein bysgota; mae'r bachyn yn cael ei glymu wrth un pen tra bo'r pen arall yn sownd wrth y rilen LINE
  5 gewyn sy'n clymu cyhyr wrth asgwrn (Nid yw Gareth yn gallu chwarae rygbi ddydd Sadwrn; y mae wedi tynnu llinyn ei ar.) TENDON, SINEW
  6 rhes hir (o bobl, anifeiliaid, ceir, digwyddiadau ac ati) LINE
  7 y pwyntiau sy'n cysylltu â'i gilydd i wneud dadl, stori, adroddiad ac ati (Druan ag ef, fe gollodd linyn ei ddadl yng nghanol yr araith.) THREAD

cael deupen y llinyn ynghyd gw. **deupen**
llinyn yr ar gewyn yng nghefn pen uchaf y goes (gar) sy'n clymu'r cyhyr wrth yr asgwrn HAMSTRING
y llinyn arian disgrifiad o fywyd person (a fydd yn cael ei dorri gan farwolaeth)
llinyn bogail (yn achos mamolion) y tiwb o gnawd sy'n cysylltu mam a'i phlentyn cyn iddo gael ei eni UMBILICAL CORD
llinyn mesur
1 tâp mesur TAPE-MEASURE
2 yn ffigurol hefyd am farn rhywun am rywbeth/rhywun *(Wyt ti wedi gosod dy linyn mesur ar y neuadd newydd eto—beth wyt ti'n ei feddwl ohoni?)*
llinynnau hyn *ell* mwy nag un **llinyn**; yr offerynnau llinynnol mewn cerddorfa (ffidl, fiola, cello a'r bas dwbl) STRINGS
llinynnol *a* gair i ddisgrifio:
1 offeryn cerddorol â thannau neu linynnau y gellir eu tynhau neu eu llacio er mwyn newid y traw STRINGED (INSTRUMENTS)
2 cerddoriaeth a genir gan yr offerynnau hyn neu gan linynnau cerddorfa STRING

llipa *a* gair i ddisgrifio:
1 rhywbeth nad yw'n galed nac yn gryf, sy'n hongian yn ddiymadferth; llac, eiddil LIMP, DROOPING
2 rhywun difywyd, llesg *(Roeddwn i'n teimlo'n ddigon llipa am wythnosau ar ôl yr hen ffliw yna!)* WEAK
llipryn hwn *eg* (lliprynnod) person tal, tenau, gwan, diegni neu ddi-asgwrn-cefn WEAKLING, MILKSOP
llith[1] hon *eb* (llithau:llithoedd) darlleniad o'r Ysgrythur, yn arbennig un sydd wedi'i bennu gan Eglwys Loegr ar gyfer gwasanaeth arbennig LESSON
naw llith a charol gwasanaeth yn cynnwys naw darlleniad a charolau i ddathlu'r Nadolig
llith[2] hwn *eg* (llithiau) cymysgedd o rawn, bran ac ati wedi'i ferwi neu ei fwydo mewn dŵr berwedig i'w roi i geffylau; neu gymysgedd o ddŵr neu laeth a blawd fel bwyd anifeiliaid MASH
llithren hon *eb*
1 tegan mawr â grisiau y gall plentyn eu dringo er mwyn llithro i lawr yr ochr arall SLIDE
2 unrhyw ddyfais debyg y mae pethau yn gallu llithro ar hyd-ddi CHUTE

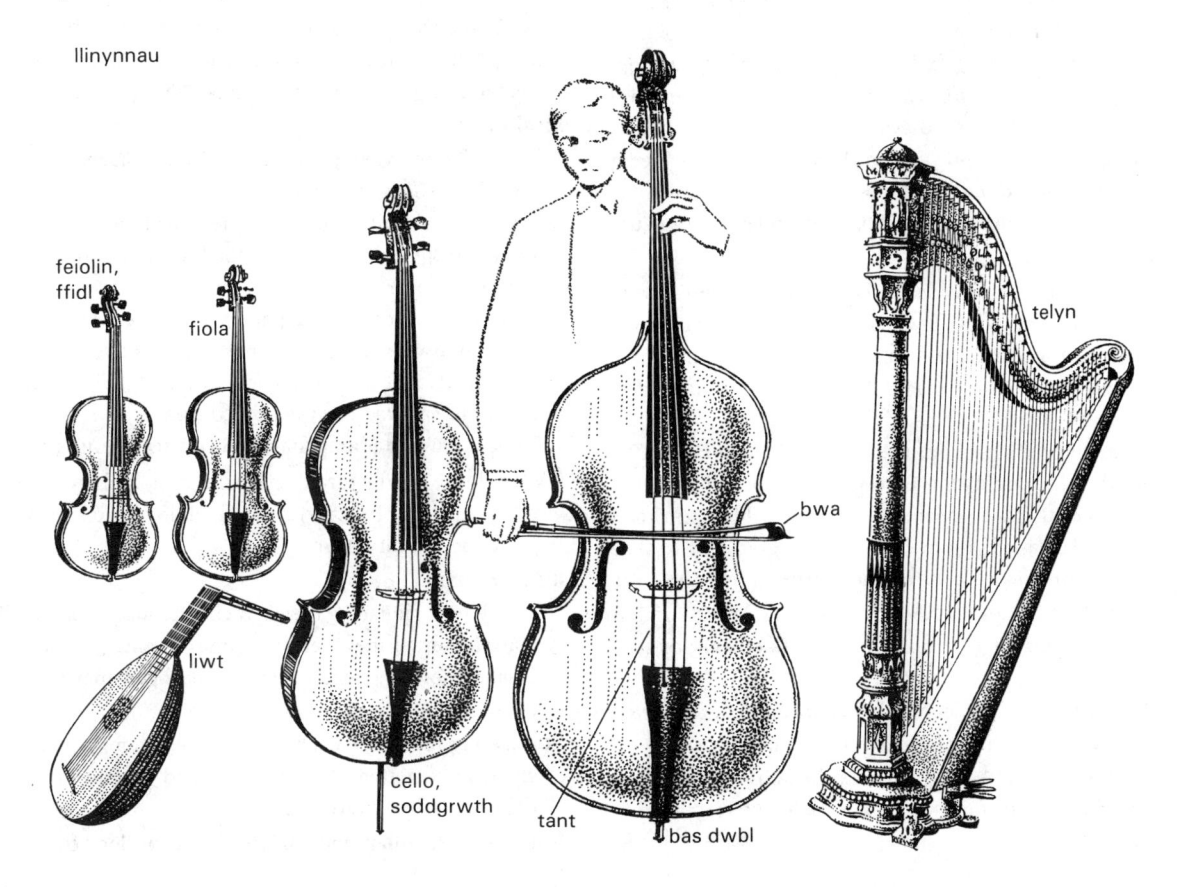

llinynnau

feiolin, ffidl
fiola
liwt
cello, soddgrwth
tant
bwa
bas dwbl
telyn

a b c ch d dd e f ff g ng h i j (k) l ll m n o p ph r rh s t th u w y (z)

llithriad hwn *eg* (llithriadau)
  1 y weithred o lithro SLIP
  2 camgymeriad bach SLIP, LAPSE
  3 (mewn cerddoriaeth) symudiad llyfn, di-dor rhwng nodau SLUR

llithriad eira rhuthr o filoedd o dunelli o eira, pridd, cerrig ac ati i lawr ochr mynydd; afalans AVALANCHE

llithriad tafod camgymeriad bach wrth ddweud rhywbeth A SLIP OF THE TONGUE

llithrig *a* gair i ddisgrifio:
  1 rhywbeth y mae'n anodd sefyll neu yrru arno, neu afael ynddo, heb lithro; slic, sglefriog, llyfn SLIPPERY
  2 rhywun sy'n gallu siarad yn rhwydd a diymdrech (a thwyllodrus yn aml); huawdl, ffraeth GLIB, FACILE, ARTICULATE

llithrigrwydd hwn *eg* yr ansawdd neu'r cyflwr o fod yn llithrig SLIPPERINESS, FLUENCY

llithro *be*
  1 symud yn llyfn ac yn esmwyth (*afon yn llithro heibio yn dawel a digyffro*) TO SLIDE, TO GLIDE
  2 mynd o un lle i'r llall heb i neb sylwi, yn llechwraidd; llercian, sleifio (*Llithrodd allan trwy ddrws y cefn heb i neb weld ei eisiau.*) TO SLINK, TO SLIP
  3 baglu neu golli gafael, cwympo (ar rywbeth llithrig) (*Llithrais ar iâ ar y gris uchaf a chwympo'n bendramwnwgl i'r gwaelod.*) TO SLIP, TO SKID
  4 disgyn neu syrthio yn is na rhyw safon ddisgwyliedig (*llithro i ddyled; llithro i feddwdod*) TO SLIP, TO SLIDE
  5 gwneud camgymeriad (*llithro wrth sillafu*) TO SLIP UP

lliw[1] hwn *eg* (lliwiau)
  1 nodwedd sy'n caniatáu i'r llygaid wahaniaethu rhwng, er enghraifft, blodyn bach glas a blodyn bach melyn o'r un ffurf a maint, ac sy'n cael ei hachosi gan hyd y tonfeddi goleuni y mae'r llygaid yn gallu eu canfod COLOUR ☐ t.622
  2 coch, gwyn, glas, du, melyn, gwyrdd ac ati COLOUR
  3 sylwedd a ddefnyddir i drosglwyddo coch, gwyn, glas, du, melyn ac ati i rywbeth, e.e. paent, llifyn COLOUR
  4 ymddangosiad yr wyneb (o ran lliw); pryd, gwedd (*Mae e wedi cael lliw da ar ei wyliau.*) COLOUR (lliwiau)

lliw fy (dy, ei etc.) arian/mhres arian sychion (*Welais i mo liw ei arian e erioed.*) THE COLOUR OF (MY) MONEY

lliw dydd yng ngoleuni'r dydd (*Cafodd ei ddal yn ceisio dwyn yr arian liw dydd golau.*) IN BROAD DAYLIGHT

lliwiau cyflenwol lliwiau sydd, o'u cymysgu â'i gilydd, yn ffurfio gwyn neu lwyd COMPLEMENTARY COLOURS

lliwiau sylfaenol unrhyw un o'r tri lliw (coch, glas a melyn) y mae modd eu cymysgu i gynhyrchu pob lliw arall ond du PRIMARY COLOURS

lliw nos yn nhywyllwch y nos (*Daeth Tom i fy ngweld liw nos.*) AT NIGHT

na lliw na llun dim o gwbl (*Ni welais na lliw na llun ohono byth wedyn.*) NOR SIGHT NOR SOUND

o bob lliw a llun o bob math ALL SORTS

lliw[2] *a* gair i ddisgrifio rhywbeth sydd wedi'i liwio, nad yw'n wyn (*ffenestri lliw; teledu lliw; llun lliw*) COLOURED

lliwgar *a* gair i ddisgrifio:
  1 rhywbeth llawn lliw neu liwiau (*dillad lliwgar*) COLOURFUL, VIVID
  2 rhywun neu rywbeth sy'n debygol o dynnu sylw neu aros yn y cof oherwydd ei nodweddion trawiadol (*cymeriad lliwgar; arddull liwgar*) COLOURFUL, VIVID

lliwiau hyn *ell* mwy nag un **lliw**
  1 (yn wreiddiol) rhubanau neu fathodyn a fyddai'n cael ei/eu (g)wisgo i ddangos cefnogaeth i blaid neu achos; erbyn hyn gwisg liwgar joci neu dîm o chwaraewyr ac ati neu yn ffigurol, unrhyw arwydd sy'n dynodi i ba blaid neu achos y mae person yn perthyn (*Ni fedrodd beidio â dangos ei liwiau wrth holi'r siaradwr.*) COLOURS
  2 y peli lliw unigol (ac eithrio'r rhai coch a'r un wen) a geir mewn gêm o snwcer COLOURS (lliw)

lliwio *be*
  1 rhoi lliw i rywbeth, neu newid ei liw; coluro, peintio (*llyfr lliwio; lliwio waliau'r tŷ*) TO COLOUR
  2 ychwanegu llifyn at ddŵr (neu hylif pwrpasol) er mwyn trosglwyddo'r lliw i ddillad, gwallt, defnydd ac ati; llifo[2] TO DYE
  3 darlunio neu bortreadu (person, sefyllfa etc.) naill ai'n well neu'n waeth nag ydyw mewn gwirionedd (*Mae ei holl agwedd tuag at ynni niwclear wedi cael ei lliwio gan ei brofiadau yn ystod y rhyfel.*) TO COLOUR
  4 cochi, gwrido (dan effaith teimlad) TO COLOUR (UP)

lliwur hwn *eg* (lliwurau) sylwedd sy'n gallu cael ei gymysgu (â dŵr fel arfer) a'i ddefnyddio i liwio brethyn, gwallt ac ati; llifyn DYE

llo hwn *eg* (lloi:lloeau)
  1 epil neu fychan y fuwch (neu weithiau anifeiliaid mawrion eraill megis eliffant a morfil) CALF ☐ *buwch*
  2 (gair dilornus) twpsyn, hurtyn, bachgen mawr dwl; llwdn OAF

lloc hwn *eg* (llociau) darn bach o dir wedi'i amgylchynu â chlawdd neu ffens i gadw anifeiliaid ynddo; corlan, ffald PEN, FOLD, ENCLOSURE

llocio *be* cau anifail neu anifeiliaid o fewn lloc TO PEN

lloches hon *eb* (llochesau) man sy'n cynnig cysgod a diogelwch (rhag y tywydd neu rag ymosodiad); noddfa, cuddfan REFUGE, SHELTER

llochesu *be*
1 cadw'n ddiogel, diogelu rhag cael niwed *(Mae hanes am ddynion ardal y Mynydd Bach yng Ngheredigion yn llochesu gŵr oedd wedi llofruddio ciper nes iddo lwyddo i ddianc i America.)* TO SHELTER, TO HARBOUR
2 cysgodi, cuddio rhag niwed *(Penderfynasom lochesu yn harbwr Aberaeron rhag y storm oedd ar dorri.)* TO SHELTER

llodrau *hyn ell*
1 math o drywser/drywsus byr sy'n cau wrth y penliniau BREECHES
2 (gair braidd yn henffasiwn) trywser, trywsus TROUSERS

lloer hon *eb* gair llai cyffredin am y **lleuad** MOON

lloeren hon *eb* (lloerenni:lloerennau)
1 planed fechan sy'n troi o gylch un fwy, e.e. mae'r lleuad yn lloeren i'r Ddaear SATELLITE
2 dyfais ddynol sydd wedi cael ei gwneud i'w saethu i'r gofod a chylchynu'r Ddaear (i gasglu gwybodaeth am y tywydd, i dynnu lluniau, neu i ddarlledu rhaglenni teledu ac ati) SATELLITE

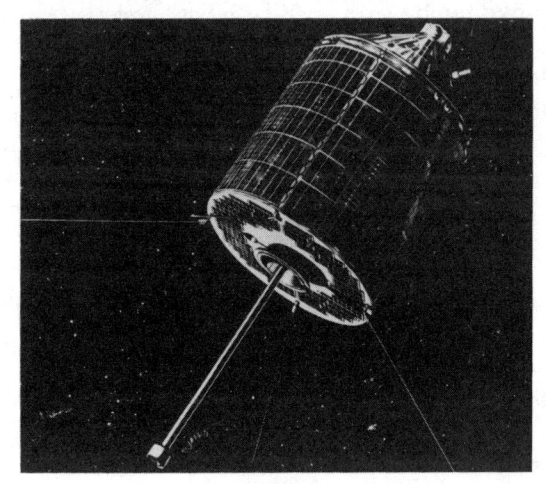

lloeren (2)

lloergan hwn *eg* (gair barddonllyd braidd) goleuni'r lleuad MOONLIGHT

lloerig *a* gair i ddisgrifio rhywun sydd wedi mynd o'i go, wedi colli'i bwyll; gwallgof, ynfyd, yn dioddef o anhwylder meddyliol difrifol LUNATIC, MAD

llofnod hwn *eg* (llofnodion:llofnodau) enw person wedi'i ysgrifennu yn ei law ei hun (fel ar ddiwedd llythyr neu ar waelod siec) SIGNATURE, AUTOGRAPH

llofnodi *be* torri enw, arwyddo, yn arbennig ar ddogfen swyddogol TO SIGN

llofrudd hwn *eg* (llofruddion) un sy'n lladd person yn anghyfreithlon (ac yn fwriadol fel arfer) MURDERER

llofruddiaeth hon *eb* (llofruddiaethau) y drosedd o ladd person yn anghyfreithlon ac yn fwriadol MURDER

llofruddio *be* lladd person yn anghyfreithlon (ac yn fwriadol fel arfer) TO MURDER

lloffa *be*
1 casglu'r grawn sydd yn weddill ar ôl cynaeafu'r ŷd TO GLEAN
2 casglu (â chryn drafferth) ddarnau o wybodaeth TO GLEAN

lloffion *hyn ell* y grawn neu'r tywysennau sy'n weddill ac sy'n cael eu casglu ar ôl medi'r ŷd GLEANINGS

llyfr lloffion gw. **llyfr**

llofft hon *eb* (llofftydd)
1 llawr uchaf tŷ (lle mae'r ystafelloedd gwely fel arfer) UPSTAIRS
2 ystafell wely BEDROOM

lan lofft i fyny'r grisiau, lan stâr UPSTAIRS

lloffwr hwn *eg* (lloffwyr) un sy'n casglu lloffion GLEANER

llog hwn *eg* (llogau) tâl a godir neu a roddir am fenthyg arian *(Mae'n rhaid imi dalu llog o 5% am gael benthyg £1,000 gan y banc. Rwyf wedi buddsoddi'r arian a enillais ac mae'r llog yn talu am ein gwyliau bob blwyddyn.)* INTEREST

ar log geiriau sy'n disgrifio rhywbeth y mae rhywun wedi talu am gael ei ddefnyddio dros dro *(Mae gennyf ddwy neu dair o ffilmiau fideo ar log dros y penwythnos fel arfer.)* HIRED, RENTED

cyfradd llog gw. **cyfradd**

llogell hon *eb* (llogellau) (gair henffasiwn braidd) poced, bag bach wedi'i wnïo ar ddilledyn neu oddi mewn iddo POCKET

llogi *be*
1 talu am gael defnyddio rhywbeth am gyfnod penodol neu ar gyfer achlysur arbennig; hurio TO HIRE, TO LEASE
2 cyflogi person am gyfnod penodol neu i wneud gwaith penodol TO HIRE

llong hon *eb* (llongau) bad neu gwch mawr, math arbennig o lestr mawr iawn ar gyfer cludo pobl neu nwyddau ar draws llyn neu fôr; caiff ei gyrru erbyn heddiw gan beiriant ond yn y gorffennol hwyliau oedd yn cael eu defnyddio neu hyd yn oed rwyfau SHIP (llynges)

llong danfor math o long (llong ryfel fel arfer) sy'n gallu symud ar wyneb y dŵr a hefyd dan yr wyneb SUBMARINE

llong ofod math o gerbyd sy'n gallu teithio yn y gofod gan gludo pobl a nwyddau SPACECRAFT, SPACESHIP

llong olau llong fechan a goleuadau cryfion yn fflachio ar bob pen iddi, wedi'i hangori yn ymyl man peryglus yn y môr er mwyn rhybuddio llongau eraill LIGHTSHIP

llong ryfel llong sy'n perthyn i lynges fel arfer, ac sy'n cario drylliau a ffrwydron yn barod i'w defnyddio mewn rhyfel WARSHIP, BATTLESHIP

llongddrylliad hwn *eg* (llongddrylliadau) dinistr llong, gan storm ar y môr neu o ganlyniad i daro yn erbyn creigiau SHIPWRECK

llongwr hwn *eg* (llongwyr) person sy'n gweithio ar fwrdd llong, yn arbennig un y mae ei waith yn ymwneud â hwylio'r llong; morwr SAILOR

llongyfarch gw. **llon(-)gyfarch**

lloi hyn *ell* mwy nag un **llo**

llom *a* ffurf ar **llwm** sy'n cael ei defnyddio ag enw benywaidd (gair sy'n cael ei ddilyn gan 'hon'), e.e. *gwisg lom*

llon *a* llawen, hapus, balch (*Gadawsom y parti yn un cwmni llon gyda'n gilydd.*) HAPPY, CHEERFUL, JOYFUL (llonned, llonnach, llonnaf)

llond hwn *eg* cymaint ag sydd eisiau i lenwi rhywun neu rywbeth (*Daeth llond y neuadd i wrando ar y siaradwr gwadd.*)

llond bol mwy na digon, syrffed (*Rwyf wedi cael llond bol ar yr ysgol, ac rwy'n gadael y tymor nesaf.*) (TO BE) FED UP

llond ceg:llond pen fel yn *rhoi llond ceg*, dwrdio, dweud y drefn

llond dwrn dyrnaid, ychydig (*Dim ond llond dwrn o'r rhieni ddaeth i'r cyfarfod.*) HANDFUL

llond ei groen a golwg dda a bodlon arno, tew, ffyniannus THRIVING, PLUMP

llond gwlad torf fawr o bobl, neu helaethrwydd neu ddigonedd o rywbeth CROWD, PILE

llonder hwn *eg* hapusrwydd, llawenydd, balchder, gorfoledd CHEERFULNESS, GAIETY

llongyfarch *be* dymuno'n dda (i rywun) ar achlysur hapus yn ei hanes (e.e. priodas) neu fynegi llawenydd am iddo/iddi gyflawni rhyw gamp neu'i gilydd (e.e. pasio arholiad, ennill gwobr) TO CONGRATULATE, TO COMPLIMENT

llongyfarchiad hwn *eg* (llongyfarchiadau:llongyfarchion) (yn y lluosog fel arfer) y weithred o longyfarch; cyfarchiad sy'n canmol neu'n mynegi edmygedd (*Llongyfarchiadau iti am basio'r arholiad piano.*) CONGRATULATION

llonnach:llonnaf:llonned *a* mwy **llon**: mwyaf **llon**: mor **llon**

llonni *be* llenwi â llawenydd, gwneud yn llon, dod yn hapus, llawenhau, sirioli (*Pan glywodd y newyddion da teimlodd ei hun yn llonni trwyddo.*) TO CHEER, TO GLADDEN

Sylwch: dyblwch yr 'n' ym mhob un o ffurfiau'r ferf ac eithrio'r rhai sy'n cynnwys *-as-*.

llonnod hwn *eg* (llonodau) arwydd cerddorol (♯) yn dynodi y dylid seinio'r nodyn sy'n ei ddilyn hanner-tôn yn uwch SHARP

llonydd[1] *a* gair i ddisgrifio rhywun neu rywbeth:
1 nad yw'n symud; digyffro, tawel (*Os nad arhosi di'n llonydd, chawn ni byth mo'r esgidiau yma'n rhydd!*) STILL
2 heb wynt, digynnwrf (*y llynnoedd gwyrddion, llonydd ...*) STILL, TRANQUIL
3 distaw, tawel QUIET

llonydd[2] hwn *eg* llonyddwch, tawelwch, distawrwydd (*y llonydd wedi'r storm*) QUIET

gadael llonydd gw. **gadael**

llonyddu *be*
1 gwneud yn llonydd, tawelu, gostegu (*Ni fu'r plismon yn hir yn llonyddu'r criw swnllyd yn y gêm bêl-droed.*)
2 distewi, ymdawelu (*Teimlais galon y gath fach yn llonyddu ar ôl imi anfon y ci i ffwrdd.*) TO QUIETEN, TO CALM, TO STILL

llonyddwch hwn *eg* y cyflwr o fod yn llonydd; tawelwch, distawrwydd STILLNESS

lloriau hyn *ell* mwy nag un **llawr**

llorio *be*
1 bwrw i'r llawr (*paffiwr yn llorio'i wrthwynebydd*) TO FLOOR
2 trechu, gorchfygu, maeddu trwy ddrysu neu synnu (*Cefais fy llorio gan ei ddadleuon cryfion.*) TO FLOOR
3 gosod llawr (mewn adeilad) TO FLOOR

llorp hon *eb* (llorpiau) un o ddwy fraich trol, y mae modd gosod ceffyl rhyngddynt i'w thynnu, neu fraich debyg ar ferfa SHAFT □ *gambo*

llorwedd *a* gair i ddisgrifio rhywbeth sy'n gorwedd yn wastad, ar ei hyd HORIZONTAL

llosg[1] hwn *eg* teimlad poenus tebyg i losgi BURNING

llosg cylla teimlad poenus yn y stumog a'r frest sy'n cael ei achosi gan ormod o asid yn y stumog ac sy'n arwydd o ddiffyg traul; dŵr poeth HEARTBURN

llosg eira chwydd sy'n cosi neu'n ysu ar fysedd y traed, y dwylo neu'r clustiau; caiff ei achosi gan oerfel a chylchrediad gwael y gwaed; cibwst CHILBLAINS

llosg[2] *a* gair i ddisgrifio rhywbeth sydd yn llosgi neu sydd wedi llosgi; erbyn hyn mae'n fwy arferol yn ffigurol, e.e. *testun llosg*, testun sy'n ennyn teimladau cryfion BURNING

llosgadwy *a* gair i ddisgrifio rhywbeth y mae'n bosibl ei losgi COMBUSTIBLE

llosgfynydd *hwn eg* (llosgfynyddoedd) mynydd sy'n ffrwydro neu'n echdorri o bryd i'w gilydd gan fwrw creigiau wedi toddi (lafa), lludw chwilboeth a nwyon gwenwynig allan trwy'r twll mawr (crater) yn ei gopa; folcano VOLCANO □ t.636

llosgfynydd byw un a all ffrwydro unrhyw bryd LIVE VOLCANO

llosgfynydd marw un nad yw'n gallu ffrwydro bellach EXTINCT VOLCANO

llosgfynydd mud un sy'n dawel ar hyn o bryd DORMANT VOLCANO

llosgi *be*
1 bod ar dân; cael ei ddifa'n llwyr gan dân, cael ei droi'n lludw *(coed yn llosgi; bwthyn yn cael ei losgi i'r llawr)* TO BURN
2 tywynnu *(Roeddwn yn gallu gweld golau'n llosgi yn hwyr y nos yn y tŷ gyferbyn.)* TO SHINE, TO BURN
3 bod yn anghyfforddus o boeth *(Mae'r tywod yn llosgi fy nhraed.)* TO BURN
4 cael gormod o liw haul *(Llosgodd ar ddiwrnod cyntaf ei wyliau ac ni fentrodd allan i'r haul ar ôl hynny.)*
5 niweidio, difa, neu wneud dolur â thân neu wres, achosi difrod trwy wres neu dân *(Llosgodd ei lyfrau i gyd.)* TO BURN
6 defnyddio ar gyfer gwresogi neu fel ffynhonnell ynni neu er mwyn goleuo *(llongau oedd yn llosgi glo)* TO BURN (llysg)

llosgi bysedd cael profiad annymunol (ag arian yn aml) sy'n eich gwneud yn gyndyn i fentro eilwaith TO BURN ONE'S FINGERS

llosgi'r gannwyll yn y ddau ben gw. **cannwyll**

llosgiad *hwn eg* (llosgiadau) briw neu anaf sy'n ganlyniad llosgi â thân, dŵr berw etc. *(llosgiadau ar gefn y llaw)* BURN

llostlydan *hwn eg* (llostlydanod) anifail sy'n perthyn i deulu'r llygoden Ffrengig; mae ganddo gynffon lydan a gall godi argaeau ar draws nentydd; afanc BEAVER □ *mamolyn*

llowcio gw. **llawcio:llowcio**

llsgr. *byrfodd* llawysgrif MANUSCRIPT, MS

llu *hwn eg* (lluoedd) nifer mawr (o bobl fel arfer); lliaws, tyrfa HOST, THRONG

llu awyr y rhan honno o luoedd arfog gwlad sy'n ymwneud ag ymosod ac amddiffyn o'r awyr AIR FORCE

lluoedd arfog lluoedd milwrol gwlad (byddin, llynges, awyrlu ac ati) ARMED FORCES

lluched *hyn ell* mwy nag un **llucheden**; mellt, fflach neu fflachiadau cryfion o oleuni yn yr awyr sy'n cael eu dilyn fel arfer gan daranau LIGHTNING □ *bollt*

llucheden *hon eb* (lluched) mellten y clywir taran yn deillio ohoni THUNDERBOLT

lluchio *be*
1 achosi i rywbeth hedfan trwy symud y fraich yn rymus; taflu, bwrw, hyrddio TO THROW, TO FLING
2 symud (eich hun neu ran o'r corff) yn ddisymwth ac yn rymus, taflu *(Pan sylweddolodd fod y car yn rhuthro'n syth amdano, fe'i lluchiodd ei hun i'r naill ochr.)* TO THROW, TO FLING, TO HURL

lluchio baw pardduo, difenwi TO SLING MUD

lludw:lludu *hwn eg* y llwch sy'n cael ei adael ar ôl i rywbeth losgi (yn arbennig olion tân glo) ASH

lludded *hwn eg*
1 blinder (corfforol) mawr FATIGUE, WEARINESS, EXHAUSTION
2 (yn dechnegol) tuedd metel i dorri neu hollti o gael ei blygu yn ôl ac ymlaen yn gyson FATIGUE

lluddedig *a* blinedig, wedi ymlâdd EXHAUSTED, WEARY

llugoer *a* gair i ddisgrifio:
1 hylif neu sylwedd sydd bron â bod yn oer; claear TEPID, LUKEWARM
2 rhywbeth nad oes llawer o frwdfrydedd yn ei gylch, nad yw'n cael croeso gwresog; claear LUKEWARM, TEPID

lluman *hwn eg* (llumanau) baner fach, fflag BANNER, STANDARD

llumanu *be* codi a chwifio baner er mwyn tynnu sylw neu er mwyn rhoi neges (e.e. gan lumanwr) TO FLAG

llumanwr *hwn eg* (llumanwyr) mewn gêmau megis tennis a phêl-droed, un o ddau swyddog sy'n cadw at ymyl y maes chwarae ac yn cynorthwyo'r dyfarnwr LINESMAN

llun¹ *hwn eg* (lluniau)
1 darlun wedi'i greu â phensil neu baent, ffotograff neu lun ar sgrin PICTURE, PHOTOGRAPH, DRAWING
2 ffurf neu ymddangosiad, siâp, patrwm *(Mae ffenestr fawr yr eglwys ar lun rhosyn.)* FORM, SHAPE

tynnu llun gw. **tynnu** 14 a 15

Llun² *hwn eg* dydd Llun, ail ddiwrnod yr wythnos yn dilyn dydd Sul MONDAY

Llundain *enw lle* LONDON

llungopi *hwn eg* (llungopïau) llun (o ddogfen neu dudalen fel arfer) wedi'i dynnu ar beiriant copïo arbennig PHOTOCOPY

Llungwyn *hwn eg* y seithfed dydd Llun ar ôl y Pasg WHIT MONDAY

lluniad *hwn eg* (lluniadau) llun wedi'i dynnu â phen, pensil, sialc ac ati DRAWING

lluniadu *be* tynnu llun â phen, pensil, sialc ac ati TO DRAW

lluniaeth *hwn eg* bwyd, ymborth, cynhaliaeth, yr hyn y mae'n rhaid ei fwyta a'i yfed i gadw'n fyw *('Cans o'th law y daw bob dydd / Ein lluniaeth a'n llawenydd.')* FOOD, SUSTENANCE, FARE

lluniaidd *a* gair i ddisgrifio rhywun neu rywbeth sy'n hardd ei ffurf neu ei wneuthuriad; siapus, talïaidd, o ffurf brydferth neu gain SHAPELY, GRACEFUL

llunio *be*
1 gwneud, creu *(Mae'r crochenydd yn medru llunio llestri o glai.)* TO FORM, TO FASHION
2 ffurfio, cymryd arno ffurf *(Roedd y cymylau tywyll yn llunio ceyrydd cedyrn ar y gorwel.)* TO FORM
3 creu rhywbeth yn ôl rheolau pendant *(llunio llinell gywir o gynghanedd)* TO FORM
4 sefyll neu beri i rywun sefyll neu symud mewn trefn arbennig *(Blant, lluniwch linell syth ar hyd y dosbarth.)* TO FORM
5 (mewn mathemateg) tynnu llun (ffigur geometrig) gan ddefnyddio'r cyfarpar priodol TO CONSTRUCT
6 cynllunio, dylunio *(Un o'r adeiladau enwocaf a luniodd y pensaer Frank Lloyd Wright oedd ei gartref 'Taliesin'.)* TO FORM, TO DESIGN, TO FASHION (llunnir)
Sylwch: un 'n' sydd yn ffurfiau'r ferf ac eithrio 'llunnir', 'llunnid', a 'llunni di'.

llunio'r wadn fel bo'r troed gw. **gwadn**

lluo gw. **llyo:lluo**

lluosflwydd *a* gair i ddisgrifio:
1 rhywbeth sy'n parhau am byth PERENNIAL
2 planhigyn sy'n parhau am fwy na dwy flynedd PERENNIAL

lluosi *be* (mewn mathemateg) ychwanegu rhif ato'i hun nifer penodol o weithiau, e.e. $2 \times 4 = 2 + 2 + 2 + 2 = 8$ TO MULTIPLY

lluosiad *hwn eg* (lluosiadau) (mewn mathemateg) y weithred o luosi, sef ychwanegu rhif ato'i hun nifer penodol o weithiau, e.e. $4 \times 3 = 4 + 4 + 4 = 12$ MULTIPLICATION

lluosill *a* gair i ddisgrifio gair sy'n cynnwys mwy nag un sillaf

lluosog *a* gair i ddisgrifio:
1 y ffurf ar air sy'n cyfeirio at fwy nag un; gwrthwyneb unigol, e.e. *cŵn* yw ffurf luosog *ci* a *gleision* yw ffurf luosog *glas*; defnyddir y talfyriad *ell* i gyfeirio at enwau lluosog yn y llyfr hwn PLURAL
2 llawer, nifer mawr *(Fe ddaeth nifer lluosog ynghyd i dalu teyrnged iddi.)*

lluosogi *be* cynyddu mewn rhif neu nifer; amlhau *(Os bydd poblogaeth y byd yn lluosogi ar yr un raddfa o nawr tan ganol y ganrif nesaf, ni fydd yma le i bawb.)* TO MULTIPLY, TO INCREASE

lluosrif *hwn eg* (lluosrifau) (mewn mathemateg) rhif sy'n cynnwys rhif arall (sy'n llai nag ef) nifer penodol o weithiau, e.e. $4 \times 2 = 8$, felly mae 8 yn lluosrif o 4 MULTIPLE

Lluosrif Cyffredin Lleiaf y swm neu'r rhif lleiaf sy'n cynnwys dau neu ragor o rifau eraill heb ddim yn weddill (12 yw Lluosrif Cyffredin Lleiaf 3, 4 a 6); LlCLl LEAST/LOWEST COMMON MULTIPLE

lluoswm *hwn eg* (lluosymiau) (mewn mathemateg) yr ateb a gewch wrth luosi dau neu ragor o rifau, e.e. *120 yw lluoswm $2 \times 3 \times 4 \times 5$* PRODUCT

llurgunio *be* gwyrdroi (ffeithiau, y gwir etc.); gweddnewid a gwneud yn hyll *(Cefais sioc fy mywyd i weld fel yr oedd y papur wedi llurgunio yr hyn a ddywedais wrth y gohebydd.)* TO DISTORT, TO GARBLE (llurgunnir)

llurig *hon eb* (llurigau) arfwisg milwr wedi'i gwneud o blatiau o fetel neu o gylchoedd metel; neu'r darn hwnnw o arfwisg a fyddai'n amddiffyn hanner uchaf y corff MAIL, CUIRASS

llurs *hon eb* (llursod) aderyn môr du a gwyn sydd â phig nodweddiadol ar ffurf rasal henffasiwn RAZOR-BILL ☐ *adar t.613*

llus:llusi *hyn ell* mwy nag un **llusen**
1 llwyni isel sy'n tyfu fel arfer ar lethrau mynydd neu weunydd mawnog
2 ffrwythau bach gleision y llwyni hyn BILBERRIES ☐ *ffrwythau t.625*

llusen *hon eb* un o nifer o lus [**llus**]

llusern *hwn eg* (llusernau) dyfais (i'w chario gan berson fel arfer) ar gyfer taflu goleuni; lamp LAMP, LANTERN

llusg[1] *a* gair i ddisgrifio rhywbeth sy'n cael ei lusgo *(car llusg)* DRAWN

cynghanedd lusg gw. **cynghanedd**

llusg[2] *bf* mae ef/hi yn **llusgo**; bydd ef/hi yn **llusgo**

llusgo *be*
1 tynnu rhywbeth trwm ar hyd y llawr *(Gwelsom hen ŵr yn llusgo sach y tu ôl iddo.)* TO DRAG
2 peri (i rywun) fynd neu ddod i/o rywle yn erbyn ei ewyllys *(Cafodd ei lusgo i'r cwrdd diwylliadol.)* TO DRAG
3 symud yn rhy araf *(Mae'r ddrama yma'n dechrau llusgo.)* TO DRAG

llusgo traed oedi, arafu yn fwriadol oherwydd anfodlonrwydd TO DRAG ONE'S FEET

llusi duon bach gw. **llus:llusi**

lluwch *hwn eg* (lluwchfeydd) tomen o eira wedi ei phentyrru gan y gwynt SNOW-DRIFT

lluwchio *be* (am eira) cael ei chwythu yn domenni gan y gwynt TO DRIFT

llw *hwn eg* (llwon)
1 addewid o ddifrif (wedi'i dyngu o flaen Duw fel arfer); adduned OATH
2 y geiriau arbennig a ddefnyddir i dyngu llw OATH, VOW
3 defnydd aflednais o eiriau (rhywiol neu grefyddol) i fynegi teimladau cryfion; rheg OATH, CURSE
ar fy (dy, ei etc.) llw rwy'n tyngu I GIVE YOU MY WORD
ar lw wedi tyngu llw ON OATH

llwch *hwn eg*
1 mân ronynnau sych sy'n casglu ar wyneb dodrefn; dwst DUST
2 pridd wedi'i falu'n fân *(Pan fydd car yn teithio trwy'r anialwch bydd yn gadael cwmwl o lwch y mae modd ei weld am filltiroedd.)* DUST
3 gwrtaith artiffisial y bydd ffarmwr neu arddwr yn ei roi ar ei bridd er mwyn gwneud i gnydau dyfu'n well FERTILIZER
lluchio/taflu llwch i lygaid rhywun dallu dros dro, gwneud i rywun fethu gweld rhywbeth (yn ffigurol)

llwdn *hwn eg* (llydnod)
1 anifail ifanc
2 gŵr ifanc hurt; llo OAF

llwfr *a* gair i ddisgrifio rhywun neu rywbeth sydd heb fod yn ddewr COWARDLY

llwfrdra *gw.* **llyfrdra:llwfrdra**

llwfrgi:llyfrgi *hwn eg* person llwfr, un nad yw'n ddewr, un sy'n dianc yn hytrach na wynebu anawsterau neu beryglon; cachgi COWARD

llwglyd *a* gair i ddisgrifio person neu anifail ac arno eisiau bwyd yn fawr iawn, neu sydd â golwg eisiau bwyd arno HUNGRY, FAMISHED

llwgr *a* gair i ddisgrifio rhywun neu rywbeth:
1 drwg, gwael, anfoesol, pwdr, llygredig CORRUPT
2 anonest, yn barod i gael ei lwgrwobrwyo CORRUPT
3 diffygiol, wedi'i ddifetha, llygredig *(Mae'r cyfrifiadur yn gwrthod derbyn gwybodaeth oddi ar ddisg lwgr.)* CORRUPT

llwgrwobrwyo *be* dylanwadu ar rywun neu rywrai mewn ffordd annheg neu anghyfreithlon trwy gynnig rhoddion neu trwy wneud addewidion iddo/iddynt TO BRIBE

llwgu *be* (ffurf ar *llewygu*) dioddef o eisiau bwyd, newynu, clemio; cadw rhywun arall rhag cael bwyd TO STARVE, TO FAMISH

llwm *a* gair i ddisgrifio:
1 rhywle gwag, moel, agored, heb dyfiant *(caeau llwm yng nghanol y rhos)* BARE, BLEAK, BARREN
2 rhywun neu rywbeth tlawd, heb fawr o arian na chyfoeth *(cartref llwm)* POOR, DESTITUTE (llom, llymed, llymach, llymaf, llymion)

llwnc¹ *hwn eg*
1 rhan fewnol y gwddf, corn gwddf THE GULLET □ *corff* t.630
2 y weithred o lyncu ar frys GULP, SWALLOW
3 cegaid fawr, dracht *(Cymerwch lwnc da o'r moddion.)* GULP

llwnc² *bf* mae ef/hi yn **llyncu**; bydd ef/hi yn **llyncu**

llwncdestun *hwn eg* (llwncdestunau) galwad ar gwmni i yfed gyda'i gilydd i lwyddiant, iechyd da, llawenydd ac ati (rhywun neu rywrai) TOAST

llwrw *adf* fel yn:
1 *llwrw ei gefn* am yn ôl, wysg ei gefn, drach ei gefn (ar lafar clywch y ffurf *llwyr ei gefn*) BACKWARDS
2 *llwrw ei ben* ar ei ben, dros ei ben HEADLONG

llwy *hon eb* (llwyau) teclyn ar ffurf powlen fach â choes hir ar gyfer mesur, cymysgu, gweini neu fwyta bwyd SPOON

llwyaid *hon eb* (llwyeidiau) llond llwy SPOONFUL

llwybr *hwn eg* (llwybrau)
1 ffordd sydd wedi'i chreu gan bobl neu anifeiliaid yn cerdded; trywydd PATH
2 ffordd agored sy'n caniatáu i rywun symud ymlaen *(Cliriodd lwybr trwy'r dorf.)* PATH, WAY
3 (yn ffigurol) dull, modd, ffordd o weithredu *(Un llwybr oedd ar agor i'r protestwyr bellach:llwybr torcyfraith.)* PATH

llwybr canol (yn ffigurol) ffordd ganol rhwng dau ddewis, cyfaddawd (yn aml) THE MIDDLE WAY

llwybr cul (yn ffigurol) y ffordd iawn, gywir, foesol (o fyw eich bywyd) THE STRAIGHT AND NARROW

y Llwybr Llaethog y rhimyn golau o sêr a chymylau o nwy a welir ar draws yr awyr ar noson glir; Caer Gwydion, Caer Arianrhod THE MILKY WAY □ t.638

llwybr llygad:llwybr tarw y ffordd fwyaf uniongyrchol, gynt, i fynd i rywle SHORT CUT

llwybr troed llwybr i gerdded arno neu i farchogaeth ceffyl ar hyd-ddo FOOTPATH, BRIDLE-PATH

llwyd *a* gair i ddisgrifio lliw:
1 sy'n gymysgedd o ddu a gwyn sef yr un lliw â chymylau glaw neu ludw GREY
2 (am groen wyneb) gwelw (fel arwydd o afiechyd fel arfer) PALE, WAN
3 (am bapur) brown *(papur llwyd)* BROWN
4 (hen ystyr) sanctaidd HOLY (llwytach, llwyted)

llwyd y berth:llwyd y gwrych aderyn bach cyffredin â chorff brown a streipiau du ar hyd-ddo; gwas y gog HEDGE-SPARROW □ *adar* t.608

llwyd y gors telor yr hesg REED WARBLER

llwydaidd *a* gair i ddisgrifio rhywun neu rywbeth sydd braidd yn llwyd, braidd yn welw, di-liw GRIZZLED, GREYISH, DRAB

llwydfron *hon eb* aderyn mân sy'n cyrraedd y wlad hon yn yr haf WHITETHROAT □ *adar* t.607

Llwydlo *enw lle* LUDLOW

llwydni:llwydi *hwn eg*
 1 tyfiant gwyn meddal, gwlanog sy'n ffurfio ar fwydydd, lledr ac ati ar adegau cynnes, llaith; malltod MOULD, MILDEW
 2 afiechyd ar blanhigion pan geir tyfiant gwyn, meddal ar hyd y dail MILDEW
 3 y lliw llwyd GREYNESS

llwydo *be*
 1 cael ei orchuddio â haen o lwydni, e.e. *caws yn llwydo* TO TURN MOULDY
 2 gwelwi (am rywun sy'n llwyd ar ôl salwch) TO PALE

llwydrew *hwn eg* dafnau o wlith wedi rhewi sy'n gorchuddio'r ddaear ar fore oer ac sy'n edrych fel powdr gwyn; barrug HOAR-FROST

llwydrewi *be* gorchuddio â barrug; gwynnu gan lwydrew; barugo TO FREEZE

llwydd *gw.* llwyddiant:llwydd

llwyddiannus *a* gair i ddisgrifio rhywun neu rywbeth sydd yn llwyddo neu sydd wedi llwyddo SUCCESSFUL

llwyddiant:llwydd *hwn eg* (llwyddiannau)
 1 y weithred o lwyddo, ffyniant SUCCESS
 2 canlyniad da *(Cafodd lwyddiant yn ei arholiadau ar ddiwedd y tymor.)* SUCCESS
 3 rhywun neu rywbeth sydd yn llwyddo neu sydd wedi llwyddo *(Er syndod i bawb ond ef ei hun roedd yn llwyddiant mawr yn y swydd.)* SUCCESS

llwyddo *be*
 1 cyflawni amcan neu gyrraedd rhyw nod *(Llwyddodd y bad achub i gyrraedd y llong oedd mewn trybini.)* TO SUCCEED
 2 gwneud yn dda, yn arbennig wrth geisio am swydd neu am boblogrwydd; ffynnu TO SUCCEED

llwyfan *hwn neu hon egb* (llwyfannau) llawr wedi'i godi ar gyfer perfformio dramâu ac ati mewn theatr; llawr tebyg mewn neuadd gyngerdd, neuadd ysgol ac ati STAGE, ROSTRUM, DAIS

llwyfandir *hwn eg* (llwyfandiroedd) tir gwastad sy'n ymestyn ymhell ac sydd yn uwch o lawer na'r tiroedd o'i gwmpas PLATEAU

llwyfannu *be* perfformio neu drefnu perfformiad cyhoeddus o ddrama, sioe ac ati TO STAGE

llwyfen *hon eb* (llwyf) un o nifer o fathau o goed tal, cysgodol â dail llydan, neu bren trwm a chaled y coed hynny ELM □ *coed* t.616

llwyn¹ *hwn eg* (llwyni)
 1 rhes neu glwstwr o goed tal yn tyfu gyda'i gilydd *(llwyn onn)* GROVE, THICKET
 2 coeden fach isel, perth *(llwyn eithin)* BUSH

llwyn a pherth fel yn *mab llwyn a pherth* am blentyn anghyfreithlon

llwyn² *hon eb* (llwynau) y rhan honno o'r corff rhwng y wasg a bôn y goes LOIN □ *corff* t.630

llwynog *hwn eg* (llwynogod)
 1 cadno, creadur gwyllt, ysglyfaethus â thrwyn hir pigfain a chot o flew coch, sy'n perthyn i deulu'r ci FOX □ *mamolyn*
 2 person cyfrwys, twyllodrus FOX

llwynoges *hon eb* llwynog benyw VIXEN

llwyr *a* hollol, cyfan gwbl *(Mae'r plentyn wedi cael ei lwyr ddifetha.)* UTTER, COMPLETE, TOTAL

llwyr ei gefn ffurf lafar ar **llwrw ei gefn**

llwyrymwrthodwr *hwn eg* (llwyrymwrthodwyr) un nad yw'n yfed unrhyw ddiodydd meddwol ac sydd, fel arfer, yn erbyn i bobl eraill eu hyfed TEETOTALLER

llwytach:llwyted *a* mwy **llwyd** : mor **llwyd**

llwyth¹ *hwn eg* (llwythi)
 1 cymaint o rywbeth ag sy'n cael ei gario (yn arbennig os yw'n drwm) *(llwyth o wair)*; baich, pwn LOAD, BURDEN
 2 cymaint ag y mae'n bosibl i gerbyd arbennig ei gludo neu i rywbeth arall ei gynnal *(Faint o lwyth gawn ni ar gefn y lorri?)* LOAD
 3 y pwysau neu'r grym sy'n cael eu codi neu eu symud gan drosol neu fath arall o beiriant LOAD □ *trosol*
 4 y pwysau sy'n cael eu cynnal gan golofn neu bont LOAD

llwyth² *hwn eg* (llwythau) grŵp cymdeithasol sydd o'r un hiliogaeth, sydd â'r un arferion a'r un iaith ac sy'n atebol i'r un arweinwyr *(llwyth o Indiaid Cochion)* TRIBE

llwytho *be*
 1 gosod llwyth (llawn) ar neu mewn cerbyd, llong ac ati i'w gludo *(Llwythodd y cart â gwair.)* TO LOAD
 2 rhoi bwledi neu ffrwydryn mewn dryll, neu osod ffilm mewn camera neu ddisg mewn cyfrifiadur TO LOAD

llwythog *a* gair i ddisgrifio rhywun neu rywbeth sy'n cario llwyth mawr LADEN, BURDENED

llychlyd *a* gair i ddisgrifio rhywbeth sydd wedi'i orchuddio â llwch DUSTY

Llychlynnwr *hwn eg* (Llychlynwyr) brodor o Lychlyn, Sgandinafiad NORSEMAN, VIKING

llychwino *be* difwyno, peri i rywbeth golli ei sglein neu ei burdeb, baeddu, trochi (hefyd yn ffigurol) *(Gwnaeth bopeth o fewn ei allu i lychwino ei henw da.)* TO TARNISH, TO SULLY, TO FOUL

llydain *a* gair i ddisgrifio mwy nag un peth **llydan** *(llwybrau llydain y wlad)*

llydan *a* gair i ddisgrifio rhywbeth sy'n ymestyn yn bell o'r naill ochr i'r llall, sydd â lled sylweddol *(heol fawr lydan)*;

Llydawes hon *eb* merch neu wraig o Lydaw BRETON
Llydawr hwn *eg* (Llydawyr) gŵr o Lydaw BRETON
llyfelyn gw. **llefelyn:llyfelyn**
llyfiad hwn *eg* (llyfiadau) y weithred o lyfu (A) LICK
llyfn *a* gair i ddisgrifio rhywbeth:
  1 â wyneb gwastad heb bantiau na phigau, sydd heb fod yn arw SMOOTH, LEVEL, EVEN
  2 sy'n symud yn esmwyth heb neidio na thasgu *(goddiweddyd yn llyfn)* SMOOTH (llefn)
llyfnhau *be* gwneud yn llyfn (ag arf fel plaen fel arfer) TO SMOOTH, TO LEVEL, TO PLANE
llyfnu *be* chwalu talpau o bridd a'u gwastatáu ag og; ogedu TO HARROW ☐ *og*
llyfr hwn *eg* (llyfrau)
  1 casgliad o ddalennau wedi'u rhwymo ynghyd o fewn cloriau, i'w ddarllen neu i ysgrifennu ynddo BOOK
  2 un o brif raniadau gwaith mawr ysgrifenedig (e.e. y Beibl neu ddarn hir o farddoniaeth) BOOK
  3 unrhyw beth wedi'i gasglu ynghyd ar ffurf llyfr *(llyfr stampiau)* BOOK (cyfeirlyfr)
  llyfr emynau casgliad (enwadol fel arfer) o emynau HYMNAL
  llyfr erchwyn gwely detholiad o ddeunydd i'w ddarllen cyn mynd i gysgu BEDSIDE BOOK
  llyfr lloffion llyfr o dudalennau gwag ar gyfer gludio lluniau, toriadau papur newydd, cardiau ac ati ynddo SCRAP-BOOK
llyfrbryf hwn *eg* (llyfrbryfed)
  1 trychfilyn sy'n bwyta'r rhwymiad a'r past a geir mewn (hen) lyfrau BOOKWORM
  2 person sydd â'i ben mewn llyfr byth a hefyd BOOKWORM
llyfrdra:llwfrdra hwn *eg* methiant i wynebu poen, perygl neu gyni oherwydd diffyg dewrder COWARDICE
llyfrgell hon *eb* (llyfrgelloedd)
  1 adeilad neu ran o adeilad lle y mae llyfrau'n cael eu cadw a lle y gall pobl fynd i'w darllen neu weithiau i'w benthyca LIBRARY
  2 casgliad o lyfrau *(Mae'r gyfrol yma wedi dod o'i lyfrgell bersonol.)* LIBRARY
  llyfrgell genedlaethol prif lyfrgell gwlad, sydd â'r gwaith o gasglu pob llyfr yn ymwneud â chenedl neu wlad arbennig, ynghyd â llyfrau a chofnodion eraill NATIONAL LIBRARY
  llyfrgell gyhoeddus llyfrgell lle y mae aelodau o'r cyhoedd yn gallu benthyca llyfrau yn rhad ac am ddim PUBLIC LIBRARY
llyfrgellydd hwn *eg* (llyfrgellwyr) person sy'n gyfrifol am lyfrgell neu am ran o wasanaeth llyfrgell LIBRARIAN
llyfrgi gw. **llwfrgi:llyfrgi**
llyfrithen hon *eb* (llyfrithod) ploryn neu chwydd llidus, poenus ar amrant y llygad neu yng nghornel y llygad; llefelyn STY
llyfrwerthwr hwn *eg* (llyfrwerthwyr) un sy'n gwerthu llyfrau, perchennog siop lyfrau BOOKSELLER
llyfryddiaeth hon *eb* (llyfryddiaethau) rhestr o lyfrau ar destun arbennig, neu gan awdur neu awduron arbennig, neu un a ddefnyddiwyd fel ffynhonnell i waith ysgrifenedig BIBLIOGRAPHY
llyfryn hwn *eg* (llyfrynnau) llyfr bach, pamffledyn BOOKLET, PAMPHLET
llyfu:llyo *be* symud y tafod ar hyd rhywbeth i'w flasu, ei wlychu, ei lanhau ac ati TO LICK
  llyfu tin (ymadrodd aflednais braidd) gwenieithio, bod yn sebonllyd TO SCRAPE, TO CRAWL
llyffant hwn *eg* (llyffantod)
  1 anifail sy'n perthyn i deulu'r amffibiaid ac sy'n debyg o ran ffurf i'r broga ond bod gan y llyffant groen sych, brown; mae'n byw fel arfer ar y tir ond yn dychwelyd i'r dŵr i epilio; grifft yw enw wyau'r llyffant sy'n deor yn benbyliaid ac sydd yn eu tro yn troi'n llyffantod bychain; llyffant dafadennog TOAD ☐ *amffibiaid*
  2 llyffant cyffredin, broga FROG
  3 y darn trionglog sensitif yng ngharn ceffyl FROG
llyffethair hon *eb* (llyffetheiriau) cadwyn i'w sicrhau wrth droed neu arddwrn carcharor; hual, gefyn FETTER, SHACKLE
llyffetheirio *be* rhwymo person â llyffetheiriau neu (yn ffigurol) ei rwystro, ei gaethiwo *(Roedd torri'i goes yn y ddamwain wedi ei lyffetheirio'n fawr; ni allai gerdded na reidio beic.)* TO SHACKLE, TO FETTER, TO HAMPER
llyg hwn *eg* un o nifer o fathau o anifeiliaid bach tebyg eu golwg i lygod bach ond â thrwynau hir, pigog SHREW ☐ *llygoden*
llygad hwn neu hon *egb* (llygaid)
  1 yr organ yn y corff sy'n ein gallugoi i weld EYE ☐ *corff* t.630
  2 rhan allanol yr organ â'r lliw nodweddiadol *(Mae ganddo lygaid gleision fel ei fam.)* EYE
  3 y ddawn i weld *(Pe meddwn lygad arlunydd ...)* EYE
  4 y nam neu'r smotyn du ar groen pytaten y gall planhigyn newydd egino ohono EYE
  5 canol llonydd storm neu gorwynt *(llygad y ddrycin)* EYE
  6 agwedd, safbwynt *(ffilm yn dangos y sefyllfa drwy lygad merch)* EYE
  agor llygaid rhywun gwneud yn siŵr bod rhywun yn

ymwybodol o rywbeth (nad oeddynt yn gwybod amdano gynt)
bod â/cadw llygad ar gwylio, cadw gwyliadwriaeth rhag ofn i rywbeth ddigwydd TO KEEP AN EYE ON
cannwyll llygad gw. **cannwyll**
cannwyll y llygad gw. **cannwyll**
cil llygad gw. **cil**
edrych yn llygad y geiniog bod yn orofalus ag arian, bod yn gybyddlyd, yn dynn
enfys y llygad gw. **enfys**
gweld lygad yn llygad gw. **gweld**
llygad barcud golwg craff, llygad llym HAWK-EYED
llygad rhywun yn fwy na'i fol am rywun sydd wedi cymryd mwy o fwyd nag y medrai'i fwyta
llygad y ffynnon tarddle, y man lle mae rhywbeth yn dechrau *(Mae'r stori'n berffaith wir. Fe ges i hi o lygad y ffynnon—gan y prifathro ei hun.)* SOURCE, THE HORSE'S MOUTH
llygad yr haul man lle mae'r haul yn tywynnu yn ddigysgod
ym myw llygad rhywun gw. **byw**[3]
yn llygad fy (dy, ei etc.) lle yn hollol gywir (am benderfyniad neu rywbeth lle'r oedd yn rhaid dewis) ABSOLUTELY RIGHT
llygad-dynnu *be* denu, hudo TO ATTRACT
llygad-dyst *hwn eg* (llygad-dystion) rhywun a welodd rywbeth yn digwydd â'i lygad ei hun ac sydd felly yn gallu ei ddisgrifio (mewn llys barn, er enghraifft) EYEWITNESS
llygad maharen *hwn eg* (llygaid meheryn) pysgodyn cragen neu folwsg sydd â chragen ar ffurf côn ac sy'n glynu'n dynn wrth graig pan nad yw o dan y dŵr; brenigen LIMPET ☐ *molysgiaid*
llygad y dydd *hwn eg* (llygaid y dydd) blodyn bach gwyllt cyffredin iawn â chanol melyn a phetalau gwynion DAISY ☐ *blodau* t.619
llygadu *be* edrych ar rywbeth neu rywun yn fanwl a thrachwantus TO EYE, TO PEER
llygaeron *hyn ell* aeron bach coch tywyll, caled, sur eu blas, sy'n tyfu ar lwyni isel ac sy'n cael eu defnyddio i wneud jeli; ceirios y waun CRANBERRIES ☐ *ffrwythau* t.626
llygaid *hyn ell* mwy nag un **llygad**
llygatgam:llygatgroes *a* gair i ddisgrifio llygaid person sydd, oherwydd nam ar y llygaid, yn edrych i ddau gyfeiriad yr un pryd SQUINT-EYED, CROSS-EYED
llygedyn *hwn eg*
1 golau bach gwan ac ansicr; hefyd yn ffigurol *(llygedyn o obaith)* GLEAM, GLIMMER
2 pelydryn o oleuni RAY

llygoden *hon eb* (llygod)
1 un o nifer o fathau o anifeiliaid bach blewog sy'n amrywio o ran lliw o goch/brown i lwyd; mae ganddynt gynffon, a dannedd miniog, a gallant beri cryn ddifrod i fwydydd a chnydau MOUSE
2 (mewn cyfrifiadureg) teclyn, yn gysylltiedig â sgrin, y gellir ei symud â llaw i dynnu lluniau ar y sgrin a throsglwyddo'r wybodaeth honno i'r cyfrifiadur MOUSE (cnofilyn, pathew)
llygoden y maes llygoden sy'n byw mewn caeau FIELD-MOUSE

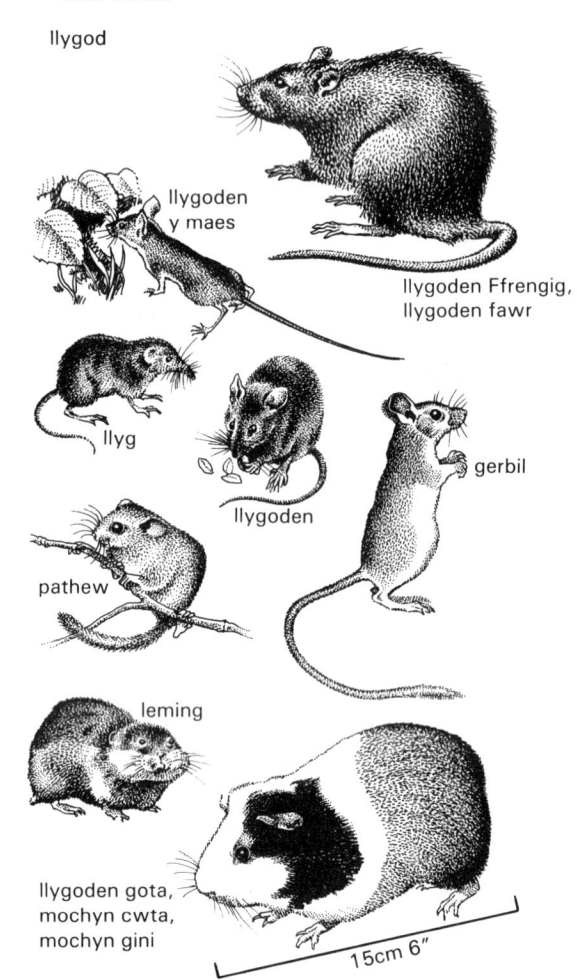

llygod

llygoden y maes

llygoden Ffrengig, llygoden fawr

llyg

llygoden

gerbil

pathew

leming

llygoden gota, mochyn cwta, mochyn gini

15cm 6"

llygoden fawr:llygoden ffrengig *hon eb* (llygod mawr:llygod ffrengig) un o nifer o fathau o gnofilod â chynffonnau hir sy'n perthyn i'r llygoden ond sy'n fwy o faint RAT
llygoden gota *hon eb* (llygod cwta) anifail blewog digynffon sy'n cael ei gadw fel anifail anwes yn aml GUINEA-PIG

llygotwr *hwn eg*:**llygotwraig** *hon eb* un sy'n dda am ddal llygod, yn arbennig ci neu gath MOUSER

llygredig *a* gair i ddisgrifio rhywbeth sydd wedi'i lygru; llwgr CORRUPT, DEGRADED

llygredd *hwn eg*
1 y cyflwr neu'r stad o fod yn llwgr CORRUPTION
2 ymddygiad neu weithredoedd drwg, anweddus, anfoesol CORRUPTION, DEPRAVITY
3 pydredd, amhuredd CORRUPTION
4 yr hyn sy'n gwneud dŵr, yr aer, pridd ac ati yn beryglus o amhûr *(Mae glaw asid sy'n difa coed a gwenwyno llynnoedd yn cael ei achosi gan lygredd.)* POLLUTION

llygru *be*
1 gwneud yn amhûr trwy gymysgu rhywbeth â baw neu wenwyn *(Mae'r afon wedi'i llygru ar ôl i'r holl silwair gael ei ollwng iddi.)* TO CONTAMINATE, TO ADULTERATE
2 gwneud rhywbeth yn beryglus o amhûr *(Mae mwg y pwerdai sy'n llosgi glo yn llygru'r aer ac yn achosi glaw asid yn ôl rhai arbenigwyr.)* TO POLLUTE
3 dylanwadu neu effeithio ar rywun er drwg, ei annog i fod yn anfoesol TO CORRUPT

llynges *hon eb* (llyngesau)
1 casgliad o longau megis llongau rhyfel FLEET
2 grym morwrol gwlad, yn llongau, swyddogion, morwyr ac ati, yn barod ar gyfer rhyfel NAVY

llyngesydd *hwn eg* prif swyddog (neu swyddog uchel iawn) yn y llynges ADMIRAL

llyngyren *hon eb* (llyngyr) math o abwydyn hir, fflat sy'n byw ym mherfedd dyn neu anifail TAPEWORM □ *abwydod*

llym *a* gair i ddisgrifio:
1 rhywbeth sydd ag awch, neu flaen neu ymyl miniog; siarp, miniog, pigog SHARP
2 rhywun cyflym ei feddwl, craff ei lygaid, neu â chlyw da *(meddwl llym)* SHARP, KEEN
3 rhywbeth sy'n achosi teimlad o losgi, neu frathiad *(Mae'r gwynt yn llym heddiw.)* SHARP, KEEN
4 poen sydyn a thost megis brathiad SHARP, ACUTE
5 geiriau cas wedi'u bwriadu i niweidio *(Mae ganddi dafod llym.)* SHARP, HARSH (llem, llymion)
6 rheolaeth gaeth neu gyfyng STRICT, SEVERE

llymach:llymaf:llymed *a*
1 mwy **llym**: mwyaf **llym**: mor **llym**
2 mwy **llwm**: mwyaf **llwm**: mor **llwm**

llymaid *hwn eg* (llymeidiau)
1 ychydig o ddiod wedi'i chymryd i flaen y geg cyn ei llyncu SIP
2 dracht, llwnc, llond ceg o ddiod wedi'i llyncu ar unwaith SWIG, GULP
3 diod feddwol DRINK

llymarch *hwn eg* (llymeirch) math o bysgodyn cragen (bwytadwy) a geir yn sownd wrth garreg ar wely'r môr; cartref y perl; wystrysen OYSTER □ *molysgiaid*

llymeidiau *hyn ell* mwy nag un **llymaid**

llymeirch *hyn ell* mwy nag un **llymarch**

llymeitian *be* yfed diod feddwol yn aml, diota TO TIPPLE, TO DRINK

llymeitiwr *hwn eg* (llymeitwyr) un sy'n (or-)hoff o'r ddiod feddwol TIPPLER

llymion *a*
1 gair i ddisgrifio mwy nag un peth **llwm**, e.e. *tiroedd llymion*
2 gair i ddisgrifio mwy nag un peth **llym**, e.e. *arfau llymion*

llymru *hwn eg* bwyd a geir ar ôl gadael i gymysgedd o flawd ceirch, dŵr oer a llaeth enwyn suro dros gyfnod o ddiwrnodau, yna hidlo'r cymysgedd a berwi'r trwyth; byddai'n arfer cael ei fwyta'n oer mewn llaeth/llefrith neu ddŵr a thriog FLUMMERY

llyn *hwn eg* (llynnoedd) ehangder o ddŵr wedi'i amgylchynu â thir LAKE

bwyd a llyn *gw.* **bwyd**

Llyn Tegid BALA LAKE

llyncu *be*
1 cymryd bwyd neu ddiod i mewn trwy'r geg a'r corn gwddf TO SWALLOW
2 gwneud yr un symudiad heb fwyd (oherwydd nerfusrwydd, er enghraifft), llyncu poer/poeri TO SWALLOW
3 credu heb ofyn digon o gwestiynau *(Dwyt ti ddim yn llyncu'r stori honno, does bosibl?)* TO SWALLOW
4 (am wlad, busnes ac ati) gwneud yn rhan ohono/ohoni ei hunan, cymryd drosodd *(Un o'r peryglon sy'n wynebu pob gwlad fach yw iddi gael ei llyncu gan un o'r gwledydd mawrion o'i chwmpas.)* TO ABSORB, TO SWALLOW (llwnc)

llyncu fy (dy, ei etc.) ngeiriau
1 tynnu geiriau yn ôl
2 siarad yn aneglur

llyncu mul pwdu, sorri'n bwt TO SULK

llyncu'r abwyd:codi at yr abwyd derbyn fel gwir neu gywir rywbeth sydd yn mynd i'ch dal chi (fel pysgodyn yn cael ei fachu) TO TAKE THE BAIT

llynedd *adf* y flwyddyn ddiwethaf LAST YEAR (eleni)

llynnoedd *hyn ell* mwy nag un **llyn**

llyo:lluo *be* llyfu, symud y tafod ar draws rhywbeth (er mwyn gwlychu, blasu, glanhau ac ati) TO LICK

a b c ch d dd e f ff g ng h i j (k) l ll m n o p ph r rh s t th u w y (z)

llys¹ *hwn eg* (llysoedd)
  1 ystafell neu adeilad lle y mae achosion cyfreithiol yn cael eu cynnal a'u barnu COURT
  2 y barnwr, swyddogion y gyfraith a'r rhai sy'n cael eu cyhuddo wedi'u casglu ynghyd i farnu achos cyfreithiol COURT
  3 (hen ystyr) neuadd, ystafell brenin neu arglwydd a'r bobl oedd yn byw ynddi *(llys Ifor Hael)* HALL
  4 y corff sy'n rheoli sefydliad, e.e. prifysgol, eisteddfod etc. COURT

llys² *hwn eg* llysnafedd, yn arbennig y tyfiant gwyrdd a geir ar ferddwr SLIME

llyschwaer *hon eb* (llyschwiorydd) merch y mae ei mam neu'i thad hi wedi priodi'ch mam neu'ch tad chi STEPSISTER

llysdad gw. **llystad**

llysenw *hwn eg* (llysenwau) glasenw, ffugenw, enw anffurfiol a ddefnyddir yn lle enw iawn person, naill ai fel talfyriad o'i enw iawn, neu'n seiliedig ar ryw briodoledd sy'n perthyn iddo, neu ar enw'i gartref, e.e. *Now am Owain; Dai am Dafydd; Sali am Sarah; Now Cae Hir* NICKNAME

llysfab *hwn eg* (llysfeibion) mab eich gŵr neu eich gwraig o briodas flaenorol STEPSON ☐ *teulu*

llysfam *hon eb* (llysfamau) y fenyw sydd nawr yn briod â'ch tad ond nid eich mam chi; mam wen STEPMOTHER

llysferch *hon eb* (llysferched) merch eich gŵr neu eich gwraig o briodas flaenorol STEPDAUGHTER ☐ *teulu*

llysfrawd *hwn eg* (llysfrodyr) bachgen y mae ei fam neu'i dad wedi priodi eich mam neu'ch tad chithau STEPBROTHER

llysg *bf* mae ef/hi yn **llosgi**; bydd ef/hi yn **llosgi**

llysgenhadaeth *hon eb* (llysgenadaethau)
  1 casgliad o swyddogion, dan orchymyn llysgennad fel arfer, sy'n cael ei anfon gan ei lywodraeth i drafod buddiannau'r wlad â llywodraeth gwlad arall EMBASSY, LEGATION
  2 yr adeilad y mae llysgennad a'i staff yn gweithio ynddo mewn gwlad dramor EMBASSY, LEGATION

llysgennad *hwn eg* (llysgenhadon) swyddog uchel llywodraeth sy'n cynrychioli ei wlad mewn gwlad arall; pennaeth llysgenhadaeth AMBASSADOR, DIPLOMAT

llysiau *hyn ell* mwy nag un **llysieuyn**
  1 planhigion y defnyddir eu dail, eu bonion neu eu hadau i flasu bwyd neu i wneud moddion ohonynt HERBS
  2 planhigion (neu rannau ohonynt) sy'n cael eu tyfu fel bwyd VEGETABLES ☐ t.634
  3 planhigion PLANTS

llysieueg *hon eb* gwyddor astudio planhigion; botaneg BOTANY

llysieuwr:llysieuydd *hwn eg* (llysieuwyr)
  1 un sy'n arbenigo yn y defnydd o lysiau fel moddion neu at bwrpas meddyginiaeth HERBALIST
  2 person nad yw'n bwyta cig VEGETARIAN

llysieuyn *hwn eg* un o nifer o lysiau [**llysiau**]; planhigyn PLANT, HERB, VEGETABLE

llysleuen *hon eb* (llyslau) un o nifer o bryfed neu drychfilod mân sy'n byw ar sudd planhigion APHID

llysnafedd *hwn eg* hylif tew, llithrig sy'n cael ei gynhyrchu gan rai rhannau o'r corff (megis y geg a'r trwyn), a chan falwod i'w cynorthwyo i symud MUCUS, SLIME

llystad *hwn eg* (llystadau) y gŵr sydd nawr yn briod â'ch mam ond nid eich tad chi STEPFATHER ☐ *teulu*

llystyfiant *hwn eg* planhigion, a'u tyfiant yn gyffredinol VEGETATION

llysysydd *hwn eg* (llysysyddion) anifail sy'n bwyta dim ond planhigion HERBIVORE (cigysydd, hollysydd, pryfysydd)

llysywen *hon eb* (llyswennod:llysywod) math o bysgodyn sy'n debyg i neidr o ran ei ffurf ac sy'n anodd gafael ynddo gan fod ei gorff mor llithrig EEL ☐ *pysgod* t.628

llythrennau *hyn ell* mwy nag un **llythyren**

llythrennedd *hwn eg* y gallu i ddarllen ac ysgrifennu LITERACY

llythrennog *a* gair i ddisgrifio rhywun sy'n gallu darllen ac ysgrifennu LITERATE

llythrennol *a* gair i ddisgrifio:
  1 rhywbeth sy'n gywir i'r llythyren olaf LITERAL
  2 cyfieithiad sy'n dilyn y testun gwreiddiol yn fanwl, air am air LITERAL
  3 union ystyr gair, nid ei ystyr ffigurol *(Roedd rhai o'r golygfeydd yn y ffilm mor erchyll nes iddynt fy ngwneud i'n sâl yn llythrennol.)* LITERAL

llythrennu *be* ysgrifennu'n gain, torri neu gerfio llythrennau (ar garreg) TO INSCRIBE

llythyr *hwn eg* (llythyrau:llythyron)
  1 neges ysgrifenedig sy'n cael ei hanfon mewn amlen fel arfer LETTER
  2 un o'r llythyrau a ysgrifennwyd gan un o ddilynwyr cynnar Iesu Grist ac a geir yn y Beibl; epistol EPISTLE

llythyr aelodaeth llythyr sy'n cael ei anfon o'r eglwys lle bu rhywun yn aelod i drosglwyddo'i aelodaeth i eglwys arall

llythyrdy *hwn eg* (llythyrdai) siop neu swyddfa sy'n delio â'r post a pheth busnes arall, e.e. biliau ffôn, trwyddedau teledu, budd-daliadau ac ati, ar ran y llywodraeth; swyddfa'r post POST OFFICE

llythyren *hon eb* (llythrennau) un o'r arwyddion ysgrifenedig hynny sy'n cynrychioli sain ar lafar, un o arwyddion yr wyddor LETTER
  llythyren fras prif lythyren, llythyren fawr megis y llythyren sy'n cael ei defnyddio ar ddechrau enw person neu le neu ar ddechrau brawddeg, e.e. A, B, C etc. CAPITAL LETTER
  llythyren y ddeddf (mynnu bod) yn fanwl gywir, dilyn rhywbeth yn ddall i'r canlyniadau a all fod yn anghyfiawn neu'n hurt THE LETTER OF THE LAW
  prif lythyren gw. **prif**

llythyru *be* gohebu â rhywun trwy gyfrwng llythyr; ysgrifennu llythyron TO CORRESPOND

llyw *hwn eg* (llywiau)
  1 llafn symudol yng nghefn llong neu gwch sy'n rheoli i ba gyfeiriad y mae'n hwylio RUDDER
  2 dyfais debyg a geir yng nghefn rhai awyrennau RUDDER
  3 yr olwyn sy'n gysylltiedig â'r llafn ac sydd o dan reolaeth capten y llong HELM
  4 olwyn yrru car, olwyn lywio cerbyd modur STEERING-WHEEL
  5 (hen ystyr) yn ffigurol, arweinydd, tywysydd *(Llywelyn ein Llyw Olaf)*
  wrth y llyw yn arwain, yn rhoi cyfeiriad *(Bydd gennym bennaeth newydd wrth y llyw o ddydd Llun nesaf ymlaen.)* AT THE HELM, IN CHARGE

llywaeth *a* gair i ddisgrifio:
  1 rhywun neu rywbeth (anifail fel arfer) sydd wedi cael ei ddofi, nad yw'n wyllt nac yn ffyrnig; dof, swci *(oen llywaeth)* PET, TAME
  2 rhywun di-asgwrn-cefn, digymeriad braidd WET

llywanen gw. **llywionen:llywanen**

llyweth *hon eb* (llywethau) cudyn o wallt RINGLET, LOCK OF HAIR

llywio *be* cyfeirio, sicrhau bod rhywbeth (fel llong) yn mynd i gyfeiriad arbennig TO STEER

llywionen:llywanen *hon eb* llen o gynfas, sgwaryn mawr o ddefnydd bras (e.e. i gasglu dail ynddo) SHEET

llywodraeth *hon eb* (llywodraethau)
  1 y rheolaeth sydd ar wlad, sir, dosbarth neu dref *(llywodraeth leol)* GOVERNMENT
  2 y rhai sydd yn rheoli gwlad (sir, dosbarth ac ati) ar unrhyw adeg *(Mae'r Frenhines yn teyrnasu ond y Llywodraeth sydd â'r grym yng ngwledydd Prydain.)* GOVERNMENT

llywodraethol *a* gair i ddisgrifio rhywbeth sy'n llywodraethu, yn rheoli *(bwrdd llywodraethol, corff llywodraethol)* GOVERNING, RULING

llywodraethu *be*
  1 rheoli, rhedeg TO GOVERN
  2 llywio, cyfeirio, rheoli *(Mae grym y llanw yn cael ei lywodraethu gan y lleuad.)* TO GOVERN, TO CONTROL, TO RULE

llywodraethwr *hwn eg* (llywodraethwyr)
  1 unigolyn neu aelod o grŵp sy'n gyfrifol am reoli rhai mathau o sefydliadau *(llywodraethwr carchar; llywodraethwyr ysgol)* GOVERNOR
  2 (yn y gorffennol) un a fyddai'n rheoli talaith neu ranbarth ar ran llywodraeth ganolog GOVERNOR
  3 person sydd wedi cael ei ethol i fod yn bennaeth talaith yn Unol Daleithiau America GOVERNOR

llywydd *hwn eg* (llywyddion)
  1 rhywun sy'n rheoli cyfarfodydd a gweithgareddau cymdeithas arbennig *(llywydd clwb rygbi)* PRESIDENT
  2 pennaeth rhai colegau prifysgol PRESIDENT
  3 pennaeth cwmni busnes, banc ac ati PRESIDENT
  4 gŵr neu wraig wadd sy'n cael ei (h)anrhydeddu ar ddiwrnod arbennig yn yr Eisteddfod Genedlaethol neu Eisteddfod Genedlaethol yr Urdd PRESIDENT (arlywydd)

llywyddiaeth *hon eb* swydd llywydd neu dymor ei swydd *(Llwyddodd i gael llawer o arian i'r clwb yn ystod ei lywyddiaeth.)* PRESIDENCY

llywyddu *be* llywio (cyfarfod), cadeirio TO PRESIDE

M

m *byrfodd* metr METRE, [m]

'm *rhagenw mewnol*
  1 yn eiddo i mi, fy *(fy mrawd a'm chwaer; fy oren a'm hafal)* MY
  2 fi *(Fe'm gwelwyd. Pwy a'm hatebodd?)* ME, I
  Sylwch: mae'n cael ei ddefnyddio ar ôl a, â, fe, gyda, tua, efo, na, i, o, mo.

mab *hwn eg* (meibion)
  1 plentyn gwryw rhywun *(Wel! Wel! Ti yw mab John Evans!)* SON □ *teulu*
  2 bachgen, gŵr ifanc *(Ar gyfer y ddawns nesaf, lluniwch gylch—mab a merch bob yn ail.)* BOY

  y Mab yr ail yn y Drindod sanctaidd o Dduw y Tad, Iesu Grist y Mab a'r Ysbryd Glân THE SON

  mab bedydd y bachgen y mae mam neu dad bedydd yn addunedu ar ei ran GODSON

  mab-yng-nghyfraith gŵr eich merch SON-IN-LAW

maban *hwn eg* (mabanod) plentyn bach iawn (yn arbennig un nad yw'n gallu siarad eto), baban, babi BABY, INFANT

Y Mabinogi sef *Pedair Cainc y Mabinogi*, rhai o'r straeon hynaf sydd gennym yn Gymraeg; maen nhw'n ffurfio'r rhan gyntaf o gasgliad llawnach o straeon yn dwyn y teitl *Y Mabinogion*

maboed gw. mebyd:maboed

mabolgampau *hyn ell* campau athletaidd, cystadlaethau yn cynnwys rhedeg, neidio a thaflu ATHLETICS, SPORTS

mabsant *hwn eg* sant sy'n cael ei gysylltu â lle arbennig, fel arfer rhywle lle y mae'r eglwys wedi'i chysegru yn ei enw; nawddsant; yn yr hen amser byddai'n arferiad cynnal dathliadau arbennig ar ddydd gŵyl mabsant PATRON SAINT

mabwysiad *hwn eg* y weithred o fabwysiadu plentyn ADOPTION

  trwy fabwysiad wedi'i fabwysiadu BY ADOPTION

mabwysiadu *be*
  1 derbyn plentyn i'w godi fel un o'r teulu gan dderbyn yr holl gyfrifoldebau cyfreithiol fel rhiant y plentyn TO ADOPT
  2 derbyn (arfer, cynllun, syniad ac ati) a'i ddefnyddio fel eich eiddo eich hun *(Ar ôl gweld pa mor effeithiol oeddynt, penderfynodd fabwysiadu eu dulliau nhw o chwarae'r gêm.)* TO ADOPT

macaroni *hwn eg* bwyd wedi'i wneud o diwbiau tenau o bast fflŵr/blawd (pasta) MACARONI

macrell *hwn neu hon egb* (mecryll) pysgodyn môr a chanddo gorff hirfain a marciau tonnog glas a gwyrdd ar ei gefn, sy'n nofio mewn heigiau mawr ac yn cael ei ddal i'w fwyta MACKEREL □ *pysgod* t.629

macsu *be* gwneud cwrw (trwy drwytho, berwi ac eplesu brag a hopys) TO BREW

macwy *hwn eg* (macwyaid) gwas ifanc; yn wreiddiol, arglwydd ifanc dan hyfforddiant marchog, ond erbyn heddiw, bachgen sy'n cymryd rhan mewn seremoni megis seremoni briodas neu seremonïau'r Orsedd PAGE, SQUIRE

macyn *hwn eg* (macynau:macynon) darn o liain (neu bapur tenau) ar gyfer sychu'r trwyn, llygaid ac ati; neisied, hances, cadach HANDKERCHIEF

mach *hwn eg* un o nifer o feichiau [meichiau]

machlud[1] **:machludiad** *hwn eg* (am yr haul) diflaniad graddol dros y gorwel, neu o'r golwg; gwrthwyneb 'codiad' SETTING, SUNSET

machlud[2] **:machludo** *be* diflannu'n raddol o'r golwg neu (am yr haul) dros y gorwel TO SET

madarch *hyn ell* (ac *enw torfol*) planhigion sy'n perthyn i deulu'r ffwng; nid ydynt yn gallu creu eu bwyd eu hunain trwy ffotosynthesis fel y mwyafrif o blanhigion eraill ac maen nhw'n cynhyrchu sborau yn lle hadau; mae rhai mathau yn fwytadwy ac eraill yn wenwynig iawn MUSHROOMS, TOADSTOOLS

madfall *hon eb* (madfallod)
  1 ymlusgiad sy'n debyg o ran ffurf i neidr ond sydd â phedair coes a chroen cennog; genau-goeg LIZARD □ *ymlusgiaid*
  2 math o ymlusgiad bach â phedair coes sy'n byw yn rhannol yn y dŵr ac yn rhannol ar y tir NEWT □ *amffibiaid*

madrigal *hon eb* (madrigalau) math o gân seciwlar, ddigyfeiliant i ddau neu ragor (hyd at chwech) o leisiau a oedd yn ei bri yn yr 16fed ganrif a dechrau'r 17eg ganrif MADRIGAL

madru *be* (am anaf neu ddolur) cael ei wenwyno a chrawni; pydru TO FESTER, TO PUTREFY

madruddyn *hwn eg* deunydd gwydn, hydwyth a geir yn lle asgwrn mewn rhai anifeiliaid ac o gwmpas cymalau mewn anifeiliaid eraill gan gynnwys dyn CARTILAGE, GRISTLE

  madruddyn y cefn y llinyn o nerfau sydd y tu mewn i'r asgwrn cefn; abwydyn y cefn SPINAL CORD

maddau *be* dweud neu deimlo eich bod yn barod i anghofio (rhyw gam a wnaed â chi); peidio â dal dig neu deimlo'n gas tuag at rywun; esgusodi *(Rwy'n ei chael hi'n anodd iawn maddau iddo ar ôl ei ymddygiad yn y parti.)* TO FORGIVE, TO PARDON

---

a b c ch d dd e f ff g ng h i j (k) l ll m n o p ph r rh s t th u w y (z)

maddeuaf *bf* rwy'n **maddau**; byddaf yn **maddau**
maddeuant hwn *eg*
1 y weithred o faddau neu'r hyn a brofwch pan fydd rhywun yn maddau i chi FORGIVENESS, PARDON
2 parodrwydd i faddau FORGIVENESS

maddeugar *a* gair i ddisgrifio rhywun sy'n barod i faddau neu rywbeth sy'n arwydd o faddeuant FORGIVING

mae *bf* trydydd person unigol amser presennol modd mynegol **bod** *(Mae Ifan yma. Sefyll y mae'r dyn. Gwnewch fel y mae eich athro yn dweud.)* IS, ARE
Sylwch: ac mae (nid *a* mae) sy'n gywir.

sut mae? gw. **sut**

maeddu *be*
1 gorchfygu, trechu, ennill, curo *(O'r diwedd fe faeddodd tîm Cymru dîm Ffrainc ym Mharis.)* TO BEAT, TO CONQUER
2 gwneud yn frwnt; difwyno, trochi (rhywbeth), baeddu TO SOIL, TO MAKE DIRTY

maen¹ hwn *eg* (main:meini)
1 darn o graig naill ai ar ffurf naturiol neu wedi'i naddu (ar gyfer adeiladu fel arfer); carreg STONE
2 plât haearn crwn i goginio arno (uwchben tân yn wreiddiol); gradell, llechfaen *(pice ar y maen)* GRIDDLE

maen clo y maen neu'r garreg ganol ym mhen uchaf bwa neu bont; carreg glo KEYSTONE

maen gwerthfawr gem PRECIOUS STONE

maen llifo maen crwn y mae modd ei droi er mwyn hogi cyllyll, llafnau, offer saer ac ati arno GRINDSTONE

maen llog y garreg ganolog lle mae'r Archdderwydd yn arwain seremonïau awyr-agored yr Orsedd

maen melin
1 un o'r ddwy garreg fawr gron sy'n malu ŷd yn flawd mewn melin MILLSTONE

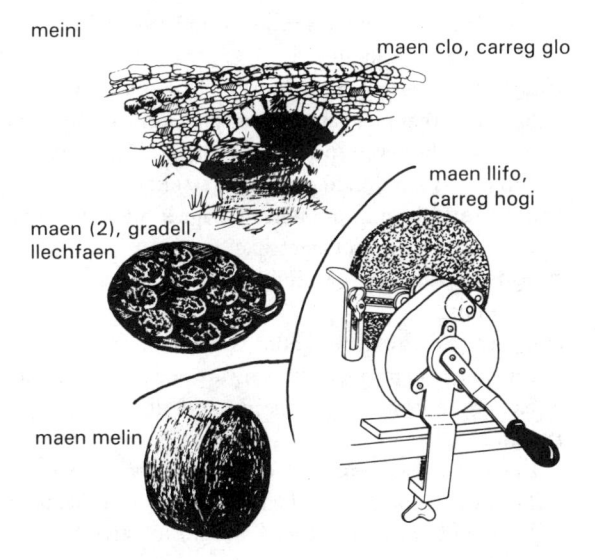

meini

maen clo, carreg glo

maen llifo, carreg hogi

maen (2), gradell, llechfaen

maen melin

2 rhywun neu rywbeth sy'n achosi llawer o bryder, gofid, trafferth ac ati; rhwystr, baich *(Roedd ar Dafydd eisiau prynu tŷ mwy ond ofnai'i wraig y byddai'i ddyled fel maen melin am eu gyddfau.)* MILLSTONE, ENCUMBRANCE

maen prawf
1 (yn wreiddiol) math arbennig o garreg lefn a gâi ei defnyddio i asesu gwerth aloiau aur ac arian yn ôl y lliw a fyddai ar y garreg wedi iddynt gael eu rhwbio ynddi TOUCHSTONE
2 erbyn heddiw, unrhyw beth a ddefnyddir fel prawf neu safon *(Eu llwyddiant neu ddiffyg llwyddiant yn y rhagbrofion fydd y maen prawf a fydd yn dangos a ydynt wedi gwella fel tîm neu beidio.)* TEST, CRITERION

maen tramgwydd rhywbeth sy'n rhwystr, sy'n llesteirio symud ymlaen *(Dim ond un maen tramgwydd sydd yn ein rhwystro rhag gorffen y gwaith yma cyn nos—a ti yw hwnnw!)* STUMBLING-BLOCK, OBSTRUCTION

mynd â'r maen i'r wal gwneud y gwaith angenrheidiol i gwblhau rhywbeth; llwyddo i gyrraedd amcan

trwyn ar y maen gw. **trwyn**

maen² *bf* sef *maen nhw*, talfyriad o *maent (hwy)*, trydydd person lluosog amser presennol modd mynegol **bod** ARE

maenor:maenol hon *eb* (maenorau)
1 cylch neu ardal dan awdurdod arglwydd (neu yr Eglwys) o dan y drefn ffiwdal; byddai ffermwyr yn cael rhentu peth o'r tir gan dalu amdano trwy wasanaethu a chyfrannu cnydau MANOR
2 (mewn enwau lleoedd) cartref yr arglwydd

maenordy hwn *eg* (maenordai) neuadd neu brif ganolfan maenor, lle byddai'r llys yn cael ei gynnal; erbyn heddiw, plasty a'i diroedd MANOR

maentumio *be* honni, mynnu, dal, taeru, haeru, dadlau dros wirionedd rhywbeth TO MAINTAIN

maer hwn *eg* (meiri) pennaeth cyngor tref neu ddinas MAYOR

maeres hon *eb* gwraig neu gymar i ŵr o faer, neu wraig sy'n cyflawni dyletswyddau gwraig maer; gwraig sy'n faer MAYORESS

maes¹ hwn *eg* (meysydd)
1 cae, darn o dir ar fferm, wedi'i neilltuo neu wedi'i amgylchynu â mur neu glawdd er mwyn i anifeiliaid bori neu i gnydau dyfu ynddo FIELD
2 unrhyw fan agored lle y mae:
   i) gêm arbennig yn cael ei chwarae *(maes rygbi)* FIELD, GROUND
   ii) deunydd arbennig yn cael ei gloddio *(maes glo, maes olew)* FIELD

a b c ch d dd e f ff g ng h i j (k) l ll m n o p ph r rh s t th u w y (z)

iii) gweithgarwch arbennig yn digwydd *(maes glanio, maes parcio, maes eisteddfod)* FIELD, AREA
3 cangen o wybodaeth neu o weithgarwch arbenigol *(Mae Rhys yn arbenigo mewn atgyweirio hen adeiladau ac yn ei faes does neb cystal ag ef.)* FIELD, AREA
4 y man lle y mae pethau yn digwydd o'i gyferbynnu â'r man lle y maent yn cael eu trefnu neu eu cynllunio *(swyddog maes)* FIELD
5 (mewn ffiseg) cylch y mae grym penodol yn effeithio arno *(maes magnetig)* FIELD
6 darn agored o fewn tref neu bentref, sgwâr *(Y Maes, Caernarfon)* SQUARE
7 y tir y mae brwydr wedi cael ei hymladd arno, brwydr *(maes y gad, ennill neu gario'r maes)* FIELD OF BATTLE
gwaith maes gw. **gwaith**
maes awyr man lle y mae awyrennau yn cael hedfan a glanio AERODROME, AIRPORT
maes llafur dogfen, fel arfer, sy'n dweud pa waith sydd yn mynd i gael ei astudio ar ryw adeg arbennig SYLLABUS
maes y gad man lle y mae brwydr wedi cael ei hymladd, neu yn cael ei hymladd, e.e. *Maesgarmon* BATTLEFIELD, BATTLEGROUND
maes²:ma's:mas *adf* (gair y De) allan *(Rwy'n mynd maes.)* OUT (allan)
Sylwch: 'mâs' yw'r ynganiad.
maes o law yn y man, cyn bo hir EVENTUALLY, BEFORE LONG
Sylwch: nid yw 'maes o law' yn arfer treiglo.
tu faes tu allan OUTSIDE
maestref *hon eb* (maestrefi) rhan allanol tref neu ddinas lle mae pobl yn byw SUBURB
maesu *be*
1 (mewn criced) dal neu rwystro pêl sydd wedi cael ei tharo TO FIELD
2 bod yn aelod o'r tîm sy'n gwneud hyn (o'i gyferbynnu â batio) TO FIELD
maeswr *hwn eg* (maeswyr) aelod o'r tîm sy'n maesu FIELDER ☐ *criced*
maeth *hwn eg* y rhan o fwyd a diod sy'n iachus ac yn peri tyfiant; lluniaeth, bwyd *(Does dim maeth yn y losin yna rwyt ti'n eu bwyta trwy'r dydd.)* NOURISHMENT
maethlon *a* gair i ddisgrifio rhywbeth sy'n llawn maeth NOURISHING
mafon *hyn ell* mwy nag un fafonen [**mafonen**]
mafon coch afan coch RASPBERRIES ☐ *ffrwythau* t.626
mafon duon mwyar duon BLACKBERRIES ☐ *ffrwythau* t.625
mafonen *hon eb* (mafon) ffrwyth bach coch sy'n tyfu ar brysgwydd pigog ac sy'n debyg o ran ffurf i'r fwyaren RASPBERRY

magïen *hon eb* (magïod) trychfilyn y mae'r fenyw, nad yw'n gallu hedfan, yn cynhyrchu goleuni gwyrdd yn ei chynffon GLOW-WORM
magl *hon eb* (maglau)
1 dyfais ac ynddi raff neu wifren sy'n tynhau am goes neu wddf anifail ac yn ei ddal SNARE, TRAP

magl

2 yr edafedd a'r tyllau sy'n cael eu ffurfio ganddynt mewn rhwyd MESH
maglu *be*
1 dal mewn magl TO SNARE, TO TRAP
2 rhwydo, dal ym maglau rhwyd TO ENMESH, TO ENTANGLE
magnel *hon eb* (magnelau) dryll mawr cryf wedi'i sicrhau i'r llawr neu i goets CANNON
magnesiwm *hwn eg* metel o liw arian sy'n llosgi'n wenfflam ac yn cyfuno â metelau eraill i wneud aloi cryf ond ysgafn MAGNESIUM
magnet *hwn eg* (magnetau) unrhyw beth sy'n gallu tynnu haearn (a rhai metelau eraill megis nicel a cobalt) ato, naill ai oherwydd priodoledd naturiol neu wrth i gerrynt trydan dreiddio trwyddo MAGNET
magnetedd *hwn eg* priodoledd magnet, neu'r hyn sy'n gwneud magnet yn fagnet MAGNETISM
magneteiddio *be* gwneud rhywbeth yn fagnet TO MAGNETIZE
magnetig *a* gair i ddisgrifio rhywbeth y mae ganddo briodoleddau magnet neu sy'n ymwneud â magnetedd, e.e. *pegwn magnetig y Gogledd* MAGNETIC
magu *be*
1 (am anifeiliaid) epilio, dod â rhai bach TO BREED
2 cadw anifeiliaid gyda'r bwriad o gynhyrchu rhai bach *(Mae fy nhad yn magu cobs Cymreig.)* TO BREED

magwraeth

3 gofalu (am blentyn) o fabandod nes ei fod wedi tyfu'n fawr *(Magodd hi chwech o blant mewn bwthyn bach â dwy ystafell ar lawr a dwy ar y llofft.)* TO RAISE, TO REAR

4 (am fabi) cario a siglo'n ysgafn gyda gofal mawr *(Bûm yn ei magu hi am ddwy awr cyn iddi benderfynu cysgu!)* TO NURSE

5 datblygu, tyfu, ennyn, cynyddu mewn (hyder, profiad ac ati) *(Mae hi'n magu mwy o hyder bob tro mae hi'n perfformio'n gyhoeddus.)* TO ACQUIRE, TO GAIN

magu bloneg mynd yn dew, tewhau

magu bol/bola mynd yn dew, tewhau

magwraeth hon *eb* y weithred o fagu neu o ddwyn i fyny; y ffordd y mae rhywun yn cael ei godi *(Magwraeth gul iawn gafodd Nain: doedd hi ddim hyd yn oed yn cael gwau ar ddydd Sul.)* UPBRINGING, BREEDING

mangl gw. **man(-)gl**

mangre gw. **man(-)gre**

maharen hwn *eg* (meheryn) hwrdd, gwryw'r ddafad yn ei lawn dwf RAM □ *dafad* (llygad maharen)

Mai[1] hwn *eg* pumed mis y flwyddyn MAY

mai[2] *cysylltair* mae'n cael ei ddefnyddio pan fydd trefn brawddeg yn cael ei newid er mwyn gosod pwyslais ar un rhan ohoni trwy ei gosod yn syth ar ôl y ferf; *taw* sy'n cael ei ddefnyddio ar lafar yn y De; cymharwch *Gwn fod John yn byw yn Aberdâr* a *Gwn mai yn Aberdâr y mae John yn byw.* THAT IT (IS), THAT

Sylwch:
1 os ydych yn ansicr pa un ai *mai* ynteu *mae* sy'n gywir: os yw'n bosibl newid y gair am y gair *taw*, *mai* yw'r ffurf gywir;
2 ac *mai* (nid *a mai*) sy'n gywir.

fel mai gyda'r canlyniad *(Roedd y llwyth mor drwm fel mai prin y gallai ei godi.)* SO THAT

maidd[1] hwn *eg* gleision, gweddillion llaeth/llefrith sur wedi i'r dafnau breision (y ceulion) gael eu defnyddio i wneud caws WHEY

maidd[2] *bf* mae ef/hi yn **meiddio**; bydd ef/hi yn **meiddio**

main[1] *a gair i ddisgrifio:*

1 rhywun neu rywbeth cul, tenau *(gŵr tal, main)* SLENDER, THIN

2 defnydd o ansawdd da, heb fod yn fras *(lliain main)* FINE

3 llais neu sŵn tenau, uchel, treiddgar *(llais main, gwichlyd)* SHRILL, THIN, PIERCING

4 (yn y Beibl) llais Duw—*'y llef ddistaw fain'* SMALL

5 craff (am y synhwyrau), fel yn *clust fain*, sy'n gallu clywed yn dda a gwahaniaethu rhwng gwahanol seiniau KEEN

6 (am wynt, awel ac ati) llym, treiddgar KEEN, BITING

7 (am amgylchiadau, amodau byw etc.) tlawd, caled, annigonol *(byw yn fain)* MEAGRE, POOR (meined, meinach, meinaf, meinion)

main y cefn rhan ganol eich cefn lle mae'n ffurfio pant, meingefn THE SMALL OF THE BACK

main[2] hyn *ell* mwy nag un **maen**[1]

mainc hon *eb* (meinciau)

1 sedd hir, weithiau a chefn iddi, i ddau neu ragor o bobl; ffwrwm, sgiw BENCH

2 bwrdd hir i weithio arno, e.e. mewn gweithdy neu labordy BENCH

3 y sedd y mae barnwr neu ynad yn eistedd arni mewn llys barn *(Pwy sydd ar y fainc heddiw?)* BENCH

4 barnwr neu ustus (neu farnwyr neu ustusiaid fel grŵp) BENCH

mainc flaen un o seddau blaen y Senedd lle y mae'r gweinidogion (ac arweinwyr yr wrthblaid) yn eistedd FRONT BENCH

meinciau cefn seddau yr aelodau seneddol hynny nad oes ganddynt swyddi swyddogol BACK BENCHES

maint hwn *eg* (meintiau)

1 pa mor fach neu fawr yw rhywbeth, mesur rhywbeth; hyd a lled, maintioli *(Beth yw maint y gynulleidfa?)* SIZE, EXTENT

2 nifer, swm, rhif, cymaint *(Cewch faint a fynnoch chi o sglodion am 50c.)* QUANTITY, NUMBER

faint? pa faint? HOW MUCH? HOW MANY?

faint o'r gloch yw hi? WHAT'S THE TIME?

maintioli hwn *eg* maint, taldra naturiol person STATURE, SIZE

maip hyn *ell* mwy nag un feipen [**meipen**]

maith *a* gair i ddisgrifio rhywbeth sy'n cymryd llawer o amser; hir iawn, poenus o hir *(Amser maith yn ôl. Cawsom bregeth faith ar afradlondeb fore dydd Sul.)* LONG, TEDIOUS (meithed, meithach, meithaf, meithion)

malais hwn *eg* y dymuniad neu'r bwriad i wneud niwed neu ddrwg MALICE, SPITE

malaria hwn *eg* twymyn neu glefyd gwledydd poeth sy'n cael ei achosi gan frathiad rhai mathau o fosgito MALARIA

maldod hwn *eg* sylw neu garedigrwydd gormodol sy'n cael ei roi i rywun neu rywbeth *(Rho di dipyn o faldod iddo ac fe wna unrhyw beth i ti!)* PAMPERING

maldodi *be*

1 mwytho, anwesu TO FONDLE

2 difetha rhywun neu rywbeth trwy roi gormod o sylw iddo TO SPOIL, TO PAMPER

maleisus *a* gair i ddisgrifio rhywbeth sydd wedi cael ei wneud â malais, neu rywun sy'n gwneud rhywbeth â'r bwriad o wneud niwed MALICIOUS, SPITEFUL

malio *be* poeni, hidio, becso, pryderu am *(Nid yw'n malio taten am na neb na dim.)* TO CARE, TO MIND

malu *be*
1 chwalu neu falurio'n bowdr mân rhwng meini neu wynebau caled *(malu gwenith yn flawd)* TO GRIND
2 torri'n ddarnau, dryllio *(Gofala di na fyddi di'n malu'r car os wyt ti'n mynd allan heno. Mae'n malu pob tegan y mae'n ei gael.)* TO SMASH, TO BREAK
3 mynd yn chwilfriw, chwalu *(Bydd yn ofalus â'r llestri 'na, neu mi fyddan nhw'n malu.)* TO SHATTER, TO BREAK (meli)

malu awyr clebran am ddim byd; siarad dwli TO TALK RUBBISH, TO PRATTLE

malurio *be*
1 malu'n fân trwy daro dro ar ôl tro â rhywbeth trwm TO POUND, TO PULVERIZE
2 chwalu neu dorri'n ddarnau bychain, dadfeilio TO DISINTEGRATE, TO CRUMBLE

malwen:malwoden *hon eb* (malwod) un o nifer o fathau o folysgiaid â chorff meddal a chragen galed ar ei chefn SNAIL □ molysgiaid

mall *a* gair i ddisgrifio rhywbeth sydd wedi pydru neu blanhigion sydd wedi'u deifio *(Fel y dywedodd Ieuan Fardd [Ieuan Brydydd Hir] am Lys Ifor Hael, 'Drain ac ysgall mall a'i medd'.)* PUTRID, BLASTED

y Fall cosb dragwyddol ar ôl marwolaeth; uffern *(ellyllon y Fall)* HELL, PERDITION

malltod *hwn eg* math o glefyd sy'n effeithio ar blanhigion ac sy'n achosi iddynt wywo a marw BLIGHT

mam *hon eb* (mamau)
1 rhiant benyw MOTHER □ teulu
2 eich mam chi MOTHER
3 teitl a roddir i bennaeth lleianod *(Y Fam Teresa o Calcutta)* MOTHER

mam fedydd gwraig (nid y fam) sy'n addunedu mewn gwasanaeth bedydd, y bydd plentyn yn cael ei fagu'n Gristion GODMOTHER

mam wen llysfam STEPMOTHER

mam-yng-nghyfraith mam eich gŵr neu fam eich gwraig; chwegr MOTHER-IN-LAW

mamaeth *hon eb* gwraig sy'n cael ei chyflogi i ofalu am blentyn bach NURSE

mamal gw. **mamolyn**

mamfaeth *hon eb* mam sy'n derbyn plentyn rhywun arall at ei theulu ei hun a chodi'r plentyn am gyfnod fel un o'r teulu ond heb dderbyn yr holl gyfrifoldebau cyfreithiol am y plentyn FOSTER-MOTHER

mam-gu *hon eb* (gair y De) nain, mam un o'ch rhieni, gwraig eich tad-cu GRANDMOTHER □ teulu

mamiaith *hon eb* iaith gyntaf plentyn, yr iaith y mae plentyn wedi cael ei fagu ynddi MOTHER TONGUE

mamog *hon eb* (mamogiaid) dafad feichiog

mamolaeth *hon eb* y cyflwr corfforol o feichiogi ac esgor, o ddod yn fam *(gwyliau mamolaeth)* MATERNITY

mamolyn *hwn eg* (mamolion) mamal; anifail (gan gynnwys bodau dynol) sy'n cael ei fwydo pan yw'n fach ar laeth o gorff ei fam MAMMAL

mamoth *hwn eg* math o eliffant blewog, mwy o lawer na'r eliffant presennol, a oedd yn byw ar y ddaear yn oesoedd cynharaf datblygiad dyn MAMMOTH

man[1] *hwn neu hon egb* (mannau) lle penodol, llecyn, pwynt (yn gorfforol neu ffigurol) *(Dyma'r man y bu farw.)* PLACE, SPOT

fan hyn yma HERE

man a man yr un man, waeth (i mi, i ti etc.) MIGHT AS WELL

man gwan gwendid, man diamddiffyn

nawr/rŵan ac yn y man bob hyn a hyn NOW AND AGAIN

un fan gw. **unfan**

yn y fan ar unwaith AT ONCE

yn y fan a'r lle yn y fan yna yn union THERE AND THEN

yn y man cyn bo hir SOON

yr un man man a man MIGHT AS WELL

man[2] *hwn eg* nod, marc *(man geni)* MARK, SPOT

mân *a*
1 bach iawn, pitw *(adar mân; arian mân)* SMALL, LITTLE, TRIFLING
2 heb fod yn arw neu'n fras; ac iddo dyllau bychain (e.e. rhwyd); wedi'i falu'n llwch (am flawd ac ati) FINE
3 dibwys *(mân siarad)* TRIFLING, PETTY

yn fân ac yn fuan â chamau bychain, cyflym

manblu *hyn ell* plu bach meddal, ysgafn *(manblu cyw)* DOWN

Manceinion *enw lle* MANCHESTER

mandarin *hwn eg*
1 swyddog uchel yn yr ymerodraeth a fu yn China MANDARIN
2 swyddog pwysig (o fewn gweinyddiaeth y Llywodraeth fel arfer) MANDARIN
3 math arbennig o oren fach sy'n hawdd ei phlicio/phlisgo MANDARIN ORANGE

Mandarin ffurf swyddogol iaith China, Chinaeg safonol, iaith Beijing (Peking) a'r Gogledd MANDARIN

mandwll *hwn eg* (mandyllau) un o'r tyllau bach iawn yn y croen y mae chwys yn dod trwyddynt PORE

maneg *hon eb* (menig) dilledyn sy'n gorchuddio'r llaw, sydd â lle priodol ynddo i bob bys a'r bawd; un o bâr gan amlaf GLOVE □ criced

maneg weddw un faneg o bâr

393

MAMOLION

- ysgyfarnog
- gwadd:gwadden:gwahadden, twrch daear
- ystlum:slumyn
- afanc, llostlydan
- cwningen
- broch, mochyn daear, pryf llwyd
- dyfrgi:dwrgi
- cadno, llwynog
- blaidd
- udfil
- cangarŵ
- arth
- dromedari
- camel
- camel Bactriaidd
- eliffant Affrica
- eliffant India
- jiráff
- rhinoseros
- dyfrfarch, hipopotamws

a b c ch d dd e f ff g ng h i j (k) l ll m n o p ph r rh s t th u w y (z)

mangl hwn *eg* (manglau) peiriant a ddefnyddir i wasgu dŵr o ddillad, drwy eu gwthio rhwng dwy roler sy'n cael eu troi â handlen ar yr ochr MANGLE

mangre hon *eb* (mangreoedd) lle, man, ardal PLACE, DISTRICT

maniffesto hwn *eg* datganiad (ysgrifenedig yn aml) o amcanion grŵp o bobl (plaid wleidyddol fel arfer) MANIFESTO

manion hyn *ell* mwy nag un peth **mân** TRIVIA, TRIFLES

manna hwn *eg*
  1 yn y Beibl, bara o'r nefoedd, y bwyd yr oedd Duw wedi'i sicrhau, trwy wyrth, ar gyfer yr Israeliaid yn yr anialwch MANNA
  2 unrhyw beth sydd yn cyrraedd fel cymorth annisgwyl ar adeg o angen *(fel manna o'r nefoedd)* MANNA

mannau hyn *ell* mwy nag un **man**

mannu *gw.* **menu**

mans hwn *eg* tŷ neu gartref gweinidog (capel) *(plant y mans; teulu'r mans)* MANSE

mantais hon *eb* (manteision)
  1 rhywbeth sydd yn mynd i fod yn gymorth i chi lwyddo, neu ennill y blaen, neu gyrraedd rhyw nod; budd, lles ADVANTAGE
  2 (mewn gêm o dennis) y pwynt nesaf i'w ennill ar ôl i'r chwaraewyr gyrraedd sgôr o 40-40 (deugain pwynt yr un) *(mantais i Miss Lloyd)* ADVANTAGE
  achub/cymryd mantais defnyddio rhywun neu rywbeth mewn ffordd annheg neu dwyllodrus; manteisio TO TAKE ADVANTAGE
  o fantais yn fuddiol, yn fanteisiol TO ONE'S ADVANTAGE

manteisio [ar] *be*
  1 elwa, defnyddio i ryw bwrpas a fydd o les i chi, achub cyfle *(Mae Caerdydd wedi manteisio ddwywaith yn awr ar yr anaf i asgellwr chwith Abertawe trwy ymosod i lawr yr asgell honno.)* TO TAKE ADVANTAGE [OF]
  2 defnyddio rhywun neu rywbeth mewn ffordd annheg neu dwyllodrus, cymryd mantais *(Doedd gen ti ddim hawl i fanteisio ar ei charedigrwydd.)* TO TAKE ADVANTAGE [OF]

manteisiol *a* gair i ddisgrifio rhywbeth sydd neu a fydd o fantais ADVANTAGEOUS

mantell hon *eb* (mentyll) clogyn, hugan, cochl, gwisg laes allanol (heb lewys fel arfer) sy'n debyg i babell o ran ffurf ac sy'n cadw person yn sych ac yn gynnes MANTLE, CLOAK, CAPE

mantol hon *eb* (mantolion) teclyn sy'n pwyso pethau trwy gael y pwysau mewn cynhwysydd ar y naill ochr i gydbwyso â phwysau mewn cynhwysydd ar yr ochr arall; clorian, tafol BALANCE

(bod) yn y fantol (bod) yn ansicr, â'r posibilrwydd y gall pethau fynd y naill ffordd neu'r llall *(Mae hwn yn gyfarfod pwysig iawn gan fod dyfodol y clwb yn y fantol.)* IN THE BALANCE, AT STAKE

troi'r fantol gwneud rhywbeth sy'n arwain at benderfyniad y naill ffordd neu'r llall TO TIP THE BALANCE

mantolen hon *eb* (mantolenni) taflen ariannol sy'n rhestru'r arian sydd wedi ei dderbyn a'r arian sydd wedi ei wario BALANCE-SHEET

mân-werthu *be* adwerthu, gwerthu nwyddau i unigolion a fydd yn debyg o ddefnyddio'r nwyddau (yn hytrach na'u gwerthu er mwyn iddynt gael eu hailwerthu) TO RETAIL

mân-werthwr hwn *eg* adwerthwr; rhywun sy'n mân-werthu RETAILER

manwl *a* gair i ddisgrifio rhywun neu rywbeth:
  1 lle mae'r pethau lleiaf (y manylion) yn cael eu mynegi neu eu trin yn llawn *(adroddiad manwl)* DETAILED
  2 lle mae'r pethau lleiaf yn hollol gywir o ran ffurf, mesur, amser ac ati *(cerflun manwl gywir o long hwylio)* PRECISE, DETAILED, EXACT (manyled, manylach, manylaf)

manyldeb:manylder:manyldra *gw.* **manylrwydd: manyldeb: manylder: manyldra**

manylion hyn *ell* mwy nag un **manylyn**
  1 pwyntiau bychain (ond pwysig weithiau) DETAILS
  2 pethau bychain dibwys DETAILS
  3 rhestr o bwyntiau mân sy'n cael eu cynnwys mewn disgrifiad PARTICULARS

manylrwydd:manyldeb:manylder:manyldra hwn *eg* y cyflwr o fod yn fanwl a gofalus; y graddau y mae rhywun neu rywbeth yn rhoi sylw i fanylion, neu bod yn fanwl gywir *(Yr oedd manylrwydd y cerflunwaith cain yn rhyfeddol.)* DETAIL, EXACTNESS, PRECISION

manylu *be* rhestru'n fanwl, cynnwys manylion TO DETAIL, TO GO INTO DETAILS

manylyn hwn *eg* un o nifer o fanylion [**manylion**]

map hwn *eg* (mapiau)
  1 darlun o wyneb y ddaear sy'n dangos ffurf gwledydd, lleoliad trefi, uchder y tir, cyfeiriad afonydd ac ati MAP
  2 cynllun sy'n dangos lleoliad y sêr neu wyneb y lleuad neu blaned MAP
  3 darlun sy'n nodi lleoliad neu gyflwr unrhyw beth *(map tywydd)* MAP
  rhoi ar y map achosi i rywbeth neu rywle gael ei ystyried yn bwysig TO PUT ON THE MAP

mapio *be* creu map TO MAP

mapiwr hwn *eg* (mapwyr) un sy'n gwneud mapiau CARTOGRAPHER

marathon hon *eb* (marathonau)
  1 ras o ryw 26 milltir ar gyfer rhedwyr MARATHON
  2 unrhyw dasg hir sy'n trethu egni person i'r eithaf MARATHON
marblen hon *eb* (marblis:marblys) pelen fach wydr a ddefnyddir gan chwaraewyr mewn gêm o farblys MARBLE
marc[1] hwn *eg* (marciau)
  1 nam, brycheuyn, toriad ac ati sy'n amharu ar olwg naturiol rhywbeth MARK
  2 arwydd wedi'i ysgrifennu neu'i argraffu sy'n rhoi rhyw wybodaeth *(marc post, marc cwestiwn)* MARK
  3 rhif neu lythyren sy'n cynrychioli barn ar ddarn o waith, ymddygiad neu berfformiad mewn cystadleuaeth *(Cefais saith marc allan o ddeg yn y prawf Ffrangeg.)* MARK
  4 man neu smotyn ar wyneb neu gorff sy'n eich galluogi i adnabod person neu anifail *(cath fach ddu a marciau gwyn ar hyd ei hochr)* MARK
  5 galwad mewn gêm o rygbi pan fydd chwaraewr un ochr yn dal y bêl yn lân ac yn sefyll yn stond, ar ôl iddi gael ei chicio gan chwaraewr o'r tîm arall; o gyflawni hyn yn iawn bydd rhyddid gan y chwaraewr a ddaliodd y bêl i'w chicio ei hun MARK
  gwneud fy (dy, ei etc.) marc bod yn llwyddiant, gadael ôl amlwg TO MAKE ONE'S MARK
  marc cwestiwn atalnod (?) a ddefnyddir ar ddiwedd brawddeg i ddangos bod cwestiwn uniongyrchol yn cael ei ofyn *('I ble rwyt ti'n mynd, Ann?' gofynnodd Dai.)* QUESTION MARK
marc[2] hwn *eg* (marciau) darn safonol o arian bath yn system ariannol yr Almaen MARK
marcio *be*
  1 gwneud marc sy'n amharu ar olwg rhywbeth *(Mae saim y sglodion wedi marcio fy nhei.)* TO MARK
  2 dyfarnu marciau fel arwydd o werth *(Mae'r athro cemeg yn marcio'n galed.)* TO MARK
  3 (mewn gêmau megis rygbi, hoci, pêl-droed ac ati) aros yn agos at wrthwynebydd a'i rwystro TO MARK

Mari Lwyd

march hwn *eg* (meirch)
  1 ceffyl gwryw yn ei lawn dwf sy'n cael ei gadw i fridio oddi wrtho STALLION
  2 ceffyl (i'w farchogaeth) STEED (gre)
marchnad hon *eb* (marchnadoedd)
  1 adeilad, sgwâr neu le agored ar gyfer prynu a gwerthu nwyddau MARKET
  2 casgliad o bobl sy'n dod ynghyd i brynu a gwerthu nwyddau, anifeiliaid ac ati, ar ddiwrnodau arbennig *(diwrnod marchnad)* MARKET
  3 ardal, gwlad neu wledydd lle y mae galw am nwyddau *(marchnad fyd-eang)* MARKET
  4 y galw am nwyddau *(Does dim marchnad i danau trydan yn anialwch y Sahara.)* MARKET
  5 cyflwr masnach mewn rhyw faes arbennig *(y farchnad lyfrau Cymraeg)* MARKET
  ar y farchnad ar werth *(Mae'n anodd gwybod pa deledu i'w brynu gan fod cymaint o wahanol fathau ar y farchnad.)*
  y Farchnad Gyffredin undeb economaidd o wledydd wedi'i sefydlu i hybu diwydiant, yn arbennig y Gymuned Economaidd Ewropeaidd a ffurfiwyd ym 1957 gan Ffrainc, Gwlad Belg, yr Iseldiroedd, Luxemburg, yr Eidal a Gorllewin yr Almaen; ym 1973 ychwanegwyd Denmarc, Iwerddon a gwledydd Prydain, ym 1981 Groeg ac ym 1986 Sbaen a Phortiwgal COMMON MARKET
marchnata *be*
  1 prynu a gwerthu TO MARKET
  2 defnyddio dulliau megis hysbysebu i berswadio pobl i brynu *(Bwrdd Marchnata Llaeth)* TO MARKET, TO PROMOTE
marchnerth hwn *eg* mesur o gryfder peiriant, yn cynrychioli'r grym sydd ei angen i dynnu 550 pwys trwy bellter o un droedfedd mewn un eiliad HORSEPOWER (HP)
marchog hwn *eg* (marchogion)
  1 person sy'n marchogaeth (ceffyl) RIDER, HORSEMAN
  2 (yn yr hen amser) milwr o haen uchaf cymdeithas (y tu allan i'r Eglwys) a fyddai'n brwydro ar gefn ceffyl; bu Urdd y Marchogion yn ei bri yn ystod yr Oesoedd Canol KNIGHT □ *rhyfelwisg*
  3 gŵr sy'n derbyn y teitl 'Syr' gan frenin neu frenhines Lloegr KNIGHT
  4 (mewn gwyddbwyll) darn ar ffurf pen ceffyl KNIGHT □ *gwyddbwyll* (sifalri)
marchogaeth *be* teithio trwy eistedd ar gefn rhywbeth (ceffyl, beic ac ati) a'i reoli TO RIDE (merchyg)
margarîn hwn *eg* bwyd tebyg i fenyn sy'n cael ei baratoi o frasterau anifeiliaid neu blanhigion MARGARINE
Mari Lwyd hon *eb* pen ceffyl a fyddai'n cael ei addurno a'i wisgo ar adeg y Nadolig a'r Calan mewn rhannau o

Gymru; byddai cwmni o gantorion yn mynd â'r Fari o dŷ i dŷ i ganu penillion gan dderbyn croeso o deisen a diod

marian *hwn eg*
1 (mewn daearyddiaeth) y llwyth o bridd a chreigiau sy'n cael ei gludo gan rewlif a'i adael naill ai ar ben y rhewlif neu wrth ei ymyl MORAINE
2 y graean neu'r tywod a geir ar lan y môr neu ar lan afon; traeth STRAND

marina *hwn eg* (marinas) harbwr ar gyfer cychod pleser ynghyd â gwestai a thai yn ymyl i bobl gael aros ynddynt MARINA

marlat:marlad *hwn eg* hwyaden wryw, ceiliog hwyaden, meilart DRAKE

marmalêd *hwn eg* math o jam wedi'i wneud fel arfer o orenau MARMALADE

marmor *hwn eg*
1 math o galchfaen arbennig o hardd sy'n cael ei ddefnyddio ar gyfer adeiladau neu feini beddau neu gerfluniau oherwydd bod modd ei gaboli MARBLE □ t.632
2 (yn ffigurol) am rywbeth gwyn, llyfn neu rywbeth oer, caled *(Yr oedd ei chroen fel marmor gwyn ac felly hefyd ei chalon.)* MARBLE

marsiandïaeth *hon eb* casgliad o bethau i'w gwerthu neu nwyddau i'w masnachu MERCHANDISE

marsiandïwr *hwn eg* (marsiandïwyr) un sy'n gwneud bywoliaeth o brynu a gwerthu nwyddau MERCHANT

marswpial *hwn eg* (marswpialod) anifail bolgodog, sef anifail y mae gan y fenyw fag bach o groen wrth ei bol i gario'i rhai bach, e.e. cangarŵ MARSUPIAL

mart *hwn eg* (martau) marchnad arbennig ar gyfer prynu a gwerthu anifeiliaid megis da/gwartheg, defaid, ceffylau ac ati *(Mae mart Tregaron yn cael ei gynnal bob yn ail ddydd Mawrth.)* MART

marw[1] *be* peidio â bod, peidio â byw, trengi, darfod TO DIE
Sylwch: *bu farw* (nid *marwodd*) sy'n gywir.

marw[2] *a* gair i ddisgrifio:
1 rhywun neu rywbeth sydd wedi peidio â bod, sydd wedi colli ei fywyd DEAD, DECEASED
2 rhywbeth nad yw'n cael ei ddefnyddio bellach *(iaith farw)* DEAD
3 rhywbeth difywyd sydd heb ysbrydoliaeth *(perfformiad marw)* LIFELESS, DEAD (meirw)
marw gelain STONE-DEAD

marwaidd *a* gair i ddisgrifio rhywun neu rywbeth sydd yn debyg i rywbeth marw; difywyd, musgrell, llethol LIFELESS, DEAD, LISTLESS

marwnad *hon eb* (marwnadau) cerdd sy'n galaru ac yn hiraethu ar ôl rhywun sydd wedi marw; galarnad *(Rhai o'r marwnadau mawr yn yr iaith Gymraeg yw marwnad Llywelyn ap Gruffudd gan Gruffudd ab yr Ynad Coch, marwnad Lewys Glyn Cothi i'w fab Siôn y Glyn, a chywydd coffa Tydfor gan Dic Jones.)* ELEGY

marwol *a* gair i ddisgrifio:
1 rhywun a fydd yn marw, nad yw'n anfarwol MORTAL
2 rhywun neu rywbeth sy'n gallu neu sy'n bwriadu lladd *(Mae rhai cyffuriau yn farwol.)* LETHAL, DEADLY, FATAL
3 rhywbeth sydd yn rhwystro neu yn lladd unrhyw dwf ysbrydol neu ddatblygiad yr enaid *(pechod marwol)* DEADLY, MORTAL

marwolaeth *hon eb* (marwolaethau) diwedd bywyd, angau DEATH, MORTALITY

marworyn *hwn eg* (marwor) darn eirias o goed neu lo wedi hanner llosgi (mewn tân marw); colsyn EMBER

marwydos *hyn ell* marwor, cols EMBERS

màs *hwn eg* (masau) (yn wyddonol) maint y deunydd sydd o fewn gwrthrych, wedi'i fesur yn ôl y grym sydd ei angen i newid ei symudiad MASS

ma's:mas *gw.* **maes**[2]**:ma's:mas**

masarnen *hon eb* (masarn) coeden sy'n perthyn i'r sycamorwydden ac sy'n tyfu yng ngwledydd gogleddol y byd; deilen y fasarnen yw arwyddlun cenedlaethol Canada MAPLE □ *coed* t.617

masg *hwn eg* (masgiau) gair arall am fwgwd [**mwgwd**] MASK

masgl *hwn eg* (masglau) y cynhwysydd hir, cul y mae hadau llysiau megis pys a ffa yn tyfu ynddo; plisgyn, cibyn, coden POD, SHELL

masgl wy darn caled, allanol wy aderyn EGG-SHELL

masiwn *hwn eg* (masiyniaid) crefftwr yn y gwaith o dorri meini neu gerrig a'u defnyddio i adeiladu; saer maen MASON

masnach *hon eb* (masnachau)
1 y busnes o brynu a gwerthu neu gyfnewid nwyddau TRADE
2 busnes neu ddiwydiant penodol *(y fasnach lyfrau)* TRADE
3 maint neu swm busnes *(Mae masnach dda mewn moron eleni.)* TRADE

masnachol *a* gair i ddisgrifio:
1 rhywbeth sy'n ymwneud â masnach, neu sydd i'w gael ym myd masnach *(defnydd masnachol)* COMMERCIAL, MERCANTILE
2 rhywbeth sy'n debyg o wneud elw *(Â phris aur mor uchel mae'n bosibl meddwl am gloddio aur Cymru ar raddfa fasnachol.)* COMMERCIAL

masnachu *be* prynu, gwerthu neu gyfnewid nwyddau neu wasanaeth TO TRADE

masnachwr *hwn eg* (masnachwyr) un sy'n masnachu TRADER, DEALER, MERCHANT

mast *hwn eg* (mastiau)
1 polyn hir, tal sy'n cynnal hwyliau neu faneri ar long MAST
2 fframwaith o fetel sy'n dal erial radio neu deledu MAST

maswedd *hwn eg* geiriau neu weithredoedd brwnt/budr, aflednais, anweddus; anlladrwydd WANTONNESS

masweddol:masweddus *a* gair i ddisgrifio:
1 hiwmor aflednais, brwnt, coch RIBALD
2 ymddygiad anweddus WANTON

maswr *hwn eg* (maswyr) (mewn gêm rygbi) yr olwr sydd (fel arfer) yn derbyn y bêl oddi wrth y mewnwr; mae gweddill yr olwyr yn chwarae y tu allan iddo OUTSIDE-HALF, FLY-HALF □ *rygbi*

mat *hwn eg* (matiau)
1 darn o ddefnydd garw, cryf ar gyfer gorchuddio rhan o'r llawr neu i sychu traed arno MAT
2 ryg neu garped bach MAT
3 darn o ddefnydd sy'n cael ei roi ar fwrdd i arbed iddo gael ei farcio gan lestri poeth neu wydrau gwlyb MAT

mater *hwn eg* (materion)
1 testun y mae gofyn i rywun roi sylw iddo *(y mater nesaf sy'n codi)* MATTER, SUBJECT, TOPIC
2 yr holl ddeunydd yn y byd a'r gofod y mae modd ei weld neu ei gyffwrdd (o'i gyferbynnu â syniadau a meddyliau) MATTER

materol *a* gair i ddisgrifio:
1 rhywun sy'n mwynhau neu yn ymhyfrydu mewn pethau corfforol ac ariannol yn hytrach na phethau'r meddwl a'r ysbryd MATERIALISTIC
2 rhywbeth sy'n ymwneud â sylwedd neu fater yn hytrach na'r meddwl neu'r dychymyg MATERIAL

matras *hwn neu hon egb* (matresi) math o gwdyn mawr yn llawn o blu, gwlân, rwber neu sbringiau metel y mae person yn cysgu arno MATTRESS

matryd ffurf lafar ar **ymddihatru**

matsen *hon eb* (matsys) sbrigyn neu goesyn bach o bren â phen o ddeunydd cemegol sy'n tanio ac yn llosgi'n fflam pan fydd yn cael ei daro yn erbyn rhywbeth garw; fflach MATCH

math[1] *hwn eg* (mathau) casgliad o bobl neu bethau sy'n rhannu'r un priodoleddau neu nodweddion; teip, bath *(Pa fath o lyfr sydd orau gen ti?)* KIND, SORT

math[2] *hon eb* fel yn *y fath beth* lle mae'r ystyr yn fwy penagored na *math*[1] ac yn sôn am natur neu ansawdd cyffredinol, haniaethol SUCH, SORT

mathemateg *hon eb* yr wyddor sy'n delio â rhifau, maint, siâp a gofod MATHEMATICS

mathemategol *a* gair i ddisgrifio rhywbeth sy'n ymwneud â mathemateg neu sy'n defnyddio mathemateg MATHEMATICAL

mathemategwr:mathemategydd *hwn eg* (mathemategwyr) un sy'n astudio neu'n arbenigo mewn mathemateg MATHEMATICIAN

mawl[1] *hwn eg*
1 mynegiant o addoliad, moliant *(emyn o fawl)* PRAISE, WORSHIP
2 mynegiant o edmygedd, clod *(Yn llysoedd tywysogion Cymru, roedd beirdd yn arfer canu cerddi o fawl iddynt.)* PRAISE

mawl[2] *bf* mae ef/hi yn **moli**; bydd ef/hi yn **moli**

mawn *hwn eg* math o dywarchen wedi'i ffurfio o fwsogl a phlanhigion wedi pydru; caiff ei sychu a'i ddefnyddio yn lle pridd, neu ei dorri'n ddarnau a'i losgi yn danwydd PEAT

mawnog *hon eb* (mawnogydd) cors o fawn PEAT-BOG

mawr *a* gair i ddisgrifio rhywun neu rywbeth:
1 mwy o faint neu o bwysau na'r cyffredin; eang, helaeth *(bachgen mawr, cae mawr)* BIG, LARGE
2 (eira, glaw) trwm HEAVY
3 pwysig, dylanwadol, gweithgar, brwdfrydig *(darllenwr mawr, yfwr mawr, dyn mawr yn y capel)* BIG, IMPORTANT, KEEN
4 o safon uchel neu o ansawdd arbennig *(rhai o chwaraewyr mawr y gorffennol)* GREAT
5 (amser) hir *(blynyddoedd mawr, sbel fawr)* LONG
6 mewn ymadroddion megis *Fydda i fawr o dro yn gorffen y llyfr 'ma* neu *Does gennyf fawr mwy i'w ddweud ar y mater* lle mae'n dynodi absenoldeb maint neu radd LITTLE, MUCH (cymaint, mwy, mwyaf)

Sylwch: pan fydd 'mawr' yn negyddol ei ystyr ac yn cyfeirio at ddiffyg neu absenoldeb maint neu radd, mae'n treiglo'n feddal *(Ni chawn wybod fawr ddim ganddo. (Nid yw) fawr o beth; fawr o werth.)*.

Y Brenin Mawr gw. **brenin**
cyrddau mawr gw. **cyrddau**
heol fawr gw. **heol**
noson fawr gw. **noson**
tywydd mawr gw. **tywydd**

mawredd *hwn eg* yr hyn sy'n nodweddiadol o ŵr (neu wraig) mawr neu achlysur mawr GREATNESS, GRANDEUR

mawredd! ebychiad GOOD GRACIOUS!

mawreddog *a* gair i ddisgrifio rhywun neu rywbeth:
1 ysblennydd ac urddasol, gwych, rhwysgfawr GRAND, DIGNIFIED
2 ymffrostgar, rhwysgfawr, hunanbwysig POMPOUS, BOASTFUL

mawrfrydedd hwn *eg* y priodoledd o fod yn hael iawn ac yn barod i helpu eraill MAGNANIMITY

mawrfrydig *a* gair i ddisgrifio rhywun â meddwl eang a delfrydau uchel sy'n barod iawn i helpu eraill GENEROUS, MAGNANIMOUS

mawrhydi hwn *eg* y teitl a ddefnyddir wrth gyfarch brenin neu frenhines *(Ei Mawrhydi Elizabeth yr Ail)* MAJESTY

mawrion hyn *ell* pobl neu bethau **mawr**; pobl bwysig neu alluog

Mawrth[1] hwn *eg* trydydd diwrnod yr wythnos (yn dilyn dydd Sul a dydd Llun) TUESDAY

Mawrth[2] hwn *eg* trydydd mis y flwyddyn MARCH

Mawrth[3] hwn *eg* y bedwaredd blaned o'r haul a'r nesaf at y Ddaear MARS □ *planedau*

mawrygu *be* moli a chlodfori TO GLORIFY, TO EXALT

MC *byrfodd* Methodist(iaid) Calfinaidd

mebyd:maboed hwn *eg* blynyddoedd cynharaf bywyd, y cyfnod o fod yn ifanc, y cyfnod o fod yn blentyn neu'n llanc; llencyndod, plentyndod CHILDHOOD, YOUTH

mecaneg hon *eb* yr adran honno mewn ffiseg sy'n disgrifio symudiadau gwrthrychau o bob math, a'r modd y defnyddir yr wybodaeth honno i gynllunio peiriannau neu offerynnau MECHANICS

mecaneiddio *be* dod â pheiriannau i wneud gwaith a fyddai'n cael ei wneud yn y gorffennol gan bobl neu anifeiliaid TO MECHANIZE

mecanwaith hwn *eg* (mecanweithiau)
1 y rhannau gwahanol y tu mewn i beiriant wedi'u cysylltu ynghyd, a'r ffordd y maent yn gweithio MECHANISM
2 trefn a swyddogaeth gwahanol rannau o fewn cyfanwaith *(mecanwaith yr ymennydd)* MECHANISM

mecanyddol *a* gair i ddisgrifio:
1 rhywbeth sydd yn cael ei weithio neu ei gynhyrchu gan beiriant MECHANICAL
2 rhywun neu rywbeth sy'n ymddwyn fel peiriant neu fel petai peiriant yn ei yrru MECHANICAL

mecryll hyn *ell* mwy nag un **macrell**

mechnïaeth hon *eb* swm o arian sy'n cael ei dalu i lys barn fel bod person sy'n cael ei gyhuddo o drosedd yn gallu bod yn rhydd nes i'w achos gael gwrandawiad gan y llys; mae'r arian yn cael ei golli os nad yw'r person yn dod i'r llys ar ddiwrnod yr achos BAIL, SURETY (meichiau)
ar fechnïaeth ON BAIL

medal hwn neu hon *egb* (medalau) cylch fflat o fetel (neu groes weithiau) ac arno lun neu eiriau, sy'n cael ei gyflwyno i berson am gyflawni rhyw gamp arbennig neu er mwyn dathlu achlysur arbennig, e.e. *Medal Gee* am ffyddlondeb i'r ysgol Sul neu'r *Fedal Ryddiaith*, un o brif wobrau'r Eisteddfod Genedlaethol MEDAL

medelwr hwn *eg* (medelwyr) un sy'n medi, un sy'n torri ŷd a'i gynaeafu REAPER

medi[1] *be* torri ŷd, torri llafur (adeg y cynhaeaf) TO REAP

Medi[2] hwn *eg* nawfed mis y flwyddyn SEPTEMBER

medr hwn *eg* (medrau)
1 gwybodaeth ymarferol ynghyd â'r ddawn neu'r gallu i wneud rhywbeth yn dda ac yn ddeheuig; sgìl SKILL, ABILITY
2 y ddawn neu'r gallu neu'r grym i wneud rhywbeth CAPACITY

medru *be*
1 gwybod sut i wneud rhywbeth, gallu deall a siarad iaith *(Wyt ti'n medru nofio? Wyt ti'n medru Ffrangeg?)* TO KNOW
2 bod â'r gallu i, gallu *(A fedri di ddod nos Wener?)* TO BE ABLE

medrus *a* galluog, abl, deheuig, dawnus *(Mae'n yrrwr medrus.)* SKILFUL, EXPERT, CLEVER

medrusrwydd hwn *eg* gair arall am **medr**

medrydd hwn *eg* (medryddion) teclyn ar gyfer mesur maint pethau, megis lled gwifren neu faint o law sydd wedi disgyn GAUGE, METER

medrydd

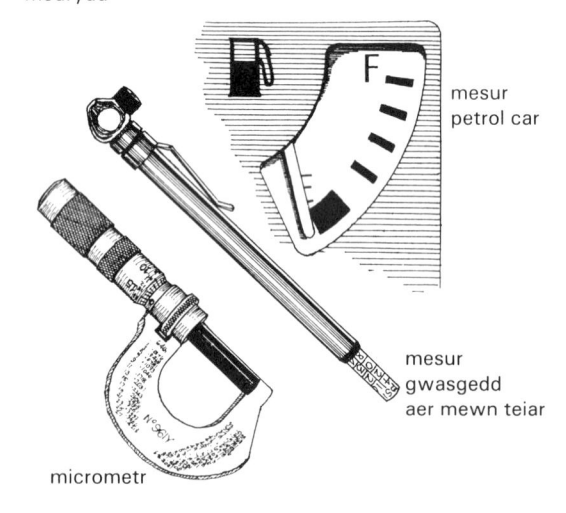

mesur petrol car

mesur gwasgedd aer mewn teiar

micrometr

medd[1] hwn *eg* diod feddwol wedi'i macsu o fêl MEAD

medd[2] *bf* ebe, ebr (yn yr amser presennol)
Sylwch: defnyddir 'medd' (SAYS) a 'meddai' (SAID) wrth ddyfynnu'r hyn y mae siaradwr neu awdur yn ei ddweud; *ac medd* ac *ac meddai* (nid *a medd* ac *a meddai*) sy'n gywir.

medd[3] *bf* mae ef/hi yn **meddu**; bydd ef/hi yn **meddu**

meddal *a* gair i ddisgrifio rhywun neu rywbeth:
1 sydd heb fod yn galed, sydd yn pantio neu'n 'rhoi' wrth ei gyffwrdd, sy'n newid ei ffurf yn rhwydd *(Mae'r menyn yn mynd yn feddal ar y tywydd poeth 'ma.)* SOFT
2 sy'n llai caled na'r arfer *(Mae plwm yn fetel meddal.)* SOFT
3 sy'n llyfn ac yn braf wrth ei deimlo *(gwallt meddal)* SOFT
4 sy'n ysgafn neu'n bleserus i'r synhwyrau *(goleuni meddal)* SOFT
5 tyner, hawdd dylanwadu arno *(Mae ganddo galon feddal iawn.)* TENDER, SOFT
6 (diod) heb alcohol ynddi SOFT
7 (dŵr) pur, heb y sylweddau hynny sy'n rhwystro gwaith sebon SOFT
treiglad meddal y treiglad pan fydd llythrennau caled megis *p* a *t* yn cael eu meddalu i *b a b a d* yn troi yn *f* ac *dd* SOFT MUTATION

meddalnod hwn *eg* (meddalnodau) (mewn cerddoriaeth) nodyn â'r arwydd *b* o'i flaen sy'n ei wneud hanner tôn yn is na'r nodyn cysefin FLAT

meddalu *be* gwneud neu ddod yn fwy meddal, tyneru, *(Rho'r menyn wrth y tân iddo gael meddalu. Mae'n defnyddio olew arbennig i feddalu'r croen.)* TO SOFTEN

meddalwch hwn *eg* y cyflwr o fod yn feddal SOFTNESS

meddalwedd *enw torfol* (mewn cyfrifiadureg) y systemau ar ffurf rhaglenni cyfrifiadurol (yn hytrach na'r peirianwaith) sy'n rheoli'r hyn y mae'r cyfrifiadur yn ei wneud SOFTWARE

medd-dod:meddwdod hwn *eg* y cyflwr y mae rhywun ynddo ar ôl yfed gormod o ddiod gadarn DRUNKENNESS, INTOXICATION

meddiannau hyn *ell* mwy nag un **meddiant**; yr hyn y mae rhywun yn berchen arno, neu sydd ym meddiant person POSSESSIONS, BELONGINGS

meddiannu *be*
1 cymryd meddiant o rywbeth, perchenogi *(Mae goresgynwyr wedi meddiannu'r wlad.)* TO TAKE POSSESSION OF, TO OCCUPY
2 (am ysbryd, ofn ac ati) cymryd meddiant o berson; bod â dylanwad mor gryf ar rywun nes rheoli'i weithredoedd *(Fe'i meddiannwyd gan ofn.)* TO POSSESS (meddiennir)

Sylwch: dyblwch yr 'n' ym mhob un o ffurfiau'r ferf ac eithrio'r rhai sy'n cynnwys -as-.

meddiant hwn *eg* (meddiannau)
1 eiddo, perchenogaeth; y weithred o feddu ar rywbeth *(Roedd gan fy nain lawer o bethau gwerthfawr yn ei meddiant. Mae'r wlad ym meddiant y gwrthryfelwyr.)* POSSESSION, OCCUPATION
2 rheolaeth dros dro gan chwaraewr neu dîm ar y bêl mewn gêm bêl-droed, rygbi ac ati POSSESSION

meddiennir *bf* mae rhywun neu rywbeth yn cael ei feddiannu; bydd rhywun neu rywbeth yn cael ei feddiannu [**meddiannu**]

meddu [**ar**] *be*
1 bod yn berchen (ar), meddiannu TO OWN, TO TAKE POSSESSION OF
2 bod â phriodoledd neu gymhwyster neu ansawdd arbennig *(Mae'n meddu ar bersonoliaeth hynaws.)* TO POSSESS (medd³)

meddw *a* gair i ddisgrifio rhywun sydd wedi meddwi neu sy'n teimlo neu'n ymddwyn fel pe bai wedi meddwi; brwysg DRUNK, INEBRIATE
meddw chwil:meddw gaib:meddw gorn wedi meddwi'n llwyr BLIND DRUNK, SOZZLED

meddwdod gw. **medd-dod:meddwdod**

meddwi *be*
1 yfed gormod o ddiod feddwol nes eich bod yn colli rheolaeth arnoch eich hun TO GET DRUNK, TO BE INTOXICATED
2 annog neu fwydo rhywun â diod feddwol nes iddo golli arno'i hun TO GET DRUNK, TO INTOXICATE
3 teimlo neu ymddwyn fel petaech yn feddw; profi rhyw deimlad cyffrous, afreolus *(Mae wedi meddwi ar ei lwyddiant.)* TO INTOXICATE

meddwl¹ hwn *eg* (meddyliau)
1 y rhan honno o berson sy'n gwybod, sy'n cael syniadau, sy'n teimlo, sy'n dymuno ac sy'n dewis (o'i gyferbynnu â'r corff) (THE) MIND
2 y ffordd y mae person yn trin a threfnu ei syniadau *(Mae ganddi feddwl clir iawn.)* MIND
3 bwriad, syniad *(Beth oedd dy feddwl di?)* MIND, THOUGHT, IDEA
ar fy (dy, ei etc.) meddwl sefyll yn y cof, bod ar flaen y meddwl ON ONE'S MIND
(bod â) meddwl agored bod heb ragfarn; heb fod wedi penderfynu (TO BE) OPEN-MINDED
cloffi rhwng dau feddwl gw. **cloffi**
dweud ei feddwl gw. **dweud**

meddwl² *be*
1 defnyddio'ch rheswm, dod i rai casgliadau, cael syniad, dod i benderfyniad *(Roeddwn i'n meddwl ei bod hi'n ffilm dda. Rwy'n meddwl yr af i i nofio yfory os bydd hi'n braf.)* TO THINK
2 dychmygu, deall, credu, ystyried yn ofalus *(Meddyliaf amdano.)* TO THINK
3 cofio *(Rwy'n methu'n lân â meddwl beth yw ei enw.)* TO THINK

meddwol   400   **meiddio**

4 disgwyl, bwriadu, golygu *(Doeddwn i ddim yn meddwl y buaswn i mor hwyr â hyn.)* TO THINK
meddwl am ystyried TO THINK OF
meddwl ddwywaith ystyried yn ofalus TO THINK TWICE
meddwl fy (dy, ei etc.) hun meddwl fy hun yn rhywun pwysig TO BE CONCEITED
meddwl y byd o caru, hoffi yn fawr iawn TO THINK THE WORLD OF
meddwl yn uchel
1 parchu, bod â golwg ar TO THINK HIGHLY OF
2 siarad â chi eich hun TO THINK ALOUD
nid wyf (wyt, yw etc.) yn meddwl dim am gwrthwyneb *meddwl yn uchel*, heb fod â golwg ar I DON'T THINK MUCH OF
meddwol *a* gair i ddisgrifio rhywbeth sy'n meddwi, sy'n achosi meddwdod INTOXICATING, HEADY
meddwyn hwn *eg* un sy'n feddw neu un sy'n meddwi yn aml DRUNKARD
meddyg hwn *eg* (meddygon) doctor, aelod o'r proffesiwn sy'n trin cleifion ac yn gofalu am iechyd pobl DOCTOR, PHYSICIAN
meddygaeth hon *eb* yr wyddor o drin a deall clefydau ac afiechyd MEDICINE
meddygfa hon *eb* (meddygfeydd) ystafell neu adeilad lle y gall person fynd i weld meddyg neu ddeintydd SURGERY
meddyginiaeth hon *eb* (meddyginiaethau) ffordd o wella poen neu afiechyd; triniaeth neu foddion ar gyfer cael gwared â chlefyd REMEDY, MEDICATION
meddygol *a* gair i ddisgrifio:
1 rhywun neu rywbeth sy'n ymwneud â'r wyddor o feddygaeth, neu â meddygon MEDICAL
2 triniaeth ar gyfer afiechyd nad yw'n llawdriniaeth MEDICAL
meddylgar *a* gair i ddisgrifio rhywun neu rywbeth:
1 sy'n dangos cryn dipyn o feddwl, neu sy'n mynegi meddyliau *(Ar ôl clywed y newyddion, daeth golwg feddylgar iawn i'w wyneb.)* THOUGHTFUL, PENSIVE
2 sy'n parchu teimladau pobl eraill *(gweithred feddylgar)* THOUGHTFUL, CONSIDERATE
meddyliaf *bf* rwy'n **meddwl**; byddaf yn **meddwl**
meddyliau hyn *ell* mwy nag un **meddwl**[1]
  chwalu meddyliau gw. **chwalu**
  hel meddyliau gw. **hel**
meddyliol *a* gair i ddisgrifio rhywun neu rywbeth sy'n ymwneud â'r meddwl neu'n perthyn i'r meddwl *(Roedd gyrru'r car am chwe awr heb seibiant yn straen meddyliol a chorfforol erbyn y diwedd.)* MENTAL

meddyliwr hwn *eg* (meddylwyr) un sy'n meddwl yn ddwfn ac yn dreiddgar THINKER
mefl hwn *eg* (meflau) nam, bai, diffyg, sy'n rhwystro rhywbeth rhag bod yn berffaith *(Oni bai am rai mân feflau byddai wedi cael marciau llawn yn yr arholiad.)* BLEMISH, FLAW
mefusen hon *eb* (mefus)
1 planhigyn sy'n tyfu'n agos i'r llawr ac sy'n dwyn ffrwythau melys coch, bwytadwy STRAWBERRY
2 un o ffrwythau'r planhigyn hwn, syfien STRAWBERRY ☐ *ffrwythau* t.624
megi *bf* rwyt ti'n **magu**; byddi di'n **magu**
megin hon *eb* (meginau) teclyn ar gyfer chwythu aer i dân neu organ BELLOWS

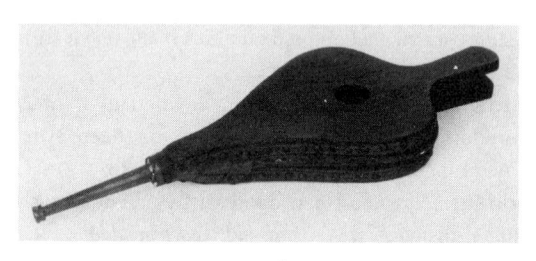

megin

megis[1] *cysylltair* fel, tebyg (gair braidd yn llenyddol) *(Megis yn y nef felly ar y ddaear hefyd.)* AS
Sylwch: ac megis (nid a megis) sy'n gywir.
megis[2] *ardd* fel, cyffelyb i, yr un fath â *(Rwy'n cofio'r achlysur megis ddoe.)* LIKE, AS
Mehefin hwn *eg* chweched mis y flwyddyn JUNE
meheryn hyn *ell* mwy nag un **maharen**
meibion hyn *ell* mwy nag un **mab**
meicro... gw. **micro...**[1]
meichiad hwn *eg* (meichiaid) 'bugail' moch, un sy'n gofalu am foch SWINE-HERD
meichiau hwn *eg*
1 rhywun sy'n derbyn cyfrifoldeb am y ffordd y bydd rhywun arall yn ymddwyn SURETY
2 arian sy'n cael ei dalu i lys barn er mwyn sicrhau bod person sy'n cael ei gyhuddo o drosedd yn gallu bod yn rhydd nes i'w achos gael gwrandawiad gan y llys; mae'r arian yn cael ei golli os nad yw'r person yn dod i'r llys ar ddiwrnod yr achos; mechnïaeth SURETY, BAIL
meidr gw. **beidr:meidr**
meidrol *a* gair i ddisgrifio rhywbeth a therfyn neu ddiwedd iddo (megis bywyd person) *(bod meidrol)* FINITE
meiddio *be* beiddio, bod yn ddigon dewr neu yn ddigon eofn i wneud rhywbeth *(Paid ti â meiddio mynd i'r*

a b c ch d dd e f ff g ng h i j (k) l ll m n o p ph r rh s t th u w y (z)

ddawns os nad wyt ti wedi gorffen dy waith cartref.) TO DARE, TO VENTURE (maidd)

meilart *hwn eg* ceiliog hwyaden, marlat DRAKE

meillionen *hon eb* (meillion) un o nifer o wahanol fathau o blanhigion bychain sydd fel arfer â thair deilen a blodau gwyn neu goch; mae'n cael ei defnyddio fel bwyd i'r da/gwartheg yn aml CLOVER □ *blodau* t.619

meim *hwn neu hon egb* (meimiau)
1 yr arfer o ddefnyddio symudiadau i gyflwyno ystyr (yn ddifyrrwch gan amlaf) MIME
2 yr actio a geir pan na fydd geiriau'n cael eu defnyddio (e.e. mewn *ballet*) MIME

meimio *be*
1 actio heb eiriau, gan ddefnyddio symudiadau yn unig TO MIME
2 dynwared rhywun (heb ddefnyddio geiriau) mewn ffordd ddoniol TO MIME

meinach: meinaf: meined *a* mwy **main**, mwyaf **main** mor fain [**main**]

meinciau *hyn ell* mwy nag un fainc [**mainc**]

meincnod *hwn eg* (meincnodau) arwydd wedi'i osod ar bwynt arbennig y gwyddom beth yw ei uchder, ac sy'n cael ei ddefnyddio wedyn i fesur pellterau ac uchderau eraill wrth lunio mapiau BENCH-MARK

meindio *be* fel yn *meindia dy fusnes*, gofalu, hidio TO MIND

meingefn *hwn eg*
1 gwaelod y cefn lle y mae'n troi tuag i mewn, main y cefn SMALL OF THE BACK
2 cefn (llyfr) SPINE

meini *hyn ell* mwy nag un **maen**¹

meinion *a* gair i ddisgrifio mwy nag un peth **main**¹

meinir *hon eb* (hen air) geneth, merch, morwyn MAIDEN

meintiau *hyn ell* mwy nag un **maint**

meinwe *hwn eg* (meinweoedd)
1 celloedd o'r un math mewn planhigyn neu anifail sy'n ffurfio organau arbennig TISSUE
2 defnydd main, rhwyllog sy'n cael ei osod ar glwyfau, neu sy'n cael ei ddefnyddio weithiau fel llenni GAUZE

meiopia *hwn eg* y term meddygol am fethiant i weld pethau pell yn glir; golwg byr MYOPIA

meipen *hon eb* (maip) llysieuyn crwn, melyn tebyg i erfinen neu rwden SWEDE □ *llysiau* t.635

meirch *hyn ell* mwy nag un **march**
gwŷr meirch gw. **gwŷr**

meiri *hyn ell* mwy nag un **maer**

meirioli *be* toddi (am rywbeth sydd wedi rhewi), dadlaith, dadmer TO THAW

meirw:meirwon¹ *a* gair i ddisgrifio mwy nag un peth **marw**

meirw:meirwon² *hyn ell* mwy nag un person marw THE DEAD

meistr *hwn eg* (meistri:meistriaid)
1 gŵr sy'n rheoli pobl, anifeiliaid neu bethau *(meistr tir)* MASTER
2 pennaeth teulu a thŷ MASTER
3 (hen arfer) athro MASTER
4 gŵr sy'n cyflogi gweision neu weithwyr MASTER, BOSS
5 gŵr sy'n fedrus iawn mewn crefft, sydd wedi meistroli rhyw faes o wybodaeth MASTER

meistres *hon eb* (meistresi) gwraig sydd mewn awdurdod, gwraig y meistr MISTRESS

meistrolaeth *hon eb* y cyflwr o fod yn feistr, o fod wedi meistroli rhywun neu rywbeth MASTERY

meistrolgar *a* gair i ddisgrifio:
1 rhywun sy'n ymddwyn fel meistr, sydd â'r ddawn neu'r awydd i reoli eraill MASTERFUL
2 rhywun sy'n amlygu cryn ddawn neu fedrusrwydd MASTERLY

meistroli *be*
1 llwyddo i reoli rhywun neu rywbeth, gorchfygu, dod yn feistr ar *(Cyn iddo fedru bod yn hyfforddwr da, byddai'n rhaid i John lwyddo i feistroli ei dymer wyllt.)* TO MASTER
2 dod i allu gwneud rhywbeth yn dda iawn, bod yn feistr *(Dysgodd sut i ganu'r corn mewn ychydig fisoedd ond fe gymerodd flynyddoedd iddo ei feistroli.)* TO MASTER

meitin *hwn eg* fel yn *ers meitin*, sef ers cryn amser (wrth sôn am rywbeth sydd wedi digwydd lai na diwrnod yn ôl) *(Rwyt ti'n hwyr, rwy'n barod i fynd ers meitin.)* (FOR) SOME TIME

meitrog *a* fel yn *uniad meitrog*, sef uniad rhwng dau ddarn (o bren fel arfer) lle y mae'r ddau'n cael eu torri ar ongl o 45° ac wrth eu huno ceir ongl o 90° fel cornel fframyn llun MITRE, MITRED □ *uniad*

meithach:meithaf:meithed *a* mwy **maith**: mwyaf **maith**: mor faith [**maith**]

meithion *a* gair i ddisgrifio mwy nag un peth **maith** *(oriau meithion y nos)*

meithrin *be* gofalu, bwydo a chodi yn ofalus, magu, coleddu TO NOURISH, TO CHERISH, TO CULTIVATE, TO REAR

ysgol feithrin gw. **ysgol**

meithrinfa *hon eb* (meithrinfeydd)
1 ystafell lle y mae plant ifainc iawn yn derbyn gofal am amser penodedig fel arfer tra bo'u rhieni yn gweithio NURSERY, CRÈCHE
2 man lle y mae planhigion ifainc yn cael eu tyfu i'w gwerthu neu eu hailblannu NURSERY

mêl *hwn eg* hylif tew, melys, bwytadwy sy'n cael ei gynhyrchu gan wenyn HONEY

dil mêl gw. **dil**

mêl ar fy (dy, ei etc.) mysedd rhywbeth (anhwylustod rhywun arall yn aml) sydd wrth fy modd MUSIC TO ONE'S EARS

mis mêl gw. **mis**

yn fêl i gyd yn dwyllodrus neu'n wenieithus o groesawgar FULL OF SWEETNESS AND LIGHT, ALL OVER (ME)

melan hon eb tristwch neu iselder ysbryd dros gyfnod o amser, yn aml heb unrhyw reswm amlwg; y cyflwr o fod yn bruddglwyfus *(Mae John druan yn y felan ers dyddiau.)* MELANCHOLY, DEPRESSION

canu'r felan math o gerddoriaeth araf, drist a ddaeth yn wreiddiol o dde Unol Daleithiau America ac sy'n gysylltiedig â'r negro BLUES

melen a ffurf ar **melyn** sy'n cael ei defnyddio ag enw benywaidd (gair sy'n cael ei ddilyn gan 'hon'), e.e. *ffrog felen*

melfaréd hwn eg defnydd cotwm trwchus, cryf a rhesi o rigolau ynddo, sy'n cael ei ddefnyddio fel arfer i wneud dillad allanol CORDUROY

melfed hwn eg defnydd â gwead tyn, wedi'i wneud o sidan, neilon, cotwm ac ati; mae un ochr iddo'n teimlo'n feddal ac yn llyfn fel ffwr VELVET

melfedaidd a gair i ddisgrifio rhywbeth sydd mor feddal, llyfn a moethus â melfed VELVETY

meli bf rwyt ti'n **malu**; byddi di'n **malu**

melin hon eb (melinau)
1 adeilad sy'n cynnwys peirianwaith i falu ŷd neu rawn yn flawd MILL
2 math o ffatri neu siop waith ar gyfer cynhyrchu a thrin rhai mathau o ddefnyddiau, e.e. *melin ddur, melin wlân, melin gotwm* MILL
3 peiriant bach y mae modd malu rhywbeth penodol yn bowdr ynddo *(melin goffi, melin bupur)* MILL

melin ddŵr melin lle y mae dŵr yn troi rhod (olwyn) sydd yn ei thro yn troi meini'r felin, neu yn gweithio rhyw beirianwaith arall WATER-MILL

melin wynt math arall o felin lle y mae'r gwynt yn troi hwyliau mawr sydd yn eu tro yn gweithio'r peirianwaith WINDMILL

mynd trwy'r felin cael profedigaethau caled neu brentisiaeth ddidostur TO GO THROUGH THE MILL

troi'r dŵr at fy (dy, ei etc.) melin fy hun troi rhywbeth at fy mhwrpas fy hun ac er fy lles i fy hun TO TURN TO ONE'S ADVANTAGE

melinydd hwn eg (melinwyr:melinyddion) perchennog melin sy'n malu blawd neu'r un sy'n ei gweithio MILLER

melodaidd a gair i ddisgrifio rhywbeth ac iddo felodi; persain MELODIOUS

melodi hon eb (melodïau)
1 alaw, y dôn adnabyddus neu gofiadwy mewn darn o gerddoriaeth MELODY
2 un o'r tair elfen (ynghyd â chynghanedd a rhythm) sy'n gwneud cerddoriaeth MELODY

melon hwn eg (melonau) un o nifer o fathau o ffrwythau mawr, crwn, melys, llawn sudd a chanddynt groen gwyrdd (neu felyn) caled MELON □ *ffrwythau* t.626

melyn a gair i ddisgrifio rhywbeth sydd yr un lliw ag aur, menyn neu flodyn cenhinen Bedr YELLOW (melen) □ t.622

melynu be troi'n felyn *(papur yn melynu yn yr haul)* TO YELLOW (melen)

melynwy hwn eg darn melyn canol wy YOLK

melys a gair i ddisgrifio:
1 rhywbeth sydd â blas tebyg i siwgr neu sydd â siwgr ynddo neu drosto *(Mae'r te yma'n rhy felys i mi.)* SWEET
2 blas neu seiniau dymunol, peraidd, hyfryd (ond am flas yn bennaf) SWEET
3 gwin nad yw'n sych, sydd â siwgr ynddo nad yw wedi troi'n alcohol SWEET
4 dymunol iawn, fel yn yr ymadrodd *melys moes mwy* SWEET, LOVELY

melys gybolfa treiffl TRIFLE

melysion hyn ell darnau bychain lliwgar o siwgr neu siocled (fel arfer) y mae pobl, a phlant yn arbennig, yn mwynhau'u sugno neu'u cnoi rhwng prydau bwyd, yn hytrach nag yn rhan ohonynt; losin, da-da, fferins, taffis, pethau da SWEETS

melyster:melystra hwn eg y cyflwr neu'r ansawdd o fod yn felys SWEETNESS

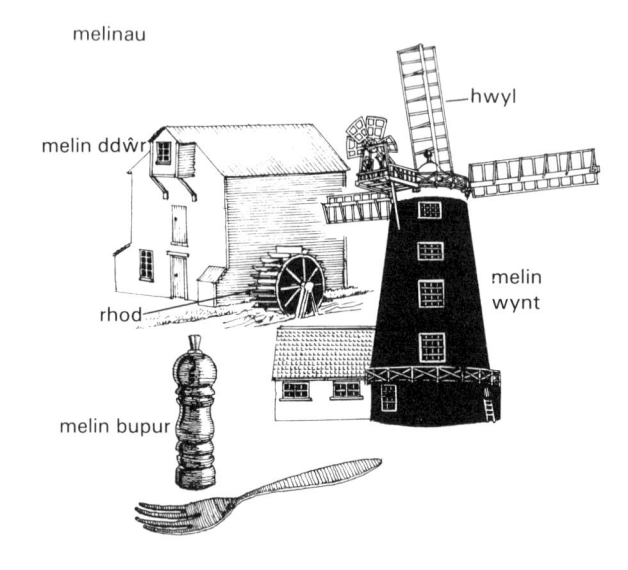

melinau

melin ddŵr — hwyl

rhod — melin wynt

melin bupur

melysu *be* gwneud neu fynd yn felys TO SWEETEN

mellten *hon eb* (mellt) fflach gref o oleuni yn yr awyr sy'n cael ei dilyn fel arfer gan daran; llucheden LIGHTNING □ *bollt*

melltennu:melltio *be*
1 fflachio â mellt
2 fflachio, disgleirio, serennu (gan amlaf fel arwydd o ddicter) *(Roedd ei llygaid yn melltennu â chynddaredd.)* TO FLASH

melltigedig *a* gair i ddisgrifio rhywun neu rywbeth:
1 sydd wedi'i felltithio, sy'n dioddef yn eithafol o anlwc neu anffawd ACCURSED
2 sy'n cael ei gasáu oherwydd iddo achosi dioddefaint neu anffawd (yn aml â grym rheg) ACCURSED

melltith *hon eb* (melltithion)
1 gair neu frawddeg sy'n galw ar Dduw, y nefoedd, ysbryd ac ati i ddial neu i wneud drwg i rywun neu rywle CURSE
2 y canlyniad i hyn, y drwg sy'n disgyn ar rywun neu rywle *(Mae'r llwyth dan felltith.)* CURSE
3 yr hyn sy'n peri niwed, yr hyn sy'n achosi drwg *(Mae llwynogod yn gallu bod yn felltith i ffermwyr.)* CURSE

melltithio *be* bwrw melltith ar, galw ar felltith Duw, rhegi, cablu TO CURSE, TO DAMN

memrwn *hwn eg* (memrynau)
1 croen anifail (dafad neu afr fel arfer) wedi'i baratoi fel bod modd ysgrifennu neu beintio arno PARCHMENT
2 darn trwchus o bapur o ansawdd da sy'n debyg ei olwg i femrwn iawn PARCHMENT
3 darn o ysgrifen ar femrwn PARCHMENT (felwm)

men *hon eb* (menni) cerbyd â phedair olwyn ar gyfer llwythi trymion; byddai'n cael ei thynnu gan geffylau neu ychen WAGON □ *wagen*

menig *hyn ell* mwy nag un faneg [**maneg**]
menni *hyn ell* mwy nag un fen [**men**]
mennu gw. **menu**

menter:mentr *hon eb* (mentrau)
1 ffordd o weithredu neu weithred nad yw'n glir beth fydd ei chanlyniad *(menter fusnes)* VENTURE
2 beiddgarwch, parodrwydd i wynebu her VENTURE, RISK

mentro *be*
1 derbyn yr her o fynd i rywle peryglus neu o wneud rhywbeth peryglus; meiddio, beiddio *(Does bosib dy fod ti'n mynd i fentro'n ôl i'r lle 'na ar ôl beth ddigwyddodd ddydd Sadwrn?)* TO VENTURE, TO RISK
2 meiddio dweud rhywbeth sy'n debyg o gael ei wrthwynebu neu ei wawdio *(Sut y mentri di ddweud y fath beth ar ôl yr holl ofal a gefaist gennym?)* TO VENTURE, TO HAZARD, TO DARE

mentrus *a* gair i ddisgrifio:
1 rhywun dewr sy'n barod i fentro; beiddgar DARING
2 rhywbeth sydd yn fenter, rhywbeth sy'n beryglus VENTURESOME, RISKY

mentyll *hyn ell* mwy nag un fantell [**mantell**]

menu:mennu:mannu *be* (gair tafodieithol) tarfu, torri ar draws, effeithio *(Dydy ei eiriau yn mennu dim arnaf.)* TO AFFECT

menyn:ymenyn *hwn eg* math arbennig o fraster melyn sy'n fwyd poblogaidd a maethlon, ac sy'n cael ei gynhyrchu trwy wahanu braster hufen oddi wrth y dŵr trwy ei gorddi BUTTER

menyw *hon eb* (menywod)
1 person benyw, benyw FEMALE
2 person benyw yn ei llawn dwf; gwraig WOMAN

mêr *hwn eg* y sylwedd meddal, bras a geir yng nghanol esgyrn MARROW

ym mêr fy (dy, ei etc.) esgyrn yn fy nghalon, yn fy hanfod IN (MY) BONES

mercwri *hwn eg* metel gloyw, ariannaidd, trwm sy'n bod fel hylif ar dymheredd cyffredin; mae'n elfen, ac yn cael ei ddefnyddio mewn offer gwyddonol megis thermomedrau a baromedrau; arian byw MERCURY, QUICKSILVER

merch *hon eb* (merched)
1 person ifanc benywaidd, geneth, lodes, croten, hogen GIRL
2 plentyn benyw rhywun *(Ai merch John Evans wyt ti?)* DAUGHTER □ *teulu*

hen ferch gw. **hen**

merch fedydd y ferch y mae mam neu dad bedydd yn addunedu ar ei rhan GOD-DAUGHTER

merch-yng-nghyfraith gwraig eich mab DAUGHTER-IN-LAW

merch ysgol merch o'r oedran i fynychu ysgol uwchradd (fel arfer), neu ferch sy'n mynychu ysgol uwchradd arbennig SCHOOLGIRL

Mercher[1] *hwn eg* y pedwerydd dydd o'r wythnos WEDNESDAY

Mercher[2] *hwn eg* y blaned agosaf at yr haul; cafodd ei henwi ar ôl negesydd y duwiau Rhufeinig MERCURY □ *planedau*

mercheta *be* (am ddyn) canlyn merched, bod yn hoff o gwmni merched a'i geisio yn aml TO WOMANIZE

merchetaidd *a* gair i ddisgrifio rhywun (bachgen neu ŵr fel arfer) neu rywbeth sy'n ymddwyn fel merch neu sy'n debyg i ferch EFFEMINATE

merchyg *bf* (ffurf anarferol erbyn hyn) mae ef/hi yn **marchogaeth**; bydd ef/hi yn **marchogaeth**

merddwr *hwn eg* (merddyfroedd) dŵr llonydd, disymud lle nad oes dim yn tyfu na dim pysgod yn gallu byw; gwrthwyneb dŵr croyw STAGNANT WATER

merfaidd *a* gair i ddisgrifio rhywbeth heb flas; gwan, diflas INSIPID, TASTELESS

meridian *hwn eg* (meridianau) un o nifer o linellau dychmygol sy'n cael eu dangos ar fapiau, yn rhedeg o Begwn y Gogledd i Begwn y De; y mae pob lle sydd ar yr un meridian o'r un hydred MERIDIAN

merlen *hon eb* (merlod) merlyn benyw

merlota *be* treulio gwyliau neu amser hamdden trwy farchogaeth merlod gyda chwmni yn yr awyr agored PONY-TREKKING

merlyn *hwn eg* (merlod) ceffyl bach ysgafn *(merlyn mynydd)* PONY (merlen)

merllysen *hwn eg* (merllŷs:merllysiau) planhigyn y mae ei flagur ifainc gwyrdd yn cael eu bwyta fel llysiau ASPARAGUS □ llysiau t.634

(y) Mers arglwyddiaethau (darnau eang o dir dan awdurdod arglwydd) go annibynnol a sefydlwyd gan y Normaniaid ar ororau Cymru ac a ddiddymwyd dan Ddeddf Uno 1536 a'u ffurfio'n siroedd THE MARCHES

merthyr *hwn eg* (merthyron)
1 person sy'n dioddef neu sy'n marw dros yr hyn y mae'n ei gredu *(Sant Steffan oedd y merthyr Cristnogol cyntaf.)* MARTYR
2 (mewn enwau lleoedd) man claddu, eglwys

merthyrdod *hwn eg*
1 y cyflwr o fod yn ferthyr MARTYRDOM
2 marwolaeth neu ddioddefaint merthyr MARTYRDOM

merthyru *be* lladd neu beri i berson ddioddef dros yr hyn y mae'n ei gredu TO MARTYR

merwino *be* colli pob teimlad, parlysu, dihoeni TO BENUMB

merwino clustiau poeni clustiau rhywun (â sŵn cras) TO GRATE

meseia *hwn eg* arweinydd crefyddol newydd a fydd yn achub y byd; i Gristnogion, Crist yw'r Meseia ond y mae'r Iddewon yn dal i ddisgwyl y meseia MESSIAH

mesen *hon eb* (mes) ffrwyth neu gneuen y dderwen; mae'n tyfu o fewn cwpan bach o risgl ACORN □ coed t.616

mesmereiddio *be* hypnoteiddio, cael rhywun i gyflwr tebyg i wsg fel bod modd rheoli meddwl ac ewyllys y person hwnnw TO MESMERIZE

mesul *ardd* maint grwpiau sy'n dilyn ei gilydd *(Ewch i mewn fesul un.)* BY
fesul tipyn tipyn bach ar y tro, bob yn dipyn BIT BY BIT
Sylwch: defnyddiwch 'fesul tipyn' wedi'i dreiglo bob tro.

mesur¹ *hwn eg* (mesurau)
1 mesuriad, dimensiwn; hyd, lled neu uchder rhywbeth *(Bydd raid cael y mesurau cywir cyn y gallwn ni archebu llenni newydd i'r lolfa.)* MEASUREMENT
2 swm neu faint penodol (o fewn rhyw system o fesur rhywbeth fel arfer) *(Cymysgwch ddau fesur o flawd ag un mesur o ddŵr.)* MEASURE (gw. Atodiad III, t.603)
3 offeryn megis gwialen i fesur hyd, neu lestr arbennig i fesur cynnwys *(mesur troed)* MEASURE
4 mydr neu rythm mewn barddoniaeth *(mesur caeth, mesur rhydd)* MEASURE, METRE
5 uned o rythm mewn darn o gerddoriaeth BAR
6 dull o weithredu sydd ag amcan arbennig iddo *(mesurau brys; mesurau diogelwch)* MEASURE
7 cynllun ar gyfer deddf newydd wedi'i baratoi a'i ysgrifennu'n barod i'r Senedd ei ystyried *(Mae'r mesur eisoes ar ei ffordd trwy Dŷ'r Arglwyddi.)* BILL

heb fesur yn ddi-ball IN ABUNDANCE

mesurau caeth darnau o farddoniaeth megis awdl, cywydd, englyn ac ati sy'n cynnwys cynghanedd STRICT METRES

mesurau rhydd darnau o farddoniaeth heb gynghanedd, megis soned, telyneg, salm ac ati FREE METRES

mesur² : mesuro *be*
1 darganfod a nodi maint, hyd, gradd (ac ati) rhywbeth yn ôl rhyw raddfa safonol *(Mae'r blwch yn mesur troedfedd o hyd, chwe modfedd o led a thair modfedd o uchder.)* TO MEASURE
2 bod o ryw faint arbennig *(Faint wyt ti'n ei fesur o dy gorun hyd dy sawdl? Rydw i'n mesur un metr a chwe deg centimetr.)* TO MEASURE

mesur a phwyso gw. **pwyso a mesur**

mesuradwy *a* gair i ddisgrifio rhywbeth y mae'n bosibl ei fesur MEASURABLE

mesuriad *hwn eg* (mesuriadau) hyd, lled neu uchder wedi'i ddarganfod trwy fesur *(A yw'r mesuriadau ar gyfer y carped newydd yn gywir?)* MEASUREMENT

mesurydd *hwn eg* (mesuryddion) teclyn neu offeryn i fesur faint (o rywbeth) sy'n cael ei ddefnyddio; medrydd METER

mêt *hwn eg* (mêts)
1 (ar long—ond nid yn y llynges) y swyddog nesaf at y capten sy'n gyfrifol am y llong MATE
2 (ar lafar) cyfaill neu gyd-weithiwr MATE

metabolaeth *hon eb* yr adweithiau cemegol mewn rhywbeth byw sy'n rhoi iddo'i ynni, yn arbennig yr ynni a geir wrth dreulio bwyd METABOLISM

metel *hwn eg* (metelau) un o nifer o ddefnyddiau a geir fel arfer o fwynau yng nghramen y ddaear; ar ôl eu puro

metelaidd

maent gan amlaf yn llachar; maent yn gallu cael eu ffurfio trwy eu gwasgu dan bwysau, ac maent yn dargludo gwres a thrydan yn dda *(Aur, arian, copr, plwm ac alcam yw rhai o'r metelau mwyaf adnabyddus.)* METAL

metelaidd *a* gair i ddisgrifio rhywbeth:
1 sydd wedi cael ei wneud o fetel, sy'n debyg i fetel neu sy'n cynnwys metel METALLIC
2 sy'n gwneud sŵn sy'n atseinio megis cloch METALLIC

meteleg hwn neu hon *egb* yr astudiaeth a'r arfer o dynnu metelau allan o fwynau (echdynnu), eu toddi, a'u defnyddio at wahanol ddibenion METALLURGY

meteoroleg hon *eb* astudiaeth o'r tywydd a'r amgylchiadau sy'n achosi gwahanol fathau o dywydd METEOROLOGY

meteorolegydd hwn *eg* (meteorolegwyr) arbenigwr ym maes meteoroleg; dyn (neu ddynes) tywydd METEOROLOGIST

metr hwn *eg* (metrau) mesur hyd yn cyfateb i 39.37 modfedd; m METRE *(gw. Atodiad III, t.603)*

metrig *a* gair i ddisgrifio:
1 rhywbeth sy'n ymwneud â system fesur wedi'i seilio ar y metr METRIC
2 system o bwyso a mesur wedi'i seilio ar rannu fesul deg; y metr sy'n sylfaen i fesur hyd, kilogram yw sylfaen pwyso a litr yw sylfaen mesur cynnwys METRIC *(gw. Atodiad III, t.603)*

metronom hwn *eg* (metronomau) offeryn curo amser y mae modd newid cyflymder y tic toc i gyfateb i gyflymder priodol ar gyfer darn o gerddoriaeth METRONOME

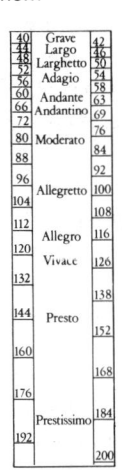

Metronom ar y dde ac, ar y chwith manylion y raddfa sydd wedi'i hargraffu y tu ôl i'r pendil, a'r amserau cyfatebol.

methdalwr hwn *eg* (methdalwyr) person y mae llys barn yn dyfarnu nad yw'n gallu talu ei ddyledion; mae eiddo methdalwr fel arfer yn cael ei rannu rhwng y rhai y mae arno ddyled iddynt BANKRUPT

methedig *a* gair i ddisgrifio rhywun nad yw'n gallu defnyddio'i gorff i wneud y pethau y mae'r rhan fwyaf o bobl eraill yn gallu'u gwneud; anabl DISABLED, INFIRM

methiant hwn *eg* (methiannau)
1 diffyg llwyddiant FAILURE
2 person, cais neu rywbeth sy'n methu *(Methiant oedd yr arbrawf y tro cyntaf.)* FAILURE
3 anallu cwmni i barhau mewn busnes *(Roedd methiant y gwaith dur yn ergyd i ardal gyfan.)* FAILURE

Methodist hwn *eg* (Methodistiaid) aelod o enwad crefyddol a ymrannodd yn ddwy yng Nghymru, y naill ran yn dilyn yr hyn y bu John Calvin yn ei ddysgu yn yr 16fed ganrif sef y Methodistiaid Calfinaidd (neu Eglwys Bresbyteraidd Cymru fel y mae'n cael ei galw heddiw) a'r llall yn dilyn yr hyn a ddysgwyd gan John Wesley yn y 18fed ganrif METHODIST

methu *be*
1 bod yn aflwyddiannus, ffaelu *(Methais gael y swydd wedi'r cyfan.)* TO FAIL
2 bod yn aflwyddiannus mewn prawf neu arholiad; ffaelu *(Methodd ei brawf gyrru am y trydydd tro.)* TO FAIL
3 heb fod yn gwneud yr hyn a ddisgwylir, heb wneud *(Rwy'n ofni bod y ffa yn mynd i fethu eleni eto oherwydd y rhew cynnar.)* TO FAIL
4 bod yn aflwyddiannus wrth geisio bwrw, taro, dal, cyffwrdd, cyfarfod â rhywun neu rywbeth *(Dim yn aml y bydd ef yn methu trosiad mor agos â hynny at y pyst.)* TO MISS
5 gwanhau, mynd yn fusgrell ac yn anabl *(Mae'r hen wraig yn dechrau methu.)* TO FAIL, TO BREAK
6 bod yn anabl neu'n analluog i wneud rhywbeth neu i fynd i rywle *(Rwy'n methu canu. Rwy'n methu mynd i'r sioe ddydd Sadwrn.)* TO BE UNABLE

methu'n deg â:methu'n lân â methu'n llwyr TO FAIL UTTERLY

Sylwch: nid oes angen *â* ar ôl *methu* ar ei ben ei hun, dim ond mewn priod-ddulliau megis *methu'n deg â* etc.

meudwy hwn *eg* (meudwyaid:meudwyod)
1 (yn yr hen amser yn arbennig) gŵr crefyddol a fyddai'n byw ar ei ben ei hun ymhell o bob man er mwyn myfyrio a gweddïo HERMIT
2 person sy'n osgoi cwmni pobl eraill HERMIT

mewian:mewial *be* gwneud sŵn fel cath (neu rai mathau o wylanod) TO MEW

mewn *ardd* 'yn' gyda geiriau nad ydynt yn cyfeirio at un peth penodol, e.e. *yn y tŷ* sef tŷ penodol ond *mewn tŷ*, sef unrhyw dŷ IN (A)

1 yn cael ei gynnwys (gan rywbeth â hyd, lled neu ddyfnder) *(Nid yw anifeiliaid gwyllt wedi arfer â byw mewn tŷ.)* IN (A)

2 wedi'i amgylchynu gan, oddi mewn, nid y tu allan *(buwch mewn cae)* IN (A)

3 wedi'i ddylunio neu wedi'i ddisgrifio fel testun *(cymeriad mewn drama)* IN (A)

4 yn gwisgo *(Roedd hi mewn du o'i chorun i'w sawdl.)* IN

5 yn ystod cyfnod nad yw'n fwy na *(Dysgodd Gymraeg mewn tri mis.)* IN

6 ymhen *(Fe fyddaf gyda chi mewn awr.)* IN (A)

7 bod mewn cyflwr *(Rwyt ti mewn perygl o ddrysu'r cyfan.)* IN

8 fel *(Mewn ateb i'ch cais ar y 13eg o fis Mai eleni ...)* IN

9 allan o *(un mewn cant)* IN A

10 yn iawn, yn gywir *(mewn pryd; mewn trefn)* IN
Sylwch: *ac mewn* (nid *a mewn*) sy'n gywir.

i mewn

1 allan o'r awyr agored, yn gynwysedig *(Dewch i mewn am funud.)* IN

2 yn bresennol, wedi cyrraedd *(Dyw'r trên ddim wedi dod i mewn eto.)* IN

3 i) (am gêm megis criced) yn batio *(Ni neu nhw sydd i mewn gyntaf?)* IN
ii) (am gêm megis tennis) yn ddilys, heb fod y tu allan i'r llinell *(A oedd y bêl i mewn?)* IN

4 ynghynn, yn llosgi *(A yw'r tân i mewn o hyd?)*

5 gartref *(Fyddi di i mewn heno?)* AT HOME
Sylwch: er bod *mewn* (heb yr 'i') i'w glywed ar lafar a *Dewch fewn* hefyd, *i mewn* yw'r ffurf gywir.

o fewn yn bod y tu mewn i WITHIN

y tu mewn gwrthwyneb 'y tu allan', yn cael ei gynnwys yn INSIDE

mewnblyg *a* gair i ddisgrifio rhywun sydd yn canolbwyntio ar ei feddyliau, ei weithredoedd a'i fywyd ei hun yn hytrach na rhai pobl eraill INTROVERTED

mewnbwn hwn *eg* (mewnbynnau) yr hyn sy'n cael ei fwydo i mewn i beiriant (yn arbennig cyfrifiadur) INPUT (allbwn)

mewndirol *a* gair i ddisgrifio rhywbeth sydd o fewn neu yng nghanol gwlad, nad yw ar yr arfordir, nac yn ymyl y ffin INLAND

mewnforio *be* dod â rhywbeth i mewn i wlad (yn arbennig nwyddau, fel gweithred fasnachol) TO IMPORT

mewnforion hyn *ell* mwy nag un **mewnforyn**, nwyddau sy'n cael eu mewnforio IMPORTS

mewnforyn hwn *eg* un o nifer o fewnforion [**mewnforion**]

mewnfudo *be* dod i wlad arall a byw yno TO IMMIGRATE

mewnfudwr hwn *eg* (mewnfudwyr) un sydd wedi dod i wlad arall ac aros yno i fyw *(Mewnfudwyr sy'n gyfrifol am y twf ym mhoblogaeth cefn gwlad Cymru.)* IMMIGRANT, INCOMER

mewnlifiad hwn *eg* llif cyson o bobl (neu bethau) i mewn i rywle *(mewnlifiad Saeson i gefn gwlad Cymru)* INFLUX

mewnol *a* gair i ddisgrifio rhywun neu rywbeth sydd wedi ei leoli oddi mewn neu sy'n dod o'r tu mewn, neu'n perthyn i'r tu mewn *(Penderfynodd y rheolwyr eu bod am benodi prifathro yn fewnol, o blith athrawon yr ysgol.)* INTERNAL, INNER, INSIDE

mewnwr *eg* (mewnwyr) (mewn gêm o rygbi) yr aelod o blith yr olwyr sy'n bwydo'r bêl i'r sgrym ac sy'n derbyn y bêl gan ei flaenwyr i'w throsglwyddo (fel arfer) i'r maswr SCRUM-HALF, INSIDE-HALF □ *rygbi*

Mexicanes hon *eb* merch neu wraig o México

Mexicanwr hwn *eg* (Mexicanwyr:Mexicaniaid) gŵr o México MEXICAN

meysydd hyn *ell* mwy nag un **maes**

mg *byrfodd* miligram MILLIGRAM, [mg]

mhela gw. **ymhél** [â] : **mhela**

mhoelyd gw. **moelyd:mhoelyd: ymhoelyd**

mi[1] *geiryn rhagferfol* geiryn sy'n cael ei ddefnyddio o flaen y ferf i gryfhau neu gadarnhau yr hyn sy'n ei ddilyn:

1 yn wreiddiol ac yn llenyddol byddai 'mi' yn cyfeirio at y person cyntaf unigol yn unig *(mi welais, mi af)* I, ME

2 ar lafar yn y Gogledd mae *mi* yn cael ei ddefnyddio fel y mae *fe* yn y De, o flaen pob person *(mi aeth, mi weli di)*
Sylwch: *ac mi* (nid *a mi*) sy'n gywir.

mi[2] *rhagenw personol* fi, i *(Dewch gyda mi i'r siop.)* ME

miaren hon *eb* (mieri) llwyn pigog, gwyllt, yn arbennig un sy'n perthyn i deulu'r rhosyn gwyllt neu'r llwyn y mae mwyar gwyllt yn tyfu arno BRAMBLE, BRIER

micro...[1] *rhagddodiad*

1 mae'n cael ei glymu wrth air arall i olygu rhywbeth bach iawn: *microdon, microsgop, microffon* MICRO...

2 (yn dechnegol) un rhan o filiwn, e.e. *microamper* MICRO

micro[2] hwn *eg* (micros) talfyriad o **microgyfrifiadur** neu **microdon**

microb hwn *eg* (microbau) creadur byw sydd mor fach fel nad oes modd ei weld heb ficrosgop MICROBE

microbrosesydd hwn *eg* (microbrosesyddion) uned brosesu ganolog neu'r 'ymennydd' sy'n rheoli microgyfrifiadur ac a geir fel arfer ar un sglodyn MICROPROCESSOR

microdon *hon eb* (microdonnau) ton electromagnetig â'i thonfedd yn fyr; caiff ei defnyddio wrth ddanfon negeseuon radio, mewn radar, ac i goginio bwyd MICROWAVE

microelectroneg *hon eb* y gwaith o lunio ac adeiladu dyfeisiadau trydanol gan ddefnyddio darnau bychain iawn yn arbennig lled-ddargludyddion a sglodion MICRO-ELECTRONICS

microffon *hwn eg* (microffonau) teclyn ar gyfer trosglwyddo neu recordio sain (trwy ei newid yn bŵer trydanol) fel mewn radio, peiriant casét neu deleffon, neu declyn i chwyddo maint seiniau (gan ddefnyddio'r un broses) MICROPHONE

microgyfrifiadur *hwn eg* (microgyfrifiaduron) y math lleiaf o gyfrifiadur (ar gyfer defnydd yn y cartref neu yn y gwaith) sydd fel arfer yn cynnwys pedair rhan—uned brosesu ganolog, uned fewnbwn/allbwn, uned reoli a chof mewnol; mae mewnbwn yn cael ei fwydo trwy yrrwr disg, peiriant casét, bysellfwrdd ac ati, tra bod yr allbwn yn cael ei ddarllen fel arfer ar uned arddangos weledol sy'n debyg i set deledu MICROCOMPUTER

micrometr *hwn eg* (micrometrau) teclyn ar gyfer mesur trwch neu led pethau bach iawn MICROMETER ☐ *medrydd*

micron *hwn eg* (micronau) un rhan o filiwn o fetr, 1/1,000,000 metr MICRON

microsgop *hwn eg* (microsgopau) dyfais sy'n gwneud i bethau bach iawn edrych yn fawr MICROSCOPE

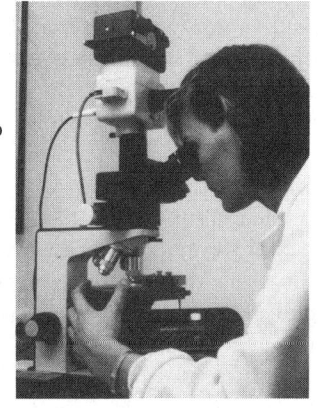

microsgop

mieri *hyn ell* mwy nag un fiaren [**miaren**]

mig *hon eb* fel yn *chwarae mig* sef chwarae cwato neu guddio HIDE-AND-SEEK

mignen *hon eb* (mignenni) cors, darn o dir meddal, gwlyb sy'n ymestyn dros fryniau a thir gwastad fel arfer; siglen MARSH, SWAMP

migwrn *hwn eg* (migyrnau)
1 ffêr, y cymal rhwng y troed a'r goes; darn cul y goes uwchben y troed ANKLE ☐ *corff* t.630
2 cymal bys, yn arbennig cymal rhwng bys a gweddill y llaw KNUCKLE

mil[1] *hwn eg* (milod) hen air am anifail (fel yn *milfeddyg*) ANIMAL

mil[2] *hon eb* (miloedd) deg cant, 1000 THOUSAND
Sylwch:
1 er mai gair benywaidd ydyw, nid yw 'mil' yn treiglo ar ôl y fannod pan yw'n cael ei ddilyn gan enw (*y mil blynyddoedd*);
2 mai'r ffurf luosog 'blynyddoedd' a geir ar ôl *mil* nid 'blynedd'.

milain:mileinig *a* gair i ddisgrifio rhywun sy'n dangos casineb ac awydd i niweidio; ffyrnig VICIOUS, FIERCE, SAVAGE (mileinied, mileiniach, mileiniaf)

milfed *a*
1 un rhan o fil, 1/1000 (*Byddai'r filfed ran o'r gwenwyn yma mewn dŵr yn ddigon i ladd person.*) THOUSANDTH
2 yr olaf mewn cyfres o fil THOUSANDTH

milfeddyg *hwn eg* (milfeddygon) doctor anifeiliaid, ffarier VET, VETERINARY SURGEON

milfeddygol *a* gair i ddisgrifio rhywun neu rywbeth sy'n ymwneud â gofal a thriniaeth feddygol anifeiliaid VETERINARY

Milffwrd *enw lle* MILFORD HAVEN (Aberdaugleddau)

milgi *hwn eg* (milgwn) math o gi tenau, llwyd a chanddo goesau hirion sy'n gallu rhedeg yn gyflym iawn wrth hela neu rasio GREYHOUND ☐ *ci*

miliast *hon eb* (milieist) milgi benyw

miligram *hwn eg* (miligramau) milfed ran o gram; mg MILLIGRAM

mililitr *hwn eg* (mililitrau) milfed ran o litr; ml MILLILITRE (gw. *Atodiad III*, t.604)

milimetr *hwn eg* (milimetrau) milfed ran o fetr; mm MILLIMETRE (gw. *Atodiad III*, t.604)

miliwn *hon eb* (miliynau) mil o filoedd, y rhif 1,000,000 MILLION

miliwnydd:miliynydd *hwn eg* (miliynyddion) person sy'n berchen ar 1,000,000 o bunnau neu ddoleri neu ragor; person cyfoethog iawn MILLIONAIRE

milwr *hwn eg* (milwyr) aelod o fyddin (dyn neu ferch), yn arbennig un nad yw'n swyddog yn y fyddin SOLDIER

milwriaethus *a* gair i ddisgrifio rhywun sy'n barod iawn i ddefnyddio grym neu i ymladd (*Roedd agwedd eithaf milwriaethus ymhlith y cynrychiolwyr a oedd wedi dod ynghyd i drafod cyflogau.*) MILITANT

milwrio [yn erbyn] *be* gweithredu, bod yn bwysig fel rheswm [yn erbyn] (*Y mae'r holl broblemau sydd wedi codi'n ddiweddar yn milwrio yn erbyn i ni wneud elw mawr eleni.*) TO MILITATE (AGAINST)

milwrol *a* gair i ddisgrifio rhywun neu rywbeth sy'n gysylltiedig â byddin, rhyfel neu filwyr neu sy'n rhan o'r pethau hyn MILITARY, MARTIAL

mill *hyn enw torfol* mwy nag un **millyn**

milltir *hon eb* (milltiroedd) mesur penodol o hyd yn cyfateb i 1,609 metr neu 1,760 llathen MILE (gw. *Atodiad III*, t.603)

milltir sgwâr
1 arwynebedd yn cyfateb i sgwâr â phob ochr yn filltir o hyd SQUARE MILE
2 cynefin; ardal y mae person yn frodor ohoni, cylch cyfarwydd *(Yn rhyfedd iawn, i bobl y tu allan mae'n ymddangos yn swil ac yn dawedog ond o fewn ei filltir sgwâr does mo'i ffraethach i'w gael.)*

millyn *hwn eg* (mill) fioled, blodeuyn bach glas/porffor ei liw VIOLET ☐ *blodau* t.619

min *hwn eg* (minion)
1 ymyl llym, llafn; awch *(Mae min ar y gwynt heno. Rhaid i mi roi min ar fy mhensil.)* EDGE, POINT
2 ymyl, ochr, cwr *(min y môr)* EDGE
3 gwefus fel yn y gair *minlliw* LIP

ar fin bron â ON THE VERGE OF

min nos gyda'r hwyr EVENING

min y ffordd ochr y ffordd ROADSIDE

troi'r tu min (at rywun) bod yn llym wrth rywun

minc *hwn eg* anifail sy'n debyg i wenci, neu ffwr gwerthfawr yr anifail hwn MINK ☐ *ffwlbart*

mini *hwn eg* unrhyw beth sy'n llawer llai na'r ffurf arferol ar rywbeth (ond nid mor fach â micro), e.e. *sgert fini* a'r *car y Mini* MINI

minigyfrifiadur *hwn eg* (minigyfrifiaduron) cyfrifiadur â chof mawr, a nifer mawr o ffwythiannau; mae'n gallu derbyn nifer o ieithoedd cyfrifiadurol a bwydo mwy nag un derfynell ond nid yw'n gallu derbyn cymaint o ddata â phrif-gyfrifiadur MINICOMPUTER

minim *hwn eg* (nodau minim) nodyn cerddorol sy'n gyfartal o ran amser â dau grosiet neu chwarter brif MINIM ☐ *cerddoriaeth*

miniog *a* gair i ddisgrifio:
1 rhywbeth sydd â min arno, siarp SHARP, POINTED
2 (am feddwl) treiddgar, crafog SHARP, PENETRATING (minioced, miniocach, miniocaf)

minlliw *hwn eg* colur a ddefnyddir i liwio'r gwefusau LIPSTICK

minnau:finnau:innau *rhagenw cysylltiol* (minnau, tithau, yntau, hithau, ninnau, chwithau, hwythau) fi hefyd, fi o ran hynny, fi ar y llaw arall *(John ar un ochr a minnau'r ochr arall)* I FOR MY PART, I EVEN

Sylwch: defnyddiwch 'finnau' pan fydd '-f' yn niwedd terfyniad y ferf *(Ni chanaf finnau chwaith.)* ac 'innau' os nad oes '-f' yn y terfyniad *(Mi welais innau hefyd.)*

mintai *hon eb* (minteioedd)
1 cwmni o bobl, grŵp, llu, torf *('Tua Bethlem dref/Awn yn fintai gref.')* BAND, TROOP
2 grŵp neu gorff o filwyr (yn arbennig marchogion) TROOP
3 grŵp penodol o filwyr (tua 120) o fewn catrawd COMPANY

mintys *hwn eg* un o nifer o fathau o lysiau gwyrdd y mae gan eu dail bersawr a blas nodweddiadol; maent yn cael eu defnyddio i flasu bwydydd *(saws mintys)* MINT ☐ *blodau* t.620

degymu'r mintys a'r anis rhoi gormod o sylw i fanion dibwys

mintys poeth PEPPERMINT

minws *hwn eg* (minysau) arwydd (−) sy'n cael ei ddefnyddio i ddangos:
i) bod y rhif sy'n ei ddilyn yn llai na sero MINUS
ii) bod y rhif sy'n ei ddilyn i'w dynnu o'r rhif sydd o'i flaen *(4−2)* MINUS

mirain *a* teg a chelfydd, hardd a chain, glandeg ac urddasol *(Gwaith mirain y crefftwyr a fu'n llunio ffenestr liw yr eglwys.)* FINE, FAIR, NOBLE, BEAUTIFUL (mireinied, mireiniach, mireiniaf)

mireinder *hwn eg* tegwch, harddwch, prydferthwch (yn gysylltiedig â pharch ac urddas) BEAUTY

miri *hwn eg* sbort a sbri, rhialtwch, difyrrwch, hwyl MERRIMENT, FUN, HILARITY

mis *hwn eg* (misoedd) un o ddeuddeg rhan y flwyddyn a enwir yn Ionawr, Chwefror, Mawrth, Ebrill, Mai, Mehefin, Gorffennaf, Awst, Medi, Hydref, Tachwedd, Rhagfyr MONTH

Mis Bach Chwefror FEBRUARY

mis lleuad yr amser y mae'n ei gymryd i'r lleuad gylchynu'r ddaear, 28 diwrnod (sy'n llai wrth gwrs na mis calendr) LUNAR MONTH

mis mêl y cyfnod o wyliau y mae gŵr a gwraig yn ei gymryd yn syth ar ôl priodi HONEYMOON

misglen *hon eb* (misgl) molwsg (pysgodyn cragen) bwytadwy â chragen ddu-las sy'n rhannu'n ddwy; cragen las MUSSEL(S) ☐ *molysgiaid*

misglwyf *hwn eg* y llif o waed misol a ddaw o groth gwraig PERIOD, MENSES

misol *a* gair i ddisgrifio rhywbeth sy'n digwydd neu'n ymddangos bob mis MONTHLY

misolyn *hwn eg* (misolion) papur neu gylchrawn sy'n ymddangos bob mis MONTHLY MAGAZINE

mitsio *be* peidio â mynd i'r ysgol a hynny heb ganiatâd TO PLAY TRUANT

miw *hwn eg* fel yn *heb siw na miw* WITHOUT A SOUND
miwsig *hwn eg* cerddoriaeth MUSIC
ml *byrfodd* mililitr MILLILITRE, [ml]
mm *byrfodd* milimetr MILLIMETRE, [mm]
mo talfyriad o 'dim o' (mohonof/monof, mohonot/monot, mohono/mono, mohoni/moni, mohonom/monom, mohonoch/monoch, mohonynt/monynt) gw. **dim**
moch *hyn ell* mwy nag un **mochyn**
  moch coed ffrwythau'r pinwydd a'r ffynidwydd ar ffurf conau (FIR) CONES □ *coed* t.614
mochaidd:mochynnaidd *a* brwnt, budr, afiach, aflan, bawlyd FILTHY, DISGUSTING
mochel ffurf lafar ar **ymochel**
mochyn *hwn eg* (moch)
  1 un o nifer o fathau o anifeiliaid sy'n cael ei godi ar ffermydd am ei gig (cig moch, ham, porc); mae ganddo goesau byrion a chroen trwchus a gwrych (blew bras) drosto PIG

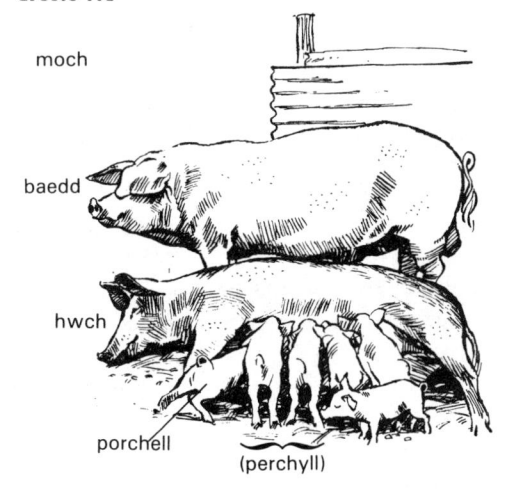

moch
baedd
hwch
porchell
(perchyll)

  2 person sy'n bwyta gormod, neu sy'n frwnt yn ei ymddygiad neu sy'n fudr PIG, SWINE (baedd, cenfaint, hwch, porchell)
  mochyn y coed
  1 anifail tebyg ei olwg i drychfilyn; mae ganddo 14 coes ac mae'n byw yn y lleithder o dan goed a cherrig ac ati; gwrachen ludw WOOD-LOUSE
  2 gw. **moch coed**
  mochyn cwta:mochyn gini anifail blewog, tebyg i lygoden fawr ddigynffon, sy'n cael ei gadw fel anifail anwes GUINEA-PIG, CAVY □ *llygoden*
  mochyn daear broch, pryf llwyd BADGER □ *mamolyn*
mochyndra *hwn eg* baw, budreddi, aflendid, bryntni FILTH
mochynnaidd gw. **mochaidd:mochynnaidd**

model *hwn eg* (modelau)
  1 copi bach o rywbeth mwy *(Dyma fodel o gwrwgl.)* MODEL
  2 person sy'n cael ei gyflogi i wisgo dillad i'w harddangos i rai sy'n debyg o'u prynu MODEL
  3 person sy'n cael ei gyflogi i gael ei lun wedi'i beintio gan artist MODEL
  4 un o nifer o bethau tebyg wedi'i seilio ar batrwm safonol *(Mae yna fodel newydd o'r cyfrifiadur yn ymddangos cyn y Nadolig.)* MODEL
  5 (yn dechnegol) ffordd o astudio problem trwy ei rhoi ar ffurf fathemategol neu ar ffurf y mae'n bosibl ei bwydo i gyfrifiadur er mwyn gweld beth sy'n digwydd iddi dan wahanol amgylchiadau MODEL
modelu *be*
  1 gwneud model o rywbeth TO MODEL
  2 arddangos dillad fel model TO MODEL
modern *a* gair i ddisgrifio:
  1 rhywun neu rywbeth sy'n perthyn i'r cyfnod presennol ac nid i'r hen amser; cyfoes MODERN
  2 rhywbeth sy'n newydd ac yn wahanol i beth oedd ar gael yn y gorffennol *(cerddoriaeth fodern)* MODERN
  3 iaith sy'n cael ei siarad heddiw MODERN
moderneiddio *be* gwneud yn addas at ddefnydd heddiw *(moderneiddio hen dŷ)* TO MODERNIZE
modfedd *hon eb* (modfeddi)
  1 mesur hyd yn cyfateb i ddeuddegfed ran o droedfedd (tua 0.025 metr), 1" INCH (gw. Atodiad III, t.603)
  2 (yn ffigurol) y mymryn lleiaf *(Doedd hi ddim yn barod i ildio modfedd yn y ddadl.)* INCH
modrwy *hon eb* (modrwyau) cylch o fetel sy'n cael ei wisgo ar fys, neu trwy glust neu drwyn RING
modrwyog *a* gair i ddisgrifio rhywbeth sy'n hongian yn fodrwyau; cyrliog *(gwallt modrwyog)* CURLY
modryb *hon eb* (modrybedd)
  1 chwaer eich mam neu'ch tad, neu chwaer eich taid/tad-cu neu'ch nain/mam-gu AUNT □ *teulu*
  2 gwraig i ewythr; dynes neu ferch y mae ei brawd neu'i chwaer wedi cael plentyn AUNT
  3 gwraig sy'n gyfaill i blentyn bach neu'i rieni AUNT (bodo, bopa)
modur *hwn eg* (moduron)
  1 peiriant sy'n trawsnewid egni neu ynni (ynni trydanol fel arfer) yn symudiad; fe all yr ynni ddeillio o betrol (fel mewn car), o ager neu o danwydd niwclear MOTOR
  2 car modur MOTOR CAR, AUTOMOBILE
modurdy *hwn eg* (modurdai)
  1 lle i gadw car, garej GARAGE
  2 man lle y mae ceir yn cael eu trwsio a phetrol yn cael ei werthu hefyd fel arfer; garej GARAGE

moduro *be* gyrru car, teithio mewn car TO MOTOR

modurwr *hwn eg* (modurwyr) gyrrwr car, perchennog car MOTORIST

modd¹ *hwn eg* (moddion)
1 dull neu ffordd o wneud rhywbeth *(Doeddwn i ddim yn hoffi'r modd y bu'n trin yr hen wraig.)* WAY
2 digon o arian, incwm neu gyfoeth i fyw yn gyffordus arno *(Mae ganddo ddigon o fodd.)* MEANS
3 achos, rheswm, cyfrwng *(Gall y syniad newydd yma fod yn fodd inni wneud llawer o arian.)* MEANS

fodd bynnag ta p'un, beth bynnag HOWEVER
Sylwch: defnyddiwch 'fodd bynnag' (y ffurf wedi'i threiglo) bob tro.

gwaetha'r modd gw. **gwaethaf**

modd i fyw pleser mawr, amser gwych, boddhad dwfn

modd² *hwn eg* (moddau).
1 (yn dechnegol) y ffordd neu'r dull y mae peiriant (megis cyfrifiadur) yn gweithio (ar y pryd) MODE
2 (yn ramadegol) ffurf berf sy'n dynodi:
  i) ffaith (y modd mynegol), e.e. *af*
  ii) gorchymyn neu gais cryf (y modd gorchmynnol), e.e. *eisteddwch ar unwaith*
  iii) cyflwr neu ddigwyddiad nad yw'n sicr (y modd dibynnol), e.e. *pe bawn i'n mynd i'r ysgol* MOOD
3 (yn gerddorol) un o'r graddfeydd hynafol (e.e. Doriaidd, Phrygiaidd) sy'n dal i gael eu defnyddio weithiau mewn cerddoriaeth werin MODE

moddion¹ *hwn eg* sylwedd (hylif gan amlaf) sy'n cael ei gymryd i wella clefyd neu liniaru poen; ffisig MEDICINE

moddion² *hyn ell* mwy nag un **modd¹** (yn grefyddol)
1 y modd o gyrraedd stad o ras, sef cyflwr ysbrydol delfrydol THE MEANS OF GRACE
2 cyfarfod neu wasanaeth crefyddol SERVICE

moel¹ *a* gair i ddisgrifio rhywun neu rywbeth:
1 heb fawr o wallt neu flew, neu heb unrhyw flew neu wallt o gwbl *('Does dim angen toi tas lawn' yw hoff ddihareb y dyn moel.)* BALD
2 diaddurn, plaen *(Cawsom y ffeithiau moel ganddo heb unrhyw ymgais i'w lliwio o gwbl.)* BALD, PLAIN
3 (am deiars car) heb y trwch priodol neu gyfreithiol o rwber BALD
4 diaddurn, tlawd, noeth *(Teimlad od oedd gweld ystafelloedd yr hen gartref yn wag a'r waliau'n gwbl foel.)* BARE

moel² *hwn neu hon egb* (moelydd) pen mynydd heb fawr o dyfiant arno *(Mae R. Williams Parry yn ei englynion i Hedd Wyn yn cyfeirio at 'foelydd Eryri'.)*

moeli *be* colli gwallt neu flew nes bod y croen neu beth sydd o dan y blew yn dangos TO MAKE OR BECOME BALD

moeli clustiau
1 (erbyn hyn) codi clustiau (i wrando) TO PICK UP ONE'S EARS
2 (am geffyl) gwastatáu clustiau fel arwydd o dymer ddrwg neu barodrwydd i strancio TO PIN BACK ONE'S EARS

moelni *hwn eg* y cyflwr o fod yn foel [**moel**] BALDNESS, BARENESS

moelyd:mhoelyd:ymhoelyd *be* (gair llafar yn bennaf) dymchwel, troi drosodd *(Mae'r ffermwr wedi moelyd y cert.)* TO TIP, TO TOPPLE

moes¹ *bf* gorchymyn iti roi [**rhoi**]; rho, dyro
moes a phryn ffordd o godi arian at achos da lle mae pobl yn dod â nwyddau i'w gwerthu ac yn prynu nwyddau y mae pobl eraill wedi eu cyfrannu BRING AND BUY

moes² *hon eb* un o gasgliad o foesau [**moesau**]

moesau *hyn ell* mwy nag un foes [**moes**]; egwyddorion moesol sydd naill ai'n dda neu'n ddrwg MORALS, MANNERS

moesgar *a* cwrtais, boneddigaidd *(Dyna ŵr ifanc moesgar yw Dafydd.)* POLITE, COURTEOUS

moesgarwch *hwn eg* ymddygiad boneddigaidd sy'n dangos gofal ac ystyriaeth o bobl eraill; cwrteisi POLITENESS

moesol *a* gair i ddisgrifio:
1 rhywbeth sy'n ymwneud ag egwyddorion daioni a drygioni MORAL
2 rhywbeth sy'n ymwneud â'r hyn sydd yn iawn (o'i gyferbynnu â'r hyn sy'n gyfreithlon) *(dewrder moesol)* MORAL
3 rhywun neu rywbeth sy'n bur, yn rhinweddol mewn materion rhywiol (o'i gyferbynnu â rhywun neu rywbeth anfoesol) MORAL

moesoldeb *hwn eg*
1 yr hyn sy'n dda neu'n ddrwg ynglŷn â gweithred arbennig *(Buom wrthi am oriau yn dadlau ynglŷn â moesoldeb rhyfela.)* MORALITY
2 set o reolau ynglŷn â sut i ymddwyn; enw ar gyfundrefn o foesau MORALITY

moeswers *hon eb* (moeswersi) gwers ar sut i ymddwyn yn dda wedi'i chyflwyno trwy gyfrwng stori neu ddigwyddiad MORAL, LESSON

moesymgrymu *be*
1 (am ddynion fel arfer) plygu neu wyro rhan uchaf y corff tuag ymlaen fel arwydd o barch neu gwrteisi TO BOW
2 (am ferch neu wraig fel arfer) plygu glin a phlygu pen fel arwydd o barch TO CURTSY

moethus *a* gair i ddisgrifio rhywun neu rywbeth sy'n edrych fel petai llawer iawn o arian wedi'i wario arno neu rywbeth y mae digonedd ohono; cyfforddus iawn *(gwesty moethus iawn)* LUXURIOUS, SUMPTUOUS

moethusrwydd hwn *eg*
1 y cyflwr o fod yn gyfforddus heb orfod cyfri'r gost LUXURY
2 rhywbeth nad yw'n angenrheidiol ond sy'n ddymunol iawn *(Does dim byd yn curo moethusrwydd bath twym ar ddiwedd diwrnod caled o waith.)* LUXURY

mofyn gw. **ymofyn:mofyn:moyn**

mogfa hon *eb* clefyd sy'n gwneud anadlu yn anodd ar adegau ASTHMA

mogi:mygu *be*
1 cadw rhag cael aer, lladd trwy gadw rhywun neu rywbeth rhag cael aer *(Bu'r nwy bron â mogi'r glowyr.)* TO SMOTHER, TO SUFFOCATE
2 methu anadlu'n rhwydd *(Roedden ni bron â mogi yn yr ystafell—roedd hi mor boeth.)* TO SMOTHER

brawd mygu yw tagu gw. **brawd**

Mohamed *enw personol* y proffwyd mawr Muhammad neu Mahomet a fu fyw rhwng OC 570-632 ac a sefydlodd grefydd Islam mewn ymgais i ddychwelyd at burdeb crefydd gynnar yr Iddewon; y Corân yw llyfr cysegredig Islam, a Mecca ei dinas sanctaidd MOHAMMED

mohoni:moni talfyriad o *dim ohoni hi* gw. **mo**

molawd hwn neu hon *egb* (molawdau) cân o fawl, moliant EULOGY, PRAISE

mold:mowld hwn *eg* (moldiau) llestr ar ffurf arbennig i'w lenwi â sylwedd (megis jeli) wedi'i doddi, fel bod hwnnw'n caledu ar ffurf y llestr MOULD

moldio:mowldio *be*
1 ffurfio neu lunio rhywbeth yn ôl patrwm neu siâp arbennig TO MOULD
2 ffurfio, siapio (cymeriad, ymddygiad ac ati) TO MOULD

molecwl hwn *eg* (molecylau) y gronyn lleiaf posibl o gyfansawdd cemegol (mae'n cynnwys o leiaf ddau atom), e.e. H_2O (dŵr) neu CO_2 (carbon deuocsid) MOLECULE

moli:moliannu *be* canu clodydd (rhywun neu rywbeth), canmol, addoli *(Molwch yr Arglwydd. Moliannwn oll yn llon.)* TO PRAISE (mawl[2], moliennir)

moliant hwn *eg* (moliannau) mawl; mynegiant o edmygedd, clod PRAISE

molwsg *eg* (molysgiaid) un o ddosbarth o anifeiliaid sydd â chyrff meddal di-asgwrn-cefn, ac sydd fel arfer yn byw mewn cragen *(Mae llygaid maharen, malwod ac octopws yn folysgiaid.)* MOLLUSC

molysgiaid hyn *ell* mwy nag un **molwsg**; yr enw a roddir ar ddosbarth niferus o greaduriaid sy'n cynnwys, ymhlith eraill, y falwen, yr octopws ac ati MOLLUSCA

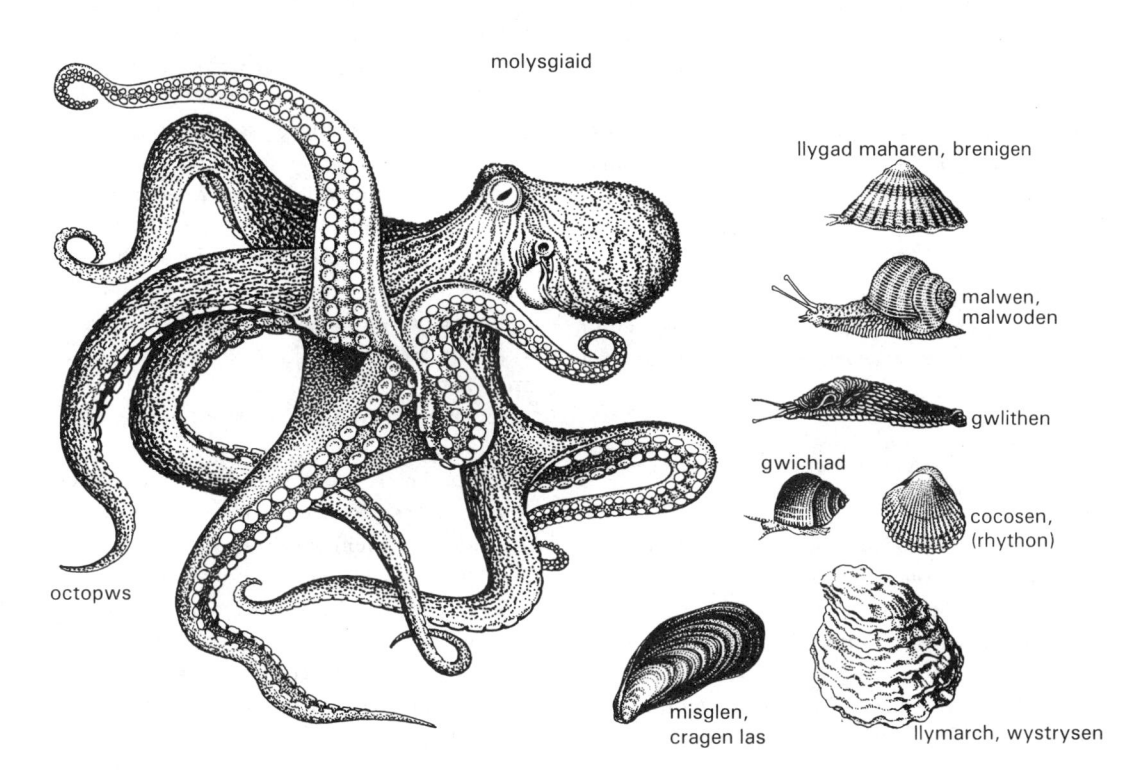

molysgiaid

octopws

llygad maharen, brenigen

malwen, malwoden

gwlithen

gwichiad

cocosen, (rhython)

misglen, cragen las

llymarch, wystrysen

a b c ch d dd e f ff g ng h i j (k) l ll m n o p ph r rh s t th u w y (z)

momentwm hwn *eg* (momenta)
1 (yn dechnegol) maint y symudiad sydd gan rywbeth, wedi'i fesur trwy luosi ei fàs â'i gyflymder *(Ar ôl rhoi gwthiad bach i'r graig, dechreuodd symud yn gynt ac ynghynt o dan ei momentwm ei hun.)* MOMENTUM
2 y grym sy'n cael ei gynhyrchu gan ddatblygiad digwyddiadau neu amgylchiadau *(Ar ôl y brwdfrydedd cychwynnol, mae'r mudiad wedi dechrau colli peth o'i fomentwm yn ddiweddar.)* MOMENTUM

moni talfyriad o *dim ohoni hi* gw. **mo**

monopoli hwn *eg* (monopolïau)
1 hawl neu awdurdod gan un person neu gwmni i gyflenwi gwasanaeth, neu i werthu neu gynhyrchu rhywbeth MONOPOLY
2 perchenogaeth neu reolaeth nad oes gan neb arall *(Llwyddodd y blaenwyr i gael monopoli ar y bêl yn yr ail hanner.)* MONOPOLY

monsŵn hwn *eg* (monsynau)
1 y cyfnod o law trwm sy'n disgyn yn India a gwledydd cyfagos rhwng Ebrill a Hydref MONSOON
2 (yn dechnegol) y gwynt sy'n dod â'r tywydd yma MONSOON

mop hwn *eg* (mopiau)
1 teclyn golchi llawr ac iddo goes pren neu blastig a phen naill ai o sbwng neu o edafedd tebyg i gortyn MOP
2 teclyn tebyg ond llai ar gyfer golchi llestri MOP
3 trwch o wallt (heb ei gribo) MOP

mopio[1] *be*
1 golchi neu sychu'r llawr â mop TO MOP
2 sychu unrhyw wlybaniaeth â chlwtyn neu sbwng *(Mopia'r llaeth oddi ar sedd y gadair.)* TO MOP, TO WIPE

mopio[2] *be* gwirioni, dwlu *(Mae Gwen wedi mopio'i phen ar y bachgen drws nesaf.)* TO BE INFATUATED

mor *adf*
1 i'r fath raddau *(Mae e mor gyfoethog.)* SO, HOW
2 (mewn cymhariaeth rhwng dau beth) cyn, i'r un graddau â, yr un maint â *(mor fawr ag eliffant; mor denau â weiren gaws)* AS, SO

Sylwch:
1 ac mor (nid *a* mor) sy'n gywir;
2 mae *mor* yn cael ei ddilyn gan y treiglad meddal (ac eithrio geiriau'n dechrau ag *ll* neu *rh*) (mor fawr; mor rhydd);
3 nid yw *mor* byth yn treiglo.

yr un mor i'r un graddau â *(Mae'r un mor wir am ei dad ag ydyw amdano yntau.)* JUST AS

môr hwn *eg* (moroedd)
1 y dyfroedd hallt sy'n ffurfio dwy ran o dair o wyneb y Ddaear SEA
2 ehangder mawr o ddŵr sy'n rhan o gefnfor, e.e. Môr y Gogledd SEA
3 ehangder o ddŵr hallt wedi'i amgylchynu gan dir *(y Môr Marw)* SEA (cefnfor)
4 un o'r gwastadeddau mawrion sydd ar y lleuad SEA

addo môr a mynydd (i rywun) addo unrhyw beth a phopeth TO PROMISE THE EARTH

gwneud môr a mynydd creu helynt am rywbeth (dibwys fel arfer) TO MAKE A SONG AND DANCE

y Môr Canoldir:Môr y Canoldir THE MEDITERRANEAN SEA
y Môr Coch THE RED SEA
y Môr Du THE BLACK SEA
Môr Hafren BRISTOL CHANNEL
Môr Iwerddon THE IRISH SEA
y Môr Marw THE DEAD SEA
y Môr Udd THE (ENGLISH) CHANNEL
Môr y Gogledd THE NORTH SEA

mordaith hon *eb* (mordeithiau)
1 taith hir ar y môr VOYAGE
2 gwyliau ar long CRUISE

mordwyo *be*
1 trefnu a bod yn gyfrifol am gyfeiriad (llong, awyren, ac ati) TO NAVIGATE
2 hwylio, teithio ar fôr TO SAIL

morddwyd hon *eb* (morddwydydd) y rhan honno o'ch coes rhwng y pen-glin a phen uchaf y glun; clun THIGH, HAUNCH □ *corff* t.630

moresg hyn *ell* mathau o blanhigion tebyg i borfa sy'n tyfu ar dir isel, gwlyb ger y môr SEDGE

morfa hwn *eg* (morfeydd) darn o dir gwael, isel a gwlyb ger y môr; cors, mignen SEA-MARSH, FEN

môr-farch hwn *eg* (môr-feirch) un o ddau fath o anifail sy'n debyg i'r morlo ond sydd â dau ddant hir, llym yn wynebu tuag i lawr WALRUS □ *môr-hwch*

morfil hwn *eg* (morfilod) un o nifer o fathau o anifeiliaid anferth sy'n byw yn y môr, sy'n debyg o ran golwg i bysgod ond sydd yn famolion gwaed cynnes WHALE (llo) □ *môr-hwch*

môr-forwyn hon *eb* (môr-forynion) gwraig ifanc (brydferth) chwedlonol â chynffon pysgodyn sy'n byw yn y môr MERMAID

morfran hon *eb* (morfrain) aderyn y môr, du ei liw, sy'n byw ar bysgod; mae ganddo wddf hir a phig fachog; bilidowcar, mulfran CORMORANT □ *adar* t.613

morgais hwn *eg* (morgeisi:morgeisiau)
1 cytundeb i fenthyca arian (er mwyn prynu tŷ fel arfer); mae'r tŷ neu'r tir yn eiddo i'r un sy'n rhoi benthyg yr arian nes i'r benthyciad gael ei dalu'n ôl MORTGAGE
2 y swm o arian sy'n cael ei fenthyca o dan y trefniant yma MORTGAGE

morgeisio *be* cyfnewid hawl i fod yn berchen (tŷ, tir ac ati) am fenthyciad o arian; bydd y berchenogaeth yn cael ei rhoi yn ôl pan fydd yr arian wedi cael ei ad-dalu TO MORTGAGE

morglawdd *hwn eg* (morgloddiau) clawdd llydan o bridd neu gerrig i gadw afon neu fôr rhag gorlifo, neu fel sail i heol neu reilffordd sy'n croesi tir isel neu gors; cob EMBANKMENT, DYKE, BREAKWATER

morgrugyn *hwn eg* (morgrug) trychfilyn sy'n perthyn i'r un teulu â'r wenynen; mae'n byw mewn nyth yn y ddaear fel rhan o haid drefnus, ac mae'n enwog am weithio'n brysur ac yn galed ANT

môr-hwch *hon eb* (môr-hychod) creadur y môr tua 2-3 metr o hyd, sy'n perthyn i deulu'r morfil; mae ganddo drwyn hir, symudiadau gosgeiddig a lefel uchel o ddeallusrwydd; dolffin DOLPHIN

morio *be*
1 teithio ar y môr, hwylio *('Fuost ti 'rioed yn morio?/Wel do, mewn padell ffrio.')* TO VOYAGE, TO SAIL
2 bod dan ddŵr, gorlifo *(Roedd y llawr yn morio gan fod y to'n gollwng cymaint.)* SWIMMING
3 am ganu sydd mor gryf â thonnau'r môr; canu â'ch holl egni *(Byddai Dai yn ei morio hi yn y dafarn bob nos Sadwrn.)*

môr-leidr *hwn eg* (môr-ladron) (yn yr hen amser) person a oedd yn rhan o griw a fyddai'n hwylio'r moroedd gan ddwyn oddi ar longau masnachol a'u hysbeilio PIRATE, BUCCANEER

morlo *hwn eg* (morloi) un o nifer o fathau o famolion mawr sy'n byw ar bysgod ac sydd â dwy goes fel esgyll llydain ar gyfer nofio SEAL

morlyn *hwn eg* (môr-lynnoedd) lagŵn, llyn o ddŵr y môr wedi'i wahanu oddi wrth y môr gan greigiau, cwrel neu dwyni tywod LAGOON □ t.636

morol[1] ffurf lafar ar **ymorol**

morol[2] *a* gair i ddisgrifio rhywbeth:
1 sy'n byw yn y môr neu ar ei bwys MARINE
2 sy'n ymwneud â llongau a masnach y môr MARINE, MARITIME

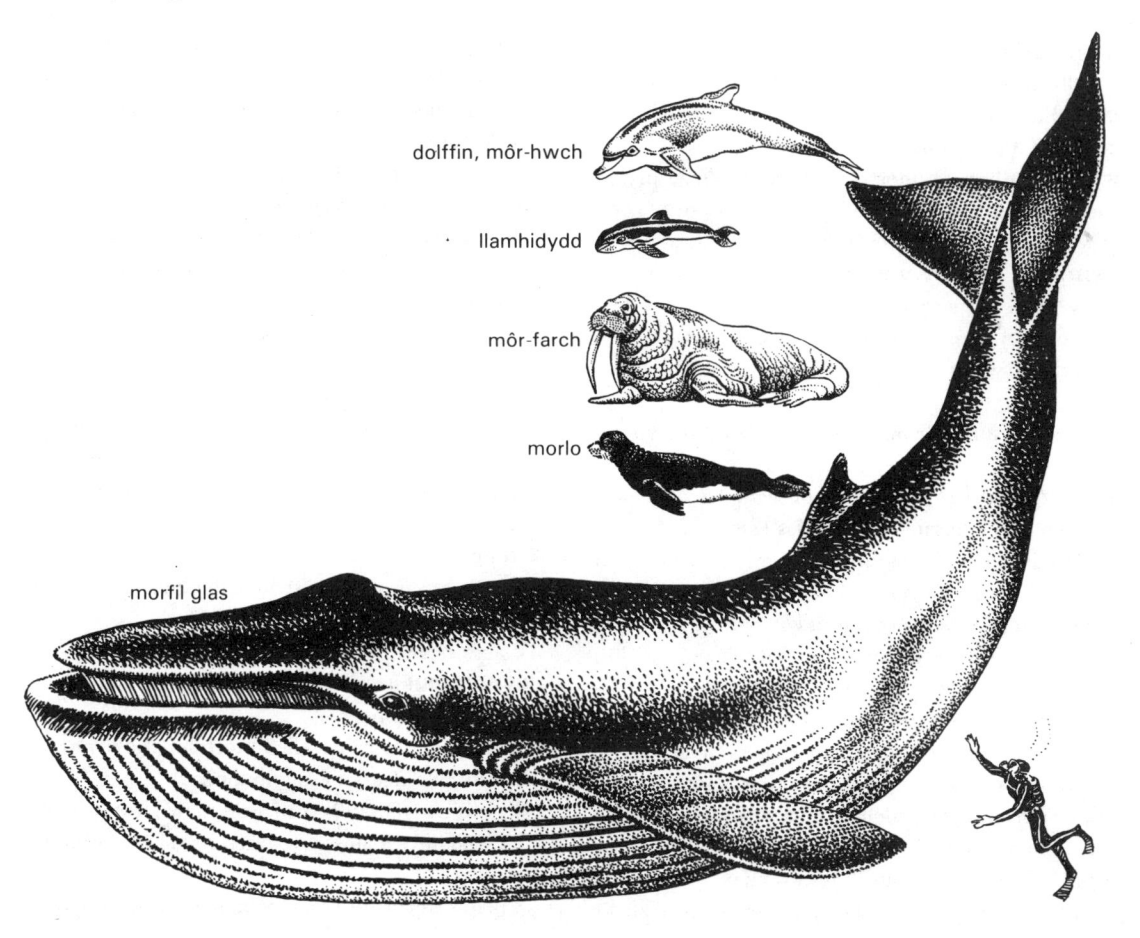

moronen *hon eb* (moron) llysieuyn â gwreiddyn hir, coch, bwytadwy CARROT □ *llysiau* t.634

Morse *hwn eg* fel yn *cod Morse* a enwyd ar ôl Samuel Morse, synau neu fflachiadau hirion a byrion (sy'n cynnwys dotiau a/neu haciau) y mae modd eu defnyddio yn lle rhifau a llythrennau i anfon negeseuon, e.e. a · — ; b — · · · ; c — · — · MORSE

mortais fel yn *uniad mortais a thyno* gw. **uniad**

morter *hwn eg* cymysgedd o galch, tywod a dŵr a fyddai'n cael ei ddefnyddio cyn i sment gael ei ddyfeisio MORTAR

morthwyl:mwrthwl *hwn eg* (morthwylion:myrthylau)
  1 offeryn â phen trwm, caled ar gyfer bwrw hoelion i bren neu i daro pethau er mwyn eu torri neu eu symud HAMMER
  2 rhywbeth sydd wedi'i lunio er mwyn taro/bwrw rhywbeth arall, e.e. *morthwyl piano* HAMMER

morthwylio *be* bwrw/taro (hoelen fel arfer) â morthwyl TO HAMMER

môr-wennol gw. **gwennol y môr**

morwr *hwn eg* (morwyr) person sy'n gweithio ar long; llongwr SAILOR

morwriaeth *hon eb* y grefft o reoli llong SEAMANSHIP

morwrol *a* gair i ddisgrifio rhywun neu rywbeth sy'n ymwneud â bywyd neu waith morwr

morwydden *hon eb* (morwydd) coeden y mae pryfed sidan yn bwyta ei dail; mae'n dwyn ffrwythau coch tywyll neu borffor a elwir yn fwyar Mair MULBERRY

  si ym mrig y morwydd gw. **si**

morwyn *hon eb* (morynion)
  1 merch sy'n gweini mewn tŷ neu westy MAID
  2 merch neu wraig nad yw wedi profi cyfathrach rywiol; gwyry VIRGIN

  y Forwyn Fair Mair mam Iesu yn y Beibl THE VIRGIN MARY

  morwyn briodas y ferch neu'r wraig sy'n helpu'r briodferch ar ddiwrnod ei phriodas BRIDESMAID

morwynol *a* fel yn *enw morwynol*, sef cyfenw merch cyn iddi briodi MAIDEN NAME

morwyr *hyn ell* mwy nag un **morwr**

moryd *hon eb* (morydau) aber afon y mae'r môr yn llifo iddi ar adegau o lanw ESTUARY

mosaig *hwn eg* (mosaigau) brithwaith, darn o waith cain wedi'i lunio trwy osod ynghyd ddarnau bychain o gerrig llyfnion, gwydr lliw a chrochenwaith MOSAIC

mosg *hwn eg* (mosgiau) adeilad y mae addolwyr Islam yn addoli ynddo; addoldy Islamaidd MOSQUE

mosgito *hwn eg* (mosgitos) un o nifer o fathau o drychfilod sy'n perthyn i deulu'r clêr ac sy'n pigo'r croen ac yn yfed y gwaed; mae un math yn achosi malaria MOSQUITO

mowld gw. **mold:mowld**

mowldio gw. **moldio:mowldio**

moyn ffurf dafodieithol y De ar **ymofyn**

muchudd *hwn eg* mwyn caled du (tebyg i lo) y mae modd ei gaboli a'i ddefnyddio i lunio addurniadau JET (jet)

mud:mudan[1] *a* gair i ddisgrifio rhywun (neu rywbeth) nad yw'n gallu siarad, sy'n methu neu'n pallu/gwrthod siarad DUMB, SPEECHLESS, MUTE

mudan[2] *hwn eg* (mudanod) un sy'n methu neu'n pallu/gwrthod siarad MUTE

mudandod *hwn eg* y cyflwr o fod yn fud SILENCE, MUTENESS

mudferwi *be*
  1 coginio mewn hylif sydd yn berwi'n ysgafn iawn, prin yn berwi o gwbl; goferwi TO SIMMER
  2 bod yn llawn o ddicter, cyffro ac ati sydd bron mynd allan o reolaeth TO SIMMER

mudiad *hwn eg* (mudiadau) carfan neu gymdeithas o bobl sydd wedi dod at ei gilydd i gyflawni rhyw bwrpas arbennig *(Mudiad y Ffermwyr Ieuainc)* MOVEMENT

mudiant *hwn eg* (mudiannau) y cyflwr o fod yn symud, o newid lleoliad, symudiad *(mudiant y planedau)* MOTION

mudlosgi *be*
  1 llosgi'n araf heb fflamau TO SMOULDER
  2 (teimladau cryf megis dicter, casineb ac ati) yn corddi oddi mewn i rywun ond heb ddod i'r amlwg *(Roedd casineb yn mudlosgi yn ei llygaid.)* TO SMOULDER

mudo *be*
  1 ymfudo i wlad arall TO MIGRATE
  2 symud tŷ TO MOVE

mudol *a* gair i ddisgrifio:
  1 adar neu anifeiliaid sy'n teithio'n rheolaidd o un rhan o'r byd i ran arall yn ôl y tymhorau MIGRATORY
  2 rhywun neu rywbeth sy'n symud o le i le am gyfnodau byrion MIGRATORY, MIGRANT

mul *hwn eg* (mulod)
  1 epil asyn wedi'i groesi â cheffyl; mae'n enwog am ei ystyfnigrwydd MULE
  2 asyn DONKEY

  llyncu mul gw. **llyncu**
  oes mul gw. **oes**

mulfran *hon eb* gair arall am forfran [**morfran**]

munud *hwn neu hon egb* (munudau)
  1 un o'r trigain (60) rhan sydd mewn awr MINUTE
  2 cyfnod byr o amser *(Fe fydda i gyda ti mewn munud.)* MINUTE
  3 un o'r trigain (60) rhan sydd mewn gradd ongl MINUTE

ar y munud/funud nawr AT THE MOMENT
i'r munud/funud prydlon, i'r union amser TO THE MINUTE
mewn munud cyn bo hir IN A MINUTE

mur hwn *eg* (muriau)
1 adeiladwaith tal o gerrig neu friciau fel arfer wedi'i godi er mwyn cau o gwmpas, rhannu, cynnal (nenfwd neu do) neu amddiffyn rhywbeth; gwal, wal *(muriau castell, pedwar mur ystafell)* WALL
2 ymyl tŷ, ystafell neu rywbeth arall sydd â gwacter o'i fewn WALL
3 unrhyw beth sy'n debyg i fur o ran golwg neu ddefnydd *(mur o ddŵr)* WALL

murddun hwn *eg* (murddunnod) olion hen adeilad sydd wedi mynd â'i ben iddo; adfail RUIN

murlun hwn *eg* (murluniau) llun wedi'i beintio ar wal MURAL

murmur hwn *eg*
1 sŵn isel aneglur *(murmur y nant yn y cefndir)* MURMUR
2 sŵn isel cwynfanllyd gan nifer o bobl *(murmur y dorf)* MURMUR, MUTTERING

mursennaidd *a* gair i ddisgrifio rhywun:
1 sy'n cael sioc yn rhwydd (gan unrhyw beth sy'n cyfeirio at ryw) PRUDISH
2 sydd â ffug ddiddordeb mewn pethau uchel-ael AFFECTED

musgrell *a* gair i ddisgrifio rhywun gwan, sydd wedi colli ei ynni a'i nerth, sy'n fethedig (oherwydd henaint neu afiechyd fel arfer); llesg, eiddil, egwan FEEBLE, DECREPIT

MW *byrfodd* Merched y Wawr

mwclis hyn *ell* (gair tafodieithol) gleiniau, rhes o beli bach gloyw, addurniadol (ar linyn) BEADS

mwd hwn *eg* llaid, llaca; pridd gwlyb, gludiog MUD

mwdlyd *a* gair i ddisgrifio rhywun neu rywbeth sydd wedi'i orchuddio â llaid neu sy'n debyg i laid o ran lliw neu ansawdd; lleidiog MUDDY

mwdwl hwn *eg* (mydylau) pentwr (trefnus) o wair sy'n llai o faint na thas, ac sy'n cael ei doi er mwyn ei wneud yn ddiddos pan nad yw'r gwair yn cael ei gasglu i ysguboriau; cocyn HAYCOCK (gwair)

cau pen y mwdwl cloi neu orffen yn daclus

mŵg hwn *eg* (mygiau) math o gwpan mawr ag ochrau syth (heb soser fel arfer) MUG

mwg hwn *eg* y cwmwl o nwyon gweladwy sy'n cael ei gynhyrchu wrth losgi deunydd sy'n cynnwys carbon SMOKE, FUMES

fel y mwg yn rhwydd ac yn helaeth *(gwnawn arian fel y mwg)* LIKE MAD

mwgwd hwn *eg* (mygydau)
1 gorchudd sy'n cuddio neu'n amddiffyn rhan o'r wyneb MASK
2 gorchudd sy'n cael ei wisgo mewn rhai seremonïau neu gan rai mathau o actorion MASK
3 rhwymyn sy'n cael ei osod dros y llygaid mewn rhai gêmau fel na all person weld BLINDFOLD

mwng hwn *eg* (myngau) y gwallt hir ar war ceffyl neu o gylch wyneb llew ac ati MANE □ *ceffyl*

mwngrel *gw.* **mwn(-)grel**

mwlsyn hwn *eg* (gair i ddifrïo) twpsyn, hurtyn styfnig ASS, NINCOMPOOP

mwll *a* gair i ddisgrifio tywydd poeth, trymaidd, clòs pan fo storm ar y ffordd CLOSE, MUGGY, SULTRY

mwmi hwn neu hon *egb* (mwmïau) celain neu gorff marw a gafodd ei drin mewn ffordd arbennig rhag iddo bydru MUMMY

mwmian:mwmial *be*
1 siarad yn aneglur TO MUTTER, TO MUMBLE
2 canu yn dawel â'r gwefusau ynghau TO HUM

mwnci hwn *eg* (mwncïod)
1 un o nifer o fathau o anifeiliaid cynffon hir sy'n dringo coed ac sy'n perthyn i'r un dosbarth o anifeiliaid â dyn ei hun MONKEY
2 bachgen bach drygionus MONKEY

rhai o deulu'r mwnci
gorila 1.75 m
orang-wtan
tsimpansî
babŵn
mwnci

mwngrel hwn *eg* ci cymysgryw MONGREL

mwnt hwn *eg* fel yn *mwnt a beili*, y twmpath y byddai'r Normaniaid yn codi eu hen gestyll pren arno MOTTE, MOUND □ *castell*

mwnwgl hwn *eg* (mynyglau) gwddf (anifail fel arfer) NECK □ *ceffyl*

mwnwgl y troed rhan uchaf y troed rhwng y bysedd a'r migwrn INSTEP □ *corff* t.630

mwrllwch hwn *eg* niwl, tawch, caddug, yn arbennig y cwmwl trwchus, afiach o fwg, nwyon a niwl a fyddai'n llygru awyr rhai dinasoedd SMOG

mwrthwl gw. **morthwyl:mwrthwl**

mwsogl:mwswgl:mwswm hwn *eg* (mwsoglau) un o nifer o fathau o blanhigion heb flodau sy'n tyfu yn drwch meddal melyn neu wyrdd mewn mannau llaith MOSS □ *blodau* t.618

mwstard:mwstart hwn *eg*
1 planhigyn â blodau melyn y mae ei hadau yn cael eu defnyddio i wneud powdr poeth ei flas MUSTARD □ *blodau* t.620
2 past wedi'i wneud o'r powdr yma sy'n cael ei fwyta gyda bwyd MUSTARD

mwstás hwn *eg* rhimyn o flew sy'n cael ei adael i dyfu rhwng trwyn a gwefus gŵr MOUSTACHE

mwstro *be* (gair y De) prysuro, symud ar unwaith, cyffroi, brysio, hastu TO SHIFT, TO GET A MOVE ON

mwstwr hwn *eg* sŵn mawr, twrw, terfysg COMMOTION, DIN, RACKET

cadw mwstwr gwneud sŵn mawr a chyffro TO MAKE A RACKET

mwswm gw. **mwsogl:mwswgl:mwswm**

mwy[1] *a* (gradd gymharol **mawr**) gair i ddisgrifio:
1 (nifer neu swm) sydd heb fod cyn lleied; rhywbeth y mae rhagor ohono (*Mae mwy o geir yn y wlad yn yr haf nag yn y gaeaf. Mae 20 yn fwy na 10.*) MORE
2 rhywun neu rywbeth sydd heb fod mor fychan (o ran maint); talach, tewach, trymach ac ati (*Mae Iolo yn fwy na Steffan.*) BIGGER
3 rhywun neu rywbeth sydd o well ansawdd neu gymeriad neu sy'n uwch (o ran sŵn) (*Mae e'n fwy o ddyn na'i olynydd. Mae'r sŵn yn fwy yn y dosbarth yma na'r un dosbarth arall.*) GREATER
4 (amser neu bellter) hwy (*Mae arna i angen mwy nag awr i wneud fy ngwaith cartref. Mae mwy o ffordd i'r pentref nag roeddwn i'n ei feddwl.*) LONGER, FURTHER

mwy na thebyg y tebyg yw MORE THAN LIKELY

mwy neu lai bron â bod, rhywle'n agos MORE OR LESS

mwy[2] *adf*
1 (mewn cymhariaeth rhwng dau beth) i raddau pellach neu uwch (*mwy swnllyd; mwy dymunol; mwy cysurus*) MORE
2 bellach, o hyn allan (*Welwn ni mohono ef/fo byth mwy.*) ANY MORE, AGAIN
3 (a'i ddilyn gan *na*) yn hytrach (na) (*Pam rwyt ti'n gofyn i mi, mwy nag iddo ef/fo?*)
Sylwch: nid yw'r *mwy* yma yn arfer treiglo.

mwyach *adf*
1 byth mwy, eto, o hyn ymlaen HENCEFORTH
2 bellach (*Dyw e ddim yn byw yma mwyach.*) ANY MORE
Sylwch:
1 *ac mwyach* (nid *a mwyach*) sy'n gywir;
2 nid yw *mwyach* yn arfer treiglo.

mwyaf[1] *a* (gradd eithaf **mawr**) gair i ddisgrifio:
1 rhywun neu rywbeth sy'n fwy o ran nifer, maint, ansawdd, amser, pellter ac ati na phawb neu bopeth arall (*Ef yw'r mwyaf yn y dosbarth. Ef yw'r arweinydd mwyaf a gawsom erioed.*) MOST, LARGEST, GREATEST
2 (mewn cerddoriaeth) y cywair llon MAJOR

mwyaf[2] *adf* (o flaen ansoddair mewn cymhariaeth) i'r radd uchaf (*mwyaf swnllyd; mwyaf cysurus*) MOST

mwyafrif hwn *eg* (mwyafrifau:mwyafrifoedd)
1 y rhan fwyaf, rhif neu nifer sy'n fwy na'r hanner MAJORITY
2 y gwahaniaeth rhwng un nifer a nifer arall (o bleidleisiau, er enghraifft) MAJORITY
3 gwrthwyneb lleiafrif MAJORITY

mwyalchen hon *eb* (mwyeilch) yr aderyn du pigfelen; mae'r ceiliog yn ddu drosto a chanddo big felen ond brown yw plu a phig yr iâr BLACKBIRD □ *adar* t.608

mwyara *be* hel neu gasglu mwyar duon TO GATHER BLACKBERRIES

mwyaren hon *eb* (mwyar) ffrwyth melys, bwytadwy y fiaren sy'n debyg o ran ffurf i fafon ond yn ddu ei liw; defnyddir mwyar i wneud jam, jeli a phasteiod neu dartenni BLACKBERRY □ *ffrwythau* t.625

mwyaren Mair ffrwyth porffor neu goch tywyll y forwydden MULBERRY

mwydion hyn *ell* mwy nag un peth sydd wedi cael ei fwydo; pethau meddal, soeglyd megis tu mewn rhai ffrwythau neu blanhigion PULP, PITH

mwydion papur papur wedi'i ferwi neu'i fwydo nes ei fod yn feddal ac yna wedi'i gymysgu â glud neu ryw ddeunydd sy'n ei galedu er mwyn ei ddefnyddio i lunio bocsys neu fodelau ac ati PAPIER MÂCHÉ, PULP

mwydo *be* gadael rhywbeth mewn hylif er mwyn iddo feddalu, gwella o ran blas ac ati TO STEEP, TO SOAK

mwydod hyn *ell* mwy nag un **mwydyn**

mwydro *be* drysu, cymysgu, cawlio (*Paid â mwydro dy ben ynglŷn â'r peth.*) TO CONFUSE, TO BEWILDER

mwydyn *hwn eg* (mwydod) abwydyn, pryf genwair, creadur bach tenau, hir, heb asgwrn cefn nac aelodau corff, sy'n byw yn y pridd ac sy'n aelod o deulu'r abwydod WORM □ **abwydod**

mwyeilch *hyn ell* mwy nag un fwyalchen [**mwyalchen**]

mwyfwy *adf* mwy a mwy o hyd (*Rwy'n dod i ddibynnu arno fwyfwy.*) INCREASINGLY, MORE AND MORE

mwyhadur *hwn eg* (mwyaduron) offeryn (a geir mewn radio neu beiriant chwarae recordiau, disgiau ac ati) sy'n cynyddu nerth neu bŵer cerrynt trydanol (cyn ei droi yn ôl yn sain) AMPLIFIER

mwyhau *be*
1 gwneud yn fwy ei faint, e.e. *mwyhau lluniau; mwyhau seiniau* TO ENLARGE, TO AMPLIFY
2 mynd yn fwy, cynyddu, amlhau TO INCREASE, TO MULTIPLY

mwyn¹ *hwn eg* (mwynau)
1 un o nifer o sylweddau sydd i'w darganfod yn naturiol yng nghramen y ddaear, megis glo, calch, diemwntau ac ati MINERAL
2 un o'r sylweddau naturiol hyn yng nghramen y ddaear sy'n cynnwys metel y mae modd ei echdynnu o'r deunydd crai ORE □ t.632

mwyn² *hwn eg* fel yn yr ymadrodd *er mwyn* gw. **er**

mwyn³ *a gair i ddisgrifio:*
1 rhywun caredig, tyner, tirion, hawdd ei garu GENTLE, DEAR, TENDER
2 (am y tywydd) tyner, tirion, braf FINE, MILD

mwynder *hwn eg* y cyflwr o fod yn fwyn [**mwyn³**], yn hynaws; tynerwch GENTLENESS, MILDNESS

mwynderau *hyn ell*
1 pleserau PLEASURES, DELIGHTS
2 ffurf gyffredin ar **amwynderau**

mwynglawdd *hwn eg* (mwyngloddiau) man ar gyfer cloddio am fwynau metel (*Os ewch chi i Bumsaint yn Nyfed fe welwch hen fwyngloddiau lle bu'r Rhufeiniaid yn cloddio am aur.*) MINE

mwyngloddio *be* cloddio am fwynau metel TO MINE

mwynhad *hwn eg* mwyniant, hapusrwydd neu fodlonrwydd sy'n deillio o brofiad pleserus (*Roedd ei fwynhad yn amlwg ar ei wyneb.*) PLEASURE, ENJOYMENT

mwynhau *be*
1 derbyn pleser neu hapusrwydd oddi wrth rywbeth (*Wyt ti'n mwynhau'r daith?*) TO ENJOY
2 bod yn berchen ar neu ddefnyddio (rhywbeth da) (*Mae'n mwynhau iechyd ardderchog ar hyn o bryd.*) TO ENJOY

mwyniant *hwn eg* (mwyniannau) gair arall am fwynhad PLEASURE

mwynwr *hwn eg* (mwynwyr) un sy'n gweithio mewn mwynglawdd (nid mewn pwll glo) MINER

mwys *a gair i ddisgrifio rhywbeth sydd â mwy nag un ystyr, nad yw ei ystyr yn glir; amwys* AMBIGUOUS
gair mwys gw. **gair**

mwythau *hyn ell*
1 cyffyrddiadau tyner, hoffus CARESSES
2 pethau blasus, danteithiol; danteithion DELICACIES

mwytho *be* cyffwrdd yn dyner ac yn hoffus; anwylo, anwesu TO CARESS, TO FONDLE, TO STROKE

m.y.a. *byrfodd* milltir yr awr MILES PER HOUR, [m.p.h.]

mydr *hwn eg* (mydrau) mesur; y symudiad rheolaidd a geir mewn llinell o farddoniaeth neu'r patrwm o sillafau ac odlau a geir mewn pennill METRE, MEASURE

mydryddiaeth *hon eb* barddoniaeth, yr wyddor sy'n ymwneud â phatrymau prydyddiaeth PROSODY, VERSIFICATION

mydryddol *a gair i ddisgrifio barddoniaeth wedi'i gosod mewn patrwm penodol o acenion* METRICAL

mydylau *hyn ell* mwy nag un **mwdwl**

mydylu *be* gwneud gwair yn fydylau ar y cae

myfi *rhagenw personol dwbl* (myfi, tydi, efe, hyhi, nyni, chwychwi, hwynt-hwy) ffurf ddybyg ar y rhagenw 'fi' sy'n pwysleisio fi (a neb arall); fi fy hun IT IS I, ME MYSELF

myfïol *a gair i ddisgrifio rhywun nad yw'n meddwl am unrhyw un arall nac yn ystyried neb ond ef ei hun* EGOISTIC, SELFISH

myfyrdod *hwn eg* (myfyrdodau)
1 y weithred o feddwl yn ddwys MEDITATION, CONTEMPLATION
2 rhywbeth sy'n deillio o fyfyrio ynglŷn â rhywbeth (megis llyfr, cerdd ac ati) MEDITATION

myfyrgar *a gair i ddisgrifio:*
1 rhywun sy'n hoff o fyfyrio STUDIOUS
2 rhywbeth sy'n dangos ôl myfyrdod MEDITATIVE, CONTEMPLATIVE

myfyrio *be*
1 meddwl yn ddwys ac yn ddifrifol (*Bu'n myfyrio'n hir a ddylai adael y coleg a chwilio am swydd nawr bod ei dad wedi marw.*) TO CONTEMPLATE, TO MEDITATE, TO PONDER
2 canolbwyntio yn llwyr ar un peth (crefyddol fel arfer) ar ôl clirio'r meddwl (*Mae mynaich a lleianod yn neilltuo amser arbennig bob dydd i fyfyrio.*) TO MEDITATE, TO CONTEMPLATE

myfyriwr *hwn eg* (myfyrwyr) efrydydd; person sy'n astudio mewn coleg, prifysgol neu ddosbarthiadau uchaf ysgol uwchradd (plant ysgol yw'r lleill) STUDENT

myfyrwraig *hon eb* (myfyrwragedd) merch sy'n fyfyriwr STUDENT

mygdarth hwn *eg* aer trwm neu anwedd, sy'n dod o fwg, nwy, paent ffres ac ati; mae ganddo wynt neu aroglau cryf sy'n pigo cefn y gwddf wrth ei anadlu FUMES, VAPOUR

mygedol *a* gair i ddisgrifio rhywbeth (swydd fel arfer) sy'n ddi-dâl, anrhydeddus *(Ysgrifennydd Mygedol y Cyngor Llyfrau Cymraeg)* HONORARY

mygiau hyn *ell* mwy nag un **mwg**

myglyd *a* gair i ddisgrifio:
  1 rhywbeth sy'n llawn mwg neu sy'n sawru o fwg SMOKY, STIFLING
  2 rhywun sy'n methu cael ei anadl

mygu *be*
  1 gollwng mwg neu anwedd sy'n debyg i fwg *(Ar ôl carlamu'n galed yr oedd ochrau'r ceffyl yn mygu.)* TO SMOKE, TO STEAM
  2 mogi TO SUFFOCATE
  3 ffordd o gyffeithio bwydydd a rhoi iddynt flas arbennig trwy eu hongian mewn mwg; cochi TO SMOKE
  brawd mygu yw tagu gw. **brawd**

mygydau hyn *ell* mwy nag un **mwgwd**

mygydu *be* gosod mwgwd dros lygaid neu wyneb person fel na all weld TO BLINDFOLD

myngau hyn *ell* mwy nag un **mwng**

MYM byrfodd Mudiad Ysgolion Meithrin

mympwy hwn *eg* (mympwyon) syniad neu ddymuniad sydyn ac afresymol; chwiw *(Un o'i mympwyon diweddaraf yw y dylem i gyd wisgo sanau coch yn yr ysgol.)* WHIM, CAPRICE, FAD

mympwyol *a* gair i ddisgrifio:
  1 rhywun sy'n llawn mympwyon WHIMSICAL
  2 rhywun na allwch fod yn sicr ohono, na allwch ddibynnu arno; penchwiban CAPRICIOUS

mymryn hwn *eg* (mymrynnau)
  1 darn bach iawn, tamaid bach bach, gronyn *(Roedd y fantol mor gywir, roedd modd pwyso'r mymryn lleiaf o unrhyw beth arni.)* BIT, PARTICLE
  2 tamaid bach, ychydig (wrth sôn am hyd, lled, uchder ac ati) *(Dewch fymryn yn nes at y meic.)* BIT, SHADE, MITE

myn[1] hwn *eg* (mynnod) cyw gafr, gafr ifanc KID
  Sylwch: mae'r 'myn' yma yn odli â 'gwyn'.

myn[2] *ardd* (ynganu i odli ag *yn*) ffurf a geir ar ddechrau llw neu reg *('Myn Duw, mi a wn y daw!' Myn diawch i!)* BY

myn[3] *bf* (yr un ynganiad â *myn*[1]) mae ef/hi yn **mynnu**; bydd ef/hi yn **mynnu**

mynach hwn *eg* (mynachod, mynaich) un o grŵp o ddynion sydd wedi addunedu i fyw bywyd crefyddol, ac sy'n byw ynghyd mewn mynachlog MONK, FRIAR (brawd, lleian)

mynachlog hon *eb* (mynachlogydd) adeilad lle y mae mynaich yn byw bywyd yn ôl rheolau crefyddol MONASTERY (abaty)

mynawyd hwn *eg* (mynawydau:mynawydydd) offeryn blaenllym ar gyfer gwneud tyllau (bychain) mewn coed neu ledr ac ati AWL, BRADAWL

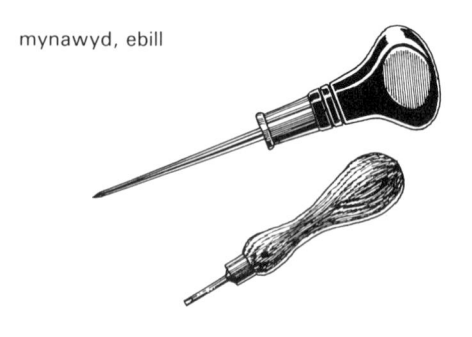

mynawyd, ebill

mynd:myned[1] *be*
  1 cyrchu i le arbennig *(Rwy'n mynd i Rufain.)* TO GO
  2 ymadael, diflannu *(Erbyn i'r heddlu gyrraedd, roedd y lleidr wedi mynd.)* TO GO, TO DEPART
  3 teithio neu symud *(Rydyn ni'n mynd yno ar y bws.)* TO GO, TO TRAVEL
  4 cyrraedd, ymestyn *(Mae'r gwreiddiau yn mynd ymhell.)* TO GO, TO EXTEND
  5 gosod, dodi (yn ôl yr arfer) *(Mae'r llyfrau hyn yn mynd ar y silff yma.)* TO GO
  6 (am beiriannau) gweithio yn iawn *(A yw wedi llwyddo i gael y car i fynd eto?)* TO GO, TO WORK
  7 newid (yn naturiol neu'n fwriadol) *(Mae'n dechrau mynd yn hen, druan.)* TO BECOME, TO GET
  8 treulio *(Mae hanner f'amser yn mynd i glirio ar ôl y ddau blentyn 'na.)* TO GO, TO SPEND
  9 gorffen, darfod, marw *(Mae'r haf wedi mynd.)* TO GO, TO CEASE
  10 i'w ganu neu i'w ynganu mewn ffordd arbennig *(Mae'r dôn yn mynd fel hyn ...)* TO GO
  11 (am eiriau) ffitio, bod yn addas i dôn arbennig *(Ydy'r geiriau hyn yn mynd ar y dôn newydd yma?)* TO GO, TO FIT
  12 gweddu *(Dyw'r llenni dim yn mynd gyda'r papur wal.)* TO GO, TO MATCH
  13 cael ei anfon i'w ystyried *(Rhaid i'ch cais fynd o flaen y pwyllgor yn gyntaf.)* TO GO, TO BE CONSIDERED
  14 bod ar fin, cynllunio *(Mae hi'n mynd i agor siop yn y dre.)* TO GO
  15 cyrraedd rhyw bwynt *(Wel y mae pethau wedi mynd i'r pen, wn i ddim beth i'w wneud.)* TO GO, TO REACH

mynd

16 symud ag egni anarferol *(Roedd cynffon y ci bach yn mynd i gyd.)* TO GO (AT FULL SPEED)
17 dynodi rhywbeth sydd yn debyg iawn neu'n sicr o ddigwydd yn y dyfodol *(Mae hi'n mynd i fwrw glaw fory yn ôl rhagolygon y tywydd.)* TO GO
18 cymryd tro mewn gêm *(Pwy sydd i fynd nesaf?)*
19 mynychu *(Wyt ti'n mynd i'r capel yn gyson?)* TO GO
20 cael ei werthu *(Aeth y tŷ am bris da iawn.)* TO BE SOLD
21 cael ei roi *(Mae'r wobr yn mynd i'r ferch yn y ffrog goch.)* TO GO (â, aeth, âi, aiff, awn, cer, dos, ei, êl, es, euthum, ewch)
Sylwch: yr ydych chi'n mynd 'at' berson ond yn mynd 'i' le *(Ar ôl mynd i'r ysgol es at y prifathro.)*

mynd â hebrwng, mynd yn eich meddiant *(Mae hi'n mynd â'r plant i'r ysgol.)* TO TAKE
mynd â hi ennill y dydd TO WIN
mynd ati dechrau o ddifrif TO GO TO IT
mynd dros ail-wneud TO GO OVER
mynd gyda mynd yn gwmni TO GO WITH
mynd heb gwneud heb, aberthu TO GO WITHOUT
mynd o gwmpas fy mhethau gw. **pethau**
mynd o'i chwmpas hi gw. **cwmpas**
mynd rhagddo mynd ymlaen TO GO ON

mynd[2] *hwn eg* yr ansawdd o fod yn llawn bywyd neu symudiad *(Mae tipyn o fynd yn y pennaeth newydd.)* GO, ZIP
mynd ar gwerthiant uchel neu boblogrwydd *(Roedd mynd arbennig ar ei nofel ddiweddaraf.)*

myned gw. **mynd:myned**[1]

mynedfa *hon eb* (mynedfeydd) drws, porth, cyntedd, adwy, giât ac ati sydd yn ffordd i mewn (ac allan) *(Mae mwy nag un fynedfa i faes yr Eisteddfod Genedlaethol.)* ENTRANCE, GATEWAY

mynediad *hwn eg* (mynediadau)
1 caniatâd i fynd i mewn, neu i ymuno â rhywbeth, yn arbennig y tâl a godir am hyn *(Mae mynediad i'r Eisteddfod wedi codi eto eleni.)* ADMISSION
2 (am gyfrifiadur) y weithred o fwydo data i gof y cyfrifiadur neu eu tynnu oddi arno ACCESS
3 y ffordd i mewn *(mynediad i briffordd)* ACCESS
dim mynediad NO ENTRY

mynegai *hwn eg* (mynegeion) rhestr yn nhrefn yr wyddor o'r prif eiriau neu'r testunau sy'n cael eu trin o fewn llyfr (neu unrhyw gasgliad o wybodaeth) *(Cewch fynegai i'r geiriau Saesneg yn y Geiriadur hwn yng nghefn y llyfr.)* INDEX

mynegbost *hwn eg* (mynegbyst) postyn ac arwydd neu enw arno, sy'n cael ei osod ar groesffordd i ddangos cyfeiriad neu bellter i le arbennig SIGNPOST

mynydd

mynegeio *be* llunio mynegai i gyfrol TO INDEX
mynegi *be* dangos (teimlad, barn) mewn geiriau (neu ryw ffordd arall), datgan *(Hoffwn fynegi fy niolchiadau i bawb sydd wedi cynorthwyo gyda'r gwaith.)* TO EXPRESS, TO INDICATE

mynegiad *hwn eg* (mynegiadau)
1 rhywbeth sy'n cael ei fynegi EXPRESSION, INDICATION
2 (mewn mathemateg) casgliad o dermau sy'n cael eu cysylltu gan + a −, e.e. $x^2 - 3$ EXPRESSION

mynegiant *hwn eg* y ffordd y mae rhywbeth yn cael ei fynegi (trwy eiriau, golwg, gweithrediad ac ati) *(Fe welwch yn ei holl luniau fynegiant o'i hiraeth am yr hyn a fu.)* EXPRESSION

mynegol *a* gair i ddisgrifio ffurf (neu fodd) ar y ferf sy'n dynodi gweithred neu gyflwr fel ffaith (yn hytrach na rhywbeth ansicr fel y modd dibynnol neu orchymyn fel y modd gorchmynnol) INDICATIVE

mynnod *hyn ell* mwy nag un **myn**[1]
mynnu *be*
1 datgan yn bendant *(Mae e'n mynnu mai ti oedd yr un a welodd yn y dafarn.)* TO INSIST
2 gorchymyn *(Roedd hi'n mynnu bod raid iddo fynd.)* TO INSIST
3 hawlio *(Mae e'n mynnu siarad Cymraeg ym mhob cyfarfod.)* TO PERSIST
4 dymuno *(Gwnewch fel y mynnwch.)* TO WISH (myn[3])
Sylwch: dyblwch yr 'n' ym mhob un o ffurfiau'r ferf ac eithrio 'myn' a'r rhai sy'n cynnwys -as-.

mynwent *hon eb* (mynwentydd) darn o dir wedi'i neilltuo ar gyfer claddu pobl CEMETERY, GRAVEYARD
mynwes *hon eb* (mynwesau) tu blaen y frest ddynol, y ddwyfron BOSOM, BREAST
mynwesol *a* gair i ddisgrifio rhywrai (ffrindiau fel arfer) agos iawn *(cyfeillion mynwesol)* BOSOM, DEAR
mynych *a* aml, llawer gwaith, cyson *(Gwelais eryr ar un o'm hymweliadau mynych â'r ardal.)* FREQUENT
mynychu *be* mynd yn gyson, ymweld yn fynych neu'n rheolaidd *(Byddai'n mynychu'r cwrdd ar fore Sul—a'r dafarn ar nos Sadwrn.)* TO FREQUENT, TO VISIT REGULARLY, TO ATTEND
mynychwr *hwn eg* (mynychwyr) un sy'n ymweld â rhywle yn gyson neu'n rheolaidd FREQUENTER
mynydd *hwn eg* (mynyddoedd)
1 bryn uchel iawn, darn enfawr o dir yn codi i gryn uchder uwchlaw'r wlad o'i gwmpas MOUNTAIN
2 swm anferth o rywbeth, e.e. *mynydd o waith* MOUNTAIN
3 swm anferth o fwyd sydd wedi cael ei orgynhyrchu o fewn y Farchnad Gyffredin *(mynydd menyn)* MOUNTAIN

a b c ch d dd e f ff g ng h i j (k) l ll m n o p ph r rh s t th u w y (z)

mynydd iâ darn anferth o iâ yn gorwedd yn y môr a dim ond un rhan o wyth ohono yn y golwg ICEBERG ☐ t.637

mynydda

mynydda *be* yr adloniant o gerdded mynydd-dir neu'r gamp o ddringo mynyddoedd uchel geirwon MOUNTAIN WALKING, MOUNTAIN CLIMBING

Mynydd Cynffig *enw lle* KENFIG HILL
mynydd-dir *hwn eg* tir uchel mynyddig HILL COUNTRY
mynyddig *a* gair i ddisgrifio darn o wlad sy'n llawn mynyddoedd MOUNTAINOUS
mynyddwr *hwn eg* (mynyddwyr) dringwr mynyddoedd neu un sy'n byw yn y mynyddoedd MOUNTAINEER
mynyglau *hyn ell* mwy nag un **mwnwgl**
myrdd:myrddiwn *hwn eg* (myrddiynau) lliaws mawr, rhif diderfyn *(Gwelwn fyrdd o sêr ar noson glir.)* MYRIAD
myrr *hwn eg*
  1 math o lud gwerthfawr a geir o goed ac a ddefnyddir i wneud persawr ac arogldarth MYRRH
  2 un o anrhegion y Doethion o'r dwyrain a ddaeth i ymweld â'r baban Iesu (aur a thus oedd y ddau anrheg arall) MYRRH
myrtwydden *hon eb* (myrtwydd) prysgwydden fythwyrdd â dail hirgrwn, gloyw, blodau gwyn neu binc persawrus ac aeron duon; mae'n tyfu yn ne Ewrop yn bennaf *(Mae gan Ann Griffiths emyn enwog sy'n dechrau â'r geiriau 'Wele'n sefyll rhwng y myrtwydd'.)* MYRTLE
myrthylau *hyn ell* mwy nag un **morthwyl:mwrthwl**
mysg *hwn eg* canol *(Gwelwyd ef ddiwethaf yn cerdded gyda'r dorf, ac roedd i'w weld yn hollol fodlon yn eu mysg.)* MIDST
myth *hwn eg* (mythau)
  1 hen, hen chwedl (yn aml yn sôn am dduwiau a phethau goruwchnaturiol) sy'n esbonio digwyddiadau naturiol neu hanesyddol MYTH
  2 syniad neu stori anghywir *(y myth nad yw'r eliffant byth yn anghofio)* MYTH
mytholeg *hon eb* y gyfundrefn o gredoau sydd i'w chael mewn casgliad o fythau MYTHOLOGY
mytholegol *a* gair i ddisgrifio rhywbeth sy'n perthyn i fyd mythau a'r astudiaeth ohonynt MYTHOLOGICAL

a b c ch d dd e f ff g ng h i j (k) l ll m n o p ph r rh s t th u w y (z)

N

N *byrfodd* newton NEWTON, [N]

'n[1] *rhagenw mewnol*
 1 yn eiddo i ni, ein *(ein mamau a'n tadau; rhan o'n heiddo)* OUR
 2 ni *(y bachgen a'n gwelodd; y ferch a'n henwodd)* US
 Sylwch:
 1 mae'n cael ei ddefnyddio ar ôl llafariad;
 2 fe'i dilynir gan 'h' o flaen llafariad *(ein haur a'n harian).*

'n[2] *geiryn traethiadol* yn *(Siân sy'n ddrwg, nid fi.)*

'n[3] *geiryn adferfol* yn *(Mae Siôn yn canu'n dda.)*

'n[4] *geiryn berfenwol* yn *(Rwy'n mynd.)*
 Sylwch:
 1 talfyriad o 'yn' yw'r rhain pan fyddant yn dilyn llafariad;
 2 nid yw'r arddodiad 'yn' yn talfyrru *(Beth sy yn y fasged?* sy'n gywir nid *Beth sy'n y fasged?)*

na[1]:**nac** *geiryn negyddol* gair sy'n cael ei ddefnyddio o flaen y ferf i ffurfio ateb negyddol i gwestiwn, ac eithrio weithiau yn yr amser gorffennol *(Wyt ti'n dod? Nac ydw. Ei di i'r siop drosof fi? Na wnaf.)* NO, NOT (naddo, nage)
 Sylwch:
 1 mae 'c', 'p' a 't' yn treiglo'n llaes ar ôl *na* a 'b', 'd', 'g', 'll', 'rh' ac 'm' yn treiglo'n feddal;
 2 *nag* yw ynganiad y *nac* yma;
 3 *ac na* sy'n gywir (nid *a na).*

na[2]:**nac** *geiryn negyddol* gair oedd yn arfer cael ei ddefnyddio i roi gorchymyn negyddol; paid, peidiwch â *(Na ladd.)* NO, NOT
 Sylwch: mae'r *na* yma yn treiglo yn yr un ffordd â **na**[1].

na[3]:**nac** *cysylltair negyddol* gair sy'n cael ei ddefnyddio i gysylltu dau neu ragor o bethau mewn brawddeg negyddol *(Ni welais na chi na chath na cheffyl na mochyn nac un peth byw.)* NEITHER ... NOR, NOR
 Sylwch:
 1 bod y *na* yma'n cael ei ddilyn gan dreiglad llaes yn unig;
 2 mai *nag* yw ynganiad y *nac* yma.

na[4]:**nad** *rhagenw perthynol* gair sy'n cael ei ddefnyddio mewn brawddeg i ddangos at bwy neu beth y mae gweithred negyddol yn cyfeirio *(yr asyn na fu farw; rhyw lyfr na chlywodd neb amdano; y chwaraewr nad oedd yn ddigon da)* THAT ... NOT, WHO ... NOT (nas)
 Sylwch: mae'r *na* yma yn treiglo yn yr un ffordd â **na**[1].

na[5]:**nag** *cysylltair* gair sy'n dilyn yr ansoddair mewn cymhariaeth *(Mae'n well gen i ganu nag adrodd. Mae'r bastai yn fwy na'r ffwrn.)* THAN
 Sylwch: mae'r *na* yma'n cael ei ddilyn gan dreiglad llaes yn unig *(Gwell dysg na golud. Gwell enw da na chyfoeth.)*

nac gw. **na:nac**

nacaol *a* gair i ddisgrifio gair neu ymadrodd sy'n golygu **na**, sy'n gwrthod, sy'n pallu; negyddol NEGATIVE

nacáu:'cau *be* gwrthod, pallu; ar lafar yn y Gogledd mae'n gyffredin yn y ffurf 'cau *('cau mynd i'r ysgol)* TO REFUSE

nad gw. **na**[4]:**nad**
 Sylwch: mae *nad* yn cael ei ddefnyddio o flaen llafariaid ac eithrio o flaen berf a gollodd 'g' ar ei dechrau trwy dreiglad, e.e. *na allodd; nad aeth.*

nâd-fi'n-angof *hwn eg* glas y gors, planhigyn isel a chanddo flodau bach glas FORGET-ME-NOT □ *blodau t.619*

Nadolig *hwn eg* (Nadoligau)
 1 gŵyl Gristnogol sy'n cael ei chynnal yn flynyddol ar 25 Rhagfyr i ddathlu geni Iesu Grist CHRISTMAS
 2 y cyfnod ychydig cyn hyn a'r deuddeng niwrnod sy'n dilyn CHRISTMAS (Ystwyll)

nadredd:nadroedd *hyn ell* mwy nag un **neidr fel lladd nadroedd** yn brysur dros ben FLAT OUT, VERY BUSY

nadu[1] *be* gweiddi'n hir ac yn uchel mewn poen neu mewn tymer ddrwg TO HOWL, TO BRAY

nadu[2] *be* (ffurf lafar yn y Gogledd) rhwystro *(Mae o'n nadu i mi fynd.)* TO PREVENT

naddion *hyn ell* darnau bychain sy'n cael eu ffurfio wrth i rywbeth gael ei naddu CHIPS, SHAVINGS

naddo *adf* yr ateb negyddol sy'n cyfateb i 'do'; na NO
 Sylwch: mae *do* neu *naddo* yn cael eu defnyddio fel atebion i gwestiynau ynglŷn â rhywbeth a ddigwyddodd yn y gorffennol.

naddu *be* torri (coed neu garreg fel arfer) fesul darn bach ar y tro, er mwyn creu ffurf arbennig TO CARVE, TO CHIP

nag gw. **na**[5]:**nag**

nage *adf* yr ateb negyddol i gwestiwn sy'n pwysleisio rhywbeth ar wahân i'r ferf trwy ei roi yn gyntaf, neu sy'n dechrau ag *ai* neu *onid*; na *(Ti sydd yna, John? Nage, y dyn yn y lleuad! Ai yn Aberystwyth y cyfansoddwyd 'Hen wlad fy nhadau'? Nage, ym Mhontypridd.)* NO

nai *hwn eg* (neiaint)
 1 mab eich brawd neu'ch chwaer NEPHEW
 2 mab brawd neu chwaer eich gŵr neu'ch gwraig NEPHEW □ *teulu*

naid[1] *hon eb* (neidiau) y weithred o neidio; llam, sbonc JUMP, LEAP
 naid hir camp athletaidd lle y mae athletwyr yn cystadlu i weld pwy sy'n gallu neidio bellaf LONG JUMP
 naid uchel camp athletaidd lle y mae athletwyr yn cystadlu i weld pwy sy'n gallu neidio uchaf HIGH JUMP

naid[2] *bf* mae ef/hi yn **neidio**; bydd ef/hi yn **neidio**

naill *rhagenw*
 1 un o ddau neu ragor *(Roedd y naill yn wyn a'r llall yn ddu. Roedd y naill yn y dre a'r lleill i gyd wedi mynd i'r traeth.)* THE ONE ... (THE OTHER[s])
 2 (dewis) un o ddau *(Naill ai rwyt ti'n aros gartref gyda ni neu rwyt ti'n mynd i'r dref gyda dy chwaer.)* EITHER ... (OR)

a b c ch d dd e f ff g ng h i j (k) l ll m **n** o p ph r rh s t th u w y (z)

i'r naill ochr o'r neilltu, allan o'ch meddwl TO ONE SIDE

nain hon *eb* (neiniau) (gair y Gogledd) mam-gu, mam un o'ch rhieni, gwraig taid GRANDMOTHER ☐ *teulu*

nam hwn *eg* (namau) gwall, camgymeriad, diffyg, rhywbeth sy'n cadw rhywun neu rywbeth rhag bod yn berffaith *(Un nam bach sydd ar y car yma, mae'n pallu mynd.)* FAULT, DEFECT, BLEMISH

nam ar y lleferydd rhywbeth (corfforol fel arfer) sy'n rhwystro person rhag siarad yn glir SPEECH IMPEDIMENT

namyn *ardd* ac eithrio, ar wahân i, llai *(Mae cant namyn un yn ffordd henffasiwn o ddweud naw deg naw.)* MINUS, EXCEPT

Nanhyfer *enw lle* NEVERN

nant hon *eb* (nentydd) ffrwd, afonig, afon fechan BROOK, STREAM

napcyn:napgyn hwn *eg* (napcynau) darn sgwâr o bapur neu liain sy'n cael ei ddefnyddio i gadw bwyd rhag colli ar eich dillad yn ystod pryd o fwyd NAPKIN, SERVIETTE

nas y rhagenw perthynol 'na' ynghyd â'r rhagenw mewnol gwrthrychol '-s' sy'n cyfeirio at 'ef', 'hi' neu 'nhw' *(Nid adwaen i'r dyn am nas gwelais.)* NO, NOT

Natsi hwn *eg* (Natsïaid) aelod o'r blaid Sosialaidd Genedlaethol a fu'n llywodraethu'r Almaen dan arweiniad Adolf Hitler o 1933-1945 NAZI

natur hon *eb*
1 y nodweddion sy'n gwneud rhywun neu rywbeth yn wahanol i eraill; cymeriad NATURE
2 math, tymer, anian *(Bydd ail ran y cyngerdd o natur dipyn ysgafnach na'r rhan gyntaf.)* NATURE
3 y byd cyfan, yn arbennig fel rhywbeth parhaol heb gynnwys pethau o waith dyn (e.e. adeiladau) *(rhyfeddodau natur)* NATURE
4 tymer ddrwg *(Un gas yw hi os wyt ti'n digwydd codi'i natur.)* TEMPER

wrth natur yn reddfol, yn naturiol NATURALLY

naturiaethwr hwn *eg* (naturiaethwyr) person sy'n astudio planhigion neu anifeiliaid NATURALIST

naturiol *a* gair i ddisgrifio rhywun neu rywbeth:
1 sy'n rhan gynhenid o'r byd o'i gyferbynnu â rhywbeth sydd wedi'i greu gan ddyn *(Mae'r rhan yma o'r fferm wedi'i gadael i dyfu'n hollol naturiol heb unrhyw ymyrraeth o gwbl.)* NATURAL
2 sy'n ymwneud â grymoedd neu ddigwyddiadau anarferol y mae modd eu hegluro *(Bu farw o achosion naturiol.)* NATURAL
3 sy'n cael ei ddysgu trwy brofiad, sy'n digwydd yn ôl yr arfer neu'r disgwyl; arferol *(Fe fyddwn, yn naturiol, yn rhoi gwybod i chi cyn bwrw ymlaen i wneud dim byd.)* NATURAL
4 nad yw'n edrych neu'n swnio'n wahanol i arfer, nad yw'n ffals neu'n fursennaidd *(Gwnewch eich gorau i edrych yn naturiol ar gyfer y llun.)* NATURAL
5 cynhenid, nad oes rhaid ei ddysgu *(Roedd yn storïwr naturiol.)* NATURAL, INNATE
6 (mewn cerddoriaeth) y nodyn cysefin nad yw nac uwchben y nodyn nac o dan y nodyn, sef y nodau gwyn ar biano; hefyd yr arwydd ♮ sy'n cael ei ddefnyddio i ddangos hyn NATURAL

naturioldeb hwn *eg* y cyflwr o fod yn naturiol, o beidio â bod yn wahanol i'r arfer NATURALNESS

naw *rhifol* y rhif 9 NINE

ar y naw ofnadwy, math o lw *(Mae'r sêt yma'n galed ar y naw.)* AWFULLY, TERRIBLY

naw nos olau y cyfnod o dywydd braf sy'n digwydd weithiau ym mis Medi ar adeg y cynhaeaf

naw wfft ebychiad dirmygus *(Roeddwn wedi bwriadu aros yma am yr wythnos ond y mae diwrnod wedi bod yn hen ddigon—naw wfft i'r fath le!)*

nawdd hwn *eg*
1 y cymorth neu'r gefnogaeth ariannol sy'n cael ei gynnig gan noddwr i hybu achos neu weithgarwch arbennig PATRONAGE, SUPPORT
2 amddiffyniad, diogelwch, lloches, cefnogaeth REFUGE

dan nawdd â chefnogaeth gan, wedi'i noddi gan WITH THE PATRONAGE OF, SPONSORED BY

nawddogi *be* bod yn noddwr, cefnogi (achos neu weithgarwch) trwy roi arian neu ganiatáu i eraill ddefnyddio'ch enw TO PATRONIZE, TO SPONSOR

nawddoglyd *a* gair i ddisgrifio rhywun sy'n ymddwyn fel pe bai'n fwy pwysig neu'n well neu'n fwy deallus na chi PATRONIZING

nawddogol *a* gair i ddisgrifio rhywun neu rywbeth:
1 sy'n cefnogi, sy'n amddiffyn neu'n gwarchod SUPPORTIVE
2 nawddoglyd PATRONIZING

nawddsant hwn *eg* (nawddseintiau) sant y credir ei fod yn gofalu yn arbennig am eglwys, gwlad neu garfan o bobl *(Sant Christopher yw nawddsant teithwyr.)* PATRON SAINT

nawf *bf* mae ef/hi yn **nofio**; bydd ef/hi yn **nofio**

nawfed *a* yr olaf o naw, 9fed; un rhan o 9; neu rif 9 mewn rhestr o fwy na naw NINTH

nawr *adf*
1 (ffurf y De) rŵan, yrŵan, yn awr, y funud hon, yr amser presennol *(Buom yn byw yng Nghaerfyrddin ond rydym yn byw yn Aberystwyth nawr.)* NOW
2 fel ffurf i dynnu sylw *(Nawr 'te, gofalwch chi nad ydych chi'n cyffwrdd â dim byd.)* NOW

nawr ac yn y man bob yn hyn a hyn NOW AND AGAIN

nawr 'te NOW THEN

naws hon *eb* (nawsau) teimlad, natur, rhywbeth y gellir ei synhwyro *(Mae yna hen naws oer i'r gwynt heddiw.)* TINGE, TOUCH, FEEL

neb hwn *eg*

1 rhywun, unrhyw un (mewn brawddegau negyddol yn unig) *(Peidiwch â dweud wrth neb.)* ANYONE

2 dim un person *(A oedd unrhyw un yno? Nac oedd, neb.)* NO ONE, NOBODY

Sylwch: dylech ddefnyddio ni neu na neu frawddeg negyddol gyda neb. Nid yw 'Dywedodd fod neb yn bresennol' yn gywir: 'Dywedodd nad oedd neb yn bresennol' sy'n gywir.

nedden hon *eb* (nedd) wy pryfyn (lleuen fel arfer) y mae nifer ohonynt i'w cael weithiau yng ngwallt pobl NIT

nef:nefoedd hon *eb*

1 y lle y mae pobl yn credu y mae Duw neu'r duwiau'n byw ynddo; man perffaith lle y mae eneidiau pobl dda i fod i fynd ar ôl iddynt farw HEAVEN

2 yr awyr, yr wybren HEAVEN

3 hapusrwydd mawr neu le hapus iawn *(Roedd hi'n nefoedd i gael gorwedd yn yr haul heb orfod poeni am ddim.)* HEAVEN, BLISS

nefoedd fawr:nefoedd wen ebychiadau GOOD HEAVENS! GOOD GRACIOUS!

nefol:nefolaidd *a* gair i ddisgrifio rhywun neu rywbeth:

1 sy'n perthyn i'r awyr neu i'r gofod *(Mae'r lleuad, yr haul a'r sêr yn gyrff nefol.)* HEAVENLY, CELESTIAL

2 sy'n ymwneud â'r nef, yn dod o'r nef neu'n debyg i'r nef; bendigedig, gwych HEAVENLY

neges hon *eb* (negesau:negeseuon)

1 darn o wybodaeth (ysgrifenedig neu ar lafar) sy'n cael ei drosglwyddo o un person i'r llall MESSAGE

2 byrdwn, syniad canolog *(Neges y llyfr i ni yw ...)* MESSAGE

3 nifer fach o eitemau o fwyd a diod o siop *(A ei di i lawr i'r siop i mofyn neges imi?)* ERRAND

negesa:negeseua *be* mynd ar neges TO RUN ERRANDS

negesydd hwn *eg* (negeswyr) un sy'n dod â neges MESSENGER

Negro hwn *eg* (Negroaid)

1 (yn dechnegol) person â chroen du neu dywyll ei liw; mae'r rhan fwyaf o Negroaid yn byw yng nghyfandir Affrica i'r De o anialwch Sahara NEGRO

2 (nid yw'n ffurf sy'n cael ei harddel bellach) disgynyddion y bobl hyn sy'n byw yn yr Unol Daleithiau neu mewn gwledydd eraill NEGRO

negydd hwn *eg* (negyddion)

1 math o ffilm mewn ffotograffiaeth sy'n dangos pethau sy'n naturiol olau yn ddu, a phethau tywyll yn olau NEGATIVE

2 (yn ramadegol) gair sy'n negyddu, e.e. *na, ni* NEGATIVE

negyddol *a* gair i ddisgrifio rhywun neu rywbeth:

1 sy'n dweud 'na' *(ateb negyddol)* NEGATIVE

2 sydd heb fod o unrhyw gymorth, sydd yn dweud dim ond beth na ellir ei wneud *(Cefais lond bol ar ei agwedd negyddol.)* NEGATIVE

3 sy'n dangos nad yw rhywbeth ar gael, neu yn bod *(Pan ddaeth y canlyniad i brofion yr ysbyty yr oeddynt i gyd yn negyddol.)* NEGATIVE

4 (am drydan) sydd wedi'i seilio ar yr electronau a geir pan fydd resin yn cael ei rwbio â gwlân NEGATIVE

5 (am rifau neu faint) sy'n llai na dim; yr arwydd negyddol (−) NEGATIVE

negyddu *be* troi rhywbeth i fod yn negyddol, rhoi'r ateb 'na' TO NEGATE

neiaint hyn *ell* mwy nag un **nai**

neidiau hyn *ell* mwy nag un **naid**

neidio *be*

1 llamu, sboncio yn gyflym ac yn sydyn *(Neidiodd i mewn i'r dŵr.)* TO JUMP, TO LEAP

2 llamu dros *(Â'r tarw yn dynn ar ei sodlau, neidiodd dros y gât heb feddwl ddwywaith.)* TO JUMP, TO LEAP, TO VAULT

3 symud yn sydyn ac yn annisgwyl *(Neidiodd ei chalon â llawenydd.)* TO LEAP, TO START

4 cynyddu yn annisgwyl mewn nifer neu werth *(Mae pris bara wedi neidio eleni.)* TO LEAP

5 tyfu'n gyflym *(Mae'r mab wedi neidio i fyny eleni.)* TO SPRING

6 agor neu gau yn sydyn; tasgu *(Neidiodd clawr y blwch yn agored.)* TO SPRING

7 ymosod *(Neidiodd y gath ar y llygoden.)* TO POUNCE

neidiwr hwn *eg* (neidwyr) person neu anifail sy'n neidio JUMPER

neidr hon *eb* (nadredd:nadroedd) sarff, un o nifer o fathau o ymlusgiaid sydd â chorff hir heb goesau na breichiau, ceg fawr, tafod fforchog ac weithiau frathiad gwenwynig SNAKE

gwas y neidr gw. **gwas**

neidr ddefaid math o fadfall heb goesau sy'n symud yn debyg i neidr ond sy'n hollol ddiniwed SLOW-WORM □ *ymlusgiaid*

neidr gantroed math o greadur tebyg i drychfilyn sydd â chorff hir wedi'i rannu'n nifer mawr o gymalau a phâr o goesau ynghlwm wrth bob cymal CENTIPEDE

neidwyr hyn *ell* mwy nag un **neidiwr**

Neifion hwn *eg* yr wythfed blaned o'r haul; cafodd ei henwi ar ôl duw môr y Groegiaid NEPTUNE □ *planedau*

neilon hwn *eg* defnydd cryf, hyblyg sydd wedi'i greu gan ddyn ac sy'n cael ei droi'n edau neu'n ddefnydd dillad ymhlith pethau eraill NYLON

neilltu *hwn eg* naill ochr, un ochr, ochr draw ONE SIDE

  o'r neilltu naill ochr, ar wahân *(Rwyf wedi llwyddo i roi ychydig o arian o'r neilltu i dalu am ein gwyliau.)* ASIDE

neilltuo *be* rhoi i'r naill ochr, gwahanu, gosod ar wahân, gosod o'r neilltu *(Rwyf wedi neilltuo pum punt o'r cyfanswm er mwyn talu'r costau.)* TO SET TO ONE SIDE, TO RESERVE

neilltuol *a* arbennig, penodol *(Bu'r cymdogion yn neilltuol o dda inni pan fu Mam yn sâl.)* SPECIAL, PARTICULAR

neiniau *hyn ell* mwy nag un **nain**

neis *a* hyfryd, dymunol NICE

neisied *hon eb* (neisiedi) (gair y De) macyn poced, hances, ffunen, cadach poced HANDKERCHIEF, HANKIE

neithdar *hwn eg*
1 (yn ôl traddodiadau Groeg a Rhufain) diod y duwiau NECTAR
2 yr hylif melys sy'n cael ei gasglu o flodau gan wenyn NECTAR

neithior *hon eb* (neithiorau)
1 yn draddodiadol, y wledd briodas y byddai pobl yn cael eu gwahodd iddi i gyflwyno'u hanrhegion i'r pâr oedd yn priodi WEDDING FEAST
2 erbyn hyn, y cinio priodas WEDDING BREAKFAST, WEDDING RECEPTION

neithiwr *adf* y noson cyn heno LAST NIGHT

nemor *adf* prin, braidd, bron HARDLY
  nemor ddim bron ddim HARDLY ANY
  nemor un bron neb neu ddim HARDLY ANY (ONE)

nen *hon eb*
1 (gair barddonol) yr awyr, y nefoedd *(glas y nen)* SKY, THE HEAVENS
2 nenfwd CEILING

nenfwd *hon eb* (nenfydau) ochr fewnol to ystafell *(Roeddynt wrthi'n papuro'r nenfwd pan ddaeth y cyfan i lawr ar eu pennau!)* CEILING

neno talfyriad ar lafar o 'yn enw', e.e. *neno'r tad*

nentydd *hyn ell* mwy nag un **nant**

neon *hwn eg* elfen gemegol ar ffurf nwy nad yw'n adweithio'n gemegol; y mae rhyw fymryn ohono yn yr awyr o'n cwmpas NEON
  golau neon tiwb o wydr yn llawn neon sy'n goleuo'n felyn pan fydd cerrynt trydan yn mynd trwyddo NEON LIGHT

nepell *adf* pell; ond fel arfer yn y ffurf nid nepell i olygu heb fod ymhell *(Nid nepell o gyrion y dref yr oedd cae'r eisteddfod.)*
  Sylwch: '*Roeddwn yn byw nid nepell*' neu '*Roeddwn yn byw heb fod nepell*' sy'n gywir. Mae '*Roeddwn yn byw nepell o ganol y pentre*' yn golygu eich bod yn byw yn bell o ganol y pentref.

Nercwys *enw lle* NERQUIS

nerf *hon eb* (nerfau) un o edafedd mân y corff sy'n rhan o'r system sy'n trosglwyddo teimlad a negeseuon i'r ymennydd ac oddi wrtho NERVE
  mynd ar fy (dy, ei etc.) nerfau cael fy niflasu, fy mlino, fy syrffedu (gan rywun neu rywbeth) TO GET ON ONE'S NERVES

nerfol *a* gair i ddisgrifio rhywbeth sy'n ymwneud â'r nerfau neu â system nerfau'r corff NERVOUS

nerfus *a* gair i ddisgrifio:
1 rhywun ofnus, llawn cyffro, sy'n poeni *(Roedd hi'n nerfus iawn cyn mynd ar y llwyfan.)* NERVOUS
2 rhywbeth sy'n deillio o fod yn nerfus *(gwên fach nerfus)* NERVOUS

nerfusrwydd *hwn eg* y cyflwr o fod yn nerfus, math o ofn NERVOUSNESS

nerth *hwn eg* (nerthoedd)
1 cryfder, grym, cadernid (yn arbennig cryfder corfforol person) STRENGTH, VIGOUR
2 (yn dechnegol) grym y mae modd ei ddefnyddio i wneud gwaith megis gyrru peiriant, cynhyrchu trydan ac ati, e.e. *marchnerth car* POWER
  mynd o nerth i nerth cryfhau, gwella, llwyddo TO GO FROM STRENGTH TO STRENGTH
  nerth braich ac ysgwydd â'ch holl nerth WITH ALL ONE'S MIGHT, WITH MIGHT AND MAIN
  nerth fy (dy, ei etc.) mhen : nerth esgyrn fy mhen (gweiddi) mor uchel ag sy'n bosibl AS LOUD AS I CAN
  nerth fy (dy, ei etc.) nhraed mor gyflym ag sy'n bosibl AS FAST AS I CAN

nerthol *a* cryf, grymus STRONG, MIGHTY

nes¹ *a* (mae'n odli â 'gwres') mwy **agos**
  yn nes ymlaen ymhellach ymlaen o ran amser *(Mae Mr Williams wedi addo galw yn nes ymlaen.)* LATER ON

nes² *ardd a chysylltair* (yr un ynganiad â'r 'es' yn 'peswch') tan, hyd oni *(Nid wyf yn gadael nes imi gael yr arian sy'n ddyledus imi. Arhosaf yma nes dewch chi'n ôl.)* UNTIL, TILL

nesaf *a* gair i ddisgrifio rhywun neu rywbeth:
1 sy'n dilyn yn syth heb fwlch *(Y tŷ nesaf yn y rhes yw'n tŷ ni.)* NEXT
2 sy'n dilyn o ran amser *(yr wythnos nesaf; beth ddigwyddodd nesaf?)* NEXT
3 y mwyaf **agos** NEAREST
  y nesaf peth i ddim ychydig iawn iawn, ail i ddim NEXT TO NOTHING

nesáu:nesu [at] *be* mynd yn nes neu ddod yn nes *(Mae'r Nadolig yn nesáu.)* TO APPROACH, TO DRAW NEAR (nesâf, neseais, nesei)

nesed *a* mor **agos**

neseais *bf* fe wnes i **nesáu:nesu**

nesei *bf* rwyt ti'n **nesáu:nesu**; byddi di'n **nesáu:nesu**

neu *cysylltair* ynteu, naill ai, ai *(P'un sydd orau gen ti, te neu goffi? Gwell inni dalu neu bydd yr heddlu ar ein holau ni.)* OR, OR ELSE
  Sylwch: er bod enwau, ansoddeiriau a berfenwau yn treiglo'n feddal ar ôl *neu* (*te neu goffi; llon neu leddf; cerdded neu redeg*) nid yw'r ffurfiau berfol sy'n ei ddilyn yn treiglo (*Adroddwch neu canwch.*).

neuadd hon *eb* (neuaddau)
  1 ystafell fawr y mae modd cynnal cyfarfodydd neu ddawnsfeydd ynddi HALL
  2 adeilad ar gyfer cyfarfodydd cyhoeddus neu fusnes, a swyddfeydd cynghorau llywodraeth leol *(Neuadd y Sir; Neuadd y Dref; neuadd bentref)* HALL
  3 adeilad lle y mae myfyrwyr yn byw yn ystod tymor ysgol neu goleg *(neuadd breswyl)* HALL (OF RESIDENCE)

newid[1] hwn *eg* (newidiadau)
  1 rhywbeth gwahanol i'r arfer; amrywiaeth *(Beth am gael tatws trwy'u crwyn am newid?)* CHANGE
  2 dillad gwahanol i'r rhai sydd amdanoch *(Wyt ti wedi dod â newid dillad gyda ti?)* CHANGE
  3 yr arian sy'n cael ei roi yn ôl i chi pan fyddwch wedi rhoi mwy nag sydd ei angen i dalu am rywbeth CHANGE
  4 arian mân *(Faint o newid gest ti?)* CHANGE
  5 cyflwr newydd neu enghraifft o newid; gwahaniaeth *(Roedd Nain yn gweld newid mawr yn y pentre a hithau heb fod yno ers blynyddoedd.)* CHANGE

newid[2] *be*
  1 mynd yn wahanol o ran golwg, ansawdd neu gyflwr; gweddnewid *(Dwyt ti ddim wedi newid o gwbl. Mae'r tywydd yn newid.)* TO CHANGE
  2 achosi i (rywbeth neu rywun) fod yn wahanol *(Dywedodd y prifathro y byddai'n rhaid iddo newid ei agwedd at ei waith neu byddai'n siŵr o fethu ei arholiadau.)* TO CHANGE, TO ALTER
  3 rhoi neu dderbyn un peth yn lle rhywbeth arall; cyfnewid *(Rwy'n mynd i'r llyfrgell bob bore Sadwrn i newid fy llyfrau.)* TO CHANGE, TO EXCHANGE
  4 gwisgo dillad gwahanol *(Cofia di newid cyn mynd allan i chwarae.)* TO CHANGE
  5 rhoi dillad glân (ar fabi, gwely ac ati) *(Tro pwy yw hi i newid clwt y babi?)* TO CHANGE
  6 cyfnewid un math o arian am fath arall *(Bydd rhaid newid ein punnoedd yn ffranciau pan awn ni oddi ar y llong.)* TO CHANGE, TO EXCHANGE
  7 symud o un cerbyd i gerbyd arall er mwyn cwblhau taith *(Mae'n rhaid newid ddwywaith wrth fynd i Lundain.)* TO CHANGE
  8 peri i beiriant weithio mewn gêr uwch neu is *(Newidiwch i'r ail gêr wrth droi i mewn i'n stryd ni.)* TO CHANGE (newidiaf, newidiais)

newid dwylo symud o berchenogaeth un person i berchenogaeth rhywun arall TO CHANGE HANDS

newid fy (dy, ei etc.) nghân mynegi barn wahanol i'r un y bûm yn ei harddel TO CHANGE ONE'S TUNE

newid fy (dy, ei etc.) meddwl meddwl yn wahanol i'r ffordd y bûm yn meddwl TO CHANGE ONE'S MIND

newidiadau hyn *ell* mwy nag un **newid**

newidiaf *bf* rwy'n **newid**; byddaf yn **newid**

newidiais *bf* fe wnes i **newid**

newidyn hwn *eg* (yn dechnegol)
  1 ffactor neu faint sy'n cynrychioli rhywbeth (megis gwres) sy'n medru amrywio o ran maint neu gryfder; nodwedd neu elfen gyfnewidiol VARIABLE
  2 llythyren sy'n cynrychioli'r peth amrywiol yma VARIABLE

newton hwn *eg* (newtonau) N, mesur o rym *(Mae grym o 1 newton yn cyflymu màs o 1 kilogram, 1 metr yr eiliad.)* NEWTON, N

newydd[1] hwn *eg* (newyddion) hanes diweddar, stori ffres, gwybodaeth newydd hollol gyfoes *(papur newydd)* NEWS

newydd[2] *a* gair i ddisgrifio rhywun neu rywbeth:
  1 sydd wedi dechrau neu wedi cael ei wneud yn ddiweddar iawn *(babi newydd ei eni; ffasiwn newydd)* NEW
  2 sydd heb gael ei ddefnyddio gan neb o'r blaen *(crys newydd)* NEW
  3 sydd wedi'i ddarganfod yn ddiweddar *(Mae tystiolaeth newydd wedi'i darganfod.)* NEW
  4 sy'n wahanol i'r hyn a aeth o'i flaen *(blwyddyn newydd)* NEW
  5 (am datws) wedi'u tyfu a'u tynnu'n gynnar yn y tymor *(tatws newydd)* NEW
  6 (am y lleuad) yr amser (tua unwaith y mis) pan fydd y lleuad yn llwyr yng nghysgod yr haul; ymyl tenau'r lleuad a welir ychydig o nosweithiau wedi hyn NEW (MOON)

newydd sbon hollol newydd BRAND NEW

o'r newydd mewn ffordd wahanol, eto ANEW

newydd[3] *adf* ychydig amser yn ôl, yn ddiweddar iawn *(Mae hi newydd fynd.)* JUST

newydd-anedig *a* gair i ddisgrifio rhywun neu rywbeth sydd newydd gael ei eni NEW-BORN

newydd-deb hwn *eg* y cyflwr o fod yn newydd NOVELTY

newydd-ddyfodiad hwn *eg* (newydd-ddyfodiaid) rhywun sydd wedi dod i fyw i rywle neu wedi ymuno â rhywbeth yn ddiweddar; rhywun sydd newydd ddod NEWCOMER

newyddiaduraeth:newyddiaduriaeth *hon eb* y proffesiwn o ysgrifennu ar gyfer papur newydd, o olygu neu gynhyrchu papur newydd, neu gasglu newyddion ar gyfer y radio neu'r teledu JOURNALISM

newyddiadurwr *hwn eg* **newyddiadurwraig** *hon eb* (newyddiadurwyr) un sy'n ennill ei fywoliaeth trwy ysgrifennu i bapur newydd neu trwy gasglu newyddion ar gyfer y radio neu'r teledu JOURNALIST

newyddian *hwn eg* (newyddianod)
  1 un heb brofiad, dechreuwr, hyfforddai, dysgwr NOVICE
  2 aelod o grŵp crefyddol sy'n dechrau derbyn hyfforddiant ar gyfer bod yn fynach neu leian NOVICE

newyddion *hyn ell*
  1 mwy nag un **newydd**[1]
  2 yr hyn sy'n cael ei adrodd am ddigwyddiadau diweddar; gwybodaeth newydd *(Beth yw'r newyddion diweddaraf am eich mam?)* NEWS, TIDINGS
  3 rhaglen radio neu deledu am bethau sydd wedi digwydd yn ddiweddar iawn NEWS

newyn *hwn eg* prinder bwyd difrifol *(Mae llawer o bobl yn marw o newyn bob blwyddyn.)* FAMINE, STARVATION

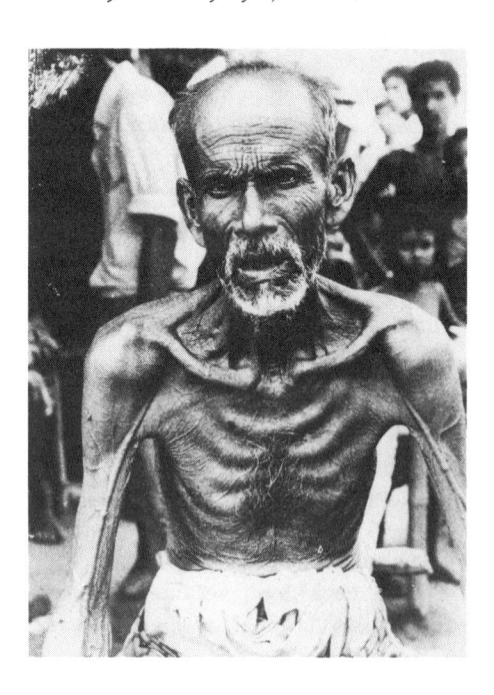

newynog *a* gair i ddisgrifio rhywun neu rywrai sy'n dioddef o brinder bwyd HUNGRY

newynu *be*
  1 dioddef o brinder bwyd difrifol TO STARVE
  2 marw o brinder bwyd TO STARVE

nhw:nhwy *rhagenw personol annibynnol* ffurf ar **hwy**; y personau neu'r pethau y mae rhywun yn cyfeirio atynt THEY, THEM (hwy)

ni[1] *rhagenw personol annibynnol* lluosog 'fi', sef y rhai sy'n siarad *(Ni yw'r gorau. A welodd rhywun ni?)* WE, US
Sylwch: mae *ni* yn cael ei ddefnyddio gan olygydd papur neu gylchgrawn pan fydd yn mynegi barn ar ran y papur.

ni[2] *rhagenw dibynnol ôl* lluosog 'fi' *(Clywsom ni ei fod yn sâl. Gennym ni y mae'r tîm gorau.)* US

ni[3]**:nid** *geiryn negyddol* na; mae'n cael ei ddefnyddio i newid yr ystyr i'r gwrthwyneb, trwy negyddu *(Gwelaf. Ni welaf.)* NOT (nid)
Sylwch:
1 mae 'c', 'p', 't' yn treiglo'n llaes ar ôl *ni* a 'b', 'd', 'g', 'll', 'm', 'rh' yn feddal *(Ni chanodd. Ni ddawnsiodd.)*;
2 defnyddiwch *ni* o flaen berf sy'n dechrau â chytsain a *nid* o flaen llafariad, ond cofiwch mai *ni* sy'n gywir o flaen berf sydd wedi colli g ddechreuol trwy dreiglad *(Ni welaf.)*

nicel *hwn eg*
  1 elfen gemegol ar ffurf metel ariannaidd ei liw NICKEL
  2 darn bach isel ei werth o arian Unol Daleithiau America a Chanada NICKEL

nico *hwn eg* asgell aur GOLDFINCH □ *adar* t.610

nicotîn *hwn eg* sylwedd cemegol sy'n wenwynig yn ei ffurf bur ac sy'n gyfrifol am flas ac effaith tybaco NICOTINE

nid *gw.* **ni**[3]**:nid**
Sylwch: *nid* yw'r unig ffurf sy'n cael ei defnyddio pan fydd unrhyw ran o frawddeg heblaw'r ferf yn cael ei phwysleisio *(Nid canu ond adrodd yr oedd hi.)*.

nifer *hwn neu hon egb* (niferoedd)
  1 swm, casgliad *(Roedd nifer da wedi dod i gefnogi'r tîm.)* NUMBER
  2 grŵp *(Mae'r Gymdeithas yma yn ben tost—rwy'n gobeithio nad wyt ti'n cyfrif dy hun yn un o'i nifer.)* NUMBER (rhif)

niferus *a* gair i ddisgrifio nifer mawr (o bobl neu bethau); lluosog, aml *(Pan edrychodd i lawr yr oedd y bobl i'w gweld mor niferus â nythaid o forgrug mewn gardd.)* NUMEROUS

nifwl *hwn eg* (nifylau)
  1 casgliad o nwy a llwch yn y gofod; yn y nos mae'n edrych fel cwmwl llachar NEBULA
  2 galaeth sy'n edrych yn debyg i gwmwl o lwch a nwy NEBULA □ *gofod* t.638

ninnau *rhagenw cysylltiol* ni hefyd, ni o ran hynny, ni y llaw arall WE FOR OUR PART, WE TOO (minnau)

nionyn *hwn eg* (nionod) (gair y Gogledd) llysieuyn gwyn, crwn a sawr cryf iddo sy'n cael ei ddefnyddio'n aml wrth goginio; wynionyn ONION □ *llysiau* t.634

nis y rhagenw perthynol *ni* ynghyd â'r rhagenw mewnol gwrthrychol '-s' sy'n cyfeirio at 'ef', 'hi' neu 'nhw'

nitrad *hwn eg* (nitradau) un o nifer o sylweddau cemegol sy'n cynnwys nitrogen ac ocsygen ac sy'n cael eu defnyddio yn aml fel gwrtaith NITRATE

nitrogen *hwn eg* elfen gemegol ar ffurf nwy heb liw nac arogl; yr elfen fwyaf cyffredin yn yr aer yr ydym yn ei anadlu ac elfen sydd i'w chael ym mhob peth byw NITROGEN

nith *hon eb* (nithoedd)
1 merch eich brawd neu'ch chwaer NIECE
2 merch brawd neu chwaer eich gŵr neu'ch gwraig NIECE □ teulu

nithio *be* gwahanu'r us (ysgafn) oddi wrth y grawn (trwm) yn yr hen amser trwy daflu'r grawn i'r awyr a gadael i'r us gael ei chwythu i ffwrdd TO WINNOW

Niwbwrch *enw lle* NEWBOROUGH

niwclear *a* gair i ddisgrifio rhywun neu rywbeth sy'n ymwneud ag ynni atomig neu'n ei ddefnyddio *(ynni niwclear, bomiau niwclear)* NUCLEAR

niwclews *hwn eg* (niwclysau) (mewn ffiseg) rhan ganolog atom sy'n cynnwys niwtronau a phrotonau NUCLEUS □ atom (cnewyllyn)

niwed *hwn eg* (niweidiau) cam, anaf, drwg, difrod, dolur *(A gafodd unrhyw un niwed yn y ddamwain?)* HARM, HURT, DAMAGE

niweidio *be* gwneud drwg neu niwed i; anafu, amharu ar TO HARM, TO DAMAGE, TO HURT

niweidiol *a* gair i ddisgrifio rhywun neu rywbeth sy'n achosi niwed HARMFUL

niwl *hwn eg* (niwloedd)
1 cwmwl o ddafnau mân iawn o ddŵr yn yr awyr o'ch cwmpas MIST, FOG
2 haen o rywbeth y mae'n anodd gweld trwyddo—yn llythrennol a ffigurol *(Roedd wedi yfed llawer gormod o win a gwelai bopeth trwy ryw niwl meddw. Ar ôl darllen y diffiniad rwy'n dal i fod yn y niwl ynglŷn ag ystyr y gair.)* MIST, HAZE

niwlog *a* gair i ddisgrifio:
1 rhywle neu rywbeth wedi'i orchuddio â niwl neu gwmwl trwchus FOGGY, MISTY
2 rhywbeth nad yw'n glir, rhywbeth aneglur *(Er ei holl siarad mae ei syniadau yn niwlog ofnadwy.)* HAZY, NEBULOUS
3 heb fod yn glir (am hylif) *(Er bod chwe mis oddi ar inni wneud y gwin mae'n dal i fod yn niwlog.)*

niwmatig *a* gair i ddisgrifio rhywbeth:
1 sy'n cael ei weithio gan bwysau aer *(dril niwmatig)* PNEUMATIC
2 sy'n cynnwys aer dan bwysau *(teiar niwmatig car)* PNEUMATIC

niwmonia *hwn eg* clefyd sy'n effeithio ar yr ysgyfaint trwy eu gwneud yn llidus, gyda'r canlyniad bod y claf yn cael anhawster i anadlu PNEUMONIA

niwsans *hwn eg* rhywun neu rywbeth sy'n eich cythruddo neu'n eich rhwystro, sy'n eich gwneud yn grac neu'n flin *(Paid â bod yn niwsans. Dyna niwsans—rwyf wedi anghofio fy mag.)* NUISANCE

niwtral *a* gair i ddisgrifio rhywun neu rywbeth:
1 sydd yn y canol rhwng dau eithaf a hynny heb nodweddion y naill eithaf na'r llall:
i) (am liwiau) gwan neu ddi-liw *(Carped lliw niwtral fyddai'n gweddu orau gyda llenni lliwgar patrymog y lolfa.)* NEUTRAL
ii) (mewn cemeg) sylwedd nad yw nac yn asid nac yn fas NEUTRAL
iii) (am drydan) heb wefr drydanol NEUTRAL
2 nad yw'n ochri gyda'r naill ochr na'r llall mewn rhyfel NEUTRAL
3 (am beiriant) lleoliad y gêr pan nad oes dim ynni yn cael ei drosglwyddo o'r injan yrru i'r olwynion NEUTRAL

niwtraleiddio *be* gwneud yn niwtral trwy ddileu unrhyw effaith, neu rym neu ynni *(Yr hen arfer oedd defnyddio asid megis finegr i niwtraleiddio pigiad alcaliaidd cacynen ac alcali i niwtraleiddio pigiad asidig gwenynen.)* TO NEUTRALIZE

niwtron *hwn eg* (niwtronau) darn bach iawn o fater sy'n rhan o gnewyllyn neu niwclews atom; nid oes iddo wefr drydanol NEUTRON □ atom

nobl *a* gair i ddisgrifio rhywun neu rywbeth ardderchog, braf, hardd a chryf ei olwg *(bachgen nobl)* NOBLE, FINE

nod *hwn neu hon egb* (nodau)
1 y canlyniad yr ydych yn ei ddymuno; amcan yr ydych yn cyfeirio eich ymdrechion tuag ato; pwrpas *(Ein nod yw codi £2,000 tuag at atgyweirio to'r eglwys.)* AIM, PURPOSE, OBJECTIVE
2 arwydd neu farc sy'n dynodi pwy biau rhywbeth neu pwy sydd wedi'i wneud MARK, BRAND

nod clust patrwm sy'n cael ei dorri yng nghlust anifail (dafad fel arfer) i ddangos pwy yw perchennog yr anifail EARMARK

nod masnach marc penodol sy'n cael ei ddefnyddio i ddynodi cynnyrch un masnachwr neu gynhyrchydd arbennig (y mae ganddo hawlfraint arno fel arfer) TRADE MARK

nodau *hyn ell*
1 mwy nag un **nod**
2 mwy nag un **nodyn**

nodedig *a* gair i ddisgrifio rhywbeth arbennig sy'n haeddu sylw, sy'n werth ei nodi; arbennig, hynod NOTABLE, REMARKABLE

nodi *be*
1 sylwi a chofio *(Hoffwn i chi nodi mai am 9.30 y bydd y cyfarfod yn dechrau.)* TO NOTE
2 tynnu sylw *(Yn anffodus nid yw'n nodi ai yn y bore neu'r hwyr y mae'r cyfarfod.)* TO NOTE
3 gwneud nodyn, cofnodi *(Gadewch imi nodi teitl y llyfr.)* TO NOTE
4 gosod nod ar, marcio *(nodi gwledydd ar fap)* TO MARK

nodiadau *hyn ell* mwy nag un **nodyn**

nodiant *hwn eg* math o ysgrifennu sy'n defnyddio arwyddion arbennig i ddynodi gwahanol bethau *(nodiant cerddorol)* NOTATION

hen nodiant gw. **hen**

nodwedd *hon eb* (nodweddion) yr hyn sy'n gwneud rhywun neu rywbeth yn arbennig neu'n wahanol i eraill; hynodrwydd *(Un o nodweddion yr arlunydd Rembrandt yw ei ddefnydd dramatig o gysgod a goleuni.)* CHARACTERISTIC, FEATURE

nodweddiadol *a* gair i ddisgrifio rhywbeth sy'n dangos prif nodwedd neu nodweddion person neu beth *(Roedd ei rhodd o £500 i'r Ysgol Feithrin yn nodweddiadol o'i haelioni tuag at bethau Cymraeg.)* TYPICAL, CHARACTERISTIC

nodweddu *be* bod yn nodwedd o; bod yn enghraifft berffaith o TO TYPIFY

nodwydd *hon eb* (nodwyddau)
1 math o bìn hir sy'n cael ei ddefnyddio i wnïo; mae twll (crau) i ddal edau yn un pen ac mae'r pen arall â blaen llym fel y gellir ei wthio trwy ddefnydd NEEDLE
2 rhywbeth tenau, blaenllym sy'n edrych yn debyg i nodwydd *(nodwyddau pinwydd; nodwydd cwmpawd; nodwydd hypodermig)* NEEDLE
3 (mewn peiriant chwarae recordiau) y diemwnt bachog neu'r darn o fetel sy'n cyffwrdd â'r record fel y mae'n troi ac sy'n codi'r sain oddi arno NEEDLE

nodyn *hwn eg* (nodau)
1 sain gerddorol o hyd a thraw penodol NOTE
2 arwydd ysgrifenedig am y seiniau hyn NOTE
3 *(lluosog nodiadau)* neges fer mewn ysgrifen neu ddarn ysgrifenedig i'ch atgoffa o rywbeth *(Roedd nodyn byr ar y bwrdd yn dweud bod fy swper yn y ffwrn.)* NOTE

nodd *hwn eg* sudd sy'n cario maeth trwy blanhigyn, neu unrhyw sudd maethlon (o lysiau, ffrwythau, cig ac ati) JUICE, SAP

nodded *hon eb* gair henffasiwn braidd am **nawdd**

noddfa *hon eb* (noddfeydd) caer, lle diogel, lloches REFUGE, SHELTER, SANCTUARY

noddi *be* bod yn noddwr, sef rhoi arian i gefnogi rhywun neu rywbeth yr ydych chi'n meddwl sy'n ei haeddu *(Mae Eisteddfod Genedlaethol yr Urdd yn cael ei noddi gan lawer o ddiwydiannau erbyn hyn.)* TO PATRONIZE, TO SPONSOR

noddwr *hwn eg* (noddwyr)
1 un sy'n cefnogi rhywbeth y mae'n credu ynddo trwy roi arian iddo PATRON
2 unigolyn neu gwmni sy'n talu neu'n cyfrannu tuag at amgylchiad arbennig gan achub ar y cyfle i hysbysebu yr un pryd *(Mae bragwyr a phapurau newydd ymhlith noddwyr rhai o glybiau rygbi mawr Cymru.)* SPONSOR

noe *hon eb* (noeau) dysgl neu fowlen fawr fas ar gyfer tylino toes neu wneud menyn *(Safai'r drudwy ar ymyl y noe tra byddai Branwen yn pobi a byddai hithau'n dweud hanes ei brawd Bendigeidfran wrtho.)* DISH

noeth *a* gair i ddisgrifio rhywun neu rywbeth:
1 (am gorff person) heb ddillad amdano neu orchudd drosto *(Roedd yr Indiaid Cochion i gyd yn noeth hyd at eu canol.)* NAKED
2 heb y gorchudd arferol, moel, llwm *(Ar ôl y tân yr oedd ochr y mynydd yn hollol noeth.)* NAKED, BARE
3 digywilydd, llwyr *(celwydd noeth, rhagrith noeth)* BARE-FACED

noeth lymun:noethlymun *a* geiriau i ddisgrifio rhywun nad yw'n gwisgo unrhyw ddillad o gwbl; porcyn NUDE

noethlymunwr *hwn eg* (noethlymunwyr) person nad yw'n gwisgo unrhyw ddillad, yn arbennig rhywun sy'n un o grŵp neu gymdeithas nad ydynt yn dymuno gwisgo dillad NUDIST

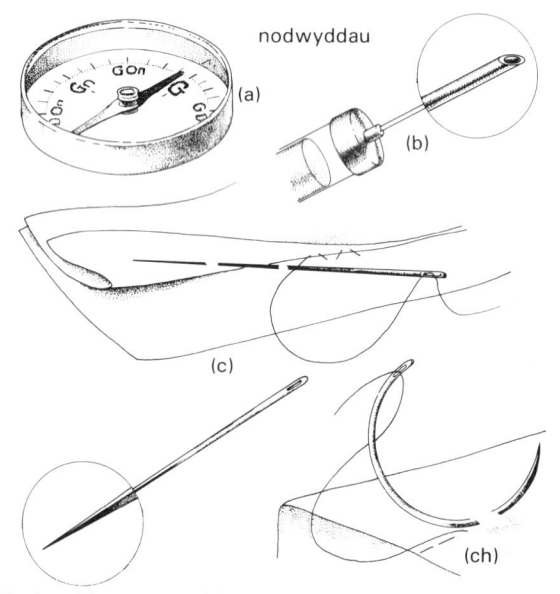

Nodwyddau amrywiol: (a) cwmpawd; (b) nodwydd feddygol hypodermig; (c) nodwydd wnïo; (ch) nodwydd trin dodrefn.

noethni hwn *eg* y cyflwr o fod yn noeth NUDITY, NAKEDNESS

nofel hon *eb* (nofelau) stori hir ysgrifenedig am bobl a digwyddiadau dychmygol *(Mae Mair Wynn Hughes a J. Selwyn Lloyd yn ddau awdur sydd wedi ysgrifennu nofelau Cymraeg yn arbennig ar gyfer pobl ifainc.)* NOVEL

nofelydd hwn *eg* (nofelwyr) awdur sy'n ysgrifennu nofelau NOVELIST

nofio *be*
1 symud trwy ddŵr trwy ddefnyddio aelodau'r corff neu gynffon TO SWIM
2 croesi neu deithio pellter yn y modd yma *(Nofiodd o un ochr i'r afon i'r llall.)* TO SWIM
3 bod yn llawn o hylif neu wedi'i orchuddio â hylif *(Roedd ei sglodion yn nofio mewn saim.)* TO SWIM (nawf)

nofiwr hwn *eg* (nofwyr) un sy'n nofio neu un sy'n medru nofio SWIMMER

nogio *be* gwrthod symud ymlaen, bod yn anfodlon, pallu *(Fe nogiodd y ceffyl ar y ffens olaf ond un.)* TO JIB, TO REFUSE

nôl *be* ymofyn, dod â, hôl *(A ei di i nôl fy sbectol imi?)* TO FETCH, TO BRING
Sylwch: dim ond gyda berfau eraill y gallwch ddefnyddio *nôl (Ewch i nôl* nid *Noliwch!).*

nomad hwn *eg* (nomadiaid)
1 aelod o lwyth sy'n symud o le i le er mwyn cael bwyd a dŵr i'r anifeiliaid NOMAD
2 rhywun sy'n crwydro o le i le NOMAD

normal *a* gair i ddisgrifio:
1 rhywun neu rywbeth sy'n ymddwyn neu'n datblygu yn y ffordd y byddech chi'n ei disgwyl; arferol, derbyniol NORMAL
2 coleg hyfforddi athrawon NORMAL

nos hon *eb* (nosau) y cyfnod o dywyllwch rhwng machlud a gwawr NIGHT

(mynd) yn nos arnaf fi (arnat ti, arno ef/fe, arni hi etc.)
1 anghofio *(Fe aeth yn nos arnaf yng nghanol y darn adrodd.)* TO GO BLANK
2 (mae pethau'n) anobeithiol IT'S LOOKING BLEAK

nos da cyfarchiad wrth adael rhywun yn yr hwyr GOOD NIGHT

nosi *be* tywyllu, machlud, mynd yn nos

nosol *a* gair i ddisgrifio rhywbeth sy'n digwydd yn y nos neu sy'n digwydd bob nos NIGHTLY, NOCTURNAL

noson hon *eb* (nosweithiau) noswaith, hwyr y dydd pan fydd hi'n tywyllu neu wedi tywyllu *(noson braf; noson loer olau)* EVENING, NIGHT

noson fawr
1 noson stormus
2 noson bwysig

3 noson o gyfeddach a rhialtwch

noson lawen noson gymdeithasol o adloniant Cymraeg (canu, dawnsio, adrodd ac ati) a fyddai'n cael ei chynnal yn wreiddiol yng nghartrefi pobl, ond sydd erbyn hyn yn fath o gyngerdd gwerinol

noson tân gwyllt noson Guto Ffowc, sef 5 Tachwedd BONFIRE NIGHT

noswaith hon *eb* (nosweithiau) noson EVENING, NIGHT

noswaith dda cyfarchiad wrth gyfarfod rhywun yn yr hwyr GOOD EVENING

nosweithiol *a* gair i ddisgrifio rhywbeth:
1 sy'n digwydd gyda'r nos NIGHTLY, NOCTURNAL
2 sy'n digwydd yn gyson gyda'r nos NIGHTLY

noswyl hon *eb* noson cyn gŵyl, gwylnos *(noswyl Nadolig)* EVE

noswylio *be* mynd i'r gwely; gorffen gwaith ar ddiwedd diwrnod

not hon *eb* (notiau) mesur o gyflymdra llong neu awyren, tua 1,853 metr yr awr KNOT

nudd:nudden hon *eb* tarth, caddug, niwl bach ysgafn MIST, HAZE

nwy hwn *eg* (nwyon)
1 math o sylwedd, fel aer, nad yw'n hylif nac yn solet GAS
2 sylwedd o'r math yma sy'n cael ei ddefnyddio yn y cartref (a mannau eraill hefyd) i wresogi ac i goginio GAS
3 sylwedd fel hyn sy'n cael ei ddefnyddio gan ddeintydd i'ch cael i gysgu tra bydd ef yn tynnu'ch dant GAS

nwyd hwn *eg* (nwydau) teimlad cryf iawn (o serch, dicter ac ati) PASSION, EMOTION

nwydus *a* gair i ddisgrifio rhywun neu rywbeth llawn nwyd; angerddol, tanbaid *(perfformiad nwydus)* PASSIONATE, EMOTIONAL

nwyddau hyn *ell*
1 eiddo y mae modd ei symud (yn wahanol i dai neu diroedd) GOODS
2 pethau trwm y mae modd eu cludo ar lorri neu drên ac ati *(trên nwyddau)* GOODS
3 pethau sy'n cael eu prynu neu eu gwerthu GOODS, WARE

nwyf hwn *eg* grym, ynni, bwrlwm, egni, hoen, bywiogrwydd VIVACITY, VIGOUR

nwyfus *a* gair i ddisgrifio rhywun neu rywbeth llawn nwyf; heini, sionc *(Clywsom berfformiad nwyfus gan y cerddorion ifainc.)* VIVACIOUS, HIGH-SPIRITED, LIVELY

nychdod hwn *eg* gwendid corfforol, eiddilwch, llesgedd FEEBLENESS, INFIRMITY

nychu *be*
1 mynd yn wan yn gorfforol, llesgáu, dihoeni TO LANGUISH
2 hiraethu nes dihoeni TO PINE

nyddu

3 bod yn dreth ar amynedd, poeni *(Mae'r plant 'na bron â'm nychu i.)* TO GET DOWN, TO OPPRESS

nyddu *be*
1 gwneud edafedd trwy gyfrodeddu edau neu droelli gwlân TO SPIN
2 (am bryf copyn neu bryf sidan) cynhyrchu pelen neu we o edafedd TO SPIN

nyni *rhagenw personol dwbl* ffurf ddyblyg ar y rhagenw 'ni' sy'n pwysleisio ni (a neb arall); ni ein hunain IT IS US, WE OURSELVES (myfi)

nyrs *hon neu hwn ebg* (nyrsys)
1 person sy'n gofalu am bobl sy'n dioddef o afiechyd, neu sydd wedi cael dolur, neu sydd wedi mynd yn hen (mewn ysbyty fel arfer) NURSE
2 gwraig sy'n cael ei chyflogi i ofalu am blentyn ifanc iawn NURSE

Sylwch: mae cenedl 'nyrs' yn amrywio yn ôl p'un ai gŵr neu wraig yw'r nyrs.

nyrsio *be*
1 magu, dal yn ofalus *(Eisteddodd trwy'r nos yn nyrsio'i fraich dost.)* TO NURSE
2 gweithredu fel nyrs broffesiynol TO NURSE
3 gofalu am rywun (neu rywrai) fel y bydd nyrs yn ei wneud TO NURSE

nyten *hon eb* (nytiau) sgwaryn o fetel wedi'i wneud i'w sgriwio ar ben blaen bollt NUT □ *bollt*

nyth *hwn neu hon egb* (nythod)
1 cartref aderyn lle mae'n dodwy ei wyau NEST
2 cartref mathau eraill o anifeiliaid neu drychfilod *(nyth morgrug)* NEST

mynd dros/gadael y nyth gadael cartref er mwyn gwneud eich ffordd eich hun yn y byd

nyth cacwn rhywbeth sydd, o'i gynhyrfu, yn codi llond lle o drafferthion a phroblemau *(Cododd y cynnig i gau'r capel nyth cacwn ymhlith yr aelodau.)* HORNETS' NEST

nythaid *hon eb* (nytheidiau)
1 llond nyth NESTFUL
2 casgliad (o ladron neu ddrwgweithredwyr fel arfer)

nythu *be*
1 adeiladu neu ddefnyddio nyth TO NEST
2 gorwedd yn dynn yn erbyn ei gilydd; cwtsio, swatio TO NEST, TO NESTLE

nyth (1)

O

o[1] *ardd* (ohonof fi, ohonot ti, ohono ef [fe/fo], ohoni hi, ohonom ni, ohonoch chi, ohonynt hwy [ohonyn nhw])
1 mae'n dynodi achos neu reswm *(neidio o lawenydd; yn glaf o gariad)* BECAUSE OF
2 os (am wneud rhywbeth) *(O fynd, rhaid paratoi'n iawn.)* OF
3 wedi'i wneud o *(to o wellt; llestri o aur; cerflun o iâ)* OF
4 mae'n dangos perthynas rhwng y gair sydd o'i flaen a'r gair sy'n ei ddilyn o ran:
i) nifer, ansawdd neu faint *(chwech o blant; llwyth o lo; ffordd o redeg; mwy o lawer)* OF
ii) hefyd yn fwy cyffredinol *(cywilydd o beth; bachgen o Gymro)*
5 yn cynnwys *(cwpanaid o de)* OF
6 allan o *(yfed dŵr o wydr)* FROM
7 oddi ar *(o naw tan ddeg o'r gloch)* FROM
8 wrth gymharu pwysau, taldra, oed ac yn y blaen *(yn hŷn o saith mlynedd)* BY
9 mae'n dynodi rhaniadau *(y cyntaf o'r mis; aelod o'r corff; y rhan gyntaf o'r llyfr)* OF
10 mae'n dynodi pellter neu arwahanrwydd *(Mae'n byw yn y rhan isaf o'r dref.)* OF
11 mae'n cael ei ddefnyddio mewn ymadrodd sy'n dynodi tarddiad neu fan cychwyn *(Rwy'n dod o Ynys-y-bŵl. Cerddodd o Abertawe i Gaerdydd.)* FROM
12 mewn ymadroddion megis *y fraint o gael bod yma* OF
13 trwy, wrth *(O wrando'n ofalus ar ei acen, gallwch ddweud o ble mae'n dod.)* BY

Sylwch:
1 mae *dim o* yn cael ei dalfyrru i *mo*;
2 defnyddiwch 'o' pan fyddwch yn cyfeirio at le, 'oddi wrth' wrth gyfeirio at berson neu beth a 'rhag' os ydych yn dianc neu ffoi *(daeth adref o'r Eidal; daeth neges oddi wrth ei fam; daeth i mewn rhag y glaw).*

a b c ch d dd e f ff g ng h i j (k) l ll m n o p ph r rh s t th u w y (z)

o boptu ar y naill ochr a'r llall *(Siôn a Siân o boptu'r tân.)*
ohonof fy (dy, ei etc) hun/hunan o wirfodd *(Fe ddaeth ohoni ei hun heb i neb ei gorfodi.)*
sydd/oedd ohoni fel y mae/bu *(y byd sydd ohoni)*
O!² *ebychiad* mynegiant o syndod OH!
o³ *rhagenw* (ffurf lafar yn y Gogledd) gw. **ef:e:o:fo**
oblegid *cysylltair* am y rheswm, oherwydd, o achos, am, gan *(Rwy'n ei wneud oblegid fy mod yn ei hoffi.)* BECAUSE, ON ACCOUNT OF, OWING TO
Sylwch: o'm plegid i, o'th blegid di, o'i blegid ef, o'i phlegid hi, o'n plegid ni, o'ch plegid chi, o'u plegid hwy/nhw *(Achoswyd yr holl lanastr yma o'ch plegid chi a'ch twpdra!).*
obo hwn *eg* (oboi:oboau) offeryn cerdd y mae ei chwaraewr yn creu sain trwy chwythu i mewn iddo trwy gorsen ddwbl OBOE □ *chwythbrennau*
o boptu gw. dan **o**
obry *adf* (gair henffasiwn) isod, oddi tanodd; gwrthwyneb fry *(Ar ôl dringo'r mynydd yr oedd y tai a'r ceir i'w gweld obry fel teganau.)* BELOW, DOWN
OC *byrfodd* Oed Crist, y ffordd o rifo'r blynyddoedd er geni Crist; gwrthwyneb CC (cyn Crist) AD
Sylwch: mae OC yn cael ei ddefnyddio o flaen y flwyddyn, e.e. *OC 143.*
ocsiwn hon *eb* (ocsiynau) math o werthiant cyhoeddus lle y mae rhywbeth yn cael ei werthu i bwy bynnag sy'n cynnig y pris uchaf amdano; arwerthiant AUCTION
ocsygen hwn *eg* elfen gemegol ar ffurf nwy heb liw na blas nac arogl; mae'n angenrheidiol i bob ffurf o fywyd ar y Ddaear OXYGEN
octef hon *eb* gair arall am wythfed OCTAVE
octopws hwn *eg* creadur y môr sy'n perthyn i deulu'r molysgiaid; mae ganddo gorff meddal ac wyth braich ac mae'n amrywio yn ei faint o ychydig fodfeddi o led hyd at 20 troedfedd (6 metr) OCTOPUS □ *molysgiaid*
ochain:ochneidio *be*
1 gollwng anadl yn araf gan wneud sŵn sy'n awgrymu blinder, tristwch neu ollyngdod TO SIGH
2 gwneud sŵn eithaf uchel i ddynodi poen, gofid neu anghymeradwyaeth; griddfan TO GROAN
ochenaid hon *eb* (ocheneidiau) y weithred o ollwng anadl yn araf gan wneud sŵn sy'n awgrymu tristwch, blinder neu ryddhad; griddfan SIGH, GROAN
ochneidio gw. **ochain:ochneidio**
ochr hon *eb* (ochrau)
1 un o wynebau allanol rhywbeth, ond nid y blaen, y cefn, y top na'r gwaelod *(ochr y tŷ)* SIDE
2 unrhyw un o wynebau gwastad rhywbeth *(Gofala mai'r ochr yma i'r bocs sy'n wynebu i fyny.)* SIDE
3 rhan sydd ar y naill du neu'r llall i linell ganol (real neu ddychmygol) *(Mae'n byw yn ochr ucha'r dref.)* SIDE
4 rhan dde neu chwith y corff (yn arbennig o'r ysgwydd i ben ucha'r goes); ystlys *(Mae gennyf boen yn fy ochr.)* SIDE
5 y lle nesaf at rywun (yn arbennig wrth gyfeirio at gyfaill, cynorthwywr, arf ac ati); ymyl *(Yn ystod argyfwng fel hyn, dy le di yw bod wrth ei hochr hi. Â'i gleddyf wrth ei ochr a'i farch ffyddlon tano, nid ofnai neb.)* SIDE
6 ymyl neu ffin *(Sawl ochr sydd gan sgwâr?)* SIDE
7 y naill wyneb neu'r llall i rywbeth tenau, gwastad *(Oes darlun ar ochr arall y tudalen?)* SIDE
8 agwedd, safbwynt; rhywbeth y mae gofyn edrych arno yng ngoleuni pethau gwrthgyferbyniol *(Mae gofyn ichi ystyried pob ochr i'r ddadl cyn cyrraedd penderfyniad.)* SIDE, FACET, ASPECT
9 grŵp sy'n derbyn safbwynt arbennig mewn rhyfel, anghydfod, cweryl ac ati *(Ar ochr pwy wyt ti 'te?)* SIDE
10 tîm o chwaraewyr *(Tro'r ochr arall yw maesu yn awr.)* SIDE, TEAM
11 rhan o linach teulu sy'n perthyn i berson arbennig *(Mae ochr ei fam yn dod o Sir Aberteifi ac ochr ei dad o Iwerddon.)* SIDE, FAMILY
12 ymyl neu erchwyn, y rhan sydd bellaf o'r canol *(Eisteddodd ar ochr y gwely.)* EDGE
ochr yn ochr y naill wrth ochr y llall ABREAST, SIDE BY SIDE
rhoi [rhywbeth] i'r naill ochr peidio ag ystyried neu ddelio â rhywbeth ar unwaith, ei gadw tan rywbryd yn y dyfodol TO PUT ON/TO ONE SIDE
ochrgamu *be* osgoi rhywun neu rywbeth trwy gamu i'r naill ochr a mynd heibio (yn arbennig mewn gêm o rygbi neu bêl-droed) TO SIDE-STEP
ochri [**â:gyda**] *be* cytuno â barn neu ochr arbennig mewn dadl, cynnen neu ryfel TO SIDE [WITH]
od *a* gair i ddisgrifio rhywun neu rywbeth:
1 anarferol, anghyffredin, rhyfedd *(Mae'n od nad ydyn nhw wedi cyrraedd erbyn hyn. Dyna ferch od oedd honno.)* ODD, STRANGE
2 nad yw'n perthyn i set *(Mae gennyf bâr o sanau od.)* ODD
3 (fel yn odrif) rhif na ellir ei rannu'n union â 2 ODD
yn od o yn rhyfeddol *(O ystyried ei oedran mae'r hen ŵr yn cadw'n od o dda.)* REMARKABLY
ôd hwn *eg* gair barddonol am eira SNOW
o dan *ardd* (odanaf fi, odanat ti, odano ef [fe/fo], odani hi, odanom ni, odanoch chi, odanynt hwy [odanyn nhw])
1 tan, dan *(Mae'n cadw'r llyfr o dan y cownter.)* UNDER
2 oddi tan *(Tynnodd y carped o dan ei draed.)* FROM UNDER
odi:oti ffurf dafodieithol y De ar **ydy(w)**
odiaeth¹ *a* rhagorol, anghyffredin o dda EXCELLENT, EXQUISITE

odiaeth[2] *adf* fel yn *da odiaeth*; iawn, dros ben EXTREMELY, VERY

odid *adf* (ffurf henffasiwn) go brin; braidd; mae'n annhebyg *(odid y daw; odid na ddaw)* HARDLY, SCARCELY
  odid ddim braidd dim
  ond odid mae'n debyg PROBABLY

odl *hon eb* (odlau) y gyfatebiaeth sain sy'n digwydd rhwng sillafau dau neu ragor o eiriau, o'r llafariad hyd ddiwedd y sillaf *(Mae 'ton' a 'bron', 'tân' a 'mân', 'man' a 'gwan' yn enghreifftiau o odlau.)* RHYME
  odl ddwbl odl rhwng dwy sillaf gwahanol eiriau, e.e. *gelyn—telyn; santa—presanta*

odli *be*
  1 (am eiriau) gorffen â'r un sain *(Mae 'prynu' yn odli â 'chrynu'.)* TO RHYME
  2 gosod ynghyd ddau (neu ragor) o eiriau sy'n gorffen â'r un sain *(A yw'n bosibl odli 'prynu' a 'hynny'?)* TO RHYME

odrif *hwn eg* (odrifau) rhif cyfan megis 3, 5, 7 ac ati nad oes modd ei rannu â 2; rhif cyfan nad yw'n eilrif ODD NUMBER

odrwydd *hwn eg* y cyflwr o fod yn od ODDNESS, ECCENTRICITY

ods gw. **ots:ods**

odw ffurf lafar yn y De ar **ydw(yf)**

odyn *hon eb* (odynau) math o ffwrn fawr wedi'i hadeiladu i sychu neu i losgi carreg galch i wneud calch KILN

oddeutu *adf* tua, o gwmpas, o amgylch *(Roedd oddeutu dwsin o fyrddau yn y caffi.)* ABOUT, APPROXIMATELY

oddi *ardd* o mewn ffurfiau fel y rhai sy'n dilyn FROM, OUT OF
  oddi allan o'r tu allan *(Roedd sŵn udo i'w glywed oddi allan.)* FROM OUTSIDE
  oddi am i ffwrdd *(Tynnodd ei got oddi amdano.)* OFF
  oddi ar
    1 *(Roedd fel codi pwysau trwm oddi ar fy ngwar.)* FROM OFF
    2 er *(Nid wyf wedi siarad â hi oddi ar y parti.)* SINCE
  oddi cartref wedi gadael y cartref (dros dro, fel arfer) AWAY FROM HOME
  oddi draw o'r ochr arall, o'r tu draw; o bellter *(Clywodd lais yn galw arni oddi draw.)* FROM THE OTHER SIDE, FROM A DISTANCE
  oddi fry o uwchben *(Disgynnodd y glaw oddi fry.)* FROM ABOVE
  oddi isod o le is *(Sefais ar y bryn yn gwylio'r mwg yn codi oddi isod.)* FROM BELOW
  oddi mewn o'r tu mewn *(Clywodd hi galon y gath yn curo oddi mewn iddi.)* FROM INSIDE
  oddi tan o dan *(Tynnodd rhywun y mat oddi tano.)* FROM UNDER
  oddi uchod oddi fry, o uwchben *(Rhaid ufuddhau i orchmynion sy'n dod oddi uchod.)* FROM ABOVE
  oddi wrth gan *(Cefais lythyr oddi wrth fy mrawd.)* FROM
  oddi yma o'r lle yma *(Rhaid inni fynd oddi yma ar unwaith.)* FROM HERE
  oddi yno o'r fan honno *(Daethom oddi yno heb ddim arian ond â llawer o atgofion melys.)* AWAY

oddieithr *ardd* ac eithrio, oni bai am *(Does neb yn cael dod i'r pafiliwn oddieithr y rheiny sydd â thocynnau arbennig.)* EXCEPT, UNLESS

oed[1] **:oedran** *hwn eg* (oedrannau)
  1 cyfnod o amser y mae rhywun neu rywbeth wedi bodoli *(Beth yw oedran y llyfr hwn? Rwy'n ugain oed ddydd Llun nesaf.)* AGE
  2 un o gyfnodau bywyd *(Erbyn cyrraedd ei ddeugain y mae dyn yn ganol oed.)* AGE
  3 cyfnod mewn bywyd pan fo hawl gan berson i wneud rhywbeth *(Mae yfed diod feddwol dan oedran yn anghyfreithlon.)* AGE
  Sylwch: 'oed' sy'n cael ei ddefnyddio gyda rhif i gyfeirio at oedran penodol person neu beth *(ugain oed)*.

Oed Crist gw. **OC**

oed yr addewid y deng mlynedd a thrigain (70 mlynedd) y mae'r Beibl yn sôn amdanynt fel oes dyn; saith deg oed

yn ei oed a'i amser yn oedolyn

oed[2] *hwn eg* (oedau) (gair barddonol braidd) trefniant rhwng dau gariad i gyfarfod â'i gilydd TRYST, DATE
  gwneud oed trefnu cyfarfod TO MAKE AN APPOINTMENT

oedfa *hon eb* (oedfaon) gwasanaeth crefyddol mewn capel neu eglwys; cwrdd *(Faint o gynulleidfa oedd yn yr oedfa heno?)* SERVICE, MEETING

oedi *be* gohirio, aros cyn gwneud rhywbeth *(Rydym wedi oedi digon fan hyn yn disgwyl am y plant eraill: bydd rhaid inni symud ymlaen nawr.)* TO LINGER, TO WAIT, TO DELAY

oediad *hwn eg* (oediadau) (fel yn *cadoediad*) seibiant, cyfnod o aros, gohiriad DELAY, POSTPONEMENT

oedolyn *hwn eg* (oedolion) person sydd wedi cyrraedd ei lawn dwf; person sydd wedi cyrraedd oedran sy'n cael ei bennu gan y gyfraith (18 neu 21 fel arfer) ADULT

oedran gw. **oed:oedran**

oedrannus *a* gair i ddisgrifio rhywun neu rywbeth sydd mewn gwth o oedran; hen AGED, ELDERLY

oedd *bf* trydydd unigol amser amherffaith **bod** WAS

oel gw. **olew:oel**

oelio *be* taenu olew ar hyd rhywbeth neu chwistrellu olew i mewn iddo TO OIL

oen *hwn eg* (ŵyn) dafad ifanc LAMB □ *dafad* (cig)
  oen llywaeth:oen swci oen sydd wedi cael ei godi fel anifail anwes PET LAMB

oer *a* gair i ddisgrifio rhywun neu rywbeth:
1 â thymheredd isel *(Mae iâ ac eira'n oer.)* COLD
2 nad yw'n teimlo'n gynnes *(Gwisgwch got neu fe fyddwch chi'n oer.)* COLD
3 (am fwyd) wedi'i goginio ond heb gael ei fwyta yn gynnes *(Cig oer a letys sydd i swper.)* COLD

oeraidd *a* gair i ddisgrifio:
1 rhywbeth sy'n tueddu i fod yn oer *(tywydd oeraidd)* CHILLY
2 rhywun sydd heb fod yn gyfeillgar *(Croeso digon oeraidd a gawsom pan aethom i'w gweld yn annisgwyl.)* CHILLY, COOL

oerfel:oerni *hwn eg* diffyg gwres; tymheredd isel; tywydd oer COLD

oergell *hon eb* (oergelloedd) dyfais (ar ffurf cwpwrdd fel arfer) y mae modd cadw bwyd a diod yn oer ynddi REFRIGERATOR, FRIDGE *(rhewgell)*

oeri *be* mynd yn oer; gwneud yn oer *(Brysia, mae dy fwyd yn oeri.)* TO GET COLD, TO CHILL

oerllyd *a* gair arall am **oeraidd**

oernadu *be* gwneud sŵn udo neu nadu tebyg i lef blaidd TO HOWL

oerni *gw.* **oerfel:oerni**

oes[1] *hon eb* (oesau:oesoedd)
1 yr holl bobl sy'n digwydd byw ar unrhyw adeg *(Dyw'r oes sydd ohoni ddim yn gwybod beth yw gwir dlodi.)* AGE
2 cyfnod hir iawn *(Dydyn ni ddim wedi gweld ein gilydd ers oes.)* AGE
3 cyfnod bywyd person neu beth *(Gwelodd nifer mawr o newidiadau yn ystod ei oes.)* LIFETIME
4 cyfnod hanesyddol, e.e. Oes y Cerrig; Oes yr Iâ; yr Oesoedd Canol AGE, ERA

ar ôl yr oes henffasiwn BEHIND THE TIMES
o flaen yr oes yn annerbyniol o flaengar BEFORE HIS/HER TIME
oes mul amser hir iawn DONKEY'S YEARS
yn oes oesoedd am byth FOR EVER AND EVER
Oes yr Iâ:Oes y Rhew un o nifer o gyfnodau pan fu nifer o wledydd gogleddol y byd dan haen o iâ ICE AGE
Oes y Cerrig cyfnod a ddechreuodd tua 6500 CC STONE AGE
yr Oes Efydd cyfnod a ddechreuodd tua 5000 CC BRONZE AGE
yr Oes Haearn cyfnod a ddechreuodd tua 1000 CC IRON AGE
yr Oesoedd Tywyll tuag OC 450–1000 DARK AGES
yr Oesoedd Canol tuag OC 1000–1500 MIDDLE AGES

oes[2] *bf* trydydd unigol presennol mynegol **bod** (mae, yw, sydd) IS, ARE

Sylwch: mae **oes** yn cael ei ddefnyddio mewn brawddegau negyddol neu mewn cwestiynau pan nad oes sôn am rywun neu rywbeth penodol, a hefyd fel ateb i gwestiwn o'r fath *(Nid oes dim bwyd. A oes lle i rywun arall? Oes.)*.

oesol *a* gair i ddisgrifio rhywbeth sy'n parhau ar hyd yr oesoedd; parhaol, bythol PERPETUAL

oestrywydden *hon eb* coeden sy'n perthyn i deulu'r fedwen HORNBEAM □ *coed* t.616

ofari *hwn eg* (ofarïau)
1 y rhan honno o gorff anifail benyw sy'n cynhyrchu wyau OVARY
2 rhan fenywaidd planhigyn sy'n cynhyrchu'r hadau neu'r ffrwyth OVARY □ *blodyn*

ofer *a* gair i ddisgrifio rhywbeth di-fudd, nad yw'n cyflawni dim; aflwyddiannus *(Yn ofer y ceisiodd y Llywodraeth ddod â'r ddwy ochr at ei gilydd i drafod yr anghydfod.)* VAIN, WASTEFUL, FUTILE

mynd yn ofer cael ei wastraffu TO GO TO WASTE

oferedd *hwn eg* y cyflwr o wastraffu amser ac arian ar bethau di-fudd, ofer, afradlon; gwagedd VANITY, FRIVOLITY

ofergoel *hon eb* (ofergoelion) cred neu arfer wedi'i seilio ar ofn ac anwybodaeth neu ar gamargraff yn hytrach nag ar reswm *(Ofergoel gyffredin yw honno sy'n ystyried y rhif 13 yn anlwcus.)* SUPERSTITION

ofergoeledd *hwn eg* gair arall am **ofergoeliaeth**

ofergoeliaeth *hon eb* cred mewn ofergoelion; ofn pethau nad ydym yn eu deall neu bethau dirgel SUPERSTITION

ofergoelus *a* gair i ddisgrifio rhywun sy'n credu mewn ofergoelion SUPERSTITIOUS

ofn *hwn eg* (ofnau) y teimlad a gewch pan fydd perygl wrth law; arswyd, dychryn, braw FEAR, DREAD

cael ofn brawychu TO BE FRIGHTENED
codi ofn:hela ofn [ar] arswydo, dychryn TO FRIGHTEN
mae arnaf (arnat, arno etc.) ofn rwy'n ofni TO BE AFRAID OF
parchedig ofn *gw.* **parchedig**
rhag ofn rhag bod rhywbeth (annymunol) yn digwydd IN CASE

ofnadwy[1] *a* gair i ddisgrifio rhywbeth sy'n peri ofn neu ddychryn *(Dyna ddamwain ofnadwy.)* TERRIBLE, AWFUL

ofnadwy[2] *adf* iawn *(Mae'n boeth ofnadwy.)* AWFULLY, TERRIBLY

ofni *be*
1 bod yn llawn ofn; arswydo *(Rwy'n ofni cathod.)* TO FEAR, TO BE AFRAID
2 poeni neu ofidio *(Paid ag ofni gofyn os nad wyt ti'n deall.)* TO FEAR, TO BE AFRAID
3 ffordd foneddigaidd o ymddiheuro *(Rwy'n ofni y*

ofnus | 434 | **ongl**

byddwn ni'n hwyr nos yfory.) TO FEAR, TO BE AFRAID, TO REGRET

ofnus *a* gair i ddisgrifio rhywun neu rywbeth sy'n llawn ofn TIMID, NERVOUS, FEARFUL

ofydd hwn *eg* (ofyddion) aelod o ris isaf urddau'r Orsedd (y wisg werdd) OVATE (Gorsedd Beirdd Ynys Prydain)

offeiriad hwn *eg* (offeiriaid)
1 (o fewn yr eglwys Gristnogol) person wedi'i hyfforddi a'i ordeinio i gyflawni dyletswyddau crefyddol; gweinidog eglwys PRIEST, PARSON
2 person sy'n cyflawni dyletswyddau cyfatebol mewn crefyddau eraill PRIEST

offer hyn *ell* mwy nag un **offeryn**
1 yr holl gyfarpar sy'n cael eu defnyddio mewn gêm neu gamp, e.e. y wialen, lein, ril, bachau, plu ac ati sy'n cael eu defnyddio i bysgota TACKLE
2 peiriannau *(offer gwresogi)* PLANT
3 set o beiriannau neu arfau neu daclau sy'n dibynnu ar ei gilydd i weithio, neu y mae eu hangen i gwblhau rhyw waith arbennig APPARATUS
4 unrhyw gyfarpar neu daclau y mae eu hangen i wneud gwaith arbennig; arfau, celfi *(offer garddio)* TOOLS

offeren hon *eb* (offerennau) gwasanaeth y Cymun yn Eglwys Rufain a'r Eglwys Uniongred sy'n rhannu'n bump adran: *Kyrie*, 'O Arglwydd bydd drugarog'; *Gloria*, 'Gogoniant i Dduw yn y goruchaf'; *Credo*, 'Credaf'; *Sanctus*, 'Sanctaidd'; ac *Agnus Dei*, 'Oen Duw'; mae'r *Dies Irae*, 'Dydd Digofaint' yn disodli'r *Gloria* a'r *Credo* yn Offeren y Meirw MASS

offeryn hwn *eg* (offer:offerynnau)
1 teclyn, arf/dyfais ar gyfer gwneud rhyw waith arbennig *(Offeryn ar gyfer bwrw hoelion i bren yw morthwyl.)* TOOL, IMPLEMENT
2 rhywbeth megis piano neu ffidl neu gorn sy'n cael ei chwarae neu'i ganu er mwyn cynhyrchu cerddoriaeth INSTRUMENT

offeryn chwyth offeryn cerdd sy'n cael ei ganu wrth i'w chwaraewr chwythu trwyddo, e.e. ffliwt WIND INSTRUMENT

offerynnol *a* gair i ddisgrifio cerddoriaeth ar gyfer offerynnau (yn hytrach na lleisiau) INSTRUMENTAL

offerynnwr hwn *eg* (offerynwyr) un sy'n chwarae neu'n canu offeryn cerdd INSTRUMENTALIST

offrwm hwn *eg* (offrymau) rhywbeth sy'n cael ei gynnig i Dduw; aberth fel yn *poethoffrwm* OFFERING, SACRIFICE

offrymu *be* cynnig offrwm i Dduw neu i dduwiau; aberthu TO SACRIFICE, TO OFFER

offthalmolegydd hwn *eg* gwyddonydd neu feddyg sy'n ymwneud â diffygion neu glefydau'r golwg OPHTHALMOLOGIST

og:oged

og:oged hon *eb* (ogau:ogedau:ogedi) peiriant fferm â dannedd neu ddisgiau miniog ar fframyn ar gyfer llyfnu cae (chwalu wyneb y pridd) ar ôl iddo gael ei aredig HARROW

ogedu *be* chwalu wyneb pridd cae ag oged ar ôl iddo gael ei aredig; llyfnu TO HARROW

oglau ffurf lafar ar **aroglau**

ogof hon *eb* (ogofâu:ogofeydd) lle gwag, dwfn, naturiol naill ai tan y ddaear neu ar ochr allt neu glogwyn CAVE, GROTTO

ogofwr hwn *eg* (ogofwyr)
1 un sy'n dilyn y gamp o archwilio a darganfod ogofâu tanddaearol POT-HOLER
2 un sy'n astudio ogofâu o safbwynt gwyddonol SPELEOLOGIST

ongl hon *eb* (onglau) lle rhwng dwy linell neu ddau blân sy'n cwrdd â'i gilydd; caiff ongl ei mesur mewn graddau ANGLE

ongl aflem ongl rhwng 90° a 180° OBTUSE ANGLE
ongl lem ongl gul sy'n llai na 90° ACUTE ANGLE
ongl sgwâr ongl 90° fel honno ar gornel sgwâr RIGHT ANGLE

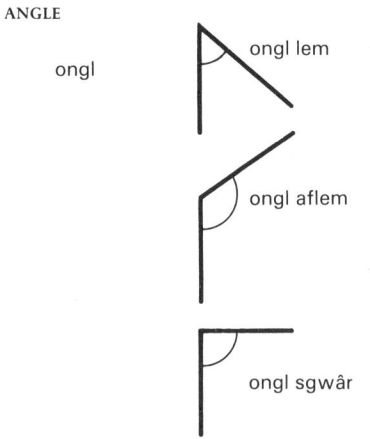

ongl

ongl lem

ongl aflem

ongl sgwâr

a b c ch d dd e f ff g ng h i j (k) l ll m n o p ph r rh s t th u w y (z)

onglog *a gair i ddisgrifio:*
1 rhywbeth wedi'i greu o onglau neu sy'n ffurfio onglau neu sy'n ymwneud ag onglau ANGULAR
2 rhywbeth â chorneli miniog ANGULAR

onglydd *hwn eg* (onglyddion) dyfais (ar ffurf hanner cylch fel arfer) ar gyfer mesur a thynnu onglau; protractor PROTRACTOR ☐ *protractor*

oherwydd *cysylltair* am y rheswm, oblegid, am, o achos *(Nid wyf yn mynd i'r traeth heddiw oherwydd bod yr haul yn rhy boeth.)* BECAUSE

o'm ('th, 'i etc.) herwydd BECAUSE OF ME

ohm *hwn eg* (ohmau) mesur safonol o wrthiant trydanol sy'n cyfateb i'r gwrthiant sy'n caniatáu i gerrynt o 1 amper lifo pan geir foltedd trydanol o 1 folt OHM

ohonof fi *gw.* **o**

ôl[1] *hwn eg* (olion)
1 llinell neu nifer o farciau neu arwyddion wedi'u gadael gan anifail, person neu gerbyd sydd wedi mynd heibio *(Roedd ôl yr adar a fu'n chwilio am ddŵr i'w weld yn glir yn yr eira.)* TRACK, IMPRESSION
2 rhywbeth sy'n dynodi ansawdd, neu rywbeth sydd wedi digwydd yn y gorffennol; arwydd *(Mae ôl ymchwil trwyadl ar y traethawd hwn. Mae ôl y dioddef i'w weld yn ei llygaid.)* MARK, SIGN

ôl bys (fel arfer yn lluosog, sef *olion bysedd*) y marc sy'n cael ei adael gan groen pen blaen bys, a'r patrwm unigryw o linellau sydd ar groen bysedd pob person FINGERPRINT

ôl troed patrwm troed neu esgid sydd wedi'i adael ar ôl i rywun fynd FOOTPRINT

ôl[2] *a gair i ddisgrifio* rhywun neu rywbeth sy'n dilyn; gwrthwyneb blaen BEHIND

ar fy (dy, ei etc.) ôl yn dilyn, yn ceisio dal AFTER
Sylwch: ar ein holau, ar eich olau, ar eu holau yw'r ffurfiau lluosog.

ar ôl
1 yn dilyn o ran amser, lle neu drefn; wedi *(Fe ddof fi ar ôl imi orffen hwn.)* AFTER
2 gan geisio dal, cael gafael yn *(Rhedodd y plismon ar ôl y lleidr.)* AFTER
3 ag enw *(Cafodd ei enwi ar ôl ei dad-cu/daid.)* AFTER

yn ôl
1 (dychwelyd) i le y buoch ynddo o'r blaen *(yn ôl ac ymlaen; daeth yn ôl ar ôl tair blynedd)* BACK
2 yn y gorffennol *(Gadawodd bum munud yn ôl.)* AGO
3 fel y dywed, chwedl *(Yn ôl Mr Jones mae gennyf siawns go lew o lwyddo yn yr arholiad.)* ACCORDING TO

y tu ôl [i]
1 y tu cefn i *(Cuddiodd y tu ôl i'r wal.)* BEHIND
2 yn cefnogi *(Paid â phoeni, mae pawb y tu ôl iti.)* BEHIND

ôl...[3] *rhagddodiad* geiryn sy'n cael ei ddefnyddio o flaen geiriau eraill i ddynodi rhywbeth sy'n digwydd neu'n cael ei wneud wedyn neu ar ôl yr hyn sy'n ei ddilyn, e.e. *ôl-ddodiad; ôl-nodiad* POST...

olaf *a gair i ddisgrifio'r* un neu'r rhai sy'n dod ar ôl pob un arall pan nad oes ragor ohonynt i'w cael; yr un neu'r rhai sy'n dod ar y diwedd yn deg; terfynol, diwethaf *(Hi oedd yr olaf i gyrraedd.)* LAST, FINAL
Sylwch: yn wahanol i *olaf*, mae *diwethaf* hefyd yn gallu golygu 'yr un cyn yr un presennol', e.e. yr wythnos diwethaf, yr wythnos sydd newydd fod; *wythnos olaf y tymor* yw'r wythnos sy'n dod ar ddiwedd y tymor.

olddodiad:ôl-ddodiad *hwn eg* (olddodiaid) cyfuniad o lythrennau neu seiniau sy'n cael eu gosod ar ddiwedd gair; terfyniad *(Gallwch ychwanegu'r olddodiad '...wch' at rai ansoddeiriau i'w troi yn enwau, e.e. hardd—harddwch, eiddil—eiddilwch.)* SUFFIX

olew:oel *hwn eg* un o nifer o fathau o hylif sy'n cael eu defnyddio i losgi, i iro peiriannau, neu ar gyfer coginio OIL (oelio)

olewydden *hon eb* (olewydd) coeden sy'n cael ei thyfu yn y gwledydd o gwmpas y Môr Canoldir; mae ei ffrwythau siâp wy yn cael eu defnyddio fel bwyd a ffynhonnell olew OLIVE TREE ☐ *coed* t.615

olion *hyn ell* mwy nag un **ôl**[1]

ôl-nodyn:ôl-nodiad *hwn eg* atodiad byr i ddiwedd llythyr yn cael ei ddynodi gan y llythrennau ON POSTSCRIPT, PS

olrhain *be*
1 dilyn trywydd neu hynt rhywbeth TO FOLLOW, TO TRACE, TO PLOT
2 darganfod tarddiad neu wreiddiau rhywbeth TO TRACE

olwr *hwn eg* (olwyr) (mewn gêmau megis pêl-droed a rygbi) chwaraewr neu safle sy'n amddiffyn y rhan o'r maes chwarae sydd yn ymyl gôl eich tîm chi; cefnwr BACK (cefnwr)

olwyn *hon eb* (olwynion) dyfais ar ffurf cylch gyda fframyn allanol sy'n troi ar ddarn yn ei chanol (y both); mae'r rhan fwyaf o gerbydau sy'n teithio ar dir yn symud ar olwynion, a chânt eu defnyddio hefyd i droi peiriannau WHEEL

olwyn yrru yr olwyn a ddefnyddir i lywio car neu long; llyw STEERING-WHEEL ☐ *car*

wrth yr olwyn yn gyrru neu yn llywio AT THE WHEEL

olwyr *hyn ell* mwy nag un **olwr**

Olympaidd *a gair i ddisgrifio* rhywun neu rywbeth:
1 sy'n gysylltiedig â'r Chwaraeon neu'r Campau Olympaidd, sef cyfres o gystadlaethau athletaidd rhyngwladol sy'n cael eu cynnal unwaith bob pedair blynedd OLYMPIC

olyniaeth

2 sy'n debyg i dduwiau pwysicaf y Groegiaid gynt, neu'n ymwneud â nhw (cartref y duwiau hyn oedd mynydd Olympos) OLYMPIAN

olyniaeth *hon eb*
1 y weithred o ddilyn y naill ar ôl y llall SUCCESSION
2 nifer (o bobl neu bethau) yn dilyn y naill ar ôl y llall *(Y nesaf yn yr olyniaeth frenhinol yn dilyn y Frenhines Elisabeth II yw'r Tywysog Siarl. Mae ein gweinidog newydd yn olyniaeth yr hen dadau Methodistaidd.)* SUCCESSION

olynol *a* gair i ddisgrifio rhywun neu rywbeth sy'n dilyn ei gilydd; sy'n dod y naill ar ôl y llall; o'r bron *(Mae'n dîm anobeithiol—mae wedi colli pum gêm yn olynol.)* CONSECUTIVE, SUCCESSIVE

olynydd *hwn eg* (olynwyr)
1 rhywun neu rywbeth sy'n dilyn neu'n dod ar ôl rhywun neu rywbeth arall SUCCESSOR
2 rhywun sy'n llanw swydd ei ragflaenydd SUCCESSOR

oll *adf*
1 i gyd, pawb *(nyni oll; y pethau hyn oll)* ALL
2 o gwbl, fel yn *dim oll; neb oll* AT ALL
Sylwch: ni ddylech ddweud 'yr oll o': rhaid dweud 'y cwbl o', 'y cyfan o'.

omled:omlet *hwn eg* (omledau:omletau) wyau wedi'u corddi a'u ffrio OMELETTE

ON byrfodd ôl-nodiad, ôl-nodyn POSTSCRIPT, PS

ond *cysylltair*
1 yn hytrach, yn lle, eithr *(Nid un ond cant!)* BUT
2 er hynny *(yn flinedig ond yn hapus)* BUT
3 oddieithr, ac eithrio, oni bai am y ffaith *(Roeddwn yn bwriadu ysgrifennu ati ond collais ei chyfeiriad.)* BUT, ONLY
4 heblaw *(Ni ddaw neb yma ond yr anifeiliaid gwylltion.)* ONLY
dim ond yn unig *(Pwy sydd 'na? Dim ond fi.)* ONLY

onest gw. **gonest:onest**

oni¹:onid *geiryn gofynnol* mae'n cael ei ddefnyddio ar ddechrau cwestiwn pan ddisgwylir 'ie' yn ateb *(Onid hon yw'r heol sy'n arwain at y tŷ?)* neu er mwyn troi gosodiad yn gwestiwn *(Hon yw'r ffordd, onid e?)* IS IT NOT? HAS HE/SHE NOT? (ontefe, yntefe, yntê)

oni²:onid:onis *cysylltair* os na *(Nid wyf yn mynd oni chaf fy nhalu.)* UNLESS
Sylwch: mae 'p', 't', ac 'c' yn treiglo'n llaes ar ôl *oni* a 'b', 'd', 'g', 'll', 'm', 'rh' yn treiglo'n feddal *(oni chaf; oni welaf)* ac eithrio ffurfiau ar y ferf 'bod' *(oni bydd, oni byddaf)*.

hyd onid nes *(Arhoswch yma hyd onid anfonaf amdanoch.)* UNTIL

oni bai [am] pe na bai WERE IT NOT [FOR]

onnen *hon eb* (ynn:onn) coeden gyffredin sy'n bwrw ei dail yn y gaeaf ac sydd â blagur mawr du yn y gwanwyn; neu bren y goeden yma ASH TREE (allweddau Mair) □ *coed* t.617

ontefe ffurf lafar yn y De ar **onid e**

OON byrfodd ôl-ôl-nodiad, nodiad sy'n dilyn ôl-nodiad PPS

opera *hon eb* (operâu) drama gerddorol lle y mae mwyafrif y geiriau'n cael eu canu OPERA

opteg *hon eb* astudiaeth wyddonol o oleuni a'r ffordd yr ydym yn ei weld OPTICS

optegwr:optegydd *hwn eg* (optegwyr) un sy'n gwneud a gwerthu sbectol OPTICIAN

optimistiaeth *hon eb* teimlad gobeithiol ynglŷn â bywyd; cred fod popeth yn mynd i fod yn iawn OPTIMISM

oracl *hwn eg* (oraclau)
1 man arbennig lle'r oedd yr Hen Roegiaid yn credu y byddai un o'r duwiau, neu berson y byddai'r duwiau hyn yn ei ddefnyddio, yn ateb cwestiynau gan ddynion ORACLE
2 ateb i un o'r cwestiynau hyn ORACLE
3 rhywun sy'n cael ei ystyried neu sy'n meddwl ei fod yn gynghorydd doeth iawn ORACLE

orang-wtan *hwn eg* un o deulu'r epa; mae ganddo flew coch ac mae'n byw yn fforestydd y Dwyrain Pell; 'hen ŵr y coed' yw ystyr ei enw ORANG-UTAN □ *mwnci*

oratorio *hon eb* (oratorios) darn cerddorol hir i gantorion (unawdwyr a chôr fel arfer) a cherddorfa, wedi'i seilio ar destun crefyddol (o'r Beibl gan amlaf); yn wahanol i opera, ni ddisgwylir i'r cantorion actio *(Oratorio yw* Messiah *Handel.)* ORATORIO

ordeinio *be*
1 urddo rhywun yn offeiriad, yn weinidog neu yn arweinydd crefyddol TO ORDAIN
2 (am Dduw neu'r gyfraith) gorchymyn, mynnu TO ORDAIN

ordinhad *hon eb* (ordinhadau) un o nifer o ddefodau arbennig o fewn yr eglwys Gristnogol megis bedydd, cymun, priodas ac yn y blaen SACRAMENT

oren¹ *hwn eg* (orenau)
1 math o ffrwyth crwn, cyffredin sydd â blas chwerw-felys a lliw rhwng coch a melyn; mae'n tyfu mewn gwledydd poeth ORANGE *coed, ewin, ffrwythau* □ t.624
2 lliw tebyg i liw croen y ffrwyth hwn; lliw sy'n gymysgedd o goch a melyn ORANGE □ t.622

oren² *a* gair i ddisgrifio lliw tebyg i liw croen yr oren; lliw sy'n gymysgedd o goch a melyn ORANGE

organ¹ *hon eb* (organau) un o nifer o fathau o offerynnau cerdd sydd â sŵn llawn, cyfoethog; byddai'r mathau hynaf yn cynhyrchu eu nodau trwy i aer gael ei chwythu trwy bibau o wahanol hyd; caiff organ ei chwarae (fel

organ

organ

piano) gan chwaraewr sy'n taro seinglawr, ond fe all organ fod â mwy nag un seinglawr gan gynnwys un arbennig i'r traed ORGAN

organ geg offeryn cerdd bach yr ydych yn ei chwarae trwy chwythu neu sugno aer trwyddo MOUTH-ORGAN, HARMONICA

organ² hwn *eg* (organau) rhan o gorff anifail neu blanhigyn sy'n cyflawni swyddogaeth arbennig neu sy'n gwneud gwaith arbennig, megis y galon, yr ysgyfaint ac yn y blaen ORGAN

organeb hon *eb* (organebau) bod byw ORGANISM

organig *a* gair i ddisgrifio:
1 rhywbeth sy'n dod o blanhigion neu anifeiliaid neu sy'n ymwneud â nhw ORGANIC
2 rhywbeth sy'n cael ei dyfu trwy ddefnyddio gwrtaith naturiol (sy'n deillio o blanhigion ac anifeiliaid) yn hytrach na gwrtaith cemegol ORGANIC

organydd hwn *eg* (organyddion) person sy'n canu/ chwarae'r organ ORGANIST

organyddes hon *eb* dynes/menyw sy'n canu'r organ

orgraff hon *eb* ffordd o sillafu geiriau (yn arbennig y ffordd gywir) *(Mae Orgraff yr Iaith Gymraeg yn llyfr pwysig a gyhoeddwyd gyntaf ym 1928 ac sy'n dangos sut i ysgrifennu Cymraeg cywir.)* ORTHOGRAPHY

oriau hyn *ell* mwy nag un **awr**
  oriau mân y bore oriau cynnar y bore ar ôl hanner nos THE SMALL HOURS OF THE MORNING

oriawr hon *eb* (gair henffasiwn braidd) wats; cloc bach i'w wisgo ar eich arddwrn neu i'w gario yn eich poced WATCH

oriel hon *eb* (orielau)
1 neuadd, adeilad neu ystafell breifat lle y mae gweithiau celfyddydol yn cael eu harddangos (a'u gwerthu'n aml) GALLERY
2 adeilad cyhoeddus (neu ran o adeilad) lle y mae darluniau (a gweithiau celfyddydol eraill) yn cael eu harddangos GALLERY
3 un o'r lloriau sy'n dod allan o waliau cefn neu ochr theatr, sinema neu gapel GALLERY

orig hon *eb* cyfnod byr o amser; ennyd, talm WHILE

oriog *a* gair i ddisgrifio rhywun na allwch ddibynnu arno, sy'n dueddol o newid ei feddwl; gwamal, di-ddal *(Mae'r Siân 'na mor oriog â'r tywydd.)* FICKLE, CHANGEABLE, TEMPERAMENTAL

ornest hon *eb* gw. **gornest:ornest**

os *cysylltair* ar yr amod; gan dderbyn *(Awn ni i'r pictiwrs, ond dim ond os bydd hi'n bwrw glaw.)* IF
Sylwch: peidiwch â defnyddio *os* i gyflwyno cwestiwn anuniongyrchol: 'Gofynnais iddo a oedd yn dod' nid 'os oedd yn dod'.

  heb os nac oni bai heb unrhyw amheuaeth; yn bendant WITHOUT DOUBT

osgo hwn *eg*
1 ffordd o ddal y corff, yn arbennig y pen a'r ysgwyddau; ymarweddiad *(Er nad oedd yn ein hwynebu ni, yr oeddem yn gallu dweud o'i osgo ei fod yn gynddeiriog.)* POSTURE, STANCE
2 rhywbeth sy'n pwyso i un ochr, sy'n gorwedd ar ongl neu ar oleddf *(Oherwydd ein bod wedi parcio'r garafán ar riw yr oedd yr holl gelfi ar osgo.)* SLANT, SLOPE

osgoi *be*
1 dianc rhag *(Llwyddodd i osgoi cael ei gosbi.)* TO AVOID
2 cadw draw oddi wrth (rywun neu rywbeth) yn fwriadol *(Rwy'n ceisio osgoi pob athro yn ystod y gwyliau.)* TO AVOID

  ffordd osgoi gw. **ffordd**

oslef gw. **goslef**

osôn hwn *eg*
1 (yn dechnegol) math o ocsygen a sawr arbennig iddo sy'n cael ei ffurfio gan drydan ac a geir yn yr awyr ar ôl storm o fellt a tharanau OZONE
2 haen o aer yn yr atmosffer rhyw 20-30 milltir uwchben y ddaear sydd â lefel uchel o osôn ynddo ac sy'n amddiffyn y Ddaear rhag pelydrau niweidiol yr haul OZONE

ots:ods hwn *eg* gwahaniaeth *(Does dim ots. Ysgrifennodd Syr T. H. Parry-Williams gerdd sy'n dechrau â'r llinell, 'Beth yw'r ots gennyf fi am Gymru?')* MATTER, CARE

  yn ots (ar lafar) yn wahanol

owmal hwn *eg* hen air am yr addurn disglair tebyg i wydr sy'n cael ei daenu weithiau ar fetel ENAMEL

owns hon *eb* (ownsys:ownsiau) mesur o bwysau sy'n 1/16 o bwys neu'n 28.35 gram OUNCE (gw. *Atodiad III* t.604)

  owns lifyddol mesur o hylif cyfwerth ag 1/20 o beint neu 0.0284 rhan o litr FLUID OUNCE

P

pa *rhagenw gofynnol* mae'n cael ei ddefnyddio o flaen enw (neu ffurfiau rhagenwol) i holi cwestiwn—fel yn *Pa beth? Pa bryd? Pa le? Pa sawl person? Pa un?*; erbyn hyn mae'r ffurfiau hyn braidd yn henffasiwn a'r ffurfiau cywasgedig 'beth', 'pryd', 'p'un' neu 'p'run' sy'n cael eu defnyddio fel arfer WHAT, WHICH, HOW, WHEN
  Sylwch: 'pwy' yw'r ffurf sy'n cael ei defnyddio o flaen berfau i gyfeirio at bobl, felly *Pwy sydd 'na?* ond *Pa Geraint?*

Pab *hwn eg* (Pabau) pennaeth crefyddol Eglwys Rufain a'r Catholigion POPE

pabaidd *a* gair i ddisgrifio rhywun neu rywbeth sy'n ymwneud â'r Pab neu sy'n perthyn iddo ef a'i swydd PAPAL

pabell *hon eb* (pebyll)
 1 lloches (lle i gysgodi) symudol wedi'i gwneud trwy orchuddio fframwaith o bolion a rhaffau â chynfas neu frethyn arbennig TENT
 2 ffurf fawr iawn ar babell (uchod) a ddefnyddir ar gyfer achlysuron arbennig neu ddigwyddiadau cyhoeddus, e.e. *Y Babell Lên yn yr Eisteddfod Genedlaethol* PAVILION, MARQUEE

pabi *hwn eg* (pabïau:pabis) un o nifer o fathau o blanhigion sydd â sudd gwyn yn eu coesau a blodau mawr coch (er bod lliwiau eraill ar gael hefyd) POPPY □ *blodau t.619*
 pabi coch y blodyn (a'r arwydd) sy'n cael ei wisgo bob blwyddyn o gwmpas 11 Tachwedd i gofio am y rhai a laddwyd yn ystod y ddau Ryfel Byd

pabwyr[1] *hwn eg*
 1 llinyn o fewn cannwyll sy'n llosgi fel y mae'r cwyr/gŵer yn toddi WICK
 2 darn o ddefnydd a geir mewn lamp olew sy'n sugno olew ato wrth iddo losgi WICK

pabwyr[2] *hyn ell* mwy nag un **pabwyryn** *hwn eg* **pabwyren** *hon eb* brwyn, cawn RUSHES

Pabydd *hwn eg* (Pabyddion) aelod o Eglwys Rufain, Catholig ROMAN CATHOLIC

pabyddol *a* gair i ddisgrifio rhywun neu rywbeth sy'n perthyn i neu sy'n nodweddiadol o Eglwys Rufain ROMAN CATHOLIC

pac *hwn eg* (paciau)
 1 nifer o bethau wedi'u casglu ynghyd yn barod i'w cario (ar y cefn gan amlaf); pwn, baich, swp, bwndel, pecyn PACK, KIT
 2 set gyfan o gardiau chwarae (52 fel arfer); cyff PACK
 3 yr wyth blaenwr mewn gêm o rygbi PACK
 4 llawer, nifer mawr (*pac o gelwyddau*) PACK
 codi pac gw. **codi**
 hel fy (dy, ei etc.) mhac gw. **hel**

paced *hwn eg* (pacedau:pacedi) rhywbeth neu ryw bethau wedi'u lapio ynghyd i wneud pecyn bach neu sypyn PACKET

pacio *be*
 1 rhoi pethau mewn bagiau, cesys neu gynwysyddion ar gyfer mynd ar wyliau, symud tŷ ac ati, neu ar gyfer eu storio (*Rydyn ni'n gadael yfory a dydw i ddim wedi dechrau pacio eto.*) TO PACK
 2 llenwi, gorchuddio neu lapio â deunydd a fydd yn gwarchod neu ddiogelu yr hyn sydd wedi'i bacio (*Bydd angen pacio'r gwydrau yma'n ofalus iawn.*) TO PACK

pad *hwn eg* (padiau)
 1 darn trwchus o ddeunydd meddal i gadw rhywbeth rhag cael niwed, i'w wneud yn fwy cyfforddus i bwyso arno neu i lenwi siâp arbennig, e.e. *padiau cricedwr* PAD □ *criced*
 2 nifer o dudalennau o bapur wedi'u dal ynghyd yn un pen neu ochr PAD

padell *hon eb* (padellau:padelli:pedyll)
 1 un o nifer o wahanol fathau o lestri metel a ddefnyddir yn aml i goginio, e.e. *padell ffrio* PAN
 2 llestr crwn o fetel, plastig neu bridd a chanddo waelod gwastad, ochrau ac weithiau glawr; mae'n debyg i fowlen neu fasn ond ei fod fel arfer yn fwy o faint BOWL
 o'r badell ffrio i'r tân o ddrwg i waeth OUT OF THE FRYING-PAN INTO THE FIRE
 padell pen-glin yr asgwrn y tu blaen i'r pen-glin KNEECAP □ *corff t.630*

pader *hwn eg* (paderau)
 1 gweddi sy'n dilyn patrwm (*Mae hi'n dweud ei phader bob nos cyn mynd i'r gwely.*) PRAYERS
 2 Gweddi'r Arglwydd, 'Ein Tad, yr hwn wyt yn y nefoedd ...' PATERNOSTER, THE LORD'S PRAYER
 dweud/dysgu pader wrth/i berson ceisio dysgu rhywbeth i rywun sy'n gwybod yn well na chi TO TEACH YOUR GRANDMOTHER TO SUCK EGGS

padlen *hon eb*:**padl** *hwn eg* (padlennau:padlau) polyn byr â darn llydan gwastad ar un pen (neu weithiau'r ddau) a ddefnyddir i wthio a llywio cwch bach megis canŵ drwy'r dŵr; rhodlen PADDLE □ *caiac* (rhwyf)

padlo *be*
 1 gwthio a llywio cwch bach â phadlen TO PADDLE
 2 cerdded (yn droednoeth fel arfer) mewn ychydig fodfeddi o ddŵr, e.e. *ar lan y môr* TO PADDLE

paen *hwn eg* (paenau) darn o wydr sy'n ffitio o fewn fframyn ffenestr neu ddrws; cwarel ffenestr PANE

paent *hwn eg* cymysgedd o hylif a sylwedd y mae modd ei daenu ar rywbeth er mwyn ei liwio PAINT

a b c ch d dd e f ff g ng h i j (k) l ll m n o p ph r rh s t th u w y (z)

paentio gw. **peintio**

pafiliwn hwn *eg* (pafiliynau)
1 adeilad dros dro a ddefnyddir i arddangos pethau mewn ffeiriau neu, yn arbennig, y babell y mae prif gystadlaethau a chyngherddau yr Eisteddfod Genedlaethol yn cael eu cynnal ynddi PAVILION
2 adeilad yn ymyl maes criced neu faes chwarae lle y gall chwaraewyr newid a chael hoe PAVILION

pafin hwn *eg* gair arall am **palmant** PAVEMENT

paffio *be* ymladd â'r dyrnau; bocsio TO BOX

paffiwr hwn *eg* (paffwyr) un sy'n ymladd â'i ddyrnau BOXER

pagan hwn *eg* (paganiaid) un nad yw'n credu yn un o grefyddau mawr y byd neu un sy'n credu mewn nifer o dduwiau PAGAN, HEATHEN

paganaidd *a* gair i ddisgrifio rhywbeth sy'n nodweddiadol o baganiaid, sy'n wrth-grefyddol PAGAN

pang hwn *eg* (pangau) teimlad sydyn o boen corfforol neu feddyliol; gwayw, brathiad, gloes, pwl, pangfa PANG, FIT

pangfa hon *eb* (pangfeydd) gair arall am **pang** FIT

paham:pam *adf* Am ba reswm? I ba bwrpas?; mae'n cael ei ddefnyddio er mwyn gofyn cwestiwn fel yn y geiriau 'Paham mae dicter, O Myfanwy, yn llenwi'th lygaid duon di?' WHY, WHEREFORE
Sylwch: pam mae (nid pam fod) sy'n gywir.

paid¹ *bf* mae ef/hi yn **peidio**; bydd ef/hi yn **peidio**

paid² *bf* gorchymyn i ti beidio [**peidio**]

paill hwn *eg* llwch mân, melyn sydd i'w gael ar rannau gwryw blodau ac sy'n peri i flodau eraill hadu ar ôl iddo gael ei gario atynt (gan y gwynt, gwenyn ac ati) POLLEN

pair¹ hwn *eg* (peiriau) (hen air) powlen fawr agored wedi'i gwneud o fetel ar gyfer berwi pethau dros dân agored; crochan CAULDRON

Pair Dadeni pair hud yn Ail Gainc y Mabinogi; os câi un o filwyr Iwerddon ei ladd, teflid ef i'r pair a byddai'n codi'n fyw drannoeth, ond ni fyddai'n medru siarad

pair² *bf* mae ef/hi yn **peri**; bydd ef/hi yn **peri**

pais hon *eb* (peisiau) dilledyn ysgafn y mae merched yn ei wisgo o dan sgert neu ffrog; hefyd enw ar ran o'r wisg draddodiadol Gymreig PETTICOAT □ *betgwn*

codi pais ar ôl piso (nid yw'n ymadrodd parchus) bod yn rhy hwyr yn gwneud rhywbeth TO SHUT THE DOOR AFTER THE HORSE HAS BOLTED

pais arfau gw. **arfbais** COAT OF ARMS

paith hwn *eg* (peithiau) gwastadedd hir o borfa heb yr un goeden arno (yn arbennig yn America a Phatagonia) PRAIRIE, PAMPAS, RANGE

pâl¹ hon *eb* (palau) gair y De am raw [**rhaw**]; math arbennig o raw sydd â choes hir a llafn llydan o fetel i'w wthio i'r pridd â'r droed; mae'n cael ei defnyddio i balu (yn hytrach na rhofio) SPADE □ *rhaw*

pâl² hwn *eg* (palod) aderyn a chanddo big fawr liwgar; mae'n byw ar arfordir Cefnfor Iwerydd PUFFIN □ *adar* t.613

paladr hwn *eg* (pelydr)
1 gair arall am **pelydryn**, fflach neu linell o oleuni RAY
2 y gair technegol am ddwy linell gyntaf englyn

palalwyfen hon *eb* (palalwyf) enw arall ar bisgwydden [**pisgwydden**] LINDEN □ *coed* t.616

palas hwn *eg* (palasau)
1 tŷ mawr crand y mae brenin, brenhines neu esgob yn byw ynddo PALACE
2 adeilad mawr crand PALACE

palf hon *eb* (palfau)
1 cledr y llaw, ochr fewnol y llaw rhwng y bysedd a'r arddwrn PALM
2 pawen anifail PAW

palfalu *be* teimlo â'r dwylo i geisio dod o hyd i rywbeth na fedrwch ei weld; ymbalfalu (*palfalu yn eich poced am arian mân*) TO GROPE

palis hwn *eg* (palisau) wal neu raniad tenau sy'n rhannu ystafell; pared PARTITION, WAINSCOT

palmant hwn *eg* (palmantau:palmentydd) llwybr cerdded ag wyneb caled (o gerrig llyfn fel arfer) sy'n rhedeg gydag ochr stryd neu ffordd; pafin PAVEMENT

palmantu *be* gwneud palmant; gorchuddio llwybr neu ochr ffordd â haen galed (o gerrig llyfn fel arfer) TO PAVE

palmwydden hon *eb* (palmwydd) un o nifer o fathau o goed heb lawer o ganghennau ond â llu o ddail hirion ar eu pen; mae'n tyfu yn y trofannau PALM (datysen)

palu *be*
1 troi tir â phâl neu raw, torri a chwalu pridd (*palu'r ardd*) TO DIG
2 gwneud twll trwy symud pridd TO DIG

palu celwyddau dweud llawer o gelwyddau TO SPIN LIES

palu ymlaen cadw i fynd TO KEEP AT IT

pall hwn *eg* methiant, diffyg (*Doedd dim pall ar ei leferydd.*)

pallu *be*
1 peidio â derbyn, rhoi, gwneud ac ati; gwrthod (*Mae hi'n pallu'n lân â bwyta'i bwyd.*) TO REFUSE
2 gorffen, darfod, methu (*Am y tro cyntaf er cyn cof, mae'r dŵr yn y ffynnon wedi pallu.*) TO FAIL, TO CEASE

pam gw. **paham : pam**

pâm hwn *eg* (pamau) gwely o bridd, darn o dir wedi'i baratoi ar gyfer plannu hadau neu lysiau neu ddarn o dir lle y mae un math o blanhigyn yn tyfu BED

pamffled:pamffledyn hwn *eg* (pamffledau) llyfryn bach â chloriau papur PAMPHLET, BROCHURE

pan[1] *cysylltair* yr amser pryd *(Pan ddes i adre, roedd hi wrthi'n gwneud swper.)* WHEN, WHILE

Sylwch:
1 Mae *pan* yn cael ei ddilyn yn syth gan y ferf—*pan ddaw* nid 'pan y daw';
2 *pan yw* oedd yn arfer bod yn gywir ond mae 'pan mae' yn cael ei dderbyn erbyn hyn gan mai 'pan mae' neu 'pan fydd' sy'n arferol ar lafar.

pan[2] *a* gair i ddisgrifio gwlân sydd wedi cael ei drin trwy ei wlychu, ei sychu a'i smwddio i wneud brethyn FULLING

hanner pan HALF-BAKED, HALF-WITTED

panasen hon *eb* (pannas) planhigyn â gwreiddyn tew, bwytadwy o liw gwyn neu felyn, sy'n cael ei ddefnyddio fel llysieuyn; mae'n debyg i foronen wen PARSNIP □ *llysiau* t.634

pancosen hon *eb* (pancos) (gair y De) crempog, ffroesen PANCAKE

pancreas hwn *eg* (yn feddygol) chwarren (o fewn y corff ger y stumog) sy'n cynhyrchu inswlin a hylif ar gyfer treulio bwyd; cefndedyn PANCREAS

panel hwn *eg* (paneli)
1 darn sgwâr neu betryal sy'n rhan o ddrws neu wal ac sy'n wahanol i'r darnau o'i gwmpas PANEL
2 bwrdd sydd â chyfarpar rheoli (switsys a deialau ac ati) arno PANEL
3 casgliad neu grŵp o siaradwyr sy'n ateb cwestiynau neu'n difyrru cynulleidfa (ar y radio neu'r teledu fel arfer) PANEL
4 pwyllgor sy'n cael ei ddewis i wneud gwaith arbennig *(panel comisiynu llyfrau plant)* PANEL

pannas hyn *ell* mwy nag un banasen [**panasen**]

pannwl hwn *eg* (panylau)
1 pant bach yn y croen, yn arbennig ar y foch DIMPLE
2 pant bach yn wyneb rhywbeth HOLLOW, DENT

pansi hwn *eg* blodyn bach ag wyneb llydan, gwastad, lliwgar PANSY □ *blodau* t.621

pant hwn *eg* (pantiau)
1 rhan o arwynebedd sy'n is na'r hyn sydd o'i gwmpas *(Os ewch chi ar hyd yr heol yma am ddwy filltir fe ddewch chi at bant yn yr heol ac mae'r tŷ ar yr ochr chwith.)* HOLLOW, DIP, DEPRESSION
2 cwm, glyn, dyffryn *(pant a bryn)* VALLEY, DELL
3 fel yn *rwy'n mynd bant am y dydd*, ffurf y De am i ffwrdd, oddi yma OFF, AWAY

i'r pant y rhed y dŵr i'r sawl sydd ganddo gyfoeth, eiddo ac ati yn barod, y rhoddir mwy

o bant i bentan ym mhob man posibl EVERYWHERE

pantomeim hwn *eg* adloniant i'r teulu sy'n cael ei berfformio fel arfer adeg y Nadolig ac sydd, gan amlaf, wedi'i seilio ar chwedl neu stori dylwyth teg PANTOMIME

pantri hwn *eg* ystafell lle mae bwyd a llestri yn cael eu cadw PANTRY, LARDER

panylau hyn *ell* mwy nag un **pannwl**

papur hwn *eg* (papurau)
1 deunydd sy'n cael ei lunio yn ddalennau tenau allan o fân ffibrau o goed neu liain ac a ddefnyddir yn bennaf i ysgrifennu arno, i lapio pethau ynddo neu ar gyfer gorchuddio waliau ystafell *(Tudalennau o bapur sydd i'r llyfr hwn.)* PAPER
2 deunydd o'r math yma sy'n cael ei ddefnyddio i lunio rhywbeth (megis cwpan, plât ac ati) a fydd yn cael ei ddefnyddio unwaith ac yna'i daflu i ffwrdd *(plât papur)* PAPER
3 papur newydd *(Mae'r Cymro yn bapur da.)* PAPER
4 cwestiynau arholiad, neu'r ateb ysgrifenedig i'r cwestiynau hynny *(Sut beth oedd y papur Cymraeg?)* PAPER
5 darn ysgrifenedig sydd wedi'i baratoi er mwyn ei gyflwyno i arbenigwyr, neu sydd wedi'i lunio gan grŵp arbennig o bobl; dogfen *(Mae John wedi paratoi papur i'w gyflwyno i gyfarfod nesaf y Panel.)* PAPER

ar bapur rhywbeth (megis syniad, cynllun ac ati) sy'n ymddangos yn iawn wedi'i ysgrifennu i lawr ond nad yw wedi cael ei brofi'n ymarferol *(Mae dy syniad yn edrych yn iawn ar bapur.)* ON PAPER

arian papur gw. **arian**

papur bro papur misol Cymraeg (fel arfer) sy'n canolbwyntio ar newyddion ardal arbennig ac sy'n cael ei gynhyrchu a'i ddosbarthu gan wirfoddolwyr LOCAL PAPER

papur dargopïo papur cryf, tryloyw wedi'i wneud ar gyfer dargopïo rhywbeth (e.e. llun neu fap) sy'n cael ei roddi oddi tano TRACING PAPER

papur gwyn adroddiad swyddogol ar destun arbennig gan lywodraeth Prydain WHITE PAPER

papur llwyd papur tew ar gyfer lapio pethau ynddo BROWN PAPER

papur newydd
1 cyhoeddiad sy'n cynnwys newyddion y dydd, erthyglau a hysbysebion; mae'n cael ei ddosbarthu neu ei werthu i'r cyhoedd yn ddyddiol neu'n wythnosol NEWSPAPER
2 tudalennau o'r papur hwn *(sglodion wedi'u lapio mewn papur newydd)* NEWSPAPER

papur sidan papur tenau, ysgafn i lapio pethau ynddo TISSUE PAPER

papur sugno papur meddal, trwchus sy'n amsugno hylif ac a ddefnyddir i sychu inc gwlyb oddi ar bapur ysgrifennu BLOTTING-PAPER

papur tywod papur cryf sydd â haen o dywod ar un ochr ac sy'n cael ei ddefnyddio i rwbio pethau (pren fel arfer) a'u gwneud yn llyfn SANDPAPER

papur wal papur addurnedig a ddefnyddir i orchuddio waliau ystafell WALLPAPER

papurfrwyn *hyn ell*
1 math o frwyn neu borfa a ddefnyddiwyd gan yr hen Eifftiaid i wneud papur PAPYRUS
2 y papur hwn a wnaed gan yr hen Eifftiaid PAPYRUS
3 dogfen a ysgrifennwyd ar y math hwn o bapur PAPYRUS

papuro *be* gludio papur wrth wal adeilad er mwyn ei haddurno TO WALLPAPER

pâr¹ *hwn eg* (parau:peiri)
1 rhywbeth ac iddo ddwy ran sydd wedi'u cysylltu â'i gilydd *(pâr o drywsus)* PAIR
2 dau beth sy'n debyg iawn i'w gilydd ac sydd wedi'u gwneud i'w defnyddio neu i fod gyda'i gilydd *(pâr o esgidiau; pâr o fenig)* PAIR
3 cwpwl, gŵr a gwraig, bachgen a merch sy'n gariadon, dau berson a chysylltiad agos rhyngddynt PAIR
4 mewn gêm o gardiau, dau gerdyn o'r un gwerth ond o deuluoedd gwahanol PAIR

pâr² *bf* gorchymyn i ti beri [**peri**]

para:parhau *be*
1 mynd yn ei flaen *(Fe barodd y rhyfel am bedair blynedd.)* TO CONTINUE, TO LAST
2 bod yn ddigon *(Fe ddylai'r dŵr bara am wythnos arall.)* TO LAST
3 dal i fod o ddefnydd *(Mae'r esgidiau 'ma wedi para'n dda.)* TO LAST (parhaf, pery)

parablu *be* siarad (gyda'r awgrym o siarad yn hir ac yn gyflym am bethau dibwys) *(Dim ond i'r ddwy 'na eistedd ar bwys ei gilydd a byddant yn parablu am bopeth dan haul.)* TO TALK, TO PRATTLE

paradwys *hon eb*
1 nefoedd, lle bendigedig PARADISE
2 Gardd Eden PARADISE

paraf *bf* rwy'n **peri**; byddaf yn **peri**

paragraff *hwn eg* (paragraffau) rhaniad o fewn darn ysgrifenedig (neu brintiedig) yn cynnwys un neu ragor o frawddegau; mae ei air cyntaf ar linell newydd ac, yn aml, wedi'i osod ychydig yn nes i mewn na gweddill y testun PARAGRAPH

paralel¹ *a* gair i ddisgrifio dwy neu ragor o linellau cyfochrog, neu ddau neu ragor o blanau cyfochrog sy'n cadw'r un pellter oddi wrth ei gilydd; cyflin PARALLEL

paralel² *hwn eg* (paralelau) llinell gyfochrog, llinell baralel PARALLEL (cyflin)

parasit *hwn eg* (parasitau) planhigyn neu anifail sy'n byw ar blanhigyn neu anifail arall, neu y tu mewn iddynt ac sy'n bwydo arnynt PARASITE

parasiwt *hwn eg* (parasiwtiau) cyfarpar sy'n debyg (pan fydd ar agor) i ymbarél mawr; caiff ei ddefnyddio i ollwng pobl neu bethau yn ddiogel o awyren PARACHUTE

parasiwt

paratoad *hwn eg* (paratoadau) y gwaith o baratoi ar gyfer rhywbeth sy'n mynd i ddigwydd *(Roedd y tîm yn drylwyr iawn yn ei baratoadau ar gyfer y gêm fawr.)* PREPARATION

paratôdd *bf* fe wnaeth ef/hi baratoi [**paratoi**]

paratoesom *bf* fe wnaethom ni baratoi [**paratoi**]

paratoi *be* gwneud neu roi yn barod i ryw bwrpas; darparu *(Sut y mae'r paratoi ar gyfer yr arholiadau'n mynd?)* TO PREPARE (paratôdd, paratoesom)

parc *hwn eg* (parcau:parciau)
1 gardd a/neu faes chwarae at ddefnydd y cyhoedd PARK
2 darn eang o dir o gwmpas plasty PARK
3 (mewn rhai ardaloedd) cae, maes FIELD

parc cenedlaethol ardal sydd yn cael ei gwarchod gan y Llywodraeth oherwydd ei phrydferthwch naturiol, a'r bywyd gwyllt a'r olion hanesyddol sydd ynddi; Eryri, Arfordir Penfro a Bannau Brycheiniog yw parciau cenedlaethol Cymru NATIONAL PARK

parc gwledig darn o dir o gwmpas plasty sydd wedi'i gau i mewn ac sydd ar agor i'r cyhoedd COUNTRY PARK

parcio:parco *be*
1 gadael cerbyd am beth amser *(Peidiwch â pharcio ar y borfa.)* TO PARK

parch

2 eistedd neu eich gosod eich hun yn barod i dreulio cyfnod o amser (*Mae e wedi'i barcio ei hun yn yr unig sêt gyfforddus sydd yma.*) TO PARK

parch *hwn eg*
1 teimlad o edmygedd tuag at rywun oherwydd y pethau y mae wedi'u gwneud (*Nid wyf yn hoffi'r dyn ond mae gennyf lawer o barch tuag ato a'r hyn y mae wedi'i gyflawni.*) RESPECT
2 sylw, gofal (*Does ganddo ddim parch at y gyfraith.*) RESPECT
3 ufudd-dod, neu ddymuniad i gyflawni dymuniadau rhywun arall RESPECT

dillad parch gw. **dillad**

Parchedig *a* y teitl a roddir i weinidog, offeiriad neu esgob (*Y Parchedig John Jones, B.A., B.D.*) REVEREND (parchediced, parchedicach, parchedicaf)

parchedig ofn edmygedd a braw yn gymysg (*Fe blygodd o flaen y brenin yn llawn parchedig ofn.*) AWE

Parchg *byrfodd* Parchedig REVD

parchu *be* teimlo neu ddangos parch TO RESPECT (peirch, perchais, perchi)

parchus *a* gair i ddisgrifio rhywun neu rywbeth sy'n haeddu parch neu sy'n dangos parch RESPECTABLE, RESPECTFUL

parchusrwydd *hwn eg* y cyflwr o fod yn barchus, o fod â chymeriad a safonau sy'n cael eu derbyn gan gymdeithas yn gyffredinol RESPECTABILITY

pardwn *hwn eg* (pardynau) (yn gyfreithiol) gweithred gan lys barn neu frenin yn maddau i berson am dorri'r gyfraith, naill ai drwy faddau'r weithred neu drwy benderfynu peidio â chosbi'r person am y drosedd PARDON

parddu *hwn eg* llwch neu bowdr du sy'n cael ei ffurfio pan fydd rhywun yn llosgi coed, glo, olew ac ati, ac sy'n ymgasglu y tu mewn i simneiau; huddygl SOOT, GRIME

parddu *be* dweud neu ysgrifennu pethau drwg a chas am rywun; difenwi, enllibio TO BLACKEN, TO VILIFY, TO MALIGN

pared *hwn eg* (parwydydd) wal, mur (o fewn tŷ fel arfer) PARTITION, WALL

am y pared (â rhywun neu rywbeth) yr ochr arall i'r wal THE OTHER SIDE OF THE WALL

rhyngot ti a mi a'r pared yn gyfrinachol BETWEEN THESE FOUR WALLS; BETWEEN YOU, ME AND THE GATEPOST

parhad *hwn eg*
1 y weithred o ddal ati, o barhau CONTINUATION
2 stori (mewn llyfr, cylchgrawn neu ffilm) sy'n dilyn hynt yr un cymeriadau ag a gafwyd mewn stori flaenorol (*Parhad sydd yma o'r stori ar dudalen 10.*) SEQUEL
3 para, traul (*Faint o barhad fydd i'r sgidiau newydd yma, wn i ddim.*) DURABILITY, WEAR

parhaf *bf* rwy'n **parhau**; byddaf yn **parhau**

parhaol *a* gair i ddisgrifio rhywbeth:
1 sy'n parhau am byth neu am amser hir; tragwyddol PERMANENT
2 di-baid, heb ball, di-fwlch PERPETUAL, CONTINUOUS
3 di-draul DURABLE

parhau gw. **para:parhau**

parhaus *a* gair i ddisgrifio rhywbeth sy'n mynd rhagddo am hir ond gydag ysbaid o bryd i'w gilydd (*Roedd Mam wedi cael llond bol ar ein cweryla parhaus.*) CONTINUAL

parlwr *hwn eg* (parlyrau) ystafell eistedd; cegin orau PARLOUR

parlys *hwn eg* clefyd sy'n peri colli rheolaeth ar rai neu'r cyfan o gyhyrau'r corff PARALYSIS, PALSY

parlysu *be* achosi i gyhyrau'r corff sythu fel nad oes modd eu symud neu beri colli rheolaeth ar y cyhyrau; achosi i fod yn ddiymadferth TO PARALYSE

parod *a* gair i ddisgrifio:
1 rhywun neu rywbeth sydd wedi cael ei baratoi ac sy'n addas (*Mae'r llythyrau yn barod i'w postio.*) READY
2 rhywun sy'n awyddus, sydd am wneud rhywbeth (*Chwarae teg, mae e bob amser yn barod i helpu.*) READY, WILLING, OBLIGING
3 (meddyliau a'u mynegiant) cyflym, ffraeth (ateb parod) READY, PROMPT
4 bwydydd wedi'u coginio ymlaen llaw (a'u rhewi fel arfer) (*bwydydd parod*) INSTANT, TAKE-AWAY (paroted, parotach, parotaf)

yn barod erbyn neu cyn rhyw amser penodol (*Er i ni gyrraedd yn gynnar roedd y lleill yno'n barod.*) ALREADY

parodi *hwn eg* (parodïau) darn o lenyddiaeth neu gerddoriaeth ddoniol sy'n dynwared gwaith adnabyddus gan lenor neu gerddor enwog, e.e.

'Wrth ddychwel tuag adref
Mi welais blismon llon
A ddwedai 'mod i'n torri
Rheolau'r ddinas hon.'

(Rhan o barodi Cyril P. Cule ar 'Y Gwcw' gan Ceiriog) PARODY

parodrwydd *hwn eg* y cyflwr o fod yn barod; bodlonrwydd, awydd READINESS

parot *hwn eg* (parotiaid) un o deulu mawr o adar o'r trofannau sydd â phig gref, fachog ac fel arfer blu lliwgar; mae rhai mathau yn gallu cael eu dysgu i ailadrodd geiriau PARROT

parotach:parotaf:paroted *a* mwy **parod**: mwyaf **parod**: mor barod [**parod**]

parsel *hwn eg* (parseli)
1 rhywbeth neu ryw bethau wedi'u lapio mewn papur ac wedi'u clymu neu eu sicrhau mewn rhyw ffordd arall fel bod modd eu postio neu eu cludo PARCEL
2 darn o dir PARCEL

parti *hwn eg* (partïon)
1 grŵp o bobl sy'n dod at ei gilydd i greu adloniant (canu, dawnsio ac ati) *(parti cerdd dant; parti o blant ysgol)* PARTY
2 achlysur arbennig pan fydd grŵp o bobl wedi cael eu gwahodd i fwynhau lluniaeth ac adloniant gyda'i gilydd *(parti pen blwydd)* PARTY, FÊTE (plaid)

partner *hwn eg* (partneriaid)
1 unrhyw un o berchenogion busnes sy'n rhannu'r elw neu'r golled PARTNER
2 ffrind neu gydymaith *(Mae hen bartner imi yn y gwaith yn galw heibio fory.)* PARTNER, MATE
3 un o bâr neu gwpwl, yn arbennig ar gyfer dawnsio neu chwarae gêm *('Pawb i chwilio am bartner,' meddai'r athrawes.)* PARTNER

partneriaeth *hon eb* (partneriaethau)
1 y berthynas rhwng dau neu ragor o bartneriaid, sef y rhai sydd wedi cytuno i rannu elw a cholled busnes rhyngddynt ar ôl buddsoddi eu harian i sefydlu'r busnes PARTNERSHIP
2 unrhyw berthynas lle y mae dau neu ragor wedi cytuno i rannu dyletswyddau, cyfrifoldeb ac ati PARTNERSHIP

parth *hwn eg* (parthau) ardal, rhan o'r wlad, fel yn Deheubarth *(Beth wyt ti'n 'i wneud yn y parthau hyn?)* PART, DISTRICT

parthed *ardd* (gair henffasiwn braidd) ynglŷn â, mewn perthynas â *(A gaf fi air parthed y cyfarfod nos yfory?)* CONCERNING, REGARDING

parwydydd *hyn ell* mwy nag un **pared**

pàs[1] *hon eb* (pasiau) (mewn gêmau pêl) y weithred o drosglwyddo'r bêl i chwaraewr arall ar yr un ochr â chi PASS

pàs[2] *hon eb* fel yn *cael pàs*, cael taith rad ac am ddim mewn cerbyd, cael llifft LIFT

pas *hwn eg* clefyd (plant fel arfer) lle y mae pob pwl o beswch yn cael ei ddilyn gan sugnad o anadl i'r ysgyfaint WHOOPING-COUGH

Pasg *hwn eg* yr ŵyl grefyddol (ym Mawrth neu Ebrill) pan fydd Cristnogion yn cofio am groeshoeliad Iesu Grist a'i atgyfodiad EASTER

pasgaf *be* rwy'n **pesgi**; byddaf yn **pesgi**

pasgedig *a* gair i ddisgrifio anifail sydd wedi cael ei besgi neu'i dewhau ar gyfer ei ladd *(llo pasgedig)* FATTED

pasiant *hwn eg* (pasiannau:pasiantau) math o ddrama neu sioe lle mae cwmni mawr o chwaraewyr yn cyflwyno darnau o hanes ardal neu wlad PAGEANT

pasio *be*
1 mynd ymlaen *(Nid oedd y car yn gallu pasio oherwydd y dorf.)* TO PASS
2 cyrraedd a mynd heibio; goddiweddyd *(Roedd y car yn teithio dros 70 milltir yr awr pan basiodd ni.)* TO PASS
3 rhoi, estyn *(Pasiwch y bara os gwelwch yn dda.)* TO PASS
4 (mewn gêmau pêl) taro, cicio neu daflu'r bêl i chwaraewr arall (ar yr un ochr â chi) TO PASS
5 llwyddo mewn arholiad (o'i gyferbynnu â methu) TO PASS
6 derbyn, cymeradwyo *(Allaf i ddim pasio'r gwaith yma—mae'n ofnadwy.)* TO PASS
7 (mewn rhai gêmau) dewis peidio â chymryd tro TO PASS
8 cytuno'n ffurfiol, derbyn yn swyddogol *(Pasiwyd Deddf Addysg newydd ym 1987. Pasiodd y pwyllgor y dylid rhoi £1.00 yr un i'r plant.)* TO PASS

pasio amser gwneud rhywbeth er mwyn i'r amser fynd heibio'n gyflymach *(Rwy'n darllen llawer—mae'n help i basio'r amser.)* TO PASS THE TIME

pasio dŵr piso TO URINATE

past *hwn eg* (pastau)
1 glud tenau a ddefnyddir i ludio papur wal PASTE
2 unrhyw gymysgedd gwlyb, meddal sy'n hawdd ei daenu neu ei fowldio PASTE
3 bwyd wedi'i falu'n fân a'i baratoi i'w daenu ar fara PASTE

past dannedd sylwedd sy'n cael ei ddefnyddio i lanhau'r dannedd, sebon dannedd TOOTHPASTE

pasta *hwn eg* bwyd (Eidalaidd yn draddodiadol) wedi'i wneud o bast o flawd wedi'i sychu neu ar ffurf toes PASTA

pastai *hon eb* (pasteiod) casyn a chlawr o does neu grwst a'i lond o gig neu ffrwythau; mae'n cael ei choginio fel arfer mewn dysgl ddofn; (cymharwch â tharten [**tarten**] nad yw mor ddwfn â phastai) PIE

pasteureiddio *be* twymo (llaeth yn arbennig) mewn ffordd sy'n lladd rhai bacteria niweidiol; (mae'n dod o enw'r gwyddonydd o Ffrainc, Louis Pasteur [1822-1895], a ddatblygodd y broses) TO PASTEURIZE

pastio *be* taenu glud tenau ar hyd rhywbeth TO PASTE

pastwn *hwn eg* (pastynau)
1 darn praff o bren sy'n dewach ar un pen na'r llall ac a ddefnyddir fel arf CLUB, CUDGEL, BLUDGEON
2 un o'r ffyn arbennig a ddefnyddir i fwrw'r bêl mewn gêm o golff CLUB

patriarch *hwn eg* (patriarchiaid)
1 esgob yn yr Eglwys Gristnogol fore neu'r Eglwys Ddwyreiniol PATRIARCH
2 esgob yn Eglwys Rufain sydd nesaf at y Pab PATRIARCH
3 hen ŵr sy'n cael ei barchu'n fawr PATRIARCH
4 (yn y Beibl) gŵr sy'n bennaeth ar deulu PATRIARCH

patrwm:patrwn *hwn eg* (patrymau:patrynau)
1 trefn arbennig sy'n cael ei hailadrodd er mwyn creu math arbennig o addurn PATTERN
2 y ffordd y mae rhywbeth yn datblygu, neu yn gweithio tuag at ryw ddiben *(Ar ôl astudio ei holl waith hyd yn hyn, rwy'n credu bod patrwm yn dechrau ymddangos.)* PATTERN
3 llun neu ffurf a ddefnyddir yn ganllaw wrth greu neu wneud rhywbeth *(Gofalwch eich bod yn dilyn y patrwm neu fydd y darnau ddim yn ffitio'n iawn.)* PATTERN
4 cyfarwyddiadau ar gyfer gwau neu grosio rhywbeth PATTERN
5 esiampl ragorol *(Roedd ei fywyd yn batrwm inni i gyd.)* PATTERN, EXAMPLE

patrymog *a* gair i ddisgrifio rhywbeth a phatrwm (1) arno PATTERNED

pathew *hwn eg* (pathewod) anifail bach blewog sy'n byw yn fforestydd Ewrop ac sydd â chynffon flewog debyg i'r wiwer goch DORMOUSE ☐ *llygoden*

patholeg *hon eb* (meddygol) astudiaeth o glefydau'r corff PATHOLOGY

pau *hon eb* (hen air) gwlad, bro *('i'r bur hoff bau')* LAND

paun *hwn eg* (peunod) ceiliog rhywogaeth o adar lliwgar, addurnedig, sydd â chynffon hir a phatrwm trawiadol o hardd arno pan fydd ar agor PEACOCK (peunes)

pawb *hyn ell* pob un person, y cwbl oll o'r bobl *(Roedd pawb wedi cyrraedd, ac roeddynt i gyd yn mwynhau.)* EVERYBODY
Sylwch: mewn rhai hen ymadroddion mae 'pawb' yn unigol, e.e. *Pawb at y peth y bo; rhydd i bawb ei farn.*

o bawb y syndod fod ef/hi/nhw o bob un yn gwneud rhywbeth OF ALL PEOPLE

pawen *hon eb* (pawennau) troed anifail sydd ag ewinedd neu grafangau; palf PAW

pawr *bf* mae ef/hi yn pori; bydd ef/hi yn pori

pe:ped:pes cysylltair yr un ystyr ag 'os' ond mae'n cael ei ddefnyddio i gyflwyno syniad nad yw'n debyg o fod yn wir neu y mae amheuaeth yn ei gylch ac mae'n cael ei ddilyn gan amser amherffaith y modd dibynnol neu amser gorberffaith y modd mynegol *(pe gwelech chi John... ond os gwelwch chi John...)*; 'pe' yw'r ffurf o flaen cytseiniaid, 'ped' o flaen llafariaid ac mae 'pes' yn cyfeirio at 'ef', 'hi' neu 'nhw' *(Pe gwelech chi hi yn awr, ni fyddech yn ei hadnabod; ped awn i yno, ni wnelai ddim lles; pes gwelswn, dywedaswn wrtho.)* WERE, IF, THOUGH (petai, petawn)

pebyll *hyn ell* mwy nag un babell [**pabell**]

pecyn *hwn eg* (pecynnau)
1 nifer o bethau wedi'u pacio ynghyd *(pecyn mawr o lyfrau)* PACKAGE, PACK
2 yr hyn y mae pethau'n cael eu pacio ynddo *(Taflodd y pecyn gwag i'r fasged sbwriel.)* PACKAGE

pechadur *hwn eg* (pechaduriaid) un sy'n pechu SINNER

pechadures *hon eb* gwraig sy'n pechu SINNER

pechadurus *a* gair i ddisgrifio rhywun neu rywbeth sy'n llawn pechod, sy'n achosi i rywun bechu, neu sydd yn pechu; drwg SINFUL

pechod *hwn eg* (pechodau)
1 trosedd fwriadol yn erbyn cyfraith Duw SIN
2 gweithred anfoesol *(Mae dwyn, llofruddio a dweud celwydd yn bechodau.)* SIN

(mae'n) bechod mae'n drueni mawr, nid yw'n iawn *(Mae'n bechod ei bod hi'n gorfod rhoi'r gorau iddi ar ôl yr holl waith.)* IT'S A SHAME

pechu *be*
1 torri cyfraith Duw, troseddu yn fwriadol yn erbyn ewyllys Duw TO SIN
2 digio, peri i rywun ddigio *(Mae hi'n gwybod na alwais i heibio y tro diwethaf y bûm i yma—dw i wedi pechu nawr!)* TO OFFEND

ped *gw.* pe:ped:pes

pedair *rhifol* y ffurf ar **pedwar** a ddefnyddir ag enwau benywaidd (geiriau sy'n cael eu dilyn gan 'hon'), e.e. *pedair merch, y pedair wythnos gyntaf*
Sylwch: 'y pedair' nid 'y bedair' sy'n gywir.

pedal *hwn eg* (pedalau) y rhan o beiriant y mae rhywun yn ei gwasgu â'i droed/draed er mwyn rheoli neu yrru'r peiriant PEDAL

pedler *hwn eg* (pedleriaid) person sy'n teithio'r wlad yn ceisio gwerthu mân nwyddau o ddrws i ddrws PEDLAR

pedlera *be*
1 teithio o le i le yn ceisio gwerthu mân nwyddau TO PEDDLE, TO HAWK
2 ceisio darbwyllo pobl, ceisio cael pobl i dderbyn (syniad, cynllun ac ati) TO PEDDLE, TO HAWK

pedol *hon eb* (pedolau) darn o haearn wedi'i blygu i ffitio carn ceffyl a'i hoelio wrth y carn i'w gadw rhag treulio HORSESHOE ☐ *ceffyl*

pedoli *be* hoelio pedol wrth garn(au) ceffyl TO SHOE (A HORSE)

pedrain *hon eb* (pedreiniau) rhan ôl anifail (ceffyl fel arfer) sy'n cynnwys y coesau HIND QUARTERS ☐ *ceffyl*

pedrongl *hon eb* (pedronglau) man sgwâr agored wedi'i amgylchynu ag adeiladau (yn arbennig mewn coleg) QUAD, QUADRANGLE

pedwar *rhifol*
1 y rhif sy'n dilyn tri ac yn dod o flaen pump, 4 FOUR
2 (mewn gêm o griced) ergyd gan y batiwr sy'n werth pedwar rhediad, lle mae'r bêl yn croesi'r ffin ar ôl bwrw'r ddaear yn gyntaf FOUR (pedair, pedwaredd, pedwerydd)
ar fy (dy, ei etc.) mhedwar ar fy nwylo a'm penliniau ON ALL FOURS
pedwar ban byd y byd i gyd THE FOUR CORNERS OF THE EARTH

pedwarawd *hwn eg* (pedwarawdau) grŵp neu barti o bedwar (perfformiwr yn aml), neu ddarn o gerddoriaeth ar gyfer pedwar perfformiwr QUARTET

pedwaredd *a* yr olaf o bedair; 4edd; un o bedair; neu rif 4 mewn rhestr o fwy na phedair *(Hi yw'r bedwaredd ferch i gynnig am y swydd; pedwaredd ran)* FOURTH

pedwerydd *a* yr olaf o bedwar; 4ydd; un o bedwar; neu rif 4 mewn rhestr o fwy na phedwar FOURTH

pedyll *hyn ell* mwy nag un badell [**padell**]

pefrio *be* disgleirio, serennu *(Roedd hi mor hapus nes bod ei llygaid yn pefrio.)* TO SPARKLE, TO SCINTILLATE, TO TWINKLE

peg *hwn eg* (pegiau)
1 darn byr o bren neu fetel a ddefnyddir i ddal dau ddarn o bren ynghyd PEG
2 darn byr o bren, metel neu blastig wedi'i osod ar wal neu ddrws i hongian cotiau arno PEG
3 darn praff o bren neu ddarn o fetel bachog sy'n cael ei fwrw i'r ddaear i glymu rhaffau pabell wrtho PEG
4 math o glip pren neu blastig a ddefnyddir i hongian dillad gwlyb ar y lein i sychu PEG
5 math o sgriw y mae tannau offerynnau llinynnol yn cael eu troelli o'i amgylch; gellir troi'r peg i lacio neu dynhau'r tant, a thrwy hyn diwnio'r offeryn PEG

pegio *be* sicrhau â pheg TO PEG

pegwn *hwn eg* (pegynau) y naill ben a'r llall o echelin y Ddaear, sef y llinell ddychmygol y mae'r Ddaear yn troi arni; yn arbennig y tiroedd o gwmpas y ddau eithaf yma POLE □ alban
Pegwn y De y man mwyaf deheuol ar wyneb y ddaear (neu ryw blaned arall) SOUTH POLE
Pegwn y Gogledd y man mwyaf gogleddol ar wyneb y ddaear (neu ryw blaned arall) NORTH POLE
Pegwn magnetig un o'r ddau fan, y naill gerllaw Pegwn y Gogledd a'r llall gerllaw Pegwn y De, y mae nodwydd cwmpawd yn cyfeirio atynt MAGNETIC POLE

peidio [â] *be*
1 gan na ellir gosod 'ni' negyddol o flaen berfenw (geiriau fel 'mynd', 'rhedeg') gellir defnyddio *peidio* i wneud gwaith 'ni', e.e. *Dywedwch wrtho am beidio â mynd; peidiwch â rhedeg; wyt ti'n dod neu beidio?* NOT (TO DO), TO REFRAIN
2 gorffen, dibennu, dod i ben *(Mae'r glaw wedi peidio.)* TO CEASE (paid)

peilon *hwn eg* (peilonau) fframwaith dur sy'n cynnal ceblau trydan PYLON

peilot *hwn eg* (peilotiaid)
1 un sy'n hedfan awyren PILOT
2 un sy'n mynd ar fwrdd llong i'w llywio i borthladd neu drwy gamlas PILOT

peillio *be* galluogi planhigyn i gynhyrchu hadau trwy ddod â phaill ato TO POLLINATE

peint *hwn eg* (peintiau)
1 mesur hylif yn cyfateb i 0.57 litr neu'r wythfed ran o alwyn PINT gw. Atodiad III t.604
2 (ar lafar) gwydraid (mesur peint) o gwrw PINT

peintio *be*
1 gorchuddio â haen o baent; lliwio *(peintio waliau'r tŷ)* TO PAINT
2 tynnu llun trwy ddefnyddio paent; darlunio *(Roedd am beintio ei llun.)* TO PAINT
3 disgrifio rhywbeth mewn geiriau sy'n creu llun yn y dychymyg TO PAINT

peintiwr *hwn eg* (peintwyr) crefftwr sy'n ennill ei fywoliaeth trwy beintio tai, ceir, adeiladau ac ati PAINTER (arlunydd)

peiran *hwn eg* (peirannau) pant a llethrau serth iddo, cylch wedi'i greu gan rewlif yn symud i lawr mynydd CORRIE, CIRQUE

peirch *bf* mae ef/hi yn **parchu**; bydd ef/hi yn **parchu**

peiri *hyn ell* mwy nag un **pâr**

peiriannau *hyn ell* mwy nag un **peiriant**

peiriannol *a* gair i ddisgrifio rhywun sy'n gwneud neu'n symud fel pe bai'n cael ei yrru gan beiriant (heb feddwl na theimlo) *(Ar ôl clywed y newyddion drwg cerddodd yn beiriannol allan o'r ysbyty heb weld na chlywed neb.)* MECHANICAL (peirianyddol)

peiriannwr:peiriannydd *hwn eg* (peirianwyr:peirianyddion) un medrus neu hyddysg yn y grefft o ddefnyddio neu gyweirio neu wneud peiriannau MECHANIC, ENGINEER

peiriant *hwn eg* (peiriannau)
1 offeryn neu gyfarpar sydd wedi'i wneud gan ddyn, ac sy'n defnyddio ynni (o drydan neu betrol ac ati) i gyflawni gwaith arbennig MACHINE

peirianwaith

2 math arbennig o gyfarpar a rhannau symudol iddo sy'n newid egni (ager, trydan, olew ac ati) yn symudiad; injan ENGINE

3 dyfais sy'n cael ei defnyddio i wneud gwaith yn haws; mewn peiriant, mae un grym (yr ymdrech) yn drech na grym arall (y llwyth); hefyd, mae peiriant yn gallu newid cyfeiriad symudiad peiriannol *(Mae gêr, trosol a chwerfan yn enghreifftiau o beiriannau.)* MACHINE

peirianwaith hwn *eg*
1 peiriannau yn gyffredinol MACHINERY
2 rhannau gweithio neu symudol rhyw gyfarpar MACHINERY
3 y trefniant neu'r system sy'n cadw rheolaeth ar ryw weithred *(Mae peirianwaith y system grantiau yn rhy gymhleth i rywun cyffredin ei ddeall.)* MACHINERY, MECHANISM

peirianyddol *a* gair i ddisgrifio rhywbeth sy'n ymwneud â pheiriant, neu sy'n cael ei yrru neu ei gynhyrchu gan beiriant, neu sy'n symud neu'n swnio'n debyg i beiriant MECHANICAL (peiriannol)

peiriau hyn *ell* mwy nag un **pair**

peisiau hyn *ell* mwy nag un bais [**pais**]

peithiau hyn *ell* mwy nag un **paith**

peithon hwn *eg* neidr fawr o'r trofannau; nid yw'n wenwynig ond mae'n lladd ei hysglyfaeth trwy ei wasgu'n dynn PYTHON □ *ymlusgiaid*

pêl hon *eb* (peli) gwrthrych (neu beth) crwn (neu yn achos rygbi, hirgrwn) sy'n cael ei ddefnyddio mewn rhai mathau o gêmau, e.e. criced, hoci, rygbi ac ati; pelen BALL □ *criced*

  pêl hirgron pêl rygbi

pelawd hon *eb* (pelawdau) (mewn criced) y nifer penodol o weithiau ar y tro—6 fel arfer—y mae bowliwr yn cael bowlio pêl at fatiwr OVER

pêl-droed hon *eb*
1 gêm i ddau dîm o un chwaraewr ar ddeg yr un lle mae pêl yn cael ei chicio ar hyd cae wedi'i farcio yn arbennig a lle mae un tîm yn ceisio sgorio mwy o goliau na'r llall FOOTBALL, SOCCER
2 y bêl gron arbennig a ddefnyddir i chwarae pêl-droed FOOTBALL

pêl-droediwr hwn *eg* (pêl-droedwyr) un sy'n chwarae pêl-droed SOCCER PLAYER, FOOTBALLER

pelen hon *eb* (pelenni)
1 pêl *(pelen eira)* BALL
2 pêl fach o ddeunydd meddal megis papur, wedi'i gwneud trwy rolio'r deunydd rhwng y bysedd PELLET
3 pêl fach i'w saethu o ddryll PELLET (pellen)

  pelen y llygad y llygad cyfan gan gynnwys y rhan sydd o fewn y pen EYEBALL

pêl-fas hon *eb*
1 gêm bat a phêl i ddau dîm o naw aelod yr un, sy'n cael ei chwarae ar faes a phedwar man arbennig (bas) wedi'u marcio arno; rhaid i chwaraewr gyffwrdd â'r pedwar man cyn iddo sgorio rhediad BASEBALL
2 y bêl arbennig a ddefnyddir i chwarae pêl-fas BASEBALL

pêl-fasged hon *eb*
1 gêm i ddau dîm o bump chwaraewr yr un; mae pwyntiau'n cael eu sgorio wrth i'r chwaraewyr lwyddo i daflu pêl i fasged sy'n hongian 10 troedfedd (3 metr) o'r llawr ar bob pen i'r cwrt BASKETBALL
2 y bêl arbennig a ddefnyddir i chwarae pêl-fasged BASKETBALL

pelferyn hwn *eg* (pelferynnau) un o nifer o belenni bach metel a geir o fewn peiriant ac sy'n caniatáu iddo redeg yn fwy llyfn BALL-BEARING

pêl-rwyd hon *eb* gêm debyg i bêl-fasged, sy'n cael ei chwarae gan ddau dîm o saith o ferched, naill ai dan do fel pêl-fasged neu yn yr awyr agored NETBALL

pelten hon *eb* ergyd, cernod A BLOW, A BELT

pelydr[1] hyn *ell* mwy nag un **paladr**

pelydr[2] gw. **pelydryn : pelydr**

pelydrau hyn *ell* mwy nag un **pelydryn:pelydr**

  pelydrau X llif grymus o oleuni anweledig sy'n gallu treiddio trwy bethau anhydraidd, ac a ddefnyddir i dynnu lluniau o rannau mewnol y corff, i drin rhai afiechydon ac ar gyfer rhai mathau o waith diwydiannol X-RAYS

pelydru *be* gollwng allan neu daenu gwres neu oleuni; tywynnu, disgleirio TO RADIATE

pelydryn:pelydr hwn *eg* (pelydrau)
1 llinell neu lygedyn o oleuni RAY, BEAM, GLEAM
2 llinell neu lif o wres, goleuni neu fath arall o ynni ymbelydrol RAY (ymbelydredd)

pell *a* gair i ddisgrifio rhywun neu rywbeth sydd gryn dipyn o ffordd i ffwrdd o ran lle neu amser; heb fod yn agos *(Mae hi'n byw yn bell. Mae golwg bell ar ei wyneb. 'Daeth Crist i Fethlehem 'mhell bell yn ôl.')* FAR, DISTANT, LONG (nepell, pelled, pellach, pellaf, ymhell)

  mynd yn rhy bell gor-ddweud neu or-wneud, mynd dros ben llestri *(Mae e wedi mynd yn rhy bell y tro 'ma—fe fydd yn siŵr o gael ei wahardd o'r ysgol.)* TO GO TOO FAR

  o bell o bellter FROM AFAR

  o bell ffordd gw. **ffordd**

pellach[1] *a*
1 mwy **pell**; rhagor *(Faint pellach sydd i fynd?)* FURTHER
2 nes ymlaen *(Bydd yna gyfle yn bellach ymlaen yn y noson i chwarae gêmau.)* LATER

pellach

3 ychwanegol *(Byddaf yn gwneud ymholiadau pellach cyn dod i benderfyniad.)* FURTHER

pellach² *adf* (wedi ei dreiglo'n 'bellach' fel arfer) erbyn hyn *(Does neb ar ôl bellach sy'n cofio'r digwyddiad.)* ANY LONGER

pelled *a* mor bell [**pell**] fel yn *cyn belled ag y gwela i* AS FAR AS

pellen *hon eb* (pellenni) pelen o wlân neu edau BALL (OF WOOL)

pellennig *a* gair i ddisgrifio rhywle sydd ymhell o bob man; anghysbell, diarffordd FAR, DISTANT, REMOTE

pell-gyrhaeddol *a* gair i ddisgrifio rhywbeth sy'n cyrraedd yn bell o ran amser neu ddylanwad *(Roedd darganfod glo yng nghymoedd de Cymru yn ddarganfyddiad a chanlyniadau pell-gyrhaeddol iddo.)* FAR-REACHING

pellhau *be* symud i ffwrdd, mynd ymhellach i ffwrdd (yn gorfforol neu'n ffigurol) *(y llong yn pellhau dros y gorwel; dau gyfaill yn pellhau)* TO MOVE AWAY

pellter *hwn eg* (pellterau)
1 hynny o ffordd sydd rhwng dau le *(Beth yw'r pellter rhwng Caerdydd a Llundain?)* DISTANCE
2 man sydd yn bell i ffwrdd *(Roeddwn yn gallu gweld rhyw ffigur a bag mawr ar ei gefn yn cerdded yn y pellter.)* DISTANCE

pen¹ *hwn eg* (pennau)
1 yr aelod o'r corff sy'n cynnwys y llygaid, y trwyn, y clustiau, y geg a'r ymennydd; y rhan uchaf o'r corff dynol ond rhan flaenaf anifeiliaid eraill HEAD
2 (i bobl) y rhan o'r pen uwchben a thu cefn i'r llygaid *(Mae gen i ben tost.)* HEAD
3 rhan o ddodrefnyn lle mae'r aelod yma'n cael gorffwys *(pen y gwely)* HEAD, TOP
4 yr ymennydd neu'r meddwl *(Mae ganddo dipyn o ben ar ei ysgwyddau.)* HEAD
5 wyneb darn o arian sydd gan amlaf a llun brenin neu frenhines arno HEAD
6 person neu anifail *(Faint y pen y maen nhw'n ei godi am gael mynd i mewn heddiw?)* HEAD
7 rhan uchaf peth, sydd gan amlaf yn wahanol i'r gweddill *(pen hoelen)* HEAD
8 y darn gwyn a geir i bothell neu bloryn cyn ei fod yn barod i fyrstio HEAD
9 hanner cwrt neu faes chwarae sy'n cael ei amddiffyn gan chwaraewr neu dîm END
10 calon neu du blaen rhai mathau o blanhigion pan fydd nifer o ddail neu flodau yn tyfu gyda'i gilydd *(pennau blodfresych)* HEAD
11 y man lle y mae rhywbeth yn gorffen neu yn diweddu *(Cydia di yn un pen y rhaff ac fe gydia i yn y pen arall.)* END
12 brig, man uchaf *(pen y mynydd)* PEAK, TOP
13 y prif *(y pen lleidr)* CHIEF, HEAD
14 ceg *(Cau dy ben!)* MOUTH
15 blaen neu du blaen *(pen y rhes)* HEAD, FRONT

â'm pen yn fy (dy, ei etc.) mhlu digalon, trist, di-hwyl, isel fy ysbryd DOWN IN THE MOUTH

â'm pen yn y gwynt yn ddifeddwl, heb fod yn gyfrifol, penchwiban COULDN'T CARE LESS

ar ben
1 ar *(Rho'r bocs 'na ar ben y cwpwrdd.)* ON TOP OF
2 yn ychwanegol at *(Cefais £1 am lanhau'r ffenestri a 50c ar ben hynny am fod mor gyflym.)* ON TOP
3 wedi gorffen, wedi darfod *(Mae'r cyfarfod ar ben. Mae hi ar ben arna i.)* FINISHED, OVER

ar ben fy (dy, ei etc.) nigon
1 wrth fy modd CONTENTED
2 â digon o gyfoeth WELL-OFF

ar ei ben
1 yn union *(punt a deg ceiniog ar ei ben; ateb cwestiwn ar ei ben)* PRECISELY, EXACTLY
2 ar un llwnc *(Yfodd lond gwydraid o'r sudd ar ei ben.)* AT A DRAUGHT

ar fy (dy, ei etc.) mhen fy hun
1 heb unrhyw un arall BY ONE'S SELF
2 (yn y ffurf **ar ei ben [ei phen] ei hun**) unigryw, yn wahanol i bawb arall, tipyn o gymeriad ON HIS/HER OWN

benben mewn gwrthdrawiad, yn cweryla'n ffyrnig HEAD-ON, AT LOGGERHEADS

bod dros ben (rhywun) bod y tu hwnt i'w ddeall *(Roedd y bregeth ymhell dros fy mhen i.)* OVER ONE'S HEAD

cadw fy (dy, ei etc.) mhen peidio â gwylltio neu gynhyrfu TO KEEP ONE'S HEAD

cadw fy mhen uwchlaw'r dŵr cadw i fynd (o'r braidd) er yr holl anawsterau TO KEEP ONE'S HEAD ABOVE WATER

colli fy (dy, ei etc.) mhen colli tymer, gwylltio TO LOSE ONE'S HEAD

crafu pen pendroni, ceisio dyfalu TO PUZZLE

cymryd yn fy (dy, ei etc.) mhen penderfynu yn fympwyol neu heb lawer o reswm TO TAKE IT INTO ONE'S HEAD, TO GET INTO ONE'S HEAD

dal pen rheswm trafod, sgwrsio TO DISCUSS, TO CHAT

dod i ben
1 llwyddo, gorffen *(Wyt ti wedi dod i ben â sgrifennu'r llyfr 'na eto?)* TO FINISH, TO MANAGE
2 aeddfedu (fel cornwyd) TO COME TO A HEAD

dros ben
1 iawn *(Mae'r bwyd yma'n dda dros ben.)* EXTREMELY
2 yn sbâr, yn weddill *(Faint o arian sydd gennym dros ben ar ôl talu'r biliau?)* LEFT OVER

hen ben rhywun call, doeth AN OLD HAND

lled y pen yn llydan agored *(Gadawodd y drws ar agor led y pen.)* WIDE OPEN

llond pen (rhoi neu **gael)** dwrdio, dweud y drefn TO TELL SOMEONE OFF

mynd â'i ben iddo dadfeilio, methu TO DISINTEGRATE, TO COLLAPSE

nerth fy (dy, ei etc.) mhen (gweiddi) mor uchel ag sy'n bosibl AT THE TOP OF ONE'S VOICE

o ben bwy'i gilydd o un pen i'r llall FROM END TO END

o'm pen a'm pastwn heb help neb arall ALL ON MY OWN

pen ac ysgwydd yn uwch (am berson) llawer iawn yn well na HEAD AND SHOULDERS ABOVE

pen draw ffin, eithaf, terfyn *(Cofiwch fod pen draw i beth alla i ei wneud i'ch helpu.)* LIMIT

pen na chynffon synnwyr *(Methais wneud pen na chynffon o'r hyn roedd e'n ei ddweud.)* HEAD OR TAIL

tynnu rhywun yn fy mhen gw. **tynnu**

uwch fy mhen y tu hwnt i'm deall BEYOND ME

yn ben set yn hwyr glas, y funud olaf

yn y pen draw yn y diwedd ULTIMATELY

pen² *a* prif, pennaf *(pen-lleidr; pen-cogydd)* CHIEF, HEAD

penaethiaid *hyn ell* mwy nag un **pennaeth**

penagored *a* gair i ddisgrifio rhywbeth sydd heb gael ei benderfynu, neu sydd heb derfynau iddo WIDE OPEN, UNDECIDED

Penarlâg *enw lle* HAWARDEN

penawdau *hyn ell* mwy nag un **pennawd**

penbaladr *adf* o ben bwy'i gilydd, yn gyfan *(Chwythodd y gwyntoedd cryfion trwy Gymru benbaladr.)* FROM ONE END TO THE OTHER

Penbedw *enw lle* BIRKENHEAD

penbleth *hon eb* rhywbeth sy'n peri dryswch ac ansicrwydd *(Rwyf mewn penbleth ynglŷn â beth y gallaf ei brynu iddi yn anrheg Nadolig.)* PERPLEXITY, DILEMMA, QUANDARY

pen blwydd *hwn eg* (pennau blwydd)
1 y dyddiad y ganed person BIRTHDAY
2 diwrnod dathlu genedigaeth rhywun neu rywbeth ar ddyddiad arbennig (yn flynyddol fel arfer) BIRTHDAY
3 dyddiad arbennig flwyddyn neu nifer o flynyddoedd i'r diwrnod ar ôl i rywbeth ddigwydd *(pen blwydd priodas)* ANNIVERSARY

penboethyn *hwn eg* (penboethiaid) un sy'n afresymol o frwdfrydig dros ryw safbwynt gwleidyddol neu grefyddol FANATIC, ZEALOT

penbwl *hwn eg* (penbyliaid)
1 broga neu lyffant pan yw'n fach iawn; mae ganddo gynffon ac mae'n byw yn y dŵr TADPOLE □ *amffibiaid*
2 hurtyn, twpsyn BLOCKHEAD

pencadlys *hwn eg* (pencadlysoedd)
1 y man lle mae pennaeth byddin neu'r heddlu yn cynllunio ac yn rhoi gorchmynion i'w ddynion HEADQUARTERS
2 y man lle mae'r rhai sy'n rheoli busnes mawr neu nifer o swyddfeydd gwasgaredig yn gweithio HEADQUARTERS

pencampwr *hwn eg* (pencampwyr)
1 un sydd heb gael ei drechu mewn cystadleuaeth CHAMPION
2 y gorau mewn cystadleuaeth; yr enillydd *(Tybed pwy fydd y pencampwyr yn y cynghrair pêl-droed eleni?)* CHAMPION

pencampwriaeth *hon eb* (pencampwriaethau) cystadleuaeth arbennig i ddod o hyd i bencampwr CHAMPIONSHIP

penci *hwn eg* (pencwn)
1 math o siarc bach DOGFISH □ *pysgod* t.629
2 creadur ystyfnig, hurt

penchwiban *a* gair i ddisgrifio rhywun anghyfrifol o ysgafn yn ei ffordd; anwadal, gwamal, oriog, a'i ben yn y gwynt FRIVOLOUS, FLIGHTY

pendant *a* heb amheuaeth, eglur, sicr, diamwys POSITIVE, DEFINITE

pendantrwydd *hwn eg* y cyflwr o fod yn bendant, yn sicr, yn ddiamwys DECISIVENESS

pendefig *hwn eg* (pendefigion) arglwydd, tywysog, e.e. Pwyll Pendefig Dyfed LORD, PRINCE

pendefigaeth *hon eb*
1 pobl o'r dosbarth cymdeithasol uchaf, yn arbennig o deuluoedd â thras fonheddig, h.y. arglwyddi, tywysogion ac ati; yr uchelwyr ARISTOCRACY
2 llywodraeth gwlad dan reolaeth aelodau o'r dosbarth hwn ARISTOCRACY

penderfyniad *hwn eg* (penderfyniadau)
1 dewis, dewisiad *(Penderfyniad pwy oedd dod i'r fan hyn?)* DECISION
2 y gallu i ddod i gasgliad ac yna gweithio yn ddiwyro ar sail y casgliad hwnnw; y gwrthwyneb i gloffi rhwng dau feddwl *(Roedd penderfyniad yn amlwg ar ei wyneb pan gododd i siarad.)* DECISION, DETERMINATION

penderfynol *a* gair i ddisgrifio rhywun sydd heb fod yn barod i ildio neu gyfaddawdu; di-ildio, di-droi'n-ôl DETERMINED, RESOLUTE

penderfynu *be* gwneud dewis neu ddod i gasgliad ynglŷn â rhywbeth *(Penderfynodd Iwan aros gartref o'r ysgol yn hytrach na gorfod cyfaddef nad oedd wedi gwneud ei waith.)* TO DECIDE

pendifaddau *adf* heb os nac oni bai, heb unrhyw fath o ansicrwydd, yn ddiau VERILY

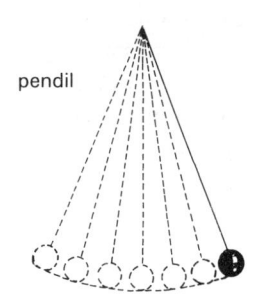

pendil hwn *eg* (pendiliau)
1 pwysau sy'n hongian ac yn siglo'n ôl ac ymlaen yn rhydd ac yn ddilyffethair PENDULUM
2 rhoden hir a phwysau ar un pen a ddefnyddir i reoli peirianwaith cloc PENDULUM

pendramwnwgl *a*
1 llwrw/llwyr ei ben, â'i ben yn gyntaf HEADLONG, HEAD FIRST, HEAD OVER HEELS
2 blith draphlith, anniben, wedi cawlio *(Dyma fe'n bwrw'r pentwr llyfrau nes bod y cyfan yn bendramwnwgl.)* ALL OVER THE PLACE

pendro hon *eb* teimlad fod popeth yn symud o'ch cwmpas, o fod yn sigledig; teimlad eich bod ar fin cwympo *(Mae'r bendro arna i.)* GIDDINESS, VERTIGO

pendroni *be*
1 meddwl yn galed nes bod eich pen yn troi, gan geisio datrys rhywbeth anodd TO PUZZLE
2 methu cael gwared ar feddyliau neu atgofion trist neu gas; poeni TO BROOD

pendwmpian *be* hanner cysgu, hepian TO DROWSE, TO DOZE

penddelw hon *eb* (penddelwau) cerflun o'r pen, yr ysgwyddau a'r fron ddynol BUST

pendduyn hwn *eg* (pendduynnod)
1 chwydd neu ddolur a'i lond o grawn sy'n crynhoi ar gorff dyn neu anifail; cornwyd BOIL
2 ploryn pen du BLACKHEAD

penelin hwn neu hon *egb* (penelinoedd)
1 y cymal lle mae'r fraich yn plygu, yn arbennig pen allanol y cymal ELBOW □ *corff* t.630
2 darn o ddilledyn sy'n gorchuddio'r cymal hwn ELBOW
nes penelin nag arddwrn yn y pen draw mae teulu'n nes na chyfeillion BLOOD IS THICKER THAN WATER

penfras hwn *eg* math o bysgodyn bwytadwy sy'n byw yng Nghefnfor Iwerydd COD □ *pysgod* t.629

pengaled *a* ystyfnig, gwrthnysig, di-ildio STUBBORN, OBSTINATE

pen-glin hwn *eg* (pennau gliniau)
1 cymal canol y goes; glin, pen-lin KNEE □ *corff* t.630
2 darn o ddilledyn sy'n gorchuddio'r rhan yma o'r corff, pen-lin KNEE

penglog hon *eb* (penglogau)
1 fframwaith esgyrn y pen a'r wyneb SKULL
2 esgyrn y pen sy'n amddiffyn ac yn gorchuddio'r ymennydd CRANIUM □ *corff* t.630

Pengryniad hwn *eg* (Pengryniaid) cefnogwr y Senedd yn erbyn y Brenin yn Rhyfel Cartref Lloegr yn yr ail ganrif ar bymtheg ROUNDHEAD

pengwin hwn *eg* (pengwinod) aderyn du a gwyn nad yw'n gallu hedfan ond sy'n nofiwr da; mae'n byw yn bennaf yn yr ardaloedd o gwmpas Pegwn y De PENGUIN

penhwyad hwn *eg* (penhwyaid) pysgodyn dŵr croyw sy'n byw ar bysgod eraill ac anifeiliaid bach PIKE □ *pysgod* t.628

peniad hwn *eg* (peniadau) y weithred o daro rhywbeth (pêl-droed fel arfer) â'r pen HEADER

penigamp *a* gair i ddisgrifio rhywbeth sydd wedi bod yn gamp i'w gyflawni; ardderchog, rhagorol, godidog, campus *(Mae hwnna'n ddarlun penigamp o'r pentref.)* FIRST-RATE, EXCELLENT

penillion hyn *ell*
1 mwy nag un **pennill**
2 fel yn *canu penillion*, cerdd dant, y grefft o osod a chyflwyno geiriau i gyfeiliant telyn mewn dull sy'n unigryw i Gymru PENILLION SINGING

penio *be* taro rhywbeth (pêl-droed fel arfer) â'r pen TO HEAD

peniog *a* gair i ddisgrifio rhywun clyfar, galluog, doeth, sy'n gwybod llawer BRAINY, CLEVER

penis hwn *eg* y gair technegol am bidyn neu gala PENIS

penisel *a* digalon, prudd DOWNCAST

penisilin hwn *eg* gwrthfiotig a ddefnyddir i ladd rhai bacteria mewn pobl ac anifeiliaid PENICILLIN

pen-lin hon *eb* (penliniau) ffurf arall ar **pen-glin**

penlinio *be* mynd ar eich penliniau; gosod eich penliniau ar y llawr *(Roedd hi'n penlinio i weddïo.)* TO KNEEL

penllanw hwn *eg*
1 yr adeg y mae dŵr afon ar ei uchaf oherwydd effaith llanw'r môr HIGH WATER
2 yr adeg y mae llanw'r môr ar ei uchaf HIGH TIDE
3 (yn ffigurol) uchafbwynt llwyddiant HIGH-WATER MARK, PEAK

penllinyn hwn *eg* yn yr ymadrodd *cael dau benllinyn ynghyd* llwyddo i fyw heb fynd i ddyled TO MAKE ENDS MEET

pennaeth hwn *eg* (penaethiaid) arweinydd, prif swyddog, y person â'r swydd uchaf *(Pennaeth yr Heddlu; pennaeth adran)* CHIEF, HEAD

pennaf *a* prif, uchaf, pwysicaf, mwyaf blaenllaw *(Y broblem bennaf sy'n ein hwynebu yw sut i gael gwared ar yr holl annibendod yma.)* CHIEF, PREDOMINANT, PRINCIPAL
yn bennaf oll uwchlaw popeth arall ABOVE ALL

pennau *hyn ell* mwy nag un **pen**
rhoi ein pennau ynghyd/at ei gilydd ymgynghori â'n gilydd

pennawd *hwn eg* (penawdau) y teitl a geir uwchben darn o ysgrifen HEADING, CAPTION

pennill *hwn eg* (penillion) nifer penodedig o linellau o farddoniaeth sy'n llunio rhan o gerdd, cân neu emyn, ar ffurf sy'n cael ei hailadrodd mewn rhannau eraill o'r un darn VERSE, STANZA (adnod)

pennod *hon eb* (penodau)
1 un o brif raniadau llyfr (y mae ganddi fel arfer deitl neu rif) CHAPTER
2 un o brif raniadau cyfres radio neu deledu EPISODE
3 cyfnod penodol mewn hanes, neu ym mywyd person CHAPTER

pennog *hwn eg* (penwaig) pysgodyn bwytadwy sy'n heigio yn y môr; sgadenyn HERRING □ *pysgod* t.629

pennu *be*
1 penderfynu, dewis *(pennu dyddiad i'r cyfarfod nesaf)* TO DECIDE, TO APPOINT
2 sôn yn arbennig ac yn fanwl am, disgrifio'n fanwl *(pennu'r angen am wresogydd)* TO SPECIFY
3 dod o hyd i rywbeth a'i leoli yn fanwl o ran lle neu amser *(pennu lleoliad y lleuad ar 1 Mawrth)* TO DETERMINE
Sylwch: dyblwch yr 'n' ym mhob un o ffurfiau'r ferf ac eithrio'r rhai sy'n cynnwys -*as*-.

penodau *hyn ell* mwy nag un bennod [**pennod**]
penodi *be*
1 dewis rhywun ar gyfer swydd, safle neu waith; apwyntio *(penodi prifathro newydd i'r ysgol)* TO APPOINT
2 creu neu sefydlu trwy ddewis *(penodi pwyllgor arbennig i archwilio'r achos)* TO APPOINT

penodiad *hwn eg* (penodiadau) dewisiad ar gyfer swydd, safle neu waith APPOINTMENT

penodol *a* gair i ddisgrifio rhywun neu rywbeth sydd wedi cael ei bennu; arbennig, neilltuol *(Penderfynais gynilo swm penodol o arian bob mis.)* SPECIFIC, ESPECIAL, DISTINCT

pen-ôl *hwn eg* (penolau) y rhan o'r corff y mae person yn eistedd arno, gwaelod y cefn; tin BOTTOM, BACKSIDE

penrhydd *a* gair i ddisgrifio rhywun neu rywbeth sydd heb ei ffrwyno, sydd heb ddisgyblaeth, sydd heb gael ei gaethiwo, sydd â gormod o ryddid; gwyllt, dilyffethair UNBRIDLED, UNCURBED, LOOSE

penrhyddid *hwn eg* rhyddid heb gyfrifoldeb neu ddisgyblaeth; camddefnydd o ryddid i niweidio neu achosi drwg LICENCE, LATITUDE

penrhyn *hwn eg* (penrhynnau) darn o dir uchel sy'n ymestyn i'r môr PROMONTORY, CAPE

pensaer *hwn eg* (penseiri) person sy'n cynllunio adeiladau newydd ac yn sicrhau eu bod yn cael eu hadeiladu'n iawn ARCHITECT

pensaernïaeth *hon eb*
1 y broses o gynllunio adeiladau ARCHITECTURE
2 arddull neu fath arbennig o adeiladu, yn arbennig rhywbeth sy'n nodweddiadol o ardal neu wlad arbennig neu o gyfnod hanesyddol ARCHITECTURE

pensel *hon eb* (penseli) gair arall am **pensil** PENCIL

pensil *hwn eg* (pensiliau)
1 teclyn hir, pigfain a darn tenau o graffit neu ddeunydd lliw yn ei ganol ar gyfer ysgrifennu neu dynnu llun; pensel PENCIL
2 darn o ddeunydd lliw yr un ffurf â phensil ar gyfer tywyllu'r aeliau; pensel PENCIL

pensiwn *hwn eg* (pensiynau) swm o arian sy'n cael ei dalu'n rheolaidd gan wladwriaeth neu gwmni i berson nad yw'n ennill arian oherwydd afiechyd neu henaint PENSION

pensiynwr *hwn eg* (pensiynwyr) person sy'n ddigon hen i dderbyn y pensiwn y mae'r wladwriaeth yn ei dalu i hen bobl PENSIONER, SENIOR CITIZEN

penstiff *a* gair i ddisgrifio rhywun nad yw'n barod i wrando ar gyngor, nad yw'n barod i newid ei feddwl; ystyfnig, anhyblyg HEADSTRONG, STUBBORN

pentan *hwn eg* (pentanau) yn wreiddiol, silff yn ymyl lle tân i gadw bwyd ac ati'n gynnes ond hefyd, man cysgodol i eistedd gerllaw'r tân mewn lle tân henffasiwn HOB, INGLE-NOOK, CHIMNEY CORNER

penteulu *hwn eg* pen y teulu HEAD OF THE FAMILY, HOUSEHOLDER

pentewyn *hwn eg* (pentewynion) darn o bren sy'n llosgi FIREBRAND

pentir *hwn eg* (pentiroedd)
1 darn hir o dir sy'n ymestyn i'r môr; penrhyn HEADLAND
2 un o'r ddau ddarn o dir sy'n cael eu gadael heb eu haredig fel bod lle i droi aradr yn nau ben y cae; talar

pentref *hwn eg* (pentrefi)
1 casgliad o dai ac adeiladau eraill, yn y wlad fel arfer, sy'n llai na thref VILLAGE
2 y bobl sy'n byw yn y casgliad hwn o dai a'r gymdeithas y maen nhw'n ei ffurfio VILLAGE

pentrefwr *hwn eg* (pentrefwyr) un sy'n byw mewn pentref VILLAGER

pentwr hwn *eg* (pentyrrau) crugyn, llwyth, twmpath, nifer mawr o bethau wedi'u gosod yn un twmpath PILE, HEAP, STACK

pentyrru *be* casglu yn llwyth, gosod mwy a mwy o bethau ar ben ei gilydd; crynhoi, hel TO HEAP, TO AMASS, TO STACK

Sylwch: dyblwch yr 'r' ym mhob un o ffurfiau'r ferf ac eithrio'r rhai sy'n cynnwys -*as*-.

penwaig *hyn ell* mwy nag un **pennog**

penwan *a* gair i ddisgrifio:
1 (yn y Gogledd) rhywun neu rywbeth penchwiban; gwirion, llawn dwli SILLY
2 (yn y De) rhywun neu rywbeth sy'n eich gwneud yn grac, sy'n eich hela o'ch cof *(Mae drygioni'r crwt yn fy hela i'n benwan.)* ANNOYED

penwythnos hwn neu hon *egb* (penwythnosau) y cyfnod o nos Wener hyd fore Llun—rhwng diwedd un wythnos o waith a dechrau'r nesaf; bwrw'r Sul WEEKEND

Pen-y-bont ar Ogwr *enw lle* BRIDGEND

penyd hwn *eg* (penydiau)
1 cosb wirfoddol a dderbynnir er mwyn dangos edifeirwch, er mwyn gwneud yn iawn am ryw ddrwg *(Golchodd y car fel penyd am dorri'r ffenestr wrth chwarae pêl-droed.)* PENANCE
2 rhywbeth y mae'n rhaid ei wneud er bod yn gas gennych ei wneud PENANCE

penysgafn *a* gair i ddisgrifio rhywun:
1 sy'n teimlo fel petai ei ben yn troi DIZZY, GIDDY
2 sy'n teimlo'n gynhyrfus, yn llawn cyffro pleserus *(Teimlais yn eithaf penysgafn o glywed fy mod wedi ennill ugain mil o bunnau mewn raffl.)* DIZZY, GIDDY, LIGHT-HEADED

pêr[1]:**peraidd** *a* gair i ddisgrifio rhywbeth â sawr, blas neu sŵn dymunol a braf; melys, blasus, swynol *(nodau pêr yr aderyn du)* SWEET, DELICIOUS (pereiddied, pereiddiach, pereiddiaf)
y Pêr Ganiedydd teitl a roddwyd i'r bardd a'r emynydd William Williams Pantycelyn (1717-1791)

pêr[2] *hyn ell* mwy nag un beren [**peren**]

perarogl hwn *eg* (peraroglau)
1 sawr neu arogl pêr (megis sawr blodau) PERFUME, FRAGRANCE
2 hylif â sawr pêr i'w roi ar y corff; persawr PERFUME, SCENT

percoladur hwn *eg* (percoladuron) llestr arbennig ar gyfer gollwng dŵr poeth fesul diferyn drwy goffi wedi'i falu PERCOLATOR

perchais *bf* fe wnes i barchu [**parchu**]

perchen:perchennog hwn *eg* (perchenogion) un sydd â'r hawl gyfreithiol i feddiannu rhywbeth, y person biau rhywbeth OWNER, PROPRIETOR

perchenogi *be* meddiannu'n gyfreithiol, bod ag eiddo, bod yn berchennog ar rywbeth TO POSSESS, TO OWN

perchi *bf* rwyt ti'n **parchu**; byddi di'n **parchu**

perchyll *hyn ell* mwy nag un **porchell**

perdysen hon *eb* (perdys) un o nifer o greaduriaid bach bwytadwy y môr sydd â choesau hirion a chynffon debyg i wyntyll SHRIMP □ *cramenogion*

pereiddiach:pereiddiaf:pereiddied *a* mwy **peraidd**: mwyaf **peraidd**: mor beraidd [**peraidd**]

pereiddio *be* gwneud yn bêr, melysu *(nodau'r eos yn pereiddio'r nos)* TO SWEETEN

peren hon *eb* (pêr) gair arall am ellygen [**gellygen**] □ *ffrwythau* t.626

pererin hwn *eg* (pererinion) un sy'n teithio i fan cysegredig fel gweithred grefyddol PILGRIM

pererindod hwn neu hon *egb* (pererindodau)
1 taith pererin PILGRIMAGE
2 taith i le y mae gan rywun feddwl uchel ohono PILGRIMAGE

perfedd hwn *eg* (perfeddion)
1 ymysgaroedd, rhannau mewnol y corff, coluddion, y rhan sy'n cario bwyd o'r stumog GUT, ENTRAILS, INTESTINES
2 canol, dyfnder *(perfedd gwlad; perfedd nos)* MIDDLE, DEPTH

allan tan berfeddion h.y. tan berfeddion nos, sef yn hwyr iawn

perffaith *a* gair i ddisgrifio:
1 rhywun neu rywbeth o'r math gorau posibl *(Mae'n wraig berffaith.)* PERFECT
2 rhywbeth hollol gywir *(Mae ei Gymraeg bron yn berffaith erbyn hyn.)* PERFECT
3 rhywbeth sy'n foddhaol ym mhob ffordd *(Rwy'n berffaith hapus â'r trefniadau.)* PERFECT (perffeithied, perffeithiach, perffeithiaf)

perffeithio *be* cael gwared ar feiau, gwneud yn berffaith TO PERFECT

perffeithrwydd hwn *eg*
1 y cyflwr o fod yn berffaith PERFECTION
2 y weithred o berffeithio PERFECTION
3 enghraifft berffaith PERFECTION

perfformiad hwn *eg* (perfformiadau) y weithred o berffformio rhywbeth PERFORMANCE

perfformio *be* gwneud rhywbeth (e.e. actio, canu, dawnsio, gwneud triciau ac ati) o flaen cynulleidfa *(Pa gwmni drama sy'n perfformio nesaf yn y neuadd?)* TO PERFORM

peri *be* achosi, arwain at, bod yn rheswm dros i rywbeth ddigwydd TO CAUSE, TO INDUCE (pair, pâr, paraf)

---

a b c ch d dd e f ff g ng h i j (k) l ll m n o p ph r rh s t th u w y (z)

perimedr hwn *eg* (perimedrau) gair arall am **amfesur** PERIMETER

perisgop hwn *eg* (perisgopau) tiwb hir a drych ym mhob pen iddo sy'n caniatáu i berson mewn llong danfor, e.e., weld beth sy'n digwydd uwchben PERISCOPE

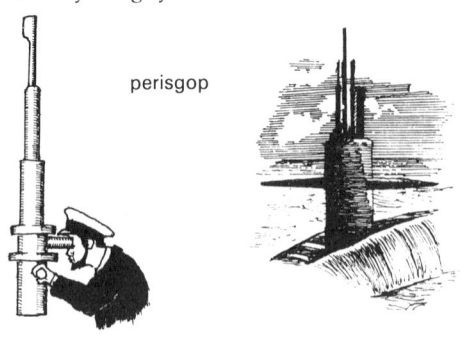

perisgop

Periwfiad hwn *eg* (Periwfiaid) brodor o Beriw (Periw) PERUVIAN

perl hwn *eg* (perlau)
1 pelen galed, ariannaid sy'n cael ei ffurfio oddi mewn i rai mathau o bysgod cregyn (yn arbennig wystrys/llymarch) ac a ystyrir yn em werthfawr iawn PEARL
2 rhywbeth gwerthfawr a chain, trysor *(perl o ddarlith)* GEM

perlewyg hwn *eg* cyflwr cysglyd pan nad ydych yn ymwybodol o'r pethau sydd o'ch cwmpas TRANCE

perlysiau hyn *ell*
1 math o blanhigion persawrus y defnyddir eu dail, eu coesau neu'u hadau i roi blas neu sawr arbennig i fwydydd, neu i wneud moddion HERBS □ *blodau* t.620
2 llysiau sy'n cael eu paratoi yn bowdr i roi blas arbennig i fwydydd; sbeis SPICES

perllan hon *eb* (perllannau) darn o dir lle mae coed ffrwythau yn tyfu ORCHARD

perpendicwlar *a* gair i ddisgrifio rhywbeth:
1 unionsyth PERPENDICULAR
2 (mewn mathemateg) llinell neu wyneb sy'n ffurfio ongl o 90° â llinell neu wyneb arall PERPENDICULAR

persain *a* gair i ddisgrifio sain neu seiniau atyniadol, pêr, swynol MELODIOUS, SWEET SOUNDING (perseinied, perseiniach, perseiniaf)

persawr hwn *eg*
1 sawr neu arogl (oglau, gwynt) pêr megis sawr blodau PERFUME, FRAGRANCE
2 hylif â sawr pêr i'w roi ar y corff; perarogl PERFUME, SCENT

persawrus *a* gair i ddisgrifio rhywun neu rywbeth sy'n sawru'n bêr, sy'n gwynto'n dda, sydd ag arogl (oglau) da FRAGRANT, AROMATIC

persbectif hwn *eg*
1 y gelfyddyd o dynnu llun rhywbeth mewn ffordd sy'n cyfleu pellter, dyfnder a lled y peth gwreiddiol PERSPECTIVE
2 y ffordd y mae rhywbeth yn cael ei bwyso a'i fesur fel bod pob agwedd ohono yn cael ei ystyried *(Cyn iti ddechrau gwylltio mae'n rhaid gweld y peth 'ma yn ei bersbectif.)* PERSPECTIVE

perseiniach:perseiniaf:perseinied *a* mwy **persain**: mwyaf **persain**: mor bersain [**persain**]

persli hwn *eg* un o berlysiau'r ardd; mae ganddo ddail bach cyrliog, gwyrdd sy'n rhoi blas nodweddiadol i fwydydd PARSLEY □ *blodau* t.620

person[1] hwn *eg* (personau)
1 un o nifer o bobl; unigolyn, bod dynol PERSON
2 corff dynol a'i ymddangosiad *(Roedd e'n berson twt a thaclus ym mhob ffordd.)* PERSON
3 (yn ramadegol) un o dair ffurf (unigol neu luosog) berfau neu ragenwau a ddefnyddir i ddangos:
i) y siaradwr (fi, ni) *(y person cyntaf)*
ii) y sawl rydych chi'n siarad â nhw (ti, chi) *(yr ail berson)*
iii) y sawl rydych chi'n siarad amdanynt (ef, hi, nhw) *(y trydydd person)* PERSON

person[2] hwn *eg* (personiaid) offeiriad yn Eglwys Loegr neu'r Eglwys yng Nghymru sydd yn gofalu am blwyf PARSON

personol *a* gair i ddisgrifio:
1 rhywbeth sy'n ymwneud â'r unigolyn yn unig; preifat PERSONAL
2 rhywbeth beirniadol neu gas sy'n cael ei ddweud am un person yn unig *(Paid â gadael i'r ddadl droi yn ymosodiad personol.)* PERSONAL

personoliaeth hon *eb* (personoliaethau) cymeriad person, yr hyn sy'n ei wahaniaethu oddi wrth rywun arall *(Mae gannddi bersonoliaeth gref.)* PERSONALITY

perswâd hwn *eg* dawn i ddylanwadu ar eraill neu eu darbwyllo trwy ddadl *(A elli di ddwyn perswâd ar dy dad i ganiatáu iti ddod gyda ni?)* PERSUASION

perswadio *be*
1 gwneud i rywun deimlo'n sicr; argyhoeddi, darbwyllo *(Yn y diwedd fe wnaeth yr holl luniau ar y teledu ei berswadio eu bod yn dweud y gwir.)* TO PERSUADE
2 achosi i rywun wneud rhywbeth trwy rym rheswm neu ddadl; dwyn perswâd *(Wyt ti'n meddwl y gelli di ei berswadio ef i ddod?)* TO PERSUADE

pert *a* gair (y De) i ddisgrifio:
1 rhywun neu rywbeth sy'n atyniadol a deniadol ei olwg (nid yw'n air mor gryf â 'hardd' neu 'prydferth'); glân, tlws, del PRETTY

perth

2 rhywun neu rywbeth chwim a chelfydd *(Mae e'n chwaraewr pert; dyna bàs fach bert.)* SWEET, NEAT
3 (mewn ffordd wawdlyd) rhywun neu rywbeth ofnadwy, anghymwys *(Mae e'n un pert i siarad!)* FINE

perth *hon eb* (perthi)
1 rhes o lwyni neu goed bychain sy'n ffurfio clawdd; gwrych HEDGE
2 coeden fach isel, llwyn, e.e. *y berth a welodd Moses yn llosgi ar fynydd Horeb* BUSH

perthnasau *hyn ell* mwy nag un berthynas [**perthynas**]

perthnasol *a* gair i ddisgrifio rhywbeth sydd yn gysylltiedig mewn rhyw ffordd â'r hyn sydd dan sylw RELEVANT, PERTINENT (perthynol)

perthyn *be*
1 bod yn aelod o'r un teulu *(Rwy'n perthyn i Dafydd trwy waed ond mae Ann yn perthyn iddo trwy briodas.)* TO BE RELATED
2 bod yn rhan o, bod yn gysylltiedig â *(A oes rhywun yn gwybod lle mae'r clawr sy'n perthyn i'r pot yma?)* TO BELONG
3 bod yn aelod o glwb neu gymdeithas *(Wyt ti'n perthyn i'r Urdd?)* TO BELONG
4 bod yn eiddo i rywun *(I bwy mae'r llyfr yma'n perthyn?)* TO BELONG

perthynas *hwn neu hon egb* (perthnasau)
1 aelod o'r un teulu RELATIVE, RELATION
Sylwch: pan fydd *perthynas* yn cyfeirio at berthynas sy'n ddyn mae'n wrywaidd, ac yn fenywaidd wrth gyfeirio at berthynas sy'n fenyw.
2 cysylltiad *(Beth yn union yw'r berthynas rhwng costau a chyflogau?)* RELATIONSHIP, CONNECTION
3 y ffordd y mae pobl yn cytuno (neu'n anghytuno) â'i gilydd *(Sut berthynas sydd rhyngoch chi a'r bobl drws nesa ar ôl i Gareth dorri'r ffenestr?)* RELATIONSHIP

perthynol *a* gair i ddisgrifio rhywbeth o'i gymharu â rhywbeth arall, neu mewn perthynas â rhywbeth arall RELATIVE

cymal perthynol (yn ramadegol) cymal sydd (wrth ysgrifennu) yn cael ei glymu wrth frawddeg gan y geiriau 'a' neu 'y' (neu 'na'/'nad' mewn ffurf negyddol) ac sy'n gweithredu yn lle enw neu ansoddair, e.e. *Rhoddodd John y trên coch imi. Rhoddodd John y trên a oedd wedi syrthio i'r llawr imi.* Yma y mae'r cymal 'a oedd wedi syrthio i'r llawr' yn cymryd lle 'coch' yn y frawddeg gyntaf RELATIVE CLAUSE

perwyl *hwn eg* (gair braidd yn henffasiwn) pwrpas, achos, diben, amcan *(I ba berwyl y daethost i'r tŷ hwn? Mae e ar ryw berwyl drwg o hyd.)* PURPOSE

pery *bf* mae ef/hi yn **para:parhau**; bydd ef/hi yn **para:parhau**

perygl *hwn eg* (peryglon)
1 posibilrwydd o gael niwed *(Perygl! Llifogydd ar y draffordd.)* DANGER
2 rhywbeth sy'n debygol o achosi niwed mawr *(peryglon yfed diod feddwol a gyrru car)* DANGER, PERIL

peryglu *be* achosi perygl i, rhoi rhywun neu rywbeth mewn perygl TO ENDANGER

peryglus *a* gair i ddisgrifio rhywun neu rywbeth sy'n debygol o achosi niwed mawr DANGEROUS, RISKY, PERILOUS

pes gw. pe: ped: pes

pesgi *be* tewhau, tewychu, mynd yn dew *(mochyn yn pesgi ar flawd)* TO FATTEN, TO GET FAT (pasgaf)

pesimist *hwn eg* (pesimistiaid)
1 un sy'n credu'r gwaethaf am bopeth, neu am rywbeth arbennig PESSIMIST
2 un sy'n credu bod drygioni yn drech na daioni PESSIMIST

peswch[1]:**pesychu** *be*
1 gollwng aer o'r ysgyfaint gan wneud sŵn sydyn, cras, yn arbennig oherwydd salwch TO COUGH
2 gwneud sŵn fel sŵn peswch TO COUGH

peswch[2]:**pesychiad** *hwn eg* (pesychiadau)
1 y weithred o besychu neu sŵn pesychu COUGH
2 salwch neu afiechyd pan fydd rhywun yn pesychu'n barhaus COUGH

petai *bf* pe bai

petal *hwn eg* (petalau) un o'r rhannau lliwgar, tebyg i ddail, sy'n ffurfio pen blodyn PETAL □ *blodyn*

petawn *bf* (petawn i, petait ti, petai ef/hi, petaem ni, petaech chi, petaent hwy) sef *pe bawn i* etc.

petrisen *hon eb* (petris) un o nifer o fathau o adar cymedrol eu maint sydd â chorff crwn a chynffon fer; aderyn sy'n cael ei hela PARTRIDGE □ *adar t.611*

petrol *hwn eg* hylif sy'n cael ei buro (gan amlaf o betroliwm) a'i ddefnyddio'n bennaf yn danwydd mewn peiriant (yn arbennig ceir modur) PETROL

petroliwm *hwn eg* olew naturiol sydd i'w gael dan wyneb y ddaear ac sy'n cael ei ddefnyddio i gynhyrchu nifer o wahanol fathau o sylweddau cemegol PETROLEUM

petrus *a* gair i ddisgrifio rhywun sy'n ansicr neu'n ofnus, sy'n araf yn penderfynu, sy'n oedi cyn gwneud rhywbeth *(Roeddwn yn eithaf petrus ar y dechrau ynglŷn â mynd i mewn i lyfrgell mor fawr.)* HESITANT, DIFFIDENT

petruso *be* bod yn araf yn penderfynu; oedi, cloffi rhwng dau feddwl TO HESITATE, TO DOUBT, TO FALTER

petruster *hwn eg* ansicrwydd neu amheuaeth ynglŷn â rhywbeth DIFFIDENCE, HESITANCY, QUALM

petryal hwn *eg* (petryalau) hefyd *ansoddair* siâp â phedair ochr syth sydd yn ffurfio onglau sgwâr â'i gilydd; mae ei hyd yn fwy na'i led; siâp hirsgwar OBLONG, RECTANGLE

peth hwn *eg* (pethau)
  1 unrhyw wrthrych y mae modd ei weld, ei glywed, ei deimlo, ei flasu, ei arogli neu ei ddychmygu; neu wrthrych na all neu na ddylai pobl ei enwi *(Beth yw'r peth 'na sy gen ti?)* THING
  2 rhywbeth sy'n cael ei drafod neu rywbeth sy'n cael ei ddweud *(Dyna beth cas i'w ddweud am rywun.)* THING
  3 gweithred *(y peth nesaf fydd eisiau'i wneud)* THING
  4 rhan, cyfran o *(Gei di beth o 'nghinio i. Mae peth o'r gwaith yn dda.)* SOME (beth, pethau)
  eithaf peth peth dymunol iawn *(Byddai'n eithaf peth inni ysgrifennu i ddiolch iddo.)* JUST THE THING
  pa beth *(Pa beth yw dyn?)* WHAT
  (y) peth cyntaf yn gynnar; o flaen dim arall *(Bydda i gyda chi y peth cyntaf bore fory.)* FIRST THING

pethau hyn *ell*
  1 mwy nag un **peth**
  2 yr hyn sy'n nodweddiadol ac yn arbennig i Gymru a'r Gymraeg pan sonnir am 'Y Pethe'
  3 amgylchiadau bywyd, sefyllfa *(Sut mae pethau'n mynd? Mae pethau'n gwaethygu.)* THINGS
  bod o gwmpas fy (dy, ei etc.) mhethau bod yn hollol glir fy meddwl ac yn gallu delio'n iawn â bywyd bob dydd IN FULL POSSESSION OF ONE'S FACULTIES
  gwybod fy (dy, ei etc.) mhethau deall fy ngwaith TO KNOW ONE'S ONIONS/BUSINESS
  mynd o gwmpas fy (dy, ei etc.) mhethau cyflawni gorchwylion arferol, gwneud gwaith pob dydd TO SET ABOUT ONE'S TASKS

petheuach hyn *ell* hen bethau bach, manion BITS AND PIECES, ODDS AND ENDS

peunes hon *eb* paun benyw PEAHEN

peunod hyn *ell* mwy nag un **paun**

piano hwn *eg* (pianos) offeryn cerdd mawr â seinglawr, sy'n cael ei chwarae gan rywun sy'n taro nodau â'i fysedd; mae'r rheini yn eu tro yn achosi i forthwylion bach o fewn corff yr offeryn daro rhes o dannau PIANO, PIANOFORTE

pianydd hwn *eg* (pianyddion) person sy'n chwarae'r piano PIANIST

piau *bf* (yn y ffurf 'biau' gan amlaf) (sydd) yn berchen ar OWNS
  Sylwch: *John biau'r bêl* sy'n gywir ac nid *'John a biau'r bêl'* na *'John sydd biau'r bêl'*.

pib[1] hon *eb* (pibau)
  1 tiwb crwn, gwag o fetel, gwydr, plastig neu glai y gall dŵr, nwy ac ati lifo drwyddo; pibell PIPE, TUBE
  2 tiwb cul a bowlen ar un pen ar gyfer ysmygu tybaco; pibell, cetyn PIPE
  3 offeryn cerdd lle mae nodyn neu nodau'n cael eu cynhyrchu wrth i rywun chwythu trwy diwb; chwibanogl PIPE, FIFE
  y pibau un o nifer o offerynnau cerdd (a gysylltir â'r Alban yn bennaf) lle mae aer yn cael ei gadw o fewn cwdyn arbennig cyn cael ei wthio trwy bibau i gynhyrchu'r sain nodweddiadol BAGPIPES

pibau

pib[2] hon *eb* y dolur rhydd DIARRHOEA

pibell hon *eb* (pibellau:pibelli)
  1 tiwb crwn, gwag o fetel, gwydr, plastig, pridd ac ati y gall dŵr, nwy ac ati lifo drwyddo; pib PIPE
  2 tiwben fach gul a bowlen ar un pen ar gyfer ysmygu tybaco; cetyn, pib PIPE
  3 unrhyw diwben gau neu organ debyg o fewn y corff TUBE, PIPE
  pibell ddisbyddu y bibell sy'n cael gwared ar y nwy, ager ac ati sy'n cael eu cynhyrchu gan beiriant EXHAUST PIPE
  pibell fwyd (o fewn y corff) y bibell sy'n arwain o gefn y geg i'r stumog OESOPHAGUS
  pibell waed unrhyw un o'r tiwbiau y mae gwaed yn rhedeg trwyddynt o fewn y corff BLOOD-VESSEL
  pibell wynt (o fewn y corff) y bibell gyfatebol i'r bibell fwyd sy'n arwain o gefn y geg trwy'r gwddf i'r ysgyfaint WINDPIPE

pibellaid hon *eb* (pibelleidiau) llond pibell (o dybaco fel arfer) PIPEFUL

piben hon *eb* (pibenni) gair arall am bib [**pib**[1]] neu bibell [**pibell**]

piblin hwn *eg* (piblinau) rhes hir (milltiroedd) o bibau wedi'u cydgysylltu er mwyn cludo nwy, olew ac ati PIPELINE

pibo *be*
1 cario trwy bibellau TO PIPE
2 bod â dolur rhydd

pibonwy *hyn enw torfol* cynffonnau pigfain o iâ sy'n cael eu ffurfio pan fydd llifeiriant o ddŵr yn rhewi; clych iâ ICICLES

pibydd *hwn eg* (pibyddion) person sy'n canu'r bib neu'r pibau PIPER

pibydd y coed un o'r adar mân sy'n cyrraedd y wlad hon tua mis Mai TREE PIPIT □ *adar* t.607

picas *hwn neu hon egb* offeryn neu arf ar ffurf T â choes o bren a'r pen yn crymu i ffurfio pig fain o bobtu ar gyfer hollti craig, glo, concrit ac ati PICKAXE

picau ar y maen:pice bach *hyn ell* teisennau crwn, fflat a chwrens ynddynt sy'n cael eu coginio ar radell fel arfer; cacennau cri WELSH CAKES

picedu *be* gwarchod mynedfa ffatri, siop, gwaith ac ati ar adeg o streicio i rwystro pobl eraill rhag mynd i'r gwaith nes bod yr anghydfod drosodd TO PICKET

picedwr *hwn eg* (picedwyr) person sy'n cael ei osod i warchod mynedfa ffatri, siop, gwaith ac ati ar adeg o streicio (gan Undeb fel arfer), i rwystro pobl eraill rhag mynd i'r gwaith nes bod yr anghydfod drosodd PICKET

picell *hon eb* (picellau) gwaywffon hir a fyddai'n cael ei defnyddio gan farchogion gynt LANCE, SPEAR

picfforch *hon eb* (picffyrch) math o fforch sy'n cael ei defnyddio ar fferm i godi gwair neu wellt; mae ganddi goes hir a dau bigyn cryf o ddur ar ei blaen; picwarch PITCHFORK

picil:picl *hwn eg*
1 bwyd wedi'i gadw mewn finegr neu ddŵr hallt PICKLE
2 sefyllfa anodd neu letchwith; trafferth *(Mae penderfyniad Mr a Mrs Jones i aros gyda ni dros y gwyliau wedi ein gosod ni mewn tipyn o bicil.)* PICKLE

picio *be* mynd, dod, symud ac ati yn gyflym; brysio *(Rwy'n picio drws nesaf i fenthyca morthwyl.)* TO POP

piclo *be* rhoi bwydydd mewn finegr neu ddŵr hallt er mwyn eu cadw am gyfnod hir TO PICKLE

picnic *hwn eg*
1 gwibdaith lle mae bwyd yn cael ei gario i'w fwyta yn yr awyr agored PICNIC
2 pryd o fwyd yn yr awyr agored PICNIC

picolo *hwn eg* ffliwt bach sy'n chwarae nodau uchel PICCOLO □ *chwythbrennau*

pictiwr *hwn eg* (pictiyrau) llun, darlun PICTURE

pictiwrs *hwn eg* gair sy'n cael ei ddefnyddio ar lafar am sinema CINEMA

picwarch *hon eb* (picweirch) gair arall am bicfforch [**picfforch**] PITCHFORK

picwnen *hon eb* (picwn) un o nifer o fathau o bryfed du a melyn sy'n hedfan ac yn pigo ac sy'n perthyn i'r wenynen; gwenynen feirch, cacynen, gwenynen ormes WASP, HORNET

pidyn *hwn eg* aelod rhywiol allanol anifail gwryw; cal, penis PENIS

pig[1] *hon eb* (pigau)
1 ceg aderyn; gylfin BEAK, BILL □ *aderyn*
2 agoriad y mae modd arllwys dŵr ac ati trwyddo; mae'n debyg o ran ffurf i big aderyn *(pig tebot, pig tecell)* SPOUT
3 darn tenau, miniog *(un o bigau fforc)* PRONG, POINT, SPIKE

cael pig i mewn cael cyfle i ddechrau dweud neu wneud rhywbeth *(Chaf i ddim cyfle i gael fy mhig i mewn i'r sgwrs tra bo'r ddau yna'n siarad.)* TO GET A WORD IN, TO GET A SNIFF AT

pig[2] *a* blin, cecrus *(Be' sy'n bod? Rwyt ti'n big iawn heddiw.)* TOUCHY

pigfain *a* gair i ddisgrifio rhywbeth a blaen siarp iddo POINTED

pigiad:pigad *hwn eg* (pigiadau)
1 dolur, clwyf neu nam sy'n achosi poen sydyn; brathiad, gwaniad STING, PRICK
2 chwistrelliad o hylif (yn arbennig o foddion neu gyffur i mewn i wythïen waed) INJECTION

pigion *hyn ell* detholiadau, dewision *(pigion o raglenni radio'r wythnos)* SELECTIONS

pigmi *hwn eg* (pigmïaid) aelod o lwyth o bobl fychain eu cyrff, sy'n llai na phum troedfedd o daldra PYGMY

pigo *be*
1 brathu â cholyn, gwanu, cael neu roi pigiad TO STING, TO BITE, TO PRICK
2 teimlo poen sydyn, fel petaech wedi cael pigiad TO STING
3 dewis, dethol *(Dw i wedi cael fy mhigo i dîm yr ysgol.)* TO PICK, TO SELECT, TO CHOOSE
4 tynnu, codi neu dorri blodyn neu ffrwyth *(pigo blodau o'r ardd)* TO PICK
5 codi trwy grafu â'r ewin *(pigo trwyn; pigo crachen)* TO PICK
6 datgloi clo â rhywbeth heblaw allwedd/agoriad TO PICK
7 bwrw glaw yn ysgafn *(Mae hi'n dechrau pigo eto.)*
8 bwyta heb fawr o frwdfrydedd *(Dim ond pigo ei bwyd y mae hi'n ei wneud.)* TO PICK AT
9 galw am rywun neu rywbeth a mynd ag ef gyda chi; casglu *(Mi biga i di i fyny ar fy ffordd o'r gwaith.)* TO PICK UP

pigo ar dewis (ar gyfer cosb neu gamdriniaeth) *(Maen nhw wastad yn pigo arnaf fi.)* TO PICK ON

pigog *a* gair i ddisgrifio:
  1 rhywbeth sydd â llawer o bigau neu sy'n pigo neu frathu *(weiren bigog)* PRICKLY, SPINY
  2 rhywun byr ei amynedd, sy'n colli'i dymer yn rhwydd ac yn dweud pethau cas IRRITABLE, TOUCHY

pigoglys hwn *eg* math o lysieuyn â dail gwyrdd pigog sy'n cael eu coginio cyn eu bwyta; ysbigoglys SPINACH □ *llysiau* t.635

pigyn hwn *eg* (pigau)
  1 pen neu flaen llym rhywbeth TIP
  2 pen bach llym, bachog sy'n tyfu ar rai mathau o blanhigion megis drain neu rosod THORN, PRICK
  3 poen y mae rhywun yn ei gael yn ei ochr ar ôl bod yn rhedeg; gwayw STITCH
  ar bigau'r drain yn boenus neu'n anghyfforddus o awyddus *(Roedd o ar bigau'r drain eisiau gwybod pwy oedd wedi ennill y gêm.)* EDGY, ON TENTERHOOKS

pil hwn *eg* y croen a geir ar ffrwythau a llysiau, yn arbennig croen ffrwythau megis oren a banana y mae gofyn ei dynnu cyn bwyta'r ffrwyth; crawen, crofen, croen PEEL

Y Pîl *enw lle* PYLE

pilen hon *eb* (pilennau)
  1 math o groen tenau, meddal a geir y tu mewn i'r corff yn cysylltu neu'n gorchuddio rhai rhannau ohono MEMBRANE
  2 haen denau allanol celloedd byw MEMBRANE
  3 haen galed allanol o groen ar waelod ewinedd y traed a'r dwylo CUTICLE
  4 tyfiant o groen ar y llygad sy'n rhwystro rhywun rhag gweld yn glir CATARACT
  pilen y glust haen denau, dynn o groen o fewn y glust sy'n dirgrynu pan fydd tonfeddi sŵn yn taro yn ei erbyn EAR-DRUM

piler hwn *eg* (pileri) postyn tal o garreg neu fetel (wedi'i wneud fel arfer i gynnal rhyw adeiladwaith uwch ei ben); colofn PILLAR, COLUMN

pilio:pilo *be* tynnu croen neu risgl *(pilio afal)*; plicio, rhisglo, crafu TO PEEL, TO PARE

pilipala hwn *eg* math o drychfilyn â phedair adain (liwgar yn aml) a theimlyddion a nobyn ar eu blaen; glöyn byw, iâr fach yr haf BUTTERFLY (chwiler, lindysen)

pilsen hon *eb* (pils)
  1 pelen fach o foddion i'w llyncu; tabled PILL
  2 math arbennig o bilsen y mae menywod/merched yn ei chymryd er mwyn atal cenhedlu PILL

pilyn hwn *eg* (pilynnau) dilledyn, darn o ddillad o unrhyw fath GARMENT

pìn hwn *eg* (pinnau)
  1 darn tenau, blaenllym o fetel sy'n debyg i hoelen fach ac sy'n cael ei ddefnyddio i gydio papur, brethyn ac ati ynghyd PIN
  2 teclyn ar gyfer ysgrifennu neu dynnu llun ag inc PEN
  fel pìn mewn papur yn dwt ac yn ddestlus SPICK AND SPAN
  pìn bawd math o hoelen fer â phen llydan i'w gwasgu â bys bawd DRAWING-PIN
  pìn cau math o bìn a gorchudd iddo, y mae modd ei gau fel bod blaen y pìn yn ddiogel o fewn y gorchudd SAFETY-PIN

pin hyn *ell* (fel yn *coed pin*) pinwydd, mwy nag un binwydden [**pinwydden**] PINE-TREES

pinacl hwn *eg* (pinaclau) pwynt uchaf, man uchaf, uchafbwynt *(Pinacl ei yrfa yn yr ysgol oedd cael bod yn gapten y tîm pêl-droed.)* PINNACLE

pinafal hwn *eg* (pinafalau)
  1 ffrwyth mawr, tebyg o ran ffurf i gôn pinwydden (mochyn coed), sy'n tyfu mewn gwledydd trofannol PINEAPPLE
  2 rhan fwytadwy y ffrwyth, sy'n felyn ac yn llawn o sudd melys PINEAPPLE □ *ffrwyth* t.627

pinc[1] *a* lliw coch gwelw PINK

pinc[2] hwn *eg* (pincod) aderyn llwyd cyffredin â chân hapus; ji-binc, asgell arian, asgell fraith CHAFFINCH □ *adar* t.608

pincas hwn *eg* clustog fach y mae pinnau a nodwyddau yn cael eu gwthio iddi er mwyn eu cadw'n ddiogel PINCUSHION

piner hwn *eg* ffedog, brat, dilledyn llaes heb lewys na chefn sy'n cael ei wisgo dros ddillad eraill rhag iddynt drochi/faeddu PINAFORE

pinio *be* sicrhau â phìn TO PIN

piniwn hwn *eg* (piniynau) barn person neu gymdeithas ar ryw destun arbennig OPINION

pinnau hyn *ell* mwy nag un **pìn**
  ar binnau ar bigau'r drain, yn anghyfforddus o nerfus neu ddisgwylgar ON PINS, NERVOUS

pinsiad hwn *eg*
  1 gwasgiad (o groen rhywun fel arfer) rhwng bys a bawd PINCH, TWEAK
  2 cymaint ag y gallwch ei godi rhwng bys a bawd *(pinsiad o halen)* PINCH

pinsio *be*
  1 gwasgu (croen person fel arfer) â'ch bys a'ch bawd neu rhwng dau beth caled *(pinsio bys yn y drws)* TO PINCH
  2 teimlo poen mewn ffordd debyg i'r pinsio hwn *(Mae fy wyneb yn dechrau pinsio yn y gwynt oer 'ma.)* TO STING

pinsiwrn:pinsiwn hwn *eg* (pinsiyrnau:pinsiynau) erfyn ar gyfer gafael yn dynn, yn debyg ei ffurf i siswrn ond â safnau yn lle llafnau; gefel PINCERS

pinwydden hon *eb* (pinwydd : coed pin) un o nifer o fathau o goed coniffer (conifferiaid) bythwyrdd; mae ganddynt ddail main, pigog (nodwyddau) PINE TREE □ *coed* t.614 (moch coed)

pioden hon *eb* (piod) aderyn du a gwyn â chynffon hir; mae'n perthyn i deulu'r frân MAGPIE □ *brân*

piser hwn *eg* (piseri) math o lestr i ddal dŵr, llaeth neu hylif arall, sydd gan amlaf â dwy ddolen neu glust i'w godi wrthynt PITCHER

pisgwydden hon *eb* (pisgwydd) coeden â dail ar ffurf calonnau a blodau melyn persawrus; palalwyfen LINDEN, LIME TREE □ *coed* t.616

piso *be* (ffurf lafar yn bennaf) pasio dŵr, gwneud dŵr, gwaredu wrin o'r corff TO URINATE, TO PEE

pistil hwn *eg* (pistiliau) y rhan o flodyn sy'n cynhyrchu'r hadau PISTIL □ *blodyn*

piston hwn *eg* (pistonau) plât crwn o fetel neu biben fer sy'n ffitio'n dynn i silindr lle mae'n cael ei wthio i fyny ac i lawr dan rym pwysau neu ffrwydriadau; mae'n cael ei ddefnyddio o fewn peiriannau i yrru rhannau eraill o'r peiriant a gysylltir ag ef â siafft arbennig (gwerthyd) PISTON □ *crancwerthyd*

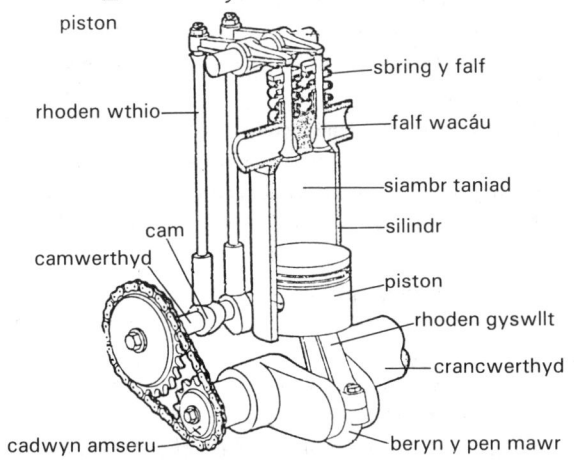

piston
sbring y falf
rhoden wthio
falf wacáu
siambr taniad
cam
silindr
camwerthyd
piston
rhoden gyswllt
crancwerthyd
cadwyn amseru
beryn y pen mawr

pistyll hwn *eg* (pistylloedd) ffrwd gref o ddŵr, llifeiriant o ddŵr SPOUT, WELL

pistyllio:pistyllu *be*
1 ffrydio, arllwys, tywallt, llifeirio'n drwm TO POUR
2 tywallt/arllwys y glaw, bwrw'n drwm TO POUR

pisyn hwn *eg* (pisynnau:pisys)
1 darn, rhan sy'n cael ei gwahanu oddi wrth y gweddill *(pisyn o gacen)* PIECE
2 un o nifer o rannau sydd i'w gosod at ei gilydd *(Mae pisyn o'r cloc yn eisiau.)* PIECE
3 darn mewn rhai mathau o gêmau bwrdd, e.e. gwyddbwyll PIECE
4 term sy'n cael ei ddefnyddio gan fechgyn am ferch ddel/bert a chan ferched am fachgen golygus
5 darn o arian, e.e. *pisyn chwech* sef darn chwe cheiniog yn yr hen arian PIECE

piti hwn *eg* (fel yn *piti garw*) mae'n drueni mawr IT'S A GREAT PITY

pitïo *be* teimlo trueni dros rywun neu rywbeth, tosturio TO PITY

pitw *a* bach a dibwys, mân, gwan *(creadur bach pitw)* PUNY, PETTY, PALTRY

piw hwn *eg* (piwau) y rhan honno o gorff buwch, gafr ac ati sy'n debyg i gwdyn neu fag, lle mae'r llaeth yn cael ei gynhyrchu; cadair, pwrs UDDER

piwis *a* gair i ddisgrifio rhywun neu rywbeth blin, sarrug, sy'n colli'i dymer yn hawdd PEEVISH

Piwritan hwn *eg* (Piwritaniaid)
1 yn yr 16eg a'r 17eg ganrif, person a oedd yn erbyn unrhyw ddefod grefyddol nad oedd yn y Beibl PURITAN
2 rhywun sy'n cadw'n dynn at safonau caeth a difrifol o ymddygiad a moesoldeb; person cul PURITAN

piwritanaidd *a* gair i ddisgrifio rhywun neu rywbeth sy'n gul a difrifol PURITANICAL

piwtar:piwter hwn *eg*
1 metel llwyd sy'n gymysgedd o alcam a phlwm PEWTER
2 llestri wedi'u gwneud o'r metel hwn PEWTER

pla hwn *eg* (plâu)
1 unrhyw glefyd neu haint sy'n achosi marwolaeth ac sy'n lledaenu'n gyflym PLAGUE
2 nifer mawr o rywbeth sy'n gwneud drwg *(pla o lygod)* PLAGUE, PEST
3 rhywun neu rywbeth sy'n eich poeni neu'n eich cythruddo; poen PEST

pladur hon *eb* (pladuriau) offeryn â llafn hir ar gyfer torri gwair neu ŷd â llaw SCYTHE

plaen[1] *a* gair i ddisgrifio:
1 rhywbeth y gallwch ei glywed, ei weld neu ei ddeall yn hawdd CLEAR
2 rhywbeth diaddurn, moel *(wal blaen, wen)* PLAIN
3 papur heb linellau PLAIN
4 ffordd (anghwrtais yn aml) o ddangos beth rydych chi'n ei feddwl neu'n ei deimlo ynglŷn â rhywbeth *(siarad plaen; dweud yn blaen)* PLAIN, FRANK
5 bwyd naturiol, heb ychwanegiadau (e.e. iogwrt, creision tatws ac ati) PLAIN
6 bwyd wedi'i goginio'n syml, heb sawsiau ac ati PLAIN
7 rhywun nad yw'n hardd na golygus PLAIN

plaen[2]**:plân** hwn *eg* (plaenau:plaeniau) erfyn neu offeryn y mae saer coed yn ei ddefnyddio i naddu wyneb darn o bren a'i wneud yn llyfn PLANE

plagio · planwydd

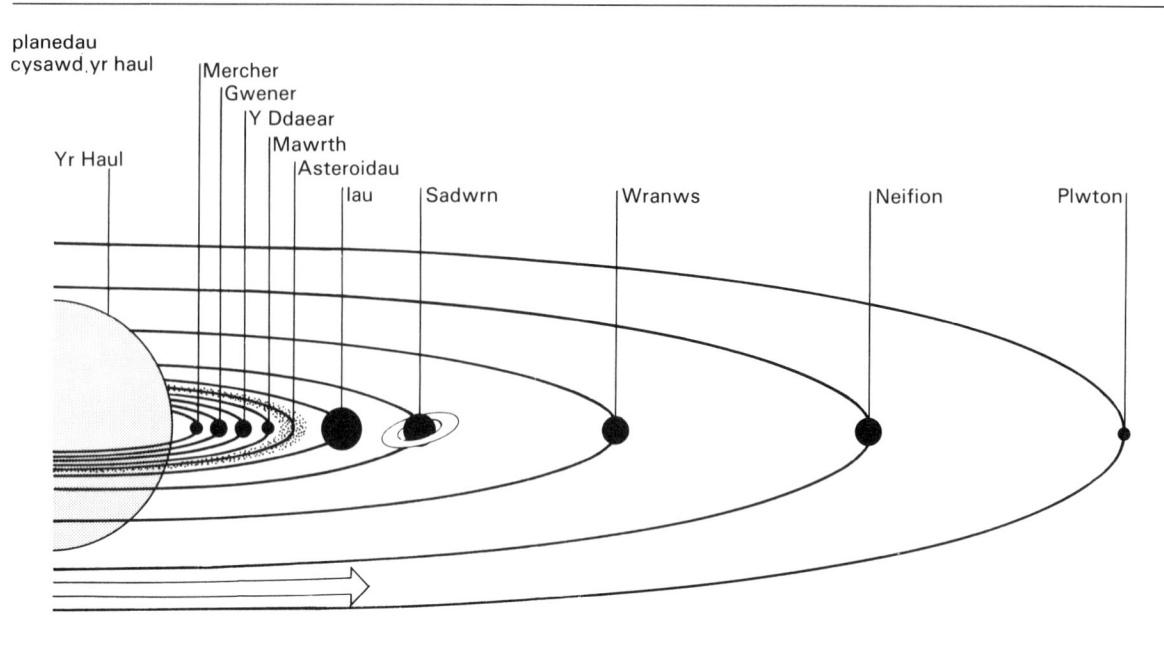

planedau cysawd yr haul

Yr Haul | Mercher | Gwener | Y Ddaear | Mawrth | Asteroidau | Iau | Sadwrn | Wranws | Neifion | Plwton

plagio *be* achosi trafferth barhaus i rywun neu rywbeth; poeni, gwneud sbort am ben TO PLAGUE, TO PESTER

plaid *hon eb* (pleidiau) cymdeithas o bobl sy'n rhannu'r un daliadau gwleidyddol PARTY

  y Blaid Geidwadol plaid wleidyddol sy'n amheus o unrhyw newidiadau cymdeithasol chwyldroadol ac sy'n credu mai trwy gystadleuaeth breifat y mae gwella economi'r wlad CONSERVATIVE PARTY

  y Blaid Lafur plaid wleidyddol sy'n credu mewn sosialaeth ac sy'n ceisio gwella cyflwr y tlodion LABOUR PARTY

  y Blaid Ryddfrydol plaid wleidyddol a gredai mewn gwella cyflwr masnachol a chymdeithasol pobl trwy gydbwysedd awdurdod rhwng cyflogwyr, undebau a'r llywodraeth heb fod gormod o rym gan yr un ohonynt LIBERAL PARTY

  bod o blaid cefnogi, bod dros, bod yn gefnogaeth i *(Wyt ti o blaid mynd allan i ganu carolau?)* TO BE IN FAVOUR OF

  Plaid Cymru plaid wleidyddol sy'n gweithio dros gael senedd i Gymru

plân¹ *hwn eg* (planau) (mewn mathemateg)
1 wyneb hollol wastad a llyfn heb drwch iddo PLANE
2 (mewn geometreg) math o wyneb lle y mae unrhyw linell yn cysylltu dau bwynt i'w chael ar yr wyneb hwnnw yn unig PLANE

plân² *gw.* **plaen ²: plân**

planced *hon eb* (plancedi) unrhyw orchudd meddal trwchus *(planced o eira)*, yn arbennig gorchudd trwchus a ddefnyddir i'ch cadw'n gynnes yn y gwely; blanced, gwrthban BLANKET

planed *hon eb* (planedau) un o'r cyrff yn y gofod sy'n cylchdroi o gwmpas seren (yn arbennig felly yr Haul); dyma enwau'r planedau yng nghysawd ein haul ni yn nhrefn eu pellter o'r Haul: Mercher, Gwener, Y Ddaear, Mawrth, Iau, Sadwrn, Wranus, Neifion, Plwton PLANET

planhigfa *hon eb* (planigfeydd)
1 darn mawr o dir lle y mae te, cotwm, siwgr, rwber neu fananas yn cael eu tyfu PLANTATION
2 nifer mawr iawn o goed sydd wedi cael eu plannu PLANTATION

planhigyn *hwn eg* (planhigion)
1 unrhyw beth byw nad yw'n anifail, e.e. coed, llwyni, porfa, llysiau, gwymon PLANT
2 peth byw â dail, gwreiddiau a choes meddal (o'i gyferbynnu â choeden) *(planhigyn tomato)* PLANT
3 tyfiant neu lysieuyn ifanc sy'n barod i'w blannu yn rhywle arall *(Plannodd y ffermwr gannoedd o blanhigion bresych yn y cae gwaelod.)* PLANT

plannu *be* gosod (hadau neu blanhigion) yn y ddaear i dyfu; dodi TO PLANT (plennais, plenni)
Sylwch: dyblwch yr 'n' ym mhob un o ffurfiau'r ferf ac eithrio'r rhai sy'n cynnwys '-as-'; *plennais, plannwyd*, ond *planasant*.

plant *hyn ell* mwy nag un **plentyn**
  chwarae plant *gw.* **chwarae**

plantos *hyn ell* plant bach LITTLE CHILDREN, KIDS

planwydd *hyn ell* mwy nag un blanwydden [**planwydden**]; un o nifer o fathau o goed sydd â dail a changhennau llydan ac sy'n cael eu plannu mewn trefi fel arfer PLANE TREES □ *coed* t.617

plas hwn *eg* (plasau)
  1 tŷ mawr crand y mae brenin, brenhines neu esgob yn byw ynddo; palas PALACE
  2 tŷ mawr (a fyddai yn y gorffennol yn gartref i'r sgweier a'i deulu, neu i dirfeddiannwr cyfoethog); plasty MANSION, COUNTRY HOUSE

plastai *hyn ell* mwy nag un **plasty**

plastig¹ hwn *eg* (plastigion) un o nifer o fathau o sylweddau cemegol sydd wedi'u datblygu gan ddyn ac sy'n hawdd eu mowldio pan fyddant yn feddal ac sy'n cadw eu ffurf pan fyddant yn galed PLASTIC

plastig² *a* gair i ddisgrifio:
  1 rhywbeth sy'n hawdd ei lunio a'i blygu i wahanol ffurfiau ac sy'n cadw'r ffurf honno wedyn PLASTIC
  2 rhywbeth sydd wedi'i wneud o blastig PLASTIC

plastr hwn *eg* (plastrau)
  1 cymysgedd drwchus o galch, tywod a dŵr (a sment weithiau) sy'n cael ei thaenu ar waliau noeth ac sy'n ffurfio wyneb llyfn, caled pan fydd wedi sychu PLASTER
  2 bandin sy'n cael ei lynu wrth friw neu ddolur i'w warchod nes ei fod wedi gwella PLASTER
  3 plastr Paris, cymysgedd drwchus o gypswm (powdr gwyn meddal tebyg i galch) a dŵr, sy'n blastig pan fydd yn wlyb ac sy'n caledu wrth sychu; mae'n cael ei ddefnyddio gyda chadachau i rwymo esgyrn sydd wedi torri, neu i fowldio addurniadau ohono PLASTER OF PARIS
  yn blastr o yn drwch o, llawn o

plastro *be*
  1 taenu plastr ar wal TO PLASTER
  2 taenu (yn rhy dew fel arfer) (*plastro menyn ar y bara*) TO PLASTER

plasty hwn *eg* (plastai) tŷ mawr, cartref bonheddwr MANSION

plât hwn *eg* (platiau)
  1 math o ddysgl gron neu hirgron â gwaelod gwastad sy'n cael ei defnyddio i weini bwyd neu i fwyta bwyd oddi arni PLATE
  2 darn tenau, gwastad o fetel, gwydr, plastig ac ati a ddefnyddir wrth adeiladu neu mewn peiriannau PLATE
  3 darn o wydr tenau a chemegion wedi'u taenu arno sy'n adweithio i olau fel bod modd ei ddefnyddio i dynnu llun (â chamera) PLATE
  4 darn tenau o fetel, gwydr ac ati a chemegion arno sy'n cael ei ddefnyddio i argraffu print neu ddarluniau ohono PLATE
  5 llun ar dudalen o bapur arbennig sy'n wahanol i weddill y llyfr PLATE
  6 darn gwastad, tenau o fetel wedi'i osod ar wal ac enw person neu gwmni arno PLATE
  7 un o nifer o rannau enfawr, symudol sy'n ffurfio cramen y ddaear PLATE
  8 y darn tenau o blastig y mae dannedd gosod yn cael eu glynu wrtho PLATE
  gormod ar fy (dy, ei etc.) mhlât rhy brysur; gormod o bethau i'w gwneud TOO MUCH ON MY PLATE

plataid hwn *eg* (plateidi:plateidiau) llond plât (o fwyd) PLATEFUL

platinwm hwn *eg* metel llwyd-olau pur iawn nad yw'n staenio ac a ddefnyddir mewn gwaith gwneud gemau ac mewn adweithiau cemegol PLATINUM

ple¹ hwn *eg*
  1 deisyfiad awyddus, cais taer iawn (*'Plîs ga i fynd i'r ffair?' oedd ple y plentyn.*) PLEA
  2 (yn gyfreithiol) datganiad gan amddiffynnydd mewn llys barn i ddweud a yw'n euog neu'n ddieuog PLEA

ple² *rhagenw gofynnol* pa le (*I ble'r wyt ti'n mynd? Ym mhle mae hwnna?*) WHERE?

pledio *be*
  1 crefu, erfyn, ymbil TO PLEAD
  2 gwneud esgus (*Mae'n rhaid imi bledio fy anwybodaeth yn y mater hwn.*) TO PLEAD
  3 dadlau dros (*pledio hawliau'r di-waith*) TO PLEAD, TO ARGUE
  4 (yn gyfreithiol) datgan fel amddiffynnydd mewn llys barn eich bod yn euog neu yn ddieuog TO PLEAD

pledren hon *eb* (pledrenni:pledrennau)
  1 cwdyn o groen o fewn y corff lle mae dŵr (wrin) yn casglu cyn iddo gael ei waredu o'r corff BLADDER
  2 cwdyn o groen, lledr neu rwber y mae modd ei lenwi ag aer (neu hylif) (a'i osod o fewn pêl-droed neu bêl rygbi er enghraifft) BLADDER

plegid fel yn *o'm plegid, o'th blegid* etc. gw. **oblegid**

pleidiau *hyn ell* mwy nag un blaid [**plaid**]

pleidiol *a* gair i ddisgrifio rhywun neu rywbeth sydd dros neu o blaid rhywbeth, sy'n gefnogol i rywbeth (*'pleidiol wyf i'm gwlad'*) PARTIAL, FAVOURABLE, IN FAVOUR OF

pleidlais hon *eb* (pleidleisiau)
  1 y weithred o ddewis neu benderfynu trwy bleidleisio VOTE
  2 y dewis rydych chi'n ei wneud wrth bleidleisio (*Dros bwy rwyt ti'n mynd i fwrw dy bleidlais yn yr etholiad?*) VOTE
  3 yr hawl i bleidleisio (*Ymdrechodd Emmeline Pankhurst yn galed i gael pleidlais i ferched.*) VOTE

pleidleisio *be* dangos eich dewis yn ffurfiol trwy nodi darn o bapur yn gyfrinachol, neu godi llaw neu weiddi o blaid neu yn erbyn mewn cyfarfod; bwrw pleidlais TO VOTE, TO POLL

plennais *bf* fe wnes i blannu [**plannu**]

plenni *bf* rwyt ti'n **plannu**; byddi di'n **plannu**
plentyn hwn *eg* (plant)
  1 baban *(Cawson nhw blentyn ar ddydd Nadolig.)* CHILD
  2 bachgen neu ferch ifanc *(Pwy yw'r plentyn 'na sy'n canu nawr?)* CHILD
  3 mab neu ferch *(Plant William Jones Maes-llan yw Dafydd a Lowri.)* CHILD
  plentyn dan anfantais HANDICAPPED CHILD
  plentyn llwyn a pherth plentyn siawns
  plentyn siawns plentyn anghyfreithlon, plentyn sy'n cael ei eni i wraig ddibriod ILLEGITIMATE CHILD
  plentyn sugno babi sy'n dal i sugno llaeth ei fam
plentyndod hwn *eg* y cyfnod o fod yn blentyn CHILDHOOD
  ail blentyndod gwendid meddwl a achosir gan henaint SECOND CHILDHOOD
plentynnaidd *a* gair i ddisgrifio (mewn ffordd feirniadol) rywun neu rywbeth sy'n ymddwyn fel plentyn neu sy'n addas i blentyn; anaeddfed, anaddas i oedolyn CHILDISH, INFANTILE
pleser hwn *eg* (pleserau) yr hapusrwydd neu'r boddhad rydych chi'n ei gael pan fyddwch wrth eich bodd; hyfrydwch, llawenydd PLEASURE
pleserus *a* gair i ddisgrifio rhywbeth sy'n rhoi pleser; hyfryd, dymunol PLEASANT
plesio *be* gwneud (rhywun) yn hapus, rhyngu bodd, boddhau *(Ydy'r anrheg yn plesio? Mae'n un anodd ei blesio.)* TO PLEASE, TO SATISFY
plet:pleten hon *eb* (pletau) ôl plyg wedi'i wasgu i frethyn (neu unrhyw ddefnydd arall) PLEAT, CREASE
pletio *be* plygu rhywbeth gan adael ôl y plyg ynddo TO PLEAT
pleth:plethen hon *eb* (plethi:plethau) llinyn (o wallt gan amlaf) wedi'i ffurfio trwy blethu tri neu ragor o linynnau trwy'i gilydd PLAIT, PIGTAIL ☐ *cyfrodeddu*
plethu *be* cyfrodeddu neu wau tri neu ragor o linynnau (o wallt, gwellt ac ati) trwy'i gilydd i ffurfio un llinyn sy'n debyg i raff TO PLAIT, TO BRAID ☐ *cyfrodeddu*
  plethu breichiau gosod eich breichiau ynghyd ar y frest TO FOLD ONE'S ARMS
plicio *be*
  1 tynnu rhywbeth (e.e. pluen) o'i wraidd TO PLUCK
  2 pilio, tynnu croen, crafu (tatws, afalau ac ati) TO PEEL, TO PARE
plisgyn hwn *eg* (plisg) croen caled y tu allan i rywbeth, sy'n ei amddiffyn (nid y cnewyllyn neu'r bywyn), e.e. *plisgyn wy, pys, cnau* ac ati; masgl, cibyn SHELL, POD, HUSK
plisman:plismon hwn *eg* (plismyn) aelod o'r heddlu, heddwas, heddgeidwad POLICEMAN

plismona *be* (plismyn yn) cadw golwg graff ar rywun neu rywbeth, gwylio'n ofalus (er mwyn amddiffyn rhywun neu rywbeth) TO POLICE
plith hwn *eg* canol MIDST
  blith draphlith gw. **blith**
  i blith i ganol INTO THE MIDST
  o blith o ganol FROM THE MIDST
  ymhlith yng nghanol AMONG
plocyn hwn *eg* (plociau) darn o bren, e.e. darn bach sgwâr i blentyn chwarae ag ef neu ddarn o foncyff coeden BLOCK
plorod hyn *ell* mwy nag un **ploryn**, anhwylder croen sy'n gyffredin ymhlith pobl ifainc ACNE
ploryn hwn *eg* (plorynnod:plorod) darn bach o groen sydd wedi codi ac sy'n llawn crawn; tosyn PIMPLE, SPOT
plu hyn *ell* mwy nag un bluen [**pluen**]
  plu eira darnau eira SNOWFLAKES
  plu'r gweunydd planhigyn sy'n aelod o deulu'r hesg ac sydd â phigau main a thwffyn gwyn o flodyn tebyg i wlân cotwm COTTON-GRASS
pluen hon *eb* (plu)
  1 un o'r nifer helaeth o ddarnau ysgafn, tenau sy'n tyfu ar hyd corff ac adenydd aderyn FEATHER ☐ *aderyn*
  2 rhywbeth tebyg o ran siâp i gleren/pry sy'n cael ei wneud o blu, sidan, edau a bachyn, a'i ddefnyddio yn abwyd gan bysgotwr FLY
  3 (mewn gêm o golff) sgôr sydd un ergyd yn llai na'r cyfartaledd BIRDIE
  4 un darn o eira FLAKE

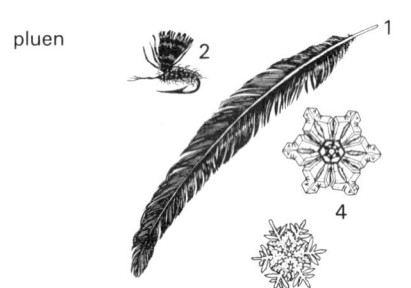

pluen 2 1 4

plufyn hwn *eg* (pluf) gair arall am bluen [**pluen**]
pluo:plufio *be* tynnu plu *(pluo ieir cyn eu coginio)* TO PLUCK
pluog *a* gair i ddisgrifio rhywbeth sydd â chot o blu, neu sy'n edrych fel plu FEATHERED, FEATHERY
  da pluog gw. **da**
plwc hwn *eg* (plyciau)
  1 tyniad byr, cryf *(teimlo plwc ar y wialen bysgota)* JERK, PLUCK, TUG
  2 ysbaid o amser *(ymhen plwc o amser)* A WHILE
  3 gwroldeb, dewrder PLUCK, COURAGE

chwythu fy (dy, ei etc.) mhlwc colli pob grym ac egni TO RUN OUT OF STEAM

plwg *hwn eg* (plygiau)
1 rhywbeth sy'n cael ei ddefnyddio i lenwi twll (e.e. i gadw dŵr mewn bath) PLUG
2 dyfais â phinnau metel sy'n ffitio i dyllau mewn soced trydan PLUG

plwg tanio rhywbeth sy'n sgriwio i mewn i beiriant petrol ac yn cynhyrchu'r wreichionen drydanol sy'n tanio'r gymysgedd o aer a phetrol sy'n gyrru'r peiriant SPARKING-PLUG

plwm[1] *hwn eg* metel meddal, trwm sy'n cael ei ddefnyddio, e.e., i wneud to adeilad yn ddiddos LEAD

plwm[2] *a* gair i ddisgrifio rhywbeth:
1 wedi'i wneud o blwm LEADEN
2 sy'n hollol syth o'i ben i'w waelod (y mae modd ei brofi trwy hongian llinyn a phwysau ar un pen iddo wrth ei ymyl) PLUMB

plwmp *a* (fel yn *siarad yn blwmp ac yn blaen*) heb flewyn ar dafod STRAIGHT

plws *hwn eg* (plysau) arwydd (+) sy'n dangos bod angen adio dau neu ragor o rifau at ei gilydd, neu fod rhif yn fwy na sero; gwrthwyneb minws PLUS

Plwton *hon eb* y blaned sydd nawfed (a phellaf) yn nhrefn pellter y planedau o'r Haul PLUTO □ *planedau*

plwtoniwm *hwn eg* elfen ymbelydrol sydd wedi'i chreu gan ddyn o wraniwm, ac a ddefnyddir i gynhyrchu ynni niwclear PLUTONIUM

plwyf *hwn eg* (plwyfi)
1 ardal sydd dan ofal offeiriad ac sydd ag un brif eglwys PARISH
2 yr uned isaf o lywodraeth leol yn y gorffennol; byddai'n cael ei gweinyddu gan gyngor plwyf; erbyn hyn mae'r cyngor bro neu gymuned wedi cymryd lle'r cyngor plwyf PARISH

ennill fy (dy, ei etc.) mhlwyf cael fy nghydnabod TO WIN RECOGNITION

plwyfol *a* gair i ddisgrifio:
1 rhywbeth neu rywun sy'n ymwneud ag eglwys y plwyf neu'r cyngor plwyf PAROCHIAL
2 rhywun nad oes ganddo ddiddordeb yn unman ond ei ardal ei hunan; rhywun cul ei ddiddordebau PAROCHIAL

plwyfolion *hyn ell* y bobl hynny sy'n byw o fewn ffiniau plwyf PARISHIONERS

plyciau *hyn ell* mwy nag un **plwc**

plycio *be* tynnu'n siarp ac yn gryf, rhoi plwc TO PLUCK, TO JERK

plyg *hwn eg* (plygion)
1 rhan o ddefnydd neu frethyn sy'n codi fel ton uwchben darn arall o'r un defnydd (*plygion y llenni melfaréd*) FOLD
2 ôl rhywbeth sydd wedi cael ei blygu FOLD, CREASE
3 y cafn sy'n cael ei ffurfio wrth blygu rhywbeth FOLD
4 llinell sy'n cael ei gadael mewn papur neu frethyn wrth ei blygu a'i wasgu; plet CREASE, PLEAT

yn ei blyg wedi'i blygu (*Gadewch y dillad ar y gadair yn eu plyg. Ar ôl gwneud dolur i'w gefn mae'n cerdded i bobman yn ei blyg.*) FOLDED, DOUBLED UP

plygain *hwn neu hon egb* (plygeiniau)
1 yr adeg o gwmpas toriad gwawr DAWN
2 gwasanaeth crefyddol boreol:
i) gweddïau arbennig ar gyfer y cyfnod rhwng 12 o'r gloch y nos a 4 o'r gloch y bore MATINS
ii) gwasanaeth eglwysig boreol MATINS
3 gwasanaeth Cymraeg o ganu carolau, yn wreiddiol, yn gynnar ar fore dydd Nadolig yng ngoleuni canhwyllau; erbyn hyn, math o wasanaeth carolau arbennig a gynhelir ar fin nos o gwmpas y Nadolig ac a gysylltir yn arbennig â'r hen sir Drefaldwyn; byddai'n cael ei alw'n wasanaeth 'pylgain' yn y De

plygeiniol *a* cynnar iawn y bore, bore VERY EARLY

plygiad:plygiant *hwn eg* (plygiadau)
1 plyg FOLD, CREASE
2 y newid neu'r gwyriad a geir yng nghyfeiriad goleuni wrth iddo dreiddio drwy wydr neu hylif ar ongl REFRACTION

plygiau *hyn ell* mwy nag un **plwg**

plygu *be*
1 gwneud rhywbeth yn gam neu'n grwm (trwy rym) (*Roedd fframyn y beic wedi plygu ar ôl iddo fwrw yn erbyn y wal.*) TO BEND
2 cydio mewn papur, brethyn, defnydd ac ati a phwyso un hanner ohono ar ben yr hanner arall (*plygu'r lliain bwrdd*) TO FOLD
3 ymostwng, rhoi'ch hunan dan awdurdod rhywun neu rywbeth arall (*plygu i'r drefn*) TO SUBMIT, TO BOW TO
4 moesymgrymu, gwyro pen neu gorff TO BOW, TO STOOP
5 peri i oleuni newid ei gyfeiriad wrth iddo dreiddio trwy wydr neu hylif TO REFRACT

plymio *be*
1 neidio i mewn i ddŵr llwyr eich pen (â'ch pen gyntaf), deifio TO DIVE, TO PLUMB
2 mesur dyfnder môr, afon neu lyn gan ddefnyddio llinyn mesur arbennig a phwysau ar ei flaen TO PLUMB, TO SOUND

plysau *hyn ell* mwy nag un **plws**

po *geiryn* mae'n cael ei ddefnyddio o flaen ansoddair yn y radd eithaf, e.e. *gorau po gyntaf* THE SOONER THE BETTER *po fwyaf y tâl, mwyaf y gwaith* THE... THE...

pob¹ *a* yr holl (fesul un ac ar wahân) *(Gofalwch fod pob plentyn yn cael un.)* EACH, EVERY, ALL (pobman, popeth)
Sylwch: nid yw *pob* yn achosi treiglad *(pob dyn* a *phob merch).*

bob o:bob i yr un *(bob o bunt; bob o gic lan y pen ôl)* EACH (pobman, popeth)

bob yn ... fesul *(bob yn dipyn; bob yn un/ddau/dri* etc.) (BIT) BY (BIT), (ONE) BY (ONE)

bob yn ail gw. **ail**

pob² *a* gair i ddisgrifio rhywbeth sydd wedi cael ei bobi, ei goginio yn y ffwrn *(ffa pob; tatws pob)* BAKED

pobi *be* coginio mewn ffwrn mewn gwres sych (h.y. heb saim fel arfer); crasu, digoni TO BAKE

pobiad *hwn eg* (pobiadau)
1 y weithred o bobi A BAKING
2 cymaint o bethau ag sy'n cael eu pobi ar yr un tro *(pobiad o fara)* A BAKING

pobl *hyn enw torfol benywaidd* (pobloedd)
1 personau yn gyffredinol *(Pwy yw'r holl bobl yma?)* PEOPLE, FOLK
2 cenedl neu hil *(holl bobloedd Ewrop)* PEOPLE
Sylwch:
1 er mai ffurf unigol yw 'pobl' mae'r ystyr yn dorfol ac felly y mae'n digwydd yn aml gyda ffurf luosog ansoddair, e.e. *pobl dlawd* neu *pobl dlodion, pobl ifainc.*
2 ar dreiglad afreolaidd yn y ffurf luosog **y bobloedd**.

poblog *a* gair i ddisgrifio rhywle (ardal neu wlad) lle mae llawer o bobl yn byw POPULOUS

poblogaeth *hon eb*
1 nifer y bobl sy'n byw mewn lle arbennig *(Os bydd y cynnydd presennol yn parhau bydd poblogaeth y byd dros 6,000 o filiynau erbyn y flwyddyn 2000.)* POPULATION
2 y bobl sy'n byw mewn lle arbennig *(Mae hanner y boblogaeth yn yr ardal hon heb drydan o hyd.)* POPULATION

poblogaidd *a* gair i ddisgrifio rhywun neu rywbeth y mae llawer o bobl yn ei hoffi POPULAR

poblogeiddio *be* gwneud rhywun neu rywbeth yn boblogaidd TO POPULARIZE

poblogrwydd *hwn eg* y cyflwr o fod yn boblogaidd, o fod â llawer iawn o bobl yn eich hoffi neu'n eich edmygu POPULARITY

pobman *hwn eg* pob man EVERYWHERE

pobo:pobi *a* yr un *(pobo un; pobo afal)* EACH, APIECE

pobydd *hwn eg* (pobyddion) person sy'n pobi/crasu bara a theisennod (yn arbennig rhywun sy'n ennill bywoliaeth wrth y gwaith hwn) BAKER

poced *hwn neu hon egb* (pocedi)
1 peth tebyg i fag bach o liain neu frethyn wedi'i wnïo ar neu oddi mewn i ddilledyn *(poced fy nghot)* POCKET
2 un o chwech o fagiau arbennig a geir ar ymylon bwrdd biliards i ddal y peli sy'n cael eu bwrw iddynt POCKET

pocedaid *hon eb* (pocedeidiau) llond poced POCKETFUL

pocedu *be*
1 gosod yn (eich) poced TO POCKET
2 meddiannu, perchenogi (ag awgrym o anonestrwydd) TO POCKET
3 bwrw pêl filiards neu snwcer i boced TO POT

pocer:procer *hwn eg* (poceri:pocerau:proceri:procerau) rhoden o fetel ar gyfer procio'r tân er mwyn iddo gynnau'n well POKER

poen *hwn neu hon egb* (poenau)
1 dolur, gloes, gwayw, y teimlad a gewch pan fydd rhywbeth yn eich brifo neu pan fyddwch wedi cael dolur PAIN, ACHE
2 y teimlad o fod yn flin, neu rywun neu rywbeth sy'n achosi'r teimlad hwnnw *(Mae John wedi mynd yn dipyn o boen yn ddiweddar.)* PAIN-IN-THE-NECK, NUISANCE

am fy (dy, ei etc.) mhoen am fy nhrafferth, am fy ymdrechion FOR MY TROUBLE

poendod *hwn eg* rhywun neu rywbeth sy'n eich poeni, sy'n peri pryder meddwl, sy'n gwneud ichi deimlo'n flin ac eto nad oes modd cael gwared arno PEST, NUISANCE

poeni *be*
1 gwneud dolur, peri dioddefaint, brifo *(Mae fy nghoes yn dal i boeni ar ôl imi gael fy nghicio wrth chwarae pêl-droed.)* TO PAIN, TO HURT
2 gofidio, pryderu, becso *(Well iti fynd adre nawr, Ann, neu fe fydd dy fam yn dechrau poeni amdanat.)* TO WORRY, TO FRET
3 peri trafferth, blino, cythruddo *('A'r hyn sy'n poeni'r ardal hon yw defaid William Morgan.')* TO WORRY, TO PLAGUE
4 cwyno ac achwyn yn barhaus er mwyn cael eich ffordd eich hun *(Mae e wedi bod yn poeni, poeni, drwy'r bore, eisiau mynd i'r dref.)* TO NAG, TO PESTER
5 gwneud sbort am ben rhywun mewn ffordd angharedig; tynnu coes, plagio *(Paid â phoeni dy chwaer!)* TO TEASE, TO PROVOKE
6 mynd i drafferth TO BOTHER

poenus *a* gair i ddisgrifio rhywbeth sy'n brifo/poeni neu sy'n achosi poen *(Mae'r hen goes yn boenus y bore 'ma.)* PAINFUL, SORE, ACHING

poenydio *be* peri poen dirfawr i rywun (yn fwriadol fel arfer, er mwyn ei gosbi neu er mwyn ei orfodi i ddatgelu cyfrinach) TO TORTURE, TO TORMENT

poenydiwr *hwn eg* (poenydwyr) person sy'n poenydio TORMENTOR

poenyn *hwn eg* person sy'n hoff o dynnu coes TEASE

poer:poeri¹ *hwn eg* yr hylif naturiol yn y geg sy'n ein helpu i dreulio ac i lyncu bwyd SALIVA, SPIT

poeri² *be*
1 crynhoi poer neu hylif arall yn y geg a'i chwythu allan â chryn egni TO SPIT
2 hisian *(Cododd y gath ei chefn a dechrau poeri.)* TO SPIT, TO HISS

poeth *a* gair i ddisgrifio:
1 rhywbeth cynnes iawn, rhywbeth twym iawn, gwrthwyneb oer *(Mae'r haul yn boeth heddiw.)* HOT
2 rhywbeth sy'n rhoi blas sy'n llosgi'r tafod *(Mae powdr cyrri yn gwneud bwydydd yn boeth iawn.)* HOT, SPICY
3 rhywun, mewn gêm, sy'n agos at ddarganfod rhywbeth sydd wedi cael ei guddio HOT

poethi *be*
1 mynd yn boeth, twymo, cynhesu *(Gwell iti ddiffodd y peiriant—mae'n dechrau poethi.)* TO GET HOT
2 gwneud yn boeth, twymo, cynhesu *(A wnei di boethi'r dŵr er mwyn imi gael bath?)* TO HEAT

poethion *a* gair i ddisgrifio mwy nag un peth **poeth**, e.e. *danadl poethion*

pôl *hwn eg* (polau)
1 dau ben eithaf batri lle mae'r egni gryfaf POLE
2 y pleidleisiau sy'n cael eu bwrw mewn etholiad *(Mae'r pôl yn aml yn uchel pan fydd hi'n dywydd braf.)* POLL
3 fel yn *pôl piniwn*, sef amcangyfrif o farn y bobl o ganlyniad i holi sampl ohonynt POLL (pegwn)

polion *hyn ell* mwy nag un **polyn**

polisi *hwn eg* (polisïau)
1 nod neu gynllun gweithredu unrhyw berson neu grŵp (megis plaid wleidyddol, llywodraeth, cwmni masnachol ac ati) ynglŷn â sut i reoli eu gweithgareddau *(Polisi'r Cyngor Sir yw cau pob ysgol sydd â llai nag ugain o blant.)* POLICY
2 cytundeb ysgrifenedig â chwmni yswiriant POLICY

politicaidd *a* gair i ddisgrifio rhywbeth sy'n ymwneud â gwleidyddiaeth a phleidiau gwleidyddol; gwleidyddol POLITICAL

polygon *hwn eg* (polygonau) siâp ar blân sy'n cael ei amgylchynu â llinellau syth yn unig, e.e. triongl, sgwâr, petryal POLYGON

polyn *hwn eg* (polion) postyn hir, main; gwialen braff, hir o bren neu fetel POLE

polythen *hwn eg* math o blastig nad yw'n cael ei effeithio lawer gan ddŵr neu sylweddau cemegol ac sy'n cael ei ddefnyddio yn aml fel gorchudd neu i wneud bagiau ohono POLYTHENE

pomgranad *hwn eg* (pomgranadau) ffrwyth coch sy'n cynnwys llawer iawn o hadau melys o fewn croen caled POMEGRANATE □ *ffrwythau* t.626

pompren *hon eb* pont fach o bren i gerdded (yn hytrach na gyrru) drosti FOOT-BRIDGE

ponc *hon eb* (poncau:ponciau)
1 bryn, bryncyn, twmpath BANK, HILLOCK
2 adran o chwarel (lechi) sydd yn cael ei chloddio GALLERY (IN A SLATE QUARRY)

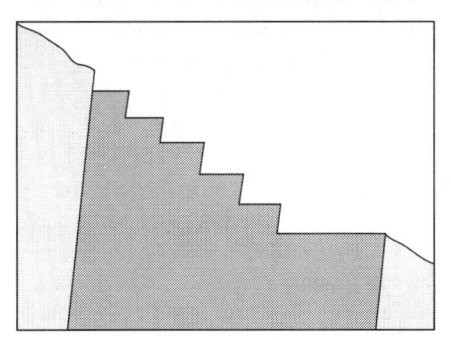

poni *hon eb* (ponis) ebol neu eboles; ceffyl bach PONY
Sylwch: er mai benywaidd yw 'poni' *(dwy boni)* nid yw'n treiglo ar ôl 'y' *(y poni hon)*.

ponsio *be*
1 gwneud stomp o bethau, ymyrryd â, gwneud cawl, drysu, gwneud smonach TO MUCK UP, TO BUNGLE
2 trafferthu *(Paid â phonsio ysgrifennu llythyr—bydd galwad ffôn yn gwneud y tro.)* TO BOTHER

pont *hon eb* (pontydd)
1 adeiladwaith (o goed, cerrig neu haearn ac ati) sy'n mynd â heol ar draws cwm neu afon neu rwystr arall BRIDGE

2 rhan ar long sydd wedi cael ei chodi'n ddigon uchel fel y gall y swyddog sydd ar ddyletswydd weld yn glir ohoni BRIDGE

3 rhywbeth tebyg i bont o ran ffurf neu swyddogaeth BRIDGE, ARCH

pont grog math o bont sy'n crogi neu'n hongian wrth wifrau neu farrau, e.e. Pont Hafren, Pont Menai SUSPENSION BRIDGE

pont yr ysgwydd y naill neu'r llall o bâr o esgyrn sy'n clymu asennau person wrth ei ysgwyddau, asgwrn blaen yr ysgwydd COLLAR-BONE, CLAVICLE □ *corff* t.630

Pontarfynach *enw lle* DEVIL'S BRIDGE

Pont-faen gw. **Y Bont-faen**

pontio *be*

1 adeiladu pont ar draws rhywbeth TO BRIDGE

2 creu cysylltiad rhwng dau berson neu ddau syniad TO BRIDGE, TO SPAN

Pont-y-pŵl *enw lle* PONTYPOOL

pop[1] *hwn eg* diod felys yn cynnwys nwy byrlymus POP, MINERAL WATER

pop[2] *a* gair i ddisgrifio:

1 cerddoriaeth fodern syml sy'n boblogaidd am amser byr ac sydd, fel arfer, â churiad cryf POP (MUSIC)

2 dull o arlunio sy'n tynnu'n gryf ar arddull hysbysebion a chartwnau POP (ART)

popeth *hwn eg*

1 pob peth EVERYTHING

2 yr unig beth neu'r peth mwyaf pwysig (*Dydy arian ddim yn bopeth, cofiwch.*) EVERYTHING

poplysen *hon eb* (poplys) un o nifer o wahanol fathau o goed tal, tenau, gosgeiddig â phren meddal POPLAR □ *coed* t.616

poptu *hwn eg* pob ochr ALL SIDES, EITHER SIDE

o bobtu o bob tu, ar bob ochr (*eistedd o boptu'r tân*) AROUND, ON EITHER SIDE

popty *hwn eg* (poptai)

1 ffwrn; math o focs y mae modd ei gynhesu ar gyfer pobi, rhostio, crasu neu goginio (bara, cig, teisen ac ati) OVEN

2 y man lle mae pobydd yn gweithio ac yn crasu bara ac ati BAKEHOUSE

porc *hwn eg* cig mochyn heb ei halltu (ar gyfer ei goginio) PORK

porcyn *a* gair i ddisgrifio rhywun nad oes dillad amdano; noethlymun NUDE, STARK NAKED (pyrcs)

porchell *hwn eg* (perchyll) mochyn ifanc wedi'i besgi PORKER □ *mochyn*

porfa *hon eb* (porfeydd)

1 y planhigyn gwyrdd y mae defaid, gwartheg, geifr ac ati yn ei bori mewn caeau; glaswellt, gwelltglas GRASS

2 man lle y mae glaswellt yn cael ei dyfu yn fwyd i dda/gwartheg ac ati PASTURE

porffor[1] *hwn eg* lliw tywyll rhwng glas a choch PURPLE

porffor[2] *a* gair i ddisgrifio rhywbeth lliw tywyll rhwng glas a choch PURPLE □ t.622

pori *be*

1 (am anifeiliaid—llysysyddion) bwyta porfa TO GRAZE

2 darllen pytiau yma ac acw mewn llyfrau neu gylchgronau TO BROWSE (pawr)

portread *hwn eg* (portreadau) darlun o berson, mewn paent, mewn geiriau neu gan actor PORTRAIT, PORTRAYAL

portreadu *be*

1 gwneud darlun o berson neu olygfa TO PORTRAY

2 disgrifio person neu olygfa mewn geiriau neu gyflwyno person ar lwyfan (*Sut mae Saunders Lewis yn portreadu Blodeuwedd?*) TO PORTRAY

porth[1] *hwn eg* (pyrth)

1 drws (neu ddrysau) mawr megis drws castell neu eglwys DOOR

2 adeilad agored sy'n cysgodi mynedfa; cyntedd PORCH, LOBBY

porth[2] *hon eb* (pyrth) porthladd, harbwr, cysgod ac angorfa i gychod HARBOUR

Porthaethwy *enw lle* MENAI BRIDGE

porthi *be*

1 bwydo, rhoi ymborth neu fwyd i TO FEED

2 cymeradwyo (pregeth neu araith) yn uchel trwy wneud ebychiadau megis 'Ie, ie', 'Haleliwia', 'Amen'

porthiannus *a* gair i ddisgrifio rhywun neu rywbeth sy'n edrych fel petai'n cael digon o fwyd; a graen da arno WELL-FED

porthladd *hwn eg* (porthladdoedd)

1 darn o ddŵr cysgodol lle mae llongau a chychod yn ddiogel mewn tywydd garw HARBOUR

2 darn o ddŵr cysgodol lle mae llongau a chychod yn dadlwytho PORT

3 tref a phorthladd yn rhan ohoni PORT

porthmon *hwn eg* (porthmyn) dyn a fyddai, erstalwm, yn gyrru anifeiliaid (gwartheg, defaid, gwyddau ac ati) i'r farchnad (o Gymru i Loegr yn arbennig) DROVER

porthor *hwn eg* (porthorion)

1 person sy'n cael ei gyflogi i ofalu am ddrysau neu gyntedd gwesty, ysbyty, ysgol ac ati; ceidwad porth, gofalwr PORTER, JANITOR

2 person sy'n cael ei gyflogi i gario bagiau mewn gorsafoedd (trên, bws, awyren ac ati) PORTER

pos *hwn eg* (posau)

1 gêm neu gystadleuaeth sy'n anodd ei datrys PUZZLE

2 cwestiwn anodd (a doniol yn aml) y mae'n rhaid i

rywun geisio'i ateb *(Beth sydd mor hen â'r Ddaear ac eto ddim ond mis oed? Y lleuad.)* RIDDLE, POSER

pos croeseiriau pos geiriau lle'r ydych yn ysgrifennu'r atebion i gliwiau mewn sgwariau wedi'u rhifo; o gwblhau'r cyfan yn gywir mae modd darllen yr atebion ar draws ac ar i lawr; croesair CROSSWORD PUZZLE

posibiliadau hyn *ell* arwyddion y gall rhywun neu rywbeth fod yn dda, yn ddefnyddiol, yn fuddiol ac ati yn y dyfodol o gael ei drin yn y ffordd iawn POSSIBILITIES

posibilrwydd hwn *eg*
1 y cyflwr o fod yn bosibl *(Oes 'na bosibilrwydd y gallet ti warchod y plant heno?)* POSSIBILITY
2 tebygolrwydd *(Mae yna bosibilrwydd y byddwn yn symud i Gaerdydd cyn bo hir.)* POSSIBILITY

posibl *a* gair i ddisgrifio:
1 rhywbeth y mae modd iddo ddigwydd neu fodoli neu gael ei gyflawni *(Fe wnaf fi bopeth posibl i'th helpu.)* POSSIBLE
2 rhywbeth a allai ddigwydd neu beidio *(Mae'n bosibl yr af i'r wythnos nesaf ond nid wyf yn siŵr eto.)* POSSIBLE, FEASIBLE
3 rhywbeth derbyniol, sy'n gwneud y tro *(Dyna un o nifer o atebion posibl.)* POSSIBLE

positif *a* gair i ddisgrifio:
1 prawf meddygol sy'n dangos bod arwyddion o glefyd yn y corff POSITIVE
2 rhywun neu rywbeth effeithiol, cadarnhaol, o les ymarferol *(Mae'n rhaid inni ymateb mewn ffordd bositif i'r cais yma am gymorth.)* POSITIVE
3 (mewn mathemateg) rhif sy'n fwy na 0 (sero) POSITIVE
4 y math o drydan a geir ar ddarn o wydr o'i rwbio â sidan POSITIVE
5 llun wedi'i dynnu gan gamera lle mae'r lliwiau yn naturiol a heb gael eu gwyrdroi fel yn y negydd POSITIVE

(y) post[1] hwn *eg*
1 system swyddogol sy'n casglu a dosbarthu llythyrau, parseli ac ati *(anfon llythyr drwy'r post)* POST, MAIL
2 y llythyrau, parseli ac ati sy'n cael eu casglu a'u dosbarthu'n rheolaidd gan y post *(Faint o'r gloch mae'r post yn mynd?)* POST, MAIL
3 swyddfa bost POST OFFICE

post[2] *a* fel yn *yn ddall/yn fyddar bost; yn wirion bost* hollol, cwbl COMPLETE, UTTER

post[3] gw. **postyn:post**

poster hwn *eg* (posteri) hysbyseb neu ddarlun mawr sy'n cael ei osod mewn lle cyhoeddus POSTER

postio *be* danfon rhywbeth drwy'r post naill ai trwy fynd ag ef i swyddfa bost neu trwy ei osod mewn blwch casglu arbennig TO POST

postman:postmon hwn *eg* (postmyn) person sy'n cael ei gyflogi i gasglu a dosbarthu llythyrau, parseli ac ati POSTMAN

postyn:post hwn *eg* (pyst) polyn praff, cryf o bren neu fetel wedi'i osod yn y ddaear neu ryw sylfaen arall, i gynnal rhywbeth fel arfer *(postyn g(i)ât; postyn gwifrau trydan)* POST

taro'r post i'r pared glywed dweud rhywbeth wrth rywun pan fo rhywun arall o fewn clyw fel bod hwnnw/honno'n clywed yr hyn sydd gennych i'w ddweud

potel hon *eb* (poteli)
1 cynhwysydd o wydr neu blastig â gwddf cul ond heb ddolen BOTTLE
2 diod feddwol *(Mae e wedi bod ar y botel eto.)* (ON THE) BOTTLE

potel ddŵr poeth math o fag rwber y mae modd ei lenwi â dŵr poeth er mwyn cynhesu'r gwely; jar HOT-WATER BOTTLE

potelaid hon *eb* (poteleidi:poteleidiau) llond potel BOTTLEFUL

potelu *be* rhoi rhywbeth mewn potel a'i chau (llaeth, gwin, ffrwythau ac ati) er mwyn ei gadw rhag mynd yn ofer; cyffeithio TO BOTTLE

potes hwn *eg* (gair y Gogledd) bwyd gwlyb ar ffurf hylif a darnau o lysiau, cig neu bysgod wedi'u berwi ynddo; cawl SOUP, BROTH

lol botes (maip) ffolineb, ffwlbri RUBBISH

potes eildwym cawl eildwym, rhywbeth nad yw'n ffres nac yn flasus REHASH

rhyngddo ef a'i botes rhaid iddo dderbyn y sefyllfa y mae ynddi heb neb i'w gynorthwyo

potio *be*
1 gosod (planhigyn fel arfer) mewn padell neu ddysgl o bridd TO POT
2 meddwi; yfed gormod o ddiod feddwol TO BOOZE
3 pocedu; bwrw pêl filiards neu snwcer i un o'r chwe phoced ar ymylon y bwrdd TO POT

potsiar hwn *eg* un sy'n potsio POACHER

potsio *be* bachu, maglu neu saethu (anifail, aderyn neu bysgodyn) heb ganiatâd TO POACH

pothell hon *eb* (pothellau:pothelli)
1 chwydd poenus ar y croen; mae'n llawn dŵr (neu waed) ac yn cael ei achosi gan losgi, rhwbio ac ati; swigen BLISTER
2 chwydd tebyg, e.e. ar bren wedi'i beintio BLISTER

powdr:powdwr hwn *eg* (powdrau)
1 sylwedd sy'n bod ar ffurf gronynnau bychain (tebyg i lwch) POWDER

powdro

2 sylwedd o'r math yma sy'n cael ei roi (gan wragedd fel arfer) ar groen yr wyneb neu rannau eraill o'r corff POWDER

3 ffrwydryn a geir yn y ffurf hon *(powdr tanio)* POWDER

powdro *be* taenu powdr dros rywbeth *(gwraig yn powdro'i hwyneb)* TO POWDER

powld *a* haerllug, digywilydd, eofn CHEEKY, BOLD

powlen *hon eb* (powlenni)

1 llestr crwn, dwfn ar gyfer dal hylif, blodau, siwgr ac ati; basn, dysgl BOWL

2 rhywbeth sydd yr un ffurf â phowlen *(powlen pib)* BOWL

powlennaid *hon eb* llond powlen BOWLFUL

powlio *be* rholio, rhedeg, treiglo *(dagrau yn powlio i lawr ei hwyneb)* TO BOWL, TO ROLL

prae *hwn eg* ysglyfaeth; rhywbeth sy'n cael ei hela PREY

praff *a*

1 tew a thrwm STOUT, GREAT

2 cryf a thrwchus STOUT, THICK

3 (yn ffigurol) sylweddol, o bwys

praffter *hwn eg* tewdra, trwch THICKNESS, STOUTNESS

praidd *hwn eg* (preiddiau)

1 diadell (o ddefaid fel arfer), llawer o ddefaid gyda'i gilydd; gyr, haid FLOCK

2 aelodau eglwys sydd dan ofal bugail (sef gweinidog neu offeiriad) FLOCK, CONGREGATION

pram *hwn eg* (pramiau) crud ar olwynion ar gyfer cario babi; coets fach PERAMBULATOR, PRAM

pranc *hwn eg* (pranciau) cast neu ddrygioni chwareus sy'n ffôl ond nad yw'n gwneud niwed yn fwriadol PRANK, ESCAPADE

prancio *be* neidio a dawnsio mewn ffordd fywiog a hapus *(ŵyn bach yn prancio yn yr haul)* TO PRANCE, TO GAMBOL, TO CAPER

prawf[1] **:praw** *hwn eg* (profion)

1 ffaith neu dystiolaeth sy'n dangos bod rhywbeth yn wir neu'n gywir *(Dyw gair John yn unig ddim yn brawf fod Ifan yn euog.)* PROOF

2 archwiliad neu ddull o ddarganfod a yw rhywun neu rywbeth yn cyrraedd safon arbennig, neu'n ddigon da ar gyfer rhywbeth neu'i gilydd *(prawf gyrru car)* TEST, AUDITION

3 (mewn mathemateg) y rhesymau sy'n dangos bod rhyw osodiad yn gywir PROOF

4 nifer o gwestiynau, gorchwylion ac ati wedi'u gosod er mwyn mesur dawn neu wybodaeth person; arholiad bychan TEST

5 archwiliad meddygol byr *(prawf gwaed)* TEST

6 archwiliad i gymeriad, gallu neu ymddygiad person er mwyn penderfynu a yw'n addas i ddal swydd neu i fod yn aelod o ryw gymdeithas ac ati *(Mae pawb sy'n cael eu cyflogi gan y cwmni ar brawf am y chwe mis cyntaf.)* PROBATION

7 (yn gyfreithiol) system o ofalu bod rhywun sydd wedi'i gael yn euog o drosedd yn ymddwyn yn foddhaol *(Penderfynodd yr ynadon beidio â'i anfon i'r carchar ond yn hytrach ei roi ar brawf am ddwy flynedd.)* PROBATION

8 y weithred o wrando a dyfarnu ar achos, ar berson neu ar ryw bwynt cyfreithiol mewn llys barn TRIAL

9 gêm rygbi neu griced ryngwladol TEST (MATCH)

10 gêm rhwng chwaraewyr sy'n debyg o gael eu dewis a'r rhai y mae'n bosibl y gallen nhw gael eu dewis, er mwyn dethol y goreuon TRIAL (MATCH)

prawf[2] *bf* mae ef/hi yn **profi**; bydd ef/hi yn **profi**

pregeth *hon eb* (pregethau)

1 anerchiad (wedi'i seilio fel arfer ar adnod o'r Beibl) yn ystod gwasanaeth crefyddol SERMON

2 (yn gellweirus) rhybudd neu gyngor hir a difrifol *(Cefais bregeth gan fy nhad am fod yn hwyr yn dod adre o'r disgo.)* SERMON

y Bregeth ar y Mynydd y teitl a roddir i eiriau Iesu Grist yn efengyl Mathew, pennod 5 THE SERMON ON THE MOUNT

pregethu *be*

1 lledaenu neges crefydd trwy anerchiadau cyhoeddus *(Pregethai Iesu i'r tyrfaoedd.)* TO PREACH

2 traddodi pregeth fel rhan o wasanaeth crefyddol TO PREACH

3 dweud y drefn (yn gellweirus) *(Unwaith roedd ei fam yn dechrau pregethu am effaith teledu ar y plant, doedd dim taw arni.)* TO PREACH, TO GO ON

pregethwr *hwn eg* (pregethwyr) person sy'n pregethu; gweinidog PREACHER

preiddiau *hyn ell* mwy nag un **praidd**

preifat *a* gair i ddisgrifio rhywbeth:

1 personol, sy'n perthyn i chi, nad ydych am i bawb ei rannu; cyfrinachol *(llythyrau preifat)* PRIVATE

2 nad yw wedi'i fwriadu ar gyfer pawb *(parti preifat)* PRIVATE

3 nad yw'n dod o dan y llywodraeth *(cwmni preifat)* PRIVATE

4 nad yw'n ymwneud â swydd neu safle cyhoeddus *(bywyd preifat y Frenhines)* PRIVATE

5 tŷ neu adeilad sydd wedi'i neilltuo, sy'n cael ei guddio gan goed ac ati *(Mae tŷ Nain yn breifat ond dydy o ddim yn unig ychwaith.)* PRIVATE

preifateiddio *be* gwerthu cwmni diwydiannol neu wasanaeth, sydd wedi bod yn eiddo i'r llywodraeth, i'r cyhoedd TO PRIVATIZE

preliwd hwn *eg* (preliwdau:preliwdiau) (mewn cerddoriaeth)
  1 darn byr o gerddoriaeth sy'n dod o flaen gwaith mwy sylweddol PRELUDE
  2 darn byr ar gyfer piano neu organ *(preliwdiau Chopin i'r piano)* PRELUDE
pren[1] hwn *eg* (prennau)
  1 y deunydd caled y mae bôn a changhennau coeden wedi'i wneud ohono; coed WOOD, TIMBER
  2 coeden *('Ar y bryn roedd pren...')* TREE
  pren almon gw. **almon**
  pren crabas gw. **crabas**
  pren eirin coeden blwms PLUM TREE
  pren haenog defnydd wedi'i lunio o nifer o haenau o goed wedi'u gludio at ei gilydd PLYWOOD
pren[2] *a* gair i ddisgrifio rhywbeth wedi'i wneud o bren *(ceffyl pren)* WOODEN
pren mesur hwn *eg* (prennau mesur) darn hir, cul o bren, metel, plastig ac ati ag ymyl syth wedi'i rannu'n fodfeddi a/neu'n gentimetrau RULER
prennaidd *a* gair i ddisgrifio rhywun neu rywbeth sydd mor anystwyth neu anhyblyg â darn o bren; stiff *(perfformiad prennaidd)* WOODEN
prentis hwn *eg* (prentisiaid) person sydd wedi cytuno (am gyflog bach fel arfer) i wasanaethu crefftwr er mwyn dysgu crefft arbennig APPRENTICE
prentisiaeth hon *eb*
  1 y cyflwr o fod yn brentis APPRENTICESHIP
  2 y cyfnod y mae person yn brentis APPRENTICESHIP
  bwrw prentisiaeth treulio cyfnod yn brentis TO SERVE (ONE'S) APPRENTICESHIP
prepian *be* clecian, clepian, cario clecs TO GOSSIP
pres hwn *eg*
  1 metel caled o liw melyn llachar sy'n gymysgedd o gopr a zinc BRASS
  2 yr offerynwyr mewn cerddorfa sy'n chwarae offerynnau metel megis y corn, y trwmped, y trombôn ac ati THE BRASS (SECTION)
  3 arian (ceiniogau, punnoedd ac ati) MONEY
Presbyteraidd *a* gair i ddisgrifio rhywun neu rywbeth sy'n perthyn i eglwys Brotestannaidd sy'n cael ei llywodraethu gan gorff y mae ei swyddogion i gyd yn gydradd (megis Eglwys yr Alban) PRESBYTERIAN
preseb hwn *eg* (presebau) llestr neu focs hir y mae ceffylau neu wartheg/da yn bwyta ohono MANGER, CRIB
presennol[1] *a* gair i ddisgrifio:
  1 rhywun sydd mewn lle arbennig, heb fod yn absennol *(Faint o bobl oedd yn bresennol yn yr ymarfer neithiwr?)* PRESENT
  2 (mewn gramadeg) amser y ferf sy'n cyfeirio at rywbeth sy'n digwydd yn awr *(Mae 'gwnaf' a 'maen nhw'n dod' yn enghreifftiau o ferfau yn yr amser presennol.)* PRESENT
  3 rhywun neu rywbeth sy'n bodoli yn awr, sy'n gwneud rhywbeth neu'n cyflawni swydd ar hyn o bryd *(Pwy yw llywydd presennol y Gymdeithas?)* PRESENT
presennol[2] hwn *eg* amser y ferf sy'n cyfeirio at rywbeth sy'n digwydd yn awr *(Ydy'r stori wedi'i hysgrifennu yn y presennol neu'r gorffennol?)*; yr amser presennol (THE) PRESENT
presenoldeb hwn *eg* y cyflwr o fod yn bresennol [**presennol**[1]], o fod ar gael, o fod yno; gŵydd PRESENCE
presgripsiwn hwn *eg*
  1 moddion neu driniaeth arbennig a argymhellir gan feddyg PRESCRIPTION
  2 papur ac arno enw'r moddion y mae meddyg am i fferyllydd ei roi i un o'i gleifion PRESCRIPTION
preswyl *a* (fel yn *ysgol breswyl, neuadd breswyl*) gair i ddisgrifio man neu adeilad lle y mae pobl yn byw ac yn cysgu, yn ymgartrefu (dros dro ac am dâl fel arfer) RESIDENTIAL, BOARDING
preswylfa hon *eb* (preswylfeydd) lle i fyw, tŷ annedd, trigfan DWELLING PLACE, RESIDENCE
preswylio *be* (ffurf lenyddol) byw, trigo, ymgartrefu TO RESIDE, TO DWELL
preswyliwr:preswylydd hwn *eg* (preswylwyr: preswylyddion) person sy'n preswylio, rhywun sy'n byw yn rhywle DWELLER, INHABITANT, RESIDENT
pric hwn *eg* (priciau) un darn bach o bren, darn o goed tân STICK
prid *a* drud, costus DEAR, EXPENSIVE, COSTLY

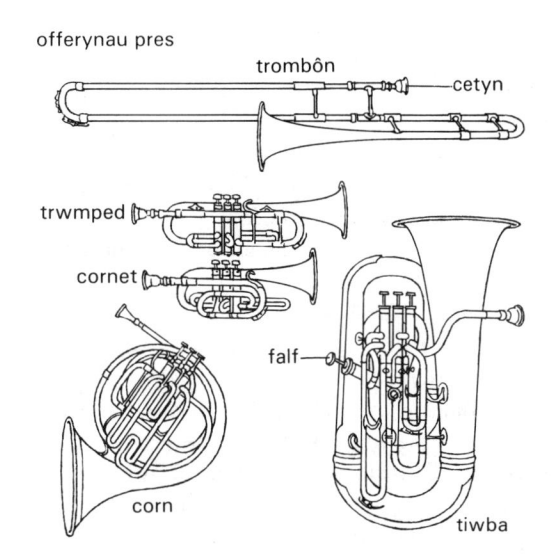

offerynau pres
trombôn — cetyn
trwmped
cornet
corn
falf
tiwba

pridwerth hwn *eg* swm o arian sy'n cael ei dalu er mwyn rhyddhau carcharor (yn arbennig rhywun wedi'i herwgipio) RANSOM

pridd hwn *eg* (priddoedd) haen uchaf y ddaear y mae planhigion yn tyfu ynddo; daear SOIL, EARTH

pridd y wadd y twmpath o bridd mân sy'n dangos bod gwadd/twrch daear wedi bod yn cloddio odano MOLEHILL

priddo:priddio *be* codi twmpath o bridd o gwmpas bonion planhigion (megis tatws) TO EARTH

prif *a* gair i ddisgrifio:
1 yr uchaf neu'r cyntaf o ran swydd neu bwysigrwydd *(prif gwnstabl, prif swyddog)* CHIEF, HEAD, PRIME
2 mwyaf (o ran maint, gradd ac ati) *(Siân sydd wedi derbyn y brif ran yn y ddrama.)* MAJOR, MAIN
Sylwch: mae 'prif' yn digwydd gan amlaf o flaen enw.

prif weinidog hwn *eg* (prif weinidogion) arweinydd y blaid lywodraethol a phennaeth y llywodraeth ym Mhrydain (a nifer o wledydd eraill) PRIME MINISTER, PREMIER

prifardd hwn *eg* (prifeirdd)
1 teitl bardd a enillodd Gadair neu Goron yr Eisteddfod Genedlaethol *(y Prifardd Idris Reynolds)*
2 bardd a enillodd Gadair neu Goron yr Eisteddfod Genedlaethol *(Mae Eluned Phillips hefyd yn brifardd.)*

prifathrawes hon *eb* (prifathrawesau) yr athrawes sy'n bennaeth ar ysgol, sy'n gyfrifol am weinyddu ysgol HEADMISTRESS

prifathro hwn *eg* (prifathrawon)
1 pennaeth ysgol HEADMASTER
2 pennaeth coleg neu brifysgol PRINCIPAL

prifddinas hon *eb* (prifddinasoedd) y ddinas lle mae llywodraeth a gweinyddiaeth gwlad yn cael eu canoli CAPITAL CITY, METROPOLIS

prifiant hwn *eg* twf naturiol, iach anifail neu blanhigyn GROWTH

ar ei brifiant yn tyfu GROWING

prifio *be* tyfu yn gorfforol; cynyddu yn ei faint fel datblygiad naturiol, iach TO GROW

priflythyren hon *eb* (priflythrennau) llythyren fawr ar ffurf A B C G H ac ati CAPITAL LETTER

prifol *a* (fel yn *rhif prifol*) un o'r rhifau 1, 2, 3 *(un, dau, tri* ac ati) o'u cyferbynnu â 'cyntaf', 'ail', 'trydydd' ac ati (sef rhifau trefnol) CARDINAL (gw. *Atodiad II* t.600)

prifysgol hon *eb* (prifysgolion) y man lle mae'r lefel uchaf o addysg ar gael UNIVERSITY

Prifysgol Cymru prifysgol ffederal sy'n cynnwys colegau Aberystwyth (1872), Caerdydd (1883), Bangor (1884), Abertawe (1920), Ysgol Feddygol Genedlaethol Cymru (1931), Yr Athrofa Gwyddoniaeth a Thechnoleg (1967) a Choleg Prifysgol Dewi Sant (1971); unwyd coleg Caerdydd a'r Athrofa Gwyddoniaeth a Thechnoleg ym 1988 i greu Prifysgol Cymru, Coleg Caerdydd THE UNIVERSITY OF WALES

priffordd hon *eb* (priffyrdd) heol fawr sy'n cael ei defnyddio gan drafnidiaeth sy'n teithio i ddau gyfeiriad HIGHWAY, MAIN ROAD

prin[1] *a* gair i ddisgrifio:
1 rhywun neu rywbeth anghyffredin, anarferol *(Fe ddywedodd y bardd R. Williams Parry am y llwynog, 'Llwybreiddiodd ei ryfeddod prin o'n blaen'.)* RARE
2 rhywbeth sydd heb fod yn ddigonol ar gyfer yr hyn sydd eisiau; rhywbeth nad oes llawer ohono ar gael; rhywbeth anodd dod o hyd iddo *(Talodd am ein tocynnau ni allan o'i arian prin.)* SCARCE, FEW
3 rhywbeth sydd yn fyr, sydd yn eisiau *(Rydym ddwy bunt yn brin o gyrraedd y cant.)* SHORT, DEFICIENT (prinned, prinnach, prinnaf)

go brin mae'n annhebygol *(Go brin y daw hi ragor.)* HARDLY

prin[2] *adf* o'r braidd *(Er neidio'n uchel, prin cyrraedd y bêl a wnaeth.)* SCARCELY, HARDLY

prinder hwn *eg* (prinderau) y cyflwr o fod â llai o rywbeth nag sydd ei angen; diffyg *(Mae yna brinder affwysol o fwyd yn rhai o wledydd y byd.)* SCARCITY, SHORTAGE, DEARTH

prinhau *be* mynd yn brinnach, lleihau TO BECOME SCARCE

prinnach:prinnaf:prinned *a* mwy **prin**: mwyaf **prin**: mor brin [**prin**]

print hwn *eg* (printiau)
1 llythrennau wedi'u hargraffu PRINT
2 llun neu ddarlun wedi ei atgynhyrchu naill ai o ffilm camera neu drwy ryw broses arall PRINT

mewn print
1 wedi'i argraffu ar ffurf llyfr, papur newydd ac ati IN PRINT
2 (am lyfr) yn dal i fod ar gael o siop neu gan y cyhoeddwr IN PRINT

print bras print mwy na'r cyffredin LARGE PRINT

printiedig *a* gair i ddisgrifio rhywbeth sydd wedi'i argraffu PRINTED

priod[1] *a* gair i ddisgrifio:
1 rhywun neu rywrai sydd wedi priodi *(dau bâr priod; gŵr priod; gwraig briod)* MARRIED
2 rhywbeth sydd yn iawn, priodol, addas *(popeth yn ei briod le)* (mae'r 'priod' yma yn digwydd fel arfer o flaen yr enw) PROPER
3 (yn ramadegol) enw sy'n cael ei ysgrifennu â phriflythyren ar y dechrau am ei fod yn cyfeirio at un

priod

person neu le, rhywbeth unigol a gwahanol i bopeth arall *(Mae 'Cymru' a 'Siôn' yn enwau priod.)* PROPER

priod² hwn neu hon *egb* y person rydych chi wedi'i briodi; gŵr neu wraig SPOUSE, (MARRIAGE) PARTNER

priodas hon *eb* (priodasau)
1 y seremoni o uno gŵr a gwraig yn gyfreithlon MARRIAGE
2 y cyflwr o fod yn ŵr a gwraig yn ôl y gyfraith MATRIMONY, MARRIAGE
3 seremoni grefyddol sydd yn uno gŵr a gwraig ac sydd fel arfer yn cael ei dilyn gan barti (neithior, gwledd briodas) WEDDING

priod-ddull hwn *eg* (priod-ddulliau) ymadrodd na allwch ei gyfieithu air am air i iaith arall; dywediad sy'n nodweddiadol ac yn arbennig i iaith, e.e. *gwyn ei byd; gorau glas; nerth ei ben* IDIOM

priodfab:priodasfab hwn *eg* dyn ar ddydd ei briodas BRIDEGROOM

priodferch:priodasferch hon *eb* merch ar ddydd ei phriodas BRIDE

priodi *be*
1 cymryd person yn ŵr neu'n wraig ichi mewn priodas TO MARRY, TO WED
2 (am weinidog, offeiriad neu swyddog) gweinyddu'r seremoni o uno dyn a menyw yn ŵr a gwraig TO MARRY, TO WED
3 uno dau beth, cael dwy ran i ffitio i'w gilydd *(A lwyddaist ti i briodi'r plwg a'r soced?)* TO MARRY, TO COUPLE

priodol *a* gair i ddisgrifio rhywun neu rywbeth addas, teilwng, cymwys, sy'n cwrdd â'r gofynion, sy'n iawn *(A wyt ti'n meddwl y bydd cyfarfod nos Lun nesaf yn amser priodol i sôn am y trip?)* APPROPRIATE, SUITABLE, PROPER

priodoldeb:priodolder hwn *eg* ffordd addas neu weddus o wneud rhywbeth; pa mor addas neu anaddas y mae rhywbeth PROPRIETY

priodoledd hwn *eg* (priodoleddau) rhywbeth sy'n nodweddiadol, neu sy'n perthyn yn arbennig i rywun neu rywbeth *(Un o briodoleddau y diweddar Mr Sam Jones oedd ei garedigrwydd diderfyn.)* ATTRIBUTE, PROPERTY

priodoli *be*
1 credu bod rhywbeth yn ganlyniad i rywbeth arall *(Mae llwyddiant y plant i'w briodoli i waith caled yr athrawes.)* TO ATTRIBUTE
2 meddwl bod rhywbeth wedi cael ei ysgrifennu gan rywun *(Mae'r cywydd hwn yn cael ei briodoli i Dafydd ap Gwilym.)* TO ASCRIBE

prior hwn *eg* (prioriaid)
1 offeiriad sydd nesaf at abad yn ei statws PRIOR
2 pennaeth priordy PRIOR

priordy hwn *eg* (priordai) mynachlog neu gwfaint sy'n llai o ran maint a phwysigrwydd nag abaty PRIORY

pris hwn *eg* (prisiau)
1 y swm o arian sy'n cael ei ofyn am rywbeth wrth ei werthu, neu'r swm y mae'n rhaid ichi ei dalu am rywbeth er mwyn ei brynu PRICE
2 yr hyn y mae'n rhaid ei dalu neu ei ddioddef er mwyn cael rhywbeth y mae arnoch ei eisiau *(Roedd gorfod gadael fy mro er mwyn cael gwaith yn bris rhy uchel imi ei dalu.)* PRICE

prisiad:prisiant hwn *eg* (prisiadau:prisiannau) mesur o werth ariannol rhywbeth VALUATION

prisio *be*
1 gosod pris (ar rywbeth yn barod i'w werthu) TO PRICE
2 cymharu prisiau *(Rwyf wedi bod yn prisio siwgr mewn gwahanol siopau.)* TO PRICE
3 amcangyfrif gwerth ariannol rhywbeth TO VALUE

prism hwn *eg* (prismau)
1 (mewn geometreg) ffurf solet ag ymylon paralel lle mae'r ddau ben ar yr un ffurf yn union PRISM
2 darn â'r top a'r gwaelod ar ffurf triongl (o wydr fel arfer) sy'n rhannu goleuni yn lliwiau PRISM □ t.622

problem hon *eb* (problemau)
1 anhawster sy'n gofyn cael ei ddatrys neu'i oresgyn PROBLEM
2 (mewn mathemateg) cwestiwn sy'n disgwyl ateb *(Rhaid inni orffen y deg problem nesaf fel gwaith cartref.)* PROBLEM

proc hwn *eg* (prociau) y weithred o wthio rhywun neu rywbeth â rhywbeth blaenllym (e.e. bys neu brocer); pwniad, gwth *(Rho broc i'r tân, wnei di!)* POKE

procer *gw.* **pocer:procer**

procio *be*
1 gwthio neu bwnio rhywun neu rywbeth â pheth blaenllym *(Dyma fe'n procio'r neidr â darn o bren i weld a oedd yn fyw.)* TO POKE, TO JAB
2 rhoi pwniad i'r tân â phrocer neu declyn tebyg TO POKE

proest hwn *eg* (proestau) math o odl lle mae'r cytseiniaid ar ddiwedd geiriau yn cyfateb ond y llafariaid yn amrywio, e.e. *pan—hon; llaeth—doeth*

profedigaeth hon *eb* (profedigaethau)
1 trallod, gofid, helbul, cyflwr peryglus, cystudd, helynt *(Teitl ilawn un o nofelau Daniel Owen yw* Profedigaethau Enoc Huws.*)* TRIBULATION
2 marwolaeth rhywun o fewn teulu *(Yr ydym yn ysgrifennu i gydymdeimlo â chi yn eich profedigaeth.)* BEREAVEMENT

profi *be*
1 dangos heb amheuaeth fod rhywbeth yn wir *(Mae'n

profiad

anodd iawn profi bod y Brenin Arthur yn berson hanesyddol.) TO PROVE

2 archwilio er mwyn penderfynu a yw rhywun neu rywbeth yn cyrraedd rhyw safon arbennig *(yr eithriad sy'n profi'r rheol; cic uchel i brofi'r cefnwr)* TO TEST, TO PROVE

3 bwyta ychydig o rywbeth i weld a ydych yn hoffi'i flas; blasu *(Wnei di brofi tamaid bach o'r hufen iâ rhagorol yma?)* TO TRY, TO TASTE

4 gwybod trwy wneud, teimlo neu synhwyro rhywbeth (o'i gyferbynnu â gwybod am rywbeth trwy rywun arall); mynd trwy brofiad *(Mae'n hawdd i rywun nad yw wedi profi tlodi ddweud nad yw arian yn bwysig.)* TO EXPERIENCE (prawf)

profiad hwn *eg* (profiadau)
1 gwybodaeth neu sgiliau rydych chi'n eu cael o wneud neu brofi rhywbeth, o fyw trwy rywbeth yn hytrach na chlywed neu ddarllen amdano EXPERIENCE
2 rhywbeth sy'n digwydd i berson ac sy'n gadael ei ôl arno *(Roedd cael clywed y beirdd wrthi'n cystadlu â'i gilydd yn brofiad bythgofiadwy.)* EXPERIENCE

profiadol *a* gair i ddisgrifio rhywun neu rywbeth (e.e. anifail) sydd â llawer o allu a gwybodaeth, yn deillio o'r hyn y mae wedi'i brofi eisoes *(Jac Cwm Gors fydd yn ennill yn y treialon cŵn defaid—mae ganddo gi profiadol iawn.)* EXPERIENCED, VETERAN

profion hyn *ell* mwy nag un **prawf**

proflen hon *eb* (proflenni) tudalen (o lyfr, papur ac ati) sydd i gael ei gywiro cyn cael ei argraffu'n derfynol PROOF (COPY)

proffes hon *eb* (proffesau) datganiad o'r hyn y mae rhywun yn credu ynddo neu'n teimlo'n gryf yn ei gylch *(proffes ffydd)* PROFESSION

proffesiwn hwn *eg* (proffesiynau) math o waith na ellir ei wneud heb dderbyn addysg neu hyfforddiant arbennig (e.e. bod yn ddoctor, yn gyfreithiwr, yn athro, yn llyfrgellydd ac ati) PROFESSION

proffesiynol *a* gair i ddisgrifio rhywun:
1 sydd wedi cael ei dderbyn i weithio yn un o'r proffesiynau *(llyfrgellydd proffesiynol)* PROFESSIONAL
2 sy'n gwneud ei waith mor raenus a thrwyadl â rhywun sydd wedi derbyn hyfforddiant i fod yn aelod o broffesiwn *(Cyflawnodd y consuriwr ei gampau mewn ffordd broffesiynol iawn.)* PROFESSIONAL
3 sy'n cael ei dalu neu ei gyflogi i wneud beth fyddai pobl eraill yn ei wneud am ddim *(arlunydd proffesiynol; pêl-droediwr proffesiynol)* PROFESSIONAL

proffesu *be*
1 datgan yr hyn y mae rhywun yn ei gredu neu'n teimlo'n gryf yn ei gylch TO PROFESS

2 honni, haeru *(Sut mae'n gallu proffesu caru pawb a bod mor gas wrth ei blant ei hun?)* TO PROFESS, TO CLAIM

proffwyd hwn *eg* (proffwydi)
1 (yn y crefyddau Cristnogol, Iddewig ac Islamaidd) gŵr sy'n cael ei alw gan Dduw i ddatgan Ei ewyllys, neu i ddysgu pobl am grefydd PROPHET
2 bardd neu feddyliwr sy'n dysgu syniad newydd PROPHET
3 person sy'n rhag-weld y dyfodol *(proffwyd tywydd)* PROPHET

Y Proffwyd sef Mohamed, sylfaenydd y ffydd Islamaidd
Y Proffwydi
1 proffwydi Iddewig y mae eu llyfrau a'u hanes yn yr Hen Destament PROPHETS
2 llyfrau'r proffwydi hyn (Hosea, Joel, Amos ac ati) PROPHETS

proffwydes hon *eb* (proffwydesau) gwraig o broffwyd PROPHETESS

proffwydo *be*
1 gwneud datganiad (rhybudd neu osodiad) am y dyfodol fel canlyniad i brofiad crefyddol TO PROPHESY
2 rhagfynegi'r dyfodol *(proffwydo dyddiad yr Etholiad Cyffredinol nesaf)* TO PROPHESY, TO FORETELL

proffwydoliaeth hon *eb* (proffwydoliaethau) datganiad sy'n sôn am rywbeth sydd yn mynd i ddigwydd yn y dyfodol, yr hyn sy'n cael ei broffwydo PROPHECY

prolog hwn *eg* (prologau)
1 rhagarweiniad neu ddarn sy'n dod ar ddechrau drama, cerdd hir, opera ac ati; gwrthwyneb epilog PROLOGUE
2 digwyddiad sy'n arwain at rywbeth pwysicach PROLOGUE

propaganda hwn *eg* gweithredoedd (gan lywodraeth yn aml) sy'n ceisio lledaenu syniadau arbennig neu ennill cefnogaeth neu wrthwynebiad i bethau arbennig *(propaganda gwrth-apartheid)* PROPAGANDA

propr:propor *a*
1 gweddus, parchus PROPER
2 del, pert, tlws PRETTY

proses hon *eb* (prosesau)
1 unrhyw gyfres o ddigwyddiadau naturiol sydd ynghlwm wrth barhad, datblygiad neu newidiadau mewn bywyd neu sylweddau naturiol *(Prosesau cemegol o fewn y ddaear a ffurfiodd lo ac olew.)* PROCESS
2 cyfres o ymarferion bwriadol *(y broses o ddysgu darllen)* PROCESS
3 ffurf neu ddull o gynhyrchu rhywbeth *(Mae troi plant bach anystywallt yn ddisgyblion ufudd yn broses hir a chaled!)* PROCESS

prosesu *be*
1 datblygu neu argraffu ffilm TO PROCESS
2 gosod (gwybodaeth, rhifau ac ati) i mewn i gyfrifiadur TO PROCESS

prosesydd geiriau hwn *eg* (prosesyddion geiriau) cyfrifiadur ar gyfer paratoi testun i'w argraffu; rydych yn defnyddio bysellfwrdd i deipio'r testun, ei gywiro ar sgrin ac yna'i gadw ar ddisg neu ei argraffu WORD PROCESSOR

prosiect hwn *eg* (prosiectau)
1 cynllun ar gyfer gwaith neu weithgareddau arbennig (*Maen nhw wedi dechrau ar brosiect newydd i geisio cael canolfan hamdden i'r dref.*) PROJECT
2 gwaith y mae plentyn yn ei wneud trwy chwilio a defnyddio ffynonellau ar ei ben ei hun; cywaith PROJECT

protein hwn *eg* (proteinau) un o nifer o sylweddau yn cynnwys nitrogen sy'n rhan hanfodol o gelloedd anifeiliaid a phlanhigion; ceir protein (sy'n anhepgorol i dyfiant iach y corff) mewn bwydydd megis cig, pysgod, llaeth, caws, wyau ac ati PROTEIN

protest hwn neu hon *egb* (protestiadau) datganiad neu weithred sy'n dangos eich anfodlonrwydd ynglŷn â rhywbeth; y weithred o wrthdystio PROTEST

Protestannaidd *a* gair i ddisgrifio rhywun neu rywbeth sy'n perthyn i neu sy'n nodweddiadol o'r rhan honno o'r eglwys Gristnogol a dorrodd yn rhydd o'r eglwys Babyddol yn yr 16eg ganrif PROTESTANT

Protestant hwn *eg* (Protestaniaid) aelod o'r rhan honno o'r eglwys Gristnogol a dorrodd yn rhydd o'r eglwys Babyddol yn yr 16eg ganrif ac sy'n cynnwys erbyn heddiw Annibynwyr, Bedyddwyr, Methodistiaid, yr Eglwys yng Nghymru a'r Eglwys Anglicanaidd (Eglwys Loegr) PROTESTANT

proton hwn *eg* (protonau) un o'r darnau bychain o fewn atom sy'n cario swm penodol o drydan positif PROTON
□ atom

protractor hwn *eg* (protractorau) teclyn (ar ffurf hanner cylch fel arfer) ar gyfer mesur onglau; onglydd PROTRACTOR

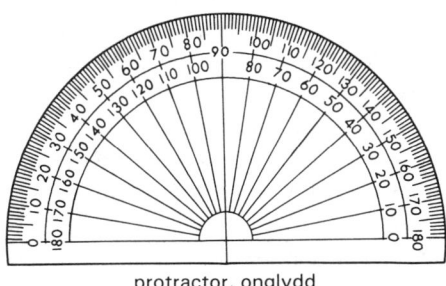

protractor, onglydd

prudd *a* trist, dybryd, difrifol (*Cododd y prifathro i gyhoeddi'r newyddion drwg a golwg brudd ar ei wyneb.*) GRAVE, SERIOUS, SAD, SOMBRE

pruddglwyfus *a* gair i ddisgrifio rhywun sy'n dioddef iselder ysbryd; digalon, trist MELANCHOLIC, DEPRESSED

p'run gw. **p'un:p'run**

pry gw. **pryf:pry**

pryd[1] hwn *eg* (prydiau) amser penodol, adeg arbennig, achlysur, tymor (*Mae pob peth yn tyfu yn ei bryd. Brysia neu fyddwn ni ddim yno mewn pryd.*) TIME
ar brydiau weithiau, ar adegau AT TIMES
ar hyn o bryd nawr AT THE PRESENT
ar y pryd yr amser hwnnw AT THE TIME
cyn pryd yn gynnar EARLY
hen bryd (*Mae hi'n awr yn chwarter wedi dau; roedd y gêm i fod i ddechrau am ddau—mae'n hen bryd iddo fod yma.*) HIGH TIME
mewn da bryd ag amser i sbario, hen ddigon prydlon
mewn pryd mewn amser IN TIME
nid cyn pryd hen bryd (*Mae Jac wedi newid teiar y car, ac nid cyn pryd chwaith.*) NOT BEFORE TIME
o bryd i'w gilydd weithiau FROM TIME TO TIME

pryd[2] rhagenw gofynnol talfyriad o *pa bryd* (*Pryd wyt ti'n symud i dy gartref newydd?*) WHEN

pryd[3] cysylltair pan (*Bydd y cyfarfod am wyth o'r gloch pryd y bydd ein gŵr gwadd yn siarad.*) WHEN, AT WHICH TIME

pryd[4] hwn *eg* (prydau)
1 y bwyd sy'n cael ei fwyta ar un adeg MEAL
2 yr achlysur o fwyta pryd (*Rydym yn mynd at Dafydd ac Ann am bryd o fwyd heno.*) MEAL
pryd o dafod llond pen, pregeth TALKING TO
pryd parod pryd rydych chi'n ei brynu wedi'i goginio'n barod ac yn mynd ag ef allan o'r siop i'w fwyta TAKE-AWAY

pryd[5] hwn *eg*
1 gwedd, golwg, lliw naturiol croen person (*merch ifanc bryd golau*) COMPLEXION
2 ffurf, y ffordd y mae rhywun yn edrych neu'n ymddangos ar y tu allan, ymddangosiad (*pryd a gwedd*) FORM, APPEARANCE

Prydain hon *eb* (enw cyfansawdd am) yr ynys sy'n cynnwys Lloegr, yr Alban a Chymru BRITAIN

Prydeinig *a* gair i ddisgrifio rhywun neu rywbeth sy'n perthyn i Brydain, neu sy'n nodweddiadol o Brydain BRITISH

pryder hwn *eg* (pryderon)
1 teimlad o ofid ac ofn ANXIETY, WORRY
2 rhywbeth sy'n achosi'r teimladau gofidus hyn (*Dim ond un o'n pryderon yw arian.*) WORRY

pryderu *be* gofidio, poeni, becso, teimlo'n ofnus a gofidus *(Peidiwch â phryderu, Mrs Jones, fe fydd popeth yn iawn.)* TO WORRY, TO FRET

pryderus *a* gair i ddisgrifio rhywun sy'n llawn pryder WORRIED, ANXIOUS

prydferth *a* hardd i'r golwg, teg, tlws, pert, glân BEAUTIFUL, HANDSOME

prydferthu *be* gwneud yn brydferth, harddu TO BEAUTIFY, TO ADORN

prydferthwch hwn *eg* harddwch, tegwch, ceinder, glendid BEAUTY

prydles hon *eb* (prydlesau:prydlesi) cytundeb ysgrifenedig rhwng perchennog a rhywun y mae'n caniatáu iddo ddefnyddio ei eiddo am gyfnod penodol am dâl neu am rent LEASE

prydlon *a* gair i ddisgrifio rhywun neu rywbeth nad yw'n hwyr, sy'n digwydd neu'n cyrraedd ar yr amser a drefnwyd; mewn da bryd PUNCTUAL, PROMPT

prydlondeb hwn *eg* y stad o fod yn brydlon, o gyrraedd rhywle neu wneud rhywbeth mewn pryd PUNCTUALITY

prydydd hwn *eg* (prydyddion) (gair llenyddol) bardd, un sy'n ysgrifennu barddoniaeth BARD, POET

prydyddes hon *eb* gwraig o fardd, bardd benywaidd POETESS

prydyddiaeth hon *eb* barddoniaeth POETRY

pryddest hon *eb* (pryddestau) cerdd hir yn un neu ragor o'r mesurau rhydd; yn amlach na pheidio, rhoddir y Goron yn wobr am bryddest orau yr Eisteddfod Genedlaethol (a'r Gadair am yr awdl orau)

pryf:pry hwn *eg* (pryfed)
1 un o nifer o fathau o drychfilod hedegog FLY, INSECT
2 un o'r math o glêr neu wybed a gewch yn y tŷ; pry ffenest HOUSE-FLY
3 defnyddir weithiau i olygu anifail *(Sonnir am y 'Bonheddwr mawr o'r Bala' a aeth i hela a charlamu 'O naw o'r gloch tan ddeuddeg/Heb unwaith godi pry'.)*
4 cynrhonyn *('y pryf yn y pren')* GRUB, WORM

pryf copyn corryn SPIDER ☐ *corryn*

pryf genwair abwydyn, mwydyn EARTHWORM ☐ *abwydod*

pryf llwyd
1 broch, mochyn daear BADGER ☐ *mamolyn*
2 cleren HORSE-FLY

pryf sidan cynrhonyn y gwyfyn sidan SILKWORM

pry ffenestr pryf HOUSE-FLY

pry'r gannwyll:pry teiliwr Jac y baglau DADDY-LONG-LEGS

pryfetach hyn *ell*
1 unrhyw fathau o drychfilod sy'n byw ar gorff dyn neu anifail VERMIN
2 pryfed bach

pryfocio *be*
1 gwneud sbort am ben rhywun yn chwareus neu mewn ffordd gas; plagio, tynnu coes TO TEASE, TO PROVOKE
2 gwneud rhywbeth sy'n mynd i achosi i berson neu anifail adweithio trwy golli tymer neu droi'n gas, herio TO PROVOKE

pryfoclyd *a* gair i ddisgrifio rhywun neu rywbeth sydd yn cythruddo neu'n cynhyrfu pobl *(Byddai'n llwyddo i ysgrifennu'n bryfoclyd ar ryw destun neu'i gilydd bob wythnos.)* PROVOCATIVE, TEASING

pryfyn hwn *eg* (pryfed) trychfilyn, cynrhonyn *(Dyw Siôn bach byth yn llonydd—mae e fel pryfyn.)* INSECT, WORM

pryfysydd hwn *eg* (pryfysyddion) anifail sy'n byw ar bryfed neu drychfilod INSECTIVORE (cigysydd, hollysydd, llysysydd)

prŷn[1] *bf* mae ef/hi yn prynu; bydd ef/hi yn **prynu**

prŷn[2] *a* gair i ddisgrifio rhywbeth sydd wedi cael ei brynu BOUGHT

prynhawn hwn *eg* (prynhawniau) y cyfnod rhwng hanner dydd a machlud haul AFTERNOON

prynu *be*
1 cael rhywbeth trwy dalu (arian neu rywbeth gwerthfawr arall) amdano; pwrcasu TO BUY, TO PURCHASE
2 (yn y grefydd Gristnogol) rhyddhau o afael pechod *(yr Hwn a'n prynodd rhag pechodau'r byd)* TO REDEEM (prŷn)

prynu cath mewn cwd talu am rywbeth heb ei weld TO BUY A PIG IN A POKE

prynwr hwn *eg* (prynwyr)
1 unrhyw un sy'n prynu CONSUMER
2 pennaeth adran sy'n gyfrifol am ddewis nwyddau i'w gwerthu mewn siop fawr BUYER
3 gwaredwr (Iesu Grist fel arfer) REDEEMER

prysglwyn hwn *eg* (prysglwyni) coedwig fechan o lwyni neu goed bychain COPSE, COPPICE, THICKET

prysgwydd hyn *ell*
1 mwy nag un brysgwydden [**prysgwydden**]
2 planhigion isel gan gynnwys llwyni a choed bychain yn tyfu mewn tir gwael SHRUBS, BRUSH, BRUSHWOOD

prysgwydden hon *eb* (prysgwydd) planhigyn sy'n debyg i goeden fechan neu lwyn SHRUB

prysur *a* gair i ddisgrifio:
1 rhywun neu rywbeth sy'n gweithio drwy'r amser, sydd â llawer i'w wneud *(Mae'r prifathro'n rhy brysur i'th weld di yn awr.)* BUSY
2 rhywle sydd â'i lond o waith neu o symud cyson *(Mae'r stryd yn rhy brysur i'w chroesi.)* BUSY

prysurdeb *hwn eg* y cyflwr o fod yn brysur, gweithgarwch diwyd, diwydrwydd, llawer o symud BUSYNESS

prysuro *be* brysio, cyflymu, mynd yn gynt *(Bydd rhaid inni brysuro os ydym am ddal y trên pump.)* TO HASTEN, TO HURRY UP

pulpud *hwn eg* (pulpudau) math o lwyfan mewn capel neu eglwys lle y mae'r gweinidog neu'r offeiriad yn annerch neu'n pregethu PULPIT

pum *gw.* **pump:pum**

pumawd *hwn eg* (pumawdau)
 1 grŵp o bump o bobl yn canu offerynnau neu'n canu'n lleisiol gyda'i gilydd QUINTET
 2 darn o gerddoriaeth ar gyfer pump o berfformwyr QUINTET

pumed *a* yr olaf o bump, 5ed; un o bump; neu rif 5 mewn rhestr o fwy na phump FIFTH

Pumlumon *enw mynydd* PLYNLIMON

pump:pum *rhifol* y rhif 5 FIVE
Sylwch: pum yw'r ffurf a ddefnyddir yn pum punt, pum mlynedd, pum niwrnod, ond pump oed, pump o rai mawr; sylwch hefyd fod blynedd a blwydd (a diwrnod weithiau) yn treiglo'n drwynol ar ôl 'pum', e.e. pum niwrnod, pum mlwydd.

pumwaith *adf* pump o weithiau

p'un:p'run *rhagenw gofynnol* pa un, pa ryw un WHICH ONE

p'un ai . . . neu . . . *(Ni wn p'un ai yfory neu drennydd y daw'r saer.)* WHETHER . . . OR

punt *hon eb* (punnoedd:punnau) uned o arian mewn nifer o wledydd, ond yn arbennig y swm sy'n werth 100 ceiniog ym Mhrydain ac sy'n cael ei ddynodi gan yr arwydd £ POUND *(gw. Atodiad I t.598)*
Sylwch: fel arfer defnyddir 'punnau' ar gyfer swm penodol o arian *(mil o bunnau)* a 'punnoedd' ar gyfer swm amhenodol *(Mae'n gwario punnoedd bob wythnos ar drin ei gwallt.)*

pupur *hwn eg*
 1 powdr â blas poeth a wneir trwy falu aeron sych planhigyn tebyg i winwydden sy'n tyfu yn Ynysoedd India'r Dwyrain PEPPER
 2 llysieuyn poeth neu felys teulu o blanhigion sy'n perthyn i'r tatws ac sy'n cael ei dyfu yn bennaf, yng ngwledydd America PEPPER □ *llysiau t.635*

pur[1] *a gair i ddisgrifio:*
 1 rhywbeth sydd heb gael ei gymysgu â dim arall; digymysg, coeth *(aur pur)* PURE
 2 rhywun neu rywbeth glân, heb staen na chraith; dihalog, difrycheulyd *(dŵr pur y ffynnon)* PURE
 3 rhywun heb feddwl neu deimlo pethau drwg neu bechadurus *(pur o galon)* PURE
 4 lliw neu seiniau clir *(nodau pur yr eos)* PURE
 5 testun sy'n cael ei ystyried yn ymarferiad o sgiliau meddyliol yn hytrach na rhywbeth ymarferol *(Mathemateg Bur* o'i chyferbynnu â *Mathemateg Gymhwysol)* PURE

yn bur yn ddiffuant; mae'n cael ei ddefnyddio ar ddiwedd llythyr ac yn cyfateb i SINCERELY

pur[2] *adf* lled, go, gweddol, eithaf, tra *('Sut wyt ti'n teimlo heddiw?' 'Pur dda, diolch.')* FAIRLY, QUITE

purdeb *hwn eg* y cyflwr o fod yn bur; glendid PURITY

purfa *hon eb* (purfeydd) adeilad a pheiriannau ar gyfer puro metelau, olew, siwgr ac ati *(purfa olew)* REFINERY

purion[1] *adf* eithaf da, gweddol *(Rwy'n teimlo'n burion erbyn hyn, diolch.)* ALL RIGHT, NOT BAD

purion[2] *a* iawn, i'r dim RIGHT
Sylwch: nid oes treiglad yn dilyn *purion (purion trefn).*

puro *be* gwneud rhywbeth neu rywun yn bur trwy gael gwared ar unrhyw amhuredd TO PURIFY, TO REFINE

putain *hon eb* (puteiniaid) gwraig sy'n barod i gyflawni cyfathrach rywiol ag unrhyw un sy'n barod i dalu iddi PROSTITUTE

pwca:pwci *hwn eg* (pwcaod:pwcïod) bwgan, coblyn, ellyll, drychiolaeth GOBLIN, IMP

pwd *hwn eg* cyflwr o hwyliau drwg, o fod yn debyg i blentyn pan na chaiff yr hyn y mae arno ei eisiau HUFF

pwdin *hwn eg* (pwdinau)
 1 y bwyd melys sy'n dilyn y prif gwrs mewn pryd o fwyd DESSERT, PUDDING
 2 bwyd melys wedi'i seilio fel arfer ar does, bara, reis ac ati wedi'i bobi neu wedi'i ferwi ac yn cael ei fwyta'n boeth PUDDING

pwdin gwaed selsigen ddu, math o sosej sy'n cael ei sleisio a'i ffrio BLACK PUDDING

pŵdl *hwn eg* ci anwes â chot o flew trwchus sy'n cael ei thrin a'i thorri i siâp arbennig fel arfer POODLE □ *ci*

pwdlyd *a* gair i ddisgrifio rhywun sy'n barod iawn i bwdu, sy'n sorri'n rhwydd SULKY, MOODY

pwdr *a gair i ddisgrifio:*
 1 rhywbeth sy'n pydru neu sydd wedi pydru, sy'n troi'n ddrwg *(dant pwdr)* ROTTEN, PUTRID
 2 rhywun diog, anonest, anfoesol, drwg ROTTEN, CORRUPT *(pydredd)*

pwdryn *hwn eg* rhywun diog nad yw'n awyddus i wneud dim WASTER, LAZY-BONES

pwdu *be* digio a bod mewn hwyliau drwg *(yn blentynnaidd braidd)*, llyncu mul, sorri TO SULK, TO POUT

pŵer *hwn eg* (pwerau)
 1 grym y gellir ei ddefnyddio i wneud gwaith, gyrru peiriant ac yn y blaen; nerth POWER

pwerau

2 (yn dechnegol) cyfradd gwneud gwaith sy'n cael ei fesur fesul wat (joule yr eiliad) POWER
3 (ar lafar) swm mawr, llawer POWER

pwerau hyn *ell* mwy nag un **pŵer**, hawl swyddogol i weithredu (trwy rym cyfreithiol); awdurdod *(Mae gan y Fyddin bwerau arbennig ar gyfer adegau o argyfwng.)* POWERS

pwerdy hwn *eg* (pwerdai)
1 adeilad lle mae egni trydanol yn cael ei gynhyrchu POWERHOUSE, POWER-STATION
2 (yn ffigurol) ffynhonnell ynni a nerth *(Mae John yn chwarae yn ail reng y pac, y pwerdy.)* POWERHOUSE

pwff hwn *eg* (pyffiau)
1 y weithred o bwffian PUFF
2 chwa fer, sydyn o wynt, mwg ac ati PUFF, GUST
3 ebychiad twt! ta waeth BLOW IT!
4 anadl, gwynt *(Rwyf wedi rhedeg allan o bwff.)* PUFF

pwffian:pwffio be
1 anadlu'n gyflym ac yn galed TO PUFF
2 anadlu i mewn ac allan wrth ysmygu (pib, sigarét ac ati) TO PUFF
3 (am fwg neu ager) chwythu neu ollwng yn rheolaidd *(trên yn pwffian i mewn i'r orsaf)* TO PUFF

pwl hwn *eg* (pyliau)
1 ymosodiad sydyn, byr gan beswch neu ryw salwch arall neu gan deimlad *(pwl o beswch; pwl o hiraeth; pwl o chwerthin)* FIT, SPASM
2 cyfnod o afiechyd mwy difrifol *(Mae Dafydd wedi dioddef pwl go ddrwg ar y galon.)* ATTACK

pŵl[1] *a* gair i ddisgrifio rhywbeth:
1 nad yw'n disgleirio, nad yw'n glir nac yn loyw; tywyll, niwlog *(llygaid pŵl)* DULL, MATT
2 nad oes awch neu flaen llym iddo *(blaen y fwyall wedi mynd yn bŵl gydag amser)* BLUNT, DULL (pylu)

pŵl[2] hwn *eg* gêm Americanaidd debyg i snwcer sy'n cael ei chwarae â 15 o beli wedi'u rhifo POOL

pwli hwn *eg* (pwlïau) peirianwaith (sef olwyn a rhaff neu gadwyn yn rhedeg drosti) sy'n cael ei ddefnyddio i godi pwysau trwm; chwerfan PULLEY □ *chwerfan*

pwll hwn *eg* (pyllau)
1 cylch bas o ddŵr sy'n casglu mewn pant naturiol *(Roedd pyllau mawr o ddŵr ar hyd y cae.)* POOL, PUDDLE
2 unrhyw wlybaniaeth sydd wedi cronni *(Roedd y chwaraewr yn gorwedd mewn pwll o waed.)* POOL
3 tanc neu gynhwysydd mawr wedi'i adeiladu a'i lenwi â dŵr ar gyfer nofio/ymdrochi, neu gadw pysgod ynddo *(pwll nofio; pwll pysgod)* POOL, POND
4 rhan ddofn o afon lle nad yw'r dŵr yn rhedeg yn gyflym POOL

5 twll yn y ddaear lle mae glo yn cael ei gloddio PIT, COAL-MINE

pwll tro gair arall am **trobwll**
siarad fel pwll y môr siarad yn ddi-baid

pwmp hwn *eg* (pympiau) peiriant i wthio hylif neu nwy i mewn i rywbeth, trwy rywbeth, neu allan o rywbeth *(pwmp petrol; pwmp stumog)* PUMP

pwmpen hon *eb* (pwmpenni)
1 llysieuyn gwyrdd, hirgrwn sy'n gallu tyfu'n fawr iawn MARROW
2 ffrwyth mawr, crwn â chroen oren, caled PUMPKIN

pwmpio be
1 symud (hylif neu nwy) trwy ddefnyddio pwmp TO PUMP
2 llenwi neu wagio trwy ddefnyddio pwmp *(pwmpio olwynion y beic)* TO PUMP
3 gweithio pwmp TO PUMP

pwn hwn *eg* (pynnau) sachaid, llwyth o rywbeth mewn sach *(Fe ddywed Crwys am Felin Trefin, 'Trodd y merlyn olaf adre'/Dan ei bwn o drothwy'r ddôr'.)* PACK, BURDEN

pwnad gw. **pwniad:pwnad**

pwnc hwn *eg* (pynciau)
1 rhywbeth sy'n destun siarad, ysgrifennu neu dynnu llun *(Y pwnc dan sylw heno yw byd natur.)* SUBJECT, TOPIC
2 maes o wybodaeth sy'n cael ei astudio mewn ysgol, coleg, dosbarth nos ac ati; testun *(Faint o bynciau wyt ti'n eu sefyll?)* SUBJECT

y Pwnc (mewn capel neu ysgol Sul) darn o'r Ysgrythur y disgwylir i'r rhai sydd wedi'i astudio ei adrodd ac yna ateb cwestiynau arno

pwnc llosg testun y mae llawer o drafod neu anghytuno yn ei gylch

pwniad:pwnad hwn *eg* (pwniadau)
1 ergyd â phenelin NUDGE, DIG
2 ergyd â llaw neu ddwrn PUNCH, THUMP

pwnio:pwno be
1 bwrw, taro, ergydio, curo TO THUMP, TO WALLOP
2 rhoi proc i rywun yn ei ochr â'ch penelin (er mwyn tynnu sylw fel arfer) TO NUDGE, TO DIG
3 malu, bwrw rhywbeth nes ei fod yn ffurfio rhyw bast lled sych; stwnsio *(pwno tato)* TO MASH, TO POUND

pwpa hwn *eg* (pwpae) chwiler; trychfilyn neu bryfyn hanner ffordd rhwng bod yn lindysyn a chyrraedd ei lawn dwf; mae gorchudd caled neu feddal yn ei guddio PUPA □ *chwiler*

pwrcas hwn *eg* (pwrcasau) rhywbeth sydd wedi cael ei brynu PURCHASE

pwrcasu be talu arian am rywbeth er mwyn ei gael; prynu TO PURCHASE

pwrpas *hwn eg* (pwrpasau) rheswm dros wneud rhywbeth; bwriad, amcan, arfaeth *(Ni allaf weld unrhyw bwrpas mewn cynnal cyfarfod nawr gan fod popeth wedi cael ei benderfynu.)* PURPOSE, AIM, OBJECT
i bwrpas yn berthnasol, yn ymwneud â'r pwnc dan sylw *(Siaradodd yn fyr ac i bwrpas.)* TO THE POINT
o bwrpas yn fwriadol ON PURPOSE

pwrpasol *a* gair i ddisgrifio rhywbeth â phwrpas neu fwriad clir *(codi adeilad pwrpasol at y gwaith; siaradodd yn bwrpasol iawn yn y cyfarfod)* PURPOSEFUL

pwrs *hwn eg* (pyrsau)
1 cwdyn bach i ddal arian PURSE
2 swm o arian sy'n cael ei gynnig fel gwobr (e.e. mewn gornest baffio) PURSE
3 y rhan honno o gorff buwch, gafr ac ati (sy'n debyg i gwdyn o ran ei ffurf) lle mae llaeth yn cael ei gynhyrchu; cadair, piw UDDER

pwt[1] *hwn eg* (pytiau)
1 darn, tamaid, rhywbeth bach byr *('Mi dderbyniais bwt o lythyr...')* BIT
2 ergyd bach, pwniad *(Rho bwt i'r ferch 'na—mae hi'n cysgu eto.)* POKE, NUDGE
3 term o anwyldeb wrth siarad â phlentyn *(Beth sy'n bod, pwt?)* POPPET, LITTLE ONE

pwt[2] *a*
1 bach, byr, pitw TINY
2 dirybudd, sydyn *(Gorffennodd y gyngerdd yn bwt gyda phawb yn disgwyl rhagor.)* SUDDEN, SHORT, ABRUPT
sorri'n bwt gw. **sorri**

pwti *hwn eg* math o sment ar ffurf past meddal, seimlyd sy'n cael ei ddefnyddio i selio gwydr at ffrâm ffenestr neu ddrws PUTTY

pwy *rhagenw gofynnol* mae'n cael ei ddefnyddio naill ai ar ei ben ei hun neu o flaen berfau i holi am berson *(Pwy yw hon? Llyfr pwy yw hwn?)* WHO

pwy bynnag
1 unrhyw un *(Fe af i â phwy bynnag sydd eisiau mynd.)* WHOEVER
2 dim ots pwy *(Byddai'r siop yma'n llwyddiant pwy bynnag fyddai'n ei rhedeg.)* WHOEVER

Pwyliad *hwn eg* (Pwyliaid) brodor o Wlad Pwyl POLE

pwyll *hwn eg*
1 gofal; y cyflwr o fod yn wyliadwrus a chymryd gofal CAUTION
2 gallu i gymryd amser i ystyried mater yn ddwys ac yna gyrraedd casgliad neu ateb doeth DISCRETION, PRUDENCE
cymryd pwyll cymryd amser, bod yn ofalus TO TAKE TIME, TO TAKE CARE

gan bwyll (bach)
1 yn araf ac yn ofalus *(Fe awn ni i lawr gan bwyll bach i weld beth sy'n digwydd.)* SLOWLY
2 ebychiad arhoswch funud, arafwch! *(Gan bwyll, Ifan! Rydych chi wedi mynd yn rhy bell yn awr.)* HANG ON!
yn fy (dy, ei etc.) iawn bwyll heb fod yn wallgof, yn gall IN ONE'S RIGHT MIND

pwyllgor *hwn eg* (pwyllgorau) grŵp o bobl wedi'u dewis neu'u hethol i gyflawni rhyw waith arbennig COMMITTEE

pwyllo *be* cymryd pwyll; arafu er mwyn ystyried rhywbeth neu osgoi damwain TO STEADY, TO CONSIDER

pwyllog *a* gair i ddisgrifio rhywun neu rywbeth araf ond sicr; call, doeth, synhwyrol PRUDENT, DELIBERATE

pwynt *hwn eg* (pwyntiau)
1 y pwynt degol, arwydd (.) sy'n gwahanu rhifau cyfan oddi wrth ddegolion *(2.43 dau pwynt pedwar tri)* POINT
2 (ar gwmpawd) un o'r 32 marc sy'n dynodi cyfeiriad POINT (OF THE COMPASS)
3 y rhaniad (11° 15′) rhwng y rhain *(Symudwn ni 12 pwynt i'r Gogledd.)* POINT
4 uned sgorio mewn rhai gêmau *(Enillon ni o 12 pwynt i 3.)* POINT
5 pwrpas, amcan, bwriad *(Ni allaf weld unrhyw bwynt mewn parhau.)* POINT, PURPOSE
6 man arbennig, o safbwynt lle neu ddatblygiad *(Mae'r trafodaethau wedi cyrraedd pwynt tyngedfennol.)* POINT, STAGE
7 syniad, manylyn, nodwedd *(Dywedodd yr athro fod angen iddo ehangu ar y pwyntiau a wnaeth yn ei draethawd.)* POINT
8 testun, pwnc, canolbwynt (dadl, araith ac ati) *(Cadwch at y pwynt, ddyn!)* POINT

pwyntio *be*
1 dynodi cyfeiriad; dangos neu dynnu sylw at rywbeth (â'ch bys gan amlaf) *(pwyntio at y sêr)* TO POINT
2 anelu *(pwyntio'r car at y môr; pwyntio'r dryll ataf)* TO POINT
3 (mewn wal) llenwi'r bylchau rhwng briciau â sment TO POINT
pwyntio bys cyhuddo

pwyo *be* pwnio, bwrw, curo, ergydio TO BEAT, TO BATTER

pwys[1] *hwn eg* (pwysi) mesur safonol o bwysau yn cyfateb i tua 0.454 kilogram (neu 16 owns); lb POUND (gw. Atodiad III t.604)

pwys[2] *hwn eg*
1 un o ddau neu ragor o bwysau [**pwysau**[1]]
2 pwysigrwydd, pwyslais *(Mae'r athrawes yn rhoi pwys mawr ar waith destlus.)* EMPHASIS

ar bwys
1 gerllaw, yn agos *(Mae Siôn yn byw ar bwys yr ysgol.)* NEAR
2 oherwydd *(Alla' i ddim dod heno ar bwys yr holl waith sy gen i.)* BECAUSE
o bwys pwysig *('Rydw i wedi anghofio dod â llaeth.' 'Paid â phoeni. Dydy o ddim o bwys.'* IMPORTANT
pwysau[1] *hyn ell* mwy nag un **pwys**[2] darnau o fetel o drymder penodol; pwysynnau *(Mae'n mynychu'r clwb codi pwysau bob nos Wener.)* WEIGHTS
pwysau[2] *hwn eg*
1 pa mor drwm yw rhywun neu rywbeth *(Mae hi'n ceisio colli pwysau.)* WEIGHT
2 (yn wyddonol) pwysau rhywbeth yw'r grym sy'n ei dynnu tuag at ganol y ddaear *(Mae pwysau rhywbeth yn seiliedig ar rym disgyrchiant (y Ddaear) a màs y peth.)* WEIGHT
3 cyfundrefn arbennig i ddarganfod faint mae rhywbeth yn ei bwyso *(pwysau metrig)* WEIGHT
4 gorthrymder, gofid *(Roedd rhaid iddo roi'r gorau i'r swydd oherwydd pwysau'r gwaith.)* PRESSURE, WEIGHT (gw. Atodiad III t.604)
bod dan bwysau bod mewn sefyllfa lle'r ydych fwy neu lai'n cael eich gorfodi i wneud rhywbeth *(Mae e dan bwysau i newid ei feddwl ynglŷn â'r peth.)* UNDER PRESSURE
taflu fy (dy, ei etc.) mhwysau ymddwyn yn awdurdodol; dweud wrth bobl beth i'w wneud TO THROW ONE'S WEIGHT ABOUT
tynnu fy (dy, ei etc.) mhwysau ymuno gydag eraill i gyflawni eich rhan o'r gwaith TO PULL ONE'S WEIGHT
wrth fy (dy, ei etc.) mhwysau gan bwyll bach, yn fy amser fy hun IN ONE'S OWN GOOD TIME
pwysedd *hwn eg* fel yn *pwysedd gwaed*, gwasgedd (BLOOD) PRESSURE
pwysi[1] *hyn ell* mwy nag un **pwys**[1]
pwysi[2] *hwn eg* (pwysïau) casgliad bach o flodau, tusw bach o flodau; tusw POSY, NOSEGAY
pwysig *a* gair i ddisgrifio rhywun neu rywbeth:
1 sydd yn golygu llawer, sydd o bwys, sy'n haeddu sylw *(neges bwysig)* IMPORTANT
2 sydd â dylanwad, awdurdodol *(Mae'n ŵr pwysig, felly byddwch yn ofalus rhag ofn i chi ei ddigio.)* IMPORTANT (pwysiced, pwysicach, pwysicaf)
pwysigrwydd *hwn eg*
1 y cyflwr o fod yn bwysig IMPORTANCE
2 gwerth, arwyddocâd *(Pwysigrwydd y neuadd i'r pentref yw ei bod yn fan cyfarfod i bawb.)* IMPORTANCE, VALUE
pwyslais *hwn eg* (pwysleisiau) grym arbennig sy'n cael ei roi i eiriau neu fanylion wrth siarad neu ysgrifennu er mwyn dangos eu pwysigrwydd EMPHASIS, STRESS

pwysleisio *be* gosod pwyslais ar (rywbeth) TO EMPHASIZE, TO STRESS
pwyso *be*
1 darganfod pwysau rhywbeth trwy ddefnyddio peiriant; cloriannu, tafoli *(Wnei di bwyso chwarter o felysion imi os gweli di'n dda?)* TO WEIGH
2 bod o ryw bwysau penodol *(Rwy'n pwyso llai nag arfer.)* TO WEIGH
3 lled-orffwys, gorffwys ar oleddf *(Pwysa'r beic yn erbyn y wal nes dy fod yn barod i fynd.)* TO LEAN
4 gosod eich pwysau ar rywbeth er mwyn gorffwys *(Pwysodd ar ei raw wrth siarad â mi.)* TO REST
5 ymddiried, dibynnu *(Meddai Eben Fardd yn ei emyn, 'Pwyso'r bore ar fy nheulu/Colli'r rheini y prynhawn'.)* TO TRUST, TO DEPEND
6 perswadio, dwyn pwysau ar *(Mae'r staff i gyd yn pwyso arno i ymddeol.)* TO BRING PRESSURE ON
7 gwasgu *(Ond iti bwyso'r botwm coch bydd y cyfan yn diffodd.)* TO PRESS
8 plygu'ch corff tuag at neu dros rywun neu rywbeth *(Paid â phwyso dros y bont neu fe gwympi di.)* TO LEAN
pwyso a mesur ystyried yn ofalus y manteision a'r anfanteision TO PONDER
pwysyn *hwn eg* (pwysynnau) darn o fetel wedi'i safoni ar gyfer pwyso pethau WEIGHT □ *clorian*
pwyth[1] *hwn eg* (pwythau)
1 symudiad nodwydd ac edau i mewn i frethyn mewn un man ac allan mewn man arall wrth wnïo STITCH, TACK
2 yr edefyn sy'n cael ei adael yn y brethyn ar ôl gwneud hyn STITCH
3 un o'r dolennau o edafedd sydd ar eich gweill pan fyddwch yn gwau STITCH
4 (yn feddygol) y darn o edafedd sy'n gwnïo ymylon clwyf at ei gilydd STITCH
pwyth[2] *hwn eg* hen air am dâl neu wobr
talu'r pwyth dial, neu dalu'n ôl mewn diolch TO REPAY
pwytho *be* gwnïo pethau ynghyd trwy ddefnyddio nifer o bwythau TO STITCH, TO SEW
pybyr *a* gair i ddisgrifio rhywun brwdfrydig, selog, gweithgar *(Mae'n gefnogwr pybyr i'r tîm pêl-droed lleol.)* STAUNCH, ENTHUSIASTIC
pydew *hwn eg* (pydewau) twll wedi'i gloddio'n ddwfn i'r ddaear er mwyn codi dŵr neu olew ohono; ffynnon WELL
pydredd *hwn eg* llygredd, drwg, haint sy'n peri dadfeilio (a drewdod yn aml) *(Roedd y tŷ mor wlyb ac wedi bod yn wag am gymaint o amser nes bod pydredd wedi gafael yn y ffenestri a'r nenfydau.)* ROT, DECAY (pwdr)
pydru *be* yr hyn sy'n digwydd i rywbeth ar ôl iddo farw; dadfeilio, mynd yn ddrwg TO ROT, TO PUTREFY

pydru arni dal ati'n ddyfal *(Rwy'n pydru arni i geisio gorffen y llyfr yma.)* TO KEEP AT IT

pydru mynd dal ati yn brysur; mynd yn eithaf cyflym; mynd yn fân ac yn fuan

pyffiau *hyn ell* mwy nag un **pwff**

pyg¹ *hwn eg* un o nifer o sylweddau du, tew, gludiog a ddefnyddir i gadw dŵr rhag mynd i mewn i adeiladau PITCH

pyg² *a* braidd yn frwnt/budr SOILED

pygddu *a* du, tywyll iawn DUSKY, PITCH-BLACK

pyjamas *hwn eg* siaced a thrywsus i'w gwisgo yn y gwely PYJAMAS

pylgain gw. **plygain**

pyliau *hyn ell* mwy nag un **pwl**

pylni *hwn eg* y cyflwr o fod yn bŵl DULLNESS, BLUNTNESS

pylu *be*
1 colli min, colli awch *(yr hen gleddyf wedi pylu gydag amser)* TO BLUNT
2 colli gloywder, colli disgleirdeb TO DULL, TO PALE, TO TARNISH
3 (yn ffigurol) colli golwg, colli min yr ymennydd *(llygaid yn dechrau pylu; meddwl yn pylu)* TO FADE, TO DIM

pyllau *hyn ell* mwy nag un **pwll**

pyllau pêl-droed ffurf o fetio ar ganlyniadau gêmau pêl-droed FOOTBALL POOLS

pympiau *hyn ell* mwy nag un **pwmp**

pymtheg:pymtheng *rhifol*
1 un deg pump, 15 FIFTEEN
2 tîm cyfan o chwaraewyr rygbi *(Mae'r dewiswyr wedi enwi pymtheg Cymru sy'n wynebu Ffrainc ddydd Sadwrn nesaf.)* FIFTEEN

Sylwch: y ffurf *pymtheng* a ddefnyddir o flaen geiriau sy'n cychwyn ag 'm', e.e. pymtheng mlynedd, pymtheng munud.

(siarad) pymtheg yn y dwsin siarad llawer iawn, siarad yn gyflym NINETEEN TO THE DOZEN

pymthegfed *a* yr olaf o bymtheg; 15fed; un o bymtheg neu rif 15 mewn rhestr o fwy na phymtheg FIFTEENTH

pymthengwaith *adf* pymtheg o weithiau FIFTEEN TIMES

pynciau *hyn ell* mwy nag un **pwnc**

pyncio *be* (am adar) canu, tiwnio, telori TO SING

pynnau *hyn ell* mwy nag un **pwn**

pyped *hwn eg* (pypedau)
1 math o ddol neu degan y mae modd symud ei goesau, ei freichiau ac ati trwy dynnu gwifrau neu edau PUPPET, MARIONETTE
2 tegan y gallwch ei wisgo am eich llaw a'i symud â'ch bysedd (GLOVE) PUPPET
3 (yn ffigurol) rhywun sy'n gwneud fel y mae rhywun arall yn dweud wrtho/wrthi *(Pyped oedd Arlywydd y wlad yn ystod y cyfnod hwnnw—y Fyddin oedd yn rheoli mewn gwirionedd.)* PUPPET

pypedau

pyramid *hwn eg* (pyramidiau)
1 (geometreg) ffurf solet ag ochrau trionglog sy'n gogwyddo at ei gilydd ac yn cwrdd wrth yr apig PYRAMID
2 adeilad anferth o garreg ar y ffurf yma a fyddai'n cael ei ddefnyddio i gladdu brenhinoedd a breninesau ynddo (yn yr Aifft yn arbennig) PYRAMID
3 unrhyw adeiladwaith hynafol a geir ar y ffurf yma (yng Nghanolbarth America yn arbennig) PYRAMID

pyrcs *a* (ar lafar yn bennaf) gair i ddisgrifio mwy nag un person **porcyn**; noethlymun

pyrsau *hyn ell* mwy nag un **pwrs**

pyrth *hyn ell* mwy nag un **porth**

pyrwydden *hon eb* un o nifer o goed coniffer bythwyrdd sy'n tyfu yng ngwledydd oer y Gogledd ac sy'n cael eu defnyddio i harddu gerddi SPRUCE □ coed t.614

pys *hyn ell* mwy nag un bysen [**pysen**]
1 hadau gwyrdd meddal, bwytadwy PEAS
2 y planhigion dringo y mae'r masglau neu'r codennau sy'n cynnwys yr hadau hyn yn tyfu arnynt PEAS

pysen *hon eb* un o nifer o bys [**pys**]

pysgodyn *hwn eg* (pysgod)
1 creadur y mae tymheredd ei waed yn newid gyda'r tymheredd o'i amgylch; mae'n byw mewn dŵr, yn defnyddio'i gynffon a'i esgyll i nofio, ac yn anadlu dan ddŵr trwy ei dagellau FISH
2 rhan o'r creadur pan fydd yn cael ei ddefnyddio yn fwyd *(pysgodyn a sglodion—'sgod a sglods')* FISH □ pysgod t.628 (haig)

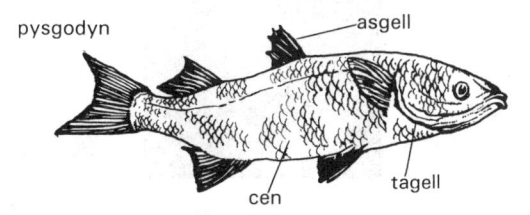

pysgodyn — asgell
cen — tagell

a b c ch d dd e f ff g ng h i j (k) l ll m n o p ph r rh s t th u w y (z)

pysgod cregyn unrhyw anifeiliaid di-asgwrn-cefn sy'n byw mewn cregyn dan ddŵr; molysgiaid, cramenogion SHELLFISH

pysgodyn aur hwn *eg* (pysgod aur) pysgodyn bach sy'n cael ei gadw mewn powlen yn y cartref neu mewn pwll addurniadol yn yr ardd GOLDFISH □ *pysgod* t.628

pysgota *be*
1 ceisio dal pysgod *(cwch pysgota; gwialen bysgota)* TO FISH, TO ANGLE
2 dal pysgod *(Mae'r afon yma wedi cael ei gorbysgota.)* TO FISH

pysgotwr hwn *eg* (pysgotwyr) un sy'n ceisio dal pysgod, naill ai am fywoliaeth neu o ran sbort FISHERMAN, ANGLER

pyst hyn *ell* mwy nag un **postyn**
  pyst dan yr haul pelydrau gweladwy o oleuni o dan yr haul sy'n arwydd o law

pystylad *be* taro'r llawr yn galed â'r droed (yn arbennig felly geffyl neu dda/gwartheg) *(Mae'r buarth yn ofnadwy ar ôl i'r gwartheg bystylad drwy'r holl faw.)* TO STAMP
  mae hi'n pystylad y glaw mae hi'n arllwys y glaw IT'S TEEMING DOWN

pytaten hon *eb* (pytatws) llysieuyn bwytadwy ar ffurf pelen galed â chroen brown tenau sy'n tyfu wrth wraidd planhigyn; mae'n un o'n prif fwydydd ac mae'n cael ei thrin a'i choginio mewn llawer ffordd, e.e. i wneud creision, sglodion ac ati; taten POTATO

pytatws hyn *ell* gw. **tatws**

pytiau hyn *ell* mwy nag un **pwt**

pythefnos hwn neu hon *egb* (pythefnosau) cyfnod o ddwy wythnos *(Rwy'n mynd i'r Rhyl am bythefnos o wyliau yr haf yma.)* FORTNIGHT

pythefnosol *a* gair i ddisgrifio rhywbeth sy'n digwydd unwaith y pythefnos, neu bob pythefnos yn rheolaidd FORTNIGHTLY

R

'r gw. **y:yr¹:'r**

rabbi hwn *eg* (rabbiniaid) athro ac arweinydd Iddewig RABBI

raced hwn neu hon *egb* (racedi) math o rwydwaith tyn o ddeunydd synthetig o fewn fframyn pren neu garbon neu fetel sy'n cael ei ddefnyddio i daro pêl dennis; bat RACKET

radar hwn *eg* system neu offer sy'n anfon allan signalau radio er mwyn darganfod union safle gwrthrych arbennig (sydd, fel arfer, yn symud); mae'n acronym o RAdio Detection And Ranging RADAR

radar

radicalaidd *a* gair i ddisgrifio:
1 rhywun sy'n cefnogi newid llwyr a thrylwyr, yn arbennig felly yn y byd gwleidyddol RADICAL
2 rhywbeth sydd wedi cael ei newid yn llwyr neu sy'n golygu newid llwyr RADICAL

radio hwn *eg*
1 y broses o ddanfon a derbyn synau trwy'r awyr trwy ddefnyddio tonnau electromagnetig RADIO
2 teclyn i dderbyn synau wedi eu darlledu yn y ffordd yma RADIO, WIRELESS
3 y diwydiant darlledu RADIO

radiwm hwn *eg* metel gwyn, disglair a phrin iawn sy'n elfen gemegol ymbelydrol ac sy'n cael ei ddefnyddio i drin rhai clefydau megis cancr RADIUM

radiws hwn *eg* (radiysau) llinell sy'n nodi'r pellter o ganol cylch neu sffêr i'w ymyl (neu i'w wyneb); hanner y diamedr RADIUS □ *cylch*

raffia hwn *eg* math o gordyn meddal sydd wedi'i wneud o ddail y balmwydden ac sy'n cael ei ddefnyddio i glymu planhigion neu i wau hetiau, matiau ac ati RAFFIA

raffl hon *eb* (rafflau) ffordd o godi arian trwy werthu nifer mawr o docynnau wedi'u rhifo; bydd un (neu ragor) ohonynt yn cael ei ddewis ar hap i ennill gwobr RAFFLE

rafft hon *eb* (rafftiau) math o gwch gwastad wedi'i wneud o bren, rwber, plastig neu o nifer o foncyffion coed wedi'u clymu ynghyd RAFT

rali *hon eb* (ralïau)
1 cyfarfod cyhoeddus mawr RALLY
2 ras geir ar ffyrdd cyhoeddus RALLY
3 (mewn gêm o dennis) ymdrech hir i ennill pwynt RALLY

ras *hon eb* (rasys) cystadleuaeth i weld pwy neu ba un yw'r cyflymaf RACE

ras ffos a pherth
1 (i athletwyr) ras o 3,000 metr a 35 naid hir ac uchel i redeg drostynt STEEPLECHASE
2 (i geffylau) ras o tua 2 filltir a thua 15 o neidiau gwahanol i'w goresgyn STEEPLECHASE

ras gyfnewid ras lle y mae pob aelod o dîm yn rhedeg rhan o'r ras RELAY RACE

rasal *hon eb* (raselydd) ellyn; teclyn ar gyfer torri neu grafu blew oddi ar groen (dyn fel arfer); teclyn siafio/eillio; ellyn RAZOR

rasio *be*
1 cystadlu mewn cystadleuaeth cyflymdra (ras) TO RACE
2 symud yn (rhy) gyflym *(Gwelais gar yn rasio heibio i'r tŷ.)* TO RACE
3 achosi i (geffyl, milgi ac ati) gystadlu mewn ras *(Ydyn nhw'n bwriadu rasio'r ceffyl ddydd Sadwrn?)* TO RACE

realydd *hwn eg* person sy'n benderfynol o wynebu ffeithiau, sy'n gwybod beth sy'n bosibl a beth sy'n amhosibl neu'n annhebygol REALIST

rebel *hwn eg* rhywun sy'n ymladd (yn ffyrnig fel arfer) yn erbyn rhywun neu rywbeth mewn awdurdod; gwrthryfelwr REBEL

record *hon eb* (recordiau)
1 (mewn cystadleuaeth) y gorau hyd yn hyn RECORD
2 cylch o blastig y mae seiniau wedi'u cofnodi arno; disg RECORD

recorder *hwn eg* offeryn cerdd sy'n cael ei ganu trwy chwythu i mewn iddo ac sy'n cynhyrchu sain debyg i ffliwt RECORDER

recordiad *hwn eg* (recordiadau) perfformiad, araith neu ddarn o gerddoriaeth sydd wedi cael ei recordio RECORDING

recordio *be*
1 cadw sain neu rywbeth gweladwy ar dâp neu ddisg fel bod modd ei weld neu'i glywed eto TO RECORD
2 (am beiriant neu ddyfais fesur) cofnodi; mesur a nodi'r canlyniadau *(Mae'r peiriant ar ben to'r ysgol yn recordio pa mor gryf yw'r gwynt.)* TO RECORD

recordydd *hwn eg* (recordyddion) dyfais sy'n recordio sain a digwyddiadau gweladwy, e.e. *recordydd fideo, recordydd tâp* RECORDER

refferendwm *hwn eg* (refferenda) cyfle i holl drigolion gwlad neu ardal bleidleisio ar gwestiwn penodol, e.e. *A ddylai'r tafarnau fod ar agor ar y Sul?* REFERENDUM

reiat *hon eb* llawer o sŵn ac ymladd gan lawer o bobl; terfysg RIOT

cadw reiat cadw mwstwr (llawer o sŵn a chyffro), yn arbennig gan blant TO MAKE A RACKET

reis *hwn eg*
1 math o rawn sy'n cael ei dyfu fel bwyd mewn mannau poeth a gwlyb RICE ☐ *cnydau*
2 hadau'r planhigion yma sy'n cael eu coginio a'u bwyta RICE

reit *adf* iawn, eithaf, digon *(Rwy'n teimlo'n reit dda, diolch yn fawr.)* QUITE

resin *hwn eg* (resinau)
1 sylwedd melyn gludiog sy'n cael ei gynhyrchu gan rai mathau o goed (megis ffynidwydd) ac a ddefnyddir i wneud paent a moddion RESIN
2 un o nifer o fathau o blastig wedi'u gwneud gan ddyn RESIN
3 resin coed ar ffurf solet neu bowdr a ddefnyddir gan gampwyr gymnasteg er mwyn gwella'u gafael ar eu hoffer neu gan offerynwyr llinynnol ar rawn eu bwâu RESIN

rihyrsal *hon eb* (rihyrsals) cyfarfod i ddysgu ac ymarfer ar gyfer perfformiad (yn arbennig ymarfer ar gyfer cymanfa ganu neu ddrama); ymarfer REHEARSAL

ril:rilen *hon eb* (riliau:rils)
1 cylch y mae modd weindio hyd o wifren, lein bysgota, tâp recordio ac ati arno REEL
2 un fach o'r rhain i ddal edau REEL

riwbob *gw.* **rhiwbob:riwbob**

riwl *hon eb* (riwliau) darn hir, cul o ddefnydd caled (e.e. pren, metel neu blastig) sydd ag ymylon syth a modfeddi a/neu gentimetrau wedi'u nodi arno (ar gyfer tynnu llinellau syth neu fesur hyd) RULER

robin goch *hwn eg* aderyn cyffredin â chefn brown a bron goch ROBIN ☐ *adar* t.608

robot *hwn eg* (robotau)
1 peiriant awtomatig sy'n cael ei reoli gan gyfrifiadur ROBOT
2 peiriant sy'n gweithredu fel person ROBOT

roboteg *hon eb* astudiaeth wyddonol o'r defnydd o robotau ac o'r ffordd orau i'w cynllunio er mwyn ceisio cael y peiriannau i'w dysgu eu hunain trwy brofiad ROBOTICS

roced *hon eb* (rocedi)
1 math o dân gwyllt sy'n cael ei saethu yn uchel i'r awyr gan ollwng fflamau lliw ROCKET
2 peiriant tebyg sy'n cael ei yrru gan nwyon ffrwydrol ac a ddefnyddir i saethu gwennol ofod neu gapsiwl i'r gofod ROCKET
3 bom neu daflegryn wedi'i yrru fel hyn ROCKET

rod hon *eb* (rodiau) darn o bren, metel neu blastig ar ffurf gwialen, yn arbennig darn o fetel fel hyn sy'n rhan o beiriant; rhoden ROD, SPINDLE

rotor hwn *eg* (rotorau)
 1 darn o beiriant sy'n troi o gwmpas pwynt sefydlog ROTOR
 2 un o'r llafnau sy'n peri i hofrenydd godi ROTOR

rownd[1] *a* gair i ddisgrifio rhywbeth ar ffurf cylch neu bêl; crwn ROUND

rownd[2] *ardd* o gwmpas, o gylch, oddi amgylch
 1 yn amgylchynu *(Mae 'na fur rownd y ddinas.)* AROUND
 2 i bob rhan o *(Es i â'r bobl rownd y tŷ.)* AROUND
 3 mewn cylch o gwmpas *(Rhedais rownd y gornel.)* AROUND
 4 mewn cyfeiriad gwahanol *(Tro rownd i mi gael dy weld di.)* AROUND
 5 ar hyd ffordd bellach *(Roedd yn rhaid inni fynd rownd i'r cefn gan fod y drws ffrynt ar glo.)* AROUND

rownd[3] hon *eb* (rowndiau)
 1 tro mewn cystadleuaeth *(Cafodd y tîm ei drechu yn rownd gyntaf cystadleuaeth y Gwpan.)* ROUND
 2 cyfres o ymweliadau fel y rhai y mae'r dyn llaeth/llefrith yn eu gwneud *(rownd bapur; rownd laeth)* ROUND

rownd derfynol FINAL (ROUND)
rownd go-gyn-derfynol QUARTER-FINAL (ROUND)
rownd gyn-derfynol SEMI-FINAL (ROUND)

ruban hwn *eg* (rubanau)
 1 darn hir, cul o ddefnydd sy'n cael ei ddefnyddio i glymu pethau neu fel addurn *(ruban gwallt)* RIBBON
 2 darn bach byr o ddefnydd tebyg i ddynodi teitl neu anrhydedd arbennig *(Gwisgodd yr hen filwr ei fedalau a'i rubanau i gyd.)* RIBBON

rŵan *adf* (gair y Gogledd) yn awr, yr awr hon NOW

rwbel hwn *eg* cerrig neu friciau wedi torri RUBBLE

rwber hwn *eg*
 1 sylwedd sy'n cael ei ffurfio trwy ddulliau cemegol neu o sudd coeden arbennig; mae'n cadw dŵr allan ac mae'n hyblyg iawn RUBBER
 2 darn o'r deunydd hwn sy'n cael ei ddefnyddio i ddileu marciau pensil RUBBER, ERASER

rwden hon *eb* (rwdins) erfinen, sweden; llysieuyn gardd crwn, melyn neu oren ei liw, sy'n debyg i feipen SWEDE
 □ *llysiau* t.635

rwdlan:rwdlian *be* siarad dwli, cyboli, clebran TO NATTER ON, TO TALK NONSENSE

Rwsiad hwn *eg* (Rwsiaid) brodor o Rwsia RUSSIAN

rwyf gw. **wyf:ydwyf**

rỳg hwn *eb* (rygiau)
 1 math o garped neu fat (o wlân fel arfer) a roddir ar y llawr RUG
 2 math o flanced drwchus i'w lapio o'ch cwmpas pan fyddwch yn teithio RUG

rygbi hwn *eg* gêm sy'n cael ei chwarae â phêl hirgron gan ddau dîm o 7, 13 neu 15 o chwaraewyr; y bwriad yw sgorio mwy o geisiau neu gicio mwy o bwyntiau na'ch gwrthwynebwyr RUGBY

rysáit hon *eb* (ryseitiau) rhestr o gyfarwyddiadau ar gyfer paratoi neu goginio saig arbennig RECIPE

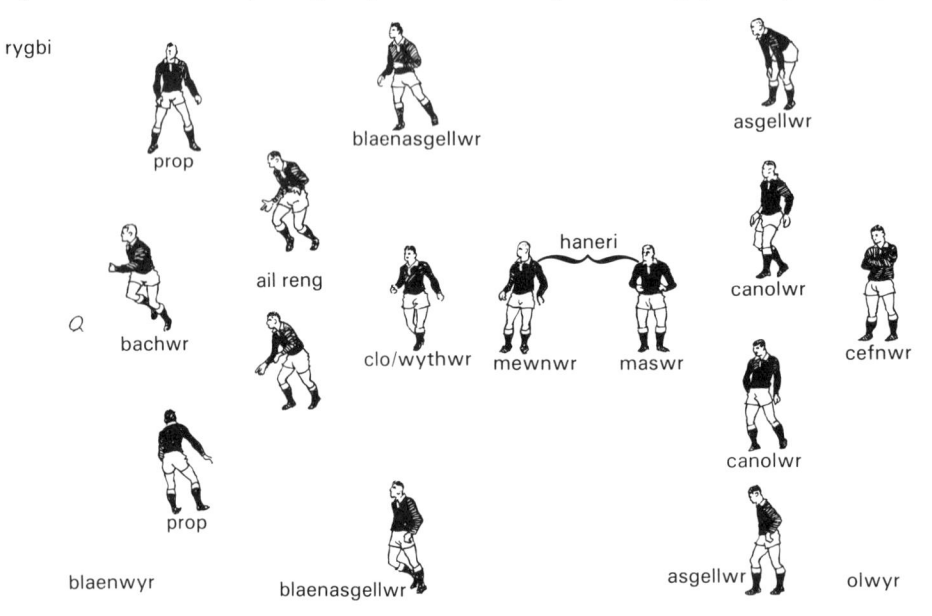

rygbi — prop — blaenasgellwr — asgellwr — bachwr — ail reng — clo/wythwr — haneri — mewnwr — maswr — canolwr — cefnwr — canolwr — prop — blaenwyr — blaenasgellwr — asgellwr — olwyr

a b c ch d dd e f ff g ng h i j (k) l ll m n o p ph r rh s t th u w y (z)

Rh

rhaca hwn neu hon *egb* (rhacanau) (gair y De) cribin, offeryn garddio tebyg i grib mawr ar ben coes sy'n cael ei ddefnyddio i gribinio gwair, casglu dail ynghyd, neu wastatáu pridd RAKE

rhacanu *be* casglu ynghyd â rhaca; cribinio neu wastatáu (pridd) â rhaca neu gribin TO RAKE

rhacs *hyn ell* mwy nag un **rhecsyn:rhacsyn**; carpiau, clytiau
1 darnau bychain o hen lieiniau RAGS
2 dillad wedi'u treulio'n garpiau (Mae'i chot hi'n rhacs.) RAGS, TATTERS

rhacsog:rhacsiog *a* gair i ddisgrifio rhywbeth sydd wedi treulio'n garpiau neu'n glytiau TATTERED, RAGGED

rhacsyn gw. **rhecsyn:rhacsyn**

rhad[1] *a* gair i ddisgrifio rhywbeth:
1 nad yw'n costio llawer o arian; gwrthwyneb drud (Mae'r siop yn eu gwerthu nhw'n rhad.) CHEAP
2 nad yw'n costio dim, sydd am ddim (Mae'n dweud ar yr hysbyseb fod mynediad yn rhad ac am ddim.) FREE (rhated, rhatach, rhataf)

rhad[2] hwn *eg* (hen ystyr) bendith, gras BLESSING

rhad arnaf (arnat, arno, arni etc.) trueni amdanaf GOD HELP ME

rhadlon *a* gair i ddisgrifio rhywun caredig, boneddigaidd, hynaws (Bu'r curadur yn ddigon rhadlon i fynd â ni o amgylch yr amgueddfa ei hun.) GRACIOUS

rhadlonrwydd hwn *eg* natur radlon GRACIOUSNESS

rhaeadr hon *eb* (rhaeadrau:rhëydr) llifeiriant o ddŵr sy'n syrthio'n syth dros greigiau neu glogwyn; pistyll, sgwd WATERFALL, CASCADE □ t.636

Rhaeadr Gwy *enw lle* RHAYADER

rhaff hon *eb* (rhaffau)
1 cordyn cryf, tew ROPE
2 cordyn neu linyn tew, troellog o rywbeth (rhaff o wynwns/nionod; rhaff o berlau) STRING, ROPE

rhaff, tennyn

rhoi rhaff i'm (i'th, i'w etc.) dychymyg/ teimladau/tafod caniatáu iddynt grwydro'n ddilyffethair TO GIVE VENT TO

rhaffu:rhaffo *be* clymu â rhaff; gosod pethau at ei gilydd fel eu bod yn edrych fel rhaff (rhaffu wynwns/nionod) TO STRING TOGETHER, TO ROPE

rhaffu celwyddau palu celwyddau, dweud rhes o gelwyddau yn rhwydd TO STRING TOGETHER A PACK OF LIES

rhag[1] *ardd* (rhagof fi, rhagot ti, rhagddo ef [fe/fo], rhagddi hi, rhagom ni, rhagoch chi, rhagddynt hwy [rhagddyn nhw])
1 (yn dilyn berfau megis achub, amddiffyn, arbed, arswydo, atal, cadw, cuddio, cysgodi, dianc, diogelu, ffoi, gwared, ymguddio) oddi wrth (Fel y dywed Gweddi'r Arglwydd, 'gwared ni rhag drwg'.) FROM
2 yn lle, fel na (Mae'n well inni fynd yn awr rhag inni gael ein dal gan y storm.) LEST
3 yn erbyn (Rhaid inni glymu rhywbeth dros y twll rhag y glaw.) AGAINST

rhag blaen gw. **blaen**

rhag ofn gw. **ofn**

rhag...[2] *rhagddodiad* mae'n cael ei ddefnyddio ar ddechrau gair i olygu rhywbeth sy'n dod yn gyntaf, o flaen rhywbeth arall, e.e. *rhagymadrodd, rhag-weld* PRE..., FORE..., ANTE...

rhagair hwn *eg* (rhageiriau) cyflwyniad i lyfr (sy'n cael ei ysgrifennu fel arfer gan rywun heblaw'r awdur) FOREWORD, PREFACE

rhagarweiniad hwn *eg* cyflwyniad; rhywbeth sy'n arwain i mewn (i lyfr, perfformiad, araith, pregeth ac ati) INTRODUCTION

rhagarweiniol *a* gair i ddisgrifio rhywbeth sy'n cael ei ddefnyddio i gyflwyno, sy'n dod o flaen y prif beth, sy'n arwain i mewn i PRELIMINARY, INTRODUCTORY

rhagbaratoawl *a* gair i ddisgrifio rhywbeth sy'n cael ei wneud er mwyn paratoi ar gyfer rhywbeth arall PREPARATORY

rhagbrawf hwn *eg* (rhagbrofion) prawf (mewn eisteddfod, mabolgampau ac ati) i ddewis pa gystadleuwyr fydd yn cymryd rhan yn y prawf terfynol (Allan o'r 25 fydd yn cystadlu yn rhagbrawf yr unawd soprano, dim ond tair fydd yn cael eu dewis i ymddangos ar y llwyfan.) PRELIM., HEAT

rhagdybio:rhagdybied *be* dod i gasgliad rhesymegol gan gymryd yn ganiataol fod yr hyn yr ydych yn seilio'r casgliad arno yn wir (Ar sail y ffaith ei fod wedi derbyn y fath anrhydedd rwy'n rhagdybio ei fod wedi gwneud rhywbeth i'w haeddu.) TO PRESUPPOSE, TO ASSUME

a b c ch d dd e f ff g ng h i j (k) l ll m n o p ph r rh s t th u w y (z)

rhagddodiad *hwn eg* (rhagddodiaid) (yn ramadegol) sillaf neu grŵp o lythrennau sy'n cael eu gosod ar ddechrau gair i newid ei ystyr, e.e. *rhag...* yn *rhagair*; *di...* yn *diystyru*; *gwrth...* yn *gwrthblaid* PREFIX (olddodiad)

rhag-ddweud *be* dweud beth sy'n mynd i ddigwydd yn y dyfodol; darogan TO FORETELL

rhageiriau *hyn ell* mwy nag un **rhagair**

rhagenw *hwn eg* (rhagenwau) (yn ramadegol) gair y gallwch ei ddefnyddio yn lle enw neu gymal enwol, e.e. *ti, hi, ni* (Yn lle dweud 'daeth y ferch' gallwch ddweud 'daeth hi'.) PRONOUN

rhagfarn *hon eb* (rhagfarnau) barn neu deimlad annheg (yn erbyn rhywun neu rywbeth), nid oherwydd bod gennych reswm neu wybodaeth arbennig ond oherwydd eich bod yn amheus o syniadau sy'n wahanol i'ch rhai chi PREJUDICE, BIAS

  rhagfarn hiliol gwrthwynebiad i berson ar sail lliw ei groen, neu oherwydd ei fod yn perthyn i hil wahanol RACIAL PREJUDICE

rhagfarnllyd *a* gair i ddisgrifio rhywun sydd â rhagfarn neu ragfarnau mewn meysydd arbennig, neu rywbeth sy'n ganlyniad i ragfarn bersonol PREJUDICED, BIASED

rhagflaenydd *hwn eg* (rhagflaenwyr) person a fu mewn swydd o flaen rhywun arall (ei olynydd) (*Mae'r athro newydd dipyn yn iau na'i ragflaenydd.*) PREDECESSOR

rhagflas *hwn eg* profiad bach cynnar (o rywbeth a fydd yn digwydd yn nes ymlaen) (*Euthum i weld y plant yn ymarfer ar gyfer y pantomeim a chael rhagflas o'r wledd i ddod.*) FORETASTE

rhagfur *hwn eg* (rhagfuriau)
1 banc neu glawdd llydan sy'n amddiffyn dinas neu gastell; gwrthglawdd RAMPART
2 mur cryf ar gyfer amddiffyn dinas neu gastell BULWARK

rhagfynegi *be* dweud ymlaen llaw, proffwydo, darogan TO FORETELL

Rhagfyr *hwn eg* y deuddegfed a'r olaf o fisoedd y flwyddyn DECEMBER

rhaglaw *hwn eg* (rhaglawiaid:rhaglofiaid)
1 person sy'n llywodraethu talaith neu wlad ar ran brenin neu lywodraeth ganolog GOVERNOR, VICEROY, PROCONSUL
2 person sy'n gweithredu ar ran neu yn lle rhywun sydd â mwy o awdurdod; dirprwy LIEUTENANT

rhaglen *hon eb* (rhaglenni)
1 rhestr wedi'i hargraffu o berfformwyr, cerddorion, athletwyr ac ati, ynghyd â'r pethau hynny y byddan nhw'n eu perfformio PROGRAMME
2 un o nifer o wahanol fathau o adloniant sy'n cael eu darlledu ar radio neu deledu (*Beth yw dy hoff raglen deledu?*) PROGRAMME
3 perfformiad cyfan neu sioe, yn arbennig un sy'n cynnwys nifer o wahanol eitemau (*A ydych chi wedi penderfynu ar y rhaglen ar gyfer y cyngerdd Nadolig?*) PROGRAMME
4 cynllun penodol o'r camau sydd eu hangen i gyflawni rhywbeth (*Mae'r rhaglen adeiladu yn dibynnu'n llwyr ar yr arian a fydd ar gael.*) PROGRAMME
5 rhestr o gyfarwyddiadau ar gyfer cyfrifiadur er mwyn iddo fedru prosesu data, datrys problem neu gwblhau rhyw waith PROGRAM

rhaglen nodwedd rhaglen (ar lwyfan, radio, teledu ac ati) yn cynnwys amrywiaeth o eitemau ar thema arbennig

rhaglennu *be* bwydo cyfrifiadur â chyfres o gyfarwyddiadau sy'n ei alluogi i gyflawni rhyw orchwyl TO PROGRAM
Sylwch: dyblwch yr 'n' ym mhob un o ffurfiau'r ferf ac eithrio'r rhai sy'n cynnwys *-as-*.

rhaglofiaid *hyn ell* mwy nag un **rhaglaw**

rhagluniaeth *hon eb* gweithred arbennig sy'n dangos gofal Duw (*Diolch i ragluniaeth, nid oedd neb yn y tŷ pan redodd y lorri i lawr y rhiw ac i mewn trwy ffenestr yr ystafell fyw.*) PROVIDENCE

rhagofalon *hyn ell* gweithredoedd neu baratoadau a wneir ymlaen llaw er mwyn osgoi perygl, pryder, afiechyd ac ati PRECAUTIONS

rhagolwg *hwn eg* (rhagolygon) golwg ar y dyfodol neu ystyriaeth o'r hyn sy'n debygol o ddigwydd (*Beth yw rhagolygon Cymru yng nghystadleuaeth Cwpan y Byd?*) PROSPECT, OUTLOOK

  rhagolygon y tywydd patrwm y tywydd sydd ar y ffordd inni WEATHER FORECAST

rhagor[1] *a* gair i ddisgrifio rhif, nifer neu swm sy'n fwy na, yn ychwanegol at (*Fe gest ti ragor o bwdin na fi.*) MORE (THAN)

rhagor[2] *hwn eg*
1 mwy, ychwaneg (*Y mae arno eisiau rhagor o fwyd. A gaf fi ragor o bwdin plîs?*) MORE
2 (defnydd henffasiwn) gwahaniaeth ('*Canys y mae rhagor rhwng seren a seren mewn gogoniant.*') DISTINCTION

rhagor[3] *adf* mwyach, yn fwy (*Nid wyf yn bwriadu mynd yno rhagor.*)
Sylwch: nid yw'r 'rhagor' adferfol yn treiglo.

rhagori *be*
1 bod yn dda iawn, bod yn rhagorol (*Mae e'n rhagori fel chwaraewr hoci.*) TO EXCEL

rhagoriaeth

2 bod yn drech na, bod yn well na *(Mae hi'n rhagori ar weddill y dosbarth mewn mathemateg.)* TO EXCEL, TO SURPASS

rhagoriaeth *hon eb* (rhagoriaethau) yr ansawdd neu'r briodoledd o fod yn anghyffredin o alluog neu lwyddiannus mewn rhyw faes, o fod yn well na neb arall *(Canmolwyd rhagoriaeth ei berfformiad gan y beirniaid.)* EXCELLENCE, DISTINCTION

rhagorol *a* gair i ddisgrifio rhywun neu rywbeth sy'n rhagori; da dros ben, campus, godidog EXCELLENT, SUPERB

rhagrith *hwn eg* (rhagrithion) y weithred o gymryd arnoch eich bod yn fwy rhinweddol neu'n well nag yr ydych mewn gwirionedd HYPOCRISY

rhagrithio *be* bod yn llawn rhagrith neu ymddwyn mewn ffordd ragrithiol

rhagrithiol *a* gair i ddisgrifio rhywun neu rywbeth sy'n llawn rhagrith, sydd heb fod yn ddidwyll neu'n ddiffuant HYPOCRITICAL

rhagrithiwr *hwn eg* (rhagrithwyr) person rhagrithiol; un sy'n cymryd arno ei fod yn well nag ydyw mewn gwirionedd HYPOCRITE

rhag-weld:rhagweled *be* gweld neu sylweddoli bod rhywbeth yn mynd i ddigwydd; gweld ymlaen llaw beth sy'n mynd i ddigwydd *(Rwy'n rhag-weld tlodi mawr yn yr ardal os bydd y gwaith yn cau.)* TO FORESEE

rhagymadrodd *hwn eg* (rhagymadroddion) eglurhad ynglŷn â'i bwrpas a'i amcanion gan awdur neu areithiwr ar ddechrau llyfr neu araith INTRODUCTION

rhai *rhagenw*

1 ambell un, ychydig, nifer bach *(Gwelais i rai yr oeddwn yn eu hadnabod.)* SOME

2 fe allwch ei ddefnyddio yn lle enw (lluosog) er mwyn peidio â'i ailadrodd *(Dyma fy llyfrau i, ble mae'ch rhai chi?)*

y rhai hyn y rhain *(Ai'r rhai hyn yw'r rhai olaf?)* THESE

y rhai hynny y rheini/y rheiny *(Ai'r rhai hynny yw'r bobl?)* THOSE

y rhai yna y rheina *(Ai'r rhai yna yw dy rai di?)* THOSE

rhaib *hon eb*

1 swyn (yn arbennig yr hyn y byddai dyn hysbys neu wrach yn ei wneud i niweidio neu ddwyn anlwc ar anifail neu berson) SPELL, BEWITCHING (rheibio)

2 trachwant, gwanc, awydd afresymol GREED

rhaid *hwn eg* (rheidiau) gorfodaeth, anghenraid; rhywbeth sy'n angenrheidiol neu'n orfodol; rhywbeth na ellir ei hepgor na'i osgoi *(Mae'n rhaid i mi fynd i'r ymarfer heno gan mai hwn yw'r olaf cyn y cyngerdd.)* NECESSITY (rheitied, rheitiach, rheitiaf)

Sylwch: mae 'nid rhaid' a 'ni raid' yn gywir.

does dim rhaid i mi (i ti, iddo ef etc.) (I) DON'T HAVE TO, IT'S NOT NECESSARY

mae'n rhaid gen i rwy'n siŵr *(Mae'n rhaid gen i fod y cyfarfod wedi'i drefnu fisoedd yn ôl.)*

nid oes/oedd raid
Sylwch ar y treiglad.

rhaid i mi (i ti, iddo ef etc.) beidio (I) MUST NOT

rhaid wrth gorfod cael *(Rhaid wrth ryw gymaint o dywydd da os ydym yn gobeithio cerdded bob cam.)*

rhaidd *hon eb* (rheiddiau) y naill a'r llall o'r cyrn fforchog sy'n tyfu allan o ben carw neu elc ANTLER □ *carw*

rhain *rhagenw* y rhai hyn, mwy nag un o hwn neu hon THESE
Sylwch: *y rhain* sy'n gywir (nid *rhain*).

rhamant *hon eb* (rhamantau)

1 stori garu ROMANCE

2 yr ansawdd arbennig sy'n perthyn i'r straeon hyn *(rhamant bywyd yn y gorllewin gwyllt)* ROMANCE

3 serch *(Does dim rhamant yn ei fywyd.)* ROMANCE

y Tair Rhamant tair hen stori Gymraeg am y Brenin Arthur a thri o'i farchogion, Owain, Geraint a Pheredur

rhamantaidd:rhamantus *a* gair i ddisgrifio rhywun neu rywbeth:

1 sy'n nodweddiadol o ramantau; sy'n apelio at y dychymyg *(nofelau rhamantus)* ROMANTIC

2 sy'n addas ar gyfer rhamant neu serch *(cerddoriaeth dawel, ramantaidd)* ROMANTIC

Rhamantiaeth *hon eb* (ym myd y celfyddydau, yn arbennig cerddoriaeth a llenyddiaeth) gwerthfawrogiad o'r teimlad yn hytrach na'r meddwl, o brydferthwch naturiol yn hytrach na'r hyn a grëwyd gan ddyn, gwerthfawrogi dawn yr unigolyn a'i ryddid; gwrthwyneb clasurol ROMANTICISM

rhan[1] *hon eb* (rhannau)

1 unrhyw un o'r darnau sy'n ffurfio cyfanwaith, cyfran o rywbeth ond nid y cyfan *(Mae rhannau o'r llun yn eisiau.)* PART

2 siâr, dogn *(Dydy i ddim wedi cael fy rhan i o'r deisen eto!)* SHARE, PORTION

3 un o nifer o raniadau cyfartal sy'n llunio cyfanwaith *(Rhowch un rhan o sudd oren i bedair rhan o win.)* PART, PORTION

4 cyfraniad i weithgaredd neu ddyletswydd *(A beth oedd dy ran di yn yr holl helynt yma?)* PART, ROLE

5 safbwynt, barn *(Fe allen nhw gadw'r cyfan o'm rhan i.)* PART

6 cymeriad mewn drama sy'n cael ei chwarae gan actor *(Pwy sy'n chwarae rhan Joseff yn nrama'r Nadolig?)* PART, ROLE

rhan

7 y geiriau y mae'n rhaid eu dysgu i chwarae cymeriad arbennig *(Wyt ti wedi dysgu dy ran eto?)* PART
8 (mewn cerddoriaeth) y llinell o gerddoriaeth sy'n perthyn i un llais neu un offeryn mewn darn i nifer o leisiau a/neu offerynnau *(Cadwa di at dy ran di a phaid â dilyn neb arall.)* PART
9 ffawd, dyfodol *(Does neb ohonom yn gallu rhag-weld yr hyn a ddaw i'n rhan yn y dyfodol.)* LOT
ar ran:ar fy (dy, ei etc.) rhan yn lle ON BEHALF OF
o ran mor bell â, mewn perthynas â *(Er mai Dafydd oedd y gorau yn y dosbarth o ran gallu, doedd yr un o'r athrawon yn ei hoffi am ei fod mor ddigywilydd.)* AS REGARDS

rhan ymadrodd (rhannau ymadrodd) (yn ramadegol) unrhyw un o'r dosbarthiadau y mae gair yn aelod ohono yn ôl ei ddefnydd *(Mae enw, berf ac ansoddair yn rhannau ymadrodd.)* PART OF SPEECH

rhan[2] *bf* mae ef/hi yn **rhannu**; bydd ef/hi yn **rhannu**

rhanadwy *a* (mewn mathemateg) gair i ddisgrifio rhif y mae'n bosibl ei rannu heb adael gweddill *(Mae 24 yn union ranadwy ag 8.)* DIVISIBLE

rhanbarth hwn *eg* (rhanbarthau) ardal, rhan o wlad neu o'r byd *(Mae llawer o bobl yn credu mai rhanbarth o Loegr yw Cymru.)* REGION

rhanbarthol *a* gair i ddisgrifio rhywun neu rywbeth sy'n perthyn i ranbarth, neu rywbeth sydd wedi'i rannu'n rhanbarthau REGIONAL

rhanedig *a* gair i ddisgrifio rhywbeth sydd wedi cael ei rannu *(Mae'r gymdeithas leol yn rhanedig ynglŷn â chau'r capel.)* DIVIDED

rhaniad hwn *eg* (rhaniadau)
1 gwahaniaeth, y weithred o rannu neu wahanu *(Roedd rhaniad clir yn y dosbarth rhwng y rheiny oedd eisiau mynd i lan y môr a'r rheiny oedd am fynd i'r siopau.)* DIVISION
2 un o rannau rhywbeth; rhan, cyfran DIVISION
3 y llinell ar eich pen lle mae'ch gwallt wedi'i rannu; rhes wen PARTING
4 pleidlais yn y senedd lle mae pawb sydd o blaid yn mynd i un man a phawb sydd yn erbyn yn mynd i fan arall DIVISION

rhannau hyn *ell* mwy nag un **rhan**

rhannol *a* mewn rhan (ond nid yn gyfan gwbl) IN PART

rhannu *be*
1 gwahanu yn rhannau llai, dosbarthu yn grwpiau, *(Rhannodd yr athro'r dosbarth yn ddau dîm ar gyfer y cwis.)* TO DIVIDE
2 rhoi cyfran o'r hyn sydd gennych i rywun/rywrai eraill *(Cofia di rannu dy losin gyda'r plant eraill.)* TO SHARE
3 darganfod faint o weithiau y mae un rhif wedi'i gynnwys mewn rhif arall *(Beth yw 21 wedi'i rannu â 3? 21 ÷ 3 = 7)* TO DIVIDE
4 defnyddio gydag eraill *(Rwy'n ofni y bydd rhaid ichi rannu ystafell wely.)* TO SHARE
5 dosbarthu ymhlith grŵp *(Wnewch chi rannu'r copïau 'ma ymhlith y gerddorfa os gwelwch yn dda?)* TO DISTRIBUTE
6 bod yn achos anghydfod neu anghytundeb *(Mae'r cwestiwn o wahaniaethu ar sail hil yn rhannu'r gymdeithas.)* TO DIVIDE, TO SPLIT
7 mynd i gyfeiriad gwahanol *(Mae'r afon yn rhannu'n dair yma.)* TO DIVIDE
8 dweud wrth *(Wyt ti'n bwriadu rhannu'r jôc gyda ni?)* TO SHARE
9 (yn y Senedd) pleidleisio trwy wahanu yn ddwy garfan, y naill dros a'r llall yn erbyn TO DIVIDE (rhan[2], rhennais, rhenni)

Sylwch: ac eithrio *rhan ef/hi* dyblwch yr 'n' ym mhob un o ffurfiau'r ferf ac eithrio'r rhai sy'n cynnwys *-as-*.

rhatach:rhataf:rhated *a* mwy **rhad**; mwyaf **rhad**; mor **rhad**

rhathell hon *eb* (rhathellau) un o gelfi saer coed; mae ganddo lafn hir o fetel a phigau drosto ar gyfer llyfnhau darn o bren neu fetel RASP

rhaw hon *eb* (rhawiau:rhofiau)
1 (yn y De) teclyn â choes hir a llafn llydan ar gyfer codi a symud pridd neu ddeunydd rhydd oddi ar y llawr; pâl ar gyfer rhofio SHOVEL
2 (yn y Gogledd) pâl; teclyn ar gyfer palu SPADE □ trosol

rhaw

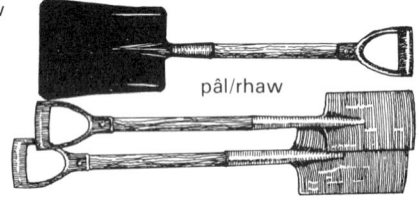

pâl/rhaw

rhawd hon *eb* gyrfa, hynt, hanes COURSE, CAREER

rhawg *adf* (ffurf hynafol) fel yn *ymhen y rhawg* ar ddiwedd cyfnod sylweddol o amser AFTER A TIME

rhawn hwn *eg* y blew garw sy'n tyfu ym mwng neu yng nghynffon ceffyl ac sy'n cael ei ddefnyddio i wneud bwa ffidil, er enghraifft HORSEHAIR

rhecsyn:rhacsyn hwn *eg* un o nifer o racs [**rhacs**]

rhech hon *eb* (rhechod) cnec, y weithred o ollwng gwynt (yn swnllyd yn aml) o'r pen ôl FART

rhedeg *be*
1 symud â chamau cyflym, fel bod y ddwy droed weithiau yn gadael y llawr yr un pryd *(Bydd gofyn iti redeg os wyt ti am ddal y trên.)* TO RUN

2 teithio cryn bellter yn y ffordd yma *(Mam, rwy'n mynd allan i redeg.)* TO RUN
3 *(am bobl neu anifeiliaid)* rasio *(Rwyf am aros i weld y ceffyl yma'n rhedeg.)* TO RUN, TO RACE
4 symud yn gyflym *(Dychrynodd y ferch am ei bywyd pan welodd bram ei brawd bach yn rhedeg i lawr y llechwedd.)* TO RUN
5 gweithio'n effeithiol neu yn y ffordd briodol *(Mae'r car yn rhedeg yn llyfn.)* TO RUN, TO WORK
6 gweithio mewn ffordd arbennig *(Mae'r system wresogi canolog yn rhedeg ar nwy.)* TO RUN
7 *(am gerbyd sy'n gwasanaethu'r cyhoedd)* teithio *(Mae'r bysys yn rhedeg ar yr awr.)* TO RUN
8 *(am hylif, tywod ac ati)* llifo *(Pwy sydd wedi gadael y tap i redeg? Mae fy nhrwyn i'n rhedeg eto.)* TO RUN, TO FLOW
9 llenwi bath TO RUN
10 parhau, ymestyn *(llwybr yn rhedeg gydag ymyl yr afon)* TO RUN
11 bod yn berchen ar gar a'i yrru *(Wyt ti'n rhedeg car y dyddiau yma?)* TO RUN
12 bod yn gyfrifol am rywbeth a sicrhau ei fod yn gweithio *(Pwy sy'n rhedeg y busnes pan wyt ti ar dy wyliau?)* TO RUN, TO MANAGE
13 *(mewn gramadeg)* rhestru gwahanol ffurfiau'r ferf sy'n dynodi pa nifer, pa berson a pha amser TO CONJUGATE

rhedeg ar dilorni, beirniadu TO RUN DOWN

rhedegog *a* gair i ddisgrifio rhywbeth sy'n rhedeg (yn arbennig yn yr ystyr o lifo), e.e. *dŵr rhedegog* RUNNING

rhediad hwn *eg* (rhediadau)
1 *(mewn criced)* pwynt sy'n cael ei ennill gan chwaraewr wrth iddo redeg o un wiced i'r llall RUN
2 goleddf, cyfeiriad, cwrs *(rhediad y tir)* SLOPE
3 grym a chyfeiriad llifeiriant *(y rhwyfwyr yn brwydro yn erbyn rhediad y llif)* RUN, FLOW
4 cyfres o ddigwyddiadau (da neu ddrwg) yn dilyn ei gilydd *(Mae'r clwb wedi cael rhediad da yn y gystadleuaeth hyd yn hyn.)* RUN
5 *(mewn gêm o gardiau)* cyfres o gardiau a'u rhifau'n dilyn mewn trefn RUN

rhedwr hwn *eg* (rhedwyr) person sy'n rhedeg, yn arbennig mewn rasys RUNNER

rhedyn hyn *ell* math o blanhigion gwyrdd heb flodau; mae ganddynt ddail sy'n debyg i blu o ran eu siâp FERNS, BRACKEN ☐ *blodau* t.618

rhedynen hon *eb* un planhigyn **rhedyn**

rhefr hwn *eg* y twll y mae ysgarthion y corff yn gadael y corff trwyddo ANUS ☐ *corff* t.630

rheffyn hwn *eg* (rheffynnau) rhaff fer, yn arbennig un sy'n cael ei chlymu wrth ben neu wddf anifail i'w arwain HALTER

rheg hon *eb* (rhegfeydd) gair neu eiriau anweddus sy'n cael eu defnyddio i felltithio rhywun neu rywbeth SWEAR-WORD, CURSE

rhegen yr ŷd hon *eb* aderyn y meysydd ŷd sydd â sgrech gras iawn CORNCRAKE

rhegfeydd hyn *ell* mwy nag un **rheg**

rhegi *be* defnyddio rheg; pentyrru rhegfeydd, melltithio, diawlio, tyngu TO CURSE, TO SWEAR

rheng hon *eb* (rhengoedd)
1 rhes neu linell o bobl (milwyr, plismyn ac ati) yn sefyll ysgwydd wrth ysgwydd ROW, RANK
2 gradd o werth neu bwysigrwydd *(Fel gwyddonydd, mae ef yn y rheng flaenaf.)* RANK
3 *(mewn gêm o rygbi)* un o'r tair rhes o flaenwyr a gewch mewn sgarmes *(y rheng flaen, yr ail reng a'r rheng ôl)* ROW

rheibio *be*
1 gosod swyn neu raib ar rywbeth fel ei fod yn anlwcus neu'n aflwyddiannus *(Mae'r peiriant yma wedi'i reibio.)* TO BEWITCH
2 anrheithio, difrodi, distrywio TO RAVAGE

rheibus *a* gair i ddisgrifio rhywun neu rywbeth:
1 (anifail yn aml) ysglyfaethus, sy'n dwyn cymaint ag sy'n bosibl (trwy drais yn aml) PREDATORY, RAPACIOUS
2 barus, trachwantus GREEDY, VORACIOUS

rheidiau hyn *ell* mwy nag un **rhaid**

rheidrwydd hwn *eg*
1 grym neu ddylanwad sy'n gorfodi rhywun i wneud rhywbeth COMPULSION
2 rhywbeth y mae'n rhaid ei wneud NECESSITY

rheiddiadur hwn *eg* (rheiddiaduron)
1 teclyn y mae ager neu ddŵr poeth yn llifo trwyddo er mwyn gwresogi adeilad RADIATOR
2 teclyn tebyg â thrydan yn ei dwymo RADIATOR
3 dyfais sy'n cadw peiriant (car, er enghraifft) rhag twymo'n ormodol trwy wasgaru gwres yn gyflym RADIATOR

rheiddiau hyn *ell* mwy nag un **rhaidd**

rheilen hon *eb* (rheiliau)
1 bar (o bren neu fetel) wedi'i osod yn sownd i hongian rhywbeth arno, i gydio ynddo neu i gadw rhywun neu rywbeth yn ddiogel; canllaw RAIL
2 un o bâr o gledrau, sef y barrau dur y mae trên yn rhedeg ar hyd-ddynt RAIL

rheilffordd hon *eb* (rheilffyrdd)
1 cledrau i drenau redeg ar hyd-ddynt RAILWAY

2 cyfundrefn neu system sy'n cynnwys y cledrau, y trenau, y gorsafoedd a'r bobl sy'n gweithio ynddyn nhw neu arnyn nhw *(Y Rheilffyrdd Prydeinig)* RAILWAY

rheini:rheiny:rheina *rhagenw* y rhai hynny *(... ac fe all y rheini ohonoch chi sydd am siopa fynd i'r dref am awr.)* THOSE
Sylwch: mae angen *y* neu *'r* o flaen y ffurfiau hyn.

rheitiach *a* gwell, mwy cymwys, mwy buddiol BETTER, MORE FITTING

rheithfarn hon *eb* (rheithfarnau) penderfyniad swyddogol rheithgor ar ddiwedd prawf llys barn VERDICT

rheithgor hwn *eg* grŵp o bobl (12 fel arfer) sydd wedi cael eu dewis i wrando ar achos mewn llys barn ac i benderfynu a yw'r un sydd wedi'i gyhuddo yn euog neu beidio JURY

rheithiwr hwn *eg* (rheithwyr) aelod o reithgor JUROR

rheithor hwn *eg* (rheithorion:rheithoriaid) (o fewn yr Eglwys) offeiriad sy'n gyfrifol am blwyf RECTOR (ficer)

rhelyw hwn *eg*
1 y gweddill, yr hyn sydd dros ben neu ar ôl THE REST, REMAINDER
2 erbyn hyn fe all olygu y mwyafrif, y rhan fwyaf
Sylwch: mae angen *y* neu *'r* o flaen y ffurf hon.

rhemp hon *eb* rhywbeth sydd wedi mynd dros ben llestri *(Mae siarad Saesneg wedi mynd yn rhemp yn yr ysgol.)* EXCESS
camp a rhemp gw. **camp**

rhennais *bf* fe wnes i rannu [**rhannu**]

rhenni *bf* rwyt ti'n **rhannu**; byddi di'n **rhannu**

rhent hwn *eg* (rhenti) tâl cyson am gael byw yn rhywle neu ddefnyddio rhywbeth sy'n perthyn i rywun arall RENT

rhentu *be*
1 talu i rywun yn gyson am gael defnyddio rhywbeth o'i eiddo *(Mae'n well gennyf erbyn hyn rentu teledu yn hytrach na'i brynu.)* TO RENT
2 derbyn arian cyson gan rywun am gael defnyddio rhywbeth o'ch eiddo *(Mi fyddaf yn rhentu'r tŷ i fyfyrwyr tra bydda i i ffwrdd.)* TO RENT

rheol hon *eb* (rheolau) gorchymyn neu ddeddf y mae disgwyl i rywun ufuddhau iddo/iddi; arfer i'w ddilyn *(rheolau tennis; rheolau'r ysgol)* RULE
Sylwch: 'deddf' yw'r gair a ddefnyddir am reolau gwyddonol.
fel rheol yn gyffredinol, fel arfer *(Fel rheol, rydym yn mynd i'r pictiwrs ar nos Sadwrn.)* AS A RULE

rheolaeth hon *eb*
1 y ddawn i reoli pobl neu bethau, i ddylanwadu ar y ffordd y mae rhywbeth yn digwydd neu'n cael ei wneud *(Collodd bob rheolaeth ar y car a rhedodd i mewn i wal y tŷ.)* CONTROL

2 y weithred o reoli busnes neu gwmni MANAGEMENT
3 yr wyddor neu'r cyfuniad o sgiliau sydd eu hangen i reoli cwmni neu grwpiau o weithwyr yn effeithiol MANAGEMENT

rheolaidd *a* gair i ddisgrifio rhywbeth sy'n digwydd yn gyson, dro ar ôl tro ac ysbaid tebyg o amser rhwng pob tro REGULAR

Rheolau'r Ffordd Fawr y rhestr swyddogol o reolau ar gyfer y rhai sy'n defnyddio ffyrdd/heolydd Prydain THE HIGHWAY CODE

rheoli *be*
1 bod ag awdurdod dros wlad neu bobl, yn arbennig fel llywodraeth; llywodraethu, arglwyddiaethu *(Er bod gan Brydain frenhines, y llywodraeth sy'n rheoli'r wlad.)* TO RULE, TO GOVERN
2 cadw trefn ar fusnes neu swyddfa; gweinyddu *(Mae 'na gyfarfod o'r tîm rheoli yfory.)* TO MANAGE, TO ADMINISTER
3 peri bod rhywun neu rywbeth yn ufuddhau i chi; cadw trefn *(Doedd y myfyriwr ddim yn gallu rheoli dosbarth 3B.)* TO CONTROL
4 dal rhywbeth yn ôl; cadw rhywun neu rywbeth dan reolaeth *(Rheola dy hun!)* TO RESTRAIN
5 cyfarwyddo, cyfeirio, dangos y ffordd *(rheoli traffig)* TO DIRECT
6 penderfynu natur rhywbeth *(Mae grym y llanw'n cael ei reoli gan symudiad y lleuad.)* TO GOVERN
7 trefnu bod rhywbeth yn gweithio ar gyflymder addas, yn ôl y galw; pennu amser, gradd, cyflymder ac ati *(Mae'r holl waith wedi'i reoli gan gyfrifiadur.)* TO CONTROL, TO REGULATE

rheolwr hwn *eg* (rheolwyr)
1 un sy'n rheoli cwmni neu fusnes neu dîm o chwaraewyr *(rheolwr tîm pêl-droed)* MANAGER
2 un sy'n rheoli gwlad RULER

rheolydd hwn *eg* (rheolyddion) darn o beiriant sy'n rheoli neu'n addasu'r ffordd y mae'r peiriant neu ran ohono yn gweithio REGULATOR

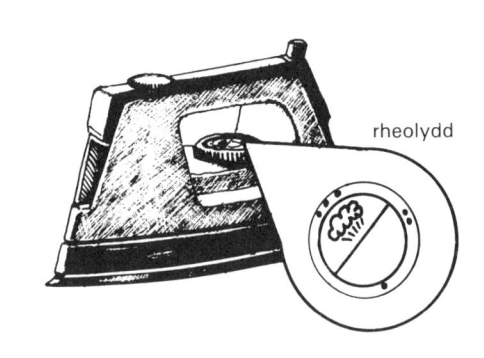

rheolydd

rhes *hon eb* (rhesi:rhesau) rhestr neu linell ddestlus o bobl neu bethau ochr yn ochr *(Mae'ch sedd chi yn y drydedd res.)* ROW, TIER

2 bandin neu linell (o liw fel arfer) *(Roedd hi'n gwisgo ffrog wen a rhesi duon arni.)* STRIPE

rhes wen rhaniad (HAIR) PARTING

rhesel:rhestl *hon eb* (rheseli:rhestlau) fframyn a barrau, silffoedd neu begiau arno ar gyfer dal, trefnu neu gadw pethau RACK

rhesinen *hon eb* (rhesin) un o nifer o rawnwin wedi'u sychu RAISIN □ *ffrwythau* t.626

rhestr *hon eb* (rhestri)
1 cyfres o enwau neu bethau wedi'u hysgrifennu y naill ar ôl y llall (er mwyn eu cofio), e.e. *rhestr siopa* LIST, FILE
2 (yn y De) rhes ROW

rhestru *be* ysgrifennu neu drefnu mewn rhestr *(Rhestrwch eich hoff fwydydd.)* TO LIST

rheswm *hwn eg* (rhesymau)
1 yr hyn sy'n achosi rhywbeth, yn peri iddo ddigwydd; achos *(Beth yw'r rheswm am yr holl sŵn 'ma?)* REASON, CAUSE
2 yr esboniad neu'r eglurhad pam y mae rhywbeth wedi digwydd neu'n mynd i ddigwydd *(Beth yw eich rheswm am adael?)* REASON, EXPLANATION
3 y gallu i feddwl, deall a dod i gasgliad synhwyrol *(Rwy'n methu'n lân â gweld unrhyw reswm yn ei ddadleuon.)* REASON

allan o bob rheswm/tu hwnt i bob rheswm yn hollol afresymol OUT OF THE QUESTION

dal pen rheswm gw. **dal**

mae rheswm yn dweud mae'n amlwg IT STANDS TO REASON

wrth reswm yn naturiol, wrth gwrs NATURALLY, OF COURSE

rhesymeg *hon eb*
1 gwyddor rhesymu yn ôl dulliau ffurfiol LOGIC
2 ffordd o resymu, o osod meddyliau at ei gilydd i gyrraedd casgliad LOGIC

rhesymegol *a* gair i ddisgrifio rhywbeth sy'n cydymffurfio â rheolau rhesymeg, neu gasgliad sydd yn deillio o ddilyniant dilys o feddyliau LOGICAL

rhesymol *a* gair i ddisgrifio:
1 rhywun sy'n ymddwyn yn synhwyrol *(Rwy'n credu bod y cynllun sydd gennych yn hollol resymol ac ymarferol.)* REASONABLE
2 prisiau neu dâl teg sydd heb fod yn ormodol *(pris rhesymol)* REASONABLE

rhesymu *be*
1 meddwl (gam wrth gam) TO REASON

2 dadlau, dal pen rheswm, darbwyllo trwy ddadl *(Mae'n ofer ceisio rhesymu ag ef tra bydd e fel hyn.)* TO ARGUE, TO REASON

rhew *hwn eg*
1 iâ, dŵr sydd wedi rhewi'n gorn ICE
2 tywydd pan fydd y tymheredd yn is na phwynt rhewi dŵr; cyflwr y ddaear neu'r aer pan fyddant wedi rhewi *(Mae rhew yn gallu lladd planhigion.)* FROST
3 cyfnod o dywydd fel hyn *(Mae'r rhagolygon yn awgrymu y bydd y rhew yn parhau am wythnos arall o leiaf.)* FROST
4 llwydrew, barrug *(Byddwch yn ofalus, mae yna drwch o rew ar y llwybr.)* FROST

rhew du haen o iâ caled, llithrig, anweledig ar ffordd/heol BLACK ICE

rhewbwynt *hwn eg* (rhewbwyntiau)
1 y tymheredd (0 gradd canradd) pan fydd dŵr yn troi'n iâ FREEZING-POINT
2 y tymheredd pan fydd hylif arbennig yn rhewi FREEZING-POINT

rhewgell *hon eb* (rhewgelloedd) math o gwpwrdd neu focs ar gyfer rhewi bwydydd a'u cadw am gyfnodau hir (yn wahanol i oergell sydd yn eu cadw'n oer yn unig, a hynny am gyfnod byr) FREEZER, DEEP-FREEZE

rhewi *be*
1 caledu'n iâ oherwydd yr oerfel *(Mae hyd yn oed y môr wedi rhewi.)* TO FREEZE
2 troi'n galed neu wneud rhywbeth yn galed oherwydd yr oerfel *(Cafodd y gêm bêl-droed ei gohirio am fod y cae wedi rhewi.)* TO FREEZE
3 methu gweithio'n iawn oherwydd oerfel neu iâ *(Mae peiriant y car wedi rhewi.)* TO FREEZE
4 (am y tywydd) bod yn is na'r tymheredd pan fydd dŵr yn troi'n iâ *(Rhewodd yn galed neithiwr.)* TO FREEZE
5 bod yn oer iawn, fferru, rhynnu *(Mae hi'n rhewi yn yr ystafell yma.)* TO FREEZE
6 aros yn stond, gorfodi i aros yn stond *(Rhewodd yr actor ar ganol brawddeg.)* TO FREEZE
7 cadw bwyd ar dymheredd isel iawn rhag iddo bydru, e.e. *cyw iâr wedi'i rewi* TO FREEZE
8 peidio â chodi na gostwng cyflogau neu brisiau am gyfnod arbennig TO FREEZE
9 gwahardd (cyfranddaliadau, cyfrifon banc ac ati) rhag cael eu defnyddio, trwy orchymyn llywodraeth TO FREEZE

rhewlif *hwn eg* (rhewlifau) glasier; afon lydan, drwchus o iâ sy'n symud yn raddol ac yn araf i lawr cwm mynyddig GLACIER □ t.637

rhewllyd *a* gair i ddisgrifio rhywbeth oer iawn ICY

rhewynt hwn *eg* (rhewyntoedd) gwynt rhewllyd ICE-COLD WIND

rhëydr hyn *ell* mwy nag un **rhaeadr**

rhiain hon *eb* (rhianedd) (gair barddonol) merch, geneth MAIDEN

rhiaint hyn *ell* mwy nag un **rhiant**

rhialtwch hwn *eg* sbort a sbri swnllyd, miri a llawenydd llawn cyffro JOLLIFICATION, MERRY-MAKING

rhiant hwn *eg* (rhiaint:rhieni) un o'ch rhieni (eich mam neu'ch tad) PARENT

rhibidirês hon *eb* rhes neu gadwyn hir heb fawr o drefn arni STRING, RIGMAROLE

rhic hwn *eg* (rhiciau) toriad ar ffurf V yn ymyl neu wyneb rhywbeth NOTCH

rhidens hyn *ell* ymyl addurnedig megis darnau o edafedd yn hongian ar waelod llen, lliain bwrdd ac ati FRINGE

rhidyll hwn *eg* (rhidyllau) math o rwyd fetel neu blastig o fewn fframyn, ar gyfer gwahanu talpau mawr oddi wrth dalpau bychain neu lwch, neu ar gyfer hidlo talpau mewn hylif; gogor, gogr, hidl SIEVE, RIDDLE, FILTER □ *gogr*

rhidyllu *be* gollwng (pethau solet fel arfer) trwy ridyll er mwyn eu gwahanu, e.e. *rhidyllu am aur* TO SIEVE, TO PAN, TO RIDDLE, TO FILTER

rhieni hyn *ell* mwy nag un **rhiant**
1 eich tad a'ch mam PARENTS
2 tadau a mamau *(cymdeithas rhieni ac athrawon yr ysgol)* PARENTS

rhif hwn *eg* (rhifau)
1 y gair neu'r symbol sy'n dangos nifer neu faint *(Mae 2, 3 a 4 yn rhifau rhwng 1 a 5. Cewch rif weithiau ar ben tudalen ac weithiau ar ei waelod.)* NUMBER
2 o ddefnyddio'r gair 'rhif' o flaen rhifol, mae'n cyfleu maint neu drefn arbennig *(Rydym yn byw yn rhif 5.)* NUMBER

Sylwch: y mae *nifer* fel arfer yn cyfeirio at swm neu gyfanswm, a *rhif* yn cyfeirio at ffigur. Gw. *Atodiad II* t.600 'Ysgrifennu Rhifau'.

rhif cysefin rhif (ac eithrio 0 ac 1) nad oes iddo ond dau ffactor, sef y rhif ei hun ac 1 *(Mae 2, 3, 5, 7, 11 a 13 yn rhifau cysefin ond nid felly 1, 4, 6, 8.)* PRIME NUMBER

rhifo *be*
1 rhoi rhif i *(Y mae'r seddau wedi'u rhifo o un i gant.)* TO NUMBER
2 cyfrif
    Hen fenyw fach Cydweli
    Yn gwerthu losin du,
    Yn rhifo deg am ddime
    Ond un ar ddeg i mi. TO COUNT

rhifol hwn *eg* un o'r **rhifolion**

rhifolion hyn *ell* yr arwyddion ac, yn ramadegol, y geiriau sy'n cael eu defnyddio i gynrychioli rhifau, e.e. *rhifolion Arabaidd: 1, 2, 3, 10, 50; rhifolion Rhufeinig: I, II, III, X, L* NUMERALS (gw. *Atodiad II* t.600)

rhifyddeg hon *eb*
1 gwyddor rhifau ARITHMETIC
2 y gwaith o adio rhifau, eu tynnu, eu lluosi ac yn y blaen ARITHMETIC

rhifyn hwn *eg* (rhifynnau) (am gylchgrawn) un o'r rhannau sy'n cael eu cyhoeddi yn ystod blwyddyn *(Nid yw rhifyn mis Awst wedi'n cyrraedd ni eto.)* ISSUE, NUMBER

rhigol hon *eb* (rhigolau)
1 llwybr neu rych cul iawn ar gyfer cyfeirio rhywbeth *(Faint o rigolau sydd ar wyneb record hir? Un.)* GROOVE, RUT
2 (yn ffigurol) cyflwr person sy'n gwneud yr un peth (diflas, fel arfer) drwy'r amser, heb fentro ar ddim byd newydd RUT

rhigwm hwn *eg* (rhigymau) pennill neu gân nad yw'n ceisio bod yn farddoniaeth fawr ac sydd yn aml yn ddoniol: e.e.
    Twm a Ben y llanciau
    Yn mynd i Rydypennau
    I brynu oel i'r motor-beic
    A helmet am eu pennau. RHYME

rhingyll hwn *eg* (rhingylliaid)
1 swyddog yn y fyddin neu'r awyrlu sydd ymhlith yr uchaf o'r swyddogion hynny nad ydynt wedi'u penodi trwy gomisiwn wedi'i arwyddo gan bennaeth y llywodraeth; gellir ei adnabod fel arfer oddi wrth y tair streipen ar ffurf V, y naill uwchben y llall, ar lewys ei lifrai SERGEANT
2 y swyddog isaf ond un yn yr heddlu; mae arwyddion tebyg ar ei lifrai yntau SERGEANT

rhimyn hwn *eg* (rhimynnau)
1 ymyl allanol rhywbeth *(rhimyn y bath)* RIM
2 streipen *(rhimyn o siocled o gwmpas ei cheg; rhimyn o olau dan y drws)* STRIP

rhin hon *eb* (rhiniau) daioni neu nodd cuddiedig neu gyfrinachol; y peth hanfodol (da) y mae'r gweddill yn deillio ohono VIRTUE, ESSENCE

rhincian *be*
1 (fel yn *rhincian dannedd*) gwneud sŵn trwy falu'ch dannedd yn erbyn ei gilydd mewn gofid neu dymer TO GNASH, TO GRIND (ONE'S TEETH)
2 gwneud sŵn fel drws gwichlyd yn cael ei agor TO CREAK

rhiniog:yr hiniog hwn *eg* (rhiniogau:hiniogau) carreg y drws, trothwy THRESHOLD

rhinoseros hwn *eg* un o nifer o fathau o anifeiliaid mawr trwm o Asia ac Affrica; mae ganddynt groen trwchus ac un neu ddau o gyrn ar eu trwynau RHINOCEROS □ *mamolyn*

rhinwedd hwn neu hon *egb* (rhinweddau)
1 daioni moesol *(Roedd ei gonestrwydd diniwed yn rhinwedd prin yn y cwmni arbennig hwnnw.)* VIRTUE
2 nodwedd i'w chanmol *(Un o rinweddau'r drefn newydd yw y bydd llawer llai o waith cartref.)* VIRTUE
yn rhinwedd oherwydd, o ganlyniad i *(Rwy'n cael mynd am ddim yn rhinwedd fy swydd fel ysgrifennydd y gymdeithas.)* BY VIRTUE

rhinweddol *a* gair i ddisgrifio rhywun sy'n llawn daioni, rhywun sy'n arddangos nodweddion da, neu rywbeth sy'n gwneud lles VIRTUOUS, EFFICACIOUS

Rhisga *enw lle* RISCA

rhisgl *enw torfol*
1 y gorchudd allanol sydd am foncyff coeden BARK
2 gorchudd allanol, naturiol rhai ffrwythau neu lysiau; pil, croen, crawen PEEL, RIND

rhith hwn *eg* (rhithiau)
1 gwedd allanol, diwyg, ymddangosiad, ffurf allanol *(Ymddangosodd y tywysog yn rhith broga.)* ILLUSION, GUISE, SEMBLANCE, FORM
2 darlun dychmygol yn y meddwl, llun lledrithiol *(Ai rhith oedd y llaw a welodd Bedwyr yn codi o'r dŵr ac yn cydio yng nghleddyf y Brenin Arthur?)* ILLUSION

rhithyn hwn *eg* tamaid, mymryn, yr ychydig lleiaf, iot *(Does ganddo ddim rhithyn o ddiddordeb yn y gwaith.)* PARTICLE, JOT

rhiw hon *eb* (rhiwiau) ffordd/heol neu lwybr sy'n mynd (yn raddol) ar i fyny neu ar i lawr; (g)allt, tyle *(Trowch i'r dde, ewch lan y rhiw ac fe gewch hyd i Dafydd yn yr ail dŷ ar y chwith.)* HILL, SLOPE

rhiwbob:riwbob hwn *eg* planhigyn gardd â dail llydain a choesau blasus sy'n cael eu defnyddio i wneud tarten, jam ac ati RHUBARB □ *llysiau t.635*

rho *bf* gorchymyn iti roddi neu roi [**rhoi:rhoddi**]

rhocen:rhoces hon *eb* (rhocesi) (gair tafodieithol y De) hogen, merch, lodes, geneth LASS, GIRL

rhocyn hwn *eg* (gair tafodieithol y De) hogyn, llanc, bachgen LAD, BOY

rhoch hon *eb* y sŵn sy'n cael ei wneud gan fochyn GRUNT

rhochian *be*
1 (am fochyn) gwneud sŵn tebyg i chwyrnu TO GRUNT
2 gwneud sŵn tebyg i'r sŵn y mae mochyn yn ei wneud TO GRUNT, TO SNORE

rhod hon *eb* (rhodau)
1 hen air am olwyn, yn arbennig olwyn sy'n gyrru melin ddŵr WHEEL □ *melin*
2 cylch CIRCLE, ORBIT

rhoden hon *eb* (rhodenni) gwialen hir, denau o bren, metel neu blastig ROD □ *falf*

rhodfa hon *eb* (rhodfeydd) llwybr neu bafin llydan ar gyfer cerddwyr, yn arbennig mewn trefi glan y môr PROMENADE

rhodio *be* (gair barddonol erbyn hyn) mynd am dro, cerdded *(Gwelais fachgen a merch yn rhodio law yn llaw.)* TO STROLL, TO WALK

rhodl hwn neu hon *egb* (rhodlau)
1 rhwyf fach, polyn a llafn ar ei ben ar gyfer rhwyfo cwch OAR, SCULL
2 polyn byr sydd â llafn llydan naill ai ar un neu ar ei ddau ben ac sy'n cael ei ddefnyddio i yrru canŵ PADDLE □ *caiac*

rhododendron hwn *eg* un o nifer o fathau o lwyni bythwyrdd a chanddynt flodau mawr lliwgar RHODODENDRON □ *blodau t.620*

rhodres hwn *eg* balchder rhy amlwg, ymffrost OSTENTATION

rhodresgar *a* gair i ddisgrifio rhywun sy'n or-hoff o'i ddangos ei hun neu ryw ddawn sydd ganddo; neu rywbeth sy'n tynnu gormod o sylw ato'i hun OSTENTATIOUS, FLASHY, BUMPTIOUS, POMPOUS

rhodd hon *eb* (rhoddion) rhywbeth sy'n cael ei roi yn rhad ac am ddim; anrheg GIFT, PRESENT

rhoddaf *bf* rhof; rwy'n **rhoi:rhoddi**; byddaf yn **rhoi:rhoddi**

rhoddwr hwn *eg* (rhoddwyr) un sy'n rhoi rhywbeth (yn rhad ac am ddim fel arfer) *(rhoddwr gwaed)* DONOR, GIVER

rhoes *bf* rhoddodd; fe wnaeth ef/hi roi neu roddi [**rhoi:rhoddi**]

rhof *bf* rhoddaf; rwy'n **rhoi:rhoddi**; byddaf yn **rhoi:rhoddi**

rhofiaid hon *eb* (rhofieidiau) llond rhaw SHOVELFUL

rhofiau hyn *ell* mwy nag un **rhaw**

rhofio *be*
1 defnyddio rhaw i godi neu i symud rhywbeth TO SHOVEL
2 symud neu godi rhywbeth fel petai â rhaw *(Paid â rhofio dy fwyd i'th geg.)* TO SHOVEL

rhoi[1]**:rhoddi** *be*
1 cyflwyno rhywbeth i rywun i'w gadw neu i'w ddefnyddio *(Rhoddais fy hen lyfrau i gyd i lyfrgell yr ysgol.)* TO GIVE
2 cyflwyno fel anrheg, anrhegu *(Rydym yn bwriadu rhoi llyfr iddo ar ei ymddeoliad.)* TO GIVE, TO PRESENT
3 talu *(Faint roist ti am y llun yma?)* TO GIVE
4 cynhyrchu *(Mae gwartheg yn rhoi llaeth inni a gwenyn yn rhoi mêl.)* TO GIVE, TO PROVIDE

5 caniatáu, gadael *(Rhoddodd yr athro fis i'r plant i gwblhau'r cywaith.)* TO GIVE
6 neilltuo amser *(Maen nhw wedi rhoi oriau o waith i'r prosiect.)* TO GIVE
7 cynnig, cyflwyno *(rhoi parti)* TO GIVE
8 gwneud rhywbeth yn sydyn *(rhoi bloedd; rhoi naid)* TO GIVE
9 gosod rhywbeth mewn man arbennig, lleoli *(Rhowch y pot i lawr fan hyn.)* TO PUT
10 nodi, ysgrifennu *(Rhoddwch groes gyferbyn â'ch dewis.)*
11 dweud, egluro, esbonio *(Bu'n rhaid iddo roi'i resymau dros beidio â gwneud ei waith cartref.)* TO GIVE
12 methu dal pwysau, ymollwng dan bwysau *(Gobeithio na fydd y gadair yma'n rhoi odanaf.)* TO GIVE, TO COLLAPSE
(dyro, dyry, rho, rhoddaf, rhoes, rhof, rhoi², rhy², rhydd²)
Sylwch: *rhoi* yw'r ffurf sy'n cael ei defnyddio gan amlaf erbyn hyn: mae *rhoddi* yn ffurf lenyddol/farddonol neu gyfreithiol.
rhoi benthyg benthyca TO LOAN
rhoi bod i creu TO GIVE LIFE TO
rhoi cynnig ar gwneud ymgais TO ATTEMPT
rhoi genedigaeth i cael babi, esgor ar TO GIVE BIRTH TO
rhoi heibio rhoi'r gorau i TO GIVE UP
rhoi i fyny rhoi'r gorau i TO GIVE UP
rhoi i gadw
1 rhoi rhywbeth yn ôl yn ei le TO PUT BY
2 cynilo *(Rwyf wedi llwyddo i roi rhyw ychydig o arian i gadw erbyn imi ymddeol.)* TO PUT BY
rhoi o'r naill ochr cadw, rhoi i gadw TO PUT TO ONE SIDE
rhoi'r gorau i gorffen, diweddu, dibennu *(Rwyf wedi rhoi'r gorau i chwarae pêl-droed.)* TO GIVE UP
rhoi yn ôl dychwelyd TO GIVE BACK
rhoi² *bf* rwyt ti'n **rhoi**; byddi di'n **rhoi**
rholbren *hwn eg* (rholbrenni) darn o bren, gwydr ac ati ar ffurf tiwb ar gyfer gwasgu toes i'w wneud yn llyfn ac yn denau ROLLING-PIN
rholio:rholian *be*
1 treiglo, symud trwy droi drosodd a throsodd (fel y mae pêl neu olwyn yn ei wneud) TO ROLL
2 troi rhywbeth drosodd a throsodd nes ei fod fel pêl neu ddiwb *(Rholiodd y map yn rholyn hir.)* TO ROLL
3 gwneud rhywbeth yn fflat trwy wthio rhywbeth crwn yn ôl ac ymlaen drosto *(Roedd Dafydd wrth ei fodd yn rholio'r toes i'w fam pan oedd e'n fach.)* TO ROLL
rholyn *hwn eg* (rholiau) darn o rywbeth gwastad wedi'i rolio'n ddiwb, e.e. *rholyn o bapur wal* neu *ddefnydd* ROLL
rhombws *hwn eg* (rhombi) (mewn mathemateg) ffurf sydd â phedair ochr yr un hyd ond bod yr onglau yn anghyfartal (e.e. ffurf diemwnt) RHOMBUS

rhonc *a* gair i ddisgrifio rhywun sydd wedi ymrwymo'n llwyr; hollol, llwyr (yn awgrymu ei fod yn eithafol felly) *(Mae Meic yn Geidwadwr rhonc a'i wraig yn Rhyddfrydwraig ronc.)* OUT-AND-OUT, RANK, EXTREME
rhos *hon eb* (rhosydd) darn agored (uchel yn aml) o dir â phrysgwydd a hesg a phorfa arw yn tyfu drosto, tir nad yw'n cael ei ffermio'n aml oherwydd ei fod yn dir gwael MOOR, HEATH
rhosod *hyn ell* mwy nag un **rhosyn**
rhost *a* gair i ddisgrifio rhywbeth sydd wedi cael ei rostio, e.e. *tatws rhost* ROAST
rhostio *be* coginio (cig fel arfer) mewn ffwrn/popty poeth iawn ac mewn gwres sych (yn hytrach na berwi) TO ROAST
rhosyn *hwn eg* (rhosynnau:rhosod)
1 un o nifer o fathau o lwyni neu goed bychain sydd â choesau pigog a blodau lliwgar, persawrus ROSE
2 blodyn y llwyni hyn ROSE □ *blodau* t.620
rhu:rhuad *hwn eg* (rhuadau) sŵn mawr, isel sy'n parhau'n hir, e.e. *rhu y llew; rhu y rhaeadr* ROAR
rhudd *a* (gair llenyddol) coch, fflamgoch CRIMSON, RUDDY
rhuddem *hon eb* (rhuddemau) carreg werthfawr neu em o liw coch tywyll RUBY
rhuddin *hwn eg*
1 y rhan galed a gewch yng nghanol boncyff coeden, calon y pren HEARTWOOD
2 (yn ffigurol) cymeriad (da) person; cryfder, daioni, aeddfedrwydd cymeriad HEART, METTLE
rhuddo *be* llosgi neu grasu rhywbeth nes iddo newid ei liw; deifio TO SCORCH, TO SINGE
rhuddygl *hwn eg* llysieuyn gardd y mae ei wreiddyn coch neu wyn yn cael ei fwyta'n amrwd am ei flas poeth RADISH □ *llysiau* t.635
Rhufain *enw lle* ROME
Rhufeiniad:Rhufeiniwr *hwn eg* (Rhufeiniaid: Rhufeinwyr)
1 dinesydd o'r Ymerodraeth Rufeinig a oedd yn ei bri yn y ganrif gyntaf OC ROMAN
2 brodor o ddinas Rhufain ROMAN
Rhufeinig *a* gair i ddisgrifio rhywun neu rywbeth:
1 sy'n ymwneud â'r Ymerodraeth Rufeinig ROMAN
2 sy'n ymwneud â dinas Rhufain ROMAN
rhugl *a* gair i ddisgrifio rhywun sy'n siarad neu'n ysgrifennu yn rhwydd ac yn llyfn *(Mae hi'n siarad Sbaeneg yn rhugl.)* FLUENT
rhuo *be* gwneud sŵn fel llew, gwneud sŵn mawr, isel sy'n parhau'n hir TO ROAR, TO BELLOW
rhus(i)o *be* cael ofn; gwneud yn nerfus, dychryn TO START, TO TAKE FRIGHT

rhuthr:rhuthrad hwn *eg* (rhuthradau)
  1 symudiad sydyn, cyflym *(Cafodd ei fwrw i'r llawr yn y rhuthr am y drws.)* RUSH, STAMPEDE
  2 ymosodiad, cyrch ASSAULT

rhuthro *be*
  1 brysio, gweithredu ar frys *(Bydd gofyn i ti ruthro os wyt ti'n bwriadu gorffen heno.)* TO RUSH, TO HURRY
  2 symud yn gyflym i gyfeiriad arbennig *(Rhuthrodd pawb i lawr y grisiau.)* TO RUSH, TO DASH
  3 gwneud rhywbeth ar frys (ac oherwydd hynny yn wael, fel arfer) TO RUSH
  4 ymosod yn sydyn a chyda'ch gilydd *(Rhuthrodd y blaenwyr am y lein.)* TO RUSH, TO CHARGE

rhwbio:rhwto *be*
  1 symud un peth yn erbyn peth arall gan bwyso'n eithaf caled *(Paid â rhwbio dy lygaid, mae'n eu gwneud nhw'n waeth.)* TO RUB
  2 llithro dau beth yn llyfn yn erbyn ei gilydd *(rhwbio dwylo)* TO RUB
  3 cael dolur oherwydd hyn *(Mae'r esgid yn rhwbio.)* TO RUB
  4 gosod (hylif, past ac ati) ar rywbeth yn y ffordd yma *(Gofalwch eich bod yn rhwbio digon o gŵyr ar y ddresel.)* TO RUB

  rhwbio allan defnyddio rwber i ddileu marciau pensil TO RUB OUT

rhwd hwn *eg*
  1 yr haen goch sy'n ffurfio ar haearn a rhai metelau eraill o ganlyniad i adwaith cemegol rhwng dŵr, aer a'r metel RUST
  2 lliw yr haen yma RUST (rhydu)

rhwdu *be* (ffurf y De) gw. **rhydu:rhwdu**

rhwng *ardd* (rhyngof fi, rhyngot ti, rhyngddo ef/fe, rhyngddi hi, rhyngom ni, rhyngoch chi, rhyngddynt hwy [rhyngddyn nhw])
  1 gair sy'n gosod rhywun neu rywbeth o fewn ffiniau amser neu le *(Eisteddais rhyngddynt. Cyrhaeddodd rhwng dau a thri o'r gloch y bore 'ma.)* BETWEEN
  2 yn cysylltu â *(Gwasanaeth bysiau rhwng Caerfyrddin ac Aberystwyth.)* BETWEEN
  3 a rhan gan bob un *(Gorffenasom y deisen rhyngom ni.)* BETWEEN
  4 gair sy'n cael ei ddefnyddio wrth gymharu dau beth *(Beth yw'r gwahaniaeth rhwng hwn a hwn?)* BETWEEN

  rhyngoch chi a'ch cawl mae'n rhaid i chi ddod o hyd i ateb ar eich pennau eich hunain
  rhyngoch chi a fi a'r wal yn gyfrinachol BETWEEN YOU, ME AND THE GATEPOST

Y Rhws *enw lle* RHOOSE

rhwto *be* gair y De am rwbio [**rhwbio**]

rhwth *a* (fel yn *yn gegrwth* neu *yn llygadrwth*) gair i ddisgrifio rhywbeth sydd ar agor led y pen WIDE OPEN, GAPING

rhwyd hon *eb* (rhwydau:rhwydi)
  1 defnydd tyllog, wedi'i lunio o gordyn, edafedd neu wifrau wedi'u gweu neu eu cyfrodeddu NET
  2 darn ohono sy'n cael ei ddefnyddio i bwrpas arbennig, megis i ddal pysgod, i rannu cwrt tennis neu fadminton neu i orchuddio fframyn gôl pêl-droed neu hoci NET
  3 dyfais i ddal rhywbeth *(rhwyd bysgota)* NET □ cwrwg

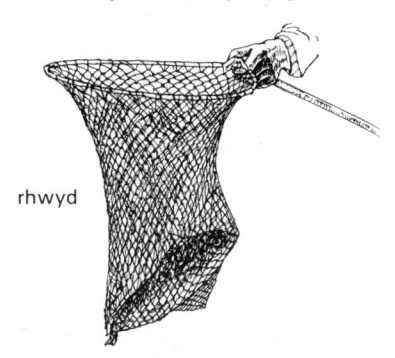

rhwyd

rhwyden hon *eb* (rhwydenni) y casgliad o nerfau yng nghefn y llygad sy'n ymateb i oleuni RETINA

rhwydo *be*
  1 dal (pysgod yn arbennig) mewn rhwyd TO NET, TO SNARE
  2 (mewn gêmau megis pêl-droed, pêl-rwyd, hoci ac ati) cicio, taflu neu daro pêl i'r rhwyd TO NET

rhwydwaith hwn *eg*
  1 cyfundrefn o linellau, tiwbiau, gwifrau ac ati sy'n croesi'i gilydd ac sy'n cysylltu â'i gilydd *(rhwydwaith o heolydd/lonydd bach cefn gwlad)* NETWORK
  2 grŵp neu system lle y mae'r aelodau sy'n perthyn iddo wedi'u cysylltu mewn rhyw ffordd NETWORK
  3 grŵp o orsafoedd radio neu deledu mewn gwahanol lefydd sy'n defnyddio llawer o'r un rhaglenni NETWORK

rhwydd *a* gair i ddisgrifio:
  1 rhywbeth y mae modd ei wneud neu ei feistroli heb lawer o drafferth; hawdd *(Mae'r arholiad yma'n rhwydd.)* EASY
  2 rhywbeth didrafferth, cyfleus, hwylus *(Bydd yn rhwyddach inni gael bwyd yn y dref cyn mynd adref.)* EASY
  3 rhywun y mae'n hawdd ymwneud neu gydweithio ag ef neu hi *(Mae hi'n un rwydd i ddelio â hi.)* EASY
  4 rhywbeth dilyffethair, heb unrhyw gyfyngu arno *(Cefais rwydd hynt i wneud fel y mynnwn.)* FREE
  5 llyfn, llithrig *(Mae'n siaradwr rhwydd.)* FLUENT

rhwydd hynt llwybr agored, heb unrhyw rwystr nac amod A FREE HAND

rhwyddineb hwn *eg* pa mor rhwydd neu pa mor hawdd yw gwneud rhywbeth (oherwydd bod rhywun wedi hwyluso'r ffordd i chi); hwylustod EASE, FACILITY

rhwyf hon *eb* (rhwyfau) polyn hir â llafn ar ei ben sy'n cael ei ddefnyddio i yrru cwch neu gwrwgl trwy'r dŵr; rhodl mawr OAR □ *cwrwg*

rhwyfo *be* defnyddio pâr neu barau o rwyfau er mwyn gyrru cwch trwy'r dŵr TO ROW

rhwyfus *a* gair i ddisgrifio rhywun aflonydd, nad yw'n gallu bod yn llonydd nac yn gysurus; anesmwyth (*plentyn bach rhwyfus*) FRACTIOUS, RESTLESS

rhwyfwr hwn *eg* (rhwyfwyr) un sy'n rhwyfo cwch OARSMAN, ROWER

rhwyg:rhwygiad hwn *eg* (rhwygiadau)
1 man lle y mae papur, defnydd ac ati wedi rhwygo TEAR
2 toriad, rhaniad (*Mae yna rwyg yn y gymuned rhwng y rhai sydd am ysgol newydd a'r rhai sydd am gadw'r hen un.*) SPLIT, DIVISION, RIFT

rhwygo *be*
1 defnyddio grym i dynnu rhywbeth yn ddarnau (*Roedd John ni yn gallu rhwygo llyfr ffôn yn ddau.*) TO TEAR, TO RIP
2 dryllio, darnio (*Rhwygodd fy sgert wrth i mi ei dal ar yr hoelen.*) TO TEAR, TO RIP
3 defnyddio grym i dynnu rhywbeth ymaith (*Ymaflodd yn y plentyn a'i rwygo o freichiau'i fam.*) TO TEAR, TO WRENCH

rhwyllog *a* gair i ddisgrifio rhywbeth:
1 sy'n llawn tyllau (megis rhidyll) PERFORATED
2 ar ffurf delltwaith LATTICED

rhwyllwaith hwn *eg*
1 y grefft o dorri patrymau addurnedig o ddarnau o bren FRETWORK
2 darn tenau o goed a phatrymau wedi'u torri ynddo FRETWORK
3 rhywbeth sy'n debyg i'r patrymau hyn (*rhwyllwaith o linellau a chysgodion*) FRETWORK, TRACERY

rhwym[1] hwn *eg* (rhwymau)
1 rhywbeth sy'n cael ei ddefnyddio i glymu neu gaethiwo, e.e. cadwyn, gefyn (*Datododd rwymau'r carcharor.*) BOND
2 rhywbeth sy'n uno (*rhwymau teuluol*) BOND, TIE
3 cyfrifoldeb (*rhwymau gwaith*) TIE

rhwym[2] *a* gair i ddisgrifio rhywun:
1 sydd â chyfrifoldeb neu raid arno (*Yn anffodus rwy'n rhwym o fynd i'r parti nos Sadwrn.*) BOUND
2 sy'n methu gwagio'i goluddion yn ddigon aml CONSTIPATED

rhwymedig *a* gair i ddisgrifio:
1 llyfr neu rifynnau o gylchgrawn sydd wedi cael eu rhwymo BOUND
2 rhywun sydd wedi'i rwymo i gytundeb, sy'n rhwym o wneud rhywbeth BOUND

rhwymedd hwn *eg* y cyflwr o fethu gwagio'r coluddion yn ddigon aml CONSTIPATION

rhwymo *be*
1 clymu, clymu ynghyd (*Rhwymwch ddwylo'r carcharor.*) TO TIE, TO BIND
2 clymu â rhwymyn (*Byddwch yn ofalus wrth rwymo'i glwyfau.*) TO BANDAGE
3 gosod ynghyd a chynnwys o fewn clawr (*rhwymo llyfr*) TO BIND
4 achosi rhwymedd TO CONSTIPATE (ymrwymo)

rhwymyn hwn *eg* (rhwymynnau)
1 stribyn o ddefnydd sy'n cael ei glymu am glwyf neu anaf BANDAGE
2 bandin o rywbeth sy'n rhwymo neu'n clymu ynghyd BAND

rhwysg hwn *eg* arddangosiad balch, awdurdodol (ar achlysur cyhoeddus, swyddogol fel arfer) (*holl rwysg y seremoni gadeirio*) POMP, PAGEANTRY

rhwystr hwn *eg* (rhwystrau) rhywbeth sy'n rhwystro, sy'n llesteirio (*Bydd y ffaith nad yw'n perthyn i'r undeb yn rhwystr iddo wrth geisio am y swydd.*) OBSTRUCTION, HINDRANCE, BARRIER

rhwystro *be*
1 llesteirio, cadw rhywun rhag gwneud rhywbeth (*Rydych chi'n ein rhwystro rhag mynd ymlaen â'n gwaith.*) TO HINDER, TO PREVENT
2 atal, cau, cadw rhag mynd, rhag llifo (*Mae rhywbeth yn rhwystro llif y gwaed.*) TO BLOCK, TO RESTRAIN

rhy[1] *adf* mwy na digon, i raddau mwy nag sydd ei angen neu nag sy'n fuddiol, gormod, e.e. *rhy fawr, rhy felys, rhy ddrwg* TOO, OVER

rhy[2] *bf* mae ef/hi yn **rhoi**; bydd ef/hi yn **rhoi**

rhybed hwn *eg* (rhybedion) pìn o fetel ar gyfer sicrhau platiau metel wrth ei gilydd RIVET

rhybudd hwn *eg* (rhybuddion)
1 cyngor bod rhywbeth drwg yn mynd i ddigwydd (*Ar ôl yr holl law trwm cafwyd rhybudd fod yr afon ar fin gorlifo.*) WARNING
2 rhywbeth sydd yn dweud neu'n dangos sut i osgoi rhywbeth drwg (*Dyma'r rhybudd olaf : dim pêl-droed os na fyddwch yn blant da.*) WARNING, CAUTION
3 gwybodaeth ymlaen llaw fod rhywbeth yn mynd i ddigwydd (*Bu raid imi annerch y cyfarfod ar fyr rybudd.*) NOTICE

rhybuddio

4 gwybodaeth ffurfiol na fydd person yn parhau i fyw neu weithio mewn man arbennig *(Bydd angen mis o rybudd os ydych am adael.)* NOTICE

rhybuddio *be*
1 dweud bod rhywbeth drwg yn mynd i ddigwydd, neu ddweud sut i osgoi rhywbeth drwg TO WARN, TO CAUTION
2 dweud am ryw ddigwyddiad neu angen a fydd yn codi *(Dylem rybuddio Mr Morgan drws nesaf ein bod yn mynd ar ein gwyliau am bythefnos.)* TO WARN

rhych *hwn* neu *hon egb* (rhychau)
1 cwys sy'n cael ei hagor mewn pridd gan aradr neu gan arddwr yn barod i hau ynddi *(Mae angen agor un rhych i hau'r tatws ac un arall i'r ffa.)* TRENCH, FURROW
2 y llwybr cul, dwfn sy'n cael ei adael gan olwyn; rhigol RUT

na rhych na gwellt na phen na chynffon, dim synnwyr NOR HEAD NOR TAIL

uniad tafod a rhych *gw.* **uniad**

rhychiog *a gair i ddisgrifio rhywbeth a phlygiadau megis tonnau drosto (zinc rhychiog ar do sied)* CORRUGATED

rhychog *a gair i ddisgrifio rhywbeth a rhychau neu linellau drosto (wyneb rhychog yr hen ŵr)* WRINKLED, FURROWED

rhychwant *hwn eg* (rhychwantau)
1 hyd pont, bwa ac ati rhwng dwy golofn SPAN
2 y pellter rhwng y bys bawd a blaen y bys bach pan fydd eich llaw wedi'i hymestyn i'r eithaf—tua naw modfedd neu 0.23 metr SPAN
3 yr hyn sy'n cael ei gynnwys rhwng dau eithaf (o ran amser, lle, diddordebau ac ati) *(Mae'r casgliad yma o'i lyfrau yn dangos pa mor eang oedd rhychwant ei ddiddordebau.)* SPAN

rhychwantu *be*
1 llunio pont dros rywbeth neu gysylltu dau begwn â phont TO SPAN
2 pontio, cwmpasu, cynnwys o fewn cyfnod penodol neu le arbennig *(Roedd ei yrfa fel chwaraewr rygbi yn rhychwantu deuddeng mlynedd.)* TO ENCOMPASS, TO SPAN

rhyd *hon eb* (rhydau) man mewn afon lle y mae'r dŵr yn ddigon bas ichi fedru cerdded trwyddo neu groesi mewn car ac ati heb ddefnyddio pont FORD

Rhydaman *enw lle* AMMANFORD

rhydlyd *a gair i ddisgrifio rhywbeth sydd wedi rhydu, sydd â rhwd drosto* RUSTY

rhydu:rhwdu *be* gorchuddio neu gael ei orchuddio â haen o rwd TO RUST

rhydweli *hon eb* (rhydweliau) tiwben neu wythïen fawr sy'n cludo gwaed o'r galon i weddill y corff ARTERY □ *corff* t.630

Rhydychen *enw lle* OXFORD

rhydd[1] *a* gair i ddisgrifio:
1 rhywun neu rywbeth nad yw wedi'i gaethiwo, nad yw wedi'i glymu, nad yw dan reolaeth *(Rhedwch! Mae'r llew wedi dianc ac mae'n rhydd yn y dref.)* LOOSE, FREE
2 rhywbeth nad yw wedi'i glymu nac ar gael wedi'i bacio *(Yn y siop bwydydd cyflawn mae popeth yn rhydd mewn sachau yn hytrach nag wedi'i bacio'n barod.)* LOOSE
3 rhywbeth sydd heb fod yn dynn; llac *(Mae gennyf ddant rhydd.)* LOOSE
4 rhywbeth sydd wedi'i wneud o ddarnau nad ydynt yn dynn neu'n sownd *(Byddwch yn ofalus—mae cefn y llyfr yn dod yn rhydd.)* LOOSE
5 (am y coluddion) yn caniatáu gwaredu ysgarthion y corff yn rhwydd (neu yn rhy rwydd fel yn *dolur rhydd*) LOOSE
6 rhywun neu rywbeth nad yw'n atebol i neb nac yn cael ei lywodraethu gan rywun arall *(Cymru rydd)* FREE
7 rhywun nad yw'n brysur, nad yw'n gweithio, neu amser nad yw wedi'i neilltuo ar gyfer gorchwyl arbennig *(Does gennyf ddim un noson rydd yr wythnos yma.)* FREE
8 rhywun neu rywbeth nad yw amgylchiadau'n ei rwystro *(Ar ôl i'r plant dyfu, byddwn yn llawer iawn mwy rhydd i fynd i bethau gyda'r nos.)* FREE
9 rhywbeth neu rywun sydd wedi'i wneud yn eithriad, nad yw'n cael ei orfodi *(Ar hyn o bryd, mae dillad plant yn rhydd o unrhyw dreth.)* FREE, EXEMPT
10 (ystafell, adeilad ac ati) sydd ar gael, nad yw'n cael ei defnyddio *(Ydy'r pwll nofio'n rhydd dydd Sadwrn?)* FREE

dolur rhydd *gw.* **dolur**

gwers rydd *gw.* **gwers**

rhydd[2] *bf* mae ef/hi yn **rhoddi**; bydd ef/hi yn **rhoddi**

rhyddfraint *hon eb* (rhyddfreiniau) rhyddid cymdeithasol, gwleidyddol a chyfreithiol *(Roedd y frwydr i ennill rhyddfreiniau i wragedd yn frwydr galed ym mlynyddoedd cynnar yr ugeinfed ganrif.)* EMANCIPATION

Rhyddfrydiaeth *hon eb* y pethau y mae'r Blaid Ryddfrydol yn credu ynddynt, sef ceisio gwella cymdeithas a diwydiant heb fod gormod o rym yn mynd i ddwylo'r llywodraeth na chwaith i unrhyw un grŵp arall mewn cymdeithas (megis cyflogwyr neu undebau) LIBERALISM

rhyddfrydig *a gair i ddisgrifio rhywun:*
1 sydd o blaid gwybodaeth gyffredinol eang, ehangu'r meddwl a rhoi pob cyfle i bobl eu mynegi eu hunain, neu unrhyw beth sy'n arwydd o hyn; rhyddfrydol LIBERAL
2 hael GENEROUS

rhyddfrydol¹ *a* gair i ddisgrifio rhywun:
 1 sy'n barod i barchu syniadau a theimladau pobl eraill LIBERAL
 2 sy'n barod i dderbyn rhyw gymaint o newid mewn materion crefyddol neu wleidyddol LIBERAL
Rhyddfrydol² *a* gair i ddisgrifio rhywun neu rywbeth sy'n ymwneud â Rhyddfrydiaeth, e.e. *Y Blaid Ryddfrydol* LIBERAL
rhyddhad *hwn eg*
 1 y weithred o osod yn rhydd, o ryddhau LIBERATION
 2 teimlad eich bod wedi cael eich rhyddhau rhag effaith rhywbeth a fu'n ofid neu yn eich llesteirio *(Roedd gorffen yr arholiadau yn rhyddhad mawr.)* RELIEF
rhyddhau *be* gollwng yn rhydd, datod, llacio TO FREE, TO LOOSEN, TO RELEASE
rhyddheais *bf* fe wnes i ryddhau [**rhyddhau**]
rhyddiaith *hon eb* iaith ysgrifenedig sy'n cael ei threfnu'n frawddegau a pharagraffau (o'i chyferbynnu â barddoniaeth) PROSE
rhyddid *hwn eg*
 1 y cyflwr o fod yn rhydd *(Mae perffaith ryddid gennyt i fenthyca unrhyw un o'r llyfrau hyn.)* FREEDOM, LIBERTY
 2 rhai hawliau sy'n cael eu cyflwyno fel anrhydedd *(Cyflwynwyd rhyddid y ddinas iddo.)* FREEDOM
 3 yr hawl i ddweud, gwneud neu ysgrifennu fel y mynnwch *(rhyddid y wasg)* FREEDOM
rhyfedd *a* gair i ddisgrifio rhywun neu rywbeth:
 1 anodd ei dderbyn neu ei ddeall *(Dyna fachgen rhyfedd yw Tomos.)* STRANGE
 2 anarferol, nad yw'n rhan o'n profiad, annisgwyl *(Gwelais i beth rhyfedd ar y ffordd adre o'r ysgol neithiwr.)* STRANGE
 3 nad yw'n teimlo'n dda *(Mae fy mhen yn teimlo'n rhyfedd.)* QUEER, ODD
rhyfeddod *hwn eg* (rhyfeddodau)
 1 teimlad o syndod yn gymysg ag edmygedd a chwilfrydedd *(Byddai wedi bod yn werth tynnu llun o'r olwg o ryfeddod ar ei hwyneb pan welodd y ffrog.)* WONDER
 2 rhywun neu rywbeth sy'n achosi teimlad felly *(Mae ei chwarae yn rhyfeddod.)* WONDER, MARVEL
Saith Rhyfeddod Cymru oedd:
 1. Pistyll Rhaeadr
 2. Tŵr eglwys Wrecsam
 3. Yr Wyddfa
 4. Coed yw Owrtyn (Overton)
 5. Ffynhonnau Gwenffrewi
 6. Pont Llangollen
 7. Clychau Gresffordd (Gresford)

Saith Rhyfeddod yr Hen Fyd oedd:
 1. Pyramidiau'r Aifft
 2. Gerddi Crog Babilon
 3. Cerflun y duw Zeus yn Olympia, gwlad Groeg
 4. Teml y dduwies Diana yn Effesus
 5. Beddrod y brenin Mausolus yn Halicarnaswys
 6. Y cerflun pres anferth (Colossus) o Helios (Apollo), duw'r haul, yn Rodhos (Rhodes)
 7. Goleudy Pharos yn Alexandria
rhyfeddol *a* gair i ddisgrifio rhywun neu rywbeth:
 1 sy'n anarferol o dda neu alluog WONDERFUL
 2 sy'n achosi teimladau o ryfeddod WONDERFUL, MARVELLOUS, AMAZING
rhyfeddu *be* synnu, bod yn llawn o deimladau o syndod, edmygedd a chwilfrydedd *(Bob tro rwy'n ei glywed, rwy'n rhyfeddu at ei ddawn.)* TO AMAZE
rhyfel *hwn neu hon egb* (rhyfeloedd)
 1 ymladd ag arfau rhwng cenhedloedd neu wledydd WAR
 2 cyfnod o'r ymladd yma *(Rhyfel 1914-1918)* WAR
rhyfel cartref rhyfel rhwng grwpiau gelyniaethus o'r un wlad sy'n cael ei ymladd o fewn y wlad honno CIVIL WAR
y Rhyfel Mawr y rhyfel byd cyntaf, 1914-1918 THE GREAT WAR 1914-1918
rhyfela *be* cychwyn a pharhau i frwydro, ymladd rhyfel TO WAGE WAR
rhyfelgar *a* gair i ddisgrifio person neu wlad sy'n barod i fynd i ryfel, sy'n bygwth rhyfel
rhyfelwisg *hon eb* gwisg o fetel y byddai gwŷr arfog yn arfer ei gwisgo erstalwm er mwyn amddiffyn eu hunain mewn brwydr neu ryfel; arfwisg, arfogaeth ARMOUR

rhyfelwisg

rhyfelwr *hwn eg* (rhyfelwyr)
 1 (gair llenyddol braidd) milwr WARRIOR
 2 un sy'n brwydro dros ei lwyth *('ei gwrol ryfelwyr')* WARRIOR

a b c ch d dd e f ff g ng h i j (k) l ll m n o p ph r rh s t th u w y (z)

rhyferthwy *hwn eg*
  1 storm fawr o wyntoedd cryfion a glaw; tymestl TEMPEST
  2 llifeiriant cryf, rhuthr dyfroedd, cenlli TORRENT

rhyfon *hyn ell* ffrwythau meddal, blasus sy'n tyfu ar lwyni bychain yn bwysi o aeron cochion, duon neu wynion yn ôl natur y llwyn; cwrens CURRANTS

rhyfyg *hwn eg* haerllugrwydd, balchder a hunanbwysigrwydd digywilydd; beiddgarwch ARROGANCE, PRESUMPTION

rhyfygu *be* ymddwyn yn llawn rhyfyg TO PRESUME, TO DARE

rhyfygus *a* gair i ddisgrifio rhywun neu rywbeth sy'n llawn rhyfyg ARROGANT, PRESUMPTUOUS

rhyg *hwn eg*
  1 math o blanhigyn tebyg i borfa neu ŷd sy'n cael ei dyfu mewn gwledydd oer RYE □ *cnydau*
  2 grawn y planhigyn yma (sy'n cael ei falu'n fflŵr/blawd) RYE

rhygnu *be*
  1 gwneud sŵn cras, annymunol wrth i un peth grafu yn erbyn rhywbeth arall (e.e. meini melin) (*Clywais yr allwedd/agoriad yn rhygnu yn y clo.*) TO GRATE, TO RASP
  2 dweud yr un peth drosodd a throsodd (achwyn fel arfer) (*Roeddwn i wedi hen flino ar y prifathro yn rhygnu ymlaen am yr arholiadau o hyd.*) TO HARP ON

  rhygnu byw byw bywyd caled, undonog

rhygyngu *be* (am geffyl) symud yn gyflym ond nid mor gyflym â charlamu TO CANTER □ *ceffyl*

rhyngddi *ardd gw.* **rhwng**

rhyngoch *ardd gw.* **rhwng**

rhyngu bodd *be* gwneud yn hapus, boddhau, bodloni, plesio TO SATISFY, TO PLEASE

rhyngwladol *a* gair i ddisgrifio rhywun neu rywbeth sy'n ymwneud â mwy nag un wlad (*gêmau rygbi rhyngwladol*) INTERNATIONAL

rhynllyd *a* gair i ddisgrifio rhywun sy'n crynu oherwydd oerfel neu afiechyd SHIVERING

rhynnu *be* bod yn anghyffordus o oer a chrynedig TO FREEZE, TO SHIVER

Sylwch: dyblwch yr 'n' ym mhob un o ffurfiau'r ferf ac eithrio'r rhai sy'n cynnwys *-as-*.

rhythm *hwn eg* (rhythmau) (mewn barddoniaeth a cherddoriaeth) patrwm bwriadol (celfydd) o guriadau; sigl (*Cefais fy swyno gan rythm hudol y gerddoriaeth.*) RHYTHM

rhythmig *a* gair i ddisgrifio rhywbeth sy'n llawn rhythm (*curo rhythmig y glaw ar y to zinc*) RHYTHMICAL

rhython *hyn ell* cocos, mathau o folwsg, creaduriaid bychain bwytadwy sy'n byw mewn cregyn ar ffurf calon; maent i'w cael ar draethau lle mae digon o dywod, neu mewn mwd mewn aberoedd COCKLES □ *molysgiaid*

rhythu *be* edrych (ar rywun neu rywbeth) â'ch llygaid led y pen ar agor (yn llygadrwth) TO STARE

rhyw[1] *hon eb* (rhywiau)
  1 y cyflwr o fod yn wryw neu yn fenyw SEX
  2 yr holl bobl sy'n perthyn naill ai i'r rhyw fenywaidd neu i'r rhyw wrywaidd (*y rhyw deg*) SEX
  3 y weithred o gyfathrach rywiol SEX
  4 math, fel yn *o'r iawn ryw* un o'r goreuon o'i bath/fath ONE OF THE BEST (cenedl)

rhyw[2] *a* gair sy'n cael ei ddefnyddio o flaen enw:
  1 i gyfeirio'n benodol at rywun neu rywbeth arbennig nad ydych am ei enwi (*Mi wn am ryw ferch sy'n mynd i nofio am awr bob bore cyn mynd i'r ysgol.*) SOME
  2 i gyfeirio at rywun nad ydych yn ei adnabod neu rywbeth na wyddoch ddim amdano (*Mae 'na ryw ddyn wrth y drws.*) SOME

Sylwch: wrth siarad, mae goslef y llais yn dangos y gwahaniaeth rhwng 1 a 2.

  rhyw gymaint peth (ond nid y cyfan) A CERTAIN AMOUNT

rhywbeth[1] *hwn eg* (rhyw bethau)
  1 peth penodol nad yw'n cael ei enwi (*Rwy'n siŵr fy mod wedi anghofio rhywbeth.*) SOMETHING
  2 rhan, cyfran (*Mae rhywbeth o'i dad yn y ffordd y mae'n gwenu.*) SOMETHING

  rhywbeth rywbeth (mewn brawddegau negyddol) unrhyw beth (*Er mai dim ond drama fach i'r teulu yw hi, wnaiff rhywbeth rywbeth mo'r tro ar gyfer y gwisgoedd.*) JUST ANYTHING

rhywbeth[2] *adf* lled, i raddau (*Rhaid cyfaddef ei bod hi a'i chwaer rywbeth yn debyg o ran golwg.*) SOMETHING

rhywbryd *adf*
  1 rhyw amser neu'i gilydd (*Dewch draw i'n gweld ni rywbryd.*) SOMETIME
  2 rhyw amser amhenodol (*Gelwais heibio rywbryd yn ystod yr haf.*) SOMETIME

rhywfaint[1] *hwn eg* peth, ychydig (*A oes gennyt rywfaint o newid?*) SOME AMOUNT

rhywfaint[2] *adf* rhyw gymaint, ychydig (*Mae e/o rywfaint yn nes at ddatrys y dirgelwch.*) SOMEWHAT, SOME

rhywfodd *adf* rhywsut, mewn ffordd nad yw'n glir, rhyw ffordd neu'i gilydd (*Mae'r gwalch bach rywfodd neu'i gilydd wedi llwyddo i gael ei ben yn sownd yn y bwced!*) SOMEHOW

rhywiol *a* gair i ddisgrifio:
  1 rhywbeth sy'n ymwneud â rhyw SEXUAL

2 rhywun sy'n creu cyffro ar sail ei ryw neu ei rhyw SEXUAL, SEXY

rhywle *adf* yn neu i ryw fan neu'i gilydd *(Rhoddais i fy sbectol i lawr fan hyn yn rhywle.)* SOMEWHERE

rhywle rywle (mewn brawddegau negyddol) unrhyw le JUST ANYWHERE

rhywogaeth *hon eb* (rhywogaethau) (yn dechnegol) teulu neu ddosbarth o blanhigion neu anifeiliaid o'r un math, sy'n debyg yn eu hanfodion *(Mae pob afal yn perthyn i'r un rhywogaeth. Mae'r llew yn perthyn i rywogaeth y gath.)* SPECIES, BREED

rhywrai *hyn ell* mwy o bobl na **rhywun**

rhywsut *adf* rhywfodd, mewn rhyw ffordd neu'i gilydd *(Mae'n rhaid inni ddianc o fan hyn rywsut.)* SOMEHOW

rhywsut rywfodd:rhywsut rywsut diofal, esgeulus SLAP-DASH

rhywun *hwn eg* (rhywrai)
1 person nad yw'n cael ei enwi *('Mawredd mawr, 'steddwch i lawr, / Mae rhywun wedi dwyn fy nhrwyn!')* SOMEONE
2 person pwysig *(On'd yw hi'n meddwl ei bod hi'n rhywun?)* SOMEBODY

rhywun rywun (mewn brawddegau negyddol fel arfer) unrhyw un JUST ANYONE

S

-s *rhagenw mewnol* ef, hi, nhw/hwy *(Ni welais ef ond nis gwelais; ni chlywais hi ond nis clywais; ni hoffais hwy ond nis hoffais.)* HIM, HER, IT, THEM
Sylwch: mae'n cael ei ddefnyddio ynghlwm wrth *ni, na, oni* a *pe*.

Sabbath:Saboth *hwn eg* (Sabathau:Sabothau) y seithfed dydd o'r wythnos, sy'n cael ei gadw'n gysegredig gan Iddewon a Christnogion SABBATH
1 Dydd Sadwrn yw diwrnod cysegredig yr Iddewon a rhai Cristnogion SABBATH
2 Dydd Sul yw diwrnod cysegredig y rhan fwyaf o Gristnogion (i goffáu'r diwrnod y daeth y disgyblion o hyd i'r bedd gwag lle cafodd Iesu Grist ei osod ar ôl iddo gael ei groeshoelio) SABBATH

Sabothol *a* gair i ddisgrifio:
1 rhywbeth sy'n digwydd ar ddydd Sul, neu sy'n perthyn i'r Sul, e.e. *Ysgol Sabothol* (braidd yn henffasiwn erbyn hyn)
2 y cyfnod rhydd y mae darlithydd neu weithiwr yn ei gael i ganolbwyntio ar ymchwil neu deithio heb orfod dysgu neu wneud ei waith arferol (unwaith bob saith mlynedd fel arfer) SABBATICAL

sacarin *hwn eg*
1 sylwedd cemegol melys sy'n cael ei ddefnyddio weithiau yn lle siwgr SACCHARIN
2 rhywbeth sy'n rhy felys SACCHARIN

sacrament *hwn neu hon egb* (sacramentau) un o nifer o seremonïau Cristnogol cysegredig megis bedyddio, priodi, y Cymun ac ati; ordinhad SACRAMENT

sacsoffon *hwn eg* (sacsoffonau) offeryn cerdd wedi'i wneud o fetel ond sy'n defnyddio corsen i gynhyrchu'r sain; mae'n cael ei ddefnyddio gan amlaf mewn bandiau jazz, bandiau milwrol neu fandiau dawns SAXOPHONE

sach *hon eb* (sachau) math o fag mawr neu gwdyn mawr wedi'i wneud yn wreiddiol o ddefnydd garw ond erbyn hyn o blastig neu bapur hefyd SACK

sach-gysgu cwdyn mawr trwchus o ddefnydd cynnes y mae rhywun yn cysgu ynddo pan fo'n gwersylla neu'n cysgu yn yr awyr agored SLEEPING-BAG

sachaid *hon eb* (sacheidiau) llond sach SACKFUL

sachliain *hwn eg* math o ddefnydd garw, pigog ar gyfer gwneud sachau SACKCLOTH

sachliain a lludw byddai'r Iddewon yn arfer gwisgo'r deunydd pigog yma a thaenu lludw am eu pennau fel arwydd o dristwch ac o edifeirwch; defnyddir yr ymadrodd heddiw am rywun sy'n llawn edifeirwch SACKCLOTH AND ASHES

sacsoffon

sad *a* gair i ddisgrifio rhywun neu rywbeth:
  1 nad yw'n rhwydd ei symud na'i newid; safadwy, diysgog *(Mae'n braf cael fy nhraed yn sad ar y ddaear eto.)* STABLE, FIRM
  2 sy'n ddibynadwy, yn ddiwyro, rhywun nad yw'n fympwyol, nad yw'n newid ei feddwl heb reswm da *(Mae'n ŵr sad ei farn.)* DEPENDABLE
  3 (am sylwedd cemegol) nad yw'n newid i ffurf arall yn naturiol, sy'n tueddu i gadw ei ffurf wreiddiol, safadwy STABLE
sadio *be* gwneud neu ddod yn sad TO STABILIZE, TO STEADY
sadrwydd *hwn eg* y cyflwr o fod yn sad STABILITY, STEADINESS
Sadwrn[1] *hwn eg* (Sadyrnau) dydd Sadwrn yw dydd olaf yr wythnos SATURDAY
Sadwrn[2] *hon eb* y blaned sydd chweched o ran pellter o'r Haul; mae llawer o gylchoedd o'i chwmpas SATURN ☐ *planedau*
saer *hwn eg* (seiri)
  1 crefftwr sy'n adeiladu â deunydd arbennig, megis *saer maen, saer coed*, neu sy'n adeiladu rhywbeth o fath arbennig, e.e. *saer llongau, saer troliau* WRIGHT
  2 erbyn heddiw, saer coed CARPENTER
  saer llongau SHIPWRIGHT
  saer maen MASON
  saer troliau WHEELWRIGHT
saernïaeth *hon eb* y grefft sy'n amlwg yn y ffordd y mae rhywbeth wedi cael ei ffurfio neu ei roi at ei gilydd; crefftwaith, medrusrwydd *(Roedd pedair o gadeiriau hyfryd yn yr ystafell, ac roedd ymwelwyr bob amser yn rhyfeddu at eu saernïaeth.)* WORKMANSHIP, CONSTRUCTION
saernïo *be* llunio neu adeiladu trwy osod pethau at ei gilydd yn grefftus; adeiladu, ffurfio, cynllunio TO CONSTRUCT, TO FASHION
Saesneg[1] *hon eb* iaith Lloegr yn wreiddiol, ond erbyn hyn, iaith sy'n cael ei siarad yn llawer o wledydd eraill y byd hefyd ENGLISH
Saesneg[2] *a* gair i ddisgrifio rhywbeth sy'n cael ei fynegi yn Saesneg, e.e. *llyfr Saesneg* ENGLISH
Saesnes *hon eb* (Saesnesau) gwraig o genedl y Saeson ENGLISHWOMAN
Saeson *hyn ell* mwy nag un **Sais**
saets *hwn eg* llysieuyn â dail llwydlas sy'n cael ei ddefnyddio i flasu bwyd ac i wneud moddion ar ffurf te SAGE ☐ *blodau* t.620
saeth *hon eb* (saethau) arf cul, crwn, blaenllym o bren (neu ddefnydd megis plastig neu fetel erbyn heddiw) sy'n cael ei saethu o fwa ARROW

saethu *be*
  1 gollwng (bwled, saeth ac ati) yn rhydd ag egni TO SHOOT
  2 tanio (arf) *(saethu dryll)* TO SHOOT, TO FIRE
  3 bwrw neu ladd ag ergyd o ddryll *(Cafodd ei saethu yn ei goes.)* TO SHOOT
  4 bwrw ymlaen gan danio (dryll) *(Saethon nhw eu ffordd allan o'r banc.)* TO SHOOT
  5 tanio megis o ddryll *(saethu cwestiynau at y siaradwr)* TO SHOOT
  6 symud yn gyflym *(Saethodd y car i ganol yr heol.)* TO SHOOT
  7 (mewn gêm) ceisio sgorio gôl trwy gicio neu ergydio pêl yn galed TO SHOOT
  8 tyfu'n gyflym *(Mae'r planhigion wedi saethu i fyny ar ôl y glaw.)* TO SHOOT
  9 tynnu lluniau (ffilm neu deledu) yn gyflym *(Rydym yn saethu yng Nghaerdydd yfory.)* TO SHOOT
saethwr *hwn eg* (saethwyr) un sy'n saethu SHOT, MARKSMAN
saethydd *hwn eg* (saethyddion) un sy'n saethu saethau o fwa (ar gyfer adloniant, cystadleuaeth neu yn yr hen amser mewn brwydr) ARCHER
saethyddiaeth *hon eb* y gamp o saethu saethau o fwa ARCHERY
saf *bf* gorchymyn i ti **sefyll**
safadwy *a* sad, diysgog, sefydlog STEADFAST, FIRM, STABLE
safaf *bf* rwy'n **sefyll**; byddaf yn **sefyll**
safanna *hwn eg* (safannau) ehangder o dir gwastad, gwelltog yn un o rannau cynnes y byd SAVANNAH
safbwynt *hwn eg* (safbwyntiau) ffordd o edrych ar rywbeth, y farn y mae rhywun yn dod iddi wrth edrych ar rywbeth o un cyfeiriad arbennig *(Mae'n edrych ar y peth o safbwynt yr athrawon ond o'n safbwynt ni fel plant dydy'r peth ddim yn deg o gwbl.)* VIEWPOINT, STANDPOINT
safiad *hwn eg* (safiadau)
  1 ymdrech gref i amddiffyn, neu i wrthwynebu ymosodiad *(safiad olaf y cadfridog Custer ym mrwydr y Little Big Horn)* STAND
  2 y weithred o sefyll yn gadarn dros rywbeth rydych yn credu ynddo *(Y mae safiad y pwyllgor dros yr hawl i ddefnyddio'r Gymraeg yn destun edmygedd.)* STAND
safle *hwn neu hon egb* (safleoedd)
  1 man arbennig, lle penodol, y lle y mae adeilad yn sefyll arno *(Ai hwn yw safle'r llyfrgell newydd?)* SITE, LOCATION
  2 (mewn gêmau) y lle y mae rhywun yn chwarae o fewn tîm *(Oherwydd yr anaf i'r maswr bu rhaid symud John i'r safle hwnnw er mai cefnwr yw e fel arfer.)* POSITION
  3 y man lle y mae rhywun neu rywbeth wedi'i leoli

mewn perthynas â phobl neu bethau eraill o'i gwmpas *(Beth yw ei safle yn y cwmni?)* POSITION

safn *hon eb* (safnau) ceg (anifail fel arfer) JAWS, MOUTH

safon *hon eb* (safonau)
   1 lefel o allu neu ddawn sy'n cael ei defnyddio i fesur pethau eraill wrthi *(Beth yw safon y plant sy'n cael eu derbyn i'r gerddorfa?)* STANDARD, LEVEL, NORM
   2 ansawdd derbyniol, lefel ddisgwyliedig, foddhaol o allu neu lwyddiant *(Roedd yr ymgeiswyr i gyd yn gallu ysgrifennu Cymraeg o safon.)* STANDARD
   3 rhyw fesur sydd wedi ei osod ar gyfer pwysynnau, purdeb ac ati STANDARD
   4 grŵp o blant yn perthyn i flwyddyn arbennig mewn ysgol gynradd *(Rwy'n symud i safon pump ar ôl y Pasg.)* STANDARD, FORM, CLASS
   safon byw ansawdd bywyd (materol) rhywun, yn dibynnu ar faint o arian sydd ganddo/ganddi STANDARD OF LIVING

safoni *be* gwneud i bethau gydymffurfio ag un safon; gwneud pethau'n debyg i'w gilydd TO STANDARDIZE

safonol *a* gair i ddisgrifio rhywbeth:
   1 sydd yn cydymffurfio â safon gydnabyddedig *(Os edrychwch ar gefn tudalen deitl y gyfrol hon fe welwch rif safonol rhyngwladol y llyfr.)* STANDARD
   2 rhywbeth sydd o safon dda neu sydd yn gosod safonau newydd *(Clywsom berfformiad safonol o'i symffoni rhif tri.)*
   3 rhywbeth y mae pobl yn derbyn yn gyffredinol ei fod yn gywir neu'n dderbyniol *(Y mae'n llyfr safonol yn ei faes.)* STANDARD

safri *hon eb* safri fach; llysieuyn bach gwyrdd sy'n cael ei ddefnyddio i ychwanegu blas at gig neu lysiau ac ati SAVORY □ *blodau* t.620

saff *a* (ffurf lafar) diogel SAFE
   yn saff i chi fe allwch chi fod yn siŵr *(Bydd yn y tafarn heno, yn saff i chi.)*

saffir *hwn eg* maen glas, tryloyw, gwerthfawr SAPPHIRE

saffrwm:saffrwn *hwn eg* blodyn melyn, porffor neu wyn â choes fer sy'n blodeuo fel arfer yn gynnar yn y gwanwyn CROCUS □ *blodau* t.621

saga *hon eb*
   1 un o chwedlau traddodiadol Llychlyn a Gwlad yr Iâ SAGA
   2 unrhyw stori hir sy'n llawn o ddigwyddiadau cyffrous SAGA

sang *hon eb* (sangau) fel yn:
   1 *dan ei sang* yn llawn i'r ymylon CHOCK-A-BLOCK
   2 *sang-di-fang* dros y lle i gyd, pendramwnwgl TOPSY-TURVY

sangiad *hwn eg* (sangiadau)
   1 (yn ramadegol) toriad ar rediad normal y frawddeg Gymraeg, e.e. *Mae ceffyl yma* yw'r ffurf normal, ond os newidir y drefn i *Mae yma geffyl*, ceir sangiad INTERPOLATION
   Sylwch: mae enw, ansoddair a berfenw sy'n dilyn sangiad yn arfer treiglo'n feddal.
   2 (yn llenyddol) toriad ar rediad ymadrodd trwy gynnwys yn ei ganol rywbeth sy'n gysylltiedig o ran ystyr ond heb fod yn rhan ramadegol, e.e.
   A chawn, *mewn llannerch yno*,
   Hwyl o weld y byffaló;
                         allan o 'Y Sŵ' gan Emrys Roberts
   PARENTHESIS

sangu:sengi *be* damsang, sathru dan draed *(Os wyt ti'n mynnu mynd allan, gofala nad wyt ti'n sangu ar draed y bobl sy'n eistedd ar ben y rhes.)* TO TREAD

saib:seibiant *hwn eg* (seibiau:seibiannau) toriad bach neu fwlch yn rhediad rhywbeth (gweithgarwch, ymgom ac ati); toriad er mwyn gorffwys, egwyl PAUSE, REST

saif *bf* mae ef/hi yn **sefyll**; bydd ef/hi yn **sefyll**

saig *hon eb* (seigiau) bwyd, yn arbennig un o nifer o seigiau sydd wedi'u paratoi ar gyfer pryd o fwyd neu wledd DISH

sail *hon eb* (seiliau)
   1 gwaelod, sylfaen y mae adeilad yn cael ei godi arno *(Cyn adeiladu tŷ rhaid gosod seiliau. Mae'n bwysig gosod seiliau da i addysg plentyn yn yr ysgol gynradd.)* FOUNDATION, BASIS
   2 yr hyn y mae cred, arfer neu ffordd o fyw wedi'i seilio arno *(Does dim sail i'r stori ei bod hi'n sâl iawn.)* FOUNDATION, GROUND
   ar (y) sail am y rheswm *(Cawsant eu derbyn i'r gystadleuaeth ar sail eu perfformiad yng nghyngerdd yr ysgol.)* ON THE GROUNDS

saim *hwn eg* (seimiau)
   1 bloneg meddal ar ôl iddo gael ei doddi; braster gwlyb GREASE, FAT
   2 y braster a'r sudd sydd yn dod allan o ddarn o gig wrth iddo gael ei rostio DRIPPING

sain *hon eb* (seiniau)
   1 rhywbeth y mae'n bosibl ei glywed, sy'n achosi adwaith yn y glust (rhywbeth mwy arbenigol a cherddorol neu beraidd na sŵn) SOUND
   2 ansawdd sŵn sy'n cael ei glywed *(Treiddiodd sain hir, glir i ganol y dorf.)* SOUND, TONE

Sain Ffagan *enw lle* ST FAGANS

Sain Tathan *enw lle* ST ATHANS

saint *hyn ell* mwy nag un **sant**

Sais hwn eg (Saeson) brodor sy'n dod o Loegr ENGLISHMAN (Saesnes)

saith rhifol y rhif sy'n dilyn chwech ac yn dod o flaen wyth; y rhif 7 SEVEN
Sylwch: mae 'blynedd', 'blwydd' ac weithiau 'diwrnod' yn treiglo'n drwynol ar ôl saith (saith mlynedd, saith mlwydd).

saith gwaeth yn waeth o lawer

sâl[1] a gair i ddisgrifio:
  1 rhywun sy'n dioddef o afiechyd, neu sy'n teimlo'n dost; gwael ILL
  2 rhywbeth sy'n wael ei ansawdd, nad yw'n cyrraedd y safon POOR, SHODDY (saled, salach, salaf)

sâl[2] : **sêl** hon eb
  1 arwerthiant SALE
  2 gwerthiant; cynnig arbennig o nwyddau am brisiau gostyngol SALE

salad hwn eg cymysgedd o lysiau sy'n cael eu bwyta'n oer ac yn amrwd, gan amlaf SALAD

salad ffrwythau cymysgedd o ffrwythau FRUIT SALAD

salm hon eb (salmau)
  1 emyn o fawl i Dduw fel a geir yn Llyfr y Salmau yn y Beibl PSALM
  2 cân o fawl i bethau'r byd (megis creaduriaid) ar batrwm y ffurfiau Beiblaidd PSALM

salm-dôn hon eb (salmdonau) tôn y mae salm yn cael ei chanu arni CHANT

salw a gair i ddisgrifio rhywun neu rywbeth nad yw'n hardd nac yn lluniaidd; di-liw, hyll, hagr, diolwg UGLY, DRAB

salwch hwn eg afiechyd, clefyd, tostrwydd, anhwyldeb ILLNESS

salŵn hwn eg
  1 tŷ tafarn mawr cyhoeddus (a oedd yn gyffredin yn y Gorllewin Gwyllt) SALOON
  2 car a tho iddo, a ffenestri ar bob ochr a chist ar wahân, a lle i bedwar neu bump o bobl SALOON (car)

samona be hela neu bysgota'r eog (yn gyfreithlon neu'n anghyfreithlon)

sampl hon eb (samplau)
  1 rhan fechan yn cynrychioli'r cyfan; nifer fechan neu ddigwyddiad sy'n rhoi syniad o'r cyfan; esiampl (Gofynnais am weld sampl o'i waith cyn ei gomisiynu i wneud y murlun.) SAMPLE, SPECIMEN
  2 darn bach arbrofol o rywbeth (sy'n cael ei roi am ddim fel arfer) SAMPLE

samwn hwn eg eog SALMON

sanau hyn ell mwy nag un **hosan**

sanctaidd:santaidd a gair i ddisgrifio rhywun neu rywbeth cysegredig, sydd wedi cael ei gysegru neu ei sancteiddio i Dduw neu gan Dduw HOLY, HALLOWED, SACRED

sancteiddio be cysegru, gwneud yn sanctaidd TO SANCTIFY

sancteiddrwydd hwn eg y cyflwr neu'r ansawdd o fod yn sanctaidd HOLINESS, SANCTITY

sandal hwn neu hon egb (sandalau) esgid ysgafn, agored sydd â strapiau'n cau am y droed SANDAL

sant hwn eg (saint:seintiau)
  1 gŵr sy'n cael ei gydnabod gan yr Eglwys Gristnogol, ar ôl ei farwolaeth, yn berson arbennig o sanctaidd SAINT
  2 person sy'n byw bywyd crefyddol neu berson hollol anhunanol SAINT
  3 un o'r mynaich crwydrol, megis Dewi, Teilo ac Illtyd, a fu'n cenhadu yng Nghymru yn y chweched ganrif, gan sefydlu clasau neu fynachlogydd Celtaidd SAINT

santaidd gw. **sanctaidd:santaidd**

santes hon eb gwraig sy'n cael ei chydnabod yn sant ar ôl ei marwolaeth SAINT

sarff hon eb (seirff)
  1 neidr (yn arbennig un fawr) SERPENT
  2 person sy'n twyllo neu'n arwain rhai ar gyfeiliorn SERPENT

sarhad hwn eg sen, gwarth, gwaradwydd, rhywbeth sy'n cael ei ddweud neu ei wneud â'r bwriad o frifo teimladau rhywun INSULT

sarhau be dweud neu wneud rhywbeth â'r bwriad o frifo teimladau rhywun; difrïo, bod yn anfoesgar wrth rywun TO INSULT, TO AFFRONT, TO SLIGHT

sarhaus a gair i ddisgrifio rhywun digywilydd neu rywbeth sy'n achosi gwarth, sy'n gywilyddus OFFENSIVE, INSULTING

sarn hon eb (sarnau) heol neu lwybr sy'n uwch na'r tir o'i gwmpas ac sy'n aml yn croesi tir corslyd neu afon CAUSEWAY

Sarn Helen enw chwedlonol ar y ffyrdd Rhufeinig a geir yng Nghymru

sarnu be
  1 sathru, sangu, troedio'n drwm ar ben rhywbeth (sarnu dan draed) TO TRAMPLE
  2 chwalu, torri, distrywio (Mae hwnna wedi sarnu'r cynlluniau i gyd.) TO SCATTER
  3 (yn y De) colli, tywallt (Gofala na fyddi di'n sarnu hwnna dros dy ddillad gorau.) TO SPILL

sarrug a gair i ddisgrifio rhywun sydd mewn tymer ddrwg (bob amser); blin, cas, byr ei amynedd, diserch SURLY, SULLEN, CHURLISH

sasiwn hwn neu hon egb (sasiynau) cyfarfod chwarterol sy'n cael ei gynnal gan y Presbyteriaid

Satan hwn *eg* y Diafol THE DEVIL

sathredig *a* gair i ddisgrifio rhywbeth (yn arbennig iaith) sydd wedi dirywio, nad yw'n gain nac yn hardd nac yn gywir VULGAR, DEBASED, HACKNEYED

sathru *be*
1 rhoi'ch troed ar rywbeth; cerdded dros rywbeth a'i wasgu i'r llawr neu'r baw *(Wrth i rywun weiddi 'Tân!', rhuthrodd y dorf am y drysau a chafodd llawer eu sathru dan draed.)* TO TREAD, TO TRAMPLE
2 distrywio, lladd *(sathru ar obeithion person)* TO TRAMPLE, TO RIDE ROUGHSHOD OVER

sawdl hwn neu hon *egb* (sodlau)
1 rhan gefn y droed HEEL ☐ *corff* t.630
2 y rhan o hosan sy'n ffitio am gefn y droed neu'r rhan o esgid sydd o dan y rhan hon o'r droed HEEL

cicio sodlau *gw.* **cicio**

dan y sawdl dan fawd rhywun, yn was i rywun UNDER THE HEEL

o'r corun i'r sawdl *gw.* **corun**

troi:rhoi tro ar fy (dy, ei etc.) sawdl troi a gadael ar unwaith TO TURN ON ONE'S HEEL

wrth sawdl (rhywun neu rywbeth) yn dynn ar ei ôl AT ONE'S HEELS

sawdur *gw.* **sodr:sawdur**

sawl[1] *a* llawer (ond nid y cyfan), nifer da, amryw *(Yr oedd sawl un o'i gyfeillion wedi dod i wrando arno yn ei berfformiad cyhoeddus cyntaf.)* MANY, A NUMBER

sawl[2] *rhagenw*
1 talfyriad o *pa sawl*; faint *(Sawl un oedd yn y cwrdd y bore 'ma?)* HOW MANY
2 mewn ymadroddion (braidd yn hynafol erbyn hyn) megis *Gwnewch yn dda i'r sawl a'ch casânt; y rhai* WHOMSOEVER, HOWEVER MANY

sawr hwn *eg*
1 arogl, gwynt, yr hyn a glywir gan y trwyn *(Cododd sawr y cinio dydd Sul awydd mawr am fwyd arnaf.)* ODOUR
2 blas, yr hyn a glywir (neu a brofir) gan y tafod SAVOUR, TANG, FLAVOUR

sawru *be*
1 clywed neu synhwyro â'r trwyn; arogli, gwyntio TO SMELL
2 clywed neu brofi â'r tafod; blasu TO TASTE
3 synhwyro (rhywbeth drwg fel arfer) *(Nid wyf yn hoffi'r cynnig yma—mae'n sawru o gynllwyn.)* TO SMELL, TO SMACK OF
4 cynhyrchu arogl; arogli, gwyntio TO SMELL

sawrus *a* gair i ddisgrifio rhywbeth:
1 sy'n arogli ac yn blasu'n dda; blasus SAVOURY
2 sydd â blas tebyg i gaws neu gig ac ati (o'i gyferbynnu â rhywbeth melys) SAVOURY

saws hwn *eg* (sawsiau) un o nifer o fathau o hylif (melys neu sawrus) sy'n cael ei daenu (yn boeth neu yn oer) dros fwyd neu sy'n cael ei fwyta gyda bwyd *(saws mintys)* SAUCE

sbaddu *gw.* **ysbaddu**

Sbaenwr hwn *eg* (Sbaenwyr) brodor o Sbaen SPANIARD

sbageti hwn *eg* bwyd o'r Eidal wedi'i wneud o basta; llinynnau hir (o basta) sy'n cael eu gwerthu'n sych ac sy'n meddalu wrth gael eu berwi SPAGHETTI

sbaner hwn *eg* (sbaneri) teclyn i dynhau neu ddatod nytiau SPANNER

sbaner

nyten

sbâr *a* gair i ddisgrifio rhywbeth:
1 sy'n fwy na'r gwir angen, sydd dros ben, y gallwch wneud hebddo SPARE
2 sy'n cael ei gadw o'r neilltu i'w ddefnyddio pan fydd angen, e.e. *olwyn sbâr* SPARE

sbardun:ysbardun hwn *eg* (sbardunau)
1 dyfais finiog ar ffurf U y mae marchog yn ei gwisgo wrth sawdl ei esgid i annog ei geffyl i fynd yn gynt SPUR
2 y ddyfais neu'r falf sy'n rheoli llif petrol neu danwydd arall i injan peiriant neu gerbyd; y pedal sy'n rheoli'r ddyfais hon ac sydd, o'i wasgu i lawr, yn peri i gerbyd fynd yn gynt THROTTLE, ACCELERATOR (cyflymydd) ☐ *car*
3 symbyliad, rhywbeth sy'n annog neu'n gorfodi rhywun i weithredu *(Mae arian weithiau yn gallu bod yn sbardun effeithiol iawn i gael rhywbeth wedi'i wneud.)* SPUR

sbario *be*
1 medru cynnig rhywfaint o rywbeth y mae digon ohono gennych chi i rywun sy'n brin ohono *(Elli di sbario cwpanaid o laeth? Does dim digon gennyf i frecwast.)* TO SPARE
2 arbed *(A gaf i fenthyg y car i sbario imi orfod cerdded i'r dref?)* TO SPARE

sbarion hyn *ell* mwy nag un peth **sbâr**, yn enwedig bwyd sydd dros ben LEFT-OVERS

sbectol hon *eb* dau ddarn o wydr arbennig wedi'u gosod mewn fframyn ac sy'n cael eu gwisgo gan rywun i'w alluogi i weld yn well SPECTACLES, GLASSES ☐ *lens*

sbectol haul sbectol â gwydr neu blastig tywyll ynddi sy'n diogelu'r llygaid rhag yr haul SUN-GLASSES

sbectrwm *hwn eg* (sbectra)
1 y lliwiau sylfaenol—coch, oren, melyn, gwyrdd, glas, indigo a fioled—y mae goleuni'n rhannu iddynt wrth basio trwy brism gwydr neu trwy ddiferion glaw (gan ffurfio enfys) SPECTRUM □ *lliw* t.622
2 (yn dechnegol) unrhyw set o donfeddi gwahanol (mae seithliw'r enfys yn dilyn ei gilydd yn nhrefn hyd eu tonfeddi) SPECTRUM
3 amrediad, yr amrywiaeth neu'r cwmpas sydd o fewn ffiniau eithaf rhywbeth SPECTRUM

sbeis *hwn eg* (sbeisys)
1 un o nifer o berlysiau, sef llysiau arbennig wedi'u malu'n bowdr fel arfer a'u defnyddio i roi blas arbennig ar fwyd *(Mae pupur yn sbeis adnabyddus.)* SPICE
2 rhywbeth sy'n ychwanegu diddordeb neu gyffro *(Mae cysylltiad y dihiryn â'r Prif Weinidog yn ychwanegu ychydig o sbeis at y stori.)* SPICE

sbeislyd *a* gair i ddisgrifio rhywbeth sy'n llawn sbeis neu sy'n ychwanegu diddordeb a chyffro at sefyllfa SPICY

sbeit *hon eb* awydd maleisus i wneud drwg neu niwed i rywun SPITE

sbeitio *be* gwneud neu geisio gwneud drwg i rywun mewn modd maleisus TO SPITE

sbeitlyd *a* gair i ddisgrifio rhywun llawn sbeit neu rywbeth sydd wedi'i wneud mewn modd maleisus SPITEFUL

sbel *hon eb*
1 cyfnod di-dor (hir, fel arfer) o amser heb ffiniau pendant *(Mae yna sbel o amser oddi ar imi ei gweld hi ddiwethaf.)* PERIOD, TIME
2 seibiant, saib, hoe; cyfnod o orffwys oddi wrth ryw orchwyl cyn mynd yn ôl ato *(Cymer di sbel nawr ac fe af fi ymlaen â'r gwaith nes dy fod yn barod i ailgychwyn.)* SPELL, BREAK

sbens *hon eb* twll dan y grisiau; cwtsh dan staer

sberm *hwn eg* (sbermau) un o'r celloedd neu'r hadau sy'n cael eu cynhyrchu gan organau rhywiol anifail gwryw (gan gynnwys dyn), ac sy'n medru ffrwythloni wy anifail benyw a thrwy hynny greu bywyd newydd; had SPERM

sbienddrych *gw.* **ysbienddrych**

sbio *be*
1 (gair y Gogledd) edrych, gwylio TO LOOK
2 *gw.* **ysbïo**

sbïwr *gw.* **ysbïwr**

sblasio *be*
1 chwarae, cicio, neidio mewn dŵr gan beri i ddiferion dasgu *(Roedd y plant bach wrth eu bodd yn sblasio yn y pwll.)* TO SPLASH
2 (am hylif) tasgu, gwasgaru'n ddafnau neu'n donnau TO SPLASH

sbloet *hwn eg* (ar lafar fel arfer) camp, gorchest, gweithred sy'n gofyn am allu anghyffredin i'w chyflawni EXPLOIT, FEAT

sbon *a* fel yn *newydd sbon* yn hollol newydd BRAND NEW

sbonc:ysbonc *hon eb* egni, bywiogrwydd, naid *(Doedd dim sbonc ar ôl yn y bêl o gwbl wedi i'r bachgen drws nesaf wneud twll ynddi.)* BOUNCE, LEAP

sboncen *hon eb* gêm lle mae dau (neu bedwar) o chwaraewyr yn defnyddio racedi i fwrw pêl fach rwber yn erbyn waliau cwrt caeedig, dan do SQUASH

sboncio:ysboncio *be*
1 (am bêl) neidio neu dasgu'n ôl ar ôl cael ei bwrw yn erbyn llawr neu wal TO BOUNCE
2 gwneud rhywbeth tebyg i'r hyn a wna pêl ar ôl cael ei bwrw yn erbyn llawr neu wal, e.e. *llyffant yn sboncio* TO BOUNCE

sbôr *hwn eg* (sborau) cell sy'n cael ei chynhyrchu gan rai mathau o blanhigion ac anifeiliaid ac sydd, fel hedyn, yn gallu tyfu yn blanhigyn neu anifail newydd SPORE

sbort *hwn neu hon egb* digrifwch, miri, sbri, difyrrwch *(Cawsom lawer o sbort ar daith yr ysgol eleni.)* FUN
gwneud sbort am ben rhywun gwawdio, chwerthin am ben, cael hwyl am ben TO MAKE FUN OF
sbort a sbri hwyl fawr FUN AND GAMES

sbri *hwn eg* sbort, hwyl (swnllyd, fel arfer), miri, difyrrwch FUN

sbrigyn *hwn eg* (sbrigynnau) blaen brigyn neu ddarn bach o goeden neu blanhigyn ac ychydig o ddail neu flodau arno SPRIG, SPRAY

sbring *hwn eg* (sbringiau:sbrings) dyfais sy'n dychwelyd i'w ffurf wreiddiol ar ôl cael ei hymestyn neu'i gwyro i ffurf arall *(Sbringiau sy'n gwneud gwely yn feddal a theithio mewn car yn gyfforddus.)* SPRING

sbrintio *be* rhedeg mor gyflym ag y gallwch (yn arbennig mewn ras fer) TO SPRINT

sbwng:ysbwng *hwn eg* (sbyngau)
1 un o nifer o fathau o greaduriaid môr sy'n tyfu o fewn sgerbwd meddal a'i lond o dyllau bychain SPONGE □ *pysgod*
2 darn o'r sgerbwd hwn neu ddarn o rwber neu blastig tebyg iddo sy'n cael ei ddefnyddio i ymolchi SPONGE
3 teisen ysgafn, felys SPONGE

sbŵl *hwn eg* (sbwliau)
1 cylch (â thwll yn ei ganol fel arfer) ar gyfer weindio tâp, gwifren drydan, ffilm ac ati arno SPOOL
2 llond un o'r pethau uchod, e.e. *sbŵl o ffilm* SPOOL

sbwriel:ysbwriel *hwn eg* deunydd wast, gwastraff, gweddillion, gwehilion RUBBISH, REFUSE, TRASH

sbwylio *be*
  1 gwneud neu ddod yn ddiwerth; difetha, andwyo TO SPOIL, TO MAR
  2 difetha plentyn trwy roi gormod o faldod iddo a gadael iddo gael ei ffordd ei hun trwy'r amser TO SPOIL
sbyngau *hyn ell* mwy nag un **sbwng**
sebon *hwn eg* (sebonau) sylwedd wedi'i ffurfio trwy gymysgu braster ac alcali; caiff ei ddefnyddio, ynghyd â dŵr, i ymolchi (neu i olchi pethau eraill) SOAP
seboni *be* dweud pethau caredig, a chanmol rhywun er mwyn ceisio dylanwadu arno neu ei berswadio i wneud rhywbeth; gwenieithio TO FLATTER, TO SOFT-SOAP
sebonwr *hwn eg* (sebonwyr) un sy'n seboni FLATTERER
sebra *hwn eg* (sebraod) anifail gwyllt o Affrica sy'n debyg i geffyl; mae ganddo streipiau du neu frown tywyll a gwyn dros ei gorff ZEBRA
seciwlar *a* gair i ddisgrifio rhywun neu rywbeth nad yw'n ymwneud â chrefydd neu faterion crefyddol SECULAR
secretu *be* (mewn bioleg am anifail, planhigyn, aelod o gorff ac ati) cynhyrchu (math o hylif fel arfer) TO SECRETE
secstant *hwn eg* (secstantau) offeryn ar gyfer mesur yr ongl rhwng yr haul neu seren a'r gorwel; mae'n cael ei ddefnyddio ar long i ddarganfod ei lleoliad SEXTANT

secstant

sect *hon eb* (sectau) cwmni o bobl sydd â'r un daliadau crefyddol SECT
sector *hwn neu hon egb* (sectorau)
  1 rhan o faes gweithgarwch (*Mae llywodraeth Dorïaidd yn gosod llawer iawn mwy o bwyslais ar y sector breifat na'r sector gyhoeddus.*) SECTOR
  2 y rhan honno o gylch sydd rhwng dwy linell syth (dau radiws) sy'n arwain o ganol y cylch i'w ymyl SECTOR □ *cylch*

sedd *hon eb* (seddau:seddi)
  1 man ar gyfer eistedd SEAT
  2 lle ar gyfer aelod o gorff swyddogol (*sedd yn y senedd; sedd ar y cyngor*) SEAT
sef *cysylltair* hynny yw, nid amgen (*A fyddwch yn gallu bod yma ar y 27ain, sef dydd Llun nesaf?*) NAMELY, THAT IS
sefais *bf* fe wnes i **sefyll**
sefydledig *a* fel yn *Eglwys Sefydledig*, sef eglwys wedi'i sefydlu yn swyddogol dan ddeddf gwlad (*Eglwys Loegr yw eglwys sefydledig Lloegr.*) ESTABLISHED
sefydliad *hwn eg* (sefydliadau)
  1 cymdeithas neu gwmni mawr iawn (*Sefydliad y Merched*) INSTITUTION, INSTITUTE
  2 yr adeilad sy'n gartref i gymdeithas o'r fath INSTITUTE, INSTITUTION
  3 y weithred o sefydlu INSTITUTION, ESTABLISHMENT
y Sefydliad y cymdeithasau neu'r cwmnïau sy'n rheoli bywyd cyhoeddus ac sydd, gan amlaf, yn erbyn unrhyw newid THE ESTABLISHMENT
sefydlog *a* gair i ddisgrifio rhywun neu rywbeth sydd yn mynd i barhau yn yr un lle; safadwy, diysgog, cadarn, disymud (*Ar ôl blynyddoedd o symud o un safle i'r llall, mae'r Sioe Amaethyddol Genedlaethol yn sefydlog yn Llanelwedd yn awr.*) SETTLED, FIXED, SET
sefydlu *be*
  1 creu (sefydliad), cychwyn cymdeithas neu fusnes TO ESTABLISH
  2 achosi pobl i gredu, profi (*Mae wedi sefydlu ei hun yn un o brif feddygon y wlad.*) TO ESTABLISH
  3 cyflwyno gweinidog newydd i'w braidd trwy wasanaeth arbennig TO INSTALL
  4 penderfynu; cytuno a gosod yn ffurfiol (*Y mae angen i ni sefydlu beth yn union fydd y berthynas rhyngoch chi fel chwaraewyr a fi fel rheolwr.*) TO ESTABLISH, TO SETTLE
sefyll *be*
  1 eich cynnal eich hun ar eich traed, aros ar eich traed (*Rydw i wedi blino sefyll.*) TO STAND
  2 codi ar eich traed (*Cofiwch sefyll pan ddaw'r prifathro i mewn.*) TO STAND
  3 bod mewn cyflwr arbennig (*Sut mae pethau'n sefyll nawr?*) TO STAND
  4 aros heb newid na symud (*peiriannau'n sefyll yn segur*) TO STAND
  5 aros mewn grym (*Mae'r cynnig yn sefyll o hyd os oes gennyt ddiddordeb.*) TO STAND
  6 eich cynnig eich hun mewn etholiad (*Pwy sy'n sefyll dros y gwahanol bleidiau ym Môn?*) TO STAND
  7 aros (cyn mynd ymlaen) (*A wnei di ofyn i'r bws sefyll wrth y drws os gweli di'n dda?*) TO STOP

sefyllfa

8 peidio; pallu neu fethu mynd *(Mae'r cloc wedi sefyll ar hanner awr wedi saith.)* TO STOP
9 cael eich arholi neu eich gosod ar brawf mewn llys barn *(sefyll arholiad; sefyll ei brawf)* TO STAND, TO SIT (AN EXAMINATION)
10 aros dros nos *(Rwy'n sefyll gyda'm chwaer pan wy'n mynd i Gaerdydd.)* TO STAY (saf, safaf, saif, sefais)
gwybod lle rwy'n sefyll gw. **gwybod**
sefyll ar fy (dy, ei etc.) nhraed fy hun bod yn annibynnol TO STAND ON ONE'S OWN TWO FEET
sefyll dros cynrychioli *(Mae'n gas gennyf y dyn yna a phopeth y mae'n sefyll drosto.)* TO STAND FOR
sefyll yn y bwlch bod yn amddiffynnwr mewn argyfwng
sefyllfa hon *eb* (sefyllfaoedd) y cyflwr neu'r fan y mae rhywun neu rywbeth wedi'i gyrraedd mewn perthynas â phethau eraill ar ryw amser arbennig *(Hoffwn fedru bod o gymorth ond nid wyf mewn sefyllfa i helpu.)* SITUATION, POSITION
sefyllian *be* sefyll o gwmpas heb bwrpas na diben, loetran TO LOITER, TO DAWDLE, TO DILLY-DALLY
segur *a* gair i ddisgrifio rhywun neu rywbeth nad yw'n gweithio, sydd heb waith i'w wneud *(Mae'n bechod gweld yr holl ddynion yn segur oherwydd diweithdra.)* IDLE, UNEMPLOYED, UNOCCUPIED
segura *be* gwneud dim byd, gwastraffu amser, bod yn wirfoddol segur, hamddena TO IDLE
segurdod hwn *eg* y cyflwr o fod yn segur IDLENESS
sengi *be* gw. **sangu:sengi**
sengl *a* gair i ddisgrifio:
1 rhywun dibriod *(Mae'r lwfans i berson sengl wedi cael ei godi yn ddiweddar.)* SINGLE
2 (record) ac arni un gân ar bob ochr SINGLE
3 (ystafell) ac ynddi wely ar gyfer un person SINGLE
seiat hon *eb* (seiadau)
1 yn wreiddiol, cymdeithas grefyddol i baratoi ar gyfer y Sul, i rannu profiadau crefyddol ac i gyffesu pechodau
2 erbyn hyn, cyfarfod crefyddol ganol wythnos mewn eglwysi ymneilltuol
seiat holi cyfarfod lle y mae unigolyn neu banel o bobl yn ateb cwestiynau gan gynulleidfa
seibiannau hyn *ell* mwy nag un **seibiant**
seibiant gw. **saib:seibiant**
seibiau hyn *ell* mwy nag un **saib**
seiciatreg hwn neu hon *egb* astudiaeth a thriniaeth o salwch meddwl PSYCHIATRY
seiciatrydd hwn *eg* meddyg wedi'i hyfforddi mewn seiciatreg PSYCHIATRIST

seinio

seiclo *be* marchogaeth beic, gyrru beic (â'r traed); beicio TO CYCLE, TO BICYCLE
seiclon hwn *eg* (seiclonau) storm o law trwm a gwyntoedd cryfion sy'n troi o gwmpas canol o wasgedd isel ac sy'n teithio yn ei blaen tua 20-30 milltir yr awr CYCLONE
seicoleg hwn neu hon *egb*
1 astudiaeth o'r meddwl a'r ffordd y mae'n gweithio, ac o ymddygiad fel mynegiant o'r meddwl PSYCHOLOGY
2 cangen o'r maes sy'n canolbwyntio ar un agwedd o weithgarwch dynol, e.e. *seicoleg addysg* PSYCHOLOGY
seicolegol *a* gair i ddisgrifio rhywbeth:
1 sy'n ymwneud â'r meddwl PSYCHOLOGICAL
2 sy'n defnyddio seicoleg *(profion seicolegol)* PSYCHOLOGICAL
seicolegydd hwn *eg* meddyg neu arbenigwr ym maes seicoleg PSYCHOLOGIST
seidin hwn *eg* darn byr o reilffordd sy'n gysylltiedig â'r brif lein, ac sy'n cael ei ddefnyddio ar gyfer llwytho, dadlwytho a chadw cerbydau segur SIDING
seidr hwn *eg* diod feddwol wedi'i gwneud o sudd afalau CIDER
seigiau hyn *ell* mwy nag un **saig**
seiliau hyn *ell* mwy nag un **sail**
seilio *be* gosod ar sail neu seiliau *(Mae'r stori wedi'i seilio ar ffeithiau ond bod yr awdur wedi ychwanegu rhai digwyddiadau o'i ddychymyg ei hun.)* TO BASE
seilo hwn *eg*
1 tŵr uchel o fetel ar gyfer cadw silwair i'r da/gwartheg SILO
2 lle cadarn o dan y ddaear i gadw taflegryn sy'n barod i'w danio SILO
seiloffon hwn *eg* (seiloffonau) offeryn cerdd wedi'i wneud o ddarnau gwastad o bren sy'n seinio pan fyddant yn cael eu taro â morthwyl arbennig XYLOPHONE
seimiau hyn *ell* mwy nag un **saim**
seimlyd:seimllyd *a* gair i ddisgrifio rhywbeth sydd â saim drosto neu sy'n cynnwys saim *(gwallt seimllyd)* GREASY, OILY
seindorf hon *eb* grŵp o bobl yn chwarae offerynnau pres—trwmpedi, trombonau ac ati; band pres BAND (BRASS/SILVER)
seinglawr hwn *eg* (seingloriau)
1 y rhes o nodau a geir ar biano; allweddell KEYBOARD
2 un o nifer o resi fel hyn a geir ar organ MANUAL (bysellfwrdd)
seiniau hyn *ell* mwy nag un **sain**
seinio *be*
1 gwneud sain neu seiniau TO SOUND

2 mynegi fel sain, neu mewn ffordd glir, glywadwy *(Seiniwn fuddugoliaeth.)* TO SOUND, TO PRONOUNCE

seintiau *hyn ell* mwy nag un **sant**

seintwar *hon eb* (hen air) y rhan fwyaf cysegredig mewn adeilad Cristnogol, sef gerbron yr allor mewn eglwys SANCTUARY

seintwar natur tir lle y mae planhigion ac anifeiliaid yn cael eu diogelu NATURE CONSERVANCY

seirff *hyn ell* mwy nag un **sarff**

seiri *hyn ell* mwy nag un **saer**

Seiri Rhyddion dynion sy'n perthyn i gymdeithas hynafol ddirgel sy'n helpu'i gilydd (a phobl eraill), sy'n trin ei gilydd fel brodyr ac sy'n defnyddio ymadroddion ac arwyddion cyfrinachol FREEMASONS

seismig *a* gair i ddisgrifio rhywbeth sy'n ymwneud â daeargrynfeydd, neu'n cael ei achosi ganddynt SEISMIC

seismoleg *hon eb* astudiaeth wyddonol o unrhyw gryndod yng nghramen y ddaear ac o ddaeargrynfeydd SEISMOLOGY

Seisnig *a* gair i ddisgrifio rhywbeth sy'n perthyn i'r Saeson neu sy'n nodweddiadol o'r Sais neu'r Saesneg ENGLISH (Seisniced, Seisnicach, Seisnicaf)

Seisnigaidd *a* gair i ddisgrifio rhywun neu rywbeth sy'n debyg i Sais neu i'r Saesneg ANGLICIZED

seisnigeiddio *be* troi neu wneud yn Saesneg neu'n Seisnigaidd TO ANGLICIZE

seithfed *a* yr olaf o saith, 7fed; un o 7; neu rif 7 mewn rhestr o saith neu fwy SEVENTH

y seithfed nef

1 yn ôl crefydd yr Iddewon a'r Islamiaid y mae saith nefoedd, pob un yn rhagori ar yr un o'i blaen a'r seithfed yw'r orau a'r fwyaf dyrchafedig SEVENTH HEAVEN

2 cyflwr o hapusrwydd eithriadol SEVENTH HEAVEN

seithug *a* ofer, da-i-ddim, di-fudd *(siwrnai seithug)* WASTED, VAIN

seithwaith *adf* saith gwaith SEVEN TIMES

sêl[1] *hon eb* brwdfrydedd, eiddgarwch, parodrwydd (i weithio'n galed neu i ddioddef dros rywbeth) ZEAL

sêl[2] *hon eb*

1 arwydd (crwn, fel arfer) a phatrwm arno i gynrychioli prifysgol, llywodraeth neu berson dylanwadol SEAL

2 darn o gŵyr neu fetel meddal y mae'r patrwm yma wedi'i wasgu iddo, fel arfer ar ryw ddogfen swyddogol yn perthyn i gorff neu berson â sêl arbennig SEAL

sêl bendith caniatâd (erstalwm byddai'n cael ei gyflwyno'n ffurfiol) SEAL OF APPROVAL

sêl[3] gw. **sâl**[2]:**sêl**

seld *hon eb* (seldau)

1 dresel, dodrefnyn/celficyn i ddal llestri, cyllyll a ffyrc ac ati â silffoedd agored o'r hanner i fyny a dreiriau/droriau ac weithiau gypyrddau odanynt DRESSER

2 dodrefnyn/celficyn ar ffurf bwrdd hir a chypyrddau odano i ddal llestri, gwydrau ac ati SIDEBOARD

seler *hon eb* (selerau:seleri:selerydd) ystafell dan ddaear, fel arfer ar gyfer storio neu gadw pethau CELLAR

selio *be*

1 gosod sêl ar rywbeth TO SEAL

2 cau peth a gosod rhywbeth drosto fel na ellir ei agor heb dorri'r hyn sydd drosto TO SEAL

3 cytuno, dod i gytundeb ffurfiol *(selio bargen)* TO SEAL

seliwloid:selwloid *hwn eg* (enw masnachol) math o blastig wedi'i wneud o sylwedd sydd i'w gael yng nghelloedd planhigion, ac a fyddai'n cael ei ddefnyddio yn y gorffennol i wneud ffilm ffotograffaidd CELLULOID

selocaf *a* mwyaf **selog**

selog *a* gair i ddisgrifio rhywun sy'n llawn sêl; brwdfrydig, eiddgar, gwresog, ffyddlon *(Mae'n gapelwr selog.)* ZEALOUS, ARDENT

selogion *hyn ell* cefnogwyr brwd SUPPORTERS, REGULARS

selsigen *hon eb* (selsig) tiwben o groen tenau wedi'i llenwi â chymysgedd o gig, briwsion bara neu rawn a llysiau, naill ai wedi'i choginio neu'n barod i'w choginio SAUSAGE

selwloid gw. **seliwloid:selwloid**

seml *a* ffurf ar **syml** sy'n cael ei defnyddio ag enw benywaidd (gair sy'n cael ei ddilyn gan *hon*), e.e. *iaith seml*

semolina *hwn eg* grawn ŷd wedi'i falu'n fân sy'n cael ei ddefnyddio i wneud pasta a bwydydd llaeth SEMOLINA

sen *hon eb* (sennau)

1 bai, gwaradwydd, cerydd, y weithred o ddannod neu edliw REBUKE, REPROOF

2 gwarth, sarhad, diffyg parch INSULT, GIBE

senedd *hon eb* (seneddau)

1 corff o bobl y mae nifer ohonynt neu'r cyfan ohonynt wedi cael eu hethol gan ddinasyddion gwlad i lunio cyfreithiau PARLIAMENT

2 ym Mhrydain, y prif gorff sy'n llunio cyfreithiau ac sy'n cynnwys y Brenin neu'r Frenhines, yr Arglwyddi ac aelodau seneddol wedi'u hethol gan y bobl PARLIAMENT

3 y lleiaf o'r ddau gorff sy'n llunio cyfreithiau yn Awstralia, Canada, Ffrainc, yr Unol Daleithiau a rhai gwledydd eraill SENATE

4 cyngor llywodraethol Rhufain dan y Rhufeiniaid SENATE

seneddol

5 cyngor llywodraethol rhai prifysgolion a cholegau SENATE

seneddol *a* gair i ddisgrifio rhywun neu rywbeth sy'n perthyn i'r Senedd neu'n ymwneud â hi PARLIAMENTARY
aelod seneddol gw. **aelod**

sensitif *a* gair i ddisgrifio:
1 rhywun hawdd ei frifo, teimladwy, croendenau SENSITIVE
2 rhywun neu rywbeth sy'n adweithio neu'n ymateb yn gyflym iawn i rywbeth o'r tu allan *(croen sensitif)* SENSITIVE

sensitifrwydd hwn *eg*
1 y cyflwr o fod yn sensitif, o adweithio neu ymateb yn gyflym iawn i rym neu bŵer arbennig *(Roedd ei sensitifrwydd i wair newydd ei dorri mor llym fel ei fod yn dechrau tisian cyn i neb arall ei arogli hyd yn oed.)* SENSITIVITY
2 cywirdeb manwl peiriant mesur *(Roedd y mesurydd newydd yn llawer mwy sensitif na'r llall ac yn codi'r newid lleiaf yng nghuriad y galon.)* SENSITIVITY
3 ymddangosiad neu fynegiant o deimladau coeth, aruchel neu farn chwaethus, uchel-ael *(Cafwyd ymateb dwys gan y gynulleidfa i sensitifrwydd ei ddehongliad o'r darn trist yma.)* SENSITIVITY

sensoriaeth hon *eb* y weithred o ddileu yr hyn a ystyrir yn ddrwg neu'n niweidiol mewn llyfrau, ffilmiau, dramâu ac ati, neu o'u hatal rhag cael eu cyhoeddi, eu darllen neu'u perfformio CENSORSHIP

sentimentaliaeth hon *eb*
1 parodrwydd i gael eich rheoli gan eich teimladau yn hytrach na chan yr hyn sy'n ymarferol neu'n rhesymegol *(Sentimentaliaeth yn unig a barodd iddo beidio â gwerthu'i hen gartref.)* SENTIMENTALITY
2 apêl at y teimladau neu'r emosiwn *(Doedd y ffilm ddim ond un swp o sentimentaliaeth bur.)* SENTIMENTALITY

sepal hwn *eg* (sepalau) un o'r darnau bychain, tebyg i ddail, sy'n gwarchod blodyn cyn iddo agor; weithiau maent yr un lliw â'r petalau, ac weithiau ffurfiant gwpan bychan gwyrdd wrth fôn y petalau SEPAL □ *blodyn*

sêr hyn *ell* mwy nag un **seren**

sercol hwn *eg* math o garbon ar ffurf sylwedd du sy'n cael ei ffurfio trwy losgi pren mewn cynhwysydd caeedig a'i ddefnyddio i dynnu lluniau (lluniadu) neu fel tanwydd; golosg CHARCOAL

serch[1] hwn *eg* teimlad cryf o hoffi rhywun yn fawr iawn, yn arbennig y math o hoffter ac atyniad naturiol sy'n gallu codi rhwng bachgen a merch; cariad LOVE

serch[2] *cysylltair* er, er gwaethaf *(Nid wyf yn meddwl dim llai ohono serch hynny.)* DESPITE, IN SPITE, ALTHOUGH

serchog:serchus *a* gair i ddisgrifio rhywun sy'n hoffus ac yn agos atoch; cyfeillgar, hawdd ei garu PLEASANT, AFFECTIONATE, LOVABLE

sêr-ddewin hwn *eg* (sêr-ddewiniaid) un sy'n astudio sêr-ddewiniaeth ASTROLOGER

sêr-ddewiniaeth hon *eb* astudiaeth o'r dylanwad y mae rhai yn honni y mae'r sêr a'r planedau'n ei gael ar ein bywydau pob dydd ASTROLOGY (sidydd)

seremoni hon *eb* (seremonïau) defod neu weithgarwch i nodi neu ddathlu achlysur crefyddol, cymdeithasol neu ddiwylliannol arbennig (yn breifat neu'n gyhoeddus) *(seremoni wobrwyo; seremoni cadeirio'r bardd)* CEREMONY

seren hon *eb* (sêr)
1 corff nefolaidd anferthol sy'n cynhyrchu ei oleuni ei hun *(Seren yw'r Haul.)* STAR
2 unrhyw gorff (gan gynnwys planed) sy'n ymddangos fel smotyn o oleuni yn y ffurfafen STAR
3 ffurf a phump neu ragor o bwyntiau iddi STAR
4 corff nefolaidd sy'n rhan o'r sidydd ac a ddefnyddir gan sêr-ddewiniaid i rag-weld eich dyfodol STAR
5 yr arwydd * ASTERISK
6 arwydd sy'n cael ei ddefnyddio gyda'r rhifolion 1-5 i ddynodi safon rhywbeth *(Mae'n westy pum seren felly fe fydd yn siŵr o fod yn ddrud.)* STAR
7 perfformiwr medrus ac adnabyddus *(Daeth sêr y byd canu pop at ei gilydd i gynhyrchu record i godi arian i helpu trueiniaid y byd.)* STAR
8 un o'r dafnau disglair o saim a geir, er enghraifft, ar wyneb cawl GLOBULE (cytser, sidydd)

seren bren rhywbeth diwerth, da i ddim A CHOCOLATE TEAPOT

seren fôr anifail môr â phump o freichiau ar ffurf seren wastad STARFISH □ *pysgod* t.629

seren wib un o nifer o fathau o bethau o'r gofod (e.e. gronynnau o graig a llwch) sy'n llosgi'n llachar am ychydig os digwydd iddynt syrthio trwy atmosffer y Ddaear METEOR, SHOOTING STAR

serenâd hwn *eg*
1 cân (neu fath arall o gerddoriaeth) i'w chanu yn yr awyr agored gyda'r nos, yn arbennig felly gan fab i'w gariad SERENADE
2 darn o gerddoriaeth ar gyfer grŵp bach o offerynwyr SERENADE

serennog:serog *a* gair i ddisgrifio rhywbeth (yr awyr yn yr hwyr fel arfer) â llawer iawn o sêr STARRY

serennu *be* pefrio, disgleirio megis sêr neu seren *(Roedd llygaid y plentyn bach yn serennu pan welodd yr holl anrhegion.)* TO GLISTEN, TO TWINKLE, TO SPARKLE

serfio *be* mewn gêmau megis tennis, sboncen ac ati, cychwyn y chwarae trwy fwrw'r bêl i ran arbennig o'r cwrt TO SERVE

serio *be* llosgi cnawd (ar ei wyneb), e.e. trwy gyffwrdd rhywbeth poeth iawn, neu goginio darn o gig yn gyflym ar y tu allan i'w selio TO SEAR

sero *hwn eg* (seroau)
1 y rhif 0; dim ZERO, NOUGHT
2 y pwynt rhwng + a − ar raddfa canradd neu Celsius; rhewbwynt dŵr (0° C) ZERO
  sero absoliwt y tymheredd isaf posibl ABSOLUTE ZERO

serog gw. **serennog:serog**

serth *a* gair i ddisgrifio rhywbeth (darn o dir fel arfer) sy'n codi neu'n disgyn yn sydyn *(Bu'n rhaid imi aros i gael fy ngwynt ataf tua hanner ffordd i fyny'r rhiw serth.)* STEEP, PRECIPITOUS, SHEER

serwm *hwn eg*
1 y rhan ddyfrllyd a geir mewn hylif o fewn anifail neu blanhigyn (megis gwaed) SERUM
2 y rhan ddyfrllyd hon, a sylweddau ymladd heintiau wedi'u hychwanegu ati, yn barod i'w chwistrellu i waed person neu anifail arall SERUM

seryddiaeth *hon eb* astudiaeth wyddonol o'r Haul, y sêr, y lleuad ac ati ASTRONOMY

seryddwr *hwn eg* (seryddwyr) un sy'n arbenigo mewn seryddiaeth ASTRONOMER

sesiwn *hwn eg* (sesiynau)
1 (yn gyfreithiol) cyfarfod o un o lysoedd barn Cymru a Lloegr SESSION
2 amser sy'n cael ei dreulio i bwrpas arbennig *(Fe orffennwn ni sesiwn y bore â chyfarfod agored. Rhaid i bawb fod yma erbyn naw o'r gloch yfory ar gyfer y sesiwn recordio nesaf.)* SESSION

set *hon eb* (setiau)
1 grŵp o bethau sy'n perthyn yn naturiol i'w gilydd *(set o gardiau; set wyddbwyll)* SET
2 (mewn mathemateg) uned neu grŵp ffurfiol sy'n gasgliad o aelodau wedi'i ddiffinio'n fanwl gan reol fathemategol neu drwy restru'r aelodau *(set o bob rhif sy'n uwch na 5)* SET
3 grŵp o bobl o'r un oedran neu â'r un diddordebau *(Mae e'n perthyn i'r set 'na sy'n chwarae snwcer bob nos yn y clwb.)* CLIQUE, SET
4 teclyn trydan *(set radio, set deledu)* SET
5 y cefndir a'r celfi sy'n cael eu gosod ar lwyfan ar gyfer perfformiad o ddrama, neu'r cefndir i ddarn o ffilm SET
6 rhan o ornest dennis sy'n cynnwys o leiaf 6 gêm SET

sêt *hon eb* (seti) sedd, côr, stôl SEAT, PEW
  sêt fawr y sedd hir o flaen y pulpud mewn capel lle y mae'r diaconiaid (blaenoriaid) yn eistedd

setin *hwn eg* (setinoedd) (gair tafodieithol) clawdd, gwrych HEDGE

setl *hon eb* (setlau) sgiw, sgrin, sedd hir o bren â chefn uchel a chypyrddau odani SETTLE

sewin *hwn eg* brithyll y môr, math o frithyll sydd, fel yr eog, yn mudo o'r môr i'r afonydd SEWIN, SEA-TROUT □ *pysgod* t.628

sffêr *hon eb* (sfferau) pelen gron o sylwedd neu fater; ffigur solet y mae pob rhan o'i wyneb yr un pellter o'i ganol; cronnell SPHERE

sfferaidd *a* gair i ddisgrifio rhywbeth sydd yr un ffurf â sffêr SPHERICAL

sgadenyn:ysgadenyn *hwn eg* (sgadan:ysgadan) pennog, pysgodyn sy'n nofio mewn heigiau yn y môr HERRING □ *pysgod* t.629

sgafell:ysgafell *hon eb* (sgafellau:ysgafellau) silff, crib LEDGE
  sgafell gyfandirol y tir gwastad dan y môr a geir yn ymyl cyfandir, ac sy'n gorffen fel arfer mewn dibyn serth sy'n arwain at lawr y cefnfor CONTINENTAL SHELF

sgaffaldau:ysgaffaldau *hyn ell* fframwaith o bolion a phlanciau i weithwyr sefyll arno SCAFFOLDING

sgaldian:sgaldio *be*
1 llosgi â hylif poeth iawn TO SCALD
2 glanhau neu drin â dŵr neu ager berwedig TO SCALD

sgampi *hyn ell* pryd o fwyd (neu saig) wedi'i seilio ar gorgimychiaid mawrion SCAMPI

Sgandinafiad *hwn eg* (Sgandinafiaid) brodor o Sgandinafia (sef gwledydd Denmarc, Norwy, Sweden a Gwlad yr Iâ) SCANDINAVIAN

sgarff *hon eb* (sgarffiau) darn o ddefnydd i'w wisgo am y gwddf, y pen neu'r ysgwyddau SCARF

sgarmes:ysgarmes *hon eb* (sgarmesau:ysgarmesau)
1 brwydr rhwng grwpiau bychain o filwyr, llongau ac ati sy'n bell oddi wrth y brif fyddin neu'r brif lynges SKIRMISH
2 (mewn gêm o rygbi) uned nerthol wedi'i chreu gan chwaraewyr o'r ddau dîm o gwmpas y chwaraewr sydd â'r bêl yn ei feddiant RUCK, MAUL

sgarmesydd *hwn eg* (sgarmesyddion) awyren arfog, gyflym wedi'i chynllunio i ymladd a distrywio awyrennau'r gelyn yn yr awyr FIGHTER

sgawt *hwn eg* fel yn yr ymadrodd *(mynd) ar sgawt*, i weld pa wybodaeth y gallwch ei chasglu

sgeintio:ysgeintio *be* taenu (hylif neu bowdr) yn ysgafn TO SPRINKLE

sgerbwd:ysgerbwd *hwn eg* (sgerbydau:ysgerbydau)
1 y fframwaith o esgyrn yng nghorff pobl ac anifeiliaid SKELETON

2 model o'r esgyrn hyn wedi cael ei osod at ei gilydd (i'w ddefnyddio gan fyfyrwyr meddygol) SKELETON
3 corff marw neu gelain CARCASS
4 y fframwaith sy'n cynnal rhywbeth (*Nawr mae sgerbwd y sied yn ei le, mater hawdd fydd hoelio'r gweddill ato.*) SKELETON

sgert:sgyrt *hon eb* (sgertiau:sgyrtau) dilledyn allanol sy'n cael ei wisgo gan ferched o'u canol i lawr SKIRT

sgets *hon eb* (sgetsau:sgetsys)
1 drama fer, ddigrif SKIT, SKETCH
2 braslun, llun wedi'i wneud yn frysiog, amlinelliad SKETCH

sgi *hwn neu hon egb* (sgis) un o bâr o lafnau hir o bren, metel neu blastig â phen blaen sy'n troi i fyny; cânt eu clymu wrth waelod esgidiau er mwyn llithro arnynt ar draws eira (neu ddŵr weithiau) SKI

sgìl *hwn eg* (sgiliau) y gallu i wneud rhywbeth yn dda; dawn neu fedr sy'n dod o ymarfer neu o wybodaeth arbennig (*Y ffordd orau i feithrin sgiliau darllen yw trwy ddarllen rhyw gymaint bob dydd.*) SKILL

sgil *hwn eg* fel yn yr ymadrodd *yn sgil*, y tu ôl i, yng nghysgod (*Daeth y tai newydd â llawer o fanteision yn eu sgil, yn eu plith gwell gwasanaeth bysiau a system garthffosiaeth newydd.*)

sgil effeithiau canlyniadau (drwg neu gas yn aml) sy'n deillio o rywbeth wedi'i fwriadu i wneud lles, megis sgil effeithiau moddion at glefyd arbennig SIDE EFFECTS

sgim *a* gair i ddisgrifio hylif y mae beth bynnag oedd yn arnofio ar ei wyneb wedi cael ei godi, e.e. *llaeth sgim* lle mae'r hufen wedi cael ei godi SKIMMED

sgio *be* teithio ar sgis (fel camp neu er mwyn symud o un lle i'r llall mewn eira) TO SKI

sgipio *be*
1 symud yn eich blaen trwy neidio'n ysgafn ar un droed ac yna ar y llall TO SKIP
2 chwarae â rhaff arbennig gan ei throi mewn cylch dros eich pen a than eich traed TO SKIP

sgitls *hyn ell* gêm lle y mae chwaraewr yn ceisio bwrw 9 o geilys (darn o bren ar ffurf potel) i lawr â phêl SKITTLES

sgiw¹:ysgiw *hon eb* (sgiwion:ysgiwion) setl, sgrin, sedd hir o bren â chefn uchel a chypyrddau odani SETTLE

sgiw² *a* gair i ddisgrifio rhywbeth nad yw'n syth, sydd ar ogwydd neu'n droellog; yn gam (*Mae'r silffoedd hyn ar sgiw i gyd.*) ASKEW, TWISTED

sglefrio:ysglefrio *be* llithro ar iâ (yn arbennig mewn esgidiau â llafnau miniog pwrpasol) TO SKATE

sglefrholio *be* sglefrio gan wisgo set o olwynion dan bob esgid TO ROLLER-SKATE

sglein *hwn eg*
1 wyneb llyfn, disglair wedi'i greu trwy rwbio'n ddyfal (*Roedd yn bleser gweld y sglein ar ei sgidiau.*) SHINE, POLISH
2 disgleirdeb, ansawdd caboledig, gwychder (*Roedd sglein ar eu perfformiad neithiwr.*) POLISH

sgleinio *be*
1 rhoi wyneb llyfn, disglair ar rywbeth trwy ei rwbio'n ddyfal TO SHINE, TO POLISH
2 disgleirio, tywynnu (*gwydr yn sgleinio yn yr haul*) TO SHINE
3 gorchuddio (bwyd, crochenwaith ac ati) â haen o rywbeth sy'n disgleirio TO GLAZE

sglodyn:ysglodyn *hwn eg* (sglodion:ysglodion)
1 tafell hir, denau o daten (pytaten) amrwd wedi'i choginio mewn saim CHIP
2 darn bychan o led-ddargludydd (megis silicon) a chyfres o rannau trydanol yn rhan ohono; os oes gan sglodyn gof a ffwythiant rhesymegol caiff ei alw'n ficrobrosesydd CHIP

sglodyn:ysglodyn

3 darn bychan o bren, un o nifer o naddion CHIP

'sgod a sglod FISH'N CHIPS

sgolor *hwn eg* (sgolorion)
1 (defnydd henffasiwn) plentyn sy'n dda yn yr ysgol SCHOOLCHILD
2 un hyddysg iawn mewn maes arbennig, person sydd wedi cael llawer iawn o addysg SCHOLAR

sgon *hon eb* (sgonau) teisen fach feddal, gron, yn debyg ei hansawdd i fara SCONE

sgôr¹ *hwn eg* cofnod o'r goliau, pwyntiau, rhediadau ac ati a geir mewn gêm neu gystadleuaeth SCORE

sgôr² *hon eb* (sgorau)
1 darn ysgrifenedig o gerddoriaeth (yn arbennig ar gyfer grŵp mawr o berfformwyr) sy'n cynnwys pob rhan unigol SCORE
2 darn o gerddoriaeth ar gyfer ffilm neu ddrama SCORE

sgori:sgorio *be*
1 ennill gôl, pwynt, rhediad ac ati mewn gêm, camp neu gystadleuaeth TO SCORE
2 cadw cofnod swyddogol o'r sgôr fel y mae gêm yn mynd yn ei blaen TO SCORE
3 gwneud pwynt llwyddiannus neu drawiadol mewn dadl TO SCORE

sgoriwr:sgorwr hwn *eg* (sgorwyr) un sy'n sgori/sgorio SCORER

sgorpion hwn *eg* anifail bach sy'n perthyn i'r un teulu â'r pryf copyn neu'r corryn; mae ganddo yn ei gynffon golyn a all fod yn wenwynig SCORPION

sgowt hwn *eg* (sgowtiaid)
1 milwr sy'n cael ei ddanfon o flaen gweddill y fyddin i geisio casglu gwybodaeth am y gelyn SCOUT
2 person sy'n chwilio am chwaraewyr addawol ar ran tîm arbennig (e.e. ym myd pêl-droed) SCOUT
3 aelod o fudiad y Sgowtiaid, a luniwyd i hyfforddi bechgyn i edrych ar eu holau eu hunain ac i helpu eraill BOY SCOUT

sgraffiniad gw. **ysgraffiniad:sgraffiniad**

sgrech:ysgrech hon *eb* (sgrechiadau) gwaedd sydyn ar nodyn uchel SCREAM, SCREECH, SHRIEK

sgrech y coed pioden y coed, un o nifer o fathau o adar lliwgar, swil sy'n perthyn i deulu'r brain JAY □ *adar* t.607

sgrechain:sgrechian:ysgrechain:ysgrechian *be* gweiddi ar nodyn uchel *(sgrechain chwerthin)* TO SCREAM, TO SHRIEK

sgrepan gw. **ysgrepan:sgrepan**

sgriblan *be* ysgrifennu'n gyflym ac yn anniben; gwneud marciau diystyr tebyg i ysgrifen, fel y gwna plentyn bach TO SCRIBBLE

sgrifennu gw. **ysgrifennu**

sgrin:ysgrîn hon *eb* (sgriniau:ysgriniau)
1 ffrâm wedi'i gorchuddio â defnydd i guddio rhywun neu rywbeth rhag gwres, oerfel neu rhag cael ei weld *(Gosododd y nyrsys sgrin o gwmpas y gwely.)* SCREEN
2 arwynebedd gwastad, golau sy'n cael ei ddefnyddio i ddangos ffilmiau neu sleidiau SCREEN
3 wyneb allanol rhyw ddyfais electronig sy'n dangos gwybodaeth neu lun *(sgrin deledu)* SCREEN
4 sgiw, setl SETTLE

sgript hon *eb* (sgriptiau) ffurf ysgrifenedig ar araith, drama, darllediad, ffilm ac ati SCRIPT

sgriw hon *eb* (sgriwiau) dyfais debyg i hoelen ond sydd ag edefyn neu rigol ar hyd ei hymyl sy'n ei chadw yn ei lle SCREW

sgriwdreifer hwn *eg* offeryn neu declyn â llafn sy'n ffitio i ben sgriw fel bod modd ei throi; tyrnsgriw SCREWDRIVER

sgriwio *be*
1 cydio dau beth ynghyd â dwy neu ragor o sgriwiau TO SCREW
2 troi a thynhau sgriw neu rywbeth sy'n symud yn yr un ffordd â sgriw TO SCREW
3 gwyro neu droi rhywbeth allan o'i ffurf arferol *(sgriwio'r sgrym, sgriwio'r bêl wen heibio i'r un ddu ar fwrdd snwcer)* TO SCREW

sgrotwm hwn *eg* (yn dechnegol) y cwdyn o groen sy'n dal ceilliau rhai anifeiliaid gwryw; cwd SCROTUM

sgrwb hwn *eg* (gair tafodieithol) y tyndra a'r tostrwydd a gewch yn y cyhyrau ar ôl bod yn eu defnyddio mewn ffordd anarferol STIFFNESS

sgrwbio *be* glanhau rhywbeth trwy ei rwbio'n egnïol â brws caled TO SCRUB

sgrym hon *eb* (sgrymiau) (mewn gêm o rygbi) sgarmes drefnus lle y mae blaenwyr y ddwy ochr yn gwthio yn erbyn ei gilydd â'u pennau i lawr, er mwyn ceisio bachu'r bêl sy'n cael ei thaflu i'r bwlch rhwng traed y ddwy res flaen SCRUM

sgubell gw. **ysgubell**

sgut gw. **ysgut:sgut**

sguthan:ysguthan hon *eb* (sguthanod:ysguthanod)
1 colomen wyllt WOOD PIGEON
2 enw dilornus ar wraig neu ferch

sgwâr[1]**:ysgwâr** hwn neu hon *egb* (sgwariau)
1 (mewn mathemateg) ffigur â phedair ochr syth o'r un hyd yn ffurfio pedair ongl 90° (sef ongl sgwâr) SQUARE
2 darn o ddefnydd o'r siâp yma SQUARE
3 darn o dir agored wedi'i amgylchynu ag adeiladau SQUARE
4 rhif cyfwerth â rhif arall wedi'i luosi ag ef ei hun *(16 yw sgwâr 4.)* SQUARE
5 lle amgaeedig ar gyfer gornest baffio neu ymaflyd codwm RING (ail-isradd)

sgwâr hud cyfres o rifau ar ffurf sgwâr lle mae'r rhifau ym mhob rhes a'r rhifau ym mhob colofn yn rhoi'r un cyfanswm MAGIC SQUARE

8	3	4
1	5	9
6	7	2

sgwâr[2] *a* gair i ddisgrifio rhywbeth:
1 sydd â phedair ochr syth o'r un hyd yn ffurfio pedair ongl 90° SQUARE
2 sydd yr un siâp â sgwâr *(Mae ganddi wyneb sgwâr.)* SQUARE
3 (arwynebedd) sy'n gyfwerth â nifer penodol o sgwariau 1 droedfedd wrth 1 droedfedd neu 1 metr wrth 1 metr ac ati *(Mae gan ystafell 10 troedfedd o hyd ac 8 troedfedd o led arwynebedd o 80 troedfedd sgwâr.)* SQUARE

sgwarnog ffurf lafar ar **ysgyfarnog**

sgwaryn hwn *eg* (sgwarynnau)
1 teclyn ar ffurf triongl ag un ongl sgwâr sy'n cael ei ddefnyddio i dynnu llinellau syth ac onglau sgwâr yn fanwl gywir SET SQUARE
2 teclyn ar ffurf L neu T sy'n cael ei ddefnyddio gan grefftwr i sicrhau bod darn o bren neu wal, er enghraifft, yn syth neu'n sgwâr SQUARE

sgwash hwn *eg* diod felys o sudd ffrwythau SQUASH

sgwd hwn *eg* (sgydau) cwymp o ddŵr, rhaeadr, pistyll CASCADE, FALL

sgwib hwn *eg* ffrwydryn bach ar gyfer noson tân gwyllt SQUIB

sgwïer hwn *eg* (sgwieriaid) yswain; (yn yr hen amser) y prif dirfeddiannwr a pherchennog y plas lleol mewn ardaloedd gwledig SQUIRE

sgwlcan *be* symud o gwmpas yn y dirgel neu ymguddio oherwydd ofn neu am eich bod am gyflawni rhyw ddrwg; llechu TO SKULK, TO LURK

sgwlyn hwn *eg* (gair ar lafar) prifathro ysgol gynradd HEADMASTER

sgwrio:ysgwrio *be* glanhau rhywbeth trwy ei rwbio'n galed â defnydd garw neu frws *(sgwrio'r rhiniog â thywod)* TO SCOUR

sgwrs hon *eb* (sgyrsiau)
1 ymddiddan, siarad cyfeillgar rhwng pobl sy'n rhannu newyddion, teimladau ac ati CONVERSATION, CHAT
2 anerchiad anffurfiol *(Roedd ei sgyrsiau radio ymhlith y pethau gorau a wnaeth.)* TALK

sgwrsio *be* cynnal sgwrs, siarad, annerch yn anffurfiol TO CHAT, TO TALK

sgwter hwn *eg* (sgwteri)
1 tegan â dwy olwyn y mae plentyn yn gallu sefyll arno a symud yn ei flaen trwy wthio un droed yn erbyn y llawr SCOOTER
2 beic bach isel dwy olwyn â modur i'w yrru a darn llydan ar y blaen i amddiffyn y coesau (MOTOR) SCOOTER

sgydau hyn *ell* mwy nag un **sgwd**

sgyrsiau hyn *ell* mwy nag un **sgwrs**

sgyrt gw. **sgert:sgyrt**

sgyrtin hwn *eg* math o ystyllen gul sy'n cael ei gosod ar hyd gwaelod wal (mewn ystafell neu dŷ) SKIRTING-BOARD

shiboleth hwn *eg* unrhyw hen ddywediad neu ddysgeidiaeth a fu'n bwysig unwaith ond nad ydyw'n golygu llawer erbyn hyn SHIBBOLETH

shwt ma'i gw. **sut**

si:su hwn *eg* (sïon:suon)
1 sŵn isel sy'n debyg i fwmian gwenyn BUZZ, HUM
2 sŵn hisian HISS
3 stori sy'n cael ei lledaenu ac nad oes neb yn siŵr a yw'n wir ai peidio *(Mae si ar led ei fod wedi gadael ei wraig.)* RUMOUR
4 siffrwd WHISPER

si/sŵn ym mrig y morwydd hanes nad oes neb yn siŵr a yw'n wir ai peidio, awgrym o ddatblygiad newydd ar gerdded RUMOUR HAS IT

siaced hon *eb* (siacedi) cot fer â llewys JACKET

siaced lwch siaced bapur sy'n cael ei rhoi am lyfr clawr caled i'w ddiogelu a'i gadw'n lân; mae llun (weithiau) ar y clawr a gwybodaeth am y llyfr ar ei gefn DUST JACKET

siachmat hwn *eg* symudiad mewn gêm o wyddbwyll sy'n ymosod yn uniongyrchol ar frenin fel ei bod yn amhosibl iddo ddianc na chael ei amddiffyn ac sy'n ennill y gêm i'r ymosodwr; siec CHECKMATE

siafio:siafo *be* eillio; crafu neu dorri blew yn agos iawn i'r croen â rasal neu lafn siarp iawn *(Rwy'n siafo bob bore cyn mynd i'r gwaith.)* TO SHAVE

siafft hon *eb* (siafftau:siafftiau)
1 darn hir, cul, crwn o bren megis coes saeth SHAFT
2 un o freichiau trol neu gerbyd sy'n cael ei dynnu gan anifail neu anifeiliaid; llorp SHAFT □ *wagen*
3 bar neu bolyn (o fetel fel arfer) sy'n troi neu sydd ag olwyn neu felt yn troi o'i gwmpas er mwyn trosglwyddo ynni trwy beiriant; gwerthyd SHAFT □ *piston*
4 twnnel hir sy'n disgyn yn syth (megis siafft pwll glo sy'n arwain o wyneb y ddaear i waelod y pwll) SHAFT

sialc hwn *eg* (sialcau:sialciau) darn meddal o galch (gwyn neu wedi'i liwio) ar gyfer ysgrifennu ar fwrdd du CHALK

siambr hon *eb*
1 ystafell fawr CHAMBER
2 man amgaeedig o fewn peiriant neu'r corff CHAMBER □ *jet*

siampŵ hwn *eg* (siampŵau) sebon ar ffurf hylif sy'n cael ei ddefnyddio i olchi gwallt neu garpedi SHAMPOO

sianel hon *eb* (sianeli:sianelau)
1 gwely afon neu lifeiriant o ddŵr CHANNEL

2 rhan ddyfnaf afon neu borthladd, neu lwybr llongau trwy'r môr CHANNEL
3 culfor sy'n cysylltu dau fôr CHANNEL
4 cyfres neu fand o donfeddi radio a ddefnyddir i ddarlledu rhaglenni teledu CHANNEL
5 gorsaf deledu neu'r rhaglenni sy'n cael eu darlledu ganddi *(Sianel Pedwar Cymru)* CHANNEL

sianelu *be* cyfeirio (megis trwy sianel) *(Mae ef wedi penderfynu sianelu'i holl egni i ennill yr etholiad nesaf.)* TO CHANNEL

siani flewog *hon eb* lindysyn bach blewog teigr yr ardd WOOLLY BEAR

sianti *hon eb* math o gân y byddai morwyr yn ei chanu pan fyddent wrth eu gwaith SHANTY

siâp *hwn eg* (siapau:siapiau)
1 ffurf, gwedd, golwg; ymddangosiad allanol rhywbeth SHAPE
2 (yn dechnegol) llun neu ymddangosiad mewn dau ddimensiwn—uchder a lled—o'i gyferbynnu â 'ffurf' sydd â thri dimensiwn SHAPE
  dim siâp (ar rywun neu rywbeth) anobeithiol, dim golwg neu arwydd bod rhywun neu rywbeth yn mynd i ddod i ben â'r gwaith

siapo:siapio *be* (fel yn yr ymadrodd tafodieithol *mae'n dechrau siapo nawr*) dod yn well, gwella TO TAKE SHAPE

siapus *a* gair i ddisgrifio rhywun neu rywbeth hardd neu ddeniadol ei ffurf (yn arbennig felly corff merch) SHAPELY

siâr *hon eb* (siariau)
1 y rhan sy'n perthyn i rywun neu sydd wedi'i chyflawni gan rywun *(Mae gofyn iti wneud dy siâr di o'r gwaith, cofia.)* SHARE
2 cyfranddaliad SHARE

siarad *be*
1 dweud geiriau, mynegi syniadau ar lafar yn uchel, defnyddio'r llais, llefaru TO SPEAK, TO TALK
2 medru iaith arbennig *(Wyt ti'n gallu siarad Ffrangeg?)* TO SPEAK (siaredais, sieryd)
  gwag siarad gw. **gwag-siarad**
  mân siarad clebran, cloncian, hel straeon TO CHATTER
  mewn ffordd o siarad ar un ystyr, ar ryw olwg IN A MANNER OF SPEAKING
  siarad fel melin siarad yn ddiddiwedd
  siarad o'r fron/o'r frest siarad yn deimladwy a heb baratoi ymlaen llaw TO SPEAK FROM THE HEART
  siarad siop siarad am waith TO TALK SHOP
  siarad trwy fy (dy, ei etc.) het siarad dwli, nonsens TO TALK THROUGH ONE'S HAT
  siarad yn fras gw. **bras**

siaradus *a* gair i ddisgrifio rhywun sy'n hoff iawn o siarad ac sy'n gwneud llawer ohono TALKATIVE, GARRULOUS

siaradwr *hwn eg* (siaradwyr)
1 person sy'n traddodi araith neu rywun sy'n gallu siarad (yn gyhoeddus) yn dda *(Ein siaradwr gwadd nos Fawrth fydd y gweinidog.)* SPEAKER
2 person sy'n siarad iaith arbennig SPEAKER

siarc *hwn eg* (siarcod) un o nifer o fathau o bysgod mawr ffyrnig sy'n bwyta pysgod eraill a phobl hefyd (weithiau) SHARK □ *pysgod* t.629

siaredais *bf* fe wnes i **siarad**

siarp *a* gair i ddisgrifio:
1 rhywbeth sydd ag awch arno, rhywbeth sydd â blaen llym, miniog SHARP
2 rhywun â meddwl cyflym *(plentyn bach siarp)* SHARP
3 geiriau sy'n brathu neu'n gwneud dolur SHARP
4 blas sur, tebyg i asid; egr TART, SOUR
5 tro sydyn, cas SHARP
6 (wrth ganu â'r llais neu ag offeryn) allan o diwn, uwchben y traw neu'r nodyn cywir SHARP

siarsio *be* rhybuddio, sôn am rywbeth drwg a allai ddigwydd a dweud sut i'w osgoi *(Cafodd y plant eu siarsio i beidio â siarad â phobl ddieithr.)* TO WARN, TO CHARGE

siart *hwn eg* (siartau:siartiau)
1 map, yn arbennig map o ddarn o'r môr CHART
2 poster â lluniau a gwybodaeth arno CHART
3 taflen sy'n cyflwyno gwybodaeth trwy gyfrwng lluniau, diagramau neu dablau; graff CHART
  siart bar graff ar ffurf llinellau llorwedd BAR CHART
  siart bloc graff ar ffurf llinellau fertigol BLOCK CHART
  siart cylch graff ar ffurf cylch wedi'i rannu'n sectorau PIE CHART
  siart llif diagram sy'n nodi'r camau y mae'n rhaid eu cyflawni i ddatrys problem arbennig FLOW CHART

siarter *hwn eg* dogfen swyddogol sy'n rhoi hawliau, rhyddfreintiau ac ati *(siarter hynafol y dref)* CHARTER

siawns *hon eb*
1 y grym sydd fel petai'n gwneud i bethau ddigwydd heb achos; lwc, hap a damwain CHANCE
2 posibilrwydd y gall rhywbeth ddigwydd, amgylchiadau ffafriol, cyfle *(Mae ganddo siawns dda o ennill £1,000. Siawns y gwelwn ein gilydd yma y flwyddyn nesaf eto.)* CHANCE
  plentyn siawns gw. **plentyn**

sibrwd[1] *be*
1 siarad â llawer o anadl ond ychydig o'r llais; sisial *(Sibrydodd y neges yn ei chlust.)* TO WHISPER
2 gwneud sŵn siffrwd meddal, ysgafn *(sibrwd y gwynt trwy'r coed)* TO WHISPER (sibrydaf)

sibrwd — sigarét

sibrwd² *hwn eg* (sibrydion)
1 geiriau sy'n cael eu sibrwd; sisial WHISPER
2 hanes nad oes neb yn gwybod a yw'n wir ai peidio; si *(Mae yna sibrydion ei fod yn ymddeol yn gynnar.)* WHISPER

sibrydaf *bf* rwy'n **sibrwd**; byddaf yn **sibrwd**

sicr:siŵr:siwr *a* gair i ddisgrifio rhywun neu rywbeth nad oes amheuaeth yn ei gylch; diymwâd *(Wyt ti'n sicr mai hi oedd yr un? Mae'n lled sicr o daro'r nodyn.)* SURE, CERTAIN

bid siŵr yn sicr TO BE SURE, CERTAINLY

sicrhau *be*
1 gwneud yn siŵr, gofalu nad oes amheuaeth ynglŷn â rhywbeth *(A wnei di ffonio i sicrhau bod yna seddau inni ar yr awyren?)* TO ENSURE, TO ASSURE
2 clymu, cau, tynnu ynghyd *(Defnyddiodd bin bach i sicrhau'r rhosyn i'w blows.)* TO FASTEN, TO FIX

sicrwydd *hwn eg* y cyflwr o fod yn sicr, o fod yn siŵr ASSURANCE, CERTAINTY

sidan *hwn eg* (sidanau)
1 edefyn main sy'n cael ei wau gan lindys arbennig (pryf sidan) SILK
2 y defnydd llyfn, moethus sy'n cael ei wau o edafedd y pryf sidan SILK

papur sidan gw. **papur**

sidanaidd *a* gair i ddisgrifio rhywbeth sydd mor feddal, mor llyfn neu mor ddisglair â darn o sidan SILKY

sideru *be* gwau darn o ddefnydd rhwyllog tebyg i rwyd main a chywrain TO MAKE LACE

sidydd *hwn eg*
1 cylch dychmygol yn y gofod sy'n ymestyn bob ochr i lwybr yr Haul ac sy'n cynnwys llwybrau'r planedau a'r lleuad; caiff ei rannu'n 12 arwydd sy'n cael eu henwi ar ôl patrymau'r cytser ZODIAC
2 cylch sy'n darlunio hyn ac sy'n cael ei ddefnyddio gan sêr-ddewiniaid ZODIAC (sêr-ddewiniaeth)

Cuddir un arwydd o'r sidydd gan yr Haul bob mis. Mae hyn yn digwydd yn y drefn sy'n cychwyn gydag Aries.

arwyddion y cytser (y sidydd)

1 Aries	yr Hwrdd
2 Taurus	y Tarw
3 Gemini	yr Efeilliaid
4 Cancer	y Cranc
5 Leo	y Llew
6 Virgo	y Forwyn
7 Libra	y Fantol
8 Scorpio	y Sarff
9 Sagittarius	y Saethydd
10 Capricorn	yr Afr
11 Aquarius	y Dyfrwr
12 Pisces	y Pysgod

sidydd

siec¹ *hon eb* (sieciau) archeb ysgrifenedig sy'n dweud wrth fanc am dalu swm arbennig o arian o'ch cyfrif i'r person sy'n cael ei enwi ar y siec CHEQUE

siec² *hwn eg* (sieciau)
1 patrwm o sgwariau CHECK
2 safle'r brenin mewn gêm o wyddbwyll pan fydd ymosodiad uniongyrchol arno; bygythiad CHECK (siachmat)

sièd *hon eb* (siediau) adeilad ysgafn, fel arfer ar gyfer storio pethau *(sièd ardd)* SHED

sielo gw. **cello**

sieri *hwn eg* (serïau) math o win cryf o liw brown golau neu frown tywyll SHERRY

siersi *hwn* neu *hon egb* (siersis) dilledyn wedi'i wau sy'n cael ei dynnu dros y pen a'i wisgo am ran uchaf y corff SWEATER, JERSEY, PULLOVER

sieryd *bf* mae ef/hi yn **siarad**; bydd ef/hi yn **siarad**

siew *hon eb* (siewiau) sioe, arddangosfa, dangos cyhoeddus, perfformiad cyhoeddus *('Ac mae Siôn a Siân yn mynd tua'r siew/I weled y teiger a gweled y llew.')* SHOW

sifalri *hwn eg*
1 (yn yr Oesoedd Canol) cred ac ymddygiad marchogion fel grŵp CHIVALRY
2 nodweddion neu briodoleddau marchog, sef bod yn feistr ar ei arfau, amddiffyn yr Eglwys, ei arglwydd, ei ddilynwyr a'r werin bobl, a bod yn gwrtais mewn brwydr CHIVALRY

sifil *a* gair i ddisgrifio:
1 rhywbeth sy'n ymwneud â'r boblogaeth yn gyffredinol (nad yw'n filwrol neu'n grefyddol, nad yw'n perthyn i'r lluoedd arfog) *(llywodraeth sifil, gwasanaeth sifil)* CIVIL
2 rhywbeth sy'n ymwneud â phob dinesydd *(hawliau sifil)* CIVIL

gwasanaeth sifil gw. **gwasanaeth**

siffon *hwn eg* (siffonau)
1 tiwb wedi'i blygu fel bod modd tynnu neu sugno hylif i fyny un rhan ac yna'i adael i redeg i lawr yr ail ran i lefel is SIPHON
2 math arbennig o botel lle y mae dŵr neu ddiod yn cael ei gadw dan bwysau nwy carbon deuocsid, sy'n gwthio'r ddiod o'r botel pan ollyngir peth o'r pwysau SIPHON

siffrwd *be* gwneud sŵn tebyg i ddail sych yn rhwbio yn ei gilydd neu bapur yn cael ei symud yn ysgafn TO RUSTLE

sigâr *hon eb* (sigarau) rholyn eithaf trwchus o ddail tybaco heb eu torri, ar gyfer ei ysmygu CIGAR

sigarét *hon eb* (sigaretau) tiwben gul o dybaco mân wedi'i rolio mewn papur tenau yn barod i'w ysmygu CIGARETTE

a b c ch d dd e f ff g ng h i j (k) l ll m n o p ph r rh s t th u w y (z)

sigl *hwn eg* symudiad yn ôl ac ymlaen SHAKE
  sigl a swae math o ddawns ROCK AND ROLL
siglad *hwn eg* (sigladau) ysgydwad, symudiad chwyrn yn ôl ac ymlaen neu i fyny ac i lawr SHAKING
sigledig *a* gair i ddisgrifio rhywun neu rywbeth nad yw'n sicr, nad yw'n gadarn; simsan, ansicr, ansad SHAKY, TOTTERING, WOBBLY
siglen *hon eb* (siglenni:siglennydd)
  1 cors sy'n tueddu i godi'n uwch tuag at ei chanol ac sydd wedi'i hamgylchynu â thir sych; mignen (RAISED) BOG, SWAMP
  2 sedd sy'n hongian wrth raffau neu gadwynau fel bod plentyn yn gallu siglo yn ôl ac ymlaen arni SWING
sigl-i-gwt *hwn eg* aderyn bach du a gwyn neu ddu, gwyn a melyn, â chynffon hir sy'n symud i fyny ac i lawr trwy'r amser wrth iddo gerdded WAGTAIL □ *adar* t.610
siglo *be*
  1 ysgwyd, symud i fyny ac i lawr neu o un ochr i'r llall yn gyflym *(Roedd y daeargryn mor gryf nes bod y tŷ yn siglo i gyd.)* TO SHAKE
  2 ysgwyd neu symud rhywbeth i fyny ac i lawr neu o un ochr i'r llall, e.e. siglo llaw, siglo'ch pen TO SHAKE
  3 (yn ffigurol) ysgwyd, peri bod rhywbeth yn gwegian *(Does dim a all siglo ei ffydd.)* TO SHAKE
signal *hwn eg* (signalau)
  1 dyfais (â goleuadau lliw fel arfer) sy'n cael ei gosod ar ymyl rheilffordd i roi cyfarwyddiadau neu rybuddion i yrwyr trenau SIGNAL
  2 sain, llun neu neges a ddarlledir trwy gyfrwng tonfeydd megis radio neu deledu SIGNAL
sigo:ysigo *be*
  1 gwneud niwed i un o gymalau'r corff wrth iddo gael ei droi neu ei dynnu'n galed TO SPRAIN
  2 plygu dan bwysau *(Paid ag eistedd ar y bwrdd yna—mi fydd yn siŵr o sigo dan dy bwysau di!)* TO SAG
sil[1] *enw torfol* wyau anifeiliaid y dŵr, megis pysgod neu frogaod, sy'n cael eu dodwy gyda'i gilydd yn glwstwr meddal; grawn, grifft, gronell SPAWN □ *amffibiaid*
sil[2] *hwn eg* fel yn sil ffenestr, darn gwastad o bren neu garreg ar waelod ffenestr SILL
sildyn:silcyn:silidón *hwn eg* un o nifer o fathau o fân bysgod dŵr croyw MINNOW □ *pysgod* t.628
silff *hon eb* (silffoedd)
  1 darn hir, cul, gwastad (o bren fel arfer) wedi'i sicrhau wrth wal neu o fewn fframyn priodol i ddal pethau *(silff lyfrau)* SHELF
  2 rhywbeth yr un siâp neu ffurf â silff *(silff o graig wrth ymyl clogwyn)* SHELF, LEDGE
  ar y silff am ferch sydd yn mynd yn rhy hen i briodi; wedi'i rhoi o'r neilltu ON THE SHELF

silff-ben-tân y silff sy'n rhan o fframyn lle tân MANTELPIECE
silicon *hwn eg* elfen gemegol gyffredin iawn (sydd i'w gael mewn tywod a chreigiau); caiff ei ddefnyddio i wneud sglodion silicon SILICON
silidón *gw.* **sildyn:silcyn:silidón**
silindr *hwn eg* (silindrau)
  1 ffurf solet ag ochrau paralel a'r ddau ben ar ffurf cylch CYLINDER
  2 gwrthrych neu gynhwysydd ar y ffurf yma, yn arbennig tiwb cau CYLINDER
  3 y cynhwysydd y mae piston yn symud o'i fewn mewn peiriant CYLINDER
silindrog *a* gair i ddisgrifio rhywbeth sydd yr un siâp â silindr CYLINDRICAL
silwair *hwn eg* porfa neu weiriau eraill wedi'u torri a'u cadw mewn seilo yn fwyd gaeaf i wartheg SILAGE
sill:sillaf *hon eb* (sillafau) gair neu ran o air sy'n cynnwys llafariad *(Un sillaf sydd yn 'sill' ond mae dwy yn 'sillaf'.)* SYLLABLE
sillafiad *hwn eg* y ffordd y mae gair wedi'i sillafu SPELLING
sillafu *be*
  1 enwi llythrennau gair yn eu trefn TO SPELL
  2 llunio geiriau cywir o gasgliad o lythrennau *(Nid 'sullafi' yw'r ffordd i sillafu 'sillafu'.)* TO SPELL
simdde:simnai *hon eb* (simneiau) y rhan honno o adeilad sy'n codi yn uwch na'r to ac sy'n cario ymaith y mwg o'r tanau yn yr adeilad; corn mwg CHIMNEY
simpansî *gw.* **tsimpansî**
simsan *a* gair i ddisgrifio rhywun neu rywbeth nad yw'n sad, na ellir dibynnu arno; ansicr, sigledig, gwan UNSTEADY, SHAKY, RICKETY
simsanu *be*
  1 symud mewn ffordd ansicr, sy'n awgrymu'ch bod ar fin cwympo; gwegian TO TOTTER
  2 bod yn betrus neu'n ansicr eich meddwl *(simsanu rhwng dau feddwl)* TO WAVER
sinamon *hwn eg* sbeis persawrus o risgl coeden sy'n tyfu yn rhannau trofannol cyfandir Asia CINNAMON
sinc *gw.* **zinc**
sinc *hwn eg* basn mawr sydd wedi'i sicrhau wrth wal a'i gysylltu â phibau dŵr SINK
sinema *hon eb* (sinemâu)
  1 theatr ar gyfer dangos ffilmiau CINEMA
  2 y diwydiant ffilmiau a'r gelfyddyd o wneud ffilmiau CINEMA
sinsir *hwn eg* planhigyn â blas cryf a phoeth ar ei wreiddyn; mae'n cael ei ddefnyddio wrth goginio GINGER

sinws *hwn eg* (sinysau) lle gwag (ceudod) o fewn asgwrn, yn arbennig felly un o'r lleoedd gwag ymhlith esgyrn y pen sy'n agor i mewn i'r trwyn SINUS

sïo:suo *be* sibrwd, mwmian, gwneud sŵn fel canu tawel neu fel gwenynen yn hedfan TO HUM, TO MURMUR

sioc *hwn eg* (siociau)
1 teimlad cryf sy'n cael ei achosi gan rywbeth annisgwyl (ac annymunol fel arfer) *(Roedd y sioc yn ormod iddi a llewygodd.)* SHOCK
2 rhywbeth sy'n achosi'r teimlad yma *(Roedd ei farwolaeth yn sioc i ardal gyfan.)* SHOCK
3 effaith ysgytwol cerrynt trydan yn teithio trwy'r corff SHOCK
4 (yn feddygol) cyflwr o wendid yn dilyn damwain neu niwed i'r corff SHOCK

siocled *hwn eg* (siocledi)
1 sylwedd brown, caled, melys wedi'i wneud o hadau'r goeden cacao CHOCOLATE
2 losin, da-da, melysyn wedi'i wneud o'r sylwedd yma CHOCOLATE
3 powdr brown melys wedi'i wneud o'r un sylwedd, ac sy'n cael ei ddefnyddio i flasu bwydydd neu ddiodydd CHOCOLATE

sioe *hon eb* (sioeau)
1 siew, perfformiad cyhoeddus, adloniant neu ddifyrrwch (cerddorol yn aml) *(Byddai'r plant wrth eu bodd yn mynd i weld sioe gan Andrew Lloyd Webber.)*
2 arddangosiadau a chystadlaethau—yn arbennig rhai amaethyddol *(Cynhelir Sioe Frenhinol Amaethyddol Cymru yn Llanelwedd ddiwedd mis Gorffennaf.)* SHOW

digon o sioe pert, atyniadol A PICTURE

siôl *hon eb* (siolau) darn o ddefnydd sy'n cael ei wisgo am ysgwyddau neu ben gwraig, neu'n cael ei lapio am fabi SHAWL

siom *hwn neu hon egb* (siomau) methiant i fodloni gobeithion rhywun neu rywbeth *(Cafodd siom fawr pan glywodd nad oedd wedi'i ddewis i chwarae.)* DISAPPOINTMENT

siom ar yr ochr orau syndod fod pethau wedi datblygu yn well na'r disgwyl A PLEASANT SURPRISE

siomedig *a* gair i ddisgrifio rhywun sydd wedi cael siom, neu rywbeth sy'n achosi siom *(Roedd eu perfformiad heddiw yn siomedig.)* DISAPPOINTING, DISAPPOINTED

siomedigaeth *hon eb* (siomedigaethau) siom (ond gydag awgrym fod hon yn fwy difrifol) DISAPPOINTMENT

siomi *be* methu bodloni gobeithion rhywun neu rywbeth TO DISAPPOINT

Siôn Corn *hwn eg* hen ŵr â barf hir, gwyn sy'n gwisgo dillad coch ac sy'n dod ag anrhegion i blant adeg y Nadolig SANTA CLAUS, FATHER CHRISTMAS

sionc *a* gair i ddisgrifio rhywun neu rywbeth heini, cyflym, bywiog, gwisgi (yn gorfforol a meddyliol) NIMBLE, ACTIVE, HALE

sioncrwydd *hwn eg* y cyflwr o fod yn sionc; bywiogrwydd ALACRITY, BRISKNESS

sioncyn y gwair *hwn eg* ceiliog y rhedyn, trychfilyn sy'n gallu neidio'n bell, sy'n byw mewn gwair neu redyn ac sy'n 'canu' trwy rwbio rhannau o'i gorff yn erbyn ei gilydd GRASSHOPPER

siop *hon eb* (siopau)
1 ystafell neu adeilad lle mae nwyddau'n cael eu cadw a'u gwerthu'n rheolaidd SHOP
2 man lle mae pethau'n cael eu llunio neu'u cyweirio neu'u trwsio *(siop waith, siop saer)* WORKSHOP

siarad siop gw. siarad

siopa *be* ymweld â siop neu siopau i brynu nwyddau TO SHOP

siopwr *hwn eg* (siopwyr) y person sy'n cadw siop (y perchennog fel arfer) SHOPKEEPER

sip *hwn eg* (sipiau) dyfais sy'n cael ei defnyddio i gau ac agor dilledyn (fel arfer); mae'r dannedd bach yn gallu cael eu cau ynghyd neu eu rhyddhau trwy symud darn bach gwastad i fyny neu i lawr ar hyd-ddynt ZIP

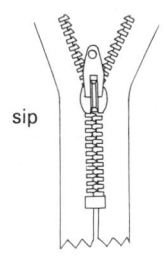

sip

sipian:sipio *be*
1 cau sip TO ZIP
2 yfed ychydig ar y tro ym mlaen y geg TO SIP

siprys *hwn eg* cymysgedd o geirch a barlys MIXED CORN

sipsi *hwn neu hon egb* (sipsiwn) aelod o lwyth o bobl â gwallt du sy'n hanu'n wreiddiol o India efallai ac sydd yn awr yn crwydro o le i le mewn carafannau a cherbydau eraill GYPSY

sir *hon eb* (siroedd) un o'r prif ardaloedd gweinyddol ym Mhrydain; caiff ei gweinyddu gan gyngor o aelodau sydd wedi cael eu hethol, sef y cyngor sir. Ffurfiwyd yr hen siroedd Môn, Caernarfon, Meirionnydd, Fflint, Aberteifi a Chaerfyrddin wedi buddugoliaeth Edward I dros Lywelyn ap Gruffudd ym 1282, ac ychwanegwyd siroedd Penfro, Morgannwg, Brycheiniog, Maesyfed, Dinbych, Trefaldwyn a Mynwy at y rhain ar ôl Deddfau Uno 1536 a 1542. Ym 1974 cwtogwyd ar nifer y

siriol

siroedd i wyth: Gwynedd, Powys, Clwyd, Dyfed, Gwent, Gorllewin Morgannwg, Morgannwg Ganol a De Morgannwg a newidir y rhain eto ym 1995 COUNTY (bro, cantref, cwmwd, dosbarth, swydd)

siriol *a* gair i ddisgrifio rhywun hapus, bodlon, llon, dedwydd, parod, sy'n achosi hapusrwydd CHEERFUL, BRIGHT, PLEASANT

sirioldeb *hwn eg* dedwyddwch, tawelwch a bodlonrwydd mewnol, hapusrwydd tawel CHEERFULNESS, SERENITY

sirioli *be* ysgafnhau'r teimladau, llonni, gwneud yn fwy dedwydd neu'n hapusach neu ddod i deimlo'n hapusach TO CHEER UP, TO BRIGHTEN

sirol *a* gair i ddisgrifio rhywun neu rywbeth sy'n ymwneud â sir, neu sy'n gweithredu trwy'r sir i gyd COUNTY

sirydd:siryf *hwn eg* (siryddion:siryfion) prif swyddog sir sy'n cael ei benodi gan y Brenin neu'r Frenhines (o'i gyferbynnu â'r prif swyddog sy'n cael ei benodi gan y cyngor sir); mae ganddo ddyletswyddau yn y llys yn ogystal â dyletswyddau seremonïol HIGH SHERIFF

siryf *hwn eg* (siryfion) swyddog sirol yn Unol Daleithiau America sy'n sicrhau bod gorchmynion llys yn cael eu cyflawni ac sy'n gofalu am gyfraith a threfn SHERIFF

sisial[1] *hwn eg* (sisialau) sibrwd, ynganiad sy'n defnyddio'r anadl yn fwy na'r llais WHISPER

sisial[2] *be* sibrwd, siffrwd (*'Sisialai'r awel fwyn dros fryn a dôl.'*) TO WHISPER

si-so *hwn neu hon egb* ystyllen yn pwyso ar yr hyn sy'n ei chynnal yn ei chanol, fel bod modd i naill ben yr ystyllen symud i fyny a'r llall i lawr; neu degan tebyg lle mae plant yn eistedd, un ar y naill ben a'r llall ar y pen arall ac yn symud, bob yn ail, i fyny ac i lawr SEE-SAW □ *trosol*

siswrn *hwn eg* (sisyrnau) dau lafn miniog wedi'u cysylltu yn y canol a chyda lle i roi bys bawd a bys arall yn un pen; maent yn agor ar ffurf X ac yn torri (papur, gwallt, defnydd ac ati) wrth gau SCISSORS

siw *hwn eg* fel yn *heb siw na miw* NOR SIGHT NOR SOUND

siwed *hwn eg* gweren, math o fraster caled o ymyl arennau anifail sy'n cael ei ddefnyddio i goginio SUET

siwgr *hwn eg* sylwedd melys (gwyn fel arfer) sy'n cael ei ddefnyddio mewn bwydydd ac sy'n cael ei buro o fetys siwgr neu gansenni siwgr SUGAR

  clefyd y siwgr clefyd lle nad oes digon o inswlin yn y corff i drin y siwgr ynddo; y clefyd melys DIABETES

  siwgr coch siwgr brown BROWN SUGAR

siwmper *hon eb* (siwmperi) math o siersi â llewys hir sy'n cael ei gwisgo am ran uchaf y corff JUMPER

siwr:siŵr gw. **sicr:siwr:siŵr**

siwrnai[1] *hon eb* (siwrneiau:siwrneion) taith eithaf pell JOURNEY

siwrnai[2] *adf* (yn nhafodiaith y De) unwaith, yn syth ar ôl (i rywbeth arall ddigwydd) (*Siwrnai cyrhaeddwn ni'r dre cawn baned.*) ONCE

siwt *hon eb* (siwtiau)
1 set o ddillad allanol yn cynnwys siaced a thrywsus neu sgert SUIT
2 dilledyn neu ddillad at bwrpas arbennig SUIT

slab:slabyn *hwn eg* (slabiau) darn tew, gwastad, pedair ochrog o fetel, llechen, coed, bwyd ac ati SLAB

slafaidd *a* gair i ddisgrifio:
1 rhywun sy'n gweithio'n galed fel caethwas, neu sy'n ymddwyn fel petai'n gaethwas i rywun neu rywbeth arall SLAVISH
2 rhywbeth sy'n cael ei gopïo yn fanwl heb unrhyw ymgais i newid dim na bod yn wreiddiol (*Roedd yn dilyn pob awgrym o'i eiddo yn slafaidd.*) SLAVISH

slapio *be* taro neu roi ergyd cyflym â chledr y llaw TO SLAP

slawer dydd gw. **llawer**

slebog *hon eb* merch neu wraig anniben, anhrefnus, front; pwdren SLUT

sled *hwn eg* (slediau) car llusg, cerbyd wedi'i wneud i lithro ar eira SLEDGE, SLEIGH, TOBOGGAN

sled

slefren fôr *hon eb* creadur y môr a chorff fel darn o jeli ganddo JELLYFISH □ *pysgod t.629*

slei *a* gair i ddisgrifio rhywun twyllodrus, cyfrwys, dichellgar, dan din SLY

  slei bach ON THE SLY

sleifio *be* symud yn dawel ac yn gyfrinachol fel pe baech chi'n ofnus neu am guddio TO SLINK

sleisen *hon eb* (sleisys) tafell, darn tenau wedi'i dorri oddi ar ddarn mwy (*sleisen o gig moch*) SLICE, RASHER

slic *a* llithrig (e.e. am ddafad, y meddwl neu'r llawr) SLICK, SLIPPERY

slobran *be*
1 gadael i boer gwympo o'r gwefusau, glafoerio TO SLOBBER
2 gwlychu yn y ffordd yma TO SLOBBER

slogan hwn neu hon *egb* (sloganau) dywediad neu ymadrodd byr, bachog sydd fel arfer yn cyflwyno neges wleidyddol neu fasnachol, e.e. *Cymru gyntaf!* SLOGAN

slotian:yslotian *be* yfed diod feddwol yn aml ac yn rheolaidd; llymeitian TO TIPPLE, TO DRINK

slumyn gw. **ystlum:slumyn**

slŵp hwn *eg* (slwpiau) math o long hwyliau fach ag un hwylbren yn ei chanol a hwyliau ar hyd-ddi SLOOP

slym hwn *eg* (slymiau) ardal o ddinas lle mae'r amodau byw yn wael iawn a'r adeiladau mewn cyflwr drwg SLUM

smala:ysmala *a* digrif, cellweirus, doniol DROLL, AMUSING, COMICAL

smaldod:ysmaldod hwn *eg* digrifwch, cellwair, doniolwch (geiriol yn aml) BANTER, JEST

smalio *be*
1 cellwair, bod yn ddigrif, bod yn gomic TO JOKE
2 esgus gwneud rhywbeth, cymryd arnoch, actio, cogio TO FAKE, TO PRETEND

sment hwn *eg* (smentiau)
1 powdr llwyd sy'n gymysgedd o galch a chlai, ac sy'n sychu fel carreg ar ôl iddo gael ei gymysgu â dŵr CEMENT
2 un o nifer o adlynion sy'n sychu'n galed iawn ac sy'n cael eu defnyddio i lenwi tyllau (e.e. mewn dant, pren pwdr ac ati) CEMENT

smocio *be* gair arall am **smygu:ysmygu**

smonach:smonath hon *eb* cawl, stomp, annibendod, llanastr *(Mae wedi gwneud smonach o bethau nawr.)* MESS

smotyn:ysmotyn hwn *eg* (smotiau)
1 cylch (bach neu fawr) sy'n lliw gwahanol i'r gweddill o'i gwmpas *(ffrog las â smotiau coch)* SPOT
2 brycheuyn, man bach brwnt, nam SPOT, FLECK, SPECK
3 ploryn SPOT, PIMPLE
4 (mewn gêm bêl-droed) y smotyn yn y cwrt cosbi lle mae aelod o un tîm yn sefyll i geisio cicio'r bêl heibio gôl-geidwad y tîm arall yn dilyn trosedd yn y cwrt cosbi *(cic o'r smotyn)* PENALTY SPOT

smwddio:ysmwddio *be* llyfnhau, cael gwared â'r crychau mewn dillad ac ati â haearn smwddio; stilo TO IRON

smwt *a* gair i ddisgrifio trwyn bach, byr, fflat; pwt SNUB

smyglo *be* mynd â nwyddau o un wlad i wlad arall yn anghyfreithlon, yn arbennig trwy beidio â thalu'r dreth sydd i fod i gael ei thalu TO SMUGGLE

smyglwr hwn *eg* (smyglwyr) un sy'n smyglo SMUGGLER

smygu:ysmygu *be* sugno mwg tybaco (o sigarét, pibell ac ati) i'r geg a'r ysgyfaint; smocio TO SMOKE

snâm hwn *eg* (ffurf lafar) cyfenw, steil SURNAME

sniffian:snwffian *be*
1 tynnu anadl i'r trwyn mewn ffordd swnllyd, yn arbennig cyfres o anadliadau byr, cyflym TO SNIFF
2 gwneud hyn er mwyn arogli rhywbeth TO SNIFF
3 tynnu anadl i'r trwyn yn swnllyd pan fyddwch yn llawn annwyd neu'n llefain TO SNIFFLE

snisin hwn *eg* powdr wedi'i wneud o dybaco i'w anadlu i mewn trwy'r trwyn SNUFF

snob hwn *eg* person sy'n edrych i lawr ar bobl nad oes ganddynt arian, eiddo, swydd dda ac ati; hen drwyn SNOB

snobyddiaeth hon *eb*
1 yr arfer o beidio â chymysgu â phobl yr ydych yn eu hystyried islaw ichi (oherwydd nad oes ganddynt arian, eiddo, swydd dda ac ati) SNOBBERY
2 yr arfer o frolio gormod ar eich gwybodaeth neu'ch chwaeth mewn rhyw faes arbennig SNOBBISHNESS

snobyddlyd *a* gair i ddisgrifio rhywun sy'n snob SNOBBISH

snwcer hwn *eg* gêm sy'n cael ei chwarae ar fwrdd biliards (sydd â chwe phoced) gan ddefnyddio 15 o beli coch a 6 phelen o liwiau eraill yn ogystal â'r bêl daro (y bêl wen) SNOOKER (biliards)

snwffian gw. **sniffian:snwffian**

sobr *a* gair i ddisgrifio rhywun neu rywbeth:
1 difrifol, dwys, nad yw'n ysgafn nac yn gellweirus *(Daeth y bechgyn i mewn â golwg sobr ar eu hwynebau.)* SOBER, SERIOUS, STAID
2 nad yw'n feddw SOBER
3 ofnadwy, eithriadol, eithafol *(Roedd e'n berfformiad sobr o wael.)* AWFUL

sobri:sobreiddio *be* peidio â bod yn feddw, dod at eich coed, troi o fod yn gellweirus ac yn anghyfrifol i fod o ddifrif ac yn gyfrifol TO SOBER (UP)

soced hwn *eg* (socedau)
1 lle gwag y mae rhywbeth fel bwlb neu blwg trydan yn ffitio ynddo SOCKET
2 crau, agoriad, lle gwag y mae rhywbeth (e.e. rhan o'r corff neu ran o beiriant) yn ffitio ynddo SOCKET

sodlau hyn *ell* mwy nag un **sawdl**

sodr:sawdur hwn *eg* (sodrau) metel meddal (cymysgedd o blwm ac alcan fel arfer) sy'n hawdd ei doddi a'i ddefnyddio wedyn i lynu metelau wrth ei gilydd SOLDER

sodro *be* asio dau beth metel wrth ei gilydd trwy ddefnyddio sodr TO SOLDER

soddgrwth *hwn eg* (soddgrythau) cello, yr aelod isaf ond un o offerynnau llinynnol cerddorfa; mae'r person sy'n ei chwarae yn ei ddal rhwng ei benliniau VIOLONCELLO, CELLO □ *llinynnau*

soeglyd *a* gair i ddisgrifio rhywbeth sy'n drwm ac yn feddal yn ei wlybaniaeth, rhywbeth sy'n annymunol o wlyb *(brechdanau soeglyd)* SOGGY

sofliar *hon eb* (soflieir) math o aderyn bach, tebyg i'r betrisen QUAIL

soflyn *hwn eg* (sofl) bonyn o wellt neu ŷd sy'n aros ar ôl i'r cnwd gael ei fedi STUBBLE

sofraniaeth *hon eb* (sofraniaethau) yr hawl a'r rhyddid i deyrnasu neu lywodraethu SOVEREIGNTY

sofren *hon eb* (sofrenni) darn o aur a oedd yn werth £1.00 yn yr hen amser SOVEREIGN

soffa *hon eb* celficyn/dodrefnyn cyfforddus â chefn a breichiau; mae lle i ddau neu dri eistedd arno neu le i un orwedd SOFA, COUCH, SETTEE

solet:solid *a* gair i ddisgrifio:
1 rhywbeth nad yw'n nwy nac yn hylif, nad oes angen cynhwysydd i'w gadw yn ei siâp *(darn solet o fenyn)* SOLID
2 rhywbeth nad yw ei ganol yn wag, rhywbeth nad yw'n gau SOLID
3 (am fabi) llond ei groen; a golwg gryf, iach arno *(Mae'n fabi bach solet.)* SOLID
4 cadarn, di-syfl, sad SOLID
5 (am amser) di-dor, parhaol *(Bu wrthi am ddwyawr solet yn gwneud ei waith cartref.)* SOLID
6 pur, y cyfan wedi'i wneud o'r un deunydd, heb ei gymysgu â dim byd arall *(Roedd y tapiau yn yr ystafell ymolchi wedi'u gwneud o aur solet.)* SOLID

Solfach *enw lle* SOLVA

sol-ffa *hwn eg* system o ddarllen cerddoriaeth lle mae pob nodyn yn y raddfa gerddorol yn cael un o'r enwau hyn: *doh, ray, me, fah, soh, lah, te, doh (d r m f s l t d)* SOL-FA □ *cerddoriaeth*

solid[1] *hwn eg* (solidau)
1 (yn dechnegol) rhywbeth nad yw'n hylif nac yn nwy, nad oes angen cynhwysydd arno i'w gadw yn ei siâp SOLID
2 unrhyw un o'r pethau hyn a geir mewn hylif (e.e. y ceulion mewn llaeth) SOLID
3 (mewn geometreg) gwrthrych tri dimensiwn sydd â dyfnder neu uchder yn ogystal â hyd a lled SOLID

solid[2] gw. **solet:solid**

sôn[1] *be* dweud, crybwyll *(Wnei di sôn wrthyn nhw am y parti pan gei di gyfle?)* TO MENTION, TO TALK (sonni)
heb sôn am heb grybwyll NOT TO MENTION

sôn[2] *hwn neu hon egb* hanes, newyddion, mân-siarad, arwydd *(A oes unrhyw sôn fod y babi ar y ffordd eto?)* SIGN, TALK, MENTION

sonata *hon eb* (sonatâu) darn o gerddoriaeth i un neu ddau offeryn (un ohonynt fel arfer yn biano) yn cynnwys tri neu bedwar symudiad SONATA

soned *hon eb* (sonedau) darn o farddoniaeth sy'n cynnwys pedair llinell ar ddeg a deg sillaf ym mhob llinell; mae dau fath o soned—y math Petrarchaidd sydd â phatrwm odli *a b b a, a b b a, c ch d, c ch d* a'r math Shakesperaidd sydd â phatrwm odli *a b a b, c ch c ch, d dd d dd, e e* SONNET

soniarus *a* gair i ddisgrifio rhywbeth persain, melodaidd, sy'n gwneud sŵn cerddorol pleserus TUNEFUL, SONOROUS

sonni *bf* rwyt ti'n **sôn**[1]; byddi di'n **sôn**[1]

soporiffig *a* gair i ddisgrifio rhywbeth sy'n gwneud i chi gysgu SOPORIFIC

soprano *hon eb* (lleisiau soprano:sopranos)
1 cantores (neu weithiau fachgen) sy'n canu yng nghwmpas uchaf y llais SOPRANO
2 (o fewn teulu o offerynnau cerddorol) yr offeryn sy'n canu'r nodau yn y cwmpas uchaf SOPRANO

sorod *hyn ell*
1 yr amhuredd sy'n codi i'r wyneb pan fydd metel yn cael ei doddi DROSS
2 gwaddod, y gweddillion sy'n aros yng ngwaelod potel neu lestr gwin o dan y gwin clir; dyma'r deunydd y mae'r gwin wedi'i wneud ohono LEES, DREGS

sorri *be* pwdu, llyncu mul, gweld yn chwith, bod yn ddig, digio TO SULK, TO POUT, TO BE IN A HUFF, TO TAKE OFFENCE
sorri'n bwt pwdu'n deg, pwdu'n llwyr

sosban *hon eb* (sosbannau:sosbenni) crochan neu gynhwysydd metel dwfn â dolen ar un ochr, sy'n cael ei ddefnyddio i ferwi llysiau ac ati SAUCEPAN

sosej *hon eb* (sosejys) gair arall am selsigen SAUSAGE

soser *hon eb* (soseri) math o ddysgl fach gron â phant yn ei chanol i ddal cwpan SAUCER

soser hedegog un o nifer o fathau o longau gofod ar ffurf cylch sydd wedi cael eu gweld yn yr awyr, ac y mae pobl yn credu eu bod yn cael eu llywio gan greaduriaid o fydoedd eraill FLYING SAUCER

sosialaeth *hon eb* system wleidyddol (weithiau'n cynnwys comiwnyddiaeth) wedi'i seilio ar y gred fod pobl yn gyfartal, y dylai cyfoeth gael ei rannu rhwng pawb yn ôl yr angen a phrif ddiwydiannau gwlad gael eu rheoli gan y llywodraeth SOCIALISM

sosialaidd *a* gair i ddisgrifio rhywbeth sy'n perthyn i'r syniad o sosialaeth neu sy'n nodweddiadol o sosialaeth SOCIALIST

sosialydd hwn *eg* (sosialwyr) un sy'n credu mewn sosialaeth, neu sy'n aelod o un o'r pleidiau gwleidyddol Ewropeaidd sy'n dilyn syniadau sosialaidd (e.e. y Blaid Lafur ym Mhrydain) SOCIALIST

sothach hwn *eg* rwtsh, sorod, sbwriel, rhywbeth diwerth *(Beth yw'r sothach 'na yr ydych chi'n ei fwyta?)* JUNK, RUBBISH, TRASH

sownd *a* gair i ddisgrifio:
1 rhywbeth sydd wedi'i sicrhau'n ddiogel, sy'n dynn *(Wyt ti wedi cau'r drws yn sownd? Ydy'r ci wedi'i glymu'n sownd?)* FAST
2 (am gwsg) trwm a digyffro FAST, SOUND
3 person sad, diogel, sydd â barn ddibynadwy *(Bachgen sownd iawn yw John.)* SOUND, STEADY

soya gw. **ffa soya**

St *byrfodd* sant ST

stabl:ystabl hon *eb* (stablau)
1 adeilad lle mae ceffylau yn cael eu cadw a'u bwydo STABLE
2 nifer o geffylau rasio â'r un perchennog neu hyfforddwr STABLE
3 man lle y mae ceffylau rasio yn cael eu hyfforddi STABLE

stad:ystad hon *eb* (stadau)
1 cyflwr person neu beth *(Mae'r plasty wedi dirywio i stad ddifrifol.)* STATE
2 cyflwr cyffrous, cythryblus *(Roedd hi mewn dipyn o stad wedi iddi glywed am y ddamwain.)* STATE
3 darn o dir yn y wlad sy'n gysylltiedig fel arfer â thŷ mawr neu blas ESTATE
4 darn o dir lle mae tai neu ffatrïoedd wedi cael eu hadeiladu gyda'i gilydd *(stad o dai cyngor)* ESTATE
5 y cyfan o eiddo person yn ôl cyfraith gwlad ESTATE

stadiwm hon *eb* (stadia) maes chwarae a rhesi o seddau o'i gwmpas STADIUM

staen hwn *eg* (staeniau)
1 smotyn neu farc ar rywbeth STAIN
2 hylif ar gyfer lliwio neu dywyllu coed STAIN
3 nam, rhywbeth sy'n llychwino neu'n difetha *(Disgrifiodd y bardd R. Williams Parry Eifionydd fel 'bro rhwng môr a mynydd/Heb arni staen na chraith.')* STAIN, MARK

staeno:staenio *be*
1 marcio neu faeddu rhywbeth TO STAIN
2 lliwio neu dywyllu coed â hylif arbennig TO STAIN

staer:ystaer hon *eb* (staerau) grisiau sy'n arwain i'r llofft mewn tŷ neu adeilad STAIRS
 lan staer i fyny'r grisiau, lan llofft UPSTAIRS
 twll/cwts dan staer cwpwrdd neu ystafell fechan o dan y grisiau; sbens

staff hwn *eg* y grŵp o weithwyr sy'n gwneud y gwaith mewn sefydliad neu fusnes STAFF

stâl hon *eb* (stalau) rhaniad ar gyfer un anifail (mewn beudy neu stabl neu ystafell) STALL

stalactit hwn *eg* (stalactitau) darn hir, pigfain (tebyg i bibonwy) sy'n hongian o do ogof ac sy'n cael ei greu gan ddŵr (sy'n cynnwys calch) yn diferu o'r to STALACTITE

stalagmit hwn *eg* (stalagmitau) colofn sy'n codi o lawr ogof wedi i ddefnynnau o ddŵr fod yn diferu am flynyddoedd lawer; weithiau mae'n ymuno â stalactit i ffurfio colofn sy'n cyrraedd o'r llawr i'r to STALAGMITE

stamp hwn *eg* (stampau:stampiau)
1 darn bach o bapur (â phedair ochr fel arfer) sy'n cael ei werthu mewn swyddfeydd post a siopau a'i ludio ar lythyrau neu barseli sydd angen eu postio STAMP
2 darn bach tebyg i hwn sy'n cael ei ludio ar ddogfennau i ddangos bod y dreth briodol wedi'i thalu STAMP
3 teclyn ar gyfer gwasgu neu argraffu ei ôl ar rywbeth STAMP
4 ôl y teclyn yma, neu ôl sydd wedi cael ei adael ar rywbeth *(Gadawodd ei stamp ar y pentref er na fu'n byw yno'n hir.)* STAMP

stampio:stampo *be*
1 taro â gwaelod y droed, curo traed TO STAMP
2 gadael ôl ar rywbeth trwy wasgu teclyn arbennig arno *(Stamp(i)odd ei enw ar bob llyfr yn ei gasgliad.)* TO STAMP

stapl hon *eb* (staplau) stwffwl STAPLE

starts hwn *eg*
1 sylwedd gwyn di-flas sy'n garbohydrad ac sy'n rhan bwysig o fwydydd megis tatws, reis, grawn ac ati STARCH
2 powdr wedi'i wneud o hwn sy'n cael ei ddefnyddio i galedu dillad (h.y. eu gwneud yn stiff) STARCH

statudol:ystatudol *a* gair i ddisgrifio rhywbeth sydd i'w gael mewn statud neu gyfraith ysgrifenedig *(Mae gan berson hawl statudol i dderbyn addysg nes ei fod yn 16 oed.)* STATUTORY

statws hwn *eg* stad neu gyflwr sy'n penderfynu lle'r ydych chi'n sefyll mewn sefydliad neu gymdeithas *(Mae'r swydd newydd sydd ganddo o statws uwch na'r un o'r blaen.)* STATUS

stecs hwn *eg* (gair tafodieithol) mwd, llaca; gwlybaniaeth, e.e. *yn wlyb stecs; yng nghanol y stecs*

steil[1] hwn *eg*
1 ansawdd uchel o ran ymddygiad, gwisg, pryd a gwedd ac ati *(Roedd ganddi dipyn o steil.)* STYLE
2 rhywbeth cyffredinol sy'n nodweddiadol o grŵp neu gyfnod neu unigolyn arbennig; dull STYLE
3 ffasiwn (mewn dillad yn arbennig) STYLE
4 gair arall am arddull STYLE

steil² hwn neu hon *egb* (ar lafar yn y De) cyfenw, snâm SURNAME

stelcian gw. **ystelcian:stelcian**

stem hon *eb* (stemiau) cyfnod o waith (bore, prynhawn neu nos) sy'n cael ei weithio gan grŵp o weithwyr *(Rwyf ar y stem nos yr wythnos yma.)* SHIFT

stêm hwn *eg* fel yn *injan stêm*, ager, anwedd STEAM

stên:ystên hon *eb* (stenau) piser, jẁg tal, fel arfer â dwy ddolen neu drontol, ar gyfer dal dŵr, llaeth, gwin ac ati PITCHER

stensil hwn *eg* (stensilau) darn o ddefnydd megis papur, cwyr, metel neu blastig y mae patrymau neu lythrennau wedi cael eu torri ynddo yn barod i rywun eu copïo trwy ddilyn yr amlinelliad sydd ar ôl STENCIL

stereoffonig *a* gair i ddisgrifio seiniau sy'n cael eu hatgynhyrchu (gan beiriant casét, radio ac ati) i roi'r argraff eu bod yn dod o bob cyfeiriad, fel y seiniau gwreiddiol STEREOPHONIC

sterics hyn *ell* (ffurf lafar) cyflwr o gyffro afreolus HYSTERICS

sterylledig *a* gair i ddisgrifio rhywbeth sydd wedi cael ei steryllu STERILIZED

steryllu *be* glanhau a chael gwared ar facteria a microbau; diheintio TO STERILIZE

stesion hon *eb* gorsaf STATION

stethosgôp hwn *eg* corn meddyg, dyfais sy'n galluogi meddyg i wrando ar ysgyfaint a churiad calon ei gleifion STETHOSCOPE

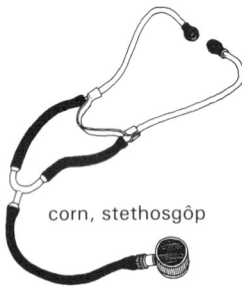

corn, stethosgôp

sticil:sticill hon *eb* camfa, grisiau o bren (neu weithiau gerrig) wedi'u codi'r naill ochr a'r llall i glawdd neu wal er mwyn i bobl fedru eu croesi STILE

stiff *a* gair i ddisgrifio:
1 rhywbeth nad yw'n hawdd ei blygu, anhyblyg STIFF
2 rhan o'n corff sy'n achosi poen wrth ei symud *(Mae fy nghoesau'n stiff ar ôl i mi gerdded yr holl ffordd o'r orsaf.)* STIFF
3 rhywun ffurfiol, nad yw'n gyfeillgar STIFF

stigma hwn *eg* (stigmata) pen rhan ganol blodyn sy'n derbyn paill STIGMA ☐ *blodyn*

stilio *be* (fel yn *holi a stilio*) holi, gofyn cwestiynau TO QUESTION

stilo *be* (gair tafodieithol) smwddio, ysmwddio dillad TO IRON

stiw hwn *eg*
1 pryd o gig a llysiau ac ati wedi'u coginio gyda'i gilydd mewn hylif STEW
2 bwyd sydd wedi cael ei goginio'n araf ac yn dawel mewn hylif o fewn llestr caeedig *(stiw afalau)* STEW

stiward hwn *eg* (stiwardiaid)
1 person sy'n gofalu am gyflenwadau bwyd a diod i le fel clwb neu goleg STEWARD
2 un o nifer o bobl sy'n gweini ar deithwyr ar fwrdd llong neu awyren STEWARD
3 un o nifer o bobl sy'n gyfrifol am drefnu rasys ceffylau STEWARD
4 person sy'n cael ei gyflogi i ofalu am dŷ a thiroedd (megis fferm) STEWARD
5 un sy'n cadw trefn ar bobl sy'n cyrraedd a gadael maes neu adeilad, e.e. *stiward yn y Babell Lên* STEWARD

stiwardio *be*
1 gwarchod neu gadw gofal ar le i sicrhau bod gan bob person neu bob cerbyd hawl i fod yno
2 (mewn eisteddfod, cyngerdd ac ati) tywys pobl i'w seddau, gofalu am agor a chau drysau a sicrhau nad oes neb yn camymddwyn

stiwdio hon *eb*
1 ystafell waith arlunydd, ffotograffydd ac ati STUDIO
2 ystafell lle mae rhaglenni radio neu deledu yn cael eu darlledu neu eu recordio STUDIO
3 ystafell neu safle arbennig lle mae ffilmiau'n cael eu gwneud STUDIO

stoc hon *eb*
1 cyflenwad o rywbeth yn barod i'w ddefnyddio *(A oes gen ti stoc o goed tân yn barod ar gyfer y gaeaf?)* STOCK
2 nwyddau i'w gwerthu *(A oes digon o stoc ar y silffoedd?)* STOCK
3 casgliad o anifeiliaid sy'n cael eu cadw i'w magu STOCK
4 anifeiliaid fferm, da/gwartheg STOCK
5 arian sy'n cael ei roi ar fenthyg i'r llywodraeth ar gyfradd llog benodol STOCK
6 yr arian (cyfalaf) y mae cwmni yn berchen arno wedi'i rannu'n gyfranddaliadau STOCK

stocio *be* cadw stoc o rywbeth TO STOCK

stof hon *eb* (stofau) dyfais gaeedig ar gyfer coginio neu wresogi sy'n gweithio trwy losgi glo, olew, nwy, trydan ac ati STOVE

stôl hon *eb* (stolion) cadair, yn arbennig cadair fach heb gefn na breichiau STOOL, CHAIR

syrthio rhwng dwy stôl oedi gormod wrth geisio penderfynu rhwng dau ddewis a methu'r ddau TO FALL BETWEEN TWO STOOLS

stomp *hwn neu hon egb* cawl, llanastr, smonach, annibendod BUNGLE, MESS

stompio *be* gwneud stomp neu lanastr; trochi, baeddu TO MAKE A MESS, TO MESS UP

stôn *hon eb* (stonau) mesur o bwysau yn cyfateb i bedwar pwys ar ddeg, 14 lbs STONE (gw. *Atodiad III* t.604)

stond *a* (fel yn *sefyll yn stond*) sefyll yn yr un man, sefyll yn hollol lonydd TO STAND STOCK STILL

stondin *hwn neu hon egb* (stondinau) math o ford a gorchudd drosti, neu siop agored i werthu nwyddau mewn marchnad, sioe, ffair ac ati STALL, BOOTH

stop *hwn eg* (stopiau)
1 arhosfan neu le i fws, trên ac ati aros (yn rheolaidd fel arfer) i dderbyn a gollwng teithwyr STOP
2 dyfais mewn organ (offeryn cerdd) sy'n cau neu'n agor pibellau ac yn newid ansawdd y sain (ac weithiau'r traw mewn offerynnau eraill) STOP

stôr *hwn eg* (storau) cyflenwad digonol o rywbeth wrth gefn, stoc *(Mae ganddo stôr helaeth o jôcs ar gyfer pob achlysur.)* STORE, FUND, STOCK

storc *hwn eg* (storciau) aderyn gwyn, tal a gwddf, pig a choesau hir ganddo STORK

stordy *hwn eg* (stordai) adeilad i gadw neu storio nwyddau STOREHOUSE, WAREHOUSE

stori:ystori *hon eb* (storïau:storiâu:straeon)
1 hanes digwyddiad (neu ddigwyddiadau) gwir neu ddychmygol *(Gallwn wrando trwy'r nos ar Wncwl Twm a'i straeon.)* STORY
2 celwydd (fel mae'n cael ei ddefnyddio gan blant) *(Mae John yn dweud straeon eto.)* STORY, LIE
3 cynllun neu blot llyfr, drama, ffilm ac ati STORY
4 deunydd sy'n addas i erthygl mewn papur newydd STORY

torri'r stori'n fyr cwtogi TO CUT A LONG STORY SHORT

troi'r stori newid y testun yr ydych yn ymddiddan yn ei gylch TO CHANGE THE SUBJECT

storio *be*
1 cadw cyflenwad o rywbeth TO STORE
2 cadw rhywbeth nes y bydd ei angen TO STORE

storïwr *hwn eg* (storïwyr) un sy'n adrodd straeon; cyfarwydd STORY-TELLER

storm:ystorm *hon eb* (stormydd) tywydd garw, yn law, gwyntoedd cryfion a mellt a tharanau fel arfer; tymestl, drycin STORM

storm o eira BLIZZARD

stormus *a* gair i ddisgrifio:
1 tywydd garw, tymhestlog STORMY
2 mynegiant swnllyd o deimladau cryfion *(Bywyd byr a stormus oedd ei fywyd ef.)* STORMY

storom *hon eb* ffurf arall ar **storm**

straegar *a* gair i ddisgrifio rhywun sy'n hoff o gario clecs

straen *hwn eg* (straenau)
1 cyflwr o gael eich gwthio y tu hwnt i beth sy'n dderbyniol neu hyd yn oed yn bosibl *(Ni all hi barhau fel hyn—bydd y straen yn ormod iddi.)* STRAIN
2 yr hyn sy'n achosi'r cyflwr yma *(Mae'r gwaith yn ormod o straen iddo.)* STRAIN
3 tyndra *(Ydy'r rhaff yn ddigon cryf i ddal y straen?)* STRAIN
4 niwed i'r corff trwy wneud iddo weithio'n rhy galed, e.e. *straen ar y galon* STRAIN

straeon *hyn ell* mwy nag un **stori**

stranc *hon eb* (stranciau)
1 tric, cast, ystryw, twyll TRICK, PRANK
2 ymdrech, cic, gwaedd, ergyd (pethau y mae plentyn bach yn eu gwneud pan nad oes arno eisiau mynd i rywle neu wneud rhywbeth) STRUGGLE

strancio *be* ymdrechu, cicio a gweiddi a bwrw a llefain *(Roedd sŵn y plentyn bach yn strancio wedi tynnu sylw pawb yn y siop.)* TO STRUGGLE

strapen *hon eb* (strapiau) darn hir, cul o ddefnydd (e.e. lledr) sy'n cael ei ddefnyddio i sicrhau neu ddal rhywbeth yn ei le STRAP

strapio *be*
1 sicrhau neu glymu ag un neu ragor o strapiau TO STRAP
2 curo â strapen TO STRAP
3 rhwymo rhan o'r corff sydd wedi cael niwed (yn arbennig braich neu goes) â rhwymau TO STRAP, TO BANDAGE

strategaeth *hon eb*
1 y gelfyddyd o gynllunio symudiadau byddinoedd a lluoedd arfog mewn rhyfel STRATEGY
2 cynllun sy'n cael ei baratoi er mwyn ceisio cyflawni rhywbeth arbennig, neu er mwyn ceisio ennill rhyfel, gêm, cystadleuaeth ac ati STRATEGY (tacteg)

strategol *a* gair i ddisgrifio rhywbeth sy'n ymwneud â strategaeth neu rywbeth a fydd yn cryfhau neu'n helpu cynllun STRATEGIC

stratosffer *hwn eg* y cylch allanol o aer sy'n amgylchynu'r Ddaear tua 6 milltir (neu 10 kilometr) uwch ei phen STRATOSPHERE

streic *hon eb* (streiciau) cyfnod pan nad yw pobl yn gweithio oherwydd anghydfod rhwng gweithwyr a chyflogwyr ynglŷn â chyflog, amgylchiadau gwaith, oriau gwaith ac ati STRIKE

streicio *be* mynd ar streic, gwrthod gweithio oherwydd anghydfod TO STRIKE

stribed *hwn eg* (stribedi) darn hir, cul o rywbeth, e.e. *stribed ffilm* STRIP

strim-stram-strellach *adf* yn bendramwnwgl, blith draphlith HELTER-SKELTER, TOPSY-TURVY

strôc *hon eb* (strociau)
 1 anhwylder sydyn sy'n taro'r ymennydd ac sy'n aml yn achosi parlys mewn rhan arall o'r corff; trawiad STROKE, SEIZURE
 2 symudiad neu ergyd ag arf mewn brwydr neu â bat mewn gêm (e.e. tennis neu griced); trawiad STROKE
 3 llinell unigol â brws neu ysgrifbin wrth beintio neu ysgrifennu STROKE
 4 gorchest, camp *(Roedd llwyddo i ddal dy dad-cu ar Ebrill 1af yn strôc go dda.)* STROKE (OF GENIUS)

strwythur *hwn eg* (strwythurau) (technegol) adeiledd; y ffordd y mae rhywbeth wedi cael ei adeiladu neu'i drefnu; y berthynas rhwng y gwahanol rannau neu elfennau sydd o fewn sylwedd, corff neu system arbennig *(strwythur cyflogau; strwythur cymdeithasol; strwythur iaith)* STRUCTURE

stryd *hon eb* (strydoedd) heol/ffordd a thai neu adeiladau ar hyd-ddi a phalmant i gerdded arno fel arfer STREET

stumog:ystumog *hon eb* (stumogau)
 1 math o gwdyn o gnawd o fewn y corff lle mae bwyd yn cael ei dreulio ar ôl iddo gael ei lyncu; bol(a), cylla STOMACH □ *corff* t.630
 2 y rhan honno o'r corff islaw'r frest ac uwchben y coesau sy'n cynnwys y cwdyn hwnnw STOMACH
 does gennyf (gennyt, ganddo etc.) ddim stumog am nid wyf yn teimlo fel, does gennyf ddim awydd (I) HAVE NO STOMACH FOR

stwffin *hwn eg*
 1 defnydd wedi'i dorri'n fân a'i ddefnyddio i lenwi rhywbeth (e.e. tegan meddal) STUFFING
 2 cymysgedd blasus sy'n cael ei roi mewn darn o gig, ffowlyn/cyw iâr ac ati cyn ei goginio STUFFING

stwffio *be*
 1 llenwi â stwffin *(Stwffiodd Mam y twrci.)* TO STUFF
 2 gwthio, hwpo rhywbeth i mewn i rywbeth arall *(Stwffiodd ei hun i mewn i'r ystafell. Stwffiodd ei fenig i'w boced.)* STUFF, TO PUSH
 3 bwyta gormod *(Stwffiodd ei hun nes ei fod yn sâl.)*

stwffwl *hwn eg* (styffylau)
 1 math o glip sy'n dal darnau o bapur ynghyd STAPLE
 2 hoelen ar ffurf U sy'n cael ei defnyddio i ddal gwifren yn ei lle STAPLE

stwmp gw. **stwnsh:stwmp**

stwmpo gw. **stwnsio: stwmpo**

stwnsh:stwmp *hwn eg* llysiau (wedi'u coginio fel arfer) sydd wedi cael eu malu i wneud sylwedd meddal *(stwnsh rwdan* [rwden]) MASH

stwnsio:stwmpo *be* malu (llysiau fel arfer) yn stwnsh TO MASH

stŵr *hwn eg* mwstwr, sŵn uchel, twrw RUMPUS, ROW

stwrllyd *a* gair i ddisgrifio:
 1 rhywun sy'n cadw twrw, sy'n swnllyd ac sy'n creu trafferth ROWDY
 2 rhywle llawn stŵr, twrw, mwstwr ROWDY

styden *hon eb* (stydiau)
 1 math o ddyfais a fyddai'n cael ei defnyddio i sicrhau coler crys (yn lle botwm a thwll botwm) STUD
 2 math o addurn, a phen crwn neu fflat iddo, sy'n cael ei wisgo yn y clustiau neu'r trwyn STUD

styllen gw. **ystyllen:styllen**

su gw. **si:su**

sucan *hwn eg* math o uwd oer wedi'i wneud o flawd ceirch garw wedi'i wlychu mewn dŵr oer dros nos, ei hidlo, ei ferwi a'i adael i oeri a thewychu; llymru

sudd *hwn eg* (suddion) yr hylif a ddaw o ffrwythau, llysiau, cig, rhannau planhigion ac ati JUICE, SAP

suddlon *a* gair i ddisgrifio planhigyn sydd â dail neu goes sy'n fras ac yn ir SUCCULENT

suddo *be*
 1 mynd neu achosi i rywbeth fynd o dan yr wyneb, o'r golwg neu i waelod dyfnder o ddŵr *(Suddodd y llong yng nghanol y storm.)* TO SINK
 2 buddsoddi (gyda'r awgrym fod hynny'n cael ei wneud mewn ffordd annoeth) *(Suddodd Enoc Huws arian ym mwynglawdd Capten Trefor.)* TO SINK, TO INVEST (RASHLY)
 3 achosi i bêl fynd i dwll neu boced mewn gêmau megis snwcer neu golff TO SINK, TO POT, TO PUTT

sugnedd *hwn eg* (sugneddau)
 1 y weithred o dynnu aer neu hylif allan o rywbeth fel bod nwy neu hylif arall yn cymryd eu lle, neu i greu gwactod fel bod solid yn glynu wrth solid arall oherwydd gwasgedd yr aer y tu allan SUCTION
 2 siglen, cors, mignen QUAGMIRE

sugno *be*
 1 tynnu (hylif fel arfer) i'r geg gan ddefnyddio'r tafod, y gwefusau a chyhyrau'r bochau a'r gwefusau'n ffurfio twll bach i dynnu'r hylif trwyddynt TO SUCK
 2 bwyta rhywbeth trwy'i ddal yn y geg a'i lyfu â'r tafod *(sugno lolipop)* TO SUCK

plentyn sugno gw. **plentyn**

Sul *hwn eg* (Suliau) diwrnod cyntaf yr wythnos a'r diwrnod y mae Cristnogion yn ei gadw'n gysegredig; dydd Sul SUNDAY (Sabbath)
  Sul, gŵyl a gwaith trwy'r amser, bob dydd
  Sul y Blodau y dydd Sul cyn y Pasg pryd y croesawyd Iesu Grist i Jerwsalem; ar y Sul hwn mae'n arfer gan bobl osod blodau ar feddau aelodau o'r teulu PALM SUNDAY
  Sul y pys diwrnod na ddaw byth
Sulgwyn *hwn eg* y seithfed dydd Sul ar ôl y Pasg a'r gwyliau sy'n gysylltiedig â'r Sul hwnnw WHITSUN
suo *be* gw. **sïo:suo**
sur *a* gair i ddisgrifio:
  1 rhywbeth nad yw ei flas yn felys; siarp (Mae'r grawnffrwyth 'ma'n sur.) SOUR, TART
  2 llaeth, gwin ac ati nad yw'n ffres, sydd wedi mynd yn ddrwg SOUR, RANCID
  3 rhywun byr ei amynedd a gwael ei dymer; person sych a di-wên SOUR, ACID
surbwch *a* gair i ddisgrifio rhywun sur SURLY
surdoes *hwn eg* unrhyw sylwedd, megis burum, sy'n gwneud i does godi LEAVEN
surni *hwn eg* y cyflwr o fod yn sur SOURNESS
suro *be*
  1 (am laeth, gwin ac ati) mynd yn ddrwg TO TURN SOUR
  2 (am bobl neu berthynas) gwneud neu droi'n sur TO SOUR, TO TURN SOUR
sut *rhagenw gofynnol*
  1 pa fodd, ym mha ffordd (Sut cawsoch chi'ch dal? Sut wyt ti?) HOW
  2 pa fath (Sut ddiwrnod gest ti?) WHAT SORT
  sut bynnag ta p'un HOWEVER, ANYWAY
  sut ma'i/shwt ma'i/sut mae hi cyfarchiad wrth gyfarfod â rhywun HELLO
sw *hwn eg* (sŵau) parc lle y mae anifeiliaid (o wledydd tramor fel arfer) yn cael eu cadw a'u dangos i'r cyhoedd; gerddi swolegol ZOO
swaden *hon eb* ergyd, clipsen, bonclust CLOUT, BLOW
swatio *be*
  1 eistedd a'ch coesau wedi'u tynnu i mewn odanoch TO SQUAT
  2 eich gwneud eich hun yn glyd ac yn gynnes (swatio o dan y blancedi yn y gwely) TO SNUGGLE (DOWN)
swci *a* gair i ddisgrifio anifail sy'n cymryd llaeth neu fwyd o law person, fel arfer am ei fod wedi colli'i fam; dof, llywaeth (oen swci) TAME
swclen *hon eb* eboles ifanc FILLY
swclyn *hwn eg* ebol ifanc COLT
swcr:swcwr *hwn eg* cymorth, ymgeledd SUCCOUR

swcro *be* cynorthwyo, helpu rhywun mewn trafferth; cefnogi, bod yn gefn i TO SUCCOUR
swch *hon eb* (sychau) llafn llydan aradr PLOUGHSHARE
  swch eira y llafn a geir ar flaen lorïau neu drenau i glirio eira SNOW-PLOUGH

swch eira

sweden *hon eb* (swêds) rwden, erfinen, meipen SWEDE
swigen ffurf lafar ar **chwysigen**
swil *a* gair i ddisgrifio rhywun sy'n nerfus iawn yng nghwmni pobl eraill, sy'n ei gadw'i hun yn ôl SHY, BASHFUL, DEMURE
swildod *hwn eg* y cyflwr o fod yn swil, gwyleidd-dra SHYNESS
swits *hwn eg* (switsys) dyfais sy'n cael ei gwasgu i gynnau/gychwyn neu ddiffodd rhywbeth (trydanol fel arfer) SWITCH
switsio *be* cynnau/cychwyn neu ddiffodd rhywbeth trwy ddefnyddio swits TO SWITCH
swllt *hwn eg* (sylltau) darn o hen arian bath gwerth pum ceiniog; hyd at 1971 yr oedd yn werth 12 hen geiniog SHILLING
swm *hwn eg* (symiau)
  1 y cyfanswm a geir wrth adio a thynnu rhifau (Swm 2 + 2 − 3 yw 1.) SUM
  2 hynny o arian sydd gan rywun (Roedd ganddo swm mawr o arian yn ei boced.) SUM, AMOUNT
  3 tasg neu broblem mewn rhifyddeg (adio, tynnu, lluosi ac ati); sym (Faint o symiau wnest ti heddiw?) SUM
  swm a sylwedd hanfod, testun (Swm a sylwedd ei araith oedd ei fod am i'r Saeson adael cefn gwlad Cymru.) THE LONG AND SHORT OF IT
swmbwl *hwn eg* (symbylau) ffon bigfain a fyddai'n cael ei defnyddio i bigo ychen i'w cadw i weithio GOAD, PROD
swmp *hwn eg*
  1 maint mawr, maintioli BULK
  2 y mwyafrif (Mae swmp y gwaith wedi'i orffen; dim ond manion sydd ar ôl.) BULK
swmpo *be* teimlo maint neu bwysau rhywbeth

swmpus *a* mawr, sylweddol o ran maint a chynnwys *(llyfr swmpus)* BULKY

sŵn *hwn eg* (synau)
  1 sain ddiystyr, aflafar
    i) sy'n cael ei chlywed mewn unrhyw le neu
    ii) seiniau sy'n amharu ar dderbyniad rhaglenni radio neu deledu neu alwadau ffôn NOISE
  2 sain angherddorol sy'n anodd ei ddisgrifio neu sy'n anarferol *(Mae sŵn od yn dod o injan y car.)* NOISE, SOUND
  3 yn gyffredinol, unrhyw beth sy'n cael ei glywed ar wahân i nodau cerddorol neu siarad ystyrlon *(sŵn traed, sŵn y glaw ar y ffenestr)* SOUND

swnan:swnian *be* achwyn, grwgnach, mynd ymlaen ac ymlaen ynglŷn â rhywbeth TO NAG

swnd *hwn eg* tywod SAND

swnio:swno *be* ymddangos o'r hyn y mae rhywun yn ei glywed; rhoi argraff trwy gyfrwng sŵn *(Mae'n swnio'n syniad da. Mae hi'n swnio'n flinedig iawn.)* TO SOUND

swnllyd *a* gair i ddisgrifio rhywun neu rywbeth sy'n llawn sŵn neu sy'n gwneud llawer o sŵn *(plant bach swnllyd)* NOISY

swnt *hwn eg* (swntiau)
  1 darn gweddol eang o fôr ag arfordir o gwmpas y rhan fwyaf ohono SOUND, STRAIT
  2 darn o ddŵr, lletach na chulfor, sy'n cysylltu dau fôr â'i gilydd STRAIT

sŵoleg *hon eb* astudiaeth wyddonol o anifeiliaid ZOOLOGY

sŵolegwr:sŵolegydd *hwn eg* (sŵolegwyr) gwyddonydd sy'n arbenigo mewn sŵoleg ZOOLOGIST

swp *hwn eg* (sypiau) sypyn, clwstwr, twr, pentwr, casgliad *(Ar ôl cyrraedd adre o'r ysgol tynnodd ei ddillad a'u gadael yn un swp ar y llawr.)* PILE, BUNDLE, HEAP
  yn swp o annwyd yn llawn annwyd FULL OF COLD
  yn swp sâl (am annwyd neu anhwylder neu salwch stumog dros dro fel arfer) mor sâl fel na allwch feddwl yn glir na gwneud fawr o ddim; yn sâl fel ci

swper *hwn neu hon egb* (swperau) pryd olaf y dydd sy'n cael ei fwyta yn yr hwyr SUPPER
  Swper yr Arglwydd y Cymun THE LORD'S SUPPER

swpera *be* bwyta swper

swrealaeth *hon eb* math o gelfyddyd lle mae'r llenor neu'r arlunydd yn cyflwyno delweddau a gwrthrychau tebyg i'r rhai sy'n digwydd mewn breuddwyd SURREALISM

swrth *a* gair i ddisgrifio:
  1 rhywun sydd yn dangos ei wrthwynebiad neu'i anfodlonrwydd mewn ffordd dawel, ddi-wên dros gyfnod o amser; diserch, blwng, sarrug SULLEN
  2 rhywun neu rywbeth trymaidd, cysglyd, heb ynni DROWSY

swrwd *hyn ell* darnau wedi'u rhacso, darnau sy'n weddill, sorod SHREDS, DROSS

sws *hwn eg* (swsys) gair plentyn am gusan neu am gusan plentyn KISS

swta *a* byr, cwta, sydyn (am ddull o siarad, ymddwyn ac ati) *(Pan ofynnais a oedd gobaith am waith dros y gwyliau cefais ateb digon swta ganddo.)* CURT, ABRUPT, BRUSQUE

swydd *hon eb* (swyddi:swyddau)
  1 gwaith (mewn swyddfa neu adeilad arbennig fel arfer), yr hyn y mae rhywun yn ei wneud i ennill bywoliaeth *(Mae hi'n chwilio am swydd.)* JOB, OFFICE
  2 safle mewn cwmni neu gymdeithas ac ati sy'n cael ei lenwi gan swyddog *(Rwy'n gwybod ei fod yn gweithio yn yr amgueddfa ond beth yw ei swydd?)* POST, POSITION
  3 hen air am sir *(swydd Henffordd* [Herefordshire], *swydd Efrog* [Yorkshire]) COUNTY

swydd wag VACANCY

yn un swydd am un rheswm yn unig *(Rydw i wedi dod yma yn un swydd i dy weld di.)* FOR THE SOLE PURPOSE

swyddfa *hon eb* (swyddfeydd)
  1 lle i drafod busnes, neu le lle mae'r gwaith ysgrifenedig sy'n ymwneud â busnes neu waith cyhoeddus yn cael ei wneud OFFICE
  2 man lle mae gwasanaeth yn cael ei gynnig *(swyddfa'r post; swyddfa docynnau)* OFFICE
  3 adran o'r llywodraeth *(y Swyddfa Gartref; y Swyddfa Dramor)* OFFICE
  4 ystafell waith swyddog neu swyddogion OFFICE

swyddfa gofrestru swyddfa cofrestrydd genedigaethau, marwolaethau a phriodasau; gellir cynnal gwasanaeth priodas yno REGISTRY OFFICE

swyddfa'r heddlu POLICE STATION

swyddog *hwn eg* (swyddogion)
  1 person sydd â swydd o awdurdod yn y lluoedd arfog *(Mae capten, rhingyll a chadfridog i gyd yn swyddogion yn y fyddin.)* OFFICER
  2 person sydd mewn swydd o gyfrifoldeb yn y llywodraeth, mewn cwmni neu fusnes neu lywodraeth leol, neu mewn cymdeithas *(Mae gan bron pob cymdeithas o leiaf dri swyddog sef cadeirydd, ysgrifennydd a thrysorydd.)* OFFICER, OFFICIAL

swyddogaeth *hon eb* (swyddogaethau) yr hyn y mae rhywun neu rywbeth i fod i'w wneud; pwrpas, amcan, bwriad *(Beth yw swyddogaeth y botwm yma?)* FUNCTION, DUTY (ffwythiant)

swyddogol *a* gair i ddisgrifio rhywun neu rywbeth sy'n cynrychioli awdurdod, neu sydd â grym cyfreithiol neu

swyn

awdurdodol y tu ôl iddo *(Dim ond pobl â thocynnau swyddogol sy'n cael parcio yma.)* OFFICIAL

swyn *hwn eg* (swynion)
1 gair neu weithred hudolus, ledrithiol, yn ymwneud â hud a lledrith; cyfaredd CHARM, SPELL
2 gwrthrych sy'n cael ei wisgo i amddiffyn rhywun rhag drwg neu i ddod â lwc dda CHARM, TALISMAN
3 rhin, ansawdd hyfryd neu naws sy'n apelio'n fawr at rywun *(Mae rhyw swyn i mi yn unrhyw beth sy'n perthyn i'r môr.)* CHARM, ATTRACTION

swyngyfaredd *hon eb* (swyngyfareddion) hud a lledrith, cyfaredd, grym goruwchnaturiol ENCHANTMENT, SORCERY

swyno *be*
1 hudo, lledrithio, gosod cyfaredd ar, rheibio TO ENCHANT
2 denu, llenwi rhywun â theimlad o hyfrydwch, cyfareddu *(Cafodd y gynulleidfa ei swyno gan berfformiad y ferch fach.)* TO ENCHANT, TO CHARM, TO CAPTIVATE

swynol *a* gair i ddisgrifio rhywun neu rywbeth sy'n swyno; hudolus, lledrithiol, cyfareddol CHARMING, CAPTIVATING

swynwr *hwn eg* (swynwyr) un sy'n hyddysg mewn swynion; dewin, un sy'n ymarfer hud a lledrith ENCHANTER, MAGICIAN, SORCERER

sy:sydd *bf* ffurf ar y ferf *bod* sef trydydd person unigol amser presennol, mynegol, perthynol *(Pwy sydd yna? Wyt ti wedi cwrdd â'r teulu sy'n dod i fyw drws nesaf?)* (WHO/THAT) ARE
Sylwch:
1 *ac sydd* sy'n gywir (nid *a sydd*);
2 wrth ysgrifennu'n ffurfiol ni ddylech ddefnyddio *sydd* mewn cymal negyddol, e.e. *Dyma'r plant sy yn y gerddorfa. Dyma'r plant nad ydynt yn y gerddorfa.*

sycamorwydden *hon eb* (sycamorwydd) coeden â dail llydan a rhisgl golau, o'r un teulu â'r fasarnen SYCAMORE
□ *coed* t.617

sych *a* gair i ddisgrifio rhywun neu rywbeth:
1 sydd heb fod yn wlyb DRY
2 sydd angen dŵr neu ddiod DRY, THIRSTY
3 (am fara) heb fenyn arno, neu heb fod yn ffres DRY, STALE
4 (am win neu rywbeth i'w yfed) heb fod yn felys DRY
5 (am dywydd) heb law na gwlybaniaeth DRY
6 anniddorol ac undonog, e.e. *llyfr sych* DRY, BORING
7 person dihiwmor *(Hen un sych yw Mr Williams drws nesaf.)* DRY OLD STICK
8 (am hiwmor) doniol heb ymddangos felly, hiwmor tawel, cynnil DRY
9 (am le neu ardal) heb werthu diod feddwol DRY

sychau *hyn ell* mwy nag un **swch**

syfrdanol

sychder:sychdwr *hwn eg*
1 y cyflwr o fod heb ddigon o ddŵr, o fod heb ddŵr DRYNESS
2 cyfnod hir heb law *(Nid yw'r sychder yr ydym ni yn ei brofi yn y wlad hon o bryd i'w gilydd yn ddim o'i gymharu â'r sefyllfa mewn rhannau o Affrica.)* DROUGHT

Sychdyn *enw lle* SOUGHTON

syched *hwn eg* teimlad o sychder yn y geg sy'n cael ei achosi gan yr angen am ddiod THIRST
bod â syched arnaf (arnat, arno, arni etc.) TO BE THIRSTY
torri syched gw. **torri**

sychedig *a* gair i ddisgrifio rhywun a syched arno THIRSTY

sychedu *be* bod â syched am rywbeth TO THIRST

sychion *a* gair i ddisgrifio mwy nag un peth **sych** *(esgyrn sychion)*
arian sychion gw. **arian**

sychlyd *a* sych, braidd yn sych, yn tueddu i fod yn sych DRY

sychu *be*
1 gwneud neu droi'n sych *(Gofala dy fod yn sychu dy ddwylo.)* TO DRY
2 rhwbio rhywbeth er mwyn cael gwared â baw, gwlybaniaeth ac ati *(A phaid â defnyddio llawes dy got i sychu dy drwyn.)* TO WIPE
3 cadw bwydydd trwy dynnu'r dŵr allan ohonynt *(ffrwythau wedi'u sychu)* TO DRY

sydyn *a* gair i ddisgrifio rhywbeth sy'n digwydd yn gyflym iawn ac yn annisgwyl; disymwth *(Cododd yn sydyn a gadael yr ystafell.)* SUDDEN, ABRUPT

sydynrwydd *hwn eg* cyflymdra annisgwyl SUDDENNESS, ABRUPTNESS

sydd gw. **sy:sydd**

syfïen *hon eb* (syfi)
1 planhigyn sy'n tyfu'n agos i'r llawr ac sy'n dwyn ffrwythau melys, coch, bwytadwy; yn arbennig y planhigyn gwyllt o'i gyferbynnu â'r un a gewch yn yr ardd STRAWBERRY
2 un o ffrwythau'r planhigyn yma; mefusen STRAWBERRY
□ *ffrwythau* t.624

syflyd *be* symud, cyffroi TO MOVE, TO STIR

syfrdan *a* gair i ddisgrifio rhywun neu rywbeth sydd wedi'i barlysu gan ryfeddod, ofn, braw ac ati STUNNED, DAZED

syfrdanol *a* gair i ddisgrifio rhywun neu rywbeth sy'n peri syndod neu ryfeddod mawr *(Gwelsom berfformiad syfrdanol gan y Cwmni Opera yng Nghaerdydd.)* STUNNING, STUPENDOUS, ASTOUNDING

a b c ch d dd e f ff g ng h i j (k) l ll m n o p ph r rh s t th u w y (z)

syfrdanu *be*
  1 bod mor syn fel na allwch wneud dim *(Roedd pobl y pentref wedi'u syfrdanu pan glywsant am y ddamwain.)* TO BE DAZED, STUNNED OR SHOCKED
  2 rhyfeddu, bod yn llawn syndod pleserus *(Roedd y prifathro wedi'i syfrdanu gan ymateb hael y rhieni.)* TO BE ASTONISHED OR DUMBFOUNDED
  3 achosi syndod mawr neu ryfeddod *(Syfrdanodd y gynulleidfa â'i rybuddion am yr hyn a allai ddigwydd oni bai iddynt weithredu ar unwaith.)* TO SHOCK, TO DUMBFOUND

sylfaen *hwn neu hon egb* (sylfeini)
  1 sail, adeiladwaith sy'n cael ei osod mewn tyllau a sianelau wedi'u cloddio yn y ddaear ac a fydd yn cynnal waliau adeilad FOUNDATION, BASE
  2 yr hyn y mae rhywbeth wedi'i seilio arno; sail BASIS

sylfaenol *a* gair i ddisgrifio rhywbeth haniaethol:
  1 gwaelodol, y mae popeth arall yn deillio ohono *(Maen nhw'n anghytuno'n sylfaenol ynglŷn â llawer o bethau.)* FUNDAMENTAL
  2 sy'n fwy pwysig nag unrhyw un peth arall; rhywbeth y mae popeth arall wedi'i adeiladu neu'i seilio arno *(Dyma gyfres o ymarferion sylfaenol y bydd gofyn iti eu meistroli.)* BASIC

sylfaenu *be* seilio, sefydlu, gosod ar sail *(Mae'r ffilm hon wedi'i sylfaenu ar fywyd Mozart.)* TO FOUND, TO BASE

sylfaenwr:sylfaenydd *hwn eg* (sylfaenwyr) un sy'n sefydlu rhywbeth, sy'n dechrau rhywbeth FOUNDER

sylfeini *hyn ell* mwy nag un **sylfaen**

sylffwr *hwn eg* elfen sydd i'w chael mewn sawl gwahanol ffurf (ond yn arbennig ar ffurf powdr melyn), ac sy'n cael ei defnyddio mewn moddion ac yn y diwydiant papur SULPHUR

sylw *hwn eg* (sylwadau)
  1 rhywbeth sydd wedi cael ei weld a'i gofnodi *(Hoffwn dderbyn dy sylwadau ar ein taith y prynhawn yma.)* OBSERVATION
  2 dywediad, ymadrodd *('Pan gyll y call fe gyll ymhell,' oedd unig sylw fy nhad ar y mater.)* OBSERVATION, COMMENT, REMARK
  3 y weithred o ganolbwyntio ar rywun neu rywbeth trwy edrych neu wrando arno *(Ga i'ch sylw chi am eiliad?)* ATTENTION
  4 gofal, ystyriaeth arbennig *(Byddai hi'n pwdu'n lân petai rhywun arall yn cael mwy o sylw na hi.)* ATTENTION
  dan sylw sy'n cael ei ystyried IN QUESTION, UNDER DISCUSSION
  talu sylw canolbwyntio TO PAY ATTENTION

sylwebaeth *hon eb* (sylwebaethau) disgrifiad (ar lafar) o gêm, digwyddiad ac ati, yn arbennig ar y radio neu'r teledu COMMENTARY

sylwebydd *hwn eg* (sylwebyddion) un sy'n rhoi sylwebaeth COMMENTATOR

sylwebydd

sylwedydd *hwn eg* (sylwedyddion) un sy'n sylwi (yn hytrach na gweithredu neu gymryd rhan) OBSERVER

sylwedd *hwn eg* (sylweddau)
  1 deunydd, math o fater *(sylwedd cemegol, sylweddau perygius)* SUBSTANCE, MATTER
  2 y rhan bwysig, ansawdd, cryfder, rhywbeth o bwys *(Doedd dim o sylwedd yn ei araith.)* SUBSTANCE
  3 hanfod, craidd, calon y peth heb y manylion ymylol, fel yn *swm a sylwedd* ESSENCE, SUBSTANCE, GIST

sylweddol *a* gair i ddisgrifio rhywun neu rywbeth mawr (o ran maint, gwerth neu bwysigrwydd) *(Rhwng ei weithgarwch a'i roddion ariannol mae wedi cyfrannu'n sylweddol at les y gymdeithas.)* SUBSTANTIAL, SIGNIFICANT

sylweddoli *be*
  1 deall a chredu (ffaith) *(Doeddwn i ddim wedi sylweddoli ei bod hi mor hwyr.)* TO REALIZE
  2 gwireddu (breuddwyd neu addewid) *(Mae'n dal yn ifanc a heb sylweddoli ei wir botensial.)* TO REALIZE

sylwgar *a* gair i ddisgrifio rhywun sy'n dda am sylwi ar bethau OBSERVANT

sylwi *be* gweld a nodi, gwylio'n ofalus, dal sylw *(Sylwais i ddim eu bod wedi cael llenni newydd.)* TO NOTICE, TO OBSERVE

sylltau *hyn ell* mwy nag un **swllt**

syllu *be*
  1 edrych yn syth ar rywbeth â'r llygaid led y pen ar agor TO STARE
  2 edrych yn hir ac yn fyfyrgar ar rywbeth *(syllu ar y sêr)* TO GAZE, TO PEER

sym *hon eb* (symiau) tasg/problem mewn rhifyddeg (adio, tynnu, lluosi ac ati); swm *(sym dynnu, sym adio)* SUM

symbal *hwn eg* (symbalau) un o ddau blât crwn o fetel sy'n cael eu taro ynghyd i greu seiniau cerddorol CYMBAL

symbol *hwn eg* (symbolau)
1 arwydd, ffurf neu wrthrych sy'n cynrychioli person, syniad, gwerth ac ati *(Mae'r ddraig goch yn symbol o Gymru.)* SYMBOL
2 arwydd neu gyfuniad o lythrennau a/neu rifau sydd ag ystyr arbennig *(H_2O yw'r symbol cemegol am ddŵr.)* SYMBOL

symbolaidd *a* gair i ddisgrifio rhywbeth sy'n gweithredu fel symbol, sy'n cael ei ddynodi gan symbol neu sy'n gwneud defnydd helaeth o symbolau SYMBOLIC

symbylau *hyn ell* mwy nag un **swmbwl**
gwingo yn erbyn y symbylau ymadrodd Beiblaidd sy'n darlunio ych neu asyn yn brwydro (yn aflwyddiannus) yn erbyn y ffon bigfain a fyddai'n cael ei defnyddio i'w cadw i weithio; gorfod dal ati yn erbyn yr ewyllys

symbyliad *hwn eg* cymhelliad i wneud rhywbeth, neu i wneud mwy neu i wneud yn well *(Rwy'n gobeithio y bydd yr addewid o wyliau yn Ffrainc yn symbyliad i Ifan weithio ar gyfer ei arholiadau.)* INCENTIVE, ENCOURAGEMENT

symbylu *be* cymell, ysgogi neu annog rhywun i wneud rhywbeth arbennig *(Beth a'ch symbylodd i ysgrifennu'r nofel hon?)* TO ENCOURAGE, TO STIMULATE

symffoni *hwn neu hon egb* (symffonïau) darn hir o gerddoriaeth ar gyfer cerddorfa SYMPHONY

syml *a* gair i ddisgrifio rhywun neu rywbeth:
1 plaen, diaddurn *(patrwm syml)* SIMPLE
2 rhwydd ei ddeall, heb fod yn anodd nac yn astrus *(darn syml i'r piano)* SIMPLE
3 yn y ffurf sylfaenol, heb unrhyw reolau na nodweddion arbennig na chymhlethdodau *(Eglurwch y peth i mi mewn termau syml, uniongyrchol.)* SIMPLE
4 pur, digymysg, diledryw *(gosodiad syml)* SIMPLE
5 cyffredin, arferol, heb ddim yn arbennig ynglŷn ag ef/hi *(Pobl syml oeddynt.)* SIMPLE (seml)

symleiddio *be* gwneud neu ddod yn fwy syml TO SIMPLIFY

symol *a* gair i ddisgrifio rhywbeth (y sefyllfa yn gyffredinol fel arfer, neu gyflwr iechyd) gweddol, go lew, heb fod yn arbennig o dda FAIR

symud *be*
1 newid lle neu achosi newid lle *(Pwy symudodd y gadair?)* TO MOVE
2 newid neu achosi newid *(Nid ydym yn barod i symud ar y pwynt yma.)* TO MOVE, TO BUDGE
3 newid tŷ neu waith *(Rydym yn symud yn ôl i'r Gogledd ar ddiwedd y mis.)* TO MOVE
4 (mewn gêmau megis gwyddbwyll) newid safle (darn) *(Ti sydd i symud.)* TO MOVE
5 mynd ymlaen *(O'r diwedd mae pethau'n dechrau symud ynglŷn â chael adeilad newydd.)* TO MOVE, TO PROGRESS

symudiad *hwn eg* (symudiadau)
1 y cyflwr o fod yn symud neu'r weithred o symud *(Gwelais symudiad trwy gil fy llygad. Roedd symudiad y llong yn fy ngwneud yn sâl.)* MOVEMENT, MOTION
2 gweithred arbennig neu ffordd arbennig o symud *(symudiad mewn gwyddbwyll; symudiad cymhleth mewn jiwdo)* MOVE, MOVEMENT
3 ymdeimlad cyffredinol neu weithgarwch eang tuag at rywbeth newydd, e.e. *y symudiad dros ddeddf newydd i'r iaith* MOVEMENT
4 un o brif raniadau symffoni MOVEMENT

symudlun *hwn eg* ffilm wedi ei gwneud drwy roi nifer helaeth o luniau llonydd unigol at ei gilydd gan roi'r argraff fod y cymeriadau'n symud; cartŵn ANIMATED PICTURE, CARTOON

symudol *a* gair i ddisgrifio rhywbeth y mae'n bosibl ei symud *(cartref symudol)* MOVABLE, MOBILE

symylrwydd *hwn eg* y cyflwr o fod yn syml SIMPLICITY

syn *a* gair i ddisgrifio rhywun sydd wedi cael ei synnu, yn arbennig fel yn *edrych yn syn [ar]* AMAZED, ASTONISHED (synned, synnach, synnaf)

synagog *hwn eg* (synagogau) addoldy'r Iddewon, y man lle y mae Iddewon yn cyfarfod i addoli SYNAGOGUE

synau *hyn ell* mwy nag un **sŵn**

syndod *hwn eg* rhyfeddod, y teimlad sy'n cael ei achosi gan rywbeth hollol annisgwyl; teimlad o ryfeddod sy'n gysylltiedig fel arfer ag edmygedd a chwilfrydedd WONDER, SURPRISE, AMAZEMENT

synfyfyrio *be* meddwl yn ddwys ac yn galed am rywbeth TO MEDITATE, TO MUSE

synhwyrau *hyn ell* mwy nag un **synnwyr**

synhwyro *be*
1 teimlo, canfod (rhywbeth nad yw'n amlwg) trwy'r synhwyrau, deall *(Roedd y ci yn synhwyro bod rhywbeth o'i le a gwrthododd fynd yn ei flaen.)* TO SENSE, TO FEEL
2 ffroeni, arogli, sniffian TO SNIFF, TO SMELL

synhwyrol *a* gair i ddisgrifio rhywun neu rywbeth rhesymol, sy'n gwneud synnwyr, sy'n gall SENSIBLE, RATIONAL

syniad *hwn eg* (syniadau)
1 darlun sy'n cael ei greu yn y meddwl *(Mae gennyf syniad da ar gyfer y sioe Nadolig.)* IDEA, THOUGHT

synied:synio

2 cynllun, awgrym *(A oes gan unrhyw un syniad sut y gallwn ni ddod allan o'r lle 'ma?)* IDEA
3 barn *(Mae ganddo syniadau cryf iawn ynglŷn â ble y dylen ni fod yn mynd.)* IDEA, OPINION, VIEW
4 teimlad cryf mai dyma'r gwirionedd; gwybodaeth, amcan *(Mae gennyf syniad go lew ym mhle'r ydyn ni.)* IDEA, GUESS
5 delfryd neu ddarlun delfrydol *(Fy syniad i o wyliau braf yw gorweddian yn yr haul yn gwneud dim.)* IDEA
6 meddwl, dealltwriaeth *(Mae ganddo lawer o syniadau anodd yn ei lyfr.)* CONCEPT, IDEA

synied:synio *be* tybied, tybio, dychmygu TO THINK, TO IMAGINE

synnach:synnaf:synned *a* mwy **syn**: mwyaf **syn**: mor **syn**

synnu *be* rhyfeddu, teimlo'n llawn syndod neu wneud i rywun deimlo'n llawn syndod TO AMAZE, TO SURPRISE, TO MYSTIFY, TO ASTONISH
Sylwch: dyblwch yr 'n' ym mhob un o ffurfiau'r ferf ac eithrio'r rhai sy'n cynnwys -as-, e.e. synnaf ond synasant.

synnwyr *hwn eg* (synhwyrau)
1 y gallu i weld, clywed, blasu, arogli neu deimlo rhywbeth SENSE
2 ystyr *(A oes unrhyw un yn gallu gwneud synnwyr o hyn?)* SENSE
3 y ddawn i feddwl a dod i gasgliadau doeth ac ymarferol *(synnwyr cyffredin)* SENSE, JUDGEMENT
4 teimlad (anodd iawn ei ddiffinio) *(synnwyr digrifwch)* SENSE

synnwyr y fawd ffordd gyflym o wneud rhywbeth wedi'i seilio ar brofiad RULE OF THUMB

synthetig *a* gair i ddisgrifio rhywbeth:
1 sydd wedi cael ei lunio trwy gyfuno gwahanol bethau, yn arbennig trwy gyfuno gwahanol sylweddau cemegol SYNTHETIC
2 annaturiol, ffug SYNTHETIC

sypiau *hyn ell* mwy nag un **swp**

sypyn *hwn eg* (sypynnau) nifer o bethau wedi'u clymu neu'u lapio gyda'i gilydd; crugyn, twr, swp, pecyn BUNDLE, HEAP

syr *hwn eg* ffordd barchus o gyfarch gŵr sy'n hŷn na chi neu un yr ydych chi'n atebol iddo (e.e. milwr wrth swyddog yn y fyddin, plentyn ysgol wrth athro ac ati) SIR

Syr *hwn eg*
1 teitl sy'n cael ei ddefnyddio o flaen enw marchog neu farwnig, e.e. *Syr Thomas Parry-Williams* SIR
2 cyfarchiad ar ddechrau llythyr ffurfiol *(Annwyl Syr)* SIR

syrcas *hon eb* (syrcasau)
1 cwmni o berfformwyr medrus ac anifeiliaid wedi'u hyfforddi i berfformio'n gyhoeddus (mewn pabell fawr, symudol fel arfer) CIRCUS
2 perfformiad cyhoeddus neu sioe gan grŵp fel hyn CIRCUS
3 (yn Rhufain gynt) lle agored a seddau o'i gwmpas lle y byddai rasys, chwaraeon ac ati yn cael eu cynnal CIRCUS

syrffed *hwn eg* gormodedd o rywbeth, a hynny'n peri diflastod SURFEIT

syrffedu *be* diflasu ar ôl cael gormod o rywbeth, cael llond bol ar rywbeth TO SURFEIT, TO BE FED UP

syrthio *be*
1 cwympo, disgyn yn naturiol dan bwysau neu wrth golli cydbwysedd *(Syrthiodd y llun oddi ar y silff-ben-tân.)* TO FALL
2 disgyn o fod yn sefyll *(Syrthiodd ar ei liniau o'i blaen.)* TO FALL
3 symud i gyflwr gwahanol, cwympo *(syrthio i gysgu)* TO FALL
4 hongian yn rhydd *(Yr oedd ei wallt yn syrthio dros ei ysgwyddau.)* TO FALL
5 marw mewn brwydr neu ryfel *(Roedd cofgolofn ar sgwâr y pentref i'r rhai a syrthiodd yn y Rhyfel Mawr.)* TO FALL
6 (am yr wyneb) cymryd arno olwg drist, siomedig TO FALL
7 digwydd *(Mae'r Nadolig yn syrthio ar ddydd Gwener eleni.)* TO FALL
8 cwympo i lefel is o ran gwerth, maint neu uchder *(Mae lefel y dŵr yn y gronfa yn syrthio.)* TO FALL
9 cael eich gorchfygu *(Syrthiodd y ddinas i ddwylo'r gelyn.)* TO FALL

syrthio ar fy (dy, ei etc.) mai cyfaddef fy mod yn euog a gofyn maddeuant

syrthio rhwng dwy stôl gw. **stôl**

syrthni *hwn eg* blinder, llesgedd, trymder, cyflwr cysglyd *(Syrthiais i gysgu yn syrthni gwres y prynhawn.)* LETHARGY, LISTLESSNESS

system *hon eb* (systemau)
1 nifer o ddarnau neu unedau cysylltiedig sy'n cydweithio o fewn uned gymhleth; cyfundrefn *(system garthffosiaeth)* SYSTEM
2 trefn reolaidd, dull o wneud rhywbeth *(Mae ganddyn nhw system fenthyca newydd yn y llyfrgell.)* SYSTEM

syth *a* gair i ddisgrifio rhywun neu rywbeth:
1 nad yw'n plygu, sydd heb fod yn gam *(llinell syth)* STRAIGHT
2 gwastad, union *(Ydy'r silff yma'n syth?)* STRAIGHT

3 (am wyneb neu olwg) sydd heb fod yn gwenu *(Roedd hi'n anodd cadw wyneb syth pan dorrodd y gadair odano.)*
yn syth:yn syth bìn yn union, ar unwaith *(Gofala dy fod yn dod adre yn syth ar ôl y gêm!)* STRAIGHT AWAY, DIRECTLY

sythu *be*
1 gwneud yn syth, unioni TO STRAIGHTEN
2 rhynnu, crynu, fferru, teimlo'n oer iawn, rhewi *(Rwy'n gobeithio na fydd hi'n hir, rwyf bron â sythu fan hyn.)* TO BENUMB, TO FREEZE

T

t. *byrfodd* tudalen [p.]
'ta ffurf lafar ar **ynteu**
tabernacl *hwn eg* y babell y byddai'r Iddewon yn ei defnyddio i addoli ynddi yn ystod eu taith trwy'r anialwch a chyn iddynt adeiladu'r deml yn Jerwsalem TABERNACLE
tabl *hwn eg* (tablau)
1 rhestr o ffeithiau neu ffigurau wedi eu gosod mewn trefn TABLE
2 rhestr o'r atebion a geir o luosi'r rhifau rhwng 1-12 ag un arall o'r rhifau rhwng 1-12 ac a ddysgir ar y cof yn yr ysgol gynradd, e.e. *tabl dau: un dau dau, dau dau pedwar, tri dau chwech*—ac yn y blaen TABLE
tabled *hon eb* (tabledi:tabledau)
1 darn gwastad, caled o ryw sylwedd arbennig, gan amlaf darn bach felly o foddion; pilsen TABLET
2 darn llyfn o garreg neu fetel a geiriau wedi'u naddu arno TABLET
3 darn llyfn o gŵyr neu glai y byddai pobl yn ysgrifennu arno yn yr hen amser TABLET
tablen *hon eb* (gair tafodieithol) cwrw, yn arbennig cwrw cartref BEER
tabŵ *hwn eg*
1 yn wreiddiol, rheolau crefyddol neu gymdeithasol neu swyngyfareddol arbennig a oedd yn gwahardd pobl rhag enwi neu gyffwrdd â rhywun neu rywbeth a gâi ei ystyried yn rhy sanctaidd neu'n rhy gythreulig TABOO
2 erbyn hyn, arferiad cryf gan gymdeithas i beidio â gwneud neu i beidio â sôn am rywbeth arbennig TABOO
tabwrdd *hwn eg* (tabyrddau) drwm bach sy'n cael ei guro â'r llaw TABOR □ *drwm*
tac *hwn eg* (taciau)
1 hoelen fach â chlopa neu ben llydan TACK
2 pwyth bras, llac mewn gwniadwaith TACK
3 llwybr igam-ogam llong hwyliau sy'n hwylio yn erbyn y gwynt TACK
4 yr hawl i bori anifeiliaid (defaid fel arfer) ar ddarn o dir am gyfnod penodol (am dâl fel arfer) *(defaid tac)*

tacio *be*
1 hoelio â thaciau TO TACK
2 gwnïo â phwythau bras, llac TO TACK
3 hwylio llong hwyliau yn igam-ogam i mewn i'r gwynt TO TACK
tacl *hwn neu hon egb* :**taclad** *hwn eg* (taclau:tacladau) mewn gêm fel pêl-droed, ymgais i fynd â'r bêl oddi ar un o'ch gwrthwynebwyr; mewn gêm fel rygbi, ymgais i rwystro'r aelod o'r tîm arall sydd â'r bêl rhag rhedeg ymhellach trwy afael yn ei goesau neu ei gorff TACKLE

tacl:taclad

taclau *hyn ell* mwy nag un **teclyn** a **tacl**
1 geriach, yr holl fân offer sydd yn gysylltiedig â rhywbeth (e.e. y wialen, y rilen, y rhwyd, yr abwyd ac ati sydd gan bysgotwr) TACKLE, KIT
2 ffurf lafar sy'n cael ei defnyddio am bobl ddrygionus SCALLYWAGS
taclo *be* mewn gêmau megis pêl-droed neu rygbi, ceisio (o fewn rheolau'r gêm) ddwyn y bêl oddi ar eich gwrthwynebydd neu ei rwystro rhag rhedeg â'r bêl trwy afael ynddo TO TACKLE
taclus *a* gair i ddisgrifio rhywun neu rywbeth sy'n drwsiadus, destlus; gwrthwyneb anniben TIDY

tacluso *be* gwneud yn drefnus, cymhennu, twtio TO TIDY, TO SMARTEN

taclusrwydd *hwn eg* y cyflwr o fod yn daclus, o fod yn drefnus TIDINESS, NEATNESS

taclwr *hwn eg* (taclwyr) mewn gêm megis pêl-droed neu rygbi, chwaraewr sy'n taclo chwaraewr arall TACKLER

tacsi *hwn eg* car y mae pobl yn talu am gael eu cludo ynddo TAXI

tact *hwn eg* y gallu i ymdrin â phobl heb godi eu gwrychyn TACT

tacteg *hon eb* (tactegau)
  1 yn wreiddiol, y ffordd yr oedd milwyr yn cael eu gosod neu eu symud mewn brwydr o fewn rhyw gynllun ehangach, sef strategaeth TACTICS
  2 y ddawn o ddefnyddio yr hyn sydd ar gael i gyflawni'r hyn sydd ei angen TACTICS

Tachwedd *hwn eg* yr unfed mis ar ddeg, y mis du; yr ystyr wreiddiol, mae'n debyg, oedd 'tynnu tua'r diwedd', sef bod y flwyddyn yn dod i'w therfyn NOVEMBER

tad *hwn eg* (tadau)
  1 rhiant gwryw FATHER □ *teulu*
  2 fel yn y weddi *Ein Tad ...*, cyfeiriad at Dduw
  3 teitl o barch at offeiriad yn yr Eglwys Babyddol *(Y Tad Damien)* FATHER
  4 fel yn *y Tadau Methodistaidd*, sylfaenydd, un o'r hynafiaid FATHER

tad bedydd gŵr (nid y tad) sy'n addo, mewn gwasanaeth bedydd, helpu plentyn i ddyfu'n Gristion GODFATHER

tad-yng-nghyfraith tad y person yr ydych wedi ei briodi/ei phriodi, tad eich priod; chwegrwn FATHER-IN-LAW

tad-cu *hwn eg* yr enw yn y De ar dad un o'ch rhieni; taid; gŵr mam-gu GRANDFATHER □ *teulu*

tadmaeth *hwn eg* (tadau maeth) y tad mewn teulu sy'n codi plentyn rhywun arall, ond heb dderbyn cyfrifoldeb cyfreithiol llawn amdano fel y byddai rhywun sydd wedi mabwysiadu plentyn FOSTER-FATHER

tadogi *be* bod yn dad i, awgrymu bod rhywbeth wedi'i greu neu'i gyfansoddi gan rywun *(Mae'r cywydd hwn wedi ei dadogi ar Ddafydd ap Gwilym er nad oes prawf pendant mai ef oedd yr awdur.)* TO FATHER, TO ASCRIBE

tadol *a* gair i ddisgrifio rhywun sy'n ymddwyn fel tad, neu sydd â nodweddion tad FATHERLY, PATERNAL

taen gw. **taenu**

taenelliad *hwn eg*
  1 ychydig o rywbeth wedi'i wasgaru yma a thraw neu wedi'i daenu ar rywbeth (A) SPREADING, SPRINKLING
  2 cawod ysgafn SPRINKLING
  3 bedydd babi

taenellu *be* gwasgaru defnynnau bychain o ddŵr fel y bydd offeiriad neu weinidog wrth fedyddio babi TO SPRINKLE

taenu *be*
  1 gwasgaru, lledaenu, e.e. *taenu gwybodaeth trwy'r wlad* TO SPREAD
  2 peri bod rhywbeth yn gorchuddio rhywbeth arall *(taenu'r lliain bwrdd; taenu menyn ar fara)* TO SPREAD

ar daen wedi'i wasgaru, wedi'i osod SPREAD

taeog[1] *hwn eg* (taeogion)
  1 person nad oedd yn gaethwas llwyr ond a oedd yn gorfod aros a gweithio ar dir ei feistr (o fewn cyfundrefn ffiwdal); gŵr caeth SERF
  2 erbyn heddiw, un sy'n derbyn cyflwr o gaethiwed, un nad yw'n barod i frwydro am ei ryddid SERF

cymhleth y taeog gw. **cymhleth**

taeog[2] *a* gair i ddisgrifio rhywun sy'n amlygu nodweddion gwaethaf gŵr caeth; taeogaidd, gwasaidd SERVILE

taeogaidd *a* gair i ddisgrifio rhywun sy'n ymddwyn fel taeog neu sydd, mewn rhyw ffordd, yn debyg i daeog; gwasaidd SERVILE

taer *a* gair i ddisgrifio rhywun neu rywbeth sy'n ddifrifol o frwdfrydig, sydd o ddifrif *(apêl daer dros dlodion Affrica)* EARNEST

taeru *be* datgan ag argyhoeddiad, dweud yn gadarn; haeru, maentumio TO ASSERT, TO INSIST

Taf *enw afon* TAFF

tafarn *hwn neu hon egb* (tafarnau)
  1 math o westy lle mae rhywun yn gallu aros dros nos neu gael pryd o fwyd neu ddiod INN
  2 erbyn hyn, lle i bobl gael prynu ac yfed diod feddwol; tafarndy, tŷ tafarn *(Mae ymgyrch i gadw tafarnau ar gau ar y Sul mewn rhannau o Gymru.)* PUB, PUBLIC HOUSE

tafarndy *hwn eg* (tafarndai) tŷ tafarn, tafarn PUBLIC HOUSE, INN

tafarnwr *hwn eg* (tafarnwyr) dyn sy'n cadw tŷ tafarn PUBLICAN

tafell *hon eb* (tafellau:tafelli)
  1 sleisen neu haen o fara neu ryw fwyd arall megis teisen, caws neu gig SLICE
  2 tamaid fflat, lled denau wedi'i dorri o ddarn mwy SLICE

taflegryn *hwn eg* (taflegrau) roced fawr y mae'n bosibl ei hanelu a'i llywio tuag at darged arbennig, yn enwedig y math sy'n gallu cario bomiau niwclear MISSILE

tafleisydd:tafleisiwr *hwn eg* (tafleisyddion:tafleiswyr) person sy'n gallu gwneud i'w lais swnio fel petai'n dod o rywle arall VENTRILOQUIST

taflen hon *eb* (taflenni) tudalen o bapur (weithiau wedi'i blygu) yn cyflwyno gwybodaeth LEAFLET
taflennu *be* gosod mewn tablau, rhestru TO TABULATE
tafliad hwn *eg* (tafliadau)
1 y weithred o daflu A THROW
2 y pellter y mae rhywbeth wedi cael ei daflu *(Enillodd y gystadleuaeth â thafliad o dros hanner can metr.)* A THROW
taflod hon *eb* (taflodydd) y llofft neu'r oriel mewn beudy neu ysgubor, lle yr oedd gwair yn cael ei gadw LOFT
  taflod y genau to'r geg y tu ôl i'r dannedd ac uwchben y tafod PALATE
taflu *be*
1 codi rhywbeth a'i hyrddio trwy'r awyr; lluchio TO THROW
2 symud y corff neu ran o'r corff yn gyflym ac yn nerthol *(taflu dwrn)* TO THROW
3 bwrw pluen i'r dŵr â gwialen bysgota TO CAST
4 cael gwared ar rywbeth *(Rwyf wedi taflu'r hen esgidiau duon 'na i'r bin.)* TO THROW AWAY
5 llunio darn o grochenwaith ar olwyn crochenydd TO THROW
6 gwneud i rywbeth neu rywun gwympo fel mewn gornest ymaflyd codwm TO THROW
7 rholio dis TO THROW
8 lluchio rhywbeth i'r awyr er mwyn iddo gael ei ddal TO TOSS
9 creu llun neu gysgod trwy gyfeirio neu rwystro goleuni; bwrw TO CAST, TO PROJECT (teflais, teifl)
  taflu dŵr oer gw. **dŵr**
  taflu pàs pasio pêl rygbi TO PASS
tafluniad hwn *eg* (tafluniadau) ffordd o gyflwyno arwyneb crwm (megis wyneb y Ddaear) ar arwyneb gwastad (megis map) PROJECTION

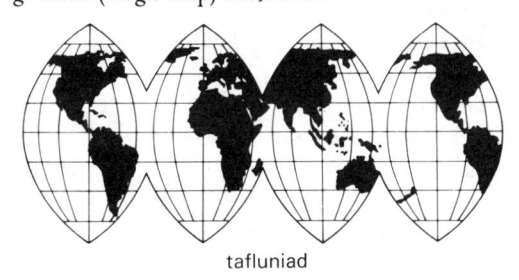

tafluniad

taflunydd hwn *eg* (taflunyddion) peiriant ar gyfer taflu llun ar sgrin, e.e. *taflunydd ffilmiau, sleidiau* ac ati PROJECTOR
tafod hwn *eg* (tafodau)
1 organ symudol o fewn y geg sy'n cael ei ddefnyddio i flasu bwyd ac i siarad TONGUE
2 unrhyw beth sydd yr un siâp â'r tafod (e.e. y rhan o esgid sy'n gorwedd dan y careiau neu ddarn o dir sy'n ymwthio i'r môr) TONGUE
3 tafod tegell, sef y rhan honno yng ngwaelod tegell trydan sy'n twymo'r dŵr ELEMENT
  a'm ('th, 'i etc.) tafod yn fy moch cymryd arnaf, esgus bod TONGUE-IN-CHEEK
  ar dafod leferydd
  1 wedi'i adrodd, ar lafar SPOKEN
  2 wedi'i ddysgu ar y cof BY HEART
  3 yn wybyddus i bawb
  ar flaen fy (dy, ei etc.) nhafod
  1 bron dweud, ar fin dweud ON THE TIP OF MY TONGUE
  2 ar fin cofio ON THE TIP OF MY TONGUE
  blas tafod gw. **blas**
  cael tafod cael cerydd TO BE GIVEN A TALKING TO
  dal fy (dy, ei etc.) nhafod gw. **dal**
  heb flewyn ar fy (dy, ei etc.) nhafod gw. **blewyn**
  pryd o dafod gw. **pryd**
  rhoi tafod drwg i (rywun) dwrdio, dweud y drefn TO SCOLD
  uniad tafod a rhych gw. **uniad**
tafodi *be* dweud y drefn, rhoi pryd o dafod i rywun, dwrdio, difrïo TO SCOLD
tafodiaith hon *eb* (tafodieithoedd) ffurf arbennig ar iaith lafar un ardal sy'n wahanol i iaith lafar ardal arall DIALECT
tafodieithol *a* gair i ddisgrifio rhyw air neu ymadrodd sy'n perthyn i dafodiaith COLLOQUIAL
tafodrydd *a* gair i ddisgrifio rhywun sy'n siarad gormod; siaradus GLIB, GARRULOUS
tafol[1] hon *eb* peiriant pwyso, clorian, mantol SCALES □ *clorian*
tafol[2] mwy nag un dafolen [**tafolen**]
  dail tafol gw. **dail**
tafolen hon *eb* (tafol) planhigyn cyffredin â dail bras, llydan sy'n tyfu ger heolydd DOCK □ *blodau t.618*
tafoli *be* pwyso a mesur gwerth rhywbeth naill ai mewn clorian neu yn ffigurol *(Mae gan gwmnïau teledu bobl sy'n tafoli poblogrwydd eu rhaglenni ar sail ymateb y cyhoedd.)* TO WEIGH UP, TO ASSESS
taffi hwn *eg* (taffis) math o losin neu dda-da brown gludiog wedi'i wneud trwy ferwi siwgr, menyn a dŵr gyda'i gilydd; cyflaith TOFFEE
tagell hon *eb* (tagellau)
1 darn llac o groen yn hongian dan yr ên DOUBLE CHIN
2 un o'r pâr o organau anadlu sydd gan bysgodyn, sy'n caniatáu iddo dynnu ocsygen o'r dŵr GILL □ *pysgodyn*

tagfa hon *eb* (tagfeydd)
 1 diffyg ar anadlu oherwydd bod yna rwystr i lifeiriant yr anadl CHOKING
 2 unrhyw ddiffyg symud sy'n peri bod pethau'n crynhoi ac yn creu mwy o rwystr *(tagfa draffig)* BLOCKAGE, JAM

tagu *be*
 1 achosi i berson (neu anifail) fethu anadlu (neu ei orfodi i frwydro am anadl) trwy wasgu ei gorn gwddf TO CHOKE, TO STRANGLE
 2 sefyll neu stopio'n sydyn ac yna ailgychwyn a stopio eto, e.e. *siaradwr yn tagu ar ei eiriau* neu *gar yn tagu pan fydd rhywun yn ceisio'i gychwyn ar fore oer* TO CHOKE, TO STUTTER
 3 methu anadlu'n iawn *(Mae arnaf ofn iti dagu â'r lolipop 'na.)* TO CHOKE

 brawd mygu yw tagu gw. **brawd**

tagydd hwn *eg* dyfais sy'n rheoli faint o aer sy'n cymysgu â phetrol mewn peiriant (car yn arbennig) er mwyn i'r peiriant gychwyn yn ddidrafferth CHOKE □ *car*

tangiad hwn *eg* (tangiadau) (mewn mathemateg) llinell syth sy'n cyffwrdd ag ymyl cylch neu gromlin ond nad yw'n ei dorri TANGENT □ *cylch*

tangnefedd hwn neu hon *egb* heddwch sy'n deillio o lonyddwch mewnol neu ysbrydol PEACE

tangnefeddus *a* gair i ddisgrifio rhywun neu rywbeth sydd naill ai'n llawn tangnefedd neu'n peri tangnefedd PEACEFUL

tangnefeddwyr hyn *ell* pobl sy'n peri tangnefedd neu sydd wedi cyrraedd stad o dangnefedd

tai hyn *ell* mwy nag un **tŷ**

taid hwn *eg* (teidiau) yr enw yn y Gogledd ar dad un o'ch rhieni; tad-cu; gŵr nain GRANDFATHER □ *teulu*

tail hwn *eg* ysgarthion anifail megis ceffyl neu fuwch wedi'u cymysgu â phridd a gwellt i wneud gwrtaith; tom, achles DUNG, MANURE

tair *rhifol* ffurf ar **tri** pan fydd yn cyfeirio at bethau benywaidd, e.e. *tair merch, tair gwraig* ond *tri gŵr* 3, THREE
 Sylwch: nid yw *tair* yn treiglo ar ôl *y (y tair merch, y tair ohonynt)* ond mae ansoddair sy'n dilyn *tair* yn treiglo'n feddal *(tair dew, tair brydferth)*.

taith hon *eb* (teithiau) yr amser y mae'n ei gymryd i fynd o un man i fan arall, neu'r pellter rhyngddynt; siwrnai JOURNEY (teithio)
 ar daith yn teithio o le i le ON TOUR

tal *a* gair i ddisgrifio rhywun neu rywbeth sy'n uwch na'r cyffredin TALL

tâl[1] :**taliad** hwn *eg* (taliadau) yr arian (neu weithiau rywbeth arall o werth) sy'n cael ei roi i rywun, naill ai am wneud rhyw waith arbennig, neu yn gyfnewid am nwyddau PAYMENT, FEE
 tâl mynediad tâl am fynd i mewn i rywle (e.e. i sinema neu gyngerdd) ENTRANCE FEE

tâl[2] *bf* mae ef/hi yn talu; bydd ef/hi yn talu
 (ni) thâl hi ddim does dim gwerth, does dim diben; wnaiff hi mo'r tro

tâl[3] :**tal** hwn *eg* (mewn enwau lleoedd) pen, blaen, e.e. *Tal-y-llyn*

Talacharn gw. **Lacharn:Talacharn**

taladwy *a* gair i ddisgrifio:
 1 (am dderbynneb neu fil) rhywbeth sydd angen ei dalu; sy'n barod i'w dalu PAYABLE
 2 (am siec) y person neu'r cwmni yr ydych yn talu'r siec iddo PAYABLE

talaith hon *eb* (taleithiau) un o brif raniadau llywodraethol rhai gwledydd *(Yn yr un ffordd ag y mae Cymru wedi'i rhannu'n siroedd, mae Unol Daleithiau America wedi'i rhannu'n daleithiau megis California, Texas ac ati.)* STATE, PROVINCE

talar hon *eb* (talarau)
 1 y rhimyn llydan o dir sy'n cael ei adael heb ei aredig ar bob pen i gŵys er mwyn cael lle i droi cyn cychwyn aredig y gŵys nesaf
 2 darn o dir sy'n ymestyn i'r môr HEADLAND

 dod i ben y dalar
 1 gorffen rhyw orchwyl
 2 tynnu at ddiwedd oes

talcen hwn *eg* (talcenni: talcennau) y rhan honno o'r wyneb sydd rhwng y gwallt a'r llygaid FOREHEAD

talcen caled rhywbeth sy'n mynd i olygu llawer o waith caled ac ymdrech cyn bod gobaith llwyddo

talcen glo ffas lo, y man lle mae glowyr yn gweithio ar y glo COAL-FACE

talcen slip (fel yn *bardd talcen slip*) cyffredin iawn, gwael, ffwrdd-â-hi

talcen tŷ ochr neu ben tŷ lle mae'r wal a'r to yn cwrdd ar ffurf triongl GABLE-END

troi ar ei dalcen troi wyneb i waered TO TURN UPSIDE-DOWN

yfed (diod) ar ei dalcen yfed ar un llwnc TO DOWN IN ONE GULP

talcwm hwn *eg* powdr mân, meddal wedi'i wneud o'r mwyn talc; caiff ei roi ar y corff, yn enwedig ar ôl ymolchi TALCUM

talch hwn *eg* un o nifer o deilchion [**teilchion**]

talchu *be* torri'n deilchion, torri'n chwilfriw TO SHATTER

taldra hwn *eg* uchder naturiol person STATURE, HEIGHT

taleb hon *eb* (talebau) derbynneb, darn o bapur sy'n dweud bod swm o arian wedi cael ei dderbyn RECEIPT

taleithiau hyn *ell* mwy nag un dalaith [**talaith**]

taleithiol *a* gair i ddisgrifio rhywbeth sy'n perthyn i dalaith neu sy'n nodweddiadol o dalaith PROVINCIAL

talent hon *eb* (talentau)
1 dawn neu fedrusrwydd o safon anghyffredin o uchel; gall fod yn gynhenid neu wedi'i dysgu TALENT
2 person sydd â'r ddawn arbennig yma *(Bydd cyngerdd yn y neuadd nos yfory a pherfformiadau gan dalentau lleol.)* TALENT

talentog *a* gair i ddisgrifio rhywun sydd â dawn neu fedrusrwydd o safon anghyffredin o uchel TALENTED

talfyriad hwn *eg* (talfyriadau) y weithred o dalfyrru; rhywbeth (ysgrifenedig gan amlaf) sydd wedi cael ei gwtogi trwy ddefnyddio llai o eiriau; crynhoad, crynodeb ABRIDGEMENT, ABBREVIATION

talfyrru *be* byrhau, cwtogi, gwneud (darn ysgrifenedig fel arfer) yn fyrrach trwy ddefnyddio llai o eiriau; cywasgu, crynhoi TO ABRIDGE, TO ABBREVIATE

Sylwch: dyblwch yr 'r' ym mhob un o ffurfiau'r ferf ac eithrio'r rhai sy'n cynnwys -*as*-.

talgrynnu *be* (mewn mathemateg)
1 newid rhif manwl gywir i'r rhif cyfan agosaf *(Wrth dalgrynnu £17.31 i'r bunt agosaf, cewch £17.)* TO ROUND OFF
2 lleihau nifer y degolion mewn rhif *(Wrth dalgrynnu 3.14159 i ddau le degol, cewch 3.14.)* TO ROUND OFF

talgrynnu i fyny os 5, 6, 7, 8 neu 9 yw'r rhif cyntaf y mae'n rhaid ei hepgor, yna rhaid talgrynnu i fyny, e.e. 2,400 yw 2,392 wedi'i dalgrynnu i'r cant agosaf TO ROUND UP

talgrynnu i lawr os 0, 1, 2, 3 neu 4 yw'r rhif cyntaf y mae'n rhaid ei hepgor, yna rhaid talgrynnu i lawr, e.e. 2,300 yw 2,342 wedi'i dalgrynnu i'r cant agosaf TO ROUND DOWN

tali fel yn *byw tali* gw. **byw**

taliad hwn *eg* gw. **tâl**[1]:**taliad**

talïaidd *a* gair i ddisgrifio rhywun â golwg urddasol, hardd sy'n edrych yn berson moesgar; boneddigaidd NOBLE, SMART

talm:talwm hwn *eg* (talmau) cyfnod o amser, cetyn, ysbaid PERIOD

er ys talm:ers talm neu **erstalwm:estalwm** amser maith yn ôl, ers llawer dydd, slawer dydd THIS LONG TIME

talog *a* bywiog, sionc, a braidd yn ddigywilydd *('Pwy ddywedodd wrthyt ti y caet ti ddod i'r ysgol mewn jîns?' gofynnodd yr athro. 'Mam,' atebodd Delyth yn dalog.)* LIVELY, JAUNTY, CHEEKY

talp hwn *eg* (talpau)
1 darn byr, tew o rywbeth, cnepyn, pisyn, lwmpyn CHUNK, LUMP (telpyn)
2 (mewn cyfrifiadureg) uned o wybodaeth sy'n cyfateb i 8 did BYTE

talpiog *a* gair i ddisgrifio rhywbeth sy'n llawn talpau; anwastad, clapiog LUMPY

talu *be*
1 rhoi arian am nwyddau neu am waith TO PAY
2 setlo dyled (yn ariannol neu'n ffigurol) *(Rwyf wedi talu fy nyledion i gyd. Mae'r lleidr yn talu am ei droseddau trwy gael ei garcharu am dair blynedd.)* TO PAY
3 gwneud elw *(Mae'n rhaid i'r siop yma dalu os ydym am aros mewn busnes.)* TO PAY
4 rhoi o wirfodd fel yn *talu sylw* TO PAY
5 bod o werth neu o les *(Thâl hi ddim i chi fod yn hwyr ar eich diwrnod cyntaf mewn swydd newydd.)* TO PAY
6 mynegi, datgan *(talu diolch; talu gwrogaeth)* TO PAY (telais, teli)

talu fy (dy, ei etc.) ffordd byw heb fynd i ddyled TO PAY ONE'S WAY

talu ffordd bod er lles, bod er mantais *(Os ydych am brynu rhywbeth nad ydych yn gwybod llawer amdano, mae'n talu'r ffordd i holi rhywun sy'n berchen ar un yn barod.)* TO PAY

talu'r gymwynas olaf mynd i angladd person TO PAY ONE'S LAST RESPECTS

talu'r pwyth yn ôl dial TO PAY BACK

talu trwy fy (dy, ei etc.) nhrwyn talu'n hallt, talu'n ddrud TO PAY THROUGH THE NOSE

talwm gw. **talm:talwm**

talwrn hwn *eg* (talyrnau)
1 maes, darn o dir glas
2 maes chwarae hen gêmau megis cnapan, a'r man y byddai ceiliogod yn ymladd; wedyn, lle arbennig ar gyfer ymladd ceiliogod COCKPIT

talwrn (2)

3 llawr dyrnu, man agored lle byddai grawn yn cael ei ffusto THRESHING FLOOR

talwrn teirw lle amgaeedig ar gyfer ymladd teirw, a seddau o'i amgylch fel bod tyrfa'n gallu eistedd i wylio'r chwarae BULLRING

talwrn y beirdd cystadleuaeth rhwng dau neu ragor o dimau o feirdd
Sylwch: mewn 'talwrn', mae'r beirdd yn cael eu tasgau ymlaen llaw, mewn 'ymryson' rhaid cwblhau'r tasgau ar y pryd.

Talyllychau enw lle TALLEY

tamaid hwn eg (tameidiau) darn bach o rywbeth mwy; mymryn, pisyn (Bwytaodd y pwdin bob tamaid.) BIT

ennill fy (dy, ei etc.) nhamaid gw. **ennill**

tamaid bach rhyw gymaint, ychydig (tamaid bach yn hwyr; tamaid bach yn bell) LITTLE BIT

tamaid i aros pryd rhagflas o beth sydd i ddod TASTE OF THINGS TO COME

tambwrîn hwn eg (tambwrinau) offeryn cerdd i'w daro â'r llaw, wedi'i lunio o gylch o bren a chroen yn dynn ar ei wyneb a disgiau metel yn tincial o gwmpas ymyl y cylch TAMBOURINE

tameidiog a gair i ddisgrifio rhywbeth nad yw'n gyflawn, nad yw wedi'i orffen, nad yw wedi'i roi at ei gilydd BITTY

tamprwydd hwn eg lleithder DAMP, DAMPNESS

tan¹ ardd (tanaf fi, tanat ti, tano ef [fe/fo], tani hi, tanom ni, tanoch chi, tanynt hwy [tanyn nhw]); fel arfer y ffurf *dan* a ddefnyddir ond y gytsain wreiddiol sy'n cael ei threiglo ar ôl 'a' (a than)
1 (man neu le sy'n) is (cwpwrdd dan stâr) UNDER
2 llai na (Mae'r pris dan bum punt erbyn hyn.) UNDER
3 mewn swydd is; yn atebol neu'n gyfrifol i rywun (Rwy'n lwcus iawn i fod yn astudio dan yr athro hwn.) UNDER
4 yr un pryd â; gan (Awn dan ganu.)

tan ofal gw. **t/o**

tan² cysylltair hyd at, nes cyrraedd (Does dim rhaid imi fod adre tan 10 o'r gloch.) UNTIL

tân hwn eg (tanau)
1 yr hyn a geir pan fydd rhywbeth yn llosgi â mwg a fflamau a gwres mawr FIRE
2 llwyth o danwydd wedi'i gynnau ar gyfer gwresogi neu goginio ac ati FIRE
3 teclyn sy'n defnyddio nwy neu drydan i wresogi ystafell, yn arbennig lle gallwch weld ffynhonnell y gwres FIRE

ar dân
1 (yn llythrennol) ynghynn, yn llosgi ALIGHT
2 (yn ffigurol)
i) yn llawn brwdfrydedd FULL OF FIRE
ii) yn ddiamynedd oherwydd pryder, awydd ac ati (Mae ar dân am glywed y canlyniadau.) CONSUMED (WITH ANXIETY)

noson tân gwyllt gw. **noson**

tân ar groen rhywun rhywbeth sydd yn gas gan rywun (Mae gorfod ymarfer y piano yn dân ar ei groen.)

tân gwyllt
1 cynwysyddion bychain, tiwbiau o bapur fel arfer, a'u llond o bowdr sy'n ffrwydro â sŵn mawr neu sy'n llosgi â goleuadau llachar a lliwgar er diddanu gwylwyr FIREWORKS
2 (mewn ymadroddion megis *lledodd y newyddion fel tân gwyllt*) yn gyflym iawn WILDFIRE

tân yn y bol brwdfrydedd, parodrwydd i frwydro'n galed FIRE IN THE BELLY

tanbaid a gair i ddisgrifio rhywun neu rywbeth sydd ar dân, sy'n llawn tân; brwdfrydig, llachar, yn llosgi FIERY

tanbeidio be
1 taflu gwres a/neu oleuni heb fwg, megis marwor TO GLOW
2 mae'n cael ei ddefnyddio am unrhyw beth sy'n cael ei oleuo neu ei gynhesu gan wres oddi mewn TO GLOW, TO BURN

tanbeidiol a yr un ystyr â **tanbaid**

tanbeidrwydd hwn eg
1 y gwres a'r goleuni sy'n cael eu cynhyrchu gan dân mawr ac sydd bron yn annioddefol INCANDESCENCE
2 brwdfrydedd mawr iawn sydd eto bron yn annioddefol FERVOUR

tanc hwn eg (tanciau)
1 cynhwysydd ar gyfer cadw hylif neu nwy, e.e. *tanc dŵr oer; tanc pysgod* TANK
2 cerbyd rhyfel sydd ag un dryll mawr, ac sy'n symud ar draciau metel yn debyg i ddwy strapen fawr o ddur TANK

tancer hwn eg (tanceri) llong, awyren, wagen rheilffordd neu lorri wedi'i llunio'n arbennig i gludo maint sylweddol o nwy neu hylif (*tancer olew*) TANKER

tanchwa hon eb (tanchwaoedd) ffrwydrad dinistriol sy'n digwydd pan fydd nwyau'n chwyddo'n gyflym iawn mewn tân mawr; neu'r un effaith ond gymaint yn fwy eto mewn ffrwydrad niwclear EXPLOSION

tandem hwn eg beic ar gyfer dau berson, y naill yn eistedd y tu ôl i'r llall TANDEM

tanddaearol a gair i ddisgrifio rhywbeth sydd dan y ddaear UNDERGROUND, SUBTERRANEAN

tanerdy hwn eg (tanerdai) man lle mae crwyn anifeiliaid yn cael eu troi'n lledr TANNERY

tanfor a gair i ddisgrifio rhywbeth sydd dan y môr neu sy'n cael ei ddefnyddio dan y môr SUBMARINE

tangloddio *be* palu neu gloddio dan rywbeth gyda'r bwriad gan amlaf o'i wanhau; tanseilio TO UNDERMINE

taniad *hwn eg*
1 y weithred o gynnau a llosgi, gan amlaf â ffrwydrad IGNITION
2 ergyd dryll FIRING

tanio *be*
1 rhoi ar dân; cynnau (yn ffigurol hefyd fel yn *tanio'r dychymyg*) TO IGNITE
2 yr hyn sy'n digwydd pan fydd petrol ac aer yn cael eu cymysgu a'u rhoi ar dân o fewn peiriant petrol (e.e. car) TO IGNITE, TO START □ *jet*
3 ergydio, saethu TO FIRE

taniwr *hwn eg* (tanwyr) y gŵr sy'n gyfrifol am sicrhau bod digon o danwydd ar y tân mewn peiriant ager megis llong neu drên STOKER, FIREMAN

tanlinellu *be*
1 pwysleisio neu dynnu sylw at bwysigrwydd gair neu grŵp o eiriau trwy dynnu llinell oddi tanyn nhw TO UNDERLINE
2 pwysleisio rhywbeth mewn ffordd arall (*'Mae'n rhaid imi danlinellu pa mor bwysig yw sicrhau bod pob rhan o'ch beic yn gweithio'n iawn,' meddai'r hyfforddwr.*) TO UNDERLINE

tanlli *a* yn wreiddiol, gair i ddisgrifio rhywbeth yr un lliw â thân, *tanlliw*; yna, y marc a gâi ei losgi ar gefn anifail neu ar eiddo i ddynodi perchenogaeth; yna, daeth i olygu mor newydd â phosibl, mor newydd â'r nod perchenogaeth (*newydd sbon danlli*) BRAND (NEW)

tanllwyth *hwn eg* (tanllwythi) tân mawr; llwyth o dân BLAZING FIRE

tanllyd *a* gair i ddisgrifio rhywun neu rywbeth:
1 sy'n llosgi'n fflamau neu sy'n edrych yn debyg i dân; eirias (*gwallt coch tanllyd*) FIERY
2 sy'n cynddeiriogi'n gyflym, sy'n gwylltio'n rhwydd, sy'n hawdd ei danio FIERY

tannau *hyn ell* mwy nag un **tant**

tannin *hwn eg* asid o liw coch sydd i'w gael, fel arfer, mewn rhisgl coed, ac sy'n cael ei ddefnyddio i drin lledr; mae i'w gael hefyd mewn dail te a chroen grawnwin TANNIN

tannu *be* lledaenu, taenu, gosod yn llyfn ac yn esmwyth (*tannu gwely; tannu dillad ar y lein*) TO MAKE (THE BED), TO SPREAD

tanodd *adf* oddi tano, islaw BELOW

tanseilio *be* cloddio dan seiliau rhywbeth er mwyn ei wanhau; tangloddio (*Byddai milwyr yn yr Oesoedd Canol yn ceisio cipio cestyll eu gelynion trwy danseilio'r muriau.*) TO UNDERMINE

tant *hwn eg* (tannau) un o linynnau offeryn cerdd llinynnol megis telyn neu ffidil STRING □ *llinynnau*
cerdd dant gw. **cerdd**
taro tant gw. **taro**

tanwydd *hwn eg* (tanwyddau)
1 math o ddeunydd megis coed, glo neu olew sy'n cael ei losgi er mwyn cynhyrchu gwres a/neu ynni FUEL □ *jet*
2 deunydd sy'n gallu cynhyrchu ynni niwclear FUEL

tanwyr *hyn ell* mwy nag un **taniwr**

tanysgrifiad *hwn eg* (tanysgrifiadau)
1 y weithred o danysgrifio SUBSCRIPTION
2 y swm o arian sy'n cael ei dalu (ymlaen llaw fel arfer) am nwyddau neu wasanaeth am gyfnod penodedig, e.e. *tanysgrifiad blwyddyn am gylchgrawn* SUBSCRIPTION

tanysgrifio *be*
1 cyfrannu arian tuag at rywbeth TO SUBSCRIBE
2 talu'n rheolaidd am dderbyn cylchgrawn neu bapur newydd ac ati TO SUBSCRIBE
3 talu am gael bod yn aelod o ryw gymdeithas am gyfnod arbennig TO SUBSCRIBE

tanysgrifiwr *hwn eg* (tanysgrifwyr) person sy'n tanysgrifio SUBSCRIBER

tap¹ *hwn eg* (tapiau) math arbennig o declyn ar gyfer rheoli llifeiriant hylif neu nwy allan o bibell neu faril ac yn y blaen TAP

tap² *hwn eg* (tapiadau) curiad neu drawiad ysgafn (*tap ar yr ysgwydd*) TAP

tâp *hwn eg* (tapiau)
1 darn hir, cul o ddeunydd ar ffurf bandin TAPE
2 stribyn hir, cul o blastig wedi'i orchuddio â haenen o ddeunydd magnetig sy'n cael ei ddefnyddio i recordio sain neu luniau fideo TAPE
3 recordiad sain neu fideo (*Ga' i fenthyg rhai o'th dapiau pop dros y gwyliau?*) TAPE

tâp mesur math arbennig o dâp ac unedau hyd (pellter) wedi'u nodi arno er mwyn mesur pethau TAPE-MEASURE

tapio¹ *be* curo neu daro'n ysgafn yn erbyn rhywbeth, e.e. *tapio'r drwm* TO TAP

tapio² *be* recordio naill ai sain neu sain a llun ar dâp magnetig TO TAPE (RECORD)

tapioca *hwn eg* grawn wedi'u gwneud trwy falu gwreiddiau'r planhigyn casafa; cânt eu defnyddio i wneud pwdin llaeth/llefrith TAPIOCA

tapo *be* (ffurf lafar yn y De) gosod gwadn newydd ar esgid; gwadnu esgid TO SOLE (A SHOE)

tar *hwn eg* sylwedd du, gludiog sy'n cael ei ddefnyddio i wneud heolydd, i gadw coed rhag pydru ac yn y blaen TAR

taradr hwn *eg* (terydr) arf saer sy'n cael ei ddefnyddio i wneud tyllau mawr mewn pren neu yn y ddaear AUGER

taradr y coed un o nifer o wahanol fathau o adar â phigau hirion sy'n tyllu coed ac yn bwyta'r trychfilod sy'n byw dan y rhisgl; cnocell y coed WOODPECKER □ *adar* t.607

taran hon *eb* (taranau) y sŵn sy'n dilyn mellt mewn storm o fellt a tharanau; twrf, trwst CLAP OF THUNDER

taranfollt hon *eb* mellten a sŵn taran yr un pryd THUNDERBOLT

taranu *be*
  1 gwneud tyrfau neu daranau TO THUNDER
  2 gwneud synau uchel, bygythiol, yn arbennig felly am siaradwr; pregethu (yn erbyn rhywbeth fel arfer) *(Bob dydd Sul byddai'r pregethwr yn taranu yn erbyn y ddiod feddwol.)* TO THUNDER

tarddiad hwn *eg* (tarddiadau) y man y mae rhywbeth yn deillio ohono; ffynhonnell, gwraidd, yn arbennig ffynhonnell ffrwd o ddŵr, neu ystyr gair SOURCE, DERIVATION

tarddiant hwn *eg* (tarddiannau) rhywbeth megis dŵr neu bloryn ar y croen sy'n byrlymu i'r wyneb ERUPTION

tarddle hwn *eg* (tarddleoedd) y lle y mae rhywbeth yn tarddu neu yn deillio ohono; ffynhonnell SOURCE

tarddu *be* codi, deillio, dod allan o *(Mae ei holl broblemau yn tarddu o ddiffyg arian.)* TO SPRING, TO DERIVE FROM

tarfu *be* brawychu, hela ofn ar, aflonyddu, dychryn, chwalu, torri ar draws *(Mae'n ddrwg gennyf darfu ar eich hwyl ond mae gennyf gyhoeddiad pwysig.)* TO SCARE, TO SCATTER, TO INTERRUPT (teirf, terfais)

targed hwn *eg* (targedau)
  1 unrhyw beth y mae saethau, bwledi, taflegrau ac ati yn cael eu hanelu ato TARGET
  2 cyfanswm neu nod neu ganlyniad y mae person yn awyddus i'w gyrraedd TARGET
  3 person neu beth y mae pobl yn ei watwar neu yn cael hwyl am ei ben TARGET, BUTT

tarian hon *eb* (tarianau)
  1 darn llydan o bren, metel, lledr neu blastig sy'n cael ei ddefnyddio i amddiffyn milwr neu aelod o'r heddlu rhag saethau, ergydion, cerrig ac yn y blaen SHIELD
  2 model bach o un o'r rhain sy'n dwyn arfbais neu sy'n cael ei wisgo fel bathodyn ac ati SHIELD, CREST
  3 gwobr ar ffurf tarian sy'n cael ei chyflwyno i'r buddugwr mewn cystadleuaeth SHIELD

taro *be*
  1 bwrw yn erbyn neu ddod i gyffyrddiad â rhywbeth caled *(Syrthiodd yn ddiymadferth ar ôl taro'i ben yn erbyn y trawst.)* TO STRIKE
  2 bwrw, ergydio, curo *(Nid oes gan athrawon hawl i daro plant.)* TO STRIKE, TO HIT
  3 gwneud neu ymosod yn sydyn neu'n annisgwyl *(Fe'u trawyd yn fud. Cafodd ei daro'n sâl yn sydyn.)* TO STRIKE
  4 cynnau wrth fwrw yn erbyn rhywbeth caled, e.e. *taro matsen* TO STRIKE
  5 (am berson neu beiriant) gwneud sŵn wrth fwrw rhywbeth yn fwriadol *(y cloc yn taro chwech)* TO STRIKE
  6 cael effaith neu wneud argraff ar rywun *(Sut mae'r ystafell hon yn dy daro?)* TO STRIKE
  7 rhoi, dodi (â rhyw awgrym o frys) *(Trawodd yr arian i gyd mewn bocs a'i guddio yn y cwpwrdd.)*
  8 ysgrifennu'n gyflym *(Trawa hwn i lawr yn dy lyfr cyn iti ei anghofio.)* TO JOT
  9 bod yn addas, bod yn gyfleus *(Dydy'r coch a'r melyn ddim yn taro'n iawn gyda'i gilydd.)* TO SUIT
  10 dod i'r meddwl *(Wnaeth o mo 'nharo i y byddwn i wedi blino cymaint oherwydd y newid amser.)* TO STRIKE, TO OCCUR
  11 cyrraedd cytundeb, e.e. *taro bargen* TO STRIKE (tery, trawaf, trewi)

taro ar
  1 dod o hyd i rywun neu rywle yn ddamweiniol *(Digwyddais daro ar Siân wrth siopa.)* TO COME ACROSS
  2 cael, darganfod *(Fe drawodd ar syniad hollol wreiddiol.)* TO HIT UPON

taro deuddeg cael hyd i'r union beth neu wneud rhywbeth yn y fath fodd fel ei bod yn amhosibl gwella arno *(Rwyt ti wedi taro deuddeg gyda'r syniad newydd i wella'r cwmni.)* TO BE SPOT ON

taro i mewn galw ar ymweliad byr TO POP IN

taro'r hoelen ar ei phen gw. **hoelen**

taro tant
  1 ennyn cydymdeimlad TO STRIKE A CHORD
  2 tynnu ar un o dannau telyn TO PLUCK

tarten hon *eb* (tartennau:tartenni)
  1 casyn bas o does a jam neu ffrwyth ynddo *(tarten jam)* TART
  2 pastai fas yn llawn ffrwythau neu jam *(tarten afalau)* TART, PIE

tarth hwn *eg* (tarthau) ffurf weladwy hylif (fel dŵr) pan fydd yn troi'n nwy; niwl, caddug, tawch, yn arbennig un sy'n codi o afon neu gwm VAPOUR, MIST

tarw hwn *eg* (teirw) anifail gwryw yn ei lawn dwf sy'n perthyn i deulu'r ych; cymar buwch a thad llo BULL □ *buwch*

tarw dur (teirw dur) peiriant cryf iawn a ddefnyddir i wthio pethau trwm (megis llwyth o bridd neu goeden) allan o'r ffordd BULLDOZER

tarwden *hon eb* clefyd sy'n achosi i gylchoedd bach coch ymddangos ar y croen; derwreinyn RINGWORM

tas *hon eb* (teisi) yn arbennig *tas wair*; llwyth uchel o wair neu wellt sy'n debyg i siâp tŷ ac sy'n cael ei gadw yn yr awyr agored nes bod ei angen RICK, HAYSTACK

tasg *hon eb* (tasgau) gwaith y mae'n rhaid ei gyflawni; gorchwyl TASK

tasgu *be*
1 (am hylif neu fwd) yn gwasgaru neu'n cael ei wasgaru yn ddafnau *(dŵr yn tasgu i bobman oddi ar y creigiau ar waelod y rhaeadr)* TO SPLASH
2 cynhyrfu rhywbeth nes ei fod yn neidio neu'n ysgeintio (weithiau'n ffigurol) *(Cafodd aelodau'r tîm bryd o dafod gan eu hyfforddwr nes eu bod yn tasgu.)* TO JUMP, TO START

taten *hon eb* (tatws:tato:tatw) llysieuyn llawn starts sy'n tyfu dan ddaear ac sy'n un o'n prif fwydydd; caiff ei thrin a'i choginio mewn llawer fforrd (e.e. i wneud creision, sglodion ac ati); pytaten POTATO

dim taten o ots:hidio dim taten yn malio dim DON'T CARE IN THE LEAST

tatws:tato:tatw *hyn ell*
1 mwy nag un daten [**taten**] ☐ *llysiau* t.634
2 y planhigion y mae'r tatws yn rhan o'u gwreiddiau POTATOES

tatws had tatws bychain sy'n cael eu cadw i'w hau ar gyfer y cnwd nesaf SEED POTATOES

tatws rhost ROAST POTATOES

tatws stwnsh tatws wedi'u malu ar ôl eu berwi MASHED POTATOES

tatws trwy'u crwyn tatws wedi'u pobi heb eu pilio/plicio JACKET POTATOES, BAKED POTATOES

tau *bf* mae ef/hi yn **tewi**; bydd ef/hi yn **tewi**

taw[1] *hwn eg* diffyg sŵn, distawrwydd, gosteg SILENCE

rhoi taw ar rywun gwneud i rywun fod yn dawel TO SHUT (SOMEONE) UP

taw piau hi rhybudd i beidio â sôn am rywbeth MUM'S THE WORD

taw[2] *bf* bydd dawel; gorchymyn iti dewi [**tewi**]

taw[3] *cysylltair* gallwch roi pwyslais arbennig ar ran o frawddeg trwy ei gosod yn syth ar ôl y ferf a defnyddio'r ffurf *taw* yn y De neu *mai* yn fwy cyffredinol i gysylltu'r ddwy ran, e.e. cymharwch *gwn fod John yno* a *gwn taw John oedd yno*; *mai* THAT IT IS, THAT IT WAS
Sylwch: *nad* yw'r ffurf negyddol; nid yw 'taw nid' yn dderbyniol yn ysgrifenedig.

TAW[4] *byrfodd* Treth ar Werth VAT

tawaf *bf* rwy'n **tewi**; byddaf yn **tewi**

tawch *hwn eg* ffurf weladwy hylif pan fydd yn troi'n nwy, gan gynnwys weithiau ei aroglau annymunol; niwl, tarth; arogl llaith, drwg VAPOUR, REEK

tawdd[1] *a* gair i ddisgrifio rhywbeth (e.e. metel) sydd wedi'i ddoddi, sydd wedi'i boethi â gwres mawr nes ei fod ar ffurf hylif MOLTEN (toddion)

tawdd[2] *bf* mae ef/hi yn **toddi**; bydd ef/hi yn **toddi**

tawedog *a* gair i ddisgrifio rhywun sy'n ddi-ddweud, sydd heb lawer i'w ddweud; tawel, distaw, dywedwst SILENT, TACITURN

tawel *a* gair i ddisgrifio rhywun neu rywbeth:
1 heb fawr ddim sŵn neu fwstwr; distaw *(Ewch i chwarae'n dawel i'r ywle.)* QUIET, SILENT
2 heb gyffro na chythrwfl; llonydd, digyffro *(Mae'r llyn yn dawel heddiw.)* CALM, STILL
3 (am liwiau, heb fod yn llachar QUIET, MUTED

y Cefnfor Tawel THE PACIFIC OCEAN ☐ *Dwyrain Canol*

yn dawel bach
1 yn ddistaw iawn
2 yn gyfrinachol, 'rhyngom ni' *(Cefais wybod, yn dawel bach, eu bod yn bwriadu symud oddi yma cyn diwedd yr haf.)* CONFIDENTIALLY

tawelu *be*
1 gwneud i rywun neu rywbeth fod yn dawel neu'n llonydd; distewi *(Llwyddodd Ann i dawelu'r ceffyl o'r diwedd.)* TO CALM, TO QUIETEN
2 newid yn raddol o fod yn swnllyd neu'n wyllt i fod yn fwy tawel; gostegu, llonyddu, distewi *(Tawelodd y gwynt ar ôl y storm.)* TO GROW CALM

tawelwch *hwn eg* y cyflwr o fod yn dawel; llonyddwch, distawrwydd, diffyg sŵn a chyffro QUIET, CALM, STILLNESS

tawnod *hwn eg* (tawnodau) (mewn cerddoriaeth ysgrifenedig) arwydd yn dynodi cyfnod penodol o dawelwch REST

'te ffurf lafar ar **ynteu**

te *hwn eg*
1 math arbennig o lwyn sy'n cael ei dyfu yn Ne a Dwyrain Asia er mwyn ei ddail TEA
2 diod sy'n cael ei gwneud trwy arllwys dŵr berwedig ar ddail y llwyn hwn wedi iddynt gael eu sychu a'u malu TEA
3 cwpanaid o'r ddiod yma *(Tri the, os gwelwch yn dda.)* (cup of) TEA
4 pryd bach ysgafn sy'n cael ei fwyta yn y prynhawn TEA
5 diod feddyginiaethol sy'n cael ei gwneud trwy drwytho dail llysiau neu wreiddiau llysiau mewn dŵr berwedig, e.e. *te dail wermod* (HERB) TEA

te deg/ddeg seibiant i gael paned o de ganol bore ELEVENSES

tebot hwn *eg* (tebotau) llestr neu bot arbennig ar gyfer gwneud te a'i arllwys ohono TEAPOT

tebotaid hwn *eg* llond tebot POT OF TEA

tebyg[1] *a* gair i ddisgrifio rhywun neu rywbeth sydd bron yr un peth â rhywun neu rywbeth arall; cyffelyb, megis SIMILAR, LIKE (tebyced, tebycach, tebycaf)

mae'n debyg
1 mae ef/hi bron yr un peth â *(Mae'n debyg i'w fam.)*
2 mae'n ymddangos, y tebyg yw *(Mae'n debyg ei bod hi'n disgwyl inni fynd.)*

tebyg at ei debyg ymadrodd sy'n cael ei ddefnyddio (weithiau'n gellweirus) pan fydd dau beth neu ddau berson tebyg yn closio at ei gilydd BIRDS OF A FEATHER

tebyg[2] hwn *eg* tebygolrwydd *(Y tebyg yw na fydd ef yma yfory.)* A LIKELIHOOD

tebygol *a* gair i ddisgrifio pa mor bosibl yw rhywbeth neu faint o siawns sydd i rywbeth ddigwydd *(Mae'n debygol y bydd Alan allan o'r ysbyty erbyn y penwythnos.)* LIKELY

tebygolrwydd hwn *eg* y graddau y mae rhywbeth yn debygol o fod neu o ddigwydd *(Y tebygolrwydd yw y bydd Alan allan o'r ysbyty erbyn y penwythnos.)* LIKELIHOOD, PROBABILITY

tebygrwydd hwn *eg* y cyflwr o fod yn debyg i rywun neu rywbeth, o fedru cael eich cyffelybu i rywun neu rywbeth LIKENESS, SIMILARITY

tebygu *be*
1 meddwl, ystyried, tybio *(Mae hon, debygaf i, yn enghraifft dda o'r peth.)* TO THINK
2 cyffelybu, cymharu *(Mae'n cael ei debygu i'w dad.)* TO LIKEN

tecach:tecaf:teced *a* mwy **teg** : mwyaf **teg** : mor deg [**teg**]

tecell:tegell hwn *eg* (tecellau:tecelli:tegellau:tegelli) cynhwysydd sydd â chlawr, pig a dolen i gydio ynddi, ar gyfer berwi dŵr KETTLE

tecil gw. **tegil:tecil**

teclyn hwn *eg* (taclau)
1 unrhyw offeryn neu arf neu erfyn (bach fel arfer) sydd ei angen i gyflawni rhyw waith arbennig TOOL
2 rhyw ddarn bach (nad ydych yn gwybod ei enw) sy'n cyflawni swyddogaeth arbennig o fewn peiriant THINGAMYJIG (taclau)

techneg hon *eb* (technegau)
1 ffordd neu ddull o gyflawni gweithgarwch sy'n gofyn am fedrusrwydd arbennig TECHNIQUE
2 medrusrwydd anghyffredin mewn celfyddyd neu ryw weithgarwch arbenigol TECHNIQUE

technegol *a* gair i ddisgrifio rhywun neu rywbeth:
1 sy'n gysylltiedig â chelfyddyd fecanyddol neu ddiwydiannol neu â'r gwyddorau cymhwysol TECHNICAL
2 sy'n ymwneud â ffeithiau arbenigol celfyddyd neu wyddor arbennig, e.e. *geiriau neu dermau technegol yw 'allbwn' a 'goben'* TECHNICAL

technegwr:technegydd hwn *eg* (technegwyr) gweithiwr gwyddonol mewn diwydiant sy'n meddu ar sgiliau arbennig; un sy'n arbenigo mewn manylion ymarferol, technegol TECHNICIAN

technoleg hon *eb* (technolegau) maes o wybodaeth sy'n ymwneud â dulliau gwyddonol a diwydiannol a sut y mae modd eu cymhwyso i fod o ddefnydd i ddiwydiant a busnes TECHNOLOGY

technolegol *a* gair i ddisgrifio rhywun neu rywbeth sy'n ymwneud â thechnoleg TECHNOLOGICAL

teflais *bf* fe wnes i daflu [**taflu**]

teg *a*
1 prydferth, pert, tlws FAIR
2 heb fod yn dwyllodrus; gonest, cyfiawn, didueddd, cytbwys, yn ôl y rheolau FAIR
3 (am y tywydd) braf, cynnes, heulog FINE
4 mewn ymadroddion megis *methu'n deg, wedi ymlâdd yn deg*, llwyr, cyfan gwbl FAIRLY (teced, tecach, tecaf)

araf deg gw. **araf**

chwarae teg gw. **chwarae**[2]

tegan hwn *eg* (teganau) peth i blant chwarae ag ef TOY

tegeirian hwn *eg* un o deulu o blanhigion sydd yn aml â blodau lliwgar ar ffurf anghyffredin; blodyn un o'r planhigion hyn ORCHID □ *blodau* t.621

tegell gw. **tecell:tegell**

tegellaid hwn *eg* llond tegell

tegil:tecil hwn *eg* gair y De am **tecell:tegell**

tegwch hwn *eg*
1 prydferthwch, harddwch, ceinder BEAUTY
2 cyfiawnder, cysondeb, gonestrwydd *(Er tegwch â Mair, nid hi oedd ar fai.)* FAIRNESS

tei hwn neu hon *egb* (teiau:teis) darn cul o ddefnydd sy'n cael ei wisgo am y gwddf a'i glymu â chwlwm TIE

teiar hwn *eg* (teiars) bandin trwchus o rwber, â'i lond o wynt gan amlaf, sy'n ffitio'n dynn o gwmpas ymyl olwyn TYRE

teidiau hyn *ell*
1 mwy nag un **taid**
2 cyndeidiau, hynafiaid ANCESTORS

teifl *bf* mae ef/hi yn **taflu**; bydd ef/hi yn **taflu**

teigr hwn *eg* (teigrod) anifail mawr, gwyllt sydd â streipiau melyn a du ac sy'n perthyn i deulu'r gath TIGER

teigr yr ardd gwyfyn mawr coch a brown a smotiau gwyn drosto TIGER MOTH (siani flewog)

teigres hon *eb* teigr benyw TIGRESS

Rhai aelodau o deulu'r gath
2.75 m
teigr
llew
llewpart
jagwar
llewpart hela
lyncs
cathod

teilchion hyn *ell* mwy nag un **talch**; darnau mân, drylliau, yfflon *(Cwympodd y gwydr a thorri'n deilchion.)* FRAGMENTS, PIECES

teiliwr hwn *eg* (teilwriaid) un sy'n gwneud dillad yn ôl y gofyn (i ddynion yn arbennig) TAILOR

teilsen hon *eb* (teils) un darn tenau o grochenwaith neu blastig, carreg ac ati, sy'n cael ei ddefnyddio ynghyd â darnau eraill tebyg i orchuddio llawr neu wal neu do TILE

teilwng *a* gair i ddisgrifio rhywun neu rywbeth sy'n haeddu rhywbeth, sy'n gymwys; haeddiannol, clodwiw WORTHY, DESERVING (teilynged, teilyngach, teilyngaf)

teilwra *be*
1 dilyn galwedigaeth teiliwr, ennill bywoliaeth trwy dorri a gwnïo defnydd er mwyn gwneud dillad dynion TO TAILOR
2 addasu, cymhwyso, gwneud rhywbeth yn addas ar gyfer sefyllfa arbennig fel y mae teiliwr yn gwneud dillad i ffitio unigolyn

teilwres hon *eb* (teilwresau) teiliwr benyw (sy'n gwneud neu'n trwsio dillad); gwniadwraig SEAMSTRESS

teilwriaid hyn *ell* mwy nag un **teiliwr**

teilyngdod hwn *eg* y cyflwr o fod yn haeddu gwerthfawrogiad neu glod neu wobr MERIT, WORTHINESS

teilyngu *be* haeddu, bod yn deilwng o *(Roedd yn teilyngu'r wobr gyntaf ar ôl yr holl waith.)* TO DESERVE

teim hwn *eg* llysieuyn bach â dail peraroglus sy'n cael ei ddefnyddio i roi blas ar fwydydd THYME ☐ *blodau t.620*

teimlad hwn *eg* (teimladau)
1 un o'r pum synnwyr—yr un sy'n cael ei amgyffred drwy'r croen wrth ichi gyffwrdd â rhywbeth fel arfer FEELING
2 y gallu i deimlo pethau *(Doedd ganddo ddim teimlad yn ei ddwylo; roedden nhw mor oer.)* FEELING
3 ymwybyddiaeth; rhywbeth wedi'i amgyffred trwy'r corff neu'r meddwl *(teimlad o euogrwydd/o sychder)* FEELING
4 cred neu farn nad yw wedi'i seilio ar reswm *(Roedd ganddo deimlad anesmwyth nad oedd popeth yn iawn.)* FEELING
5 emosiwn cryf *(Roedd e'n methu parhau gan ei fod dan ormod o deimlad.)* FEELING

dan deimlad dan bwysau'r emosiynau

teimladau ochr sensitif i natur person *(Rydych chi wedi brifo'i theimladau trwy ei hanwybyddu.)* FEELINGS

teimladol *a* gair i ddisgrifio rhywbeth sy'n cyffwrdd â'r emosiynau; emosiynol SENTIMENTAL, EMOTIONAL

teimladwy *a* gair i ddisgrifio rhywun sensitif neu rywbeth sy'n dangos yr emosiynau'n glir SENSITIVE, IMPASSIONED

a b c ch d dd e f ff g ng h i j (k) l ll m n o p ph r rh s t th u w y (z)

teimlo *be*
1 cyffwrdd rhywbeth â'ch bysedd *(teimlo ansawdd y defnydd)* TO FEEL
2 profi cyffyrddiad neu symudiad *(Teimlais hi'n mynd heibio.)* TO FEEL
3 bod yn ymwybodol, profi'n gorfforol neu'n feddyliol *(Wyt ti'n teimlo'n sâl?)* TO FEEL
4 credu (mewn ffordd afresymol) *(Teimlai nad oedd hi'n ei garu mwyach.)* TO FEEL
5 profi neu fod yn ymwybodol trwy'r synhwyrau neu'r emosiynau *(Teimlodd Emrys ei cholli i'r byw.)* TO FEEL
teimlo ar fy (dy, ei etc.) nghalon teimlo bod yn rhaid gwneud rhywbeth neu deimlo awydd i'w wneud
teimlydd *hwn eg* (teimlyddion) aelod hir, tenau a geir (yn un o bâr fel arfer) ar bennau rhai mathau o drychfilod ac anifeiliaid sy'n byw mewn cregyn, ac sy'n eu helpu i synhwyro pethau o'u cwmpas ANTENNA, FEELER
teios *hyn ell* nifer o dai bychain COTTAGES
teip *hwn eg* (teipiau)
1 math neu grŵp arbennig o bobl neu bethau TYPE
2 rhywun neu rywbeth sy'n cael ei ystyried yn nodweddiadol o'r grŵp TYPE
3 un neu ragor o ddarnau o bren neu fetel a llythyren wedi'i cherfio ar un pen; o incio'r pennau hyn a'u gwasgu ar bapur, mae ffurfiau'r llythrennau'n cael eu hargraffu arno TYPE, PRINT
4 geiriau wedi'u hargraffu *(llond tudalen o deip mân)* PRINT
teipiadur *hwn eg* (teipiaduron) peiriant sy'n argraffu wrth i fysellau a llythrennau ar eu pennau daro ruban ac inc arno yn erbyn darn o bapur, gan adael ôl y llythyren ar y papur TYPEWRITER
teipio *be* argraffu gan ddefnyddio teipiadur TO TYPE
teipydd *hwn eg* (teipyddion) person sy'n cael ei gyflogi i deipio TYPIST
teipyddes *hon eb* (teipyddesau) merch sy'n cael ei chyflogi i deipio TYPIST
teipysgrif *hon eb* (teipysgrifau) copi o unrhyw beth sydd wedi cael ei deipio TYPESCRIPT
teirf *bf* mae ef/hi yn **tarfu**; bydd ef/hi yn **tarfu**
teirgwaith *adf* tair gwaith THRICE, THREE TIMES
teirw *hyn ell* mwy nag un **tarw**
teisen *hon eb* (teisennau) math o fwyd sy'n cael ei wneud trwy goginio cymysgedd o flawd, wyau, siwgr ac ati; cacen CAKE
teisi *hyn ell* mwy nag un das [**tas**]
teitl *hwn eg* (teitlau)
1 yr enw a roddir ar lyfr, ffilm, llun, darn o gerddoriaeth ac ati TITLE
2 gair neu enw sy'n cael ei roi i berson i'w ddefnyddio o flaen ei (h)enw iawn i ddangos safle, swydd neu gymhwyster, e.e. y Bonwr, Doctor, Arglwyddes TITLE
3 mewn rhai cystadlaethau, yr anrhydedd a roddir i'r enillydd neu'r pencampwr TITLE
teithi *hyn ell* nodweddion; yr hyn sy'n gwneud (iaith neu ffordd o feddwl yn bennaf) un person neu grŵp o bobl yn wahanol i rai person arall neu bobl eraill TRAITS, CHARACTERISTICS
teithiau *hyn ell* mwy nag un daith [**taith**]
teithio *be* mynd o le i le; mynd ar daith TO TRAVEL
teithiol *a* gair i ddisgrifio rhywun neu rywbeth sy'n teithio neu'n gallu teithio neu sydd wedi'i fwriadu i deithio *(Athrawon teithiol sy'n dysgu plant i chwarae offerynnau cerdd yn ein sir ni.)* TRAVELLING, PERIPATETIC
teithiwr *hwn eg* (teithwyr) un sy'n teithio, yn arbennig un sy'n cael ei gludo mewn car, trên, awyren ac ati PASSENGER, TRAVELLER
telais *bf* fe wnes i dalu [**talu**]
telathrebiaeth *hwn eg* y gwahanol ffyrdd o dderbyn a throsglwyddo negeseuon trwy gyfrwng y teleffon TELECOMMUNICATION
telathrebu *be* derbyn a throsglwyddo negeseuon (mewn print neu ar lafar) gan ddefnyddio gwifrau teleffon TO TELECOMMUNICATE
telediad *hwn eg* darllediad o raglen deledu TELECAST
teledu[1] *hwn eg*
1 ffordd o ddarlledu lluniau a sain trwy gyfrwng ysgogiadau trydanol TELEVISION
2 y rhaglenni sy'n cael eu darlledu yn y ffordd yma *(drama deledu)* TELEVISION
3 y set deledu, sef y cyfuniad o sgrin ac uwchseinydd a'r perfeddion technegol sy'n derbyn darllediad teledu TELEVISION SET
4 yr holl ddiwydiant sydd ynghlwm wrth greu a darlledu rhaglenni teledu TELEVISION
teledu[2] *be* darlledu trwy gyfrwng teledu TO TELEVISE
teleffon:teliffon *hwn eg* (teleffonau:teliffonau)
1 modd o gysylltu neu gyfathrebu dros bellteroedd mawrion trwy gyfrwng offer trydanol TELEPHONE
2 yr offeryn sy'n cael ei ddefnyddio i gyfathrebu yn y ffordd yma TELEPHONE
telepathi *hwn eg* trosglwyddo meddyliau o feddwl un person i feddwl rhywun arall TELEPATHY
telerau *hyn ell*
1 amodau cytundeb neu gyfamod TERMS
2 amodau yn ymwneud â thaliadau neu brisiau *(Cefais delerau da iawn gan y garej a werthodd y car imi.)* TERMS
3 y berthynas rhwng dau neu ragor o bobl *(Erbyn hyn y mae'r ddau deulu ar delerau da â'i gilydd.)* TERMS

telesgop *hwn eg* (telesgopau) offeryn ar gyfer edrych ar bethau pell a gwneud iddynt edrych yn fwy ac yn nes; ysbienddrych TELESCOPE □ *lens*

telesgopig *a* gair i ddisgrifio rhywbeth:
1 sy'n ymwneud â thelesgop neu sy'n debyg i delesgop TELESCOPIC
2 sydd wedi'i lunio fel y bydd un darn yn llithro i mewn i'r darn nesaf ato (fel y mae rhai mathau o delesgop) TELESCOPIC

teli *bf* rwyt ti'n **talu**; byddi di'n **talu**

teliffon *gw.* **teleffon:teliffon**

telor *hwn eg* (teloriaid) un o nifer o fathau o adar mân sydd â chân hir, glir yn amrywio o gwmpas un nodyn WARBLER □ *adar t.609*
   telor penddu BLACKCAP
   telor y coed WOOD WARBLER
   telor yr ardd telor y berllan GARDEN WARBLER
   telor yr helyg dryw'r helyg WILLOW WARBLER
   telor yr hesg llwyd y gors REED WARBLER

telori *be* canu fel telor (sy'n awgrymu canu'n llon a hapus gan amlaf) TO WARBLE

telpyn *hwn eg* (talpau)
1 talp bach, darn bach, cnepyn bach *(Rho delpyn arall o lo ar y tân.)* SMALL LUMP
2 lwmpyn, chwyddiant ar y corff *(Mae ganddo delpyn bach cas lle trawodd ei ben yn erbyn y drws.)* LUMP

telyn *hon eb* (telynau) offeryn cerdd ar ffurf triongl mawr, agored a thannau'n ymestyn o'i ben i'w waelod; i ganu'r delyn rydych yn tynnu'r tannau â'ch bysedd HARP □ *llinynnau (cyweirio)*

telyneg *hon eb* (telynegion) darn (byr, fel arfer) o farddoniaeth ar fesur rhydd, sy'n cyfleu teimlad neu sylw personol LYRIC

telynegol *a* gair i ddisgrifio rhywbeth sy'n nodweddiadol o delyneg neu'n perthyn i delyneg LYRICAL

telynor *hwn eg* (telynorion) un sy'n canu'r delyn HARPIST

telynores *hon eb* (telynoresau) merch neu wraig sy'n canu'r delyn HARPIST

teml *hon eb* (temlau)
1 addoldy; yr enw a roddir mewn rhai crefyddau ar yr adeilad y bydd eu dilynwyr yn addoli ynddo TEMPLE
2 lle mawr, hardd sy'n debyg i'r disgrifiad a geir yn y Beibl o deml Solomon TEMPLE

tempo *hwn eg* (tempi) cyflymdra darn arbennig o gerddoriaeth TEMPO

tempro *be* paratoi (clai neu fetel, fel arfer) ar gyfer y lefel briodol o galedwch neu wytnwch trwy ei drin mewn ffordd arbennig TO TEMPER

temtasiwn *hwn neu hon egb* (temtasiynau) rhywbeth deniadol iawn y mae gennych amheuon a ddylech chi fod yn ei dderbyn neu'n ei wneud; rhywbeth sy'n eich temtio chi *(Rwy'n gallu gwrthod pob peth ond temtasiwn.)* TEMPTATION

temtio *be* denu neu geisio denu rhywun i wneud rhywbeth annoeth neu rywbeth na ddylai ei wneud TO TEMPT

tenant *hwn eg* (tenantiaid) un sy'n talu rhent am adeilad, tir ac ati TENANT

tenantiaeth *hon eb*
1 y defnydd y mae rhywun yn ei wneud o adeilad neu dir y mae'n ei rentu TENANCY
2 y cyfnod y mae rhywun yn denant ar adeilad neu dir TENANCY (tac)

tenau *a* gair i ddisgrifio rhywun neu rywbeth:
1 sydd heb fod yn dew; sydd heb lawer o floneg, neu sydd heb ddigon o floneg; main THIN, SLIM
2 sydd heb fod yn drwchus, cul *(tafell denau o fara menyn)* THIN
3 (am hylif) dyfrllyd *(cawl tenau)* THIN
4 prin; heb fod yn niferus *(Mae fy ngwallt wedi mynd yn denau iawn mewn mannau.)* SPARSE
5 heb sylwedd *(cyfrol denau; pregeth denau)* SLIGHT
6 hawdd gweld trwyddo *(niwl tenau, ffrog denau)* THIN
7 sydd wedi treulio, sydd wedi colli ei drwch *(Mae'r got yma yn dechrau mynd yn denau.)* THREADBARE (teneued, teneuach, teneuaf, teneuo, teneuon)

tendans *hwn eg* fel yn *dawnsio tendans,* bod ar gael i ymateb i bob galwad neu ddymuniad TO DANCE ATTENDANCE UPON

tendio *be*
1 gweini ar, gofalu am, gwarchod *(Mae wedi bod gartref yn tendio ar ei dad er pan aeth hwnnw'n sâl.)* TO TEND
2 bod yn ofalus, gwylio *(Tendiwch rhag ofn ichi syrthio.)* TO WATCH, TO TAKE CARE

tendril *hwn eg* (tendrilau) y rhan honno o blanhigyn dringo sy'n bachu neu'n cydio yn yr hyn sy'n ei gynnal TENDRIL

teneuach:teneuaf:teneued *a* mwy **tenau:** mwyaf **tenau:** mor denau [**tenau**]

teneuo *be*
1 gwneud neu fynd yn denau TO THIN, TO BECOME THIN
2 tynnu'r rhai mwyaf eiddil (o drwch o fân blanhigion) er mwyn i'r lleill gael tyfu'n well TO THIN (tenau)

teneuon *a* gair i ddisgrifio mwy nag un peth **tenau**

tenewyn *hwn eg* (tenewynnau) ochr (anifail fel arfer), rhwng yr asennau a'r glun; ystlys FLANK □ *ceffyl*

tennis *hwn eg* gêm i ddau unigolyn neu ddau bâr sy'n wynebu ei gilydd ac yn defnyddio racedi i fwrw pêl yn ôl ac ymlaen dros rwyd sy'n rhannu'r cwrt chwarae TENNIS

tennis bwrdd gêm debyg iawn i dennis sy'n cael ei chwarae ar fwrdd arbennig yn hytrach nag ar gwrt TABLE TENNIS

tennyn *hwn eg* (tenynnau)
1 darn o raff neu gortyn sy'n cael ei ddefnyddio i glymu anifail wrth bostyn fel nad yw'n gallu symud ymhellach na hyd y rhaff TETHER, LEASH
2 darn o raff neu gortyn LINE, ROPE □ *rhaff*

dod i ben fy (dy, ei etc.) nhennyn cyrraedd y pen eithaf, methu dioddef dim rhagor TO REACH THE END OF ONE'S TETHER

tenor[1] *hwn eg* (tenoriaid)
1 y cwmpas uchaf y mae llais dyn yn arfer ei ganu TENOR
2 canwr sydd â'i lais yn gorwedd yn y cwmpas yma TENOR
3 llinell o gerddoriaeth ar gyfer canwr sy'n denor neu rai mathau o offerynnau TENOR

tenor[2] *a* gair i ddisgrifio llais, offeryn neu linell o gerddoriaeth o fewn cwmpas y tenor neu ar ei gyfer TENOR

teras *hwn eg* (terasau)
1 darn o dir gwastad wedi'i dorri allan o ochr mynydd neu fryn TERRACE
2 darn o dir (wrth ochr tŷ) sydd wedi'i balmantu ac sy'n cael ei ddefnyddio pan fydd y tywydd yn deg TERRACE
3 rhes o dai ynghlwm wrth ei gilydd TERRACE

terfais *bf* fe wnes i darfu [**tarfu**]

terfyn *hwn eg* (terfynau)
1 y man lle y mae rhywbeth yn gorffen neu'n diweddu END
2 y ffin eithaf *(Mae gwyddonwyr yn defnyddio llongau gofod i archwilio terfynau ein galaeth.)* BOUNDARY, LIMIT

ar derfyn yn y diwedd AT THE END OF

terfynell *hon eb* (terfynellau)
1 cyfarpar sy'n caniatáu i chi roi cyfarwyddiadau i gyfrifiadur a derbyn gwybodaeth ganddo TERMINAL
2 un o'r ddau bwynt lle mae cyfarpar trydan yn cael ei gysylltu â'r gwifrau mewn cylched (e.e. y pwyntiau [+] a [−] mewn batri) TERMINAL
3 y naill ben neu'r llall o reilffordd, o daith llong neu awyren lle ceir cyfleusterau i dderbyn teithwyr neu nwyddau TERMINAL
4 man yng nghanol tref neu ddinas sy'n cysylltu bws neu drên â maes glanio awyrennau TERMINAL

terfyniad *hwn eg* (terfyniadau)
1 darn y gallwch ei ychwanegu at ddiwedd gair i newid ei swyddogaeth neu ei ystyr *(Mae'r terfyniad '-au' ar ddiwedd gair yn ei wneud yn lluosog.)* ENDING
2 diwedd, gorffeniad ENDING

terfynol *a* gair i ddisgrifio rhywbeth:
1 sy'n dod ar y diwedd; olaf FINAL
2 na ellir ei newid, sydd wedi ei benderfynu *(Dyna fy sylwadau terfynol ar y testun.)* FINAL

terfynu *be* diweddu, gorffen, dibennu, dod i ben, dod â rhywbeth i ben TO TERMINATE, TO END

terfysg *hwn eg* (terfysgoedd)
1 cyffro a chynnwrf tyrfa fawr o bobl TUMULT
2 gwrthryfel, brwydr, ymladd gan dyrfa afreolus RIOT
3 tyrfau, taranau THUNDER

terfysgaeth *hon eb* y defnydd a wneir o drais er mwyn ennill grym gwleidyddol TERRORISM

terfysglyd *a* gair i ddisgrifio rhywbeth sy'n llawn terfysg; cyffrous, cythryblus RIOTOUS

terfysgu *be*
1 ymladd a chreu cynnwrf gan lawer iawn o bobl mewn llefydd cyhoeddus TO RIOT
2 defnyddio dulliau treisgar er mwyn ennill grym gwleidyddol TO TERRORIZE

terfysgwr *hwn eg* (terfysgwyr)
1 rhywun sy'n cymryd rhan mewn terfysg RIOTER
2 rhywun sy'n defnyddio dulliau treisgar er mwyn ennill grym gwleidyddol TERRORIST

term *hwn eg* (termau) gair neu briod-ddull sydd ag ystyr arbennig neu sy'n cael ei ddefnyddio mewn maes arbennig o wybodaeth *(rhestr Cyd-bwyllgor Addysg Cymru o Dermau Cyfrifiadureg)* TERM

tery *bf* mae ef/hi yn **taro**; bydd ef/hi yn **taro**

terydr *hyn ell* mwy nag un **taradr**

tes *hwn eg*
1 gwres a chynhesrwydd yr haul, heulwen HEAT, SUNSHINE
2 yr haenen denau o niwlach a geir ar ddiwrnodau poeth iawn HAZE

tesog *a* heulog, gwresog SUNNY

testament *hwn eg* (testamentau) y naill neu'r llall o ddau brif raniad y Beibl; yn yr 'Hen Destament' ceir tri deg naw o lyfrau yn cofnodi hanes cynnar Israel ac yn y 'Testament Newydd' ddau ddeg saith o lyfrau yn adrodd hanes Iesu Grist a'r Eglwys Fore TESTAMENT

testun *hwn eg* (testunau)
1 rhywbeth sy'n derbyn sylw (e.e. mewn ymgom neu sgwrs); pwnc SUBJECT
2 maes o wybodaeth sy'n cael ei astudio; pwnc *(Faint o destunau sydd ar yr amserlen heddiw?)* SUBJECT
3 achos *(Roedd ei wallt yn destun gwawd.)* SUBJECT

4 pwnc neu le sy'n cael ei gyflwyno mewn darlun SUBJECT
5 adnod neu ymadrodd o'r Beibl neu lyfr crefyddol sy'n cael ei ddefnyddio yn sail i bregeth neu drafodaeth TEXT
6 rhan ysgrifenedig llyfr neu lawysgrif TEXT

tetanws hwn *eg* clefyd difrifol sy'n cloi'r cyhyrau, yn arbennig felly gyhyrau'r ên; genglo TETANUS

teth hon *eb* (tethau)
1 y rhan o'r fron, neu biw (cadair) anifail neu botel babi y mae llaeth yn cael ei sugno drwyddi TEAT, NIPPLE
2 teclyn plastig sy'n cael ei roi i fabi i'w sugno DUMMY

teulu hwn *eg* (teuluoedd)
1 unrhyw nifer o bobl sy'n perthyn trwy waed neu briodas, yn arbennig tad a mam a'u plant FAMILY
2 plant *(Oes gennych chi deulu?)* FAMILY
3 yr holl bobl sy'n byw yn yr un tŷ HOUSEHOLD
4 yr holl bobl sydd wedi disgyn o'r un hynafiaid *(teulu dyn)* FAMILY
5 casgliad o bethau sydd â'r un nodweddion neu briodoleddau, megis ieithoedd neu blanhigion neu anifeiliaid FAMILY *(achau)*

teuluol *a* gair i ddisgrifio rhywbeth sy'n ymwneud â'r teulu neu'r cartref *(ffrae deuluol)* DOMESTIC

tew *a* gair i ddisgrifio rhywun neu rywbeth:
1 (am anifeiliaid neu bobl) â llawer neu ormod o floneg ar y corff FAT
2 trwchus ac wedi'i lenwi'n llawn *(Mae ganddo waled dew yn ei gôt.)* FAT
3 â chryn bellter rhwng ei ddwy ochr gyferbyniol, heb fod yn denau *(llyfr tew)* THICK
4 (am hylif) heb fod yn ddyfrllyd *(cawl tew)* THICK
5 (am lais) heb fod yn eglur *(siarad yn dew)* THICK
6 anodd gweld trwyddo *(mwg tew)* THICK
7 eang, adnabyddus *(Mae'r stori'n dew ar hyd y lle mai hi sy'n cael y swydd.)*

tewdra:tewder:tewdwr hwn *eg* y cyflwr o fod yn dew, y graddau y mae rhywbeth yn dew; trwch FATNESS, CONSISTENCY, THICKNESS

tewhau:tewychu *be*
1 gwneud yn dew TO FATTEN
2 mynd yn dew TO GET FAT

tewi *be*
1 gwneud yn ddistaw, distewi TO SILENCE
2 mynd yn ddistaw, distewi TO BECOME SILENT (tau, taw[2], tawaf)

tewychu *be*
1 tewhau TO FATTEN
2 am nwy sy'n troi'n hylif neu hylif sy'n dechrau caledu neu fynd yn solet TO THICKEN, TO COAGULATE, TO CONDENSE

teyrn hwn *eg* brenin ond gyda'r ystyr o fod yn unben, o fod yn dra awdurdodol, o ormesu ei bobl MONARCH, SOVEREIGN

teyrnas hon *eb* (teyrnasoedd) y wlad sy'n dod dan awdurdod brenin neu frenhines; brenhiniaeth KINGDOM
y Deyrnas Unedig
1 Cymru, Lloegr, yr Alban a Gogledd Iwerddon THE UNITED KINGDOM
2 rhwng 1801 a 1922, Cymru, Lloegr, yr Alban ac Iwerddon THE UNITED KINGDOM

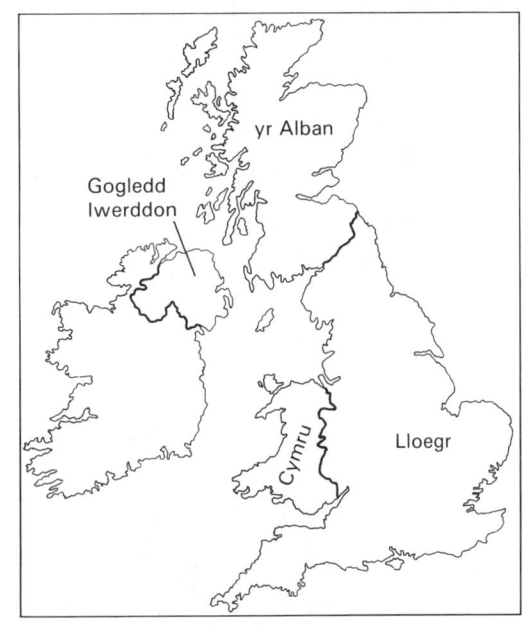

teyrnasiad hwn *eg* y cyfnod y mae brenin neu frenhines yn teyrnasu REIGN

teyrnasu *be*
1 bod yn frenin neu frenhines *(Teyrnasu y mae'r frenhines, nid llywodraethu.)* TO REIGN
2 bod yn bennaeth, yn brif awdurdod neu'n rheolwr ar ryw faes arbennig *(Yn y gegin, Mrs Jones sy'n teyrnasu.)* TO RULE, TO REIGN

teyrngar *a* gair i ddisgrifio:
1 rhywun sy'n ffyddlon ac yn gywir i'w wlad a'i frenin neu'i frenhines, rhywun nad yw'n fradwr LOYAL
2 rhywun sy'n ffyddlon i rywun neu rywbeth arall *(Bu'r chwaraewyr yn deyrngar iawn i gapten y tîm.)* LOYAL

teyrngarwch hwn *eg* ffyddlondeb a chefnogaeth i frenin, gwlad, syniad ac yn y blaen LOYALTY, ALLEGIANCE

teyrnged hon *eb* (teyrngedau)
1 yn wreiddiol, arian neu roddion gan un brenin neu wlad i frenin neu wlad arall yn dâl am heddwch rhwng y ddwy wlad neu am nawdd y wlad arall TRIBUTE

542

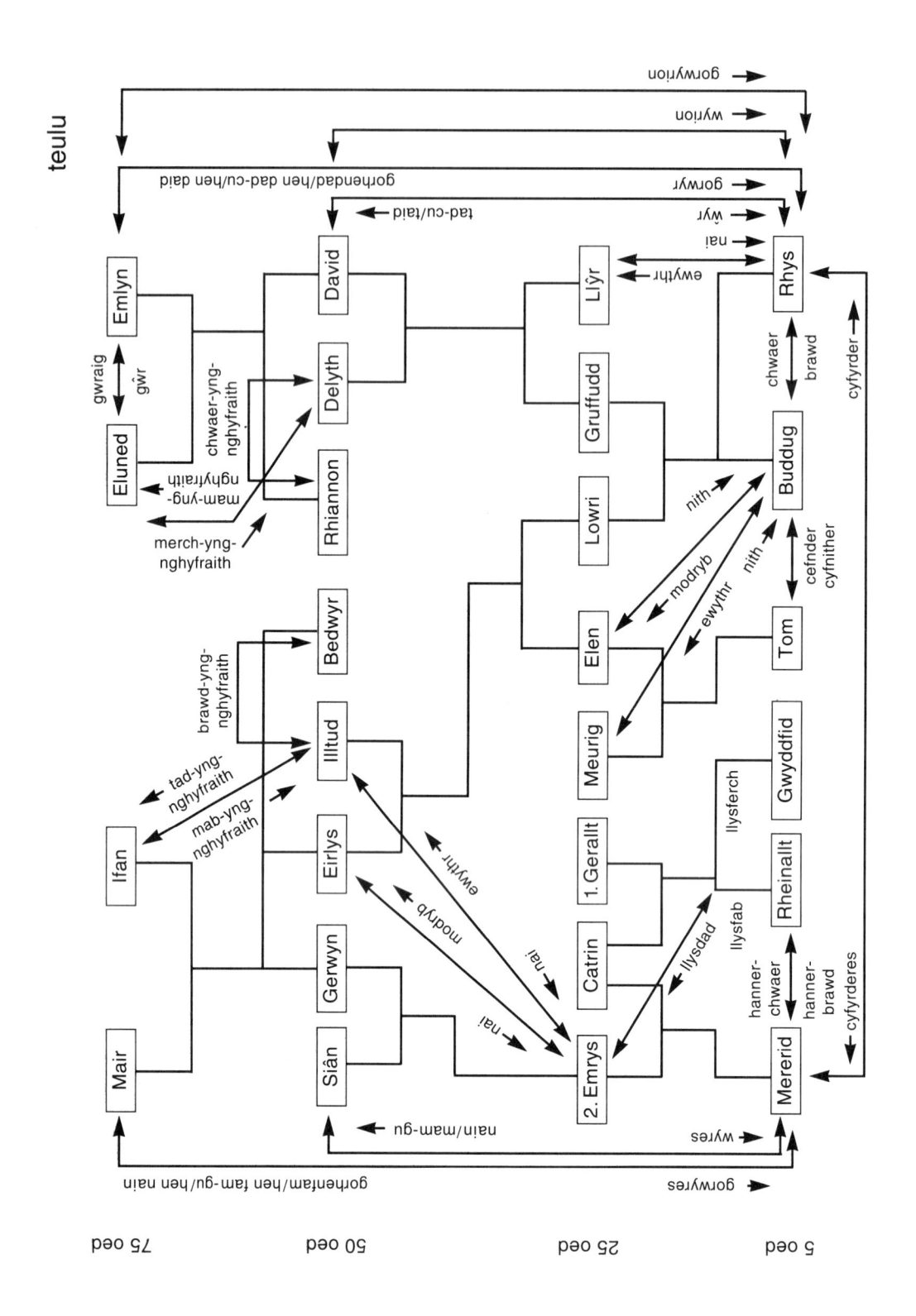

2 erbyn hyn, rhywbeth sy'n cael ei ddweud neu ei wneud neu ei roi fel arwydd o barch neu edmygedd TRIBUTE

teyrnwialen hon *eb* (teyrnwiail) y ffon fer (sy'n aml yn drwch o emau) y mae brenin neu frenhines yn ei chario mewn seremonïau brenhinol SCEPTRE

TGAU *byrfodd* Tystysgrif Gyffredinol Addysg Uwchradd GCSE

ti:di[1] *rhagenw personol annibynnol* yr unigolyn yr ydych yn siarad ag ef neu hi; ail berson unigol y rhagenw personol *(nid fi nac ef na hi ond ti)* YOU (SINGULAR) (dy, tithau, tydi, 'th)

Ti Duw THOU

Sylwch: y ffurf *ti* sy'n cael ei defnyddio wrth siarad â ffrind neu berson yr ydych yn ei adnabod yn dda; *chi* yw'r ffurf i'w defnyddio gyda pherson nad ydych yn ei adnabod neu fel arwydd o barch, ac eithrio gyda bodau unigryw (e.e. Duw neu frenin). *(Fasech chi'n hoffi dod, Miss Jones? A beth amdanat ti, Jac? Ti Dduw a folwn.)*

ti:di[2] *rhagenw dibynnol ôl* unigol **chwi:chi** *(A glywaist ti'r newyddion? Gennyt ti mae'r arian i gyd.)* YOU

tic hwn *eg* (ticiau)

1 un hanner o 'tic-toc' sef sŵn cerddediad cloc; un o dipiadau cloc TICK

2 arwydd (✓) i ddynodi cywirdeb rhywbeth sydd wedi'i ysgrifennu neu i nodi dewis ar ffurflen ac ati TICK

ticed hwn *eg* (ticedi)

1 darn o bapur neu gerdyn wedi'i argraffu sy'n dangos bod gan berson hawl i ryw wasanaeth arbennig (e.e. taith bws, sedd mewn neuadd ac ati); tocyn TICKET

2 darn o bapur neu gerdyn wedi'i glymu wrth rywbeth er mwyn dangos ei bris; tocyn TICKET, TAG

3 hysbysiad swyddogol ar bapur am drosedd yn ymwneud â'r car; tocyn TICKET

tid hon *eb* (tidau) nifer o gylchoedd metel (dolenni) wedi'u cysylltu yn un rhes hir, gref; cadwyn CHAIN

til hwn *eg* mewn siop, y drâr lle mae'r arian yn cael ei gadw TILL

tila *a* gair i ddisgrifio rhywun neu rywbeth:

1 gwan, eiddil, heb unrhyw rym neu egni FEEBLE

2 bach, gwanllyd, llesg PUNY

3 dibwys, gwael, heb fod yn fawr o werth INSIGNIFICANT

tîm hwn *eg* (timau:timoedd) grŵp o bobl sy'n chwarae, gweithio neu actio gyda'i gilydd TEAM

tin hon *eb* (tinau) (gair aflednais braidd) y rhan o'r corff dynol yr ydych yn eistedd arno, a lle y mae carthion yn gadael y perfedd; pen ôl BUM, ANUS

dan din llechwraidd, bradwrus UNDERHAND

llyfu tin gw. **llyfu**

tin dros ben SOMERSAULT

tinc hwn *eg*

1 sŵn metelaidd ysgafn a phleserus TINKLE

2 arlliw, awgrym, arwydd *(Mae tinc o gynghanedd yn ei farddoniaeth.)* A HINT, A TRACE

tincer hwn *eg* (tinceriaid) gŵr a fyddai'n teithio o le i le yn trwsio ac yn gwneud paniau metel a sosbenni TINKER

tincial *be* gwneud sŵn megis cloch fach neu nifer o glychau bychain *(dŵr yn tincial dros y cerrig)* TO TINKLE, TO JINGLE

tindroi *be* gwastraffu amser neu gymryd amser mawr i symud o un man i fan arall TO DAWDLE

tinsel hwn *eg* edafedd disglair sy'n cael ei ddefnyddio i addurno (coeden Nadolig, fel arfer) TINSEL

tip hwn *eg* (tipiau)

1 mynydd o lo mân neu weddillion y gwaith o gloddio am lo (COAL) TIP

2 tomen, man lle mae gwastraff neu sbwriel yn cael ei adael TIP

tipian *be* gwneud sŵn tic-toc rheolaidd; tician cloc TO TICK

tipiau hyn *ell* mwy nag un **tip** a mwy nag un **tipyn** fel yn *tynnu'n dipiau, malu'n dipiau*; yfflon BITS, SMITHEREENS

tipyn hwn *eg* (tipiau)

1 tamaid, ychydig, mymryn *('Mae gennyf dipyn o dŷ bach twt.')* A LITTLE

2 maint mwy nag a ddisgwylir *(Mae ganddo dipyn o ffordd i fynd eto.)* (QUITE) A BIT

3 mewn ymadroddion megis '*y tipyn bardd,*' '*fy nhipyn cyflog*', mae iddo ystyr wawdlyd neu chwareus

bob yn dipyn:o dipyn i beth fesul cam, yn araf deg, yn raddol BIT BY BIT, LITTLE BY LITTLE

fesul tipyn gw. **mesul**

tipyn bach ychydig iawn, mymryn A LITTLE

tir hwn *eg* (tiroedd)

1 rhan sych, galed ein byd sydd uwchlaw'r moroedd; daear LAND

2 rhannau o wyneb y ddaear sydd â'r un nodweddion, e.e. tir uchel, tir coediog, tir corsiog LAND

3 pridd, daear *(Sut dir ydy hwn?)* GROUND

4 daear neu dir sy'n eiddo i rywun *(tir y Goron)* LAND

5 daear neu dir a ddefnyddir ar gyfer ffermio *(tir âr)* LAND

ar dir y byw yn fyw, heb farw IN THE LAND OF THE LIVING

colli tir colli grym, awdurdod, iechyd ac ati *(Mae'n sâl iawn ac yn colli tir bob diwrnod.)* TO LOSE GROUND

dal fy (dy, ei etc.) nhir gw. **dal**

ennill tir gw. **ennill**

tir âr darn o dir wedi'i aredig

tir glas tir a phorfa arno GRASSLAND

tir mawr y prif gorff o dir heb ei ynysoedd MAINLAND

tir sych y tir o'i gyferbynnu â'r môr, ac awgrym o ddiogelwch ynglŷn ag ef DRY LAND
torri tir newydd gw. **torri**
tirf *a* gair i ddisgrifio rhywbeth sy'n tyfu'n ffres ac yn gryf VERDANT, LUXURIANT
tirfeddiannwr hwn *eg* (tirfeddianwyr) un sy'n berchen ar dir neu diroedd LANDOWNER
tirfesurydd hwn *eg* (tirfesurwyr) person y mae ei waith yn gofyn ei fod yn mesur tiroedd a nodi'r canlyniadau ar fapiau ac ati SURVEYOR
tirffurf hwn *eg* (tirffurfiau) siâp neu ffurf nodweddiadol darn o dir LANDFORM
tirio *be*
1 gollwng i'r ddaear, gosod ar y ddaear *(Methodd y blaenwr dirio'r bêl yn y gêm ryngwladol ac felly ni ddyfarnwyd y cais.)* TO GROUND
2 (am long neu awyren, fel arfer) glanio, cyrraedd y tir yn ddiogel TO LAND
tiriog *a* â llawer o dir; yn berchen llawer o dir, cyfoethog LANDED
tiriogaeth hon *eb* (tiriogaethau)
1 darn o dir, yn arbennig darn dan awdurdod llywodraeth arbennig TERRITORY, DOMINION
2 darn o dir y mae person neu anifail neu grŵp arbennig yn ei hawlio iddyn nhw eu hunain TERRITORY
tirion *a* gair i ddisgrifio rhywun neu rywbeth:
1 caredig, parod i roi cymorth i eraill GENTLE
2 tawel neu ysgafn ei symudiad *(awel dirion)* GENTLE
3 mwyn, addfwyn, tyner, cyfeillgar PLEASANT
4 yn cydymdeimlo â gofidiau a thrallodion eraill COMPASSIONATE
5 maddeugar, graslon LENIENT, GRACIOUS
tiriondeb hwn *eg* y cyflwr neu'r casgliad o nodweddion sy'n peri i rywun neu rywbeth gael ei ddisgrifio'n dirion; mwynder, hynawsedd, caredigrwydd, tynerwch GENTLENESS, TENDERNESS, COMPASSION
tirlun hwn *eg* (tirluniau)
1 golygfa eang o dir LANDSCAPE
2 darlun o olygfa o'r fath LANDSCAPE
3 ffurf y tir LANDSCAPE
tirwedd hon *eb* (tirweddau) ffurf (map, fel arfer) â'r tir uchel neu'r rhannau uchaf yn sefyll yn uwch na'r tir isel neu'r gwastadedd RELIEF
tisian *be* anadl yn ffrwydro'n afreolus trwy'r trwyn a'r geg; twsian TO SNEEZE
titw hwn *eg* (titŵod) un o nifer o adar mân o wledydd Ewrop TIT □ *adar* t.610
titw barfog BEARDED TIT
titw gynffon hir LONG-TAILED TIT

titw mwyaf GREAT TIT
titw penddu COAL TIT
titw'r helyg WILLOW TIT
titw'r wern MARSH TIT
titw tomos las BLUE TIT
tithau *rhagenw cysylltiol* ti hefyd, ti o ran hynny, ti ar y llaw arall *(Tithau yn dy swyddfa a minnau gartref yn cywiro dy sanau!))* YOU FOR YOUR PART, EVEN YOU (minnau)
tiwb hwn *eg* (tiwbiau)
1 piben gron, gau (wag) o fetel, gwydr, rwber ac yn y blaen TUBE
2 cynhwysydd meddal ar yr un ffurf, ar gyfer past dannedd neu baent TUBE
3 rheilffordd danddaearol Llundain TUBE
tiwb prawf tiwb bach, gwydr sy'n gaeedig yn un pen ac sy'n cael ei ddefnyddio mewn arbrofion gwyddonol TEST-TUBE
tiwba hwn *eg* (tiwbâu) offeryn cerdd wedi'i wneud o bres, sy'n canu nodau isel iawn TUBA □ *pres*
tiwn hon *eb* (tiwniau) nifer o nodau cerddorol yn dilyn ei gilydd i greu patrwm boddhaol o seiniau; tôn, alaw TUNE
allan o diwn/mewn tiwn taro'r traw anghywir/cywir OUT OF TUNE/IN TUNE
tiwnio *be*
1 newid traw offeryn nes ei fod yn gywir, neu o'r un traw ag offeryn neu offerynnau eraill; cyweirio TO TUNE
2 pyncio, canu, chwibanu, telori *('yr adar bach yn tiwnio')* TO WHISTLE, TO SING
tlawd *a* gair i ddisgrifio rhywun neu rywbeth:
1 sydd ag ychydig iawn o arian ac felly â safon byw isel POOR
2 nad yw'n ddigonol o ran maint neu ansawdd neu gryfder *(Roedd ei araith neithiwr yn dangos pa mor dlawd oedd ei syniadau.)* IMPOVERISHED (tlodion, tloted, tlotach, tlotaf)
yr hen dlawd! druan â hi! THE POOR THING
tlodi[1] hwn *eg* y cyflwr o fod yn dlawd, yr hyn sy'n peri i rywun neu rywbeth gael ei alw'n dlawd POVERTY
tlodi[2] *be* gwneud rhywun neu rywbeth yn dlawd trwy gymryd y pethau gwerthfawr oddi arno/arni TO MAKE POOR
tlodion[1] *hyn ell* nifer o bobl dlawd [**tlawd**] PAUPERS
tlodion[2] *a* gair i ddisgrifio mwy nag un peth **tlawd**
tlos *a* ffurf ar **tlws** sy'n cael ei defnyddio ag enw benywaidd (gair sy'n cael ei ddilyn gan 'hon') *(merch fach dlos)*
tlotach:tlotaf:tloted *a* mwy **tlawd**:mwyaf **tlawd**:mor dlawd [**tlawd**]
tloty hwn *eg* (tlotai) (yn y gorffennol) adeilad, wedi'i godi

a'i gynnal gan arian cyhoeddus, lle gallai tlodion fyw a chael bwyd POORHOUSE, WORKHOUSE

tlws[1] *hwn eg* (tlysau)
1 carreg neu faen gwerthfawr wedi'i chaboli a'i gosod fel addurn mewn modrwy, breichled ac ati JEWEL, GEM
2 addurn bychan neu garreg nad yw'n werthfawr ond sydd wedi cael ei wneud i edrych yn werthfawr TRINKET
3 math arbennig o wobr neu gydnabyddiaeth ar ffurf medal neu gerflun *(Tlws Mary Vaughan Jones am gyfraniad i lenyddiaeth plant)* AWARD, MEDAL

tlws[2] *a* gair i ddisgrifio pertrwydd neu brydferthwch allanol; pert; nid yw mor eang ei ystyr â *hardd* PRETTY (tlos, tlysion, tlysni, tlysed, tlysach, tlysaf)

tlysach:tlysaf:tlysed *a* mwy **tlws** : mwyaf **tlws** : mor dlws [**tlws**]

tlysion *a* gair i ddisgrifio mwy nag un peth **tlws**

tlysni *hwn eg* harddwch, yr hyn sy'n gwneud i rywbeth neu rywun gael ei alw'n dlws PRETTINESS

t/o byrfodd tan ofal c/o

to[1] *hwn eg* (toeau)
1 y gorchudd allanol ar ben adeilad *(to tŷ)* ROOF
2 y top neu'r gorchudd sy'n ffurfio pen pabell neu gar ac ati ROOF

dan do y tu mewn INDOORS

heb do dros ei ben/phen heb gartref WITHOUT A ROOF OVER ONE'S HEAD

rhoi'r ffidil yn y to *gw.* **ffidl:ffidil**

to bach acen grom, e.e. *tŷ, iâr* CIRCUMFLEX, ACCENT

to gwellt THATCH, THATCHED ROOF

to[2] *hwn eg*
1 pobl sydd tua'r un oedran, cyfoedion, cenhedlaeth *(y to ifanc)* GENERATION
2 y cyfnod sy'n ymestyn o enedigaeth person hyd nes y bydd yn medru cael teulu—25-30 o flynyddoedd fel arfer *(Magwyd to ar ôl to o blant disglair yn y tŷ hwn.)* GENERATION

y to sy'n codi y to ifanc, y genhedlaeth nesaf

toc[1] *adf* cyn bo hir, yn y man SOON

toc[2] *hwn eg* tafell, tocyn, darn o fara menyn PIECE, SLICE

tocio *be* torri'n ôl, cwtogi, byrhau *(tocio'r coed rhosod, tocio tipyn ar y traethawd)* TO CLIP, TO PRUNE, TO TRIM

tocyn[1] *hwn eg* (tocynnau)
1 darn o bapur neu gerdyn wedi'i argraffu sy'n dangos bod gan berson hawl i ryw wasanaeth arbennig (e.e. taith bws, sedd mewn neuadd ac ati); ticed TICKET
2 darn o bapur neu gerdyn wedi'i glymu wrth rywbeth er mwyn dangos ei bris; ticed TAG
3 hysbysiad swyddogol ar bapur am drosedd yn ymwneud â'r car; ticed TICKET

tocyn[2] *hwn eg*
1 (yn nhafodiaith y De) tafell o fara menyn, toc SLICE
2 brechdanau neu fwyd yr ydych yn mynd gyda chi i'r ysgol neu'r gwaith i'w fwyta

tocynnwr *hwn eg* (tocynwyr) un sy'n casglu tocynnau (ar fws, trên ac yn y blaen) (BUS) CONDUCTOR, TICKET COLLECTOR

toddadwy *a* gair i ddisgrifio rhywbeth y mae'n bosibl ei doddi SOLUBLE

toddi *be*
1 yr hyn sy'n digwydd pan fydd rhywbeth solet yn troi'n hylif (wrth gael ei dwymo fel arfer) TO MELT
2 yr hyn sy'n digwydd pan fydd rhywbeth sydd wedi'i rewi yn dadlaith (dadmer) TO THAW
3 troi rhywbeth yn hylif trwy ei gymysgu â hylif *(toddi halen mewn dŵr)* TO DISSOLVE
4 ymgolli mewn cefndir o liwiau, seiniau neu deimladau tebyg *(Doedd dim modd gweld y llwynog wedi iddo gyrraedd y goedwig a thoddi i'r cefndir.)* TO BLEND (tawdd)

toddiant *hwn eg* (toddiannau) hylif a nwy neu sylwedd wedi'i doddi ynddo, a hynny heb i unrhyw newid cemegol ddigwydd i'r naill na'r llall SOLUTION

toddion *hyn ell*
1 mwy nag un **toddyn**
2 saim DRIPPING

toddydd *hwn eg* (toddyddion) hylif sydd yn gallu peri i solid neu nwy doddi a ffurfio toddiant SOLVENT

toddyn *hwn eg* (toddion) y solid neu'r nwy sy'n toddi yn y toddydd i ffurfio'r toddiant SOLUTE

toes *hwn eg* blawd neu gan (ynghyd â rhai pethau eraill weithiau) wedi ei gymysgu â dŵr ar gyfer gwneud bara, teisen ac yn y blaen DOUGH

toesen *hon eb* (toesenni) teisen fach gron wedi'i ffrio mewn saim a'i gorchuddio â siwgr DOUGHNUT

toi *be* gorchuddio rhywbeth â tho, gosod to ar dŷ TO ROOF

toili *hwn eg* cynhebrwng ysbrydion, gorymdaith angladdol gan ysbrydion a oedd, yn ôl traddodiad gwerin, yn darogan marwolaeth

tolach *be* maldodi, anwesu, chwarae â TO FONDLE

tolc *hwn eg* (tolcau:tolciau) pant ar wyneb rhywbeth llyfn, wedi'i greu gan ergyd; plet, plyg *(Mae dy dad wedi cael tolc arall ar y car.)* DENT

tolcio *be* gwneud tolc neu dolciau TO DENT

tolch:tolchen *hon eb* (tolchau:tolchenni) dafn o waed sydd wedi dechrau caledu CLOT

tolchennu *be* (yn arbennig am hylif organaidd megis gwaed) newid o hylif i sylwedd neu ffurf solet, trwy adwaith cemegol fel arfer; ceulo TO COAGULATE, TO CLOT

tollborth, tyrpeg

tolio *be* cwtogi neu dorri i lawr ar gyflenwad er mwyn arbed; bod yn ddarbodus TO SAVE, TO STINT

toll hon *eb* (tollau)
  1 treth sy'n cael ei thalu am yr hawl i ddefnyddio ffordd, harbwr, pont ac yn y blaen TOLL, LEVY
  2 math o dreth sy'n cael ei thalu ar nwyddau sy'n cael eu mewnforio i wlad neu weithiau eu hallforio o wlad DUTY, CUSTOM
  swyddog tollau CUSTOMS OFFICER

tollborth hwn *eg* (tollbyrth) (yn yr hen amser) tyrpeg; clwyd a gâi ei gosod ar draws heol/ffordd fel nad oedd neb yn gallu teithio ar hyd-ddi heb dalu toll; gwrthwynebiad i gyfundrefn y tollbyrth oedd yn rhannol wrth wraidd 'Helynt Beca' TOLL-GATE

tollty hwn *eg* (tolltai) adeilad o eiddo'r Llywodraeth (mewn porthladd fel arfer) lle mae tollau'n cael eu casglu CUSTOM-HOUSE

tom hon *eb* ysgarthion anifeiliaid (megis ceffylau, gwartheg ac ieir) a ddefnyddir i ffrwythloni'r tir; tail, baw, achles DUNG, MANURE

tomato hwn *eg* (tomatos)
  1 math o blanhigyn â blodau bach melyn TOMATO (PLANT)
  2 ffrwyth coch bwytadwy'r planhigyn hwn TOMATO □ *llysiau* t.634

tomen hon *eb* (tomenni:tomennydd)
  1 pentwr o dom; tomen dail DUNGHILL
  2 unrhyw fath o bentwr neu grugyn (e.e. tip glo) MOUND, DUMP
  ar ei domen ei hun yn ei faes ei hun, yn y lle y mae'n awdurdod ON HIS OWN PATCH

ar y domen ar y clwt, wedi'i daflu o'r neilltu ON THE SCRAP-HEAP
  yn wlyb domen:yn wlyb domen dail yn wlyb sopen SOAKING WET

ton hon *eb* (tonnau)
  1 ymchwydd o ddŵr yn symud ar hyd wyneb môr neu lyn mawr; gwaneg WAVE, BILLOW
  2 cudyn o'r gwallt sy'n edrych yn debyg i un o donnau'r môr WAVE
  3 ffordd rhai mathau o egni o symud, sy'n debyg i batrwm ymchwydd y môr *(tonnau radio)* WAVE

tôn[1] hon *eb* (tonau)
  1 nifer o nodau cerddorol yn dilyn ei gilydd er mwyn creu patrwm boddhaol; tiwn, alaw TUNE
  2 rhan gerddorol emyn o'i chyferbynnu â'r geiriau TUNE
  tôn gron
  1 cân i dri neu ragor o leisiau lle mae pawb yn canu'r un dôn ond â phob llais yn cychwyn llinell ar ôl i'r llais o'r blaen ei gorffen ROUND
  2 rhywbeth sy'n cael ei ailadrodd hyd syrffed (e.e. cais neu gŵyn) *(Paid â gofyn imi eto am anifail anwes—rwyt ti fel tôn gron.)*

tôn[2] hwn *eg* (tonau)
  1 (mewn cerddoriaeth) newid mewn traw sy'n werth dau hanner tôn, e.e. *C-D (d-r mewn sol-ffa)* TONE
  2 ffordd arbennig o fynegi; goslef *(Nid oeddwn yn hoffi tôn ei lais.)* TONE
  3 ansawdd sain cerddorol; pa mor bur neu foddhaol y caiff rhyw sain ei gynhyrchu TONE

tonc *hon eb* sŵn tebyg i nifer o glychau bychain yn canu TINKLE
   mynd i gael tonc (ar y piano) mynd i ganu'r piano TO HAVE A TINKLE
tonfedd *hon eb* (tonfeddi)
   1 y pellter rhwng dau bwynt tebyg ar don o egni WAVELENGTH
   2 yr hyn sy'n penderfynu ar ba donnau radio y caiff darllediad ei anfon; mae pob gorsaf yn darlledu ar donfedd wahanol a rhaid 'tiwnio'r' radio neu'r teledu i'w derbyn WAVELENGTH
tonig *hwn eg*
   1 unrhyw beth sy'n gwella iechyd neu'n cryfhau neu godi calon rhywun TONIC
   2 moddion neu gyffur ar gyfer cryfhau'r corff pan fydd yn wan TONIC
tonnau *hyn ell* mwy nag un don [**ton**]
tonni *be* symud yn donnau, codi fel tonnau TO BILLOW
tonnog *a* gair i ddisgrifio rhywbeth sy'n edrych yn debyg i don neu sy'n symud fel tonnau WAVY
tonsil *hwn eg* (tonsiliau) y naill neu'r llall o ddau ddarn bach hirgrwn sy'n tyfu ar ddwy ochr y gwddf yng nghefn y geg TONSIL
tonyddiaeth *hon eb* (mewn cerddoriaeth) y codi a'r gostwng a geir mewn traw, ac ansawdd y nodau o safbwynt bod mewn tiwn neu beidio INTONATION
top *hwn eg* (topiau)
   1 y man uchaf, brig, copa TOP
   2 wyneb uchaf rhywbeth *(Mae angen ailbeintio top y bwrdd.)* TOP
   3 caead neu gap *(Rho'r top yn ôl ar y botel.)* TOP
   4 tegan sy'n gallu chwyrlïo yn ei unfan ac sydd weithiau'n gwneud sŵn TOP
topi *be* (yn y De) bwrw â thop y pen *(hwrdd yn topi ci)* TO BUTT
topograffi *hwn eg*
   1 cymeriad rhyw le arbennig wedi'i ddisgrifio yn nhermau siâp y tir ac uchder a dyfnder y tirlun TOPOGRAPHY
   2 yr wyddor o gyflwyno topograffi darn o dir neu wlad ar ffurf mapiau manwl TOPOGRAPHY
tor[1] *hon eb* (torrau)
   1 y rhan honno o'r corff sy'n cynnwys y stumog a'r perfeddion; bola, bol BELLY
   2 nifer o foch bach wedi eu geni yr un pryd i'r un hwch; torllwyth, torraid LITTER □ *mochyn*
tor y llaw blaen y llaw rhwng y bysedd a'r arddwrn PALM
tor[2] *hwn eg* agoriad neu raniad a geir wrth i rywbeth dorri neu gael ei dorri; toriad BREAK

tor llengig cyflwr afiach pan fydd rhan o'r perfedd yn ei wthio ei hun trwy wal yr abdomen neu'r stumog HERNIA, RUPTURE
torcalonnus *a* gair i ddisgrifio rhywbeth sydd yn drist neu yn druenus iawn HEART-BREAKING
torcyfraith *hwn eg* gweithred o anufuddhau i'r gyfraith neu o beidio â chyflawni gofynion deddf gwlad BREACH OF LAW
torch *hwn neu hon egb* (torchau) cylch o ddeunydd wedi'i blygu neu wedi'i blethu (yn arbennig fel addurn) COIL, TORQUE

torch

torch llawes y rhimyn trwchus o ddefnydd ar lawes dilledyn sy'n ffitio am eich arddwrn CUFF
torch o flodau cylch o flodau wedi'u plethu ynghyd WREATH, GARLAND
torchi *be* rholio rhywbeth i ffurfio cylch neu gyfres o gylchoedd, troi yn dorch *(torchi llewys)* TO ROLL UP/DOWN, TO COIL
torchi llewys
   1 (yn llythrennol) troi llewys eich crys i fyny TO ROLL UP ONE'S SLEEVES
   2 (yn ffigurol) gweithio o ddifrif, neu baratoi i wneud hynny *(Mae angen iti dorchi dy lewys—mae'r arholiadau'n dechrau mewn llai na mis.)* TO GET DOWN TO IT
toreithiog *a* gair i ddisgrifio rhywun neu rywbeth:
   1 y mae mwy na digon ohonynt ar gael ABUNDANT
   2 sy'n cynhyrchu llawer o epil neu ffrwythau neu hadau *(cnwd toreithiog)* FERTILE
   3 dyfeisgar, yn byrlymu â syniadau ac yn cynhyrchu llawer *(awdur toreithiog)* PROLIFIC

toreth *hon eb* digonedd, amlder, helaethrwydd, llawer iawn o rywbeth ABUNDANCE

torf *hon eb* (torfeydd) nifer mawr o bobl wedi casglu ynghyd; tyrfa, llu CROWD

torgoch *hwn eg* math o frithyll bach CHAR □ *pysgod* t.628

torheulo *be* eistedd neu orwedd yng ngwres yr haul er mwyn troi lliw'r croen yn frown; bolaheulo TO SUNBATHE, TO BASK

Tori *hwn eg* (Torïaid) aelod o'r Blaid Geidwadol neu un o'i chefnogwyr TORY

toriad *hwn eg* (toriadau)
 1 canlyniad torri rhywbeth â chyllell, bwyell, siswrn ac ati CUT, BREAK
 2 gostyngiad, lleihad *(toriad mewn grantiau llywodraeth)* CUT
 3 y ffordd y mae dillad yn cael eu gwneud *(Rwy'n hoffi toriad ei siwt.)* CUT
 4 cyfnod cyn i'r haul godi *(toriad dydd)* (DAY) BREAK
 5 llun o rywbeth fel pe bai o'r ochr wedi iddo gael ei dorri o'r pen i'r gwaelod; trychiad SECTION
 6 darn o blanhigyn yr ydych yn ei dorri a'i blannu er mwyn iddo dyfu'n blanhigyn newydd CUTTING
 7 darn o wybodaeth neu lun wedi'i dorri o gylchgrawn neu bapur newydd CUTTING
 8 gwahaniad, bwlch *(toriad llwyr â'r gorffennol)* BREAK
 9 niwed i asgwrn sy'n peri i ran neu rannau ohono wahanu oddi wrth y gweddill BREAK, FRACTURE

torlan *hon eb* (torlannau) glan afon neu fôr lle mae'r dŵr wedi golchi ei seiliau i ffwrdd gan adael darn o dir uwchben y dŵr
 glas y dorlan gw. **glas**²

torllwyth:torraid *hon eb* nifer o foch bach wedi eu geni yr un pryd i'r un hwch; tor LITTER □ *mochyn*

torpido *hwn eg* math o daflegryn sy'n gallu ei yrru ei hun dan ddŵr i ddistrywio llongau TORPEDO

torrau *hyn ell* mwy nag un dor [**tor**¹]

torri *be*
 1 chwalu'n ddarnau, neu gael ei chwalu'n ddarnau (gan ergyd, pwysau ac yn y blaen) *(torri gwydr)* TO BREAK
 2 agor neu wahanu rhywbeth gan ddefnyddio llafn miniog neu offeryn *(torri bara menyn)* TO CUT
 3 chwalu neu ffrwydro gan bwysau oddi mewn *(Torrodd y pibau dŵr oherwydd y rhew.)* TO BURST, TO CUT, TO OPEN
 4 byrhau ag offeryn miniog *(torri gwallt)* TO CUT, TO MOW
 5 (am ddant babi) ymddangos trwy'r cnawd *(torri dant)* TO CUT
 6 (am wasanaethau cyhoeddus) cwtogi, lleihau *(torri gwasanaeth y llyfrgell)* TO CUT
 7 mynd â rhywbeth ymaith er lles y gweddill *(Maen nhw wedi torri darnau treisiol y ffilm.)* TO CUT
 8 cymynu, cwympo *(torri coeden i lawr)* TO FELL
 9 cynaeafu, lladd (gwair) *(torri mawn)* TO CUT
 10 rhannu cyff o gardiau'n ddau cyn cychwyn chwarae TO CUT
 11 cerdded neu yrru ar draws yn hytrach nag o gwmpas *(torri cornel)* TO CUT
 12 gwneud record (o gerddoriaeth) TO CUT
 13 gwahanu neu gael eich gwahanu oddi wrth rywbeth *(Mae e wedi torri â'r eglwys.)* TO BREAK
 14 gwneud niwed neu gael niwed nes bod rhywbeth yn ddiwerth neu heb fod yn gweithio'n iawn *(Mae'r cloc wedi torri.)* TO BREAK
 15 anufuddhau, methu cadw addewid neu gadw at reol, cyfraith, cytundeb ac yn y blaen *(torri'r gyfraith)* TO BREAK
 16 gwthio'ch ffordd i mewn neu allan *(lladron yn torri i mewn i Swyddfa'r Post)* TO BREAK (IN)
 17 disgyblu, dod â rhywbeth dan reolaeth *(torri ceffyl i mewn)* TO BREAK (IN)
 18 rhagori ar *(torri record mewn campau)* TO BREAK
 19 terfynu, gorffen *(Torrwyd ar y distawrwydd gan bwff o chwerthin.)* TO BREAK
 20 ymddangos yn raddol ac yn araf *(Mae'r wawr yn torri.)* TO BREAK
 21 methu, gwaelu *(Torrodd ei iechyd.)* TO FAIL
 22 i) newid yn ansawdd llais, o fod yn llais bachgen i fod yn llais dyn *(Torrodd ei lais pan oedd yn 15 oed.)* TO BREAK
  ii) newid sydyn yn ansawdd y llais *(Torrodd ei llais dan deimlad.)* TO BREAK
 23 datrys cyfrinach *(torri cod y gelyn)* TO BREAK
 24 oedi, aros (am seibiant neu wyliau) *(Mae'n well inni dorri am ginio yn awr.)* TO BREAK
 25 newid (er gwaeth, gan amlaf) *(tywydd yn torri)* TO BREAK
 26 (am unigolyn neu gwmni) mynd yn fethdalwr TO FAIL, TO FOLD, TO BECOME BANKRUPT (tyr)

Sylwch: (ac eithrio *tyr*) dyblwch yr 'r' ym mhob un o ffurfiau'r ferf ac eithrio'r rhai sy'n cynnwys *-as-*.

torri ar draws TO INTERRUPT

torri asgwrn cefn gorffen y rhan fwyaf neu'r rhan anhawsaf o ddarn o waith TO BREAK THE BACK OF

torri bedd cloddio, agor TO DIG (A GRAVE)

torri bol bod ag awydd cryf ofnadwy i ddweud neu wneud rhywbeth TO BE BURSTING

torri calon
 1 wylo'n hidl, llefain TO SOB
 2 ildio, digalonni TO BREAK ONE'S HEART

torri crib gwneud yn fwy gostyngedig TO BRING DOWN A PEG OR TWO

torri Cymraeg â siarad â

torri dadl cyrraedd ateb derbyniol TO SETTLE

torri enw arwyddo, llofnodi TO SIGN

torri gair
1 siarad TO TALK, TO SPEAK
2 torri addewid TO BREAK ONE'S WORD

torri gwynt gollwng nwyon o'r stumog neu'r perfeddion TO BREAK WIND, TO BURP

torri i lawr
1 (am beiriant) methu symud, gwrthod gweithio TO BREAK DOWN
2 colli rheolaeth ar yr emosiynau, llefain TO BREAK DOWN

torri'r garw gw. **garw**

torri syched yfed, gorffen bod yn sychedig

torri tir newydd arloesi, mabwysiadu syniadau neu ddulliau newydd TO BREAK NEW GROUND

torrwr *hwn eg* (torwyr) un sy'n torri *(torrwr beddau)* CUTTER, DIGGER

torsythu *be* cerdded yn dal ac yn syth gan wthio'r fron allan a cheisio ymddangos yn bwysig TO STRUT

torth *hon eb* (torthau) bara (neu gacen/teisen) wedi'i ffurfio a'i goginio yn un darn mawr LOAF

torthen *hon eb* (torthenni) darn o hylif sydd wedi dechrau caledu neu geulo; tolchen CLOT

tosau *hyn ell* mwy nag un **tosyn**

tost[1] *hwn eg* tafell o fara wedi'i chrasu a'i brownio TOAST
fel tost:fel tostyn yn gynnes (ac yn gyfforddus) LIKE TOAST

tost[2] *a* (yn y De)
1 poenus, dolurus *(pen tost)* SORE
2 sâl, afiach, yn dioddef o anhwylder ILL

tost[3] *adf* (yn y De) iawn, ofnadwy *(anniben tost)*

tostedd:tostrwydd *hwn eg* y cyflwr o fod yn dost neu yn llym; anhwylder, poen, dolur ILLNESS, SORENESS

tostio *be*
1 brownio (bara neu gaws) trwy ei osod o flaen neu dan wres TO TOAST
2 cynhesu drwyddo TO TOAST

tosturi *hwn eg* cydymdeimlad â rhywun sy'n dioddef ac awydd i'w gynorthwyo; trueni, trugaredd COMPASSION, PITY

tosturio [**wrth**] *be* teimlo trueni dros, trugarhau TO PITY

tosturiol *a* gair i ddisgrifio rhywun sy'n tosturio, neu rywbeth sy'n arwydd o dosturi COMPASSIONATE

tosyn *hwn eg* (tosau) ploryn, ymchwydd ar y croen PIMPLE

totalitaraidd *a* gair i ddisgrifio rhywun neu rywbeth sy'n perthyn i system wleidyddol lle mae un person neu un blaid yn rheoli'r cyfan ac yn gwahardd unrhyw wrthwynebiad neu wrthblaid TOTALITARIAN

tow fel yn *o dow i dow* ling-di-long, wrth eich pwysau DAWDLING

tra[1] *adf* gor..., pur, iawn, eithaf, rhy *(Mae'r tabledi hyn yn dra effeithiol. Bu'n dra charedig wrthyf.)* EXTREMELY, VERY

tra[2] *cysylltair* yn ystod yr amser, cyhyd *('Tra bo dŵr y môr yn hallt...')* WHILE, WHILST
Sylwch:
1 ni ddaw *y, yr* na *'r* rhwng *tra* a'r ferf;
2 ceir treiglad llaes yn dilyn 'tra' *adf* ond nid oes treiglad yn dilyn 'tra' *cysylltair*.

tra-arglwyddiaethu *be* gormesu, bod yn deyrn ar TO TYRANNIZE, TO LORD IT

trabŵd *a* fel yn *yn chwys drabŵd*, yn stecs, yn chwys domen SOAKING (WITH PERSPIRATION)

trac *hwn eg* (traciau)
1 llwybr, heol anwastad TRACK
2 llwybr arbennig sydd wedi'i baratoi ar gyfer rhywun neu rywbeth, trywydd *(trac rasio ceir)* TRACK
3 y llinell neu'r olion sydd wedi'u gadael gan rywun neu rywbeth TRACK
4 llinellau haearn y rheilffordd TRACK
5 y cylch neu'r gwregys o blatiau haearn sydd dros olwynion rhai cerbydau trymion TRACK
6 un o'r bandiau ar dâp recordio, y gallwch recordio arno TRACK

tractor *hwn eg* (tractorau) cerbyd cryf sy'n cael ei ddefnyddio i dynnu peiriannau fferm neu bethau trymion eraill TRACTOR □ *aradr*

tracwisg *hon eb* (tracwisgoedd) siaced a thrywsus o ddefnydd cynnes a wisgir gan athletwyr wrth ymarfer ond nid pan fyddant yn cystadlu TRACK SUIT

trachefn *adf* eto, unwaith eto, eilwaith *(Es yno drachefn i weld y lle.)* AGAIN (eto)
Sylwch: drachefn a thrachefn sy'n gywir nid 'eto ac eto'.

tracht gw. **dracht:tracht**

trachwant *hwn eg* (trachwantau) awydd cryf iawn i gael llawer mwy o rywbeth nag sydd ei angen neu sy'n deg, yn arbennig arian neu rym neu fwyd GREED

trachwantus *a* gair i ddisgrifio rhywun sy'n llawn trachwant AVARICIOUS, GREEDY

trachywir *a* gair i ddisgrifio rhywbeth neu rywun sy'n fanwl gywir, lle mae pob manylyn yn union fel y dylai fod PRECISE

tradwy *adf* y diwrnod ar ôl trennydd, dau ddiwrnod ar ôl trannoeth (ac yfory) a thri diwrnod ar ôl heddiw, neu ymhen tri diwrnod

traddodi *be*
1 adrodd neu ddweud araith, pregeth, neu feirniadaeth mewn eisteddfod TO DELIVER

traddodiad

2 gorchymyn neu ddedfrydu rhywun i fod tan ofal neu reolaeth rhywun arall (e.e. mewn carchar neu ysbyty meddwl) *(Cafodd y bachgen euog ei draddodi i dri mis o garchar.)* TO COMMIT

traddodiad hwn *eg* (traddodiadau)
1 y ffordd y mae arferion a chredoau yn cael eu trosglwyddo o un genhedlaeth i'r llall TRADITION
2 arferiad neu gred sy'n cael ei throsglwyddo yn y ffordd yma TRADITION
3 corff o arferion neu gredoau sy'n cael eu trosglwyddo *(y traddodiad llafar)* TRADITION

traddodiadol *a* gair i ddisgrifio rhywun neu rywbeth sy'n perthyn i draddodiad neu sy'n glynu wrth draddodiad TRADITIONAL

traean hwn *eg* y drydedd ran, un rhan o dair, ⅓ ONE-THIRD

traed hyn *ell* mwy nag un **troed**

ar flaenau fy (dy, ei etc.) nhraed yn ddisgwylgar ON MY TOES

aros ar fy (dy, ei etc.) nhraed peidio â mynd i'r gwely, bod ar lawr TO BE ON ONE'S FEET

cael fy (dy, ei etc.) nhraed danaf dechrau llwyddo, ymsefydlogi TO FIND ONE'S FEET

cwympo/disgyn/syrthio ar fy (dy, ei etc.) nhraed bod yn ffodus TO LAND ON MY FEET

dan draed
1 dan awdurdod llwyr, boed yn gyfiawn neu'n anghyfiawn *(Cenedl dan draed y gelyn.)* UNDER THE HEEL
2 yn y ffordd *(Cer o dan draed.)* UNDERFOOT

hel ei draed mynd heb bwrpas, heb fod yn mynd i unlle arbennig TO MOOCH ABOUT

llusgo traed gw. **llusgo**

rhoi fy (dy, ei etc.) nhraed lan:i fyny ymlacio, eistedd neu orwedd i lawr TO PUT ONE'S FEET UP

sefyll rhywbeth ar ei draed rhoi rhywbeth i sefyll yn syth *(Rho'r botel i sefyll ar ei thraed.)* TO STAND UPRIGHT

teimlo gwres ei d/thraed gorfod rhedeg yn gyflym, gorfod ymdrechu KNEW HE/SHE'D BEEN IN A RACE

traed brain ysgrifen anniben, aflêr, annealladwy

traed moch cawl potsh, stomp, heb unrhyw fath o reolaeth *(Mae'r trefniadau wedi mynd yn draed moch.)* MUCK UP

traed oer ofn, amheuon COLD FEET

wrth draed (athro) cael hyfforddiant ac addysg gan unigolyn arbennig AT THE FEET OF

yn nhraed fy (dy, ei etc.) sanau yn gwisgo dim ond sanau am fy nhraed IN ONE'S STOCKINGED FEET

traenio gw. **draenio:traenio**

traeth hwn *eg* (traethau) glan môr neu lyn, yn arbennig os yw'n dywodlyd ac yn cael ei ddefnyddio ar gyfer torheulo a nofio BEACH, SANDS

traeth awyr math o gymylau gwyn, cyrliog; gwallt y forwyn MACKEREL SKY

traeth byw : traeth gwyllt tywod gwlyb sy'n sugno unrhyw beth sy'n ceisio'i groesi QUICKSAND

traethawd hwn *eg* (traethodau)
1 darn byr o ryddiaith ar un testun fel arfer; ysgrif ESSAY, COMPOSITION
2 darn hir o ryddiaith wedi'i ysgrifennu ar destun arbennig ar gyfer gradd prifysgol THESIS, DISSERTATION

traethell hon *eb* (traethellau) traeth bach, darn o dir yn ymyl llyn, neu ar lan afon, neu ar lan môr STRAND, SHORE

traethiad hwn *eg* (traethiadau)
1 dull o adrodd stori neu gyflwyno digwyddiadau mewn llyfr neu ar ffurf ysgrifenedig NARRATIVE
2 (yn ramadegol) un o ddwy ran brawddeg, sef y rhan sy'n sôn am y goddrych ac sydd fel arfer yn cynnwys y brif ferf, e.e. yn y frawddeg *Mae John yn gryf*, *John* yw'r goddrych a *mae yn gryf* yw'r traethiad PREDICATE

traethu *be* dweud, adrodd, mynegi, datgan, siarad yn awdurdodol TO RELATE, TO PREACH

trafaelu *be* (gair y De)
1 mynd o le i le, teithio TO TRAVEL
2 mynd yn gyflym iawn *(Roeddem yn trafaelu pan gawsom ein dal gan yr heddlu.)* TO TRAVEL

trafaelwr:trafaeliwr hwn *eg* (trafaelwyr)
1 un sy'n mynd o ddrws i ddrws yn ceisio gwerthu nwyddau TRAVELLING SALESMAN
2 teithiwr TRAVELLER

traflyncu *be* bwyta'n gyflym ac yn wancus TO DEVOUR, TO GORGE

trafnidiaeth hon *eb* symudiad pobl neu gerbydau ar hyd heolydd, llongau ar hyd moroedd, awyrennau yn yr awyr ac yn y blaen TRAFFIC

trafod *be*
1 teimlo neu drin rhywun neu rywbeth â'r dwylo *(Byddwch yn ofalus wrth drafod y llestri.)* TO HANDLE
2 rheoli, cadw dan reolaeth *(Mae'r ferch ifanc yn deall yn iawn sut i drafod ei phoni.)* TO HANDLE
3 siarad am rywbeth TO DISCUSS
4 pwyso a mesur TO DISCUSS
5 siarad â rhywun neu rywrai er mwyn ceisio cyrraedd cytundeb TO NEGOTIATE

trafodaeth hon *eb* (trafodaethau) ymgom lle mae cyfnewid barn rhwng dau neu ragor o siaradwyr, gyda'r bwriad (weithiau) o gyrraedd cytundeb DISCUSSION, NEGOTIATION

trafodion hyn *ell* cofnodion o weithgarwch a gweithgareddau cymdeithas neu grŵp arbennig o bobl (wedi'u cyhoeddi fel arfer) PROCEEDINGS, TRANSACTIONS

trafferth *hwn neu hon egb* (trafferthion)
 1 anhawster, helbul, problem, poen meddwl, trwbl *(Cefais drafferth i agor y drws.)* TROUBLE, BOTHER
 2 sefyllfa lle mae person yn cael ei ddrwgdybio o wneud rhywbeth *(Mae e mewn trafferth gyda'r heddlu eto.)* TROUBLE
 3 ymdrech, er enghraifft i gwblhau neu i gael rhywbeth yn fanwl gywir *(Mae hi wedi mynd i dipyn o drafferth i gael y llyfrau hyn iti.)* TROUBLE
 4 niwsans *(Dim ond trafferth fuost ti imi erioed.)* TROUBLE

trafferthu *be*
 1 mynd i drafferth, cymryd gofal arbennig *(Yn anffodus, wnes i ddim trafferthu darllen y cyfarwyddiadau.)* TO TAKE TROUBLE, TO BOTHER
 2 peri trafferth, creu problemau neu anawsterau *(Awn ni ddim i'w drafferthu nhw yr amser yma o'r nos.)* TO TROUBLE

trafferthus *a* gair i ddisgrifio rhywun neu rywbeth sy'n creu trafferthion TROUBLESOME, IRKSOME

traffig *hwn eg* trafnidiaeth, ond yn fwyaf arbennig y nifer o geir, lorïau, bysys ac yn y blaen sydd ar yr heol ar unrhyw adeg TRAFFIC

traffordd *hon eb* (traffyrdd) heol neu ffordd lydan iawn ar gyfer cerbydau yn unig, wedi'i llunio er mwyn i'r cerbydau hyn gael teithio'n bell ynghynt MOTORWAY, AUTOBAHN

tragwyddol:tragywydd *a* gair i ddisgrifio rhywbeth sydd yn mynd i barhau am byth ETERNAL

tragwyddoldeb *hwn eg*
 1 cyfnod diddiwedd o amser ETERNITY
 2 y cyfnod o amser sy'n dilyn marwolaeth ETERNITY

tragywydd *gw.* **tragwyddol:tragywydd**

traha:trahauster *hwn eg* balchder anfoesgar, haerllugrwydd ARROGANCE

trahaus *a* balch, haerllug, sarhaus, ffroenuchel ARROGANT, HAUGHTY

trai *hwn eg*
 1 llif y môr yn cilio o'r lan; gwrthwyneb llanw; distyll EBB
 2 lleihad, dirywiad EBB, DECREASE
 ar drai yn gwanhau, yn cilio EBBING, IN DECLINE
 distyll y trai man isaf y trai LOW-WATER

traidd *bf* mae ef/hi yn **treiddio**; bydd ef/hi yn **treiddio**

trais *hwn eg*
 1 y defnydd o gryfder corfforol i niweidio neu i ddychryn pobl VIOLENCE, FORCE
 2 y drosedd o orfodi cyfathrach rywiol ar berson yn erbyn ei ewyllys RAPE
 3 llygriad, difwyniad RAPE

trallod *hwn eg* (trallodion) rhywbeth sy'n achosi gofid; blinder, gorthrymder TRIBULATION

trallodus *a* gair i ddisgrifio rhywbeth sy'n peri gofid, blinder, gorthrymder ac yn y blaen TROUBLED

y Trallwng *enw lle* WELSHPOOL

trallwysiad *hwn eg* (trallwysiadau) y weithred o roi gwaed a gafwyd gan un person yng nghorff person arall (BLOOD) TRANSFUSION

trallwyso *be* rhoi gwaed a gafwyd gan un person yng nghorff person arall TO TRANSFUSE

tramgwydd *hwn eg* (tramgwyddau)
 1 rhwystr, rhywbeth sydd yn y ffordd ac sy'n gwneud i chi faglu, e.e. *maen tramgwydd* HINDRANCE
 2 yr hyn sy'n peri i rywun dramgwyddo; camwedd OFFENCE

tramgwyddo *be* troseddu, pechu, digio, achosi i rywun fod yn anhapus TO OFFEND

tramor *a* gair i ddisgrifio rhywun neu rywbeth sy'n dod o wlad arall (dros y dŵr gan amlaf); estron OVERSEAS, FOREIGN

tramorwr *hwn eg* (tramorwyr) person sy'n dod o wlad arall (dros y dŵr) FOREIGNER

trampo:trampio *be* teithio, symud o le i le (ar droed fel arfer) TO TRAMP
 ar dramp ar daith, yn mynd o le i le (ar droed)

trampyn *hwn eg* crwydryn, cardotyn, trempyn TRAMP

tramwyo *be* teithio ar draws, symud yn ôl ac ymlaen TO PASS

tranc *hwn eg* marwolaeth, angau DEATH

trannoeth *adf* y diwrnod wedyn; diwrnod cyn trennydd a dau ddiwrnod cyn tradwy *(Drannoeth y cweryl, fe ddaeth i'r tŷ ac ymddiheuro.)* THE NEXT DAY

transistor *hwn eg* (transistorau) teclyn bach sy'n rheoli rhediad cerrynt trydan o fewn pethau megis radio, teledu, cyfrifiaduron ac yn y blaen TRANSISTOR

trap *hwn eg* (trapiau)
 1 offeryn i ddal creaduriaid; magl TRAP
 2 cynllun i ddal neu dwyllo person TRAP
 3 cerbyd ysgafn â dwy neu bedair olwyn sy'n cael ei dynnu gan geffyl TRAP
 4 dyfais y mae milgi yn cael ei ollwng yn rhydd ohoni ar gychwyn ras TRAP

trapesiwm *hwn eg* (trapesiymau) (yn dechnegol) ffigur pedair ochrog â dwy ochr yn unig yn baralel neu'n gyfochrog TRAPEZIUM

trapesiwm

trapio *be* dal mewn trap TO TRAP
trapîs *hwn eg* bar byr sy'n cael ei gynnal gan ddwy raff a'i ddefnyddio gan acrobatiaid ar gyfer eu campau TRAPEZE
traphont *hon eb* (traphontydd) pont sy'n cludo heol neu reilffordd ar draws cwm neu ddyffryn VIADUCT
  traphont ddŵr pont sy'n cludo camlas ar draws cwm neu ddyffryn AQUEDUCT
tras *hon eb* y llinyn sy'n cysylltu cenedlaethau o'r un teulu; llinach, hil LINEAGE, KIN, PEDIGREE (achau)
  o dras
  1 yn disgyn o DESCENDED FROM
  2 o linach uchel ei thras OF NOBLE DESCENT
trasiedi *hwn eg* (trasiedïau)
  1 drama drist sy'n gorffen, fel arfer, â marwolaeth y prif gymeriad TRAGEDY
  2 digwyddiad ofnadwy neu anhapus; trychineb TRAGEDY
traul *hon eb* (treuliau)
  1 y pris sy'n cael ei dalu am rywbeth, yr hyn y mae rhywbeth yn ei gostio EXPENSE
  2 ôl treulio neu wisgo *(Mae ôl traul ar y carped wedi iddo fod ar y llawr am ddwy flynedd.)* WEAR
  3 y broses o fwyta neu yfed CONSUMPTION
  ar draul ar gost rhywun neu rywbeth arall *(Mae'n dod yn fwy clir yn awr ein bod wedi byw yn gyfforddus yn y wlad hon ar draul pobl o wledydd eraill a oedd yn llai ffodus na ni.)* AT THE EXPENSE OF
  diffyg traul gw. **diffyg**
traw[1] *hwn eg* (mewn cerddoriaeth) pa mor uchel neu isel yw nodyn cerddorol PITCH
traw[2] *adf* ffurf ar **draw** a geir mewn ymadrodd fel *yma a thraw*
trawaf *bf* rwy'n **taro**; byddaf yn **taro**
trawiad *hwn eg* (trawiadau)
  1 ergyd, un peth yn bwrw rhywbeth arall BLOW
  2 afiechyd annisgwyl sy'n niweidio'r ymennydd ac sy'n gallu gwneud rhan o'r corff yn ddiffrwyth STROKE
  3 sŵn cloc yn taro'r awr STROKE
  trawiad ar y galon cyflwr meddygol a all arwain at farwolaeth, lle mae'r galon yn curo yn anghyson ac yn boenus HEART ATTACK
trawiadol *a* gair i ddisgrifio rhywun neu rywbeth sy'n tynnu sylw oherwydd ei fod yn anarferol neu'n atyniadol STRIKING
traws *a* gair i ddisgrifio rhywbeth sy'n croesi, sy'n torri yn groes CROSS
  ar draws
  1 o un ochr i'r llall *(Rhwyfodd ar draws yr afon.)* ACROSS
  2 ar yr ochr draw *(Y tŷ ar draws y ffordd.)* ACROSS
  traws gwlad geiriau i ddisgrifio rhywun neu rywbeth sy'n cael ei gynnal trwy groesi tir *(ras draws gwlad)* OVERLAND, CROSS-COUNTRY
trawsacennu *be* (mewn cerddoriaeth) newid y rhythm arferol trwy bwysleisio'r acenion gwannaf TO SYNCOPATE
trawsblannu *be*
  1 codi planhigyn a'i blannu yn rhywle arall TO TRANSPLANT
  2 symud aelod neu ran o'r corff (croen, gwallt ac ati) o'r gwraidd, o un man i fan arall ar y corff neu (yn achos y galon, yr arennau ac ati) o gorff un person i gorff person arall TO TRANSPLANT

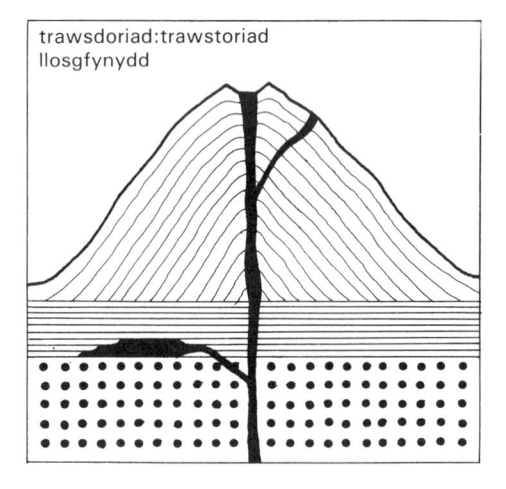

trawsdoriad:trawstoriad llosgfynydd

trawsdoriad:trawstoriad *hwn eg* (trawsdoriadau: trawstoriadau)
  1 llun o rywbeth ar ôl iddo gael ei dorri ar draws; trychiad CROSS-SECTION
  2 rhan sy'n cynrychioli'r cyfan *(trawsdoriad o gymdeithas yn gyffredinol)* CROSS-SECTION
trawsffurfiad *hwn eg* (trawsffurfiadau)
  1 y newid llwyr sy'n digwydd o un ffurf i ffurf arall (e.e. pan fydd lindys yn troi yn iâr fach yr haf) METAMORPHOSIS, TRANSFORMATION
  2 (mewn mathemateg) y broses o newid un ffurf neu siâp yn ffurf neu siâp arall TRANSFORMATION
trawsgludo *be*
  1 cario neu gludo (pobl, nwyddau ac ati) o un lle i le arall TO TRANSPORT
  2 (yn hanesyddol) danfon drwgweithredwr i wlad bell fel cosb, neu gario pobl a oedd wedi'u cipio yn erbyn eu hewyllys i wlad arall i'w gwerthu yn gaethweision; caethgludo TO TRANSPORT
trawsgyweirio *be* (mewn cerddoriaeth) newid o un cywair i gywair arall *(Mae'r darn yn trawsgyweirio o G i D ym mar 24.)* TO MODULATE

trawst hwn *eg* (trawstiau) un o'r coed neu'r prennau mawr sy'n cynnal to neu nenfwd adeilad RAFTER, BEAM, JOIST

trawstoriad gw. **trawsdoriad:trawstoriad**

tre hon *eb* gw. **tref:tre**

treblu *be* gwneud yn dair gwaith cymaint *(Pan ostyngodd pris teithio ar y bws fe dreblodd y nifer a oedd yn defnyddio'r gwasanaeth.)* TO TREBLE

Trecelyn *enw lle* NEWBRIDGE

trech *a* gair i ddisgrifio:
  1 rhywun neu rywbeth sy'n gryfach, yn fwy nerthol, yn fwy grymus *(Roedd y Ffrancod yn drech na Chymru yn y gêm rygbi ryngwladol.)* SUPERIOR, STRONGER
  2 rhywbeth sy'n ormod i ymdopi ag ef *(Mae'r gwaith wedi mynd yn drech na fi heno: bydd yn rhaid ei adael tan yfory.)*
  Sylwch: *treched, trechaf* ond does dim ffurf 'trechach' i'w chael.

trechu *be* curo, gorchfygu TO DEFEAT

trechwr hwn *eg* (trechwyr) un sy'n drech na'i wrthwynebwyr, un sy'n gorchfygu; gorchfygwr VICTOR

tref:tre hon *eb* (trefi:trefydd)
  1 casgliad neu gyfuniad mawr o dai ac adeiladau eraill lle mae pobl yn byw ac yn gweithio TOWN
  2 canolfan fasnach neu ganolfan siopa *(Wyt ti'n dod i'r dre gyda ni?)* TOWN
  3 y bobl sy'n byw yn y dref *(Mae'r holl dref yn erbyn y datblygiad.)* TOWN
  4 (fel yn yr ymadrodd *tua thre* sef tuag adref) cartref HOME

Trefdraeth *enw lle* NEWPORT (PEMBS)

trefedigaeth hon *eb* (trefedigaethau) gwlad neu ardal y mae pobl o wlad arall yn dod i fyw ynddi ac yn ei rheoli; gwladfa COLONY

treflan hon *eb* (treflannau) tref fechan

trefn hon *eb*
  1 y cyflwr neu'r stad lle mae pethau wedi'u gosod yn daclus yn eu lle *(Rhaid cael y lle 'ma i drefn cyn i Mam gyrraedd.)* ORDER
  2 y modd y mae pethau'n cael eu rhestru, neu'n cael eu rhoi yn eu lle cywir *(trefn yr wyddor)* ORDER
  3 y cyflwr neu'r sefyllfa lle mae rheolau a deddfau yn bodoli a phawb yn ufuddhau iddynt *(Sut un yw'r athro newydd am gadw trefn?)* ORDER
  4 y ffordd arbennig y mae cyfarfod neu achos cyfreithiol yn cael ei gynnal *(Rwy'n ofni eich bod allan o drefn.)* ORDER, PROCEDURE
  5 dull, modd, ffordd *(O ddydd Llun ymlaen y drefn newydd fydd . . .)*

diolch i'r drefn yn rhagluniaethol PROVIDENTIALLY

y Drefn trefn rhagluniaeth, cynllun Duw DIVINE PROVIDENCE

dweud y drefn gw. **dweud**

mewn trefn/allan o drefn
  1 popeth yn ei briod le/heb fod yn ei briod le IN ORDER/OUT OF ORDER
  2 (mewn cyfarfod) yn ufuddhau/yn anufuddhau i drefn y cyfarfod; yn dderbyniol/yn annerbyniol IN ORDER/OUT OF ORDER

trefniad:trefniant hwn *eg* (trefniadau:trefniannau)
  1 rhywbeth sydd wedi cael ei gynllunio i ddigwydd mewn ffordd arbennig *(Anghofiodd y prifathro ddweud bod y trefniadau ar gyfer y gêm bêl-droed wedi'u newid.)* ARRANGEMENT
  2 y ffordd y mae darn o gerddoriaeth wedi cael ei osod *(trefniant i'r piano o Symffoni Rhif 5 Beethoven)* ARRANGEMENT

trefnol *a* gair i ddisgrifio rhif sy'n dangos lleoliad neu drefn mewn set, e.e. *cyntaf, ail, trydydd* ORDINAL (prifol) (gw. *Atodiad II* t.602)

trefnolion hyn *ell* rhifau trefnol ORDINAL NUMBERS

trefnu *be*
  1 cynllunio a pharatoi rhywbeth *(Wnewch chi drefnu bod cwpanaid o de i bawb ar ddiwedd y cyfarfod?)* TO ORGANIZE
  2 gwneud trefniant neu drefniadau *(Fe wnaethon ni drefnu i gyfarfod y tu allan i'r banc.)* TO ARRANGE
  3 dosbarthu neu osod mewn trefn neu fodd arbennig *(trefnu blodau; trefnu llyfrau)* TO ARRANGE, TO ORGANIZE
  4 gosod darn o gerddoriaeth TO ARRANGE

trefnus *a* gair i ddisgrifio:
  1 rhywbeth sy'n dangos ôl trefn, sy'n gymen ac yn daclus ORDERLY
  2 rhywun sy'n dda am drefnu neu sy'n hoff o drefn ORDERLY

trefnydd hwn *eg* (trefnyddion) un sy'n gyfrifol am drefnu rhywbeth neu un sydd â dawn trefnu ORGANIZER

trefol *a* gair i ddisgrifio rhywun neu rywbeth sy'n perthyn i dref neu sy'n nodweddiadol o'r dref URBAN

Treforys *enw lle* MORRISTON

treftadaeth hon *eb*
  1 etifeddiaeth; rhywbeth y mae rhywun yn ei etifeddu HERITAGE, INHERITANCE
  2 cyflwr o fywyd neu stad o fyw, megis y teulu neu'r gymdeithas y mae person yn cael ei eni iddo/iddi HERITAGE
  3 rhai pethau unigryw sy'n perthyn i genedl neu ardal ac sy'n cael eu gwarchod a'u trosglwyddo o un genhedlaeth i'r nesaf HERITAGE

Trefyclo *enw lle* KNIGHTON

Trefynwy enw lle MONMOUTH

Treffynnon enw lle HOLYWELL

Tre-gŵyr enw lle GOWERTON

trengi be marw, darfod, gorffen byw TO DIE, TO PERISH

treial hwn eg (treialon)
1 prawf, y weithred o brofi, gyda'r bwriad o ddarganfod y goreuon *(treialon cŵn defaid, treialon rygbi)* TRIAL
2 gwrando a barnu achos mewn llys barn; prawf TRIAL

treiddgar a (am olwg, cwestiynau, sylwadau ac ati) gair i ddisgrifio rhywbeth craff, sylwgar, llym *(Mae ganddo feddwl treiddgar—mae'n anodd iawn ei guro mewn dadl.)* PENETRATING, PIERCING

treiddio be
1 torri i mewn neu drwy rywbeth TO PENETRATE
2 deall *(Mae'n honni ei fod wedi treiddio i gyfrinach yr oesoedd.)* TO PENETRATE
3 (am aroglau, syniadau, teimladau ac ati) lledaenu trwy bob rhan o rywbeth neu rywun TO PERVADE, TO PERMEATE (traidd)

treiffl hwn eg cymysgedd o deisen neu gacen mewn jeli wedi'i orchuddio â hufen neu gwstard; melys gybolfa TRIFLE

treiglad hwn eg (treigladau) newid cytseiniol sy'n digwydd ar ddechrau gair dan amodau arbennig MUTATION

Y Treiglad: M = Meddal; T = Trwynol; Ll = Llaes
Cytseiniaid sy'n

newid	(M)	(T)	(Ll)
c yn troi yn	g	ngh	ch
p yn troi yn	b	mh	ph
t yn troi yn	d	nh	th
g yn troi yn	(yn diflannu)	ng	
b yn troi yn	f	m	
d yn troi yn	dd	n	
ll yn troi yn	l		
m yn troi yn	f		
rh yn troi yn	r		

(gw. *Rhagymadrodd* t.xiii.)

treigliad hwn eg (treigliadau)
1 troad, y weithred o rolio, o symud trwy droi drosodd a throsodd *(treigliad y tonnau ar draeth)* (THE) ROLL
2 mynd heibio *(treigliad y blynyddoedd)* (THE) PASSING

treiglo[1] be newid cytseiniaid ar ddechrau gair dan amodau arbennig; achosi treiglad TO MUTATE

treiglo[2] be troi, rholio, mynd heibio, llithro'n araf, peri treigliad TO ROLL, TO TRICKLE

treillio be pysgota â rhwyd geg eang sy'n cael ei thynnu ar hyd gwaelod y môr TO TRAWL

treinio be
1 hyfforddi, dysgu sgiliau arbennig i rywun TO TRAIN
2 sicrhau bod planhigyn yn tyfu i gyfeiriad arbennig trwy ei dorri, ei glymu ac yn y blaen TO TRAIN
3 paratoi ar gyfer cystadleuaeth neu brawf; hyfforddi, ymarfer *(treinio ar gyfer y gêm fawr)* TO TRAIN

treio be gwanychu neu leihau fel y môr ar ôl y llanw, bod ar drai TO EBB

treisiad hon eb (treisiedi) buwch ifanc, heffer, anner HEIFER

treisio be
1 ymosod yn rhywiol, gorfodi cyfathrach rywiol ar berson yn erbyn ei (h)ewyllys TO RAPE
2 defnyddio grym corfforol i niweidio neu ddychryn pobl TO OPPRESS
3 llygru, difwyno TO VIOLATE

treisiol a gair i ddisgrifio rhywun neu rywbeth sy'n cyflawni trais neu'n bygwth treisio VIOLENT

Trelawnyd enw lle NEWMARKET

trem hon eb golwg, edrychiad, y weithred o edrych, cipolwg *(Bwriwch drem dros y gwaith yma.)* (A) LOOK, GLANCE

tremio:tremu be
1 edrych yn galed, sylwi TO GAZE, TO LOOK
2 bwrw golwg gyflym TO GLANCE

trempyn hwn eg crwydryn, cardotyn, person heb gartref sy'n crwydro o le i le; trampyn TRAMP

tremu be gw. **tremio:tremu**

trên hwn neu hon egb (trenau)
1 rhes o gerbydau sy'n cael eu tynnu ar hyd cledrau rheilffordd gan injan TRAIN
2 yr injan sy'n tynnu'r cerbydau hyn TRAIN, ENGINE

trennydd adf y diwrnod ar ôl yfory neu drannoeth, a'r diwrnod cyn tradwy THE DAY AFTER NEXT

tres hon eb un o nifer o dresi [tresi]

tresbasu be gw. **tresmasu:tresbasu**

tresglen hon eb math o fronfraith MISSEL-THRUSH □ adar t.607

treillio

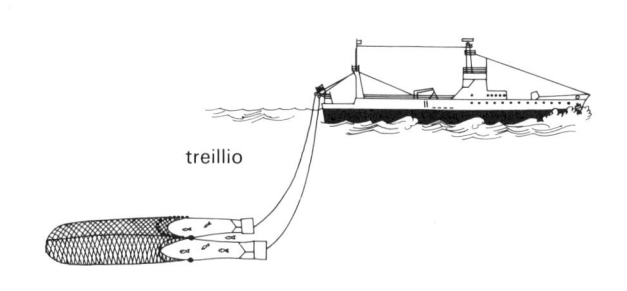

tresi *hyn ell* mwy nag un dres [**tres**] sef:
  1 y cadwyni neu'r strapiau lledr sy'n sicrhau cert neu gerbyd wrth yr anifail sy'n ei dynnu TRACES
  2 cudynnau pert o wallt TRESSES
  cicio dros y tresi gw. **cicio**
  tresi aur coeden ardd â chudynnau hir o flodau melyn LABURNUM □ *coed* t.617

tresio *be* (fel yn *tresio bwrw*) pistyllio, bwrw glaw'n drwm iawn, bwrw hen wrageddd a ffyn TO PELT (DOWN), TO RAIN HEAVILY

tresmasu:tresbasu *be*
  1 tramwyo neu deithio ar hyd tir preifat heb ganiatâd TO TRESPASS
  2 mynd ymhellach nag y mae gennych hawl i fynd TO ENCROACH

tresmaswr *hwn eg* (tresmaswyr) person sy'n tresmasu TRESPASSER

trestl *hwn eg* (trestlau) trawst a choesau oddi tano; y mae dau neu ragor ohonynt yn cael eu defnyddio i gynnal bwrdd TRESTLE

treth *hon eb* (trethi)
  1 swm o arian sy'n cael ei dalu i'r Llywodraeth ganolog neu i lywodraeth leol ar sail cyflog neu eiddo neu fel rhan o bris nwyddau TAX, RATE
  2 rhywbeth sy'n golygu tipyn o ymdrech i'w gyflawni, neu sydd wedi mynd yn ormod o faich (*Mae'r bachgen yna yn dreth ar amynedd dyn.*) TAX
  Treth ar Werth (TAW) swm ychwanegol y mae'r Llywodraeth yn ei roi ar ben pris rhai mathau o nwyddau VALUE ADDED TAX (VAT)
  Treth Incwm swm o arian y mae'r Llywodraeth yn ei hawlio fel canran o gyflog unrhyw un sy'n ennill dros ryw swm arbennig o incwm INCOME TAX

trethdalwr *hwn eg* (trethdalwyr) un sy'n talu treth TAXPAYER

trethi *hyn ell* mwy nag un dreth [**treth**]

trethu *be*
  1 codi treth ar TO TAX, TO RATE
  2 blino, gofyn llawer TO TAX

treuliad *hwn eg*
  1 ôl treulio neu wisgo; traul WEAR
  2 y broses o newid y bwyd sy'n cael ei fwyta i ffurfiau y mae'r corff yn gallu eu defnyddio DIGESTION

treuliau:treuliadau *hyn ell* yr hyn y mae'n rhaid ei dalu am rywbeth; costau, ad-daliad o'r hyn rydych wedi'i wario (ar deithio, lletty, bwyd ac ati) (*Rwy'n gobeithio y bydd y cwmni'n fodlon talu fy nhreuliau i fynd i America.*) EXPENSES

treulio *be*
  1 hela neu wario (am amser) TO SPEND
  2 gwisgo, mynd i gyflwr gwael trwy ddefnydd aml TO WEAR
  3 newid y bwyd sy'n cael ei fwyta (yn y stumog) yn ffurfiau y mae'r corff yn gallu eu defnyddio TO DIGEST
  Sylwch: *treulio* amser ond *gwario* arian sy'n gywir.

trewi *be* rwyt ti'n **taro**; byddi di'n **taro**

tri *rhifol* y rhif sy'n dilyn *dau* ac sy'n dod o flaen *pedwar*; 3 THREE (tair, trydedd, trydydd)
  Sylwch: mae enw'n treiglo'n llaes ar ôl 'tri' (*tri chi*).

triagl:triog *hwn eg* hylif tew, tywyll, gludiog, melys sy'n cael ei gynhyrchu yn y broses o buro siwgr TREACLE, MOLASSES

triawd *hwn eg* (triawdau)
  1 darn o gerddoriaeth wedi'i gyfansoddi ar gyfer tri offeryn neu dri llais TRIO
  2 grŵp o dri o gantorion neu offerynwyr; unrhyw grŵp o dri TRIO

triban *hwn eg* (tribannau)
  1 mesur arbennig mewn barddoniaeth, e.e.
    Tri pheth sy'n anodd 'nabod,
    Dyn, derwen a diwrnod:
    Y dydd yn hir, y pren yn gau
    A'r dyn yn ddauwynebog.
  2 bathodyn a symbol Plaid Cymru ar ffurf tri thriongl gwyrdd

tribiwnlys *hwn eg* (tribiwnlysoedd) llys barn wedi'i sefydlu i drafod rhyw fater arbennig a chanddo'r awdurdod i weithredu ynghylch y mater hwnnw TRIBUNAL

tric *hwn eg* (triciau)
  1 gweithred y mae angen medrusrwydd neu ddawn arbennig i'w chyflawni (yn arbennig un sy'n llwyddo i ddrysu neu dwyllo cynulleidfa) TRICK
  2 gweithred sy'n twyllo neu gamarwain person TRICK
  3 cast, rhywbeth a wneir i beri i rywun edrych yn dwp TRICK

tridiau *hyn ell* tri diwrnod (*Dewch yn ôl i 'ngweld i ymhen tridiau.*)

trigain *rhifol* chwe deg, hanner cant a deg SIXTY

trigfa:trigfan *hon eb* (trigfeydd:trigfannau) lle i fyw, preswylfa, cartref DWELLING

trigo *be*
  1 byw, preswylio, cartrefu TO DWELL
  2 (yn y De, am anifeiliaid a phlanhigion, nid am bobl) marw, trengi, darfod TO DIE

trigolion *hyn ell* y bobl neu'r creaduriaid sy'n byw yn rhywle, sy'n preswylio mewn man arbennig INHABITANTS

tril *hwn eg* (triliau) (mewn cerddoriaeth) chwarae cyflym yn ôl ac ymlaen rhwng dau nodyn TRILL

trilliw *a* fel yn *cath drilliw* sef cath a chymysgedd o frown, du a melyn yn ei chot TORTOISESHELL

trimad:trimiad hwn *eg*
  1 y weithred o drimio (A) TRIM
  2 crasfa, cweir (A) HIDING

trimio *be*
  1 tocio er mwyn gwneud yn ddestlus ac yn gymen TO TRIM
  2 addurno *(trimio'r goeden Nadolig)* TO TRIM

trin[1] hon *eb* hen air am frwydr *(trannoeth y drin)* BATTLE

trin[2] *be*
  1 ymddwyn tuag at, ymwneud â, trafod *(Mae gofyn trin Mr Jones yn ofalus.)* TO TREAT
  2 ystyried, meddwl am *(Fe wnaeth hi drin ein cais fel jôc.)* TO TREAT
  3 ceisio gwella trwy ddulliau meddygol *(Mae'r nyrs yn dod bob dydd i drin y briw ar ei goes.)* TO TREAT
  4 rhoi (sylwedd) trwy broses gemegol neu ddiwydiannol er mwyn ei newid *(carthion yn cael eu trin mewn gweithfeydd arbennig)* TO TREAT
  5 trafod, siarad am *(trin a thrafod ble i fynd ar eich gwyliau)* TO DISCUSS
  6 trefnu, glanhau neu baratoi *(trin gwallt)* TO DRESS
  7 paratoi'r tir yn barod i blannu cynnyrch TO CULTIVATE
  8 delio â, bod yn gyfrifol am *(Mae'n rhy ifanc eto i fod yn trin arian.)* TO HANDLE
  9 defnyddio'n ddeheuig *(trin y cledd, trin cyllell a fforc)* TO WIELD
  10 dwrdio, dweud y drefn TO SCOLD (triniaf, trinnir)

trindod hon *eb* un grŵp o dri; y Drindod mewn Cristnogaeth yw'r un Duw mewn tair ffurf, y Tad, y Mab a'r Ysbryd Glân TRINITY

triniaeth hon *eb* (triniaethau)
  1 y ffordd neu'r modd y mae rhywun neu rywbeth yn cael ei drin TREATMENT
  2 dull neu foddion sy'n cael ei/eu dd/defnyddio i drin person yn feddygol TREATMENT
  triniaeth lawfeddygol torri i mewn i'r corff er mwyn cael gwared ar ddarn afiach neu glwyfedig neu ei wella OPERATION

triniaf *bf* rwy'n **trin**; byddaf yn **trin**

trinnir *bf* mae rhywun neu rywbeth yn cael ei drin [**trin**]; bydd rhywun neu rywbeth yn cael ei drin [**trin**]

trioedd hyn *ell* casgliad o bethau fesul tri a geir yn ein hen lenyddiaeth *(Tri Hael Ynys Prydain, Nudd, Mordaf a Rhydderch.)* TRIADS

triog hwn *eg* gw. **triagl:triog**

triongl hwn *eg* (trionglau)
  1 ffurf wastad (polygon) â thair llinell syth a thair ongl TRIANGLE
  2 (mewn cerddoriaeth) offeryn taro ar ffurf triongl TRIANGLE

trionglog *a* gair i ddisgrifio rhywbeth sydd ar ffurf triongl neu sy'n debyg i driongl TRIANGULAR

trip hwn *eg*
  1 gwibdaith, taith o un man i fan arall TRIP
  2 taith reolaidd, neu daith â phwrpas arbennig TRIP

tripled[1] hwn *eg* (tripledi) un o dri o blant (neu epil) sy'n cael eu geni i'r un fam ar yr un adeg TRIPLET

tripled[2] hwn *eg* (tripledi) (mewn cerddoriaeth) grŵp o dri nodyn sydd i'w chwarae o fewn amser dau nodyn arferol o'r un math TRIPLET

triphlyg *a* gair i ddisgrifio rhywbeth sydd â thair rhan iddo TRIPLE

trist *a* gair i ddisgrifio:
  1 rhywun sy'n teimlo neu'n dangos teimladau o alar, gofid, digalondid, prudd-der ac ati SAD
  2 rhywbeth sy'n achosi'r teimladau hyn SAD

tristâf *bf* rwy'n **tristáu**; byddaf yn **tristáu**

tristáu *be* gwneud yn drist neu fynd yn drist TO SADDEN (tristâf)

tristwch hwn *eg* yr hyn sy'n achosi i rywun fod yn drist; galar, gofid, digalondid ac ati SADNESS, SORROW

triw *a* gair i ddisgrifio rhywun neu rywbeth (e.e. anifail) ffyddlon, cywir, teyrngar TRUE, FAITHFUL

tro hwn *eg* (troeon)
  1 un symudiad mewn cylch cyfan; troad *(Rhowch un tro arall i'r cawl.)* TURN
  2 newid cyfeiriad, plygiad, cornel, trofa *(Mae yna hen dro cas yn yr heol fan hyn.)* BEND
  3 lle neu amser mewn trefn benodol *(Rwyt ti wedi colli dy dro i chwarae â'r cyfrifiadur newydd.)* TURN
  4 gweithred â chanlyniad da neu ddrwg *(Hen dro gwael oedd gadael i'r bws fynd hebddo.)* TURN
  5 newid, gwahaniaeth *(Ar ôl etifeddu'r holl arian fe ddaeth tro ar fyd yr hen ŵr.)* CHANGE
  6 datblygiad annisgwyl, newid *(tro yng nghynffon stori)* TWIST
  7 amser *(Un tro pan oeddwn yn ifanc ...)* TIME
  8 gwibdaith (ar droed neu mewn car) *(Rwy'n mynd allan am dro.)* WALK, SPIN
  9 taith hir *(Tro yn yr Eidal)* JOURNEY, TOUR
  10 cylch o drac rhedeg LAP
  am y tro am nawr FOR THE TIME BEING
  ambell dro weithiau, ambell waith OCCASIONALLY
  ar dro weithiau, o dro i dro SOMETIMES
  ar fyr o dro heb fod yn hir SOON
  ar y tro bob yn *(Un ar y tro, os gwelwch yn dda.)* AT A TIME
  dro ar ôl tro yn aml, yn fynych TIME AND AGAIN

dros dro am gyfnod o amser nad yw'n barhaol TEMPORARILY
drwodd a thro ar y cyfan, at ei gilydd ALL IN ALL
ers tro byd ers amser mawr FOR AGES
gwneud y tro gw. **gwneud**
hen dro gw. **hen**
o dro i dro o bryd i'w gilydd FROM TIME TO TIME
troad hwn *eg* (troadau)
1 gwyriad, newid cyfeiriad, tro *(troad yn yr heol)* BEND
2 y pwynt pan fydd rhywbeth yn troi neu pan fydd newid yn digwydd *(ar droad y ganrif; troad y rhod)* TURN
3 y post nesaf *(gyda throad y post)* BY RETURN OF POST
trobwll hwn *eg* (trobyllau) cerrynt neu lif o ddŵr mewn afon neu fôr sy'n troi'n gyflym ac yn gallu sugno pethau i mewn iddo; pwll tro WHIRLPOOL, MAELSTROM
trobwynt hwn *eg* (trobwyntiau) amser pan fo newid pwysig yn digwydd TURNING-POINT
trochfa hon *eb* (trochfeydd) canlyniad neidio neu syrthio dros eich pen i mewn i ddŵr (A) DIP, (A) SOAKING
trochi *be*
1 (yn y Gogledd) rhoi mewn dŵr, nofio, golchi TO IMMERSE, TO DIP □ *dipio*
2 (yn y De) baeddu, dwyno, gwneud yn frwnt TO SOIL, TO DIRTY
trochiad hwn *eg* (trochiadau) y weithred o ollwng rhywbeth nes bod hylif yn ei orchuddio'n llwyr IMMERSION
trochion hyn *ell* y gymysgedd o sebon a dŵr sy'n creu byrlymau gwynion; ewyn SUDS, LATHER
trochiwr:trochwr hwn *eg* (trochwyr)
1 un sy'n neidio neu'n plymio i'r dŵr DIVER, DIPPER
2 aderyn brown â bron wen sydd i'w weld gan amlaf mewn nentydd ac afonydd bychain mynyddig DIPPER □ *adar t.612*
troed hwn neu hon *egb* (traed)
1 y rhan symudol o'r corff ar waelod y goes islaw'r ffêr/migwrn FOOT
2 gwaelod *(ar droed y tudalen)* FOOT
3 rhan isaf rhywbeth, yr eithaf arall i'r pen *(troed y gwely)* FOOT
4 y rhan honno o hosan sy'n gorchuddio'r troed/droed FOOT
5 sylfaen, gwaelod, bôn *(wrth droed y mynydd)* BASE (traed)
ar droed ar waith AFOOT
rhoi fy (dy, ei etc.) nhroed i lawr
1 bod yn bendant TO PUT ONE'S FOOT DOWN
2 gwasgu arni, mynd yn gyflym (mewn cerbyd) TO PUT ONE'S FOOT DOWN

rhoi fy (dy, ei etc.) nhroed ynddi gwneud camgymeriad lletchwith TO PUT ONE'S FOOT IN IT
troed (g)weog troed rhai o anifeiliaid y dŵr lle mae croen yn tyfu rhwng bysedd y traed WEBBED FOOT
troedfedd hon *eb* (troedfeddi) (mesur o hyd) deudddeng modfedd neu tua 0.305 metr FOOT (gw. *Atodiad III* t.603)
tröedigaeth hon *eb* (tröedigaethau) y weithred o dderbyn cred grefyddol neu wleidyddol nad oedd person yn ei derbyn cyn hynny CONVERSION
troedio *be*
1 cerdded â chamau penderfynol TO PACE
2 cerdded ar, dros neu ar hyd TO TREAD, TO WALK
3 gosod un droed o flaen y llall mewn ffordd arbennig fel mewn dawns, stepio TO STEP
ei throedio hi cerdded (rhagor na theithio mewn ffordd arall)
troedio dŵr cadw'ch pen uwchlaw'r dŵr mewn dyfroedd dyfnion TO TREAD WATER
troedlath hon *eb* (troedlathau) dyfais sy'n cael ei gwthio gan y traed er mwyn gweithio peiriant TREADLE, PEDAL
troednodyn hwn *eg* (troednodiadau) nodyn (mewn print llai fel arfer) ar waelod tudalen FOOTNOTE
troednoeth *a* gair i ddisgrifio person nad yw'n gwisgo dim am ei draed BAREFOOT, BAREFOOTED

troell

troell hon *eb* (troellau)
1 peiriant a gâi ei ddefnyddio erstalwm yn y cartref i nyddu gwlân; olwyn nyddu SPINNING-WHEEL
2 symudiad cyfan mewn cylch; cylchdro, tro TURN, WHIRL
troelli *be*
1 nyddu gwlân ar droell TO SPIN
2 symud mewn cylch yn gyflym TO WHIRL
3 troi mewn cylchoedd neu ddolenni TO WIND

troellog *a* gair i ddisgrifio rhywbeth:
 1 nad yw'n syth; igam-ogam *(Byddwch yn ofalus—mae'r heol yn gul ac yn droellog fan hyn.)* TWISTING, WINDING
 2 sydd yn llawn troeon, heb fod yn uniongyrchol *(cynllun cyfrwys a throellog)* TORTUOUS, DEVIOUS

troes *bf* fe wnaeth ef/hi droi [**troi**]

troeth *hwn eg* yr hylif wast y mae'r corff yn cael gwared arno URINE

trof *bf* rwy'n **troi**; byddaf yn **troi**

trofa *hon eb* (trofâu:trofeydd) tro, cornel BEND, TURN

trofan *hwn eg* (trofannau) un o'r ddwy linell ledred sy'n cael eu tynnu (ar fapiau) o gwmpas y byd, y naill 23½° i'r gogledd o'r Cyhydedd (Trofan Cancr) a'r llall 23½° i'r de o'r Cyhydedd (Trofan Capricorn) TROPIC
 y Trofannau y rhannau (poeth) hynny o'r byd sydd rhwng Trofan Cancr a Throfan Capricorn THE TROPICS

trofannol *a* gair i ddisgrifio rhywbeth sy'n perthyn i'r Trofannau neu sy'n nodweddiadol o'r Trofannau (yn arbennig yr hinsawdd boeth) TROPICAL

trofeydd *hyn ell* mwy nag un drofa [**trofa**]

trofwrdd *hwn eg* (trofyrddau)
 1 dyfais (wedi'i suddo i'r ddaear) y gallwch yrru trenau arni a'u troi i gyfeiriad newydd ar set arall o gledrau TURNTABLE
 2 y plât neu'r peiriant cyfan y mae record yn cael ei chwarae arno TURNTABLE

trogen *hon eb* (trogod) un o nifer o wahanol fathau o fân bryfed sy'n sugno gwaed TICK

troi *be*
 1 symud mewn cylch o gwmpas pwynt penodol *(olwyn yn troi)* TO TURN
 2 newid cyfeiriad, anelu at gyfeiriad arbennig *(Mae'r heol yn troi i'r chwith.)* TO TURN
 3 newid golwg neu natur *(Mae'r bara wedi troi'n frown yn y gwres.)* TO TURN
 4 suro *(Mae'r llaeth yma wedi troi.)* TO TURN SOUR
 5 teimlo'n anghyfforddus neu wneud yn gyfoglyd *(Mae mwg sigarennau yn troi arnaf.)* TO TURN
 6 gwneud i rywun neu rywbeth fynd; anfon, gyrru *(Mae'r da yn cael eu troi allan i bori yn y gwanwyn.)* TO TURN (OUT)
 7 newid wyneb i waered *(Rwyf wedi troi matras y gwely.)* TO TURN
 8 gwneud dolur i aelod o'r corff wrth ei dynnu *(troi fy migwrn, troi fy ffêr)* TO TWIST
 9 newid gwir ystyr neu fwriad geiriau *(Paid â throi fy ngeiriau!)* TO TWIST
 10 cymysgu hylif neu gymysgedd meddal gan ddefnyddio llwy fel arfer *(troi te)* TO STIR
 11 cael eich argyhoeddi i dderbyn cred arbennig *(Mae e wedi troi'n Anghydffurfiwr selog.)* TO CONVERT
 12 aredig, palu *(troi'r tir)* TO PLOUGH, TO DIG
 13 mynd heibio i amser arbennig *(Mae hi wedi troi hanner nos.)* TO TURN
 14 dymchwel *(troi'r drol)* TO UPSET, TO TURN (UPSIDE DOWN) (troes, trof, try)

ei throi hi mynd, cychwyn ymaith *(Mae'n hwyr—rhaid imi ei throi hi.)* TO GET GOING

troi a throsi bod yn anesmwyth ac yn aflonydd (yn enwedig yn y gwely) TO WRIGGLE, TO TOSS AND TURN

troi allan
 1 dod allan o'r tŷ i gyfarfod, cyngerdd ac yn y blaen *(Mae nifer da wedi troi allan ac ystyried pa mor oer yw hi.)* TO TURN OUT
 2 gorfod gadael, cael eich symud allan o TO TURN OUT

troi ar
 1 ymosod ar (yn ffigurol) TO TURN ON
 2 codi cyfog ar

troi dalen newydd gw. **dalen**

troi i lawr
 1 lleihau uchder sain neu rym rhywbeth TO TURN DOWN (SOUND, POWER)
 2 gwrthod TO TURN DOWN

troi i mewn taro i mewn ar ymweliad *(Mae nifer o bobl ddieithr wedi troi i mewn atom heno—croeso iddyn nhw i gyd.)*

troi lan (ar lafar yn arbennig)
 1 cyrraedd, ymddangos *(A yw John wedi troi lan eto?)* TO TURN UP
 2 cynyddu uchder sain neu rym rhywbeth TO TURN UP (SOUND, POWER)

trol *hon eb* (troliau) un o nifer o fathau o gerbydau dwy neu bedair olwyn a fyddai'n cael eu tynnu gan geffyl neu'u gwthio neu'u tynnu gan ddyn; cart, gambo CART

rhoi'r drol/cart o flaen y ceffyl rhoi'r effaith o flaen yr achos, gwneud rhywbeth o chwith TO PUT THE CART BEFORE THE HORSE

troi'r drol gwneud llanastr TO UPSET THE APPLE-CART

troli *hwn neu hon egb* (trolïau)
 1 un o nifer o fathau o gerti isel, yn arbennig un sy'n cael ei wthio â'r llaw TROLLEY
 2 bwrdd bach ar olwynion ar gyfer cario bwyd neu ddiod TROLLEY

trom *a* ffurf ar **trwm** sy'n cael ei defnyddio ag enw benywaidd (gair sy'n cael ei ddilyn gan 'hon') *(Mae'n gath fawr, drom.)*

trombôn *hwn eg* (trombonau) offeryn pres â thiwb neu sleid sy'n cael ei symud i fyny ac i lawr er mwyn newid o nodyn i nodyn TROMBONE ☐ *pres*

trôns hwn eg (tronsiau) math o drywsus (byr) ysgafn y mae dynion a bechgyn yn ei wisgo o dan eu dillad uchaf PANTS

trontol hon eb dolen, y darn ar ymyl cwpan neu jwg yr ydych yn gafael ynddo HANDLE

tros:dros ardd (trosof fi, trosot ti, trosto ef/fe/fo, trosti hi, trosom ni, trosoch chi, trostynt hwy [trostyn nhw])
1 ar draws, uwchben *(pont dros yr afon)* OVER
2 yn aelod o, ar ran *(Mae e'n chwarae dros Gymru ddydd Sadwrn nesaf.)* FOR
3 i lawr dros ymyl rhywbeth *(syrthio dros y clogwyn i'r môr)* OVER
4 mwy na *(Mae ganddo dros gant o lyfrau i'w darllen.)* OVER
5 yn ystod *(dros y blynyddoedd)* OVER
6 ar ran, yn lle *(Rwyf wedi dod yma dros fy ngwraig.)* FOR
7 o blaid *(Siaradaf i drosot ti yn y llys.)* FOR
8 trwy, am *(Meddylia dros y peth cyn ateb.)* OVER
9 yn well na, yn rhagori ar *(Cawsom fuddugoliaeth dda dros Aberteifi yn y rownd derfynol.)* OVER

dros ben
1 yn ormod, yn weddill *(un cinio dros ben)* OVER
2 yn neilltuol *(da dros ben)* EXCEPTIONALLY

dros ben llestri annerbyniol o eithafol, yn ormodol, yn rhy bell TOO FAR

dros dro heb fod yn barhaol TEMPORARILY

dros fy nghrogi gw. **crogi**

drosodd gw. **trosodd:drosodd**

trosedd hwn neu hon egb (troseddau) gweithred ddrwg sy'n torri'r gyfraith; camwedd OFFENCE, CRIME

troseddu be
1 torri'r gyfraith trwy gyflawni gweithred anghyfreithlon TO COMMIT AN OFFENCE
2 torri cyfraith grefyddol; pechu TO TRANSGRESS
3 torri rheol mewn gêm a gadael eich hun ar agor i gosb oherwydd hynny

troseddwr hwn eg (troseddwyr) un sy'n troseddu CRIMINAL, CULPRIT

trosglwyddo be
1 symud rhywun neu rywbeth o un swydd neu leoliad i un arall TO TRANSFER
2 cludo neu gario rhywun neu rywbeth o un man i fan arall *(Gwifrau sy'n trosglwyddo trydan o'r orsaf drydan i'r tai.)* TO TRANSPORT, TO CONVEY
3 cyflwyno perchenogaeth eiddo i rywun arall TO TRANSFER, TO CONVEY
4 symud grym neu ynni o un rhan o beiriant i ran arall TO TRANSMIT

trosglwyddydd hwn eg (trosglwyddyddion) dyfais sy'n darlledu signalau radio, teledu ac ati TRANSMITTER

trosi be
1 troi TO TURN
2 cyfieithu (nid fesul gair ond er mwyn cyfleu ystyr) TO TRANSLATE
3 (mewn rygbi) llwyddo i gicio'r bêl rhwng y pyst ar ôl sgorio cais er mwyn creu cyfanswm o saith pwynt TO CONVERT

troi a throsi gw. **troi**

trosiad hwn eg (trosiadau)
1 cyfieithiad sy'n cyfleu'r ystyr (heb gyfieithu air am air o angenrheidrwydd) TRANSLATION
2 (mewn rygbi) y weithred o drosi cais A CONVERSION
3 (yn llenyddol) gair neu ymadrodd sy'n disgrifio rhywbeth trwy ei gymharu â rhywbeth arall ond heb ddefnyddio geiriau megis 'yn debyg i' neu 'fel', e.e. *Mae'n gawr o ddyn, ac yn un o hoelion wyth y capel.* METAPHOR (cymhariaeth)

trosodd:drosodd adf
1 i fyny, allan ac i lawr dros ymyl rhywbeth *(Mae'r llaeth yn berwi drosodd.)* OVER
2 fel bod modd gweld yr ochr arall *(troi'r tudalen drosodd)* OVER
3 ar draws pellter *(Rydym ni'n mynd drosodd i Ffrainc yr haf yma.)* OVER
4 cyfnewid *(Mae angen newid y ddau yma drosodd.)* OVER
5 yn fwy *(plant 14 oed a throsodd)* OVER
6 ar ben *(Mae'r parti drosodd.)* OVER

drosodd a thro dro ar ôl tro TIME AND AGAIN

drosodd a throsodd (mynd dros rywbeth) nifer mawr o weithiau OVER AND OVER

trosol hwn eg (trosolion) bar sy'n cael ei ddefnyddio i godi neu symud rhywbeth trwm; rhoddir un pen dan y peth trwm neu yn ei erbyn, a phwyso yn galed ar y pen arall ac mae'r bar yn troi ar ryw bwynt arbennig (y ffwlcrwm) LEVER

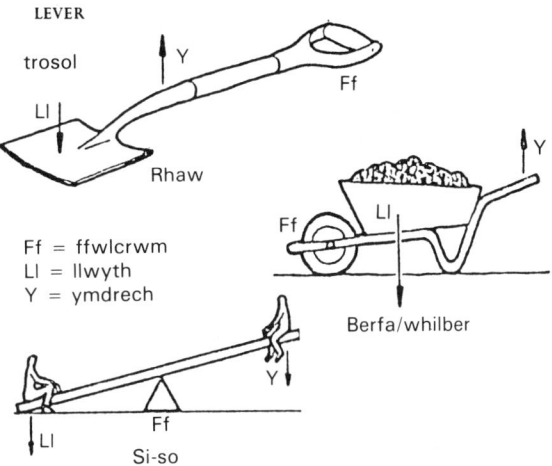

Ff = ffwlcrwm
Ll = llwyth
Y = ymdrech

trosol
Rhaw
Berfa/whilber
Si-so

trotian *be* (am geffyl neu anifail â phedair coes) symud ar gyflymder rhwng cerdded a charlamu; tuthio TO TROT
 ☐ *ceffyl*

trothwy *hwn eg* darn o bren neu garreg sy'n ffurfio sylfaen drws; rhiniog, carreg y drws THRESHOLD, DOORSTEP

 ar drothwy ar gychwyn, yn ymyl *(ar drothwy darganfyddiad mawr)* ON THE THRESHOLD, ON THE VERGE

trowsus *gw.* **trywser:trywsus**

truan[1] *hwn eg* (trueiniaid) rhywun sy'n peri i bobl deimlo trueni drosto POOR FELLOW, WRETCH

truan[2] *a* gair i ddisgrifio rhywun sy'n ennyn trueni a chydymdeimlad; anffodus POOR, WRETCHED

 druan ag ef : druan bach : druan ohono POOR THING

 Sylwch: mae *truan* yn treiglo'n feddal ar ôl enwau gwrywaidd a benywaidd, e.e. *yr hen ŵr druan.*

trueiniaid *hyn ell* mwy nag un **truan**[1]

trueni[1] *hwn eg*
 1 cydymdeimlad â dioddefaint eraill; tosturi PITY
 2 sefyllfa drist neu anghyfleus; gresyn *(Mae'n drueni nad oedd yn gallu cyrraedd mewn pryd.)* PITY

trueni[2] *ebychiad* dyna drueni! WHAT A PITY!

truenus *a* gair i ddisgrifio rhywun neu rywbeth:
 1 sydd mewn cyflwr gwael o ran amodau byw neu iechyd *(Mae'r tlodion yn Calcutta yn byw mewn amgylchiadau truenus.)* PITEOUS, WRETCHED
 2 sy'n wael iawn o ran safon neu ansawdd *(Roedd hi'n chwarae'r piano yn druenus.)* PITIFUL, LAMENTABLE
 3 sy'n wrthrych trueni neu dosturi PITEOUS

trugaredd *hwn neu hon egb* (trugareddau)
 1 parodrwydd i faddau, i beidio â chosbi MERCY
 2 cydymdeimlad â thrallodion neu broblemau pobl eraill gydag awydd i'w cynorthwyo yn hytrach na'u cosbi COMPASSION

 trwy drugaredd diolch byth MERCIFULLY

trugareddau *hyn ell* mân bethau, geriach, mân offer BITS AND PIECES, ODDS AND ENDS

trugarhau [**wrth**] *be* cymryd trugaredd, tosturio wrth TO HAVE MERCY UPON

trugarog *a* gair i ddisgrifio rhywun neu rywbeth sy'n dangos trugaredd MERCIFUL, COMPASSIONATE (trugaroced, trugarocach, trugarocaf)

trulliad *hwn eg* (trulliaid) y prif was a fyddai'n gweini mewn tŷ BUTLER

trum *hwn eg* (trumiau) rhan hir, gul sy'n uwch na'r hyn sydd o'i chwmpas (e.e. copa neu ben mynydd neu do); crib, cefn RIDGE

truth *hwn eg* stori hir, gymhleth heb fawr o siâp na synnwyr RIGMAROLE

trwbadŵr *hwn eg* (trwbadwriaid) canwr teithiol yn ne Ffrainc yn y ddeuddegfed ganrif a'r drydedd ganrif ar ddeg TROUBADOUR

trwbl *hwn eg* trafferth, pryder, helbul, helynt, trybini TROUBLE

 bod mewn trwbl bod mewn sefyllfa lle'r ydych yn cael eich cyhuddo o fod wedi gwneud cam neu gyflawni trosedd IN TROUBLE

 chwilio am drwbl ymddwyn mewn ffordd sydd yn mynd i greu anhawster neu berygl i chi eich hun TO LOOK FOR TROUBLE

trwco *be* gair y De am ffeirio, cyfnewid, rhoi rhywbeth o'ch eiddo chi i rywun arall am rywbeth o'i eiddo ef (neu hi) TO BARTER, TO EXCHANGE, TO SWAP

trwch *hwn eg* (trychion)
 1 tewder, praffter *(trwch blewyn)* THICKNESS
 2 haen *(Lapiwyd y parsel mewn sawl trwch o bapur.)* LAYER, A COATING

 i drwch y blewyn i'r dim, yn union *(mesur i drwch y blewyn)* TO THE NEAREST THOUSANDTH OF AN INCH

 o drwch blewyn o fewn ychydig bach *(Enillodd y ceffyl y ras o drwch blewyn.)* BY A HAIR'S BREADTH, BY A WHISKER

 o fewn trwch blewyn ond y dim, bron â bod WITHIN A HAIR'S BREADTH

 trwy'r trwch yn gymysg MIXED UP

 yn drwch yn haen dew neu gasgliad trwchus THICK

trwchus *a* gair i ddisgrifio rhywbeth:
 1 â chryn bellter rhwng ei ddwy ochr gyferbyniol, heb fod yn denau *(darn trwchus o bren)* THICK
 2 llydan, heb fod yn fain (am rywbeth crwn neu am linell) *(gwifren drwchus)* THICK
 3 anodd gweld trwyddo *(niwl trwchus)* THICK
 4 (am wallt neu flew) â digon ohono/ohonynt, heb fod yn denau THICK
 5 (am hylif) heb fod yn denau neu'n ddyfrllyd *(hufen trwchus)* THICK

trwm *a* gair i ddisgrifio rhywun neu rywbeth:
 1 y mae ei bwysau yn ei wneud yn anodd ei godi HEAVY
 2 o faint neu rym anarferol *(glaw trwm)* HEAVY
 3 difrifol, dwys *(pregeth drom)* HEAVY
 4 y mae'n anodd symud trwyddo neu ei drin *(Mae'r pridd yn rhy drwm i'w balu ar ôl yr holl law.)* HEAVY
 5 sy'n defnyddio mwy nag arfer o rywbeth neu yn ei ddefnyddio yn gynt na'r arfer *(Mae hi'n drwm iawn ar esgidiau.)* HEAVY
 6 trist *('Y bardd trwm dan bridd tramor...')* SAD
 7 sy'n gofyn llawer o ymdrech a gwaith caled (yn gorfforol neu feddyliol) HEAVY (trom, trymed, trymach, trymaf, trymion)

 trwm fy (dy, ei etc.) nghlyw *gw.* **clyw**

trwmped hwn *eg* (trwmpedi) offeryn pres wedi'i lunio o diwb hir o fetel gyda falfiau i'w gwasgu i newid y nodau; utgorn TRUMPET □ *pres*

trwmpo *be* (mewn gêm o gardiau) defnyddio carden o'r osgordd sydd wedi cael ei dewis ar ddechrau'r gêm i fod yn drech na'r tair gosgordd arall TO TRUMP (trympiau)

trwnc hwn *eg* (trynciau)
1 trwyn hir, cyhyrog yr eliffant; duryn TRUNK
2 cist, bocs mawr TRUNK

trwodd *adf*
1 i mewn (i rywbeth) yn un pen, ymyl neu ochr ac allan yn y pen, ymyl neu ochr arall *(Mae'r dŵr wedi dod drwodd o'r ardd.)* THROUGH
2 o'r dechrau hyd y diwedd *(Wyt ti wedi darllen y llythyr drwodd?)* THROUGH
3 (ar y teleffon) cysylltu â rhywun arall *(A elli di fy rhoi i drwodd i Mr Jones?)* THROUGH

trwof:trwot:trwom:trwoch gw. **trwy**

trwser hwn *eg* (trwseri) gair arall am **trywsus** TROUSERS

trwsgl *a* gair i ddisgrifio rhywun neu rywbeth:
1 sy'n symud yn lletchwith, nad yw'n symud yn rhwydd nac yn osgeiddig CLUMSY
2 anfedrus, nad yw'n gain nac yn grefftus CLUMSY

trwsiadus *a* taclus, trefnus, twt, destlus SMART, DAPPER

trwsio *be*
1 cyweirio neu atgyweirio (twll, toriad, bai ac ati) TO MEND
2 gwneud yn daclus, yn ddestlus ac yn dwt TO SMARTEN

trwsiwr hwn *eg* (trwswyr) person sy'n cyweirio pethau, atgyweiriwr (e.e. clociau, ceir ac ati) REPAIRER, MENDER

trwst hwn *eg* (trystau)
1 sŵn, stŵr, mwstwr, twrw DIN, UPROAR
2 sŵn tyrfau, taranau THUNDER

trwstan *a* lletchwith, trwsgl, anlwcus AWKWARD
   tro trwstan AWKWARD MOMENT

trwy:drwy *ardd* (trwof fi, trwot ti, trwyddo ef/fe/fo, trwyddi hi, trwom ni, trwoch chi, trwyddynt hwy [trwyddyn nhw])
1 i mewn (i rywbeth) yn un pen, ymyl neu ochr ac allan yn y pen, ymyl neu ochr arall *(Cerddais drwy'r twnnel.)* THROUGH
2 gan, trwy law, gyda chymorth *(Cefais y llyfr trwy'r llyfrgell.)* BY MEANS OF
3 fel canlyniad i *(Collwyd y rhyfel trwy ddiffyg paratoi.)* THROUGH
4 o'r dechrau hyd y diwedd *(Eisteddais drwy'r perfformiad a mwynhau pob munud.)* THROUGH
5 o'r naill ben i'r llall, neu o'r naill eithaf i'r llall *(tro trwy'r Eidal)* THROUGH
6 rhwng *(rhedeg trwy'r coed)* THROUGH
7 yn llawn, yn gyfan *(tatws trwy'u crwyn, coffi trwy laeth)*
8 oherwydd, gan *(Rwy'n gwybod hyn trwy fy mod yno ar y pryd.)* BECAUSE, AS

drwyddo/drwyddi draw cyfan gwbl THROUGH AND THROUGH

trwy gydol yn ystod y cyfan THROUGHOUT

trwy wybod i mi (i ti, iddo etc.) i mi wybod TO MY KNOWLEDGE

trwyadl *a* gair i ddisgrifio rhywun neu rywbeth manwl gywir, cynhwysfawr, gofalus, trylwyr THOROUGH, EXHAUSTIVE

trwydded hon *eb* (trwyddedau) papur swyddogol sy'n rhoi caniatâd i rywun wneud rhywbeth (ar ôl talu swm o arian fel arfer) *(trwydded yrru, trwydded bysgota)* LICENCE, PERMIT

trwyddedig *a* gair i ddisgrifio rhywun neu rywbeth sydd wedi ennill trwydded naill ai trwy dalu amdani a/neu trwy lwyddo mewn arholiadau LICENSED, QUALIFIED

trwyddedu *be* rhoi trwydded neu ennill trwydded TO LICENSE

trwyn hwn *eg* (trwynau)
1 y rhan honno o wyneb person sy'n cael ei defnyddio ar gyfer anadlu ac arogleuo NOSE □ *corff* t.630
2 y rhan honno sydd (yn ffigurol) yn cael ei gwthio i fusnes pobl eraill *(Cadwa di dy drwyn allan o'm busnes i.)* NOSE
3 y rhan gyfatebol mewn anifail SNOUT, MUZZLE
4 pen blaen peipen *(Anela drwyn y beipen ddŵr at y car.)* NOZZLE
5 darn o dir sy'n ymwthio i'r môr CAPE, PROMONTORY
6 pen blaen rhywbeth (car, awyren ac ati) NOSE

cadw/dal trwyn rhywun ar y maen cadw rhywun i weithio heb unrhyw seibiant TO KEEP SOMEONE'S NOSE TO THE GRINDSTONE

dan fy (dy, ei etc.) nhrwyn man rwy'n gallu ei weld yn glir, ond eto heb sylwi beth sy'n digwydd UNDER ONE'S NOSE

hen drwyn rhywun snobyddlyd, ffroenuchel SNOB

talu trwy fy (dy, ei etc.) nhrwyn gw. **talu**

troi trwyn ar rywun neu rywbeth edrych yn ddirmygus TO TURN ONE'S NOSE UP AT

yn wysg fy (dy, ei etc.) nhrwyn gw. **wysg**[2]

Trwyn y Fuwch *enw lle* LITTLE ORM

trwyn y llo hwn *eg* math arbennig o flodyn gardd; mae'r blodau coch, gwyn neu felyn yn debyg i wyneb draig neu ffroenau llo SNAPDRAGON □ *blodau* t.621

trwynol *a* gair i ddisgrifio rhywbeth sy'n perthyn i'r trwyn neu sy'n nodweddiadol ohono, neu sy'n swnio fel petaech yn siarad trwy'ch trwyn, e.e. *treiglad trwynol* NASAL

trwytho *be*
  1 gadael rhywbeth mewn hylif yn ddigon hir i'w feddalu, ei lanhau neu ennyn blas; mwydo, rhoi yng ngwlych TO STEEP, TO SATURATE
  2 dod yn gyfarwydd iawn â rhywbeth *(Mae wedi ei drwytho'i hun yn rheolau'r gêm.)* TO STEEP (ONESELF) IN

try *bf* mae ef/hi yn **troi**; bydd ef/hi yn **troi**

trybedd *hon eb* (trybeddau) stondin â thair coes a ddefnyddir i gynnal rhywbeth TRIPOD

trybeilig *a* (ar lafar yn bennaf) e.e. *yn ddrwg drybeilig*; ofnadwy AWFUL

trybestod *hwn eg* ffwdan, helbul, cynnwrf, cyffro COMMOTION, FUSS

trybini *hwn eg* trafferth, trwbl, helbul, trallod *(mewn trybini o hyd)* TROUBLE, MISFORTUNE

tryblith *hwn eg* dryswch, cawl, penbleth, anhrefn *(Yng nghanol y tryblith yma ar y ddesg, fe ddof o hyd i'm sbectol, gobeithio.)* MUDDLE, CONFUSION

tryc *hwn eg* (tryciau)
  1 cerbyd agored sy'n cael ei ddefnyddio i gario nwyddau ac sy'n cael ei dynnu ar y rheilffordd gan drên TRUCK
  2 lorri eithaf mawr ar gyfer cario nwyddau TRUCK

trychfil:trychfilyn *hwn eg* (trychfilod) creadur di-asgwrn-cefn (e.e. morgrugyn neu gleren) sydd â chwe choes a thair rhan i'w gorff; pryfyn INSECT (thoracs)

trychiad *hwn eg* (trychiadau)
  1 llun o rywbeth fel pe bai o'r ochr wedi iddo gael ei dorri o'r pen i'r gwaelod; toriad SECTION
  2 (mewn mathemateg) y ffigur a geir yn y man lle mae corff solet yn cael ei rannu â phlân SECTION

trychineb *hwn neu hon egb* (trychinebau)
  1 anffawd neu drallod mawr a disymwth sy'n achosi dioddefaint; trasiedi DISASTER, CATASTROPHE
  2 methiant llwyr *(Roedd eu perfformiad o* Blodeuwedd *yn drychineb.)* DISASTER

trychinebus *a* gair i ddisgrifio rhywbeth sy'n nodweddiadol o drychineb neu sydd mor ddrwg neu wael nes ei fod yn debyg o beri trychineb DISASTROUS, CALAMITOUS

trychion *hyn ell* mwy nag un **trwch**

trychu *be* torri rhan o gorff neu aelod o'r corff ymaith (am resymau meddygol fel arfer) TO AMPUTATE

trydan *hwn eg*
  1 yr egni a geir gan fatri neu eneradur neu trwy ffrithiant; mae'n rhoi gwres, goleuni a seiniau inni ac yn gyrru peiriannau ELECTRICITY
  2 cerrynt trydanol ELECTRIC CURRENT (cerrynt eiledol, cerrynt union)

trydanol *a* gair i ddisgrifio rhywbeth:
  1 sy'n defnyddio neu sy'n cael ei gynhyrchu gan drydan, sy'n ymwneud â thrydan ELECTRIC, ELECTRICAL
  2 cyffrous iawn, gwefreiddiol *(Cafodd ei araith effaith drydanol ar y gynulleidfa.)* ELECTRIC, ELECTRICAL

trydanu *be*
  1 gyrru cerrynt trydan trwy rywbeth TO ELECTRIFY
  2 newid (rhywbeth) i system sy'n defnyddio cerrynt trydan *(trydanu'r rheilffyrdd)* TO ELECTRIFY
  3 gwefreiddio, anfon ias o gyffro trwy rywun neu rywrai TO ELECTRIFY

trydanwr *hwn eg* (trydanwyr) person sy'n ennill ei fywoliaeth trwy gysylltu cyfarpar trydan â'i gilydd a'u cyweirio/trwsio ELECTRICIAN

trydar *be* gwneud synau byr, uchel tebyg i sŵn adar mân neu rai mathau o drychfilod TO CHIRP, TO TWITTER

trydedd *a* ffurf ar **trydydd** sy'n cael ei defnyddio ag enw benywaidd (gair sy'n cael ei ddilyn gan 'hon')

trydydd *a* 3ydd, yr olaf o dri; un o dri; neu rif 3 mewn rhestr o fwy na 3 THIRD

y Trydydd Byd y gwledydd hynny yn y byd nad ydynt wedi cael eu datblygu'n ddiwydiannol ac na fu yn y gorffennol yn hollol bleidiol i'r Dwyrain comiwnyddol na'r Gorllewin cyfalafol THE THIRD WORLD

trydydd isradd rhif, o'i luosi ag ef ei hun ddwywaith, sy'n rhoi yn ateb y rhif y mae'n drydydd isradd iddo; e.e. 3 yw trydydd isradd 27 gan fod 3 x 3 x 3 = 27; 4 yw trydydd isradd 64, $4^3 = 64$, $\sqrt[3]{64} = 4$ CUBE ROOT

trydydd person (yn ramadegol) ffurf ar ferf (neu arddodiad) sy'n dynodi'r person y mae sôn amdano (yn hytrach na'r person sy'n siarad neu'r person y mae'n siarad ag ef). *Mae ef/hi* yw trydydd person unigol *bod*; *maent hwy* yw trydydd person lluosog *bod*; *arni hi* ac *arno ef* yw trydydd person unigol yr arddodiad *ar* THIRD PERSON

tryfer *hon eb* (tryferi) arf neu bicell â thri phigyn i drywanu pysgod, tebyg i'r un a gariai Neifion, duw'r môr TRIDENT, GAFF

tryloyw *a* gair i ddisgrifio rhywbeth y gallwch weld trwyddo TRANSPARENT

tryloywder *hwn eg* (tryloywderau)
  1 y cyflwr o fod yn dryloyw TRANSPARENCY
  2 darn bach o ffilm ffotograffaidd y mae modd taflu ei lun ar sgrin trwy belydru golau cryf trwyddo, neu unrhyw ddarn o ddefnydd tryloyw sy'n cael ei ddefnyddio ar daflunydd SLIDE, TRANSPARENCY

trylwyr *a* gair i ddisgrifio rhywun neu rywbeth trwyadl, cyflawn, manwl gywir a chydwybodol, gofalus, llwyr iawn THOROUGH

trylwyredd hwn *eg* y cyflwr o fod yn drylwyr, yn fanwl gywir a chydwybodol THOROUGHNESS

trymach:trymaf *a* mwy **trwm**: mwyaf **trwm**

trymaidd:trymllyd *a* gair i ddisgrifio rhywbeth (e.e. tywydd) sy'n gwasgu'n drwm; clòs, mwll CLOSE, HEAVY, MUGGY

trymder hwn *eg*
  1 pwysau, yr hyn sy'n gwneud rhywun neu rywbeth yn drwm HEAVINESS
  2 tristwch, pwysau emosiynol neu ysbrydol sy'n peri anhapusrwydd SADNESS
  3 cyflwr o deimlo'n flinedig ac yn gysglyd; syrthni DROWSINESS

trymed *a* mor drwm [**trwm**]

trymhau *be* mynd yn drymach TO GET/GROW HEAVIER

trymion *a* gair i ddisgrifio mwy nag un peth **trwm**, e.e. *ceffylau trymion*

trymllyd gw. **trymaidd:trymllyd**

trympiau hyn *ell* mewn cyff o gardiau ceir pedwar teulu neu osgordd o gardiau â symbol arbennig i bob teulu: calon, pastwn, rhaw a diemwnt; mewn rhai gêmau caiff un teulu ei ddewis i fod yn drech na'r tri arall—cardiau'r teulu yma yw'r trympiau TRUMPS (trwmpo)

trynciau hyn *ell* mwy nag un **trwnc**

trynewid *be* (mewn mathemateg) ailosod mewn trefn wahanol, e.e. *gellir trynewid y llythrennau ABC chwe gwaith neu mewn chwe ffordd: ABC, ACB, BCA, BAC, CAB a CBA* TO PERMUTATE

trysor hwn *eg* (trysorau)
  1 cyfoeth ar ffurf aur, arian neu emau gwerthfawr TREASURE
  2 unrhyw beth gwerthfawr iawn TREASURE
  3 (weithiau) person annwyl iawn neu werthfawr iawn TREASURE

trysorfa hon *eb* (trysorfeydd) cronfa o drysor wedi'i chadw ar gyfer rhyw ddiben TREASURY

trysori *be* gwerthfawrogi yn fawr, ystyried rhywbeth yn drysor TO TREASURE

y Trysorlys hwn *eg* yr adran honno o'r Llywodraeth
  i) sy'n casglu ac yn rheoli arian cyhoeddus EXCHEQUER
  ii) sy'n rheoli ac yn gwario arian cyhoeddus TREASURY

trysorydd hwn *eg* (trysoryddion) swyddog sy'n gyfrifol am arian cymdeithas, cwmni, mudiad ac ati TREASURER

trystau hyn *ell* mwy nag un **trwst**; tyrfau, taranau THUNDER

trystiog *a* gair i ddisgrifio rhywun neu rywbeth sy'n creu trwst, swnllyd NOISY, ROWDY

trywanu *be*
  1 gwneud twll ag erfyn â blaen miniog; brathu, gwanu TO PIERCE
  2 taro rhywun neu rywbeth yn gryf â blaen arf miniog TO STAB
  3 (am oleuni, sain, poen ac ati) dod i'r clyw neu'r golwg yn ddirybudd, yn ddisymwth TO PIERCE

trywel hwn *eg*
  1 offeryn neu arf bach ar gyfer taenu sment, morter ac ati TROWEL

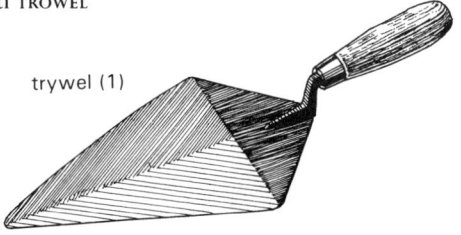

trywel (1)

  2 offeryn neu arf bach ar gyfer gwneud tyllau bychain mewn pridd a chodi neu blannu planhigion ac ati TROWEL

trywser:trywsus hwn *eg* (tryserau:trywsusau) dilledyn allanol â dwy goes sy'n ymestyn o'r canol naill ai at y penliniau neu at y migyrnau/fferau; llodrau, trwser, clos TROUSERS (trôns)

  trywser nofio trywsus byr iawn y mae dynion a bechgyn yn ei wisgo i nofio SWIMMING TRUNKS

trywydd hwn *eg*
  1 nifer o arwyddion neu olion wedi eu gadael gan rywun neu rywbeth sydd eisoes wedi mynd heibio TRACK
  2 llwybr, cyfres o arwyddion heb fod yn eglur iawn sy'n arwain i gyfeiriad arbennig TRAIL

  ar y trywydd iawn yn mynd i'r cyfeiriad iawn, yn mynd ati i ddatrys problem yn y ffordd iawn ON THE RIGHT TRACK

Tsiecoslofaciad hwn *eg* (Tsiecoslofaciaid) brodor o Tsiecoslofacia gynt CZECH

Tsieinead gw. **Chinead**

tsieni[1] hwn *eg*
  1 defnydd gwyn, caled a wneir trwy danio clai arbennig ar wres uchel iawn CHINA
  2 llestri sydd wedi cael eu gwneud o'r defnydd yma CHINA

tsieni[2] *a* gair i ddisgrifio rhywbeth (llestri gan amlaf) sydd wedi cael eu gwneud o'r deunydd yma CHINA

tsimpansî hwn *eg* epa o Affrica sy'n llai o faint na gorila CHIMPANZEE □ mwnci

tsips hyn *ell* gair arall am **sglodion:ysglodion**

tu hwn *eg* ochr, ystlys, ardal, rhan SIDE
  o du ei dad o ochr ei dad ON HIS FATHER'S SIDE
  tu acw : tu arall OTHER SIDE
  tu allan : tu faes OUTSIDE

tu cefn BEHIND
tu chwithig allan gw. **chwith**
tu draw FAR SIDE
tu hwnt BEYOND
tu fewn:tu mewn INSIDE
tu nôl ymlaen BACK TO FRONT
tu ôl BEHIND
tu yma THIS SIDE

tua : tuag *ardd*
1 i gyfeiriad arbennig, heb gyrraedd unman arbennig TOWARDS
2 yn wynebu rhyw gyfeiriad arbennig *(Roedd hi'n eistedd â'i chefn tuag ataf.)* TOWARDS
3 bron â bod, o gwmpas *(Roedd tua thri chant o bobl yn y gynulleidfa.)* ABOUT
4 am, ynglŷn â *(Nid oeddwn yn hoffi ei agwedd tuag at ferched.)* TOWARDS
5 er budd *(Roedden nhw'n casglu tuag at yr ysgol.)* TOWARDS

tua thre adref HOMEWARDS
tuag at TOWARDS

tuchan *be* achwyn, cwyno, grwgnach, ochain TO GRUMBLE, TO GROAN

tudalen *hwn neu hon egb* (tudalennau)
1 un ochr i un ddalen o bapur mewn llyfr neu bapur newydd PAGE
2 tu cefn a thu blaen (dwy ochr) un ddalen o bapur mewn llyfr neu bapur newydd PAGE

tuedd *hon eb* (tueddiadau)
1 tebygolrwydd neu awydd i ddatblygu neu ymddwyn mewn ffordd arbennig *(Y duedd heddiw yw cael teuluoedd llai o faint.)* TENDENCY
2 medr naturiol *(Er ei bod yn astudio'r gwyddorau mae ganddi duedd naturiol tuag at y celfyddydau.)* TENDENCY
3 dylanwad dros neu yn erbyn rhywbeth; rhagfarn BIAS

tueddiad *hwn eg* (tueddiadau) gair arall am **tuedd** (1) TENDENCY

tueddol [i] *a* gair i ddisgrifio rhywun neu rywbeth sydd â thuedd arbennig, neu sy'n tueddu at rywbeth neu rywun INCLINED

tueddu *be* bod â thuedd tuag at, gogwyddo, gwyro tuag at *(Mae nifer y di-waith yn tueddu i gynyddu yn ystod y gaeaf.)* TO TEND TO, TO BE INCLINED TO

tun[1] *hwn eg* (tuniau)
1 metel meddal sy'n cael ei ddefnyddio yn orchudd neu haen denau, amddiffynnol dros rai pethau TIN
2 blwch, bocs, can TIN CAN

tun[2] *a* gair i ddisgrifio rhywbeth sydd wedi'i wneud o dun, neu sydd wedi'i orchuddio â haen o dun TIN

tunnell *hon eb* (tunelli) mesur o bwysau cyfwerth ym Mhrydain â 2,240 pwys (neu 2,000 pwys yn Unol Daleithiau America) TON

tunnell fetrig mesur o bwysau cyfwerth â 1,000 kilo TONNE (gw. *Atodiad III* t.604)

turio *be* gwneud twll trwy balu, cloddio, tyrchu, tyllu *(A yw'r cwmni olew yn mynd i ailgychwyn turio am olew oddi ar arfordir Cymru?)* TO BURROW, TO DRILL (twrio)

turn *hwn eg* peiriant sy'n troi darn o bren neu fetel yn gyflym yn erbyn erfyn neu offeryn miniog er mwyn gosod siâp ar y pren neu'r metel LATHE

turnio *be* gosod ffurf neu siâp arbennig ar ddarn o goed neu fetel trwy ddefnyddio turn TO TURN

turniwr *hwn eg* (turnwyr) person sy'n defnyddio turn i droi a gosod ffurf ar ddarn o goed neu fetel TURNER

turtur *hon eb* (turturod) math o golomen sydd â llais mwyn TURTLE-DOVE □ *adar* t.607

tusw *hwn eg* (tusŵau) casgliad neu sypyn o flodau, pwysi POSY, BUNCH, BOUQUET

tuth *hwn eg* (tuthiau) (am geffyl neu anifail â phedair coes) ffordd o symud ar gyflymder rhwng cerdded a charlamu TROT

tuthio:tuthian *be* (am geffyl neu anifail â phedair coes) symud ar gyflymder rhwng cerdded a charlamu; trotian TO TROT □ *ceffyl*

tw gw. **twf:tw**

twb:twba:twbyn *hwn eg* (tybau:tybiau) llestr mawr, agored o bren neu fetel ar gyfer golchi neu ymolchi ynddo; bath TUB

twf:tw *hwn eg*
1 y weithred o dyfu, neu'r graddau y mae rhywbeth yn tyfu neu'n datblygu; tyfiant *(Mae'n cymryd canrifoedd i rai mathau o goed gyrraedd eu llawn dwf.)* GROWTH
2 cynnydd mewn nifer neu faint *(twf sydyn yn nifer aelodaeth y gymdeithas)* GROWTH

yn ei lawn dwf wedi gorffen tyfu FULLY GROWN

twffyn *hwn eg* (twffiau) tusw neu sypyn o wallt neu borfa ac ati sy'n tyfu'n agos at ei gilydd neu wedi'u clymu'n dynn yn y bôn TUFT

twgu:twgyd *be* (ar lafar yn y De) dwyn, lladrata TO STEAL

twng *bf* mae ef/hi yn **tyngu**; bydd ef/hi yn **tyngu**

twlc *hwn eg* (tylcau:tylciau) cwt, cut, adeilad bach i gadw mochyn neu anifail arall PIGSTY

twll *hwn eg* (tyllau)
1 lle gwag o fewn rhywbeth solet HOLE
2 cartref anifail bychan *(twll cwningen)* BURROW, HOLE
3 (ar lafar) lle diflas i fyw neu weithio ynddo HOLE
4 (ar lafar) sefyllfa anodd *(Mae'n rhaid i chi fy helpu, rwy mewn tipyn bach o dwll.)* HOLE

twmffat

5 (mewn golff) y lle gwag ar y lawnt y mae'n rhaid bwrw'r bêl i mewn iddo HOLE
6 canlyniad gwthio rhywbeth â blaen miniog i mewn i ddeunydd meddal (e.e. teiar beic) PUNCTURE

twll botwm math arbennig o dwll mewn dilledyn sy'n caniatáu cau neu agor y dilledyn trwy wthio botwm i mewn neu allan o'r twll BUTTONHOLE

twll y clo y twll y mae allwedd neu agoriad yn cael ei roi ynddo er mwyn agor neu gau clo KEYHOLE

twmffat hwn *eg* (twmffatau) llestr ar ffurf tiwb sy'n llydan ar un pen ac yn gul iawn y pen arall, ac sy'n cael ei ddefnyddio i arllwys hylif neu bowdr i mewn i botel neu dun â gwddf main neu agoriad cul; twndis FUNNEL

twmpath hwn *eg* (twmpathau)
1 bryn bach, bryncyn MOUND
2 llwyth, crugyn PILE

twmpath dawns dawns lle mae dawnsfeydd gwerin Cymreig yn cael eu dawnsio

twmplen hon *eb* (twmplenni)
1 darn o does wedi'i ferwi yn barod i'w fwyta â chig neu wedi'i goginio mewn cawl DUMPLING
2 math o deisen neu bastai felys wedi'i gwneud o does a ffrwythau o'i mewn DUMPLING
3 merch fach dew, lond ei chroen

twndis hwn *eg* gair arall am **twmffat** FUNNEL

twndra hwn *eg* gwastadedd oer, eang, di-goed yng ngogledd Ewrop, Asia a Gogledd America TUNDRA

twnelu *be* cloddio neu dyllu twnnel TO TUNNEL

twnnel hwn *eg* (twnelau:twneli) ffordd neu lwybr tanddaearol, weithiau'n cario heol neu reilffordd dan fynydd neu afon TUNNEL

twp *a* dwl, hurt DAFT, STUPID, OBTUSE

twpdra hwn *eg* yr hyn sy'n gwneud rhywun neu rywbeth yn dwp, y cyflwr o fod yn dwp STUPIDITY

twpsen hon *eb* (twpsod) merch neu wraig dwp FOOL

twpsyn hwn *eg* (twpsod) dyn neu fachgen twp FOOL

twr[1] hwn *eg* (tyrrau)
1 pentwr, crugyn, llwyth HEAP
2 tyrfa, torf CROWD

twr[2] *bf* mae ef/hi yn **tyrru**; bydd ef/hi yn **tyrru**

tŵr hwn *eg* (tyrau)
1 adeilad uchel, gweddol fain sydd naill ai'n sefyll ar ei ben ei hun neu'n rhan o gastell, eglwys ac yn y blaen TOWER
2 fframwaith uchel wedi'i wneud o fetel TOWER

twrcen hon *eb* twrci benyw

twrci hwn *eg* (twrcïod) math o ffowlyn; aderyn mawr sy'n cael ei fagu am ei gig TURKEY

twrch hwn *eg* (tyrchod) baedd, mochyn BOAR

twrch daear anifail sy'n byw dan ddaear ac yn bwyta pryfed; mae ganddo lygaid bychain a chot dywyll o flew melfedaidd; gwadd MOLE □ *mamolyn*

y Twrch Trwyth baedd gwyllt y cawn hanes ei hela gan y Brenin Arthur a'i filwyr yn *Culhwch ac Olwen*

twrf gw. **twrw:twrf**

twrio *be* cloddio, troi wyneb i waered, chwilio dan bethau (*Rwyf wedi twrio trwy'r papurau i gyd ond heb ddod o hyd iddo.*) TO BURROW, TO RUMMAGE (turio)

twristiaeth hon *eb* y busnes o ddarparu gwyliau, teithiau, gwestyau ac yn y blaen ar gyfer ymwelwyr a phobl sy'n teithio er mwyn pleser TOURISM

twrnai hwn *eg* (twrneiod) person (yn arbennig cyfreithiwr) sy'n gwneud proffesiwn o'r gyfraith; cyfreithiwr LAWYER, ATTORNEY

twrnamaint hwn *eg* (twrnameintiau)
1 cyfres o gystadlaethau lle mae enillydd un gystadleuaeth yn cystadlu yn erbyn enillydd cystadleuaeth arall nes bydd y pencampwr neu'r pencampwyr yn cael eu darganfod TOURNAMENT
2 (yn yr Oesoedd Canol) cystadleuaeth o fedr a dewrder rhwng marchogion JOUST, TOURNAMENT

twrw:twrf hwn *eg* (tyrfau) mwstwr, sŵn mawr, trwst, cynnwrf, terfysg; tyrfau, taranau THUNDER, ROAR, TUMULT, NOISE

mwy o dwrw nag o daro ALL TALK, NO ACTION

twsian *be* ffrwydro gwynt o'r trwyn a'r geg (oherwydd gogleisio/cosi yn y trwyn, fel arfer); tisian TO SNEEZE

twt[1] *a* trefnus, cymen, taclus, destlus NEAT, TIDY, DAPPER

twt[2] *ebychiad* e.e. *twt lol! twt twt!* TUT! RUBBISH!

twtio *be* gwneud yn dwt ac yn daclus, cymoni, gwneud yn ddestlus TO TIDY

twyll hwn *eg* anonestrwydd, celwydd, gweithred o gamarwain er mwyn elwa ar draul rhywun neu rywrai DECEIT, FRAUD

twyllo *be*
1 gwneud i rywun gredu rhywbeth nad yw'n wir TO DECEIVE
2 ymddwyn yn anonest er mwyn ennill (mewn gêm, er enghraifft) TO CHEAT
3 llwyddo i gamarwain person trwy chwarae tric arno (*Mae'r consuriwr yn twyllo'r gynulleidfa. Twyllodd y canolwr ei wrthwynebydd trwy wneud iddo gredu ei fod yn mynd un ffordd, a chamu heibio iddo ar yr ochr arall.*) TO FOOL

twyllodrus *a* gair i ddisgrifio rhywun neu rywbeth:
1 nad yw yr hyn y mae'n ymddangos DECEPTIVE
2 sy'n debyg o'ch twyllo neu'ch camarwain DECEITFUL

twyllwr hwn *eg* (twyllwyr) un sy'n twyllo CHEAT

twym *a* gair i ddisgrifio rhywun neu rywbeth:
1 sydd â chryn dipyn o wres, sy'n fwy poeth na chynnes WARM, HOT
2 (am ddadl neu anghytuno) cynhyrfus, brwd *(Mae'n dechrau mynd yn dwym yno nawr.)* WARM

twymgalon *a* gair i ddisgrifio rhywun croesawgar, caredig, hael, â chymeriad cynnes WARM-HEARTED

twymo *be* gwneud yn gynnes, neu ddod yn gynnes, cynhesu, cynyddu mewn gwres, gwresogi TO (BECOME) WARM, TO HEAT

twymyn *hon eb* (twymynau)
1 cyflwr meddygol lle mae afiechyd yn achosi gwres uchel iawn yn y corff FEVER
2 unrhyw un o nifer o afiechydon sy'n achosi'r cyflwr yma FEVER

y dwymyn doben clwyf (y) pennau MUMPS

y dwymyn goch SCARLET FEVER

twymyn y gwair cosi neu lid yn eich trwyn, eich gwddf a'ch llygaid sy'n cael ei achosi gan baill neu lwch HAY FEVER

twyn *hwn eg* (twyni) bryncyn, crug, twmpath (o dywod yn arbennig) DUNE, HILLOCK, KNOLL

tŷ *hwn eg* (tai)
1 adeilad i bobl fyw ynddo HOUSE
2 adeilad ar gyfer rhyw swyddogaeth arbennig, e.e. *addoldy, colomendy, tŷ cwrdd* HOUSE
3 rhaniad mewn ysgol ar gyfer cystadlu mewn eisteddfod neu chwaraeon HOUSE
4 cwmni neu fusnes dan reolaeth un teulu, yn arbennig felly gwmni cyhoeddi *(tŷ cyhoeddi)* HOUSE
5 adeilad mawr a ddefnyddir ar gyfer masnach HOUSE
6 man cyhoeddus lle mae pobl yn gallu cyfarfod *(tŷ tafarn)* HOUSE (teios)
Sylwch: *tŷ* yw'r man lle mae person yn byw neu yn preswylio, *cartref* yw'r lle mae person yn teimlo'n rhan ohono.

cadw tŷ gwneud neu fod yn gyfrifol am y gwaith glanhau, coginio a gofalu sy'n ofynnol mewn tŷ TO KEEP HOUSE

tŷ bach ystafell neu adeilad wedi'i neilltuo er mwyn i berson gael gwared â charthion y corff; lle chwech LAVATORY

tŷ cwrdd capel

tŷ gwydr adeilad o wydr neu blastig tryloyw ar gyfer tyfu planhigion GLASSHOUSE, GREENHOUSE

tŷ haf tŷ nad yw'n gartref parhaol i'w berchennog ond sy'n cael ei ddefnyddio ar adegau o wyliau yn unig HOLIDAY HOME

Tŷ'r Arglwyddi yr ail o'r ddwy ran sydd i Senedd Prydain Fawr; nid oes ganddo'r un awdurdod â Thŷ'r Cyffredin gan fod ei aelodau yno ar sail tras, swydd, neu anrhydeddau a roddwyd naill ai iddyn nhw neu i'w cyndeidiau THE HOUSE OF LORDS

Tŷ'r Cyffredin y mwyaf awdurdodol o'r ddwy ran sydd i Senedd Prydain Fawr; caiff ei aelodau eu hethol gan ddinasyddion dros 18 oed nad ydynt yn aelodau o Dŷ'r Arglwyddi THE HOUSE OF COMMONS

tŷ unnos yn ôl hen arfer, byddai gan unrhyw un a allai godi tyddyn ar gytir (neu dir comin) dros nos, fel bod mwg yn codi o'r corn simnai erbyn y bore, hawl i fyw ynddo a ffermio ychydig o'r tir o'i gwmpas

tyb *hwn neu hon egb* (tybiau) barn, meddwl, piniwn, cred *(Nid oedd yn nofel dda o gwbl yn ei thyb hi.)* OPINION, SURMISE

tybaco *hwn eg* math o blanhigyn y mae ei ddail yn cael eu paratoi mewn ffordd arbennig ar gyfer sigarennau, pibau, snisin ac yn y blaen TOBACCO

tybau:tybiau hyn *ell* mwy nag un **twb** neu dwba [**twba**]

tybed *adf* ys gwn i I WONDER

tybied:tybio *be* dychmygu, meddwl, derbyn mai fel hynny y bydd pethau *(Rwy'n tybio mai mynd y gwnei di, beth bynnag ddywedaf i.)* TO SUPPOSE, TO PRESUME

tybiwn i yn fy marn i, rwy'n credu *(Hwn, dybiwn i, yw'r lle.)*

tybiedig *a* gair i ddisgrifio rhywbeth a dderbyniwyd heb lawer o dystiolaeth SUPPOSED

tycia *bf* fel yn y ffurf *ni thycia iti fynd*, ni fydd unrhyw bwrpas iti fynd (OF NO) AVAIL

tycio *be* bod o werth neu o gymorth; llwyddo (yn arbennig mewn brawddeg negyddol) *(Ceisiais bob ffordd ei chael i fynd i'r ysgol, ond nid oedd dim yn tycio.)* TO AVAIL, TO SUCCEED

tydi *rhagenw personol dwbl* ffurf ddyblyg ar y rhagenw ti, sy'n pwysleisio mai ti dy hunan yw e IT IS YOU, YOU YOURSELF (myfi)
Sylwch: ar y *-di* y mae'r acen wrth ynganu'r gair.

tydy (ffurf lafar) talfyriad o 'onid ydy(w)' *(Tydy bywyd yn boen?)* IS NOT? ISN'T (IT)?

Tyddewi *enw lle* ST. DAVID'S

tyddyn *hwn eg* (tyddynnod:tyddynnau) ffarm fach iawn, tŷ ac ychydig o dir yn perthyn iddo, tŷ annedd yng nghefn gwlad CROFT, SMALLHOLDING, DWELLING

tyddynnwr *hwn eg* (tyddynwyr) perchennog tyddyn, ffermwr â thŷ ac ychydig o dir CROFTER, SMALL-HOLDER

tyfiant *hwn eg*
1 y weithred o dyfu neu faint y mae rhywbeth yn tyfu; twf GROWTH
2 lwmpyn sy'n cael ei achosi gan gynnydd annaturiol neu afiach yn nifer y celloedd mewn rhan arbennig o'r corff GROWTH, TUMOUR

tyfu

3 rhywbeth sydd wedi tyfu *(Ciciodd y bêl i mewn i'r tyfiant yn ymyl yr afon.)* GROWTH, VEGETATION

tyfu *be*
1 (am bethau byw) cynyddu yn eu maint yn naturiol *(porfa yn tyfu wedi'r glaw)* TO GROW
2 (am blanhigion) bod a datblygu'n naturiol *(Mae mefus gwyllt yn tyfu yma.)* TO GROW
3 peri neu achosi i blanhigion dyfu *(Mae'n bwriadu tyfu tomatos.)* TO GROW
4 cynyddu mewn nifer, rhif, maint ac ati *(Mae'r pentre'n tyfu yn dref.)* TO GROW, TO INCREASE

tyfu i fyny:tyfu lan newid o fod yn fachgen neu'n ferch i fod yn ddyn neu'n ddynes; aeddfedu, prifio TO GROW UP

tyg *hwn eg* (tygiau) cwch neu fad bach cryf a ddefnyddir i lywio neu dynnu llongau; bad tynnu, tynfad TUG

tynged *hon eb* (tynghedau)
1 ffawd; yr hyn y mae'n rhaid iddo ddigwydd; rhan DESTINY, FATE
2 grym sy'n penderfynu beth fydd yn digwydd i berson DESTINY, FATE

tyngedfennol *a* gair i ddisgrifio rhywbeth sy'n penderfynu tynged neu ffawd rhywun neu rywbeth *(Mae'r gêm yfory yn dyngedfennol i yrfa Barry—os caiff gêm dda, gallai gael ei ddewis i chwarae dros Gymru.)* FATEFUL

tyngu *be*
1 addo yn ffurfiol neu trwy gymryd llw TO SWEAR
2 datgan yn bendant *(Mae'n tyngu iddo'i gweld hi echnos.)* TO SWEAR
3 (yn y Gogledd) rhegi TO SWEAR (twng)

tylciau *hyn ell* mwy nag un **twlc**

tyle *hwn eg* (yn y De) rhiw, (g)allt, codiad, bryn SLOPE, ASCENT, HILL

tylino *be*
1 cymysgu (blawd a dŵr i wneud bara) trwy wasgu â'r dwylo TO KNEAD
2 gwasgu'r corff neu gorff rhywun arall â'r dwylo yn yr un modd er mwyn llacio'r cyhyrau TO MASSAGE

tylwyth *hwn eg* (tylwythau) teulu a pherthnasau gan gynnwys hynafiaid; cyff KINDRED, FAMILY

tylwyth teg *hwn eg* bodau bychain (arallfydol) a Gwyn ap Nudd yn frenin arnynt FAIRIES

tyllau *hyn ell* mwy nag un **twll**

tyllog *a* gair i ddisgrifio rhywbeth sydd â thwll ynddo neu sy'n llawn tyllau; carpiog PERFORATED

tyllu *be* gwneud neu dorri twll yn rhywbeth TO BORE, TO EXCAVATE, TO BURROW

tylluan *hon eb* (tylluanod) un o nifer o fathau o adar ysglyfaethus y nos sydd â llygaid mawr ac sy'n hedfan yn ddistaw; gwdihŵ OWL ☐ *adar* t.611

tylluan fach LITTLE OWL

tylluan wen BARN OWL

Y Tymbl *enw lle* TUMBLE

tymer *hon eb* (tymherau)
1 hwyl, agwedd neu gyflwr meddwl *(Sut dymer sydd arno heddiw?)* TEMPER, MOOD
2 cyflwr dig, crac, cas *(Mae John mewn tymer heddiw.)* TEMPER

cadw tymer aros yn siriol ac yn dawel TO KEEP ONE'S TEMPER

colli tymer troi'n gas ac yn ddig TO LOSE ONE'S TEMPER

tymestl *hon eb* (tymhestloedd)
1 storm o wynt a glaw; drycin, tywydd mawr STORM, TEMPEST
2 (yn dechnegol) gwynt sy'n chwythu rhwng 32 a 63 milltir yr awr GALE (corwynt)

tymheredd *hwn eg* (tymereddau) pa mor boeth neu pa mor oer yw rhywun neu rywbeth TEMPERATURE

tymheru *be* caledu (metel, clai ac ati) trwy ei drin a'i gynhesu i ryw wres arbennig TO TEMPER

tymherus *a* gair i ddisgrifio hinsawdd neu ran o'r byd lle nad yw'r tywydd fel arfer yn rhy boeth nac yn rhy oer TEMPERATE

tymhestloedd *hyn ell* mwy nag un dymestl [**tymestl**]

tymhestlog *a* gair i ddisgrifio rhywun neu rywbeth (yn llythrennol neu'n ffigurol) sy'n creu tymestl neu sydd i'w gael yng nghanol tymestl; stormus, garw *(môr tymhestlog)* STORMY, TEMPESTUOUS

tymor *hwn eg* (tymhorau)
1 unrhyw un o bedair rhan y flwyddyn (gwanwyn, haf, hydref, gaeaf) SEASON
2 cyfnod o'r flwyddyn i wneud rhywbeth arbennig neu pan fydd rhywbeth arbennig yn digwydd *(tymor wyna, tymor pêl-droed)* SEASON
3 un o gyfnodau neu raniadau blwyddyn ysgol neu goleg TERM
4 cyfnod penodedig o amser *(Mae ein cytundeb yn rhedeg am dymor o bum mlynedd.)* TERM

tymor byr dros gyfnod byr o amser SHORT-TERM

tymor hir dros gyfnod hir o amser LONG-TERM

tymp *hwn eg* amser penodedig (yn arbennig amser geni) APPOINTED TIME

tympanau *hyn ell* set o ddrymiau a chwaraeir gan un person mewn cerddorfa neu fand TIMPANI ☐ *drwm*

tyn *a* gair i ddisgrifio rhywbeth neu rywun:
1 wedi'i gau, wedi'i sicrhau, neu wedi'i glymu nes ei fod yn anodd ei ryddhau *(Mae Dad bob amser yn cau'r tap mor dynn fel na fedraf ei agor.)* TIGHT, FAST

tyndra

2 wedi'i ymestyn mor bell ag sy'n bosibl *(Rwyf wedi ennill cymaint o bwysau nes bod fy nillad i gyd yn dynn iawn.)* TIGHT, TAUT

3 llawn, heb unrhyw le rhydd o ran amser neu le *(Bydd yn dynn arnom i gyrraedd yr orsaf mewn pryd. Roedd y bobl wedi'u gwasgu'n dynn i mewn i'r cerbyd.)* TIGHT

4 cybyddlyd, nad yw'n hael TIGHT-FISTED

5 heb lawer o arian *(Bydd hi'n dynn arnom ar ôl newid y car.)*

6 cadarn, disyfl *(Gosodwyd y postyn yn dynn yn ei le.)* FIRM (tynned, tynnach, tynnaf)

Sylwch: os yw *tyn* yn treiglo'n *dynn* dyblwch yr 'n' er mwyn gwahaniaethu rhyngddo a *dyn*.

tyndra hwn *eg*

1 y graddau y mae tant neu gordyn neu raff ac yn y blaen yn dynn TENSION

2 maint y grym sy'n ymestyn rhywbeth neu'r effaith sy'n cael ei greu pan fydd grymoedd yn tynnu'n groes i'w gilydd TENSION, TIGHTNESS

3 straen nerfol, gofid, pryder TENSION, STRAIN

4 perthynas bryderus, ansicr, rhwng gwledydd neu unigolion TENSION

tyndro hwn *eg* (tyndroeon) math o sbaner sydd â safn symudol WRENCH

tyner *a*

1 meddal, heb fod yn galed nac yn wydn TENDER, DELICATE

2 tirion, mwyn, caredig *(calon dyner)* TENDER, GENTLE

3 poenus, tost *(Mae gennyf smotyn tyner ar fy mraich lle y llosgais i.)* TENDER

4 (am y tywydd) mwyn MILD

tyneru *be* gwneud yn dyner neu droi'n dyner *(Mae hi [y tywydd] yn tyneru.)* TO BECOME MILD, TO SOFTEN

tynerwch hwn *eg* addfwynder, caredigrwydd, tiriondeb TENDERNESS, GENTLENESS

tynfa hon *eb* (tynfeydd) atyniad, rhywbeth sy'n tynnu neu'n denu (A) DRAW, ATTRACTION

tynfad hwn *eg* (tynfadau) cwch cryf a ddefnyddir i lywio neu dynnu llongau; tyg TUG

tynhau *be* gwneud yn dynn neu'n dynnach TO TIGHTEN

tyniad hwn *eg* (tyniadau)

1 (mewn mathemateg) yr hyn sy'n digwydd pan gymerwch chi un rhif neu swm allan o rif neu swm arall (e.e. 4 − 2) SUBTRACTION

2 (mewn gwyddoniaeth) grym sydd yn ceisio tynnu rhywbeth yn ei flaen PULL

tynnach:tynnaf:tynned *a* mwy **tyn:** mwyaf **tyn:** mor dynn [**tyn**]

tynnu *be*

1 llusgo rhywbeth y tu ôl i chi, halio TO PULL, TO DRAW

2 symud rhywun neu rywbeth trwy ei ddal a'i lusgo *(tynnu'r drws i'w gau)* TO PULL, TO DRAW

3 peri i rywun neu rywbeth symud i gyfeiriad arbennig *(tynnu rhywun i'r naill ochr)* TO DRAW

4 symud rhywbeth atoch yn gyflym *(Mae angen tynnu'r cordyn i gychwyn yr injan.)* TO PULL

5 ymestyn a gwneud drwg i rywbeth *(Mae wedi tynnu cyhyr yn ei goes.)* TO PULL

6 cael gwared ar rywbeth trwy ei symud *(Mae angen tynnu'r dant drwg yna.)* TO EXTRACT

7 wrth daro pêl, ei bwrw i'r chwith o'r cyfeiriad a fwriadwyd (e.e. wrth gicio pêl rygbi am y pyst) TO PULL

8 dadorchuddio arf yn barod i'w ddefnyddio *(tynnu cleddyf)* TO DRAW

9 (am bobl) anadlu i mewn *(tynnu anadl)* TO DRAW

10 peri i waed lifo *(tynnu gwaed)* TO DRAW

11 casglu hylif mewn llestr *(tynnu dŵr o ffynnon)* TO DRAW

12 mynd â rhywbeth neu dderbyn neu gymryd *(tynnu arian allan o gyfrif banc)* TO DRAW

13 plygu bwa yn barod i saethu saeth TO DRAW

14 gwneud llun â phensil neu bin ysgrifennu TO DRAW

15 gwneud llun gan ddefnyddio camera a ffilm TO FILM, TO PHOTOGRAPH

16 cynhyrchu neu ganiatáu awel o wynt *(Mae'r tân yn tynnu'n dda heno.)* TO DRAW

17 agor neu gau *(tynnu'r llenni)* TO DRAW

18 diosg *(tynnu dillad, tynnu esgidiau, tynnu oddi amdanaf)* TO STRIP, TO TAKE OFF

19 codi a symud *(tynnu clawr y sosban)* TO LIFT

20 codi, pigo, cynaeafu *(tynnu pys, tynnu tomatos)* TO PICK, TO PLUCK

21 denu, bod yn atyniad *(Mae'r golau yn tynnu pryfed.)* TO ATTRACT, TO DRAW

22 sugno, anadlu mwg tybaco TO DRAW

23 (mewn mathemateg) mynd ag un rhan neu swm oddi wrth rywbeth sy'n fwy *(pedwar tynnu dau 4-2)* TO SUBTRACT

24 ymwthio, symud *(Tynnodd y car allan o'm blaen.)* PULL

Sylwch: dyblwch yr 'n' ym mhob un o ffurfiau'r ferf ac eithrio'r rhai sy'n cynnwys *-as-*.

cyd-dynnu cydweithio, cytuno TO CO-OPERATE

tynnu allan tynnu yn ôl, rhoi'r gorau i TO WITHDRAW

tynnu am (am amser neu oedran) bron â bod yn GETTING ON FOR

tynnu am fy (dy, ei etc.) mhen denu beirniadaeth TO BRING ON ONE'S HEAD

tynnu ar elwa ar adnoddau sydd wrth gefn *(gallu tynnu ar flynyddoedd o brofiad)* TO DRAW UPON

tynnu at lleihau *(Mae'r got yma wedi tynnu ati wrth ei golchi.)* TO SHRINK

tynnu blewyn o drwyn cythruddo TO PROVOKE

tynnu byrra docyn ffordd o benderfynu rhwng nifer o bobl lle mae'r un sy'n tynnu'r gwelltyn neu'r papur byrraf yn gorfod gwneud rhyw orchwyl (annymunol neu beryglus) neu'n cael gwobr arbennig TO DRAW LOTS

tynnu coes cellwair, gwneud sbort am ben (yn ddiniwed) TO PULL SOMEONE'S LEG

tynnu dŵr o'r dannedd
1 (am fwyd) addo bod yn flasus iawn MOUTH-WATERING
2 (yn gyffredinol) awgrymu bod pleser mawr i ddod TO MAKE ONE'S MOUTH WATER

tynnu het cydnabod ag edmygedd TO DOFF ONE'S HAT TO

tynnu i lawr dymchwel TO PULL DOWN

tynnu i mewn
1 (am gar) arafu, symud i'r ochr ac aros TO PULL IN
2 (am stumog) sugno i mewn TO PULL IN
3 (am ddilledyn) gwneud yn llai llac TO TAKE IN

tynnu llinell gosod ffin na ddylid ei chroesi TO DRAW THE LINE

tynnu llwch dwstio, glanhau TO DUST

tynnu'n groes anghytuno, gwrthwynebu (weithiau er mwyn bod yn drafferthus) TO BE CONTRARY

tynnu oddi ar (am werth rhywbeth) gwneud yn llai TO DETRACT

tynnu raffl dewis enillydd raffl ar hap a damwain TO DRAW

tynnu rhywun yn fy (dy, ei etc.) mhen achosi anghydfod neu gweryla TO BRING UPON MY HEAD

tynnu sylw mynd â sylw oddi wrth y lle y dylai fod TO DISTRACT

tynnu tir tan draed tanseilio TO PULL THE CARPET FROM UNDER ONE'S FEET

tynnu trwyddi gwella o afiechyd er nad oedd hynny i'w ddisgwyl TO PULL THROUGH

tynnu tuag adref bron â chyrraedd adref

tynnu wyneb gwneud ystumiau TO PULL A FACE

tynnu ymlaen heneiddio neu fynd yn hwyr TO BE GETTING ON

tynnu yn ôl cilio, gadael TO WITHDRAW

tynnu ystumiau gw. **ystumiau**

wedi'i dynnu drwy'r drain gw. **drain**

tyno hwn *eg* (tynoau) fel yn *uniad mortais a thyno* gw. **uniad**

tyr *bf* mae ef/hi yn **torri**; bydd ef/hi yn **torri**

tyrau hyn *ell* mwy nag un **tŵr**

tyrbin hwn *eg* (tyrbinau) peiriant lle mae pwysau hylif neu nwy yn gyrru olwyn TURBINE ☐ *jet*

tyrchod hyn *ell* mwy nag un **twrch**

tyrchu *be* cloddio, megis twrch neu dwrch daear, turio, tyllu TO BURROW

tyrd:tyred *bf* gorchymyn iti ddod [**dod**]; dere

tyrfa hon *eb* (tyrfaoedd) nifer mawr o bobl wedi casglu ynghyd; torf, llu CROWD, MULTITUDE

tyrfau hyn *ell* mwy nag un **twrw:twrf**; taranau, trystau, y sŵn mawr sy'n dilyn mellt THUNDER

tyrfo:tyrfu *be* cynhyrchu tyrfau neu daranau; taranu TO THUNDER

tyrnsgriw hwn *eg* (tyrnsgriwiau) sgriwdreifer; erfyn saer a llafn arno sy'n ffitio i agen ar ben sgriw er mwyn ei throi SCREWDRIVER

tyrpant hwn *eg* olew tenau a ddefnyddir i gael gwared ar baent oddi ar ddillad neu frws paent ac yn y blaen, neu i deneuo paent TURPENTINE

tyrpeg hwn *eg* (yn yr hen amser) clwyd a fyddai'n cael ei gosod ar draws heol/ffordd i gadw rhai nad oeddynt wedi talu toll rhag defnyddio'r heol; tollborth TURNPIKE ☐ *tollborth*

tyrrau hyn *ell* mwy nag un **twr**[1]

tyrru *be*
1 casglu yn dwr at ei gilydd, ymgasglu, heidio TO FLOCK, TO CROWD TOGETHER, TO CLUSTER
2 gosod yn grugyn, y naill ar ben y llall, pentyrru TO HEAP, TO AMASS (twr[2])

Sylwch: dyblwch yr 'r' ym mhob un o ffurfiau'r ferf ac eithrio *twr* a'r rhai sy'n cynnwys *-as-*.

tyst hwn *eg* (tystion)
1 person a oedd mewn man arbennig ac a welodd rywbeth yn digwydd *(tyst i'r ddamwain)* WITNESS
2 person sy'n disgrifio'r hyn a welodd neu'r hyn y mae'n gwybod amdano mewn llys barn WITNESS
3 person sy'n bresennol ar adeg paratoi dogfen swyddogol ac sy'n ei harwyddo *(tyst i ewyllys)* WITNESS

tysteb hon *eb* rhodd sy'n cael ei chyflwyno yn arwydd o barch, diolchgarwch ac ati TESTIMONIAL

tystio:tystiolaethu *be* bod yn dyst, neu gyflwyno tystiolaeth TO WITNESS, TO TESTIFY

tystiolaeth hon *eb* (tystiolaethau)
1 datganiad ffurfiol o'r hyn yr ydych wedi bod yn dyst ohono TESTIMONY
2 unrhyw wybodaeth sy'n tystio i wirionedd, neu'n profi ffaith neu ddatganiad EVIDENCE

tystiolaethu *be* gw. **tystio:tystiolaethu**

tystlythyr hwn *eg* (tystlythyrau) llythyr sy'n tystio i gymeriad a gallu person (yn arbennig gan gyflogwr pan fydd y person hwnnw'n cynnig am swydd); geirda REFERENCE

a b c ch d dd e f ff g ng h i j (k) l ll m n o p ph r rh s t th u w y (z)

tystysgrif hon *eb* (tystysgrifau)
1 dogfen swyddogol sy'n tystio bod rhyw ffaith neu ffeithiau yn gywir *(tystysgrif geni)* CERTIFICATE
2 dogfen swyddogol sy'n tystio bod rhywun wedi pasio arholiad arbennig DIPLOMA

tywallt *be* (gair y Gogledd sy'n cyfateb i **arllwys** yn y De)
1 llifo yn gyflym ac yn gyson TO POUR
2 llenwi cwpan neu wydr â diod o debot neu jŵg TO POUR
3 bwrw glaw yn drwm iawn TO POUR

tywalltiad *hwn eg* (tywalltiadau) y weithred o dywallt, o arllwys POURING, OUTPOURING

tywarchen hon *eb* (tywyrch) pridd neu ddarn o ddaear ynghyd â'r borfa/gwellt sy'n tyfu arno CLOD, TURF
dan y dywarchen yn y bedd, wedi'i gladdu, wedi marw

tywel *hwn eg* (tywelion) darn o bapur neu ddefnydd ar gyfer sychu croen gwlyb neu lestri ac yn y blaen, lliain sychu TOWEL

Tywi *enw afon* TOWY

tywod *hyn ell* gronynnau mân o gerrig a chregyn wedi'u chwalu a geir yn bennaf ar draethau ac mewn anialdiroedd; swnd SAND

tywodfaen *hwn eg* math o graig wedi'i ffurfio o dywod SANDSTONE

tywodlyd *a* gair i ddisgrifio rhywun neu rywbeth a thywod drosto neu ynddo SANDY

tywydd *hwn eg* cyflwr y gwynt, y glaw, yr eira, yr heulwen ac ati ar unrhyw adeg; hin WEATHER
Sylwch: er bod *tywydd* yn wrywaidd, byddwn yn sôn amdano fel *hi*, e.e. *Mae hi'n braf. Mae hi'n bwrw glaw.*
tywydd mawr tywydd garw, stormus

tywyll *a* gair i ddisgrifio rhywbeth:
1 heb oleuni DARK
2 yn tueddu at dduwch, heb fod yn olau (o ran lliw) DARK
3 trist, anobeithiol *(Rhaid peidio ag edrych ar yr ochr dywyll trwy'r amser.)* DARK, BLACK
4 anodd ei ddeall *(barddoniaeth dywyll)* OBSCURE
5 dall BLIND

tywyllu *be*
1 gwneud neu droi'n dywyll TO DARKEN
2 gwneud yn anodd ei weld TO OBSCURE
tywyllu drws y tŷ (mewn ymadroddion negyddol) ymweld â'r tŷ, croesi'r rhiniog i mewn i'r tŷ *(Nid yw wedi tywyllu drws ei gartref ers pum mlynedd.)* (NEVER) DARKEN THESE DOORS

tywyllwch *hwn eg*
1 y cyflwr o fod heb oleuni, o fod yn dywyll *(gweld yn y tywyllwch)* DARK
2 nos NIGHT

tywyn *hwn eg* (tywynnau) twyn o dywod, glan môr, traeth SEA-SHORE, SAND-DUNE

tywynnu *be* disgleirio, llewyrchu, taflu goleuni *(Mae'r haul yn tywynnu.)* TO SHINE, TO SHIMMER, TO GLEAM
Sylwch: dyblwch yr 'n' ym mhob un o ffurfiau'r ferf ac eithrio'r rhai sy'n cynnwys *-as-*.

tywyrch *hyn ell* mwy nag un dywarchen [**tywarchen**]

tywys *be* arwain, dangos y ffordd TO LEAD, TO GUIDE
ci tywys ci wedi ei hyfforddi i arwain person dall GUIDE DOG

tywysen hon *eb* (tywysennau) pen planhigyn sy'n cael ei dyfu am ei rawn (e.e. ŷd neu lafur) EAR OF CORN □ *cnwd*

tywysog *hwn eg* (tywysogion)
1 mab neu berthynas agos i frenin neu frenhines PRINCE
2 gŵr sy'n teyrnasu ar wlad fach neu wladwriaeth PRINCE

tywysogaeth hon *eb* (tywysogaethau) gwlad y mae tywysog yn teyrnasu arni PRINCIPALITY

tywysogaidd *a* gair i ddisgrifio rhywun neu rywbeth ysblennydd, cwrtais, urddasol ac yn y blaen, priodoleddau sy'n cael eu cysylltu â thywysog PRINCELY

tywysoges hon *eb* (tywysogesau)
1 merch neu berthynas agos i frenin neu frenhines PRINCESS
2 gwraig i dywysog PRINCESS

tywysydd:tywyswr *hwn eg* (tywyswyr)
1 person sy'n dangos y ffordd; arweinydd GUIDE, LEADER
2 person sy'n dangos pobl i'w lle (mewn neuadd, eglwys ac ati) USHER

Th

'th *rhagenw mewnol*
1 yn eiddo i ti, dy *(dy gi a'th gath)* YOUR
Sylwch: mae'n cael ei ddefnyddio ar ôl *a, â, gyda, tua, efo, na, i, o, mo*.
2 ti *(Ni'th welais.)* YOU

theatr *hon eb* (theatrau)
1 adeilad neu le arbennig ar gyfer perfformio dramâu neu gyflwyniadau dramatig THEATRE
2 gwaith pobl sy'n ysgrifennu neu'n cynhyrchu dramâu neu sy'n actio ynddynt *(y theatr gyfoes)* THEATRE
3 ystafell arbennig mewn ysbyty lle mae llawfeddygon yn rhoi triniaeth i gleifion THEATRE

theatraidd *a* gair i ddisgrifio rhywun neu rywbeth:
1 sy'n ymwneud â'r theatr THEATRICAL
2 ffug, ffuantus, annaturiol THEATRICAL

thema *hon eb* (themâu)
1 testun sgwrs neu ddarn ysgrifenedig THEME
2 alaw neu ddarn byr o gerddoriaeth sy'n sail i ddarn hirach o gerddoriaeth THEME

theorem *hon eb* (theoremau) (mewn mathemateg) gosodiad y mae modd ei brofi trwy ymresymu THEOREM

theori *hon eb* (theorïau) damcaniaeth THEORY

therapi *hwn eg* (therapïau) ffordd o drin anafiadau neu salwch, yn arbennig heb foddion na chyffuriau na thriniaeth lawfeddygol THERAPY

therapiwtig *a* gair i ddisgrifio rhywbeth sy'n ymwneud â thrin clefyd neu salwch THERAPEUTIC

therm *hwn eg* (thermau) uned Brydeinig i fesur faint o nwy a ddefnyddir mewn tŷ, swyddfa, ffatri ac ati THERM

thermol *a* gair i ddisgrifio rhywbeth sy'n ymwneud â gwres THERMAL

thermomedr *hwn eg* (thermomedrau) dyfais ar gyfer cofnodi a dangos tymheredd THERMOMETER

thermoniwclear *a* gair i ddisgrifio rhywbeth sy'n defnyddio'r gwres uchel sy'n deillio o ymasiad atomaidd neu'n cael ei achosi gan ymasiad atomaidd THERMONUCLEAR

thermostat *hwn eg* (thermostatau) dyfais sy'n rheoli tymheredd THERMOSTAT

thesis *hwn eg* (thesisau)
1 dadl neu farn sy'n cael ei chyflwyno a'i chynnal gan ddadleuon rhesymegol THESIS
2 traethawd ar waith ymchwil THESIS

thoracs *hwn eg* (thoracsau)
1 y rhan honno o'ch corff rhwng y gwddf a'r bol neu'r bola; y frest THORAX
2 rhan ganol corff trychfilyn THORAX

throtl *hon eb* (throtlau) falf arbennig sy'n rheoli llif y tanwydd (petrol) i'r injan (mewn car), ac sydd felly'n effeithio ar gyflymder y car THROTTLE

thus *hwn eg* sylwedd gludiog a geir o rai mathau o goed ac sy'n rhoi mwg peraroglus pan gaiff ei losgi (mewn defodau crefyddol fel arfer) FRANKINCENSE

U

'u *rhagenw mewnol*
1 yn eiddo iddyn nhw, eu *(eu grawnwin a'u hafalau)* THEIR
2 nhw/hwy *(y rhai a'u gwelodd ac a'u henwodd)* THEM
Sylwch:
1 mae'n cael ei ddefnyddio ar ôl llafariad;
2 dilynir 'u gan 'h' o flaen llafariad.

ubain *be* llefain yn uchel, griddfan, ochain, crio TO SOB, TO MOAN, TO WAIL

UCAC *byrfodd* Undeb Cenedlaethol Athrawon Cymru

uchaf *a* mwyaf uchel

uchafbwynt *hwn eg* (uchafbwyntiau)
1 manylyn pwysig sy'n sefyll allan *(rhaglen deledu yn dangos uchafbwyntiau'r gystadleuaeth)* HIGHLIGHT
2 y rhan honno o stori, ffilm, cyfres o ddigwyddiadau, syniadau ac ati sydd fwyaf grymus, diddorol neu effeithiol ac sydd (fel arfer) yn digwydd tua'r diwedd *(Uchafbwynt y noson i mi oedd y sioe tân gwyllt ar y diwedd.)* CLIMAX, PINNACLE
3 y man neu'r pwynt uchaf posibl MAXIMUM

uchafion *hyn ell* y mannau uchaf HEIGHTS

uchafswm *hwn eg* (uchafsymiau) y swm mwyaf (o arian fel arfer) *(Bydd eich cyflog yn codi fesul blwyddyn i uchafswm o £15,000.)* MAXIMUM

uchder:uchdwr *hwn eg* (uchderau)
1 y pellter o waelod rhywbeth i'w gopa neu o'i draed i'w ben *(Allwch chi feddwl am ffordd o fesur uchder yr adeilad heb orfod dringo i'w do?)* HEIGHT
2 man neu safle uchel *(Buom yn gwylio'r gêm o uchder mawr.)* HEIGHT
3 (yn dechnegol) pellter (yr haul, y lleuad, seren, awyren ac ati) uwchben wyneb y ddaear ALTITUDE (taldra)

a b c ch d dd e f ff g ng h i j (k) l ll m n o p ph r rh s t th u w y (z)

uchel *a* gair i ddisgrifio rhywbeth:
 1 sy'n mesur cryn dipyn o'i waelod i'w gopa; sydd heb fod yn isel *(adeilad uchel)* HIGH
 2 sydd ymhell uwchben wyneb y ddaear neu lefel y môr; sydd wedi'i ddyrchafu *(uchel yn yr awyr)* HIGH
 3 pwysig o ran safle neu swyddogaeth *(swydd uchel yn y llywodraeth)* HIGH
 4 da iawn; rhywbeth yr ydych yn meddwl llawer ohono *(safonau uchel; uchel ei barch; meddwl uchel o rywun)* HIGH
 5 (mewn cerddoriaeth) sy'n agos at y ffin (o ran uchder) rhwng y synau rydych chi'n gallu eu clywed a'r synau na allwch eu clywed *(nodyn uchel ar y ffliwt)*, neu yn agos at eithaf uchaf llais neu offeryn *(Mae nodyn uchel iawn ar diwba yn nodyn cymedrol ar drwmped.)* HIGH
 6 sy'n fwy na'r uchder neu'r lefel arferol *(Mae'r afon yn uchel ar ôl yr holl law.)* HIGH
 7 drud *(cost uchel bwyd; prisiau uchel)* HIGH
 8 sy'n fawr o ran rhif *(Cafodd farciau uchel yn yr arholiad.)* HIGH
 9 sy'n cynhyrchu llawer o sŵn; swnllyd, heb fod yn dawel *(Cadwodd miwsig uchel y parti fi ar ddihun trwy'r nos.)* LOUD (cyfuwch, uwch, uchaf)
 Sylwch: nid yw 'uchel' fel arfer yn cyfeirio at faint pethau byw; 'tal' yw'r gair a ddefnyddir am y rhain.

uchel ei chloch:ei gloch am rywun sydd â llawer iawn i'w ddweud am rywbeth VOCIFEROUS

uchel-ael *a* gair i ddisgrifio rhywun sydd â gwybodaeth fwy na'r cyffredin am y celfyddydau neu'r byd academaidd, neu rywbeth sy'n arwydd o'r wybodaeth yma (ac sy'n ymylu ar fod yn snobyddlyd) HIGHBROW

uchelder hwn *eg* (uchelderau) lle neu gyflwr uchel neu ddyrchafedig HEIGHT

ucheldir hwn *eg* (ucheldiroedd) darn mynyddig o dir *(ucheldiroedd yr Alban)* HIGHLAND, UPLAND

uchelgais hwn neu hon *egb* (uchelgeisiau)
 1 awydd cryf am lwyddiant, grym, cyfoeth ac ati AMBITION
 2 yr hyn y mae rhywun yn dyheu amdano *(Fy uchelgais yw cael tŷ mawr crand a Rolls Royce.)* AMBITION

uchelgeisiol *a* gair i ddisgrifio:
 1 rhywun sy'n llawn uchelgais AMBITIOUS
 2 rhywbeth y mae'n rhaid wrth ymdrech neu ddawn arbennig i sicrhau ei lwyddiant *(cynllun uchelgeisiol)* AMBITIOUS

uchelseinydd hwn *eg* (uchelseinyddion) dyfais sy'n newid cerrynt trydan (o fwyhadur fel arfer) yn seiniau LOUDSPEAKER

uchelwr hwn *eg* (uchelwyr)
 1 aelod o ddosbarth uchaf cymdeithas sydd fel arfer yn dwyn teitl NOBLEMAN
 2 (yn hanesyddol) un o'r perchenogion tir a ffurfiai'r haen uchaf o'r gymdeithas Gymraeg ar ôl colli annibyniaeth Cymru ym 1282 a chyn y Ddeddf Uno ym 1536

uchelwydd hwn *eg* math arbennig o blanhigyn (parasit) sy'n tyfu ar goed; mae ganddo ddail gwyrdd golau ac aeron bach gwyn ac mae'n cael ei ddefnyddio fel addurn adeg y Nadolig MISTLETOE

uchgapten hwn *eg* (uchgapteiniaid) swyddog uwch ei safle na chapten yn y fyddin (neu awyrlu yr Unol Daleithiau) MAJOR

uchod *adf*
 1 i fyny, uwchben ABOVE
 2 yn uwch ar yr un tudalen neu ar dudalen cynt *(gweler uchod)* ABOVE

UDA byrfodd Unol Daleithiau America USA

udfil hwn *eg* (udfilod) anifail ysglyfaethus, gwyllt, tebyg i gi, sydd â chyfarthiad fel chwerthiniad ac sy'n byw yng ngwledydd Asia ac Affrica HYENA □ *mamolyn*

udo *be* oernadu, gwneud sŵn tebyg i flaidd neu sŵn hir cwynfanllyd ci TO HOWL

UFA byrfodd unrhyw fater arall AOB, ANY OTHER BUSINESS

ufudd *a* gair i ddisgrifio rhywun neu rywbeth sy'n gwneud beth y cafodd orchymyn i'w wneud, sy'n barod i ufuddhau OBEDIENT, DUTIFUL

ufudd-dod hwn *eg* y cyflwr o fod yn ufudd OBEDIENCE, COMPLIANCE

ufuddhaf *bf* rwy'n **ufuddhau**; byddaf yn **ufuddhau**

ufuddhau [i] *be* gwrando a gwneud beth mae rhywun yn dweud wrthych chi am ei wneud *(Gofalwch ufuddhau i'ch athrawon!)* TO OBEY (ufuddhaf, ufuddheais)

ufuddheais *bf* fe wnes i **ufuddhau**

uffern[1] hon *eb* (uffernau)
 1 (yn ôl y crefyddau Cristnogol ac Islamaidd) man lle y mae eneidiau pobl ddrwg yn cael eu cosbi ar ôl marwolaeth HELL
 2 man neu gyflwr o ddioddefaint mawr HELL
 3 rheg sy'n cael ei defnyddio i gryfhau ymadrodd *(Mae'n uffern o gar cyflym!)* HELL

uffern[2] ebychiad rheg HELL!

uffernol[1] *a* gair (amharchus) i ddisgrifio rhywun neu rywbeth:
 1 sy'n perthyn i uffern, sy'n nodweddiadol o uffern, neu sy'n addas ar gyfer uffern HELLISH, INFERNAL
 2 gwael iawn AWFUL, TERRIBLE, SHOCKING

uffernol[2] *adf* iawn *(sâl uffernol)*

ugain *rhifol* (ugeiniau) dau ddeg, y rhif 20 TWENTY
Sylwch:
1 mae *blynedd, blwydd* a *diwrnod* yn treiglo'n drwynol ar ôl 'ugain'.
2 'hugain' a geir yn y ffurfiau 'un ar hugain', 'dau ar hugain' etc.

ugeinfed *a* gair i ddisgrifio'r olaf o ugain, 20fed; neu rif ugain mewn rhestr yn cynnwys mwy nag ugain TWENTIETH

UH *byrfodd* Ustus Heddwch JP, JUSTICE OF THE PEACE

ulw *hyn enw torfol*
1 lludw; y llwch a'r gronynnau mân sy'n weddill ar ôl i rywbeth gael ei losgi'n llwyr ASHES, CINDERS
2 (mewn ymadroddion megis *llosgi'n ulw, meddwi'n ulw*) llwyr UTTERLY

un¹ *rhifol*
1 y rhif 1 (*un o'r gloch; un dorth*) ONE
2 rhyw (*Bydd rhaid galw yno un dydd Sadwrn.*) ONE
3 math penodol (*Os wyt ti'n sôn am wrachod, rwy'n credu ei bod hi'n un a bod ei chwaer yn un arall.*) ONE

un ai ... ynteu ... naill ai ... ynteu ... EITHER ... OR ...
yn un ac un fesul un ONE BY ONE
yr un ohonynt (mewn brawddeg negyddol) neb (*Nid oedd yr un ohonynt ar gael pan oeddwn yn chwilio am rywun i warchod y plant.*) (NOT) ONE OF THEM

Sylwch: mae enwau benywaidd (ac eithrio rhai sy'n dechrau ag 'll' a 'rh') yn treiglo'n feddal ar ôl *un*, ac mae *blwyddyn* a *blwydd* yn treiglo'n drwynol mewn rhifolion cyfansawdd, e.e. *un mlynedd ar ddeg; un mlwydd ar hugain oed*.

un² *a* gair i ddisgrifio rhywun neu rywbeth:
1 sy'n ddigyfnewid bob tro (*Mae'n parcio yn yr un lle bob bore.*) SAME
2 y peth neu'r person sydd eisoes wedi'i grybwyll (*Fe wnest ti'r un camgymeriad yr wythnos diwethaf.*) SAME
3 sy'n debyg ym mhob ffordd; heb fod yn wahanol nac wedi'i newid (*Mae hi'r un ffunud â'i thad.*) SAME
4 o'r union fath (*Rydym ein dau o'r un feddwl.*) ONE, SAME
5 eithaf (*Clwb ar waelod un y gynghrair.*) VERY

Sylwch: pan fydd *un* yn golygu 'tebyg' mae'n achosi treiglad meddal ar ddechrau enwau gwrywaidd a benywaidd (*yr un gerddediad, yr un gymesuredd*) ond pan fydd *un* yn golygu 'yr union un' dim ond enwau benywaidd sy'n treiglo (*o'r un rywogaeth; byw yn yr un tŷ*).

un ai naill ai EITHER
yr un un THE SAME ONE

un³ *hwn neu hon egb*
1 rhywun, person neu beth sy'n wrywaidd neu'n fenywaidd yn ôl yr hyn y mae 'un' yn ei gynrychioli, e.e. am ferch, *un fach*; am fachgen, *un mawr*; am afon, *un lydan*; am dorth, *un rad* ONE
2 (mewn ymadroddion yn dynodi pris, mesur ac ati) am bob eitem, e.e. *ceiniog yr un* EACH

Sylwch: mae 'll' a 'rh' mewn enwau benywaidd yn treiglo'n feddal ar ôl yr *un* yma.

unawd *hwn eg* (unawdau) darn o gerddoriaeth i'w chwarae neu i'w ganu gan un person neu offeryn (ond gyda chyfeiliant fel arfer) SOLO

unawdydd *hwn eg* (unawdwyr) person sy'n canu neu'n chwarae unawd (*Rydym yn arfer cael unawdwyr enwog i'n cyngerdd blynyddol.*) SOLOIST

unben *hwn eg* (unbeniaid) pennaeth llywodraeth gwlad sydd â'r awdurdod i gyd yn ei ddwylo ei hun DICTATOR, DESPOT, AUTOCRAT

unbenaethol *a* gair i ddisgrifio:
1 rhywbeth sy'n nodweddiadol o unbennaeth DICTATORIAL
2 rhywun sy'n ymddwyn fel unben DICTATORIAL

unbennaeth *hwn eg*
1 safle neu deyrnasiad unben DICTATORSHIP
2 gwlad sy'n cael ei llywodraethu gan unben DICTATORSHIP, AUTOCRACY

uncorn *hwn eg* anifail chwedlonol tebyg i geffyl claerwyn a chorn yng nghanol ei ben UNICORN

uncorn

undeb *hwn eg* (undebau)
1 y cyflwr o fod mewn cytundeb, o fod wedi uno (*Mewn undeb mae nerth.*) UNITY
2 nifer o wledydd neu daleithiau wedi'u cyfuno UNION
3 undeb llafur; grŵp o weithwyr wedi dod ynghyd i warchod eu buddiannau a thrafod fel un gyda'u cyflogwyr; cynghrair UNION
4 corff swyddogol neu gymdeithas sy'n cysylltu nifer o ganghennau, eglwysi ac yn y blaen, sy'n perthyn i'r un mudiad (*Undeb y Bedyddwyr*) UNION

undebol *a* gair i ddisgrifio rhywbeth:
1 sy'n ymwneud ag undeb o weithwyr (*Mater undebol yw hwn, nid rhywbeth i unigolion ei benderfynu.*) UNION
2 sy'n digwydd pan ddaw dau neu ragor o bobl neu gyrff ynghyd (*Cynhelir gwasanaeth undebol gan yr holl gapeli ddydd Sul nesaf.*) UNITED

undebwr *hwn eg* (undebwyr) un sy'n aelod o undeb, un sy'n cefnogi'r syniad o undeb UNIONIST

undod *hwn eg* (undodau)
1 y cyflwr o fod wedi uno UNITY
2 cyfuniad, cyfanwaith sydd wedi'i greu trwy gyfuno nifer o rannau neu ddarnau UNITY

Undodiaeth *hon eb* cred grefyddol sy'n gwrthod y Drindod a'r honiad mai Duw oedd Iesu Grist UNITARIANISM

Undodwr *hwn eg* (Undodwyr:Undodiaid) aelod o enwad yr Undodiaid (sef rhai sy'n credu mewn Undodiaeth) UNITARIAN

undonedd *hwn eg* diffyg amrywiaeth, y cyflwr o fod yn anniddorol a di-fflach MONOTONY

undonog *a* gair i ddisgrifio rhywbeth anniddorol, diflas, nad oes amrywiaeth ynddo; marwaidd *(llais undonog; gwasanaeth undonog)* BORING, MONOTONOUS

undydd *a* gair i ddisgrifio rhywbeth sy'n para diwrnod *(ysgol undydd)* DAY, ONE-DAY

uned *hon eb* (unedau)
  1 un peth cyfan UNIT
  2 grŵp o bobl neu bethau sy'n ffurfio cyfanwaith ond sydd fel arfer yn rhan o rywbeth mwy *(uned feddygol y coleg; uned deg yn eich llyfrau gwyddoniaeth)* UNIT
  3 (mewn mathemateg) unrhyw rif cyfan llai na 10 UNIT
  4 maint sy'n cael ei dderbyn fel safon *(Mae'r metr yn un o'r unedau mesur safonol Ewropeaidd.)* UNIT
  uned arddangos weledol teclyn tebyg i set deledu sy'n dangos yr hyn sy'n cael ei gynhyrchu gan gyfrifiadur VISUAL DISPLAY UNIT, VDU
  uned brosesu ganolog prif ran (neu galon) y cyfrifiadur sy'n rheoli'r holl rannau eraill CENTRAL PROCESSING UNIT, CPU

unedig *a* gair i ddisgrifio dau neu ragor o bethau sydd wedi'u huno, e.e. *Y Cenhedloedd Unedig* UNITED

unfan *hwn eg* yr un man, yr un lle SAME PLACE
  yn fy (dy, ei etc.) unfan llonydd, disymud *(Safodd yn ei hunfan am chwarter awr.)* STATIONARY, STILL

unfarn *a* gair i ddisgrifio grŵp o bobl sydd i gyd yn gytûn ar rywbeth; unfryd UNANIMOUS

unfath *a* fel yn *gefeilliaid unfath* yn union yr un ffurf, yr un peth yn union IDENTICAL

unfed *a* cyntaf (mewn rhifau megis *unfed ar ddeg; unfed ar bymtheg; unfed pen blwydd ar hugain*) FIRST
  yr unfed awr ar ddeg y funud olaf, yr eiliad olaf posibl THE ELEVENTH HOUR
  Sylwch: mae cytsain flaen enw benywaidd (un sy'n cael ei ddilyn gan *hon* yn y geiriadur hwn) yn treiglo'n feddal ar ôl *unfed*, e.e. *yr unfed ferch ar hugain.*

unfryd:unfrydol *a* gair i ddisgrifio:
  1 barn neu benderfyniad gan grŵp o bobl o'r un farn UNANIMOUS
  2 (am ddatganiadau, cytundebau ac ati) wedi'u cytuno neu eu cefnogi gan bawb yn yr un ffordd UNANIMOUS
  yn unfryd unfarn yn unfrydol OF ONE ACCORD

unfrydedd *hwn eg* y cyflwr neu'r stad o fod yn unfryd unfarn UNANIMITY

unfrydol *a* gair arall am **unfryd**

un-ffordd *a* gair i ddisgrifio rhywbeth sy'n symud mewn un cyfeiriad yn unig neu sy'n caniatáu symudiad i un cyfeiriad yn unig *(heol un-ffordd)* ONE-WAY

unffurf *a* gair i ddisgrifio pethau sy'n debyg, sy'n wastad neu'n gyson *(Roedd yr holl ffenestri yn unffurf eu maint a'u siâp.)* UNIFORM

unffurfiaeth *hon eb* y cyflwr o fod yn unffurf, o ddilyn yr un rheolau, o ddilyn yr un patrwm *(Mae unffurfiaeth yr adeiladau newydd ar gyrion y dre yn creu patrwm diddorol ar hyn o bryd, ond os bydd rhagor o adeiladau tebyg gall fynd yn undonog.)* UNIFORMITY

uniad *hwn eg* (uniadau)
  1 y weithred o uno neu o asio JOINING
  2 man lle y mae dau beth yn cael eu huno (yn arbennig dau ddarn o bren neu fetel neu blastig) JOINT
  uniad cynffonnog DOVETAIL JOINT
  uniad mortais a thyno MORTICE AND TENON JOINT
  uniad tafod a rhych TONGUE AND GROOVE JOINT

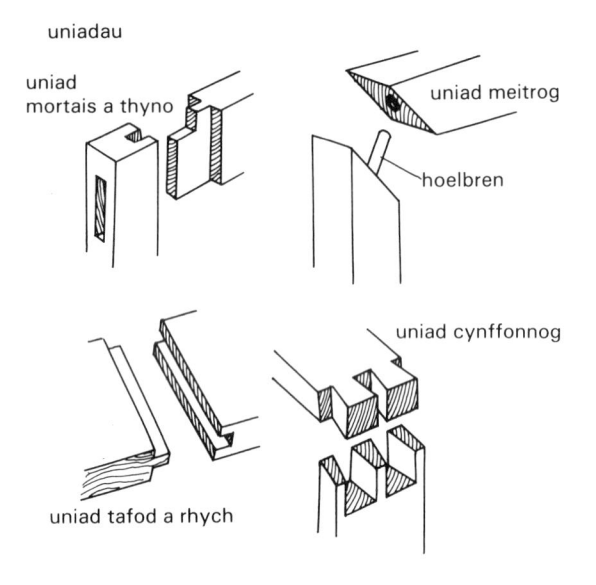

uniadau
uniad mortais a thyno
uniad meitrog
hoelbren
uniad cynffonnog
uniad tafod a rhych

uniaethu [â] *be* cydymdeimlo â, teimlo eich bod yn rhannu profiad â *(Ar ôl gweld portread grymus yr actor o'r brenin ar y llwyfan roedd hi'n haws eich uniaethu eich hun â dyheadau'r gŵr hwnnw.)* TO IDENTIFY WITH

uniaith *a* gair i ddisgrifio:
  1 rhywun sy'n medru un iaith yn unig MONOGLOT
  2 rhywbeth sydd wedi'i ysgrifennu mewn un iaith yn unig MONOGLOT

unig *a* gair i ddisgrifio:
1 un nad oes un tebyg iddo, neu un nad oes un arall yr un fath ag ef *(Dyma'r unig lyfr gan T. Llew Jones sydd heb fod ar fenthyg ar hyn o bryd.)* ONLY, SOLE
2 rhywun neu rywbeth sydd ar ei ben ei hun LONELY
3 y tristwch o fod heb gwmni neu gyfeillion *(Plentyn unig oedd John.)* LONELY
4 mannau heb bobl *(traethell unig)* LONELY
5 plentyn heb frodyr na chwiorydd *(Mae hi'n unig blentyn.)* ONLY, SOLE
Sylwch: mae *unig* (only) yn dod o flaen yr enw *(unig blentyn)* ond mae *unig* (lonely) yn dilyn yr enw *(plentyn unig).*

unigedd hwn *eg* (unigeddau) y cyflwr o fod yn unig, o fod heb gwmni (ond heb o raid fod yn drist) *(unigedd cell y meudwy)* SOLITUDE (unigrwydd)

unigeddau mannau diarffordd ac unig; llefydd unig

unigol *a* gair i ddisgrifio:
1 gair neu ffurf sy'n cynrychioli dim ond un; gwrthwyneb lluosog *('Ci' yw ffurf unigol 'cŵn'; 'deilen' yw ffurf unigol 'dail'.)* SINGULAR
2 gwahanol, ar wahân, fesul un *(Yn ogystal â bod yn gasgliad gwych mae'r llyfrgell yn cynnwys llyfrau unigol gwych hefyd.)* INDIVIDUAL
3 rhywbeth addas i bob un ar wahân *(Rhaid rhoi sylw unigol i bob un o'r grŵp.)* INDIVIDUAL

unigolyn hwn *eg* (unigolion) person fel bod unigryw INDIVIDUAL

unigrwydd hwn *eg* y cyflwr o fod yn unig, o fod heb gwmni (a'r tristwch sy'n gallu bod yn rhan o hynny) LONELINESS (unigedd)

unigryw *a* gair i ddisgrifio rhywun neu rywbeth sy'n hollol wahanol i bawb neu bopeth arall, yr unig un o'i fath, nad oes ei debyg i'w gael (â'r awgrym ei fod yn werthfawr oherwydd hynny) UNIQUE

union *a* gair i ddisgrifio rhywun neu rywbeth:
1 syth, diwyro, heb fod yn gam DIRECT, STRAIGHT, ERECT
2 gonest, teg, cyfrifol, cyfiawn *(Roedd yn ŵr union ei farn.)* UPRIGHT
3 manwl gywir *(Dyma'r union lun yr oeddwn yn chwilio amdano.)* EXACT, PRECISE

ar fy (dy, ei etc.) union yn syth, heb oedi *(Cer i'r gwely ar dy union!)* DIRECTLY, STRAIGHT AWAY

englyn unodl union gw. **englyn**

yn union
1 ar ei ben *(Mae'r cyfan yn dod i £10 yn union, Mr Jones.)* EXACTLY
2 yn hollol, rwyt ti'n hollol gywir *(Ac rydych chi'n disgwyl i bawb fod yn barod erbyn hanner awr wedi saith? Yn union!)* PRECISELY
3 ar unwaith, yn fuan iawn *(Byddaf gyda chi yn union.)* DIRECTLY, STRAIGHT AWAY

uniondeb:uniondr hwn *eg* y cyflwr o fod yn union; cyfiawnder, gonestrwydd UPRIGHTNESS, RECTITUDE

uniongred *a* gair i ddisgrifio rhywun neu rywbeth sy'n derbyn neu'n cynrychioli'r gred swyddogol sy'n cael ei chaniatáu a'i chymeradwyo ORTHODOX

yr Eglwys Uniongred gw. **eglwys**

uniongyrchol *a* gair i ddisgrifio rhywun neu rywbeth sy'n arwain o un peth neu le i'r llall heb oedi na gwyro, sy'n cysylltu yn union â'i gilydd; syth *(Mae'r ddamwain yma wedi digwydd o ganlyniad uniongyrchol i'th dwpdra di.)* DIRECT

unioni *be*
1 gwneud yn syth, gwneud yn union *(Mae llawer o waith i'w wneud ar rai o'r ffyrdd cefn gwlad i unioni'r troeon sydd ynddynt.)* TO STRAIGHTEN
2 newid rhywbeth anghywir neu anghyfiawn fel ei fod yn iawn neu yn gyfiawn *(unioni cam)* TO RECTIFY, TO PUT RIGHT
3 cywiro gwyriad *(O weld bod y cwch yn gwyro yn ormodol i'r chwith dyma'r capten yn unioni'i hynt.)* TO STRAIGHTEN, TO REDRESS
4 (am ddarn o brint) sicrhau bod yr ochr chwith a'r ochr dde yn llinellau union, syth (megis y ddwy golofn ar y tudalen hwn) TO JUSTIFY

unionsyth *a* gair i ddisgrifio:
1 rhywun neu rywbeth sy'n sefyll yn berpendicwlar, sy'n sefyll i fyny yn syth UPRIGHT
2 uniongyrchol *(Gofynnais iddo'n unionsyth.)* POINT-BLANK

unlliw *a* gair i ddisgrifio rhywbeth sydd yr un lliw i gyd neu nifer o bethau o'r un lliw *(Adar o'r unlliw a hedant i'r unlle.)* MONOCHROME

unllygeidiog *a* gair i ddisgrifio rhywun neu rywbeth:
1 sydd ag un llygad yn unig ONE-EYED
2 sydd ag un peth yn unig ar ei feddwl, sy'n methu gweld dim byd arall ond yr un peth hwnnw BLINKERED

unman hwn *eg* unrhyw le, unrhyw fan (mewn brawddeg negyddol) *(Aethon ni ddim i unman ar ein gwyliau eleni.)* ANYWHERE

unnos *a* gair i ddisgrifio rhywbeth sy'n digwydd dros nos, yn ystod cyfnod o un noson, e.e. *tŷ unnos, grawn unnos*

uno *be*
1 asio ynghyd i wneud un TO JOIN, TO UNITE, TO AMALGAMATE
2 gweithredu ynghyd i ddiben *(Unwn yn y canu.)* TO JOIN
3 priodi *(uno'r ddeuddyn hyn)* TO UNITE (IN MARRIAGE)

unochrog *a* gair i ddisgrifio rhywun neu rywbeth:
  1 sydd yn gweld un ochr dadl neu gwestiwn yn unig; annheg ONE-SIDED
  2 sydd ag un ochr lawer yn gryfach neu'n fwy amlwg na'r llall ONE-SIDED, LOPSIDED
  3 sy'n effeithio neu'n cael ei weithredu gan un ymhlith nifer *(penderfyniad unochrog i ddiddymu arfau niwclear)* UNILATERAL

unodl *a* fel yn *englyn unodl union*, sef ag un brif odl yn rhedeg trwyddo

unol *a*
  1 gair arall am **unedig**
  2 cytûn, unfarn, unfryd UNITED
  yn unol â (ffordd ffurfiol o ddweud) mewn ufudd-dod, yn ôl *(Yn unol â'ch dymuniad, amgaeaf y dogfennau canlynol.)* IN ACCORDANCE WITH

unoliaeth *hon eb* (unoliaethau) y cyflwr o fod wedi uno, o fod fel un *(unoliaeth barn)* UNITY

unplyg *a* gair i ddisgrifio rhywun sydd ag un prif amcan ac sy'n ymdrechu i'w gyflawni, yn arbennig amcan megis cyfiawnder, tegwch, bywyd da; diffuant, didwyll SINGLE-MINDED, UPRIGHT

unplygrwydd *hwn eg* y cyflwr o fod yn unplyg, o wrthod cael eich troi oddi wrth eich amcan; o fod yn bendant; o fod yn ddiffuant SINGLE-MINDEDNESS

unrhyw *a* gair i ddisgrifio:
  1 un neu nifer, ond does dim ots pa un/rai *(Dewiswch unrhyw beth a ddymunwch.)* ANY
  2 un, rhai neu'r cyfan ond heb fod yn rhy benodol *(A oes gen ti unrhyw hen deganau ar gyfer ffair yr ysgol?)* ANY
  3 o'r math arferol *(Nid unrhyw chwaraewr yw hwn ond un o fawrion byd y bêl.)* ANY (OLD)
  4 y graddau lleiaf neu'r maint lleiaf *(A yw hwn o unrhyw werth iti?)* ANY
  5 cymaint byth ag sy'n bosibl *(Byddaf yn falch o unrhyw gymorth a gaf.)* ANY
  6 pawb *(Mae unrhyw blentyn yn gwybod hynny.)* ANY

unsain *a* gair i ddisgrifio dau neu ragor o bobl yn canu neu'n chwarae'r un nodyn neu nodau yr un pryd UNISON

unsill:unsillafog *a* gair i ddisgrifio gair ac un sillaf yn unig ynddo, e.e. *na, ci, het* MONOSYLLABIC

unswydd *a* fel yn *yn unswydd*, gydag un bwriad yn unig *(Daethant yr holl ffordd yn unswydd er mwyn cyflwyno anrheg i'r côr.)* EXPRESS, SOLE INTENTION

unwaith *adf* un tro, un waith yn unig ONCE
  ar unwaith heb oedi, nawr, rŵan AT ONCE, IMMEDIATELY
  unwaith yn y pedwar amser anaml iawn ONCE IN A BLUE MOON

urdd *hon eb* (urddau)
  1 cymdeithas o bobl sy'n byw bywyd crefyddol *(Urdd y Brodyr Llwydion)* ORDER
  2 yn yr Oesoedd Canol, undeb o grefftwyr neu fasnachwyr i ddiogelu safonau crefft arbennig a buddiannau'r aelodau *(Urdd y Gofaint Aur)* GUILD
  3 cymdeithas o bobl sydd â'r un diddordebau neu amcanion *(Urdd y Graddedigion)* GUILD
  urddau sanctaidd swydd offeiriad; bod â hawl i weinyddu yng ngwasanaethau'r Eglwys HOLY ORDERS
  Urdd Gobaith Cymru mudiad i blant a phobl ifainc a sefydlwyd gan Ifan ab Owen Edwards ym 1922
  urdd marchog y fraint a gyflwynir gan frenin neu frenhines Lloegr i ŵr a gaiff wedyn ei alw'n 'Syr' KNIGHTHOOD

urddas *hwn eg*
  1 ymddygiad ffurfiol, digyffro DIGNITY
  2 gwir foneddigeiddrwydd o ran cymeriad, ymddygiad a golwg NOBILITY

urddasol *a* gair i ddisgrifio:
  1 rhywun llawn urddas STATELY, DIGNIFIED, NOBLE
  2 achlysur sy'n cyflawni a chyflwyno urddas DIGNIFIED, STATELY

urddo *be* derbyn neu wneud rhywun yn aelod o urdd (trwy seremoni arbennig fel arfer); derbyn neu gyflwyno anrhydedd i rywun TO INVEST, TO DUB, TO ORDAIN

us *hyn ell* (yn y ffurf *mân us* fel arfer) plisg allanol grawn megis gwenith a barlys; cibau CHAFF

ust *ebychiad* bydd(wch) yn dawel! taw/tewch! SH! HUSH!

ustus *hwn eg* (ustusiaid) swyddog sydd â'r hawl i farnu achosion cyfreithiol yn llysoedd barn isaf Cymru a Lloegr; ynad MAGISTRATE

Ustus Heddwch teitl swyddog sydd â'r hawl i farnu achosion cyfreithiol mewn llys barn lleol; ynad heddwch; UH JUSTICE OF THE PEACE, JP

utgorn *hwn eg* (utgyrn) gair henffasiwn braidd sy'n cyfeirio fel arfer at hen offerynnau cerdd seremoniol a chrefyddol; roedd y rhain ar ffurf tiwbiau hir o bres yn agor ar ffurf cloch ar un pen a lle i chwythu trwyddynt ar y pen arall; hefyd fersiynau modern o'r offerynnau seremonïol hyn, e.e. y rhai a ddefnyddir yn seremonïau'r Orsedd yn yr Eisteddfod Genedlaethol; trwmped, cornet TRUMPET

uwch *a*
  1 mwy uchel
  2 mwy academaidd; yn gofyn am fwy o allu, hyfforddiant neu drefniant *(Canolfan Uwch-efrydiau Celtaidd)* HIGHER, ADVANCED

3 swyddog â mwy o ofal neu gyfrifoldeb *(uwch-gynhyrchydd; uwch-lyfrgellydd; uwch-ddarlithydd)* SENIOR

uwchben *ardd*
1 mewn lle neu i le uwch *(y cymylau uwchben)* ABOVE, OVERHEAD
2 yn uwch na *(hedfan uwchben y cymylau)* ABOVE, OVER
3 dros *(Roedd y golau wedi'i leoli yn union uwchben y ford.)* OVER
  uwchben fy (dy, ei etc.) nigon yn fodlon iawn; wrth fy modd

uwchfarchnad *hon eb* (uwchfarchnadoedd) siop fawr iawn lle byddwch chi'n casglu'r nwyddau eich hun cyn talu amdanynt SUPERMARKET (archfarchnad)

uwchfioled *a* fel yn *golau uwchfioled*, golau sydd y tu hwnt i ffîn fioled y sbectrwm gweladwy ULTRAVIOLET

uwchlaw *ardd* uwchben, yn uwch na, dros ben ABOVE
  uwchlaw pob dim yn fwy pwysig na dim arall ABOVE ALL

uwchradd *a* (fel yn *ysgol uwchradd* o'i chyferbynnu ag *ysgol gynradd*) ysgol i blant dros 11 oed SECONDARY

uwch-ringyll *hwn eg* swyddog yn y fyddin sydd un safle'n uwch na rhingyll, ac yn llenwi'r bwlch rhwng y swyddogion sydd wedi derbyn comisiwn a'r rheiny nad ydynt wedi derbyn comisiwn SERGEANT-MAJOR

uwchseinaidd *a* gair i ddisgrifio rhywbeth sy'n teithio'n gynt na chyflymder sŵn—tua 331 metr yr eiliad SUPERSONIC

uwchsonig *a* gair i ddisgrifio seiniau sydd â'u hamleddi y tu hwnt i glyw dynol ULTRASONIC

uwd *hwn eg* bwyd meddal wedi'i wneud trwy ferwi llaeth (neu ddŵr) a blawd ceirch gyda'i gilydd PORRIDGE

W

'w *rhagenw mewnol* yn eiddo iddo ef; yn eiddo iddi hi; yn eiddo iddyn nhw; ei, eu *(Awn i'w tai nhw—i'w thŷ hi yn gyntaf ac yna i'w dŷ ef.)* HIS, HERS, THEIR
Sylwch: dim ond ar ôl *i* y defnyddir '*w*.

wad:whad *hon eb* ergyd, clatsien, trawiad SLAP, BLOW

wadin *hwn eg*
1 deunydd trwchus, meddal sy'n cael ei ddefnyddio i bacio pethau neu i lenwi tyllau neu at ddefnydd meddygol WADDING
2 gwlân cotwm COTTON-WOOL

wado:whado *be* curo, bwrw, taro, clatsio, waldio TO BEAT, TO WALLOP
  whada bant ymlaen â thi GET ON WITH IT

waeth fel yn *waeth inni heb* gw. **gwaeth**

wagen *hon eb* (wageni) cerbyd â phedair olwyn ar gyfer cludo llwythi trymion; mae'n cael ei thynnu fel arfer gan geffyl, lorri neu injan drên; gwagen WAGON, TRUCK

wal *hon eb* (waliau)
1 adeiladwaith o gerrig neu friciau fel arfer, wedi'i godi er mwyn cau o gwmpas, rhannu, cynnal (nenfwd neu do) neu amddiffyn rhywbeth; mur WALL
2 ymyl tŷ, ystafell neu rywbeth arall sydd â gwacter o'i fewn WALL
3 unrhyw beth sy'n debyg i wal neu fur o ran golwg neu ddefnydd WALL
  mynd i'r wal methu, mynd yn fethdalwr TO GO TO THE WALL

waldio *be* wado, clatsio, taro, curo TO BEAT, TO WALLOP

ward *hon eb* (wardiau)
1 ystafell mewn ysbyty a gwely neu welyau ynddi WARD
2 etholaeth neu raniad gwleidyddol mewn dinas neu dref fawr WARD

wast *hwn eg* deunydd sydd wedi cael ei ddefnyddio, nad yw'n dda i ddim bellach; gwastraff WASTE

wat *hwn eg* (watiau) mesur safonol o bŵer trydanol sy'n cyfateb i'r hyn a geir pan fydd foltedd o 1 folt yn peri i gerrynt o 1 amper lifo WATT

wats *hon eb* (watsys) cloc bach sy'n cael ei wisgo ar yr arddwrn neu ei gario mewn poced; oriawr WATCH

Wdig *enw lle* GOODWICK

wagen

wedi *ardd*
1 ar ôl (o ran amser) *(dau ddiwrnod wedi'r Nadolig; hanner awr wedi chwech)* AFTER
2 mewn ymadroddion megis *coeden wedi cwympo; tocynnau wedi'u dychwelyd*
3 yn rhediad periffrastig (neu hir) y ferf *(Mae ef wedi gweld.*
Sylwch: 'ac wedi' sy'n gywir nid 'a wedi'.
wedi hynny yn dilyn, ar ôl, nesaf, wedyn *(Aethom i Gaerdydd i ddechrau ac wedi hynny aethom ymlaen i Lundain.)* AFTER THAT, THEN
wedyn *adf*
1 ar ôl hynny, wedi hynny *(Mae'n rhaid inni gael esgidiau yn gyntaf, ond fe awn ni i'r siop deganau wedyn.)* AFTERWARDS
2 yn dilyn, nesaf *(A beth a ddaeth wedyn? Y noson wedyn.)* THEN, NEXT
Sylwch: 'ac wedyn' sy'n gywir nid 'a wedyn'.
weindio *be* tynhau rhannau symudol trwy droi rhywbeth *(weindio cloc)* TO WIND (dirwyn)
weiren *hon eb* edafedd denau o fetel; gwifren WIRE
weiren bigog math o wifren a phigau byr, bachog wedi'u gwasgaru drosti BARBED WIRE
weiren gaws weiren denau sy'n cael ei defnyddio i dorri caws CHEESE-WIRE
weirio:weiro *be* cysylltu gwifrau ynghyd, yn arbennig o fewn system drydan *(weir(i)o tŷ)* TO WIRE
weithiau *adf* ar adegau, ambell waith *(Wyt ti'n ysgrifennu at dy rieni weithiau?)* SOMETIMES, OCCASIONALLY
wel! *ebychiad* mynegiant o syndod, amheuaeth ac yn y blaen WELL!
wermod *hon eb* :**wermwd** *hwn eg* planhigyn â blas chwerw sy'n cael ei ddefnyddio weithiau fel moddion neu mewn rhai mathau o wirodydd WORMWOOD □ blodau t.620
wfftian:wfftio *be* anwybyddu, gwawdio, gwrthod ystyried *(Mae fy nhad yn wfftio'r syniad fy mod i am fod yn ddawnsiwr proffesiynol.)* TO DISMISS, TO POOH-POOH
whad gw. **wad:whad**
whado gw. **wado:whado**
whilber *hwn neu hon egb* berfa; cerbyd bach ag un olwyn yn y tu blaen a dwy fraich (neu lorp) y tu ôl fel y gall un person ei godi a chario llwyth ynddo WHEELBARROW □ trosol
whilberaid *hwn eg* llond whilber neu lwyth whilber BARROWLOAD
whit-what gw. **wit-wat**
wic *hwn eg*
1 pabwyr; y llinyn yng nghanol cannwyll sy'n llosgi ac yn rhoi golau fel y mae'r cwyr yn toddi a llosgi WICK
2 pabwyr; darn o ddefnydd sy'n amsugno olew wrth iddo losgi a goleuo o fewn lamp olew WICK
wiced *hon eb* (wicedi) (mewn criced)
1 y naill neu'r llall o'r ddwy set o dair coes neu ffon bren y mae'r bowliwr yn anelu'r bêl atynt wrth fowlio WICKET
2 un o'r ffyn hyn ar ei phen ei hun STUMP
3 cyfnod neu dro batiwr i fatio *(Mae Morgannwg wedi colli tair wiced am hanner cant o rediadau.)* WICKET (caten) □ criced
wicedwr *hwn eg* (wicedwyr) (mewn gêm o griced) y maeswr sy'n sefyll neu'n cyrcydu y tu ôl i'r wiced, yn barod i ddal y bêl WICKET-KEEPER □ criced
widw gw. **gwidw**
wilia *be* ffurf lafar yn y De ar **chwedleua**
winc *hon eb* chwinciad, amrantiad WINK
wincian:wincio *be*
1 cau ac agor un llygad yn gyflym fel arwydd *(Winciodd arno i ddangos nad oedd yn meddwl yr hyn yr oedd yn ei ddweud.)* TO WINK
2 goleuo a diffodd yn gyflym am yn ail, e.e. fel goleuadau melyn car yn dangos i ba gyfeiriad y mae am droi TO WINK
winwnsyn gw. **wyionyn:wynwynyn**
wit-wat:chwit-chwat:whit-what *a* gair i ddisgrifio rhywun na allwch chi ddibynnu arno; di-ddal, gwamal, oriog FICKLE, UNRELIABLE
wmbredd *hwn eg* llawer, maint anferth, llwyth, digonedd *(Mae peth wmbredd o waith i'w wneud cyn y bydd y lle yn barod.)* ABUNDANCE, PILE
wnionyn gw. **wynionyn:wynwynyn**
woblyn *hwn eg* trochion, ewyn; y bwrlwm o swigod sebon a dŵr a gewch wrth gymysgu'r ddau LATHER, SOAPSUDS
Wranws *hon eb* y blaned sydd seithfed yn nhrefn y planedau o'r haul URANUS □ planedau
Wrecsam *enw lle* WREXHAM
wrlyn *hwn eg* chwydd; yn arbennig lwmpyn sy'n codi ar ôl ichi fwrw eich pen yn erbyn rhywbeth caled LUMP, SWELLING
wrn *hwn eg*
1 llestr addurnedig i ddal llwch rhywun sydd wedi marw ac y mae ei gorff wedi cael ei amlosgi URN
2 cynhwysydd mawr fel drwm ar gyfer twymo dŵr neu de neu goffi URN
wrth *ardd* (wrthyf fi, wrthyt ti, wrtho ef/fe, wrthi hi, wrthym ni, wrthych chi, wrthynt hwy [wrthyn nhw])
1 mewn cyffyrddiad â *(dawnsio foch wrth foch)* TO, BY
2 yn ymyl, ar bwys *(Arhoswch wrth y drws.)* BY
3 trwy *(Enillodd ei bywoliaeth wrth ysgrifennu llyfrau.)* BY

4 mewn mesuriadau *(ystafell ddeg metr wrth wyth metr)* BY
5 tuag at; i (berson neu beth) *(dywedwch wrtho; trugarha wrthynt; mae hi'n garedig wrth hen bobl)* TOWARDS, TO
6 mewn cymhariaeth â *(Nid yw'r daith heddiw yn ddim wrth beth sydd o'n blaenau ni yfory.)* TO
7 yn ystod, tra *('Wrth ddychwel tuag adref/Mi glywais gwcw lon ...')* WHILE
8 oherwydd *(Wrth ein bod mor dlawd, cawsom grant tuag at ddillad.)* BECAUSE
bod wrth gw. **bod**
rhaid wrth gw. **rhaid**
wrth fy (dy, ei etc.) modd gw. **bodd**
wrthyf fy hun ar fy mhen fy hun ON MY OWN
wtra:wtre hon *eb* (gair tafodieithol) lôn, heol/ffordd fach, meidr LANE
wy hwn *eg* (wyau)
1 y peth sy'n cael ei ddodwy gan y fenyw ymhlith adar, pysgod, ymlusgiaid, trychfilod ac anifeiliaid eraill; mae epil neu un bach yn deor (neu yn datblygu) ohono EGG
2 cynnwys un o'r rhain (yn arbennig o eiddo iâr) sy'n cael ei ddefnyddio fel bwyd EGG
3 ofwm; yr hedyn o fywyd a geir yng nghorff gwraig neu anifail benyw sy'n cyfuno â had y gwryw i ffurfio babi EGG
wy addod wy tsieni, sy'n cael ei adael mewn nyth i symbylu iâr i ddodwy NEST-EGG
wy clwc wy wedi mynd yn ddrwg ADDLED EGG
wybren hon *eb* (wybrennau) (gair henffasiwn) yr awyr uwch ein pennau; y gofod y mae'r haul a'r lloer a'r sêr a'r cymylau i'w gweld ynddo; ffurfafen SKY, FIRMAMENT
Yr Wyddfa enw mynydd SNOWDON
Yr Wyddgrug enw *lle* MOLD
yr wyddor gw. **gwyddor**
wyf:ydwyf *bf* person cyntaf unigol amser presennol mynegol bod I AM
ŵyl *bf* mae ef/hi yn **wylo**; bydd ef/hi yn **wylo**
wylo *be* llefain, colli dagrau, crio *('Mair, Mair, paid ag wylo mwy'.)* TO WEEP, TO CRY
wylofain *be* llefain yn uchel, wylo a thristáu TO LAMENT
ŵyn hyn *ell* mwy nag un **oen**
wyna *be* (am ddafad) geni; bwrw oen TO LAMB
  tymor wyna LAMBING SEASON
wyneb hwn *eg* (wynebau)
1 rhan flaen y pen o'r ên i'r corun neu'r gwallt FACE
2 golwg (tynnu wyneb) FACE
3 ochr allanol rhywbeth solet; arwynebedd *(wyneb llyfn)* SURFACE, FACE
4 blaen, top neu ochr bwysicaf rhywbeth *(Rhowch y llun ar y llawr a'i wyneb i fyny.)* FACE
5 natur neu faint teip FACE
6 rhan allanol, arwynebedd *(wyneb y ddaear; wyneb y môr)* SURFACE
7 haen denau, allanol FAÇADE, SURFACE
ar yr wyneb
1 yn ymddangosiadol, heb fod yn ddwfn SUPERFICIAL(LY)
2 yn gwbl agored a diffuant OPEN
bod â digon o wyneb bod yn ddigon eofn; bod yn ddigon digywilydd TO BE CHEEKY ENOUGH
cadw wyneb syth ymatal rhag chwerthin TO KEEP A STRAIGHT FACE
derbyn wyneb parchu person oherwydd ei swydd, ei gyfoeth neu ei olwg ac nid am yr hyn ydyw
tynnu wyneb hir bod â golwg drist ar eich wyneb LONG FACE
wyneb i waered
1 â rhan uchaf rhywbeth odanodd yn lle ar yr wyneb; â gwaelod rhywbeth wyneb i fyny UPSIDE-DOWN
2 dros bob man, yn flêr neu'n anniben UPSIDE-DOWN
wyneb yn wyneb yn wynebu ei gilydd FACE TO FACE
wyneb-ddalen hon *eb* tudalen deitl; tudalen ar ddechrau llyfr sy'n cynnwys y teitl ac enw'r awdur TITLE-PAGE
wynebu *be*
1 troi blaen yr wyneb neu'r corff i gyfeiriad arbennig, neu fod â'r tu blaen yn edrych i gyfeiriad arbennig *(Mae'r ystafell yma yn wynebu'r gogledd.)* TO FACE
2 cyfarfod yn agored heb geisio osgoi *(Mae hi wedi penderfynu wynebu ei phroblemau yn hytrach na cheisio dianc oddi wrthynt.)* TO FACE
3 yn dod i'n rhan yn y dyfodol *(Yr hyn sy'n ein hwynebu yw methiant llwyr os parhawn ni yn yr un ffordd.)* TO FACE
wynepryd hwn *eg* gair llenyddol am wyneb VISAGE
wynionyn:wynwynyn hwn *eg* (wynionod:wynwyn) nionyn, llysieuyn gardd sydd ag aroglau cryf nodedig ac sy'n cael ei ddefnyddio yn aml wrth goginio neu mewn salad ONION ☐ llysiau t.634
ŵyr hwn *eg* (wyrion)
1 plentyn i fab neu ferch rhywun GRANDCHILD
2 mab i fab neu ferch rhywun GRANDSON ☐ teulu
wyres hon *eb* (wyresau) merch i fab neu ferch rhywun GRANDDAUGHTER ☐ teulu
Wysg[1] enw afon USK
wysg[2] hwn *eg* ôl, llwybr TRACK, WAKE
  wysg ei ben ar ruthr HEADLONG
  yn wysg ei drwyn yn anfodlon, yn groes i'w ewyllys
  yn wysg ei gefn a'i du ôl ymlaen BACKWARDS

wystrysen hon *eb* (wystrys) math o bysgodyn cragen sy'n cael ei fwyta wedi'i goginio neu yn amrwd ac sy'n gallu cynhyrchu perl OYSTER □ *molysgiaid*

wyth *rhifol* y rhif 8 EIGHT

wythawd hwn *eg* (wythawdau)
1 grŵp o wyth o bobl yn chwarae offerynnau neu yn canu gyda'i gilydd OCTET
2 darn o gerddoriaeth wedi'i gyfansoddi ar gyfer wyth o gantorion neu offerynwyr OCTET

wythfed[1] hwn *eg* (wythfedau) y pellter rhwng dau nodyn cerddorol o'r un enw; yr wyth gris sydd rhwng nodyn cerddorol arbennig a'r nodyn nesaf o'r un enw OCTAVE

wythfed[2] *a* gair i ddisgrifio yr olaf o wyth, 8fed; un o 8; neu rif 8 mewn rhestr o fwy nag wyth EIGHTH

wythnos hon *eb* (wythnosau)
1 cyfnod o saith niwrnod, yn arbennig y cyfnod o ddydd Sul i ddydd Sadwrn WEEK
2 y cyfnod o wyth niwrnod o un diwrnod un wythnos i'r un diwrnod yr wythnos ar ôl hynny (*Byddwn gartref wythnos i ddydd Sul.*) WEEK
3 y cyfnod o ryw bum niwrnod y mae person yn arfer ei weithio (fel arfer, dydd Llun i ddydd Gwener) heb gynnwys y penwythnos WEEK
Sylwch: yr wythnos diwethaf a ysgrifennir nid yr wythnos 'ddiwethaf'.

wythnosol *a* gair i ddisgrifio rhywbeth sy'n digwydd bob wythnos neu fesul wythnos WEEKLY

wythnosolyn hwn *eg* (wythnosolion) cylchgrawn neu bapur newydd sy'n ymddangos unwaith yr wythnos WEEKLY

wythwaith *adf* wyth gwaith

wythwr hwn *eg* (wythwyr) y blaenwr mewn gêm o rygbi sy'n gwisgo'r rhif 8 ar gefn ei grys; clo NUMBER EIGHT

Y

y:yr[1] **:'r** *y fannod* mae'n cael ei defnyddio:
1 i gyfeirio at rywun neu rywbeth arbennig, penodol (*Mae gennym fan a char: mae'r fan yn wyn a'r car yn las.*) THE
2 o flaen rhywbeth nad oes ond un ohonynt, e.e. *yr haul; y flwyddyn 1987* THE
3 i awgrymu mai'r hyn sy'n ei dilyn yw'r gorau neu'r pwysicaf o'i fath (*Dyma iti 'y' llyfr yn y maes.*) THE
4 i droi ansoddair yn enw, e.e. *y da a'r drwg, y byw a'r meirw* THE
5 gydag enw unigol i'w gyffredinoli (*Mae'r gath yn greadur dof, ond mae'r tarw yn greadur gwyllt.*) THE
6 i gyfleu sefyllfa gyffredinol, e.e. *yn y gwely, yn y gwaith*
7 i ddangos safon, pris, mesur ac ati (*deng milltir ar hugain yr awr; punt y pâr; hanner can ceiniog y llath*) A, AN
Sylwch:
1 defnyddiwch *yr* o flaen llafariaid ac o flaen 'h', *y* o flaen pob cytsain ac o flaen 'w' gytseiniol (*y wyrth, y wythien* OND *yr Wyddfa, yr wy*); ac *'r* ar ôl llafariad (*dringo'r ysgol; i'r tŷ*);
2 nid yw 'll' na 'rh' yn treiglo ar ôl *y* (*y llong; y rhaw*);
3 ni ddylech ddefnyddio *y* o flaen enwau afonydd (ac eithrio *Y Fenai* ac *Yr Iorddonen*) mewn Cymraeg ffurfiol, cywir.

Y Barri *enw lle* BARRY
Y Bont-faen *enw lle* COWBRIDGE
Y Drenewydd *enw lle* NEWTOWN
Y Felinheli *enw lle* PORT DINORWIC
Y Gelli (Gandryll) *enw lle* HAY ON WYE
Y Gogarth *enw lle* GREAT ORME
Y Pîl *enw lle* PYLE
Y Rhws *enw lle* RHOOSE
Y Trallwng *enw lle* WELSHPOOL
Y Tymbl *enw lle* TUMBLE
Y Waun *enw lle* CHIRK

y:yr[2] *geiryn rhagferfol* mae'n cael ei ddefnyddio:
1 o flaen ffurfiau'r ferf 'bod' (yn yr amser presennol a'r amherffaith) i gadarnhau'r ferf sy'n ei ddilyn (*y mae; yr wyf; yr oeddwn*)
2 i gysylltu dau gymal mewn brawddeg (*Gwn y byddaf yn ei weld yn y ffair.*)

y:yr[3] *geiryn perthynol* mae'n cael ei ddefnyddio i gyflwyno cymal sy'n disgrifio'r gair neu'r geiriau sy'n dod o flaen yr *y* neu'r *yr* (*Y dyn yr oedd gan yr heddlu ddiddordeb ynddo. Yr ysgol yr arferwn i fynd iddi. Dyna pryd y meddyliais am y peth gyntaf.*)

ych[1] hwn *eg* (ychen) (yn odli gyda *sych*)
1 tarw wedi'i ddisbaddu a fyddai'n cael ei ddefnyddio i dynnu cerbydau ac i wneud gwaith trwm ar y fferm; (mae'n dal i gael ei ddefnyddio mewn rhai gwledydd) OX, STEER
2 un o nifer o fathau o anifeiliaid gwyllt neu ddof sy'n debyg i eidion OX (*bustach*)

ych[2] *bf* ffurf lafar ar **ydych** (*Pwy ych chi?*)

ych[3] *ebychiad* (ynganwch fel yn yr 'ych' yn *sychu*), e.e. *ych a fi!* UGH!

ychwaith gw. **chwaith:ychwaith**

ychwaneg gw. **chwaneg**

ychwanegiad hwn eg (ychwanegiadau) rhywbeth sydd wedi cael ei ychwanegu at rywbeth arall *(Mae'r babi newydd yn ychwanegiad i'w groesawu i'r teulu.)* ADDITION, SUPPLEMENT

ychwanegol a gair i ddisgrifio rhywbeth sydd wedi cael ei ychwanegu *(Mae'r newyddion drwg diweddaraf yn faich ychwanegol ar y teulu bach.)* ADDITIONAL, EXTRA

ychwanegu [at] be
1 gosod (rhywbeth) gyda rhywbeth arall er mwyn cynyddu gwerth, maint, pwysigrwydd ac ati *(Os ychwanegwch ei dawn fel chwaraewr at ei phrofiad fel capten fe welwch na chawn ni neb gwell.)* TO ADD [TO], TO SUPPLEMENT, TO AUGMENT
2 dweud hefyd *(Dylwn i ychwanegu ein bod yn hapus iawn â'r cynllun.)* TO ADD

ychwanegyn hwn eg gair arall am **adiolyn** ADDITIVE

ychydig[1] hwn eg nifer bach, tamaid bach *(Ychydig o bobl oedd yn y gynulleidfa.)* FEW

ychydig[2] a gair i ddisgrifio nifer bach neu brin, tamaid bach, rhywbeth nad oes llawer ohono *(Ychydig fwyd sy'n weddill.)* LITTLE, FEW

ychydig[3] adf rhyw gymaint, tamaid bach *(Allwch chi symud draw ychydig?)* A BIT, A LITTLE

ŷd hwn eg (ydau) llafur, had un o nifer o fathau o blanhigion grawn, yn arbennig gwenith ond hefyd haidd, ceirch ac ati CORN, CEREAL □ *cnydau*

ydfran hon eb (ydfrain) aderyn o deulu'r frân sy'n nythu mewn coed tal (ger adeiladau fel arfer) ROOK □ *brân*

ydi:ydy bf ffurfiau llafar ar **ydyw**

ydlan hon eb (ydlannau) buarth neu iard (ger fferm fel arfer) lle y byddai gwair neu ŷd yn cael eu cadw RICKYARD

ydw:ydwyf bf
1 rwyf fi'n **bod**; wyf I AM
2 ateb cadarnhaol i'r cwestiwn '(A) wyt ti ...?' '(A) ydych chi ...?'; *ydw* yw'r ffurf gyffredin bellach, a chlywir ffurfiau fel *odw*, *yndw* ac ati ar lafar YES

ydy gw. **ydi:ydy**

ydych:ych bf rydych chi yn **bod**

ydyw gw. **yw:ydyw**

yfed be
1 llyncu diod TO DRINK
2 yfed diod feddwol (yn rhy aml ac yn ormodol); diota, llymeitian, codi'r bys bach TO DRINK, TO TIPPLE

yfory:fory adf y diwrnod ar ôl heddiw TOMORROW

yfwr hwn eg (yfwyr) un sy'n yfed (diod feddwol yn arbennig) DRINKER

yfflon hyn ell darnau bychain, tameidiau, teilchion, yr hyn a geir pan fydd rhywbeth wedi cael ei falu'n gyrbibion FRAGMENTS, SMITHEREENS, BITS

yng ardd ffurf wedi'i threiglo o **yn**, e.e. *yng Nghaerdydd, yng Nghymru, ynghylch*

yngan:ynganu be
1 dweud, mynegi, llefaru, siarad *(Dydy hi ddim wedi yngan gair trwy'r nos.)* TO UTTER, TO SPEAK
2 gwneud sŵn gair neu lythyren; cynanu *(Mae'r gantores yn ynganu'n glir.)* TO PRONOUNCE, TO ENUNCIATE

ynganiad hwn eg y ffordd y mae rhywun yn ynganu gair neu iaith PRONUNCIATION

ynghau adf wedi cau, wedi cloi *(Roedd wedi anghofio mai dydd Sul oedd hi a phan gyrhaeddodd y dref cafodd fod y siopau i gyd ynghau.)* CLOSED, SHUT

ynghlwm adf wedi'i glymu (yn gorfforol neu yn ffigurol) *(carrai esgid ynghlwm wrth ei gilydd; bod ynghlwm wrth ryw orchwyl neu waith)* TIED UP

ynghrog adf yn hongian, yn crogi *(Mae basgedaid o flodau lliwgar tu hwnt ynghrog uwchben y drws.)*

ynghudd adf wedi cuddio, o'r golwg *(Methodd ddod o hyd i'r plant a oedd ynghudd yn eu gwâl ddirgel.)* HIDDEN

ynghwsg adf yn cysgu, wedi cysgu *(Mae'r crwban yn treulio misoedd y gaeaf ynghwsg o fewn ei gragen.)* ASLEEP, SLEEPING

ynghyd [â] adf yn ogystal â ac yng nghwmni, gyda'i gilydd *(Fe ddaeth Elwyn ac Enid ynghyd â'r plant a'r wyrion. Eisteddwn ynghyd ar y soffa.)* TOGETHER

ynghylch ardd yn ymwneud â, ynglŷn â, mewn cysylltiad â *(Hoffwn eich gweld ynghylch y trefniadau ar gyfer dydd Sadwrn.)* ABOUT, CONCERNING

ynghynn adf wedi cynnau, yn llosgi *(Ydy'r tân ynghynn eto?)* ALIGHT

ynglŷn [â] adf ynghylch, mewn cysylltiad â ABOUT, CONCERNING, REGARDING

YH byrfodd Ynad Heddwch JP, JUSTICE OF THE PEACE

yli bf ffurf dafodieithol y Gogledd ar wele; edrych 'ma

ylwch bf ffurf dafodieithol y Gogledd ar welwch; edrychwch 'ma

ym[1] ardd ffurf wedi'i threiglo o **yn,** e.e. *ym Maesteg, ymhell*

ym...[2] rhagddodiad mae'n cael ei ddefnyddio o flaen berf i ddangos bod yr hyn sy'n digwydd yn effeithio ar y person neu'r peth sy'n ei wneud, e.e. *ymaelodi*—eich gwneud eich hun yn aelod; *ymatal*—eich atal eich hun rhag gwneud rhywbeth

ŷm bf (ffurf ar ydym) rydym ni yn **bod**

yma adf
1 yn y fan hon, yn y lle hwn *(Pwy fydd yma ymhen can mlynedd?)* HERE

2 ateb plentyn wrth i athro alw enwau plant y dosbarth er mwyn cael gweld pwy sy'n bresennol *(Meirion Evans? Yma!)* PRESENT

3 hwn neu hon *(Ai'r bachgen yma oedd yr un?)* THIS

hyd yma tan nawr UP TO NOW

nac yma nac acw heb fod yn berthnasol *(Dyw'r ffaith ei fod dros ei hanner cant nac yma nac acw.)* NEITHER HERE NOR THERE

yma ac acw fan hyn a fan draw HERE AND THERE

yma a thraw hwnt ac yma HERE AND THERE

ymadael:ymado [â] *be*

1 mynd o rywle, mynd ymaith, gadael *(Rhowch un gân fach eto cyn ymadael.)* TO LEAVE

2 gwahanu *(Rwy'n deall eu bod wedi ymadael â'i gilydd.)* TO PART (ymadawaf, ymadewi, ymedy)

ymadawaf *bf* rwy'n **ymadael**; byddaf yn **ymadael**

ymadawedig *a* gair i ddisgrifio rhywun sydd wedi marw DECEASED

ymadawiad hwn *eg* (ymadawiadau) y weithred o ymadael, o fynd ymaith *(Casglodd llu ynghyd i wylio ymadawiad y llong.)* DEPARTURE, PARTING

ymadewi *bf* rwyt ti'n **ymadael**; byddi di'n **ymadael**

ymado gw. **ymadael:ymado**

ymadrodd hwn *eg* (ymadroddion) dywediad, gosodiad byr, neu fynegiant mewn geiriau *(Mae 'codi trontolion' yn ymadrodd pert i ddisgrifio gosod eich dwylo ar eich gwasg.)* PHRASE, EXPRESSION

rhan ymadrodd gw. **rhan**

ymaelodi *be* eich gwneud eich hun yn aelod, dod yn aelod TO JOIN, TO BECOME A MEMBER

ymafael:ymaflyd *be* dal gafael yn, cydio yn TO TAKE HOLD, TO SEIZE (ymeflais, ymefli, ymeifl)

ymaflyd codwm ffordd o ymladd (rhwng dau fel arfer) lle y mae'r naill yn ceisio taflu'r llall i'r llawr a'i ddal yno TO WRESTLE

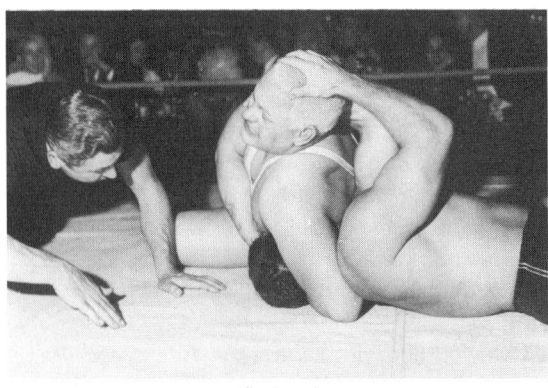

ymaflyd codwm

ymagor *be*

1 dylyfu gên, agor ceg TO YAWN

2 agor, ymestyn *(y ddaear yn ymagor o'i flaen)* TO OPEN

ymaith *adf*

1 i ffwrdd, bant, nid yma *(Cymerwch ef ymaith.)* AWAY, HENCE

2 i ffwrdd oddi wrthych *(Gwthiodd y nyrsys ymaith a cherdded ar ei ben ei hun.)* OFF

ymarfer[1] *be*

1 gwneud rhywbeth drosodd a throsodd er mwyn ei gael yn berffaith *(Bydd gofyn iti ymarfer y piano am hanner awr bob nos os wyt ti am wella.)* TO PRACTISE, TO REHEARSE, TO TRAIN

2 gwneud rhywbeth (sy'n gofyn am wybodaeth neu ddawn arbennig) *(Pan dorrodd y tractor roedd Mr Rees yn falch iawn o'r cyfle i ymarfer yr hen grefft o ladd gwair â phladur.)* TO PRACTISE

ymarfer[2] hwn neu hon *egb* (ymarferion)

1 y weithred o ymarfer, o berfformio rhywbeth drosodd a throsodd er mwyn ei berffeithio *(Bydd ymarfer i'r côr nos Lun ac i'r côr a'r gerddorfa nos Fercher.)* PRACTICE

2 rhywbeth i'w feistroli trwy fynd drosto a throsto er mwyn dysgu sgìl neu sgiliau arbennig EXERCISE

ymarfer corff gweithgarwch sy'n ystwytho'r corff a'i gadw'n heini PHYSICAL EXERCISE

ymarferiad hwn *eg* (ymarferiadau) gair arall am **ymarfer**[2]

ymarferol *a* gair i ddisgrifio rhywbeth:

1 sy'n ymwneud â gweithgarwch (o'i gyferbynnu â theori neu syniadau) *(Rydym yn gwneud llawer o waith ymarferol yn y gwersi crefft.)* PRACTICAL

2 y mae'n bosibl ei wneud neu ei gyflawni *(A yw'n ymarferol i bawb gyfarfod bob nos Fawrth am weddill y gaeaf?)* POSSIBLE, PRACTICAL, REALISTIC, WORKABLE

ymarweddiad hwn *eg* y ffordd y mae rhywun yn ymddwyn, yn bihafio; ymddygiad DEMEANOUR, CONDUCT, BEHAVIOUR

ymasiad hwn *eg* (ymasiadau) y cyfuniad o ddau neu ragor o niwclysau atomig sydd fel arfer yn rhyddhau egni anferthol FUSION

ymatal [rhag] *be* eich cadw eich hunan rhag (gwneud neu gymryd rhywbeth), dal yn ôl, eich ffrwyno eich hunan TO REFRAIN, TO RESTRAIN ONESELF

ymateb[1] *be* siarad neu wneud rhywbeth fel ateb *(Mae'r cwmni yn disgwyl inni ymateb i'w gynnig erbyn dechrau'r mis.)* TO RESPOND (ymetyb)

ymateb[2] hwn *eg* adwaith *(Rwy'n disgwyl gwell ymateb gan ddosbarthiadau I a II nag a gefais i gennych chi.)* RESPONSE, REACTION

ymbalfalu

ymbalfalu *be* ceisio chwilio am rywbeth yn y tywyllwch trwy deimlo amdano TO GROPE, TO FUMBLE

ymbarél *hwn eg* teclyn sy'n agor a chau er mwyn eich cysgodi rhag y glaw neu'r haul; ambarél UMBRELLA

ymbelydredd *hwn eg*
1 yr hyn sy'n digwydd pan fydd niwclysau rhai elfennau arbennig (e.e. uraniwm) yn torri i fyny ac yn gollwng pelydrau neu ronynnau bychain (sydd fel arfer yn niweidiol i bethau byw) RADIOACTIVITY
2 y pelydrau neu'r gronynnau sy'n cael eu gollwng RADIOACTIVITY

ymbelydrol *a* gair i ddisgrifio rhywbeth sy'n cynhyrchu ymbelydredd neu y mae ymbelydredd yn effeithio arno *(Mae radiwm yn fetel ymbelydrol.)* RADIOACTIVE

ymbil *be* deisyf yn daer, begian, erfyn, crefu *(ymbil am faddeuant)* TO BEG, TO PLEAD, TO ENTREAT

ymbincio *be* eich gwneud eich hun yn smart neu'n bert, yn aml trwy wisgo colur TO TITIVATE ONESELF

ymborth *hwn eg* bwyd, lluniaeth, cynhaliaeth i fyw SUSTENANCE, FOOD

ymchwil *hon eb*
1 y gwaith o chwilio yn ddyfal ac yn ofalus am ffeithiau *(Mae ymchwil newydd yn dangos bod gobaith i wella canser.)* RESEARCH
2 astudiaeth arbennig a manwl o ryw destun er mwyn darganfod pethau newydd amdano *(myfyriwr ymchwil)* RESEARCH

ymchwiliad *hwn eg* (ymchwiliadau) y gwaith o edrych i mewn i rywbeth yn ofalus, o chwilio yn ofalus *(Cynhelir ymchwiliad cyhoeddus i achosion y ddamwain.)* INVESTIGATION, INQUIRY

ymchwilio *be* chwilio yn ddyfal ac yn ofalus am ffeithiau neu achosion TO INVESTIGATE, TO EXPLORE

ymchwiliwr:ymchwilydd *hwn eg* (ymchwilwyr) un sy'n ymchwilio; un sy'n gwneud gwaith ymchwil RESEARCHER, INVESTIGATOR, EXPLORER

ymchwydd *hwn eg*
1 symudiad eangderau maith y môr SWELL
2 llawnder crwn, chwydd SWELLING

ymdaith *hon eb* (ymdeithiau)
1 taith, siwrnai JOURNEY
2 y pellter y mae'n bosibl ei deithio mewn diwrnod MARCH

ymdebygu *be* bod yn debyg i, tyfu'n fwy tebyg TO RESEMBLE, TO GROW LIKE

ymdeimlad *hwn eg* teimlad yr ydych yn ei synhwyro FEELING

ymdeithgan *hon eb* darn rhythmig o gerddoriaeth y gall rhywun ymdeithio iddo MARCH

ymddangos

ymdeithio *be* cerdded â rhythm pendant fel y mae milwyr yn ei wneud, â chamau yr un hyd, yr un pryd TO MARCH

ymdoddi *be*
1 troi o fod yn solet i fod yn hylif; toddi TO MELT
2 dod yn rhan o rywbeth mwy *(Er bod ganddo lais da, nid yw'n llwyddo i ymdoddi i leisiau gweddill y côr.)* TO BLEND, TO FUSE

ymdopi *be* dod i ben â rhywbeth, llwyddo i wneud rhywbeth er gwaethaf anawsterau TO MANAGE, TO COPE

offer ymdopi defnyddiau sydd wedi cael eu llunio er mwyn caniatáu i bobl gyffredin wneud gwaith a fyddai'n arfer gofyn sgiliau crefftwyr megis seiri, peintwyr neu adeiladwyr DO-IT-YOURSELF ITEMS

siop ymdopi siop sy'n gwerthu'r nwyddau hyn DIY SHOP

ymdrech *hon eb* (ymdrechion)
1 defnydd o rym ac egni corfforol neu feddyliol; cais, ymgais galed *(Nid yw codi am chwech o'r gloch y bore yn ymdrech o gwbl.)* EFFORT, EXERTION, ATTEMPT
2 (yn dechnegol) y grym sydd ei angen i godi llwyth wrth ddefnyddio trosol; y grym a ddefnyddir i gael unrhyw beiriant i godi neu symud llwyth EFFORT □ *trosol*

ymdrechu *be* gwneud ymdrech fawr TO ENDEAVOUR, TO STRIVE

ymdreiddio *be* anfon neu fynd i mewn i ganol (rhannau neu aelodau o rywbeth) *(Ymdreiddiodd ysbïwyr y gelyn i fannau mwyaf cyfrinachol y pencadlys. Ymdreiddiodd y mwg i ganol y dillad er bod drysau'r cwpwrdd ar gau.)* TO INFILTRATE, TO PERMEATE

ymdrin [â] *be* trafod, trin, delio â *(Roedd yr erthygl yn y Western Mail yn ymdrin yn sensitif iawn â phroblem diweithdra.)* TO DEAL, TO TREAT (ymdrinnir)

ymdriniaeth *hon eb* (ymdriniaethau) y ffordd y mae rhywbeth yn cael ei drafod neu ei drin; trafodaeth *(Roedd yn yr erthygl ymdriniaeth deg ar y ffordd y mae diweithdra'n gallu effeithio ar bobl.)* TREATMENT

ymdrinnir [â] *bf* mae **ymdrin** â rhywun neu rywbeth yn digwydd; bydd **ymdrin** â rhywun neu rywbeth yn digwydd

ymdrochi *be* mynd i'r dŵr i nofio TO BATHE

ymdrybaeddu *be*
1 cael mwynhad wrth rolio mewn mwd neu ddŵr dwfn TO WALLOW
2 ymdrechu'n egnïol i beidio â suddo TO FLOUNDER

ymddangos *be*
1 edrych fel pe bai, bod i bob golwg *(Mae'n ymddangos yn eithaf iach.)* TO APPEAR, TO SEEM
2 dod i'r golwg (gyda'r bwriad weithiau o dynnu sylw cyhoeddus) *(Mae rhifyn cyntaf y cylchgrawn i ymddangos*

yn ystod wythnos gyntaf mis Hydref. Madarch yn ymddangos dros nos.) TO APPEAR

3 bod yn bresennol yn ffurfiol mewn llys barn *(Maen nhw i ymddangos gerbron y Fainc yr wythnos nesaf.)* TO APPEAR

4 cymryd rhan mewn drama, cyngerdd ac ati *(Bydd yn ymddangos ar lwyfan yr Eisteddfod Genedlaethol am y tro cyntaf.)* TO APPEAR

ymddangosiad hwn *eg* (ymddangosiadau) y weithred o ymddangos, o ddod i'r golwg, neu o fod yn bresennol yn ffurfiol mewn llys barn *(Mae pawb yn ei adnabod ar ôl ei ymddangosiad yn y gyfres deledu y llynedd.)* APPEARANCE

ymddatod *be* dod oddi wrth ei gilydd, dad-wneud TO BECOME UNDONE

ymddeol *be* rhoi'r gorau i swydd (ar ôl cyrraedd rhyw oedran arbennig, fel arfer) TO RETIRE

ymddeoliad hwn *eg* (ymddeoliadau)
1 y weithred o ymddeol, o roi'r gorau i'ch swydd wedi i chi gyrraedd oedran arbennig RETIREMENT
2 y cyfnod o amser sydd o'ch blaen ar ôl ichi ymddeol RETIREMENT

ymddiddan[1] *be* siarad â rhywun (neu rywrai), sgwrsio, ymgomio TO CONVERSE

ymddiddan[2] hwn *eg* (ymddiddanion) sgwrs, ymgom, siarad CONVERSATION, DIALOGUE

ymddihatru *be*
1 matryd, eich dadwisgo eich hun, tynnu eich dillad oddi amdanoch TO UNDRESS (ONESELF), TO STRIP
2 cael gwared ar bethau nad oes arnoch mo'u heisiau bellach TO DIVEST (ONESELF)

ymddiheuriad hwn *eg* (ymddiheuriadau) gair neu eiriau sy'n dweud ei bod yn ddrwg gennych achosi trafferth, gofid, poen ac ati APOLOGY

ymddiheuro *be* dweud ei bod yn ddrwg gennych achosi trafferth, gofid, poen ac ati TO APOLOGIZE

ymddiried *be* rhoi eich ffydd yng ngonestrwydd a gwerth rhywun (neu rywbeth); credu TO TRUST

ymddiriedaeth hon *eb* (ymddiriedaethau) cred gadarn yng ngonestrwydd a gwerth rhywun neu rywbeth; ffydd *(Er mwyn llwyddo yn y gamp gymnasteg anodd yma rhaid iddi fod ag ymddiriedaeth lwyr yn ei hyfforddwr.)* TRUST, CONFIDENCE

ymddiriedolaeth hon *eb*
1 y gwaith o ofalu am arian neu eiddo er lles eraill ac ar eu rhan TRUST
2 grŵp o bobl sy'n gwneud y gwaith hwn TRUST
3 eiddo neu arian sy'n cael ei gadw ar ran eraill TRUST
yr Ymddiriedolaeth Genedlaethol corff Prydeinig sy'n gofalu am lefydd ac adeiladau hynafol neu brydferth THE NATIONAL TRUST

ymddiriedolwr hwn *eg* (ymddiriedolwyr) un sydd wedi cael ei ddewis i ofalu am arian neu eiddo er lles eraill; aelod o ymddiriedolaeth TRUSTEE

ymddiswyddiad hwn *eg* (ymddiswyddiadau) y weithred o ymddiswyddo RESIGNATION

ymddiswyddo *be* rhoi'r gorau i swydd (yn wirfoddol neu yn orfodol, a chyn oedran ymddeol swyddogol fel arfer) TO RESIGN

ymddwyn *be* gweithredu, bihafio, gwneud pethau mewn ffordd dda neu ffordd ddrwg TO BEHAVE

ymddygiad hwn *eg* y ffordd y mae person yn ymddwyn, ymarweddiad BEHAVIOUR, MANNERS, CONDUCT

ymedy *bf* mae ef/hi yn **ymadael**; bydd ef/hi yn **ymadael**

ymeflais *bf* fe wnes i **ymaflyd**

ymefli *bf* rwyt ti'n **ymaflyd**; byddi di'n **ymaflyd**

ymeifl *bf* mae ef/hi yn **ymaflyd**; bydd ef/hi yn **ymaflyd**

ymennydd hwn *eg* (ymenyddiau:ymenyddion) organ meddal o fewn penglog dyn ac anifail sy'n gyfuniad o gelloedd a ffibrau nerfol ac sy'n rheoli'r meddyliau a'r teimladau BRAIN □ *corff* t.630

ymenyn:menyn hwn *eg* saim caled, melyn, bwytadwy wedi'i gorddi o hufen BUTTER (buddai)

ymerawdwr ffurf ar **ymherodr**

ymerodraeth hon *eb* (ymerodraethau) grŵp o wledydd a chenhedloedd o dan un llywodraeth sy'n cael eu llywodraethu fel arfer gan ymherodr EMPIRE

ymerodres hon *eb*
1 gwraig ymherodr EMPRESS
2 pennaeth benywaidd ymerodraeth EMPRESS

ymerodron hyn *ell* mwy nag un **ymherodr**

ymestyn *be*
1 estyn aelodau'r corff i'w llawn hyd TO STRETCH
2 ei estyn ei hun *(Roedd y diffeithwch yn ymestyn o'n blaenau bob cam i'r gorwel.)* TO EXTEND, TO REACH
Sylwch: dyblwch yr 'n' ym mhob un o ffurfiau'r ferf ac eithrio'r rhai sy'n cynnwys *-as-*, e.e. *ymestynnaf*.

ymesyd *bf* mae ef/hi yn **ymosod**; bydd ef/hi yn **ymosod**

ymetyb *bf* mae ef/hi yn **ymateb**; bydd ef/hi yn **ymateb**

ymfalchïo *be* bod yn falch o'ch dawn neu o'ch llwyddiant mewn rhyw faes arbennig, neu bod yn falch o ddawn neu lwyddiant rhywun neu rywbeth sy'n agos atoch TO PRIDE ONESELF, TO TAKE PRIDE IN

ymfudo *be* gadael eich gwlad eich hun er mwyn mynd i fyw yn barhaol mewn gwlad arall TO EMIGRATE

ymfudwr hwn *eg* (ymfudwyr) un sydd wedi gadael ei wlad ei hun er mwyn byw yn barhaol mewn gwlad arall EMIGRANT

ymfflamychol *a* gair i ddisgrifio rhywun neu rywbeth sy'n achosi teimladau cryf iawn a all arwain at ymladd *(araith ymfflamychol)* INFLAMMATORY

ymffrost hwn *eg* bost, brol, hunanganmoliaeth, rhywbeth yr ydych yn ymffrostio ynddo BOAST

ymffrostgar *a* gair i ddisgrifio rhywun sy'n ei ganmol neu'i frolio'i hunan, neu osodiad sy'n gwneud hynny BOASTFUL

ymffrostio *be* eich canmol eich hun, honni mewn ffordd ryfygus (eich bod yn gallu cyflawni rhyw gamp neu eich bod yn well na rhywun arall ac ati) TO BOAST, TO BRAG

ymgais hwn neu hon *egb* ymdrech i gyflawni rhywbeth *(Methodd pob ymgais i'w hachub.)* ATTEMPT, ENDEAVOUR, EFFORT

ymgecru *be* cweryla, ffraeo, cynhenna TO QUARREL

ymgeisydd hwn *eg* (ymgeiswyr)
1 person sy'n gwneud cais (ffurfiol ar bapur fel arfer) am swydd APPLICANT
2 person sy'n sefyll arholiad CANDIDATE
3 person sy'n ei gynnig ei hun am swydd neu safle arbennig (megis cael bod yn aelod seneddol neu'n gynghorydd sir), lle y mae pobl yn dewis un person i'w cynrychioli CANDIDATE
4 cystadleuydd COMPETITOR

ymgeledd hwn *eg* gofal, cymorth, cysur CARE

ymgeleddu *be* gofalu â chariad am, bod yn ofalus o rywun neu rywbeth ac yn gysur iddynt TO CHERISH, TO SUCCOUR

ymgiprys *be* cystadlu'n galed â rhywun neu rywrai am rywbeth; ymdrechu TO VIE, TO TUSSLE

ymgnawdoliad hwn *eg* (i Gristnogion) dyfodiad Duw i'r byd yng nghorff Iesu Grist INCARNATION

ymgodymu [â] *be*
1 ymladd â rhywun trwy gydio ynddo a cheisio'i daflu i'r llawr, trwy ymaflyd ynddo a cheisio'i oresgyn TO WRESTLE
2 mynd i'r afael â phroblem neu dasg ddyrys neu anodd TO WRESTLE

ymgolli *be* anghofio am bawb a phopeth arall (wrth weld, darllen neu glywed rhywbeth hynod o ddiddorol) *(Mae wedi ymgolli'n llwyr yn y llyfr.)* TO LOSE ONESELF

ymgom hwn neu hon *egb* (ymgomion) siarad anffurfiol rhwng pobl; cyfnewid newyddion, barn, syniadau ac ati; sgwrs, ymddiddan CONVERSATION

ymgomio *be* cynnal sgwrs, ymddiddan, siarad TO CONVERSE

ymgorffori *be* cynnwys *(Mae'r model newydd yn ymgorffori pethau gorau'r hen gar, ond yn cynnwys llawer o bethau eraill hefyd.)* TO EMBODY

ymgreinio *be* mynd ar eich gliniau o flaen rhywun, eich darostwng eich hun, eich gwneud eich hun yn isel o flaen rhywun TO GROVEL, TO CRAWL

ymgroesi *be* gwneud arwydd y Groes â'ch bys, trwy gyffwrdd â'ch talcen yn gyntaf ac yna ag ochr chwith ac ochr dde eich bron TO CROSS ONESELF

ymgrymu *be* plygu eich pen neu hanner uchaf eich corff fel arwydd o barch neu o addoliad TO BOW

ymguddio *be* eich cuddio eich hun TO HIDE ONESELF

ymgynghori *be* gofyn barn rhywun neu rywrai eraill, trafod rhywbeth gyda rhywun arall TO CONSULT, TO CONFER

ymgynghorol *a* gair i ddisgrifio rhywun neu rywbeth sy'n cynnig cyngor ADVISORY, CONSULTATIVE

ymgynghorydd hwn *eg* (ymgynghorwyr)
1 person sy'n cynghori (busnes, llywodraeth ac ati) ADVISER, CONSULTANT
2 swyddog addysg sy'n cynghori awdurdod addysg mewn rhyw faes arbennig *(ymgynghorydd iaith; ymgynghorydd cynradd)* ADVISER
3 meddyg uchel ei swydd mewn ysbyty sy'n gyfrifol am y driniaeth a roddir i lawer o'r cleifion ac sy'n cynnig cyngor arbenigol i gleifion o'r tu allan CONSULTANT

ymgymryd [â] *be* gwneud, cymryd at *(Pwy sy'n mynd i ymgymryd â'r holl waith o gyfeirio'r amlenni?)* TO UNDERTAKE (ymgymeraf)

ymgynnull *be* (am grŵp o bobl) casglu ynghyd, cyfarfod â'ch gilydd TO ASSEMBLE, TO GATHER

ymgyrch hwn neu hon *egb*
1 cyfres o ymosodiadau neu symudiadau milwrol a phwrpas arbennig iddynt CAMPAIGN, EXPEDITION
2 cyfres o weithgareddau wedi'u cynllunio'n arbennig i gyflawni rhyw amcan neu'i gilydd (ym myd busnes neu wleidyddiaeth) *(yr ymgyrch llyfrau Cymraeg; ymgyrch etholiadol)* CAMPAIGN, DRIVE

ymgysegru *be* eich rhoi eich hunan yn llwyr, ymroddi'n llwyr TO CONSECRATE ONESELF

ymhél [â]:**mhela** *be*
1 ymddiddori yn rhywbeth neu ymgymryd â rhywbeth nad yw'n fusnes i chi TO MEDDLE, TO TAMPER
2 cymryd rhan yn, ymwneud â *(ymhél â gwleidyddiaeth)* TO BE CONCERNED WITH

ymhelaethu [ar] *be* ychwanegu rhagor o fanylion at yr hyn sydd wedi cael ei ddweud neu ei ysgrifennu eisoes TO EXPAND UPON

ymhell *adf* yn bell, pellter i ffwrdd *(A oes rhaid teithio ymhell heno?)* FAR, AFAR

ymhellach *adf*
1 rhagor *(Does dim diben ichi holi ymhellach.)* FURTHER
2 yn fwy pell *(Does gennyf mo'r egni i gerdded un cam ymhellach.)* FURTHER
3 nes ymlaen *(Bydd yna ail ddarllediad ymhellach ymlaen yn y flwyddyn.)* FURTHER

ymhen *ardd* fel yn *ymhen hir a hwyr* sef o'r diwedd, ar ôl amser EVENTUALLY, AT LAST

ymherodr *hwn eg* (ymerodron) pennaeth sy'n teyrnasu dros ymerodraeth; ymerawdwr EMPEROR (ymerodraeth, ymerodres)

ymhlith *ardd* yn gynwysedig yn, ymysg AMONGST

ymhlyg *a* gair i ddisgrifio rhywbeth sydd wedi'i gynnwys o fewn rhywbeth arall ond heb fod yn amlwg felly *(Mae colli'r pencadlys yng Nghymru ymhlyg yn y cytundeb i uno'r ddau gwmni.)* IMPLICIT, INTRINSIC

ymhoelyd gw. **moelyd:mhoelyd:ymhoelyd**

ymholiad *hwn eg* (ymholiadau) cwestiwn, cais am wybodaeth *(Mae'n ddrwg gennyf, ond Mr Jones sy'n delio ag ymholiadau ynglŷn â chael arian yn ôl.)* INQUIRY, ENQUIRY

ymhyfrydu *be* mwynhau rhywbeth yn fawr TO REVEL IN, TO DELIGHT IN

ymlacio *be*
1 gorffwys o'ch gwaith, hamddena *(Ceisiwch ymlacio cyn yr arholiadau.)* TO RELAX
2 cael gwared â thyndra corfforol, gollwng y tyndra sydd ynoch *(Gorweddwch ar y gwely ac ymlaciwch gan ddechrau o'ch corun a gweithio i lawr hyd at fysedd eich traed.)* TO RELAX

ymladd *be*
1 defnyddio trais yn erbyn rhywun neu rywrai, e.e. mewn brwydr neu ornest baffio TO FIGHT, TO COMBAT
2 cymryd rhan mewn brwydr neu ryfel TO FIGHT
3 ceisio rhwystro, gwrthwynebu, brwydro yn erbyn rhywbeth *(dynion yn ymladd y tân; ymladd canser)* TO FIGHT
4 cystadlu *(Mae'n ymladd y sedd dros Blaid Cymru yn yr etholiad.)* TO FIGHT, TO COMPETE

ymladd ceiliogod gornest yr arferai pobl ei threfnu er difyrrwch, sef gornest rhwng dau geiliog a sbardunau metel am eu coesau COCK-FIGHT □ talwrn

ymlâdd *be* blino'n llwyr, bod yn hollol flinedig TO BE DEAD BEAT

ymladdwr *hwn eg* (ymladdwyr) un sy'n ymladd (megis milwr, paffiwr ac ati) FIGHTER

ymlaen *adf* yn eich blaen, (yn symud) rhagoch *(Ewch chi ymlaen, arhosaf i yma am ychydig.)* ON, ONWARD, AHEAD

o hyn ymlaen o'r amser yma, o'r funud hon *(O hyn ymlaen ni fydd neb yn cael mynd i'r dref yn ystod amser cinio.)* FROM NOW ON, HENCEFORTH

ymlaen llaw cyn (rhyw amser), rhag blaen *(Hoffwn gael gwybod ymlaen llaw a ydyw'n bosibl.)* BEFOREHAND

ymlafnio *be* gweithio'n galed, ymdrechu TO STRIVE

ymledu *be* ei ledu ei hun, ehangu *(Mae'r haint yn ymledu mor gyflym, does neb yn ddiogel rhagddo.)* TO SPREAD

ymlid *be* erlid, hela, erlyn, dilyn gan geisio dal a lladd neu gosbi TO PURSUE, TO CHASE, TO PERSECUTE

ymlusgiad *hwn eg* (ymlusgiaid) un o deulu o greaduriaid gwaedoer sydd ag asgwrn cefn a chroen o gen ac sy'n symud ar dir trwy gropian neu lithro REPTILE

ymlusgo *be* eich llusgo eich hun, cropian TO CRAWL

ymlwybro *be* gwneud eich ffordd TO MAKE ONE'S WAY

ymlyniad *hwn eg* hoffter neu gariad tuag at rywun neu rywbeth; teyrngarwch ATTACHMENT

Ymneilltuaeth *hon eb* Anghydffurfiaeth, arferion a chredoau yr Ymneilltuwyr, sef y Protestaniaid nad ydynt yn aelodau o'r Eglwys Wladol NONCONFORMITY

Ymneilltuwr *hwn eg* (Ymneilltuwyr) aelod o un o'r enwadau Anghydffurfiol a dorrodd ymaith o Eglwys Loegr NONCONFORMIST

ymochel:mochel *be* cysgodi, cadw rhag *(Dewch i mewn i ymochel rhag y tywydd.)* TO SHELTER

ymofyn:mofyn:moyn *be*
1 chwilio, ceisio, bod ag eisiau *(Beth ti'n moyn/mofyn, bach?)* TO SEEK, TO WANT
2 mynd i nôl rhywbeth *(A ei di lawr i'r siop i ymofyn pwys o siwgr?)* TO FETCH, TO GET

ymolchi *be* eich golchi eich hun *(Cofia ymolchi'n lân cyn mynd i'r gwely.)* TO WASH (ONESELF)

ymollwng *be* eich gadael eich hun i fynd, syrthio, gollwng yn rhydd TO LET ONESELF GO

ymorol:morol *be*
1 ceisio, chwilio am TO SEEK
2 gofalu TO TAKE CARE

ymosod [ar] *be*
1 dwyn cyrch, dwyn trais yn erbyn (yn arbennig trwy ddefnyddio arfau) *(Ymosododd y fyddin ar y castell tra oedd yn dywyll.)* TO ATTACK, TO ASSAIL, TO ASSAULT
2 dechrau brwydro â rhywun; ceisio ennill (mewn gêmau); gwrthwyneb amddiffyn *(Mae tîm rygbi Cymru wedi bod yn amddiffyn yn ddewr, ond bydd rhaid iddo ymosod os yw am ennill.)* TO ATTACK
3 gwrthwynebu, siarad neu ysgrifennu yn erbyn *(erthygl sy'n ymosod ar y llywodraeth)* TO ATTACK (ymesyd)

ymosodiad *hwn eg* (ymosodiadau) y weithred o ymosod ATTACK, ASSAULT, ONSLAUGHT

ymosodol *a* gair i ddisgrifio rhywun neu rywbeth sy'n ymosod neu sy'n rhan o ymosodiad AGGRESSIVE, ATTACKING

ymostwng *be* eich gostwng eich hun, cytuno i ufuddhau, derbyn *(Rhaid ymostwng i ddymuniadau'r brifathrawes.)* TO SUBMIT, TO BOW

YMLUSGIAID

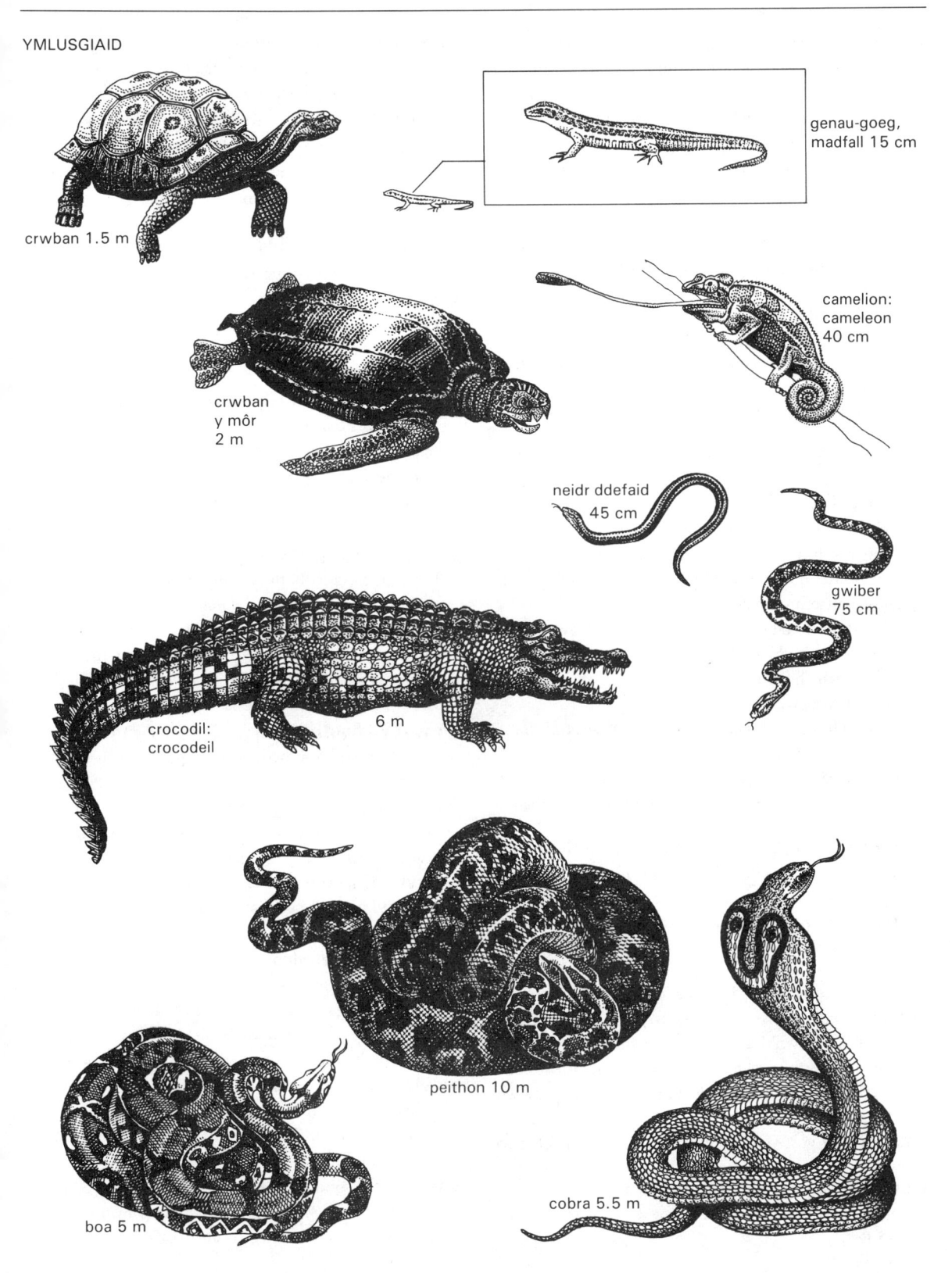

crwban 1.5 m

genau-goeg, madfall 15 cm

crwban y môr 2 m

camelion: cameleon 40 cm

neidr ddefaid 45 cm

gwiber 75 cm

crocodil: crocodeil 6 m

peithon 10 m

boa 5 m

cobra 5.5 m

a b c ch d dd e f ff g ng h i j (k) l ll m n o p ph r rh s t th u w y (z)

ympryd *hwn eg* (ymprydiau) y weithred o fynd heb fwyd am gyfnod (am resymau crefyddol neu foesol neu fel protest, fel arfer) *(Ympryd arfaethedig Gwynfor Evans oedd un o'r ffactorau pwysicaf yn y frwydr i sicrhau sianel deledu Gymraeg.)* FAST, HUNGER-STRIKE

ymprydio *be* mynd heb fwyd neu wrthod bwyd (am resymau crefyddol neu fel protest yn erbyn rhywbeth fel arfer) TO FAST

ymrafael *hwn eg* (ymrafaelion) ffrae, cweryl, anghytundeb chwyrn a chas rhwng pobl STRIFE, QUARREL, FEUD

ymraniad *hwn eg* (ymraniadau) (am rywbeth cyfan neu am bethau neu bobl sydd fel arfer wedi eu cysylltu'n glòs â'i gilydd) gwahaniad, hollt, rhaniad, rhwyg SPLIT

ymresymu *be*
1 meddwl gam wrth gam cyn cyrraedd casgliad TO REASON
2 ceisio darbwyllo neu berswadio rhywun trwy ddadlau TO REASON, TO ARGUE

ymroddiad *hwn eg*
1 cariad dwfn, ymarferol at rywun neu rywbeth; teyrngarwch DEVOTION
2 y weithred o'ch cysegru eich hun i weithredoedd da neu wasanaeth crefyddol DEVOTION
3 y weithred o'ch taflu eich hun i mewn i'ch gwaith neu i ryw weithgaredd arall DEVOTION

ymroi *be* eich rhoi eich hunan yn llwyr i ryw waith neu orchwyl TO DEVOTE

ymron *adf* bron, o'r braidd *(Mae ei farf yn cyrraedd ymron hyd ei ganol.)* ALMOST

ymrwymiad *hwn eg* (ymrwymiadau) addewid i wneud rhywbeth neu lynu wrth gwrs arbennig o weithrediadau COMMITMENT, UNDERTAKING

ymrwymo *be* addo cyflawni rhywbeth neu lynu wrth gwrs arbennig o weithrediadau *(Mae hi wedi ymrwymo i orffen y gwaith erbyn diwedd y mis.)* TO COMMIT ONESELF

ymryson[1] *hwn eg* (ymrysonau) (fel yn *Ymryson y Beirdd*) cystadleuaeth CONTEST, RIVALRY

ymryson[2] *be* cystadlu (yn arbennig cystadlu ar lafar) TO CONTEND, TO CONTEST, TO COMPETE

ymson[1] *hwn eg* (ymsonau) y weithred o siarad â chi eich hun; dyfais mewn drama lle y mae cymeriad yn sôn am ei feddyliau wrth y gynulleidfa SOLILOQUY, MONOLOGUE

ymson[2] *be* siarad â chi eich hun (yn arbennig mewn drama) TO SOLILOQUIZE

ymsuddo *be* gostwng, mynd yn llai, suddo i lefel is TO SUBSIDE

ymuno [â] *be* dod yn rhan o, dod yn aelod o, ymaelodi *(ymuno â'r fyddin; ymuno â'r hwyl a'r sbri)* TO JOIN, TO JOIN IN

ymwared *hwn eg* y weithred o leddfu, o gael gwared ar *(A oes gennych chi rywbeth a ddaw ag ymwared rhag y ddannodd yma?)* RELIEF, EASE

ymweld [â] *be* mynd i weld (person neu le) *(ymweld â chleifion yn yr ysbyty)* TO VISIT, TO CALL

ymweliad *hwn eg* (ymweliadau) galwad i weld rhywun, i aros am gyfnod mewn man arbennig, neu i weld rhywle VISIT, CALL

ymwelwr:ymwelydd *hwn eg* (ymwelwyr) person sy'n ymweld neu un sydd ar ymweliad VISITOR, CALLER

ymwneud [â] *be*
1 delio, trin, ymdrin â, trafod *(Mae ei erthygl ddiweddaraf yn ymwneud ag effaith smocio ar ein hiechyd.)* TO DO WITH, TO CONCERN
2 bod â chysylltiad â, perthyn i, bod ynglŷn â *(Mae'r brifathrawes am eich gweld chi: mae'n ymwneud â thaith sgïo'r ysgol.)* TO DO WITH, TO PERTAIN TO, TO CONCERN

ymwrthod [â] *be* eich cadw eich hun rhag, ymatal, gwrthod gwneud unrhyw beth (â rhywbeth neu rywun) TO ABSTAIN (FROM)

ymwybodol *a* gair i ddisgrifio rhywun:
1 sy'n gallu deall beth sy'n digwydd; sy'n effro neu ar ddihun *(Er iddo fod mewn damwain gas, mae'n dal i fod yn ymwybodol.)* CONSCIOUS, AWARE
2 sy'n gwybod yn iawn, sy'n deall *(Mae'n ymwybodol iawn o'r perygl y gall ei safiad dros yr iaith golli'r sedd iddo yn yr etholiad nesaf.)* CONSCIOUS, AWARE

ymwybyddiaeth *hon eb* y cyflwr o fod yn ymwybodol, o fod yn effro i beth sy'n digwydd o'ch cwmpas CONSCIOUSNESS, AWARENESS

ymyl *hwn neu hon egb* (ymylon) ochr, ffin, min, glan (afon) *(ymyl miniog y llafn; ymyl y ddalen; ymyl batrymog y sgert; ymyl y llyn)* EDGE, SIDE, BORDER, VERGE

ymyl y ffordd ochr yr heol WAYSIDE

yn ymyl gerllaw CLOSE BY, BESIDE

ymylol *a* gair i ddisgrifio:
1 etholaeth seneddol sydd â dim ond ychydig o bleidleisiau'n gwahanu'r pleidiau gwleidyddol a lle gallai'r sedd gael ei hennill gan un blaid oddi wrth blaid arall yn rhwydd MARGINAL
2 rhywbeth neu rywun ar yr ymyl MARGINAL

ymylon *hyn ell* mwy nag un **ymyl**
1 rhannau allanol (dinas neu dref) OUTSKIRTS
2 ffiniau allanol, lleoedd sy'n bell o'r canol *(pobl yr ymylon)* OUTER FRINGES

ymylu [ar] *be* bod yn ymyl, bod ar y ffin, bron â bod, bod yn agos, ffinio *(Mae'r gosodiad yna yn ymylu ar fod yn enllibus.)* TO BORDER (ON), TO BE CLOSE (TO)

ymyrraeth hon *eb* y weithred o ymyrryd, o fusnesa INTERFERENCE, MEDDLING, INTERVENTION

ymyrryd *be* cymryd gormod o ddiddordeb ym musnes pobl eraill, busnesa TO MEDDLE, TO INTERFERE, TO INTRUDE, TO INTERVENE
Sylwch: dyblwch yr 'r' ym mhob un o ffurfiau'r ferf ac eithrio'r rhai sy'n cynnwys -*as*-.

ymysg *ardd*
1 yng nghanol, ymhlith *(Roedd 'na chwyn ymysg y blodau.)* AMONG, AMONGST
2 rhwng *(Rhannwyd eiddo'r hen wraig ymysg ei pherthnasau.)* BETWEEN (mysg)

ymysgaroedd *hyn ell* y bibell hir, droellog sy'n arwain o'r stumog i'r coluddyn ac yn cario carthion y corff; perfedd, coluddion BOWELS, ENTRAILS □ *corff* t.630

yn[1]:**yng:ym** *ardd* (ynof fi, ynot ti, ynddo ef/fe, ynddi hi, ynom ni, ynoch chi, ynddynt hwy [ynddyn nhw])
1 o fewn (rhywbeth), wedi'i amgylchynu gan *(Rwy'n byw yn y tŷ yma. Mae'r babi yn y gwely. Mae'r tarw yn y cae.)* IN
2 tua *(Mae e'n mynd yn y cyfeiriad anghywir.)* IN
3 yn rhywle pendant *(yng Nghasnewydd; yng Ngwent; ym Mlaenau Ffestiniog)* IN, AT
4 yn cymryd rhan mewn drama, cyngerdd ac ati, neu'n aelod o fudiad, côr, tîm ac ati *(Wyt ti yn y tîm ar gyfer dydd Sadwrn?)* IN
Sylwch:
1 defnyddir *yn* wrth gyfeirio at rywbeth pendant, ond *mewn* pan fo'r peth yn amhendant, e.e. *yn y tŷ*; *mewn tŷ*.
2 ni ddylid talfyrru'r *yn* yma yn *'n* (Mae *yn* y tŷ, nid *Mae'n y tŷ.*).

yn[2] *geiryn traethiadol* fel yn mae Siân yn dda; mae Siân yn wraig

yn[3] *geiryn adferfol* mae'n debyg iawn i *yn* traethiadol ond bod yr ansoddair dilynol yn goleddfu (neu'n disgrifio) berf (yn hytrach nag enw), e.e. rhedodd yn dda; maen nhw'n eistedd yn dawel

yn[4] *geiryn berfenwol* fel yn byddaf yn mynd; mae Elwyn yn eistedd; rwy'n nofio

yna *adf*
1 yno, yn y fan honno *(Bûm i yna ddwy flynedd yn ôl.)* THERE
2 ar ôl hynny, y peth nesaf *(Eisteddais i lawr ac yna cefais sioc fy mywyd, pwy oedd yn eistedd nesaf ataf ond ...)* THEN, WHEREUPON
3 gan hynny, felly *(Os nad wyt ti am ganu, yna fe fydd raid iti adrodd.)* THEN

ynad *hwn eg* (ynadon) person sydd â'r hawl i farnu achosion cyfreithiol yn y llysoedd barn lleiaf; barnwr, ustus MAGISTRATE, JUSTICE
Ynad Heddwch teitl person sydd â'r hawl i farnu achosion cyfreithiol mewn llys barn bach; Ustus Heddwch, YH JUSTICE OF THE PEACE, JP

yn awr:nawr *adf* (ffurf y De sy'n cyfateb i **rŵan** yn y Gogledd) y funud yma, ar hyn o bryd NOW
yn awr ac yn y man gw. **awr**

ynddo, ynddi, ynddynt gw. **yn**[1]:**yng:ym**

ynfyd *a* gair i ddisgrifio rhywun neu rywbeth eithriadol o ddwl neu hurt; disynnwyr, gwallgof IDIOTIC, CRAZY (ynfyted, ynfytach, ynfytaf)

ynfydion *hyn ell* mwy nag un **ynfytyn**

ynfydrwydd *hwn eg* y cyflwr o fod yn ynfyd; ffolineb, gwallgofrwydd FOLLY, MADNESS

ynfytyn *hwn eg* (ynfydion) person ffôl iawn, person gwirion neu ynfyd SIMPLETON, MORON

ynn *hyn ell* (mae'n odli gyda *bryn*) mwy nag un **onnen**

ynni *hwn eg*
1 grym sy'n gwneud gwaith, egni yn gyffredinol *(Does gen i ddim digon o ynni i ddringo'r grisiau y bore 'ma.)* ENERGY
2 (yn dechnegol) egni arbennig sy'n gwneud gwaith ac sy'n gyrru peiriannau *(ynni niwclear, ynni trydanol)* ENERGY (egni)

yno *adf* yn y lle hwnnw, tua'r fan honno, yna *(Rwy'n mynd yno yfory.)* THERE

ynof, ynot, ynom, ynoch gw. **yn**[2]:**yng:ym**

yntau *rhagenw cysylltiol* ef hefyd, ef o ran hynny, ef ar y llaw arall HE TOO, HE ALSO, EVEN HE (minnau)

ynte:yntefe ffurfiau llafar ar **onid e**

ynteu *cysylltair* (ar lafar yn y ffurfiau '*te* a '*ta*)
1 felly *(Beth ynteu a wnawn? I ble'r awn ni 'te?)* THEREFORE, THEN
2 neu *(Ai gwrywaidd ynteu benywaidd yw'r gair yma?)* OR

Ynyd *hwn eg* (fel yn *dydd Mawrth Ynyd*) y diwrnod o flaen dydd Mercher y Lludw a'r diwrnod olaf cyn dyddiau dwys y Grawys SHROVE (TUESDAY)

ynys *hon eb* (ynysoedd)
1 darn o dir wedi'i amgylchynu â dŵr *(Ynys Môn)* ISLAND, ISLE
2 (mewn rhai enwau lleoedd) dôl neu gae ar lan afon *(Ynys-hir)*
Ynys Bŷr *enw lle* CALDY ISLAND
Ynys Dewi *enw lle* RAMSEY ISLAND
Ynys Echni *enw lle* FLAT HOLM
Ynys Enlli *enw lle* BARDSEY ISLAND
Ynys Gybi *enw lle* HOLY ISLE
Ynys Manaw *enw lle* ISLE OF MAN
Ynys Seiriol *enw lle* PUFFIN ISLAND
Ynys Wyth *enw lle* ISLE OF WIGHT

ynysfor *hwn eg* (ynysforoedd)
1 nifer o ynysoedd bychain mewn grŵp ARCHIPELAGO
2 darn o'r môr sy'n cynnwys y math yma o grŵp o ynysoedd ARCHIPELAGO

Ynysoedd Dedwydd gw. **dedwydd**
Ynysoedd Erch enw lle ORKNEY ISLES
Ynysoedd Heledd enw lle THE HEBRIDES
ynysu be
  1 gwahanu oddi wrth eraill (megis ynys) *(Rydym wedi cael ein hynysu ar ôl y cwymp eira diweddaraf.)* TO ISOLATE
  2 gwahanu rhywbeth oddi wrth bethau eraill er mwyn ei archwilio *(Rydym wedi llwyddo i ynysu'r firws sy'n achosi'r drwg.)* TO ISOLATE
  3 gorchuddio rhywbeth er mwyn cadw trydan, sŵn, gwres ac ati rhag treiddio trwyddo *(ynysu'r tanc dŵr poeth rhag iddo golli gwres)* TO INSULATE
  4 amddiffyn person rhag profiadau cyffredin *(Heb deledu yr ydym yn cael ein hynysu oddi wrth ddigwyddiadau'r byd—medd rhai.)* TO INSULATE, TO ISOLATE
ynyswr hwn *eg* (ynyswyr) person sy'n byw ar ynys ISLANDER
ynysydd hwn *eg* (ynysyddion) rhywbeth sy'n atal llifeiriant, yn arbennig felly lifeiriant cerrynt trydan; gwrthwyneb dargludydd INSULATOR
yr gw. **y:yr:'r**
  Yr Wyddfa enw mynydd SNOWDON
  Yr Wyddgrug enw lle MOLD
yrr ffurf wedi'i threiglo o **gyr**
yrŵan:rŵan *adf* (ffurf y Gogledd sy'n cyfateb i **nawr** yn y De) y funud yma, ar hyn o bryd, yr awr hon NOW
yrhawg *adf* fel yn *ymhen yrhawg* amser hir FOR A LONG TIME TO COME
ys cysylltair fel *(Ys dywedodd y simnai fawr wrth simnai lai, 'Rwyt ti'n rhy fach i ysmygu.')* AS
  ys gwn i tybed I WONDER
ysbaddu be torri ymaith rai neu'r cyfan o aelodau rhywiol anifail (neu ddyn) TO CASTRATE, TO NEUTER, TO SPAY
ysbaid hwn neu hon *egb* (ysbeidiau) ennyd bach, ychydig bach o amser (fel bwlch mewn cyfnod o waith, o gosb, o ddioddef ac ati) *(Bu ysbaid o dawelwch yng nghanol y ffrwydro. Maen nhw'n addo ysbeidiau heulog rhwng y cawodydd.)* RESPITE, SPELL
ysbail hon *eb* (ysbeiliau) anrhaith, trysor neu eiddo wedi'i ddwyn gan ladron, neu wedi'i feddiannu gan fyddin fuddugol BOOTY, LOOT, SPOILS
ysbardun:sbardun hwn *eg* (ysbardunau)
  1 dyfais sy'n cael ei gwisgo ar gefn sodlau marchog er mwyn pigo ceffyl i'w annog ymlaen SPUR
  2 y ddyfais (mewn car yn arbennig) sy'n gwneud i'r peiriant fynd yn gynt ACCELERATOR □ *car*
  3 (yn ffigurol) symbyliad, anogaeth INCENTIVE
ysbeidiau hyn *ell* mwy nag un **ysbaid**

ysbeidiol *a* gair i ddisgrifio rhywbeth sy'n digwydd o bryd i'w gilydd, bob yn hyn a hyn *(cawodydd ysbeidiol)* INTERMITTENT, SPASMODIC
ysbeiliau hyn *ell* mwy nag un **ysbail**
ysbeilio be anrheithio, dwyn ysbail neu nwyddau yn anghyfreithlon TO PLUNDER, TO LOOT
ysbeiliwr hwn *eg* (ysbeilwyr) un sy'n ysbeilio, lleidr (arfog) ROBBER, BANDIT
ysbienddrych hwn *eg* (ysbienddrychau) dyfais sy'n gwneud i bethau pell ymddangos yn agos a phethau bychain ymddangos yn fawr; telesgop TELESCOPE □ *lens*
ysbigoglys:pigoglys hwn *eg* math o lysieuyn sy'n cael ei dyfu am ei ddail llydain, gwyrdd SPINACH □ *llysiau* t.635
ysbïo be
  1 gwylio'n llechwraidd *(ysbïo ar y cymdogion)* TO SPY
  2 ceisio dod o hyd i wybodaeth mewn ffordd ddirgel TO SPY
  3 yn y ffurf *sbio*, gair yn y Gogledd am *edrych* TO LOOK
ysbïwr hwn *eg* (ysbïwyr)
  1 person sy'n cael ei dalu am ddod o hyd i wybodaeth gyfrinachol (o eiddo gelyn fel arfer) SPY
  2 rhywun sy'n gwylio'n gyfrinachol SPY
ysblander hwn *eg* prydferthwch mawreddog, harddwch godidog *(ysblander yr olygfa yn yr eglwys adeg coroni'r brenin)* SPLENDOUR
ysbleddach hwn neu hon *egb* miri, rhialtwch, sbort a sbri FESTIVITY, MERRIMENT
ysblennydd *a* gair i ddisgrifio rhywun neu rywbeth y mae ysblander yn perthyn iddo/iddi *(cynffon ysblennydd y paun)* RESPLENDENT, SPLENDID
ysbonc gw. **sbonc:ysbonc**
ysboncio gw. **sboncio:ysboncio**
ysborion:sborion hyn *ell* pethau nad oes mo'u hangen mwyach CAST-OFFS
  ffair sborion gw. **ffair**
ysbryd hwn *eg* (ysbrydion)
  1 y rhan honno o berson sydd ar wahân i'w gorff; meddwl neu enaid person SPIRIT
  2 bod goruwchnaturiol megis bwgan SPIRIT, GHOST
  3 cyflwr meddwl *(Mae hi mewn ysbryd da heddiw.)* SPIRIT, MORALE
  4 dewrder ac egni *(Doedd dim llawer o ysbryd yn chwarae Cymru heddiw.)* SPIRIT, METTLE
  5 cymeriad, natur *(Rhaid i ti geisio ymateb i ysbryd y darn yn ogystal â chwarae'r nodau cywir.)* SPIRIT
  6 ystyr rhywbeth, yn hytrach na'r geiriau a ddefnyddir i'w fynegi *(Mae ysbryd y gyfraith lawn mor bwysig â llythyren y ddeddf.)* SPIRIT

yr Ysbryd Glân un o'r tair ffurf ar Dduw yn y grefydd Gristnogol (sef y Tad, y Mab a'r Ysbryd Glân) sy'n cynrychioli ysbryd Duw ar waith yn y byd heddiw THE HOLY SPIRIT (Trindod)

ysbrydol *a* gair i ddisgrifio rhywun neu rywbeth:
1 sy'n ymwneud â'r ysbryd neu ag ysbrydion SPIRITUAL
2 sy'n caru ac yn gofalu am yr enaid neu eneidiau SPIRITUAL
3 crefyddol *(arweinydd ysbrydol)* RELIGIOUS, SPIRITUAL

ysbrydoledig *a* gair i ddisgrifio rhywun neu rywbeth ardderchog sydd fel petai wedi ei ysbrydoli (gan Dduw) INSPIRED

ysbrydoli *be*
1 achosi, ennyn meddyliau neu deimladau *(Roedd dewrder ein harweinydd yn ysbrydoli hyder yn y gweddill ohonom.)* TO INSPIRE
2 llenwi ag egni, bywyd, awydd ac ati; tanio *(Cafodd y dyrfa ei hysbrydoli gan ei araith.)* TO INSPIRE

ysbrydoliaeth *hon eb*
1 dylanwad meddyliau neu deimladau cryf ar ymddygiad, yn arbennig ymddygiad da *(Mae rhai pobl yn derbyn ysbrydoliaeth o fyd natur ac eraill o bregethau.)* INSPIRATION
2 unrhyw ddylanwad sy'n ysgogi awydd i wneud yn dda INSPIRATION
3 syniad gwych, annisgwyl *(Wrth geisio gorffen y limrig 'Y Fynwent':*

    'Rhyfeddod o'r holl ryfeddodau
    A welais un noson loer olau,
    Ac achos fy mraw
    Oedd canfod gerllaw ...'

cefais fflach o ysbrydoliaeth—
    'Fy enw uwchlaw un o'r beddau.') INSPIRATION

ysbwng gw. **sbwng:ysbwng**
ysbwriel gw. **sbwriel:ysbwriel**

ysbyty *hwn eg* (ysbytai)
1 lle i gleifion aros a derbyn triniaeth HOSPITAL, INFIRMARY
2 yr hen ystyr (a geir mewn enwau lleoedd megis *Ysbyty Ifan*) oedd lletty i deithwyr (yn arbennig un dan ofal urdd o fynachod neu leianod)

ysfa *hon eb* (ysfeydd)
1 awydd cryf, chwant, blys CRAVING
2 cosi, rhywbeth sy'n gwneud ichi grafu ITCH

ysgadenyn gw. **sgadenyn:ysgadenyn**

ysgafala *a* gair i ddisgrifio rhywun neu rywbeth heb ofal na phryder na chyfrifoldeb, ysgafn ei feddwl, anghyfrifol, diofal CARELESS

ysgafn *a* gair i ddisgrifio rhywun neu rywbeth:
1 sydd heb fod yn drwm, sydd heb fod yn pwyso llawer *(parsel ysgafn)* LIGHT
2 nad yw'n anodd, nad yw'n galed, nad yw'n gofyn llawer o ymdrech *(gwaith ysgafn)* LIGHT
3 sy'n llai o ran maint neu rym nag arfer *(cawod ysgafn)* LIGHT, GENTLE
4 sy'n hawdd ei drin *(pridd ysgafn, tywodlyd)* LIGHT
5 sy'n symud yn rhwydd *(symudiadau bach ysgafn)* LIGHT
6 sydd heb fod yn ddifrifol; chwarees, cellweirus *(ateb ysgafn; adloniant ysgafn)* LIGHT
7 sydd heb fod yn bwysig; dibwys *(colledion ysgafn)* LIGHT, SLIGHT
8 (am fwyd) hawdd ei dreulio LIGHT
9 (am ddiwydiant) yn cynhyrchu nwyddau bychain (LIGHT) INDUSTRY

cymryd (rhywun neu rywbeth) yn ysgafn peidio â'u cymryd o ddifrif TO TREAT LIGHTLY

ysgafnder *hwn eg*
1 y cyflwr o fod yn ysgafn LIGHTNESS
2 diffyg parch at bethau pwysig; cellwair LEVITY

ysgafnhau:ysgafnu *be* gwneud yn ysgafnach, gwneud yn llai trwm TO LIGHTEN

ysgaffaldau gw. **sgaffaldau:ysgaffaldau**

ysgaldanu *be* llosgi (croen) â dŵr neu ager berwedig TO SCALD

ysgall *hyn ell* mwy nag un **ysgallen** neu **ysgellyn**; planhigion gwyllt â dail pigog a blodau melyn, gwyn neu borffor; dyma arwyddlun yr Alban THISTLES □ *blodau* t.619

ysgallen *hon eb* un o nifer o **ysgall**

ysgariad *hwn eg* (ysgariadau) diwedd terfynol i briodas wedi'i benderfynu mewn llys barn DIVORCE

ysgarlad *a* lliw coch llachar SCARLET

ysgarmes gw. **sgarmes:ysgarmes**

ysgarthion *hyn ell* y rhannau wast o fwyd a diod sy'n cael eu gwaredu o'r corff trwy'r coluddion EXCRETA

ysgarthu *be* gollwng ysgarthion (o'r corff); cachu TO EXCRETE

ysgaru *be*
1 torri priodas, dod â phriodas i ben yn gyfreithiol TO DIVORCE
2 gwahanu TO SEPARATE

ysgawen *hon eb* (ysgaw) coeden fach sydd â blodau gwyn ac aeron neu rawn du arni ELDER

ysgegfa *hon eb* ysgydwad *(Cafodd hen 'sgegfa gas pan syrthiodd i lawr y grisiau.)* A SHAKING

ysgeifn *a* gair i ddisgrifio mwy nag un peth **ysgafn** *(llwythi ysgeifn)*

ysgeintio gw. **sgeintio:ysgeintio**

ysgeler *a* gair i ddisgrifio rhywbeth cas a chreulon sy'n cael ei gyflawni mewn ffordd gudd; gwarthus, erchyll, echrydus ATROCIOUS, HEINOUS, VILLAINOUS

ysgellyn hwn *eg* un o nifer o **ysgall**

ysgerbwd gw. **sgerbwd:ysgerbwd**

ysgewyll:ysgewyll Brwsel hyn *ell* llysiau sy'n tyfu ar hyd coesau breision planhigyn ac sy'n debyg i fresych bychain SPROUTS □ *llysiau* t.634

ysgithr hwn *eg* (ysgithrau:ysgithredd) math o ddant hir blaenllym sydd gan anifeiliaid megis eliffantod neu fôr-feirch ac ati wrth ochr eu cegau TUSK (ifori)

ysgithrog *a* gair i ddisgrifio:
 1 anifail sydd ag ysgithrau TUSKED
 2 tir creigiog, garw CRAGGY, RUGGED

ysgiw gw. **sgiw**[1]**:ysgiw**

ysglefrio gw. **sglefrio:ysglefrio**

ysglodyn gw. **sglodyn:ysglodyn**

ysglyfaeth:sglyfaeth hon *eb* (ysglyfaethau)
 1 anifail sy'n cael ei hela a'i fwyta gan anifail neu anifeiliaid eraill; prae PREY
 2 person sy'n cael ei anafu neu'i ladd neu sy'n dioddef o rywbeth cas (*Mae'n ysglyfaeth i glefyd y gwair yn ystod misoedd yr haf.*) VICTIM, PREY
 3 (ar lafar yn y Gogledd) person budr/brwnt

ysglyfaethus:sglyfaethus *a* gair i ddisgrifio rhywun neu rywbeth:
 1 sy'n byw ar ysglyfaeth; rheibus RAPACIOUS, CARNIVOROUS, PREDATORY
 2 (ar lafar yn y Gogledd) budr/brwnt, anghynnes, yn codi cyfog arnoch (*Mae'r cwpwrdd yma'n sglyfaethus o fudr.*) FILTHY

adar ysglyfaethus gw. **adar** □ *gwalch*

ysgogi *be* cyffroi, llenwi â chyffro, cynhyrfu, gwthio ymlaen (*Cafodd ei ysgogi i weithredu ar ôl gweld lluniau o'r sefyllfa ar y teledu.*) TO STIR, TO MOVE, TO IMPEL

ysgogiad hwn *eg* (ysgogiadau)
 1 gwthiad sydyn neu rym arbennig sy'n gweithio am ysbaid ar hyd gwifren, nerf ac ati (*ysgogiad trydanol*) IMPULSE
 2 dymuniad neu hwb sydyn i wneud rhywbeth IMPULSE

ysgol[1] hon *eb* (ysgolion) fframyn uchel wedi'i wneud o ddau ddarn o bren, metel neu raff a nifer o farrau byrion yn eu cysylltu â'i gilydd gan ffurfio grisiau y mae modd eu dringo LADDER

ysgol[2] hon *eb* (ysgolion)
 1 lle i blant dderbyn addysg SCHOOL
 2 yr oriau pan fydd y plant yn cael eu dysgu yn y lle yma (*Mae'r ysgol yn dechrau am 9.15 ar ei ben.*) SCHOOL
 3 y plant sy'n mynychu'r adeilad hwn a'r staff sy'n gyfrifol amdanynt (*Mae pob ysgol yn y sir yn gyfrifol am un eitem yn y cyngerdd. Mae hon yn ysgol dda.*) SCHOOL
 4 adran o brifysgol sy'n ymwneud ag un testun (*ysgol feddygol*) SCHOOL

ysgol babanod ysgol i blant rhwng 5 a 7 oed INFANT SCHOOL

ysgol breswyl ysgol y mae plant yn lletya ynddi yn ystod y tymor ysgol BOARDING-SCHOOL

ysgol feithrin ysgol i blant dan bump oed; yng Nghymru, ysgol sy'n perthyn i'r Mudiad Ysgolion Meithrin, mudiad sy'n sicrhau addysg Gymraeg wirfoddol i blant dan oedran ysgol NURSERY SCHOOL, KINDERGARTEN

ysgol fonedd ysgol y mae rhieni'r plant yn talu iddynt dderbyn eu haddysg ynddi PUBLIC SCHOOL

ysgol gyfun ysgol lle y mae plant o bob gallu yn cael eu dysgu o 11 oed ymlaen COMPREHENSIVE SCHOOL

ysgol gynradd gw. **cynradd**

ysgol ramadeg ysgol sy'n derbyn plant sydd wedi llwyddo mewn arholiad yn 11 oed, ac sy'n canolbwyntio ar baratoi plant ar gyfer arholiadau GRAMMAR SCHOOL

ysgol Sul ysgol sy'n gysylltiedig â chapel neu eglwys (neu'r ddau) ac sy'n cael ei chynnal ar y Sul i astudio'r Beibl SUNDAY SCHOOL

ysgoldy hwn *eg* (ysgoldai) adeilad sy'n cael ei ddefnyddio i gynnal ysgol (yn arbennig ysgol fach yn y wlad neu ysgol Sul) SCHOOLHOUSE, SCHOOLROOM

ysgolfeistr hwn *eg* (ysgolfeistri) athro ysgol SCHOOLMASTER

ysgolhaig hwn *eg* (ysgolheigion)
 1 un sy'n ennill ei fywoliaeth trwy ddefnyddio ei feddwl neu sy'n feddyliwr praff INTELLECTUAL
 2 un sy'n astudio maes neu feysydd arbenig ac sy'n arbenigwr arno/arnynt SCHOLAR

ysgolheictod hwn *eg* dysg neu wybodaeth fanwl a thrylwyr SCHOLARSHIP, LEARNING

ysgoloriaeth hon *eb* (ysgoloriaethau) swm o arian neu wobr i fyfyriwr i'w helpu i dalu am gwrs o addysg SCHOLARSHIP

ysgrafell hon *eb* (ysgrafellod) teclyn ar gyfer crafu rhywbeth neu ar gyfer cribo cot ceffyl SCRAPER, CURRY-COMB

ysgraff hon *eb* (ysgraffau) cwch neu fad mawr sydd â gwaelod gwastad ac sy'n cael ei ddefnyddio i gario nwyddau trwm ar hyd afon neu gamlas BARGE

ysgraffiniad:sgraffiniad hwn *eg* (ysgraffiniadau) crafiad (*Daeth Siân adre a sgraffiniad cas ar ei phen-glin.*) SCRATCH

ysgraffinio:sgraffinio *be* crafu TO SCRAPE

ysgrech gw. **sgrech:ysgrech**

ysgrechain:ysgrechian gw. **sgrechain:sgrechain: ysgrechain:ysgrechian**

ysgrepan:sgrepan hon *eb* (ysgrepanau) bag i ddal ychydig o eiddo (teithiwr) *(ysgrepan pererin)* SCRIP, SATCHEL

ysgrif hon *eb* (ysgrifau) ffurf lenyddol mewn rhyddiaith sy'n mynegi ymateb personol awdur i destun arbennig *(ysgrifau T. H. Parry-Williams)* ESSAY

ysgrifen hon *eb*
1 llawysgrifen *(Ni allaf ddeall ysgrifen y doctor.)* WRITING, HANDWRITING
2 unrhyw beth sydd wedi cael ei ysgrifennu (o'i gyferbynnu â'i beintio neu ei deipio) WRITING

ysgrifenedig *a* gair i ddisgrifio rhywbeth sydd wedi cael ei ysgrifennu *(rhybudd ysgrifenedig)* WRITTEN

ysgrifennu *be*
1 rhoi marciau sy'n cynrychioli geiriau neu lythrennau ar bapur (yn arbennig â phîn ysgrifennu neu bensil ac ati) TO WRITE
2 mynegi a chofnodi yn y ffordd yma, neu â pheiriant megis teipiadur neu brosesydd geiriau *(ysgrifennu llythyr)* TO WRITE
3 llunio, cyfansoddi *(Mae Dr Williams wrthi'n ysgrifennu llyfr ar hanes y Brenin Arthur.)* TO WRITE
Sylwch: dyblwch yr 'n' ym mhob un o ffurfiau'r ferf ac eithrio'r rhai sy'n cynnwys -*as*-.

ysgrifennu i lawr cofnodi TO WRITE DOWN

ysgrifennwr hwn *eg* (ysgrifenwyr) un sy'n ysgrifennu WRITER

ysgrifennydd hwn *eg* (ysgrifenyddion)
1 y swyddog mewn mudiad neu sefydliad sy'n cadw cofnodion, yn llunio llythyrau swyddogol ac ati SECRETARY
2 swyddog mewn llywodraeth, naill ai gweinidog *(Ysgrifennydd Gwladol dros Gymru)* neu'r swyddog uchaf mewn adran nad yw wedi'i ethol i'r Senedd SECRETARY
3 person sydd wedi'i gyflogi i baratoi llythyron, cadw cofnodion a threfnu cyfarfodydd i rywun arall SECRETARY

ysgrifenyddes hon *eb* (ysgrifenyddesau) merch sy'n gwneud gwaith ysgrifennydd SECRETARY

ysgrîn gw. **sgrin:ysgrîn**

ysgryd hwn *eg* crynodd, ias *(Aeth ysgryd i lawr fy nghefn wrth glywed y newyddion.)* SHIVER, THRILL

ysgrythur hon *eb* (ysgrythurau)
1 y Beibl SCRIPTURE
2 un o lyfrau'r Beibl neu ran o'r Beibl SCRIPTURE
3 llyfrau sanctaidd crefydd SCRIPTURE
4 enw ar wersi astudio'r Beibl yn yr ysgol SCRIPTURE

ysgrythurol *a* gair i ddisgrifio rhywbeth sy'n ymwneud â'r ysgrythur neu'r ysgrythurau SCRIPTURAL

ysgub hon *eb* (ysgubau) coflaid o ŷd neu lafur (ar ôl iddo gael ei dorri) wedi'i rwymo ynghyd er mwyn ei roi i sefyll mewn cae i sychu SHEAF

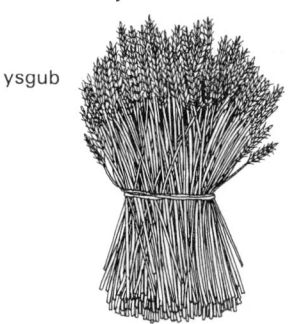

ysgub

ysgubell hon *eb* (ysgubellau) math o frws (â choes hir fel arfer) ar gyfer ysgubo'r llawr BROOM

ysgubo *be*
1 glanhau trwy frwsio *(ysgubo'r llawr)* TO SWEEP
2 symud (rhywun neu rywbeth) i ffwrdd yn gyflym â symudiad tebyg i frwsio *(Yn y rhuthr am y drws, cafodd hi ei hysgubo oddi ar ei thraed.)* TO SWEEP, TO WHISK

ysgubol *a* gair i ddisgrifio:
1 rhywbeth sy'n cario popeth o'i flaen, sy'n eang iawn *(Traddododd araith a oedd yn ysgubol yn ei beirniadaeth o'r Llywodraeth.)* SWEEPING
2 gwych, aruthrol

ysgubor hon *eb* (ysguboriau) adeilad fferm ar gyfer cadw cnydau (yn arbennig gwair ac ŷd) BARN, GRANARY

ysgut:sgut *a* cyflym, heini NIMBLE, QUICK
yn sgut am yn hoff iawn o *(Mae hi'n sgut am bwdin mwyar duon.)*

ysgutor:sgutor hwn *eg* (ysgutorion) y person neu'r banc sy'n gweithredu gorchmynion ewyllys EXECUTOR

ysguthan gw. **sguthan:ysguthan**

ysgwâr gw. **sgwâr**[1]**:ysgwâr**

ysgwrio gw. **sgwrio:ysgwrio**

ysgwyd *be*
1 symud yn gyflym i fyny ac i lawr neu yn ôl ac ymlaen *(Cafodd y tŷ ei ysgwyd gan y ffrwydrad.)* TO SHAKE, TO VIBRATE
2 gosod neu symud trwy ysgwyd *(ysgwyd llwch o ddilledyn)* TO SHAKE
3 cymryd llaw dde person a'i symud i fyny ac i lawr fel ffordd o gyfarch, neu i ddynodi cytundeb TO SHAKE (HANDS)

ysgwydd

4 symud eich pen o un ochr i'r llall i ddynodi 'na'; gwrthwyneb amneidio TO SHAKE (ONE'S HEAD)
5 cael sioc *(Cafodd ei ysgwyd gan y newyddion am ddamwain ei ffrind.)* TO SHAKE
6 (am gynffon ci, neu faner) symud yn ôl ac ymlaen TO WAG, TO FLAP (ysgydwaf)

ysgwydd hon *eb* (ysgwyddau)
1 y rhan o'r corff sydd rhwng y gwddf a'r fraich SHOULDER ☐ *corff* t.630
2 darn o ddilledyn sy'n gorchuddio'r rhan hon o'r corff SHOULDER
3 rhan uchaf coes flaen anifail (yn aml fel cig i'w fwyta) SHOULDER ☐ *ceffyl*

nerth braich ac ysgwydd gw. **nerth**
pen ac ysgwydd yn uwch gw. **pen**
pont yr ysgwydd gw. **pont**
ysgwydd wrth ysgwydd yn dynn gyda'i gilydd SHOULDER TO SHOULDER

ysgwyddo *be* gosod (y pwysau) ar eich ysgwyddau; neu'n ffigurol, derbyn y pwysau *(ysgwyddo cyfrifoldeb)* TO SHOULDER

ysgydwad:ysgytwad hwn *eg* (ysgydwadau) y weithred o ysgwyd neu o gael eich ysgwyd; ysgytiad, siglad, ysgegfa A SHAKING, AGITATION, JOLT

ysgydwaf *bf* rwy'n **ysgwyd**; byddaf yn **ysgwyd**

ysgyfaint hyn *ell* mwy nag un **ysgyfant**; pâr o organau sy'n debyg i ddwy falŵn yn y frest; eu gwaith yw tynnu ocsygen o'r aer a'i gyrchu i weddill y corff trwy'r gwaed LUNGS ☐ *corff* t.630

ysgyfant hwn *eg* un o bâr o **ysgyfaint**

ysgyfarnog hon *eb* (ysgyfarnogod) anifail sydd â chlustiau hir, gwefus uchaf wedi'i rhannu'n ddwy, cynffon bwt, a choesau cefn hir sy'n ei alluogi i redeg yn gyflym; mae'n debyg ei olwg i gwningen ond yn fwy o faint (tua 70 cm) ac nid yw'n byw mewn twll yn y ddaear ond mewn gwâl HARE ☐ *mamolyn* (lefren)

ysgymun *a* gair i ddisgrifio rhywun neu rywbeth sydd wedi'i ysgymuno, sydd wedi'i felltithio; melltigedig, atgas, e.e. *ysgymunbeth* ACCURSED

ysgymuno *be* cosbi person trwy ei dorri allan o'r eglwys Gristnogol TO EXCOMMUNICATE

ysgyrnygu *be*
1 (am anifail) gwneud sŵn cras, bygythiol gan ddangos ei ddannedd TO SNARL
2 rhwbio'ch dannedd yn ei gilydd mewn dicter neu bryder TO GNASH

ysgytiad hwn *eg* (ysgytiadau) ysgydwad sydyn ac annisgwyl, sioc, syndod cas ac annisgwyl SHOCK, JOLT

ysgytwad gw. **ysgydwad:ysgytwad**

ysgytwol *a* gair i ddisgrifio rhywbeth sy'n achosi ysgydwad SHOCKING, JOLTING

ysgythriad hwn *eg* (ysgythriadau)
1 darlun wedi'i dorri i mewn i ddarn o fetel trwy ddefnyddio asid ar blât o gopr neu zinc ETCHING (engrafiad)
2 copi o ddarlun o'r math hwn wedi'i gynhyrchu ar beiriant argraffu ETCHING

ysgythru *be* llosgi llun i mewn i blât o fetel ag asid TO ETCH

ysictod:ysigiad hwn *eg* dolur, yn arbennig wrth daro rhan o'r corff neu wrth droi ar un o gymalau'r corff SPRAIN, BRUISING, WRENCH

ysig *a* gair i ddisgrifio rhywbeth wedi'i ysigo, wedi'i glwyfo, wedi'i frifo *(calon ysig)* BRUISED, BATTERED

ysigo gw. **sigo:ysigo**
yslotian gw. **slotian:yslotian**
ysmotyn gw. **smotyn:ysmotyn**
ysmwddio gw. **smwddio:ysmwddio**

ysmygu:smygu *be*
1 anadlu neu sugno mwg (o sigarét neu bibell) i'r geg neu'r ysgyfaint TO SMOKE
2 gwneud arfer o hyn, ei wneud yn gyson *(Ers pryd rwyt ti'n smygu?)* TO SMOKE

ysol *a* gair i ddisgrifio rhywbeth sy'n ysu, neu sy'n creu teimlad mor gryf fel ei fod yn llosgi neu yn brathu; deifiol *(fflam ysol o gariad)* CONSUMING

ystabl gw. **stabl:ystabl**
ystad gw. **stad:ystad**

ystadegaeth hon *eb* cangen o fathemateg yn ymwneud â chasglu, dehongli a chyflwyno casgliadau wedi'u seilio ar ffigurau (ystadegau) o nifer o wahanol ffynonellau STATISTICS

ystadegau hyn *ell* casgliad o ffigurau sy'n cynrychioli ffeithiau neu fesuriadau *(ystadegau poblogaeth Cymru)* STATISTICS

ystaer gw. **staer:ystaer**

ystafell hon *eb* (ystafelloedd) rhaniad o fewn adeilad ac iddo'i waliau, ei lawr a'i nenfwd ei hun (e.e. cegin, lolfa, tŷ bach ac ati) ROOM

ystafell wely ystafell i gysgu ynddi BEDROOM
ystafell ymolchi BATHROOM, TOILET

ystanc hwn *eg* (ystanciau)
1 polyn o bren neu fetel sy'n cael ei fwrw i'r ddaear (er mwyn dal ffens, er enghraifft) STAKE
2 (yn yr hen amser) polyn neu bostyn y byddai person yn cael ei glymu wrtho er mwyn ei ladd (trwy'i losgi fel arfer) STAKE

ystatudol gw. **statudol:ystatudol**

ystelcian:stelcian *be* llithro'n llechwraidd, llechu TO SKULK

ystên gw. **stên:ystên**

ystlum:slumyn hwn *eg* (ystlumod) un o nifer o fathau o famolion sy'n edrych yn debyg i lygod ac adenydd ganddynt; maent yn hedfan o gwmpas yn hela pryfed yn y nos ac yn cysgu yn y dydd BAT □ *mamolyn*

ystlys hwn neu hon *egb* (ystlysau)
 1 ochr person neu anifail rhwng yr asennau a'r glun (*Cafodd ei drywanu yn ei ystlys.*) SIDE, FLANK □ *ceffyl*
 2 ochr neu ymyl adeilad FLANK
 3 ochr neu ymyl byddin FLANK
 4 un o'r ddwy linell sy'n pennu ffin y chwarae bob ochr i gae rygbi, pêl-droed ac ati, neu'r llain y tu draw i'r llinellau hyn TOUCH-LINE

ystod hon *eb* (ystodau)
 1 (fel yn *yn ystod*) trwy gydol, yr un pryd â neu ar ryw adeg o fewn cyfnod (*Fe gawn ni sgwrs yn ystod yr egwyl.*) DURING, IN THE COURSE OF
 2 cymaint o wair ag yr oedd modd ei ladd ag un symudiad o'r bladur SWATH
 3 y lled o wair neu gnwd y mae'n bosibl i beiriant ei dorri ar y tro SWATH
 4 amrediad, y ffiniau y mae amrywiaethau yn gallu digwydd rhyngddynt (*Beth yw ystod oedran y plant yn y dosbarth?*) RANGE

ystof hwn neu hon *egb* (ystofau) yr edafedd sy'n rhedeg o un pen i'r llall mewn darn o ddefnydd; mae'r anwe (sef yr edafedd sy'n mynd ar draws o un ochr i'r llall) yn cael ei gwau trwyddi WARP □ *anwe*

ystori gw. **stori:ystori**

ystorm gw. **storm:ystorm**

ystrad hwn *eg* (ystradau) (mewn enwau lleoedd fel arfer) cwm llydan, gwastad; gwaelod dyffryn (*Ystrad Aeron, Ystrad-fflur*) VALE, STRATA

Ystrad-fflur *enw lle* STRATA FLORIDA

ystrydeb hon *eb* (ystrydebau) dywediad sydd, oherwydd ei fod wedi cael ei orddefnyddio, wedi colli llawer o'i rym, e.e. *Wel y jiw, jiw!* CLICHÉ

ystrydebol *a* gair i ddisgrifio rhywbeth (dywediad, darn o gerddoriaeth, darlun ac ati) sydd wedi cael ei ailadrodd mor aml nes colli llawer o'i rym; rhywbeth nad yw'n dangos unrhyw wreiddioldeb (o safbwynt syniadau, mynegiant ac ati) HACKNEYED, STEREOTYPED

ystryw hon *eb* (ystrywiau) gweithred wedi'i bwriadu i dwyllo; tric, twyll, cast TRICK, STRATAGEM, RUSE

ystrywgar *a* gair i ddisgrifio rhywun cyfrwys, parod iawn i'ch twyllo, rhywun llawn ystrywiau CRAFTY

ystum hwn neu hon *egb* (ystumiau)
 1 ffordd o osod y corff neu'r wyneb, e.e. i gyfleu teimlad neu i gael tynnu eich llun; osgo (*ystum fygythiol; ystum glasurol*) POSE, POSTURE, STANCE
 2 tro (*ystum afon*) BEND, CURVE

ystumiau hyn *ell* mwy nag un **ystum** fel yn *gwneud/tynnu ystumiau*, sef:
 1 symud rhannau o'ch wyneb lawer iawn mwy nag arfer er mwyn dangos eich teimladau, gwneud i rywun chwerthin, cyflwyno neges neu fel arwydd o ddirmyg TO MAKE FACES
 2 gwneud arwyddion â'r llaw neu'r wyneb TO MAKE SIGNS

ystumio:stumio *be*
 1 symud y dwylo a'r breichiau er mwyn pwysleisio neu ddarlunio rhywbeth wrth siarad TO GESTICULATE
 2 ymddwyn neu siarad mewn ffordd annaturiol er mwyn tynnu sylw TO POSE
 3 plygu, newid siâp neu ffurf rhywbeth trwy roi gormod o bwysau arno (*Mae'r bachgen yna wedi stumio'r llwy yma trwy ei defnyddio i agor tuniau.*) TO DISTORT
 4 gwyro, gwyrdroi, fel yn *stumio geiriau rhywun* TO DISTORT

Ystumllwynarth *enw lle* OYSTERMOUTH

Ystwyll hwn *eg* un o wyliau'r eglwys Gristnogol a gynhelir ar y deuddegfed dydd wedi'r Nadolig ac sy'n dathlu ymweliad y Doethion o'r Dwyrain â'r baban Iesu; ar y dydd hwn, yn draddodiadol, y mae gwyliau'r Nadolig yn dod i ben EPIPHANY, TWELFTH NIGHT

ystwyrian *be* cyffroi, troi a symud, yn enwedig wrth ddeffro TO STIR ONESELF

ystwyth *a* gair i ddisgrifio rhywbeth y mae modd ei blygu'n rhwydd; hyblyg (*corff ystwyth yr acrobat*) FLEXIBLE, SUPPLE, PLIABLE

ystwythder hwn *eg* y ddawn i symud y corff yn rhwydd ac yn gyflym, neu'r briodoledd sydd gan rywbeth i fedru cael ei blygu a'i wyro'n rhwydd; hyblygrwydd AGILITY, FLEXIBILITY, ELASTICITY

ystwytho *be* gwneud rhywbeth yn fwy hyblyg neu ystwyth (*Rwy'n credu bod nofio yn ffordd dda o ystwytho'r hen gorff yma.*) TO MAKE FLEXIBLE

ystyfnig *a* gair i ddisgrifio rhywun:
 1 nad yw'n rhwydd ei berswadio na'i drechu OBSTINATE
 2 nad yw'n barod i ufuddhau OBSTINATE
 3 sydd ag ewyllys gref; penderfynol STUBBORN, WILFUL (ystyfniced, ystyfnicach, ystyfnicaf)

ystyfnigo *be* mynd yn fwy ystyfnig

ystyfnigrwydd hwn *eg* y briodoledd o fod yn ystyfnig; natur ystyfnig OBSTINACY, OBDURACY, STUBBORNNESS

ystyllen:styllen hon *eb* (ystyllod:styllod)
  1 darn hir, gwastad o bren sy'n amrywio yn ei drwch o 1-6 modfedd ac sydd o leiaf 6 modfedd o led PLANK
  2 darn hir, gwastad o bren sy'n gulach na hyn, e.e. *styllod llawr* BOARD

ystyr hwn neu hon *egb* (ystyron)
  1 y syniad y mae gofyn ichi ei ddeall *(Beth yw ystyr y gair 'bygegyr'?)* MEANING
  2 pwysigrwydd neu arwyddocâd *(Doedd Huw ddim yn gweld unrhyw ystyr i'w fywyd.)* SENSE, MEANING

ystyriaeth hon *eb* (ystyriaethau)
  1 meddwl gofalus *(Rhown bob ystyriaeth i'ch cais.)* CONSIDERATION
  2 rhywbeth i'w ystyried, i feddwl yn galed yn ei gylch *(Rhaid pwyso a mesur nifer o ystyriaethau cyn cyrraedd casgliad.)* CONSIDERATION, FACTOR
  dan ystyriaeth yn cael ei ystyried UNDER CONSIDERATION

ystyried *be*
  1 meddwl dros, cymryd i ystyriaeth, pwyso a mesur (cyn gwneud penderfyniad) *(Roedden ni'n ystyried mynd i'r Bahamas ar ein gwyliau, ond i Borth-cawl yr aethom ni yn y diwedd.)* TO CONSIDER, TO PONDER
  2 meddwl, cyfrif *(Rwy'n ei ystyried yn athro da.)* TO CONSIDER
  3 caniatáu, derbyn, cofio *(Fe wnaeth hi'n arbennig o dda yn ei harholiad piano ac ystyried mai blwyddyn sydd er pan ddechreuodd hi gael gwersi.)* TO CONSIDER

ystyriol *a* meddylgar THOUGHTFUL, CONSIDERATE

ysu *be*
  1 difa, llosgi *(Cafodd yr hen bapurau eu hysu yn y tân.)* TO CONSUME
  2 dyheu; bod ar dân, 'bron â marw' o eisiau gwneud rhywbeth *(Mae'n ysu am gael chwarae ddydd Sadwrn.)* TO YEARN, TO CRAVE
  3 cosi TO ITCH

Ysw. *byrfodd* Yswain, teitl yn cyfateb i *Y Bonwr* neu *Mr*, ond sy'n dod ar ôl enw gŵr wrth gyfeirio rhywbeth ato ar bapur, e.e. *Iolo Walters, Ysw.* ESQ, ESQUIRE

yswain hwn *eg* (ysweiniaid) gŵr bonheddig o'r wlad ESQUIRE, SQUIRE

yswiriant hwn *eg*
  1 trefniant i arian gael ei dalu i rywun yn sgil marwolaeth, tân, damwain ac ati, fel arfer, wedi i daliadau gael eu gwneud yn rheolaidd i gwmni yswiriant ymlaen llaw *(yswiriant bywyd; yswiriant car; yswiriant tân)* INSURANCE
  2 y busnes o drefnu taliadau fel hyn *(cwmnïau yswiriant)* INSURANCE
  3 y swm o arian a fydd yn cael ei dalu mewn amgylchiadau fel hyn *(Byddai ei gŵr yn derbyn yswiriant o £60,000 pe bai hi'n cael ei lladd.)* INSURANCE

yswirio *be* sicrhau y byddwch chi (neu rywun arall) yn derbyn swm penodol o arian os bydd yna dân, damwain, marwolaeth ac ati, trwy dalu symiau o arian yn rheolaidd i gwmni yswiriant TO INSURE

ysywaeth *adf* gwaetha'r modd ALAS, UNFORTUNATELY

yw[1] **:ydyw** *bf* mae ef/hi yn **bod**

yw[2] hyn *ell* mwy nag un **ywen**

ywen hon *eb* (yw) coeden sydd â dail bach, bythwyrdd ac aeron coch; mae'n tyfu'n draddodiadol mewn mynwentydd oherwydd bod ei dail a'i haeron yn wenwynig i anifeiliaid; roedd ei phren yn arfer cael ei ddefnyddio i wneud bwâu YEW □ *coed* t.614

Z

zinc hwn *eg* elfen gemegol fetelaidd o liw glas golau sy'n cael ei defnyddio mewn aloiau ac fel haen ychwanegol ar ben llenni o fetel neu hoelion ac ati; Zn yw ei symbol cemegol ZINC

Atodiadau

1. Arian — 598

2. Rhifau Prifol; Ffracsiynau; Rhifau Trefnol — 600

3. Mesurau, Pwysau a Buanedd — 603

ATODIAD 1

Arian

un bunt	£1.01	ac un geiniog
dwy bunt	£2.02	a dwy geiniog
tair punt	£3.03	a thair ceiniog
pedair punt	£4.04	a phedair ceiniog
pum punt	£5.05	a phum ceiniog
chwe phunt	£6.06	a chwe cheiniog
saith punt (bunt)	£7.07	a saith ceiniog (geiniog)
wyth punt (bunt)	£8.08	ac wyth ceiniog (geiniog)
naw punt	£9.09	a naw ceiniog
deg punt	£10.10	a deg ceiniog
un bunt ar ddeg	£11.11	ac un geiniog ar ddeg
un deg ac un o bunnau		ac un deg ac un o geiniogau
deuddeg punt	£12.12	a deuddeg ceiniog
un deg a dwy o bunnau		ac un deg a dwy o geiniogau
tair punt ar ddeg	£13.13	a thair ceiniog ar ddeg
un deg a thair o bunnau		ac un deg a thair o geiniogau
pedair punt ar ddeg	£14.14	a phedair ceiniog ar ddeg
un deg a phedair o bunnau		ac un deg a phedair o geiniogau
pymtheg punt	£15.15	a phymtheg ceiniog
un deg a phump o bunnau		ac un deg a phump o geiniogau
un bunt ar bymtheg	£16.16	ac un geiniog ar bymtheg
un deg a chwech o bunnau		ac un deg a chwech o geiniogau
dwy bunt ar bymtheg	£17.17	a dwy geiniog ar bymtheg
un deg a saith o bunnau		ac un deg a saith o geiniogau
deunaw punt	£18.18	a deunaw ceiniog
un deg ac wyth o bunnau		ac un deg ac wyth o geiniogau
pedair punt ar bymtheg	£19.19	a phedair ceiniog ar bymtheg
un deg a naw o bunnau		ac un deg a naw o geiniogau
ugain punt	£20.20	ac ugain ceiniog
dau ddeg o bunnau		a dau ddeg o geiniogau
un bunt ar hugain	£21.21	ac un geiniog ar hugain
dau ddeg ac un o bunnau		a dau ddeg ac un o geiniogau
dwy bunt ar hugain	£22.22	a dwy geiniog ar hugain
dau ddeg a dwy o bunnau		a dau ddeg a dwy o geiniogau
tair punt ar hugain	£23.23	a thair ceiniog ar hugain
dau ddeg a thair o bunnau		a dau ddeg a thair o geiniogau
pedair punt ar hugain	£24.24	a phedair ceiniog ar hugain
dau ddeg a phedair o bunnau		a dau ddeg a phedair o geiniogau
pum punt ar hugain	£25.25	a phum ceiniog ar hugain
dau ddeg a phump o bunnau		a dau ddeg a phump o geiniogau
chwe phunt ar hugain	£26.26	a chwe cheiniog ar hugain
dau ddeg a chwech o bunnau		a dau ddeg a chwech o geiniogau
saith punt (bunt) ar hugain	£27.27	a saith ceiniog (geiniog) ar hugain
dau ddeg a saith o bunnau		a dau ddeg a saith o geiniogau
wyth punt (bunt) ar hugain	£28.28	ac wyth ceiniog (geiniog) ar hugain
dau ddeg ac wyth o bunnau		a dau ddeg ac wyth o geiniogau
naw punt ar hugain	£29.29	a naw ceiniog ar hugain
dau ddeg a naw o bunnau		a dau ddeg a naw o geiniogau

deg punt ar hugain	£30.30	a deg ceiniog ar hugain
tri deg o bunnau		a thri deg o geiniogau
un bunt ar ddeg ar hugain	£31.31	ac un geiniog ar ddeg ar hugain
tri deg ac un o bunnau		a thri deg ac un o geiniogau
deuddeg punt ar hugain	£32.32	a deuddeg ceiniog ar hugain
tri deg a dwy o bunnau		a thri deg a dwy o geiniogau
tair punt ar ddeg ar hugain	£33.33	a thair ceiniog ar ddeg ar hugain
tri deg a thair o bunnau		a thri deg a thair o geiniogau
pedair punt ar ddeg ar hugain	£34.34	a phedair ceiniog ar ddeg ar hugain
tri deg a phedair o bunnau		a thri deg a phedair o geiniogau
pymtheg punt ar hugain	£35.35	a phymtheg ceiniog ar hugain
tri deg a phump o bunnau		a thri deg a phump o geiniogau
un bunt ar bymtheg ar hugain	£36.36	ac un geiniog ar bymtheg ar hugain
tri deg a chwech o bunnau		a thri deg a chwech o geiniogau
dwy bunt ar bymtheg ar hugain	£37.37	a dwy geiniog ar bymtheg ar hugain
tri deg a saith o bunnau		a thri deg a saith o geiniogau
deunaw punt ar hugain	£38.38	a deunaw ceiniog ar hugain
tri deg ac wyth o bunnau		a thri deg ac wyth o geiniogau
pedair punt ar bymtheg ar hugain	£39.39	a phedair ceiniog ar bymtheg ar hugain
tri deg a naw o bunnau		a thri deg a naw o geiniogau
deugain punt	£40.40	a deugain ceiniog
pedwar deg o bunnau		a phedwar deg o geiniogau
un bunt a deugain	£41.41	ac un geiniog a deugain
ac yn y blaen gan ddilyn yr un patrwm ag 'ugain'.		
hanner can punt	£50.50	a hanner can ceiniog

Ar ôl hanner cant, er ei bod yn bosibl dilyn yr hen ddull o rifo, e.e. 'un bunt ar ddeg a deugain', yr arfer erbyn hyn yw dilyn y patrwm 'pum deg ac un o bunnau'.

can punt	£100.00
cant dau ddeg a dwy o bunnau	£122.00

ATODIAD 2

Rhifau Prifol

Rhif	Rhif Rhufeinig	Ffordd Draddodiadol gwrywaidd/benywaidd	Ffordd Newydd gwrywaidd/benywaidd
0		dim	dim
1	I	un	un
2	II	dau/dwy	dau/dwy
3	III	tri/tair	tri/tair
4	IV	pedwar/pedair	pedwar/pedair
5	V	pump:pum	pump:pum
6	VI	chwech:chwe	chwech:chwe
7	VII	saith	saith
8	VIII	wyth	wyth
9	IX	naw	naw
10	X	deg:deng:dec...	deg:deng:dec...
11	XI	un ar ddeg	un deg (ac) un
12	XII	deuddeg:deuddeng	un deg (a) dau/dwy
13	XIII	tri/tair ar ddeg	un deg tri/tair (a thri/thair)
14	XIV	pedwar/pedair ar ddeg	un deg pedwar/pedair (a phedwar/phedair)
15	XV	pymtheg:pymtheng	un deg pump (a phump)
16	XVI	un ar bymtheg	un deg (a) chwech
17	XVII	dau/dwy ar bymtheg	un deg (a) saith
18	XVIII	deunaw	un deg (ac) wyth
19	XIX	pedwar/pedair ar bymtheg	un deg (a) naw
20	XX	ugain	dau ddeg
21	XXI	un ar hugain	dau ddeg (ac) un
22	XXII	dau/dwy ar hugain	dau ddeg (a) dau/dwy
30	XXX	deg ar hugain	tri deg
31	XXXI	un ar ddeg ar hugain	tri deg (ac) un
32	XXXII	deuddeg ar hugain	tri deg (a) dau/dwy
35	XXXV	pymtheg ar hugain	tri deg pump (a phump)
36	XXXVI	un ar bymtheg ar hugain	tri deg (a) chwech
38	XXXVIII	deunaw ar hugain	tri deg (ac) wyth
40	XL	deugain	pedwar deg
41	XLI	un a deugain	pedwar deg (ac) un
45	XLV	pump a deugain	pedwar deg pump (a phump)
50	L	deg a deugain:hanner cant	pum deg
51	LI	hanner cant ac un	pum deg (ac) un
53	LIII	hanner cant a thri/thair	pum deg tri/tair (a thri/thair)
60	LX	trigain	chwe deg
61	LXI	un a thrigain	chwe deg (ac) un
65	LXV	pump a thrigain	chwe deg pump (a phump)
70	LXX	deg a thrigain	saith deg
71	LXXI	un ar ddeg a thrigain	saith deg (ac) un
75	LXXV	pymtheg a thrigain	saith deg pump (a phump)
79	LXXIX	pedwar/pedair ar bymtheg a thrigain	saith deg (a) naw

80	LXXX	pedwar ugain	wyth deg
81	LXXXI	un a phedwar ugain	wyth deg (ac) un
82	LXXXII	dau/dwy a phedwar ugain	wyth deg (a) dau/dwy
90	XC	deg a phedwar ugain	naw deg
91	XCI	un ar ddeg a phedwar ugain	naw deg (ac) un
95	XCV	pymtheg a phedwar ugain	naw deg pump (a phump)
99	IC	cant namyn un	naw deg (a) naw
100	C	cant	cant
101	CI	cant ac un	cant ac un
115	CXV	cant a phymtheg	cant un deg pump (a phump)
119	CXIX	cant a phedwar/phedair ar bymtheg	cant un deg (a) naw
120	CXX	cant ac ugain: chwech ugain:chweugain	cant dau ddeg
130	CXXX	cant a deg ar hugain	cant tri deg
139	CXXXIX	cant a phedwar/phedair ar bymtheg ar hugain	cant tri deg (a) naw
140	CXL	cant a deugain	cant pedwar deg
142	CXLII	cant a dau/dwy a deugain	cant pedwar deg (a) dau/dwy
150	CL	cant a hanner	cant pum deg
151	CLI		cant pum deg (ac) un
500	D	pum cant	pum cant
1,000	M	mil	mil
1,001	MI	mil ac un	mil ac un
1,180	MCLXXX	mil cant a phedwar ugain	mil cant wyth deg
2,000	MM	dwy fil	dwy fil

Mae rhai o'r rhifau traddodiadol mor drwsgl fel mai anaml iawn y cânt eu defnyddio erbyn hyn.

Ffracsiynau

1/2	hanner	
1/3	traean	un rhan o dair
2/3	dau draean	dwy ran o dair
1/4	chwarter	
3/4	tri chwarter	
1/5	pumed	un rhan o bump
2/5	dau bumed	dwy ran o bump
1/6	chweched	un rhan o chwech
1/7	seithfed	un rhan o saith
1/8	wythfed	un rhan o wyth
1/9	nawfed	un rhan o naw
1/10	degfed	un rhan o ddeg

Gan fod 'rhan', fel 'punt' a 'ceiniog', yn fenywaidd, dilynwch y patrwm hwn:
83/84 wyth deg a thair rhan o wyth deg a phedair.

Rhifau Trefnol

Rhif Trefnol		Byrfodd	*Sylwch:*
gwrywaidd	*benywaidd*		
	cyntaf	1af	1. Defnyddir y byrfoddau o 1af i 31ain (gan gynnwys 3ydd a 4ydd) er mwyn dynodi'r dyddiad, e.e. *Ionawr 3ydd.*
	unfed (o 11 ymlaen)		
	ail	2il	
	eilfed (mewn ffurfiau megis *un-deg-eilfed*)		
trydydd	trydedd	3ydd:	2. Mae ffurfiau trefnol rhifau mawr yn gallu bod yn drwsgl iawn ac fel arfer dylech geisio ffordd symlach o fynegi'r rhif, e.e. yn lle *yr unfed tudalen ar ddeg a thrigain* gellir dweud *tudalen saith deg un.*
	(y drydedd)	3edd	
pedwerydd	pedwaredd	4ydd:	
	(y bedwaredd)	4edd	
	pumed	5ed	
	chweched	6ed	
	seithfed	7fed	
	wythfed	8fed	3. Sylwch ar safle'r enw, fel yn yr enghraifft uchod, sef yn syth ar ôl y rhif cyntaf—*yr ail ferch ar bymtheg, y drydedd ganrif ar ddeg.*
	nawfed	9fed	
	degfed	10fed	
	unfed ar ddeg	11eg	
	deuddegfed	12fed	
trydydd/	trydedd ar ddeg	13eg	
pedwerydd/	pedwaredd ar ddeg	14eg	
	pymthegfed	15fed	4. Mae'r enw a'r rhif trefnol yn treiglo'n feddal os yw'n enw benywaidd, e.e. *y ddeunawfed leian ar hugain.*
	unfed ar bymtheg	16eg	
	ail ar bymtheg	17eg	
	deunawfed	18fed	
pedwerydd/	pedwaredd ar bymtheg	19eg	
	ugeinfed	20fed	
	unfed ar hugain	21ain	
	ail ar hugain	22ain	
	degfed ar hugain	30ain	
	unfed ar ddeg ar hugain	31ain	
	deuddegfed ar hugain	32ain	
	pymthegfed ar hugain	35ain	
	unfed ar bymtheg ar hugain	36ain	
	deunawfed ar hugain	38ain	
	deugeinfed	40fed	

ATODIAD 3

Mesurau, Pwysau a Buanedd

Mesur hyd (hen ddull)

1 fodfedd			= 25.4 milimetr			
1 droedfedd	= 12 modfedd	= 30.48 centimetr	= 0.3048 metr
1 llathen	= 3 troedfedd	= 91.44 centimetr	= 0.9144 metr
1 filltir	= 1760 llathen	= 1.609 kilometr	= 1,609 metr

Mesur hyd (metrig)

1 milimetr (mm)		= 0.039 modfedd
1 centimetr (cm)	= 10 mm	= 0.394 modfedd
1 metr (m)	= 100 cm	= 1.094 llathen
1 kilometr (km)	= 1000 m	= 0.6214 milltir

Er mwyn newid o'r hen ddull i fesur metrig mae gofyn **lluosi** â'r ffactor isod; er mwyn newid o fesur metrig i'r hen ddull mae gofyn **rhannu** â'r un ffactor:

modfeddi : milimetrau	25.4
modfeddi : centimetrau	2.54
troedfeddi : metrau	0.3048
llathenni : metrau	0.9144
milltiroedd : kilometrau	1.6093

e.e. 10 troedfedd = 10 x 0.3048 = 3.048 metr
    20 kilometr = 20 ÷ 1.6093 = 12.428 milltir

Mesur sgwâr (hen ddull)

1 fodfedd sgwâr		= 6.45	centimetr sgwâr
1 droedfedd sgwâr	= 144 modfedd sgwâr	= 92.9	centimetr sgwâr
1 llathen sgwâr	= 9 troedfedd sgwâr	= 0.836	metr sgwâr
1 erw	= 4840 llathen sgwâr	= 0.405	hectar
1 filltir sgwâr	= 640 erw	= 259	hectar

Mesur sgwâr (metrig)

1 centimetr sgwâr (cm^2)		= 0.155 modfedd sgwâr
1 metr sgwâr (m^2)	= 100 cm^2	= 1.196 llathen sgwâr
1 hectar (ha)	= 10 000 m^2	= 2.471 erw
1 kilometr sgwâr (km^2)	= 100 ha^2	= 0.386 milltir sgwâr

Er mwyn newid o'r hen ddull i fesur metrig mae gofyn **lluosi** â'r ffactor isod; er mwyn newid o fesur metrig i'r hen ddull mae gofyn **rhannu** â'r un ffactor:

modfeddi sgwâr:centimetrau sgwâr	6.4516
troedfeddi sgwâr:centimetrau sgwâr	929.03
troedfeddi sgwâr:metrau sgwâr	0.0929
llathenni sgwâr:metrau sgwâr	0.8361
erwau:hectarau	0.4047
erwau:metrau sgwâr	4046.86
milltiroedd sgwâr:kilometrau sgwâr	2.59

e.e. 9 llathen sgwâr = 9 x 0.8361 = 7.5 metr sgwâr
9 metr sgwâr = 9 ÷ 0.8361 = 10.76 llathen sgwâr

Mesur hylif (hen ddull)

1 peint = 20 owns lifyddol = 0.568 litr
1 chwart = 2 beint = 1.136 litr
1 galwyn = 4 chwart = 4.546 litr

Mesur hylif (metrig)

1 mililitr (ml) = 0.002 peint
1 centilitr (cl) = 10 ml = 0.018 peint
1 litr (l) = 100 cl = 1.76 peint

Er mwyn newid o'r hen ddull i fesur metrig mae gofyn **lluosi** â'r ffactor isod; er mwyn newid o fesur metrig i'r hen ddull, mae gofyn **rhannu** â'r un ffactor:

peintiau:litrau 0.568
chwartau:litrau 1.137
galwyni:litrau 4.546

Pwysau (avoirdupois)

1 owns (oz)		= 28.35	gram
1 pwys (lb)	= 16 owns	= 453.6	gram
1 stôn	= 14 pwys	= 6.35	kilogram
1 chwarter	= 2 stôn	= 12.70	kilogram
1 cant (cwt)	= 4 chwarter	= 50.80	kilogram
1 dunnell	= 20 cant	= 1016	kilogram

Pwysau (metrig)

1 gram (g) = 0.035 owns
1 kilogram (kg) = 1000 g = 2.205 pwys
1 dunnell fetrig = 1000 kg = 0.984 tunnell

Er mwyn newid o avoirdupois i bwysau metrig mae gofyn **lluosi** â'r ffactor isod; i newid o bwysau metrig i avoirdupois mae gofyn **rhannu** â'r un ffactor:

ownsiau:gramau	28.3495
pwysau:kilogramau	0.4536
stonau:kilogramau	6.3503
chwarteri:kilogramau	12.7006
cannoedd:kilogramau	50.8023
tunelli:kilogramau	1016.05

e.e. 10 tunnell = 10 x 1016.5 = 10165 kg; 10 kg = 10 ÷ 0.4536 = 22 pwys (22 lbs)

Buanedd

Er mwyn newid o filltiroedd yr awr i kilometrau yr awr mae gofyn **lluosi** â'r ffactor isod; er mwyn newid o kilometrau yr awr i filltiroedd yr awr mae gofyn **rhannu** â'r un ffactor:

milltiroedd yr awr:kilometrau yr awr 1.6093

607

cog, cwcw 30cm

sgrech y coed 32cm

cnocell werdd 32cm

sgrech y coed

jac-y-do 33cm

turtur 28cm

resglen 27cm

ehedydd 18cm

llwydfron 14cm

pibydd y coed

llinos 13cm

llinos

pibydd y coed 15cm

608

bronfraith 23cm

llinos werdd (ceiliog)

ji-binc, pinc, asgell arian, asgell fraith 15cm

mwyalchen, aderyn du 25cm

llinos werdd (ceiliog) 15cm

llwyd y berth/gwrych

drudw:drudwy, drudwen 21cm

robin goch

drudwyod

drudwen

bronfraith

mwyeilch

robin goch 14cm

aderyn y to 15cm

609

bras melyn 17cm

telor y coed 13cm

telor penddu 14cm

telor yr helyg 11cm

telor penddu

telor yr helyg 11cm

dryw eurben 9cm

golfan y mynydd

gwybedog mannog 14cm

coch y berllan 15cm

dryw 9.5cm

bras melyn

golfan y mynydd 14cm

titw mwyaf 14cm

delor y cnau 14cm

nico, asgell aur 12cm

dringwr bach 13cm

titw tomos las 11cm

titw gynffon hir 14cm

titw'r helyg 11cm

titw penddu 11cm

titw tomos las

titw'r wern 11cm

brith y fuches, sigl-i-gwt 18cm

bras yr ŷd 18cm

611

ffesant: iâr 58cm

tylluan wen

tylluan, gwdihŵ 34cm

y ceiliog ffesant yn hedfan

ffesant: ceiliog 87cm

petrisen

iâr fach y dŵr 33cm

petrisen goesgoch 34cm

petrisen 30cm

petrisen goesgoch

tylluan fach 22cm

petrisen goesgoch

cwtiad aur 28cm

cornchwiglen, cornicyll 30cm

612

crëyr, crychydd, garan 92cm

gŵydd wyllt

gŵydd Canada 95cm

gwyach fach 27cm

gïach 27cm

trochiwr:trochwr 18cm

alarch dof 152cm

glas y dorlan 17cm

gwyach fawr 48cm

613

pâl 30cm

llurs 41cm

hugan 92cm

gwylog 42cm

mulfran werdd 76cm (*shag*)

mulfran werdd (chwith): meinach na'r fulfran, morfran, bilidowcar ar y dde 92cm

gwylan gefnddu leiaf 53cm

gwylan y penwaig 56cm

wylan gefnddu fwyaf 66cm

gwylan y gweunydd 37cm

gwylan benddu 37cm

gwylan goesddu

gwylan benddu (ifanc)

aderyn-drycin y graig 47cm

gwylan goesddu

gwylan y gweunydd

aderyn-drycin y graig

adar-drycin Manaw

coed coed coniffer 614

cypreswydden Lawson 25m

cedrwydden goch y gorllewin, cedr 30m

ywen 15m

coeden Nadolig, pyrwydden 30m

ffynidwydden Douglas 40m

pin, pinwydden yr Alban 35m

hemlog y gorllewin 35m

llarwydden Ewrop 38m

llarwydden Japan 35m

moch coed

coed llydanddail 615

olewydden 10m

helygen drist 20m

ceiriosen ddu 15m

ceirios

pren almon 8m

almon

celynnen 10m

castanwydden bêr 35m

castan

pren crabas 10m

afalau surion, crabas:crabys

gellygen gyffredin 15m

gellygen, peren

helygen grynddail fwyaf 7m

gwyddau bach

coed llydanddail 616

ffawydden 25m — cneuen ffawydd, blodau

oestrywydden 10m — blodau, ffrwythau

llwyfen gyffredin 30m — blodau, ffrwythau

poplysen ddu 25m

bedwen arian 5m

gwernen 12m

pisgwydden, palalwyfen 25m — blodau, ffrwythau

derwen goesog 23m — mesen

masarnen Norwy 15m

617

planwydden Llundain 30m

ffigysbren 6m

castanwydden y meirch 25m

ffigysen

castan, concer

acesia 20m

collen Ffrengig 15m

cerdinen:cerddinen, criafolen 7m

cneuen Ffrengig

grawn criafol

camorwydden 20m

tresi aur 7m

onnen 25m

allweddau Mair

blodau 618

brwyn, cawn, pabwyr

corsen, cawnen

banhadlen (banadl)

eithinen (eithin)

danhadlen (danadl): dynad

rhedynen (rhedyn)

codwarth

dail tafol, tafolen

cegiden (cegid)

cedowrach:codowrach, cacimwci:cacamwci

lili'r dŵr:lili ddŵr

mwsogl:mwswgl:mwswm

berwr:berw dŵr

- bysedd y cŵn
- clychau'r gog, croeso haf
- ysgall
- cenhinen Bedr, daffodil
- pabi
- glas y gors, nâd-fi'n-angof
- grug
- meillionen
- llin, cywarchen
- crinllys, millyn, fioled
- briallen
- dant y llew
- eirlys, lili wen fach
- blodyn ymenyn
- llygad y dydd
- gwyddfid, llaeth y gaseg

620

- lelog
- tresi aur
- cactws
- glaswelltyn
- gwymon
- hopys
- hen ŵr
- mintys
- saets
- safri
- lafant
- teim
- wermod: wermwd
- persli
- rhododendron
- mwstard: mwstart
- rhosyn

ceian

ceilys

blodyn yr haul

ffárwel haf

trwyn y llo

blodyn y gwynt

tegeirian

croeso'r gwanwyn

gold Mair

pansi

millyn, crinllys, fioled

saffrwm: saffrwn

lili'r dyffrynnoedd: lili'r maes

lliw 622

1 Prism, sy'n rhannu goleuni gwyn i liwiau'r sbectrwm gweladwy, sef saith liw'r enfys—fioled, indigo, glas, gwyrdd, melyn, oren a choch.

2 Rhai lliwiau cyffredin.

3 Lliwiau sylfaenol paent yw coch tywyll (magenta), melyn a glas golau (cyan); o'u cymysgu â'i gilydd, ceir du.

4 Lliwiau sylfaenol goleuni yw coch, gwyrdd a glas; fe'u gelwir yn lliwiau cyflenwol oherwydd o'u cymysgu â'i gilydd ceir golau gwyn.

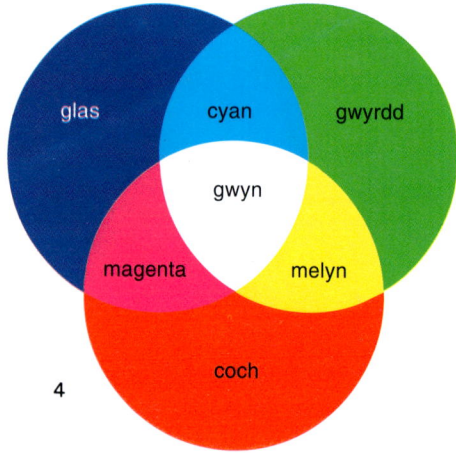

baneri

Yr Aifft	Yr Almaen	Awstralia	Awstria	Brasil
Canada	China	De Affrica	Denmarc	Y Deyrnas Unedig
Yr Eidal	Y Ffindir	Ffrainc	Groeg	Gwlad Belg
Gwlad Pwyl	Gwlad yr Iâ	Hwngari	India	Indonesia
Iran	Yr Iseldiroedd	Israel	Iwerddon	Japan
México	Norwy	Pakistan	Portiwgal	Rwsia (y ffederasiwn)
Sbaen	Seland Newydd	Sweden	Y Swistir	Unol Daleithiau America
Yr Alban	Cernyw	Cymru	Llydaw	Ynys Manaw

ffrwythau

624

cnau Ffrengig

cwins

eirin duon

cwrens duon

mefus, syfi

oren

eirin sych

afal

cwrens coch

llus:llusi

cwrens gwyn

cnau cyll

cnau almon

mafon duon, mwyar duon

cnau coco

eirin ysgaw

pomgranad

ceirios y waun, llygaeron

eirin

rhesinen

afan coch, mafon

egroes

eirin gwlanog

melon

gellyg, peren

grawnwin

lemwn:lemon

eirin gwyrdd

ceirios

eirin duon bach,
eirin perthi, eirin tagu

eirin Mair,
gwsberen

bricyll

banana

afal pin, pinafal

pysgod

pysgod dŵr croyw

sildyn:silcyn:silidón

draenogiad:draenogyn

torgoch

gwyniad

brithyll

sewin

pysgodyn aur

llysywen

gleisiad

penhwyad

eog

pysgod y môr

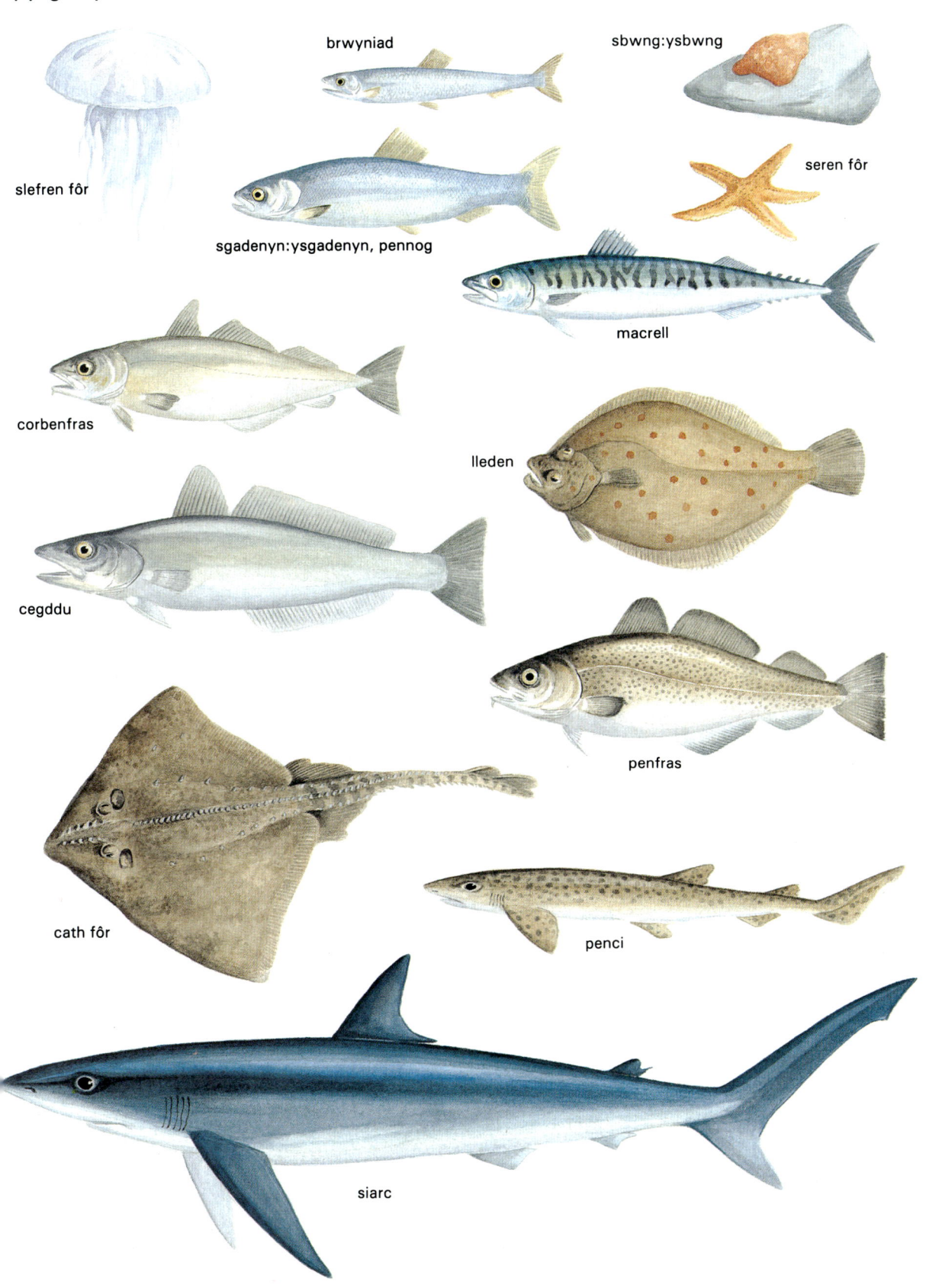

- slefren fôr
- brwyniad
- sbwng:ysbwng
- sgadenyn:ysgadenyn, pennog
- seren fôr
- macrell
- corbenfras
- lleden
- cegddu
- penfras
- cath fôr
- penci
- siarc

y corff

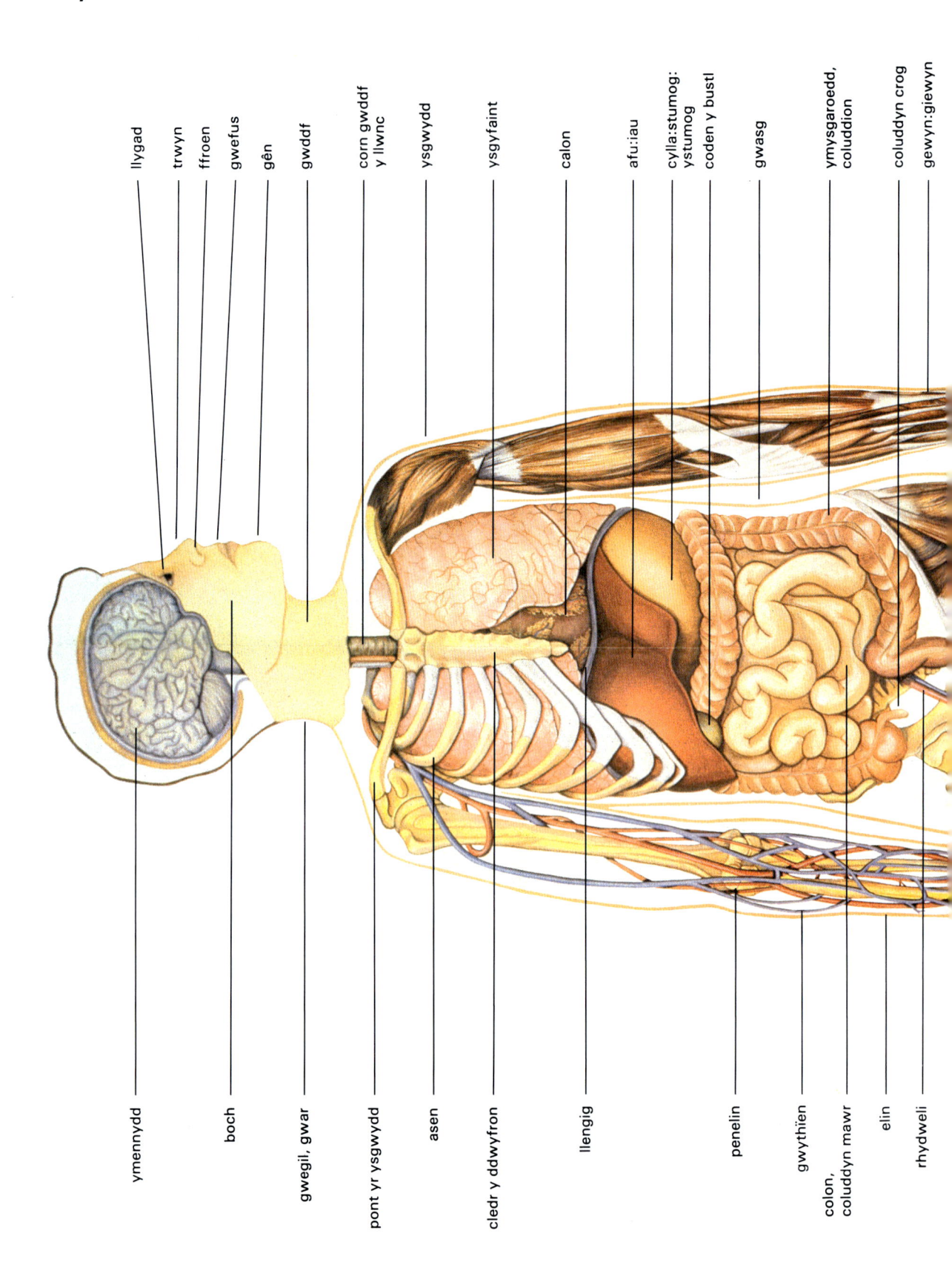

Labels (top):
- llygad
- trwyn
- ffroen
- gwefus
- gên
- gwddf
- corn gwddf, y llwnc
- ysgwydd
- ysgyfaint
- calon
- afu:iau
- cylla:stumog: ystumog
- coden y bustl
- gwasg
- ymysgaroedd, coluddion
- coluddyn crog
- gewyn:giewyn

Labels (bottom):
- ymennydd
- boch
- gwegil, gwar
- pont yr ysgwydd
- asen
- cledr y ddwyfron
- llengig
- penelin
- gwythïen
- colon, coluddyn mawr
- elin
- rhydweli

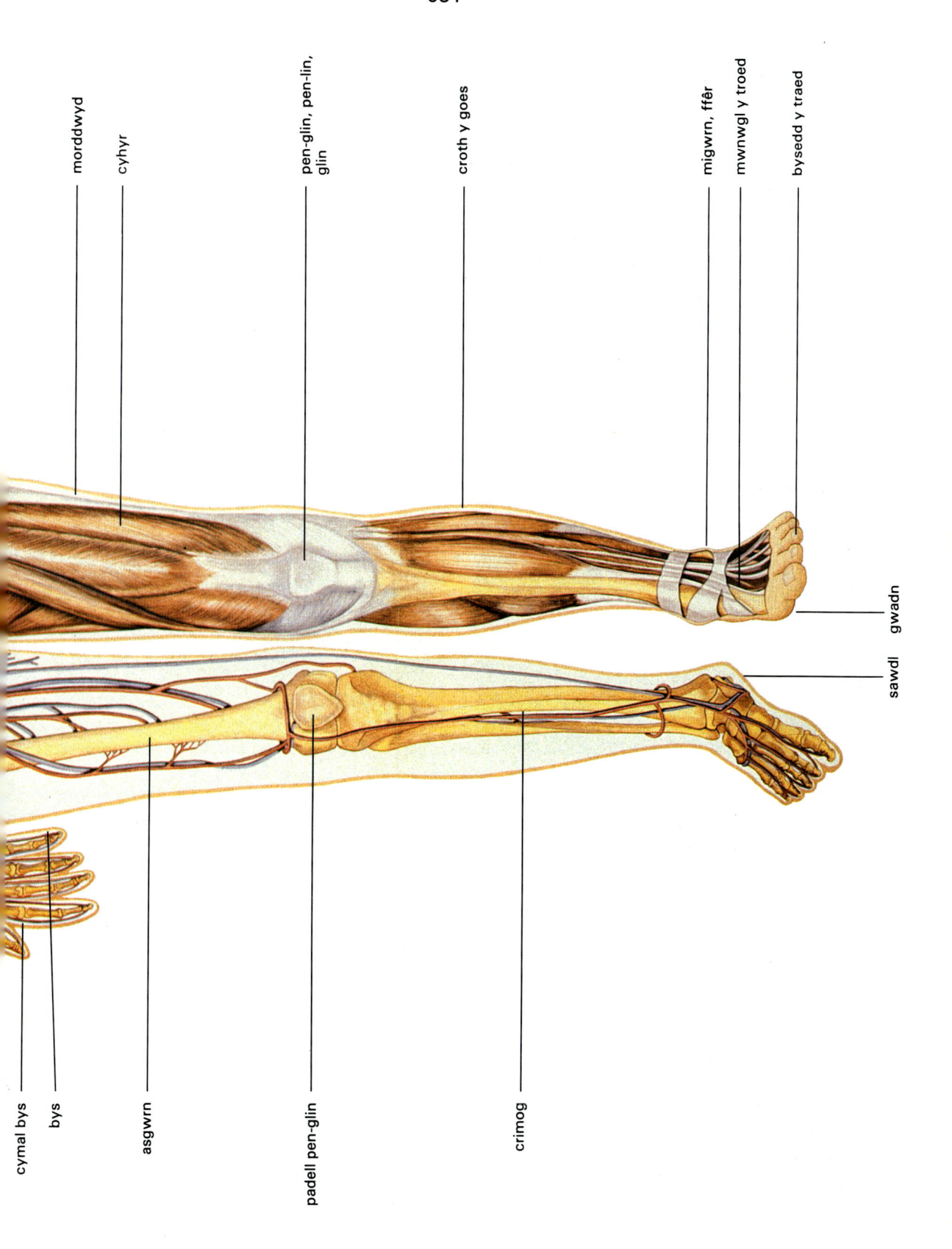

morddwyd · cyhyr · pen-glin, pen-lin, glin · croth y goes · migwrn, ffêr · mwnwgl y troed · bysedd y traed · gwadn · sawdl · crimog · padell pen-glin · asgwrn · bys · cymal bys

creigiau a mwynau

1 mwyn haearn
2 marmor
3 mwyn plwm
4 gwenithfaen, ithfaen
5 llech: llechen, llechfaen
6 callestr

cantrefi

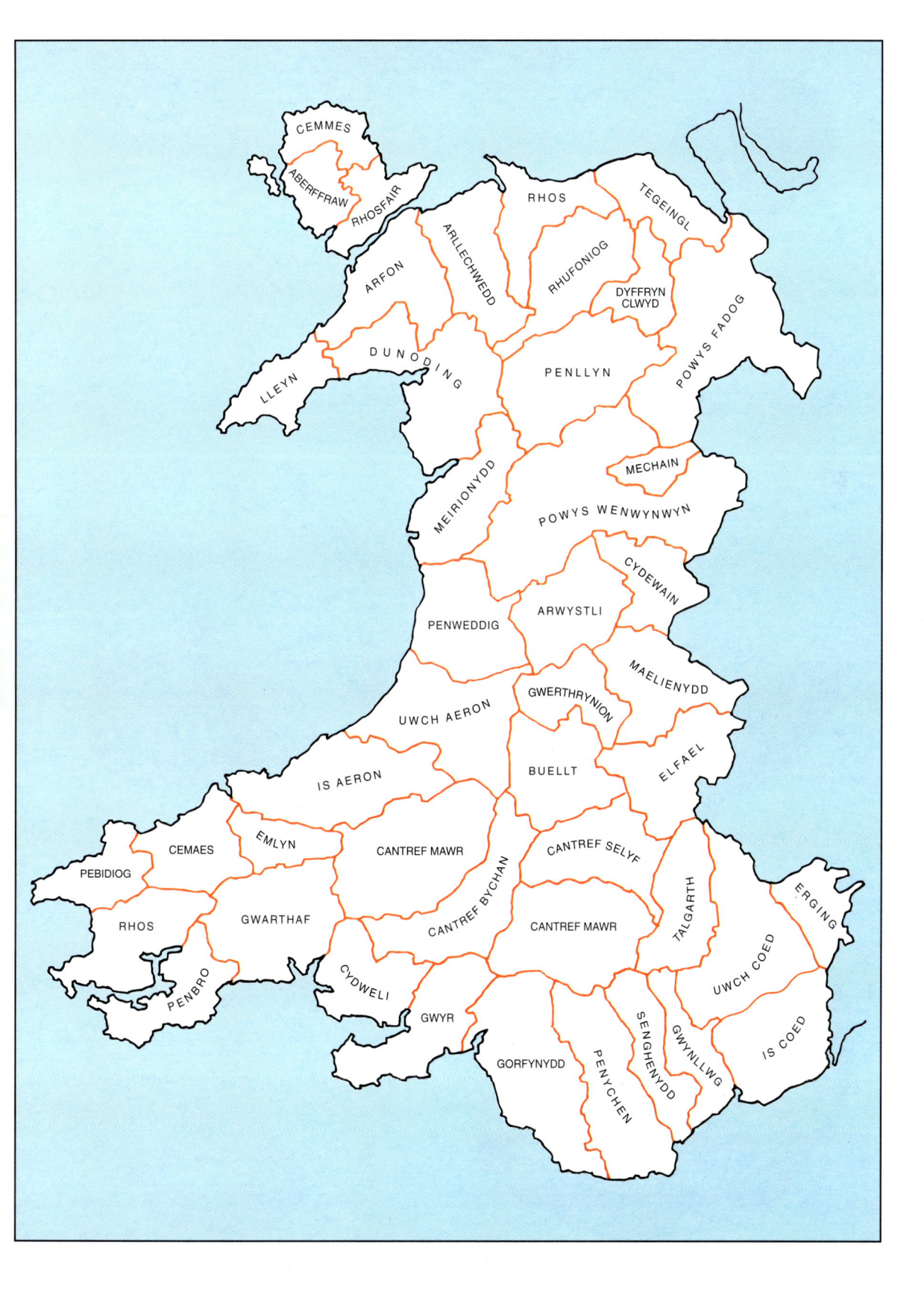

llysiau 634

- betys coch
- pys
- helogan
- cennin syfi
- pannas
- tomato
- merllys
- garllegen
- nionod, wynionod: wynwyn
- ciwcymber: cucumer
- ysgewyll
- moron
- blodfresych
- tatws:tato:tatw

635

- pigoglys, ysbigoglys
- rhiwbob: riwbob
- rhuddygl
- cenhinen
- meipen
- pupur (coch, gwyrdd)
- pwmpen
- erfin, rwden
- ffa
- letysen
- ffacbys
- bresych, cabaets

arweddion daearyddol

1 atol
2 geiser
3 rhaeadr
4 stalactit; stalagmit
5 folcano, llosgfynydd

637

6 ffawt
7 eirlithriad, afalans
8 mynydd iâ
9 rhewlif, glasier

gofod

1 nifwl
2 y ddaear
3 galaeth
4 comed
5 y Llwybr Llaethog,
  Caer Arianrhod:
  Caer Gwydion

Mynegai Saesneg—Cymraeg

Nid geiriadur Saesneg-Cymraeg mo'r adran hon, ond rhestr o eiriau Saesneg i'ch helpu i ddod o hyd i'r union air Cymraeg yr ydych chi'n chwilio amdano.

RHYBUDD

Os nad ydych chi'n hollol siŵr o ystyr y gair Cymraeg yr ydych wedi dod o hyd iddo yn y Mynegai, mae'n bwysig eich bod yn edrych ar y diffiniadau o dan y gair.

Os na wnewch chi hyn efallai y byddwch chi'n ysgrifennu pethau dwl fel: *y ferch ysgawen* (the elder daughter); *cyfarth coeden* (the bark of a tree); *y gŵr â deigryn yn ei got* (the man with a tear in his coat); *gwahoddiad i gernod* (an invitation to a buffet).

1.0 Mae ¹ a ² yn cyfeirio at drefn dau air Cymraeg yn nhestun y Geiriadur, geiriau sy'n cael eu sillafu yn yr un ffordd ond sydd ag ystyron gwahanol.

2.0 Mae ☐ o flaen gair yn dangos bod llun ohono yn y Geiriadur.

3.0 Os digwydd gair mewn [ ] ar ôl priod-ddull, dyma'r gair y mae'r priod-ddull wedi'i gofnodi tano. Os nad oes [ ] mae'r cofnod i'w gael o dan y gair cyntaf (gan anwybyddu fel arfer 'y' neu 'yn'), e.e. ceir *yn erbyn fy ewyllys* dan 'erbyn' ac *er cof* [*cof*] dan 'cof'.

4.0 Mae geiriau Saesneg sy'n cael eu cyplysu â chysylltnod, e.e. *old-fashioned*, yn cael eu cofnodi fel un gair annibynnol. Mae dau air heb gysylltnod, e.e. *lobster pot*, yn cael eu rhestru fel is-gofnod o dan y gair cyntaf, e.e.

lobster
   lobster pot

Felly os nad ydych chi'n siŵr a yw '*wind pipe*', e.e., yn un gair, yn ddau air ar wahân neu'n ddau air wedi'u cysylltu â chysylltnod, cofiwch edrych dan '*wind*' os nad yw o dan '*windpipe*' neu '*wind-pipe*'.

5.0 Er mwyn gwahaniaethu rhwng geiriau Saesneg sy'n cael eu sillafu yn yr un ffordd ond sydd ag ystyron gwahanol (oherwydd eu bod yn rhannau ymadrodd gwahanol), defnyddir 'a' o flaen enw, 'to' o flaen berfenw, a'r gair ar ei ben ei hun os yw'n ansoddair, e.e.

   light   *ysgafn*
  a light   *golau*
  to light *cynnau*.

A

abacus □ *abacws*
to abandon *gadael, rhoi'r gorau i*
to abate *gostegu, lleihau*
abattoir *lladd-dy*
abbess *abades*
abbey *abaty*
abbot *abad*
to abbreviate *cwtogi, talfyrru*
abbreviation *byrfodd, talfyriad*
abdomen *bol:bola*
Aberdare *Aberdâr*
Abergavenny *Y Fenni*
Abertillery *Abertyleri*
to abet *cefnogi*
to abhor *ffieiddio*
abhorrent *atgas, ffiaidd*
to abide *aros, parhau, trigo*
ability *dawn, gallu²*, *medr*
ablaze *gwenfflam*
able *abl, atebol, galluog*
    to be able *gallu¹, medru*
abnormal *anghyffredin, anarferol*
aboard *ar y bwrdd* [*bwrdd*]
to abolish *diddymu, dileu*
abolition *diddymiad, dilead*
abominable *atgas, ffiaidd*
abomination *ffieidd-dra*
aboriginal *cynfrodorol*
aborigines *cynfrodorion*
to abort *erthylu*
abortion *erthyliad*
about
    1 *am², ar, ynghylch, ynglŷn â*
    2 *amgylch, ar hyd a lled* [*hyd*], *ar led* [*lled*], *o gwmpas* [*cwmpas¹*], *o gylch* [*cylch¹*], *yng nghylch* [*cylch¹*], *ynghylch*
    3 *o boptu:o beutu, oddeutu, rhyw³, tua : tuag*
    about to begin *ar ddechrau* [*dechrau*]
    about to open *ar agor* [*agor*]
above *fry, goruwch¹, uchod, uwchben, uwchlaw*
    above all *yn anad dim, yn bennaf oll* [*pennaf*], *uwchlaw pob dim*
    from above *oddi fry, oddi uchod*
abreast *ochr yn ochr*
to abridge *talfyrru*
abridgement *talfyriad*
abrupt *disymwth, ffwr-bwt, pwt, swta, sydyn*
abruptness *sydynrwydd*
abscess *casgliad, cornwyd*
absence *absenoldeb:absenoliad*
absent *absennol*
absolute *absoliwt, corn², cyfan gwbl* [*cyfan¹*]
    absolute zero *sero absoliwt*
    absolutely right *yn llygad fy lle*
to absorb *amsugno, llyncu*
to abstain (from) *ymwrthod â*
abstemious *cymedrol*
abstract *haniaethol*
abstraction *haniaeth*
abstruse *astrus, caled*

absurd *gwrthun*
abundance *amlder:amldra, cyflawnder, digonedd, llawnder: llawndra, toreth, wmbredd*
    in abundance *heb fesur* [*mesur¹*]
abundant *toreithiog*
to abuse *difenwi, difrio*
abusive *difriol, dilornus*
to abut *ffinio*
abysmal *affwysol*
abyss *agendor:gagendor*
acacia □ *acesia*
academic *academaidd: academig*
academy *academi*
to accede *cydsynio, cytuno*
to accelerate *cyflymu*
accelerator *cyflymydd*, □ *sbardun:ysbardun*
accent *acen, llediaith*
    acute accent *acen ddyrchafedig*
    circumflex accent *acen grom, to bach*
    grave accent *acen ddisgynedig*
to accentuate *acennu, pwysleisio*
to accept *arddel, derbyn*
acceptable *cymeradwy, derbyniol*
access *mynediad*
accession *esgyniad*
accident *damwain*
    by accident *ar hap* [*hap*]
accidental *damweiniol*
an accidental □ *hapnod*
to accommodate *lletya*
accommodation *llety*
accompaniment *cyfeiliant*
accompanist *cyfeilydd*
to accompany
    1 *cyfeilio*
    2 *danfon*
to accomplish *cyflawni, gweithredu*
accord
    of one accord *yn unfryd unfarn*
accordance
    in accordance *cytûn*
    in accordance with *yn unol â*
according to *yn ôl* [*ôl²*]
accordion □ *acordion*
an account
    1 *cowt, cyfrif¹*
    2 *cownt, hanes*
    current account *cyfrif¹ cyfredol*
    deposit account *cyfrif¹ cadw*
    on account of *ar gownt* [*cownt*], *oblegid*
    on any account *ar unrhyw gyfrif* [*cyfrif¹*]
    on no account *er dim* [*dim*]
    to bring to account *galw rhywun i gyfrif*
to account for *cyfrif²*
accountant *cyfrifydd*
to accumulate *crynhoi¹*
accumulator *croniadur*
accuracy *cywirdeb*
accurate *cywir*
accursed *melltigedig, ysgymun*

accusation *cwyn, cyhuddiad*
to accuse *cyhuddo*
accused *cyhuddedig: cyhuddiedig²*
the accused *cyhuddedig: cyhuddiedig¹*
to accustom *arfer²*
accustomed *cynefin¹*
    to become accustomed to *cyfarwyddo â, dod i arfer* [*arfer²*]
ace *as*
    within an ace *o fewn dim* [*dim*]
an ache *cur, poen*
to ache *dolurio, gwynegu, gwynio*
achievement *gorchest*
aching *poenus*
acid *sur*
an acid *asid*
to acknowledge *arddel, cydnabod¹*
acknowledged *cydnabyddedig*
acknowledgement *cydnabyddiaeth*
acne *plorod*
acorn □ *mesen*
acoustics *acwsteg*
acquaintance *cydnabod²*
to acquire *cael, magu*
acquisition *caffaeliad*
acre *acer:acr, cyfer:cyfair, erw*
acrid *chwerw*
acrobat *acrobat*
acronym *acronym*
across *ar draws* [*traws*]
acrostic *acrostig*
an act
    1 *act, gweithred*
    2 *deddf*
    the Acts of Union *y Deddfau Uno*
to act *actio, gweithredu*
acting *gweithredol*
action *digwydd³, gweithred*
active *heini, sionc*
activity *gweithgaredd, gweithgarwch*
actor *actor, chwaraewr*
actress *actores*
actually *mewn gwirionedd* [*gwirionedd*]
acumen *craffter*
acute *dygn, llym*
    acute accent *acen ddyrchafedig*
    acute angle *ongl lem*
AD *OC, Oed Crist*
adage *dihareb*
adamant *diysgog*
Adam's apple *afal freuant*
to adapt *addasu, cymhwyso*
adaptation *addasiad*
adaptor □ *addasydd*
to add *adio, atodi, cyfrif²*, *ychwanegu*
adder □ *gwiber*
addicted *caeth*
addiction *caethineb*
addition *ychwanegiad*
    in addition to that *at hynny* [*hynny*]

additional ychwanegol
additive adiolyn, ychwanegyn
addled clonc², clwc, gorllyd
  addled egg wy clwc
an address
  1 anerchiad, cyfarch¹
  2 cyfeiriad
to address
  1 annerch
  2 cyfeirio
adept deheuig
adequate digonol
adhesive adlynol
an adhesive adlyn
adjacent cyfagos
adjective ansoddair
adjoining cyfagos
to adjourn gohirio
to adjudge dyfarnu
to adjudicate beirniadu, dyfarnu
  adjudication beirniadaeth, dyfarniad
  adjudicator beirniad
to adjust cymhwyso, cyweirio
to administer gweinyddu, rheoli
  administration gweinyddiaeth
  administrative gweinyddol
  administrator gweinyddwr, gweinyddwraig
admiral llyngesydd
admiration edmygedd, golwg¹
to admire edmygu
  admirer edmygwr:edmygydd
admission
  1 cyfaddefiad, cyffes
  2 mynediad
to admit
  1 addef, cyfaddef, cyffesu
  2 derbyn
  to admit to being at fault cwympo ar fy mai
adolescence llencyndod
an adolescent (boy) llencyn
to adopt mabwysiadu
  adoption mabwysiad
  by adoption trwy fabwysiad [mabwysiad]
to adore addoli, dwlu:dylu
to adorn addurno, gwisgo, prydferthu
adroit cywrain, deheuig, dethau
adult dyn mewn oed, oedolyn
to adulterate llygru
adultery godineb
advanced uwch
  advanced in years mewn gwth o oedran [gwth]
advantage mantais
  to my advantage ar fy ennill [ennill²], ar fy lles [lles]
  to one's advantage o fantais [mantais]
  to take advantage manteisio
  to turn to one's advantage troi'r dŵr at fy melin fy hun [melin]
advantageous llesol, manteisiol
Advent Adfent
adventure antur, anturiaeth

adventurous anturiaethus, anturus
adverb adferf
adversary gwrthwynebydd: gwrthwynebwr
adverse croes²
adversity adfyd, caledi
to advertise hysbysebu
  advertisement hysbyseb
  advertiser hysbyswr
advice cyfarwyddiad: cyfarwyddyd, cyngor¹
to advise cynghori
  adviser cynghorwr:cynghorydd, ymgynghorydd
  advisory ymgynghorol
aerial □ erial:eriel
aerobic aerobig
aerodrome maes¹ awyr
aeroplane □ awyren
aerosol aerosol, chwistrell
afar hirbell, ymhell
  from afar o bell [pell]
affable hynaws
to affect effeithio, menu:mennu: mannu
  affected mursennaidd
  affection anwyldeb, hoffter
  affectionate cariadus, cynnes, serchog:serchus
to affirm cadarnhau
  affirmative cadarnhaol
to afflict cystuddio
  affliction adfyd, cystudd
affluence cyfoeth, golud
to afford fforddio
to affront sarhau
afoot ar droed [troed]
  something afoot rhywbeth yn y gwynt [gwynt]
  to set afoot gosod ar droed [gosod¹]
afraid ofnus
  to be afraid ofni
  to be afraid of mae arnaf ofn [ofn]
an African Affricanes, Affricanwr
after ar fy ôl [ôl²], ar ôl, erbyn¹, wedi
  after a time ymhen y rhawg [rhawg]
  after all wedi'r cwbl [cwbl¹], wedi'r cyfan [cyfan²]
  after another bwygilydd
  after that wedi hynny, ar ôl hynny [hynny]
after-birth brych¹
aftermath adladd
afternoon prynhawn
  this afternoon prynhawn heddiw [heddiw]
  yesterday afternoon prynhawn ddoe [doe:ddoe]
afterwards wedyn
again ail², eilwaith, eto², mwy², trachefn
  now and again bob hyn a hyn [hyn], yn awr/nawr/rŵan ac yn y man [man]

  time and again dro ar ôl tro [tro], drosodd a thro [trosodd]
  yet again eto fyth [eto³]
against erbyn¹, rhag¹
  against one's will yn erbyn fy ewyllys
  against the grain croes i'r graen : yn erbyn y graen [graen]
an age
  1 oes¹
  2 oed¹ : oedran
  old age hen ddyddiau [dyddiau], henaint, henoed
to age heneiddio
  aged oedrannus
the aged henoed
agent asiant, gweithredwr
ages oesoedd
  for ages ers achau [achau], ers amser, ers hydoedd [hyd], ers tro byd [tro]
to aggregate crynhoi
aggressive ymosodol
aghast syn
  to look aghast edrych yn hurt [hurt]
agile gwisgi
agility ystwythder
to agitate cyffroi
  agitated cyffrous
  to become agitated cynhyrfu
  agitation cynhyrfiad, cynnwrf, ysgydwad:ysgytwad
agnostic agnostig
ago yn ôl [ôl²]
agonizing ingol
to agree cyd-fynd, cydsynio, cyd-weld, cytuno
  agreeable difyr, dymunol, ffein, ffeind
  agreeing cytûn
  agreement cytgord, cytundeb, dealltwriaeth
  in agreement cytûn
agricultural amaethyddol
agriculture amaethyddiaeth
ague cryd
ahead ymlaen
an aid cymorth, cynhorthwy, help
to aid cynorthwyo
AIDS AIDS, Diffyg Imwnedd Caffaeledig
to ail clafychu
ailment anhwyldeb
an aim
  1 □ annel, ergyd
  2 bryd, diben, nod, pwrpas
to aim amcanu, anelu, cynnig², ergydio
  to aim a kick estyn cic
aimless diamcan
air aer, awyr
  air force llu awyr
  air pressure gwasgedd aer
  fresh air awyr iach
  open air awyr agored
an air alaw

to air
  1 caledu, crasu, eirio
  2 gwyntyllu
aired *cras*
airport *maes¹ awyr*
airtight *aer-dynn : aerglos*
airy-fairy *yn yr awyr [awyr]*
aisle *asgell, eil¹*
ajar *cilagored*
alacrity *sioncrwydd*
alarm *larwm*
  alarm clock *cloc larwm*
alas *ysywaeth*
Albanian *Albaniad*
albumen *gwynnwy*
alcohol *alcohol*
alcoholic drink *diod feddwol, diod gadarn*
alder ☐ *gwern:gwernen*
ale *cwrw*
  bitter ale *cwrw melyn*
  mild ale *cwrw coch*
alert *effro, gwyliadwrus*
alertness *gwyliadwriaeth*
algae *algae*
alien *anghyfiaith, dieithr, estron*
to alienate *dieithrio*
alight *ar dân [tân], ynghynn*
to alight *disgyn*
to align *alinio*
alignment *aliniad*
alike *tebyg*
alive *byw²*
alkali *alcali*
all *gyd, holl, i gyd, oll, pob¹*
  all in all *at ei gilydd [gilydd], drwodd a thro [tro]*
  all on my own *o'm pen a'm pastwn [pen]*
  all over me *yn fêl i gyd [mêl]*
  all over the floor *hyd lawr/hyd y llawr*
  all over the place *pendramwnwgl*
  all right *iawn², purion¹, symol*
  All Saints' Day *Calan Gaeaf, Dygwyl yr Holl Saint*
  All Souls' Day *Dygwyl y Meirw*
  all the time *beunos beunydd, trwy'r amser [amser]*
  at all *agos², oll*
  (not) at all *o gwbl [cwbl²]*
to allay *lliniaru*
  allegation *haeriad, honiad*
to allege *haeru, honni*
  alleged *honedig*
  allegiance *gwrogaeth, teyrngarwch*
  allegory *alegori*
  allergy *alergedd*
to alleviate *lleddfu, lliniaru*
  alley *bing*
  alliance *cynghrair*
  alliteration *cyflythreniad, cyseinedd*
to allow *cael, caniatáu, gadael, goddef*
  allowance *lwfans*

alloy *aloi*
to allude *cyfeirio, ergydio*
alluring *deniadol, hudol:hudolus*
ally *cynghreiriad*
almanac *almanac*
almighty *hollalluog*
  The Almighty *Y Goruchaf, Yr Hollalluog*
almond(s) ☐ *almon, cnau almon*
  almond tree ☐ *pren almon*
almost *bron³, jest, mwy neu lai, ymron*
alms *cardod, elusen*
aloft *fry*
alone *ar fy mhen fy hun:hunan [hun]*
  let alone *chwaethach*
along *gyda:gydag, hyd²*
alongside *gyda:gydag*
aloud *yn uchel*
alp *alp*
alphabet *yr wyddor [gwyddor]*
already *eisoes, yn barod [parod]*
also *hefyd*
altar *allor*
to alter *cyfnewid, newid²*
alternately *bob yn ail:am yn ail [ail¹]*
alternating *eiledol*
  alternating current *cerrynt eiledol*
alternator *eiliadur*
although *er, serch²*
altimeter ☐ *altimedr*
altitude *uchder:uchdwr*
alto *alto*
altogether *i gyd [cyd¹]*
aluminium *alwminiwm*
always *byth, gwastad¹, o hyd [hyd]*
a.m. *bore¹*
am
  I am *wyf:ydwyf*
to amalgamate *uno*
to amass *cronni, crynhoi¹, pentyrru, tyrru*
amateur *amatur*
to amaze *rhyfeddu, synnu*
amazed *syn*
amazement *syndod*
amazing *rhyfeddol*
ambassador *llysgennad*
amber *ambr*
ambiguous *amheus, amwys, mwys*
ambition *uchelgais*
ambitious *uchelgeisiol*
ambulance *ambiwlans*
amen *amen*
amenable *hydrin*
to amend *diwygio*
amended *diwygiedig*
amendment *gwelliant*
amenities *amwynderau*
American *Americanes, Americanwr*
amiable *hawddgar*
amicable *cyfeillgar*

amid *ymhlith, ymysg*
amiss *chwith¹*
Ammanford *Rhydaman*
ammeter ☐ *amedr*
amoeba ☐ *amoeba*
among: amongst *gyda: gydag, ymhlith, ymysg*
amount *swm*
  a certain amount *rhyw gymaint, rhywfaint*
ampere *amper*
amphibia ☐ *amffibiaid*
amphibious *amffibiaidd*
amphitheatre *amffitheatr*
ample *braf, digon¹, digonol*
amplifier *mwyhadur*
to amplify *mwyhau*
to amputate *trychu*
to amuse *diddanu, difyrru*
amusement *difyrrwch, digrifwch*
amusements *difyrion*
amusing *diddan, digrif, doniol, smala:ysmala*
anachronistic
  to be anachronistic *camamseru*
anaemia *diffyg gwaed*
anaesthetic *anesthetig*
anaesthetist ☐ *anesthetydd*
anagram ☐ *anagram*
analogy *cyfatebiaeth*
to analyse *dadansoddi, dadelfennu, dosrannu*
analysis *dadansoddiad, dosraniad*
analytical *dadansoddol*
anarchy *anarchiaeth, anhrefn*
anatomical *anatomegol*
anatomy *anatomeg, anatomi*
ancestors *cyndadau:cyndeidiau, hynafiaid, teidiau*
ancestry *llinach*
  to trace one's ancestry *dwyn achau, hel achau*
an anchor *angor*
  at anchor *wrth angor [angor]*
to anchor *angori*
  to cast anchor *bwrw angor*
anchorage *angorfa*
anchovy ☐ *brwyniad*
ancient *hynafol*
  ancient monuments *henebion*
and *a³ : ac*
anecdote *hanesyn*
anemone ☐ *blodyn y gwynt*
anew *o'r newydd [newydd]*
angel *angel, angyles*
  guardian angel *angel gwarcheidiol*
anger *cynddaredd, dicter, dig¹, digofaint, gwenwyn, llid*
an angle *congl, ☐ ongl*
  acute angle ☐ *ongl lem*
  obtuse angle ☐ *ongl aflem*
  right angle ☐ *ongl sgwâr*
to angle *pysgota*
angler *genweiriwr, pysgotwr*
to Anglicize *Seisnigeiddio*
Anglicized *Seisnigaidd*
Anglo-Welsh *Eingl-Gymreig*

angry *crac*[2], *dig*[2]
  to become angry
    gwylltio:gwylltu
  to be furiously angry
    cynddeiriogi
anguish *cyfyngder, dolur, ing*
  mental anguish *gwewyr meddwl*
angular *onglog*
animal *anifail, mil*[1], *pryf:pry*
  young animal *cyw*
animated *bywiog*
  animated picture *symudlun*
animosity *gelyniaeth*
ankle ☐ *ffêr, migwrn*
to annihilate *difodi, dinistrio*
annihilation *difodiad:difodiant*
anniversary *dathliad, pen blwydd*
to announce *cyhoeddi, datgan*
announcement *cyhoeddiad, hysbysiad*
announcer *cyhoeddwr*
to annoy *codi gwrychyn* [*gwrychyn*]
annoyed *penwan*
annual *blynyddol*
annuity *blwydd-dal*
to annul *diddymu*
to anoint *eneinio, iro*
anonymous *dienw*
anorak ☐ *anorac*
A. N. Other *D. Enw*
another *arall*
  after another *bwygilydd*
  one another *ei gilydd*
  to another *bwygilydd*
an answer *ateb*[2]
to answer *ateb*[1]
  to answer the door *ateb y drws* [*drws*]
ant *morgrugyn*
Antarctic Ocean ☐ *Cefnfor y De*
ante... *rhag...*[2]
antelope *gafrewig*
antenna *corn*[1], *teimlydd*
anthem *anthem*
  national anthem *anthem genedlaethol*
anthology *blodeugerdd*
anthracite *glo caled:glo carreg*
anthropology *anthropoleg*
anti... *gwrth...*
antibiotic *gwrthfiotig*
to anticipate *achub y blaen*
anticipated *disgwyliedig*
anticlockwise *gwrthglocwedd*
antics *castiau* [*cast*[1]]
antidote *gwrthwenwyn*
antifreeze *gwrthrewydd*
antipathy *gelyniaeth*
antiquity *cynfyd*
antiseptic *antiseptig*
antler ☐ *corn*[1], *rhaidd*
anus ☐ *rhefr, tin*
anvil ☐ *eingion : einion*
anxiety *amgeledd, pryder*
anxious *pryderus*
  to be anxious *gofidio*
any *unrhyw*
  any longer *bellach*

any more *mwy*[2], *mwyach, rhagor*[3]
anyone *neb*
  just anyone *rhywun rywun*
  more than anyone *yn anad neb*
anything *dim, rhywbeth*[1]
  just anything *rhywbeth rywbeth*
anyway *fodd bynnag* [*bynnag*], *sut bynnag, ta waeth* [*gwaeth*]
anywhere *unman*
  just anywhere *rhywle rywle*
AOB *UFA, unrhyw fater arall*
apart *gwahân*
  apart from *heblaw*
apartheid *apartheid*
apathetic *difater*
apathy *difaterwch, difrawder*
ape *epa*
aperture *bwlch, twll*
apex *apig*
aphid *llysleuen*
aphorism *dywediad*
apiece *pobo :pobi*
Apocalypse *Apocalyps*
Apocrypha *Apocryffa*
to apologize *ymddiheuro*
apology *ymddiheuriad*
apostle *apostol*
apostrophe *collnod*
to appal *brawychu*
apparatus *cyfarpar, offer*
apparition *drychiolaeth*
an appeal *apêl*
to appeal *apelio*
to appear *disgwyl, ymddangos*
  to appear before one's betters *mynd o flaen fy ngwell* [*gwell*[2]]
appearance *diwyg, golwg*[2], *gwedd*[1], *pryd*[5], *ymddangosiad*
  to all appearances *i bob golwg* [*golwg*[2]]; *yn ôl pob golwg* [*golwg*[2]]
to append *atodi*
appendage *cynffon*
appendix
  1 *atodiad*
  2 ☐ *coluddyn crog*
appetite *archwaeth, chwant*
to applaud *cymeradwyo*
applause *cymeradwyaeth*
apple ☐ *afal*
  Adam's apple *afal freuant*
  apple of the eye *cannwyll llygad*
  apple tree *afallen*
  crab apples see crab-apples
apple-cart
  to upset the apple-cart *troi'r drol* [*trol*]
applicant *ymgeisydd*
application *cais*[1]
  application form *ffurflen gais*
applied *cymhwysol*
to apply
  1 *cymhwyso*
  2 *cynnig*[2]
  3 *ymroi*

to appoint *apwyntio, penodi, pennu*
appointed time *tymp*
appointment *penodiad*
  to make an appointment *gwneud oed* [*oed*]
to apportion *dogni, rhannu*
to appreciate *gwerthfawrogi*
appreciation *cydnabyddiaeth, gwerthfawrogiad*
  to show appreciation *cydnabod*[1]
appreciative *gwerthfawrogol*
apprehensive *ofnus, pryderus*
apprentice *prentis*
apprenticeship *prentisiaeth*
  to serve one's apprenticeship *bwrw prentisiaeth* [*prentisiaeth*]
to approach *agosáu, dynesu, nesáu:nesu*
appropriate *cymwys:cwmws, priodol*
approval *arddeliad, cymeradwyaeth*
  seal of approval *sêl bendith*
to approve *cymeradwyo*
approved *cymeradwy*
approximately *mwy neu lai, oddeutu*
approximation *brasamcan*
apricot *bricyllen*
April *Ebrill*
  April fool *ffŵl Ebrill*
apron *barclod, brat, ffedog*
  tied to her apron strings *bod yn dynn wrth linyn ffedog* [*ffedog*]
aptitude *cymhwyster, elfen*
aquarium *acwariwm*
aqueduct *traphont ddŵr*
Arab *Arab:Arabiad*
arable *âr*
to arbitrate *cymrodeddu*
arbitration *cymrodedd*
arch... *arch...*[2], *carn...*[3]
an arch *bwa, cromen, pont*
archaeology *archaeoleg*
archangel *archangel*
archbishop ☐ *archesgob*
archdruid ☐ *archdderwydd*
arched *bwaog*
archer *saethydd*
archery *saethyddiaeth*
archipelago *ynysfor*
architect *pensaer*
architecture *pensaernïaeth*
archive *archif*
Arctic Ocean ☐ *Cefnfor Arctig*
ardent *eiddgar, selog*
arduous *llafurus*
are *mae, maen*[2], *oes*[2], *sy:sydd*
area
  1 ☐ *arwynebedd*
  2 *maes*[1]
to argue *dadlau, pledio, rhesymu, ymresymu*
argument *dadl*
arid *cras, sych*

aridity *craster*
to arise *codi, cyfodi*
aristocracy *pendefigaeth*
arithmetic *rhifyddeg*
ark *arch*[1]
  the Ark of the Covenant *arch y Cyfamod*
an arm *braich*
  at arm's length *o hyd braich [braich]*
to arm *arfogi*
armed *arfog*
  armed forces *lluoedd arfog*
armful *coflaid:cowlaid*
armistice *cadoediad*
armour *arfogaeth*
  suit of armour □ *arfwisg, rhyfelwisg*
  to put on (armour) *gwisgo*
armpit *cesail*
arms *arfau*
  coat of arms □ *arfau, arfbais, pais arfau*
  to fold one's arms *dandwn y gath, plethu breichiau*
  to lay down arms *bwrw arfau*
  to put on arms *gwisgo arfau*
army *byddin, cad*
  the Salvation Army *Byddin yr Iachawdwriaeth*
aroma *perarogl*
aromatic *persawrus*
around *am*[2], *amgylch, o boptu [poptu], o gwmpas [cwmpas*[1]*], rownd*[2]
to arouse *dihuno*
to arrange *dosbarthu, gosod*[1]*, trefnu*
arrangement *trefniad:trefniant*
to arrest *arestio*
arrival *dyfodiad*[1]
to arrive *cyrraedd*
arrogance *rhyfyg, traha : trahauster*
arrogant *haerllug, rhyfygus, trahaus*
arrow *saeth*
art *celf, celfyddyd*
  the arts *y celfyddydau*
  the black art *y gelfyddyd ddu [celfyddyd]*
artery □ *rhydweli*
artful *castiog*
article *erthygl*
  the definite article *bannod*
articles *erthyglau*
articulate *croyw, llithrig*
to articulate *geirio*
artist *arlunydd, artist*
artistic *artistig, celfyddydol*
as
  1 *â*[2] : *ag, cyn*[3]*, mor*
  2 *fel, megis, trwy, ys*
  as a rule *fel rheol [rheol]*
  as far as *at, cyn belled [pelled]*
  as far as I know *hyd y gwn i*
  as many *cymaint, cynifer*
  as much *cymaint*
  as much again *cymaint arall*

as . . . says *chwedl*
as soon as *gyda: gydag*
as things are *y byd sydd ohoni*
as to *gyda golwg ar [golwg]*
as well *gyda hynny [hynny]*
asbestos *asbestos*
to ascend *esgyn*
an ascending *esgyniad*
ascension *dyrchafael, esgyniad*
  Ascension Day *Difiau Dyrchafael*
ascent *esgyniad, gorifyny, tyle*
to ascribe *priodoli, tadogi*
ash
  1 *lludw : lludu, ulw*
  2 □ *onnen*
ashamed
  to be ashamed *cywilydd gan, cywilyddio, mae cywilydd ar*
ashen *gwelw*
ashes *lludw: lludu, ulw*
ash-keys □ *allweddau Mair*
aside *o'r neilltu [neilltu]*
to ask *erchi, gofyn*[2]*, holi*
askew *ar oleddf [goleddf], sgiw*[2]
aslant *ar oleddf [goleddf], ar ŵyr [gŵyr*[2]*]*
asleep *ynghwsg*
asparagus □ *merllysen*
aspect *agwedd, arwedd, ochr*
  from one aspect *ar un wedd [gwedd*[1]*]*
asphalt *asffalt*
aspirate mutation *y treiglad llaes [llaes]*
aspiration *dyhead*
to aspire *dyheu*
ass *asen, asyn, mwlsyn*
  she ass *asen*[2]
to assail *ymosod ar*
assassin *lleiddiad*
an assault *cyrch*[1]*, rhuthr:rhuthrad, ymosodiad*
to assault *dwyn cyrch, ymosod*
to assemble
  1 *crynhoi*[1]*, ymgynnull*
  2 *cydosod*
assembly *crynhoad, cymanfa*
to assent *cydsynio*
to assert *dweud:dywedyd, taeru*
assertion *gosodiad, haeriad, honiad*
to assess *asesu, tafoli*
assiduous *diwyd*
to assign *pennu*
to assimilate *cymathu*
to assist *cynorthwyo*
assistant *cynorthwywr: cynorthwyydd*
assizes *brawdlys*
associate *cydymaith*
association *cymdeithas*
assortment *amrywiaeth*
to assume *rhagdybio:rhagdybied*
  to assume responsibility for *ateb dros*
assurance *sicrwydd, hyder*
to assure *diogelu, sicrhau*

assured *dibetrus*
assuredness *hunanhyder*
assymetrical *anghymesur*
asterisk *seren*
asteroid □ *asteroid*
asthma *mogfa*
to astonish *rhyfeddu, synnu*
astonished *syn*
  to be astonished *syfrdanu*
to astound *syfrdanu*
astounding *syfrdanol*
astray *ar goll [coll*[2]*], ar gyfeiliorn [cyfeiliorn], disberod*
astride *bagl abowt:bagl o boptu, ar gefn [cefn]*
astrologer *sêr-ddewin*
astrology *sêr-ddewiniaeth*
astronaut □ *astronot, gofodwr*
astronomer *seryddwr*
astronomy *seryddiaeth*
astute *astud*
asylum *gwallgofdy*
at *am*[2]*, ar, yn*[1]*:yng : ym*
  at all *erioed, o gwbl [cwbl], oll*
  at best *ar y gorau*
  at hand *at alw [galw], gerllaw*[2]*, wrth law [llaw]*
  at last *o'r diwedd, ymhen hir a hwyr*
  at once *ar unwaith [unwaith], chwap, yn y fan*[1] *[man]*
  at that *gyda hyn*
  to be at it *bod wrthi*
atheism *anffyddiaeth*
atheist *anffyddiwr*
athlete
  athlete's foot *derwreinyn y traed*
athletic *athletaidd:athletig*
athletics *athletau, mabolgampau*
Atlantic Ocean □ *Cefnfor Iwerydd*
atlas *atlas*
atmosphere *atmosffer, awyrgylch*
atoll □ *atol*
atom □ *atom*
  atom bomb *bom atomig*
atomic *atomig*
atonement *iawn*[3]
atrocious *dybryd, ysgeler*
atrocity *erchylltra*
to attach *cydio wrth*
attachment
  1 *atodyn*
  2 *ymlyniad*
an attack
  1 *cyrch*[1]*, ymosodiad*
  2 *pwl*
to attack *disgyn ar, ymosod ar*
attacking *ymosodol*
to attain *cyrraedd*[1]
attainment *cyrhaeddiad*
an attempt *cais*[1]*, ymdrech, ymgais*
to attempt *ceisio, cynnig*[2]*, rhoi cynnig ar*
to attend
  1 *gweini*
  2 *mynychu*
attendant *gweinydd, gweinyddes*

attention sylw
   to pay attention *talu sylw* [*sylw*]
attic *croglofft*
attitude *agwedd*
attorney *twrnai*
to attract *denu, llygad-dynnu, tynnu*
attraction *atynfa, atyniad, swyn, tynfa*
attractive *atyniadol, deniadol*
an attribute *cynneddf, priodoledd*
to attribute *priodoli*
auburn *coch*[2], *eurfrown, gwinau*
auction *arwerthiant, ocsiwn*
auctioneer *arwerthwr*
audacious *beiddgar*
audacity *beiddgarwch, hyfdra*
audible *clywadwy, hyglyw*
audience *cynulleidfa*
audio cassette *casét sain*
audio-visual *clyweled*
an audit *archwiliad*
to audit *archwilio*
audition *clyweliad, gwrandawiad, prawf*[1] : *praw*
auger *ebill, taradr*
to augment *cynyddu, ychwanegu*
August *Awst*
aunt : auntie *bodo, bopa, modryb*
   Aunt Sally *cocyn hitio*
aurora borealis *goleuni'r Gogledd*
auspicious *addawol*
authentic *dilys*
author *awdur, llenor*
authoress *awdures*
authoritative *awdurdodol*
authority *awdurdod, llaw*
to authorize *awdurdodi, cyfreithloni*
autobahn *traffordd*
autobiography *hunangofiant*
autocracy *unbennaeth*
autocrat *unben*
an autograph *llofnod*
to autograph *llofnodi*
automatic *awtomatig*
automobile *modur*
autonomy *hunanlywodraeth*
autumn
   1 *cynhaeaf*
   2 *yr hydref*
autumnal *hydrefol*
   autumnal equinox ☐ *Alban Elfed, cyhydnos yr hydref*
auxiliary *cynorthwyol*
to avail *tycio*
   of no avail *ni thycia* [*tycia*]
available *ar gael* [*cael*], *ar glawr* [*clawr*]
avalanche ☐ *afalans, eirlithriad, llithriad eira*
avarice *trachwant*
avaricious *trachwantus*
to avenge *dial*[2]
average *cyfartaledd*
   on average *ar gyfartaledd* [*cyfartaledd*]
aversion *casbeth*
avid *awchus*
to avoid *gochel, hepgor, osgoi*
to await *aros, disgwyl*
awake *ar ddihun* [*dihun*], *effro*
to awake *deffro, dihuno*
to awaken *ennyn*
awakening *deffroad*
an award *gwobr, tlws*[1]
to award *dyfarnu*
   to award a prize *gwobrwyo*
aware *ymwybodol*
awareness *ymwybyddiaeth*
away *ffwrdd, hwnt, i ffwrdd, oddi yno, pant, ymaith*
   away from home *oddi cartref*
   to do away with *gwneud i ffwrdd â*
   to move away *pellhau*
   to put away *dodi ymaith*
awe *parchedig ofn*
awful *dychrynllyd*[1], *echrydus, ofnadwy*[1], *sobr, trybeilig, uffernol*
awfully *ar y naw* [*naw*], *dychrynllyd*[2], *ofnadwy*[2]
awhile *ennyd*
awkward *afrosgo, anhylaw, clapiog, clogyrnaidd, chwith*[1], *lletchwith, trwstan*
   an awkward moment *tro trwstan* [*trwstan*]
awkwardness *lletchwithdod*
awl ☐ *ebill, mynawyd*
awning *adlen*
axe *bwyall:bwyell*
axiom *gwireb*
axis ☐ *echelin*
axle *echel, gwerthyd*
azure *glas*[1]

B

to babble *baldorddi*
baboon ☐ *babŵn*
baby *baban, babi, maban*
to baby-sit *gwarchod*
baby-sitter *gwarchodwr*
bachelor *hen lanc* [*llanc*]
bacillus *bacilws*
back *yn ôl* [*ôl*[2]]
a back (player) *cefnwr, olwr*
the back *cefn*
   back benches *meinciau cefn* [*mainc*]
   back kitchen *cegin fach/gefn*
   back to back *cefn yng nghefn, cefngefn*
   back to front *o chwith* [*chwith*], *tu nôl ymlaen*
   by the back door *trwy ddrws y cefn* [*drws*]
   flat on my back *ar wastad fy nghefn* [*cefn*]
   on my back *bod ar war rhywun* [*gwar*]
   small of the back *main y cefn, meingefn*
   to break the back of *torri asgwrn cefn*
   to get one's back up *codi gwrychyn*
   to pat on the back *curo cefn* [*cefn*]
   to see the back of *cael cefn* [*cefn*]
   to turn one's back on *troi gwegil* [*gwegil*], *troi fy nghefn ar* [*cefn*]
to back
   1 *bacio:bagio*
   2 *cefnogi*
backbone *asgwrn cefn*
background *cefndir*
backing *cefnogaeth*
backside *pen-ôl*
to backslide *gwrthgilio*
backwards *llwrw/llwyr fy nghefn, trach fy nghefn* [*cefn*], *yn wysg fy nghefn*
back-yard *libart*
bacon *bacwn, cig moch*
bacterium ☐ *bacteriwm*
bad *drwg*[2]
   from bad to worse *o ddrwg i waeth* [*drwg*[2]]
   in bad taste *di-chwaeth*
   it wouldn't be a bad thing *eithaf peth*
   not bad *ddim yn ffôl* [*ffôl*], *gweddol, purion*[1]
badge *bathodyn*
badger ☐ *broch, mochyn daear, pryf llwyd*
to baffle *drysu*
bag *bag, cod*[1], *coden, cwd, cwdyn*
   to collect one's bags *hel fy mhac*
   to let the cat out of the bag *gollwng y gath o'r cwd* [*cath*]
bagful *cydaid*
bagpipes ☐ *pibau*
bail
   1 ☐ *caten*
   2 *mechnïaeth, meichiau*
   on bail *ar fechnïaeth* [*mechnïaeth*]
bailey ☐ *beili*[2]
bailiff *beili*[1], *hwsmon*
bait *abwyd:abwydyn*
   to rise to the bait *codi at yr abwyd* [*abwyd*]
   to take the bait *llyncu'r abwyd*
to bake *crasu, pobi*
baked *cras, pob*[2]
   baked beans *ffa pob*
   baked potatoes *tatws trwy'u crwyn*

bakehouse *popty*
baker *dyn bara, pobydd*
bakestone *gradell, llechfaen*
a baking *pobiad*
Bala Lake *Llyn Tegid*
a balance
  1 *cydbwysedd*
  2 *clorian, mantol*
  in the balance *bod yn y fantol* [*mantol*]
  to keep the balance *cadw'r ddysgl yn wastad* [*dysgl*]
  to tip the balance *troi'r fantol* [*mantol*]
to balance *cydbwyso*
balanced *cytbwys*
balance-sheet *mantolen*
bald *moel*[1]
  to become bald *moeli*
  to make bald *moeli*
baldness *moelni*
bale *bwrn*
ball □ *pêl, pelen*
  ball of wool *pellen*
ballad *baled*
ballad-monger *baledwr*
ball-bearing *pelferyn*
ballet *bale, ballet*
balloon *balŵn*
balloonist *balwnydd*
ballot *balot, coelbren*
balm *balm, eli*
bamboo *bambŵ*
to bamboozle *twyllo*
a ban *gwaharddiad*
to ban *gwahardd*
banana □ *banana*
  to go bananas *colli fy limpin* [*limpin*]
band
  1 *cad, cnud, mintai*
  2 *band*[2]:*bandin, coler, llinyn, rhwymyn*
  3 *band*[1], *seindorf*
a bandage *rhwymyn*
to bandage *rhwymo, strapio*
bandit *bandit, gwylliad, herwr, ysbeiliwr*
bando *bando*
bandy-legged *coesgam*
to bang *ffusto*
bangle *breichled*
to banish *alltudio*
banjo □ *banjô*
a bank
  1 *banc*[2] : *bencyn, glan, ponc*
  2 *banc*[1]
  bank holiday *gŵyl banc* [*banc*[1]]
  hollow river bank *ceulan*
to bank *bancio*
  to bank up *anhuddo:enhuddo*
banker *banciwr : bancwr*
a bankrupt *methdalwr*
  to become bankrupt *torri*
banned *gwaharddedig*
banner *lluman*
banns *gostegion*
banquet *gwledd*

banter *cellwair*[1], *smaldod:ysmaldod*
to banter *cellwair*[2]
baptism *bedydd*
Baptist *Bedyddiwr, Bedyddwraig*
to baptize *bedyddio*
a bar □ *bar, mesur*
  bar chart *siart bar*
to bar *bario*
barb *adfach*
barbarian *barbariad*
barbarity *barbareiddiwch*
barbarous *barbaraidd*
barbed *bachog*
  barbed wire *gwifren bigog, weiren bigog*
barber *barbwr*
bard *bardd, prydydd*
  chaired bard *bardd cadeiriol, Bardd y Gadair*
  crowned bard *Bardd y Goron*
bardic *barddol*
Bardsey Island *Ynys Enlli*
bare *llwm, moel*[1], *noeth*
  to bare one's fangs *dangos fy nannedd* [*dannedd*]
bare-faced *noeth*
  bare-faced lie *celwydd noeth*
barefoot(ed) *troednoeth*
bareness *moelni*
a bargain *bargen*
  to strike a bargain *cytuno, gwneud bargen:taro bargen* [*bargen*]
to bargain *bargeinio*
barge *ysgraff*
baritone *bariton*
the bark
  1 *cyfarth*[1], *cyfarthiad*
  2 (tree) *rhisgl*
to bark *coethi, cyfarth*[2]
barley □ *barlys, haidd*
  barley bread *bara haidd*
Barmouth *Abermo:Y Bermo*
barn *ysgubor*
  barn owl □ *tylluan wen*
barnacle □ *crachen y môr, gwyran*
barometer □ *baromedr, cloc tywydd*
baron *barwn*
baroness *barwnes*
baronet *barwnig*
barracks *barics:baracs*
barrel *baril, cerwyn*
  to scrape the bottom of the barrel *crafu'r gwaelod* [*gwaelod*]
barren *anghyfeb, diffaith, diffrwyth, hesb, hysb, llwm*
barrier *bariwns, rhwystr*
barrister *bargyfreithiwr*
barrow *berfa, whilber*
barrowful:barrowload *berfâid, whilberaid*
Barry *Y Barri*
to barter *ffeirio, trwco*
a base *bas*[3], *bôn, sylfaen, troed*

to base *seilio, sylfaenu*
baseball *pêl-fas*
basement *llawr isaf*
bashful *swil*
basic *canolog, sylfaenol*
basically *yn y bôn* [*bôn*], *yn y gwraidd* [*gwraidd*]
basin *basn:basin, cawg*
basinful *basnaid*
basis *sail, sylfaen*
to bask *torheulo*
basket *basged, cawell*
  to place in a basket *basgedu*
basketball *pêl-fasged*
basketful *basgedaid*
basket-maker *basgedwr*
Basque *Basgiad*
bass □ *bas*
  bass drum □ *drwm bas*
a bass *baswr*
bassoon □ *baswn*
to baste *brasbwytho*
a bat
  1 □ *ystlum:slumyn*
  2 □ *bat*
  off my own bat *ar fy liwt fy hun* [*liwt*]
to bat *batio*
batch
  1 *ffyrnaid*
  2 *cwgen*
Bath *Caerfaddon*
bath *bath*[1]:*bàth*
to bathe *ymdrochi*
bather *trochiwr: trochwr*
bathroom *ystafell ymolchi*
baton *baton*
batsman □ *batiwr*
battalion *bataliwn*
a batter *cytew*
to batter *ergydio, pwyo*
battered *ysig*
battery *batri*
battle *brwydr, cad, trin*[1]
battlefield *maes*[1] *y gad*
battleground *maes*[1] *y gad*
battleship *llong ryfel*
bauble *tegan*
bay *gwinau*
a bay
  1 *bae*
  2 (tree) *llawryf*
  bay window *ffenestr grom*
to bay *udo*
bayonet *bidog*
bazaar *basâr*
BC *CC, Cyn Crist*
to be *bod*
  to be at it *bod wrthi*
beach *traeth*
bead □ *glain*
beads *mwclis*
beak *gylfin,* □ *pig*[1]
a beam
  1 *carfan, dist, trawst*
  2 *pelydryn*
to beam *pelydru, tywynnu*
beans □ *ffa*

baked beans *ffa pob*
broad beans *ffa*
coffee beans *ffa coffi*
kidney beans *ffa dringo*
runner beans *ffa dringo*
soya beans *ffa soya*
a bear *arth, arthes*
  polar bear *arth wen*
to bear *cario, dal:dala, dwyn*
  to bear office *dwyn swydd*
  to bear the cost *dwyn cost:dwyn y gost*
beard *barf, locsyn*
bearded *barfog*
  bearded tit *titw barfog*
bearing
  1 □ *beryn*
  2 *osgo, ymarweddiad*
beast *bwystfil*
a beat *curiad*
to beat *baeddu, cario ar, colbio, curo, dyrnu, ffusto, lambastio, maeddu, pwyo, wado : whado, waldio*
  to beat eggs *corddi wyau*
  to beat time *curo amser*
beatific *gwynfydedig*
a beating *cosfa, cot^2, coten, cur, curfa, curiad*
the Beatitudes *y Gwynfydau*
Beaumaris *Biwmares*
beautiful *cun, glwys, gweddaidd, hardd, mirain, prydferth*
to beautify *harddu, prydferthu*
beauty *ceinder, glendid, harddwch, mireinder, prydferthwch, tegwch*
beaver □ *afanc, llostlydan*
because *achos^2, am^2, ar bwys [pwys^2], cans, canys, gan, oblegid, oherwydd, trwy, wrth*
  because of *ar gorn [corn^1], o^1*
beck *amnaid*
to beckon *amneidio, codi bys*
to become *dod^1:dŵad:dyfod*
bed *gwely, pâm*
  to go to bed *clwydo*
bed-clothes *dillad gwely*
bedridden *gorweiddiog*
bedroom *llofft, ystafell wely*
bedside *erchwyn*
  bedside book *llyfr erchwyn gwely*
bee □ *gwenynen*
  a bee in one's bonnet *chwilen yn fy mhen*
  worker bee □ *gweithwyr*
beech □ *ffawydd^1, ffawydden*
beech-mast □ *cnau ffawydd*
beef *cig eidion*
beefburger *eidionyn*
beehive □ *cwch gwenyn, cyff gwenyn*
beer *cwrw, tablen*
  bitter beer *cwrw melyn*
  mild beer *cwrw coch*
  small beer *diod fain*
beet *betys*

beetle *chwilen*
  water beetle *chwilen ddŵr*
beetroot □ *betys coch*
to befall *digwydd*
before
  1 *anad, cyn^2, cyn hyn [hyn], cynt^2, o'r blaen [blaen^1]*
  2 *gerbron, o flaen [blaen^1]*
  Before Christ *Cyn Crist*
  before his time *o flaen ei oes [oes]*
  before long *cyn bo hir [hir], maes^2 o law*
  before me *ger fy mron [gerbron]*
  before nor since *na chynt na chwedi [cynt]*
  before now *cyn hyn [hyn]*
  not before time *nid cyn pryd [pryd^1]*
beforehand *ymlaen llaw*
to beg *begian:begera, cardota, crefu, deisyf:deisyfu, erfyn^2, ymbil*
  I beg of you *da chi/ti*
to beget *cenhedlu*
beggar *cardotyn*
to begin *cychwyn^2, dechrau^2*
  about to begin *ar ddechrau [dechrau]*
beginner *dechreuwr*
a beginning *dechrau^1, dechreuad*
  at the beginning *ar ddechrau [dechrau]*
  from the beginning *o'r dechrau [dechrau]*
to begrudge *gwarafun*
to beguile *hudo*
behalf
  on behalf of *ar ran:ar fy rhan [rhan^1]*
to behave *bihafio, ymddwyn*
behaviour *ymarweddiad, ymddygiad*
behind *ôl^2, tu cefn, tu ôl [ôl^2]*
  behind the times *ar ei hôl hi, ar ôl yr oes [oes]*
a being *bod^2*
belated *diweddar, hwyr*
belfry *clochdy*
belief *coel, cred, daliad*
to believe *coelio, credu*
believer *credadun*
to belittle *bychanu, dibrisio, dweud yn fach am, gwneud yn fach o*
bell *cloch*
  to ring a bell *canu^1 cloch*
belligerent *cwerylgar*
a bellow *bugunad^1*
to bellow *bugunad^2, rhuo*
bellows □ *megin*
belly *bol:bola, tor^1*
  belly button *botwm bol*
  to have a full belly *cael llond bol [bol]*
bellyful *boliaid:boliad*
  to have a bellyful *cael hen ddigon [digon], cael llond bol [bol]*
to belong *perthyn*

belongings *meddiannau*
beloved *cu, hoff*
  beloved of *annwyl gan*
belovedness *anwyldeb*
below *danodd, is^2, islaw, isod, obry, tanodd*
  from below *oddi isod*
a belt
  1 *belt, gwregys*
  2 *pelten*
  conveyor belt *cludfelt*
  seat-belt *gwregys*
to belt *hemio*
to bemoan *galarnadu*
bench *ffwrwm, mainc*
  back benches *meinciau cefn [mainc]*
  front bench *mainc flaen*
bench-mark *meincnod*
a bend *congl, tro, troad, trofa, ystum*
to bend *camu^2, crymanu, gwyro, plygu*
a bending *annel*
beneath *is^2, islaw*
benediction *bendith*
benefice *bywoliaeth*
beneficent *bendithiol*
beneficial *bendithiol, buddiol, llesol*
benefit
  1 *budd, lles*
  2 *budd-dâl*
  of benefit *er lles [lles]*
  of no benefit *di-les*
  to one's benefit *ar fy ennill [ennill^2], ar fy lles [lles]*
to benefit *elwa*
benevolence *cymwynasgarwch*
benevolent *elusengar*
benign *llariaidd*
bent *cam^3, crwca, crwm, gwyrgam*
to benumb *merwino, sythu*
to bequeath *cymynnu, ewyllysio, gadael*
bequest *cymynrodd*
bereavement *profedigaeth*
berries □ *aeron, eirin, grawn*
berry *ffrwyth*
to beseech *crefu, deisyf:deisyfu, eiriol*
beside *gerllaw, yn ymyl [ymyl]*
  to be beside one's self *colli arnaf*
besides *heblaw*
to besiege *cylchynu, gwarchae^2*
bespotted *brycheulyd*
best *blodau, gorau*
  as best you can *am y gorau [am^2]*
  at best *ar y gorau*
  best man *gwas priodas*
  best wishes *dymuniadau gorau*
  level best *gorau glas*
  one of the best *o'r iawn ryw [rhyw^1]*
  (past its) best *dyddiau gorau*
  Sunday best *dillad parch*

to best *cael y gorau ar* [*gorau*]
bestial *ffiaidd*
a bet *bet*
to bet *betio, hapchwarae*[2]
   I bet *mi wrantaf* [*gwarantu*]
to betray *bradychu*
better *amgen:amgenach, gwell*[1], *rheitiach*
   all the better *gorau i gyd, gorau oll*
   better late than never *gwell hwyr na hwyrach* [*hwyr*]
   better off *ar fy ennill* [*ennill*[2]], *elwach*
   for better or for worse *er gwell er gwaeth* [*gwell*[1]]
   I had better *gwell imi*
   seen better days *wedi gweld dyddiau gwell* [*dyddiau*]
   the sooner the better *gorau po gyntaf*
   to get better *dod ataf fy hun* [*hun*], *gwella*
   to get the better of *cael y gorau ar* [*gorau*]
   to make better *gwella, iacháu*
betters *gwell*[2]
   to appear before one's betters *mynd o flaen fy ngwell* [*gwell*[2]]
betting *hapchwarae*[1]
between *rhwng, ymysg*
   between these four walls *rhyngot ti a mi a'r pared* [*pared*]
   between you, me and the gate-post *rhyngot ti a mi a'r pared/wal* [*pared*]
   from between my hands *rhwng fy nwylo* [*dwylo*]
bevel *befel*
to beware *gochel, gwylio:gwylied*
to bewilder *drysu, ffwndro, mwydro*
bewildered *ffrwcslyd*
bewilderment *dryswch*
to bewitch *consurio, hudo, rheibio*
bewitching *hudol*
a bewitching *rhaib*
beyond *tu hwnt* [*hwnt*]
   beyond me *uwch fy mhen* [*pen*]
bias *gogwydd, rhagfarn, tuedd*
biased *rhagfarnllyd*
Bible *Beibl*
   Bible class *dosbarth Beiblaidd*
Biblical *Beiblaidd*
bibliography *llyfryddiaeth*
to bicker *cecran:cecru, cega*
a bicycle *beisicl*
to bicycle *seiclo*
to bid *cynnig*
   to bid farewell *canu'n iach, dweud ffarwél, ffarwelio*
bier *elor*
big *lòg o, mawr*
   big guns *hoelion wyth*
   big toe *bawd*
bigger *mwy*[1]
big-head *llanc mawr, llances fawr*

big-mouth *hen geg*
bigwig *dyn mawr*
bike *beic*
   motor bike *beic modur*
bikini *bicini*
bilberries ☐ *llus:llusi*
bile *bustl*
bilingual *dwyieithog*
bilingualism *dwyieithrwydd*
bill
   1 *bil*
   2 *mesur*[1]
   3 ☐ *gylfin, pig*[1]
billhook ☐ *bilwg*
billiards *biliards*
billion *biliwn*
a billow *caseg, gwaneg, ton*
to billow *tonni*
billy-goat *bwch gafr*
bin *bing, bin*
binary *deuaidd*
   binary digit *did*
   binary system *dull deuaidd*
to bind *asio, clymu, rhwymo*
binoculars *gwydrau*
biographer *cofiannydd*
biographical dictionary *bywgraffiadur*
biography *buchedd, bywgraffiad, cofiant*
biologist *biolegydd*
biology *bioleg*
birch *bedw*[2], ☐ *bedwen*
   silver birch *bedwen arian*
bird ☐ *aderyn, ehediad*
   a little bird *aderyn bach*
bird-catcher *adarwr*
birdie *pluen*
birds *adar*
   birds of a feather *adar o'r unlliw, tebyg*[1] *at ei debyg*
   birds of prey ☐ *adar ysglyfaethus*
Birkenhead *Penbedw*
biro *biro*
birth *genedigaeth*
   birth pangs *gwewyr geni/esgor*
   by birth *o waed* [*gwaed*]
   to give birth to *dod â, dwyn, esgor ar, geni, rhoi genedigaeth i*
birthday *pen blwydd*
biscuit *bisgeden:bisgïen*
bishop ☐ *esgob*
bishopric *esgobaeth*
bison ☐ *beison, bual, byfflo*
bit
   1 *bribsyn, cetyn, mymryn, pwt*[1], *tamaid, tipyn, ychydig*[3]
   2 (horse) ☐ *bit, genfa*
   3 (drill) ☐ *ebill*
   4 (computer) *did*
   a bit *llawn*[2]
   a little bit *ewinfedd, tamaid bach, tipyn bach*
   bit by bit *bob yn ...* [*pob*], *cam ceiliog, fesul tipyn* [*mesul*], *o dipyn i beth* [*tipyn*]

bitch *cenawes, gast, jadan:jaden*
a bite *brath:brathiad, cnoad:cnoead*
to bite *brathu, cnoi, cydio, gafael*[1], *pigo*
   to bite one's tongue *brathu tafod, cnoi fy nhafod*
biting *main*
bits *tipiau, yfflon*
   bits and pieces *geriach, petheuach, trugareddau*
bitter *chwerw, dreng, garw*
   bitter ale *cwrw melyn*
   to become bitter *chwerwi*
bittern ☐ *aderyn y bwn*
bitterness *chwerwder: chwerwdod:chwerwedd*
bitty *tameidiog*
black *du, tywyll*
   black and blue *dulas:du-las*
   the black art *y gelfyddyd ddu* [*celfyddyd*]
   the Black Death *brech*[1] *ddu*
   black ice *rhew du*
   black pudding *pwdin gwaed*
   the Black Sea *y Môr Du*
   black sheep *dafad ddu*
   in black and white *ar ddu a gwyn* [*du*]
blackberries ☐ *mafon duon, mwyar duon*
   to gather blackberries *mwyara*
a blackberry *mwyaren*
blackbird ☐ *aderyn du, mwyalchen*
blackboard *bwrdd du*
blackcap ☐ *telor penddu*
blackcurrants ☐ *cwrens duon*
to blacken *duo, parddu*
blackhead *pendduyn*
blackmail *blacmêl*
blackness *düwch, fagddu*
black-skinned *croenddu*
blacksmith ☐ *gof*
blackthorn *draenen ddu*
Blackwood *Coed-duon*
bladder *chwysigen, pledren*
blade
   1 *llafn*
   2 (grass) *blewyn, glaswelltyn, gweiryn*
the blame *bai*[1]
   to put the blame on *bwrw'r bai, dodi'r bai ar*
to blame *beio*
blameless *difai:di-fai, di-nam, diniwed*
to blandish *gwenieithio*
blank *gwag*
   to go blank *mynd yn nos arnaf* [*nos*]
blanket *blanced, carthen, gwrthban, planced*
blarney *gweniaith*
to blaspheme *cablu*
blasphemy *cabledd*
a blast *ergyd, ffrwydrad*
to blast *ffrwydro*
blasted *mall*
   to be blasted *deifio*[2]

to blaze *fflamio*
blazing *gwenfflam*
blazing fire *tanllwyth*
a bleach *cannydd*
to bleach *cannu*
bleak *llwm*
it's looking bleak *mynd yn nos arnaf* [*nos*]
a bleat *bref, dolef*
to bleat *brefu, dolefain*
to bleed *gwaedu*
blemish *anaf:anafiad, brycheuyn, mefl, nam*
a blend *cyfuniad*
to blend *toddi, ymdoddi*
blender *hylifydd*
to bless *bendithio, breinio:breinio*
blessed *bendigaid, bendigedig, dedwydd, gwyn*[1], *gwynfydedig*
of blessed memory *coffa da am*
blessing *bendith, rhad*[2]
blight *malltod*
blind *dall, tywyll*
blind drunk *chwil ulw, meddw chwil/gaib/gorn*
to turn a blind eye *cau*[1] *llygaid ar*
a blind *bleind*
the blind *deillion*
to blind *dallu*
a blindfold *mwgwd*
to blindfold *mygydu*
blindness *dallineb*
blinkered *unllygeidiog*
bliss *dedwyddwch, gwynfyd, nef:nefoedd*
blister *chwysigen, pothell*
blithe *hoyw, nwyfus*
blizzard *storm o eira*
bloated *chwyddedig*
a block *bloc:blocyn, plocyn*
block chart *siart bloc*
to block *blocio, rhwystro*
blockade *gwarchae*[1]
blockage *tagfa*
blockhead *clwpa, penbwl*
blood *gwaed*
blood is thicker than water *nes penelin nag arddwrn* [*penelin*]
blood pressure *pwysedd gwaed*
in cold blood *mewn gwaed oer* [*gwaed*]
in the blood *yn y gwaed* [*gwaed*]
out for my blood *bod am fy ngwaed* [*gwaed*]
to let blood *gwaedu*
young blood *gwaed ifanc*
blood-vessel *pibell waed*
bloody *gwaedlyd*
a bloom *gwrid*
to bloom *blodeuo*
a blossom *blodeuyn*
to blossom *blodeuo*
to blot *blotio*
blotting-paper *papur sugno*

blouse *blows:blowsen*
a blow *clatsien, dyrnod, ergyd, pelten, swaden, trawiad, wad:whad*
to blow *chwythu*
blow it! *pwff!*
to blow a fuse *chwythu ffiws* [*ffiws*]
to blow up *chwythu, chwythu lan, ffrwydro*
blowed
I'll be blowed *'d awn i byth o'r fan* [*awn*], *myn brain* [*brain*]
bludgeon *clwpa, pastwn*
blue *glas*
blue sky *awyr las*
blue tit □ *titw tomos las*
once in a blue moon *unwaith yn y pedwar amser*
to turn blue *glasu*
bluebell(s) □ *clychau'r gog, croeso haf*
bluebottle
1 *cleren las*
2 (slang, police) *glas*[2]
blueness *glesni*
blueprint *cynddelw*
the blues *canu'r felan*
blunder *camgymeriad*
blunt *pŵl*[1]
to blunt *pylu*
bluntness *pylni*
blurb *broliant*
a blush *gwrid*
to blush *cochi, gwrido*
to bluster *ffromi*
boa □ *boa*
boar □ *baedd, twrch*
board *bwrdd,* □ *clawr, ystyllen: styllen*
boarding *preswyl*
boarding-house *gwesty*
boarding-school *ysgol breswyl*
a boast *bost, brol, gorchest, ymffrost*
to boast *ymffrostio*
boastful *mawreddog, ymffrostgar*
boat *bad, cwch*
all in the same boat *bod yn yr un cwch* [*cwch*]
boatswain *bosyn:bosn*
to bode *argoeli*
bodice *bodis*
bodily *cnawdol, corfforol*
body □ *corff*
body-guard *gosgordd*
bog *cors, siglen*
boggy *corslyd: corsog*
bogy *bwci*
a boil *cornwyd, pendduyn*
to boil *berwi*
boiled *berw*[2], *berwedig*
boiling *berw*[2], *berwedig*
a boiling *berw*[1]
boiling-point *berwbwynt*
bold *beiddgar, digywilydd, eofn:eon, glew, hy*[1]:*hyf, powld*

boldness *hyfdra*
bolster *clustog, gobennydd*
a bolt □ *bollt:bollten*
to shoot one's bolt *chwythu plwc*
to bolt
1 *bolltio*
2 (of plants) *hadu*
a bomb *bom*
atom bomb *bom atomig*
hydrogen bomb *bom hydrogen*
to go like a bomb *mynd fel bom* [*bom*]
to bomb *bomio*
bombastic *gwyntog*
bond *cwlwm, hual, rhwym*[1]
bondage *caethwas(i)aeth*
bone □ *asgwrn*
bone of contention *asgwrn y gynnen*
in my bones *ym mêr fy esgyrn* [*mêr*]
bone-dry *yn sych fel corcyn* [*corcyn*]
bonfire *coelcerth*
bonfire night *noson tân gwyllt* [*noson*]
bongo drum □ *drwm bongo*
bonnet □ *boned : bonet*
a bee in one's bonnet *chwilen yn fy mhen*
bonus *bonws*
bony *esgyrnog*
a book *llyfr*
bedside book *llyfr erchwyn gwely*
talking book *llyfr llafar* [*llafar*]
the Book of Revelation *Llyfr Datguddiad* [*datguddiad*]
to book *codi*
booklet *llyfryn*
bookseller *llyfrwerthwr*
bookworm *llyfrbryf*
boomerang □ *bwmerang*
boon *bendith*
boor *taeog*
to boost *hybu*
to give a boost to *rhoi hwb i* [*hwb*]
boot(s) *botas:botias :botys, bwtsias:bwtias, esgid*
car boot *cist car*
booth *stondin*
booty *anrhaith, ysbail*
to booze *potio*
a border *ffin, goror, ymyl*
the Welsh border *y Gororau, y Mers*
to border on *ffinio, ymylu ar*
a bore (water) *eger*[2]
to bore
1 *diflasu*
2 (holes) *tyllu*
bored
to be bored *diflasu*
boring *diflas, sych, undonog*
born
to be born *geni*

borough *bwrdeistref*
to borrow *benthyca:benthyg*
borrowed *benthyg*
bosom *mynwesol*
a bosom *dwyfron, hafflau, mynwes*
boss
  1 *bogail:bogel, both*
  2 *meistr*
bosun *bosyn:bosn*
botanical *botanegol*
botanist *botanegydd*
botany *botaneg, llysieueg*
both *dau*
  both of you *eich dau*
a bother *ffwdan, helbul, helynt, trafferth*
to bother *ffwdanu, poeni, ponsio, trafferthu*
a bottle *costrel, potel*
  hot-water bottle *jar, potel ddŵr poeth*
  on the bottle *ar y botel* [*potel*]
to bottle *costrelu, potelu*
bottleful *potelaid*
bottom *eigion, godre, gwaelod, pen-ôl*
  from the bottom of my heart *o ddyfnder calon* [*dyfnder*], *o eigion calon* [*calon*]
bottomless *diwaelod*
bough *cangen*
bought *pryn*²
boulder *clogfaen, clogwyn, craig*
a bounce *sbonc:ysbonc*
to bounce *corcio, sboncio:ysboncio*
bound *rhwym*², *rhwymedig*
a bound *llam*
boundary *ffin, llinell, terfyn*
  boundary stone *carreg derfyn*
bounds *cyffiniau*
bouquet *tusw*
bout
  1 *chwiw*
  2 *gornest:ornest*
a bow □ *bwa*
  bow window *ffenestr fwa*
to bow *crymu, gostwng, moesymgrymu, plygu, ymgrymu, ymostwng*
bowed *crwm*
bowel(s) □ *coluddyn:coluddion, crombil, ymysgaroedd*
a bowl *bowlen, ffiol, padell, powlen*
to bowl
  1 *bowlio*
  2 *powlio*
bow-legged *coesgam*
bowler □ *bowliwr*
bowlful *bowlennaid, powlennaid*
bowls *bowls*
bowstring *llinyn*
a box *blwch, bocs, cyff*
  a box on the ear(s) *bonclust, cernod, clusten*
to box *bocsio, paffio*
boxer *bocsiwr, paffiwr*
boxful *blychaid, bocsaid*

Boxing Day *Gŵyl Sain Steffan*
box-tree *pren bocs* [*bocs*]
boy *bachgen, crwt, gwas, hogyn, mab, rhocyn*
  boy scout *sgowt*
  that's a good boy *da*¹ *'machgen i*
boyhood *bachgendod*
boyish *bachgennaidd*
brace *carn-tro*
bracelet *breichled*
braces *bresus:bresys*
bracing *iachus*
bracken *rhedyn*
bracket(s)
  1 *braced*
  2 *bachau*
  round bracket(s) *cromfach(au)*
  square brackets *bachau petryal, bachau sgwâr*
brackish *hallt*
bradawl *mynawyd*
to brag *brolio:brolian, ymffrostio*
braggart *bostiwr, broliwr*
to braid □ *plethu*
braille *braille*
brain □ *ymennydd*
brainwave *gweledigaeth*
brainy *peniog*
a brake □ *brêc*
to brake *brecio*
bramble(s) *draenen:draen, drysi, miaren*
bran *bran*
branch *cangen, cainc*
brand *tanlli*
  brand new *newydd sbon* [*sbon*]
a brand *nod*
to brandish *chwifio*
brandy *brandi*
brass □ *efydd*¹, *pres*
  a brass farthing *botwm corn*
brassy *efydd*²
brave *dewr, gwrol*
  brave man *gwron*
to brave *herio*
bravery *dewrder, gwroldeb*
braves *dewrion*
Brawdy *Breudeth*
brawl *ffrwgwd*
brawny *cryf, cyhyrog*
to bray *nadu*¹
brazen *digywilydd*
a breach *adwy*
  breach of law *torcyfraith*
  to step into the breach *dod i'r adwy* [*adwy*], *sefyll yn y bwlch*
to breach *adwyo, bylchu*
bread *bara*
  barley bread *bara haidd*
  bread and butter *bara a chaws, bara menyn, brechdan*
  bread roll *cwgen*
  currant bread *bara brith*
  laver bread *bara lawr*
  slice of bread *tafell*
  unleavened bread *bara croyw*
  wheat bread *bara gwenith*

breadth *ehangder, lled*¹
  length and breadth *ar draws ac ar hyd* [*hyd*]
a break *egwyl, glas*², *hoe, sbel, tor*², *toriad*
  at the break of day *gyda'r dydd* [*dydd*]/*wawr*
to break *malu, methu, torri*
  to break down
    1 *dadlefennu, dosrannu*
    2 *torri i lawr*
  to break in pieces *dryllio*
  to break new ground *torri tir newydd*
  to break one's heart *torri calon*
  to break one's word *torri gair*
  to break the back of *torri asgwrn cefn*
  to break the ice *torri'r garw* [*garw*]
  to break the news *torri'r garw* [*garw*]
  to break up *darnio*
  to break wind *torri gwynt*
to break down *see* to break
a breakdown *dosraniad*
breaker *caseg, gwaneg*
breakfast *brecwast*
  wedding breakfast *neithior*
breakwater *morglawdd*
breast □ *brest, bron*¹, *dwyfron, mynwes*
breastbone □ *cledr y ddwyfron*
breastplate *dwyfronneg*
breath *anadl, chwyth, gwynt*
  a breath of fresh air *chwa o awel agored/awyr iach*
  in the same breath *ar yr un gwynt* [*gwynt*]
  to catch one's breath *cael fy ngwynt ataf* [*gwynt*]
  to lose one's breath *colli gwynt*
  to waste one's breath *gwastraffu anadl*
to breathe *anadlu*
breathless *a'm gwynt yn fy nwrn* [*gwynt*]
Brecon *Aberhonddu*
Brecon Beacons *Bannau Brycheiniog*
breeches *llodrau*
  knee-breeches *clos*³ *pen-glin*
a breed *brid, rhywogaeth*
to breed *bridio, epilio, magu*
breeder *bridiwr*
breeding *magwraeth*
breeze *awel, chwa*
brethren *brodyr*
Breton *Llydawes, Llydawr*
breve □ *brif*
brevity *byrder:byrdra*
to brew *bragu, bwrw ffrwyth, macsu*
brewery *bragdy:bracty*
briar(s):brier(s) *draenen:draen, drysien, miaren, drain, drysi, mieri*
a bribe *cildwrn:cil-dwrn*

bribe | 651 | **burn**

to bribe *iro llaw, llwgrwobrwyo*
a brick *bricsen*
to brick *bricio*
bricklayer *briciwr*
bride *priodferch:priodasferch*
bridegroom *priodfab:priodasfab*
bridesmaid *llawforwyn, morwyn briodas*
a bridge *pont*
   foot-bridge *pompren*
   suspension bridge *pont grog*
to bridge *pontio*
Bridgend *Pen-y-bont ar Ogwr*
a bridle □ *ffrwyn*
to bridle *ffrwyno*
bridle-path *llwybr troed*
brief *byr, cwta*
briefly *ar fyr o eiriau [geiriau]*
brier(s) *see* briar(s):brier(s)
brigade *brigâd*
brigand *gwylliad*
bright *disglair, gloyw, golau*[2], *siriol*
to brighten *gloywi, sirioli*
brightness *disgleirdeb:disgleirder, gloywder, goleuni, llewyrch*
brilliance *disgleirdeb:disgleirder*
brilliant *disglair, llachar*
brim *cantel, ymyl*
brimstone *brwmstan*
brindled *brych*[2]
brine *dŵr hallt, heli*
to bring *dod â, dwyn, nôl*
   bring and buy *moes a phryn*
   to bring down a peg or two *torri crib*
   to bring forth *cynhyrchu*
   to bring home *dwyn adref*
   to bring into disrepute *dwyn anfri*
   to bring on one's head *tynnu am fy mhen*
   to bring to account *galw rhywun i gyfrif*
   to bring to an end *dwyn i ben*
   to bring together *corlannu*
   to bring to light *dod/dwyn i glawr [clawr], dod i'r amlwg, dod i'r fei*
   to bring to mind *dwyn ar gof [cof]*
   to bring up *dwyn i fyny*
   to bring upon my head *tynnu rhywun yn fy mhen*
brink *dibyn*
briny *heli*
brisk *heini, sionc*
briskness *sioncrwydd*
bristles *gwrych*[2]
Bristol *Bryste*
Bristol Channel *Môr Hafren*
Britain *Prydain*
British *Prydeinig*
Briton *Brython*
Briton Ferry *Llansawel*
brittle *brau, bregus, crin*
   to become brittle *crino*
broad *eang, llydan*
   as broad as it's long *yr un hyd a'r un lled [hyd]*

broad beans □ *ffa*
broad daylight *cefn dydd golau*
   in broad daylight *liw dydd [lliw]*
a broadcast *darllediad*
to broadcast *darlledu*
broadcaster *darlledwr, darlledwraig*
to broaden *ehangu, lledu*
broadly
   broadly speaking *siarad yn fras [bras]*
broccoli *blodfresych gaeaf*
brochure *pamffled:pamffledyn*
broken *clapiog*
bronchitis *broncheitus*
bronze *efydd*[1]
   the Bronze Age *yr Oes Efydd*
brooch *tlws*
a brood *epil*
   last of the brood *cyw melyn olaf*
to brood
   1 *gori*
   2 *chwalu meddyliau, hel meddyliau, pendroni*
brood-mare *caseg fagu*
broody *clwc, gorllyd*
brook *ffrwd, nant*
broom
   1 *ysgubell*
   2 □ *banadl*
broth *cawl, potes*
brother *brawd*[1]
   foster-brother *brawd*[1] *maeth*
brotherhood *brawdoliaeth*
brother-in-law *brawd-yng-nghyfraith [brawd*[1]*]*
brotherly *brawdgarol, brawdol*
brotherly love *brawdgarwch*
brow *ael*
   brow of a hill *ael y bryn*
brown *brown, coch*[2], *llwyd*
   brown paper *papur llwyd*
   brown sugar *siwgr coch*
brownish *cochddu*
to browse *pori*
a bruise *clais*
to bruise *cleisio*
bruised *ysig*
a bruising *ysictod:ysigiad*
(a) brush
   1 *brws*
   2 *prysgwydd*
to brush *brwsio*
a brushing *brwsiad*
brushwood *prysgwydd*
brusque *swta*
Brussels *Brwsel*
   Brussels sprouts *ysgewyll Brwsel*
brutal *ciaidd, creulon*
brutality *creulondeb : creulonder*
brutish *anifeilaidd*
a bubble *bwrlwm, cloch, chwysigen*
to bubble *byrlymu*
a bubbling *bwrlwm*
bubonic plague *y frech ddu [brech*[1]*]*

buccaneer *môr-leidr*
a buck *bwch*
bucket *bwced, celwrn*
bucketful *bwcedaid*
buckle *bwcl*
Buckley *Bwcle*
a bud *blaguryn, eginyn*
to bud *egino*
Buddha □ *Bwda : Bwdha*
Buddhism *Bwdïaeth:Bwdistiaeth*
to budge *symud*
budgerigar *bwji*
budget *cyllideb*
buffalo □ *bual, byfflo*
bug
   1 *byg*
   2 *lleuen*
bugbear *bwgan, y drwg yn y caws*
to build *adeiladu, codi*
a building *adeilad*
Builth Wells *Llanfair-ym-Muallt*
bulb *bwlb*
to bulge *chwyddo*
bulk *swmp*
bulky *swmpus*
bull □ *tarw*
bulldozer *tarw dur*
bullet *bwled*
bulletin *bwletin*
bullfinch □ *coch y berllan*
bullock *bustach, eidion*
bullring *talwrn teirw*
bully *bwli*
bulrush *hesgen*
bulwark *gwrthglawdd, rhagfur*
bum *tin*
a bump *clonc*[1]
to bump *bwrw*
bumpkin *llabwst*
bumptious *hunanbwysig, rhodresgar*
bun *bynnen:bynsen*
bunch *cwlwm*[1], *tusw*
bundle *bwndel, swp, sypyn*
bungalow *býngalo : bynglo*
a bungle *stomp*
to bungle *bustachu, bwnglera, ponsio*
bunting (bird) *bras*[3]
   corn bunting *bras yr ŷd*
buoy *bwi*
burden *baich, bwrn, byrdwn, llwyth*[1]*, pwn*
burdened *beichiog, llwythog*
burdensome *beichus*
burdock □ *cacimwci:cacamwci, cedowrach:codowrach*
bureau *biwro*
bureaucracy *biwrocratiaeth*
bureaucrat *biwrocrat*
burglar *lleidr*
burial *claddedigaeth*
burly *cydnerth*
a burn *llosgiad*
to burn *llosgi, tanbeidio*
   to burn one's fingers *llosgi bysedd*

to burn the candle at both ends
  llosgi'r gannwyll yn y ddau
  ben [cannwyll]
burning *eirias, llidiog:llidus, llosg*
to burnish *gloywi*
to burp *torri gwynt*
a burrow *twll*
to burrow *cloddio, turio, twrio, tyllu, tyrchu*
to burst *byrstio, torri*
bursting *torri fy mol*
to bury *claddu, daearu*
bus *bws*
  bus stop *arhosfan bws*
bush *llwyn*[1], *perth*
business *busnes*
  business man *dyn busnes*
  to know one's business *gwybod fy mhethau* [*pethau*]
bust *penddelw*
bustle *ffrwst*
busy *prysur*
  very busy *fel lladd nadroedd* [*nadredd*]
busyness *prysurdeb*
but *eithr, ond*

butcher *cigydd*
butler *trulliad*
a butt
  1 *casgen*
  2 *cocyn hitio, targed*
  butt of ridicule *cyff gwawd*
to butt *cornio, topi*
butter *ymenyn:menyn*
  bread and butter *bara a chaws, bara menyn, brechdan*
buttercup ☐ *blodyn ymenyn*
butterfly *glöyn byw, iâr fach yr haf, pilipala*
buttermilk *enwyn, llaeth enwyn*
a button *botwm:botwn:bwtwm: bwtwn*
  belly button *botwm bol*
to button *botymu*
buttoned *botymog*
buttonhole *twll botwm*
to buy *prynu*
  to buy a pig in a poke *prynu cath mewn cwd*
buyer *prynwr*
a buzz *si:su*
to buzz *sïo:suo*

buzzard ☐ *bod*[3]*:boda, boncath, bwncath*
honey buzzard ☐ *bod y mêl*
by *erbyn*[1]*, gan, ger, gerfydd, heibio, mesul, myn*[2]*, o*[1]*, wrth*
  by all means *ar bob cyfrif* [*cyfrif*[1]]
  by day *liw dydd* [*lliw*]
  by far *o bell ffordd* [*ffordd*]*, o ddigon* [*digon*]*, o'r hanner* [*hanner*]
  by far and away *o bell ffordd* [*ffordd*]
  by heart *ar dafod leferydd* [*tafod*]
  by myself *ar fy mhen fy hun* [*pen*]
  by night *liw nos*
  by now *erbyn hyn*
  by then *erbyn hynny*
  by the way *gyda llaw* [*llaw*]
bye *bei*
by-election *isetholiad*
bypass *ffordd osgoi*
byte *talp*

C

C *C*[1]*, canrif*
C *C*[2]*, canradd*
c *c, tua*
cab *cab*
cabbage ☐ *bresychen, cabaetsen: cabeitsen:cabetsen*
  large cabbage white butterfly *glöyn gwyn mawr*
cabin *caban*
cabinet *cabinet*
cable *cebl*
a cackle *clegar, cogor*[1]
to cackle *cogor*[2]
a cackling *clochdar*[2]
cactus ☐ *cactws*
cadence *diweddeb*
Caerleon *Caerllion*
Caerphilly *Caerffili*
café *caffe:caffi, lle bwyd*
cage *caets, cawell*
cairn *carn*[2]*, carnedd, crug*
cake *cacen, cêc, teisen*
  Welsh cakes *cacennau cri, picau ar y maen:pice bach*
calamitous *trychinebus*
calamity *trychineb*
calcium *calsiwm*
to calculate *cyfrif*[2]*, cyfrifo*
calculator *cyfrifiannell*
Caldy Island *Ynys Bŷr*
calendar *calendr*
calf
  1 ☐ *llo*
  2 ☐ *bola coes, croth y goes*
calibre *calibr*
a call *galw*[1]*, galwad, gofyn*[1]*, ymweliad*
to call *enwi, galw*[2]*, ymweld â*

to call by *galw heibio*
to call it a day *rhoi'r ffidil yn y to* [*ffidl:ffidil*]
to call someone names *galw enwau ar*
to call to account *galw i gyfrif*
to call to mind *galw i gof*
caller *ymwelwr:ymwelydd*
a calling *galwedigaeth*
callous *dideimlad, dienaid, digydwybod*
callousness *caledwch*
calls *galwadau*
callus *corn*[1]
calm *distaw, tawel*
  to become calm *distewi, tawelu*
a calm *tawelwch*
to calm *llonyddu, tawelu*
calorie *calori*
cam ☐ *cam*[5]
cambrel *cambren*
Cambridge *Caer-grawnt*
camel ☐ *camel*
camera ☐ *camera*
camouflage *cuddwedd, gwarchodliw*
a camp *gwersyll*
to camp *gwersylla: gwersyllu*
a campaign *ymgyrch*
to campaign *ymgyrchu*
camshaft ☐ *camwerthyd*
a can *bocs, can*[2]
can (to be able) *gallu*[1]
canal *camlas*
canary *caneri*
  the Canary Islands *yr Ynysoedd Dedwydd* [*dedwydd*]
to cancel *canslo*

cancer
  1 *cancr, canser:cansar*
  2 ☐ *cranc*[1]
candid *agored, didwyll*
candidate *ymgeisydd*
candle *cannwyll*
  corpse candle *cannwyll gorff*
  to burn the candle at both ends *llosgi'r gannwyll yn y ddau ben* [*cannwyll*]
  to hold a candle to *dal cannwyll* [*cannwyll*]
candlestick ☐ *canhwyllarn: canhwyllbren*
candour *didwylledd*
cane *cansen, gwialen*
cannibal *canibal*
cannibalism *canibaliaeth*
cannon *canon*[3]*, cyflegr, magnel*
canoe ☐ *canŵ*
canon *canon*
cantankerous *cecrus, cynhennus*
canteen *cantîn, ffreutur*
to canter ☐ *rhygyngu*
Canterbury *Caer-gaint*
canvas *cynfas:cyfnas*
to canvass *canfasio*
cap *cap, capan*
  if the cap fits *os yw'r cap yn ffitio* [*ffitio*]
capable *abl*
capacious *cynhwysfawr*
capacity *medr*
cape
  1 ☐ *clogyn, hugan*[1]*, mantell*
  2 *penrhyn, trwyn*
to caper *prancio*
capering *llamsachus*

capers *camocs:ciamocs:giamocs*
capital *cyfalaf*
  capital city *prifddinas*
  capital letter *llythyren fras, prif lythyren*
capitalism *cyfalafiaeth*
capitalist *cyfalafwr*
caprice *mympwy*
capricious *gwamal, mympwyol*
to capsize *dymchwel*
capsule *capsiwl*
captain *capten*
caption *pennawd*
to captivate *swyno*
captivating *llesmeiriol, swynol*
captive *caeth*
captive(s) *carcharor; caethion*
captivity *caethiwed*
to capture *dal:dala*
car □ *car*
  car boot *cist car*
  car park *maes parcio*
caravan *carafán*
carbohydrate *carbohydrad*
carbon *carbon*
  carbon dioxide *carbon deuocsid*
carbuncle *cornwyd*
carburettor *carburedur*
a card *carden, cerdyn*
  face card *cerdyn brith*
  wool-card *crib*
to card *cardio, cribo*
cardboard *cardbord:cardfwrdd*
Cardiff *Caerdydd*
Cardigan *Aberteifi*
cardinal (number) *prifol*
cards
  to get one's cards *cael eich cardiau* [*cardiau*]
  to put one's cards on the table *rhoi eich cardiau ar y bwrdd* [*cardiau*]
the care *amgeledd, gofal, llaw, ots:ods, ymgeledd*
  care of *tan ofal, t/o* [*gofal*]
  free from care *diofal*
  in the care of *dan ofal* [*gofal*]
  to take care *carcio:carco, cymryd pwyll* [*pwyll*], *gofalu, gwylio:gwylied, ymorol:morol*
to care *malio*
  (I) couldn't care less *â'm pen yn y gwynt* [*pen*]
  (I) don't care in the least *dim taten o ots: hidio dim taten* [*taten*]
career *gyrfa, rhawd*
carefree *di-hid:dihidio*
careful *carcus, gofalus*
  over-careful *gorofalus*
carefully *gan bwyll*
careless *diofal, esgeulus, ysgafala*
carelessness *diofalwch, esgeulustod*
to caress *mwytho*
caresses *mwythau*
caretaker *gofalwr*
cargo *cargo*

Carlisle *Caerliwelydd*
Carmarthen *Caerfyrddin*
carnation □ *ceian*
carnival *carnifal*
carnivore *cigysydd*
carnivorous *cigysol, ysglyfaethus:sglyfaethus*
carol *carol*
  carol singer *carolwr*
  Easter carol *carol Pasg*
  summer carol *carol haf*
carousal *cyfeddach*[2]
to carouse *cyfeddach*[1], *gloddesta*
carousel *ceffylau bach*
carpenter *saer (coed)*
carpentry *gwaith coed*
a carpet *carped*
  to pull the carpet from under one's feet *tynnu tir tan draed*
to carpet *carpedu*
carriage
  1 *cerbyd, coets*
  2 *cludiad*
carrion
  carrion crow □ *brân dyddyn*
carrot □ *moronen*
to carry *cario, cludo, dwyn*
  to carry coals to Newcastle *cyrchu dŵr dros afon* [*dŵr*], *iro blonegen*
  to carry on *gyrru ymlaen*
  to carry over *cario*
  to carry the day *cario'r dydd*
  to carry the mail *cario'r post*
a cart *cart, cert, trol*
  to put the cart before the horse *rhoi'r drol/cart o flaen y ceffyl* [*trol*]
to cart *cartio:carto*
cartilage *madruddyn*
cartographer *mapiwr*
cartoon *cartŵn, symudlun*
cartoonist *cartwnydd*
cartridge *cartrisen:cetrisen*
to carve *cerfio, naddu*
carved *cerfiedig*
carver *cerfiwr*
carving *cerfiad*
cascade *rhaeadr, sgwd*
case
  1 *achos*[1]
  2 *cas*[2]: *casyn*
  3 *haden, hadyn*
  in case *rhag ofn* [*ofn*]
  in the case of *yn achos*
  in this case *yn hyn o beth*
cash *arian parod*
  hard cash *arian sychion*
cask *casgen, cerwyn*
cassava *casafa*
cassette *casét*
  audio cassette *casét sain*
  video cassette *casét fideo*
cast
  cast iron *haearn bwrw*
a cast *cast*[1]
to cast *bwrw, castio, taflu*
  to cast anchor *bwrw angor*
  to cast lots *bwrw coelbren* [*coelbren*]
caste *cast*[2]
castle □ *caer, castell*
cast-offs *ysborion:sborion*
to castrate *disbaddu, ysbaddu*
cat □ *cath*
  to let the cat out of the bag *gollwng y gath o'r cwd* [*cath*]
catalogue *catalog*
catalyst *catalydd*
cataract *pilen*
catastrophe *galanas, trychineb*
a catch *dalfa, helfa*
to catch *dal:dala*
  to catch one's breath *cael fy ngwynt ataf* [*gwynt*]
catching *heintus*
catchment
  catchment area *dalgylch*
category *categori*
to cater *arlwyo*
caterpillar *lindys*
cathedral *eglwys gadeiriol*
catholic *catholic :catholig*
  Roman Catholic *Catholic:Catholig, pabyddol*
catkins □ *cenawon, cynffonnau ŵyn bach, gwyddau bach*
catnap *cwsg ci bwtsiwr*
Catterick *Catraeth*
cattle *da*[3], *gwartheg*
cattle-truck *lorri wartheg*
cauldron □ *crochan, pair*[1]
cauliflower □ *blodfresychen*
a cause *achos*[1], *rheswm*
  good cause *achos da*
to cause *achosi, codi, peri*
causeway *sarn*
caution
  1 *pwyll*
  2 *rhybudd*
to caution *rhybuddio*
cautious *gochelgar, gofalus*
cavalry *gwŷr meirch*
cave *ogof*
cavity *ceudod*
cavy □ *llygoden gota, mochyn cwta, mochyn gini*
to cease *darfod, mynd, pallu, peidio â*
ceaseless *di-baid, diorffwys*
cedar □ *cedr:cedrwydd, cedrwydden*
ceiling *nen, nenfwd*
to celebrate *dathlu*
celebrated *enwog*
celebration *dathliad*
celebrities *enwogion*
celery □ *helogan*
celestial *nefol:nefolaidd*
cell *cell*
cellar *seler*
cello □ *cello, soddgrwth*
celluloid *seliwloid:selwloid*
Celt *Celt*
Celtic *Celtaidd*
the Celtic (language) *Celteg*

cement *sment*
cemetery *claddfa, mynwent*
cenotaph *cofadail*
censorship *sensoriaeth*
to censure *ceryddu*
census *cyfrifiad*
centaur ☐ *dynfarch*
centenary *canmlwyddiant*
centigrade *canradd*
centilitre *centilitr*
centimetre *centimetr*
centipede *cantroed, neidr gantroed*
central *canolog*
   central heating *gwres canolog*
   central processing unit *uned brosesu ganolog*
to centralize *canoli*
centre
   1 *calon,* ☐ *canol*[1]*, craidd*
   2 *canolfan*
   3 *canolwr*
   centre of gravity *craidd disgyrchiant*
   dead centre *canol llonydd*
   leisure centre *canolfan hamdden*
centrifugal *allgyrchol*
   centrifugal force *grym allgyrchol*
centurion *canwriad*
century *canrif*
ceramics *cerameg*
cereal ☐ *grawnfwyd, ŷd*
ceremony *defod, seremoni*
certain
   1 *diamau, diau, diogel, sicr:siwr:siŵr*
   2 *rhyw*[2]
certainly *bid sicr [sicr]*
certainty *sicrwydd*
certificate *tystysgrif*
chaff *us*
chaffinch ☐ *asgell arian, asgell fraith, ji-binc, pinc*
a chain *aerwy, cadwyn, tid*
   guard-chain *gard:giard*
to chain *cadwyno*
a chair *cadair, stôl*
   easy chair *cadair esmwyth*
to chair ☐ *cadeirio*
chaired *cadeiriol*
   chaired bard *bardd cadeiriol, Bardd y Gadair*
chairman *cadeirydd*
chairperson *cadeirydd*
chalice ☐ *caregl, cwpan*
chalk *calch, sialc*
a challenge *her*
to challenge *herio*
challenger *cynigydd*
challenging *herfeiddiol*
chamber ☐ *siambr*
   chamber music *cerddoriaeth siambr*
chameleon ☐ *camelion:cameleon*
champion *campwr, congrinero, pencampwr*
   champion solo *her unawd*
championship *pencampwriaeth*

chance *cyfle, hap, siawns*
   by chance *ar ddamwain [damwain], ar hap [hap]*
chancel *cangell, côr*
chancellor *canghellor*
   Chancellor of the Exchequer *Canghellor y Trysorlys*
a change *newid*[1]*, tro*
to change *cyfnewid, newid*[2]
   to change hands *newid dwylo*
   to change one's mind *newid fy meddwl*
   to change one's tune *newid fy nghân*
   to change the subject *troi'r stori [stori]*
changeable *cyfnewidiol, oriog*
a channel *camlas, culfor, sianel*
the (English) Channel *y Môr Udd*
to channel *sianelu*
a chant *salm-dôn*
to chant *llafarganu*
chap *Co*
chapel *capel*
chapel-goer *capelwr*
chaplain *caplan*
chapter *pennod*
char ☐ *torgoch*
character *cymeriad*
   shady character *aderyn brith*
characteristic *nodweddiadol*
a characteristic *nodwedd*
characteristics *nodweddion, teithi*
charcoal *golosg, sercol*
a charge
   1 *cyhuddiad*
   2 *goruchwyliaeth*
   3 *gwefr*
   4 *pris*
   5 *rhuthr*
   in charge *wrth y llyw [llyw]*
   to take charge *cymryd yr awenau [awen*[2]*]*
to charge
   1 *codi*
   2 *gwefru*
   3 *hyrddio, rhuthro*
   4 *siarsio*
charisma *carisma*
charitable *elusengar, elusennol*
charity
   1 *elusen*
   2 *cardod*
charm
   1 *cyfaredd*
   2 *swyn*
a charm *swyn*
to charm *cyfareddu, hudo, swyno*
charming *swynol*
chart *siart*
   bar chart *siart bar*
   block chart *siart bloc*
   flow chart *siart llif*
   pie chart *siart cylch*
charter *siarter*
a chase *cwrs*[1]
to chase *ymlid*
chasm *agendor:gagendor*

chaste *diwair*
to chastise *cystuddio, cystwyo*
chastity *diweirdeb*
a chat *clonc*[1]*, sgwrs*
to chat *cloncian:cloncio, chwedleua, dal pen rheswm [pen], hel dail, sgwrsio*
to chatter
   1 *clebran, clecian, mân siarad [siarad]*
   2 *clecian, cogor*[2]*, crynu*
chatterbox *cloncen*
cheap *rhad*[1]
a cheat *twyllwr*
to cheat *cafflo, gwneud*[1]*: gwneuthur, twyllo*
a check
   1 *gwiriad*
   2 *siec*[2]
to check *gwirio*
checkmate *siachmat*
cheek
   1 ☐ *boch, grudd*
   2 *haerllugrwydd, hyfdra*
cheek-bone *cern*
cheeked
   full-cheeked *bochog*
cheeky *egr, eofn:eon, ffit*[1]*, powld, talog*
   to be cheeky enough *bod â digon o wyneb [wyneb]*
to cheer *llonni*
   to cheer up *codi calon [calon], sirioli*
cheerful *llon, siriol*
cheerfulness *llonder, sirioldeb*
cheers! *hwyl! iechyd da!*
cheese *caws, cosyn*
cheese-wire *weiren gaws*
cheetah ☐ *llewpart hela*
chemical *cemegol*
a chemical *cemegyn*
chemist
   1 *cemegwr:cemegydd*
   2 *fferyllydd*
chemistry *cemeg*
Chepstow *Cas-gwent*
cheque *siec*[1]
to cherish *coleddu, meithrin, ymgeleddu*
cherries *ceirios*
cherry ☐ *ceiriosen*
   cherry tree ☐ *ceiriosen*
cherub *ceriwb*
chess ☐ *gwyddbwyll*
chessmen ☐ *gwerin*[1]*, gwŷr gwyddbwyll*
chest
   1 *brest, dwyfron*
   2 *cist*
Chester *Caer*
chestnut *gwinau*
a chestnut ☐ *castan*
   chestnut tree ☐ *castanwydden*
chestnuts *cnau castanwydd*
to chew *cnoi*
   to chew the cud *cil-gnoi, cnoi cil*

chewing-gum gwm cnoi
Chichester Caerfuddai
chick cyw
chicken cyw iâr, ffowlyn
chicken-pox brech yr ieir
to chide ceryddu
chief arch...[2], pen[2], pennaf, prif
   chief executive prif weithredwr
     [gweithredwr]
a chief pennaeth
chilblains cibwst, llosg eira
child plentyn
   child's play chwarae plant
   handicapped child plentyn dan
     anfantais
   illegitimate child plentyn siawns
childhood mebyd:maboed,
   plentyndod
   second childhood ail blentyndod
     [plentyndod]
childish babanaidd:babïaidd,
   plentynnaidd
   childish behaviour chwarae
     plant
childless diffrwyth
children plant
   little children plantos
a chill annwyd
to chill oeri
chilling iasoer
chilly anwydog:anwydus, iasoer,
   oeraidd, rhynllyd
chimney corn[1], simdde:simnai
   chimney corner pentan
chimpanzee ☐ tsimpansî
chin gên
   double chin tagell
china tsieni
a Chinese Chinead
a chip ☐ sglodyn:ysglodyn
   a chip off the old block llathen
     o'r un brethyn
to chip naddu
   chips naddion, sglodion
Chirk Y Waun
to chirp trydar
chisel ☐ cŷn, gaing
chivalry sifalri
chives ☐ cennin syfi
chloride clorid
chlorine clorin
chloroform cloroffform
chlorophyll cloroffil
chock-a-block dan ei sang [sang]
chocolate siocled
   chocolate teapot seren bren
choice amheuthun, dethol[1]:
   detholedig
a choice dewis[1]:dewisiad
choir côr, corws
   ladies' choir côr merched
   male-voice choir côr meibion
   mixed choir côr cymysg
a choke ☐ tagydd
to choke tagu
   choking tagfa
cholera geri marwol
to choose dethol[2], dewis[2], pigo

chop golwyth
chops (lips) gweflau
choral corawl
chord
   1 cord[1]
   2 ☐ cord[2], cromlin
   to strike a chord taro tant
chorus byrdwn, corws, cytgan
chough brân goesgoch
Christ Crist
to christen bedyddio, dodi enw ar
Christendom cred
Christian Cristionogol:Cristnogol
   Christian era cred
   Christian name enw bedydd
   non-Christian(s) byd
a Christian Cristion
Christianity Cristionogaeth:
   Cristnogaeth
Christmas Gŵyl y Geni, Nadolig
chromatic cromatig
chrome:chromium cromiwm
chromosome cromosom
a chronicle cronicl
to chronicle croniclo
chronicler cofiadur
chronological cronolegol
chronometer amserydd
chrysalis ☐ crysalis, chwiler
chunk cilcyn, cnap,
   cwlff:cwlffyn, talp
church ☐ eglwys, llan
   the Church in Wales yr Eglwys
     yng Nghymru
   the Church of England Eglwys
     Loegr
   the Church of Scotland Eglwys
     yr Alban
   the early Church yr Eglwys Fore
   the Orthodox Church yr Eglwys
     Uniongred
   the Roman Catholic Church
     Eglwys Rufain
church-goer eglwyswr
churlish dreng, sarrug
a churn ☐ buddai, corddwr
to churn corddi
churner corddwr
chute llithren
chutney catwad
cider seidr
cigar sigâr
cigarette sigarét
cinders cols, ulw
cinema pictiwrs, sinema
cinnamon sinamon
a circle ☐ cylch, cylchyn, rhod
to circle cylchredeg, cylchu
circuit cylchdaith, cylched
circular crwn
a circular cylchlythyr
to circulate cylchdroi, cylchredeg,
   cylchynu
circulating cylchynol
circulation cylchrediad
to circumcise enwaedu
circumference ☐ amgylchedd,
   cylchedd

circumflex
   circumflex accent acen grom, to
     bach
circumstance amgylchiad
circumstances amgylchiadau, byd
   under the circumstances o dan yr
     amgylchiadau [amgylchiadau]
circus syrcas
cirque peiran
cirro-cumulus awyr draeth, gwallt
   y forwyn
to cite dyfynnu
citizen dinesydd
   senior citizen pensiynwr
city dinas
   civic dinasol:dinesig
civil sifil
   civil law cyfraith gwlad
   civil servant gwas sifil
   civil service gwasanaeth sifil
   civil war rhyfel cartref
civility gwarineb
civilization gwareiddiad
to civilize gwareiddio
civilized gwâr, gwaraidd,
   gwareiddiedig
cl cl, centilitr
a claim honiad
   a big claim dweud mawr
to claim dweud:dywedyd, gofyn[2],
   hawlio, honni, proffesu
to clamber dringo
clamour dwndwr
clamp clamp[2]
clan llwyth
a clang clonc[1]
to clang cloncian:cloncio
clank clonc[1]
a clap clap, clec, clep
   clap of thunder taran
to clap clapio, curo dwylo
to clarify egluro
clarinet ☐ clarinét
clarity eglurder
to clash gwrthdaro
class dosbarth, gradd, safon
classic clasur
classical clasurol
classification dosbarthiad
to classify dosbarthu
a clatter cogor[1]
to clatter clindarddach[2],
   cloncian:cloncio
clause cymal, erthygl
   relative clause cymal perthynol
     [perthynol]
claustrophobia clawstroffobia
clavicle ☐ pont yr ysgwydd
a claw crafanc, ☐ ewin
to claw crafangu
clay clai
clayey cleiog
clean glân
a clean glanhad:glanheuad
to clean glanhau
cleanliness glanweithdra, glendid
clear clir, eglur, hyglyw, plaen[1]
   to keep clear cadw'n glir

to clear *clirio*	clothes *dillad*	cobweb *gwe*
to clear the throat *carthu gwddf/gwddwg*	clothes-line *lein ddillad*	cock *ceiliog*
a clearing *llannerch*	clothing *gwisg*	cock of the walk *ceiliog ar ei domen ei hun*
clearing-house *cyfnewidfa*	cloud *cwmwl*	weathercock *ceiliog y gwynt*
clearness *eglurder*	head in the clouds *â'm pen yn y gwynt* [*pen*]	cockabundy *coch y bonddu*
to cleave *hollti*	to cloud over *cymylu*	cockatoo *cocatŵ*
clef *allwedd*², *cleff*	cloudy *cymylog*	cock-crow *caniad ceiiiog*
cleft *hollt*	clout *bonclust, cernod, cleren*², *clowten, swaden*	cock-fight *ymladd ceiliogod*
to clench *clensio*	clove □ *ewin*	cockle *cocsen*¹:*cocosen*
clergyman *clerigwr*	clover □ *meillionen*	cockles □ *cocos*¹, *rhython*
clerical *clerigol*	in clover *ar/uwchben fy nigon* [*digon*¹]	cockpit □ *talwrn*
clerk *clerc*	clown *clown*	cock's-comb *crib ceiliog*
clever *clyfar:clyfer, medrus, galluog, peniog*	club *clwb, pastwn*	cocoa *coco*
cleverness *clyfrwch*	club-foot *troed clwb/glwb* [*clwb*]	coconuts □ *cnau coco*
cliché *ystrydeb*	a cluck *clegar*	cod □ *penfras*
click *clic*¹	to cluck *clochdar*¹	a code *cod*³
cliff *clogwyn*	a clucking *clochdar*²	to code *codio*
climate *hinsawdd*	a clue *cliw*	to coerce *gorfodi*
climax *uchafbwynt*	clumsy *afrosgo, anghelfydd, carbwl, clogyrnog, chwithig, di-glem, di-lun, lletchwith, trwsgl*	coffee *coffi*
to climb *dringo*		black coffee *coffi du*
climber *dringwr*		coffee beans *ffa coffi*
climbing		white coffee *coffi gwyn*
mountain climbing □ *mynydda*	a cluster *clwstwr, cwlwm*¹	coffer □ *coffor:coffr*
clinch	to cluster *tyrru*	coffin *arch*¹, *cist*
to clinch a deal *cloi bargen*	a clutch □ *clyts, cydiwr*	a nail in the coffin *hoelen yn arch*
to cling *glynu*	to clutch *crafangu*	cog(s) □ *cocos*²:*cocsenni, cocsen:cocosen*², *còg*
clinic *clinic:clinig*	clutches *hafflau*	
clinical *clinigol*	cm *cm, centimetr*	to cohabit *byw tali*
a clip *clip*¹, *clipen:clipsen*	c/o *t/o*	to cohere *cydlynu*
to clip *clipio:clipo, tocio*	co... *cyd*³	cohesion *cydlyniad*
clique *clic*², *ciwed, set*	a coach	a coil *torch*
cloak □ *clogyn, cochl, hugan*¹, *mantell*	1 *coets*	to coil *dirwyn, dolennu, torchi*
	2 *hyfforddwr*	coiled *dolennog*
a clock *cloc*	to coach *hyfforddi*	a coin *darn arian*
alarm clock *cloc larwm*	to coagulate *ceulo, tewychu, tolchennu*	gold coins *aur mâl*
grandfather clock *cloc wyth niwrnod*		silver coins *arian gleision*
to turn back the clock *troi'r clock yn ôl* [*cloc*]	coal *glo*	to coin *bathu*
	coal miner *colier:coliar, glöwr*	coincidence *cyd-ddigwyddiad*
to clock *clocio*	coal tit □ *titw penddu*	coiner *bathwr*
clockwise *clocwedd*	opencast coal *glo brig*	coke *golosg*
clockwork	small coal *glo mân*	cold *anghynnes, oer*
like clockwork *fel cloc* [*cloc*]	coal-face *talcen glo*	cold feet *traed oer*
clod *tywarchen*	coal-field *glofa*	cold frame *ffrâm*
clog □ *clocsen*	coalition *clymblaid*	cold spell *heth*
clog-maker *clocsiwr*	coalman *dyn glo*	in cold blood *mewn gwaed oer* [*gwaed*]
cloister *clas*	coal-mine *glofa, pwll, pwll glo*	to get cold *oeri*
close	coal-shed *cwt glo*	a cold *annwyd*
1 *clòs, mwll, trymaidd:trymllyd*	coarse *aflednais, bras*¹, *cras, cwrs*²	full of cold *yn swp o annwyd* [*swp*]
2 *cyfagos*		to catch a cold *dal annwyd* [*annwyd*]
close by *yn ymyl* [*ymyl*]	coarseness *gerwindeb:gerwinder*	the cold *oerfel:oerni*
close to *ger, gerllaw*¹	coast *arfordir*	cold-blooded *gwaedoer*
close to one's heart *agos at fy nghalon* [*calon*]	coastguards *gwylwyr y glannau*	to collaborate *cydweithio*
to be close to *ymylu ar*	coat *cot:côt*	collage *gludlun*
a close	coat of arms □ *arfau, arfbais, pais arfau*	a collapse *cwymp*
1 *clos*¹		to collapse *mynd â'i ben iddo* [*pen*], *rhoi*¹:*rhoddi*
2 *diwedd*	to cut your coat according to the cloth *llunio'r wadn fel y bo'r troed* [*gwadn*]	
to come to a close *dirwyn i ben*		a collar *coler*
to close *cau*¹	coat-hanger *cambren*	collar-bone □ *pont yr ysgwydd*
closed *ynghau*	a coating *cot:côt, golch, haen:haenen, trwch*	to collate *coladu*
a clot *tolch:tolchen, torthen*		colleague *cyd-weithiwr*
to clot *ceulo, tolchennu*	to coax *perswadio*	to collect *casglu, codi, cronni, cynnull, hel*
cloth *brethyn, clwt, clwtyn, lliain*	cob *cob*²	
woollen cloth *brethyn*	cobbler *crydd*	to collect one's bags *hel fy mhac*
to clothe *dilladu*	cobra □ *cobra*	

a collection *casgliad*	to come to nought *dod i ddim*	commote *cwmwd*
collective	to come to one's senses *dod ataf fy hun* [*hun*], *dod at fy nghoed* [*coed*]	commotion *cyffro, cynnwrf, cythrwfl, mwstwr, trybestod*
collective noun *enw torfol*		to communicate *cyfathrebu*
collector *casglwr*	to come to pass *darfod*	communion *bwrdd yr Arglwydd, cymun:cymundeb*
college *athrofa, coleg*	to come to terms with *dygymod â*	
to collide *gwrthdaro*		communism *comiwnyddiaeth*
collier *colier:coliar, glöwr*	to come to the ears of *dod i glustiau*	communist *comiwnyddol*
colliery *glofa*		a communist *comiwnydd*
collision *gwrthdrawiad*	to come together *dod ynghyd*	community *cymunedol*
colloquial *tafodieithol*	to come under *dod dan*	community council *cyngor bro*
colon	to come under the hammer *bod dan yr ordd* [*gordd*]	a community *cymuned*
1 *colon*		to commute *cymudo*
2 □ *colon*¹, *coluddyn mawr*	to come up *dod lan*	commuter *cymudwr*
colonel *cyrnol*	to come upon *dod ar warthaf* [*gwarthaf*]	compact *cryno*
to colonize *gwladychu*		compact disc *cryno-ddisg, disg cryno*
colony *gwladfa, trefedigaeth*	comedian *comedïwr, digrifwr*	
colossal *enfawr*	comedy *comedi*	companion *cwmnïwr, cydymaith, cymar, chwaer*
a colour *lliw*¹	comedy writer *comedïwr*	
the colour of his money *lliw ei arian:lliw ei bres*	comeliness *glendid*	companions *cwmni*
	comely *gosgeiddig*	companionship *cwmni, cwmnïaeth*
to colour *lliwio*	comet □ *comed*	
coloured *lliw*²	a comfort *cysur*	company *cwmni, cwmpeini, cymdeithas, mintai*
colourful *lliwgar*	to comfort *cysuro, diddanu*	
colourless *di-liw*	comfortable *cyfforddus, cyffyrddus, cysurus*	to keep someone company *cadw cwmni*
colours □ *lliwiau*		
complementary colours *lliwiau cyflenwol*	comforter *diddanydd*	comparable *hafal*
	comical *smala:ysmala*	comparative *cymharol*
primary colours *lliwiau sylfaenol*	a coming *dyfodiad*¹	to compare *cymharu*
	comma *coma*	comparison *cymhariaeth*
to show one's colours *dangos fy ochr*	a command *gorchymyn*¹	compass
	to command *gorchymyn*²	1 *cwmpas*¹
colt *ebol, swclyn*	commandments	2 □ *cwmpawd*
column *colofn, piler*	the Ten Commandments *y Deg Gorchymyn* [*gorchymyn*¹]	compasses
Colwyn Bay *Bae Colwyn*		pair of compasses *cwmpas*²
coma *côma*	to commemorate *coffáu*	compassion *tiriondeb, tosturi, trugaredd*
a comb *crib*	commemoration *coffâd*	
cock's-comb *crib ceiliog*	commendable *canmoladwy*	compassionate *tirion, tosturiol, trugarog*
to comb *cribo*	comment *sylw*	
to combat *ymladd*	commentary *esboniad, sylwebaeth*	compatible *cydnaws, cymharus*
combination *cyfuniad*		compatriot *cyd-wladwr*
to combine *cyfuno*	commentator □ *sylwebydd*	to compel *gorfodi*
combine harvester *combein*	commercial *masnachol*	compelled
combustible *hylosg, llosgadwy*	to commiserate *cydymdeimlo*	to be compelled to *gorfod*²
combustion *hylosgiad*	a commission *comisiwn*	compendium *crynhoad*
to come *dod*¹:*dŵad:dyfod*	to commission	to compensate *digolledu*
about to come *ar ddod* [*dod*]	1 *comisiynu*	compensation *ad-daliad, iawn*³, *iawndal*
come to (think) *erbyn*¹ (*meddwl*)	2 *dirprwyo*	
	to commit *traddodi*	compère *arweinydd*
come what may *doed a ddelo* [*dod*]	to commit an offence *troseddu*	to compete *cystadlu, ymladd, ymryson*²
	to commit oneself *ymrwymo*	
to come across	to commit suicide *gwneud amdanaf fy hun*	competence *cymhwyster*
1 *dod ar draws: dod ar warthaf, dod o hyd i, taro ar*		competition *cystadleuaeth*
	commitment *ymrwymiad*	competitive *cystadleuol*
2 *dod drosodd*	committee *pwyllgor*	competitor *cystadleuwr: cystadleuydd, ymgeisydd*
to come down *dod i lawr*	common *cyffredin, gwerinol*	
to come out *dod allan:maes*	common denominator *cyfenwadur*	to compile *casglu*
to come out of one's shell *dod allan o'm cragen* [*cragen*]		compiler *casglwr*
	common fraction *ffracsiwn cyffredin*	to complain *achwyn, cwyno*
to come to *dod at, dod ataf fy hun* [*hun*]		complaining *achwyngar*
	common land *cytir*	complaint *achwyniad, cwyn*
to come to a close *dirwyn i ben*	Common Market *y Farchnad Gyffredin* [*marchnad*]	complementary *cyflenwol*
to come to a head *dod i ben* [*pen*]		complementary colours □ *lliwiau cyflenwol*
	common speech *llafar gwlad*	
to come to a successful conclusion *dod i fwcl*	common usage *arfer gwlad*	complete *absoliwt, corn*², *cwbl*², *cyfan*¹, *cyfan gwbl, cyflawn, glân, glas*¹, *llawn*¹, *llwyr, post*²
	in common *ar y cyd* [*cyd*¹]	
to come to hand *dod i law*	a common *comin:cwmin, cytir*	
to come to light *dod i'r amlwg, dod i'r fei*	commonwealth *cymanwlad*	
to come to mind *dod i gof*		

to complete *cwblhau*
completed *gorffenedig*
completely *o'r bron* [*bron*³]
complex *cymhleth*¹
a complex *cymhleth*²
complexion *pryd*⁵
complexity *cymhlethdod*
compliance *ufudd-dod*
to complicate *cymhlethu*
complicated *astrus, cymhleth*¹, *dyrys*
to compliment *canmol, llongyfarch*
to comply *ufuddhau*
component *cydran*
to compose
  1 *cyfansoddi, eilio*², *gweithio*
  2 *cysodi*
  to compose poetry *barddoni, canu*¹
composed *hunanfeddiannol*
composer *cyfansoddwr*
composition
  1 *cyfansoddiad, gwneuthuriad*
  2 *traethawd*
compound *cyfansawdd*¹
  compound word *gair cyfansawdd* [*cyfansawdd*¹]
a compound *cyfansawdd*², *cyfansoddyn*
to comprehend *amgyffred*¹, *dirnad*
comprehension *amgyffred*²: *amgyffrediad, cyrhaeddiad, dirnadaeth*
comprehensive
  1 *cynhwysfawr*
  2 *cyfun*
  comprehensive school *ysgol gyfun*
to compress *cywasgu*
compressor □ *cywasgydd*
to comprise *cynnwys*
a compromise *cyfaddawd*
to compromise *cyfaddawdu*
compulsion *gorfod*¹, *gorfodaeth, rheidrwydd*
compulsory *gorfodol*
computer □ *cyfrifiadur*
  computer operator *cyfrifiadurwr*
  computer science *cyfrifiadureg*
  computer scientist *cyfrifiadurwr*
to computerize *compiwtereiddio, cyfrifiaduro*
comrade *cymrawd*
comradeship *cymrodoriaeth*
concave *ceugrwm*
to conceal *celcio, cuddio*
concealed *cudd*
conceited *hunandybus, larts*
to be conceited *meddwl fy hun*
to conceive
  1 *beichiogi*
  2 *deall*
to concentrate *canolbwyntio*
concentrated *crynodedig*
concentration *crynodiad*
concentric *consentrig, cydganol*
concept *cysyniad, syniad*
to concern *ymwneud â*

concerned
  to be concerned with *ymhél â: mhela*
concerning *parthed, ynghylch, ynglŷn â*
concert *cyngerdd*
concertina □ *consertina*
concerto *concerto*
to conciliate *cymodi*
conciliator *heddychwr*
conciliatory *cymodlon:cymodol*
concise *cryno*
to conclude *barnu, casglu, cau*¹ *pen y mwdwl, cloi*¹, *dibennu, gorffen*
conclusion
  1 *canlyniad, casgliad*
  2 *clo, diweddglo*
  to come to a successful conclusion *dod i fwcl*
concoction *cymysgedd*
concord *cytgord*
concourse *cyrchfa*
concrete *diriaethol*
the concrete *concrit*
concurrent *cyfredol*
to condemn *collfarnu, condemnio*
condemnatory *damniol*
condensation *cyddwysedd*
to condense *cywasgu, tewychu*
condensed
  condensed milk *llaeth cyddwys*
condescending *nawddogol*
condiments *confennau*
condition *amod, ansawdd, cyflwr*
to condition *cyflyru*
condom *condom*
to condone *esgusodi*
the conduct *ymarweddiad, ymddygiad*
to conduct *arwain, dargludo*
  to conduct a mission *cenhadu*
conduction *dargludiad*
conductor
  1 *arweinydd*
  2 *dargludydd*
  3 *tocynnwr*
cone □ *côn*
  fir cones □ *moch coed*
confection *cyflaith*
a confederate *cynghreiriad*
confederation *cynghrair*
to confer *ymgynghori*
conference *cynhadledd*
to confess *addef, cyfaddef, cyffesu*
confession *cyfaddefiad, cyffes*
confetti *conffeti*
confidence *ffydd, hyder, ymddiriedaeth*
confident *ffyddiog, hyderus*
confidential *cyfrinachol*
confidentially *yn dawel bach* [*tawel*]
to confine *caethiwo, cyfyngu*
confined *caeth, cyfyngedig*
to confirm
  1 *ategu, cadarnhau*
  2 *conffirmio*

confirmation
  1 *cadarnhad*
  2 *conffirmasiwn*
conflagration *coelcerth*
a conflict *gwrthdrawiad*
confluence *aber*
to conform *cydymffurfio*
to confound *drysu*
to confront *wynebu*
to confuse *cymysgu, mwydro*
confused *dryslyd, ffrwcslyd, ffwndrus*
  to be confused *drysu*
  to become confused *ffwndro*
confusion *anhrefn, annibendod, cymysgwch, dryswch, tryblith*
  in confusion *blith draphlith*
to congeal *fferru*
congenial *cydnaws*
to congratulate *llongyfarch*
congratulation *llongyfarchiad*
to congregate *casglu*
congregation *cynulleidfa, praidd*
congregationalist *annibynnol*
a Congregationalist *Annibynnwr, Annibynwraig*
congress *cyngres*
congruent *cyfath*
conical *conigol*
conifer □ *coniffer*
to conjecture *damcanu: damcaniaethu*
to conjugate *rhedeg*
conjunction *cysylltair*
  in conjunction with *mewn cysylltiad â* [*cysylltiad*]
conjunctivitis *llid yr amrant*
to conjure *consurio, hudo*
conjuror *consuriwr*
conker □ *castan, concer*
to connect *cysylltu*
connected *cysylltiedig*
connection *cyfundeb, cyswllt, cysylltiad, dolen, perthynas*
  in connection with *mewn cysylltiad â* [*cysylltiad*]
to conquer *gorchfygu, goresgyn, maeddu*
conquering
  conquering hero *congrinero*
conqueror *concwerwr, gorchfygwr, goresgynnwr*
the Conquerors *y Goresgynwyr*
conquest *goresgyniad*
conscience *cydwybod*
  pangs of conscience *gwewyr cydwybod*
  to prick the conscience *dwysbigo*
conscientious *cydwybodol*
  conscientious objector *gwrthwynebydd cydwybodol*
conscious *ymwybodol*
consciousness *ymwybyddiaeth*
to consecrate *cysegru, dwyfoli*
  to consecrate oneself *ymgysegru*
consecutive *olynol*

consent *bodd*
   full-hearted consent *gwirfodd*
consequence *canlyniad, goblygiad*
conservancy
   nature conservancy *seintwar natur*
conservation *cadwraeth, gwarchodaeth*
conservative *ceidwadol*
   Conservative Party *y Blaid Geidwadol* [*plaid*]
a conservative *ceidwadwr*
to consider *cyfrif*[2], *pwyllo, ystyried*
considerate *meddylgar, ystyriol*
consideration *ystyriaeth*
   under consideration *dan ystyriaeth* [*ystyriaeth*]
to consist *cynnwys*[2]
consistency
   1 *cysondeb*
   2 *tewdra:tewder:tewdwr*
consistent *cyson*
consolation *cysur, diddanwch*
a console *consol*
to console *diddanu*
consonance *cytsain*
consonant *cytsain*
conspicuous *amlwg, blaenllaw*
conspiracy *cynllwyn*
conspirator *cynllwyniwr*
to conspire *cynllwyno:cynllwynio*
constable *cwnstabl*
constabulary *heddlu*
constant *cyson, gwastad*[1]
constellation □ *cytser*
consternation *braw*
to constipate *rhwymo*
constipated *rhwym*[2]
constipation *rhwymedd*
constituency *etholaeth*
constituent *etholwr*
constitution *corffolaeth, cyfansoddiad*
constitutional *cyfansoddiadol*
constraint *gorfod*[1], *gorfodaeth*
to constrict *cywasgu*
to construct *adeiladu, llunio, saernio*
construction
   1 *cystrawen*
   2 *adeiladwaith, gwneuthuriad, saernïaeth*
constructive *adeiladol*
to consult *ymgynghori*
consultant *ymgynghorydd*
consultative *ymgynghorol*
to consume *difa, ysu*
   consumed with anxiety *ar dân* [*tân*]
consumer *defnyddiwr, prynwr*
consuming *ysol*
consumption
   1 *darfodedigaeth*
   2 *traul*
a contact *cysylltiad*
to contact *cysylltu â*
contagious *heintus*
to contain *cynnwys*

container *cynhwysydd*
to contaminate *heintio, llygru*
to contemplate *myfyrio*
contemplation *myfyrdod*
contemplative *myfyrgar*
contemporaries *cyfoedion*
contemporary *cyfoes*
a contemporary *cyfoeswr*
   to be a contemporary of *cydoesi â*
contempt *bychander:bychandra, coegni, dirmyg*
contemptible *dirmygus:dirmygol, distadl, diystyrllyd*
contemptuous *dirmygus: dirmygol, diystyriol, diystyrllyd*
to contend *ymryson*[2]
contender *campwr*
content *cynnwys*[1], *deunydd*
contented *ar ben fy nigon* [*pen*], *diddig, jocôs*
contention *cynnen*
   bone of contention *asgwrn y gynnen*
contentious *cynhengar*
contents *cynnwys*[1]
a contest *gornest:ornest, ymryson*[1]
to contest *ymryson*[2]
context *cyd-destun*
continent □ *cyfandir*
   the Continent *y Cyfandir*
continental *cyfandirol*
   continental shelf *sgafell gyfandirol*
continual *gwastadol, parhaus*
continuation *parhad*
to continue *dal:dala, para:parhau*
continuous *di-fwlch, parhaol:parhaus*
contour *amlinelliad, cyfuchlinedd*
   contour interval *cyfwng cyfuchlin*
   contour line *cyfuchlin*
contra... *gwrth...*
a contract *cytundeb*
to contract
   1 *cwtogi, cyfangu, cyfyngu*
   2 *cyfamodi*
to contradict *croes-ddweud, gwrth-ddweud*
contradiction *croesddywediad*
contralto *contralto*
contrary *gwrthwyneb*
   to be contrary *tynnu'n groes*
a contrast *cyferbyniad, gwrthgyferbyniad*
   to be in contrast *gwrthgyferbynnu*
to contrast *cyferbynnu, gwrthgyferbynnu*
contrasting *cyferbyniol: cyferbynnol*
to contribute *cyfrannu*
contribution *cyfraniad*
contributor *cyfrannwr*
contributory *cyfrannol*
contrite *edifar*
a control *rheolaeth*

to control *llywodraethu, rheoli*
controversial *dadleuol*
to convalesce *cryfhau*
convection *darfudiad*
convener *cynullydd:cynullwr*
convenience *cyfleustra: cyfleuster, hwylustod*
   public conveniences *cyfleusterau cyhoeddus*
convenient *cyfleus, hwylus*
convent *cwfaint, lleiandy*
conventional *confensiynol*
conversation *sgwrs, ymddiddan*[2], *ymgom*
   to keep up a conversation *dal pen rheswm*
to converse *ymddiddan*[1], *ymgomio*
conversion
   1 *tröedigaeth*
   2 *trosiad*
to convert *troi, trosi*
convex *amgrwm*
convexity *crymedd*
to convey *cludo, cyfleu, dwyn, trosglwyddo*
   to convey one's regards *anfon cofion* [*cofion*]
conveyor
   conveyor belt *cludfelt*
conviction *arddeliad, argyhoeddiad*
to convince *argyhoeddi, darbwyllo*
convivial *llawen*
convocation *cymanfa*
to convulse *dirdynnu, dirgrynu*
convulsion *dirgryniad*
Conway *Conwy*
a cook *cogydd, cogyddes*
to cook *coginio, digoni*
cooked
   well cooked *digon*[2]
cool *oeraidd*
coomb *cwm*
coop *cwb*
to co-operate *cyd-dynnu, cydweithio, cydweithredu*
co-operation *cydweithrediad*
co-operative *cydweithredol*
to co-opt *cyfethol*
to co-ordinate *cydlynu*
coot □ *cotiar*
to cope *ymdopi*
copious *hidl*[2]
copper *copor:copr*
coppers *arian cochion*
coppice:copse *celli, prysglwyn*
to copulate *cnuchio*
a copy *copi, dynwarediad*
to copy *copio, dynwared*
copyright *hawlfraint*
cor anglais □ *cor anglais*
coracle □ *cwrwg:cwrwgl:corwgl*
coral □ *cwrel*
cord *corden, cordyn:cortyn*
corduroy *melfaréd*
core *bywyn, calon, canol, cnewyllyn*
corgi □ *corgi*

cork corc
a cork corcyn
to cork corcio:corco
cormorant □ bilidowcar, morfran, mulfran
corn □ llafur, ŷd
  corn bunting bras yr ŷd
  ear of corn tywysen
  india corn □ indrawn
  mixed corn siprys
  seed of corn gronyn
a corn corn[1]
corncrake rhegen yr ŷd
cornea cornbilen
a corner cil, congl, cornel, cwr
  corner kick cic gornel
to corner cornelu
corner-cupboard cwpwrdd cornel
cornered
  to be cornered cael fy ngwasgu i gongl [congl]
corner-stone conglfaen
cornet □ cornet
cornflakes creision ŷd
Cornishman Cernywiad
Cornwall Cernyw
corona corongylch, halo
coroner crwner
corporation corfforaeth
corps corfflu
corpse celain, corff
  corpse candle cannwyll gorff
corpuscle corffilyn
corral ffald
correct cywir, iawn[2]
to correct cywiro
correction cywiriad
correctness cywirdeb
to correspond
  1 cyfateb, cytuno
  2 gohebu, llythyru
correspondence
  1 cyfatebiaeth, cytundeb
  2 gohebiaeth
  correspondence course cwrs gohebol [gohebol]
correspondent gohebydd
corresponding
  1 cyfatebol
  2 gohebol
corrie peiran
corroborative ategol
to corrode cyrydu
corrugated rhychiog
corrupt llwgr, llygredig, pwdr
to corrupt halogi, llygru
corruption llygredd
cosmetic cosmetig
cosmic cosmig
cosmonaut □ gofodwr
cosmos cosmos
a cost cost
  to bear the cost dwyn cost: dwyn y gost
  to count the cost cyfrif y gost
to cost costio
  cost what it may costied a gostio [costio]

costly drud, prid
costume □ gwisg
cosy clyd
cot cwt[1]
cottage bwthyn
cottages teios
cotton cotwm, edau
cotton-grass plu'r gweunydd
cotton-wool gwlân cotwm, wadin
a cough cnec, peswch[2]:pesychiad
to cough peswch[1]:pesychu
couldn't
  I couldn't care less â'm pen yn y gwynt [pen]
  I couldn't do other than ni allwn lai na [llai[1]]
council cyngor[2], cymanfa
  community council cyngor bro
  county council cyngor sir
  district council cyngor dosbarth
  town council cyngor tref
councillor cynghorwr:cynghorydd
  community councillor cynghorydd bro
  county councillor cynghorydd sir
  district councillor cynghorydd dosbarth
a counsel cyngor[1]
to counsel cynghori
counsellor cynghorwr:cynghorydd
a count
  1 cownt
  2 iarll
  to keep count cadw cyfrif
to count cyfrif[2], rhifo
  to count the cost cyfrif y gost
countenance gwedd[1], gwep
counter cownter
counterfeit drwg[2], ffug
  counterfeit money arian drwg
counterfoil bonyn
counter-melody cyfalaw
counterpane cwrlid
counterpoint gwrthbwynt
to countersink gwrthsoddi
countess iarlles
countrified gwladaidd
country gwledig
  country house plas
  country park parc gwledig
a country gwlad
countryman gwerinwr, gwladwr
  fellow countryman cyd-wladwr
countryside gwlad
county sirol
  county council cyngor sir
a county sir, swydd
a couple cwpwl:cwpl, dau, deuddyn
to couple cyplysu, priodi
couplet cwpled
courage dewrder, gwrhydri
courageous glew
courier brysgennad
course cwrs[1], hynt, rhawd
  correspondence course cwrs gohebol [gohebol]

crash course cwrs carlam
  during the course of the day yng nghorff y dydd [corff]
  in the course of yn ystod [ystod]
  of course wrth gwrs [cwrs[1]], wrth reswm [rheswm]
a court cwrt, llys[1]
  court of law brawdlys
to court canlyn
courteous boneddigaidd, bonheddig, cwrtais, gwâr, llednais, moesgar
courtesy boneddigeiddrwydd, cwrteisi
courtship carwriaeth
courtyard cwrt
cousin cefnder, cyfnither
  second cousin cyfyrder, cyfyrderes
cove cilan, cilfach
a covenant cyfamod
to covenant cyfamodi
a cover clawr, gorchudd
  to take cover cysgodi
to cover anhuddo:enhuddo, gorchuddio
a covering cnwd, gorchudd
to covet chwennych:chwenychu
covetous ariangar
cow □ buwch
  herd of cows buches
coward cachgi, llwfrgi:llyfrgi
cowardice llyfrdra:llwfrdra
cowardly llwfr
cowboy □ cowboi
Cowbridge Y Bont-faen
cow-collar aerwy
cowl cwcwll, cwfl
cowshed beudy
cowslips briallu Mair
coy swil
CPU uned brosesu ganolog
crab □ cranc[1]
crab-apple tree □ pren crabas [crabas]
crab-apples □ afalau surion, crabas: crabys
a crack crac[1]
to crack cracio
to crackle clatsian, clecian, clindarddach[2]
a crackling clindarddach[1]
a cradle □ cawell, crud
craft crefft
craftiness cyfrwyster:cyfrwystra, dichell
craftsman crefftwr
craftsmanship crefftwaith
craftswoman crefftwraig
crafty cyfrwys, dichellgar, ystrywgar
crag craig
craggy creigiog, ysgithrog
cramp cwlwm gwythi:clymau gwthi:cwlwm chwithig
cranberries □ ceirios y waun, llugaeron:llygaeron

crane
  1 *craen*
  2 ☐ *crychydd, garan*
cranium *penglog*
crank ☐ *cranc*²
crankshaft ☐ *crancwerthyd*
cranny *hollt*
crash
  crash course *cwrs carlam*
crater *crater*
to crave *erfyn*², *ysu*
a craving *ysfa*
craw *crombil*
to crawl
  1 *cripian:cripio, cropian:cropio, ymlusgo*
  2 *llyfu tin, ymgreinio*
crayfish *cimwch coch*
crazy *gorffwyll, ynfyd*
to creak *rhincian*
cream *hufen*
creamery *ffatri laeth, hufenfa*
a crease
  1 *crych*¹, *llinell, plet:pleten, plyg*
  2 *plygiad:plygiant*
creased *crych*²
to create *codi, creu*
created *creadigol*
creation *cread, creadigaeth*
creative *creadigol*
creator *creawdwr:creawdur: creawdydd, crëwr*
creature *creadur*
crèche *meithrinfa*
credence *coel*
credible *credadwy*
credibility *hygrededd*
credit *clod, geirda*
  on credit *ar goel [coel]*
credo *credo*
credulous *hygoelus*
creed *credo*
creek *cilfach*
creel *cawell*
to creep *cripian:cripio, cropian:cropio*
to cremate *amlosgi, corfflosgi*
crematorium *amlosgfa*
crescent ☐ *cilgant*
cress *berwr:berw*
  watercress ☐ *berwr dŵr:berw dŵr*
crest
  1 *brig y môr, crib*
  2 *tarian*
crested *cribog*
crevasse *crefas*
crevice *hollt*
crew *criw*
crib *côr, preseb*
crick *cric*
cricket
  1 ☐ *criced*
  2 *criciedyn: cricsyn*
crime *trosedd*
criminal *troseddwr*
  criminal law *cyfraith troseddwyr*

crimson *rhudd*
cripple *cloff*², *efrydd*
crisis *argyfwng*
crisp *crimp*
crisps *creision*
criss-cross *croesymgroes*
criterion *maen prawf*
critic *beirniad*
critical *beirniadol*
criticism *beirniadaeth*
to criticize *beirniadu*
criticized
  to be criticized *bod dan yr ordd [gordd]*
croak *crawc*
to crochet *crosio*
crock ☐ *crochan*
crockery *llestri*
crocodile ☐ *crocodil:crocodeil*
crocus ☐ *saffrwm:saffrwn*
croft *tyddyn*
crofter *tyddynnwr*
cromlech ☐ *cromlech*
crook *ffon fugail*
crooked *cam*³, *crwca, gŵyr*², *gwyrgam*
crop
  1 ☐ *cnwd*
  2 *crombil, glasog*
crops *cynnyrch*
cross *blin, croes*², *traws*
a cross ☐ *croes*¹, *crocbren, croesbren, crog*¹
to cross *croesi*
  to cross one's mind *croesi meddwl*
  to cross oneself *ymgroesi*
  to cross swords *croesi cleddyfau [cleddyf]*
crossbow ☐ *bwa croes*
cross-country *traws gwlad*
to cross-examine *croesholi, holi a stilio*
cross-eyed *llygatgam:llygatgroes*
a crossing *croesfan*
a cross-reference *croesgyfeiriad*
to cross-reference *croesgyfeirio*
cross-road(s) *croesffordd*
cross-section ☐ *trawsdoriad: trawstoriad*
crossword *croesair*
  crossword puzzle *pos croeseiriau*
crotchet ☐ *crosiet*
to crouch *cwtsio:cwtsied, cyrcydu*
a crouching *cwrcwd*
a crow ☐ *brân*
  as the crow flies *fel yr hed y frân [brân]*
  carrion crow ☐ *brân dyddyn*
a crowd *crugyn, fflyd, llond gwlad, torf, twr*¹, *tyrfa*
to crowd
  to crowd together *tyrru*
a crown
  1 *copa, corun*
  2 *coron*
  triple crown *coron driphlyg*

to crown *coroni*
crowned *coronog*
  crowned bard *Bardd y Goron*
crucial *hanfodol*
crucifixion *croeshoeliad*
to crucify *croeshoelio*
crude *amrwd, crai*
cruel *brwnt, creulon*
cruelty *creulondeb:creulonder, garwder:garwedd*
cruise *mordaith*
crumb *briwsionyn*
to crumble *briwio:briwo, briwsioni, chwalu, malurio*
crumbly *briwsionllyd, chwâl*
crumpled *crych*²
to crunch *crensian*
crupper ☐ *crwper*
crusade *croesgad, crwsâd*
to crush *damsang, malu*
crust *cramen, crofen:crawen, crwst, crwstyn:crystyn*
  the earth's crust *cramen y ddaear*
crustacean *cramennog*
crustaceans ☐ *cramenogion*
crutch *bagl, ffon fagl*
crux *craidd*
crwth ☐ *crwth*
a cry *cri*¹, *gwaedd*¹, *llef*
  plaintive cry *dolef*
to cry *colli/gollwng/tywallt dagrau [dagrau], crio, llefain, wylo*
  to cry out *llefain*
  to cry plaintively *dolefain*
crystal *crisial, grisial*
crystalline *grisialaidd*
to crystallize *crisialu*
cub *cenau, cenawes, cwb*
cube *ciwb*
  cube root *trydydd isradd*
cubic *ciwbig*
cubical *ciwbig*
cubit *cufydd*
cuckoo ☐ *cog, cwcw*
cucumber ☐ *ciwcymber:cucumer*
cud
  to chew the cud *cil-gnoi, cnoi cil*
to cuddle *cofleidio, cwtsied:cwtsio*
cudgel *clwpa, cnwpa, pastwn*
a cue *ciw*²
to cue *ciwio*²
cuff
  1 *clowten, dyrnod*
  2 *torch llawes*
cuirass *dwyfronneg, llurig*
cul-de-sac *lôn bengaead*
culm *cwlwm*²
culprit *troseddwr*
to cultivate *amaethu, gweithio, meithrin, trin*¹
cultural *diwylliadol, diwylliannol*
culture *diwylliant*
cultured *diwylliedig*
culver-house *colomendy*
cumulative *cynyddol*
cunning *cyfrwys*

	cunning			current			customs
a	cunning *cyfrwyster:cyfrwystra*		a	current *cerrynt, llif¹:lli*			customs *tollau*
	cup *cwpan, ffiol*			alternating current *cerrynt eiledol*			customs officer *swyddog tollau [tollau]*
	cup of *cwpanaid, disgled:dished, dysglaid*			direct current *cerrynt union*		a	cut *briw, cwt³, toriad*
	cupboard *cwpwrdd*			curriculum *cwricwlwm*		to	cut *clipio:clipo, lladd, torri*
	cupboardful *cypyrddaid*			the National Curriculum *Y Cwricwlwm Cenedlaethol*			to cut a long story short *torri'r stori'n fyr [stori]*
	cupful *cwpanaid*			curry *cyrri*			to cut to the quick *teimlo i'r byw [byw³]*
	curate *ciwrad:ciwrat, curad*			curry-comb *ysgrafell*			to cut up *darnio*
	curator *curadur*		a	curse *llw, melltith, rheg*			to cut your coat according to the cloth *llunio'r wadn fel y bo'r troed [gwadn]*
to	curb *ffrwyno*		to	curse *damnio:damo, diawlio, fflamio, melltithio, rhegi*			cute *ciwt*
to	curdle *cawsu, ceulu*			cursory *brysiog*			cuticle *pilen*
	curds *ceulion*			curt *cwta, swta*			cutlet *golwythyn*
a	cure *iachâd*		to	curtail *cwtogi*			cutter *torrwr*
to	cure			curtain *llen*		a	cutting *toriad*
	1 *gwella*			the Iron Curtain *y Llen Haearn*		a	cycle *cylch*
	2 *halltu*			curtains *llenni*		to	cycle *beicio, seiclo*
	curiosity *chwilfrydedd*		to	curtsy *gostwng, moesymgrymu*			cyclist *beiciwr*
	curious *chwilfrydig*			curvature *crymedd*			cyclone *seiclon*
a	curl *cwrl*			curve *cromlin, ystum*			cylinder *silindr*
to	curl *crychu*			curved *crwm*			cylindrical *silindrog*
	curlew *gylfinir*			cushion *clustog*			cymbal *symbal*
	curliness *crychni*			cusp *corn¹*			cypress tree □ *cypreswydden*
	curly *crych², cyrliog, modrwyog*			custard *cwstard*			cyst *coden*
	currants □ *cwrens:cyrans, rhyfon*			custodian *ceidwad, gwarchodwr*			cystitis *llid y bledren*
	black currants *cwrens duon*			custom			cytoplasm *cytoplasm*
	currant bread *bara brith*			1 *arfer¹, arferiad, defod*		a	Czech *Tsiecoslofaciad*
	red currants *cwrens coch*			2 *toll*			
	white currants □ *cwrens gwyn*			customer *cwsmer*			
	current *cyfredol*			custom-house *tollty*			
	current account *cyfrif¹ cyfredol*						

D

	dab			dandelion □ *dant y llew*			3 *oed*
a	dab □ *lleden*			dandruff *cen*		to	date *dyddio*
to	dab *dabio:dabo*			dandy *coegyn*			dated *dyddiedig*
	dab hand *llaw*			danger *perygl*			daughter *merch*
	dachshund □ *brochgi*			dangerous *peryglus*			daughter of *ach²*
	dad *dad¹:dadi:dat*			dank *llaith*			daughter-in-law *merch-yng-nghyfraith*
	daddy-long-legs *jac y baglau, pry'r gannwyll:pry teiliwr*			dapper *trwsiadus, twt¹*		to	daunt *danto:dantio*
	daffodil □ *cenhinen Bedr, daffodil*			dappled *brith*			dauntless *eofn:eon*
	daft *gwirion, twp*		a	dare *her*		to	dawdle *cogr-droi, loetran, sefyllian, tind:oi*
	dagger *dagr*		to	dare *beiddio, meiddio, mentro, rhyfygu*			dawdling *o dow i dow [tow]*
	daily *beunyddiol, dyddiol*			I dare not *wiw/fiw imi [gwiw]*		a	dawn *brig y wawr, cyfddydd, gwawr, plygain*
	dainty *llednais*			I dare you *camp i ti*			from dusk to dawn *rhwng gwyll a gwawl [gwawl]*
	dairy *llaethdy*			daring *beiddgar, eofn:eon, mentrus*		to	dawn *dyddio, glasu, gwawrio*
	dais *llwyfan*			dark *dilewyrch, du, tywyll*			day *diwrnod, dwthwn, dydd, undydd*
	daisy □ *llygad y dydd*			the Dark Ages *yr Oesoedd Tywyll*			at the break of day *gyda'r dydd [dydd]/wawr*
	Michaelmas daisy □ *ffárwel haf*			to make dark *duo*			at the end of the day *diwedd y gân, yn y diwedd [diwedd], yn y pen draw [pen]*
	dale *dôl¹*			the dark *tywyllwch*			by day *liw dydd [lliw]*
a	dam *argae, cronfa*		to	darken *duo, tywyllu*			day after next *trennydd*
to	dam *cronni*			to darken these doors *tywyllu drws y tŷ*			day before yesterday *echdoe*
	the damage *difrod, niwed*			darling *anwylyd, gwyn¹*			Day of Judgement *Dydd y Farn*
to	damage *niweidio*		to	darn *brodio*			day off *diwrnod i'r brenin*
	damages *iawndal*		to	dart *gwibio*			during the course of the day *yng nghorff y dydd [corff]*
a	damming *cronfa*		a	dash			every day *beunydd*
	damn! *damnio:damo*			1 *hac*			feast day *dygwyl*
to	damn *damnio:damo, melltithio*			2 *rhuthr*			next day *trannoeth*
	damning *damniol*		to	dash *rhuthro*			the present day *y dydd heddiw*
	damp *llaith*			data *data*			
	dampness *gwlybaniaeth, lleithder, tamprwydd*			database *databas*			
	damsons □ *eirin duon*		a	date			
a	dance *dawns*			1 *dyddiad*			
to	dance □ *dawnsio*			2 *datysen*			
	to dance attendance upon *dawnsio tendans [tendans]*						
	dancer *dawnsiwr*						

seen better days *wedi gweld dyddiau gwell* [*dyddiau*]
such and such a day *y diwrnod a'r diwrnod*
to call it a day *rhoi'r ffidil yn y to*
to carry the day *cario'r dydd*
to lose the day *colli'r dydd*
to this day *hyd heddiw/hyd y dydd heddiw*
to win the day *cario'r dydd, ennill y dydd*
daybreak *clais y dydd, codiad y wawr, cyfddydd, gwawr*
a day-dream *breuddwyd*
to day-dream *breuddwydio*
day-dreaming *breuddwydiol*
daylight *golau dydd*
 in broad daylight *cefn dydd golau, liw dydd* [*lliw*]
dazed *syfrdan*
 to be dazed *syfrdanu*
to dazzle *dallu*
dazzling *disglair, llachar*
deacon *blaenor, diacon, diacones*
dead *yn gorff* [*corff*], *marw*[2], *marwaidd*
dead centre *canol llonydd*
dead of night *cefn nos:cefn trymedd nos, dyfnder nos*
Dead Sea *y Môr Marw*
stone dead *marw gelain*
to be dead beat *ymlâdd*
the dead *meirw:meirwon*[2]
to deaden *lladd*
deadly *marwol*
 deadly nightshade ☐ *codwarth*
deaf *byddar*
 to become deaf *byddaru*
to deafen *byddaru*
deafening *byddarol*
a deal
 a great deal *llawer*[1]
 to clinch a deal *cloi bargen*
to deal *delio, ymdrin â*
 to deal in *delio mewn*
 to deal with *delio â*
dealer *masnachwr*
dean *deon*
dear
 1 *agos*[1], *annwyl, bach*[2], *cu, cun, ffel, hoff, mwyn*[3], *mynwesol*
 2 *costus, drud, prid*
 oh dear! *o'r annwyl!:yr annwyl!* [*annwyl*]
a dear *cariad*[2]
dearness *anwyldeb*
dearth *prinder*
death *angau, dihenydd, marwolaeth, tranc*
 to put to death *dienyddio*
to debase *diraddio*
debased *sathredig*
debatable *dadleuol*
a debate *dadl*
to debate *dadlau*
debt *dyled*

debtor *dyledwr*
to debug *dadfygio*
decade *degawd*
decadence *dirywiad*
decay *pydredd*
to decay *dadfeilio, gwaethygu*
 to fall into decay *adfeilio*
decaying *darfodedig*
deceased *marw*[2], *ymadawedig*
deceit *anffyddlondeb, celc, twyll*
deceitful *dichellgar, twyllodrus*
to deceive *coegio:cogio, twyllo*
December *Rhagfyr*
decent *llednais*
to decentralize *datganoli*
deceptive *twyllodrus*
decibel *desibel*
to decide *penderfynu, pennu*
deciduous *collddail*
decimal *degol*
 decimal fraction *ffracsiwn degoll*
 decimal point *pwynt degol*
 decimal system *dull degol*
a decimal *degolyn*
decision *galwad, penderfyniad*
decisiveness *pendantrwydd*
deck *bwrdd*
to declare *datgan*
decline *dirywiad*
 in decline *ar drai* [*trai*]
to decompose *dadelfennu*
to decontaminate *dadlygru*
to decorate *addurno*
decorated *addurnedig*
a decoration *addurn:addurniad*
decorative *addurniadol*
a decrease *lleihad, trai*
to decrease *lleihau*
a decree *gorchymyn*[1]
to decree *deddfu*
decrepit *musgrell*
to decry *bychanu*
to dedicate *cysegru*
dedication *cyflwyniad*
to deduce *casglu*
Dee *Dyfrdwy*
deed *gweithred*
deep *affwysol, dwfn*[1]
 deep waters *dyfroedd dyfnion*
the deep *dyfnfor, eigion, gweilgi*
to deepen *dwysáu, dyfnhau*
deeper *dyfnach*
 to get deeper *dyfnhau*
deep-freeze *cist rew, rhewgell*
deer ☐ *carw*
 fallow deer *danas*
to deface *difwyno*
defamation *enllib*
defamatory *difriol, enllibus*
to defame *difenwi*
a defeat *gorchfygiad*
to defeat *baeddu, curo, goresgyn, gorchfygu, trechu*
to defecate *cachu*[1], *gwneud fy musnes*
defect *diffyg, nam*
defective *diffygiol*
defence *amddiffyniad*

to defend *achub cam, amddiffyn*
defendant *diffynnydd*
defender *amddiffynnwr*
defensible *amddiffynadwy*
to defer *gohirio*
deferment *gohiriad*
defiance
 in defiance of the law *yn wyneb y gyfraith* [*cyfraith*]
defiant *herfeiddiol*
deficiency *diffyg*
deficient *diffygiol, prin*[1]
to defile *halogi*
defiled *halogedig*
to define *diffinio*
definite *di-os, pendant*
 the definite article *bannod*
definition *diffiniad*
to deflate *torri crib* [*crib*]
deflection *gwyriad*
to defraud *twyllo*
deft *deheuig, dethau*
to defy *herio*
degenerate *dirywiedig*
to degenerate *dadfeilio*
degeneration *dirywiad*
to degrade *diraddio, dirywio*
degraded *dirywiedig, llygredig*
degree *gradd, graddau*
dehydration *dadhydradedd, dadhydradiad*
to deify *dwyfoli*
dejected *digalon*
dejection *digalondid*
a delay *oediad*
 without delay *diymdroi*
to delay *oedi*
delegation *dirprwyaeth*
to delete *croesi, dileu*
deletion *dilead*
deliberate
 1 *bwriadol*
 2 *pwyllog*
delicacies *danteithion, mwythau*
delicacy *dantaith*
delicate *cywrain, tyner*
delicious *danteithiol, ffein, pêr*[1]: *peraidd*
a delight *hoffter, hyfrydwch*
 heart's delight *eli'r galon*
to delight in *gorfoleddu, ymhyfrydu*
delightful *dymunol, hyfryd*
delights *mwynderau*
delirious *gorffwyll*
to deliver
 1 *dosbarthu*
 2 *gwared*[1]: *gwaredu*
 3 *traddodi*
deliverance *gwaredigaeth*
deliverer *gwaredwr*
dell *pant*
delta *delta*
to delude *twyllo*
deluge *dilyw*
a demand *galw*[1], *gofyn*[1]
to demand *galw ar, hawlio*
 there's a demand for *mae gofyn am* [*gofyn*]

demands *galwadau*
demeanour *ymarweddiad*
demented *gwallgof*
democracy *democratiaeth*
democratic *democrataidd*
to demolish *dymchwel:dymchwelyd*
demolition *dymchweliad*
demon *cythraul, diafol, ellyll*
to demonstrate *dangos*
demure *swil*
den *ffau, gwâl*
Denbigh *Dinbych*
deniable *gwadadwy*
denial *gwadiad*
denomination *enwad*
denominational *enwadol*
denominator *enwadur*
   common denominator *cyfenwadur*
to denote *dynodi*
to denounce *lladd ar*
dense *tew*
density *dwysedd*
a dent *clonc*[1], *pannwl, tolc*
to dent *tolcio*
dentist *deintydd*
dentures *dannedd dodi:gosod* [*dannedd*]
to denude *dinoethi*
to deny *gwadu*
deodorant *diaroglydd*
to depart *mynd:myned, ymadael*
department *adran*
departure *ymadawiad*
to depend *dibynnu, pwyso*
   can't depend on *dim dal ar* [*dal*]
dependable *dibynadwy, sad*
dependent *dibynnol*
to depict *darlunio*
to deplore *gresynu*
to depopulate *diboblogi*
to deport *caethgludo*
deportation *caethglud*
a deposit
   1 *blaendal, ernes*
   2 *gwaddod*
   deposit account *cyfrif*[1] *cadw*
to deposit *dyddodi*
depot *gorsaf*
depravity *llygredd*
to depreciate *dibrisio*
depreciation *dibrisiant*
depressed *digalon, isel, pruddglwyfus*
depressing *diflas*
depression
   1 (physical) *pant*
   2 (economic) *dirwasgiad*
   3 (weather) □ *diwasgedd*
   4 (mental) *digalondid, y felan* [*melan*], *iselder*
to deprive *amddifadu*
depth *dyfnder, perfedd*
   depth of feeling *dwyster:dwystra*
   out of one's depth *allan o'm dyfnder* [*dyfnder*]
depths *dwfn*[2], *dyfnder, eigion, gwaelod*

depths of despair *cors anobaith*
depths of winter *dyfnder gaeaf*
deputation *dirprwyaeth*
to depute *dirprwyo*
to deputize *dirprwyo*
deputy *dirprwy, is...*
deputyship *dirprwyaeth*
to deride *gwatwar*[2], *gwawdio*
derision *gwatwar*[1]
derisive *gwatwarus*
derivation *tarddiad*
to derive *deillio*
   to derive from *hanu, tarddu*
dermis *gwirgroen*
derogatory *difriol*
derv *disel*
to descend *disgyn*
descendant *disgynnydd*
descendants *hil, hiliogaeth*
descended
   descended from *o dras* [*tras*]
descent *cwymp, disgyniad, goriwaered, gwaered*
   of noble descent *o dras* [*tras*]
to describe *disgrifio*
description *disgrifiad*
descriptive *darluniadol, disgrifiadol*
to desecrate *halogi*
desert *diffaith*
a desert[1] *anial*[2], *anialdir, anialwch, diffeithwch*
   like the sands of the desert *rhif y gwlith* [*gwlith*]
to desert *cefnu ar*
deserts *haeddiant*
to deserve *haeddu, teilyngu*
deserved *haeddiannol*
deserving *haeddiannol, teilwng*
a design
   1 *dyluniad*
   2 *bwriad*
   God's design *yr arfaeth*
to design *cynllunio, dylunio, llunio*
designate *darpar*
designer *cynllunydd*
a desire *awydd, chwant, dymuniad*
to desire *dymuno*
desirous *ewyllysgar*
to desist *ymatal rhag*
desk *desg*
desolate *anghyfannedd, anial*[1], *diffaith*
desolation *diffeithwch, distryw*
a despair *anobaith*
   depths of despair *cors anobaith* [*anobaith*]
to despair *anobeithio, gwangalonni*
desperate *diobaith*
despicable *diystyrllyd, ffiaidd*
to despise *dibrisio, dirmygu*
despised *dirmygedig*
despite *er, er hyn* [*hyn*], *serch*[2]
   despite this *er hyn* [*hyn*]
despondent *digalon*
despot *unben*
dessert *pwdin*
destiny *ffawd, tynged*

destitute *amddifad, ar y clwt* [*clwt*], *llwm*
destitution *eisiau*
to destroy *chwalu, difa, difetha, difrodi, dinistrio, distrywio*
destruction *anrhaith, dihenydd, dinistr, distryw*
destructive *dinistriol, distrywiol*
to detach *datgysylltu*
detail *manylrwydd:manyldeb: manylder:manyldra*
to detail *manylu*
detailed *manwl*
   too detailed *gorfanwl*
details *manylion*
   to go into details *manylu*
to detain *cadw*
detective *ditectif*
detector *canfodydd*
to deter *digalonni*
detergent *glanedydd*
to deteriorate *dirywio, gwaethygu, mynd ar ei waeth* [*gwaeth*]
deterioration *dirywiad*
determination *penderfyniad*
to determine *pennu*
determined *penderfynol*
to detest *ffieiddio*
detonation *ffrwydrad*
detonator *ffrwydryn*
to detract *cymryd oddi wrth, tynnu oddi ar, tynnu wrth*
deuce
   the deuce *cebystr*
to devastate *difrodi, distrywio*
devastating *difaol*
devastation *difrod*
to develop *datblygu*
development *cynnydd, datblygiad*
to deviate *cyfeiliorni*
deviating *cyfeiliornus*
deviation *gwyriad*
device □ *dyfais*
devil *cynllwyn, cythraul, diafol, diawl, y gŵr drwg, Satan*
devilish *dieflig*
devilment *diawlineb*
Devil's Bridge *Pontarfynach*
devious *troellog*
to devise *dyfeisio*
Devon *Dyfnaint*
to devote *ymroi*
devotion *defosiwn, dyletswydd, ymroddiad*
to devour *traflyncu*
devout *addolgar, defosiynol, duwiol*
dew *gwlith*
dewdrop *gwlithyn*
dexterity *cywreinrwydd*
dexterous *deheuig*
diabetes *clefyd y siwgr, y clefyd melys*
diabolical *cythreulig, diawledig, dieflig*
diaeresis *didolnod*
diagonal *croeslin, lletraws*
diagram *diagram*

a dial ☐ *deial*
  sun-dial *deial haul*
to dial *deialo:deialu*
dialect *tafodiaith*
dialogue *deialog, ymddiddan*²
diameter ☐ *diamedr*
diamond *diemwnt*
diaphragm ☐ *llengig*
diarist *dyddiadurwr*
diarrhoea *dolur rhydd, pib*²
diary *dyddiadur, dyddlyfr*
dice *dis*
to dictate *ar-ddweud*
dictator *unben*
dictatorial *unbenaethol*
dictatorship *unbennaeth*
dictionary *geiriadur*
  biographical dictionary *bywgraffiadur*
didn't he/she/it *onid do fe [do]*
a die *dis*
to die *darfod, marw*¹, *trengi, trigo*
diesel *disel*
a diet *diet*
to differ *amrywio, gwahaniaethu*
difference *gwahaniaeth*
  it makes no difference *does dim gwahaniaeth [gwahaniaeth]*
different *gwahanol*
differential ☐ *differyn*
difficult *anodd, caled*
  difficult to understand *dwfn*¹
difficulty *anhawster*
  to find difficulty *cael gwaith [gwaith*¹]
  to overcome difficulties *goresgyn anawsterau*
diffidence *petruster*
diffident *anhyderus, petrus*
a dig *ergyd, pwnad:pwniad*
to dig *agor, ceibio, cloddio, palu, pwnio:pwno, troi*
  to dig a grave *torri bedd*
a digest *crynhoad*
to digest *treulio*
digestion *treuliad*
digit *digid*
digital *digidol*
dignified *mawreddog, urddasol*
dignity *urddas*
to digress *crwydro*
dike *clawdd, morglawdd*
dilapidated
  to become dilapidated *dadfeilio*
dilemma *cyfyng-gyngor, penbleth*
diligence *diwydrwydd, dygnwch, gweithgarwch*
diligent *astud, diwyd, dyfal, dygn, gweithgar*
dilly-dally *sefyllian*
to dilute *glastwreiddio, gwanedu*
diluted *gwanedig*
to dim *pylu*
dimension *dimensiwn*
to diminish *lleihau*
dimple *pannwl*
din *dwndwr, mwstwr, trwst*
to dine *ciniawa*

dinner *cinio*
dinosaur ☐ *deinosor*
diocese *esgobaeth*
a dip
  1 *pant*
  2 *trochfa*
to dip ☐ *dipio:dipo, trochi*
diploma *diploma, tystysgrif*
diplomat *diplomydd, llysgennad*
diplomatic *diplomataidd*
dipper ☐ *trochiwr:trochwr*
dire *dybryd*
direct *cymwys:cwmws, diwyro, union, uniongyrchol*
direct current *cerrynt union*
to direct
  1 *cyfarwyddo*
  2 *cyfeirio, rheoli*
direction *cyfarwyddiad: cyfarwyddyd, cyfeiriad*
directly *ar fy union [union], yn union [union], yn syth [syth]:yn syth bin*
director *cyfarwyddwr*
directory *cyfarwyddiadur, cyfeiriadur*
dirt *baw*
  clotted dirt *cagl*
dirtiness *brynti:bryntni*
dirty *afiach, bawlyd, brwnt, du, lleidiog*
  dirty trick *tro gwael [gwael]*
  to make dirty *maeddu*
to dirty *difwyno:dwyno, trochi*
disabled *anabl, methedig*
disadvantage *anfantais*
disadvantaged *tan anfantais [anfantais]*
to disagree *anghydweld, anghytuno*
disagreeable *annifyr*
disagreement *anghydfod, anghytundeb, gwahaniaeth, gwrthdrawiad*
  in disagreement *anghytûn*
to disappear *diflannu*
disappearance *diflaniad*
to disappoint *siomi*
disappointed *siomedig*
disappointing *siomedig*
disappointment *siom, siomedigaeth*
to disarm *diarfogi*
disarmament
  nuclear disarmament *diarfogi niwclear*
disaster *trychineb*
disastrous *trychinebus*
disbanded *ar chwâl [chwâl]*
disbelief *anghrediniaeth, anffyddiaeth*
disc *disg*
  compact disc *cryno-ddisg, disg cryno*
  floppy disc *disg hyblyg*
  video disc *disg fideo*
to discern *canfod*
discerning *craff*
discernment *craffter*

disciple *disgybl*
  the Disciples *y Disgyblion*
discipline *disgyblaeth*
to discipline *disgyblu*
disciplined *disgybledig*
to disclose *dadlennu*
disclosure *datguddiad*
disco *disgo:disco*
discomfort *anesmwythyd*
to disconnect *datgysylltu*
disconnected *digyswllt*
discontent *anfodlonrwydd*
discontented *anfodlon, annedwydd*
discount *disgownt*
discouraged
  to be discouraged *danto:dantio*
discourteous *anghwrtais*
discourtesy *anghwrteisi*
to discover *cael, darganfod*
discoverer *darganfyddwr*
discovery *darganfyddiad*
discreet *doeth*
discrepancy *anghysondeb*
discretion *pwyll*
to discriminate *gwahaniaethu*
to discuss *dal pen rheswm [pen], trafod, trin*²
discussion *trafodaeth*
  under discussion *dan sylw [sylw]*
disdain *dirmyg*
disdainful *diystyrllyd*
disease *afiechyd, clefyd, clwyf:clwy, haint*
to disfigure *aflunio*
a disgrace *anfri, cywilydd, gwaradwydd, gwarth*
to disgrace *gwaradwyddo*
disgraceful *cywilyddus, gwarthus*
disgusting *mochaidd: mochynnaidd*
dish
  1 *dysgl, llestr, noe*
  2 *dysglaid*
  3 *saig*
dish-cloth *cadach llestri, clwt llestri*
to dishearten *digalonni*
disheartened *digalon*
dishes *llestri*
dishevelled *aflêr*
dishonest *anonest*
dishonesty *anonestrwydd*
dishonour *amarch*
to dishonour *amharchu*
dish-water *golchion*
to disillusion *dadrithio*
to disinfect *diheintio*
disinfectant *diheintydd*
to disintegrate *chwalu, malurio, mynd â'i ben iddo [pen]*
disjointed *digyswllt*
disk *disg*
to dislocate *datgymalu*
disloyal *annheyrngar*
disloyalty *anffyddlondeb*
dismal *digalon*
to dismantle *datgymalu*

dismay *siom*
to dismiss
  1 *diswyddo*
  2 *wfftian:wfftio*
dismissal *diswyddiad*
to dismount *disgyn*
disobedience *anufudd-dod*
disobedient *anufudd*
to disobey *anufuddhau*
disorder *llanastr*
disorderly *afreolus, direol*
disorganized *anhrefnus*
to disown *diarddel, gwadu*
disparage *dibrisio, difrio, dilorni, dirmygu*
to dispatch *gyrru*
to dispel *chwalu*
dispensary *fferyllfa*
to dispense with *hepgor*
to disperse *gwasgaru:gwasgar*
dispersed *ar chwâl [chwâl], gwasgaredig*
dispirited *gwangalon*
to displace *disodli*
a display *arddangosfa*
to display *arddangos, dwyn*
to displease *digio*
disproportionate *anghyfartal*
to disprove *gwrthbrofi*
a dispute *cynnen*
to disqualify *diarddel*
to disregard *diystyru, esgeuluso*
disrepute
  to bring into disrepute *dwyn anfri*
disrespect *amarch, anfri*
dissatisfied *anfodlon*
to dissect *dyrannu*
to disseminate *lledaenu*
to dissent *anghytuno*
dissertation *traethawd*
dissimilar *annhebyg*
dissolution *diddymiad*
to dissolve *toddi*
distance *pellter*
  from a distance *oddi draw*
distant
  1 *brith, pell, pellennig*
  2 *diserch*
distasteful *diflas*
to distil *dihidlo, distyllu*
distillation *distylliad*
distilled *distyll*[2]
distiller *distyllwr*
distinct *eglur, penodol*
distinction *arbenigrwydd, gwahaniaeth, hynodrwydd, rhagor*[2]*, rhagoriaeth*
to distinguish *gwahaniaethu*
distinguishable *gwahanadwy*
to distort *aflunio, camu*[2]*, gwyrdroi, gwyro, llurgunio, ystumio: stumio*
distortion *gwyrdroad*
to distract *tynnu sylw*
to distrain *atafaelu*
distress *cyfyngder, cystudd, gofid, gwasgfa, ing*

to distribute *dosbarthu, dosrannu, rhannu*
distribution *dosbarthiad, lleolaeth*
district *ardal, dosbarth, mangre, parth*
  district council *cyngor dosbarth*
a distrust *drwgdybiaeth*
to distrust *drwgdybio:drwgdybied*
to disturb *aflonyddu*
ditch *clawdd, ffos*
to dither *troi'r gath mewn padell [cath]*
ditto *eto*[2]
to dive *deifio*[1]*, plymio*
diver
  1 *deifiwr*
  2 *trochiwr:trochwr*
divergence *gwyriad*
diverse *gwahanol*
diversion *dargyfeiriad, ffordd osgoi*
to divest (oneself) *ymddihatru*
to divide *rhannu*
divided *rhanedig*
dividers *cwmpas*[2]*, cwmpas mesur*
divine *dwyfol*
diviner
  water diviner *dewin dŵr*
divisible *rhanadwy*
division *dosbarth, rhaniad, rhwyg:rhwygiad*
a divorce *ysgariad*
to divorce *ysgaru*
to divulge *datguddio*
DIY *ymdopi*
dizzy *penysgafn*
to do
  1 *gweithredu, gwneud*[1]*: gwneuthur*
  2 *ateb y diben, gwneud y tro*
  Do It Yourself *ymdopi*
  it wouldn't do *ni wiw [gwiw]*
  to do away with *gwneud i ffwrdd â*
  to do with *ymwneud â*
docile *hydrin, hywedd*
dock □ *tafolen*
  □ dock leaves *dail tafol*
a doctor
  1 *doctor, doctores, meddyg*
  2 *doethur*
to doctor *doctora*
doctrine *athrawiaeth, dysgeidiaeth*
document *dogfen*
documentary *dogfennol*
documents *dogfennau, gweithredoedd*
dodo □ *dodo*
doe *elain, ewig*
to doff *tynnu*
  to doff one's hat to *tynnu het*
dog □ *ci*
dogfish □ *penci*
doggerel *rhigwm*
dogs *cŵn*
  to go to the dogs *mynd i'r cŵn [cŵn]*

dole *dôl*[2]
doleful *dolefus, gofidus*
doll *dol, doli*
  rag doll *doli glwt*
dollar *doler*
dolmen □ *cromlech*
dolphin □ *dolffin, môr-hwch*
dolt *ffŵl*
dome *cromen*
domestic *teuluol*
to domineer *gormesu, lordio*
dominion
  1 *goruchafiaeth*
  2 *tiriogaeth*
domino □ *domino*
dominoes *dominos*
to don *gwisgo*
donation *rhodd*
donkey *asyn, mul*
  donkey's years *oes mul*
donor *rhoddwr*
don't *paid*
door *dôr, drws, porth*[1]
  at the door *wrth y drws [drws]*
  next door *drws nesaf*
  to darken these doors *tywyllu drws y tŷ*
  to show someone to the door *dangos rhywun i'r drws*
  to show the door to *dangos y drws*
  to shut the door after the horse has bolted *codi pais ar ôl piso [pais]*
doorstep *trothwy*
doorway *drws*
dormant
  dormant volcano *llosgfynydd mud*
dormouse □ *pathew*
dose *dogn, dos*[2]
a dot *dot:dotyn*
to dot *dotio*[2]
to dote on *dotio*[2]*, dwlu:dylu, ffoli, gwirioni*
dotted *brith*
double *dwbl:dwbwl, dwywaith*
  double bass □ *bas dwbl*
  double chin *tagell*
to double *dyblu*
doubled *dyblyg*
  doubled up *yn ei blyg [plyg], yn ei ddwbwl/ddyblau [dwbl:dwbwl]*
  double-edged *daufiniog*
a doubt *amheuaeth, ansicrwydd*
  without doubt *heb os nac oni bai [os]*
to doubt *amau, petruso*
doubtful *amheus, ansicr, diamau*
doubtless *diamau*
dough *toes*
doughnut *toesen*
dove *colomen*
  turtle-dove *turtur*
dovecot *colomendy*
dovetail
  dovetail joint □ *uniad cynffonnog*

dowel □ *hoelbren*
down *ar lawr* [*llawr*], *lawr*[1]*:i lawr, i waered* [*gwaered*], *obry*
    down in the mouth *â'm pen yn fy mhlu* [*pen*]
    to get down *nychu*
the down *manblu*
to down
    to down in one gulp *yfed ar ei dalcen* [*talcen*]
down-and-out *caridým*
downcast *penisel*
downhill *ar i waered* [*gwaered*], *goriwaered*
    going downhill *ar ei waered*
down-payment *ernes*
downstairs *lawr llawr* [*llawr*]
downward *ar i lawr* [*llawr*]
    downward slope *goriwaered, gwaered*
    downward trend *gogwydd*
to dowse *dewinio dŵr*
dowser *dewin dŵr*
to doze *hepian, pendwmpian*
dozen *dwsin*
dozy *cysglyd*
drab *di-liw, llwydaidd, salw*
draft *drafft*[1]
to drag *helcyd, llusgo*
    dragged through a hedge backwards *wedi'i dynnu drwy'r drain* [*drain*]
    to drag one's feet *llusgo traed*
dragon □ *draig*
    the Red Dragon *y Ddraig Goch*
dragon-fly *gwas y neidr*
a drain *carthffos*
to drain *dihysbyddu:disbyddu, draenio:traenio, hysbyddu*
drainage *carthffosiaeth*
drake *barlad:barlat, marlat: marlad, meilart*
drama *drama*
dramatic *dramatig*
dramatist *dramodydd*
dramatize *dramateiddio*
drastic *llym*
draught
    1 *dracht:tracht*
    2 *drafft*[2]
    at a draught *ar ei ben* [*pen*]
draughty *drafftiog*
a draw *tynfa*
    drawn game *gêm gyfartal* [*cyfartal*]
to draw
    1 *arlunio, darlunio, lluniadu, tynnu*
    2 *denu, tynnu*
    3 *anelu*
    to draw in *tynnu i mewn*
    to draw its teeth *tynnu dannedd* [*dannedd*]
    to draw lots *tynnu byrra docyn*
    to draw near *agosáu, closio, dynesu, nesáu:nesu*
    to draw the line *tynnu llinell*
    to draw upon *tynnu ar*

drawer *drâr:drôr*
a drawing *llun*[1], *lluniad*
    drawing pin *pin bawd*
drawn *llusg*
a dread *arswyd, ofn*
to dread *arswydo, dychryn*[2]
dreadful *dychrynllyd*[1], *echrydus, erchyll*
dreadfulness *erchylltra*
a dream *breuddwyd*
to dream *breuddwydio*
dreamer *breuddwydiwr*
dreamy *breuddwydiol*
dregs *gwaddod, gwaelodion, gwehilion, sorod*
to drench *drensio*
a dress *ffrog, gwisg, gŵn*
to dress *dilladu, gwisgo, trin*[2]
dresser *dresel:dreser, seld*
to dribble *driblo:driblan*
to drift *lluwchio*
driftwood *broc môr*
a drill *dril*
to drill *turio*
a drink *diod, llymaid*
    intoxicating drink *diod feddwol, diod gadarn*
to drink *diota, llymeitian, slotian: yslotian, yfed*
drinker *yfwr*
drinking-horn *corn*[1]
to drip *diferu, dihidlo, dripian*
dripping *diferol*
    dripping with sweat *chwys diferu:chwys domen:chwys drabwd*
the dripping *saim, toddion*
drips *diferion*
a drive *ymgyrch*
to drive *cymell, gyrru, hel, hyrddio*
to drivel *driblo:driblan, driflo:driflan, glafoeri:glafoerio*
driver *gyrrwr*
drizzle *glaw mân*
droll *smala:ysmala*
dromedary □ *dromedari*
drone(s) □ *bygegyr:begegyr, gwenyn gormes*
drooping *llipa*
a drop *dafn, defnyn, diferyn*
to drop *bwrw, dihidlo, gollwng*
drop-goal *gôl adlam*
drop-kick *cic adlam*
drops *dafnau, defni, defnynnau, diferion*
dross *sorod, swrwd*
drought *sychder:sychdwr*
drove *gyr*[1]
drover *gyrrwr, porthmon*
to drown *boddi*
to drowse *pendwmpian*
drowsiness *trymder*
drowsy *cysglyd, swrth*
drug *cyffur, dryg*
drugs *cyffuriau*
druid □ *derwydd*
drum □ *drwm*
drunk *brwysg, meddw*

    blind drunk *yn chwil ulw, meddw chwil:meddw gaib:meddw gorn*
    dead drunk *yn feddw gorn* [*corn*]
    to be drunk *wedi'i dal hi* [*dal*]
    to become drunk *ei dal hi* [*hi*]
    to get drunk *meddwi*
drunkard *meddwyn*
drunkenness *medd-dod: meddwdod*
dry *cras, hesb, hysb, sych, sychlyd*
    dry land *tir sych*
    dry old stick *hen un sych* [*sych*]
to dry *crasu, sychu*
dryness *craster, sychder:sychdwr*
dual *deublyg, deuol*
to dub *urddo*
dubious *brith, drwgdybus*
Dublin *Dulyn*
duchess *duges*
duchy *dugiaeth*
duck *hwyad:hwyaden*
    like water off a duck's back *fel dŵr ar gefn hwyaden* [*hwyaden*]
duct *dwythell*
due *dyladwy, dyledus*
    due to the lack of *o ddiffyg* [*diffyg*]
duet *deuawd*
duke *dug*[1]
dukedom *dugiaeth*
dull
    1 *afloyw, diflas, fflat*[1], *pŵl*[1]
    2 *dwl*
to dull *pylu*
dullness *pylni*
dumb *mud:mudan*[1]
to dumbfound *syfrdanu*
    to be dumbfounded *syfrdanu*
dummy *teth*
    to sell a dummy *ffugbasio*
dump *tomen*
dumpling *twmplen*
dumps
    to be down in the dumps *bod yn y gwaelodion* [*gwaelodion*]
dune *twyn*
dung *tail, tom*
dunghill *tomen*
to duplicate *dyblygu*
duplicates *dyblygion*
duplicator *dyblygydd*
duplicity *dichell*
durability *gwydnwch:gwytnwch, parhad*
durable *parhaol:parhaus*
during *yn ystod* [*ystod*]
    during the course of the day *yng nghorff y dydd* [*corff*]
dusk *brig y nos, cyfnos, gwyll*
    from dusk to dawn *rhwng gwyll a gwawl* [*gwyll*]
dusky *pygddu*
dust *dwst, llwch*
    dust jacket *siaced lwch*
to dust *tynnu llwch*

dust-cart *lorri ludw*
duster *clwt, clwtyn, dwster*
dusty *llychlyd*
dutiful *ufudd*
duty
  1 *dyletswydd, swyddogaeth*
  2 *toll*
    on duty *ar ddyletswydd* [*dyletswydd*]
dwarf *corrach:cor*¹
to dwell *preswylio, trigo*
dweller *preswyliwr:preswylydd*
dwelling *annedd, trigfa:trigfan, tyddyn*
dwelling place *cyfannedd, preswylfa*
to dwindle *lleihau*
a dye *llifyn, lliwur*
to dye *llifo*², *lliwio*
dynamite *deinameit*
dynamo *dynamo*

E

each *bob o:bob i* [*pob*¹], *pob*¹, *pobo: pobi, un*³
  each other *ei gilydd* [*gilydd*]
eager *awchus, awyddus, chwannog*
eagle *eryr*¹
ear *clust*
  a word in your ear *gair i gall*
  ear of corn □ *tywysen*
  from ear to ear *o glust i glust* [*clust*]
ear-drum *pilen y glust*
earl *iarll*
early *bore*², *cynnar, cyn pryd* [*pryd*¹]
  in the early hours *yn y bore bach* [*bore*¹]
  the Early Church *yr Eglwys Fore*
  very early *plygeiniol*
a earmark *nod clust*
to earmark *clustnodi*
to earn *ennill*¹, *gwneud*¹*:gwneuthur*
  to earn one's living *ennill fy mara, ennill fy mywoliaeth, ennill fy nhamaid* [*tamaid*], *hel fy nhamaid*
earnest *difrif:difri, difrifol, taer*
earnestness *difrifoldeb:difrifwch*
earnings *enillion*
ear-ring *clustlws:clustdlws*
ears *clustiau*
  all ears *yn glustiau i gyd* [*clust*]
  music to one's ears *mêl ar fysedd*
  to come to the ears of *dod i glustiau*
  to pick up one's ears *moeli clustiau*
  to pin back one's ears *moeli clustiau*
  to prick up the ears *clustfeinio*
earshot *clyw*¹
the earth
  1 □ *byd, Daear*
  2 □ *daear, gro, llawr, pridd*
  the earth's crust *cramen y ddaear*
  the ends of the earth *eithafoedd y ddaear* [*eithaf*²]
  the four corners of the earth *pedwar ban byd* [*ban*]
  (what, who) on earth *ar y ddaear : ar wyneb y ddaear* [*daear*]
  what on earth *myn cebyst* [*cebystr*]
  who on earth *pwy gebyst* [*cebystr*]
to earth *daearu*
  to earth up *priddo:priddio*
earthly *daearol*
earthquake *daeargryn*
earthwork *gwrthglawdd*
earthworm *abwyd:abwydyn, pryf genwair*
earwig *chwilen glust*
the ease *rhwyddineb, ymwared*
to ease *esmwytháu:esmwytho, llacio, llaesu, llarieiddio, lleddfu, lliniaru*
easier *esmwythach*
east *dwyrain*
  east wind *gwynt traed y meirw, gwynt y dwyrain*
the East *y Dwyrain*
  Far East *Dwyrain Pell*
  Middle East *Dwyrain Canol*
Easter *Pasg*
easterly *dwyreiniol*
eastern *dwyreiniol*
easy *didrafferth, esmwyth, hawdd, rhwydd*
  easy chair *cadair esmwyth*
to eat *bwyta*
eating
  eating place *lle bwyd*
eaves *bargod, bondo*
to eavesdrop *clustfeinio*
an ebb *trai*
  ebb and flow *llanw a thrai*
to ebb *cilio, treio*
  ebbing *ar drai* [*trai*], *distylliad*
Ebbw Vale *Glynebwy*
ebony *eboni*
eccentric *ecsentrig, echreiddig*
eccentricity *odrwydd*
ecclesiastical *eglwysig*
an echo *adlais, atsain*¹, *eco*
  echo stone *carreg ateb:carreg lafar: carreg lefain*
to echo *adleisio, atsain*²*:atseinio*
eclipse *cil, clip*²*:clips, diffyg, eclips*
ecology *ecoleg*
economic *economaidd*
economics *economeg*
economist *economegwr: economegydd*
economy *economi*
ecstasy *gorfoledd*
ecumenical *eciwmenaidd*
eczema *ecsema*
ed. *gol.*
edge *cwr, erchwyn, godre, min, ochr, ymyl*
edgy *ar bigau drain* [*pigyn*]
edible *bwytadwy*
edifying *adeiladol*
Edinburgh *Caeredin*
to edit *golygu*
edition *argraffiad*
  revised edition *argraffiad diwygiedig*
editor *golygydd*
editorial *golygyddol*
to educate *addysgu*
education *addysg*
educational *addysgiadol, addysgol*
EEC *y Gymuned Ewropeaidd*
eel □ *llysywen*
eerie *annaearol, iasol*
effect *effaith*
  to have an effect *effeithio*
effective *effeithiol*
effectiveness *effeithiolrwydd*
effects *effeithiau*
  side effects *sgil effeithiau*
effeminate *merchetaidd*
to effervesce *byrlymu, eplesu*
efficacious *rhinweddol*
efficacy *effeithiolrwydd*
efficiency *effeithlonrwydd*
efficient *effeithiol, effeithlon*
effigy *delw*
effort *cais*¹, *ymdrech, ymgais*
effortless *diymdrech*
effrontery *digywilydd-dra*
e.g. *e.e.*
egg *wy*
  addled egg *wy clwc*
  egg custard *cwstard wy*
  nest-egg *wy addod*
egg-shell *masgl wy*
egoism *hunanoldeb*
egoistic *myfiol*
egotism *y fi fawr* [*fi*²]
Egyptian *Eifftiwr*
eiderdown *cwrlid plu*
eight *wyth*
  number eight *wythwr*
eighteen *deunaw*
eighth *wythfed*²
either
  1 *ai, naill, un ai*
  2 *chwaith:ychwaith*
  either side *poptu*
elastic *lastig*
elasticity *ystwythder*
elbow □ *elin, penelin*
  elbow-grease *eli penelin*
elder *hynaf*

an elder
  1 henuriad, hynafgwr
  2 (tree) ysgawen
elderberries □ eirin ysgaw
elderly oedrannus
eldest hynaf
elect darpar
to elect ethol
election etholiad, lecsiwn
  general election etholiad cyffredinol
elector etholwr
electorate etholaeth
electric trydanol
  electric current cerrynt trydanol
electrical trydanol
electrician trydanwr
electricity trydan
to electrify gwefreiddio, trydanu
electrifying gwefreiddiol
electrode electrod
electro-magnetic electromagnetig
electron □ electron
electronic electronig
electronics electroneg
elegance ceinder, coethder, gwychder
elegy galarnad, marwnad
element
  1 □ elfen
  2 tafod
  in my element yn fy elfen [elfen]
elementary elfennol
elements elfennau
elephant □ eliffant
elephantine eliffantaidd
to elevate dyrchafu
elevator lifft
elevenses te deg/ddeg
eleventh
  the eleventh hour yr unfed awr ar ddeg
to eliminate dileu
elk □ elc
ellipse elips
elm □ llwyfen
elocutionist adroddwr
eloquent huawdl
else
  or else neu
emancipation rhyddfraint
embankment argae, cob[1], morglawdd
embargo embargo
embarrassment lletchwithdod
embassy llysgenhadaeth
embellishment addurn
ember marworyn
embers cols, marwor, marwydos
embitter chwerwi, diflasu
emblem arwyddlun
to embody corffori, ymgorffori
an embrace cofleidiad
to embrace cofleidio
embrasure bwlch
to embroider brodio
embroidery □ brodwaith
embryo bywyn, □ embryo

emerald emrallt[1]
emerald-green emrallt[2]
to emerge ymddangos
emergency argyfwng
  emergency call galwad brys
emigrant ymfudwr
to emigrate ymfudo
eminent enwog, goruchel
  eminent preachers hoelion wyth
emotion emosiwn, nwyd
emotional emosiynol, nwydus, teimladol
emperor ymherodr
emphasis pwys[2], pwyslais
to emphasize pwysleisio
empire ymerodraeth
to employ cyflogi
employee gweithiwr
employer cyflogwr
empress ymerodres
emptiness gwacter
empty gwag
to empty dihysbyddu:disbyddu, gwacáu, gwagio:gwagu, hysbyddu
  to become empty gwagio:gwagu
empty-handed gwaglaw
to emulate efelychu
to emulsify emwlseiddio:emwlsio
emulsion emwlsiwn
to enable galluogi
enamel enamel, owmal
enamoured
  to be enamoured bod yn hoff o [hoff]
to enchant cyfareddu, hudo, swyno
enchanted hud a lledrith, hudol:hudolus
enchanter swynwr
enchanting cyfareddol, hudol: hudolus, llesmeiriol
enchantment cyfaredd, hud[1], hudoliaeth, swyngyfaredd
enchantress hudoles
to encircle cau[1] am, cylchu
to enclose amgáu
enclosed amgaeedig
enclosure cae[1], lloc
encode codio
to encompass cwmpasu, rhychwantu
encompassing cwmpasog
to encourage annog, calonogi, cefnogi, cysuro, hybu, symbylu
encouragement calondid, symbyliad
encouraging calonogol, cefnogol
to encroach tresmasu:tresbasu
encrusted cramennog
encumbrance maen melin
encyclopaedia gwyddoniadur
end diwedd, hanner, pen, penllinyn, terfyn
  at the end of ar derfyn [terfyn], ar ddiwedd [diwedd], yn y diwedd [diwedd]

  from end to end o ben bwy'i gilydd [pen]
  from one end to the other penbaladr
  that's an end to it waeth un gair na chant [gair]
  the ends of the earth eithafoedd y ddaear [eithaf[2]]
  to bring to an end dwyn i ben
  to make ends meet cael dau benllinyn ynghyd [penllinyn], cael y ddeupen ynghyd [deupen]
  to put an end to gwneud diwedd ar [diwedd]
  to the end hyd y diwedd [diwedd]
to end cloi[1], dibennu, diweddu, dwyn i ben, gorffen, terfynu
to endanger peryglu
an endeavour ymgais
to endeavour ymdrechu
ending terfyniad
endless di-ben-draw, diderfyn
to endow cynysgaeddu, donio, gwaddoli
  to be endowed with cynysgaeddu
endowment gwaddol
ends see under end
to endure dioddef, goddef
enemy gelyn
energetic egnïol
energy egni, ffrwt, ynni
to enforce gorfodi
engaged
  to become engaged dyweddïo
engagement dyweddïad
engine injan, injan drên, peiriant, trên
  steam engine injan stêm
engineer peiriannwr:peiriannydd
English Seisnig
  English Channel Môr Udd
  English Language Saesneg
Englishman Sais
Englishwoman Saesnes
to engrave ysgythru
engraving engrafiad
to enjoy cael blas ar [blas], mwynhau
enjoyment mwynhad
to enlarge helaethu, mwyhau
to enlighten egluro, goleuo
enlightened goleuedig, gwybodus
enlightenment goleuni
to enliven bywhau:bywiocáu, bywiogi
to enmesh maglu
enmity gelyniaeth
enormous dirfawr, enfawr
enough digon[1], gwala
  enough and to spare gwala a gweddill
  enough of a nuisance digon o farn [barn]
  more than enough hen ddigon
  right enough gwir i wala [gwala]

that's enough *dyna ddigon*
to have enough of *cael digon ar* [*digon*]
enquiry *ymholiad*
to enrage *ffyrnigo*
to enrich *cyfoethogi*
to enrobe *arwisgo*
to enrol *cofrestru*
  enrolment form *ffurflen ymaelodi*
to enslave *caethiwo*
to ensure *diogelu, sicrhau*
to entangle *drysu, maglu*
  entangled *dyrys*
to entertain *diddanu, diddori, difyrru*
  entertainer *diddanwr*
  entertaining *adloniadol, difyr*
  entertainment *adloniant, diddanwch, difyrion, difyrrwch*
to enthral *swyno*
to enthrone *gorseddu*
  enthusiasm *brwdfrydedd*
  enthusiastic *brwd, eiddgar, pybyr*
to entice *denu*
  entire *crwn, cwbl*[2]*, cyflawn, hollol, llawn*[1]
  entirely *o'r gwraidd* [*gwraidd*]
  entirety *crynswth, cyfander*
  entrails *coluddion, perfedd, ymysgaroedd*
  entrance *mynedfa*
    entrance fee *tâl*[1] *mynediad*
  entrancing *llesmeiriol*
to entreat *crefu, eiriol, erfyn*[2]*, ymbil*
  entreaty *deisyfiad, erfyniad*
to entrust *gadael*
  entry *mynediad*
    no entry *dim mynediad* [*mynediad*]
to entwine *cyfrodeddu*
to enunciate *brawddegu, yngan: ynganu*
to envelop *gorchuddio*
  envelope *amlen*
  envious *cenfigennus, eiddigeddus*
  environment *amgylchedd, amgylchfyd*
  envoy *cennad*
  envy *cenfigen, eiddigedd*
to envy *cenfigennu, eiddigeddu*
  enzyme *eples*
  epic *epig*
  epidermis *glasgroen*
  epigram *epigram*
  epilepsy *epilepsi*
  epileptic *epileptig*
  epilogue *epilog*
  Epiphany *Ystwyll*
  episode *pennod*
  epistle *epistol, llythyr*
  epitaph *beddargraff*
  equal *cydradd, cyfartal, cyfwerth, hafal*
    equal sign *hafalnod*
  equality *cydraddoldeb, cyfartaledd*
  equally *cystal*[2]
  equation *hafaliad*
  equator ☐ *cyhydedd*
  equidistant *cytbell*

equilibrium *cydbwysedd*
equinox *cyhydnos*
  autumnal equinox *Alban Elfed, cyhydnos yr hydref*
  vernal equinox *Alban Eilir, cyhydnos y gwanwyn*
equipment *cyfarpar, gêr*[1]
equivalent *cyfwerth*
era *cyfnod, oes*
eraser *rwber*
erect *union*
to erect *codi*
erection *codiad*
ermine ☐ *carlwm*
to erode ☐ *erydu*
to err *amryfuso, cyfeiliorni*
errand *neges*
  to run errands *negeseua*
erroneous *cyfeiliornus*
error *amryfusedd, camgymeriad, camsyniad, gwall*
  a grave error *camsyniad/camgymeriad dybryd* [*dybryd*]
erudite *dysgedig*
to erupt *echdorri*
eruption *echdoriad, tarddiant*
escapade *pranc*
an escape *dihangfa, ffo*
to escape *dianc*
an escort *gosgordd*
to escort *hebrwng*
escutcheon *arfbais*
Eskimo *Esgimo*
esoteric *cyfrin*
especially *yn enwedig, penodol*
Esq. *Ysw.*
esquire *yswain*
essay *traethawd, ysgrif*
essence *canolbwynt, craidd, ffrwyth, hanfod, rhin, sylwedd*
essential *hanfodol*
essentials *hanfodion*
to establish *gwreiddio, sefydlu*
  established *sefydledig*
  establishment *sefydliad*
estate *stad:ystad*
to esteem *edmygu*
an estimate *amcangyfrif*[1]
to estimate *amcangyfrif*[2]*, amcanu, castio*
estimation *cewc, cownt*
to estrange *dieithrio*
estuary *moryd*
etc. *ayb:ayyb*
et cetera *ac ati, ac felly ymlaen: ac felly yn y blaen* [*felly*]*, ac yn y blaen* [*blaen*]
to etch *ysgythru*
etching *ysgythriad*
eternal *bythol, tragwyddol: tragywydd*
eternity *tragwyddoldeb*
ethnic *ethnig*
eulogy *molawd*
European
  the European Economic Community *y Gymuned Ewropeaidd*

to evacuate *gwacáu*
to evade *osgoi*
evangelical *efengylaidd*
evangelist *efengylwr:efengylydd*
to evangelize *efengylu*
to evaporate *anweddu*
  evaporated milk *llaeth anwedd*
evaporation *anweddiad*
eve *noswyl*
even
  1 *byth, hyd yn oed*
  2 *llyfn*
  even number *eilrif*
evenhanded
  to be evenhanded *dal y ddysgl yn wastad*
evening *gyda'r nos, hwyr*[2]*, min nos, noson, noswaith*
  good evening *noswaith dda*
  of an evening *gyda'r hwyr* [*hwyr*[2]]
evensong *gosber*
event *amgylchiad, digwyddiad*
eventide *diwedydd:diwetydd*
eventually *maes*[2] *o law, ymhen hir a hwyr* [*hir*]
ever *byth, erioed*
for ever
  1 *byth a beunydd:byth a hefyd*
  2 *am byth* [*byth*]*, hyd byth* [*byth*]
  for ever and ever *yn oes oesoedd* [*oes*]
evergreen *bythwyrdd: bytholwyrdd*
evermore *byth bythoedd*
every *pob*[1]
  every day *beunydd*
  every jack/single one *pob copa walltog* [*copa*]
  every opportunity *pob gafael* [*gafael*]
  every other *bob yn ail:am yn ail* [*ail*[1]]
everybody *pawb*
everything *cwbl*[1]*, pob dim* [*dim*]*, popeth*
everywhere *o bant i bentan* [*pant*]*, pobman*
evidence *tystiolaeth*
evident *amlwg, hysbys*
evil *drwg*
  thinking no evil *difeddwl-drwg*
an evil *drygioni*
  evil-doer *drwgweithredwr*
evolution *esblygiad*
to evolve *datblygu*
ewe *hesbin:hesben*
exact *cysáct, manwl, union*
exactly *ar ei ben* [*pen*]*, i'r dim* [*dim*]*, yn gymwys/gwmws* [*cymwys*]*, yn hollol, yn union*
exactness *manylrwydd: manyldeb:manylder:manyldra*
to exaggerate *chwythu i fyny, chwythu lan, gor-ddweud, gorliwio*
exaggeration *gormodiaith*
to exalt *gorfoleddu, mawrygu*

exalted *gogoneddus*
examination *arholiad*
to examine *arholi, chwilio, gweld*
examiner *arholwr, holwr*
example *enghraifft, esiampl, patrwm:patrwn*
　for example *er enghraifft [enghraifft]*
Excalibur *Caledfwlch*
to excavate *cloddio, tyllu*
excavator *jac codi baw*
to excel *blaenori, rhagori*
excellence *godidowgrwydd, rhagoriaeth*
excellent *ardderchog, campus, godidog, gwiw, gwych, odiaeth¹, penigamp, rhagorol*
except *ac eithrio [eithrio], namyn, oddieithr*
to except *eithrio*
exception *eithriad*
　without exception *dieithriad*
exceptional *eithriadol*
exceptionally *dros ben [tros]*
excess *gormod¹, gormodedd, rhemp*
excessive *eithafol, gormod²*
an exchange *cyfnewidfa*
　in exchange for *am², er*
　rate of exchange *cyfradd cyfnewid/gyfnewid*
　stock exchange *cyfnewidfa stociau*
　telephone exchange *cyfnewidfa ffôn*
to exchange *cyfnewid, ffeirio, newid², trwco*
the Exchequer *y Trysorlys*
to excite *cynhyrfu*
excitement *cyffro*
exciting *cyffrous, cynhyrfus*
to exclaim *ebychu*
exclamation *ebychiad*
　exclamation mark *ebychnod*
to exclude *eithrio*
excluding *ac eithrio [eithrio]*
to excommunicate *ysgymuno*
excrement *baw, cachu², carthion*
excreta *ysgarthion*
to excrete *ysgarthu*
excruciating *arteithiol, dirdynnol*
excursion *gwibdaith*
an excuse *esgus*
　to make excuses *hel esgusion/esgusodion [esgus]*
to excuse *esgusodi*
to execute *dienyddio*
execution *dienyddiad*
executioner ☐ *dienyddiwr*
executive *gweithredol*
an executive
　chief executive *prif weithredwr [gweithredwr]*
executor *ysgutor:sgutor*
exempt *rhydd¹*
to exempt *eithrio*
an exercise *ymarfer², ymarferiad*
　physical exercise *ymarfer corff*

to exercise *ymarfer¹*
exertion *ymdrech*
Exeter *Caer-Wysg*
to exhaust *dihysbyddu:disbyddu*
　exhaust pipe *pibell ddisbyddu*
exhausted *lluddedig*
exhaustion *lludded*
exhaustive *trwyadl*
to exhibit *arddangos*
exhibition *arddangosfa*
to exhort *annog:annos, cymell*
exhortation *anogaeth*
an exile *alltud*
to exile *alltudio*
to exist *bodoli*
existence *bod², bodolaeth*
exit *allanfa*
exorbitant
　exorbitant price *crocbris*
to expand *ehangu, helaethu*
　to expand upon *ymhelaethu ar*
expanse *ehangder*
to expect *disgwyl, erfyn²*
expectant *disgwylgar*
　to be expectant *disgwyl*
expectation *disgwyliad*
expected *disgwyliedig*
　as expected *yn ôl y disgwyl [disgwyl]*
to expedite *hwyluso*
expedition *ymgyrch*
to expel *diarddel*
expenditure *gwariant*
expense *traul*
　at the expense of *ar draul [traul], ar gorn [corn¹]*
　expenses *treuliau:treuliadau*
expensive *costus, drudfawr, prid*
an experience *profiad*
to experience *profi*
experienced *profiadol*
an experiment *arbrawf*
to experiment *arbrofi*
experimental *arbrofol*
expert *hyddysg, medrus*
an expert *arbenigwr, arbenigwraig, campwr*
to expire *darfod*
to explain *egluro, esbonio*
explanation *eglurdeb, eglurhad, esboniad, rheswm*
to explode *ffrwydro*
an exploit *gorchest, sbloet*
to exploit *manteisio (ar)*
to explore *ymchwilio*
explorer *fforiwr, ymchwiliwr:ymchwilydd*
explosion *ffrwydrad, tanchwa*
explosive *ffrwydrol*
an explosive *ffrwydryn*
to export *allforio*
exports *allforion*
to expose *dinoethi*
to express *lleisio, mynegi*
expression *mynegiad, mynegiant, ymadrodd*
exquisite *odiaeth¹*

extempore *o'r frest [brest]*
to extend *ehangu, estyn, mynd: myned, ymestyn*
extension *estyniad*
extensive *eang, helaeth*
extent *graddau, helaethrwydd, hyd a lled, maint*
exterior *allanol*
to exterminate *difodi*
extermination *difodiad:difodiant*
external *allanol*
extinct *diflanedig*
　extinct volcano *llosgfynydd marw*
to extinguish *diffodd*
extinguisher *diffoddydd*
to extol *clodfori*
to extort *cribddeilio*
extortionate
　extortionate price *crocbris*
extra *ychwanegol*
an extract *dyfyniad*
to extract *echdynnu, tynnu*
extraction *cyff*
to extradite *estraddodi*
extra-mural
　extra-mural class *dosbarth allanol*
　Extra-mural Department *Adran Efrydiau Allanol [efrydiau]*
extravagance *afradlondeb: afradlonedd*
extravagant *afradlon, gwastraffus*
extreme *eithaf, eithafol, rhonc*
extremely *dros ben [pen], odiaeth², tra¹*
extremist *eithafwr*
extremity *cwr, eithaf²*
exuberant *afieithus*
to exult in *gorfoleddu*
an eye
　1 ☐ *llygad*
　2 *crau*
　apple of the eye *cannwyll y llygad*
　hook and eye *bach¹ a dolen*
　in the twinkling of an eye *ar amrantiad [amrantiad]*
　to keep an eye on *cadw llygad ar [llygad]*
　to look someone straight in the eye *edrych ym myw llygad rhywun [byw³]*
　to see eye to eye *cyd-weld, gweld lygad yn llygad*
to eye *llygadu*
eyeball *pelen y llygad*
eyebrow ☐ *ael*
　to raise one's eyebrows *codi aeliau [ael]*
eyelid ☐ *amrant, clawr y llygad*
eye-opener *agoriad llygad*
eyes *golygon*
　up to the eyes *dros ben a chlustiau [clust], yn ei chanol hi [canol¹]*
eyesight *golwg¹*
eyewitness *llygad-dyst*

F

fable *chwedl, dameg*
fabric *defnydd*
  woven fabric □ *gwe*
fabulous *chwedlonol*
façade *wyneb*
a face
  1 *wyneb, gŵydd*¹
  2 *ffas*
coal-face *talcen glo*
face card *cerdyn brith*
face to face *wyneb yn wyneb*
flat on my face *yn fy hyd* [*hyd*]
in the face (of opposition) *yn nannedd* [*dannedd*]
to get thrown up in one's face *bwrw rhywbeth i'm dannedd* [*dannedd*]
to keep a straight face *cadw wyneb syth* [*wyneb*]
to pull a face *tynnu wyneb*
to show one's face *dangos fy wyneb*
to face *wynebu*
face-cloth *gwlanen*
faces *clemau*
  to make faces *gwneud/tynnu ystumiau* [*ystumiau*], *tynnu gwep* [*gwep*], *tynnu wyneb*
facet *ochr*
facetiousness *ffraethineb*
facile *llithrig*
to facilitate *hwyluso, hyrwyddo*
facilities *cyfleusterau*
facility *rhwyddineb*
facing *gogyfer*¹ *â*
fact *ffaith*
faction *carfan*
factor *elfen, ffactor, ystyriaeth*
  Highest Common Factor *Ffactor Cyffredin Mwyaf, FfCM*
  prime factor *ffactor cysefin*
factory *ffatri*
factual *ffeithiol*
faculties
  to be in full possession of one's faculties *bod o gwmpas fy mhethau* [*pethau*]
faculty
  1 *cyfadran*
  2 *cynneddf*
fad *mympwy*
to fade *colli lliw, edwino, gwywo, pylu*
faded *diflanedig, gwyw*
faggot *ffagotsen*
Fahrenheit *Fahrenheit*
fail *pall*
  without fail *di-feth, di-ffael, heb ball* [*pall*]
to fail *diffygio, ffaelu, methu, pallu, torri*
failure *methiant*
faint *brith*
  faint memory *brith gof, cof brith*
a faint *llesmair, llewyg*
to faint *llesmeirio, llewygu*
faint-hearted *gwangalon*
  to become faint-hearted *digalonni, gwangalonni*

a fainting *gwasgfa*
fair
  1 *cryn, eithaf*¹, *go lew* [*glew*], *gweddol, symol*
  2 *glân, glandeg, glwys, golygus, hardd, mirain, teg*
  3 *golau*
fair play *chwarae teg*
  to be fair to *gwneud chwarae teg â*
a fair *ffair*
fairies *tylwyth teg*
fairly *lled*², *pur*²
fairness *tegwch*
fairy-tale *hud*¹ *a lledrith*
a fairy-tale *stori hud a lledrith*
faith *ffydd*
faithful *cywir, ffyddlon, triw*
the faithful *ffyddloniaid*
faithfulness *ffyddlondeb*
fake *ffug*
to fake *ffugio, smalio*
falcon □ *gwalch*
  peregrine falcon *hebog tramor*
a fall *codwm, cwymp, disgyniad, gostyngiad, sgwd*
to fall *cwympo, disgyn, dymchwel: dymchwelyd, syrthio*
  to fall between two stools *syrthio rhwng dwy stôl* [*stôl*]
  to fall in love *cwympo/syrthio mewn cariad*
  to fall into decay *adfeilio*
  to fall out *cwympo maes*
  to fall sick *clafychu*
  to fall through *mynd i'r gwellt* [*gwellt*]
fallible *ffaeledig*
fallout *alldafliad*
fallow
  fallow deer *danas*
  fallow land *braenar*
to fallow *braenaru*
false
  1 *cau*², *ffals, ffug, gau*
  2 *gosod*², *gwneud*²
false impression *camargraff*
false smile *gwên deg*
false step *cam*¹ *gwag*
false teeth *dannedd dodi: dannedd gosod*
to falter *diffygio, petruso*
fame *enwogrwydd*
familiar *cyfarwydd*¹, *cynefin*¹
to familiarize *cynefino*
family *ochr, teulu, tylwyth*
  head of the family *penteulu*
famine □ *newyn*
to famish *llewygu, llwgu*
famished *cythlwng, llwglyd*
famous *enwog*
fan
  1 *edmygwr:edmygydd*
  2 □ *gwyntyll*
fanatic *penboethyn*
a fancy *crebwyll, dychymyg, ffansi*
to fancy
  1 *dychymygu*

  2 *ffansïo*
fangs
  to bare one's fangs *dangos fy nannedd* [*dannedd*]
fantastic *bendigedig*
fantasy *ffantasi*
far *llawer*², *nepell, pell, pellennig, ymhell*
  as far as *at, cyn belled* [*pelled*], *hyd*², *hyd at*
  by far *o bell ffordd* [*ffordd*], *o ddigon* [*digon*], *o'r hanner* [*hanner*]
  far and wide *ar draws ac ar hyd* [*hyd*]
  far-away look *golwg*² *bell*
  Far East *y Dwyrain Pell*
  far side *tu draw*
  not far out *agos i'm lle*
  so far *hyd yn hyn*
  to go too far *mynd rhy bell* [*pell*], *dros ben llestri* [*tros*]
far-away *pell*
far-away look *golwg*² *bell*
farce *ffars*
fare
  1 *lluniaeth*
  2 *pris*
farewell *bydd wych* [*gwych*], *ffárwel:ffarwél, yn iach* [*iach*]
  to bid farewell *canu'n*¹ *iach, dweud ffarwél, ffarwelio*
a farm *fferm:ffarm*
to farm *ffermio:ffarmio*
farmer *amaethwr, ffermwr: ffarmwr*
farm-hand *gwas* (*ffarm*)
farmhouse *amaethdy, ffermdy*
farmyard *buarth, clos*¹
far-reaching *pellgyrhaeddol*
farrier *ffarier:ffariar*
fart *cnec, rhech*
farthing *ffyrling*
  a brass farthing *botwm corn*
Fascism *Ffasgiaeth*
Fascist *Ffasgaidd*
a fashion *ffasiwn*¹
to fashion *eilio*², *llunio, saernïo*
fashionable *ffasiynol*
fashioned
  old-fashioned *henffasiwn*
fast
  1 *cyflym*
  2 *sownd, tyn*
  as fast as I can *nerth fy nhraed*
a fast *ympryd*
to fast *ymprydio*
to fasten *cau*¹, *sicrhau*
fastener *clip*¹
fastidious *cysetlyd*
fat *bras*¹, *gwyn*¹, *tew*
a fat *bloneg, braster, cig bras, cig gwyn, saim*
  to get fat *pesgi, tewhau: tewychu*
fatal *angheuol, marwol*
fate *ffawd, tynged*
fateful *tyngedfennol*

father   figure

a father *tad*
    Father Christmas *Siôn Corn*
    father-in-law *chwegrwn, tad-yng-nghyfraith*
    on his father's side *ar ochr/o du ei dad* [*tu*]
to father *tadogi*
    fatherly *tadol*
a fathom *gwrhyd:gwryd*
to fathom *dirnad*
    fatigue *blinder, lludded*
    fatness *tewdra:tewder:tewdwr*
    fatted *pasgedig*
to fatten *pesgi, tewhau:tewychu*
    fault
       1 *bai*[1], *gwendid, nam*
       2 □ *ffawt*
    to be at fault *bod ar fai* [*bai*]
    to find fault *gweld bai*
    faultless *difai:di-fai*
    faulty *beius*
a favour *bodd, cymwynas, ffafr*
    in favour of *pleidiol*
    to be in favour (of) *bod o blaid* [*plaid*]
    to be out of favour *tan gwmwl* [*cwmwl*]
    to seek a favour *mynd ar ofyn* [*gofyn*[1]]
to favour *breinio:breintio, ffafrio*
    favourable *ffafriol, pleidiol*
    favourite *hoff*
a favourite *ffefryn*
    favouritism *ffafraeth:ffafriaeth*
    favours *grasusau*
a fawn *elain*
to fawn *cynffonna, ffalsio*
    fawning *gwasaidd*
a fear *ofn*
to fear *ofni*
    fearful
       1 *ofnus*
       2 *arswydus*
    feasible *posibl, ymarferol*
a feast *arlwy, gwledd*
    wedding feast *neithior*
to feast *gwledda*
    feast-day *dygwyl*
    feat *camp, gorchest, sbloet*
    feather □ *pluen*
    feathered *pluog*
    feathery *pluog*
    feature *nodwedd*
    February *Chwefror, Mis Bach*
    fed
    to be fed up *alaru, cael llond bol* [*llond*], *syrffedu*
    well-fed *porthiannus*
    federal *ffederal*
    federation *ffederasiwn*
    fee *ffi, tâl:taliad*
    feeble *gwan, eiddil, ffaeledig, gwachul, gwanllyd:gwannaidd, gwantan, llegach, llesg, musgrell, tila*
    feebleness *eiddilwch, gwendid, nychdod*
to feed *bwyda:bwydo, porthi*

    feedback *adborth*
the feel *naws*
to feel *synhwyro, teimlo*
    to feel inclined to *clywed ar fy nghalon*
    feeler *teimlydd*
a feeling *teimlad, ymdeimlad*
    depth of feeling *dwyster:dwystra*
    ill-feeling *drwgdeimlad*
    feelings *teimladau*
    feet *traed*
    at the feet of *wrth draed* [*traed*]
    cold feet *traed oer*
    in one's stockinged feet *yn nhraed fy sanau* [*traed*]
    to be on one's feet *aros ar fy nhraed* [*traed*]
    to drag one's feet *llusgo traed*
    to find one's feet *cael fy nhraed danaf* [*traed*]
    to land on one's feet *cwympo/disgyn/syrthio ar fy nhraed* [*traed*]
    to put one's feet up *rhoi fy nhraed lan/i fyny* [*traed*]
    to stand on one's own two feet *sefyll ar fy nhraed fy hun*
to feign *esgus, ffugio*
    felines □ *cathod*
to fell *cymynu, torri*
    fellow *cymrawd*
    fellow countryman *cyd-wladwr*
    fellow man *cyd-ddyn*
    fellowship *cyfeillach, cymrodoriaeth*
    fellow-worker *cyd-weithiwr*
    felon
       1 *troseddwr*
       2 *ewinor, ffelwm, gwlithen*
    felt *ffelt*
    female *benyw*[2]
a female *benyw*[1], *dynes, menyw*
    feminine *benywaidd*
    feminism *ffeministiaeth*
    fen *morfa*
a fence *ffens*
to fence *ffensio*
    fencer *cleddyfwr*
to fend for oneself *gwneud drosof fy hun*
    fender *ffendar:ffender*
to ferment *eplesu, gweithio*
    ferns □ *rhedyn*
    ferocious *ffyrnig*
    ferocity *ffyrnigrwydd*
a ferret □ *ffured*
to ferret *ffureta*
    ferry *fferi*
    fertile *ffrwythlon, toreithiog*
    fertility *ffrwythlondeb*
    fertilization *ffrwythloniad*
to fertilize *ffrwythloni*
    fertilizer *gwrtaith, llwch*
    fervent:fervid *brwdfrydig*
    fervour *tanbeidrwydd*
to fester *casglu, crawni, crynhoi*[1], *gori, madru*

    festering *gorllyd*
    festival *cymanfa, dygwyl, gŵyl*
    festivity *rhialtwch, ysbleddach*
to fetch *hôl, nôl, ymofyn:mofyn: moyn*
    fête *garddwest, parti*
    fetlock(s) □ *bacsau, egwyd*
a fetter *gefyn, hual, llyffethair*
to fetter *llyffetheirio*
    feud *ymrafael*
    feudal *ffiwdal*
    feudalism *ffiwdaliaeth*
    fever *clwyf:clwy, gwres, twymyn*
    hay-fever *clefyd y gwair, twymyn y gwair*
    scarlet fever *clefyd coch, y dwymyn goch* [*twymyn*]
    few *ambell un, prin*[1], *ychydig*
    so few *lleied*
    fewer *llai*
    fiancé *darpar ŵr, dyweddi*
    fiancée *darpar wraig, dyweddi*
    fibre *edefyn, ffibr*
    fickle *ansad, anwadal, anwastad, chwit-chwat, didoreth, di-ddal, gwamal, gwantan, oriog, wit-wat:chwit-chwat: whit-what*
    fiction *ffuglen*
    fictitious *dychmygol*
a fiddle *ffidl:ffidil*
to fiddle *ffidlan*
    fiddler *crythor*
    fiddlestick □ *bwa*
    fidelity *ffyddlondeb*
to fidget *gwingo*
a field *cae*[1], *maes*[1], *parc*
    field of battle *maes*[1] *y gad*
    playing field *cae*[1] *chwarae*
to field *maesu*
    fielder □ *maeswr*
    field-mouse □ *llygoden y maes*
    fieldwork *gwaith maes*
    fiend *cythraul, ellyll*
    fiendish *cythreulig, diawledig, dieflig*
    fierce *ffyrnig, milain:mileinig*
    fiery *tanbaid, tanllyd*
    fife *pib*[1]
    fifteen *pymtheg:pymtheng*
    fifteen times *pymthengwaith*
    fifteenth *pymthegfed*
    fifth *pumed*
    fifty *hanner cant*
    fig □ *ffigysen*
    don't give a fig *hidio/malio'r un ffeuen* [*ffeuen*]
    fig tree □ *ffigysbren*
a fight *brwydr*
    cock-fight *ymladd ceiliogod*
to fight *brwydro, cwffio, ymladd*
    fighter
       1 *ymladdwr*
       2 *sgarmesydd*
    figs □ *ffigys*
    figurative *ffigurol*
    figure *ffigur*
    figure of speech *ffigur ymadrodd*

a file *ffeil, rhestr*
to file *ffeilio*
to fill *llanw*³*:llenwi*
filly *eboles, swclen*
a film
   1 *caenen, croen*
   2 *ffilm*
to film *ffilmio, tynnu*
a filter *hidlen, rhidyll*
   filter paper *papur hidlo* [*hidlo*]
to filter *hidlo, rhidyllu*
filth *aflendid, brynti:bryntni, budredd:budreddi, mochyndra*
filthy *budr, mochaidd: mochynnaidd, ysglyfaethus:sglyfaethus*
fin ☐ *adain:aden, asgell*
final *olaf, terfynol*
   final round *rownd derfynol*
finale *diweddglo*
to finance *ariannu*
financial *ariannol, cyllidol*
a find *darganfyddiad*
to find *cael hyd i/dod o hyd i* [*hyd*¹], *darganfod*
   to find fault *gweld bai*
   to find one's feet *cael fy nhraed danaf* [*traed*]
fine
   1 *balch, braf, cain, cymen, ffein, gwiw, iach, mirain, mwyn*³*, nobl, pert, teg, tyner*
   2 *main, mân*
a fine *dirwy*
to fine *dirwyo*
finery *crandrwydd*
a finger ☐ *bys*
   to point a finger *estyn bys*
   to put one's finger on *dodi/rhoi bys ar*
to finger *byseddu*
fingerprint *ôl bys*
fingers *bysedd*
   to burn one's fingers *llosgi bysedd*
fingertips
   at one's fingertips *ar flaenau fy mysedd* [*bys*]
finicky *cysetlyd*
to finish *cwblhau, dibennu, diweddu, dod i ben* [*pen*], *gorffen, rhoi diwedd ar* [*diwedd*]
finished *ar ben* [*pen*], *gorffenedig*
   I'm finished *mae'n ddomino arnaf* [*domino*]
finite *meidrol*
fiord *ffiord*
fir *ffynidwydden*
   fir cones ☐ *moch coed*
a fire *tân*
   blazing fire *tanllwyth*
   fire alarm *cloch dân*
   fire in the belly *tân yn y bol*
   full of fire *ar dân* [*tân*]
   to play with fire *chwarae*² *â thân*

to fire *ennyn, gollwng, saethu,* ☐ *tanio*
firebrand *pentewyn*
fire-engine *injan dân*
fire-escape *dihangfa dân*
fire-guard *gard:giard tân*
fire-irons *heyrn tân*
fireman *ffoddwr tân, dyn tân, taniwr*
fireplace *lle tân*
firewood *coed tân, cynnud*
fireworks *tân gwyllt*
a firing *taniad*
firm *cadarn, sad, safadwy, tyn*
a firm *ffyrm*
firmament *ffurfafen, wybren*
first *am*² *y cyntaf, cyntaf, unfed*
   at first sight *ar yr olwg gyntaf* [*golwg*²]
   first aid *cymorth cyntaf*
   first cousin *cefnder, cyfnither*
   first principles *gwyddor*
   first thing *y peth cyntaf*
first-born *cyntaf-anedig*
first-rate *penigamp, tan gamp* [*camp*]
fir-tree *ffynidwydden*
fiscal *cyllidol*
a fish ☐ *pysgodyn*
   fish'n chips *sgod a sglod* [*sglodyn*]
   fish finger *lletem bysgod*
   fish spawn *gronell*
to fish *pysgota*
fishbones *blew*
fisherman *genweiriwr, pysgotwr*
Fishguard *Abergwaun*
fishing-rod *genwair, gwialen bysgota*
fist ☐ *dwrn*
fit *ffit*¹
   to keep fit *cadw'n heini* [*heini*]
   to see fit *gweld:gweled yn dda*
a fit *ffit*², *haint, pang, pangfa, pwl*
to fit *ffitio, gweddu, mynd*
fits
   if the cap fits *os yw'r cap yn ffitio* [*ffitio*]
fitting *addas, dyladwy, gweddus*
   more fitting *ffitiach, rheitiach*
five *pump:pum*
to fix *sicrhau*
   in a fix *mewn cawl* [*cawl*]
fixed *sefydlog*
a flag
   1 ☐ *baner*
   2 *llech:llechen*
to flag
   1 *llaesu dwylo*
   2 *llumanu*
a flail ☐ *ffust*
to flail *ffusto*
flair *dawn*
flake *cen, pluen*
flakes *creision*
a flame *fflam*
to flame *fflamio*
flamingo *fflamingo*

flank *asgell,* ☐ *tenewyn, ystlys*
flannel *gwlanen*
a flap *llabed*
to flap *ysgwyd*
to flare *fflachio*
a flash *fflach, gwib*¹
to flash *fflachio, melltennu:melltio*
flashy *rhodresgar*
flask *costrel, fflasg*
flat *fflat*¹*, gwastad*¹
   Flat Holm *Ynys Echni*
   flat on my back *ar wastad fy nghefn* [*gwastad*²]
   flat on my face *yn fy hyd* [*hyd*¹]
   flat out
     1 *ar fy hyd* [*hyd*¹]*, ar wastad fy nghefn* [*cefn*]
     2 *fel lladd nadroedd* [*nadredd*]
a flat
   1 *fflat*²
   2 *gwastad*²*:gwastadedd*
   3 ☐ *meddalnod*
flat-fish *lleden*
to flatten *gwastatáu:gwastatu*
flattened *dau-ddwbl a phlet* [*dwbl:dwbwl*¹]
to flatter *cynffonna, ffalsio, gwenieithio, seboni*
flatterer *sebonwr*
flattery *gweniaith*
flatulence *gwynt*
flavour *blas, sawr*
flaw *mefl*
flawless *di-fefl*
flax ☐ *llin*
to flay *blingo*
flea *chwannen*
flea-ridden *chweinllyd*
fleas *chwain*
a fleck *smotyn:ysmotyn*
to fleck *brychu*
flecks *brychni*
to flee *dianc, ffoi*
   to flee for one's life *dianc am fy mywyd/einioes*
a fleece *cnaif, cnu*
to fleece *blingo*
fleecy *gwlanog*
fleet *chwim*
a fleet *fflyd, llynges*
   Fleet Street *Stryd y Fflyd* [*Fflyd*]
fleeting *diflanedig*
flesh *cnawd*
   flesh and blood *cig a gwaed*
fleshy *cnawdol*
flexibility *hyblygrwydd, ystwythder*
flexible *hyblyg, ystwyth*
   to make flexible *ystwytho*
flies *clêr*²*, gwybed*
flight
   1 *ehediad*
   2 *ffo, fföedigaeth*
flighty *penchwiban*
flimsy *bregus*
to flinch *syflyd*
to fling *lluchio*
flint ☐ *callestr*

to flirt	fflyrtio:fflyrtian	
to flit	gwibio	
to float	arnofio	
a flock	diadell, gre, gyr¹, haid, praidd	
to flock	heidio, tyrru	
floe	ffloch	
to flog	fflangellu	
a flood	boddfa, cenlli(f), dilyw	
flood water	dŵr llwyd	
the Flood	y Dilyw	
to flood	dylifo, gorlifo	
floodgate	fflodiart, llifddor	
a floodlight	llifolau	
to floodlight	llifoleuo	
floods	llifogydd	
flood-tide	llanw¹	
a floor	llawr	
all over the floor	hyd² lawr/hyd y llawr	
from the floor	o'r llawr [llawr]	
ground floor	llawr gwaelod, llawr isaf	
the floor of the House	llawr y Tŷ	
to floor	llorio	
floppy disc	disg hyblyg	
florid	blodeuog:blodeuol, gwritgoch	
flotsam	broc môr	
to flounder	ymdrybaeddu	
flour	blawd, can¹, fflŵr	
self-raising flour	blawd codi	
flour-bin	cist flawd	
a flourish	cwafer	
to flourish	blodeuo, ffynnu	
flourishing	cryf, llewyrchus	
a flow		
1	llanw¹	
2	llif¹:lli, llifeiriant, rhediad	
flow chart	siart llif	
to flow	disgyn, dylifo, ffrydio, llifeirio, llifo¹, rhedeg	
a flower	□ blodyn:blodeuyn	
garden flower	blodyn gardd	
wild flower	blodyn gwyllt	
to flower	blodeuo	
flowering	blodeuog:blodeuol	
flowers	□ blodau	
flowery	blodeuog:blodeuol	
flowing	llaes	
a flowing	dylifiad	
flu	ffliw¹	
to fluctuate	amrywio	
flue	ffliw¹	
fluency	ffraethineb, llithrigrwydd	
fluent	rhugl, rhwydd	
fluffy	gwlanog	
fluid	llifyddol	
fluid ounce	owns lifyddol	
a fluid	gwlybwr, gwlych, hylif	
fluke	lwc mwnci:lwc mwngrel: lwc mul	
flummery	llymru	
thin flummery	bwdram	
fluoride	ffworid	
fluorine	ffworin	
a flush	gwrid	
to flush	gwrido	
flute	chwibanogl, □ ffliwt	
to flutter	cyhwfan, dychlamu	
a fly		
1	cleren, pryf:pry	
2	□ pluen	
to fly	cyhwfan, ehedeg, hedfan	
fly-catcher		
spotted fly-catcher	□ gwybedog mannog	
fly-half	maswr	
flying	hedegog	
flying saucer	soser hedegog	
fly-wheel	chwylolwyn	
foal	ebol, eboles	
foam	burum, ewyn	
to foam	ewynnu	
foaming	ewynnog	
fo'c's'le	ffocsl	
a focus	canolbwynt, ffocws	
to focus	canolbwyntio	
foe	gelyn	
foetus	ffetws	
fog	niwl	
foggy	niwlog	
foil	ffoil	
to foil	atal, rhwystro	
a fold		
1	corlan, ffald, lloc	
2	plyg, plygiad:plygiant	
to fold		
1	plygu	
2	torri	
to fold one's arms	dandwn y gath, plethu breichiau	
folded	dyblyg, yn ei blyg [plyg]	
folk	dynion, gwerin, pobl	
folk tune	alaw werin	
old folk	hen ddwylo [dwylo]	
folk-dance	dawns werin, twmpath dawns	
folklore	llên gwerin	
folk-song	cân werin	
to follow	canlyn, cymryd, dilyn, olrhain	
to follow in the footsteps	dilyn yng nghamre:dilyn yn ôl traed	
follower	dilynwr	
following	canlynol, dilynol	
a following	dilyniad	
folly	ffolineb, ffwlbri, ynfydrwydd	
to realize one's folly	dod at fy nghoed [coed]	
to fondle	anwesu, anwylo, maldodi, mwytho, tolach	
fondness	anwes, anwyldeb, hoffter	
font	bedyddfaen	
food	bwyd, lluniaeth, ymborth	
food and drink	bwyd a llyn	
a fool	clown, ffŵl, hurtyn, lolyn, twpsen, twpsyn	
to fool	twyllo	
to fool around	chwarae²	
foolish	ffôl	
foolishness	ffolineb	
foot		
1	godre	
2	troed	
3	troedfedd	
to put one's foot down	rhoi fy nhroed i lawr [troed]	
to put one's foot in it	rhoi fy nhroed ynddi [troed]	
foot-and-mouth disease	clwyf y traed a'r genau	
football	pêl-droed	
Football League	Cynghrair Pêl-droed	
football pools	pyllau pêl-droed	
footballer	pêl-droediwr	
foot-bridge	pompren	
footfall	cam¹	
footnote	troednodyn	
footpath	llwybr troed	
footprint	cam¹, ôl troed	
footsteps	camre	
to follow in the footsteps	dilyn yng nghamre:dilyn yn ôl traed	
fop	ceiliog dandi, coegyn	
for	am², ar gyfer, at, er, gogyfer² â, i, tros:dros	
for a long time	am (yn) hir [hir]	
for a long time to come	yrhawg	
for all that	er hynny:serch hynny [hynny]	
for better or for worse	er gwell er gwaeth [gwell]	
for example	er enghraifft [enghraifft]	
for sale	ar werth [gwerth¹]	
for the purpose of	at, cyferbyn, er mwyn [mwyn²], gogyfer² â	
for the time being	am² y tro	
forbearance	goddefgarwch	
to forbid	gwahardd, gwarafun	
forbidden	gwaharddedig	
a force	angerdd, gallu², grym, trais	
air force	llu awyr	
in force	mewn grym [grym]	
police force	heddlu	
to force	gorfodi, gwneud¹: gwneuthur	
forceps	gefel	
ford	rhyd	
fore...	rhag...²	
forearm	□ elin	
forecast	rhagolygon	
weather forecast	rhagolygon y tywydd [rhagolwg]	
forecastle	ffocsl	
forefathers	cyndadau:cyndeidiau, hynafiaid	
forehead	talcen	
foreign	dieithr, estron¹, tramor	
foreigner	estron², tramorwr	
foremost	blaenaf	
to foresee	rhag-weld:rhagweled	
forest	coedwig, fforest, gwig	
to forestall	achub y blaen	
forester	coedwigwr	
forestry	coedwigaeth	
the Forestry Commission	y Comisiwn Coedwigaeth	
foretaste	rhagflas	

to foretell *darogan, proffwydo, rhag-ddweud, rhagfynegi*
foreword *rhagair*
to forfeit *fforffedu*
a forge *gefail*
to forge
  1 *gweithio*
  2 *ffugio*
to forget *anghofio, gollwng dros gof*
forgetful *anghofus*
forgetfulness *anghofrwydd*
forget-me-not □ *glas y gors, nâd-fi'n-angof*
to forgive *maddau*
forgiveness *maddeuant*
forgiving *maddeugar*
to forgo *hepgor*
forgotten *anghofiedig*
  to be forgotten *mynd yn angof [angof]*
fork *fforc, fforch*
forked *fforchog*
a form
  1 *dosbarth, safon*
  2 *ffurf, llun*[1], *pryd*[5]
  3 *ffurflen*
  4 *ffwrwm*
  5 *gwâl*
  application form *ffurflen gais*
  enrolment form *ffurflen ymaelodi*
  in the form of *ar ffurf [ffurf]*
to form *ffurfio, llunio*
formal *ffurfiol*
format *diwyg*
former *cyn...*[1], *hen*
formerly *cynt*[2], *gynt*
formless *annelwig*
formula *fformwla*
forsaken *gwrthodedig*
fort □ *caer*
forth
  to bring forth *cynhyrchu*
forthcoming *ar ddod [dod]*
fortified *caerog*
to fortify *cryfhau, grymuso*
fortitude *gwroldeb*
fortnight *pythefnos*
fortnightly *pythefnosol*
fortress *amddiffynfa*
fortunate *ffodus, ffortunus*
fortune *ffawd, ffortiwn, hap*
  to tell one's fortune *dweud ffortiwn*
fortunes *hynt a helynt*
forty *deugain*
forum *fforwm*
forward *egr, eofn:eon*
  to look forward *edrych ymlaen*
a forward *blaenwr*
fossil □ *ffosil*
to fossilize *ffosileiddio*
foster-brother *brawd maeth*
foster-father *tadmaeth*
foster-mother *mamfaeth*
foster-sister *chwaer faeth*
to foul *llychwino*
to found *sylfaenu*

foundation *cynsail, sail, sylfaen*
founder *sylfaenwr:sylfaenydd*
foundry *ffowndri*
fount:fountain *ffynhonnell, ffynnon*
four *pedwar*
  the four corners of the earth *pedwar ban byd [ban]*
  to the four winds *i'r pedwar gwynt [gwynt]*
fours
  on all fours *ar fy mhedwar [pedwar]*
fourth *pedwaredd, pedwerydd*
a fowl *ffowlyn*
to fowl *adara*
fowler *adarwr*
fox □ *cadno, llwynog*
foxgloves □ *bysedd y cŵn*
fraction *ffracsiwn*
  common fraction *ffracsiwn cyffredin*
  decimal fraction *ffracsiwn degol*
  improper fraction *ffracsiwn pendrwm*
  proper fraction *ffracsiwn bondrwm*
  vulgar fraction *ffracsiwn cyffredin*
fractious *rhwyfus*
fracture *toriad*
fragile *brau*
fragment *dryll*[2]
fragments *teilchion, yfflon*
fragrance *perarogl, persawr*
fragrant *persawrus*
frail *eiddil, gwanllyd:gwannaidd, llesg*
frailty *eiddilwch, llesgedd*
a frame *ffrâm, fframyn*
to frame *fframio*
framework *fframwaith*
franc *ffranc*
frank *gonest:onest, plaen*
frankincense *thus*
fraternal *brawdol*
fraud *twyll*
fray *ffrwgwd*
freckle *brycheuyn*
freckles *brychau haul, brychni*
free *am ddim [dim], rhad*[1], *rhwydd, rhydd*[1]
  free from care *diofal*
  free hand *rhwydd hynt*
  free lesson *gwers rydd*
  free metres *mesurau rhydd [mesur]*
to free *rhyddhau*
freedom *rhyddid*
free-kick *cic rydd*
freelance *ar fy liwt fy hun [liwt]*
Freemasons *Seiri Rhyddion*
to freeze *fferru, llwydrewi, rhewi, rhynnu*[2], *sythu*
  to freeze solid *rhewi'n gorn [corn*[2]*]*
freezer *rhewgell*
freezing-point *rhewbwynt*

Frenchman *Ffrancwr*
Frenchwoman *Ffrances*
frequent *mynych*
to frequent *cyniwair:cyniweirio, hel, mynychu*
frequenter *mynychwr*
frequently *yn aml [aml*[1]*]*
fresco *ffresgo*
fresh *croyw, ffres, gwreiddiol*[1], *iach, ir:iraidd*
fresh air *awyr iach*
  a breath of fresh air *chwa o awel agored: chwa o awyr iach*
a fresher *glasfyfyriwr*
freshness *ffresni*
to fret *poeni, pryderu*
fretwork *rhwyllwaith*
friable *briwsionllyd, chwâl*
friar *brawd*[2], *mynach*
  Carmelite friar *Brawd Gwyn*
  Dominican friar *Brawd Du*
  Franciscan friar *Brawd Llwyd*
friction
  1 *drwgdeimlad*
  2 *ffrithiant*
Friday *dydd Gwener*
  Good Friday *Dydd Gwener y Groglith [Gwener]*
fridge *oergell*
friend *brawd*[1], *cyfaill, cyfeilles, ffrind*
friendless *di-ffrind*
friendly *cyfeillgar, cymdeithasgar*
friends *caredigion, ceraint, cyfeillion, ffrindiau*
friendship *cyfeillach, cyfeillgarwch*
frieze *ffris*
fright *braw, dychryn*[1]
  to take fright *rhus(i)o*
to frighten *codi ofn:hela ofn [ofn], dychryn*[2], *gyrru braw ar*
frightened
  to be frightened *cael ofn [ofn], dychryn*[2]
frightful *erch*
frill *ffril*
fringe *rhidens*
  outer fringes *ymylon*
frisky *chwareus*
to fritter *gwastraffu*
frivolity *gwagedd, lol, oferedd*
frivolous *gwag, gwamal, penchwiban*
  to be frivolous *gwamalu*
frizzy *crychlyd*
frock *ffrog, gŵn*
frog
  1 □ *broga, llyffant*
  2 *bywyn carn ceffyl*
  frog in the throat *cnec*
frog-spawn *grawn, grifft, sil*
from *gan, o*[1], *oddi, oddi wrth, rhag*[1], *trwy law [llaw]*
  from above *oddi fry, oddi uchod*
  from a distance *oddi draw*
  from afar *o bell [pell]*

from below *oddi isod*
from hand to mouth *o'r llaw i'r genau* [*llaw*]
from here *oddi yma*
from inside *oddi mewn*
from now on *o hyn allan* [*hyn*], *o hyn ymlaen* [*ymlaen*]
from off *oddi ar*
from one end to the other *o ben bwy'i gilydd* [*pen*], *penbaladr*
from outside *oddi allan*
from that time on *o hynny allan* [*hynny*]
from the bottom of my heart *o eigion calon:o ddyfnder calon* [*calon*]
from the other side *oddi draw*
from the sublime to the ridiculous *y gwych a'r gwachul*
from under *o dan, oddi tan*
from yonder *oddi acw*
front *blaen*¹, □ *ffrynt, pen*
   at the front of *tu blaen* [*blaen*¹]
   front bench *mainc flaen*
   in front of *gerbron, o flaen* [*blaen*¹]
frontier *ffin, goror*
frost *rhew*
   hoar-frost *barrug*
frost-bite *ewinrhew*
frosted *barugog*
froth *ewyn*
frothy *ewynnog*
a frown *cilwg, gwg*
   without a frown *di-wg*
to frown *gwgu*
   to frown upon *edrych yn gam ar*
frugal *cynnil*
frugality *cynildeb:cynilder*
fruit □ *aeron*
   fruit salad *salad ffrwythau*
a fruit *ffrwyth*
fruitfulness *ffrwythlondeb*

to frustrate *rhwystro*
to fry *ffrio*
   frying-pan *ffrimpan, padell ffrio*
   out of the frying-pan into the fire *o'r badell ffrio i'r tân* [*padell*]
fuel □ *tanwydd*
fugitive *ffoadur*
fugue *ffiwg*
fulcrum □ *ffwlcrwm*
fulfil *ateb*¹, *cyflawni*
full *cyflawn, llawn*¹
   at full length *yn fy hyd* [*hyd*¹]
   full moon *lleuad llawn/lawn*
   full of sweetness and light *yn fêl i gyd* [*mêl*]
   full speed *ar garlam* [*carlam*], *ar wib* [*gwib*¹]
   full stop *atalnod llawn, dot:dotyn*
   full up *llawn*¹
full-back *cefnwr*
full-blooded *o waed coch cyfan* [*gwaed*]
full-cheeked *bochog*
full-hearted
   full-hearted consent *gwirfodd*
fulling *pan*²
full-length *llaes*
fullness *llawnder:llawndra*
fulmar □ *aderyn-drycin y graig*
to fumble *ymbalfalu*
to fume *ffromi*
   fumes *mwg, mygdarth*
fun *digrifwch, hwyl, miri, sbort, sbri*
   fun and games *sbort a sbri*
   like fun *fel y mwg*
   to make fun of *cael hwyl am ben* [*hwyl*], *chwerthin am fy mhen, gwneud hwyl/sbort am ben rhywun*
function
   1 *swyddogaeth*

   2 *ffwythiant*
a fund *cronfa, stôr*
to fund *ariannu*
fundamental *sylfaenol*
funeral *angladdol*
a funeral *angladd, claddedigaeth, cynhebrwng*
funereal *angladdol*
fungus *ffwng*
funnel *twmffat, twndis*
funny *digrif*
fur *blew, ffwr*
furious *candryll*
furnace *ffwrnais*
to furnish *dodrefnu*
furniture *celfi, dodrefn*
   a piece of furniture *celficyn, dodrefnyn*
furrow *cwys, rhych*
   to plough a furrow *torri cwys* [*cwys*]
furrowed *rhychog*
further *bellach, mwy*¹, *pellach*¹, *ymhellach*
to further *hyrwyddo*
furtive *lladradaidd, llechwraidd*
fury *caclwm, cynddaredd, ffyrnigrwydd, gwylltineb, llid*
furze □ *eithin*
a fuse *ffiws*
   to blow a fuse *chwythu ffiws* [*ffiws*]
to fuse
   1 *ffiwsio*
   2 *ymdoddi*
fusion *ymasiad*
a fuss *ffwdan, trybestod*
   to make a fuss of *dandwn*
   without fuss *diffwdan, di-stŵr*
to fuss *ffwdanu, ffysian*
fussy *ffwdanus*
   too fussy *gorfanwl*
futile *di-fudd, diffrwyth, ofer*
future *dyfodol*

G

to gabble *clebran*
gable-end *talcen tŷ*
gadget *dyfais*
Gaelic *Gaeleg*
gaff *tryfer*
gaiety *llonder*
a gain *elw*
to gain *bod ar fy elw* [*elw*], *ennill*¹, *magu*
   to gain ground *ennill tir*
gala *gŵyl*
galaxy □ *galaeth*
gale *tymestl*
gall *bustl*
gall-bladder □ *coden y bustl*
gallery
   1 *oriel*
   2 *ponc*
to gallivant *jolihoetio:jolihoitio*
gallon *galwyn*

a gallop *carlam*
to gallop □ *carlamu*
gallows □ *crocbren, crog*¹
gall-stone *carreg bustl*
galore *digonedd*
to galvanize *galfaneiddio*
to gamble *gamblo, hapchwarae*²
gambo □ *gambo*
to gambol *prancio*
game *camp, chwarae*¹, *gêm*
   home game *gêm gartref* [*cartref*]
gamekeeper *ciper:cipar*
games *campau, chwaraeon, gêmau*
gander *clacwydd:clagwydd*
gang *criw, fflyd, haid*
gannet □ *hugan*²
gaol *carchar, dalfa, jêl*
gap *adwy, agen, agendor: gagendor, bwlch, hafn*

gaping *cegrwth, rhwth*
garage *garej, modurdy*
garbage *sbwriel:ysbwriel*
to garble *llurgunio*
a garden *gardd*
   garden flower *blodyn gardd*
   garden frame *ffrâm*
   garden warbler *telor yr ardd*
to garden *garddio*
gardener *garddwr*
gardens *gerddi*
gargoyle *gargoel*
garland *coron, torch o flodau*
garlic □ *garllegen*
garment *dilledyn, pilyn*
garments *dillad*
garret *croglofft*
garrison *garsiwn*
garrulous *cegog, siaradus, tafodrydd*

gas nwy
a gash archoll
to gash torri
gastric gastrig
gate clwyd, gât:giât, iet, llidiart
  floodgate fflodiart, llifddor
  kissing gate giât fochyn [gât:giât]
  lock gate llidiart, llifddor
gatepost
  between you, me and the gatepost rhyngot ti a mi a'r pared/wal [pared]
gateway mynedfa
to gather casglu, cyniwair: cyniweirio, cynnull, hel, ymgynnull
  to gather blackberries mwyara
  to gather in cywain
  to gather nuts cneua
  to gather together cyrchu, hel at ei gilydd
gathered aeddfed
a gathering casgliad, crynhoad, cynulliad
gauge ☐ medrydd
gauze meinwe
gawky lletchwith
gay hoenus, hoyw
a gaze trem
to gaze syllu, tremio:tremu
GCSE TGAU
gear
  1 ceriach, gêr[1]
  2 ☐ gêr[2]
  in gear mewn gêr [gêr[2]]
  out of gear allan o gêr [gêr[2]]
gearbox ☐ gerbocs
gem gem, perl, tlws[1]
gender cenedl
gene genyn
genealogy ach[1]
general bras[1], cyffredinol
  general election etholiad cyffredinol
a general cadfridog
to generalize cyffredinoli
  generally fel rheol [rheol], gan amlaf [amlaf]
to generate cynhyrchu
  generation cenhedlaeth, to[2]
  generator cynhyrchydd, generadur
generosity haelioni
generous hael, helaeth, mawrfrydig, rhyddfrydig
genetics geneteg
Geneva Genefa
genial hynaws
genitals dirgelwch
genius athrylith, crebwyll
gentile cenedl-ddyn
gentle addfwyn, bonheddig, llariaidd, mwyn[3], tirion, tyner, ysgafn
gentleman bonheddwr:boneddwr, gŵr bonheddig
gentlemen boneddigion

gentleness addfwynder, mwynder, tiriondeb, tynerwch
gently gan bwyll bach
gentry bonedd, crach[3]: crachach
genuine diffuant, dilys, gwir[2], gwirioneddol, o'r iawn ryw [iawn[2]]
genuineness diffuantrwydd, dilysrwydd
geographical daearyddol
geography daearyddiaeth
geological daearegol
geologist daearegwr
geology daeareg
geometrical geometrig
  geometrical progression dilyniant geometrig
geometry geometreg
gerbil ☐ gerbil
germ bywyn, hedyn
a German Almaenes, Almaenwr
to germinate egino
to gesticulate ystumio
to get cael, dal:dala, mynd:myned, ymofyn:mofyn:moyn
  get on with it! whada bant!
  getting on for codi'n (bedair oed), tynnu am
  to be getting on tynnu ymlaen
  to get a move on clatsio arni, clatsio bant
  to get a sniff at/to get a word in cael pig i mewn [pig[1]]
  to get better dod ataf fy hun [hun[2]], gwella
  to get caught dal:dala
  to get down nychu
  to get down to it torchi llewys
  to get going ei throi hi [troi]
  to get into one's head cymryd yn fy mhen [pen]
  to get late hwyrhau
  to get moving clatsio bant
  to get on dod ymlaen, dod yn fy mlaen [blaen[1]]
  to get on with it bwrw arni
  to get one's back up codi gwrychyn
  to get over dod dros
  to get ready hwylio, paratoi
  to get rid of gwared[1]:gwaredu
  to get to grips with mynd i'r afael â [gafael[2]]
  to get up codi
  to get warm cael fy ngwres [gwres]
  to get wet gwlychu
  to get wiser callio
getting
  getting on for codi'n (bedair oed), tynnu am
geyser ☐ geiser
ghastliness hylltra:hylltod
ghost bwbach, bwgan, ysbryd
giant clamp[1] o
a giant cawr
giantess cawres
gibbet ☐ crocbren

gibe sen
giddiness pendro
giddy penysgafn
gift anrheg, rhodd
gifted dawnus, galluog
gigantic cawraidd
to gild euro, goreuro
gill ☐ tagell
gimlet ☐ ebill
ginger
  1 coch[2]
  2 sinsir
giraffe ☐ jiráff
girder trawst
girdle gwregys
girl bodan, croten:crotes, geneth, hogen:hogan, lodes, merch, rhocen:rhoces
  slip of a girl cywen
girth ☐ cengl
gist sylwedd
to give rhoi[1]:rhoddi
  I give you my word ar fy llw [llw]
  to give a boost to rhoi hwb i [hwb:hwp]
  to give a verdict dyfarnu
  to give back rhoi yn ôl
  to give life to rhoi bod i
  to give up rhoi heibio, rhoi i fyny, rhoi'r gorau i
  to give vent to rhoi rhaff i [rhaff]
giver rhoddwr
gizzard afu glas, glasog
glacier ☐ glasier, rhewlif
glad balch
  I'm glad mae'n dda gen i [da[1]]
  to be glad llawenhau: llawenychu
to gladden llonni
glade coedlan, llannerch
a glance ciledrychiad, cipolwg, edrychiad, trem
to glance bwrw golwg, ciledrych, tremio:tremu
gland chwarren
glass gwydr[2]
a glass gwydr[1], gwydryn
  looking-glass drych
glasses ☐ gwydrau, sbectol
glassful gwydraid
glasshouse tŷ gwydr
glasspaper papur gwydrog [gwydrog]
to glaze sgleinio
a gleam llygedyn, pelydryn
to gleam llewyrchu, tywynnu
to glean lloffa
gleaner lloffwr
gleanings lloffion
glee afiaith, hoen
glen cwm, glyn
glib esmwyth, llithrig, tafodrydd
to glide gleidio, llithro
  to hang-glide barcuta
glider ☐ gleider
glimmer gwreichionen: gwreichionyn, llewyrchyn, llygedyn

glimpse *cip, cipdrem, cipolwg*	goblin *coblyn, pwca:pwci*	gooseberries □ *eirin Mair*
glint *fflach*	god *duw*	gooseberry □ *gwsberen*
to glisten *llewyrchu, serennu*	God *Duw, Y Goruchaf*	gore *gwaed*
to glitter *gwreichioni*	God! *go²*	to gore *cornio*
glittering *llachar*	God Almighty *Y Brenin Mawr*	a gorge *ceunant*
globe *byd, glob*	God help me *Duw a'm catwo: Duw cato'n pawb, dyn a'm helpo, rhad arnaf*	to gorge *traflyncu*
globule *seren*		gorgeous *gwych*
gloom *caddug, gwyll*		gorilla □ *gorila*
gloomy *dilewyrch*	God knows *Duw a ŵyr*	gorse □ *eithinen*
to glorify *gogoneddu, mawrygu*	God's design *arfaeth*	gospel *efengyl*
glorious *gogoneddus*	god-daughter *merch fedydd*	gospel truth *cyn wired â'r efengyl:cyn wired â phader [gwir²]*
glory *balchder, gogoniant*	goddess *duwies*	
glossary *geirfa*	godfather *tad bedydd*	
glossy *llathraid:llathraidd*	godly *duwiol*	gossamer *gwawn*
Gloucester *Caerloyw*	godmother *mam fedydd*	a gossip
glove □ *maneg*	godson *mab bedydd [bedydd]*	1 *clapgi, cloncen, hen geg [ceg]*
a glow *gwrid*	gold *aur¹*	2 *clonc¹*
to glow *tanbeidio*	gold coins *aur mâl*	the gossip *clec, clecs*
to glower *gwgu*	pure gold *aur¹ coeth, aur¹ mâl*	to gossip *cega, clapian, clebran, clepian, cloncian:cloncio, chwedleua, hel clecs, hel straeon, prepian*
glowing *gwridog*	goldcrest □ *dryw eurben*	
glow-worm *magïen*	golden *aur², euraid*	
glucose *gliwcos:glwcos*	golden chain □ *tresi aur*	
a glue *glud, gwm*	golden plover □ *cwtiad aur*	gouge □ *gaing gau*
to glue *gludio:gludo*	goldfinch □ *asgell aur, nico*	gourmand *bolgi*
glum *digalon, prudd*	goldfish □ *pysgodyn aur*	gout *gowt*
glut *gormodedd*	goldsmith *eurych, gof aur*	to govern *arglwyddiaethu, llywodraethu, rheoli*
glutinous *gludiog*	golf *golff*	
glutton *bolgi*	goliardi *clêr¹*	governing *llywodraethol*
glycerine *gliserin*	gondola □ *gondola*	government *llywodraeth*
gnarled *cnotiog*	good *da¹, lles*	governor *llywodraethwr, rhaglaw*
to gnash *rhincian, ysgyrnygu*	good cause *achos da*	Gower *Gŵyr*
gnats *gwybed*	good day *dydd da*	Gowerton *Tre-gŵyr*
to gnaw *cnoi*	good evening *noswaith dda*	gown *gŵn*
a gnawing *cnoad:cnoead*	good for nothing *da¹ i ddim*	grace *bendith, gras*
gnome *dynan*	Good Friday *(Dydd) Gwener y Groglith [Gwener]*	the means of grace *moddion² gras*
go *mynd²*		
to go *mynd¹:myned*	good gracious *gwarchod pawb, hawyr bach, mawredd, nefoedd fawr, nefoedd wen*	to say grace *gofyn bendith [bendith]*
on the go *ar y gweill [gweill]*		
to get going *ei throi hi [troi]*		to grace *harddu*
to go from strength to strength *mynd o nerth i nerth [nerth]*	good health *iechyd da*	graceful *gosgeiddig, gweddaidd, lluniaidd*
	good heavens *andros:andras, brensiach, nefoedd fawr, nefoedd wen*	
to go into details *manylu*		gracious *graslon:grasol:grasusol, rhadlon, tirion*
to go on		
1 *mynd rhagddo*	good job *jobyn dda*	good gracious! *gwarchod pawb, hawyr bach, mawredd, nefoedd fawr, nefoedd wen*
2 *pregethu*	good luck to him/her *gwynt teg iddo/iddi*	
to go out *diffodd*		
to go out of one's way *mynd allan o'm ffordd [ffordd]*	good name *enw da*	graciousness *rhadlonrwydd*
	good night *nos da*	a grade *gradd*
to go over *mynd¹ dros [tros]*	good riddance *gwynt teg ar ôl*	to grade *graddio*
to go to it *mynd¹ ati*	the Good Shepherd *y Bugail Da*	graded *graddedig*
to go to one's head *codi i ben*	in one's own good time *wrth fy mhwysau [pwysau²], yn fy amser fy hun [amser¹]*	gradient *graddiant*
to go to the wall *mynd i'r wal [wal]*		gradual *graddol*
		to graduate *graddio*
to go too far *mynd yn rhy bell [pell], mynd dros ben llestri [tros]*	that's a good boy *da¹ 'machgen i*	graduated *graddedig*
	to have a good time *cael amser da [amser¹]*	graduates *graddedigion*
		a graft □ *impyn*
to go with *mynd¹ gyda*	the good *da², lles*	to graft □ *impio*
to go without *mynd¹ heb*	goodbye *da¹ bo, hwyl*	the Grail *y Greal*
goad *swmbwl*	goodness *daioni*	grain *grawn*
goal *gôl*	for goodness' sake *er mwyn dyn*	a grain
drop-goal *gôl adlam*		1 *gronyn*
penalty goal *gôl gosb*	goodness knows *dyn a ŵyr*	2 *graen*
goalkeeper *gôl-geidwad*	thank goodness *diolch byth*	against the grain *croes i'r graen: yn erbyn y graen [graen]*
goal-kick *cic gôl*	goods *da³, nwyddau*	
goat *gafr*	Goodwick *Wdig*	to grain *graenu*
billy-goat *bwch gafr*	goodwill *ewyllys da*	gram *gram*
to gobble *llawcio:llowcio*	goose □ *gŵydd²*	grammar *gramadeg*
goblet *ffiol*	goose pimples *croen gŵydd*	grammar school *ysgol ramadeg*

grammatical *gramadegol*
gramme *gram*
granary *ysgubor*
grand *crand, mawreddog*
   the Grand Slam *y Gamp Lawn* [*camp*]
grandchild *ŵyr*
grand-daughter *wyres*
grandeur *gwychder, mawredd*
grandfather *tad-cu, taid*
   grandfather clock *cloc wyth niwrnod*
   great-grandfather *hen dad-cu, hen-daid*
grandmother *mam-gu, nain*
   great-grandmother *hen fam-gu, hen-nain*
   to teach your grandmother to suck eggs *dweud/dysgu pader i/wrth berson* [*pader*]
grandness *crandrwydd*
grandson *ŵyr*
granite ☐ *gwenithfaen, ithfaen*
a grant *cymhorthdal, grant*
to grant *caniatáu*
   granted *caniataol*
     to take for granted *cymryd yn ganiataol* [*caniataol*]
granule *gronyn*
grape *grawnwinen*
grapefruit *grawnffrwyth*
grapes ☐ *grawn, grawnwin*
graph ☐ *graff*
graphite *graffit*
a grasp *gafael*[2], *hafflau*
to grasp *cael gafael ar* [*gafael*[2]], *dilyn, gafael*[1]:*gafaelyd*
grass *glaswellt, gwelltglas, porfa*
   blade of grass *glaswelltyn, gweiryn*
grasshopper *ceiliog y rhedyn, sioncyn y gwair*
grassland *tir glas*
grassy *gwelltog*
a grate *grât*
to grate *merwino clustiau, rhygnu*
grateful *diolchgar*
a grating *grât*
gratitude *diolch*[1], *diolchgarwch*[1], *gwerthfawrogiad*
grave
   1 *difrifol, prudd*
   2 (accent) *acen ddisgynedig*
   a grave error *camsyniad/camgymeriad dybryd* [*dybryd*]
a grave *bedd*
gravel *graean, gro*
grave-side *ar lan y bedd* [*glan*]
graveyard *claddfa, mynwent*
gravity *disgyrchiant*
   centre of gravity *craidd disgyrchiant*
gravy *grefi, gwlych*
to graze *pori*
grease *gwêr, iraid, saim*
   elbow-grease *eli penelin*
greasy *blonegog, seimlyd:seimllyd*

great *garw, mawr, praff*
   great big *lòg o*
   a great deal *llawer*[1]
   Great Orme *Y Gogarth* [*Y*]
   great tit ☐ *titw mwyaf*
   the Great War *y Rhyfel Mawr*
greatcoat *cot fawr*
greater *mwy*[1]
greatest *mwyaf*
great-grand-daughter *gorwyres*
great-grandfather *gorhendad, hen dad-cu:hen-daid*
great-grandmother *gorhenfam, hen fam-gu, hen-nain*
great-grandson *gorwyr*
greatness *mawredd*
grebe ☐ *gwyach*
   great crested grebe *gwyach fawr*
   little grebe *gwyach fach*
greed *gwanc, rhaib, trachwant*
greedy *awchus, barus, chwannog, gwancus, rheibus, trachwantus*
Greek *Groegaidd*
a Greek *Groegwr*
green *glas*[1], *gwyrdd*[1]
   deep green *gwyrddlas*
   sea-green *gwyrddlas*
   to become green *glasu*
a green *lawnt*
greenfinch ☐ *llinos werdd*
greengages ☐ *eirin gwyrdd*
greenhouse *tŷ gwydr*
   greenhouse effect *effaith tŷ gwydr*
to greet *cyfarch*[2], *cyfarch*[2] *gwell*
a greeting *anerchiad, cyfarch*[1], *cyfarchiad*
greetings *cyfarchion, henffych*
Gresford *Gressfordd*
grey *glas*[1], *llwyd*
   slate-grey *glas*[1]
   to turn grey *britho*
greyhound ☐ *milgi*
greyish *llwydaidd*
greyness *llwydni:llwydi*
grid *grât, grid*
griddle ☐ *gradell, gridyll, maen*[1]
grief *galar*
grievance *cwyn*
   to rake up old grievances *codi hen grach* [*crach*[1]]
   to vent one's grievances *arllwys ei gwd, dweud fy nghwyn* [*cwyn*]
to grieve *galaru*
grieving *galarus*
grievous *enbyd:enbydus*
grievousness *enbydrwydd*
grill *gridyll*
grilse ☐ *gleisiad*
grim *difrifol*
grimace *cuwch, jib*
grimaces *clemau*
grime *parddu*
a grin *gwên*
to grin *gwenu*

to grind *llifanu:llifo*[3], *malu*
   to grind the teeth *crensian dannedd, rhincian*
grindstone ☐ *carreg hogi, maen llifo*
   to keep one's nose to the grindstone *cadw/dal fy nhrwyn ar y maen* [*trwyn*]
a grip *gafael*[2]
to grip *gafael*[1]:*gafaelyd*
   to get to grips with *mynd i'r afael â* [*gafael*[2]]
   to slacken one's grip *gollwng gafael*
gripping *gafaelgar*
gristle *madruddyn*
to grizzle *gwenwyno*
grizzled *broc, llwydaidd*
a groan *griddfan*[1], *ochenaid*
to groan *griddfan*[2], *ochain:ochneidio, tuchan*
groat *grôt:grot*
grocer *groser*
groin *cesail morddwyd*
groom *gwastrawd*
groove *rhigol*
to grope *palfalu, ymbalfalu*
grotto *ogof*
ground *maes*[1], *sail, tir*
   down to the ground *hyd*[2] *lawr/hyd y llawr*
   ground floor *llawr gwaelod, llawr isaf*
   to break new ground *torri tir newydd*
to ground *tirio*
groundless *di-sail*
grounds
   on the grounds *ar sail* [*sail*]
group *corff, cylch, grŵp, haid*
a grouse ☐ *grugiar*
to grouse *grwgnach*
grouser *conyn*[1]
grove *celli, llwyn*[1]
to grovel *ymgreinio*
to grow *codi, glasu, prifio, tyfu*
   to grow calm *tawelu*
   to grow uneasy *cynhyrfu*
   to grow up *tyfu i fyny:tyfu lan*
growing *ar ei brifiant* [*prifiant*]
to growl *arthio, chwyrnu*
grown
   fully grown *yn ei lawn dwf* [*twf*]
growth *cynnydd, prifiant, twf:tw, tyfiant*
grub ☐ *cynrhonyn, pryf:pry*
gruesome *erchyll*
to grumble *ceintach(u):cintach(u), conach:conan, grwgnach, tuchan*
grumbler *achwynwr:achwynydd, conen, conyn*[1]
grumbling *cwynfanllyd*
a grunt *rhoch*
to grunt *rhochian*
a guarantee *ernes, gwarant*
to guarantee *gwarantu*
guard *gwyliadwriaeth*

a guard *gard:giard, gwyliwr*
to guard *gwarchod*
guard-chain *gard:giard*
guardian *gwarcheidwad, gwarchodwr*
guardian angel *angel gwarcheidiol*
guards *gwarchodlu*
The Welsh Guards *Y Gwarchodlu Cymreig*
a guess *dyfaliad, syniad*
to guess *dyfalu, gesio*
guest *gwadd*[2]
a guest *gwestai*[1]*, gŵr/gwraig (g)wadd*
be my guest *â chroeso [croeso]*
guest-house *gwesty*
guests *gwahoddedigion*
a guffaw *crechwen*
to guffaw *crechwenu*
guidance *arweiniad*
a guide *cydymaith, tywysydd: tywyswr*
guide dog *ci tywys [tywys]*
to guide *ledio, tywys*

guideline *canllaw*
guild *urdd*
guile *dichell*
guileless *didwyll, gwirion*
guillemot □ *gwylog*
guillotine *gilotîn*
guilt *euogrwydd*
guilty *euog*
guinea *gini*
guinea-pig □ *llygoden gota, mochyn cwta, mochyn gini*
guise *rhith*
guitar □ *gitâr*
gulf *gagendor*
gull □ *gwylan*
black-headed gull *gwylan benddu*
common gull *gwylan y gweunydd*
greater black-backed gull *gwylan gefnddu fwyaf*
herring gull *gwylan y penwaig*
lesser black-backed gull *gwylan gefnddu leiaf*

gullet □ *corn gwddwg/gwddf, llwnc*[1]
gullible *hygoelus*
a gulp *joch, llwnc*[1]*, llymaid*
to down in one gulp *yfed ar ei dalcen [talcen]*
to gulp *llawcio:llowcio*
gum *gwm*
gumption *clem*
gums *cig y dannedd*
gun *dryll*[1]*, gwn*[1]
big guns *hoelion wyth [hoel:hoelen]*
to gush *ffrydio, goferu, llifeirio, llifo*[1]
gust *cawod, chwa, gwth, hwrdd, pwff*
the gut *perfedd*
to gut *agor*
gutter *cafn, clawdd, cwter, lander*
guttural *gyddfol*
gymnasium *campfa, gymnasiwm*
gymnastics *gymnasteg*
gypsy *sipsi*
gyroscope □ *gyrosgop*

H

ha *ha, hectar*
habit *arfer*[1]*, arferiad*
habitat *cynefin*[2]
habitation *cyfannedd*
hack *hac*
hackles
to raise one's hackles *codi gwrychyn [gwrychyn]*
hackneyed *sathredig, ystrydebol*
hacksaw □ *haclif*
haddock □ *corbenfras*
haemorrhage *gwaedlif:gwaedlyn*
haemorrhoids *clwyf y marchogion*
hag *gwrach*
to haggle *bargeinio*
hail (stones) *cenllysg, cesair*
a hail *henffych*
to hail *cyfarch*
hair *blew, gwallt, rhawn*
a hair *blewyn*
hair's breadth *o drwch blewyn [trwch]*
lock of hair *cudyn, llyweth*
pubic hair *cedor*
to split hairs *hidlo gwybed, hollti blew*
within a hair's breadth *o fewn trwch blewyn [trwch]*
hairy *blewog, gwalltog*
hake □ *cegddu*
hale *iach, sionc*
hale and hearty *lysti, yn llond fy nghroen [croen]*
half *glas*[1]*, hanner*
half a minute *hanner munud*
half an hour *hanner awr*
half jokingly *rhwng difrif a chwarae [difrif:difri]*
on half *ar hanner [hanner]*

half-baked *hanner pan [pan*[2]*]*
half-brother *hanner brawd*
half-day *hanner diwrnod*
halfpenny *dimai*
halfpennyworth *dimeiwerth*
half-term *hanner tymor*
half-time *hanner amser*
half-way *hanner ffordd*
half-witted *hanner pan [pan*[2]*]*
hall *llys*[1]*, neuadd*
hallelujah *haleliwia*
hallmark □ *dilysnod*
hallowed *cysegredig, sanctaidd: santaidd*
Hallowe'en *Calan Gaeaf*
halo *corongylch, halo*
to halt *aros, sefyll*
halter *aerwy, rheffyn*
to halve *haneru*
halves *haneri*
ham
1 *cig moch, ham*
2 *gar*
a hammer *morthwyl:mwrthwl*
to come under the hammer *bod dan yr ordd [gordd]*
to hammer *ffusto, morthwylio*
hammock *gwely crog*
a hamper *cawell*
to hamper *llyffetheirio, rhwystro*
hamstring *llinyn yr ar hand*
1 □ *bys, llaw*
2 *dyrnfedd*
at hand *at alw [galw*[1]*], gerllaw*[2]*, wrth law [llaw]*
from hand to mouth *o'r bawd i'r genau [bawd], o'r llaw i'r genau [llaw]*

hand in hand *law yn llaw [llaw]*
helping hand *help llaw*
hired hand *gwas cyflog*
an old hand *hen ben [pen*[1]*], hen law*
right hand *deheulaw*
to come to hand *dod*[1] *i law*
to have a hand in *bod â bys yn y brywes [bys]*
to stay one's hand *atal*[1] *fy llaw*
to take into hand *cymryd mewn llaw*
handbook *llawlyfr*
handful *dyrnaid, llond dwrn, llond llaw [llaw]*
handicap *anfantais, rhwystr*
handicapped *tan anfantais [anfantais]*
handicraft *crefftwaith*
handiwork *gwaith llaw*
handkerchief *cadach, ffunen, hances, macyn, neisied*
a handle *carn*[1]*, coes*[2]*, corn*[1]*, dolen, dryntol, trontol*
to handle *byseddu, trafod, trin*[2]
handrail *canllaw*
hands *dwylo*
from between my hands *rhwng fy nwylo [dwylo]*
on my hands *ar fy nwylo [dwylo]*
to change hands *newid dwylo*
to hold hands *dal dwylo*
to lay one's hands on *dodi dwylo ar*
to wash one's hands of *golchi dwylo o*
handsome *glandeg, golygus, hardd, prydferth*

	handwriting *llaw, llawysgrifen, ysgrifen*	harpsichord □ *harpsicord*
	handy *cyfleus, hwylus, hylaw*	harridan *jadan:jaden*
to	hang *crogi, hongian*	harrier □ *bod(a) tinwen [bod³:boda]*
	hang on *gan bwyll [pwyll]*	a harrow □ *og:oged*
	hangar *awyrendy*	to harrow *llyfnu, ogedu*
	hanged	harsh *aflafar, cras, cryg:cryglyd, garw, gerwin, llym*
	hanged if I will *dros fy nghrogi [crogi]*	harshness *craster*
to	hang-glide *barcuta*	hart □ *hydd*
	hanging *crog²*	harvest *cynhaeaf*
	hank *cengl*	harvest moon *lleuad fedi, lleuad naw nos olau*
to	hanker after *hiraethu*	to harvest *cynaeafu*
	hankie *see* handkerchief	harvester
	ha'porth *dimeiwerth*	combine harvester *combein*
to	happen *darfod, digwydd¹*	has
	to happen to *digwydd i*	has he/she not *oni¹:onid*
a	happening *digwyddiad*	has it *piau hi [hi]*
	happiness *dedwyddwch, hapusrwydd, llawenydd*	haste *brys, hast*
	happy *balch, dedwydd, hapus, llawen, llon*	to hasten *brysio, cyflymu, gwneud hast [hast], prysuro*
	as happy as a lark *fel y gog:mor hapus â'r gog [cog]*	hasty *brysiog, byrbwyll, hastus*
	to keep everyone happy *cadw'r ddysgl yn wastad [dysgl]*	hat *het*
	happy-go-lucky *jocôs*	to take off one's hat *tynnu fy het [het]*
a	harbour *harbwr, porth², porthladd*	to talk through one's hat *siarad trwy fy het*
to	harbour *coleddu, llochesu*	to hatch *deor:deori, dod¹ â, gori*
	hard *anodd, caled, dur², llafurus*	hatchery *deorfa*
	hard cash *arian sychion*	hatchet *bwyall:bwyell*
	hard cheese *caws caled*	to hate *casáu, ffieiddio*
	hard of hearing *trwm fy nghlyw [clyw¹]*	hateful *atgas, cas¹*
	hard shoulder *llain galed*	hatred *atgasedd:atgasrwydd, casineb*
	it's hard on me *mae'n ddrwg arnaf [drwg²]*	haughty *balch, ffroenuchel, trahaus*
	hardboard *caledfwrdd*	to haul *halio, llusgo, tynnu*
to	harden *caledu*	haulms *gwrysg*
	hard-hearted *ciaidd, creulon*	haunch □ *morddwyd*
	hardiness *gwydnwch:gwytnwch*	haunt *cynefin²*
	hardly *braidd, digwydd²: digwyddiad, go brin [prin¹], nemor, odid, o'r braidd [braidd], prin²*	to have *bod gan [gan], cael, gallu¹ wrth, meddu*
		I don't have to *does dim rhaid imi [rhaid]*
		to have to *gorfod²*
	hardly any *nemor ddim*	haven *hafan*
	hardly likely *digon¹ o waith*	Haverfordwest *Hwlffordd*
	hardly one *nemor un*	havoc *cyflafan, dinistr*
	hardness *caledwch*	Hawarden *Penarlâg*
	hardship *caledi, cyni*	a hawk □ *gwalch, hebog*
	hardware *caledwedd*	to hawk
	hardy *caled, gwydn*	1 *carthu gwddf/gwddwg*
	hare □ *ysgyfarnog*	2 *pedlera*
	hark! *erglyw!*	hawk-eyed *llygad barcud*
a	harm *drwg¹, niwed*	hawthorn *draenen wen*
to	harm *amharu, drygu, niweidio*	hay □ *gwair*
	harmful *niweidiol*	hay fever *clefyd y gwair, twymyn y gwair*
	harmless *diddrwg, diniwed*	Hay on Wye *Y Gelli (Gandryll)*
	harmonica *organ geg*	haycock *cocyn, mwdwl*
	harmonium *harmoniwm*	hayfield *gweirglodd*
to	harmonize *cynganeddu*	haystack *tas*
	harmony *cynghanedd, cytgord, harmoni*	a hazard *perygl*
		to hazard *mentro*
a	harness *gwedd², harnais*	haze *niwl, nudd:nudden, tes*
to	harness *harneisio*	hazel *collen*
a	harp □ *telyn*	hazel catkins *cynffonnau ŵyn bach*
to	harp on *rhygnu*	
	harpist *telynor, telynores*	

	hazel-nuts □ *cnau cyll*
	hazy *niwlog*
	HCF *FfCM, Ffactor Cyffredin Mwyaf*
	he *ef:e:o, efe:efô:fe:fo, o³*
	he also *yntau*
	he too *yntau*
	head *pen², prif*
a	head
	1 *clopa, pen¹*
	2 *pen¹, pennaeth*
	at the head *ar flaen [blaen¹]*
	from head to foot *o'r corun i'r sawdl [corun]*
	head and shoulders above *pen¹ ac ysgwydd yn uwch*
	head first *pendramwnwgl*
	head of the family *penteulu*
	head over heels *dros ben a chlustiau [clust], pendramwnwgl*
	I can't make head or tail of *(methu) gwneud na phen na chynffon [pen¹], na rhych na gwellt [rhych]*
	over one's head *bod dros ben [pen¹]*
	to bring on one's head *tynnu ar fy mhen*
	to bring upon my head *tynnu rhywun yn fy mhen*
	to come to a head *dod i ben [pen¹]*
	to get into one's head *cymryd yn fy mhen [pen¹]*
	to go to one's head *codi i ben [pen¹]*
	to head for *ei bwrw hi [bwrw]*
	to keep one's head *cadw fy mhen [pen¹]*
	to keep one's head above water *cadw fy mhen uwchlaw'r dŵr [pen¹]*
	to lose one's head *colli fy mhen [pen¹]*
	to take it into one's head *cymryd yn fy mhen [pen¹]*
to	head *penio*
	headache *cur pen, pen tost*
	header *peniad*
a	heading *pennawd*
	headland *pentir, talar*
	headlong *ar fy nghyfer [cyfer], llwrw ei ben, pendramwnwgl, wysg ei ben*
	headmaster *prifathro, sgwlyn*
	headmistress *prifathrawes*
	head-on *benben [pen¹]*
	headquarters *pencadlys*
	headstrong *gwrthnysig, penstiff*
	heady *meddwol*
to	heal *cau¹, gwella, iacháu*
	health *iechyd*
	good health *iechyd da*
	healthy *cryf, hwylus, iach, iachus*
a	heap *pentwr, swp, sypyn, twr¹*
to	heap *pentyrru, tyrru*
to	hear *clywed*
	hear! hear! *clywch! clywch!*

a hearing
   1 *clyw*[1]
   2 *gwrandawiad*
   hard of hearing *trwm fy nghlyw* [*clyw*]
   hearse ☐ *hers*
   heart *bron*[1], ☐ *calon, cnewyllyn, dwyfron, rhuddin*
   by heart *ar dafod leferydd* [*tafod*]
   close to one's heart *agos at fy nghalon* [*calon*]
   from the bottom of my heart *o ddyfnder calon* [*dyfnder*], *o eigion calon* [*calon*]
   heart attack *trawiad ar y galon*
   heart disease *clefyd y galon*
   heart of the matter *calon y gwir* [*gwir*]
   heart's delight *eli'r galon*
   in good heart *calonnog*
   to break one's heart *torri calon*
   to learn by heart *dysgu ar fy nghof* [*cof*]
   to lose heart *danto:dantio, diffygio, digalonni*
   to set one's heart on *dodi fy mryd ar* [*bryd*]
   to speak from the heart *siarad o'r fron*
   to take heart *gwroli*
   to take to heart *cymryd at*
   with my heart in my boots *â'm calon yn f'esgidiau* [*esgid*]
   with my heart in my mouth *â'm calon yn fy ngwddf* [*calon*]
   heartbeat *curiad y galon*
   heart-breaking *torcalonnus*
   heartburn *dŵr poeth, llosg cylla*
to hearten *calonogi, codi calon, gwroli*
   heartening *calonogol*
   hearth *aelwyd*
   hearthstone *carreg (yr) aelwyd*
   heartiest *calonocaf*
   heartless *creulon, dienaid*
   heartwood *rhuddin*
   hearty *calonnog, iach*
      hale and hearty *lysti, yn llond fy nghroen* [*croen*]
      hearty welcome *croeso calon*
   heat *gwres, tes*
      to be in heat *gofyn*
a heat *rhagbrawf*
to heat *gwresogi, poethi, twymo*
   heated *brwd, chwyrn*
   heater *gwresogydd*
   heath *gwaun, rhos*
   heathen *pagan*
   heather ☐ *grug*
to heave *halio*
   heaven *nef:nefoedd*
      heaven help us *Duw a'n gwaredo* [*gwared*[1]]
   heavenly *nefol:nefolaidd*
      heavenly body *corff nefol*
   heavens! *iechyd!*
   the heavens *entrych, nen*

heavier *trymach*
   to get heavier:to grow heavier *trymhau*
heaviness *trymder*
heavy *mawr, trwm, trymaidd:trymllyd*
heavy-handed *llawdrwm*
Hebrew (language) *Hebraeg*
a Hebrew *Hebread*
the Hebrides *Ynysoedd Heledd*
hectare *hectar, ha*
hedge *clawdd, gwrych*[1], *perth, setin*
   dragged through a hedge backwards *wedi'i dynnu drwy'r drain* [*drain*]
   hedge sparrow ☐ *llwyd y berth: llwyd y gwrych*
hedgehog *draenog*
to heed *talu sylw* [*sylw*]
heedless *dibris, didaro, difeddwl, di-hid:di-hidio*
heel ☐ *sawdl*
   at one's heels *wrth sawdl* [*sawdl*]
   to kick one's heels *cicio fy sodlau*
   to take to one's heels *gwadnu*
   to turn on one's heel *rhoi tro/troi ar fy sawdl* [*sawdl*]
   under the heel *dan draed* [*traed*], *dan y sawdl* [*sawdl*]
heifer *anner, heffer, treisiad*
height
   1 *taldra, uchder:uchdwr, uchelder*
   2 *ucheldir*
heights *uchafion*
heinous *anfad, ysgeler*
heir *aer*[2], *etifedd*
   heir apparent *edling*
heiress *aeres, etifeddes*
helicopter *hofrenydd*
helium *heliwm*
hell *annwfn:annwn, fagddu, y Fall* [*mall*], *uffern*[1]
hell! *diawl! uffern!*[2]
   hell for leather *fel cath i gythraul* [*cath*]
   hell's bells *uffern:uffach gols* [*cols*]
hellish *uffernol*
hello! *sut ma'i/shwt ma'i/sut mae hi*
helm
   1 *helm*
   2 *llyw*
   at the helm *wrth y llyw* [*llyw*]
helmet *helm, helmed:helmet*
a help *cymorth, cynhorthwy, help*
to help *cynorthwyo, helpu*
   to help myself *fy helpu fy hun* [*helpu*]
helper *cynorthwywr: cynorthwyydd*
helping
   helping hand *help llaw*
helpless *diymadferth*
helplessness *diymadferthedd*

helter-skelter *strim-stram-strellach*
a hem ☐ *gwrym, hem*
to hem *hemio*
hemisphere *hemisffer*
hemlock ☐ *cegiden*
   Western hemlock ☐ *hemlog (y gorllewin)*
hemp ☐ *cywarch, cywarchen*
hen *iâr*
   hen run *libart*
hence *ymaith*
henceforth *mwyach, o hyn ymlaen* [*ymlaen*]
hen-coop *cut ieir, cwt ieir*
hepatitis *llid yr afu*
her *ei*[1], *hi*[2], *'i, -s*
   her also *hithau*
   Her Majesty's Inspector *AEM, Arolygwr Ei Mawrhydi*
heraldry *herodraeth*
herb *llysieuyn*
herbalist *llysieuwr:llysieuydd*
herbivore *llysysydd*
herbs ☐ *llysiau, perlysiau*
a herd *buches, cenfaint, diadell, gyr*[1], *praidd*
to herd *heidio, tyrru*
herds *anrhaith*
here *fan hyn/yma* [*man*], *yma*
   from here *oddi yma*
   here and there *hwnt ac yma, yma ac acw, yma a thraw* [*draw*]
   here is *dyma*
   neither here nor there *nac yma nac acw* [*yma*]
   here! *hwde! hwre!*
heredity *etifeddeg*
Hereford *Henffordd*
heritage *treftadaeth*
hermit *meudwy*
hernia *tor llengig* [*tor*[2]]
hero *arwr*
   conquering hero *congrinero*
heroic *arwrol, epig*
heroin *heroin*
heroine *arwres*
heroism *arwriaeth, gwrhydri, gwroldeb*
heron ☐ *crëyr, crychydd, garan*
herpes *eryr*[2]
herring ☐ *pennog, sgadenyn: ysgadenyn*
   herring gull ☐ *gwylan y penwaig*
   to drag a red herring *codi ysgyfarnog*
hers *ei, eiddi hi, 'w*
herself *ei hun, hi ei hunan*
hesitancy *petruster*
hesitant *petrus*
to hesitate *petruso*
hesitation *petruster*
to hew *cymynu*
hewer *cymynwr*
hexagon *hecsagon*
to hibernate *gaeafgysgu*
   hibernating animal *cysgadur (gaeaf)*

hibernation *gaeafgwsg*
a hiccup *ig*
to hiccup *igian*
 hiccups *yr ig*
 hidden *cêl, cudd, cuddiedig, ynghudd*
a hide *croen*
to hide *celu, cuddio, cwato, cwtsio:cwtsied, llechu*
 to hide oneself *ymguddio*
 to play hide-and-seek *chwarae mig [mig]*
 hideous *erchyll, hyll*
 hideousness *hylltra:hylltod*
a hiding *crasfa, curfa, cweir, chwip din, trimad:trimiad*
 hiding-place *cuddfa, cuddfan*
 hieroglyph □ *hieroglyff*
 hieroglyphics *hieroglyffig*
 higgledy-piggledy *blith draphlith [plith]*
 high *uchel*
  high jump *naid uchel*
  high priest *archoffeiriad*
  high sheriff *sirydd:siryf*
  high tide *penllanw*
  high time *hen bryd [pryd¹], hwyr glas*
  high water *penllanw*
  on my high horse *ar gefn fy ngheffyl [cefn]*
 highbrow *uchel-ael*
 higher *uwch*
 highest *eithaf¹, goruchaf*
  Highest Common Factor *Ffactor Cyffredin Mwyaf, FfCM*
 highland *ucheldir*
 highlight *uchafbwynt*
 high-minded *mawrfrydig*
 high-spirited *nwyfus*
 highway *cefnffordd, priffordd*
  The Highway Code *Rheolau'r Ffordd Fawr*
 highwayman *lleidr pen-ffordd*
to hijack *herwgipio*
 hijacker *herwgipiwr*
to hike *heicio*
 hilarity *miri*
 hill *allt:gallt, bryn, gallt:allt, gorifyny, rhiw, tyle*
  hill country *mynydd-dir*
 hillock *bryncyn, cnwc, codiad, crug, ponc, twyn*
 hillside *goleddf, llechwedd, llethr*
 hilly *mynyddig*
 hilt *carn¹, dwrn*
  to the hilt *i'r carn¹*
 him *ef:e:o, efe:efô:fe:fo, ei, 'i, -s*
  it's up to him *rhyngddo ac ef ei hun²:hunan¹ [hun²]*
 himself *ei¹ hun:ei hunan*
 hind *ôl²*
  hind quarters *pedrain*
a hind □ *elain, ewig*
to hinder *llesteirio, rhwystro*
 hindrance *llestair, rhwystr, tramgwydd*
 Hinduism *Hindŵaeth*

 hinge □ *bach¹, colfach, colyn*
a hint *awgrym, tinc*
to hint *awgrymu*
 hip
  1 □ *clun*
  2 *egroesen, egroesyn*
 hippopotamus □ *dyfrfarch, hipopotamws*
 the hire *cyflog*
to hire *hurio, llogi*
  hired *ar log [llog]*
  hired hand *gwas cyflog*
  hire-purchase *hur-bwrcas*
 his *ei¹, eiddo ef, 'i, 'w*
a hiss *si:su*
to hiss *hisian, poeri²*
 historian *hanesydd*
 historic:historical *hanesyddol*
 history *hanes*
to hit *bwrw, cnocio, dobio, taro*
  to hit the nail on the head *taro'r hoelen ar ei phen [hoelen]*
  to hit upon *taro ar*
to hitch-hike *bodio*
 hive □ *cwch*
 HMI *AEM, Arolygwr Ei Mawrhydi*
a hoard *celc*
 hoar-frost *barrug, llwydrew*
 hoarse *cryg:cryglyd*
 hoarseness *crygni*
 hob *pentan*
a hobble *hual*
to hobble *hercian*
 hobby *hobi*
 hockey *hoci*
 hod □ *caseg forter*
a hoe *hof*
to hoe *hofio*
a hold
  1 *gafael²*
  2 *howld*
to hold *cydio, cymryd, cynnal, dal:dala*
  to hold a candle to *dal cannwyll [cannwyll]*
  to hold fast *cydio*
  to hold hands *dal dwylo*
  to hold one's own *dal fy nhir*
  to hold one's tongue *dal fy nhafod*
  to hold out *dal:dala*
  to hold sway *dylanwadu, teyrnasu*
  to hold tight *gafael¹:gafaelyd*
  to hold water *dal dŵr*
  to take hold *ymafael:ymaflyd*
 holder *deiliad*
 hole *twll*
 holiday *gŵyl*
  bank holiday *gŵyl banc [banc]*
  holiday home *tŷ haf*
  holidays *gwyliau*
 holiness *sancteiddrwydd*
 hollow *cau²*
  hollow tree *ceubren*
a hollow *ceudod, pannwl, pant*
 holly □ *celynnen*
 holy *cysegredig, glân, llwyd, sanctaidd:santaidd*

 the Holy Grail *y Greal Sanctaidd*
 Holy Isle *Ynys Gybi*
 holy orders *urddau sanctaidd*
 holy place *cysegr*
 the Holy Spirit *yr Ysbryd Glân*
 holy-day *dygwyl, gŵyl*
 Holyhead *Caergybi*
 Holywell *Treffynnon*
 homage *gwrogaeth*
  to pay homage *darostwng, talu gwrogaeth*
 home *aelwyd, cartref, tref:tre*
  at home
   1 *cartrefol*
   2 *gartref, i mewn [mewn]*
  away from home *oddi cartref*
  holiday home *tŷ haf*
  home game *gêm gartref [cartref]*
  to bring home *dwyn adref*
  to leave home *gadael cartref [cartref]*
 homeless *digartref*
 homely *cartrefol*
 home-rule *hunanlywodraeth*
 homesick *hiraethus*
 homesickness *hiraeth*
 homespun *brethyn cartref*
 homeward(s) *adref, tua thre*
 homework *gwaith cartref*
 homogeneous *cydryw*
 homosexual *gwrywgydiwr*
 homosexuality *gwrywgydiaeth*
to hone *hogi, llifanu:llifo³*
 honest *cywir, gonest:onest*
 honestly *ar fy ngwir [gwir¹], wir iti; wir yr [gwir²]*
 honesty *gonestrwydd: onestrwydd*
 honey *mêl*
  honey buzzard □ *bod y mêl [bod³:boda]*
 honeycomb □ *crib, crwybr, dil*
 honeymoon *mis mêl*
 honeysuckle □ *gwyddfid, llaeth y gaseg*
 honorary *anrhydeddus, er anrhydedd [anrhydedd], mygedol*
an honour *anrhydedd, bri*
to honour *anrhyddu*
 honourable *anrhyddus*
 hood *cwcwll, cwfl*
 hooded *cycyllog*
 hoof □ *carn¹*
 hoofed *carnol*
a hook *bach¹, bachyn*
  hook and eye *bach a dolen*
to hook *bachu*
 hooked *bachog*
 hooker □ *bachwr*
 hooks *bachau*
 hooligan *dihiryn*
 hooliganism *hwliganiaeth*
a hoop *cylch, cylchyn*
to hoop *cylchu*
to hoot *hwtian*
 hooter *corn¹, hwter*

a hop *herc*
  hop, step and jump *herc, cam a naid*
to hop *hercian*
a hope *gobaith*
to hope *gobeithio, hyderu*
  hopeful *gobeithiol*
  hopeless *anobeithiol, diobaith*
  hops □ *hopys*
  horde *garsiwn, haid*
  horizon *gorwel*
  horizontal *llorwedd*
  hormone *hormon*
  horn *bual, corn*[1]
    sounding of a horn *caniad corn*
  hornbeam □ *oestrywydden*
  horned *bannog, corniog*
  hornet(s) *cacwn, picwnen*
    hornets' nest *nyth cacwn*
  horrible *erchyll*
  horrific *arswydus*
  horse □ *ceffyl, cel*
    on my high horse *ar gefn fy ngheffyl* [*cefn*]
    shire horse *ceffyl gwedd* [*gwedd*[2]]
    the horse's mouth *llygad y ffynnon*
    to shut the door after the horse has bolted *codi pais ar ôl piso* [*pais*]
  horse-block *esgynfaen*
  horse-chestnut □ *castan, concer*
    horse-chestnut tree □ *castanwydden*
  horse-flies *clêr*[2]
  horse-fly *cleren*[1] *lwyd, pryf llwyd*
  horsehair *rhawn*
  horseman *marchog*
  horsepower *marchnerth*
  horseshoe □ *pedol*
  horticulture *garddwriaeth*
  hosanna *hosanna*
  hospice *ysbyty*
  hospitable *croesawgar*
  hospital *ysbyty*
  hospitality *croeso, lletygarwch*
  host *lleng, lliaws, llu*
  hostage *gwystl*
  hostel *neuadd breswyl*
  hostile *gelyniaethol:gelyniaethus*
  hot *gwresog, poeth, twym*
    hot water *dŵr poeth*
    to get hot *poethi*
    white-hot *eirias, gwynias*
  hotchpotch *cawdel:cowdel, cybolfa, lobsgows*
  hotel *gwesty*
  hot-water bottle *jar, potel ddŵr poeth*
a hound □ *bytheiad, ci hela, helgi*
    hounds of hell *cŵn Annwn*
to hound *erlid*
  hour *awr*
    an hour's journey *gwaith*[1] *awr, taith awr*
    an hour's work *gwaith*[1] *awr*
    in the early hours *yn y bore bach* [*bore*[1]]
    the small hours of the morning *oriau mân y bore*
a house *tŷ*
    boarding-house *gwesty*
    clearing-house *cyfnewidfa*
    culver-house *colomendy*
    custom-house *tollty*
    guest-house *gwesty*
    house martin □ *gwennol y bondo*
    the House of Commons *Tŷ'r Cyffredin*
    the House of Lords *Tŷ'r Arglwyddi*
    to keep house *cadw tŷ* [*tŷ*]
to house *cartrefu, lletya*
  house-fly *pryf:pry, pry' ffenestr*
  household *teulu*
  householder *deiliad, penteulu*
  housework *gwaith*[1] *tŷ*
to hover *hofran*
  hovercraft □ *hofrenfad*
  how *fel*[3]*, mor, pa, sut*
    how do you do *sut mae*
    how many *faint:pa faint* [*maint*], *sawl*[2]
    how much *faint:pa faint* [*maint*]
    however *fodd bynnag* [*bynnag*], *sut bynnag*
    however long *pa hyd bynnag* [*hyd*[1]]
    however many *sawl*[2]
to howl *nadu*[1]*, oernadu, udo*
  hub *bogail:bogel, both*
  hubbub *dwndwr*
  hue *gwawr*
  huff *pwd*
    to be in a huff *sorri*
a hug *cofleidiad, gwasgiad*
to hug *cofleidio*
  huge *anferth:anferthol*
    a huge place *honglad:hongliad*
  hullabaloo *halibalŵ:halabalŵ*
a hum *si:su*
to hum *hwmian:hymian, mwmian:mwmial, sio:suo*
  human *dynol*
  humane *dyngarol*
  humaneness *dynoliaeth*
  humanitarianism *dyngarwch*
  humanity *dynoliaeth*
  humble *darostyngedig, gostyngedig*
to humble *darostwng*
  humid *llaith*
  humidity *lleithder*
  humility *gostyngeiddrwydd*
  humorous *doniol, hwyliog*
  humour *doniolwch:donioldeb, hiwmor*
a hump *crwb, crwbi, crwmp*
  humpback *gwargrwm*
  hunchback *crwb, crwmp, gwargrwm*
  hunchbacked *cefngam:cefngrwca:cefngrwm*
  hundred
    1 *can*[4]*, cant*[1]
    2 *cantref*
    a hundred and one *cant*[1] *a mil*
    a hundred thousand *canmil*
    hundred yards *canllath*
    one hundred per cent *cant*[1] *y cant*
  hundredfold *ar ei ganfed* [*canfed*[2]]
  hundredth *canfed*[1]
  hundredweight *cant*[1]*:can*
a Hungarian *Hwngariad*
a hunger *cythlwng, chwant bwyd, eisiau bwyd*
to hunger *newynu*
  hunger-strike *ympryd*
  hungry *llwglyd, newynog*
  hunk *cwlff:cwlffyn*
a hunt *helfa*
to hunt *hela*
  huntsman *heliwr*
  hurdle *clwyd*
to hurl *ergydio, hyrddio, lluchio*
  hurricane *corwynt*
a hurry *ffrwst, hast*
    in a hurry *ar ffrwst, ar hast*
    to be in a hurry *bod ar hast* [*hast*]
to hurry *brysio, gwneud hast* [*hast*]*, prysuro, rhuthro*
a hurt *dolur, gloes:loes, niwed*
to hurt *anafu, brifo, dolurio, gwynegu, gwynio, niweidio, poeni*
  husband *gŵr*
  husbandman *hwsmon*
  husbandry *hwsmonaeth*
a hush *gosteg*
  hush! *ust!*
to hush *distewi*
  husk(s) *cib, cibyn, cod*[1]*, eisin*[1]*, plisgyn*
  husky *bloesg*
  hut *cut, cwt*[1]
  hutch *cwb*
  hybrid *cymysgryw*
  hydraulic *hydrolig*
  hydrogen *hydrogen*
    hydrogen bomb *bom hydrogen*
  hydrophobia *y gynddaredd* [*cynddaredd*]
  hyena □ *udfil*
  hygiene *hylendid*
  hymn *emyn*
  hymnal *llyfr emynau*
  hymn-tune *emyn-dôn*
  hymn-writer *emynydd, emynyddes*
  hyper... *goruwch...*[2]
  hyperbole *gormodiaith*
  hypercritical *llawdrwm*
  hypermarket *archfarchnad*
  hyphen *cyplysnod, cysylltnod*
to hypnotize *hypnoteiddio*
  hypocrisy *rhagrith*
  hypocrite *rhagrithiwr*
  hypocritical *dauwynebog, ffuantus, rhagrithiol*
  hypodermic *hypodermig*
a hypodermic □ *chwistrell*
  hypothesis *damcaniaeth*
  hypothetical *damcaniaethol*
  hysterics *sterics*

I

I *fi, innau, 'm, mi*[1]
  I am *ydw:ydwyf*
  I even *minnau:finnau:innau*
  I for my part *minnau:finnau: innau*
  it is I *myfi*
ice *iâ, rhew*
  black ice *rhew du*
  ice-cold wind *rhewynt*
  the Ice Age *Oes yr Iâ: Oes y Rhew*
  to break the ice *torri'r garw [garw]*
iceberg □ *mynydd iâ*
ice-cream *hufen iâ*
icicle *cloch iâ*
icicles *pibonwy*
icing *eisin*[2]
iconoclasm *dryllio delwau*
icy *rhewllyd*
idea *clem, meddwl*[1], *syniad*
ideal *delfrydol*
an ideal *delfryd*
idealistic *delfrydol*
identical *unfath*
  identical twins *gefeilliaid unfath*
to identify *adnabod*
  to identify with *uniaethu â*
identity *hunaniaeth*
idiom *idiom, priod-ddull*
idiot *hurtyn*
idiotic *ynfyd*
idle *didoreth, diog, segur*
  idle talk *gwag-siarad*[2]
to idle *segura*
idleness *segurdod*
idler *diogyn*
idol *delw, duwies, eilun*
idolatry *eilunaddoliad*
i.e. *h.y., hynny yw*
if *os, pe:ped:pes*
  if he/she/it did *os do fe [do]*
  if not *oni*
  if otherwise *os amgen [amgen:amgenach]*
igloo □ *iglw*
to ignite *ennyn, tanio*
ignition *taniad*
ignominy *gwaradwydd, gwarth*
ignorance *anwybodaeth, dallineb*
ignorant *anwybodus, dall*
to ignore *anwybyddu, diystyru*
ill *afiach, claf*[1], *gwael, sâl*[1], *tost*[2]
illegal *anghyfreithiol, anghyfreithlon*
illegible *annarllenadwy*
illegitimate *anghyfreithlon*
  illegitimate child *plentyn siawns*
ill-feeling *drwgdeimlad*
illiterate *anllythrennog*
ill-matched *anghymarus*
illness *afiechyd, clefyd, gwaeledd, salwch, tostedd: tostrwydd*
to ill-treat *cam-drin*
illumination *lleufer*
illuminations *goleuadau*
illusion *lledrith, rhith*

illusory *lledrithiol*
to illustrate *darlunio*
illustrated *darluniadol*
illustration *darlun, eglureb*
illustrious *o fri [brî]*
image *delw, delwedd*
  the spitting image *yr un ffunud â [ffunud]*
imaginary *dychmygol*
imagination *dychymyg*
imaginative *dychmygol*
to imagine *dychmygu, synied:synio*
imbecility *gwendid (meddwl)*
to imitate *actio, copïo, dilyn, dynwared, efelychu*
imitation *dynwarediad, efelychiad*
immaculate *difrycheulyd, dihalog, dilychwin, di-nam*
immature *anaeddfed*
immeasurable *anfesuradwy, difesur*
immediate *di-oed:dioed*
immediately *ar unwaith [unwaith], rhag blaen [rhag]*
immense *anferth, dirfawr, enfawr*
immensity *helaethrwydd*
to immerse *trochi*
immersion *trochiad*
immigrant *mewnfudwr*
to immigrate *mewnfudo*
immoderate *anghymedrol*
immoral *anfoesol*
immorality *anfoesoldeb*
immortal *anfarwol*
immortality *anfarwoldeb*
to immortalize *anfarwoli*
immovable *ansymudol, di-syfl, diysgog*
immunity *imwnedd*
to immunize *imwneiddio*
imp *coblyn, pwca:pwci*
impact *gwrthdrawiad*
impartial *diduedd, di-dderbyn-wyneb, diragfarn*
impassioned *teimladwy*
impassive *didaro, digyffro*
impatient *diamynedd*
impeccable *di-fai*
to impede *llesteirio*
impediment *atal*[2], *rhwystr*
  speech impediment *nam ar y lleferydd*
to impel *ysgogi*
imperative *gorchmynnol*
imperfect *amherffaith, diffygiol*
imperial *imperialaidd*
imperialism *imperialaeth*
imperious *awdurdodol, ffroenuchel*
impermeable *anhydraidd*
impersonal *amhersonol*
to impersonate *dynwared*
impersonation *dynwarediad*
impersonator *dynwaredwr*
imperturbable *digyffro*
impetuosity *gwylltineb*
impetuous *byrbwyll*
impish *direidus*

an implement *arf, offeryn*
to implement *gweithredu*
implements *celfi, offer*
implication *goblygiad*
implicit *dealledig, ymhlyg*
implied *dealledig*
to implore *deisyf:deisyfu, erfyn*[2]
impolite *anfoesgar, anfoneddigaidd*
to import *mewnforio*
importance *pwys, pwysigrwydd*
important *mawr, o bwys [pwys*[2]*], pwysig*
imports *mewnforion*
impossible *amhosibl, annichon: annichonadwy*
impostor *twyllwr*
impotent *diffrwyth*
impoverished *tlawd*
impracticable *anymarferol*
impractical *anymarferol*
to impress upon *argraffu*[1]
impression *argraff, ôl*[1]
  false impression *camargraff*
imprint *argraffiad*
to imprison *caethiwo, carcharu*
imprisonment *carchariad*
improbable *annhebygol*
impromptu *byrfyfyr, difyfyr*
improper *anaddas, anweddus*
  improper fraction *ffracsiwn pendrwm*
to improve *ennill*[1] *tir, gwella, hybu*
improvement *gwelliant*
impudent *digywilydd, egr, haerllug, hy*[1]*:hyf*
impulse *cymhelliad, cynhyrfiad, cynnwrf, ysgogiad*
impure *amhûr, halogedig*
impurity *amhurdeb:amhuredd*
in *er, i*[1] *mewn, yn*[1]*:yng:ym*
  in a *mewn*
  in as much as *yn gymaint â [cymaint]*
  in case *rhag ofn [ofn]*
  in exchange for *am*[1], *er*
  in order to *er mwyn [mwyn*[2]*]*
  in part *rhannol*
  in this *yn hyn o beth [hyn]*
  in time for *erbyn*
  in tune *mewn tiwn*
inaccessible *diarffordd*
inadequate *annigonol*
inanimate *difywyd*
inappropriate *anaddas*
inarticulate speech *bloesgni: bloesgedd*
inattentive *di-sylw*
inaudible *anghlywadwy, anhyglyw*
inborn *cynhenid*
incalculable *difesur*
incandescence *tanbeidrwydd*
incandescent *eirias, tanbaid*
incantation *swyn*
incapable *analluog*
incarnation *ymgnawdoliad*
incense *arogldarth*

to incense *cythruddo, gwylltio*
incentive *cymhelliad, symbyliad, ysbardun*
incessant *di-baid, di-dor*
incessantly *o hyd ac o hyd* [*hyd*²]
inch *modfedd*
　to the nearest thousandth of an inch *i drwch y blewyn*
incident *digwyddiad*
incisor *blaenddant*
to incite *annog, cymell, hysian:hysio*
inclement *gerwin*
an incline *goleddf, llechwedd*
to incline *gogwyddo, gwyro, tueddu*
inclined *chwannog, tueddol*
　to be inclined to *tueddu*
　to feel inclined to *clywed ar fy nghalon*
to include *cynnwys*²
included *cynwysedig: cynwysiedig*
inclusive *cynwysedig: cynwysiedig, gan gynnwys*
income *cyllid, incwm*
　Income Tax *Treth Incwm*
incomer *mewnfudwr*
incomparable *anghymarol, di-ail, digymar, dihafal*
incomplete *anghyflawn, anorffenedig*
incomprehensible *annealladwy*
inconsequential *dibwys*
inconsiderate *difeddwl, diystyriol*
inconsistency *anghysondeb: anghysonder*
inconsistent *anghyson*
inconvenience *anghyfleuster: anghyfleustra, anhwylustod*
inconvenient *anghyfleus, anhwylus, lletchwith*
to incorporate *corffori*
incorrect *anghywir, gwallus*
incorrupt *anllygredig*
incorruptible *di-lwgr*
an increase *cynnydd*
　on the increase *ar gynnydd* [*cynnydd*]
to increase *amlhau, codi, cynyddu, lluosogi, mwyhau, tyfu*
increasing *cynyddol*
increasingly *mwyfwy*
incredible *anghredadwy, anhygoel*
to incubate *deor:deori*
incubator *deorydd*
incursion *cyrch*¹
indebted *dyledus*
indecent *aflan, aflednais, anweddus*
indecision *petruster*
indefatigable *diflino*
indefensible *anamddiffynadwy*
indefinite *amhendant*
indelible *annileadwy*
independence *annibyniaeth*
independent *annibynnol*
an Independent *Annibynnwr, Annibynwraig*

an index *mynegai*
to index *mynegeio*
India
　india corn □ *indrawn*
an Indian □ *Indiad*
　Indian Ocean □ *Cefnfor India*
　Indian summer *haf bach Mihangel*
to indicate *dynodi, mynegi*
indication *mynegiad*
indicative *mynegol*
indifference *difaterwch, difrawder*
indifferent *claear, cymedrol, diddrwg-didda, difater*
indigenous *brodorol, cynfrodorol, cynhenid*
indigestion *camdreuliad, diffyg traul*
indignant *dig*²
indignation *dig*¹, *digofaint*
indigo *indigo*
indirect *anuniongyrchol*
indiscriminate *diwahân*
indispensable *anhepgor: anhepgorol*
indisposed *anhwylus*
indisputable *diamheuol, di-ddadl*
indistinct *anamlwg, aneglur, bloesg*
individual *unigol*
an individual *unigolyn*
indolence *diogi*¹
indolent *didoreth, dioglyd*
indomitable *anorchfygol*
indoors *dan do* [*to*]
indubitable *diymwad:diymwâd*
to induce *peri*
industrial *diwydiannol*
　The Industrial Revolution *Y Chwyldro Diwydiannol*
industrialist *diwydiannwr*
industrious *diwyd, gweithgar*
industry *diwydiant, gweithgarwch*
inebriate *meddw*
an inebriate *meddwyn*
to inebriate *meddwi*
inedible *anfwytadwy*
ineffective *aneffeithiol*
ineffectual *aneffeithiol*
inelegant *clogyrnaidd, clogyrnog*
inept *di-glem, di-sut*
inequality *anghyfartaledd*
inessential *dianghenraid*
inestimable *anfesuradwy, difesur*
inevitable *anochel:anocheladwy, anorfod*
inexhaustible *dihysbydd*
inexperienced *amhrofiadol, dibrofiad*
inexplicable *anesboniadwy, annatodadwy*
inexpressible *anhraethol*
inextricable *annatodadwy*
infallible *anffaeledig, di-feth*
infancy *babandod*
infant *baban, maban*
　infant school *ysgol babanod*

infantile *plentynnaidd*
infantry *gwŷr traed*
infatuated
　to be infatuated with *dotio*², *ffoli, gwirioni, hurtio:hurto, mopio*³
to infect *heintio*
infected *heintus*
infection *clefyd, haint*
infectious *heintus*
to infer *casglu*
inferior *iselradd, israddol*
　inferiority complex *cymhleth y taeog*
infernal *uffernol*
infertile *diffrwyth*
infidel *anghredadun:anghrediniwr*
to infiltrate *ymdreiddio*
infinite *anfeidrol, annherfynol, diderfyn*
infinitive *berfenw*
infirm *egwan, methedig*
infirmary *ysbyty*
infirmity *gwendid, nychdod*
inflamed *llidus:llidiog*
inflammable *hylosg*
inflammation *llid*
inflammatory *ymfflamychol*
to inflate *chwyddo, chwythu lan*
inflation *chwyddiant*
inflexible *anystwyth*
influence *dylanwad*
　under the influence of *dan ddylanwad* [*dylanwad*]
to influence *dylanwadu*
influential *dylanwadol*
influenza *ffliw*¹
influx *llanw*¹, *mewnlifiad*
to inform *hysbysu*
informal *anffurfiol*
information *gwybodaeth, hysbysrwydd*
infrequent *anaml, anfynych*
to infringe *troseddu*
to infuriate *cynddeiriogi*
ingenious *cywrain, dyfeisgar*
ingenuity *dyfeisgarwch*
ingenuous *didwyll, diniwed*
ingle-nook *pentan*
ingredient *elfen*
ingredients *cynhwysion* [*cynnwys*¹]
to inhabit *cyfanheddu, gwladychu*
inhabitant *dinesydd, preswyliwr: preswylydd*
inhabitants *trigolion*
to inhale *anadlu*
inherent *cynhenid*
to inherit *etifeddu*
inheritance *etifeddiaeth, treftadaeth*
inheritor *etifedd*
inhuman *annynol, dideimlad*
inimical *gelyniaethol:gelyniaethus*
iniquity *camwedd*
initial *cychwynnol, dechreuol*
initiative
　lacking initiative *digychwyn*

to inject *chwistrellu*
injection *chwistrelliad, pigiad: pigad*
to injure *anafu, niweidio*
injurious *andwyol*
injury *anaf, niwed*
injustice *anghyfiawnder*
   to do one an injustice *gwneud¹ cam â*
ink *inc*
inkling *crap*
inland *mewndirol*
   inland region *canoldir*
   Inland Revenue *Cyllid y Wlad*
inlet *cilfach*
inn *llety, tafarn, tafarndy*
innate *cynhenid, naturiol*
inner *mewnol*
innings *batiad*
innkeeper *tafarnwr*
innocence *diniweidrwydd, gwiriondeb*
innocent *dieuog, diniwed*
innocuous *diddrwg, diniwed*
innuendo *ensyniad*
innumerable *afrifed, aneirif, di-rif: dirifedi*
to inoculate □ *brechu*
inoculation *brechiad*
inoffensive *diniwed*
inopportune *anghyfleus*
input *mewnbwn*
inquest *cwest*
to inquire *gweld:gweled, holi*
inquiry *ymchwiliad, ymholiad*
inquisitive *chwilfrydig*
ins and outs *hynt a helynt*
insane *gorffwyll, gwallgof*
insanity *colled, gwallgofrwydd*
to inscribe *llythrennu*
inscription *arysgrifen*
insect *pryf:pry, pryfyn, trychfil: trychfilyn*
insecticide *lleiddiad*
insectivore *pryfysydd*
inseparable *anwahanadwy, diwahân*
in-service training *hyfforddiant mewn swydd*
inside *mewnol*
the inside *y tu mewn* [*mewn*], *tu fewn:tu mewn*
   from inside *oddi mewn*
   inside out *tu chwith allan:tu chwithig allan* [*chwith¹*]
inside-half *mewnwr*
insignificance *dinodedd*
insignificant *di-nod:dinod, distadl, di-sylw, tila*
insincere *ffuantus*
to insinuate *ensynio*
insinuation *ensyniad*
insipid *diddrwg didda, glastwraidd, merfaidd*
to insist *haeru, mynnu, taeru*
insole *gwadn*
insolence *haerllugrwydd*
insoluble

1 *anhydawdd*
2 *annatodadwy*
insomnia *anhunedd*
to inspect *archwilio, arolygu*
inspection *archwiliad, arolwg*
inspector *arolygwr*
   Her Majesty's Inspector *Arolygwr Ei Mawrhydi, AEM*
inspiration *eneiniad, ysbrydoliaeth*
to inspire *ysbrydoli*
inspired *ysbrydoledig*
instability *ansadrwydd*
to install *sefydlu*
instance *enghraifft*
   for instance *er enghraifft*
instant *parod*
an instant *amrantiad*
instead *yn lle* [*lle*]
   to put instead of *dodi/rhoi yn lle*
instep □ *mwngwl y troed*
instinct *greddf*
instinctive *greddfol*
instinctively *wrth reddf* [*greddf*]
institute *sefydliad*
institution *sefydliad*
to instruct *hyfforddi*
instruction *hyfforddiant*
instructions *cyfarwyddiad: cyfarwyddyd*
instructor *hyfforddwr*
instructress *hyfforddwraig*
instrument *erfyn¹, offeryn*
   wind instrument *offeryn chwyth*
instrumental *offerynnol*
instrumentalist *offerynnwr*
insubordinate *gwrthryfelgar*
insufficient *annigonol*
to insulate *inswleiddio, ynysu*
insulation *ynysiad*
insulator *ynysydd*
insulin *inswlin*
an insult *sarhad, sen*
to insult *sarhau*
insulting *sarhaus*
insurance *yswiriant*
to insure *yswirio*
insurgent *gwrthryfelwr*
insurrection *gwrthryfel*
integer *cyfanrif*
integrity *gonestrwydd:onestrwydd*
intellect *deall¹*
intellectual *ysgolhaig*
intellectuals *deallusion*
intelligence *deallusrwydd*
   intelligence quotient *cyniferydd deallusrwydd*
intelligent *deallus*
intelligentsia *deallusion, gwybodusion*
intelligible *dealladwy*
to intend *amcanu, arfaethu, bwriadu, golygu, hwylio*
intended *darpar*
intense *angerddol, dwys*
to intensify *dwysáu, dyfnhau*
intensity *dwyster:dwystra, dyfnder, gwres*
intent *astud*

an intent *bryd*
intention *amcan, arfaeth, bwriad*
   sole intention *unswydd*
intentional *bwriadol*
inter... *cyd...*³
to inter *claddu*
to intercede *eiriol*
intercessor *cyfryngwr*
intercourse *cyfathrach*
   sexual intercourse *cyfathrach rywiol*
   to have intercourse *cyfathrachu*
the interest
1 *diddordeb*
2 *llog*
interest rate *cyfradd llog*
   to lose interest *colli blas* [*blas*]
to interest *diddori*
interest-free *di-log*
interesting *diddorol*
interests *buddiannau*
to interfere *ymyrryd*
interference *ymyrraeth*
interim *dros dro* [*tro*]
interior *tu mewn*
to interject *ebychu*
interjection *ebychiad*
interlude
1 *egwyl*
2 *anterliwt*
intermediary *canolwr, cyfryngwr*
interminable *di-ben-draw, diddiwedd*
intermission *egwyl*
intermittent *ysbeidiol*
internal *mewnol*
international *cydwladol, rhyngwladol*
internment *carchariad*
interpolation *sangiad*
to interpret *dehongli*
interpretation *dehongliad*
interpreter *cyfieithydd, lladmerydd*
to interrogate *arholi, holi*
interrogative *gofynnol*
to interrupt *tarfu, torri ar draws*
interval
1 *cyfwng*
2 *egwyl*
to intervene *ymyrryd*
intervention *ymyrraeth*
an interview *cyfweliad*
to interview *cyf-weld*
intestine(s) *coluddyn; coluddion, perfedd*
intimacy *agosatrwydd*
into *i mewn* [*mewn²*]
intolerable *annioddefol*
intolerance *culni*
intonation
1 *goslef*
2 *tonyddiaeth*
to intoxicate *meddwi*
   to be intoxicated *meddwi*
intoxicating *meddwol*
   intoxicating drink *diod feddwol, diod gadarn*

intoxication *medd-dod: meddwdod*
intractable *anhywaith, anystywallt*
intransitive *cyflawn*
intricacy *cymlethdod, drysi, drysni*
intricate *cymhleth, dyrys*
intrigue *cynllwyn*
intrinsic *ymhlyg*
to introduce *cyflwyno*
introduction *rhagarweiniad, rhagymadrodd*
introductory *rhagarweiniol*
introverted *mewnblyg*
to intrude *ymyrryd*
intuition *dirnadaeth, greddf*
intuitive *greddfol*
to invade *goresgyn*
invader *goresgynnwr*
invalid *annilys*
invasion *goresgyniad*
to invent *dyfeisio*
inventive *dyfeisgar*
inventiveness *dyfeisgarwch*
inventor *darganfyddwr, dyfeisiwr*
invertebrate *infertebrat*
invertebrates *anifeiliaid di-asgwrn-cefn*
to invest
  1 *arwisgo, breinio:breintio, urddo*
  2 *buddsoddi, suddo*
to investigate *ymchwilio*
investigation *archwiliad, ymchwiliad*
investigator *ymchwiliwr: ymchwilydd*
investiture *arwisgiad*
invincible *anorchfygol*
invisible *anweledig*
invitation *galwad, gwahoddiad*
  by invitation *ar wahoddiad:trwy wahoddiad [gwahoddiad]*
to invite *gofyn, gwahodd*
inviting *deniadol*
to invoke *galw ar*
involuntary *anfwriadol*
inward *mewnol*
ion *ïon*
iota *iot:iòd*
IQ *cyniferydd deallusrwydd*
irate *dig*[2]
ire *llid*
iris *enfys y llygad, glas y llygad, iris*
Irish *Gwyddelig*
  the Irish Sea *Môr Iwerddon*
Irish (language) *Gwyddeleg*
Irishman *Gwyddel*
Irishwoman *Gwyddeles*
irksome *blin, trafferthus*
iron *haearnaidd*
  cast iron *haearn bwrw*
  the Iron Age *yr Oes Haearn*
  the Iron Curtain *y Llen Haearn*
  too many irons in the fire *gormod o heyrn yn y tân [heyrn]*
  wrought iron *haearn gyr*
an iron *fflat, haearn, hetar*
to iron *smwddio:ysmwddio, stilo*
ironic *eironig*
irony *eironi*
to irradiate *arbelydru*
irrational *afresymol*
irregular *afreolaidd*
irrelevant *amherthnasol*
irresponsible *anghyfrifol*
to irrigate *dyfrhau:dyfrio*
irrigation *dyfrhad*
irritability *anniddigrwydd*
irritable *anniddig, pigog*
irritation *llid*
is *mae, oes, sy:sydd*
  is it *ai*
  is it not *oni*[1]*:onid, tydy*
island *ynys*
islander *ynyswr*
isle *ynys*
  Isle of Man *Ynys Manaw*
  Isle of Wight *Ynys Wyth*
isobar *isobar*
to isolate *ynysu*
isolated *unig*
isotherm *isotherm*
Israeli:Israelite *Israeliad*
an issue
  1 *benthyciad*
  2 *rhifyn*
  3 *testun*
to issue
  1 *benthyca*
  2 *cyhoeddi*
isthmus *culdir, isthmus*
it *ef:e:o, ei*[1]*, fe*[1]*, fo, hi, -s*
  is it *ai*
  it wouldn't be a bad thing *eithaf*[1] *peth*
  it wouldn't do *ni wiw [gwiw]*
  was it *ai*
an Italian *Eidalwr*
an itch *cosfa, ysfa*
to itch *cosi, ysu*
item *eitem*
itinerant *crwydrol*
its *ei*[1]
itself *ei*[1] *hun:ei hunan*
ivory *ifori*
ivy *eiddew, iorwg*

J

J *J, joule*
to jab *procio*
a jack
  1 *cnaf, gwalch*
  2 *jac*
  every jack one *pob copa walltog [copa]*
to jack *jacio*
jackdaw □ *jac-y-do*
jacket *siaced*
  dust jacket *siaced lwch*
  jacket potatoes *tatws trwy'u crwyn*
jagged *bylchog, danheddog*
jaguar □ *jagwar*
jail *carchar, dalfa, jêl*
a jam
  1 *cyffaith, jam*
  2 *tagfa*
to jam
  1 *cyffeithio*
  2 *jamio*
janitor *gofalwr, porthor*
January *Ionawr:Ionor*
Japanese *Japanead*
jar *jar*
jarful *jar(i)aid*
jaundice *y clefyd melyn*
jaunty *talog*
javelin *gwaywffon*
jaw *gên*
  lockjaw *genglo*
jaws *genau, gweflau, safn*
jay □ *sgrech y coed*
jazz *jazz*
JCB *jac codi baw*
jealous *cenfigennus, eiddigeddus, gwenwynllyd*
  to be jealous *cenfigennu, eiddigeddu*
jealousy *cenfigen, eiddigedd, gwenwyn*
jeans *jîns*
to jeer *gwawdio*
jelly *jeli*
jellyfish □ *slefren fôr*
a jerk *plwc*
to jerk *plycio*
jersey *siersi*
a jest *cellwair*[1]*, smaldod:ysmaldod*
to jest *cellwair*[2]*, smalio*
jester *ffŵl*
jet
  1 □ *jet*
  2 *muchudd*
Jew *Iddew*
jewel *tlws*[1]
a jib *gwep*
to jib *nogio*
jiffy *chwinciad*
  in a jiffy *chwap*
jigsaw
  jigsaw puzzle *jigso:jig-so*
to jingle *tincial*
job *gorchwyl, jòb, joben, jobyn, swydd*
  to make a good job of *cael hwyl ar [hwyl]*
jockey *joci*

jocular *cellweirus, chwareus*
to jog *loncian*
to join
    1 *asio, cydio, cyfannu, cysylltu, uno*
    2 *ymaelodi, ymuno â*
a joining *cyd¹, uniad*
    joint ... *cyd*...³
a joint □ *asiad, cymal, uniad*
    jointly *ar y cyd* [*cyd¹*]
    joist *dist, trawst*
a joke *jôc*
    no joke *nid ar chwarae bach* [*chwarae¹*]
to joke *jocan, lolian, smalio*
    joking
    half jokingly *rhwng difrif a chwarae* [*difrif:difri*]
jollification *rhialtwch*
jolly *llawen*
jolt *ysgydwad:ysgytwad, ysgytiad*
jolting *ysgytwol*
jongleurs *clêr¹*
a jot *iot:iôd, rhithyn*
to jot *taro*
joule *J, joule*
journal *cylchgrawn*
journalism *newyddiaduraeth: newyddiaduriaeth*
journalist *gohebydd, newyddiadurwr, newyddiadurwraig*

journey *siwrnai¹, taith, tro, ymdaith*
    an hour's journey *taith awr*
    on one's journey *ar fy hynt* [*hynt*]
joust *twrnamaint*
jovial *llawen*
jowl *cern, gên*
joy *gwynfyd, llawenydd*
joyful *gorfoleddus, llon*
JP *UH, YH, Ustus Heddwch, Ynad Heddwch*
jubilant *gorfoleddus*
    to be jubilant *gorfoleddu*
jubilation *gorfoledd*
jubilee *dathliad, jiwbilî*
Judaism *Iddewiaeth*
judge *barnwr, beirniad*
judgement
    1 *barn, barnedigaeth, brawd³*
    2 *dedfryd*
    3 *synnwyr*
    Judgement Day *Dydd y Farn*
judicial *cyfreithiol*
judo *jiwdo*
jug *jŵg*
jugful *jygaid*
jugular *gyddfol*
juice *nodd, sudd*
juicy *ir:iraidd*
July *Gorffennaf*
jumble
    jumble sale *ffair sborion*
a jump *llam, naid¹*

high jump *naid¹ uchel*
hop, step and jump *herc, cam a naid*
long jump *naid¹ hir*
to jump *llamu, neidio, tasgu*
jumper
    1 *neidiwr*
    2 *siwmper*
junction *croesffordd, cyffordd*
June *Mehefin*
jungle *jyngl*
junior *bychan¹, iau*
junk *sothach*
Jupiter □ *Iau³*
juror *rheithiwr*
jury *rheithgor*
just
    1 *cyfiawn, iawn²*
    2 *jest, newydd²*
    just as *llawn², yr un mor* [*mor*]
    just now *gynnau², gynnau² fach*
    just the thing *eithaf¹ peth*
justice
    1 *cyfiawnder*
    2 *ustus, ynad*
    Justice of the Peace *Ustus Heddwch, Ynad Heddwch, UH, YH*
justification *cyfiawnhad*
to justify
    1 *cyfiawnhau, cyfreithloni*
    2 *unioni*
jute *jiwt*

K

k *k, kilo*
kangaroo □ *cangarŵ*
karate *karate*
kayak □ *caiac*
keen
    1 *craff, cyflym, garw, llym, main¹*
    2 *brwd, gwresog, mawr*
keen-eyed *llygad barcud*
keenness *awch*
to keep *cadw, cynnal, dal*
    to keep a straight face *cadw wyneb syth* [*wyneb*]
    to keep an eye on *bod â/cadw llygad ar* [*llygad*]
    to keep at it *palu ymlaen, pydru arni*
    to keep clear *cadw'n glir* [*clir*]
    to keep count *cadw cyfrif*
    to keep everyone happy *cadw'r ddysgl yn wastad* [*dysgl*]
    to keep fit *cadw'n heini* [*heini*]
    to keep house *cadw tŷ* [*tŷ*]
    to keep one's head *cadw fy mhen* [*pen¹*]
    to keep one's head above water *cadw fy mhen uwchlaw'r dŵr* [*pen¹*]
    to keep one's nose to the grindstone *dal fy nhrwyn ar y maen* [*trwyn*]

to keep one's temper *cadw tymer* [*tymer*]
to keep quiet *cau ceg* [*ceg*]
to keep something up one's sleeve *cadw/bod â rhywbeth lan/i fyny fy llawes* [*llawes*]
to keep the balance *cadw'r ddysgl yn wastad* [*dysgl*]
keeper *ceidwad, gwarcheidwad, gwarchodwr*
ken *dirnadaeth*
Kenfig Hill *Mynydd Cynffig*
kennel □ *cenel, cwb*
Kent *Caint*
kernel *cnewyllyn*
kestrel □ *cudyll, cudyll coch, curyll*
kettle *tecell:tegell*
key *allweddol*
a key
    1 *agoriad, allwedd¹*
    2 □ *bysell*
    3 *cywair*
    ash keys *allweddau Mair*
    key signature *cyweirnod*
    major key *cywair mwyaf*
    minor key *cywair lleiaf*
keyboard □ *allweddell, bysellfwrdd, seinglawr*
keyhole *twll y clo*
keystone □ *carreg glo, maen clo*

kg *kg, kilogram*
kibbutz *cibŵts*
a kick *cic*
    free-kick *cic rydd*
    goal-kick *cic gôl*
    penalty kick *cic gosb*
    to aim a kick *estyn cic*
to kick *cicio, gwingo*
    to kick one's heels *cicio sodlau*
    to kick over the traces *cicio dros y tresi*
    to kick up a row *codi twrw*
kid *myn¹*
to kidnap *herwgipio*
kidnapper *herwgipiwr*
kidney *aren, elwlen*
    kidney beans *ffa dringo*
kids *plantos*
to kill *lladd*
    to kill time *lladd amser*
    to kill two birds with one stone *lladd dau dderyn ag un ergyd*
killer *lleiddiad*
kiln *odyn*
    to kiln dry *crasu*
kilo *kilo, k*
kilobyte *kilobeit*
kilogram *kilogram, kg*
kilolitre *kilolitr, kl*
kilometre *kilometr, km*
kilowatt *kilowat*

kin *tras*
kind *caredig, ffein, ffeind*
a kind *ffunud, math¹, rhyw¹*
   two of a kind *llathen o'r un brethyn*
kindergarten *ysgol feithrin*
to kindle *cynnau, ennyn*
kindly *hynaws*
kindness *caredigrwydd*
kindred *tylwyth*
kine *gwartheg*
kinetic *cinetig*
king ☐ *brenin*
kingdom *brenhiniaeth, teyrnas*
kingfisher ☐ *glas² y dorlan*
kinsman *perthynas*
kiosk *ciosg*
   telephone kiosk *ciosg*
a kiss *cusan, sws*
   kiss of life *cusan adfer*
to kiss *cusanu*
   kissing gate *giât fochyn [gât:giât]*
kit *pac, taclau*
kitchen ☐ *cegin*
   back kitchen *cegin fach/gefn*
kite ☐ *barcud:barcut*
kith *ceraint*
kitten *cath fach*
   to have kittens *cael cathod bach [cathod]*

kittiwake ☐ *gwylan goesddu*
kl *kl, kilolitr*
km *km, kilometr*
knack *dawn*
knave *cnaf, gwalch*
to knead *tylino*
knee ☐ *glin, pen-glin, pen-lin*
knee-breeches *clos³ pen-glin*
kneecap ☐ *padell pen-lin*
to kneel *penlinio*
knell *cnul*
knickerbockers *clos³ pen-glin*
knife *cyllell*
   The Night of the Long Knives *Brad y Cyllyll Hirion*
knight ☐ *marchog*
knighthood *urdd marchog*
Knighton *Trefyclo*
to knit
   1 *clymu*
   2 *gwau²:gweu, gweithio*
   to knit one's brows *crychu talcen*
knitting *gwau¹*
knitting-needle *gwäell*
knitting-needles *gweill*
knob *bwlyn, clopa, cnwpa, dwrn*
a knock *cnoc*
to knock *cnocio, curo*
knocker (spirit) *cnociwr*

knoll *cnwc, twyn*
a knot
   1 *cainc,* ☐ *cwlwm¹*
   2 *not*
to knot *clymu*
knotted *ceinciog, clymog, cnotiog*
   to become knotted *drysu*
knotty *clymog*
to know *adnabod, gwybod, medru*
   as far as I know *am a wn i [gwn²], hyd² y gwn i*
   to know one's onions *gwybod fy mhethau [pethau]*
   to know where one stands *gwybod lle rwy'n sefyll*
knowing *ffel, gwybodus*
knowingly *trwy wybod i [gwybod]*
knowledge *adnabyddiaeth, gwybodaeth*
   to my knowledge *trwy wybod imi [gwybod]*
known *gwybyddus, hysbys*
   well-known *adnabyddus, hysbys*
   knows-it-all *hollwybodol*
knuckle ☐ *cymal bys, migwrn*
the Koran *y Corân*
the Kremlin *y Cremlin*

L

l *l, litre*
a label *label*
to label *labelu*
laboratory *labordy*
laborious *llafurus*
a labour *llafur*
   a labour of love *llafur cariad*
   the Labour Party *y Blaid Lafur*
to labour *llafurio*
labourer *gweithiwr, labrwr*
laburnum ☐ *tresi aur*
labyrinth *drysfa, labrinth*
lace
   1 *carrai, las*
   2 *les²*
   to make lace *sideru*
to lacerate *rhwygo*
lack *diffyg, eisiau*
   due to the lack of *o ddiffyg [diffyg]*
lacklustre *dilewyrch, di-raen: diraen*
lad *aderyn, bachgen budr [budr], cob², crwt, crwtyn, glaslanc, gwas, hogyn, llafn, llanc, llencyn, rhocyn*
ladder *ysgol¹*
laden *llwythog*
ladle *lletwad*
lady *arglwyddes, boneddiges, bonesig*
ladybird *buwch goch gota*
lagoon *lagŵn, morlyn*
lair *daear, ffau, gwâl, lloches*
lake *llyn*

lamb *cig oen*
a lamb ☐ *oen*
   pet lamb *oen llywaeth:oen swci*
to lamb *wyna*
to lambaste *lambastio*
lambing
   lambing season *tymor wyna*
lame *cloff¹*
   a lame person *cloff², efrydd*
   to become lame *cloffi*
   to make lame *cloffi*
lameness *cloffni*
a lament *galarnad*
to lament *galarnadu, galaru, wylofain*
lamentable *truenus*
to laminate *lamineiddio*
lamp *lamp, llusern*
Lampeter *Llanbedr Pont Steffan*
to lampoon *dychanu*
Lancaster *Caerhirfryn*
lance *gwaywffon, picell*
a land *gwlad, pau*
the land *daear, tir*
   common land *cytir*
   in the land of the living *ar dir y byw [tir]*
   Land of My Fathers *Hen Wlad Fy Nhadau*
   plot of land *llain*
to land *disgyn, glanio, tirio*
   to land on one's feet *cwympo/disgyn/syrthio ar fy nhraed [traed]*
landed *tiriog*

landform *tirffurf*
a landing *disgyniad*
landing-place *glanfa*
landowner *tirfeddiannwr*
landscape *tirlun*
lane *beidr:meidr, lôn, wtra:wtre*
language *iaith*
to languish *dihoeni, edwino, gwanhau:gwanychu, llesgáu, nychu*
lantern *llusern*
lap
   1 *arffed, côl:cofl, glin, hafflau*
   2 *tro*
lapel *llabed*
a lapse *llithriad*
to lapse *disgyn, llithro*
lapwing ☐ *cornchwiglen, cornicyll*
larceny *lladrad*
larch ☐ *llarwydden*
lard *bloneg, lard*
larder *pantri*
large *helaeth, mawr*
   large print *print bras*
   not as large *cymaint a chymaint*
largest *mwyaf*
lariat ☐ *lasŵ*
lark ☐ *ehedydd*
   as happy as a lark *fel y gog:mor hapus â'r gog [cog]*
larva *larfa*
larvae *cynrhon*
laryngitis *dolur gwddf:dolur gwddw*
larynx *laryncs*

laser *laser*
a lash *llach:lach*
to lash *leinio*
lass *croten:crotes, geneth, hogen:hogan, llafnes, llances, rhocen:rhoces*
lassitude *llesgedd*
lasso ☐ *lasŵ*
last *diwethaf, olaf*
  at last *o'r diwedd, ymhen hir a hwyr*
  last night *neithiwr*
  last of the brood *cyw melyn olaf*
  last respects *y gymwynas olaf [cymwynas]*
  last will and testament *ewyllys*
  last year *llynedd*
to last *gwisgo'n dda, para:parhau*
lasting *arhosol*
latch *bys, cliced:clicied*
late *diweddar, hwyr*[1]
  better late than never *gwell hwyr na hwyrach [hwyr*[1]*]*
  to become/get late *hwyrhau*
  very late *hwyr*[2] *glas*
latecomer *hwyrddyfodiad*
lately *yn ddiweddar*
later *pellach*[1]
  later on *nes ymlaen*
  sooner or later *yn hwyr*[1] *neu'n hwyrach*
lath ☐ *dellten*
lathe *turn*
lather *ewyn, trochion, woblyn*
Latin *Lladin*
latitude
  1 *lledred*
  2 *penrhyddid*
latrine *geudy*
lattice *dellten, delltwaith*
latticed *rhwyllog*
laudable *clodwiw*
a laugh *chwarddiad, chwerthin*[3]*: chwerthiniad*
to laugh *chwerthin*[1]
  to laugh up one's sleeve *chwerthin yn fy llawes/llewys [llawes]*
laughable *chwerthinllyd*
Laugharne *Lacharn:Talacharn*
laughing
  laughing stock *cyff gwawd*
laughter *chwerthin*[2]
to launch *gwthio'r cwch i'r dŵr, gyrru'r cwch i'r dŵr, lansio*
laurel(s) ☐ *llawryf*
lava *lafa*
lavatory *lle chwech [chwech], tŷ bach*
lavender ☐ *lafant*
laver *lawr*[2]
  laver bread *bara lawr*
lavish *hael*
law *cyfraith, deddf*
  breach of law *torcyfraith*
  civil law *cyfraith gwlad*
  court of law *brawdlys*
  criminal law *cyfraith troseddwyr*

in defiance of the law *yn wyneb y gyfraith [cyfraith]*
letter of the law *llythyren y ddeddf*
the law of the Medes and the Persians *cyfraith/deddf y Mediaid a'r Persiaid*
to go to law *mynd i gyfraith [cyfraith]*
to lay down the law *dweud y drefn, ei dweud hi [dweud], rhoi'r ddeddf i lawr [deddf]*
lawn *lawnt*
lawyer *cyfreithiwr, twrnai*
lax *llac*
laxity *llacrwydd*
lay *lleyg*
to lay
  1 *dodwy*
  2 *gosod*[1]*, hulio*
  to lay down arms *bwrw arfau*
  to lay down the law *dweud y drefn, ei dweud hi, rhoi'r ddeddf i lawr [deddf]*
  to lay one's hands on *dodi dwylo ar*
  to lay siege to *gwarchae*[2]
lay-by *arhosfan*
layer *caenen, haen:haenen, trwch*
layman *lleygwr*
to laze *diogi*[2]
laziness *diogi*[1]
lazy *diog, dioglyd*
  lazy man's load *baich dyn diog*
lazy-bones *pwdryn*
LCM *LICLl, Lluosrif Cyffredin Lleiaf*
lead *blaen*[1]
the lead (metal) *plwm*[1]
to lead *arwain, blaenori, codi, dilyn, dwyn, ledio, tywys*
leaden *plwm*[2]
leader *arweinydd, blaenor, blaenwr, tywysydd:tywyswr*
leading
  leading hand *y llaw flaenaf*
a leaf *deilen*
  to turn over a new leaf *troi dalen newydd [dalen]*
to leaf *deilio*
leaflet *taflen*
leafy *deiliog*
league *cynghrair*
  Football League *Cynghrair Pêl-droed*
  not in the same league *heb fod yn yr un cae [cae*[1]*]*
to leak *gollwng*
lean *main*
  lean meat *cig coch*
to lean *gogwyddo, pwyso*
a leap *cychwyn*[1]*, llam, naid*[1]*, sbonc:ysbonc*
  leap year *blwyddyn naid*
to leap *dychlamu, llamu, neidio*
leap-frog *llam llyffant*
to learn *dysgu*
  to learn a lesson *dysgu gwers*

to learn by heart *dysgu ar fy nghof [cof]*
learned *dysgedig, gwybodus, hyddysg*
learner *dysgwr*
learning *dysg, ysgolheictod*
a lease *les*[1]*, prydles*
to lease *llogi*
leash *tennyn*
least *lleiaf*
  at least *ar y lleiaf, o leiaf [lleiaf]*
  to say the least *dweud y lleiaf*
  Least Common Multiple *Lluosrif Cyffredin Lleiaf, LlCLl*
leather *lledr*
leave *gwyliau*
to leave *gadael, ymadael:ymado â*
  to leave alone *gadael iddo/iddi, gadael llonydd*
  to leave be *gadael iddo/iddi*
  to leave behind *gadael ar ôl*
  to leave home *gadael cartref [cartref]*
  to leave out *gadael allan*
leaven *eples, lefain, surdoes*
a lecture *darlith*
to lecture *darlithio*
lecturer *darlithydd*
ledge *sgafell:ysgafell, silff*
leech *gelen:gele*
leek ☐ *cenhinen*
to leer *cilwenu*
lees *sorod*
left *aswy, chwith*
  left hand *llaw aswy, llaw chwith*
  left hand side *aswy*
  left over *dros ben [pen*[1]*]*
left-handed *llaw bwt, llaw chwith*
left-overs *sbarion*
leg *coes*
  to leg it *cymryd y goes [coes*[1]*]*
  to pull one's leg *tynnu coes*
legal *cyfreithiol, cyfreithlon*
to legalize *cyfreithloni*
legation *llysgenhadaeth*
legend *chwedl*
legendary *chwedlonol*
leggy *coesog, heglog*
legible *darllenadwy*
legion *lleng*
legionary ☐ *llengfilwr*
to legislate *deddfu*
legislation *deddfwriaeth*
legitimate *cyfreithlon*
leg-warmers *bacsau*
Leicester *Caerlŷr*
leisure *hamdden*
  leisure centre *canolfan hamdden*
leisurely *hamddenol, ling-di-long*
lemming ☐ *leming*
lemon ☐ *lemwn:lemon*
lemonade *lemonêd*
to lend *benthyca:benthyg*
lending *benthyg*
length *hyd*[1]
  at arm's length *o hyd braich [hyd*[1]*]*

at full length *yn fy hyd* [*hyd*]
length and breadth *ar draws ac ar hyd* [*hyd*]
length of time *yrhawg*
to lengthen *estyn, hwyhau, llaesu*
lenient *tirion*
lens ☐ *lens*
Lent *Grawys*
lentils ☐ *ffacbys*
Leominster *Llanllieni*
leopard ☐ *llewpart*
leper *gwahanglwyfus*
leprosy *gwahanglwyf*
leprous *gwahanglwyfus*
less *llai*
  more or less *mwy na heb* [*heb*], *mwy neu lai*
  much less *chwaethach*
to lessen *lladd, lleihau*
lesser *llai, lleiaf*
lesson *gwers, llith*[1], *moeswers*
  free lesson *gwers rydd*
lest *rhag*[1]
to let
  1 *ar osod* [*gosod*]
  2 *gosod*
  3 *gadael*
  let alone *chwaethach*
  to let blood *gwaedu*
  to let go of *gollwng*
  to let oneself go *ymollwng*
  to let the cat out of the bag *gollwng y gath o'r cwd* [*cath*]
lethal *marwol*
lethargic *cysglyd*
lethargy *syrthni*
letter
  1 *llythyr*
  2 *llythyren*
  capital letter *llythyren fras, prif lythyren*
  letter of the law *llythyren y ddeddf*
  man of letters *gŵr llên, llenor*
letter-box *cist lythyr*
lettuce ☐ *letysen*
level
  1 *gwastad*[1], *llyfn*
  2 *glas*[1]
  level best *gorau*[2] *glas*
a level *gwastad*[2]:*gwastadedd, lefel, safon*
  spirit level *lefel*
to level *gwastatáu:gwastatu, lefelu, llyfnhau*
lever ☐ *trosol*
leveret *lefren*
levity *ysgafnder*
levy *toll, treth*
ley *gwndwn*
liar *celwyddgi*
a libel *enllib*
to libel *enllibio*
libellous *enllibus*
liberal *rhyddfrydig, rhyddfrydol*
  The Liberal Party *Y Blaid Ryddfrydol* [*Plaid*]

Liberalism *Rhyddfrydiaeth*
to liberate *rhyddhau*
liberation *gwaredigaeth, rhyddhad*
liberty *rhyddid*
librarian *llyfrgellydd*
library *llyfrgell*
  national library *llyfrgell genedlaethol*
  public library *llyfrgell gyhoeddus*
licence *penrhyddid*
a licence *trwydded*
to license *trwyddedu*
licensed *trwyddedig*
lichen *cen*
a lick *llyfiad*
to lick *lluo, llyfu, llyo*
lid *caead*[1], *clawr, gorchudd*
a lie *celwydd, stori:ystori*
  barefaced lie *celwydd noeth*
  white lie *celwydd golau*
to lie
  1 *dweud celwydd* [*celwydd*]
  2 *eistedd, gorwedd*
  to lie at rest *huno*
lies *celwyddau*
  to spin lies *palu celwyddau*
  to string together a pack of lies *palu celwyddau, rhaffu celwyddau*
  to tell lies *hel celwyddau*
lieutenant *is-gapten, lifftenant, rhaglaw*
life
  1 *buchedd, bywyd, einioes*
  2 *bywiogrwydd*
  for my life *am fy mywyd* [*bywyd*]
  for the life of me *dros fy nghrogi* [*crogi*], *yn fy myw* [*byw*[3]]
  in my life *yn fy myw* [*byw*[3]]
  to flee for one's life *dianc am fy mywyd/einioes*
  to give life to *rhoi bod i*
lifeboat *bad achub*
lifeless *difywyd, marw*[2], *marwaidd*
lifetime *bywyd, einioes, hoedl, oes*
a lift *lifft, pàs*
to lift *codi, cwnnu, tynnu*
  to lift up *dyrchafu*
lifter *codwr*
light
  1 *golau*[2]
  2 *ysgafn*
a light *golau*[1], *goleuadau, goleuni, gwawl, lleufer*
  to bring to light/to come to light *dod/dwyn i glawr* [*clawr*], *dod*[1] *i'r amlwg, dod i'r fei*
  to see the light of day *gweld golau dydd*
to light *cynnau, ennyn, goleuo*
  to light up *goleuo*
to lighten
  1 *goleuo*

  2 *ysgafnhau:ysgafnu*
light-fingered *dwylo blewog:llaw flewog*
light-headed *penysgafn*
lighthouse *goleudy*
lightness *ysgafnder*
lightning ☐ *lluched, mellten*
lights *goleuadau*
  traffic lights *goleuadau traffig*
lightship *llong olau*
like *ail*[1], *cyffelyb, fel*[1], *megis, tebyg*[1]
  like that *fel'na:fel'ny*
  like this *fel hyn* [*hyn*], *fel'ma*
to like
  1 *bod yn hoff o* [*hoff*], *hidio, hoffi*
  2 *dymuno*
likeable *hoffus*
likelihood *tebyg*[2], *tebygolrwydd*
likely *tebygol*
  hardly likely *digon*[1] *o waith*
  more than likely *mwy na thebyg*
to liken *cymharu, tebygu*
likeness *tebygrwydd*
likewise *felly*
liking *hoffter*
  to one's liking *wrth fodd calon* [*calon*]
lilac ☐ *lelog*
lily ☐ *lili, tegeirian*
lily of the valley ☐ *lili'r dyffrynnoedd:lili'r maes*
limb *aelod*
lime
  1 *calch*
  2 *leim*
  3 (tree) ☐ *palalwyfen, pisgwydden*
  lime kiln *odyn* [*galch*]
  white-lime *gwyngalch*
to lime *calchu*
limerick *limrig*
limestone *calchen, calchfaen*
a limit *eithaf*[2], *pen draw, terfyn*
to limit *cyfyngu*
limited *cyfyngedig, cyf.*
limp *llipa*
a limp *herc*
to limp *hercian*
limpet ☐ *brenigen, llygad maharen*
limpets ☐ *brennig*
limping *herciog*
linch-pin *limpin*
linden ☐ *palalwyfen, pisgwydden*
a line
  1 *lein, llinell, llinyn, tennyn*
  2 *llais*
  clothes-line *lein ddillad*
to line *leinio*
lineage ☐ *ach, cyff, gwehelyth, llinach, tras*
linen *lliain*
lines *llinellau*
linesman *llumanwr*
to linger *oedi*
linguist *ieithydd*
liniment *ennaint*

	lining *leinin*		living *bywoliaeth*		a long time ago *erstalwm*
a	link *cyswllt, dolen*	the	living *byw*³		as long as *cyhyd â:cyd, hyd*²
	connecting link *dolen gydiol: dolen gyswllt*		in the land of the living *ar dir y byw* [*tir*]		before long *cyn bo hir* [*hir*], *maes o law*
to	link *cyplysu, cysylltu*		to earn one's living *ennill fy nhamaid* [*tamaid*]		for a long time/distance *am yn hir* [*hir*]
a	linking *cysylltiad*		lizard □ *genau-goeg, madfall*		for a long time to come *yrhawg*
	linnet □ *llinos*		llama *lama*		however long *pa hyd bynnag* [*hyd*¹]
	linseed *had llin*		Llandaff *Llandâf*		long face *wyneb hir*
	lint *lint*		Llandovery *Llanymddyfri*		long jump *naid hir*
	lintel *capan*		Llangollen International Eisteddfod *Eisteddfod Gydwladol Llangollen*		long live *hir oes*
	lion □ *llew*		Llantwit Major *Llanilltud Fawr*		long since *hen*²
	lioness *llewes*	a	load *baich, llwyth*¹		so long as *cyhyd â:cyd*
	lip *gwefl*, □ *gwefus, min*		a lazy man's load *baich dyn diog*		the long and short of it *swm a sylwedd*
	lips *gweflau*	to	load *llwytho*		this long time *ers amser, ers hydoedd* [*hyd*¹], *ers llawer dydd* [*llawer*], *ers meitin, ers talm* [*talm:talwm*], *erstalwm, ers tro byd, er ys talm* [*talm: talwm*], *estalwm* [*talm: talwm*], *slawer dydd* [*llawer*]
	lipstick *minlliw*		loads *hylltod*		
to	liquefy *hylifo*	a	loaf *torth*		
	liquid *gwlybwr, gwlych, hylif*	to	loaf *diogi*²		
	liquid ounce *owns lifyddol*	a	loan *benthyciad, benthyg*¹		
	liquidizer *hylifydd*		on loan *ar fenthyg* [*benthyg*¹]		
	liquor *diod, diod gadarn, gwirod*	to	loan *benthyca, rhoi benthyg*		
	liquorice *licris*	to	loathe *casáu*		
a	list		loathsome *anghynnes*	to	long *chwennych:chwenychu, dyheu, hiraethu*
	1 *cyfres, rhestr*		loathsomeness *ffieidd-dra*		longer *hwy*³, *mwy*¹, *pellach*
	2 *gogwydd*		lobby *lobi, porth*¹		any longer *bellach*
to	list		lobscouse *lobsgows*		to become longer *hwyhau*
	1 *rhestru*		lobster □ *cimwch*		longing *blys, dyhead, hiraeth*
	2 *gogwyddo*		lobster pot □ *cawell cimwch*		longitude *hydred*
to	listen *gwrando*		local *lleol*		longitudinal *hydredol*
	to listen to *rhoi clust i* [*clust*]		local paper *papur bro*		long-legged *coesog, heglog*
	listener *gwrandawr*	to	locate *lleoli*		long-lived *hirhoedlog*
	listless *di-ffrwt, digychwyn, llesg, marwaidd*		location *lleoliad, safle*		long-suffering *dioddefgar, goddefgar, hirymarhous*
	listlessness *syrthni*	a	lock *clo*		long-tailed tit □ *titw gynffon hir*
	literacy *llythrennedd*		(canal) lock *loc*		long-term *tymor hir*
	literal *llythrennol*		lock gate *llidiart, llifddor*		long-winded *hirwyntog*
	literary *llenyddol*		lock of hair *cudyn, llyweth*	a	look *edrychiad, golwg*¹, *trem*
	literate *llythrennog*		under lock and key *tan glo* [*clo*]		far-away look *golwg*² *bell*
	literature *llên, llenyddiaeth*	to	lock *cloi*¹		new look *ar ei newydd wedd* [*gwedd*¹]
	lithe *heini, ystwyth*		locked *ar glo* [*clo*], *cloëdig: cloiedig, tan glo* [*clo*], *yng nghlo* [*clo*]		unhealthy look *golwg*² *ddrwg: golwg wael*
to	litigate *mynd i gyfraith* [*cyfraith*]			to	look *disgwyl, edrych, sbio, tremio:tremu, ysbïo*
	litmus *litmws*		lock-forward *clo, wythwr*		look here! *hwde!*
	litre *litr, l*		lockjaw *genglo*		to look after *edrych ar ôl, gofalu, gwarchod*
	litter *sbwriel:ysbwriel*		locomotive *injan drên*		to look aghast *edrych yn hurt* [*hurt*]
a	litter *tor*¹, *torllwyth:torraid*		locust *locust*		to look at *edrych ar*
	little *bach, bychan*¹, *mân, mawr, ychydig*²	a	lodge *cyfrinfa*		to look down on *dirmygu, edrych i lawr ar*
a	little *tipyn, tipyn bach, ychydig*	to	lodge *lletya*		to look for *chwilio am, disgwyl, edrych am*
	a little bird *aderyn bach*		lodging(s) *llety*		to look forward to *edrych ymlaen*
	a little bit *ewinedd, tamaid bach, tipyn bach*		loft *taflod*		to look intently *craffu*
	little by little *bob yn dipyn:o dipyn i beth* [*tipyn*]		log *lòg*		to look into *edrych i mewn i*
	little one *bychan*², *cwb, pwt*¹		log-book *lòg*		to look on *edrych ar*
	Little Orme *Trwyn y Fuwch*		loggerheads		to look out *gwylio:gwylied*
	little owl □ *tylluan fach*		at loggerheads *benben* [*pen*¹]		to look out for *edrych allan/maes*
	so little *lleied*		logic *rhesymeg*		to look over *edrych dros*
	live *byw*²		logical *rhesymegol*		to look someone straight in the eye *edrych ym myw llygad rhywun* [*byw*³]
to	live *byw*¹		loin *llwyn*²		
	to live from hand to mouth *byw*¹ *o'r llaw/bawd i'r genau*	to	loiter *loetran, sefyllian*		
	livelihood *bywoliaeth*	to	loll *lled-orwedd*		
	lively *byw*², *bywiog, gwisgi, hoyw, nwyfus, talog*		lollipop *lolipop*		
	liver □ *afu, iau*²		London *Llundain*		
	Liverpool *Lerpwl*		lone *unig*		
	livery *lifrai*		loneliness *unigrwydd*		
	livestock *da*³ *byw*		lonely *anghyfannedd, unig*		
	live-wire *c'nonyn*		long *hir, o hyd* [*hyd*¹], *llaes, maith, mawr, pell*		

to look up *edrych i fyny, edrych lan*
looking
  looking up *ar i fyny [fyny]*
  looking-glass *drych*
loom *gwŷdd*[1]
loop *dolen*
loophole *dihangfa*
loose *llac, llaes, penrhydd, rhydd*[1]
to loose *rhyddhau*
to loosen *llaesu, rhyddhau*
looseness *llacrwydd*
loot *anrhaith, ysbail*
to loot *ysbeilio*
lopsided *unochrog*
a lord *arglwydd, pendefig*
  House of Lords *Tŷ'r Arglwyddi*
  the Lord *yr Arglwydd, Iôn:Iôr*
  the Lord's Day *Dydd yr Arglwydd*
  the Lord's Prayer *Gweddi'r Arglwydd, pader*
  the Lord's Supper *Swper yr Arglwydd*
to lord it *tra-arglwyddiaethu*
lorry *lorri*
to lose *colli*
  to lose ground *colli tir [tir]*
  to lose heart *danto:dantio, diffygio, digalonni*
  to lose interest *colli blas [blas]*
  to lose one's breath *colli gwynt*
  to lose one's head *colli fy mhen [pen*[1]*]*
  to lose one's mind *colli synnwyr*
  to lose one's temper *colli tymer [tymer], mynd o'm cof [cof]*
  to lose oneself *ymgolli*
  to lose the day *colli'r dydd*
  to lose the way *colli'r ffordd*
  to lose time *colli amser*
loser *collwr*
loss *coll*[1]*, colled*
  a sense of loss *chwithdod*
  at a loss *ar golled [colled]*
lost *ar goll [coll*[2]*], coll*[2]*, colledig*
  completely and utterly lost *ar ddifancoll*
lot
  1 *cyfran, rhan*[1]
  2 *llawer*

3 *coelbren*
  to cast lots *bwrw coelbren [coelbren]*
  to draw lots *tynnu byrra docyn*
lottery *hapchwarae*
loud *cryf, uchel*
  as loud as I can *nerth fy mhen*
  as loud as possible *nerth esgyrn fy mhen*
loud-mouthed *cegog*
loudspeaker *darseinydd, uchelseinydd*
Loughor *Casllwchwr*
a lounge *lolfa*
to lounge *gorweddian, lolian*
to lour *cymylu*
louse *lleuen*
lout *llabwst*
lovable *hoffus, serchog:serchus*
love
  1 *cariad*[1]*, serch*[1]
  2 *anwylyd, cariad*[2]
  a labour of love *llafur cariad*
  brotherly love *brawdgarwch*
  in love *mewn cariad [cariad*[1]*]*
  love sick *claf*[1] *o gariad*
  to fall in love *cwympo/syrthio mewn cariad*
to love *caru, dwlu:dylu (ar)*
  loved ones *anwyliaid*
lovely *bendigedig, hyfryd, melys, prydferth*
lover *cariad*[2]*, carwr*
loving *cariadus, serchog*
low *isel*
a low *bref*
to low *brefu*
lower *is*[2]
to lower *gostwng, iselhau*
lowest *isaf*
  Lowest Common Multiple *Lluosrif Cyffredin Lleiaf, LICLl*
lowland(s) *iseldir*
lowly *gostyngedig*
lowness *iselder*
low-water *distyll y trai [trai]*
loyal *ffyddlon, teyrngar*
loyalty *cywirdeb, gwrogaeth, teyrngarwch*
Ltd, *Cyf., cyfyngedig*

lubricant *iraid*
to lubricate *iro*
lubrication *iriad*
lucid *clir*
luck *hap, lwc*
  good luck to him/her *gwynt teg iddo/iddi*
  with luck *gyda lwc [lwc]*
  worse luck *gwaetha'r modd [gwaethaf]*
luckily *trwy lwc [lwc]*
lucky *ffodus, lwcus*
ludicrous *chwerthinllyd*
Ludlow *Llwydlo*
to lug *helcyd, llusgo*
lugubrious *prudd*
lukewarm *claear, llugoer*
a lull *gosteg*
to lull *gostegu*
lullaby *hwiangerdd*
lump *cilcyn, clap, clobyn, cnap, cnepyn, lwmp:lwmpyn, talp, telpyn, wrlyn*
lumpy *clapiog, talpiog*
lunar
  lunar month *mis lleuad*
lunatic *lloerig*
a lunatic *gwallgofddyn*
a lunch *cinio*
to lunch *ciniawa*
lungs ☐ *ysgyfaint*
to lurch *gwegian*
to lure *denu, hudo*
lurid *erch*
to lurk *llechu, llercian, sgwlcan*
lush *ffrwythlon*
a lust *blys, chwant, gwanc, trachwant*
to lust *blysio, chwennych: chwenychu*
lustre *gloywder, llewyrch*
lusty *cryf, lysti*
lute ☐ *liwt*
luxuriant *tirf*
luxurious *moethus*
luxury *moethusrwydd*
lying *celwyddog*
lynx ☐ *lyncs*
lyric *cân, telyneg*
lyrical *telynegol*
lyricist *caniedydd*

M

m *m, metr*
macaroni *macaroni*
mace ☐ *brysgyll*
machine *peiriant*
machinery *peiriannau, peirianwaith*
mackerel ☐ *macrell*
  mackerel sky *awyr draeth, gwallt y forwyn, traeth awyr*
mackintosh *cot law*
mad *crac*[2]*, gorffwyll, gwallgof, lloerig*
  like mad *fel y mwg [mwg]*
  raving mad *cynddeiriog*

to go mad *mynd o'm cof [cof]*
madman *gwallgofddyn*
madness *gwallgofrwydd, ynfydrwydd*
madrigal *madrigal*
maelstrom *trobwll*
magazine *cylchgrawn*
  monthly magazine *misolyn*
maggot ☐ *cynrhonyn*
the Magi *y Doethion*
magic *y gelfyddyd ddu [celfyddyd], hud, hudoliaeth, lledrith*
  magic square ☐ *sgwâr hud*

magic wand ☐ *hudlath*
magical *cyfareddol, hudol: hudolus*
magician *dewin, swynwr*
magistrate *ustus, ynad*
magnanimity *mawrfrydedd*
magnanimous *eangfrydig, hael, helaeth, mawrfrydig*
magnesium *magnesiwm*
magnet *magnet*
magnetic *magnetig*
  Magnetic Pole *Pegwn magnetig*
magnetism *magnetedd*
to magnetize *magneteiddio*

magnificence		martial

magnificence *godidowgrwydd, gwychder*
magnificent *godidog, gwych*
to magnify *chwyddhau, chwyddo*
magnifying-glass *chwyddwydr*
magnitude *maintioli*
magpie ☐ *pioden*
maid *gweinyddes, llances, morwyn*
  old maid *hen¹ ferch*
maiden *gwyryf:gwyry, meinir, rhiain*
  maiden name *enw morwynol [morwynol]*
maidenhair (fern) *gwallt y forwyn*
maidservant *llawforwyn*
mail
  1 *arfwisg, llurig*
  2 *post¹*
  to carry the mail *cario'r post*
main *prif*
  main part *corff*
  main road *ffordd fawr, heol fawr, lôn bost, lôn fawr, priffordd*
the main *cefnfor, gweilgi*
mainland *tir mawr*
mainstay *asgwrn cefn*
to maintain
  1 *cynnal, dal:dala*
  2 *honni, maentumio*
maintenance *arofal, cynhaliaeth, cynheiliad*
maize *indrawn*
majestic *aruchel, urddasol*
majesty *mawrhydi*
major *mwyaf, prif*
the major
  1 *cywair mwyaf*
  2 *uchgapten*
majority *mwyafrif*
the make *gwneuthuriad*
to make *creu, cyweirio, dwyn, gorfodi, gwneud¹:gwneuthur, tannu*
  to make a fuss of *dandwn*
  to make a good job of *cael hwyl ar [hwyl]*
  to make a speech *areithio*
  to make better *gwella, iacháu*
  to make ends meet *cael y ddeupen ynghyd [deupen], cael dau benllinyn ynghyd [penllinyn]*
  to make excuses *hel esgusion/esgusodion [esgus]*
  to make faces *gwneud ystumiau [ystumiau]*
  to make for *cyfeirio, cyrchu*
  to make fun of *cael hwyl am ben [hwyl], chwerthin¹ am ben, gwneud hwyl/sbort am ben [sbort]*
  to make one's mark *gwneud fy marc [marc¹]*
  to make one's mouth water *tynnu dŵr o ddannedd*
  to make one's way *ymlwybro*

  to make signs *gwneud ystumiau [ystumiau]*
  to make up *coluro*
  to make use of *defnyddio*
  to make whole *cyfannu*
maker *gwneuthurwr*
make-up *colur*
malady *clefyd*
malaria *malaria*
male *gwryw*
malice *malais*
malicious *maleisus*
to malign *pardduo*
malignant *milain*
malleable *curadwy, hydrin*
mallet *gordd bren*
malt *brag*
  malt liquor *brag*
to maltreat *cam-drin*
mammal ☐ *mamolyn*
mammoth *mamoth*
man *dyn, gŵr*
  as one man *fel un gŵr [gŵr]*
  best man *gwas priodas*
  brave man *gwron*
  man of letters *gŵr llên*
  old man *hynafgwr*
  young man *llanc*
to manage
  1 *dod¹ i ben, ymdopi*
  2 *gweinyddu, rhedeg, rheoli*
manageable *hydrin*
management *rheolaeth*
manager *rheolwr*
Manchester *Manceinion*
mandarin *mandarin*
mane ☐ *mwng*
mange *clafr:clafri:clefri*
manger *preseb*
a mangle *mangl*
to mangle *darnio*
maniac *gwallgofddyn*
to manifest *datguddio*
manifesto *maniffesto*
manikin *dynan*
to manipulate *trafod*
mankind *dynoliaeth, dynolryw:dynol-ryw*
manly *dynol*
manna *manna*
manner *dull, ffunud*
  in a manner of speaking *mewn ffordd o siarad [siarad]*
manners *moesau, ymddygiad*
manor *maenor:maenol, maenordy*
manse *mans*
mansion *cwrt, plas, plasty*
manslaughter *dyn-laddiad*
mantelpiece *silff-ben-tân*
mantle *coban, mantell*
manual
  1 *llawlyfr*
  2 *seinglawr*
to manufacture *gweithgynhyrchu*
manufacturer *gwneuthurwr*
manure *gwrtaith, tail, tom*
to manure *gwrteithio*
manuscript *llawysgrif*

Manx
  Manx shearwater ☐ *aderyn-drycin Manaw*
many *llawer¹, sawl¹*
  as many *cymaint, cynifer*
  how many *faint, sawl²*
  many thanks *can⁴ diolch*
  so many *cynifer*
  too many *gormod¹*
many-sided *amlochrog*
a map *map*
  to put on the map *rhoi ar y map [map]*
to map *mapio*
maple ☐ *masarnen*
to mar *difetha, sbwylio*
marathon *marathon*
marble *marmor*
a marble *marblen*
March *Mawrth²*
a march
  1 *ymdaith*
  2 *ymdeithgan*
the march *goror*
to march *gorymdeithio, ymdeithio*
the Marches *y Gororau, y Mers*
marchioness *ardalyddes*
mare *caseg*
  brood-mare *caseg fagu*
margarine *margarîn*
margin *ymyl*
marginal *ymylol*
marigold ☐ *gold Mair*
  marsh marigold *gold y gors*
marina *marina*
marine *morol²*
marionette *pyped*
maritime *morol²*
a mark *man², marc, nod, ôl¹, staen*
  to make one's mark *gwneud fy marc [marc¹]*
to mark *marcio, nodi*
marked *nodedig*
a market *ffair, marchnad*
  Common Market *y Farchnad Gyffredin*
to market *marchnata*
marksman *saethwr*
marmalade *marmalêd*
marquee *pabell*
marquis *ardalydd*
marriage *priodas*
married *priod¹*
marrow
  1 *mêr*
  2 *pwmpen*
to marry *priodi*
Mars *Mawrth³*
marsh *cors, mignen*
  marsh marigold *gold y gors*
  marsh tit *titw'r wern*
marshy *corslyd:corsog*
marsupial *bolgodog, marswpial*
marsupials *bolgodogion*
mart *mart*
marten
  pine marten ☐ *bele*
martial *milwrol*

martin □ *gwennol*
  house martin □ *gwennol y bondo*
  sand martin □ *gwennol y glennydd*
a martyr *merthyr*
to martyr *merthyru*
martyrdom *merthyrdod*
marvel *rhyfeddod*
marvellous *rhyfeddol*
masculine *gwryw, gwrywaidd*
a mash *llith²*, *stwnsh:stwmp*
  mashed potatoes *tatws stwnsh*
to mash *pwnio:pwno, stwnsio: stwmpo*
mask *masg, mwgwd*
mason *masiwn, saer maen*
mass
  1 *màs*
  2 *offeren*
massacre *cyflafan, galanas, lladdfa*
to massage *tylino*
massive *anferth*
mast □ *hwylbren, mast*
a master *meistr*
  complete master *yn feistr corn* [*corn²*]
  question-master *holwr*
to master *meistroli*
masterful *meistrolgar*
masterly *gorchestol, meistrolgar*
masterpiece *campwaith, gorchest*
mastery *meistrolaeth*
to masticate *cnoi¹*
mat *mat*
a match
  1 *fflach, matsen*
  2 *gêm*
to match *mynd*
matchless *di-ail, digyffelyb*
mate *Co, cymar, mêt, partner*
material *materol*
the material *defnydd, deunydd*
materialistic *materol*
maternity *mamolaeth*
mathematical *mathemategol*
mathematician *mathemategwr: mathemategydd*
mathematics *mathemateg*
matins *plygain*
matrimony *priodas*
matt *pŵl¹*
the matter *deunydd, mater, ots:ods, sylwedd*
  for that matter *o ran hynny* [*hynny*]
  it doesn't matter *dim ots*
to matter *bod¹*
mattock *caib*
mattress *matras*
mature *aeddfed*
to mature *aeddfedu*
maturity *aeddfedrwydd*
maul *sgarmes:ysgarmes*
Maundy
  Maundy Thursday *Difiau Cablyd*
maw *cylla*

maxim *gwireb*
maximum *uchafbwynt, uchafswm*
May *Mai¹*
  May Day *Calan Mai, Clamai: Clanmai*
may *gallu¹*
  may as well *cystal²*
maybe *efallai, hwyrach¹*
mayonnaise *hufen salad*
mayor *maer*
mayoress *maeres*
maypole *bedwen Fai:bedwen haf*
maze □ *drysfa*
me *fi, fy, 'm, mi*
  me myself *myfi*
  of me *fy*
mead
  1 *medd¹*
  2 *gwaun*
meadow *dôl¹, gwaun, gweirglodd*
meagre *main, prin, tlawd*
meal *blawd*
a meal *pryd⁴*
mean *crintach:crintachlyd, cybyddlyd*
to mean *golygu*
to meander *dolennu*
meandering *dolennog*
a meaning *ystyr*
meaningless *diystyr*
meanness *culni*
means *modd¹*
  by all means *ar bob cyfrif* [*cyfrif¹*]
  by every possible means *ym mhob dull a modd* [*dull*]
  by means of *trwy:drwy*
  the means of grace *moddion² gras*
meantime *cyfamser*
meanwhile *cyfamser*
measles *y frech goch*
measurable *mesuradwy*
a measure *mesur¹, mydr*
to measure *mesur², mesuro*
measured *pwyllog*
measurement *mesur¹, mesuriad*
meat *cig*
  lean meat *cig coch*
mechanic *peiriannwr:peiriannydd*
mechanical *mecanyddol, peiriannol, peirianyddol*
mechanics *mecaneg*
mechanism *mecanwaith, peirianwaith*
to mechanize *mecaneiddio*
medal *medal, tlws¹*
to meddle *busnesa, ymhél â:mhela, ymyrryd*
a meddling *ymyrraeth*
media *cyfryngau*
mediaeval *see* medieval
to mediate *canoli*
mediator *canolwr, cyfryngwr, eiriolwr*
medical *meddygol*
medication *meddyginiaeth*

medicine *ffisig, meddygaeth, moddion¹*
medieval *canoloesol*
mediocre *canolig, cyffredin*
mediocrity *cyffredinedd*
to meditate *cnoi¹ cil, myfyrio, synfyfyrio*
meditation *myfyrdod*
meditative *myfyrgar*
Mediterranean *Canoldir*
  Mediterranean Sea *y Môr Canoldir:Môr y Canoldir*
medium *canolig*
a medium *cyfrwng*
meek *addfwyn, gostyngedig*
meekness *gostyngeiddrwydd*
to meet *cwrdd²:cwrddyd, cyfarfod²*
  to make both ends meet *cael dau benllinyn ynghyd* [*penllinyn*]*, cael y ddeupen ynghyd* [*deupen*]
a meeting *cwrdd¹, cyfarfod¹, cyfarfyddiad, oedfa*
melancholic *lleddf, pruddglwyfus*
melancholy *y felan* [*melan*]
mellow *aeddfed*
melodious *melodaidd, persain*
melody *alaw, melodi*
  counter melody *cyfalaw*
melon □ *melon*
to melt *toddi, ymdoddi*
  easy to melt *hydawdd*
member *aelod*
  member of parliament *aelod seneddol, AS*
  to become a member *ymaelodi*
membership *aelodaeth*
membrane *pilen*
memoirs *hunangofiant*
memorable *bythgofiadwy, cofiadwy*
memorandum *cofnod*
memorial *coffa*
a memorial *cofeb, coffadwriaeth*
to memorize *dysgu*
memory *cof*
  faint memory *brith gof, cof brith*
  in memory of *er cof* [*cof*]*, er coffa*
  of blessed memory *coffa da am*
men *dynion*
menacing *bygythiol*
Menai Bridge *Porthaethwy*
Menai Straits *Afon Menai*
to mend *cyweirio, trwsio*
  on the mend *ar wellhad* [*gwellhad*]
mender *trwsiwr*
mendicant *cardotyn*
menial *isel*
meningitis *llid yr ymennydd*
menses *misglwyf*
mental *meddyliol*
  mental anguish *gwewyr meddwl*
a mention *sôn²*
to mention *crybwyll, dweud: dywedyd, sôn¹*

not to mention *heb sôn am* [*sôn*¹]
menu *bwydlen*
mercantile *masnachol*
merchandise *marsiandïaeth*
merchant *marsiandïwr, masnachwr*
merciful *trugarog*
mercifully *trwy drugaredd* [*trugaredd*]
merciless *anhrugarog, didrugaredd*
mercury *mercwri*
Mercury ☐ *Mercher*²
mercy *trugaredd*
  to have mercy upon *trugarhau wrth*
meridian *meridian*
merit *haeddiant, teilyngdod*
to merit *haeddu*
meritorious *teilwng*
merlin ☐ *cudyll bach*
mermaid *môr-forwyn*
merriment *llawenydd, miri, ysbleddach*
merry *digrif, diofal, llawen*
merry-making *rhialtwch*
mesh *magl*
to mesmerize *mesmereiddio*
mess *cawl, ffradach, llanastr, smonach:smonath, stomp*
  to make a mess of *gwneud*¹ *cawl o, gwneud*¹ *smonaeth: smonach, stompio*
  to mess up *drysu, gwneud*¹ *llanastr, stompio*
message *cenadwri, cennad, neges*
messenger *cennad, negesydd*
messiah *meseia*
messy *anniben, brwnt*
metabolism *metabolaeth*
metal *metel*
metallic *metelaidd*
metallurgy *meteleg*
metamorphosis *trawsffurfiad*
metaphor *trosiad*
meteor *seren wib*
meteorologist *meteorolegydd*
meteorology *meteoroleg*
meter ☐ *medrydd, mesurydd*
method *dull*
methodical *trefnus*
Methodist *Methodist*
  the Methodist Revival *y Diwygiad Methodistaidd*
meticulous *gorfanwl*
metre
  1 *mesur*¹, *mydr*
  2 *metr, m*
metreless *di-fydr*
metres *mesurau, mydrau*
  free metres *mesurau rhydd*
  strict metres *mesurau caeth*
metric *metrig*
metrical *mydryddol*
metronome ☐ *metronom*
metropolis *prifddinas*

mettle *rhuddin, ysbryd*
to mew *mewian:mewial*
Mexican *Mexicanwr*
mg *mg, miligram*
Michaelmas
  Michaelmas daisy ☐ *ffárwel haf*
micro *micro*¹
microbe *microb*
microcomputer *microgyfrifiadur*
micro-electronics *microelectroneg*
micrometer *micrometr*
micron *micron*
microphone *microffon*
microprocessor *microbrosesydd*
microscope ☐ *microsgop*
microwave *microdon*
mid *canol*², *hanner*
midday *canol*² *dydd, hanner dydd*
middle *canol*¹, *cefn, perfedd*
  in the middle of *ar ganol* [*canol*¹]
  middle age *canol*¹ *oed*
  the Middle Ages *Canoloesoedd, yr Oesoedd Canol*
  middle class *dosbarth canol*
  the Middle East ☐ *y Dwyrain Canol*
  the middle way *llwybr canol*
middleman *canolwr*
middling *canolig, gweddol*
midges *gwybed*
midget *corrach:cor*¹
midlands *canolbarth*
midnight *canol nos*¹, *hanner nos*
midst *mysg, plith*
  from the midst *o blith* [*plith*]
  into the midst *i blith* [*plith*]
Midsummer Day *Dygwyl Ifan, Gŵyl Ifan*
midway *hanner ffordd*
midwife *bydwraig*
might *cryfder, egni*
  might as well *man a man, waeth imi* [*gwaeth*], *yr un man* [*man*]
  might as well not *waeth imi heb* [*gwaeth*]
  with all one's might *nerth braich ac ysgwydd*
  with might and main *fel lladd nadredd* [*lladd*], *nerth braich ac ysgwydd*
mighty *grymus, nerthol*
the mighty *cedyrn*
migrant *mudol*
to migrate *mudo, ymfudo*
migratory *mudol*
mild *llariaidd, mwyn*³, *tyner*
  mild ale *cwrw coch*
  to become mild *tyneru*
mildew *cawod:cawad, llwydni: llwydi*
mildness *mwynder*
mile *milltir*
milestone *carreg filltir*
Milford Haven
  1 *Aberdaugleddau* (the haven)
  2 *Milffwrd* (the town)

militant *milwriaethus*
military *milwrol*
  military service *gwasanaeth milwrol*
to militate against *milwrio yn erbyn*
milk *llaeth, llefrith*
  condensed milk *llaeth cyddwys*
  evaporated milk *llaeth anwedd*
  milk and water *glastwr*
to milk ☐ *godro*
  milking stock *da*³ *blith, da*³ *godro*
milkman *dyn llaeth/llefrith*
milksop *llipryn*
milk-tanker *lorri laeth*
milky *llaethog*
  The Milky Way ☐ *Caer Arianrhod:Caer Gwydion, y Llwybr Llaethog*
mill ☐ *melin*
  to go through the mill *mynd trwy'r felin* [*melin*]
  water-mill ☐ *melin ddŵr*
  windmill ☐ *melin wynt*
miller *melinydd*
milligram *miligram, mg*
millilitre *mililitr, ml*
millimetre *milimetr, mm*
million *miliwn*
millionaire *miliwnydd:miliynydd*
millstone ☐ *maen melin*
a mime *meim*
to mime *meimio*
a mimic *dynwaredwr*
to mimic *dynwared*
a mimicking *dynwarediad*
mince *briwgig*
to mince *briwsioni*
the mind *meddwl*¹
  in mind *mewn golwg* [*golwg*¹]
  in one's right mind *yn fy iawn bwyll* [*pwyll*]
  of one mind *cytûn*
  of sound mind *yn ei iawn bwyll* [*pwyll*]
  on one's mind *ar fy meddwl* [*meddwl*¹]
  to be caught in two minds *cloffi rhwng dau feddwl*
  to bring to mind *dwyn ar gof* [*galw*²]
  to call to mind *galw i gof* [*galw*²]
  to change one's mind *newid fy meddwl*
  to come to mind *dod*¹ *i gof*
  to cross one's mind *croesi meddwl*
  to lose one's mind *colli synnwyr*
  to set one's mind on *dodi meddwl ar, dodi/rhoi fy mryd ar* [*bryd*]
  to slip the mind *gadael dros gof*
  to speak one's mind *dweud ei feddwl*
to mind
  1 *gwarchod, meindio*
  2 *hidio, malio*

I don't mind *waeth gen i [gwaeth]*
I wouldn't mind *hidiwn i ddim [hidio], mae chwant arnaf [chwant]*
never mind *hidiwch befo [hidio]*
mindful *gofalus*
mindless *difeddwl*
minds *meddyliau*
   to be caught in two minds *cloffi rhwng dau feddwl*
mine *eiddof fi*
a mine *mwynglawdd*
to mine *mwyngloddio*
miner *glöwr, mwynwr*
mineral *mwyn*[1]
   mineral water *pop*[1]
mini *mini*
minicomputer *minigyfrifiadur*
minim ☐ *minim*
minimum *isafbwynt, isafswm, lleiafswm*
a minister *gweinidog*
to minister *bugeilio, gweinidogaethu*
ministry
   1 *bugeiliaeth, gweinidogaeth*
   2 *gweinyddiaeth*
mink ☐ *minc*
minnow ☐ *sildyn:silcyn:silidón*
minor *lleddf, lleiaf*
   minor key *cywair lleiaf*
minority *lleiafrifol*
a minority *lleiafrif*
minstrel *gŵr wrth gerdd*
mint
   1 *bathdy*
   2 ☐ *mintys*
minted *bath*[2]
minus *llai*[2], *minws, namyn*
minute *mân*
a minute
   1 *cofnod*
   2 (time) *munud*
   half a minute *hanner munud*
   in a minute *mewn munud [munud]*
   to the minute *i'r munud/funud [munud]*
to minute *cofnodi*
minutes *cofnodion*
miracle *gwyrth*
miraculous *gwyrthiol*
mirage *lleurith, rhith*
mire *llaca, llaid, mwd*
mirror *drych*
mirth *digrifwch, hwyl*
to misapprehend *camddeall*
misapprehension *camddealltwriaeth*
to misbehave *camfihafio, camymddwyn*
misbehaviour *camymddygiad*
miscarriage *erthyliad*
to miscarry *erthylu*
miscellaneous *amryiwol, brith*
mischief *drygioni*
mischievous *direidus, drygionus*
mischievousness *direidi*

to misconceive *camdybio: camdybied*
misconception *camsyniad*
to miscount *camrifo*
misdeed *camwedd*
miser *cybydd*
miserable *annifyr, gresynus*
miserly *crintach:crintachlyd, cybyddlyd*
misery *diflastod*
misfortune *aflwyddiant, anffawd, anlwc, trybini*
mishap *anap:anhap, damwain*
to misjudge *camfarnu*
to mislead *camarwain*
misleading *camarweiniol*
misprint *camargraffiad*
miss *Bns., bonesig, y Fns.*
to miss *colli, gweld eisiau/colled, methu*
missel-thrush ☐ *tresglen*
missile *taflegryn*
missing *coll*[2]
mission *cenhadaeth*
   to conduct a mission *cenhadu*
missionary *cenhadol*
a missionary *cenhades, cenhadwr*
mist *caddug, niwl, nudd:nudden, tarth*
a mistake *camgymeriad, camsyniad, gwall*
to mistake *camgymryd, camsynied: camsynio:camsynnu*
mister *bonwr*
to mistime *camamseru*
mistletoe *uchelwydd*
mistress
   1 *athrawes*
   2 *boneddiges, meistres*
misty *niwlog*
to misunderstand *camddeall*
misunderstanding *camddealltwriaeth*
to misuse *camddefnyddio*
to mitch *mitsio*
mite *hatling, mymryn*
mitigating *lliniarol*
mitre
   mitre joint *uniad meitrog*
mitred *meitrog*
to mix *cyfathrachu, cymysgu, gwlychu*
mixed *cymysg*
   mixed corn *siprys*
   mixed up *trwy'r trwch [trwch]*
mixture *cymysgedd*
ml *ml, mililitr*
mm *mm, milimetr*
a moan *cwynfan, griddfan*[1]
to moan *conach:conan, cwynfan, cwyno, griddfan*[2], *gwenwyno, ubain*
moaner *cwynwr*
moat *ffos*
mob *ciwed*
mobile *symudol*
to mock *dynwared, gwatwar*[2], *gwawdio*

mockery *gwatwar*[1], *gwawd*
mocking *gwatwarus, gwawdlyd*
mode *modd*[2]
a model *model*
to model *modelu*
moderate *canolig, cymedrol, cymharol*
modern *modern*
to modernize *diweddaru, moderneiddio*
modest *diymhongar, gwylaidd, llednais*
modesty *gwyleidd-dra*
to modulate *cyweirio, trawsgyweirio*
Mohammed *Mohamed*
moist *llaith*
to moisten *gwlychu*
moisture *gwlybaniaeth, lleithder*
molar *cilddant*
molasses *triagl:triogl*
Mold *Yr Wyddgrug*
mole *gwadd:gwadden: gwahadden, twrch daear*
molecule *molecwl*
molehill *pridd y wadd*
mollusc *molwsg*
mollusca ☐ *molysgiaid*
molten *tawdd*[1]
moment *eiliad*
   an awkward moment *tro trwstan*
   at a moment of weakness *ar awr wan [awr]*
   at that moment *gyda hynny [hynny]*
   at that very moment *ar y gair [gair]*
   at the moment *ar y funud/munud [munud]*
momentum *momentwm*
monarch *brenin, teyrn*
monastery *mynachlog*
Monday *dydd Llun*[2]
money *arian*[2], *pres*
   counterfeit money *arian*[2] *drwg*
   made of money *craig o arian*
   paper money *arian*[2] *papur*
   pocket-money *arian*[2] *poced*
   ready money *arian*[2] *parod*
   the colour of his money *lliw ei arian/bres*
money-box *cadw-mi-gei*
mongrel *cymysgryw*
a mongrel *mwngrel*
monk *mynach*
monkey ☐ *mwnci*
monkey-nuts *cnau mwnci*
Monmouth *Trefynwy*
monochrome *unlliw*
monoglot *uniaith*
monologue *ymson*[1]
monopoly *monopoli*
monosyllabic *unsill:unsillafog*
monotonous *undonog*
monotony *undonedd*
monsoon *monsŵn*
monster *anghenfil*
monstrous *dybryd*

month mis
  lunar month *mis lleuad*
monthly *misol*
monument *cofadail, cofeb, cofgolofn*
  ancient monuments *henebion*
to moo *brefu*
to mooch *hel ei draed [traed]*
mood
  1 *hwyl, tymer*
  2 *mood*[2]
  in a bad mood *drwg*[2] *ei hwyl*
moody *oriog, pwdlyd*
moon *lleuad, lloer*
  full moon *lleuad llawn/lawn*
  harvest moon *lleuad fedi, lleuad naw nos olau*
moonlight *lloergan*
a moor *rhos*
to moor *angori*
  moorhen ☐ *iâr fach y dŵr*
  moorland *gwaun*
a mop *mop*
to mop *mopio*[1]
moraine *marian*
moral *moesol*
a moral *moeswers*
morale *hwyl, hyder, ysbryd*
morality *moesoldeb*
morals *moesau*
morass *cors, mignen*
more *chwaneg:ychwaneg, mwy, rhagor*
  any more *mwy, mwyach, rhagor*[3]
  more and more *mwyfwy*
  more often than not *yn amlach na pheidio [amlach]*
  more or less *mwy na heb [heb], mwy neu lai*
  more than *rhagor*[1]
  more than anyone *yn anad neb [anad]*
  more than likely *mwy na thebyg*
morn *bore*[1]
  from morn to night *o fore gwyn tan nos [bore*[1]*]*
morning *bore*[1]*, boreol:boreuol*
  this morning *bore heddiw [heddiw*[1]*]*
  yesterday morning *bore ddoe [doe:ddoe]*
moron *ynfytyn*
Morriston *Treforys*
Morse *Morse*
morsel *gronyn, tamaid bach*
mortal *angheuol, dynol, marwol*
a mortal *dyn*
mortality *marwolaeth*
mortar *morter*
a mortgage *morgais*
  mortgage interest rate *cyfradd morgais/forgais*
to mortgage *morgeisio*
mortice
  mortice and tenon joint ☐ *uniad mortais a thyno*
mosaic *brithwaith, mosaig*

mosque *mosg*
mosquito *mosgito*
moss ☐ *mwsogl:mwswgl: mwswm*
most *mwyaf*
  for the most part *gan mwyaf*
mostly *gan amlaf, gan mwyaf*
moth *gwyfyn*
mother *mam*
  foster-mother *mamfaeth*
  mother tongue *mamiaith*
  mother-in-law *chwegr, mam-yng-nghyfraith*
motion
  1 *cynigiad*
  2 *mudiant, symudiad*
motive *cymhelliad*
motley *amryliw, brith*
motor *modur*
  motor bike *beic modur*
  motor car *car, modur*
to motor *moduro*
motorist *modurwr*
motorway *traffordd*
motte *mwnt*
mottled *brith*
motto *arwyddair*
mould *llwydni:llwydi*
a mould *mold:mowld*
to mould *moldio:mowldio*
mouldy
  to turn mouldy *llwydo*
to moult *bwrw blew:bwrw croen: bwrw plu*
mound *mwnt, tomen, twmpath*
to mount *esgyn*
mountain *mynydd*
  mountain ash ☐ *cerdinen: cerddinen, criafol:criafolen*
  Mountain Ash *Aberpennar*
  mountain climbing *mynydda*
  mountain pasture *ffridd, libart*
  mountain walking *mynydda*
mountaineer ☐ *mynyddwr*
mountainous *mynyddig*
mounting
  mounting block *carreg farch: carreg feirch, esgynfaen*
to mourn *galaru*
mourner *galarwr*
mournful *lleddf*
mourning *galar*
mouse ☐ *llygoden*
mouser *llygotwr:llygotwraig*
moustache *mwstás*
mouth *aber, ceg, genau, pen, safn*
  big-mouth *hen geg*
  down in the mouth *â'm pen yn fy mhlu [pen*[1]*]*
  shut your mouth *cau*[1] *dy ben/geg*
  to make one's mouth water *tynnu dŵr i'r dannedd*
mouthful *cegaid*
mouth-organ *organ geg*
mouthpiece ☐ *cetyn*
mouth-watering *yn tynnu dŵr o'r dannedd [tynnu]*

movable *symudol*
a move *symudiad*
  to get a move on *clatsio arni, mwstro*
to move *mudo, syflyd, symud, ysgogi*
  to move away *pellhau*
  to move on *cerdded*
movement *achos*[1]*, mudiad, symudiad*
movie *ffilm*
moving
  to get moving *clatsio bant*
to mow *lladd, torri*
MP *AS, aelod seneddol*
m.p.h. *m.y.a., milltir yr awr*
Mr *Bnr., Bonwr*
Mrs *Bns, y Fns., Boneddiges*
MS *llsgr., llawysgrif*
M/S *y Fns., Boneddiges*
much *llawer, mawr*
  as much *cymaint*
  as much again *cymaint arall*
  how much *faint:pa faint [maint]*
  in as much as *yn gymaint â [cymaint]*
  much less *chwaethach*
  not so much *cymaint a chymaint*
  so much *hyn a hyn*
  too much *gormod, trech*
muck *llaca*
  muck sweat *chwysfa, chwysiad*
  a muck up *smonath:smonach, traed moch*
  to muck out *carthu*
  to muck up *gwneud smonaeth: smonach, ponsio*
to muck-spread *gwasgaru (tail:dom)*
mucus *llysnafedd*
mud *llaid, mwd*
  mud slinging *lluchio baw*
a muddle *dryswch, lobsgows, tryblith*
  to muddle through *bracsan: bracso*
muddled *cymysglyd, dryslyd*
muddy *lleidiog, mwdlyd*
mug *mŵg*
muggy *mwll, trymaidd:trymllyd*
mulberry *morwydden, mwyaren Mair*
mule *mul*
multi... *aml...*[2]
multi-coloured *amryliw*
multifarious *amryfal*
multiple *lluosrif*
multiplication *lluosiad*
to multiply *lluosi, lluosogi, mwyhau*
multi-purpose *amlbwrpas*
multitude *crug, crugyn, lleng, lliaws, tyrfa*
mum *taw*
  mum's the word *taw piau hi*
to mumble *mwmian:mwmial*
mummy *mwmi*
mumps *clwyf y pennau, y dwymyn doben [twymyn]*

municipal *dinasol:dinesig*
municipality *bwrdeistref*
mural *murlun*
a murder *llofruddiaeth*
to murder *llofruddio*
murderer *lleiddiad, llofrudd*
murky *lleidiog*
a murmur *murmur*
to murmur *sïo:suo*
muscle ☐ *cyhyr*
muscular *cryf, cyhyrog*
the muse *awen*[1]
the muses *yr Awenau* [*awen*[1]]
to muse *synfyfyrio*
museum *amgueddfa*
mushrooms *grawn unnos, madarch*
music ☐ *caniadaeth, cerdd, cerddoriaeth, miwsig*
   chamber music *cerddoriaeth siambr*
   music to one's ears *mêl ar fy mysedd*

sacred music *caniadaeth y cysegr*
musical *cerddorol*
musician *cerddor*
mussel ☐ *cragen las, misglen*
must *rhaid wrth*
   I must not *rhaid imi beidio* [*â*]
mustard ☐ *mwstard:mwstart*
to muster *crynhoi*[1]
to mutate *treiglo*[1]
mutation *treiglad*
   aspirate mutation *treiglad llaes*
   nasal mutation *treiglad trwynol*
   soft mutation *treiglad meddal*
   spirant mutation *treiglad llaes*
mute *mud:mudan*[1]
a mute (person) *mudan*[2]
muted *tawel*
muteness *mudandod*
a mutiny *gwrthryfel*
to mutiny *gwrthryfela*
to mutter *dweud dan fy nannedd* [*dannedd*], *mwmian:mwmial*

a muttering *murmur*
muzzle *ffroen, trwyn*
my *f',fy, 'm*
myopia *golwg*[1] *byr, meiopia*
myriad *myrdd:myrddiwn*
myrrh *myrr*
myrtle *myrtwydden*
myself *myfi fy hunan*
   by myself *ar fy mhen fy hun* [*pen*[1]]
mysteries *dirgelion*
mysterious *cyfrin, dirgel*[1]
mystery *dirgelwch*
mystic *cyfrin*
a mystic *cyfrinydd*
mystical *cyfriniol*
mysticism *cyfriniaeth*
to mystify *synnu*
myth *myth*
mythical *chwedlonol*
mythological *mythologol*
mythology *chwedloniaeth, mytholeg*

N

N *N, newton*
to nag *poeni, swnan:swnian*
a nail
   1 *ewin*
   2 *hoel:hoelen*
   a nail in the coffin *hoelen yn arch*
   to hit the nail on the head *taro'r hoelen ar ei phen* [*hoelen*]
to nail *hoelio*
naïve *diniwed*
naked *noeth*
   stark naked *porcyn*
nakedness *noethni*
a name *enw*
   good name *enw da*
   in name *mewn enw* [*enw*]
   in the name of *yn enw* [*enw*]
   maiden name *enw morwynol* [*morwynol*]
to name *dodi enw ar* [*dodi*], *enwi, galw*[1]
nameless *dienw*
namely *hynny yw, nid amgen* [*amgen*], *sef*
names *enwau*
   to call someone names *galw*[2] *enwau ar*
nap *cyntun*
nape ☐ *gwar*
   nape of the neck ☐ *gwegil*
napkin *napcyn:napgyn*
nappy *cewyn, clwt*
Narberth *Arberth*
narcissus ☐ *croeso'r gwanwyn*
to narrate *adrodd, traethu*
narrative *traethiad*
narrator *adroddwr, datgeiniad*
narrow *cul, cyfyng*
to narrow *culhau*
narrow-minded *cul*

narrowness *culni*
nasal *trwynol*
   nasal mutation *treiglad trwynol*
nasty *brwnt, cas*[1], *drwg*[2]
nation *cenedl, gwlad*
national *cenedlaethol*
   national anthem *anthem genedlaethol*
   the National Curriculum *y Cwricwlwm Cenedlaethol*
   National Eisteddfod *Eisteddfod Genedlaethol*
   national library *llyfrgell genedlaethol*
   national park *parc cenedlaethol*
   the National Trust *yr Ymddiriedolaeth Genedlaethol*
nationalism *cenedlaetholdeb*
nationalist *cenedlaetholwr*
nationalistic *cenedlaethol*
to nationalize *cenedlaetholi, gwladoli*
nationhood *cenedligrwydd*
native *brodorol, cysefin, genedigol*
a native *brodor*
to natter on *rwdlan:rwdlian*
natural *anianol, naturiol*
naturalist *naturiaethwr*
naturally *wrth natur* [*natur*], *wrth reswm* [*rheswm*]
naturalness *naturioldeb*
nature *anian, natur*
   nature conservancy *seintwar natur*
naughtiness *direidi, drygioni*
naughty *direidus, drwg*[2]
   naughty words *geiriau mawr* [*gair*]
nausea *cyfog*

to nauseate *codi cyfog* [*cyfog*]
nauseous *cyfoglyd*
navel *bogail:bogel*
to navigate *mordwyo*
navy *llynges*
Nazi *Natsi*
NB *DS, Dalier Sylw*
near *agos, ar bwys* [*pwys*[2]], *ar gyfyl* [*cyfyl*], *cyfagos, ger, gerllaw, nid nepell* [*nepell*]
   to draw near *agosáu, closio, dynesu, nesáu:nesu*
nearest *agosaf, nesaf*
   to the nearest thousandth of an inch *i drwch y blewyn* [*trwch*]
neat *cymen, destlus, pert, twt*[1]
Neath *Castell-nedd*
neatness *taclusrwydd*
nebula ☐ *nifwl*
nebulous *annelwig, niwlog*
necessary *angenrheidiol, gofynnol*
   it's necessary *mae gofyn* [*gofyn*[1]]
   it's not necessary *does dim rhaid* [*rhaid*]
necessity *anghenraid, rhaid, rheidrwydd*
neck ☐ *gwddf:gwddwg, mwnwgl*
   a pain in the neck *draen yn ystlys rhywun, poen*
nectar *neithdar*
need *angen, eisiau, gofyn*[1]
   as the need arises *yn ôl y galw* [*galw*[1]], *yn ôl y gofyn* [*gofyn*[1]]
needle ☐ *nodwydd*
   knitting-needle *gwäell*
needless *diachos*
needlework *gwniadwaith*
needy *anghenus*

negate   **nose**

to negate *negyddu*
negative *nacaol, negyddol*
a negative *negydd*
to neglect *esgeuluso*
negligence *diofalwch, esgeulustod*
negligent *diofal, esgeulus*
to negotiate *trafod*
negotiation *trafodaeth*
Negro *Negro*
a neigh *gweryrad:gweryriad*
to neigh *gweryru*
neighbour *cymdoges, cymydog*
neighbourhood *bro, cymdogaeth*
neighbourliness *cymdogaeth dda*
neighbourly *cymdogol*
neither *chwaith:ychwaith*
  neither here nor there *nac yma nac acw* [*yma*]
  neither ... nor *na*[3] *... nac*
neon *neon*
  neon light *golau neon* [*neon*]
nephew *nai*
Neptune □ *Neifion*
Nerquis *Nercwys*
nerve *nerf*
  to get on one's nerves *mynd ar fy nerfau* [*nerf*]
nervous
  1 *ar binnau* [*pinnau*], *nerfus, ofnus*
  2 *nerfol*
nervousness *nerfusrwydd*
a nest □ *nyth*
  hornets' nest *nyth cacwn*
to nest *nythu*
nest-egg *wy addod*
nestful *nythaid*
to nestle *nythu*
a net □ *rhwyd*
to net *rhwydo*
netball *pêl-rwyd*
Netherlands *Iseldiroedd*
nettles *danadl:dynad*
  stinging nettles *danadl poethion*
network *rhwydwaith*
to neuter *ysbaddu*
neutral *niwtral*
to neutralize *niwtraleiddio*
neutron □ *niwtron*
never *byth, erioed*
  never mind *hidiwch befo* [*hidio*]
  on the twelfth of never *dydd Sul y pys*
Nevern *Nanhyfer*
nevertheless *er hynny:serch hynny* [*hynny*], *eto*[2] *i gyd*
new *newydd*[2]
  brand new *newydd sbon* [*sbon*]
  new look *ar ei newydd wedd* [*gwedd*[1]]
  New Year's Day *dydd Calan* [*Calan*]
  New Year's Eve *nos Galan* [*Calan*]
  New York *Efrog Newydd*
new-born *newydd-anedig*
Newborough *Niwbwrch*

Newbridge *Trecelyn*
Newcastle Emlyn *Castellnewydd Emlyn*
newcomer *dyn dŵad, newydd-ddyfodiad* [*dyfodiad*]
Newmarket *Trelawnyd*
Newport (Gwent) *Casnewydd*
Newport (Pembs) *Trefdraeth*
Newquay *Ceinewydd*
news *newydd*[1], *newyddion*
  to break the news *torri'r garw* [*garw*]
newspaper *papur newydd*
  talking newspaper *papur llafar*
newt □ *madfall y dŵr*
newton *N, newton*
Newtown *Y Drenewydd*
next *nesaf, wedyn*
  next day *trannoeth*
  next door *drws nesaf*
  next to nothing *ail*[1] *i ddim, y nesaf peth i ddim*
nice *braf, hyfryd, neis*
nickel *nicel*
nickname *glasenw, llysenw*
nicotine *nicotîn*
niece *nith*
nigh *gerllaw*[2]
a night *noson, noswaith*
the night *nos, tywyllwch*
  at night:by night *liw nos* [*lliw*]
  dead of night *cefn nos:cefn trymedd nos, dyfnder nos*
  good night *nos da*
  last night *neithiwr*
  night before last *echnos*
  the Night of the Long Knives *Brad y Cyllyll Hirion*
  twelfth night *Ystwyll*
night-dress *crys nos*
nightfall *brig y nos*
night-gown *betgwn, coban*
nightingale *eos*
nightly *beunos, nosol, nosweithiol*
nightmare *hunllef*
nightshade
  deadly nightshade □ *codwarth*
night-shirt *coban*
nil *dim*
nimble *chwim, gwisgi, sionc, ysgut:sgut*
nimbleness *chwimder:chwimdra*
nimbus *corongylch*
nincompoop *clwpa, iolyn, mwlsyn*
nine *naw*
ninepins *ceilys*[2]
nineteen *pedwar ar bymtheg*
  nineteen to the dozen (*siarad*) *pymtheg yn y dwsin*
ninth *nawfed*
to nip *brathu*
nipple *teth*
nit *nedden*
nitrate *nitrad*
nitrogen *nitrogen*
nitty gritty *glo mân*
nitwit *hurtyn*

NLW *LIGC, Llyfrgell Genedlaethol Cymru*
no *na:nac, naddo, nage, nas*
  no entry *dim mynediad* [*mynediad*]
  no one *neb*
nobility *bonedd, urddas*
noble *boneddigaidd, bonheddig, mirain, nobl, taliaidd, urddasol*
  of noble descent *o dras* {*tras*]
nobleman *uchelwr*
nobody *neb*
nocturnal *nosol, nosweithiol*
a nod *amnaid*
to nod *amneidio*
node *cwlwm*[1]
nodule *cnepyn*
noise *dadwrdd, sŵn, twrw:twrf*
noisy *swnllyd, trystiog, uchel fy nghloch* [*cloch*]
nom de plume *ffugenw*
nomad *crwydryn, nomad*
nomadic *crwydrol*
to nominate *enwebu*
nominative *enwol*
non... *an..., di...*
nonchalant *didaro*
non-Christians *byd*
nonconformist *anghydffurfiol*
a nonconformist *anghydffurfiwr*
a Nonconformist *Ymneilltuwr*
nonconformity *anghydffurfiaeth*
Nonconformity *Anghydffurfiaeth, Ymneilltuaeth*
none *dim, neb*
nonsense *dwli:dyli, ffwlbri, lol, twt lol!*
  to talk nonsense *cyboli, rwdlan:rwdlian*
non-violent *di-drais*
non-Welsh-speaking *di-Gymraeg*
nook *cil, cilfach*
noon *hanner dydd*
nor *na*[3]:*nac*
norm *safon*
normal *normal*
Norseman *Llychlynnwr*
north □ *gogledd*
  North Pole □ *Pegwn y Gogledd*
  North Sea *Môr y Gogledd, y Môr Tawch*
  North Wales *y Gogledd*
north-east *gogledd-ddwyrain*
northerly *gogleddol*
north-west *gogledd-orllewin*
nose *trwyn*
  to get up one's nose *mynd dan fy nghroen* [*croen*]
  to keep one's nose to the grindstone *cadw/dal fy nhrwyn ar y maen* [*trwyn*]
  to pay through the nose *talu trwy fy nhrwyn*
  to poke one's nose into *gwthio fy mhig i mewn*
  to turn up one's nose *troi trwyn*
  under one's nose *dan fy nhrwyn* [*trwyn*]

nosegay *pwysi*²
nosey *busneslyd*
nostalgia *hiraeth*
nostalgic *hiraethus*
nostril ☐ *ffroen*
not *heb, na:nac, nas, ni*³*:nid, peidio*
  has he/she not *oni*¹*:onid*
  is it not *oni*¹*: onid*
  (not) at all *o gwbl* [*cwbl*²]
  not bad *ddim yn ffôl* [*ffôl*], *gweddol, purion*
  not far out *agos i'm lle* [*lle*]
  not quite sixteen ounces *heb fod yn llawn llathen* [*llathen*]
  not so much *cymaint a chymaint*
  not used to *anghyfarwydd*
  that ... not *na*⁴*:nad*
  who ... not *na*⁴*:nad*
notable *hynod, nodedig*
notation *nodiant*
  Old Notation *hen*¹ *nodiant*
  staff notation *hen*¹ *nodiant*
a notch *hac, rhic*
to notch *bylchu*
notched *bylchog*
a note
  1 *nodyn*
  2 *arian papur*
to note *cofnodi, nodi*
noted *enwog*
noteworthy *hynod*
nothing *dim*
  good for nothing *da*¹ *i ddim*
  next to nothing *ail i ddim, y peth nesaf i ddim*
  nothing at all *affliw o ddim, dim byd, dim yw dim, o gwbl* [*cwbl*²]
  nothing but *dim ond*
a notice
  1 *hysbysiad*
  2 *rhybudd*
  3 *sylw*
to notice *sylwi*

notice-board *hysbysfwrdd*
notices *hysbysion*
to notify *hysbysu*
notion *amcan, dirnadaeth*
notwithstanding *ar waethaf:er gwaethaf* [*gwaethaf*], *er*
nought *dim, gwagnod, sero*
  to come to nought *dod i ddim*
noun *enw*
  collective noun *enw torfol*
  proper noun *enw priod*
to nourish *meithrin*
nourishing *maethlon*
nourishment *maeth*
novel *nofel*
novelist *nofelydd*
novelty *newydd-deb*
November *Tachwedd*
novice *newyddian*
now *nawr, rŵan, yn awr:yr awr hon* [*awr*], *yrŵan*
  from now on *o hyn allan* [*hyn*], *o hyn ymlaen* [*ymlaen*]
  just now *gynnau*², *gynnau*² *fach*
  now and again *bob hyn a hyn* [*hyn*], *yn awr/nawr/rŵan ac yn y man* [*man*]
  now and then *yn awr ac yn y man:bob yn awr ac eilwaith* [*awr*]
  now then *nawr/rŵan 'te*
  up to now *hyd yma* [*yma*], *hyd yn hyn* [*hyn*]
nowadays *heddiw*
nowhere
  we are getting nowhere *ddaw hi ddim* [*dod*¹]
nozzle *trwyn*
nuclear *niwclear*
  nuclear disarmament *diarfogi niwclear*
  nuclear power-station *atomfa*
  nuclear reactor *adweithydd niwclear*
nucleus ☐ *cnewyllyn, niwclews*

nude *noeth lymun:noethlymun, porcyn*
a nudge *pwnad:pwniad, pwt*¹
to nudge *pwnio:pwno*
nudist *noethlymunwr*
nudity *noethni*
nuisance *digon o farn* [*barn*], *niwsans, poen, poendod*
numb *dideimlad*
to numb *fferru, merwino*
a number
  1 *maint, nifer*
  2 *rhif, rhifyn*
  3 *sawl*
  cardinal (number) (*rhif*) *prifol*
  even number *eilrif*
  number eight *wythwr*
  odd number *anghydrif, odrif*
  ordinal numbers *trefnolion*
  prime number *rhif cysefin*
  whole number *cyfanrif*
to number *rhifo*
numerals *rhifolion*
numerous *aml*¹, *lluosog, niferus*
numskull *lembo*
nun *lleian*
nunnery *lleiandy*
a nurse *gweinyddes, mamaeth, nyrs*
to nurse *magu, nyrsio*
nursery *meithrinfa*
  nursery rhyme *hwiangerdd*
  nursery school *ysgol feithrin*
nut
  1 ☐ *cneuen*
  2 ☐ *nyten*
nutcracker *gefel gnau*
nuthatch ☐ *delor y cnau*
nuts
  1 *cnau*
  2 *gwallgof*
  hazel-nuts ☐ *cnau cyll*
  to gather nuts *cneua*
  walnuts ☐ *cnau Ffrengig*
nylon *neilon*

O

oaf *llo, llwdn*
oak *derw*², *derwen*
oaken *derw*¹
oar *rhodl, rhwyf*
oarsman *rhwyfwr*
oasis *gwerddon*
oatcake *bara ceirch*
oath *llw*
  on oath *ar lw* [*llw*]
oatmeal *blawd ceirch*
oats ☐ *ceirch:cerch:cyrch*
obduracy *ystyfnigrwydd*
obdurate
  to become obdurate *caledu*
obedience *ufudd-dod*
obedient *ufudd*
obeisance *gostyngiad, gwrogaeth*
obelisk *bidog*

obese *tew*
to obey *ufuddhau*
an object
  1 *gwrthrych*
  2 *pwrpas*
to object *gwrthwynebu*
objection *gwrthwynebiad*
objectionable *barnol*
objective *gwrthrychol*
an objective *nod*
objector *gwrthwynebydd: gwrthwynebwr*
  conscientious objector *gwrthwynebydd cydwybodol*
obligatory *gorfodol*
obliging *cymwynasgar, parod*
oblique *lletraws*
to obliterate *dileu*

obliteration *dilead*
oblivion *angof, difancoll, ebargofiant*
oblivious *anymwybodol*
oblong *petryal*
obnoxious *ffiaidd*
oboe ☐ *obo*
obscene *aflan*
obscure *aneglur, cymylog, cymysglyd, di-nod:dinod, tywyll*
to obscure *cuddio, dallu, tywyllu*
obscurity *dinodedd*
obsequious *gwasaidd*
observant *craff, sylwgar*
observation *sylw*
observatory ☐ *arsyllfa*
to observe *cadw, dal:dala, gwylio: gwylied, sylwi*

to observe closely craffu
observer sylwedydd
obsessed
  to be obsessed gwirioni
obstacle rhwystr
obstinacy cyndynrwydd, ystyfnigrwydd
obstinate cyndyn, gwrthnysig, pengaled, ystyfnig
to obstruct llesteirio, rhwystro
obstruction llestair, maen tramgwydd, rhwystr
to obtain cael, ennill[1]
obtuse twp
  obtuse angle □ ongl aflem
obvious amlwg
occasion achlysur, gwaith[2]
occasional achlysurol, ambell
occasionally ambell dro [tro], ambell waith [gwaith[2]], weithiau
occult goruwchnaturiol
occupation
  1 galwedigaeth
  2 meddiant
to occupy meddiannu
to occur digwydd, taro
occurrence digwyddiad
ocean □ cefnfor
  Antarctic Ocean Cefnfor y De
  Arctic Ocean Cefnfor Arctig
  Atlantic Ocean Cefnfor Iwerydd
  Indian Ocean Cefnfor India
  Pacific Ocean y Cefnfor Tawel
o'clock o'r gloch [cloch]
octave octef, wythfed[1]
octet wythawd
October Hydref
octopus □ octopws
odd od, rhyfedd
  odd number anghydrif, odrif
oddness odrwydd
odds
  odds and ends geriach, petheuach, trugareddau
odious anghynnes
odiousness gwrthuni
odour arogl, sawr
oesophagus pibell fwyd
of gan, o[1]
off oddi am, pant, ymaith
  from off oddi ar
  off my own bat ar fy liwt fy hun [liwt]
Offa's Dyke Clawdd Offa
offence tramgwydd, trosedd
  to commit an offence troseddu
  to take offence digio, sorri
to offend pechu, tramgwyddo
offended chwith[1]
  to be offended digio
offender drwgweithredwr
offensive sarhaus
an offer cynnig[1]
to offer cynnig[2], offrymu
an offering offrwm
office
  1 swydd
  2 swyddfa
  to bear office dwyn swydd
officer swyddog
official swyddogol
an official swyddog
to officiate gwasanaethu, gweinidogaethu, gweinyddu
offside
  to be offside camochri, camsefyll
offspring epil, hil, hiliogaeth, llinach
often aml[1], llawer gwaith
  as often as cynifer gwaith [gwaith[2]]
  more often than not yn amlach na pheidio [amlach]
Ogmore-by-sea Aberogwr
oh! o[2]
  oh dear! o'r annwyl:yr annwyl! [annwyl]
ohm ohm
oil olew:oel
to oil iro, oelio
oily seimlyd:seimllyd
ointment eli, ennaint
OK iawn[2]
old hen[1], oedrannus
  old age hen ddyddiau [dyddiau], henaint, henoed
  old folk hen ddwylo [dwylo]
  old hand hen ben [pen[1]], hen[1] law
  old maid hen[1] ferch
  old man hynafgwr
  Old Notation hen[1] nodiant
  old people henoed
  old tricks hen gastiau [cast[1]]
  old wives' tale coel gwrach
  to become old heneiddio
old-fashioned henaidd, henffasiwn
oldish henaidd
olive (tree) □ olewydden
Olympian Olympaidd
Olympic Olympaidd
  the Olympic Games y Campau/Chwaraeon Olympaidd
omelette omled:omlet
omen argoel
to omit gadael allan
omnibus bws
omnipotent hollalluog
omniscient hollwybodol
omnivore hollysydd
on am[2], ar, ar bwys [pwys], ymlaen
  and so on ac yn y blaen [blaen[1]]
  from now on o hyn allan [hyn], o hyn ymlaen [ymlaen]
  on behalf of ar ran:ar fy rhan [rhan[1]]
  on his father's side ar ochr/o du ei dad [tu]
  on his own ar ei ben ei hun [pen[1]]
  on one's high horse ar gefn fy ngheffyl [ceffyl]
  on the go ar y gweill [gweill]
  on the twelfth of never dydd Sul y pys
  on the whole ar y cyfan [cyfan], at ei gilydd [gilydd]
  on time ar amser
once gynt, siwrnai[2], unwaith
  at once ar unwaith [unwaith], chwap, yn y fan [man]
  once in a blue moon unwaith yn y pedwar amser
  once upon a time ers llawer dydd:slawer dydd [llawer], erstalwm, un tro [tro]
one
  1 un[1]
  2 chwi:chi, ti
  every single one pob copa walltog [copa]
  no one neb
  not one of them yr un ohonynt [un[1]]
  of one accord yn unfryd unfarn
  one another ei[1] gilydd
  one by one yn un ac un [un[1]], fesul un [mesul]
  one of gyda:gydag
  one of the best o'r iawn ryw [rhyw[1]]
  one side naill ochr, neilltu
  the one ... naill
  the same one yr un un [un[2]]
  to become one cyfuno
  to one side i'r naill ochr [naill]
one-day undydd
one-eyed unllygeidiog
one-sided unochrog
one-third traean
one-way un-ffordd
onion □ nionyn, wynionyn: wynwynyn
  to know one's onions gwybod fy mhethau [pethau]
only dim ond, ond, unig
onslaught ymosodiad
onus baich, cyfrifoldeb
onward ymlaen
opaque afloyw, didraidd
open agored, ar agor [agor], ar led [lled], ar yr wyneb [wyneb]
  open air awyr agored
  wide open lled y pen [pen[1]], penagored
to open agor, torri, ymagor
  about to open ar agor [agor]
opencast
  opencast coal glo brig
opening agoriad, drws
open-minded eangfrydig, meddwl[1] agored
opera opera
to operate
  1 agor
  2 gweithio, gweithredu
operation llawdriniaeth, triniaeth lawfeddygol
operator gweithredwr
ophthalmologist offthalmolegydd

opinion *barn, daliad, piniwn, syniad, tyb*
  opinion poll *arolwg barn*
  public opinion *llais y wlad*
opponent *gwrthwynebydd: gwrthwynebwr*
opportunity *agoriad, cyfle*
  every opportunity *pob gafael [gafael²]*
  to take the opportunity *achub y cyfle*
to oppose *gwrthwynebu*
  opposed to *erbyn¹*
opposite *ar gyfer [cyfer], cyferbyn, cyferbyniol: cyferbynnol, gogyfer¹, gwrthgyferbyniol*
an opposite *gwrthwyneb*
opposition
  1 *gwrthblaid*
  2 *gwrthgyferbyniad*
  3 *gwrthwynebiad, gwrthwynebion*
  in the face of opposition *yn nannedd [dannedd]*
to oppress *gormesu, llethu, nychu, treisio*
  to be oppressed *llethu*
oppression *gormes:gormesiad, gorthrwm, gorthrymder*
oppressive *gormesol*
oppressor *gormeswr*
optician *optegwr:optegydd*
optics *opteg*
optimism *optimistiaeth*
optimistic *gobeithiol*
option *dewis*
or *neu, ynteu*
oracle *oracl*
oral *geiriol, llafar*
  oral tradition *llafar gwlad*
orange ☐ *oren*
orang-utan(g) ☐ *orang-wtan*
oration *araith*
orator *areithiwr*
oratorio *oratorio*
orbit *cylch, cylchdaith, rhod*
orchard *perllan*
orchestra *cerddorfa*
orchestral *cerddorfaol*
orchid ☐ *tegeirian*
to ordain *cysegru, ordeinio, urddo*
an order
  1 *archeb*
  2 *gorchymyn*
  3 *gradd, urdd¹*
  4 *trefn*
  in order *mewn trefn [trefn]*
  in order to *ar gowt [cownt], er, er mwyn [mwyn²]*
  out of order *allan o drefn [trefn]*
  postal order *archeb bost*
  to put in order *cyweirio*
to order
  1 *archebu*
  2 *gwneud¹:gwneuthur*
orderly *trefnus*
ordinal *trefnol*

ordinal numbers *trefnolion*
ordinary *cyffredin*
ore ☐ *mwyn¹*
organ ☐ *organ*
organic *organig*
organism *organeb*
organist *organydd, organyddes*
organization *cymdeithas*
to organize *trefnu*
organizer *trefnydd*
the Orient *y Dwyrain*
oriental *dwyreiniol*
to orienteer *cyfeiriannu*
origin *gwraidd, gwreiddyn*
original *cysefin, dechreuol, gwreiddiol*
originality *gwreiddioldeb*
Orkney Isles *Ynysoedd Erch*
ornament *addurn*
ornamental *addurniadol*
ornithologist *adarydd:aderydd*
ornithology *adareg*
orphaned *amddifad*
orthodox *uniongred*
  Orthodox Church *yr Eglwys Uniongred*
orthography *orgraff*
osprey *eryr y môr*
ostentation *rhodres*
ostentatious *rhodresgar*
ostler *gwastrawd*
ostrich *estrys*
Oswestry *Croesoswallt*
other *amgen:amgenach, arall*
  each other *ei gilydd [gilydd]*
  every other *bob yn ail:am yn ail [ail¹]*
  I couldn't do other than *ni allwn lai na [llai¹]*
  the other side *am², tu acw:tu arall*
  the other side of the wall *am y pared [pared]*
the other *llall*
others *lleill*
otherwise *amgen, fel¹ arall*
  if otherwise *os amgen [amgen:amgenach]*
otter ☐ *dyfrgi:dwrgi, dyfrast*
ought *dylu**
ounce *owns*
  fluid ounce *owns lifyddol*
  not quite sixteen ounces *heb fod yn llawn llathen [llathen]*
our *ein, 'n*
ours *eiddom ni*
out *allan, maes²:ma's:mas, i maes*
  inside out *tu chwith allan:tu chwithig allan [chwith¹]*
  not far out *agos¹ i'm lle*
  out for my blood *bod am fy ngwaed [gwaed]*
  out of *allan¹ o, oddi*
  out of favour *tan gwmwl [cwmwl]*
  out of one's depth *allan o'm dyfnder [dyfnder]*

out of touch *ar ei hôl hi*
out of tune *allan o diwn [tiwn]*
to be out of position *camsefyll*
out-and-out *rhonc*
outer
  outer fringes *ymylon*
outing *gwibdaith*
outlaw *herwr*
outlawed *ar herw [herw]*
an outline *amlinelliad*
to outline *amlinellu*
to outlive *goroesi*
outlook *rhagolwg*
out-of-sorts *clwc, di-hwyl*
outpouring *tywalltiad*
output *allbwn, cynnyrch*
outset *dechrau*
outside *allan¹, tu allan:tu faes*
  from outside *oddi allan*
outside-half *maswr*
outskirts *cwr, godre, ymylon*
  on the outskirts *ar gyrion [cyrion]*
outspoken *di-dderbyn-wyneb*
outstanding
  1 *dyledus*
  2 *eithriadol, godidog, gorchestol*
outstretched *ar led [lled]*
oval *hirgrwn*
ovary ☐ *ofari*
ovate *ofydd*
ovation *cymeradwyaeth*
oven *ffwrn, popty*
ovenful *ffyrnaid*
over ... *gor...*
over *ar ben [pen¹], dros ben [tros:dros], goruwch¹, rhy¹, tros:dros, trosodd:drosodd, uwchben: uwchlaw*
  all over me *yn fêl i gyd [mêl]*
  over and over *drosodd a throsodd [trosodd]*
  over one's head *bod dros ben [pen]*
  over the top *dros ben llestri [llestri]*
  to go over *mynd dros [tros]*
an over *pelawd*
over-anxious *gorbryderus*
overbearing *trahaus*
to overburden *gorlwytho*
over-careful *gorofalus*
overcast *cymylog*
  to become overcast *cymylu*
overcoat *cot fawr*
to overcome *dod¹ dros, gorchfygu, goresgyn*
  to overcome difficulties *goresgyn anawsterau*
overcomplicated *gorgymhleth*
overdependent
  to be overdependent *gorddibynnu*
to overdo *gorwneud*
over-eager *gorawyddus*
to over-emphasize *gorbwysleisio*
to overfill *gorlenwi*

to overflow *goferu, gorlifo*
overflowing *cyforiog, gorlawn*
overhead *uwchben, uwchlaw*
to overheat *gorboethi*
overland *traws gwlad*
to overlap *gorgyffwrdd*
to overload *gorlwytho*
to overlook *edrych dros*
overpowering *llethol*
to overrate *gorbrisio*
overseas *tramor*
to oversee *goruchwylio*
overseer *goruchwyliwr*
to overshadow *cysgodi*
oversight *gwall*
to overtake *goddiweddyd*
an overthrow *dymchweliad, gorchfygiad*
to overthrow *dymchwel: dymchwelyd*
to overtire *gorflino*
 to be overtired *gorflino*
overture *agorawd*
to overturn *diwel, dymchwel: dymchwelyd*
an overturning *dymchweliad*
to over-use *gorddefnyddio*
to overwhelm *llethu*
 to be overwhelmed *llethu*
overwhelming *llethol*
to overwork *gorweithio*
owing *dyledus*
 owing to *oblegid, oherwydd*
owl *gwdihŵ, tylluan*
 barn owl □ *tylluan wen*
 little owl □ *tylluan fach*
own *hunan:hunain*
 all on my own *o'm pen a'm pastwn* [*pen*¹]
 off my own bat *ar fy liwt fy hun* [*liwt*]
 on my own *ar fy mhen fy hun* [*pen*¹], *wrthyf fy hun* [*wrth*]
to own
 1 *arddel*
 2 *meddu, perchenogi*
owner *perchen:perchennog*
owns *piau*
ox *ych*¹
Oxford *Rhydychen*
oxygen *ocsygen*
oyster □ *llymarch, wystrysen*
Oystermouth *Ystumllwynarth*
ozone *osôn*

P

p c.⁴, *ceiniog*
p. t., *tudalen*
a pace *cam*¹
to pace *camu*¹, *troedio*
pacific *heddychlon:heddychol*
 the Pacific Ocean □ *y Cefnfor Tawel*
pacifist *heddychwr*
a pack
 1 *cnud*
 2 *cyff*
 3 *pac, pecyn, pwn*
to pack *pacio*
 to pack up *hel fy mhac*
 to pack up and go *codi pac*
package *pecyn*
packet *paced*
pact *cyfamod*
pad □ *pad*
padding *padyn*
a paddle □ *padlen:padl, rhodl*
to paddle *padlo*
pagan *paganaidd*
a pagan *pagan*
page *tudalen*
page (boy) *macwy*
pageant *pasiant*
pageantry *rhwysg*
pail *bwced*
a pain *cnoad:cnoead, cur, gloes: loes, gwayw, loes, poen*
 a pain in the neck *bod yn ddraen yn ystlys rhywun* [*draen*], *poen*
to pain *poeni*
painful *dolurus, poenus, tost*
 to be painful *dolurio*
painstaking *dyfal, gofalus*
paint *paent*
to paint *arlunio, peintio*
painter *peintiwr*
pair *pâr*¹
palace *palas, plas*
palatable *blasus*
palate *taflod y genau*
pale *gwelw, llwyd*
to pale *gwelwi, llwydo, pylu*
 to grow pale *glasu*
paleness *gwelwder:gwelwedd*
pallid *claerwyn, gwelw, llwyd*
pallor *gwelwder:gwelwedd*
palm
 1 *cledr y llaw, palf, tor y llaw*
 2 *palmwydden*
 Palm Sunday *Sul y Blodau*
palsy *parlys*
paltry *pitw*
pampas *paith*
to pamper *dandwn, maldodi*
pampering *maldod*
pamphlet *llyfryn, pamffled: pamffledyn*
a pan *padell*
to pan *rhidyllu*
pancake *crempog, ffroesen: ffroisen, pancosen*
pancreas *cefndedyn, pancreas*
pandemonium *halibalŵ:halabalŵ*
pane *cwarel*², *chwarel, paen*
panel *panel*
pang *gwasgfa, gwayw, pang, pangfa*
 pangs of conscience *gwewyr cydwybod*
to panic *gwylltio:gwylltu*
pansy □ *pansi*
pantomime *pantomeim*
pantry *pantri*
pants *trôns*
papal *pabaidd*
paper *papur*
 blotting-paper *papur sugno*
 brown paper *papur llwyd*
 filter paper *papur hidlo* [*hidlo*]
 glasspaper *papur gwydrog* [*gwydrog*]
 local paper *papur bro*
 on paper *ar bapur* [*papur*]
 paper money *arian papur*
 tissue paper *papur sidan*
 tracing paper *papur dargopïo*
 white paper *papur gwyn*
papier mâché *mwydion papur*
papyrus *papurfrwyn*
parable *dameg*
parachute □ *parasiwt*
parade *gorymdaith*
paradise *paradwys*
paragraph *paragraff*
parallel □ *cyfochrog, paralel*
 parallel with *gyda:gydag*
a parallel *cyflin*
to paralyse *parlysu*
paralysed *diffaith, diffrwyth*
paralysis *parlys*
to paraphrase *aralleirio*
parasite *parasit*
to parboil *goferwi*
parcel *parsel*
to parch *crasu*
parched *crasboeth, crin*
parchment *memrwn*
a pardon *maddeuant, pardwn*
to pardon *maddau*
to pare *pilio:pilo, plicio*
parent *rhiant*
parenthesis *sangiad*
parents *rhieni*
parish *plwyf*
parishioners *plwyfolion*
parity *cydraddoldeb*
a park *gerddi, parc*
 car park *maes parcio*
 country park *parc gwledig*
 national park *parc cenedlaethol*
to park *parcio:parco*
parliament *senedd*
 member of parliament *aelod seneddol, AS*
parliamentary *seneddol*
parlour *cegin orau, parlwr*
parochial *plwyfol*
parody *parodi*
paroxysm *pwl*
parrot *parot*
parsimonious *cybyddlyd*
parsley □ *persli*
parsnip □ *panasen*

parson *offeiriad, person²*
a part *darn, parth, rhan¹*
   for the most part *gan mwyaf*
   in part *rhannol*
   part of speech *rhan ymadrodd*
   private parts *dirgelwch*
to part *gwahanu, ymadael:ymado â*
to partake of *cyfranogi*
  partial *pleidiol*
to participate *cyfranogi, cymryd rhan*
  particle
    1 *affliw, gronyn, mymryn, rhithyn*
    2 *geiryn*
  particular *neilltuol*
    particular time *dwthwn*
    too particular *gorfanwl*
  particularly *yn enwedig [enwedig]*
  particulars *manylion*
a parting
    1 *rhaniad, ymadawiad*
    2 *rhes wen*
  partition *palis, pared*
  partly *go¹, lled²*
  partner *partner, priod²*
  partnership *partneriaeth*
  partridge ☐ *petrisen*
  party
    1 *achos¹, parti, plaid*
    2 *cyfeddach², parti*
    working party *gweithgor*
a pass *bwlch, hafn, pàs¹*
to pass *cilio, pasio, taflu pàs, tramwyo*
   to come to pass *darfod*
   to pass out *llewygu*
   to pass the time *pasio amser*
   to pass water *gwneud dŵr [dŵr]*
  passenger *teithiwr*
  passing
    in passing *wrth fynd heibio [heibio]*
a passing *treigliad*
  passion *angerdd, nwyd*
    The Passion *Y Dioddefaint*
  passionate *nwydus*
  passive *goddefol*
  past *cyn¹, heibio*
    (past its) best *dyddiau gorau*
  the past *gorffennol*
    past tense *gorffennol*
  pasta *pasta*
a paste *past*
to paste *pastio*
  pastern ☐ *egwyd*
to pasteurize *pasteureiddio*
  pastime *hamdden*
  pastimes *difyrion*
  pastor *bugail, gweinidog*
  pasture *glaswellt, porfa*
    mountain pasture *ffridd, libart*
  pasty *pastai*
a pat *da⁴*
to pat *canmol*
    to pat on the back *curo cefn [cefn]*
  Patagonia *Y Wladfa [gwladfa]*

a patch *clwt*
   on his own patch *ar ei domen ei hun [tomen]*
to patch *clytio, cyweirio*
  patched *clytiog*
  patchwork *clytwaith*
    patchwork quilt *clytwaith*
  pate *copa, corun*
  paternal *tadol*
  paternoster *pader*
  path *llwybr*
    bridle-path *llwybr troed*
  pathetic *affwysol, gresynus*
  pathology *patholeg*
  patience *amynedd*
  patient *amyneddgar*
a patient *claf²*
  patients *cleifion*
  patois *llediaith*
  patriarch *patriarch*
  patriot *gwladgarwr*
  patriotic *gwladgarol, gwlatgar*
  patriotism *gwladgarwch*
  patron *cynheiliad, noddwr*
    patron saint *mabsant, nawddsant*
  patronage *nawdd*
    with the patronage of *dan nawdd [nawdd]*
to patronize *nawddogi, noddi*
  patronizing *nawddoglyd, nawddogol*
  pattern *patrwm:patrwn*
  patterned *patrymog*
  paupers *tlodion¹*
a pause *hoe, saib:seibiant*
to pause *aros, gorffwys*
to pave *palmantu*
  pavement *pafin, palmant*
  pavilion *pabell, pafiliwn*
  paw *palf, pawen*
a pawn ☐ *gwerinwr*
to pawn *gwystlo*
  pay *cyflog*
to pay *talu, talu ffordd*
    to pay attention *talu sylw [sylw]*
    to pay back *talu'r pwyth yn ôl*
    to pay homage *darostwng, talu gwrogaeth*
    to pay one *talu ffordd*
    to pay one's last respects *talu'r gymwynas olaf*
    to pay one's way *talu fy ffordd*
    to pay through the nose *talu trwy fy nhrwyn*
  payable *dyledus, taladwy*
  payment *tâl¹:taliad*
  pea *pysen*
  peace *heddwch:hedd, tangnefedd*
  peaceable *heddychlon:heddychol*
  peaceful *distaw, heddychlon: heddychol, tangnefeddus*
  peacemaker *heddychwr*
  peaches ☐ *eirin gwlanog*
  peacock *paun*
  peahen *peunes*
  peak *ban, brig, copa, pen¹, penllanw*

  pear ☐ *gellygen, peren*
  pear tree ☐ *gellygen*
  pearl *perl*
  peas ☐ *pys*
  peasant *gwladwr*
  peat *mawn*
  peat-bog *mawnog*
  pebble *cerigyn*
to peck *pigo*
  peculiarity *cynneddf, dieithrwch, hynodrwydd*
  pedal *pedal, troedlath*
to peddle *pedlera*
  pedestrian *cerddwr*
  pedigree ☐ *ach, gwehelyth, llinach, tras*
    to trace a pedigree *dwyn achau, hel achau*
  pedlar *pedler*
to pee *piso*
  the peel *croen, pil, rhisgl*
to peel *crafu, pilio:pilo, plicio*
  peelings *crafion, creifion*
  peep *cewc*
  peep-bo *chwarae² mig*
a peer *cymar*
to peer *llygadu, syllu*
  peerless *digyffelyb, heb fy ail [ail¹]*
  peevish *anynad, gwenwynllyd, piwis*
    to be peevish *gwenwyno*
  peevishness *gwenwyn*
  peewit ☐ *cornchwiglen, cornicyll*
a peg *peg*
    peg leg *coes glec*
to peg *pegio*
  pellet *pelen*
  pelt
    to pelt down *tresio*
a pen
    1 *ffald, lloc*
    2 *pin*
to pen *corlannu, llocio*
to penalize *cosbi*
  penalty *cosb*
    penalty area *cwrt cosbi [cosbi]*
    penalty goal *gôl gosb*
    penalty kick *cic gosb*
    penalty spot *smotyn:ysmotyn*
  penance *penyd*
  pencil *pensel:pensil*
  pendulum ☐ *pendil*
to penetrate *treiddio*
  penetrating *bachog, miniog, treiddgar*
  penguin *pengwin*
  penicillin *penisilin*
  penillion *penillion*
  peninsula *gorynys*
  penis *cal:cala, penis, pidyn*
  penknife *cyllell boced*
  penny *ceiniog*
    (not a) penny *dimai goch*
    one penny *ceiniog goch y delyn*
  pennyworth *ceiniogwerth*
  pension *pensiwn*
  pensioner *pensiynwr*

pensive *meddylgar*
penult *goben*
penultimate *cynderfynol*
people *dynion, gwerin*[1]*, pobl*
    of all people *o bawb* [*pawb*]
pepper ☐ *pupur*
peppermint *mintys poeth*
per
    per cent *canran, y cant* [*cant*[1]]
perambulator *coets fach, pram*
to perceive *canfod*
percentage *canran*
perception *crebwyll*
perch
    1 (fish) ☐ *draenogiad:draenogyn*
    2 *clwyd*
to percolate *hidlo*
percolator *percoladur*
perdition
    1 *difancoll*
    2 *Y Fall* [*mall*]
peregrine
    peregrine falcon ☐ *hebog tramor*
perennial *lluosflwydd*
perfect *perffaith*
to perfect *perffeithio*
perfected *gorffenedig*
perfection *perffeithrwydd*
    to perfection *i'r dim* [*dim*]
perforated *rhwyllog, tyllog*
to perform *perfformio*
performance *perfformiad*
perfume *perarogl, persawr*
perhaps *dichon, efallai, hwyrach*[1]
peril *enbydrwydd, perygl*
perilous *enbyd:enbydus, peryglus*
perimeter *amfesur, perimedr*
period
    1 *amser, cyfnod, sbel, talm:talwm*
    2 *misglwyf*
periodical *cyfnodol*
a periodical *cyfnodolyn, cylchgrawn*
peripatetic *cylchynol, teithiol*
periphery *amgant*
periscope ☐ *perisgop*
to perish *trengi*
periwinkle ☐ *gwichiad*[1]
permanent *parhaol:parhaus*
to permeate *treiddio, ymdreiddio*
permission *caniatâd, cennad*
a permit *trwydded*
to permit *caniatáu*
to permutate *trynewid*
perpendicular *perpendicwlar*
perpetual *gwastadol, oesol, parhaol:parhaus*
perplexed *ffwndrus*
perplexing *dyrys*
perplexity *dryswch, penbleth*
to persecute *erlid, ymlid*
persecution *erledigaeth*
perseverance *dyfalbarhad, dygnwch*
to persevere *dal:dala, dal ati, dyfalbarhau*
persevering *dygn*

to persist *dal i, mynnu, taeru*
persistent *dyfal*
person *person*[1]
    in person *yn y cnawd* [*cnawd*]
personal *personol*
personality *personoliaeth*
perspective *persbectif*
perspiration *chwys*
to perspire *chwysu*
to persuade *darbwyllo, perswadio*
persuasion *perswâd*
to pertain to *ymwneud â*
pertinent *perthnasol*
Peruvian *Periwfiad*
to pervade *treiddio*
perverse *croes*[2]*, gwrthnysig, traws*
perversion *gwyrdroad*
to pervert *gwyrdroi*
pervious *hydraidd*
pessimist *pesimist*
pest *pla, poendod*
to pester *plagio, poeni*
pet *llywaeth*
    pet lamb *oen llywaeth:oen swci*
    pet sheep *dafad swci*
a pet
    1 *anifail anwes*
    2 *ffefryn*
petal ☐ *petal*
petition *deiseb*
petrel ☐ *aderyn-drycin y graig*
    stormy petrel *aderyn drycin, aderyn y ddrycin*
petrol *petrol*
petroleum *petroliwm*
petticoat *pais*
petty *crach...*[2]*, mân, pitw*
pew *côr, sêt*
pewter *piwtar:piwter*
phantom *lledrithiol*
a phantom *drychiolaeth*
pharmacist *fferyllydd*
pharmacy *fferyllfa*
pheasant ☐ *ffesant*
philanthropic *dyngarol*
philanthropy *dyngarwch*
philologist *ieithydd*
philosopher *athronydd*
to philosophize *athronyddu*
philosophy *athroniaeth*
phlebitis *llid y gwythiennau*
phlegm *crachboer*
phoenix ☐ *ffenics*
a phone *ffôn, teliffôn*
to phone *ffonio:ffônio*
photocopier *dyblygydd*
photocopy *llungopi*
a photograph *ffotograff, llun*[1]
to photograph *tynnu llun*
photographer *ffotograffydd*
photography *ffotograffiaeth*
photosynthesis *ffotosynthesis*
a phrase *ymadrodd*
to phrase *brawddegu, geirio*
physical *corfforol*
    physical exercise *ymarfer corff*
physician *meddyg*

physicist *ffisegydd*
physics *ffiseg*
physiology *ffisioleg*
physique *corffolaeth*
pianist *pianydd*
piano:pianoforte *piano*
piccolo ☐ *picolo*
to pick *pigo, tynnu*
    to pick at *pigo*
    to pick on *pigo*
    to pick up *codi, pigo i fyny*
pickaxe *picas*
a picket *picedwr*
to picket *picedu*
a pickle *picil:picl*
to pickle *cyffeithio, piclo*
pickled *hallt*
picnic *picnic*
pictorial *darluniadol*
a picture
    1 *darlun, llun*[1]*, pictiwr*
    2 *digon o sioe* [*sioe*]
    animated picture *symudlun*
to picture *delweddu, dychmygu*
pie *pastai, tarten*
    pie chart *siart cylch*
piece *cetyn, darn, dyn, pisyn, toc*[2]
pieces
    1 *gwerin*[1]
    2 *jibidêrs, teilchion*
pied *brith*
    pied wagtail ☐ *brith y fuches*
to pierce *gwanu, trywanu*
piercing *llym, main*[1]*, treiddgar*
pig ☐ *mochyn*
    to buy a pig in a poke *prynu cath mewn cwd*
pigeon *colomen*
    wood pigeon *sguthan:ysguthan*
pigeon-house *colomendy*
pigsty *cut moch, cwt*[1] *mochyn, twlc*
pigtail ☐ *pleth:plethen*
pike
    1 *gwayffon*
    2 ☐ *penhwyad*
pile
    1 *crugyn, llond gwlad, pentwr, swp, twmpath, wmbredd*
    2 *blew*
piles
    1 *hylltod*
    2 *clwyf y marchogion*
to pilfer *celcio, lladrata*
pilgrim *pererin*
pilgrimage *pererindod*
pill *pilsen*
pillar *colofn, piler*
pillow *clustog, gobennydd*
pilot *peilot*
pimple *ploryn, smotyn:ysmotyn, tosyn*
a pin *pin*
    drawing-pin *pin bawd*
to pin *pinio*
    to pin back one's ears *moeli clustiau*

	pinafore *brat, ffedog, piner*
	pincers *gefel, pinsiwrn:pinsiwn*
a	pinch *bodiaid, pinsiad*
to	pinch *pinsio*
	pincushion *pincas*
	pine *pin*
	pine marten □ *bele*
to	pine *dihoeni, hiraethu, nychu*
	pineapple □ *afal pin, pinafal*
	pine-tree □ *ffynidwydden, pinwydden*
	pink *pinc*
a	pink □ *ceian, ceilys*[1]
	pinnacle *pinacl, uchafbwynt*
	pins *pinnau*
	on pins *ar bigau'r drain* [*drain*], *ar binnau* [*pinnau*]
	pint *peint*
a	pioneer *arloeswr*
to	pioneer *arloesi, braenaru*
	pioneering *arloesol*
	pious *duwiol*
	pip *carreg*
a	pipe *cetyn, pib*[1]*, pibell*
to	pipe *pibo*
	pipeful *pibellaid*
	pipeline *piblin*
	piper *pibydd*
	pipit
	tree pipit *pibydd y coed*
	pirate *môr-leidr*
	pistil □ *pistil*
	piston □ *piston*
	pit *pwll*
	pitch
	1 *pyg*[1]
	2 *traw*[1]
to	pitch
	1 *bowlio*
	2 *gosod*[1]
	pitch-black *pygddu*
	pitcher *cawg, piser, stên:ystên*
	pitchfork *picfforch, picwarch*
	piteous *truenus*
	pith *mwydion*
	pitiful *galarus, truenus*
a	pity *gresyn, tosturi, trueni*[1]
	it's a great pity *piti garw*
	what a pity *trueni*[2]
to	pity *gresynu, pitïo, tosturio*
	pivot *colyn*
a	place *lle*[1]*, man*[1]*, mangre*
	all over the place *pendramwnwgl*
	place of worship *addoldy*
	same place *unfan*
	such and such a place *y lle a'r lle*
	to put someone in his place *rhoi rhywun yn ei le* [*lle*]
to	place *lleoli, taro*
	to place side by side *cyfosod*
	place-name *enw lle*
	placid *diddig*
a	placing *gosodiad*
	plagiarism *llên-ladrad*
a	plague *pla*
	bubonic plague *brech ddu*

to	plague *plagio, poeni*
	plaice □ *lleden*
	plain *croyw, di-lol, diolwg, eglur, gwladaidd, moel*[1]*, plaen*[1]
	the plain truth *y gwir cas*
a	plain *gwastad*[2]*:gwastadedd, gwastatir*
	plain-speaking *diflewyn-ar-dafod*
	plaintiff *achwynwr:achwynydd, cwynwr, cyhuddwr*
	plaintive *dolefus, lleddf*
	plaintive cry *dolef*
a	plait □ *pleth:plethen*
to	plait □ *cyfrodeddu, plethu*
a	plan *cynllun*
to	plan *arfaethu, cynllunio*
a	plane
	1 *plaen*[2]*:plân*
	2 *plân*[1]
	plane trees □ *planwydd*
to	plane *llyfnhau*
	planet *byd,* □ *planed*
	plank *astell, bwrdd, estyllen, ystyllen:styllen*
	planner *cynllunydd*
	plant *offer*
a	plant *llysieuyn, planhigyn*
to	plant *dodi, gosod*[1]*, plannu*
	plantation *planhigfa*
	plants *llysiau*
	plaster *plastr*
	plaster of Paris *plastr Paris*
to	plaster *plastro*
	plastic *plastig*
	plate *plât*
	too much on my plate *gormod ar fy mhlât* [*plât*]
	plateau *llwyfandir*
	plateful *dysglaid, plataid*
	platinum *platinwm*
	platter *dysgl*
	play *chwarae*[1]
a	play *drama*
to	play *canu*[1]*, chwarae*[2]*, ffidlan*
	to play hide-and-seek *chwarae*[2] *mig*
	to play my part *chwarae*[2]*/gwneud fy rhan*
	to play quoits *coetio*
	to play truant *mitsio*
	to play with fire *chwarae*[2] *â thân*
	player *canwr, chwaraewr*
	playful *chwareus*
	playground *buarth, cae*[1] *chwarae, iard*
	playing
	playing field *cae*[1] *chwarae*
	playtime *amser chwarae* [*chwarae*[1]]
	playwright *dramodydd*
	plc *ccc*
	plea *deisyfiad, ple*[1]
to	plead *eiriol, pledio, ymbil*
	pleader *eiriolwr*
	pleasant *clên, diddan, difyr, dymunol, hawddgar, hyfryd, pleserus, serchog:serchus, siriol, tirion*

	a pleasant surprise *siom ar yr ochr orau*
	please *os gwelwch yn dda* [*da*[1]]
to	please *gweld yn dda, plesio, rhyngu bodd*
	pleased *balch*
	well pleased *wrth fy modd* [*bodd*]
	pleasure *hoffter, hyfrydwch, mwynhad, mwyniant, pleser*
	pleasures *mwynderau*
a	pleat *plet:pleten, plyg*
to	pleat *pletio*
	plebeian *gwerinol*
a	pledge *ernes*
to	pledge *gwystlo*
	plenty *digon*[1]*, digonedd, gwala*
	pliable *hyblyg, ystwyth*
	pliers *gefelen*
a	plot *cynllun*
	plot of land *llain*
to	plot *olrhain*
a	plough □ *aradr, gwŷdd*[1]
to	plough □ *aredig, troi*
	to plough a furrow *torri cwys* [*cwys*]
	ploughman *aradwr*
	ploughshare *swch*
	plover □ *cornchwiglen, cornicyll*
	golden plover □ *cwtiad aur*
	pluck *dewrder, plwc*
a	pluck *plwc*
to	pluck *plicio, pluo:plufio, plycio, taro tant, tynnu*
	plucky *gwrol*
	plug *plwg*
	sparking-plug *plwg tanio*
	plum *eirinen*
	plum tree *pren eirin*
	plumb *plwm*[2]
to	plumb *plymio*
	plump *crwn, llond ei groen*
	plums □ *eirin*
to	plunder *anrheithio, cribddeilio, ysbeilio*
	pluperfect *gorberffaith*
	plural *lluosog*
	plus *plws*
	Pluto □ *Plwton*
	plutonium *plwtoniwm*
	Plynlimon *Pumlumon*
	plywood *pren haenog*
	pneumatic *niwmatig*
	pneumonia *llid yr ysgyfaint, niwmonia*
to	poach
	1 *goferwi*
	2 *herwhela, potsio*
	poacher *potsiar*
a	pocket *llogell, poced*
to	pocket *pocedu*
	pocketful *pocedaid*
	pocket-money *arian*[2] *poced*
	pod *cod*[1]*, masgl, plisgyn*
	poem *cân, canu*[2]*, cerdd*
	poet *bardd, prydydd*
	poetess *prydyddes*
	poetical *barddonol*

poetry *barddoniaeth, prydyddiaeth*
  to compose poetry *barddoni, canu*[1]
a point *blaen*[1], *ergyd, man*[1], *min, pig*[1], *pwynt*
  there's no point *waeth imi heb* [*gwaeth*]
  to the point *i bwrpas* [*pwrpas*]
  up to that point *hyd hynny* [*hynny*]
to point *pwyntio*
  to point a finger *estyn bys*
  point-blank *union syth*
pointed *llym, miniog, pigfain*
a poison *gwenwyn*
to poison *gwenwyno*
poisonous *gwenwynig, gwenwynllyd*
a poke *proc, pwt*[1]
  to buy a pig in a poke *prynu cath mewn cwd*
to poke *gwthio, procio*
  to poke one's nose into *gwthio fy mhig i mewn*
poker *pocer:procer*
polar
  polar bear *arth wen*
pole
  1 *pegwn*
  2 *pôl*
  3 *polyn*
  Magnetic Pole *Pegwn Magneteg*
  North Pole □ *Pegwn y Gogledd*
  South Pole *Pegwn y De*
a Pole *Pwyliad*
polecat □ *ffwlbart*
poles *coed*
the police *heddgeidwaid, heddweision, plismyn*
  police force *heddlu*
  police station *swyddfa'r heddlu*
to police *plismona*
policeman *heddgeidwad, heddwas, plisman:plismon*
policy *polisi*
polish *graen, sglein*
to polish *caboli, gloywi, sgleinio*
polished *caboledig, graenus*
polite *boneddigaidd, moesgar*
politeness *boneddigeiddrwydd, moesgarwch*
political *gwleidyddol, politicaidd*
politician *gwleidydd*
politics *gwleidyddiaeth*
a poll *pôl*
  opinion poll *arolwg barn*
to poll *pleidleisio*
pollen *paill*
to pollinate *peillio*
to pollute *difwyno:dwyno, llygru*
pollution *llygredd*
polygon *polygon*
polythene *polythen*
pomegranate □ *pomgranad*
pomp *rhwysg*
pompous *chwyddedig, mawreddog, rhodresgar*

pond *pwll*
to ponder *myfyrio, pwyso a mesur, ystyried*
to pontificate *doethinebu*
Pontypool *Pont-y-pŵl*
pony *merlyn, poni*
pony-trekking *merlota*
poodle □ *pŵdl*
pooh *pwff*
to pooh-pooh *wfftian:wfftio*
pool
  1 *pŵl*
  2 *pwll*
pools *pyllau*
  football pools *pyllau pêl-droed*
poor *coch*[2], *di-raen:diraen, gwael, llwm, main*[1], *sâl*[1], *tlawd, truan*[2]
  poor fellow *truan*[1]
  poor thing *druan ag ef:druan bach:druan ohono* [*truan*[2]], *hen dlawd* [*tlawd*]
  to make poor *tlodi*[2]
poorhouse *tloty*
poorly *gwael*
pop *pop*
to pop [by] *picio*
  to pop in *taro i mewn*
Pope *Pab*
poplar □ *poplysen*
poppet *pwt*[1]
poppy □ *pabi*
populace *gwerin, poblogaeth*
popular *poblogaidd*
popularity *poblogrwydd*
to popularize *poblogeiddio*
population *poblogaeth*
populous *poblog*
porch *cyntedd, lobi, porth*[1]
pore *mandwll*
pork *cig mochyn, porc*
porker □ *porchell*
porous *hydraidd*
porpoise □ *llamhidydd*
porridge *uwd*
port *porthladd*
Port Dinorwic *Y Felinheli*
portable *cludadwy*
to portend *argoeli*
portent *arwydd*
porter *porthor*
portion *cyfran, darn, rhan*[1]
portrait *darlun, portread*
to portray *darlunio, portreadu*
portrayal *portread*
a pose *ystum*
to pose *ystumio:stumio*
poser *pos*
position *lle*[1], *lleoliad, safle, sefyllfa, swydd*
  to be out of position *camsefyll*
positive *cadarnhaol, pendant, positif*
to possess *meddiannu, meddu ar, perchenogi*
  to possess one *codi i ben*
possession *meddiant*
  to be in full possession of one's faculties *bod o gwmpas fy mhethau* [*pethau*]
  to take possession of *meddiannu, meddu*
possessions *da*[3], *eiddo, meddiannau*
possibilities *posibiliadau*
possibility *posibilrwydd*
possible *posibl, ymarferol*
possibly *efallai*
post ... *ôl*[3]
a post
  1 *postyn:post*
  2 *swydd*
the post *post*[1]
  by return of post *gyda throad y post* [*troad*]
  post office *llythyrdy, swyddfa'r post*
to post *postio*
postage *cludiad*
postal
  postal order *archeb bost*
postcard *cerdyn post*
poster *poster*
postman *postman:postmon*
to postpone *gohirio*
postponement *gohiriad, oediad*
postscript *ôl-nodyn:ôl-nodiad, ON*
posture *osgo, ystum*
posy *pwysi*[2], *tusw*
a pot *llestr*
  pot of tea *tebotaid*
to pot *pocedu, potio, suddo*
potato *pytaten, taten:tatysen*
  potato crisps *creision tatws*
potatoes □ *tatws:tato:tatw*
  baked potatoes *tatws trwy'u crwyn*
  jacket potatoes *tatws trwy'u crwyn*
  mashed potatoes *tatws stwnsh*
  roast potatoes *tatws rhost*
  seed potatoes *tatws/tato had*
pot-bellied *boliog*
potent *grymus*
potential *cyraeddiadau*
pot-holer *ogofwr*
potter *crochenydd*
pottery *crochenwaith*
a pottery *crochendy*
pouch *cod*[1], *coden, cwd*
poultry *da*[3], *pluog, dofednod, ffowls*
to pounce *neidio*
a pound
  1 *ffald*
  2 *punt*
  3 *pwys*[1]
to pound *malurio, pwnio:pwno*
to pour *arllwys, diwel, goferu, pistyllio:pistyllu, tywallt*
  to pour out one's troubles *arllwys ei gwd* [*cwd*]
a pouring *tywalltiad*
to pout *pwdu, sorri*
poverty *tlodi*[1]
a powder *powdr:powdwr*

powder — **private**

to powder *powdro*
power *cadernid, cryfder, gallu²,
  nerth, pŵer*
powerful *cryf, grymus*
  to grow powerful *cryfhau*
powerhouse *pwerdy*
powerless *di-rym*
powers *pwerau*
power-station *pwerdy*
  nuclear power-station *atomfa*
pox *brech*
PPS *OON*
practical *ymarferol*
practice *ymarfer², ymarferiad*
to practise *dilyn, ymarfer¹*
prairie *paith*
praise *canmoliaeth, clod, geirda,
  mawl¹, molawd, moliant*
to praise *canmol, canu¹ clod,
  clodfori, moli:moliannu*
  to praise in the highest
    gogoneddu
  to praise to the skies *canmol i'r
    cymylau*
praiseworthy *canmoladwy,
  clodwiw*
pram *coets fach, pram*
to prance *prancio*
prancing *llamsachus*
prank *cast¹, pranc, stranc*
pranks *camocs:ciamocs,
  giamocs:gamocs*
prattle *cogor¹*
to prattle *gwag-siarad¹, malu awyr,
  parablu*
prawn ☐ *corgimwch*
to pray *gweddïo*
prayer *gweddi¹*
  the Lord's Prayer *Gweddi'r
    Arglwydd*
prayers *pader*
pre... *rhag²*
to preach *efengylu, pregethu, traethu*
preacher *pregethwr*
  eminent preachers *hoelion wyth
    [hoel:hoelen]*
precarious *ansicr*
precautions *rhagofalon*
precedent *cynsail*
precentor *codwr canu*
precept *rheol*
precious *gwerthfawr, prid*
  precious stone *maen
    gwerthfawr*
precipice *clogwyn, dibyn*
precipitation *dyodiad*
precipitous *serth*
precise *manwl, trachywir, union*
precisely *ar ei ben [pen¹], yn
  union*
precision *manylrwydd:manyldeb:
  manylder:manyldra*
predatory *rheibus, ysglyfaethus:
  sglyfaethus*
predecessor *rhagflaenydd*
predicament *helynt*
predicate *traethiad*
to predict *darogan*

predominant *pennaf*
preface *rhagair*
prefect *swyddog*
to prefer *bod yn well gan [gwell¹]*
prefix *rhagddodiad*
pregnant *beichiog, cyfeb*
  to become pregnant *beichiogi*
  to cause to become pregnant
    beichiogi
prehistoric *cynhanesyddol*
prejudice *rhagfarn*
  racial prejudice *rhagfarn hiliol*
prejudiced *rhagfarnllyd*
prelim. *rhagbrawf*
preliminary *rhagarweiniol*
  preliminary round *rhagbrawf*
prelude *preliwd*
premier *prif weinidog*
premise *cynsail*
preparation *arlwy, darpariaeth,
  paratoad*
preparatory *rhagbaratoawl*
to prepare *arlwyo, darparu,
  gweithio, hwylio, paratoi*
preposition *arddodiad*
Presbyterian *Presbyteraidd*
prescription *presgripsiwn*
presence *gŵydd¹, presenoldeb*
present *presennol¹, yma*
a present *anrheg, rhodd*
the present *presennol²*
  at the present *ar hyn o bryd
    [pryd¹]*
  the present day *y dydd heddiw*
to present *cyflwyno, rhoi¹:rhoddi*
presentation *cyflwyniad*
preservative *cyffeithydd*
a preserve *cyffaith*
to preserve *costrelu, cyffeithio,
  diogelu*
preserved *ar gadw [cadw], ar gof
  a chadw [cof]*
to preside *llywyddu*
presidency *llywyddiaeth*
president *arlywydd, llywydd*
a press ☐ *gwasg¹*
to press *gwasgu, pwyso*
pressure *gwasgedd, pwysau²*
  air pressure *gwasgedd aer*
  blood pressure *pwysedd
    (gwaed)*
  to bring pressure on *pwyso ar*
  under pressure *dan bwysau
    [pwysau²]*
Presteigne *Llanandras*
to presume
  1 *rhagdybio:rhagdybied, tybied:
    tybio*
  2 *rhyfygu*
presumption *digywilydd-dra,
  rhyfyg*
presumptuous *carlamus, eofn:
  eon, haerllug, hy¹:hyf, rhyfygus*
to presuppose *rhagdybio:rhagdybied*
to pretend *coegio:cogio, cymryd
  arnaf, esgus, ffugio, jocan,
  smalio*
pretentious *gwyntog*

pretext *esgus*
prettiness *tlysni*
pretty
  1 *cryn, go lew [glew]*
  2 *del, pert, propr:propor, tlws²*
to prevail *gorfod²*
to prevaricate *troi'r gath mewn
  padell [cath]*
to prevent *atal¹, gwarafun, nadu²,
  rhwystro*
previous *blaenorol, cyn²*
previously *cyn hynny [hynny], o'r
  blaen [blaen¹]*
prey *prae, ysglyfaeth:sglyfaeth*
  birds of prey *adar ysglyfaethus*
a price *pris*
to price *prisio*
priceless *amhrisiadwy*
a prick *pigiad:pigad, pigyn*
to prick *pigo*
  to prick (the conscience)
    dwysbigo
  to prick up the ears *clustfeinio*
prickle *draenen:draen*
prickly *dreiniog, pigog*
pride *balchder*
  to pride oneself *ymfalchïo*
  to take pride in *ymfalchïo*
priest *offeiriad*
  high priest *archoffeiriad*
primary *cynradd, cyntaf*
  primary colours ☐ *lliwiau
    sylfaenol*
  primary school *ysgol gynradd*
prime *anterth, blodau, prif*
  prime factor *ffactor cysefin*
  prime minister *prif weinidog*
  prime number *rhif cysefin*
primeval *cynoesol*
primitive *cynoesol, cyntefig*
primrose ☐ *briallen*
prince *pendefig, tywysog*
princely *tywysogaidd*
princess *tywysoges*
principal *pennaf*
a principal *prifathro*
principality *tywysogaeth*
principle *egwyddor*
  first principles *gwyddor*
  in principle *mewn egwyddor
    [egwyddor]*
print *print, teip*
  in print *mewn print [print]*
  large print *print bras*
to print *argraffu*
printed *printiedig*
printer *argraffydd*
printout *allbrint*
prior *prior*
priorities *blaenoriaethau*
priority *blaenoriaeth*
priory *priordy*
prism ☐ *prism*
prison *carchar, dalfa*
prisoner *carcharor*
prithee *atolwg*
private *preifat*
  private parts *dirgelwch*

to privatize *preifateiddio*
privilege *braint*
privileged *breiniog:breiniol*
privy *geudy*
prize *gwobr*
   to award a prize *gwobrwyo*
prizeless *di-wobr*
prize-winning *arobryn*
probability *tebygolrwydd*
probably *ond odid* [*odid*]
probation *prawf*[1]*:praw*
problem *problem*
procedure *trefn*
proceedings *trafodion*
proceeds *elw*
a process *proses*
to process *prosesu*
procession *gorymdaith*
processor *prosesydd*
   word processor *prosesydd geiriau*
proconsul *rhaglaw*
to procreate *cenhedlu*
procreation *creadigaeth*
a prod *swmbwl*
to prod *symbylu*
prodigal *afradlon, gwastrafflyd*
the produce *cynnyrch*
to produce *cynhyrchu*
producer *cynhyrchydd*
product
   1 *cynnyrch, ffrwyth*
   2 *lluoswm*
production *cynhyrchiad, cynnyrch*
productive *cynhyrchiol*
profane *cableddus, halogedig*
to profess *proffesu*
profession
   1 *cyffes, proffes*
   2 *galwedigaeth, proffesiwn*
professional *proffesiynol*
professor *athro*
a profit *elw*
to profit *bod ar fy elw* [*elw*], *elwa*
profound *dwfn*
profundity *dyfnder*
progeny *epil*
a program *rhaglen*
to program *rhaglennu*
programme *rhaglen*
progress *cynnydd*
   to make good progress *cymryd camau breision* [*cam*[1]]
to progress *symud*
progression *dilyniad, dilyniant*
progressive *blaengar, blaenllaw, cynyddol*
to prohibit *gwahardd, gwarafun*
prohibited *gwaharddedig*
prohibition *gwaharddiad*
a project *cywaith, prosiect*
to project *taflu*
projection □ *tafluniad*
projector *taflunydd*
proletariat *gwerin*[1]
prolific *cynhyrchiol, toreithiog*
prologue *prolog*
to prolong *hwyhau*

promenade *rhodfa*
prominence *amlygrwydd, cyhoeddusrwydd*
prominent *amlwg, blaengar, blaenllaw*
a promise *addewid, gair*
to promise *addo*
   to promise the earth *addo môr a mynydd* [*môr*]
promising *addawol*
promontory *penrhyn, trwyn*
to promote *dyrchafu, hybu, hyrwyddo, marchnata*
promotion *dyrchafiad*
prompt *parod, prydlon*
prone *chwannog*
prong *ewin, pig*[1]
pronoun *rhagenw*
to pronounce *cynanu, dweud: dywedyd, dyfarnu, seinio, yngan:ynganu*
pronouncement *datganiad*
pronunciation *cynaniad, ynganiad*
proof *prawf*[1]*:praw*
   proof copy *proflen*
prop *annel*
propaganda *propaganda*
proper *cymen, dyledus, go*[1] *iawn, gweddaidd, gweddus, priod*[1]*, priodol, propr:propor*
   proper fraction *ffracsiwn bondrwm*
   proper noun *enw priod*
property
   1 *eiddo*
   2 *priodoledd*
prophecy *proffwydoliaeth*
to prophesy *proffwydo*
prophet *proffwyd*
prophetess *proffwydes*
prophets *proffwydi*
proportion *cyfartaledd, cyfrannedd*
proportional *cyfrannol*
proposal *cynigiad, cynnig*[1]
to propose *cynnig*[2]
   to propose a toast *cynnig*[2] *llwncdestun*
proposer *cynigydd*
proposition *gosodiad*
proprietor *perchen:perchennog*
propriety *priodoldeb:priodolder*
prose *rhyddiaith*
to prosecute *erlyn*
prosecution *erlyniad*
prosecutor *erlynydd*
   public prosecutor *erlynydd cyhoeddus*
prosody *mydryddiaeth*
prospect *rhagolwg*
prospective *darpar*
to prosper *ffynnu*
prosperity *ffyniant, llewyrch*
prosperous *ffyniannus*
prostitute *putain*
to protect *amddiffyn, diogelu*
protection *amddiffyniad, gwarchodaeth*

protein *protein*
a protest *protest*
to protest *gwrthdystio*
Protestant *Protestannaidd*
a Protestant *Protestant*
proton □ *proton*
prototype *cynddelw*
protracted *hir*
protractor □ *onglydd, protractor*
protrusion *gwrym*
proud *balch*
to prove *profi*
proverb *dihareb*
proverbial *diarhebol*
to provide *darparu, rhoi*[1]*:rhoddi*
providence *rhagluniaeth*
   Divine Providence *y Drefn* [*trefn*]*, Rhagluniaeth*
providentially *diolch i'r drefn* [*trefn*]
province *talaith*
provincial *taleithiol*
provision *darpariaeth*
provocative *pryfoclyd*
to provoke *cythruddo, poeni, pryfocio, tynnu blewyn o drwyn*
proximity *cyfyl*
prudence *callineb, pwyll*
prudent *darbodus, pwyllog*
prudish *mursennaidd*
to prune *brigo*[1]*, tocio*
prunes *eirin sych*
PS *ON*
psalm *salm*
pseudo ... *crach* ...[2]*, ffug* ...[2]
pseudonym *ffugenw*
psychiatrist *seiciatrydd*
psychiatry *seiciatreg*
psychological *seicolegol*
psychologist *seicolegydd*
psychology *seicoleg*
pub *tafarn*
pubic
   pubic hair *cedor*
public *coedd, cyhoeddus*
   public conveniences *cyfleusterau cyhoeddus*
   public house *tafarn, tafarndy*
   public library *llyfrgell gyhoeddus*
   public opinion *llais y wlad*
   public prosecutor *erlynydd cyhoeddus*
   public school *ysgol fonedd*
   public speaker *areithiwr*
the public *cyhoedd*
publican *tafarnwr*
publication *cyhoeddiad*
publicity *cyhoeddusrwydd*
to publish *cyhoeddi*
publisher *cyhoeddwr*
to pucker *crychu*
pudding *pwdin*
   black pudding *pwdin gwaed*
a puff *pwff*
to puff *chwythu, pwffian:pwffio*
   puffed up *chwyddedig*
   to become puffed up *chwyddo*

puffin □ *pâl*²
Puffin Island *Ynys Seiriol*
a pull
  1 *chwiw*
  2 *tyniad*
to pull *tynnu*
  to pull a face *tynnu wyneb*
  to pull down *tynnu i lawr*
  to pull faces *tynnu ystumiau*
  to pull in *tynnu i mewn*
  to pull one's weight *tynnu fy mhwysau [pwysau*²*]*
  to pull someone's leg *tynnu coes*
  to pull the carpet from under one's feet *tynnu'r tir tan draed*
  to pull through *tynnu trwyddi*
  to pull together *cyd-dynnu*
  to pull up *tynnu lan*
pullet *cywen*
pulley □ *chwerfan, pwli*
pullover *siersi*
pulp *mwydion*
pulpit *pulpud*
a pulse *cur/curiad y galon*
to pulse *curo*
to pulverize *malurio*
a pump *pwmp*
to pump
  1 *holi a stilio*
  2 *pwmpio*
pumpkin □ *pwmpen*
pun □ *gair mwys*
punch *dyrnod, pwnad:pwniad*
punctual *prydlon*
punctuality *prydlondeb*
to punctuate *atalnodi*
punctuation
  punctuation mark *atalnod*
puncture *twll*
to punish *cosbi*
punishment *barnedigaeth, cosb*
puny *egwan, pitw, tila*
pup *cenau, ci bach*
pupa □ *chwiler, pwpa*
pupil
  1 *cannwyll y llygad*
  2 *disgybl*

puppet □ *pyped*
purblind *cibddall*
a purchase *pwrcas*
  hire-purchase *hur-bwrcas*
to purchase *cymryd, prynu, pwrcasu*
pure *anllygredig, coeth, croyw, digymysg, dihalog, diledryw, pur*¹
  pure gold *aur*¹ *coeth, aur*¹ *mâl*
  pure white *claerwyn*
to purify *coethi, puro*
Puritan *Piwritan*
puritanical *piwritanaidd*
purity *purdeb*
purple *porffor*
to purport *proffesu*
purpose *annel, arfaeth, diben, nod, perwyl, pwrpas, pwynt*
  for the purpose of *at, cyferbyn, er mwyn [mwyn*²*], gogyfer*²
  for the sole purpose *yn un swydd [swydd*¹*]*
purposeful *pwrpasol*
purposeless *diamcan*
to purr *canu*¹ *grwndi*
purring *grwndi*
purse *pwrs*
to pursue *dilyn, ymlid*
pursuit *dilyniad*
pus *crawn*
a push *gwth:gwthiad, hergwd, hwb:hwp*
to push *gwthio, hwpo:hwpio, stwffio*
  push off *dos/cer i ganu [canu*¹*]*
to put *dodi, gosod*¹*, rhoi*¹*:rhoddi*
  to put away *dodi ymaith*
  to put by *rhoi i gadw [cadw]*
  to put in order *cyweirio*
  to put instead of *dodi/rhoi yn lle*
  to put off *gohirio*
  to put on *gwisgo*
  to put on one side *rhoi [rhywbeth] i'r naill ochr [ochr]*
  to put on the map *rhoi ar y map [map]*

  to put on weight *ennill*¹ *pwysau*
  to put one's feet up *rhoi fy nhraed lan/i fyny [traed]*
  to put one's finger on *dodi/rhoi bys ar*
  to put one's foot down *rhoi fy nhroed i lawr [troed]*
  to put one's foot in it *rhoi fy nhroed ynddi [troed]*
  to put out *diffodd*
  to put right *unioni*
  to put someone in his place *rhoi rhywun yn ei le [lle]*
  to put someone off *taflu/bwrw rhywun oddi ar ei echel [echel]*
  to put the blame on *bwrw'r bai, dodi bai ar*
  to put the cart before the horse *rhoi'r drol/cart o flaen y ceffyl [trol]*
  to put to death *dienyddio*
  to put to one side *rhoi o'r naill ochr*
  to put to shame *codi cywilydd [cywilydd], cywilyddio, gwaradwyddo*
  to put two and two together *rhoi dau a dau at ei gilydd [dau]*
  to put up *lletya*
  to put up with *dygymod â, goddef*
to putrefy *madru, pydru*
putrid *mall, pwdr*
to putt *suddo*
putting-stone *carreg orchest*
putty *pwti*
a puzzle *pos*
to puzzle *crafu pen [pen*¹*], pendroni*
pygmies *dyneddon*
pygmy *corrach:cor*¹*, pigmi*
pyjamas *pyjamas*
Pyle *Y Pîl*
pylon *peilon*
pyramid *pyramid*
pyre *coelcerth*
python □ *peithon*

Q

quack
  1 *cwac*
  2 *coegfeddyg [coeg...], doctor bôn clawdd*
quad:quadrangle *pedrongl*
to quaff *drachtio*
quagmire *cors, gwern:gwernen, mignen, sugnedd*
quail *sofliar*
to quake *dirgrynu*
Quaker *Crynwr*
qualification *cymhwyster*
qualifications *cymwysterau*
qualified *trwyddedig*
qualities *nodweddion, teithi*
quality *ansawdd*

qualm *petruster*
quandary *cyfyng-gyngor, penbleth*
quantity *maint, mesur*
a quarrel *cweryl, ffrae, ymrafael*
to quarrel *cecran:cecru, ceintach(u): cintach(u), cweryla, cynhenna:cynhennu, ffraeo, ymgecru*
quarrelsome *ceintachlyd, cwerylgar*
a quarry *cwar, cwarel*¹*, chwarel*
to quarry *cloddio*
quarryman *chwarelwr*
quart *chwart*
a quarter □ *alban, chwarter*
to quarter *chwarteru*

quarter-final (round) *rownd gogynderfynol*
quarterly *chwarterol*
quarters
  hind quarters □ *pedrain*
quartet *pedwarawd*
a quaver □ *cwafer*
quay *cei*²
queasy *clwc*
queen □ *brenhines*
queen-bee □ *brenhines*
queer *rhyfedd*
to quell *darostwng*
to quench *disychedu*
querulous *ceintachlyd, cwynfanllyd*

query *cwestiwn*
quest *cais*[1]
a question *cwestiwn*
   in question *dan sylw* [*sylw*]
   out of the question *allan o bob rheswm/tu hwnt i bob rheswm* [*rheswm*]
   question mark *gofynnod, marc cwestiwn*
to question *holi, holi a stilio* [*stilio*]
questioner *holwr*
questioning *gofynnol*
question-master *holwr*
questionnaire *holiadur*
a queue *ciw*[1], *cwt*[2], *llinell*
to queue *ciwio*[1]
quick *clau, cyflym, chwimwth, ebrwydd, ysgut:sgut*
the quick *byw*[3]
   cutting to the quick *cignoeth*
   to cut to the quick *teimlo i'r byw* [*byw*[3]]
quickly *ar fyrder* [*byrder:byrdra*]
quickness *chwimder:chwimdra*
quicksand *traeth byw:traeth gwyllt*
quicksilver *arian*[1] *byw, mercwri*
quiet *distaw, esmwyth, llonydd*[1], *tawel*
a quiet *llonydd*[2], *tawelwch*
   on the quiet *yn ddistaw bach* [*distaw*]
   to keep quiet *cau ceg* [*ceg*]
to quieten *llonyddu, tawelu*
quietly
   very quietly *yn ddistaw bach* [*distaw*]
quill *cwil:cwilsyn*
quilt *carthen, cwilt*
   patchwork quilt *clytwaith*
quince □ *cwins*
quintessence *hanfod*
quintet *pumawd*
to quit *gadael*
quite *eithaf*[1], *go*[1], *hollol, llawn*[2], *pur*[2], *reit*
   quite right *eithaf*[1] *gwir*
quiz *cwis*
quoit *coeten*
   to play quoits *coetio*
quota *cwota, cyfran*
quotation *dyfyniad*
   quotation mark(s) *dyfynnod, dyfynodau*
to quote *dyfynnu*
quoth *ebe:eb:ebr*
quotient *cyfran, cyniferydd*
   intelligence quotient *cyniferydd deallusrwydd*

R

rabbi *rabbi*
rabbit □ *cwningen*
rabble *ciwed, garsiwn*
rabid *cynddeiriog*
rabies *y gynddaredd* [*cynddaredd*]
a race
   1 *cyff, hil*
   2 *ras*
   relay race *ras gyfnewid*
   to know one had been in a race *teimlo gwres ei draed* [*traed*]
to race *rasio, rhedeg*
racial *hiliol*
   racial prejudice *rhagfarn hiliol*
racing
   racing car *car rasio*
racist *hiliol*
rack *rhesel:rhestl*
   to go to rack and ruin *mynd rhwng y cŵn a'r brain* [*cŵn*]
racket
   1 *mwstwr*
   2 *raced*
   to make a racket *cadw mwstwr* [*mwstwr*], *cadw reiat* [*reiat*]
radar □ *radar*
radiance *gwawl, gwefr, llewyrch*
to radiate *pelydru*
radiator *rheiddiadur*
radical *radicalaidd*
radio *radio*
radioactive *ymbelydrol*
radioactivity *ymbelydredd*
radish □ *rhuddygl*
radium *radiwm*
radius □ *radiws*
raffia *raffia*
raffle *raffl*
raft *rafft*
rafter *dist, trawst*
rag *brat, cadach, cerpyn*
   rag doll *doli glwt*
a rage *cynddaredd*
   to be wild with rage *gwylltio'n gaclwm*
to rage *ffromi*
ragged *carpiog, clytiog, rhacsog:rhacsiog*
raging *gwyllt*[1]
rags *carpiau, rhacs*
a raid *cyrch, herw*
to raid *dwyn cyrch*
rail *carfan, cledr:cledren, rheilen*
rails *cledrau*
railway *rheilffordd*
   railway lines *cledrau*
   (steam) railway *lein fach*
rain *glaw*
to rain *bwrw, bwrw glaw, glawio*
   to rain cats and dogs *bwrw hen wragedd a ffyn* [*gwragedd*]
   to rain heavily *tresio bwrw*
   to start to rain *dod*[1] *i'r glaw*
rainbow *bwa'r arch, bwa'r Drindod, enfys*
a raise *codiad*
to raise *codi, magu*
   to raise one's eyebrows *codi aeliau* [*ael*]
   to raise one's hackles *codi gwrychyn* [*gwrychyn*]
raisin *rhesinen*
a rake *cribin, rhaca*
to rake *cribinio, rhacanu*
   to rake up old grievances *codi crachen*
rally *rali*
a ram □ *hwrdd, maharen*
to ram
   to ram down one's throat *gwthio i lawr corn gwddf*
rampart *caer, gwrthglawdd, rhagfur*
Ramsey Island *Ynys Dewi*
rancid *sur*
rancour *chwerwder:chwerwdod:chwerwedd*
range
   1 *amrediad, ystod*
   2 *paith*
rank *rhonc*
a rank *gradd, rheng*
ransom *pridwerth*
rap *cnoc*
rapacious *gwancus, rheibus, ysglyfaethus:sglyfaethus*
rape
   1 *erfinen*
   2 *trais*
to rape *treisio*
rapid *buan, cyflym*
rapscallion *caridým*
rare *amheuthun, anaml, prin*[1]
rascal *cenau, cnaf, cono, dihiryn, gwalch*
rash *byrbwyll, carlamus, gwyllt*[1]
a rash *cawod:cawad*
rasher *sleisen*
rashness *gwylltineb*
a rasp *rhathell*
to rasp *rhygnu*
raspberries □ *afan coch, mafon coch*
raspberry *mafonen*
rat □ *llygoden fawr:llygoden Ffrengig*
a rate *cyfradd, treth*
   first rate *tan gamp* [*camp*]
   rate of exchange *cyfradd cyfnewid/gyfnewid*
   second rate *eilradd*
to rate *trethu*
ratepayer *trethdalwr*
rates *trethi*
rather *braidd, go*[1], *hytrach, llawn*
to ratify *cadarnhau*
ratio *cymhareb*
a ration *dogn*
to ration *dogni*
rational *synhwyrol*
to rattle *clindarddach*[2]
a rattling *clindarddach*[1]
to ravage *difa, rheibio*
ravaging *difaol*
raven □ *cigfran*
ravenous *gwancus*

ravine *ceunant, hafn*	to receive *derbyn*	red-head *cochen, cochyn*
raving	receiver *derbynnydd*	red-hot *chwilboeth*
raving mad *cynddeiriog*	recent *diweddar*	redness *cochder, cochni*
raw *amrwd, cignoeth, crai, glas*[1]	recently *yn ddiweddar*	to redress *unioni*
raw material *deunydd crai*	receptacle *llestr*	to reduce
ray	reception *derbyniad*	1 *gostwng*
1 □ *cath fôr*	wedding reception *neithior*	2 *lleihau*
2 *llewyrchyn, llygedyn, paladr,*	recess *cesail, cilfach, cwts*[1]: *cwtsh*	reduced *gostyngedig, gostyngol*
pelydryn	recipe *rysáit*	reduction *gostyngiad, lleihad*
razor *rasal*	recipient *derbynnydd*	redundant *di-waith*[1]
razor-bill *llurs*	recital *datganiad*	reed □ *cawnen, corsen*
a reach *cyrhaeddiad*	recitation *adroddiad*	reed warbler *llwyd y gors, telor*
within reach *o fewn cyrraedd*	to recite *adrodd, dweud:dywedyd*	*yr hesg*
[*cyrraedd*[1]]	reckless *dibris, dienaid*	reeds □ *brwyn, cawn*[1]
to reach *cael at, cyrraedd*[1]*, mynd,*	to reckon *cyfrif*[2]	a reek *tawch*
ymestyn	a reckoning *cownt*	to reek *drewi*
to reach out *estyn dwylo*	to recline *lled-orwedd*	a reel *ril:rilen*
to react *adweithio*	recognition *adnabyddiaeth,*	to reel *gwegian*
reaction *adwaith, ymateb*[2]	*cydnabyddiaeth*	reeling *chwil*
reactionary *adweithiol*	to win recognition *ennill fy*	ref. *cyf., cyfeiriad*
reactor	*mhlwyf* [*plwyf*]	refectory *ffreutur*
nuclear reactor *adweithydd*	to recognize *adnabod*	to refer *cyfeirio*
niwclear	recognized *cydnabyddedig*	to refer to *crybwyll*
to read *darllen*	to recollect *coffáu, cofio*	a referee *canolwr, dyfarnwr*
to read between the lines	recollection *cof, coffâd*	to referee *dyfarnu*
darllen rhwng y llinellau	to recommend *argymell,*	reference
readable *darllenadwy*	*cymeradwyo*	1 *cyfeiriad*
reader *darllenwr:darllenydd*	recommendation *argymhelliad*	2 *geirda, tystlythyr*
readiness *parodrwydd*	to recompense *digolledu*	cross-reference *croesgyfeiriad*
ready *hawdd, parod*	to reconcile *cymodi, cysoni*	reference book *cyfeirlyfr*
to get ready *hwylio, paratoi*	to be reconciled to *dygymod â*	referendum *refferendwm*
reagent *adweithydd*	reconciliation *cymod*	to refine *coethi, puro*
real *gwir*[2]*, gwirioneddol*	reconciling *cymodlon:cymodol*	refined *coeth*
realist *realydd*	to reconsider *ailystyried*	refinement *coethder*
realistic *ymarferol*	a record *cofnod, cronicl, record*	refinery *purfa*
to realize *sylweddoli*	on record *ar glawr* [*clawr*]*, ar*	to reflect *adlewyrchu*
to realize one's folly *dod*[1] *at ei*	*gof a chadw* [*cof*]	reflection *adlewyrchiad, cysgod*
goed	to record *codi, cofnodi, croniclo,*	reflector *adlewyrchydd*
really *gwir*[3]	*recordio*	reflex *atgyrch*
realm *brenhiniaeth*	recorder	reflexive *atblygol*
to reap *medi*	1 *cofiadur*	a reform *diwygiad*
reaper *medelwr*	2 *recorder*	to reform *diwygio*
rear *cefn, pen ôl*	3 *recordydd*	the Reformation *y Diwygiad*
to rear *codi, magu, meithrin*	a recording *recordiad*	*Protestannaidd*
to rearm *adarfogi*	to recover *cael fy nghefn ataf* [*cefn*]*,*	reformer *diwygiwr*
a reason *achos, gwreiddyn, lle*[1]*,*	*hybu*	to refract *plygu*
rheswm	recovery *adferiad, gwellhad,*	refraction *plygiad:plygiant*
it stands to reason *mae rheswm*	*iachâd*	a refrain *byrdwn, cytgan*
yn dweud [*rheswm*]	recreation *adloniant, difyrrwch*	to refrain *peidio â, ymatal* [*rhag*]
without reason *direswm*	recreational *adloniadol*	refreshing *adfywiol*
to reason *rhesymu, ymresymu*	rectangle *petryal*	refrigerator *cwpwrdd rhew,*
reasonable *gweddol, rhesymol*	to rectify *cywiro, unioni*	*oergell*
a rebel *gwrthryfelwr, rebel*	rectitude *uniondeb:unionder*	refuge *encil, lloches, nawdd,*
to rebel *gwrthryfela*	rector *rheithor*	*noddfa*
rebellion *gwrthryfel*	to recycle *ailgylchynu*	refugee *ffoadur*
rebellious *gwrthryfelgar*	red *coch*	the refuse *sbwriel:ysbwriel*
rebirth *ailenedigaeth*	red currants □ *cwrens coch*	to refuse *gwrthod, nacáu:'cau,*
reborn	the Red Cross *y Groes Goch*	*nogio, pallu*
to be reborn *cael eich aileni*	[*croes*[1]]	to refute *gwrthbrofi*
[*aileni*]	the Red Dragon *y Ddraig Goch*	to regain *adennill*
rebound *adlam*	[*draig*]	regal *brenhinol*
to rebuild *atgyfodi*	the Red Sea *y Môr Coch*	regard *golwg*[1]
a rebuke *cerydd, sen*	to drag a red herring *codi*	as regards *o ran* [*rhan*[1]]
to rebuke *ceryddu*	*ysgyfarnog*	to convey one's regards *anfon*
to recall *cofio, galw*[2] *i gof*	to redden *cochi*	*cofion* [*cofion*]
to recede *cilio, encilio*	to redeem *prynu*	with regard to *ar gyfer*
receipt *derbynneb, taleb*	redeemer *prynwr*	[*cyfer:cyfair*]*, gyda golwg ar*
receipts *derbyniadau*	the Redeemer *y Gwaredwr*	[*golwg*[1]]

to regard *edrych ar*
regarding *parthed, ynglŷn â*
to regenerate *aileni*
regiment *catrawd*
   the Welch Regiment *y Gatrawd Gymreig [catrawd]*
region *bro, rhanbarth*
   inland region *canoldir*
regional *rhanbarthol*
a register
   1 *cofrestr*
   2 *cwmpas*[1]
to register *cofnodi, cofrestru*
registrar *cofiadur, cofrestrydd*
   The Registrar General *y Cofrestrydd Cyffredinol*
registry *cofrestrfa*
   registry office *swyddfa gofrestru*
to regret *edifarhau:edifaru, ofni*
regrettably *gwaetha'r modd [gwaethaf], ysywaeth*
regular *cyson, rheolaidd*
regularity *cysondeb*
regulars *selogion*
to regulate *rheoli*
regulator ☐ *rheolydd*
rehash *cawl eildwym, potes eildwym*
rehearsal *rihyrsal*
to rehearse *ymarfer*[1]
a reign *brenhiniaeth, teyrnasiad*
to reign *teyrnasu*
a rein ☐ *afwyn, awen*[2]
to rein *ffrwyno*
   to give a free rein to *rhoi ffrwyn i [ffrwyn]*
   to rein in *rhoi ffrwyn ar [ffrwyn]*
reindeer ☐ *carw Llychlyn*
to reinforce *atgyfnerthu*
to reiterate *ailadrodd*
to reject *gwrthod*
rejected *gwrthodedig*
rejection *gwrthodiad*
to rejoice *gorfoleddu, llawenhau: llawenychu*
a rejoicing *gorfoledd*
to rekindle *ailennyn*
to relate *adrodd, traethu*
related
   to be related *perthyn*
relation *perthynas*
relationship *perthynas*
relative *perthynol*
   relative clause *cymal perthynol [perthynol]*
a relative *perthynas*
relatives *ceraint*
to relax *ymlacio*
relay
   relay race *ras gyfnewid*
a release *gollyngdod*
to release *gollwng, rhyddhau*
relentless *didostur*
relevant *perthnasol*
reliable *dibynadwy*
relic *crair*
relief
   1 *gollyngdod, rhyddhad, ymwared*
   2 *tirwedd*
to relieve *lladd, ysgafnhau*
religion *crefydd*
religious *crefyddol, ysbrydol*
to relinquish *ildio*
a relish *awch*
to relish *mwynhau*
reluctant *hwyrfrydig*
to rely *dibynnu*
to remain *aros*
remainder *gwarged, gweddill, lleill, rhelyw*
remains *gweddillion*
a remark *sylw*
to remark *dweud, sylwi*
remarkable *gwyrthiol, hynod, nodedig, od*
remarkably *yn od o [od]*
remedial *adfer*[1]
remedy *meddyginiaeth*
to remember *cof gan, cofio*
   to remember to *cofio at*
remembrance *cof, coffa, coffadwriaeth*
to remind *atgoffa*
reminiscence *atgof*
remnant *gweddill*
remorse *edifeirwch*
remote *anghysbell, anhygyrch, pellennig*
renaissance *dadeni, deffroad*
   The Renaissance *Y Dadeni Dysg*
to rend *llarpio, rhwygo*
rendering *datganiad*
rendezvous *cyrchfa, cyrchfan*
to renew *adnewyddu*
rennet *cwyrdeb*
to renovate *adnewyddu*
renown *enwogrwydd*
   of renown *o fri [bri]*
the rent *rhent*
to rent *rhentu*
rented *ar log [llog]*
to reopen *ailagor*
   to reopen old wounds *codi crachen*
to reorganize *ad-drefnu*
to repair *atgyweirio, cyweirio*
repairer *trwsiwr*
to repay *talu'r pwyth [pwyth*[2]*]*
repayment *ad-daliad*
to repeal *diddymu*
to repeat *ailadrodd, dyblu*
to repent *edifarhau:edifaru*
repentance *edifeirwch*
repentant *edifar, edifeiriol*
to replenish *atgyfnerthu*
to reply *ateb*
a report *adroddiad, hanes*
to report *adrodd, gohebu*
reporter *gohebydd*
to repose *gorffwys:gorffwyso*
to represent *cynrychioli*
representative *cennad, cynrychiolydd:cynrychiolwr*
a reprimand *cerydd*
to reprimand *ceryddu*
reprint *adargraffiad*
to reproach *dannod, edliw*
to reproduce *atgynhyrchu*
reproof *sen*
reptile ☐ *ymlusgiad*
republic *gweriniaeth*
repugnance *gwrthuni*
repugnant *gwrthun*
repulsive *atgas, ffiaidd*
reputation *enw*
   bad reputation *enw drwg*
   good reputation *enw da*
a request *cais*[1]*, deisyfiad, gofyn*[1]
to request *ceisio, deisyf, dymuno, gofyn*[2]
required *gofynnol*
requirements *gofynion*
to rescue *achub*
research *ymchwil*
researcher *chwilotwr, ymchwiliwr:ymchwilydd*
to resemble *ymdebygu*
reservation *gwarchodfa*
a reserve
   1 *eilydd*
   2 *gwarchodfa*
   in reserve *wrth gefn [cefn]*
to reserve *neilltuo*
reserved *dywedwst*
reservoir *cronfa*
to reset *ailosod*
to reside *preswylio*
residence *preswylfa*
resident *preswyliwr:preswylydd*
residential *preswyl*
residue *gweddill*
to resign *ymddiswyddo*
resignation *ymddiswyddiad*
resilient *hydwyth*
resin *resin*
to resist *gwrthsefyll, gwrthwynebu*
resistance
   1 *gwrthiant*
   2 *gwrthwynebiad*
resolute *di-droi'n-ôl, penderfynol*
resolution *adduned, penderfyniad*
resort *cyrchfa, cyrchfan*
to resound *atsain*[2]*:atseinio, diasbedain*
resourceful *dyfeisgar*
resources *adnoddau*
respect *bri, golwg*[1]*, parch*[1]
   in respect of *ar gyfer [cyfer:cyfair]*
to respect *parchu*
respectability *parchusrwydd*
respectable *parchus*
respectful *parchus*
respects
   last respects *y gymwynas olaf [cymwynas]*
respite *ysbaid*
resplendent *ysblennydd*
to respond *ymateb*[1]
response *ymateb*[2]
responsibility *cyfrifoldeb*
   to assume responsibility for *ateb*[1] *dros*
responsible *atebol, cyfrifol*

a rest
  1 *curiad gwag, tawnod*
  2 *saib:seibiant*
  to lie at rest *huno*
the rest *gweddill, lleill, rhelyw*
to rest *dadflino, gorffwys: gorffwyso, gorwedd, pwyso*
to restart *ailgychwyn*
restless *aflonydd, anesmwyth, diorffwys, rhwyfus*
  to become restless *aflonyddu, anesmwytho*
to restore *adfer, ailosod*
restorer *atgyweiriwr*
to restrain *ffrwyno, rhwystro*
  to restrain oneself *ymatal rhag*
to restrict *caethiwo, cyfyngu*
restricted *cyfyng*
a result *canlyniad*
to result *dilyn*
to resume *ailgychwyn*
résumé *crynodeb*
to resurrect *atgyfodi*
resurrection *atgyfodiad*
to retail *adwerthu, mân-werthu*
retailer *adwerthwr, mân-werthwr*
to retain *cadw*
to retaliate *talu'r pwyth yn ôl*
reticent *tawedog*
retina *rhwyden*
retinue *gosgordd*
to retire *ymddeol*
retirement *ymddeoliad*
a retreat
  1 *cil*
  2 *encil*
to retreat *cilio, encilio*
a return *dychwel*[1]*, dychweliad*
  by return of post *gyda throad y post* [*troad*]
to return *dychwelyd:dychwel*
reunion *aduniad*
to reunite *aduno*
revd *parchg, parchedig*
to reveal *amlygu, arddangos, dadlennu, dadorchuddio, datgelu, datguddio*
to revel *gloddesta, gwledda*
  to revel in *ymhyfrydu*
revelation *datguddiad*
  the Book of Revelation *Datguddiad Ioan*
revenge *dial*[1]*:dialedd*
revenue *cyllid*
  Inland Revenue *Cyllid y Wlad*
to reverberate *diasbedain*
Reverend *Parchedig*
reverse *cefn, gwrthwyneb*
a review *adolygiad*
to review *adolygu*
reviewer *adolygwr:adolygydd*
to revile *cablu, difrïo, dilorni*
to revise *adolygu, diwygio*
revised *diwygiedig*
revival *adfywiad, dadeni, diwygiad*
  the Methodist Revival *y Diwygiad Methodistaidd*

to revive *adfywio, atgyfodi, bywiogi, dadebru, dadflino*
reviving *adfywiol*
a revolt *gwrthryfel*
to revolt *gwrthryfela*
revolution *chwyldro:chwyldroad*
revolutionary *chwyldroadol*
to revolutionize *chwyldroi*
to revolve *cylchdroi, chwyldroi*
a reward *gwobr*
to reward *gwobrwyo*
Rhayader *Rhaeadr Gwy*
rheumatism *cryd cymalau, gwynegon*
rhinoceros □ *rhinoseros*
rhododendron □ *rhododendron*
rhombus *rhombws*
Rhoose *Y Rhws*
rhubarb □ *rhiwbob:riwbob*
a rhyme *odl, rhigwm*
  nursery rhyme *hwiangerdd*
  rhyme or reason *pen*[1] *na chynffon*
to rhyme *odli*
rhythm *rhythm*
rhythmical *rhythmig*
rib □ *asen*[1]
ribald *masweddol:masweddus*
ribbon *ruban*
  to tear to ribbons *tynnu'n gareiau* [*careiau*]
rice □ *reis*
rich *abl, bras*[1]*, cyfoethog, goludog*
  to make rich *cyfoethogi*
riches *golud*
richness *braster*
rick *helm, tas*
rickety *simsan*
rickyard *ydlan*
to rid *gwared*[1]*:gwaredu*
  to get rid of *cael gwared ar/o* [*gwared*[2]]*, gwared*[1]*:gwaredu*
riddance
  good riddance *gwynt teg ar/o ôl*
a riddle
  1 *dychymyg, pos*
  2 □ *hidl*[1]*, rhidyll*
to riddle *gogrwn, rhidyllu*
to ride *marchogaeth*
  to ride roughshod over *sathru*
rider *marchog*
ridge *cefn, crib, esgair, gwrym, trum*
ridicule *gwatwar*[1]
  butt of ridicule *cyff gwawd*
to ridicule *gwatwar*[2]
ridiculous *gwrthun*
  from the sublime to the ridiculous *y gwych a'r gwachul*
rift *rhwyg:rhwygiad*
right
  1 *de*[3]
  2 *iawn*[2]*, purion*[2]
  absolutely right *yn llygad fy lle* [*llygad*]

all right *iawn*[2]*, purion*[1]*, symol*
quite right *eithaf*[1] *gwir*
right angle □ *ongl sgwâr*
right enough *gwir i wala* [*gwala*]
serve him right *eithaf*[1] *gwaith â fo*
to put right *unioni*
a right *hawl*[1]
righteous *cyfiawn*
righteousness *cyfiawnder*
right-hand *deheulaw, llawdde*
rightly *yn iawn*[2]
  rightly or wrongly *yn gam neu'n gymwys* [*cam*[2]]
rights *hawliau, iawnderau*
rigid *anhyblyg*
rigmarole *rhibidirês, truth*
rim *cantel, rhimyn*
to rime *barugo*
rind *croen, crofen:crawen, crwst, rhisgl*
a ring
  1 *caniad ffôn*
  2 *modrwy*
  3 *sgwâr*[1]*:ysgwâr*
to ring *canu*
  to ring a bell *canu*[1] *cloch*
ringlet *cudyn, llyweth*
ringworm *darwden, derwreinyn, tarwden*
a riot *reiat, terfysg*
to riot *terfysgu*
rioter *terfysgwr*
riotous *terfysglyd*
to rip *rhwygo*
ripe *aeddfed, cryf, gwyn*
to ripen *aeddfedu, glasu*
a ripple *crych*[1]
to ripple *crychu*
Risca *Rhisga*
a rise *codiad*
to rise *esgyn*
  to rise to the bait *codi at yr abwyd* [*abwyd*]
riser *codwr*
a risk *menter:mentr*
to risk *mentro*
risky *mentrus, peryglus*
rite *defod*
ritual *defodol*
a ritual *defod*
rival *cystadleuwr:cystadleuydd*
rivalry *ymryson*[1]
river *afon*
  hollow river bank *ceulan*
a rivet *rhybed*
to rivet *hoelio*
rivulet *afonig*
road *ffordd, heol:hewl*
  main road *ffordd fawr, heol fawr, lôn bost, lôn fawr, priffordd*
roadman *dyn yr hewl*
roadside *min y ffordd*
to roam *crwydro*
roaming *ar grwydr* [*crwydr*]
roan *broc*
a roar *bugunad*[1]*, rhu:rhuad, twrw:twrf*

to roar *bugunad*², *rhuo*
roast *rhost*
   roast potatoes *tatws rhost*
to roast *rhostio*
   to roast thoroughly *digoni*
to rob *lladrata*
robber *gwylliad, herwr, lleidr, ysbeiliwr*
robe *cochl, gŵn*
robin ▢ *robin goch*
robot *robot*
robotics *roboteg*
robust *cyhyrog, lysti*
a rock *craig*
   as solid as a rock *fel y dur* [*dur*¹], *fel y graig* [*craig*]
   rock and roll *sigl a swae*
   Rock of Ages *Craig yr Oesoedd*
to rock *siglo*
rocket *roced*
rock-solid *fel y dur* [*dur*¹], *fel y graig* [*craig*]
rocky *creigiog*
rod *cledr:cledren, gwialen, rod, rhoden*
   fishing rod *genwair, gwialen bysgota*
rodent *cnofil*
roe *grawn, gronell*
roebuck ▢ *bwch danas: bwchadanas, iwrch*
roe-deer *iyrches*
rogue *cnec, gwalch*
role *rhan*¹
a roll *corn*¹, *rholyn, treigliad*
   bread roll *cwgen*
to roll *powlio, rholio:rholian, treiglo*²
   to roll up *torchi*
   to roll up one's sleeves *torchi llewys*
rollers *coed treigl*
to roller-skate *sglefrholio*
rolling-pin *rholbren*
Roman *Rhufeinig*
a Roman *Rhufeiniad:Rhufeiniwr*
   Roman Catholic *Catholic: Catholig, pabyddol*
   a Roman Catholic *Pabydd*
   the Roman Catholic Church *Eglwys Rufain*
romance *rhamant*
romantic *rhamantaidd:rhamantus*
Romanticism *Rhamantiaeth*
a roof *cronglwyd, to*¹
   thatched roof *to*¹ *gwellt*
   under one's roof *dan gronglwyd* [*cronglwyd*]
   without a roof over one's head *heb do dros fy mhen* [*to*¹]
to roof *toi*
rook
   1 ▢ *castell*
   2 ▢ *ydfran*
room
   1 *lle*¹
   2 *ystafell*
a roost *clwyd*
to roost *clwydo*

rooster *ceiliog*
a root
   1 *gwraidd, gwreiddyn*
   2 *isradd*
   at the root *wrth wraidd* [*gwraidd*]
   cube root *trydydd isradd*
   square root *ail*¹ *isradd*
   to take root *gwreiddio*
to root *gwreiddio*
roots *gwreiddiau*
   from the roots *o'r gwraidd* [*gwraidd*]
a rope ▢ *rhaff, tennyn*
to rope *rhaffu:rhaffo*
   to show someone the ropes *rhoi rhywun ar ben y ffordd* [*ffordd*]
ropy *coch*²
rose ▢ *rhosyn*
   rose hips ▢ *egroes*
rostrum *llwyfan*
rosy-cheeked *gwridog*
a rot *pydredd*
to rot *pydru*
rotation *cylchdro*
rotor *rotor*
rotten *diffaith, drwg*², *pwdr*
rotund *crwn*
rough *clapiog, clogyrnaidd, clogyrnog, cras, egr, garw, gerwin, gwyntog*
   to become rough *gerwino*
roughage *ffibr*
roughness *garwder:garwedd, gerwindeb:gerwinder*
round *crwn, rownd*¹
   round brackets *cromfachau*
   the Round Table *y Ford Gron* [*Bord*]
a round
   1 *rownd*³
   2 *tôn gron*
   final round *rownd*³ *derfynol*
   preliminary round *rhagbrawf*
   quarter-final round *rownd*³ *gogynderfynol*
   semi-final round *rownd*³ *gynderfynol*
to round off *talgrynnu*
   to round down *talgrynnu i lawr*
   to round up *talgrynnu i fyny*
roundabout *cwmpasog*
a roundabout *ceffylau bach* [*ceffyl*]
   Roundhead *Pengryniad*
   round-shouldered *gwargrwm*
to rouse *cynhyrfu, dadebru, deffro*
route *ffordd*
to rove *crwydro*
a row
   1 *llinell, rheng, rhes, rhestr*
   2 *stŵr*
   to have a row *cael drwg* [*drwg*¹]
   to kick up a row *codi twrw*
to row *rhwyfo*
rowan ▢ *cerdinen:cerddinen, criafol, criafolen*

rowan-berries ▢ *criafol*
rowdy *stwrllyd, trystiog*
rower *rhwyfwr*
royal *brenhinol*
   the Royal National Eisteddfod of Wales *Eisteddfod Genedlaethol Frenhinol Cymru*
   the Royal Welsh Agricultural Show *Sioe Frenhinol Amaethyddol Cymru* [*Sioe*]
royalty *breindal*
to rub *rhwbio, rhwto*
   to rub out *rhwbio allan*
rubber *rwber*
rubbish *gwehilion, sbwriel: ysbwriel, sothach*
rubbish! *lol, lol botes* [*potes*], *twt*²
   to talk rubbish *malu awyr*
rubble *rwbel*
ruby *rhuddem*
ruck *sgarmes:ysgarmes*
rudder *llyw*
ruddiness *cochni*
ruddy *gwritgoch, rhudd*
rude
   1 *anghwrtais*
   2 *crai*
rudiment *elfen*
rudimentary *elfennol*
rudiments *egwyddorion, elfennau, gwyddor*
ruffian *adyn, cnaf, dihiryn*
rug *rỳg*
rugby ▢ *rygbi*
rugged *clogyrnog, ysgithrog*
a ruin
   1 *adfail, carnedd, murddun*
   2 *dinistr, distryw*
to ruin *dinistrio*
ruinous *dinistriol*
a rule *rheol*
   as a rule *fel rheol* [*rheol*]
   rule of thumb *synnwyr y fawd*
to rule *llywodraethu, rheoli, teyrnasu*
ruler
   1 *pren mesur, riwl*
   2 *rheolwr*
ruling *llywodraethol*
to ruminate *cil-gnoi, cnoi*¹ *cil*
to rummage *chwilmanta: chwilmantan:chwilmentan, chwilota, twrio*
rummager *chwilotwr*
rumour *si:su*
   rumour has it *si ym mrig y morwydd*
rump *crwper*
rumpus *stŵr*
a run *rhediad*
   hen run *libart*
to run *rhedeg*
   to run away *ffoi, ei gloywi hi* [*gloywi*], *heglu*
   to run down *rhedeg ar*
   to run errands *negeseua*

to run off *baglu*²
to run out of steam *chwythu plwc* [*plwc*]
to run to seed *ehedeg*
rung *ffon, gris*
runner *rhedwr*
   runner beans *ffa dringo*
running *rhedegog*
rupture *tor llengig* [*tor*²]
rural *gwledig*

ruse *ystryw*
a rush *ffrwst, gwib*¹*, rhuthr: rhuthrad*
   in a rush *ar wib* [*gwib*¹]
to rush *gwylltio:gwylltu, rhuthro*
   to rush about *gwibio*
rushes ☐ *brwyn, cawn*¹*, pabwyr*
russet *cochddu, cringoch*
Russian *Rwsiad*

rust *rhwd*
to rust *rhydu:rhwdu*
rustic *gwladaidd*
a rustic *gwerinwr, gwladwr*
to rustle *siffrwd*
rusty *rhydlyd*
rut *rhigol, rhych*
ruthless *didostur*
rye ☐ *rhyg*

S

Sabbath *Sabbath:Saboth*
sabbatical *sabothol*
sac *cwd*
saccharin *sacarin*
sack
  1 *ffetan, sach*
  2 *diswyddiad*
to sack *diswyddo*
sackcloth *sachliain*
   sackcloth and ashes *sachliain a lludw*
sackful *sachaid*
sacrament *ordinhad, sacrament*
sacred *cysegredig, dwyfol, sanctaidd:santaidd*
   sacred music *caniadaeth y cysegr*
a sacrifice *aberth, offrwm*
to sacrifice *aberthu, offrymu*
sacrosanct *dihalog*
sad *chwith*¹*, dagreuol, prudd, trist, trwm*
   a sad thing *garw o beth*
   the sad part of it *dagrau pethau*
to sadden *tristáu*
a saddle ☐ *cyfrwy*
to saddle *cyfrwyo*
saddler *cyfrwywr*
sadness *tristwch, trymder*
safe *diogel, saff*
safety *diogelwch*
   safety belt *gwregys (ddiogelwch)*
   safety-pin *pin cau*
to sag *sigo:ysigo*
saga *saga*
sagacious *craff, ffel*
sagacity *doethineb*
sage ☐ *saets*
said *ebe:eb:ebr*
a sail *hwyl*
to sail *hwylio, mordwyo, morio*
sailor *llongwr, morwr*
sails *hwyliau*
   to take the wind from one's sails *mynd â'r gwynt o hwyliau* [*gwynt*]
saint *sant, santes*
   All Saints' Day *Calan Gaeaf, Dygwyl yr Holl Saint*
   patron saint *mabsant, nawddsant*
   St Andrew's Day *Dygwyl Andr(e)as, gŵyl Andras*

St Asaph *Llanelwy*
St Athans *Sain Tathan*
St Davids *Tyddewi*
St David's Day *Dygwyl D(d)ewi, gŵyl D(d)ewi*
St Dogmaels *Llandudoch*
St Fagan's *Sain Ffagan*
St George's Day *Dygwyl Sain Siôr, gŵyl Sain Siors*
St Patrick's Day *Dygwyl Badrig, gŵyl Badrig*
sake
   for the sake of *er mwyn*
salad *salad*
   fruit salad *salad ffrwythau*
   salad cream *hufen salad*
salary *cyflog*
sale *gwerthiant, sâl*²*:sêl*
   for sale *ar werth* [*gwerth*¹]
salesman *gwerthwr*
   travelling salesman *trafaelwr: trafaeliwr*
Salisbury *Caersallog*
saliva *poer:poeri*¹
sally *cyrch*¹
salmon ☐ *eog, gleisiad, samwn*
saloon *salŵn*
salt *halen, halwyn*
   the salt of the earth *halen y ddaear*
   to be worth one's salt *yn werth ei halen* [*halen*]
   to rub salt into a wound *rhoi halen ar friw* [*halen*]
to salt *halltu*
salty *hallt*
salvation *gwaredigaeth, iachawdwriaeth:iechydwriaeth*
   the Salvation Army *Byddin yr lachawdwriaeth*
salve *ennaint*
same *un*²
   the same one *yr un un* [*un*²]
   the same place *yr unfan*
sample *sampl*
to sanctify *dwyfoli, sancteiddio*
sanctity *sancteiddrwydd*
sanctuary
  1 *cysegr*
  2 *gwarchodfa, noddfa, seintwar*
sand *swnd, tywod*
   sand martin ☐ *gwennol y glennydd*
sandal *sandal*

sand-dune *twyn, tywyn*
sandpaper *papur gwydrog* [*gwydrog*]*, papur tywod*
sands *traeth*
   like the sands of the desert *rhif y gwlith* [*gwlith*]
sandstone *tywodfaen*
sandwich *brechdan*
sandy *tywodlyd*
sane *call, yn fy iawn bwyll* [*pwyll*]
Santa Claus *Siôn Corn*
sap *nodd, sudd*
sapling *gwialen*
sapphire *saffir*
sap-wood *gwynnin*
sarcasm *coegni, gwawd*
sarcastic *coeglyd, crafog, gwawdlyd*
sash *gwregys*
satchel *bag ysgol, ysgrepan*
satellite ☐ *lloeren*
satire *dychan*
satirical *dychanol*
to satirize *dychanu*
satisfaction *bodlonrwydd, boddhad*
satisfactory *boddhaol*
satisfied *bodlon:boddlon*
   to be satisfied *bodloni:boddloni*
to satisfy
  1 *boddhau, plesio, rhyngu bodd*
  2 *digoni, diwallu*
to saturate *trwytho*
saturated *dirlawn*
Saturday *dydd Sadwrn*¹
Saturn ☐ *Sadwrn*²
sauce *saws*
saucepan *sosban*
saucer *soser*
   flying saucer *soser hedegog*
saucy *beiddgar, eofn*
sausage *selsigen, sosej*
   (not a) sausage *dimai goch*
savage *milain:mileinig*
savages *anwariaid*
savannah *safanna*
save *eithr*
to save
  1 *cynilo, tolio*
  2 *achub, arbed, cadw, gwared*¹*: gwaredu, iacháu*
   save us! *gwared*¹ *y gwirion*
   to save one's skin *achub fy nghroen* [*croen*]

saved cadwedig
saving achubol
savings cynilion
saviour achubwr:achubydd, gwaredwr, iachawdwr
 The Saviour Y Ceidwad, Y Gwaredwr
savory ☐ safri
the savour blas, sawr
to savour blasu, sawru
savoury sawrus
a saw llif^2
to saw llifio
sawdust blawd llif
saxophone ☐ sacsoffon
a say llais
to say dweud:dywedyd
 to say grace gofyn bendith [bendith]
 to say of dweud am
 to say the least dweud y lleiaf
 you don't say peidiwch â dweud [dweud]
a saying dywediad, gair
scab crachen, cramen
scabbard ☐ gwain
scabies clafr:clafri:clefri
scaffolding sgaffaldau: ysgaffaldau
a scald llosgiad
to scald sgaldian:sgaldio, ysgaldanu
a scale
 1 graddfa
 2 ☐ cen
to scale dringo
scales ☐ clorian, tafol^1
scallywags taclau:tacle
scaly cennog
scamp cnaf
scampi sgampi
scandal gwarth
Scandinavian Sgandinafiad
scant prin
scapegoat bwch dihangol
a scar craith
to scar creithio
scarce prin^1
 to become scarce prinhau
scarcely braidd, odid, prin^2
scarcity prinder
a scare dychryn^1
to scare dychryn^2, gyrru braw (ar), tarfu
scarecrow bwbach, bwgan brain
scarf sgarff
scarlet ysgarlad
 scarlet fever clefyd coch, y dwymyn goch [twymyn]
to scarper ei gleuo hi [goleuo]
scathing deifiol
to scatter chwalu, gwasgaru: gwasgar, sarnu, tarfu
 scattered ar wasgar [gwasgaru:gwasgar], chwâl, gwasgaredig
scene golygfa
scent perarogl, persawr
sceptre teyrnwialen

scheme cynllun
scholar sgolor, ysgolhaig
scholarly academaidd:academig
scholarship
 1 ysgolheictod
 2 ysgoloriaeth
school ysgol^2
 boarding-school ysgol^2 breswyl
 comprehensive school ysgol^2 gyfun
 grammar school ysgol^2 ramadeg
 infant school ysgol^2 babanod
 nursery school ysgol^2 feithrin
 primary school ysgol^2 gynradd [cynradd]
 public school ysgol^2 fonedd
 school yard buarth
 Sunday School ysgol^2 Sul
schoolchild plentyn ysgol, sgolor
schoolgirl merch ysgol
schoolhouse tŷ'r ysgol, ysgoldy
schoolmaster ysgolfeistr
schoolmistress athrawes
schoolroom ysgoldy
science gwyddoniaeth, gwyddor, gwyddorau
scientific gwyddonol
scientist gwyddonydd
to scintillate pefrio, serennu
scissors siswrn
to scoff gwawdio
to scold arthio, dweud y drefn, dwrdio, rhoi tafod drwg i [tafod], tafodi, trin^2
a scolding blas tafod
scone sgon
to scoot codi cynffon [cynffon], ei gloywi hi [gloywi]
scooter sgwter
scope cwmpas^1
to scorch cochi, crasu, deifio^2, rhuddo
 scorched crasboeth
a score sgôr
to score sgori:sgorio
scorer sgoriwr:sgorwr
scorn dirmyg, gwawd
scorned dirmygedig
scornful dirmygus:dirmygol, glas^1, gwawdlyd
scorpion sgorpion
Scot Albanes, Albanwr
scoundrel adyn, dihiryn
to scour sgwrio:ysgwrio
a scourge fflangell
to scourge fflangellu
scout sgowt
a scowl cilwg, cuwch, gwg
to scowl cuchio, gwgu
scrap-book llyfr lloffion
a scrape helbul
to scrape
 1 crafu, ysgraffinio:sgraffinio
 2 llyfu tin
 to scrape together cribinio
scraper
 1 crafwr
 2 ysgrafell

scrap-heap tomen
 on the scrap-heap ar y domen [tomen]
scraps crafion
a scratch crafiad, ysgraffiniad: sgraffiniad
to scratch crafu, cripian:cripio
a scream sgrech:ysgrech
to scream sgrechain:sgrechian, ysgrechain:ysgrechian
a screech gwich, sgrech:ysgrech
to screech gwichian
screen sgrin:ysgrîn
a screw sgriw
to screw sgriwio
screwdriver sgriwdreifer, tyrnsgriw
to scribble sgriblan
scrip ysgrepan
script llawysgrifen, sgript
scriptural ysgrythurol
scripture ysgrythur
scrotum cwd, sgrotwm
scrub prysgwydd
to scrub sgrwbio
scruff gwar, gwegil
scrum sgrym
scrum-half mewnwr
scull rhodl
sculpted cerfiedig
sculptor cerflunydd
a sculpture cerflun
to sculpture cerflunio
sculptured cerfiedig
scum ewyn, gwehilion
scurf cen
scurfy cennog
scythe pladur
sea gweilgi, heli, môr
 the Black Sea y Môr Du
 the Dead Sea y Môr Marw
 the Irish Sea Môr Iwerddon
 the Mediterranean Sea y Môr Canoldir:Môr y Canolidir
 the North Sea y Môr Udd
 the Red Sea y Môr Coch
sea-green gwyrddlas
seagull ☐ gwylan
a seal
 1 ☐ morlo
 2 ☐ sêl^2
 seal of approval sêl bendith
to seal selio
sealed cloëdig:cloiedig
seam ☐ gwrym, gwythïen, haen: haenen
seaman morwr
seamanship morwriaeth
sea-marsh morfa
seamstress gwniadwraig: gwniadreg, teilwres
to sear serio
to search chwilio, chwilota, disgwyl
searcher chwiliwr, chwilotwr
searchlight chwilolau
sea-shore traeth, tywyn
seaside glan y môr
season tymor

a seat *sedd, sêt*	to seethe *corddi*	to come to one's senses *dod at fy nghoed [coed], dod ataf fy hun [hun² :hunan¹ :hunain]*
to seat *eistedd¹*	segment □ *ewin*	
seat-belt *gwregys*	seismic *seismig*	
sea-trout □ *sewin*	seismology *seismoleg*	sensible *call, synhwyrol*
sea-wall *morglawdd*	to seize *cydio, ymafael:ymaflyd*	sensitive *croendenau, sensitif, teimladwy*
sea-water *dŵr hallt, dŵr y môr*	to seize the opportunity *achub y cyfle*	
seaweed □ *gwymon*		sensitivity *sensitifrwydd*
second *ail¹*	seizure *strôc*	sensual *cnawdol*
second childhood *ail blentyndod [plentyndod]*	seldom *anaml*	a sentence
	select *dethol¹:detholedig*	1 *brawddeg*
second rate *eilradd*	to select *codi, dethol², pigo*	2 *dedfryd*
second time *eilwaith*	the selected *dewis¹:dewisiad*	to sentence *dedfrydu*
a second *eiliad*	selection *detholiad, dewis¹: dewisiad*	sentimental *teimladol*
to second *cefnogi, eilio¹*		sentimentality *sentimentaliaeth*
secondary *eilradd, uwchradd*	selections *pigion*	sentry *gwyliwr*
seconder *eilydd*	selector *dewiswr*	sepal □ *sepal*
second-hand *ail-law [ail¹]*	self *hun², hunan¹:hunain*	separable *gwahanadwy*
secret *cêl, cudd, cyfrinachol, dirgel¹*	self... *hunan...²*	to separate *didoli, gwahanu, ysgaru*
	by one's self *ar fy mhen fy hun [pen¹]*	separation *gwahaniad*
a secret *cyfrinach, dirgel²*		September *Medi²*
secretary *ysgrifennydd, ysgrifenyddes*	self-confidence *hunanhyder*	sequel *parhad*
	self-conscious *hunanymwybodol*	sequence *dilyniant*
to secrete *secretu*	self-discipline *hunanddisgyblaeth*	to sequester *atafaelu*
secrets *dirgelion*	self-government *hunanlywodraeth*	serenade *serenâd*
sect *sect*		serenity *sirioldeb*
section	self-important *hunanbwysig, hunandybus*	serf *taeog¹*
1 *adran*		sergeant *rhingyll*
2 *toriad, trychiad*	selfish *hunanol, myfiol*	sergeant-major *uwch-ringyll*
cross-section *trawsdoriad: trawstoriad*	selfishness *hunanoldeb*	series *cyfres*
	self-pitying *hunandosturiol*	serious *difrif:difri, difrifol, dwys, prudd, sobr*
sector □ *sector*	self-possessed *hunanfeddiannol*	
secular *dynol, seciwlar*	self-raising flour *blawd codi*	semi-serious *rhwng difrif a chwarae [difrif]*
secure	self-respect *hunan-barch*	
1 *diogel*	self-righteous *hunangyfiawn*	to become serious *difrifoli*
2 *sownd*	self-sufficient *hunangynhaliol*	seriousness *difrifoldeb: difrifwch, dwyster:dwystra, dyfnder, enbydrwydd*
to secure *gwreiddio, sicrhau*	self-supporting *hunangynhaliol*	
security *diogelwch*	to sell *gwerthu*	
sedge *hesg, hesgen, moresg*	to sell a dummy *ffugbasio*	sermon *pregeth*
sediment *gwaddod, gwaelodion*	seller *gwerthwr*	the Sermon on the Mount *y Bregeth ar y Mynydd [pregeth]*
see *gw., gweler*	selves *hunain*	
to see *edrych am, gweld:gweled*	*[hun²:hunan¹:hunain]*	
to see eye to eye *cyd-weld, gweld lygad yn llygad*	semblance *rhith*	serpent *sarff*
	semi... *lled²*	serrated *danheddog*
to see fit *gweld yn dda*	semibreve □ *hanner brif*	serum *serwm*
to see the light of day *gweld golau dydd*	semicircle *hanner cylch*	servant *gwas*
	semicolon *hanner colon*	to be a servant *gwasanaethu*
to see the warning light *gweld golau coch*	semiconductor *lled-ddargludydd*	to serve
	semi-final *cynderfynol*	1 *gwasanaethu, gweini*
to see which way the wind is blowing *gweld pa ffordd mae'r gwynt yn chwythu [gwynt]*	semi-final round *rownd³ gyn-derfynol*	2 *serfio*
		serves him right *eithaf¹ gwaith â fo*
	semiquaver □ *hanner cwafer*	
	semi-serious *rhwng difrif a chwarae [difrif:difri]*	to serve one's apprenticeship *bwrw prentisiaeth [prentisiaeth]*
seed *had*		
a seed *haden, hadyn, hedyn*	semitone *hanner tôn*	service *addoliad, cwrdd¹, gwasanaeth, moddion², oedfa*
seed of corn *gronyn*	semolina *semolina*	
seed potatoes *tatws had*	senate *cyngor², senedd*	to be in service *gweini*
to go to seed *hadu*	to send *anfon, danfon, gyrru, hel*	serviette *napcyn:napgyn*
to run to seed *ehedeg*	senility *henaint*	servile *gwasaidd, taeog², taeogaidd*
seedless *di-had*	senior *hŷn, uwch*	session *sesiwn*
to seek *ceisio, erchi, ymofyn:mofyn: moyn, ymorol:morol*	senior citizen *pensiynwr*	set *gosod², gosodedig, sefydlog*
	sensation *ias*	set square *sgwaryn*
to seek a favour *mynd ar ofyn [gofyn¹]*	sense *synnwyr, ystyr*	a set *set*
	to talk sense *dal pen rheswm*	to set
seeker *chwiliwr*	to sense *synhwyro*	1 *gosod¹, hulio*
to seem *gweld, ymddangos*	senseless *disynnwyr, gwag*	2 *machlud²:machludo*
seemly *gweddaidd, gweddus*	senses *synhwyrau*	to set about *dechrau² ar, mynd o'i chwmpas hi [cwmpas¹]*
to be seemly *gweddu*	to bring to one's senses *dod â rhywun at ei goed [coed]*	
see-saw □ *si-so*		

settee

to set about one's tasks *mynd o gwmpas fy mhethau [pethau]*
to set afoot *gosod¹ ar droed*
to set before *gosod¹ o flaen/ gerbron*
to set down *dodi i lawr*
to set off *hel fy nhraed*
to set one's mind on *rhoi/dodi fy meddwl ar*
to set out *gosod¹ allan*
to set the world to right *rhoi'r byd yn ei le [byd]*
to set to one side *neilltuo*
to set to work *dodi/gosod¹ ar waith*
to set type *cysodi*
to set up *gosod¹ i fyny*
settee *soffa*
setting
  1 *cefndir*
  2 *gosodiad*
  3 *machlud¹:machludiad*
a settle *setl, sgiw¹:ysgiw, sgrin: ysgrîn*
to settle
  1 *cartrefu, cyfaneddu, sefydlu*
  2 *torri dadl*
settled *sefydlog*
settlement
  1 *cytundeb*
  2 *gwladfa*
seven *saith*
  seven times *seithwaith*
seventh *seithfed*
  seventh heaven *y seithfed nef*
to sever *gwahanu, torri*
several *amryw¹ byd*
severe *caled, dygn, gerwin, llym*
a severing *gwahaniad*
severity *caledwch, gerwindeb: gerwinder*
Severn *Hafren*
to sew *gwnïo, pwytho*
sewer *carthffos*
sewerage *carthffosiaeth*
sewin □ *sewin*
sex *rhyw¹*
sextant □ *secstant*
sexton *clochydd*
sexual *rhywiol*
  sexual intercourse *cyfathrach rywiol*
sexy *rhywiol*
sh! *ust!*
a shackle *gefyn, hual, llyffethair*
to shackle *llyffetheirio*
a shade
  1 *arlliw*
  2 *cysgod*
  3 *mymryn*
  to put in the shade *rhoi rhywun yn y cysgod [cysgod]*
to shade *cysgodi*
shadow *cysgod*
shady
  1 *brith*
  2 *cysgodol*
  shady character *aderyn brith*

shaft □ *braich, corn¹, gwerthyd, llorp, siafft*
a shake *sigl*
to shake *crynu, siglo, ysgwyd*
a shaking *siglad, ysgegfa, ysgydwad:ysgytwad*
shaky *crynedig, sigledig, simsan*
shallow *bas¹*
sham *ffuantus*
shambles *ffradach*
shame *cywilydd, gresyn, gwaradwydd, gwarth*
  for shame *rhag fy nghywilydd [cywilydd]*
a shame *hen¹ dro*
  it's a shame *mae'n bechod [pechod]*
  to put to shame *codi cywilydd (ar) [cywilydd], cywilyddio, gwaradwyddo*
to shame *cywilyddio, gwaradwyddo*
shameful *cywilyddus, dirmygus: dirmygol, gwarthus*
shameless *digywilydd*
shamelessness *digywilydd-dra*
shampoo *siampŵ*
shank □ *crimog, gar*
shanty *sianti*
shape *ffurf, llun¹, siâp*
  to take shape *siapo:siapio*
shapeless *annelwig, di-lun*
shapely *lluniaidd, siapus*
a share *cyfranddaliad, dogn, rhan¹, siâr*
to share *dogni, rhannu*
shareholder *cyfranddaliwr: cyfrandeiliad*
shark □ *siarc*
sharp *awchus, crafog, craff, cyflym, llym, miniog, siarp*
a sharp □ *llonnod*
to sharpen *hogi*
sharpener *hogwr*
sharpness *awch*
to shatter *briwio:briwo, dryllio, malu, talchu*
shattered *candryll, chwilfriw, drylliedig:drylliog*
to shave *eillio, siafio:siafo*
shavings *creifion, naddion*
shawl *siôl*
she *hi*
  she herself *hyhi*
  she too *hithau*
sheaf □ *ysgub*
to shear □ *cneifio*
shearer □ *cneifiwr*
shears □ *gwellaif:gwellau*
shearwater
  Manx shearwater □ *aderyn-drycin Manaw*
sheath □ *gwain*
a shed *cut, eil², sièd*
to shed *gollwng*
sheen *llewyrch*
sheep □ *dafad¹, da³ gwlanog*
  black sheep *dafad¹ ddu*
  pet sheep *dafad¹ swci*

shocking

tack sheep *defaid tac [dafad¹]*
sheep-dog □ *ci defaid*
sheer *serth*
sheet *cynfas, dalen, llywionen: llywanen*
shelf *astell, silff*
  continental shelf *sgafell gyfandirol*
  on the shelf *ar y silff [silff]*
shell □ *cragen, masgl, plisgyn*
  to come out of one's shell *dod allan o'm cragen [cragen]*
  to go into one's shell *mynd i'r cwd [cwd], mynd i'w gragen [cragen]*
shellfish *pysgod cregyn*
shelter *clydwch, cysgod, diddosrwydd, lloches, noddfa*
a shelter *cysgod, lloches, noddfa*
to shelter *cysgodi, llechu, llochesu, ymochel:mochel*
sheltered *clyd, cysgodol*
a shepherd *bugail*
  the Good Shepherd *y Bugail Da*
to shepherd *bugeilio*
shepherdess *bugeiles*
sheriff *siryf*
  high sheriff *sirydd:siryf*
sherry *sieri*
she-wolf *bleiddast*
shibboleth *shiboleth*
shield *tarian*
a shift *stem*
to shift *mwstro*
shiftless *didoreth*
shilling *swllt*
to shimmer *tywynnu*
shin □ *crimog*
a shine *sglein*
to shine *disgleirio, gloywi, gwenu, llewyrchu, llosgi, sgleinio, tywynnu*
shingle *graean, gro*
shingles *eryr²*
shining *gloyw, llathraid:llathraidd*
  shining white *cannaid*
ship *llong*
shipwreck *llongddrylliad*
shipwright *saer llongau*
shire *sir, swydd*
  shire horse *ceffyl gwedd [gwedd²]*
shirker *diogyn*
shirt *crys*
  in one's shirt sleeves *yn llewys fy nghrys*
a shiver *ias, ysgryd*
to shiver *crynu, rhynnu*
shivering *rhynllyd*
a shivering *cryd, cryndod*
shoal *aig, haig*
a shock
  1 *cnwd*
  2 *gwefr, sioc, ysgytiad*
  to be shocked *syfrdanu*
to shock *syfrdanu*
shocking *echrydus, uffernol, ysgytwol*

shoddy *bratiog, sâl*[1]
a shoe *esgid*
to shoe *pedoli*
shoemaker *crydd*
shoes *esgid*
   quaking in my shoes *crynu yn fy esgidiau* [*esgid*]
   to be in someone else's shoes *bod yn esgidiau rhywun* [*esgid*]
a shoot *blaguryn, eginyn*
to shoot *ergydio, gollwng, saethu*
   to shoot one's bolt *chwythu plwc*
shooting *gwib*[2]
   shooting star *seren wib*
a shop *siop*
   to talk shop *siarad siop*
to shop *siopa*
shopkeeper *siopwr*
shore *glan, traethell*
short *byr, cwta, prin*[1], *pwt*[2]
   short cut *llwybr llygad:llwybr tarw*
   short sightedness *golwg*[1] *byr*
   short while *gronyn bach*
   short while ago *gynnau*[2]
shortage *prinder*
short-circuit *cylched fer*
shortcoming *diffyg*
to shorten *byrhau, cwtogi*
shorthand *llaw-fer*
short-lived *byrhoedlog*
shortly *gyda hyn* [*hyn*]
shortness *byrder:byrdra*
short-tailed *cwta*
short-term *tymor byr*
shot
   1 *ergyd*
   2 *saethwr*
   like a shot *fel ergyd o wn* [*ergyd*]
shotgun *dryll*[1]
a shoulder ▢ *ysgwydd*
   hard shoulder *llain galed*
   round-shouldered *gwargrwm*
   shoulder to shoulder *ysgwydd wrth ysgwydd*
to shoulder *ysgwyddo*
a shout *banllef, bloedd, bonllef, gwaedd*[1], *llef*
to shout *bloeddio, gweiddi*
   to shout threats *bytheirio*
a shove *gwth:gwthiad, hergwd, hwb:hwp*
to shove *gwthio, hwpo:hwpio*
a shovel ▢ *rhaw*
to shovel *rhofio*
shovelful *rhofiaid*
a show *siew, sioe*
   the Royal Welsh Agricultural Show *Sioe Frenhinol Amaethyddol Cymru*
to show *dangos*
   to show appreciation *cydnabod*[1]
   to show one's colours *dangos fy ochr*

   to show one's face *dangos fy wyneb*
   to show someone the door *dangos y drws i rywun*
   to show someone the ropes *rhoi rhywun ar ben y ffordd* [*ffordd*]
   to show someone to the door *dangos rhywun i'r drws*
shower *cawod:cawad, glaw*
shred *affliw*
shreds *llarpiau, swrwd, yfflon*
shrew
   1 ▢ *llyg*
   2 *cecren*
shrewd *hirben*
Shrewsbury *Amwythig*
a shriek *gwich, gwichiad*[2], *sgrech:ysgrech*
to shriek *gwichian, sgrechain:sgrechian, ysgrechain:ysgrechian*
shrill *gwichlyd, main*
shrimp ▢ *berdasen, berdysyn*
to shrink *cilio, crebachu, cwtogi, tynnu at*
to shrivel *crebachu*
shrivelled *crebachlyd, crimp, crychlyd*
shroud *amdo*
shrove
   Shrove Tuesday *dydd Mawrth Ynyd* [*ynyd*]
shrub *prysgwydd, prysgwydden*
a shudder *ias*
to shudder *crynu*
to shun *gochel, osgoi*
shut *ar gau* [*cau*[1]], *caeedig:caeëdig, ynghau*
to shut *cau*[1]
   shut your mouth *cau*[1] *dy ben/geg*
   to shut someone up *rhoi taw ar rywun* [*taw*[1]]
   to shut the door after the horse has bolted *codi pais ar ôl piso* [*pais*]
shutter *caead*[1]
shuttle *gwennol*
   space shuttle *gwennol ofod*
shuttlecock *gwennol*
shy *gwylaidd, swil*
shyness *swildod*
sick *claf*[1], *clwyfus*
   to be sick *cyfogi, chwydu*
   to fall sick *clafychu*
   to make one sick *codi cyfog*
to sicken *clwyfo, gwaelu*
sickening *cyfoglyd*
sickle *cryman*
sickly *gwanllyd:gwannaidd*
sickness *anhwyldeb:anhwylder, dolur*
side *glan, llaw, ochr, tu, ymyl, ystlys*
   either side *poptu*
   from the other side *oddi draw*
   on either side *o boptu* [*poptu*]

   on his father's side *o du/ochr ei dad* [*tu*]
   one side *naill ochr, neilltu*
   other side *tu acw:tu arall*
   side by side *ochr yn ochr*
   side drum ▢ *drwm bach*
   side effects *sgil effeithiau*
   the other side *am*[2] *y*
   this side *tu yma*
   to one side *i'r naill ochr* [*naill*]
   to place side by side *cyfosod*
   to put on/to one side *rhoi i'r naill ochr* [*ochr*]
   to set to one side *neilltuo*
   to side with *ochri gyda*
sideboard *seld*
sides
   all sides *poptu*
to side-step *ochrgamu*
siding *seidin*
siege *gwarchae*[1]
   to lay siege to *gwarchae*[2]
a sieve ▢ *gogr:gogor, hidl*[1], *rhidyll*
to sieve *rhidyllu*
to sift *gogrwn*
a sigh *ochenaid*
to sigh *ochain:ochneidio*
sight *golwg*
   at first sight *ar yr olwg gyntaf* [*golwg*[2]]
   in sight *o fewn golwg* [*golwg*[1]]
   nor sight nor sound *heb siw na miw* [*siw*], *na lliw na llun* [*lliw*]
   out of sight *o'r golwg* [*golwg*[1]]
a sight *golygfa, gwedd*[1]
a sign *amnaid, argoel, arwydd, ôl*[1], *sôn*[2]
   equal sign *hafalnod*
   no sign of *dim arlliw* [*arlliw*]
to sign *arwyddo, llofnodi, torri enw*
a signal *arwydd, signal*
signature *llofnod*
significance *arwyddocâd*
significant *arwyddocaol, sylweddol*
to signify *arwyddo*
signpost *mynegbost*
signs
   to make signs *gwneud ystumiau* [*ystumiau*]
silage *silwair*
a silence *distawrwydd, gosteg, mudandod, taw*[1]
to silence *distewi, gostegu, tewi*
silent *distaw, di-stŵr, tawedog, tawel*
   to be silent *distewi*
   to become silent *distewi, tewi*
silicon *silicon*
silicosis *clefyd y dwst*
silk *sidan*
silkworm *pryf sidan*
silky *sidanaidd*
sill *sil*[2]
silly *dwl, ffôl, gwirion, hurt, penwan*
   to become silly *hurtio:hurto*

silo *seilo*
silvan *coediog:coedog*
silver *arian³, ariannaid, glas¹, gwyn¹*
silver birch *bedwen arian*
the silver *arian¹, arian² gleision*
silversmith *gof arian*
silvery *ariannaidd*
similar *fel¹, tebyg¹*
similarity *cyffelybiaeth, tebygrwydd*
simile *cyffelybiaeth, cymhariaeth*
to simmer *goferwi, mudferwi*
to simper *glaswenu*
simple *di-lol, diniwed, gwirion, syml*
simpleton *ynfytyn*
simplicity *diniweidrwydd, gwiriondeb, symylrwydd*
to simplify *symleiddio*
a sin *pechod*
to sin *pechu*
since *canys:cans, er, ers, gan, oddi ar*
long since *hen*
sincere *didwyll, diffuant, diragrith*
sincerely *yn bur [pur¹], yn ddiffuant [diffuant]*
sincerity *didwylledd, diffuantrwydd*
sinew *gewyn:giewyn, llinyn*
sinful *pechadurus*
to sing *canu¹, lleisio, pyncio, tiwnio*
singable *canadwy*
to singe *deifio², rhuddo*
singer *caniedydd, canwr, datgeiniad*
carol singer *carolwr*
female singer *cantores*
a singing *caniad, caniadaeth*
single *dibriod, sengl*
single-minded *unplyg*
single-mindedness *unplygrwydd*
singular *unigol*
a sink *sinc*
to sink *suddo*
sinner *pechadur, pechadures*
sins *dyledion*
sinus *sinws*
a sip *llymaid*
to sip *sipian:sipio*
siphon *siffon*
sir *syr*
sissy *cadi ffan*
sister *chwaer*
sister-in-law *chwaer-yng-nghyfraith*
to sit *eistedd¹, gori*
to sit (an examination) *sefyll*
to sit on *eistedd¹ ar*
site *safle*
sitting *ar ei eistedd [eistedd²]*
a sitting *eisteddiad*
sitting-room *lolfa*
situation *sefyllfa*
six *chwe:chwech*
six of one and half a dozen of the other *brawd¹ mygu yw tagu*

sixpenny
sixpenny piece *pisyn chwech [chwech]*
sixteen *un ar bymtheg*
not quite sixteen ounces *heb fod yn llawn llathen [llathen]*
sixth *chweched*
sixty *trigain*
size *helaethrwydd, hyd¹ a lled, maint, maintioli*
sizeable *diogel, sylweddol*
a skate *cath fôr*
to skate *sglefrio:ysglefrio*
skeleton *sgerbwd:ysgerbwd*
a sketch *amlinelliad, braslun, sgets*
to sketch *braslunio*
skewer *gwäell*
a ski *sgi*
to ski *sgio*
to skid *llithro*
skilful *celfydd, cywrain, dawnus, dethau, medrus*
skill *cywreinrwydd, medr, sgil*
skimmed *sgim*
skin *croen*
by the skin of one's teeth *dianc â chroen fy nannedd [dannedd]*
only skin and bone *dim ond croen ac/am asgwrn [croen]*
to save one's skin *achub fy nghroen [croen]*
to skin *blingo*
to skip *dychlamu, sgipio*
skirmish *sgarmes:ysgarmes*
skirt *sgert:sgyrt*
skirting-board *sgyrtin*
skit *sgets*
skittles □ *ceilys², sgitls*
to skulk *sgwlcan, ystelcian:stelcian*
skull *penglog*
sky *awyr, nen, wybren*
blue sky *awyr las*
mackerel sky *awyr draeth, gwallt y forwyn, traeth awyr*
skylight *ffenestr do*
slab *slab:slabyn*
slack *llac*
to slacken *llacio, llaesu*
to slacken off *llaesu dwylo*
to slacken one's grip *gollwng gafael*
slackness *llacrwydd*
slag *sorod*
to slake *disychedu*
to slam *clepian*
slander *enllib*
to slander *duo, enllibio*
slanderous *enllibus*
a slant *gogwydd, osgo*
to slant *goleddfu*
slanting *lletraws, gŵyr², ar ogwydd [gogwydd]*
a slap *clatsien, clip¹, wad:whad*
to slap *clatsio, slapio*
slap-dash *ffwrdd-â-hi, rhywsut-rywfodd: rhywsut-rywsut*
slate *carreg las, llech:llechen, llechfaen*

slate-grey *glas¹*
slaughter *galanas*
slaughterhouse *lladd-dy*
slave *caethwas*
slave girl *caethferch*
to slaver *driflo:driflan*
slavery *caethwas(i)aeth*
slaves *caethion²*
slavish *gwasaidd, slafaidd*
to slay *lladd*
sledge *car llusg*, □ *sled*
sledge-hammer □ *gordd*
sleek *llathraid:llathraidd*
sleekness *graen*
a sleep *cwsg¹, hun¹*
to sleep *cysgu*
sleeper *cysgadur, cysgwr*
sleeping *ynghwsg*
sleeping-bag *sach-gysgu*
sleepy *cysglyd*
sleet *eirlaw*
sleeve *llawes*
to keep something up one's sleeve *cadw/bod â rhywbeth lan/i fyny fy llawes [llawes]*
to laugh up one's sleeve *chwerthin yn fy llawes/llewys [llawes]*
to roll up one's sleeves *torchi llewys*
sleigh □ *sled*
slender *main¹*
slice *sleisen, tafell, toc, tocyn²*
slick *slic*
a slide
1 *llithren*
2 *tryloywder*
to slide *llithro*
slight *tenau, ysgafn*
to slight *sarhau*
slim *tenau*
slime *llys², llysnafedd*
sling □ *ffon dafl*
to sling mud *lluchio baw*
to slink *llithro, sleifio*
a slip *llithriad*
slip of a girl *cywen*
slip of the tongue *llithriad tafod*
to slip *llithro*
to slip the mind *gadael dros gof*
to slip up *llithro*
slipperiness *llithrigrwydd*
slippery *llithrig, slic*
slipshod *esgeulus*
to slither *llithro*
to slobber *glafoeri:glafoerio, slobran*
sloes □ *eirin duon bach, eirin perthi, eirin tagu*
slogan *slogan*
sloop *slŵp*
a slope *allt, gallt:allt, garth, goleddf, llechwedd, llethr, osgo, rhediad, rhiw, tyle*
to slope *goleddfu*
to slope down *cwympo, gogwyddo*
sloping *lletraws, llethrog*
slops *golchion*

sloth *diogi*[1]	to smother *mogi:mygu*	soaking *trabŵd*
slovenly *di-lun*	to smoulder *mudlosgi*	soaking wet *yn wlyb domen:yn wlyb domen dail* [*tomen*]
slow *araf, ara' deg* [*araf*], *hwyrfrydig*	to smuggle *smyglo*	a soaking *trochfa*
	smuggler *smyglwr*	soap *sebon*
to slow *arafu*	snack *byrbryd*	soapsuds *woblyn*
slowly *gan bwyll* [*pwyll*], *ling-di-long:linc-di-lonc*	snail ☐ *malwen:malwoden*	to sob *beichio, igian, torri calon, ubain*
	snake *neidr*	sober *sobr*
slowness *arafwch*	a snap *clec, cnec*	to sober (up) *sobri:sobreiddio*
slow-worm *neidr ddefaid*	to snap *clecian*	soccer *pêl-droed*
sludge *llaca*	snapdragon ☐ *trwyn y llo*	soccer player *pêl-droediwr*
slug ☐ *gwlithen*	a snare ☐ *magl*	sociable *cymdeithasgar, cymdeithasol*
sluice *llifddor*	to snare *maglu, rhwydo*	
slum *slym*	to snarl *chwyrnu, ysgyrnygu*	social *cymdeithasol*
slumber *hun*[1]	to snatch *cipio*	social science *cymdeithaseg*
to slumber *huno*	a sneak *cachgi*	socialism *sosialaeth*
slump *dirwasgiad, gostyngiad*	sneaking *llechwraidd*	socialist *sosialaidd*
slur *llithriad*	to sneer *glaswenu*	a socialist *sosialydd*
slut *slebog*	to sneeze *tisian, twsian*	society *corff, cymdeithas*
sly *dichellgar, slei*	to sniff *ffroeni, sniffian:snwffian, synhwyro*	sociologist *cymdeithasegwr: cymdeithasegydd*
on the sly *yn slei bach*		
a smack *clipen:clipsen*	to get a sniff at/to get a word in *cael pig i mewn* [*pig*[1]]	sociology *cymdeithaseg*
to smack *smacio*		sock *hosan*
to smack of *sawru*	to sniffle *sniffian:snwffian*	socket *crau, soced*
small *bach*[2], *main*[1], *mân*	snipe ☐ *gïach*	sod *tywarchen*
small beer *diod fain*	snob *hen drwyn* [*trwyn*], *snob*	sofa *soffa*
small hours of the morning *oriau mân y bore*	snobbery *snobyddiaeth*	soft
	snobbish *ffroenuchel, snobyddlyd*	1 *distaw*
small of the back *main y cefn, meingefn*	snobbishness *snobyddiaeth*	2 *meddal*
	snobs *crach*[3]*:crachach*	to soften *meddalu, tyneru*
so small *lleied*	snooker *snwcer*	softness *meddalwch*
small-coal *glo mân*	a snooze *cyntun*	to soft-soap *gwenieithio, seboni*
smaller *llai*[1]	to snooze *hepian*	software *meddalwedd*
smallest *lleiaf*	to snore *chwyrnu, rhochian*	soggy *soeglyd*
small-holder *tyddynnwr*	to snort *ffroeni*	soil *daear, pridd*
smallholding *tyddyn*	snout *trwyn*	to soil *baeddu, difwyno:dwyno, maeddu, trochi*
smallness *bychander:bychandra*	snow *eira, ôd*	
smallpox *y frech wen* [*brech*]	snowball *caseg eira*	soiled *pyg*[2]
smart *ciwt, crand, talïaidd, trwsiadus*	a snowball's chance (dim) *gobaith caneri*	solace *cysur, diddanwch*
		solar
to smarten *tacluso, trwsio*	Snowdon *Yr Wyddfa*	solar system *cysawd yr haul*
to smash *malu, malurio*	Snowdonia *Eryri*	solder *sodr:sawdur*
smattering *crap*	snow-drift *lluwch*	to solder *sodro*
to smear *iro*	snowdrop ☐ *eirlys, lili wen fach*	soldier *milwr*
a smell *arogl:aroglau, gwynt*	snowflakes ☐ *plu eira*	sole *unig*
to smell *arogleuo, arogli, gwyntio: gwynto, sawru, synhwyro*	snowman *dyn eira*	for the sole purpose *yn un swydd* [*swydd*]
	snow-plough ☐ *swch (eira)*	
smelt ☐ *brwyniad*	snub *smwt*	sole intention *unswydd*
a smile *gwên*	snuff *snisin*	a sole ☐ *gwadn*
a false smile *gwên deg*	snug *clyd, diddos*	to sole *gwadnu, tapo*
to smile *gwenu*	to snuggle *closio, cwtsio:cwtsied, swatio*	solemn *difrifol, dwys*
to smile from ear to ear *gwenu o glust i glust*		sol-fa *sol-ffa*
	so	solicitor *cyfreithiwr*
to smirk *cilwenu, glaswenu*	1 *felly*	solid *cydnerth, solet:solid*
to smite *taro*	2 *cyn*[3], *mor*	solid as a rock *fel y dur* [*dur*[2]], *fel y graig* [*craig*]
smith *gof*	and so on *ac felly ymlaen:ac felly yn y blaen* [*felly*], *ac yn y blaen* [*blaen*[1]]	
smithereens *cyrbibion, chwilfriw, jibidêrs, tipiau, yfflon*		a solid *solid*
	so and so *fel*[3] *a'r fel, hon a hon, hwn a hwn*	to solidify *caledu*
smithy *gefail*		to soliloquize *ymson*[2]
smog *mwrllwch*	so little *lleied*	soliloquy *ymson*[1]
smoke *mwg*	so long as *cyhyd â:cyd*	solitary *unig*
to smoke *cochi, mygu, smocio, ysmygu:smygu*	so many *cynifer*	solitude *unigedd*
	so much *hyn a hyn*	solo *unawd*
smoky *myglyd*	so so *bethma*[2]*:pethma*	champion solo *her unawd*
smooth *esmwyth, llyfn*	so that *fel mai* [*mai*]	soloist *unawdydd*
to smooth *esmwytháu:esmwytho, llyfnhau*	to soak *mwydo, rhoi yng ngwlych* [*gwlych*]	solstice *heuldro*
		summer solstice ☐ *Alban Hefin, heuldro'r haf*
smoothing	soaked *gwlyb diferol:gwlyb diferu*	
smoothing iron *fflat, haearn, hetar*		

winter solstice □ Alban Arthan, heuldro'r gaeaf
soluble *hydawdd, toddadwy*
solute *toddyn*
solution
  1 *ateb*²
  2 *toddiant*
Solva *Solfach*
to solve *datrys*
solvent *toddydd*
sombre *prudd*
some *ambell, peth, rhai, rhyw*², *rhywfaint*
somebody *rhywun*
somehow *rhywfodd, rhyw ffordd* [*ffordd*]*, rhywsut*
someone *rhywun*
  someone or other *rhywun neu'i gilydd* [*gilydd*]
somersault *tin dros ben*
Somerset *Gwlad yr Haf*
something *dim, rhywbeth*
sometime *rhywbryd*
  sometime or other *rhywbryd neu'i gilydd* [*gilydd*]
sometimes *ambell waith, ar adegau* [*adeg*]*, ar dro* [*tro*]*, weithiau*
somewhat *rhywfaint*
somewhere *rhywle*
son
  1 *mab*
  2 *gwas*
  son of *ab:ap*
sonata *sonata*
song *cân*
  folk-song *cân werin*
  to make a song and dance *gwneud môr a mynydd* [*môr*]
son-in-law *mab-yng-nghyfraith*
sonnet *soned*
sonorous *soniarus*
soon *ar fyr o dro* [*tro*]*, ar fyrder* [*byrder*]*, toc*¹*, yn fuan* [*buan*]*, yn y man* [*man*]
  as soon as *gyda:gydag*
sooner
  sooner or later *yn hwyr*¹ *neu'n hwyrach*
  the sooner the better *gorau*² *po gyntaf*
soot *huddygl, parddu*
to soothe *llarieiddio, lleddfu, lliniaru*
soothing *lliniarol*
soothsayer *dewin, dyn hysbys*
soporific *soporiffig*
soprano *soprano*
sorcerer *dewin, swynwr*
sorcery *dewiniaeth, swyngyfaredd*
sore *dolurus, poenus, tost*²
  sore throat *dolur gwddf/gwddw*
a sore *clwyf:clwy*
  soreness *tostedd:tostrwydd*
sorrow *dolur, tristwch*
sorrowful *athrist, gofidus*
sorry *edifar*
  I'm sorry *mae'n ddrwg gennyf* [*drwg*²]*, mae'n flin gennyf* [*blin*]
  I'm sorry to hear *mae'n chwith gennyf glywed* [*chwith*¹]
  (to be) sorry *(bod yn) edifar*
  to be sorry for *gresynu*
a sort *ffasiwn*²*, math, rhyw*¹
to sort *dosbarthu*
sorts
  all sorts *o bob lliw a llun* [*lliw*]
Soughton *Sychdyn*
soul *enaid*
  All Souls' Day *Dygwyl y Meirw*
sound *holliach, iach, sownd*
  of sound mind *yn ei iawn bwyll* [*pwyll*]
a sound
  1 *sain, sŵn*
  2 *swnt*
  nor sight nor sound *heb siw na miw* [*siw*]*, na lliw na llun* [*lliw*]
  without a sound *heb siw na miw* [*siw*]
to sound *plymio, seinio, swnio:swno*
a sounding *caniad*
  sounding of a horn *caniad corn*
soup *cawl, potes*
sour *egr, siarp, sur*
  to turn sour *suro, troi*
to sour *suro*
source *ffynhonnell, gwraidd, llygad y ffynnon, tarddiad, tarddle*
sourness *surni*
south □ *de*¹*:deau*
  South Pole □ *Pegwn y De*
  South Wales *De Cymru, y Deheubarth*
  South Walian *hwntw*
south-east *de-ddwyrain*
southern *deheuol*
  southern part *deheubarth*
southernwood □ *hen*¹ *ŵr*
south-west *de-orllewin*
sovereign *goruchaf*
a sovereign
  1 *coron, sofren*
  2 *teyrn*
sovereignty *brenhiniaeth, sofraniaeth*
a sow □ *hwch*
to sow *hau*
sower *heuwr*
sozzled *meddw chwil:meddw gaib:meddw gorn*
soya *soya*
  soya beans *ffa soya*
space *gofod, gwagle, lle*¹
  space shuttle *gwennol ofod*
spacecraft *llong ofod*
spaceman *gofodwr*
spaceship *llong ofod*
spade □ *pâl*¹*, rhaw*
spaghetti *sbageti*
a span *rhychwant*
to span *pontio, rhychwantu*
Spaniard *Sbaenwr*
spanking *gloyw, sbon*
spanner □ *sbaner*
spare
  1 *sbâr*
  2 *cynnil*
to spare *arbed, sbario*
sparing *cynnil, di-wast:diwastraff*
a spark *gwreichionen: gwreichionyn, llewyrchyn*
to spark *gwreichioni*
sparking-plug *plwg tanio*
a sparkle *gwefr*
to sparkle *disgleirio, gwreichioni, pefrio, serennu*
sparkling *gloyw*
sparks *gwreichion*
sparrow □ *aderyn y to*
  hedge sparrow □ *llwyd y berth: llwyd y gwrych*
  sparrow hawk □ *cudyll, curyll*
  tree sparrow □ *golfan y mynydd*
sparse *tenau*
spasm *pwl*
spasmodic *ysbeidiol*
spasms *gwewyr*
spate *dŵr llwyd, llifeiriant*
spawn □ *grawn, grifft, gronell, sil*¹
to spay *disbaddu, ysbaddu*
to speak *llefaru, siarad, torri gair, ynganu:ynganu*
  to speak from the heart *siarad o'r fron*
  to speak harshly *dweud yn hallt*
  to speak one's mind *dweud ei feddwl*
  to speak well of *dweud yn dda am*
speaker *siaradwr*
  public speaker *areithiwr*
  the Speaker *y Llefarydd*
speaking
  in a manner of speaking *ffordd o ddweud, mewn ffordd o siarad* [*siarad*]
  plain speaking *diflewyn-ar-dafod*
spear *gwaywffon, picell*
special *arbennig, neilltuol*
specialist *arbenigwr, arbenigwraig*
to specialize *arbenigo*
species *rhywogaeth*
specific *penodol*
to specify *pennu*
specimen *sampl*
speck *brych*¹*, brycheuyn, smotyn:ysmotyn*
to speckle *britho*
speckled *brith, brych*²
spectacles □ *gwydrau, sbectol*
spectator *gwyliwr*
spectral *lledrithiol*
spectre *drychiolaeth*
spectrum □ *sbectrwm*
to speculate *damcanu:damcaniaethu*
speech *lleferydd*
  common speech *llafar gwlad*
  figure of speech *ffigur ymadrodd*

inarticulate speech *bloesgni:bloesgedd*
part of speech *rhan ymadrodd*
speech impediment *nam ar y lleferydd*
a speech *araith*
to make a speech *areithio*
speechless *mud:mudan*[1]
speed *buander:buandra:buanedd, cyflymder:cyflymdra*
at full speed *ar garlam* [*carlam*], *ar wib* [*gwib*[1]]
to speed *goryrru*
speedometer *cloc*
speedy *chwimwth, di-oed:dioed*
speleologist *ogofwr*
a spell
 1 *rhaib, swyn*
 2 *sbel, ysbaid*
 cold spell *heth*
to spell *sillafu*
spelling *sillafiad*
to spend *gwario, hela, mynd, treulio*
 to spend time *bwrw amser*
sperm *had, sberm*
sphere *cronnell, sffêr*
spherical *sfferaidd*
spice *sbeis*
spices *perlysiau*
spick and span *fel pin mewn papur* [*pin*]
spicy *poeth, sbeislyd*
spider ☐ *cop, corryn:cor*[2], *pryf copyn*
spike *pig*[1]
spiked *danheddog*
to spill *colli, sarnu*
a spin *tro*
to spin
 1 *cogr-droi, chwyrlïo, troelli*
 2 *gwau*[2]*:gweu, nyddu*
 to spin lies *palu celwyddau*
spinach ☐ *pigoglys, ysbigoglys*
spinal
 spinal cord *abwydyn y cefn, madruddyn y cefn*
spindle *echel, rod*
spine *meingefn*
spineless *di-asgwrn-cefn*
spinney *gwig*
spinning-wheel ☐ *troell*
spinster *hen*[1] *ferch*
spiny *pigog*
spiral *troellog*
spirant
 spirant mutation *y treiglad llaes* [*llaes*]
spire *clochdy*
spirit
 1 *arial, calon, ysbryd*
 2 *gwirod*
 the Holy Spirit *yr Ysbryd Glân*
 spirit level *lefel*
spiritual *ysbrydol*
spit *poer:poeri*[1]
to spit *poeri*[2]
spite *casineb, gwenwyn, malais, sbeit*

in spite of *ar waethaf:er gwaethaf* [*gwaethaf*], *serch*[2]
to spite *sbeitio*
spiteful *gwenwynllyd, maleisus, sbeitlyd*
spitting
 spitting image of *yr un ffunud â* [*ffunud*]
to splash *sblasio, tasgu*
spleen
 1 *dueg*
 2 *gwenwyn*
splendid *campus, ysblennydd*
splendour *godidowgrwydd, gogoniant, gwychder, ysblander*
to splice *plethu*
a split *crac*[1], *gwahaniad, hollt, rhwyg:rhwygiad, ymraniad*
to split *hollti, rhannu*
 to split hairs *hidlo gwybed, hollti blew*
 to split up *gwahanu*
to splutter *ffrwtian*
to spoil *afradu, amharu, andwyo, difetha, maldodi, sbwylio*
spoils *enillion, ysbail*
spoke ☐ *adain:aden, braich*
spoken *ar dafod leferydd* [*tafod*]
spokesman *llefarydd*
spokesperson *llefarydd*
sponge ☐ *sbwng:ysbwng*
a sponsor *noddwr*
to sponsor *nawddogi, noddi*
sponsored [by] *dan nawdd* [*nawdd*]
spontaneous *digymell*
spool *sbŵl*
spoon *llwy*
spoonful *llwyaid*
spore *sbôr*
sport *chwarae*[1]
sports *mabolgampau*
sportsman *chwaraewr*
a spot
 1 *dot:dotyn, man*[2], *smotyn:ysmotyn*
 2 *llecyn, man*[1]
 3 *ploryn*
 to be spot on *taro deuddeg*
to spot *brychu, dotïo*[1]
spotless *difrycheulyd, dilychwin, glân*
spots *brychni*
spotted *brith*
 spotted fly-catcher ☐ *gwybedog mannog*
spouse *priod*[2]
spout
 1 *pig*[1]
 2 *pistyll*
a sprain *ysictod:ysigiad*
to sprain *sigo:ysigo*
to sprawl *gorweddian*
a spray
 1 *chwistrelliad*
 2 *sbrigyn*
to spray *chwistrellu*

spray-gun *chwistrell*
spread *ar daen* [*taenu*]
to spread *hulio, lledaenu, taenu, tannu, ymledu*
 to muck-spread *gwasgaru*
 to spread one's wings *lledu adenydd*
 to spread out *lledu*
spreading *taenelliad*
sprig *sbrigyn*
sprightliness *bywiogrwydd*
sprightly *gwisgi, hoenus*
spring *gwanwyn*
a spring
 1 *ffynhonnell, ffynnon*
 2 *sbring*
to spring
 1 *llamu, neidio*
 2 *tarddu*
 to spring from *hanu*
to sprinkle *sgeintio:ysgeintio, taenellu*
sprinkling *taenelliad*
a sprint *gwib*[1]
to sprint *sbrintio*
a sprout *eginyn, impyn*
to sprout *blaguro, brigo*[1], *deilio, egino, glasu, impio*
sprouts ☐ *ysgewyll*
 Brussels sprouts *ysgewyll Brwsel*
spruce *pyrwydden*
spry *heini, sionc*
spur *sbardun, ysbardun*
spurious *ffug, gau*
to spurn *dirmygu*
to sputter *ffrwtian*
a spy *ysbïwr*
to spy *ysbïo*
a squabble *ffrae*
to squabble *ffraeo*
squalid *brwnt, budr*
to squander *afradu, gwastraffu*
square *sgwâr*[2]
a square *maes*[1], *sgwâr*[1]*:ysgwâr, sgwaryn*
 set square *sgwaryn*
 square brackets *bachau petryal/sgwâr*
 square mile *milltir sgwâr*
 square root *ail*[1] *isradd*
squash
 1 *sboncen*
 2 *sgwash*
to squat *cyrcydu, swatio*
a squatting *cwrcwd*
a squeak *gwich*
to squeak *gwichian*
squeaky *gwichlyd*
a squeal *gwich, gwichiad*[2]
to squeal *gwichian*
a squeeze *gwasgfa*
to squeeze *gwasgu*
a squeezing *gwasgiad*
squib *sgwib*
squint-eyed *llygatgam:llygatgroes*
squire
 1 *macwy*
 2 *sgwïer, yswain*

squirm   728   **stigma**

to squirm *gwingo*
squirrel *gwiwer*
to squirt *chwistrellu*
St *St, sant see also* saint
a stab *brath:brathiad, gwayw*
to stab *brathu, gwanu, trywanu*
stability *sadrwydd*
to stabilize *sadio*
stable *sad, safadwy*
a stable *stabl:ystabl*
a stack *pentwr*
to stack *pentyrru*
stadium *campfa, stadiwm*
staff
   1 *staff*
   2 *gwialen*
   3 *erwydd*
staff notation *hen¹ nodiant*
stag □ *bwch danas:bwchadanas, hydd*
a stage
   1 *cam¹, gradd, pwynt*
   2 *llwyfan*
to stage *llwyfannu*
stage-coach *coets fawr*
to stagger *gwegian*
staggering *chwil*
stagnant
   stagnant water *merddwr*
staid *sobr*
a stain *staen*
to stain *staeno:staenio*
stainless
   stainless steel *dur gwrthstaen*
stair *gris*
stairs *grisiau, staer:ystaer*
stake *ystanc*
   at stake *yn y fantol* [*mantol*]
stalactite □ *stalactit*
stalagmite □ *stalagmit*
stale *hen¹, sych*
stalk □ *coes², corsen, gwelltyn*
stalks *gwlydd, gwrysg*
stall *côr, stâl, stondin*
stallion *march*
stamen □ *brigeryn*
a stammer *atal², atal² dweud*
to stammer *cecian:cecial*
a stamp *stamp*
to stamp *curo traed, pystylad, stampio:stampo*
stampede *rhuthr:rhuthrad*
stance *osgo, ystum*
a stand
   1 *eisteddle*
   2 *safiad*
to stand *goddef, sefyll*
   I can't stand *does gen i gynnig* [*cynnig¹*]
   it stands to reason *mae rheswm yn dweud* [*rheswm*]
   to know where one stands *gwybod lle rwy'n sefyll*
   to stand for *sefyll dros*
   to stand on one's own two feet *sefyll ar fy nhraed fy hun*
   to stand stock still *sefyll yn stond* [*stond*]
   to stand upright *sefyll rhywbeth ar ei draed* [*traed*]
standard *safonol*
a standard
   1 *lluman*
   2 *safon*
   standard bearer *banerwr*
   standard of living *safon byw*
to standardize *safoni*
standpoint *safbwynt*
stanza *pennill*
staple *stapl, stwffwl*
star *seren*
   shooting star *seren wib*
starch *starts*
to stare *rhythu, syllu*
starfish □ *seren fôr*
stark *hollol, rhonc*
   stark naked *porcyn*
starling □ *drudw:drudwy, drudwen*
starry *serennog:serog*
a start *cychwyn¹, dechrau¹*
to start
   1 *cychwyn², dechrau², tanio*
   2 *neidio, rhus(i)o, tasgu*
   to start with *i ddechrau* [*dechrau²*]
to startle *brawychu, dychryn²: dychrynu*
starvation *newyn*
to starve *clemio, llewygu, llwgu, newynu*
state *gwladol*
a state
   1 *ansawdd, cyflwr, stad:ystad*
   2 *gwladwriaeth*
   3 *talaith*
stately *bonheddig, urddasol*
statement *datganiad, gosodiad*
statesman *gwladweinydd*
station *gorsaf, stesion*
   nuclear power-station *atomfa*
stationary *yn fy unfan* [*unfan*]
station-master *gorsaf-feistr*
statistics
   1 *ystadegaeth*
   2 *ystadegau*
statue *cerflun, delw*
stature *corffolaeth, maintioli, taldra*
status *statws*
statute *deddf*
statutory *statudol:ystatudol*
staunch *pybyr*
stave
   1 *cledr:cledren*
   2 *erwydd*
a stay *arhosiad*
to stay *aros, oedi, sefyll*
   to stay one's hand *atal¹ fy llaw*
steadfast *di-syfl, diysgog, safadwy*
steadiness *sadrwydd*
steady *sownd*
to steady *pwyllo, sadio*
steak *golwyth*
to steal *dwyn, lladrata, twgu:twgyd*
stealthy *lladradaidd*
steam *ager, anwedd, stêm*
steam engine *injan stêm, peiriant ager* [*ager*]
to run out of steam *chwythu plwc* [*plwc*]
to steam *mygu*
steed *march*
steel *dur*
stainless steel *dur gwrthstaen*
steep
   1 *cribog, llethrog, serth*
   2 *hallt*
to steep *mwydo, trwytho*
   to steep oneself in *trwytho*
steeple *clochdy*
steeplechase *ras ffos a pherth*
a steer *ych¹*
to steer *cyfeirio, llywio*
steering-wheel □ *llyw, olwyn yrru*
stem *bôn,* □ *coes²*
   to stem from *deillio, disgyn*
stems *gwlydd*
stench *drewdod*
stencil *stensil*
stenography *llaw-fer*
a step *cam¹, gris*
   false step *cam¹ gwag*
   step by step *cam¹ a cham, o gam i gam* [*cam¹*]
   very short step *cam¹ ceiliog*
to step *camu¹, troedio*
   to step into the breach *dod i'r adwy* [*adwy*], *sefyll yn y bwlch*
   to step on it *coedio, gwasgu arni*
stepbrother *llysfrawd*
stepdaughter *llysferch*
stepfather *llystad*
stepmother *llysfam, mam wen*
stepping
   stepping stone *carreg lam*
steps *grisiau*
stepsister *llyschwaer*
stepson *llysfab*
stereophonic *stereoffonig*
stereotyped *ystrydebol*
sterile *di-haint*
to sterilize *steryllu*
sterilized *sterylledig*
sternum □ *cledr y ddwyfron*
stethoscope □ *corn¹, stethosgôp*
   to examine with a stethoscope *cornio*
stew *lobsgows, stiw*
steward *stiward*
stewardship *goruchwyliaeth*
a stick *ffon, pric*
   dry old stick *hen un sych* [*sych*]
to stick *glynu*
sticky *gludiog*
stiff *anystwyth, stiff*
to stiffen *cyffio*
stiffness *sgrwb*
to stifle *llethu, mygu*
stifling *myglyd*
stigma *stigma*

stile *camfa, sticil:sticill*
still
  1 *llonydd¹, tawel, yn fy unfan* [*unfan*]
  2 *byth, eto¹, o hyd* [*hyd²*]
  stock still *stond*
to still *llonyddu, tawelu*
stillness *distawrwydd, llonyddwch, tawelwch*
to stimulate *symbylu*
a sting *colyn, pigiad:pigad*
to sting *pigo, pinsio*
a stink *drewdod*
to stink *arogleuo, drewi*
stinking *drewllyd*
to stint *tolio*
a stir *cyffro, cynnwrf*
to stir *corddi, cyffroi, syflyd, troi, ysgogi*
  to stir oneself *ystwyrian*
stirrer *corddwr*
stirring *cynhyrfus*
a stirring *cynhyrfiad*
stirrup ☐ *gwarthol:gwarthafl*
a stitch
  1 *pwyth¹*
  2 *gwayw, pigyn*
to stitch *gwnïo, pwytho*
stitches *pwythau*
  to be in stitches *yn fy nyblau* [*dyblau*]
stoat ☐ *carlwm*
stock
  1 ☐ *cyff*
  2 *isgell*
  3 *stoc*
  4 *stôr*
  laughing stock *cyff gwawd*
  stock exchange *cyfnewidfa stociau*
  to stand stock still *sefyll yn stond* [*stond*]
to stock *stocio*
stocking *hosan*
  in one's stockinged feet *yn nhraed fy sanau* [*traed*]
stocks *cyffion*
stocky
  stocky person *cyff*
stoker *taniwr*
stomach ☐ *bol:bola, crombil, cylla, stumog:ystumog*
  to have no stomach for *does gennyf ddim stumog am* [*stumog*]
a stone
  1 *carreg, llech:llechen, maen¹*
  2 *stôn*
  echo stone *carreg ateb:carreg lafar:carreg lefain*
  precious stone *maen gwerthfawr*
  stepping stone *carreg lam*
  Stone Age *Oes y Cerrig*
  stone's throw *o fewn ergyd/ tafliad carreg* [*carreg*]
  to leave no stone unturned *troi pob carreg* [*carreg*]

to stone *llabyddio*
stone-dead *marw gelain*
Stonehenge *Côr y Cewri*
stonework *gwaith maen*
stony *caregog*
stool *stôl*
  to fall between two stools *syrthio rhwng dwy stôl* [*stôl*]
a stoop *crymedd*
to stoop *crymu, gwargrymu, plygu*
stooping *gwargrwm*
a stop *stop*
  bus stop *arhosfan bws*
  full stop *atalnod llawn*
to stop *aros, sefyll*
stopwatch ☐ *atalwats*
a store *stôr*
to store *storio*
storehouse *stordy*
storey *llawr*
stork *storc*
storm *storm:ystorm, storom, tymestl*
stormy *egr, garw, gwyntog, helbulus, stormus, tymhestlog*
stormy petrel *aderyn drycin, aderyn y ddrycin*
stormy weather *drycin*
story *chwedl, hanes, stori:ystori*
  to cut a long story short *torri'r stori'n fyr* [*stori*]
story-teller *cyfarwydd², storïwr*
stout *bras¹, praff*
stoutness *prafftter*
stove *stof*
straight *plwmp, syth, union*
  the straight and narrow *y llwybr cul*
  straight away *ar fy union* [*union*]*, ar unwaith* [*unwaith*]*, yn syth* [*syth*]*:yn syth bin, yn union* [*union*]
  straight out *heb flewyn ar fy nhafod* [*tafod*]
to straighten *sythu, unioni*
the strain *straen, tyndra*
to strain *hidlo*
strainer ☐ *gogr:gogor, hidl¹*
strait *culfor*
straits *cyni*
strand
  1 *cainc*
  2 *marian, traethell*
strange *chwith¹, chwithig, dieithr, od, rhyfedd*
strangeness *chwithdod, dieithrwch*
stranger *dieithryn, dyn dieithr*
to strangle *llindagu, tagu*
a strap *strapen*
to strap *strapio*
strata *ystrad*
  Strata Florida *Ystrad-fflur*
stratagem *dyfais, ystryw*
strategic *strategol*
strategy *strategaeth*
stratosphere *stratosffer*
stratum *haen:haenen*

straw *gwellt*
a straw *gwelltyn*
strawberry ☐ *mefusen, syfien*
stray *disberod*
to stray *crwydro, cyfeiliorni, gwyro*
a straying *crwydr:crwydrad, cyfeiliorn*
streak *haen*
a stream *aber, ffrwd, llifeiriant, nant*
to stream *dylifo, ffrydio, goferu*
streaming *hidl²*
streamlined *llilin*
street *stryd*
strength *cadernid, cryfder, grym, nerth*
  to go from strength to strength *mynd o nerth i nerth* [*nerth*]
to strengthen *cryfhau, grymuso*
a stress *pwyslais*
to stress *acennu, pwysleisio*
a stretch *ehangder*
to stretch *estyn, ymestyn*
strict *llym*
  strict metres *mesurau caeth* [*mesur*]
a stride *cam¹*
to stride *brasgamu*
strident *cras, croch*
strife *ymrafael*
a strike *streic*
to strike
  1 *clatsio, dobio, taro*
  2 *streicio*
  to strike a bargain *cytuno, gwneud/taro bargen* [*bargen*]
  to strike a chord *taro tant*
  to strike while the iron is hot *taro'r haearn tra bo'n boeth* [*haearn*]
striking *trawiadol*
string *llinynnol*
a string *corden, cordyn:cortyn, llinyn, rhaff, rhibidirês,* ☐ *tant*
  to string together *rhaffu:rhaffo*
  to string together a pack of lies *palu celwyddau, rhaffu celwyddau*
stringed *llinynnol*
strings ☐ *llinynnau*
a strip *llain, rhimyn, stribed*
to strip *diosg, tynnu, ymddihatru*
stripe *llinell, rhes*
stripling *glaslanc*
to strive *anelu, ymdrechu, ymlafnio*
a stroke *da⁴, dyrnod, strôc, trawiad*
to stroke *mwytho*
to stroll *rhodio*
strong *abl, cadarn, cryf, cydnerth, grymus, nerthol*
strong arm *llaw gadarn*
stronger *trech*
structure *adeiladwaith, adeiledd, fframwaith, strwythur*
a struggle *stranc*
to struggle *strancio*
to strut *torsythu*
stub *bonyn*
stubble *cawn¹, soflyn*

stubborn *anhyblyg, cyndyn, diddweud, pengaled, penstiff, ystyfnig*
to become stubborn *caledu*
stubbornness *cyndynrwydd, ystyfnigrwydd*
stuck
  (to be) stuck *yn ben set* [*pen*[1]]
stud
  1 *gre*
  2 *styden*
studded *botymog*
student *efrydydd, myfyriwr, myfyrwraig*
studies *efrydiau*
studio *stiwdio*
studious *myfyrgar*
a study *astudiaeth*
to study *astudio, dilyn*
stuff *defnydd, deunydd*
to stuff *stwffio*
stuffing *stwffin*
to stumble *baglu*
stumbling-block *maen tramgwydd*
stump
  1 *boncyff, bonyn, cyff*
  2 *wiced*
to stun *hurtio:hurto, syfrdanu*
stunned *hurt, syfrdan*
  to be stunned *syfrdanu*
stunning *syfrdanol*
stunted *crebachlyd*
to stupefy *hurtio:hurto*
stupendous *syfrdanol*
stupid *gwirion, hurt, twp*
stupidity *gwiriondeb, twpdra*
sturdy *cryf*
to stutter *cecian:cecial, tagu*
sty
  1 *cwt, twlc*
  2 *gwlithen, llefelyn:llyfelyn, llyfrithen*
style *arddull, dull, steil*[1]
sub... *is...*[3]
sub-committee *is-bwyllgor*
subconscious *isymwybod*
to subdivide *isrannu*
subdivision *israniad*
to subdue *darostwng, gostegu*
subject
  1 *deiliad*
  2 *goddrych*
  3 *mater, pwnc, testun*
  to change the subject *troi'r stori* [*stori*]
subjective *goddrychol*
to subjugate *darostwng*
subjugated *darostyngedig*
subjugation *gostyngiad*
subjunctive *dibynnol*
sublime *aruchel*
  from the sublime to the ridiculous *y gwych a'r gwachul*
submarine *tanfor*
a submarine *llong danfor*
to submit
  1 *cyflwyno*
  2 *darostwng, plygu, ymostwng*
subordinate *israddol*
to subscribe *tanysgrifio*
subscriber *tanysgrifiwr*
subscription *tanysgrifiad*
subsection *isadran*
subsequent *dilynol*
subservient *gwasaidd*
to subside *lliniaru, ymsuddo*
subsidy *cymhorthdal*
subsoil *isbridd*
substance *sylwedd*
substantial *diogel, sylweddol*
substitute *eilydd*
subterranean *tanddaearol*
subtle *cyfrwys, cynnil*
to subtract *tynnu*
subtraction *tyniad*
suburb *maestref*
to succeed
  1 *dilyn*
  2 *ffynnu, llwyddo, tycio*
success *ffyniant, llewyrch, llwyddiant:llwydd*
  every success *rhwydd hynt*
successful *ffyniannus, llwyddiannus*
succession *olyniaeth*
  in succession *o'r bron* [*bron*[3]]
successive *olynol*
successor *olynydd*
succour *swcr:swcwr*
to succour *swcro, ymgeleddu*
succulent *ir:iraidd, suddlon*
to succumb *ildio*
such *cyfryw, felly, ffasiwn*[2], *math*[2]
  as such *fel y cyfryw* [*cyfryw*]
  such and such *fel*[3] *a'r fel, hyn a hyn*
  such and such a day *y diwrnod a'r diwrnod*
  such and such a place *y lle a'r lle*
to suck *sugno*
  to teach your grandmother to suck eggs *dweud/dysgu pader i/wrth berson* [*pader*]
suction *sugnedd*
sudden *diarwybod, dirybudd, disymwth, ffwr-bwt, pwt*[2], *sydyn*
suddenness *sydynrwydd*
suds *trochion*
to sue *erlyn*
suet *gweren, siwed*
to suffer *dioddef, goddef*
suffering *dioddefaint*
sufficiency *gwala*
sufficient *digon*[2], *digonol*
suffix *olddodiad:ôl-ddodiad*
to suffocate *mogi:mygu*
sugar *siwgr*
  brown sugar *siwgr coch*
to suggest *awgrymu*
suggestion *awgrym:awgrymiad*
suicide *hunanladdiad*
  to commit suicide *gwneud*[1] *amdanaf fy hun*
a suit
  1 *siwt*
  2 *gosgordd*
  suit of armour □ *arfwisg, rhyfelwisg*
  track suit *tracwisg*
to suit *cytuno, gweddu, taro*
suitability *addasrwydd:addaster, cymhwyster*
suitable *addas, cymwys:cwmws, dyladwy, gweddaidd, priodol*
suitcase *bag dillad*
to sulk *llyncu mul, pwdu, sorri*
sulkily *fel iâr dan badell* [*iâr*]
sulky *pwdlyd*
sullen *sarrug, swrth*
to sully *difwyno:dwyno, halogi, llychwino*
sulphur *sylffwr*
sultry *mwll*
sum *cyfanswm, swm, sym*
to summarize *crynhoi*[1]
summary *crynhoad, crynodeb*
summer *haf*
  Indian summer *haf bach Mihangel*
  summer solstice □ *Alban Hefin, heuldro'r haf*
summery *hafaidd*
summit *copa*
to summon *gwysio*
summons
  1 *galwad*
  2 *gwŷs*
sumptuous *moethus*
sun *haul*
to sunbathe *bolaheulo:bolheulo, torheulo*
Sunday *Sul*
  Palm Sunday *Sul y Blodau*
  Sunday best *dillad parch*
  Sunday school *ysgol Sul*
  Sunday school superintendent *arolygwr yr ysgol Sul*
  Whit Sunday *Sulgwyn*
sun-dial *deial haul*
sunflower □ *blodyn yr haul*
sun-glasses *sbectol haul*
sunk
  I'm sunk *mae'n ddomino arnaf* [*domino*]
  to be sunk *wedi canu* [*canu*[1]]
sunny *araul, heulog, tesog*
sunrise *codiad haul, gwawr*
sunset *machlud*[1]*:machludiad*
sunshine *heulwen, tes*
sunstroke *clefyd yr haul*
super... *goruwch...*[2]
superabundance *gormodedd*
superb *rhagorol*
supercilious *ffroenuchel*
superficial *arwynebol, ar yr wyneb* [*wyneb*]
superintendent *arolygydd*
superior *trech*
superiority *goruchafiaeth*
superiors *gwell*[2]
superlative *eithaf*[1]

supermarket *uwchfarchnad*
supernatural *goruwchnaturiol*
supersonic *uwchseinaidd*
superstition *coel, ofergoel,*
  ofergoeledd, ofergoeliaeth
superstitious *ofergoelus*
to supervise *arolygu, goruchwylio*
supervision *goruchwyliaeth*
supervisor *arolygwr, arolygydd,*
  goruchwyliwr,
  goruchwylwraig
supper *swper*
  the Lord's Supper *Swper yr*
  Arglwydd
to supplant *disodli*
supple *hyblyg, ystwyth*
a supplement *atodiad,*
  ychwanegiad
to supplement *ychwanegu*
a supply *cyflenwad*
to supply *cyflenwi*
a support *ategiad, cefnogaeth,*
  cynhaliaeth, cynheiliad, nawdd
to support *ategu, bod yn gefn i*
  [*cefn*], *cefnogi, cynnal, cynnal*
  breichiau, dal:dala, eilio[1]
supporter *cefnogwr, cynhaliwr,*
  cynheiliad
supporters *selogion*
supporting *cynorthwyol*
supportive *cefnogol, nawddogol*
to suppose *bwrw, tybied:tybio*
  I suppose *deceni:decini*
supposed *tybiedig*
supposition *dyfaliad*
to suppurate *crawni, gori*
supremacy *goruchafiaeth*
supreme *goruchaf, goruchel*
sure *diau, diogel, sicr:siwr:siŵr*
  to be sure *bid siwr* [*sicr*]
surety *mechnïaeth, meichiau*
surface *arwynebedd, clawr,*
  wyneb
a surfeit *syrffed*
  to have a surfeit *alaru*
to surfeit *syrffedu*
surge *dygyfor*
surgeon *llawfeddyg*
  veterinary surgeon *ffarier:*
  ffariar, milfeddyg
surgery *llawfeddygaeth, triniaeth*
  lawfeddygol
a surgery *meddygfa*
surly *blwng, dreng, sarrug,*
  surbwch
a surmise *tyb*
surname *cyfenw, snâm, steil*[2]
to surpass *rhagori*
surplus *gwarged, gweddill*
a surprise *syndod*
  a pleasant surprise *siom ar yr*
  ochr orau
to surprise *synnu*

surprising *od*
surrealism *swrealaeth*
a surrender *cwymp*
to surrender *ildio*
surreptitious *lladradaidd*
to surround *amgylchynu, cylchynu*
a survey *archwiliad, arolwg*
to survey *arolygu*
surveyor *tirfesurydd*
to survive *goroesi*
survivor *goroeswr*
to suspect *amau, drwgdybio:*
  drwgdybied
to suspend *hongian*
suspended *crog*[2]
suspension *crogiant, hongiad*
  suspension bridge *pont grog*
suspicion *amheuaeth,*
  drwgdybiaeth
suspicious *amheus, drwgdybus*
to sustain *cynnal*
sustenance *cynhaliaeth, lluniaeth,*
  ymborth
swaddling-clothes *cadachau*
a swallow
  1 *gwennol*
  2 *llwnc*[1]
to swallow *llyncu*
a swamp *cors, gwern:gwernen,*
  mignen, siglen
to swamp *llethu*
swan *alarch*
Swansea *Abertawe*
to swap *ffeirio, trwco*
a swarm *gre, haid*
to swarm *heidio, heigio*
swath *gwanaf, ystod*
to sway *gwegian, siglo*
  to hold sway *dylanwadu,*
  teyrnasu
to swear *damnio:damo, diawlio,*
  gwirio, rhegi, tyngu
swear-word *rheg*
sweat *chwys*
  dripping with sweat *chwys*
  diferu:chwys domen:chwys
  drabwd
  muck sweat *chwysfa, chwysiad*
to sweat *chwysu*
sweater *siersi*
sweaty *chwyslyd*
swede *erfinen, meipen, rwden,*
  sweden
to sweep *ysgubo*
sweeping *ysgubol*
sweet *croyw, melys, pêr*[1]*:*
  peraidd, pert
  sweet sounding *persain*
a sweet *losin*
  sweetbread *cefndedyn*
  sweetcorn *indrawn*
to sweeten *melysu, pereiddio*
sweetheart *cariad*[2]

sweetness *melyster:melystra*
  full of sweetness and light *yn*
  fêl i gyd [*mêl*]
sweets *da-da, fferins, losin,*
  melysion
a swell *dygyfor, ymchwydd*
to swell *codi, chwyddo*
a swelling *chwydd:chwyddi, wrlyn,*
  ymchwydd
to swelter *chwysu*
sweltering *llethol*
to swerve *gwyro*
swift *buan, chwim, gwib*[2]
a swift *gwennol ddu*
swiftest *cyntaf*
swiftness *cyflymder:cyflymdra*
a swig *dracht:tracht, joch, llymaid*
to swig *drachtio*
swill *golchion*
to swim *nofio*
swimmer *nofiwr*
swimming *morio*
  swimming trunks *trywser nofio*
swine *mochyn*
swine-herd *meichiad*
swing *siglen*
swingletree *cambren*
a switch *swits*
to switch *switsio*
  to switch on *cynnau*
swivel *bwylltid*
swollen *chwyddedig*
a swoon *llesmair, llewyg*
to swoon *llesmeirio, llewygu*
to swoop *disgyn ar*
sword *cledd, cleddyf*
  to cross swords *croesi*
  cleddyfau [*cleddyf*]
swordsman *cleddyfwr*
sycamore *sycamorwydden*
sycophant *cynffonnwr*
syllable *sill:sillaf*
syllabus *maes*[1] *llafur*
symbol *arwyddlun, symbol*
symbolic *symbolaidd*
to symbolize *delweddu*
symmetrical *cymesur*
symmetry *cymesuredd*
to sympathize *cydymdeimlo*
sympathy *cydymdeimlad*
symphony *symffoni*
synagogue *synagog*
to syncopate *trawsacennu*
synonymous *cyfystyr*
synonyms *cyfystyron*
synopsis *dadansoddiad*
syntax *cystrawen*
synthetic *synthetig*
syringe *chwistrell*
system
  1 *cyfundrefn, system*
  2 *cysawd*
to systematize *cyfundrefnu*

T

to a T *i'r blewyn* [*blewyn*]
tabernacle *tabernacl*
table
  1 *bord, bwrdd*
  2 *tabl*
  the Round Table *y Ford Gron* [*bord*]
  table tennis *tennis bwrdd*
table-cloth *lliain (bwrdd)*
tableful *bordaid, byrddaid*
tablet *llech:llechen, tabled*
taboo *tabŵ*
tabor ▫ *tabwrdd*
to tabulate *taflennu*
taciturn *di-ddweud, dywedwst, tawedog*
tack *tac*
  tack sheep *defaid tac: defaid cadw* [*dafad*[1]]
a tack *pwyth*[1], *tac*
to tack
  1 *brasbwytho*
  2 *tacio*
tackle *offer, taclau:tacle*
a tackle ▫ *tacl:taclad*
to tackle *taclo*
tackler *taclwr*
tacky *gludiog*
tact *tact*
tactics *tacteg*
tadpole ▫ *penbwl*
Taff *Taf*
Taff's Well *Ffynnon Taf*
tag *ticed, tocyn*[1]
tail ▫ *cwt*[2], *cynffon*
  to turn tail *dangos cefn* [*cefn*], *troi cefn* [*cefn*]
tailed *cynffonnog*
a tailor *teiliwr*
to tailor *teilwra*
to take *cipio, codi, cymryd, dilyn, mynd â*
  take this *hwde, hwre*
  to take care
    1 *cymryd pwyll, gwylio: gwylied, ymorol:morol*
    2 *tendio*
  to take charge *cymryd yr awenau* [*awen*[2]]
  to take cover *cysgodi*
  to take for granted *cymryd yn ganiataol* [*caniataol*]
  to take fright *rhus(i)o*
  to take heart *gwroli*
  to take hold *ymafael:ymaflyd*
  to take into hand *cymryd mewn llaw*
  to take off *diosg, tynnu*
  to take offence *digio, sorri*
  to take pride in *ymfalchïo*
  to take root *gwreiddio*
  to take shape *siapo: siapio*
  to take the bait *codi at yr abwyd:llyncu'r abwyd* (*abwyd: abwydyn*)
  to take the opportunity *achub y cyfle*
  to take the wind from one's sails *mynd â'r gwynt o hwyliau rhywun* [*gwynt*]
  to take to *cymryd at*
  to take to heart *cymryd at*
  to take to one's heels *gwadnu*
  to take trouble *trafferthu*
  to take up *cymryd at*
  to take up again *ailafael*
take-away *parod*
  take-away meal *pryd*[4] *parod*
takings *derbyniadau*
talcum *talcwm*
tale *chwedl, hanes*
  old wives' tale *coel gwrach*
  to tell tales *cario clecs* [*clecs*], *clapian, clecian*
talent *dawn, talent*
talented *talentog*
  highly talented *athrylithgar*
talisman *swyn*
a talk *sgwrs, sôn*[2]
to talk *parablu, sgwrsio, siarad, sôn*[1], *torri gair*
  all talk, no action *mwy o dwrw nag o daro* [*twrw*]
  to talk nineteen to the dozen *siarad pymtheg yn y dwsin* [*pymtheg:pymtheng*]
  to talk nonsense *cyboli, rwdlan: rwdlian*
  to talk rubbish *malu awyr*
  to talk sense *dal pen rheswm*
  to talk shop *siarad siop*
  to talk through one's hat *siarad trwy fy het*
talkative *siaradus*
talking
  talking book *llyfr llafar* [*llafar*]
  talking newspaper *papur llafar* [*llafar*]
  a talking to *cael tafod:cael pryd o dafod* [*pryd*[4]]
tall *tal*
Talley *Talyllychau*
tallow *gwêr*
to tally *cyfateb*
talon ▫ *crafanc, ewin*
tambourine *tambwrîn*
tame *dof*[1], *llywaeth, swci*
to tame *dofi, hyweddu*
to tamper *ymhél â:mhela*
  to tamper with *doctora*
tamping
  it's tamping down *mae hi'n pystylad y glaw* [*pystylad*]
tandem *tandem*
tang *cwt*[2], *cynffon, sawr*
tangent ▫ *tangiad*
a tangle *cwlwm*[1], *drysi, drysni*
to tangle *drysu*
tangled *dryslyd*
tank *tanc*
tanker *tancer*
tannery *tanerdy*
tannin *tannin*
a tap *tap*
to tap *tapio*[1]

a tape *llinyn, tâp*
  tape measure *llinyn mesur, tâp mesur*
to tape *tapio*[2]
tapeworm ▫ *llyngyren*
tapioca *tapioca*
tar *tar*
tares *efrau*
target *targed*
to tarmac *tarmacadameiddio*
to tarnish *llychwino, pylu*
to tarry *oedi*
tart *egr, siarp, sur*
a tart *tarten*
task *gorchwyl, gwaith*[1], *tasg*
tasks *anoethau*
a taste *blas, chwaeth*
  a taste of things to come *tamaid i aros pryd*
  in bad taste *di-chwaeth*
  to my taste *at fy nant* [*dant*]
to taste *blasu, profi, sawru*
tasteful *chwaethus*
tasteless *anchwaethus, di-chwaeth, di-flas, merfaidd*
tasty *blasus*
tattered *bratiog, carpiog, llarpiog, rhacsog:rhacsiog*
tatters *jibidêrs, llarpiau, rhacs*
to taunt *dannod*
taut *tyn*
tavern *tafarn*
a tax *treth*
  Income Tax *Treth Incwm*
  Value Added Tax *Treth ar Werth*
to tax *trethu*
taxi *tacsi*
taxpayer *trethdalwr*
TB *darfodedigaeth*
tea *te*
  pot of tea *tebotaid*
to teach *addysgu, dysgu*
  to teach a lesson *dysgu gwers*
  to teach your grandmother to suck eggs *dweud/dysgu pader wrth/i berson* [*pader*]
teacher *athrawes, athro*
teaching *dysgeidiaeth*
team
  1 *gwedd*[2]
  2 *ochr, tîm*
teapot *tebot*
  chocolate teapot *seren bren*
a tear (drop) *deigryn*
a tear *rhwyg:rhwygiad*
to tear *dryllio, rhwygo*
  to tear to pieces *llarpio*
  to tear to ribbons *tynnu'n gareiau* [*careiau*]
tearful *dagreuol*
tears *dŵr*
a tease *poenyn*
to tease *poeni, pryfocio*
tea-set *llestri te*
teasing *pryfoclyd*
teat *teth*
technical *technegol*

technician *technegwr:technegydd*
technique *techneg*
technological *technolegol*
technology *technoleg*
tedious *hir, maith*
to teem *arllwys y glaw, bwrw hen wragedd a ffyn, heidio o, heigio, pystylad y glaw*
teeming *cyforiog*
teens *arddegau*
teeth *dannedd*
   by the skin of one's teeth *dianc â chroen fy nannedd [dannedd]*
   false teeth *dannedd dodi:dannedd gosod*
   to draw its teeth *tynnu dannedd [dannedd]*
   to give it teeth *rhoi dannedd i rywbeth [dannedd]*
   to grind the teeth *crensian dannedd, rhincian dannedd*
teetotalism *dirwest*
teetotaller *llwyrymwrthodwr*
telecast *telediad*
to telecommunicate *telathrebu*
telecommunication *telathrebiaeth*
telegram *brysneges*
telepathy *telepathi*
a telephone *ffôn, teleffon:teliffon*
   telephone call *caniad ffôn*
   telephone exchange *cyfnewidfa ffôn*
   telephone kiosk *ciosg*
to telephone *ffonio:ffonio, galw*[2]
telescope ☐ *telesgop, ysbienddrych*
telescopic *telesgopig*
to televise *teledu*[2]
television *teledu*[1]
to tell *dweud:dywedyd*
   tell me *dywed*[2] *imi*
   to be told off *cael drwg [drwg*[1]*]*
   to tell from *dweud ar*
   to tell lies *hel celwyddau*
   to tell one's fortune *dweud ffortiwn*
   to tell someone off *rhoi llond pen [pen]*
   to tell tales *cario clecs [clecs], clapian, clecian*
   to tell the truth *dweud y gwir*
telltale *clapgi*
a temper *hwyl, natur, tymer*
   to keep one's temper *cadw tymer [tymer]*
   to lose one's temper *colli tymer [tymer], mynd o'm cof [cof]*
to temper *caledu, tempro, tymheru*
temperament *anian*
temperamental *oriog*
temperance *dirwest*
temperate *cymedrol, tymherus*
temperature *gwres, tymheredd*
tempest *rhyferthwy, tymestl*
tempestuous *tymhestlog*
temple
   1 ☐ *arlais*
   2 *teml*

tempo *amseriad, tempo*
temporarily *dros dro [tros]*
to tempt *temtio*
temptation *temtasiwn*
ten *deg:deng*
   the Ten Commandments *y Deg Gorchymyn [gorchymyn*[1]*]*
   ten shillings *chweugain*
   ten times *dengwaith*
tenacious *gafaelgar*
tenancy *tenantiaeth*
tenant *deiliad, tenant*
Tenby *Dinbych-y-pysgod*
to tend
   1 *gogwyddo, tueddu*
   2 *gwylio:gwylied, tendio*
tendency *gogwydd, tuedd, tueddiad*
tender *meddal, mwyn*[3]*, tyner*
tenderness *tiriondeb, tynerwch*
tendon ☐ *gewyn:giewyn, llinyn*
tendril *tendril*
tennis *tennis*
   table tennis *tennis bwrdd*
tenor *tenor*
tense *amser*[1]
tension *tyndra*
tent *pabell*
tenterhooks
   on tenterhooks *ar bigau'r drain [drain]*
tenth *degfed*
tepid *claear, llugoer*
term *term, tymor*
terminal *terfynell*
to terminate *terfynu*
terms *telerau*
   to come to terms with *dygymod â*
tern ☐ *gwennol y môr*
terrace *teras*
terrible *arswydus, brawychus, dychrynllyd*[1]*, ofnadwy*[1]*, uffernol*
terribly *ar y naw [naw], dychrynllyd*[2]*, ofnadwy*[2]
terrier ☐ *daeargi*
terrific *aruthrol*
to terrify *brawychu, dychryn*[2]
territory *tiriogaeth*
terror *arswyd, dychryn*[1]
terrorism *terfysgaeth*
terrorist *terfysgwr*
to terrorize *terfysgu*
tessellation ☐ *brithwaith*
a test *maen prawf, prawf*[1]*:praw*
to test *profi*
testament *testament*
testicle *caill, carreg*
to testify *tystio:tystiolaethu*
testimonial *tysteb*
testimony *tystiolaeth*
test-tube *tiwb prawf*
tetanus *tetanws*
tether *tennyn*
   to reach the end of one's tether *dod i ben fy nhennyn [tennyn]*

text *testun*
textbook *gwerslyfr*
textile *defnydd*
texture *gwead, gwedd*[1]
than *na*[5]*:nag*
to thank *diolch*[2]
   thank goodness *diolch*[1] *byth*
   thank you very much *diolch*[2] *yn fawr*
thankful *diolchgar*
thanks *diolch*[1]*, diolchiadau*
   many thanks *can*[4] *diolch*
thanksgiving *diolchgarwch*
that *a*[1]*, eithr, hwnnw:hwnna, hynny, i, mai*[2]*, taw*
   as far as that *cyn belled â hynny [hynny]*
   for all that *er hynny:serch hynny [hynny]*
   that is *dyna, hynny yw, sef*
   that it is *mai*[2]*, taw*[3]
   that it was *mai*[2]*, taw*[2]
   that ... not *na*[4]*:nad*
   that one *honno:honna, hwnnw:hwnna*
   that's the way it is *felly mae hi*
thatch
   thatched roof *to gwellt*
to thaw *dadlaith, dadmer, meirioli, toddi*
the *y:yr*[1]*:'r*
theatre *theatr*
theatrical *theatraidd*
theft *lladrad*
their *eu, 'u, 'w*
theirs *eiddynt hwy*
them *eu, hwy*[1]*:hwynt, hwythau, nhw:nhwy, -s, 'u*
   of them *ill*
theme *thema*
themselves *eu hunain*
then *wedi hynny, wedyn, yna, ynteu*
theologian *diwinydd*
theological *diwinyddol*
theology *diwinyddiaeth*
theorem *theorem*
theoretical *damcaniaethol*
theory *damcaniaeth, theori*
therapeutic *therapiwtig*
therapy *therapi*
there *acw, dacw, draw, dyna, yna, yno*
   there and then *yn y fan a'r lle [man*[1]*]*
   there he (she, it) is : there they are *dacw*
therefore *am*[2] *hynny, felly, gan hynny, ynteu*
therm *therm*
thermal *thermol*
thermometer ☐ *thermomedr*
thermonuclear *thermoniwclear*
thermostat *thermostat*
these *hyn, rhain, y rhai hyn*
thesis *traethawd, thesis*
they *ill, hwy*[1]*:hwynt, nhw:nhwy*
   even they *hwythau*

they themselves hwynt-hwy
they too hwythau
thick *praff, tew, trwchus, yn drwch* [*trwch*]
to thicken *tewychu*
thicket *drysni, llwyn*[1]*, prysglwyn*
thickhead *ionc, lembo*
thickness *prafftter, tewdra:tewder:tewdwr, trwch*
thickset *cydnerth*
thick-skinned *croendew*
thief *lleidr*
thigh □ *clun, gar,* □ *morddwyd*
thimble *gwniadur*
thin *main*[1]*, tenau*
to become thin *teneuo*
to thin *teneuo*
thine *dy*
thing *peth*
thingamyjig *teclyn*
things *pethau*
as things are *y byd sydd ohoni*
thingummybob *bechingalw*
to think *meddwl*[2]*, synied:synio, tebygu*
don't think much of *nid wyf yn meddwl dim am* [*meddwl*[2]]
to think aloud *meddwl*[2] *yn uchel*
to think highly *meddwl*[2] *yn uchel*
to think of *meddwl*[2] *am*
to think the world of *meddwl*[2] *y byd o*
to think twice *meddwl*[2] *ddwywaith*
thinker *meddyliwr*
thinking
thinking no evil *difeddwl-drwg*
wishful thinking *breuddwyd gwrach*
thin-skinned *croendenau*
third *traean, trydedd, trydydd*
third person *trydydd person*
the Third World *y Trydydd Byd*
a thirst *syched*
to thirst *sychedu*
thirsty *sych, sychedig*
to be thirsty *bod â syched arnaf* [*syched*]
this *hon, hwn, hyn, yma*
in this *yn hyn o beth* [*hyn*]
this and that *hyn a'r llall*
this is *dyma*
this morning *bore heddiw* [*heddiw*[1]]
this side *tu yma*
this year *eleni*
thistles □ *ysgall*
thong *carrai*
thorax *thoracs*
thorn *draenen:draen, pigyn*
a thorn in the flesh *draen yn ystlys rhywun*
thorn bush *drysni*
thorns *drain, drysi*
thorny *dreiniog, dyrys*
thorough *trwyadl, trylwyr*
thoroughbred *diledryw*
thoroughly *drwyddi draw* [*trwy*]
thoroughness *trylwyredd*
those *hynny, rheini:rheiny:rheina, y rhai hynny, y rhai yna*
thou *ti*
though *pe:ped:pes*
thought *meddwl*[1]*, syniad*
thoughtful *meddylgar, ystyriol*
thoughtless *anystyriol, ar fy nghyfer* [*cyfer*]*, difeddwl*
thousand *mil*[2]
thousandth *milfed*
to thrash
1 *colbio, lambastio, leinio*
2 *dyrnu*
a thrashing *cosfa, coten, crasfa, curfa, chwip din*
thread *edau, edefyn, llinyn*
threadbare *tenau*
threat *bygythiad*
to threaten *bygwth, bygythio, cynnig*[2]*, chwythu bygythion*
threats *bygythion*
to shout threats *bytheirio*
three *tair, tri*
three times *teirgwaith*
the Three Wise Men *y Doethion* [*doeth*]
to thresh *dyrnu*
thresher *dyrnwr*
threshing
threshing floor *talwrn*
threshing-machine *dyrnwr, injan ddyrnu* [*dyrnu*]
threshold *rhiniog:yr hiniog, trothwy*
on the threshold *ar drothwy* [*trothwy*]
thrice *teirgwaith*
thrift *cynildeb:cynilder*
thrifty *darbodus*
to be thrifty *cynilo*
a thrill *gwefr, ias, ysgryd*
to thrill *gwefreiddio*
thriller *nofel iasoer*
thrilling *gwefreiddiol*
to thrive *ffynnu*
thriving *llewyrchus, llond ei groen*
throat *breuant, corn gwddwg/gwddf, gwddf:gwddwg*
at each other's throat *yng ngyddfau'i gilydd* [*gyddfau*]
frog in the throat *cnec*
sore throat *dolur gwddf/gwddwg*
to clear the throat *carthu gwddf/gwddwg*
to ram down one's throat *gwthio i lawr corn gwddf*
a throb *curiad*
to throb *corcio:corco, curo, dychlamu, gwynegu, gwynio*
a throbbing *cur*
throne *gorsedd:gorseddfainc*
throng *llu*
a throttle □ *sbardun, throtl*
to throttle *llindagu*
through *trwodd, trwy:drwy*
through and through *drwyddi draw* [*trwy*]
throughout *ar ei hyd* [*hyd*[1]]*, ledled, trwy gydol*
a throw *ergyd, tafliad*
to throw *bwrw, ergydio, lluchio, taflu*
to get thrown up in one's face *bwrw rhywbeth i'm dannedd* [*dannedd*]
to throw away *taflu*
to throw cold water on *taflu dŵr oer ar* [*dŵr*]
to throw one's weight about *taflu fy mhwysau* [*pwysau*[2]]
thrush □ *bronfraith*
missel thrush □ *tresglen*
a thrust *gwth:gwthiad*
to thrust *gwthio*
a thumb □ *bawd*
rule of thumb *synnwyr y fawd*
under the thumb *tan fawd* [*bawd*]
to thumb *bodio, byseddu*
a thump *pwnad:pwniad*
to thump *pwnio:pwno*
thunder *terfysg, trwst, twrw:twrf, trystau, tyrfau*
clap of thunder *taran*
to thunder *taranu, tyrfo:tyrfu*
thunderbolt □ *bollt:bollten, llucheden, taranfollt*
thunderclap *taran*
Thursday *Difiau, dydd Iau*[3]
thus *felly*
to thwart *croesi, gwrthsefyll*
thy *dy*
thyme □ *teim*
a tick
1 *tic*
2 *trogen*
to tick *tipian*
ticket *ticed, tocyn*[1]
ticket collector *tocynnwr*
to tickle *cosi, goglais:gogleisio*
tickling *gogleisiol*
a tickling *cosfa*
tide *llanw*[1]
high tide *penllanw*
tidiness *taclusrwydd*
tidings *cenadwri, cyfarchion, newyddion*
tidy *cryno, destlus, taclus, twt*[1]
to tidy *cymhennu, cymoni, tacluso, twtio*
a tie *rhwym*[1]*, tei*
to tie *cawio, clymu, rhwymo*
tied up *ynghlwm*
tier *rhes*
tiger □ *teigr*
tiger flower □ *glaswelltyn*
tiger moth *teigr yr ardd*
tight *tyn*
to hold tight *gafael*[1]*:gafaelyd*
to tighten *tynhau*
tight-fisted *tyn*
tightness *tyndra*
tigress *teigres*
tile *teilsen*
till *nes*[2]

a till *til*
to tilt *gogwyddo*
tilth *âr*
timber *coed, pren*[1]
time *adeg, amser*[1], *awr, dwthwn, gwaith*[2], *pryd*[1], *sbel, tro*
  after a time *ymhen y rhawg* [*rhawg*]
  all the time *beunos beunydd, trwy'r amser* [*amser*[1]]
  appointed time *tymp*
  as many times *cynifer gwaith* [*gwaith*[2]]
  at a time *ar y tro* [*tro*]
  at the time *ar y pryd* [*pryd*[1]]
  at this time *ar hyn o bryd* [*hyn*]
  at times *ar brydiau* [*pryd*[1]]
  at which time *pryd*[3]
  before his time *o flaen ei oes* [*oes*]
  behind the times *ar ei hôl hi, ar · ôl yr oes* [*oes*]
  by the time *erbyn*[2], *erbyn hynny* [*hynny*]
  for a long time *am yn hir* [*hir*]
  for a long time to come *yrhawg*
  for some time *ers meitin*
  for the time being *am y tro* [*tro*]
  from that time on *o hynny allan* [*hynny*]
  from time immemorial *ers cyn cof* [*cof*]
  from time to time *o bryd i'w gilydd* [*pryd*[1]], *o dro i dro* [*tro*]
  high time *hen bryd* [*pryd*[1]], *hwyr*[2] *glas*
  in one's own good time *wrth fy mhwysau* [*pwysau*[2]], *yn fy amser fy hun* [*amser*[1]]
  in time *mewn pryd* [*pryd*[1]]
  in time for *erbyn*[1]
  no time *un amser* [*amser*[1]]
  not before time *nid cyn pryd* [*pryd*[1]]
  on time *ar amser*
  once upon a time *ers llawer dydd:slawer dydd* [*llawer*], *erstalwm, un tro* [*tro*]
  particular time *dwthwn*
  this long time *ers amser, ers hydoedd* [*hyd*], *ers llawer dydd* [*llawer*], *ers meitin, ers talm* [*talm: talwm*], *erstalwm, ers tro byd, er ys talm* [*talm:talwm*], *erstalwm* [*talm:talwm*], *slawer dydd* [*llawer*]
  time and again *dro ar ôl tro* [*tro*], *drosodd a thro* [*trosodd*]
  time will tell *amser*[1] *a ddengys*
  to have a good time *cael amser da* [*amser*[1]]
  to pass the time *pasio amser*
  to spend time *bwrw amser*
  to take time *cymryd amser* [*amser*[1]], *cymryd pwyll* [*pwyll*]

to while away the time *difyrru'r amser, segura*
what's the time *faint o'r gloch yw hi* [*cloch*]
to time *amseru*
timely *amserol*
the times *yr amserau* [*amser*[1]]
timetable *amserlen*
timid *gwangalon, ofnus*
timing *amseriad*
timpani ☐ *tympanau*
tin *alcam, tun*
  tin can *tun*[1]
tinge *gwawr, naws*
a tingle *ias*
to tingle *gwefreiddio*
tinker *tincer*
a tinkle *tinc, tonc*
to tinkle *tincial*
tinplate *alcam*
tinsel *tinsel*
tint *gwawr*
tiny *pwt*[2]
  tiny morsel *gronyn bach*
a tip
  1 *blaen*[1], *min, pigyn*
  2 *cildwrn:cil-dwrn*
  3 *tip*
  on the tip of my tongue *ar flaen fy nhafod* [*tafod*]
to tip *diwel, moelyd:mhoelyd: ymhoelyd*
  to tip the balance *troi'r fantol* [*mantol*]
to tipple *codi'r bys bach, diota, llymeitian, slotian:yslotian, yfed*
tippler *llymeitiwr*
to tire *blino, diffygio*
tired *blinedig*
tiredness *blinder*
tiring *blinedig*
tissue *meinwe*
  tissue paper *papur sidan*
tit ☐ *titw*
  bearded tit ☐ *titw barfog*
  blue tit ☐ *titw tomos las*
  coal tit ☐ *titw penddu*
  great tit ☐ *titw mwyaf*
  long-tailed tit ☐ *titw gynffon hir*
  marsh tit ☐ *titw'r wern*
  willow tit ☐ *titw'r helyg*
tithe *degwm*
titillating *gogleisiol*
to titivate oneself *ymbincio*
title *teitl*
title-page *wynebddalen*
titmouse *gwas y dryw*
tittle-tattle *cleber:clebar, gwag-siarad*[2]
to *at, i, wrth*
toad ☐ *llyffant*
toadstool *caws llyffant*
toadstools *madarch*
toady *cynffonnwr*
toast
  1 *llwncdestun*
  2 *tost*[1]

like toast *fel tost:fel tostyn*
to propose a toast *cynnig*[2] *llwncdestun*
to toast
  1 *crasu*
  2 *tostio*
toasted *cras*
tobacco *tybaco*
toboggan *sled*
today *heddiw*
toe ☐ *bys*
  big toe *bawd*
  on my toes *ar flaenau fy nhraed* [*traed*]
  to tread on someone's toes *sathru/damsgel ar gyrn* [*corn*]
toffee *cyflaith, taffi*
together *gyda'i gilydd, ynghyd*
  to bring together *corlannu*
  together with *efo, gyda*
toil *llafur*
to toil *llafurio*
toilet *lle chwech, ystafell ymolchi*
told
  to be told off *cael drwg* [*drwg*[1]]
tolerable *cryn*
tolerance *goddefgarwch*
tolerant *goddefgar*
to tolerate *dioddef, goddef*
a toll *toll*
to toll *canu*[1] *cnul*
toll-gate ☐ *tollborth*
tolling *cnul*
tomato ☐ *tomato*
tomb *bedd*
tom-cat *cwrcath:cwrci, gwrcath: cwrcath, gwrci:cwrci: gwrcyn:cwrcyn*
tomfoolery *ffwlbri, giamocs: gamocs*
tomorrow *yfory:fory*
  the day after tomorrow *trennydd*
ton *tunnell*
tone
  1 *cywair, goslef, sain*
  2 *gwawr*
  3 *tôn*[2]
tongs ☐ *gefel*
tongue
  1 *iaith*
  2 *tafod*
  on the tip of my tongue *ar flaen fy nhafod* [*tafod*]
  slip of the tongue *llithriad tafod*
  to bite one's tongue *brathu tafod, cnoi*[1] *fy nhafod*
  to hold one's tongue *dal fy nhafod*
  tongue and groove joint ☐ *uniad tafod a rhych*
  tongue-in-cheek *a'm tafod yn fy moch* [*tafod*]
tonic *tonig*
tonight *heno*
tonne *tunnell fetrig*
tonsil *tonsil*

tonsure *corun*
too
  1 *hefyd*
  2 *rhy*[1]
  too far *dros ben llestri* [*llestri*]
  too much *gormod, trech*
tool *arf, celficyn, erfyn*[1], *offeryn, teclyn*
tools *celfi, offer*
toot
  to toot the horn *canu*[1] *corn*
tooth *dant*
toothache *dannoedd:dannodd*
toothpaste *past dannedd*
top *brig, pen*[1], *top*
a top
  at the top of one's voice *nerth fy mhen* [*pen*[1]]
  on top *ar ben* [*pen*[1]]
  over the top *dros ben llestri* [*llestri*]
to top *brigo*[1]
topic *mater, pwnc*
topography *topograffi*
to topple *moelyd:mhoelyd:ymhoelyd*
topsy-turvey *blith draphlith, sang-di-fang, strim-stram-strellach*
torch *ffagl, fflachlamp*
to torment *dirdynnu, poenydio*
tormentor *poenydiwr*
tornado *corwynt*
torpedo *torpido*
torpid *marwaidd*
torque ☐ *aerwy, torch*
torrent *cenlli(f), rhyferthwy*
tortoise ☐ *crwban*
tortoiseshell (cat) *trilliw*
tortuous *troellog*
a torture *artaith*
to torture *arteithio, dirdynnu, poenydio*
Tory *Tori*
to toss *taflu*
  to toss and turn *troi a throsi*
total *cwbl*[2], *cyfan*[2], *cyfanswm, llwyr*
totalitarian *totalitaraidd*
totality *cyfanrwydd*
to totter *gwegian, simsanu*
tottering *sigledig*
a touch
  1 *cyffyrddiad, naws*
  2 *ewinfedd*
  3 *llaw*
  out of touch *ar ei hôl hi*
  touch and go *cael a chael*
to touch *cwrdd*[2]*:cwrddyd, cyfarfod*[2], *cyffwrdd*
touch-line *ystlys*
touchstone *maen prawf*
touchy *croendenau, pig*[2], *pigog*
tough *cryf, gwydn*
toughness *gwydnwch:gwytnwch*
tour *cylchdaith, tro*
  on tour *ar daith* [*taith*]
tourism *twristiaeth*
tournament *twrnamaint*
to tow *llusgo, tynnu*

toward *tua:tuag*
towards *am*[2], *at, tua:tuag, tuag at, wrth*
towel *lliain, tywel*
tower *twr*
town *tref:tre*
  town council *cyngor*[2] *tref*
  twin town *gefeilltref*
Towy *Tywi*
toy *tegan*
a trace *arlliw, tinc*
to trace
  1 *dargopïo*
  2 *olrhain*
  to trace one's ancestors *dwyn achau, hel achau*
tracery *rhwyllwaith*
traces *tresi*
  to kick over the traces *cicio dros y tresi*
tracing
  tracing paper *papur dargopïo*
track *ôl*[1], *trac, trywydd, wysg*[2]
  on the right track *ar y trywydd iawn* [*trywydd*]
  track suit *tracwisg*
tractable *hydrin*
tractor ☐ *tractor*
a trade
  1 *crefft*
  2 *masnach*
  trade mark *nod masnach*
to trade
  1 *cyfnewid*
  2 *masnachu*
trader *masnachwr*
tradition *traddodiad*
traditional *traddodiadol*
traffic *trafnidiaeth, traffig*
  traffic lights *goleuadau traffig*
tragedy *trasiedi*
trail *trywydd*
trailing *llaes*
a train *trên*
to train *hyfforddi, treinio, ymarfer*[1]
trained *hywedd*
trainee *hyfforddai*
trainer *hyfforddwr*
training *hyfforddiant*
  in-service training *hyfforddiant mewn swydd*
trait *nodwedd*
traitor *bradwr*
traits *teithi*
a tramp *crwydryn, trampyn, trempyn*
to tramp *trampo:trampio*
to trample *damsang, sarnu, sathru*
trance *llesmair, perlewyg*
tranquil *digyffro, llonydd*[1]
tranquillity *heddwch:hedd*
transactions *trafodion*
to transfer *trosglwyddo*
to transform *gweddnewid*
transformation *trawsffurfiad*
to transfuse *trallwyso*
transfusion *trallwysiad*
to transgress *troseddu*

transgression *camwedd*
transgressor *troseddwr*
transient *darfodedig, diflanedig*
transistor *transistor*
transitive
  transitive verb *berf anghyflawn*
to translate *cyfieithu, trosi*
translation *cyfieithiad, trosiad*
translator *cyfieithydd, lladmerydd*
to transmit *trosglwyddo*
transmitter *trosglwyddydd*
transparency *tryloywder*
transparent *tryloyw*
to transplant *trawsblannu*
transport *cludiant*
to transport
  1 *cludo, trawsgludo, trosglwyddo*
  2 *caethgludo*
transportation *caethglud*
a trap *annel, magl, trap*
to trap *maglu, trapio*
trapeze *trapîs*
trapezium ☐ *trapesiwm*
trappings *harnais*
trash *gwehilion, sbwriel:ysbwriel, sothach*
to travel *mynd:myned, teithio, trafaelu*
traveller *fforddolyn, teithiwr, trafaelwr:trafaeliwr*
travelling *teithiol*
  travelling salesman *trafaelwr:trafaeliwr*
to traverse *croesi*
to trawl ☐ *treillio*
tray *hambwrdd*
treacherous *bradwrus*
treachery *brad*
treacle *triagl:triog*
to tread *sangu:sengi, sathru, troedio*
  to tread on someone's toes *sathru/damsgel ar gyrn* [*corn*]
  to tread water *troedio dŵr*
treadle *troedlath*
a treasure *anrhaith, crair, trysor*
to treasure *trysori*
treasurer *trysorydd*
treasury *trysorfa*
  the Treasury *y Trysorlys*
a treat *gwledd*
to treat *trin*[2], *ymdrin â*
  to treat lightly *cymryd yn ysgafn*
treatment *triniaeth, ymdriniaeth*
to treble *treblu*
tree ☐ *coeden, pren*[1]
  hollow tree *ceubren*
  tree creeper ☐ *dringwr bach*
  tree pipit ☐ *pibydd y coed*
  tree sparrow ☐ *golfan y mynydd*
trees ☐ *coed, gwŷdd*[2]
trellis *delltwaith*
to tremble *crynu*
trembling *crynedig*
a trembling *cryndod*
tremolo *cwafer*

a tremor *daeargryn, dirgryniad*	to trouble *blino, cythruddo, trafferthu*	a tumble *codwm, cwymp*
tremulous *crynedig*	troubled *blin, gofidus, trallodus*	to tumble *cwympo, syrthio*
trench *ffos, rhych*	trouble-free *didrafferth*	Tumble *Y Tymbl*
trepidation *ofn*	troubles	tumbler *gwydr*[1], *gwydryn*
to trespass *tresmasu:tresbasu*	to pour out one's troubles *arllwys ei gwd* [*cwd*]	tumour *tyfiant*
trespasser *tresmaswr*	troublesome *blin, cythryblus, helbulus, trafferthus*	tumult *cythrwfl, terfysg, twrw: twrf*
trespasses *dyledion*	trough *cafn*	tumulus *carn*[2], *carnedd, crug*
tresses *tresi*	to trounce *cystwyo*	tundra *twndra*
trestle *ffwrwm, trestl*	trousers *clos*[2], *llodrau, trywser: trywsus*	a tune *alaw, cainc, tiwn, tôn*[1]
triads *trioedd*	trout ☐ *brithyll*	folk tune *alaw werin*
trial *prawf*[1]*:praw, treial*	sea-trout ☐ *sewin*	hymn-tune *emyn-dôn*
triangle ☐ *triongl*	trowel ☐ *trywel*	in tune *mewn tiwn* [*tiwn*]
triangular *trionglog*	Troy *Caer Droea*	out of tune *allan o diwn* [*tiwn*]
tribe *llwyth*[2]	truant	to change one's tune *newid fy nghân*
tribulation *gorthrymder, profedigaeth, trallod*	to play truant *mitsio*	to tune ☐ *cyweirio, tiwnio*
tribunal *tribiwnlys*	truce *cadoediad*	tuneful *soniarus*
tribute *teyrnged*	truck *gwagen, tryc, wagen*	a tunnel *twnnel*
trice *chwinciad*	truculent *cwerylgar, sarrug*	to tunnel *twnelu*
a trick *cast*[1], *stranc, tric, ystryw*	true *cywir, ffyddlon, gonest: onest, gwir*[2], *gwirioneddol, triw*	turbine ☐ *tyrbin*
dirty trick *tro gwael* [*gwael*]	the true and the false *y gwir a'r gau*	turbulent *cythryblus, terfysglyd*
to trick *twyllo*	to come true *gwireddu*	turf *tywarchen*
to trickle *diferu, treiglo*[2]	to make true *gwireddu*	turkey *twrcen, twrci*
tricks	truism *gwireb*	turmoil *berw*
old tricks *hen gastiau* [*cast*[1]]	truly *gwir*[3]	a turn *tro, troad, troell, trofa*
trident *tryfer*	to trump *trwmpo*	to turn
trifle *melys gybolfa, treiffl*	trumpet ☐ *corn*[1], *trwmped, utgorn*	1 *troi, trosi*
trifles *manion*	trumps *trympiau*	2 *turnio*
trifling *mân*	trunk	to toss and turn *troi a throsi*
trill *tril*	1 *corff*	to turn a blind eye *cau*[1] *llygaid ar*
trim *destlus*	2 *cyff*	to turn back the clock *troi'r cloc yn ôl* [*cloc*]
a trim *trimad:trimiad*	3 *duryn, trwnc*	to turn down *troi i lawr*
to trim *tocio, trimio*	swimming trunks *trywser nofio*	to turn off *diffodd*
trinity *trindod*	truss *gwregys*	to turn on *troi ar*
trinket *tegan, tlws*[1]	a trust *coel, cred, ymddiriedaeth, ymddiriedolaeth*	to turn on one's heel *rhoi tro/troi ar fy sawdl* [*sawdl*]
trio *triawd*	The National Trust *Yr Ymddiriedolaeth Genedlaethol*	to turn one's back on *troi fy nghefn ar* [*cefn*], *troi gwegil* [*gwegil*]
a trip *gwibdaith, trip*	to trust *hyderu, pwyso, ymddiried*	to turn one's nose up at *troi trwyn*
to trip *baglu*	trustee *ymddiriedolwr*	to turn out *troi allan*
triple *triphlyg*	truth *cywirdeb, gwir*[1], *gwirionedd*	to turn over a new leaf *troi dalen newydd* [*dalen*]
triple crown *coron driphlyg*	gospel truth *cyn wired â'r efengyl:cyn wired â phader* [*gwir*[2]]	to turn sour *suro, troi*
triplet *tripled*	the plain truth *y gwir*[1] *cas*	to turn tail *dangos cefn* [*cefn*], *troi cefn* [*cefn*]
tripod *trybedd*	to tell the truth *dweud y gwir*	to turn to one's advantage *troi'r dŵr at fy melin fy hun* [*melin*]
to triumph *gorfod*[2]	a try *cais*[2], *cynnig*[1]	to turn up *troi lan*
triumphant *buddugoliaethus, gorfoleddus*	to try *barnu, ceisio, clywed, cynnig*[2], *profi*	to turn upside-down *drysu, dymchwel:dymchwelyd, troi ar ei dalcen* [*talcen*]
trivia *manion*	tryst *oed*[2]	turner *turniwr*
trivial *dibris, dibwys, distadl*	tub *celwrn, twb:twba:twbyn*	turning-point *trobwynt*
trolley *troli*	tuba ☐ *tiwba*	turnip ☐ *erfinen*
trombone ☐ *trombôn*	tube *pib*[1], *pibell, tiwb*	turnpike *tyrpeg*
troop *mintai*	tuberculosis *darfodedigaeth*	turntable *trofwrdd*
tropic *trofan*	Tuesday *dydd Mawrth*[1]	turpentine *tyrpant*
the tropics *y trofannau*	tuft *cudyn, twffyn*	turtle ☐ *crwban y môr*
tropical *trofannol*	tug	turtle-dove ☐ *turtur*
a trot *tuth*	1 *plwc*	tusk *ysgithr*
to trot ☐ *trotian, tuthio:tuthian*	2 *tyg, tynfad*	tusked *ysgithrog*
troubadour *trwbadŵr*	tuition *hyfforddiant*	to tussle *ymgiprys*
trouble *blinder, gofal, gofid, helbul, helynt, trafferth, trwbl, trybini*		
for my trouble *am fy mhoen* [*poen*]		
in trouble *mewn dyfroedd dyfnion* [*dyfroedd*]		
to be in trouble *bod mewn trwbl* [*trwbl*]		
to look for trouble *chwilio am drwbl* [*trwbl*]		
to take trouble *trafferthu*		

tut! *twt*²
twang *llediaith*
tweak *pinsiad*
tweezers □ *gefel fach*
twelfth *deuddegfed*
　on the twelfth of never *dydd Sul y pys* [*dydd*]
　twelfth night *Ystwyll*
twelve *deuddeg:deuddeng*
twentieth *ugeinfed*
twenty *ugain*
　talking twenty to the dozen *siarad pymtheg yn y dwsin* [*pymtheg:pymtheng*]
twice *dwywaith*
twig *brigyn:brig*
twigs *brigau*
twilight *cyfnos, gwyll*
a twin *gefell*
　twin town *gefeilltref*
to twin *gefeillio*
twine *cortyn, llinyn*
to twine *cordeddu*

to twinkle *gwreichioni, pefrio, serennu*
a twinkling *chwinciad*
　in the twinkling of an eye *ar amrantiad* [*amrantiad*]
twins
　identical twins *gefeilliaid unfath*
a twist *tro*
to twist *cordeddu, gwyrdroi, troi*
　to twist and turn *gwau*²*:gweu*
twisted *gwyrgam, sgiw*²
twisting *troellog*
twit *cnec, ionc, nerco*
to twitch *gweithio*
to twitter *trydar*
two *dau, dwy*
　there's no two ways about it *does dim dau* [*dau*]*, nid oes dim dwywaith* [*dwywaith*]
　to be caught in two minds *cloffi rhwng dau feddwl*
　to fall between two stools *syrthio rhwng dwy stôl* [*stôl*]

to put two and two together *rhoi dau a dau at ei gilydd* [*dau*]
two of a kind *llathen o'r un brethyn*
two year old *dwyflwydd*
twofold *deublyg*
two-thirds *deuparth*
two-way *dwyffordd*
type *teip*
　to set type *cysodi*
to type *teipio*
typescript *teipysgrif*
typewriter *teipiadur*
typical *nodweddiadol*
to typify *nodweddu*
typist *teipydd, teipyddes*
tyrannical *gormesol*
to tyrannize *gormesu, tra-arglwyddiaethu*
tyranny *gormes:gormesiad*
tyrant *gormeswr*
tyre *teiar*

u

udder *cadair, piw, pwrs*
ugh! *ych*³
ugliness *hagrwch*
ugly *diolwg, hagr, hyll, salw*
ultimate *eithaf*¹
ultimately *yn y pen draw* [*pen*¹]
ultrasonic *uwchsonig*
ultraviolet *uwchfioled*
umbilical
　umbilical cord *llinyn bogail/bogel*
umbrella *ambarél, ymbarél*
an umpire □ *dyfarnwr*
to umpire *dyfarnu*
unaccented *diacen*
unacceptable *anghymeradwy, annerbyniol*
unaccompanied *digyfeiliant*
unaccustomed *anghyfarwydd*
unacquainted *anghynefin*
unadorned *diaddurn*
unaffected *di-lol*
unafraid *di-ofn:diofn*
unalloyed *digymysg*
unambiguous *diamwys*
unanimity *unfrydedd*
unanimous *unfarn, unfryd:unfrydol*
unanimously *yn unfryd*
unanswerable *anatebol*
unashamed *digywilydd*
unassuming *dirodres, diymffrost, gwylaidd*
unaware *anymwybodol, diymwybod*
unawares *diarwybod*
unbalanced *anghytbwys*
unbearable *annioddefol*
unbeknown *heb yn wybod i* [*gwybod*]
unbelief *anghrediniaeth*
unbiased *cytbwys, diduedd*

unblemished *dianaf*
unbridled *penrhydd*
unbroken *di-dor*
uncalled for *di-alw-amdano*
uncared for *diymgeledd*
uncaring *anystyriol*
unceasing *di-drai*
uncertain *ansicr*
uncertainty *ansicrwydd*
uncertified *anhrwyddedig*
unchanging *digyfnewid*
unchaste *anniwair*
unchristian *anghristnogol*
uncivilized *anwar:anwaraidd, anwareiddiedig*
uncle *ewythr:ewyrth*
unclean *aflan, halogedig*
unclear *afloyw, aneglur*
uncomfortable *anghyfforddus: anghyfyrddus, anghysurus*
uncommon *anghyffredin, dieithr*
uncomplaining *di-gŵyn, dirwgnach*
uncompromising *digyfaddawd*
unconcern *difrawder*
unconnected *digyswllt*
unconquerable *anorchfygol*
unconscious *anymwybodol, diymwybod*
uncontrollable *aflywodraethus, afreolus*
uncorrupted *di-lwgr, diwair*
uncurbed *penrhydd*
undecided *penagored*
undeniable *anwadadwy, diamheuol, diymwad:diymwâd*
undenominational *anenwadol*
under *danodd, lawr*¹*:i lawr, tan*¹
　from under *o dan, oddi tan*
　under consideration *dan ystyriaeth* [*ystyriaeth*]
　under lock and key *tan glo* [*clo*]

　under the heel *dan draed* [*traed*]*, dan y sawdl* [*sawdl*]
　under the thumb *tan fawd* [*bawd*]
　under the wing *dan aden* [*adain:aden*]
underclothes *dillad isaf*
underfoot *dan draed* [*traed*]
underground *tanddaearol*
　to work underground *gweithio dan ddaear* [*daear*]
underhand *dan din* [*tin*]*, llechwraidd*
to underline *tanlinellu*
to undermine *tangloddio, tanseilio*
underneath *islaw*²
to understand *deall*²*, dirnad, gweld*
　to give one to understand *dodi ar ddeall*
an understanding *cytgord, deall*¹*, dealltwriaeth, dirnadaeth*
understood *dealledig*
to undertake *dwyn, ymgymryd*
undertaking *ymrwymiad*
undertone *islais*
underwear *dillad isaf*
undeviating *diwyro*
undignified *diurddas*
to undo *dad-wneud, datod*
undone
　to become undone *ymddatod*
undoubted *diau, di-os*
to undress *dadwisgo*
　to undress oneself *ymddihatru*
unearthly *annaearol*
uneasiness *anesmwythder: anesmwythyd*
uneasy *aflonydd, anniddig*
　to grow uneasy *cynhyrfu*
unemployed *ar y dôl* [*dôl*¹]*, di-waith*¹*, segur*
unemployment *diweithdra*

unenchanting di-swyn
unendearing diserch
unenthusiastic claear
unequal anghyfartal
unequalled digymar
unequivocal diamwys
unerring di-feth
uneven anwastad
unexpected annisgwyl: annisgwyliadwy, diarwybod
unfailing di-feth
unfair anghyfiawn, annheg
unfairness annhegwch
unfaithful anffyddlon, anniwair
unfamiliar anghyfarwydd, anghynefin
unfashionable anffasiynol
unfathomable affwysol
unfavourable anffafriol
unfeeling
   to become unfeeling caledu
unfettered dilyffethair
unflinching di-syfl
unforgettable anfarwol
unfortunate anffodus
unfortunately gwaetha'r modd [gwaèthaf], ysywaeth
unfounded di-sail
unfruitful diffrwyth
ungainly afrosgo
ungodly annuwiol
ungrateful anniolchgar
ungrudging diwarafun
ungulates carnolion
unhappy anhapus, annedwydd
unhealthy afiach
   unhealthy look golwg² ddrwg: golwg wael
unheeded disylw
unhesitating dibetrus
unhindered dilestair, di-rwystr, diwarafun
unhurt dianaf, diniwed
unhygienic afiach
unicorn □ uncorn
uniform unffurf
a uniform lifrai
uniformity unffurfiaeth
unilateral unochrog
unimportant bychan¹, dibwys
uninhabited anghyfannedd
uninjured dianaf
uninspired anysbrydoledig, diysbrydoliaeth
unintentional anfwriadol
uninteresting anniddorol
uninterrupted di-dor
union undebol
a union cyd¹, cyfundeb, undeb
   Acts of Union Deddfau Uno [deddf]
unionist undebwr
unique dihafal, unigryw
unison unsain
unit uned
Unitarian Undodwr
Unitarianism Undodiaeth
to unite cyfannu, uno

united cyd³, undebol, unedig, unol
   the United Kingdom □ y Deyrnas Unedig [teyrnas]
   the United Nations y Cenhedloedd Unedig
unity undeb, undod, unoliaeth
universe bydysawd
university prifysgol
   University of Wales Prifysgol Cymru
unjust anghyfiawn
unjustly ar gam [cam²]
unknown anadnabyddus, anhysbys, dieithr
unlawful anghyfreithiol, anghyfreithlon
unleavened cri², croyw
   unleavened bread bara croyw
unless oddieithr, oni²:onid:onis
unlicensed anhrwyddedig
unlike annhebyg
unlikely annhebygol
unlimited dihysbydd
to unload dadlwytho
to unlock datgloi, datod
unlucky anlwcus
unmanageable anhydrin
unmarried dibriod
unmistakable digamsyniol
unnamed dienw
unnatural annaturiol
unnecessary diangen
unobservant di-sylw
unobserved disylw
unoccupied segur
unofficial answyddogol
unostentatious diymhongar
to unpack dadbacio
unpaid di-dâl
unpardonable anfaddeuol
unpleasant annifyr, annymunol
unpleasantness anhyfrydwch, diflastod
unpraised di-glod
unprepared amharod
unpretentious dirodres, diymffrost, diymhongar
unprivileged anfreiniol
unprofitable di-fudd
unpunished di-gosb
unquestionable diamheuol
to unravel datrys
unreal afreal
unreasonable afresymol
unrefined garw
unreliable di-ddal, wit-wat:chwit-chwat: whit-what
unrenowned anenwog
unrepentant diedifar
unripe anaeddfed, glas¹, gwyrdd¹
unrivalled dihafal
unruly diwahardd:di-wardd
unsatisfactory anfoddhaol
unscathed diniwed
to unscrew dadsgriwio
unscrupulous diegwyddor
unseemly anweddus

unselfish anhunanol
unsettled ansefydlog
unsheltered anniddos
unsightly hagr
unskilful anfedrus
unstable gwantan
unstained di-staen
unsteady ansad, simsan
unsuccessful aflwyddiannus
unsuitable anghymwys, anaddas
unsuspecting difeddwl-drwg
untalented di-ddawn
untamed gwyllt¹
untidiness annibendod, blerwch
untidy aflêr, anniben, blêr
to untie datglymu, datod
until hyd², hyd² nes, hyd² oni(d) [oni²], nes², tan²
untiring diflino
untruth anwiredd
unusual anarferol
unutterable anhraethol
to unveil dadorchuddio
unwelcoming digroeso
unwell anhwylus
unwilling amharod, anfodlon
unwillingly o'm hanfodd [anfodd]
unwise annoeth
unworthy annheilwng
unyielding di-droi'n-ôl, di-ildio
up ar lawr [llawr], i fyny [fyny], lan:i lan [glan]
   up to hyd², hyd² at, lan i
   up to now hyd yma [yma], hyd² yn hyn
   up to one's eyes yn ei chanol hi [canol¹]
   up you go lan â thi
upbringing magwraeth
to up-date diweddaru
upheaval chwalfa
upholder cynhaliwr, cynheiliad
upland ucheldir
upon ar, ar fy ngwarthaf [gwarthaf]
   to come upon dod ar warthaf [gwarthaf]
upright union, unionsyth, unplyg
uprightness uniondeb:uniondêr
uproar trwst
to uproot dadwreiddio, diwreiddio
to upset gwasgu, troi
   to upset the apple-cart troi'r drol [trol]
upside-down wyneb i waered
   to turn upside-down drysu, dymchwel:dymchwelyd, troi ar ei dalcen [talcen]
upstairs lan lofft, lan staer, llofft
upwards i fyny
Uranus □ Wranws
urban dinasol:dinesig, trefol
to urge annog, argymell, cymell, gwasgu ar rywun, hysian:hysio
an urging cymhelliad
to urinate gwneud dŵr, pasio dŵr, piso

urine *dŵr, troeth*
urn *wrn*
us *ein, ni¹, 'n*
  it is us *nyni*
USA *UDA*
a use *defnydd, deunydd*
  for the use of *at wasanaeth [gwasanaeth]*
  to make use of *defnyddio*
to use *arfer², defnyddio*
used
  to become used to *cyfarwyddo, cynefino*
useful *defnyddiol*
usefulness *defnyddioldeb*
useless *anfuddiol, diddim, difudd, diffrwyth, diwerth*
user *defnyddiwr*
an usher *tywysydd*
Usk
  1 (town) *Brynbuga*
  2 (river) *Wysg*
usual *arferol*
  as usual *fel arfer [arfer¹]*
usually *fel arfer [arfer¹], gan amlaf [amlaf]*
utmost *glas¹*
utter *glân, llwyr, post²*
to utter *llefaru, yngan:ynganu*
utterance *lleferydd*
utterly *llwyr, ulw*

V

vacancy *swydd wag*
vacant *gwag*
vacation *gwyliau*
to vaccinate *brechu*
vaccination *brech¹, brechiad*
to vacillate *bwhwman, gwamalu*
vacuum *gwactod*
  vacuum flask *fflasg*
vagabond *crwydryn*
vagina *fagina*
vague *amhendant, annelwig, brith*
vain *balch, ofer, seithug*
vale *bro, dyffryn, ystrad*
Vale of Glamorgan *Bro Morgannwg*
valentine *folant:ffolant*
valiant *dewr, glew, gwrol*
valid *dilys*
validity *dilysrwydd*
Valle Crucis *Glyn-y-groes*
valley *dyffryn, glyn, pant*
  the valley of the shadow of death *glyn cysgod angau*
valour *gwrhydri, gwroldeb*
valuable *drud, gwerth² arian, gwerthfawr*
valuation *prisiad:prisiant*
value *gwerth¹, pwysigrwydd*
Value Added Tax *Treth ar Werth*
to value *gwerthfawrogi, prisio*
valve *falf*
van *fan*
  in the van *ar flaen y gad [cad]*
vandal *fandal*
vandalism *fandaliaeth*
to vandalize *fandaleiddio*
vanilla *fanila*
to vanish *diflannu*
vanished *diflanedig*
vanity *balchder, gwagedd, oferedd*
to vanquish *goresgyn*
vapour *anwedd, mygdarth, tarth, tawch*
variable *amrywiol, cyfnewidiol, newidyn*
variation *amrywiad, amrywiaeth*
variegated *amryliw*
variety *amrywiaeth*
various *amryfal, amryw, gwahanol*
a varnish *farnais*
to varnish *farneisio*
to vary *amrywio*
vassal *deiliad, taeog*
vat *cafn, cerwyn*
VAT *TAW⁴, Treth ar Werth*
the Vatican *y Fatican*
a vault *cromen*
to vault *neidio*
VDU *uned arddangos weledol*
to veer *gogwyddo, gwyro*
vegetable *llysieuyn*
vegetables *llysiau*
vegetarian *llysieuwr:llysieuydd*
vegetation *llystyfiant, tyfiant*
vehement *croch*
vehicle *cerbyd*
veil *gorchudd, llen*
vein *gwythien*
vellum *felwm*
velocity *cyflymder:cyflymdra*
velvet *melfed*
velvety *melfedaidd*
to vend *gwerthu*
venerable *hybarch*
venereal *gwenerol*
vengeance *dial¹:dialedd*
  to wreak vengeance *dial²*
vengeful *dialgar*
venom *gwenwyn*
venomous *gwenwynig, gwenwynllyd*
vent
  to give vent to *rhoi rhaff i [rhaff]*
  to vent one's grievances *arllwys ei gwd, dweud fy nghwyn [cwyn]*
ventriloquist *tafleisydd:tafleisiwr*
a venture *antur, menter:mentr*
to venture *anturio, meiddio, mentro*
venturesome *mentrus*
Venus *Fenws, Gwener*
veranda *feranda*
verb *berf*
  intransitive verb *berf gyflawn*
  transitive verb *berf anghyflawn*
verbal *geiriol, llafar*
verbatim *gair am air*
verbose *cwmpasog*
verdant *tirf*
verdict *dedfryd, dyfarniad, rheithfarn*
  to give a verdict *dyfarnu*
a verge *trothwy, ymyl*
  on the verge of *ar fin [min], ar drothwy [trothwy]*
to verge on *ffinio, ymylu ar*
to verify *gwirio*
verily *pendifaddau, yn wir*
vermin *pryfetach*
vernal
  vernal equinox *Alban Eilir, cyhydnos y gwanwyn*
versatile *amlochrog, amryddawn*
vers libre *gwers rydd*
verse *adnod, pennill*
versification *mydryddiaeth*
version *fersiwn*
versus *yn erbyn¹*
vertebrate *fertebrat*
vertical *fertigol*
vertigo *pendro*
verve *bywyd*
very *dychrynllyd², iawn¹, odiaeth², reit, tra¹, un²*
  very well *o'r gorau [gorau]*
vespers *gosber*
vessel *llestr*
vestibule *cyntedd*
vestige *arlliw*
vestry *festri*
vet *fet, ffarier:ffariar, milfeddyg*
veteran *profiadol*
a veteran *hen law [llaw]*
veterinary *milfeddygol*
  veterinary surgeon *ffarier:ffariar, milfeddyg*
to vex *becsio:becso, poeni*
via *trwy law [llaw]*
viaduct *traphont*
to vibrate *dirgrynu, ysgwyd*
vibration *dirgryniad*
vicar *ficer*
vicarage *ficerdy*
vice ... is ...³
  vice and virtue *camp a rhemp*
a vice *feis*
viceroy *rhaglaw*
vice versa *croesymgroes*
vicinity *cyfyl, cyffiniau*
vicious *milain:mileinig*
victim *ysglyfaeth:sglyfaeth*
victor *buddugwr, gorchfygwr, trechwr*
victorious *buddugol*

victory *buddugoliaeth*
video *fideo*
  video cassette *casét fideo*
  video disc *disg fideo*
to vie *cystadlu, ymgiprys*
view *golwg¹, golygfa, syniad*
  in my view *hyd² y gwelaf i, yn fy ngolwg i [golwg¹]*
  in view *mewn golwg [golwg¹]*
viewer *gwyliwr*
viewpoint *safbwynt*
vigil *gwylnos*
vigilance *gwyliadwriaeth*
vigilant *effro, gofalus*
vigorous *chwyrn, egnïol, gwrol, heini*
vigour *arial, ffrwt, grym, nerth, nwyf*
Viking *Llychlynnwr*
vile *ffiaidd*
to vilify *difenwi, pardduo*
village *pentref*
villager *pentrefwr*
villain *dihiryn*
villainous *ysgeler*
villainy *anfadwaith*
villein *taeog*
to vindicate *cyfiawnhau*
vindictive *dialgar*
vine *gwinwydden*
vinegar *finegr*
vineyard *gwinllan*
viola □ *fiola*
to violate *treisio*
violence *angerdd, trais*
violent *treisiol*
violet □ *fioled, millyn*
violets □ *crinllys*
violin □ *crwth, feiolin, ffidl:ffidil*
violinist *feiolinydd*
violoncello □ *cello, soddgrwth*
viper □ *gwiber*
virgin *gwyryfol*

a virgin *gwyryf:gwyry, morwyn*
  the Virgin Mary *y Forwyn Fair [morwyn]*
virtue *rhin, rhinwedd*
  by virtue *yng ngrym [grym], yn rhinwedd [rhinwedd]*
virtuous *rhinweddol*
virus *firws*
visage *wynepryd*
viscount *is-iarll*
viscous *gludiog*
visible *amlwg, gweladwy, gweledig*
vision *golwg¹, gweledigaeth*
a visit *galwad, ymweliad*
to visit *edrych am, galw², gweld, ymweld â*
  to visit regularly *mynychu*
visitor *gwestai¹, ymwelwr: ymwelydd*
visual *gweledol*
  visual display unit *uned arddangos weledol*
vital *hanfodol*
vitality *ffrwt*
vitamin *fitamin*
vivacious *bywiog, hoenus, hoyw, nwyfus*
vivacity *hoen, nwyf*
vivarium *bywydfa*
vivid *lliwgar*
vixen *cadnawes:cadnöes, cenawes, llwynoges*
viz. *h.y., hynny yw*
vocabulary *geirfa*
vocal *llafar, lleisiol*
vocalist *lleisiwr*
vocaliste *cantores*
to vocalize *lleisio*
vocation *galwedigaeth*
vociferous *llafar, uchel ei chloch/ gloch*

vodka *fodca*
vogue *ffasiwn¹*
  in vogue *mewn bri [bri]*
a voice *llais*
  at the top of one's voice *nerth fy mhen [pen¹]*
  with one voice *gydag un llais [llais]*
to voice *lleisio*
void *gwacter, gwagle*
vol. *cyf., cyfrol*
volcanic *folcanig*
volcano □ *folcano, llosgfynydd*
  dormant volcano *llosgfynydd mud*
  extinct volcano *llosgfynydd marw*
  live volcano *llosgfynydd byw*
volt *folt*
voltage *foltedd*
volume
  1 *cyfaint*
  2 *cyfrol*
voluntary *gwirfoddol*
a volunteer *gwirfoddolwr*
to volunteer *gwirfoddoli*
vomit *cyfog*
to vomit *cyfogi, chwydu*
voracious *gwancus, rheibus*
a vote *pleidlais*
to vote *pleidleisio*
voter *etholwr*
a vow *adduned, llw*
to vow *addunedu*
vowel *llafariad*
a voyage *mordaith*
to voyage *morio*
vulgar *sathredig*
  vulgar fraction *ffracsiwn cyffredin*
vulture *fwltur*
vulva *fwlfa*

W

WAC *CCC, Cyngor Celfyddydau Cymru*
wadding *wadin*
a wag *cob², cono*
to wag *ysgwyd*
a wage *cyflog*
to wage
  to wage war *rhyfela*
to wager *codi bet*
wages *cyflog*
wagon □ *gwagen, men, wagen*
wagtail □ *sigl-i-gwt*
  pied wagtail □ *brith y fuches*
a wail *llef*
to wail *ubain*
wainscot *palis*
waist *canol¹, gwasg²*
waistcoat *gwasgod*
to wait *aros, disgwyl, oedi*
  I can't wait for *methu byw yn fy nghroen [croen]*

  to wait upon *gweini*
waiter *gweinydd*
waiting *disgwylgar*
waitress *gweinyddes*
wake *wysg*
to wake *deffro, galw²*
Wales *Cymru*
  North Wales *y Gogledd*
  South Wales *y De*
a walk *cerddediad, tro*
to walk □ *cerdded, rhodio*
walker *cerddwr*
walking
  mountain walking *mynydda*
walking-stick *ffon*
wall *mur, pared, wal*
  between these four walls *rhyngot ti a mi a'r pared [pared]*
  the other side of the wall *am y pared [pared]*

  to go to the wall *mynd i'r wal [wal]*
to wallop *cledro, pwnio:pwno, wado:whado, waldio*
to wallow *ymdrybaeddu*
wallpaper *papur wal*
to wallpaper *papuro*
wally *nerco*
walnuts □ *cnau Ffrengig*
  walnut tree □ *collen Ffrengig*
walrus □ *môr-farch*
wan *gwelw, llwyd*
to wander *crwydro*
wanderer *crwydryn*
wandering *ar grwydr [crwydr:crwydrad], crwydrol*
a wandering *crwydr:crwydrad*
to wane *cilio*
a waning *cil, gwendid*
a want *eisiau*
to want *ymofyn:mofyn:moyn*

wanton *anllad, masweddol:*
  masweddus
wantonness *anlladrwydd,*
  maswedd
war *cad, rhyfel*
  civil war *rhyfel cartref*
  the Great War *y Rhyfel Mawr*
  to wage war *rhyfela*
to warble *telori*
  warbler □ *telor*
    garden warbler □ *telor yr ardd*
    reed warbler □ *llwyd y gors,*
      telor yr hesg
    willow warbler □ *telor yr helyg*
    wood warbler □ *telor y coed*
  ward
    1 *etholaeth*
    2 *ward*
  wardrobe *cist ddillad, cwpwrdd*
    dillad
  ware *nwyddau*
  warehouse *stordy*
  warm *cynnes, gwresog, twym*
    to get warm *cael fy ngwres*
      [*gwres*]
    very warm *gwresog*
  to warm *cynhesu, twymo*
  warm-blooded *gwaed-gynnes*
  warm-hearted *twymgalon*
  warmth *clydwch, cynhesrwydd*
to warn *rhybuddio, siarsio*
a warning *rhybudd*
    to see the warning light *gweld*
      golau coch
the warp □ *ystof*
to warp *gwyro*
  warrant *gwarant*
  warrior *rhyfelwr*
  warship *llong ryfel*
  wart *dafad*[2]:*dafaden*
  wary *gochelgar, gwyliadwrus*
  was *oedd*
a wash *golch*
to wash *golchi*
    to wash oneself *ymolchi*
    to wash one's hands of *golchi*
      dwylo
  washerwoman *golchwraig*
a washing *golchad:golchiad*
the washing *golch*
  wasp *cacynen, cacynyn, picwnen*
  wasps *cacwn, gwenyn meirch,*
    picwn
a waste *gwastraff, wast*
    to go to waste *mynd yn ofer*
      [*ofer*]
to waste *afradu, gwastraffu*
    to waste one's breath
      gwastraffu anadl
  wasted *seithug*
  wasteful *gwastrafflyd,*
    gwastraffus, ofer
  waster *pwdryn*
  wastrel *dyn diffaith* [*diffaith*]
a watch
    1 *gwyliadwriaeth*
    2 *oriawr, wats*
    like a watch *fel cloc* [*cloc*]

  to keep watch *gwylio:gwylied*
to watch *gofalu, gwylio:gwylied,*
    tendio
  watcher *gwyliwr*
  watchful *gwyliadwrus*
  watch-night *gwylnos*
  water *dŵr:dwfr*
    flood water *dŵr llwyd*
    high water *penllanw*
    hot water *dŵr poeth*
    into deep water *dyfroedd*
      dyfnion
    like water *fel dŵr* [*dŵr*]
    like water off a duck's back *fel*
      dŵr ar gefn hwyaden
      [*hwyad:hwyaden*]
    milk and water *glastwr*
    stagnant water *merddwr*
    to hold water *dal dŵr*
    to keep one's head above water
      cadw fy mhen uwchlaw'r
      dŵr [*pen*[1]]
    to make one's mouth water
      tynnu dŵr o ddannedd
    to pass water *gwneud dŵr*
      [*dŵr*]
    to throw cold water on *taflu*
      dŵr oer [*dŵr*]
    water beetle *chwilen ddŵr*
to water *dyfrhau:dyfrio*
  water-colour *dyfrliw:dyfrlliw*
  watercress □ *berwr dŵr:berw*
    dŵr
  waterfall □ *rhaeadr*
  water-lily □ *lili'r dŵr:lili ddŵr*
  watermark *dyfrnod*
  water-mill □ *melin ddŵr*
  waterproof *dwrglos*
  watershed *cefndeuddwr,*
    gwahanfa ddŵr
  watertight *diddos, dwrglos*
  watery *dyfrllyd*
  watt *wat*
a wave *ton*
to wave *codi llaw, cyhwfan, chwifio*
  wavelength *tonfedd*
to waver *gwamalu, simsanu*
  wavy *tonnog*
  wax *cwyr, gwêr*
a waxing *cynnydd*
  way *ffordd, hynt, llwybr, modd*[1]
    all the way *bob cam* [*cam*[1]]
    by the way *gyda llaw* [*llaw*]
    in one way *ar un wedd*
      [*gwedd*[1]]
    on the way *ar y ffordd* [*ffordd*]
    that's the way it is *felly mae hi*
    there are no two ways about it
      does dim dau [*dau*], *nid oes*
      dim dwywaith [*dwywaith*]
    to go out of one's way *mynd*
      allan o'm ffordd [*ffordd*]
    to lose the way *colli'r ffordd*
    way out *allan*[1] *ohoni*
  wayfarer *fforddolyn*
  wayside *ymyl y ffordd*
  we *ni*[1]
    we for our part *ninnau*

  we ourselves *nyni*
  we too *ninnau*
  weak *egwan, eiddil, gwan, llesg,*
    llipa
the weak *gweinion*[2]
to weaken *glastwreiddio, gwanhau:*
    gwanychu, llesgáu
  weakling *llipryn*
  weakness *eiddilwch, gwendid,*
    llesgedd
    a moment of weakness *awr*
      wan [*awr*]
  weal □ *gwrym*
  wealth *cyfoeth, golud*
  wealthy *ariannog, cefnog,*
    cyfoethog, goludog
to wean *diddyfnu*
  weapon *arf*
  wear *parhad, traul, treuliad*
to wear *gwisgo, treulio*
    to wear out *gwisgo*
    to wear well *gwisgo'n dda*
  weariness *lludded*
  weary *blinderog, lluddedig*
to weary *diflasu, llaesu dwylo*
  weasel □ *bronwen, gwenci*
  weather *hin, tywydd*
    stormy weather *drycin*
    weather forecast *rhagolygon y*
      tywydd [*rhagolwg*]
    weather lore *coelion tywydd*
  weathercock *ceiliog y gwynt*
  weatherproof *diddos*
a weave *gwead*
to weave *gwau*[2]:*gweu*
  weaver *gwehydd:gwëydd*
a weaving □ *gwe, gwead*
  web *gwe*
  webbed *gweog*
    webbed foot *troed (g)weog*
to wed *priodi*
  wedding *priodas*
    wedding breakfast *neithior*
    wedding feast *neithior*
    wedding reception *neithior*
  wedge □ *gaing, lletem*
  Wednesday *dydd Mercher*
    [*Mercher*[1]]
  wee
    the wee small hours *oriau mân y*
      bore
a weed *chwynnyn*
to weed *chwynnu*
  weed-killer *chwynleiddiad,*
    lleiddiad
  weeds *chwyn*
  week *wythnos*
  weekend *bwrw'r Sul,*
    penwythnos
    (like) a wet weekend *fel iâr ar y*
      glaw [*iâr*]
  weekly *wythnosol*
a weekly *wythnosolyn*
to weep *wylo*
  weft □ *anwe*
to weigh *cloriannu, cydbwyso,*
    pwyso
    to weigh up *cloriannu, tafoli*

weight *pwysau*², *pwysyn*
   to pull one's weight *tynnu fy mhwysau* [*pwysau*²]
   to put on weight *ennill*¹ *pwysau*
   to throw one's weight about *taflu fy mhwysau* [*pwysau*²]
   weights □ *pwysynnau*
weighty *pwysig*
weir *cored*
Welch
   the Welch Regiment *y Gatrawd Gymreig* [*catrawd*]
a welcome *croeso*
   hearty welcome *croeso calon*
   you're welcome *â chroeso* [*croeso*]
to welcome *croesawu, estyn croeso*
   welcoming *croesawgar*
welfare *buddiannau, lles*
   the Welfare State *y Wladwriaeth Les* [*gwladwriaeth*]
well! *wel!*
well *da*¹
   as well *gyda hynny* [*hynny*]
   very well *o'r gorau* [*gorau*]
   well done
     1 *go lew* [*glew*]
     2 *digon*
   well pleased *wrth fy modd* [*bodd*]
a well *ffynnon, pistyll, pydew*
well-fed *porthiannus*
well-informed *gwybodus*
wellingtons:wellington boots *botas:botias:botys, bwtsias:bwtias*
well-known *adnabyddus, hysbys*
well-matched *cymharus*
well-off *ar ben fy nigon* [*pen*¹]
well-to-do *cefnog*
well-versed *hyddysg*
Welsh *Cymreig*
   the Welsh Border *y Gororau, y Mers*
   Welsh cakes *cacennau cri, picau ar y maen:pice bach*
   Welsh Guards *Gwarchodlu Cymreig*
   Welsh (language) *Cymraeg*¹
Welshman *Cymro*
   Welsh woman *Cymraes*
Welshness *Cymreictod*
Welshpool *Y Trallwng*
welt □ *gwrym*
Wenvoe *Gwenfô*
were *pe:ped:pes*
   were it not [for] *oni bai* [*am*]
west *gorllewin*
   the Wild West *y Gorllewin Gwyllt*
westerly *gorllewinol*
western *gorllewinol*
wet
   1 *gwlyb*
   2 *llywaeth*
   (like) a wet week-end *fel iâr ar y glaw* [*iâr*]
   soaking wet *yn wlyb domen:yn wlyb domen dail* [*tomen*]

   to get wet *gwlychu*
a wet *gwlanen*
to wet *gwlychu*
whack *ffonnod*
whale □ *morfil*
what *beth, pa, pa beth* [*peth*]
   what a ... *am*²
   what about *beth am*
   what about it? *beth amdani hi* [*hi*²]?
   what a pity *trueni*²
   what-do-you-call-it *bechingalw, bethma*¹
   what on earth! *myn cebyst* [*cebystr*]
   what sort *sut*
   what's it for *i beth dda mae:i beth mae'n dda* [*da*¹]
   what's the time? *faint o'r gloch yw hi?* [*cloch*]
wheat □ *gwenithen*
   wheat bread *bara gwenith*
wheatmeal *blawd gwenith*
to wheedle *godro*
wheel *olwyn,* □ *rhod*
   at the wheel *wrth yr olwyn* [*olwyn*]
   steering wheel *llyw, olwyn yrru*
wheelbarrow □ *berfa, whilber*
wheelwright *saer troliau*
to wheeze *canu*¹, *gwichian*
whelp *cenau*
when *amser*², *pa, pan*¹, *pryd*
where *ble, lle*², *ple*²
wherefore *paham:pam*
whereupon *ar hynny* [*hynny*], *yna*
to whet *hogi, llifanu:llifo*³
whether *a*², *p'un ai*
whetstone *carreg hogi*
whey *gleision*², *maidd*¹
which *a*¹, *pa*
   which one *p'un:p'run*
while *pan*¹, *tra*², *wrth*
   worthwhile *gwerth*² *chweil*
a while *ennyd, orig, plwc*
a short while *gronyn bach*
   a short while ago *gynnau*²: *gynneu*
to while
   to while away the time *difyrru'r amser, segura*
whilst *tra*²
whim *chwiw, mympwy*
whimsical *mympwyol*
whin □ *eithin*
a whinny *gweryrad:gweryriad*
to whinny *gweryru*
a whip *chwip, fflangell*
to whip *chwipio, fflangellu*
a whipping *chwipiad*
a whirl *troell*
to whirl *chwyrlïo, chwyrnellu, troelli*
   whirligig *chwirligwgan: chwrligwgan:chwyrligwgan*
   whirlpool *pwll tro, trobwll*
   whirlwind *corwynt*
a whisk *chwyrlïydd*
to whisk *ysgubo*

whisker
   by a whisker *o drwch blewyn* [*trwch*]
whisky *chwisgi*
a whisper *si:su, sibrwd*², *sisial*¹
to whisper *sibrwd*¹, *sisial*²
whist *chwist*
   whist drive *gyrfa chwist*
a whistle
   1 *chwîb, chwibanogl, chwisl*
   2 *chwiban, chwibaniad, chwisl*
to whistle *chwibanu, tiwnio*
Whit
   Whit Monday *Llungwyn*
   Whit Sunday *Sulgwyn*
white *gwyn*
   pure white *claerwyn*
   shining white *cannaid*
   to become white *gwynnu*
   to make white *gwynnu*
   white as a sheet *yn wyn fel y galchen* [*calchen*]
   white currants □ *cwrens gwyn*
   white lie *celwydd golau*
   white of an egg *gwynnwy*
   white paper *papur gwyn*
   white-hot *eirias, gwynias*
   white-lime *gwyngalch*
to whiten *gwynnu*
whiteness *gwynder*
whitethroat □ *llwydfron*
whitewash *gwyngalch*
to whitewash *calchu, gwyngalchu*
Whitland *Hendy-gwyn ar Daf*
whitlow *ewinor, ffelwm, gwlithen*
Whitsun *Sulgwyn*
to whizz *chwyrnellu*
who *a*¹, *pwy*
   who... not *na*⁴*:nad*
   who on earth *pwy gebyst* [*cebyst*]
whoever *pwy bynnag*
whole
   1 *crynswth, cydol, cyfan, holl, hollol*
   2 *holliach*
   on the whole *ar y cyfan* [*cyfan*], *at ei gilydd* [*gilydd*]
   to make whole *cyfannu*
   whole number *cyfanrif*
wholeness *cyfanrwydd*
wholesale
   to sell wholesale *cyfanwerthu*
wholesome *iach*
whom *a*¹
whomsoever *sawl*²
whooping cough *pas*
whopper *clamp*¹ *o*
why *paham:pam*
   why not *pam lai* [*llai*]
wick *pabwyr*¹, *wic*
wicked *anfad, diffaith, drwg*²
wickedness *drygioni*
wicker *gwialen*
wicket
   1 □ *llain*
   2 □ *wiced*
wicket-keeper □ *wicedwr*

wide eang, helaeth, llydan
    wide open *lled y pen* [*pen*[1]], *penagored, rhwth*
to widen *lledu*
widow *gweddw*[1], *gwidw, gwraig weddw, widw*
widowed *gweddw*[2]
widower *gwidman, gŵr gweddw*
widowhood *gweddwdod*
width *lled*[1]
to wield *trin*[2]
wife *gwraig*
wig *gwallt gosod*
wild *anhywaith, dyrys, gwyllt*[1]
    to be wild with rage *gwylltio'n gaclwm*
    wild flower *blodyn gwyllt*
    Wild West *y Gorllewin Gwyllt*
the wild *gwyllt*[2]
    wilderness *anial*[2], *anialwch, diffeithwch, gwylltineb*
wildfire *tân gwyllt*
wildness *gwylltineb*
wilful *ystyfnig*
a will *ewyllys*
    against one's will *yn erbyn fy ewyllys* [*erbyn*[1]]
to will *ewyllysio*
willing *bodlon:boddlon, ewyllysgar, gwirfoddol, parod*
willow ☐ *helygen*
    willow warbler ☐ *telor yr helyg*
    willow tit ☐ *titw'r helyg*
wily *castiog*
wimp *cadach o ddyn*
to win *cipio, ennill*[1]
    to win recognition *ennill fy mhlwyf* [*plwyf*]
    to win the day *cario'r dydd, ennill*[1] *y dydd*
Winchester *Caer-wynt*
a wind *gwynt*
    biting wind *gwynt main:awel fain* [*main*]
    east wind *gwynt traed y meirw, gwynt y Dwyrain* [*dwyrain*]
    gust of wind *gwth o wynt*
    ice cold wind *rhewynt*
    to see which way the wind is blowing *gweld pa ffordd mae'r gwynt yn chwythu* [*gwynt*]
    to take the wind from one's sails *mynd â'r gwynt o hwyliau rhywun* [*gwynt*]
    wind instrument *offeryn chwyth*
to wind *dolennu, troelli, weindio*
    to wind up *dirwyn, dirwyn i ben*
winding *dolennog, troellog*
windmill ☐ *melin wynt*
window *ffenestr*
    bay window *ffenestr grom*
    bow window *ffenestr fwa*
window-sill *lintel*
windpipe *pibell wynt*
winds
    to the four winds *i'r pedwar gwynt* [*gwynt*]

windy *gwyntog*
wine *gwin*
wing
    1 ☐ *adain:aden, asgell*
    2 ☐ *asgellwr*
    to spread one's wings *lledu adenydd*
    under the wing *dan aden* [*adain:aden*]
wing-forward *blaenasgellwr*
    blind side wing-forward *blaenasgellwr tywyll*
    open side wing-forward *blaenasgellwr golau*
a wink *winc*
to wink *gwneud*[1] *llygad bach, wincian:wincio*
winkle *gwichiad*[1]
winner *enillwr:enillydd*
winnings *enillion*
to winnow *nithio*
    winnowing fan *gwyntyll*
winter *gaeaf*
    depths of winter *dyfnder gaeaf*
    winter solstice ☐ *Alban Arthan, heuldro'r gaeaf*
to winter *gaeafu*
wintry *gaeafol*
to wipe *mopio, sychu*
a wire *gwifr:gwifren, weiren*
    barbed wire *gwifren bigog, weiren bigog*
    live-wire *c'nonyn*
to wire *weirio:weiro*
wireless *radio*
Wirral *Cilgwri*
wisdom *callineb, doethineb*
wise *call, deallus, doeth*
    the Three Wise Men *y Doethion* [*doeth*]
    wiser *elwach*
    to get wiser *callio*
a wish *dymuniad*
to wish *dymuno, ewyllysio, hoffi, mynnu*
wishes *dymuniadau*
    best wishes *dymuniadau gorau*
wishful
    wishful thinking *breuddwyd gwrach*
wistful *hiraethus*
wit *arabedd, ffraethineb*
witch *gwrach*
witchcraft *dewiniaeth*
with *â*[1]*:ag, efo, gan, gyda:gydag*
    with one voice *ag un llais* [*llais*]
    with that *gyda hyn* [*hyn*]
to withdraw *cefnu ar, cilio, encilio, tynnu allan, tynnu yn ôl*
to wither *crino, edwino, gwywo*
withered *crin, gwyw*
withering *deifiol*
within *o fewn* [*mewn*[2]]
    within an ace *o fewn dim:ond y dim* [*dim*]
    within reach *o fewn cyrraedd* [*cyrraedd*[1]]
without *di...*[2], *heb*

    without a sound *heb siw na miw* [*miw*]
    without delay *diymdroi*
    without doubt *heb os nac oni bai* [*os*]
    without fail *di-feth, di-ffael, heb ball* [*pall*]
to withstand *gwrthsefyll*
a witness *tyst*
to witness *tystio:tystiolaethu*
witticisms *ffraethinebau*
witty *ffraeth*
wizard *dewin, dyn hysbys*
wizened *crebachlyd*
WJEC *CBAC, Cyd-bwyllgor Addysg Cymru*
wobbly *sigledig*
woe *gwae*
    woe is me *gwae fi*
woeful *galarus*
wolf *blaidd*
    she-wolf *bleiddast*
wolf-hound *bleiddgi*
woman *benyw*[1], *dynes, gwraig, menyw*
to womanize *mercheta*
womb *bru, croth*
wonder *rhyfeddod, syndod*
    I wonder *tybed, ys gwn i*
wonderful *aruthrol, godidog, rhyfeddol*
wood
    1 *allt, coed, coedwig, gallt, gwig*
    2 *coed, pren*[1]
wood anemone ☐ *blodyn y gwynt*
wood pigeon *sguthan:ysguthan*
wood warbler ☐ *telor y coed*
woodcock ☐ *cyffylog*
woodcutter *cymynwr*
wooded *coediog:coedog*
    wooded slope *allt, gallt*
wooden *pren*[2], *prennaidd*
wood-lice *gwrachod lludw* [*gwrach*]
wood-louse *mochyn y coed*
woodpecker ☐ *cnocell y coed, taradr y coed*
the woodwind ☐ *chwythbrennau*
woof ☐ *anwe*
a wooing *carwriaeth*
wool *gwlân*
    ball of wool *pellen*
    cotton-wool *gwlân*[1] *cotwm, wadin*
    knitting wool *edafedd*
wool-card *crib*
woollen *gwlân*[2], *gwlanog*
    woollen cloth *brethyn*
woollen-mill *ffatri wlân*
woolly *gwlanog*
    woolly bear *siani flewog*
Worcester *Caerwrangon*
a word *gair*
    compound word *gair cyfansawdd* [*cyfansawdd*]
    I give you my word *ar fy llw* [*llw*]

in a word *mewn gair* [*gair*]
mum's the word *taw piau hi*
naughty words *geiriau mawr* [*gair*]
to break one's word *torri gair*
to get a word in *cael pig i mewn* [*pig*¹]
word for word *gair am air*
a word in your ear *gair i gall*
word processor *prosesydd geiriau*
to word *geirio*
wording *geiriad*
work *gwaith*¹, *job*
at work *ar waith* [*gwaith*¹]
an hour's work *gwaith*¹ *awr*
to work *gweithio, mynd, rhedeg*
to set to work *dodi ar waith, gosod ar waith*
to work out *dyfalu*
workable *ymarferol*
worker *gweithiwr*
fellow-worker *cyd-weithiwr*
worker bee □ *gweithiwr*
workhouse *tloty*
working
working party *gweithgor*
workmanship *saernïaeth*
works *gwaith*¹
workshop *gweithdy, siop*
world *byd*
for the world *er y byd* [*byd*]
to set the world to right *rhoi'r byd yn ei le* [*byd*]
to think the world of *meddwl*² *y byd o*
a world of *amryw*¹ *byd*
world-famous *byd-enwog*
worldly *bydol*
world-wide *byd-eang*
worm □ *abwyd:abwydyn, mwydyn, pryf:pry, pryfyn*
worms □ *abwydod*

wormwood □ *wermod:wermwd*
worried *pryderus*
a worry *gofid, gorthrymder, pryder*
to worry *gofidio, hidio, poeni, pryderu*
worse *gwaeth*
worse luck *gwaetha'r modd* [*gwaethaf*]
to worsen *gwaethygu*
worship *mawl*¹
place of worship *addoldy*
to worship *addoli*
worshipper *addolwr*
worst *gwaethaf*
worth *gwerth*²
to be of worth *cyfrif*²
to be worth one's salt *bod yn werth ei halen* [*halen*]
worthiness *teilyngdod*
worthless *anfuddiol, diffaith, diwerth, dim gwerth* [*gwerth*¹]
worthwhile *gwerth*² *chweil*
worthy *gwiw, teilwng*
a worthy *gwron*
a wound *anaf:anafiad, archoll, briw, clwyf:clwy, dolur, gloes:loes*
to wound *archolli, clwyfo, dolurio*
wounded *clwyfus*
wounds *clwyfau*
to reopen old wounds *codi crachen*
woven
woven fabric □ *gwe*
wrangler *cecryn*
to wrap *lapio*
wrath *dicter, digofaint, llid*
to wreak
to wreak vengeance *dial*²
wreath *torch o flodau*
to wreck *dryllio*
wrecked *drylliedig:drylliog*
wren □ *dryw*

a wrench
1 *tyndro*
2 *ysictod:ysigiad*
to wrench *rhwygo*
to wrestle □ *ymaflyd codwm, ymgodymu*
wrestling *ymaflyd codwm*
wretch *truan*¹
wretched *gresynus, gwael, truan*², *truenus*
Wrexham *Wrecsam*
to wriggle *dolennu, troi a throsi*
wright *saer*
to wring *gwasgu*
a wrinkle *crych*¹
to wrinkle *crychu*
wrinkled *crych*², *crychlyd, rhychog*
a wrinkling *crychni*
wrist □ *arddwrn:garddwrn*
writ *gwŷs*
to write *ysgrifennu*
to write down *ysgrifennu i lawr*
writer *ysgrifennwr*
hymn-writer *emynydd, emynyddes*
to writhe *gwingo*
writing *ysgrifen*
in writing *ar/mewn (d)du a gwyn* [*du*]
written *ysgrifenedig*
wrong *anghywir, o'i le* [*lle*]
the wrong way *o chwith* [*chwith*¹]
a wrong *cam*², *camwri*
to wrong *drygu, gwneud cam â* [*cam*²]
wronged
to be wronged *cael cam* [*cam*²]
wrought
wrought iron *haearn gyr*
Wye *Gwy*

X

x-rays *pelydrau x*

xylophone *seiloffon*

Y

Yankee *Ianci*
yard
1 *buarth, iard*
2 *croesbren*
3 *llath:llathen*
yard's length *llathaid*
yarn *edau, edefyn*
to yawn *agor, dylyfu gên, ymagor*
yea *ie*
year *blwyddyn*
last year *llynedd*
leap year *blwyddyn naid*
this year *eleni*
year old *blwydd*
year-book *blwyddiadur: blwyddlyfr*
to yearn *dyheu, hiraethu, ysu*

yearning *dyhead, hiraeth*
years *blynedd, blynyddoedd*
advanced in years *mewn gwth o oedran* [*gwth*]
yeast *burum*
yellow *melyn*
to yellow *melynu*
yellow-hammer □ *bras*³ *melyn*
to yelp *cyfarth*²
yes *do, ie, ydw:ydwyf*
yesterday *doe:ddoe*
the day before yesterday *echdoe*
yesterday afternoon *prynhawn ddoe* [*doe:ddoe*]
yesterday morning *bore ddoe* [*doe:ddoe*]

yet *eto*¹
yet again *eto*² *fyth*
yew □ *ywen*
YFC *CFfI, Clwb Ffermwyr Ieuainc* [*ffermwr*]
a yield *cynnyrch*
to yield
1 *cynhyrchu*
2 *ildio*
yobbo *Iob*
yoghurt *iogwrt*
a yoke *aerwy, gwedd*², *iau*¹
under the yoke *o dan iau* [*iau*¹]
to yoke *ieuo*
yolk *melynwy*
yonder *draw, hwnt*
from yonder *oddi acw*

yore
  of yore *gynt*
York *Caer Efrog*
you *'ch, chwi:chi, eich, ti:di, 'th*
  even you *chwithau, tithau*
  it is you *chwychwi, tydi*
  you don't say *peidiwch â dweud* [*dweud*]
  you for your part *chwithau, tithau*
  you on the other hand *chwithau, tithau*
you're welcome *â chroeso* [*croeso*]
you too *chwithau, tithau*
you yourself *chwychwi, tydi*
young *glas¹, ieuanc:ifanc*
young animal *cyw*
young blood *gwaed ifanc*
Young Farmers' Club *Clwb Ffermwyr Ieuainc* [*Ffermwr*], *CFfI*
young man *llanc*
youngest *lleiaf*
youngster *glaslanc*
your *'ch, dy, eich, 'th*
yours *eiddoch chwi, eiddot ti*
yourself *dy hun, eich hun*
yourselves *eich hunain*
youth *ieuenctid, mebyd:maboed*
a youth *cyw, llanc, llencyn*
yo-yo *ioio*

Z

zeal *sêl¹*
zealot *penboethyn*
zealous *eiddgar, ffyddlon, selog*
zebra *sebra*
zenith *entrych*
zero *dim, gwagnod, sero*
  absolute zero *sero absoliwt*
zest *afiaith, asbri, hoen*
zigzag *igam-ogam*
zinc *zinc*
zip *mynd²*
a zip □ *sip*
to zip *sipian :sipio*
zit *ploryn*
zodiac □ *sidydd*
zone *cylch¹, cylchfa*
zoo *sw*
zoologist *sŵolegwr:sŵolegydd*
zoology *sŵoleg*

CYDNABYDDIAETHAU

Amgueddfa Genedlaethol Cymru: caer, callestr, canhwyllbren, ffosil, ithfaen, llengfilwr, mwynau haearn a phlwm

Amgueddfa Werin Sain Ffagan: betgwn, brysgyll, caregl, coelbren y beirdd, coffr, crochan, crwth, cwrwg, cyryglwr, dyfais, eingion, gambo, hers, Mari Lwyd, megin, tollborth, torch, troell, wagen

Archifdy Gwynedd: ponc

Aurum Press: cytser

Bwrdd Croeso Cymru: cromlech, eglwys, mynydda

Camera tapes Ltd.: astronot

J. Allan Cash Ltd.: acordion

F. V. Deane: abacws, aderyn, addasydd, angor, Alban, amffibiaid, amoeba, anwe, atom, beison, blodyn, bollt, brân, buddai, buwch, caiac, camwerthyd, car, carw, ceffyl, ci, cilgant, clorian, cnydau, cocsen, côn, corryn, cramenogion, criced, cwlwm, cyfochrog, cyfrodeddu, cylch, cymesuredd, cynrhonyn, chwerfan, chwythbrennau, dafad, drwm, dwyrain canol, ewin, ffrynt, ffust, ffwlbart, gefel, gêr, gogr, gwalch, gwennol, gwenynen, impio, jet, lens, lletem, llinynnau, llygoden, magl, mamolyn, mochyn, molysgiaid, morfil, mwnci, planedau, pres, rygbi, teigr, ymlusgiaid

Dr Dyfed Elis-Gruffydd: rhaeadr

John Elwyn Hughes: am gael defnyddio ei fformiwla ynglŷn â pha bryd i ddyblu'r 'n' allan o'i lawlyfr *Canllawiau Iaith a Chymorth Sillafu*

Hulton Photo Library: anesthetydd, brechu, derwydd, dienyddiwr, gleider, gwasg, lloeren, newyn, organ, parasiwt, secstant, swch eira, sylwebydd, tacl, ymaflyd codwm

IBM: sglodyn

Japan Information and Cultural Centre: Bwda

Arfid Parry Jones: aberthged

Dr Kathryn Klingebiel: am gael defnyddio llawysgrif ei llyfr *A Book of Welsh Verbs*

Landform Slides: llechen, marmor

Longman Group: crancwerthyd, differyn, falf, piston, trosol

Anne Mainman: gwyddbwyll, metronom, nodwydd

William Owen: acrostig

Pictorial Charts Educational Trust: corff

Ransomes agriculture: aradr, oged

Glyn Rees: baneri, caer, cantref

RSPB (Cymdeithas Frenhinol dros Warchod Adar) adar allan o *'Nabod Adar*

Science Photo Library: arsyllfa, diwasgedd, embryo, erydu, microsgop, radar

Lluniau lliw: Llwybr llaethog (Fred Esenak), comed (Parch. Ronald Royer), galaeth, nifwl (Tony Hallas), y Byd (European Space Agency), geiser (Simon Fraser), atol (Douglas Faulkner), ffawt (Van Bucher), mynydd Iâ (George Holton), eirlithriad (W Bacon), rhewlif (Simon Fraser), llosgfynydd (Soames Summerhays), stalagmit (Jerry Schad), prism (David Parker)

Scottish Tourist Board: pibau

Lynne Seager: abwydod, aerwy, annel, bacteriwm, bilwg, bwmerang, bwylltid, caseg forter, castell, cawell, cenel, clas, clocs, colfach, consertina, crocbren, chwiler, dipio, domino, drysfa, ebill, erial, ffon dafl, gair mwys, godro, gondola, gordd, gwain, gwellaif, gwrym, harpsicord, hieroglyff, iglw, llawryf, maen, medrydd, melin, mynawyd, ongl, pendil, perisgop, pluen, protractor, pyped, pysgodyn, rhaff, rhaw, rheolydd, rhwyd, sbaner, sidydd, sip, sled, stethosgôp, trapesiwm, trawsdoriad, treillio, trywel, uncorn, uniad, ysgub

Smithsonian Institute: cowboi, Indiad, lasŵ

Tony Stone: map y byd

Teires: cerddoriaeth

Gwyn Thomas a Gwasg Gee: 'Cymru' allan o *Wmgawa*

Usborne Publishing Ltd., Llundain: coed a atgynhyrchwyd trwy garedigrwydd allan o *Trees and Leaves*

Dylan Williams: anorac, banjô, baromedr, brodwaith, cwmpawd, cyfrifiadur, cŷn, cyweirio, gwisg, gyrosgop, haclif, sacsoffon

Geraint Williams: altimedr, amedr, cadeirio

Owen Williams: blodau, ffrwythau, llysiau, pysgod

CE

Grønland

Môr
Bering

Bae
Hudson

GOGLEDD
AMERICA

CEFNFOR
IWERYDD

Y CEFNFOR
TAWEL

Gwlff
México

Y
Môr
Caribî

Gwlf

DE
AMERICA

Yr Horn